Orient BlackSwan

WordMaster

Learner's Dictionary of Modern English

English–English–Hindi

अंग्रेज़ी–अंग्रेज़ी–हिन्दी

Chief Lexicographer

BIKRAM K DAS

M.A., Ph.D. (India), M.A. ELT (Lancaster)

formerly:

Professor, Central Institute of English and Foreign Languages, India
Specialist, SEAMEO Regional Language Centre (RELC), Singapore
Associate Professor, National Institute of Education, Singapore
Director, English Language Teaching Institute, Bhubaneswar, India

Chief Editor: USHA AROOR

English–English–Hindi edition prepared, designed and edited by

SHARDA BHASIN
Professor
Former Regional Director
Central Hindi Institute
Delhi Centre

A S ANANDMURTY
Former Professor
Department of English
A N College, Patna
Magadh University

Project Team English edition

Project Manager Durga Raghunath **Pre-press Coordinator** Prema Naraynen **Editorial** Padmaja Anant, Nirmala Krishnaswamy, Nandini Rao **Proofs** Padmaja Anant, Deepika Davidar, Ramaa Kishore, K Latha, Nandini Rao, Vani Vasudevan, D Venkataramanan **Advisory, Standardisation** R Sivapriya, S Lalitha **Pronunciation** R Usha, R Vadivelu **Design** Bikram K Das, Durga Raghunath **Design execution** J K Sahu **Production** Girish S Mondkar, Henrick A Rose **Illustrations** Mony K **Cover design** Ramakanth Advertising (P) Limited **Product plan director** B M Mohammed Ali **Brand planning** J Krishnadev Rao, Sheila J Kurian, B Nagalakshmi
Supplementary features and illustrations editors Prema Naraynen, Durga Raghunath
Contributors Usha Aroor, Bikram K Das, Nandini Rao, C Rammanohar Reddy

Project Team English–English–Hindi edition

Project Manager
Sugandhi H Kapoor

Editorial
Sugandhi H Kapoor
Sitaram Sharan
Sanjay Nath

Production
Rakesh Khemani

Pronunciation
Sharda Bhasin
A S Anandmurty

Proofs
Sugandhi H Kapoor
A S Anandmurty
Sitaram Sharan
Sanjay Nath
Nisha Roy Choudhary
Bukprint

Design execution
Bukprint

Cover design
Osdata

Editorial design
Usha Aroor
Sugandhi H Kapoor

Orient BlackSwan would like to thank Shanta Rameshwar Rao for her editorial help, and the many teachers whose advice and suggestions have helped refine the use-related features of this dictionary.

Orient BlackSwan

WordMaster

WordMaster Learner's Dictionary of Modern English

English–English–Hindi
अंग्रेज़ी–अंग्रेज़ी–हिन्दी

Orient BlackSwan

WORDMASTER ENGLISH-ENGLISH-HINDI DICTIONARY

ORIENT BLACKSWAN PRIVATE LIMITED

Registered Office
3-6-752 Himayatnagar, Hyderabad 500 029, Telangana, India
E-mail: centraloffice@orientblackswan.com

Other Offices
Bengaluru, Bhopal, Chennai, Guwahati, Hyderabad, Jaipur, Kolkata
Lucknow, Mumbai, New Delhi, Noida, Patna, Vijayawada

First published 2009
Reprinted 2010, 2017

ISBN: 978-81-250-3672-2

Typeset by
Trinity Designers & Typesetter, Chennai
Bukprint, Delhi

Printed in India at
Yash Printographics, Noida

Published by
Orient Blackswan Private Limited
3-6-752 Himayatnagar, Hyderabad 500 029, Telangana, India
E-mail: info@orientblackswan.com

WordMaster, the new dictionary for the new millennium, is intended essentially for learners of English on the subcontinent, at the middle, secondary and upper secondary levels. It can also serve as a general work of reference.

नई सहस्राब्दी के लिए नया कोश **WordMaster**, विशेष रूप से उपमहाद्वीप में उच्चतर प्राथमिक, माध्यमिक एवं उच्चतर माध्यमिक स्तर पर अंग्रेज़ी पढ़ने वाले छात्रों के लिए निर्मित किया गया है। इसका उपयोग एक सामान्य संदर्भ ग्रंथ के रूप में भी किया जा सकता है।

a contemporary and comprehensive guide
एक समसामयिक एवं समेकित संदर्शिका

A large number of new words, from areas of knowledge and activity as diverse as information technology, genetics, space exploration and environmental conservation have entered the English language in recent years and passed into common use, thereby enlarging enormously the vocabulary needs of learners. Familiar words are acquiring new meanings and at the same time, many words that are commonly found in dictionaries are becoming obsolete. **WordMaster** contains more than 35,000 headwords, collocations, phrases and idioms which are currently in use and are relevant to present-day needs. It is thus a *contemporary* dictionary.

विगत वर्षों में ज्ञान एवं क्रियाकलाप के क्षेत्रों से विविध प्रकार के, जैसे–सूचना प्रौद्योगिकी, आनुवंशिकी, अंतरिक्ष अनुसंधान एवं पर्यावरण संरक्षण के शब्द बड़ी संख्या में अंग्रेज़ी भाषा में सम्मिलित होकर सामान्य प्रयोग में प्रवेश कर गए हैं जिससे अध्येता की शब्दावली संबंधी आवश्यकताएँ अत्यधिक बढ़ गई हैं। परिचित शब्द नए अर्थों में आ रहे हैं, साथ ही साथ कोशों में सामान्यत: सम्मिलित शब्द अप्रचलित होते जा रहे हैं। **WordMaster** में 35,000 से अधिक ऐसे शब्द, सहप्रयोग (collocations), पदबंध (phrases), मुहावरे (idioms) आदि हैं जो सम्प्रति प्रयोग में चल रहे हैं तथा वर्तमान समय की आवश्यकताओं के लिए संगत हैं। इस प्रकार यह एक समसामयिक कोश है।

Like other learners' dictionaries, **WordMaster** is meant to be a comprehensive language-learning guide, providing information not only on the meanings of words but also spelling, pronunciation and grammatical usage. It also provides guidance on stylistic use (e.g. whether a word is used only in informal situations, or whether it carries a negative or an unpleasant meaning) and informs the user of the register or field from which a word comes (e.g. science, technology, medicine).

अन्य अध्येता कोशों की भाँति **WordMaster** को भी एक समेकित भाषा-अधिगम संदर्शिका के रूप में बनाया गया है। यह न केवल शब्दों के अर्थ की जानकारी देता है बल्कि वर्तनी, उच्चारण एवं व्याकरणिक प्रयोग की भी जानकारी देता है। यह कोश शब्दों के शैलीगत प्रयोग के संबंध में भी मार्ग दर्शन देता है: (उदाहरण के लिए–यह बताता है कि कोई शब्द केवल अनौपचारिक स्थितियों में प्रयुक्त होता है, अथवा कोई शब्द नकारात्मक या अप्रिय अर्थ देता है), और प्रयोक्ता को शब्द के प्रयोग-क्षेत्र अथवा विषय (जैसे–विज्ञान, प्रौद्योगिकी, चिकित्सा) की भी जानकारी देता है।

There are, however, certain innovative features that are unique to **WordMaster** and make it special.

WordMaster में कुछ ऐसी अनूठी नवीनताएँ भी हैं जो इसे विशिष्ट बनाती हैं।

not just a 'meaning finder'
केवल 'शब्दार्थ खोजी' नहीं

Traditionally, a dictionary has been regarded as a reference book which is consulted only when the need arises. Many users think of a dictionary as just a *meaning finder*, turning to it when they come across an unfamiliar word. The dictionary finds a place of honour in the school or college library but that, unfortunately, is the place to which its use is often restricted. It is seldom that dictionaries are carried into the classroom and used during lessons.

पारंपरिक रूप से शब्दकोश को ऐसा संदर्भ ग्रंथ माना जाता है जिसकी केवल आवश्यकता पड़ने पर ही सहायता ली जाती है। अनेक प्रयोक्ता शब्दकोश को मात्र एक 'शब्दार्थ खोजी' के रूप में देखते हैं और कोई अपरिचित शब्द सामने आने पर ही इसका उपयोग करते हैं। शब्दकोश को एक सम्माननीय स्थान प्राप्त होता है, स्कूलों व कालेजों के पुस्तकालयों में, लेकिन दुर्भाग्यवश वह ऐसा स्थान है जहाँ इसका उपयोग अत्यंत सीमित होता है। शब्दकोश को शायद ही कभी कक्षा में ले जाया जाता है और पाठ के दौरान इसका प्रयोग किया जाता है।

a dictionary for the classroom
कक्षा के लिए एक शब्दकोश

WordMaster has been designed as a 'classroom dictionary' which could find a place not only in the learner's schoolbag but also on her or his study-table. It is hoped that learners will feel motivated to turn to the dictionary *continually* while studying their textbooks or working on projects and assignments, and not just when the teacher advises them to do so. For that reason, a number of user-friendly features have been introduced here.

WordMaster को एक ऐसे 'कक्षा-कोश' के रूप में विकसित किया गया है जो न केवल विद्‌यार्थी के बस्ते में, बल्कि उसकी पढ़ने की मेज़ पर भी स्थान पा सके। आशा की जाती है कि अध्येता केवल अध्यापक के कहने पर ही नहीं बल्कि स्वयं पाठ्य पुस्तक को पढ़ते हुए अथवा किसी परियोजना या नियत कार्य को करते हुए भी निरंतर इसका उपयोग करने के लिए प्रेरित होंगे। इस कारण इसमें अनेक user-friendly features का समावेश किया गया है।

no information overload
सूचना का अतिरिक्त भार नहीं

First, care has been taken not to overwhelm the user with information. In providing glosses or meanings for words, a selection has been made of the most common meanings and those which learners are most likely to need. Similarly, the simplest and most basic information on grammatical usage has been provided, to understand which no specialised knowledge is required. Convenience, rather than comprehensiveness, has been the goal.

प्रथमत: इस बात का पूरा ध्यान रखा गया है कि प्रयोक्ता पर जानकारी का बोझ न लादा जाए। शब्दों के अर्थ देते समय उन्हीं शब्दों को चुना गया है जो दैनिक जीवन की भाषा में प्रयुक्त होते हैं व जिनकी प्रयोक्ता को आवश्यकता पड़ने की संभावना हो। इसी प्रकार व्याकरणिक प्रयोग के बारे में भी सरलतम एवं मूलभूत सूचना ही दी गई है जिसे समझने के लिए प्रयोक्ता को किसी विशेष पूर्व ज्ञान की आवश्यकता नहीं होगी। सुगमता न कि ज्ञान-विस्तार को लक्ष्य बनाया गया है।

international as well as regional meanings
अंतर्राष्ट्रीय व क्षेत्रीय अर्थ

As most users of **WordMaster** are likely to be from South Asia, several entries present the 'international' meanings as well as, uniquely, the 'regional' meanings that these words have acquired. The words *blouse* and *bless* are examples.

चूँकि **WordMaster** के अधिकतर प्रयोक्ता संभवत: दक्षिण-एशिया के होंगे, कई प्रविष्टियों में उनके अंतर्राष्ट्रीय अर्थ के साथ-साथ उन क्षेत्रीय अर्थों को भी दिया गया है जो क्षेत्र विशेष में प्रचलित हो गए हैं। 'blouse', व 'bless' शब्द ऐसे उदाहरण हैं।

The use of regional names (of places as well as persons) and references to elements of local culture also contribute to the higher 'comfort level' that users of this dictionary are expected to experience. The dictionary also draws attention, where possible, to errors commonly encountered by users of English on the Indian subcontinent.

व्यक्तियों व स्थानों के क्षेत्रीय नामों का उपयोग तथा स्थानीय संस्कृति संबंधी संदर्भ भी प्रस्तुत कोश के प्रयोक्ता के लिए सुविधा बढ़ाने में सहायक होंगे। इस कोश में भारतीय

उपमहाद्वीप में अंग्रेज़ी के प्रयोग में होने वाली सामान्य भूलों पर भी यथासंभव ध्यान आकर्षित किया गया है।

clear contexts of use
प्रयोग के स्पष्ट संदर्भ

What makes **WordMaster** particularly easy to use is the fact that here the headwords (the words being glossed) are followed by sentences exemplifying the use of these words in context. The following instance will illustrate the point:

WordMaster के उपयोग को अधिक सरल बनाने में सहायक हैं उचित संदर्भों में प्रयोग के उदाहरण, जो headword के उच्चारण व शब्द वर्ग के तुरंत बाद दिए गए हैं। अधिक स्पष्टता के लिए निम्न उदाहरण देखें–

> **di•lemma** /dɪ'lemə/ noun, u. *I was planning to go to the cinema with my friend on Sunday but my teacher has invited me to lunch on the same day. I am in a dilemma as I cannot decide whether I should refuse the invitation or disappoint my friend.* = a delicate situation in which one has to choose between two actions or things

The same word is glossed in a popular dictionary as follows:
यही शब्द एक अन्य प्रचलित कोश में इस प्रकार दिया गया है–

> **dilemma** / di lem , dai- / n.[C] a situation in which it is very difficult to decide what to do, because all the choices seem equally good or bad: *a moral dilemma*

a 'natural' way of learning new words
नए शब्दों को सीखने की स्वाभाविक प्रक्रिया

The example provided in **WordMaster**, it will be noticed, carries an extended context, consisting of two fairly long sentences, as against the short phrase, with minimal context, found in the other dictionary. The context provided in **WordMaster** has been made largely 'transparent' and self-explanatory, so that it is possible for the learner to guess, with reasonable accuracy, what the word might mean. This guess is confirmed when the learner comes, next, to the gloss.

यह स्पष्टत: देखा जा सकता है कि **WordMaster** में दिया गया दो लंबे वाक्यों का उदाहरण अन्य कोश में दिए संक्षिप्त पदबंध की तुलना में अधिक विस्तृत संदर्भ प्रस्तुत करता है। **WordMaster** में दिए गए संदर्भ प्राय: 'पारदर्शी' एवं स्वत: स्पष्ट हैं ताकि प्रयोक्ता शब्द के अर्थ का सही अनुमान कर सके। प्रयोक्ता का अनुमान सही सिद्ध हो जाता है जब वह इस कोश में शब्दार्थ देखता है।

Two points need to be emphasised here. Firstly, exercises requiring the learner to guess the meanings of unfamiliar words from contexts of use have long been used by teachers in the classroom as an effective technique for learning new words. Secondly, this is how most people learn new words in real life. Most of the words that we can claim to 'know' have been learnt through guessing and not by looking up their meanings in a dictionary. When we meet a word in a meaningful context, we carry away with us an approximate meaning that is sufficient for most uses. Approximate meanings are, in any case, what most dictionaries are able to give us; few words possess a precise, fixed meaning.

यहाँ दो बातों पर बल देने की आवश्यकता है। एक, अपरिचित शब्दों का अर्थ संदर्भ से समझने की प्रक्रिया से संबंधित अभ्यास कार्यों का अध्यापकों द्वारा लंबे समय से कक्षा में प्रयोग किया जाता रहा है। दूसरा, जीवन में लोग प्राय: इसी प्रकार नए शब्द सीखते हैं। अधिकांश शब्द, जिन्हें हम जानने का दावा कर सकते हैं, वे इसी प्रकार अनुमान से सीखे गए हैं न कि कोश में अर्थ देखकर। वैसे भी कोश केवल 'निकटतम अर्थ' देते हैं, निश्चित, सटीक अर्थ नहीं।

words in root-based groups
मूल की दृष्टि से संबंधित शब्द-वर्ग

Another special feature of **WordMaster** is the arrangement of groups or 'families' of words in clusters. This highlights the connections between words that are related to each other in form as well as meaning. Here is an example.

WordMaster की अन्य विशेषता है 'शब्द परिवार' का एकत्रीकरण। इसके द्वारा शब्दों के रूपगत एवं अर्थगत संबंध समझने में सहायता मिलती है। एक उदाहरण देखें–

ob•serve /əbˈzɜːv/ verb, t. **1** *I observe that there are more scooters than cycles on the road.* = to notice something **2** *'I am happy to see so many students here,' the teacher observed.* = to speak or to make a remark **3** *Have you observed the behaviour of this animal in different conditions?* = to make a scientific study of something [SCIENCE] **4** *The doctors have decided to observe the patient for a week.* = to keep a patient under watch, before or during medical treatment [MEDICINE] **5** *Holi will be observed on the eighteenth of March.* = to celebrate a festival (formal) **6** *Let us observe silence for two minutes.* = to practise some action for a limited period of time (formal) **observation** /ɒbzəˈveɪʃən/ noun, u. or c. **1** *If you use your powers of observation, you will notice that most people here are below the age of 20.*(u.) = the ability to notice something **2** *Your observations on the teaching in this school were well received.*(c.) = remarks or comments, specially those made during a speech **3** *Newton discovered the law of gravitation through observation of natural phenomena.*(u.) = the process of studying events in a scientific manner [SCIENCE] **4** *The doctors will keep the patient under observation for a week.*= the process of keeping watch over a patient before or during medical treatment [MEDICINE] **observer** /əbˈzɜːvə^r/ noun, c. **1** *a keen observer of human nature* = a person who can notice things easily **2** *The United Nations is sending observers to the two countries.* = a person who is sent by an organization to some place to keep watch over a situation [TECHNICAL]

The placement of these words in the same cluster informs the learner of the fact that **observation** and **observer** are derivatives of the root-word **observe.** By learning the meaning of **observe**, learners get a convenient foothold which enables them to learn a large number of related words. Such incidental learning is an important aim that **WordMaster** has set itself.

इन शब्दों को एक साथ रखना यह दर्शाता है कि **observation** और **observer** दोनों मूल शब्द **observe** से व्युत्पन्न शब्द हैं। **observe** शब्द का अर्थ जानने के बाद प्रयोक्ता को उससे संबंधित अनेक शब्दों को समझने का एक सुविधाजनक आधार मिल जाता है। इस प्रकार का प्रासंगिक अधिगम **WordMaster** का एक महत्त्वपूर्ण लक्ष्य है।

This raises a fundamental question about the way in which most people look at dictionaries. As we suggested earlier, the assumption seems to be that a dictionary is little more than a source of meanings of unfamiliar words and a point of reference for spelling, pronunciation and grammar. When these purposes are achieved, users will put the dictionary away.

यह लोगों के कोश देखने के दृष्टिकोण पर एक मूलभूत प्रश्न उठाता है। जैसा कि पहले संकेत किया गया है, साधारण मान्यता यह है कि कोश अपरिचित शब्दों के अर्थ बताने वाले साधन से थोड़ा अधिक–वर्तनी, उच्चारण एवं व्याकरण संबंधी जानकारी का एक संदर्भ ग्रंथ मात्र है। इस जानकारी को प्राप्त कर लेने के पश्चात प्रयोक्ता इसे एक ओर रख देता है।

a vocabulary and language builder

However, it should be possible to think of a dictionary as a *vocabulary-builder* which one uses not just to know more about words that have already been met, but to build up a stock of words that *could* be used

शब्दावली व भाषा का विकासक

in the future. There is no logical reason why a learner who has used the dictionary to find out the meaning/meanings of **observe** should stop at that word. There could be a natural inclination to browse on, discovering related words in the neighbourhood of the root word. It is expected that the principle of clustering will encourage the habit of browsing and incidental learning, a strategy that many proficient users of dictionaries apply.

कोश को 'शब्दावली विकासक' के रूप में समझा जाना चाहिए, जिसका प्रयोग केवल उन शब्दों के बारे में अधिक जानने के लिए नहीं, जिन्हें पहले देखा जा चुका है, बल्कि ऐसा शब्द-भंडार बनाने के लिए किया जा सकता है जो भविष्य में काम आ सके। यदि कोई अध्येता **observe** शब्द का अर्थ जानने के लिए शब्दकोश उठाता है तो यह अनिवार्य नहीं कि वह मात्र अर्थ देखकर ही उसे रख दे, बल्कि यह स्वाभाविक होना चाहिए कि वह उससे संबंधित अन्य शब्दों पर भी दृष्टि डाले। यह अपेक्षा की जाती है कि संबंधित शब्दों के एकत्रीकरण का सिद्धांत अध्येता में browsing के शौक को प्रोत्साहित करेगा तथा प्रासंगिक अधिगम में सहायक होगा।

WordMaster thus differs in at least two important ways from most dictionaries that are now commonly in use. Both these innovations have resulted from many years of experience gained in the classroom with learners of English as well as their teachers. Both features have been field-tested and have drawn enthusiastic response from learners as well as teachers. It is hoped that they will prove useful to the wider audience to whom this work is now presented.

इस प्रकार **WordMaster** व अन्य प्रचलित कोशों में कम से कम दो प्रकार का अंतर है। ये दोनों नवीनताएँ कक्षा में अंग्रेज़ी के अध्येताओं और उनके अध्यापकों के साथ वर्षों के अनुभव का परिणाम हैं। इन दोनों विशेषताओं का परीक्षण करने पर अध्येताओं के साथ-साथ अध्यापकों की ओर से भी उत्साहपूर्ण प्रतिक्रिया प्राप्त हुई है। आशा है कि ये विशेषताएँ विस्तृत प्रयोक्ता वर्ग के लिए भी उपयोगी सिद्ध होंगी।

PREFACE TO ENGLISH–ENGLISH–HINDI DICTIONARY

WordMaster, the new dictionary for the new millennium
WordMaster
नई सहस्राब्दी का नया कोश

अंग्रेज़ी अध्येता के लिए विशेष रूप से निर्मित दक्षिण-एशियाई देशों के English–English कोश की सफलता के बाद भारत के विभिन्न प्रांतों के अध्येताओं के लिए उपयोगी द्विभाषिक कोश शृंखला के विकास की योजना बनाई गई। प्रस्तुत कोश उसी शृंखला की एक कड़ी है। ज्ञान-विज्ञान के विविध क्षेत्रों में विकसित नई शब्दावली एवं प्रचलित शब्दों के अर्थ-विस्तार को समाहित करते हुए **WordMaster** में **35,000** से अधिक प्रविष्टियाँ सम्मिलित की गई हैं। प्रत्येक प्रविष्टि के साथ शब्दों के उच्चारण (IPA और देवनागरी में), वर्तनी, व्याकरणिक जानकारी, प्रयोग संबंधी आवश्यक व्याकरणिक तथा व्यावहारिक सूचनाएँ, विषय-विशेष से संबंध आदि–समस्त जानकारी दी गई है, जिसके कारण **WordMaster** मात्र एक शब्दकोश न होकर एक समेकित भाषा-अधिगम संदर्शिका बन गया है।

WordMaster द्विभाषिक कोश की निम्नलिखित विशेषताएँ उसे अन्य परंपरागत कोशों से अलग विशिष्ट स्थान देती हैं–

Explanatory Notes
व्याख्यात्मक टिप्पणी

Headwords

WordMaster में माडर्न इंग्लिश में प्रयुक्त 35, 000 से अधिक प्रविष्टियाँ (entries) सम्मिलित हैं। इसमें प्रत्येक headword को मोटे अक्षरों में मानक वर्तनी में प्रस्तुत किया गया है। इस वर्तनी में syllable division को स्पष्ट दर्शाया गया है। जैसे–

ac.count, a.moe.ba

मानक वर्तनी से भिन्न प्रचलित अन्य spellings को headword के तुरंत पश्चात कोष्ठक में दिया गया है। ये वैकल्पिक रूप अमरीकी अथवा ब्रिटिश भाषा रूप के आधार पर नहीं बल्कि दक्षिण एशियाई देशों में मान्य रूपों के आधार पर दिए गए हैं।

Pronunciation
उच्चारण

WordMaster में शब्दों के उच्चारण पहले IPA (International Phonetic Alphabet अंतर्राष्ट्रीय स्वनिक वर्णमाला) पद्धति से और फिर देवनागरी लिपि में दिए गए हैं। उच्चारण में बलाघात को एक विशिष्ट चिह्न (ˈ) द्वारा दर्शाया गया है। देखें–

/əˈkaunt /अˈकाउण्ट/

अंग्रेज़ी शब्दों के उच्चारण में प्राय: अमरीकी व ब्रिटिश मानक की दृष्टि से भिन्नता मिलती है। दक्षिण एशियाई देशों में ब्रिटिश मानक को स्वीकार किया जाता है। अत: इस कोश में इन देशों में प्रचलित मानक रूप ही दिए गए हैं।

IPA तथा देवनागरी में प्रस्तुत उच्चारण को समझने की सुविधा के लिए IPA स्वनिक चिह्न तथा देवनागरी चिह्नों की सूची दी गई है।

Words used as different 'parts of speech'
एक शब्द का एकाधिक शब्द-वर्गों में प्रयोग

अंग्रेज़ी में अनेक शब्दों का एक से अधिक शब्द-वर्गों (parts of speech) में प्रयोग किया जाता है। ऐसी स्थिति में भिन्न-भिन्न शब्द-वर्गों में प्रयुक्त शब्द को भिन्न-भिन्न प्रविष्टियों के रूप में दिया गया है। इन प्रविष्टियों को superscript number दिए गए हैं, जैसे–account[1] noun, account[2] verb

Multiple meanings
अनेकार्थी शब्द

अनेकार्थी शब्द के प्रत्येक अर्थ को उदाहरण सहित समझाया गया है तथा अर्थों को मोटे छापे में संख्याओं द्वारा दिखाया गया है। देखें–account[1]

प्रत्येक प्रविष्टि में शब्द से संबंधित वे सभी व्याकरणिक सूचनाएँ दी गई हैं जिनकी जानकारी शब्द के सही प्रयोग के लिए आवश्यक है; जैसे–शब्द-वर्ग noun, verb

आदि; उनके भेद अथवा उपवर्ग–noun: countable/uncountable अथवा दोनों; verb: transitive/intransitive अथवा दोनों; शब्दों के irregular रूप–see-saw-seen, run-ran-run, toy–toys, mango–mangoes, sheep–sheep. शब्दों के irregular रूप कोष्ठक में मोटे अक्षरों में दिए गए हैं।

Usage notes
प्रयोग संबंधी टिप्पणी

विशेष रूप से दक्षिण-एशियाई देशों के अध्येता के उपयोग हेतु निर्मित **WordMaster** में व्याकरण संबंधी ऐसी सभी जानकारी दी गई है जिनके अभाव में अध्येता द्वारा अंग्रेज़ी शब्दों के सही प्रयोग में भूल हो सकती है।

Social usage
समाज में प्रयोग संबंधी सूचनाएँ

शब्दों के व्याकरणिक प्रयोग के साथ ही साथ उनके सामाजिक संदर्भ तथा समाज में ऐसे शब्दों की मान्यता संबंधी जानकारी भी किसी भाषा के अध्येता के लिए आवश्यक होती है। इस आवश्यकता की पूर्ति हेतु **WordMaster** में stylistic labels तथा प्रयोग संबंधी निर्देश/चेतावनी दी गई है। जैसे–informal/formal, not-respectful, disapproving, approving आदि।

Stylistic labels
इनकी अंग्रेज़ी-हिंदी सूची शुरू के पृष्ठों में व्याख्या सहित दी गई है।

Register labels
विषय क्षेत्र अथवा प्रयोग लेबल

अनेक शब्दों का प्रयोग किसी विषय-विशेष तक सीमित होता है। अत: उस विषय-विशेष का संदर्भ देना भी आवश्यक है। यह संदर्भ 'Register label' द्वारा दिया गया है। 'Register label' के अंतर्गत विषयों के नाम–Physics, Biology, Computers आदि अंग्रेज़ी नामों के साथ उनके हिंदी नाम भी दिए गए हैं।

Vocabulary
शब्दावली

कोश में प्रयुक्त शब्दावली को अलग से सूचीबद्ध कर अर्थ समझाए गए हैं।

Additional Information अतिरिक्त जानकारी

Additional information
अतिरिक्त जानकारी

कोश के परिशिष्ट में निम्नलिखित अतिरिक्त जानकारी दी गई है–

- past and participle forms of irregular verbs
- some common words and their derivatives
- some problem areas for South Asian learners of English दक्षिण एशियाई देशों के अंग्रेज़ी अध्येता के लिए संभावित समस्याएँ एवं तत्संबंधी मार्गदर्शन
- weights and measures
- countries and nationalities (राष्ट्र और राष्ट्रीयता)

The following grammatical 'labels' have been used in this dictionary.

प्रस्तुत कोश में निम्नलिखित व्याकरणिक पारिभाषिक शब्दों/संक्षिप्तियों का प्रयोग किया गया है। कोश में केवल अंग्रेज़ी शब्दों का प्रयोग किया गया है। यहाँ हिंदी भाषी अध्येता की सुविधा के लिए उन शब्दों के हिंदी पर्याय दिए गए हैं।

noun संज्ञा	a word which 'names' a person, place or 'thing' व्यक्ति, वस्तु अथवा स्थान के नाम सूचक शब्द (e.g. *Shakespeare, Mumbai, chair*)
noun, c. (countable noun) संज्ञा, गणनीय	a noun which refers to things that can be counted and has singular as well as plural forms (e.g. *cup, cups*). Most plurals are formed by adding *-s* or *-es*, but the exceptions are shown, in this dictionary, in brackets and in boldface, after the headword. जिनकी गणना की जा सके, ऐसी वस्तुओं के नाम सूचक शब्द। ऐसे शब्दों के एकवचन व बहुवचन रूप होते हैं, जैसे–*cup, cups.* अधिकतर बहुवचन रूप -s अथवा -es प्रत्यय के योग से बनाए जाते हैं किंतु कुछ अपवाद भी हैं जिन्हें इस कोश में headword के पश्चात कोष्ठक में मोटे अक्षरों में दिया गया है।
noun, u. (uncountable noun) संज्ञा, अगणनीय	a noun which refers to things which cannot be counted (e.g. *water, silk*) and which normally have no plural forms. जिसकी गणना न की जा सके, ऐसी वस्तुओं की सूचक संज्ञा, जैसे–water, silk. ऐसे शब्दों के प्रायः बहुवचन रूप नहीं होते।
noun, c. or u. (countable or uncountable) संज्ञा, गणनीय अथवा अगणनीय	a noun which can be either countable or uncountable, depending on the meaning ऐसी संज्ञा जो संदर्भ में अर्थानुसार गणनीय अथवा अगणनीय हो सकती है (e.g. *Five deaths have been reported.*(c.) *Death is inevitable.*(u.)).
verb क्रिया	a word which refers to an action, either physical (e.g. *run, sit*), mental (e.g. *think, know, imagine*) or sensory (e.g. *feel, see*). Verbs have present as well as past tense forms, e.g. *ask/asked* (regular), *run/ran* (irregular). The past tense and past participle forms of irregular verbs are shown in brackets, in boldface, after the word. क्रिया सूचक शब्द। यह क्रिया शारीरिक हो सकती है। जैसे–*run, sit* और ज्ञान अथवा अनुभवपरक हो सकती है, जैसे–*feel, see.* क्रिया शब्दों के वर्तमानकालिक और भूतकालिक रूप होते हैं; जैसे–*ask/asked* (regular), *run/ran* (irregular). *Irregular* verbs के past tense एवं past participle रूप कोष्ठक में मोटे अक्षरों में दिए गए हैं।
verb, t. (transitive verb) क्रिया, सकर्मक	a verb which must be followed by an object, which is usually a noun or a pronoun (e.g. *She likes Mumbai/you*). ऐसे क्रिया शब्द जिनके पश्चात 'कर्म' का प्रयोग किया जाता है, 'कर्म' सामान्यतः संज्ञा अथवा सर्वनाम होता है; जैसे–*She likes Mumbai/you.*
verb, i. (intransitive verb) क्रिया, अकर्मक	a verb that does not require an object (e.g. *He slept all day.*) ऐसे क्रियाबोधक शब्द जिनके साथ 'कर्म' की आवश्यकता नहीं होती, जैसे–*He slept all day.*
verb, t. or i. (transitive or intransitive) क्रिया, सकर्मक अथवा अकर्मक	a verb which can be either transitive or intransitive [e.g. *I can see a plane.*(t.) *I can see now.*(i.)] ऐसे क्रियाबोधक शब्द जो सकर्मक अथवा अकर्मक हो सकते हैं, जैसे–*I can see a plane.* (t.) *I can see now.* (i.)
aux. verb (auxiliary verb) सहायक क्रिया	'helping' words which come before verbs and help to shape their meanings (e.g. *can, may, been, have*). ऐसे सहायक शब्द जो क्रिया से पूर्व आते हैं और क्रिया के अर्थबोध में सहायता देते हैं, जैसे–*can, may, been, have.*

adj. (adjective) विशेषण — a word which describes a noun (e.g. *red rose, round table*) वह शब्द जो संज्ञा को वर्णित करता है, जैसे–*red rose, round table.*

adv. (adverb) क्रिया विशेषण — a word which 'modifies' a verb (e.g. *He sings sweetly.*) वह शब्द जो क्रिया को 'modify' करता है, जैसे–*He sings sweetly.*

det. (determiner) निर्धारक — words which describe the nouns before which they are used. They include articles, quantifiers (e.g. *some, little, much*) and demonstratives (e.g. *this, that, these, those*) वे शब्द जो संज्ञा से पूर्व आते हैं और उसका निर्धारण करते हैं। ऐसे शब्द articles, quantifiers अथवा demonstrative हो सकते हैं, जैसे–*some, little, much, this, that, these, those.*

pron. (pronoun) सर्वनाम — a word which can replace a noun (e.g. *he, she, it*) वे शब्द जो संज्ञा के स्थान पर आ सकते हैं, जैसे–*he, she, it.*

poss. pron. (possessive pronoun) संबंधवाची सर्वनाम — a word which shows 'possession' (e.g. *my, yours, his*) वह शब्द जो संबंध (possession) दर्शाता है, जैसे–*my, yours, his.*

conj. (conjunction) योजक — a word which joins words, phrases or clauses together (e.g. *and, but*) वह शब्द जो शब्दों, पदबंधों अथवा उपवाक्यों को मिलाता है, जैसे–*and, but.*

prep. (preposition) विभक्ति — a word which is commonly followed by a noun and shows some kind of relationship between the noun and a verb which comes earlier (e.g. *on* in *She sat on the chair.*) वह शब्द जो सामान्यत: संज्ञा के पूर्व आता है और उस संज्ञा का क्रिया के साथ संबंध दर्शाता है, जैसे–*She sat on the chair* वाक्य में on.

interjec. (interjection) विस्मयादिबोधक — an exclamation (e.g. *ah!, yes!*) विस्मयादि का बोधक, जैसे–*ah!, yes!*

USAGE LABELS शैलीगत लेबल

The following 'stylistic' labels have been used in the dictionary to indicate the attitude (feeling) behind the use of a word, or the situation in which a word is used.

भाषा में शब्दों का प्रयोग अर्थ के साथ-साथ वक्ता के भावों जैसे–आदर, अनादर, उपहास, विनम्रता आदि को भी प्रकट करता है। प्रस्तुत कोश में उन भावों के संकेत हेतु 'शैलीगत लेबल' प्रयुक्त किए गए हैं। ये शैलीगत लेबल अंग्रेज़ी, हिंदी दोनों भाषाओं में दिए गए हैं। नीचे इनकी सूची हिंदी-अंग्रेज़ी पर्याय, विवरण तथा उदाहरण सहित दी गई है–

derogatory अनादरपूर्ण — a word or phrase which carries an insulting or negative meaning, e.g. *facile* वह शब्द अथवा पदबंध जिसका अर्थ अनादरपूर्ण अथवा अन्य प्रकार से बुरा हो, जैसे–*facile*

approving स्वीकृत — a word or phrase used in praise or approval, e.g. *perfectionist* सराहना अथवा स्वीकृति के अर्थ में प्रयुक्त शब्द या पदबंध, जैसे–*perfectionist*

disapproving अस्वीकृत — a word or phrase which shows the user's attitude of disapproval, e.g. *gimmick, churn out* प्रयोक्ता के अस्वीकृति के भाव का सूचक शब्द या पदबंध, जैसे–*gimmick, churn out*

not respectful आदरपूर्ण नहीं — shows lack of respect (usually in South Asian cultural contexts) e.g. *blabber* सामान्यत: दक्षिण एशियाई सांस्कृतिक संदर्भों में आदरपूर्ण नहीं, जैसे–*blabber*

old-fashioned पुराने प्रचलन का — not commonly used in modern English, e.g. *array* मॉडर्न इंग्लिश में प्रयुक्त नहीं होने वाला, जैसे–*array*

literary
साहित्यिक
used to create a 'literary' effect, e.g. *azure* साहित्यिक प्रभाव उत्पन्न करने के लिए प्रयुक्त जैसे–*azure*

figurative
लाक्षणिक
used with a 'transferred' meaning, e.g. *explode: He exploded when I told him he would not get leave.* ('Explode' is normally used for bombs etc. but is used here to describe the way a person reacts.) मुख्य अर्थ से भिन्न लाक्षणिक अर्थ के साथ प्रयुक्त, जैसे–*explode: He exploded when I told him he would not get leave.* ('Explode', अक्सर बम के संदर्भ में प्रयुक्त होता है लेकिन यहाँ यह शब्द व्यक्ति के प्रतिक्रियापरक ढंग को दर्शाता है।)

humorous and polite use
हास्यपरक और विनम्रतासूचक
Both these labels are self-explanatory. दोनों स्वतः स्पष्ट हैं।

formal
औपचारिक
shows highly careful and correct use of language in 'special' situations, e.g. *abstain* विशेष स्थितियों में भाषा का शुद्ध प्रयोग, जैसे–*abstain*

informal
अनौपचारिक
shows relaxed and friendly use of language, e.g. *I am feeling blue.* (= sad) अनौपचारिक, मित्रतापूर्ण भाषिक प्रयोग, जैसे–*I am feeling blue.* (= sad)

slang
अपभाषा
use of language which is permitted only between close friends in very relaxed situations, e.g. *cool* (= nice and likeable) अत्यंत घनिष्ठ मित्रों के बीच अनौपचारिक स्थितियों में प्रयुक्त भाषाई रूप जैसे–*cool* (= nice and likeable)

These are the words that users are advised not to use as they cause offence, or are not considered suitable in many contexts. अंग्रेज़ी के अध्येता को प्रयोग न करने का परामर्श, क्योंकि अनेक संदर्भों में इन शब्दों का प्रयोग उचित नहीं माना जाता, लोग बुरा मान सकते हैं।

gender-sensitive words that are offensive or not respectful of women and men e.g. *doll, sissy* ऐसे शब्द जो पुरुष अथवा स्त्रियों के लिए आदरपूर्ण नहीं माने जाते, लोग बुरा मान सकते हैं, जैसे–*doll, sissy*

offensive
अप्रसन्नताकारक (कटु, अप्रिय)
words which are considered offensive to people, e.g. Red Indian, podgy ऐसे शब्द जिनका प्रयोग वर्ग-विशेष द्वारा बुरा माना जाता है, जैसे–*Red Indian, podgy*

not polite
विनम्र नहीं
words which are not considered polite in a formal social context, e.g. *peeping Tom* ऐसे शब्द जिनका प्रयोग औपचारिक सामाजिक संदर्भों में विनम्र नहीं माना जाता, जैसे– peeping Tom

REGISTER LABELS विषयगत (प्रयोग-क्षेत्र) लेबल

The register (the 'field' or subject from which a word comes) is shown by special labels, printed in small capitals. The labels used are: शब्दों के 'रजिस्टर' (प्रयोग क्षेत्र अथवा विषय) को दर्शाने के लिए निम्नलिखित 'लेब्ल' प्रयुक्त किए गए हैं

BIOLOGY	जीव विज्ञान	BUSINESS	वाणिज्य	CHEMISTRY	रसायन विज्ञान
COMPUTERS	कंप्यूटर	GEOGRAPHY	भूगोल	GEOMETRY	ज्यामिति
GRAMMAR	व्याकरण	HISTORY	इतिहास	LAW	कानून
LITERATURE	साहित्य	MATHEMATICS	गणित	MEDIA	मीडिया
MEDICINE	चिकित्सा चिकित्सा विज्ञान	MILITARY	सेना	PHYSICS	भौतिक विज्ञान
SCIENCE	विज्ञान	TECHNICAL	तकनीकी		

PRONUNCIATION TABLE उच्चारण तालिका

अंग्रेज़ी उच्चारण के लिए प्रयुक्त **International Phonetic Alphabet (IPA)**–अंतर्राष्ट्रीय स्वनिक चिह्न

vowels		consonants		diphthongs	
ʌ	but	g	gate	eə	care
ə	asleep	θ	thin	uə	poor
ɜ:	curd	ð	that	ai	kite
æ	sad	ʃ	ship	eɪ	cake
ɑ:	basket	ʒ	treasure	ɔɪ	toy
e	get	ŋ	ring	əʊ	coat
ɪ	pin	j	yawn	aʊ	blouse
i:	deep	tʃ	chin	ɪə	dear
ɒ	lot	dʒ	join	aɪə	liar
ɔ:	sort			**triphthongs**	
ʊ	should			eɪə	mayor
u:	soon			əʊə	mower
				aʊə	hour
				ɔɪə	lawyer

अंग्रेज़ी उच्चारण के लिए प्रयुक्त **देवनागरी स्वनिक**

Vowels (स्वर)

अ	/ə/	जैसे again की प्रथम ध्वनि
अॅ	/ʌ/	जैसे up की प्रथम ध्वनि
अऽ	/ɜ:/	जैसे earn की प्रथम ध्वनि
आ	/ɑ, ɑ:/	जैसे after, art, father में
ऑ	/ɒ, ɔ:, ɔ:/	जैसे क्रमशः off, naughty, nought में
इ	/ɪ/	जैसे in की प्रथम ध्वनि
ई	/i, i:/	जैसे early की अंत्य तथा eat की प्रथम ध्वनि
उ	/ʊ/	जैसे push, put में
ऊ	/u:/	जैसे pool, cool में
एँ	/e/	जैसे edit की प्रथम ध्वनि
ऐ	/æ/	जैसे atom, album की प्रथम ध्वनि

टिप्पणी

1 उपर्युक्त स्वरों के साथ /r/ होने पर प्रायः ये स्वर अपेक्षाकृत दीर्घ हो जाते हैं। उस दीर्घता के लिए संस्कृत में प्रयुक्त प्लुत /ऽ/ चिह्न का प्रयोग किया गया है। जैसे–art /आऽट/, bird /बऽड/, dormant /डॉऽमण्ट/

2 उपर्युक्त स्वरों के 'द्वि स्वर' एवं 'त्रि स्वर' संयोग अंग्रेज़ी में प्रचलित हैं। उन्हें उपर्युक्त स्वरों के संयोग द्वारा दर्शाया गया है, यथा–

आइ	/a:i/	जैसे 'kite' /kait/
अउ	/əʊ/	जैसे 'go' /gəʊ/
आउअ	/aʊə/	जैसे 'our' /aʊəʳ/
एइअ	/eɪə/	जैसे 'layer' /leɪəʳ/

3 हिंदी में शब्दांत 'अ' और कभी-कभी शब्द के मध्य 'अ' का उच्चारण नहीं किया जाता। इन स्थितियों में अंग्रेज़ी शब्दों में 'अ' का उच्चारण दर्शाने के लिए शिरोरेखा को तोड़कर लिखा गया है, जैसे–nebula नेँब्यु ल/, narrative /नै र टिव/

Consonants (व्यंजन)

		जैसे
क	/k/	cat की प्रथम ध्वनि
ग	/g/	god
च	/tʃ/	check
ज	/dʒ/	jam
ट	/t/	tea
ड	/d/	dance
* थ़	/θ/	thank, think
* द़	/ð/	then, their
प	/p/	party
ब	/b/	bank
फ़	/f/	fish
व़	/v/	value
स	/s/	sun
ज़	/z/	zip
श	/ʃ/	shop
** ज़/श	/ʒ/	usual
म	/m/	major
न	/n/	nature
ङ	/ŋ/	song की अंतिम ध्वनि
य	/j/	young की प्रथम ध्वनि
र	/r/	rest
ल	/l/	lock
व	/w/	well
ह	/h/	hand

टिप्पणी

***1** थ़ /θ/ और द़ /ð/ ध्वनियाँ हिंदी में नहीं हैं। अंग्रेज़ी के शब्दों 'thank' व 'then' की प्रथम ध्वनियाँ हिंदी की ध्वनियों—क्रमश: 'थ, द' से भिन्न हैं। हिंदी की इन ध्वनियों का उच्चारण दाँत के पीछे मसूड़े से होता है जबकि अंग्रेज़ी की इन ध्वनियों का उच्चारण दाँतों के मध्य से होता है।

****2** ज़/श से अंकित अंग्रेज़ी की ध्वनि /ʒ/ भी हिन्दी में नहीं है। अत: इसका उच्चारण हिंदी भाषियों के लिए प्राय: कठिन होता है। यह ध्वनि /श/ का सघोष रूप है जबकि /ज़/ /स/ का सघोष रूप है। /स/, /ज़/ ध्वनियों का उच्चारण हिंदी भाषियों के लिए अपरिचित अथवा कठिन नहीं है।

अंग्रेज़ी ध्वनि /ʒ/ (जैसी, usual, leisure, pleasure में है) को हिंदी में कभी /ज़/ और कभी /श/ से अंकित किया जाता है।

3 अंग्रेज़ी में शब्दांत /र/ प्राय: अत्यंत हल्का उच्चरित होता है। इसे हिंदी में ऊपर उठा हुआ (superscript) रूप में लिखा गया है। जैसे–bachelor / बैचल^{र}/

4 संयुक्ताक्षर

क) अनुस्वार+व्यंजन में अनुस्वार को प्राय: आधे नासिक्य व्यंजन से लिखा गया है, जैसे–kind/काइण्ड/ single /सिङ्गल /; किंतु अंत्य ng/ŋ/ को /ङ/ व्यंजन से (sing/सिङ/) लिखा गया है।

ख) अंग्रेज़ी में कुछ संयुक्ताक्षर स्वर रहित हैं, जैसे–nominal में /nl/, noodle में /dl/, non-conductor में /ktr/। इन्हें हिंदी में संयुक्ताक्षर(संयुक्त व्यंजन) रूप में न देकर पूर्व व्यंजन को हलंत से दिया गया है।

ग) ट्र, ड्र के साथ उ, ऊ स्वरों की मात्रा वाले शब्दों को इस प्रकार लिखा गया है–ट्रु, ट्रू, ड्रू।

HOW TO USE THE DICTIONARY कोश की प्रयोग विधि

This dictionary has been designed as a comprehensive language-learning tool which provides several kinds of information to the user. The diagram below illustrates the kinds of information that have been made available.

प्रस्तुत कोश का विकास एक 'भाषा अधिगम उपकरण' के रूप में किया गया है। यह प्रयोक्ता को विविध प्रकार की जानकारी उपलब्ध कराता है जिसे अगले तीन पृष्ठों में एक तालिका द्वारा दर्शाया गया है। तालिका में देखें-

1 headword को अंग्रेज़ी वर्तनी में मोटे अक्षरों में दिया गया है। जिन शब्दों के एकाधिक लिखित रूप प्रचलित हैं, उनके वैकल्पिक लिखित रूप headword के साथ ही कोष्ठक में दिए गए हैं। देखें-(amoeba), realize (realise)

2 headword में syllable division मोटे बिंदु द्वारा दर्शाया गया है।

3 उच्चारण पहले IPA लिप्यंकन पद्धति से फिर देवनागरी लिपि में दिया गया है। इस लिप्यंकन में बलाघात (stress) को विशिष्ट चिह्न ' द्वारा दर्शाया गया है जो उस अक्षर से पहले दिया जाता है जिस पर बल दिया जाना हो।

4 उच्चारण के पश्चात व्याकरणिक शब्द-वर्ग (part of speech) को वर्ग के प्रमुख भेद सहित अंग्रेज़ी में दिया गया है।

5 headword और उससे व्युत्पन्न शब्दों का वाक्य में प्रयोग का उदाहरण दिया गया है।

6 जहाँ आवश्यक अनुभव किया गया वहाँ शब्द का स्रोत भी बताया गया है। प्रत्यय, उपसर्गों के मूल अर्थ की ओर ध्यानाकर्षण किया गया है।

7 शब्द अनेकार्थी हो तो उसके विविध अर्थों को संख्याएँ देते हुए अलग-अलग समझाया गया है। प्रत्येक अर्थ के लिए प्रयोग का उदाहरण, फिर = चिह्न के बाद सरल अर्थ पहले अंग्रेज़ी में, फिर हिंदी में बताया गया है।

8 आवश्यकतानुसार सही प्रयोग संबंधी अतिरिक्त व्याकरणिक जानकारी दी गई है, जैसे-(always singular or always plural)

9 अर्थ के पश्चात् कोष्ठक में usage label अंग्रेज़ी और हिंदी में दिए गए हैं; जैसे-(formal) (औपचारिक)

10 एक शब्द के विविध शब्द वर्गों (parts of speech) में प्रयोग को भिन्न प्रविष्टियों के रूप में superscript number के साथ दिखाया गया है।

11 शब्द के व्युत्पन्न रूपों (derivatives) को मुख्य शब्द के ही अंतर्गत किंतु मोटे अक्षरों में दिखाया गया है, साथ ही मुख्य शब्द के संदर्भ में दी गई सभी सूचनाएँ भी दी गई हैं। उच्चारण, IPA और देवनागरी में उन्हीं derivatives के लिए दिया गया है जिनमें मुख्य शब्द के उच्चारण से परिवर्तन हो गया है।

12 एक प्रविष्टि के अंतर्गत headword से संबंधित मुहावरे और पदबंध भी प्रयोग संबंधी सूचनाओं और उदाहरण के साथ दिए गए हैं। उदाहरणों को आवश्यकतानुसार संदर्भ सहित दिया गया है।

13 यथासंभव headword के पर्याय, विलोम अथवा संबंधित अन्य शब्दों के संदर्भ एवं चित्र दिए गए हैं।

14 समस्त जानकारी के पश्चात शब्द का प्रयोग-क्षेत्र अथवा विषय-विशेष अंग्रेज़ी के साथ हिंदी में दिया गया है। विविध विषयों को 'Register Labels' के अंतर्गत सूचीबद्ध किया गया है।

15 समाज में शब्द प्रयोग के अनादरपूर्ण अथवा अन्य प्रकार से आपत्तिजनक होने की स्थिति में विशेष रूप से 'प्रयोग निषेध' संबंधी चेतावनी दी गई है।

16 प्रचलित समसामयिक अर्थ भी बताए गए हैं।

17 शब्दों के सही शब्द प्रयोग के संदर्भ में अध्येता की संभावित अशुद्धियों अथवा कठिनाइयों के संबंध में टिप्पणी, जो प्रस्तुत कोश को अन्य अध्येता-कोशों की तुलना में विशिष्टता प्रदान करती है।

18 स्पष्टता एवं सरलता हेतु चित्रों का प्रयोग, जो कोश की अन्य विशिष्टता है।

19 एक शब्द-मूल से बने शब्दों का परस्पर संबंध दर्शाने हेतु उनका एकत्रीकरण मूल प्रविष्टि (headword) के अंतर्गत किया गया है, जैसे magnet.

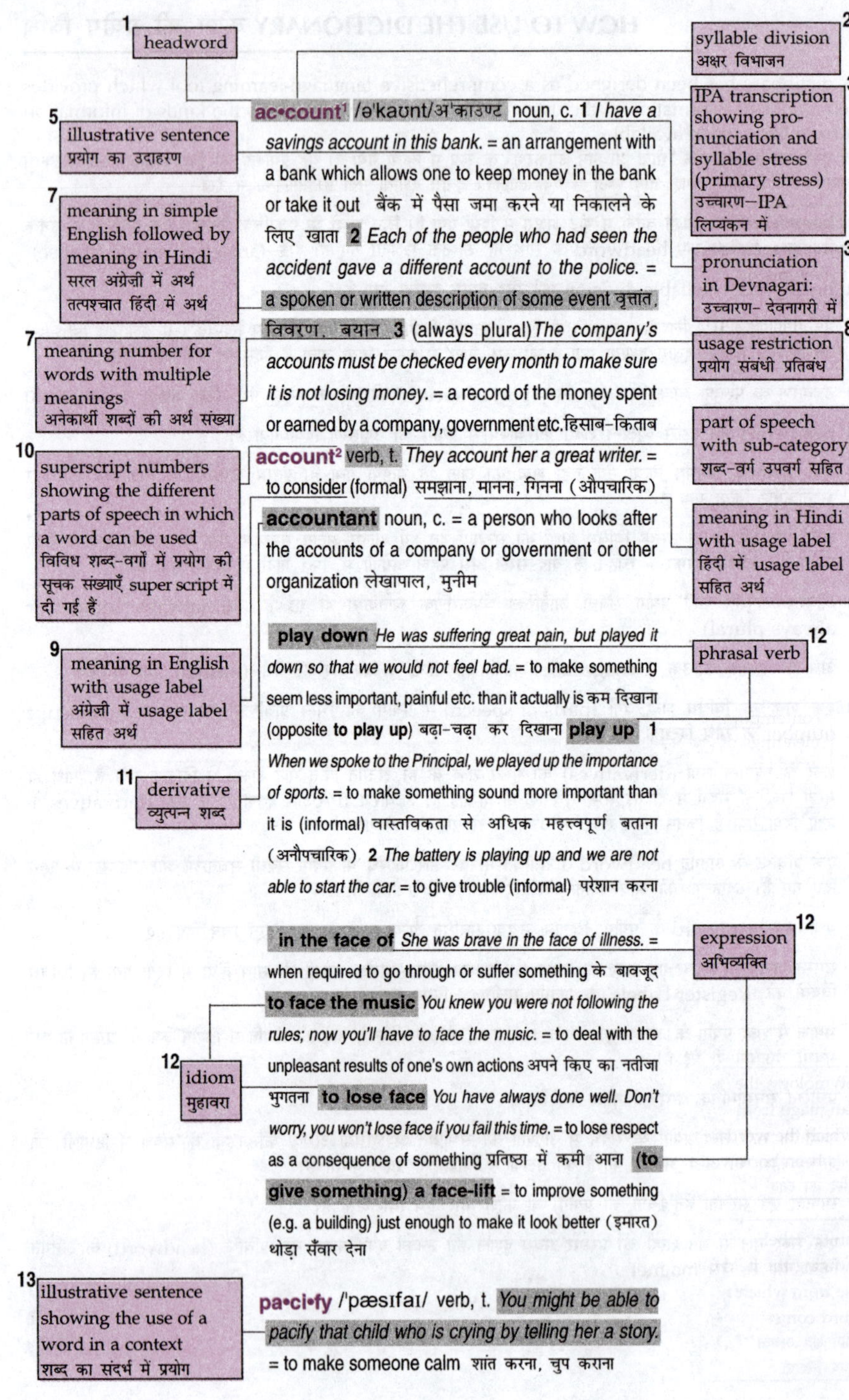

ac•count[1] /ə'kaʊnt/अ'काउण्ट noun, c. **1** *I have a savings account in this bank.* = an arrangement with a bank which allows one to keep money in the bank or take it out बैंक में पैसा जमा करने या निकालने के लिए खाता **2** *Each of the people who had seen the accident gave a different account to the police.* = a spoken or written description of some event वृत्तांत, विवरण, बयान **3** (always plural) *The company's accounts must be checked every month to make sure it is not losing money.* = a record of the money spent or earned by a company, government etc. हिसाब-किताब

account[2] verb, t. *They account her a great writer.* = to consider (formal) समझाना, मानना, गिनना (औपचारिक)

accountant noun, c. = a person who looks after the accounts of a company or government or other organization लेखापाल, मुनीम

play down *He was suffering great pain, but played it down so that we would not feel bad.* = to make something seem less important, painful etc. than it actually is कम दिखाना (opposite **to play up**) बढ़ा-चढ़ा कर दिखाना **play up 1** *When we spoke to the Principal, we played up the importance of sports.* = to make something sound more important than it is (informal) वास्तविकता से अधिक महत्त्वपूर्ण बताना (अनौपचारिक) **2** *The battery is playing up and we are not able to start the car.* = to give trouble (informal) परेशान करना

in the face of *She was brave in the face of illness.* = when required to go through or suffer something के बावजूद **to face the music** *You knew you were not following the rules; now you'll have to face the music.* = to deal with the unpleasant results of one's own actions अपने किए का नतीजा भुगतना **to lose face** *You have always done well. Don't worry, you won't lose face if you fail this time.* = to lose respect as a consequence of something प्रतिष्ठा में कमी आना **(to give something) a face-lift** = to improve something (e.g. a building) just enough to make it look better (इमारत) थोड़ा सँवार देना

pa•ci•fy /'pæsɪfaɪ/ verb, t. *You might be able to pacify that child who is crying by telling her a story.* = to make someone calm शांत करना, चुप कराना

a•cute /ə'kju:t/ /अ'क्यूट/ adj. **1** *There is an acute shortage of water in the city. All the wells and tanks are dry.* = very great; severe नितांत, उग्र **2** *Dogs have an acute sense of smell and hearing.* = very sharp; keen संवेदनशील **3** *an acute angle* = an angle which measures less than 90 degrees [GEOMETRY] (see pic under **angle**) न्यून(कोण) (Angle के अंतर्गत चित्र देखें) [ज्यामिति]

7 meaning in simple English
सरल अंग्रेज़ी में अर्थ

13 references to illustrations
चित्रों के संदर्भ

13 cross-reference for comparisons with synonyms or antonyms
पर्याय अथवा विलोम के संदर्भ

foe•tus (fetus) /'fi:təs/ /फ़ीटस/ noun, c. = an unborn baby that is almost fully developed [MEDICINE] (compare **embryo**) लगभग विकसित अवस्था का गर्भस्थ शिशु (देखें **embryo**)

man•go /'mæŋgəʊ/ /'मैंगउ/ noun, c. (**mangoes**) or u. **1** (c.) = a kind of fruit that grows in tropical (warm) climates आम

8 extra grammatical information showing irregular forms of words
अतिरिक्त व्याकरणिक सूचना, शब्द का irregular forms

nau•se•a /'nɔ:zɪə/ /'नॉज़िय/ noun, u. = a feeling of sickness that makes one want to vomit (throw up the food that one has eaten) उल्टी या वमन होने का अहसास **nauseate** nɔ:zɪ'eɪt/नॉज़ि'एट/verb, t. *The smell of tobacco nauseates me.* = to cause nausea वमन का अहसास कराना **nauseous** adj.

11 derived words
व्युत्पन्न शब्द

cool[1] /ku:l/ /कूल/ adj. **1** *The weather is pleasantly cool.* = neither very hot nor very cold; comfortable शीतल **2** *He is always cool when faced with some difficulty.* = calm शांत, स्थिर **3** *When I met my friend yesterday, she seemed rather cool.* = not very friendly उदासीन **4** *They are really cool people.* = nice and likeable (slang, approving) अच्छा-खासा ('माई डियर' लोग) (अपभाषा, स्वीकृत)

16 contemporary meanings of words
शब्दों के प्रचलित समसामयिक अर्थ

a•moe•ba (ameba) /ə'mi:bə/ /अ'मीब/ noun, c. (**amoebae** or **amoebas**) = a very tiny creature, made up of only one cell, that lives in ponds etc. जीवाणु **amoebic** /ə'mi:bɪk/ /अ'मीबिक/ adj. e.g., *amoebic dysentery* = caused by amoeba अमीबा जनित

1 alternative spelling
वैकल्पिक लिखित रूप

re•a•lize (realise) /'rɪəlaɪz/ /'रिलाइज/ verb **1** *They went on talking and did not realize that it was getting late.* = to come to understand महसूस करना **2** *I am glad he has realized his dream of becoming a surgeon.* = to achieve चरितार्थ करना, सपना साकार करना

6 etymology, the language from which the word has been borrowed
शब्द का स्रोत

am•bi•ence (ambiance) /'æmbiəns/ /'ऐम्बिअन्स/ noun, u. (French) *The hotel on the lake has a charming ambience.* = the character, quality, feeling etc. of a place (फ्रेंच भाषा का शब्द) स्थान-विशेष का (अपना) परिवेश या माहौल

14 subject label, showing the field of use from which a word comes
प्रयोग क्षेत्र अथवा विषय-विशेष

nat•ty /'næti/ /'नैटी/ adj. *natty clothes* = fashionable or stylish (informal) फैशन या सुरुचिपूर्ण (अनौपचारिक)

9 stylistic label
शब्द प्रयोग की स्थिति, शैली, वक्ता के भाव आदि के सूचक शैलीगत लेबल

download verb, t. = to move information from the Internet to the storage system of a computer [COMPUTERS] इंटरनेट से storage system (संरक्षण-निकाय) में स्थानांतरित करना [कंप्यूटर]

mag•net /ˈmægnɪt/ /ˈमैगनिट/ noun, c. = a piece of iron or steel which can attract (pull towards itself) other pieces of iron or steel चुंबक **magnetism** noun, u. **1** = the quality that a magnet has of being able to attract pieces of iron or steel चुंबक **2** *People were attracted to Martin Luther King by his magnetism.* = the power to attract people that some persons have (figurative) चुंबकत्व (लाक्षणिक) **magnetic** /mæg'netɪk/ /मैग'नेटिक/ adj. **1** *This piece of iron has magnetic properties.* = having to do with magnets चुंबकीय **2** *Lata Mangeshkar has a magnetic voice.* = very attractive प्रभावशाली, चुंबकीय **magnetic field** = the area around a magnet where its effect can be felt [PHYSICS] उतना भाग, जहाँ तक चुबंक का प्रभाव पड़ता है [भौतिक विज्ञान]

19 clustering (derivatives and compound words put together with the root word) एकत्रीकरण–एक शब्द–मूल से बने शब्दों का परस्पर संबंध दर्शाने हेतु उनका एकत्रीकरण

8 compound words यौगिक शब्द

shit[3] interjec. = an expression of anger or annoyance (USE) गुस्से या चिढ़ को जताने का बोधक शब्द निषिद्ध

15 The DO NOT USE symbol warns the user that a word is offensive प्रयोग निषेध संबंधी चेतावनी

9 The gender symbol to show gender-sensitive words लिंग संबंधी वर्ग-विशेष के लिए आपत्तिजनक प्रसंग का संकेत

chick /tʃɪk/ /ˈचिक/ noun, c. **1** *a day-old chick* = a baby bird, specially a baby chicken चूज़ा **2** = a young woman (slang) (G) छबीली (अपभाषा) लिंग

bag•gage /ˈbægɪdʒ/ /ˈबैगिज/ noun, u. (always singular) = the bags, suitcases etc. that one uses to carry clothes etc. while travelling (also **luggage**) सामान, असबाब (देखें **luggage**)

8 extra grammatical information to show the restriction on usage शब्द के व्याकरणिक प्रयोग के संबंध में अतिरिक्त सूचना

anti- /æntɪ/ /ऐण्टी/ prefix meaning **1** opposed to e.g. **anti-aircraft** adj. *an anti-aircraft gun* = directed against an enemy aircraft उपसर्ग (= प्रति-, -रोधी) विमान-भेदी **2** the opposite of e.g. **anticlockwise** adj. or adv. = in the opposite direction to the movement of the hands of a clock (see pic under **clockwise**) (= के उलटा) घड़ी की सुइयों के घूमने की विपरीत दिशा में **3** acting to prevent from becoming worse e.g. (= रोधक) **antiseptic** /æntɪˈseptɪk/ /ऐण्टी'सेप्टिक/ adj. = a chemical substance which can fight against infection in a wound caused by bacteria रोगाणुरोधक

6 attention drawn to the root meaning of prefixes and suffixes प्रत्यय, उपसर्गों के मूल अर्थ की ओर ध्यानाकर्षण

Usage The sentence: *There were a few people in the room.* and the sentence: *There were few people in the room.* have different meanings.
a few means 'a small number' while, **few** (without **a**) means 'not many'. In the sentence: *Few would believe that...*, **few** means 'hardly anyone'.

17 The usage note focuses on common errors and points of difficulty in the use of words. शब्द के प्रयोग में अध्येता की कठिनाइयों तथा सामान्य अशुद्धियों के संबंध में टिप्पणी

foot

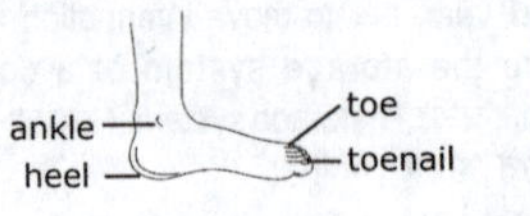

18 illustration with labels शब्दों के अर्थ प्रकट करने के लिए चित्र का प्रयोग

1 Headwords

ac•count

WORDMASTER provides the spellings, meanings and pronunciations of more than 35,000 entries (words, phrases, expressions and idioms) used in modern English together with grammatical and other kinds of information intended to guide correct and appropriate usage. Each entry is printed in **bold** letters in the dictionary.

WORDMASTER is designed for users (mainly learners at the school and intermediate level) in countries in South Asia. The model of English followed in these countries is, for historical reasons, closer to British English than to American English. Several dictionaries indicate American as well as British spelling, pronunciations, meanings and grammatical usage of words. To keep things simple and to avoid confusion, WORDMASTER provides, in most cases, only the spellings, pronunciations, meanings, etc. which are common on the subcontinent; in some cases, however, alternatives are indicated, specially when these are in wide use.

WordMaster माडर्न इंग्लिश भाषा में प्रयुक्त **35,000** से अधिक entries (words, phrases, expressions and idioms) के समुचित उपयोग के संबंध में आवश्यक व्याकरणिक तथा अन्य प्रकार की जानकारी के साथ-साथ उनके अर्थ, वर्तनी एवं उच्चारण उपलब्ध कराता है। कोश में प्रत्येक entry को bold letters में प्रस्तुत किया गया है।

WordMaster का निर्माण दक्षिण एशियाई देशों के प्रयोक्ता (मुख्यत: अध्येता) वर्ग के लिए किया गया है। इन देशों में, ऐतिहासिक कारणों से अमरीकी अंग्रेज़ी की अपेक्षा ब्रिटिश अंग्रेज़ी रूप को आदर्श माना गया है। अनेक कोश शब्दों के अमरीकी व अंग्रेज़ी दोनों रूपों के उच्चारण, वर्तनी, व्याकरणिक प्रयोग आदि देते हैं। कोश का प्रयोग सरल हो और उसमें किसी प्रकार के भ्रम की स्थिति न हो, इस दृष्टि से **WordMaster** में अर्थ, उच्चारण, वर्तनी आदि के वही रूप दिए गए हैं जो एशियाई देशों में प्रचलित हैं।

2 Alternative spellings वर्तनी विकल्प

ameba

Alternative spellings have been shown, also in bold print but in brackets, following headwords. We have not always indicated whether the spellings are American or British; it is to be understood that the alternatives are acceptable in the South Asian context.

शब्दों के वैकल्पिक लिखित रूप भी bold letters में, किंतु कोष्ठक में head word के बाद दिए गए हैं। ये लिखित रूप अमरीकी हैं अथवा ब्रिटिश, इसका संकेत नहीं दिया गया है, किंतु ये निश्चित रूप से दक्षिण एशियाई देशों में स्वीकृत रूप हैं।

3 Syllable divisions अक्षर विभाजन

ac•count, a•moe•ba

The word *for* has only one syllable: that is, the entire word can be pronounced with a single 'burst' of air from the lungs. But the word *account* has two syllables (*ac + count*). There seems to be a 'break' or division after the first syllable and a second burst of air is needed to produce the sound of *count.*

The word *amoeba* has three syllables (*a + moe + ba*). There are other words in the dictionary with four or more syllables.

The headwords in the dictionary indicate also the syllable divisions in words, by means of dots printed between syllables. This information is important for the correct pronunciation of words.

'for' शब्द में एक अक्षर (syllable) है; अर्थात पूरा शब्द फेफड़ों से बाहर आने वाली वायु के एक झटके से बोला जाता है। किंतु 'account' में दो अक्षर हैं (ac + count). श्वास वायु के एक झटके में प्रथम अक्षर बोला जाता है, कुछ अंतराल के बाद दूसरा अक्षर दूसरे झटके से बोला जाता है।

'amoeba' शब्द में तीन अक्षर हैं (a+moe+ba). कोश में चार अथवा उससे अधिक अक्षरों वाले शब्द भी हैं।

'head words' में प्रत्येक अक्षर के पश्चात बिंदु के प्रयोग द्वारा शब्दों के अक्षर-विभाजन को दर्शाया गया है। इस प्रकार की जानकारी शब्दों के सही उच्चारण के लिए आवश्यक है।

4 Syllable stress अक्षर बलाघात

/ə'kaʊnt/

In pronouncing the word *account*, we put greater 'stress' or energy on the second syllable (*count*) than on the first (*ac*). This is shown by putting a 'stress mark' before the second syllable. The stress mark is a small vertical line which begins slightly above and to the left of the syllable that is to be stressed. There is no such mark in case a word has only one syllable.

'Syllable stress' is shown together with the transcription used to indicate the pronunciation of a word, which we shall explain next.

'account' शब्द के उच्चारण में प्रथम अक्षर (ac) की तुलना में द्वितीय अक्षर (count) पर अधिक बलाघात दिया जाता है। इसे द्वितीय अक्षर के पूर्व बलाघात चिह्न (stress mark) लगाकर दर्शाया गया है। एक ही अक्षर वाले शब्दों में इस चिह्न की आवश्यकता नहीं है।

'syllable stress' का प्रयोग उच्चारण दर्शाने के लिए प्रयुक्त लिप्यंतरण के साथ किया गया है।

5 Pronunciation उच्चारण

/ə'kaʊnt/

WORDMASTER uses the International Phonetic Alphabet (IPA) to indicate the pronunciations of words. There is a separate IPA symbol for each vowel and consonant of English and they are explained in a separate table.

Pronunciations are indicated through 'phonemic transcriptions' (a system of writing designed to represent the sounds of languages), which come after the headwords. Before each transcription, as well as after it, you will find a slanting line or 'slash' (/).

Unlike some other dictionaries, WORDMASTER does not indicate American pronunciation. The pronunciations indicated here are the ones most commonly heard in the subcontinent.

IPA transcriptions have not been provided for all the headwords. For example, you will find a transcription for *account*, but not for *accountant*. The reason is that *accountant* is derived from the 'root word' *account* and follows the same stress pattern: the second syllable (*count*) is stressed in both *account* and *accountant*. The basic pronunciation of both words is the same, making a transcription unnecessary for the second word.

But consider the words *magnet* and *magnetic* (which is derived from the root word *magnet*). In *magnet*, the first syllable (*mag*) is stressed but not the second (*net*). In *magnetic*, however, there is a 'stress shift'; the stress moves from the first syllable to the second (*net*). This stress shift changes the pronunciation of *magnetic* completely. The dictionary therefore gives you IPA transcriptions for both words.

WordMaster में शब्दों के उच्चारण दर्शाने के लिए अंतर्राष्ट्रीय स्वनिक वर्णमाला (IPA) का प्रयोग किया गया है। इसके अंतर्गत अंग्रेज़ी के प्रत्येक स्वर एवं प्रत्येक व्यंजन के लिए भिन्न वर्ण (स्वनिक चिह्न) है। इन्हें अलग से एक तालिका में बताया गया है।

IPA पद्धति में प्रस्तुत उच्चारण रूप को head words के तुरंत बाद // प्रकार की तिरछी रेखाओं के बीच दिया गया है। एक ही word root से बने शब्दों का उच्चारण अलग से तभी दिया गया है जब उनमें बलाघात अथवा अन्य कुछ उच्चारणगत भिन्नता हो। उदाहरण के लिए–account शब्द से बने 'accountant' में बलाघात के संबंध में कोई परिवर्तन नहीं होता। अत: 'accountant' शब्द का उच्चारण अलग से देने की आवश्यकता नहीं है, किंतु 'magnet' शब्द से बने 'magnetic' में बलाघात का स्थान बदल जाने के कारण उच्चारण बदल जाता है। ऐसी स्थिति में magnet और magnetic दोनों शब्दों का उच्चारण IPA में दिया गया है।

6 Superscripts

ac•count[1]

Many words in English can be used as different 'parts of speech'. For example, *account* can be used as a verb as well as a noun ; *cool* can be used as a verb as well as an adjective. It is easier to learn the meaning and the correct use of a word if one knows which part of speech it is used as.

WORDMASTER uses a system of 'superscripts' (a small number printed above a word) to separate a word which is used as one part of speech from the *same* word (with the same spelling) when it is used as a different part of speech.

Thus, you will find **account**[1] for *account* used as a noun and **account**[2] for the same word used as a verb.

अंग्रेज़ी में अनेक शब्द भिन्न-भिन्न शब्द वर्गों में प्रयुक्त होते हैं, जैसे–account शब्द का प्रयोग क्रिया के रूप में भी होता है और संज्ञा के रूप में भी। 'cool' शब्द का प्रयोग क्रिया रूप में होता है ओर विशेषण रूप में भी। शब्द किस शब्द-वर्ग के रूप में प्रयुक्त किया जा रहा है, यह जानकारी शब्द का अर्थ समझने और उसका सही प्रयोग सीखने में सहायक होती है।
जब कोई शब्द बिना रूप परिवर्तन के भिन्न शब्द वर्ग का बोध कराए, तो भिन्नता दर्शाने के लिए superscript का प्रयोग किया गया है।
इस प्रकार, कोश में account[1] संज्ञा के रूप में 'account' तथा account[2] क्रिया के रूप में उसी शब्द के लिए मिलेगा।

7 Grammatical information व्याकरणिक जानकारी verb, t.

Part of speech For each headword, the dictionary shows you the part of speech (noun, adjective, verb etc.) that the word is used as. This information comes after the IPA transcription. We provide, separately, a complete list of all the parts of speech that words in this dictionary could be used as, together with the abbreviations used for each.

Sub-class Verbs are either *transitive* or *intransitive* (though some verbs can be used both transitively and intransitively). Transitive verbs must be followed by objects, but intransitive verbs do not take objects. Not knowing whether a verb is transitive or intransitive can result in grammatical errors. For instance, Asian learners often use expressions such as 'Let us discuss about this subject', turning *discuss,* which should be used as a transitive verb, into an intransitive verb. WORDMASTER tells you whether a verb is transitive (t.) or intransitive (i.), or can be used in both ways (t. or i.).
Nouns are described as being either *countable* (c.) or *uncountable* (u.) Countable nouns, such as *boy* or *tree,* have plural as well as singular forms (*boy/boys, tree/trees*), whereas uncountable nouns such as *milk* generally have no plural form. Countable nouns in the singular form can follow the article *a,* but uncountable nouns cannot. Again, it is important to know if a noun is countable or uncountable in order to use it correctly. WORDMASTER indicates this in each case.

Irregular forms Many verbs form the past tense by the addition of *–ed* : for example *ask–asked.* These are known as *regular verbs.* Other verbs, which are known as *irregular verbs,* seem to follow no fixed pattern in forming past tense as well as participle forms: for example *see–saw–seen* or *run–ran–run.* Whereas learners find it easy to learn the past tense forms of regular verbs by using a simple grammatical rule, they have to remember the different forms of each irregular verb.
In the case of 'regular' nouns, plural forms are formed by simply adding *–s* (e.g. *toy–toys*). The plurals of 'irregular' nouns take different forms (e.g. *mango–mangoes; oasis–oases; sheep–sheep*), each of which has to be learnt separately.
WORDMASTER gives you the past tense and participle forms of irregular verbs and also the plural forms of irregular nouns, in bold letters, in brackets.

Restrictions on usage Some words are used only in the plural form, with *–s* (e.g. *scissors* or *trousers*). Some other words are used only in the singular form and can never have a plural form (e.g. *luggage* or *equipment*). Such restrictions on the use of words are also indicated.

Part of speech (शब्द वर्ग): प्रत्येक head word के IPA लिप्यंकन के बाद उस शब्द वर्ग (noun, adjective, verb आदि) का संकेत भी दिया गया है, जिसमें वह शब्द प्रयोग में आता है। सभी शब्द वर्गों के नाम तथा कोश में प्रयुक्त उनके संक्षिप्त रूपों की सूची अलग से दी गई है।

Sub-class उपवर्ग: verbs transitive (सकर्मक) अथवा intransitive (अकर्मक) और कभी-कभी सकर्मक और अकर्मक दोनों प्रकार से प्रयुक्त किए जाते हैं। क्रिया के इस भेद की जानकारी के अभाव में व्याकरणिक अशुद्धियाँ हो सकती हैं। उदाहरण के लिए–एशियाई अध्येता प्रायः इस प्रकार के वाक्य प्रयोग करते हैं–'Let us discuss about this subject; जहाँ वे transitive verb का प्रयोग intransitive की भाँति कर देते हैं। **WordMaster** बताता है कि कोई क्रिया शब्द transitive (t.) है अथवा intransitive (i.), अथवा दोनों प्रकार से प्रयुक्त होता है (t. या i)

Nouns को countable (c.) अथवा uncountable (u.) बताया गया है। countable noun, जैसे–boy, tree के एकवचन और बहुवचन दो-दो रूप (boy/boys, tree/trees) होते हैं जबकि uncountable nouns, जैसे–milk का बहुवचन रूप नहीं होता। countable nouns के एकवचन रूप से पूर्व article 'a' का प्रयोग होता है किंतु uncountable nouns के पूर्व नहीं। इस प्रकार nouns के सही प्रयोग के लिए countable-uncountable की जानकारी आवश्यक है। **WordMaster** यह जानकारी देता है।

irregular forms: अधिकांश क्रिया शब्द -ed प्रत्यय के योग से भूतकालिक रूप बनाते हैं, उदाहरण के लिए–ask-asked. ऐसे क्रिया शब्द 'regular verbs' कहलाते हैं। अन्य क्रिया शब्द, जो 'irregular verbs' कहलाते हैं, उनके past tense और participle रूप बनाने के कोई निश्चित नियम नहीं हैं। उदाहरण के लिए–see-saw-seen, अथवा run-ran-run. नियम के प्रयोग द्वारा past tense रूप बनाना अध्येता के लिए सरल है किंतु irregular verbs के संदर्भ में प्रत्येक क्रिया के रूप सीखने और याद रखने की आवश्यकता होती है। nouns में भी regular और irregular शब्द हैं। regular nouns के बहुवचन बनाने का सरल नियम है– -s प्रत्यय का योग (जैसे–toy, toys), किंतु irregular nouns बहुवचन रूप में भिन्न-भिन्न प्रकार से बदलते हैं, जिन्हें अलग-अलग सीखना और याद रखना पड़ता है (जैसे–mango-mangoes, oasis-oases, sheep-sheep).

WordMaster में irregular verbs के क्रिया रूप तथा irregular nouns के बहुवचन रूप कोष्ठक में मोटे अक्षरों में दिए गए हैं।

Restrictions on usage: कुछ nouns सदैव -s प्रत्यय सहित बहुवचन रूप में प्रयुक्त होते हैं, जैसे–scissors या trousers और कुछ अन्य noun बहुवचन रूप नहीं बनाते, जैसे–luggage या equipment. इस प्रकार के प्रतिबंधों का भी संकेत दिया गया है।

8 Multiple meanings अनेकार्थक शब्द

A large number of English words have 'multiple meanings'. Some of these are closely related to each other; others may be far removed from one another. Each of these meanings is indicated by a number (1,2,3 etc.) The meanings of words (word-glosses) are given in language which is made as simple as possible, using only very 'common' words.

अंग्रेजी में अनेकार्थी शब्द बड़ी संख्या में हैं। शब्द के कुछ अर्थ तो संबंधित होते हैं किंतु कुछ सर्वथा भिन्न होते हैं। एक शब्द के अनेक अर्थों को संख्याओं–1, 2, 3 आदि के साथ दिया गया है और शब्दार्थ बताने के लिए अत्यंत सरल शब्दों का प्रयोग किया गया है।

9 Illustrative sentences or examples उदाहरण वाक्य

We come now to what is undoubtedly a unique feature of WORDMASTER.

Most dictionaries provide the gloss or meaning first, followed by the illustrative sentence. In WORDMASTER, the sentence or phrase illustrating the use of that word is provided first, *before* the meaning is given. For example, the headword *pacify* (used as a transitive verb) is followed by this sentence: *You might be able to pacify that child, who is crying, by telling her a story.* The context that is provided helps to make the meaning of *pacify* as self-explanatory and 'transparent' as possible. It is intended that the dictionary user should be able to make a very good 'guess'about the meaning of the word being glossed. The guess is later confirmed when the user reads the gloss which follows.

The ability to guess the meanings of new words from the contexts in which they are found is important for language learners, and many new words are learnt in this way. WORDMASTER encourages users to develop this ability.

अधिकांश कोश पहले शब्दार्थ देते हैं उसके बाद उसका उदाहरण। **WordMaster** में इससे भिन्न पद्धति अपनाई गई है जो कि इस कोश की प्रमुख विशेषता है। इसमें शब्दों के प्रयोग संबंधी उदाहरण शब्दार्थ से पहले दिए गए हैं। उदाहरण के लिए–headword 'pacify' (used as a transitive verb) के पश्चात यह वाक्य दिया गया है: You might be able to pacify the child, who is crying, by telling her a story. दिया गया संदर्भ pacify शब्द के अर्थ को स्वत: स्पष्ट तथा पूर्णत: पारदर्शी बना देता है। यह प्रयास किया गया है कि कोश का प्रयोक्ता शब्दों के अर्थ देखने से पूर्व ही उदाहरण द्वारा उसे अच्छी तरह समझ जाए, उसके अर्थ का अनुमान कर ले। शब्दार्थ को वह अपने अनुमान को पुष्ट करने के लिए देखे।

भाषा अध्येता के लिए नए शब्दों के अर्थ का अनुमान कर पाना महत्त्वपूर्ण है। अनेक नए शब्द इसी प्रकार सीखे जाते हैं। **WordMaster** प्रयोक्ता को इस योग्यता को विकसित करने के लिए प्रेरित करता है।

10 Stylistic labels शैलीगत लेबल (informal), (not respectful)

An expression such as *Let's hang around* would be used only in *informal* speech or writing – for example in a relaxed conversation between friends – and not in a *formal* context (for example, during a business meeting). It is important for language learners to know the distinction between formal and informal use to be able to use words *appropriately*, as required by the situation.

ऐसी अभिव्यक्ति, जैसे–Let's hang around का प्रयोग केवल अनौपचारिक (informal) बोलचाल अथवा लेखन में किया गया है। उदाहरण के लिए, मित्रों के बीच अत्यंत अनौपचारिक वार्तालाप में ऐसी भाषा प्रयुक्त की जा सकती है, लेकिन किसी औपचारिक (formal) स्थिति, जैसे business meeting में नहीं। शब्दों का स्थिति के अनुरूप प्रयोग सीखने के लिए informal-formal प्रकार का भेद जानना आवश्यक है।

11 Register labels विषयगत लेबल [COMPUTERS], [PHYSICS]

A word such as *RAM*, which has come into common use now, is taken from the 'register', or 'field', of computers. WORDMASTER provides such information for a large number of words.

विषय-विशेष से संबंधित शब्दावली को भी **WordMaster** में सम्मिलित किया गया है। ऐसे शब्दों को समझने के लिए यह जानना अत्यंत आवश्यक है कि वे किस विषय अथवा क्षेत्र से संबंधित हैं। अत: **WordMaster** ऐसे शब्दों के साथ उनके 'register' (प्रयोग क्षेत्र अथवा विषय) भी दर्शाता है।

12 Usage notes प्रयोग संबंधी टिप्पणियाँ

Being specially designed for the use of South Asian learners, WORDMASTER provides useful information on points of grammatical usage which commonly cause problems for such learners. (The note on *discuss about* focuses on one such problem area.)

विशेष रूप से दक्षिण-एशियाई देशों के अध्येताओं के उपयोग हेतु बनाया गया **WordMaster** व्याकरणिक प्रयोग के संबंध में उपयोगी ऐसी सभी जानकारी देता है जिसके अभाव में अध्येता को अंग्रेज़ी के सही प्रयोग में कठिनाई होती है।

CONTENTS विषयसूची

aA

a, A /eɪ/ /एइ/ the first letter of the English alphabet अँगरेज़ी वर्णमाला का पहला अक्षर

a /e/ or /eɪ/ indef. article **1** *Give me a pen.* = one (any pen, not a particular pen) एक (=कोई) **2** *Akash earns Rs 500 a month.* = in each month हर (महीने) **3** *Milk is sold at Rs 12 a litre.* = for each litre प्रति, फ़ी **4** *A triangle has three sides.* = All (triangles have three sides) सभी.

a- prefix (उपसर्ग) meaning **1** not e.g. **apolitical** adj. = not political (= अ-/) अ-राजनीतिक **2** in a certain manner or in a certain condition [= एक विशेष प्रकार से, एक विशेष स्थिति में] e.g. **aloud** adv. = in a loud manner ज़ोर से चिल्लाकर, उच्च स्वर में **alive** adj. *I am lucky to be alive.* = in a living condition जीवित, जीता-जागता, जिंदा

a•back /ə'bæk/ /अ'बैक/ adv. **to be taken aback** *My friend was taken aback when he was told that his scooter had been stolen.* = to be shocked or greatly surprised by some unexpected or unpleasant event (slightly old-fashioned) स्तंभित होना, चकित होना (कुछ पुराने प्रचलन का)

ab•a•cus /'æbəkəs/ /'ऐबकस/ noun, c. = a simple instrument used, especially in China and Japan, to carry out mathematical calculations, consisting of a wooden frame holding a number of metal rods on which small wooden balls can be moved up, down or across अंकगणक, गिनतारा, गणना के लिए एक चौखटा जिसमें तार लगे होते हैं और उनमें गोलियाँ पड़ी रहती हैं

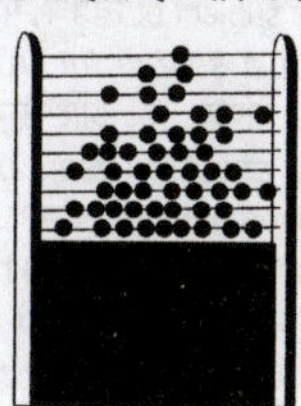

abacus

a•ban•don /ə'bændən/ /अ'बैण्डन/ verb, t. **1** *The dog had been abandoned on the highway but the young boy gave it a home.* = to leave someone or give up a thing (e.g. a house) forever परित्याग करना **2** *The cricket match had to be abandoned because of rain.* = to discontinue; to stop and not start again [बंद कर देना, रोक देना] **abandoned** adj.

a•bate /ə'beɪt/ /अ'बेइट/ verb, i. *The storm has abated, so it is safe to go out now.* = to decrease in force (formal) कमज़ोर पड़ना, कम पड़ना, क्षीणतर होना (औपचारिक)

ab•bre•vi•ate /ə'bri:vieɪt/ /अ'ब्रीविएइट/ verb, t. *We usually abbreviate Indian Institute of Technology to IIT.* = to make a word or name shorter by dropping some letters संक्षिप्त करना, छोटा करना **abbreviation** /əbri:vi'eɪʃən/ /अब्रीवि'एइश्न्/ noun, c. = the shortened form of a word or name शब्द या नाम का संक्षेपण

ab•di•cate /'æbdɪkeɪt/ /'ऐब्डिकेइट/ verb, i. or t. **1** *The king decided to abdicate and lead the life of an ordinary citizen.*(i.) = to give up an important official position, especially that of a king or queen [HISTORY] राजा/रानी का गद्दी छोड़ना [इतिहास] **2** *It is the duty of the government to make sure that children receive education. No government should abdicate this responsibility.*(t.) = to give up a right or duty (formal) अधिकार/कर्तव्य छोड़ना (औपचारिक)

ab•do•men /'æbdəmən/ /'ऐब्डमन/ noun, c. = the front part of the body, below the chest and above the waist [BIOLOGY] उदर, पेट [जीव विज्ञान]

ab•duct /əb'dʌkt/ /अब'डॅक्ट/ verb, t. *The criminals have abducted the child.* = to take someone away unlawfully and by force; to kidnap अपहरण/ अगुआ करना

aber•ra•tion /æbə'reɪʃən/ /ऐब'रेइशन/ noun, u. *He is usually talkative, but of late he has been very quiet. I find an aberration in his behaviour.* = a change, usually temporary, in one's usual way of thinking or behaving अल्पकालिक चूक, विचलन, मतिभ्रम

a•bet /ə'bet/ /अ'बेट/ verb, t. (**abetted**) *The police suspect some well-known people of abetting crime in the city.* = to encourage and help in something that is wrong or against the law [LAW] अपराधी को अपराध के लिए/में दुरुत्साहित करना, उसकी पीठ ठोंकना, उसका साथ देना [कानून]

to aid and abet = to encourage crime or some illegal activity दुरुत्साहन

a•bey•ance /ə'beɪəns/ /अ'बेइअन्स/ noun, u. *The law against the giving and receiving of dowries was kept in abeyance for some years but is being revived now.* = the condition of not being in use for a time (formal) स्थगन (कुछ काल के लिए) (औपचारिक)

ab•hor /əb'hɔːʳ/ /अब्'हॉऽʳ/ verb, t. (**abhorred**) *I abhor it when people throw garbage on the streets.* = to hate or dislike strongly गर्हित समझना, घिन करना **abhorrence** noun, u. *His abhorrence for violence of any kind is well known.* = deep dislike or hatred जुगुप्सा, घृणा, नफ़रत, चिढ़

a•bide /ə'baɪd/ /अ'बाइड/ verb, t. or i. (used in negative sentences and questions) *I can't abide rude behaviour in anyone.*(t.) = to tolerate (formal, old-fashioned) सहना, भुगतना (औपचारिक, पुराने प्रचलन का)

to abide by *I promise to abide by your decision.* = to obey or follow के अनुसार चलना, का पालन करना, को मानना, का पाबंद होना

a•bil•i•ty /əˈbɪlɪti/ /अ'बिलिटी/ noun, c. (**abilities**) or u. **1** *Only human beings have the ability to speak. No animal can do this.*(u.) = the power to do something क्षमता, योग्यता **2** *Tagore had great ability as a writer.*(u.) = skill बौद्धिक क्षमता **3** *He has many different abilities. He can sing as well as dance.*(c.) = skill, talent प्रावीण्य, प्रतिभा

ab•ject /ˈæbdʒekt/ /'ऐब्जेक्ट/ adj. **1** *abject poverty* = extreme; of as low quality as possible (referring to the condition in which someone lives) निकृष्ट/अधम (दशा), दीनहीन **2** *He offered an abject apology as he had been rude to us.* = showing that one is very ashamed and sorry ग्लानिगलित

a•ble /ˈeɪbəl/ /'ऐइब्ल्/ adj. **1** *We were able to find your house with difficulty.* = to be successful in doing something कुछ करने में कामयाब **2** *My daughter is only five years old, but she is already able to use the computer.* = to have the knowledge or skill required to do something दक्ष/कुशल **3** *He is an able writer and is getting better and better.* = skilful; good at doing something प्रतिभा-संपन्न, काबिल

-able /-əbl/ suffix added to verbs to describe some quality that a person or thing has परसर्ग/प्रत्यय जो किसी का कोई गुण जताने के लिए क्रिया में जोड़ा जाता है e.g. **1** *a washable sari* = something which can be washed **2** *a lovable person* = a person who is easy to love

ab•norm•al /æbˈnɔːməl/ /ऐब्'नॉऽम्ल/ adj. **1** *Usually it never rains in March, but this March we have already had 100 mm of rain. This weather is quite abnormal.* = different from what happens usually; unusual असामान्य **2** *My neighbour's son is only 13, but he is already 200 cm tall and weighs 100 kg. His growth is quite abnormal.* = different from what is common, in a way that may be harmful or dangerous. अप्रकृत, विरूप

a•board[1] /əˈbɔːd/ /अ'बॉऽड/ prep. *There are 300 passengers aboard this plane.* = on (inside) a bus, ship, train or plane बस/हवाई जहाज़, ट्रेन पर सवार

aboard[2] adv. *As the train is about to leave, all the passengers on the platform are advised to get aboard.* = into a bus, ship, train or plane. पर स्थान ग्रहण करना, पर सवार होना

a•bode /əˈbəʊd/ /अ'बउड/ noun (usually singular) = one's home (literary or humorous) निकेतन, आवास, सदन, बसेरा दौलतखाना/ग़रीबखाना (साहित्यिक अथवा हास्यपरक)

a•bol•ish /əˈbɒlɪʃ/ /अ'बॉलिश/ verb, t. *The government has abolished child marriage. Now a girl cannot marry if she is below 18.* = to stop or put an end to something by law रद्द कर देना, उठा देना **abolition** /æbəˈlɪʃən/ /ऐब'लिश्न/ noun, u. = the act of stopping something through an order उन्मूलन, समापन, अंत

a•bom•i•na•ble /əˈbɒmɪnəbəl/ /अ'बॉमिनबल्/ adj. *Conditions in the camp were so abominable that many of the students fell sick.* = very bad or unpleasant अत्यंत अप्रिय, निकृष्ट **the abominable snowman** = a large hairy man-like animal said to live in the Himalayan mountains (also **yeti**) एक भीमकाय बालदार आदमनुमा जानवर जो हिमालय के निवासी के रूप में कल्पित है (येति)

ab•o•rig•i•nal /æbəˈrɪdʒɪnəl/ /ऐब'रिजिनल/ adj. *The Santhals are an aboriginal tribe which has been living in Orissa for thousands of years.* = people who have been living in a place from the earliest times [TECHNICAL] आदिम, आदिवासी [तकनीकी]

a•bort /əˈbɔːt/ /अ'बॉऽट/ verb, t. or i. **1** = to lose a baby which is born too early गर्भपात होना, पेट गिर जाना, बच्चा गिरना **2** *The doctors had to abort the baby as the mother was very ill.*(t.) = to cause a baby to be born before the due time so as to end its life भ्रूणपात कराना/भ्रूणहत्या करना **3** *Our picnic had to be aborted because of the heavy rain.*(t.) = to stop or give up some activity because of some problem or danger किसी समस्या या आपदा के कारण कोई कार्य रोक देना **abortion** noun, c. or u. = the action of ending the life of an unborn baby, especially when done intentionally भ्रूणहत्या **abortive** adj. *The prisoners tried to escape by climbing over the wall but they were caught. The attempt was abortive.* = (an action that is) unsuccessful because it has to be given up before it can be completed विफल, अकारथ

a•bound /əˈbaʊnd/ /अ'बाउण्ड/ verb, i. *The Nilgiri mountains abound in medicinal plants of different kinds.* = to be full of; to contain in large quantities (old-fashioned) भरपूर/भरा-पूरा होना, प्रचुर (पुराने प्रचलन का)

a•bout[1] /əˈbaʊt/ /अ'बाउट/ prep. **1** *This is a book about cricket.* = on the subject of विषय में, के बारे में **2** *Education is about a search for truth.* = what something aims to do से संबद्ध, की ओर उन्मुख, से प्रेरित

about[2] adv. **1** *Rina is about ten years old.* = a little more or less than a given number लगभग, तकरीबन **2** *The meeting is about to begin.* = going to happen very soon जो होने ही को हो, तुरंत होने वाली हो

a•bove[1] /əˈbʌv/ /अ'बॅव/ prep. **1** *Our classroom is above the library which is on the ground floor.* = in a higher place than के ऊपर **2** *If you are above 18, you can vote.* = more than से अधिक **3** *I know that Thomas is completely honest. He is above suspicion.* = beyond से परे

above[2] adv. *The shop is not on this floor. It is on the floor above.* = on a higher level ऊपरी धरातल (मंज़िल) पर

above[3] adj. *For the above reasons, we have decided to offer you this job.* = mentioned earlier (in a letter etc.) उपरिलिखित, उपर्युक्त **above board** adj. *The lease of the theatre was open and above board. Only* *the signed amount was paid.* = honest and open; not secret or hidden अगुप्त, निष्कपट, निश्छल, खरा, पाक-साफ़, खुला हुआ, खुल्लमखुल्ला

a•bra•sive /ə'breɪsɪv/ /अ'ब्रेइसिव/ adj. *His abrasive manner offended me and I walked out of the meeting.* = rude and unpleasant रूखा

a•breast /ə'brest/ /अ'ब्रेस्ट/ adv. *It is difficult for two people to walk abreast on this narrow path.* = side by side and moving in the same direction साथ-साथ/पास-पास, एक ही दिशा में अग्रसर

to keep abreast of *Our teachers try to keep abreast of the most recent developments in computer science.* = to know the latest facts on some subject किसी विषय के आधुनिकतम तथ्यों से अवगत

a•bridge /ə'brɪdʒ/ /अ'ब्रिज/ verb, t. *This book has more than 1,000 pages. We have to abridge it to about 300 pages.*= to make something, usually a book, shorter संक्षिप्त करना

a•broad /ə'brɔːd/ /अ'ब्रॉड/ adv. **1** *My brother lives abroad but I prefer to live in India.* = in another country परदेस में **2** *I am going abroad next month. I will go first to Japan and then to America.* = to another country or countries विदेश (में)

a•brupt /ə'brʌpt/ /अ'ब्रप्ट/ adj. **1** *The train came to an abrupt halt, although the station was still far away.* = sudden; not expected अप्रत्याशित, आकस्मिक, अचानक, एकाएक **2** *He spoke to me in such an abrupt manner that I felt hurt.*= rude and unfriendly कर्कश, जरठ, रूखा **abruptly** adv. = suddenly and without warning अकस्मात, सहसा, एकाएक

ab•scess /'æbses/ /'ऐबसेस/ noun, c. = a swelling in the body which is full of pus [MEDICINE] फोड़ा [चिकित्सा]

ab•scond /əb'skɒnd/ /अब'स्कॉण्ड/ verb, i. *The police are looking for them but they can't find them as they are absconding.* = to hide somewhere because one has done something wrong [LAW] फ़रार होना [कानून]

ab•sence /'æbsəns/ /'ऐबसन्स/ noun, u. *We really felt Rani's absence when she left our school. She was such a cheerful girl.* = the fact of someone or something not being found in the usual place अनुपस्थिति, अभाव, कमी

ab•sent[1] /'æbsənt/ /'ऐबसण्ट/ adj. *Navin comes to school every day but today he is absent as he is sick.*= not found in the place where one is expected to be गैरहाज़िर, अनुपस्थित

absent[2] /अब्'सेण्ट/ verb, t. (+ self) *You must not absent yourself from class if you want to learn the subject.* = to stay away from a place knowingly (जानबूझकर) गैरहाज़िर होना **absentee** /æbsən'tiː/ /ऐबसन्'टी/ noun, c. = a person who is absent अनुपस्थित व्यक्ति **absent-minded** /əb'sent/ adj. *Our uncle is so absent-minded that he can't even remember his children's names.* = so concerned with one's thoughts that one cannot remember things, or notice what is happening अनवधान, शून्यमनस्क, अनमना, खोया-खोया

ab•so•lute /'æbsəluːt/ /'ऐबसलूट/ adj. *I have absolute trust in my doctor and will do whatever she tells me to do.* = complete; total पूर्ण **absolute zero** noun, u. = the lowest temperature that is thought to be possible [PHYSICS/CHEMISTRY] न्यूनतम, संकल्पनीय तापमान [भौतिकी/रसायनशास्त्र]

ab•sorb /əb'sɔːb/ /अब'सॉऽब/ verb, t. **1** *Trees absorb water from the soil through their roots.* = to draw in liquid slowly; to soak up सोख लेना, चूसना **2** *A tin roof absorbs a lot of heat from the sun.* = to take in समा/खपा लेना **3** *The larger company absorbed the smaller companies.* = to make a part of itself आत्मसात कर लेना **4** *I have read the book but I have not had the time to absorb it.* = to understand something thoroughly हृदयंगम करना, पूरी तरह समझ लेना **5** *I was absorbed in the book and didn't hear you call.* = to fill the attention of तल्लीन, तन्मय करना/होना **absorbent** adj. *Cotton is absorbent but nylon isn't.* = material that can absorb water or some other liquid easily [TECHNICAL] अवशोषक, प्रचूषक [तकनीकी] **absorbing** adj. *The book is so absorbing that you won't be able to put it down once you start reading it.* = very interesting मनमोहक, दिलचस्प **absorption** /əb'sɔːpʃən/ /अब'सॉऽपशन्/ noun, u. = the process of soaking up water or some other liquid [PHYSICS] अवशोषण/प्रचूषण की प्रक्रिया [भौतिकी]

ab•stain /əb'steɪn/ /अब'स्टेइन/ verb, i. **1** *As my doctor asked me to abstain from smoking, I gave it up.* = to keep away from something that one enjoys, because it is harmful (formal) से परहेज़ करना **2** *When the members of Parliament were asked to vote on the new bill, some members abstained.* = not to take part in voting in parliament से अलग रहना

ab•stract[1] /'æbstrækt/ /'ऐबस्ट्रैक्ट/ adj. *Beauty is only an abstract idea; you cannot see or touch it.* = something that cannot be seen, touched etc.; not concrete अमूर्त

abstract[2] noun, c. *Please send us an abstract of the paper you have written, in not more than 150 words.* = a short summary of an article, book, speech etc., containing only the important points सारांश, संक्षिप्ति

abstract[3] /əb'strækt/ /अब'स्ट्रैक्ट/ verb, t. = to make an abstract of a speech, article, book etc. संक्षिप्त करना **abstract art** noun = art (usually painting) which has little relation to the real world and uses private symbols etc. [सामान्यतः रंगचित्रकला] न होकर यथार्थ-सदृश व्यक्तिगत/वैयक्तिक प्रतीकों का उपयोग करती कला

ab•surd /əb'sɜːd/ /अब'सऽड/ adj. *Your idea of*

building a cinema in the middle of the jungle is absurd. = foolish and making no sense; ridiculous हास्यास्पद, बेतुका, बेहूदा, बेसिर-पैर का

a•bun•dance /ə'bʌndəns/ /अ'बॅन्डन्स/ noun, sing or u. **1** *Apples grow in abundance in Kashmir*(u.) = in large quantities; in plenty प्राचुर्य, बहुलता, बहुतायत **2** *Rice can be grown only in places which have an abundance of rainfall.* (sing.) = a lot of आधिक्य **abundant** adj. = plentiful प्रचुर, बहुल, भरपूर

a•buse¹ /ə'bju:s/ /अ'ब्यूस/ noun, c.or u. **1** *abuse of power*(c.) = wrong use of something; misuse दुरुपयोग **2** *In many countries the abuse of children is punishable by law.*(u.) // *abuse of animals* = cruelty or harmful treatment which may be physical, sexual or emotional in nature शारीरिक/यौन-संबंधी/भावनात्मक क्रूराचार या दुर्व्यवहार **3** *If you call someone stupid, they may take it as an abuse.*(c.) = a bad word, used to insult someone अपशब्द, गाली

a•buse² /ə'bju:z/ /अ'ब्यूज़/ verb, t. **1** *You should not abuse the freedom that I have given you by coming late to the office.* = to make wrong use of something good दुरुपयोग/कुप्रयोग करना **2** *He says that you abused him by calling him names.* = to use bad language so as to insult someone गाली-गलौज करना, भला-बुरा सुनाना, गाली देना **drug abuse** noun, u.= causing harm to one's health by using opium, heroin or other drugs स्वास्थ्य के लिए हानिकर मादक द्रव्य की लत

a•bys•mal /ə'bɪzməl/ /अ'बिज़्मल/ adj. *The film was of such abysmal quality that most people walked out of the cinema.* = very bad निकृष्ट **abysmally** adv.

a•byss /ə'bɪs/ /अ'बिस/ noun, c. *As we drove up the mountain, there were huge rocks on one side and a steep abyss on the other.* = a very deep hole or ditch अथाह गर्त/खाई, गहरा खड्ड

AC abbr. of **alternating current** = a flow of electricity that changes direction regularly and at a rapid rate (The supply of electric power to homes, factories etc. is by AC current.) (see also **DC**) विद्युत् प्रवाह जो नियमित रूप से तथा त्वरित गति से दिशा बदलता रहता है (देखें DC)

ac•a•dem•ic¹ /ækə'demɪk/ /ऐक'डेमिक/ adj. **1** *academic standards* = connected with education शैक्षिक **2** *What we would eat if we were vegetarians is a purely academic question because we are not vegetarians!* = something that is not very likely to happen in real life; not related to practical situations सैद्धांतिक मात्र

academic² noun, c. *Two of my sisters are academics. One is a professor of mathematics and the other a professor of history.* = a person who teaches at a college or university प्राध्यापक **academic year** noun, c. = the period (e.g. June to May of the following year) when there are courses at a school, university or college विश्वविद्यालयीय सत्र

a•cad•e•my /ə'kædəmi/ /अ'कैडमी/ noun, c. (**academies**) **1** *The Indian Military Academy in Dehra Dun trains officers for the army.* = a college or school where special training is given अकादमी **2** *the Academy of Fine Arts* = a group of people who make up an organizationinterested in the advancement of art, music, science etc. विद्वत्परिषद्

ac•cede /æk'si:d/ /ऐक्'सीड/ verb, i. **1** *The students begged the Principal to give them a holiday and he finally acceded to their request.* = to agree to a request or suggestion (formal) को मान लेना, से राज़ी होना, स्वीकार करना, से सहमत होना (औपचारिक) **2** *Akbar acceded to the throne of Delhi after the death of his father, Emperor Humayun.* = to take up an important position (formal) पदारूढ़ होना, पद/कार्य-भार ग्रहण करना, सँभालना (औपचारिक) **3** *The state of Travancore acceded to the Indian Union in 1947.* = to join a group of people, countries etc. (formal) [HISTORY] शामिल होना; दल/गुट या देशों के साथ सन्नद्ध होना (औपचारिक) [इतिहास]

ac•cel•e•rate /ək'seləreɪt/ /अक'सेलरेइट/ verb, i. *The runner started slowly, but after about 200 m he accelerated and started to run fast.* = to increase the speed at which someone or something is moving वेग बढ़ाना, गतिवृद्धि करना, चाल तेज़ करना **acceleration** /əkselə'reɪʃən/ /अक्सेल'रेइश्न/ noun, u. = the rate at which a car, train or other vehicle increases its speed [SCIENCE] गतिवृद्धि, तेज़ी [विज्ञान] **accelerator** /ək'seləreɪtər/ /अक्'सेलरेइटर/ noun, c. = the pedal in a car which the driver presses with his/her foot to make the car go faster त्वरकयंत्र

ac•cent /'æksent/ /'ऐक्सेण्ट/ noun, c. or u. **1** *Most of us speak English with a regional accent.*(c.) = a way of speaking usually connected with a country, area or social group [TECHNICAL] लहजा [तकनीकी] **2** *When one is driving the accent should be on safety, not speed.*(u.) = special importance or attention given to something बल, महत्त्व

ac•cen•tu•ate /æk'sentjʊeɪt/ /ऐक्'सेण्चुएइट/ verb, t. *The dark background accentuates the brightness of the picture.* = to make something more noticeable (more easily seen) सुव्यक्त करना

ac•cept /ək'sept/ /अक्'सेप्ट/ verb, t. **1** *The teacher happily accepted the books which the students gave her for the class library.* = to willingly receive something which is offered ग्रहण करना **2** *For a long time she could not accept the fact of her failure in the examination.* = to recognize as being true or right मानना **acceptable** adj. **1** *Writing an exam with a pencil is not acceptable in some schools.* = something that one can allow स्वीकार्य **2** *The Hindi you speak sounds different, but it is acceptable.* = good enough for a given purpose पर्याप्त, कामचलाऊ, बस ठीक

ac•cess¹ /'ækses/ /'ऐक्सेस/ noun, u. *The only*

access to this room is through a window. = the way by which one can enter or reach a place (formal) प्रवेश (मार्ग) (औपचारिक)

access² verb, t. **1** *access a file* = to find amidst a group of other things (formal) अन्य वस्तुओं में से ढूँढ़ निकालना (औपचारिक) **2** *There is something wrong with my computer. I cannot access the data which I had stored in its hard disk.* = to find information which has been stored in a computer [COMPUTERS] कंप्यूटर में संग्रहीत तथ्य प्राप्त करना [कंप्यूटर] **accessible** /ək'sesɪbəl/ /अक्'सेसिब्ल/ adj. **1** *Puri is easily accessible from Bhubaneswar.* = easy to reach सुगम्य, सुगम **2** *The Prime Minister is very accessible to the public.* = easy to meet, even though occupying an important position सुलभ

ac•ces•sion /ək'seʃən/ /अक्'सेशन्/ noun, u. *the queen's accession to the throne* = the process or event by which one comes to a high position specially that of a king or queen (formal) [HISTORY] राज्यारोहण, पदारोहण (औपचारिक) [इतिहास]

ac•ces•so•ry /ək'sesəri/ /अक'सेस्री/ noun, c. (**accessories**) *I have bought some accessories for my new car: a radio, a pair of fog lights and a set of seat-covers.*= an extra item that is added to something to make it more attractive or useful उपसाधन, अतिरिक्त सहायक सामग्री

ac•ci•dent /'æksɪdənt/ /'ऐक्सीड्ण्ट/ noun, c. or u. **1** *Fifteen people were injured in an accident on the highway.*(c.) = something that happens by chance or by mistake, in which people may be injured or killed दुर्घटना **2** *I had not met my friend for many years, but yesterday I met him on the street, purely by accident.*(u.)= something that happens by chance संयोग, इत्तफाक **accidental** /æksɪ'dentəl/ /ऐक्सी'डेण्ट्ल/ adj. = happening by chance and not planned दैवघटित, आकस्मिक **accident-prone** adj. *an accident-prone person* = one who keeps having accidents जिसके साथ दुर्घटना होती रहती है

ac•claim¹ /ə'kleɪm/ /अ'क्लेइम/ noun, u. *He received inter-national acclaim for his beautiful dancing.* = strong approval; praise (formal) शाबाशी, प्रशंसोद्गार, (औपचारिक)

acclaim² verb, t. **1** *Her novels have been critically acclaimed for their artistic quality.* = to praise प्रशंसा/स्तुति/अभिनंदन करना **2** *She has been acclaimed leader by all the members of the party.* = to make a public announcement accepting someone as one's leader के रूप में अभिनंदन की सार्वजनिक घोषणा करना

ac•cli•ma•tize (acclimatise) /ə'klaɪmətaɪz/ / अ'क्लाइमटाईज़/ verb, t. or i. **1** *Since you plan to go to the North Pole, you should first acclimatize yourself by spending a few weeks in a cold place.*(t.) = to slowly become used to a new climate [TECHNICAL] नई जलवायु के अनुकूल/से अभ्यस्त/का आदी होते जाना [तकनीकी] **2** *When we moved to this hot place my wife fell ill frequently. Over time, she has become acclimatized.*(i.) = to adjust or get used to का अभ्यस्त/आदी हो जाना

ac•co•lade /'ækəleɪd/ /'ऐकलेइड/ noun, u. (usually plural) *The new film has received high accolades from critics and we hope it will be liked by the public as well.* = praise (old-fashioned) प्रशंसा, स्तुति (पुराने प्रचलन का)

ac•com•mo•date /ə'kɒmədeɪt/ /अ'कॉमडेइट/ verb, t. *This car can accommodate six passengers.* = to have enough space for काफ़ी जगह रखना, में जगह की गुंजाइश होना **accommodation** /əkɒmə'deɪʃən/ / अकॉम'डेइश्न/ noun, u.= place to live or work in रहने या काम करने की जगह, आवास **accommodating** adj. *Our teachers will do everything possible to help you. They are very accomodating.* = agreeing to do or provide what somebody wants वांछित व्यवस्था करने/ज़रूरत पूरी करने को तत्पर; उदार

ac•com•pa•ny /ə'kʌmpəni/ /अ'कॅम्प्नी/ verb, t. (**accompanied**) **1** *Let me accompany you to the shop.* = to go with साथ-साथ हो जाना, साथ जाना/देना **2** *Study the text that accompanies this picture.* = to be found together with संलग्न होना, के साथ दिया हुआ **3** *I will accompany you on the tabla when you sing.* = to play on a musical instrument while someone else is singing साज़ पर संगत देना **accompaniment** noun, c. or u. **1** *Mango pickle makes a good accompaniment to an Indian meal.* (c.) = something which is usually or often found with something else संलग्न वस्तु, सामान्य उपकरण **2** *He provided accompaniment on the tabla while she sang.*(u.) = music which is played on an instrument at the same time as a song [TECHNICAL] (समसामयिक) स्वर संगत [तकनीकी] **accompanist** /ə'kʌmpənɪst/ / अ'कॅम्प्निस्ट/ noun, c.= a musician who plays on a musical instrument while someone else sings सहवादक, उपवादक, संगतकार

ac•com•plice /ə'kʌmplɪs/ /अ'कॅम्प्लिस/ noun, c. *The police arrested the thief as well as his accomplice.* = a person who helps someone in committing a crime [LAW] अपराधी का साथ देने वाला, सह-अपराधी [कानून]

ac•com•plish /ə'kʌmplɪʃ/ /अ'कॅम्प्लिश/ verb, t. *She was able to accomplish a lot in the last two weeks by working through the nights.* = to be able to do something important; to achieve [कोई महत्त्वपूर्ण कार्य] निष्पादित/संपादित करना, उपलब्धि करना **accomplished** adj. *My sister is an accomplished dancer and has won many prizes.* = good at something; skilled निष्णात, निपुण, प्रवीण, पारंगत **accomplishment** noun

ac•cord /ə'kɔ:d/ /अ'कॉऽड/ noun, c. (no plural) or u. **1** *Earlier, my friend and I could never agree on anything but now there is perfect accord between us.*(u.) =

agreement or understanding (formal) मतैक्य, पारस्परिक सहमति (औपचारिक) **2** *The two countries signed a peace accord, bringing the war to an end.*(c.) = a political agreement between two countries; a treaty (अभि.) संधि

accordingly /əˈkɔːdɪŋlɪ/ /अ'कॉऽडिंग्ली/ adv. **1** *The teachers wanted the school to look clean at all times, and the students have cleaned it up accordingly.* = in keeping with what has been said or done तदनुसार **2** *The government decided to send a hundred doctors to the villages and, accordingly, many doctors have been transferred.* = as a result परिणामत:, फलत:

according to /əˈkɔːdɪŋ tə/ /अ'कॉऽडिंग् ट/ prep. **1** *This house has been designed according to your needs.* = in keeping with के अनुसार, से मेल खाता **2** *I don't like Kolkata but, according to my brother, it is the finest city in the world.*= in the opinion of के विचार से

ac•count[1] /əˈkaʊnt/ /अ'काउण्ट/ noun, c. **1** *I have a savings account in this bank.* = an arrangement with a bank which allows one to keep money in the bank or take it out बैंक में पैसा जमा करने या निकालने के लिए अपना खाता **2** *Each of the people who had seen the accident gave a different account to the police.* = a spoken or written description of some event वृत्तांत, विवरण, बयान **3** (always plural) *The company's accounts must be checked every month to make sure it is not losing money.* = a record of the money spent or earned by a company, government etc. हिसाब-किताब

account[2] verb, t. *They account her a great writer.* = to consider (formal) समझना, मानना, गिनना (औपचारिक) **accountant** noun, c. = a person who looks after the accounts of a company or government or other organization लेखापाल, मुनीम

account for **1** *Rahim had no sleep last night and this accounts for the fact that he looks so tired this morning.* = to be the cause of का कारण होना **2** *The police would like to know where you were between 7.00 and 9.00 p.m. yesterday, when the house was burgled. Can you account for your movements during this time?* = to give a satisfactory explanation for something संतोषप्रद कारण बताना, स्पष्ट करना, कैफ़ियत/सफ़ाई देना **on account of** *Sheela came late to school on account of the rain.* = because of की वजह से

ac•coun•ta•ble /əˈkaʊntəbəl/ /अ'काउण्टब्ल/ adj. *When the school takes the children on a picnic, the teachers are accountable to the parents for the children's safety.* = having to explain something to someone if it goes wrong; responsible उत्तरदायी, जिम्मेवार

ac•cu•mu•late /əˈkjuːmjʊleɪt/ /अ'क्यूम्युलेइट/ verb, t. or i. **1** *He built a school with the money he had accumulated over fifty years.*(t.) = to collect more and more of something over a period of time (formal) लंबी अवधि में संचित करना (औपचारिक) **2** *If you don't clean this room every day, a lot of dust will accumulate.*(i.) = to increase slowly and gather in some place धीरे-धीरे बढ़ते हुए इकट्ठा होना **accumulation** noun

ac•cu•rate /ˈækjʊrət/ /'ऐक्युरट/ adj. *I need an accurate measurement of this room.* = exactly correct ठीक, सही **accuracy** noun, u. = the quality of being accurate ठीक/सही होने का गुण

ac•cuse /əˈkjuːz/ /अ'क्यूज़/ verb, t. *Homi accused me of copying his work.* = to say (charge) that someone has done something wrong आरोप/इलज़ाम लगाना **accusation** /ækjʊˈzeɪʃən/ /ऐक्यु'ज़ेइशन/ noun, u. = the act of accusing someone **accused** noun दोषारोपण, इलज़ाम

ac•cus•tomed /əˈkʌstəmd/ /अ'कॅस्टम्ड/ adj. (+ to) *As I have never lived in England before, it will take me some time to get accustomed to this climate.*= to become used to something; to get adjusted अभ्यस्त/आदी होना

AC/DC device noun = a machine that can run on both alternating current (AC) or direct current (DC) मशीन जो एकांतरित विद्युत् प्रवाह पर चलती है

ace[1] /eɪs/ /एइस/ noun, c. **1** *In our game of bridge, my opponent played the ten of hearts and I played the ace.* = a playing card which has only a single 'spot' (club, diamond, heart or spade) and usually has the highest value [ताश] एक्का **2** *The company is lucky to have a manager like Fatima. She is a real ace.* = a person who is very good at his/her work (informal) उस्ताद (अनौपचारिक) **3** = (in tennis) a very fast, strong serve which is not returned [टेनिस] तेज़ ज़ोरदार सर्विस जिसे पलटा नहीं जाता

ace

ace[2] adj. *an ace pilot* = a highly skilled pilot श्रेष्ठ, माहिर, शातिर

a•ce•tate /ˈæsɪteɪt/ /'ऐसिटेइट/ noun = a chemical substance made from acetic acid, often used to produce a kind of artificial cloth [CHEMISTRY] एक रासायनिक पदार्थ जो एसेटिक एसिड (अम्ल) से बनता है और जिससे कृत्रिम कपड़ा तैयार होता है [रसायनशास्त्र]

ache[1] /eɪk/ /एइक/ noun, c. *I have a headache.* = pain in some part of the body. (Note the use of the article.) दर्द (उदाहरण के वाक्य में article के प्रयोग पर ध्यान दें।)

ache² verb, i. *I laughed so much that my stomach ached.* = to feel a continuous, dull pain लगातार हल्का दर्द महसूस करना

a•chieve /ə'tʃi:v/ /अ'चीव/ verb, t. *India achieved independence in 1947 after many years of struggle.* = to be successful in doing something प्राप्त करना **achievement** noun, c. or u. 1 *His double century in the cricket match was a great achievement.*(c) = something important that one has been able to do (महत्त्वपूर्ण) उपलब्धि 2 *a great sense of achievement.*(u.) = the successful doing or finishing of something निष्पादन, सिद्धि **high achiever** noun = a person who produces very good results, specially in studies व्यक्ति जिसे (विद्याध्ययन में) उत्तमकोटिक उपलब्धियाँ होती हैं

ac•id¹ /'æsɪd/ /'ऐसिड/ noun, c. or u. 1 = a type of chemical substance that contains hydrogen and forms a salt when combined with an alkali; it may destroy things it touches [CHEMISTRY] अम्ल, तेजाब [रसायनशास्त्र] 2 (u.) = a word used to refer to LSD, a dangerous drug एक अति हानिकारक मादक पदार्थ का द्योतक शब्द

acid² adj. *This fruit has a slightly acid taste.* = sour अम्ल, खट्टा **acidic** /ə'sɪdɪk/ /अ'सिडिक/ adj. = having the quality of an acid अम्लीय, तेजाबी **acid rain** adj. = rain which contains harmful acids बारिश जिसमें हानिकारक तेजाबी तत्त्व होते हैं **acid test** adj. *Will the new government be able to reduce poverty? That will be the acid test.* = a test which will prove whether something is as valuable as it is supposed to be एक परीक्षण जो यह निश्चित करता है कि कोई वस्तु वस्तुत: उतनी महत्त्वपूर्ण है या नहीं जितनी समझी जाती है

ac•knowl•edge /ək'nɒlɪdʒ/ /अक्'नॉलिज/ verb, t. 1 *The driver of the car acknowledged that the accident took place because of his carelessness.* = to accept, or admit, that something is true स्वीकार करना, मानना, कबूलना 2 *I must acknowledge the help I have received from my wife in writing this book.* = to state, in speech or writing, that one has been helped लिखित/भाषित रूप में अंगीकार करना 3 *The bank has acknowledged receipt of the letter which I sent last week.* = to write and tell a person that you have received a letter from him/her प्राप्तिस्वीकार/पावती भेजना **acknowledgement** /ək'nɒlɪdʒmənt/ /अक्'नॉलिजमण्ट/ noun, c. or u. 1 (u.) = the act of admitting that something is true अभिस्वीकृति, हामी 2 (c.) = a statement thanking people for help received सधन्यवाद प्राप्ति सूचना 3 (c.) = a letter confirming the arrival of a package etc. पैकेज/पार्सल का प्राप्तिसूचना पत्र

ac•ne /'ækni/ /'ऐक्नी/ noun, u. = a skin condition that makes pimples (raised infected spots) appear on the face त्वचा की एक ऐसी स्थिति जिससे मुहाँसे होते हैं

a•cous•tic /ə'ku:stɪk/ /अ'कूस्टिक/ adj. *The acoustic nerve carries sound from the ear to the brain.* = connected with sound or the sense of hearing [TECHNICAL] ध्वनि/श्रवण से संबंधित [तकनीकी] **acoustics** noun, u. (always plural) श्रवणेंद्रिक, श्रवणेंद्रिय विषयक, श्रुतिविषयक 1 *The music concert has been arranged in this room because the acoustics here are very good.* = the qualities of a room which influence the quality of the sounds that are heard in it कमरे का ध्वनिगुण 2 = the scientific study of sound (a branch of physics) [SCIENCE] श्रुतिविज्ञान, ध्वनिशास्त्र [विज्ञान]

ac•quaint /ə'kweɪnt/ /अ'क्वेइण्ट/ verb, t. 1 *I am acquainted with the manager of the office, but I don't know him very well.* = to know a person (or thing) slightly but not very well अवगत होना 2 *I will need some time to acquaint myself with all the facts of this case.* = to find out or collect information about something (formal) जानकारी प्राप्त करना (औपचारिक) **acquaintance** noun, c. or u. 1 (c.) = someone that one knows, but not very well परिचित/जान-पहचान का व्यक्ति 2 *acquaintance with computers*(u.) = slight knowledge of someone or something थोड़ी-बहुत जानकारी

ac•quire /ə'kwaɪəʳ/ /अ'क्वाइअʳ/ verb, t. 1 *My friend has finally acquired a car.* = to get something one did not have before, and usually, has worked hard to get (formal) अपने पास जो नहीं था उसे (कुछ मशक्कत से) हासिल करना 2 *The government plans to acquire this land for a new hospital.* = to take possession of land or property through an order (referring to an action by the government) सरकारी आदेशानुसार भूमि या संपत्ति का अभिग्रहण करना, हस्तगत करना 3 *She has acquired a lot of experience as a teacher.* = to get, over a period of time लंबी अवधि में प्राप्त करना, उपार्जन करना, अर्जित करना **acquisition** /ækwɪ'zɪʃən/ /ऐक्वि'ज़िशन/ noun, c. or u. 1 (u.) = the act of acquiring, or taking possession of, land by the government अभिग्रहण 2 *The company is really happy with its new acquisitions, including the six new computers.*(c.) // *I heard you have bought a car. Let me see your latest acquisition.*(c.) = something acquired लब्ध वस्तु

ac•quit /'əkwɪt/ /'अक्विट/ verb, t. (**acquitted**) *The judge acquitted the prisoner of murder as no one had actually seen him commit it.* = to decide that someone who is being tried in a court is not guilty of doing something wrong [LAW] निरपराध ठहराना, रिहा करना [कानून]

a•cre /'eɪkəʳ/ /'एइकʳ/ noun, c. = an area of land measuring approximately 4047 square metres or 4840 square yards भूमि की माप-4840 वर्ग गज

ac•ro•nym /'ækrənɪm/ /'ऐक्रनिम/ noun, c. *UNO is an acronym for United Nations Organization.* = a word made up by choosing the first letter of each word in a name (कई शब्दों के नाम के) प्रथम अक्षरों से बना शब्द

a•cross[1] /ə'krɒs/ /अ'क्रॉस/ prep. **1** *Don't walk across the road now as there is too much traffic.* = from one side to the other एक ओर से दूसरी ओर **2** *The school is just across the road.* = on the opposite side ठीक विपरीत दिशा में

across[2] adv. **1** *When we reached the river, we did not find a boat. So we swam across.* = to the other side उस पार **2** *The room is 4 m long and 2 m across.* = wide चौड़ा

act[1] /ækt/ /'ऐक्ट/ verb, t. or i. **1** *The police must act now to check crime in the city.*(t.) = to do something; to take action कदम उठाना **2** *This new drug will act on the organisms which cause malaria.*(t.) = to have an effect असर करना/डालना **3** *She is not really unhappy. She is only acting.*(i.) = pretending बहाना करना **4** *He is usually very quiet, but today he just can't stop talking. I don't know why he is acting in this strange way.*(i.) = behaving व्यवहार करना **5** *Javed Khan acts the part of a doctor in this new film.*(t.) = to play a certain role or part in a film, play etc. का अभिनय करना, की भूमिका में होना

act[2] noun, c. **1** *The girl saved a little boy from drowning in the river. She has been given a medal for this act of bravery.* = something that someone has done कृत्य **2** *the Income Tax Act* = a law passed by parliament अधिनियम **3** *Act 5, Scene 2* = one of the main divisions of a stage play [नाटक का] अंक

to catch someone in the act *The pickpocket was caught in the act.* = while actually doing something रँगे हाथ पकड़ना **act of God** = a storm, flood etc. which is caused by natural forces and cannot be controlled by human beings [LAW] भगवान की माया [कानून]

act•ing[1] /'æktɪŋ/ /'ऐक्टिंग/ adj. *The director of the Institute is away but the acting director can see you.* = someone who is asked to do a job while the person who usually does that job is away कार्यकारी

acting[2] noun, u. = the profession of working in films, the theatre etc. (सिनेमा, थियेटर में) अदाकारी, अभिनय

ac•tion /'ækʃən/ /'ऐक्श्न/ noun, c. or u. **1** *You have made many promises, but have done nothing yet. It looks as if you believe only in talk, not action.*(u.) = doing something काम **2** *You have lost those valuable documents and I must hold you responsible for this action.*(c.) = something that is done by a person ख़ास काम **3** *The rocks under the waterfall have become smooth because of the action of the falling water.*(u.) = effect असर **4** *Garbage is piling up on the roads. Please take some action soon.*(u.) = do something to correct a situation कदम उठाना, (सुधार लाने के लिए) कुछ करना **action-packed** adj. = a film, match etc. which has a lot of exciting events मारधाड़-भरा

in action **1** *Five soldiers were killed in action.* = while fighting [TECHNICAL] लड़ते हुए [तकनीकी] **2** *He looks lazy and slow when he is relaxing, but have you seen him in action?* = in an active state, doing things one is good at in an energetic way जिस कार्य-विशेष में दक्षता हो उसका स्फूर्ति के साथ निर्वाह करते हुए कार्यरत **to be out of action** *The lift will be out of action until they change the cable.* = of something or someone, to be injured, in a state of repair, etc. and therefore unable to do its/their work ऐसे व्यक्ति/वस्तु के संदर्भ में जो घायल/क्षतिग्रस्त हो और यों कुछ कर पाने के काबिल नहीं हो **'Lights! Camera! Action!'** = a call made by the director of a film to the crew to start filming a scene दृश्य फ़िल्माना शुरू करने के लिए निर्देशक का आदेश [सिनेमा]

ac•tiv•ate /'æktɪveɪt/ /'ऐक्टिवेइट/ verb, t. **1** *If you press this button you will activate the bell and it will start ringing.* = to make something, especially an electric system, active; to bring to use [TECHNICAL] (विशेषकर बिजली) चालू करना [तकनीकी] **2** *The law against blackmarketing has not been used for a long time but the government will activate it again.* = to bring back to use फिर से लागू करना

ac•tive[1] /'æktɪv/ /'ऐक्टिव/ adj. **1** *You will never find them sitting idle and doing nothing. They are always active.* = doing something or ready to do something सक्रिय, कार्यरत, कर्मठ, कार्योद्यत **2** *an active volcano* = able to produce the typical effects, or act in a typical way [TECHNICAL] सक्रिय, क्रियाशील [तकनीकी] **3** *Your plan is under active consideration.* = being done at the present time (formal) कार्यान्वित होते रहने की स्थिति में (औपचारिक)

active[2] noun *In the sentence 'Rahim wrote a letter', 'wrote' is in the active voice.* = used to refer to the form of the verb when the subject is the doer of the action [GRAMMAR] कर्तृवाच्य [व्याकरण]

ac•tiv•ist /'æktɪvɪst/ /'ऐक्टिविस्ट/ noun, c. *She is an animal rights activist.* = a person who wants to bring about some social or political change and works hard for that change कर्मण्यतावादी

ac•tiv•i•ty /æk'tɪvɪti/ /ऐक्'टिविटी/ noun, c. (**activities**) or u. **1** *The town is usually quiet, but now that it is holiday time, people are arriving and there is a lot of activity.*(u.) = things being done हलचल, सरगर्मी **2** *I would like to take part in some cultural activities such as drama and music.*(c.) = something that one does or takes part in as a hobby, especially for interest क्रियाकलाप, गतिविधि

ac•tor /'æktəʳ/ /'ऐक्टर्/ noun, c. = a man or a woman who takes part in films, plays or television अभिनेता, अदाकार **actress** noun, c. (**actresses**) = a woman who plays a role in a film, play etc. अभिनेत्री

> **Usage** The word **actor** is now commonly used to refer to a woman as well as a man. अब **actor** शब्द का प्रयोग दोनों लिंगों के लिए होता है।

ac•tu•al /'æktʃuəl/ /'ऐक्चुअल/ adj. *Before the election there were rumours that our party would lose, but when* *the actual results came in, it was found that we had won.* = real, not imaginary वास्तविक, असली ('काल्पनिक' के विपरीत) **actually** adv. *He looks about 20, but he's actually 45.* = in fact वस्तुत:, सचमुच, वाक़ई

ac•u•punc•ture /'ækju:pʌŋktəʳ/ /'ऐक्युपंक्चर/ noun = a method of treating disease and relieving pain by pushing fine steel needles into parts of the body, first used in China [MEDICINE] रोग उपचार एवं दर्द निवारण के लिए एक चीनी चिकित्सा पद्वति जिसमें शरीर के प्रभावित अंगों में सुइयों को चुभो दिया जाता है, सूचिवेध [चिकित्सा]

a•cute /ə'kju:t/ /अ'क्यूट/ adj. 1 *There is an acute shortage of water in the city. All the wells and tanks are dry.* = very great; severe नितांत, उग्र 2 *Dogs have an acute sense of smell and hearing.* = very sharp; keen संवेदनशील 3 *an acute angle* = an angle which measures less than 90 degrees [GEOMETRY] (see pic under **angle**) न्यून (कोण) (Angle के अंतर्गत चित्र देखें) [ज्यामिति]

AD /eɪ'di:/ /एई'डी/ abbrv. of **anno domini** (Latin) = years since the birth of Christ (see also **BC**) ईसा के जन्म से आजतक के वर्ष (देखें **BC**)

ad•a•mant /'ædəmənt/ /'ऐडमण्ट/ adj. *Though I begged her to change her mind, Mona was adamant and refused to come with me to Delhi.* = not willing to change one's mind अटल, हठी, जिद्दी, अड़ियल

Adam's apple noun, c. = the swelling in the front part of the neck which moves up and down when a person speaks or swallows something (informal) घेंटुआ, टेंटुआ (अनौपचारिक)

a•dapt /ə'dæpt/ /अ'डैप्ट/ verb, t. or i. 1 *He adapted the engine in his car so that it could run on petrol, diesel or gas.*(t.) = to make a change in something so that it is able to work in new or different conditions; to modify for new needs अनुकूल करना, माफ़िक बनाना 2 *Camels do not need much water. They have adapted very well to life in the desert.*(i.) = to go through a process of change which helps one to face new conditions; to adjust समंजित होना, अभ्यस्त होते जाना **adaptable** adj. = able to adapt or adjust easily, so that one can face new conditions without any difficulty अनुकूलनीय, ढलनेवाला **adaptation** /ædæp'teɪʃən/ /ऐडैप्'टेइशन्/noun, c. or u. *The film 'Godan' is an adaptation of Premchand's novel.*(c.) = something produced by changing the original, for a special purpose अनुकूलन, रूपांतरण

a•dapt•or /ə'dæptər/ /अ'डैप्टर/ noun, c. = a device that allows the connection of more than one electrical device (e.g. an electric iron and a toaster) to a source of electricityएक जुगत जिसकी सहायता से बिजली के एक से अधिक साधनों को विद्युत्-स्रोत से जोड़ा जा सकता है

add /æd/ /'ऐड/ verb, t. 1 *If you add 6 to 4, you get 10.* = to increase a number by another number so as to get a total [MATHEMATICS] जोड़ना [गणित] 2 *Please add my name to the list of speakers.* = to include something which was not there earlier शामिल/शुमार करना **added** adj. *added sugar* = something which is added to increase what is already there ऊपर से थोड़ा और डालना

to add fuel to the fire = to make a bad situation worse आग में घी डालना **to add insult to injury** = to give a person, who is already feeling unhappy or hurt about something, a reason to feel insulted as well जले पर नमक छिड़कना

ad•der /'ædəʳ/ /'ऐडर/ noun = a kind of poisonous snake found in parts of Europe, Africa and Asia एक प्रकार का विषैला सर्प, ऐडर

ad•dict /'ædɪkt/ /'ऐडिक्ट/ noun, c. *Those men and women don't just take drugs, they are addicts.* = a person who has got into a (usually bad) habit which he/she cannot get out of (derogatory) व्यसनी, लती (अनादरपूर्ण) **addiction** /ə'dɪkʃən/ /अ'डिक्शन्/ noun, c. or u. = a habit which one cannot shake off easily (e.g. **drug addiction**) लत (जैसे, नशे की लत) **addictive** adj. = a substance (e.g. coffee, drugs) the use of which, if done regularly, can become a habit पेय पदार्थ जिसके नियमित सेवन से उसका चस्का लग जाता है (जैसे चाय, कॉफी)

ad•di•tion /ə'dɪʃən/ /अ'डिशन्/ noun, c. or u. 1 (u.) = the process by which numbers are added योग 2 *Additions are made to the list from time to time.*(c.) = something added जोड़ी हुई वस्तु

in addition to *In addition to being a good cook, he is also a good singer.* = besides इसके अतिरिक्त/अलावा

additional adj. *The house has only one room. We may need an additional room for the children.* = more than the number which already exists; extra अतिरिक्त, और

ad•di•tive /'ædɪtɪv/ /'ऐडिटिव/ noun, c.= a chemical that is added to something (e.g. food) to improve it or make it last longer [TECHNICAL] एक रासायनिक पदार्थ जो भोजन आदि को टिकाऊ रखने या उसे और अच्छा बनाने के लिए उसमें डाला जाता है [तकनीकी]

ad•dress[1] /ə'dres/ /अ'ड्रेस/ noun, c. (**addresses**) 1 = the name, number etc. of the place where one lives or works and where letters etc. can be sent पता 2 *After the guests had arrived, the president read out his welcome address.* = a formal speech made on a special occasion to a group अभिभाषण, अभिनंदन-पत्र

address[2] verb, t. 1 *You should address the judge as 'Your Honour'.* = to speak or write to someone, using a particular title or rank किसी को, उसकी पदवी से, भाषित/लिखित रूप में संबोधित करना 2 *You can address your questions to the children in this audience as the programme is for them.* = to speak or write with a particular person or group in mind (formal) किसी विशेष

व्यक्ति/समुदाय को ध्यान में रखते हुए बोलना (औपचारिक) **addressee** noun, c.= the person to whom a letter, parcel etc. is sent प्रेषिती, पानेवाला

ad•ept /'ædept/ /'ऐडेप्ट/ adj. *Chitra is very adept at repairing machines.* = highly skilled निपुण, दक्ष

ad•e•quate /'ædɪkwɪt/ /'ऐडिक्विट/ adj. *He earns only a few hundred rupees a month and this is not adequate for the family.* = enough; sufficient यथेष्ट, पर्याप्त

ad•here /əd'hɪə^r/ /अ'ढीअ^र/ verb, i. **1** *The stamp did not adhere to the envelope as there was no glue on the back.* = to stick to something else with the help of glue (formal) गोंद के लगने से चिपकना (औपचारिक) **2** *In times of difficulty, it is not easy to adhere to one's beliefs.* = to stay with something and not change one's mind का पालन/अनुसरण करते रहना

ad•he•sive /əd'hi:sɪv/ /अड्'हीसिव/ noun, c. = a subtance such as glue that can stick or cause something to stick [TECHNICAL] गोंद-जैसी वस्तु जो चिपकती है/जिससे कुछ चिपकाया जा सकता है [तकनीकी]

ad hoc /æd 'hɒk/ /ऐड्'हॉक/ adj. (Latin) *The captain for the next match will be selected by an ad hoc committee.* = created or set-up for a special purpose and not permanent विशेष उद्देश्य से अल्पकालिक तौर पर बनाया हुआ, तदर्थ

ad•ja•cent /ə'dʒeɪsənt/ /अ'जेइसण्ट/ adj. *The bank and the post-office are adjacent to each other.* = next to; touching each other निकटवर्ती, एक-दूसरे से सटा, बगल/पड़ोस में स्थित **adjacent angle** = an angle which has a common arm with another angle which lies next to it एक कोण जिसकी एक रेखा बगल के कोण की रेखा भी होती है

ad•jec•tive /'ædʒɪktɪv/ /'ऐजिक्टिव/ noun, c. *In the sentence 'She is a shy woman', the word 'shy' is an adjective.* = a word that describes or tells us more about a noun [GRAMMAR] शब्द जो संज्ञा के विषय में और कुछ बतलाता है, विशेषण [व्याकरण]

ad•join /ə'dʒɔɪn/ /अ'जॉइन/ verb, t. or i. *Our house adjoins theirs, with only a low wall between the two houses.*(i.) = to be next to (see also **adjacent**) आसन्न, संलग्न, से लगा/सटा हुआ होना, बहुत पास होना (देखें adnacent)

ad•journ /ə'dʒɜ:n/ /अ'जऽन/ verb, t. or i. **1** *The judge decided to adjourn the trial to the following Monday.*(t.) = to stop a meeting, trial etc. for a short period (सभा/सुनवाई) अल्पकाल के लिए स्थगित करना **2** *The court will now adjourn.*(i.) = to stop working for some time कुछ निश्चित समय के लिए काम रोकना

ad•junct /'ædʒʌŋkt/ /'ऐडजंक्ट/ noun, c. *The Planning Commission is not a part of the government but it is an important adjunct to the government.* = something that is added on to something else but is not considered a part of it अनुलग्नक, अनुबंधक, से जुड़ा हुआ लेकिन उसका अंग नहीं

ad•just /ə'dʒʌst/ /अ'जॅस्ट/ verb, t. or i. **1** *Can you adjust the sound on the TV?*(t.) = to make a slight change in something in order to make it work better समायोजन/समन्वय करना, और ठीक से चल सके इसके लिए हल्का परिवर्तन करना **2** *He has fallen sick again. He cannot adjust to this cold climate.*(i.) = to change oneself in order to be better able to face a new situation; to adapt अपने को नई परिस्थिति के अनुकूल बनाना **adjustable** adj. *You can increase or decrease the height of an adjustable chair.* = (of something) which can be changed to different positions, settings or levels समंजनीय, जिसे विभिन्न रूपों में बदला जा सके **adjustment** noun, c. or u. *We had to make a few small adjustments to the programme as some people were not happy with it.*(c.) = a small change, made to suit the conditions सामंजस्य, परिस्थिति के मुताबिक हल्का परिवर्तन

ad•min•is•ter /əd'mɪnɪstə^r/ /अड'मिनिस्ट^र/ verb, t. **1** *The British divided India into a number of provinces so that they could administer the country better.* = to rule or manage a government, company etc. प्रशासन/संचालन करना, नियंत्रित करना/ रखना **2** *The doctor administered a life-saving drug to the patient.* = to give (formal) (दवा) देना (औपचारिक) **3** *The Chief Justice administered the oath of office to the new ministers.* = to make someone promise something officially आधिकारिक/राजकीय शपथ दिलाना **administration** ədmɪnɪ'streɪʃən/ /अड्मिनि'स्ट्रेइशन्/ noun, c. or u. **1** *the administration of the country* = the management of the affairs of a government or company प्रशासन, संचालन **2** *the company administration.*(c.) = the group of people managing a government, company etc. संचालक समिति/मंडल **administrative** /əd'mɪnɪstrətɪv/ /अड्'मिनिस्ट्रटिव/ adj. *My duties in this school are mainly administrative. I don't have to teach.* = related to the management of a government, company etc. प्रशासनिक **administrator** /əd'mɪnɪstreɪtə^r/ /अड'मिनिस्ट्रेइट^र/ noun, c. = a person whose job is administration प्रशासक, प्रबंधक

ad•mi•ral /'ædmərəl/ /'ऐडम्रल/ noun, c. = a senior rank in the navy नौसेना का एक उच्चाधिकारी

ad•mi•ra•tion /ædmɪ'reɪʃən/ /ऐडमि'रेइशन्/ noun, u. *I have great admiration for our teacher.* = a feeling of respect आदरभाव

ad•mire /əd'maɪə^r/ /अड'माइअ^र/ verb, t. = to think of someone with pleasure and respect आह्लाद एवं समादर की दृष्टि से देखना **admirer** noun, c. *He is an admirer of Ravi Shankar.* = a person who admires someone प्रशंसक

ad•mis•si•ble /ədˈmɪsɪbəl/ /अडˈमिसिब्ल/ adj. *evidence admissible in a court of law* = something that can be accepted or considered [LAW] स्वीकार्य, विचारणीय, अनुमति देने योग्य [कानून]

ad•mis•sion /ədˈmɪʃən/ /अडˈमिश्न/ noun, c. or u. **1** *My daughter has been given admission to the medical college.*(u.) = permission to enter or join a college, school, club etc. प्रवेश, दाखिला **2** *The thief has made an admission of his crime.*(c.) = a statement accepting that something is true; a confession स्वीकारोक्ति, इकबाले जुर्म **admission fee** = the cost of entrance to a park, museum etc. प्रवेश शुल्क

ad•mit /ədˈmɪt/ /अडˈमिट/ verb, t. (**admitted**) **1** *The Principal has agreed to admit my child to her school.*(t.) = to allow someone to enter or join an organization (किसी संस्था में) भरती होने की अनुमति देना **2** *The thief has admitted that she stole my car.*(t.) = to agree, or accept, that something (usually bad) is true (कुकृत्य को) स्वीकार करना/मान लेना/कबूलना **3** *The facts admit no other explanation.* = allow की गुंजाइश होना

ad•mon•ish /ədˈmɒnɪʃ/ /अड्ˈमॉनिश/ verb, t. *The teacher admonished the students for not bringing their textbooks to class.* = to tell someone gently that you do not like something that he/she has done (formal) (नापसंदगी की वजह से) झिड़की देना (औपचारिक)

a•do /əˈduː/ /अˈडू/ noun, u. *Without further ado, let me now invite the Chief Guest to inaugurate the meeting.* = delay or unnecessary activity (old-fashioned) बतंगड़, व्यर्थ विलंब (पुराने प्रचलन का)

ad•o•les•cence /ædəˈlesəns/ /ऐडˈलेसन्स/ noun, u. = the period of life between the ages 13 and 17 when one is neither a child nor an adult किशोरावस्था, उठती जवानी **adolescent** adj. = a person who is going through the period of adolescence किशोर

a•dopt /əˈdɒpt/ /अˈडॉप्ट/ verb, t. **1** *As my uncle has no children of his own, he plans to adopt a child.* = to accept someone else's child as one's own through a legal process कानूनन दत्तक ग्रहण करना, (बच्चे को) गोद लेना **2** *Some Indian farmers have adopted the Japanese method of growing rice.* = to take and use (compare **adapt**) विधि अपनाना (देखें **adapt**) **3** *to adopt a tough approach to indiscipline* = to begin to have अख्तयार करना **adoption** noun, u. = the act of adopting someone or something दत्तक ग्रहण

a•dore /əˈdɔːʳ/ /अˈडॉऽʳ/ verb, t. **1** *He adores his elder sister.* = to have deep love and respect for a person or an animal पर श्रद्धा रखना **2** = to worship (a supernatural power or being) दैवी/अलौकिक शक्ति की आराधना करना **adorable** adj. *What an adorable child!* = attractive; lovable बहुत आकर्षक और प्यारा, मनमोहक **adoration** /ædəˈreɪʃən/ /ऐडˈरेइश्न/ noun, u. = the act of adoring someone श्रद्धा (की अभिव्यक्ति)

a•dorn /əˈdɔːn/ /अˈडॉऽन/ verb, t. *The room was adorned with beautiful paintings.* = to make something look more beautiful; to decorate (formal) की शोभा बढ़ाना, संवारना, सजाना (औपचारिक)

ad•re•na•lin /əˈdrenəlɪn/ /अˈड्रेनलिन/ noun = a chemical substance produced inside the body when one is angry, excited or frightened, which causes the heart to beat faster [BIOLOGY] क्रुद्ध या उत्तेजित स्थिति में ग्रंथि से स्रवित एक रासायनिक द्रव [जीव विज्ञान]

a•drift /əˈdrɪft/ /अˈड्रिफ़्ट/ adj. **1** *When the ship sank, some of the passengers got into a lifeboat. For six days they were adrift.* = driven about aimlessly by the sea or wind इधर-उधर बहता/तिरता हुआ **2** *Last year, when she had no work and no one to guide her, she felt she was adrift.* = going on without any purpose or direction भटकते रहना

a•dult¹ /ˈædʌlt/ /ˈऐडल्ट/ noun, c. = a fully-grown person or animal, especially a person over the age of 18 or 21. 18/21 से अधिक अवस्था का व्यक्ति, वयस्क, बालिग

adult² adj. **1** *It is difficult to tame an adult lion.* = a fully grown person or animal पूर्ण विकसित, परिपक्व **2** *This is an adult film.* = meant for adults only केवल वयस्कों के लिए

a•dul•ter•ate /əˈdʌltəreɪt/ /अˈडॅल्टरेइट/ verb, t. *People adulterate milk by adding water to it.* = to make a substance impure or of poorer quality by the addition of something of lower quality (disapproving) निम्न कोटि की चीज़ की मिलावट से किसी पदार्थ को इतरकोटिक/अशुद्ध बनाना

a•dul•ter•y /əˈdʌltəri/ /अˈडॅल्ट्री/ noun, u. = a sexual relationship between a married person and someone who is not their husband/wife (disapproving) परगमन, (किसी विवाहित व्यक्ति का) किसी और की पति/पत्नी से यौन-संबंध

ad•vance¹ /ədˈvɑːns/ /अड्ˈवान्स/ noun, c. or u. **1** *Our army has checked the enemy's advance.*(u.) = forward movement (usually of soldiers) (सेना का) अग्रसरण **2** *The advance of television in the last ten years has been remarkable*(u.) = development or progress प्रगति, विकास **3** *The discovery of a new planet is a great advance in science.*(c.) = a step forward नवोद्भव, एक नया कदम **4** *The company has given me an advance of Rs 10,000 to buy a scooter.*(c.) = money paid to someone for some purpose earlier than it is due अग्रिम राशि, पेशगी

advance² verb, t. **1** *The cheetah advanced on the deer.* = to move forward towards someone/something की ओर बढ़ना/झपटना **2** *The editor of the magazine took every opportunity to advance the cause of art.* = to support and help बढ़ावा देना, पीठ ठोंकना **3** *Ms Shah advanced the time of the meeting.* = to bring forward to an earlier date or time घटना/कार्यक्रम के समय या उसकी तारीख़ को पहले कर लेना/पहले रखना

advance[3] adj. *I am sending you an advance copy of my note to read before the meeting.* = something which is sent ahead (earlier than something else, which is to follow) अग्रिम (प्रति)

ad•van•tage /əd'vɑːntɪdʒ/ /अड्'वाऽन्टिज/ noun, c. or u. *Michael Jordan's great height gives him an advantage over other basketball players.*(c.) = some quality or condition that helps someone to be successful or to do better than others सफल होने/दूसरों से बेहतर हो पाने का लाभ देना **advantageous** /ædvən'teɪdʒəs/ /ऐड्वन्'टेइजस/ adj. *It is advantageous for a basketball player to be tall.* = giving an advantage to someone लाभप्रद, उपयोगी

to take advantage of **1** *We should take advantage of the fine weather and go on a picnic.* = to make good use of something for one's benefit स्वार्थवश पूरा लाभ उठाना **2** *You are taking advantage of his kindness.* = to use in a way which is not proper or fair (disapproving) का अनुचित/गलत प्रयोग करना (अस्वीकृत)

ad•vent /'ædvent/ /'ऐड्वेन्ट/ noun, u. *People travelled in horse carriages before the advent of the motor car.* = the arrival or coming of an important invention, event, person etc. (formal) घटना, व्यक्ति आदि का आगमन/अवतरण/प्रादुर्भाव (औपचारिक)

ad•ven•ture /əd'ventʃəʳ/ /अड्'वेन्चʳ/ noun, c. or u. **1** *Our trip to the Simlipal forest, where we were chased by a wild elephant, proved to be quite an adventure.*(c.) = an experience or event that is exciting and somewhat dangerous उत्तेजनापूर्ण/जोखिम भरी घटना या उसका अनुभव **2** *An explorer's life is one of adventure.*(u.) = excitement and risk उत्तेजना तथा जोखिम **adventurous** adj. = fond of adventure जोखिम भरे काम के लिए उत्सुक/इच्छुक, जीवटवाला

ad•verb /'ædvɜːb/ /'ऐड्वऽब/ noun, c. *In the sentence 'Rahul walks slowly', the word 'slowly' is used as an adverb.* = a word or a group of words that describes a verb, an adjective or another adverb क्रियाविशेषण **adverbial** /əd'vɜːbiəl/ /अड'वऽबिअल/ adj. *an adverbial phrase* = a word or group of words that is used as an adverb [GRAMMAR] क्रियाविशेषणात्मक [व्याकरण]

ad•ver•sa•ry /'ædvəsəri/ /'ऐड्वऽसरि/ noun, c. (**adversaries**) *We will use every possible means to win over our adversary.* = opponent, enemy (formal) विरोधी, शत्रु [औपचारिक]

ad•verse /'ædvɜːs/ /'ऐड्वऽस/ adj. *I do not have an office or a desk. I will not be able to work in such adverse conditions.* = unfavourable; going against; opposing प्रतिकूल **adversity** /əd'vɜːsɪti/ /अड्'वऽसिटि/ noun, u. *a period of adversity.* = a situation in which you have many difficulties and everything seems to go against you एक परिस्थिति जिसमें अनेक कठिनाइयाँ हों और सब-कुछ उलटा पड़ रहा हो, दुर्भाग्यपूर्ण स्थिति, मुसीबत

ad•ver•tise /'ædvətaɪz/ /'ऐड्वटाइज़/ verb, t. or i. *You must advertise your car if you want to attract buyers.*(t.) // *The food in this restaurant is so good that it does not need to advertise.*(i.) = to make something known to the public through newspapers, television etc. अख़बार, टेलीविज़न के ज़रिये विज्ञापित करना **advertisement** /əd'vɜːtɪsment/ /अड्'वऽटिज़्मण्ट/ noun, c. = a notice of something to be sold, a job to be filled etc. in a newspaper, poster or on television विक्रय/नौकरी के लिए जगह, आदि की (पोस्टर, अख़बार/टेलीविज़न द्वारा) दी गई सूचना, विज्ञापन

ad•vice /əd'vaɪs/ /अड्'वाइस/ noun, u. *Take my advice and study hard if you want to do well in the examination.* = an opinion given by one person to another on how to behave or act परामर्श, राय, सलाह

ad•vise /əd'vaɪz/ /अड्'वाइज़/ verb, t. *I advise you to give up smoking at once.* = to give advice to someone राय/सलाह देना **advisable** adj. *It is advisable to wear a helmet while driving a two-wheeler.* = sensible; wise उचित/उपयुक्त/सिफ़ारिश के काबिल **adviser** noun, c. (**advisor**) = a person who gives advice to someone important, or to students (e.g. *adviser to the Prime Minister, student adviser*) परामर्शदाता

ad•vo•cate[1] /'ædvəkeɪt/ /'ऐड्वकेइट/ verb, t. *Our party advocates compulsory education for children.* = to support की हिमायत करना

advocate[2] noun, c. **1** *Sona has engaged a famous advocate to defend him in court.* = a lawyer who argues in favour of the person who hires him or her वकील **2** *Our President is an advocate of free trade.* = a person who supports some cause or idea समर्थक

aer•i•al[1] /'eəriəl/ /'एअरियल/ noun, c. = a wire or metal rod, usually fixed on top of a house or car, to receive radio or television signals (also **antenna**) विद्युत् ग्राहक, एंटीना (देखें **antenna**)

aerial[2] adj. **1** *This is an aerial photograph of Delhi, taken from a height of 30,000 ft.* = taken from the air हवाई जहाज़ से लिया हुआ **2** *an aerial battle* = taking place in the air हवाई

aero- /eərəʊ/ /'एअरो/ prefix, meaning 'connected with the air' e.g. उपसर्ग = वायु से संबद्ध **aer•o•dy•nam•ic** /eərəʊdaɪ'næmɪk/ /एअरोडाइ'नैमिक/ adj. *This new car has an aerodynamic design.* = related to the flow of air over and around a moving object वायुगतिक, गतिशील वस्तु के ऊपर और चारों ओर वायुप्रवाह से संबंधित

aer•o•bic /eə'rəʊbɪk/ /एअ'रउबिक/ adj. = a biological process that takes place in the presence of air or oxygen [BIOLOGY] (opposite **anaerobic**) जैविक प्रक्रिया जो वायु/ऑक्सीजन के रहने से घटित होती है [जीव विज्ञान] (विलोम शब्द **anaerobic**)

aer•o•bics /eə'rəʊbɪks/ /एअ'रउबिक्स/ noun (always plural) = physical exercises designed to make the heart and lungs stronger [TECHNICAL] दिल और फेफड़े को मज़बूत करने के लिए निर्दिष्ट शारीरिक व्यायाम [तकनीकी]

aer•o•gramme /'eərəgræm/ /'एअरग्रैम/ noun, c. = a sheet of paper on which a letter can be written and sent by air without an envelope (see **airmail**) कागज़ का ताव जिस पर लिखा पत्र हवाई डाक से बिना लिफ़ाफ़े के भेजा जा सकता है (देखें **airmail**)

ae•ro•sol /'eərəsɒl/ /'एअरसॉल/ noun, c. 1 = a metal container in which some liquid can be stored under pressure and forced out in the form of a spray (tiny drops) धातु-पात्र जिसका दाब में रखा द्रव पदार्थ फ़व्वारे के रूप में छिड़का जाता है, स्प्रे 2 = particles (solid or liquid) suspended in a gas (e.g. smoke, fog) [TECHNICAL] गैस में लटके तरल/ठोस कण (जैसे धुआँ, कुहासा) [तकनीकी]

aerosol

aes•the•tic /i:s'θetɪk/ /ईस'थेटिक/ adj. *The beautiful paintings in Raj's room show that he has good aesthetic sense.* = related to the appreciation of beauty and art सुरुचिसंपन्न, सौंदर्यबोध से संबद्ध **aesthetics** noun (always plural) = the study of the principles of art and beauty सौंदर्यशास्त्र

af•fa•ble /'æfəbəl/ /'ऐफ़बल/ adj. *Maria has many friends because of her affable nature.* = friendly and likeable मिलनसार

af•fair /ə'feə'/ /अ'फ़ेय'/ noun, c. 1 *The manager had so many important affairs to attend to that he did not know where to start.* = a matter that requires attention or action to be taken विचारणीय/ध्यातव्य व्यापार, मामला 2 *His affair with a colleague was a secret until yesterday.* = an emotional relationship between two people who are not married to each other, although at least one of them is married (informal, generally disapproving) प्रणय-संबंध, आशनाई, इश्कबाज़ी (अनौपचारिक, प्राय: अस्वीकृत)

state of affairs (always plural) *an awkward state of affairs* = a situation which is present at a particular time मौजूदा हालत

af•fect /ə'fekt/ /अफ़ेक्ट/ verb, t. 1 *If you spend so much time watching television, it will affect your studies.* = to have an effect or influence on something प्रभावित करना, का असर पड़ना 2 *She was deeply affected when she heard that her friend had been injured.* = to feel pain, sorrow etc. पीड़ा, दु:ख महसूस करना 3 *She affected illness so that she would not have to go to school.* = to pretend to feel, have or do (disapproving) का ढोंग रचना, का स्वांग भरना (अस्वीकृत)

af•fec•ta•tion /æfek'teɪʃən/ /ऐफ़ेक'टेइश्न/ noun, u. *When Bimal speaks English, he tries to sound like a foreigner. His accent is just an affectation.* = behaviour which does not come naturally but is 'put on', like a pose (derogatory) ओढ़ा हुआ आचार, दिखावा (अनादरपूर्ण)

af•fect•ed /ə'fektɪd/ /अफ़ेक्टिड/ adj. *an affected smile* = unnatural अस्वाभाविक, कृत्रिम

af•fec•tion /ə'fekʃən/ /अ'फ़ेक्श्न/ noun, u. *She greeted me with great affection, as if I was her own child.* = gentle love अनुरक्ति/स्नेह **affectionate** adj. = loving स्नेहशील, स्नेहमय

af•fi•da•vit /æfɪ'deɪvɪt/ /ऐफ़ि'डेइविट/ noun, c. = a written statement which is true and may be used as evidence in a court of law [LAW] शपथ पत्र, हलफ़नामा, [कानून]

af•fil•i•ate /ə'fɪlieɪt/ /अ'फ़िलिएइट/ verb, t. or i. *Our college has been affiliated to Tribhuvan University.* = to join or be connected to a larger group or organization और बड़ी संस्था से संबद्ध होना या उसकी सदस्यता स्वीकार करना **affiliation** /əfɪli'eɪʃən/ /अफ़िलि'एइश्न/ noun, u. = permission to join a larger group or organization इस संबंधन की अनुमति

af•fin•i•ty /ə'fɪnɪti/ /अ'फ़िनिटी/ noun, u. *The two neighbouring countries share a strong affinity.* = a close and natural relationship or connection घनिष्ठ संबंध, सजातीयता

af•firm /ə'fɜ:m/ /अफ़ऽम/ verb, t. *The government affirmed its intention to make education compulsory for children below the age of 14.* = to declare; to state that something is true घोषणा करना; दृढ़ता से सच मानना/सही ठहराना

af•fir•ma•tive[1] /ə'fɜ:mətɪv/ /अफ़ऽमटिव/ noun, u. *When I asked him if he would like to join us, his answer was in the affirmative.* = saying or meaning 'yes' (formal) सकारात्मक (औपचारिक)

affirmative[2] adj. *an affirmative smile* = an action showing that you agree or mean 'yes' 'हाँ' की अभिव्यक्ति

af•fix[1] /'æfɪks/ /'ऐफ़िक्स/ noun, c. = a group of letters added to a word, either at the beginning (prefix, e.g. *dis*-count) or at the end (suffix, e.g. count-*less*), to form a different word [TECHNICAL] अक्षर-समूह, जो शब्द के आरंभ में (उपसर्ग के रूप में) या अंत में (प्रत्यय के रूप में) जोड़ा जाता है, जोड़ना [तकनीकी]

affix[2] verb, t. *Please affix a stamp to the envelope.* = to stick, to attach (formal) संलग्न करना, साटना, जोड़ना (औपचारिक)

af•flict /ə'flɪkt/ /अ'फ़्लिक्ट/ verb, t. *The people who live in this area have been afflicted with a strange* *disease.* = to cause to suffer in the body or mind शारीरिक या मानसिक रूप से सताना **affliction** noun, c. or u. = something causing suffering or pain; a disease वेदना या कष्ट का कारण; रोग

af•flu•ent /'æflʊənt/ /'ऐफ़्लुअण्ट/ adj. *They come from an affluent family, but there was a time when they had very little money.* = having plenty of money; rich धनाढ्य, दौलतमंद, ख़ुशहाल **affluence** noun, u. = wealth, prosperity अमीरी

af•ford /ə'fɔːd/ /अफ़ॉऽड/ verb, t. **1** *Now that we have saved some money, we can afford a holiday in Nepal.* = to be able to buy something or spend money on something ख़र्च दे या कर सकना **2** *I am afraid I can't afford to sleep tonight as I have important work to do.*= to be able to do something without loss or damage बिना नुकसान के कर पाना

af•fo•res•ta•tion /əfɒrɪ'steɪʃən/ /अफ़ॉरिं'स्टेइशन्/ noun, u. = the process of planting a large number of trees on bare land खाली भूमि पर वनारोपण की प्रक्रिया

af•front[1] /ə'frʌnt/ /अ'फ्रॅण्ट/ noun, c. *The remark you have just made about my honesty is a personal affront.* = deliberate insult जानबूझकर किया हुआ अपमान या निरादर

affront[2] verb, t. (**affronted**) *Her rude remark affronted me.* = to insult openly खुलेआम अपमानित करना

a•flame /ə'fleɪm/ /अ'फ़्लेइम/ adj. *Someone dropped a burning match on the carpet and soon the entire building was aflame.* = on fire (also **ablaze**) प्रज्वलित, प्रदीप्त (देखें **ablaze**)

a•float /ə'fləʊt/ /अ'फ़्लोउट/ adj. *Water was pouring into the boat through a large hole but we managed to keep it afloat.* = floating on the surface of water पानी पर तिरता हुआ

a•foot /ə'fʊt/ /अ'फ़ुट/ adj. *Plans are afoot to close down the factory.* = being prepared or planned (referring usually to something unpleasant) (अप्रिय अर्थ में) कुछ अंदर-अंदर चल रहा या चालू

a•fraid /ə'freɪd/ /अ'फ्रेइड/ adj. **1** *Don't be afraid, I am not going to hurt you.* = being in a state of fear भयभीत होना, डर लगना **2** *I didn't tell you of his illness as I was afraid the news would upset you.* = thinking that something bad may happen संभावित प्रतिकूल घटना से सशंकित **3** *I'm afraid we are going to be late for the meeting.* = sorry about something that has happened or is likely to happen (polite use) जो हुआ या हो सकता है उसपर अफ़सोस की अभिव्यक्ति का एक नम्र ढंग

a•fresh /ə'freʃ/ /अ'फ्रेश/ adv. *The essay you wrote is full of mistakes. You will have to do it afresh.* = once more; again (formal) फिर से, नए सिरे से (औपचारिक)

Af•ri•can[1] /'æfrikən/ /'ऐफ्रिकन/ noun, c. = a person from Africa अफ्रीकी

African[2] adj. = something that is connected with Africa अफ्रीका का **African American** noun, c. = an American whose ancestors came from Africa अफ्रीका की जनजाति का वंशज अमरीकी

af•ter /'ɑːftəʳ/ /'आऽफ़्टर/ prep. **1** *I would like to have some coffee after my breakfast.* = when something (an event or time) has been completed किसी घटना या समय के समाप्त होने के बाद **2** *I am facing one problem after another.* = following continuously एक के बाद एक **3** *The police are after the thief.* = in search of की तलाश में, के पीछे **4** *After the way he treated me, I will not visit him ever again.* = because of की वजह से **5** *After all my care in packing it, the clock arrived broken.* = in spite of सब होते हुए भी, के बावजूद **6** *The road was named after his mother.* = with the name of के नाम पर **after-effect** noun, c. (usually plural) *I ate so much at the party that I am feeling the after-effects now.* = the effect, usually unpleasant, of doing something, that remains after the cause is gone उत्तरप्रभाव, हेतु के समाप्त होने पर रह जाने वाला अप्रिय परिणाम **aftermath** /ɑːftəmæθ/ /'आऽफ़्टमैथ/ noun, u. *The storm is over but now, during the aftermath, people are afraid to come out of their homes.* = the period following a bad event such as a war, storm etc. हानिकारक घटना (आँधी, युद्ध) के बाद की कालावधि **afternoon** noun, c. or u. = the period between noon (12.00) and evening दोपहर **afterthought** noun, c. *This part of the house was not in the original plan. It has been added as an afterthought.* = something that is not planned at first but is thought of, added or done later अनुबोध, जो पहले नहीं सोचा या किया गया और बाद में सूझता है या किया जाता है **afterwards** adv. *I can't talk to you during the meeting but I will talk to you afterwards.* = later बाद में

a•gain /ə'gen/ /अ'गेन/ adv. **1** *He was here yesterday and he is here again today.* = one more time एक बार फिर **2** *She had been ill for sometime but now she is well again.* = as before पहले की तरह **3** *He might go to Kandy, but then again he might not.* = on the other hand लेकिन तब (यह भी है कि) **4** *I've told you again and again not to disturb her.* = repeatedly बार-बार

a•gainst /ə'genst/ /अ'गेन्स्ट/ prep. **1** *I am against using animals for experiments.* = not in favour of के विरुद्ध **2** *He lost the election because most people voted against him.* = in opposition to के विरोध में **3** *She was sitting with her back against the wall.* = supported by से छूते हुए, से टिके हुए **4** *The children have been vaccinated against polio.* = as a defence or protection from से बचाव के लिए **5** *This picture looks very good against that wall.* = having something as a background की पृष्ठभूमि में

against all odds (**odds** always plural) *He managed to complete the work against all odds.* = despite all chances that it would not happen प्रतिकूल संभावनाओं के बावजूद

against the law *It is against the law to carry explosives in an aircraft or train.* = not legal गैरकानूनी **to go against someone's wishes** = to do something which is the opposite of what someone wishes you to do किसी की इच्छा के विरुद्ध कुछ करना **to go against the grain** *I was forced to tell a lie in order to protect him but it went against the grain.* = against one's principles or beliefs अपने उसूल के खिलाफ़

age[1] /eidʒ/ /एइज/ noun, c. or u. **1** *My grandfather died at the age of 92.*(c.) = the number of years that one has lived अवस्था, आयु, उम्र **2** *The man has reached middle age.*(u.) = a period in one's life जीवन की एक कालावधि **3** *Age has made me wise.*(u.) = the state of being old वृद्धावस्था **4** *Many strange creatures lived on the earth before the Ice Age.*(c.) = a particular period in history (usually in capitals) इतिहास का एक युग-विशेष **5** *It has been an age since we last met.*(c.) = a long time (informal) 'ज़माना हुआ' (अनौपचारिक) **6** *I haven't met you in ages.* (usually plural) = a very long time (informal) अरसे से, बहुत दिन हुए (अनौपचारिक)

age[2] verb, t. or i. **1** *He seems to have aged a lot in the last two years.*(i.) = to become older or to look older और ज़्यादा उमर का लगना या दीखना **2** *His strenuous life has aged him.*(t.) = to cause someone to become older और बढ़ी उमर का कर देना **age-group** noun, c. *a book written for the 12–14 age-group* = a group of people who are between two particular ages वयोवर्ग, दो पीढ़ियों के बीच के लोगों का समुदाय **age-limit** noun, c. = the age below which or above which one is not considered suitable for something वयसीमा, आयुसीमा

to act one's age = to behave in a mature and sensible way सयाने के ढंग और समझबूझ के साथ व्यवहार करना **to come of age** = to reach the stage of maturity in one's biological growth; to reach the age of (usually) 18 or 21, when one can take on responsibilities, vote etc. अपने जैविक विकास में वयस्कता प्राप्त करना, 18/21 की उमर तक होना जब जिम्मेवारी लेने/वोट देने लायक हो जाए **to feel one's age** = to feel old बढ़ती या बढ़ी उमर को महसूस करना

age•ing[1] /'eɪdʒɪŋ/ /'ऐइजिंग/ noun, u. *It is said that Vitamin E can slow ageing.* = the process of growing older अवस्था बढ़ने की प्रक्रिया

ageing[2] adj. *The airline company wants to replace its ageing planes.* = something that is very old and no longer very useful पुराने पड़ते-से, बहुत पुराना और अब उपयोगी नहीं

a•gen•cy /'eɪdʒənsɪ/ /'एइजन्सी/ noun, c. (**agencies**) = an organization which represents other companies, stocks their products, provides information of their behalf etc. e.g. दूसरी कंपनियों का प्रतिनिधित्व करने वाली, उनके माल का स्टॉक रखनेवाली, उनकी ओर से जानकारी देनेवाली संस्था **employment agency** = a company that brings people in touch with jobs नौकरी की जगहों से संपर्क करानेवाली संस्था **advertising agency** = a company that helps to sell products by informing people about them कंपनी जो लोगों को उत्पादन या माल की जानकारी देती हुई उसका विक्रय-व्यापार करती है **news agency** = an organization that collects news and sells it to different newspapers, televison stations etc. समाचार एकत्र करके विभिन्न अखबारों, टेलीविज़न स्टेशनों को मुहय्या कराती संस्था, न्यूज एजेंसी

a•gen•da /ə'dʒendə/ /अ'जेण्ड/ noun, c. *What is the agenda for today's meeting?* = a list of the subjects to be discussed at a meeting विचारणीय विषयों की फिहरिस्त, कार्य-विवरण

a•gent /'eɪdʒənt/ /'एइज्एट/ noun, c. **1** *My brother works as an agent for an insurance company.* = a person who works for a company and helps to get business for the company by meeting people किसी कंपनी का कार्यकर्त्ता जो लोगों से उसका व्यापार-संबंध कराता है **2** *Soap is used as a cleaning agent.* = something that is used to produce a certain result कारक, वस्तु जो किसी उद्देश्य-पूर्ति के लिए प्रयुक्त होती है

ag•gra•vate /'ægrəveɪt/ /'ऐग्रवेइट/ verb, t. *There was some trouble yesterday between two groups of students and someone aggravated the situation by shouting at one of the leaders.* = to make a bad situation worse (formal)बदतर कर देना (औपचारिक)

ag•gre•gate[1] /'ægrɪgeɪt/ /'ऐग्रिगेइट/ noun, c. *The examination results are out. My daughter has an aggregate of 720 marks out of 800.* = total पूर्ण योग, कुल जोड़

aggregate[2] verb, t. or i. *Could you please aggregate your marks.*(t.) = to total up कुल योग करना

ag•gres•sion /ə'greʃən/ /अ'ग्रेशन्/ noun, u. *The argument would not have ended in a fight if one of the groups had not attacked the other. It was an act of agression.* = the starting of a quarrel or fight by one side attacking or being violent with the other; a situation in which one country decides to start a war against another झगड़े की शुरुआत जिसमें एक पक्ष दूसरे पर हिंसक रूप से आक्रमण करता है; एक स्थिति जिसमें एक देश दूसरे देश से युद्ध ठान लेता है

ag•gres•sive /ə'gresɪv/ /अ'ग्रेसिव/ adj. **1** *He is always fighting with other children. He is an aggressive child.* = always ready to fight (disapproving) आक्रामक, लड़ाका, (अस्वीकृत) **2** *The government has started an aggressive programme to ensure education for all.* = something done in a forceful and energetic manner, to make sure that results are produced (not disapproving) किसी निश्चित उपलब्धि के लिए जो सशक्त ढंग से और उछाह के साथ किया जाए (अस्वीकृत नहीं)

ag•gres•sor /ə'gresə'/ /अ'ग्रेस'/ noun, c. = a person

or country that starts a fight or war with another person or country आक्रामक व्यक्ति या देश, हमलावर

ag•grieved /ə'gri:vd/ /अ'ग्रीव्ड/ adj. *He is feeling aggrieved because he was not made the captain of the team.* = feeling hurt or unhappy because one has been unfairly treated अपने साथ अन्याय से उद्विग्न या खिन्न

a•ghast /ə'ga:st/ /अ'गास्ट/ adj. *We were aghast at the sight of the damage that the earthquake had caused.* = shocked; filled with surprise or fear भयचकित

a•gile /'ædʒaɪl/ /'ऐजाइल/ adj. **1** *The cheetah is an agile animal which can run at a speed of 100 km an hour.* = able to move quickly and easily; nimble चपल, फुर्तीला **2** *Einstein had an agile mind.* = able to think very quickly प्रत्युत्पन्नमति, झट से सूझने की क्षमता **agility** /ə'dʒɪlɪti/ /अ'जिलिटी/ noun, u. = quick and easy movements फुर्तीली चालढाल, फुर्ती

ag•i•tate /'ædʒɪteɪt/ /'ऐजिटेइट/ verb, t. or i. **1** *We are peaceful people. Don't agitate us unnecessarily.*(t.) = to make someone feel angry, anxious or nervous उत्तेजित करना, क्रोध दिलाना, चिंतित करना, घबरा देना **2** *We are agitating for free midday meals for school children.*(i.) = to work for or against some political or social cause by creating public opinion जनमत तैयार करते हुए किसी राजनीतिक / सामाजिक मुद्दे के लिए या पर आंदोलन करना **agitation** /ædʒɪ'teɪʃən/ /ऐजि'टेइश्न/ noun, c. or u. **1** (c.) = a public movement in support of or against some political or social cause ऐसा आंदोलन जो राजनीति या समाज जनित कारणों से या विरोधी कारणों से हो **2** *He was in a state of great agitation.*(u.) = mental unrest मानसिक अशांति **agitator** noun, c. **1** = a person who tries to build up public support for or against some political or social cause through speeches, writings etc. अपने भाषण/लेखन से किसी राजनीतिक/सामाजिक मुद्दे के पक्ष या विरोध में जनमत अर्जित करने में प्रयासशील व्यक्ति **2** = a machine for shaking or mixing things मिलाने या मिश्रित करने की मशीन

ag•nos•tic /æg'nɒstɪk/ /ऐग्'नॉस्टिक/ adj. = a person who is not sure if God exists (compare **atheist**) अज्ञेयवादी, जो ईश्वर के अस्तित्व के बारे में अविश्वस्त है (देखें **atheist**)

a•go /ə'gəʊ/ /अ'गउ/ adj. *The house was built only 20 years ago, but it looks old already.* = before now; in the past पूर्व, अतीत में

a•gog /ə'gɒg/ /अ'गॉग/ adj. *The children are agog with excitement as they are going on a picnic.* = full of excitement and expectation (old-fashioned) उत्सुक, आतुर, उत्कंठ, विकल (पुराने प्रचलन का)

ag•o•ny /'ægəni/ /'ऐगनी/ noun, c. or u. *My brother broke his leg when he fell down the stairs and was in agony.*= very great pain of body or mind (शारीरिक/मानसिक) तीव्र वेदना **agonize (agonise)** /'ægənaɪz/ /'ऐगनाइज़/ verb, t. or i. **1** *I accepted the offer of the job after agonizing over it for weeks.*(i.) = to think about or feel something deeply and painfully गंभीर और व्यथित, चिंता महसूस करना **2** *He agonized me by asking me to accompany him again and again.*(t.) = to cause agony to someone यंत्रणा देना, सताना **agonizing (agonising)** adj. *an agonizing decision* = something that causes great pain, anxiety व्यथाकारक, घोर व्यथा या गंभीर चिंता उत्पन्न करनेवाला

a•grar•i•an /ə'greəriən/ /अ'ग्रेअरियन/ adj. *The farmers are happy with the government's agrarian policies.* = connected with land and agriculture [TECHNICAL] भूमि और कृषि-संबंधी [तकनीकी]

a•gree /ə'gri:/ /अ'ग्री/ verb, i. or t. **1** *I asked my friend to lend me his motorcycle but he didn't agree.*(i.) = to say 'yes' to something राज़ी होना **2** *We both agree that she is a very good writer.*(t.) = to have the same idea or opinion (opposite **disagree**) एकमत होना (विलोम शब्द **disagree**) **3** *What you are telling us about the accident doesn't agree with the report that was published in the newspapers.*(i.) = to be the same as; to match से मेल खाना **4** *The fruit did not agree with me. It gave me a stomach upset.* = to cause indigestion नहीं पचना या रुचना **agreeable** adj. **1** *I suggested we go to the zoo and he was agreeable to my suggestion.* = ready to accept मानने या स्वीकार करने को तत्पर **2** *Everyone in the school likes him because of his agreeable nature.* = friendly दोस्ताना **agreement** noun, c. or u. **1** *We are in total agreement with you about the quality of this painting, and have decided to buy it.*(u.) = a situation in which two or more people share the same opinion सर्वसम्मति, एक स्थिति जिसमें दो या अधिक व्यक्ति एक ही विचार के होते हैं **2** *The strike has been called off as the workers and the management of the company have reached an agreement.*(c.) = an arrangement or understanding made between people, groups or companies दो कंपनियों या वर्गों के बीच समझौता **3** = a legal document which records the fact that two people or groups have agreed to something अनुबंधन, राज़ीनामा (एक कानूनी दस्तावेज़) जो दो पार्टियों के बीच सुलह होने का रेकॉर्ड होता है

ag•ri•cul•ture /'ægrɪkʌltʃə^r/ /'ऐग्रिकॅल्च^र/ noun, u. = the science or activity of farming and growing crops कृषि विज्ञान

agro- /ægrəʊ/ /'ऐग्रउ/ prefix meaning 'connected with farming' e.g. उपसर्ग (= कृषि से संबंधित) जैसे **agro-industry, agro-business**

ah /ɑ:/ /आ/interjec. *Ah, there you are!* = a cry of pain, surprise, joy, dislike etc. पीड़ा/आश्चर्य/आह्लाद/नापसंदगी की एक उच्छ्वासात्मक अभिव्यक्ति

a•ha /ɑ:'hɑ:/ /आ'हा/ interjec. *Aha, so that's what it meant!* = a cry of joy, surprise, satisfaction, amusement etc.; a way of saying that one has found out about something one didn't know 'अरे, यह तो सूझा ही नहीं था', कहने का एक ढंग

a•head[1] /ə'hed/ /अ'हेड/ adv. *The guide walked ahead to show us the way.* = in front आगे-आगे

ahead[2] adj. **1** *The road ahead was full of potholes.* = in front सामने **2** *Let us see what changes lie ahead.* = in the future भविष्य में, आइंदा **3** *The time in New Delhi is five and a half hours ahead of the time in London.* = in advance of से आगे, बढ़त में

to get ahead = to do well; to succeed तरक्की करना, सफल होना **go ahead** *Once I had satisfied everyone that the plan was safe, they asked me to go ahead.* = to go on to do something because it is all right to do so चलते या करते जाना (क्योंकि बिल्कुल सही है)

AI abbr. of **Artificial Intelligence** संक्षिप्त रूप **Artificial Intelligence** का

aid[1] /eɪd/ /एइड/ noun, c. or u. **1** *Many people living outside the country offered aid to the workers who had lost their jobs.*(u.) = help and support सहायता, सक्रिय समर्थन **2** *A good dictionary is a useful aid in learning English.*(c.) = something that gives help सहायक सामग्री

aid[2] verb, t. *Education aids the development of a person's character.* = to give support to; to help में मदद करना, में सहायक होना

aide /eɪd/ /एइड/ noun, c. (French) = a person who is employed to help an important official वरिष्ठ अधिकारी का परिसहायक

AIDS /eɪdz/ /एइड्ज़/ abbr. of **Acquired Immune Deficiency Syndrome** noun = an illness which destroys the natural system of protection that the body has against disease रोग-प्रतिरोधक प्राकृतिक तंत्र नष्ट करनेवाली एक घातक बीमारी, एड्स

ai•ling /'eɪlɪŋ/ /'एइलिंग/ adj. *My father has been ailing from malaria.* = suffering from some illness का मरीज़ होना **ailment** noun, c. = an illness, especially one which is not very serious (हल्की) बीमारी

aim[1] /eɪm/ /एइम/ verb, t. or i. **1** *The photographer aimed his camera at the tigers.*(t.) = to point an object (a gun or camera) at someone की ओर निर्दिष्ट करना, पर निशाना साधना **2** *The factory aims to produce more cars this year.*(i.)= to plan to do something की योजना बनाना

aim[2] noun, c. or u. **1** *The competitors took aim at the target.*(u.)= the action of pointing something at someone लक्ष्य, निशाना **2** *The aim of this meeting is to decide how we should welcome the Chief Guest.*(c.) = purpose उद्देश्य, अभिप्राय **aimless** adj. *aimless talk* = without purpose or direction निरुद्देश्य, लक्ष्यहीन

air[1] /eə/ /एअ/ noun, c. or u. **1** (u.) = the mixture of gases surrounding the earth, which we breathe पृथ्वी के चारों ओर गैसों का वह मिश्रण जिसे हम साँस में लेते हैं, हवा **2** *The balloon rose slowly into the air.*(u.) = the space above the earth भूसतह से ऊपर का वायुमंडल **3** *There was an air of excitement as the concert was about to begin.*(c.) = general feeling; mood माहौल

air[2] verb, t. **1** *We have called this meeting to air our views.* = to make one's ideas, opinions etc. known अपने विचार दूसरों से/पर प्रकट करना **2** *You can air your clothes on the balcony.* = to dry or remove smells from clothes etc. by putting them out in the open air कपड़ों को हवा लगाना/सुखाना **3** *The programme is to be aired this evening on the radio.*= to broadcast on radio or television रेडियो या टेलिविज़न पर प्रसारित करना **air travel** = travel in a plane हवाई यात्रा **by air** *I am going to Patna by air.* = in a plane विमान द्वारा

to be like a breath of fresh air *Her cheerful voice was like a breath of fresh air in that crowded shop.* = to bring a feeling of freshness ताज़गी ला देना **to walk on air** *When we saw her, she had heard about her success and was walking on air.* = to be in a great state of happiness about something one has achieved, or praise one has heard फूला न समाना, कलेजा बल्लियों उछलना **to clear the air (with someone)** = (in a situation where there is a dispute or disagreement with someone) to work things out so that a level of understanding is reached किसी के साथ (कोई) टंटा निपटा लेना **a (lot of) hot air** *They talked about many things they would do, but it was a lot of hot air.* = statements, promises etc. which cannot be believed (informal, not respectful) महज़ बकवास, ज़बानदराज़ी, अनर्गल बहसा-बहसी, टायँ-टायँ

air•base /'eəbeɪs/ /'एअबेइस/ noun, c. = a place where military planes land and take off मिलिटरी हवाई जहाज़ का अड्डा

air•borne /'eəbɔːn/ /'एयबॉऽन/ adj. **1** *The airborne cargo to Europe consists mainly of fresh flowers.* = sent or carried by air विमानवाहित **2** *Our plane is now airborne.* = no longer on the ground but in the air हवाई जहाज़ से ढोया या भेजा जानेवाला, विमान-वाहित

Air Chief Marshal noun = the highest rank in the air force वायुसेना का उच्चतम पद

air conditioner noun = a machine that keeps a building, car, bus etc., cool and comfortable in hot weather एक मशीन जो गरम मौसम में कार, बस आदि को वातानुकूलित रखती है, एयरकंडीशनर

air•craft /'eəkrɑːft/ /'एअक्राऽफ़्ट/ noun, c. (singular as well as plural) = a flying machine of any kind किसी प्रकार का वायुयान, हवाई जहाज **aircraft carrier** noun, c. = a fighting ship that can carry aircraft and has a wide, flat surface (deck) on which aircraft can land and take off विमानवाहक पोत जिसके विस्तृत डेक पर वायुयान उतर सकते हैं और जहाँ से उड़ान भी भर सकते हैं

air force noun = the part of a country's defence force that fights from the air, using aircraft वायुसेना, देश के सुरक्षा-बल का एक भाग

air gun noun, c. = a gun which uses the pressure of air to fire a bullet हवाई बंदूक जो हवा के दबाव पर चलती है

air hostess noun, c.= a woman who looks after the comfort and safety of passengers on an aircraft विमान परिचारिका

air•ing /e'ərɪŋ/ /ए'यरिंग/ noun, u. *Give the sheets an airing.* = the drying of sheets, clothes etc. in the open air to remove smells from them हवा दिखाना, हवा में रखना

air•lift[1] /'eəlɪft/ /'एअलिफ़्ट/ verb, t. *We airlifted food to the drought-hit areas.* = to carry people or goods to a place by air, especially to or from a place that is difficult to reach जहाँ पहुँच कठिन है वहाँ से लोगों या माल को हवाई जहाज से ढोना या ले जाना या वहाँ ले आना, वायु परिवहन

airlift[2] noun, c. = the act of carrying people or goods to a place by air वायुयान से लोगों या माल को ढोने का काम

air•line /'eəlaɪn/ /'एअलाइन/ noun, c. = a company that regularly carries people or goods by air हवाई सेवा **airliner** noun, c. = a large aircraft used to carry passengers मुसाफ़िरों को ले जाने-ले आने का बहुत बड़ा विमान

air•mail /'eəmeɪl/ /'एअमेइल/ noun, u. = letters, parcels etc. sent by air हवाई डाक

air•port /'eəpɔːt/ /'एअपॉऽट/ noun, c. = a place where aircraft can land and take-off and which has buildings for the use of passengers etc. हवाई अड्डा

air raid noun, c. = an attack by military aircraft हवाई हमला

airs /eəz/ /'एअज़/ noun, c. (always plural) *Don't give yourself such airs.* = unnatural behaviour intended to show one's importance to others (derogatory) नखरे, ऐंठ, ठसक (अनादरपूर्ण)

air•sick•ness /'eəsɪknəs/ /'एअसिकनस/ noun, u. = a feeling of sickness, often leading to vomitting, caused by the movement of an aircraft in the air हवाई जहाज़ में उसकी गति से पैदा होती मितली का एहसास, हवाई बीमारी

air•space /'eəspeɪs/ /'एअस्पेइस/ noun, u. = the air or sky above a country, which is regarded as the property of that country किसी देश का अपना आकाश जो उसके अपने ही क्षेत्र में शुमार समझा जाता है

air strip noun, c. = a place where aircraft can land but where there are no buildings for passengers etc., as in an airport हवाई पट्टी

air•tight /'eətaɪt/ /'एअटाइट/ adj. *Make sure that you store food in an air-tight container.* = something which does not allow air to get in or out वायुरुद्ध, न हवा निकल सकती है या न अंदर जा पाती है, ऐसी स्थिति

air-worthy adj. = able to fly without the fear of failing or not working while in the air (used to refer to aircraft) उड़ने-योग्य या उड़ाने योग्य

air•y /'eəri/ /'एअरी/ adj. = a building, room etc. which allows air to get in easily हवादार (मकान/कमरा)

aisle /aɪl/ /आइल/ noun, c. = the passage between rows of seats in a bus, plane, cinema etc. (सिनेमा) सीटों की कतारों के बीच का रास्ता, गलियारा, वीथि

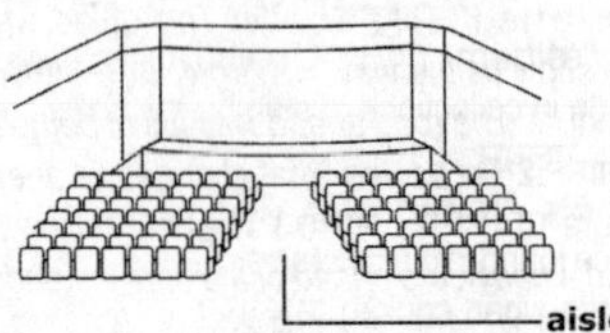

a•jar /ə'dʒɑː/ /अ'जाऽ/ adj. *We didn't close the door fully but left it ajar.* = slightly open अधखुला

a•kin /ə'kɪn/ /अ'किन/ adj. *His role in the class is akin to that of a monitor.* = similar to; like each other सदृश, समान जाति या गुण वाला

a•la•carte /aː laː 'kaːt/ /आऽलाऽ'काऽट/ adj. (French) *an a la carte lunch in a restaurant* = a meal (ordered in a restaurant) in which each dish (item of food) carries a separate price [फ्रेंच भाषा का शब्द] रेस्तराँ में प्रत्येक डिश की अलग-अलग कीमत बताने वाला मीनू

a•lac•ri•ty /ə'lækrɪtɪ/ /अ'लैक्रिटी/ noun, u. *When he was offered Rs 1,000 for his old bicycle, he accepted the offer with alacrity.* = great willingness or eagerness (formal) तत्परता, फुर्ती (औपचारिक)

a•larm[1] /ə'lɑːm/ /अ'लाऽम/ noun, c. or u. **1** *She ran out in alarm when the curtains caught fire.*(u.) = fear and anxiety caused by the possibility of danger खतरे की आशंका से उत्पन्न संत्रास या भीति **2** *He raised an alarm when he saw an unknown person entering the house.*(c.) = a warning of danger खतरे की चेतावनी, सिग्नल

alarm[2] verb, t. *Don't alarm the animals by talking, or they will run away.* = to fill with fear and anxiety डराना, चौंकाना **alarming** adj. *Pollution in the cities is rapidly increasing. This is alarming.* = something that causes anxiety and worry भयप्रद, चिंताजनक **alarmist** noun = a person who always expects danger and makes other people feel anxious by giving them frequent warnings अफवाह फैलानेवाला **alarm clock** noun = a clock which can be made to ring at a particular time to wake up a sleeping person प्रबोधन या अलार्म घड़ी

to give a false alarm = a warning (of something unpleasant) that turns out to be either unnecessary or untrue किसी ऐसी अप्रिय घटना की चेतावनी देना जो अनावश्यक या झूठ साबित होती है **to have no cause for alarm** = to have no reason to worry about something चिंता या भय का कोई कारण न होना

a•las /ə'læs/ /अ'लैस/ interjec. expressing sadness (उद्‌गारबोधक) हाय! अफसोस! ओफ!

al•be•it /ɔːl'biːɪt/ /ऑऽल'बीइट/ conj. *Conditions in the factory are improving, albeit slowly.* = although (formal) हालाँकि, यद्यपि (औपचारिक)

al•bi•no /æl'biːnəʊ/ /ऐ'बीनउ/ noun, c.= a person or animal with pale white skin, light-coloured hair and pinkish eyes caused by the lack of colouring matter (pigment) in the body [BIOLOGY] प्राणी जिसकी त्वचा शरीर में रंग द्रव्य की कमी के कारण जन्म से सफेद हो [जीव विज्ञान]

al•bum /ˈælbəm/ /ˈऐल्बम/ noun, c. = a book used for pasting in collections of stamps, photographs etc. चित्राधार, एलबम

al•bu•men /ˈælbjʊmɪn/ /ˈऐल्ब्यूमिन/ noun = a substance found in the colourless part of an egg which turns white when cooked अंडे का रंगशून्य भाग जो पकाने पर सफेद हो जाता है

al•che•my /ˈælkəmi/ /ˈऐल्कमी/ noun = a science which was practised hundreds of years ago, especially in the Middle Ages, concerned with finding a way to turn cheaper metals into gold प्राचीनकालिक रसायनशास्त्र, कीमियागिरी **alchemist** noun, c. = a person who practised alchemy कीमियागर, रसायनशास्त्री

al•co•hol /ˈælkəhɒl/ /ˈऐल्कहॉल/ noun, u. **1** = a chemical substance present in wine, beer etc. which can make a person drunk if taken in large quantities अल्कोहल, मद्यसार, शराब या बियर का रासायनिक पदार्थ जो अधिक मात्रा में होने पर धुत कर देता है **2** = any strong drink which contains alcohol मादक द्रव्य **alcohol dependence** noun = a medical condition in which a person gets into the habit of taking alcohol regularly and cannot give up the habit [MEDICINE] मद्यपरस्ती, चिकित्साशास्त्र की एक समस्या जिसमें मद्यसार के नियमित सेवन से उसकी लत पड़ जाती है **alcoholic** /ælkəˈhɒlɪk/ /ऐल्कˈहॉलिक/ adj. or noun, c. **1** *an alcoholic drink* (adj.) = something containing alcohol मद्यसारयुक्त पेय **2** (noun, c.) = a person who cannot give up the habit of drinking alcohol (derogatory) मद्यप, शराबी, पियक्कड़ (अनादरपूर्ण)

a•lert[1] /əˈlɜːt/ /अˈलऽट/ adj. *Our dog is very alert and barks whenever it sees an unknown person.* = quick to act when one sees or hears something; watchful चौकन्ना, चौकस, सतर्क

alert[2] noun, c. *The army has been put on high alert.* = a state of readiness to face danger चौकसी, सतर्कता

alert[3] verb, t. *Our neighbours alerted us to the fact that thieves were active in the area.* = to inform someone that there may be some danger सावधान करना **to be on the alert** *When you are in a forest, you should always be on the alert.* = ready to act quickly on seeing or hearing something चौकस होना, सतर्क होना **to sound the alert** = to give a warning signal संकट की सूचना देना

al•gae /ˈældʒiː/ /ˈऐल्जी/ noun, c. (plural of **alga**) = tiny green plants found in or near water [BIOLOGY] काई, शैवाल, पानी में उगनेवाला पौधा [जीव विज्ञान]

al•ge•bra /ˈældʒɪbrə/ /ˈऐल्जीब्र/ noun = a branch of mathematics in which letters and signs are used to represent values and numbers [MATHEMATICS] बीजगणित [गणित]

a•li•as[1] /ˈeɪliəs/ /ˈऐईलियस/ noun, c. (**aliases**) *The actor was travelling secretly under an alias.* = a false name उपनाम

alias[2] adv. *This is a photograph of the dangerous criminal Kumar Chalees, alias Bablu.* = also known as उर्फ़

al•i•bi /ˈælɪbaɪ/ /ˈऐलिबाई/ noun, c. (**alibies**) *The police wanted to arrest Sanjay as they suspected that he had burgled Vijay's house. But Sanjay had an alibi. On the day of the burglary he had been away in Mumbai attending a meeting.* = a reason for saying that someone who is accused of a crime could not have committed the crime because he/she was in some other place when the crime was committed [LAW] अन्यत्रस्थिति, अपराध घटित होने के समय अन्यत्र होने का तर्क/ की दलील [कानून]

a•li•en[1] /ˈeɪliən/ /ˈऐइलिअन/ noun, c. = a person belonging to a foreign country or (as shown in films) another planet (also **foreigner**) अन्यदेशीय या अन्यलोकवासी (देखें **foreigner**)

alien[2] adj. *This kind of dress is alien to our culture.* = something that is so different as to cause dislike or opposition विजातीय, बेमेल, असंगत, इतना भिन्न कि उसे नापसंद किया जाए या उसका विरोध हो **alienate** verb, t. *The increase in the price of tickets has alienated soccer fans, and most of them have decided to stay away from the match.* = to cause someone to become unfriendly or to lose their support किसी को विमुख या अपने से दूर कर देना, उसके सहयोग से वंचित हो जाना **alienation** noun, u. *I have lived outside this country for so many years now that I have a feeling of alienation when I return here.* = a feeling of not being a part of one's surroundings विलगाव, अपनों या अपने वातावरण ही से अजनबी होने का एहसास

a•light /əˈlaɪt/ /अˈलाइट/ verb, i. *When we reached Amritsar the train stopped and we alighted from our coach.* = to get off a train, bus etc. on reaching the end of a journey (formal or literary) (सवारी से) से उतरना (औपचारिक या साहित्यिक)

a•lign /əˈlaɪn/ /अˈलाइन/ verb, t. **1** *You will have to align your desk with the other desks in the classroom.* = to arrange or form into a line सीध में लाना, पंक्तिबद्ध करना **2** *Many countries have aligned themselves with others in the war against terrorism.* = to think along the same lines as someone else के साथ हो जाना, का पक्ष लेना **alignment** noun, u. *Please check the alignment of the front and rear wheel of the scooter.* = the state of being in the same line as something else सरेखण, पंक्तिबंधन

a•like /əˈlaɪk/ /अˈलाइक/ adv. *The sisters are so much alike, it is difficult to say who is who.* = like each other; similar सदृश, समान

al•i•men•ta•ry ca•nal /ælɪmentəri kəˈnæl/ /ऐलिमेण्ट्रीˈकंनैल/ noun, c. = the tube leading from the mouth to the stomach and onward, through which food passes and is digested [BIOLOGY] आहार(वाहक) नली [जीव विज्ञान]

al•i•mo•ny /'ælɪməni/ /ऐलिमनी/ noun, u. = money paid regularly under the orders of a court by a man or a woman to his/her former partner after a divorce [LAW] खर्चा, तलाक भत्ता, निर्वाह व्यय, संभरण [कानून]

a•live /ə'laɪv/ /अ'लाइव/ adj. **1** *The fish which I caught an hour ago is still alive.* = living; not dead ज़िंदा, जीवित **2** *The debate was kept alive by the newspapers.* = active; open चालू, जारी

al•ka•li /'ælkəlaɪ/ /'ऐल्कलाई/ noun, c. (**alkalies**) = a chemical substance which can combine with an acid to form a salt [CHEMISTRY] (opposite **acid**) क्षार [रसायनशास्त्र] (विलोम शब्द acid) **alkaline** adj. = having the quality, taste etc. of an alkali [CHEMISTRY] क्षारीय, खारा [रसायनशास्त्र]

all[1] /ɔːl/ /ऑऽल/ det. **1** *The cat drank all the milk. There is none left for you.* = the whole of something. सारा का सारा, समूचा का समूचा **2** *All my friends came to see me on my birthday.* = every one हर कोई

all[2] adv. *She was left all alone in the house.* = completely; wholly नितांत, बिलकुल

all[3] pron. *All are invited to the party.* = everybody; everything; everyone सबके सब **all-clear** noun, c. *When the entire group had crossed the rocky stream, the all-clear signal was given.* = a signal (e.g. the blowing of a whistle) given to show that some danger is over सब ठीक(ठाक), सीटी आदि से दिया सिग्नल कि खतरा टल गया है **all-inclusive** adj. *Your salary will be Rs 5,000 a month, all-inclusive.* = including everything सब मिलाकर **all out** *We must make an all out effort to win this match.* = using every possible strength and effort संपूर्ण शक्ति तथा साधनों के साथ **all over** = everywhere सर्वत्र **all-purpose** adj. *an all-purpose knife* = something that can be used for several different purposes बहुद्‌देशीय, बहुप्रयोजनी, कई कामों में आनेवाला **all-rounder** noun, c. = a person who can do a number of things well or play a number of games equally well. हरफ़नमौला, अनेक कार्यों में सक्षम

all along *He pretended to be my friend when all along he did not like me.* = during the time that something is happening (informal) निरंतर, बराबर (अनौपचारिक) **all the (quicker)** *If you can get an autorickshaw, you will reach the station all the quicker.* = even more (quickly etc.) और (जल्दी) **all too (soon) ...** *It was a wonderful evening but it was over all too soon.* = very बहुत ही जल्दी, देखते-देखते, आनन फ़ानन **above all** *You need to work hard and observe the rules of the college, but above all you should enjoy being here.* = most importantly सर्वाधिक महत्त्व (की दृष्टि से), सर्वोपरि **all in all** *The weather was bad and the food did not arrive on time, but all in all we had a good time.* = everything considered कुल मिलाकर **after all** *Don't be too strict with the boy; after all he is just a child.* = (a phrase meaning 'you should consider that') आखिरकार, फिर भी, तिसपर भी, जो भी हो **(not) at all** *'Thank you for the gift.' 'Not at all.'* = a expression used to respond to an expression of thanks धन्यवाद के उत्तर की एक अभिव्यक्ति **All that glitters is not gold.** = Things that seem good are not necessarily so. चीज़ें जो देखने में सुघड़ लगती हैं कोई ज़रूरी नहीं वे वैसी ही हों, 'जिसमें चमक, नहीं सब कनक'

> **Usage** **all** cannot be used in negative sentences to mean 'not all' or 'none' e.g. *All of them did not come.* or *All of them do not agree with you.* These sentences should read: *Not all of them came. / Not all of them agree with you.* (= none), *None of them came. / None of them agrees with you.*
>
> **all** शब्द का प्रयोग नकारात्मक या निषेधात्मक वाक्यों में *'not all'* या *'none'* के अर्थ में नहीं किया जा सकता। उदाहरण के लिए, *All of them did not come or All of them do not agree with you.* इन वाक्यों को इस प्रकार पढ़ें : *Not all of them came./Not all of them agree with you. (= none). None of them came./ None of them agrees with you.*

Al•lah /ə'lɑːh/ /अ'ल्लाह/ noun, u. = the word used in Islam to address God इस्लाम धर्म में ईश्वर के लिए संबोधन, अल्ला

al•lay /ə'leɪ/ /अ'लेइ/ verb, t. *The doctor allayed my fears by telling me I was not suffering from any disease.* = to reduce someone's doubts, fears etc.; to calm (formal) शंका या भय शांत कर देना या कम कर देना (औपचारिक)

al•le•ga•tion /ælɪ'geɪʃən/ /ऐलि'गेइशन्/ noun, c. *If you bring an allegation of corruption against someone you should be able to provide some proof.* = a statement that charges someone with wrong-doing but which is not supported by proof [LAW] प्रमाणरहित आरोप [कानून]

al•lege /ə'ledʒ/ /अ'लेज/ verb, t. = to state that something wrong has been done without being able to prove it **allegedly** adv. गलत काम के लिए शिकायत करना (सबूत नहीं दे पाने पर भी)

al•le•giance /ə'liːdʒəns/ /अ'लीज्न्स/ noun, u. *You owe allegiance to the country in which you live.* = loyalty, respect and support for a leader, country, idea etc.किसी विचार/राज्य/स्वामी के प्रति निष्ठा

al•le•go•ry /'ælɪgəri/ /'ऐलिग्री/ noun, c. (**allegories**) = a poem, story, etc. in which the characters and actions represent certain good or bad qualities [LITERATURE] रूपकथा, प्रतीक कथा जिसमें अमूर्त भाव (सत्य या लोभ) सजीव पात्र के रूप में प्रस्तुत होते हैं [साहित्य]

al•ler•gy /'ælədʒi/ /'ऐलजी/ noun, c. (**allergies**) or u. *Dust gives me a headache. The doctors think I have an allergy to it.* = a condition of being highly sensitive to something that is eaten, breathed in or touched in a way that causes pain or suffering [MEDICINE] प्रत्यूर्जता, स्थिति जब किसी व्यक्ति के शरीर पर किसी वस्तु से संपर्क का प्रतिकूल असर पड़ता है [चिकित्सा] **allergic** adj. *I am allergic to dust.* = having an allergy to something ऐसी शारीरिक प्रकृति का होना

al•le•vi•ate /ə'li:vieɪt/ /अ'लीविएइट/ verb, t. *It is a doctor's duty to help sick people and alleviate their suffering.* = to make less; to relieve pain (formal) हल्का या कम कर देना, प्रशमन करना (औपचारिक)

al•ley /'æli/ /'ऐली/ noun, c. (**alleys**) = a very narrow street or path between buildings गली

al•li•ance /ə'laɪəns/ /अ'लायन्स/ noun, c. or u. **1** *The two parties have formed an alliance to fight the election.* (c.) = an agreement or understanding between two persons, groups or countries for a common purpose मैत्री, गठबंधन, सहबंधन **2** *The truck drivers are planning a strike in alliance with the railway workers.* (u.) = in partnership with; together with के साहचर्य में

al•lied /'ælaɪd/ /'ऐलाइड/ adj. **1** *We became close friends because of our allied interests.* = joined together by some common bond or interest समवर्गी, समानहित या स्वार्थ में संबद्ध **2** *We are meeting to discuss the effect of the cyclone and allied matters.* = related संबद्ध

al•li•ga•tor /'ælɪgeɪtə^r/ /'ऐलिगेइट^र/ noun, c. = a large reptile (animal belonging to the lizard family) living in or near lakes, rivers etc. in parts of America and China (see also **crocodile**) घड़ियाल, मगरमच्छ (देखें **crocodile**)

al•lit•er•a•tion /əlɪtə'reɪʃən/ /अलिट'रेइशन्/ noun, u.= the repetition of the same sound in a line of poetry (e.g. 'the slithering of slimy snakes') [LITERATURE] अनुप्रास, काव्य-पंक्ति में एक ही ध्वनि की आवृत्ति [साहित्य]

al•lo•cate /'æləkeɪt/ /'ऐलकेइट/ verb, t. *The government has allocated a large sum of money for relief in the cyclone-affected areas.* = to set apart for a particular purpose; to earmark किसी विशिष्ट प्रयोजन के लिए अलग रखना; विनिधान करना **allocation** noun u. or c. **1** (u.) = the act of allocating something विनिधान **2** (c.) = something that has been allocated वह जो किसी प्रयोजन से अलग रख दिया गया हो

al•lot /ə'lɒt/ /अ'लॉट/ verb, t. **1** *The teacher has allotted this desk to me.* = to give something to someone through an order आबंटित/नियत करना, आदेश जारी करते हुए किसी को कुछ देना **2** *Fifteen marks have been allotted for this question on grammar.* = given as a share out of a larger amount बड़ी संख्या में हिस्सा नियत करना **allotment** noun, u. = **1** the act or system of allotting आबंटन, नियतन **2** = a share of something, e.g. money द्रव्यराशि में साझा

al•lo•trope /'ælətrəʊp/ /'ऐलट्रउप/ noun, c. = two or more forms of a chemical element that differ in physical properties but exhibit the same chemical behaviour (diamond and graphite are allotropes of carbon) [CHEMISTRY] अपरूप, रासायनिक तत्त्व के दो या दो से अधिक रूप जो अपनी स्थूल विशिष्टताओं में भिन्न किंतु रासायनिक प्रक्रिया में समान होते हैं [रसायनशास्त्र]

al•low /ə'laʊ/ /अ'लाउ/ verb, t. **1** *I will allow you to leave the room now.* = to let someone do something; to permit (opposite **disallow**) होने देना, अनुमति देना (विलोम शब्द disallow) **2** *Children below the age of 12 are not allowed into the cinema.* = given permission to enter अंदर आने देना, का प्रवेश स्वीकृत करना **3** *The referee did not allow the goal as the player was off-side.* = to accept something as correct or valid स्वीकार करना, मानना

al•low•ance /ə'laʊəns/ /अ'लाउअन्स/ noun, c. or u. **1** *Our employees get a travel allowance of Rs 500 every month.*(c.) = money paid regularly to someone to cover travel, petrol, medical expenses etc. भत्ता **2** *She didn't do well in her test. Please make allowance for the fact that she was ill.*(u.) = the act of taking some fact into consideration विचार करते या निर्णय लेते समय किसी बात का ध्यान रखना

al•loy /'ælɔɪ/ /'ऐलॉइ/ noun, c. *Brass is an alloy of copper and tin.* = a metal which is a mixture of two or more metals [CHEMISTRY] मिश्रधातु [रसायनशास्त्र]

al•lude /ə'lu:d/ /अ'लूड/ verb,i. *When Rahul said that he would always be grateful to a friend who had helped him, he was clearly alluding to you.* = to speak about someone in an indirect way (formal) घुमा-फिराकर कहना, संकेत करना, (औपचारिक) **allusion** /ə'lu:ʒən/ (अ'लूजन) noun, c. = the act of alluding to someone (speaking indirectly about someone) संकेत, इशारा

al•lur•ing /ə'ljʊərɪŋ/ /अ'ल्युअरिंग/ adj. *The offer you have made is so alluring that I can't refuse it.* = not easy to refuse; tempting सम्मोहक, लुभानेवाला, जिसकी उपेक्षा कठिन हो

al•lu•vi•al /ə'lu:viəl/ /अ'लूवियल/ adj. = a type of soil which is very good for growing crops and is generally left behind by rivers. [GEOGRAPHY] कछारी, जलोढ़ एक तरह की मिट्टी जो नदियों के ज़रिये आती है और उपजाऊ होती है [भूगोल]

al•ly /'ælaɪ/ /'ऐलाइ/ noun, c. (**allies**) = a person, group, country etc. that helps and supports another person, group etc. संधिबद्ध व्यक्ति या देश, सहायक, मित्र

al•ma ma•ter /'ælmə 'meɪtə/ /'ऐलम'मेइट/ noun, c. (Latin) = the school, college or university that one attended (लैटिन भाषा का शब्द) अपना कॉलेज या विश्वविद्यालय जहाँ शिक्षा प्राप्त हुई

al•ma•nac /'ɔ:lmənæk/ /'ऑ:ल्मनैक/ noun, c. = a list of the days in a year, showing the time of sunrise, sunset, changes in the moon etc. पंचांग, तिथिपत्र, जंत्री

al•might•y /ɔ:l'maɪti/ /ऑऽल'माइटी/ adj. = able to do everything; all-powerful **(the Almighty** = God) सर्वशक्तिमान (= ईश्वर)

al•mond /'ɑ:mənd/ /'आऽमण्ड/ noun = the seed of a kind of fruit tree which is eaten as a nut बादाम

al•most /'ɔ:lməʊst/ /'ऑऽल्मउस्ट/ adv. *My foot slipped and I almost fell as I was coming down the stairs.* = nearly; not quite प्राय:, करीब-करीब

alms /ɑ:mz/ /'आऽम्ज़/ noun, u. (always plural) = money, food etc. given to poor people (old-fashioned) भिक्षा (पुराने प्रचलन का)

a•loft /ə'lɒft/ /अ'लॉफ़्ट/ adv. *The flag was flying aloft.* = high up (literary) उत्तुंग, बहुत ऊँचाई पर (साहित्यिक)

a•lone[1] /ə'ləʊn/ /अ'लउन/ adv. *He has no relations or friends. He lives alone.* = without or away from anyone else अकेले

alone[2] adj. *You alone can do this task.* = only सिर्फ़

to go it alone (informal) = to do something by oneself, without anyone's help अपने से, बिना किसी की मदद के **to leave well alone** = to not disturb or try to change someone or something नहीं छेड़ना, असर डालने या बदलने की कोई कोशिश भी नहीं करना, बिलकुल अपने तक उसे छोड़े रखना

a•long[1] /ə'lɒŋ/ /अ'लॉङ/ prep. **1** *We walked along the path until we came to the end.*= from one end to the other एक सिरे से दूसरे सिर तक **2** *They are planting some fruit trees along this road.* = in line with the length of something के समानांतर, किसी लंबाई की सीध में

along[2] adv. **1** *When I went to Kolkata, I took my brother along.* = together with oneself अपने साथ **2** *She skipped along, singing loudly.* = forward; on आगे बढ़ते

a•loof /ə'lu:f/ /अ'लूफ़/ adj. *He doesn't like to play with the other boys. He keeps aloof.* = keeping oneself separate and at a distance from others अपने को दूसरों से अलग-थलग या दूर रखना

a•loud /ə'laʊd/ /अ'लाउड/ adv. *The children were asked to read the poem aloud.* = so that one can be heard ऊँचे स्वर से, ज़ोर से (ताकि सुन पड़े)

al•pha /'ælfə/ /'ऐल्फ़/ noun, c. = the first letter (α) in the Greek alphabet यूनानी वर्णमाला का प्रथम अक्षर (α)

al•pha•bet /'ælfəbet/ /'ऐल्फ़बेट/ noun, c. = the complete set of letters used in writing a language, e.g. from a to z (in English) वर्णमाला **alphabetical** adj. *In a dictionary, the words are arranged in alphabetical order.* = in the same order in which letters are found in the alphabet (a, b, c, d etc.) वर्णानुक्रमिक, वर्ण-क्रम से **alpha-numeric** adj. *an alpha-numeric keyboard* = containing letters as well as numbers जिसमें अक्षर और अंक दोनों हों

Usage The letters 'a', 't', 'x' etc. are **letters** of the alphabet, not 'alphabets'. 'a', 't', 'x' इत्यादि वर्ण alphabet के वर्ण हैं alphabets नहीं।

al•pine /'ælpaɪn/ /'ऐलपाइन/ adj. e.g. *alpine climate* = connected with the Alps or other high mountains [GEOGRAPHY] आल्प्स पहाड़ से संबंधित या दूसरे ऊँचे पहाड़ों का [भूगोल]

al•read•y /ɔ:l'redi/ /ऑऽल'रेडी/ adv. **1** *When I reached the station I found that the train had already left.* = by or before a certain time किसी समय-विशेष से पहले **2** *Is he here already?* = so early (an expression used in negative sentences and questions) पहले से ही (नकारात्मक तथा प्रश्नात्मक वाक्यों में प्रयुक्त)

Al•sa•tian /æl'seɪʃən/ /ऐल'सेइश्न्/ noun, c. = a big dog with long thick black and yellow fur एक बड़ा कुत्ता जिसकी खाल के रोएँ लंबे घने और काले-पीले होते हैं, अल्सेशियन

al•so /'ɔ:lsəʊ/ /'ऑऽल्सउ/ adv. *When you go to school, you should carry your textbooks and also your exercise books.* = as well as; besides भी या साथ ही **also-ran** noun, c. = a person who takes part in a competition but does not win any prize (informal) व्यक्ति जो प्रतियोगी-मात्र रह जाता है, पुरस्कार नहीं प्राप्त कर पाता बस एक रकीब भर (अनौपचारिक)

al•tar /'ɔ:ltə^r/ /'ऑऽल्टर्/ noun, c. = a flat, raised piece of stone or wood in a temple, church etc. on which things that are offered to God are placed गिरिजाघर या मंदिर में पत्थर या लकड़ी की वेदी जिसपर भोग चढ़ाया जाता है

al•ter /'ɔ:ltə^r/ /'ऑऽल्टर्/ verb, i. or t. **1** *This city has altered a lot since I was here last.*(i.) = to change (formal) बदलना, में हेर-फेर या तबदीली होना (औपचारिक) **2** *This shirt is too big for you. It needs to be altered.*(t.) = to change the measurement of a piece of clothing पोशाक की लंबाई-चौड़ाई या उसके माप में रद्दोबदल **alteration** /ɔ:ltə'reɪʃən/ /ऑऽल्टरेइश्न्/ noun, u. **1** = a change which is made to something रद्दोबदल, हेरफेर **2** = the act of changing something परिवर्तन प्रक्रिया

al•ter•ca•tion /ɔ:ltə'keɪʃən/ /ऑऽल्टकेइश्न्/ noun, c. or u. *There was an altercation between the two soccer teams when a player hurt a member of the opposing team.* = a noisy disagreement or fight कलह, कहासुनी

al•ter•nate[1] /ɔ:l'tɜ:nɪt/ /ऑऽल्टऽनिट/ adj. **1** *Yesterday it rained and today there is sunshine. We seem to be having alternate days of rain and sunshine.* = two things that happen by turn, first one and then the other [दो घटनाएँ] बारी-बारी से, पहले एक फिर दूसरी होनेवाली **2** *My brother goes to work only on alternate days. He rests on Mondays, Wednesdays and Fridays.* = every second hour, week, day, month etc; one of every two हर दूसरा (घंटा, हफ्ता, दिन, महीना)

al•ter•nate[2] /ˈɔːltənɪt/ /ˈऑऽल्टऽनिट/ verb, i. *The weather in Goa alternates between rain and sunshine.* = to change from one to the other by turn बारी से, एक (अवस्था) का दूसरी में बदलते रहना

al•ter•na•tive[1] /ɔːlˈtɜːnətɪv/ /ऑऽल्ˈटऽनटिव/ noun, c. *If you don't want to go swimming, let me suggest an alternative. You can stay at home and read.* = something that one can choose to do or have in place of something else विकल्प

alternative[2] adj. *We travelled from Kolkata to Delhi through Kanpur, but returned by an alternative route, through Nagpur.* = which can be chosen in place of something else दूसरा, जो एक के बदले में चुना जा सके **alternative medicine** noun = a system of health-care based on traditional systems of medicine in place of Western or dominant system: e.g. homeopathy, ayurved etc. पश्चिमी या प्रमुखत: प्रचलित चिकित्सा-प्रणाली के बदले परंपरागत औषधि-विधि पर आधृत स्वास्थ्य-पोषण प्रणाली (जैसे होम्योपैथी, आयुर्वेद)

al•though /ɔːlˈðəʊ/ /ऑऽल्ˈदउ/ conj. *Although my daughter was ill, she won the race.* = in spite of the fact that इसके बावजूद कि, हालाँकि

al•ti•tude /ˈæltɪtjuːd/ /ˈऐल्टिट्यूड/ noun, c. or u. **1** (u.) = the height of a mountain, place or aircraft above sea-level समुद्रतल से बहुत ऊपर पहाड़ या हवाई उड़ान की ऊँचाई **2** *At high altitudes I feel very sick.*(c.) = at a great height above sea level समुद्रतल से ऊपर ऊँचाई पर **altimeter** noun, c. = an instrument fitted to an aircraft which can measure the height at which it is flying तुंगतामापी

al•to•geth•er /ɔːltəˈgeðə/ /ऑऽल्टऽˈगेद/ adv. **1** *This car is altogether new. It was bought only this morning.* = completely, thoroughly पूर्णतया, बिलकुल ही **2** *It was very hot but the trip was not altogether bad.* = on the whole मोटे तौर पर **3** *How many people are there altogether?* = counting the total number कुल मिलाकर, कुल जमा **to be in the altogether** = to be naked (slang) नंग-धड़ंग (अपभाषा)

al•tru•ism /ˈæltruːɪzəm/ /ˈऐलट्रूइज़्म/ noun, u. *People who donate money to charitable causes do it out of a sense of altruism.* = willingness to help others without thinking of one's own interests (स्वार्थहीन) परहितवाद/परोपकारिता **altruist** noun, c. = a person who helps others unselfishly परार्थवादी, परोपकारी

al•u•min•i•um /æljʊˈmɪniəm/ /ऐल्युˈमिनिअम/ noun, u. = a light, silvery-white metal (**aluminum**, in American English) एक हल्की सफेद धातु, अमेरिकी अंग्रेजी में aluminum.

a•lum•nus /əˈlʌmnəs/ /अˈलॅम्नस/ noun, c. (**alumni**) (Latin) = a former student of a school, college or university पूर्व छात्र

al•ways /ˈɔːlwɪz/ /ˈऑल्विज़/ adv. **1** *The sun always rises in the east.* = at all times हमेशा **2** *I will be your friend always.* = for ever हमेशा के लिए **3** *She is always late for meetings.* = very often, as a habit (disapproving) बराबर ही, लगातार (अस्वीकृत)

am /əm/ or /æm/ /ˈअम/ऐम/ verb, i. = first person, singular, present tense form of the verb **be** (e.g. *I am a human being.*) हूँ

AM abbr. of **amplitude modulation** noun = a method of broadcasting sound by radio in which the strength of sound waves varies [TECHNICAL] (compare **FM**) (रेडियो-प्रसारण में) ध्वनिप्रसार अनुकूलन [तकनीकी] (देखें **FM**)

a.m. abbr. of **ante meridiem** (Latin) = before mid-day. (used to refer to times of the day before noon e.g., *9.00 a.m.*) (see also **p.m.**) (लैटिन भाषा का शब्द) दोपहर के पहले, 12 बजे तक का समय (देखें **p.m.**)

a•mal•gam /əˈmælgəm/ /अˈमैल्गम/ noun, c. **1** *Each of us is an amalgam of good and bad qualities.* = a mixture of different things सम्मिश्रण **2** = a mixture of different metals, one of which is mercury [CHEMISTRY] पारदमिश्रण, विभिन्न धातुओं का सम्मिश्रण, जिनमें एक मर्करी (पारा) है [रसायनशास्त्र] **amalgamate** verb, t. *Three different companies will be amalgamated into a single unit* . = to join two or more groups together; to unite or merge दो वर्गों या दलों को सम्मिलित या एक कर देना

a•mass /əˈmæs/ /अˈमैस/ verb, t. *She has amassed a large amount of money by writing stories for films.* = to gather a large amount of money, power etc. (formal) जमा करना, बड़ी मात्रा में एकत्र करना, संचित करना (औपचारिक)

am•a•teur /ˈæmətə^{r}/ /ˈऐमट^{र}/ noun, c. *an amateur photographer* = a person who takes part in sports, drama, films etc. because he/she is interested in doing it but does not receive money for it; not professional खेलकूद, नाटक, फिल्म आदि में सिर्फ शौक़ के लिए भाग लेने वाला, पेशेवर नहीं **amateurish** adj. *His singing was very amateurish.* = something done without skill; not in a professional manner (derogatory) अप्रवीण, अनाड़ी, कच्चा नौसिखिया-/रंगरूट-जैसा (अनादरपूर्ण)

a•maze /əˈmeɪz/ /अˈमेइज़/ verb, t. *Ravi had been an average student but he amazed us by getting the top position in the final exam.* = to cause great, usually pleasant, surprise (सुखद) आश्चर्य में डालना, विस्मित करना, हैरान करना **amazing** adj. *an amazing book* = causing surprise because of quality or quantity [परिमाण या गुण के एहसास से] विस्मयकारी, आश्चर्यजनक

am•bas•sa•dor /æmˈbæsədə^{r}/ /ऐम्ˈबैसड^{र}/ noun, c. = a person who is sent by the government of his/her country to a foreign country to represent his/her government राजदूत, आधिकारिक संदेशवाहक

am•ber /ˈæmbə^{r}/ /ˈऐम्ब^{र}/ noun, u. = a hard yellowish substance formed from the sap (juice) of trees, often used to make ornaments कहरुवा, पेड़ से प्राप्त रस का बना एक कड़ा पीला पदार्थ जिससे अकसर जवाहरात बनते हैं

ambi- /æmbɪ/ /ऐम्बी/ prefix meaning 'both' or 'double' e.g. उपसर्ग (= दोनों/द्वि) **am•bi•dex•trous** /æmbɪ'dekstrəs/ /ऐम्बी'डेक्स्ट्रस/ adj. = (a person who is) able to use both hands equally well (व्यक्ति) जिसके दोनों हाथ समान सुविधा से काम कर सकते हों

am•bi•ence (ambiance) /'æmbiəns/ /'ऐम्बिअन्स/ noun, u. (French) *The hotel on the lake has a charming ambience.* = the character, quality, feeling etc. of a place (फ्रेंच भाषा का शब्द) स्थान-विशेष का (अपना) परिवेश या माहौल

am•big•u•ous /æm'bɪgjʊəs/ /ऐम्'बिग्युअस/ adj. *When I asked Sarah if she would come with me, she just smiled. It was an ambiguous reply.* = something which can have more than one meaning and is therefore confusing or intended to confuse (opposite **unambiguous**) द्विअर्थक, या अस्पष्ट, उलझानेवाला (विलोम शब्द unambiguous)

am•bi•tion /æm'bɪʃən/ /ऐम्'बिश्न/ noun, u. or c. *Now that Jamila has been admitted into a medical college, she can fulfil her ambition of becoming a doctor.*(u.) = a strong desire to do something तीव्र उच्चाकांक्षा **ambitious** adj. **1** = (having) a strong desire for wealth, success, power महत्त्वाकांक्षी **2** *an ambitious programme* = something that has been done with a strong desire to get good results उपलब्धि की तीव्र अभिलाषा से प्रेरित

am•ble /'æmbəl/ /'ऐम्ब्ल/ verb, i. = to walk slowly, in a relaxed way मंथर गति से चलना, टहलना

am•bu•lance /'æmbjʊləns/ /'ऐम्ब्युलन्स/ noun, c. = a motor vehicle used to carry sick or wounded people to a hospital रोगीवाहन

am•bush[1] /'æmbʊʃ/ /'ऐम्बुश/ verb, t. *The tiger hid in the tall grass and ambushed the deer.* = to attack someone from a place of hiding (छिपे-छिपे) घात से हमला करना

ambush[2] noun, c. *The herd of deer was trapped in the ambush.* = an attack made from a place of hiding घात लगाकर किया गया हमला **ameba** see **amoeba** देखें **amoeba**

a•men /ɑː'men/ /आऽ'मेन/ interjec. = 'may this come true'; often used at the end of a prayer प्रार्थना के अंत में कहा जाता शब्द, तथास्तु, आमीन

a•me•na•ble /ə'miːnəbəl/ /अ'मीनब्ल/ adj. *I asked him to become my partner in the business, but he was not amenable to my suggestion.* = willing to listen and be influenced आज्ञाकारी, अधीन, विनम्र

a•mend /ə'mend/ /अ'मेण्ड/ verb, t. *to amend the constitution* = to correct; to change for the better संशोधन/सुधार करना **amendment** noun, c. = the act of making a change in a law or rule संशोधन क्रिया, सुधार

a•mends /ə'mendz/ /अ'मेण्ड्ज़/ noun, c. (**to make amends**) *He was in a bad mood throughout the journey, but he made amends by showing us great kindness when we reached his house.* = to show that one is sorry by saying or doing something which pleases जैसे कोई क्षतिपूर्ति करना, कुछ प्रिय बात कहकर या मनोनुकूल काम करके अफ़सोस जतलाना

a•me•ni•ty /ə'miːnɪti/ /अ'मीनिटि/ noun, c. (**amenities**) *What amenities does this hotel provide for its guests?* = a thing or condition that makes a journey, stay etc. more comfortable सुख-सुविधाएँ, सुख-साधन

A•mer•i•can[1] /ə'merɪkən/ /अ'मेरिकन/ noun, c. = a person from United States of America or the American continent अमेरिकी

American[2] adj. *an American sandwich* = something connected with the United States of America अमेरिकी **Americanism** /ə'merɪkənɪzəm/ /अ'मेरिकनिज़्म/ noun, c. = a use of English which is typically American अमेरिकी भाषा-प्रयोग **American Indian** noun, c. = a person who belongs to the race which was living in America originally (The term 'native American' is now preferred. 'Red Indian' is considered derogatory and has gone out of use.) व्यक्ति जो अमेरिका का मूल निवासी रहा है ['रेड इंडियन' अब एक अपमानजनक और अप्रचलित पद है; 'मूल अमरीकी' ही उसके बदले प्रयुक्त होता है] **americanize (americanise)** /ə'merɪkənaɪz/ /अ'मेरिकनाइज़/ verb, t. *Ali is completely americanized in his speech and manners as he has many American friends.* = to change someone or something so as to give them an American quality किसी व्यक्ति या वस्तु में ऐसा परिवर्तन करना कि उसमें अमेरिकी विशिष्टता आ जाए

am•e•thyst /'æmɪθɪst/ /'ऐमिथिस्ट/ noun, c. = a costly purple stone used for making ornaments जंबुमणि, जामुनी रंग का एक कीमती पत्थर

a•mi•a•ble /'eɪmiəbəl/ /'एइमिअब्ल/ adj. *He is an amiable person and is liked by everyone.* = friendly and pleasant सौम्य, प्रिय, मिलनसार

am•i•ca•ble /'æmɪkəbəl/ /'ऐमिकब्ल/ adj. *We are happy that the dispute between the two neighbours has been settled in an amicable manner.* = something done in a friendly and peaceful manner मैत्रीपूर्ण, स्नेही, मित्रभाव दर्शाता

a•mid /ə'mɪd/ /अ'मिड/ prep. *The thief managed to escape amid the confusion.* = in the middle of (formal) (also **amidst**) के मध्य में, के दौरान (औपचारिक) (देखें **amidst**)

a•mi•no-ac•id /ə'miːnəʊ'æsɪd/ /अ'मीनउ'ऐसिड/ noun, c. = a chemical substance present in any kind of protein (living matter), which is very necessary for life [BIOLOGY] किसी पोषक-तत्त्व का वह रासायनिक पदार्थ जो अत्यावश्यक होता है [जीव विज्ञान]

a•miss /əˈmɪs/ /अ'मिस/ adj. *Why is everyone angry? What is amiss?* = wrong (formal/literary) गलत, अटपटा, गैर-वाजिब, असंगत (औपचारिक/साहित्यिक)

to take something amiss = to misunderstand and be angry or offended by something का या पर बुरा मानना

am•me•ter /ˈæmɪtəʳ/ /'ऐमिटʳ/ noun = an instrument that can measure the strength of an electrical current in amperes [PHYSICS] धारामापी [भौतिकी]

am•mo•ni•a /əˈməʊniə/ /अ'मउनीय/ noun = a gas which has a very strong, sharp smell and is used for making fertilizers and explosives [CHEMISTRY] अमोनिया, विस्फोटकों तथा खाद में प्रयुक्त तेज़ गंध की गैस [रसायनशास्त्र]

am•mu•ni•tion /æmjʊˈnɪʃən/ /ऐम्यु'निश्न/ noun, u. (always singular) = bullets, shells etc. which can be fired from a gun or cannon युद्धोपकरण, गोलाबारूद

am•ne•sia /æmˈniːzɪə/ /ऐम्'नीज़िअ/ noun, u. *He has forgotten the names of all his friends, He seems to be suffering from amnesia.* = loss of memory [TECHNICAL] स्मृतिलोप [तकनीकी]

am•nes•ty /ˈæmnɪstɪ/ /'ऐम्निस्टी/ noun, u. or c. *The govern-ment has granted amnesty to the hospital workers who were arrested last week for going on strike.* = an act of forgiveness, usually by the government, for people who have done something wrong or illegal connected with a country or its people [LAW] राजक्षमा, राज्य के प्रति किए गए अपराध के लिए आम माफ़ी [कानून]

a•moe•ba (ameba) /əˈmiːbə/ /अ'मीब/ noun, c. (**amoebae** or **amoebas**) = a very tiny creature, made up of only one cell, that lives in ponds etc. जीवाणु **amoebic** /əˈmiːbɪk/ /अ'मीबिक/ adj. e.g., *amoebic dysentery* = caused by amoeba अमीबा जनित

a•mok /əˈmɒk/ /अ'मॉक/ adv. *The elephant ran amok and killed a number of people.* = out of control and violent बेकाबू और हिंसात्मक

a•mong /əˈmʌŋ/ /अ'मॅङ/ prep. **1** *The house is hidden among a clump of coconut trees.* = surrounded by; in the middle of से घिरा, के बीच **2** *She is among the few who helped me when I needed help.* = one of several में से (एक) **3** *Please discuss this problem among yourselves.* = between the members of a group (also **amongst**) मिलकर, आपस में (देखें **amongst**)

a•mor•al /eɪˈmɒrəl/ /एइ'मॉरल/ adj. *Very young children are generally amoral.* = having no understanding of the difference between right and wrong सदाचार-निरपेक्ष, नैतिक सिद्धांत से सर्वथा अपरिचित

am•o•rous /ˈæmərəs/ /'ऐमरस/ adj. *He has an amorous nature. Whenever I meet him he seems to be in love with someone.* = connected with the feeling of love; falling in love easily प्रणयी, प्रेमभाव से संबंधित

a•mor•phous /əˈmɔːfəs/ /अ'मॉऽफ़स/ adj. *My plans for the future are still rather amorphous. I don't know what I'll do.* = without a fixed shape or form अनाकार

a•mount¹ /əˈmaʊnt/ /अ'माउण्ट/ noun, c. *She has given large amounts of money to charitable causes.* = a quantity of something राशि, परिमाण, मात्रा

amount² verb, i. *Our travel expenses this month amount to Rs 10,000.* = to add up to के बराबर होना

am•pere /ˈæmpeəʳ/ /'ऐम्पेअʳ/ noun, c. = a measure of the quantity of electricity flowing past a point [PHYSICS] धारामापी, एक बिंदु-विशेष के पास से गुजरती विद्युत् मात्रा का माप

am•phib•i•an /æmˈfɪbiən/ /ऐम्'फ़िबियन/ noun, c. = an animal that can live both in water and on land (e.g. a frog) [BIOLOGY] उभयचर [जीव विज्ञान] **amphibious** adj. = able to live in water as well as on land जल-थल दोनों जगह रहनेवाला प्राणी

am•ple /ˈæmpəl/ /'ऐम्प्ल/ adj. *I gave you ample time to finish your homework but you still haven't completed it.* = enough or more than enough (formal) पर्याप्त या पर्याप्त से अधिक, प्रचुर (औपचारिक)

am•pli•fy /ˈæmplɪfaɪ/ /'ऐम्प्लीफ़ाई/ verb, t. (**amplified**) **1** *He made a very short statement but said he would amplify it later.* = to make something larger (formal) विस्तार देना (औपचारिक) **2** *He amplified his remarks with some new statistics.* = to explain in greater detail और अधिक विवरणात्मक तौर पर समझाना **amplifier** noun, c. = an instrument that makes an electric current stronger or music louder एक यंत्र जो विद्युत् तरंगों को सबल करता है या संगीत की ध्वनि शक्ति बढ़ाता है

am•pu•tate /ˈæmpjʊteɪt/ /'ऐम्प्यूटेइट/ verb, t. = to cut off a limb (hand or leg) of a person through a surgical operation, often in order to save the person's life [MEDICINE] जान बचाने के लिए शल्य-चिकित्सा, (ऑपरेशन में) अंग-विशेष काटना [चिकित्सा] **amputation** /æmpjʊˈteɪʃən/ /ऐम्प्यु'टेइश्न/ noun, c. = the act of cutting off a person's limb अंग-विच्छेदन

a•muse /əˈmjuːz/ /अ'म्यूज़/ verb, t. *You are looking sad today so I will tell you a funny story to amuse you.* = to make a person smile or laugh by doing or saying something funny किसी दिल्लगी या मज़ाक से किसी को हँसाना या उसका मन बहलाना **amusing** adj.= something that can amuse मनोरंजक **amusement** noun, u. or c. **1** = the state of being amused (being made to smile or laugh by something funny) मनोविनोद **2** = things which can entertain (make someone feel happy) वस्तु जो मनबहलाव करे **amusement park** noun, c. = a place where children can have fun by riding on machines and playing games of skill or chance जगह जहाँ बच्चे मशीनी चीज़ों पर सवारी या बाज़ी की तरह के खेलों का मजा लेते हैं

an /ən/ /अन/ indef. article used before words that begin with a vowel sound e.g. *an egg* = one अंग्रेजी स्वराक्षरों से आरंभ होनेवाले शब्दों के पहले प्रयुक्त शब्द (= एक)

-an /ən/ suffix meaning 'a person who is from some place' or 'a person who does a particular kind of work' etc. प्रत्यय (= स्थान-विशेष का वासी, कोई खास काम करने वाला व्यक्ति) e.g. *a Brazilian* = a person from Brazil ब्राज़िलवासी *a musician* = a person whose profession is to produce music etc. (व्यक्ति जिसका पेशा संगीत है)

an- /ən/ prefix meaning 'without' उपसर्ग (= से रहित), से शून्य e.g. **anaerobic** = without oxygen; ऑक्सीजन रहित **anaesthetic (anesthetic)** = without feeling etc. संवेदनाशून्य

a•nach•ro•nis•m /əˈnækrənɪzəm/ /अ'नैक्रनिज़्म/ noun, c. *Although there are palaces and forts in India, living in them is an anachronism now.* = something that is out of place in the present period of time कालदोष, जो (कालक्रमानुसार) वर्त्तमान में असंगत है

an•a•con•da /ænəˈkɒndə/ /ऐन'कॉण्ड/ noun = a large South American snake that hunts other animals by crushing them to death एक अतिविशाल दक्षिण अमेरिकी साँप जो अपना शिकार उसे अपने फेंटे में पीसकर करता है

a•nae•mi•a (anemia) /əˈniːmiə/ /अ'नीमिअ/ noun = an unhealthy medical condition in which a person does not have enough hemoglobin (red cells) in the blood रक्तक्षीणता **anaemic** adj. = sufffering from anaemia रक्तक्षीण, अरक्त

an•aes•the•si•a (anesthesia) /ænɪsˈθiːziə/ /ऐनिस'थीज़िय/ noun = the state of being unconscious and feeling no pain as the result of getting an anaesthetic (ऑपरेशन से पहले) बेहोशी या संवेदनशून्यता की स्थिति जो चेतनशून्य करनेवाले पदार्थ को देने से उत्पन्न होती है **anaesthetic** /ænɪsˈθetɪk/ /ऐनिस्'थेटिक/ noun = a chemical substance used to make a person feel no pain either in a limited area (local) or in the whole body (general) [MEDICINE] चेतनशून्य कर देनेवाला पदार्थ [चिकित्सा] **anaesthetist** /əˈniːsθɪtɪst/ /अ'नीसथिटिस्ट/ noun, c. = a doctor who gives an anaesthetic to a patient वह डॉक्टर जो मरीज़ को ऐसा पदार्थ देता है

a•nal /ˈeɪnəl/ /एइनल/ adj. = related to, or near, the **anus** गुदा-संबंधी या गुदा के निकट

an•al•ge•sic /ænəlˈdʒiːzɪk/ /ऐनल'जीज़िक/ noun, c. = a substance (e.g. aspirin) that helps one to reduce or feel no pain though one is conscious [MEDICINE] पीड़ांतक औषधि [चिकित्सा]

a•nal•o•gy /əˈnælədʒi/ /अ'नैलजी/ noun,c. *The poet offers an analogy between the moon and the face of his beloved.* = a comparison between two different things, sometimes used to explain an idea सादृश्य, अनुरूपता, दो भिन्न वस्तुओं की समरूपता

an•a•lyze (analyse) /ˈænəlaɪz/ /'ऐनलाइज़/ verb, t. *Our English teacher taught us how to analyze a sentence when studying grammar.* = to examine or study something by dividing it into its parts तत्त्वांशों को अलग करके उनका परीक्षण करना, विश्लेषण करना **analysis** /əˈnælɪsɪs/ /अ'नैलिसिस/ noun, u. or c. (**analyses**) **1** = an examination done by dividing something into separate parts विश्लेषण **2** *The editorial in the newspaper gave us an excellent analysis of the news.* = a close examination of something, together with opinions and judgements विवेचन मताभिव्यक्ति तथा मूल्यांकन समेत या सहित विश्लेषण **analyst** /ænəlɪst/ /'ऐनलिस्ट/ noun *a political analyst* = a person who makes an analysis of political situations विश्लेषक, विवेचक **analytic** /ænəlˈɪtɪk/ /'ऐनलिटिक/ adj. *a person with an analytic mind.* = good at methods of analysing and examining things in detail (also **analytical**) विश्लेषणात्मक, विवेचनात्मक (देखें **analytical**)

in the final analysis = when everything has been considered सब कुछ का विचार कर लेने के बाद

an•ar•chy /ˈænəki/ /'ऐनकी/ noun, u. *There was anarchy in the country for some time after the war but now there is order.* = lawlessness and social or political disorder caused by the absence of an effective government अराजकता **anarchic** adj.

a•nat•o•my /əˈnætəmi/ /अ'नैटमी/ noun **1** = the science which deals with the structure of the body and its parts शरीर-रचना विज्ञान **2** *We are studying the anatomy of a frog.* = the manner in which the body of a person or animal is made up व्यक्ति या प्राणी के शरीर की संरचना **3** *She has a nice anatomy.* = body (informal, humorous) गढ़न, काठी, 'बॉडी' (क्या बॉडी है!) (अनौपचारिक, हास्यपरक) **anatomical** /ænəˈtɒmɪkəl/ /ऐन'टॉमिक्ल/ adj. = related to anatomy शरीर-रचना से संबद्ध **anatomist** /əˈnætəmɪst/ /अ'नैटमिस्ट/ noun, c. = a person who is skilled in anatomy शरीर(रचना) शास्त्री

an•ces•tor /ˈænsəstəʳ/ /'ऐन्सेस्टर/ noun, c. *Though I live in Bihar now, my ancestors came from a village in Bengal.* = a member of one's family who lived long ago and from whom one is descended पूर्वज **ancestral** /ænˈsestrəl/ /ऐन'सेस्ट्रल/ adj. *ancestral home* = something that is connected with one's ancestors पैतृक, वंशानुगत **ancestry** /ˈænsestrɪ/ /'ऐनसेस्ट्री/adj. **1** = the family a person comes from कुल, वंश **2** = used to refer to all one's ancestors together कुल-परंपरा **ancestor worship** noun, u. = the practice of praying to one's ancestors and regarding them as sacred पूर्वजों को देवतुल्य समझते हुए उनकी आराधना

an•chor[1] /ˈæŋkeʳ/ /'ऐंकर/ noun, c. **1** *The ship lost its anchor and was carried away by the ocean currents.* = a heavy piece of iron, usually with two arms, which can be lowered into the water to keep a ship from moving लंगर 2 *The opening batsman was the anchor for the Indian side.* = a person who provides support and a feeling of safety for others (also **sheet-anchor**) सुरक्षा तथा सहायता प्रदान करनेवाला व्यक्ति (देखें **sheet-anchor**) 3 = a person who appears in a television programme and helps to connect the different parts of the programme (also **anchor-person** or **host**) व्यक्ति जो टेलीविज़न के प्रोग्राम के विभिन्न भागों को अंतर्संबद्ध करता है (देखें **anchor-person** or **host**)

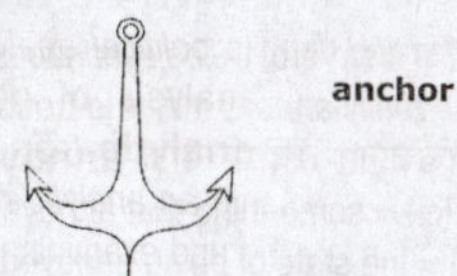

anchor[2] verb, i. or t. 1 *The ship anchored about a mile away from the shore.*(i.) = to keep a boat or a ship in a fixed position by lowering the anchor लंगर डालना 2 *He anchors the top-rated music show.*(t.) = to work as the anchor for a television programme टेलीविज़न प्रोग्राम का संयोजक

an•cient /'eɪnʃ*ə*nt/ /'एइन्श्न्ट/ adj. *This is an ancient monument built in the eighth century.* = very old; of or from a long time ago पुरातन, प्राचीन

and /*ə*nd/ /'अण्ड/ conj. 1 *bread and butter* = a word that joins two words or parts of a sentence together दो शब्दों अथवा वाक्यों को जोड़ने वाला शब्द 2 *I ate my dinner and went to sleep.* = afterwards उसके बाद 3 *Drink this and you will feel less tired.* = as a result के फलस्वरूप

and so on *They served us tea, took our bags upstairs, made us comfortable, and so on.* = a phrase which means 'and similar things' वग़ैरह-वग़ैरह **And to think that ...** *She promised to get the tickets but didn't bother. And to think we depended on her!* = an expression of disappointment निराशा की एक अभिव्यक्ति **And why are you late?** = an expression of displeasure (not respectful) (आदरभाव-रहित) नाराज़गी, अप्रसन्नता की एक अभिव्यक्ति

an•ec•dote /'ænɪkdəʊt/ /'एनिकडउट/ noun, c. *Let me tell you an anecdote about my first year in school.* = a short, amusing or interesting story about a person/ event चुटकुला

a•new /ə'nju:/ /अ'न्यू/ adv. *The school building has been repaired anew.* = once again, but in a new or different way (formal, literary) (see also **afresh**) नए सिरे से, फिर से, पुनः (औपचारिक/साहित्यिक) (देखें **afresh**)

an•gel /'eɪndʒ*ə*l/ /'एइन्ज्ल/ noun, c. 1 = a supernatural being who is a messenger sent by God (referred to in religious texts, stories etc.) फरिश्ता 2 *You are a real angel !* = a kind person (informal) औढरदानी, बमभोले बाबा **angelic** /æn'dʒəlɪk/ /एन्'जेलिक/ adj. *an angelic face* = having a very innocent or beautiful quality दिव्य, मासूम और सुंदर गुणों से संपन्न

an•ger[1] /'æŋgə^r/ /'एङगर/ noun, u. *His anger at being left out of the team was understandable.* = strong feeling which can make a person violent नाराज़गी, गुस्सा

anger[2] verb, t. or i. *It angered us to see how people littered the park with plastic bags.*(t.) = to make someone angry गुस्सा दिलाना/गुस्सा होना **angry** adj. = feeling anger

an•gle[1] /'æŋg*ə*l/ /'ऐङ्ग्ल/ noun, c. 1 = the space between two lines that meet, measured in degrees [GEOMETRY] कोण [ज्यामिति] 2 *Let us discuss this question from another angle.* = point of view दृष्टिकोण, नज़रिया

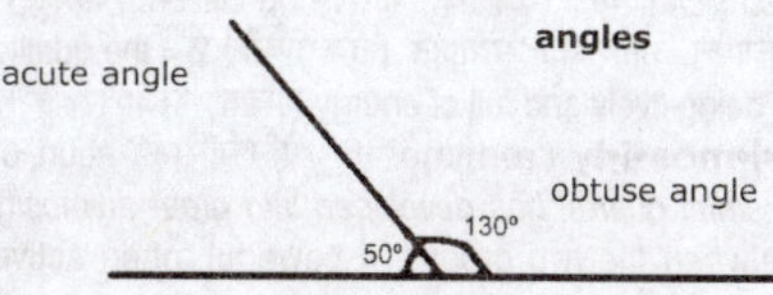

angle[2] verb, i. = to try to catch fish with a fishing-rod बंसी से मछली मारना

to angle for something = to work towards an objective by well thought out means सुचिंतित माध्यमों से किसी उपलब्धि के लिए श्रम या प्रयास करना

Anglo- /æŋgləʊ/ /'ऐङ्गलउ/ prefix meaning 'connected with England or the people of England' e.g. उपसर्ग (= इंग्लैंड या अंग्रेज़ों से संबद्ध) **Anglo-Indian** noun, c. or adj. 1 (noun, c.) = a person who has English as well as Indian ancestors व्यक्ति जो अंग्रेज़ और भारतीय का एक साथ वंशज हो 2 *Anglo-Indian schools* (adj.) = run by the Anglo-Indian community ऐसे वंशजों द्वारा संचालित **Anglo-Saxon** noun, c. or u. 1 (c.) = a person belonging to the Anglo-Saxon tribe, which lived in England in early times, from about AD 600 व्यक्ति जो उस ऐंग्लो-सैक्सन जनजाति का वंशज हो जो इंग्लैंड में सन् 600 वर्ष पूर्व रही थी 2 (u.) = the language used by the Anglo-Saxon people ऐसी जनजाति द्वारा प्रयुक्त भाषा

an•guish /'æŋgwɪʃ/ /'ऐङ्विश/ noun, u. *She was in anguish after she hurt her foot.* = very great pain or suffering of the mind मनोव्यथा, तीव्र मानसिक वेदना

an•gu•lar /'æŋgjʊlə^r/ /'ऐङयुलर/ adj. *an angular face/ body* = having a sharp outline or shape; not rounded कोणवाला

an•i•mal[1] /'ænɪməl/ /'ऐनिमल/ noun, c. = a living creature (e.g. a lion) which, unlike a plant, has five senses and is able to move when it wants to प्राणी

animal² adj. **1** *animal fat* = something from or connected with an animal प्राणी से प्राप्त या संबंधित **2** *animal desire* = of the body, not of the spirit or mind शारीरिक, विषयी **animal husbandry** noun = the science and practice of looking after animals for the production of milk and meat पशुपालन

an•i•mate¹ /'ænɪmɪt/ /'ऐनिमिट/ adj. = something which has life (opposite **inanimate**) सजीव (विलोम शब्द **inanimate**)

an•i•mate² /'ænɪməɪt/ /'ऐनिमइट/ verb, t. *Laughter animated his face* = to put life into something अनुप्राणित करना **animated** adj. **1** *an animated discussion* = full of energy; lively जीवंत **2** *an animated cartoon* = pictures that appear to be moving चल eg (चित्र) **animation** /æni'meiʃən/ /ऐनि'मेइश्न/ noun u. **1** = the making of films, computer games, advertisements etc. using pictures and models that appear to move [TECHNICAL] चल चित्र के माध्यम से फ़िल्म, कंप्यूटर, विज्ञापन आदि का संयोजन [तकनीकी] **2** = the quality of being lively and full of energy जीवंत, सजीव

an•i•mos•i•ty /ænɪ'mɒsɪti/ /ऐनि'मॉसिटी/ noun, u. *A small quarrel has developed into great animosity between the two groups.* = powerful, often active hatred वैरभाव, विद्वेष, बैर

an•ions /'ænaɪəns/ /'ऐनाइअन्स/ = an ion with a negative charge [CHEMISTRY] ऋणात्मक विद्युत् मात्र से युक्त आयन [रसायनशास्त्र]

an•kle /'æŋkəl/ /'ऐंक्ल/ noun, c. = the joint between the foot and the leg (see pic under **foot**) टखना (**foot** के अंतर्गत चित्र देखें) **anklet** noun, c. = an ornament worn around the ankle पाजेब

an•nex /ə'neks/ /अ'नेक्स/ verb, t. *The East India Company annexed Bengal after defeating the Nawab.* = to take control and possession of a place by force कब्ज़े में कर लेना

an•nexe /'æneks/ /'ऐनेक्स/ = a building that is joined to a larger one उपभवन या उपगृह

an•ni•hi•late /ə'naɪəleɪt/ /अ'नाइअलेइट/ verb, t. *Our soldiers annihilated the enemy tanks.* = to destroy completely (formal) अस्तित्व मिटा देना, सर्वनाश कर देना (औपचारिक)

an•ni•ver•sa•ry /ænɪ'vɜːsəri/ /ऐनि'वऽस्रि/ noun, c. (**anniversaries**) *On 15 August1997, India celebrated the fiftieth anniversary of its independence.* = a special day which falls an exact year or number of years after something important has happened वार्षिकोत्सव

An•no Dom•i•ni /ænəʊ'dɒmɪnaɪ/ /ऐनउ'डॉमिनाइ/ see **AD** (देखें **AD**)

an•no•ta•te /'ænəteit/ /'ऐनटेइट/ verb, t. *an annotated edition of Shakespeare's plays* = to add short notes explaining a text टीका या भाष्य करना

an•nounce /ə'naʊns/ /अ'नाउन्स/ verb, t. *The station master announced that the train would arrive 20 minutes late.* = to make something known to the public विदित या सूचित करना **announcement** noun, c. or u. **1** (c.) = a statement giving the public information about something that has happened or is going to happen सार्वजनिक सूचना **2** (u.) = the act of announcing something घोषणा **announcer** /ə'naʊnsəʳ/ /अ'नाउन्सर/ noun, c. = a person who reads the news, or introduces people etc. on television, or at public functions घोषक

an•noy /ə'nɔɪ/ /अ'नॉइ/ verb, t. *The continuous noise outside my house really annoys me.* = to trouble and cause irritation खिजाना, चिड़चिड़ाना **annoyance** noun, c. or u. **1** (c.) = some-thing that annoys आफ़त या मुसीबत **2** (u.) = the state of being annoyed कुढ़न, खीज, चिढ़

an•nu•al¹ /'ænjuəl/ /'ऐन्युअल/ adj. **1** *The annual function of the school will be held next month.* = happening once a year or every year वार्षिक, सालाना **2** *What is the company's annual expenditure on telephone calls?* = of or for one year वर्ष भर की अवधि का

annual² noun, c. **1** = a plant that lives only for one year or season वर्षजीवी या मौसमी पौधा **2** *a photography annual* = a book produced once a year वार्षिकी

an•nul /ə'nʌl/ /अ'नॅल/ verb, t. (**annulled**) *Their marriage has been annulled by the court.* = to declare officially that a marriage, agreement etc. has ended and has no legal force [LAW] रद्द कर देना [कानून]

an•ode /'ænəʊd/ /'ऐनउड/ noun, c. = a positive pole or end of an electrical battery, which collects electrons [TECHNICAL] बिजली की बैटरी का वह छोर या सिरा जो इलेक्ट्रॉन एकत्र करता है [तकनीकी]

a•nom•a•ly /ə'nɒməlɪ/ /अ'नॉमली/ noun, u. or c. (**anomalies**) *The land is rich in nutrients, and yet the farmers have problems with crops. This is a strange anomaly.*(u.) = a situation that is very unusual and difficult to explain or accept असामान्य असंगति जिसकी सहज व्याख्या या स्वीकृति कठिन हो **anomalous** adj. *an anomalous situation* = very unusual and difficult to explain or accept असामान्य, असंगत, बेमेल

a•non•y•mous /ə'nɒnɪməs/ /अ'नॉनिमस/ adj. *anonymous phone calls // an anonymous poem* = from or by someone whose name is not known (sometimes abbreviated as **anon.**) गुमनाम (कभी संक्षिप्त रूप **anon.** में प्रयुक्त)

an•o•rex•i•a /ænə'reksɪə/ /ऐनरेक्सिअ/ noun = a kind of illness which causes a person to lose all desire for food [MEDICINE] एक प्रकार का रोग जिसमें कुछ भी खाने का मन नहीं होता [चिकित्सा] **anorexic** adj. *an anorexic person* = suffering from anorexia इस रोग से ग्रस्त या पीड़ित

an•oth•er[1] /ə'nʌðə^r/ /अ'नॅदर्/ det. **1** *Would you like to have another cup of tea?* = one more of the same kind ऐसा या वैसा ही दूसरा **2** *Is there another way of reaching this place?* = a different one कोई और

another[2] pron. *This shirt will cost you another Rs 50.* = more; in addition और, ऊपर से

an•swer[1] /'ɑ:nsə^r/ /'आऽन्सर्/ noun, c. **1** *I have not received an answer to the letter I wrote you last month.* = something that is written or said as a response to a question or statement उत्तर, जवाब **2** *The answer is 29.* = something that is arrived at as a result of thinking or calculation हल **3** *We don't have a simple answer to the problem of pollution.* = solution समाधान

answer[2] verb, t. or i. **1** *Will you answer my question?* (t.) = to speak in reply उत्तर देना **2** *Why don't you answer?*(i.) = to speak बोलना (चुप नहीं रहना या रह जाना) **3** *He answers the description given by my friend.*(t.)= to be as described जैसा कहा गया है वैसा ही या उससे मेल खाता **answerable** adj. *The teachers will be answerable to parents if the results are generally poor.* = required to explain or defend one's actions; responsible उत्तरदायी, जवाबदेह

answer back = to reply rudely (रूखे ढंग से) ढीठ जवाब देना, पलटकर जवाब देना **answer for** *If something goes wrong with the plan you will have to answer for the delay.* = to take or accept the responsibility for something जिम्मेवारी मानना **to have all the answers** = to know how to handle most situations कई तरह के काम निपटा सकने की काबिलियत होना, हरफ़न मौला होना

ant /ænt/ /ऐण्ट/ noun, c. = a small insect which lives in social groups चींटी **ant-eater** = an animal with a long, sticky tongue that eats ants चींटीखोर, जिसकी जीभ लंबी और लिज़लिज़ी होती है

an•tag•o•nis•m /æn'tægənɪzəm/ /ऐण्टैगनिज़्म/ noun, u. *The new plan was unsuccessful because of the antagonism between the planners.* = enmity, opposition or hatred between people or groups पारस्परिक विद्वेष **antagonist** noun, c. = one who opposes (fights against) another person or cause; opponent प्रतिद्वंद्वी, प्रतिरोधी **antagonize (antagonise)** verb, t. = to cause someone to become an enemy or an opponent विरोधी बनाना

An•tarc•tic /æn'tɑ:ktɪk/ /ऐण्टाऽ'कटिक/ noun, u. = the very cold southernmost part of the world (see pic under **earth**)दक्षिण ध्रुवीय (**Earth** के अंतर्गत चित्र देखें)

an•te- /'æntɪ/ /'ऐण्टी/ prefix meaning 'before' (earlier than some other event) e.g. उपसर्गः (= प्राक्-पूर्व,) **antenatal** = before a baby is born जन्मपूर्व

an•te /'æntɪ/ /'ऐण्टी/ noun = the amount of money which one bets in a game of cards (slang) ताश के खेल में दाँव पर लगाई गई रकम [अपभाषा]

to up the ante = to increase the amount of risk in something that one is doing, in the hope of getting greater rewards और अधिक लाभ पाने की आशा में अपने कार्य में और जोखिम उठाना

an•te•ced•ent /æntɪ'si:dənt/ /ऐण्टी'सीडण्ट/ noun, c. **1** = an event which comes before another event पूर्ववर्त्ती घटना **2** = a noun which has been used earlier, to which a pronoun refers [GRAMMAR] पूर्वपद [व्याकरण]

an•te•ced•ents /æntɪ'si:dənts/ /ऐण्टी'सीडण्ट्स/ noun (always plural) *I can't employ him before checking his antecedents.* = past record पूर्वचरित, पूर्ववृत्तांत

an•te•lope /'æntɪləʊp/ /'ऐण्टिलउप/ noun, c. = a kind of deer हिरण की एक जाति, बारहसिंगा

ante•na•tal /æntɪ'neɪtəl/ /ऐण्टि'नेइटल/ adj. (Latin) *the antenatal care of expectant mothers* = before the birth of a baby (compare **post-natal**) प्राक्प्रसव, प्रसवपूर्व (देखें **post-natal**)

an•ten•na /æn'tenə/ /ऐण्'टेन/ noun, c. (**antennae**) **1** = thin hair-like organs, growing in pairs on the head of an insect with the help of which it can feel एक कीड़े के सिर पर बाल-जैसे अंगों का जोड़ा जो संवेदन का माध्यम होता है **2** = a metal stick fixed on a building, car etc. to catch radio or television signals (see also **aerial**) विद्युत् ग्राहक, एरियल (देखें **aerial**)

an•ter•i•or /æn'tɪərɪə^r/ /'ऐण्टिअरिअर्/ adj. = the front part of something [BIOLOGY] (opposite **posterior**) अग्रवर्त्ती, अगला [जीव विज्ञान] (विलोम शब्द **posterior**)

an•them /'एन्थ्म/ noun, c. *the national anthem* = a ceremonial song of praise स्तोत्र, वंदना /'ænθəm/

an•ther /'ænθə^r/ /'एन्थर्/ noun, c. = the male part of a flower which contains pollen (see pic under **flower**) पराग- कोश (**flower** के अंतर्गत चित्र देखें)

an•thol•o•gy /æn'θɒlədʒi/ /एन्'थॉलजी/ noun, c. = a collection of poems, stories or other writings, often on the same subject, that have been chosen from several books or writers and published together as a book [LITERATURE] प्रायः एक ही विषय पर कई पुस्तकों या लेखकों से उद्धृत कविताओं/कहानियों /अन्य रचनाओं का एकत्र संकलन, चयनिका, संग्रह [साहित्य]

an•thrax /'ænθræks/ /'एन्थ्रैक्स/ noun = a serious infectious disease which causes fever and death in cattle, sheep and other animals and can also attack human beings [MEDICINE] गाय-बैल और भेड़ों और कभी मनुष्यों को होनेवाला गंभीर रोग जिसमें मृत्यु भी हो सकती है, एन्थ्रैक्स [चिकित्सा विज्ञान]

an•thro•pol•o•gy /ænθrə'pɒlədʒi/ /ऐन्थ्र'पॉलजी/

noun = the science which studies the human race, its origins, beliefs, customs, social organization etc. मानव-जाति की उत्पत्ति, उसके सहज्ञान, उसकी प्रथाओं तथा सामाजिक संघटन का वैज्ञानिक अध्ययन, मानव-शास्त्र/-विज्ञान **anthropological** /ænθrəpə'lɒdʒɪkəl/ /ऐन्थ्रप'लॉजिकल/ adj. = connected with anthropology मानव-शास्त्रीय **anthropologist** /ænθrə'pɒlədʒɪst/ /ऐन्थ्र'पॉलजिस्ट/ noun, c. = a person who has studied anthropology and made it his/her profession मानव-विज्ञानी

anti- /æntɪ/ /ऐण्टी/ prefix meaning **1** opposed to e.g. **anti-aircraft** adj. *an anti-aircraft gun* = directed against an enemy aircraft उपसर्ग (= विरोधी, रोधी) विमान-भेदी **2** the opposite of e.g. **anticlockwise** adj. or adv. = in the opposite direction to the movement of the hands of a clock (see pic under **clockwise**) (= के विपरीत/विरुद्ध का प्रतिरोधी) घड़ी की सुइयों के घूमने की विपरीत दिशा में **3** acting to prevent from becoming worse e.g. (= रोधक) **antiseptic** / æntɪ'septɪk/ /ऐण्टी'सेप्टिक/ adj. = a chemical substance which can fight against infection in a wound caused by bacteria रोगाणुरोधक

an•ti•bi•o•tic /æntɪbaɪ'ɒtɪk/ /ऐण्टिबाइ'ऑटिक/ noun, c. = a medicinal substance produced by tiny living plants which is used to fight infections in the body caused by harmful bacteria एक औषध-पदार्थ जो जड़ी-बूटियों से बनता है और हानिकर जीवाणुओं से उत्पन्न शरीर के संक्रामक रोगों का रोध करता है, प्रति-जीवाणु, जीवाणुनाशक औषधि, प्रतिजैविक

an•ti•bod•y /'æntɪbɒdɪ/ /'ऐण्टिबॉडी/ noun, c. = a substance produced in the body which fights disease [BIOLOGY] रोगों के रोध की क्षमता के लिए रक्त में स्वयमेव तैयार होता पदार्थ [जीव विज्ञान]

an•ti•ci•pate /æn'tɪsɪpeɪt/ /ऐन्'टिसिपेइट/ verb, t. **1** *I knew there was trouble at the factory. But I did not anticipate a strike.* = to think that something is likely to happen; to expect पहले से जान लेना, पूर्वानुमान कर लेना **2** *We anticipated a water shortage by carrying bottled water with us.* = to act in order to prevent something which one expects will happen संभावित अप्रिय घटना के लिए पहले से तैयार रहना **anticipation** noun पूर्वानुमान, पूर्वाभास

an•ti•cli•max /æntɪ'kiaɪmæks/ /ऐण्टि'क्लाइमैक्स/ noun, c. *To be back at home after a week of trekking in the jungle is such an anticlimax.* = something ordinary and unexciting coming after something exciting अपकर्ष, निराशाजनक अंत, बुरा अंत

an•tics /'æntɪks/ /'ऐण्टिक्स/ noun (always plural) *Everyone laughed at his antics in the classroom.* = foolish and silly behaviour अजीब और बेतुकी हरकतें, मसखरापन

an•ti•dote /'æntɪdəʊt/ /'ऐण्टिडउट/ noun, c. *an antidote for snake-bite* = a substance that fights against the effect of a poison, or prevents disease [MEDICINE] विष या रोग के हानिकारक प्रभाव को रोकनेवाली दवा, विषहर, प्रतिकारक

an•ti•freeze /'æntɪfri:z/ /'ऐण्टीफ्रीज़/ noun, u. = a chemical substance which prevents water from freezing (turning into ice) and is therefore added to the water used to cool the engines of motor vehicles, in very cold weather कार आदि में रेडिएटर के पानी को जमने से रोकनेवाला रसायन, जमाव-विरोधी

an•tip•a•thy /æn'tɪpəθi/ /'ऐण्टीपथी/ noun, u. or c. *My parents never allowed us to smoke. Their antipathy to smoking was well known.* = a fixed or strong dislike (formal)ज़बरदस्त नापसंदगी, चिढ़, नफ़रत [औपचारिक]

an•tique[1] /æn'ti:k/ /ऐण्'टीक/ adj. *antique furniture* = made in an earlier period of time and therefore considered rare and valuable पुराकालीन, पुरातन

antique[2] noun, c. *a valuable antique* = an object that is of value because it was made long ago बहुमूल्य पुरावशेष

an•tiq•ui•ty /æn'tɪkwɪti/ /ऐण्'टीक्विटी/ noun, u. or c. **1** *a Mughal fort of great antiquity*(u.) = state of being very old पुरातनता **2** *The museum contains many priceless antiquities.*(c.) = things that are very old and have historical value ऐतिहासिक महत्त्व के पुरावशेष

an•ti-so•cial /æntɪ'səʊʃəl/ /ऐण्टी'सउश्ल/ adj. **1** *anti-social behaviour* = going against the rules of society and likely to harm others सामाजिक व्यवस्था के विरुद्ध, समाज-विरोधी **2** = not wanting to be friendly विमुख, मैत्रीभाव के विरुद्ध

an•tith•e•sis /æn'tɪθəsɪs/ /ऐण्'टीथसिस/ noun, c. (**antitheses**) *Love is the antithesis of hate.* = the direct opposite वैपरीत्य, विरोधालंकार

ant•ler /'æntlər/ /'ऐण्ट्लर/ noun, c. = one of the two branched horns of a stag (male deer) मृग शृंग, हिरन का सींग

an•to•nym /'æntənim/ /'ऐण्टनिम/ noun, c. *'Sad' is the antonym of 'happy'.* = a word that is opposite in meaning to another word (see also **synonym**) विपरीतार्थक शब्द, विपर्याय (देखें **synonym**)

a•nus /'eɪnəs/ /'ऐइनस/ noun. = the opening in the body through which solid waste matter is passed out गुदा, मलद्वार

an•vil /'ænvɪl/ /'ऐन्विल/ noun, c. = a heavy iron block on which metal is placed and hammered to give it a required shape निहाई, लोहे का एक भारी टुकड़ा जिसपर पीट-पीटकर धातु की मनचाही शक्ल तैयार की जाती है

anx•i•e•ty /æŋ'zaɪəti/ /ऐङ्'ज़ाअटी/ noun, c. (**anxieties**) or u. **1** *We hear we may have a test any time next week. This is causing great anxiety to all of us.*(u.) = the feeling of nervousness and discomfort that one has when one thinks that something unpleasant, fearful or difficult may happen फ़िक्र, बेचैनी या अशांति और घबराहट की अनुभूति जो किसी अप्रिय

या भयप्रद घटना या कठिनाई की आशंका से उत्पन्न होती है **2** *Can't you forget your anxieties and enjoy yourself?*(c.) = worries; troubles घोर चिंता, परेशानी

anx•ious /ˈæŋkʃəs/ /ˈऐंक्शस/ adj. **1** *You must be anxious to know the results.* = feeling nervous and worried चिंतित **2** *He is always anxious to help people.* = wishing strongly to do something; eager उत्सुक

an•y /ˈeni/ /ˈएनी/ det. or pron. **1** *Do you have any friends in this town?*(det.) कोई **2** *I don't have any money to give you.* = some कुछ (भी) (used in questions or negative sentences) **3** *Have you read any book on this subject?*(det.) = a; one कोई (एक) **4** *He will need any help that he can get.* = as much as possible जितना भी संभव **anyhow** adv. **1** *She had thrown her books about the room anyhow.* = carelessly जैसे-तैसे, लापरवाही से **2** *He had asked me not to visit them, but I visited them anyhow.* = in spite of something फिर भी **3** *Anyhow, I went to his house, and ...* = an expression used while continuing a story pron. हाँ तो, खैर (कुछ बयान करते हुए प्रयुक्त एक अभिव्यक्ति) **anyone** **1** *Anyone will be able to show you the way to my house.* = any person; all persons कोई (भी) **2** *I don't want anyone to know this.* = any person (used in questions or negative sentences) कोई भी (प्रश्नात्मक/नकारात्मक वाक्यों में प्रयुक्त) **anything** pron. *I don't want anything from you. // Is there anything in that box?* = not a single thing (used in negative sentences and questions) कुछ भी (नकारात्मक वाक्यों तथा प्रश्नों में प्रयुक्त) **anyway** adv. **1** *He told me not to go, but I went anyway.* = in spite of तब भी **2** *Well, anyway, what happened next ...* = 'to get on with my story' खैर, अच्छा तो (कोई बयान जारी रखते हुए बोला जाता है) **anywhere** adv. **1** *You can sit anywhere.* = in any place कहीं भी **2** *Did you go anywhere yesterday?* = to any place (used in questions) किसी जगह? कहीं? (प्रश्नों में प्रयुक्त) **3** *anywhere from 40 to 60 students* = any number or amount यही कोई, के आसपास (संख्या या परिमाण मोटे तौर पर बताते हुए)

a•or•ta /eɪˈɔːtə/ /एइˈऑःट/ noun = the largest artery (blood vessel) in the body, carrying blood from the heart to different parts of the body [BIOLOGY] महाधमनी [जीव विज्ञान]

a•part /əˈpɑːt/ /अˈपाःट/ adv. **1** *The houses in this row are wide apart.* = separated by a distance दूर, बहुत अलग(-थलग) **2** *The mechanic took the engine of my car apart.* = into separate parts टुकड़े-टुकड़े या पुर्जे-पुर्जे अलग **3** *Apart from you, does anyone think they can't finish the homework on time?* = other than; except for को छोड़कर, के अलावा

a•part•heid /əˈpaːteɪt/ /अˈपाःटेइट/ noun = the political and social system that existed in South Africa for a long time and ended only in about 1990, under which black people (belonging to African races) were kept separate from white people (of European descent) and treated as inferior [TECHNICAL] दक्षिण अफ्रीका की एक राजनीतिक-सामाजिक स्थिति जो बहुत दिनों तक बनी रही और 1990 में ही समाप्त हो सकी: इसमें अफ्रीकी जनजाति के काले लोग यूरोपीय उत्पत्ति वाले श्वेतांगों से अलग रखे गए थे और इतर-जातीय समझे जाते थे, रंग भेद की नीति [तकनीकी]

a•part•ment /əˈpɑːtmənt/ /अˈपाःटमण्ट/ noun, c. (American) = a set of rooms in a building which includes a kitchen and a bathroom; a flat (see also **flat, house**) (अमेरिकी अंग्रेज़ी का शब्द) बड़ी इमारत में एक फ्लैट (देखें **flat, house**)

ap•a•thy /ˈæpəθi/ /ˈऐपथी/ noun, u. *Very few people came to vote. There was apathy to the election* = absence of feeling or interest भावशून्यता, अनिच्छा, उदासीनता

ape¹ /eɪp/ /ˈएइप/ noun, c. = a large monkey without a tail, e.g. chimpanzee, gorilla बिना पूँछ का बड़ा बंदर जैसे चिंपाजी, गुरिल्ला

ape² verb, t. *He tries to ape your manner of speaking.* = to copy in an unsuccessful way (derogatory) (असफल रूप से) नकल करना (अनादरपूर्ण)

ap•er•ture /ˈæpətʃəʳ/ /ˈऐपचʳ/ noun, c. = a hole or narrow opening, especially one that allows light into a camera कैमरे में प्रकाश के जाने के लिए छिद्र

a•pex /ˈeɪpeks/ /ˈएइपेक्स/ noun, c. **1** *the apex of the pyramid* = the top or the highest point of something शिखर **2** *She is at the apex of her career as a singer.* = the highest or most successful point चरमोत्कर्ष

a•phid /ˈeɪfɪd/ /ˈएइफ़िड/ noun = a kind of insect that lives on the juice of plants [BIOLOGY] एक प्रकार का वनस्पति जीवी कीड़ा, माहूँ [जीव विज्ञान]

aph•ro•dis•i•ac /æfrəˈdɪzɪæk/ /ˈऐफ्रडिजिऐक/ noun, c. = a substance that is believed to increase sexual desire कामोत्तेजक पदार्थ

a•piece /əˈpiːs/ /अˈपीस/ *The mangoes cost five rupees apiece.* = for each one प्रत्येक के लिए

a•pol•o•gy /əˈpɒlədʒi/ /अˈपॉलजी/ noun, c. **1** *What you have written about me is false and I demand an apology from you.* = a statement saying that one is sorry for having done something क्षमापात्र, खेद प्रकटीकरण **2** *He is a good poet. But what he sent me to read was an apology for a poem.* = a poor copy or substitute विद्रूप, एक लचर एवज़ **apologize** (**apologise**) verb, i. = to make or offer an apology to someone खेद प्रकट करना, क्षमा माँगना

a•pos•tle /əˈpɒsəl/ /अˈपॉसल्/ noun, c. **1** = one of the twelve followers of Jesus Christ who went from place to place telling people about him ईसा के 12 पट्टशिष्यों में एक **2** *Gandhiji was an apostle of peace.* = one who believes strongly in something and wants others to share his/her belief किसी विचार-दर्शन का समर्थक, जो चाहे कि दूसरे भी उसका अनुमोदन करें

a•pos•tro•phe /əˈpɒstrəfi/ /अ'पॉस्ट्रफ़ी/ noun, c. 1 *You should spell 'don't' with an apostrophe after the 'n'.* = a punctuation mark, or sign, used in writing to show that a letter or numbers (e.g. '90s for 1990s) has been dropped वर्ण-लोप का चिह्न 2 *'John's' is spelt with an apostrophe.* = the same sign, used to show possession संबंधकारक चिह्न

ap•pal /əˈpɔːl/ /अ'पॉऽल/ verb,t. (**appalled**) *We were appalled by the news of the accident.* = to shock deeply (formal) भयभीत कर देना, दहला देना (औपचारिक)

ap•pa•ra•tus /ऐप'रेइटस/ noun, u. *special diving apparatus* = the things (instruments, tools etc.) one needs to do a particular piece of work with उपकरण, सामग्री

ap•par•el /əˈpærəl/ /'अपैरल/ noun, u. *sports apparel* = clothes or dress of a special type (formal) परिधान, वेशभूषा (औपचारिक)

ap•par•ent /əˈpærənt/ /अ'पैरण्ट/ adj. 1 *It became apparent to us that he could not speak Hindi when he answered all our questions in English.* = easily seen or understood; evident स्पष्ट, प्रत्यक्ष, (सहज ही) बोधगम्य 2 *There is only an apparent improvement in the child's behaviour.* = something that seems (appears) to be true but is not true ऊपरी तौर से **apparently** adv. 1 *Apparently, the new hockey coach is a good teacher. Everyone seems to be happy with her.* = It seems that (but one cannot be sure) वैसे लगता तो यही है कि (लेकिन कैसे कहा जाए?) 2 *He looked at us blankly; apparently he did not recognise us.* = it is clear (that) स्पष्ट है, ज़ाहिर है 3 *She greeted us but didn't help us. Apparently, she was busy.* = it seems that (but one cannot be sure) लगता तो यही है कि (लेकिन कैसे कहा जाए?)

ap•peal[1] /əˈpiːl/ /अ'पील/ noun, c. or u. 1 *Relief workers have sent out an appeal for money to help the refugees.*(c.) = a strong request for help, support, money etc. सहायता/सहारे/पैसे के लिए अनुरोध, अपील 2 *Such books have no appeal for me.*(u.) = attraction आकर्षण 3 *I will lodge an appeal with the Supreme Court for a review of this case.*(c.) = a request made to a higher court of justice to change some decision of a lower court [LAW] किसी निर्णय पर पुनर्विचार के लिए उच्चतर न्यायालय में पुनरावेदन [कानून]

appeal[2] verb, i. 1 *Relief workers have appealed to the public for supplies.* = to make an appeal आग्रह करना 2 *A book without pictures may not appeal to young children.* = to attract को पसंद आना या अच्छा लगना 3 *Have you appealed to the Supreme Court?* = to make an appeal on a legal matter कानूनी मामले में अपील दायर करना **appealing** adj. 1 *The idea of going on a picnic tomorrow is quite appealing.* = attractive चित्ताकर्षक, पसंदीदा 2 *appealing eyes* = asking for pity or help कातर **sex-appeal** noun, u. = the physical attraction that a man feels towards a woman or a woman towards a man (informal) शारीरिक आकर्षण

ap•pear /əˈpɪə/ /अ'पीअ/ verb, i. 1 *We did not expect to see anyone on that lonely road, but suddenly a man appeared.* = to be seen दिखाई देना, प्रगट होना 2 *You appear to be worried about something.* = to seem लगना 3 *You will have to appear in court tomorrow.* = to be present for some official purpose न्यायालय में गवाही या मुकदमे के सिलसिले में पेश या हाज़िर होना **appearance** /əˈpɪərəns/ /अ'पीअरन्स/ noun, u. or c. 1 *She made an appearence when the party was about to end.*(c.) = the act of appearing, so that one is seen दर्शन 2 *Your whole appearance is untidy.*(u.) = the way one looks; outward qualities रूपरंग

ap•pease /əˈpiːz/ /अ'पीज़/ verb, t. *The shopowner apologized to the angry customer to appease him.* = to try to calm or please someone by doing or saying something nice (कुछ मनोनुकूल कहकर या करके) शांत करना, तुष्ट करना

ap•pend /əˈpend/ /अ'पेण्ड/ verb, t. *The writer appended a short note to the article she had written.* = to add something written to the end of a longer piece of writing (formal) संलग्न करना (औपचारिक) **appendage** /əˈpendɪdʒ/ /अ'पेण्डिज/ noun, u. = something that is added on to something else which is more important प्रमुख वस्तु का छोटा या कम महत्त्वपूर्ण अंग, उपांग

ap•pen•dix /əˈpendɪks/ /अ'पेण्डिक्स/ noun 1 = a small bag which is attached to the intestines (the tube in the body through which food passes) and which does not have a clearly known use in the human body [BIOLOGY] बड़ी आँत से जुड़ी एक थैली जिसकी शरीर में उपयोगिता के विषय में अभी पूरा पता नहीं चल सका है [जीव विज्ञान] 2 = a part, usually at the end of a book, which gives extra information परिशिष्ट **appendicitis** /əpendɪˈsaɪtɪs/ /अपेण्डि'साइटिस/ noun = a condition in which the appendix becomes infected and has to be removed through an operation [MEDICINE] बड़ी आँत से जुड़ी थैली में सूजन होने से उत्पन्न बीमारी [चिकित्सा]

ap•pe•tite /ˈæpətaɪt/ /'ऐपटाइट/ noun, c. or u. *I don't want to eat now. I have no appetite.*(u.) = desire to eat भूख, खाने की इच्छा

ap•pe•tiz•er (appetiser) /ˈæpɪtaɪzəʳ/ /'ऐपिटाइज़र/ noun, c. = something eaten or drunk before a meal in order to increase the appetite रुचि या क्षुधावर्द्धक खाद्य **appetizing (appetising)** adj. *an appetizing smell* = causing desire, especially for food क्षुधावर्द्धक

ap•plaud /əˈplɔːd/ /अ'प्लॉड/ verb, t. or i. *The audience applauded when the actors appeared on the stage.*(t.) = to praise by striking one's hands together; to clap तालियों से अनुमोदन या प्रशंसा जतलाना **applause** /əˈplɔːz/ /अ'प्लॉऽज़/ noun, u. = loud praise expressed by an audience by clapping साधुवाद, शाबाशी

ap•ple /'æpəl/ /'ऐप्ल्/ noun, c. = a hard, round fruit with juicy white flesh, and red, green or yellow skin सेब **to be the apple of somebody's eye** = to be a great favourite अति प्रिय व्यक्ति होना/आँखों का तारा होना

ap•pli•ance /ə'plaɪəns/ /अ'प्लायन्स/ noun, c. *an electrical appliance* = a machine, instrument or tool (e.g. an electric heater) which is used for some purpose उपकरण या यंत्र जो किसी खास काम के लिए होता है

ap•pli•ca•tion /æplɪ'keɪʃən/ /ऐप्ली'केइश्न्/ noun, c. or u. **1** *I have sent in my application for leave to the office.*(c). = a written request आवेदन-पत्र, दरख्वास्त **2** *Computers have many applications.*(c.) = a practical use of something व्यावहारिक उपयोग **3** *He is very intelligent, but lacks application.*(u.) = careful or continuous attention to work अध्यवसाय **4** *Your wound will heal quickly after the application of this ointment.*(u.) = the use of a medicinal substance to cover a part of the body अंग-विशेष पर दवा या मरहम के लेप का इस्तेमाल

ap•ply /ə'plaɪ/ /अ'प्लाइ/ verb, t. or i. **1** *Have you applied for a job?*(i.) = to make a request in writing for something आवेदन-पत्र या दरख्वास्त देना **2** *Can you apply this formula to solve the equation?*(t.) = to make use of something for some purpose किसी उद्देश्य से प्रयोग में लाना **3** *You should apply this ointment on the wound.*(t.) = to spread or gently rub something over a part of the body (दवा/मरहम) अंग-विशेष पर लगाना या लेपना **4** *This rule will not apply in your case.*(i.) = to be used in order to reach a decision में या पर लागू होना **5** *You must apply yourself to your studies with greater sincerity.*(t.) = to work hard and carefully (formal) अध्यवसायपूर्वक किसी काम में जुट जाना (औपचारिक) **applicable** /ə'plɪkəbəl/ /अ'प्लीकब्ल्/ adj. *This rule is applicable only to those above the age of 65.* = to have an effect for उपयुक्त **applicant** /'æplɪkənt/ /'ऐप्लिकण्ट/ noun, c. = a person who has applied for something (e.g. a job) आवेदक

ap•point /ə'pɔɪnt/ /अ'पॉइण्ट/ verb, t. **1** *We have appointed a new manager.* = to choose someone for a job किसी नौकरी या पद पर नियुक्त या बहाल करना **2** *Let us appoint a day for our next meeting.* = to fix a date or time for a meeting दिन या समय नियत/मुकर्रर करना **appointment** noun, c. or u. **1** *Can I make an appointment to see the doctor tomorrow?*(c.) = a time or date fixed for a meeting with someone important नियोजित भेंट **2** *Your appointment as head teacher has been approved.* = selection for a particular post पद पर नियुक्ति के लिए चयन

ap•por•tion /ə'pɔːʃən/ /अ'पॉऽश्न्/ verb, t. **1** *The money from the sale of the house will be apportioned among the four owners.* = to divide and share out (specially money or blame) among several people or things (formal) (कई लोगों में/को) बाँटना (द्रव्य-राशि), बराबर का (दोषी) मानना (आरोप) **2** *Both of you cut down the tree but we find it dificult to apportion the blame.* = to say who should be blamed more and who less यह कह पाना कि किस पर कम या अधिक दोष मढ़ा जाए

ap•pre•ci•ate /ə'priːʃeɪt/ /अ'प्रीशिएइट/ verb, t. or i. **1** *I am happy that you have learnt to appreciate poetry.*(t.) = to understand and enjoy something fully पूरी तरह समझकर रसास्वादन करना **2** *I really appreciate the help you gave me when I was in trouble.*(t.) = to be thankful for something का आभार मानना **3** *This building has appreciated in value from Rs 1 to 2 million over five years.*(i.) = to increase in value over time का मूल्य बढ़ना या बढ़ जाना **appreciation** /əpriːʃ'ɪeɪʃən/ noun, u. **1** = understanding of the good qualities or worth of something गुण-ग्राहकता **2** *appreciation of a poem* = a discussion of the qualities of something विवेचना, समालोचना **3** *I appreciate the point that you make, but I don't agree.* = to understand समझ सकना **appreciative** /ə'priːʃətɪv/ adj. *an appreciative audience* = showing appreciation (opposite **unappreciative**) गुण-ग्राहकता जतलाता हुआ (विलोम शब्द **unappreciative**)

ap•pre•hen•sion /æprɪ'henʃən/ /ऐप्रि'हेन्श्न्ʃən/ noun, u. *We waited for the results with a great deal of apprehension.*(u.) = anxiety; worry(भविष्य की किसी अप्रिय संभावना से उत्पन्न) आशंका

ap•pre•hen•sive /æprɪ'hensɪv/ /ऐप्रि'हेन्सिव/ adj. *He was apprehensive that the match would be cancelled because of rain.* = anxious and nervous आशंकित, घबराया

ap•pren•tice[1] /ə'prentɪs/ /अ'प्रेन्टिस्/ noun, c. = a person who is learning some trade while attached to a skilled person of the same trade (प्र)शिक्षार्थी जो किसी रोज़गार में कुशल व्यक्ति से उसे सीख रहा हो

apprentice[2] verb t. *I am apprenticed to a motor mechanic.* = to be working under someone as a part of one's training अपने प्रशिक्षण के सिलसिले में किसी के मातहत कार्यरत

ap•proach[1] /ə'prəʊtʃ/ /अ'प्रउच/ verb, t. **1** *The road was deserted but as we approached Delhi, the traffic increased dramatically.* = to come nearer to something के पास पहुँचा होना **2** *Did my friend approach you to ask for your opinion?* = to meet someone in order to make a request किसी व्यक्ति से (प्रार्थना या प्रस्ताव आदि के साथ) संपर्क करना **3** *The two scientists approached the problem differently.* = to deal with a situation in a certain way किसी खास तरीके से किसी काम या मसले को हल करना शुरू करना

approach[2] noun, c. or u. **1** *The tiger's approach frightened the deer away.*(u.) = the act of coming nearer पास आने की क्रिया, पहुँच **2** *All approaches to the airport have been sealed off by the police.*(c.) = a road or path which leads to some place प्रवेश-मार्ग **3** *We need a new approach to the teaching of English.* = a way of doing something कार्य-विधि

ap•proa•cha•ble /ə'prəʊtʃəbəl/ /अ'प्रउचब्ल्/ adj. **1** *You will find the tutor a very approachable person.* = easy to speak to; accessible मिलनसार **2** *There is no road connecting the town to the lake. It is not approachable.* = able to be reached सुगम्य

ap•pro•pri•ate¹ /ə'preʊpriət/ /ə'preʊpriət/ / अ'प्रउप्रिअट/ adj. *You have given an appropriate answer to the question.* = suitable and correct (opposite **inappropriate**) उपयुक्त, समुचित (विलोम शब्द **inappropriate**)

appropriate² /अ'प्रउप्रिएइट/ verb, t. **1** *The secretary had appropriated the club's money for his own use.* = to take something illegally or without permission (also **misappropriate**) (disapproving) गैर-कानूनी ढंग से, बिना अनुमति के अपने उपयोग के लिए ले लेना, गबन करना (देखें **misappropriate**)(अस्वीकृत) **2** *The government plans to appropriate this land for a new hospital.* = to take something (usually by a legal process) and use it for a particular purpose (not disapproving) आधिकारिक तौर पर/कानूनी ढंग से ले लेना, आत्मसात कर लेना और किसी उद्देश्य के लिए प्रयोग करना (अस्वीकृत नहीं)

ap•prove /ə'pru:v/ /अ'प्रूव/ verb, i. or t. **1** *I do not approve of your eating in bed.*(i.) = to think of something as good or wise (किसी वस्तु को) अच्छा/स्वीकार्य/संतोषजनक समझना, पसंद करना **2** *The Cabinet has approved the plan.*(t.) = to agree officially to something अनुमोदित करना **approval** noun, u. *You cannot build a house on this land without the Corporation's approval.* = official permission स्वीकृति, अनुमोदन

ap•pro•ver /ə'pru:vəʳ/ /अ'प्रूवरʳ/ noun, c. *One of the accused persons has turned approver.* = a person who takes part in some crime along with others but later agrees to help the police by giving evidence against the others [LAW] मुखबिर [कानून]

ap•prox•i•mate¹ /ə'prɒksɪmɪt/ /अ'प्रॉक्सिमिट/ adj. *The approximate distance between Cuttack and Puri is 80 km.* = nearly correct but not exact; rough (opposite **accurate, exact**) (गणना में) लगभग सही या मोटा अनुमान करना (विलोम शब्द **accurate, exact**)

ap•prox•i•mate² /ə'prɒksɪmeɪt/ /अ'प्रॉक्सिमेइट/ verb, t. *The cost of this new project will approximate Rs 800 crore.* = come close to तक तो आ ही जाना

ap•ri•cot /'eɪprɪkɒt/ /'एइप्रिकॉट/ noun, c. = a round, soft fruit, with orange or yellow furry skin and a stone inside खुबानी

A•pril /'eɪprɪl/ /'एइप्रिल/ noun = the fourth month of the year साल का चौथा महीना, अप्रैल **April Fool's Day** = the first day in April, when some people like to play tricks on others पहली अप्रैल को बेवकूफ़ बना व्यक्ति

a•pron /'eɪprən/ /'एइप्रन/ noun, c. **1** = a piece of clothing worn over one's clothes to keep them clean अपनी पोशाक साफ़-सुथरी रख पाने के लिए उस के ऊपर पहना जानेवाला ढीला कपड़ा, एप्रिन **2** = the place near the runway where planes are parked before they take off or after they land हवाई पट्टी का वह क्षेत्र जहाँ हवाई जहाज़ उड़ान भरने के पहले या उतरने के बाद ठहराए जाते हैं

apt /æpt/ /'ऐप्ट/ adj. **1** *an apt reply* = suitable; appropriate उपयुक्त; संगत **2** *This old car is apt to break down.* = likely to प्रवृत्त

ap•ti•tude /'æptɪtju:d/ /'ऐप्टिट्यूड/ noun, c. or u. *This child has an aptitude for music.*(c.) = a natural skill or ability to learn सहज अभिरुचि, रुझान

a•quar•i•um /ə'kweəriəm/ /अ'क्वेअरिअम/ noun, c. (**aquariums** or **aquaria**) = a glass box, or a large building filled with water and having glass windows, in which fish and/or other sea animals are kept to be seen मछलीघर, समुद्री जलजीव गृह

A•quar•i•us /ə'kweərɪəs/ /अ'क्वेअरिअस/ noun, u. = the sign of the zodiac represented by the symbol of a person pouring water from a pot (see pic under **zodiac**) कुंभराशि (**zodiac** के अंतर्गत चित्र देखें)

a•quat•ic /ə'kwætɪk/ /अ'क्वैटिक/ adj. *acquatic plants; acquatic sports* = living in, or happening in or on water जलचर, जलीय

Ar•ab /'ærəb/ /'ऐरब/ noun, c. = a person, especially one from Northern Africa or the Arabian peninsula, whose language is Arabic उत्तरी अफ्रीका/अफ्रीका प्रायद्वीप का अरबी-भाषी निवासी **Arabic** /'ærəbɪk/ /'ऐरबिक/ noun, u. = the language or writing of the Arabs अरबी भाषा या लिखावट **Arabic numeral** noun, c. = the signs used to show the numbers 1, 2, 3, in English and many other languages (see also **Roman numerals** I, II,)अंक(-चिह्न) जो अंग्रेज़ी की तरह कई अन्य भाषाओं या लिपियों में प्रचलित हैं

ar•a•ble /'ærəbəl/ /'ऐरब्ल/ adj. = land which can be used for growing crops कृषियोग्य, खेती के लायक

ar•bi•tra•ry /'ɑ:bɪtrəri/ /'आऽबिट्री/ adj. **1** *You must follow the rules. You can't act in an arbitrary manner.* = doing whatever you want without caring about rules or the feelings of others (दूसरों की परवाह न करते हुए) मनमाना **2** *I had to choose one of the candidates, but as I knew nothing about any of them, my choice was quite arbitrary.* = not done in a systematic manner; not based on reason but personal opinion यथेच्छ, स्वेच्छ

ar•bi•trate /'ɑ:bɪtreɪt/ /'आऽबिटेइट्/ verb, i. or t. *The committee is going to arbitrate the dispute between the employees and the management of the factory.*(t.)

= to help in settling a dispute between two parties especially at their request [LAW] मध्यस्थता करना, सुलह कराना [कानून]

arc /ɑːk/ /'आऽक/ noun, c. *The sun moves in an arc across the sky.* = a part of a circle or any curved line वृत्तांश, चाप

ar•cade /aːˈkeɪd/ /आऽ'केइड/ noun, c. *a shopping arcade* = a covered area or passage in which there are shops आच्छादित मार्ग जिसमें दुकानें होती हैं

arch- /ɑːtʃ/ /'आऽच/ prefix meaning 'the highest', or 'greatest' e.g. उपसर्ग (=मुख्य, प्रधान, महा-) जैसे **archbishop** /ɑːtʃˈbɪʃəp/ /आऽच'बिशप/ noun, c. = a highly ranked Christian priest उच्चपदस्थ ईसाई पादरी **arch enemy** /ɑːtʃ 'enəmi/ /आऽच'एनमी/ = the main enemy असली दुश्मन, मुख्य शत्रु

arch¹ /ɑːtʃ/ /'आऽच/ noun, c. = the curved top part of a doorway, window, bridge etc. मेहराब

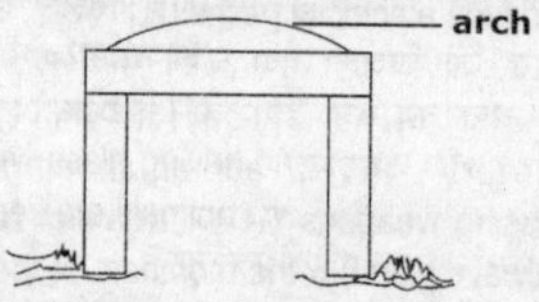

arch² verb, t. or i. *The rainbow arched across the sky.* = to form the shape of an arch आर-पार चाप बनाना

ar•chae•ol•o•gy (archeology) /ɑːkiˈɒlədʒi/ /आऽकि'ऑलजी/ noun = the study of the buried remains of houses, pots, tools etc. from earlier times पुरातत्त्व-विज्ञान **archaeologist (archeologist)** noun, c. = a person who practises archaeology पुरातत्त्ववेत्ता

ar•cha•ic /ɑːˈkeɪ-ɪk/ /'आऽकेइक/ adj. *a book written in archaic language* = very old and no longer in use पुरातन (पंथी), अप्रचलित

ar•cher /'ɑːtʃəʳ/ /'आऽचर/ noun, c. = a person who shoots arrows with a bow तीरंदाज़ **archery** /'ɑːtʃəri/ noun = the art or sport of shooting arrows with a bow धनुर्विद्या, तीरंदाज़ी

ar•chi•pel•a•go /ɑːkɪˈpeləgəʊ/ /आऽकि'पेलगउ/ noun, c. = a group or chain of islands stretching across the sea द्वीपपुंज

ar•chi•tec•ture /'ɑːkɪtektʃəʳ/ /'आऽकिटेक्चर/ noun, u. = the art and science of building, including designing, planning and decorating वास्तुकला, भवन-निर्माण शास्त्र या कला **architect** /'ɑːkɪtekt/ /'आऽकिटेक्ट/ noun, c. = a person who designs buildings etc. वास्तुकार

ar•chives /'ɑːkaɪvz/ /'आऽकाइव्ज़/ noun (always plural) **1** = a place where documents (papers, records, reports, etc.) of historical importance are stored ऐतिहासिक आलेखों का संग्रह रखने का स्थान, पुरालेखागार **2** = the documents which are stored in such a place पुरालेख (ऐतिहासिक महत्त्व की लिखित सामग्री)

Arc•tic /'ɑːktɪk/ /'आऽकटिक/ adj. *the Arctic zone* = related to the very cold, northernmost part of the world (see also **Antarctic**) (see pic under **earth**) उत्तरध्रुवीय (देखें **Antarctic**) (**earth** के अंतर्गत चित्र देखें)

ar•dent /'ɑːdənt/ /'आऽडण्ट/ adj. *Raghu is an ardent trekker. He goes on at least four treks a year.* = eager; very strong and active अति उत्साही, उत्कट

ar•dour /'aːdəʳ/ /'आऽडर/ noun, u. *The two women spoke with great ardour about the duties of a citizen.* = strong feeling (literary) (see also **passion**) अत्यधिक उत्साह, जोश (देखें **passion**)(साहित्यिक)

ar•du•ous /'aːdjuːəs/ /'आऽड्यूअस/ adj. *an ardous journey* = tiring and needing a lot of effort श्रमसाध्य, दुष्कर, दुःसाध्य

are /əʳ/ /अऽ/ verb, i. *Umesh and Naresh are brothers.* = the present tense, plural form of **be** be का वर्तमानकालिक बहुवचन रूप

ar•e•a /'eəriə/ /'एअरिअ/ noun, c. or u. **1** = the size of a flat surface, measured by multiplying its length by its breadth (compare **volume**) सपाट सतह का वर्गाकार (जिसका माप लंबाई-चौड़ाई के गुणनफल से होता है), क्षेत्रफल (देखें **volume**) **2** *There are no schools in this area.*(c.) = a part of a town or country; region क्षेत्र, इलाका **3** *He is very well read in the area of classical music.*(c.) = a subject or field of activity विषय-क्षेत्र **area code** noun, c. = a set of numbers added before a telephone number to make a telephone call to a particular city, town etc. within a country एक विशेष स्थान को इंगित करता फ़ोन नंबर, एरिया कोड

a•re•na /əˈriːnə/ /अ'रीना/ noun, c. *a sports arena* = a closed area used for sports, entertainment etc. क्रीड़ास्थल, क्रीड़ांगन, रंगस्थली

ar•gu•a•ble /'ɑːgjʊəbəl/ /'आऽग्यूअब्ल/ adj. *The umpire declared the batsman out but it was an arguable decision.* = doubtful; a statement for or against which a reason or argument can be given विवादास्पद **arguably** adv. *Delhi is arguably the most well-planned city in the country.* = something which can be stated (argued) but is not necessarily true तर्क-वितर्क की संभावनाओं के दायरे में ही, तर्काधीन रूप से ही

ar•gue /'ɑːgjuː/ /'आऽग्यू/ verb, t. or i. **1** *Do as I tell you and don't argue.*(i.) = to use words to disagree तर्क-वितर्क करना, बहस करना **2** *Some of the students argued during the debate that travel should be a necessary part of education.*(i.) = to provide reasons for/against something तर्क पेश करना **3** *This lawyer will argue your case in court.*(t.) = to reason strongly in support of someone (a client) in a court of law [LAW] की वकालत करना, के पक्ष या विपक्ष में इजलास में बहस करना [कानून] **argument** /'ɑːgjʊmənt/

/'आऽग्युमण्ट/ noun, c. or u. **1** c. = a reason given in support of some statement किसी वक्तव्य के पक्ष में तर्क, दलील **2** *You should use argument, not violence, to settle your dispute.*(u.) = the use of reason तर्क-प्रयोग **argumentative** /ɑːgjʊ'mentətɪv/ /आऽग्यु'मेन्टटिव/ adj. *an argumentative person* = fond of arguing and not willing to accept what others say (derogatory) वितंडावादी, विवादप्रिय, विवादी, दुराग्रही (अनादरपूर्ण)

-arian suffix meaning 'one who is connected with something', प्रत्यय (= से संबद्ध, का/को माननेवाला) e.g. *librarian, vegetarian* = one who is connected with or believes in something

ar•id /'ærɪd/ /'ऐरिड/ adj. *arid climate* = having so little rain as to be dry and not suitable for agriculture अनुर्वर, सूखा, वर्षाहीन, बंजर

Ar•ies /'eəriːz/ /'ऐअरीज़/ noun, u. = the sign of the zodiac represented by the symbol of a ram (male sheep) (see pic under **zodiac**) मेषराशि (**zodiac** के अंतर्गत चित्र देखें)

ar•ise /ə'raɪz/ /अ'राइज़/ verb, i (**arose, arisen**) *A new problem may suddenly arise.* = to come into being; to appear उठना, उठ खड़ा होना, उत्पन्न होना

ar•is•toc•ra•cy /ærɪ'stɒkrəsi/ /ऐरि'स्टॉक्रसी/ noun, u. or c. (**aristocracies**) = people who are thought to belong to the highest social class अभिजात वर्ग या समाज की उच्चतम श्रेणी/कुलीन वर्ग (के लोग) **aristocrat** /'ærɪstəkræt/ /'ऐरिस्टोक्रैट/ noun, c. = a person who belongs to the aristocracy कुलीन, अभिजात व्यक्ति

a•rith•me•tic /ə'rɪθmətɪk/ /अ'रिथ्मेटिक/ noun = the science of numbers गणित **arithmetical** / ərɪθ'metɪkəl/ /अरिथ'मेटिकल/ adj. = connected with arithmetic गणितीय **arithmetic progression** noun, c. = a set of numbers (3, 5, 7, 9...) in which a fixed number must be added to each number to get the next one [MATHEMATICS] समानांतर श्रेणी, एक अंकश्रेणी जिसके किसी अंक में एक जोड़ने पर बाद वाला अंक जाना जाता है [गणित]

arm[1] /ɑːm/ /आऽम/ noun, c. **1** *She carried the paper under her arm.* = one of the two upper limbs of a human being बाँह **2** *One of the arms of the chair is broken.* = something that has the shape of a human arm बाँह की शक्ल का **3** *an arm of the government* = a branch or department अंग, विभाग

arm[2] /ɑːm/ /आऽम/ verb, t. or i. **1** *Our soldiers will be armed with automatic rifles.*(i.) = supplied with weapons (opposite **disarm**) शस्त्र- प्रदत्त/ सज्जित, हथियारबंद (विलोम शब्द **disarm**) **2** *The country has to arm itself for war.*(t.) = to prepare to fight युद्ध के लिए तत्पर होना **armband** /'aːmbænd/ /'आऽमबैण्ड/ noun, c. = a band of cloth worn around the arm (below the shoulder) to show the wearer's official position or to show that the wearer is in mourning (expressing sorrow over the death of a friend etc.) ऊपरी बाँह पर लगा चौड़ा कपड़ा या फीता जो पद-विशेष का बोध कराता है या शोक ज़ाहिर करता है **armchair** noun, c. = a chair which has supports for the arms (see pic under **chair**) आरामकुर्सी (**chair** के अंतर्गत चित्र देखें) **to twist somebody's arm** = to force somebody to do something कुछ करने के लिए किसी को बाध्य करना, बरजोरी किसी से कुछ कराना **to welcome somebody with open arms** *Though she had left the school two years ago her friends welcomed her with open arms when she returned.* = to accept somebody or something happily अंगीकार करना, अगवानी करना, के लिए पाँवड़े बिछाना, अपनाना

ar•ma•da /ɑː'mɑːdə/ /आऽ'माऽडा/ noun, c. = a collection or fleet of armed ships नौसेना

ar•ma•ture /'ɑːmətʃə^r/ /'आऽमचर/ noun, c. = the part of a generator consisting of a piece of metal with wire wound around it, that goes round and round in order to produce electricity [TECHNICAL] विद्युत् उत्पादक का एक भाग, जो बिजली पैदा करने के लिए, तारों से लिपटी एक धातु का बना होता है [तकनीकी]

armed /ɑːməd/ /आऽम्ड/ adj. *an armed guard* = having or using weapons सशस्त्र **armed forces** noun, c. (always plural) = the members of the army, navy and air force, who use weapons to protect their country सशस्त्र सेना

ar•mi•stice /'ɑːmɪstɪs/ /'आऽमिस्टिस/ noun, c. = an agreement made during a war to stop fighting, usually for some time विराम-संधि, युद्धविराम, युद्ध के दौरान कुछ वक्त के लिए लड़ाई रोके रखने की संधि

ar•mour /'ɑːmə^r/ /'आऽमर/ noun, u. = a strong covering, usually made of steel, which protects a soldier, or a horse during fighting कवच, बख्तर **armoured car** noun = a military vehicle protected by steel armour बख्तरबंद फ़ौजी गाड़ी

arm•pit /'aːmpɪt/ /'आऽम्पिट/ noun, c. = the hollow space behind the arm, below the shoulder बगल, काँख

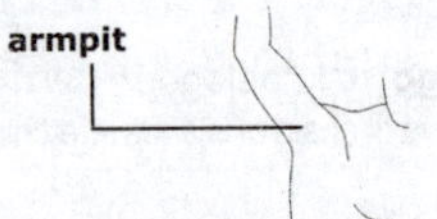

arms /ɑːmz/ /'आऽम्ज़/ noun, c. (always plural) *Many people feel public money is better spent on protecting wildlife than on arms.* = weapons अस्त्र-शस्त्र, हथियार **arms race** noun, c. = a competition between countries which are not friendly towards each other to produce more and better weapons आपसी दुश्मनी के देशों में ज़्यादा और बेहतर हथियार तैयार करने की होड़ **to be up in arms** *The public was up in arms over the rise in the price of petrol.* = to object or protest angrily कड़ा विरोध या प्रतिरोध करना, खिलाफ़त करना **to keep someone at**

arm's length = to keep a formal or not very close friendship with someone औपचारिक या अर्धनिष्ठ संपर्क ही रखना

ar•my /'ɑːmi/ /'आऽमी/ noun, c. (**armies**) = the military forces of a country, especially those trained to fight on land देश की सेना या फ़ौज

a•ro•ma /ə'rəʊmə/ /अ'रउम/ noun, u. *the aroma of freshly-cooked food* = a strong and pleasant smell खुशबू, सुवास **aromatic** /ærə'mætɪk/ /ऐर'मैटिक/ adj. *aromatic spices used in cooking* = having a strong, usually pleasant smell खुशबूदार

a•round¹ /ə'raʊnd/ /अ'राउण्ड/ prep. **1** *There is a high wall around our house* = on all sides of (के) चारों ओर **2** *His clothes were lying around the house.*= in different parts of जहाँ-तहाँ, इधर-उधर **3** *He lives somewhere around Delhi.* = in some place near कहीं पास ही

around² adv. **1** *Do you know your way around?* = from one place to another कहाँ से कहाँ **2** *It costs around fifty rupees.* = about के आस-पास, करीब-करीब **3** *Turn aound!* = so as to face the other way उलटा पीछे या पीठ की ओर घूम जाना **4** *He ran around the trees.* = in a circle का चक्कर लगाना

a•rouse /ə'raʊz/ /अ'राउज़/ verb, t. **1** *We aroused him from sleep.* = to wake someone up (formal) जगा देना (औपचारिक) **2** *His behaviour aroused the suspicions of the shopkeeper.* = to cause something to become active उत्तेजित करना, भड़काना, पैदा कर देना **3** = to cause sexual excitement कामोत्तेजन करना

ar•range /ə'reɪndʒ/ /अ'रेइन्ज/ verb, t. or i. **1** *Please arrange these books on the table.* उचित क्रम से रखना **2** *Arrange the names in alphabetical order.*(t.) = to put things in a desired order प्रबंध/व्यवस्था/इंतज़ाम करना **3** *Let us arrange for a taxi to take us to the station.*(i.) = to plan or fix up something in advance पहले से व्यवस्था करना **arrangement** /ə'reɪndʒmənt/ /अ'रेइन्जमण्ट/ noun, c. or u. **1** *She is making all the arrangements for the school play.*(c.) = plans for things that are to be done प्रबंध, व्यवस्था **2** *a beautiful flower arrangement* = something that has been put in a pleasing order सुव्यवस्था, सजावट

ar•ray¹ /ə'reɪ/ /अ'रेइ/ noun, c. or u. **1** *A glittering array of film stars was present at the cricket match.*(c.) = a large group of people or things which attracts attention प्रभावशाली प्रदर्शन **2** *ceremonial array*(u.) = colourful or attractive clothes worn on a special occasion (old-fashioned) सजधज, ठाटबाट (पुराने प्रचलन का)

array² verb, t. **1** *The books were neatly arrayed on shelves at the bookfair.* = to arrange neatly, so that something can attract attention करीने से सजाना **2** *The students were arrayed in robes for their graduation ceremony.* = to be dressed in fine clothes (formal) नफ़ीस पोशाक पहने होना (औपचारिक)

ar•rears /ə'rɪəz/ /अ'रियज़/ noun (always plural) **1** *You must pay up the arrears of rent for the last three months.* = money which should have been paid but has not been paid समय पर भुगतान न की हुई राशि **2** = work that is still to be done बचा हुआ काम

to be in arrears = to be late in paying up money भुगतान करने में देर करना

ar•rest¹ /ə'rest/ /अ'रेस्ट/ verb, t. **1** *The police officer was able to arrest the thief in a few hours.* = to seize (catch hold of) someone using the power of the law कानूनन गिरफ़्तार करना **2** *arresting the spread of a disease* = to bring to an end; to stop रोकना

arrest² noun, c. or u. *to make an arrest* = the act of arresting or being arrested गिरफ़्तारी

ar•rive /ə'raɪv/ /अ'राइव/ verb, i. **1** *We arrived in Kochi at 7.00 a.m.* = to reach a place at the end of a journey (opposite **depart**) सफर की मंज़िल तक पहुँच (जाना) (विलोम शब्द **depart**) **2** *The day of the wedding has arrived.* = to come; to happen किसी घटना या समय का निकट होना या घटित होना **3** *He worked very hard, and now he has finally arrived.* = to be successful कामयाब हो पाना **arrival** noun, u. or c. **1** u. = the act of arriving at a place आगमन **2** *the new arrival* (c.) = a person or thing that has arrived at some place for the first time; a newly-born child आगंतुक, नवजात शिशु

arrive at *We finally arrived at the answer.* = to reach something उपलब्ध करना, पा लेना

ar•ro•gant /'ærəgənt/ /'ऐरगण्ट/ adj. *They were so arrogant that they did not even greet us.* = proud and having no respect for others उद्धत, घमंडी **arrogance** noun, u. = the quality of being arrogant; pride of a kind which is not liked घमंड, हेकड़ी

ar•row /'ærəʊ/ /'ऐरउ/ noun, c. **1** *hunting with bow and arrows* = a thin, straight stick, pointed at one end and with feathers at the other end which is fired from a bow (see pic under **quiver**) तीर, बाण (**quiver** के अंतर्गत चित्र देखें) **2** = a sign like an arrow, used to show direction or the position of something दिशा या स्थिति बताता एक सांकेतिक चिह्न, बाणमुख

arrow-root noun, u. = the flour made from the root of a tropical plant अरारोट, उष्णकटिबंधीय क्षेत्र के एक पौधे से बनता आटा

ar•se•nal /'ɑːsənəl/ /'आऽस्नल/ noun, c. **1** = a government building where weapons are made or stored शस्त्रागार **2** = a stock of weapons शस्त्रास्त्र-भंडार

ar•se•nic /'ɑːsənɪk/ /'आऽस्निक/ noun = a highly poisonous chemical substance, sometimes used for killing ratsसँखिया, एक अत्यंत ज़हरीला रासायनिक पदार्थ, चूहों को मारने के लिए भी प्रयुक्त

ar•son /'ɑːsən/ /'आऽसन्/ noun = the crime of setting fire to a building in order to damage it or cause destruction आगज़नी

art /ɑːt/ /'आऽट/ noun, c. or u. 1 *Dancing is an art.*(c.) = an activity requiring skill, through which the love of beauty is expressed सौंदर्यासक्ति अभिव्यक्त करता कार्यकलाप जिसमें कौशल अपेक्षित होता है, कला 2 *Art makes life beautiful.*(u.) = the expression of beauty सौंदर्य की अभिव्यक्ति **artist** /'ɑːtɪst/ /'आऽटिस्ट/ noun, c. = a person who produces works of art (painting, music etc.) कलाकार **artistic** /ɑː'tɪstɪk/ /आऽ'टिस्टक/ adj.= concerning or typical of art or artists कलात्मक **artiste** /ɑː'tiːst/ /आऽ'टीस्ट/ noun, c. = a professional singer, dancer, actor etc. who takes part in a show पेशेवर गायक या नट आदि। अभिनेता जो किसी प्रदर्शन में भाग लेता है **art critic** noun, c. = a person who knows a great deal about art and writes books, articles, etc. expressing his/her views on the work of artists कला-समीक्षक **art gallery** noun, c. (**galleries**) = a place where paintings are hung up on the walls so that people can look at them कला-दीर्घा

ar•te•fact (artifact) /'ɑːtɪfækt/ /'आऽटिफ़ैक्ट/ noun, c. = any object made by human hands मानवकृत कृति

ar•te•ry /'ɑːtəri/ /'आऽटरि/ noun, c. (**arteries**) = a blood vessel inside the body that carries blood from the heart to the different parts of the body [BIOLOGY] हृदय से रक्त शरीर के विभिन्न अंगों में पहुँचाती धमनी, रक्तवाहिनी **arterial** /ɑː'tɪəriəl/ /आऽ'टिअरिअल/ adj. 1 *arterial blood* = blood from an artery धमनीय 2 *an arterial road* = an important road which carries a lot of traffic मुख्य थलमार्ग जिसपर (वाहनों का) यातायात होता है

art•ful /'ɑːtfəl/ /'आऽटफ़ल/ adj. *He is very artful and always manages to get what he wants.* = clever; cunning (derogatory) चालाक, काइयाँ, धूर्त्त, चालबाज़ (अनादरपूर्ण)

ar•thri•tis /ɑː'θraɪtɪs/ /आऽ'थराइटिस/ noun = a disease which causes pain and swelling in the joints of the body [MEDICINE] गठिया, एक बीमारी जिससे जोड़ों में सूजन और दर्द होता है [चिकित्सा]

ar•ti•cle /'ɑːtɪkəl/ /'आऽटिक्ल/ noun, c. 1 *All the articles in this shop are expensive.* = objects; things वस्तु, सामान, पदार्थ 2 *Have you completed the article you were writing?* = a piece of writing on a particular subject, in a magazine or newspaper रचना, आलेख 3 *The words 'a', 'an' and 'the' are articles in English.* = a word used before a noun [GRAMMAR] अँग्रेज़ी व्याकरण में 'a' 'an' 'the' आदि शब्द, उपपद [व्याकरण]

ar•tic•u•late[1] /ɑː'tɪkjʊlət/ /आऽ'टिक्युलट/ adj. *The speaker was very articulate and presented her arguments forcefully.* = able to express oneself clearly and effectively अपनी बात स्पष्टत: व्यक्त करने में सक्षम **articulate[2]** /ɑː'tɪkjʊleɪt/ /आऽ'टिक्युलेइट/ verb, t. 1 *The speaker tried his best to articulate his feelings but was not very successful.* = to express one's thoughts and feelings clearly अपने विचार या भाव सुस्पष्ट रूप से अभिव्यक्त करना 2 *The sound 's', as in the word 'sit', is articulated with the tip of the tongue touching the back of the teeth.* = to pronounce or to produce a sound used in speech का उच्चारण करना 3 *The fingers on the human hand are articulated.* = to join together in a way that allows free movement of the parts [TECHNICAL/MEDICINE] पोरदार, इस तरह जुड़ा हुआ कि अंग-विशेष का सहज संचालन हो [तकनीकी/चिकित्सा]

ar•ti•fact (artefact) /'ɑːtɪfækt/ /'आऽटिफ़ैक्ट/ noun, c. *The National Museum in Delhi contains gold and silver ornaments and other artifacts from the Indus Valley Civilization.* = an object made by human hands which has special historical or cultural value मानव-निर्मित वस्तु जिसका ऐतिहासिक या सांस्कृतिक महत्त्व हो

ar•ti•fi•cial /ɑː'tɪfɪʃəl/ /आऽ'टिफिश्ल/ adj. 1 *The room was decorated with artificial flowers made of plastic.* = a copy of something natural, produced by human beings (opposite **natural**) अप्राकृतिक, कृत्रिम, बनावटी, नकली (विलोम शब्द **natural**) 2 *His behaviour is very artificial. I never know if he means what he says.* = false and lacking in sincerity (derogatory) प्रवंचनात्मक (अनादरपूर्ण) **artificial insemination** noun, u. = the process of putting male seed into a female with the help of instruments, so that the female can produce a baby कृत्रिम गर्भाधान, उपकरणों के माध्यम से नर-शुक्राणु को मादा-शुक्राणु में मिलाना जिससे गर्भधारण हो सके **artificial respiration** noun, u. = the process of forcing air into the lungs of someone who has stopped breathing by pressing on his/her chest, so that he/she can breathe again कृत्रिम श्वसन

ar•til•le•ry /ɑː'tɪləri/ /आऽ'टिलरी/ noun, u. 1 = big guns (cannon), mounted on wheels or motor vehicles पहियों पर चलने वाली तोप 2 = the part of the army that uses tanks and big guns in battle इन्हें इस्तेमाल करनेवाली फ़ौज की टुकड़ी

ar•ti•san /ɑːtɪ'zæn/ /आऽटि'ज़ैन/ noun, c. = a person who does skilled work with his/her hands, e.g. a carpenter (compare **craftsperson**) दस्तकार, कारीगर (देखें **craftsperson**)

arts /ɑːts/ /'आऽट्स/ noun, c. (always plural) 1 *the fine arts* = the different branches of art (specially painting, sculpture, etc.) ललित कलाएँ 2 = the study of subjects which are not considered to be a part of science e.g. history, literature; the humanities उन विषयों का अध्ययन जो विज्ञान से पृथक् हों जैसे इतिहास, साहित्य (अर्थात्, मानविकी)

Ar•y•an[1] /'eəriən/ /'एअरिअन/ noun = speakers of Indo-European or Indo-Iranian languages who are believed to have come into India from Central Asia about 4000 years ago आर्य

Aryan[2] adj. = related to the Aryans आर्य से संबद्ध

as[1] /əz/ /अज़/ adv. *He is as old as my father* = equally; like के समान, उतना ही

as² prep. *Kalidas became famous as a poet when he was only 18.* = in the form of के रूप में

as³ conj. **1** *She has not come to see you as she is sick.* = because क्योंकि, चूँकि **2** *I saw her as she was getting out of the bus.* = while; when जब कि, जैसे ही, ज्यों ही

as if/as though *This report looks as if/as though it has been written in a hurry.* = to appear or to look like something मानो

asap (ASAP) abbr. of **As Soon As Possible** = a phrase used in informal notes to remind someone that something needs to be done urgently अनौपचारिक तौर पर लिखे चिट-पुरज़ों में प्रयुक्त एक संक्षिप्त पद जिसमें किसी काम को यथाशीघ्र निपटाने का आदेश होता है

as•bes•tos /æsˈbestəs/ /ऐस्ˈबेस्टस/ noun, u. = a kind of mineral from which building material used for the roofs of houses, and protective clothing against heat are made (considered dangerous for health) एक प्रकार का खनिज पदार्थ जिससे मकानों की छतें, और तपिश से बचाव के लिए भवन-निर्माण सामग्री तैयार होती है; एसबसटस (स्वास्थ्य के लिए हानिकर समझा जाने वाला)

as•cend /əˈsend/ /अˈसेण्ड/ verb, t. or i. *We ascended the stairs. // The road ascended the mountain in a series of sharp bends and curves.*(t.) = to climb; go to a higher level from a lower level (formal) (opposite **descend**) ऊपर चढ़ना, समतल से ऊँचाई की ओर जाना (औपचारिक) (विलोम शब्द **descend**)

as•cent /əˈsent/ /अˈसेण्ट/ noun, c. or u. **1** *Our ascent up the mountain was slow.* (u.) = the act of climbing चढ़ना **2** *Be careful, there is a steep ascent here.*(c.) = an upward slope; a way up चढ़ाई

as•cer•tain /æsəˈteɪn/ /ऐसˈटेइन/ verb, t. *The detectives are trying to ascertain who exactly was present at the house during the crime.* = to find the truth; to become sure of the facts (formal) जान लेना, पता लगाना, निश्चित करना (औपचारिक)

as•cet•ic¹ /əˈsetɪk/ /अˈसेटिक/ noun, c. = a person who avoids all pleasures and comforts for religious reasons तपस्वी, धार्मिक कारणों से सुख-सुविधा के साधन त्यागनेवाला व्यक्ति

ascetic² adj. *leading an ascetic life* = like that of an ascetic संन्यासी

ASCII abbr. of **American Standard Code for Information Interchange** = a coding scheme that assigns numeric values to letters, numbers, punctuation marks etc. [COMPUTERS] संकेत पद्धति, जिसमें अक्षरों, विरामचिह्नों आदि का संख्यावाचक रूप दिया जाता है [कंप्यूटर]

as•cribe /əˈskraɪb/ /अˈस्क्राइब/ verb, t. *No one knows who wrote the Mahabharata but it is generally ascribed to the sage Vyasa.* = to believe something to be the work of someone (compare **attribute**) लेख लिखने या उसका स्वामी होने का श्रेय देना (देखें **attribute**)

ASEAN abbr. of **Association of South East Asian Nations**

a•sep•tic /eɪˈseptɪk/ /एइˈसेप्टिक/ adj. *Every operation theatre should be aseptic.*= made clean so that no germs are present (compare **antiseptic**) [MEDICINE] रोग-कीटाणुओं से रहित, स्वच्छ किया हुआ [चिकित्सा]

a•sex•u•al /eɪˈsekʃuəl/ /एइˈसेक्शुअल/ adj. *Asexual reproduction takes place in many plants.* = without sexual union [TECHNICAL] अयौन, बिना यौन-संपर्क के [तकनीकी]

ash¹ /æʃ/ /ऐश/ noun, u. (usually plural **ashes**) *the ashes from the fire* = the soft grey powder that remains after something has been burnt भस्म, राख

ash² /æʃ/ noun, c. or u. **1** = a kind of tree that grows in cold climates ठंडे देशों में पनपनेवाला एक प्रकार का पेड़ **2** = the wood of the ash tree ऐसे पेड़ की लकड़ी

a•shamed /əˈʃeɪmd/ /अˈशेइम्ड/ adj. *I am ashamed to tell you that I lied.* = unwilling to talk or to face people because of some bad thing that one has done लज्जित, शर्मिंदा

ash•en /æʃən/ /ˈऐशन/ adj. = ash-coloured (a grey or pale colour) विवर्ण, पीला

ash•tray /ˈæʃtreɪ/ /ˈऐशट्रेइ/ noun, c. = a small container in which the ash from a burning cigarette etc. can be shaken off and collected राखदानी, ऐशट्रे

A•sian¹ /ˈeɪʃən/ /ˈएइश्न/ noun, c. = a person who belongs to some country in Asia एशिया के किसी देश का निवासी

Asian² adj. *Asian culture* = related to Asia एशिया से संबंधित **Asian American** noun, c. = a person who is an American but whose ancestors belonged to Asia व्यक्ति जो अमेरिकी हो लेकिन जिसके पूर्वज एशिया के रहे हों

a•side¹ /əˈsaɪd/ /अˈसाइड/ adv. *Will you please step aside and let the children pass?* = to the side एक ओर, किनारे

a•side² noun, c. *'How foolish!' the man said in an aside.* = a remark made in a low voice and not meant to be heard अपने ही तक रह जानेवाली आवाज़ में की गई टिप्पणी, स्वगत

ask /ɑːsk/ /आऽस्क/ verb, t. or i. **1** *'Where do you live?' the man asked me.*(t.) = to request someone to give an answer पूछना **2** *Could I ask you for a glass of water?*(t.) = to request or invite माँगना, निवेदन करना, बुलाना **3** *When the bell rang the teacher asked the students to stop writing.* = to order आदेश देना

to ask for trouble *Walking at night on a lonely road is asking for trouble.* = to act in a way that will definitely lead to trouble मुसीबत/आफ़त मोल लेना

as•kew /əˈskjuː/ /अˈस्क्यू/ adj. *His tie was somewhat askew, so he straightened it.* = not straight (referring to a cap or tie worn by someone) (old-fashioned) टेढ़ा, तिरछा (पुराने प्रचलन का)

a•sleep /ə'sli:p/ /अ'स्लीप/ adj. *The boy was fast asleep in class.* = sleeping (opposite **awake**) सोया हुआ (विलोम शब्द **awake**)

as•par•a•gus /ə'spærəgəs/ /अ'स्पैरगस/ noun = the stem of a kind of plant which is eaten as a vegetable शतावर, एक पौधे का डंठल जो सब्ज़ी के काम आता है

as•pect /'æspekt/ /'ऐस्पेक्ट/ noun, c. **1** *She discussed every aspect of the problem before taking a decision.*= one way of looking at a many-sided subject or problem पक्ष, पहलू **2** *In the sentence 'The boy is writing', the verb 'write' is in the progressive aspect.* = the form of the verb e.g. 'is writing' or 'has written', which shows whether an action is complete or still in progress [GRAMMAR] क्रिया का एक रूप जिससे पता चलता है कि 'हो चुका है' या 'ज़ारी है' में से कौन-सा अर्थ है [व्याकरण]

as•per•sion /ə'spɜ:ʃən/ /अ'स्पɜशन/ noun, u. **to cast aspersions on someone** *She cast aspersions on her roommate's cooking by saying that she often had to go out and eat in a restaurant.* = something said against someone directly or indirectly (often used humorously) निंदा करना, चुगली खाना (प्रायः हास्य)

as•phalt /'æsfælt/ /'ऐस्फ़ैल्ट/ noun, u. = a black, sticky material which becomes firm when it hardens and is used for laying the surface of roads डामर, एक काला लसलसा पदार्थ जो सूखकर कड़ा हो जाने पर सड़क की सतह के काम आता है

as•phyx•i•a /æs'fɪksiə/ /'ऐसिफ़िक्सिअ/ noun = the state of not being able to breathe [MEDICINE] श्वासावरोध [चिकित्सा विज्ञान] **asphyxiate** verb, t. or i. = to prevent someone from breathing or to be unable to breathe साँस रोक देना या साँस रुक जाना **asphyxiation** noun, u.

as•pire /ə'spaɪə/ /अ'स्पाइअ/ verb, i. *He aspires to win this tournament.* = to have a strong desire or to direct one's efforts towards an important aim or goal (formal) आकांक्षा करना (औपचारिक) **aspirant** /'æspɪrənt/ /'ऐस्पिरंट/ noun, c. = a person who has a strong desire to get something important उत्कट आकांक्षी **aspiration** /æspɪ'reɪʃən/ /ऐस्पि'रेइशन्/ noun, c. or u. = a strong desire to do or get something तीव्र या प्रबल अभिलाषा

as•pirin /'æsprɪn/ /'ऐस्प्रिन/ noun = a drug that lessens pain and fever एक दवा जो दर्द और बुखार कम करती है

ass /æs/ /'ऐस/ noun, c. **1** = an animal like a horse but smaller (compare **donkey, mule**) घोड़े-जैसा, छोटा जानवर; गधा/गदहा (देखें **donkey, mule**) **2** = the bottom part of the body on which one sits (slang) पछाड़ी (अपभाषा) **3** *Don't be an ass.* = a foolish person (informal) घोंचू, बेवकूफ (अनौपचारिक)

as•sail /ə'seɪl/ /'असेइल/ verb, t. *The members of the defeated team were assailed with angry shouts from the crowd.* = to attack forcefully with actions, words or feelings आक्रोश पूर्वक बोलते हुए हमला करना/चोट पहुँचाना **assailant** /ə'seɪlənt/ /अ'सेइलण्ट/ noun, c. = a person who attacks someone आक्रमणकारी, किसी पर हमला करनेवाला

as•sas•sin•ate /ə'sæsɪneɪt/ /अ'सैसिनेइट/ verb, t. *Mahatma Gandhi was assassinated in 1948.* = to murder an important person for political reasons (compare **murder, kill**) किसी विशिष्ट व्यक्ति की (राजनीतिक कारणों से) हत्या करना **assasin** noun, c. = one who murders for political reasons or for a reward हत्यारा जो राजनीतिक कारणों से या इनाम के लिए हत्या करता है **assassination** /əsæsɪ'neɪʃən/ /असैसि'नेइशन्/ noun, u. = the act of assassinating someone ऐसी हत्या का काम

as•sault[1] /ə'sɔ:lt/ /अ'सॉल्ट/ noun, c. or u. *The army launched an assault on the enemy forces.*(c.) = a sudden and violent attack एक अचानक हिंसक हमला/प्रहार

assault[2] verb, t. *He was assaulted by a band of robbers when he was walking down a dark lane.* = to attack someone physically; to strike or hit किसी के शरीर पर प्रहार करना

as•sem•ble /ə'sembəl/ /अ'सेम्बल्/ verb, t. or i. **1** *Do you know how to assemble a watch?*(t.) = to put something together by joining its separate parts पुरज़े जोड़ना **2** *The children assembled in the hall for prayers.*(i.) = to come together in a group एकत्र होना

as•sem•bly /ə'semblɪ/ /अ'सेम्बली/ noun, c. **1** *He has become a member of the state assembly.* = the group of people who make laws विधान बनानेवालों का समुदाय, विधान सभा **2** *The new members of the club were asked to introduce themselves to the assembly.* = a group of people who have gathered together for some purpose किसी उद्देश्य से एकत्र हुए लोगों का समुदाय **assembly-line** noun, c. = an arrangement of workers and machines where the work (the thing being made) is placed on a moving belt and passed on from one worker to another, with each worker doing part of the work until it is complete (e.g. a car) श्रमिकों तथा मशीन की एक व्यवस्था जिसमें चलते हुए बेल्ट (चौड़े फीते) पर लगी मशीन हर श्रमिक के पास से गुज़रती है और हर श्रमिक अपना वाला काम अंत तक करता जाता है

as•sent[1] /ə'sent/ /अ'सेण्ट/ verb, i. *The President of India has given her assent to the new budget proposals.* = to agree in official capacity to an idea or suggestion (see also **consent**) सहमति देना (देखें **consent**)

assent[2] noun, u. *We are waiting for the President's assent.* = the act of agreeing officially to something (opposite **dissent**) सहमति, स्वीकृति (विलोम शब्द **dissent**)

as•sert /ə'sɜ:t/ /अ'सऽट/ verb, t. **1** *He asserted his opinion strongly.* = to state strongly ज़ोर देकर अपनी बात कहना **2** *Assert your authority!* = to act with force so as to show one's power, control, etc. दृढ़ता से अपने अधिकार, अपनी शक्ति का एहसास कराना **assertion** noun, c. = a strong statement or claim दृढ़ कथन **assertive** adj. = a person who likes to state or defend his or her ideas strongly दावे के साथ अपने विचारों का समर्थन करनेवाला

as•sess /ə'ses/ /अ'सेस/ verb, t. *They assessed the value of the house to be two lakh rupees.* = to calculate or judge the value, quality, cost etc. of something मूल्य निर्धारित करना, कीमत आँकना **assessment** noun, c. or u. = judgement; the act of assessing something राय, मूल्य-निर्धारण **continuous assessment** noun, u. = a system of conducting tests at different times to judge student-performance throughout the year, instead of at a single final examination एक ही बार की अंतिम परीक्षा के बदले वर्षभर में कई बार छात्र के कार्यकलाप की जाँच करते रहने की परीक्षा प्रणाली **internal assessment** noun, c. or u. = a system of testing in which the performance of students is judged by their own teachers and not by outsiders छात्रों के कार्यकलाप की (बाहरी शिक्षकों के बदले) अपने शिक्षकों द्वारा जाँच की परीक्षा-प्रणाली

as•set /'æset/ /'ऐसेट/ noun, c. **1** *Homi is an excellent cricketer and a great asset to his team.* = a person who is of great value उपयोगी, कुशल व्यक्ति, निधि **2** *All high-income tax payers have been asked to declare their assets.* = property, cash etc. which a person owns and is valuable संपत्ति

as•sid•u•ous /ə'sɪdjʊəs/ /अ'सिड्युअस/ adj. *Scientists have been carrying out assiduous research to study the effects of this new drug.* = showing or doing hard and careful work (formal) श्रमशील, अध्यवसायपूर्ण (औपचारिक)

as•sign /ə'saɪn/ /अ'साइन/ verb, t. *I have been assigned the task of taking notes from the Director's speech.* = to give; to entrust कार्यभार देना **assignment** noun, c. or u. **1** *She is going to South America on a special assignment.*(c.) = a duty given to someone नियुक्त करना **2** (u.) = the act of assigning something to someone कार्यभार

as•sim•i•late /ə'sɪmɪleɪt/ /अ'सिमिलेइट/ verb, t. **1** *Our neighbourhood has assimilated people from many different cultures.* = to make something a part of oneself आत्मसात कर लेना, सम्मिलित करना, अपना लेना **2** *Have you assimilated all the facts of this case?* = to learn and understand completely पूरी तरह सीख-समझ लेना **3** *Food is assimilated in the stomach and the intestines.* = digested and taken into the body [BIOLOGY] पच जाना [जीव विज्ञान]

as•sist /ə'sɪst/ /अ'सिस्ट/ verb, t. or i. *A team of researchers assisted the scientist in her project.*(t.) = to help someone in doing something (formal) सहयोग देना, (औपचारिक) **assistance** noun, u. = help and support सहयोग, सहायता **assistant** noun, c. or adj. = one who helps someone in his/her work and is under the direction of that person सहयोगी, सहकारी

as•so•ci•ate[1] /ə'səʊʃieɪt/ /अ'सउशिएइट/ verb, t. **1** *I would like to associate myself with the activities of this group.*(t.) = to join someone in doing something, as a friend or partner मित्र/बंधु/साझेदार के तौर किसी के साथ जुटना **2** *I always associate Agra with the Taj Mahal.*(t.) = to connect one thing with another in one's thoughts (opposite **dissociate**) मन में एक वस्तु का दूसरे से संबंध स्थापित/संबद्ध करना (विलोम शब्द **dissociate**)

associate[2] noun, c. *He is my friend and business associate.* = a person who is a partner in some business, work etc. साझेदार

associate[3] adj. *Sahana is an Associate Professor at the university.* = of almost equal rank as someone else (e.g. a Professor) संयुक्त, सह-, उप-

as•so•ci•a•tion /əsəʊsi'eɪʃən/ /असउशि'एइशन्/ noun, c. or u. **1** *We want to form an association of animal lovers.*(c.) = an organised group of people who work together for some common purpose समाज, सभा, संस्था, संघ **2** *This house has many pleasant associations for us.*(c.) = things one connects with an object, situation etc. (मन में) किसी वस्तु/स्थिति से जुड़ी हुई बातें **3** *Her association with the university ended when she went abroad.*(u.) = relationship संबंध

as•sort•ed /ə'sɔ:tɪd/ /अ'सॉऽटिड/ adj. *I have bought a basket of assorted fruits for you: some mangoes, apples, grapes etc.*= things of different types mixed together विविध, फुटकर

as•sume /ə'sju:m/ /अ'स्यूम/ verb, t. or i. **1** *I assume that you are interested in this play.*(i.) = to believe something to be true, without asking for proof (बिना प्रमाण की दरकार के) (आँख मूँदकर) मान लेना **2** *The President will assume office tomorrow.*(t.) = to take up a new responsibility का पद-भार ग्रहण करना, कोई नया उत्तरदायित्व स्वीकार करना **assumption** noun, c. or u. = something that is taken to be true, without any proof being required मान्यता, पूर्व धारणा

as•sure /ə'ʃʊəʳ/ /अ'श्यूअʳ/ verb, t. **1** *I assure you that you will be safe in this house.* = to give someone confidence and remove that person's fears, doubts etc. आश्वासन देना **2** *Hard work will assure your success in the examination.* = to make something certain; to ensure सुनिश्चित करना **assurance** noun, c. or u. **1** (c.) = a promise of help, support etc. to give a person confidence आश्वासन, भरोसा **2** *The new student has* *gained tremendous assurance in the last two months and is no longer nervous.*(u.) = confidence; belief in oneself आत्मविश्वास **assured** /ə'ʃʊəd/ adj. or noun, c. *Your future in this profession is assured.* (adj.) = safe; certain to be good सुनिश्चित

as•te•risk /æ'stərɪsk/ /ऐस्ट्रिस्क/ noun, c. = a sign or symbol that looks like a star (*), used in writing and printing to draw the reader's attention to something तारक, तारा चिह्न

as•ter•oid /'æstərɔɪd/ /'ऐस्टरॉइड/ noun, c. = one of many small minor planets (found between Mars and Jupiter) क्षुद्रग्रह, छोटा ग्रह

asth•ma /'æsmə/ /'ऐस्म/ noun = a disease that sometimes makes breathing difficult श्वासरोग, दमा **asthmatic** /æs'mætɪk/ /ऐस्'मैटिक/ adj. or noun, c. **1** *an asthmatic attack*(adj.) = caused by asthma दमा का (दौरा) **2** *an asthmatic*(noun, c.) = a person who suffers from asthma दमा-पीड़ित

as•tig•ma•tis•m /ə'stɪgmətɪzəm/ /अ'स्टिग्मटिज़्म/ noun = a condition of the eye in which one cannot see clearly because the shape of the eyeball has changed [MEDICINE] दृष्टिवैषम्य, कोया या नेत्रगोलक के आकार-परिवर्तन से आँख से धुँधला दीखने की एक स्थिति [चिकित्सा]

as•ton•ish /ə'stɒnɪʃ/ /अ'स्टॉनिश/ verb, t. *We did not think he would do well in the examination, but his excellent results astonished us.* = to cause great surprise स्तंभित करना, विस्मित कर देना **astonishing** adj. = highly surprising विस्मयकारी **astonishment** noun, u. = great surprise विस्मय

as•tound /ə'staʊnd/ /अ'स्टाउण्ड/ verb, t. *The news of your defeat in the quiz astounded me.* = to cause extreme surprise together with shock सदमे के साथ घोर अचरज पैदा करना **astounding** adj. = causing extreme surprise भौंचक्का या हक्काबक्का कर देनेवाला, अति विस्मयकारक

a•stray /ə'streɪ/ /अ'स्ट्रे/ adv. **1** *It is easy to go astray in the forest.* = to lose one's way भटक जाना, बहक जाना **2** *His plans went astray because of his wrong calculations.* = off the right path or way सही रास्ते पर नहीं रह पाना

a•stride /ə'straɪd/ /अ'स्ट्राइड/ prep. *He was sitting astride the horse.* = with a leg on each side टाँगें अगल-बगल फैलाकर (सवार)

astro- /'æstrəʊ/ /'ऐस्ट्रउ/ prefix meaning 'concerning the stars or space' e.g. उपसर्ग (= नक्षत्रों/ब्रह्मांड से संबंधित) जैसे **astrology** /ə'strɒlədʒi/ /अ'स्ट्रॉलजी/ noun = the art of telling a person's future using calculations based on the positions of the planets फलित ज्योतिष **astrologer** noun, c. = a person who practises astrology ज्योतिषी **astrological** /æstrə'lɒdʒɪkəl/ /ऐस्ट्र'लॉजिक्ल/ adj. = connected with astrology (फलित) ज्योतिष से संबंधित

as•tro•naut /'æstrənɔːt/ /'ऐस्ट्रनॉट/ noun, c. = a person who travels into space using a spacecraft अंतरिक्ष यात्री

as•tron•o•my /ə'strɒnəmi/ /अ'स्ट्रॉनमी/ noun = the scientific study of the universe and of the sun, moon, planets etc. खगोल-विज्ञान **astronomer** noun, c. = a person who studies and practices astronomy खगोलविद् **astronomical** /æstrə'nɒmɪkəl/ /ऐस्ट्र'नॉमिक्ल/ adj. **1** *an astronomical telescope* = connected with astronomy खगोलीय **2** = very large विराट

as•tute /ə'stjuːt/ /अ'स्ट्यूट/ adj. *Ms Shukla is an astute lawyer.* = very clever and able to understand and judge what is going on; shrewd (सु)प्रज्ञ, विदग्ध, चतुर, सयाना, घाघ

a•sy•lum /ə'saɪləm/ /अ'साइलम/ noun, u. or c. **1** (u.) = protection and shelter given by one country to people of another country who have left it for political reasons किसी देश या राज्य द्वारा अन्यदेशीय नागरिक को दी गई सुरक्षा/शरण **2** *a lunatic asylum*(c.) = a shelter for people who are mentally unsound (old-fashioned and now considered offensive) मानसिक रोगियों की देखभाल के लिए अस्पताल, पागलखाना (पुराने प्रचलन का और अब अस्वीकृत)

at /ət/ /अट/ prep. **1** *Write your name at the top of the page.* = a point in space किसी स्थान-विशेष के एक बिंदु पर **2** *We shall meet at 5.00 p.m.* = an exact point in time (ठीक) ~बजे, **3** *Shoot at this target.* = in the direction of की दिशा में **4** *I laughed at his joke.* = in answer to something प्रत्युत्तर के तौर पर **5** *Mangoes are being sold at Rs 20 a kg.* = showing rate or price प्रति, की (दर, कीमत के लिए प्रयुक्त) **6** *She is very good at English.* = an activity that one is doing or a subject that one is studying किए जा रहे किसी कार्य या अध्ययन के विषय के प्रसंग में

a•the•is•m /'eɪθɪzəm/ /'एथिइज़्म/ noun = the belief that there is no God नास्तिकता **atheist** /eɪθi'ɪst/ /एइथि'इस्ट/ noun, c. = a person who does not believe that God exists नास्तिक

ath•lete /'æθliːt/ /'ऐथ्लीट/ noun, c. = a person who takes part in athletics खिलाड़ी, खेलकूद में हिस्सा लेनेवाला **athlete's foot** noun, u. = a disease caused by a kind of fungus which makes the skin between the toes crack फफूँद से पैदा होनेवाली एक बीमारी जिसमें पाँव की उँगलियों में दरारें पड़ जाती हैं, बिवाई

ath•let•ic /æθ'letɪk/ /ऐथ्'लेटिक/ adj. **1** *an athletic competition* = connected with athletics खेलकूद से संबंधित **2** *He leads a very athletic life.* = physically active कर्मठ, शारीरिक रूप से सक्रिय **athletics** noun (always plural) *High jump and discus throw are common events in athletics.* = physical exercises and sports which require speed, strength etc. शारीरिक व्यायाम तथा खेलकूद प्रतियोगिताएँ जिनमें गतिशीलता, ताकत आदि अपेक्षित हैं

at•las /'ætləs/ /'ऐटलस/ noun, c. = a book containing maps मानचित्रावली, भू-चित्रावली

ATM abbr. of **Automated Teller Machine** noun = a machine controlled by a computer, from which a person who has a bank account can withdraw (take out) money by using a card and entering a personal identification number (PIN) कंप्यूटर-नियंत्रित एक मशीन जिससे बैंक का खाताधारी अपनी पहचान का नंबर तथा एक कार्ड का इस्तेमाल करके पैसा या रकम निकाल पाता है

at•mo•sphere /'ætməsfɪə'/ /'ऐट्मसफिअ'/ noun, c. or u. **1** = the mixture of gases which surrounds the earth and certain other planets or stars पृथ्वी या किसी अन्य ग्रह आदि का वायुमंडल **2** *The atmosphere in this town is very tense because of the strike.*(u.) = the general feeling that a place has or produces किसी खास जगह का वातावरण, माहौल, **atmospheric** /ætməs'ferɪk/ /ऐट्मस'. फेरिक/ adj. *atmospheric pressure* = connected with the earth's atmosphere वायुमंडलीय

at•om /'ætəm/ /'ऐटम/ noun, c. *hydrogen atom* = the smallest particle of an element that still has the same qualities and can combine with other substances परमाणु **atom bomb** noun, c. = a bomb which is made to explode by splitting the atoms of a radioactive metal such as uranium or plutonium अणुबम

a•tom•ic /ə'tɒmɪk/ /अ'टॉमिक/ adj. *an atomic explosion* = connected with atoms परमाणविक **atomic energy** noun, u. = the power or energy produced by splitting an atom which can then be used to produce electricity etc. (see also **nuclear energy**) परमाणविक ऊर्जा (देखें **nuclear energy**)

a•tone /ə'təʊn/ /अ'टऊन/ verb, i. *He tried to atone for his rudeness by sending her flowers.* = to show that one is sorry for having done something wrong by doing a good deed as a kind of repayment or self-punishment (formal) प्रायश्चित्त की तरह लगनेवाली क्षतिपूर्ति करना (औपचारिक)

a•troc•i•ty /ə'trɒsɪti/ /अ'ट्रॉसिटी/ noun, c. (**atrocities**) **1** *History tells us of many atrocities committed against people, especially in wars.* = an act of extreme cruelty नृशंसता **2** *The new film is so bad that I can only describe it as an atrocity.* = something that is so bad that it cannot be tolerated (असह्य रूप से) भद्दा, बहुत खराब, अप्रिय **atrocious** /ə'trəʊʃəs/ /अ'ट्रउशस/ adj. **1** = extremely cruel नृशंस, पाशविक, दहलानेवाला **2** *The food in this restaurant is atrocious.* = shockingly bad बहुत खराब

at•ro•phy[1] /'ætrəfi/ /'ऐट्रफ़ी/ verb, i. (**atrophied**) *The muscles of his legs have atrophied and he cannot walk.* = to become weak and unfit for use especially through lack of blood or lack of use खून की कमी या इस्तेमाल में नहीं आने से कमजोर पड़ जाना

atrophy[2] noun, u. = the condition of a part of the body becoming unfit for use through lack of blood or use [MEDICINE] क्षीणता, अपक्षय [चिकित्सा]

at•tach /ə'tætʃ/ /अ'टैच/ verb, t. **1** *I have attached my photograph to the application.* = to fix or connect (join) two things together संलग्न करना, लगाना **2** *If you don't pay back the money you have borrowed from the bank, your house will be attached.* = to seize or take possession of someone's property as payment for an unpaid debt कुर्क करना, ज़ब्त कर लेना **attached** *We are very attached to our dog.* = fond of someone or something in such a way that one does not want to leave them or make them unhappy लगाव, मोह **attachment** /ə'tætʃmənt/ /अ'टैचमण्ट/ noun, c. or u. **1** *This mixer has an attachment which can be used for making bread.*(c.) = a part of a machine which can be attached to it when required संलग्न वस्तु **2** *I have great attachment to the town where I was born.*(u.) = love of or fondness for something किसी व्यक्ति या वस्तु से मोह, लगाव

attache (case) /ə'tæʃeɪ/ /अ'टैशेइ/ noun, c. = a small box or case with a handle, used for carrying papers पेटिका, अटैची, ब्रीफकेस

at•tack[1] /ə'tæk/ /अ'टैक/ verb, t. **1** *The wounded tiger attacked the hunter.* = to use violence against someone पर हिंसात्मक आक्रमण करना, पर टूट पड़ना **2** *The newspaper article attacked the government's economic plan.* = to write or speak strongly against someone or something पर आक्षेप करना **3** *A new disease has attacked the people in this area.* = to cause harm or damage आक्रांत करना या हानि पहुँचाना **4** *He attacked the task given to him with great determination.* = to begin a piece of work with great spirit उत्साह या उछाह के साथ हाथ में लेना, में लग जाना, में जुट जाना

attack[2] noun, c. **1** *We were able to push back the enemy attack.* = an act of violence हमला, हिंसात्मक आक्रमण **2** *The speaker made a severe attack on the industries that pollute the environment.* = strong criticism कड़ी आलोचना, आक्षेप **3** *My wife had an attack of asthma last night.* = a sudden and usually short period of illness दौरा

at•tain /ə'teɪn/ /अ'टेइन/ verb, t. *Buddha went to the forest and meditated for many years so that he could attain wisdom.* = to gain or reach something after a long effort (formal) सिद्धि प्राप्त करना (औपचारिक) **attainment** noun, u. or c. **1** (u.) = the act of attaining (getting) something उपलब्धि, प्राप्ति, सिद्धि **2** *Your attainments as a writer will always be remembered.*(c.) = something great or important that one has been able to do; achievement उल्लेखनीय उपलब्धि

at•tempt[1] /ə'tempt/ /अ'टेम्प्ट/ verb, t. *I did not have* *time to attempt all the questions in the examination.* = to try to do something हाथ में लेना

attempt² noun, c. *He climbed the mountain at the second attempt.* = an effort made to do something प्रयास, कोशिश

at•tend /ə'tend/ /अ'टेण्ड/ verb, t. or i. **1** *Did you attend the lecture yesterday?*(t.) = to be present at; to go to में उपस्थित या हाज़िर होना **2** *Why aren't you attending to my words?*(i.) = to pay attention to पर ध्यान देना **3** *Who is attending to this patient?*(t.) = to look after की परिचर्या करना **attendance** noun, u. **1** = the act of attending (going to) classes etc. उपस्थिति, हाज़िरी **2** = the number of people present (at a meeting etc.) उपस्थिति (हाज़रीन की तादाद) **attendant** noun, c. = one whose duty is to look after someone परिचारक

at•ten•tion /ə'tenʃən/ /अ'टेन्शन्/ noun, u. **1** *Pay attention to my lecture.* = the act of keeping the mind fixed on something ध्यान, मनोयोग **2** *This sick child needs a lot of attention.* = care विशेष ध्यान, सावधानी **3** *Your bad behaviour has been brought to my attention.* = notice निगाह में (आना) **4** *The soldiers are standing at attention.* = in a straight and stiff position [MILITARY] सीधा तन के खड़ा ('सावधान' मुद्रा में) [सेना] **attentive** adj. = paying great attention एकाग्र, सतर्क

at•test /ə'test/ /अ'टेस्ट/ verb, t. *Ask a government officer to attest your signature on this application form.* = to declare that something is true or genuine [LAW] किसी चीज़ के सच या सही होने की गवाही या बयान देना, तसदीक करना [कानून]

at•tic /'ætɪk/ /'ऐटिक/ noun, c. = a room just below the roof of a building, in which things can be stored (compare **loft**) अटारी (देखें **loft**)

at•tire¹ /ə'taɪər/ /अ'टाइअ'/ noun, u. *dressed in ceremonial attire* = clothes (formal, old-fashioned) वेश-विन्यास, परिधान, पहरावा, जामा, लिबास (औपचारिक, पुराने प्रचलन का)

attire² verb, t. *attired in ceremonial dress* = to put on clothes (formal, old-fashioned) पोशाक पहनना (औपचारिक, पुराने प्रचलन का)

at•ti•tude /'ætɪtju:d/ /'ऐटिट्यूड/ noun, c. *Your attitude towards the people of this village is negative.* = how one feels about someone or something मनोवृत्ति, रुख़

at•tor•ney /ə'tɜ:ni/ /अ'टऽनी/ noun, c. (American) = a lawyer **attorney general** noun, c. = the chief lawyer who works for the government (see also **lawyer**) सरकारी मुख्य वकील (देखें **lawyer**)

at•tract /ə'trækt/ /अ'ट्रैक्ट/ verb, t. **1** *The child's beautiful smile attracted us.* = to cause admiration or a feeling of love etc. आकृष्ट करना, प्रशंसा या प्यार जगाना **2** *This magnet attracts iron.* = to draw or pull towards itself (गुरुत्वाकर्षण से) अपनी ओर खींचना

attraction noun, u. or c. **1** (u.) = the power to attract someone आकर्षण, कशिश **2** *What are the main attractions in this city?*(c.) = places or objects which people want to visit or see आकर्षण-स्थल **attractive** adj. *an attractive smile* = someone or something which attracts आकर्षक, मनोहारी

at•tri•bute¹ /'ætrɪbju:t/ /'ऐट्रिब्यूट/ noun, c. *One of her many attributes is intelligence.* = a good quality गुण, विशेषता

attribute² /ə'trɪbju:t/ /अ'ट्रिब्यूट/ verb, t. **1** *I attribute my success to hard work.* = to believe that something is the result of some action श्रेय देना, का फल मानना **2** *This play is generally attributed to Shakespeare, although no one is sure if he actually wrote it.* = to believe that a piece of work (writing etc.) has been done by someone का लिखा मानना

at•tune /ə'tju:n/ /अ'ट्यून/ verb, t. (**to be attuned to something**) *He sleeps all day and works all night, but I am not attuned to his style of working.* = to be used to something से अभ्यस्त होना, से मेल खाना

a•typ•i•cal /eɪ'tɪpɪkəl/ /एइ'टिपिक्ल/ adj. *Most people are happy when they are praised, but she becomes angry. This is very atypical behaviour.* = not common or usual; not typical [SCIENCE] असामान्य [विज्ञान]

au•ber•gine /'əʊbəʒi:n/ /'अउबजीन/ noun = a kind of vegetable, also known as egg-plant or brinjal (in India) बैंगन

auc•tion¹ /'ɔ:kʃən/ /'ऑऽक्शन्/ noun, c. *I bought this old table at an auction for only Rs 30.* = a meeting where things are sold to the person who offers the highest price सार्वजनिक बिक्री जहाँ सबसे ज़्यादा दाम की बोली लगानेवाले को सामान बेचा जाता है, नीलामी

auction² verb, t. *The bank is going to auction this property.* = to sell something through an auction नीलाम करना या कराना

au•da•cious /ɔ:'deɪʃəs/ /ऑऽडइशस्/ adj. **1** *He made an audacious attempt to climb Mount Everest without the help of oxygen.* = very brave but full of risk दुस्साहसी **2** *How can you ask such a bold question? You are very audacious!* = rude and disrespectful (disapproving) ढीठ, निर्लज्ज, गुस्ताख़, शोख़ (अस्वीकृत) **audacity** /ɔ:'dæsɪtɪ/ /ऑऽ'डैसिटी/ noun, c. = the quality of being audacious (both meanings) (दोनों अर्थ) हिमाकत, ढिठाई

au•di•ble /'ɔ:dɪbəl/ /ऑऽडिब्ल/ adj. = something that can be heard (opposite **inaudible**) श्रव्य, कर्णगोचर, सुना जा सकने वाला (विलोम शब्द **inaudible**)

au•di•ence /'ɔ:diəns/ /'ऑऽडियन्स/ noun, c. *A large audience turned up for the show.* = the people who listen to or watch a performance, e.g. a musical programme, drama, film show etc. श्रोतागण या दर्शकगण, सभा

au•di•o- /ˈɔːdiəʊ/ /ˈऑऽडियउ/ prefix meaning 'connected with sound' e.g. ध्वनि या श्रवण से संबंधित जैसे **audiovisual** /ɔːdiəʊˈvɪʒuəl/ /ऑऽडियउˈविज़ुअल/ adj. = something that can be seen as well as heard (e.g. a television programme) ध्वनि तथा चित्र, दोनों से युक्त

au•dit[1] /ˈɔːdɪt/ /ˈऑऽडिट/ verb, t. *I have to audit the office accounts.* = to make an official examination of the accounts of a company etc. लेखा-परीक्षण या अंकेक्षण करना, हिसाब-किताब की जाँच करना

audit[2] noun, c. *We are going through an audit.* = an examination of accounts लेखा-परीक्षण, खाता-बही जाँचना **auditor** noun, c. = a person whose job it is to carry out an audit लेखा-परीक्षक

au•di•to•ri•um /ɔːdɪˈtɔːriəm/ /ऑऽडिˈटॉऽरियम/ noun, c. = a large room or hall where people can sit and listen to or watch a performance श्रोताकक्ष, सभा-भवन

au•di•to•ry /ˈɔːdɪtəri/ /ˈऑऽडिट्री/ adj. *auditory nerve* = connected with hearing or with the ears श्रवण-संबंधी

aug•ment /ɔːgˈment/ /ऑऽग्ˈमेण्ट/ verb, t. *The teacher augmented the students' knowledge by making them do interesting projects.* = to cause something to increase or become more complete by adding something to it (formal) बढ़ाना, संवर्द्धन करना (औपचारिक)

Au•gust /ˈɔːgəst/ /ˈऑऽगस्ट/ noun, c. = the eighth month of the year साल का आठवाँ महीना, अगस्त

aunt /ɑːnt/ /ˈआऽण्ट/ noun, c. = the sister of one's father or mother or the wife of one's uncle बुआ, मौसी, चाची, खाला

au•ra /ˈɔːrə/ /ˈऑऽर/ noun, c. *An aura of sadness hung around the old, ruined house.* = an effect or feeling that surrounds a place or a person प्रभाव या भावना जो व्यक्ति- या स्थान-विशेष को घेरे लगती है, प्रभामंडल, माहौल

au•ral /ˈɔːrəl/ /ˈऑऽरल/ adj. *You need some aural practice.* = of or received through hearing (see also **oral**) सुनने से संबंधित, श्रुत, श्रवणेंद्रिय से गृहीत है (देखें **oral**)

au•ri•cle /ˈɔːrɪkəl/ /ˈऑऽरिकल/ noun, c. *the left auricle of the heart* = one of the two hollow spaces at the top part of the heart which receives blood from the various parts of the body (see also **ventricle**) [BIOLOGY] हृदय के ऊपर एक खोखली जगह जहाँ शरीर के विभिन्न अंगों से रक्त गृहीत होता है (देखें **ventricle**)

aus•pic•es /ˈɔːspɪsɪz/ /ˈऑऽस्पिसीज़/ noun (always plural) *This meeting is being held under the auspices of the Red Cross Society of India.* = with the help, support and favour of (formal) के तत्त्वावधान में, की सहायता से (औपचारिक)

Australian /ɒstreɪliən/ /ऑस्ट्रेइलियन/ noun, c. = a person who belongs to Australia ऑस्ट्रेलिया-वासी

aus•ter•i•ty /ɔːˈsterɪti/ /ˈऑस्टेरिटी/ adj. *The company has adopted austerity measures to save money. No one is allowed to travel by air now.* = the practice of not using luxurious things or spending money freely किफ़ायती

au•then•tic /ɔːˈθentɪk/ /ऑऽˈथेण्टिक/ adj. *This is an authentic Rabindranath Tagore painting.* = genuine; real, not false प्रामाणिक, असली

au•thor[1] /ˈɔːθəʳ/ /ˈऑऽथʳ/ noun, c. = the writer of a book, article, story etc. रचयिता, लेखक

author[2] verb, t. *Who has authored this book?* = to write (formal) रचयिता होना (औपचारिक)

au•thor•i•ty /ɔːˈθɒrɪti/ /ˈऑऽथॉरिटि/ noun, c. or u. **1** *The school authorities have decided to change the textbooks.*(c.) = a person or group that has the power to control something अधिकारी (वर्ग), प्राधिकरण **2** *By whose authority have you entered this building?*(u.) = the power to control or command आदेश देने और उसका पालन करने का अधिकार **3** *She is an authority on stamps.*(c.) = a person who knows a great deal about some subject and whose views are treated with respect किसी विषय का विशेषज्ञ **authoritative** /ɔːˈθɒrɪtətɪv/ /ऑऽˈथॉरिटटिव/ adj. *an authoritative map of Delhi* = something which provides information that can be trusted प्रामाणिक **authoritarian** /ɔːθɒrɪˈteəriən/ /ऑऽथॉरिˈटेअरिअन/ adj. *He is very authoritarian in the way he deals with his children.* = a person who wants everyone to obey him/her (often disapproving) सत्तावादी, अधिकारवादी, हुक्मरान-जैसा (प्राय: अस्वीकृत)

au•thor•ize (authorise) /ˈɔːθəraɪz/ /ˈऑथराइज़/ verb, t. *I have authorized my mother to receive the parcel on my behalf.* = to give formal permission to someone for a purpose कुछ करने का अधिकार देना, प्राधिकार देना **authorization (authorisation)** /ɔːθəraɪˈzeɪʃən/ /ऑऽथराइˈज़ेइश्न/ noun, u. *a letter of authorization* = a paper which shows that someone has been authorized to do something प्राधिकरण-पत्र

au•to- /ɔːtəʊ/ /ˈऑऽटउ/ prefix meaning 'self' e.g. उपसर्ग (= स्व) जैसे **auto-biography** /ɔːtəbaɪˈɒgrəfi/ /ऑऽटबाइˈऑग्रफी/ noun, c. = an account of one's own life written by oneself आत्मचरित, आत्मकथा

au•toc•ra•cy /ɔːˈtɒkrəsɪ/ /ऑऽˈटॉक्रसी/ noun **1** = government by a ruler who has unlimited power एकतंत्र, एक ही (निरंकुश) व्यक्ति का शासन, तानाशाही **2** = a country that is ruled in this way एकतंत्र, निरंकुश राज्य **au•to•crat** /ˈɔːtəkræt/ /ˈऑऽटक्रैट/ noun, c. = a ruler with unlimited power तानाशाह

au•to•graph /ˈɔːtəgrɑːf/ /ˈऑऽटग्राऽफ़/ noun, c. = the name of a famous person, signed by the person himself/herself at the request of an admirer स्वाक्षर

au•to•mat•ic /ɔːtəˈmætɪk/ /ऑऽटˈमैटिक/ adj. *an automatic watch* = a machine that works by itself स्वचालित (मशीन) **automation** /ɔːtəˈmeɪʃən/ /

ऑऽट'मेइश्न/ noun, u. = the use of machines which do not require human beings to make them work मशीनी परिचालन

au•to•mo•bile /'ɔ:təməbi:l/ /'ऑऽटमबील/ noun, c. = a vehicle which has an engine or motor and can run on its own power; a motor car (see **car**) मोटर गाड़ी (देखें **car**)

au•ton•o•my /ɔ:'tɒnəmi/ /ऑऽ'टॉनमी/ noun, u. *The university has complete autonomy.* = the right or power to control its own working (to manage one's own affairs) without interference from anyone else स्वायत्तता **autonomous** adj. = someone or something which has autonomy स्वायत्त, स्वाधीन

au•top•sy /'ɔ:tɒpsɪ/ /'ऑऽटॉप्सी/ noun, c.(**autopsies**) = the examination of a dead-body carried out to discoverthe cause of death [LAW/MEDICINE] (see also **post-mortem**) शव-परीक्षा [कानून/चिकित्सा] (देखें **post-mortem**)

au•tumn /'ɔ:təm/ /'ऑऽटम्/ noun, c. = the season that comes between summer and winter पतझड़

aux•il•ia•ry /ɔ:g'ziljəri/ /ऑऽग्'ज़िलरी/ adj. *The nursing department is an auxiliary wing of the hospital.* = something that gives support सहायक, पूरक **auxiliary verb** noun, c. *In the sentence 'I can help you', 'can' is an auxiliary verb* = a helping verb that supports the main verb [GRAMMAR] सहायक क्रिया [व्याकरण]

a•vail /ə'veɪl/ /अ'वेइल/ verb, t. (+self) *I would like to avail myself of this opportunity to improve my English.* = to make good use of something (very formal, old-fashioned) लाभ उठाना (अति औपचारिक, पुराने प्रचलन का)

to little/no avail *We searched for his house all night, but to no avail.* = without succeeding (बेकार में) असफल

a•vai•la•ble /ə'veɪləbəl/ /अ'वेइलब्ल/ adj. *You can't have mangoes now. They are available only during the summer.* = can be got or bought प्राप्य, सुलभ

av•a•lanche /'ævəlɔ:ntʃ/ /'ऐवलॉऽन्च/ noun, c. = a large mass of snow and ice which crashes down the side of a mountain हिमस्खलन

av•ant garde¹ /æva:ŋ'ga:rd/ /ऐवां'गाऽड/ noun, u. (used with either plural or singular foms of verbs) (French) *Paris has been the traditional home of the artistic avant garde.* = the group of writers, musicians, artists etc. whose work presents the latest and most original ideas and styles अधुनातन/नितांत मौलिक/असामान्य विचारों के हिमायती कलाकारों/लेखकों का गुट

avant garde² adj. *avant garde cinema* = containing the latest ideas and styles अधुनातन सिद्धांतों या शैलियों का

av•a•rice /'ævərɪs/ /'ऐवरिस/ noun, u. = extreme desire to become rich; greed धनलोलुपता

a•venge /ə'vendʒ/ /अ'वेन्ज/ verb, t. *He swore to avenge the murder of his friend.* = to punish someone for some harm that has been done to oneself; to take revenge (literary) प्रतिशोध लेना (साहित्यिक)

av•e•nue /'ævənju:/ /'ऐवन्यू/ noun, c. = a straight, wide road, often with trees growing on both sides, especially one that leads to a house चौड़ी सड़क जिसके दोनों ओर पेड़ों की कतार हो, वीथि

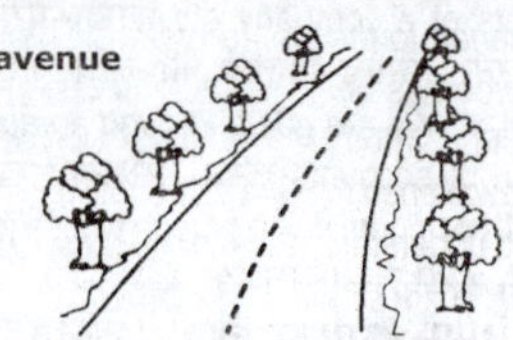

av•e•rage¹ /'ævərɪdʒ/ /'ऐवरिज/ noun, c. *The average of 3, 5 and 13 is 7.* = the number that one gets by adding two or more numbers or figures and then dividing the total by the number of figures added औसत (संख्या)

average² adj. 1 *The average age of the children in this class is eight years, although some children are much older and some much younger.* = the number that one gets by calculating the average सामान्य, औसत आयु 2 *This is very average performance. You could have done much better.* = of a poor standard औसत दरजे का, साधारण

a•verse /ə'vɜ:s/ /अ'वऽस/ adj. *I am averse to the idea of making children study for long hours.* = disliking or opposed to something (formal) रुचि के विपरीत, नापसंदीदा (औपचारिक)

a•ver•sion /ə'vɜ:ʃən/ /अ'वऽश्न/ noun, c. *I have an aversion to tobacco.* = a strong dislike or hatred for विरुचि, नफरत

a•vert /ə'vɜ:t/ /अ'वऽट/ verb, t. *My car almost hit a scooter, but I averted an accident by applying the brakes.* = to prevent something bad from happening; to avoid निवारण करना, रोक या बचा लेना

a•vi•a•ry /'eɪviəri/ /'एइविअरी/ noun, c. = a large, closed space for keeping birds पक्षीशाला, दरबा

a•vi•a•tion /eɪvi'eɪʃən/ /एइवि'एइश्न/ noun *I am taking lessons in aviation in order to become a pilot.* = the science or practice of flying an aircraft वैमानिकी

av•id /'ævɪd/ /'एविड/ adj. *He is an avid reader of Shakespeare.* = extremely eager or interested लालायित, उत्कंठ, आतुर

av•o•ca•do /ævə'ka:dəʊ/ /ऐव'काऽडउ/ noun = a kind of tropical fruit with a thick green or purple skin, soft yellow green flesh and a large stone inside समशीतोष्ण क्षेत्र का एक फल जिसका छिलका हरा/लाल, गूदा मुलायम हरा-पीला होता है, और गुठली काफ़ी बड़ी होती है

a•void /ə'vɔɪd/ /अ'वॉइड/ verb, t. 1 *The driver of the*

car tried to avoid a truck but he hit a tree कुछ करने से बचना **2** *You should avoid the mid-day sun.* = to miss or keep away from से बचकर रहना

a•wake¹ /ə'weɪk/ /अ'वेइक/ verb, t. or i. (**awoke, awoken**) *I awoke when the alarm clock rang.*= to come out of sleep जगाना

awake² adj. *If you are awake, why don't you talk to me?* = not sleeping जगा हुआ **awaken** verb, t. **1** *The child awakened to the sound of the bell.* = to cause someone who has been sleeping to become awake (सोए हुए को) जगाना, जग जाना **2** *Most people have now been awakened to the danger of AIDS.* = to cause someone to understand something (figurative) के प्रति जागरूक या सचेत कराना (लाक्षणिक)

a•ward¹ /ə'wɔ:d/ /अ'वॉड/ verb, t. *The school awarded her the first prize.* = to give a prize to पुरस्कार प्रदान करना

award² noun, c. *I have received an award of Rs 5,000.* = prize or reward पारितोषिक, पुरस्कार, इनाम

a•ware /ə'weəʳ/ /अ'वेअʳ/ adj. *Are you aware of the rules for the competition?* = to have knowledge and understanding of something भिज्ञ, अवगत **awareness** noun, u. = the state of being aware of something ज्ञान, बोध, जानकारी

a•way /ə'weɪ/ /अ'वेइ/ adv. **1** *We are leaving this town and going away.* = from one place to another अन्यत्र, कहीं और **2** *Kolkata is still 20 km away.* = at a distance of की दूरी पर **3** *Our house was washed away in the flood.* = out of existence गायब, साफ़, ओझल **4** *He put the camera away.* = in a safe place सुरक्षित

to do away with *The college is going to do away with the second computer lab.* = to get rid off से छुटकारा पाना

awe /ɔ:/ /ऑ/ noun, u. *He lives in awe of his father.* = fear mixed with respect and wonder श्रद्धा-विस्मय मिश्रित भय **awe-inspiring** adj. *The Himalayan mountains are truly awe-inspiring.* = causing a feeling of awe ऐसा (उदात्त) भय उत्पन्न करनेवाला

aw•ful /'ɔ:fəl/ /'ऑफ्ल/ adj. **1** *There is an awful smell coming from the drain.* = very bad and unpleasant; terrible (derogatory) भीषण, अत्यधिक अरुचिकर, भद्दा (अनादरपूर्ण) **2** *I have an awful lot of work to do.* = very great (informal, not derogatory) ढेर सारा, बेशुमार, बेहिसाब, तमाम (अनौपचारिक, अनादरपूर्ण नहीं) **awfully** adv. *It's awfully hot!* = very (informal) बेहद (अनौपचारिक)

awk•ward /'ɔ:kwəd/ /'ऑक्वड/ adj. **1** *He has a very awkward walk.* = lacking skill and beauty; clumsy बेढंगा, बेडौल, भोंड़ा **2** *There was an awkward silence in the room when we walked in.* = uncomfortable, embarassing तकलीफ़देह, व्याकुल करनेवाला

axe¹ /æks/ /ऐक्स/ noun, c. = a tool which has a heavy metal blade on the end of a long wooden handle, used for cutting trees down कुल्हाड़ी

axe² verb, t. *As the company has no money to pay the workers, 300 jobs are going to be axed.* = to be removed or taken away (informal) कटौती करना (अनौपचारिक)

ax•i•om /'æksiəm/ /'ऐक्सियन/ noun, c. = a rule or principle that is acepted as true without questioning [MATHEMATICS] प्रश्नातीत सिद्धांत या फ़ार्मूला [गणित] **axiomatic** /æksiə'mætɪk/ /ऐक्सिय'मैटिक/ adj. = something that does not need proof; self-evident स्वत:सिद्ध, स्वयंसिद्ध

ax•is /'æksɪs/ /'ऐक्सिस/ noun, c. (**axes**) *The earth rotates on its own axis.* = the imaginary line through the centre of a body around which the spinning body moves (see pic under **earth**) धुरी (**earth** के अंतर्गत चित्र देखें)

ax•le /'æksəl/ /'ऐक्स्ल/ noun, c. = the bar or rod connecting the two wheels of a cart or carriage, on which the wheels turn गाड़ी के पहियों को जोड़ता छड़, धुरा, कीली

aye /aɪ/ /आइ/ noun, c. or u. *I'll say aye to that!* = yes (old-fashioned or humorous) हाँ जी, हाँ/बहुत खूब (पुराने प्रचलन का/हास्यपरक) **ayes** noun (always plural) *The ayes have it.* = the members (of parliament etc.) voting in favour of something (opposite **nays**) समर्थक सांसद-सदस्य

a•zure /æʒəʳ/ /ऐज़ʳ/ adj. = bright blue in colour, like the sky (literary) नभोनील, आसमानी (साहित्यिक)

bB

b, B /bi:/ the second letter in the English alphabet अँगरेज़ी वर्णमाला का दूसरा अक्षर

b. abbr. of **born in the year** (*Seema Gurung, b.1947*)

B.A. abbr. of **Bachelor of Arts** = a first university degree in Arts कला-संकाय में विश्वविद्यालय से मिलने वाली पहली उपाधि

bab•ble[1] /'bæbəl/ /'बैब्ल्/ verb, i. or t. *The man babbled in his sleep but we could not understand what he was saying.* = to talk in a way that is hard to understand, specially while sleeping (sometimes not respectful) ऐसे बोलते रहना जो अस्पष्ट हो, बड़बड़ाना (यदा-कदा अनादरपूर्ण)

babble[2] noun, c. *I heard a babble of voices from the other room.*= the confused sound of many people speaking at the same time अस्पष्ट आवाज़ जो कई लोगों के एक ही समय बोलते रहने से आती है, बकबक

ba•boon /bə'bu:n/ /ब'बून/ noun, c. = a large monkey with a face like a dog's, found in Africa or South Asia (अफ़्रीका और एशिया का) कुत्ते-जैसा चेहरेवाला एक बड़ा बंदर

ba•by[1] /'beɪbɪ/ /'बेइबी/ noun, c. (**babies**) or adj. = a very young child or animal मनुष्य या पशु का नन्हा बच्चा

baby[2] verb, t. *Don't baby your children. They are old enough to look after themselves.* = to treat someone like a baby and give too much protection किसी को बबुआ या बचवा ही समझते रहना और उसकी हिफ़ाज़त का ज़्यादा ख्याल रखना **baby-sit** verb, i. = to do the work of a baby-sitter किसी बच्चे की देखभाल का काम करना **baby-sitter** noun, c. = a person who is paid to look after babies or children while their parents are away माँ-बाप की गैरहाज़िरी में उनके बच्चों की देखभाल की नौकरी करनेवाला **baby-talk** noun **1** = the sounds produced by a baby when it is learning to talk बोलना सीखते बच्चे की तुतलाती बोली **2** = the kind of language a grown-up person sometimes uses when talking to a baby बच्चे से उन्हीं की तुतलाती बोली में बात करने की सयानों की एक वाक्-शैली

bach•e•lor /'bætʃələʳ/ /'बैचलर/ noun, c. **1** = an unmarried person, usually a man (प्रायः पुरुष) अविवाहित पुरुष, क्वाँरा **2** = a person who has a Bachelor's degree (BA, BSc etc.) स्नातक-उपाधि प्राप्त, बी.ए. अथवा बीएससी-पास

ba•cil•lus /bə'sɪləs/ /ब'सिलस/ noun, c. (**bacilli**) = any of several forms of bacteria which can cause disease रोग कीटाणुओं की कोई भी एक प्रजाति **bacillary** /'bæsɪləri/ /'बैसिलरी/ adj. *bacillary dysentery* = caused by a bacillus ऐसे कीटाणुओं से उत्पन्न

back[1] /bæk/ /बैक/ noun, c. = the part of the body which is opposite the chest, from the neck to the spine पीठ

back[2] adj. *My friend likes to sit in the back row in class.*= the part that is opposite the front पिछली ओर, सामने के ठीक उलटा

back[3] verb, t. or i. **1** *Scientists are suggesting different methods of saving water, but we will back anyone who can offer us a cheap and simple method.*(t.) = to support or help, specially with money आर्थिक समर्थन या सहारा देना **2** *The car was backing slowly.*(i.) = to move backwards पीछे की ओर हटना

back[4] adv. *The show was cancelled so I came back home.* = in or to the place where one was before वापस आना, लौटना **backing** noun, u. *We cannot manage this school without the backing of parents.* = support प्रोत्साहन, सहारा **back to back** = people standing or sitting facing opposite directions, with the backs touching or close पीठ से पीठ सटाए **back to front** = wearing a garment in such a way that the front part is at the back पोशाक ऐसे पहने हुए कि उसका पिछला हिस्सा आगे दीखे

to have at the back of one's mind = to be thinking about something while also thinking about something else that is more important कोई ज़रूरी बात सोचते हुए अंतर्मन में कुछ और भी सोचना **to do something behind someone's back** *They spoke about her poor performance behind her back.* = to speak or do something against someone without letting that person know (disapproving) किसी के पीठ-पीछे (बिना उसकी जानकारी के) उसकी शिकायत करना या उसका अहित करना, चुग़ली खाना या करना(अस्वीकृत) **to know something like the back of one's hand** *He has been to Mysore so many times that he knows it like the back of his hand.* = to know something very well हस्तामलकवत् या अच्छी तरह परिचित **to take a back seat** *She no longer wants to manage the company. She is happy to take a back seat.* = to allow somebody else to play a more important role than oneself (informal) किसी और को महत्त्व देकर अपने को गौण कर लेना (अनौपचारिक) **to back down** *You have fought for human rights for so long, don't back down now.* = to give up supporting a cause वादे से मुकर जाना **to back out** = to decide not to do something दावा छोड़ देना, पीछे हट जाना **to back (up) someone or something** **1** *I am going to state my opinion. Will you back me up?* = to support or show that something is true का समर्थन करना, का साथ देना, की पीठ पर होना **2** *Careful! The bus is backing up into the bay.* = to move backwards पीछे हटना **3** = to make a copy of a computer programme or file in case the original is affected [COMPUTERS] मूल प्रति को बचाने के लिए कंप्यूटर प्रोग्राम या उसकी फ़ाइल की कॉपी या प्रति तैयार करना [कंप्यूटर]

back-biting /'bækbaɪtɪŋ/ /'बैक्बाइटिङ/ noun, u. *If you have something to say against me, why don't you say it when I am present? I don't like your habit of back-biting.* = talking against someone when that person is absent पीठ-पीछे निंदा, चुगली

B

back•bone /ˈbækbəʊn/ /ˈबैक्‌बउन/ noun, c. **1** = the spine or the set of bones in the middle of the back रीढ़ **2** *a person with backbone* = strength of mind or character (figurative) चरित्र-बल (लाक्षणिक)

back•fire /ˈbækfaɪər/ /ˈबैक्‌फ़ायर/ verb, i. *His plan to make money in the stock market backfired and he lost all the money he had.* = to have an effect opposite to that which was planned or intended व्यर्थ या निष्फल हो जाना, जो अभीष्ट था उसके प्रतिकूल हो जाना

back•ground /ˈbækgraʊnd/ /ˈबैक्‌ग्राउण्ड/ noun u. or c. **1** *This is a photograph of my wife. You can see our house in the background.*(u.) = the scenery or some object which is behind the main object in a photograph, painting etc. चित्रभूमि, रंगचित्र या तस्वीर या फ़ोटो में मुख्य बिंब की पृष्ठभूमि **2** *Tell us about your background.*(c.) = the things which help to make a person who he/she is e.g. family, education, experience etc. किसी व्यक्ति के पारिवारिक या शैक्षिक ब्यौरे या अनुभवों के ब्यौरे **3** *Although he is very wellknown, he likes to remain in the background.*(u.) = a position in which one is not easily seen or noticed by others अज्ञातकुलशील, अँधेरे में, गुप्त

back•lash /ˈbæklæʃ/ /ˈबैक्लैश/ noun, c. *The government's efforts to set up more industries here may produce a backlash among the farmers.* = a strong reaction against something that is being done or planned प्रतिक्षेप, किसी कृत्य या योजना के विरुद्ध तीव्र प्रतिक्रिया

back•log /ˈbæklɒg/ /ˈबैक्लॉग/ noun, c. *As our factory was closed for six months there is a huge backlog of orders.* = work that should have been done earlier but has not been done अधूरा पड़ा काम, बचे हुए काम का अंबार

back•wa•ter /ˈbækwɔːtər/ /ˈबैक्वॉऽटर/ noun, c. **1** = (also plural) a lagoon (lake) which is connected to the sea समुद्र से जुड़ी बड़ी झील **2** (also plural) *Nothing ever happens in this small town. It is just a backwater.* = an out-of-the way place, not affected by new ideas (derogatory) [स्थान-विशेष] नए ज़माने या विचारों से अछूता, पिछड़ा (अनादरपूर्ण)

back•yard /bækˈjɑːd/ /बैक्ˈयाऽड/ noun, c. = an open space at the back of a house, used for drying clothes etc. पिछवाड़ा

bac•te•ri•a /bækˈtɪəriə/ /बैक्ˈटिअरिअ/ noun, c. (plural of **bacterium**) = tiny living creatures which cannot be seen by the human eye, some of which can cause disease लघुतम, अदृश्यप्राय कीटाणु जिनमें कुछ बीमारी पैदा करने वाले होते हैं **bacterial** adj. = connected to or caused by bacteria जीवाणु-विषयक **bacteriology** /bæktɪəriˈɒlədʒi/ /बैक्टीअरिˈऑलजी/ noun = the scientific study of bacteria and the diseases caused by them जीवाणु-विज्ञान, इन जीवाणुओं और इनसे उत्पन्न रोगों का वैज्ञानिक अध्ययन

bad /bæd/ /बैड/ adj. **1** *a bad person* = not good दुष्ट **2** *a bad smell* = not pleasant अप्रिय, अरुचिकर, बद **3** *a bad cold* = serious प्रचंड **4** *a bad heart* = unhealthy अस्वस्थ **bad blood** noun *There is bad blood between our families.* = relations which are not friendly वैर, अदावत, अनबन, खटपट **bad debt** noun = money which someone has borrowed and will not be able to pay back अप्राप्य, डूबा

too bad *It's too bad you missed the show.*= unfortunate (informal) बहुत बुरा, मलाल (अनौपचारिक) **not bad** *'What was the show like?' 'Not bad.'* = quite good (informal) अपेक्षित से अच्छा, ठीक-ठाक, अच्छा-खासा, बेहतरीन (अनौपचारिक) **to go bad** = to become rotten, to be spoilt सड़ जाना, बासी हो जाना, अरुआना

badge /bædʒ/ /बैज/ noun, c. *a police officer's badge* = a piece of metal, silk etc. worn to show a person's rank, membership etc.पदवर्ग दर्शाने के लिए लगा बिल्ला

bad•ger /ˈbædʒəˈr/ /ˈबैजर/ verb, t. *We badgered our uncle to take us to the film, and in the end he agreed.* = to ask for something in a manner which is likely to cause annoyance (informal) अनुरोधों, प्रश्नों से तंग करना, नकियाना (अनौपचारिक)

baf•fle /ˈbæfəl/ /ˈबैफ्ल/ verb, t. *The question was so unexpected that I was baffled and could not answer.* = to confuse or puzzle someone so that one does not know what to do or say चकरा या घबरा देना

bag[1] /bæg/ /ˈबैग/ noun, c. **1** *a shopping bag* = a container made of cloth, leather etc.थैला, झोला **2** *a bag of potato chips* = the amount contained in a bag भरझोला या भरथैला, थैलाभर

bag[2] verb, t. **1** *Has the rice been bagged?* = to put or store something in a bag बोरे में रखना या रख देना या रख लेना **2** *We went hunting and I bagged two rabbits.* = to catch or shoot an animal while hunting शिकार करने में पकड़ पाना या मार गिराना **3** *He bagged the last two wickets.* = to do something outstanding in a sports competition or match (informal) प्रतियोगिता या होड़ में जीत लेना, हथियाना (अनौपचारिक) **baggy** adj. *baggy trousers* = very loose-fitting ढीलाढाला, लदर-फदर

bag•gage /ˈbægɪdʒ/ /ˈबैगिज/ noun, u. (always singular) = the bags, suitcases etc. that one uses to carry clothes etc. while travelling (also **luggage**) सामान, असबाब (देखें **luggage**)

bail[1] /beɪl/ /बेइल/ noun, u. or c. **1** *The prisoner was released on bail.*(u.) = money deposited on behalf of a prisoner, under the order of a court, as a condition for being allowed to go out of jail until the day he/she has to appear in court रकम जो कोर्ट के आदेशानुसार कैदी जमा करता है इस शर्त्त के तौर पर कि फिर कोर्ट में हाज़िर होने तक वह जेल से बाहर रह सकेगा, ज़मानत **2** (c.) = either of two small pieces of wood placed on top of the stumps in the game of cricket क्रिकेट के डंडों पर रखी जाने वाली दो में से कोई एक गिल्ली

bail² verb, t. *I have come to bail you out.* = to deposit money with the court so that a prisoner can be allowed to leave ज़मानत पर छुड़ाना

to bail out *We had no money to pay off our debts, but he bailed us out by lending us Rs 10,000.* = to help someone out of a difficult situation, especially by providing money आर्थिक सहायता से किसी को किसी कठिन परिस्थिति या मुसीबत से उबारना

bait¹ /beɪt/ /बेइट/noun, u. or c. **1** = food used to attract and catch fish or other animals मछली या किसी जानवर को फाँसने का चारा **2** *Free gifts are often used as bait to attract customers.* = something that is used to persuade or attract प्रलोभन का माध्यम, फुसलाने का जरिया

bait² verb, t. **1** *to bait a fish-hook* = to set a bait (often a worm or small fish) on the end of fish-hook, so that some fish might try to eat it and get hooked (caught) बंसी के काँटे पर कोई कीड़ा/छोटी मछली का चारा लगाना ताकि मछली उसे खाए तो काँटे पर फँस जाए **2** *He didn't agree at first to work for us, but we baited him by offering a good salary.* = to tempt or attract someone by offering something as a bait (informal, figurative) दाना डालना, चुग्गा डालना (अनौपचारिक, लाक्षणिक) **3** *Please let us stop baiting her. She is getting very angry.* = to say things with the intention of making someone angry (informal, figurative) खिझाने की नीयत से कुछ कहना या कहते जाना (अनौपचारिक, लाक्षणिक)

bake /beɪk/ /बेइक/ verb, t. *to bake a cake* = to cook food in an oven, using dry heat हल्की या धीमी आँच के जरिये अँगीठी पर सेंकते हुए भोजन पकाना **baker** noun, c. = a person who bakes and sells bread, cakes etc. नानबाई, जो पावरोटी या केक वगैरह बनाता-बेचता है **bakery** noun, c. (**bakeries**) = a shop where bread, cakes, biscuits etc. are baked and sold दुकान जहाँ पावरोटी केक, बिस्कुट की तैयारी या बिक्री होती है

bal•ance¹ /'bæləns/ /'बैलन्स/ noun, c. or u. **1** = an instrument used for weighing things तराज़ू, काँटा **2** *He did not see the last step and lost his balance and fell.*(u.) = the state of remaining steady (not falling) संतुलन रख पाना **3** *My mother gave me Rs 50. I spent Rs 20 and returned the balance to her.*(u.) = something which is left over (formal) बकाया(औपचारिक) **4** *I called the bank to ask what my balance was.* = the money in someone's account in a bank at any given time बैंक के अपने खाते में(किसी समय तक की) शेष बची रकम

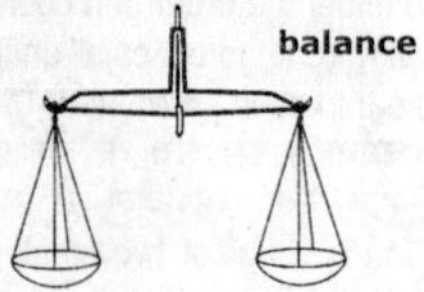
balance

balance² verb, t. *The dog in the circus can balance a ball on its nose.* = to keep something steady संतुलन बनाए रखना

to keep one's balance = to remain calm without giving way to some strong feeling (बिना उत्तेजित हुए) शांत रहना **to have a balanced view** = to accept that there may be truths on both sides in a conflict विवादास्पद विषय के दोनों पक्षों में सच्चाई की संभावना को मानना

bal•co•ny /'bælkəni/ /'बैल्कनी/ noun, c. (**balconies**) = an open space projecting from a building, where people can stand or sit छज्जा, बारजा

bald /bɔ:ld/ /बॉऽल्ड/ adj. **1** = having no hair on the head गंजा **2** *a bald statement* = plain and without any additions, sometimes so plain as to be harsh खरा, दो टूक

bale¹ /bəil/ /बेइल/ noun, c. *a bale of cotton* = a quantity of something (e.g. cotton, straw) tied tightly into a bundle गट्ठा, गाँठ, बंडल

bale² verb, t. = to remove water from a boat by hand नाव में से हाथ से पानी उलीचना

to bale out verb *The pilot managed to bale out before the aircraft crashed.* = to escape from an aircraft with the help of a parachute हवाई जहाज़ से छतरी से उतर कर बच निकलना

ball /bɔ:l/ /बॉऽल/ noun, c. **1** = a round object used for playing some games गेंद **2** = a social occasion when men and women dance together एक सामाजिक अवसर जब स्त्री-पुरुष एक साथ नृत्य करते हैं **ball bearing** noun = a ball made of hard steel which is put between moving parts to make a machine work smoothly कड़े इस्पात की बनी गोलियाँ जो मशीनों में उनके आसानी से घूमने के लिए लगाई जाती हैं **ball pen** noun, c. = a pen which has a small ball at one end through which the ink passes as the pen writes एक तरह की कलम जिसके एक छोर पर एक बहुत छोटा-सा बॉल लगा रहता है और उसी से स्याही आती है

to be on the ball *It's good to work with her. She's really on the ball.* = full of energy and taking action quickly (informal, approving) ऊर्जित, सक्रिय, कर्मण्य, कर्मशील, उमगता हुआ, बराबर कमर कसे हुए, दमदार, चुस्त (अनौपचारिक, स्वीकृत) **to have a ball** = to enjoy oneself (informal) मज़ा लेना (अनौपचारिक) **to set the ball rolling** = to start an activity that involves many people क्रिया-कलाप शुरू करना **to have the ball in one's court** *We've discussed the matter and the ball is in your court now.* = to be in a position to decide and take the next step in a plan of action, usually involving two persons or groups (informal) कार्यान्वयन की योजना के दौरान किसी के अगला क़दम उठाने की बारी (अनौपचारिक)

bal•lad /'bæləd/ /'बैलड/ noun, c. = a simple story in the form of a poem or song गाथा

bal•last /'bæləst/ /'बैलस्ट/ noun, u. = heavy material carried in a ship to keep it steady while at sea पूरक या स्थिरक भार, जहाज़ को संतुलित रखने के लिए रखा हुआ भारी सामान

bal•let /'bæleɪ/ /'बैलेइ/ noun, c. = a kind of dance with music which tells a story नृत्यनाट्य **ballerina** /bælə'ri:nə/ /बैल'रीना/ noun, c. = a female ballet dancer नृत्यनाट्य की नर्तकी

bal•loon[1] /bəˈluːn/ /ब'लून/ noun, c. = a small bag made of strong, light material which is filled with air and used as a toy गुब्बारा

balloon[2] verb, i. **1** *Her face ballooned when a wasp stung her on the cheek.* = to swell up and grow round like a balloon गुब्बारे-जैसा फूल जाना **2** *We had better go slow on the expenditure. The costs are ballooning.* = to grow in a way that causes alarm बेतरह बढ़ते जाना

bal•lot /ˈbælət/ /ˈबैलट/ noun, u. *Voting in the election will be through secret ballot.* = a system of secret voting in which voters indicate on a piece of paper (ballot paper) who they are voting for and drop the paper into a box (ballot box) गुप्त मतदान की एक प्रणाली जिसमें मतदाता मतपत्र पर अपनी पसंद के उम्मीदवार के नाम पर निशान लगाकर मतपेटिका में डालते हैं

balm /bɑːm/ /बाऽम/ noun, u. = an oily liquid with a strong but pleasent smell which is rubbed into the body to draw out pain मरहम

bam•boo[1] /bæmˈbuː/ /बैम्'बू/ noun, u. or c. = a tall, thin but hard plant belonging to the grass family बाँस

bamboo[2] adj. *a bamboo screen* = something made of bamboo वेणुकृति

bam•boo•zle /bæmˈbuːzəl/ /बैम्'बूज़्ल्/ verb, t. *I was bamboozled into buying a ticket for a film I did not want to see.* = to trick or cheat in a small, often harmless way (informal) मूँड़ना, ऐंठना, चारा देना, उल्लू बनाना (अनौपचारिक)

ban[1] /bæn/ /बैन/ verb, t. (**banned**) *The government has banned the sale of cigarettes to children.* = to prevent or stop something by an order आदेश देकर प्रतिबंध या रोक लगाना

ban[2] noun, c. *There is a ban on smoking in cinema houses.* = an order banning something प्रतिबंध, रोक

ba•nal /bəˈnɑːl/ /ब'नाऽल/ adj. *The dialogues and songs in the film are so banal that one gets bored.* = uninteresting and dull; of poor quality अत्यंत साधारण, सामान्य, तुच्छ

ba•na•na /bəˈnɑːnə/ /ब'नाऽन/ noun, c. = a long, curved fruit with a yellow skin and soft white flesh केला **banana republic** noun = a small country which depends very much on agriculture, has no industries and has a weak and corrupt government (derogatory) एक छोटा देश जिसका अपना कोई उद्योग नहीं, जो अपनी कृषि पर ही आश्रित रहता है और जिसका शासनतंत्र कमज़ोर तथा भ्रष्टाचार से ग्रस्त होता है (अनादरपूर्ण)

band[1] /bænd/ /बैण्ड/ noun, c. **1** *a rubber band* = a thin, narrow ring of rubber or elastic material used to hold things together पट्टा, फीता, बंद **2** *The snake was black, with yellow bands.* = a coloured line or ring that stands out against a background of a different colour धारी **3** *a band of thieves* = a group of people who work together for some common purpose टोली, दल **4** *a musical band* = a group of musicians who play together but on different instruments वादक-दल जिसमें अलग-अलग साज़ बजाने वाले होते हैं

band[2] verb, i. *People with the same interests usually band together.* = to form a band or group (अपना) एक दल बनाना **band-master** noun, c. = the chief musician in a musical band बैंड पार्टी संचालक

ban•dage[1] /ˈbændɪdʒ/ /ˈबैण्डिज/ noun, c. = a long and narrow piece of cloth or other material used to cover a wound in order to protect it घाव को बचाने के लिए लगाई या लपेटी गई पट्टी

bandage[2] verb, t. = to cover with a bandage (ऐसी) पट्टी बाँधना

ban•dit /ˈbændɪt/ /ˈबैण्डिट/ noun, c. = a member of an armed group of robbers who attack travellers डाकू, लुटेरा, क़ज़्ज़ाक

bane /beɪn/ /बेइन/ noun, c. *Drinking is the bane of his life.*= something that causes continual trouble or harm; curse रह-रहके आती आफ़त या नुकसान की वजह, अभिशाप

bang[1] /bæŋ/ /बैङ/ noun, c. **1** *I heard the bang of a gun.* = a sudden, loud sound धमाका **2** *Walk carefully on the slippery floor or you might fall and get a bang on your nose.* = a blow ज़ोरदार चोट

bang[2] verb, t. **1** *She banged the door shut.* = to push something with force, making a loud noise धमाके से धक्का देना **2** *He banged the car into a tree.* = to strike or hit something with force ज़ोर से मारना या चोट करना

to be bang on *Her answer to my question was bang on.* = exactly correct (informal) सटीक, माकूल, ठीक, बिलकुल, एकदम, दुरुस्त, चस्पाँ, मौजू (अनौपचारिक) **to go off with a bang** **1** *The gun went off with a bang.* = to make a loud sound धमाका करना, धाँयँ से करना **2** *The meeting went off with a bang.* = to be very successful (informal) सफल मनोरथ, संपन्न, कृतकाम, बामुराद, निहाल, छकाछक (अनौपचारिक) **to be bang opposite** adj. *Our school is bang opposite the hospital.* = exactly opposite (informal) बिलकुल सामने (अनौपचारिक)

ban•gle /ˈbæŋgəl/ /ˈबैङ्ग्ल्/ noun, c. = a band made of glass, metal, etc. worn around the wrist चूड़ी, कँगना, कड़ा

ban•ish /ˈbænɪʃ/ /ˈबैनिश्/ verb, t. *The film is about traitors who are banished from their country and never allowed to return.* = to punish someone for political reasons by sending him/her out of the country for ever राजनीतिक कारणों से देशनिकाला देना

bank[1] /bæŋk/ /बैंक/ noun, c. **1** *the State Bank* = a place where money is kept and paid out on demand बैंक **2** *the bank of the river* = land along the side of a river किनारा, तट **3** *a blood bank* = a store of something to be used later भंडार जहाँ बाद के उपयोग के लिए कुछ जमा रखा जाता है **4** *The plane went into a sharp bank before it climbed.* = a sharp turn करवट

bank[2] verb, t. or i. **1** *Please bank this money for me.*(t.) = to put money in a bank बैंक में पैसे जमा करना **2** *I know I can bank on you. You will never let me down.*(i.) = to depend on पर आश्रित होना, का या पर भरोसा करना **3** *The aircraft banked sharply and turned* *around.*(i.) = (referring to an aircraft) to make a sharp turn, so that one wing is lower than the other [TECHNICAL] (हवाई जहाज़ के संदर्भ में) एक ओर का विंग झुकाते हुए मुड़ना [तकनीकी] **bank account** noun = an arrangement made with a bank for keeping money in the bank or taking it out when required बैंक खाता **bank-balance** noun = the amount of money that one has in one's bank account at any given time बैंक में किसी समय तक की जमा रकम **bank-rate** noun = the rate of interest which a bank pays a customer सूद दर जिसका बैंक देनदार होता है

bank•rupt /ˈbæŋkrʌpt/ /ˈबैंक्रॅप्ट/ adj. *He is completely bankrupt and cannot pay back the money he borrowed from you.* = having no money at all दिवालिया

ban•ner /ˈbænəʳ/ /ˈबैनर/ noun, c. **1** = flag झंडा **2** = a long piece of cloth on which a sign is painted, usually carried between two poles दो डंडों पर तना ध्वज जिसमें नारे, संदेश लिखे जाते हैं **banner headlines** noun, c. (generally plural) = news printed in very large letters at the top of a page in a newspaper, so that it can easily attract attention सुर्खी, सहज ही ध्यान आकर्षित करने के लिए बड़े-बड़े अक्षरों में छपी खबर

ban•quet /ˈbæŋkwɪt/ /ˈबैङ्क्विट/ noun, c. = a formal dinner for many people given to honour some important person, where speeches are made किसी विशेष अवसर की दावत, प्रीतिभोज

ban•tam /ˈbæntəm/ /ˈबैण्टम/ noun, c. **1** = a kind of chicken of very small size चूज़ा **2** = a person who is very small in size (derogatory) ठिंगू, छोटेराम, छोटू(मियाँ) (अनादरपूर्ण)

ban•ter /ˈbæntəʳ/ /ˈबैण्टर/ noun, u. *I thought the group was having a serious discussion but it was actually a lot of banter.* = friendly comments and jokes परिहास, हँसी मज़ाक, ठट्ठा

ban•yan /ˈbænjən/ /ˈबैन्यन/ noun, c. = a large tree found in India, the branches of which grow downwards and form new roots बटवृक्ष, बरगद

bap•tize (baptise) /bæpˈtaɪz/ /बैपˈटाइज़/ verb, t. = to perform a religious ceremony by which someone joins the Christian religion ईसाई धर्म में लेने के लिए दीक्षित करना, बपतिस्मा करना **baptism** noun, c. or u. = the ceremony by which one is baptized दीक्षा-स्नान, बपतिस्मा

bar¹ /bɑːʳ/ /बाऽर/ noun, c. **1** *a wooden bar; a bar of chocolate* = a piece of wood, metal or some other material that is greater in length than in breadth काठ, धातु की सिल या पट्टी जिसकी लंबाई उसकी चौड़ाई से बेशी होती है **2** *window bars* = the straight rods which are fixed across a window, gate etc. to prevent people from getting in or out खिड़की या फाटक में लगी सलाख, अर्गल **3** *a coffee-bar; a salad-bar* = a counter or shop where coffee or drinks, food etc. are served काउण्टर या दुकान जहाँ हल्का जलपान, कॉफ़ी वग़ैरह मिले **4** *a bar of music* = a sequence of notes sung or played गानस्वर **5** *the bar* = a group of barristers (lawyers) (Note the article.) [LAW] अधिवक्ता या वकील समुदाय [कानून] **barbell** noun, c. = a thick steel rod with a round, heavy weight at each end, used for physical exercise व्यायाम के लिए प्रयुक्त लोहे की छड़ जिसके सिरों पर लोहे के भारी-भारी गोले होते हैं

bar² verb, t. (**barred**) **1** *Allow the guests to pass and don't bar the way.* = to prevent someone from moving रास्ता रोकना **2** *You may be barred (debarred) from appearing at the examination if you are found using unfair means.* = to stop someone from doing something मना करना, वर्जित करना, कुछ करने पर प्रतिबंध लगाना

to be behind bars (always plural) = to be in prison (informal) हिरासत में, हवालाती, हाजती (अनौपचारिक)

barb /bɑːb/ /बाऽब/ noun, c. **1** = the sharp, curved point of a fish-hook or arrow काँटे या तीर की पीछे मुड़ी नोक **2** *His speech was so full of barbs that most people felt uncomfortable.* = a remark which is clever or witty but meant to hurt दंश, चुभती हुई बात जो आहत करे **barbed** adj. *barbed words* = something which has barbs and can cause pain कटु, कँटीला **barbed wire** noun = a wire with short, sharp points on it, used for making fences to keep people, cattle etc. out कँटीला तार जो बाड़े में लगाया जाता है

bar•bar•i•an /bɑːˈbeəriən/ /बाऽˈबेअरिअन्/ noun, c. = an offensive way of referring to a person who is thought to be uncivilized, or a crude person who behaves in a manner which society does not approve of (derogatory) (USE) बर्बर असभ्य व्यक्ति, बेसलीका, वहशी, जंगली, हूश (अनादरपूर्ण) (निषिद्ध) **barbaric** adj. **1** *a barbaric murder* = very cruel क्रूर, नृशंस **2** *barbaric customs* = very cruel and violent हिंसात्मक तथा नृशंस, बर्बर

bar•be•cue¹ /ˈbɑːbɪkjuː/ /ˈबाऽबिक्यू/ noun, c. **1** = a metal frame which is used to cook meat, vegetables etc. over an open fire सीख़, आग पर मांस भूनने के लिए प्रयुक्त धातु का सीखचा **2** = an open-air party at which meat, vegetables etc. cooked on a barbecue are served बाहर खुले में आयोजित पार्टी जिसमें इस तरह खाना बनता है

barbecue² verb, t. *I will barbecue the chicken.* = to cook something on a barbecue सीख पर भूनना

bar•ber /ˈbɑːbəʳ/ /ˈबाऽबर/ noun, c. = a person whose job is to cut and style men's hair, shave beards etc. हज्जाम, नाई

bar code noun, c. = a label on a product consisting of thick and thin vertical lines, which has information (e.g. price, batch number) which a computer can read पुस्तक के आवरण या अन्य वस्तुओं पर छपा मोटी-पतली रेखाओं का कूट संकेत जिसकी व्याख्या कंप्यूटर से होती है

bar code

bard /bɑːd/ /बाऽड/ noun, c. = poet (literary) उद्गाता, कवि, काव्यकार, चारण [साहित्यिक]

bare[1] /beəʳ/ /बेअʳ/ adj. **1** *a bare body* = without clothes, shoes or any covering अनावृत्त, नंगा **2** *a bare mountain* = without trees, grass etc. खाली, वृक्षहीन **3** *Give me the bare facts of the case.* = only the facts without any addition केवल, निरा, मात्र **4** *Our library looks so bare. There are very few books in it.* = containing very few things (often disapproving) खाली-खाली(-सा) (प्राय: अस्वीकृत)

bare[2] verb, t. **1** *The dog bared its teeth.* = to show by removing the covering, usually as a sign of anger प्रकट करना, उघाड़ना, चियारना **2** *to bare oneself* = to become naked नंगा होना **3** *The newspaper has bared all the facts.* = to make public in a daring way उघाड़कर रख देना, खुल्लमखुल्ला कर देना, खोल देना **bare-faced** adj. *a bare-faced lie* = said without any sense of shame निर्लज्ज, बेहया (ढंग से कथित) **barefoot** adv. or adj. = not wearing shoes or socks नंगे पाँव

to do something with one's bare hands *He held the snake with his bare hands.* = without using any protection or weapon अपने बचाव के लिए बिना किसी हथियार के खुले हाथ **the bare minimum** *Rs 5,000 is the bare minimum we need to start the animal shelter.* = the lowest possible amount of money, number of things etc. required to do something मात्र, केवल, न्यूनतम संभव (राशि, वस्तुएँ)

barely /'beəlɪ/ /'बेअली/ adv. *She is barely 20 years old.* = hardly; only just मुश्किल से

bar•gain[1] /'bɑːgɪn/ /'बाऽगिन/ noun, c. **1** *I bought this computer for only Rs 5,000. It was a real bargain.* = something which one has bought very cheaply, much below its real value सस्ता ही, सस्ता सौदा **2** *Let's make a bargain. You help me with maths and I'll help you with history.* = an agreement between two people where one agrees to do something in return for something done by the other person किसी ने कुछ मदद वगैरह की तो उसके बदले में उसके लिए कुछ करने-जैसा आपसी तालमेल

bargain[2] verb, i. **1** *When I go shopping, I like to bargain with the shopkeeper.* = to try to reduce the price of something that one is buying; to haggle मोलतोल या सौदा करना **2** *Talks are going on between the employees and the management. Both sides are expected to bargain hard.* = to try to get the most favourable terms for an agreement; to negotiate अपने हित में व्यापार या समझौते की शर्तें तय करना

barge[1] /bɑːdʒ/ /बाऽज/ noun, c. = a large boat with a flat bottom which is used to carry heavy goods बजरा

barge[2] verb, i. *He barged into the room without knocking.* = to push one's way into a house, party, meeting etc. without an invitation (informal) बिन बुलाए घुस आना, भद्दे तरीके से धक्का-मुक्की करते घुस आना, घुसपैठ करना

bar•i•tone /'bærɪtəʊn/ /'बैरिटउन/ noun, c. = a low, deep voice in which some male persons sing (see also **bass** and **tenor**) [MUSIC] षड्ज, गहरी नीचे सुर की आवाज़ में पुरुष कंठ-संगीत [संगीत] (देखें **bass** तथा **tenor**)

bark[1] /bɑːk/ /बाऽक/ noun, u. or c. **1** *the bark of a tree*(u.) = the hard outer covering of a tree (पेड़ की छाल) **2** *the bark of a dog*(c.) = the sharp, loud sound made by a dog भौंक

bark[2] verb, i. **1** *Does your dog bite, or does it only bark?* = to make the sound that a dog makes भूँकना **2** *The conductor barked angrily at me because I couldn't find my ticket.* = to speak in a rough, angry voice (figurative, not respectful) पर भौंकना, कड़वे शब्दों में बोलना, चिड़-चिड़ाकर कुछ कहना (लाक्षणिक, आदरपूर्ण नहीं)

bar•ley /'bɑːli/ /'बाऽली/ noun, u. = a kind of cereal or grain, produced by the barley plant जौ **barley water** noun, u. = a light, sweet drink made from barley जौ का पेय

barn /bɑːn/ /बाऽन/ noun, c. = a large building on a farm, used for storing crops or keeping farm animals फसल या मवेशी रखने का बड़ा कमरा, खलिहान, भुसौरा, बाड़ा

ba•rom•e•ter /bə'rɒmɪtəʳ/ /बै'रॉमिटʳ/ noun, c. = an instrument that measures air pressure and can be used to predict weather changes वायुदाबमापी यंत्र

bar•rack /'bærək/ /'बैरक/ verb, t. *The speaker was barracked by the crowd when he talked about all the wonderful things he was doing.* = to shout at someone in order to make fun of him/her किसी का मज़ाक उड़ाते हुए उस पर चिल्लाना, लिहाड़ी लेना

bar•racks /'bærəks/ /'बैरक्स/ noun, c. (always plural) *police barracks* = a building or group of buildings where soldiers or police personnel live बैरक, फौजियों या सिपाहियों के लिए निवास

bar•rage /'bærɑːʒ/ /'बैराऽज/ noun, c. **1** = a dam built across a river to provide water for farming बाँध, बराज **2** *an artillery barrage* = the continuous firing of many heavy guns भारी तोपों की लगातार गोलाबारी **3** *When I returned home late, I had to face a barrage of questions.* = many questions asked in an attacking or anxious manner प्रश्नों या शिकायतों का लगातार सिलसिला, सवाल पर सवाल का सिलसिला

bar•rel /'bærəl/ /'बैरल्/ noun, c. **1** *the barrel of a gun* = the long tube-like part of a gun through which bullets are fired नाल **2** *a barrel of wine* = a wooden container for wine, oil etc. with curved sides and a flat top and bottom पीपा

bar•ren /'bærən/ /'बैरन्/ adj. **1** = the condition in which the female (of a plant or animal) cannot bear fruit or produce young ones वंध्या, बाँझ **2** *barren land* = land on which crops do not grow बंजर

bar•ri•cade[1] /'bærɪkeɪd/ /'बैरिकेइड/ noun, c. *The police have put up a barricade on the road leading to the airport.* = a temporary wall put up on a road to prevent the movement of people आवागमन रोकने के लिए कुछ वक्त के लिए बना मोर्चा

barricade² verb, t. *The police have been ordered to barricade this road.* = to put up a barricade ऐसा मोर्चा बनाना

bar•ri•er /'bæriəʳ/ /'बैरिअʳ/ noun, c. **1** = a wall or fence that prevents the movement of people आवागमन रोकने का कोई साधन **2** *When one is visiting a new country the language barrier is difficult to overcome.* = something that cannot be seen but prevents movement or separates people व्यवधान, अवरोध, रोक

bar•ring /'bɑːrɪŋ/ /'बाऽरिङ/ prep. *Every seat in the class has been taken barring this one.* = except for को छोड़कर, के सिवाय

bar•ris•ter /'bærɪstə/ /'बैरिस्टʳ/ noun, c. = a lawyer who practises law or is allowed to practise law in a British court ब्रिटेन के न्यायालय में बहस करने का अधिकार प्राप्त अधिवक्ता

bar•row /'bærəʊ/ /'बैरउ/ noun, c. *a wheelbarrow* = a small cart on wheels ठेला

bar•ter /'bɑːtəʳ/ /'बाऽटʳ/ verb, t. *The people in my village usually barter rice for all the things they need.* = to exchange goods for other goods, without using money पैसे के बदले सामान से सामान ख़रीदना

base¹ /beɪs/ /बेइस/ noun, c. **1** *the base of the statue* = the lowest part of something आधार, आधार-भित्ति **2** *Sanskrit is the base for many Indian languages.* = the starting-point or origin मूल स्रोत **3** *an army base* = the place from where an activity is controlled अड्डा जहाँ से (युद्ध कार्य) नियंत्रित किया जाता है **4** = a chemical with a pH of more than 7 [CHEMISTRY] एक रासायनिक पदार्थ जिसका pH मान 7 से अधिक हो [रसायनशास्त्र]

base² verb, t. **1** *We will base our future plans on your report.* = to use something as the starting-point for something else पर आधृत करना, को आधार बनाना **2** *Our company is based in Kathmandu but has branches all over the world.* = to have an office in some place from where everything is controlled संस्थापित होना

base³ adj. *base deeds* = low or bad (derogatory) अधम, पतित, घटिया (अनादरपूर्ण)

base•ball /'beɪsbɔːl/ /'बेइसबॉऽल/ noun, u. = a ball game very popular in America, in which a player has to run around four bases after hitting the ball, in order to complete a run अमेरिका का एक लोकप्रिय खेल जिसमें गेंद मार लेने के बाद चार खानों में एक दौड़ लगाई जाती है

baseball

base•less /'beɪslɪs/ /'बेइस्लिस/ adj. *The news about the postponement of the examinations is baseless. Someone is trying to fool us.* = without any base (foundation) and therefore not to be trusted निराधार, निर्मूल, अकारण

base•line /'beɪslaɪn/ /'बेइस्लाइन/ noun, c. **1** *Using 1995 as the baseline, the government is calculating how much the price of sugar is rising every year.* = a particular point or line which is used as the starting-point when making comparisons or measurements आधार-रेखा **2** = the line at each end of a tennis court which marks its limit [TENNIS] टेनिस कोर्ट के दोनों ओर खिंची सीमा-रेखाएँ

base•ment /'beɪsmənt/ /'बेइस्मण्ट/ noun, c. = the part of a building which is below street level इमारत का वह हिस्सा जो ज़मीन के नीचे हो, तहखाना

base met•al noun, c. = a metal such as iron or lead which is not regarded as precious सस्ती, हीनकोटिक धातु

bash¹ /bæʃ/ /बैश/ noun, c. **1** *The woman gave the attacker a bash on the head with her handbag.* = a hard blow घूँसा, ज़बरदस्त प्रहार **2** *I have never played tennis, but I would like to have a bash at it.* = a trial attempt (informal) करके देखना (अनौपचारिक) **3** *We are having a bash at my house tomorrow as it is my daughter's birthday.* = a party (informal) ज्यौनार, दावत, पंगत (अनौपचारिक)

bash² verb, t. *I stepped on the brakes but the car behind bashed into my car.* = to hit very hard कसकर धक्का मारना

bash•ful /'bæʃfəl/ /'बैश्फ़ल/ adj. *This present is for you. Please take it and don't be so bashful.* = shy संकोची, लज्जालु, शर्मीला, झेंपू

basic¹ /'beɪsɪk/ /'बेइसिक/ adj. **1** *Food and shelter are basic needs.* = the most necessary आधारभूत, मुख्य(तम) **2** *My basic salary is Rs 1000, with a house-rent allowance of Rs 700 a month.* = without anything being added मूल (वेतन, आदि), खालिस **basics** noun (always plural) *Children must be taught the basics: reading, writing and arithmetic.* = the most necessary things बुनियादी विषय, आधारभूत तथ्य या सिद्धांत

BASIC² noun = a simple computer language सरल कंप्यूटर भाषा

basis /'beɪsɪs/ /'बेइसिस/ noun, c. *Is there any basis for this report?* = the facts on which something is based (तथ्य आदि का) आधार

bas•il /'bæzəl/ /'बैज़ल/ noun, c. = a kind of plant with sweet-smelling leaves which are used in cooking, similar to (but not the same as) the leaves of the Indian tulsi plant एक सुगंधित जड़ी-बूटी, मंजरीक तुलसी

ba•sin /'beɪsən/ /'बेइस्न/ noun, c. **1** = a container for liquids, usually round and with a wide mouth, generally used for washing हाथमुँह धोने की चिलमची **2** *the Mahanadi basin* = the land area surrounding a river, from which water runs down into the river नदी घाटी

B

bask /bɑːsk/ /'बाऽस्क/ verb, i. **1** *If you go to the Sunderban forests, you will see crocodiles lying on the river bank, basking in the sun.* = lying or sitting lazily, enjoying the warmth of the sun घमाना, धूप सेंकना **2** *I can see you are still basking in your teacher's approval.* = to enjoy the good feelings you have when someone admires or likes you अपने को पसंद करने वाले का प्रिय होना

bas•ket /'bɑːskɪt/ /'बाऽस्किट/ noun, c. **1** = a round, light container made of thin strips of bamboo, plastic etc. डलिया, टोकरा **2** *a basket of fruit.* = the things that are contained in a basket भर डलिया, भर टोकरा **basketball** noun, u. = a game played between teams of five players in which each tries to score points by putting the ball into the opponent's 'basket' पाँच-पाँच खिलाड़ियों की टीमों का खेल जिसमें एक टीम दूसरे के बास्केट में गेंद डालकर प्वाइंट जीतना चाहती है

to put all one's eggs in one basket = to put everything at risk by depending on one thing only rather than keeping many possibilities open एक ही पर भरोसा करके उसे दांव पर लगाते हुए बाकी संभावनाओं का ख्याल नहीं रखना

bass /beɪs/ /बेइस/ noun, u. = the lowest and deepest voice which a male singer can have (music) (see also **baritone** and **tenor**) षड्ज, गहरी भारी आवाज़ में, पुरुष कंठ-संगीत (देखें **baritone** तथा **tenor**)

bas•tard /'bɑːstəd/ /'बाऽस्टड/ noun, c. **1** = a child of parents who are not legally married (old-fashioned, derogatory) वर्णसंकर, जारज़, दोग़ला (पुराने प्रचलन का, अनादरपूर्ण) **2** = a word of abuse used for someone whom one does not like (USE) एक तरह की गाली, निषिद्ध

bat¹ /bæt/ /बैट/ noun, c. **1** *a cricket bat* = a piece of wood with a special shape, used for hitting a ball in games like cricket and tennis क्रिकेट का बल्ला **2** *a flying bat* = a small mouse-like animal with wings that is active at night चमगादड़

bat

bat² verb, i. *The Indian team will bat first.* = to hit the ball with the bat; to have a turn to use the bat बल्लेबाज़ी करना **batsman** noun, c. = a cricket player who is batting or is known for his skill in batting (**batter** in the game of baseball) बल्लेबाज़ (बेसबॉल के खेल में **batter**)

to not bat an eyelid *She did not bat an eyelid when I told her that she had won the lottery.* = to show no surprise or shock when something extraordinary happens ज़रा भी अचरज या सदमा नहीं ज़ाहिर करना, चेहरे का भावशून्य रह जाना

batch /bætʃ/ /बैच/ noun, c. (**batches**) **1** *a batch of freshly-baked bread* = a quantity of some material that is produced at the same time एक साथ तैयार या पका हुआ पदार्थ **2** *a new batch of students* = a group of people considered to form a single set दल, समूह, जत्था

bath¹ /bɑːθ/ /बाऽथ/ noun, c. or **1** *I am going for a bath now.*= the act of washing the whole body to clean it स्नान **2** *a fibre-glass bath* = a large tub in which one lies or sits down to wash one's body नहाने का टब **3** *a bedroom with an attached bath* = bathroom स्नानागार, गुसलखाना **4** *The steel sheet has to be cleaned in an acid bath.* = a liquid used for some special purpose खास काम के लिए प्रयुक्त एक तरल पदार्थ

bath² verb, t. *Would you like to bath the baby?* = to give someone a bath नहलाना **bathing suit** noun, c. = a short, light dress which is worn while bathing or swimming तैरने या नहाने की एक खास पोशाक

bathe /beɪð/ /'बेइद/ verb, i. or t. **1** *The doctor has told me to bathe my eyes with this medicine.*(t.) = to cover completely with some liquid as a treatment for some infection छूत के इलाज के लिए कोई तरल पदार्थ लेपना **2** *Have you bathed?*(i.) = to have a bath नहाना, नहा लेना **3** *The mountains were bathed in sunlight.*(i.) = to be covered with something (figurative) स्नात, से नहाया हुआ-सा (लाक्षणिक)

bath•room /'bɑːθruːm/ /'बाऽथरूम/ noun, c. a place for bathing which also contains a toilet स्नानघर, गुसलखाना

ba•tik /bə'tiːk/ /ब'टीक/ noun, u. **1** = a process of creating coloured designs on cloth by covering the remaining parts (which are not to be coloured) with wax कपड़े पर रंग-बिरंगी डिज़ाइन बनाने की एक प्रक्रिया जिसमें खाली छूटी गई जगहों में मोम दिया जाता है **2** = the printed cloth created through this process इस तरह तैयार छाप का कपड़ा, छींट

ba•ton /'bætɒn/ /'बैटॉन/ noun, c. **1** = a short, thin stick used by the conductor (leader) of a musical group to guide the other musicians छोटी-सी पतली छड़ी जिससे संगीत-संचालक दूसरे वादकों या गायकों को निर्देशित करता है **2** = a short stick used as a weapon by a policeman or army officer सिपाही या फ़ौजी अफ़सर का छोटे डंडे-जैसा हथियार, बेंत **3** = a stick which is passed on by one runner in a team to the next runner, in a relay race एक छोटी छड़ी जिसे रिले रेस में एक धावक दूसरे धावक को थमा देता है

bat•tal•ion /bə'tæljən/ /ब'टैल्यन/ noun, c. = a group of 500–1000 soldiers forming part of a larger unit (see also **company** and **brigade**) थल सेना के फ़ौजियों की एक टुकड़ी, वाहिनी (देखें **company** तथा **brigade**)

bat•ter¹ /'bætəʳ/ /'बैटʳ/ noun, u. or c. **1** *mixing batter for a cake*(u.) = a mixture of flour, sugar, eggs etc. used in cooking फेंटी हुई आटा, चीनी, अंडे की लपसी जिसका इस्तेमाल रसोई में होता है **2** (c.) = a batsman in the game of baseball बेस बॉल खेल का बल्लेबाज़

batter[2] verb, t. *The thieves battered the door down.* = to damage or break something by continuous beating मार-मारकर तोड़ देना या बिगाड़ देना **battered** adj. *a battered person* = someone who has been treated with cruelty or violence हिंसात्मक क्रूरता से क्षत-विक्षत

bat•ter•ing-ram noun = a large, heavy piece of wood used in wars long ago to break down the gates or walls of an enemy fort दुश्मन के किले का फाटक तोड़ गिराने के लिए एक विशाल भारी कुंदा, भित्ति-पातक

bat•ter•y /'bætəri/ /'बैट्री/ noun, c. (**batteries**) or u. **1** *a battery for a flashlight*(c.) = a device (simple machine) used to produce and store electricity बिजली के संरक्षण या उसकी उत्पत्ति के लिए एक यंत्र **2** *a battery of guns*(c.) = a number of big guns which are fired together during a battle तोपखाना **3** = a set of small box-like cages in which hens lay eggs for mass sale बक्सानुमा पिंजरों का एक सेट जिसमें मुर्गियाँ बड़े पैमाने पर अंडे देती हैं **4** *The men were arrested for assault and battery.*(u.) = the crime of hitting other people दूसरों के साथ मारपीट का जुर्म

bat•tle[1] /'bætl/ /'बैट्ल/ noun, c. *A fierce battle is on between our troops and the enemy's.* = a fight, especially between armies in a war युद्ध में सैनिकों के बीच रण-संग्राम, लड़ाई

battle[2] verb, i. or t. *The fire-brigade had to battle against the flames for more than six hours.*(i.) // *They battled the flames all day.*(t.) // *She battled against cancer for many years.* = to fight or struggle against से कड़ा संघर्ष करना, से जूझना **battle-cry** noun, c. = words used by soldiers while fighting, to give themselves courage लड़ाई में अपने प्रोत्साहन के लिए सैनिकों का नारा **battlefield** noun, c. = a place where a battle has taken place रणभूमि **battleship** noun, c. = a large warship with many big guns कई तोपों से लैस जंगी जहाज़ या युद्धपोत

to fight a losing battle = to do something in which you are not likely to be successful निरर्थक संघर्ष

baw•dy /'bɔːdi/ /'बॉऽडी/ adj. *telling bawdy stories* = (stories, jokes or songs) about sex, told in a humorous manner अश्लील, सेक्स-संबंधी चुटकुले या गाने

bawl /bɔːl/ /बॉऽल/ verb, t. and i. **1** *They bawled at me in a way which frightened me.*(i.) = to shout at someone angrily गुस्से में किसी पर चीखना **2** *That baby has been bawling all night.* = to cry noisily (informal, not respectful) पें-पें (अनौपचारिक, आदरपूर्ण नहीं)

bay[1] /beɪ/ /बेई/ noun, c. *the Bay of Bengal* = a sea surrounded by land on three sides तीन तरफ़ से ज़मीन से घिरा समुद्र, खाड़ी

bay[2] verb. i. *The dogs started to bay loudly as they caught the smell of the jackal.* = to make the long, deep cry of a hunting-dog शिकारी कुत्ते की-जैसे लंबी भूँक लगाना

bay leaf noun, c. = a kind of sweet-smelling dried leaf used in cooking एक खुशबूदार सूखा पत्ता जिसका इस्तेमाल खाना पकाने में होता है, तेजपत्ता

bay•o•net[1] /'beɪənɪt/ /'बेइअनिट/ noun, c. = a sharp knife that can be fixed to the end of a gun or rifle राइफ़ल/बंदूक की नाल पर लगा एक तेज़ छुरा, संगीन

bayonet[2] verb, t. = to drive a bayonet into someone संगीन घोंप देना

ba•zaar /bə'zɑː/ /बज़ाऽ'/ noun, c. **1** = a market place in an Asian country (एशिया के देशों में) खरीद-बिक्री की जगह, बाज़ार **2** *a church bazaar* = a special sale arranged by the members of a group, usually for some charitable purpose परोपकार के लिए किसी संगठन द्वारा आयोजित विक्रय

BBC abbr. of **British Broadcasting Corporation** = a company set up by the British government that produces radio and television programmes ब्रिटिश सरकार द्वारा संस्थापित कंपनी जो रेडियो/टेलीविज़न के कार्यक्रम प्रसारित करती है

BC abbr. of **before Christ** = a system of naming the dates of events that took place before the birth of Christ (see A.D.) ईसापूर्व तिथियों के उल्लेख की एक प्रणाली (देखें A.D.)

be[1] /biː/ /बी/ aux. verb. present tense forms **is, am, are;** *He is my friend.*(singular); *I am a doctor.*(singular); *They / we / you are students.*(plural) past tense forms **was, were**; *He / I was a student.*(singular); *They / we / you were students.*(plural) progressive form (**be + ing**) *He is being asked; I am being asked; They / we / you are being asked.* passive form: (**be + en**) *He is beaten; I am beaten; They / we / you are beaten.*

be- /biː/ /बी/ prefix **1** *I want to befriend him.* = to make or treat as **2** *The sea is becalmed.* = to be in the stated condition उल्लिखित स्थिति में होना

beach[1] /biːtʃ/ /बीच/ noun, c. = a long stretch of sand along the sea समुद्र के किनारे बालू का लंबा फैलाव

beach[2] verb, t. *Have you beached your boats?* = to run or drive a boat onto the beach समुद्री किनारे के बालू पर/तक नाव चढ़ा देना

bea•con /'biːkən/ /'बीकन/ noun, c. **1** = a light or fire which is lit on top of a tower or hill to guide ships at sea मीनार या पहाड़ी की चोटी पर समुद्री जहाज़ों के दिशा-निर्देश के लिए रोशनी **2** *The lives of good people should be a beacon for all of us.* = something that guides or sets an example to be followed (figurative) दूसरों द्वारा अनुसरण के लिए प्रस्तुत या स्थापित उदाहरण, मार्गदर्शक प्रकाशस्तंभ (लाक्षणिक)

bead /biːd/ /बीड/ noun, c. **1** *a string of beads* = a small piece of glass or stone, usually round, with a hole in it through which a piece of thread or wire can be pushed to form a necklace काँच या पत्थर की छोटी-सी गोली जिसके सूराख में धागा या तार घुसाकर कंठहार बनाया जाता है **2** *beads of sweat* = a drop of liquid तरल पदार्थ की एक बूँद

beak /biːk/ /बीक/ noun, c. = the bony front part of the mouth of a bird चोंच

B

beak•er /ˈbiːkəʳ/ /ˈबीकर/ noun, c. **1** = a drinking cup with a wide mouth and no handle बिना मूँठवाला चौड़े मुँहवाला एक पेय-पात्र **2** = a glass container for liquids used in a science laboratory वैज्ञानिक प्रयोगशाला में प्रयुक्त काँच का छोटे मुँहवाला पात्र (**laboratory equipment** के अंतर्गत चित्र देखें)

beam[1] /biːm/ /बीम/ noun, c. **1** = a large, long and heavy piece of wood, steel etc. which supports the roof of a building लकड़ी का भारी लंबा लट्ठा, शहतीर, धरन **2** = the long metal arm of a balance used for weighing things, from which the scales are hung तराजू का लंबा धातु-निर्मित डंडा जिससे पलड़े लटके होते हैं **3** *a beam of light* = light shining in a line or band e.g. a moonbeam किरण

beam[2] verb, i. **1** *He was beaming with delight at the news of his victory.* = to smile brightly and happily प्रसन्नता में मुस्कुराना **2** *Doordarshan will beam this news across the world.* = to broadcast (send out) a programme over radio or television [TECHNICAL] रेडियो या टेलीविज़न पर कार्यक्रम प्रसारित करना [तकनीकी]

bean /biːn/ /बीन/ noun, c. **1** *soya bean* = the edible seed of a type of climbing plant लत्तर वाले पौधे का एक खाद्य बीज **2** *coffee beans* = the seeds of certain plants which look like beans सोयाबीन-से लगते कुछ पौधों के बीज **bean sprouts** noun, c. (usually in plural) = a very young plant that is beginning to grow and is often eaten without cooking पनपते अंकुर जो बिना पकाए भी खाए जाते हैं

to be full of beans = full of enthusiasm and energy (informal) जीवंत उमंग, दमदार, तेज़दम, उछाह भरा (अनौपचारिक) **to spill the beans** = to tell someone about something that should have been kept a secret (informal) पोल या भेद या कलई खोल देना (अनौपचारिक)

bear[1] /beəʳ/ /ˈबेयर/ noun, c. **1** = a large, heavy animal with thick and rough fur भालू **2** = a person who sells away her or his shares in the stock-market, expecting that their prices will fall [TECHNICAL] (opposite **bull**) दाम गिरने की उम्मीद में अपना शेयर स्टॉक मार्केट में बेचनेवाला व्यक्ति [तकनीकी] (विलोम शब्द **bull**)

bear[2] verb, t. or i. (**bore, borne**) **1** *This chair cannot bear such a heavy load. It is sure to break.*(t.) = to carry; to support बोझ सह पाना **2** *I can bear a lot of pain.*(t.) = to suffer without complaining; to endure बिना चूँ किए बरदाश्त कर पाना, सह या झेल लेना **3** *We are willing to bear a part of the cost, not all of it.* = to pay for something willingly खर्च उठाने या दाम देने या कीमत चुकाने को तैयार या राज़ी **4** *bear a child* = to give birth to a baby (formal, old-fashioned) प्रसव करना (औपचारिक, पुराने प्रचलन का) **5** *The document bears no names.* = to have or carry (formal) पर उल्लिखित या चिह्नित या अंकित होना (औपचारिक) **bearable** adj. *Is the pain bearable?* = something unpleasant that one can bear without too much suffering सह्य, सहनीय, कुछ भी अप्रिय जो बिना अधिक कष्ट झेले सहा जा सके

bear up *How have you been bearing up since your fall?* = to manage with courage and determination हिम्मत या दृढ़ता से चला लेना **to bear (someone) a grudge** = to have constant negative feelings towards someone because of something which happened in the past बहुत पहले कुछ अप्रिय हुए रहने का मलाल **to bear the brunt of** *The captain bore the brunt of the media's attack when the team lost the series at home.* = to face the full force of something unpleasant अप्रिय या प्रतिकूल घटना का सदमा झेल जाना **to bear something in mind** *She will bear your advice in mind for the future.* = to remember something, usually advice or a warning, in such a way that it is useful when needed राय या चेतावनी याद रखना, यह याद या ख़याल रखना कि...

beard[1] /bɪəd/ /बीयड/ noun, c. = the hair growing on the face and neck दाढ़ी

beard[2] verb, t. *The manager is trying to avoid me, but I am going to beard him over the matter of my promotion.* = to face or oppose someone without fear (informal) मुकाबिल होकर चुनौती देना (अनौपचारिक)

to beard the lion in his den = to face or challenge someone in a place where he/she is known to be strong or powerful जहाँ कोई ताकतवर हो वहीं उसका सामना करना या उसे चुनौती देना

bear•er /ˈbeərəʳ/ /ˈबेअरर/ noun, c. **1** *He is the bearer of bad news.* = a person who carries or brings something संदेश वाहक **2** = a waiter (a person who serves food or drinks, specially in a club) बेयरा

bear•ing /ˈbeərɪŋ/ /ˈबेअरिङ/ noun, c. or u. **1** *I admire her upright bearing.*(u.) = the manner in which a person stands or moves चाल-ढाल, किसी के उठने-बैठने, चलने का तरीका **2** *Whatever she says at this meeting will have an important bearing on our decision.*(c.) = influence असर **3** *a ball bearing* = a part of a machine, containing small steel balls, which helps moving parts work more easily मशीन का हिस्सा जिसमें इस्पात की छोटी-छोटी गोलियाँ पुरज़ों को आसानी से चलनशील रखती हैं

bear•ish /ˈbeərɪʃ/ /ˈबेअरिश/ adj. *The market is bearish now.* = in a situation where the prices of shares are expected to fall (opposite **bullish**) [TECHNICAL] ऐसी स्थिति जिसमें शेयरों के दाम गिरने की आस होती है [तकनीकी] (विलोम शब्द **bullish**)

beast /biːst/ /बीस्ट/ noun, c. **1** = a four-footed animal चौपाया **2** *What a beast you are!* = a person that one does not like (figurative, informal) नरपशु, एकदम जानवर (लाक्षणिक, अनौपचारिक) **beastly** adj. *Your behaviour is beastly.* = unpleasant and cruel पशुवत्, पाशविक **beast of burden** noun, c. **1** = an animal that is used to carry loads e.g. a horse, donkey, camel etc. बोझ ढोनेवाला जानवर **2** *I am little more than a beast of burden in this office.* = a person who is given too much work (figurative) लद्दू जानवर, लदुआ बैल (लाक्षणिक)

beat[1] /biːt/ /बीट/ verb, t. **1** *The man was beating the carpet with a stick to dust it.* = to hit or strike someone or something again and again बार-बार पीटना **2** *Our hockey team can beat theirs.* = defeat हरा देना **3** *His heart is still beating.* = working काम करते रहना

beat[2] noun, c. **1** *the beat of a drum* = the regular sound produced by the heart or by a drum, machine, etc. मशीन या नगाड़े/ढोल की लगातार आवाज़ **2** *The music has a strong beat.* = the regular pattern of sounds in music or poetry; rhythm (संगीत/काव्य) ताल **3** *the policeman's beat* = the path that a police-person follows while on duty गश्त

to beat about the bush = to talk about something for a long time without getting to the main point or purpose घुमा-फिराकर बातें करते रहना, असली मुद्दा छोड़कर असंबद्ध बातें करते जाना **to be off the beaten track** = to be in a place or path that is not used by many लीक से हटना **Can you beat that?** *She has been sleeping for about twelve hours. Can you beat that?* = Isn't that remarkable? (informal, approving or disapproving) कमाल है! ऐसा देखा है कहीं? (अनौपचारिक, स्वीकृत/अस्वीकृत) **to beat the heat/rush etc.** *I think I'll beat the crowds at the shops by going early.* = to be successful in doing something by taking some immediate action (informal) जल्दी से निबटाकर कामयाब हो जाना (अनौपचारिक)

beat•er /ˈbiːtəʳ/ /ˈबीटॅ/ noun, c. **1** *an egg-beater* = an instrument used to beat (stir) something फेंटने का यंत्र **2** = a person whose job it was to beat the forest and drive out wild animals so that they could be hunted शिकार के वास्ते जंगली जानवरों को (ढोल पीटकर या शोर करके) बाहर निकालने वाला व्यक्ति

beau /bəʊ/ /बऊ/ noun, c. (**beaux, beaus**) (French) = a woman's lover (old-fashioned) पिया, प्रीतम, साजन, बालमा (फ्रेंच भाषा का शब्द)(पुराने प्रचलन का)

beau•ty /ˈbjuːti/ /ˈबिऊटी/ noun, u. or c. (**beauties**) **1** *I am admiring the beauty of the mountain.*(u.) = the quality in someone or something that attracts a person आकर्षक गुण, सौंदर्य **2** *She was a great beauty, and we were proud of her.*(c.) = a woman who has beauty (old-fashioned) सुंदरी, लावण्यवती, सलोनी, हसीना (पुराने प्रचलन का) **3** *The beauty of this suitcase is that you can take it wherever you go.* = advantage (informal). फायदा (अनौपचारिक) **beautiful** adj. = someone or something that has beauty खूबसूरत **beautify** verb = to make something or someone beautiful सौंदर्य-मंडित करना, सँवारना **beauty contest** noun = a competition to judge the most beautiful women in a group सौंदर्य प्रतियोगिता **beauty queen** noun = a woman who has won a prize in a beauty contest सौंदर्य प्रतियोगिता में पुरस्कृत सर्वोत्कृष्ट सुंदरी **beauty parlour** noun = a place where people are given special treatment for the face, hair, hands etc. to make them look more attractive सौंदर्य-वर्द्धन या प्रसाधन का व्यापारिक स्थल **beautician** /bjuːˈtɪʃən/ /ब्यूटीशन्/ noun, c. = a person whose job is to make the face, skin, hands etc. look more beautiful सौंदर्यकार, ब्यूटी पार्लर संचालक

be•cause /bɪˈkɒz/ /बिˈकॉज/ conj. *I could not come because it was raining.*= for the reason that क्योंकि, की वजह से

beck /bek/ /बेक/ noun **(to be at someone's beck and call)** *If you don't tell people how busy you are, you will have to be at their beck and call.* = to be always available or ready to serve someone किसी की ख़िदमत के लिए बराबर तैयार या मुस्तैद रहना

be•come /bɪˈkʌm/ /बिˈकॅम/ linking verb (**became**) **1** *Nirmal became the class monitor.* = to come to be something that one was not earlier हो जाना **2** *I am becoming rather worried about your fever.* = to start feeling something one wasn't feeling earlier महसूस करने लगना **becoming** adj. *That new dress looks very becoming.* = beautiful (old-fashioned) शोभनीय, दिलकश (पुराने प्रचलन का)

bed[1] /bed/ /बेड/ noun, c. **1** *He sleeps on a hard bed.* = a piece of furniture used for sleeping on पलंग, बिछावन **2** *the bed of the river* = the bottom (नदी)

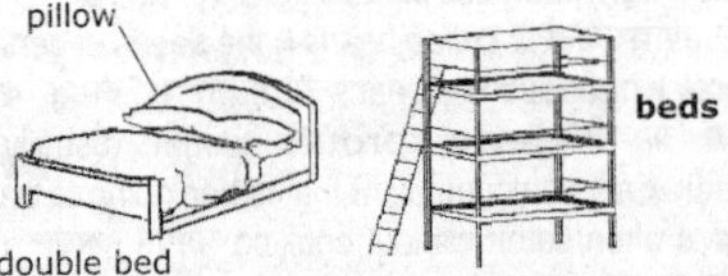

तलहटी **3** *a bed of concrete* = the foundation on which something stands नींव **4** *flower bed* = an area in a garden where flowers are planted क्यारी

bed[2] verb, t. (**bedded**) *I have to bed the machine in a layer of concrete.* = to fix something in a base or foundation में बैठाना **bedbug** noun, c. = an insect which sucks blood and can be found in dirty beds खटमल **bedfellow** noun, c. **1** = a person who shares one's bed शय्यासंगी या शय्यासंगिनी **2** = a close companion or partner in some business or other activity (informal) **bedlinen** noun, u. = bedsheets, pillow covers etc. that are used with a bed चादर, तकिया खोल आदि **bedpan** noun, c. = a container for body wastes used by persons who are sick or old or unable to get out of bed चिलमची जो अशक्त, रुग्ण व्यक्ति के लिए होती है **bedridden** adj. = a state in which a person is unable to get out of bed because of long illness शय्याग्रस्त (लंबी बीमारी के कारण खाट पकड़े हुए) **bedrock** noun, u. **1** = the layer of solid rock deep down inside the earth over which other layers of soil are found तलशिला, आधार शैल **2** *The company is successful because it is well managed. Efficiency is the bedrock of its success.* = the principle which is the foundation for something सिद्धांत जो एक सुदृढ़ आधार हो **bedsore** noun, c. = a painful place on a person's skin caused by lying in bed for a long time शय्याव्रण, खाट या बिछावन पर पड़े-पड़े रहने से त्वचा में बना कोई पीड़ा स्थल **bedspread** noun, c. = a decorative cloth cover for a bed पलंग पोश, बिछावन ढँके रखने के लिए कोई सजावटी कपड़ा **bed-wetting** noun, u.– a condition in which someone, e.g. a child, passes urine in bed while asleep नींद में ही बिछावन पर पेशाब करने की आदत

to bed down = to make a person or animal comfortable for the night रातभर के लिए आदमी या जानवर को सुलाना **to get up on the wrong side of the bed** = to be in a bad temper or mood (informal) झुँझलाए या खीझे रहना, 'पता नहीं किसका मुँह देखा' कहना (अनौपचारिक) **bed of roses** noun, c. *Life is not a bed of roses. You will have to work hard to succeed.* = something that is very comfortable आराम, मौजमस्ती की बेफ़िक्र स्थिति

bed•lam /'bedləm/ /'बेड्लम्/ noun, c. *If the teacher leaves the class alone for a few minutes, there is bedlam by the time she returns!* = a place where there is a lot of noise and confusion (informal) शोरगुल, हल्लागुल्ला, गड़गड़, (गुलगपाड़ा) (अनौपचारिक)

bee /bi:/ /बी/ noun, c. = a stinging insect that makes honey from the juice of flowers and lives in large groups मधुमक्खी **beehive** noun, c. = a nest or box in which bees live मधुमक्खी का छत्ता **beeline** noun *At the party Rajesh didn't talk to anybody but made a beeline for the food.* = the most direct route to something (informal, often disapproving) एकदम सीधे किसी ओर (अनौपचारिक, प्राय: अस्वीकृत)

beef[1] /bi:f/ /बीफ़/ noun, u. = the meat of a cow or ox गोमांस **beefy** adj. *a beefy actor* = a very big, strong and often fat person (informal) मुस्टंडा (अनौपचारिक)

beef[2] verb, i. *He is always beefing about the long hours he works.* = complaining (informal) गिला करते रहना, भुनभुनाते रहना (अनौपचारिक)

been[1] /bɪn/ /बिन/ aux. verb *He has been playing tennis.* = doing something for some time, but not any longer कुछ वक्त तक जारी, लेकिन अब नहीं

been[2] verb, i. *I have been to America three times.* = gone and come back from हो आए रहना

beep /bi:p/ /बीप/ noun, c. *I heard the beep of the scooter horn.* = a short, sharp sound, not very loud बीप-जैसी आवाज़ **beeper** noun, c. = an instrument which makes a beeping sound to inform someone that he/she is wanted on a telephone by a caller; a **pager** एक यंत्र जो बीप-बीप-जैसी आवाज़ से किसी को यह सूचित करता है कि उसका टेलिफ़ोन आया है

beer /bɪəʳ/ /बीयʳ/ noun, u. or c. **1** (u.) = a drink with a bitter taste, made from grain, which contains a low amount of alcohol अनाज से बना एक कड़वा पेय जिसमें हल्की मात्रा में अल्कोहल (मादक द्रव्य) होता है **2** *Would you like a beer?*(c.) = a glass, mug or bottle of beer (एक ग्लास/एक बोतल/एक मग) बियर

beet /bi:t/ /बीट/ noun = a red root vegetable from which beet sugar is made चुकंदर

bee•tle /'bi:tl/ /'बीट्ल्/ noun, c. = a kind of insect which has a hard covering over its body भृंग, भँवरा, भौंरा, एक प्रकार का कीड़ा जिसका बाहरी भाग कड़ा होता है

be•fore[1] /bɪ'fɔ:ʳ//बि'फॉʳ/ prep. or conj. **1** *I was here before the guests arrived.* (conj.) **2** *You must come before 12 o' clock.* (prep.) = earlier than किसी (निश्चित समय) के पहले **3** *The ghost suddenly appeared before me.* = in front of के सामने **4** *You will have to appear before the selection committee.* = for a particular purpose के लिए, किसी विशेष उद्देश्य से **5** *You should put duty before pleasure.* = in a more important position than something else से बढ़कर, से अधिक महत्त्व का

before[2] adv. *Have we met before?* = on an earlier occasion कभी पहले **beforehand** adv. *I had been informed beforehand that you were coming.* = in advance पहले से

be•friend /bɪ'frend/ /बि'फ्रेण्ड/ verb, t. *Mr Sinha befriended me when I first came to Kolkata as a student.* = to become somebody's friend, especially someone who is younger or needs help किसी (विशेषत: अपने से छोटे ज़रूरतमंद) से दोस्ती करना

beg /'beg/ /'बेग/ verb, i. or t. **1** *You seem to be a strong and healthy person. Why are you begging on the streets?*(i.) = asking people for food, money etc. because you are poor (गरीबी की वजह से भोजन या पैसे के लिए) भीख माँगते फिरना **2** *My daughter begged to go on the picnic with her friends.*(t.) = to ask for something with great eagerness or anxiety चिरौरी करना

to beg somebody's pardon **1** = to say that one is sorry किसी से खेद प्रकट करना **2** = to ask someone to repeat what he/she said किसी ने जो कहा, उसे दुहराने के लिए कहने की एक अभिव्यक्ति **3** = a way of announcing that one is going to disagree असहमति प्रकट करने का एक ढंग

beg•gar /begəʳ/ /'बेगʳ/ noun, c. = a person who lives by begging भिखारी, भिखमंगा

be•gin /bɪ'gɪn/ /बि'गिन/ verb, t. or i. (**began, begun**) *We shall begin our show in 10 minutes.*(t.)= to start at a particular time or in a particular way (किसी ख़ास वक्त पर, किसी ढंग से) शुरू करना **beginner** noun, c. *You swim quite well for a beginner.* = a person who is just beginning to do something नौसिखिया **beginning** noun, c. *Let us go back to the beginning of this story.* = the point at which something begins आरंभ, शुरुआत

to begin with *We can't do the project. To begin with, we have no one to help us.* = to state or introduce the first point or reason for something पहला मुद्दा या पहली वजह पेश करते हुए, 'पहले तो यह है कि....' कहते हुए

be•half /bɪ'hɑ:f/ /बि'हाऽफ़/ noun, u. **(on behalf of)** *I am writing this letter on behalf of a friend, who is in hospital.* = for; in the interests of की तरफ़ या ओर से, के पक्ष में, के वास्ते, के निमित्त

be•have /bɪ'heɪv/ /बि'हेइव/ verb, i. or t. **1** *My friend has been behaving strangely ever since he won the lottery.*(i.) = acting in a certain way बरताव करना, पेश आना **2** *I want you to behave yourself. No talking, whispering or laughing!*(t.) = to act in a manner which is thought to be proper and socially acceptable अनुमोदित, स्वीकार्य ढंग से आचरण करना या चाल-चलन रखना

be•hav•iour /bɪ'heɪvjə[r]/ /बि'हेइविअ[र]/ noun, u. *We can study the behaviour of wild animals in a zoo.* = the way in which someone or something acts आचरण, चाल-चलन

be•head /bɪ'hed/ /बि'हेड/ verb, t. = to cut off someone's head, especially as a punishment सज़ा के तौर पर सिर काट देना

be•hind[1] /bɪ'haɪnd/ /बि'हाइण्ड/ prep. or adv. **1** *She is hiding behind this door.* = at the back of के पीछे **2** *Some countries are behind others in economic development.* = in a less advanced position किसी से कम प्रगति पर, किसी से पिछड़ा **3** *Don't worry, we are all behind you in this struggle.* = in support of किसी के समर्थन में; की पीठ पर **4** *Who is behind the attack?* = responsible for causing की वजह, के पीछे

behind[2] noun, u. *a kick in the behind* = the back part of the body; the **buttocks** (slang) चूतड़, पछाड़ी [अपभाषा]

be•hold /bɪ'həʊld/ /बि'हउल्ड/ verb, t. *Behold her, yon solitary highland lass!* = to look at (old-fashioned and literary)(कुछ असामान्य) को देखना (पुराने प्रचलन का, साहित्यिक)

beige /beɪʒ/ /बेइज/ noun, u. or adj. = (of) a dull, yellowish-brown colour मटमैला

be•ing[1] /'bi:ɪŋ/ /'बीईङ/ noun, u. or c. **1** *a human being*(c.) =a living creature प्राणी, जीव(धारी) **2** *When did the earth come into being?*(u.) = existence अस्तित्व, हस्ती, सत्ता

being[2] aux. verb *The house is being repaired.* = progressive form of **be**, showing action in progress [GRAMMAR] काम ज़ारी रहने का भाव दर्शाता [व्याकरण]

belch[1] /beltʃ/ /बेल्च/ noun, c. = the sound produced when one allows gas from the stomach to pass out through the mouth (also **burp**) डकार, पेट की गैस मुँह से निकालते वक्त होती आवाज़ (देखें **burp**)

belch[2] verb, t. or i. *The chimneys of the factories are belching smoke.*(t.) = to throw out with force ज़ोर से बाहर फेंकना या उगलना

be•lief /bɪ'li:f/ /बि'लीफ़/ noun, c. or u. **1** *My belief in God is very strong.*(u.) = strong religious faith आस्था, दृढ़ धार्मिक विश्वास **2** *My belief in your leadership has been shaken.*(u.) = trust, confidence भरोसा **3** *I share many of your beliefs.*(c.) = an idea that is strongly held and has a powerful influence on a person's behaviour मूलबद्ध धारणा या विचार जिसका प्रभाव किसी के आचरण पर होता है

be•lieve /bɪ'li:v/ /बि'लीव/ verb, t. **1** *Please believe me. I am telling you the truth!* = to consider something or someone to be true सच मानना, पर यक़ीन करना **2** *I believe we have met before, Mr Misra.* = to think or suppose समझना या मानना या लगना **believable** adj. *a believable story* = something that can be believed यकीन करने लायक **believer** noun **1** *a true believer* = one who accepts or follows a certain religion or ideal विश्वसनीय **2** *a believer in the value of hard work* = one who accepts a certain idea विश्वासी, आस्थावान, आस्तिक, किसी धार्मिक आदर्श के विषय में आश्वस्त

to believe in something *I believe in rebirth.*= to have strong faith in (something) में दृढ़ आस्था रखना या होना

bell /bel/ /बेल/ noun, c. **1** = a piece of metal, round and hollow or flat in shape, which makes a ringing sound when it is hit घंटी **2** *Can't you hear the bell?* = the sound made by a bell घंटी की आवाज़ **bell-bottoms** noun, c. (only plural) = trousers with legs that become wide at the bottom एक पतलून जिसके चौड़े मोहरे होते हैं

bel•lig•er•ent /bɪ'lɪdʒərənt/ /बि'लिजरण्ट/ adj. *in a belligerent mood* = angry and ready to fight लड़ाका, झगड़ालू

bel•low[1] /'beləʊ/ /'बेलउ/ noun, c. = a deep, loud sound such as the one made by a bull फुंकार, गर्जन

bellow[2] verb, i. or t. *to bellow with anger* = to shout in a deep, loud voice गरजना

bel•lows /'beləʊz/ /'बेलउज़/ noun, c. (always plural) = a hollow bag, usually made of leather, used for blowing air into a fire धौंकनी, भाथी, चमड़े का बड़ा-सा थैला जिससे आग में हवा दी जाती है

bel•ly /'beli/ /'बेली/ noun, c. (**bellies**) **1** = the stomach; the part of the human body between the chest and the legs (informal) पेडू (अनौपचारिक) **2** *the minerals lying in the belly of the earth* = the inside of something के तल/गर्भ में **3** *the belly of an aircraft* = the curved lower surface कुछ गोलाकार निचली सतह **belly-button** noun, c. = the mark or sunken spot in the belly where the child was attached to the mother before birth; the navel (slang) नाभि, पेट में एक धँसी हुई जगह जहाँ से गर्भस्थ शिशु जुड़ा रहता है, ढोंढ़ी(अपभाषा) **belly-dance** noun, c. = a kind of dance usually performed by women, using movements of the belly कटि-नृत्य **belly-landing** noun, c. = the act of landing an aircraft on its belly when it is unable to land on its wheels (हवाई जहाज़) पहियों पर नहीं उतर पाने पर निचली सतह पर उतरने की क्रिया

be•long /bɪ'lɒŋ/ /बि'लॉङ/ verb, i. **1** *Why should I leave this city? I belong here.* = to feel that one is a part of something or in the right place (अपने को) किसी जगह का निवासी महसूस करना **2** *This house belongs to Mr Mishra.*= to be the property of की संपत्ति होना **belong to** *I belong to a well-known family of* *musicians.* = to be a member of से संबंधित या संबद्ध होना, किसी(घराने) का होना, का सदस्य होना **belongings** noun, c. (always plural) *I lost all my belongings in the fire.* = things which belong to one, and which can be moved; possessions चल संपत्ति जो निजी हो, माल-असबाब, सामान

be•lov•ed[1] /bɪˈlʌvɪd/ /बि'लॅविड/ noun (no plural) *Madhuri is very happy because she is going to marry her beloved.* = a person who is loved very much प्रियतम या प्रेयसी, महबूब या महबूबा

beloved[2] adj. *Shah Jahan built the Taj Mahal in memory of his beloved wife.* = greatly loved प्रेयसी या महबूबा

be•low[1] /bɪləʊ/ /बिलउ/ prep. **1** *My exercise book is just below the pile of books. You will see it if you lift the books.* = on a lower level निचली सतह पर **2** *Your work has been below average.* = less than से कम **3** *I am still below the age of retirement.* = younger than उमर के लिहाज़ से कम

below[2] adv. *The show is free for children aged three and below.* = less than (उमर में) कम

belt[1] /belt/ /बेल्ट/ noun, c. **1** = a band, usually made of leather or plastic, worn around the waist to hold up trousers, skirts etc. कमरबंद, चमड़े या प्लास्टिक का फीता जो पतलून या स्कर्ट को कसे रखने के लिए बाँधा जाता है **2** = a circular band made of rubber or leather which drives some part of a machine or moves things from one place to another रबर या चमड़े का गोल घूमता पट्टा जो मशीन चलाता है या कुछ ले आता-ले जाता है **3** *Bihar, Orissa and Madhya Pradesh form the mineral belt of the country.* = a part of a country that is known for something देश का क्षेत्र-विशेष

belt[2] verb, t. **1** *Please belt up your overcoat.*= to tie up with a belt बेल्ट या पट्टे से बाँध या कस लेना **2** *He belted the next ball for a six.* = to hit very hard (informal) हुँमचके मारना (अनौपचारिक)

to hit someone below the belt = to attack someone in an unfair manner बेईमानी या घात से चोट करना **to belt out a song** = to sing in a very loud voice ज़ोर से गा उठना **to tighten one's belt** = to prepare oneself to face a difficult time, specially a time of financial difficulty किसी (विशेषत: आर्थिक) संकट का सामना करने को कटिबद्ध होना

bench /bentʃ/ /बेन्च/ noun, c. **1** *The teacher made me stand on the bench.* = a long wooden seat on which several people can sit तख़्त, बेंच **2** *The lawyer addressed the bench.* = the seat where the judge sits in a law court न्यायपीठ **3** *The lawyer has been raised to the bench.* = the position of a judge न्यायाधीश-पद **benchmark** noun *Your book will be a benchmark for all future writers.* = something which is used as a standard by which other things of a similar kind are judged मापदंड जिसके अनुसार समान वस्तुओं का मूल्य-निर्धारण होता है

bend[1] /bend/ /बेण्ड/ verb, t. or i. *You will have to bend this pipe to make it fit.* = to force something into a shape different from the one it had earlier टेढ़ा करके या झुकाकर नई शक्ल में बदलना

bend[2] noun, c. *Walk straight on until you come to a bend in the road.* = a curve in a road or river मोड़

be•neath /bɪˈniːθ/ /बि'नीथ/ prep. or adv. **1** *The ship sank beneath the waves.*(prep.) = below के नीचे **2** *It is beneath my dignity to ask for money.* (prep.) = not worthy of के अयोग्य

ben•e•fac•tor /ˈbenɪfæktəʳ/ /'बेनिफ़ैक्टʳ/ noun, c. = one who helps others, specially with money दूसरों की (विशेषकर पैसों से) मदद करने वाला **beneficent** /bɪˈnefɪsənt/ /बि'नेफ़िसण्ट/ adj. = kind and generous (formal) हितकारी, उपकारक (अनौपचारिक)

ben•e•fit[1] /ˈbenɪfɪt/ /'बेनिफ़िट/ verb, t. *This new medicine will surely benefit the patient.* = to help or to provide some advantage लाभ पहुँचाना

benefit[2] noun, u. or c. *This new rule gives us no benefit.*(u.)=help; advantage हित, लाभ, फ़ायदा, भला **beneficial** /benɪˈfɪʃəl/ /बेनि'फ़िशल / adj. = something which gives benefit (help) लाभप्रद **beneficiary** noun, c. (**beneficiaries**) *Farmers will be the main beneficiaries of the government's new policy on agriculture.*= one who gains some benefit (advantage) लाभभोगी

be•nev•o•lent /bɪˈnevələnt/ /बि'नेवलण्ट/ adj. *a benevolent ruler* = kind and helpful to others हितैषी, शुभचिंतक

be•nign /bɪˈnaɪn/ /बि'नाइन/ adj. **1** = kind and gentle भद्र, सौम्य **2** *a benign tumour* = a disease which is not dangerous to life (opposite **malignant**) शरीर में एक वृद्धि का रोग जो घातक नहीं होता (विलोम शब्द **malignant**)

be•reav•ed /bɪˈriːvd/ /बि'रीव्ड/ adj. = a person who has suffered a bereavement or loss शोकसंतप्त **bereavement** noun, u. or c. *His wife's death has shattered him. I don't know how I can comfort him in his bereavement.* = the state of having lost someone whom one loved especially because of death वियोग, शोक, गमी

be•reft /bɪˈreft/ /बि'रेफ़्ट/ adj. *After losing his job, he is bereft of all hope.*= completely without; having lost से सर्वथा वंचित

ber•i•ber•i /beriˈberi/ /बेरी'बेरी/ noun, u. = a disease that attacks the nerves, caused by the lack of vitamin B विटामिन बी की कमी से होने वाला रोग जो स्नायुतंत्र को आक्रांत करता है

ber•ry /ˈberi/ /'बेरी/ noun, c. (**berries**) = a small, soft fruit with seeds (e.g. *strawberry*) सरस फल, बेर, बेरी

ber•serk /bɜːˈsɜːk/ /बऽ'सऽक/ adj. **(to go berserk)** *Why are you tearing up your books? Have you gone berserk?* = almost mad with anger or grief (informal) क्रोध या शोक से विक्षिप्त, रंजीदा (अनौपचारिक)

berth¹ /bɜ:θ/ /बऽथ/ noun, c. **1** *I have a lower berth in this compartment.* = a sleeping place in a train or ship ट्रेन या जहाज़ में सोने की जगह, शायिका **2** = a place in a harbour where a ship can stop and be tied up लंगरगाह या गोदी जहाँ जहाज़ रुकता है या बाँधा जाता है

berth² verb, t. *The ship will berth here.* = to find a place to stop (जहाज़) रुकने की जगह पाना

be•side /bɪˈsaɪd/ /बिˈसाइड/ prep. *Come and sit beside me.* = next to; by the side of की बगल में

to be beside the point *That you were late by only five minutes is beside the point. Why were you late at all?* = having nothing to do with the main point असली मुद्दे से कोई सरोकार नहीं रखना **to be beside oneself** *He was beside himself with anger.*= to lose control of oneself due to anger, fear, etc. आपे से बाहर होना

be•sides¹ /bɪˈsaɪdz/ /बिˈसाइड्ज़/ prep. *There were many people at the meeting besides the three directors.* = in addition to के साथ-साथ, के अलावा

besides² adv. *I don't want to go. Besides, I am too tired.* = in addition; also इसके अलावा, 'और यह भी है कि...'

be•seige /bɪˈsi:dʒ/ /बिˈसीज/ verb, t. *The enemy troops have beseiged our town. We can't get out through any of the gates.* = to surround a place so that the people inside cannot come out घेरा डालना ताकि घिरे हुए बाहर न आ सकें

best¹ /best/ /बेस्ट/ adj. *She is the best student in the class.* = of the highest quality or level सर्वोत्तम

best² adv. *Which of these shirts do you like best?* = the most सबसे अच्छा या उम्दा

best³ noun, u. *She tried her best to make us come for her brother's wedding.* = the most that one can do भरसक **best man** = a person who attends a marriage ceremony as a close friend of the bridegroom दूल्हे का सबसे नज़दीकी दोस्त जो शादी में हाज़िर होता है **best-seller** = a book which a large number of readers buy over a period of time सर्वाधिक बिकने वाली पुस्तक, पुस्तक जिसे ज़्यादा से ज़्यादा लोग खरीदते रहते हैं

bet¹ /bet/ /बेट/ noun c. *I made a bet with my friend that Sri Lanka would win.* = an agreement to risk money or something valuable on the result of a future event भविष्य में घटना के परिणाम पर पैसा या कोई कीमती चीज़ दाँव पर लगाने की बाज़ी, बाज़ी/दाँव/शर्त्त

bet² verb, i. or t. *I bet that it will rain today.*(t.) // *Do you want to bet?*(i.) = to enter into an agreement to risk money or something valuable on the result of a future event ऐसी बाज़ी लगाना

be•ta /ˈbi:tə/ /ˈबीट/ noun = the second letter of the Greek alphabet represented by the symbol β यूनानी वर्णमाला का दूसरा अक्षर

be•tel /ˈbi:tl/ /ˈबीट्ल/ noun, c. **1** = a leaf wrapped around pieces of pink or red nut (betel nut) and chewed in parts of India and South East Asia पान **2** = the leaf of the betel plant पान का पत्ता

be•tray /bɪˈtreɪ/ /बिˈट्रेइ/ verb, t. **1** *to betray one's country* = to be false to someone who has faith in you के साथ विश्वासघात या दग़ा करना **2** *The man betrayed no fear when the robbers surrounded him.*= to show feeling भाव प्रकट हो जाने देना **betrayal** noun, u. *a betrayal of our trust* = the act of betraying someone or something विश्वासघात या दग़ाबाज़ी का काम

bet•ter¹ /ˈbetəʳ/ /ˈबेटʳ/ adj. (**good – better – best**) **1** *I am a good cook but my brother is a better cook.* = of higher quality से बेहतर **2** *Are you feeling better today?* = improved in health स्वास्थ्य में सुधार **3** *I have been waiting here for the better part of an hour.* = almost all of the stated time करीब-करीब पूरी अवधि तक

better² adv. *This machine can run on kerosene, but it works better on petrol.* = in a better way और बेहतर ढंग से

better³ verb, t. *Lalit scored 99 in mathematics in the last examination but this time he has scored 100. He has bettered his own record.* = to do better than; to improve on को और अच्छा बनाना, में सुधार लाना, में तरक्की करना **better half** noun, c. = one's wife or husband (informal, humorous) पत्नी/पति, जोरु/आदमी, घरवाला/ली (अनौपचारिक, हास्यपरक)

be•tween /bɪˈtwi:n/ /बिˈट्वीन/ prep. **1** *My shop is between the post office and the hospital.* = in the space that separates two things के बीच में, दो अलग-अलग चीज़ों के अँतरे में **2** *Meet me between five and six this evening.* = a point of time that separates two other points of time दो निश्चित वक्तों के बीच में **3** *The Rajdhani Express runs between Delhi and Kolkata.* = from one place to another place एक और दूसरी जगह के बीच में **4** *He divided the money between his two children.* = giving equal amounts of something to two or more people दो या दो से अधिक के बीच बराबर-बराबर बाँटना

bev•er•age /ˈbevərɪdʒ/ /ˈबेव्रिज/ noun, c. = a liquid drink other than water (e.g. tea, coffee) (पानी के अलावा) कोई एक पेय जैसे कॉफ़ी, चाय

be•ware /bɪˈweəʳ/ /बिˈवेअʳ/ verb, i. *The sign on his gate says: Beware of the dog!* = be very careful (formal, used as a warning) से सावधान या होशियार रहना (औपचारिक, चेतावनी के लिए प्रयुक्त)

be•wil•der /bɪˈwɪldəʳ/ /बिˈविल्डʳ/ verb, t. *His sudden change in mood from happy to very sad was bewildering.* = to confuse and surprise संभ्रांत कर देना, घबरा देना, चकरा देना

be•yond /bɪjɒnd/ /बिऑण्ड/ prep. or adv. **1** *Our school is beyond the city limits.*(prep.) = on the other side of की दूसरी तरफ़ **2** *The mangoes on the tree are beyond my reach.*(prep.) = too far away बहुत ऊपर, पहुँच के बाहर **3** *I have read nothing on this subject beyond this book.*(prep.) = other than के आगे या अलावा, के बाद **4** *My house is at the end of the road, with nothing beyond.*(adv.) = coming after बाद में, के परे

B

bi- /'baɪ/ /'बाइ/ prefix meaning **1** two, twice or double e.g. उप. (दु-युग्म, दोतरफ़ा) **bi•cy•cle** /'baɪsɪkəl/ /'बाइसिकल/ noun, c. = a vehicle with two wheels **2** both e.g. दो पहियों की गाड़ी, साइकिल **bi•lin•gual** /baɪ'lɪŋgwəl/ /बाइ'लिङ्वल/ adj. or noun, c. **a** *a bilingual dictionary*(adj.) = using two languages द्विभाषिक, दो भाषाओं में **b** *He is a bilingual.*(noun, c.) = a person who can speak or write two languages द्विभाषाभाषी

bi•as[1] /'baɪəs/ /'बायस/ noun, c. or u. *This newspaper has a bias against our team. They always find fault with us.* = a fixed opinion which someone has about a person or group, either in favour or against पूर्वाग्रह (पक्ष या विपक्ष में)

bias[2] verb, t. *Umpires have to be fair at all times. No one should try to bias an umpire's judgement.* = to cause someone to form a bias (a fixed opinion) either in favour of or against someone पक्ष या विपक्ष में झुकाव पैदा करना

bib /bɪb/ /बिब/ noun, c. = a piece of cloth tied under a baby's chin to protect its clothes while eating or drinking गाँती, गतिया, बच्चे के गले में बँधा कपड़ा जो उसके खाते-पीते समय उसके कपड़े के ऊपर रहता है

Bi•ble /'baɪbəl/ /'बाइब्ल्/ noun **1** *the Holy Bible* = the holy book of the Christians ईसाइयों का धर्मग्रंथ **2** *This book is a bible for actors.* = a book which is read and respected by all those belonging to a profession, group etc. किसी पेशे या समूह वालों के बीच आदृत मार्गदर्शक पुस्तक **biblical** /'bɪblɪkəl/ /'बिब्लिक्ल्/ adj. *a biblical character/reference* = someone or something connected with the Bible बाइबिल से संबंधित

biblio- /bɪbliəʊ/ /बिब्लिअउ/ prefix meaning 'connected with books' e.g. उप॰ (=पुस्तकों से संबंधित) **bib•li•og•ra•phy** /bɪbli'ɒgrəfi/ /बिब्लि'ऑग्रफ़ी/ noun, c. (**bibliographies**) = a list of the books and articles which have been used in preparing a book or article किसी पुस्तक या आलेख को तैयार करने में प्रयुक्त पुस्तकें आदि की सूची

bi-cen•te•na•ry /baɪsen'tiːnərɪ/ /बाइसेण्'टीनरी/ noun = a day that celebrates the completion of 200 years of something important किसी महत्त्वपूर्ण (संस्था, घटना, आदि) के दो सौ वर्ष पूरे होने का समारोह दिवस, द्विशती

bi•ceps /'baɪseps/ /'बाइसेप्स/ noun, c. (singular as well as plural) = the large muscle on the front of the upper armऊपरी बाँह की आगेवाली पेशी, बाँह का पुट्ठा

bick•er•ing /'bɪkərɪŋ/ /'बिकरिङ/ verb, i. *Why are you and I always bickering over small things? Let's be friends.* = quarrelling, not very seriously, over unimportant things बेकार की/छोटी-छोटी बातों पर कलह या झगड़ा करना

bid[1] /bɪd/ /बिड/ verb, t. or i. (**bade**) **1** *I want to bid Rs 50,000 for that painting.* = to offer a price to buy something at an auction नीलामी में डाक या बोली लगाना **2** *Many foreign oil companies will bid for the contract to look for oil in the Arabian Sea.* = to try to win a contract by asking the lowest price for doing something ठेका हासिल करने के लिए कम से कम दाम माँगना **3** *Let me bid you goodbye now.* = to say or wish; to offer a greeting (formal) (औपचारिक) **4** *I bid you enter.* = to order someone to do something (old fashioned) कुछ करने का आदेश देना (पुराने प्रचलन का)

bid[2] noun, c. **1** *I have received two bids for this painting* = an offer (of a price) to buy something at an auction नीलामी में खरीद के लिए बोली **2** *I am going to make a bid for the contract.* = an offer to do something for a certain price दाम के लिए कुछ करने की पेशकश **3** = a statement (in some card games e.g. bridge) of the number of points that a player thinks he/she will win ताश या ब्रिज के खेल में प्वाइंट की कुल संख्या की वह बोली जो खिलाड़ी जीत की समझता है **bidding** noun, u. **1** *He cleaned up this room at my bidding.* = orders; command (formal) आदेश (औपचारिक) **2** *The bidding can begin now.* = the process of making offers to buy something at an auction नीलामी में खरीद की पेशकश करने का सिलसिला

to make a bid for something = to try to get something कुछ हासिल करने की कोशिश करना

bi•er /bɪəʳ/ /बियʳ/ noun, c. = a frame fitted with wheels on which the body of a dead person is placed before it is buried or cremated दफ़नाने के पहले मृत व्यक्ति को रखने का एक पहियादार ढाँचा

bi•fo•cal /baɪ'fəʊkəl/ /बाइ'फ़उक्ल/ adj. *a bifocal lens* = a pair of spectacles with lenses that are divided into two parts — a lower part for reading and an upper part for looking at things far away दो हिस्सों में बँटे शीशों का चश्मा (निचला पढ़ने-लिखने, ऊपरी दूर देखने के वास्ते)

bi•fur•cate /'baɪfəkeɪt/ /'बाइफ़केइट/ verb, i. *The road bifurcates at Pipli. One branch leads to Konark and the other to Puri.* = to divide into two branches (used for roads, rivers, etc.) (नदी, सड़क) दो शाखाओं में बँट जाना

big /bɪg/ /'बिग/ adj. (**bigger, biggest**) **1** *a big house* = large बड़ा **2** *He is a big name in cricket.* = famous मशहूर **3** *The big day has come.* = specially important खास, महत्त्वपूर्ण **4** *a big waste of time* = complete एकदम **5** *a big liar* = constant, frequent बराबर का **6** *He's a big boy now, and knows what he is doing.* = mature, grown up सयाना **big bang theory** noun = the idea that all the stars and planets were parts of a single mass of material which exploded into many pieces [ASTRONOMY] महाविस्फोट सिद्धांत (कि जितने ग्रह नक्षत्र हैं वे सब एक महापिंड के विस्फोट के परिणाम हैं) (खगोल विज्ञान) **the Big Four** = China, the US, UK and Russia, which are believed to be the most influential world powers चीन, रूस, अमरीका तथा इंग्लैंड जो संसार के सबसे अधिक प्रभावशाली शक्ति-स्तंभ

माने जाते हैं **big game** noun, u. = large animals such as tigers which were hunted for sport शेर-जैसे जानवर जो शिकार की नज़र से बड़े माने जाते हैं **big gun/ shot** = a very important person (slang) हस्ती (अपभाषा) **big-mouth** noun = a person who loves to talk, mostly about himself/herself; a person who is unable to keep a secret (informal) बड़बोला, गलगाज़, भड़भड़िया, ढपोरशंख, तीसमारखाँ (अनौपचारिक) **big wig** noun = an important person in a company, government etc. (informal, disapproving) करता-धरता, सरग़ना (अनौपचारिक, अस्वीकृत)

to be too big for one's boots = to try to show oneself as being very important or powerful, when this is not the case (informal) (झूठे तौर पर) अपने को बहुत महत्त्वपूर्ण, शक्तिशाली दिखलाने की कोशिश करना **big deal** *So you have won a free ticket to the film show. Big deal!* = an expression of sarcasm, making fun of someone who thinks he/she has achieved something great, when that is not the case (informal) एक कटाक्ष, उसपर जो समझता है कि बहुत बड़ा काम किया है (तो कौन-सा तीर मारा है!) **to be no big deal** *It is true that I walked all the way to deliver the parcel but it was no big deal.* = to not be very important or difficult (slang) 'कोई खास बात तो नहीं' **to think big** 1 *If you want to set up a factory, you should have a large one. I want you to think big!* = to plan to do things on a large scale बड़े पैमाने पर योजना बनाना 2 = to be broad-minded and tolerant कुछ उदार, सहिष्णु होना

big•a•my /ˈbɪgəmɪ/ /ˈबिगमी/ noun, u. = the situation of having two wives at the same time, which is against many codes of law [LAW] द्विपत्नीत्व, जो कई देशों के कानून के विरुद्ध है [कानून]

big•ot /ˈbɪgət/ /ˈबिगट/ noun, c. = a person who thinks that only his/her opinions and beliefs, especially about religion, politics and race, are right, and others' beliefs are wrong व्यक्ति जो दूसरों के मुक़ाबले अपने ही धार्मिक राजनीतिक विचारों को सही मानता है, धर्मांध, कट्टर सिद्धांतवादी

bike /baɪk/ /बाइक/ noun, c. = bicycle or motorcycle (informal) साइकिल, मोटरसाइकिल फटफटिया (अनौपचारिक)

bi•ki•ni /bɪˈkiːni/ /बिˈकीनी/ noun, c. (**bikinies**) = a very small, two-piece swimsuit for women जोड़/जोड़े वाली तंग पोशाक जो तैरने के समय औरतें पहनती हैं

bi•lat•er•al /baɪˈlætərəl/ /बाइˈलैट्रल/ adj. *a bilateral agreement* = an agreement between two groups or parties that must be observed by both sides दो पार्टियों या दलों के बीच का समझौता जिसे दोनों मानने को बाध्य होते हैं; दुतरफ़ा, दोतरफ़ा

bile /baɪl/ /बाइल/ noun, u. 1 = a yellowish green liquid produced in the body by the liver, which helps to digest fat [MEDICINE] चर्बी पचाने के लिए यकृत से उत्पन्न एक पीला-हरा तरल पदार्थ, पित्त [चिकित्सा] 2 *We can't publish your article criticizing our leader. It is too full of bile.* = bitter feelings expressed in speech or writing (figurative) भाषण या लेखन में कटु या तिक्त भावाभिव्यक्ति (लाक्षणिक)

bil•i•ous /ˈbɪljəs/ /ˈबिल्यस/ adj. = a condition in which one feels unwell because of having too much bile in the blood, usually as a result of eating oily food तेलयुक्त पदार्थ खा लेने से पैदा हुई हालत जिसमें तबियत नासाज़ लगती है

bill[1] /bɪl/ /बिल/ noun, c. or 1 *Here is the bill for the things you have bought from our shop.* = one or more pieces of paper which have a list of the items sold in a shop, or work done, and their cost दुकान में बिके सामान या किए गए काम या उनकी लागत की फ़िहरिस्त के कागज़ात 2 *The parliament will vote today on the Reservation for Women Bill.* = a plan for a new law on which a parliament has to vote विधेयक 3 *a five-dollar bill* = the word used in America for a currency note अमरीका में करेंसी नोट का नाम 4 = the beak of a bird चोंच

bill[2] verb, t. *The doctor will bill you for his services.* = to send a bill to someone for payment अदायगी के लिए बिल भेजना

bil•li•ards /ˈbɪljədz/ /ˈबिल्यड्ज़/ noun, u. = a game played on a table covered with felt, in which small but heavy balls are hit with a long stick (cue) against each other or into pockets at the sides and corners of the table एक खेल जो छोटे-छोटे गोल बॉलों और लंबी-सी छड़ी से ऐसे चौखुटे तख्त पर खेला जाता है जिसके आमने-सामने कोने पर पॉकेट लगे होते हैं

bil•lion /ˈbɪljən/ /ˈबिल्यन/ noun, c. = the number represented by 1,000,000,000 (a thousand million) एक अरब

bil•low[1] /ˈbɪləʊ/ /ˈबिलउ/ noun, c. = a large wave in the sea (literary) उच्छल या उत्ताल तरंग, उत्तरंग, कल्लोल (साहित्यिक)

billow[2] verb, t. *The national flag is billowing in the wind.* = to be driven by the wind, like a wave लहराना

bi-month•ly /baɪˈmʌnθlɪ/ /बाइˈमॅन्थ्ली/ adj. or noun, c. *a bi-monthly magazine* = something that appears after two months दो-दो महीने पर निकलने वाला, द्वैमासिक

bin /bɪn/ /बिन/ noun, c. *a garbage bin* = a large container used for collecting waste material or for storing thingsकूड़ा बटोरने या चीज़ों को जमा करने की डेगची

bi•na•ry /ˈbaɪnərɪ/ /ˈबाइनरी/ adj. 1 = made up of two parts दो हिस्सों वाला 2 *a binary system* = a system of counting which uses only the numbers 0 and 1 (used in designing computers) कंप्यूटर नियोजित करने में प्रयुक्त गणना की एक प्रणाली

bind /baɪnd/ /बाइण्ड/ verb, t. or i. (**bound**) 1 *We will bind the plant to a pole to hold it up.*(t.) = to tie with a rope or string धागे या तार से बाँधना 2 *All my poems have been bound together into a book.*(t.) = to stitch together into a book जिल्दबंद, पुस्तकाकार, एकत्र, आबद्ध 3 *This rain will help to bind the soil.*(t.) = hold together; strengthen जमा देना, पुष्ट करना 4 *The mixture of corn and vegetables will bind if you add mashed* *potatoes to it.*(i.) = to stick together when made into a ball or other shape मिलकर बँध जाना **5** *You will be bound by this law.*(t.) = to force someone to obey a law or rule नियम या कानून के पालन के लिए बाध्य करना **6** *Our love for our country binds us together.*(t.) = to unite in a common feeling or goal एक सूत्र में आबद्ध करना **binder** noun, c. = a person whose job is to bind books (**book binder**) जिल्दसाज़ **binding** adj. or noun, u. **1** *The agreement is binding on both sides.*(adj.) = to have the power to be obeyed or followed [LAW] कानूनन बाध्यकारी होने का प्रश्नातीत अधिकार [कानून] **2** = the cover of a book (noun) जिल्द

bin•go /'bɪŋgəʊ/ /'बिङ्उ/ noun, u. = a game of chance where a caller reads out numbers that may be marked on cards selected at random. The winner is the first one to have all the numbers in his/her card called out. संयोग का एक खेल जिसमें एक बोली लगानेवाला बेतरतीब रखे कार्डों पर अंकित कुछ नंबर सुनाता है और जीतनेवाला वह होता है जिसके पास बोले गए सारे नंबर निकल जाते हैं

bi•noc•u•lars /baɪ'nɒkjʊləz/ /बाइ'नॉक्यूलर्ज़/ noun, c. (always plural) *a pair of binoculars* = an instrument which has two tubes or eye-pieces (one for each eye), used for making things which are at a distance look bigger and closer दूरबीन

bi•no•mi•al /baɪ'nəʊmɪəl/ /बाइ'नउमिअल/ noun or adj. = an expression in mathematics that has two numbers or letters joined by a + or - sign e.g. (a+b) or (x-7) गणितीय व्यंजक-चिह्न जिसमें दो संख्याएँ/अक्षर a+ या – के चिह्न रूप में अंकित होते हैं

bio- /baɪəʊ/ /बाइअउ/ prefix meaning 'connected with living things' e.g. उप. (सजीव वस्तुओं से संबंधित) **biochemistry** /baɪəʊ'kemɪstri/ /बाइअउ'केमिस्ट्री/ noun, u. = the scientific study of the chemical processes connected with living things सजीव वस्तुओं से संबंधित रासायनिक प्रक्रिया का वैज्ञानिक अध्ययन, जीवरसायन

bi•o•da•ta /'baɪəʊdeɪtə/ /'बाइअउडेइ ट/ noun, u. = a record of the important events and achievements in one's life e.g. one's education, usually sent by people seeking jobs (also **cv**) जीवन की महत्त्वपूर्ण उपलब्धियों या घटनाओं का लेखा जो नौकरी के प्राथी भेजा करते हैं (देखें **cv**), आत्मवृत्त

bi•o-de•gra•da•ble /baɪəʊdɪ'greɪdəbəl/ /बाइअउडि'ग्रेइडब्ल/ adj. *Plastic is not bio-degradable, but paper is.* = material which can be broken down by bacteria present in the soil and air into products which do not cause harm to the environment मिट्टी या वायु में निहित जीवाणुओं द्वारा अपघटित पदार्थ के ऐसे उत्पादन जो वातावरण के लिए हानिकारक नहीं होते

bi•og•ra•phy /baɪ'ɒgrəfɪ/ /बाइऑ'ग्रफ़ी/ noun, c. (**biographies**) = a written account of a person's life जीवनी **biographer** noun = a person who writes an account of a person's life जीवनी-लेखक **biographic** adj.

bi•ol•o•gy /baɪ'ɒlədʒɪ/ /बाइ'ऑलजी/ noun = the scientific study of living things जीव विज्ञान **biological** /baɪə'lɒdzɪkəl/ /बाइअउलॉजिक्ल/ adj. = connected with living things सजीव वस्तुओं से संबंधित **biological clock** noun = the natural process by which development takes place in living creatures according to a fixed time table एक निश्चित समय सारिणी के अनुसार सजीव वस्तुओं में उद्विकास की प्राकृतिक प्रक्रिया **biological warfare** noun = the use of living things (germs, bacteria etc.) to harm or destroy an enemy शत्रु की हानि या उसके विनाश के लिए जीवाणुओं का प्रयोग **biologically** adv.

bio•mass /'baɪəumæs/ /'बाइअउमैस/ noun, u. = organic matter obtained from plants or animals (e.g. dead leaves, dung etc.) which can be used to produce gas etc. जैविक पदार्थ जो वनस्पति या पशु-विष्ठा से प्राप्त होता है और गैस की उत्पत्ति के लिए प्रयुक्त होता है

bi•op•sy /'baɪɒpsɪ/ /'बाइऑप्सी/ noun, u. or c. = a medical test in which small pieces of a diseased organ are removed and tested for cancer etc. एक डॉक्टरी जाँच जिसमें रुग्ण अंग के अंशों को निकालकर कैंसर आदि के लिए परखा जाता है

bi•o•sphere /'baɪəʊsfɪər/ /'बाइअउसफ़ीयर/ noun, u. = the part of the world in which life can exist पृथ्वी या ग्रह का वह भाग जिसपर जीवन की संभावना होती है, जीवमंडल

bio-technology /baɪəʊtek'nɒlədʒɪ/बाइअउ-टेक्'नॉलजी/ noun, u. = the use of living things (bacteria etc.) in industry, agriculture etc. for manufacturing or producing things उद्योग या कृषि आदि में उत्पादन के लिए सजीव वस्तुओं (जीवाणुओं) का प्रयोग, जीव प्रौद्योगिकी

bi•par•tite /baɪ'pɑːtaɪt/ /बाई'पाऽटाइट/ adj. *a bipartite leaf* = divided into two parts द्विभक्त

bi•ped /'baɪped/ /'बाईपेड/ noun, c. = an animal that has two legs दोपाया

bi•plane /'baɪpleɪn/ /'बाइप्लेइन/ noun, c. = an aircraft which has two sets of wings, one above the other एक हवाई जहाज़ जिसमें दोनों तरफ़ एक नीचे एक ऊपर दो जोड़े पंख होते हैं

birch /bɜːtʃ/ /बऽच/ noun, c. = a tree common in northern countries, with smooth wood and thin branches उत्तरी देशों का एक सामान्य पेड़ जिसका काठ चिकना और शाखें पतली होती हैं

bird /bɜːd/ /बऽड/ = a two-legged creature with feathers. (Most birds can fly.) पक्षी **bird-brained** adj.

= a person who is not very intelligent (informal, disrespectful) कुंद, अकल का पूरा, पोंगा, भकुआ (अनौपचारिक, अनादरपूर्ण) **bird-watcher** noun = a person who studies the habits of wild birds by watching them in their natural surroundings पक्षियों का, उनके अपने वातावरण में निरीक्षण करनेवाला **bird of prey** = a bird that kills and eats small animals or other birds e.g. the eagle शिकारी पक्षी **bird's-eye view** *From this height you can get a bird's-eye view of the whole city.* = a view from above or from the sky विहगावलोकन, आकाश या ऊँची जगह से देखा गया दृश्य

a bird in the hand is worth two in the bush. *You already have a job. Why do you want to resign and look for another job? Remember, a bird in the hand is worth two in the bush.*= something that one already has or is sure to get and therefore must not give up while trying to get something else 'आधी छोड़ पूरी को धावै, आधी रहे न पूरी पावै' **birds of a feather** = people who have the same interests, hobbies etc. 'चोर-चोर मौसेरे भाई' **killing two birds with one stone** = to get two results through the same action 'एक पंथ दो काज' **bird of passage** = a person who does not stay in one place or in one job for a long time घुमंतू, व्यक्ति जो एक जगह, एक नौकरी में टिक नहीं सकता **the bird has flown** *The police heard that a dangerous criminal was hiding in a hotel in the city and went there to arrest him. But the bird had already flown.* = to escape before one is caught (referring to an evil or dangerous person) 'चिड़ियाँ चुग गईं खेत' **the birds and bees** = a humorous reference to sex education (explaining the idea of sex, birth etc. to very young children without causing shock) बच्चों को उनमें शर्मिंदगी पैदा किए बिना यौन-विज्ञान पढ़ाने पर एक कटाक्ष

birth /bɜːθ/ /बऽथ/ noun, c. and u. **1** *We celebrated the birth of the new baby.* = the action or process of being born जन्म की घटना, जनन की प्रक्रिया **2** *Jayant Singh is a person of royal birth.* = origin; the family one comes from मूल, घराना, खानदान **3** *This day marks the birth of our country's freedom.* = beginning शुरुआत **birth certificate** noun, c. = a record of the date, time, place etc. of one's birth, which can be used as a proof of age जन्म प्रमाणपत्र **birth control** noun, u. = the process of controlling and limiting the number of children born in a family through the use of various methods of **contraception** जन्म-निरोध **birthmark** /'bɜː θmɑːk/ /'बऽथमाऽक/ noun, c. = a mark found on the skin of a new-born baby which is special in some way जन्मचिह्न **birthplace** /'bɜː θpleɪs/ /'बऽथप्लेइस/ noun, c. = the place where one was born जन्मस्थान **birth rate** /'bɜːθreɪt/ /'बऽथरेइट/ noun, c. = the number of children born in a country or group in a particular year, for every hundred or thousand persons in the population जन्मदर **birthright** /'bɜːθraɪt/ /'बऽथराइट/ noun (singular only) *Freedom is the birthright of the citizen of any country.* = a right or rights that one has because one is born in a particular country जन्मसिद्ध अधिकार

birth•day /'bɜːθdeɪ/ /'बर्थडेइ/ noun, c. = the day of the month on which a person was born जन्मदिन

bis•cuit /'bɪskɪt/ /'बिस्किट/ noun, c. **1** = a flat, thin piece of cake, which is hard or crisp and generally sweet बिस्कुट **2** = a whitish brown colour सफ़ेदी लिए हुए भूरा रंग

bi•sect /baɪ'sekt/ /बाइ'सेक्ट/ verb, t. *The line AB bisects the line XY.* = to divide into two equal parts [GEOMETRY] दो बराबर भागों में विभाजित करना [ज्यामिति]

bi•sex•u•al /baɪ'sekʃuəl/ /बाइ'सेक्शुअल/ adj. or noun *a bisexual plant* = something that is male as well as female [BIOLOGY] उभयलिंगी, जो नर और मादा दोनों एक साथ हो [जीव विज्ञान]

bish•op /'bɪʃəp/ /'बिशप/ noun, c. = **1** a Christian priest who has a high rank (see also **archbishop**) ईसाई धर्माध्यक्ष (देखें **archbishop**) **2** = one of the pieces used in the game of chess, which can be moved only diagonally (from one corner of the board to the opposite corner) but for any number of squares (known as 'pheel' or bishop in Indian versions of chess) शतरंज का एक मुहरा(फील) जो तिरछी चाल ही चलता है

bi•son /'baɪsən/ /'बाइस्न/ noun, c. = a large animal, similar to an Indian buffalo, once found in large numbers in North America हिंदुस्तानी भैंस-जैसा एक विशालकाय जानवर जो उत्तरी अमरीका में कभी बहुत तादाद में हुआ करता था

bit /bɪt/ /बिट/ noun, c. **1** *The floor was covered with bits of paper.* = a small piece or quantity of something टुकड़ा, कतरन **2** = a thin piece of metal that is put inside the mouth of a horse and used to control its movements लगाम **3** *I am a bit tired.* = a little (informal) कुछ, थोड़ा, ज़रा (अनौपचारिक) **4** = the smallest unit of information that can be stored in a computer's memory (see also **byte**) [COMPUTERS] कंप्यूटर की मेमोरी (स्मृति-कोष) में सँजोई जानकारी (देखें **byte**) [कंप्यूटर] **5** *I have a bit of news to give you.* = some कुछ, एक **6** *I'd like to rest for a bit.* = a short while कुछ या थोड़ी देर **7** *a bit of pineapple* = a small part of something larger बड़ी चीज़ का टुकड़ा **8** *I've heard the song many times and particularly like the bit when the piano comes in.* = part हिस्सा **9** *'Were you afraid when he told us the ghost story?' 'Not a bit.'* = not at all (informal) बिलकुल या एकदम नहीं (अनौपचारिक) **10** *The railway station was not far, but it was a bit of a nuisance walking all the way with heavy bags.* = not very much, but enough to cause a problem (used to refer to unpleasant things) (अप्रिय बातों के प्रसंग में) कोई ख़ास नहीं, लेकिन दिक्कत तो…

to do one's bit = to help as much as one can in something in which others are also helping दूसरे जिसमें मददगार हों, उसमें भरसक अपना योगदान देना या हाथ बँटाना **bits and pieces** *I see that you've packed. It'll take me some time to get my bits and pieces together.*= small items which have to be put away, packed, taken etc. (informal) छोटी-मोटी

चीज़ें (जो रखी जाने को हों) **bit by bit** *He had no friends at first but bit by bit he made a number of friends.*= slowly धीरे-धीरे, रफ़्ता-रफ़्ता **to be a bit much** *Borrowing the car for a day was all right, but asking to keep it for a week was a bit much.*= to be not right or fair; to go too far (informal) बहुत हो जाना, वाजिब की हद पार कर जाना **blown to bits** = to shatter (as the result of an explosion) परखचे उड़ा देना **to champ at the bit** = to get impatient to start some activity कुछ शुरू करने के लिए उतावला होना **to take a bit of doing** *The house is lovely but will take quite a bit of doing before we move in.* = to have work that is difficult to do में अभी बहुत कुछ करने को रह जाना

bitch[1] /bɪtʃ/ /बिच/ noun, c. **1** = a she-dog (the female of a dog) कुतिया, पिल्ली **2** = a word used to describe a woman who is considered bad-tempered, unfair, or having a bad character (derogatory) USE लड़ाकी, कुलटा, कलमुही, छिनाल, हरजाई (अनादरपूर्ण) निषिद्ध

bitch[2] verb, i. *He loves to bitch about his office whenever he gets the chance.* = to complain in a way which others think is not correct (derogatory) USE ऐसा गिला करना जो दूसरों की नज़र में वाजिब नहीं हो (अनादरपूर्ण) निषिद्ध

bite[1] /baɪt/ /बाइट/ verb, t. or i. (**bit, bitten**) **1** *The dog will bite you if you go too close.*(t.) // *That dog doesn't bite.*(i.) = to cut or attack someone or something using the teeth काटना, काटने दौड़ना **2** *The fish are not biting today.*(i.) = not accepting the bait (food put on the hook to attract fish) चारा नहीं लेना

bite[2] noun, c. **1** *He took a big bite out of the apple.* = a piece which has been cut out of something by the teeth दाँतों से कटा टुकड़ा **2** *I haven't had a bite to eat all day.* = something to eat कुछ भी खाने को, एक दाना भी **biting** /'baɪtɪŋ/ /'बाइटिङ/ adj. **1** *The biting wind outside made us stay indoors.* = sharply cold चुभते ढंग से सर्द **2** *biting words* = harsh and hurtful चुभता हुआ, कटु-कर्कश और दिल दुखाने वाला **bitten** /'bɪtən/ /'बिटन/ verb, t. *bitten by a dog* = to receive a bite from some animal का काटा हुआ

to bite one's tongue = to try to prevent oneself from saying something that may cause unpleasantness etc. कुछ अप्रिय घटित होने से बचने के लिए चुप रह जाना, के बारे में मुँह पर ताला लगा लेना या मुँह सी लेना **to bite somebody's head off** = to snap or answer someone in a very angry way (informal) बहुत रंजिश में झड़प देना (अनौपचारिक) **to bite the hand that feeds one** *I have been helping Mohan for years, but he is now turning against me. How can he bite the hand that feeds him?* = to harm someone who has helped you जिस थाली में खाना उसी में छेद करना **to bite off more than one can chew** = to attempt more than one can manage to do जितना/सपर/निबट सकता हो उससे बेशी में हाथ लगाना

bit•ter /'bɪtə^r/ /'बिटर/ adj. **1** *Coffee has a bitter taste.*= sharp and slightly unpleasant taste (opposite **sweet**) तिक्त, कड़वा (विलोम शब्द **sweet**) **2** *Winters in Canada are bitter.* = very sharply cold (opposite **mild**) कड़ाके की ठंड वाला (विलोम शब्द **mild**) **3** *We had a bitter experience on the train.* = unpleasant and painful (opposite **pleasant** or **happy**) अप्रिय, कटु (विलोम शब्द **pleasant** या **happy**) **4** *This is the bitter truth.* = hard to accept स्वीकार करने में कठिन **5** *a bitter enemy* = causing deep hatred जी जलानेवाला **bitterly** adv. **1** *We complained bitterly to the tour operator about how badly the tour had been organized.* = in a strong way, in order that attention is paid to what is said कड़े ढंग से ताकि ध्यान दिलाया जा सके **2** *It was bitterly cold in the hills.* = sharply चुभता, हाड़ गलाता **bitterness** noun, u. *Although he has suffered so much, he has no bitterness.* = feelings of hatred or dislike कड़वाहट, कटुता **bitter-sweet** adj. *I have bitter-sweet memories of childhood.* = pleasant but mixed with sadness कुछ प्रिय भी, कुछ उदास भी, खट्टी-मीठी,

to the bitter end *Although our soldiers were tired, we fought to the bitter end.* = to the end, which may be unpleasant (sometimes humorous) मरते दम तक, आखिरी क्या घुटती साँस तक भी (बहुधा हास्यपरक) **a bitter pill (to swallow)** = something which is very unpleasant or hurtful but which one has to put up with जो अप्रिय या हानिकर हो लेकिन जिसे झेलना ही हो

bi•tu•men /'bɪtʃʊmɪn/ /'बिच्युमिन/ noun, u. = a hard, sticky substance used for making roads सड़क बनाने में काम आनेवाला एक सख्त लिज़लिज़ा मसाला

bi-week•ly /baɪ'wi:klɪ/ /बाइ'वीक्ली/ *a bi-weekly magazine* = something that appears once in two weeks; fortnightly द्विसाप्ताहिक, पाक्षिक

bi•zarre /bɪ'zɑ:/ /बि'ज़ाऽ^r/ adj. *Your friend walked into the room and suddenly started jumping all over the furniture. His behaviour was really bizarre.* = odd or strange in an unusual way (disapproving) बड़ा बेढंगा, अजीब, बेतुका (अस्वीकृत)

blab•ber /'blæbə^r/ /'ब्लैबर/ verb, t. *She blabbered on about the book she is writing, though I wasn't really interested.* = to talk foolishly and too much (derogatory, not respectful) बड़बड़ाते रहना, बक-बक करते जाना (अनादरपूर्ण)

black[1] /blæk/ /ब्लैक/ adj. **1** *black hair* = dark काला **2** *black coffee* = without milk बिना दूध का, खालिस **3** = member of a race/group which is dark-skinned; a member of an African group (see box) हब्शी, अश्वेत (बॉक्स देखें) **4** *black poetry* = written by or about Afro-Caribbean groups अफ्रीकी-कैरिबियाई लोगों के विषय में या उनके द्वारा रचित **5** *black and white film/camera/television* = not in colour but in black, white and grey tones रंगीन नहीं, ब्लैक एंड ह्वाइट, श्वेत-श्याम **6** *The windows were black with soot and we had to clean them.* = very dirty गंदा, स्याह **7** *We had a good year last year, but now things are looking black.* = without hope नाउम्मीदी की हालत में **8** *a black look* = full of hate and anger हिकारत और रंजिश जतलाता

black² noun, u. *She was dressed in black.* = in black clothes (often a sign of mourning) काली पोशाक में (अक्सर मातम में)

(to be) in the black *Our company was losing money, but now we are in the black.* = making profits (opposite **in the red**) आमदनी होने लगना (विलोम **In the red**) **to black out** 1 = to faint (informal) बेसुध हो जाना, गश आ जाना या खाना (अनौपचारिक) 2 *They blacked out the words they didn't want us to read.* = to cover with black ink so that something cannot be read काली स्याही से रँग देना, छिपा देना ताकि पढ़ा न जा सके **in black and white** *Are you willing to put this in black and white?* = in writing (which can have legal value) लिखावट में (जो कानूनी तौर पर मान्य हो) **black sheep** *the black sheep of the family* = a person who is a cause of disappointment or misery to others connected with him/her अपने से जुड़े लोगों के लिए जो आफ़त या मुसीबत या मायूसी की वजह हो

> **Usage** The adjective **black** needs to be used with care. It may be useful to remember the following: ब्लैक, विशेषण के प्रयोग में निम्नलिखित बातें ध्यातव्य हैं-
>
> **black,** when referring to the African races, is a technical word. The terms African American (USA) and Afro-Caribbean (UK) are now preferred. अफ्रीकी प्रजाति के उल्लेख में अब एक तकनीकी शब्द: 'अफ्रीकी-अमरीकन' 'अफ्रीकी-कैरबी' ही बेहतर पद के रूप में मान्य
>
> The terms **negro** and **coloured** are now considered offensive. 'नीग्रो' या 'कलर्ड' शब्द अब अपमानजनक समझे जाते हैं
>
> There is a growing trend in favour of avoiding the use of **black** to mean bad, inferior or unpleasant. बुरे/इतर/अप्रिय के अर्थ में 'ब्लैक' का प्रयोग लुप्त होते जाने की प्रवृत्ति दीखती है

black arts /'blækɑ:ts/ /'ब्लैकाऽट्स/ noun = the use of supernatural powers to tell the future or to control events (also black magic) (often derogatory) जादू-टोना, भविष्यवाणी या संभावित घटना को वश में करने के लिए अलौकिक शक्तियों का प्रयोग (प्राय: अनादरपूर्ण)

black belt /'blækbelt/ /'ब्लैक बेल्ट/ noun, c. *He is a black belt in judo and karate.*= a person who is an expert in judo, karate or other martial arts जूडो/कराटे में दक्ष व्यक्ति

black•bird /'blækbɜ:d/ /'ब्लैकबऽड/ noun, c. = a small black bird found in Europe and America यूरोप-अमरीका का एक काला पक्षी

black•board /'blækbɔ:d/ /'ब्लैकबॉऽड/ noun, c. = a board with a black surface which a teacher uses to write on with chalk etc. (The word **'chalkboard'** is often used instead of **blackboard**) वह तख्ता जिसपर शिक्षक खड़िया से लिखता है, श्यामपट्ट (**blackboard** के स्थान पर **chalkboard** का प्रयोग करें)

black com•e•dy /'blæk'kɒmɪdi/ /'ब्लैक कॉमीडी/ noun, c. (**-comedies**) = a drama, film or book which is funny but which also brings out the dark and unpleasant side of human life [TECHNICAL] नाटक या फ़िल्म जो हँसी-मज़ाक में जीवन का कृष्णपक्ष भी शामिल रखती है [तकनीकी]

black hole /'blæk həʊl/ /'ब्लैक हउल/ noun, c. = an area in outer space into which everything nearby, including light, is sucked in and cannot escape because of a strong gravitational field [TECHNICAL/ ASTRONOMY] ब्रह्मांड का एक सीमाहीन क्षेत्र जो अपनी प्रचंड गुरुत्वाकर्षण-शक्ति से आसपास का सब कुछ, प्रकाश तक, आत्मसात् कर लेता है [तकनीकी/खगोल विज्ञान]

black•list /'blæklɪst/ /'ब्लैकलिस्ट/ noun, c. = a list of people, companies, etc. who are to be avoided and with whom no business is to be done उन कंपनियों/लोगों की फ़िहरिस्त जिनसे अब कुछ लेना-देना नहीं रहा

black magic /'blækmædʒɪk/ /'ब्लैकमैजिक/ noun, u. = see **black arts** (opposite **white magic**) देखें **black arts** (विलोम शब्द **white magic**)

black•mail /'blækmeɪl/ /'ब्लैकमेइल/ verb, t. *They saw him drunk one night and are now trying to blackmail him and get some money out of him.* = to try to get money out of someone by threatening to reveal (make known) something bad or unpleasant about that person धमकाकर रकम वसूलना, दबाव से रकम ऐंठना, किसी के बारे जो गुप्त हो उसे खोल देने की धमकी देकर पैसा ऐंठना

black•mar•ket¹ /'blækmɑ:kɪt/ /'ब्लैकमाऽकिट/ noun, c. *He sells cinema tickets in the black market.* काला-बाज़ारी

blackmarket² verb, t. *He blackmarkets cinema tickets.* = selling things at a price higher than what is legal, or in a hidden and secret manner कानूनन जो दाम तय है उससे बेशी लेकर गुचचुप ढंग से कुछ बेचना

black•out /'blækaʊt/ /'ब्लैकआउट/ noun, c. 1 *There are no lights in the house. There is a blackout.* = a period of darkness when there is no supply of electric power बत्तीगुल का वक्त 2 *She had a temporary blackout and fell down.* = loss of consciousness or memory for a short time गश, क्षणिक विस्मृति

black•smith /'blæksmɪθ/ /'ब्लैकस्मिथ/ noun, c. = a person who makes and repairs things made of iron लोहार

blad•der /'blædəʳ/ /'ब्लैडʳ/ noun, c. 1 *the urinary bladder* = a bag inside the body in which urine collects before it is passed out मूत्राशय 2 *a football bladder* = a bag made of rubber or other material which can be filled with air or some liquid रबर की थैली

blade /bleɪd/ /ब्लेइड/ noun, c. 1 *the blade of a knife; a razor blade* = the flat, sharp part of a knife or razor which can cut छुरी की तेज़ धार जो काट सकती है 2 *a blade of grass* = a long, flat leaf of grass दूर्वादल, घास की पत्ती

blame¹ /bleɪm/ /ब्लेइम/ verb, t. *The government blamed the driver of the train for the accident.* = to hold someone responsible for something bad that happens किसी अप्रिय घटना के लिए दोषी ठहराना

blame² noun, u. *The blame will come to you if*

something goes wrong. = the responsibility for something bad that happens अप्रिय घटना का दायित्व **blameless** adj. = free from blame or guilt; innocent निर्दोष, निरपराध

bland /blænd/ /ब्लैण्ड/ adj. **1** *This curry is so bland that I cannot eat it.* = without taste (often derogatory) स्वादहीन, फीका, बेमज़ा (प्राय: अनादरपूर्ण) **2** *This book is very bland.* = not very interesting; very ordinary अत्यंत साधारण, मामूली

blank[1] /blæŋk/ /ब्लैन्क/ adj. **1** *Give me a blank sheet of paper.* = empty, with no writing, pictures etc. on it सादा, जिसपर कुछ लिखा न हो या तस्वीर वगैरह न हो **2** *When I asked him a question he looked blank.* = not showing understanding or feelings भावशून्य

blank[2] noun, c. *Fill in the blanks using suitable words.* = an empty space or line on which something has to be written खाली जगह या बिंदुओं की पंक्ति जिसमें कुछ लिखा जा सके **blank cheque** noun, c. = a cheque which has been signed but in which the amount to be paid is not mentioned and can be filled in later सिर्फ़ दस्तखत किया हुआ सादा चेक

to go blank *I knew the answer to the question but when the examiner asked me, I went blank.* = to fail to speak the necessary words at an important time as a result of shock, fear, nervousness etc. डर या घबराहट से समय पर कुछ नहीं बोल पाना **to blank something out** **1** = to erase or cover something written so that it can no longer be read लिखावट रँग देना ताकि पढ़ी न जा सके **2** = to take a decision to forget something unpleasant, sad etc. कुछ अप्रिय को भुला देने का निश्चय करना

blan•ket[1] /ˈblæŋkɪt/ /ˈब्लैन्किट/ noun, c, **1** *It is very cold tonight. I need a blanket to cover myself.* = a heavy covering made of wool, used as protection from the cold ऊन का एक भारी ओढ़ना जो जाड़े से बचाता है, कम्बल **2** *There was a blanket of snow on the ground.* = a thick covering (figurative) मोटी परत (लाक्षणिक)

blanket[2] adj. *I have blanket permission from the Principal to invite anyone I like to the function.* = unlimited (formal) मनचाहा, पूरी छूटवाला (औपचारिक)

blank verse noun, u. = poetry which has rhythm but no rhyme (in which the last word in a line does not match the sound of the last word in the previous line) [LITERATURE] पद्य या काव्य जिसमें लय तो होता है लेकिन तुक नहीं, और आगे-पीछे की पंक्तियों में तुक नहीं होती, मुक्त छंद [साहित्य]

blare[1] /bleəʳ/ /ब्लेयʳ/ verb, i. *The horns of the cars were blaring so loudly that I almost became deaf.* = to make a loud, harsh sound ज़ोर की कर्कश आवाज़ करना

blare[2] noun, u. *the blare of trumpets* = the sound made by horns, trumpets etc. भेरी या तुरही की आवाज़

blasé /ˈblɑːzeɪ/ /ˈब्लाऽज़ेइ/ adj. (French) *I thought he would be very excited about the new computer, but he was quite blasé.* = not showing interest or happiness when expected to do so अन्यमनस्क, अपेक्षित प्रसन्नता या रुचि नहीं दर्शाते हुए

blas•phe•my /ˈblæsfɪmi/ /ˈब्लैस्फ़ीमी/ noun, c. (**blasphemies**) or u. = a statement showing lack of respect to God or things that are considered holy ईश्वर या पवित्र धार्मिक स्थापनाओं की निंदा या उनका अनादर करता वक्तव्य **blaspheme** /blæsˈfiːm/ /ब्लैस्फ़ीम/ verb, i. = to talk disrespectfully about God or things people consider holy पवित्र समझी जानेवाली वस्तुओं या ईश्वर के विषय में अनादरपूर्वक बातें करना

blast[1] /blɑːst/ /ब्लाऽस्ट/ noun, c. **1** *Many people were injured in the bomb blast.* = explosion विस्फोट **2** *There was a blast of hot air from the desert.* = sudden and strong movement of wind हवा का तेज़ झोंका **3** *a blast of the trumpet* = the loud sound produced by some musical instruments कुछ वाद्य यंत्रों द्वारा उत्पन्न ज़ोर की आवाज़

blast[2] verb, t. **1** *The engineers are going to blast this rock with dynamite.* = to break something into pieces by using an **explosive** substance विस्फोटक पदार्थ से टुकड़े-टुकड़े कर देना **2** *The television was blasting away all morning.* = making a loud, unpleasant sound ज़ोर की कर्कश या कर्णकटु आवाज़ करना **3** *I was blasted for delivering the package late.* = to be scolded strongly (informal) सख़्त डाँट खाना, लथाड़ा जाना (अनौपचारिक) **blast-furnace** noun, c.= a tower in which iron ore is melted to take out metal आग का बहुत बड़ा चूल्हा जिसमें लोहा पिघलाकर धातु तैयार की जाती है **blast-off** noun = the exact moment when a rocket is fired and leaves the ground रॉकेट के छूटने का नियत समय

bla•tant /ˈbleɪtənt/ /ˈब्लेइट्ण्ट/ adj. *Why did you go away when I had ordered you to stay? You should be punished for this blatant act of disobedience.* = something done deliberately and without shame, in a way that everyone can see बेहया ढंग से, जान-बूझकर, खुल्लम खुल्ला दिखलाते हुए कुछ करना

blaze[1] /bleɪz/ /ब्लेइज़/ noun, c **1** *The tiny flames grew into a blaze.* = a sudden bright flame अचानक चमक उठती लपट **2** *The firemen were able to control the blaze.* = a large, strong and dangerous fire ज्वाला, धधक **3** *a blaze of anger // a blaze of colour* = a violent or sudden burst of anger or colour (figurative) प्रदीप्ति, चमक, क्रोधाग्नि की भड़क, रंग की चकमकाहट (लाक्षणिक) **blazing** adj.

blaze[2] verb, i. **1** *There was a fire blazing in the fireplace.* = to burn brightly चमक के साथ जलना **2** *The room was blazing with sunshine.* = to be very bright (figurative) प्रदीप्त (लाक्षणिक)

to blaze a trail = to do something good which had not been done before अभूतपूर्व सत्कार्य करना **to be blazed all over** *The story of the crime was blazed all over the newspapers.* = written about in a newspaper, magazine etc. in a bold, detailed way खुल्लमखुल्ला ब्यौरेवार ढंग से अखबार में बयान किया हुआ

blaz•er /'bleɪzə/ /'ब्लेइज़/ noun, c.= a jacket (coat) usually made of woollen cloth, which carries the special sign (emblem) of a team, club, school etc. ऊनी कपड़े का एक कोट जिसपर किसी टीम/क्लब/स्कूल का प्रतीक-चिह्न लगा हो

bleach[1] /bli:tʃ/ /ब्लीच/ verb, t. *We use ammonia gas to bleach paper and make it look white.* = to use some chemical or sunlight to take away the colour of something and make it look white or pale किसी चीज़ का रंग हटाकर उसे बिलकुल सफ़ेद करने के लिए किसी रासायनिक पदार्थ या धूप का प्रयोग करना, सफ़ेद करना

bleach[2] noun, u. = a chemical used to bleach something सफ़ेद करने वाला, रंग उड़ाने वाला रसायन **bleaching-powder** noun, u. = a whitish powder used to bleach things and also to kill germs एक पाउडर जो सफ़ेद कर देने और कीटाणुओं का नाश करने में भी काम आता है

bleak /bli:k/ /ब्लीक/ adj. **1** *I got only 10 marks in the test. The chances of my passing the final examination look bleak.* = not hopeful or encouraging निराशाजनक, निरुत्साह करने वाला **2** *The house had not been repaired or painted for years and looked bleak.* = causing a feeling of sadness; depressing विवर्ण, उदास

blear•y /'blɪəri/ /'ब्लीअरी/ adj. *He had not slept all night and looked bleary-eyed.* = (of the eyes or face) showing tiredness due to lack of sleep etc. नींद नहीं आए रहने से थकावट दर्शाती मुखाकृति

bleat[1] /bli:t/ /ब्लीट/ verb, i. *He was bleating something in a shrill voice.* = to make the sound made by sheep or goats or to speak in a thin, high-pitched voice (not respectful) भेड़-बकरी की में-में जैसी मिमियाती आवाज़ करना (आदरपूर्ण नहीं)

bleat[2] noun, c. = the noise made by a goat or sheep मिमियाती आवाज़

bleed /bli:d/ /ब्लीड/ verb, i. or t. **1** *His nose was bleeding.* (i.) = to lose blood से खून निकलना या रिसना **2** *They have been bleeding the company for years, and now there is nothing left.*(t.) = to rob someone or something of money से पैसा ऐंठना **3** *I will have to bleed the brakes of your car.*(t.)= to draw out liquid or air from a machine to make it work properly मशीन से द्रव पदार्थ या हवा निकालना ताकि ठीक चल सके **bleeding-time** noun, u. = the time taken by the blood flowing from a fresh wound to dry up and stop flowing [MEDICINE] ताज़े घाव से निकलते खून के सूखने और रुक जाने में लगने वाला वक्त [चिकित्सा]

bleep[1] /bli:p/ /ब्लीप/ noun, c. = a long, high-pitched sound given out repeatedly by a machine to attract attentionकिसी मशीन की बार-बार की वह तेज़ आवाज़ जो ध्यान खींचने के लिए दी जाती है

bleep[2] verb, i. = to produce a bleeping sound ऐसी आवाज़ पैदा करना **bleeper** noun, c. = a small machine carried in the pocket which makes a bleeping sound (usually to show that someone wants to speak to you on the telephone) जेब में रखी जाने वाली मशीन जो ऐसी आवाज़ से किसी को उसके टेलिफोन कॉल की सूचना देता है

blem•ish[1] /'blemɪʃ/ /'ब्लेमिश/ noun, c. or u. *Her beautiful face was without a blemish.*(c.) = some fault that spoils the loveliness or perfect quality of someone or something धब्बा जिससे किसी की सर्वगुणसंपन्नता या सुंदरता कम हो जाती है

blem•ish[2] verb, t. *Her good record has been blemished by the mistake she made.* = to spoil पर धब्बा लगाना, को कलंकित करना

blend[1] /blend/ /ब्लेण्ड/ verb, t. **1** *You have to blend flour, sugar and eggs to make a cake.* = to mix two or more things together दो या दो से अधिक चीज़ों की मिलावट **2** *The flowers blend well with the blue walls.* = to produce a pleasant effect when brought together रुचिकर ढंग से घुलमिल जाना

blend[2] noun, c. *This is a blend of Indian and western music.* = something produced by mixing things together सम्मिश्रण **blender** = a small electric machine used in the kitchen to turn solid things into liquids for cooking or as soups or juices (also **mixer**) रसोईघर की एक मशीन जो ठोस चीजों को सूप/रस जैसा तरल बना देती है (देखें **mixer**)

bless /'bles/ /'ब्लेस/ verb, t. **1** *Please come to the wedding and bless the bride and the bridegroom.* = to express a wish that God may protect or bring happiness to someone (done by older relatives etc. on the occasion of a wedding, birthday etc.) शुभाशीष देना (विवाह या जन्म आदि के अवसर पर बुज़ुर्ग रिश्तेदारों का) **2** *You have been blessed with a daughter.* = to be lucky enough to have को पाकर सौभाग्यशाली होना **blessed** adj. **1** *blessed music* = having a calming effect सुखद **2** *Who's the blessed person who took my book?* = a word used to show that one is mildly annoyed (often humorous) हल्की झुंझलाहट ज़ाहिर करता शब्द (जैसे 'कौन हज़रत/श्रीमान्...') (प्रायः हास्यपरक) **blessing** noun, c. or u. *You have my blessings.*= good wishes expressed by an older person for approval, support etc. for a younger person अपने से छोटे के लिए अनुमोदन, सहयोग आदि के भाव से की गई शुभकामना

to count one's blessings (always plural) = to believe that one is fortunate to have what one has अपना भाग्य ही मनाना **a blessing in disguise** *The rain was a blessing in disguise because we were forced to stay indoors and complete our work.* = something that looks as if it will spoil, stop, delay etc. something but which turns out to be an unexpected source of help अप्रत्यक्ष रूप से एक वरदान ही

blight[1] /blaɪt/ /ब्लाइट/ noun, u. *onion blight* = any disease that affects plants पौधों का चित्ती रोग, अंगमारी

blight[2] verb, t. *The crops have been blighted by some strange disease. // Her life has been blighted by illness.*

B

= spoil; damage (figurative) पर तुषारापात होना, पर पाला पड़ना (लाक्षणिक)

blind[1] /blaɪnd/ /ब्लाइण्ड/ adj. **1** *a blind person* = not able to see (see note) अंधा (नोट देखें) **2** *a blind corner in the road* = a place at which it is difficult to see what lies ahead ऐसी जगह जहाँ आगे का कुछ नहीं दीखे **3** *blind belief // blind faith* = very strong but not supported by reason **4** *blind anger/rage* = very strong and without reason अंधविश्वास जो तर्काधारित नहीं होता

blind[2] verb, t. or i. **1** *I was blinded by the headlights of the car.*(t.) = to be made unable to see, temporarily चौंधिया जाना **2** = to make someone sightless by an act of violence चोट से अंधा कर देना

blind[3] noun, c. *a window blind* = a piece of cloth or other material used to cover a window खिड़की का परदा **blinding** adj. **1** *the blinding headlights of a car* = so bright as to cause the eyes to shut चौंधियानेवाला **2** *a blinding headache* = causing so much pain and discomfort as to make it difficult for one to concentrate on anything ऐसा तक़लीफदेह कि ध्यान नहीं जम पाए **blind alley** noun, c. (**alleys**) = a narrow lane with no way out at the other end; a dead-end अंधी गली **blindfold** noun, c. or verb, t. **1** (noun) = a piece of cloth tied over someone's eyes so that he/she is unable to see आँखों पर बँधी पट्टी **2** (verb) = to tie a blindfold over someone's eyes आँखों पर पट्टी बाँधना **blind spot** noun, c. **1** = a part of the road just behind you that you cannot see when driving a car कार चलाते वक्त पीछे की सड़क का नहीं दिखने वाला हिस्सा **2** *Modern art is my blind spot.* = a person or thing that one cannot understand or accept जो समझ के बाहर हो या गले के नीचे नहीं उतरता हो (स्वीकार्य नहीं लगे)

to be blind to something *He is blind to her faults.* = unable or unwilling to accept or understand something, usually because of love or trust किसी चीज़ से या पर इतना लगाव/विश्वास कि उसके बारे में कुछ सुनने को तैयार नहीं **to be as blind as a bat** = to be unable to see properly (humorous) 'रतौंधी' होना, आँख है कि बटन? (हास्यपरक) **to turn a blind eye to something** *She knew I had made a mistake but decided to turn a blind eye to it.* = to choose to not take notice of something wrong नज़रअंदाज़ करना, जानबूझकर अनदेखा करना

> **Usage** Other phrases are now preferred when referring to someone who cannot see. (**Blind** is sometimes considered too direct and not respectful.) जो देख नहीं सकता उसके लिए **blind** शब्द अब बेबाक और अशिष्ट समझा जाने लगा है: इसके लिए अब अन्य शब्द मान्य हैं:
> visually challenged (formal) रुग्ण-दृष्टि (औपचारिक)
> not sighted दृष्टिशून्य
> vision-impaired आहत-नेत्र

blink[1] /blɪŋk/ /ब्लिन्क/ verb, i. or t. **1** *Please don't blink your eyes when the doctor is trying to examine them.*(t.) = to shut and open one's eyes quickly आँख मिचकाना, मुलमुलाना **2** *The traffic lights are blinking.*(i.) = to go on and off repeatedly भुकभुकाना, टिमटिमाना

blink[2] noun, c. *The camera caught the blink.* = the act of closing and opening the eyes quickly पलकें झपकाना

blink•ers /blɪŋkərz/ /ब्लिन्कर्ज़/ noun, c. (always plural) *the horse's blinkers* = small pieces of leather fixed on either side of a horse's head, allowing the animal to look only straight ahead and not to either side घोड़े की आँखों पर पड़ी चमड़े की पट्टी जो उसे अगल-बगल नहीं बल्कि बिलकुल सीध में देखने देती है **blinkered** adj. *blinkered opinions* = fixed ideas which prevent one from seeing things from a different point of view बद्धमूल धारणाएँ जो भिन्न दृष्टिकोण से नहीं देख पाने देतीं

to wear blinkers = to have fixed ideas or opinions बद्धमूल धारणाओं से ग्रस्त होना **on the blink** *The washing machine is on the blink so I will have to wash the clothes by hand.* = out of order (informal) ठप (अनौपचारिक) **to happen in the blink of an eye** = in an extremely short time पलक झपकते ही, देखते-देखते, ज़रा-सी देर में

blip /blɪp/ /ब्लिप/ noun, c. = a very short sound or image produced once or several times by an electrical machine e.g. a machine that records the heartbeats of a person बिजली की एक मशीन से आती एक ही बार या रह-रहके आती आवाज़ (जैसे दिल की धड़कन दर्ज करने वाली मशीन)

bliss /blɪs/ /ब्लिस/ noun, u. *Listening to classical music on the radio is his idea of bliss.* = perfect happiness परमानंद

blis•ter[1] /'blɪstəʳ/ /'ब्लिस्टʳ/ noun, c. **1** = a small swelling in the skin, filled with liquid, caused by burning, rubbing etc. फफोला, छाला, चमड़े की सूजन जो जलने या रगड़ खाने से हो जाती है और जिसमें पानी आ जाता है **2** *a blister in the paint* = a bump or swelling in any surface, filled with liquid (like a blister) किसी सतह पर अंदर-अंदर पसीजा हुआ कोई उभार

blis•ter[2] verb, i. or t. *The heat was so great that the paint on the walls of the building blistered.* = to swell up (like a blister) छाले या फफोले की तरह उभर आना

blitz /blɪts/ /ब्लिट्स/ noun (German) **1** *The German Air Force carried out a blitz on England during the war.* = a heavy attack of planes from the air, made on an enemy (जर्मन भाषा का शब्द) ज़बरदस्त हवाई हमला **2** *We are planning a publicity blitz.* = a period of great activity for some special purpose (informal) किसी खास मक़सद से होती किसी हलचल की मुद्दत (अनौपचारिक)

bliz•zard /'blɪzəd/ /'ब्लिज़ड/ noun, c. = a heavy snow-storm हिम-झंझावात, बर्फ़ानी तूफ़ान

bloat•ed /'bləʊtɪd/ /'ब्लउटिड/ adj. *The bloated body of a dead animal floated down the river.* = greatly swollen फूल कर कुप्पा

blob /blɒb/ /ब्लॉब/ noun, c. **1** *a blob of paint on the page* = a drop of some liquid that forms a round mark

किसी द्रव का गोल छींटा या धब्बा **2** *He was out for a blob in this match.* = zero (informal) सिफ़र(अनौपचारिक)

bloc /blɒk/ /ब्लॉक/ noun, c. *the Communist bloc* = a group of nations or people who have come together for a common cause किसी विशेष उद्देश्य से निर्मित राष्ट्रों अथवा व्यक्तियों का संघ

block[1] /blɒk/ /ब्लॉक/ noun, c. **1** *a block of stone* = a large, solid piece of stone, wood etc. शिलाखंड, कुंदा **2** *a block of flats* = a building containing many flats भवन-समूह **3** *He has a block in one of his arteries.* = something that prevents movement or flow (also **blockage**) प्रवाह या गति को रोकता अवरोध (देखें **blockage**) **4** = in a game or sport, a move made to prevent the opponent from moving forward (towards the goal) खेल/प्रतियोगिता में प्रतिद्वंद्वी की प्रगति में या लक्ष्यप्राप्ति के प्रयास में बाधा पहुँचाना या रोड़े अटकाना

block[2] verb, t. *Please allow us to pass and do not block the way* = to make it difficult to pass रास्ता रोकना, आगे बढ़ना मुश्किल करना **block booking** = a situation in which a number of seats in a cinema etc. are booked by a group (सिनेमा) इकट्ठा बुकिंग, एक ही साथ कई सीटों की टिकटें खरीद लेना **blockbuster** noun, c. = a highly successful film or book (informal) अत्यधिक सफल पुस्तक या फ़िल्म, एक धमाका (अनौपचारिक) **block capitals** noun (always plural) *Write your name in block capitals on the application form.* = large capital letters (also **block letters**) बड़े-बड़े अक्षर (देखें **block letters**)

block•ade /blɒ'keɪd/ /ब्लॉकेइड/ noun, c. = the process of stopping people or goods from moving in or out of a place by surrounding it with troops, ships etc. माल या लोगों का आवागमन रोकती फ़ौजी नाकेबंदी

blonde /blɒnd/ /ब्लॉण्ड/ noun, c. *a blonde* = a woman or man with hair of very light colour हल्के रंग के बालों वाला/वाली

blood /blʌd/ /ब्लड/ noun, u. **1** = the red liquid carried by the veins and arteries in the body खून **2** *a man of royal blood* = family खानदान **blood-bank** noun, c. = a place where blood is stored and can be used by people who have lost blood after an accident or operation रक्तदान बैंक **bloodbath** noun, c. = the killing of many people together; a massacre रक्तपात, खूँरेज़ी **blood count** noun, c. = a medical examination of a person's blood to test if it contains the right amounts of all the blood cells कोशिकाओं के परिमाण की वांछित एकत्रता के लिए की गई डॉक्टरी जाँच **blood-curdling** adj. *a blood-curdling story* = extremely frightening लोमहर्षक, रोमांचक **blood donor** noun, c. = a person who gives blood to someone who is in need of blood (see **blood transfusion**) रक्तदाता (देखें **blood transfusion**) **blood group** noun, c. = one of the four groups or classes (A, B, AB, O) into which human blood can be divided, depending on the presence or absence of certain substances रुधिरवर्ग, कुछ तत्त्वों की उपस्थिति या अनुपस्थिति पर निर्भर रुधिर की (चार) श्रेणियों में एक **blood poisoning** noun, u. = a serious condition in which the blood is infected with bacteria रक्तविषाक्तता, खतरनाक रोगाणुओं से संक्रमित रुधिर के कारण उत्पन्न गंभीर स्थिति **blood pressure** noun, u. = the force with which blood travels through the body because of the action of the heart रक्तचाप **blood relation** noun, c. = a person who has been born into the same family as someone else एक ही परिवार के होने का 'खून का रिश्ता' **blood sport** noun, c. = the hunting and killing of animals for pleasure मनोरंजन के लिए जानवरों का कत्ल **bloodstain** noun, c. = a mark (on clothes, weapons etc.) left by blood खून का दाग **blood transfusion** noun, c. = the process of putting blood into the body of a person who is in need of blood रक्त आधान, शरीर में खून की कमी होने पर उसमें खून डालने की प्रक्रिया **blood type** noun, c. (see **blood-group**) (देखें **blood-group**) **blood vessel** noun, c. = any of the tubes through which blood flows inside the body शिरा, रक्त वाहिका

to kill someone in cold blood = after careful planning and in a cruel manner जानबूझकर, क्रूरतापूर्वक **flesh and blood** = the member of one's own family अपने ही परिवार का सदस्य, अपना खून **to make one's blood boil** *The sight of cruelty to animals makes my blood boil.* = to make one very angry बहुत क्रुद्ध कर देना, खून खौल उठना

blood•y /'blʌdi/ /'ब्लडी/ adj. **1** *He hit a lamp-post and came home with a bloody nose.* = with blood all over खून से सना हुआ या लथपथ **2** *a bloody fool!* = a word used in anger to describe someone or something (informal, derogatory) क्रोध में किसी के बारे में बोला जाता एक पद (जाहिल 'बेवकूफ़, 'हूश') (अनौपचारिक, अनादरपूर्ण) **bloody-minded** adj. *You seem to enjoy saying 'No' to everything. Why are you so bloody-minded?* = one who opposes the wishes of others for no good reason (derogatory) बिना वजह किसी के कुछ चाहने पर ना-नुकर करते रहना, ख्वामख्वाह चूँ-चपड़ करना, चें-चें करना (अनादरपूर्ण)

bloom[1] /blu:m/ /ब्लूम/ noun, c. *a beautiful rose bloom* = a flower that has opened out (is not a bud) सद्यः प्रस्फुटित पुष्प

bloom[2] verb, i. **1** *I will make the garden bloom again.* = to produce flowers फूल ही फूल कर देना **2** *She seems to be blooming after her holiday.* = to look very healthy (figurative) खिला हुआ, स्वस्थ (लाक्षणिक) (**3** *I am glad to see your business blooming.* = to prosper (be successful) समृद्ध या सफल होना, उन्नति करना

blos•som[1] /'blɒsəm/ /'ब्लॉस्म/ noun, c. *an apple blossom* = the flower of a tree or bush from which a fruit can be produced मंजरी

blossom[2] verb, i. **1** *The mango trees are blossoming.* = to produce flowers from which fruits will come चटकना,

अँखुआना, फनगना, बौर आने लगना 2 *Let our friendship blossom into something meaningful.* = grow सार्थक रूप में विकसित होना

blot[1] /blɒt/ /ब्लॉट/ noun, c. 1 *an ink blot* = a drop of liquid (specially ink) that makes something look dirty स्याही आदि का धब्बा 2 *This theft has left a blot on your record.* = a thing that spoils someone's opinion of you [ऐसी बात जो किसी के बारे में धारणा को गलत करे]

blot[2] verb, t. *You have blotted the paper so badly that I can't read what you have written.* = to make blots on something धब्बेदार कर देना **blotting paper** noun, u. = a kind of thick and soft paper used to remove ink blots स्याही सोख्ता

to blot one's copybook = to spoil the good name one enjoyed before अपने को कलंकित या लांछित कर लेना

blouse /blaʊz/ /ब्लाउज़/ noun, c. 1 = a garment that covers the upper part of a woman's body, generally reaching above the waist, worn with a sari कुरती, चोली, कमर से ऊपर साड़ी के साथ पहनी जानेवाली एक पोशाक 2 = a loose garment for the upper part, of a woman's body, worn with skirts or trousers कमर से ऊपर की एक जनाना पोशाक

blow[1] /bləʊ/ /ब्लउ/ verb, i. or t. 1 *The wind is blowing hard.*(i.) = to move air forcefully in a strong current (हवा का) झोंके से बहना या चलना 2 *The wind blew down all the trees.*(t.) = to make something move by the power of the wind हवा के झोंके से झुका या गिरा देना, उड़ाना, बिखेरना 3 *Ask the children to blow up the balloons.*(i.) = to fill something with air from the lungs, coming out of the mouth फूँककर फुलाना 4 *Use a handkerchief when you blow your nose.*(t.) = to clean one's nose by sending a strong breath through it नाक छिड़कना 5 *We blew our money on a new television set.*(t.) = to spend money on something without thinking about it (informal) पर पैसा लगाना (अनौपचारिक) 6 *The lights went out because the fuse blew.*(i.) = to stop working because of some fault in the electrical circuit (बिजली) परिपथ में खराबी की वजह से रुक जाना 7 *By doing no study, you've blown your chances of doing well in the exam.*(t.) = to spoil one's chance of something good happening अपना मौका चौपट कर देना

blow[2] noun, c. 1 *He gave me a blow on the jaw.* = a hard hit given with the hand or a weapon प्रहार, घूँसा, वार 2 *Her death was a big blow to me.* = sudden shock or disappointment आघात, गहरा धक्का, सदमा

to blow out = to put out a fire or flame बुझा देना **to blow over** *The quarrel has now blown over.* = to come to an end after going on for some time किसी कठिन परिस्थिति का (बिना गंभीर प्रभाव के) गुज़र जाना **to blow up** 1 *blow up rock with dynamite* = to break or destroy something by using an explosive विस्फोटक से उड़ा देना 2 *blow up a photograph* = to make something, especially a photographic image, larger (informal) बड़े साइज़ में करना (अनौपचारिक) 3 *They saw the mess in the room and blew me up.* = to scold (informal) पर बरस पड़ना (अनौपचारिक) **to blow something out of proportion** = to make something look much more serious than it really is ज़रूरत से ज़्यादा गंभीर बना देना या तूल देना **to blow hot and cold** = to have opinions which are always changing and even opposite to each other (informal) बदलती, परस्परविरोधी भी, धारणाएँ पालना, ढुलमुल होना (अनौपचारिक) **to blow one's mind** *The special effects in the film are so good that they will blow your mind.* = to fill someone with wonder and admiration (informal) ताज्जुब और तारीफ़ किए बिना नहीं रहा जा सकता, ऐसा एहसास पैदा करना, हैरत में डाल देना, अचकचा देना, चमत्कृत करना, हक्काबक्का कर देना (अनौपचारिक) **to blow something sky-high** = to destroy something completely पूरी तरह ध्वस्त कर देना, उड़ा देना **to blow one's own trumpet** = to talk very highly of oneself and one's achievements शेखी बघारना, डींग हाँकना, अपने मुँह मियाँ मिट्ठू बनना **a blow-by-blow account** = a detailed description of some event किसी घटना का ब्यौरेवार बयान

blow•er /ˈbləʊəʳ/ /ˈब्लउअर/ noun, c. = a large fan which can produce a strong current of air एक बहुत बड़ा पंखा जो ज़ोर की हवा देता है

blub•ber /ˈblʌbəʳ/ /ˈब्लॅबर/ noun, u. = the fat from the body of an animal, specially a whale किसी जानवर विशेषकर ह्वेल की चर्बी

blud•geon /ˈblʌdʒən/ /ˈब्लॅजन्/ noun, c. = a short, heavy stick used as a weapon डंडा (हथियार)

blue[1] /bluː/ /ब्लू/ adj. 1 *the blue sky* = a colour e.g. of a clear sky on a sunny day रंग(आसमानी) 2 *I am feeling very blue.* = sad (informal) गमगीन, बेज़ार (अनौपचारिक)

blue[2] noun 1 = the colour blue नीला रंग 2 *the Blues* = a type of slow, sad music धीमा, उदास संगीत 3 *a cricket blue* = a person who has played for Cambridge or Oxford University कैंब्रिज या ऑक्सफ़ोर्ड की ओर से खेला हुआ खिलाड़ी **blue-bird** noun, c. = a small, blue singing bird नील पंछी, एक छोटी गानेवाली नीली चिड़िया **blue-blooded** adj. = from a royal or noble family अभिजात, कुलीन, शाही ख़ानदान का **blue-bottle** noun, c. = a large, blue-coloured fly (insect) एक बड़ी नीली मक्खी **blue-eyed boy** noun, c. *the Principal's blue-eyed boy* = a male person who is a great favourite of someone important (informal, sometimes disapproving) किसी बड़ी हस्ती का चहेता, (अनौपचारिक, बहुधा अस्वीकृत) **blue film** noun, c. = a film showing sex, which is seen secretly (informal) गुप्त रूप से देखी जानेवाली अश्लील/कामोत्तेजक फ़िल्म (अनौपचारिक) **blue jeans** noun, c. (used only in plural form **jeans**) = trousers made of thick cloth, often blue in colour, which can stand a lot of rough use मोटे नीले कपड़े की पतलून जो सामान्य इस्तेमाल में आती है **blueprint** noun, c. = a drawing showing the plan for building a house or machine मकान या मशीन वगैरह बनाने का खाका

to get the blues = to be sad and without hope, usually for a short period कुछ वक्त के लिए मायूस या गमगीन होना **once in a blue moon** *We don't like crowded places much so we go to the cinema only once in a blue moon.* = very seldom, very rarely कभी-कभार, कभी-कभी, छठे-छमास **out of the blue/a bolt from the blue** *She wrote to us out of the blue.* = happening very unexpectedly and causing great surprise (informal) अकस्मात घटित, इत्तफ़ाकन (अनौपचारिक) **to do something until one is blue in the face** *I advised them until I was blue in the face, but they wouldn't listen.* = to make a great effort to argue, advise, console etc. but without success समझाने-बुझाने की पूरी (लेकिन बेकार) कोशिश करना, समझाकर थक जाना

bluff[1] /blʌf/ /ब्लॅफ़/ verb, i. or t. *He says he has won a free holiday abroad but I think he is only bluffing.*(i.) = to try to cheat or trick someone by pretending falsely to be (or do) something झाँसा-पट्टी देना, भरमा देना

bluff[2] noun, c. or u. *If he tells you that he can create trouble for you, don't believe him. It's only a bluff.* = a false statement made to impress or frighten someone झूठा रोब, धौंस

blun•der[1] /ˈblʌndəʳ/ /ˈब्लॅण्डऽʳ/ noun, c. *I made a terrible blunder! I switched the computer off without saving my file.* = a foolish but serious mistake मूर्खतापूर्ण भद्दी या भारी भूल

blunder[2] verb, i. *Sometimes one can blunder out of ignorance.* = to make a foolish but serious mistake भारी भूल कर बैठना

blunt[1] /blʌnt/ /ब्लॅण्ट/ adj. **1** *You can't cut vegetables with this knife. It's blunt.* = not sharp enough to cut भोथरा, कुंद **2** *Your blunt talk will get you into trouble.* = honest; saying exactly what one thinks and therefore likely to hurt another's feelings खरा, दो-टूक, मुँहफट (जो दिल को चोट पहुँचावे)

blunt[2] verb, t. *I don't want to go on the picnic. The bad weather has blunted my desire to go out.* = to make something less sharp or strong पस्त कर देना, पर पानी फेर देना

blur[1] /blɜː/ /ब्लऽ/ noun, c. *I can't see the house clearly because it is too far away. It looks like a blur from here.* = something which does not have a clear shape अस्पष्ट, धुँधली आकृति

blur[2] verb, t. *The mist has blurred everything. I can't see the house clearly.* = to make something less clear and not easy to see धुँधला कर देना

blurb /blɜːb/ /ब्लऽब/ noun, c. *The blurb on the cover of the book calls it 'The best guide to restaurants in the city'.* = a short description of a book, usually printed on the cover, intended to make people want to read it जिल्द पर दिया हुआ पुस्तक-परिचय जो पाठक को पुस्तक पढ़ने को बाध्य करता है

blurt /blɜːt/ /ब्लऽट/ verb, t. *When the policeman threatened to arrest him, he blurted out the truth.* = to speak suddenly and without thinking, because of fear, excitement etc. (डर या उत्तेजना में) बात कह डालना या उगल देना, फूट पड़ना

blush[1] /blʌʃ/ /ब्लॅश/ verb, i. *He blushed when I told him he looked very handsome.* = to become red in the face because one feels embarassed (uncomfortable), nervous etc. (चेहरे का) घबराहट या पशोपेश में लाल हो जाना, झेंपना

blush[2] noun, c. *Your words brought a blush to his cheeks.* = the red colour appearing on the cheeks of a person when he/she feels embarrassed, because of good things said तारीफ़ सुनने पर गालों की सुर्खी

blus•ter /ˈblʌstə/ /ˈब्लॅस्ट/ verb, i. = to speak in a loud uneven voice in a boastful way डींग मारते हुए गरजकर काँपती आवाज़ में बोलना

boa con•stric•tor noun, c. = a large snake seen in South America that crushes (constricts) its prey दक्षिण अमेरिका का एक बहुत बड़ा साँप जो अपने शिकार को कसके लपेटकर पीस देता है

boar /bɔːʳ/ /बॉऽʳ/ noun, c. = a male pig नर शूकर, बनैला सूअर

board[1] /bɔːd/ /बॉऽड/ noun, c. **1** = a piece of wood which is usually square or rectangular and flat काठ का चौकोर सपाट तख्ता, पटरा **2** *The Board of Directors of the company* = the group of people who control a company परिषद्/मंडल/समिति **3** *I am paying Rs 500 a month for my board.* = the cost of food supplied in a hostel, guest-house etc. हॉस्टल या अतिथिशाला में मिलनेवाले भोजन की कीमत

board[2] verb, i. **1** *I will board the train at Nagpur.* = to get into a bus, plane, train or ship बस, जहाज़, ट्रेन वगैरह पर चढ़ना **2** *I am boarding in the boy's hostel now.* = to get food in a hostel etc. हॉस्टल में (ही) खाना **boarder** noun, c. = a person who lives in a boarding-house or hostel हॉस्टल का आवासी **boarding card** = a card given to a passenger on an aircraft to show that he/she has the right to board (enter) हवाई जहाज़ में चढ़ पाने का अनुमति-पत्र **board game** noun, c. = a game played by moving counters (small, flat, round pieces of plastic etc.) on a board (usually made of thick paper) e.g. Ludo or Snakes and Ladders कूट के तख्ते पर गोटियों से खेला जानेवाला खेल (लूडो, साँप-सीढ़ी जैसे खेल) **boarding (house)** noun = a private house or a building where one can get accommodation and food at a cheap price कोई व्यक्तिगत निवास जहाँ सस्ते दर पर भोजन-आवास की व्यवस्था उपलब्ध हो **board meeting** noun = a meeting where the Directors of a company come together गोष्ठी जिसमें किसी कंपनी के निदेशक एकत्र होते हैं **board room** noun = the room in which meetings are held गोष्ठी कक्ष **boarding school** noun, c. = a school which provides living accommodation for its students आवास विद्यालय जिसमें उसके छात्रों के रहने की भी व्यवस्था होती है

to board something up *The entrance to the building*

has been boarded up. = to cover something with boards (flat pieces of wood) to show that it is out of use, being repaired etc. किसी चीज़ पर तख्ता ठोककर उसे बंद कर देना (यह बतलाने के लिए कि अब यह चालू नहीं है या इसकी मरम्मत चल रही है)

boast[1] /bəʊst/ /बउस्ट/ verb, i. or t. **1** *He is always boasting about the big house he lived in when he was a child.*(i.) = to talk in a way that is intended to give others an unreal idea of one's greatness or importance (derogatory) (अपनी झूठी धौंस जमाने के लिए) डींग मारना या शेख़ी बघारना (अनादरपूर्ण) **2** *This town boasts a zoo and a botanical garden.*(t.) = to have (not derogatory) पर गौरव करना (अनादरपूर्ण नहीं)

boast[2] noun, c. *Can you live up to your boast that you score a century in every match?* = an expression of self-praise आत्मश्लाघा या आत्मप्रशंसा **boastful** adj. = fond of boasting आत्मश्लाघी

boat /'bəʊt/ /'बउट/ noun, c. = a vessel, usually small and open to the sky, in which one can travel across short stretches of water नाव या किश्ती जिसमें कुछ दूरी तक आना-जाना होता है

to be in the same boat (as someone else) *Both Hema and I are without jobs, so we are in the same boat.* = to be going through an unpleasant or difficult experience which is similar to someone else's एक ही तरह की मुसीबत झेलते हुए **to burn one's boats** *Our music teacher decided to act in films but she knew she was burning her boats. If she failed, she would never be able to return to the school.* = to give up something that one has in an attempt to get something better or more attractive कुछ और बेहतर पाने की कोशिश में जो भी है उसे गँवा बैठना, आधी छोड़ पूरी को धावै-जैसी हरकत कर बैठना

bob /bɒb/ /बॉब/ verb, i. or t. **1** *The boat was floating, but the waves made it bob up and down.*(i.) = to move up or down quickly, specially in water डूबता-उतराता **2** *She has bobbed her hair. It used to be very long.*(t.) = to cut one's hair short (गरदन तक) बाल छोटे कर लेना

bod•y /'bɒdi/ /'बॉडी/ noun, c. (**bodies**) **1** *You should have a healthy mind in a healthy body.* = the physical structure of a human being or animal आदमी या जानवर की शारीरिक बनावट **2** *bodies recovered from the plane crash* = a dead person शव, लाश **3** *She had a rash on her arms and legs but not on her body.* = the part of one's physical structure which does not include the limbs and head धड़, सिर या अंगों के अलावा शरीर का बाकी हिस्सा **4** *Shakespeare has left behind a large body of work.* = a large collection or volume ग्रंथावली, रचना-संकलन **5** *The houses of Parliament are elected bodies.* = a group of people working together for some purpose किसी उद्देश्य में कार्यरत कोई निकाय/समिति/संस्था **6** *heavenly bodies // foreign bodies* = object पिंड, ग्रह-नक्षत्र **7** *The body of the car was damaged in the accident but nothing happened to the engine.* = the part of a car, bus or plane inside which passengers sit कार या बस का वह हिस्सा जहाँ मुसाफिर बैठते हैं **bodily** adj. *I hope you didn't suffer any bodily harm.* = of the body शारीरिक **body-blow** noun, c. **1** = a hit received by a boxer (in the sport of boxing) on the body (below the neck and not on the arms) बॉक्सिंग में बाँह के बदले गरदन के नीचे घूँसा **2** = any serious loss or disappointment suffered by a person कोई गंभीर क्षति या विफलता **body-building** noun, u. = a sport in which one tries to build one's muscles through exercise, usually by lifting heavy weights अक्सर भारी वजन उठाकर कसरत से अपनी पेशियाँ सुगठित करना, वर्जिश द्वारा बदन बनाना, स्पोर्ट **body-builder** noun, c. = a person who takes part in the sport of body-building ऐसे स्पोर्ट में भाग लेनेवाला **bodyguard** noun, c. = a person whose job is to protect an important person किसी विशिष्ट व्यक्ति का अंगरक्षक **body language** noun, u. = the use of the body to express one's feelings without the use of words (informal) बोलने के बजाय भंगिमाओं से ही विचार की अभिव्यक्ति, शारीरिक हाव-भाव की भाषा (अनौपचारिक) **body odour (also b.o.)** noun, u. = the unpleasant smell given out by the body of a person, because of too much perspiration etc. ज्यादा पसीने की वजह से बदन की बदबू

bog[1] /bɒg/ /बॉग/ noun, c. = an area of soft, wet ground, usually covered with plants, into which one's feet sink; marshy land दलदल, पंक; मुलायम, भीगी, पौधों से भरी ज़मीन का हिस्सा जिसमें पाँव धँस जाते हैं

bog[2] verb, t. *Our efforts to bring relief to the people of Ersama got bogged down because we ran out of funds.* = to get stuck up or to be held up, so that one is unable to do anything ऐसे अटक जाना कि कुछ भी न कर सको

to get bogged down = to be unable to move ahead or make progress ऐसे फँस जाना या अटक जाना कि आगे न बढ़ सके, प्रगति अवरुद्ध हो जाना

bog•gle /'bɒgəl/ /'बॉग्ल/ verb, i. **1** *He boggled when someone suggested that he should pay for the dinner.* = to hesitate or refuse to do something हिचकिचाना या कुछ करने से इनकार कर देना **2** *The mind boggles when one tries to imagine the state of the world's forests at the end of this century.* = to become completely confused, shocked and unable to think दिमाग का चकरा जाना, संभ्रमित होना, कुछ सोच ही न पाना

bo•gus /'bəʊgəs/ /'बउगस/ adj. *casting a bogus vote* = false, not genuine (generally used to talk about votes, documents etc.) (वोट या दस्तावेज़) जाली

boil[1] /bɔɪl/ /बॉइल/ verb, t. or i. **1** *Please boil some water for the tea.*(t.) = to heat a liquid until it begins to turn into a gas उबालना (जबतक भाप न उठे) **2** *The water has begun to boil.*(i.) = to reach the boiling point उबाल की स्थिति

boil[2] noun, c. = a painful swelling on the skin फोड़ा **boiler** noun, c. = a large vessel in which water is heated to provide hot water, heat or steam पानी खौलाने के लिए एक बड़ा बरतन, देगची **boiling point** = the temperature at which a liquid starts to boil and turn into gas तापमान जिसमें पानी खौलने और भाप देने लगता है, उबाल बिंदु

to boil down to something *You have sent us a three page letter, but what it all boils down to is that you don't want to participate in the competition.*= the main point or substance असली बात, निचोड़, निष्कर्ष, लुब्बे लुआब

bois•ter•ous /'bɔɪstərəs/ /'बॉइस्ट्रस/ adj. *The atmosphere in the classroom was so boisterous that the teacher had to stop the lesson.*= happy and noisy and full of energy (disapproving) ऊधमी लेकिन प्रसन्नचित्त, गुलगपाड़िया (अस्वीकृत)

bold /bəʊld/ /'बउल्ड/ adj. **1** *Come on, don't be afraid! You must be bold.*= brave निडर, बेधड़क **2** *You shouldn't talk to your teacher like that! How can you be so bold?*= disrespectful and rude (disapproving) धृष्ट, ढीठ, मुँहफट (अस्वीकृत) **3** *The painter has used very bold lines in this painting.* = strong and clear गहरे, सुस्पष्ट ढंग से रेखांकित **boldface** noun, u. = thick black letters used in printing to make something prominent छपाई के गहरे काले अक्षर जो मोटे दीखते हैं

bol•ster¹ /'bəʊlstər/ /'बउलस्टर/ noun, c. = a long, cylinder-shaped pillow मसनद

bolster² verb, t. *The excellent monsoon this year has bolstered agricultural production.* = to help or to increase सहारा देना, बढ़ा देना

bolt¹ /bəʊlt/ /बउल्ट/ noun, c. **1** = a long metal screw that slides into a metal nut काबला, वोल्ट **2** = a metal bar that slides across a door or window to prevent anyone from getting in सिटकनी, चटखनी **3** *a bolt of lightning* = a sudden, very bright flash of lightning (बादल में) बिजली की अचानक कौंध

bolt² verb, t. or i. **1** *Please bolt the door.*(t.) = to make a door or window safe by sliding the bolt across it. सिटकनी लगा देना **2** *The horse bolted when the cracker burst.*(i.) = to run, usually in fear or to escape from something भड़ककर भाग चलना

a bolt from the blue = see under **blue bolt upright** = to sit or stand absolutely straight तनकर सीधा खड़ा होना **to lock the stable after the horse has bolted** = to do something so late that it has no effect 'का वर्षा जब कृषि सुखाने'/'अब पछताय होत क्या जब चिड़ियाँ चुग गईं खेत'

bomb¹ /bɒm/ /बॉम/ noun, c. **1** = a metal container which has some explosive and small pieces of metal that will explode when thrown or dropped बम

bomb² verb, t. **1** *bomb enemy positions* = to attack with bombs, specially from the air हवाई जहाज़ से बमबारी करना **2** *We thought the new film would be successful, but it bombed.*(i.) = to be unsuccessful and cause a big loss (referring to a book or film) (informal) (किताब/फ़िल्म) बेकार, बेफ़ायदा हो जाना, 'फ्लॉप' होना (अनौपचारिक) **bomber** /'bɒmər/ noun, c. = a plane or person that carries bombs and explodes them on a position occupied by an enemy बमवर्षक विमान **bombshell** /'bɒmʃel/ /बॉम्शेल/ noun, c. *The organiser dropped a bombshell by announcing that the tournament had been cancelled.*= a piece of news which is not pleasant and which causes great surprise (informal) अप्रिय, आकस्मिक समाचार जिससे झटका लगे, 'वज्रपात' (अनौपचारिक)

bom•bard /bɒm'bɑːd/ /बॉम'बाऽड/ verb, t. **1** *bombard the city* = to attack continuously with big guns or with bombs हवाई जहाज़ या तोपों से बम बरसाना, बमबारी करना **2** *She bombarded me with questions.* = to ask so many questions or give so much information that one becomes confused (informal) सवालों की झड़ी लगा देना (अनौपचारिक) **bombardment** noun, u. = an attack carried out with big guns बमबाज़ी

bo•na•fi•de /bəʊnə'faɪdi/ /बउन'फाइडी/ adj. *Lunch will be served to bonafide passengers travelling by this train.*= genuine and legal वास्तविक, प्रामाणिक, सच्चा **bonafides** noun (always plural) *The police asked me to establish my bonafides.* = proof of being genuine (formal) वास्तविक होने का प्रमाण (औपचारिक)

bo•nan•za /bə'nænzə/ /ब'नैनज़/ noun, c. *The film proved to be a real bonanza for the producer.* = something that brings in great profit चाँदी बरसानेवाला

bond¹ /bɒnd/ /बॉण्ड/ noun, c. **1** *There is usually a close bond between those who are in the same class for many years in school.* = a feeling of unity or friendship एकसूत्रता या एकता का भाव **2** *I have signed a bond to serve this company for at least three years.* = a legal document on which an agreement between two parties is recorded दो पार्टियों के बीच इकरारनामे का दस्तावेज़, इकरारनामा **3** *I have invested my money in government bonds.* = a paper in which a government or company promises to pay back, with interest, money which has been lent उधार दी गई रकम की सूदसमेत अदायगी के इकरार का कागज़, ऋण-पत्र **4** (always plural) = ropes, chains etc. which are used to tie someone up and make him/her a prisoner [LITERARY] बेड़ी [साहित्यिक]

bond² verb, i. or t. **1** *You can bond these two pieces of wood together by using this paste.*(t.) = to join together in such a way that the parts are stuck firmly together सटाकर जोड़ देना **2** *The broken pieces will take about an hour to bond.*(i.) = stick together एक साथ सट या जुड़ जाना **3** *In school, we students bonded just by spending so much time together.*(i.) = to become close and trusting friends with someone किसी के साथ गाढ़ी दोस्ती या यारी हो जाना **bonds** noun, c. (always plural) = ropes, chains etc. which are used to tie someone up and make him/her a prisoner बेड़ी **bonded** adj. *bonded labour* = forced to work for someone under a bond (agreement) and having no freedom बँधुआ, जो इकरारनामे के मुताबिक मज़दूरी करने को मज़बूर और गुलाम होता है **bonding** noun, u. *bonding between a parent and a child* = the formation of a bond (a loving relationship) स्नेहसूत्र **bondage** noun, u. *living in bondage* = the state of being a slave (not having any freedom) दासता, गुलामी

bone[1] /bəʊn/ /बउन/ noun, c. or u. 1 *He fell and broke a bone in his leg.*(c.) = a hard part of the body inside the skin and flesh हड्डी 2 = the material in the bone हड्डी का तत्त्व

bone[2] verb, t. *Will you please bone this chicken?* = to remove the bones from the body of an animal before cooking it पकाने से पहले मांस आदि से हड्डियाँ अलग करना **bone china** noun, u. = pottery (cups, plates etc.) made of very fine white clay mixed with the bones of animals चिकनी मिट्टी और जानवरों की हड्डी के चूरे से बने कप, प्लेट **bone dry** adj. = perfectly dry एकदम सूखा, निरठ **bone lazy/idle** = very lazy or idle निठल्ला, काहिल, निखट्टू, ठलुआ, जाँगरचोर **bone meal** noun, u. = the powdered bones of animals, used as fertilizer खाद के रूप में प्रयुक्त जानवर की हड्डियों का चूरा

to become a bone of contention = something that causes a quarrel झगड़े की जड़ होना **to have a bone to pick** *I have a bone to pick with you. You invited everyone else to your party but forgot to invite me. Why?* = to have something to complain about 'एक शिकायत (करनी) है/एक बात कहनी है' ऐसी स्थिति में होना **to make no bones about (doing) something** = to do something in an open and honest way without trying to hide anything बिना छिपाव-दुराव के कुछ भी खुल्लमखुल्ला करना **to feel something in one's bones** *She could feel it in her bones that the trip was going to fail.* = to be very sure that something will happen, even through there is no way of proving that it will अंदर-अंदर महसूस करना कि कुछ होकर रहेगा, हालाँकि कोई खास सबूत नहीं है

bon•fire /ˈbɒnfaɪəʳ/ /ˈबॉनफाइअ/ noun, c. = a large fire which is lit in the open उत्सवाग्नि, खुली जगह में बाली गई आग, होलिका

bon•net /ˈbɒnɪt/ /ˈबॉनिट/ noun, c. 1 = a round covering for the head, tied under the chin, usually won by babies बच्चों की टोपी जो ठुड्डी पर बँधती है 2 = the metal cover over the engine of a car कार के इंजन के ऊपर का ढक्कन

to have a bee in one's bonnet *Saif eats only raw vegetables. He has a bee in his bonnet about eating only uncooked food, which is rich in vitamins.* = to have a fixed idea in one's mind about something दिमाग में बैठी हुई कोई बात

bon•sai /ˈbɒnsaɪ/ /ˈबॉनसाइ/ noun, u. (Japanese) = the art of growing trees in a pot in such a way that they do not reach their full size (जापानी भाषा का शब्द) छोटे गमले में जापानी कला से लगा पेड़ जिसकी सामान्य बढ़त रुकी रखी जाती है

bo•nus /ˈbəʊnəs/ /ˈबउनस/ noun, c. *We will be paid a thousand rupees extra this month as a Christmas bonus.* = extra payment made to a worker, in addition to the usual pay अधिलाभांश, तनख्वाह के ऊपर से दी जानेवाली रकम

book[1] /bʊk/ /बुक/ noun, c. 1 *I am writing a book on the temples of Orissa.* = sheets of paper fastened together as something which can be read or written in किताब 2 *Can you find his name in the company's books?* (always plural) = records बही

book[2] verb, t. *I have booked two tickets for tonight's show.* = to buy or arrange for something in advance (पेशगी में) कुछ खरीदना/तय कर लेना/सुरक्षित करा लेना 2 *The police have booked him for murder.* = to write down a charge against someone in the police records पुलिस-बही में किसी पर इलज़ाम दर्ज़ करना **booking** noun, c. *I have made a booking for tonight's show.* = reservation आरक्षण **book-keeping** noun, u. = the act of or the system for keeping accounts in a company or office कंपनी या कार्यालय में हिसाब-किताब रखने का काम **bookworm** noun, c. = a person who is very fond of reading books and takes little interest in other things (derogatory) किताबी कीड़ा, पढ़ाकू (अनादरपूर्ण)

to be booked up *We couldn't get a room in any hotel as they were all booked up.* = (of a hotel, cinema show etc.) a situation where rooms are all occupied or reserved, in advance ऐसी हालत जिसमें होटल के सारे कमरे/या सिनेमा की सारी सीटें पहले से आरक्षित हो चुकी हों **to be in someone's good books** = to be liked or favoured by someone whose opinion is important किसी महत्त्वपूर्ण व्यक्ति का कृपापात्र होना **to read someone like a book** = to be able to know someone's innermost thoughts easily किसी के अंतर्मन की बात भाँपना या ताड़ना **to throw the book at someone** = to lose one's temper (informal) आपा खोना, कबाब होना, भभक या सुलग उठना, बमकना (अनौपचारिक) **to live/go by the book** = to do something strictly according to the rules (often disapproving) सख्ती से नियमानुसार चलना, कानूनची होना (प्रायः अस्वीकृत)

boom[1] /bu:m/ /बूम/ verb, i. 1 *The drums are booming.* = to make a deep and loud sound which can be heard over a long distance ऐसी आवाज़ पैदा करना जो दूर तक सुनाई दे 2 *Business in this town is booming.* = to grow quickly बढ़ती पर होना

boom[2] noun, c. (no plural) 1 *the boom of the guns* = loud sound धड़ाका, धमाका, धाँयँ 2 *Our town is going through a period of boom.* = quick growth जल्दी-जल्दी तरक्की पर **a boom town** noun = a place where people suddenly grow rich ऐसी जगह जहाँ लोग रातों-रात दौलतमंद होते जाते हैं

boo•mer•ang[1] /ˈbu:məræŋ/ /ˈबूमरैङ/ noun, c. = a curved stick made of wood which makes a circle when thrown and returns to the thrower, used in hunting by

Australian aborigines लकड़ी का एक अर्द्धचंद्राकार हथियार जो फेंकने पर वापस आ जाता है (ऑस्ट्रेलिया के आदिवासियों द्वारा प्रयुक्त)

boomerang[2] verb, i. *Your habit of blaming people will boomerang on you some day.* = (referring to some undesirable action) to harm the person who is trying to harm others दूसरों का नुकसान करने की नीयत में स्वयं को हानि पहुँचाना

boon /bu:n/ /बून/ noun, c. **1** *ask for a boon* = a wish made before God, asking for something (old-fashioned) वरदान, मन्नत (पुराने प्रचलन का) **2** *Having a doctor near our house is a real boon for us.* = something that is a very great help बहुत बड़ा सहारा, एक तरह से वरदान ही

boost[1] /bu:st/ /बूस्ट/ verb, t. *Our books are not selling. Can you think of something that can boost our sales?* = to push up from a lower position; to cause an increase in something (शक्ति, मूल्य) ऊपर बढ़ाना

boost[2] noun, c. *The help you offered me yesterday gave my hopes a big boost.* = a push upwards; encouragement ऊपर बढ़ने का सहारा, प्रोत्साहन **booster** noun, c. *a booster dose of a medicine* = something that boosts (increases the effect of) something else जो किसी चीज़ की ताकत या उसके असर को बढ़ाता है

boot[1] /bu:t/ /बूट/ noun, c. **1** = thick and heavy shoes made of leather or rubber जूता, बूट **2** = the covered space at the back of a car where luggage can be stored कार के पीछे सामान रखने की ढँकी हुई जगह, डिकी

boot[2] verb, t. or i. **1** *boot the ball*(t.) = to kick लात से मारना **2** *He was booted out of the office.*(t.) = to dismiss someone from a job in an undignified way (informal, not respectful) नौकरी से बरखास्त करना, गरदनिया देना (अनौपचारिक, आदरपूर्ण नहीं) **3** *The computer has to be booted before it will start working.*(i.) = to load a programme into the memory of a computer in order to make it ready to work [COMPUTERS] कंप्यूटर की मेमोरी (स्मृति-कोष) में प्रोग्राम सँजो देना **boot-legger** noun, c. = a person who makes and sells alcoholic drinks illegally गैरकानूनी ढंग से शराब बेचनेवाला

to boot up = to switch a computer on and get one of its programmes working [computers] कंप्यूटर चालू करना **to give someone the boot** = to ask someone to leave a job (informal, not respectful) नौकरी से बरखास्त करने की इत्तिला देना, निकाल बाहर करना, सीधे दरवाज़ा दिखा देना (अनौपचारिक/आदरपूर्ण नहीं) **to get too big for one's boots** = to think too highly of oneself अपने को बहुत समझना

booth /bu:ð/ /बूथ/ noun, c. **1** = a temporary shop set up at a fair to sell things मेले में कुछ वक्त के लिए लगी दुकान **2** *a phone booth* = a small enclosed space तंग घिरी जगह

boot•y /'bu:ti/ /'बूटी/ noun, u. = valuable things which a thief steals, or an army takes away from another country लूट का माल जो चोर (या फ़ौजी किसी दूसरे मुल्क से) हथियाते हैं

booze[1] /bu:z/ /बूज़/ noun, u. = strong alcoholic drink (informal) कड़ी शराब (अनौपचारिक)

booze[2] verb, i. = to have strong alcoholic drinks (informal) पूरा चढ़ा लेना, पीकर धुत होना (अनौपचारिक)

bor•der[1] /'bɔ:də^r/ /'बॉऽडर/ noun, c. **1** *Her sari had a red border.* = the edge of a garment किनारी, गोट/गोटा **2** *the border between India and Tibet* = the line separating two countries or states दो देशों के बीच विभाजक रेखा, (देश का) सीमांत **3** *Let's give this picture a border.* = a line or pattern which gives a picture etc. a frame सजावटी किनारी

border[2] verb, t. *Tibet borders India in the north.* = to share a border with से लगा हुआ होना, की सीमा होना **borderline** adj. or noun **1** *The pass-mark in English is 30 but you got 29. Yours was a borderline case.*(adj.) = to lie on the border between two different classes विभाजिका रेखा (पर) **2** *the borderline between India and China* (noun) = the line on the map which separates two countries नक्शे पर दीखती वह रेखा जिससे दो देशों का अलगाव उजागर होता है

to border on *Their argument bordered on a fight.* = to be very near a point which is an extreme form of something करीब- करीब बिलकुल आखिरी हद पर

bore[1] /bɔ:^r/ /बॉऽर/ verb, t. **1** *We will have to bore a tube-well here.* = to make a hole in something खोदकर सूराख करना **2** *His speech was so dull that it bored the audience.* = to make someone lose interest उबा देना

bore[2] noun, c. **1** *He is such a bore that everyone avoids him.* = a person who talks in a dull and uninteresting way and bores everyone (derogatory) कानखाऊ, बोर (अनादरपूर्ण) **2** *a 12-bore gun* = the measurement of the hole inside the barrel of a gun बंदूक की नाल वाले खोखले छेद के व्यास की माप **bored** adj. *I got very bored with the film.* = with no more interest in something से उचटना, से ऊब जाना **boredom** /'bɔ:dəm/ /'बॉऽडम/ noun, u. = the state of being bored by something एकरसता, ऊब, उचाट **boring** adj. = dull and uninteresting नीरस, उबाऊ

born /bɔ:n/ /बॉऽर्न/ adj. *Amitabh Bachchan was born in 1947.* = to begin life; to come out of one's mother's body or out of an egg and be a separate living being उत्पन्न या पैदा होना

born and bred *I was born and bred in Mumbai.* = to be born and to spend a good part of one's early life in a place किसी जगह लालन-पालन होना **a born (singer)** = having a natural talent for something जन्मजात, पैदाइशी **to not be born yesterday** *Don't try to fool me. I wasn't born yesterday.* = to have enough experience of the world not to be tricked or cheated easily 'कोई बच्चा नहीं'

borne /bɔ:n/ /बॉऽन/ verb, t. (past participle of **bear**) *Our efforts have borne fruit at last.* = to produce results फलित होना **air-borne** adj. = things that are carried by air or sent to a place by air हवा में तिरता, हवा से आया हुआ **water-borne** adj. *water-borne diseases* = things that are carried by water पानी के जरिये आया हुआ

bor•row /ˈbɒrəʊ/ /ˈबॉरउ/ verb, t. *I want to borrow your car for a few days as my car is being repaired.*= to take something (e.g. money, a pen) from someone for a short time, with the intention of returning it उधार लेना **borrower** noun, c. = a person who borrows something from someone ऋणी, कर्ज़दार

bos•om /ˈbʊzəm/ /ˈबुज़्म/ noun, c. *He hugged me to his bosom.* = chest; a woman's breasts छाती, (विशेषकर)स्त्री का वक्षस्थल

boss¹ /bɒs/ /बॉस/ noun, c. = a person who is your employer or your senior and who supervises your work (informal) हाकिम, व्यक्ति जो बहाल करता है, जिसका वर्चस्व होता है, जो निगरानी करता है (अनौपचारिक)

boss² verb, t. *Don't try to boss me around.* = to act like someone's boss (to give orders to someone) (informal) पर धौंस जमाना, रोब जमाना, मलकियत दिखाना (अनौपचारिक) **bossy** adj. *a bossy person* = someone who likes to give orders to others (derogatory) जो दूसरों पर हुक्म चलाना चाहता है (अनादरपूर्ण)

bot•a•ny /ˈbɒtəni/ /ˈबॉटनी/ noun = the scientific study of plants वनस्पति-विज्ञान **botanical** /bəˈtænɪkəl/ /बटैनिक्ल/ adj. *a botanical garden* = connected with plants or the study of botany वनस्पति-संबंधी **botanist** /ˈbɒtənɪst/ /ˈबॉटनिस्ट/ noun, c. = a scientist who studies plants [BIOLOGY] वनस्पति-शास्त्री [जीव विज्ञान]

botch /bɒtʃ/ /बॉच/ verb, t. *Although he is a good actor, he botched up the show tonight.* = to do a very bad job of something; to spoil (informal) चौपट कर देना (अनौपचारिक)

both¹ /bəʊθ/ /बउथ/ det. *Both the girls have come.* = (of two) one as well as the other दोनों के दोनों, एक के साथ दूसरा भी (**all** के अंतर्गत दी गई टिप्पणी पढ़ें)

both² pro. *Are the girls here? I want to meet both.* = the two persons (see usage note under **all**) दोनों, एक ही नहीं–दूसरा भी

both•er¹ /ˈbɑðəʳ/ /ˈबॉदॅ/ verb, t. **1** *He is busy. Don't bother him now.* = to disturb or trouble someone परेशान, तंग करना **2** *Don't bother to return the book. I have read it already.* = to trouble oneself तरद्दु या तकल्लुफ़ करना **3** *Rushing to work in the morning really bothers her.* = to cause worry or anxiety परेशानी, एक सिरदर्दी **4** *Is he angry? Well, I wouldn't bother about that too much.* = pay attention in an anxious way ख्वामख्वाह परेशान होना **5** *Is the noise on television bothering you?* = distracting or disturbing in an unpleasant way दिक्कत पैदा करना

bother² noun, u. *I am going to give you a bit of bother.* = small trouble (polite use) (विनम्र प्रयोग) ज़रा-सी तकलीफ़

to not be bothered *I told him he should buy our tickets soon, but he wasn't bothered.* = to not care about something; to ignore advice on purpose पर कान नहीं देना, सुना अनसुना कर देना **to be hot and bothered** = to be disturbed or upset about something को लेकर परेशान होना

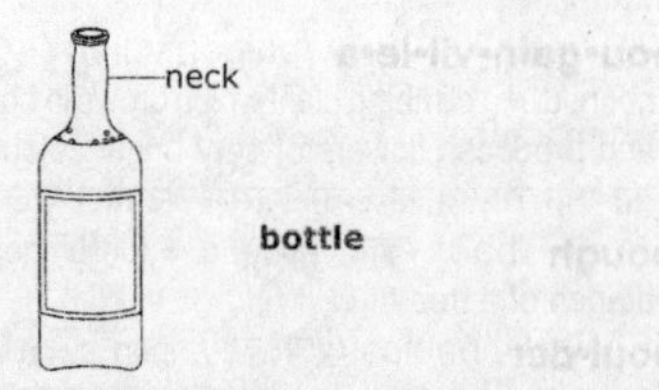

bottle

bot•tle¹ /ˈbɑtl/ /ˈबॉट्ल/ noun, c. **1** = a container for a liquid having a long, thin neck बोतल **2** *He drank a bottle of milk.*= =the amount of liquid contained in a bottle भर बोतल

bottle² verb, t. *We have to bottle the orange juice.* = to put something into a bottle बोतल में बंद कर देना **bottle-feed** verb, t. = to feed a baby with milk from a bottle, in case the mother is not able to feed the baby with her own milk बच्चे को बोतल से दूध पिलाना (जब माँ अपना दूध नहीं पिला सकती) **bottle green** adj. = a deep green colour गहरा हरा रंग **bottle-neck** noun, c. *We have a bottleneck in the factory as many of our employees are sick.* = something that slows down work or the flow of something (e.g. traffic) कार्यावरोध या यातायात में मार्गावरोध

to bottle up (one's feelings) *He didn't want to cry in front of us and so he bottled up his feelings.* = to prevent oneself from expressing sadness, fear, anger etc. because one does not want others to see it अपने जज़्बात ज़ब्त कर लेना (ताकि चेहरे पर उनकी झलक दूसरों को न दीखे)

bot•tom¹ /ˈbɒtəm/ /ˈबॉट्म/ noun, c. **1** *a cooking-pot with a copper bottom* = the lowest part of something पेंदी **2** *the bottom of the sea* = the ground beneath a sea or river सागर तल, तलहटी **3** *Don't be sitting on your bottom all the time! Get up and do some work.* = the part of the body that one sits on (informal) चूतड़, पिछाड़ (अनौपचारिक)

bottom² verb *The price of rice has bottomed out. It is sure to go up now.* = to reach the lowest point गिर जाना, एकदम नीचे आ जाना **bottomless** adj. *the bottomless sea* = very deep अथाह

bottom-line noun, u. *We have reached an agreement with the workers. The bottom-line is that the strike will be called off and work will start from tomorrow.* = the most important result or the most important point सबसे अहम मुद्दा

to get to the bottom of *We must get to the bottom of this mystery.* = to try to find out what causes something unpleasant किसी अप्रिय घटना का वास्तविक कारण जानने का प्रयास करना **to touch/hit rock bottom** *The price of onions has hit rock bottom.* = to reach a level which cannot get lower (informal) सबसे आखिरी मुमकिन गिरावट पर आ जाना, (दाम या दर) एकदम गिर जाना (अनौपचारिक) **to bottom out** = (of something which one buys) to touch the lowest price level (खरीद की चीज़ के बारे में) कीमत के सबसे निचले स्तर पर होना

bou•gain•vil•le•a /bu:gən'vɪliə/ /बूगन'विलिय/ noun, u. = a climbing plant which grows in hot countries and produces flowers of very bright colour गर्म देशों की एक चढ़नेवाली लत्तर जिसमें चटकीले फूल निकलते हैं

bough /baʊ/ /बाउ/ noun, c. = the biggest or main branch of a tree शाख़

boul•der /'bəʊldə'/ /'बउल्डर/ noun, c. = a large stone or a large and heavy rock शिलाखंड, चट्टान

boule•vard /'bu:lvɑ:d/ /'बूलवाऽड/ noun, c. = a wide, straight street with trees on both sides मुख्य मार्ग जिसके दोनों किनारे पेड़ों की क़तार होती है

bounce /baʊns/ /बाउन्स/ verb, i. and t. **1** *The ball bounced off the wall and came back to him.*(i.)= to jump up or back after hitting something solid उछल जाना या पड़ना, टकराकर वापस आना **2** *She bounced up and down on the bed.*(t.) = to jump up and down on an elastic or springy surface लचीली सतह पर ऊपर-नीचे उछलना **3** *Your cheque has bounced.*(i.) = to be returned or refused by a bank [बैंक से अस्वीकृत होकर वापस आ जाना] **bouncy** adj.

bound[1] /baʊnd/ /बाउण्ड/ noun, c. *He went over the wall. with a single bound.* = a big leap or jump उछाल

bound[2] verb, i. **1** *The leopard bounded over the fence.* = to jump छड़प जाना, टप जाना **2** *The thief was bound with ropes.* (past tense of **bind**) = to tie up someone with a rope रस्सी से बाँध देना **3** *a book bound in leather* (past tense of **bind**) = having a stiff or thick cover चमड़े की जिल्द से मढ़ा हुआ **4** *India is bounded on the east by the Bay of Bengal.* = to be enclosed by something; to have something as a boundary से घिरा हुआ, सीमांकित **5** *We were water-bound after the heavy rain.* = surrounded and limited by से घिर जाना, घिरा रह जाना

bound[3] adj. **1** *Where are you bound?* = going to कहीं सफ़र पर **2** *The company is bound by Indian laws.* = obliged or required to do something से आबद्ध या बाध्य होना **3** *It's bound to rain today.* = certain; sure तय, निश्चित **boundless** adj. *the boundless ocean* = having no limits असीम

out of bounds (always plural) *We can use the swimming pool, but the football field is out of bounds for us.* = a place where one is not allowed निषिद्ध क्षेत्र **by leaps and bounds** *He was slow to understand maths at first, but with help his ability improved by leaps and bounds.* = to grow (especially improve) at a fast pace तेज़ी से तरक्की करना

bound•a•ry[1] /'baʊndəri/ /'बाउण्ड्री/ noun, c. (**boundaries**) or adj. **1**= something that separates one area from another सीमारेखा **2** *to hit a boundary* = to hit a ball across the line that marks the limit of a playing field so as to score 4 runs (in cricket) (क्रिकेट) फील्ड की सीमारेखा के पार बॉल फेंक देना ताकि 4 रन हो जाएँ

boundary[2] adj. *the boundary wall* = something that marks the limit of an area चहारदीवारी, घेरा

boun•ty /'baʊnti/ /'बाउण्टी/ noun, u. *The king's bounty to the poor people was famous.* = the quality of being generous and kind उदारता

bou•quet /bəʊ'keɪ/ /बउ'केइ/ noun, c. = flowers, tied together and presented to someone on a special occasion गुलदस्ता

bour•geois /'bʊəʒwɑ:/ /'बुअज्वाऽ/ adj. (French) **1** = related to or belonging to the middle class (फ्रेंच शब्द) मध्यवर्गीय **2** = someone who is too attached to material things (derogatory) दुनियावी (अनादरपूर्ण)

bout /baʊt/ /बाउट/ noun, c. **1** *I have just recovered from a bout of fever.* = attack of a disease बीमारी का दौरा **2** *a bout of drinking* = a short period of activity कार्यावधि

bou•tique /bu:'ti:k/ /बु'टीक/ noun, c. (French) = a small shop that sells fashionable and expensive clothes or other items of personal use (फ्रेंच शब्द) प्रसाधन

bo•vine /'bəʊvaɪn/ /'बउवाइन/ adj. *bovine population* = something that has to do with cows गोजातीय

bow[1] /baʊ/ /बाउ/ verb, i. or t. *He bowed his head in prayer.* = to bend the upper part of the body or head as a sign of respect (आदर से) सर झुकाना

bow[2] noun *He made a deep bow.* = the act of bending the body or head to show respect नमन

bow[3] /bəʊ/ /बउ/ noun, c. **1** = a weapon, which has a curved piece of wood held in place by a tight string, used for shooting arrows धनुष **2** = a long, thin piece of wood with a number of strings tied across it, used for playing a musical instrument with strings (e.g., a violin) वायलिन जैसे वाद्ययंत्र को बजाने के लिए कई तारों वाला एक गज़ **3** *a ribbon tied into a bow* = a knot made by folding a piece of string or ribbon into two curved pieces, which are then tied together सरक-गाँठ **bow-legged** adj. *a bow-legged person* = having the legs curved in the shape of a bow धनुजंघी, धनुषाकार पैरोंवाला **bow-tie** noun = a short piece of silk cloth, tied into a bow, worn by men around the neck as a decoration रेशमी कपड़े का एक छोटा-सा टुकड़ा जो मर्द अपने गले में प्रसाधन के तौर पर लगाते हैं

to bow out *Raju bowed out of the team.* = to withdraw (give up one's place) अपनी जगह से हट जाना **to have a second string to one's bow** *He has lost his job, but he can earn his living by painting pictures. He has a second string to his bow.* = some extra skill or ability, in addition to the main one एक दूसरा हुनर भी होना

bow•els /'baʊəls/ /'बाउल्स/ noun, c. (plural form) **1** = the intestines (tubes inside the body through which food passes) अँतड़ी **2** *Coal is dug out of the bowels of the earth.*= the inside part (पृथ्वी का) गर्भ, अंदरूनी हिस्सा

bowl[1] /bəʊl/ /बउल/ noun, c. **1** = a deep, round vessel or container कटोरा-भर/भर-कटोरा **2** *a bowl of milk* = the amount of liquid contained in a bowl कटोरा, गोल गहरा बरतन

B

bowl² verb *Kumble has bowled six overs.* = to throw the ball at a batsman in the game of cricket (क्रिकेट) बल्लेबाज़ को गेंद फेंकना

bowl•er noun, c.= a person who bowls (cricket) (क्रिकेट) गेंद फेंकने वाला **bowling** noun, u. = a game in which a heavy ball is rolled along the ground and made to hit and knock down a number of wooden pins एक खेल जिसमें एक गोल भारी बॉल सतह पर लुढ़काया जाता है जिससे लकड़ी के छोटे-छोटे मुग्दरों की कतार गिर जाए

to bowl someone over 1 *I was bowled over by the speeding bicycle.* = to be knocked down धक्के से गिरा देना 2 *I was bowled over by his singing.* = to be surprised in a very pleasant way (informal) आश्चर्यचकित होना, विस्मित रह जाना (अनौपचारिक) **to bowl someone out** = (in cricket) to make a batsman leave the game क्रिकेट में बल्लेबाज़ को खेल से बाहर करना

box¹ /bɑks/ /बॉक्स/ noun, c. 1 *a box full of books* = a container, usually square or rectangular, either open or with a lid, in which articles are kept बक्स, संदूक 2 *a box of chocolates* = the contents of a box भर डब्बा

box² verb, t. 1 *We have to box these mangoes and send them to the market.* = to pack something in a box बक्से में पैक करना 2 *to box one's ears* = to hit someone with a closed fist, as in the sport of boxing घूँसा मारना (जैसे मुक्केबाजी में) **box-office** noun = a place where tickets for a cinema show, play etc. are sold टिकट घर

box•er /ˈbɑksəʳ/ /ˈबॉक्सर/ noun, c. = a person who takes part in the sport of boxing बॉक्सिंग का खिलाड़ी **boxing** noun, u. = a sport in which two players try to hit each other with gloves worn over their hands while remaining inside an enclosed area मुक्केबाजी का खेल **boxing day** = the day after Christmas (i.e. 26 December) क्रिसमस का अगला दिन **boxing-ring** noun = the area, usually enclosed by ropes, in which the sport of boxing is practised रस्सियों से घिरी जगह जिसमें बॉक्सिंग या मुक्केबाजी होती है

boy /bɔɪ/ /बॉइ/ noun, c. = a male child लड़का **boyish** *boyish looks* adj. = like that of a young boy लड़के जैसा **boy-friend** noun = a male person who is a very close friend (see **girl-friend**) प्रेमी (देखें **girl-friend**) **boyscout** noun, c. = a member of an international group which trains boys in character and self-help (see **girl guide**) एक अंतर्देशीय समुदाय का सदस्य जो लड़कों को चरित्र तथा स्वावलंबन का प्रशिक्षण देता है (देखें **girl guide**)

boy•cott¹ /ˈbɔɪkɒt/ /ˈबॉइकॉट/ verb, t. *We have decided to boycott this shop.* = to stay away from or to firmly avoid buying or supporting something बहिष्कार करना

boycott² noun, c. *We have started a boycott of this shop.* = the act of boycotting बहिष्कार

bra /brɑː/ /ब्रा/ noun, c. (short form of **brassiere**) = an inner garment worn by women which supports the breastsअपने स्तनों को यथास्थान रखने के लिए स्त्रियों का एक भीतरी वस्त्र (**brassiere** का संक्षिप्त रूप)

brace¹ /breɪs/ /ब्रेइस/ noun, c. 1 *The doctor has asked me to wear a brace to support my back.* = something which is used or worn to provide support पट्टी जो टिकाए रखने के लिए पहनी जाती है 2 = a metal wire stretched across the teeth to provide support and make them straight दाँतों पर धातु का तार जो उन्हें टिकाए रखता है

brace² verb, t. 1 *We will have to brace the walls if we want to save this old house.* = to use a support टेक लगाना 2 *Brace yourself for the bad news.* = to prepare oneself to react to something unexpected and unpleasant किसी अप्रत्याशित अप्रिय घटना के लिए अपने को तैयार रखना

brace•let /ˈbreɪslɪt/ /ˈब्रेइस्लिट/ noun, c. = a band of metal, usually of gold or silver, usually worn around or near the wrist अक्सर कलाई पर पहनी जानेवाली सोने या चाँदी की चूड़ी

brac•es /ˈbreɪsəz/ /ˈब्रेइसज़/ noun (always plural) = a pair of elastic bands worn over the shoulders by men and used to hold up their trousers (also **suspenders**) लचीली पट्टियों का जोड़ा जो पुरुष अपनी पतलून टिकाए रखने के लिए कंधों पर कसते हैं (देखें **suspenders**)

brack•et /ˈbrækɪt/ /ˈब्रैकिट/ noun, c. 1 *Fix this bracket on the wall.* = a piece of metal, wood etc. which can be fixed to a wall and from which something can be hung खूँटी 2 *The meanings of the words are given in brackets.* (often plural) = a sign, in the form ( ) or [ ], used to enclose a piece of information कोष्ठक जो किसी ब्यौरे को घेरे रखने के लिए प्रयुक्त होता है

brack•ish /ˈbrækɪʃ/ /ˈब्रैकिश/ adj. *The water of the lake is brackish.* = impure water which has a salty taste नमकीन, गंदा या खारा पानी

brag /bræg/ /ब्रैग/ verb, i. *He is always bragging of the wonderful things he did in America.* = to boast or praise oneself in a manner which is not liked by others (derogatory) डींग हाँकना (अनादरपूर्ण)

braid¹ /breɪd/ /ब्रेइड/ noun, c. *The girl wore her hair in a braid.* = a length of something (e.g. hair) which is produced by twisting together several lengths; a plait बाल-जैसी लंबी चीज़ की गुँथी हुई चोटी

braid² verb, t. *Let me braid your hair.* = to twist or weave something into a braid चोटी गूँथना

Braille /breɪl/ /ब्रेइल/ noun, u. = a system of writing or printing using raised marks on paper, which blind people can read by touching with their fingers कागज़ पर उभरे निशानों की छपाई या लिखावट जिसे अंधे अपनी उंगलियों से पढ़ते हैं, उत्कीर्ण लेख

brain /breɪn/ /ब्रेइन/ noun, c. 1 = the organ, found inside the head, which controls thought and feeling and every part of the body मस्तिष्क, भेजा, मगज़ 2 *He* *has a good brain.* = mind दिमाग **3** *We are sending our best brains to the contest.* = persons with good minds (informal) तेज़ दिमागवाले (अनौपचारिक) **brain-child** noun (no plural) *This magazine was the brain-child of our former Principal.* = somebody's idea or invention which has been successful किसी का वैचारिक आविष्कार **brain drain** noun, u. *India is suffering a brain drain as many of our leading scientists are leaving the country.* = the loss suffered by a country when people with high intelligence leave it to work elsewhere देश के आला दिमागवालों के देश से निकल जाने पर होनेवाला नुकसान, प्रतिभा पलायन **brain-scan** noun, c. = a picture of the brain used by doctors to test if there is any defect in a person's brain which needs treatment डॉक्टरों द्वारा प्रयुक्त मस्तिष्क की अंदरूनी तस्वीर जिससे उन्हें पता चलता है कि किस खराबी के इलाज की ज़रूरत है **brain-storm** verb, i. *Before you start writing your essay, I would like you to brainstorm in groups and come up with some interesting ideas.* = to discuss and exchange ideas quickly in a group so as to come up with new ideas नए विचारों की सूझ के लिए एक गोष्ठी में विचार-विमर्श कर लेना **brainwash** verb, t. *I don't want the ads on television to brainwash me into buying things I don't need.* = to try to make someone believe what you want him/her to believe किसी का मत फेर देना, मतारोपण **brainwave** noun *We were feeling very gloomy because we hadn't solved the problem. Then one of us had a brainwave.* = a clever idea which suddenly comes to someone अचानक आई एक सूझ **brainy** /'breɪni/ /'ब्रेइनी/ adj. = very clever; intelligent अक्लमंद, तेज़ दिमाग का

brake[1] /breɪk/ /ब्रेइक/ noun, c. (usually plural) *The brakes on my car are not working.*= the part of a vehicle (car, motor-cycle, bicycle etc.) that is used to stop or slow down the vehicle ब्रेक (मोटर-कार/साइकिल का वह हिस्सा जो उसे रोक लेता है)

brake[2] verb, i. *A man suddenly appeared in front of our car and we had to brake to avoid hitting him.* = to stop a vehicle by using the brakes ब्रेक लगा देना

branch[1] /brɑːntʃ/ /ब्राऽन्च/ noun, c. (**branches**) *the branch of a tree* = a part that grows out of and divides from something शाखा

branch[2] verb *This narrow road branches off from the main highway.* = to form a branch शाखा की तरह अलग निकल जाना

brand[1] /brænd/ /ब्रैण्ड/ noun, c. *When I have to buy tooth-paste, I buy only Smyle, which is my favourite brand.* = the name given to a product, by which it is known to customers मार्का, छाप (किसी उत्पादन की पहचान का निशान या नाम)

brand[2] verb, t. *When he was a child he was sent to jail, and this experience branded him for life.* = to leave a painful mark on one's body or mind कलंक लग जाना **brand new** adj. *a brand-new shirt* = something that has just been bought and not used at all एकदम नया **branded** adj. *I buy only branded tooth paste.* = a product with the name and label of a company which is well-known and trusted जानी-पहचानी कंपनी का लेबल लगा उत्पादन

bran•dy /'brændi/ /'ब्रैण्डी/ noun, u. or c. (**brandies**) = a strong alcoholic drink made from the juice of grapes अंगूर से बननेवाला मद्य

brash /bræʃ/ /ब्रैश/ adj. *Don't be so brash when you talk to your elders. Show them a little respect.* = rude and proud; disrespectful (derogatory) ढीठ, उद्दंड (अनादरपूर्ण)

brass /brɑːs/ /ब्रास/ noun, u. = a yellow metal which is a mixture of copper and zinc पीतल और ज़स्ते की मिश्रित एक धातु **brassy** adj. **1** = like brass: yellow, hard etc. पीतल के रंग का पीला/कड़ा **2** *brassy music* = loud and harsh कर्कश **3** = a person who is seen as too bold, loud etc. (disapproving) उद्दंड (अस्वीकृत)

brat /bræt/ /ब्रैट/ noun, c. = a child who has been spoilt and behaves badly (informal) बिगड़ा बच्चा (अनौपचारिक)

bra•va•do /brə'vɑːdəʊ/ /ब्र'वाडउ/ noun, u. *He pretended he was not afraid of snakes, but the moment he saw one all his bravado disappeared.* = a false show of courage अक्खड़पन, डींग

brave[1] /breɪv/ /ब्रेइव/ adj. *our brave soldiers* = fearless and full of courage बहादुर, साहसी

brave[2] verb, t. *The ship sailed on, braving the huge waves* = to face danger without fear निर्भय होकर सामना करना

brawl /brɔːl/ /बॉऽल/ noun, c. *a drunken brawl* = a fight, usually in a public place, which is noisy and uncontrolled खुले में हुई भयंकर मारपीट

brawn /brɔːn/ /ब्रॉन/ noun, u. *more brawn than brains* = large body frame and muscular strength तगड़ा, हट्टा-कट्टा **brawny** adj. = big and strong कद्दावर

bray[1] /breɪ/ /ब्रेइ/ noun, u. = the sound produced by a donkey, or any sound like it रेंकना

bray[2] verb, i. = to produce a sound like that produced by a donkey रेंकने-जैसी आवाज़ पैदा करना

bra•zen /'breɪzən/ /'ब्रेइज़्न/ adj. *a brazen act of cheating* = done openly without shame बेहया ढंग से, खुल्लमखुल्ला

breach[1] /briːtʃ/ /ब्रीच/ noun, c. **1** *a breach of promise* = an action which breaks or goes against a promise made earlier प्रतिज्ञा-भंग **2** *a breach of peace* = an act which breaks or disturbs peace शांतिभंग **3** *a breach in a road* = an opening or a break, caused by a flood दरार जो बाढ़ वगैरह से पड़ जाती है

breach[2] verb, t. *The enemy defences have been breached by our soldiers.* = to open up or break down something भेद देना, तोड़ गिराना

bread /bred/ /ब्रेड/ noun, u. **1** *a loaf of bread* = food made by baking a mixture of flour, water, salt etc. आटे,

पानी और नमक के मिश्रण का एक भोज्य पदार्थ, पाव रोटी **2** *to earn one's bread* = money earned for work done (figurative) रोज़ी-रोटी कमाना (लाक्षणिक) **bread crumb** noun, c. = a very small piece of bread डबलरोटी या पाव रोटी का चूरा **bread-fruit** noun, u. = the fruit of a kind of tree that is said to taste like bread एक प्रकार के पेड़ का फल जिसका स्वाद रोटी-जैसा होता है **bread-winner** noun, c. = the head of a family or a member of the family who earns money to support the family कमासुत, कमाऊ, परिवार को अपनी कमाई से खिलाने-पालने वाला व्यक्ति

to be someone's bread and butter *Music is my bread and butter.* = something that helps to provide a living रोज़ी-रोटी का ज़रिया **to know which side of one's bread is buttered** = to be able to get the maximum benefit or advantage from a situation किसी मौके का ज़्यादा-से-ज़्यादा फ़ायदा उठाना

breadth /bredθ/ /ब्रेड्थ/ noun, u. *the breadth of a football field* = the distance from one side to the other चौड़ाई

break[1] /breɪk/ /ब्रेइक/ verb, t. or i. (**broke, broken**) **1** *I dropped the glass and broke it. // How did you break your leg?* (t.) = to cause something hard to divide into pieces by striking it against some hard object or allowing it to fall etc. किसी ठोस चीज़ पर मारकर/पटककर/गिराकर टुकड़े-टुकड़े कर देना **2** *I dropped the clock and broke it.*(t.) = to damage something so that it does not work. किसी चीज़ को ऐसा नुकसान पहुँचाना कि वह ठप पड़ जाए **3** *If you break the peace you will be arrested.*(t.) = disturb बाधा पहुँचाना, भंग करना **4** *We will break our journey in Kolkata. // He broke his fast with a glass of orange juice.*(t.) = to discontinue or interrupt something, either for a short time or permanently थोड़े वक्त या हमेशा के लिए जो चल रहा है उसे भंग करना **5** *She will try to break the high-jump record.*(t.) = to improve upon में आगे होना, तरक्की करना, एक नया कीर्तिमान स्थापित करना **6** *How did the cup break?*(i.) = fall and divide into pieces गिरकर टुकड़े हो जाना **7** *Some thieves broke into the shop last night.*(t.) = to enter by force जबरन घुस आना

break[2] noun, u. **1** *The sun shone through a break in the clouds.* = an opening or gap फाँक **2** *There is a break in your service from 1998 to 1999.* = a period of discontinuity अंतराल **3** *We have been working for two hours. Let us take a break.*= a period of rest अवकाश **4** *He has been very unlucky. He deserves a break now.*= a bit of good luck (informal) सौभाग्य (अनौपचारिक) **breakaway** *the breakaway group* = a small group that separates itself from the main group मुख्य दल से अपने को अलग किए हुए एक छोटा वर्ग

to break down **1** *Our car broke down on the road.* = to fail or stop working (referring to a machine) (मशीन) खराबी से ठप पड़ जाना **2** *He broke down and cried when he got the sad news.* = to lose control over one's feelings मानसिक संतुलन खो बैठना **to break out** *War has broken out between the two countries.*= something unpleasant that begins suddenly अचानक शुरू हो जाना **to break even** *Our company lost a lot of money last year, but this year we were able to break even.* = to have neither loss nor profit in business व्यापार में न घाटा न नफ़ा **breakthrough** noun *The discovery of penicillin was a real breakthrough in medicine.* = a new discovery that brings about a very big improvement or change महत्त्वपूर्ण खोज जो बड़े परिवर्त्तन या ज्यादा तरक्की की वजह हो **to break the ice** *As we did not know each other, we did not speak for a long time. Finally, I broke the ice by offering him a cigarette.* = to remove the feeling of awkwardness or nervousness between people who do not know each other चुप्पी तोड़ना, परस्पर अपरिचित व्यक्तियों के बीच झिझक मिटाना **to break new ground** = to do something entirely new कोई सर्वथा नया काम करना **to break something off** *We have broken off our friendship.*= to end a relationship suddenly अचानक संबंध तोड़ लेना

break•fast /ˈbrekfəst/ /ˈब्रेकफस्ट/ noun, u. or c. = the first meal with which one starts the day नाश्ता, जलपान

breakdown /ˈbreikdaun/ /ˈब्रेइकडाउन/ noun, c. **1** *She had a breakdown and had to go on long leave.* = a condition in which one is mentally disturbed and is not able to do even basic things मानसिक विकार जिसमें साधारण काम के लिए भी अक्ल काम नहीं करती **2** *The car has had several breakdowns. Let's not keep it.* = a situation in which a car, bus etc. or machinery stops working (मशीन) खराबी की हालत जिसमें वह काम नहीं करती **3** *I studied the bill the hospital gave me and asked them to give me a breakdown of the expenses.* = a list made item by item सिलसिलेवार फ़िहरिस्त

breast /brest/ /ब्रेस्ट/ noun, c. **1** = the part of a woman's body that produces milk स्तन **2** = the upper part of the body (chest) सीना, छाती **breast-bone** noun = the big bone in the middle of the chest, to which most of the ribs are attached सीने के बीच की चौड़ी हड्डी जिससे पसलियाँ जुड़ी होती हैं **breastfeed** verb = to feed a baby with milk from the breasts, not from a bottle स्तनपान कराना **breast pocket** noun = the pocket stitched to the upper part of a coat or shirt कमीज़ या कोट की ऊपरी जेब **breast stroke** noun = the movement of the arms across the chest made while swimming with one's back facing upwards तैरने में पीठ ऊपर रखे हुए सीने के आगे बाँहें चलाना

to make a clean breast of something = to confess that one has done something wrong, committed a crime etc. अपने अपराध की स्पष्ट स्वीकारोक्ति करना

breath /breθ/ /ब्रेथ/ noun, u. or c. **1** *Take a deep breath.*(c.) = the act of taking air into the lungs and bringing it out again through the nose or mouth नाक या मुँह से साँस लेना **2** *He has lost his breath.*(u.) = air which is taken into the lungs श्वास **breathless** adj. *I ran up the stairs but I was breathless when I reached the top.* = breathing with difficulty हाँफता हुआ, बेदम

breathtaking adj. *The beauty of the mountain was really breathtaking.* = causing very great wonder or surprise स्तब्ध कर देने वाला

a breath of fresh air 1 *Let's go out for a breath of fresh air* = a rest from some work that one has been doing साफ़ हवा में साँस ले पाने से मिलनेवाला आराम 2 *When she came into the room, it was like a breath of fresh air* = a welcome change थोड़ी राहत का अवकाश **to take one's breath away** *The Taj Mahal is so beautiful that it will take your breath away.* = to make someone unable to speak because of surprise or wonder विस्मय या कौतूहल से अवाक् कर देना **to speak under one's breath** = to speak in a very low voice फुसफुसाना, दबी-दबी आवाज़ में बोलना **to catch one's breath** *I did a lot of work in the morning, then stopped to catch my breath.* = to stop to relax after a spell of activity थोड़ी राहत की साँस लेना **to hold one's breath** *She held her breath as she opened the letter.* = to pause or wait with anxiety, hoping that what will happen will be good (उत्तेजना, घबराहट, आशा में) साँस रोके रहना **to (not) waste one's breath** *Don't give him any more advice. You're wasting your breath.* = making an effort (to advise, convince etc.) which will not serve any purpose राय देने, विश्वास कराने का व्यर्थ प्रयास करना

breathe /bri:ð/ /ब्रीद/ verb, i. or t. **1** (i.) = to draw (take) air into the lungs and out again साँस लेना-फेंकना **2** *He was breathing fire when he spoke.*(t.) = to give out a strong feeling आग उगलना, उत्तेजक भाषण करना **breather** noun, u. *We have been working since seven. Let's take a breather now.* = a short pause during work, for rest (informal) काम के बीच राहत का थोड़ा अवकाश, दम लेना (अनौपचारिक)

to breathe one's last = to die अंतिम साँस लेना, मरना **to breathe a sigh of relief** = to relax after a period of anxiety राहत की साँस लेना **to breathe down someone's neck** *I will complete the work, please stop breathing down my neck.* = to keep watching or advising to see if someone is doing something properly etc. (informal, not respectful) गरदन पर सवार रहना

breed[1] /bri:d/ /ब्रीड/ verb, t. or i. (**bred**) **1** *We breed horses.*(t.) = to keep animals or plants for the purpose of producing and developing young animals or new plants पशुओं या पौधों की नस्ल पैदा करने के लिए पशु और पौधे रखना **2** *Last year we had only two rabbits but now we have a hundred. They are breeding fast.*(i.) = producing babies and increasing in number (पशुओं का) तादाद में बच्चे पैदा करना

breed[2] noun *I have an improved breed of cattle on my farm.* = a new type or class of some animal, produced by using scientific methods वैज्ञानिक विधि से उत्पन्न नए प्रकार या नई किस्म का कोई जानवर

breeze[1] /bri:z/ /ब्रीज़/ noun, c. *There was a gentle breeze blowing.* =a gentle wind समीर

breeze[2] verb, i. **1** *He breezed in suddenly while Iwas reading a book.* = to move quickly and lightly, in a happy mood (informal) आहिस्ते से घुसना (अनौपचारिक) **2** *She breezed through the book in just a few minutes.* = to complete some task quickly and without much effort जल्दी से सहज ही कोई काम संपन्न कर लेना

brev•i•ty /'brevɪti/ /'ब्रेविटि/ noun, u. *The Chief Guest stayed with us for only two minutes and then left. We were disappointed at the brevity of his speech and his visit.* = shortness relating to something written or spoken (लेखन या भाषा की) संक्षिप्तता

brew[1] /bru:/ /ब्रू/ verb, t. or i. **1** *Let me brew some tea for you.*(t.) = to prepare some drink (usually beer or tea/coffee) (बीयर/चाय/कॉफ़ी) तैयार करना **2** *Let the tea brew for a few minutes in the tea-pot before you pour it out.*(i.) = to be allowed to soak in hot water so as to become stronger in taste उबलने देना ताकि ज़ायके में कड़क लगे **3** *I think there is some trouble brewing in the office.*(i.) = starting शुरू होना

brew[2] noun, c. *The brew that she produced had a very good taste.* = a drink (usually beer or tea/coffee) produced through the process of brewing (बीयर/चाय/कॉफ़ी का) पेय जो उबालकर तैयार होता है **brewer** noun, c. = a person who makes beer बीयर बनाने वाला **brewery** noun, c. (**breweries**) = a place where beer is made बीयर बनने की जगह, भट्ठी

bri•be[1] /braɪb/ /ब्राइब/ verb, t. = to pay money to someone so that he/she will agree to do something illegal or improper घूस देना

bribe[2] noun, c. = money being paid or taken for doing something illegal or improper घूस **bribery** noun, c. = the act of giving and taking bribes घूस देने-लेने का धंधा

bri•ck /brɪk/ /ब्रिक/ noun, c. = a piece of hard clay which has been baked in the sun or in an oven(kiln) and is used for building houses धूप या आग की भट्ठी में पकाई हुई कड़ी मिट्टी के ठोस टुकड़े जिनसे इमारत बनती है, ईंट **brick-layer** noun, c. = a workman who joins bricks together to build something ईंट-कारीगर **brickyard** noun, c. = a place where bricks are made भट्ठी, जहाँ ईंटें बनती हैं

to drop a brick *When the Chief Justice arrived, I dropped a brick by addressing him as the Chief Minister.* = to say or do something that causes embarassment एक मुश्किल खड़ी कर देना **to come down on someone like a ton of bricks** = to be angry and to blame someone strongly (informal) किसी पर बरस पड़ना (अनौपचारिक)

bri•de /braɪd/ /ब्राइड/ noun, c. = a woman who is going to be married or has just been married दुल्हन **bridegroom** /'braɪdgru:m/ /'ब्राइडग्रूम/ noun, c. = a man who is going to be married or has just been married दूल्हा

bri•dge[1] /brɪdʒ/ /ब्रिज/ noun, c. **1** = a structure which is put up across a river etc. and over which vehicles can run पुल **2** = a kind of card game ताश का एक खेल **3** = the bony part of the nose नाक की हड्डी

B

bridge[2] verb, t. *The engineers are going to bridge the river.* = to build a bridge across a river etc. नदी वगैरह पर पुल बाँधना

to bridge the gap *bridge the gap between dream and reality* = to make a connection between two things of an opposite nature or to remove the difference between these विपरीत प्रकृति की चीज़ों के बीच का अंतर कम करना **to build bridges** = to try to improve the relationship between two people (or groups) who are not getting on with one another परस्पर विमुख लोगों का संबंध सुधारना

bri•dle[1] /ˈbraɪdl/ /ˈब्राइड्ल/ noun, c. = leather bands put on a horse's head to control its movements बाग, घोड़े की लगाम

bridle[2] verb, t. **1** *Please bridle the horse.*= to place a bridle on a horse before riding it लगाम कसना **2** *The young soldiers are getting restless but they will have to be bridled.* = to bring someone or something under control काबू में रखना **3** *We bridled at the way she insulted us.* = to be angry and to show it but not be able to do anything खीझकर रह जाना

brief[1] /briːf/ /ब्रीफ़/ adj. *His letter was brief and to the point.* = short संक्षिप्त, सटीक

brief[2] **1** verb, t. *Let me brief you on the main points to be discussed at this meeting.* मुख्य मुद्दों पर हिदायत देना **2** *The lawyer has been briefed on the facts of the case.* = to give instructions or necessary information to someone (specially to a lawyer) [LAW] किसी व्यक्ति (विशेषकर वकील) को हिदायतें देना या ज़रूरी बातें बतलाना [कानून]

brief[3] noun, c. *I speak only for myself. I do not hold a brief for anyone.* = the authority to represent someone or to speak on behalf of someone किसी और की तरफ़ से बोलना या उसका प्रतिनिधित्व करना **briefcase** noun, c. = a small box with a handle, usually made of leather or plastic, in which important papers are kept चमड़े/प्लास्टिक का बना छोटा हैंडिल वाला बक्स जिसमें ज़रूरी कागज़ात रखे जाते हैं **briefing** noun, u. = the act or process of giving information or instructions to someone before an important event किसी महत्त्वपूर्ण अवसर के पहले किसी को मुख्य मुद्दों पर हिदायत देना **briefs** noun (always plural) = a man's or woman's underwear covering the lower part of the body (informal) स्त्री या पुरुष के (शरीर के) निचले हिस्से का भीतरी आवरण (अनौपचारिक)

briefcase

bri•gade /brɪˈgeɪd/ /ब्रिˈगेइड/ noun, c. **1** = a group of about 5000 soldiers who are part of an army करीब पचास हज़ार सैनिकों की एक सेना-टुकड़ी **2** *the Fire Brigade* = an organisation created to carry out a special duty, such as fighting fires अग्निशामक संस्था

brigadier /brɪgəˈdɪəʳ/ /ब्रिगˈडिअʳ/ noun, c. = a senior officer in the army, above the rank of colonel कर्नल से ऊपर, सेना का एक वरिष्ठ अधिकारी

bri•ght /braɪt/ /ब्राइट/ adj. **1** *bright lights* = giving out strong light; shining चमचमाता **2** *bright colours* = strong and easily seen चटकीला **3** *a bright student* = very intelligent कुशाग्र **4** *a bright future* = full of hope संभावनापूर्ण **brighten** verb, t. *That picture hanging on the wall really brightens the room.* = to make something look bright and colourful रँगीला या चटकदार बना देना

to look on the bright side of something = to look at the positive side of a bad situation बुरी परिस्थिति में भी संभावनाएँ देखना

bril•liant /ˈbrɪljənt/ /ˈब्रिल्यन्ट/ adj. **1** *brilliant sunshine* = very bright चमकीला **2** *a brilliant student* = highly intelligent मेधावी **3** *a brilliant novel* = outstanding; highly successful (informal) अनूठा, अलग रंग का (अनौपचारिक) **brilliance** /ˈbrɪljəns/ /ˈब्रिल्यन्स/ noun, u. = the quality of being brilliant प्रकाशमान होने का गुण

brim[1] /brɪm/ /ब्रिम/ noun, c. *The cup was full to the brim.* = the top edge of a cup, glass or bowl or the lower part of a hat प्याले या गिलास का ऊपरी किनारा या हैट का निचला गोल घेरा

brim[2] verb, i. **1** *Her eyes were brimming with tears.* = full (of tears) and about to flow down छलछलाना **2** *The cup is brimming over.* = to be full to the top and about to overflow छलकता

brine /braɪn/ /ब्राइन/ noun, u. = water containing salt, used for preserving food (preventing food from going bad) भोज्य पदार्थ को बासी होने से बचाने के लिए नमक-मिला पानी

bring /brɪŋ/ /ब्रिंङ/ verb, t. (**brought**) **1** *Bring me a glass of water.* = to carry or come with something from one place to another ले आना **2** *A visit to the seaside brings peace.* = to cause; to lead to प्रदान करना **3** *The smell of ripe mangoes brought a lot of flies.* = to attract जुटा लेना **4** *To make tea, you must bring the water to the boil.* = to create the conditions in which something can happen कुछ घटित हो सके उसकी परिस्थिति तैयार करना **bringing up** (also **upbringing**) noun = the care which parents or guardians give to growing children भरण-पोषण, पालन-पोषण (देखें **upbringing**)

to bring about *The floods brought about great destruction.* = to cause (used in a negative situation) (अप्रिय अर्थ में) ले आ देना **bring down** *The public is demanding that the government bring down the price of milk.* = to lower the cost etc. of something or to make something fall (e.g. a building) दर कम करना या ढाह (कर गिरा) देना **to bring forward** *The date of the election has been brought forward from December to August.* = to move something closer to the present time (तिथि) आगे बढ़ाना **to bring off** *Tendulkar had hit the ball very hard but Mahanama brought off* *a wonderful catch.* = to succeed in doing something difficult (informal) मुश्किल काम में कमाल हासिल करना (अनौपचारिक) **to bring out** *A good teacher can help to bring out the intelligence of a child.* = to draw out; to develop विकसित करना, अन्वेषित करना, प्रस्फुटित करना **to bring someone up** *Our father brought up his children with great love.* = to look after a family परिवार की देखभाल करना **to bring something up** *We were eating when she brought up the subject of her failure.* = to start to talk about something which is unpleasant or sad कोई अप्रिय या उदास बात उठा देना

bri•nk /brɪŋk/ /ब्रिंक/ *The two countries were on the brink of a war last year.* = very near to the point at which something bad or dangerous can happen; the edge of something के कगार पर, किसी आपदा के निकट

brisk /brɪsk/ /ब्रिस्क/ adj. *We will take a brisk walk.* = quick and active क्षिप्र(तेज़) तथा स्फूर्त्तियुक्त

bris•tle[1] /'brɪsl/ /'ब्रिस्ल्/ noun, c. **1** *My toothbrush has nylon bristles.* = the short, stiff hairs (taken from an animal or made of nylon etc.) fixed on top of a brush ब्रश पर लगे कड़े-कड़े खड़े बाल **2** *There are some ugly bristles on your chin.* = short hairs खूँटियाँ, छोटे-छोटे बाल

bristle[2] verb **1** *The tiger's fur bristled.* = hair or fur that stands up stiffly to show that one is angry, annoyed etc. बाल या रोएँ खड़े हो आना (जैसे रोष/झुँझलाहट में) **2** *The place where the meeting was held bristled with armed policemen.* = to be full of something खचाखच भरना

Brit•ish /'brɪtɪʃ/ /'ब्रिटिश/ adj. = from or related to Great Britain ग्रेट ब्रिटेन से (संबद्ध)

brit•tle /'brɪtl/ /'ब्रिट्ल/ adj. *Glass is brittle but plastic is not.* = something that is hard but can break into pieces easily तुनुक, नाजुक

broach /brəʊtʃ/ /ब्रउच/ verb, t. *I want to ask for a rise in my salary, but I do not know how to broach the topic.* = to introduce or bring up a topic (subject) during a conversation बात खोलना, शुरू कर सकना

broad /brɔːd/ /ब्रॉऽड/ adj. **1** *a broad river* = wide and large when measured from one side to the other (opposite **narrow**) चौड़ा (विलोम शब्द **narrow**) **2** *a broad-minded person* = one who is prepared to respect the ideas of others; generous (opposite **narrow-minded**) उदार (विलोम शब्द **narrow-minded**) **3** *Give me a broad idea of the town where you lived earlier.* = general; not detailed मोटा-मोटी **broaden** verb, t. = to make something broader चौड़ा करना

broad•band /'brɔːdbænd/ /'ब्रॉऽडबैण्ड/ noun, u. = a radio-or television-related system which allows several programmes to be broadcast at the same time [TECHNICAL] एक रेडियो या टेलिविज़न से संबद्ध यांत्रिक प्रक्रिया जिससे विभिन्न कार्यक्रम (प्रोग्राम) एककालिक रूप से प्रसारित होते हैं [तकनीकी]

broad•cast[1] /'brɔːdkɒːst/ /'ब्रॉऽडकाऽस्ट/ noun, c. *Have you heard the news broadcast today?* = a programme presented on radio or television रेडियो या टेलिविज़न पर प्रसारित कार्यक्रम

broadcast[2] verb, t. **1** *Doordarshan will broadcast a commentary on the cricket match.* = to present a programme on radio or television रेडियो या टेलिविज़न पर प्रसारित या प्रस्तुत करना **2** *I am going to broadcast the good news to all my friends.* = to make something known to a lot of people (informal) कानों में डाल देना (अनौपचारिक) **broad gauge** noun = a railway track where the distance between the two steel rails on which trains run is 5.5 feet बड़ी लाइन, रेल की पटरी जिसमें लोहे की दो लाइनों के बीच 5.5 फीट की दूरी होती है **broad jump** noun = an item in a sports meet where competitors are required to jump across a pit full of sand (also **long jump**) खेल-कूद प्रतियोगिता जिसमें प्रतियोगियों को बालू-भरे एक खड्ड को पार करना होता है (देखें **long jump**)

bro•cade /brə'keɪd/ /ब्र'केइड/ noun, u. = expensive cloth woven out of silver or gold thread वह बेशकीमती कपड़ा जो चाँदी या सोने के तारों से बुना जाता है

broc•co•li /'brɒkəli/ /'ब्रॉकली/ noun = a vegetable that looks like a cauliflower but is green in colour एक सब्ज़ी जो देखने में फूलगोभी-सी लेकिन हरे रंग की होती है

bro•chure /'brəʊʃəʳ/ /'ब्रउशर/ noun, c. *a brochure on tourism in India* = a small, thin book (**booklet**) containing pictures and photographs and describing the attractions or services that a place offers एक सचित्र पुस्तिका जिसमें किसी स्थान-विशेष के आकर्षण-केंद्रों तथा सुविधाओं का ब्यौरा होता है

broil /brɔɪl/ /ब्रॉइल/ verb, t. = to cook something, specially meat, without water or oil, using direct heat सीधी आँच पर सेंका हुआ बिना पानी या तेल का भोज्य पदार्थ, विशेषतः गोश्त **broiler** noun = a young chicken which has a lot of meat and has been specially bred for broiling एक नन्हा चूज़ा जिसमें काफ़ी गोश्त होता है और जिसे उबाल कर पकाने के लिए खास ढंग से सेया जाता है

broke /brəʊk/ /ब्रउक/ adj. *I can't buy shoes for my children as I am broke.* = having no money at all (informal) दिवालिया(अनादरपूर्ण) **broken** adj. **1** *a broken window* = damaged टूटा हुआ **2** *a broken promise* = not kept अनिर्वाहित **3** *speaking in broken English* = incorrect or ungrammatical टूटी-फूटी

bro•ker /'brəʊkəʳ/ /'ब्रउकर/ noun, c. = a person who arranges to buy and sell things for others, specially shares in companies दलाल

bron•chi•tis /brɒŋ'kaɪtɪs/ /ब्रॉन्'काइटिस/ noun, u. = an illness that affects the lungs and causes coughing कुकुरखाँसी (जो फेफड़े के एक संक्रामक रोग से होती है)

B

bronze[1] /brɒnz/ /ब्रॉन्ज़/ noun, u. = a mixture of two metals, copper and tin, that has a reddish-brown colour ताँबा और टिन-जैसी दो धातुओं की मिलावट जिसका रंग भूरा-लाल होता है

bronze[2] adj. *bronze-coloured hair* = having a reddish brown colour ललछौंही-लिए एक भूरा रंग **bronze medal** noun, c. = a medal (a round, flat piece of metal) given as a prize to a person who comes third in a sports event एक गोल सपाट धातु का गोल टुकड़ा जो तृतीय पुरस्कार में दिया जाता है, कांस्य पदक

brooch /brəʊtʃ/ /ब्रऊच/ noun, c. (**brooches**) = an ornament usually worn by women, which is pinned on to a dress जड़ाऊ पिन, औरतों की पोशाक पर पिन से लगा एक आभूषण

brood[1] /bru:d/ /ब्रूड/ noun, c. *a brood of chickens* = a family of young ones, specially birds (विशेषकर चिड़ियों के) चूज़े या बच्चे

brood[2] verb, i. *Don't brood over your performance in the test. It's over!* = to keep worrying about something unpleasant that has happened किसी अप्रिय रूप से घटित घटना पर परेशान होना

brook /brʊk/ /ब्रुक/ noun, c. = a small stream सोता

broom /bru:m/ /ब्रूम/ noun, c. = a brush with a long handle, used to sweep floors झाड़ू

broth /brɒθ/ /ब्रॉथ/ noun, u. = thick soup containing meat and vegetables गोश्त और सब्ज़ी वाला गाढ़ा शोरबा

broth•el /ˈbrɒθəl/ /ˈब्रॉथ्ल/ noun, c. = a place where sex workers live and work वेश्यालय

broth•er /ˈbrʌðəʳ/ /ˈब्रंदʳ/ noun, c. = a male person who is born of the same parents as oneself भाई **brother-in-law** noun, c. (**brothers-in-law**) = the brother of one's wife or husband or the husband of one's sister साला, बहनोई, देवर

brotherly /ˈbrʌðəlɪ/ /ˈब्रॅदली/ adj. *He gave me a brotherly hug.* = loving (like that of a brother) भ्रातृवत्

brow /braʊ/ /ब्रॉउ/ noun, c. = the forehead **browbeat** ललाट verb, t. *Don't try to browbeat me into voting for you.* = to force someone to obey by using strong words पुरज़ोर शब्दों से किसी को हुक्मउदूली के लिए बाध्य करना

brown[1] /braʊn/ /ब्रॉउन/ adj. = the colour of soil or earth मिट्टी के रंग का

brown[2] verb, t. *I will have to brown the meat.* = to cook something so that it gets a brown colour पकाकर भूरा कर देना

browse /braʊz/ /ब्रॉउज़/ verb, i. **1** *cows browsing in the fields* = to feed on grass, young plants etc. (used for cattle) घास आदि चरना **2** *Let me browse through the book.* = to read through parts of a book in order to get an idea of what it contains किताब को इधर-उधर पढ़कर उसकी विषय-वस्तु का अंदाज़ लगाना **3** *browsing the Net* = searching different addresses or websites on the Internet and looking for information [COMPUTERS] इंटरनेट पर विभिन्न पते खोजना, संचित तथ्य की तलाश करना [कंप्यूटर]

bruise[1] /bru:z/ /ब्रूज़/ verb, t. *I fell down and bruised my leg.* = to cause an injury to some part of the body so as to leave a mark, without breaking the skin अंग-विशेष का छिल जाना

bruise[2] noun, c. *There is a bruise on my hand where he hit me with a stick.* = a dark mark left on the skin where one has been hit चमड़े पर चोट का काला निशान

bru•nch /brʌntʃ/ /ब्रॅन्च/ noun, c. = a meal which is either a late breakfast or an early lunch (**breakfast + lunch**) देर का नाश्ता या समय से पहले का भोजन

bru•nette /bru:ˈnet/ /ब्रूˈनेट/ noun, c. = a person (usually a woman) with hair of a black or dark brown colour (see also **blonde**) (प्रायः स्त्री) काले या काले-भूरे केश वाली (देखें **blonde**)

brunt /brʌnt/ /ब्रण्ट/ noun, u. *The captain of the cricket team which lost had to bear the brunt of the blame.* = the most difficult and painful part of an unpleasant reaction to something किसी अप्रिय प्रतिक्रिया का सबसे दु:खद पक्ष

brush[1] /brʌʃ/ /ब्रश/ noun, c. (**brushes**) **1** *a toothbrush // paint-brush* = an instrument used to clean, paint etc which has a handle to which bristles (stiff hairs) made of nylon or animal hair are attached ब्रश **2** *I had a brush with my senior this morning.* = a small quarrel or argument (informal) झड़प या बहस (अनौपचारिक)

brush[2] verb, t.or i. *Have you brushed your teeth?*(t.) = to clean something with a brush ब्रश से माँजना **to brush aside/off** *The Manager brushed all our objections aside and bought new furniture for the office.* = to pay no attention to something अनसुनी कर देना, टाल देना **to brush up on something** *It would be a good idea to brush up on your computer skills before you attend the interview.* = to refresh one's knowledge of something quickly for a certain purpose किसी उद्देश्य विशेष के लिए अपनी जानकारी को ताज़ा करना

brute /bru:t/ /ब्रूट/ noun, c. **1** = a large, wild animal विशाल वन्य पशु **2** = a person who behaves like an animal एकदम जानवर **brutal** /ˈbru:təl/ /ˈब्रूट्ल/ adj. *a brutal murder* = very cruel क्रूर, हिंस्र

B.Sc. abbr. of **Bachelor of Science** = a first degree in Science विज्ञान की पहली उपाधि (**Bachelor of Science** का संक्षिप्त रूप)

bub•ble[1] /ˈbʌbəl/ /ˈबॅब्ल/ noun, c. *The child is blowing soap bubbles.* = a hollow ball of liquid containing air or gas बुलबुला

bubble[2] verb, i. *The pot of rice is bubbling on the stove.* = to form bubbles or to make the sound of bubbles rising in a liquid बुलबुला बनाने लगना, तरल पदार्थ के रूप में ऊपर उठते हुए बुलबुलों की आवाज़ पैदा करना

buck¹ /bʌk/ /बॅक/ noun, c. *a black buck* = a male deer हिरण

buck² verb, i. or t. *The horse is bucking.*(i.) = jumping with all four feet off the ground. (घोड़े का) चारों पैरों से ऊपर उछलना

to buck up = to cheer up (to stop feeling sad) (informal) उदासी छोड़ना (अनौपचारिक) **to pass the buck** *Don't pass the buck to me.* = responsibility (slang) जिम्मेवारी थोपना, मत्थे मढ़ना (अपभाषा)

buck•et /'bʌkɪt/ /'बॅकिट/ noun, c. = an open container with a wide mouth and a handle, used for carrying liquids बाल्टी

to kick the bucket = to die (slang, often humorous, not respectful) टन बोल जाना (अपभाषा, प्राय: हास्यपरक, आदरपूर्ण नहीं)

buck•le¹ /'bʌkəl/ /'बॅक्ल/ noun, c. *a silver buckle for a belt* = something which fastens the two ends of a belt बकलस

buckle² verb, t. *You should buckle your belt.* = to hold something in place with the help of a buckle बकलस बाँधना

to buckle down to something *You must buckle down to your work.* = to settle down to serious work (किसी गंभीर काम के लिए) कटिबद्ध होना, कमर कसना

bud /bʌd/ /बॅड/ noun, c. = a very young flower which has not yet opened up its petals कली **budding** adj. *a budding poet* = just beginning to develop उदीयमान

bud•dy /'bʌdi/ /'बॅडी/ noun, c. (**buddies**) = a good friend (informal) यार, मीत (अनौपचारिक)

budge /bʌdʒ/ /बॅज/ verb, i. or t. **1** *The man stood in the middle of the road and refused to budge although I sounded my horn.*(i.) = to move टस से मस होना **2** *I can't budge this heavy bookshelf. Please help me.*(t.) = to cause something to move slightly (informal) खिसकाना (अनौपचारिक)

bud•get¹ /bʌdʒɪt/ /बॅजिट/ noun, c = a plan made by the government for the amount of money to be spent by it and the amount of money to be collected through taxes, borrowing etc. खर्च की राशि और टैक्स, ऋण आदि से एकत्र राशि की सरकारी योजना

budget² verb, t. *You have to budget your time carefully.* = to plan how much time, money etc. one is going to spend on something किसी कार्य में देने के लिए अपने समय, द्रव्य (धन) की योजना बनाना

buff¹ /bʌf/ /बॅफ़/ adj. *a buff-coloured shirt* = of a pale yellow colour फीके पीले रंग का

buff² noun, c. *She is a cricket buff.* = a person who is very interested in something and knows a lot about it. शौकीन, दीवाना और जानकार

buff³ verb, t. *The brass statues have been buffed and they are shining.* = to polish something made of metal and make it shine धातु निर्मित चीज़ को पॉलिश से चमकाना

buf•fa•lo /'bʌfələʊ/ /'बॅफ़लउ/ noun, c. (**buffaloes**) = a large, black animal belonging to the family of cattle भैंस

buff•er /'bʌfə^r/ /'बॅफ़र/ noun, c. **1** = a spring-loaded part on the front and back of a railway carriage which saves it from damage if it hits another carriage रेल के डब्बे में आगे पीछे लगा स्प्रिंग जो दूसरे डब्बों से धक्का लगने पर भी बचा रहता है **2** = a country which lies between two other countries that are fighting or may fight देश जो दो युद्धरत या युद्ध-तत्पर देशों के बीच पड़ता है **3** *We have stocked 20 bags of rice as a buffer in case of any shortage of food.* = something extra that can serve one in case of need ज़रूरत पड़ने पर काम में लाने के लिए अतिरिक्त सामग्री **4** = extra space in the memory of a computer in which data is temporarily stored [COMPUTERS] कंप्यूटर की मेमोरी (स्मृति कोष) में आँकड़ों को कुछ समय के लिए संगृहीत करने के उद्देश्य से संरक्षित अतिरिक्त स्थान [कंप्यूटर]

buf•fet¹ /'bʌfɪt/ /'बॅफ़िट/ verb, t. (usually passive) *The small ship was buffeted by the waves and the wind.* = to be tossed by the force of something (literary) (सामान्यत: कर्मवाच्य में प्रयुक्त किसी धक्के से हिल-डुल जाना (साहित्यिक)

buf•fet² /'bʊfeɪ/ /'बुफ़ेइ/ noun **1** *We will have a buffet lunch.* = food placed on a table, which people serve themselves and eat while standing up मेज़ पर रखा भोजन जिसे लोग अपने ही से परोसते खड़े-खड़े खाते हैं **2** = a carriage in a train or a place where one can buy food रेल का डब्बा या वह जगह जहाँ भोजन ख़रीदा जा सकता है

buf•foon /bə'fu:n/ /बफ़ून/ noun, c. = a foolish person who tries to be funny (derogatory) विदूषक (अनादरपूर्ण)

bug¹ /bʌg/ /बॅग/ noun, c. **1** *a bed-bug* = a small insect चीलर **2** *I found a bug attached to my telephone.* = an electronic instrument used to listen secretly to something being said गुप्त रूप से सुन लेने के लिए एक यंत्र **3** *There seems to be a bug in my computer system.* = a problem which prevents a machine from working properly (मशीन की) कोई ख़राबी जिससे वह ठीक से काम नहीं कर पाती **4** *a flu bug* = an infection, usually of the stomach, which one can pass on to others (informal) पेट का एक संक्रामक रोग (अनौपचारिक)

bug² verb, t. **1** *Tell me, what is bugging you?* = to annoy continuously or to cause worry (slang) लगातार परेशान किए रहना(अपभाषा) **2** *My telephone has been bugged.* = to fit a bug (an electronic listening device) inside a room or to a telephone, without the knowledge of the users, so as to listen to them secretly गुप्त रूप से सुन लेने के लिए कमरे या टेलिफ़ोन में एक यंत्र लगाना

bu•gle /'bju:gəl/ /'ब्यूगल/ noun, c. = a small musical instrument made of brass, used for calling soldiers to a parade सैनिकों को कवायद या परेड पर बुलाने के लिए पीतल का एक बाजा

build[1] /bɪld/ /बिल्ड/ verb, t. or i. (**built**) **1** *We plan to build a house on this piece of land.* = to construct or make बनाना, का निर्माण करना **2** *This exercise will build your muscles.* = to develop पुष्ट करना **3** *Anger was building in the group.*(i.) = growing stronger उग्रतर होना

build[2] noun, u. *He has a very attractive build.* = shape of the body शारीरिक गठन **builder** noun = a person who builds something (usually houses which are sold to people) निर्माता, कारीगर (विशेषकर बिकाऊ मकानों या भवनों का) **building** noun, c. = a permanent structure with walls and a roof, usually made of bricks and concrete प्राय: ईंटों और कंकरीट से बना एक स्थायी, दीवारों और छत का ढाँचा **building block** noun, c. (**blocks**) **1** = a toy, which has many small pieces which can be joined together by a child to form a building एक खिलौना, जिसके छोटे-छोटे टुकड़े जोड़कर बच्चे एक इमारत या घर बनाते हैं **2** *Words are the building blocks of language.* = the pieces out of which something is built or made (figurative) सर्जना के उपादान (लाक्षणिक) **built-in** adj. *Our bedroom has built-in cupboards.* = something which forms a fixed part of a building and cannot be taken out मकान में ही बनी-बनाई (जैसे कोई अलमारी) **built-up** adj. *This is a built-up area now, although it used to be an open field.* = covered with buildings मकानों के बनने से भरा हुआ (क्षेत्र) आबादीवाला इलाका

to build on something *Our school already had a good reputation and we were able to build on it.* = to use something as a base for को आधार बनाना, के बल पर कुछ करना **to build up one's strength** = to become stronger as a result of eating nourishing food etc. पौष्टिक भोजन आदि के ज़रिये अपनी ताक़त बढ़ाना

bulb /bʌlb/ /बॅल्ब/ noun, c. **1** *an electric bulb* = a round, hollow piece of glass, inside which there are very thin wires which give out light when an electric current is passed through them बल्ब, बिजली का लट्टू **2** *the bulb of a lily plant* = the round (bulb-shaped) root of certain plants कुछ पौधों की गोल जड़

bulb

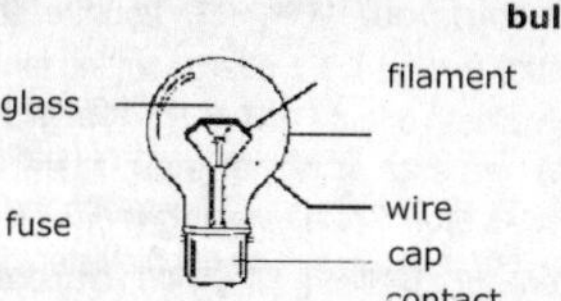

bulge[1] /bʌldʒ/ /बॅल्ज/ verb, i. *My school bag is so full it has started to bulge.* = to swell and curve outwards; to hang out फूल जाना, बाहर लटका होना

bulge[2] noun, c. *There is a bulge in your shirt pocket. You seem to have a wallet in that pocket.* = a swelling caused by pressure from inside अंदर की चीज़ के दबाव से दीखता उभार

bulk /bʌlk/ /बॅल्क/ noun, u. **1** *It is difficult to fit the bulk of his huge body in this small chair.*= large size and shape बड़ा और स्थूलाकार, बलगम **2** *The bulk of the work has been completed.* = the greater part of something बहुलांश **3** *He buys sugar in bulk.* = in large quantities बड़े थोक में **bulky** adj. = big in size बलगमी

bull /bʊl/ /बुल/ noun, c. = the male of a cow or certain other types of animals (e.g. **a bull-elephant**) गाय या कुछ और किस्म के जानवरों का नर **bulldog** noun, c. = a fierce dog with very powerful jaws and a short body, originally bred in England इंग्लैंड में पाला-पोसा जाने वाला मज़बूत जबड़ों और ठिंगने कद का एक खूँखार कुत्ता **bull's-eye** noun, c. (**-eyes**) = the circle at the centre of a round target, at which people who are taking part in a shooting-competition with guns or bows and arrows, aim चाँद, निशाने का मध्य जिसपर प्रतियोगिता में तीर या बंदूक का निशाना लगाया जाता है

to hit the bull's-eye = to be completely successful in doing something किसी काम में पूरी तरह कामयाब होना **bullfighting** noun = a sport, very popular in Spain and parts of South America, in which a man tries to kill a bull with a sword after making it tired स्पेन और दक्षिण अमेरिका के कुछ हिस्सों में खेला जानेवाला एक खेल जिसमें साँड़ को थका-थकाकर खिलाड़ी तलवार से मार डालता है **bullshit** /'bʊlʃɪt/ /बुलशिट/ noun, u. *You are talking absolute bullshit.* = nonsense (informal, slang, derogatory) बकवास (अनौपचारिक, अपभाषा, अनादरपूर्ण) **bulldozer** noun, c. = a powerful machine fitted with a movable blade, used for levelling the earth and moving large rocks etc. ज़मीन की सतह बराबर करने या बड़े पत्थर हटाने के लिए आगे एक घूमने वाले पट की शक्तिशाली मशीन

bul•let /'bʊlɪt/ /'बुलिट/ noun, c. = a piece of metal which is fired with great force from a gun गोली (बंदूक की) **bullet-proof** adj. *a bullet-proof car* = something made out of a material which a bullet cannot penetrate (enter) किसी ऐसी चीज़ से बनी जिसे गोली छेद नहीं सकती

bul•le•tin /'bʊlətɪn/ /'बुलटिन/ noun, c. *a news bulletin* = a short printed notice or news report ज्ञापन **bulletin board** noun, c. = a notice board सूचना-पट

bul•lock /'bʊlək/ /'बुलक/ noun, c. = the male of a cow which cannot breed (produce young ones) बैल (जो अपनी नस्ल नहीं पैदा कर सकता)

bul•ly[1] /'bʊli/ /'बुली/ noun, c. (**bullies**) **1** = a person who likes to hurt or frighten weaker or timid persons कमज़ोर, डरपोक लोगों को धमकाने या चोट पहुँचानेवाला व्यक्ति **2** = someone who acts like a bully; a powerful country which tries to put pressure on countries which are less powerful ऐसा व्यक्ति या देश जो अपने से कमज़ोर पर धौंस जमाता है

bully[2] verb, t. (**bullied**) *Don't try to bully me.* = to act like a bully पर रोब गाँठना, पर धौंस जमाना

bul•wark /'bʊlwək/ /'बुलवक/ noun = a strong protecting wall परकोटा

bum[1] /bʌm/ /बम/ noun = the part of the body on which one sits (slang) चूतड़(अपभाषा)

bum[2] verb, t. *Can I bum a ride in the bus?* = to ask to enjoy something without paying for it (slang) फोकट में मज़ा लेने के लिए पूछना(अपभाषा)

bump[1] /bʌmp/ /बॅम्प/ verb, t. *My car bumped into a wall.* = to hit something with force में कसकर धक्का मारना

bump[2] noun, c. **1** *He slid down the stairs and fell with a loud bump.* = the sound produced when something heavy hits a hard surface ठोस सतह पर भारी चीज़ के गिरने से पैदा आवाज़, धम्म **2** *Be careful; there is a bump on this road.* = a raised, uneven area on a flat surface (ऊबड़-खाबड़) उठान **3** *to fall and get a bump* = a swelling of the skin as the result of an injury घायल होने पर चमड़े पर सूजन **bumpy** adj. *a bumpy road* = uneven and full of bumps ऊबड़-खाबड़

to bump into someone *I bumped into an old friend the other day.* = to meet unexpectedly (informal) अचानक भेंट हो जाना (अनौपचारिक) **to bump someone off** = to murder someone (slang) किसी को साफ़ कर देना (अपभाषा)

bumper[1] /bʌmpəʳ/ /'बॅम्पर/ noun, c. = horizontal bars fixed at the front and back of a car to protect it in case of accidents कार के आगे-पीछे लगे सपाट ढंग के लोहे के मोटे-मोटे रॉड जो दुर्घटना से रक्षा के लिए होते हैं

bumper[2] adj. *We are expecting a bumper crop this year.* = of unusually large size or amount (फ़सल) भरपूर

bun /bʌn/ /बॅन/ noun, c. **1** = a small, round and sweet loaf of bread एक छोटा गोल मीठा रोट **2** *hair coiled into a tight bun* = hair tied up into a large, round knot at the back of the head जूड़ा

bunch[1] /bʌntʃ/ /बॅन्च/ noun, c. (**bunches**) **1** *a bunch of bananas* = a group of things which are similar and are tied together or growing at the same time समान चीज़ों का एक-साथ उपजा, जुड़ा हुआ समूह, गुच्छा **2** *The students came in a bunch.* = group दल

bunch[2] verb, i. *The boys were all bunched together in one corner.* = to gather together in a bunch एक साथ जुटे हुए होना

bun•dle[1] /bʌndl/ /बॅण्ड्ल/ noun, c. or verb, t. *a thick bundle of sticks* = a number of things tied together with rope, string etc. or in a piece of cloth रस्सी, तार या कपड़े से एक साथ बँधी हुई चीज़ें

bundle[2] verb, t. **1** *The thief was arrested and bundled into a police van.* = to move someone in a rough manner धसोर देना **2** *She bundled all her clothes together and left.* = to put things together untidily and hurriedly जैसे-जैसे बेतरतीब जल्दी में समेटना

bun•ga•low /'bʌŋgələʊ/ /'बॅङलउ/ noun, c. (Hindi) = a house built on one level only, often with a sloping roof (हिंदी भाषा का शब्द)एक मंजिला मकान जिसकी छत आगे झुकी रहती है

bun•gle[1] /'bʌŋgəl/ /'बंग्ल/ verb, t. *I had asked the carpenter to make a table for me, but he bungled the job.* = to spoil something by doing or planning it badly गड्डमड्ड कर देना, बरबाद कर देना

bungle[2] noun, u. *This job is a complete bungle. You will have to do it again.* = a piece of work that has been done badly गड्डमड्ड

bunk /bʌŋk/ /बॅन्क/ noun, c. *the upper bunk in a compartment* = a narrow bed fixed to a wall, on a train or ship (ट्रेन या जहाज़ में) दीवार से लगा बिस्तर

bun•ker /'bʌŋkəʳ/ /'बॅन्कर/ noun, c. **1** = a place for storing coal, especially in a ship जहाज़ में कोयला जमा रखने की जगह **2** = an underground shelter for soldiers during a war युद्ध के दौरान ज़मीन के अंदर सैनिकों का शरण-स्थल

bun•ny /'bʌni/ /'बॅनी/ noun, c. (**bunnies**) = the word for 'rabbit' often used by small children 'खरहे' के लिए बच्चों द्वारा प्रयुक्त शब्द

buoy[1] /bɔɪ/ /बॉइ/ noun, c. = an object floating in water, which is fixed to the bottom of the sea to warn ships of the presence of rocks पानी की सतह पर तिरती एक चीज़ जो जहाज़ों को छिपी चट्टानों से आगाह करती है

buoy[2] verb, t. *When I go for a swim, I take a rubber tube to buoy me up.* = to help someone to float; to support तिरते रहने में मदद करना, सहारा देना **buoyant** /'bɔɪənt/ /'बॉइअण्ट/ adj. **1** *Cork is a buoyant material.* = something that floats on water पानी पर तिरने वाला **2** *I am in a buoyant mood.* = feeling light and cheerful (figurative) खुशनुमा, उछाह भरा (लाक्षणिक)

bur•den[1] /'bɜːdn/ /'बऽड्न/ noun, c. *He is carrying a heavy burden on his back.* = load बोझ

burden[2] verb, t. *Don't burden me with your problems.* = to put a load or responsibility on someone किसी पर किसी चीज़ का बोझ डालना/की ज़िम्मेदारी थोपना

bu•reau /'bjʊərəʊ/ /'बियुअरउ/ noun, c. (**bureaux** or **bureaus**) (French) **1** = a large writing table with a top which folds in or out (फ्रेंच शब्द) एक बड़ी (लिखने की) मेज़ जो अंदर मुड़ती या बाहर खुलती है **2** *the Central Bureau of Investigation (C.B.I.)* = an office or department एक कार्यालय या विभाग **bureaucracy** /bjʊə'rɒkrəsi/ /बियुअ'रॉक्रसी/ noun, c. (**bureaucracies**) = the system of running a government with the help of permanent officials; the Civil Service स्थायी अफ़सरों के ज़रिये ही सरकार चलाना **bureaucrat** /'bjʊərəkræt/ /'बियुअरक्रैट/ noun, c. = a member of a bureaucracy

B

(sometimes derogatory) अफ़सर, साहब नौकरशाह (यदाकदा अनादरपूर्ण)

bur•glar /'bɜːgləʳ/ /'bɜːgləri/ /'बऽग्लऱ/ noun, c. = a person who enters a house etc. illegally with the purpose of stealing, especially at night सेंधमार **burglary** /'बऽग्लरी/ noun, c. (**burglaries**) = the act or crime of trying to break into a house with the intention of stealing सेंध **burglar alarm** noun = an electronic device that produces a loud warning noise when a burglar tries to enter सेंध मारनेवाले के अंदर घुसने पर ज़ोर की आवाज़ से आगाह करने वाला एक विद्युत् यंत्र

bur•ly /'bɜːli/ /'बऽली/ adj. *a burly policeman* = having a large and sturdy build मुस्टंडा, तगड़ा

burn¹ /bɜːn/ /'बऽन/ verb, i. or t. 1 *The fire is burning.* (i.) = to give out heat and light गरमी, रोशनी देना 2 *The house is burning.*(i.) = to be on fire में आग लग जाना 3 *This generator burns kerosene.* = to consume (use) जलाना, इस्तेमाल में लाना 4 *He is burning his father's money.* = to waste (figurative) फूँकना, बरबाद करना (लाक्षणिक)

burn² noun, c. *She has a burn on her hand.* = a mark produced by burning जलने से पड़ा निशान **burner** noun, c. = a device that burns gas or some other fuel and produces a flame, used in cooking (रसोई पकाने में) वह चीज़ जो गैस या दूसरा जलावन जलाने के लिए लपट पैदा करती है **burnt** adj. **burning** adj. *burning ambition* = strong उत्कट

to burn up *This air-conditioner is burning up a lot of electricity.* = using in an excessive or wasteful way बहुत ज़्यादा इस्तेमाल से बरबाद करना **to burn oneself out** = to spoil or destroy one's health as a result of working too hard (informal) अपनी हड्डियाँ गला देना (अनौपचारिक) **to burn one's fingers** = to lose money or suffer some other loss by trying to do something new [कुछ नया करने की धुन में (पैसे का) घाटा उठाना] **to burn a hole in one's pocket** = to buy something which costs a lot of money (informal) (औक़ात के बाहर) बहुत ज़्यादा क़ीमत की चीज खरीद बैठना (अनौपचारिक) **to burn one's bridges** (see **burn one's boats**) (देखें **burn one's boats**)

burp /bɜːp/ /बऽप/ verb, i. = to get rid of gas in the stomach through the mouth, usually with a sound (informal) डकारना (अनौपचारिक)

bur•row¹ /'bʌrəʊ/ /'बॅरउ/ noun, c. *a rabbit's burrow* = a hole in the ground made by an animal, in which it lives माँद, बिल

burrow² verb, t. *The bulldozer burrowed its way through the rock.* = to dig into something रास्ता खोदना

bur•sar /'bɜːsəʳ/ /'बऽसऱ/ noun, c. = an officer in a school or college who has the responsibility of collecting fees etc. स्कूल या कॉलेज में फ़ीस की ज़िम्मेवारी रखने वाला अधिकारी, विद्यालय का खज़ांची

burst¹ /bɜːst/ /बऽस्ट/ verb, i. or t. 1 *The balloon burst with a loud bang.*(i.) = to break open or break apart suddenly with force, under pressure फट पड़ना 2 *The river burst its banks.*(t.) = to break (नदी) किनारों से ऊपर हो जाना, उन्हें तोड़ देना

burst² noun, c. 1 *There is a burst in the dam, through which the water is pouring out.* = an opening दरार 2 *We usually do no work in the office, but whenever there is a new project there is a great burst of activity.* = a period of sudden activity etc. खलबली, भाग-दौड़

to burst out crying/laughing = to laugh/cry etc. suddenly and without being able to control oneself फफक पड़ना **to burst into flames** = to catch fire suddenly अचानक (आग का) भड़क उठना **to be bursting with energy** = to have a lot of energy ऊर्जा से ओतप्रोत होना (अनौपचारिक) (informal)

bur•y /'beri/ /'बेरि/ verb, t. 1 = to place a dead body into a grave, under the earth कब्र में दफ़नाना 2 *Someone buried a box full of gold coins in this place, hundreds of years ago* = to hide something inside the earth ज़मीन के नीचे गाड़कर छुपा देना

to bury the hatchet *Sudhir and Mohan were bitter enemies, but now they have decided to bury the hatchet.* = to stop being enemies and become friends (दुश्मनी भुलाकर) फिर मेलजोल कर लेना

bus¹ /bʌs/ /बॅस/ noun, c. (**buses**) = a large motor-vehicle that carries passengers बस

bus² verb, t. *We will bus the children to school.* = to send by bus बस से भेजना **bus depot** noun, c. = a place where buses are kept and where passengers can board (get into) them बस-अड्डा **bus pass** noun = a ticket which allows a passenger to use a bus for a period, usually one month बस का एक टिकट जो महीने भर के लिए होता है **bus stop** noun = a place where buses stop to allow passengers to get off or on ऐसी जगह जहाँ बसें मुसाफ़िरों के चढ़ने-उतरने के लिए ठहरती हैं, बस-स्टाप

bus

bush /bʊʃ/ /बुश/ noun, c. (**bushes**) or u. 1 *a rose bush*(c.) = a low plant, with many stems growing close together झाड़ी 2 *the African bush*(u.) = a part of a country thickly covered with wild bushes घनी जंगली झाड़ियों से भरा प्रदेश **bushed** adj. *I feel bushed after the race.* = deeply tired (informal) थककर चूर (अनौपचारिक) **bushy** adj. *a bushy beard* = growing thickly (like a bush) झाड़ीनुमा, झोंपदार

busi•ness /'bɪznɪs/ /'बिजनिस/ noun, u. 1 *We do business with cotton growers.* = the activity of buying and selling खरीद-बिक्री का व्यापार 2 *A teacher's business is to teach.* = profession; responsibility काम,

उत्तरदायित्व, कर्त्तव्य **3** *I am tired of this whole business.* = affair; matter काम-धाम **4** *Let us get down to business.* = serious matters असली गंभीर मुद्दा **business card** noun = a card carried by someone, which has his/her name, address, telephone number etc. (also **visiting-card**) एक कार्ड जिसपर किसी का अपना नाम, पता टेलिफ़ोन नंबर वगैरह होता है (देखें **visiting-card**) **business class** noun = the front row of seats on an aircraft, where better service is provided to passengers, at a higher price हवाई जहाज़ में सीटों की अगली कतार जिसके मुसाफ़िरों को ज़्यादा दर पर सहूलियत मुहय्या होती है **businessperson** (also **businessman, businesswoman**) noun, c. = a person who carries on some kind of business (buying and selling) खरीद-बिक्री करनेवाला व्यापारी, व्यवसायी (देखें **businessman, businesswoman**) **business studies** noun = a course of studies at a university in business management or commerce वाणिज्य या व्यापार-संचालन से संबद्ध विश्वविद्यालय का एक पाठ्यक्रम

to be in business = to be able to start doing something because one has everything one needs to do it (informal) 'अब बस शुरु करने की देर है' की हालत में होना (अनौपचारिक) **to be none of anybody's business** *Why do they want to know where we went? It's none of their business.* = a strong, impolite way of telling someone that something does not concern them (not respectful) से क्या मतलब/लेना-देना/सरोकार होना (आदरपूर्ण नहीं) **to mean business** *She spoke about her plans in a casual way but we knew she meant business.* = to be serious about doing something, even if it causes problems जो करना है उसकी समस्याओं के बावजूद उसके बारे में गंभीर होना, मज़ाक नहीं समझना **like nobody's business** *We had just met but got on like nobody's business.* = very well or very badly (informal) बखूबी या बुरी तरह (अनौपचारिक)

bust /bʌst/ /बॅस्ट/ noun, c. *a marble bust of Mahatma Gandhi* = a statue or photograph of a person showing only the head, shoulders and upper chest (मूर्त्ति या फ़ोटो) सिर्फ़ धड़ (कंधों, छाती और सिर की)

bus•tle[1] /ˈbʌsəl/ /ˈबॅस्ल/ verb, i. *She is always bustling through the corridors.* = to rush about busily and in a great hurry आतुर व्यस्तता में इधर-उधर चहलकदमी करना

bustle[2] noun, u. *I enjoy the noise and bustle of this town.* = great activity हल्ला-हंगामा, भाग-दौड़

bus•y[1] /ˈbɪzi/ /ˈबिज़ी/ adj. **1** *I am busy now, but I will be free after an hour.* = engaged in work; having a lot of work to do व्यस्त, मशगूल **2** *a busy town* = full of activity हलचल-भरा **3** *The telephone line is busy.* = engaged व्यस्त

busy[2] verb, t. *As he had no other work to do, he busied himself writing letters.* = to engage oneself in doing something में मशगूल हो (जा)ना

but[1] /bət/ /बट/ conj. **1** *I wanted to eat something, but there was no food in the house.* = suggesting that conditions are not favourable [=प्रतिकूल परिस्थिति] **2** *She is ill but cheerful.* = suggesting a contrast, or something unexpected [=अप्रत्याशित, स्पष्ट/सहज अंतर] **3** *They have not one but three houses.* = instead बल्कि **4** *But for her, I would not have passed the test.* = only because of बिना -के **5** *I would have helped you but...* = a way of suggesting, without actually saying it, that something cannot be done, won't happen etc.बिना स्पष्ट कहे हुए जतलाना कि कोई बात असंभव है

but[2] prep. **1** *There is no one here but me.* = except सिवा **2** *He lives in the last house but one.* = one house away from the last house अंतिम के ठीक पहले

but[3] adv. *Don't be angry with him. He is but a child.* = only महज़

bu•tane /ˈbjuːteɪn/ /ˈब्यूटेइन/ noun = a kind of gas used for cooking रसोई पकाने की एक गैस

butch•er[1] /ˈbʊtʃə[r]/ /ˈबुच[र]/ noun, c. **1** = a person who sells meat गोश्त बेचनेवाला, कसाई **2** = a cruel person who causes the death of many people नरसंहारक

butcher[2] verb, t. **1** *The goats have been butchered.* = to kill an animal for sale as food भोज्य पदार्थ के लिए पशु की हत्या **2** = to kill in a bloody, cruel manner बेरहमी से कत्ल करना

but•ler /ˈbʌtlə[r]/ /ˈबॅट्ल[र]/ noun, c. = a man who is in charge of all others who work in a house घर के सारे काम करनेवालों का संचालक

butt[1] /bʌt/ /बॅट/ verb, t. *The goat butted me in the stomach.* = to strike someone with the head or horns सिर/सींगों से चोट करना

butt[2] noun, c. **1** *the butt of a rifle* = the thick, lower end of something कुंदा **2** *Pick up the cigarette butts.* = the unsmoked part of a cigarette सिगरेट के अधजले टुकड़े **3** *the butt of a joke* = a person that people make fun of हास्य-आलंबन **4** *Get off your butt.* = slang for 'buttocks' or the part of the body one sits on (not respectful) पछाड़ी, नितंब (अनादरपूर्ण नहीं)

but•ter[1] /ˈbʌtə[r]/ /ˈबॅट[र]/ noun, u. = a fairly solid, yellowish substance prepared from milk, which is rich in fat and can be spread on bread etc. मक्खन

butter[2] verb, t. *Has the bread been buttered?* = to spread butter on bread (पाव) रोटी पर मक्खन लगाना **butterfingers** noun = a person who keeps on dropping things which he/she is carrying व्यक्ति जिसके हाथ से चीज़ें फिसलती रहती हैं **buttermilk** noun, u. = the liquid that remains after butter has been taken out of milk दूध से मक्खन निकाल लेने के बाद का बचा तरल पदार्थ, छाछ, लस्सी

to butter somebody up *He isn't someone you can butter up.* = to keep someone pleased by flattery मक्खन लगाते रहना, तलवे सहलाते रहना

but•ter•fly /ˈbʌtəflaɪ/ /ˈबॅटफ़्लाइ/ noun, c. (**butterflies**) 1 = an insect with beautiful coloured wings तितली 2 *Don't be such a butterfly.* = a person who lives only for pleasure खाओ-पियो-मौज करो की ज़िंदगी गुज़ारने वाला

but•tock /ˈbʌtək/ /ˈबॅटक/ noun, c. (usually plural **buttocks**) = the fleshy part of the body above the legs, on which a person sits नितंब

but•ton[1] /ˈbʌtn/ /ˈबॅट्न/ noun, c. 1 = a small, round disc which is stitched to one part of a garment (dress) and passed through a hole in another part, so as to join them together बटन 2 *the 'stop' button on a cassette player* = a part of a machine which one presses to make the machine work मशीन चालू करने के लिए दबाया जानेवाला हिस्सा

button[2] verb, t. *Please button up your coats.* = to use the buttons on a garment to hold the garment close to the body बटन लगा लेना **buttonhole** noun, c. or verb, t. 1 (noun) = the hole cut into a shirt, coat etc. through which a button passes कमीज़ या कोट में बटन का छेद 2 *She buttonholed me as I was going for lunch and kept talking for half an hour.*(verb) = to stop someone and force him/her to join a conversation (informal) ठहरा लेना (बात करने के लिए) (अनौपचारिक)

bux•om /ˈbʌksəm/ /ˈबॅक्सम्/ adj. *a buxom lady* = a woman who is thought to be plump (a little fat) in an attractive way गुलथुल

buy /baɪ/ /ˈबाइ/ verb, t. (**bought**) 1 *I will buy a new shirt today*(t.) = to get something by paying money for it ख़रीदना 2 *The judge won't buy your story.*(t.) = to believe; accept (informal) मान लेना (अनौपचारिक) **buyer** noun, c. = a person who buys or wants to buy something, usually for a company किसी कंपनी के लिए खरीददार **buyer's market** noun = a situation in which there are a lot of goods in the market and buyers can get things at a low price बाज़ार में माल के भरमार की ऐसी स्थिति जिसमें चीज़ें सस्ती दर पर खरीदी जा सकती हैं

to be a good buy = something of good value which one gets at a cheap price (informal) सस्ते में मिला अच्छा माल (अनौपचारिक) **to buy up** *They have bought up all the houses in the street.* = to buy things (e.g. food, property) in quantity quickly (informal) (भोज्य पदार्थ, संपत्ति) तुरंत पूरी खरीद लेना **to buy time** = to ask for more time to do something कुछ करने के लिए समय माँगना

buzz[1] /bʌz/ /बॅज़/ verb, i. *The bees are buzzing.* = making the continuous sound that bees make भनभनाना

buzz[2] noun (always singular) 1 *Can you hear the buzz?* = the sound of buzzing भनभनाहट 2 *Give him a buzz.* = a telephone call (informal) टेलिफ़ोन करना या आना (अनौपचापरिक)

buz•zard /ˈbʌzəd/ /ˈबॅज़ड/ noun = a kind of large bird, like a hawk, that kills and eats other birds बाज़-जैसा एक बड़ा पक्षी जो दूसरी चिड़ियों को मारकर खाता है

buzz•er /ˈbʌzəʳ/ /ˈबॅज़ʳ/ noun, c. = a signal that makes a buzzing sound एक सिगनल जो भनभनाहट की आवाज़ करता है

buzz•word /ˈbʌzwɜːd/ /ˈबॅज़वɔड/ noun *E-commerce is the new buzzword in the world of computers.* = something new and fashionable that everyone is talking about कोई नया/नए फैशन का प्रचलित शब्द

by /baɪ/ /ˈबाइ/ prep. 1 *He was bitten by a snake.*= referring to the doer of an action [कर्त्ता के लिए प्रयुक्त, के द्वारा] 2 *Send this letter by airmail* = through the use of के ज़रिये 3 *You should be here by 10.00 a.m.* = not later than तक 4 *Don't stand by the window.*= near के पास 5 *He walked by but did not stop.* = past बगल/पास में 6 *Bats fly by night.* = during के वक्त, के दौरान 7 *I caught him by the throat.* = the part of the body being held अंगविशेष को (पकड़ना)

by- /baɪ/ /ˈबाइ/prefix meaning 'something that is less important' (उपसर्ग) इतर, कम महत्त्वपूर्ण e.g. **by-election** noun = a special election held between main elections, to fill a position whose holder has died or left एक विशेष मध्यावधि चुनाव जो किसी पद की जगह भरने के लिए होता है

by•gone /ˈbaɪgɒn/ /ˈबाइगॉन/ adj. *in bygone years* = past and over long ago गुज़रता, अतीत, ज़माने का

to let bygones be bygones = to forgive and forget past quarrels 'बीती ताहि बिसार दे'

by•law /ˈbaɪlɔː/ /ˈबाइलॉ/ noun, c. = a law made not by the national government but by a local authority राष्ट्रीय सरकार के बदले स्थानीय अधिकारी-वर्ग द्वारा निर्मित कानून

by•pass[1] /ˈbaɪpɑːs/ /ˈबाइपाɔस/ noun 1 *the Agra bypass* = a road that goes round a busy city or other area in order to avoid the heavy traffic शहर में सवारियों की भीड़भाड़वाली सड़क से अलग एक रास्ता 2 *bypass surgery* = an operation done to send blood from the heart through new blood-tubes outside the heart, as the old ones are blocked पुरानी रुधिर-नलिकाओं के अवरुद्ध हो जाने पर नई नलिकाओं के ज़रिये हृदय से बाहर रुधिर संचारित करने के लिए किया जाने वाला ऑपरेशन

bypass[2] verb, t. *Since he refuses to meet us, we will bypass him and go straight to the manager.* = to avoid or go round someone को दरकिनार कर देना

by-prod•uct /ˈbaɪprɒdʌkt/ /ˈबाइप्रॉडॅक्ट/ noun *Wax is obtained as a by-product during the process of refining crude oil into petrol.* = something additional (extra) that is obtained during the process of making something else कुछ और तैयार करने के सिलसिले में उपलब्ध कोई अतिरिक्त वस्तु, उप-उत्पाद

by•stand•er /ˈbaɪstændəʳ/ /ˈबाइस्टैण्डʳ/ noun, c. = a person who stands near and watches some event but does not take part in it तमाशबीन, दर्शक

by•word /ˈbaɪwɜːd/ /ˈबाइवऽड/ noun, c. *Dr Ambedkar became a byword for the fight against social injustice.* = the name of a person who becomes a symbol of a certain quality किसी गुण का प्रतीक बने किसी व्यक्ति का नाम

bye /baɪ/ /बाइ/ interjec. or noun. 1 *Bye for now!* = goodbye; farewell विदा, खुदाहाफ़िज़ 2 *The umpire has signalled a bye.*(noun) = a run scored in cricket without the batsman having played the ball क्रिकेट के खेल में बल्लेबाज के गेंद न हिट करने पर भी बना रन

byte /baɪt/ /ˈबाइट/ noun, c. = a unit of information stored by a computer, equal to eight bits [COMPUTERS] आठ अंशों के बराबर किसी सूचना या तथ्य की इकाई जिसका कंप्यूटर संग्रह करता है [कंप्यूटर]

cC

c, C /siː/ the third letter of the English alphabet अंग्रेज़ी वर्णमाला का तीसरा अक्षर

c. abbr. of **circa** (adv.) (Latin) *Amitabh Dev was born c. 1947* = about; approximately (in the year)

cab /kæb/ /कैब/ noun, c. **1** = taxi टैक्सी **2** = the front part of a truck, where the driver sits ट्रक का केबिन

cab•a•ret /'kæbəreɪ/ /'कैबरेइ/ noun, c. = a performance of dance and music given at a restaurant, usually at night रेस्तराँ में (अक्सर रात को) प्रस्तुत नृत्य-संगीत का मनोरंजन

cab•bage /'kæbɪdʒ/ /'कैबिज/ noun, c. = a round vegetable consisting of layers of fleshy green leaves बंदगोभी, करमकल्ला

cab•in /'kæbɪn/ /'कैबिन/ noun, c. **1** = a small, one-roomed house built of cheap materials मामूली साज-सामान से बना छोटा कमरानुमा मकान, कुटीर **2** = an enclosed area in a workplace कार्यशाला में अलग घिरी जगह **3** *the pilot's cabin* = the small room at the front of an aircraft where the pilot sits हवाई जहाज़ के चालक का सबसे आगेवाला कमरा

cab•i•net /'kæbɪnɪt/ /'कैबिनिट/ noun, c. **1** *the cabinet of ministers* = the group of important ministers in a government, which takes most decisions मंत्रिमंडल **2** *a steel cabinet* = a piece of furniture with shelves and doors, used for storing things; an almirah or cupboard खानों और पल्लों वाली अलमारी

ca•ble¹ /'keɪbəl/ /'केइब्‌ल/ noun, c. **1** = a thick, strong rope made of steel wires लोहे के तारों से बनी एक मज़बूत रस्सी **2** *telephone cable* = a set of wires used to send or receive telephone or telegraph messages टेलिफ़ोन या टेलिग्राफ़ से संदेश भेजने या पाने के लिए तारों का सेट **3** *I have received a cable from my son in London.* = a message sent from one country or city to another by telegraph एक से दूसरे देश या शहर को भेजा गया संदेश

cable² verb, t. *I am going to cable my sister in Nagpur.* = to send a message by telegraph टेलिग्राफ से संदेश भेजना **cable car** noun, c. = a small coach/car which hangs from thick high cables and carries passengers मुसाफ़िरों के आरपार जाने के लिए सवारी के लिए ऊँचाई पर लगे मोटे-मोटे तार **cable television** noun, u. = a system of receiving additional television channels through cables, on extra payment अतिरिक्त अदायगी से मिलने वाले टेलिविज़न चैनल का एक सिलसिला

cache /kæʃ/ /'कैश/ noun, c. *The army found a large cache of weapons in the militant's camp.* = a secret store of weapons, food etc. अस्त्र-शस्त्र या खाद्य पदार्थ का गुप्त भंडार **cachè memory** noun, u. = the extra memory, or ability to store information, which is available in a computer [COMPUTERS] कंप्यूटर की मेमोरी/स्मृति-कोष [कंप्यूटर]

cack•le¹ /'kækəl/ /'कैक्‌ल/ noun, c. **1** = the sound made by a hen मुरगी का कुड़कुड़ाना **2** *cackle of laughter* = the short, high pitched sound which some people make when laughing ज़ोर की खिलखिलाहट

cackle² verb, i. *The man cackled when I told him a funny story.* = to make a cackling sound while laughing खिलखिलाना

cac•oph•o•ny /kə'kɒfəni/ /क'कॉफ़नी/ noun, u. = an unpleasant mixture of loud sounds (opposite **harmony**) कर्णकटुता, बेसुरापन (विलोम शब्द **harmony**)

cac•tus /'kæktəs/ /'कैक्टस/ noun, c. (**cactuses** or **cacti**) = a plant that grows in dry places and has thick fleshy leaves with sharp needle-like thorns नागफनी, सेहुँड़

cad /kæd/ /कैड/ noun, c. *Don't be such a cad!* = a person who has no principles and behaves in a crude manner (old-fashioned, derogatory) ढुलमुल सिद्धांतों वाला व्यक्ति जो गँवारू ढंग से पेश आता हो (पुराने प्रचलन का, अनादरपूर्ण)

ca•dav•er /kə'dævə/ /क'डैव'/ noun, c. = the dead body of a human being [MEDICINE] शव, लाश [चिकित्सा]

CAD/CAM /'kædkæm/ /कैड/कैम/ abbr. of **Computer Assisted Design/ Computer Assisted Manufacture** = the use of computers to design and manufacture industrial goods e.g. motor cars [COMPUTERS] मोटरगाड़ी जैसी औद्योगिक सामग्री का ख़ाका-ढाँचा तैयार करने के लिए कंप्यूटर का इस्तेमाल [कंप्यूटर]

ca•det /kə'det/ /क'डेट/ noun, c. = a person who is being trained to join the armed forces or police कैडेट, छात्र-सैनिक

cad•mi•um /'kædmiəm/ /'कैडमियम/ noun = a poisonous soft, bluish-white metal एक चिकनी नीली-उजली ज़हरीली धातु

ca•dre /'kɑːdəʳ/ /'काऽड'/ noun, c. = a group of trained and skilled people who belong to the same political party or profession प्रशिक्षण-प्राप्त कर्मचारियों या कार्यकत्ताओं का समूह जो एक ही राजनीतिक दल या पेशे का होता है

cae•sar•e•an (cesarian) /si'zeəriən/ /सि'ज़ेअरिअन/ noun = an operation in which a pregnant woman's womb is cut open surgically and the baby removed, when a normal birth is difficult or impossible [MEDICINE] शल्यक्रिया द्वारा प्रसव [चिकित्सा]

ca•fe /'kæfeɪ/ /'कैफ़ेइ/ noun, c. = a restaurant where light meals and drinks are served जलपानगृह

caf•e•te•ri•a /kæfɪˈtɪəriə/ /कैफिˈटिअरिअ/ a restaurant, usually in a college, factory etc. where customers serve themselves instead of having food served to them (see also **self-service**) कॉलेज या कारख़ाने का वैसा रेस्तराँ जहाँ ग्राहक खुद जलपान लेते हैं, कैफ़टेरिया (देखें **self-service**)

caf•feine /ˈkæfiːn/ /ˈकैफ़ीन/ noun = a substance present in tea and coffee which makes a person feel more energetic चाय या कॉफ़ी में पाया जानेवाला उत्तेजक द्रव्य **decaffeinated coffee/tea** noun = coffee/tea from which caffeine has been removed कैफ़ीन मुक्त चाय या कॉफ़ी

cage[1] /keɪdʒ/ /ˈकेइज/ noun, c. *a bird cage* = an enclosure made of steel wires or bars inside which animals or birds are kept पशु-पक्षी के लिए लोहे के तारों से बना पिंजरा

cage[2] verb, t. *The lion has been caged.* = to put an animal or bird into a cage पिंजरे में कैद करना

ca•jole /kəˈdʒəʊl/ /कˈजउल/ verb, t. *They cajoled me into driving them to Bangalore although I didn't want to go.* = to get someone to do something by using praise (sometimes false) झूठी तारीफ़ करते हुए किसी काम के लिए फुसलाना

cake[1] /keɪk/ /केइक/ noun, c. or u. *a birthday cake* = a sweet made by baking a mixture of flour, eggs, butter etc. आटा, अंडा और मक्खन से बनी एक मिठाई

cake[2] verb, i. *His shoes were caked with mud.* = to cover thickly गाढ़ी परत पड़ना

a piece of cake *Passing the test was a piece of cake.* = something that is very easy to do (informal) बाएँ हाथ का खेल (अनौपचारिक) **to sell like hot cakes** = sell very quickly बहुत जल्दी बिक जाना **to have one's cake and eat it too** *Ramesh has sold his car to a friend, but he still uses it every day. He wants to have his cake and eat it too!* = to take unfair advantage of a situation किसी परिस्थिति का अनुचित लाभ उठाना

ca•lam•i•ty /kəˈlæmɪti/ /कˈलैमिटी/ noun, c. (**calamities**) *If the monsoon fails again this year, it will be a calamity.* = an event which causes great suffering and loss संकट, आपद, मुसीबत

cal•ci•um /ˈkælsiəm/ /ˈकैल्शियम/ noun = a white metal that is present in bones, lime etc. सफेद पदार्थ जो हड्डियों या चूने में होता है **calcify** verb, t. or i. = to become hard because of the presence of calcium [MEDICINE] कैल्शियम की वजह से कड़ा हो जाना [चिकित्सा]

cal•cu•late /ˈkælkjʊleɪt/ /ˈकैल्क्यूलेइट/ verb, t. **1** *You can measure the length and breadth of this piece of land and calculate its area.* = to find out a certain quantity or amount by using mathematical processes गणना करना, हिसाब लगाना **2** *The new road is calculated to increase the flow of traffic.* = to do something with a purpose in mind किसी उद्देश्य से नियोजित **calculation** noun, c. or u. = the act or the result of calculating something गणना या गणना का फल **calculated risk** adj. = a chance taken or a choice made with full knowledge of the risks, dangers etc. involved but with a hope of success or gain ख़तरों का एहसास होते हुए भी बीड़ा उठाना

cal•cu•la•tor /ˈkælkjʊleɪtəʳ/ /ˈकैल्क्यूलेइटʳ/ noun, c. = an instrument used to perform calculations using numbers (addition, multiplication, percentages etc.) परिकलन यंत्र

cal•cu•lus /ˈkælkjʊləs/ /ˈकैल्क्यूलस/ noun = a branch of mathematics which studies ways of calculating quantities which change, for example the speed of falling objects [MATHEMATICS] कलन, परिवर्तनशील परिमाणों का कलन (जैसे गिरती वस्तुओं की गति) [गणित]

cal•en•dar /ˈkælɪndəʳ/ /ˈकैलिण्डʳ/ noun, c. = a list showing the days and months of the whole year **calendar year** noun = a complete year of 365 days from January to December कैलेंडर, तिथिपत्र

calf /kɑːf/ /ˈकाऽफ़/ noun, c. (**calves**) **1** = the young of a cow or elephant बछड़ा(गाय का) या हाथी का बच्चा **2** = the fleshy part at the back of the leg, between the knee and ankle पिंडली

cal•i•brate /ˈkælibreɪt/ /ˈकैलिब्रेइट/ verb, t. = to set up an instrument (e.g. a parking meter, a taxi meter) in such a way that it accurately measures distance travelled, weight etc. तय की हुई दूरी या वजन के सही माप के लिए यंत्र लगाना

call[1] /kɔːl/ /ˈकॉल/ verb, t. or i. **1** *Didn't you hear your mother call (you)? You must go at once.*(t.) = to order someone to come बुलाना, आने का आदेश देना **2** *I called him late last night and he sounded sleepy.*(t.) = to speak to someone on the telephone किसी को टेलिफ़ोन करना **3** *Laila is ill and the neighbour calls every day.*(i.) = to visit किसी के घर आना या जाना **4** *Let us call a meeting as the matter is important.*(t.) = organise, arrange आयोजित करना **5** *We shall call this child Vinay.*(t.) = to give a name to someone; to address someone by a certain name पुकारने के लिए नाम देना **6** *I can't call the house beautiful, though it is quite spacious.*(t.) = to consider or think के बारे में विचार रखना

call[2] noun, c. **1** *We heard a call for help.* = a loud cry or shout एक ऊँची पुकार, चीख **2** *The Minister is waiting for the President's call.* = order आदेश, अध्यादेश **3** *There is a call for you.* = someone wishing to speak on the telephone टेलिफ़ोन पर कोई बात करना चाहता है **4** *There is no call for panic.* = reason वजह **5** *The doctor is out. She is on a call.* = a professional visit by a doctor to see a patient मरीज़ को देखने डॉक्टर का किसी के यहाँ जाना

to call for someone or something = to order/ask for की ज़रूरत होना **to call a spade a spade** = to say exactly what one thinks without putting it delicately जो जैसा हो उसका वैसा ही बयान करना **to call (someone's)**

bluff = to force someone, who claims to be able to do something, either to prove that he/she can really do it, or admit that he/she cannot do it जो किसी बात का दावा करता हो उसे उसको साबित करने को मज़बूर करना **to call for a celebration** *This is good work and calls for a celebration.* = to deserve के योग्य होना **to call the shots** (always plural) = to be in control; to give the orders (informal) बागडोर हाथ में होना (अनौपचारिक) **to call to order** *She called the meeting to order.* = to announce the start of a meeting सभा के आरंभ की घोषणा करना **to call to mind** = to remember something याद या स्मरण करना **to call it a day** *I'm tired. Let's call it a day.* = to stop doing something that one has been doing (informal) अब बस, अब रहने दिया जाए (अनौपचारिक) **to be on call** *Although Dr Khan is at home today, he is on call at the hospital.* = to be available if needed किसी जगह किसी का मिल पाना **to call off** = to cancel स्थगित करना **to call on** *We called on her the other day.* = to visit for a short while कुछ देर के लिए किसी के यहाँ आना या जाना **to call someone up** *We need to talk to her urgently. Could you call her up?* = to make a telephone call टेलिफोन करना

cal•lig•ra•phy /kəˈlɪgrəfi/ /कˈलिग्रफ़ी/ noun, u.= the art of producing beautiful handwriting खुशनवीसी

call•ing /ˈkɔːlɪŋ/ /ˈकॉऽलिङ/ noun (only singular) **1** a person's trade or work पेशा **2** *He was interested in many things but had a calling to help the disabled.* = a strong urge or desire to do something for the benefit of others किसी की भलाई की तीव्र इच्छा

cal•li•pers /ˈkælɪpəz/ /ˈकैलिपज़/ noun, c. (always plural) **1** = an instrument used to measure the thickness or diameter of objects व्यास या मोटेपन को मापने का यंत्र **2** = metal supports for the leg used by a person whose legs are not strong कमज़ोर पाँववाले के लिए धातु का बना सहारा

cal•lous /ˈkæləs/ /ˈकैलस/ adj. *The child asked for help but you walked away. How could you be so callous?* = without any feeling for others; unkind or unhelpful बेदर्द, निर्दय

cal•low /ˈkæləʊ/ /ˈकैलउ/ adj. *Don't be guided by him. He is a callow person.* = young and without experience or wisdom नौसिखिया अनुभवविहीन

calm[1] /kɑːm/ /ˈकाऽम/ adj. *The sea is calm today, so we can go swimming.* = quiet and peaceful; free from excitement शांत, स्थिर

calm[2] verb, t. *She was able to calm the child who had been crying for hours.* = to make someone calm चुप कराना, शांत करना

cal•o•rie /ˈkæləri/ /ˈकैलरी/ noun, c. *A glass of milk contains 300 calories.* = a measure of the amount of energy contained in a quantity of a certain kind of food भोजन द्वारा प्राप्त ऊर्जा की इकाई

ca•lyx /ˈkælɪks/ /ˈकैलिक्स/ noun, c. (**calyxes** or **calyces**) = the ring of green leaves which protects the petals of a flower [BOTANY] पंखुड़ियों की रक्षा करने वाला हरे पत्तों का घेरा [वनस्पति विज्ञान]

cam•el /ˈkæməl/ /ˈकैम्ल/ noun, c. = an animal with a long neck and long legs that can live in the desert ऊँट

cam•cor•der /ˈkæmkɔːdəʳ/ /ˈकैम्कॉडʳ/ noun, c. = (trademark) a portable video camera which can record as well playback pictures (ट्रेडमार्क) वीडियो कैमरा जो तस्वीरें रेकार्ड कर सकता है और उन्हें फिर शुरू से दिखा भी सकता है

cam•e•ra /ˈkæmərə/ /ˈकैम्रा/ noun, c. = an instrument used for taking photographs or producing films or television pictures फोटो खींचने, टेलिविज़न-चित्रांकन या फ़िल्म बनाने का उपकरण

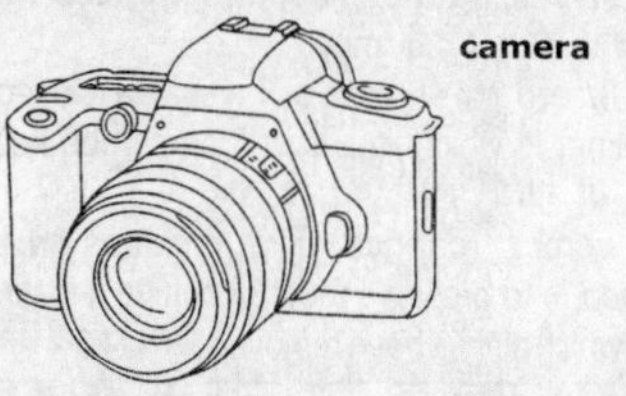
camera

cam•ou•flage[1] /ˈkæməflɑːʒ/ /ˈकैमफ्लाऽज/ noun, u. *Some lizards can change colour as a form of camouflage, to protect themselves from their enemies.* = the use of colours, shapes etc. to hide a person or thing by making him/it look no different from the surrounding grass, trees, rocks etc. so that an enemy cannot find him or it (स्वरक्षा के लिए) जंतुओं का ऐसा रंग या आकार जिससे ये अपने आसपास के वातावरण में खोए दीखते हैं

camouflage[2] verb, t. *The soldiers camouflaged their jeep by tying the branches of trees over it.* = to hide something by using camouflage (विशेषकर युद्ध में) तोप वगैरह को ढँके रखने या छिपाने का उपाय या तरीका, छद्मावरण, छलावरण से छिपाए रखना

camp[1] /kæmp/ /ˈकैम्प/ noun, c. *an army camp* = a place where tents or huts have been put up for people to live in for a short time शिविर, पड़ाव, अस्थायी आवास **camp-follower** noun, c. = a person who faithfully follows the leader of a political or religious group किसी राजनीतिक दल या धार्मिक समुदाय का अनुयायी

camp[2] verb, i. *Let us camp here for the night.* = to set up a camp (usually a tent) पड़ाव डालना

cam•paign[1] /kæmˈpeɪn/ /कैम्ˈपेइन/ noun, c. *an election campaign* = a set of planned political, military or business activities done in order to get a desired result किसी लक्ष्य की प्राप्ति के लिए सुनियोजित गतिविधि (विशेषकर राजनीतिक या सामाजिक)

campaign[2] verb, i. *The women are campaigning for equal rights.* = to take part in a campaign; to support a cause अभियान चलाना या उसमें भाग लेना

cam•phor /ˈkæmfəʳ/ /ˈकैम्फ़र/ noun, u.= a white substance with a strong smell which is burnt by Hindus at religious ceremonies. It is also used to keep insects away कपूर

cam•pus /ˈkæmpəs/ /ˈकैम्पस/ noun, c. = the grounds of a university, college or school (विश्व) विद्यालय आदि का प्रांगण, परिसर

can¹ /kən/ or /kæn/ /कैन/ aux. verb (**could**) **1** *I can speak French.* = to be able to do something कर सकना **2** *You can sit here.* = to have permission अनुमति पाना **3** *Can we go home?* = to be allowed to do something कुछ करने या होने देना **4** *Can I have some water, please?* = to make a request अनुरोध करना **5** *They can be quite strict. // It can get really warm here.* = showing that something may happen (see also **may**) की संभावना होना (देखें **may**)

can² /kæn/ /कैन/ noun, c. = a sealed (closed) metal container in which liquids or food can be kept किसी तरल या खाद्य पदार्थ का डिब्बा

can³ verb, t. (**canned**) *The tomatoes have to be canned.* = to preserve food by putting it inside a can from which air has been removed खाद्य पदार्थ को यथावत् (संरक्षित) रखने के लिए डिब्बे में बंद करना **can opener** noun, c. = a kind of knife with a sharp blade which is used to cut open a metal can ऐसे डिब्बे को खोलने के लिए तेज़ धार वाली छुरी

ca•nal /kəˈnæl/ /कˈनैल/ noun, c. = an artificial stream which carries water to the fields where crops are being grown सिंचाई के लिए कृत्रिम नहर

ca•nar•y /kəˈneəri/ /कˈनेअरी/ noun, c. (**canaries**) = a small, yellow singing bird, often kept as a pet एक छोटी पीली-सी गानेवाली चिड़िया

can•cel /ˈkænsəl/ /ˈकैन्स्ल/ verb, t. **1** *The authorities have decided to cancel the parade.* = to give up (call off) an activity which has been planned कार्यक्रम, निर्णय आदि रद्द करना **2** *Please cancel this cheque.* = to cross out something which has been written by drawing a line through it, so that it has no value निशान लगाकर काट देना

can•cer /ˈkænsəʳ/ /ˈकैन्सर/ noun, u. or c. *Many of the patients in the hospital are suffering from cancer of the throat.*(u.) *// There is a cancer in my stomach.*(c.) = a diseased growth in the body which can cause death कैन्सर(-रोग) **Cancer** noun, u. = a sign of the zodiac, represented by a crab (see pic under **zodiac**) कर्क राशि (**zodiac** के अंतर्गत चित्र देखें) **Tropic of Cancer** noun = an imaginary line drawn around the earth, north of the equator (see pic under **earth**) कर्क रेखा (**earth** के अंतर्गत चित्र देखें)

can•did /ˈkændɪd/ /ˈकैण्डिड/ adj. *You may not like what I have just told you, but I had to be candid.* = truthful and frank, even when it is unpleasant to tell the truth (formal) निष्कपट, स्पष्टवादी (औपचारिक)

can•di•date /ˈkændɪdɪt/ /ˈकैण्डिडिट/ noun, c. **1** *I am a candidate for this post.* = a person who wants to be chosen for, or elected to, a certain position प्रत्याशी **2** *Candidates are not allowed to talk during the examination.* = a person who is appearing at a test or examination परीक्षार्थी

can•dle /ˈkændl/ /ˈकैण्ड्ल/ noun, c. = a long piece of solid wax with a thread inside which gives out light when it is burnt मोमबत्ती, शमा **candle-stick** noun, c. = a holder for a candle मोमबत्ती को टिकाए रखने वाला होल्डर

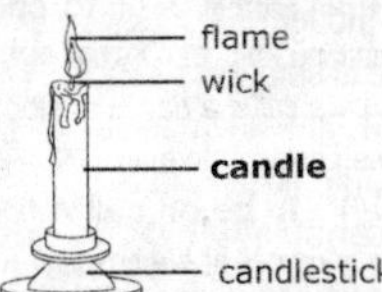

to not hold a candle to something *This may be a beautiful building, but it cannot hold a candle to the Taj Mahal.* = not to be good enough when compared with something else की तुलना में फीका/इतर पड़ना **to burn the candle at both ends** *Arun became ill as he was working too hard. This is what happens when one burns the candle at both ends.* = to work very hard without rest अथक परिश्रम करना

can•dy /ˈkændi/ /ˈकैण्डी/ noun, u. or c. (**candies**) (American) = a sweet prepared by boiling sugar together with other substances e.g. chocolate (अमेरिकी अंग्रेज़ी का शब्द) किसी दूसरे पदार्थ के साथ चीनी उबालकर बनी मिठाई (जैसे चॉकलेट)

cane¹ /keɪn/ /केइन/ noun, c. or u. **1** *a sofa made of cane* (u.) **2** *The officer swung his cane as he walked.*(c.) = a kind of hard, tall grass which can be used to make furniture or be used as a stick बेंत जिससे कुरसी-टेबल, अलमारी या छड़ी बनती है

cane² verb, t. **1** = to hit with a cane बेंत से मारना **2** *These chairs need to be caned.* = to fit a chair with a seat made of woven cane, so that someone can sit on it कुरसी पर बैठ सकने के लिए उसमें बेंत की बुनावट करना

ca•nine /ˈkeɪnaɪn/ /ˈकेइनाइन/ adj. **1** = (an animal) belonging to the dog family श्वानीय, कुत्ता-विषयक **2** *canine teeth* = the two long and pointed teeth, like those of a dog, growing from the upper jaw कुत्ते के ऊपर वाले नुकीले दाँतों की तरह के दाँत

can•is•ter /ˈkænɪstəʳ/ /ˈकैनिस्टर/ noun, c. = a large metal container used for holding solids, gases or liquids कनस्तर, टीन का पीपा

can•na•bis /ˈkænəbɪs/ /ˈकैनबिस/ noun = a drug produced from a kind of plant, known as the Indian hemp plant (also **hashish** or **marijuana**) भाँग का पौधा, भाँग (देखें **hashish** or **marijuana**)

can•ni•bal /ˈkænɪbəl/ /ˈकैनिबल/ noun, c. = a human being or animal that eats the flesh of his/her/ its own kind अपनी ही नस्ल के जीव को खानेवाला, नरभक्षी

C

can•non[1] /'kænən/ /'कैनन/ noun, c. (**cannons** or **cannon**) = a large, powerful gun, often mounted on a carriage with wheels or fixed to an aircraft एक बहुत बड़ी शक्तिशाली तोप जो किसी पहियेवाली गाड़ी या हवाई जहाज़ पर लगी होती है

cannon[2] verb, i. *Our car skidded and cannoned into a tea stall.* = to hit something with force while moving तेज़ गति में किसी चीज़ से जा टकराना **cannon fodder** noun, u. = a soldier of low rank who is pushed without any thought for his/her safety into a battle where he/she is sure to be killed निचली श्रेणी का वह सैनिक जिसकी जान की हिफ़ाज़त का खयाल किए बगैर उसे जंग में झोंक दिया जाता है

can•not /'kænət/ /'कैनट/ aux. verb (**can + not**) *I am so sorry I cannot accept your invitation.* = not be able to (formal; informal **can't**) नहीं सकना (औपचारिक; अनौपचारिक **can't**)

can•ny /'kæni/ /'कैनी/ adj. *a canny businessperson* = a very careful and clever person who cannot easily be fooled or tricked काइयाँ, बहुत होशियार, चालाक आदमी जिसे बेवकूफ़ नहीं बनाया जा सकता

ca•noe /kə'nu:/ /क'नू/ noun, c. = a long narrow boat, pointed at both ends डोंगी, लंबी पतली नाव

ca•no•py /'kænəpɪ/ /'कैनपी/ noun, c. (**canopies**) = a cover, usually made of thick cloth, fitted above a bed or an open terrace etc. चँदवा, छतरी

can•tan•ker•ous /kæn'tæŋkərəs/ /कैन'टैन्करस/ adj. = (a person who is) ill-tempered and generally unkind झगड़ालू, बिगड़ैल

can•teen /kæn'ti:n/ /कैन्'टीन/ noun, c. **1** = a place in a school, factory, army camp etc. where cheap meals are available स्कूल, कारखाने, सेना-शिविर इत्यादि में वह स्थान जहाँ सस्ता भोजन मिलता है **2** = a container for drinking water पानी पीने का एक बरतन

can•ter /'kæntəʳ/ /'कैन्टʳ/ noun, u. *The horse is moving at a canter.* = the fast movement of a horse (faster than a **trot** but slower than a **gallop**) घोड़े की मंदी चाल जो दुलकी और उछाल-कूद के बीच की होती है

can•ti•le•ver /'kæntɪli:vəʳ/ /'कैन्टीलीवʳ/ noun, c. = an arm-like beam that hangs out from an upright post or wall and is used to support a heavy weight e.g. a bridge सीधे खंभे या दीवार से बाहर निकला 'बीम' जो पुल जैसे भारी वज़न को थामे रहने के लिए होता है

can•to /'kæntəʊ/ /'कैन्टउ/ noun, c. (**cantos**) = a large sub-division of a long poem [LITERATURE] सर्ग[साहित्य]

can•ton•ment /kæn'təʊnmənt/ /कैन्'टउनमण्ट/ noun, c. = a part of a town or city, created by the British government in India, which has been set apart for the use of the army and is looked after by army authorities सैनिक छावनी वाला शहर का हिस्सा

can•vas /'kænvəs/ /'कैन्वस्/ noun, u. or c. **1** *a canvas tent* (u.) = a kind of strong, thick cloth used for making tents or bags, or for paintings etc. एक तरह का मोटा मज़बूत कपड़ा जिससे थैले, तंबू आदि बनते हैं **2** *The artist is displaying a number of his canvases at the exhibition.*(c.) = a finished painting done on canvas कैनवस पर की गई चित्रकारी

can•vass /'kænvəs/ /'कैन्वस्/ verb, t. or i. *I am canvassing votes for my brother, who is contesting the election.*(t.) = to go from place to place meeting people and asking them for votes or orders for something that one is trying to sell किसी के पक्ष में वोट माँगते या किसी चीज़ को बेचते हुए घूमना

can•yon /'kænjən/ /'कैन्यन/ noun, c. = a deep, narrow valley between high mountains दर्रा, ऊँचे पहाड़ों के बीच गहरी घाटी

cap[1] /kæp/ /कैनवस/ noun, c. **1** = a soft, close fitting covering for the head टोपी **2** *He has been awarded the India cap.* = a cap which shows a certain position, membership of a team etc. एक टोपी जो किसी पद या किसी दल की सदस्यता की सूचक होती है **3** *the cap on a bottle* = a protective covering used to close a bottle etc. डाट, ढक्कन **4** *The government has put a cap on this project.* = an upper limit for the amount of money that can be spent खर्च की जानेवाली राशि की सरकार द्वारा निर्धारित सीमा

cap[2] verb, t. (**capped**) **1** *The clouds have capped the mountains.* = to cover the top of ढँक लेना **2** *Can you cap that story?* = to improve on what someone has said or done (informal) सुधारना (अनौपचारिक) **3** *He has been capped for the next test match.* = selected for a team टीम के लिए चुना जाना

ca•pa•ble /'keɪpəbəl/ /'केइपब्ल/ adj. **1** *Rajiv Sahay proved to be a capable leader.* = able योग्य **2** *He is quite capable of managing this company.* = having the power, skill or other qualities needed to do something समर्थ, सक्षम

ca•pac•i•ty /kə'pæsɪti/ /क'पैसिटी/ noun, u. **1** *The fuel tank of this car has a capacity of 50 litres.* = the amount that something can hold धारण-शक्ति **2** *The hall was filled to capacity.* = the largest number or quantity possible सबसे अधिक संभव संख्या या परिमाण **3** *He is going to America in his capacity as Finance Minister.* = a particular position of responsibility की हैसियत से **4** *She has great managerial capacity.* = ability or skill कौशल, निपुणता, क्षमता

cape /keɪp/ /केइप/ noun, c. **1** = a loose-fitting coat without sleeves worn over one's dress बिना बाँहों का एक ढीला कोट जो पोशाक के ऊपर पहना जाता है **2** *Cape Horn* = a piece of land sticking out into the sea भूमि का नुकीला भाग जो समुद्र में दूर तक चला गया हो

ca•per[1] /'keɪpəʳ/ /'केइपʳ/ noun, c. *The children were dancing and cutting capers.* = a playful, jumping movement उछलकूद, कूदफाँद
caper[2] verb, i. *The children were capering happily through the corridors.* = to jump about in a happy and playful manner कुलाँचे भरना, कूदफाँद करते खेलना
ca•pil•la•ry /kə'pɪləri/ /क'पिलरी/ noun, c. (**capillaries**) **1** = a very fine, hair-like tube बाल की तरह पतली नली **2** = one of the very thin tubes in the body through which blood flows [BIOLOGY] रुधिर-वाहिका [जीव विज्ञान] **capillary force/attraction** noun = a natural force which causes water or other fluid to rise up in a tube (e.g. sap rising up the trunk of a tree) against the force of gravity किसी नलिका में तरल पदार्थ को ऊपर उठने में सहायक प्राकृतिक शक्ति
cap•i•tal[1] /'kæpɪtəl/ /'कैपिट्ल/ noun, c. **1** *New Delhi is India's capital.* = the place where the government of a country or state is located राजधानी **2** *I started my business with a capital of only Rs 5000.* = money required to start a business or industry पूँजी
capital[2] adj. **1** *Murder is a capital offence.* = punishable by death मृत्युदंड-संबंधित **2** *Write your name in capital letters.* = A, B, C etc. and not a, b, c बड़े-बड़े अक्षर **3** *It was a capital idea.* = excellent उत्तम **capital punishment** noun = the legal process of punishment by death [LAW] मृत्युदंड, प्राणदंड (कानून)
cap•i•tal•is•m /'kæpɪtl-ɪzəm/ /'कैपिटलिज़्म्/ noun, u. = an economic system based on private ownership of industry, free buying and selling and little control of the economy by the state (compare **communism**, **socialism**) पूँजीवाद (देखें **communism**, **socialism**) **capitalist** noun, c. **1** = a person who supports the system of capitalism पूँजीवादी **2** = a person who uses his or her money or borrows money to set up a business or industry व्यापार या उद्योग स्थापित करने के लिए उधार लेने या खर्च करने वाला व्यक्ति
ca•pit•u•late /kə'pɪtʃʊleɪt/ /क'पिच्युलेइट/ verb, i. *Germany capitulated in 1945 when the American and Russian armies surrounded Berlin.* = to accept defeat in a war; to surrender (formal) युद्ध में हार मानना, आत्मसमर्पण करना (औपचारिक)
ca•price /kə'pri:s/ /क'प्रीस/ noun, c. *Why do you keep changing your job every month? I am tired of your caprices.* = sudden change of mind or behaviour seemingly without any reason (disapproving) झक, सनक (अस्वीकृत) **capricious** adj. *The weather is capricious these days. The mornings are bright and sunny but every afternoon there is rain.* = changing often and suddenly मनमौजी या झक्की-सा
Cap•ri•corn /'kæprɪkɔ:n/ /'कैप्रिकॉːन/ noun, u. **1** = a sign of the zodiac, represented by a goat (see pic under **zodiac**) मकर राशि (जिसकी शक्ल बकरे की मानी गई है) (**zodiac** के अंतर्गत चित्र देखें) **2** *the Tropic of Capricorn* = an imaginary line running around the earth, south of the equator (see also **Tropic of Cancer**) मकर रेखा (देखें **Tropic of Cancer**)
cap•si•cum /'kæpsɪkəm/ /'कैपसिकम/ noun = a vegetable belonging to the family of chillies, larger in size than a chilli and round (also **bell-pepper**) पहाड़ी मिर्च, शिमला मिर्च, मिर्च के पौधे का एक प्रकार (देखें **bell-pepper**)
cap•size /kæp'saɪz/ /कैप'साइज़/ verb, i. *The ship capsized in the storm and sank.* = to turn over (turn upside-down) (नाव, जहाज़) डूब जाना
cap•sule /'kæpsju:l/ /'कैपस्यूल/ noun, c. **1** *a capsule of vitamin B* = a measured amount of medicine inside a soft cover made of gelatine, which is swallowed (see pic under **medicine**) गिलेटिन के नरम, मुलायम खोल में बंद निगली जाने वाली दवा (**medicine** के अंतर्गत चित्र देखें) **2** = the part of a spaceship where the pilots live and work from, which separates from the rocket after it has been launched अंतरिक्ष यान का वह भाग जो स्वतंत्र यात्रा के लिए अलग किया जा सकता है
cap•tain[1] /'kæptɪn/ /'कैपटिन/ noun, c. **1** *India's cricket captain* = the leader of a team or group कप्तान **2** = the commander of a ship or aircraft जहाज़ या वायुयान का हुक्मदार, कमांडर **3** = an officer of middle rank in the army, navy or airforce थल सेना, जल सेना या वायुसेना का एक मध्यम श्रेणीय अधिकारी
captain[2] verb, t. *Who is going to captain our basketball team?* = to lead नेतृत्व करना, कप्तान होना
cap•tion /'kæpʃən/ /'कैपश्न/ noun, c. = words written above or below a picture describing what the picture contains चित्रशीर्षक, अनुशीर्षक
cap•tive[1] /'kæptɪv/ /'कैप्टिव/ adj. **1** *The terrorists were arrested and held captive for many years.* = kept in prison बंदी **2** *captive animals in the zoo* = kept in a closed space and not allowed to move about freely पिंजरे में घिरे जानवर
captive[2] noun, c. *The captive is well looked after.* = a person who has been made prisoner in a war युद्धबंदी **captivity** /kæp'tɪvɪti/ /कैप्'टिविटी/ noun, u. *These animals are living in captivity in the zoo.* = the state of being captive कैद **captivate** /'kæptɪveɪt/ /कैपटिवेइट/ verb, t. *I was captivated by the beauty of Kashmir.* = to attract and charm completely आकर्षित **captivating** adj. *the captivating beauty of the Pinjore Gardens* = highly attractive आकर्षक, सम्मोहक
cap•ture[1] /'kæptʃəʳ/ /'कैप्चʳ/ noun, u. *the capture of the city* = the act of taking possession of a place usually after victory in a war अधिकार में कर लेना,

जीत लेना

capture² verb, t. **1** *Two foreign spies have been captured.* = to make a person or animal a prisoner बंदी बनाना **2** *It was a small country and was easily captured.* = to take control of something by force after defeating an enemy शत्रु को हराकर बलपूर्वक आधिपत्य जमा लेना **3** *The poet has captured the beauty of the Chilka Lake in this poem.* = to put something in words or pictures so that its beauty is never lost शब्दों या चित्रों में अंकित करके किसी वस्तु का सौंदर्य अमर कर देना

car /kɑːʳ/ /काɔʳ/ noun, c. **1** *a motor car* = a vehicle used for carrying a small number of passengers मोटरगाड़ी **2** *the dining-car on a train* = a carriage which forms part of a train भोजनयान **car-jack** noun, c. *We suffered a car-jack on the highway.* = to be stopped and forced to give up one's car (see also **hi-jack**) गाड़ी (देखें **hi-jack**) रोककर उतर जाने और उसे त्याग देने को बाध्य होना **car park** noun, c. = an area where a car can be left, usually on payment, while the owner is busy working, shopping etc. वह क्षेत्र जहाँ मोटर गाड़ी किराये पर छोड़ी जा सकती है

ca•ra•pace /'kærəpeɪs/ /'कैरपेइस/ noun, c. = the protective hard outer shell of tortoises, crabs etc. कछुए या केंकड़े की संरक्षक ऊपरी हड्डी

car•at /'kærət/ /'कैरट/ noun, u. **1** *22-carat gold ornaments* = a measure of the purity of gold (Pure gold is said to be 24-carat gold.) सोने की शुद्धता की माप **2** *a 300-carat diamond* = a measure of the weight of a precious stone, equal to 200 milligrams बेशकीमती पत्थर के वज़न का माप

car•a•van /'kærəvæn/ /'कैरवैन/ noun, c. **1** *a trading caravan* = a group of people, usually traders, who travelled together in the old days, using horses or camels कारवाँ **2** *a motor caravan* = a large vehicle which is towed (pulled) by a motor car, and in which people can sleep, cook etc. when going for a holiday (मोटरगाड़ी द्वारा खींची जाती) एक बड़ी सवारी जिसमें छुट्टियाँ मनाने जाते लोग खा-पी/सो सकते हैं

car•bo•hy•drate /kɑbəʊ'haɪdreɪt/ /काɔबउ'हाइड्रेइट/ noun, c. = a substance present in food which contains carbon, hydrogen and oxygen, and provides energy to the body e.g. sugar, rice etc. भोजन में निहित एक तत्त्व जिसमें कार्बन, हाइड्रोजन और ऑक्सीजन होता है और शरीर को ऊर्जा देता है

car•bon /'kɑːbən/ /काɔबन/ noun = an element (simple substance) which is found in pure form in diamonds एक पदार्थ जो हीरे में शुद्ध या तात्त्विक रूप से विद्यमान होता है **carbon copy** noun, c. = a copy of a document produced with the help of carbon paper कार्बन वाले काले या नीले कागज़ से तैयार की गई प्रतिलिपि **carbon-dating** noun, u. = a scientific method of calculating the age of a very old object by measuring the amount of carbon present in it कार्बन की मात्रा के माप से किसी प्राचीन वस्तु का काल या युग-निर्धारण **carbon monoxide** noun = a highly poisonous gas produced by the engines of motor cars, trucks etc. मोटर गाड़ी, ट्रक आदि से निकलती एक ज़हरीली गैस **carbon paper** noun, u. = a sheet of thin paper which has a coating of carbon material on one side and can be used between sheets of writing paper to produce copies of documents एक बहुत पतला कागज़ जिसपर एक तरफ कार्बन का लेप होता है और जिसे कागज़ के दो पन्नों के बीच रखकर दस्तावेज़ वगैरह की प्रतिलिपि तैयार की जाती है

car•cass (carcase) /'kɑːkəs/ /'काɔकस/ noun, c. (**carcasses, carcases**) = the dead body of an animal जानवर की लाश

car•cin•o•gen /kɑː'sɪnədʒən/ /काɔ'सिनज्न/ noun, c. = having the effect of producing cancer कैंसर पैदा कर सकने वाला **carcinogenic** adj. leading to or causing cancer [MEDICINE] कैंसर का कारण [चिकित्सा]

card /kɑːd/ /'काɔड/ noun, c. **1** *playing card* (**cards**) = one of a set of 52 small pieces of stiff paper with different markings, used to play various card games ताश **2** *business (visiting) card* = a small, stiff piece of paper or plastic carrying the name, address, telephone number etc. of a person पहचान-पत्र **3** *greeting card* = a piece of paper sent to someone on a special occasion (e.g. a birthday or festival), often with a printed message, carrying the sender's good wishes शुभकामना-पत्र

to be on the cards (always plural) *The teachers think a change in the syllabus is on the cards.* = likely, possible संभव

car•da•mom /'kɑːdəməm/ /'काɔडमम/ noun = a kind of spice, used to give flavour to food, produced from the small seeds of a climbing plant grown in the hills of South India, Indonesia etc. इलायची, दक्षिण भारत, इंडोनीजिया की पहाड़ियों पर उगाई जाने वाली एक बेल के बीज से बनने वाला भोजन के लिए एक मसाला

card•board /'kɑːdbɔːd/ /'काɔडबॉɔड/ noun, u. = thick, stiff paper used for making boxes, covers of books etc. दफ़्ती, गत्ता

card catalogue noun, c. = a set of cards which provide information about the books in a library, such as the titles of books, the names of the authors and publishers etc. कार्ड सूची

car•di- /kɑːdi/ /'काɔडी/ prefix meaning 'related to the heart' e.g. **car•di•ac** /'kɑːdi-æk/ /'काɔडिऐक/ adj. *cardiac failure; cardiac surgery* = connected with the heart or with heart disease हृदय (रोग) संबंधी **cardiac**

surgeon noun = a surgeon who performs operations of the heart or blood vessels हृदय का शल्यचिकित्सक **cardiogram** /'kɑːdɪəgræm/ /'काऽडिअग्रैम/ noun, c. = a graphic recording which shows the working of the heart हृदलेख **cardiologist** /kɑːdɪ'ɒlədʒɪst/ /काडि'ऑलजिस्ट/ noun, c. = a doctor who uses medicines to treat patients who have diseases or problems of the heart हृदयरोग विशेषज्ञ **cardiology** noun, u. = the study and treatment of medical conditions of the heart हृदयरोग विज्ञान

car•di•gan /'kɑːdɪgən/ /'काऽडिगन/ noun, c. = a short coat, knitted with woollen thread, open in front, with buttons बुनी हुई ऊनी जाकिट

car•di•nal[1] /'kɑːdɪnəl/ /'काऽडिनल/ noun, c. = a Catholic priest of very high rank , next only to that of the Pope पोप के बाद के पद का मुख्य धर्माधिकारी

cardinal[2] adj. *Secularism is one of the cardinal principles behind the Indian Constitution.* = most important सबसे महत्त्वपूर्ण, मुख्य **cardinal numbers** noun = numbers that show quantity but not order (1, 2, 3 etc. but not 1st, 2nd 3rd etc.) (see also **ordinal**) पूर्ण अंक (देखें **ordinal**) **cardinal points of the compass** noun = the four main directions: north, south, east and west दिशासूचक यंत्र में इंगित दिशाएँ, कोण

card index noun, c. = a box containing a number of cards, each one of which carries some information, arranged in order कार्ड सूची

cardsharp noun, c. (**card sharps**) = a person who makes his/her living by cheating people at card games (informal) (ताश संबंधी) पत्ताचोर (अनौपचारिक)

care[1] /keə'/ /केअ'/ noun, c. or u. **1** *Your mother needs a lot of care because she's old.*(u.) = the process of looking after someone e.g. someone old or sick देखभाल **2** *I will take care of the dog while you are away.*(u.) // *You will look after the dog with care, won't you?* = responsibility for looking after and protecting someone or something रखवाली **3** (always plural) *His cares have made him old.*(c.) = things that cause worry or unhappiness चिंता के कारण **4** *You should do your work with greater care* (u.) = serious attention and effort ध्यानपूर्वक एवं सश्रम **5** *Cross the road with care.*(u.) = attention to safety होशियारी, सतर्कता से

care[2] verb, i. **1** *When my neighbours lost their house in the fire, they did not seem to care at all.* = to feel worried or anxious about something के विषय में चिंतित होना **2** *She cares a lot about her grandfather.*(i.) = to be attached to or fond of someone or something का खयाल रखना **3** *'Would you care for some more tea?' 'No thanks, I don't care for tea at all.'* = to want or like something (used only in questions or negative sentences) की चाह होना **4** *She doesn't care about wealth and fame.* = to consider something important की परवाह करना, को महत्त्व देना **5** *'Take an umbrella. You'll get wet in the rain.' 'I don't care!'* = to be concerned or bothered की परवाह होना **careful** adj. **1** *A careful driver will never drive fast on crowded roads.* सतर्क, होशियार **2** *She is very careful with her money.* = giving a lot of thought to safety, so as to avoid accidents, loss etc.; cautious (opposite **careless**) सुरक्षा या क्षति के विषय में सतर्क रहना (विलोम शब्द **careless**) **3** *They have done a careful study of all the facts in this case.* = giving a lot of attention to detail; thorough ब्यौरेवार **carefully** adv. **intensive care unit (ICU)** = a division in a hospital which looks after patients who are seriously ill or who are recovering from surgery etc. अस्पताल का एक भाग जहाँ गंभीर रोगी या शल्य-चिकित्सा से चंगे होते रोगी रखे जाते हैं

to not care less *I know I'm right. I couldn't care less what others think.* = to not be bothered about what others think of one or what one is doing कोई परवाह नहीं करना

> **Usage** *Does he care for his brother?* = to have affection or a liking for के लिए स्नेह होना
> *Will he care for his brother if he falls ill?* = look after देखभाल करना
> *Does he care about the job?* = to have respect for or consider important को महत्त्व देना
> *Don't worry, his brother will take care of the arrangements.* = be responsible for सँभालने का जिम्मा होना

ca•reer /kə'rɪə'/ /क'रिअ'/ noun, c. **1** *She takes her career as a doctor seriously.* = a job or profession that one is trained for एक नौकरी या पेशा जिसके लिए कोई प्रशिक्षित होता है **2** *He had a brilliant career as a student.* = a record of achievements उपलब्धियों का विवरण **career counselling** noun = the process of giving advice to a student about the courses of study or profession which he/she should follow विशेष अध्ययन या वृत्ति या व्यवसाय पर परामर्श देने की प्रक्रिया

care•free /'keəfriː/ /'केअफ्री/ adj. *She leads a carefree life, without any worries.* = free from worries and anxieties बेफ़िक्र, निश्चिंत

car•ess[1] /kə'res/ /क'रेस/ verb, t. *They caressed the baby.* = to give someone a gentle, loving touch or kiss दुलारना, प्यार से चूमना

caress[2] noun, c. (**caresses**) = the act of caressing दुलार-प्यार

care•taker /'keəteɪkə'/ /'केअटेइक'/ noun, c. **1** = a person who is paid to look after a building etc. प्रभारी **2** = a person who looks after a house while the owner is away रखवाला (मकान का, जब मालिक बाहर हो) **caretaker-government** noun, c. = a government which holds office for a short time, before a new government is formed अल्पकालिक प्रभारी सरकार

car•go /'kɑːgəʊ/ /'काऽगउ/ noun, u. or c. (**cargoes**) *The ship is carrying a cargo of iron ore.*(c.) = the load of goods carried by a ship, plane or truck जहाज़, वायुयान या ट्रक से ढोए जानेवाले माल का भार

car•i•ca•ture[1] /'kærɪkətʃʊə^r/ /'कैरिकचुअ^र/ noun, c. or u. = a humorous picture or description of (usually) a (well-known) person in which some quality is made to stand out (see also **cartoon**) व्यंग्यचित्र, किसी सुपरिचित व्यक्ति का उपहास चित्र जिसमें उसकी कोई विशिष्टता प्रमुख रखी जाती है (देखें **cartoon**)

caricature[2] verb, t. *He caricatured his friends in a drawing he had made.* = to produce a caricature of someone उपहास-चित्र प्रस्तुत करना

car•ies /'keəriz/ /'केअरिज़/ noun, u. = decay of the teeth [MEDICINE] दाँतों की सड़न की बीमारी [चिकित्सा]

car•nage /'kɑːnɪdʒ/ /'काऽनिज/ noun, u. *There was great carnage during the riots of 1947.* = killing and wounding of people नरसंहार, सामूहिक हत्याकांड

car•nal /'kɑːnəl/ /'काऽनल/ adj. *carnal pleasures* = something that is related to the physical side of life, especially sex शारीरिक, दैहिक (विशेषत: यौनसंबंधी)

car•na•tion /kɑː'neɪʃən/ /काऽ'नेइश्न्/ noun = a sweet-smelling flower, usually red or white एक सुगंधित लाल या उजला फूल

car•ni•val /'kɑːnɪvəl/ /'काऽनिव्ल/ noun, c. = a time of public merry-making, with feasting, drinking, dancing, colourful processions etc. आनंदोत्सव, जनोत्सव

car•ni•vore /'kɑːnɪvɔː^r/ /'काऽनिवॉ^र/ noun, c. = a flesh-eating animal मांसभक्षी जानवर **carnivorous** / kɑː'nɪvərəs/ /काऽ'निवरस/ adj. *a carnivorous animal or plant* = flesh-eating मांसभक्षी (जानवर या पौधा)

ca•rol /'kærəl/ /'कैरल/ noun, c.= song of welcome, joy and praise sung at Christmas time around the theme of the birth of Christ आनंदगान, भजन (विशेषकर क्रिसमस के अवसर पर)

carp[1] /kɑːp/ /काऽप/ noun, c. = a kind of fresh-water fish शफरी, ताज़े पानी की एक प्रकार की मछली

carp[2] verb, i. *Stop carping about the food!* = to complain continuously and unnecessarily about something (disapproving) (लगातार) भिनभिनाते या बड़बड़ाते रहना (अस्वीकृत)

car•pen•ter /'kɑːpɪntə^r/ /'काऽपिण्ट^र/ noun, c. = a person who makes or repairs wooden objects बढ़ईगिरी **carpentry** noun, u. = the art or profession of a carpenter बढ़ई

car•pet[1] /'kɑːpɪt/ /'काऽपिट/ noun, c. = a covering for floors made of heavy woollen or cotton material . फर्श पर बिछाने के लिए ऊन या कपड़ा, दरी, कालीन

carpet[2] verb, t. *The hall has been carpeted.* = to cover with a carpet दरी से ढँक देना **carpeting** noun, u. = the material used for making carpets दरी बनाने की सामग्री

car•riage /'kærɪdʒ/ /'कैरिज/ noun, c. or u. **1** = a vehicle that runs on wheels, especially a horse-drawn vehicle(c.) गाड़ी, वाहन **2** *a railway carriage*(c.) = a coach that forms part of a train (ट्रेन में) सवारी डिब्बा **3** *the carriage of goods by road or by railway*(u.) = the act or process of carrying something from one place to another ढुलाई

car•ri•er /'kæriə^r/ /'कैरिअ^र/ noun, c. **1** *a carrier of goods* = someone or something that carries goods from one place to another वाहक, संवाहक **2** *The anopheles mosquito is a carrier of malaria.* = a person or thing that spreads a disease बीमारी फैलाने वाला (व्यक्ति या जीव) **carrier bag** noun, c. = a paper or plastic bag in which something bought from a shop is carried away by a customer सामान का थैला **carrier pigeon** noun, c. = a pigeon which is trained to carry messages written on tiny pieces of paper, from one place to another संदेशवाहक कबूतर

car•rot /'kærət/ /'कैरट/ noun, c. **1** = the swollen, orange coloured root of a plant which is eaten as a vegetable गाजर **2** *We were made to study all day, but the carrot offered to us was that we would be taken to the cinema in the evening.* = a reward promised to someone for doing something (informal) किसी को ललचाकर कुछ कराने का वादा या पारितोषिक (अनौपचारिक)

car•ry /'kæri/ /'कैरी/ verb, t. or i. **1** *These trucks carry eggs to markets in Kolkata.*(t.) = to move something from one place to another एक से दूसरी जगह ढोना **2** *The germs of plague are carried by rats.*(t.) = to spread; to pass from one person to another संक्रामक रोग फैलाना **3** *The weight of the roof is carried by these pillars.*(t.) = to support का सहारा होना **4** *Today's newspaper carries an article about the strike.*(t.) = to contain छपा होना, दर्ज़ होना **5** *This crime carries a heavy penalty.*(t.) = to have something attached के साथ लगा होना **6** *We could not hear you as your voice did not carry.*(i.) = to travel across a space (आवाज़) का दूरी पर सुनाई पड़ना **7** *The bill introduced by the Law Minister in Parliament was carried.*(i.) = to pass a law in Parliament पार्लमेंट में कानूनन पारित होना **8** *A good leader should be able to carry his supporters.*(t.) = to win the support of सहयोग प्राप्ति में सक्षम **9** *When you are adding 2 to 9, you have to carry 1.*(t.) = to move a number into the next column when adding numbers हाथ में लगना (एक ओर की संख्या दूसरी ओर जोड़ना) **10** *The computer carries a two-year warranty.*(t.) = to come with के साथ आना **11** *In our shop, we sometimes* carry fresh fruit.(t.) = to have for sale बिक्री के लिए रखना **12** *She carries herself well.*(t.) = hold oneself, walk etc. in a smart and attractive manner चुस्त और आकर्षक ढंग की चाल का होना **13** *It's sad that he has to leave the job, but we can't carry him any more.* = to keep someone who doesn't work hard or well in a job, a team etc. बहाल रख सकना

to get carried away *I am sorry that I got carried away after hearing his speech.* = to get excited and lose control of oneself for a short time कुछ देर के लिए भाव-विभोर हो जाना **to carry the day** *We did not expect India to win but the excellent batting by Tendulkar carried the day.* = to bring victory जीत हासिल कराना **to carry off** **1** *She carried off her part in the drama quite well.*= to perform अभिनय (अदाकारी या किरदारी) प्रस्तुत करना **2** *Your daughter carried off most of the prizes in the competition.* = to win (informal) (इनाम वग़ैरह) हासिल करना, ले जाना (अनौपचारिक) **to carry something out** *We carried out my aunt's wishes and took our uncle to the seaside.* = to fulfil or complete पालन करना, पूरा करना **to carry weight** *Their opinions carry a lot of weight.* = to be valued and listened to with respect में वज़न या महत्त्व होना, आदृत होना **to carry something too far** = to overdo something (e.g. a trick played on someone, a punishment) so that its effects become unpleasant or get out of control अति कर देना, हद से ज़्यादा कर देना (जिससे अप्रिय, या काबू के बाहर हो जाए **to carry on (doing something)** *We tried to attract his attention but he carried on writing.* = to continue to do something, often in a way that is annoying to others करते ही जाना(जो नापसंद या अप्रिय होता है) **to carry on and on** *We expected her to stop, but she carried on and on until everyone got bored.* = to go on speaking (informal, disapproving) बकबक करते ही जाना (अनौपचारिक, अस्वीकृत)

cart[1] /kɑːt/ /'काऽट/ noun, c. = a wooden vehicle with two wheels, pulled by an animal or a human being जानवर या आदमी द्वारा खींची जाने वाली गाड़ी

cart[2] verb, t. *The farmer carted his rice to the market.* = to carry in a cart गाड़ी में ढो ले जाना **cart-load** noun, c. = the quantity of something that can be carried in a cart भरगाड़ी **cart-wheel** noun, c. = a fast circular movement, like that of a wheel, performed by someone to show joy or excitement, in which the person first balances on his/her hands, holding the legs straight up, then turns over so as to land on the feet (**to turn a cartwheel**) खुशी या उत्तेजना में तेज़ चक्करदार गति जिसमें कोई पहले अपने हाथों पर उलटा खड़ा रहता है और बाद में पाँवों पर सीधा होकर गिरता है

car•ti•lage /'kɑːtɪlɪdʒ/ /'काऽटिलिज/ noun, u. or c. = the strong elastic substance attached to the bone present in certain parts of the body that gives shape and support (e.g. the ears or the lower part of the nose, as well as inside bone-joints) शरीर में विद्यमान एक मज़बूत लचीला पदार्थ जो कान, नाक या अंदरूनी हड्डी के जोड़ों को सहारा या शक्ल देता है

car•tog•ra•pher /kɑː'tɒgrəfəʳ/ /काऽटॉग्राफ़ʳ/ noun, c. = a person who produces maps नक्शा बनानेवाला **cartography** noun, u. = the science and art of producing maps नक्शा बनाने का विज्ञान और उसकी कला

car•ton /'kɑːtn/ /'काऽट्न/ noun, c. = a box made of thick, strong paper in which goods are packedमज़बूत मोटे काग़ज़ का बना संदूक जिसमें सामान बाँधा या रखा जाता है

car•toon /kɑː'tuːn/ /काऽ'टून/ noun, c. = a humorous drawing published in a newspaper or magazine or on film, generally about something which is in the news (see also **caricature**) अखबार या पत्रिका में छपा (या फ़िल्म पर अंकित) हास्यचित्र (देखें **caricature**)

cart•ridge /'kɑːtrɪdʒ/ /'काऽट्रिज/ noun, c. **1** = a tube made of thick paper or metal, which is filled with gunpowder or some other explosive material and fired from a gun कागज़ और धातु का बना छोटा-सा पीपा जिसमें बारूद भरी होती है और जिसे बंदूक से छोड़ा जाता है **2** = a replaceable or refillable container which stores some substance e.g. an ink-cartridge which stores ink पात्र जो बदला जा सके या फिर से भरा जा सके (जैसे–स्याही से) **cartridge-paper** noun, u. = strong, thick white paper used for drawing ड्राइंग करने के लिए मज़बूत सफेद कागज़

carve /kɑːv/ /'काऽव/ verb, t. **1** = to make something out of wood or stone by cutting away pieces of the material **2** *He has carved out a place for herself as a television actor.* = to create a career for oneself through hard work (figurative) (compare **emboss,** see also **engrave**) अपनी लीक खुद बनाना (लाक्षणिक) (देखें **emboss, engrave**) **carving** noun, c. *a stone carving* = something that has been carved out of stone or wood पत्थर या काठ में खुदाई या तराश **carving knife** noun = a knife used to cut meat etc. into small pieces which can be eaten खाद्य मांस को टुकड़े-टुकड़े करने के लिए छुरी

cas•cade[1] /kæ'skeɪd/ /कै'स्केइड/ noun, c. = a small waterfall [LITERATURE] (compare **cataract** meaning **2**) झरना [साहित्य] (देखें **cataract** meaning 2)

cascade[2] verb, i. *The rain cascaded down the tin roof.* = to come down with force, like a waterfall झरने की तरह वेग से नीचे बहते रहना

case /keɪs/ /केइस/ noun, c. **1** *The judge decided three cases today.* = a legal matter which is decided in a law court मामला **2** *There have been three cases of malaria in this village.* = an example of something मिसाल, उदाहरण **3** *You seem to have a strong case.* = the facts or arguments supporting one side in a dispute पक्ष

(विवाद में समर्थक) **4** *I have brought three cases of books for you to read.* = a large box made of wood or cardboard काठ या मोटे मज़बूत कागज़ का बना बक्स **5** *the book in the showcase* = a cupboard with a glass front in which things are out on display शीशा लगी-अलमारी **6** *'Me' is the accusative case of 'I', while 'my' is the possessive case.* = a change in the form of a noun or pronoun, to show its relationship with the other words in a sentence [GRAMMAR] संज्ञा या सर्वनाम का परिवर्त्तित रूप जिससे वाक्य में दूसरे शब्दों के साथ उसके संबंध का पता चलता है [व्याकरण] **case history** noun, c. (**histories**) *The doctor is taking your friend's case-history.* = a record of the health problems that one has had in the past [MEDICINE] स्वास्थ्य-संबंधी समस्याओं का विवरण[चिकित्सा] **case-study** noun, c. (**-studies**) = a piece of research based on the detailed study of one or a few individuals एक व्यक्ति या कुछ विशेष व्यक्तियों की ब्यौरेवार छानबीन पर आधृत शोध-कार्य

in that case *They don't seem to be interested in our plan. In that case, let's not discuss it with them.* = if so अगर ऐसी बात है तो

cash[1] /kæʃ/ /कैश/ noun, u. *I cannot pay you in cash but I can give you a cheque.* = money in the form of bank-notes or coins नगद

cash[2] verb, t. *You can cash this cheque at a bank.* = to get cash in return for a cheque चेक के बदले में नगद रकम पाना **cash book** noun, c. = a register in which the daily accounts (the money received or spent) of a company are maintained पंजिका जिसमें किसी कंपनी की रोज़ाना आमदनी और खर्च का ब्यौरा दर्ज होता है **cash crop** noun, c. = a crop grown for sale rather than for the personal use of the grower (e.g. cotton) वह उपज जो अपने बदले दूसरे के लिए पैदा की जाती है (जैसे कपास), नकदी फसल

hard cash *They own many houses, but need hard cash.* = actual money in hand (not in a bank, or in the form of cheque etc.) नगद रुपया **cash on delivery** (also **COD**) an arrangement in which one pays for goods only after they are delivered माल पाने के बाद ही उसकी कीमत की अदायगी की एक व्यवस्था (देखें **COD**) **to cash in** *The new Director is a friend of mine and will help you. You should cash in on this opportunity.* = to take full advantage of a situation (informal) फ़ायदा उठाना (अनौपचारिक) **to pay cash down** = to pay in cash immediately, without delay तुरंत कीमत अदा करना

cash•ier /kæˈʃɪəʳ/ /कैˈशिअर/ noun, c. = a person in charge of money and payments in an office, bank etc. खजांची

ca•shew /ˈkæʃuː/ /ˈकैशू/ noun, u. = a kind of tree that produces a small, curved nut (cashew nut) काजू

ca•si•no /kəˈsiːnəʊ/ /कˈसीनउ/ noun, c. = a place where people can gamble जुए का क्लब

cask /kɑːsk/ /काऽस्क/ noun, c. = a container for liquids (usually wine) made of wood पीपा

cas•ket /ˈkɑːskɪt/ /ˈकाऽस्किट/ noun, c. = a small box used for keeping ornaments, valuable papers etc. संदूकची

cas•se•role /ˈkæsərəʊl/ /ˈकैसरउल/ noun, c. or u. **1** (c.) = a deep covered dish in which food can be cooked गहरी ढँकी तश्तरी जिसमें खाना पक सकता हो **2** (u.) = the food cooked in a casserole ऐसी तश्तरी में पका खाना

cas•sette /kəˈset/ /कˈसेट/ noun, c. = a plastic container that holds magnetic tape, which can be fitted into a cassette player (audio or video taperecorder) प्लास्टिक का एक डिब्बा जिसमें टेपरेकॉर्डर का टेप होता है **cassette-player** noun, c. = a taperecorder or a video tape recorder which can record and/or play back sounds and/or visuals recorded on a cassette एक टेपरेकॉर्डर या वीडियो टेप-रेकॉर्डर जो आवाज़ अंकित करके सुना भी सकता है

cast[1] /kɑːst/ /कास्ट/ noun, c. **1** *This film has a very powerful cast.* = the people who act in a film or play f. फल्म या नाटक के समस्त कलाकार या अदाकार **2** *a single cast of the net* = the act of throwing a fishing net into the water मछलियों के लिए पानी में जाल फेंकना **3** *a plaster cast* = a hard covering put over a broken bone to keep it in place so that it can heal टूटी हड्डी पर लगाई गई एक कड़ी पट्टी जिससे हड्डी जुड़ पाती है **4** *a bronze cast* = see **cast**[2] meaning देखें **cast**[2] meaning **6**

cast[2] verb, t. **1** *The fisherman cast his net into the sea.* = to throw (literary) फेंकना(साहित्यिक) **2** *to cast one's vote* = to drop (into a box) बक्से में (वोट) डालना **3** *Your involvement in a case of cheating has cast some doubts on your honesty.* = to cause; to raise (formal) पैदा करना (जैसे शंका) (औपचारिक) **4** *Snakes cast off their skin every year.* = to throw off (see also **cast-off**) (खाल) छोड़ना (देखें **cast-off**) **5** *Shah Rukh Khan has been cast in the new film.* = to give someone an acting part in a film or play नाटक या f. फल्म में कोई भूमिका देना **6** *The artist is casting a bronze statue of the great leader.* = to make a metal object by pouring hot, liquid metal into a specially shaped container (**mould**) गरम धातु ढालकर साँचे में गढ़ना **cast iron** noun, u. = a type of iron which is hard but brittle (can break easily), used for making furniture etc. लोहा जो कड़ा होकर भी तुनुक होता है **cast-off** noun, c. = an unwanted object (usually clothing) which may be given away छाड़न

caste /kɑːst/ /काऽस्ट/ noun, u. or c. (u.) = a social class or group which a person is considered a member of जाति

cast•er (castor) /ˈkɑːstəʳ/ /ˈकाऽस्टर/ noun, c. = small wheel fixed to the base of a piece of furniture, so that it can be moved easily कुरसी-मेज़-अलमारी वगैरह में नीचे लगा छोटा पहिया

cast•i•gate /'kæstɪgeɪt/ /'कैस्टिगेइट/ verb, t. *I was castigated for losing the money collected for charity.* = to punish or scold in a strong way (see also **chastise**) (formal) डाँटना/फटकारना या सज़ा देना (देखें **chastise**) (औपचारिक)

cas•tle /'kɑːsəl/ /'काऽसल्/ noun, c. **1** = a large and strong building, usually made of stone, used in former times to defend a place from enemy attack किला **2** = one of the pieces used in the game of chess, which can move any number of squares but only forwards, backwards or sideways (also known as rook) (शतरंज) हाथी

cas•tor /'kɑːstə'/ /'काऽस्टॅ/ noun, u. **1** = the small seeds of a plant from which oil is produced रेंड़ी, अंडी **2** see **caster** देखें **caster**

cas•trate /kæ'streɪt/ /कै'स्ट्रेइट/ verb, t. = to remove the sex organs of a male animal or person so that it/he cannot reproduce बधिया करना

cas•u•al /'kæʒuəl/ /'कैजुअल/ adj. **1** *We had a casual meeting of the Board this morning* = informal; not official अनौपचारिक **2** *He is wearing casual clothes.* = informal; not meant for formal occasions रोज़मर्रे का **3** *I am only a casual reader of poetry.* = not serious or thorough सामान्य **4** *a casual worker in a factory* = one who is employed only for a short period; not regular अनियमित, अल्पकालिक

cas•u•al•ty /'kæʒuəlti/ /'कैजुअल्टी/ noun, c. (**casualties**) = a person seriously injured or killed in a war, accident etc. युद्ध या दुर्घटना में घायल मृत व्यक्ति **casual leave** (**CL**) a short spell of leave, not planned in advance, often taken for personal reasons आकस्मिक छुट्टी

cat /kæt/ /कैट/ noun, c. = a small animal often kept as a pet बिल्ली **big cats** noun = wild animals belonging to the cat family e.g. lion, tiger etc.बिल्ली-जाति के जंगली जानवर (जैसे बाघ, तेंदुआ आदि) **cat-call** noun, c. *During the show the actors received many cat-calls from the audience.* = a whistle or other rude noise made during a stage show, game etc. by members of the audience to show their displeasure सिसकारी, सीटी

to let the cat out of the bag = to make a secret known to others राज़ खोल देना **to rain cats and dogs** = to rain heavily झमाझम बारिश होना

cat•a•logue[1] /'kætəlɒg/ /'कैटलॉग/ noun, c. = a list of things (e.g. the books in a library or goods available in a shop) arranged in such a way that they can be easily found स्थान, नाम, सामान आदि का सूचीपत्र

catalogue[2] verb, t. *I have to catalogue the new books that have just been bought for the library.* = to enter something into a catalogue सूचीबद्ध करना

cat•a•lyst /'kætəlɪst/ /'कैटलिस्ट/ noun, c. **1** *Platinum dioxide is used as a catalyst.* = a substance that helps to speed up a chemical process but does not undergo any change itself [CHEMISTRY] एक पदार्थ जो रासायनिक प्रक्रिया संचालित करते हुए भी स्वयं अपरिवर्त्तनशील रहता है, उत्प्रेरक [रसायनशास्त्र] **2** *The arrival of Mahatma Gandhi from South Africa served as a catalyst in India's struggle for freedom.* = an event that helps to bring about or speed up other events (figurative) कोई घटना जो अन्य घटनाओं को प्रेरित करती है (लाक्षणिक)

cat•a•ma•ran /kætəmə'ræn/ /कैटमॅरैन/ noun, c. = a kind of boat which has two hulls (bodies) joined together बेड़ा

cat•a•pult[1] /'kætəpʌlt/ /'कैटपॅल्ट/ noun, c. **1** = a small Y-shaped stick to which a rubber band is tied, used to shoot small stones गुलेल **2** = a fighting machine used in former times to throw heavy stones etc. at the enemy शिलाप्रक्षेपक

catapult[2] verb, t. *This film will catapult the new actor to instant fame.* = to cause someone to rise quickly in a profession etc. किसी को अपने पेशे से बहुत ऊँचा पहुँचा देना

cat•a•ract /'kætərækt/ /'कैटरैक्ट/ noun, c. **1** = a condition of the eye which prevents a person from seeing clearly मोतियाबिंद **2** = a large waterfall (compare **cascade**) झरना (देखें **cascade**)

ca•tas•tro•phe /kə'tæstrəfi/ /कॅ'टैस्टफ़ी/ noun, c. *First we had a cyclone that killed thousands of people and now we have floods. We are facing one catastrophe after another.* = a sudden and unexpected natural event that causes suffering and destruction (also **calamity**) तबाही, विभीषिका, विध्वंस (देखें **calamity**)

catch[1] /kætʃ/ /कैच/ noun, c. (**catches**) **1** *The wicket-keeper took a wonderful catch.*(c.) = the act of taking hold of a moving object in the air (क्रिकेट) बल्लेबाज़ की खेली गेंद को ज़मीन से ऊपर ही लपक लेना **2** *the catch from the sea*(u.) = the quantity of something, especially fish, which one has been able to get (समुद्र से मछली आदि) पकड़ी हुई वस्तु का परिमाण **3** *There is no catch on this door.* = a hook that keeps a door shut, so that it cannot be opened from the outside चिटखिनी **4** *Why are they selling the car so cheap? There must be a catch!* = some hidden problem or difficulty दिक्कत, असुविधा जो ज़ाहिर नहीं **5** *There was a catch in his voice when he spoke about his childhood.* = a change in the voice which shows emotion भावोद्रेक जतलाता स्वर-परिवर्तन

catch[2] verb, t. or i. (**caught**) **1** *Catch the ball when I throw it to you.*(t.) = to get hold of some object which is moving through the air हवा में गतिशील किसी चीज़ को पकड़ लेना **2** *The police have caught the thieves.*(t.) = to get hold of someone, especially after a chase खदेड़कर पकड़ना **3** *Cats like to catch mice.*(t.) = to hunt and kill का शिकार करना **4** *You must go at once if you want to catch the train.*(t.) = to be in time for something (ट्रेन आदि) पकड़ना **5** *You will catch a cold.*(t.) = to get an infection or illness छूत या बीमारी लगना **6** *Your new dress will catch everyone's eye.*(t.) = to attract or draw attention आकर्षित करना **7** *I am sorry but I did not catch what you said.*(t.) = to hear or understand नहीं पल्ले पड़ना, नहीं समझ पाना **8** *The old wooden building can catch fire easily.*(t.) = to start to burn आसानी से जलने लगना **9** *The sleeve of my shirt caught in the bolt of the window.*(i.) = to get stuck or hooked फँस जाना **catching** adj. *Chicken pox is very catching.* = a disease or infection that spreads easily (informal) बीमारी या छूत जो जल्दी फैलती है (अनौपचारिक)

to catch on *This new film song is sure to catch on quickly.* = to become popular (informal) गली-गली में गूँज पाना (अनौपचारिक) **to catch sight of (to catch a glimpse of) someone** *I caught sight of them at the crowded railway station, and waved.* = to see suddenly किसी पर नज़र पड़ना **to catch someone doing something** *He caught them trying to read his letters.* = to see someone doing something they should not be doing रँगे हाथ पकड़ना, ऐन मौके पर देख या पकड़ लेना **to catch up with something or someone** **1** *You can start walking to school, I will catch up with you.* आगे बढ़कर साथ हो लेना **2** *When she returned to school she stayed back to catch up with the lessons she had missed when she was ill.* = to reach a position or part which others have reached before you जहाँ तक दूसरे पहुँच चुके हों वहाँ तक आ जाना

catch•ment /'kætʃmənt/ /'कैचमण्ट/ noun, u. **1** = an area from which a river or lake gets its water आवाह-क्षेत्र **2** *a catchment area for a school* = an area from where a school is able to get many students वह क्षेत्र जहाँ से किसी स्कूल को अधिक छात्र मिलते हों

catch•word /'kætʃwɜːd/ /'कैचवɔड/ noun, c. *'Swadeshi' became a catchword during the freedom movement.* = a word or phrase that is repeated regularly by a political party or newspaper and becomes a kind of slogan to attract people नारा, संकेत-शब्द

catch•y /'kætʃɪ/ /'कैची/ adj. *a catchy song* = something that can easily catch on (become popular) आसानी से लोकप्रिय

cat•e•gor•i•cal /kætɪ'gɒrɪkəl/ /कैटि'गॉरिकल/ adj. *The Minister made a categorical statement saying that he is not going to resign.* = very definite, showing no doubt at all निश्चित, संदेहशून्य

cat•e•go•ry /'kætəgəri/ /'कैटग्री/ noun, c. (**categories**) *The students in this school belong to two categories: boarders and day-scholars.* = the different classes into which people or things can be divided वर्ग, कोटि **categorize (categorise)** verb, t. *My friend has a law degree but he does not want to be categorized as a lawyer. He prefers to call himself a social worker.* = to be put in a certain category or class वर्गीकृत करना

ca•ter /'keɪtəʳ/ /'केइटʳ/ verb, i. or t. **1** *I have asked Mayfair Restaurant to cater at my son's wedding.*(i.) = to provide food for guests at a party or function किसी पार्टी या समारोह में भोजन का प्रबंध करना **2** *The new school will cater to the needs of the people of this locality.*(i.) = to meet the need for something आवश्यकता की पूर्त्ति करना

cat•er•pil•lar /'kætəpɪləʳ/ /'कैटपिलʳ/ noun, c. = an insect with many legs that turns later into a moth or butterfly सूँडी, इल्ली **caterpillar track** noun *Army tanks run on caterpillar tracks.* = a kind of metal chain on which a vehicle moves (instead of wheels) चक्रपट्टी, दाँतों वाल पहियों के ऊपर घूमनेवाली लोहे आदि की पट्टी

ca•the•dral /kə'θiːdrəl/ /क'थीड्रल/ noun, c. = a very large, beautifully decorated church built of stone बड़ा गिरिजाघर

cath•e•ter /'kæθɪtəʳ/ /'कैथिटʳ/ noun, c. = a very thin, flexible tube which is pushed into the body of a person who is ill or disabled and through which measurements can be made or liquids can be put in or taken out to help in medical treatment [MEDICINE] नाल-शलाका [चिकित्सा]

cath•ode /'kæθəʊd/ /'कैथउड/ noun, c. = the negative terminal (end) of an electrical device (machine) such as a battery (compare **anode**) विद्युत उपकरण का ऋणाग्र (देखें **anode**)

Catholic /'कैथ्लिक/ noun or adj. = a person who follows the Roman Catholic religion रोमन कैथलिक चर्च का सदस्य

cath•o•lic /'kæθəlɪk/ /'कैथ्लिक/ adj. *He has very catholic tastes in music. He enjoys Western as well as African and Indian music.* = able to take interest in many different things खुले दिमाग का, उदार रुचिवाला

CAT scan (CT scan) /'kætskæn/ /'कैटस्कैन/ noun, c. = an advanced x-ray image which shows features of the body and is used to detect the presence, of a disease, e.g. cancer एक्स-रे तस्वीर जो बीमारी का पता लगाने के लिए शरीर की संरचना उजागर करती है

cat•tle /'kætl/ /'कैट्ल/ noun, u. (always plural) = large four-footed farm animals (cows, bulls, oxen, buffaloes) मवेशी (गाय, बैल, साँढ़, भैंस आदि)

cat•ty /ˈkætɪ/ /ˈकैटी/ adj. *They are always making catty remarks about their friends.* = unkind and full of bad feeling (informal, derogatory) निर्दय तथा कटुतापूर्ण (अनौपचारिक, अनादरपूर्ण)

cat•walk /ˈkætwɔːk/ /ˈकैट्वॉक/ noun, c. = a narrow, raised platform for people to walk on, especially models at a fashion-show or workers in a factory एक सँकरा-चौड़ा तख्त जिसपर फैशन-शो में भाग लेनेवाले या कारखाने के मज़दूर चलते हैं

cau•cus /ˈkɔːkəs/ /ˈकॉऽकस/ noun, c. = a small group of people within a political party who hold the same views (राजनीतिक पार्टी में) एक ही विचार के लोगों का एक दल

caul•dron /ˈkɔːldrən/ /ˈकॉऽल्ड्रन/ noun, c. = a large, round metal cooking-pot कड़ाह, हंडा

cau•li•flow•er /ˈkɒlɪflaʊəʳ/ /ˈकॉलिफ्लाउअʳ/ noun, c. or u. = a vegetable which is a collection of tiny white flowers surrounded by thick green leaves फूलगोभी

cause[1] /kɔːz/ /ˈकॉऽज/ noun, c. **1** *Someone dropped a burning cigarette on the carpet and that was the cause of the fire.*= a person, thing or event that makes something happen की वजह होना **2** *Do you have any cause to complain?* = reason वजह, दलील **3** *I am fighting for a good cause.* = some principle that one believes in आदर्श, मूल्य, सिद्धांत

cause[2] verb, t. *We want to know what caused this accident.* = to be the cause of something पैदा करना **root cause** noun *The root cause of the pollution in the city is the large number of old vehicles.* = the main or basic reason for something negative किसी अहितकर बात का मूल कारण

to make common cause with *The people living on this street made common cause in fighting noise pollution.* = to come together for the purpose of working for a cause or belief किसी अभियान में एकजुट होना

cau•sal /ˈkɔːzəl/ /ˈकॉऽज़्ल/ adj. *Doctors believe that there is/may be causal connection between smoking and cancer of the lungs.* = serving as a cause (reason) for something हेतुक

caus•tic /ˈkɔːstɪk/ /ˈकॉऽस्टिक/ adj. **1** *Hydrochloric acid is highly caustic.* = something that can burn the skin दाहक, क्षारक **2** *caustic remarks* = something that hurts one's feelings तीखा, कटु

cau•tion[1] /ˈkɔːʃən/ /ˈकॉश्न/ noun, u. or c. **1** *Advise the children to use caution when crossing the street.*(u.) = great care and attention, in order to be safe from danger (formal) सतर्कता, सावधानी (औपचारिक) **2** *The policeman let us off with a caution but told us we would be arrested if we exceeded the speed limit again.*(c.) = warning चेतावनी

caution[2] verb, t. **1** *Let me caution you to carry a torch when you go out at night.* = to warn against possible danger खतरे से आगाह करना **2** *The policeman cautioned me for driving very fast.* = to warn someone who has been doing something wrong not to do it again चेतावनी देना **cautious** adj. *I don't think he will lend you a thousand rupees as he is very cautious with money.* = careful to avoid risks के मामले में बहुत सतर्क होना, फूँक-फूँक के कदम रखना

cav•al•ry /ˈkævəlri/ /ˈकैव्ल्री/ noun, u. **1** = (in former days) soldiers who fought on horse-back (पुराने ज़माने में) घुड़सवार सैनिक **2** = (in modern times) the branch of the army that uses tanks or other armoured vehicles (आज के समय में) सेना की वह टुकड़ी जो टैंकों या बख्तरबंद गाड़ियों की होती है

cave /keɪv/ /केइव/ noun, c. = a deep natural hollow place in the side of a mountain or hill or under the ground गुफ़ा, कंदरा **cave-man** noun, c. **(-men)** = a person who lived in caves in very ancient times गुहा-मानव **cave-dweller** = a person who acts in a rough, violent manner (G) (figurative) 'जंगली' (लिंग) (लाक्षणिक)

cavern /ˈkævən/ /ˈकैवन/ noun, c. = a large cave (literary) कंदरा(साहित्यिक)

cav•i•ty /ˈkævɪti/ /ˈकैविटी/ noun, c. **(cavities)** *a cavity in one's tooth* = a hole or hollow space in something solid किसी ठोस वस्तु में गड्ढा, खोखली जगह

caw[1] /kɔː/ /कॉऽ/ noun, c. = the sound produced by a crow काँव

caw[2] verb, i. = to make a cawing sound काँव-काँव करना

cc abbr. of **cubic centimetre(s)** *a car with a 1000 cc engine* = the unit for measuring volume in the metric system मात्रिक व्यवस्था में प्रबलता या मात्रा मापने की इकाई

CD abbr. of **compact disc** = a small disc (flat, round piece) of metal coated with plastic, on which a large amount of information can be stored for use in a computer कंप्यूटर में प्रयोग के लिए प्लास्टिक मढ़ी एक गोल चकती जिसमें ब्यौरे संगृहीत रहते हैं, सीडी **CD-ROM** abbr. of **Compact Disc with Read-Only Memory** = a CD which can only be read but cannot be rewritten or erased [COMPUTERS] वैसी ही चकती जिसे फिर से पढ़ा तो जा सकता है, दुबारा लिखा या मिटाया नहीं जा सकता, सीडी ROM

cease /siːs/ /सीस/ verb, i. or t. *You are ordered to cease all further imports of drugs.*(t.) = to stop (formal) बंद कर देना (औपचारिक) **cease-fire** noun, u. *Both sides have agreed to a cease-fire.* = an agreement between the two sides in a war to stop fighting युद्ध-विराम-संधि

ce•dar /ˈsiːdəʳ/ /ˈसीडʳ/ noun, c. or u. = a tree which produces soft, light brown wood चीड़

cede /si:d/ /सीड/ verb, t. *to cede territory to the enemy* = to give up a piece of land to another country after defeat in a war (formal) युद्ध में पराजय के बाद भूमि का अंश विजेता के लिए छोड़ देना (औपचारिक)

cei•ling /ˈsi:lɪŋ/ /ˈसीलिङ/ noun, c. **1** *The room has a very high ceiling.* = the inner surface of the top of a room कमरे की छत का अंदरूनी हिस्सा **2** *The government has fixed a ceiling on the price of wheat.* = an upper limit ऊपरी या अगली सीमा

cel•e•brate /ˈseləbreɪt/ /ˈसेलब्रेइट/ verb, t. *India celebrates its Independence Day on the fifteenth of August.* = to mark a special event or occasion by organising some activity विशेष समारोह द्वारा किसी मुख्य घटना का स्मरण **celebrated** adj. *a celebrated writer* = famous मशहूर **celebrity** /səˈlebrɪti/ /सˈलेब्रीटी/ noun, c. (**celebrities**) *This actor is already a celebrity at the age of twenty.* = a famous person प्रख्यात व्यक्ति

cel•e•ry /ˈseləri/ /ˈसेलरी/ noun, u. = the soft, greenish stem of a plant eaten as a vegetable अजमोद

ce•les•ti•al /sɪˈlestiəl/ /सिˈलेस्टियल/ adj. *Ancient astronomers studied the sun and other celestial bodies.* = heavenly (often literary) खगोलीय (प्राय: साहित्यिक)

cel•i•bate /ˈselɪbət/ /ˈसेलिबट/ adj. = a person who keeps away from sexual activity ब्रह्मचारी **celibacy** noun, u. = the state of being celibate ब्रह्मचर्य

cell /sel/ /सेल/ noun, c. **1** *a bone cell* = the smallest part into which a living thing can be divided किसी जीवित वस्तु का लघुतम अंश **2** *a prison cell* = a tiny room in a prison or monastery in which only one person can live कारागृह या मठ का एक ही व्यक्ति के लायक कमरा **3** *a torch cell* = a small electrical battery in which electrical energy is stored बिजली-भरी बैटरी **4** *the espionage cell* = a small group of people working within a larger department बड़े विभाग के अंतर्गत कार्यरत कुछ लोगों का एक छोटा दल **cellular** adj. = something that is made up of many tiny cells in an electronic circuit (e.g. a cellular phone) विद्युत् परिपथ में अत्यंत छोटे-छोटे अंशों से बना पदार्थ (जैसे सेल्युलर फ़ोन)

cel•lar /ˈseləʳ/ /ˈसेलर्/ noun, c. *a wine cellar* = an underground room used for storing wine etc. शराब के पीपों के लिए तहखाना

cel•lo /ˈtʃeləʊ/ /ˈचेलउ/ noun, c. = a large stringed instrument, like a violin, played with a bow वायलिन की तरह का लंबे तारों वाला एक बड़ा साज़

cel•lo•phane /ˈseləfeɪn/ /ˈसेलफ़ेइन/ noun, u. = transparent soft plastic material used to make bags, wrap food etc. पारदर्शी प्लास्टिक पदार्थ जिससे थैले वगैरह बनते हैं

cell•phone /ˈselfəʊn/ /ˈसेलफ़उन/ noun, c. = a cellular phone (a mobile telephone) मोबाइल टेलिफ़ोन

cel•lu•lose /ˈseljʊləʊz/ /ˈसेल्युलउज/ noun, u. = the substance, from which the cell walls of plants are made [BIOLOGY] वह पदार्थ जिससे पौधों की परतें बनती हैं [जीव विज्ञान]

Cel•si•us /ˈselsiəs/ /ˈसेल्सिअस/ noun = a scale of temperature in which the freezing point of water is 0 degrees, and the boiling point 100 degrees (also known as the **Centigrade** scale) तापमान का मापक्रम जिसमें पानी के जम जाने की शून्य और उबलने की कोटि सौ होती है (**Centigrade scale** के रूप में भी ज्ञात)

ce•ment /sɪˈment/ /सिˈमेण्ट/ noun, u. = a mixture of lime and clay which becomes hard when mixed with water and allowed to dry, used in building houses etc.चूने और मिट्टी का वह मिश्रण जो पानी के मेल से सख्त हो जाता है और इमारतें बनाने के काम आता है

cem•e•tery /ˈsemɪtri/ /ˈसेमिट्री/ noun, c. (**cemeteries**) = a piece of land in which people are buried after death कब्रगाह

cen•o•taph /ˈsenətɑ:f/ /ˈसेनटाऽफ़/ noun, c. = a building set up in memory of a dead person स्मारक-भवन

cen•sor[1] /ˈsensəʳ/ /ˈसेन्सर्/ noun, c. *The Board of Censors has passed the new film.* = an official who examines films, books, magazines etc. and has the power to remove anything that is offensive or thought to be in bad taste फ़िल्मों, पुस्तकों का निरीक्षण-अधिकारी जो आपत्तिजनक अंश हटा सकता है

censor[2] verb, t. *The government must censor the film before it can be shown to anyone.* = to examine through a censor सेंसर के माध्यम से निरीक्षण करना या कराना **censorship** noun, u. = the system set up by some authority to censor and control films, books, newspapers etc. सेंसर-व्यवस्था

cen•sure[1] /ˈsenʃəʳ/ /ˈसेन्शर्/ noun, u. *The opposition brought a censure motion against the government.* = the act of expressing disapproval or criticism निंदा-प्रस्ताव /नापसंदगी या आलोचना जाहिर करने वाला

censure[2] verb, t. *This action of the government was censured in Parliament by the opposition parties.* = to express strong criticism and disapproval (especially in parliament) (विशेषकर पार्लियामेंट) कड़ी निंदा या आलोचना जाहिर करना

cen•sus /ˈsensəs/ /ˈसेन्सस/ noun, u. *In India, a census is taken once in ten years.* = an official counting of the population मर्दुमशुमारी, जनगणना

cent /sent/ /ˈसेण्ट/ noun, c. = a coin which has the value of the hundredth part (0.01) of a dollar डॉलर के सौवें हिस्से के मूल्य का एक सिक्का

cen•te•na•ry /sen'ti:nəri/ /सेन्टीनरी/ noun, c. *This year we celebrate the birth centenary of one of our great leaders.* = a day or year which comes exactly 100 years after a particular event शतवार्षिकी

Cen•ti•grade /'sentəgreɪd/ /'सेण्टग्रेइड/ noun see **Celsius** देखें **Celsius**

cen•ti•me•tre /'sentɪmi:təʳ/ /'सेण्टिमीटरʳ/ noun = a unit for measuring length, equal to the hundredth part of a metre (abbr. as cm) लंबाई मापने की एक इकाई (मीटर का सौवाँ हिस्सा)

cen•ti•pede /'sentɪpi:d/ /'सेण्टिपीड/ noun, c. = a small insect with many legs कनखजूरा, गोजर

cen•tral /'sentrəl/ /'सेण्ट्रल/ adj. **1** *the central government* = belonging to the centre or located (placed) at the centre केंद्रीय **2** *the central point in the speech* = most important सर्वाधिक महत्त्वपूर्ण, केंद्रिक (महत्त्व का) **centralize (centralise)** verb, t. = to bring something under a central authority (opposite **de-centralize**) केंद्र के नियंत्रण में रखना, आना (विलोम शब्द **decentralize**) **centre of gravity** noun, c. = the point at which the entire weight of an object seems to be concentrated

cen•tre[1] (center) /'sentəʳ/ /'सेण्टरʳ/ noun, c. **1** *the centre of a circle // Mumbai is India's most important business centre.* = a place where a lot of activity goes on वृत्त का केंद्र: ऐसा स्थान जहाँ गतिविधियाँ या सुविधाएँ एकत्र हों **2** *I think her views are left of centre.* = a position in politics where one takes a moderate (middle) position (neither **left** nor **right**) राजनीति में मध्यम (न वाम, न दक्षिण) मार्ग का अनुसरण

centre[2] verb, t. **1** *The left-out has centred the ball.* = to hit the ball to the centre of the field, in the game of football or hockey फुटबॉल/हॉकी में बीच मैदान तक बॉल भेजना **2** *Please centre the table on the floor.* = to place at the centre बीच में रखना

to centre round *Our hopes are centred round our niece who shows a lot of promise.* = to place one's hope or trust in someone आशा या विश्वास का आधार **to centre on something** *This test centres on the topic of climate.* = to be mainly about something मुख्यत: ~ के विषय में होना

cen•tri•fu•gal /sentrɪ'fju:gəl/ /सेण्ट्री'फ्यूगल/ adj. *When a car is going round a curve at high speed, there are powerful centrifugal forces acting on it.* = moving or pulling in a direction away from the centre [PHYSICS] (opposite **centripetal**) केंद्र से बाहर की ओर; अपकेंद्री [भौतिकी] (विलोम शब्द **centripetal**) **centrifuge** /'sentrɪfju:dʒ/ /'सेण्ट्रीफ़्यूज/ noun, c. = a machine in which a container of liquid is made to spin very fast, so that any solids present in the liquid get separated from it. (A centrifuge is used to separate cream from milk.) अपकेंद्रित अवकेंद्री यंत्र जिसमें तरल पदार्थ इतने वेग से चक्कर लगाता है कि उसमें ठोस पदार्थ अलग हो जाए

cen•tri•pe•tal /sentrɪ'pi:təl/ /सेण्ट्री'पीटल/ adj. = moving towards the centre (opposite **centrifugal**) केंद्राभिमुखी, केंद्रोन्मुख (विलोम शब्द **centrifugal**)

cen•tu•ry /'sentʃəri/ /'सेन्चूरी/ noun, c. (**centuries**) **1** = a period of 100 years शताब्दी **2** = 100 runs made by a cricket player शतक

ce•ram•ic /sɪ'ræmɪk/ /सिरैमिक/ adj. *a ceramic vase* = made of clay which is 'fired' in a special oven (also **china**) खास चूल्हे में पकी गीली मिट्टी (देखें **china**)

ce•ram•ics /sɪ'ræmɪks/ /सिरैमिक्स/ noun, u. or c. (always plural) **1** = the process by which pots or other objects made of clay are baked (burnt) in an oven until they become hard गीली मिट्टी से बरतन को आग में पकाकर कड़ा करने की प्रक्रिया **2** = objects that are made by this process मृत्तिका शिल्प

ce•re•al /'sɪəriəl/ /'सिअरिअल/ noun, c. or u. **1** (c.) = a plant from which food grains are produced e.g. rice, wheat, millet **2** (u.) = food made from rice, wheat, maize or other grains अनाज, धान्य अन्न से बने खाद्य-पदार्थ (गेहूँ, चावल आदि)

cer•e•bral /'serɪbrəl/ /'सेरीब्रल/ adj. **1** *cerebral haemorrhage* = related to the brain मस्तिष्क से संबंधित **2** *a cerebral writer* = calling for the use of one's intellect rather than emotions बौद्धिक चेतना या प्रतिक्रिया की अपेक्षा करता

cer•e•mo•ny /'serɪməni/ /'सेरीमनी/ noun, c. (**ceremonies**) or u. *a wedding ceremony*(c.) = an action or event which has a special social or religious importance and is performed according to an established set of rules विशेष सामाजिक धार्मिक महत्त्व का चिर-स्थापित विधान के अनुसार किया गया अनुष्ठान या समारोह **ceremonial** /serɪ'məʊniəl/ /सेरि'मउनिअल/ adj. *The President uses this car only on ceremonial occasions such as Republic Day.* = something which is connected with a ceremony आनुष्ठानिक

cer•tain /'sɜ:tn/ /'सऽट्न/ adj. **1** *I am certain that India will win this match, because we have never lost at Kolkata.* = having no doubt निश्चित, विश्वस्त **2** *Our team is certain to win.* = sure निश्चित रूप से **3** *Please make certain that you lock all the doors before you leave.* = to be absolutely sure पूर्णत: विश्वस्त या निश्चित **certainly** adv. **1** *We will certainly reach late.* = without doubt बेशक **2** *'Could you help me carry this bag?' 'Certainly.'* = of course ('Certainly not' is a firm, unpleasant way of refusing) हाँ-हाँ; क्यों नहीं; ज़रूर **certainty** noun, u. *I can state with absolute certainty that we are on the wrong train.* = the state of being free from doubt पक्का विश्वास

C

cer•tif•i•cate /səˈtɪfɪkət/ /ˈसऽटिफ़िकट/ noun, c. *Your date of birth, according to your birth certificate, is 5 July 1985.* = an official document which proves that the facts stated by someone are true प्रमाण-पत्र **certify** /ˈsɜːtɪfaɪ/ /ˈसऽटिफ़ाई/ verb, t. *You must ask a senior government official to certify that you belong to this state.* = to declare that something is true or correct प्रमाणित करना

ces•sa•tion /seˈseɪʃən/ /सेˈसेइशन/ noun, u. *There is peace now after the cessation of fighting.* = a short pause or stop (formal) समाप्ति, अंत, विराम (औपचारिक)

cess•pit /ˈsespɪt/ /ˈसेस्पिट/ noun, c. **1** = a pit (hole in the ground) in which waste material from houses is collected मलकुंड **2** = a place in which there is a lot of corruption (figurative) भ्रष्टाचार का अड्डा (लाक्षणिक)

chafe /tʃeɪf/ /चेइफ़/ verb, t. or i. **1** *The shoe is chafing the skin on my foot.*(t.) = to rub painfully against something रगड़ से छील देना **2** *He is chafing at the delay in starting the match.*(i.) = to become impatient खीजना, बेसब्र होना

chaff /tʃɑːf/ /चाऽफ़/ noun, u. *The chaff from the rice is fed to cows.* = the outer skin (cover) of a grain of rice etc. भूसा, चोकर

chain[1] /tʃeɪn/ /चेइन/ noun, c. or u. **1** *The dog is tied up with a chain. // He gave her a silver chain.*(c.) = a number of metal rings connected to each other to form a length of metal used to tie something, or as an ornament ज़ंजीर, हार (गहना) **2** *The Himalayas are a chain of mountains.*(c.) = a row of connected mountains [GEOGRAPHY] शृंखला [भूगोल] **3** *They own a chain of restaurants.*(c.) = a number of shops etc. which are owned by the same person or company एक ही मलकियत की दुकानें वगैरह

chain[2] verb, t. *You should chain the dog when you have visitors.* = to tie someone or something up with a chain ज़ंजीर से बाँधकर रखना **chain smoker** noun, c. = a person who is in the habit of smoking a large number of cigarettes continuously एक के बाद एक सिगरेट पीता रहने वाला **chain reaction** noun, c. = a number of events or chemical reactions related to each other in such a way that each one leads to the next ऐसी रासायनिक प्रक्रिया जिसमें हर उत्पाद के नये उत्पाद को जन्म देने का सिलसिला होता है, अंतर्संबद्ध घटनाओं का क्रम, शृंखला अभिक्रिया

to be in chains = to be a slave or in prison गुलाम या बंदी होना

chair[1] /tʃeəʳ/ /चेअरʳ/ noun, c. **1** *a wooden chair* = a piece of furniture with four legs and a back on which one sits कुर्सी **2** *The meeting was declared closed by the chair.* = the chairperson or someone who is presiding over a meeting सभापति-पद **3** *The university has set up a chair in Indian philosophy.* = a position of professor at a university उच्चस्तरीय प्राध्यापक-पद **4** *She is the Chair, Department of History.* = the head of a department in a university विश्वविद्यालय में विभागाध्यक्ष

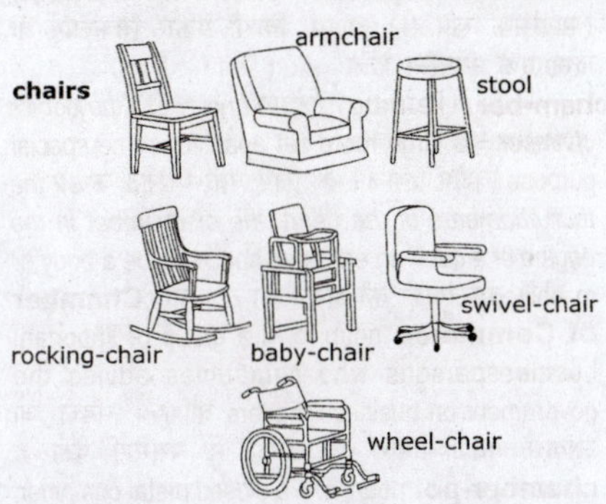

chair[2] verb, t. *I will request the senior teacher to chair this meeting.* = to act as the chairperson at a meeting सभापतित्व करना **chairman/chairwoman** noun (see **chairperson**) (देखें **chairperson**)

chair•per•son /ˈtʃeəpɜːsən/ /ˈचेअपऽस्न/ noun, c. = a person who controls the activities at a meeting. (The term **chairperson** is preferred because it includes women and men.) सभा-संयोजक

chalk /tʃɔːk/ /चॉऽक/ noun, u. **1** = a chemical substance (calcium carbonate) often found in rocks चट्टान में पाया जाने वाला एक रासायनिक पदार्थ **2** *a piece of chalk* = soft material used for writing on a chalkboard (blackboard) खड़िया, खल्ली

to chalk up *Our football team has chalked up three victories in a row.* = to score a victory विजय अंकित करना, जीत हासिल करना **to chalk out** = to plan in advance पूर्व योजना बनाना **to be as different as chalk from cheese** = to be completely different बिलकुल भिन्न

chal•lenge[1] /ˈtʃælɪndʒ/ /ˈचैलिन्ज/ noun, c. or u. **1** *India has accepted the challenge by Sri Lanka.*(c.) = an invitation to play against someone खेल में प्रतिद्वंद्वी होने का आमंत्रण **2** *Writing a book on the forest tribes of India must have been a real challenge.*(c.) = something that is difficult to do and brings out the best qualities in a person कोई कठिन कार्य जिससे किसी की क्षमता की परख होती है

challenge[2] verb, t. **1** *This order of the government can be challenged in a court of law.* = to question the legality of something न्यायसम्मत होने पर ऊँगली उठाना **2** *She has challenged me to play three games of chess with her.* = to invite someone to play in a match against you किसी प्रतिद्वंद्विता या खेल में अपने विरुद्ध होने का आमंत्रण देना

chal•lenged /ˈtʃælɪndʒd/ /ˈचैलिन्ज्ड/ adj. *There are special books for the visually challenged.* = the word 'challenged' is used together with *-ly* adverbs in words such as 'visually challenged' (blind), and 'mentally challenged' (having a mental disability) as a non-discriminating word for persons with a disability (मानसिक रूप से) अक्षम, किसी प्रकार विकलांग के लिए एक सामान्य शब्द

cham•ber /'tʃeɪmbəʳ/ /'चेइम्बॅ/ noun, c. **1** *the judge's chamber* = a large room set apart for some special purpose विशेष प्रयोजन के लिए एक विस्तृत कक्ष **2** *the four chambers of the heart, the oil-chamber in the engine of a car* = an enclosed space inside a body or machine मोटरगाड़ी की इंजिन का तेल कोष **Chamber of Commerce** noun, c. = a group of important businesspersons who sometimes advise the government on business matters वाणिज्य मंडल जो सरकार को व्यापार के संबंध में परामर्श देता है **chamber-pot** noun, c. = a closed metal container, used by persons who are sick and unable to go to the toilet (bathroom) (old-fashioned) रोगियों के लिए मल-मूत्र-पात्र (पुराने प्रचलन का)

cha•me•le•on /kə'miːliən/ /क'मीलिअन/ noun, c. = a small lizard which can change its colours to match the surroundings (see also **camouflage**) गिरगिट (देखें **camouflage**)

cham•pagne /ʃæm'peɪn/ /शैम्पेइन/ noun, u. = an expensive colourless wine which produces bubbles when poured out, generally drunk to celebrate something एक रंगहीन कीमती शराब जिसे डालने पर बुलबुले पैदा होते हैं (अक्सर जश्न मनाने में इस्तेमाल)

cham•pi•on[1] /'tʃæmpiən/ /'चैम्पियन/ noun, c. **1** *Pete Sampras is the tennis champion this year.* = a person who has defeated everyone else in one or more tournaments सर्वश्रेष्ठ विजेता **2** *Meera Roy is a champion of women's rights.* = a person who fights for or strongly supports a cause, principle or movement समर्थक, पक्षधर, हिमायती

champion[2] verb, t. *Mr Shah has agreed to champion our cause.* = to support strongly प्रबल समर्थन देना **championship** noun, u. *the Wimbledon championship* = a tournament (competition) held to decide who should be the champion विजेता चुनने की (अंतिम) स्पर्धा

chance[1] /tʃɑːns/ /चान्स/ noun, c. **1** *You will be given a chance to speak.* = opportunity मौका **2** *You are going to the station so late that there is no chance of your catching the train.* = possibility संभावना **3** *I met my old friend by chance on the train.* = unexpectedly संयोगवश

chance[2] adj. *This was a chance meeting.* = something that happens unexpectedly and has not been planned अकस्मात्, अप्रत्याशित

chance[3] verb, t. **1** *I chanced to be present at the meeting when the Prime Minister arrived.* = to happen by chance (without planning) इत्तफ़ाक से होना/घटना **2** *Do you want to contest the election? All right, you can chance it.* = to take a risk दाँव लगाना **chancy** adj. *Tendulkar played a chancy innings and was lucky to get so many runs.* = full of risks (informal) जैसे दाँव पर लगाते हुए (अनौपचारिक)

Chan•cel•lor /'tʃɑːnsələʳ/ /'चान्सलॅ/ noun, c. *The Chancellor of the University* = an official who has a very high rank कुलाधिपति, कुलपति

chan•de•lier /ʃændə'lɪəʳ/ /शैण्ड'लिअॅ/ noun, c. = a large, decorated holder for candles or electric lights, made of glass, that hangs from the ceiling छत से लटका झाड़-फानूस

change[1] /tʃeɪndʒ/ /चेइन्ज/ noun, c. or u. **1** *You will find a change in our syllabus.*(c.) = the act or result of bringing in something new or different परिवर्त्तन **2** *I am tired of watching television. Let us go to the cinema for a change.*(u.) = something different फ़ेर-बदल के तौर पर **3** *I bought a pen for Rs 35. I gave the shop keeper Rs 50 and he returned Rs 15 as change.*(u.) = money returned when the amount given is more than the value of the goods bought खुदरा, छुट्टा **4** *Keep some loose change in your purse.*(u.) = coins of low value रेज़गारी **5** *He was looking cheerful, for a change.*(u.) = unusually (The phrase expresses relief about a situation.) बदला-सा **6** *We normally go for a walk by the river, but last evening we walked through the park. It made a nice change.*(u.) = difference बड़ा फ़र्क

change[2] verb, t. or i. **1** *We must change the syllabus and introduce new textbooks.*(t.) = to make things different परिवर्त्तन लाना **2** *Your clothes are dirty. I think you should change.*(i.) = to put on different clothes कपड़े बदलना **3** *In the story, the man changes into a tree by magic.*(i.) = to stop being what one normally is and become something else में बदल जाना

to change over *We were using an electric stove but have now changed over to gas.* = to start using completely different methods, equipment etc.की जगह ··· का इस्तेमाल करना **to change hands** *The shop now has a different name. Maybe it has changed hands.* = to be managed by new owners मल्कियत बदलना **to change for the better** = to show a change in one's behaviour which others think is an improvement सुधार दीखना, सुधरा लगना

chan•nel[1] /'tʃænəl/ /'चैनल/ noun, c. **1** *You will have to dig a channel for the rain-water to flow away.* = a passage for a liquid to flow through जलमार्ग, नाली **2** *Let us watch the cricket match on the sports channel.* = a band of electro-magnetic waves on which a particular television programme is carried टेलिविज़न प्रोग्राम का वाहक तरंग-पट्टा **3** *the English Channel* =

C

a narrow sea connecting two larger seas or oceans दो समुद्रों को जोड़ता जलमार्ग **4** *Your application must come through the official channel.* = the route (path) through which information passes in an office माध्यम

channel[2] verb, t. *The government's money is now being channelled into agricultural development.* = to direct (put) one's money or energy into a particular kind of activity में पैसा लगाना **channelize** (**channelise**) verb

chant[1] /tʃɑːnt/ /'चाऽन्ट/ noun, c. *She taught us some chants.* = the sound of words being chanted गेय शब्दों की ध्वनि

chant[2] verb, t. **1** *The priests were chanting prayers.* = to recite or sing words which have a religious importance or where a special effect is intended विशेष या धार्मिक प्रयोजन से गेय रूप में उच्चरित शब्द जैसे मंत्रोच्चार **2** *The crowd was chanting slogans.* = to repeat words continuously in a sing-song way एक तर्ज़ पर दुहराए जाते शब्द (जैसे नारे)

cha•os /'keɪɒs/ /'केइऑस/ noun, u. *There was chaos at the railway station when people heard the train was cancelled.* = a state of complete disorder and confusion अस्तव्यस्त होने की स्थिति **chaotic** /keɪ'ɒtɪk/ /केइ'ऑटिक/ adj. *The traffic on these roads is chaotic.* = without any order अव्यवस्थित

chap[1] /tʃæp/ /चैप/ noun, c. *He is a nice chap.* = a man or boy (informal) लड़के या पुरुष के बारे में कहा जाता एक प्यारा शब्द (अनौपचारिक)

chap[2] verb, t. *The hot dry wind chapped her skin.* = to cause the skin to crack because of dryness सूखने से खाल का दरकना या चिटखना

chap•a•ti /tʃə'pɑːtɪ/ /च'पाती/ noun, c. (**chapatis, chapaties**) = a round, flat piece of bread made out of whole wheat and cooked on a flat iron pan चपाती

chap•el /'tʃæpəl/ /'चैप्ल/ noun, c. = a small church (compare **cathedral**) एक छोटा गिरजाघर, प्रार्थना-कक्ष (देखें **cathedral**)

chap•ter /'tʃæptəʳ/ /'चैप्टर/ noun, c. = one of the main parts into which a long book can be divided अध्याय

char /tʃɑːʳ/ /चाऽर/ verb, t. **(charred)** *The fire has charred the building.* = to leave the black marks of burning on something झुलसाना **charred** adj. *the charred remains of the building* = burnt झुलसा, जलकर कोयले- सा बना

char•ac•ter /'kærɪktəʳ/ /'कैरिक्टर/ noun, u. or c. **1** *Our mother's character had a strong effect on us.*(u.) = valuable or admirable moral qualities चरित्रगुण **2** *The whole character of this town has changed after the new market was built.*(u.) = the qualities that make a person or place different from others वैशिष्ट्य **3** *The actor felt the newspaper had damaged his character.* = the good opinion that people have about someone; reputation व्यक्तिगत प्रतिष्ठा **4** *Shylock is one of the characters in the play 'The Merchant of Venice'.*(c.) = a person in a book or play पात्र **5** *Can you read these Chinese characters?*(c.) = a sign or letter used in writing or printing अक्षर, लिपि

to be a person of character = to have strong principles which are admired by others

char•ac•ter•is•tic[1] /kærɪktə'rɪstɪk/ /कैरिक्ट'रिस्टिक/ noun, c. *Punctuality is one of the characteristics of the people working in this office.* = some quality by which one can easily recognize a person or thing विशिष्टता

characteristic[2] adj. *You can find the characteristic smell of tandoori chicken in this restaurant.* = some quality that can always be expected or found in a person or thing विशिष्ट, ख़ास

char•ac•ter•ize (characterise) /'kærɪktəraɪz/ /'कैरिक्टराइज़/ verb, t. *A small head and large ears characterize the African elephant, while the Indian elephant has a large head and smaller ears.* = to be characteristic (typical) of something की खासियत होना

cha•rade /ʃə'rɑːd/ /श'राऽड/ noun *Your friend is not really angry with you; she is only putting on a charade of being angry.* = behaviour which can be easily seen to be false स्वांग

cha•rades /ʃə'rɑːdz/ /श'राऽड्ज़/ noun (always plural) = a game in which people try to guess words (e.g. the title of a film) through the silent actions performed by other players भंगिमाभिव्यक्ति-क्रीड़ा, शब्द-पहेली

char•coal /'tʃɑːkəʊl/ /'चाऽकउल/ noun, u. = the black substance formed when wood is burnt in a closed container with little air, which can be used as fuel किसी बरतन में जलकर कोयला बना काठ जिसका इस्तेमाल इंधन के तौर पर होता है

charge[1] /tʃɑːdʒ/ /'चाऽज/ noun, c. or u. **1** *The charge for a room in this hotel is Rs 250 a night.*(c.) = the price asked for something भाड़ा **2** *Who is in charge of this office?* (u.) = control का प्रभारी होना **3** *He has been arrested on a charge of robbery.*(c.) = a spoken or written statement saying that someone has done something wrong इल्ज़ाम **4** *There is no charge in this battery.*(u.) = electrical energy; power विद्युत ऊर्जा या शक्ति

charge[2] verb, t. or i. **1** *The doctor will charge you Rs 100 as fees.*(t.) = to ask for payment रकम माँगना **2** *The crowd charged into the building.*(i.) = to rush forward usually to attack आक्रामक रूप से घुसपैठ करना **3** *The police have charged him with theft.*(t.) = to state that someone has done something wrong; to accuse इलज़ाम लगाना **4** *You will have to charge this battery.*(t.) = to put electrical energy into something विद्युत् ऊर्जा संचारित करना **charge-sheet** noun, c. = a record of the charges made by the police against a person who will then be tried in a court इजलास में मुकदमा चलाने के लिए पुलिस द्वारा तैयार इलज़ामों का ब्यौरा **charge card** noun, c.= a kind of credit card which allows the customer to buy something and pay for it later एक उधार कार्ड जिससे ग्राहक उधार सामान खरीद सकता है

char•i•ot /'tʃæriət/ /'चैरिअट/ noun, c. = a light horse-drawn carriage, usually with two wheels, used in battles and races in former times रथ **charioteer** /tʃæriə'tɪəʳ/ /चैरिअ'टिअʳ/ noun, c. = the driver of a chariot सारथी

cha•ris•ma /kə'rɪzmə/ /क'रिज़्मा/ noun, u. *Our leader was loved by the people and had great charisma.* = some special quality which attracts love and respect करिश्मा **charismatic** /kærɪz'mætɪk/ /कैरिज़्'मैटिक/ adj. *a charismatic leader* = having charisma करिश्माई

char•i•ty /'tʃærɪti/ /'चैरिटी/ noun, u. or c. (**charities**) **1** *She gives a lot of money to charity.*(u.) *= money or help given to people who are poor, sick etc.* दान **2** *He gives some money each month to a number of charities.*(c.) = a society or organisation that collects money to help poor people कल्याण संस्था **3** *She helps people out of charity.*(u.) = sympathy and kindness दयालुता तथा सहानुभूति **charitable** adj. **1** *a charitable person* = kind and generous in helping the poor or someone in need दानशील **2** *One should take a charitable view of his past misdeeds.* = sympathetic, willing to forgive उदार **3** *a charitable fund* = something that is related to charity (giving help to the poor) कल्याण-कोष

charm[1] /tʃɑːm/ /चाऽम/ noun, u. or c. **1** *The woman has great charm and is liked by everybody.*(u.) = the power to attract and please others आकर्षण **2** *a good luck charm*(c.) = something magical which brings good or bad luck तावीज़

charm[2] verb, t. **1** *He can charm anybody with his smile.*(t.) = to create a good effect on someone आकर्षित करना, मोह लेना **2** *We were charmed by their kindness.* = very pleased प्रभावित **3** *We felt charmed by the music.* = to feel the powerful effect of something से प्रभावित होना

chart[1] /tʃɑːt/ /चाऽट/ noun, c. *Here is a chart showing the names of the villages with schools.* = a piece of paper containing some information, usually in the form of tables, diagrams etc. खाका, रूपरेखा

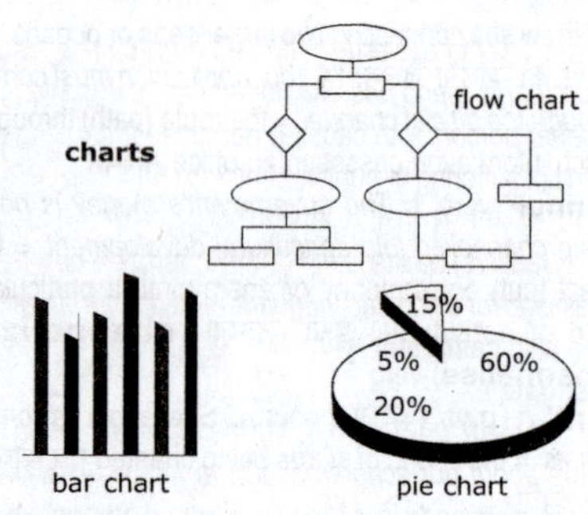

chart[2] verb, t. *This article charts the performance of the Sri Lankan cricket team during the last two years.* = to give some information in the form of a chart रूपरेखा प्रस्तुत करना **charts** (always plural) *A.R. Rahman has been in the charts for weeks.* = a list of best-selling records compiled every week हर हफ़्ते खूब बिकनेवाले रेकार्ड की फ़िहरिस्त

char•ter[1] /'tʃɑːtəʳ/ /'चाऽटʳ/ noun, c. = an official document which describes the rights, duties etc. given to a person or company सनद, अधिकार-पत्र

charter[2] verb t. (**chartered**) **1** *to charter a plane* = to hire a plane, bus etc. for some special purpose किसी खास से मकसद से हवाई जहाज़ या बस भाड़े पर लेने के लिए रिज़र्व करना **2** = to give a charter to **chartered** adj. *chartered bus* = hired for a special purpose रिज़र्व किया हुआ बस **chartered accountant** noun, c. = an accountant who has been given a charter (license to practise) लाइसेंस-प्राप्त पेशेवर लेखागार

chase[1] /tʃeɪs/ /चेइस/ verb, t. **1** *The policeman chased the thief but could not catch him.* = to follow someone in order to catch पकड़ने के लिए खदेड़ना **2** *He chased the dog away.* = to make someone leave or go away खदेड़ भगाना

chase[2] noun, c. or u. *The criminals were caught by the police after a long chase.* = the act of chasing someone धर-पकड़

chas•m /'kæzəm/ /'कैज़्म/ noun, c. **1** = a deep crack or opening in the earth कंदरा **2** *There was a chasm between the two groups after their quarrel.* = a break in friendship (figurative) खाई, भेद (लाक्षणिक)

chas•sis /'tʃæsi/ /'चैसी/ noun, c. = the framework on which the body of a motor car is built मोटरगाड़ी का ढाँचा

chaste /tʃeɪst/ /चेइस्ट/ adj. **1** *a chaste person* = not indulging in sexual activity which is considered improper or immoral सच्चरित्र **2** *written in chaste Hindi* = simple and not highly decorative प्रांजल **chastity** /'tʃæstɪti/ /'चैस्टिटी/ noun, u. = the state of being chaste शुद्धता

C

chas•ten /ˈtʃeɪsən/ /ˈचेइस्न/ verb, t. *The tragic death of his friend has chastened him and made him a better person.* = to cause a person to improve as a result of suffering or punishment (formal) दंड या ताड़ना से किसी को सुधारना (औपचारिक)

chas•tise /tʃæˈstaɪz/ /चैˈस्टाइज़/ verb, t. *They were chastised for using bad language.* = to punish severely (see also **castigate**) गंभीर रूप से दंडित करना (देखें **castigate**)

chat[1] /tʃæt/ /चैट/ verb, t. *My friend and I chatted for hours about our school days.* = to talk or exchange written messages in a friendly, informal manner, over the computer, cell phone etc. or face to face कंप्यूटर, मोबाइल पर या आमने-सामने गप्प करना

chat[2] noun, c. *We had a long chat.* = a friendly talk गप्प **chat-show** noun, c. = a television programme in which well-known people talk to each other and ask or answer questions (also talk-show) टेलिविज़न प्रोग्राम जिसमें जाने-माने लोग सवाल-जवाब करते हैं **chatroom** noun, c. part of a website on the Internet where people can exchange messages by e-mail [COMPUTERS] इंटरनेट के वेबसाइट में जहाँ लोग ई-मेल से अपने संवादों का आदान-प्रदान करते हैं [कंप्यूटर]

chat•ter[1] /ˈtʃætəʳ/ /ˈचैटर/ verb, i. **1** *The teacher asked the children to stop chattering in class.* = to talk rapidly and noisily ज़ोर-ज़ोर से बातें करना, बकवास करना **2** *My teeth were chattering in the cold.* = to knock together and make a sound because of cold, fear etc. दाँतों का किटकिटाना (डर से, ठंड से)

chatter[2] noun, u. *Stop the chatter!* = rapid and noisy talk लगातार की बकवास **chatterbox** noun, c. = *What a chatterbox he is!* = a person who loves to talk (informal) बातूनी (अनौपचारिक)

chauf•feur /ˈʃəʊfəʳ/ /ˈशउफर/ noun, c. (French) = a person who is paid to drive someone's car (फ्रेंच भाषा का शब्द) शोफ़र, मोटर का ड्राइवर

chau•vin•is•m /ˈʃəʊvɪnɪzəm/ /ˈशउविनिज़्म/ noun, u. **1** *Why don't you admit that our country often does wrong things? I don't like your chauvinism.* = supporting one's own country blindly अंध देशभक्ति **2** *male chauvinism* = a strong, unreasonable belief that a specific gender, language, religion, way of living etc. is superior to another उग्र **chauvinist** noun, c. *A chauvinist like you will always find fault with other countries* = a person who always supports his own country, gender, religion, language etc. (derogatory) उग्र राष्ट्रीयतावादी (अनादरपूर्ण)

cheap /tʃiːp/ /चीप/ adj. **1** *Vegetables become cheap in winter but are expensive in summer.* = low in price सस्ता **2** *We felt uncomfortable when they started telling cheap jokes.* = vulgar and in bad taste घटिया किस्म के

> **Usage** The word cheap (when referring to the price of something) must be used with care because of the possible confusion between meanings. Cheap शब्द का प्रयोग बहुत सावधानी से करना चाहिए अन्यथा अर्थ संबंधी दुविधा उत्पन्न हो सकती है।
>
> *He got a cheap ticket to Lucknow.* = low in price (shows approval) कम मूल्य पर (स्वीकृति दर्शानेवाला)
>
> *That dress was really cheap.* = low in price (shows approval) कम दर या भाड़े वाला (स्वीकृति दर्शानेवाला)
>
> *That was a cheap dress.* = not suitable for the occasion (shows disapproval) नामाकूल, घटिया (अस्वीकृति दर्शानेवाला)

cheap•skate /ˈtʃɪːpskeɪt/ /ˈचीपस्केइट/ noun c. = a person who spends or gives unwillingly; a miser (informal) कंजूस, मक्खीचूस (अनौपचारिक)

cheat[1] /tʃiːt/ /चीट/ verb, t. **1** *You must be careful in dealing with them or they will cheat you.*(t.) = to make someone suffer a loss by doing something dishonest e.g. deliberately selling a defective car to a customer ठग लेना **2** *cheating at examinations* = to do something which is illegal or wrong knowingly (इम्तहान) चोरी

cheat[2] noun, c. *The police have arrested the cheat.* = a person who cheats others ठग

check[1] /tʃek/ /चेक/ verb, t. **1** *The conductor will check your ticket.* = to examine something to see if it is correct चेक करना, जाँचना **2** *You should check your temperature every morning.* = to observe (see) देख लेना **3** *We have been able to check smuggling at the border.* = to stop रोक लगा देना

check[2] noun, c. or u. **1** *The police have come here to make a check.*(c.) = an examination to see that everything is all right जाँच-पड़ताल **2** *The doctor has managed to keep the disease in check.*(u.) = under control काबू में **3** (usually plural) *The shirt had large blue checks.* = a pattern of squares चौकोरों की एक उपाकृति **4** (see **cheque**) **checked** adj. *He was wearing a checked shirt.* = having a pattern of squares (checks) चेकदार, चेकवाला **5** *You will have to move your king as it is under check.* = an attack on the king in the game of chess पर शह लगना **check in** noun, c. (**check ins**) = the act of reporting one's arrival at a hotel or airport counter होटल/हवाई अड्डे पर पहुँचने का वक्त दर्ज़ करना **check out** noun, u. = the act of signing out one's departure from a hotel होटल से बाहर जाने का वक्त दर्ज़ होना **checklist** noun, c. *The mechanics who repair an aircraft have to go through a long checklist, to make sure that it is ready to fly.* = a complete list of all the checks (examinations) to be made जितनी तरह की जाँच करनी है उसकी फ़िहरिस्त **checkmate** verb, i. *Your king has been checkmated!* = to surround the king, in the game of chess, so that it cannot be moved and is defeated शहमात **checkpoint** noun, c. *When you drive around* *the city at night you will have to go through a number of police checkpoints.* = a place where a check (examination) is made on people, traffic, goods etc. जाँच की गुमटी **check-up** noun, c. *I have to go to the hospital every month for a check-up.* = a general medical examination सामान्य शारीरिक या स्वास्थ्य-संबंधी जाँच पड़ताल

cheek /tʃi:k/ /'चीक/ noun, u. **1** = the soft part of the face below the eye गाल **2** *I did not like his behaviour at all. In fact, I have never seen such cheek!* = disrespectful behaviour which makes one feel angry (informal) ढीठ, उद्दंड (अनौपचारिक) **cheeky** adj. *Don't be cheeky with me!* = showing disrespectful behaviour (informal) बदशराफ़त, बदतमीज़ी से पेश आना (अनौपचारिक)

cheep /tʃi:p/ /चीप/ noun, c. = the thin, high-pitched sound produced by young birds नन्हीं चिड़ियों की एक पतली तेज़ आवाज़

cheer[1] /tʃɪə/ /चिअ/ verb, t. or i. **1** *He looks sad. Let us cheer him up.*(t.) = to take away one's sadness and make him/her feel happy खुशमिज़ाज करना **2** *The crowd cheered loudly when Tendulkar scored a century.*(i.) = to shout in praise or encouragement शाबाशी और तारी. फ में शोर करना **Cheer up!** interjec. = an expression used to encourage a person not to be sad or gloomy शाबाश

cheer[2] noun, c. or u. *Can you hear the cheers of the crowd?*(c.) = a shout of praise or encouragement शाबाशी और तारीफ़ का शोर

to be in good cheer *I met them yesterday. They were in good cheer.* = a happy state of mind खुशमिज़ाज

cheer•ful /'tʃɪəfʊl/ /'चिअफुल/ adj. *He is always cheerful. I have never seen him look sad.* = happy प्रफुल्ल, प्रसन्नचित्त

cheese /tʃi:z/ /चीज़/ noun, u. or c. = a solid food produced from milk through the action of bacteria कीटाणुओं की प्रक्रिया से बना दूध का एक ठोस पदार्थ

chee•tah /'tʃi:tə/ /'चीत/ noun, c. = a large spotted animal of the cat family which can run very fast, now found only in Africa but formerly also in India चीता

chef /ʃef/ /शेफ़/ noun, c. (French) = a highly skilled cook who works in a hotel or restaurant (compare **cook**) (होटल या रेस्तराँ में) मुख्य रसोइया (देखें **cook**)

chem•is•try /'kemɪstri/ /'केमिस्ट्री/ noun = scientific study of the natural substances which different things are made up of and the manner in which these substances combine with each other विभिन्न तत्त्वों से निर्मित प्राकृतिक पदार्थों तथा उनके सम्मिश्रण का वैज्ञानिक अध्ययन **chemical** adj. or noun, c. **1** *a chemical process*(adj.) = connected with chemistry रासायनिक **2** *Potassium chloride is a chemical.*(noun) = a substance that is used in chemistry एक रसायन **chemist** noun, c. **1** = a scientist who specialises in the study of chemistry रसायनशास्त्री **2** = a person who owns or works in a shop where medicines are sold दवाखानावाला

chem•o•ther•a•py /ki:məʊ'θerəpi/ /कीमउ'थेरपी/ noun = the use of chemicals (medicines) to treat cancer [MEDICINE] कैंसर के इलाज में रसायनों का इस्तेमाल [चिकित्सा]

cheque /tʃek/ /चेक/ noun, c. = a piece of paper which is used to order a bank to pay someone a certain sum of money (**check** in America) चेक, द्रव्यादेशपत्र **blank cheque** noun, c. = a cheque which has been signed by the person making a payment but in which the amount of money to be paid has not been filled in चेक जिसपर हस्ताक्षर हो लेकिन राशि अंकित नहीं हो **crossed cheque** noun, c. = a cheque across which the person making the payment has drawn a pair of lines to tell the bank that money cannot be paid directly to the payee (the person who is to be paid) but only into his/her bank account चेकपर राशि देनेवाले के द्वारा खिंची दो समानांतर रेखाएँ जो यह इंगित करती हैं कि पैसे उसके खाते में जमा हों, न कि पैसे सीधे मिलनेवाले को दिए जाएँ

chequered /'tʃekəd/ /'चेकऽड/ adj. **1** *a chequered table-cloth* = having a pattern of squares of two usually contrasting colours अलग भिन्न रंगों के चौकोरों की उपाकृति **2** *He had a chequered career as an athlete.* = mixed; both good and bad अच्छा-बुरा दोनों

cher•ish /tʃerɪʃ/ /चेरिश/ verb, t. *I shall always cherish the present you have given me.* = to attach great value to something; to love and care for बहुत मूल्यवान समझना, सँजोकर रखना

cher•ry /'tʃeri/ /'चेरी/ noun, c. (**cherries**) = a small, red, fleshy fruit एक छोटा लाल गूदेदार फल

chess /tʃes/ /चेस/ noun = a game said to have begun in India, in which two players play against each other with 16 pieces (chessmen) which are moved according to fixed rules across a chess-board on which there are 32 squares of black and white colour alternatively शतरंज

chest /tʃest/ /चेस्ट/ noun, c. **1** = the upper front part of the body धड़, सीना **2** = a large, strong box used for storing things संदूक

chew /tʃu:/ /चू/ verb, t. *You must chew your food well before you swallow it.* = to crush food with the teeth चबाना **chewing gum** noun = a soft, sticky substance with a sweet taste which is meant to be chewed but not swallowed एक नरम मीठे स्वाद की गोंद-सी चीज़ जो चबाई जाती है, च्यूइंग गम **to chew the cud** = the habit which cows have of bringing half-eaten food up from the stomach into the mouth and chewing it (गाय, भैंस) पेट में गए अधखाए खाने को मुँह में लेकर जुगाली करना

to chew on something *Let's not be in a hurry, let's chew on the subject.* = to think about something carefully ठीक से सोच-विचार करना **to bite off more than one can chew** = to take up something which turns out to be more difficult, large etc. than one imagined जितना सोचा था, उससे बेशी ही ले लेना कि एक समस्या हो जाए

chic /ʃi:k/ /'शिक/ adj. (French) *She always wears chic clothes.* = stylish and fashionable (फ्रेंच भाषा का शब्द) नफ़ीस

chick /tʃɪk/ /'चिक/ noun, c. 1 *a day-old chick* = a baby bird, specially a baby chicken चूज़ा 2 = a young woman (slang) Ⓖ छबीली (अपभाषा) लिंग **Chick pea** noun = the edible seed of a plant belonging to the pea family ('gram', in India) मटर दाना

chick•en /'tʃɪkɪn/ /'चिकिन/ noun, c. or u. 1 *Buy a chicken for dinner.*(c.) = a common bird bred for meat or laying eggs चूज़ा 2 *Would you like a piece of chicken?*(u.) = the meat of a chicken चूज़े का गोश्त **chicken-feed** noun, u. *You are paying me only a hundred rupees for doing this job? This is chicken feed!* = a small and unimportant sum of money मामूली-सी रकम **chicken-hearted** adj. = cowardly and without courage डरपोक

to chicken out *He had agreed to come with me into the forest but he chickened out at the last minute.* = to decide not to do something because of fear (informal, derogatory) आख़िरी वक्त में पीठ फेर लेना (अनौपचारिक, अनादरपूर्ण)

chicken pox /'tʃɪkɪnpɒks/ /'चिकिनपॉक्स/ noun, u. = a disease, common among children, marked by fever and marks appearing on the skin चेचक

chide /tʃaɪd/ /चाइड/ verb, t. (**chided** or **chid**) *The Warden of the hostel will chide you if you return to the hostel late.* = to scold डाँटना

chief[1] /tʃi:f/ /चीफ़/ noun, c. *a tribal chief* = the leader or head of a group of people or an organisation (figurative) मुखिया, मेठ (लाक्षणिक)

chief[2] adj. 1 *the chief tutor* = having the seniormost position प्रमुख 2 *Rice is our chief crop.* = most important; main मुख्य

child /tʃaɪld/ /'चाइल्ड/ noun, c. (**children**) 1 *a small child* = a young human being बच्चा 2 *my only child* = son or daughter बेटा या बेटी 3 *a child of the age of television* = product की उपज **childhood** noun, u. = the time of being a child बचपन **childish** adj. 1 *Don't be childish. Act like an adult!* = behaving in a manner unsuitable for a grown-up person (derogatory) बचपना, बच्चे जैसा (अनादरपूर्ण) 2 *He spoke in a childish voice.* = like that of a child (not derogatory) बच्चे जैसा (अनादरपूर्ण नहीं) **child-like** adj. *I like him for his child-like nature.* = simple and innocent, like a child; lovable (compare **childish**) मासूम, प्यारा (देखें **childish**) **child's play** noun, u. *Solving this problem will be child's play for me.* = something very easy to do बहुत आसान, बाएँ हाथ का खेल

chill[1] /tʃɪl/ /चिल/ noun, c. 1 *I got wet in the rain and caught a chill.* (c.) = an illness marked by running of the nose, coughing etc. ठंड, नज़ला, जुकाम 2 *There was a chill in the air.* = coldness ठंड, सरदी

chill[2] verb, t. 1 *Please chill this milk in the refrigerator.* = to make something cold सर्द करना 2 *I was chilled by the story of the murder.* = to feel fear (भय से) सर्द हो जाना

chill[3] adj. *There is a chill wind blowing.* = cold **chilly** adj. = somewhat cold but not very cold ठंडा

chilli /'tʃɪli/ /चिलि/ noun, c. (**chillies**) = the fruit of a kind of plant with a very hot taste which is used in cooking [also chili, chile (American English)] मिरचाई या मिर्च

chime[1] /tʃaɪm/ /चाइम/ noun, c. *Can you hear the chimes of the clock?* = the soft musical sound produced by a set of bells or a clock (chiming clock) which has a special device to make the sound of bells घंटनाद या घंटियों की टनटनाहट

chime[2] verb, i. *The clock chimed softly and woke me up.* = to make a chiming sound (घड़ी का) बजना

chim•ney /'tʃɪmni/ /'चिम्नी/ noun, c. = a hollow pipe rising above the roof of a building, factory or ship, through which smoke and hot gases from a fire pass out into the air चिमनी (जिससे भीतर घर, कारखाने, जहाज़ का धुआँ बाहर जाता है)

chim•pan•zee (chimp) /tʃɪmpæn'zi:/ /चिम्पैन्ज़ी/ noun, c. = a large, highly intelligent ape (tail-less monkey) found in Africa (अफ्रीका का) एक पूँछहीन तेज़ दिमाग का बड़ा बंदर

chin /tʃɪn/ /चिन/ noun, c. = the bony part of the face below the mouth

chi•na /'tʃaɪnə/ /'चाइना/ noun, u. 1 *cups made of china* = a hard white substance like glass made by baking clay at high temperatures, used for making cups, dishes etc. कटोरी, तश्तरी बनाने के तपाई हुई शीशे के जैसी गीली मिट्टी 2 *Where do you keep your expensive china?* = plates, cups etc. made of china (also **porcelain, ceramic**) तश्तरी, प्लेट, कप आदि (का समूह) (देखें **porcelain, ceramic**)

chink /tʃɪŋk/ /चिंक/ noun, c. *The sunlight came in through a chink in the door.* = a narrow crack or opening दरार

chip[1] /tʃɪp/ /चिप/ noun, c. 1 *I was hit in the eye by a flying chip of wood. // We used marble chips for the* *floor.* = a small piece of wood or stone which has been broken off from a larger piece काठ या पत्थर का टुकड़ा **2** *a potato chip* = a long thin piece of potato fried in oil (called **potato crisp** in Britain) तेल से पका आलू का कतरा (ब्रिटेन में **potato crisp** कहलाता है) **3** *microchip* = a tiny piece of silicon or other **semiconductive** material which forms part of a computer and stores information, performs calculations etc. [COMPUTERS] तथ्य-कोष जो आकलन भी करता है [कंप्यूटर]

chip² verb, i. or t. *This stone chips easily.* = to break off into one or more smaller pieces चिटख जाना

to chip in **1** *I wish you wouldn't chip in when I'm talking.* = to enter into or to interrupt a conversation टपक पड़ना **2** *He wanted the book badly, so we all chipped in and bought it for him.* = to join others in raising money for some purpose पैसा जुटाना **a chip off the old block** = a person who has some talent, good quality etc. which her/his parent is known to have पैतृक गुण **to have a chip on one's shoulder** = to continue to feel angry because of something that happened in the past दिल में मलाल रखना

chirp¹ /tʃɜːp/ /चऽप/ noun, c. *the chirp of a mynah* = the short, sharp sound produced by a small bird or insect छोटी चिड़ियों/कीड़ों की चीचीं आवाज़

chirp² verb, i. = to make a sound that is like the chirp of a bird चिड़ियों की चींचीं आवाज़ करना **chirpy** adj. *You are very chirpy today. Have you received some good news?* = happy and cheerful (informal) चपर-चपर करना, गिलपिल होना (अनौपचारिक)

chis•el¹ /ˈtʃɪzəl/ /ˈचिज़्ल/ noun, c. = a metal tool with a sharp cutting edge, used to carve (cut into) wood, stone etc. (see pic under **tools**) छेनी (**tools** के अंतर्गत चित्र देखें)

chisel² verb, t. = to cut something with a chisel छेनी से तराशना **chiselled** adj. *chiselled features* = very sharp (as if cut with a chisel) (used to describe a person's features) बारीकी से तराशा हुआ (नाक-नक्श)

chit /tʃɪt/ /चिट/ noun, c. **1** *a chit of paper* = a small piece of paper torn out of a bigger piece पुर्जी **2** = a young girl who is thought to be disrespectful to older people (derogatory) छोकरी (अनादरपूर्ण)

chit-chat noun, c. *friendly chit-chat* = informal and light conversation (informal) गपशप (अनौपचारिक)

chiv•al•rous /ˈʃɪvəlrəs/ /ˈशिव्ल्रस/ adj. *The two women had run out of money, but luckily they met a chivalrous young man who helped them out.* = (a man who is) kind, polite and helpful to women (old-fashioned) महिलाओं के प्रति शिष्ट तथा सहायक (पुरुष) (पुराने प्रचलन का) **chivalry** noun, u. = the quality of being chivalrous ऐसा गुण

chlo•rine /ˈklɔːriːn/ /ˈक्लॉरीन/ noun, u. = a greenish-yellow gas with a strong smell तेज़ गंध की एक हरी-पीली गैस **chlorinate** verb, t. = to put chlorine gas into something, especially water, in order to kill the germs which may be present पानी के कीड़ों को मारने के लिए उसमें यह गैस उड़ेलना

chlo•ro•form /ˈklɒrəfɔːm/ /ˈक्लॉरफॉऽम/ noun, u. = a liquid which easily turns into a gas and is used to make a person unconscious before a surgical operation (see also **anaesthesia**) शल्य-चिकित्सा के पहले बेहोश कराने के लिए प्रयुक्त एक गैस (देखें **anaesthesia**)

chlo•ro•phyll /ˈklɒrəfɪl/ /ˈक्लॉरफ़िल/ noun, u. = the substance present in the leaves of plants that makes them green पत्तियों का वह तत्त्व जो उन्हें हरा रखता है

choco•late¹ /ˈtʃɒklɪt/ /ˈचॉक्लिट/ noun, u. **1** *a bar of chocolate* = a sweet brown substance made from **cocoa** which is mixed with milk, sugar and other substances and eaten as a sweet कोकोआ से बनती, दूध, चीनी वगैरह की एक भूरी मिठाई **2** = a drink made from chocholate **3** = the brown colour that chocolate has भूरा चॉकलेटी रंग

chocolate² adj. *a chocolate-coloured dress* = having a brown colour चॉकलेटी रंग का

choice¹ /tʃɔɪs/ /चॉइस/ noun, c. or u. **1** *What would you like to eat? You have a choice between fish and chicken.*(c.) = the chance to choose between different things दो में से चुनने का मौका **2** *Mr Naidu has proved to be a good choice as Mayor.*(u.) = a person or thing which is chosen out of several चुना गया व्यक्ति या चुनी हुई वस्तु

choice² adj. *He offered us some choice mangoes from his garden.* = of very good quality चुनिंदा

choir /ˈkwaɪəʳ/ /ˈक्वाइअʳ/ noun, c. (used with plural or singular verb) *The choir is/are singing tonight.* = a group of people who sing together in a church गिरजाघर में एकसाथ गानेवालों का दल

choke¹ /tʃəʊk/ /चउक/ noun, c. *If you cannot start the car in the morning, use the choke.* = a device that chokes (blocks) the supply of air to the engine of a car, making it easier to start the engine when it is cold एक उपयंत्र जो इंजन पर हवा का दबाव रोकता है ताकि ठंडी होने पर वह चल सके

choke² verb, i. or t. **1** *There was so much smoke in the room that I almost choked*(i.) = to have difficulty in breathing दम घुटना **2** *She choked with emotion when she got news of her daughter's illness.*(t.) = to be unable to speak because of some strong emotion गला (रुँधना) **3** *The garbage has choked the drain.*(t.) = to fill up and block जाम कर देना

chol•e•ra /ˈkɒlərə/ /ˈकॉलर/ noun = a serious disease carried by germs present in water which causes diarrhoea and vomiting हैज़ा

C

cho•les•te•rol /'kəlestərɒl/ /'कलेस्टरॉल/ noun, u. = a substance found in certain kinds of food e.g. eggs, butter etc. which, when present in the body in a large quantity, settles on the inside walls of arteries and can cause them to get narrow, blocked etc. अंडे, मक्खन आदि में ऐसा पदार्थ जो शरीर में रह जाने पर रक्तवाहिनी का प्रवाह अवरुद्ध करता है

choose /tʃu:z/ /चूज़/ verb, t. and i. (**chose**) **1** *The Nature Club chose Nazir as its secretary.* (t) = to select (pick out) one from a number of things, people or possibilities विकल्पों में से एक का चयन करना **2** *She chose not to attend the meeting* (t.) = to decide to do something तय करना **choosy** adj. *He is very choosy about clothes.* = very careful about choosing; difficult to please तगपसंद

chop[1] /tʃɒp/ /चॉप/ noun, c. **1** a *chop on the arm* = a short, sharp blow एक चोट **2** *I am cooking a chicken chop.* = a small piece of meat which contains a bone गोश्त-समेत हड्डी

chop[2] verb, t. (**chopped**) *Can you chop some onions for the curry?* = to cut something, into small pieces with a sharp tool such as a knife or axe कतरे काटना **chopper** noun, c. **1** = a heavy, sharp knife used for cutting meat or wood लकड़ी या गोश्त काटने की छुरी **2** = a helicopter (slang) हेलिकॉप्टर (अपभाषा) **chopsticks** noun, c. = a pair of long thin sticks which people in some Asian countries (e.g. China, Japan) use to hold food while eating चीन, जापान में कौर उठाने की तीलियाँ **chopping board** noun, c. = a flat piece of wood, plastic etc. on which vegetables are placed to be chopped लकड़ी, प्लास्टिक का चपटा टुकड़ा जिसपर काटनेवाली सब्ज़ी रखी जाती है

chord /kɔ:d/ /कॉड/ noun, c. **1** = a combination of musical notes [MUSIC] सांगीतिक सुरों का मेल [संगीत] **2** = a straight line joining two points in a curve [GEOMETRY] अर्धवृत्त के दोनों बिंदुओं को जोड़ती सरल रेखा [ज्यामिति]

to strike a chord = to be reminded of something because of similarities समान की याद आना

chore /tʃɔ:ʳ/ /चॉऽʳ/ noun, c. *I have many household chores to do.* = work which has to be done regularly, specially in the house (informal) घरेलू काम-काज (अनौपचारिक)

chor•e•og•ra•phy /kɒrɪ'ɒgrefi/ /कॉरि'ऑग्रफी/ noun = the art of dancing or arranging dances for films or the stage फ़िल्म या रंगमंच के लिए नृत्य (आयोजन)

cho•rus /'kɔ:rəs/ /'कॉरस/ noun, c. **1** = a group of people singing together गायक-दल, कोरस **2** = the lines in a song which are repeated several times, in between the other lines टेक **3** *voices shouting in chorus* = something said or shouted together by people in a crowd (compare **chant**) एक साथ ज़ोर से उच्चरित करना (देखें **chant**)

Christ /kraɪst/ /क्राइस्ट/ noun = Jesus Christ, the founder of the Christian religion ईसा मसीह **Christian** noun, c. = a follower of Jesus Christ ईसाई **Christian era** noun, u. = the modern calendar followed by most countries, which begins with the year in which Christ was born अनेक देशों में मान्य वह कलेंडर जो ईसा के जन्म-दिन से शुरू होता है

chris•ten /'krɪsən/ /'क्रिसन्/ verb, t. = to perform a ceremony at which a baby is made a member of the church and given a name एक रस्म अदा करना जिसमें बच्चे को गिरजा का सदस्य बनाया जाता है और उसका नामकरण होता है

Christ•mas /'krɪsməs/ /'क्रिसमस/ noun, c. = a festival celebrated on 25 December to mark the birth of Christ क्रिस्मस **Christmas tree** noun, c. = a small tree, real or artificial, which is decorated with lights, coloured paper etc. and put up in homes, shops etc. for the Christmas festival क्रिसमस के त्यौहार पर रोशनी, रंगीन कागज़ों से सजाया जाता एक कृत्रिम पेड़

chro•mi•um /'krəʊmiəm/ /'क्रउमियम/ noun = a metal that is mixed with iron and used for making steel and for covering metal objects with a shining, protective surface that does not rust (**chromium plating**) एक धातु जो लोहे से मिश्रित किया जाता है ताकि किसी धातु के ऊपर उसे मढ़कर उसे जंग से बचाया जा सके

chro•mo•some /'krəʊməsəʊm/ /'क्रउमसउम/ noun, c. = a tiny thread-like body present in all living cells, which passes on the nature, physical qualities etc. of the parents to the child [BIOLOGY] (see also **X chromosome**, **Y chromosome** and **DNA**) सूक्ष्म जीवाणु जो पैतृक-मातृक शारीरिक एवं प्राकृतिक गुण शिशु में भी संचारित करता है [जीव विज्ञान] (देखें **X chromosome**, **Y chromosome** और **DNA**)

chron•ic /'krɒnɪk/ /'क्रॉनिक/ adj. *My wife suffers from chronic asthma.* = a disease that continues for a long time चिरकालिक रुग्णता

chron•i•cle /'krɒnɪkəl/ /'क्रॉनिक्ल/ noun, c. *The Babarnamah is a chronicle of events that happened in Emperor Babar's time.* = a record of historical events इतिवृत्त

chron•o•log•i•cal /krɒnə'lɒdʒɪkəl/ /क्रॉन'लॉजिकल/ adj. *I will talk to you about the Mughal kings in chronological order, starting with Babar.* = arranged according to the order of time (from the earliest to the last) कालानुक्रमिक

chrys•a•lis /'krɪsəlɪs/ /'क्रिसलिस/ noun, c. (**chrysalises**) = one of the stages in the life of an insect, when it is covered with a hard shell [BIOLOGY] कोषावस्था [जीव विज्ञान]

chry•san•the•mum /krɪ'sænθɪməm/ /क्रि'सैन्थिमम/ noun = a garden plant with large, brightly coloured flowers गुलदावदी (चटकीले रंगों के फूलों का पौधा)

chub•by /'tʃʌbi/ /'चॅबी/ adj. *a chubby baby* = a healthy person, usually a baby or young adult, who is slightly fat in a way that is pleasing (informal) गुलथुल (अनौपचारिक)

chuck /tʃʌk/ /चॅक/ verb, t. *Can you chuck the ball to me?* = to throw (informal) फेंकना (अनौपचारिक)

chuck•le[1] /'tʃʌkəl/ /'चॅकल/ verb, i. *He chuckled to himself as he read the funny poem.* = a quiet laugh दबे-दबे खिलखिलाना

chuckle[2] noun, c. *She seems to have found something funny. Can you hear her chuckles?* (c.) = the sound one makes when chuckling दबी खिलखिलाहट

chug[1] /tʃʌg/ /चॅग/ verb, i. (**chugged**) *The old steam locomotive chugged slowly up the mountain.* = to make a sound like that of a person breathing hard, while moving (used for steam engines) छुक्-छुक् करना, भारी उसाँस जैसी आवाज़ करना

chug[2] /tʃʌg/ noun, c. *The chug of the old steam locomotive* = the sound made by a steam engine भाप के इंजिन की ऐसी आवाज़

chum /tʃʌm/ /'चॅम/ noun, c. = a good friend (used specially among schoolboys) मीत, यार **chummy** adj. *The two boys are very chummy.* = friendly (with each other) (informal) लँगोटिया(यार) (अनौपचारिक)

chunk /tʃʌŋk/ /'चॅन्क/ noun, c. **1** *a large chunk of bread* = a thick piece एक बड़ा टुकड़ा **2** *The new car took a large chunk out of my salary.* = a large part of something **chunky** adj. बड़ा हिस्सा

church /tʃɜːtʃ/ /चऽच/ noun, c. (**churches**) **1** = a place where Christians worship गिरजाघर **2** *He has decided to join the church.* = the profession of a Christian priest (see also **cathedral**) ईसाई पादरी का पेशा (देखें **cathedral**) **churchyard** noun, c. = an open space around a church where people who have died are buried गिरजाघर के अहाते का कब्रिस्तान

churn[1] /tʃɜːn/ /चऽन/ verb, t. or i. **1** *We churn milk to make butter.*(t.) = to cause some liquid (water, milk etc.) to shake violently; to separate butter from milk by shaking the milk मथना **2** *This writer churns out at least three books every year.*(t.) = to produce in large quantities and without too much thought (informal, disapproving) लिख मारना (अनौपचारिक, अस्वीकृत)

churn[2] noun, c. *a cream churn* = a container in which milk is kept for churning मथनी

chute /ʃuːt/ /शूट/ noun, c. **1** *the garbage chute in a building* = a sloping passage down which things may be dropped or made to slide down एक ढालुआँ रास्ता जिसमें घर की चीज़ें लुढ़का दी जाती हैं **2** = a **parachute** (informal) पराशूट, हवाई छतरी (अनौपचारिक)

CIA abbrv. of **Central Intelligence Agency** = a government organization in America whose responsibility it is to collect secret information अमेरिका की एक सरकारी संस्था जो गुप्त सूचना एकत्र करने का उत्तरदायित्व निभाती है

ci•ca•da /sɪ'kɑːdə/ /सि'काऽ ड/ noun *the chirping of cicadas* = an insect that makes a continuous high singing sound एक कीड़ा जो तीखा सांगीतिक स्वर निकालता है

CID abbr. of **Criminal Investigation Department** = the branch of the police force that investigates crime अपराध की छानबीन के लिए पुलिस का एक महकमा

ci•gar /sɪ'gɑːʳ/ /सि'गाʳ/ noun, c. = a thick roll (tube) of dried and uncut tobacco leaves, which is smoked सूखे खुरदरे तंबाकू का एक गोल लपेट जिसका कश लिया जाता है

cig•a•rette /sɪgə'ret/ /सिग'रेट/ noun, c. = a thin paper tube filled with finely cut tobacco, which is smoked महीन तराशे हुए कच्चे तंबाकू का एक कागज़ी ट्यूब

C-in-C abbr. of **Commander-in-Chief** = the highest post in the army (now replaced in India by. **Chief of Army Staff**) सेना का सर्वोच्च पद (भारत में अब **Chief of Army Staff**)

cin•der /'sɪndəʳ/ /'सिण्डʳ/ noun, c. *Clean out the cinders from the fireplace. // The chapatis were burnt to a cinder.* = a small piece of burnt or partly burnt wood, coal etc. (अध)जले काठ या कोयले के कतरे

cin•e•ma /'sɪnɪmə/ /'सिनि म/ noun, u. or c. **1** *the only cinema in town*(c.) = a building in which people can sit and watch a film (movie) सिनेमा-घर **2** *Do you enjoy watching cinema?* (u.) = films (in general) फिल्म **3** *I have been working in cinema all my life.*(u.) = the art or industry of making films सिनेमा-उद्योग **cinematography** /sɪnɪmə'tɒgrəfi/ /सिनिम'टॉगफ़ी/ noun, u. = the art or science of using a camera to make films फ़िल्म निर्माण के लिए कैमरा-चालन का विज्ञान, उसकी कला

cin•na•mon /'sɪnəmən/ /'सिनमन/ noun = the sweet-smelling bark of a tree, used as a spice to give flavour to food दालचीनी

ci•pher[1] /'saɪfəʳ/ /'साइफ़ʳ/ noun, u. **1** = the number zero (0) शून्य **2** *He felt he was a cipher in the company.* = a person who has no importance at all नगण्य **3** *The police caught the foreign spy sending a wireless message in cipher.* = a system of secret writing (also **code**) कूटलिपि-पद्धति (देखें **code**)

cipher[2] verb, t. *Have you ciphered the message?* = to put a message into cipher (code) (opposite **decipher**) संकेताक्षर पढ़ लेना (विलोम शब्द **decipher**)

C

cir•cle[1] /'sɜːkəl/ /'सऽकल्/ noun, c. **1** = a flat area enclosed by a curved line on which every point is at an equal distance from the centre (see pic under **shapes**) वृत्त (**shapes** के अंतर्गत चित्र देखें) **2** *children standing in a circle* = something that has the shape of a circle गोल घेरा **3** (always plural) *move in the highest circles* = a group of people who are united by some common interest विशेष पसंद के लोगों का समुदाय

circle[2] verb, t. **1** *The teacher circled each spelling mistake with red ink.* = to draw or make a circle around something; to encircle गोल घेर देना **2** *The pigeons were circling overhead.* = to move in a circle चक्कर काटना **vicious circle** noun = a situation where one unpleasant thing leads to one or more unpleasant things which then lead back to the original situation, making it worse एक ऐसी परिस्थिति जिसमें हालत बदतर होते-होते आकर पहले वाली हालत में और ख़राब हो जाती है

to come full circle = an expression which describes a situation in which, after many moves forward, one comes back to the starting point एक पूरे इतिवृत्त का समापन कर देना

cir•cuit /'sɜːkɪt/ /'सऽकिट/ noun, c. **1** *We made a circuit of the entire school compound on our bicycles.* = a path that forms a complete circle around an area चक्कर लगाना **2** *The lights went out because of a break in the electrical circuit.* = the complete circular path of an electrical current विद्युत्-प्रवाह चक्र **circuit-breaker** noun, c. = a switch that can stop the supply of electricity for reasons of safety एक स्विच जो सुरक्षा के लिए विद्युत् प्रवाह रोक दे सकता है **circuitous** adj. *Why are you taking this circuitous route to Kolkata? You can go by a much shorter route.* = a long and roundabout path to some place instead of a shorter and more direct path घुमावदार **closed circuit television** noun, c. = a television system generally used in factories, shops etc. as part of a security system in which pictures are sent by wire to a few receivers only कारखानों, दुकानों में लगा एक टेलिविज़न जो सुरक्षा संबंधी कारणों से लगाया जाता है **the (tennis) circuit** (always singular) = a series of tournaments that players regularly take part in प्रतियोगिताओं की शृंखला जिसमें खिलाड़ी नियमित रूप से भाग लेते हैं

cir•cu•lar[1] /'sɜːkjʊlə^r/ /'सऽक्युलर्/ noun, c. *This is a circular from the office on the new school timings.* = a printed notice that is sent to many people for their information परिपत्र

circular[2] adj. *a circular table* = round in shape वृत्ताकार

cir•cu•late /'sɜːkjʊleɪt/ /'सऽक्यूलेइट/ verb, t. **1** *Blood circulates through the body.* = to flow round and round along the same path एक ही माध्यम से बहते रहना **2** *The news has been circulated to all our agents.* = spread widely प्रसारित **circulation** /sɜːkjʊ'leɪʃən/ /सऽक्युलेइशन्/ noun, u. प्रसरण **1** *The circulation of blood in your body is poor.* = the flow of a liquid round and round, along the same path **2** *All 500-rupee notes will be taken out of circulation.* = the movement of money from one person to another (मुद्रा) वितरण **3** *This newspaper has a daily circulation of 100,000.* = the number of copies of a newspaper or magazine sold every day (पत्र/पत्रिका) प्रसार

cir•cum•cise /'sɜːkəmsaɪz/ /'सऽकमसाइज़/ verb, t. = to cut off the loose skin at the end of the male sex organ (**foreskin**) for religious or medical reasons खतना करना

cir•cum•fer•ence /sə'kʌmfərəns/ /सऽ'कमफ्रन्स/noun, c. or u. = the length around the outside of a circle [MATHEMATICS] (see also **perimeter**) परिधि [गणित] (देखें **perimeter**)

cir•cum•stance /'sɜːkəmstæns/ /'सऽकमस्टैन्स/ noun, c. (usually plural) *What were the circumstances that forced you to sell your house?* = the conditions in which a certain action or event takes place परिस्थिति

cir•cum•vent /'sɜːkəmvent/ /'सऽकम्वेण्ट/ verb, t. *We were afraid the lack of manpower would force us to close down the factory, but we were able to circumvent that problem.* = to avoid a problem by going around it किसी बात से कतराने का उपाय खोजना

cir•cus /'sɜːkəs/ /'सऽकस/ noun, c. **1** = a company that travels from place to place entertaining people by performing different acts of skill and courage, some with trained animals घूम-घूमकर अपने (और जानवरों के) कौशल का प्रदर्शन करते कलाबाज़ों की एक कंपनी **2** *Connaught Circus* = a circle formed in a place where several roads meet कई मार्गों के मिलन-स्थल का गोलाकार स्थान

cir•rho•sis /sɪ'rəʊsɪs/ /सि'रउसिस/ noun = a life-threatening disease of the liver [MEDICINE] लिवर की एक जानलेवा बीमारी [चिकित्सा]

cir•rus /'sɪrəs/ /'सिरस/ noun, u. = light white clouds seen at a great height [GEOGRAPHY] (see also **cumulus**) हल्के सफ़ेद बादल जो बहुत ऊँचाई पर दीखते हैं (देखें **cumulus**)

cis•tern /'sɪstən/ /'सिस्टन/ noun, c. = a container for storing water जल संग्रह पात्र

cit•a•del /'sɪtədel/ /'सिटडेल/ noun, c. **1** = a strong fort built near or above a city for its protection (also **fort**) दुर्ग (देखें **fort**) **2** *The Supreme Court is the last citadel of justice.* = a place where something can be protected or kept safe सर्वोच्च न्यायपीठ

cite /saɪt/ /साइट/ verb, t. *Can you cite figures to prove that crime is increasing in the city?* = to mention or quote something in order to support one's statement अपने कथन की पुष्टि के लिए उल्लेख या उद्धरण प्रस्तुत करना

citation /saɪ'teɪʃən/ /साइ'टेइशन्/ noun, u. or c. **1** = a quotation from a book or other source, often in support of a statement किसी कथन की पुष्टि में किसी पुस्तक या कहीं से उद्धृत उद्धरण **2** = an official statement describing why a person has been given an award or honour एक सरकारी विज्ञप्ति जो किसी को दिए गए पुरस्कार या सम्मान के कारणों का उल्लेख करती है

cit•i•zen /'sɪtɪzən/ /'सिटिज़न/ noun, c. *a citizen of India* = a person who belongs to a certain country and has the right to vote there नागरिक **citizenship** noun, u. *I have applied for German citizenship.* = the state of being a citizen नागरिकता

cit•rus /'sɪtrəs/ /'सिट्रस/ noun, u. *The doctor has advised me to eat oranges or other citrus fruits.*= fruits of the orange or lemon family नारंगी या नींबू के किस्म के फल

cit•y /'sɪti/ /'सिटी/ noun, c. **(cities)** = a large group of houses, shops, offices, educational institutions etc., much larger than a town, where many people live and work शहर, नगर

civ•ic /'sɪvɪk/ /'सिविक/ adj. *Mumbai has many civic amenities.* = related to a city or life in a city नगरीय **civics** noun = the study of the rights and duties of a citizen, the political system of a country etc. नागरिक के अधिकारों तथा कर्त्तव्यों का अध्ययन, किसी देश की राजनीतिक व्यवस्था

civ•il /'sɪvəl/ /'सिवल्/ adj.**1** *the civil laws of a country* = laws that relate to disputes or quarrels between private citizens दीवानी (कानून) जो आम नागरिकों के आपसी कलह से संबंधित होता है **2** *a civil marriage* = a marriage performed according to the common system of laws, not the rules laid down by a religion वह शादी जो कानूनन होती है, धर्मावधान के अनुसार नहीं **3** *Be civil to him even if he is rude.* = polite (formal) शिष्ट (औपचारिक) **civil defence** noun, u. = protection of the ordinary citizens of a country from the enemy during a war आम नागरिकों के लिए युद्ध-कालीन सैनिक सुरक्षा **civil disobedience** noun, u. = a non-violent way of forcing a government to change its laws by refusing to pay taxes etc., made popular by Mahatma Gandhi सविनय अवज्ञा आंदोलन, गाँधी द्वारा शुरू की गई एक अहिंसात्मक कार्रवाई जो टैक्स नहीं देकर सरकारी कानून बदलने के लिए बाध्य करती थी **civil engineering** noun = the design and construction of buildings, roads, bridges etc. इमारतों, पुलों, सड़कों की परियोजना, उनके निर्माण की कार्यशैली **civil rights** noun, c. = the rights which all citizens of a country have किसी देश के सभी नागरिकों के समान अधिकार **civil services** noun (always plural) = the people who work for the government, not including the military services or armed forces सरकारी कर्मचारी (शस्त्र-सेना तथा वायुसेना के कर्मचारियों के अतिरिक्त) **civil war** noun, c. = a war fought between two groups belonging to the same country गृह-युद्ध

ci•vil•ian /sɪ'vɪljən/ /'सिविल्यन/ noun or adj. = an ordinary citizen who does not belong to any military service आम नागरिक (शस्त्र-सैनिक से भिन्न)

ci•vil•i•ty /sɪ'vɪlɪti/ /सि'विलिटी/ noun, u. *He treated us with great civility.* = politeness; courtesy शिष्टता, सौजन्य

civ•i•li•za•tion (civilisation) /sɪvəl-aɪ'zeɪʃən/ /सिवलाइ'ज़ेइशन्/ noun, u. *the Indus Valley civilization* = a human society that exists in a place at a particular time and has reached a high level of development काल/स्थान-विशेष का कोई मानव-समाज जो उन्नत-विकसित हो **civilize** /'sɪvəl-aɪz/ /'सिवलाइज/ verb, t. *I wish someone would civilize the children in the class next door. They are so unruly!* = to teach someone to behave in a more orderly and polite manner शिष्टाचार सिखाना

claim[1] /kleɪm/ /क्लेइम/ noun, c. *He has a claim to this property.* = a legal right कानूनी दावा

claim[2] verb, t. **1** *If the train is cancelled we can claim the money that we paid for our tickets.* = to ask for or demand something वापसी का दावा करना **2** *They claimed that their ancestors were kings.*= to declare something to be true, specially something that is disputed (questioned) by someone else जो विवादास्पद हो उसका सत्यापन करना **3** *The earthquake claimed hundreds of lives.* = to destroy जान ले लेना **claimant** /'kleɪmənt/ /'क्लेइमण्ट/ noun, c. = a person who makes a claim दावेदार

clam•ber /'klæmbəʳ/ /'क्लैम्बर/ verb, i. *We managed to clamber up the mountain.* = to climb with difficulty using hands and feet हाथों-पैरों के बल मुश्किल से चढ़ पाना

clam•my /'klæmi/ /'क्लैमी/ adj. *clammy weather* = cold, wet and sticky लिज़लिज़ा

clam•our[1] /'klæməʳ/ /'क्लैमर/ noun, u. *a clamour of angry voices* = loud, continuous shouting शोर

clamour[2] verb, i. *The students were clamouring for a holiday.* = to demand strongly and noisily के लिए हंगामा या शोर करना

clamp[1] /klæmp/ /क्लैम्प/ noun, c. *Use a clamp to hold the piece of wood while you are cutting it.* = a tool that has a long screw with a handle, used for holding things together शिकंजा, पकड़

clamp[2] verb, t. **1** *Clamp the two pieces of wood*

together until the glue is dry.(t.) = to hold things together with a clamp सटा देना **2** *The government has clamped a ban on this film.* = to force someone to obey a law रोक लगा लेना

clamp-down[1] /'klæmpdaʊn/ /'क्लैम्पडाउन/ noun, c. *The government has ordered a total clamp-down on public meetings.* = an order by the government stopping people from doing or saying something सरकार द्वारा किसी कार्य या भाषण पर प्रतिबंध लगा देना

clamp•down[2] verb, i. *The police has clamped down on gambling.* = to stop or prevent something by strict action

clan /klæn/ /क्लैन/ noun, c. = a group of people who belong to the same family or to related families and usually support each other strongly गोत्र, कुल **clannish** adj. *The people in this village are very clannish and will not welcome strangers.* = staying united as a group, specially against outsiders (disapproving) भिन्न गोत्रवालों से पृथक् अपने में घनिष्ठ (अस्वीकृत)

clan•des•tine /klæn'destɪn/ /क्लैण्'डेस्टिन/ adj. *a clandestine meeting* = something done secretly, usually against the law गुप्त रूप से सामान्यत: गैरकानूनी ढंग से

clang /klæŋ/ /क्लैङ/ noun, u. *the clang of hammers* = the sound produced when a metal object is struck by another metal object धातुओं के टकराने से पैदा आवाज़

clank[1] /klæŋk/ /क्लैन्क/ noun, u. *the clank of metal chains being dragged* = the sound made by a heavy metal object being moved or dragged घिसटती या खिसकती भारी धातु की वस्तु की आवाज़

clank[2] verb, i. *The old steam engine clanked away in one corner.* = to produce a sound like that of a heavy metal object being moved or dragged ऐसी आवाज़ पैदा करना

clap[1] /klæp/ /क्लैप/ noun, c. **1** *The players gave the captain a clap when the match was over.* = the sound made when people strike their hands together to show approval (खिलाड़ियों की) हथेलियाँ थपकाने की आवाज़ **2** *a clap on the back* = a friendly and light blow पीठ-ठोक शाबाशी **3** *a sudden clap of thunder* = a loud sound, similar to that of a clap ताली जैसी आवाज

clap[2] verb, i. or t. **1** *The audience clapped when the actor finished his speech.*(i.) = to strike the palms of the two hands together with a loud sound, to show that something has been liked तालियाँ बजाना **2** *The captain of the team clapped the bowler on the back.*(t.) = to strike lightly with an open hand in a friendly and encouraging manner पीठ-ठोक शाबाशी देना

clap-trap /'klæptræp/ /'क्लैपट्रैप/ noun, u. *He spoke a lot of clap-trap which impressed no one.* = empty and insincere talk or writing (informal, derogatory) महज़ बकवास (अनौपचारिक, अनादरपूर्ण)

clar•i•fy /'klærɪfaɪ/ /'क्लैरिफ़ाई/ verb, t. *I could not understand the last point in your speech. Could you please clarify it?* = to make something clear and easy to understand बोधगम्य कराना, स्पष्ट करना **clarification** /'klærɪfɪ'keɪʃən/ /क्लैरिफ़ि'केइशन/ noun, u. = a state-ment made to explain something or remove doubts सफ़ाई, स्पष्टीकरण

clar•i•net /klærɪ'net/ /क्लैरि'नेट/ noun, c. = a musical instrument like a large flute बड़ी बाँसुरी के जैसा एक वाद्य-यंत्र

clar•i•on /'klæriən/ /'क्लैरियन/ noun, u. = (the sound made by) a kind of trumpet used in former times to inform people that there was danger from an enemy दुंदुभी-नाद **clarion call** noun, c. *The Prime Minister's speech was a clarion call to the nation.* = a clear call to do one's duty (figurative, formal) कर्त्तव्य के निमित्त आह्वान (लाक्षणिक, औपचारिक)

clar•i•ty /'klærɪti/ /'क्लैरिटि/ noun, u. *He spoke with such clarity that everyone was able to understand him.* = the quality of being clear बोधगम्यता या स्पष्टता का गुण

clash[1] /klæʃ/ /क्लैश/ verb, i. **1** *The two armies clashed near the border.* = to strike against or to run into each other; to get into opposition or to fight आपस में भिड़ जाना **2** *As your wedding clashes with my examination, I will not be able to come.* = to happen at the same time as some other event thereby, preventing someone from taking part in both दो घटनाओं का एककालिक होना **3** *Your shirt clashes with the colour of your skirt.* = to not match or look good with मेल नहीं खाना

clash[2] noun, u. **1** *There was a clash between the two groups.* = a disagreement which may or may not lead to violence एक विवाद (जो हिंसात्मक भी हो सकता हो) **2** *The heavy metal plate fell to the ground with a loud clash.* = a loud, confused noise ज़ोर की अजीब-सी आवाज़ **3** *the clash of cymbals* = a loud resounding noise made when a pair of **cymbals** are struck together झाँझों की कड़ी गूँज

clasp[1] /klɑːsp/ /क्लाऽस्प/ verb, t. *He clasped the suitcase tightly with both hands as if he was afraid someone might take it away.* = to hold something strongly कसकर पकड़ना

clasp[2] noun, c. **1** *She held her baby's hand in a strong clasp.* = the action of holding tightly कसकर थामे रहना **2** *I bought a leather belt with a metal clasp.* = a piece of metal that holds two things together धातु का टुकड़ा जो दो चीज़ों को थामे रखता है

class /klɑːs/ /'क्लास/ noun, c. **(classes)** or u. **1** *Ostriches belong to a class of birds without wings.*(c.) = one of the groups into which something can be divided, specially for scientific study विशेषकर वैज्ञानिक अध्ययन के लिए किसी संकुल या समुदाय की विभाज्य श्रेणी **2** *middle class* = one of the groups into which society is divided, which are considered to be at the same economic, political etc. level (समाज का) मध्यम वर्ग जो समान आर्थिक, राजनीतिक स्तर का हो **3** *These students belong to my class.*(c.) = a group of students who are taught together वर्ग **4** *When does the next class begin?*(c.) = lesson पाठन **5** *I am travelling second class.*(u.) = a division of the passengers on a train or plane, according to the amount charged as fare द्वितीय श्रेणी (ट्रेन या हवाई जहाज़ के यात्रियों की वह श्रेणी जो भाड़े के मुताबिक होती है) **6** *I have a second class degree.*(u.) = the quality of performance in an examination परीक्षा में उपलब्ध श्रेणी **classification** /klæsɪfɪ'keɪʃən/ /क्लैसिफ़ि'केइशन/ noun, u. = the process of dividing things into different classes, specially for scientific study विशेषकर वैज्ञानिक अध्ययन के लिए वर्गीकरण **classify** /'klæsɪʃaɪ/ /'क्लैसिफ़ाई/ verb, t. = to arrange into different classes वर्गीकृत करना **classless** adj. *a classless society* = not divided into classes वर्गहीन **classmate** noun, c. = a person who is in the same class, in school or college, as someone else सहपाठी

clas•sic[1] /'klæsɪk/ /'क्लैसिक/ noun, c. *'Meghadootam' is one of the classics of Indian literature.* = a great piece of art or literature which is considered very important गौरवग्रंथ, महत्त्वपूर्ण साहित्यिक या कलात्मक कृति

classic[2] adj. **1** *a classic film* = very great; good enough to be recognized as a classic उत्तम, कालजयी (कृति) **2** *a classic joke* = having all the qualities one expects to find जिसमें सभी इच्छित तत्त्व हों **classical** adj. *Bharatanatyam is one of the classical dances of India.* = something (specially dance, music, literature etc.) that has come down to us from ancient times and is based on a well-known system of principles or rules शास्त्रीय रूप से परंपरागत

clat•ter[1] /'klætə^r/ /'क्लैटर/ verb, i. *The metal tray clattered down the stairs.* = to produce a loud ringing sound while moving or falling लुढ़कने या गिरने के समय ठनठनाने की आवाज़ करना

clatter[2] noun, u. *the clatter of dishes* = loud noise produced by hard objects hitting each other (तश्तरियों की) टकराहट की आवाज़

clause /klɔːz/ /क्लॉज/ noun, c. **1** *In the sentence 'I know Roy, but I don't know his brother', 'but I don't know his brother' is a clause.* = a part of a sentence that contains a subject and a verb [GRAMMAR] एक पूर्ण वाक्यांश [व्याकरण] **2** *Our agreement contains a clause relating to payment of salaries to workers.* = a part of an agreement or contract [LAW] मुद्दा [कानून]

claus•tro•pho•bia /klɔːstrə'fəʊbiə/ /क्लॉस्ट्र'उफ़बिय/ noun, u. *She can't use the lift because she suffers from claustrophobia.* = strong fear, which cannot be easily overcome, of being shut up in a closed space तंग जगह में घिरे रहने का खौफ़ **claustrophobic** इस तरह के खौफ से ग्रस्त adj. = suffering from claustrophobia

claw[1] /klɔː/ /क्लॉऽ/ noun, c. **1** = the long, sharp, pointed nails on the feet of a bird or animal चिड़िया या जानवर के पंजे को दिखे नाखून **2** = the limb of an insect or sea animal which can be used to hold objects or for self-defence कीड़े या समुद्री जानवर का अंग-विशेष जो आत्म-रक्षा में किसी चीज़ को जकड़ लेता है

claw[2] verb, t. *The leopard clawed the hunter's face.* = to tear or cut with one's claws पंजे से नोचना, खँखोरना

clay /kleɪ/ /क्लेइ/ noun, c. *bricks made of clay* = heavy, soft earth or mud which becomes hard when dry, from which pots, bricks etc. can be made गीली मिट्टी जो सूखने पर कड़ी हो जाती है और बरतन, ईंट बनाने के काम आती है

clean[1] /kliːn/ /क्लीन/ adj. **1** *Her house is always spotlessly clean.* = free from dirt or dust साफ़-सुथरा **2** *a clean sheet of paper* = not yet used सादा **3** *a clean life* = morally blameless निष्कलंक **4** *clean humour* = containing nothing offensive शिष्ट

clean[2] verb, t. **1** *Someone has dropped some ink on the floor. Please clean it.* = to make something free from dirt, dust, stains etc. साफ़ कर देना **2** = to remove a virus from a computer [COMPUTERS] कंप्यूटर से वायरस हटा देना [कंप्यूटर] **cleanliness** noun **cleaning** adj. *cleaning fluid* = something which cleans क्षारक **cleaner** noun, c. **1** = a person who is paid to clean a building सफ़ाई करने वाला **2** *a vacuum cleaner; a liquid cleaner* = a machine or substance used to clean things चीज़ें साफ़ करने का यंत्र **clean-shaven** adj. = a man who has removed the hair growing on his face दाढ़ी-साफ़

to come clean *Although she denied that she had broken the vase, in the end she came clean and admitted her fault.* = to admit one is guilty जुर्म कबूल करना **to clean out** *The thieves broke into my room and cleaned out the place.* = to steal everything (informal) 'सफ़ाया' कर देना **to make a clean breast of something** = to confess सब कुछ **to clean forget** *I'm sorry, I clean forgot to bring your book.* = to forget completely (informal) बिलकुल भूल जाना (अनौपचारिक) **to take someone to the cleaner's** **1** = to scold someone bitterly or harshly किसी को फटकारना **2** = to deceive someone and take all their money से रुपया या पैसा ऐंठ लेना

cleanse /klenz/ /क्लेन्ज़/ verb, t. **1** *The nurse cleansed the patient's wounds with some spirit.* = to make a cut, wound etc. clean and free from germs (घाव) साफ़ धो देना **2** *to cleanse one's thoughts* = to make something pure and free from evil (figurative) भाव (पवित्र/शुद्ध/निर्मल) करना

clear[1] /klɪəʳ/ /क्लिअʳ/ adj. **1** *The water is so clear that you can see the stones on the river bed.* = easy to see through पारदर्शी **2** *clear skin* = free of marks or spots साफ़, चिकना **3** *a clear sky* = free from clouds बिना बादलों का **4** *a clear style of speaking/writing* = easy to understand सरल, बोधगम्य **5** *a clear case of murder* = obvious; leaving no doubts संदेहशून्य **6** *She is very clear about her future plans.* = certain; not in any doubt सुनिश्चित

clear[2] adv. *He spoke out loud and clear.* = in a clear manner साफ़, स्पष्ट

clear[3] verb, i. or t. **1** *The sky has cleared. There are no clouds.*(i.) = to become clear साफ़ हो जाना **2** *Please clear your table of all papers.*(t.) // *The road has been cleared of snow and is now open to traffic.*(t.) = to make clean or safe by removing something हटाकर साफ़ सुथरा कर देना **3** *The judge cleared the prisoner of all the charges that had been brought against him.*(t.) = to declare a person to be free of any guilt (wrong-doing) दोषमुक्त करार करना **4** *Your tour programme has been cleared by the Managing Director.*(i.) = to approve or give official permission for something अनुमोदित करना **5** *The athlete cleared two metres in the long jump event.*(t.) = to jump over something without touching it एकदम साफ़ उछल जाना **clear-cut** adj. *His ideas are always very clear-cut.* = definite; free from confusion or doubt सुस्पष्ट **clear-sighted** adj. *clear-sighted policy* = having a clear picture of the future विचक्षण

to clear out *We were making so much noise in the bus that the conductor asked us to clear out.* = to leave at once (not respectful) बाहर निकल जाना **to clear up** *Please clear up before you leave.* = to make a place neat साफ़-सुथरा छोड़ना

clear•ance /ˈklɪərəns/ /ˈक्लीअरन्स/ noun, u. **1** *I have received clearance from the government to start a new school.* = official permission to do something अनुमति, स्वीकृति **2** *There was a clearance of only a few inches between the bridge and the top of the bus.* = the distance or gap between an object and some other object passing under or beside it अंतराल **clearance sale** noun, c. = a time when a shop sells goods cheap so as to get rid of as many things as possible दुकान की फ़ालतू चीज़ों की सस्ते दाम पर बिक्री

clear•ing /ˈklɪərɪŋ/ /ˈक्लीअरिङ/ noun, c. = an area of land from which all trees have been cut away पेड़ों की सफ़ाई के बाद खुली हुई जगह या ज़मीन

cleave /kliːv/ /क्लीव/ verb, t. (**cleaved, cleft** or **clove**) = to split or divide something into two or more parts by a hard blow (old-fashioned) कसके मारकर दो हिस्सों में तोड़ देना (पुराने प्रचलन का) **cleft** /kleft/ /क्लेफ़्ट/ adj. *a cleft upper lip* = split or divided फटा हुआ (जैसे होठ)

cleft pal•ate /kleft pælət/ /क्लेफ़्ट पैलट/ noun, c. = a defect which some babies have from birth, in which the palate (top of the mouth) is divided and not properly formed, leading to difficulty in speaking फटा हुआ तालु (जन्मजात अंगदोष, जिससे बोलने में कठिनाई होती है)

clem•en•cy /ˈklemənsi/ /ˈक्लेमन्सी/ noun, u. *an appeal for clemency* = mercy; a lighter punishment [LAW] (सज़ा में) रियायत [कानून]

cler•gy /ˈklɜːdʒi/ /ˈक्लऽजी/ noun, u. (used with a plural verb) = Christian priests ईसाई पादरी

clerk /klɑːk/ /ˈक्लाऽक/ noun, c. = a person whose job is to keep records or accounts or do general office work, under the orders of a higher official किरानी, मुंशी **clerical** /ˈklerɪkəl/ /ˈक्लेरिक्ल/ adj. **1** *a clerical post* = that of a clerk किरानी का **2** *clerical duties* = that of a priest पादरी का

clev•er /ˈklevəʳ/ /ˈक्लेवʳ/ adj. **1** *a clever child* = intelligent and quick to learn चालाक, तेज़ **2** *a clever trick* = something that requires intelligence दिमागी **3** *He is very clever with his hands* = skillful at doing things कुशल, दक्ष, निपुण **4** *Don't try to be clever with me!* = using one's intelligence to take advantage of someone (disapproving) से चालाकी करना (लाभ उठाने के लिए अक्ल लगाना) (अस्वीकृत)

cli•chè /ˈkliːʃeɪ/ /ˈक्लीशेइ/ noun, u. = a common saying or idea that is repeated so often that it loses its meaning (derogatory) घिसी-पिटी उक्ति (अनादरपूर्ण)

click[1] /klɪk/ /क्लिक/ noun, c. **1** *The key turned in the lock with a soft click.* = a low, sharp and short sound खट या क्लिक् की ध्वनि (जैसी चाबी से ताला खोलते समय होती है) **2** *I used a double click to open the file.* = pressing the button of the mouse while using a computer [COMPUTERS] माउस का बटन दबाना [कंप्यूटर]

click[2] verb, t. or i. **1** *The soldiers clicked their heels as they came to attention.*(t.) = to make the sound of a click खटाक् की आवाज़ करना **2** *The photographer clicked the shutter of his camera after asking us not to move.*(t.) = to take a photograph, using a camera कैमरे से तस्वीर लेते हुए क्लिक् की आवाज़ करना **3** *He clicked the button of his mouse.* = to press the button of the mouse in order to select a command, item from the menu etc. [COMPUTERS] मेनू से आइटम/कमांड का चुनाव करने में माउस का बटन दबाना [कंप्यूटर] **4** *I was trying to understand how the mixer worked and suddenly it all clicked into place!*(i.) = to suddenly become clear or to be understood (informal) अचानक समझ में आ जाना, सूझ जाना (अनौपचारिक) **5** *I am sure this new song will click.*(i.) = to be successful (slang) लोकप्रिय या सफल होना (अपभाषा)

cli•ent /'klaɪənt/ /'क्लाइअण्ट/ noun, c. *This lawyer never takes money from a poor client.* = someone who pays a professional person (e.g. a lawyer or chartered accountant) for some work (वकील का) मुवक्किल

cliff /klɪf/ /क्लिफ़/ noun, c. = the high, very steep side of a rock खड़ी चट्टान का कगार **cliff-hanger** noun, c. *India needed four runs to win the match, and there was only one more ball left in the last over. We were so excited! It was a real a cliff-hanger of a match.* = a competition in which the result remains uncertain till the end or a story or film in which one cannot be sure of the end till the last moment ऐसी प्रतियोगिता जिसके परिणाम की अनिश्चितता अंत तक बनी रहती है

cli•mate /'klaɪmɪt/ /'क्लाइमिट/ noun, u. *Singapore has a damp climate.* = the kind of weather found round the year आबोहवा **climatic** /klaɪ'mætɪk/ /क्लाइ'मैटिक/ adj. *climatic conditions* = related to the climate आबोहवा से संबंधित

cli•max /'klaɪmæks/ /'क्लाइमैक्स/ noun, u. **1** *The climax of the film comes when the hero rescues the heroine after fighting off six of his enemies.* = the most exciting or interesting part of a story or film, usually coming near the end (opposite **anti-climax**) कहानी या फ़िल्म के अंत के ठीक पूर्व का चरमोत्कर्ष-क्षण (विलोम शब्द **anti-climax**) **2** = the highest point of sexual pleasure (see also **orgasm**) समागम-सुख का चरम-क्षण (देखें **orgasm**)

climb[1] /klaɪm/ /क्लाइम/ verb, t. or i. **1** *Tenzing climbed Mount Everest in 1956.*(t.) // *She climbed the stairs slowly.*(t.) = to go up to the top or towards the top of a mountain, staircase etc. (सीढ़ी या पहाड़) पर चढ़ना **2** *After the plane left the ground, it climbed steeply.*(i.) = to rise continuously लगातार उठते जाना **3** *The boy climbed the tree to pluck some mangoes.*(t.) = to go up from a lower to a higher position, using the hands and feet हाथ-पाँव की मदद से (पेड़ आदि पर) चढ़ना

climb[2] noun, u. **1** *The hill did not look very steep, but it was a difficult climb.* = something that one climbs चढ़ान **2** *On this road you will find a steep climb for the next two kilometres.* = a steep slope or rise खड़ी चढ़ान

clinch[1] /klɪntʃ/ /क्लिन्च/ verb, t. *I did not think I would get the contract as many others were trying, but finally I was able to clinch the deal.* = to be able to settle or close a business matter successfully (informal) अंततः मामला तय कर लेना (अनौपचारिक)

clinch[2] noun, c. *in a tight clinch* = a position in which two people hold each other tightly with their arms around each other; an embrace (informal) गाढ़ालिंगन (अनौपचारिक)

cling /klɪŋ/ /क्लिङ/ verb, i. (**clung**) **1** *The children clung to their mother in fear.* = to hold on tightly to someone से चिपट जाना **2** *His shirt was wet with perspiration and clung to his back.* = to stick to something से सट या चिपक जाना **3** *to cling to a belief* = to refuse to stop believing in something even when there is a strong reason to do so यथेष्ट कारण के बावजूद कोई मान्यता त्यागने को तैयार न होना **cling-wrap film** noun, u. = thin, transparent plastic material used to cover and protect food by holding it tightly in place भोज्य पदार्थ को यथावत् रखने के लिए प्लास्टिक का एक पारदर्शक कागज़

clin•ic /'klɪnɪk/ /'क्लीनिक/ noun, c. *the doctor's clinic* = a place where medical help is available (compare **hospital**) जहाँ दवा-दारू और इलाज की सहूलियत हो (देखें **hospital**) **clinical** adj. **1** *a clinical test* = relating to a clinic or hospital ऐसी जगह की जाँच से संबंधित **2** *He takes a very clinical view of the whole affair.* = without having any personal feelings तटस्थ, निर्लिप्त, भावशून्य

clink[1] /klɪŋk/ /क्लिन्क/ noun, c. *the clink of wine glasses* = the sound produced when pieces of glass or metal strike each other lightly शीशे या धातुओं की चीज़ों की टकराहट की आवाज़, खनखनाहट

clink[2] verb, t. or i. *Let us clink our glasses and drink a toast.*(t.) = to make the soft, musical sound produced when two pieces of glass or metal strike each other lightly शीशे या धातु की बनी दो चीज़ों की टकराहट की मुलायम खनक होना

clip[1] /klɪp/ /क्लिप/ noun, c. **1** *a paper clip* = a small piece of metal or plastic used to hold sheets of paper; hair or other light objects together क्लिप (धातु या प्लास्टिक की बनी, जिससे हल्की चीज़ें बाँधी जाती हैं) **2** *The barber gave me a clip.* = a hair-cut (informal) **3** *They showed us a clip from a new film at the Film Society meeting.* = a short piece (of a film etc.) which has been cut out of a longer piece बड़ी फ़िल्म की रील में से कटा एक टुकड़ा **4** *a clip on the ear* = a gentle blow (informal) चपत (अनौपचारिक)

clip[2] verb, t. **1** *Clip the sheets of paper together.* = to fasten or hold together with a clip साथ बाँधना **2** *The barber will clip your hair.* = to cut with scissors or some other sharp instrument to make something look shorter and neater छाँटना **3** = to hit (informal) ठुनकना, ठुनकी मारना (अनौपचारिक)

clip•ping /'klɪpɪŋ/ /'क्लिपिङ/ noun, c. *newspaper clipping* = an item of news (e.g. a news report) cut out from a newspaper and kept for future use अखबार की कतरन

clique /kli:k/ /क्लीक/ noun, c. *The clique in the office* *will not allow anyone to work peacefully.* = a small group inside a larger group which works for its own interests and does not admit outsiders (derogatory) गुट (अनादरपूर्ण)

cloak[1] /kləʊk/ /क्लउक/ noun, c. **1** *a long, loose coat, worn on top of other clothes* लबादा **2** *Their friendly behaviour was only a cloak for their selfish intentions.* = something that acts as a cover and hides something unpleasant छद्म, मुखौटा

cloak[2] verb, t. *As he cloaked his evil intentions behind his sweet words many people trusted him.* = to hide one's thoughts, feelings etc. from others छिपा लेना **cloak-and-dagger** adj. *a cloak-and-dagger operation* = relating to secret and mysterious activities, usually involving spies गुप्तचरों का खतरनाक धंधा **cloak-room** noun,c. = a room in a public building, e.g. a railway station or airport, where one can leave one's belongings for a short time and get them back later on payment रेलवे स्टेशन या हवाई अड्डे का वह कमरा जिसमें अपना सामान भाड़े पर छोड़ा जा सकता है

clob•ber /ˈklɒbəʳ/ /क्लॉबर/ verb, t. = to beat severely कस-कसके पीटना

clock[1] /klɒk/ /क्लॉक/ noun, c. *an alarm clock* = an instrument used to show the time, which is hung on a wall or placed on a table etc. and not worn on the body like a watch दीवाल या टेबुल-घड़ी (जो कलाई पर नहीं होती)

clock[2] verb, t. *The runner from Africa clocked 9.6 seconds for the 100 m race.* = to show or record the time taken by someone to do something, using a stop-watch रेकॉर्ड-वॉच से आँकी गई अवधि **clockwise** adv. *The screw has to be turned clockwise in order to tighten it.* = in the direction in which the hands of a clock move (opposite **anticlockwise**) घड़ी की गति की दिशा में (विलोम शब्द **anticlockwise**) **clockwork** noun, u. *a clockwork toy* = something which has a spring inside and has to be wound up like a clock in order to make it work स्प्रिंगवाला खिलौना जिसमें घड़ी की तरह चाबी दी जाती है

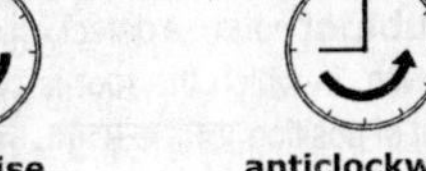

clockwise **anticlockwise**

to work round the clock = all day and night दिनभर-रात भर **to clock in** = to report the time of one's arrival for work at a factory, office etc. कारखाने या कार्यालय में काम पर पहुँचने का वक्त दर्ज़ करना **to clock up** *She clocked up forty hours this week.* = to work for a certain number of hours for which one gets credit कुछ घंटों तक लगातार काम करने का रेकॉर्ड स्थापित करना **to put the clock back** *When we visited the house in which we had lived as children, we felt we had put the clock back.* = to return to the past (figurative) अतीत में लौटना (लाक्षणिक) **to work against the clock** *We had only two hours to decorate the building before the chief guest's arrival, but we were able to do it by working against the clock.* = to work very fast in order to complete a job before a certain time समय से पहले काम संपन्न करने के लिए तेज़ी से काम करना

clod /klɒd/ /क्लॉड/ noun, c. **1** *a clod of earth* = a lump or large piece of earth, clay etc. ढेला, (गीली मिट्टी का) लोंदा **2** = a person thought to be dull and unintelligent (not polite) भुसकौल (अभद्र)

clog[1] /klɒg/ /क्लॉग/ noun, c. (usually plural) = one of a pair of shoes made of wood काठ के जूतों का एक पल्ला

clog[2] verb, t. (**clogged**) *The drain has been clogged with rubbish.* = to cause something to get blocked or choked अँटका देना

clone[1] /kləʊn/ /क्लउन/ noun, c. = a plant or animal which has been produced by scientists from a single cell taken from the parent plant or animal and has exactly the same qualities बड़े पौधे या जानवर के जीवाणु से उसी तरह का निकाला पौधा या जानवर

clone[2] verb, t. *Scientists have been able to clone sheep and cattle.* = to produce a plant or animal which is a clone of another plant or animal पौधा या जानवर पैदा करना जिसमें दूसरे पौधे या जानवर के जीवाणु की समानता हो

close[1] /kləʊz/ /क्लउज/ verb, t. **1** *Please close the door.* = to cause something to shut (opposite **open**) बंद कर देना (विलोम शब्द **open**) **2** *It is time for you to close your speech.* = to end समाप्त कर देना

close[2] noun, c. *Our story has come to a close.* = end समाप्ति, समापन

close[3] adj. **1** *The station is close to our college.* = near नज़दीक **2** *He is a close friend.* = near in relationship निकट संबंधवाला **3** *I am going to keep a close watch on all your activities.* = careful कड़ी, सतर्क (निगाह) **4** *It was a close contest between the two swimmers.* = a competition where the result is decided by a small difference करीब-करीब एक ही बिंदु पर

close[4] adv. *We live very close to the hospital.* = near के नज़दीक **closed** adj. *The door was closed. I don't know if he was in the room.* = shut बंद **close-fisted** adj. *a close-fisted person* = unwilling to spend money; miserly कंजूस

a close call *My car almost hit the tree, but luckily we escaped. It was a close call.* = something unpleasant that nearly happened but did not happen (also **close shave**) होते-होते बचना (देखें **close shave**) **to draw to a**

close *The school play drew to a close with the singing of a song.* = to come to an end समाप्त होना **to close something down** *They had to close down the shop as there were not many customers.* = to stop doing something permanently दुकान ठप करना या समेट लेना

clos•et /ˈklɒzɪt/ /ˈक्लोज़िट/ noun, c. = a cupboard built into a wall going all the way from the floor to the ceiling **a** फ़र्श से छत की दीवार में बनी अलमारी **closet socialist** noun = a person who doesn't want his or her political views to be known publicly वह व्यक्ति जो अपने राजनीतिक विचार गुप्त रखता है

clot¹ /klɒt/ /क्लौट/ noun, c. *a blood clot* = a half-solid mass formed from some liquid, usually blood बुंदा, ढोका

clot² verb, i. (**clotted**) *The blood flowing from his wound had clotted.* = to form a semi-solid mass, usually of blood or other liquids किसी तरल पदार्थ या खून का बुंदा या ढोका बन जाना

cloth /klɒθ/ /क्लौथ/ noun, u. *a piece of cotton cloth* = material woven from cotton, silk or woollen yarn (thread) and used for making garments सूत/रेशम/ ऊन से बुनी सामग्री जो वस्त्र बनाने में काम आती है

clothe /kləʊð/ /क्लउद/ verb, t. *In winter, we should clothe ourselves in woollen garments.* = to provide clothes for; to dress कपड़े पहनना

clothes /kləʊðz/ /क्लउद्ज़/ noun, u. (always plural) *Have you bought any new clothes this year?* = garments (e.g. shirts, trousers, t-shirts, skirts) पोशाक (कमीज़, पतलून, टी-शर्ट, स्कर्ट वगैरह)

cloth•ing /ˈkləʊðɪŋ/ /ˈक्लउदिङ/ noun, u. *This shop sells woollen clothing.* = clothes (formal) वस्त्र, पोशाक (औपचारिक)

cloud¹ /klaʊd/ /क्लाउड/ noun, c. **1** *There are dark clouds in the sky.* = very small drops of water floating high in the sky बादल **2** *Thick clouds of smoke hung over the scene of the fire.* = something (smoke or dust) that looks like a cloud बादल-जैसा **3** *The clouds of war are gathering around us.* = something that causes unhappiness or fear (figurative) आतंक, लक्षण (लाक्षणिक)

cloud² verb, t. **1** *The sky has clouded over.* = to become covered with clouds बादल छा जाना **2** *Old age has clouded his memory.* = to cause something to become dim or faint मंद पड़ जाना **cloudburst** noun, c. = a sudden and heavy shower of rain अचानक मूसलाधार बारिश **cloud nine** noun *She was on cloud nine when she heard how well she had done in the exam.* = very happy (informal) सातवें आसमान पर, बेहद खुश (अनौपचारिक) **cloudy** adj. *cloudy skies* = covered with clouds बादलों से आच्छादित

to leave under a cloud *It is sad that after doing such good work, they had to leave under a cloud.* = to be forced to leave a job etc. on the charge of having done something dishonest गलत काम करने की वजह से नौकरी वगैरह छोड़ने पर मजबूर होना

clout¹ /klaʊt/ /क्लाउट/ noun, c. or u. **1** *a clout on the head*(c.) = a blow चोट, घूँसा **2** *political clout*(u.) = influence or power (informal) हस्ती (अनौपचारिक)

clout² verb, t. = to hit hard कसके ठोकर मारना

clove /kləʊv/ /क्लउव/ noun, c. (usually plural) = the dried flower of a plant, used as a spice to add taste to food एक पौधे का सूखा फूल जो भोज्य पदार्थ को ज़ायका देता है, लौंग

clown¹ /klaʊn/ /क्लाउन/ noun, c. **1** *the clown in a circus* = a person who works in a circus and makes people laugh by putting on strange clothes and doing funny things जोकर, विदूषक **2** *Don't be such a clown.* = someone who behaves in a silly (foolish) manner (disapproving) बेहूदा हरकतें करना (अस्वीकृत)

clown² verb, i. *Please stop clowning and listen to me.* = to act in a light-hearted or foolish manner (usually disapproving) हल्के-फुल्के, मज़ाकिया तौर पर कुछ करना (प्राय: अस्वीकृत) **clownish** adj. *clownish behaviour* = absurd and foolish (derogatory) बेढंगा, बेहूदा (अनादरपूर्ण)

club¹ /klʌb/ /क्लॅब/ noun, c. **1** *the Debating Club* = a group of people who meet regularly for some common purpose or interest खास मक़सद से मिलते रहनेवाले लोगों का समुदाय **2** = a thick, heavy stick, thicker at the top end, used as a weapon मुँगरा, मुग्दर **3** *a golf club* = one of a set of metal or wooden sticks used in the game of golf गॉल्फ़ में प्रयुक्त काठ के डंडे **4** *the eight of clubs* (always plural) = a playing card marked with one or more black, three-leafed figures ताश का एक पत्ता जिसमें तीन जुड़ी काली पत्तियाँ होती हैं

club² verb, t. **1** = to beat with a heavy stick (club) मुग्दर या मुँगरे से पीटना **2** *Cleaning the house and clearing the garbage are two separate matters. Let's not club them.* = to join or merge (informal) दो को एक ही समझना **3** *The students clubbed together to buy a present for their teacher.* = to share the cost of something with others (informal) (also **pool**) किसी चीज़ की कीमत में अपना-अपना हिस्सा देना (देखें **pool**) **clubfoot** noun = a defect which some babies are born with, in which the foot is badly shaped or twisted out of position एक जन्मजात विकलांगता जिसमें पाँव की शकल बेढंगी होती है

cluck /klʌk/ /क्लॅक/ verb, i. or t. **1** *The mother hen clucked to her chicks.*(i.) = to make the sound that a hen makes when sitting on an egg or calling her chicks मुर्गी की वह बोली जो वह अंडे सेते हुए या अपने चूज़ों को बुलाने के लिए करती है **2** *She clucked her disapproval.* (t.) = to make a sound using one's tongue to show disapproval or sympathy जीभ चटखाकर हमदर्दी या नापसंदगी ज़ाहिर करना

clue[1] /klu:/ /क्लू/ noun, c. **1** *If you want to solve this crossword puzzle, you must study the clues which are printed below it* सूत्र-वाक्य **2** *The police have found a number of clues, including some fingerprints,which may help them to catch the murderer.* = some object or information that helps to find the answer or solution to a question or mystery सुराग

clue[2] verb, t. *How did you get clued to the answer?* = to provide someone with a clue or hint किसी को सुराग या हल का संकेत देना

to be clued in (**to clue someone in**) *She is very clued in about low-fat diets.* = to be well-informed on subjects in which knowledge has to be gathered from several sources (informal) पारंगत (उस विषय में जिसमें कई उत्सों से जानकारी हासिल होती है) (अनौपचारिक)

clump[1] /klʌmp/ /क्लॅम्प/ verb, i. = to walk with slow and noisy steps, as a result of having an artificial leg, wearing a heavy shoe etc. धीमी चाल से आवाज़ करते चलना (बनावटी पाँव या भारी जूतों की वजह से)

clump[2] noun, c. or u. **1** *The thief hid in a clump of bushes.*(c.) = a number of trees or bushes growing very close to each other घनी झाड़ी, झुरमुट **2** *I heard the clump of the policeman's heavy boots.*(u.) = the sound of heavy and slow footsteps भारी धीमे कदमों की धप्-धप् आवाज़

clum•sy /'klʌmzi/ /'क्लॅम्ज़ी/ adj. **1** *His movements are clumsy now, but he will soon become a good dancer.* = awkward and ungraceful in movements and actions बेढंगा **2** *a clumsy attempt to shift the blame to someone else* = something that is not done with skill and is not successful अकुशल, असफल

clus•ter[1] /'klʌstə[r]/ /'क्लॅस्ट[र]/ noun, c. *mangoes hanging from trees in thick clusters* = a number of things of the same kind which grow or are found together; a bunch झोंप, गुच्छा, तोदा

cluster[2] verb, i. *The boys clustered together to read the letter from their friend in Kenya.* = to gather together in a group or bunch एक जगह जुट आना

clutch[1] /klʌtʃ/ /क्लॅच/ verb, t. *As she boarded the bus, the lady clutched her bag tightly.* = to hold tightly so as not to lose something थाम लेना

clutch[2] noun, c. **1** *His clutch was not very strong and he fell from the branch.* = the act of clutching or holding something tightly पकड़ **2** *a clutch of eggs* = a number of eggs laid by a bird at one time एक ही साथ दिए गए अंडे **3** *the clutch on a motor-car* = the part of a motorcar or motorcycle which allows the engine to get connected to or disconnected from the wheels on which the vehicle moves मोटरकार या मोटरसाइकिल के चक्कों को पकड़े या छोड़े रहने वाला हिस्सा **clutches** noun, c. (always plural) *We fell into the clutches of some thieves.* = control or power of an undesirable kind चंगुल, फाँस

C

clut•ter[1] /'klʌtə[r]/ /'क्लॅट[र]/ verb, t. or i. **1** *Don't clutter your room unnecessarily.*(t.) **2** *His room is always cluttered with books.*(i.) = to make a place untidy by filling it up with unnecessary things फ़ालतू चीज़ों से जगह गंदी बनाना

clutter[2] noun, u. **1** *I took out a bagful of clutter from our room.* = things scattered about in an untidy fashion बेतरतीब बिखराव **2** *There are far too many ideas in this paragraph. It is difficult to cut through the clutter and get to the main idea.* = badly organised ideas which fill up one's mind, or one's writing, creating confusion बेतरतीब सजे विचार (चिंतन या लेखन में)

cm abbr. of **centimetre** = a unit of length equal to the hundredth part of a metre लंबाई की एक इकाई जो मीटर का सौवाँ हिस्सा होती है

co- /kəʊ/ /कउ/ prefix meaning together e.g. (उप.) = सह, जैसे **co-exist** verb, t. *co-exist* = to exist or live together with another living being दूसरे के साथ रहना

c/o abbr. of **care of** (on a postal address) डाक पते में लिखा (**care of** का) संक्षिप्त रूप, चिट्ठी के पते पर (= के मार्फ़त)

Co. abbr. of **company** (e.g. Liberty Shoe Co.) 'कंपनी' का संक्षिप्त रूप

coach[1] /kəʊtʃ/ /कउच/ noun, c. (**coaches**) **1** *The coach will take you to the airport* = a comfortable bus आरामदेह बस **2** *I have reserved a berth in the Kolkata coach of the Rajdhani Express.* = a railway carriage which forms a part of a train रेल का डब्बा **3** *a cricket coach* = a person who trains players or athletes for games, competitions etc. खिलाड़ियों का प्रशिक्षक

coach[2] verb, t. *He coaches students for the Joint Entrance Examination.* = to train or teach students, but usually not in a regular school or college कॉलेज या स्कूल के बाहर (घर पर) पढ़ाना, प्रशिक्षित करना

co•ag•u•late /kəʊ'ægjʊleɪt/ /कउ'ऐग्युलेइट/ verb, i. *The blood from the wound coagulated to form a sticky mass.* = to change from a liquid into a solid state through some chemical action; to **clot** [TECHNICAL] थक्का बन जाना, जम जाना (रासायनिक प्रक्रिया से) [तकनीकी]

coal /kəʊl/ /कउल/ noun, u. or c. **1** *a railway wagon loaded with coal* (u.) = a black substance dug out of the earth which is burnt to give heat कोयला **2** *a burning coal from the fire* (c.) = a piece of coal शोला **coalfield** noun, c. = an area where there is a large amount of coal buried under the earth कोयला- क्षेत्र **coal mine**

noun, c. = a mine (underground pit) from which coal is taken out कोयला-खान **coal tar** noun, u. = a thick, black, sticky liquid produced by heating coal without air, generally used to prepare the surface of roads (also **tar**) सड़क की सतह पर डालने के लिए कोयले की तरल, मोटी गीली परत (देखें **tar**)

to carry coals to Newcastle (always plural) *His company plans to sell its cars in America, where all the big car factories are located. This is a case of carrying coals to Newcastle.* = to take goods to a place where they are already available in plenty जहाँ कोई चीज़ बहुतायत में हो वहीं उस चीज़ को ले जाना **to haul someone over the coals** (always plural) = to speak to someone very angrily for something they have done wrong (informal) किसी की गलती पर उसे फटकारना (अनौपचारिक)

co•a•lesce /kəʊə'les/ /कउअ'लेस/ verb, i. *A number of small groups have coalesced to form a large club.* = to join together to form a single group or mass; to merge (formal) मिलजुलकर एक थोक या दल हो जाना, घुलमिलकर एक हो जाना (अनौपचारिक)

co•a•li•tion /kəʊə'lɪʃən/ /कउअ'लिश्‌न/ noun, u. *a coalition of several parties* = a union of separate political parties for a common purpose एक ही उद्‌देश्य के कई राजनीतिक दलों का संघठन

coarse /kɔːs/ /कॉस/ adj. **1** *a shirt made from coarse cloth* = thick and rough मोटा और रुखड़ा **2** *a coarse person* = having a rough nature, lacking in education, grace etc. (used to describe a person) उजड्ड व्यक्ति **3** *coarse language* = crude and vulgar भोंड़ा, ग्राम्य, गँवारू

coast¹ /kəʊst/ /कउस्ट/ noun, c. *The Bay of Bengal lies along the eastern coast of India.* = land which lies close to the sea समुद्र के नज़दीक की भूमि

coast² verb, i. *The children coasted down the hill on their bicycles.* = to move smoothly without making any effort, especially down a hill आसानी से डगरते चले जाना **coastal** adj. *India's coastal belt* = on or near the coast तटीय, समुद्री किनारे पर या उसके नज़दीक **coastguard** noun, u. or c. **1** (u.) = a branch of the navy or police force that guards the coast of a country from attack as well as smuggling etc. तटरक्षक **2** (c.) = a person belonging to the **coastguard** तटरक्षा-सैनिक **coastline** noun, c. = the shape of a coast, as seen from the air or on a map [GEOGRAPHY] तटरेखा [भूगोल]

coat¹ /kəʊt/ /कउट/ noun, c. **1** *a woollen coat* = a garment with long sleeves लंबे आस्तीनों की एक पोशाक **2** *a dog's coat* = the fur or hair that covers the skin of an animal जानवर के चमड़े को ढँके घने बाल **3** *a coat of paint* = a covering of some material spread over a surface परत, लेप, पुचारा

coat² verb, t. *The table has been coated with red oxide paint.* = to cover a surface with a coat of some paint material पर परत लगाना **coating** noun, u. *There is a thick coating of dust on the furniture.* = a layer (of dust, paint etc.) on or over a surface तह, परत

co-author verb, t. = to write a book, paper etc. together with someone else सह-लेखक

coax /kəʊks/ /कउक्स/ verb, t. *The mother coaxed her child to go to sleep by promising to read her stories in the morning.* = to try to make someone agree to do something through kind words, a promise of some reward etc. फुसलाना

cob•ble /'kɒbəl/ /'कॉब्‌ल/ verb, t. **1** = to repair shoes जूते मरम्मत करना **2** *We hurriedly cobbled together a programme for the Prime Minister's visit to the village.* = to make or put together something quickly जल्दी-जल्दी निपटाना

cob•bler /'kɒbləʳ/ /'कॉब्लर/ noun, c. = a person who repairs shoes and other leather objects मोची

co•bra /'kəʊbrə/ /'कउब्र/ noun, c. = a poisonous snake found in Asia and Africa which can spread the skin of its neck to form a hood गेहुँअन साँप, नाग

cob•web /'kɒbweb/ /'कॉब्वेब/ noun, c. **1** = a fine net made of sticky threads produced by a spider मकड़जाला **2** *cobwebs in the mind* = confused ideas which do not allow a person to think clearly (figurative) दिमागी उलझन (लाक्षणिक)

co•caine /kəʊ'keɪn/ /कउ'केइन/ noun = an addictive drug, used in former times to reduce pain एक मादक द्रव्य, उत्तेजक पदार्थ

coc•cyx /'kɒksɪks/ /'कॉक्सिक्स/ noun = the small bone at the end of the backbone or spine (also **tailbone**) रीढ़ की निचली छोटी-सी हड्डी (देखें **tailbone**)

cock¹ /kɒk/ /'कॉक/ noun, c. **1** = a fully-grown male chicken or other kind of bird मुर्ग़ा **2** *a stop-cock* = a tap or valve that controls the flow of some liquid टोंटी **3** = the male sex organ (slang) USE शिश्न (अपभाषा) निषिद्ध

cock² verb, t. **1** *The dog cocked its ears when it heard the sound of approaching footsteps.* = to raise or lift up a part of the body खड़े कर देना **2** *to cock a gun* = to make a gun ready for firing by raising its hammer बंदूक तानना **cock-and-bull story** *When I asked him why he was late, he gave me a cock-and-bull story about an accident he had met with.* = an impossible story told as if it was true मनगढंत किस्सा **cock-eyed** adj. **1** = (a person who has) eyes that are turned to one side or towards each other (also **squint-eyed**) भेंगा **2** *cock-eyed ideas* = foolish (informal) बेढब (अनौपचारिक) **cock fight** noun, c. = a fight between two cocks (male birds) arranged by people who bet money on the winner बाज़ी के तौर पर मुर्गों की लड़ाई **cocksure** adj. *She always looks so cocksure that* *one feels surprised when she sometimes makes mistakes.* = having so much confidence in oneself as to cause irritation in others (derogatory) ऐसा ढीठ मिज़ाज कि दूसरों को चिढ़ हो (अनादरपूर्ण)

to cock a snook at someone = to show one's lack of respect for someone दूसरों के प्रति अनादर दर्शाना

cock•a•too /kɒkə'tuː/ /कॉक'टू/ noun, c. = a kind of parrot found in Australia, with a crest (bunch of feathers) on its head, which often imitates human voices काकातुआ जिसके सर पर पंखों का गुच्छ होता है और जो आदमी की बोली की नकल कर सकता है

cock•pit /'kɒkpɪt/ /'कॉक्पिट/ noun, c. = the part of a plane or racing car where the pilot or driver sits हवाई जहाज़ या रेसिंग कार में पाइलॅट या ड्राइवर की सीट

cock•roach /'kɒkrəʊtʃ/ /'कॉक्रउच/ noun, c. = a large brown insect that lives in wet and dirty places, considered a pest तिलचट्टा

cock•tail /'kɒkteɪl/ /'कॉक्टेइल/ noun, c. **1** = a drink which is a mixture of several kinds of alcoholic and non-alcoholic drinks मिश्रित मदिरा **2** *a fruit cocktail* = a mixture of different kinds of fruit, seafood etc. विभिन्न फलों का रस **3** = a combination of several different things put together for a purpose e.g. *a cocktail of drugs* (= medicines) for the treatment of a disease किसी प्रयोजन के लिए विभिन्न प्रकार की वस्तुओं का मेल

co•coa /'kəʊkəʊ/ /'कउकउअ/ noun, u. **1** = a kind of brown powder produced from the seeds of the cacao plant, used in making chocolate or other sweets कोको के बीजों से बना पाउडर जो चॉकलेट-जैसी मिठाइयाँ बनाने के काम आता है **2** = a drink made from this इससे बना पेय पदार्थ

co•co•nut /'kəʊkənʌt/ /'कउकनॅट/ noun, c. = a large nut (hard fruit) obtained from a tall tree, which contains soft white flesh which is eaten or dried and used to produce coconut oil नारियल

co•coon /kə'kuːn/ /क'कून/ noun, c. = the covering made of silky threads which protects an insect when it is not fully grown (e.g. the silk-worm from which we get silk) कोया, कृमिकोष, रेशम के कीड़े का कोष

cod /kɒd/ /कॉड/ noun c. or u. **1** (c.) = a kind of large sea-fish एक प्रकार की बड़ी समुद्री मछली **2** *fried cod* (u.) = the flesh of the cod उसका (तला हुआ) मांस

code[1] /kəʊd/ /कउड/ noun, c. **1** *sending messages in code* = a system used for sending secret messages which cannot be understood by anyone except the sender and the receiver गुप्त संदेश या संकेत (कूट-संकेत) भेजने की पद्धति **2** *criminal code // dress code // traffic code // code of conduct* = a set of laws or rules; prescribed rules for dress, behaviour etc. आचार-संहिता

code[2] verb, t. *Have you coded the message?* = to change an ordinary message into a code (opposite **de-code**) संकेत-/कूट-बद्ध करना (विलोम शब्द **de-code**) **codify** verb, t. (**codified**) *Have the rules for the office been codified?* = to arrange a set of rules into a proper system which can be put into writing संहिताबद्ध करना, आचार-संहिता तैयार करना

co•ed•u•ca•tion /kəʊedjʊ'keɪʃən/ /कउएज्युकेइश्न/ noun, u. = a system of education in which boys and girls or men and women go to the same school or college **coeducational** adj. *a coeducational school* = for both girls and boys सह-शिक्षा

co•erce /kəʊ'ɜːs/ /कउ'अऽस/ verb, t. *to coerce someone into leaving* = to make an unwilling person agree to do something by using some kind of force or pressure बाध्य करना, इच्छा के विरुद्ध राजी होने पर मज़बूर करना

co-ex•ist /kəʊɪg'zɪst/ /कउइग्'ज़िस्ट/ verb, i. *It is possible but difficult for large and powerful countries to co-exist.* = to live together peacefully or at the same time (used of countries, groups of people etc.) [देशों, दलों का (शांतिपूर्वक)] साथ रहना, सह-अस्तित्व निभाना

cof•fee /'kɒfi/ /'कॉफ़ी/ noun, u. **1** = a brown powder made from the seeds of the coffee plant, used to make a hot or cold drink कहवा के बीजों का भूरा पाउडर **2** = a drink made from this कहवा, कॉफ़ी

cof•fers /'kɒfɜːz/ /'कॉफ़ऽर्ज़/ noun, c. (always plural) *The coffers are empty.* = a large,strong box used for keeping money, gold, or other valuable objects; a store of money (usually figurative) तिजोरी, जवाहरात वगैरह की भारी संदूकची (प्राय: लाक्षणिक)

cof•fin /'kɒfɪn/ /'कॉफ़िन/ noun, c. = a wooden box in which the body of a dead person is placed before it is buried ताबूत, लकड़ी का बक्स जिसमें दफनाई जानेवाली लाश रहती है

cog /kɒg/ /कॉग/ noun, c. = a metal tooth in a wheel in a machine which has many teeth and is driven or moved by another such wheel पहिये का दाँता

a cog in the wheel = a person who is a small and unimportant part of a very large organization किसी बड़ी संस्था की एक नगण्य हस्ती

co•gent /'kəʊdʒənt/ /'कउज्न्ट/ adj. *He gave us a cogent reason for not taking part in the debate.* = a very strong or forceful argument which everyone is able to accept; convincing विश्वासोत्पादक, अकाट्य

cog•i•tate /'kɒdʒɪteɪt/ /'कॉजिटेइट/ verb, i. *I will have to cogitate carefully upon this matter before I can decide.* = to think seriously and carefully about something (formal) चिंतन करना (औपचारिक)

cog•nate /'kɒgneɪt/ /'कॉग्नेइट/ adj. *Oriya and Bangla are cognate languages.* = closely related to each other सजातीय, समस्रोतीय

cog•ni•tion /kɒg'nɪʃən/ /कॉग्'निश्न/ noun, u. *Scientists use their cognition to discover the laws of nature.* = the ability to know or understand things by using one's powers of reasoning बोध, संज्ञान

cognitive adj. *Develop your cognitive skills instead of learning things by heart.* = related to the mind or the ability to think and reason संज्ञानात्मक

cognizance (cognisance)/'kɒgnɪzəns/ /'कॉग्निज़न्स/ noun, u. *We have no cognizance of the new tax laws.* = knowledge or understanding of something (formal) [LAW] ज्ञान, परिज्ञान [कानून]

to take cognizance of something = to take something into consideration while deciding something (legal) निर्णय में किसी बात को मद्दे नज़र रखते हुए [कानून]

co•here /kəʊ'hɪəʳ/ /कउ'हिअʳ/ verb, c. 1 *Can the groups cohere much longer if they each pull in a different direction?* = to stay together; to remain united संसक्त होना 2 *In the first sentence of this paragraph you talk about cricket and in the next sentence you talk about films. These two sentences do not cohere.* = to be logically connected to each other सुसंगत होना **coherent** adj. 1 *I could easily understand his speech because it was logical and coherent.* = wellconnected and logical and therefore easy to understand 2 *The man was so frightened that his speech was barely coherent.* = capable of being understood (opposite **incoherent**) संसक्ति, सुसंगति, सामंजस्य, संबद्धता (विलोम शब्द **incoherent**) **cohesion** noun, u. 1 *There is no cohesion in your arguments.* = logical connection and unity 2 *There is great cohesion among the members of this group.* = ability to stay united (विचारों या तर्कों का)तर्कसंगत/ सुसंगत/संगत **cohesive** adj. 1 *a cohesive policy* = forming a well connected whole ससंजक, संसक्तिशील 2 *a cohesive device* = a word such as 'and', 'however,' etc. which connects sentences or parts of sentences 'और' / 'फिर भी' - जैसे शब्द या पर जो वाक्यांश जोड़ते हैं

co•hort /'kəʊhɔ:t/ /'कउहॉऽट/ noun, c. *a cohort of teachers* = a group of people who are of the same age or have the same number of years in service etc. दस्ता

coif•fure /kwɒ'fjʊə/ /क्वो'फ़्यूअʳ/ noun, u. (French) = a way of arranging or dressing one's hair; hairstyle (फ्रेंच भाषा का शब्द) केश-विन्यास

coil[1] /kɔɪl/ /कॉइल/ verb, i. or t. *The snake coiled itself round the tree.*(t.) = to form one or more tight rings around something; to curve one's body in sleep so that one's knees touch or are close to one's stomach फेंटा मारना, उकड़ूँ, पेट में जुड़े घुटने समेटना

coil[2] noun, c. 1 *a coil of rope* = a connected set of rings into which a rope or wire can be wound for storing easily छल्लों का सेट 2 *an electrical coil* = wire which has been wound into a continuous circular shape and is used to carry an electrical current विद्युत्-प्रवाह के लिए चक्करदार तारों का फेंटा

coin[1] /kɔɪn/ /कॉइन/ noun, c. = a small, thin, flat piece of metal, used as money सिक्का

coin[2] verb, t. *To make us laugh, he coined the word 'constabulate', meaning 'to make someone a constable'!* = to create a new word or expression शब्द गढ़ना **coinage** noun, c. *The word 'website' is a recent coinage.* = a word or expression which has recently been created शब्द-गठन, गढ़न

co•in•cide /'kəʊɪnsaɪd/ /'कउइनसाइड/ verb, i. 1 *India's Independence Day, 15 August, coincides with the date on which Sri Aurobindo was born.* = to happen at the same time as something else एककालिक रूप से घटना 2 *Your views on bringing up children coincide with mine.* = to be the same as से बिलकुल मेल खाना **coincidence** /kəʊ'ɪnsɪdəns/ /कउ'इन्सिडन्स/ noun, c. *I did not plan to arrive in Delhi on your birthday. It was just a coincidence.* = two things happening at the same time by chance and not as a result of planning इत्तफ़ाक, संयोग

coir /kɔɪəʳ/ /कॉइअʳ/ noun, u. *a coir mat* = the rough, hair-like outer covering of the coconut, used for making ropes, mats etc. नारियल के ऊपरी छिलके के रेशे जिनसे रस्सी बनती है

co•i•tus /'kəʊɪtəs/ /'कउइटस/ = the act of sexual union [MEDICINE] समागम, संभोग, मैथुन [चिकित्सा]

coke /kəʊk/ /कउक/ noun, u. 1 = the solid substance which remains after gas has been removed from coal by heating कोयले से गैस निकल जाने के बाद बचा ठोस पदार्थ 2 = cocaine (slang) कोकीन (अपभाषा)

col•an•der /'kʌləndəʳ/ /'कॅलण्डʳ/ noun, c. = a round pan with many holes in the bottom, used for separating some solid substance from a liquid e.g. in order to make soup छलनी

cold[1]/kəʊld/ /कउल्ड/ adj. 1 *a cold wind* = having a low or lower than usual temperature ठंडा, सामान्य तापमान से कम 2 *a cold welcome* = not friendly or pleasant (figurative) भावशून्य, निरुत्साह (लाक्षणिक)

cold[2] noun, u. 1 *It is so cold here that I need my woollens.* = low temperature न्यून तापक्रम 2 *I have a bad cold.* = an illness of the nose or throat, which generally happens in cold weather नज़ला, सरदी

cold[3] adv. 1 *The food has gone cold.* = not warm enough to be eaten बासी 2 *The story of his sufferings left me cold.* = with no feeling of sympathy बेअसर, सहानुभूतिशून्य **cold-blooded** adj. 1 *Snakes are cold blooded animals.*= having a body temperature that changes according to the temperature outside शरीर का ऐसा तापक्रम जो बाहरी तापक्रम के अनुसार बदलता रहता है 2 *a cold-blooded murder* = cruel; showing complete lack of feeling निर्मम **cold comfort** noun, u. *It is cold comfort to know that I am*

C

not the only person to fail in the examination. = something that does not give much comfort or consolation जिससे बहुत राहत या तसल्ली नहीं मिलने वाली **cold-hearted** adj. *a cold-hearted person* = unkind; without feelings हृदयशून्य **cold storage** noun, u. **1** *vegetables kept in cold storage* = a place where vegetables, fruits etc. can be kept at a low temperature for a long time so that they do not go bad वह भंडार जहाँ सब्ज़ियाँ या फल बासी पड़ने से बचाव के लिए न्यून तापमान में रखे जाते हैं **2** *My plans to write the novel have gone into cold storage as I am not free now.* = the condition of being put aside for future action (figurative) भविष्य के दाम का ठप पड़ जाना (लाक्षणिक) **cold war** noun, c. *The two countries seem to be planning a cold war.* = unfriendly relations between countries without actual fighting दो देशों का मैत्रीहीन (किंतु युद्धहीन) संबंध

to develop cold feet *The two friends had planned to play in the cricket match, but one of them developed cold feet and decided to stay at home.* = loss of courage or confidence just before doing something that has been planned पहले ही पस्त हिम्मत हो जाना **to give someone the cold shoulder** *When she suddenly became arrogant, all her friends started to give her the cold shoulder.* = unfriendly or unsympathetic treatment given deliberately as a way of showing one's disapproval अपनी नापसंदगी ज़ाहिर करने के लिए मैत्रीहीन, सहानुभूतिशून्य व्यवहार करने लगना **to be left out in the cold** = to be ignored उपेक्षित होना

col•ic /'kɒlɪk/ /'कॉलिक/ noun, u. = severe pain in the stomach or intestines पेट या अँतड़ी में दर्द की टीस

col•lab•o•rate /kə'læbəreɪt/ /क'लैबरेइट/ verb, i. *Many countries are collaborating with the United Nations in the task of restoring peace.* = to work together with someone for some purpose समान उद्देश्य में सहकारी होना **collaboration** /kəlæbə'reɪʃən/ कलैब'रेइश्न/ noun, c. *Collaboration between the two countries will continue for some time.* = the action of collaborating (working together) सहकारिता **collaborator** noun, c.

col•lage /'kɒlɑːʒ/ /'कोलाऽज/ noun, u. (French) *a collage of paintings* = a picture made by pasting many different pictures or other objects on the same surface एक ही जगह भिन्न-भिन्न वस्तुओं की तस्वीरें मिलाके चिपकाने से बनी कलाकृति

col•lapse[1] /kə'læps/ /क'लैप्स/ verb, i. or t. **1** *The building collapsed after the heavy rain.*(i.) = to fall down suddenly because of loss of strength or support कमज़ोर पड़ जाने या सहारा नहीं रह जाने पर धँस जाना, धराशायी हो जाना **2** *The patient collapsed after the operation.*(i.) = to lose strength or to be near the point of death [MEDICINE] ताकत खो देना या मौत के निकट आ जाना, मरणप्राय हो जाना [चिकित्सा] **3** *The peace talks collapsed because there was too much disagreement.*(i.) = to fail विफल हो जाना **4** *You can collapse this bicycle and carry it in your car.*(t.) = to fold something or to make it smaller so that it occupies less space तोड़-मोड़ कर छोटा कर लेना ताकि कम जगह ले

collapse[2] noun, u. *the collapse of the bridge* = the state or act of collapsing (breaking down) धसान **collapsible** adj. *collapsible gates* = something that can be collapsed (folded to occupy less space) सिमट सकने लायक

col•lar[1] /'kɒlə^r/ /'कॉल^र/ noun, c. **1** = the part of a shirt, coat etc. that goes round the neck (कमीज़, कोट का) कॉलर **2** = a band or ring put round an animal's neck in order to be able to chain it or hold it, or to indicate its owner, address etc. जानवर की गरदन के चारों ओर घिरा पट्टा जिसमें ज़ंजीर लगी होती है, मालिक का नाम-पता होता है

collar[2] verb, t. *We collared the thief just as he tried to climb over the wall.* = to catch and hold; to seize (informal) (टेंटुआ) पकड़ लेना (अनौपचारिक) **blue collar (job)** = a job held by persons who work with their hands, usually in a factory हस्तकर्म (कारखाने के कारीगरों के लिए शब्द) **white collar (job)** = a job held by someone (e.g. a bank manager or clerk) who works at a desk in an office and is not required to get his/her hands dirty सफेदपोश कर्मचारियों के लिए प्रयुक्त शब्द (जो टेबुल पर ऑफ़िस में काम करते हैं जिससे हाथ गंदे नहीं होते) **collar bone** noun, c. = one of the two bones in the human body that join the ribs to the front of the shoulder bone (also **clavicle**) गरदन के इर्दगिर्द की हड्डी जो कंधों की हड्डियों को सामने से जोड़ती है (देखें **clavicle**)

col•lat•e•ral /kə'lætərəl/ /क'लैट्रल/ noun, u. *I want a loan from the bank but I do not have any property to offer as collateral.* = something (e.g. a building, gold) which the lender can sell in case a loan cannot be paid back इमारत या सोना जो कर्ज देने वाला (ऋणदाता) बेचता है जब कर्ज़ चुकता नहीं हो पाता

col•league /'kɒliːg/ /'कोलीग/ noun, c. *my colleague in the office* = a person who works in the same place or in the same profession as someone else सहकर्मी

col•lect /kə'lekt/ /क'लेक्ट/ verb, t. or i. **1** *A large crowd collected outside the cinema.*(i.) = to come together in one place and form a group or mass एकत्र या इकट्ठा होना **2** *Please collect all the books lying on the desk and arrange them on the shelves.*(t.) = to bring together in one place बटोर लेना **3** *He collects stamps.*(t.) = to gather objects over a long period of time as a hobby संग्रह करना **4** *Have you collected your* *clothes from the laundry?* = to take away or to receive something से ले या मँगा लेना **5** *The government will collect sales tax from all shops.* = to ask for or obtain payment of money, taxes etc. वसूल करना **collection** noun, c. or u. **1** *Let me show you my collection of stamps*(c.) = a set of things of the same kind that have been collected by someone as a hobby संग्रह **2** *The municipality is responsible for the collection of garbage from the roads.*(u.) = the act of collecting (gathering) something बटोर (कूड़ा-करकट का)

col•lec•tive¹ /kə'lektɪv/ /क'लेक्टिव/ adj. *Keeping this building clean is a collective responsibility.* = something that is or should be shared by a group of people सामूहिक

collective² noun, c. **1** *collective farm* = a large farm owned by the government and managed jointly by a group एक बड़ी खेती-व्यवस्था जो सरकार के अधीनस्थ लेकिन किसी समुदाय द्वारा संचालित होती है **2** *collective noun* = a word such as 'committee' or 'government', which can refer either to a group of people (together) or to its members (individually) and can be used either with the singular or plural form of a verb e.g. *the committe is/are of the opinion that...* [GRAMMAR] सामान्य संज्ञा जो भिन्न-भिन्न के लिए बहुवचन और सामूहिक इकाई के लिए एकवचन में भी प्रयुक्त होती है [व्याकरण]

col•lec•tor /kə'lektəʳ/ /क'लेक्टॅ/ noun, c. **1** *a stamp collector* = one who collects things as a hobby संग्रहकर्त्ता **2** *the collector of the district* = a senior government official who is in charge of the administration of a district जिलाधीश

col•lege /'kɒlɪdʒ/ /'कॉलिज/ noun, c. = an institution where education at a higher or professional level is offered and which is part of a university उच्च शिक्षा के लिए संस्था जो विश्वविद्यालय से संबद्ध होती है

col•lide /kə'laɪd/ /क'लाइड/ verb, i. *Our bus collided with a truck, but there was no serious damage.* = to come together or strike against something with force ज़ोर से टक्कर खाना **collision** noun, c. or u. **1** *a collision between the two cars* = the act of colliding (crashing into one another) टक्कर **2** *The two leaders seem to be headed for a collision.* = a serious disagreement (figurative) 36 का संबंध, गंभीर अंतर्विरोध (लाक्षणिक)

col•lie•ry /'kɒljəri/ /'कॉल्यरी/ noun, c. (**collieries**) = coal mine कोयले की खान

col•lo•qui•al /kə'ləʊkwiəl/ /क'लउक्विअल/ adj. *This play about people in a village is written in colloquial language.* = language used by ordinary people for everyday purposes रोज़मर्रे की जुबान **colloquialism** noun, c. or u. *When we say that someone has 'hit the hay' (gone to bed), we are using a colloquialism.*(c.) = a word or expression used in colloquial language बोलचाल का मुहावरा

col•lude /kə'lu:d/ /क'लूड/ verb, i. *He was arrested as they suspected that he was colluding with criminals.* = to act together with someone, usually for doing something illegal साँठ-गाँठ करना **collusion** noun, u. = a secret agreement between people for doing something illegal साँठ-गाँठ

col•on /'kəʊlən/ /'कउलन/ noun, c. **1** = the large intestine; the last part of the tube inside the body through which food has to pass [MEDICINE] बड़ी अँतड़ी, शरीर के भीतर की आखिरी नली जिससे भोजन जाता है [चिकित्सा] **2** *Use a colon here instead of a full stop.* = a punctuation mark used in writing, shown as two dots, one above the other (:) विसर्ग-सा दीखता एक विरामचिह्न (:)

colo•nel /'kɜ:nəl/ /'कɔनल/ noun, c. = an officer of middle rank in the army (between that of **major** and **brigadier**) मेजर और ब्रिगेडियर के बीच का एक सैनिक अधिकारी

co•lo•ni•al /kə'ləʊniəl/ /क'लउनियल/ adj. or noun, c. **1** *Britain was a colonial power in the nineteenth century.*(adj.) = used to describe the governing style and activities of a country which set up colonies in other countries, usually far away, and ruled over them दूसरे देशों में अपना उपनिवेश स्थापित करके शासन करने की प्रणाली या कार्यशैली का नाम **2** *a colonial attitude* (adj.) = an approach to governing another country by force in the belief that it is not capable of managing its government, trade etc. (generally derogatory) ज़बरन दूसरे देश पर शासन की प्रवृत्ति जिसकी दलील यह होती है कि वह देश स्वायत्त शासन में असमर्थ है (सामान्यत: अनादरपूर्ण) **3** *a colonial* (noun) = a person who has lived for a long time in a colony but is not a member of the local population उपनिवेशी, मौलिक निवासी नहीं

co•lo•ni•a•lis•m /kə'ləʊnɪəlɪzəm/ /क'लउनिअलिज़्म/ noun, u. = the practice of a country's having colonies in other countries दूसरे देशों में अपना उपनिवेश रखने की व्यवस्था

col•o•ny /'kɒləni/ /'कॉलनी/ noun, c. (**colonies**) **1** *The French set up a colony in Pondicherry nearly 200 years ago.* = a country or area under the political control of another country which is usually far away किसी दूरदेशीय राजनीतिक शासन के अंतर्गत कोई क्षेत्र या देश **2** = a group of people who leave their own country and make their home in another country एक लोक-वर्ग जो अपने देश को छोड़कर दूसरे देश का निवासी बनता है **3** *the railway colony in Kharagpur* = a part of a city or town where people who work in the same organisation etc. have their homes एक ही उद्योग

या संस्था के लोगों के निवास का वह क्षेत्र जो शहर का एक अलग हिस्सा होता है **colonize (colonise)** verb, t. = to set up a colony in another country दूसरे देश में उपनिवेश स्थापित करना

co•los•sus /kəˈlɒsəs/ /क'लोसस/ noun, u. 1 *The country is a colossus when compared to the tiny islands near its coast.* = something which is very large; a giant विशालकाय 2 *Amitabh Bachchan is a colossus in the world of entertainment.* = a person who has very great importance एक बहुत महत्त्वपूर्ण हस्ती **colossal** adj. *a colossal statue* = of very great size विशालकाय

col•our[1] /ˈkʌləʳ/ /'कॅलʳ/ noun, u. or c. 1 *Books for children are usually printed in colour.*(u.) = the quality in an object which allows us to see it as red, green, blue etc. रंग 2 *I need a brush and some colours.*(c.) = the material that an artist uses to paint पेंटिंग के लिए रंग 3 *The political problems in some countries are related to colour.* = the colour of a person's skin which shows which race he/she belongs to चमड़ी का रंग जो जाति-बोधक होता है 4 *Tourists love Rajasthan because they find a lot of colour here.* = the special qualities of a place, such as the customs of the people, the way in which they dress etc. which make it interesting रंगीनी (विशिष्ट प्रथाओं, परिधान-वैचित्र्य आदि जो मनोरंजक होते हैं)

colour[2] verb, t. 1 *Anshika loves to colour pictures.* = to put colour into something using pencils, paints, crayons etc. रंगचित्रकारी करना 2 *He should not let one unpleasant experience colour his opinion of them.* = to influence or change a person's judgement प्रभावित करना **colourblind** adj. = (a person who is) unable to see the difference between certain colours because of a defect in the eyes नेत्रदोष के कारण रंगभेद करने में असमर्थ **coloured** adj. *a coloured person* = a person who does not belong to the European, Asian or African race (This is an offensive use—terms like Asian African-American etc. are used to refer to people belonging to different racial groups.) कृष्णवर्ण (अनादरपूर्ण प्रयोग) एशियाई, अफ्रीकी-अमेरिकी लोग **colour scheme** = the arrangement of colours in a room, picture etc. कमरे या तस्वीर (में) रंग-व्यवस्था

colt /kəʊlt/ /कउल्ट/ noun, c. = a young male horse घोड़ा

col•umn /ˈkɒləm/ /'कॉलम/ noun, c. 1 *a stone column* = a pillar in a building used as a support for the roof खंबा 2 *a column of smoke* = something that looks like a pillar खंबे-जैसा दीखता (धुआँ) 3 *a column of marching soldiers* = a large number of rows of people, vehicles etc. following one behind the other लोगों या वाहनों की कतार 4 *a column on a page* = one of two or more divisions on a page of print, lying side by side पृष्ठ पर मुद्रित अगल-बगल के भाग 5 *a weekly column in a newspaper* = an article by a particular writer, usually on a particular subject, that appears regularly in a newspaper or magazine विशेष स्तंभ **columnist** /ˈkɒləmnɪst/ /'कॉलम्निस्ट/ noun, c. = a writer who regularly writes a column for a newspaper or magazine विशेष स्तंभ का नियमित लेखक

co•ma /ˈkəʊmə/ /'कउम/ noun, u. *to lie in a coma* = a state of long and deep unconsciousness, caused by disease, shock etc. बीमारी या सदमे से पैदा हुई लंबी गहरी बेहोशी

comb[1] /kəʊm/ /कउम/ noun, c. 1 = a piece of plastic, metal etc. with a row of fine teeth, used to make the hair look tidy कंघी 2 *a rooster's comb* = the crown-like, brightly coloured growth on the head of a rooster, parakeet etc. मुर्गे की फुनगी 3 *a comb of honey* = a piece of a beehive with honey in it मधुमक्खी का छत्ता

comb[2] verb, t. 1 *Comb your hair before you go out!* = to use a comb to arrange the hair कंघी करना 2 *We combed the beach for a blue shell, but couldn't find it.* = to search very hard and with great care बारीकी से खोजना

com•bat[1] /ˈkɒmbæt/ /'कोम्बैट/ noun, u. or c. 1 *These soildiers are new and have very little experience of combat.*(u.) = fighting in a war लड़ाई, मुठभेड़ 2 *Many doctors are engaged in the combat against disease.*(u.) = fight (के विरुद्ध) संघर्ष

combat[2] verb, t. *The army has been called in to combat terrorism.* = to fight against सामना करना **combatant** /ˈkɒmbətənt/ /कॉम्बटण्ट/ noun, c. = a person who takes part in a combat (fight) युद्धरत सैनिक **combative** adj. = willing to fight or argue; high-spirited लड़ाका, तर्रार

com•bine /kəmˈbaɪn/ /कम्'बाइन/ verb, t. 1 *This song combines Western and Indian music.* = to bring together मिश्रित करना 2 *The two parties have combined to fight the election.* = to come together एकजुट होना 3 = a large business organisation formed by the union of several smaller companies कई छोटी कंपनियों का एक वृहत् व्यापारिक संगठन **combination** /kɒmbɪˈneɪʃən/ /कॉम्बि'नेइशन्/noun, u. or c. 1 *Every person is a combination of good and bad qualities.*(c.) = a mixture of two or more things मिश्रण 2 *These two singers sing very well in combination.*(u.) = the state of singing, acting etc. together एकसुर में 3 *This is a good combination to wear.* = a set of things used together सेट (एक संपूर्ण इकाई)

com•bus•tion /kəm'bʌstʃən/ /कम्बॅस्च्न/ noun, u. *The combustion of oxygen in air forms carbon dioxide gas.* = the act of burning or catching fire दहन, ज्वलन **internal combustion engine** noun = a kind of engine in which the gas formed by mixing petrol or diesel with air is burnt inside the engine and not outside it एक इंजिन जिसके अंदर पेट्रोल या डीज़ल और हवा के मिलने से बनती गैस अंदर ही जल जाती है

come /kʌm/ /कॅम/ verb, i. **1** *Please come to this table.* = to move towards the speaker or to a particular place. की ओर आना **2** *The train has come.* = to arrive का पहुँचना **3** *Her hair is so long that it comes to her waist.* = to reach तक पहुँचना **4** *He came second in the examination.* = to be in a particular position किसी श्रेणी या स्थिति में होना **5** *How did you come to be in Indonesia when the cyclone started?* = happen ऐसा कैसे हुआ कि **6** *This shirt comes in six different colours.* = to be offered or available for sale to customers में आना या मिलना **7** *I did not like coffee at first but I have come to enjoy it.* = to begin अब शुरू होता **8** *The water in the river came up to my knees.* = to reach as far as तक आना **9** *The letter 'C' comes before the letter 'E' in the English alphabet.* = to have the position of के क्रम में (आगे, पीछे) होना **10** *My shoelace came undone.* = to become पड़ जाना **11** *If I don't have a spoon, I use a fork or whatever comes to hand.* = to be available जो भी हाथ लग जाए **12** *Their needs should come before ours.* = be taken care of अधिक ध्यातव्य **13** *to come* = to reach a sexual climax (orgasm) (infomal, slang) समागम या संभोग (चरम बिंदु पर होना) (अनौपचारिक, अपभाषा)

to come about *How did this quarrel between the two of you come about?* = to happen; to begin होना, घटित होना **come along** *How is the book you are writing coming along?* = to advance or progress (informal) प्रगति करना (अनौपचारिक) **come apart** *The old book came apart in my hands as I turned over the pages.* = to break into parts or pieces अलग-अलग टूट जाना **comeback** *Rajiv Kumar had stopped acting in films but now he has made a comeback.* = a return to a former position of importance पुनरागमन **come off** *The wedding will come off next month.* = to take place घटित होना **come round** **1** *He was unconscious but now he has come round.* = to regain consciousness होश में आना **2** *They disagreed with us at first, but finally came round to our point of view.* = to begin to think the same way as, after a period of doubt or disagreement शंका या विवाद के बाद राज़ी हो जाना **3** *She's angry now, but don't worry, she'll come round.* = become less angry, upset, critical etc. ठंडा हो जाना, शांत हो जाना **to come to** *She had fainted, but came to in a few seconds.* = to become conscious after a state of unconsciousness मूर्च्छा के बाद होश में आना **to come down on** *The government will come down heavily on people who do not pay taxes.* = to punish सख्ती से पेश आना **to come down with** *He has come down with chicken pox.* = to catch some disease से ग्रस्त होना **to come up to (something)** *The play did not come up to my expectations.* = match, fulfil के मुताबिक उतरना **to come up with** *We thought for a long time and then came up with a solution.* = to arrive at (हल) निकालना **to come to rest** *The tyre rolled across the road and down the hill, and finally came to rest near a rock.* = to come to a stop after a period of movement (used of machines etc.) चलते-चलते अंत में रुक जाना **to come true** *I hope all that the astrologer says will come true.* = become real सच उतरना **to come of age** = to reach the age at which one is sexually mature or can be put in a position of responsibility (e.g. made the ruler of a country) प्रौढ़ता प्राप्त करना **to come by** **1** *Good books are hard to come by.* = to find or get मिलना **2** *How did you come by that sprain in your leg?* = get, receive लगना (चोट आदि) **to come up in the world** = to reach a higher position than one had in the past फिर से अपना उच्चतर स्तर उपलब्ध करना **to come to grips with something** *You won't learn mathematics unless you come to grips with it.* = deal with something seriously गंभीरता से जूझना **to come up against** *We thought everything was going smoothly until we came up against a serious problem.* = to have trouble one was not expecting अचानक अड़चन आ जाना

com•e•dy /'kɒmɪdi/ /'कॉमिडी/ noun, u. or c. (**comedies**) = a kind of play, film etc. which is amusing (makes people laugh) and ends happily एक मनोरंजक हास्यजनक सुखांत नाटक **comedian** /kə'mi:diən/ /क'मीडिअियन/ noun, c. *Johny Lever is such a good comedian that one look at his face is enough to make you laugh.* = an actor or performer whose job it is to make people laugh हास्य-अभिनेता

com•et /'kɒmɪt/ /'कॉमिट/ noun, c. = a heavenly body in space that moves around the sun and looks like a falling star, usually with a bright tail पुच्छलतारा, धूमकेतु

com•fort[1] /'kʌmfət/ /'कॅम्फ़ट/ noun, u. or c. **1** *He had a hard life as a child, but lives in comfort now.*(u.) = the state of being free from worry, pain etc. and having one's bodily needs taken care of आराम, चैन, सुख (चिंता, कष्ट से मुक्त) **2** *My children are a great comfort to me in my old age.*(c.) = a person or thing that gives hope or strength व्यक्ति या वस्तु जिससे आशा/शक्ति मिलती है

comfort[2] verb, t. *She has recently lost her father. Let us comfort her.* = to try to give a person strength and hope सांत्वना, ढाढ़स

comfortable adj. **1** *This is a very comfortable chair.* = something that gives comfort (freedom from worry, pain etc.) आरामदेह **2** *The patient is feeling comfortable after the operation.* = free from pain आराम से

com•ic[1] /ˈkɒmɪk/ /ˈकॉमिक/ adj. *He is a great comic artiste.* = someone or something that causes laughter हास्यजनक, हास्य-चित्र या हास्य-पत्रिका

comic[2] noun, c. *Many children and adults enjoy reading comics.* = a magazine or newspaper meant for children, containing pictures which tell a story हास्यकर, बेढब **comical** adj. *The wind blew his hat off and he was running after it, trying to catch it. It was a comical sight.* = funny in a strange way **comic strip** noun, c. = a short series of pictures which tell an amusing story एक मनोरंजक कहानी दर्शाती चित्रावली

com•ma /ˈkɒmə/ /ˈकॉम/ noun, c. = a punctuation mark or sign used in writing, shown as (,), indicating a short pause while reading अर्द्ध विरामचिह्न

com•mand[1] /kəˈmɑːnd/ /कˈमाऽण्ड/ verb, t. **1** *The general commanded his soldiers to move back.* = to order someone to do something कुछ करने का आदेश देना **2** *She gave up singing a long time ago, but still commands respect.* = to deserve and get का अधिकारी होना

command[2] noun, u. or c. **1** *His commands must be obeyed.* (c.) = an order हुक्म **2** *Captain Kohli is in command of this ship.*(u.) = in control के नियंत्रण में होना **commander** noun, u. = a person who controls a group of soldiers, a ship, a plane etc. नियंत्रक **commandment** noun, c. *the Ten Commandments* = a law or rule believed to come from God ईश्वरीय आदेश, धर्मादेश

com•man•do /kəˈmɑːndəʊ//कˈमाऽण्डउ/ noun, c. (**commandos**) = a member of a special fighting force which is trained to go into action at short notice and to fight in dangerous situations दुश्मन पर तेज़ी से आक्रमण के लिए प्रशिक्षित दल का सदस्य

com•mem•o•rate /kəˈmeməreɪt/ /कˈमेमरेइट/ verb, t. *This statue commemorates the brave young men who gave up their lives to make India free.* = to remember or to remind people of someone or something that is important and deserves to be remembered महत्त्वपूर्ण, स्मरणीय व्यक्ति या घटना का स्मारक होना

com•mence /kəˈmens/ /कˈमेन्स/ verb, i. *The examination will commence at 9 a.m.* = to begin (formal) प्रारंभ होना या करना (औपचारिक)

com•mend /kəˈmend/ /कˈमेण्ड/ verb, t. *The students were commended highly for their excellent performance in the examination.* = to praise सराहना **commendation** /kɒmənˈdeɪʃən/ /कॉमण्ˈडेइश्न्/ noun, u. *The boys who helped the police in fighting the crime received a commendation from the government.* = a letter of praise given to someone for doing something good शाबाशी, प्रशस्ति-पत्र

com•men•su•rate /kəˈmenʃərɪt/ /कˈमेन्शरिट/ adj. *He was given a job commensurate with his abilities.* = equal to; in keeping with; matching के अनुरूप या उपयुक्त

com•ment[1] /ˈkɒment/ /ˈकॉमेण्ट/ noun, c. or u. **1** *Please read this essay and write your comments in the margin.*(c.) = an opinion expressed (given) about someone or something टिप्पणी **2** *I listened to his speech without comment.*(u) = the act of making a comment टीका-टिप्पणी

comment[2] verb, t. *I would like to comment on some of the things that the writer describes in this book.* = to make a comment (express an opinion) पर अपने विचार या अपनी टिप्पणी देना

com•men•ta•ry /ˈkɒməntəri/ /ˈकॉमेण्ट्री/ noun, c. (**commentaries**) **1** *a commentary on the writings of Nehru* = a book which explains and makes comments on another book टीका, व्याख्या, भाष्य **2** *a sports commentary* = a description of an event given, with comments (opinions), over radio or television while the event is taking place घटना का आँखों देखा हाल (अपनी टिप्पणी के साथ) पेश करना **commentator** /kɒmənˈteɪtə[r]/ /कॉमन्ˈटेइट[र]/ noun, c. *a cricket commentator* = a person who gives or writes a commentary on an event, a book etc. विवरणकार, भाष्यकार

com•merce /ˈkɒmɜːs/ /ˈकॉमऽस/ noun, u. *Mumbai is an important centre of commerce.* = trade or business वाणिज्य **commercial** /kəˈmɜːʃəl/ /कˈमऽशल्/ adj. *the commercial capital of India* = related to commerce (business) वाणिज्य-/व्यापार-संबंधी **commercial vehicle** noun = a truck or bus, used for business purposes व्यापार-वाहन **commercialize** verb, t. *Friendship has been commercialized by greeting cards and gifts.* = turned into a business (often derogatory) व्यापारिक बना देना (प्राय: अनादरपूर्ण)

com•mis•sion[1] /kəˈmɪʃən/ /कˈमिश्न्/ noun, c. or u. **1** *The salesperson earns a commission of 10 per cent on each book that he sells.*(c.) = an amount of money paid to a salesperson or agent for selling something, usually based on the value of the thing sold दलाली, बट्टा **2** *A commission was set up by the government to suggest how education could be improved.*(c.) = a group of people specially appointed to examine some problem and write a report आयोग, समिति **3** *This architect has received a commission to design a new hotel.*(c.) = a responsibility or job given to someone कार्याधिकार

commission[2] verb, t. *The artist has been commissioned to make a marble statue of Dr Ambedkar.* = to appoint someone to do something; to give a commission (job) to someone (के लिए) नियुक्त करना **commissioner** noun, c. *the Revenue Commissioner* = a senior government official in charge of a department आयुक्त, किसी विभाग का एक वरिष्ठ सरकारी अफ़सर

com•mit /kə'mɪt/ /क'मिट/ verb, t. (**committed**) **1** *commit a serious crime* = to do something wrong or illegal कोई गलत या गैरकानूनी काम करना **2** *They will be committed to prison.* = to be sent to prison जेल भेजना **3** *The Green Tree Club is committed to the cause of tree-planting.* = to give complete support to some cause किसी मूल्य या आदर्श के प्रति पूर्ण सहयोग का भाव रखना **4** *I can't commit myself to picking you up tomorrow.* = to make a promise which obliges one to do something का वादा करना **5** *Please commit this poem to memory.* = to learn something by heart; to memorize रट जाना **commitment** noun, c. or u. **1** *I made a commitment to my teacher that I would complete this essay tonight.*(u.) = a promise to do something वादा **2** *I don't want to adopt this dog as I don't want any commitments.*(c.) = some responsibility that one feels obliged to take up कोई ज़िम्मेदारी लेना

com•mit•tee /kə'mɪti/ /क'मिटी/ noun, c. *The government has appointed a committee to look into this matter.* = a small group of people chosen by a larger group to do something समिति

com•mode /kə'məʊd/ /क'मउड/ noun, c. = a seat used as a toilet (old-fashioned) कमोड (पुराने प्रचलन का)

com•mo•di•ous /kə'məʊdiəs/ /क'मउडियस/ adj. *a commodious house* = having a lot of space (formal) प्रशस्त (औपचारिक)

com•mod•i•ty /kə'mɒdɪti/ /क'मॉडिटी/ noun, c. (**commodities**) = something (generally an agricultural product) that is used regularly and also traded in the market माल (प्राय: कृषि-उत्पादन से संबंधित)

com•mo•dore /'kɒmədɔː/ /'कॉमडॉऽ/ noun, c. = a senior officer in the navy or airforce नौसेना या वायुसेना का एक वरिष्ठ अफ़सर

com•mon /'kɒmən/ /'कॉमन/ adj. **1** *Tigers used to be common in the forests of Orissa.* = found often and in many places अक्सर और कई जगहों पर मिलने या पाए जाने वाले **2** *The common person will be hit by the rising prices.* = average; ordinary; not wealthy आम आदमी **3** *This boundary wall is common to both of us.* = shared by two or more people दो या अधिक व्यक्तियों के बीच समान अधिकार का **common denominator** noun, c. **1** *The fractions 4/5 and 3/5 have a common denominator, which is 5.* = a number by which two or more other numbers are divided [MATHEMATICS] लघुत्तम समापवर्त्त [गणित] **2** *The common denominator which unites all of us is the love of our country.* = a belief shared by all the members of a group **common noun** *'Boy' is a common noun but 'Asif' is a proper noun.* = a noun that does not name a particular person, place or thing [GRAMMAR] जातिवाचक संज्ञा [व्याकरण]

common room noun, c. = a room in a school or college building which is meant for the use of all the students or teachers, when they want to relax सामान्य कक्ष (स्कूल, कॉलेज का वह कमरा जहाँ छात्र-छात्राएँ और शिक्षक साथ-साथ विश्राम करते हैं) **common sense** noun, u. *You can solve this problem by just using your common sense.* = the ability to understand and judge things correctly, which comes from practical experience सामान्य बुद्धि **the Commonwealth** noun = an association of countries which were formerly parts of the British Empire, to encourage trade and friendly relations among its members देशों या राष्ट्रों का वह संघ जो पहले ब्रिटिश साम्राज्य के अंग थे, व्यापार तथा पारस्परिक मैत्री के उद्देश्य में अब एकजुट हैं

to have something in common with someone *My brother and I have nothing in common. He likes to have lots of friends, while I like to be alone.* = some quality which two people share दो लोगों के बीच के समान गुण (रुचि, प्रवृत्ति, आदि)

com•mo•tion /kə'məʊʃən/ /क'मउश्न/ noun, u. *There was a commotion in the school when the inspector arrived.* = noisy and excited movement and activity हलचल, उत्तेजना

com•mu•nal /'kɒmjʊnəl/ /'कॉम्युनल/ adj. *communal riots* = something related to, or based on, the existence of different racial, religious or language groups (communities) जातीय, धार्मिक, भाषिक वर्गों के अपनी अलग पहचान से संबंधित या पर आधृत

com•mune[1] /'kɒmjuːn/ /'कॉम्यून/ noun, c. **1** = a group of people who live and work together and help one another for each other's good परिवारों, व्यक्तियों का एक वर्ग जो एक साथ मिलकर सरकार के लिए खेती-व्यवस्था, कारखाने आदि में सहायता देते हैं **2** = a group of families and individuals who live and work together as a team to run farms, factories etc. for the government लोगों का एक वर्ग जो साथ-साथ रहते हुए पारस्परिक कल्याण में सक्रिय होते हैं

commune[2] /kə'mjuːn/ /क'म्यून/ verb, i. *I often go to the seaside as I like to commune with nature.* = to exchange thoughts and feelings with someone without using language मूक रूप से भावात्मक या भावनात्मक तादात्म्य स्थापित करना

communion /kə'mjuːnjən/ /क'म्यून्यन/ noun, u. *Don't disturb them. They are holding communion with nature.* = the process of sharing or exchanging deep ideas and feelings, specially of a religious nature (formal) विशेषत: धार्मिक या आध्यात्मिक प्रकार का भावनात्मक आदान-प्रदान करना (औपचारिक)

com•mu•ni•cate /kə'mjuːnɪkeɪt/ /क'म्यूनिकेइट/ verb, t. or i. **1** *You should be able to communicate your ideas to your readers.* = to make one's ideas and feelings known to others(t.) दूसरों से अपने विचार अभिव्यक्त करना **2** *She can communicate very well.*(i.) = to speak or write in order to share one's ideas or feelings with others अपने विचार या भाव लेखन या वाचन में स्पष्टत: व्यक्त कर पाना **3** *Many of the patients in the hospital communicated the disease to their families.*(t.) = to pass on a disease (बीमारी) फैलाना **communicable** adj. *a hospital for the treatment of communicable diseases* = things (ideas, diseases, etc.) which can be communicated (passed on from one person to another) संचारी, संक्रामक **communication** kəmju:nɪ'keɪʃən/ /कम्यूनि'केइशन्/ noun, u. or c. **1** *There is no communication between Meena and her friend. Has something happened?*(u.) = sharing of ideas or feelings, mainly through speaking बोलचाल (का आदान-प्रदान) **2** *E-mail is now the most economical means of communication.* (u.) = sending messages संचार-व्यवस्था, पत्र-व्यवहार **3** *I have received a communication from the Director.*(c.) = a message, letter etc. (formal) प्रपत्र, संदेश (औपचारिक) **communications** noun (always plural) *Communications between Kolkata and the neighbouring cities have been cut off completely because of the floods.* = the various means of travelling, moving goods or sending messages from one place to another by road or railway, telephone, telegraph etc. आवागमन, आयात-निर्यात, दूरभाष-संपर्क आदि **communicative** /kə'mju:nɪkətɪv/ /क'म्यूनिकटिव/ adj. **1** *You will find that she is very communicative and will gladly share information with you.* = very willing to talk or to give information आलापप्रिय, विचारों के आदान-प्रदान के लिए सदा प्रस्तुत **2** *poor communicative skills* = related to communication विचारों के आदान-प्रदान से संबंधित

Communism /'kɒmjʊnɪzəm/ /'कॉम्युनिज़्म/ noun = a political system in which the means of production are owned or controlled by the state साम्यवाद **communist** noun, c. = a person who believes in communism साम्यवादी

com•mu•ni•ty /kə'mju:nɪti/ /क'म्यूनिटी/ noun, c. or u. (**communities**) (used wth singular or plural verb) **1** *a member of the Parsi community* = a group of people united by a common culture, religion, language etc. बिरादरी, संप्रदाय, समुदाय **2** *We are all interested in the welfare of the community.* = society as a whole समाज (एक पूरी इकाई के रूप में)

com•mute /kə'mju:t/ /क'म्यूट/ verb, i. or t. **1** *He has to commute between Delhi and Noida by bus every day.*(i.) = to travel a long distance regularly between one's home and place of work अपने घर से कार्यालय की लंबी दूरी तय करते रोज़ आना-जाना **2** *She has decided to commute her pension into a one-time payment.*(t.) = to exchange one thing (specially one form of payment) for another अदायगी को दूसरा रूप देना **commuter** noun, c. = a person who commutes to work कार्यालय आने-जाने वाला

com•pact[1] /'kɒmpækt/ /'कॉम्पैक्ट/ adj. **1** *a compact car* = small but neat and well designed छोटा लेकिन साफ़ और सब तरह से फ़िट **2** *The houses are built in a compact group.* = closely packed घनत्व में

compact[2] noun, c. **1** *We have made a compact never to complain about each other.* = an agreement एक समझौता **2** *a powder compact* = a small, flat container for face powder चेहरे के पाउडर के लिए एक चिपटा डिब्बा **compact disc** noun, c. = a small disc (flat circular piece) of metal coated with plastic, on which high-quality sound can be recorded or large quantities of data stored (see also **CD**) धातु का बना एक छोटा चिपटा तश्तरीनुमा गोला जिसमें सूक्ष्मतम आवाज़ें या बहुत-सारे तथ्य संचित होते हैं (देखें **CD**)

com•pa•ny /'kʌmpəni/ /'कॅम्पनी/ noun, u. or c. (**companies**) **1** *the Bata Shoe Company*(c.) = a group of people who combine together for business लोगों का एक खास दल जो किसी व्यापार के लिए एकजुट रहता है **2** *I enjoy your company*(u.) = being together with someone संग, साथ **3** *We are expecting company tonight.*(u.) = guests कुछ अतिथि **companion** / kəm'pænjən/ /कम्'पैन्यन/ noun, c. *The woman is ill and cannot live alone. She needs a companion.* = a person who stays and helps another person and is a friend to him/her संगी, साथी, सहचर

com•pare /kəm'peəʳ/ /कम्'पेअ'/ verb, t. **1** *Let us compare India and China as developing countries. Which one has made greater progress?* = to examine or judge one thing against another, in order to bring out the points of similarity and difference समानता तथा अंतर पाने के लिए तुलना करना **2** *The poet compares the face of his beloved to the moon.* = to try to find similarity between things which are not really similar उपमा देना **comparison** / kəm'pærɪsən/ कम्'पैरिज़न/ noun, u. or c. **1** *The teacher drew a comparison between the two countries.* = the act of comparing two things or people तुलना **2** *There is no comparison between the two cities. The one we live in is far better.* = the result of comparing two things तुलना करने पर **comparable** /'kɒmprəbəl/ /'कॉम्प्रबल/ adj. *These two train fares are not comparable. One is Rs 1000 and the other only Rs 300.* = (things or people) that can be compared to each other (opposite **incomparable**) तुलनीय

(विलोम शब्द **incomparable**) **comparative** /kəm'pærətɪv/ /कम्पैरटिव/ adj. **1** *I am making a comparative study of colour terms in Hindi and English.* = something that makes a comparison between two things तुलनात्मक **2** *'Better' is the comparative form of the adjective 'good'.* = the form of an adjective used in comparing only two things (see **superlative**) तुलनात्मक (देखें **superlative**)

com•part•ment /kəm'pɑ:tmənt/ /कम्पाट्मण्ट/ noun, c. *I am travelling in a second class compartment.* = one of the parts into which a space can be divided (रेल) डब्बा **water-tight compartment** *You cannot keep sports and education in water-tight compartments. There is a close connection between the two.* = a complete separation between two things that are connected to each other साफ़-साफ़ अलहदा

com•pass /'kʌmpəs/ /'कॅम्पस/ noun, c. or u. (**compasses**) **1** *a magnetic compass* = an instrument with a needle that always points north एक यंत्र जिसकी सुई बराबर उत्तर की ओर होती है **2** *a pair of compasses* = an instrument which has two 'legs' and is used for drawing circles, measuring distances on a map etc. (always plural) वृत्त खींचने या नक्शे पर माप आँकने का एक यंत्र

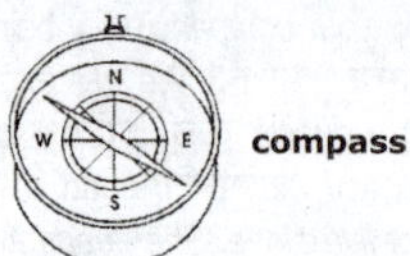

compass

com•pas•sion /kəm'pæʃən/ /'कम्पैश्न्/ noun, c. *The Buddhist religion asks us to show compassion to all living creatures, including animals.* = sympathy and pity करुणा **compassionate** adj. **1** *a highly compassionate person* = showing compassion (pity) सहानुभूतिशील, करुणाशील **2** *The judge decided that the thief, who was old and sick, should be set free on compassionate grounds.* = something done out of sympathy and pity रहम, सहानुभूति और तरस

com•pat•i•ble /kəm'pætɪbəl/ /'कम्पैटिब्ल/ adj. **1** *Although we come from different countries, we like the same kind of music and the same books. We are fully compatible.* = able to live and work together in agreement (opposite **incompatible**) मेल खानेवाला (विलोम शब्द **incompatible**) **2** *The new software is not compatible with my old computer.* = able to work or be used together संगत

com•pat•ri•ot /kəm'pætriət/ /कम्पैट्रिअट/ noun, c. = a person who belongs to the same country as another (formal) स्वदेशी तद्देशीय (औपचारिक)

com•pel /kəm'pel/ /कम्पेल/ verb, t. *We like to play in the evening but our uncle compels us to study.* = to force a person to do something which he/she is not willing to do बाध्य करना **compulsion** noun, u. बाध्यता **1** *A group of children came to me and demanded some money for a picnic, but I refused to pay under compulsion.* = force or influence used to make a person do something बाध्यता(में), प्रभाव से बाध्य (होकर) **2** *I had given up sweets, but this evening I felt a sudden compulsion to have some.* = a strong desire which is difficult to control अदमनीय इच्छा **compulsive** adj. **1** *I felt a compulsive need to have a sweet.* = a desire which becomes a compulsion (difficult to control) बाध्यकर **2** *She is a compulsive tea-drinker.* = a person who suffers from some compulsion वह व्यक्ति जो अपनी अदम्य इच्छा से विवश हो **compulsory** /kəm'pʌlsəri/ /कम्पॅल्सरी/ adj. *In Singapore, military training is compulsory for all male university students.* = something which must be done and from which there is no escape; obligatory अनिवार्य

com•pen•sate /'kɒmpənseɪt/ /'कॉम्पन्सेइट/ verb, t. *The airline will pay Rs 2 lakh to the families of people who died in the air crash, to compensate them for their loss.* = to give something (especially money) to someone to make up for some loss that he/she has suffered because of some action for which one is responsible हरजाना देना, क्षतिपूर्ति करना **compensation** /kɒmpən'seɪʃən/ /कॉम्पन्सेइशन/ noun, u. = something (especially money) given to someone to compensate him/her for some loss हरजाना, भरपाई

com•pere[1] /'kɒmpeə^r/ /'कॉम्पेअ^र/ verb, t. *We hear an artist is coming to compere the dance programme.* = to introduce the people who take part in some show (on stage, radio etc.) and the items they are going to present etc. किसी प्रदर्शन के कलाकारों का परिचय देना

compere[2] noun, c. *a compere* = a person who comperes (introduces) a show सूत्रधार

com•pete /kəm'pi:t/ /कम्पीट/ verb, i. *The well-known runner, P.T. Usha, will compete in the next Asian Games.* = to take part in a competition and try to win prizes प्रतियोगिता या स्पर्धा में भाग लेना

com•pe•tence /'kɒmpɪtəns/ /'कॉम्पिटन्स/ noun, c. *You have asked him to translate the report into Hindi, but are you sure of his competence?* = ability to do something that one is required to do क्षमता, योग्यता **competent** adj. *Homi will be able to write this report in English. He is quite competent in English now.* = having the ability or skill required to do something सुयोग्य, कार्यक्षम, सक्षम

C

com•pe•ti•tion /kɒmpɪˈtɪʃən/ /कॉम्पिटिश्न/ noun, c. or u. **1** *a dance competition.*(c.) = a test in which different people take part to show which one of them can do something better than the others प्रतियोगिता **2** *I do not enjoy competition.*(u.) = the act of competing with others स्पर्धा, होड़ **competitive** /kəmˈpetɪtɪv/ /कम्पेटिटिव/ adj. **1** *We should try to sell our shirts at a competitive price.* = something that helps or allows one to compete with others प्रतियोगितात्मक **2** *They are very competitive by nature.* = fond of competiting स्पधर्थप्रिय **competitor** noun, c. = a person who takes part in a competition प्रतियोगी

com•pile /kəmˈpaɪl/ /कम्पाइल/ verb, t. *He is compiling a list of doctors practising in this city.* = to collect and put together facts, information etc. from different sources in the form of a report or book किसी संग्रह के लिए विभिन्न स्रोतों से तथ्य एकत्र या संकलित करना **compiler** noun, c. = a person who compiles information etc. for a book, e.g. a compiler of a dictionary संकलित करना **compilation** /kɒmpɪˈleɪʃən/ /कॉम्पिलेइश्न/ noun, u. **1** *This book is a compilation of articles by different authors.* = collection संग्रह, संकलन **2** *I want to thank everyone who has helped me in the compilation of this book.* = the act of compiling a book संगृहीत करने की प्रक्रिया

com•pla•cent /kəmˈpleɪsənt/ /कम्प्लेइस्एण्ट/ adj. *I know we are well prepared for the test, but let's not be too complacent.* = feeling pleased and satisfied with oneself without enough reason; not feeling worried at a time when one should feel worried; smug (disapproving) (यथेष्ट कारण न होने पर भी/ चिंता का कारण रहने पर भी) आत्म-संतुष्ट (अस्वीकृत) **complacency** noun, u. = the state of being complacent आत्मसंतुष्टि

com•plain /kəmˈpleɪn/ /कम्प्लेइन/ verb, i. or t. *Last week my mother was ill and in great pain, but she never complained.* = to express feelings of annoyance, unhappiness, suffering etc. शिकायत करना, उफ़ करना, तकलीफ़ या झुँझलाहट का इज़हार करना **complaint** noun, c. **1** *Some of the boys in your class have made a complaint against you to the Principal.* = a statement, written or spoken, expressing annoyance, unhappiness etc. caused by someone or something लिखकर या ज़वाबी तौर पर रंज या रोष का इज़हार **2** *My telephone is not working, I have to register a complaint.* = a report about something that is not working, is defective etc. जो ठप पड़ा है उसके लिए शिकायत दर्ज़ करना **3** *a stomach complaint* = illness बीमारी

com•ple•ment /ˈkɒmplɪment/ /ˈकॉम्प्लिमेण्ट/ noun, c. **1** *My friend and I went to the cinema and then we had dinner in a good restaurant. It was a perfect complement to a very enjoyable evening.* = something which, when added to something else, makes it complete or perfect संपूरक **2** *In the sentence 'Sajida is my friend', the word 'friend' is used as a complement.* = a noun that comes after a verb and helps to complete the meaning of the sentence [GRAMMAR] पूरक [व्याकरण] **complementary** /kɒmplɪˈmentəri/ /कॉम्प्लि'मेण्ट्री/ adj. **1** = making something complete जो पूरा करता हो **2** *complementary angles* = a pair of angles which measure a total of 90 degrees [GEOMETRY] कोण जो 90 डिग्री पूरा करते हैं [ज्यामिति] **3** *complementary colours* = colours which result in grey or white when mixed [TECHNICAL]; colours which are not in sharp contrast, e.g. green and blue वे रंग जो मिश्रित होने पर भूरे या उजले हो जाते हैं [तकनीकी]

com•plete¹ /kəmˈpliːt/ /कॅम्प्लीट/ adj. **1** *I want to buy the 'Complete Works of William Shakespeare'. Do you have it?* = full, with no part missing संपूर्ण (रचनावली) **2** *My essay is now complete.* = finished समाप्त **3** *His decision to leave the city came as a complete surprise.* = total एकदम, बिलकुल

complete² verb, t. **1** *I have to complete my homework.* = to finish समाप्त करना, निबटाना **2** *I need a picture of a cobra to complete my collection of Indian snakes.* = to add something which is missing in order to make it whole कमी पूरी करना

com•plex¹ /ˈkɒmpleks/ /ˈकॉम्प्लेक्स/ adj. **1** *Countries like ours have many complex problems.* = difficult to understand and deal with जटिल, समझने, हल निकालने में मुश्किल, उलझी हुई **2** *Water is brought from the river to the fields through a complex system of canals.* = made up of many different but closely connected parts बहुत-सारे विभिन्न किंतु अंतर्संबद्ध भागों की व्यवस्था **3** *'I have many friends who read books' is a complex sentence.* = consisting of a main clause and one or more subordinate clauses [GRAMMAR] एक मुख्य वाक्य जिसके साथ एक संबद्ध वाक्यांश भी होता है [व्याकरण]

complex² noun, c. **1** *I have a small shop in the new shopping complex.* = a group of buildings which contains a number of shops, restaurants, houses etc. एक स्थान जहाँ विभिन्न प्रकार की दुकानें, रेस्तराँ, मकान हों **2** *suffer from an inferiority complex* = unconscious fears, desires, feelings etc. which influence the behaviour of a person अवचेतन के दमित भय, इच्छाएँ, भावनाएँ जो किसी के आचार को प्रभावित करती हैं **complexity** /kəmˈpleksɪti/ /कम्प्लेक्सिटी/ noun, u. *a problem of great complexity* = something which has the quality of being complex (difficult to understand and deal with) जटिलता

com•plex•ion /kəm'plekʃən/ /कम्प्लेक्शन्/ noun, u. *a smooth complexion* = the natural colour and look of the skin, especially the face त्वचा का जन्मजात, प्राकृतिक रंग-रूप

com•pli•cate /'kɒmplɪkeɪt/ /'कॉम्प्लिकेइट/ verb, t. *My friend does not have a cycle and has to take a bus which is always crowded. And now, to complicate matters, the buses are not running as the drivers are on strike.* = to make things more difficult to deal with और मुश्किल की बात होना **complicated** adj. **1** *This is a very complicated topic and I can't explain it in a single class.* = something that is difficult to understand उलझा हुआ, दुर्बोध **2** *a complicated machine* = having many connected parts बहुत पेंचीदगी वाली, जिसके बहुत सारे भाग अंतर्संबद्ध हों

com•pli•ment[1] /'kɒmplɪmənt/ /'कॉम्प्लिमण्ट्/ noun, c. *The dancer received compliments on her wonderful performance.* = expressions of praise, admiration or respect अभिनंदन, प्रशंसोक्ति, ख़ैरमकदम

compliment[2] verb, t. *I would like to compliment you on the wonderful work you have done.* = to praise someone प्रशंसा करना, बधाई देना **complimentary** /kɒmplɪ'mentəri/ /कॉम्प्लि'मेण्ट्री/ adj. **1** *Thank you for your complimentary remarks.* = (remarks) expressing praise, admiration etc. प्रशंसात्मक **2** *I am sending you two complimentary tickets for the show.* = (tickets) given free, as a favour or sign of respect भेंटरूप, सम्मानार्थ

com•ply /kəm'plaɪ/ /कम्प्लाई/ verb, i. *Although we may not agree with the rule, we must comply with it.* = to obey an order or rule अनुपालन करना **compliance** noun, u. *compliance with the law* = obedience आदेश-पालन **compliant** adj. *a compliant person* = one who is too willing to listen to others and do as they say (derogatory) खैरख्वाह (अनादरपूर्ण)

com•po•nent /kəm'pəʊnənt/ /कम्पउनण्ट/ noun, c. *As some of the components needed to make these cars are not available here, we have to import them.* = a part that is used, together with other parts, to make a machine, e.g. a motor car यंत्र के पुरज़े

com•pose /kəm'pəʊz/ /कम्पउज़/ verb, t. **1** *The famous musician, Ravi Shankar, will compose the music for this film.* = to create a piece of music or poetry (संगीत) रचना **2** *Don't be so upset. Please compose yourself.* = to make someone, especially oneself, calm (formal) शांत-स्थिर होना (औपचारिक) **3** *The book has already been composed and will be printed soon.* = to make a book ready for printing छपने को तैयार **4** *Carbon dioxide is composed of one part of carbon and two parts of oxygen.* = to be made up of से मिलकर बना **composer** noun, c. = a person who composes (creates) music (संगीत) रचनाकार

com•pos•ite /'kɒmpəzɪt/ /'कॉम्पज़िट/ adj. *This is a composite group which has people from different parts of India.* = a combination of different people or things विभिन्न लोगों का या वस्तुओं का संकुल

com•po•si•tion /kɒmpə'zɪʃən/ /कॉम्प'ज़िशन्/ noun, u. or c. **1** *She teaches us composition.*(u.) = the art or skill of writing रचना शैली **2** *The teacher will correct your composition and return to you.*(c.) = a piece of writing लेखन **3** *We don't know enough about the composition of this poem to say where and how it was written.* = the act of composing (writing) a poem or a piece of music रचना (प्रक्रिया या काल) **4** *This is a new composition by the musician, L. Ramani.*(c.) = a piece of music or poetry composed by someone रचना **5** *Scientists are carrying out experiments to find out the composition of the planet Mars.*(u.) = the combination of various parts or materials from which something is made किसी वस्तु के निर्माण में विभिन्न तत्त्वों का सम्मिश्रण

com•post /'kɒmpɒst/ /'कॉम्पॉस्ट/ noun, u. *You can make compost from cowdung, rotting leaves and other waste material.* = a mixture of different materials, mostly rotting leaves, grass etc. used as a fertilizer, to make the soil richer सड़े पत्तों, घास की मिलावट जिससे खाद बनती है

com•po•sure /kəm'pəʊʒəʳ/ /कम्पउज़र/ noun, u. *He started his speech confidently but lost his composure when people in the audience started walking out.* = the state of being composed (calm) आत्मसंवरण, आत्मसंयम

com•pound[1] /'kɒmpaʊnd/ /'कॉम्पाउण्ड/ noun, c. **1** *The school has a large compound.*(c.) = an area enclosed by a wall or fence and containing a number of buildings अहाता **2** *Water is a compound, produced by combining the elements hydrogen and oxygen.* = a chemical substance made up of at least two different **elements** (simple substances) [CHEMISTRY] दो या अधिक तत्त्वों से बना पदार्थ [रसायनशास्त्र]

compound[2] verb, t. *We were late for school and compounded the problem by forgetting our school bags in the bus.* = to make something which is bad, even worse और मुश्किल की बात हो जाना **compound word/sentence** noun = a word or sentence produced by combining two words or clauses [GRAMMAR] दो शब्दों या वाक्यांशों से निर्मित शब्द या वाक्य [व्याकरण] **compound fracture** noun, u. = a break in a bone which causes it to cut through the flesh and skin, making an open wound वह चोट जो हड्डी के टूटने और मांस चमड़े से बाहर आ जाने पर होती है **compound interest** noun = interest calculated on the principal (the sum of money originally lent) as well as the interest earned मूल पर लगा सूद और कमाया हुआ सूद

com•pre•hend /kɒmprɪ'hend/ /कॉम्प्रिहेण्ड/ verb, t. *I cannot comprehend what they are saying as I don't know their language.* = to understand (formal) बोधगम्य हो जाना (अनौपचारिक) **comprehensible** adj. *The language of the essay is quite comprehensible.* = something that can be understood (opposite **incomprehensible**) सुबोध (विलोम शब्द **incomprehensible**) **comprehension** noun, u. *Have you understood the main points of this essay? Let me ask you a few questions to check your comprehension.* = the ability to understand समझ की क्षमता

com•pre•hen•sive /kɒmprɪ'hensɪv/ /कॉम्प्रिहेन्सिव/ adj. *Your answer to this question leaves out many things. We need a more comprehensive answer.* = including everything; thorough और अधिक ब्यौरेवार, संपूर्ण

com•press /kəm'pres/ /कॅम्प्रेस/ verb, t. *Your answer runs into fifteen pages. It should be compressed into three pages.* = to force a substance, piece of writing etc. into less space तक संक्षिप्त करना **compressor** noun, c. = a machine that can compress air or gas (हवा या गैस को कसकर बंद करने वाली मशीन)

com•prise /kəm'praɪz/ /कॅम्प्राइज़/ verb, t. *The Northeastern Region comprises the states of Nagaland, Mizoram, Manipur and Arunachal Pradesh.* = to be made up of समाविष्ट करना, मिलकर एक (इकाई) होना

com•pro•mise[1] /'kɒmprəmaɪz/ /'कॉम्प्रमाइज़/ noun, c. or u. *Some of us wanted to travel by train and some by bus. Finally we reached a compromise and travelled part of the way by bus.* = an agreement reached between two individuals or groups after a quarrel or dispute, in which each person or group agrees to some of the demands of the other आपसी समझौता

compromise[2] verb, i. or t. **1** *Harinder wanted Rs 700 for his old bicycle but I thought it was worth no more than Rs 500. Finally, we compromised on a price of Rs 600.*(i.) = to reach a compromise पर तय करना **2** *When you speak in parliament, make sure you don't compromise your principles by saying things you do not believe in.*(t.) = to do something which brings shame, disrespect or dishonour to one (सिद्धांत) की मर्यादा का निर्वाह करना (कि कुछ लज्जाजनक, अभद्र न लगे)

compulsion, compulsory, compulsive see **compel** देखें **compel**

com•punc•tion /kəm'pʌŋkʃən/ /कम्पंक्शन्/ noun, u. *The student did not have the slightest compunction in missing his classes.* = a feeling of guilt or shame that stops one from doing something wrong (generally used in negative sentences) अपने किए पर पछतावा या खेद (सामान्यत: नकारात्मक वाक्यों में प्रयुक्त)

com•pute /kəm'pju:t/ /कम्प्यूट/ verb, i. or t. *We need to compute how much money we have to pay as rent.* = to calculate हिसाब लगाना **computation** /kɒmpjʊ'teɪʃən/ /कॉम्प्युटेइश्न्/ noun, u. *According to my computation, the journey and stay together cost us Rs 2000.* = the act of calculating something (formal) आकलन (औपचारिक) **computer** /kəm'pju:tə/ /कम्प्यूटर/ noun, c. = an electronic machine that can store and recall information and do various kinds of computation (calculation), according to the programme which is supplied एक यंत्र जो स्मरणीय तथ्य संरक्षित करता है तथा आकलन भी करता है **computerize (computerise)** verb, t. *The bank has computerized all its operations.* = to use or to start using computers to do some work कंप्यूटरीकृत करना

com•rade /'kɒmrɪd/ /कॉम्रिड/ noun, c. **1** *We have been comrades in the air force for many years.* = a close companion who shares some difficult work or danger सहचर **2** = the title by which a member of the Communist Party is addressed by other members of the party साम्यवादी दल के सदस्यों का पारस्परिक सामान्य संबोधन

con[1] /kɒn/ /कॉन/ noun, c. (always plural) *Before you decide to change your job, you should think carefully about the pros and cons.* = the points for and against an idea पक्ष-विपक्ष के तर्क

con[2] verb, t. *They conned us out of a lot of money.* = to cheat or trick someone after winning his/her confidence (trust) (informal, derogatory) ठग लेना, मूँड़ लेना (अनौपचारिक, अनादरपूर्ण)

con[3] adj. *He is a con man.* = a professional cheat who first creates trust and then cheats (slang) ठग (अपभाषा)

con•cave /kɒn'keɪv/ /कॉन'केइव/ adj. *a concave mirror* = something that curves inwards (opposite **convex**) अंदर की ओर धँसा हुआ (विलोम शब्द **convex**)

con•ceal /kən'si:l/ /कन्'सील/ verb, t. *The security guards at the airport searched all visitors to make sure they had not concealed any weapons under their clothes. // He is able to conceal his feelings.* = to hide (गुप्त रूप से) छिपाना, प्रगट न होने देना

con•cede /kən'siːd/ /कन्'सीड/ verb, t. 1 *He insisted that he had used the word correctly, but conceded his mistake after we showed him its meaning in the dictionary.* = to accept or admit something as correct or true, generally unwillingly आखिरकार मान लेना 2 *The bowler conceded 15 runs in that over.* = to be forced to give away something that one does not want to give दे देने पर मजबूर होना

con•ceit /kən'siːt/ /कन्'सीट/ noun, u. *He generally doesn't talk to people, but that's because he is shy, not because of conceit.* = the quality of thinking too highly of oneself; pride दंभ, अहंभाव **conceited** adj. a conceited person = thinking too highly of himself; arrogant उद्धत, दंभी

con•ceive /kən'siːv/ /कन्'सीव/ verb, t. or i. 1 *Scientists first conceived the idea of a computer about 200 years ago.*(t.) // *Can you conceive of life without electricity?* = to think of; to imagine (मौलिक) कल्पना करना 2 *The doctors had said she could never have a baby, but she conceived last month.*(i) = to become pregnant गर्भधारण करना **conceivable** adj. *It is conceivable that one day we shall be able to fly to New York in just two hours.* = something that can be imagined or thought of; possible (opposite **inconceivable**) कल्पनीय (विलोम शब्द **inconceivable**)

con•cen•trate[1] /'kɒnsəntreɪt/ /'कॉन्सन्ट्रेइट/ verb, i. or t. 1 *Don't spend so much time worrying. You must concentrate on your work.* = to direct one's thoughts, efforts, attention etc. towards a particular activity or purpose ध्यान केंद्रित करना 2 *All the new schools are concentrated around Sitaranagar Gardens.* = to come together in or around a place किसी स्थान के चारों ओर एकत्र होना

concentrate[2] noun, c. = a substance which has been produced by removing all or some of the water present in some natural substance, e.g. orange juice सत, जूस **concentrated** adj. *The bottle contains concentrated orange juice. You will have to mix one litre of water to make six glasses of juice.* = something (usually a liquid) which has been made thicker or stronger by removing water from it खाँटी सत **concentration** /kɒnsən'treɪʃən/ /कॉन्सन्'ट्रेइश्न्/ noun, u. 1 *One needs great concentration if one is trying to study in a noisy place.* = the ability to keep one's attention fixed on something in spite of distractions एकाग्रता 2 *There is a concentration of people from the North-east in this part of Delhi.* = a gathering of many people in one place बहुत-से लोगों का एक जगह जमाव

con•cen•tric /kən'sentrɪk/ /कन्'सेण्ट्रिक/ adj. = circles which have a common centre एक ही केंद्र के कई वृत्त चक्र

con•cept /'kɒnsept/ /'कान्सेप्ट/ noun, c. or u. *Please explain the concept of evaporation to me.*(c.) = idea or principle सिद्धांत **conception** /kən'sepʃən/ /कन्'सेप्श्न्/ noun, u. 1 *His conception of exercise was just a short walk around the block!* = understanding or idea (of something) धारणा 2 *the time of conception* = the beginning of a new life within the mother गर्भावस्था **conceptual** /kən'septʃuəl/ /कन्'सेप्चुअल/ adj. *The conceptual abilities of a child develop rapidly between the ages of 2 and 4 years.* = relating to the formation of concepts (ideas) in the mind कल्पना सक्षम

con•cern[1] /kən'sɜːn/ /कन्'सɜन/ verb, t. 1 *This article concerns cruelty to animals.* = to be about से संबद्ध 2 *Don't read this letter. It does not concern you.* = to be of importance or interest to से संबंधित होना 3 *Please don't concern yourself with this problem. Let others think about it.* = to worry about something (sometimes not respectful) ख्वाहमख्वाह दखल देना

concern[2] noun, c. 1 *Your health is of great concern to me.* = importance अहमियत का 2 *Your poor health is causing concern to all of us.* = worry फिक्र, चिंता 3 *They are looking after the family concerns.* = business activity घरेलू धंधा, कामकाज **concerned** adj. 1 *Your parents are greatly concerned about your health.* = anxious; worried फिक्रमंद 2 *Please send this application to the officer concerned.* = someone who deals with a particular matter संबद्ध **concerning** /kənsɜːnɪŋ/ /कन्सɜनिङ/ adj. *This is a letter concerning the new building.* = about (formal) के संबंध में, के विषय में (अनौपचारिक)

> **Usage** The two meanings of 'concerned' are often confused. 'Send this application to the concerned officer' would mean 'to the officer who is worried or anxious', but is often used to mean 'Send it to the officer who is dealing with this matter.' The correct expression would be 'the officer concerned.' 'Concerned' शब्द के दो अर्थ अक्सर दुविधा पैदा करते हैं। जैसे 'send this application to the concerned officer' का अर्थ है 'to the officer who is werried or anxious', लेकिन अक्सर इसका प्रयोग 'send it to the officer who is dealing with this matter' से लगाया जाता है। सही अभिव्यक्ति होगी 'the officer concerned.'

con•cert /'kɒnsɜːt/ /'कॉन्सर्ट/ noun, c. or u. 1 *I have bought tickets for the concert by Madhup Mudgal.*(c.) = a musical performance by one or many musicians संगीत समारोह 2 *Three volunteer groups are working in concert to help the people in this area.*(u.) = together संगठित रूप में **concerted** adj. *The schools are making a concerted effort to stop the use of animals in scientific experiments.* = something that is planned and done together संगठित, आयोजित

C

con•ces•sion /kən'seʃən/ /कन्सेश्न्/ noun, u. or c. 1 *The shopkeeper has agreed to give me a concession on the price of these articles.* = a reduction in price छूट 2 *The two brothers quarrelled over a piece of land, but the elder brother finally made a concession and let the younger have it.* = something that is given up or agreed to after a dispute, which helps one of the groups रियायत

conch /kɒntʃ/ /कॉन्च/ noun, c. (**conches**) = the large, twisted shell of a sea-animal, which produces a loud sound when air is blown through it, sometimes used in Hindu religious ceremonies शंख

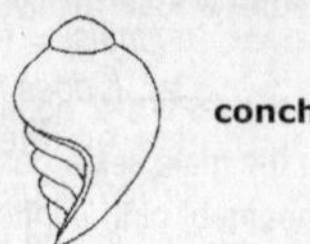
conch

con•cil•i•ate /kən'sɪlieɪt/ /कन्सीलिएइट/ verb, t. *The school was unable to give us funds for the Nature Club, but they conciliated us by giving us a large library of books and nature magazines.* = to do something to remove the disappointment, anger or mistrust which someone has been feeling कोई क्षतिपूर्त्ति करके मनोमालिन्य मिटाना **conciliation** /kənsɪli'eɪʃən/ /कन्सीलि'एइश्न्/ noun, u. *The people are ignoring the government's attempts at conciliation.* = the act or process of conciliating मनोमालिन्य का मिटाना **conciliatory** /kən'sɪliətəri/ adj. *a conciliatory gesture* = something done in order to conciliate (please) व्यवहार जो मनोमालिन्य मिटाए

con•cise /kən'saɪs/ /कन्साइस/ adj. *I need a concise report on the event, in not more than a page.* = short but clear संक्षिप्त किंतु स्पष्ट

con•clude /kən'klu:d/ /कन्क्लूड/ verb, t. or i. 1 *The meeting concluded at eight and everyone left.*(i.) = to come to an end का समापन होना 2 *I concluded my speech by thanking everyone.*(t.) = to bring something to an end का समापन करना 3 *The judge concluded that the accused was not guilty.* = to reach a decision or judgement after examining the facts निष्कर्ष निकालना **conclusion** noun, c. or u. 1 *The conclusion of the novel was very powerful.* = end अंत 2 *After you have discussed the important points in your essay, you should write the conclusion in the last paragraph.* = the final opinion or judgement that one arrives at after considering all the facts निष्कर्ष 3 = the last paragraph in an essay that sums up (compare **inference**) उपसंहार (देखें **inference**) **conclusive** adj. *We have conclusive evidence that she is innocent.* = something that helps one to reach a definite conclusion (judgement or decision) and removes all doubts (opposite **inconclusive**) निश्चित, असंदिग्ध (विलोम शब्द **inconclusive**)

con•coct /kən'kɒkt/ /कन्कॉक्ट/ verb, t. 1 *They should have told us the truth instead of concocting a story to explain why they were late.* = to make up something false in order to deceive, or avoid a problem (informal, derogatory) धोखा देने या समस्या से कतराने के लिए झूठी बात गढ़ना 2 *He concocted a refreshing drink from milk, mango juice and sugar.* = to produce something by mixing a number of things together (informal) मजमुआ तैयार करना (अनौपचारिक) **concoction** noun, c. 1 *He gave me a tasty concoction of tea, honey and ginger.* = something that is produced from a mixture of several things मजमुआ 2 *The story we heard was just a concoction.*(c.) = an untrue story; a lie (सफ़ेद) झूठ

con•com•i•tant /kən'kɒmɪtənt/ /कन्'कॉमिटण्ट/ adj. *I hope that we shall never have another war, with all its concomitant suffering.* = something that is a necessary part of something else and cannot be separated from it सहगामी, सहवर्त्ती

con•cord /'kɒŋkɔ:d/ /'कॉङकॉऽड/ noun, u. *concord between countries* = peace and understanding (opposite **discord**) मेल, शांति, समझौता (विलोम शब्द **discord**)

con•crete /'kɒŋkri:t/ /'कॉन्क्रीट/ noun, u. 1 *a house with a concrete roof* = a mixture of cement, sand, small stones and water which becomes hard on drying, used in the construction of buildings etc. कंक्रीट 2 *Food is something concrete; happiness is not.* = something real which one can see, touch etc. (opposite **abstract**) स्थूल (विलोम शब्द **abstract**) 3 *Please don't talk vaguely. I want a concrete description from you.* = clear and definite तथ्यात्मक, सुस्पष्ट, निश्चित **concrete jungle** noun = a city which is full of ugly concrete buildings, without any green trees or open spaces (derogatory) कंक्रीट के बने भद्दे मकानों वाला शहर जहाँ पेड़ों की हरियाली न हो या खुली जगहें न हों (अनादरपूर्ण)

con•cu•bine /'kɒŋkjʊbaɪn/ /'कॉन्क्युबाइन/ noun, c. = a woman who lives with and has sexual relations with a man, but is not married to him (old-fashioned, usually derogatory) छिनाल (पुराने प्रचलन का, प्राय: अनादरपूर्ण)

con•cur /kən'kɜ:/ /कन्क'ऽ/ verb, i. *I fully concur with you in this decision.* = agree (formal) राज़ी होना (औपचारिक) **concurrent** adj. 1 *My views on this subject are concurrent with yours.* = in agreement समांतर 2 *The meeting in Mysore was concurrent with the meeting in Patna.* = happening at the same time (formal) एककालिक (औपचारिक)

con•cus•sion /kən'kʌʃən/ /कन्कॅश्न्/ noun, u. *She received a hard knock on the head when she fell and* *suffered a concussion.* = damage to the brain caused by a blow to the head, shock etc. usually temporary थोड़ी देर के लिए दिमाग को सुन्न कर देने वाला आघात

con•demn /kən'dem/ /कन्डेम/ verb, t. **1** *The cutting down of the trees has been condemned by everyone.* = to say strongly that some action is wrong भर्त्सना या निंदा करना **2** *The prisoner was condemned to a seven-year jail sentence.* = to state the punishment for a guilty person दोषी के दंड की अवधि निर्धारित करना **3** *This old bus has been condemned and cannot be used any more.* = to declare something unfit for use निकम्मा करार देना **condemnation** /kɒndəm'neɪʃən/ /कॉण्डेम्नेइश्न्/ noun, u. = the act of condemning someone or something भर्त्सना या निंदा

con•dense /kən'dens/ /कन्डेन्स/ verb, t. or i. **1** *The publisher has asked me to condense this novel to a hundred pages.*(t.) = to make a book, report etc. shorter का संक्षेपण करना **2** *The steam rising from the kettle will condense to form drops of water.*(i.) = to form drops of liquid by the cooling of warm air or gas गरम हवा या गैस के ठंडा होने से बूँद बन जाना **condensation** /kɒnden'seɪʃən/ /कॉण्डेन्सेइश्न्/ noun, u. **1** = the tiny drops of liquid that collect on a cold surface when steam cools भाप के ठंडा होने पर सर्द सतह पर जमा नन्हीं बूँदे **2** = the result of shortening a report, book etc. सार-संक्षेप, संक्षेपण **condensed milk** noun, u. = milk which has been made thick by boiling away the water गाढ़ा दूध जिसका पानी उबलने पर खत्म हो गया रहता है **condenser** noun, c. = a machine that changes a gas into its liquid form, used in refrigerators, air-conditioners etc. एयरकंडीशनर या रेफ्रिजरेटर में प्रयुक्त मशीन जो गैस को द्रव्य में बदलती है

con•de•scend /kɒndɪ'send/ /कॉण्डि'सेण्ड/ verb, i. *They were our neighbours and friends, but after they became famous, they didn't condescend to call or visit us.* = to do something beneath one's position (derogatory, sometimes humorous) कुछ करना अपनी प्रतिष्ठा के विरुद्ध मानना (आदरपूर्ण, यदा कदा हास्यपरक)

con•di•ment /'kɒndɪmənt/ /'कॉण्डिमण्ट/ noun, c. (usually plural) *You will need some special condiments to make mango chutney.* = substances which are used to add taste to food (old-fashioned, formal) मसाले जो भोज्य पदार्थ को स्वादिष्ट बनाने के लिए प्रयुक्त होते हैं (पुराने प्रचलन का, औपचारिक)

con•di•tion /kən'dɪʃən/ /कन्'डिश्न्/ noun, u. or c. **1** *This wall is in a very poor condition and must be repaired at once.*(u.) = the state of health, fitness or readiness for use (दुरुस्त होने की) हालत **2** *I will attend the meeting on the condition that I am not asked to speak!*(u.) = only if बशर्ते **3** *The agreement spells out the conditions on which the strike may be called off.*(c.) = something that is necessary for something else to happen अपरिहार्य मुद्दे **4** *You are appointed on the following terms and conditions.*(c.) = rules of service सेवा-विधान **5** *a heart condition* = an illness or defect in some part of the body शारीरिक रोग **conditional** adj. *Your admission to the higher class is conditional on your passing the exam.* = depending on the fulfillment of some condition (formal) किसी शर्त्त के पूरे होने पर मुनहसर (औपचारिक)

con•do•lence /kən'dəʊləns/ /कन्'डउलन्स/ noun, u. *a message of condolence* = an expression of sympathy for someone whose relative or friend has died शोक-संवेदना

con•dom /'kɒndəm/ /'कॉण्डम/ noun, c. = a rubber covering worn over the male sex organ during sexual intercourse as a means of birth control or protection against disease जन्म-रोग-निरोध के लिए पुरुष लिंग पर लगाई जानेवाली रबर की टोंटी

con•done /kən'dəʊn/ /कन्'डउन/ verb, t. *I cannot condone your disturbing the peace of the neighbourhood, even if it is for a good cause.* = to excuse; to treat a wrong action as harmless नज़र-अंदाज़ करना

con•du•cive /kən'dju:sɪv/ /कन्'ड्यूसिव/ adj. *The atmosphere in the hospital is not conducive to rest. People are talking loudly all the time.* = likely to produce or lead to something में सहायक

con•duct[1] /'kɒndʌkt/ /'कॉण्डॅक्ड/ noun, u. *Why is my conduct not satisfactory? Have I done anything wrong?* = behaviour (formal) आचार-व्यवहार (औपचारिक)

con•duct[2] /kən'dʌkt/ /कन्'डॅक्ट/ verb, t. **1** *They conducted the meeting so well that everyone had a chance to speak.* = to direct or lead संचालन करना **2** *I hope the children conducted themselves well while the visitors were here.* = to behave शिष्टता बरतना **3** *Copper can conduct electricity but rubber cannot.* = to allow electricity or heat to pass through [PHYSICS] गरमी या विद्युत्-प्रवाह-संचरण में सहज रूप से सहायक होना [भौतिकी] **4** *Zubin Mehta will conduct the orchestra.* = to guide or lead a group of musicians who are playing a piece of music संचालित करना (जैसे संगीत-मंडली)

con•duc•tor /kən'dʌktə^r/ /कन्डॅक्टर/ noun, c. **1** = a person who directs or guides a group of musicians संगीत मंडली-संचालक **2** = a person who collects fares (money) from passengers on a bus or checks their tickets on a train बस या ट्रेन में टिकट का किराया वसूल करनेवाला, कंडक्टर **3** = a substance that allows electricity or heat to pass through it easily [PHYSICS]

वह पदार्थ जिससे गरमी या विद्युत् का प्रवाह बिना अवरोध के गुज़र पाता है [भौतिकी]

con•duit /'kɒndɪt/ /'कॉण्डिट/ noun, c. = a pipe through which water or a set of electric wires is passed बिजली के तारों या पानी के गुज़र पाने का पाइप

cone /kəʊn/ /कउन/ noun, c. **1** = a solid object with a round base, circular sides and a point at the top एक ठोस तिकोनी वस्तु जिसका धरातल गोल होता है **2** *an ice-cream cone* = a quantity of ice-cream inside an edible container shaped like a cone शंक्वाकार पात्र जिसमें आइसक्रीम पात्र सहित खाई जाती है

con•fec•tion•e•ry /kən'fekʃənəri/ /कन्'फेक्शन्री/ noun, u. = sweets मिष्टान्न

con•fed•e•ra•cy /kən'fedərəsi/ /कन्'फेड्रसी/ noun, c. (**confederacies**) *Several of the countries in East Africa have formed a confederacy.* = a union of groups or states with political objectives राजनीतिक उद्देश्यों से संघटित दलों या राज्यों का संघ

con•fer /kən'fɜː/ /कन्'फ़ऽ^र/ verb, i. *They have not come to any decision; they are still conferring.* = to talk together and exchange opinions (formal) विचार- विमर्श करना, विचार-विनिमय करना (औपचारिक)

con•fe•rence /'kɒnfərəns/ /'कॉन्फ्रन्स/ noun, c. or u. *A conference of language teachers from all parts of the country will be held in Hyderabad.*(c.) = a meeting at which a group of people can exchange ideas on a subject विचार विनिमय-सम्मेलन

con•fess /kən'fes/ /कन्'फ़ेस/ verb, t. **1** *Let him confess to the crime only if he is sure he is guilty.* = to make a statement admitting or accepting that one has done something wrong अपनी गलती मान लेना **2** *Thank you for suggesting that we invite Arun. I confess I hadn't thought of it.* = to admit that one has missed or omitted something मानना कि छूट रह गई है या गलती हुई है **3** = to make one's faults known to God through a priest पादरी के ज़रिये अपराध की स्वीकारोक्ति

con•fes•sion /kən'feʃən/ /कन्'फेश्न्/ noun, c. or u. **1** = a statement confessing one's crimes, faults etc. अपराध स्वीकारण **2** = a part of a religious ceremony at which a person admits his or her sins to a priest [TECHNICAL] एक धार्मिक अनुष्ठान जिसमें व्यक्ति पादरी से अपना पाप-स्वीकरण करता है [तकनीकी]

confidant /'kɒnfɪdænt/ /'कॉन्फ़िडैण्ट/ noun, c. *She is a close confidant of mine. I tell her everything.* = a person to whom one tells one's secrets व्यक्ति जिससे कोई अपनी गुप्त बातें कह सकता है

con•fide /kən'faɪd/ /कन्'फ़ाइड/ verb, t. or i. *He confides all his secrets to me.* = to talk secretly or privately to a person that one trusts about one's secret or personal matters अपनी गुप्त बातें विश्वसनीय व्यक्ति से एकांत में कहना **confidence** /'kɒnfɪdəns/ /'कॉन्फ़िड्न्स/ noun, u. **1** *I don't have the confidence to make a public speech.*(u.) = a certain calmness which comes from knowing that one can do something well आत्मविश्वास **2** *Let me tell you something in strict confidence.*(u.) = in the hope or belief that something will not be told to others किसी पर पूरा विश्वास करते हुए उससे कुछ कहना **confidence trick** noun, c. = a trick played on someone by first winning that person's confidence (trust) and then cheating him/her (see also **con**) पहले विश्वास अर्जित करके धोखा दे देना (देखें **con**)

con•fi•dent /'kɒnfɪdənt/ /'कॉन्फ़िड्ण्ट/ adj. **1** *I am confident of winning the election.* = having a belief in one's own ability to do something विश्वस्त **2** *a confident smile* = showing confidence आत्मविश्वास द्योतक

con•fi•den•tial /kɒnfɪ'denʃəl/ /कॉन्फ़ि'डेन्श्ल्/ adj. *a confidential report* = something that is to be kept secret गोपनीय

con•fine /kən'faɪn/ /कन्'फ़ाइन/ verb, t. **1** *Let us confine our remarks to the subject we are discussing.* = to keep within limits; restrict तक सीमित रखना **2** *The animals in the zoo are confined in their cages.* = to shut or keep in a small space तंग जगह में बंद रहना **confinement** noun, u. **1** *Animals become sick if they are kept in confinement.* = the state of being confined (shut up in a small space) तंग घेरा **2** *She has gone to the hospital for her confinement.* = the time during which a woman who is about to give birth is helped to prepare for the event [TECHNICAL] प्रसूति [तकनीकी]

con•firm /kən'fɜːm/ /कन्'फ़ऽम/ verb, t. **1** *I must say I didn't believe the news until Zarina confirmed it.* = to support something (a statement, belief etc.) by stating that it is true or correct पुष्टि करना **2** *He had a temporary job with us but he has just been confirmed.* = to give or get formal approval to continue to work in an organisation संस्था में कार्य करते रहने का औपचारिक रूप से अनुमोदन **confirmation** /kɒnfə'meɪʃən/ /कॉन्फ़'मेइश्न्/ noun, u. = something that confirms; the act of confirming औपचारिक अनुमोदन

con•fis•cate /'kɒnfɪskeɪt/ /'कॉन्फ़िस्केइट/ verb, t. *If you play music in class, the teacher may confiscate your tape-recorder.* = to take possession of something as a punishment, sometimes with an intent to return it if behaviour etc. improves सज़ा के तौर पर कुछ देर के लिए छीन लेना

con•fla•gra•tion /kɒnflə'greɪʃən/ /कॉन्फ्ल'ग्रेइश्न्/ *All the books in the library were destroyed in the conflagration.* = a very large fire (formal) अग्निकांड (औपचारिक)

con•flict[1] /'kɒnflɪkt/ /'कॉन्फ्लिक्ट/ noun, c. or u. 1 *Conflicts between the two armies are quite common.*(c.) = a fight भिड़ंत 2 *a conflict between countries* = disagreement as a result of sharp differences in points of view अंतर्विरोध 3 *I couldn't decide which book to buy. There was such a conflict in my mind.*(u.) = a situation in which two opposing ideas or courses of action exist in a person's mind पशोपेश 4 *There were many conflicts in the neighbourhood over the problem of garbage.*(c.) = fight, argument झगड़ा, कलह, विवाद

conflict[2] /kən'flɪkt/ /कन्'फ्लिक्ट/ verb, t. *Your views on this subject conflict with mine. I am sorry we cannot agree.* = to be in opposition to; to disagree से मेल नहीं खाना, परस्पर विरोध में

con•flu•ence /'kɒnfluəns/ /'कॉन्फ्लूअन्स/ noun, u. *a confluence of rivers* = a meeting of rivers [GEOGRAPHY] संगम [भूगोल]

con•form /kən'fɔːm/ /कन्'फॉऽम/ verb, i. *We may not agree with some of the rules, but we will have to conform to them.* = to accept and obey a set of rules etc. (नियम आदि) के अनुरूप होना **conformist** noun, c. = a person who follows or obeys a set of rules or social customs without questioning them (disapproving) व्यक्ति जो किसी सिद्धांत को आँख मूँद कर मानता है (अस्वीकृत) **conformity** noun, u. = agreement with established rules स्थापित नियमों के अनुकूल

con•found /kən'faʊnd/ /कन्'फाउण्ड/ verb, t. *The unexpected results of the election confounded all of us.* = to confuse and surprise चक्कर में डाल देना

con•front /kən'frʌnt/ /कन्'फ्रॅण्ट/ verb, t. 1 *The two armies confronted each other on the battlefield.* = to stand face to face with the intention of fighting or arguing आमने-सामने भिड़ना 2 *At first he claimed to be innocent, but when he was confronted with evidence of his guilt he confessed that he had committed the crime.* = to challenge or question strongly something that has been said कथित वक्तव्य पर गंभीर प्रश्न उठाना **confrontation** /kɒnfrən'teɪʃən/ /कॉन्फ्रॅण्'टेइशन्/ noun, u. or c. *Let's not have a confrontation with the other group when we can discuss the matter peacefully.* = an unpleasant situation in which someone is openly opposed टकराव की स्थिति

con•fuse /kən'fjuːz/ /कन्'फ्यूज़/ verb, t. 1 *Some of you want her to stay and others are asking her to go. Please don't confuse her.* = to cause someone to become uncertain about what to do or think पशोपेश में डालना 2 *I always confuse you with your brother. You look completely alike.* = to be unable to tell the difference between two things दो में फ़र्क नहीं देख पाना **confusion** noun, u. 1 = a state of not knowing what to think or do पशोपेश 2 = general disorder गड़बड़

con•geal /kən'dʒiːl/ /कन्'जील/ verb, i. = (of blood) to become thick, sticky and almost solid (खून) जमकर परत-सा हो जाना

con•ge•ni•al /kən'dʒiːniəl/ /कन्'जीनिअल/ adj. *I like living in Bhopal. The surroundings are very congenial.* = pleasant and in agreement with one's nature के मनोनुकूल

con•gen•i•tal /kən'dʒenɪtəl/ /कन्'जेनिटल/ adj. *a congenital defect* = something (especially some disease) that exists from the time of birth जन्मजात (रोग)

con•ges•ted /kən'dʒestɪd/ /कन्'जेस्टिड/ adj. 1 *This road is always congested with traffic.* = crowded and full जाम 2 *Your lungs are congested.* = blocked अवरुद्ध

con•glom•e•rate /kən'glɒmərɪt/ /कन्'ग्लॉमरिट/ = a large business house एक वृहत् व्यापारिक संस्थान

con•glom•e•ra•tion /kənglɒmə'reɪʃən/ /कन्ग्लॉम'रेइशन्/ noun, u. *The article presents a conglomeration of ideas from many writers.* = a collection of many different things gathered together विभिन्न तथ्यों का संकलन

con•grat•u•late /kən'grætʃʊleɪt/ /कन्'ग्रैच्युलेइट/ verb, t. *Let me congratulate you on your victory.* = to express one's pleasure to someone because of some happy event or something achieved by him/her किसी उपलब्धि या कामयाबी या खुशी के मौके पर बधाई देना

con•gre•gate /'kɒŋgrɪgeɪt/ /'कॉङ्ग्रिगेइट/ verb, i. *A large crowd had congregated at the airport to welcome the poet.* = to gather together एकत्र या जमा होना

con•gress /'kɒŋgres/ /'कॉङ्ग्रेस/ noun, c. *the annual congress of scientists* = a formal meeting of professional people to exchange information (सूचना के आदान-प्रदान के निमित्त) किसी खास पेशे के लोगों का एक औपचारिक सम्मेलन **Congress** noun = the highest law-making body in the U.S.A. अमेरिका की उच्चतम विधान-निर्मात्री परिषद्

co•nif•er•ous /kə'nɪfərəs/ /क'निफ़रस/ adj. *a coniferous forest* = trees which grow in high places and remain green throughout the year ऊँचे क्षेत्रों में उगनेवाला सदाबहार पेड़

conj. abbr. of **conjunction, conjuction** का संक्षिप्त रूप

con•jec•ture[1] /kən'dʒektʃəʳ/ /कन्'जेक्चर/ noun, c. or u. *I am not sure how many students have applied for admission. The number reported is only a conjecture.*(c.) = a guess अनुमान, अंदाज़

conjecture[2] verb, t. *The students conjectured that the examination would be an easy one.* = to guess अनुमान लगाना

con•ju•gal /'kɒndʒʊgəl/ /'कॉन्ज्युग्ल/ adj. *conjugal matters* = connected with marriage दांपत्य

con•junc•tion /kən'dʒʌŋkʃən/ /कन्'जंङ्क्श्न/ noun, c. *In the sentence 'I went home and had a good rest.', the word 'and' is a conjunction.* = a word such as 'and', 'but' etc. which joins together words or groups of words [GRAMMAR] 'और'/'लेकिन' की तरह शब्दों या वाक्यों का संयोजक [व्याकरण]

con•junc•ti•vi•tis /kəndʒʌŋktɪ'vaɪtɪs/ /कन्जंक्टि'वाइटिस/ noun, u. = a painful disease of the eye which causes redness and swelling [MEDICINE] आँख में दर्द का एक मर्ज़ जिसमें आँख लाल हो जाती है और उसमें सूजन आ जाती है [चिकित्सा]

con•jure /'kʌndʒəʳ/ /'कँन्जʳ/ verb, t. or i. *The magician conjured a chicken out of his hat.*(t.) = to produce by magic, or as if by magic जादू से पैदा करना **conjurer** (**conjuror**) noun, c. = a person who practises magic as a profession; a magician जादूगर

a name to conjure with *Sunil Gavaskar is a name to conjure with in the world of cricket.* = a person with a great reputation एक ख्यातिप्राप्त व्यक्ति

conk /kɒŋk/ /कॉन्क/ verb, t. *If someone conked you, you could get badly injured.* = to hit on the head in order to harm (slang) सर फोड़ना (अपभाषा)

con•nect /kə'nekt/ /क'नेक्ट/ verb, t. **1** *This road connects Guntur to Vijayawada.* = to join two things or places to each other दो चीज़ों को आपस में जोड़ना **2** *I shall always connect this house with the happy days of my childhood.* = to think of some thing or place together with something else; to associate की याद आना **3** *Can you connect me to the Principal?* = to join through a telephone line टेलिफ़ोन पर बात करना **connection** noun, c. **1** *Rail and road connections between Delhi and the neighbouring towns have been cut.*(c.) = anything that connects शहरों को जोड़ने वाले मार्ग **2** *Doctors believe there is a connection between smoking and cancer of the lungs.*(c.) = a relationship between two things (where one is often a cause for the other) कारण-कार्य संबंध **3** *He has many political connections.*(c.) = some important person that one knows or is related to बड़ी हस्ती

con•nive /kə'naɪv/ /क'नाइव/ verb, i. *The thieves connived with the guards to rob the bank.* = to work together secretly with someone to do something wrong साँठ-गाँठ में काम करना

con•nois•eur /kɒnə'sɜːʳ/ /कॉन'सऽʳ/ noun, c. (French) *a connoiseur of poetry* = a person who has love for as well as deep knowledge of something which is thought to have value (e.g. art, music) (संगीत, कला)-जैसी वस्तु का अनुरागी और जानकार

con•no•ta•tion /kɒnə'teɪʃən/ /कॉन'टेइश्न/ noun, c. (often used in plural form) *The name Aman has a pleasant connotation and makes one think of joy and peace.* = some meaning or idea, pleasant or unpleasant, favourable or unfavourable, that is connected with a word, in addition to its usual meaning किसी शक के सामान्य अर्थ के साथ जुड़ी उसकी एक संभव छाया, अर्थछाया

C

con•quer /'kɒŋkəʳ/ /'कॉन्कʳ/ verb, t. **1** *The king wanted to conquer the western part of the country and add it to his empire.* = to win and take land by force . फतह करके कब्ज़ा कर लेना **2** *You have to conquer your fear of ghosts.* = succeed in ending or dealing with a problem समस्या-समाधान में सफल होना **3** *Hillary and Tenzing conquered Mount Everest in 1953.* = to gain control over something पर विजय प्राप्त करना **conqueror** noun, c. = a person who conquers a city or country विजेता

con•quest /'kɒŋkwest/ /'कॉन्क्वेस्ट/ noun, u. or c. **1** (u.)= the act of conquering विजय, फ़तह **2** (c.) = something that has been conquered पर कब्ज़ा

con•science /'kɒnʃəns/ /'कॉन्श्न्स/ noun, u. *I have never been fair to you and my conscience troubles me.* = an inner feeling that tells one the difference between right and wrong अंत:करण, ज़मीर

con•sci•en•tious /kɒnʃi'enʃəs/ /कॉन्शि'एन्शस/ adj. *She is such a conscientious worker that she will always complete any task which you give her.* = doing one's work with great care and sincerity सतर्क होकर और पूरा मन लगाकर काम करना

con•scious /'kɒnʃəs/ /'कॉन्शस/ adj. **1** *He was severely injured but remained conscious.* = to be able to think, feel and understand what is happening होश में, सचेत **2** *I am conscious of the fact that I have not done my best.* = to be aware of something; to know or understand समझ में आना **consciousness** noun, u. = the ability to think, feel, understand etc. चेतना, होश

con•se•crate /'kɒnsɪkreɪt/ /'कॉन्सिक्रेइट/ verb, t. **1** *The new church will be consecrated today.* = to perform a religious ceremony to make something holy पवित्रीकरण के लिए अनुष्ठान करना **2** *He has consecrated his life to the service of the country.* = to give up or set apart something for a noble purpose किसी महान मूल्य या उद्देश्य के प्रति समर्पित होकर विसर्ग करना

con•sec•u•tive /kən'sekjʊtɪv/ /कन्'सेक्युटिव/ adj. *You must come here on three consecutive days—today, tomorrow and the day after tomorrow.* = following each other without a break रोज़-ब-रोज़

con•sen•sus /kən'sensəs/ /कन्'सेन्सस/ noun, u. *A decision can be taken only after a consensus has been reached.* = agreement among the people in a group सर्वसम्मति

con•sent[1] /kən'sent/ /कन्'सेण्ट/ noun, u. *They wanted to build a room upstairs and I have given them my consent.* = agreement or permission रज़ामंदी, अनुमोदन

consent[2] verb, i. *The students asked for a holiday on Friday and the Principal consented.* = to agree to something when one is in a position to refuse राज़ी हो जाना

con•se•quence /ˈkɒnsɪkwəns/ /ˈकॉन्सिक्वन्स/ noun, c. (sometimes plural) *You have been neglecting your studies and now you may have to suffer the consequence.* = the result of some action नतीजा, परिणाम **consequently** adv. = as a result; therefore फलस्वरूप

con•serve /kənˈsɜːv/ /कन्ˈसऽव/ verb, t. *If we do not conserve water, there will be a serious shortage in a few years.* = to save; to stop something from being wasted or destroyed सँजोना, बचाकर रखना

con•ser•va•tion /kɒnsəˈveɪʃən/ /कॉन्सˈवेइशन्/ noun, u. *the conservation of our forests* = action taken to prevent something from being wasted or destroyed संरक्षण **conservationist** noun, c. = a person who is active in conserving natural things such as water, forests etc. संरक्षक

con•ser•va•tive /kənˈsɜːvətɪv/ /कन्सऽवटिव/ adj. **1** = bound to old and familiar ways of thinking or doing things when other, newer, ways are available (generally disapproving) रूढ़िवादी, दकियानूसी (प्राय: अस्वीकृत) **2** *a conservative style of dressing* = not in fashion, traditional (generally disapproving) पुराने या बाबा आदम के ज़माने का (प्राय: अस्वीकृत) **a conservative estimate** *The school will need about Rs 70,000 for the new bicycle stand, and that is just a conservative estimate.* = kept intentionally low with the aim of being careful सतर्कता के लिए जानबूझकर घटा कर रखी गई रकम

con•sid•er /kənˈsɪdəʳ/ /कन्ˈसिडर्/ verb, t. **1** *I consider him a brave person, even though he may not seem to be so.* = to have an opinion about someone or something के बारे में विचार रखना **2** *I hope you will consider my application for the job.* = to think about; to examine पर विचार करना **3** *When you consider the fact that this is only his first film, I would say Hrithik is a fine actor.* = to take something into account when making a judgement निर्णय लेने में किसी बात को मद्दे-नज़र रखना **consideration** /kənsɪdəˈreɪʃən/ /कन्सिडˈरेइशन्/ noun, u. **1** *I am sending in my application for your consideration.* = careful thought; examination (formal) विचार, जाँच (औपचारिक) **2** *Sheela shows a lot of consideration for her parents.* = care for the feelings of others का ख्याल रखना **3** *What train you take should not be a consideration when the important thing is to get to Sultanpur.* = a fact to be thought about seriously गंभीर मुद्दा बनाना **4** *For a small consideration, they can help you clear the weeds in the garden.* = payment for work done or help taken (formal, somewhat old-fashioned) मज़ूरी, पारिश्रमिक (औपचारिक, कुछ-कुछ पुराने प्रचलन का)

con•sid•e•ra•ble /kənˈsɪdərəbəl/ /कन्ˈसिड्रब्ल/ adj. *We have lived in Kolhapur for a considerable length of time.* = fairly large in size, amount or degree (see also **inconsiderable**) आकार, परिमाण या मात्रा में काफ़ी बड़ा (देखें **inconsiderable**)

con•sid•er•ate /kənˈsɪdərət/ /कन्ˈसिड्रट/ adj. *She is very considerate and never phones us after nine at night.* = careful to think about the feelings and convenience of others (opposite **inconsiderate**) समझदार, शिष्ट, दूसरे की सुविधा-असुविधा का ध्यान रखनेवाला (विलोम शब्द **inconsiderate**)

con•sign /kənˈsaɪn/ /कन्ˈसाइन/ verb, t. **1** *I have already consigned the books to you by air-mail.* = to send something to someone भेज देना **2** *The old files were consigned to the flames.* = put into (generally used of something which is no longer needed) के हवाले कर देना **3** *The man was consigned to prison on the orders of the court.* = to put someone in an unpleasant place or situation किसी को बदहालत या खराब जगह में डाल देना **consignee** noun = a person to whom something is sent पानेवाला **consignment** noun, c. = things which are sent or received together, for purposes of trade व्यापार में चीज़ें जो साथ ही साथ भेजी-प्राप्त की जाती हैं

con•sist (of) /kənˈsɪst/ /कन्ˈसिस्ट/ verb, t. *The North American continent consists of Canada, the U.S.A. and Mexico.* = to be made up of (compare **comprise**) मिलकर बनना (देखें **comprise**)

con•sis•tent /kənˈsɪstənt/ /कन्ˈसिस्टण्ट/ adj. *Saurav has scored at least 50 runs in every match. He is very consistent as a batsman.* = not changing frequently in what one says, believes or does; steady and dependable (opposite **inconsistent**) दृढ़, विश्वसनीय, कौल का पक्का (विलोम शब्द **inconsistent**)

con•sole /ˈkɒnsəʊl/ /ˈकन्सउल/ verb, t. *When she failed in the examination we tried to console her but it was difficult.* = to give sympathy or comfort to one who is unhappy ढाढ़स देना, राहत देना **consolation** /kɒnsəˈleɪʃən/ /कॉन्सˈलेइशन्/ noun, u. = sympathy or comfort given to someone who is unhappy ढाढ़स **consolation prize** noun, c. = a prize given to someone who is not successful in winning an important prize in a competition, in order to give him/her some comfort and encouragement उत्साहवर्द्धक पारितोषिक

con•sol•i•date /kənˈsɒlɪdeɪt/ /कन्सॉलिडेइट/ verb, t. **1** *The company consolidated its position by doubling its sales.* = to make oneself stronger अपने को दृढ़

बनाना **2** *There were three small bookshops in the city, but now they have been consolidated into one large shop.* = to combine a number of things together to form something larger एकजुट होकर संगठित हो जाना

consolidation /kənsɒlɪ'deɪʃən/ /कन्सॉलि'डेइश्न्/ noun, u. **1** = the act or the result of becoming stronger दृढ़ता, ठोसपन **2** = the act of joining a number of smaller things together to form something larger छोटी-छोटी चीज़ों को मिलाकर एक बड़ी चीज़ बनाना

con•so•nant /'kɒnsənənt/ /'कॉन्सनण्ट/ noun, c. *All the letters of the English alphabet except 'a', 'e', 'i', 'o' and 'u' are consonants.* = a letter representing a speech sound which is produced by blocking the flow of air through the mouth (compare **vowel**) व्यंजन (देखें **vowel**)

con•sort[1] /'kɒnsɔːt/ /'कॉन्सॉर्ट/ noun, c. *The Emperor Shah Jahan built the Taj Mahal in memory of his consort, Noor Jahan.* = the wife or husband of a ruler (formal, old-fashioned) शासक की पत्नी या पति (औपचारिक, पुराने प्रचलन का)

consort[2] verb, t. *I am surprised to find that you consort with such people.* = to keep company with people who are not good (formal) (बुरे लोगों) के साथ मेल-जोल रखना (औपचारिक)

con•sor•ti•um /kən'sɔːtiəm/ /कन्'सॉर्टिअम/ noun, c. (Latin) (**consortiums** or **consortia**) *The new steel plant is being put up by a consortium of international companies.* = a combination of different companies which have joined together (लैटिन भाषा का शब्द) विभिन्न कंपनियों का एकजुट संघ

con•spic•u•ous /kən'spɪkjuəs/ /कन्'स्पिक्युअस/ adj. *All my friends are here except Saif. He is conspicuous by his absence.* = attracting attention; standing out from the others because of some difference सबसे भिन्न, पृथक्, विशिष्ट, सहज गोचर

con•spi•ra•cy /kən'spɪrəsi/ /कन्'स्पिरसी/ noun, u. = a secret plan made by two or more people to do something illegal षड्यंत्र, साज़िश

con•spi•ra•tor /kən'spɪrətə^r/ /कन्'स्पिरटर/ noun, c. = a person who takes part in a conspiracy षड्यंत्रकारी

con•spire /kən'spaɪə^r/ /कन्'स्पाअर/ verb, i. *They conspired to cheat the bank by encashing some forged cheques.* = to plan with one or more persons to do something wrong गलत काम के लिए किसी से मिलकर साज़िश करना

con•sta•ble /'kʌnstəbəl/ /'कॅन्स्टब्ल/ noun, c. = a member of the police force having the junior most rank (compare **policeman, officer**) निचले तबके का पुलिस अधिकारी, सिपाही (देखें **policeman, officer**)

con•stant[1] /'kɒnstənt/ /'कॉन्स्टण्ट/ adj. **1** *The temperature of Mumbai has remained constant at 31 degrees Celsius for the whole week.* = showing no change यकसाँ **2** *There is constant trouble in our neighbourhood.* = happening all the time लगातार, निरंतर **3** *a constant friend* = faithful पक्का, विश्वसनीय

constant[2] noun, c. *The area of a circle can be calculated by multiplying the square of its radius by π (pi), which is a constant, equal in value to 3.142.* = a number or quantity which does not change [MATHEMATICS] (compare **variable**) अपरिवर्तनीय संख्या या परिमाण [गणित] (देखें **variable**)

con•stant•ly /'kɒnstəntlɪ/ /'कॉन्स्टण्टली/ adv. *He constantly complains to his neighbours about their playing music too loud.* = repeatedly; every now and then बार-बार, रह-रहके

con•stel•la•tion /kɒnstə'leɪʃən/ /कॉन्स्ट'लेइश्न्/ noun, c. = a group of stars, some of which have names e.g. Orion नक्षत्र-पुंज

con•ster•na•tion /kɒnstə'neɪʃən/ /कॉन्स्ट'नेइश्न्/ noun, u. *The train arrived but when she found that her parents were not on it, she was filled with consternation.* = shock, worry and fear चिंताकुल, भयाकुल

con•sti•pa•tion /kɒnstɪ'peɪʃən/ /कॉन्स्टी'पेइशन्/ noun, u. = a condition in which a person is unable to empty the bowels कब्ज़

con•sti•tu•en•cy /kən'stɪtʃuənsi/ /कन्'स्टिचुअन्सी/ noun, c. (**constituencies**) = a part of a country from which a person is elected to the state assembly or the national parliament चुनाव-क्षेत्र जहाँ से कोई विधान-सभा या संसद के लिए निर्वाचित होता है

con•sti•tu•ent /kən'stɪtʃuənt/ /कन्'स्टिचुअण्ट/ adj. or noun, c. *Madras University has 320 constituent colleges.*(adj.) = things that make up a whole अंगीभूत

con•sti•tute /'kɒnstɪtjuːt/ /'कॉन्स्टिट्यूट/ verb, t. *About 120 colleges in different parts of Kerala constitute Calicut University.* = to form or make up something मिलकर एक पूर्ण इकाई बनाना

con•sti•tu•tion /kɒnstɪ'tjuːʃən/ /कॉन्स्टि'ट्यूश्न्/ noun, u. **1** *the Constitution of India* = the system of laws and principles, generally in written form, according to which a country is governed विधान (प्रायः लिखित) जिसके अनुसार देश शासित होता है **2** *I have a very strong constitution. I almost never fall ill.* = the condition of a person's health तंदरुस्ती **3** *the constitution of the state of Jharkhand* = the act of setting up or establishing something स्थापना

con•strain /kən'streɪn/ /कन्'स्ट्रेइन/ verb, t. *Our ability to help people is constrained by a lack of funds.* = to hold back or check someone from doing something (formal) से कमज़ोर पड़ जाना, से मार खा जाना (औपचारिक)

con•strained /kən'streind/ /कन्'स्ट्रेइण्ड/ adj. *As she was among strangers, her manner was rather constrained.* = not natural and relaxed अनमना, उद्विग्न

con•straint /kən'streɪnt/ /कन्'स्ट्रेइण्ट/ noun, c. *This school has to work under a number of constraints, the most serious being the lack of good teachers.* = something that checks or prevents someone from doing something बाधा, अवरोध

con•strict /kən'strɪkt/ /कन्'स्ट्रिक्ट/ verb, t. *Blood cannot flow freely through the body when the blood vessels become constricted.* = to make something narrow सिकुड़ जाना **constriction** noun, u. *constriction of the arteries* = narrowing सिकुड़न

con•struct /kən'strʌkt/ /कन्'स्ट्रॅक्ट/ verb, t. *They are constructing a large hospital near my house.* = to build निर्माण करना **construction** noun, u. or c. **1** *The house is under construction, I don't know when it will be complete.* (u.) = the process of building or being built निर्माणाधीन **2** *This tower is part of a new construction.* (c.) = something that has been built निर्माण का अंश

con•struc•tive /kən'strʌktɪv/ /कन्'स्ट्रॅक्टिव/ adj. *He made some very constructive suggestions for the improvement of the school.* = helpful (opposite **destructive**) रचनात्मक (विलोम शब्द **destructive**)

con•strue /kən'stru:/ /कन्'स्ट्रू/ verb, t. *Her loud manner is often construed as rudeness.* = to find a different and negative meaning for something that is stated (formal) का भिन्न तथा विपरीत या नकारात्मक अर्थ निकालना (औपचारिक)

con•sul /'kɒnsəl/ /'कॉन्सल/ noun, c. = a person appointed by the government to serve in a city in a foreign country and help the citizens of his/her own country who may be living or working there किसी देश की सरकार द्वारा नियुक्त राजदूत जो विदेश में अपने देशवासियों की देखभाल करता है

con•su•late /'kɒnsjʊlət/ /'कॉन्स्युलट/ noun, c. = the office of the consul राजदूतावास

con•sult /kən'sʌlt/ /कन्'सॅल्ट/ verb, t. *You look tired and pale. You should consult your doctor.* = to go to someone, usually an expert in some profession, for advice, help etc. से मशविरा लेना **consultant** noun, c. = a person who can be consulted for professional advice परामर्शदाता, सलाहकार **consultation** /kɒnsəl'teɪʃən/ /कॉन्सल'टेइशन्/ noun, u. **1** = a meeting held by people who want to take each other's advice etc. परामर्श समिति **2** = the act of consulting someone e.g. a doctor, a lawyer सलाह, राय, मशविरा

con•sume /kən'sju:m/ /कन्'स्यूम/ verb, t. **1** *The people of this state consume more rice than wheat.* = to eat or drink (formal) को मुख्य खाद्य बनाना (औपचारिक) **2** *Our office consumes a lot of paper.* = to use up खपत करना **3** *This project is consuming all my time.* = to take up (formal) (समय) लेना (औपचारिक) **4** *The building was consumed by the flames.* = to be burnt से जल जाना

con•sum•er /kən'sju:mər/ /कन्'स्यूमर/ noun, c. = a person who is thought of as a buyer or user of a product or a service [TECHNICAL] उपभोक्ता [तकनीकी] **consumer durables** noun = large products (e.g. computers, chairs, washing machines) which are not bought by a customer frequently कंप्यूटर, कुर्सियाँ, कपड़े धोने की मशीन-जैसी कम खरीदी जानेवाली उपभोज्य सामग्री **consumer goods** noun = articles of clothing, food etc. which are regularly used by people in their homes उपभोज्य सामग्री

con•sum•er•ism /kən'sju:mərɪzəm/ /कन्'स्युमरिज़्म/ noun. = the belief or practice which supports and encourages the buying of products and services उपभोक्तावाद

con•sum•mate[1] /'kɒnsəmeɪt/ /'कॉन्समेइट/ verb, t. **1** *Ten years of hard work will be consummated when this book is published.* = to complete or make something perfect परिपूर्ण होना **2** *Her husband has been unable to consummate the marriage.* = to complete a marriage by having sex [LAW] यौन-संबंध से वैवाहिक जीवन स्थापित करना [कानून]

consummate[2] /'kɒnsəmet/ /'कॉन्समट/ adj. *He is a consummate musician.* = complete and perfect संपूर्णत: सफल **consummation** /kɒnsə'meɪʃən/ /कॉन्स'मेइशन्/ noun, c. **1** *This new book is the consummation of ten years of hard work.* = the highest point or the completion of something सफलता की उच्चतम कोटि **2** = the act of consummating a marriage by having sex समागम पूरित विवाह

con•sump•tion /kən'sʌmpʃən/ /कन्'सॅम्पशन्/ noun, u. *The consumption of alcohol is increasing.* = the act of using something (usually by eating or drinking) or the amount that is used खपत, खाने-पीने से खाया हुआ

con•tact[1] /'kɒntækt/ /'कॉन्टैक्ट/ noun, u. or c. **1** *When we came out of the warm room, contact with the cold air made us shiver.* (u.) = the act of feeling or touching something संस्पर्श **2** *I am in regular contact with my friends in other parts of the world.* = the condition of being able to meet or get information from someone through the telephone, e-mail, letters etc. संपर्क **3** *I have a number of useful business contacts in Japan.* (c.) = a person whom one knows and can get help from सहायक व्यक्ति

contact[2] verb, t. *I have not been able to contact my son in America.* = to reach or to get in touch with someone by telephone, letters, e-mail etc. से संपर्क स्थापित करना

contact lens noun, c. (**contact lenses**) = a lens made of transparent plastic which is worn inside the eye, just over the eye-ball, and helps the wearer to see more clearly पारदर्शक प्लास्टिक का बना लेन्स जो ठीक पुतली के ऊपर लगाया जाता है और जिससे नज़र और साफ़ हो जाती है

C

con•ta•gious /kən'teɪdʒəs/ /कन्'टेइजस/ adj. *Chicken pox is contagious.* = a disease which can be passed from one person to another by touch or through the air (compare **infectious**) संक्रामक, छुतहा (देखें **infectious**)

con•tain /kən'teɪn/ /कन्'टेइन/ verb, t. **1** *This box contains important letters.* = to hold अंदर रखना **2** *This tablet contains some calcium.* = to have something as a part में होना **3** *He could not contain his joy when I gave him the good news.* = to check; to hold back सँभाल पाना

con•tain•er /kən'teɪnə^r/ /कन्'टेइन^र/ noun, c. = a box, bottle or any other object used to contain (hold or store) something बरतन

con•tam•i•nate /kən'tæmɪneɪt/ /कन्'टैमिनेइट/ verb t. or i. *The water of the river has been contaminated by poisonous chemicals from factories.*(t.) = to make something impure and harmful by mixing polluting matter दूषित तथा हानिकारक बना देना **contaminant** noun, c. = something that contaminates दूषक

con•tam•i•na•tion /kəntæmɪ'neɪʃən/ /कन्टैमि'नेइश्न/ noun, u. = the act or result of contaminating something दूषण

con•tem•plate /'kɒntəmpleɪt/ /'कॉन्टम्प्लेइट/ verb, t. **1** *I am contemplating buying a house closer to the city.* = to think deeply about or to plan a future course of action योजना की कल्पना करना **2** *She was contemplating the beautiful sunset.* = to look at something quietly and calmly शांत दृष्टि से देखना **contemplation** /kɒntəm'pleɪʃən/ /कॉन्टम्'प्लेइश्न/ noun, u. *He spends an hour on the beach every morning in contemplation.* = the act of thinking deeply and calmly; meditation चिंतन, मनन

con•tem•po•ra•ry[1] /kən'tempərəri/ /कन्'टेम्प्ररी/ adj. *I am teaching a course on contemporary literature.* = belonging to the present time; modern सामयिक, आधुनिक

contemporary[2] noun, c. (**contemporaries**) *My mother and hers were contemporaries, but they never met.* = a person of the same age or living at the same time as another समकालीन

con•tempt /kən'tempt/ /कन्'टेम्प्ट्/ noun, u. *Instead of showing contempt for their dishonest ways, why don't you try to correct them?* = total lack of respect; strong dislike अनादर, नापसंदगी **contemptible** adj. *contemptible behaviour* = deserving contempt नफ़रत के काबिल **contemptuous** adj. *a contemptuous laugh* = expressing contempt घृणा-बोधक

con•tend /kən'tend/ /कन्'टेण्ड/ verb, i. **1** *The two countries are contending for the gold medal in hockey.* = to compete होड़ करना **2** *I have to contend with many difficulties in my effort to stop people from using plastic bags.* = struggle; fight against सामना करना **3** *The lawyer contended that his client was innocent.* = to claim; to state strongly दावा करना **contender** noun, c. *Korea and Germany are strong contenders for the gold medal.* = one who takes part in a competitionz प्रतियोगी **contention** noun, u. *It is my contention that learning things by heart does not help.* = claim दावा, दृढ़ मान्यता

a bone of contention *The playground which lies between the two schools has become a bone of contention between them because both want to use it at the same time.* = something over which there is a dispute or difference of opinion विवाद का मुद्दा

con•tent[1] /kən'tent/ /कन्'टेण्ट/ adj. *She is perfectly content with her present job.* = happy and satisfied (opposite **discontent**) पूर्णत: संतुष्ट (विलोम शब्द **discontent**)

content[2] verb, t. *You should content yourself with one cup of coffee in the morning.* = to limit oneself to; to be satisfied with से ही संतोष करना

content[3] /'kɒntent/ /'कॉन्टेण्ट/ noun, c. or u. **1** (always plural) *Are you familiar with the contents of this book?*(c.) = a list of the topics or ideas found in a book, speech etc. पुस्तक या भाषण में विषयों का समावेश **2** *Beer has an alcohol content of about four per cent.*(u.) = the amount of a substance present in something परिमाण की मात्रा जो किसी वस्तु में विद्यमान होती है **3** (always plural) *The customs officer wants to examine the contents of your suitcase.*(c.) = the things inside अंदरूनी सामान या सामग्री

con•test[1] /'kɒntest/ /'कॉन्टेस्ट/ noun, c. *a drawing contest* = an event in which people are required to show their skill at something in order to win prizes; competition प्रतियोगिता (पुरस्कार-प्राप्ति के उद्देश्य से)

contest[2] /kən'test/ /कन्'टेस्ट/ verb, t. **1** *I plan to contest the elections.* = to compete for में भाग लेना, (चुनाव) लड़ना **2** *The house belonged to us, but they contested our claim.*= to question; to say something is not what it is claimed to be दावे पर प्रश्न उठाना **contestant** noun, c. = a person who takes part in a contest प्रतिस्पर्धी

con•text /'kɒntekst/ /'कॉन्टेक्स्ट/ noun, c. **1** *'He could have taken a short cut to the market, but he chose a circuitous route instead and had to walk about eight kilometres.' Can you guess from the context what 'circuitous' means?* = the words surrounding a particular word, which help one to understand its meaning प्रसंग **2** *She said I had not been very helpful. Do you know what context she was referring to?* = the conditions in which some event takes place जिस बात की ओर इशारा हो

con•tin•ent /ˈkɒntɪnənt/ /ˈकॉण्टिनण्ट/ noun, c. = one of the seven main land masses on the earth पृथ्वी पर के सात मुख्य भूमिखंड **continental** /kɒntɪˈnentl/ /कॉण्टि'नेण्टल/ adj. = belonging to or found on a continent महादेशीय **continental drift** noun, u. = the very slow movement of the continents across the earth पृथ्वी पर भूमि खंडों का अदृश्य खिसकाव **continental shelf** noun, u. = the land lying under the sea, around the edges of a continent [GEOGRAPHY] किसी महाद्वीप के छोरों पर की समुद्रस्थ भूमि [भूगोल]

con•tin•gen•cy /kənˈtɪndʒənsi/ /कन्'टिन्ज्न्सी/ noun, u. *We are facing a number of problems and should be prepared for any contingency.* = something that may or may not happen, but will cause a problem if it does happen संभाव्यता, कदाचित्त्व

con•tin•gent[1] /kənˈtɪndʒənt/ /कन्'टिन्ज्ण्ट/ adj. *My moving to Surat is contingent on my getting a job there.* = depending on something which is uncertain (formal) किसी अनिश्चित आधार पर निर्भर (औपचारिक)

contingent[2] noun, c. *the Indian contingent at the Olympic Games* = group or team दस्ता, टुकड़ी

con•tin•u•al /kənˈtɪnjʊəl/ /कन्'टिन्युअल/ adj. *I am tired of your continual complaints about the food.* = something unpleasant or bad which is repeated again and again, with or without a break, over a period of time (derogatory) रह-रहके (नाक में दम करता-सा) (अनादरपूर्ण)

con•tin•ue /kənˈtɪnjuː/ /कन्'टिन्यू/ verb, i. or t. **1** *The Olympic Games will begin on 15 September and continue till 1 October.*(i.) = to go on without a break तक चलते या ज़ारी रहना **2** *We will continue this story next week.*(t.) = to start something again after a break एक अंतराल के बाद फिर आगे जारी रखना **3** *You are requested to continue as the Secretary of the club until the next election.*(i.) = to remain; to stay बने रहना, पदस्थ रहना

con•tin•u•ous /kənˈtɪnjʊəs/ /कन्'टिन्युअस/ adj. *The rain has been continuous for the past week.* = something that goes on without a break over a period of time. (not derogatory) लगातार, निरंतर, अबाधित, अविराम (अनादरपूर्ण नहीं) **continuation** /kəntɪnjuˈeɪʃən/ /कण्टिन्यू'एइशन्/ noun, u. = the act of continuing फिर ज़ारी रखने या करने का काम **continuity** /kɒntɪˈnjuːɪti/ /कॉण्टि'न्यूईटी/ noun, u. *There should be continuity between the different parts of your story.* = unbroken connection अबाधित संबद्धता

con•tort /kənˈtɔːt/ /कन्'टॉर्ट/ verb, i. *People who are experts in yoga can contort their bodies into difficult postures.* = to twist or bend something out of its natural shape सामान्य स्वरूप को विकृत रूप से ऐंठ लेना

con•tour /ˈkɒntʊəʳ/ /ˈकॉण्टूअर्/ noun, c. **1** *You can clearly see the contours of the coast of Tamil Nadu from the air* = shape; outline परिरेखा **2** *a contour map of India* = a line drawn on a map showing all the places which are at the same height [GEOGRAPHY] समोच्च मानचित्र [भूगोल]

con•tra- /kɒntrə/ /ˈकॉण्ट्र/ prefix meaning 'against' or 'opposite' e.g. (उप.) = विपरीत **con•tra•cep•tive** / kɒntrəˈseptɪv/ /कॉण्ट्र'सेप्टिव/ noun, c. or adj. = a device or drug which is used to prevent pregnancy गर्भाधारण-निरोध की एक औषधि या तरकीब

con•tra•band /ˈkɒntrəbænd/ /ˈकॉण्ट्रबैण्ड/ noun, u = goods which cannot be brought into a country legally गैरकानूनी विदेशी माल

con•tra•cep•tion /kɒntrəˈsepʃən/ /कॉण्ट्रसेप्शन्/ noun, u. = the process or action of using contraceptives to prevent birth जन्म-निरोध की प्रक्रिया या विधि

con•tract[1] /kənˈtrækt/ /कन्'ट्रैक्ट/ verb, i. or t. **1** *A piece of metal becomes longer when it is heated but contracts when it is cooled.*(i.) = to become smaller or shorter (opposite **expand**) सिकुड़ जाना (विलोम शब्द **expand**) **2** *I have contracted an engineer to build my new house.*(t.) = to enter into a contract with someone संविदा करना, ठेके पर नियुक्त करना **3** *He has contracted malaria.* = to become ill (formal) (रोग) से आक्रांत या ग्रस्त होना (औपचारिक)

contract[2] /ˈkɒntrækt/ /ˈकॉण्ट्रैक्ट/ noun, c. or u. *to enter into a contract*(c.) = a written agreement between two people or groups which is binding in law अनुबंध, इकरारनामा **contraction** /kənˈtrækʃən/ /कन्'ट्रैक्शन्/ noun, u. or c. = the process of becoming smaller सिकुड़न

con•trac•tor /kənˈtræktəʳ/ /कन्'ट्रैक्टर्/ noun, c. = a person who enters into a contract to do some work, especially building jobs ठेकेदार

con•tra•dict /kɒntrəˈdɪkt/ /कॉण्ट्र'डिक्ट/ verb, t. *We knew what he was saying was false but we did not contradict him.* = to declare something to be wrong or untrue; to say the opposite of what someone else says का खंडन करना **contradiction** noun, c. = a statement which contradicts (goes against) another statement made earlier खंडन **contradictory** adj. *a contradictory statement* = something which contradicts something else खंडनात्मक, परस्पर-विरोधी

con•trap•tion /kənˈtræpʃən/ /कन्'ट्रैप्शन्/ noun, c. *She built herself a car. It was a strange-looking contraption!* = a strange-looking machine (derogatory or humorous) जुगत (अनादरपूर्ण अथवा हास्यपरक)

C

con•tra•ry /'kɒntrəri/ /'कॉण्ट्री/ adj. *My doctor thinks I am suffering from malaria but another doctor has given me a contrary opinion.* = different and opposite भिन्न, विपरीत

con•trast[1] /'kɒntrɑːst/ /'कॉण्ट्राऽस्ट/ noun, c. *Juhi's brother is shy and quiet, but Juhi is bold and friendly. What a contrast there is between the two!* = complete difference वैषम्य, सर्वथा भिन्न

contrast[2] /kən'trɑːst/ /कन्'ट्रास्ट/ verb, t. *In this article, the writer contrasts China with India and shows how different the two countries are.* = to compare two things so as to point out the differences between them वैषम्य या भेद दिखलाना

con•tra•vene /kɒntrə'viːn/ /कॉण्ट्र'वीन/ verb, t. *The police officer explained that I had contravened the law by driving without a licence.* = to break or go against a law कानून का उल्लंघन करना **contravention** noun, u. = the act of going against a law कानून-भंग

con•trib•ute /kən'trɪbjuːt/ /कन्'ट्रिब्यूट/ verb, t. **1** *They contributed a lot of money to the local hospital.* = to give money for a good cause किसी मूल्य/सिद्धांत/आदर्श के लिए चंदा देना **2** *He has contributed an article to the Hindustan Times.* = to write and send an article to a newspaper or magazine में रचना भेजना **3** *Goa's excellent beaches have contributed to its popularity as a tourist centre.* = to help in bringing about something में योगदान होना **contribution** /kɒntrɪ'bjuːʃən/ /कॉन्'ट्रिब्यूश्न/noun, c. **1** = money contributed to a cause चंदा, योगदान (द्रव्य) **2** = the work done or the effort put in by someone to bring about a certain result योगदान

con•trive /kən'traɪv/ /कन्'ट्राइव/ verb, i. *With great difficulty I contrived to find a job.* = to succeed in doing something with difficulty मुश्किल से जुगाड़ कर पाना

con•trived /kən'traɪvd/ /कन्'ट्राइव्ड/ adj. *They were too polite to say that they didn't like the film but the enjoyment on their faces was contrived.* = achieved with effort; not natural सप्रयास

con•trol[1] /kən'trəʊl/ /कन्'ट्रउल/ verb, t. **1** *Mr Shah controls the supply of water to our building.* = to guide or direct नियंत्रित करना **2** *I know you feel angry but please try to control your emotions.* = hold back काबू में करना

control[2] noun, c. *He has good control of the car.* = the power, skill or ability to guide and direct someone or something के संचालन में महारत हासिल रहना

con•tro•ver•sy /'kɒntrəvɜːsi, kən'trɒvəsi/ /'कॉन्ट्रवऽसी/कन'ट्रॉवसी/ noun, u. or c. (**controversies**) *There is a controversy about whether students should have holidays before exams.* = a dispute in which opposite opinions are expressed strongly विवाद

controversial /kɒntrə'vɜːʃəl/ /कॉण्ट्र'वऽश्ल/ adj. *The rule about not allowing pets in the park was controversial.* = something that causes a controversy विवादास्पद

con•va•lesce /kɒnvə'les/ /कॉन्व'लेस/ verb, i. *She is convalescing after her illness.* = to get better after an illness चंगा होना **convalescence** noun, u. = the period of time during which one is convalescing after an illness स्वास्थ्यलाभ की अवधि

con•vec•tion /kən'vekʃən/ /कन्'वेक्श्न/ noun, u. = the movement in a gas or liquid caused by heating or cooling [CHEMISTRY] गरमाने या ठंडा करने से तरल पदार्थ में उत्पन्न गति [रसायनशास्त्र]

con•vene /kən'viːn/ /कन्'वीन/ verb, t. *to convene a meeting* = to organise (arrange) a meeting or social event संयोजित करना **convener** noun, c. = one who convenes a meeting संयोजक

con•ve•ni•ence /kən'viːnɪəns/ /कन्'वीनिअन्स/ noun, u. or c. **1** *The hotel is close to the railway station and the shops. You will like it for its convenience.*(u.) = the quality of being convenient. सुविधा, सहूलियत **2** *This house has all modern conveniences.*(c.) = things which make life more comfortable सुविधाएँ **convenient** adj. *Which date do you think would be most convenient for our next sports day?* = suited to one's needs सुविधाजनक

con•vent /'kɒnvənt/ /'कॉन्वण्ट/ noun, c. = a place where Christian nuns (women who have given their lives to religious work) live, teach etc. (धार्मिक कार्यों के लिए समर्पित) जहाँ ईसाई पुजारिनें रहती हैं, पढ़ाती हैं

con•ven•tion /kən'venʃən/ /कन्'वेन्श्न/ noun, u. and c. **1** *All the countries of the world have signed the Geneva Convention.*(c.) = a formal agreement between countries समझौता, इकरारनामा **2** *Everyone who comes to the annual meeting is required to dress formally. That is the convention.*(u.) = a generally accepted but unwritten rule of social behaviour रिवाज़, प्रथा **3** *This is a convention of doctors.*(c.) = a meeting of a group for a special purpose सम्मेलन **conventional** adj. *They are very conventional in their eating habits.* = wanting to follow the usual customs and standards, sometimes too closely in the opinion of others (often disapproving) (opposite **unconventional**) रूढ़ि या परंपरावादी (प्राय: अस्वीकृत) (विलोम शब्द **unconventional**)

con•verge /kən'vɜːdʒ/ /कन्'वऽज/ verb, i. *The four roads converge at the hospital.* = to come together at a common point (opposite **diverge**) एक जगह आकर मिलना, कई दिशाओं से आकर मिलना (विलोम शब्द **diverge**)

con•ver•sant /kən'vɜːsənt/ /कन्'वꞮसण्ट/ adj. *I am not conversant with these roads as I have come here for the first time.* = having knowledge of something; familiar (formal) परिचित, वाकिफ़ (औपचारिक)

con•ver•sa•tion /kɒnvə'seɪʃən/ /कॉन्व'सेइशन्/ noun, u. or c. *I had an interesting conversation with a man I met on the train.*(c.) = friendly social talk; a chat बातचीत, गपशप **conversational** adj. *I have joined a course in conversational French.* = the kind of informal language which is used in conversation बोलचाल की (भाषा)

con•verse[1] /kən'vɜːs/ /कन्'वꞮस/ verb, i. *Let us converse in Hindi so that everyone understands us.* = to talk together आपस में बातें करना

converse[2] /'kɒnvɜːs/ /'कॉन्वꞮस/ noun, u. *Cloudy days are warm days but the converse is not always true.* = the reverse (opposite) of something that has been said विपर्यय

con•ver•sion /kən'vɜːʃən/ /कन्'वꞮशन/ noun, u. or c. **1** *The conversion of Indian rupees to American dollars can be done only at a bank.* = the act of converting (changing) विनिमय **2** *conversions to other religions*(c.) = the act of changing one's religion धर्म-परिवर्तन

con•vert[1] /kən'vɜːt/ /कन्'वꞮट/ verb, t. or i. **1** *I want to convert my Indian rupees into Nepali rupees.*(t.) = to change में बदलना **2** *convert to Buddhism* = to change one's religion अपने धर्म का परिवर्तन

convert[2] /'kɒnvɜːt/ /'कॉन्वꞮट/ noun, c. = a person who has changed his/her religion and accepted a new religion वह व्यक्ति जिसने अपना धर्म छोड़कर दूसरा ग्रहण कर लिया हो

con•ver•ti•ble /kən'vɜːtɪbəl/ /कन्'वꞮटिबल्/ adj. *a convertible bed that becomes a sofa* = something that can be changed easily into something else परिवर्तनीय, दूसरे ढाँचे में बदले जाने लायक

con•vex /'kɒnveks/ /'कॉन्वेक्स/ adj. *a convex mirror* = curving outwards (opposite **concave**) उत्तल, जिसकी सतह बाहर उभरी हुई हो (विलोम शब्द **concave**)

con•vey /kən'veɪ/ /कन्'वेइ/ verb, t. **1** *These railway wagons convey coal from the mines to the steel plant.* = to carry from one place to another एक जगह से दूसरी जगह ढो ले जाना **2** *I hope this letter conveys my feelings of joy.* = to express व्यक्त या ज़ाहिर करना **conveyance** noun, u. *We will provide conveyance to take you to the station.* = a means of transport सवारी

con•vict[1] /kən'vɪkt/ /कन्'विक्ट/ verb, t. *convict someone on a charge of murder* = to decide (by a judge) that someone is guilty of doing something wrong (opposite **acquit**) का दोषी या अपराधी ठहराना (विलोम शब्द **acquit**)

convict[2] /'kɒnvɪkt/ /'कॉन्विक्ट/ noun, c. = a person who has been convicted (found guilty of some crime) and sent to jail, usually for a long period अभियुक्त, बंदी **conviction** /kən'vɪkʃən/ /कन्'विक्शन/ noun, u. or c. **1** *The accused will appeal against his conviction.*(u.) = the act of being judged to be guilty सज़ा, दंड **2** *It is my firm conviction that the government can start more schools.*(c.) = strong belief विश्वास

con•vince /kən'vɪns/ /कन्'विन्स/ verb, t. *You don't believe what I am telling you. Let me try to convince you.* = to cause someone to believe that what you are saying is true; to persuade विश्वास दिलाना, मनमाना **convincing** adj. *Your arguments are quite convincing. I believe you.* = able to convince विश्वासोत्पादक

con•vo•ca•tion /kɒnvə'keɪʃən/ /कॉन्व'केइशन्/ noun, c. = a meeting at which students of a university who have graduated are given their degrees दीक्षांत समारोह

con•voy /'kɒnvɔɪ/ /'कॉन्वॉइ/ noun, c. = a group of ships or cars sailing or driving together to protect each other, specially from enemy attack during a war शत्रु से सुरक्षा के लिए जहाज़ों या मोटर गाड़ियों का एक साथ चलता जत्था

con•vul•sion /kən'vʌlʃən/ /कन्'वॅल्शन्/ noun, c. (usually plural) **(convulsions)** = violent shaking of the body caused by some illness प्रकंपन

coo /kuː/ /कू/ verb, i. *The pigeons cooed all night.* = to make a low, soft sound like that of a pigeon (कबूतर की तरह) दबी, मुलायम आवाज़ करना

cook[1] /kʊk/ /कुक/ verb, t. or i. **1** *Are you cooking chicken curry for us?* (t.) // *He doesn't cook often, he eats out.*(i.) = to prepare food for eating by using heat भोजन पकाना **2** *The chicken should cook for at least half an hour.* (i.) = to go through the process of cooking पकना, सीझना

cook[2] noun, c. *He is an excellent cook.* = one who cooks रसोइया, बावर्ची

to cook up an excuse = to offer a false reason for doing or not doing something (informal, derogatory) बहाना गढ़ना (अनौपचारिक, अनादरपूर्ण) **Too many cooks spoil the broth.** = if too many people get involved in doing something it is not likely to succeed ज़्यादा जोगी मठ का उजाड़

cook•er /'kʊkə'/ /'कुक'/ noun, c. = a device (machine) used for cooking food, usually run on electricity or gas भोजन पकाने की मशीन के जैसा एक बरतन

cook•e•ry /'kʊkəri/ /'कुक्री/ noun, u. = the art of cooking पाक-कला **cookery book** noun, c. = a book which tells one how to cook different kinds of food पाक-शास्त्र पुस्तिका

cool[1] /ku:l/ /कूल/ adj. **1** *The weather is pleasantly cool.* = neither very hot nor very cold; comfortable शीतल **2** *He is always cool when faced with some difficulty.* = calm शांत, स्थिर **3** *When I met my friend yesterday, she seemed rather cool.* = not very friendly उदासीन **4** *They are really cool people.* = nice and likeable (slang, approving) अच्छा-खासा ('माई डीयर' लोग) (अपभाषा, स्वीकृत)

cool[2] verb, t. *The water flowing through these pipes cools the engine.* = to keep something at a low temperature कम तापमान पर रखना **coolly** adv. = without much interest अन्यमनस्क ढंग से **coolness** noun **cooling** adj. *cooling lotion* = something which cools शीतल करने वाला

to keep one's cool = to stay calm स्थितप्रज्ञ रहना **to lose one's cool** = used in a situation in which one becomes angry suddenly आपा खो बैठना

coo•lant /'ku:lənt/ /'कूलण्ट/ noun, c. or u. = a liquid which is used to cool a machine (e.g. the engine of a car) while working किसी मशीन (जैसे मोटरकार के इंजिन) को ठंडा करने के लिए एक तरल पदार्थ

coop /ku:p/ /कूप/ noun, c. *a chicken coop* = a cage in which birds, specially chickens, are kept दरबा

cooped up = to be kept in a small space, or to have the feeling of being kept in a small space, without the freedom to move about तंग दरबे में जुटाए रखना

co•op•e•rate /kəʊ'ɒpəreɪt/ /कउ'ऑपरेइट/ verb, i. *We can finish this job in a day, if all of you co-operate with me.* = to work together for a common purpose समान उद्देश्यपूर्ति में सहयोग देना **cooperation** /kəʊɒpə'reɪʃən/ /कउऑपरेइशन्/ noun, u. **1** *It was cooperation and hard work that made the programme such a success.* = the act of working together for a common purpose सहयोग **2** *I do hope I can get your cooperation.* = willingness to work together for a common purpose सहयोग

co•op•e•ra•tive[1] /kəʊ'ɒpərətɪv/ /कउ'औप्रटिव/ adj. *He is usually very cooperative so he should agree to help you.* = willing to work together with or to help someone सहयोगी प्रकृति का

cooperative[2] noun, c. *We are going to form a students' cooperative.* = a shop or company which is owned and run by a group with a common purpose समान उद्देश्य के लिए एक समुदाय द्वारा स्थापित कोई दुकान या कंपनी

co•or•di•nate /kəʊ'ɔ:dɪneɪt/ /कउ'ऑडिनेइट/ verb, t. *I have been asked to coordinate the work of three different departments.* = to make different groups of people, who usually work independently, work together for a common purpose एक विशेष उद्देश्य के लिए स्वतंत्र रूप से कार्यरत कुछ वर्गों को समन्वित करना **coordination** /kəʊɔ:dɪ'neɪʃən/ /कउऑडि'नेइशन्/ noun, u. **1** *We should have better coordination if we are to finish this job in time.* = the process by which different groups of people work together समन्वय **2** *To be a good athlete you need excellent coordination of all your muscles.* = the working together of different muscles in performing a movement समन्वय

cop /kɒp/ /कॉप/ noun, c. = a police officer (slang) सिपाही (अपभाषा)

cope /kəʊp/ /कउप/ verb, i. *We are usually able to finish our work in time, but when we get a lot of extra work we are often unable to cope.* = to deal successfully with a difficult situation निबटना, सफलता से सँभालना

cop•i•er /'kɒpiə^r/ /'कॉपिअ^र/ noun, c. = a machine (a photocopier) which make photographic copies of documents, books etc. लिपिचित्रक

co•pi•lot /'kəʊpaɪlət/ /'कउपाइलट/ noun, c. = a person who helps the captain (chief pilot) of an aircraft to fly it सह-कप्तान

co•pi•ous /'kəʊpiəs/ /'कउपिअस/ adj. *The harvest was excellent, thanks to the copious rains.* = plentiful; abundant प्रचुर, बहुल

cop•per /'kɒpə^r/ /'कॉप^र/ noun = a soft, reddish metal used for making electric wires etc. ताँबा जिससे बिजली के तार बनते हैं

cop•ra /'kɒprə/ /'कॉप्र/ noun, u. = the dried flesh of the coconut from which coconut oil is made नारियल का सूखा गूदा जिससे नारियल तेल तैयार होता है

cop•u•late /'kɒpjʊleɪt/ /'कॉप्युलेइट/ verb, i. = to join together in an act of sex (formal) समागम करना **copulation** /kɒpjʊ'leɪʃən/ /कॉप्यु'लेइशन्/ noun, u. or c. = the act of copulating समागम

cop•y[1] /'kɒpi/ /'कॉपी/ noun, c. (**copies**) **1** *I have a copy of the letter which I wrote to you last month in case it didn't reach you.* = something which looks exactly like another प्रतिलिपि **2** *Did you get your copy of 'Frontline' yesterday?* = a single issue of a magazine, newspaper, book etc. (पत्रिका) प्रति

copy[2] verb, t. **1** *Will you please copy this article for me?* = to make a copy of something की नकल कर देना **2** *Please don't copy the way I talk, I feel bad.* = to follow an example; to imitate देखादेखी **3** *Any candidate found copying in the examination will be asked to leave.* = to cheat at an examination by copying an answer from a book or from someone else इम्तहान में चोरी से नकल करना **4** *I hope the ideas in the article are your own, and that you didn't copy them.* = to borrow and use कहीं से उतार देना **copybook** noun, c. = a book containing sheets of paper on which people can write अभ्यास पुस्तिका **copycat** noun, c. = a person who copies (imitates) someone else without thinking (informal; derogatory) नकलची (अनौपचारिक, अनादरपूर्ण)

copyright /ˈkɒpɪraɪt/ /ˈकॉपीराइट/ noun, u. = the right given by the law to claim some material (e.g. a book, film, painting etc.) as one's property सर्वाधिकार

cop•y•writ•er /ˈkɒpɪraɪtəʳ/ /ˈकॉपीराइटʳ/ noun, c. = a person who writes the words for an advertisement विज्ञापन शब्दकार

cor•al /ˈkɒrəl/ /ˈकॉरल/ noun, u. = a white, pink or red stone-like substance formed from the shells (outer coverings) of very small sea animals, often used for making jewellery मूँगा, लाल (गुलाबी/सफ़ेद) पत्थर-जैसा पदार्थ जो समुद्री जीवों के घोंघे से बनता है और शृंगार-प्रसाधन के काम आता है

cord /kɔːd/ /कॉड/ noun, c. = a length of thick string or rope लंबा मोटा तार या रस्सा

cor•di•al[1] /ˈkɔːdiəl/ /ˈकॉर्डिअल/ adj. *We extend a very cordial welcome to our guest.* = warm and friendly सहृदय, हार्दिक

cordial[2] noun, u. *lime-juice cordial* = a drink made from fruit juice फल के रस का एक पेय

cor•don[1] /ˈkɔːdn/ /ˈकॉऽडन/ noun, c. = a ring formed by a number of people to protect someone किसी की रक्षा के लिए बना घेरा

cordon[2] verb, t. *The police have cordoned off the area.* = to surround an area so that no one can enter it घेरा डालना

cor•du•roy /ˈkɔːdjʊrɔɪ/ /ˈकॉऽज्युरॉइ/ noun, u. = a kind of thick cotton cloth with thin parallel raised lines on it एक प्रकार का मोटा सूती कपड़ा जिसपर खड़ी समानांतर पतली-पतली रेखाओं की उपाकृति (डिज़ाइन) होती है

core[1] /kɔːʳ/ /कॉऽʳ/ noun, u. or c. **1** *the core of an apple* = the hard central part of certain fruits, containing the seeds बीज-कोष **2** *The core of India's wealth is from agriculture.* = the most important or central part of something सार भाग, किसी वस्तु का मुख्यतम या केंद्रिक तत्त्व

core[2] adj. *core idea // core curriculum // core business* = main or central; most important मुख्यतम या केंद्रिक तत्त्व

core[3] verb, t. *I have to core these apples.* = to remove the core of some fruit फल का बीज निकालना

co•ri•an•der /kɒriˈændəʳ/ /कॉरिˈऐण्डʳ/ noun, u. = a spice made from the dried seeds of a plant, used especially in Indian cooking धनिया

cork[1] /kɔːk/ /कॉऽक/ noun, u. or c. **1** (u.)= the soft bark of a kind of tree, known as the cork tree काग (बोतल की डाट) **2** (c.) = a piece of this material which is used to close the mouth of a bottle कॉर्क नामक पेड़ की नरम छाल

cork[2] verb, t. *Let me cork the bottle.* = to close the mouth of a bottle with a cork बोतल को डाट से बंद करना

cork-screw /ˈkɔːkskruː/ /ˈकॉऽकस्क्रू/ noun, c. = a long, twisted piece of metal, like a screw, with a handle, used to pull corks out of bottles एक लंबा घुमावदार, हैंडिल-लगा पेंचकस जो बोतल से काग निकालने के काम आता है

cor•mo•rant /ˈkɔːmərənt/ /ˈकॉऽम्रण्ट/ noun, c. = a fish-eating sea bird which was trained by the people of China, in former times, to catch fish मछली खाने वाली समुद्री चिड़िया जो किसी ज़माने में चीनी लोग मछली पकड़ने के लिए इस्तेमाल करते थे

corn /kɔːn/ /कॉर्न/ noun, u. **1** = the edible seeds of certain types of plants such as maize, millet and barley गेहूँ, मक्का जैसे अनाज के पौधों के बीज **2** = a painful area of hard skin formed on the foot by the rubbing of a shoe etc. **cornflakes** noun, u. = seeds of the maize plant, roasted and beaten flat, often eaten with milk for breakfast मक्का पौधों के बीज जिन्हें भूनकर चपटा किया जाता है और दूध के साथ नाश्ते में लिया जाता है

cor•ner[1] /ˈkɔːnəʳ/ /कॉऽनʳ/ noun, c. **1** *a corner of the room* = the point at which two sides, lines, roads etc. meet कोना **2** *We live in a little-known corner of the country.* = a part of a larger area बड़े क्षेत्र का भाग **3** *Please don't push me into a corner, I will find it difficult to defend myself.* = a difficult situation from which it is hard to get out मुश्किल में डालना, संकट में पड़ जाना

corner[2] verb, t. **1** *I am so sorry he has been cornered.* = to force someone into a difficult or dangerous situation (informal) संकट में डालना (अनौपचारिक) **2** *The two big companies have cornered the market in petroleum.* = to gain control of पर कब्ज़ा कर लेना

cor•ner•stone /ˈkɔːnəstəʊn/ /ˈकॉऽनस्टउन/ noun, c. **1** = a stone set in one of the bottom corners of a building which is usually put in place by a special guest at a ceremony किसी बनती इमारत की नींव के कोने का एक पत्थर जो एक समारोह में विशिष्ट अतिथि द्वारा स्थित किया जाता है **2** *I believe that hard work is the cornerstone of success.* = something of great importance, on which everything else is based सबसे महत्त्वपूर्ण तत्त्व जिसपर अन्य सब कुछ निर्भर होता है

co•rol•la•ry /kəˈrɒləri/ /कˈरॉलरी/ noun, c. (**corollaries**) *If cricket continues to be the most popular game in India, the corollary is that all other games will be neglected.* = a result which follows naturally from something else उपपरिणाम, उपनिगमन

co•ro•na /kəˈrəʊnə/ /कˈरउना/ noun, c. = the bright ring of light seen around the sun when the moon passes in front of it during an eclipse प्रभामंडल, परिमंडल

cor•o•na•ry /ˈkɒrənəri/ /ˈकॉरत्री/ adj. = having to do with the heart हृदय से संबंधित **coronary thrombosis** noun = the stopping of the supply of blood to the heart, causing a heart attack (see **clot, heart attack**) [MEDICINE] हृदयगति का अवरोध (देखें **clot, heart attack**) [चिकित्सा]

cor•o•na•tion /kɒrə'neɪʃən/ /कॉर'नेइश्न्/ noun, u. or c. = the ceremony at which a new king or queen is crowned राज्याभिषेक

cor•po•ral[1] /'kɔːpərəl/ /'कॉऽप्रल/ adj. *corporal punishment* = physical (of the body) शारीरिक

corporal[2] noun, c. = a very junior officer in the army सेना में एक बहुत कनिष्ठ अफ़सर

cor•po•ra•tion /kɔːpə'reɪʃən/ /कॉप'रेइश्न्/ noun, c. **1** *the Life Insurance Corporation of India* = a company which is legally permitted to run a business निगम **2** *the Municipal Corporation of Delhi* = a group of people responsible for maintaining and looking after a city or town (नगर) पालिका

cor•po•re•al /kɔː'pɔːriəl/ /कॉ'पॉरियल/ adj. *I have food and shelter to look after my corporeal needs, but I wish there were some good libraries here!* = related to the body and not the spirit or mind (formal) दैहिक (मानसिक या आत्मिक से भिन्न) (औपचारिक)

corps /kɔːʳ/ /कॉऽʳ/ noun, c. (used with singular or plural verb) *the National Cadet Corps (NCC)* = a trained group of people प्रशिक्षित टुकड़ी

corpse /kɔːps/ /कॉऽर्प्स/ noun, c. = the dead body of a human being शव, लाश

cor•pu•lent /'kɔːpjʊlənt/ /'कॉप्युलण्ट/ adj.= very fat (formal) पृथुल, स्थूलकाय, मोटा (औपचारिक)

cor•pus /'kɔːpəs/ /'कॉऽर्पस/ noun, c. (**corpora**) **1** *a corpus of Urdu plays* = a collection of writings of a special kind विशिष्ट प्रकार की रचनाओं का संकलन **2** *Our dictionary is based on a corpus of one million words.* = the material on which a piece of work is based [TECHNICAL] सामग्री जिसपर कोई रचना आधृत होती है [तकनीकी]

cor•pus•cle /'kɔːpəsəl/ /'कॉर्पस्ल/ noun, c. *white and red blood corpuscles* = the red or white cells which make up the blood लोहिताणु, कणिका

cor•rect[1] /kə'rekt/ /क'रेक्ट/ verb, t. *I'd like you to correct me when I make a mistake.* = to point out and set right a mistake गलती ठीक करना

correct[2] adj. **1** *This is the correct answer.* = without a mistake; based on facts सही **2** *Although he was very correct in his behaviour, we found him very unfriendly.* = according to rules or customs दुरुस्त **correction** noun, u. or c. = the act of correcting शुद्धि, परिमार्जन

cor•re•la•tion /kɒrɪ'leɪʃən/ /कॉरि'लेइश्न्/ noun, u. *Doctors believe that there may be a correlation between smoking and cancer of the lungs.* = a shared relation of cause and effect between two separate things अन्योन्यसंबंध, सहसंबंध **correlate** verb, t. = to show that there is a correlation between two things (e.g. smoking and lung cancer) परस्पर संबंध स्थापित करना

cor•re•spond /kɒrɪ'spɒnd/ /कॉरि'स्पॉण्ड/ verb, i. **1** *This blue spot on the map corresponds to the lake that you now see.* = to be in agreement with; to match से मेल खाना **2** *Have you been corresponding regularly with your brother in Germany?* = to exchange letters with पत्राचार-संपर्क रखना

cor•re•spon•dent /kɒrɪ'spɒndənt/ /कॉरि'स्पॉण्डण्ट/ noun, c. **1** *She is a good correspondent but she has not written to me recently.* = someone with whom one regularly exchanges letters पत्राचार करने वाला **2** *a newspaper correspondent* = one who writes regularly for a newspaper संवाददाता

cor•re•spon•ding /kɒrɪ'spɒndɪŋ/ /कॉरि'स्पॉण्डिङ/ adj. *With the coming of summer, there was a corresponding scarcity of water.* = happening at the same time in a way that is related; matching स्वाभाविक या प्राकृतिक रूप से सहगामी या संबद्ध

cor•ri•dor /'kɒrɪdɔːʳ/ /'कॉरिडॉʳ/ noun, c. **1** = a passage between two rows or rooms or connecting two buildings गलियारा **2** = a narrow piece of land that stretches out into another country एक सँकरा भूभाग जो दूसरे देश के अंदर तक फैला होता है

cor•rob•o•rate /kə'rɒbəreɪt/ /क'रॉबरेइट/ verb, t. *The report was quite correct and was corroborated by a few other people.* = to provide further proof or support for something that was said or reported earlier, with some proof being given (formal) पूर्वकथित/पूर्वप्रस्तुति की परिपुष्टि (औपचारिक)

cor•rode /kə'rəʊd/ /क'रउड/ verb, t. *The steel body of the old ship has been badly corroded by sea-water.* = the slow wearing away and destruction of metal by the action of some chemical, over a period of time कालक्रम में रासायनिक प्रक्रिया से धातु को संक्षरित करना **corrosion** noun, u. = the process by which something gets corroded संक्षारण **corrosive** adj. = something that causes corrosion संक्षारक

cor•ru•ga•ted /'kɒrəgeɪtɪd/ /'कॉरगेइटिड/ adj. *a sheet of corrugated iron* = something that has long rows of wave-like folds लहरदार उतार-चढ़ाव की लंबी कतारों वाला

cor•rupt[1] /kə'rʌpt/ /क'रॅप्ट/ adj. *a corrupt organisation* = bad and dishonest, specially in matters concerning money भ्रष्टाचारी, घूसखोर

corrupt[2] verb, t. or i. *Power can corrupt good people.*(t.) = to make someone dishonest and bad; to spoil भ्रष्ट करना **corrupted** adj. = of a computer hard disk, floppy disk etc., to have parts which are damaged or not working कंप्यूटर का हार्डडिस्क, फ्लापी आदि, वैसे कल-पुर्जे जो नाकाम हैं **corruption** noun, c. = the state of being corrupt भ्रष्टाचार

cor•tege /kɔː'teɪʒ/ /कॉ'टेइज/ noun = a funeral procession शव-यात्रा

cor•ti•sone /'kɔːtɪzəʊn/ /'कॉर्टिजउन/ noun = a powerful substance used as a medicine, usually for stiffness and pain in the muscles and joints पेशियों और जोड़ों में दर्द या अकड़न के लिए प्रयुक्त एक प्रभावकारी औषधि

cos•met•ic[1] /kɒz'metɪk/ /कॉज़्'मेटिक/ noun, c. (usually plural) (**cosmetics**) = a substance (e.g. powder, eyeliner, lipstick) which is intended to improve a person's looks चेहरे का आकर्षण बढ़ाने की प्रसाध न-सामग्री (जैसे पाउडर, लिपस्टिक आदि)

cosmetic[2] adj. **1** *a cosmetic lotion* = something that has the quality of a cosmetic प्रसाधन के लिए प्रयुक्त एक लेप **2** *This old house has not been repaired and still leaks. The owners have only made a few cosmetic changes.* = dealing only with the outward appearance and not the real problem सतही, ऊपरी, बाह्य

cos•mo•pol•i•tan /kɒzmə'pɒlɪtən/ /कॉज़्म'पॉलिट्न/ adj. *Mumbai is probably India's most cosmopolitan city. You find people from all parts of the country living and working here.* = consisting of people from different parts of the country or the world ऐसी महानगरी जहाँ सभी प्रदेशों या देशों के निवासी हों

cos•mos /'kɒzmɒs/ /'कॉज़मॉस/ noun = the solar system (the sun, stars and planets) and the entire universe considered as an ordered system ruled by scientific laws ब्रह्मांड **cosmic** adj. *Some astrologers claim that they can control the stars, planets and other cosmic forces.* = relating to the cosmos (universe) अंतरिक्षीय **cosmonaut** noun, c. = a person who travels through space in a spaceship (also **astronaut**) अंतरिक्षयात्री (देखें **astronaut**)

cos•set /'kɒsɪt/ /'कॅसिट/ verb, t. *They have cossetted the dog so much that it cannot feed itself.* = to give too much attention or care to a person or animal (disapproving) हद से ज़्यादा लाड़-प्यार करना (अस्वीकृत)

cost[1] /kɒst/ /कॉस्ट/ noun, c. or u. **1** *The cost of petrol has gone up again.*(u.) = the amount of money that one has to pay for something; price कीमत **2** *Our costs have come down and so we can lower our prices.*(c.) = the amount of money that one has to spend in manufacturing (making) something लागत **3** *He saved the children from the fire at the cost of his own life.*(u.) = something that one has to give up in order to save someone or to get something else की कीमत पर, का उत्सर्ग करके

cost[2] verb, t. **1** *This shirt costs Rs 300.* = to have a price of की कीमत होना **2** *He will tell you next week how much we will have to spend on the repairs. He will have to cost everything first.* (t.) = to calculate the cost of something लागत का आकलन करना **cost-effective** adj. *It will not be cost-effective to make these shirts in Chennai. We can get them made more cheaply in Gandhinagar.* = having as low a cost as possible in order to get the highest profit or benefit महँगा **costly** adj. = having a high cost कम से कम लागत पर ज़्यादा से ज़्यादा मुनाफ़ा करना या उठाना

at all costs (always plural) *She must pass this test at all costs, otherwise she can't get her licence.* = so important that it must be done किसी कीमत पर, किसी तरह, इतना ज़रूरी कि उसके बिना काम नहीं चलने का **to cost the earth (to cost an arm and a leg)** *It cost us the earth to get the house repaired.* = to require a large sum of money (informal) बहुत पैसा लग जाना (अनौपचारिक) **to count the cost** = to be aware of the benefits as well as risks before one undertakes something कोई काम हाथ में लेने के पहले उसके मुनाफ़े-घाटे का एहसास रहना **to sell/buy something at cost** = at the price at which something is made/manufactured, that is, without a margin of profit जितनी लागत उतनी ही क़ीमत पर, बिना मुनाफ़े की गुंजाइश के

co-star[1] /'kəʊ stɑːʳ/ /'कउस्टाʳ/ noun, c. *Shah Rukh Khan has Kajol as his co-star in this film.* = a famous actor or actress who appears together with another famous actor in a film or television programme सह-अभिनेता या अभिनेत्री जो फ़िल्म या टेलिविज़न प्रोग्राम में साथ प्रस्तुत होते हैं

co-star[2] verb, i. *Kajol and Shah Rukh Khan co-star in this film.* = to appear together in a film किसी फ़िल्म में साथ प्रस्तुति देना

cos•tume /'kɒstjʊm/ /'कॉस्ट्यूम/ noun, u. or c. **1** *At the Republic Day celebrations, the children wore the traditional costumes of the different states of India.* = the clothes or dress typical of a country or time विशेष-क्षेत्रीय/विशेष-कालीन परिधान **2** *The costumes in this film are of the 16th century.* = the clothes worn by actors in a film, play or other performance फ़िल्म, नाटक या किसी प्रदर्शन में पहने जाने वाली वेश-भूषा **costume jewellery** noun, u. = jewellery made from cheap materials but looking very expensive सस्ती लेकिन बेशकीमती दिखती

co•sy /'kəʊzi/ /'कउज़ी/ adj. *a cosy room in a corner of the house* = comfortable and giving a feeling of being friendly आरामदेह, सुखद, मनोनुकूल

cot /kɒt/ /कॉट/ noun, c. **1** = a light bed which can be carried easily खाट **2** abbr. for **cotangent** [TRIGONOMETRY] **cotangent** का संक्षिप्त रूप [त्रिकोणमिति]

co•te•rie /'kəʊtəri/ /'कउटरी/ noun, c. *a coterie of writers* = a small, close group of people with common interests समान रुचि या उद्देश्य के लोगों का वर्ग या गुट

C

cot•tage /ˈkɒtɪdʒ/ /ˈकॉटिज/ noun, c. = a small house in the countryside, usually away from the city प्राय: शहर से बाहर छोटा-सा निवास, कुटीर **cottage industry** noun, u. or c. (**industries**) = an industry which can be set up by a few people, working with simple tools, and does not require a large factory, heavy machines etc. गृह-उद्योग जिसमें कुछ कार्यकर्त्ता होते हैं, औजार साधारण होते हैं और कारखाने की ज़रूरत नहीं होती

cot•ton /ˈkɒtn/ /ˈकॉट्न/ noun, u. = the soft white fibre (hair-like substance) produced by the cotton plant, from which cotton cloth is made रूई जो कपास के पौधे से निकलती है

couch[1] /kaʊtʃ/ /काउच/ noun, c. (**couches**) = sofa; a long, comfortable seat with a back and sometimes arms सोफ़ा

couch[2] verb, i. *The letter was couched in friendly language.* = to express in a certain kind of language, usually in writing (formal) लिखित रूप में कोई विचार एक प्रकार की शैली में व्यक्त करना

cou•gar /ˈkuːgəʳ/ /ˈकूगर॒/ noun, c. = a kind of lion found in North and South America (also **puma** or **mountain lion**) उत्तरी-दक्षिणी अमेरिका में पाया जानेवाला एक प्रकार का शेर (देखें **puma** or **mountain lion**)

cough[1] /kɒf/ /कॉफ़/ verb, i. **1** *The child has been coughing all night.* = to push out air noisily and with force through the throat, usually because of some discomfort in the throat गले में तकलीफ़ से ज़ोर से हवा निकालना, खाँसना **2** *They expected me to cough up the money for the celebration.* = to be forced to pay all the expenses for something (informal, disapproving) (रुपया) उधार देने को मजबूर होना (अनौपचारिक, अस्वीकृत)

cough[2] noun, u. or c. **1** *He has a bad cough.* = an illness which leads to frequent coughing खाँसी **2** *I heard a soft cough behind me.* = the sound of coughing, usually produced to attract someone's attention in a polite way ध्यानाकर्षण के लिए हल्की खाँसी की आवाज़

could /kəd/ /कड/ aux. verb (past tense of **can**) **1** *He could sing very well when he was young.* = was able to (in the past) में समर्थ **2** *You could have helped me (but you didn't).* = it was possible कर सकते थे (मुमकिन था) **3** *I could pay you back if I had some money.* = be able to do something if some condition is met कर सकना, अगर कोई शर्त्त पूरी हो **4** *Could you give me some water?* = a request which is made with some hesitation ज़रा, क्या आप/तुम ···

coun•cil /ˈkaʊnsəl/ /ˈकाउन्सल/ noun, c. (used with singular or plural verbs) *the Council of Ministers* = a group of people with the power to make laws and take important decisions आधिकारिक विधान-समिति जो महत्त्वपूर्ण निर्णय लेती है

coun•sel[1] /ˈkaʊnsəl/ /ˈकाउन्स्ल्/ noun, c. **1** = a lawyer who acts for someone in a court of law वकील **2** = advice (old-fashioned or literary) सलाह (पुराने प्रचलन का अथवा साहित्यिक)

counsel[2] verb, t. = to advise सलाह देना **counsellor** noun, c.= advisor सलाहकार

count[1] /kaʊnt/ /काउण्ट/ verb, i. or t. **1** *The child has learnt to count upto twenty.*(i.) = to say the numbers in the correct order सिलसिलेवार संख्या क्रम बोल जाना **2** *Please count the number of children who are present in the class.*(t.) = to find the total number of objects or people in a group किसी दल की पूरी तादाद गिनना **3** *We were thirty, counting the driver of the bus.*(t.) = including को लेकर, समेत **4** *You didn't do what I advised you to do. Maybe what I say doesn't count.*(i.) = to not be important, valuable or worth taking note of; not to be added e.g. points or goals in a game कोई खास न होना **5** *In this word-game, every word you make with the letters 'q', 'x' and 'z' counts as an extra point.*(t.) = to have a certain value अपनी खासियत होना

count[2] noun, u. or plural **1** *At the last count, there were 55 people in the building.*(u.) = an act of adding अंत में जोड़ने पर **2** (always plural) *He was tried in court but found innocent on all counts.* = in respect of every charge or accusation [LAW] हर केस या मामले में [कानून] **3** (always plural) *It was a pity that the new car which the company manufactured failed on all counts.* = in all ways हर मानी में **countable** adj. = which can be counted गणनीय

to count on *I am not going to have much help at the meeting and am counting on yours.* = to depend on; to trust किसी पर भरोसा होना **to count (oneself) lucky, fortunate etc.** = to believe and be thankful that one is lucky etc. अपना भाग्य बनाना **to lose count of something** *I have lost count of the number of times I have missed the bus.* = to do something very often (referring to some action that causes some loss or harm) भूल जाना कितनी बार (जो बार-बार होता रहा है और उससे नुकसान भी हुआ है) **to count one's chickens before they are hatched** = to think of the gains from doing something even before one has done enough to expect such gains 'गाछे कटहल ओठे तेल', 'पानी में मछरी, नौ कुटिया बखरा'

countdown /ˈkaʊntdaʊn/ /ˈकाउण्टडाउन/ noun = the act of counting backwards in seconds (e.g. from ten to zero) to mark an important event e.g. the firing of a rocket 10 से शून्य तक उल्टा गिनना (जैसे रॉकेट छोड़ने के वक्त)

coun•te•nance[1] /ˈkaʊntɪnəns/ /ˈकाउण्टीनन्स/ noun, c. = face [LITERARY] चेहरा, मुखमंडल [साहित्यिक]

countenance[2] verb, t. *I cannot countenance such bad behaviour.* = to accept or tolerate (formal) सहन या बरदाश्त करना (औपचारिक)

counter- /'kɒuntəʳ/ /'काउण्टʳ/ prefix used with an adjective, noun or verb विशेषण, संज्ञा या क्रिया के साथ प्रयुक्त उपसर्ग **1** working against something and preventing it from happening e.g. = विपरीत, अवरोध क प्रभाव का, बाधक **counter-productive** adj. *If you force him to work harder, your effort will be counter-productive. He will stop working.* = something which produces an effect opposite to what was intended or planned **2** to act against something harmful and prevent it from happening जो हानिकर है उसे रोकनेवाला e.g. **counteract** verb, t. *This medicine will counteract the effect of the poison.* = to act against **3** an equally strong etc. response to something e.g. प्रभावहीन या बेअसर कर देना **counter-attack** noun, c. = an attack on an enemy made in reply to an attack by the enemy जवाबी हमला, प्रत्याक्रमण **4** something that is attached to or matches something else किसी चीज़ से जुड़ी या उसके जैसी चीज़ e.g. **counterfoil** noun, c. = a part of a printed receipt, cheque etc. which is torn off and kept as a record रसीद, चेक का सबूत वाला टुकड़ा, प्रति-पत्रक **5** an equal who has the same job or position in another group, system, company etc. e.g. **counterpart** noun, c. *General Malik, the chief of the Indian army, is meeting General Musharraf, his counterpart in the Pakistan army.* = a person who is of the same rank, or doing the same job as another person, but in a different place

count•er[1] /kaʊntəʳ/ /'काउण्टʳ/ noun, c. **1** *the ticket counter* = a long, narrow table in a shop or office where things are kept for sale or where money is paid काउंटर, पटल **2** *a counter in the game of Ludo* = a small, thin, round, coloured piece of plastic which a player moves on a board or uses in place of money in certain games लूडो-आदि जैसे खेलों के लिए कूट का रंगीन तख्त

counter[2] verb, t. *counter an argument* = to take some action to oppose or defend oneself against something का सामना या विरोध करना, के विरुद्ध अपनी दलील पेश करना

counter[3] adj. or adv. *Everything they did went counter to my advice.* = opposite to or against के लिए उल्टा पड़ना

coun•ter•feit[1] /'kaʊntəfɪt/ /'काउण्टफ़िट/ adj. *a counterfeit coin* = (something which is) made as a copy of something else, in order to cheat someone खोटा

counterfeit[2] verb, t. = to make a copy of something in order to cheat someone ठगने के लिए नकली चीज़ बनाना

coun•ter•sign /'kaʊntəsaɪn/ /'काउण्टसाइन/ verb, t. or i. *The Secretary has signed this cheque and now the President has to countersign it.* = to sign a paper already signed by someone else in order to make it legal or effective कानूनी तौर पर पक्का करने के लिए प्रतिहस्ताक्षर करना

count(able) noun = a noun which refers to things which can be counted, and which generally has a plural as well as singular form e.g. boy/boys (opposite **uncountable**) [GRAMMAR] गणनीय, गिने जाने लायक (विलोम शब्द **uncountable**) [व्याकरण]

coun•try[1] /'kʌntri/ /'कँउण्ट्री/ noun, c. or u. (**countries**) **1** *Laos is a country in Asia.*(c.) = an area of land with its own government, national flag, laws etc. अपने राष्ट्रध्वज, विधान, शासन का देश **2** *We want to get out of the city and spend some time in the country.*(u.) = open land outside a town or city देहात **3** *Maharashtra is cotton country.*(u.) = an area which has a special quality or is known for something क्षेत्र, इलाका

country[2] adj. *a country house* = related to the country, not a town or city देहाती मकान

coun•try•man (country-person) /'kʌntrimən/ /'कँण्ट्रिमन/ noun, c. (**-men**) = someone who belongs to the same country as another person स्वदेशी

coun•try•side /'kʌntrɪsaɪd/ /'कँण्ट्रिसाइड/ noun, u. = open land outside a town or city देहात

coup /ku:/ /कू/ noun, c. (French) *Of the two groups in the City Council, one was in favour of a shopping centre while the other wanted a park. Finally, the second group staged a coup and got the park approved.* = a clever action or move that brings success or victory एक चाल जो कामयाब होती है **coup d' etat** /ku:deɪ'tɑ:/ /कूडेइ'टाऽ/ noun (French) = a sudden change of government through the use of force (फ्रेंच भाषा का शब्द) सैनिकबल से शासन में आकस्मिक परिवर्तन

cou•ple[1] /'kʌpəl/ /'कॅप्ल/ noun, c. **1** *a loving couple* = husband and wife दंपत्ति **2** *This house has a couple of bedrooms.* = two (informal) एक जोड़ा (अनौपचारिक) **3** *I had a couple of drinks.* = a few कुछ-एक

couple[2] verb, i. or t. *The two railway carriages were coupled.* = to join together; to connect जुड़ना, जोड़ना

coup•ling /'kʌplɪŋ/ /'कॅप्लिङ/ noun, c. **1** = a device that joins two things, specially two railway carriages, together एक जुगत जिसमें दो रेल-डब्बे जोड़े जाते हैं **2** = an act of sexual union समागम

coup•let /'kʌplɪt/ /'कॅप्लिट/ noun, c. = a pair of lines in a poem which rhyme (end with the same sound) and usually contain a complete idea पद्य की दो पंक्तियाँ जिनका तुक बैठता है और जो एक अपने-में-पूरा भाव रखती हैं

cou•pon /ˈkuːpɒn/ /ˈकूपॉन/ noun, c. *You can use this coupon to get a cup of tea at the canteen.* = a ticket that one purchases and uses later to obtain something, instead of making payment in cash कूपन, खरीदा हुआ एक टिकट जिससे बाद में कोई चीज़ खरीदी जा सकती है

cour•age /ˈkʌrɪdʒ/ /ˈकॅरिज/ noun, u. *We admired her courage in fighting the terrible disease.*= the quality of being brave, having no fear साहस, निर्भयता **courageous** adj. = brave साहसी

cou•ri•er[1] /ˈkʊriəʳ/ /ˈकूरिअʳ/ noun, c. = a person or company which carries letters, papers, parcels etc. from one place to another on payment कूरियर, वह व्यक्ति या कंपनी जो चिट्ठी, कागज़ात, पार्सल वगैरह पैसे की अदायगी पर एक से दूसरी जगह ले जाता है

courier[2] verb, t. = to send a letter etc. through a courier कूरियर के ज़रिये चिट्ठी भेजना

course[1] /kɔːs/ /ˈकॉस/ noun, c. **1** *Let us follow the course of the river.* = the path along which someone or something moves प्रवाह-पथ **2** *In the course of the year we learnt many new things.* = the passage of time वक्त का गुज़रना **3** *a course of lectures* = a set of क्रम, माला **4** *a four-course dinner* = a dish (preparation of food) served as a part of a meal नया परोस

course[2] adv. *Of course you can come!* = certainly बेशक, हाँ-हाँ

court[1] /kɔːt/ /ˈकॉट/ noun, u. or c. **1** = a place where law cases are heard and judged इजलास **2** *The lawyer addressed the court.*(u.) = judge न्यायाधीश **3** *a badminton court*(c.) = an area marked off by lines for the playing of certain games कुछ खेलों के लिए चौकोर घिरे मैदान **4** *Emperor Akbar's court*(c.) = the officials who served a king or queen in former times (also **courtiers**) शाही दरबार (देखें **courtiers**)

court[2] verb, t. **1** *He is courting us in order to get some favour.* = to pay special attention to someone in order to get something out of him/her कुछ हासिल करने के लिए पीछे-पीछे लगा रहना **2** *You are courting danger by riding on the steps of the crowded bus.* = to risk by taking unnecessary chances नाहक खतरा मोल लेना **3** = (said of a man) to try hard to get a woman to agree to marry one (old-fashioned) किसी औरत को शादी के लिए लुभाना (पुराने प्रचलन का)

court-mar•tial[1] /kɔːtˈmɑːʃəl/ /कॉऽटˈमाऽश्ल/ noun, c. (**courts-martial** or **court-martials**) = a military court which tries people belonging to the armed forces सैनिकों के लिए इजलास

court-martial[2] verb, t. = to try someone in a court-martial सैन्य-न्यायालय में किसी पर न्यायिक कार्रवाई करना

court•yard /ˈkɔːtjɑːd/ /ˈकॉऽटयाऽड/ noun, c. = an open space in the middle of a house, with walls on all sides आँगन

cour•te•ous /ˈkɜːtiəs/ /ˈकऽटिअस/ adj. = showing courtesy; very polite विनम्र, शिष्ट

cour•te•sy /ˈkɜːtɪsi/ /ˈकऽटिसी/ noun, u.= polite and kind behaviour विनम्र शिष्टाचार

cous•in /ˈkʌzən/ /ˈकॅज़्न/ noun, c. = the son or daughter of an uncle or aunt चचेरा भाई या चचेरी बहन

cov•e•nant /ˈkʌvənənt/ /ˈकॅव्नण्ट/ noun, u. = a formal agreement between two or more people दो या अधिक लोगों के बीच एक औपचारिक समझौता

cov•er[1] /ˈkʌvəʳ/ /ˈकॅवʳ/ verb, t. or i. **1** *We use this piece of cloth to cover the table.*(t.) = to place something on top of some object in order to protect or hide it हिफाज़त के लिए या छिपाये रखने के लिए किसी चीज़ से ढँकना **2** *A thick layer of dust covered the furniture.*(t.) = to lie along the surface of something सतह पर जमा हो जाना, भर जाना **3** *This book covers the recent war in Bosnia.*(t.) = to deal with का मुख्य विषय होना **4** *We covered the distance from Delhi to Agra in two hours.*(t.) = to go from one place to another तय करना (एक जगह से दूसरी जगह का रास्ता) **5** *It is almost the end of the year and we haven't covered all the topics we are supposed to study.*(t.) = to teach or learn, as part of a list कुछ अंशों को पढ़ा पाना या सीख पाना **6** *When our history teacher was absent, another teacher covered for her.*(i.) = to take someone's place temporarily and do her/his work (informal) किसी की जगह पर या उसके बदले उसका काम करना (अनौपचारिक) **7** *Your car is not covered for accidental damage.*(i.) = insured का बीमा हुआ रहना

cover[2] noun, c. or u. **1** *a bed-cover*(c.) = something that protects by covering हिफ़ाज़त के लिए जो ऊपर से ओढ़ाया या ढँका जाता है **2** *the cover of a book* = the front or back page of a book or magazine (पुस्तक, पत्रिका) जिल्द **3** *It is raining. Let us take cover under this tree.*(u.) = shelter छिप सकने की जगह, शरण **coverage** noun, u. *The newspaper gave excellent coverage of the cricket match.*= the amount of space given by a newspaper to reports of a particular event समाचारपत्र में किसी घटना को दिया गया विस्तार **covering letter** noun, c. = a letter sent with another letter or an application etc. to explain it or to give additional information व्याख्या-पत्र

under cover of *The thieves escaped under cover of darkness.* = hidden by की आड़ में **to cover up something** *You don't have to cover up your mistakes. We understand why you made them.* = to hide in order to stop something bad from becoming known गलती छिपाने की दलील देना **to cover up** *It's cold outside. You had better cover up well.* = dress well in order to protect oneself from cold weather (सर्दी से बचाव के लिए) पूरी तरह (अपने को) ढँक रखना **to take cover** *It is raining, let us take cover.* = to find shelter कहीं छिप जाने की जगह खोजना

cov•ert /'kʌvət/ /'कॅवट/ adj. *He has a covert fear of crowds.* = something that one does not express or do openly; hidden (opposite **overt**) छिपा-छिपा हुआ, अंदरूनी (विलोम शब्द **overt**)

co•vet /'kʌvɪt/ /'कॅविट/ verb, t. *covet someone's job* = to want strongly to possess things, specially things that belong to others दूसरे की चीज़ पर लालच की निगाह डालना या रखना **covetous** adj. = always wanting to possess things; greedy

cow[1] /kaʊ/ /काउ/ noun, c. = a fully grown, female farm animal गाय

cow[2] verb, t. *Don't be cowed by their threats.* = to be frightened (informal) दब्बू हो जाना (अनौपचारिक)

cow•ard /'kaʊəd/ /'काउअड/ noun, c. *She may seem to be a coward, but in fact she is brave.* = a person who has no courage and is always afraid निरुत्साही **cowardice** noun, u. = the quality of being cowardly or showing cowardly behaviour डरपोकपन **cowardly** adj. = having the qualities of a coward डरपोक के लक्षण वाला

cow•boy /'kaʊbɔɪ/ /'काउबॉइ/ noun = a person who works on a farm where there are a lot of cows (specially in America) and looks after them (विशेषत: अमेरिका में) बहुत सारी गायों की रखवाली करनेवाला

cow•er /'kaʊəʳ/ /'काउअ॒/ verb, i. *Our dog is afraid of this man and always cowers before him.* = to bend low and draw back in fear or shame डर या लाज से सिमट जाना

cow•herd /'kaʊhɜːd/ /'काउहऽड/ noun = a person who looks after a herd (large group) of cows while they are grazing (roaming about in the fields and eating grass) चरवाहा

cow•rie /'kaʊri/ /'काउरी/ noun, c. (**cowries**) = the shell (outer covering) of a small sea-animal that was used as money in the old days छोटे समुद्री जानवर की बाहरी कड़ी परत से बनी कौड़ी जो किसी ज़माने में सिक्के के मोल की होती थी

cox /kɒks/ /कॉक्स/ noun, c. = a person who guides and controls a rowing boat, specially during a race (नाव-प्रतियोगिता में) किसी नाव का संचालक

coy /kɔɪ/ /कॉइ/ adj. *coy behaviour* = pretending to be shy (used for a woman) **G** सिमटी-दुबकी, लजीली, (स्त्री) **लिंग**

co•zy adj. see **cosy** देखें **cosy**

CPU abbr. of **Central Processing Unit** noun = the brain of a computer that deals with information कंप्यूटर का मस्तिष्क-कक्ष जो सूचना या तथ्य से संबंधित होता है

crab /kræb/ /क्रैब/ noun, c. or u. **1** (c.) = a small sea animal with a thick shell and five pairs of legs केंकड़ा **2** (u.) = the flesh of a crab केंकड़े का गोश्त

crab

crack[1] /kræk/ /क्रैक/ verb, t. **1** *The cup will crack if you pour boiling water into it.* = to break without splitting into parts दरक जाना **2** *crack a joke* = to tell a joke (informal) चुटकुला या लतीफ़ा सुनाना (अनौपचारिक) **3** *His voice cracked as he told us the sad part of the story.* = a sudden change in the tone or loudness of a person's voice (आवाज़) भरभरा जाना

crack[2] noun, c. **1** *There is a crack in the glass.* = a line showing where something hard has broken without splitting into parts दरार **2** *a crack of thunder* = a loud sound ठनक, गरज **3** *We made so many cracks about her voice that she is feeling hurt.* = a quick, usually unkind, joke खिल्ली **4** *a crack on the head* = a blow वार, चोट **5** = a very pure form of the addictive drug **cocaine** (slang) कोकेन का शुद्ध (खाँटी) तत्त्व (अपभाषा) **cracked** adj. = a little mad (informal) सरफिरा (अनौपचारिक)

at the crack of dawn = very early in the morning पौ फटते **to have a crack at something** *I have never played this game before, but I'm going to have a crack at it.* = to attempt (informal) एक 'चान्स' लेना (अनौपचारिक) **to crack up** *It is true that you have problems, but if you don't calm down, you will crack up.* = to lose control over one's mind and body (informal) एकदम टूट जाना (अनौपचारिक) **to get cracking** *We don't have much time left to study, so let's get cracking.* = to start working hard suddenly and with determination (informal) अब मुस्तैदी से काम शुरू करना **to crack down on someone or something** *The police cracked down on the gang of thieves.* = to take sudden and strong action to stop an illegal activity पर छापा मारना

crack•er /'krækəʳ/ /'क्रैक॒/ noun, c. **1** = a kind of biscuit made without sugar सादा बिस्कुट **2** = one of the different kinds of fireworks normally used on festive occasions which bursts with a loud sound when it is lit आतिशबाज़ी जो किसी जलसे में देखी जाती है और जलाए जाने पर ज़ोर की आवाज़ करती है

crack•le /'krækəl/ /'क्रैक्ल/ verb, i. *The fire is crackling.* = the sharp sound produced by burning wood or coal जलती लकड़ी या कोयले की आवाज़

crack•pot /'krækpɒt/ /'क्रैक्पॉट/ noun, c. = a person who has strange or foolish ideas (informal) (अनौप.) हवन्नक

cra•dle[1] /'kreɪdl/ /'क्रेइड्ल/ noun, c. **1** = a small bed for a baby पालना **2** *India is one of the cradles of human civilization.* = the place where something begins उद्गम

C

cradle[2] verb, t. *The mother cradled the baby in her arms.* = to hold gently हल्के से थामना

craft /krɑːft/ /'क्राफ़्ट/ noun, u. or c. **1** *He is learning the carpenter's craft.*(c.) = trade; work that needs skill शिल्प **2** *He used a lot of craft to make us buy the expensive table.*(u.) = clever behaviour which is intended to mislead or deceive (disapproving) चालाकी, धूर्त्तता (अस्वीकृत) **3** (plural **craft**) = a boat, ship or airplane नाव, ज़हाज़, वायुयान **crafts** noun (always plural) *arts and crafts* = traditional things, made usually with one's hands दस्तकारी या हस्तशिल्प की कृति **crafts(wo)man (crafts person)** noun, c. = a highly skilled worker कुशल शिल्पी

-craft /'krɑːft/ /'क्राफ़्ट/ suffix used **1** to name a vehicle किसी सवारी के नाम के साथ प्रयुक्त प्रत्यय e.g. **aircraft, spacecraft** and **2** with a special skill e.g. **stagecraft, metal craft** विशिष्ट कौशल के संदर्भ में प्रयुक्त

craft•y /'krɑːfti/ /'क्राफ़्टी/ adj. = clever and able to cheat (derogatory) धूर्त, मक्कार (अनादरपूर्ण) **craftsmanship** noun, u. = the skill used in making something beautiful by hand हस्तशिल्प

crag /kræg/ /क्रैग/ noun, c. = a high rock कगारनुमा चट्टान

cram /kræm/ /क्रैम/ verb, t. or i. **1** *Twelve people were crammed into a taxi.*(t.) = to crowd or force someone or something into a small space तंग जगह में ठूँस देना **2** *It is not a good idea to cram for the examination.*(i.) = to prepare for an examination by getting things by heart (informal) इम्तहान के लिए रटंत (अनौपचारिक)

cramp[1] /kræmp/ /क्रैम्प/ noun, c. *He is suffering from a cramp in the leg.* = severe pain from the sudden tightening of a muscle, which makes movement difficult पेशियों की अचानक अकड़न से पैदा दर्दनाक ऐंठन

cramp[2] verb, t. *We are cramping his talent by not listening to his ideas.* = to limit or restrict something; to prevent something or someone from developing or growing सीमित करना, विकास अवरुद्ध करना **cramps** noun (always plural) = great pain in the stomach पेट में दर्दनाक ऐंठन **cramped** adj. *a cramped room* = having very little space तंग

crane[1] /kreɪn/ /'क्रेइन/ noun, c. **1** = a machine that is used to lift heavy weights भारी वजनों को उठाने की मशीन **2** = a water-bird with long legs and a long neck सारस

crane[2] verb, t. *He craned his neck to get a better view of the parade.* = to stretch out one's neck in order to get a better view गरदन आगे बढ़ाना (ताकि और ठीक से कुछ दीख सके)

cra•ni•um /'kreɪnɪəm/ /'क्रेइनियम/ noun, c. = the skull; the round, hollow bone at the top of the head that protects the brain [MEDICINE] मस्तिष्क के ऊपर की गोल खोखली हड्डी, खोपड़ी, कपाल [चिकित्सा]

crank[1] /kræŋk/ /क्रैन्क/ noun, c. **1** = a handle used to turn a wheel; a part of a machine which changes forward-and-backward movement in a straight line into a circular movement चक्के को घुमाने के लिए हैंडिल, मशीन का एक भाग जो आगे-पीछे की सीधी गति को घुमावदार कर देती है **2** *She had some wonderful ideas but most people did not listen to her because they thought she was a crank.* = a person with strange but strong ideas on some subject (informal, not respectful) झक्की, सनकी, खब्तुलहवास (अनौपचारिक, आदरपूर्ण नहीं)

crank[2] verb, t. *Let us crank up this old car.* = to start an engine by turning a crank (handle) एक हैंडिल घुमाकर कोई इंजिन चालू करना **cranky** adj. *The child is becoming cranky.* = bad-tempered (informal) चिड़चिड़ा (अनौपचारिक)

crap /kræp/ /'क्रैप/ noun, u. **1** = solid waste from the bowels (slang) गुह, गू (अपभाषा) **2** *You are talking absolute crap!* = nonsense (slang) बकवास (अपभाषा)

crash[1] /kræʃ/ /'क्रैश/ verb, i. or t. **1** *The plane crashed into a high mountain.*(i.) = to have an accident by striking something noisily and with force ज़ोर से टकराकर दुर्घटनाग्रस्त होना **2** *If we go so fast we'll crash the car.*(t.) = to cause a noisy accident की दुर्घटना कर बैठना **3** *The waves crashed against the rocks.*(i.) = to hit something noisily and with force ज़ोर से टकराना **4** *The bank has crashed.*(i.) = to suffer great loss of money or the failure of business दिवाला निकलना, ठप हो जाना **5** *The computer has crashed.*(i.) = to stop working काम नहीं देना **6** *The buffaloes crashed through the sugarcane fields.*(i.) = to walk noisily, destroying things in one's path रास्ते की चीज़ें रौंदते हुए ज़ोर की आवाज़ के साथ चलना

crash[2] noun, c. or u. **1** *a plane crash*(c.) = a violent accident एक सांघातिक दुर्घटना **2** *We heard the crash of thunder.*(u.) = loud noise ठनक, गड़गड़ाहट **crash course** noun, c. *We are doing a crash course in Japanese.* = a course of study which has to be completed in a very short time and therefore needs great effort by students लघुत्तम पाठ्यक्रम (जिसे शीघ्र पूरा करना होता है और जिसमें विद्यार्थी को अधिक परिश्रम करना पड़ता है) **crash-helmet** noun = a strong covering for the head worn by motor-cyclists to protect the head in case of an accident मोटरसाइकिल चालकों का वह टोप जो दुर्घटना से उनकी रक्षा करता है

crass /kræs/ /क्रैस/ adj. *Those crass remarks of yours really hurt us.* = showing no respect for the feelings of others; coarse रूक्ष

crate[1] /kreɪt/ /क्रेइट/ noun, c. *a crate of soft drinks* = a box used to carry bottles containing some liquid तरल (पेय) पदार्थों की बोतलों के लिए बकस

crate[2] verb, t. *We will have to crate these bottles.* = to pack into crates ऐसे बकस में भरना

cra•ter /ˈkreɪtəʳ/ /ˈक्रेइटर्/ noun, c. **1** = the round and hollow mouth of a volcano ज्वालामुखी का गोल खोखला मुहाना **2** = a deep hole in the ground made by a heavy falling object or bomb भारी चीज़ (जैसे बम) के गिरने से बना गड्ढा

crave /ˈkreɪv/ /ˈक्रेइव/ verb, t. or i. **1** *The doctor has put her on a diet, so she is craving for food.*(i.) = to have an uncontrollable desire to eat, smoke, or to drink something, especially something which is bad for one हानिकारक भोज्य पदार्थ के लिए भुक्खड़ होना **2** *He hasn't smoked for a month, so he craves a cigarette.*(t.) = to have a very strong desire for something (usually something that is harmful) के बिना मरने लगना **3** *We crave your presence at the meeting.*(t.) = request deeply (old-fashioned, formal/sarcastic) अभ्यर्थना करना (पुराने प्रचलन का, औपचारिक/व्यंगात्मक) **craving** noun, u. or c. *He had a strong craving for sweets when he was on a diet.* = very strong, uncontrollable desire for something लालसा, चाह

crawl[1] /krɔːl/ /क्रॉऽल/ verb, i. **1** *The baby is beginning to crawl.* = to move very slowly on one's hands and knees हाथों-घुटनों के बल धीरे-धीरे चलना **2** *Your kitchen is crawling with cockroaches.* = to be full of something unpleasant किसी अप्रिय वस्तु से भर जाना

crawl[2] noun, u. *The cars are moving at a crawl.* = very slow speed धीमी या आहिस्ता चाल

cray•on /ˈkreɪən/ /ˈक्रेइअन/ noun, c. = a stick of soft coloured chalk used for painting pictures तस्वीर रँगने की एक रंगीन मुलायम-सी खड़िया

craze /kreɪz/ /क्रेइज़/ noun, u. *This new song has become a craze among young people.* = something that suddenly becomes very popular or fashionable, but only for a short time (informal) अल्पकाल के लिए लोकप्रिय शौक या चीज़ (अनौपचारिक) **crazy** adj. **1** *You must be crazy if you think I am going to see the film again.* = slightly mad or stupid (informal) बौड़म, बुद्धू (अनौपचारिक) **2** *She is crazy about Hindi films.* = deeply fond of something (informal) का दीवाना (अनौपचारिक) **crazily** adv.

creak[1] /kriːk/ /क्रीक/ verb, i. *The doors are creaking because no one has put oil in the hinges.* = to make the sound that a badly-oiled door makes when it is opened चरमराहट की आवाज़ करना

creak[2] noun, c. *The door opened slowly with a loud creak.* = the sound made by a creaking door चरमराहट **creaky** adj. = making a creaking sound चरमराती

cream[1] /kriːm/ /क्रीम/ noun, u. **1** = the solid layer, containing fat, that rises to the top of milk after it has been boiled छाली **2** *The cream of India's scientists once worked in this laboratory.* = the best गिनेचुने, गणमान्य, चुनिंदा

cream[2] verb, t. *We have to cream the milk.* = to remove the layer of cream छाली हटाना

cream[3] adj. *He was wearing a cream silk shirt.* = of the colour of cream (very light yellow) हल्के पीले रंग का **cold cream** noun, u. = a thick, sweet-smelling substance used mostly by women to protect the skin during winter एक सुगंधित लेप जो स्त्रियाँ जाड़े में त्वचा-रक्षा के लिए लगाती हैं

crease[1] /kriːs/ /क्रीस/ noun, c. **1** *His trousers have been freshly ironed and the creases are very sharp.* = the lines made in cloth or paper by pressing with a hot iron, folding etc. सिकुड़न **2** *The batsman was inside his crease and was declared not out.* = a line drawn in front of the wicket, in the game of cricket, marking the area within which a batsman is allowed to move (क्रिकेट) विकेट के सामने खिंची सीमा-रेखा जिसके अंदर ही बल्लेबाज़ की गतिविधि सीमित होती है

crease[2] verb, i. or t. *This dress creases very easily.*(i.) = to become pressed into folds or creases सिकुड़ जाना

cre•ate /kriˈeɪt/ /क्रिˈएइट/ verb, t. *Who created the universe? // You have created a new high jump record.* = to produce something that was not there before सृष्टि या रचना करना (जिसका अस्तित्व पहले नहीं हो)

cre•a•tion /kriˈeɪʃən/ /क्रिˈएइश्न/ noun, c. or u. **1** *This painting is my daughter's creation.* = something, particularly a work of art, which has been created (made) कृति **2** *Poets know the pains of creation.*(u.) = the process by which something is created. रचना-प्रक्रिया **creative** adj. = having the imagination or skill required to create something सृजनात्मक **creator** noun, c. = God; someone who creates something स्रष्टा, ईश्वर **creativity** /krɪəɪˈtɪvɪtɪ/ /क्रिएˈटिविटि/ noun, u. = the ability to produce something beautiful by using one's imagination or skill सृजनात्मकता

crea•ture /ˈkriːtʃəʳ/ /ˈक्रीचर्/ noun, c.= something that is living प्राणी, जीव **creature comforts** noun (always plural) = the things that make life comfortable सुख साधन

crè•che /kreʃ/ /क्रेश/ noun, c. = a place where very young children are looked after while their parents are working शिशु-सदन जहाँ बच्चों की देखभाल होती है जब उनके माता-पिता काम पर होते हैं

cre•den•tials /krɪˈdenʃəlz/ /क्रिˈडेन्शल्ज़/ noun, c. (always plural) *The police will check your credentials before letting you in.* = papers which provide proof of a person's identity (name, position etc.) प्रत्ययपत्र, पहचान बतलाने वाले कागज़ात

cred•i•ble /ˈkredɪbəl/ /ˈक्रेडिबल/ adj. *Your report on the incident seems quite credible.* = something or someone that can be believed विश्वसनीय **credibility** /kredɪˈbɪlɪti/ /क्रेडिˈबिलिटी/ noun, u. *We always say we'll finish our work in time but never do. Our credibility is in doubt.* = the quality of being credible (worthy of being believed) विश्वसनीयता

cred•it[1] /ˈkredɪt/ /ˈक्रेडिट/ noun, u. or c. **1** *If you don't have enough money to buy the car, you can get it on credit.*(u.) = a system which allows one to buy something and pay for it later उधार **2** *He has Rs 5000 to his credit.*(u.) = the amount of money a person has in a bank (उधार-खाते में) के नाम पर **3** *She deserves credit for training the basketball team.*(u.) = praise श्रेय, प्रशंसा **4** *You will earn five credits for completing this course successfully.*(c.) = a measure of the work completed by a student at an American university अमेरिकी विश्वविद्यालय में छात्र द्वारा संपन्न कार्य का एक मापक

credit[2] verb, t. **1** *Please credit this money to my bank account.* = to deposit (put) money in one's bank account बैंक खाते में जमा करना **2** *What you are saying is difficult to credit. It sounds impossible.* = to believe पर विश्वास कर पाना **3** *Do you think I would do something so stupid? You should credit me with some commonsense.* = to accept that someone has some good quality किसी में जो गुण हो उसे मानना

cred•i•ta•ble /ˈkredɪtəbəl/ /ˈक्रेडिटबल/ adj. *The child has been ill but her performance at school has been quite creditable.* = good; something that deserves praise श्लाघ्य, स्तुत्य, प्रशंसनीय, श्रेयस्कर

cred•i•tor /ˈkredɪtəʳ/ /ˈक्रेडिटर/ noun = a person to whom one owes money ऋणदाता

credit card noun = a plastic card which can be checked by a computer and allows one to get things on credit and pay for them later through a bank एक प्लास्टिक कार्ड जिसे कंप्यूटर से जाँचा जाता है और जिसके जरिये उधार लेकर बाद में बैंक से भुगतान हो सकता है

cred•u•lous /ˈkredjʊləs/ /ˈक्रेड्युलस/ adj. *a very credulous person* = one who is very willing or ready to believe things (disapproving) कान का कच्चा, सहज ही विश्वास कर लेने वाला (अस्वीकृत)

creed /kriːd/ /क्रीड/ noun, c. **1** *Anyone can be a member of the Citizen's Action Group, regardless of their creed.* = the system of beliefs and principles which one follows मत, सिद्धांत **2** = religion and religious beliefs धर्मयज्ञ

creek /kriːk/ /क्रीक/ noun, c. = a small body of water (pond or lake) पानी का पोखरे या झील-जैसा जमाव

creep[1] /kriːp/ /क्रीप/ verb, i. *The snake was creeping across the field.* = moving with the body close to the ground रेंगना

creep[2] noun, c. = a person who is not liked because she/he offers false praise in the hope of getting favours (slang) चाटुकार व्यक्ति (अपभाषा) **creeps** noun (always plural) *The dark cave gave me the creeps.* = a feeling of fear (informal) (डर से) सिहरन, कँपकँपी (अनौपचारिक)

to make one's flesh creep to have a feeling of fear or dislike (informal) डर या नापसंदगी से सिहर उठना (अनौपचारिक)

creep•er /ˈkriːpəʳ/ /ˈक्रीपर/ noun, c. = a plant which climbs up trees or walls or grows along the ground लता, वल्लरी

cre•mate /krɪˈmeɪt/ /क्रिˈमेइट/ verb, t. = to burn the body of a dead person शवदाह करना **cremation** noun, u. or c. = the ceremony of burning a dead person शवदाह-संस्कार

crem•a•to•ri•um /kreməˈtɔːriəm/ /क्रेमˈटॉरिअम/ = a building in which dead people are cremated शवदाह-गृह

cre•ole /ˈkriːəʊl/ /क्रीअउल/ noun, c. **1** = a language which is a mixture of a European language (e.g. English or French) and some other language, used in some parts of the world संसार में कुछ हिस्सों में प्रयुक्त अंग्रेज़ी या फ्रांसीसी मिश्रित भाषा **2** = a person of mixed European and African blood

cre•scen•do /krɪˈʃendəʊ/ /क्रिˈशेण्डउ/ noun, u. *The sound of the music rose to a crescendo.* = a gradual increase in force or loudness (of music) आरोह, सप्तम स्वर

cres•cent /ˈkresənt/ /ˈक्रेसण्ट/ noun, c. or adj. *the crescent moon* (adj.) = a curved shape which is part of a circle, like that of the moon at certain times of the month (see pic under **shapes**) अर्द्धचंद्राकार (**shapes** के अंतर्गत चित्र देखें)

crest /krest/ /क्रेस्ट/ noun, c. **1** = the bright feathers growing on top of a bird's head कलँगी **2** *the crest of the hill* = the top (of a hill etc.) चोटी **3** *the University crest* = a special printed sign used on the top of letters etc. अक्षरों के ऊपर मुद्रित विशेष चिह्न

crest•fal•len /ˈkrestfɔːlən/ /ˈक्रेस्टफॉऽलन/ adj. *He looks completely crestfallen after losing the election.* = disappointed; sad निराश, उदास, लटके हुए चेहरे का

crev•ice /ˈkrevɪs/ /ˈक्रेविस/ noun, c. = a narrow crack or opening in a rock चट्टान में पड़ी एक तंग दरार

crew /kruː/ /क्रू/ noun, c. (used with singular or plural verb) = the group of people who work on a ship or aircraft जहाज़ या वायुयान पर कार्यरत कर्मचारी **crew cut** noun = hair which has been cut very short छोटे छँटे हुए बाल

crib[1] /krɪb/ /क्रिब/ noun, c. = a bed for a baby or a very young child बच्चे का खटोला

crib[2] verb, i. = to copy from someone else during an examination (slang) इम्तहान में किसी की नकल कर लेना (अपभाषा)

crick /krɪk/ /क्रिक/ noun, c. *I have a crick in my neck and I can't turn my head.* = a painful condition of the neck or back which makes movement difficult ऐंठन (गरदन या पीठ में) जिससे घूम पाना मुश्किल होता है

crick•et /'krɪkɪt/ /'क्रिकिट/ noun, u. **1** = an outdoor game brought to India by the British, played between teams of 11 players क्रिकेट **2** = a small insect which makes a loud noise by rubbing its wings together झिंगुर (झींगुर) जो अपने पंख रगड़कर आवाज़ पैदा करता हैं **cricketer** noun = a cricket player क्रिकेट का खिलाड़ी

crime /kraɪm/ /क्राइम/ noun, c. or u. = an action which is against the law and for doing which one can be punished अपराध, जुर्म **criminal** noun, c. = a person who has committed a crime मुज़रिम **criminal act** noun, c. = an act which is considered to be a crime वह काम जो कानूनन जुर्म है **criminal law** noun = the laws related to crime and the punishment of crime अपराध-संहिता या विधान

crim•son /'krɪmzən/ /'क्रिम्ज़न/ adj. = of a deep red colour /तालटेस

cringe /krɪndʒ/ /क्रिन्ज/ verb, i. **1** *The dog was afraid of me and cringed when I went near it.* = to bend low and move back out of fear सिमटते हुए दुबक जाना **2** *You should behave with dignity and not cringe before the boss.* = to show too much respect to someone who is important or powerful (disapproving) किसी प्रभावशाली व्यक्ति की खैरख्वाही करना (अस्वीकृत)

crin•kle[1] /'krɪŋkəl/ /'क्रिन्क्ल/ verb, i. or t. **1** *The letter had been read by so many people, folded and unfolded so many times, that it had got crinkled and was difficult to read.* = to become covered with many fine lines or folds मुड़-चुड़ जाना **2** *The baby crinkled its eyes.* = to make the eyes look smaller or narrower, usually to express happiness खुशी ज़ाहिर करने को आँखें सिकोड़ना

crinkle[2] noun, c. = a fine line or fold which forms on paper or cloth that has been crushed (pressed many times) मोड़ **crinkly** adj. *crinkly paper* = having many crinkles (folds) मुड़ा-चुड़ा

crip•ple[1] /'krɪpəl/ /क्रिप्ल/ noun, c. = a person who has lost the use of one or more limbs (arms and legs) लँगड़ा-लूला

cripple[2] verb, t. **1** *The accident crippled him, but he is as energetic as ever.* = to make someone a cripple अपंग कर देना **2** *The rains have failed and crippled agriculture in this region.* = to damage or harm seriously बहुत नुकसान पहुँचाना

cri•sis /'kraɪsɪs/ /'क्राइसिस/ noun, c. (**crises**) *Even when they were going through a crisis they looked cheerful.* = a time of great danger or uncertainty संकटावस्था

crisp[1] /krɪsp/ /क्रिस्प/ adj. **1** *The biscuits are crisp.* = stiff, hard and brittle (easy to break into pieces) खस्ता, कुरकुरा **2** = (of paper money, sheets of paper, starched fabric) stiff, bright and clean (करेंसी नोट, कागज़ का ताव, माँड़ चढ़ाया कपड़ा) कड़क, चमकीला, साफ़ **3** = (of fruit and vegetables) hard in a way which shows freshness and high quality (फल, सब्ज़ी) ठोस, कड़ा (जिससे लगे कि ताज़ा और उम्दा है) **4** *a crisp style* = (of writing) achieving a good effect using very few words; सारगर्भित (लेखन) (of speaking) clear, brief and not very friendly स्पष्ट, संक्षिप्त तथा औपचारिक (बोलचाल या भाषण)

crisp[2] noun, c. (usually plural) = a thin slice of fried potato which is hard and can break तले आलू का कतरा जो कड़ा और तुनुक भी होता है

cri•te•ri•on /kraɪ'tɪəriən/ /क्राइ'टिअ्रिअन/ noun, c. (**criteria**) *The most important criterion for selecting officers for the army is physical fitness.* = a standard by which one judges something or someone मापदंड

crit•ic /'krɪtɪk/ /'क्रिटिक/ noun, c. **1** *He is a well-known film critic.* = a person who is an expert on some subject (e.g. music, films etc.) and whose views and opinions on the subject, published in books, magazines or newspapers, are respected समीक्षक **2** *She is one of your worst critics.* = a person who finds fault with someone छिद्रान्वेषी **critical** adj. **1** *Her critical opinions are greatly respected.* = relating to opinions or judgements about both the good and bad qualities of something आलोचनात्मक **2** *I know I am very critical of the books you write but I am only trying to help.* = finding fault with नुख्स निकालना **3** *The patient is in a critical condition.* = a situation in which there is danger and risk and things could either improve or get worse अनिश्चित गंभीर स्थिति **4** *The nuclear reactor has gone critical.* = (of a nuclear reactor) in a condition in which, once started, chain reactions occur on their own [PHYSICS] एक स्थिति, जिसमें एकबार शुरू होने पर प्रतिक्रियाओं की प्रक्रिया स्वाभाविक है [भौतिकी] **critically** adv.

crit•i•cis•m /'krɪtɪsɪzəm/ /'क्रिटिसिज़्म/ noun, u. or c. **1** *We are studying the history of literary criticism.* = judgement passed on a work of art by a critic आलोचक द्वारा प्रस्तुत कलाकृति का मूल्यांकन **2** *Some criticism is good but too much will make us feel discouraged.* = unfavourable judgement or opinion विपरीत निर्णय या

विचार **criticize (criticise)** verb, t. **1** *They criticized my style of dressing.*= to point out the bad points of something नुख्स निकालना **2** *I asked her to criticize my acting.* = to make a judgement about both the good and bad points of something समीक्षा करना

cri•tique /krɪ'ti:k/ /क्रि'टीक/ noun, u. = a piece of writing in a book or magazine which makes a judgement of some writer's work समीक्षा, पुस्तक-समीक्षा

croak¹ /krəʊk/ /क्रउक/ verb, i. *The frogs are croaking after the rain.* = to make the deep, hoarse cracking noise made by frogs (मेढक) टर्र-टों करना

croak² noun, c. **1** = the sound that a frog makes (मेढक की) टर्र-टों **2** = to die (slang, not respectful) टन बोल जाना (अपभाषा, अनादरपूर्ण नहीं)

crock•e•ry /'krɒkəri/ /'क्रॉकरी/ noun, u. = cups, plates, dishes, etc. made of glass or china clay शीशे या चीनी मिट्टी की तश्तरियाँ, प्याले

croc•o•dile /'krɒkədaɪl/ /'क्रॉकडाइल/ noun, c. = a large reptile (animal belonging to the lizard family) with very thick skin that lives in rivers or lakes घड़ियाल **crocodile tears** noun (always plural) *Don't shed crocodile tears, we know you are not really sad.* = a false show of grief झूठा शोक (घड़ियाली आँसू)

crook /krʊk/ /क्रुक/ noun, c. **1** *The police were on the trail of the crooks for a long time.* = a dishonest person or a criminal (informal) चंट, अपराधी (अनौपचारिक) **2** *He held the walking stick in the crook of his arm.* = a point where there is a bend मोड़ **crooked** adj. **1** *a crooked road* = full of bends and turns; not straight घुमावदार, जिलेबिया **2** *a crooked person* = dishonest कुटिल, भीतर का टेढ़ा (आदमी)

croon /kru:n/ /क्रून/ verb, t. or i. *The mother was crooning to her baby.*(i.) = a style of singing in which the voice is soft and low कोमल स्वर में धीमे-धीमे गुनगुनाने का एक ढंग **crooner** noun, c. गुनगुनानेवाला

crop¹ /krɒp/ /क्रॉप/ noun, c. **1** *We grow three crops of rice on this land every year.* = a product (e.g. wheat) grown on land फसल, उपज **2** = the quantity of wheat, rice, coffee etc. produced at a time on a person's land गेहूँ, चावल, कॉफ़ी की फ़सल का परिमाण जो किसी की निजी ज़मीन पर उगाई जाती है **3** *The barber gave me a crop.* = hair cut very short घुटे बाल **4** = a whip used by horse-riders (घुड़सवार का) चाबुक

crop² verb, t. **1** *The tea bushes are cropped every year.* = to cut the top of some plant किसी पौधे की फुनगी छाँटना **2** *He had his hair cropped.* = to cut very short (बाल) छोटा-छोटा छँटवाना

crore /krɔ:r/ /क्रॉ़र/ noun, c. = a number represented by 10,000,000 (ten million), in use in India and Pakistan करोड़

cross¹ /krɒs/ /क्रॉस/ noun, c. (**crosses**) **1** a mark made by drawing one line across another, in the shape **+** or **X**, often used to show that something is incorrect गलत बताने का निशान **2** = anything which has this shape इस तरह के निशानवाली कोई शक्ल **3** = the symbol (sign) of the Christian religion (often capital) ईसाई धर्म का प्रतीक चिह्न **4** = a medal in the form of a cross given to soldiers for courage in war युद्ध में वीरता के लिए दिया जाने वाला इस शक्ल का पदक **5** *This dog is a cross between an Alsatian and a Doberman.* = a mixture of two different kinds of animals or plants वर्णसंकर, दोगला

cross² adj. *My brother was cross when I woke him up from deep sleep.* = angry in a way that is not serious झुँझलाया, खीझा

cross³ verb, t. or i. **1** *Don't cross the road now. It is dangerous to do so.*(t.) = to go across (from one side to the other) एक तरफ़ से दूसरी ओर का फ़ासला तय करना, पार करना **2** *The two roads cross each other.*(t.) = to meet and continue on the other side (सड़क का) एक का दूसरे से मिलकर पार कर जाना **3** *I waved when my friend and I crossed each other on the pavement.*(i.) = to walk in the opposite direction to someone विपरीत दिशाओं में आते-जाते मिलना **4** *When I make a mistake in my written work, I cross it out and write the word or words again.*(t.) = to draw a line across something written to show that it is a mistake काट देना (यह जतलाने के लिए कि यहाँ गलती है) **5** *Please don't cross me now. I'm in a bad mood.*(t.) = to oppose someone (say or do something against his/her wish) ख्वाहिश के खिलाफ कुछ करना **6** (t.) = (in worship etc.) to make the sign of the cross (पूजा में) ╬ चिह्न बनाना **7** = to make a symbol of two parallel lines in the top left corner of a cheque to show that money is to be paid into someone's bank account and not directly चेक के ऊपर बाएं किनारे पर दो तिरछी समानांतर रेखाएं खींचना, चैक का क्रास करना कहलाता है (यह बताने के लिए कि पैसा किसी के खाते में जमा हो न कि उसका नगद भुगतान किया जाए) **8** *The two kinds of rice have been crossed to produce a new variety of rice.*(i.) = to breed (unite) one kind of animal or plant with a different kind of animal or plant so as to produce a new kind of animal or plant दो भिन्न प्रकार के पशुओं या पौधों का वर्णसकंरी मिश्रण जिससे तीसरा प्रकार पैदा होता है **crossly** adv. **crossbreed** noun, c.=an animal or plant produced by crossing two different kinds of animals or plants इस प्रकार पैदा तीसरे किस्म का पौधा या पशु **cross-country** adj. or adv. **1** *a cross-country race*(adj.) = a race across open country or fields खुले देहात या मैदान के आर-पार **2** *They ran cross-country* (adv.) **cross-examine** verb, t. *The defending lawyer will cross-examine the witness.* = to question a witness in court for the second time, after he/she has already been questioned once by the lawyer for the other side इजलास में गवाह से विपक्ष के वकील का दूसरी बार जिरह करना **cross-eyed** adj. = unable to focus both eyes on some object (also **squint-eyed**) (informal, disrespectful) भेंगा जिसकी दोनों आँखें अलग-अलग देखती हैं (अनौपचारिक, अनादरपूर्ण) **cross-check** verb, t. *I am not sure the information you have given me is correct. I must cross-check with someone else.* = to become certain aboout the correctness of something by checking from one or more sources अन्य सूचना से मिलाकर किसी चीज़ के सही होने के बारे में विश्वस्त होना **cross-legged** adv. *sitting cross-legged* = sitting with the legs folded and one leg placed across the other पलथी मारे हुए **crossroads** noun, c. (always plural) **1** = a place where two roads cross each other चौराहा **2** = a point at which a difficult decision must be taken ऐसी स्थिति जहाँ कठिन निर्णय लेना हो **cross-section** noun, c. **1** *a cross-section of the stem of a young plant* = a very thin slice or piece of something (e.g. the stem of a plant) obtained by cutting across its length, which can be studied under a microscope (किसी पौधे वगैरह का) बारीक रेशा जिसे माईक्रोस्कोप से देखा जाता है **2** *a cross-section of the student population* = a sample (example) of something which gives a good idea of the whole नमूना

to talk at cross purposes (always plural) *My brother and I never agree and are always talking at cross purposes.* = to be unable to understand each other because each one is talking about a different thing 36 का नाता होना, आपस में नहीं पटना **to have a cross to bear** = to have a problem which causes great difficulty and sadness and which one cannot get rid of गरदन पड़ा ढोल होना **to cross swords with someone** = to fight or oppose someone whose views are well known to everyone से भिड़ जाना **to keep one's fingers crossed** = to hope that something will turn out well (The gesture is based on the supersitition that if one's fingers are crossed, it will keep off bad luck.) कुशल मनाना [दो उँगलियों से X की शकल बनाना (यह भंगिमा इस अंधविश्वास पर आधृत है कि ऐसा करने से अपशकुन टलता है)] **to not cross one's bridges before one comes to them** = to plan to face difficulties only if and when they happen and not before जब होगा-तब-देखा-जाएगा की नीयत रखना **to reach a crossroads** = to come to a point where a difficult decision has to be made कठिन निर्णय की घड़ी का आना **to cross one's mind** *It crossed my mind that I was the only one who hadn't been invited to the meeting.* = to think of something suddenly अचानक सूझना, विचार (कौंधना)

cross•ing /ˈkrɒsɪŋ/ /क्रॉसिङ/ noun, c. = a place where people usually go across a river or a road सड़क या नदी पर पार करने की जगह

cross•word (puzzle) /ˈkrɒsˈwɜːd/ /क्रॉस्वर्ड/ noun, c. = a game in which words have to be fitted into spaces in a numbered square, using clues (hints) which are given वर्ग-पहेली

crotch /krɒtʃ/ /क्रॉच/ noun = the place where the legs of a human being join the trunk (the main body) ऊरु-संधि, धड़ का निचला हिस्सा

crouch /kraʊtʃ/ /क्राउच/ verb, i. *The runners are crouching for the start of the race.* = to lower the body close to the ground by bending the knees and the back, in preparation for jumping forward suddenly (दौड़-प्रतियोगिता के लिए तैयार) घुटने और पीठ झुकाए रखना

crow[1] /krəʊ/ /क्रउ/ noun, c. = a large black bird which has a typical hoarse cry कौआ, काग

crow[2] verb, i. **1** = to make the loud, hoarse sound produced by a crow काँव-काँव करना **2** *Stop crowing about your victory in the competition.* = to boast (talk proudly about oneself) (disapproving) शेखी बघारना (अस्वीकृत)

crow•bar /ˈkrəʊbaːʳ/ /ˈक्रउबाऽʳ/ noun, c. = a thick iron rod used to lift heavy objects off the ground or to break open boxes etc. बक्सों को तोड़कर खोलने या भारी चीज़ों को ज़मीन से ऊपर उठाने के लिए लोहे का मोटा रॉड

crowd[1] /kraʊd/ /क्राउड/ noun, c. = a large number of people gathered together but not in an orderly way भीड़

crowd[2] verb, t.or i. **1** *The boy has fainted. Please don't crowd round him.*(i.) = to come together in such large numbers that there is not enough space पर भीड़ लगाना **2** *People watching the procession crowded the streets.*(t.) = to gather in large numbers बड़ी तादाद में जुटना **crowded** adj. = filled with people ठसाठस भरा

crown[1] /kraʊn/ /क्राउन/ noun, c. **1** = an ornament for the head, usually made of gold, generally worn by a king or queen as a sign of royal power ताज, मुकुट **2** *This is a story about a man who was not born a king but claimed the crown.* = the title or position of a king शाही ओहदा **3** *the crown of the head* = the highest or topmost part of something सबसे ऊपरी हिस्सा **4** *He is the winner of the singles crown in tennis.* = title or prize इनाम

crown[2] verb, t. **1** *The new king will be crowned soon.* = to go through a religious ceremony which makes a person a king or queen राज्याभिषेक समारोह में राजा या रानी बनना **2** *Her efforts were crowned with success.* = to be given the highest reward (साफल्य) मंडित होना **3** *We took the wrong route to the station, lost our tickets, and to crown it all, we got on the wrong train.* = to come as the last and worst misfortune in a series of misfortunes (informal) और सबसे बड़ी बदकिस्मती (अनौपचारिक) **crown prince** noun = the person who is to become the next king of a country युवराज

cru•cial /'kru:ʃəl/ /'क्रूश्ल्/ adj. *India needs two more runs to win this match, and there is only one ball left in this over. This is the most crucial moment of the game.* = the most important; decisive; something on which a decision or result depends निर्णायक, संकटकालीन

cru•ci•ble /'kru:sɪbəl/ /'क्रूसिब्ल्/ noun, c. **1** = a small vessel, usually made of clay, in which things can be heated to a very high temperature in the science laboratory for an experiment (see pic under **laboratory equipment**) गीली मिट्टी का बना एक पात्र जिसमें विज्ञान-प्रयोगशाला में प्रयोग के लिए चीज़ें अधिक तापमान पर गरम की जा सकती हैं (**laboratory equipment** के अंतर्गत चित्र देखें) **2** *During World War II many countries passed through the crucible of suffering.* = a severe test which can prove the quality of something कठिन परीक्षा की घड़ी जिससे जीवट का पता चलता है

cru•ci•fix /'kru:sɪfɪks/ /'क्रूसिफ़िक्स/ noun, c. = a small figure of Jesus Christ on the cross क्रॉस पर ईसा मसीह की छोटी-सी मूर्त्ति **Crucifixion** noun, u. = the death of Jesus Christ on the cross क्रॉस पर ईसा मसीह की शहादत या मृत्यु **crucify** verb, t. **1** = to kill a person by nailing him/her to a cross and letting him/her die slowly क्रॉस पर किसी को काँटे ठोककर मरने के लिए छोड़ देना **2** = to punish or attack someone without mercy; to destroy someone's reputation (informal)किसी की प्रतिष्ठा नष्ट करने के लिए उसपर निर्मम आघात करना या निर्दय दंड देना (अनौपचारिक)

crude[1] /kru:d/ /क्रूड/ adj. **1** *crude oil* = something which is in a raw or natural state खाँटी, कच्चा **2** *a crude person* = thought to be lacking grace, good manners or education हरमुठाह, उजड्ड, गँवार, अभद्र **3** *living in a crude house in the jungle* = made or built without skill; rough अनगढ़, जैसा-तैसा **4** *a crude estimate of the cost* = not exact; rough मोटे तौर पर, 'मोटामोटी'

crude[2] noun, u. *India will buy 5 million barrels of crude from Iraq.* = crude oil which has to be refined into petroleum products कच्चा (माल, जैसे तेल जिसे पेट्रोलियम में परिष्कृत किया जाता है) **crudity** noun, u. = the quality of being crude कच्चापन, खाँटीपन

cru•el /'kru:əl/ /'क्रूअल/ adj. **1** *The World Wildlife Society was set up to teach people not to be cruel to animals.* = without kindness or mercy क्रूर, निर्दय, निर्मम **2** *It was a cruel shock to him when he found he had lost his job.* = causing great pain and sadness सख्त, गहरा (धक्का, सदमा), जिससे पीड़ा और उदासी होती है **cruelty** noun, u. = the quality of being cruel

cruise[1] /kru:z/ /क्रूज़/ verb, i. *The plane was cruising at a speed of 500 kilometres per hour.* = to move at a fast and steady speed on a long journey (used for ships, planes, cars etc.) (जहाज़, वायुयान, मोटरगाड़ी के संदर्भ में) लंबे सफ़र पर तेज़ चाल से चलते जाना

cruise[2] noun, c. *We are going on a cruise on the Indian Ocean.* = a slow, gentle sea-voyage (on a ship) taken for pleasure पोत-विहार

crumb /krʌm/ /क्रॅम/ noun, c. = a very small piece of bread, cake etc. रोटी या केक का छोटा टुकड़ा

crum•ble[1] /'krʌmbəl/ /'क्रॅम्ब्ल/ verb, i. or t. *These old houses are crumbling because they have not been repaired for many years.*(i.) = to fall apart; to become weak and decayed जीर्ण-शीर्ण होना **2** *You must crumble the bread and mix it with the milk.*(t.) = to break into pieces टुकड़े करना

crum•ple /'krʌmpəl/ /'क्रॅम्प्ल/ verb, t. or i. **1** *He was so angry on reading the letter that he crumpled it into a ball and threw it out of the window.*(t.) = to cause something soft to develop wrinkles as a result of pressure, squeezing into a ball etc. मुट्ठी में मसलकर मुड़ा-चुड़ा कर देना **2** *She was quite strong, but when they accused her unfairly she crumpled.*(i.) = to collapse and become weak in an emotional situation (भावावेश में) धसक जाना, फफक पड़ना **crumpled** adj. *a crumpled piece of paper* = with folds and wrinkles as a result of squeezing or (with garments) with use मुड़ा-चुड़ा (वस्त्र) सिकुड़ा-मुड़ा

crunch[1] /krʌntʃ/ /क्रॅन्च/ verb, t. *I can hear you crunching peanuts.* = to chew or crush food noisily with the teeth दाँतों से चपर-चपर करते चबाना

crunch[2] noun, u. or c. **1** *We heard the crunch of feet on the ground.* = the sound produced when something is crunched (pressed down hard or rubbed against something) वह आवाज़ जो किसी चीज़ पर ज़ोर से रगड़ने या पीसने (रगड़ खाने या पिसने) से पैदा होती है **2** *a cash crunch* = severe shortage माल का टोंटा

when it comes to the crunch *She opposes our ideas and does not support our plans, but when it comes to the crunch, she really helps.* = a time when things are especially difficult जब मुश्किल खड़ी हो जाती है

cru•sade /kru:'seɪd/ /क्रू'सेड/ noun, c. **1** = a war fought in the name of religion धर्मयुद्ध **2** *He is carrying on a crusade against rash driving.* = action taken to fight for a good cause or against something bad अभियान

crush[1] /krʌʃ/ /क्रॅश/ verb, t. **1** *The bones in his foot were crushed when a heavy rock fell on it.* = to break into pieces by pressing with great force दबकर टुकड़ों में पिस जाना **2** *crush a revolt* = to defeat completely by using force बलपूर्वक दबा देना **3** *I have just ironed the* shirt. *Fold it properly, or you will crush it again.* = to loose smoothness and develop wrinkles मुड़ा-चुड़ा कर देना **4** *Ayurvedic medicines are now made by crushing herbs in a machine.* = grinding or putting under pressure to make into a paste or powder लेह या लेप या चूर्ण बनाने के लिए पीसने का काम

crush² noun, u. or c. **1** *The huge crowd pushed forward and some people were injured in the crush.* = the pressure caused by people being crowded together भगदड़ का दबाव **2** *pineapple crush* = a drink made from crushed fruit mixed with water निचोड़े हुए फल के रस का जलमिश्रित पेय **3** *She had a crush on one of her teachers.* = a feeling (in a very young person) of being in love with an older person, which does not last (informal)

crust /krʌst/ /क्रॅस्ट/ noun, u. or c. **1** *the crust of a loaf of bread.*(u.) = the hard outer surface of a loaf of bread पावरोटी की ऊपरी कड़ी सतह **2** *the crust of the earth*(u.) = the top layer ऊपरी परत **crusty** adj.

crus•ta•cean /krʌ'steɪʃən/ /क्रॅस्टेइशन्/ noun, c. = an animal with a hard, protective shell e.g. a crab कड़ी सुरक्षात्मक हड्डी वाला जीव (जैसे केंकड़ा)

crutch /krʌtʃ/ /क्रॅच/ noun, c. (**crutches**) **1** = a stick with a cross-piece that is held under the arm, used as a support by people who have difficulty in walking बैसाखी **2** = something which supports or helps one at a time of weakness, but may not be necessary कमज़ोरी की हालत में कोई सहारा (जो ज़रूरी नहीं भी हो सकता)

crux /krʌks/ /क्रॅक्स/ noun, u. *I am trying to understand the crux of the problem.* = the most important or core part तत्त्वांश

cry¹ /kraɪ/ /क्राइ/ verb, i. or t. **1** *She is crying because she failed in the examination.*(i) = to express sorrow or happiness etc. with tears and sobs रोना, सिसकना **2** *The man cried out in pain.* = to make a loud sound expressing pain(t.) दर्द से चीखना **3** *'I can't find my friend!' the boy cried.*(i.) = to shout loudly चिल्लाना **4** *Did you hear the jackals crying?*(i.) = to make the natural sound produced by an animal किसी जानवर की अपनी आवाज़ करना

cry² noun, c. or u. (**cries**) **1** *If you are feeling unhappy, you should have a good cry. It will make you feel better.*(u.) = the action of expressing sorrow through tears, in order to make one's sorrow less रोकर जी हल्का कर लेना **2** *I heard a cry of pain from behind the bushes. It was a wounded cat.*(c.) = a loud sound expressing pain, fear etc. दर्द या डर की तेज़ आवाज़ **3** *the cry of jackals* = the natural sound made by certain animals जानवर की अपनी आवाज **cry baby** noun = a person who can be made to cry very easily (disapproving) रोंदू (अस्वीकृत)

to cry over spilt milk = to waste time feeling unhappy about something which is over 'अब पछताए होत क्या जब चिड़ियाँ चुग गईं खेत' **to cry wolf** = to call for help unnecessarily, when there is no danger or need for help 'भेड़िया आया, भेड़िया आया' चिल्लाना, बेवजह आतंकित होना **to be a far cry from something** *I didn't like the novel he wrote recently. It is a far cry from the wonderful book he wrote ten years ago.* = to be bad or of poor quality in comparison to something else से कोई तुलना ही नहीं **to cry off something** *He had promised to help us with money, but cried off at the last moment.* = to not fulfil a promise or agreement to do something (informal) आखिरी वक्त पर मुकर जाना/पलट जाना/हाथ खींच लेना (अनौपचारिक) **a crying shame** = a great pity, or cause for shame (informal)

cryp•tic /'krɪptɪk/ /'क्रिप्टिक/ adj. *When I asked the teacher how I had done in the examination, he offered only a cryptic comment.* = short and difficult to understand; not clearly expressed संक्षिप्त किंतु दुर्बोध एवं अस्पष्ट

crys•tal¹ /'krɪstl/ /'क्रिस्ट्ल/ noun, u. or c. **1** (u.) = a kind of transparent rock that looks like glass; glass of very high quality स्फटिक, पारदर्शी पत्थर, उत्तम कोटि का शीशा **2** *sugar crystals* (c.) = a solid of very regular shape formed when a liquid containing the solid is allowed to cool चीनी के बराबर-बराबर चौकोर दाने जो उनके तरल रूप में ठंडे होने पर बनते हैं

crystal² adj. *Your explanation is crystal clear.* = very clear and easy to understand सुस्पष्ट एवं सुबोध **crystallize** verb, i. **1** *The sugar has crystallized.* = to form crystals जमकर स्फटिक (-दानों) की तरह हो जाना **2** *My ideas were vague at first but are now beginning to crystallize.* = to take a definite shape and become clear एक निश्चित स्वरूप धारण करके खुलासा हो जाना **crystal gazing** verb, t. or i. = to try to look into or make guesses about the future भविष्य-दृष्टि

cub /kʌb/ /कॅब/ noun, c. = a young animal (used for tigers, lions and other meat-eating animals) बाघ या शेर जैसे मांसभक्षी जंतुओं के छौने, बच्चे

cub•by•hole /'kʌbihəʊl/ /'कॅबिहउल/ noun, c. = a small enclosed space used to store things, or a very small room in a building (informal) ताक या अंतर्कक्ष (अनौपचारिक)

cube /kju:b/ /क्यूब/ noun, c. **1** = a solid object (e.g. an ice cube) with six faces or sides, each of which is a square (equal in length and breadth) (see pic under **shapes**) छह वस्तुओं की एक ठोस वस्तु जिसका हर पहलू लंबाई-चौड़ाई में बराबर चौखुटा होता है (**shapes** के अंतर्गत चित्र देखें) **2** *The cube of two (2^3) is eight.* = *any number multiplied by itself twice (2x2x2)*

[MATHEMATICS] कोई संख्या जो अपने ही से दुबारा गुणित होती है [गणित] **cube root** noun *The cube root of 27 is three.* = the number which, when multiplied by itself twice, gives a certain number (3x3x3 = *27*) [MATHEMATICS] वह संख्या जो अपने से गुणित होने पर एक गुणनफल देती है [गणित] **cubic** adj. *This tank has a volume of 60 cubic metres* = the measurement of the volume (inside space) of something obtained by multiplying its length by its breadth and then by its height किसी स्थान में स्थित परिमाण का माप जो उसकी लंबाई, चौड़ाई और उसकी ऊँचाई या गहराई के गुणनफल से उपलब्ध होता है **cubical** adj. = having the shape of a cube क्यूब की शक्ल का

cu•bi•cle /ˈkju:bɪkəl/ /ˈक्यूबिक्‌ल/ noun, c. = a part of a large room which has been divided into a number of smaller rooms बड़े कमरे में बँटे हुए छोटे-छोटे कक्ष

cu•bit /ˈkju:bɪt/ /ˈक्यूबिट/ noun, c. = the length of the human arm from the wrist to the elbow, used as a convenient measure of length कोहनी से कलाई तक की हाथ की लंबाई, जो लंबाई नापने का सामान्य माप है

cuck•oo[1] /ˈkʊku:/ /ˈकुकू/ noun, c. = a small brown or black bird which sings sweetly and is said to lay its eggs in the nest of some other bird कोयल जो दूसरी चिड़िया के घोंसले में अंडे देती है

cuckoo[2] adj. *Have you gone cuckoo?* = mad (slang) सनकी (अपभाषा) **cuckoo clock** noun, c. = a clock which has a bird inside that comes out on the hour every hour and makes a sound like that of a cuckoo एक घड़ी जिसमें बनी एक चिड़िया हर घंटे पर बाहर आकर कूकती है

cu•cum•ber /ˈkju:kʌmbəʳ/ /ˈक्यूकॅम्बर्/ noun, u. or c. = a long green, tube-like vegetable which is usually eaten raw in a salad etc. खीरा, ककड़ी

cud /kʌd/ /कॅड/ noun, u. *chewing the cud* = food that has already been eaten and is then brought up by a cow from the stomach, to be chewed and eaten a second time वह भोजन जो पशु पेट से फिर वापिस मुँह में लेकर जुगाली करते हैं

cud•dle /ˈkʌdl/ /ˈकॅड्‌ल/ verb, t. *cuddling the baby* = to hold close to the body and embrace lovingly दुलार से गोद में दुबका लेना **cuddly** adj. *a cuddly baby* = someone (e.g. a baby) that one would like to cuddle (informal) वह (जैसे कोई बच्चा) जिसे कोई इस तरह दुलारना चाहे (अनौपचारिक)

cud•gel[1] /ˈkʌdʒəl/ /ˈकॅजल/ noun, c. = a short but thick and heavy stick, used as a weapon; a club छोटा-सा मोटा भारी डंडा (हथियार)

cudgel[2] verb, t. = to beat with a cudgel डंडे से पीटना

to take up cudgels for (on behalf of) someone = to support someone in a quarrel or dispute विवाद में कोई पक्ष लेना

cue /kju:/ /क्यू/ noun, c. **1** *Please give me a cue when it is my turn to speak.* = a sign made to a person taking part in a play etc., informing him/her that it is his/her turn to speak or perform some action किसी की बारी है, इसका इशारा करना **2** *The end of the leader's speech was the cue for his supporters to start shouting slogans.* = some action or event that becomes a signal for something else to happen किसी अन्य कार्य के संकेत के रूप में कोई घटना या कार्य

cuff[1] /kʌf/ /कॅफ/ noun, c. = the end of the sleeve (the part that covers the arms) of a shirt आस्तीन का आखिरी हिस्सा

cuff[2] verb, t. *When I was cuffed on the head, my spectacles fell off.* = to hit lightly with the open hand चपत या चाँटा मारना

to speak off the cuff = to speak without any previous preparation or planning (an **off-the-cuff remark**)(informal) बिना तैयारी के भाषण करना (अनौपचारिक)

cui•sine /kwɪˈzi:n/ /क्विज़ीन/ noun, n. or c. (French) *In this restaurant we serve Chinese cuisine.* = food cooked in the special style of a region or country (फ्रेंच भाषा का शब्द) विशेष क्षेत्रीय या देशीय रसोई

cul•i•na•ry /ˈkʌlɪnəri/ /ˈकॅलिन्‌री/ adj. *What lovely food you make! I really admire your culinary skills.* = connected with cooking or the kitchen पाक-कला

cull /kʌl/ /कॅल/ verb, t. **1** *There are so many deer in this forest that if there is a drought, we may have to cull some of them.* = to kill some of the animals in a group, usually the weakest ones, in a planned way so that the rest may be able to get enough food कुछ पशुओं को पर्याप्त खाद्य मिल सके इसके लिए उनमें जो कृशकाय हैं उनका सफ़ाया कर देना **2** *The quotations in this book are culled from many sources.* = to select and put together उद्धृत एवं संगृहीत

cul•mi•nate (in) /ˈkʌlmɪneɪt/ /ˈकॅल्मिनेइट/ verb, t. *The series of meetings culminated in the signing of an agreement. // Their disagreement culminated in a serious quarrel.* = to result or end in; to come to a point where the development of something reaches its final or highest stage में समाप्त होना, चरमोत्कर्ष विकास पर पहुँचना

cul•mi•na•tion /kʌlmɪˈneɪʃən/ /कॅल्मि'नेइशन्/ noun, u. *I got my M.Sc. degree today. This was the culmination of my student career.* = the highest point or the final stage of something चरमोपलब्धि

cul•pa•ble /ˈkʌlpəbəl/ /ˈकॅल्पबल/ adj. *The guard fell asleep and everything was stolen. This was a case of culpable neglect of duty.* = some action that deserves to be blamed or punished निंदनीय, दंडनीय

cul•prit /ˈkʌlprɪt/ /ˈकॅल्प्रिट/ noun, c. *My watch has been stolen and I know who the culprit is.* = a person who has committed some crime गुनहगार

cult[1] /kʌlt/ /कॅल्ट/ noun, c. or u. = a small group of people within a religion who worship in a way which is considered different (sometimes derogatory) धर्म-संप्रदाय (यदा कदा अनादरपूर्ण)

cult[2] adj. *This musician has become a cult figure.* = a fashion or style in art, music etc. that becomes extremely popular and attracts people, almost like a religion

cul•ti•vate /kʌltɪveɪt/ /कॅल्टिवेइट/ verb, t. **1** *We must cultivate the land, not allow it to go bare and dry.* = to prepare soil for agriculture and to grow crops on it भूमि को कृषि के योग्य बनाना **2** *You should cultivate a taste for classical music.* = to develop through study, training etc. अध्ययन, अभ्यास, प्रशिक्षण से विकसित करना **3** *He thinks you sincerely like him but it is clear that you are only cultivating him.* = to try to develop good relations with someone in the hope of getting some benefit (disapproving) किसी से लाभ उठाने के लिए उससे संपर्क बढ़ाना (अस्वीकृत) **cultivation** /kʌltɪˈveɪʃən/ /कॅल्टिˈवेइश्न्/ noun, u. = the act or process of cultivating विकास-प्रक्रिया

cul•ture /ˈkʌltʃəʳ/ /ˈकॅल्चʳ/ noun, u. or c. **1** *I am studying Islamic culture.* = the customs, beliefs, art, literature, music etc. special to a group of people लोक-विशेष की प्रथाएँ, उसकी कला, उसका साहित्य, संगीत **2** *They are a family with culture and education.*(u.) = values and ways of behaving which people consider good संस्कार **3** *I am interested in fish culture.*(u) = the raising of plants and animals for commercial use व्यापार के लिए पौधों, पशुओं का धंधा **4** *The scientist is preparing a culture of the bacteria that produces cholera.*(c.) = a group of bacteria or other germs grown in the laboratory for some scientific purpose वैज्ञानिक प्रयोजन से प्रयोगशाला में उत्पन्न जीवाणु **cultured** adj.**1** *a cultured person* = a person who is interested in art, music, literature etc. कलाप्रेमी **2** *a cultured pearl* = something made in artificial conditions कृत्रिम वातावरण में निर्मित

cul•vert /ˈkʌlvət/ /ˈकॅल्वट/ noun, c.= a pipe under a road through which water can flow सड़क के नीचे पानी बहने का पीपा

cum /kʊm/ /कॅम/ prep. *This room is our kitchen-cum-dining room.* = as well as; combined with (something that serves two purposes)

cum•ber•some /ˈkʌmbəsəm/ /ˈकॅम्बसम्/ adj. *Bangalore has a very cumbersome system for the numbering of houses.* = something that is difficult to use उलझा हुआ

cum•in /ˈkʌmɪn/ /ˈकॅमिन/ noun, u. = the seeds of a plant used as a spice in cooking पौधे का बीज जो रसोई में मसाले के काम आता है

cu•mu•la•tive/ˈkjuːmjʊlətɪv//ˈक्यूम्युलटिव/ adj.**1** *If you go on drinking so much coffee, you will cause cumulative damage to your liver and stomach.* = something that goes on increasing क्रमश: संचित **2** *the cumulative total* = a number arrived at after adding a series of numbers पूर्ण योग

cu•mu•lus (clouds) /ˈkjuːmjʊləs/ /ˈक्यूम्युलस/ noun or adj. = thick white clouds that look like piles of cotton रुई की तरह दीखते सफ़ेद बादल

cu•nei•form /ˈkjuːnɪfɔːm/ /ˈक्यूनिफ़ॉऽर्म/ adj. = the system of writing used by the people of ancient Mesopotamia प्राचीन मेसोपोटेमिया की लेखन-विधि

cun•ning[1] /ˈkʌnɪŋ/ /ˈकॅनिङ/ adj. *The taxi drivers were cunning and did not give us information about buses.* = very clever and likely to cheat (derogatory) चालाक, चंट (अनादरपूर्ण)

cunning[2] noun, u. *They used a lot of cunning to buy that lovely house at a low price.* = cleverness used to deceive someone धूर्त्तता **cunningly** adv.

cup[1] /kʌp/ /कॅप/ noun, c. **1** = a container, usually round and with a handle, from which one drinks milk, coffee etc. एक गोल हैंडिलवाला प्याला जिससे दूध, कॉफी वगैरह पी जाती है **2** *Please have the medicine with a cup of milk.* = the quantity that can fill a cup परिमाण जिससे प्याला भर जाए **3** *the Beighton Cup for hockey* = a prize in the shape of a large cup, made of some metal, given to the winner of some sports tournament धातु का बना एक बड़े प्याले की शक्ल का पुरस्कार जो खेल-प्रतियोगिता में विजेता को दिया जाता है **4** *the cup of the pitcher plant* = something that has the shape of a cup कप के आकार की चीज़

cup[2] verb, t. (**cupped**) **1** *to cup one's hands* = to hold one's hands together, palms facing up, in the shape of a cup, as for example, to receive a ball which is thrown हथेलियों से प्याले की शक्ल बनाना **cupful** noun, c. *two cupfuls of milk* = the amount of liquid or substance a cup can hold प्यालाभर

to be (not be) one's cup of tea *Watching football on television is very much my cup of tea. I'm never too sleepy to watch it..* = something that one enjoys doing का शौक होना या न होना

cup•board /ˈkʌbəd/ /ˈकॅबड/ noun, c. = a piece of furniture with shelves and doors, made of metal or wood, used for storing clothes, books etc. कपड़े, किताबें रखने के लिए धातु या काठ की बनी खानोंवाली अलमारी

cu•pid•i•ty /kjʊˈpɪdɪti/ /क्युˈपिडिटि/ noun, u. = a strong desire for money; greed (derogatory) धनलिप्सा (अनादरपूर्ण)

C

cur /kɜːʳ/ /कऽʳ/ noun, c. **1** = a dog कुत्ता **2** = a person that one does not like (old-fashioned) 'कुकुर' (पुराने प्रचलन का)

cu•ra•tor /kjʊ'reɪtəʳ/ /क्युरेइटʳ/ noun, c. = a person who manages a museum अजायबघर का संचालक

curb[1] /kɜːb/ /कऽब/ verb, t. *The government is trying to curb the rise in the price of petrol.* = to control and keep under check काबू में रखना

curb[2] noun, c. **1** *This new law will act as a curb on the use of drugs.* = something that can check or control रोक, प्रतिबंध **2** = the raised edge or border of a pavement (also **kerb**) (American) (अमेरिकी अंग्रेज़ी का शब्द) सड़क के किनारे-किनारे उठा हुआ फुटपाथ (देखें **kerb**)

curd /kɜːd/ /'कऽड/ noun, u. (**curds**) = the thick, solid substance that is obtained from milk when it turns sour due to the action of bacteria, used as food (also **yoghurt**) दही (देखें **yoghurt**)

cur•dle /'kɜːdl/ /'कऽड्ल/ verb, i. **1** *The milk has curdled.* = to turn sour and form curds (small solid pieces floating in liquid) due to the action of bacteria (दूध) खट्टा होकर फट जाना **2** *The roaring of the tigers in the forest made my blood curdle.* = to cause great fear बहुत डर पैदा करना

cure[1] /kjʊəʳ/ /'क्युअʳ/ verb, t. **1** *This medicine will cure you of your illness.* = to help a person get rid of an illness or disease चंगा करना **2** *The fish has been cured by adding salt and drying it in the sun.* = to preserve food (prevent it from going bad) by adding salt etc. नमक लगाकर भोज्य पदार्थ को बासी होने या सड़ने से बचाना

cure[2] noun, u. or c. *He is still looking for a cure for his illness.*(c.) = a method of treatment that can cure a person (a course of medicines, massage etc.) इलाज, चिकित्सा पद्धति **curable** adj. *a curable disease* = a disease that can be cured साध्य **curative** adj. *The leaves of this plant have curative properties for a damaged liver.* = having the power to cure disease रोग-निवारक

cur•few /'kɜːfjuː/ /'कऽफ़्यू/ noun, u. *The government has imposed curfew on the streets from 9.00 p.m. to 5.00 a.m.* = an order passed by the government forcing everyone to stay inside their homes at certain times, to prevent any trouble हंगामा रोकने के लिए सभी को घर के अंदर ही रहने का सरकारी आदेश

cu•ri•o /'kjʊəriəʊ/ /'क्युअरिअउ/ noun, c. = an object of art, usually small, kept for display (प्रदर्शनार्थ) व्यवहृत लघु कलाकृति

cu•ri•os•i•ty /kjʊəri'ɒsɪti/ /क्युअरि'ऑसिटी/ noun, u. or c. **1** *Curiosity is at the root of all scientific discoveries.*(u.) = the desire to learn or find out about new things जिज्ञासा, उत्सुकता **2** *Her curiosity about who our friends are is annoying.* = the desire to know something one does not know in a way that other people do not like (disapproving) **3** *This old wooden house is quite a curiosity.*(c.) = a strange and unusual object एक वैचित्र्य

cu•ri•ous /'kjʊəriəs/ /'क्युरिअस/ adj. **1** *I don't know the result of last night's cricket match. I am curious to know who won.* = having the desire to learn something that one does not know about उत्सुक **2** *He is always curious about what we are doing.* = interested in information about something in a way that is not liked by others **3** *It is curious that your friend never told us his name.* = strange and unusual अजीब

curl[1] /kɜl/ /कऽल/ noun, c. **1** *The baby's head is covered with thick curls.* = a small roll of hair that has a curved shape घुँघराले बाल **2** *a curl of smoke* = something that looks like a curl घुँघराला जैसा

curl[2] verb, i. or t. **1** *His hair curls.*(i.) = to form a curl घुँघराला होना **2** *The hair-dresser will curl your hair.*(t.) = to cause something to form a curl घुँघराला बनाना **3** *The jasmine creeper curled round the bamboo pole.* = to make a ring round something से लिपटा रहना **curly** adj. *curly hair* = having curls घुँघराला

to curl up **1** *The kitten curled up in my lap and went to sleep.* = to lie in a relaxed position in which one's body is in a curve, with the knees bent and close to the chest मुड़े घुटनों को सीने में दुबकाए आराम से किंकुरे रहना **2** *However much I try to straighten the pages of the calendar, they curl up.* = (of cloth, paper etc.) to turn inwards at the edges or corner (कागज़, कपड़ा) कोने/किनारे पर मुड़-मुड़ जाना

cur•rant /'kʌrənt/ /'कॅरण्ट/ noun, c.= a dried grape, used to make food sweet किशमिश

cur•ren•cy /'kʌrənsi/ /'कॅरन्सी/ noun, u. or c. (**currencies**) **1** *Could we pay in American currency?*(u.) = the type of money used in a country किसी देश की अपनी प्रचलित मुद्रा का प्रकार **2** *Rumours about the postponment of the exam are gaining currency.*(u.) = the situation of being accepted or believed by many people स्वीकार्य या विश्वसनीय होने की परिस्थिति

cur•rent[1] /'kʌrənt/ /'कॅरण्ट/ adj. *You will get Rs 3000 a month in the current year and Rs 4000 a month starting next year.* = happening now (at the present time) चालू, वर्तमान

current[2] noun, c. or u. **1** *There is a strong current in the middle of the river.* = a mass of liquid that flows at a greater speed through a larger body of the same liquid नदी के जैसे बहाव में बीच की तेज़ धार **2** *an electrical current*(c.) = a flow of electricity विद्युत्-प्रवाह **currently** adv.

current account noun, c. = an account in a bank from which money can be taken out at any time and which does not earn any interest चालू खाता (जिससे जब चाहे पैसे निकाले जा सकते हैं और सूद से बरी होता है)

cur•ric•u•lum /kə'rɪkjʊləm/ /क'रिक्युलम/ noun, u. or c. (**curriculums** or **curricula**) *Computer Applications is now taught as part of the school curriculum.* = the details of the different subjects taught in a school or college at any given level पाठ्यक्रम, पाठ्यचर्या **curriculum vitae** / kərɪkjʊləm 'vi:taɪ/ /करिक्युलम 'वीटाइ/ noun, c. (also **CV**) = a written summary of the details of a person's life, such as name, age, educational qualifications, sent along with a job application (also **bio-data** or **resumè**) व्यक्तिवृत्त, बायोडाटा (देखें **bio-data** अथवा **resumè**)

cur•ry[1] /'kʌri/ /'कॅरी/ noun, u. or c. (**curries**) *chicken curry* (u.) = meat or vegetables with sauce cooked in the Indian style, with spices मसालेदार शोरबे के साथ हिंदुस्तानी ढंग से पका गोश्त या सब्ज़ी

curry[2] verb, t. *The vegetables have to be curried.* = cooked into a curry कढ़ी में पका हुआ

to curry favour = to try to win someone's support through flattery (false praise) ठकुरसुहाती से किसी को अपनी ओर करने की कोशिश करना

curse[1] /kɜ:s/ /कऽस्/ verb, t. or i. **1** *The wizard cursed the king, saying he would lose his kingdom.* = to ask for bad luck to be brought down on someone, using some supernatural or magical power; to express the wish that someone may have bad luck जादू-टोने का इस्तेमाल कर किसी को नुकसान पहुँचाना **2** *He was cursing even in his sleep.* = to use bad language; to swear अपशब्द बोलना, कोसना **3** *I am cursed with a poor memory.*(i.) = to suffer because of someone or something से अभिशप्त होना, का मारा होना

curse[2] noun, c. **1** *The old witch put a curse on me.* = a piece of black magic which brings bad luck to someone टोना जिससे किसी का अपशकुन घटित होता है **2** *This railway crossing, which is closed most of the time, is a curse to people in a hurry.* = something that causes suffering and trouble or inconvenience एक आफ़त, एक मुसीबत

cur•sive /'kɜ:sɪv/ /'कऽसिव/ adj. *cursive writing* = flowing writing, in which the different letters in a word are joined together आपस में मिले या जुड़े हुए अक्षरों की प्रवाहमान लेखन-शैली

cur•sor /'kɜ:sə[r]/ /'कऽसर/ noun, c. = a small mark or line which moves on the screen of a computer system and points to the place where some entry is being made [COMPUTERS] एक छोटा-सा निशान जो परदे पर इधर-उधर घूमता और लिखने (टाइपिंग) की जगह निर्धारित करता है [कंप्यूटर]

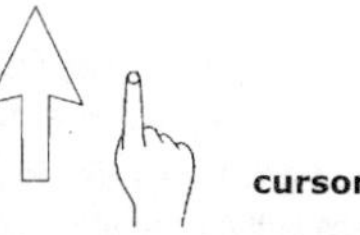

cursor

cur•so•ry /'kɜ:səri/ /'कऽसरी/ adj. *I have not had time to read the report carefully. I had only a cursory glance at it this morning.* = done quickly and without close attention to detail सरसरी (निगाह)

curt /kɜ:t/ /कऽट/ adj. *He's usually friendly, but when I spoke to him his reply was curt.* = brief in a way which is unfriendly or showing displeasure घुटा-सा, टका-सा

cur•tail /kɜ:'teɪl/ /कऽ'टेइल/ verb, t. *The government's plans to start more schools have had to be curtailed as there is no money.* = to shorten; to reduce or make less कम करना, घटाना, कटौती करना

cur•tain /'kɜ:tn/ /'कऽट्न/ noun, c. **1** = a length of cloth hung over a door or window to keep out sunlight, or to prevent someone from looking in परदा **2** = the heavy screen hanging in front of the stage where a play is being performed (रंगमंच) पट, परदा

curve /kɜ:v/ /कऽव/ noun, c. **1** = a line which is not straight but forms part of a circle अर्द्धचंद्राकार रेखा **2** *a curve in the road* = a bend मोड़, घुमाव **curvature** noun, u. *the earth's curvature* = the state of being curved or the degree to which something is curved

cush•ion[1] /'kʊʃən/ /'कुश्न्/ noun, c. **1** = a stitched bag filled with cotton or other soft material on which a person can lie, lean on or sit (सोफ़े वगैरह का) मुलायम सिला हुआ गद्दा **2** *He needs Rs 200 for the journey and about Rs 50 for food etc. Let's give him Rs 100 more as a cushion.* = money which can help in unexpected situations or an emergency अचानक ज़रूरत के लिए ऊपर से दी गई राशि

cushion[2] verb, t. *When her mother died her friends tried to cushion the shock by taking her with them on a quiet holiday.* = to reduce the force of something unpleasant सदमा को राहत देना **cushy** adj. *a cushy job* = comfortable and requiring little effort (informal) आरामदेह (अनौपचारिक)

cus•tard /'kʌstəd/ /'कॅस्टड/ noun, u.= a kind of pudding, usually yellow, made with cornflour and milk दूध और कॉर्न के आटे से बनी एक पीली-सी मिठाई

cus•to•dy /'kʌstədi/ /'कॅस्टडी/ noun, u. **1** *I will leave the child in your custody.* = care and protection देखभाल, संरक्षण **2** *The thief is now in police custody.* = being guarded by the police हिरासत

cus•to•dian /kʌ'stəʊdiən/ /कस्'टउडियन/ noun, c. = one who is responsible for looking after or taking care of someone or something अभिभावक, देखभाल करनेवाला

cus•tom /ˈkʌstəm/ /ˈकॅस्टम/ noun, c. or u. *It is our custom to invite friends for a feast whenever our team wins.*(u.) = something that is done regularly by the members of a group वर्ग-विशेष में प्रचलित रिवाज़, प्रथा **customary** adj. = something that has become a custom प्रचलित, परंपरागत **custom-made** adj. *a custom-made computer* = specially made for some important customer विशेष ग्राहक के लिए बना कंप्यूटर

cus•tom•er /ˈkʌstəməʳ/ /ˈकस्टमʳ/ noun, c. = a person who buys something from a shop or uses a service (e.g. a courier service) ग्राहक

cus•toms /ˈkʌstəms/ /ˈकस्टम्ज़/ noun, u. (always plural) **1** *I paid Rs 5000 as customs duty on the computer I brought from Singapore.* = tax due on things which are brought into a country from another country चुंगी, आयात शुल्क **2** *I have to go through customs.* = an office where travellers are required to pay tax on goods which they have brought into the country सीमाशुल्क कार्यालय, चुंगी चौकी

cut[1] /kʌt/ /कॅट/ verb, t. or i. **1** *Use this knife to cut the vegetables.*(t.) = to use a sharp instrument such as a knife to separate a small piece (of something) from the main part काटकर अलग करने के लिए तेज़ धार का हथियार **2** *I have cut my finger.*(t.) = to make a narrow opening or wound with a sharp instrument, either accidently or on purpose अचानक या जान-बूझकर तेज़ धार से घाव कर लेना **3** *This knife does not cut.*(i.) = to be able to cut काट सकना **4** *They have cut train fares by half in the holiday season on some routes.*(t.) = reduce घटा देना **5** *I had just started to speak when he cut me angrily.*(t.) = to interrupt suddenly टोक देना **6** *The baby has cut her first tooth!*(t.) = to make something appear (दाँत) निकलना **7** *She has cut a new record.*(t.) = to make a record of music संगीत का रेकॉर्ड तैयार करना

cut[2] noun, c. **1** *I have a cut in my hand.* = a wound which is the result of cutting कट जाने से बना घाव **2** *I like the cut of your clothes.* = style काट **3** *They want their cut of the profits.* = share (in something dishonest) (informal, disapproving) हिस्सा (अनौपचारिक, अस्वीकृत) **4** = a clever stroke in tennis etc. टेनिस में एक सूझ-बूझवाली हिट **5** *cut in salary* = reduction कटौती **6** *a power cut* = a halt in the supply of electricity, usually temporarily बिजली-गुल **7** *That unkind cut was not necessary.* = a cruel remark (टिप्पणी) तीखी चोट **8** = (usually plural) parts of a film which are not needed and are removed when the film is edited फ़िल्म-संपादन में काटे हुए अंश

to cut off *They have cut off water supply here for a while.* = to stop the flow or delivery of something or of a service काट लेना, बंद कर देना, ठप कर देना **to be cut off from something** *We were happy in the farm house but were cut off from the excitement of being in a city.* = to not be able to have or reach something as a result of something else से अलग-थलग पड़ जाना **to cut down something** = to take away by cutting down e.g. a tree काट गिराना **to cut down on (something)** = to reduce something for one's benefit अपने हित में किसी चीज़ की कटौती करना **to cut back** *The hotel wants to cut back on the air-conditioning as it is expensive.* = to reduce the expenditure on something पर खर्च में कमी करना **to cut something short** *She had to cut her speech short because it was getting late for everyone.* = to reduce the time taken to make a speech, take a walk etc. for a reason जल्दी समाप्त कर देना, का समय कम कर देना **to be cut out for something** *She acts so well. She's really cut out for films or television.* = to have a talent or skill for something (informal) के माकूल होना, के लिए फिट होना (अनौपचारिक) **to be a cut above something** = to be better than (informal) थोड़ा बीस पड़ना (अनौपचारिक) **to cut something fine** *You are supposed to catch the 8.45 train. Aren't you cutting it fine by leaving for the station at 8.30?* = to make very little allowance in time to achieve something कुछ हासिल करने के लिए कम गुंजाइश छोड़ना **to cut a sorry figure** to behave in a manner which is disappointing and embarassing to others because it is below one's expectations टाँय टाँय फिस साबित होना, मन मुताबिक नहीं उतरना **to cut corners** = in a difficult situation, to take steps to reduce money etc. spent on something कठिन परिस्थिति में किसी चीज़ पर खर्च में कटौती करना **to cut the crap** *I don't have time to listen to a long account so could you cut the crap and tell me the important part.* = an impatient way of telling someone to leave out unnecessary details and get to the main point (slang) घेर नहीं बाँधना, असली मुद्दे पर आना (अपभाषा)

cute /kjuːt/ /क्यूट/ adj. *What a cute child!* = pretty and lovable (informal) चुनमुनियाँ (अनौपचारिक)

cu•ti•cle /ˈkjuːtɪkəl/ /ˈक्यूटिक्‌ल/ noun, u. = the covering of thick skin near the fingernails नहसुर

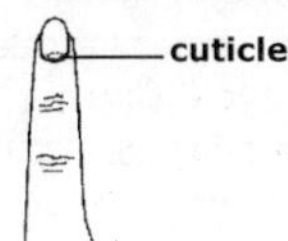

cut•lass /ˈkʌtləs/ /ˈकॅट्‌लस/ noun, c. = a short, curved sword छोटी तलवार की तरह एक लंबा खंजर

cut•le•ry /ˈkʌtləri/ /ˈकॅट्‌लरी/ noun, u. = knives, forks and spoons used for eating खाने के वक्त प्रयुक्त छुरी, काँटे, चम्मच

cut•let /ˈkʌtlɪt/ /ˈकॅट्‌लिट/ noun, c. = a small piece of meat with the bone attached; meat or vegetables cut into very fine pieces, covered with flour or bread crumbs and fried हड्डी-समेत गोश्त का एक केक-जैसा टुकड़ा, गोश्त या सब्ज़ी के तराशे कतरे जो आटे या पावरोटी में भुने जाते हैं

CV abbr. for **curriculum vitae** (संक्षिप्त रूप **curriculum vitae** का)

cutting[1] /'kʌtɪŋ/ /'कॅटिङ/ adj. **1** *a cutting remark* = unkind and hurtful कटु, बेधक **2** *a cutting wind* = sharp and cold in a way that is painful हाड़-कँपाती (ठंड)

cutting[2] noun, c. **1** *a newspaper cutting* = an article, news item etc. which is cut out of a newspaper कतरन **2** = a part of a plant, usually the stem with buds, used to make a new plant from a 'mother' plant प्रायः टूसों-समेत पौधे की निचली टहनी जो दूसरे पौधे से मिलाने पर एक नई पौध बनती है

cy•a•nide /'saɪənaɪd/ /'साइअनाइड/ noun, u. = a strong poison कड़ा ज़हर

cy•ber•net•ics /saɪbə'netɪks/ /साइबर्नेटिक्स/ noun = the study of the way in which information is stored and used by machines as well as the human brain [COMPUTERS] मशीन अथवा मानव-मस्तिष्क द्वारा तथ्यों के संग्रह तथा प्रयोग की विधि का अध्ययन [कंप्यूटर] **cyber cafe** noun = a shop where a number of computers are available for the use of customers, specially people wanting to use the Internet वह दुकान जहाँ इंटरनेट के इस्तेमाल के इच्छुक ग्राहकों द्वारा प्रयोग के लिए कई कंप्यूटर उपलब्ध रहते हैं **cyber space** noun = a term used in stories (fiction) to refer to a vast space where messages and visual materials are sent through the Internet (विज्ञान कथा साहित्य) वह दिक् या शून्य जहाँ संदेश और द्रष्टव्य सामग्री इंटरनेट के माध्यम से संप्रेषित होती है

cy•cle[1] /'saɪkəl/ /'साइकल/ noun, c. **1** *the cycle of seasons* = a series of connected events which are repeated over and over again in the same order घटना-चक्र **2** = short fom of **bi-cycle** (a vehicle with two wheels) 'बाइसाइकिल' का संक्षिप्त रूप

cycle[2] verb, i. *We will cycle to the market.* = to go somewhere on a bicycle साइकिल से जाना **cyclic** adj. = happening in cycles (repeated over and over again) चक्रात्मक **cyclist** noun, c. = a person who rides a bicycle **cycling** adj. साइकिल-चालक

cy•clone /'saɪkləʊn/ /'साइक्लउन/ noun, c. = a very powerful wind or storm which moves round and round in a circle चक्रवात, बवंडर

cy•clops /'saɪklɒps/ /'साइक्लॉप्स/ noun = a giant with only one eye, mentioned in stories from ancient Greece प्राचीन यूनानी कथाओं में चर्चित या उल्लिखित एक एकाक्ष दानव

cy•clo•style /'saɪkləstaɪl/ /'साइक्लस्टाइल/ verb, t. *Please cyclostyle 500 copies of this notice.* = to make copies of a document from a master-copy produced by a special copying machine (also **mimeograph**) एक खास छापने वाली मशीन से दस्तावेज़ की प्रतियाँ निकालना (देखें **mimeograph**)

cyl•in•der /'sɪlɪndə'/ /'सिलिण्डर/ noun, c. **1** = a tube-shaped hollow or solid structure with a circular base and straight sides पीपे की शक्ल की एक खोखली या ठोस चीज़ जिसकी पेंदी गोल और किनारे सपाट-सीधे होते हैं **2** *a cylinder of cooking-gas* = a hollow steel container used for storing some gas गैस जमा करने के लिए एक खोखला लोहे का पीपा **3** *a cylinder in a petrol engine* = a hollow tube inside a petrol or diesel engine within which the piston moves पैट्रोल या डीज़ल इंजिन के अंदर का एक खोखला ट्यूब जिसमें पिस्टन आगे-पीछे चलता है **cylindrical** adj. = having the shape of a cylinder सिलिंडर की शक्ल का

cym•bal /'sɪmbəl/ /'सिम्बल/ noun, c. (usually plural) **(cymbals)** = one of a pair of flat metal plates with handles which are struck together to produce a musical sound (used in India during prayers) झाँझ, मंजीरा

cyn•ic /'sɪnɪk/ /'सिनिक/ noun, c. = a person who has a low opinion of most people and most things लोगों/चीज़ों के बारे में हीन भाव रखने वाला (व्यक्ति) **cynical** adj. *He is always making cynical remarks.* = like a cynic हीन भाव वाला

cyst /sɪst/ /सिस्ट/ noun, c. = a growth in the body which has liquid substance inside it शरीर में तरल-पदार्थयुक्त गाँठ

cy•tol•o•gy /saɪ'tɒlədʒi/ /साइ'टॉलजी/ noun, u. = the scientific study of cells रक्ताणुओं का वैज्ञानिक अध्ययन

czar /zɑː'/ /ज़ार/ noun = the title given in former times to the king who ruled over Russia रूस के पुराने शासकों की पदवी

dD

d, D the fourth letter of the English alphabet अंग्रेज़ी वर्णमाला का चौथा अक्षर

d. = abbr. of **died** (*Jawaharlal Nehru, d.1964*) **died** का संक्षिप्त रूप

dab[1] /dæb/ /डैब/ verb, t. *The nurse dabbed the child's face with a towel.* = to touch lightly and gently हल्के-हल्के थपथपाना

dab[2] noun, c. *She gave the wall a final dab of paint.* = a light touch हल्का पुचारा

dab•ble /'dæbəl/ /'डैब्ल/ verb, i. *I dabbled in politics for a few years when I was a student.* = to take part in something but not seriously (sometimes derogatory) ऊपरी तौर से दिलचस्पी होना (यदा कदा अनादरपूर्ण)

dad /dæd/ /डैड/ noun, c. = father (informal) बाबूजी, पिताजी (अनौपचारिक)

daf•fo•dil /'dæfədɪl/ /'डैफ़डिल/ noun, c. = a yellow flower that grows in spring in cold countries ठंडे मुल्कों में वसंत का एक पीला फूल

daft /dɑ:ft/ /डाऽफ़्ट/ adj. *What a daft plan! It will never work.* = foolish or slightly mad (informal) बावला (अनौपचारिक)

dag•ger /'dægəʳ/ /'डैगर/ noun, c. = a short pointed knife, with two sharp edges, used as a weapon (see pic under **knife**) दो-धार का एक पैना, लंबे चाकू-जैसा हथियार; कटार (**knife** के अंतर्गत चित्र देखें)

dai•ly[1] /'deɪli/ /'डेइली/ adj. *the daily newspaper* = appearing every day दैनिक

daily[2] adv. *There is a bus service from Delhi to Agra daily.* = every day हर रोज़

dain•ty /'deɪnti/ /'डेइण्टी/ adj. *a dainty child* = small, pretty and delicate चुनमुनिया

dair•y[1] /'deəri/ /'डेयरी/ noun, c. (**dairies**) = a place where milk, butter, cheese etc. are produced दुग्धशाला जहाँ दुग्ध-सामग्री (मक्खन, पनीर) तैयार होती है; डेरी

dairy[2] adj. *dairy animals* = connected with the production of milk दुग्ध उत्पादन से संबंधित

dais /'deɪs/ /'डेइस/ noun, c. = a raised platform on which speakers can stand or sit भाषणकर्त्ता के लिए एक ऊँचा मंच

dai•sy /'deɪzi/ /'डेइज़ी/ noun, c. (**daisies**) = a small white flower with a yellow centre बीच में पीलापन लिए एक नन्हा-सा सफ़ेद फूल

dam[1] /dæm/ /डैम/ noun, c. = a high wall built across a river to store water पानी के जमाव के लिए नदी पर बना बाँध

dam[2] verb, t. (**dammed**) *The engineers have dammed (up) the river.* = to build a dam across a river नदी के आर-पार बाँध बनाना

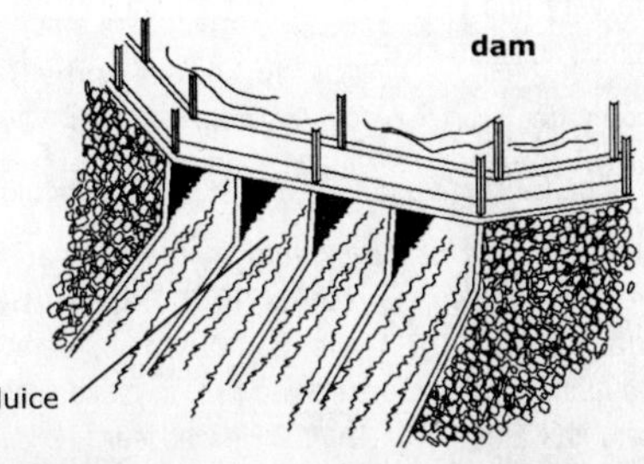

dam•age[1] /'dæmɪdʒ/ /'डैमिज/ verb, t. *The fire damaged the school building.* = to cause harm or loss नुकसान पहुँचाना

damage[2] noun, u. *We have to repair the damage caused by the storm.* = the harm done क्षति, नुकसान **damages** noun, u. (always plural) *The court ordered the magazine to pay damages of Rs 10,000 to the actor for publishing a false report about him.* = money paid to someone for some loss that has been caused, usually to his/her reputation किसी का नुकसान (मानहानि भी) होने पर दी जानेवाली राशि; हरजाना

Dame /deɪm/ /डेइम/ noun, c. **1** = a British title of honour given to a woman (formal) (see also **Sir**) महिला के लिए एक ब्रिटिश खिताब (मानोपाधि) (औपचारिक) (देखें **Sir**) **2** *Do you know that dame?* = woman (slang) G औरत, तिरिया (अपभाषा) लिंग

damn[1] /dæm/ /डैम/ verb, t. **1** *Someone left the gate open and the cows have come in. Damn him!* = a swear word expressing anger USE गुस्सा या खीझ जाहिर करता शब्द निषिद्ध **2** *The critics have damned the new film.* = to declare something to be bad दुतकारना, थू थू करना

damn[2] adj. *a damn fool.* = a swear-word used to give force to a statement, good as well as bad (informal) पसंदगी और नापसंदगी दोनों प्रकार के कथन को पुरज़ोर बनाने में प्रयुक्त शब्द (अनौपचारिक)

damn[3] adv. *She played damn well in the match.* = a swear word used to give force to a statement, usually in a positive sense (informal) USE समर्थन या पसंदगी के कथन को पुरज़ोर बनाने के लिए प्रयुक्त शब्द (अनौपचारिक) निषिद्ध

damn[4] interjec. *Oh damn! I've lost my watch.* = a swear word used to express anger or disappointment (informal) USE खीझ, झुँझलाहट या हताशा व्यक्त करता शब्द (अनौपचारिक) निषिद्ध

to not give a damn *We thought he would be unhappy when we stopped being friends but he didn't give a damn.* = to not be interested at all in something (informal) को कोई परवा(ह) नहीं, को कोई फर्क नहीं पड़ना, ठेंगा दिखाना (अनौपचारिक) **to damn with faint praise** = to praise someone unwilllingly and without sincerity मुँहदेखी बात करना, बिना मन के झूठी तारीफ करना **to do one's damndest** = to try very hard to do something (informal) भरसक कोशिश करना; कुछ उठा नहीं रखना (अनौपचारिक) **to know damn-all** = to know nothing (about something) (informal) नावाकिफ (अनौपचारिक)

damp[1] /dæmp/ /डैम्प/ adj. *a damp towel* = a little wet गीला, हल्का भींगा, नम

damp[2] noun, u. *The damp in the air causes breathing problems.* = wetness सीलन, नमी **dampen** /'dæmpən/ /'डैम्पन/ verb, t. **1** *Could you dampen the fabric a little before ironing it?* = to make slightly wet with water हल्का भिंगोना **2** *He was feeling excited about his new job and not even the bad weather could dampen his spirits.* = to reduce the strength of good feelings उमंगहीन करना, निरुत्साह करना

dam•sel /'dæmzəl/ /'डैमज़्ल/ noun, c. = a young woman of noble birth [LITERATURE] ललना [साहित्य]

dance[1] /dɑ:ns/ /डान्स/ verb, i. *Do you like to dance?* = to move one's body to the rhythm of music संगीत के लय-ताल पर देह लहराना

dance[2] noun, c. **1** *This is my last dance of the evening.* = the act of dancing नृत्य, नाच **2** *Odissi is a classical dance.* = a style or kind of dancing एक नृत्य शैली **dancer** noun, c. = a person who dances, usually as a profession नर्त्तक

dan•druff /'dændrəf/ /'डैण्ड्रफ/ noun, u. = a condition of the scalp (the thin skin on top of the head) which causes bits of dry skin to form in the hair सिर की ऊपरी त्वचा की एक स्थिति जिसमें बालों में रूसी पैदा हो जाती है

dan•dy /'dændi/ /'डैण्डी/ noun, c. (**dandies**) = a man who likes to wear costly clothes that attract attention (disapproving) वह व्यक्ति जो बेशकीमती पोशाक पहनता है ताकि बाँका-छैला दीखे (अस्वीकृत)

dan•ger /'deindʒə^r/ /'डेइन्जर्/ noun, u. or c. **1** *Don't cross the street now. There is danger from speeding cars.*(u.) = the possibility of harm or loss खतरे की आशंका, जोखिम **2** *Open man-holes in the road are a danger to everyone.*(c.) = a thing that can cause harm खतरा पहुँचानेवाली वस्तु **dangerous** adj. *Boxing is a dangerous sport.* = able or likely to cause harm खतरनाक

dan•gle /'dæŋgəl/ /'डैङ्ल/ verb, t. or i. **1** *The man sat on the wall dangling his legs.*(t.) = to make something hang or swing loosely झुलाना **2** *The bunch of keys dangled from a chair.* (i.) = to hang लटकना

dank /dæŋk/ /डैंक/ adj. *The rooms in this old building are very dank after the rains.* = damp (wet and cold in an unhealthy way) अस्वास्थ्यकर रूप से नम या पनीला

dap•per /'dæpə^r/ /'डैपर्/ adj. *Our players looked very dapper on the field.* = smart; neat in appearance (used for men) बना-ठना, साफ़-सुथरा (पुरुषों के लिए प्रयुक्त)

dap•pled /'dæpəld/ /'डैप्ल्ड/ adj. *The blue sky was dappled with patches of white clouds.* = marked with spots or patches of different colour or of light and shadow विभिन्न रंगों की चित्तियों या धूपछाँही चितकबरेपन का

dare[1] /deə^r/ /डेयर्/ aux. verb **1** *I dare not go there now.* **2** *Dare I ask what brings you here?* = to have the courage to do something (used only in negative sentences and questions) कुछ करने की हिमाकत करना (केवल नकारात्मक और प्रश्नवाचक वाक्यों में प्रयुक्त)

dare[2] verb, i. or t. *He who dares, wins.*(i.) = to be brave enough to do something where others are afraid and uncertain वह करने की हिम्मत करना जिससे दूसरे कतराते या हिचकते हों

daring[1] /'deərɪŋ/ /'डेअरिङ/ adj. *He is a daring hunter.* = brave and ready to face danger खतरा मोल लेने को तैयार, दुस्साहसी

daring[2] noun, u. *Our soldiers showed great daring.* = courage हिम्मत

> **Usage** When **dare** is used as an auxiliary verb, it is followed by another verb, without 'to' e.g. *I dare go no further.* But when **dare** is used as a main verb, it is followed by 'to' e.g. *How can you dare to say such a thing?* (The meaning is much the same.) 'Need' is also used as both an auxiliary and a main verb, in the same way. जब **dare** का प्रयोग एक सहायक क्रिया के रूप में किया जाता है, इसके बाद एक अन्य क्रिया आती है, जो 'to' के बिना होती है जैसे, I dare go no further. लेकिन जब **dare** का प्रयोग मुख्य क्रिया के रूप में किया जाता है तो इसके बाद 'to' आता है जैसे How can you dare to say such a thing? (अर्थ समान है) इसी तरह से 'Need' का प्रयोग भी सहायक क्रिया और मुख्य क्रिया दोनों प्रकार से किया जा सकता है।

Don't you dare! = a warning given to someone not to do something (informal) किसी को कुछ करने से रोकने-जैसी धमकी देना (जैसे, किया तो अच्छा नहीं होगा/ करके तो देखो...) (अनौपचारिक) **How dare you!** = an expression showing anger because someone has done something you don't like (informal) किसी की नापसंद हरकत पर रोष ज़ाहिर करता एक पद (जैसे, कैसे हिमाकत की? ...) (अनौपचारिक) **to dare someone** *I dare you to wear this bright purple shirt.* = to challenge someone to do something risky or likely to cause disapproval किसी को किसी बात (जोखिम उठाने या नापसंद काम करने) की चुनौती देना

dark[1] /dɑ:k/ /डाऽक/ adj. **1** *This room is so dark that you can hardly see anything.* = without light बिल्कुल रोशनी नहीं, अँधेरा **2** *There is a dark side to the happy story I told you.* = hidden and unpleasant गुप्त और अप्रिय **3** *He was wearing a dark red shirt.* = a deeper form of some colour गहराया या गाढ़ा (रंग) **4** *a dark person* = used to describe a person, the colour of whose skin is a deep colour, or in some cultures, a person whose eyes and skin or hair are brown or black (opposite **fair**) किसी व्यक्ति के रंग, या प्रजाति विशेष में, उसकी आँख, त्वचा या बाल के भूरेपन या कालेपन के लिए प्रयुक्त शब्द (विलोम शब्द **fair**)

dark[2] noun, u. *Some birds can see in the dark.* = the absence of light; darkness रोशनी का (बिलकुल) न होना, अंधकार **darken** verb, t. or i. *Can you darken this part of the painting a little more?*(t.) = to make something darker (रंग) गहरा काला **darkness** noun, u. **darkroom** = a room without any light that is used to produce photographs from film [TECHNICAL] फ़िल्म से फ़ोटो साफ़ करने के लिए खास अँधेरा कमरा [तकनीकी]

to be (kept) in the dark *They told everyone about their plans, but I was kept in the dark.* = to not be told what is happening किसी बात की जानकारी से वंचित रखना या होना **to keep someone in the dark** = not to let someone know what is happening (on purpose) जानबूझकर किसी से कुछ गुप्त रखना **a dark horse** = a person whose abilities are not known or have not been tested (often derogatory) एक व्यक्ति जिसकी क्षमता अप्रकाशित या अपरीक्षित रह गई हो (प्राय: अनादरपूर्ण) **the dark(er) side of life** = the unhappy or the evil side of life जीवन का उदास या निंद्य पहलू

dar•ling[1] /'dɑːlɪŋ/ /डाऽलिङ/ noun, c. **1** *The child is a little darling.* = someone who is very lovable (easy to love) (informal) प्यारा, दुलारा (अनौपचारिक) **2** *Darling, let's go out.* = a term used to address a person one loves (informal) जानेमन (अनौपचारिक)

darling[2] adj. *This is my darling daughter.* = much loved लाडली

darn /dɑːn/ /डाऽन/ verb, t. *My mother is darning my old clothes.* = to use a needle and thread to mend clothing or cloth which is torn फटे कपड़े को सुई-धागे से सीना, रफ़ू करना

dart[1] /dɑːt/ /डाऽट/ verb, i. *The man darted through the corridor after the postman, who had just left.* = to run quickly (पीछे) लपकना, झपटना

dart[2] noun, c. = a small arrow with a sharp point, sometimes fired from a gun पैनी नोक का एक छोटा-सा तीर जो कभी-कभी बंदूक से भी छोड़ा जाता है **darts** noun = a popular indoor game in which players throw darts at a circular board (dartboard) घर के अंदर का एक लोकप्रिय खेल जिसमें खिलाड़ी एक गोल तख्ते पर छोटा-सा तीर फेंकते हैं

dash[1] /dæʃ/ /डैश/ verb, i. or t. **1** *He dashed across the road.*(i.) = to run quickly and suddenly अचानक तेज़ी से लपकना या झपटना **2** *The waves dashed against the rock with great force.*(i.) = to strike with force ज़ोर से टकराना या टक्कर खाना **3** *India's hopes of winning the match were dashed by the rain.*(t.) = to destroy (आशाएँ, उत्साह आदि) भंग करना

dash[2] noun, c. or u. **1** *The prisoner made a dash for freedom while the guards were asleep.*(c.) = a quick and sudden run तेज़ लपक **2** *The curry needs a dash of chilli.* (u.) = a small amount (informal) पुट (अनौपचारिक) **3** = a mark, shown as (—), used in writing or printing to show a break in a sentence वाक्य में किंचित विराम के लिए लेखन या मुद्रण में प्रयुक्त एक विराम-चिह्न

dash•ing /'dæʃɪŋ/ /'डैशिङ/ adj. *the dashing hero of the film* = having great style and courage तेज़-तर्रार, दबंग

dash•board /'dæʃbɔːd/ /'डैश्बॉऽड/ noun = the part of a car, facing the driver, where the different instruments (to measure speed etc.) and switches are found गाड़ी में ड्राइवर के सामने लगा बोर्ड जिसपर गतिमापक यंत्र तथा अनेक प्रकार के स्विच लगे होते हैं

da•ta /'deɪtə/ /'डेइटə/ noun, u. (used with plural or singular verb) *The data collected by scientists show/shows that even a newborn child can develop malaria.* = facts collected from observation or study निरीक्षण से प्राप्त आँकड़े और तथ्य **database** noun, u. or c. = a complex organized body of data stored in a computer which can be used when needed समय पर काम आने के लिए कंप्यूटर में संग्रहीत तथ्य-संकुल **dataprocessing** noun = the process or activity of using a computer to carry out different operations on a database in order to get the desired result वांछित परिणाम की प्राप्ति के लिए कंप्यूटर-संग्रहीत आधार-सामग्री पर विभिन्न कार्य करने के निमित्त कंप्यूटर के प्रयोग की प्रक्रिया

date[1] /deɪt/ /डेइट/ noun, c. **1** *The date today is 2 October 2002.* = the time as shown by the number of the day, the month and the year दिन, महीने और साल के नाम से ज्ञात समय-विशेष, दिनांक, तिथि **2** = the fruit of the date palm खजूर, छुहारा **3** *I have a date with my doctor this evening.* = an arrangement to meet someone at a particular time (informal) किसी से समय-विशेष पर मिलने का कार्यक्रम या आयोजन (अनौपचारिक) **4** *She is going on a date with Asif.* = a social meeting between a man and a woman (informal) अपने स्त्री या पुरुष-मित्र के साथ घर से कहीं बाहर निर्धारित मिलन (अनौपचारिक) **5** *She is going out with her date.* = a person, usually of the opposite sex, with whom one has arranged a social meeting (informal) प्रेमी या प्रेमिका, जिसके साथ कहीं बाहर मिलने का कार्यक्रम निर्धारित हुआ हो (अनौपचारिक)

date[2] verb, t. or i. **1** *Historians have found an ancient book on Tibet, written thousands of years ago. They are trying to date it.*(t.) = to discover the date (time) of something very old किसी पुरातन वस्तु को दिनांकित करना/का तिथि-निर्धारण करना **2** *Please remember to date your letter.*(t.) = to write the date on something तिथि का उल्लेख करना **3** *This book was written in*

1900 but it still hasn't dated.(i.) = to become old-fashioned and out of place in the present time पुराना पड़ जाना, अप्रचलित होना **4** *He is dating this girl.* = to meet a person, usually of the opposite sex, socially (informal) घर से कहीं बाहर अपने या अपनी प्रेमी-प्रेमिका से मिलना (अनौपचारिक) **dated** adj. *Your cap looks rather dated.* = old-fashioned बाप-दादे के ज़माने का

out-of-date (outdated) = not modern; old-fashioned अप्रचलित **up-to-date** = modern; upto the present time अधुनातन

daub /dɔːb/ /डॉब/ verb, t. *The walls of the house have been daubed with black paint.* = to cover a surface with something sticky (e.g. paint or mud) but in a careless way किसी सतह पर जैसे-तैसे पुचारा मारना, कीचड़ छोपना, रंग थोपना

daugh•ter /ˈdɔːtəʳ/ /ˈडॉटर/ noun, c. = someone's female child बेटी **daughter-in-law** noun, c. = the wife of one's son पतोहू, बहू

daunt /dɔːnt/ /डॉण्ट/ verb, t. *He is going to face an interview, but he does not look daunted.* = to lose courage or to cause loss of courage (literary) निरुत्साह होना या कर देना (साहित्यिक)

dawn[1] /dɔːn/ /डॉन/ noun, c. or u. **1** *You will have to wake up at dawn.*(u.) = the time just before sunrise सूर्योदय से पूर्व का समय; उषाकाल **2** *India is witnessing the dawn of the age of cyber technology.*(c.) = the beginning of a new period that brings hope or improvement एक नए युग का प्रारंभ जिसमें सुधार या प्रगति की संभावनाएँ दीखती हैं

dawn[2] verb, i. *The day is dawning.* = beginning (figurative) पौ फटना, दिन निकलना (लाक्षणिक)

to dawn on (**upon**) *It suddenly dawned on me that my friends were making fun of me.* = to begin to realize (understand) something समझ में आने लगना

day /deɪ/ /डेइ/ noun, c. **1** *the seven days of the week* = a period of 24 hours 24 घंटे का समय, दिन **2** *She works all day and comes home at night.* = the period between sunrise and sunset सूर्योदय से सूर्यास्त तक का समय, दिनभर **3** *Such things never happened in my day.* = a point or period of time in the past अतीत की कोई विशेष अवधि **daydream** /ˈdeɪdriːm/ noun, c. = thoughts of pleasant things not connected with reality दिवास्वप्न

at the end of the day = when everything has been considered सब कुछ सोचने-समझने के बाद **to call it a day** *He has played for India for 13 years, and now he has decided to call it a day.* = to bring something to an end कोई काम बंद कर देना, से छुट्टी पाना **from one day to the next** = on two days which follow each other एक-एक दिन गिनते (भविष्य की अनिश्चितता के प्रसंग में) **to make someone's day** = to give someone reason to feel happy तबीयत या दिल खुश कर देना **to have a field day** *The media has had a field day writing about the business family's problems.* = to enjoy doing something successfully मन लायक काम में मज़ा लेना **to have had one's day** *He has had his day and should now retire.* = to have enjoyed a period of success which is now over (informal, derogatory) के दिन लद चुके, जो हासिल करना था अब कर चुके (अनौपचारिक, अनादरपूर्ण)

dazed /deɪzd/ /डेइज़्ड/ adj. *He looked dazed after the accident.* = in a shocked or confused state स्तंभित अथवा भ्रांत

to be in a daze *The news of my accident left my parents in a daze.* = to be in a shocked or confused state हक्का बक्का, सुन्न

daz•zle[1] /ˈdæzəl/ /ˈडैज़्ल/ verb, t. *The light from her torch shone on my eyes and dazzled me.* = to make someone unable to see because of a strong light shining on their eyes चौंधियाना, आँखों में तेज़ रोशनी डालना कि दीखे नहीं

dazzle[2] noun, u. *Don't be led away by the dazzle of money.* = attraction (disapproving) सम्मोहन, जादू (अस्वीकृत)

DC abbr. of **Direct Current** (noun) = an electrical current that flows in one direction only (compare **AC**) एक ही दिशा में चलती विद्युत् धारा (देखें **AC**)

DDT noun = a poisonous chemical used to kill insects, especially mosquitoes कीटाणु (विशेषकर मच्छर) नाशक एक ज़हरीला रसायन

dead[1] /ded/ /ˈडेड/ adj. **1** *a dead person* = not living मृत **2** *The telephone is dead.* = not working ठप्प **3** *Anglo-Saxon is a dead language.* = no longer used जो अब प्रयोग में नहीं है, अप्रचलित, मृत **4** *I want to move to another house. The neighbourhood here is really dead.* = quiet and without activity in a way which is boring उचाट, बेलुत्फ़, विरस, नीरस

dead[2] noun, u. *He came to see me in the dead of the night.* = the quietest part of देर रात के सन्नाटे में, निस्तब्ध रात्रि में

dead[3] adv. **1** *I am dead tired.* = completely (informal) चूर, पस्त (अनौपचारिक) **2** *The test was dead easy.* = very (informal) एकदम (अनौपचारिक) **dead end** noun **1** = a point at the end of a street beyond which one cannot go अंधी गली **2** = a situation which does not allow a person to make progress (figurative) गत्यवरोध (लाक्षणिक) **3** *I have reached a dead end in my efforts to write a novel.* = a point from where one cannot move forward अटकाव **deadwood** noun, c. *There is a lot of deadwood in the book you wrote, which must be removed.* = something which has lost its usefulness or value (figurative) फालतू, बेकार (लाक्षणिक)

to go dead **1** *The machine went dead suddenly.* = to stop working निष्क्रिय हो जाना **2** *My foot has suddenly gone dead.* = (of parts of the body) to feel no pain, cold, warmth etc. (शरीर के किसी अंग में) दर्द, ठंड, गर्मी आदि का महसूस नहीं होना **as dead as a door-nail** = completely without life (informal) निस्पंद (अनौपचारिक) **dead on time** = exactly on time (informal) बिलकुल सही समय पर (अनौपचारिक) **over my dead body** *'I'd like you to meet them and apologise.' 'Over my dead body!'* = a strong way of refusing to do something (informal) किसी चीज़ को करने से स्पष्ट इनकार (अनौपचारिक) **to be a dead loss** = a great and complete loss अपूरणीय क्षति **to not be caught dead doing something** *She wouldn't be caught dead wearing silk.* = to refuse to do something because it is against one's principles or because one doesn't like doing it (informal) जो अपने सिद्धांत के या पसंद के खिलाफ़ हो उसे करने से इनकार कर देना (अनौपचारिक)

dead•en /'dedən/ /'डेड्न/ verb, t. *I was in great pain, but the injection helped to deaden it.* = to reduce in strength (so that pain etc. are hardly felt) दर्द वगैरह कम कर देना, सुन्न कर देना

dead•line /'dedlaɪn/ /'डेड्लाइन/ noun, c. *The deadline for completing this report is 5.00 p.m. tomorrow.* = the date or time before which something must be completed आखिरी तारीख जिसके पहले ही काम निबटा लेना हो

dead•lock /'dedlɒk/ /'डेड्लॉक/ noun, c. *a deadlock in the peace talks* = a point in a discussion from where no progress can be made गतिरोध, ज़िच, बेढब फाँस

dead•ly /'dedlɪ/ /'डेड्ली/ adj. **1** *AIDS is a deadly disease.* = very dangerous; capable of causing death घातक **2** *a deadly song* = very good (slang) कमाल का (अपभाषा)

deaf /def/ /डेफ़/ adj. **1** *a deaf child* = unable to hear **2** *He was deaf to all my requests.* = unwilling to listen सुनने को तैयार नहीं; अनसुना करते हुए **deafen** verb, t. *We were deafened by the loud music.* = to lose one's hearing temporarily because of a very loud sound ऊँची आवाज़ से दबा देना, सुनना मुश्किल कर देना

to fall on deaf ears *My request that we go to a play instead of a film fell on deaf ears, and we had to go to the film.* = (referring to a request or suggestion) to not be given attention (अनुरोध, सुझाव) अनसुना रह जाना

> **Usage** A person is generally referred to now as 'hearing-impaired', not 'deaf'. एक व्यक्ति को अब आमतौर पर 'hearing impaired' कहा जाता है, 'deaf ' नहीं।

deal[1] /di:l/ /डील/ verb, i. or t. (**dealt**) **1** *He deals in readymade garments.*(t.) = to trade; to buy and sell का व्यापार करना, लेन-देन करना **2** *Will you please deal the cards?*(t.) = to give out playing cards to the players in a game (ताश के खेल में पत्ते बाँटना) **3** *He dealt his enemy a heavy blow with his sword.*(t.) = to strike (formal) वार करना (औपचारिक)

deal[2] noun, c. **1** *I will sell you sugar and you can sell me cotton. That is a deal.* = a business arrangement which helps both sides (informal) लेन-देन में समझौता 'पक्का रहा' (अनौपचारिक) **2** *He lost a good deal of money last week.* = a large quantity बहुत कुछ, बहुलांश **dealer** noun, c. = a person who buys or sells something व्यापारी

(to be no) big deal **1** *I walked all the way from the railway station because I couldn't get a bus or taxi. It was no big deal.* = not a great or difficult thing (informal) कोई खास दिक्कत नहीं (अनौपचारिक) **2** *'I helped with the cooking last night.' 'Big deal!'* = a way of telling someone that something they did does not call for praise or importance यह कहने का एक ढंग कि जो किया उसमें कोई ख़ास वैसी बात तो नहीं/ तारीफ़ की तो कोई बात नहीं ('तो कौन-सा तीर मार दिया?') **a raw deal** = unfair or unjust treatment (informal) गलत व्यवहार (अनौपचारिक)

dean /di:n/ /डीन/ noun, c. = a senior professor at a university who is in charge of a department or school [विश्वविद्यालय] विभागाध्यक्ष

dear[1] /dɪəʳ/ /डिअ/ adj. **1** *a dear friend* = greatly loved अज़ीज **2** *Dear Sir* = a formal opening for a letter पत्र का औपचारिक आरंभ ('महोदय/श्रीमान्') **3** *She is very dear to me.* = valuable, precious प्रिय **4** *In times of war, sugar and rice become very dear.* = expensive महँगा

dear[2] noun, c. *That child is such a dear! Everyone loves her.* = a person who is very lovable (informal) चहेता या चहेती, दुलरुआ (अनौपचारिक)

dear[3] interjec. *Oh dear! I've lost my pen.* = an expression of mild irritation (displeasure) हल्की झुँझलाहट की एक अभिव्यक्ति ('अरे राम!')

dearth /dɜ:θ/ /डऽथ/ noun, u. *There is a dearth of young people in this office. Most of us are old.* = a lack of; shortage कमी, तकाज़ा

death /deθ/ /डेथ/ noun, u. **1** *death caused by heart failure* = the end of life मृत्यु **2** *the death of the kingdom* = the end (figurative) अवसान (लाक्षणिक) **death rate** noun = the number of people dying in a year for every 1,000 people in the country मृत्यु-दर **death trap** noun, c. *This new highway is a death trap.* = something that is highly dangerous and can cause death जगह जहाँ जान का खतरा हो **death warrant** noun = an official order to put someone to death, usually for committing some crime मृत्यु अधिपत्र, मौत का परवाना

a matter or life and death = a matter of very great importance (informal) अहम मुद्दा (अनौपचारिक) **to be the death of someone** *You didn't come home until midnight and I was so worried. You'll be the death of me!* = a way of telling someone they have caused you a lot of anxiety (informal) चिंताग्रस्त रखने की शिकायत (अनौपचारिक) **to be at death's door** = to be very near the point of death कब्र में पाँव, मरणासन्न **to be bored to death** = to be very bored (informal) बोरियत महसूस करना (अनौपचारिक)

de•ba•cle /deɪ'bɑ:kəl/ /डेइ'बाऽकल/ noun, u. *Our*

cricket team lost eight wickets for 40 runs. It was a batting debacle. = a sudden failure; collapse (formal) अचानक विफलता (औपचारिक)

de•bar /dɪbɑːʳ/ /'डिबाऽʳ/ verb, t. (**debarred**) *She was debarred from writing the exam because she had not attended all the classes.* = to prevent someone from doing something कुछ करने से कानूनन वंचित कर देना

de•base /dɪ'beɪs/ /डि'बेइस/ verb, t. *You have debased the medical profession by demanding so much money from poor patients.* = to lower the value of something which is thought of as noble or precious (formal) घटिया कर देना, स्तर गिरा देना (औपचारिक)

de•bate[1] /dɪ'beɪt/ /डि'बेइट/ noun, c. = an argument or discussion at which some subject or topic is talked about by at least two persons or groups, each expressing a different point of view वाद-विवाद

debate[2] verb, t. *People are debating the long-term effects of heavy exercise.* = to argue about an issue पर वाद-विवाद करना

de•bauch /dɪ'bɔːtʃ/ /डि'बॉऽच/ noun, c. = a person who is immoral or unacceptable to most people, especially in behaviour related to alcohol and sex यौन व्यभिचार, शराब की लत आदि वाला चरित्रहीन असामाजिक व्यक्ति, लंपट

de•bil•i•ty /dɪ'bɪlɪti/ /डि'बिलिटी/ noun, u. = weakness of body or mind caused by disease or poor health [TECHNICAL] रोग से उत्पन्न शारीरिक या मानसिक दुर्बलता [तकनीकी]

deb•it[1] /debɪt/ /डेबिट/ verb, t. = to take money out of a bank account (opposite **credit**) [TECHNICAL] बैंक खाते से रकम निकालना (विलोम शब्द **credit**) [तकनीकी]

debit[2] noun, u. = a record of money being taken out of an account खाते से निकली रकम का विवरण

deb•o•nair /debə'neəʳ/ /डेब'नेअʳ/ adj. *a debonair young man* = very cheerful, handsome and stylish (used only to describe men) खुशमिज़ाज, बाँका, सजीला, छैला (केवल मर्दों के संदर्भ में प्रयुक्त)

deb•ris /de'briː/ /डे'ब्री/ noun, u. *The building was pulled down last year but the debris is still lying on the road.* = the remains of a building that has been destroyed or has fallen मलबा

debt /det/ /डेट/ noun, u. or c. **1** *I borrowed Rs 10,000 last month to buy a scooter. I will have to pay off this debt soon.*(c.) = money which has been borrowed and has to be repaid कर्ज़ **2** *I am deeply in your debt for your help to me when I was in trouble.*(u.) = a feeling of owing something to someone कृतज्ञ/ऋणी/आभारी रहना

to be in someone's debt = to feel grateful to someone शुक्रगुज़ार होना **to run into debt** = to be forced to borrow money कर्ज़ से लदने को मजबूर **a bad debt** = used to describe the fact that money which someone has borrowed from you will not be returned उधार दी हुई रकम के डूब जाने की बात के लिए प्रयुक्त

de•but /'deɪbjuː/ /'डेइब्यू/ noun, u. *The young actor made his debut in the film 'Kaho Na Pyar Hai'.* = first public appearance प्रथम कार्यक्रम या प्रदर्शन

deca- /dekə/ /डेक/ prefix meaning 'ten' 'दस का अर्थ बोध कराने वाला उपसर्ग' e.g. **dec•ade** /'dekeɪd/ /'डेकेइड/ noun, c. = a period of ten years दशक

de•cap•i•tate /dɪ'kæpɪteɪt/ /डि'कैपिटेइट/ verb, t. = to cut off someone's head सिर धड़ से अलग कर देना

de•cay[1] /dɪ'keɪ/ /डि'केइ/ verb, i. **1** *The dentist pulled out two of my teeth which had decayed.* = to become rotten सड़ जाना **2** *My health has decayed with age.* = to get into a worse condition than before (स्वास्थ्य) गिर जाना, पहले से खराब हालत में होना

decay[2] noun, c. *You can find decay everywhere in this old city.* = the process or the effect of gradually becoming worse क्रमशः पतनशील **decadent** /'dekədənt/ /'डेकड्ण्ट/ adj. *a decadent culture* = without the good qualities it had earlier ह्रासोन्मुख, दिन-ब-दिन बदतर

de•cease /dɪ'siːs/ /डि'सीस/ noun, u. *This property will go to your son on your decease.* = death [LAW] के नहीं रहने पर [कानून] **deceased** noun = a dead person दिवंगत या मृत व्यक्ति

de•ceive /dɪ'siːv/ /डि'सीव/ verb, t. *I always thought my business partner was honest, but he has deceived me.* = to trick or cheat someone by pretending to be good, honest etc. (नेकी-ईमानदारी की आड़ में) छलना, ठगना **deceit** noun, u. *They have become rich through deceit.* = the quality of being dishonest धोखाधड़ी, जालसाज़ी **deceitful** adj. = dishonest धोखेबाज़, बेईमान **deception** noun, u. = the act of deceiving someone चालबाज़ी, कपट **deceptive** adj. *She looks capable, but appearances are deceptive.* = something that can deceive; misleading भ्रामक, कपटी

de•cent /'diːsənt/ /'डीसण्ट/ adj. **1** *In our part of town, it is not considered decent to wear a sleeveless shirt.* = proper; socially acceptable (opposite **indecent**) उपयुक्त, उचित, शालीन, मर्यादित (विलोम शब्द **indecent**) **2** *She's such a decent person, she would never say anything about us which isn't true.* = kind and having a good moral sense भद्र, शिष्ट **3** *He earns a decent salary.* = fairly good, respectable अच्छा-खासा/

अच्छी-खासी, इज़्ज़तदार **decency** noun, u. **1** *She had the decency to admit that she had made a mistake.* = the quality of being fair-minded समचेता या समदर्शी होने का गुण **2** = socially acceptable conduct, especially connected with sex समाज-सम्मत आचार (विशेषकर काम-प्रवृति के प्रसंग में)

de•cen•tral•ize (decentralise) /diː'sentrəlaɪz/ /डी'सेण्ट्रलाइज़/ verb, t. *The Reserve Bank had an office only in Delhi, but now it has been decentralized and will have offices in every state.* = to move a government or business from one central place to several different places (opposite **centralize**) [TECHNICAL] विकेंद्रित करना (विलोम शब्द **centralize**) [तकनीकी]

dec•i•bel /'desɪbel/ /'डेसिबेल/ noun, c. *The sound produced by a motorcycle measures more than 120 decibels.* = a measure of the loudness of a sound [PHYSICS] ध्वनि प्रबलता की मापन-इकाई [भौतिकी]

de•cide /dɪ'saɪd/ /डि'साइड/ verb, t.or i. **1** *I may go to Darjeeling for my holiday or I may go to Kerala. I have not decided yet.*(i.) = to make a choice or to make up one's mind to do something निर्णय करना या तय करना **2** *The government has decided to transfer you to Assam.*(t.) = to make up one's mind to do something .फैसला करना, निश्चय करना

dec•i•mal /'desɪməl/ /'डेसिम्ल/ noun, c. **1** *the decimal system* = based on the number 10 दशमलव **2** *You can write the number either as 2½, using a fraction, or as 2.5, using a decimal point.* = a mark, shown as (.), which tells us that a number is being expressed as a fraction of 10 [MATHEMATICS] दशमलव-बिंदु [गणित]

dec•i•mate /'desɪmeɪt/ /'डेसिमेइट/ verb, t. *The deer population in the forest was decimated by the fire.* = to destroy a large part of something (formal) किसी आबादी के बड़े हिस्से का संहार करना (औपचारिक)

de•ci•pher /dɪ'saɪfəʳ/ /डि'साइफर/ verb, t. *The police department is trying to decipher this letter.* = to try to find the meaning of something that is not clear (see also **code** or **cipher**) गूढ़ लिपि से अर्थ निकालना (देखें **code** अथवा **cipher**)

decision /dɪ'sɪʒən/ /डि'सिज्न/ noun, u. **1** *We are waiting for your decision.* = the act of making up one's mind .फ़ैसला **2** *The umpire has given his decision. The batsman is out!* = judgement निर्णय, फ़ैसला

decisive /dɪ'saɪsɪv/ /डि'साइसिव/ adj. **1** *Sri Lanka has won the match by 200 runs. This is a decisive victory.* = something that leaves no doubt in anyone's mind निर्णायक **2** *Manoj takes too long to choose his clothes. He should be more decisive.* = able to come to a decision quickly (opposite **indecisive**) दृढ़ (विलोम शब्द **indecisive**)

deck¹ /dek/ /डेक/ noun, c. **1** *the deck of a ship* = the uppermost open level of a ship; one of the floors of a ship or bus built at different levels जहाज़ या बस का एक फ़र्श **2** *a deck of cards* = a complete set of 52 playing cards (ताश की गड्डी)

deck² verb, t. *The students have decked out the school building with coloured lights for Republic Day.* = to decorate (literary) सजाना, सजावट करना (साहित्यिक)

D

de•clare /dɪ'klærətɪv/ /डि'क्लेयर/ verb, t. **1** *Have we as a group declared our policy on the use of nuclear weapons? // Once a country declares war, there is no escape from it.* = to make something known to the public घोषित करना, एलान करना **2** *I declare this meeting closed.* = to make a formal announcement of an event घटना की औपचारिक जानकारी देना **3** *The customs officer asked me to declare the things I had brought from Singapore.* = to give to an officer a list of the things for which tax has to be paid अधिकारी को टैक्स लगने वाली चीज़ों का विवरण देना **4** *The Sri Lankan captain declared the innings.* = to end a batting innings, in the game of cricket, before all the players in the side are out क्रिकेट के खिलाड़ियों के आउट होने के पहले पारी-समाप्ति की घोषणा करना /dɪ'kleəʳ/ **declaration** /डेक्ल'रेइश्न/ noun, u. = the act of declaring something घोषणा /deklə'reɪʃən/ **declarative** /डि'क्लैरटिव/ adj. *'I like tea' is a declarative sentence, but 'Do you like tea?' is an interrogative sentence.* = a sentence that has the form of a statement [GRAMMAR] वक्तव्यात्मक [व्याकरण]

de•cline¹ /dɪɪ'klaɪn/ /डि'क्लाइन/ verb, i. **1** *The British empire was at its height in the nineteenth century, but by 1945 its power had declined.* = to become less or weaker; to go from a better to a worse position कम होते जाना, छीजना **2** *I requested the film star for her autograph but she declined.* = to refuse अस्वीकार करना

decline² noun, u. **1** *The decline of the kingdom began when many wars had weakened it.* = a period or process of declining (going from a good to a bad position) पतन, ह्रास **2** *The birth rate in Kerala is showing a decline.* = reduction; decrease गिरावट [तकनीकी]

de•code /diː'kəʊd/ /डि'कउड/ verb, t. = to find out the meaning of something which is written in a code (see **decipher**) [TECHNICAL] गूढ़ लिपि का अर्थ समझना (देखें **decipher**) [तकनीकी]

de•com•pose /diːkəm'pəʊz/ /डिकम्'पउज/ verb, i. or t. **1** *The body of the dead animal is decomposing.*(i) = to decay; to rot [TECHNICAL] सड़ जाना, गल जाना [तकनीकी] **2** (t.) = to make a chemical compound etc. break up into simple parts [CHEMISTRY] रासायनिक सम्मिश्रण के लिए तात्त्विक पदार्थों को अलग-अलग करना

dec•o•rate /'dekəreɪt/ /'डेकरेइट/ verb, t. **1** *We will decorate the house with potted plants.* = to make something look more beautiful or attractive और आकर्षक बनाना, से सजाना **2** *He was decorated* *with a medal for his courage.* = an honour given in a formal ceremony विशिष्ट समारोह में दिया जानेवाला सम्मानजनक पदक **decorative** adj. = used for decorating सजावट के लिए प्रयुक्त **decoration** /dekə'reɪʃən/ /डेक'रेइशन/ noun, u. or c. **1** (u.) = the act of decorating something सजावट **2** (c.) = something that decorates अलंकरण

de•co•rum /dɪ'kɔːrəm/ /डि'कॉऽरम/ noun, u. *There should be no shouting at the meeting. We must maintain decorum.* correct or proper behaviour which is socially approved of (formal) = समाज-सम्मत मर्यादा या शालीनता (औपचारिक)

decorous /'dekərəs/ /'डेकरस/ adj. = acceptable and correct; in keeping with decorum (opposite **indecorous**) सुरुचिपूर्ण, समुचित, मर्यादित (विलोम शब्द **indecorous**)

de•coy /'diːkɔɪ/ /'डीकॉइ/ noun, c. *A policeman, dressed as a shopkeeper, was used as a decoy to trap the gang of thieves.* = something or someone that is used to trap and catch an animal or a person किसी व्यक्ति या पशु को फाँसने के लिए प्रयुक्त साधन

de•crease[1] /'diːkriːs/ /'डीक्रीस/ verb, t. *If India's exports are decreasing, there is cause for alarm.* = to become less घटना

decrease[2] noun, u. *There is a decrease in our exports.* = the fact of becoming less (opposite **increase**) कमी, ह्रास (विलोम शब्द **increase**)

de•cree[1] /dɪ'kriː/ /डि'क्री/ verb, t. *The government has decreed that no medical college can run without proper laboratory facilities.* = to order officially (formal) आधिकारिक तौर पर आदेश देना (औपचारिक)

decree[2] noun, u. = an official order by the government सरकारी आदेश

de•crep•it /dɪ'krepɪt/ /डि'क्रेपिट/ adj. *a decrepit old house* = in a poor and weak condition due to age बुढ़ापे से या पुराना पड़ने से जर्जर या जीर्ण-शीर्ण स्थिति में

de•cry /dɪ'kraɪ/ /डि'क्राइ/ verb, t. *People have been decrying his books for years, but I enjoy them.* = to say bad things about someone or something अवमूल्यन करना, निंदा करना

ded•i•cate /'dedɪkeɪt/ /'डेडिकेइट/ verb, t. **1** *Mahatma Gandhi dedicated his life to the cause of India's freedom.* = to offer or give something to a cause or a person (अपना जीवन) किसी मूल्य-प्रेरित अभियान को अर्पित करना **2** *We need a dedicated telephone line for our Internet connection.* = meant only for a particular kind of use [COMPUTERS & TECHNICAL] खास तरह से ही इस्तेमाल के लिए [कंप्यूटर तथा तकनीकी]

dedication /dedɪkeɪʃən/ noun, u. or c. **1** *She always works with great dedication.*(u.) = giving oneself up completely to the work that one is doing अपने अनुष्ठान के प्रति समर्पित **2** *The dedication at the beginning of the book shows how much the writer loved his wife.*(c.) = the words at the beginning of a book offering it to someone पुस्तक के प्रारंभ में लेखक द्वारा समर्पण की अभिव्यक्ति

de•duce /dɪ'djuːs/ /डि'ड्यूस/ verb, t. *You look tired and your eyes are red. I can deduce that you haven't slept at all.* = to reach a conclusion on the basis of some evidence (formal) प्रमाण के आधार पर किसी तथ्य पर पहुँचना (औपचारिक)

de•duct /dɪ'dʌkt/ /डि'डॅक्ट/ verb, t. *The examiner may deduct marks if you use too many abbreviations.* = to take away something from a larger amount (formal) काटना, घटाना (औपचारिक)

de•duc•tion /dɪ'dʌkʃən/ /डि'डॅक्शन/ noun, u. or c. **1** *I have used deduction to come to this conclusion.*(u.) = the process of deducing something (see **deduce**) (opposite **induction**) निष्कर्ष उपलब्ध करने की (तार्किक) प्रक्रिया (देखें **deduce**) (विलोम शब्द induction) **2** *Your deduction that he has been delayed because of heavy traffic is quite logical.*(c.) = something that is deduced तर्क से प्राप्त अनुमान या निष्कर्ष **3** *The deduction of two marks from his test score will teach him to be more careful.*(u.) = something that is deducted (taken away) कटौती

deed /diːd/ /डीड/ noun, c. **1** *They have done many good deeds, such as building hospitals where treatment is free.* = something that one does कृत्य, कर्म **2** *I have signed a deed giving this property to my children.* = a legal document that shows ownership of some property [LAW] स्वामित्व प्रमाणित करता या दर्शाता एक कानूनी दस्तावेज़ [कानून]

deem /diːm/ /डीम/ verb, t. *I deem it an honour to be your friend.* = to consider (formal) मानना (औपचारिक) **deemed** adj. *a deemed university* = considered to be (के रूप में) जाना-माना

deep[1] /diːp/ /डीप/ adj. **1** *The river is deep.* = a long way down from the top (सतह में नीचे की ओर) गहरा **2** *The forest is deep.* = a long way from the outside to the centre (किनारे से अंदर की ओर) गहरा **3** *deep-blue sky* = of a strong and dark colour गाढ़ा **4** *a deep voice* = low **5** *deep sleep* = not easily awakened गाढ़ा, गहन **6** *in deep trouble* = serious गंभीर **7** *She looks simple but is quite a deep person.* = having thoughts and feelings that one does not know about गूढ़, गहन, रहस्यमय

deep[2] adv. **1** *I was so deep in thought, I did not hear the children come in.* = involved or absorbed मग्न, मशगूल **2** *deep in debt* = so much that it is not easy to come out of it कर्ज़ में डूबा **deep fry** verb = to fry some food, keeping it completely covered in oil भरपूर तेल में बघारना **deep freeze** noun = a machine that keeps food at a very low temperature so that it does not get spoilt भोजन को सड़ने से बचाने के लिए न्यून तापमान पर रखने की मशीन, रेफ्रिजरेटर

to go off the deep end = to become very angry at something क्षुब्ध, खफ़ा **to be in deep water** = to be in serious trouble गंभीर संकट में फँसना, साँसत में होना

deer /dɪəʳ/ /डिअʳ/ noun, c. (**deer**) = a large grass-eating animal हिरन, मृग

de•face /dɪˈfeɪs/ /डिफ़ेइस/ verb, t. *The walls of the Red Fort have been defaced by people who write their names across them.* = to spoil the way something looks by making dirty marks on its surface (formal, disapproving) (धब्बों/दागों से) भद्दा कर देना (औपचारिक, अस्वीकृत)

de fac•to /deɪˈfæktəʊ/ /डेइफ़ैक्टउ/ adj. (Latin) *The army took de facto control of the country.* = in actual fact, though not legally or officially (opposite **de jure**) (लैटिन भाषा का शब्द) कानूनन या आधिकारिक तौर पर नहीं; वास्तविक, वाकई (विलोम **de jure**)

de•fame /dɪˈfeɪm/ /डिफ़ेइम/ verb, t. *He is out to defame you and has been talking against you for years.* = to spoil someone's reputation by saying false things about him/her बदनाम करना, मानहानि करना

de•fault[1] /dɪˈfɒlt/ /डिफ़ॉल्ट/ verb, i. *She took a loan from the bank and had to pay back Rs 5,000 every month, but this month she has defaulted on the payment as she had no money.* = to fail to do something (e.g. repaying a loan) that one is required to do by law or by a contract [TECHNICAL] अदायगी या भुगतान नहीं कर पाना [तकनीकी]

default[2] noun, u. **1** *Mehek was not on the list for the scholarship, but got it by default as the person who had been selected joined another college.* = something that is allowed to happen because something else does not happen विकल्प के तौर पर **2** *This computer uses Windows 95 as default.* = a set of instructions built into a computer program which it will follow unless different instructions are given [COMPUTERS] कंप्यूटर में संचित विकल्प जो परिवर्त्तन तक यथावत् रहता है [कंप्यूटर]

de•feat[1] /dɪˈfiːt/ /डिफ़ीट/ verb, t. **1** *India defeated Australia in a one-day match.* = to win in a game, fight, vote etc. खेल, लड़ाई या चुनाव में जीतना **2** *Our plans were defeated by the lack of money.* = to prevent something from becoming successful विफल कर देना

defeat[2] noun, u. or c. *Australia's defeat in the match was unexpected.*(c.) = the fact of being defeated हार

de•fe•cate /ˈdefɪkeɪt/ /ˈडेफ़िकेइट/ verb, t. = to get rid of solid waste from the body (formal) मलत्याग करना (औपचारिक)

de•fect[1] /dɪˈfekt/ /डिफ़ेक्ट/ noun, c. or u. **1** *These clothes are being sold very cheaply because they have some manufacturing defects.*(c.) = fault; something missing or wrongly done कमी, त्रुटि **2** *a hearing defect*(u.) = problem शिकायत

defect[2] verb, i. = to leave a political party and join an opposing party दल-बदल करना

de•fend /dɪˈfend/ /डिफ़ेण्ड/ verb, t. **1** *Are you trained to defend yourself if someone attacks you?* = to keep someone or something safe from danger का बचाव करना **2** *This lawyer will defend you in court.* = to speak for someone who has been accused of committing some crime अभियुक्त के पक्ष में प्रतिवाद करना, की वकालत करना **defence** noun, u. or c. **1** *When her mother was criticized she leapt to her defence.*(u.) = the act of defending बचाव **2** *We have planted thousands of trees as a defence against storms.*(c.) = a means of defending something से बचाव के लिए एक ज़रिया, मोर्चाबंदी **3** *The defence will try to prove that the accused is not guilty.* = the lawyer or lawyers who are defending an accused person in a court of law [LAW] बचाव पक्ष का/के वकील [कानून] **4** = the military weapons used for protecting a country शस्त्रबल

de•fen•sive /dɪˈfensɪv/ /डिफ़ेन्सिव/ adj. **1** *The army took up a defensive position on the mountain.* = suitable for protecting oneself from an attack आत्मरक्षात्मक **2** *You need not be so defensive. I am not finding fault with your work.* = prepared to protect oneself from criticism प्रतिवाद/बचाव/सफ़ाई के लिए प्रवृत्त

to be on the defensive = to expect an attack and to be prepared for it सन्नद्ध, चौकस, तैनात **to become defensive** = to try to defend your actions even when you are not being criticized सफ़ाई देना, दलील पेश करना

de•fer /dɪˈfɜːʳ/ /डिˈफ़ऽʳ/ verb, t. (**deferred**) *Today's meeting has been deferred to next week.* = to delay until a later date; postpone (formal) (तक) टाल देना या स्थगित करना या रखना (औपचारिक)

de•fi•cient /dɪˈfɪʃənt/ /डिˈफ़िश्ण्ट/ adj. *The food we eat is deficient in vitamins.* = not containing enough of something अपर्याप्त

de•fi•cit /ˈdefɪsɪt/ /ˈडेफ़िसिट/ noun, u. *The harvest was poor this year and we expect a deficit of 200 million tonnes of foodgrains.* = the amount by which something is less than what is required or expected अपेक्षित से कम राशि

de•file /dɪˈfaɪl/ /डिˈफ़ाइल/ verb, t. *The water of the lake has been defiled by the garbage that is being thrown into it.* = to make something dirty or impure (formal) दूषित करना (औपचारिक)

de•fine /dɪˈfaɪn/ /डिफ़ाइन/ verb, t. **1** *We define 'zoo' as a place where wild animals are kept.* = to give the meaning of a word शब्दार्थ प्रस्तुत करना, (के रूप में) परिभाषित करना **2** *The rules of the game have been defined in the manual.* = to show or explain the nature of something clearly की विशिष्ट प्रकृति की स्पष्ट व्याख्या करना **defined** adj. *It was dark and although I could see something in the room, it was not clearly defined.* = having a clear shape (so that one can tell what it is) (आकार या स्वरूप का) स्पष्टत: निर्धारित होना

def•i•nite /'defɪnɪt/ /'डेफ़िनिट/ adj. *Everyone has suggestions about when we can fix up the meeting. Now let's think of a definite date.* = clear and exact; fixed निश्चित, पक्का **definite article** noun, c. *In the sentence 'The old man has arrived', 'the' is a definite article.* = the word 'the', used to talk about a particular person, place or thing [GRAMMAR] निश्चयवाचक/निश्चितार्थी [व्याकरण]

def•i•ni•tion /defɪ'nɪʃən/ /डेफ़ि'निश्न्/ noun, u. or c. *Can you give me the definition of the term 'isosceles triangle'?* = the meaning of a word or phrase or idea परिभाषा

de•flate /diː'fleɪt/ /डी'फ़्लेइट/ verb, t. or i. **1** *Someone pricked the balloon with a pin and deflated it.*(t.) = to become smaller by losing air (opposite **inflate**) [TECHNICAL] हवा निकालना, पिचकाना या पिचकना (विलोम शब्द **inflate**) [तकनीकी] **2** *The singer felt deflated when someone said that she had a poor voice.* = to become less self-confident or proud; to feel let down (figurative) विवर्ण या निस्तेज कर देना, भग्नचित या मनोहत होना (लाक्षणिक)

de•flect /dɪ'flekt/ /डि'फ़्लेक्ट/ verb, t. or i. **1** *The ball hit the door of the car and got deflected.* = to change direction after hitting something पलटना, मोड़ लेना **2** *Sports deflected her from her studies.* = to turn one's attention away from something से ध्यान हटाना

de•for•es•ta•tion /diːfɒrɪ'steɪʃən/ /डी. फॉरिं'स्टेइश्न्/ noun = the act of cutting down trees (opposite **afforestation**) [TECHNICAL] वनकटाई (विलोम शब्द **afforestation**) [तकनीकी]

de•form /dɪ'fɔːm/ /डि'फ़ॉऽम/ verb, t. *His fingers have become deformed after the accident.* = to spoil the original shape or appearance of something; to lose original shape विरूप या बेडौल होना

de•fraud /dɪ'frɔːd/ /डि'फ्रॉड/ verb, t. *defraud the bank of Rs 5 million* = to cheat [LAW] ठग लेना, मूँड़ लेना [कानून]

deft /deft/ /डेफ़्ट/ adj. *He moves quickly. He is a deft fielder.* = skilful and quick दक्ष या निपुण, सुहस्त, माहिर, शातिर

de•funct /dɪ'fʌŋkt/ /डि'फ़ॅन्क्ट/ adj. *This is a defunct railway station. No one uses it now.* = not in use; dead and forgotten (formal) अप्रयुक्त, बेकार (औपचारिक)

de•fuse /diː'fjuːz/ /डी'फ़्यूज़/ verb, t. **1** *to defuse a bomb* = to remove the fuse of a bomb (the part that causes the bomb to explode) so that it cannot cause any harm नाकाम करना, फ़्यूज़ निकाल देना **2** *to defuse a dangerous situation* = to remove the cause of trouble and make a situation calmer (figurative) संकट निवारण से स्थिति काबू में लाना (लाक्षणिक)

de•fy /dɪ'faɪ/ /डि'फ़ाई/ verb, t. **1** *I told them to stay at home and help but they defied me and went to the cinema instead.* = to act on purpose against someone's wishes or orders; to disobey अवज्ञा करना, फ़्यूज़ निकाल देना **2** *AIDS is spreading rapidly and has defied all attempts to control it.* = to defeat; to make something unsuccessful विफल कर देना

de•gen•e•rate /dɪ'dʒenəreɪt/ /डि'जेनरेइट/ verb, i. *The meeting degenerated into a quarrel when people lost their tempers and started shouting.* = to change from a higher or better state into a lower or worse state (formal) क्षयित होना, च्युत होना (औपचारिक)

de•gen•e•ra•tion /dɪdʒenə'reɪʃən/ / डिजेनरे'इश्न्/ noun, u. = the loss of quality or value ह्रास, पतन, गिरावट

de•grade /dɪ'greɪd/ /डि'ग्रेइड/ verb, t. **1** *Please don't degrade me by criticising me in front of my friends.* = to cause someone to lose respect मानहानि या निरादर करना **2** *If dead plants or animals are left to rot in the soil, they slowly get degraded into simple chemicals which make the soil richer.* = to change from a higher form of matter to a lower or simpler form due to the action of bacteria [TECHNICAL] खाद बन जाना [तकनीकी] **degradable** (**biodegradable**) adj. *The government has banned the use of plastic bags because plastics are not biodegradable.* = something which can be broken down by the action of bacteria into simple substances which do not harm the soil [TECHNICAL] कीटाणुओं के ज़रिये भुरभुरा किया हुआ पदार्थ जिससे मिट्टी को नुकसान नहीं पहुँचता [तकनीकी]

de•gree /dɪ'griː/ /डि'ग्री/ noun, c. or u. **1** *Water boils at 100 degrees centigrade.* **2** *Angle ABC measures 70 degrees.*(c.) = a unit for the measurement of temperatures or angles [GEOMETRY] तापमान या कोणों को मापने की इकाई **3** *He has received the B.A. degree.*(c.) = a title given by a university to a student who has passed an examination परीक्षोत्तीर्ण होने पर विश्वविद्यालय द्वारा प्रदत्त उपाधि, डिग्री **4** *There is always a degree of danger in rock climbing.*(u.) = a certain level or amount मात्रा, लेश, संशय

by degrees *She has been ill and is now getting back her strength by degrees.* = in a slow and gradual way क्रमशः, क्रमिक रूप से

de•hy•dra•te /diːhaɪ'dreɪt/ /डिहाइ'ड्रेइट/ verb, t. *Dehydrated potatoes can be stored for a long time.* = to remove water from something in order to make it last longer [TECHNICAL] टिकाऊ रखने के लिए निर्जल करना [तकनीकी] **dehydrated** adj. *dehydrated food* = artificially drained of water and dried in order to preserve संरक्षण के निमित्त निर्जलित **dehydration** noun, u. *You must drink a lot of water in summer or you will suffer dehydration.* = loss of water from the body [MEDICINE] शरीर में जल की (अधिक मात्रा में) न्यूनता, खुश्की [चिकित्सा]

de•i•fy /'diːɪfaɪ/ /'डीईफ़ाइ/ verb, t. (**deified**) *Our leader* *never wanted people to deify him.* = to turn someone into a god or an object of worship (formal) देवता ठहराना, पूजनीय समझना (औपचारिक)

deity /'di:ɪti/ /'डीइटी/ noun, c. (**deities**) = a god or goddess (formal) देवता या देवी (औपचारिक)

de•jec•ted /dɪ'dʒektɪd/ /डि'जेक्टिड/ adj. *She is very dejected after losing the match.* = sad because of disappointment विषण्ण या उदास

de jure /di:'dʒʊəri/ /डि'जूअर/ adj. (Latin) *the de jure ruler of the country* = in law, but not in fact (compare with **defacto**) (लैटिन भाषा का शब्द) सिर्फ़ कानूनन, वस्तुत: नहीं (देखें **de facto**)

de•lay[1] /dɪ'leɪ/ /डि'लेइ/ verb, t. or i. **1** *The meeting was to be held at 10 o' clock, but we have delayed it by an hour.*(t.) = to move something to a later time स्थगित करना **2** *We could not come in time as we were delayed by the heavy traffic.*(t.) = to make someone late अटकाना

delay[2] noun, c. or u. **1** *I'm sorry, there will be a delay of half an hour in today's programme.* = the time by which an event is moved back विलंब, देरी, अबेर **2** *He promised to do the work without delay.*(u.) = letting more time pass अविलंब, फ़ौरन से पेश्तर **3** *Delays are expected on all south-bound trains.*(c.) = (used especially of travel by train, air, bus etc. and traffic) going beyond the time stated for something to happen निर्धारित समय का अतिक्रमण, देर, देरी

del•e•gate[1] /'delɪgɪt/ /'डेलिगिट/ noun, c. = someone who is chosen to speak or vote for a group at a meeting; a representative किसी बैठक में प्रवक्ता होने या मतदान देने के लिए नियुक्त व्यक्ति, प्रतिनिधि

delegate[2] /'delɪgeɪt/ /'डेलिगेइट/ verb, t. *I have delegated part of my duty to a junior colleague.* = to give one's powers or rights to someone for a short time अल्पकालिक तौर पर किसी निम्न पद के व्यक्ति को जिम्मेदारी सौंपना, अधिकृत करना

de•lete /dɪ'li:t/ /डि'लीट/ verb, t. *I don't want my name to be included in this list. Please delete it.* = to remove something that has been written or printed (formal) लिखित या मुद्रित पंक्ति से अंश काट या हटा देना (औपचारिक) **deletion** noun, u. or c. **1** = the act of deleting विलोप **2** = something that has been deleted विलोपन

de•lib•e•rate[1] /dɪ'lɪbərət/ /डि'लिब्रट/ adj. *I stepped on his foot accidentally, but he thought it was deliberate.* = something (often unpleasant) that is done knowingly; on purpose जानबूझकर

deliberate[2] /dɪ'lɪbəreɪt/ /डि'लिबरेइट/ verb, t. *The senior members of the club will meet to deliberate who should be made the next president.* = to discuss and consider carefully before making a decision (formal) निर्णय के पूर्व विचार-विमर्श करना (औपचारिक)

del•i•ca•cy /'delɪkəsi/ /'डेलिकसी/ noun, c. (**delicacies**) or u. **1** *Biriyani is considered a delicacy.*(c.) = food that is loved but is generally expensive विशिष्टान्न, सुभोजन **2** *She acted with great delicacy in this matter.* = with great care not to offend सलीका

de•li•cate /'delɪkɪt/ /'डेलिकिट/ adj. **1** *These glasses are very delicate. They must be packed carefully or they will break.* = something that can break easily and therefore needs careful handling तुनुक **2** *a delicate child* = falling sick frequently रुग्ण, खाट से लगा **3** *a Kashmiri shawl with delicate embroidery* = made with great skill नफ़ीस **4** *The reason for his divorce is a delicate matter.* = something that should be treated or talked about with great care नाज़ुक **5** *The food has a delicate taste.* = gentle; not strong लज़्ज़तदार

de•li•cious /dɪ'lɪʃəs/ /डि'लिशस/ adj. *What delicious food!* = tasty and enjoyable लज़ीज़, ज़ायकेदार

de•light[1] /dɪ'laɪt/ /डि'लाइट/ noun, u. or c. **1** *My children find great delight in feeding the dog.*(u.) = joy मज़ा **2** *Have you visited the delights of this city?*(c.) = something that gives delight आकर्षण स्थल या केंद्र

delight[2] verb, t. or i. **1** *This is a wonderful book which will delight your children.*(t.) = to give great pleasure मनोरंजन करना **2** *He delights in playing with children.*(i.) // *She delights in teasing animals.*(i.) = to take pleasure in doing something, either pleasant, or unpleasant and unkind मज़ा लेना **delightful** adj. *We spent a delightful evening telling each other jokes.* = filled with pleasure हँसी-खुशी-भरा, मौज-मस्ती का

de•lin•quent[1] /dɪ'lɪŋkwənt/ /डि'लिंक्वण्ट/ noun, c. = someone, usually very young, who breaks the law [LAW] अपचारी (विशेषकर अल्पवयस्क) [कानून]

delinquent[2] adj. *a delinquent child* = a young person who has broken the law दुराचारी (विशेषकर अल्पवयस्क)

de•lir•i•um /dɪ'lɪriəm/ /डि'लिरिअम/ noun, u. or c. **1** *The man had high fever and was talking in a delirium.*(u.) = a dream-like state often caused by illness प्रलाप, सन्निपात, बड़बड़ाहट **2** *He was in a delirium of joy.*(c.) = a very excited state उन्माद **delirious** adj. *He was delirious with fever.* = in a state of delirium प्रलापावस्था में

de•liv•er /dɪ'lɪvə^r/ /डि'लिवर/ verb, t. or i. **1** *The postman delivers letters to our homes.*(t.) = to bring or carry to the place requested पहुँचाना, बाँटना **2** *He delivered a fine speech.*(t.) = to say something in a formal way (औपचारिक ढंग से) कुछ भाषण करना **3** *The doctor delivered the baby in the hospital.*(t.) = to help in the birth of [MEDICINE] प्रसूति प्रक्रिया में सहायता देना [चिकित्सा] **4** *I hope the chairperson delivers on his promise.*(i.) = to do/ give something promised वायदे के मुताबिक पूरा करना **5** *She delivered a hard thump on the door as it was stuck.*(t.) = give with force ज़ोर से धक्का देना **6** *She was in great pain and prayed to be delivered from it.*(t.) = to save from harm (formal) हानि से बचाना (औपचारिक)

de•liv•er•y /dɪ'lɪvəri/ /डि'लिवरी/ noun, u. **1** *The next postal delivery is at 3.00 p.m.* = the act of delivering something, specially letters etc. पत्र आदि पहुँचाने की क्रिया **2** *My sister had a painless delivery.* = birth of a baby शिशुजन्म **3** *The delivery of your speech was brilliant.* = style of speaking वक्तृत्व-शैली

del•ta /'deltə/ /'डेल्टा/ noun, c. **1** = the fourth letter of the Greek alphabet, written as (Δ,δ) यूनानी वर्णमाला का चौथा वर्ण **2** = a piece of land shaped like a triangle, formed at the place where a river divides into smaller rivers before it falls into the sea [GEOGRAPHY] त्रिभुजाकार भूखंड जो नदी के समुद्र में मिलने की जगह छोटी नदियों में विभक्त होने से बन जाता है [भूगोल]

de•lude /dɪ'lu:d/ /डि'लूड/ verb, t. *to delude people with sweet words* = to deceive by misleading घपला देना, भरमाना **delusion** noun, u. or c. *He is under the delusion that everyone admires him, but we know that it is not true.*(c.) = false idea or impression भ्रांति, वहम

de•luge[1] /'delju:dʒ/ /'डेल्यूज/ noun, u. or c. **1** *There was a lot of damage to houses in the deluge.*(u.) = a great flood भयंकर बाढ़ या सैलाब **2** *The film star received a deluge of letters.*(c.) = a very large number of something (humorous) ढेर-सारा, ढेरों, बेशुमार (हास्यपरक)

deluge[2] verb, t. *The organisers of the show were deluged with requests for tickets.* = to be flooded with, all at the same time अभिभूत करना

de•luxe /dɪ'lʌks/ /डि'लॅक्स/ adj. *a deluxe room in a hotel* = of very high quality and therefore expensive बहुत नफ़ीस किस्म का और यों खर्चीला

de•mag•ne•tize (demagnetise) /di:'mæɡnətaɪz/ /डी'मैग्नटाइज़/ verb, t. = to take away the magnetic qualities of a magnet or piece of metal (opposite **magnetize**) [TECHNICAL] विचुंबकन करना (विलोम शब्द **magnetize**) [तकनीकी]

dem•a•gogue /'deməɡɒɡ/ /'डेमगॉग/ noun, c. = a political leader who can attract crowds through the ability to speak with great emotion, not with logic and argument (formal, derogatory) जनोत्तेजक भाषण करने वाला राजनीतिक नेता (औपचारिक, अनादरपूर्ण)

de•mand[1] /dɪ'mɑ:nd/ /डि'माण्ड/ verb, t. **1** *The employees demanded an increase in their pay.* = to ask strongly for something दृढ़ता से माँग करना **2** *This old car demands repairs urgently.* = to be in great need of की दरकार होना

demand[2] noun, c. or u. **1** *We are unable to fulfill your demands.*(c.) = something that is demanded माँग **2** *There is great demand for Sri Lankan tea all over the world.*(u.) = desire on the part of a group of people for something की माँग होना **demanding** adj. *My new job is very demanding.* = requiring a lot of attention and effort यथेष्ट ध्यान तथा प्रयास की अपेक्षा रखने वाला

to be in demand *During festivals, sweets are greatly in demand.* = to be wanted by many people की बहुत माँग होना **to make demands on** *I think you should try and work by yourself and not make such demands on my time.* = to expect or use a great deal of something e.g. time किसी का समय लेना

de•mar•cate /'di:mɑ:keɪt/ /'डीमाऽकेइट/ verb, t. *The boundary between the two countries is clearly demarcated.* = to mark the limits of something [LAW] सीमांकित करना [कानून]

demi- prefix meaning 'half' or 'partly' e.g. **a demi-god** अर्द्ध-के अर्थ का बोधक उपसर्ग

de•mise /dɪ'maɪz/ /डि'माइज़/ noun, u. *He became the chairperson of the company on the demise of his father.* = death (formal) [LAW] निधन, इंतकाल (औपचारिक) [कानून]

de•mo•bi•lize (demobilise) /di:'məʊbɪlaɪz/ /डी'मउबिलाइज़/ verb, t. = to send soldiers home after the end of a war (opposite **mobilize**) सैन्य विघटन करना (विलोम शब्द **mobilize**)

de•moc•ra•cy /dɪ'mɒkrəsi/ /डि'मॉक्रसी/ noun, u. or c. (**democracies**) **1** (u.) = the system of having an elected government लोकतंत्र **2** *India is the world's largest democracy.*(c.) = a country which has an elected government गणराज्य, प्रजातंत्रात्मक राज्य

dem•o•crat•ic /demə'krætɪk/ /डेम'क्रैटिक/ adj. **1** *a democratic government* = based on a system of democracy प्रजातांत्रिक **2** *a democratic workplace* = having or supporting equal rights and the same rules/ standards for all persons प्रजातंत्रमूलक

de•mog•ra•phy /dɪ'mɒɡrəfi/ /डि'मॉग्रफ़ी/ noun = the study of changes (births, deaths etc) in a human population जनसांख्यिकी, जन्म-मृत्यु के आँकड़ों का विश्लेषण **demographic** /demə'ɡræfɪk/ /डेम'ग्रै.फक/ adj.= connected with the study of population जनसांख्यिकीय, जन्म-मृत्यु के आँकड़ों से संबद्ध

de•mo•lish /dɪ'mɒlɪʃ/ /डि'मॉलिश/ verb, t. *Builders will demolish the old market and build a new block of apartments here.* = to pull down भूमिसात करना, ढाहना, गिरा देना

de•mon /'di:mən/ /'डीमन/ noun, c. = an evil,

supernatural being or a cruel person शैतान, क्रूर व्यक्ति

dem•on•strate /'demənstreɪt/ /'डेमनस्ट्रेइट/ verb, t. or i. **1** *The engineer demonstrated the use of the tractor to the farmers.*(t.)= to show how something is done (किसी वस्तु की कार्यविधि को) सप्रयोग समझाना **2** *We are going to take out a procession to demonstrate against the new tax laws.*(i.) = to make a public show of a strong feeling or opinion विरोध में सार्वजनिक प्रदर्शन करना, रैली निकालना **demonstration** /demən'streɪʃən/ /डेमन्'स्ट्रेइश्न्/ noun, u. or c. **1** *He gave us a demonstration of how the pump works.* = an example of showing how something is done **2** *About 10,000 people took part in the demonstration.* = a public expression of strong feeling जनता की किसी बलवती भावना के प्रकटीकरण के लिए सार्वजनिक प्रदर्शन रैली

de•mor•al•ize (demoralise) /dɪ'mɒrəlaɪz/ /डि'मॉरलाइज़/ verb, t. *The defeat by the Sri Lankan team has demoralized the Indian cricket players.* = to make someone lose courage and confidence मनोबल गिराना

de•mote /dɪ'məʊt/ /डि'मउट/ verb, t. *The Manager has been demoted to the rank of Assistant Manager.* = to lower someone in rank or position (opposite **promote**) पदावनत करना, पद घटाना (विलोम शब्द **promote**)

den /den/ noun, c. **1** *the tiger's den* = the home of a wild animal माँद **2** *a den of thieves* = a place where secret, illegal activity goes on अड्डा **3** *My brother is in his den.* = a small, comfortable room in a house where one can be alone (slang) अध्ययन-कक्ष, 'स्टडी' (अपभाषा)

de•ni•al /dɪ'naɪəl/ /डि'नाइअल/ noun, u. or c. **1** *the denial of the report* = the act of saying that something is not true (informal) (see **deny**) खंडन, नकार (अनौपचारिक)(देखें **deny**) **2** *We are upset by the government's denial of permission to set up a new factory.* = the act of refusing to give something अस्वीकृति, इनकार

den•im /'denɪm/ /'डेनिम/ noun, u. = strong and thick cotton cloth used for making jeans, jackets etc. (see **blue-jeans**) (जीन्स, जैकेट के लिए) मोटा मज़बूत सूती कपड़ा (देखें **blue-jeans**)

de•nom•i•na•tor /dɪ'nɒmineitə^r/ /डि'नॉमिनेइट^र/ noun, c. *In the fraction 3/5, 5 is the denominator.* = the number by which a whole is divided into parts [MATHEMATICS] भाजनसंख्या, लघुत्तम [गणित]

de•note /dɪ'nəʊt/ /डि'नउट/ verb, t. *The word 'teacher' denotes someone who helps us to learn.* = to carry a certain meaning वस्तुवाची होना, जताना, का अर्थ रखना **denotation** /di:nəʊ'teɪʃən/ /डीनउ'टेइश्न्/ noun, u. = the meaning actually carried by a word, rather than the ideas that are suggested by it [TECHNICAL] (see **connotation**) वस्तुवाचकता, अभिधान, वाच्यार्थ, सतही मतलब [तकनीकी] (देखें **connotation**)

de•nounce /dɪ'naʊns/ /डि'नाउन्स/ verb, t. *The newspapers denounced the government's plan to cut down trees in order to build a new road.* = to express strong opposition to something भर्त्सना करना, तीव्र निंदा करना **denunciation** noun, u. = the action of denouncing something or someone भर्त्सना, निंदा

dense /dens/ /डेन्स/ adj. **1** *Traffic on the roads is very dense in the morning.* = many things crowded closely together ठसाठस **2** *Why are you acting so dense? What I am saying is very easy to understand.* = not intelligent; stupid (informal) बुद्धू, मंदबुद्धि, घोंचू (अनौपचारिक)

dent[1] /dent/ /डेण्ट/ noun, c. **1** *There is a dent in my car where it was hit by a scooter.* = a hollow place in a metal surface, damaged after being hit with force, but not broken धक्के या दबाव से पिचकने का निशान, पिचक **2** *I tried hard to persuade him to save, but didn't make a dent on him.* = an impression made as a result of persuasion etc. to make a person do something (informal) सम्मत करने/समझाने/स्वीकार कराने का असर भेजे में धँसाने का असर (अनौपचारिक)

dent[2] verb, t. *The car was badly dented in the accident.* = to make a dent पिचकाना

den•tal /'dentəl/ /'डेण्ट्ल/ adj. *Don't neglect your dental health. Look after your teeth.* = connected with the teeth दाँत संबंधी **dentist** noun, c. = a doctor who looks after teeth दंतचिकित्सक **dentures** noun (used in plural form only) = false teeth बनावटी दाँत, बत्तीसी

de•nude /dɪ'nju:d/ /डि'न्यूड/ verb, t. *The cyclone has uprooted millions of trees. The whole area is denuded of trees.*= to take away the natural covering of something and leave it bare (formal) विरहित करना, निरावृत्त करना (औपचारिक)

de•ny /dɪ'naɪ/ /डि'नाइ/ verb, t. **1** *We were told that Robert had chicken pox but Robert denies this.* = to refuse to accept something, usually something unpleasant, as true न मानना, सचाई नकारना, नहीं कबूल करना **2** *They denied him permission to enter the country though he applied many times.* = to refuse to give or allow से वंचित करना, (देने से)इनकार करना

de•o•do•rant /di:'əʊdərənt/ /डी'अउड्रण्ट/ noun, c.

= something that is used on the body to prevent unpleasant body smells दुर्गंधहर

de•part /dɪˈpɑːt/ /डिˈपाऽर्ट/ verb, i. *The train to Chennai will arrive at 8.15 and depart at 8.35.* = to leave a place (formal) प्रस्थान करना, छूटना (औपचारिक) **departure** noun, u. or c. **1** = the act of departing (leaving a place) प्रस्थान, विदा, कूच **2** *The meeting will take place on a Sunday. This is a departure from the usual practice*(n.) = done differently from what is usual or has happened before प्रत्यंतर, कार्य की नई प्रवृत्ति, नया मोड़, लीक से अलग

de•part•ment /dɪˈpɑːtmənt/ /डिˈपाऽटमण्ट/ noun, c. **1** *the Department of Biology* = a division or branch of a government, business, university etc. which deals with a particular activity or subject विभाग, महकमा **2** *I will organise the event, but the tickets are your department.* = an activity that is the special responsibility of a person (informal) जिम्मेदारी (का दायरा) (अनौपचारिक)

de•pend /dɪˈpend/ /डिˈपेण्ड/ verb, i. **1** *If Arun says he will help you, he will keep his word. You can depend on him.* = to have trust or confidence in someone पर भरोसा करना, निर्भर होना **2** *This school gets no help from the government. It depends entirely on the fees received from the students.* = to be supported by पर आश्रित होना **3** *Whether you do well in the exam or not will depend on the effort you put in.* = to be decided by से निश्चित या निर्धारित होना **dependant** noun, c. *Until he finds a job, he is a dependant. // The widow has two dependants whom she has to support.* = a person who depends on someone else for everything he/she needs अनुजीवी, आश्रयी **dependable** adj. *She'll do the job well. She's very dependable.* = someone or something which one can trust or depend on विश्वसनीय, भरोसेमंद

it/that depends *'Are you leaving tonight or tomorrow?' 'That depends.'* = a way of replying to someone that something depends on something else (informal) पर निर्भर करता है (अनौपचारिक)

dependent /dɪˈpendənt/ /डिˈपेण्डण्ट/ adj. *The patient has breathing problems and is dependent on a supply of oxygen.* = needing the support of someone or something पर 'चलना'

de•pict /dɪˈpɪkt/ /डिˈपिक्ट/ verb, t. *This painting depicts an urban scene in India 150 years ago.* = to show; to represent (formal) चित्रण करना (औपचारिक)

de•plete /dɪˈpliːt/ /डिˈप्लीट/ verb, t. *As we continue to use great amounts of energy, the earth's coal reserves are getting depleted every day.* = to make something less (formal) नि:शेष करना, खाली करना, घटाना (औपचारिक)

de•plore /dɪˈplɔːʳ/ /डिˈप्लॉऽर/ verb, t. *When the Indian team lost the match, the crowd started throwing plastic bottles at the players. I deplore such behaviour.* = to express strong dislike or disapproval धिक्कारना

de•ploy /dɪˈplɔɪ/ /डिˈप्लॉइ/ verb, t. **1** = to put soldiers in position, ready to fight सैनिकों को युद्ध के लिए तैनात करना **2** *deploy our resources* = to use something in order to get results [TECHNICAL] कुछ प्राप्त करने के लिए किसी चीज़ का उपयोग करना [तकनीकी]

de•port /dɪˈpɔːt/ /डिˈपॉऽट/ verb, t. *Some foreigners who were smuggling drugs into the country have been arrested. They will be deported.* = to send someone, usually a foreigner, out of the country for breaking the law or not having the legal right to be there [LAW] निष्कासित करना, देश-निकाला देना [कानून] **deportation** /depəˈteɪʃən/ /डेपˈटेइश्न/ noun, u. = the act of sending someone out of the country [LAW] निर्वासन, निष्कासन, देशनिकाला [कानून]

de•pose /dɪˈpəʊz/ /डिˈपउज़/ verb, i. *The revolutionaries deposed the dictator.* = to remove a ruler from power [TECHNICAL] गद्दी से उतारना [तकनीकी]

de•pos•it[1] /dɪˈpɒzɪt/ /डिˈपॉज़िट/ verb, t. **1** *I want to deposit this money in my bank account.* = to put money in a bank जमा करना **2** *Each year the river gets flooded and deposits a lot of mud on the fields.* = to leave behind (बालू-मिट्टी की परत) छोड़ जाना **3** *Please deposit your books at the counter before you enter the library* = to put something down at a stated place (formal) निर्धारित स्थान पर रखना, पर जमा करना (औपचारिक)

deposit[2] noun, c. **1** *What is the amount of the deposit you have made?* = money paid into a bank बैंक में जमा की हुई धन-राशि **2** *There is a deposit of some white substance at the bottom of this bottle of juice.* = solid matter that sinks to the bottom of a liquid तलछट में जमाव **3** *You can take away six bottles of the drink, but you will have to pay a deposit of Rs 5 for each bottle which will be refunded when you return the empty bottles.* = money paid as a part of the price at the time of buying or renting something, which can be returned to the buyer later खरीद-बिक्री के वक्त क़ीमत के एक हिस्से की पेशगी या किश्त, धरोहर

dep•ot /depəʊ/ /ˈडेपउ/ noun, c. **1** = a place where things are stored; a warehouse or godown गोदाम **2** *a bus depot* = a place where buses are parked and repaired पड़ाव, बस डिपो

de•pre•ci•ate /dɪˈpriːʃieɪt/ /डिˈप्रीशिएइट/ verb, i. *Earlier, one American dollar was equal to Rs 42 but now it is worth much more. The rupee has depreciated quite a lot.* = to lose value (opposite **appreciate**) मूल्य कम होना, भाव गिरना

(विलोम शब्द **appreciate**) **depreciation** noun, u. = the process by which something which has value e.g. a building or a car, loses some of this value because it gets old or because of market conditions अवमूल्यन

de•press /dɪ'pres/ /डि'प्रेस/verb, t. **1** *His friend's failure in the exam has depressed him.* = to make someone unhappy खिन्नचित्त करना, म्लान करना **2** *The telecom strike has depressed business activity.* = to make something less active मंदा करना **3** *Please depress this lever to flush the toilet.* = to press down (formal) दबाना, झुकाना (औपचारिक) **depressed** adj. *She was depressed about moving to another city but soon cheered up.* = very unhappy खिन्न, विषण्ण

depressing adj. *We found the film very depressing and felt sad for a long time.* = saddening, with a sense of little hope निराशाजनक, अवसादी **depression** noun, u. **1** = a condition in which one feels depressed अवसाद, ग्लानि, उदासी **2** *The water from the rains had collected in the depression on the road.* = a point in a road, etc. where the level is lower before it levels up again गर्त्त, गड्ढा, धसकन **3** *The depression during times of war results in a lot of hardship.* = a period in which business activity is low व्यापार या बाज़ार में मंदी का समय **4** *a depression over the Bay of Bengal* = a weather condition caused by low atmospheric pressure which may result in rain etc. [GEOGRAPHY] हवा के दबाव में ह्रास जिससे वर्षा हो सकती है [भूगोल]

de•prive /dɪ'praɪv/ /डि'प्राइव/ verb, t. *The breakdown in the power supply forced us to close the cinema and deprived us of our only means of entertainment.* = to take away something which one needs or has a right to से वंचित करना

depth /depθ/ /डेप्थ/ noun, u. or c. (see **deep**) (देखें **deep**) **1** *The depth of the river is six metres.* = the distance from the surface or top to the bottom (see pic under **dimension**) गहराई (**dimension** के अंतर्गत चित्र देखें) **2** *The depth of feeling in this poem is remarkable.*= the extent (of feeling, knowledge etc.) (विचार, भाव की) गहनता

in-depth *We have made an in-depth study of this problem.* = going deeply into some question; thorough study सम्यक् (अध्ययन), गहन (मंथन) **to be out of one's depth** *Ten minutes into the discussion on nuclear physics, I realised that I was out of my depth.* = to be unable to understand something because one does not know enough about it पहुँच के बाहर, समझने में असमर्थ

dep•u•ta•tion /depjʊ'teɪʃən/ /डेप्यु'टेइशन्/ noun, c. or u. *A deputation from the employees' union will meet the manager.* = a small group of people who are asked by a larger group to represent them at a meeting etc.; a delegation प्रतिनिधि-मंडल

depute /dɪ'pjuːt/ /डि'प्यूट/ verb, t. *As the principal was busy, she deputed one of the teachers to attend the meeting.* = to appoint someone to do something in place of oneself को प्रतिनियुक्त करना, के सुपुर्द करना, स्थानापन्न को अपना अधिकार सौंपना

deputy /'depjʊti/ /'डेप्युटी/ noun, c. (**deputies**) *I am attending this meeting as the Manager's deputy.* = a person who is deputed by someone to take his/her place and is next in rank to that person सहायक, सहकारी, नायब, डिप्टी

de•rail /diː'reɪl/ /डी'रेइल/ verb, t. *The train was derailed when it hit a bus at a railway crossing.* = to cause a train to run off the track [TECHNICAL] पटरी से उतार देना [तकनीकी]

de•ranged /dɪ'reɪndʒd/ /डि'रेइन्ज्ड/ adj. *a mentally deranged person* = completely unbalanced in mind (formal) विक्षिप्त, सरफिरा (औपचारिक)

der•e•lict /'derɪlɪkt/ /'डेरिलिक्ट/ adj. *a derelict building/ship* = badly broken down and no longer in use अप्रयुक्त, उपेक्षित, परित्यक्त, बेकार

de•ride /dɪ'raɪd/ /डि'राइड/ verb, t. *You may not like her poetry, but you don't have to deride it.* = to make fun of; to ridicule उपहास करना

de•rive /dɪ'raɪv/ /डि'राइव/ verb, t. **1** *He derives most of his income from land.* = to get something from some source; to obtain व्युत्पत्ति के रूप में प्राप्त करना **2** *This word is derived from Sanskrit.* = to come from something; to have as its origin (starting point) (formal) से व्युत्पन्न होना (औपचारिक) **derivative** /dɪ'rɪvətɪv/ /डि'रिवटिव/ noun, c. or adj. **1** *The word 'incomparable' is a derivative of the word 'compare'.*(noun, c.) = something which is developed from something else [TECHNICAL] व्युत्पनन [तकनीकी] **2** *His writing is derivative. He gets all his ideas from other writers.*(adj.) = not original; taken from other sources (derogatory) अमौलिक, अनुकृत, उद्धृत (अनादरपूर्ण) **derivation** [MATHEMATICS, SCIENCE]

de•rog•a•to•ry /dɪ'rɒgətəri/ /डि'रॉगट्री/ adj. *The actor is angry because the magazine published a derogatory article about him.* = showing total lack of respect अपमानजनक, मानहानिकारक, साख गिरानेवाला

de•scend /dɪ'send/ /डि'सेण्ड/ verb, t. or i. *The Ganga descends from the Himalayas to the plains below.* = to come down from a higher to a lower level (opposite **ascend**) अवतरित होना, ढलान से (नीचे) उतरना (विलोम शब्द **ascend**) **descendant** /dɪ'sendənt/ /डि'सेण्डण्ट/ noun, u. *The Maharaja of Jaipur is said to be a descendant of Maharana Pratap.* = one who belongs to the same family as somebody who lived a long time ago (a grandson, great-grandson etc.) [HISTORY] वंशज [इतिहास]

de•scribe /dɪ'skraɪb/ /डि'स्क्राइब/ verb, t. *The police inspector asked me to describe the man who had attacked me.* = to tell what someone or something is like पहचान बतलाना, हुलिया देना या बतलाना **description** /diskrɪʃən/ /डि'स्क्रिपशन/ noun, u. or c. *Here is a description of the person who will meet you at the railway station. She is tall, has long hair and wears glasses.*(c.) = something we write or say that describes someone or something विवरण, पहचान, हुलिया

des•e•crate /'desɪkreɪt/ /'डेसिक्रेइट/ verb, t. *He doesn't want to descrate the church by using it for a political meeting.* = to misuse something which is holy (पवित्र स्थान या वस्तु को) दूषित करना, अपवित्र करना, कलंकित करना

des•ert[1] /'dezət/ /'डेज़ट/ noun, c. = a large area of sand which is bare because of low rainfall, and where there is very little vegetation मरुस्थल, रेगिस्तान

de•sert[2] /dɪ'zɜːt/ /डि'ज़ऽट/ verb, t. or i. **1** *Most people think he has deserted his family, but he has gone to the city only to look for a better job.*(t.) = to leave someone or something for whom (or which) one is responsible, usually for ever (का)परित्याग करना, (को)तजना, (को)छोड़कर भाग जाना, (का)साथ त्याग देना **2** *Minutes before the debate my confidence deserted me.*(t.) = to leave at a difficult time कठिनाई के समय साथ छोड़ देना **3** = to leave the army without permission [सेना] अनुमति के बिना सेवा से फ़रार हो जाना **deserter** noun, c. = a person who runs away without permission after joining the army [TECHNICAL] भगोड़ा, फ़रारी [तकनीकी]

de•serve /dɪ'zɜːv/ /डि'ज़ऽव/ verb, t. *He earns about Rs 2,000 a month, but he deserves much more.* = to be worthy of receiving का पात्र होना, की प्राप्ति के उपयुक्त होना

des•ic•cate /'desɪkeɪt/ /'डेसिकेइट/ verb, t. = to make something dry [TECHNICAL] सुखाना [तकनीकी]

de•sign[1] /dɪ'zaɪn/ /डि'ज़ाइन/ verb, t. *I have asked an architect to design a house for me. // He designed a wonderful cover for the book.* = to plan something that is to be made or built रूपरेखा/खाका/नक्शा बनाना

design[2] noun, c. or u. **1** *Let me show you the design for the new building.*(c.) = the plan or drawings for something that is to be built परिरूप, योजना-विन्यास, नमूना, साँचा, ढाँचा, रूपरेखा, खाका, नक्शा **2** *The carpet has a floral design*(u.) = a decorative pattern कलाकारी **designs** noun (always plural) *I trusted them until I realised they had designs on my money.* = plans which have an evil purpose (disapproving) दुर्भाव, मंसूबा (अस्वीकृत)

des•ig•nate[1] /'dezɪgneɪt/ /'डेज़िग्नेइट/ verb, t. *She has been designated president of the club.* = to choose or name someone for a particular position मनोनीत करना, नामज़द करना

designate[2] noun *the president designate* = a person who has been chosen or named to take up a certain position but has not yet taken it up पदनामित **designation** /dezɪg'neɪʃən/ /डेज़िग्'नेइश्न/ noun, u. or c. *My designation at the office is Director of Planning.* = title पदनाम, पदवी, ओहदा

de•sire[1] /dɪ'zaɪəʳ/ /डि'ज़ायर/ verb, t. **1** *She desires that you meet her this evening.* = to want or wish (formal, old-fashioned) चाहना, इच्छा करना (औपचारिक, पुराने प्रचलन का) **2** = to be eager to have sexual relations with किसी के प्रति कामासक्त होना

desire[2] noun, c. or u. **1** *I hope that every desire of yours will be fulfilled.*(c.) = wish इच्छा, ख्वाहिश **2** = a powerful wish to have sex with someone अदम्य कामेच्छा **desirable** adj. *a highly desirable quality* = looked for when judging someone's skills etc. वांछित या अभीष्ट (गुण) **desired** adj. *the desired aim* = something that was wished for or wanted वांछनीय, अभीष्ट

to leave a lot to be desired *His behaviour at work leaves a lot to be desired.* = not to have some important quality or skill (derogatory) अधकचरा/अनाड़ी/कच्चा/रंगरूट होना (अनादरपूर्ण)

de•sist /dɪ'zɪst/ /डि'ज़िस्ट/ verb, i. *He asked his friend to desist from spending so much money on clothes.* = to stop doing something (formal) कोई काम करने से अपने को रोकना, से हाथ खींचना, से बाज़ आना (औपचारिक)

desk /desk/ /डेस्क/ noun, c. = a table at which one reads or writes **desktop (computer)** noun = a small computer meant for use in the home or office लिखने-पढ़ने के लिए छोटी ढलुआँ मेज़ **desktop publishing (DTP)** = printing and publishing books, magazines etc. with the use of a desktop computer and a printer छोटे कंप्यूटर और प्रिंटर से किताबें, पत्रिकाएँ छापना

des•o•late /'desələt/ /'डेसलट/ adj. *She has built her house in a desolate place where no one ever goes.* = lonely and producing a feeling of sadness (literary) निर्जन, वीरान, उजाड़ (साहित्यिक)

de•spair[1] /dɪ'speəʳ/ /डि'स्पेअर/ verb, i. *You may have failed in the examination but you should not despair. I am sure you will do better next time.* = to give up hope हताश होना

despair[2] noun, u. *We were filled with despair when our house was destroyed in the fire.* = a feeling of losing all hope नाउम्मीदी **desperate** /'despərɪt/ /'डेस्परिट/ adj. **1** *The woman is in a desperate situation as she has no money and no one to help her.* = hopeless नाउम्मीद, 'मरता क्या

नहीं करता' की स्थिति **2** *She is desperate for work.* = ready to do anything to change the situation one is in कुछ भी कर गुज़रने को तैयार **3** *The prisoners made a desperate attempt to escape.* = full of risk and done as a last attempt, because of a loss of hope निरुपाय, अविकल्प, 'अब दूसरा कोई चारा नहीं' की स्थिति

de•spise /dɪˈspaɪz/ /डि'स्पाइज़/ verb, t. *I despise people who tell lies.* = to have an extremely low opinion of someone तुच्छ समझना

de•spite /dɪˈspaɪt/ /डि'स्पाइट/ prep. *He came to the meeting despite the rain.* = in spite of के बावजूद

de•spon•dent /dɪˈspɒndənt/ /डि'स्पॉण्डण्ट/ adj. *He has not written the examination because he is despondent about passing.* = completely without hope for the future; expecting little improvement अवसन्न, विषण्ण, निराकार, बेज़ार

des•pot /ˈdespɒt/ /'डेस्पॉट/ noun, c. *Our captain never listens to anyone and does whatever he likes. He is quite a despot.* = a person who has total control and uses it unjustly (disapproving) निरंकुश शासक, तानाशाह (अस्वीकृत)

des•sert /dɪˈzɜːt/ /डि'ज़ऽट/ noun, u. or c. = something sweet which is served after a meal भोजनोपरांत लिया जाने वाला फलमिष्टान्न

des•ti•na•tion /destɪˈneɪʃən/ /डेस्टि'नेइश्न/ noun, u. or c. *The train has reached its destination.* = the place to which one is going or something is sent गंतव्य, स्थान, मंज़िल, ठिकाना

des•ti•ny /ˈdestɪni/ /'डेस्टिनी/ noun, u. or c. *Nothing can stop me from becoming a great leader. This is my destiny.* = one's fate or what one is born to do or become in life नियति

des•ti•tute /ˈdestɪtjuːt/ /'डेस्टिट्यूट/ adj. *Many people lost their homes in the cyclone and have become destitute.* = without food, clothing, shelter etc. or the money to buy them अकिंचन, निराश्रय, साधनहीन

de•stroy /dɪˈstrɔɪ/ /डि'स्ट्रॉइ/ verb, t. *The fire has destroyed the building.* = to damage something so badly that it cannot be repaired ध्वस्त करना, नष्ट करना, धूल में मिला देना **destroyer** noun, c. = a small and fast warship

destruction /dɪˈstrʌkʃən/ /डि'स्ट्रॅक्श्न/ noun, u. = the act of destroying विनाश, संहार **destructive** adj. = something or someone that causes destruction विनाशकारी, संहारक

des•ul•to•ry /ˈdezəltəri/ /'डेज़ल्ट्री/ adj. *We were sitting idly, having a desultory conversation.* = aimless; without a plan निरुद्देश्य, इधर-उधर की (बात)

de•tach /dɪˈtætʃ/ /डि'टैच/ verb, t. *The boy is unhappy because he has been detached from his friends.* = to separate someone or something from a larger group/thing से अलग कर देना **detachment** noun, u. *His detachment has helped him get over his sorrow.* = the quality of being able to keep one's feelings separated from the situation one is in तटस्थता, विराग, निर्लिप्तता

de•tail[1] /ˈdiːteɪl/ /'डीटेइल/ noun, c. *Tell me everything that happened at the meeting. I want all the details.* = the extra and small points or facts and not just the main things सूक्ष्मतम विवरण, पूरा ब्यौरा

detail[2] verb, t. *He detailed the plans which had been made for the picnic.* = to give the details of something का सविस्तर विवरण देना

de•tain /dɪˈteɪn/ /डि'टेइन/ verb, t. **1** *The teacher detained the student after class because he had not done his homework.* = to prevent someone from leaving रोककर रखना, बिठाए रखना **2** *I am sorry to be late. I was detained by the heavy traffic.* = to delay (के कारण) विलंबित होना **detention** noun, c. = the act of detaining someone, specially a student after school as a punishment सज़ा के तौर पर रोके या बिठाए रखना

de•tect /dɪˈtekt/ /डि'टेक्ट/ verb, t. *The police detected some fingerprints on the door-handle which may reveal the identity of the burglar.* = to find or discover something through careful observation सावधानी से (निरीक्षण करते हुए) टोह लेना, सुराग लगाना **detective** noun, c. = a person whose job it is to search for information that will help the police to catch a criminal गुप्तचर, भेदिया, खुफ़िया, जासूस

de•ter /dɪˈtɜːʳ/ /डि'टऽ^र/ verb, t. (**deterred**) *The fear of injury deters me from taking part in active sports.* = to stop someone from doing something through fear, punishment etc. (formal) किसी (सज़ा के) भय से किसी कार्य विशेष से निवृत्त या विमुख करना (औपचारिक)

de•ter•gent /dɪˈtɜːdʒənt/ /डि'टऽजण्ट/ noun, c. = a soapless chemical substance that cleans clothes, floors etc. प्रक्षालक, साफ़ करनेवाला

de•te•ri•o•rate /dɪˈtɪəriəreɪt/ /डि'टिअरिएइट/ verb, i. *Rahim's health is deteriorating because of long hours of work in the sun.* = to become worse का क्षय होना या बदतर होते जाना

de•ter•mi•na•tion /dɪtɜːmɪˈneɪʃən/ /डिटऽमि'नेइश्न/ noun, u. = the ability to decide and act firmly according to one's decision निर्णय पर अटल रह जाने की क्षमता

determine /dɪˈtɜːmɪn/ /डि'टऽमिन/ verb, t. **1** *I am determined to complete the trek to Annapurna.* = to make up one's mind to do something कुछ करने को ठान लेना **2** *Let us determine how much plastic waste is dumped in the city every day.* = to find out accurately सही निर्धारण करना **3** *The patient's age will determine the kind of treatment the doctors give her.* = to control or influence से निर्धारित या प्रभावित रहना **determined** adj. *Anu is such a determined person that she is* *bound to succeed in her efforts.* = strongly focused on what one wants to do दृढ़संकल्प, आनवाला, टेकवाला

de•ter•rent /dɪˈterənt/ /डिˈटेरण्ट/ noun, c. = something that deters (stops one from doing something) निवारक, प्रतिरोधक **deterrent punishment** noun = heavy punishment given to someone to discourage others from doing something wrong [LAW] अवरोधक दंड [कानून] **deterrence** noun, u. निवारण, अवरोध, रोक

de•test /dɪˈtest/ /डिˈटेस्ट/ verb, t. *I detest having to make polite conversation.* = to dislike strongly बिलकुल नापसंद करना

de•throne /dɪˈθrəʊn/ /डिˈथ्रउन/ verb, t. = to remove someone (a king or a queen) from power [HISTORY] राजगद्दी से उतार देना [इतिहास]

det•o•nate /ˈdetəneɪt/ /ˈडेटनेइट/ verb, t. *They detonated a mine to blow up the bridge.* = to cause something to explode [TECHNICAL] विस्फोट करना, उड़ा देना [तकनीकी]

de•tour /ˈdi:tʊə/ /ˈडीटुअर/ noun, c. *The road to the airport is very crowded. We will have to make a detour.* = a longer and roundabout journey to reach a place in order to avoid something घूमकर जा सकना

de•tract /dɪˈtrækt/ /डिˈट्रैक्ट/ verb, t. *You have written an excellent essay, but there are many spelling mistakes which detract from the quality of the writing.* = to reduce or lessen the value of something (formal) बट्टा लगाना (औपचारिक)

det•ri•ment /ˈdetrɪmənt/ /ˈडेट्रिमण्ट/ noun, u. *It is not possible to set up a chemical factory near a town without detriment to the health of the people.* = harm or damage (formal) हानि (औपचारिक) **detrimental** /detrɪˈmentəl/ /डेट्रिˈमण्ट्ल/ adj. = able to cause harm हानिकर

dev•a•state /ˈdevəsteɪt/ /ˈडेवस्टेइट/ verb, t. **1** *The storm devastated hundreds of villages.* = to destroy बरबाद कर देना **2** *She was devastated when she lost her job.* = in a poor mental condition as a result of a great shock क्षिप्तचित्त/बेकल/बावला खब्त हो जाना **devastating** adj. = causing great destruction or mental shock आघातक

de•vel•op /dɪˈveləp/ /डिˈवेलप/ verb, t. or i. **1** *The automobile industry is developing rapidly.*(i.)= growing as planned विकसित होना **2** *She has developed into an excellent tennis player over the years.* = to grow into के रूप में उभरना **3** *Education helps children to develop.*(i) = to bring out the best qualities of someone or something विकसित करना **4** *I liked your essay, but you should develop your last point a little more.*(t.) = to think out in detail कुछ और विवरणात्मक बनाना **5** *The photographer has to develop the negatives.*(t.) = to cause pictures to appear on a film [PHOTOGRAPHY] तस्वीर (फ़ोटो) उभारना [फ़ोटोग्राफ़ी] **development** noun, u. or c. **1** *Foreign trade will help a country's economic development*(u.) = the process of developing (growing) अग्रसरण, बढ़ोत्तरी, बढ़ती **2** *What's the latest development in your office?*(c.) = a new event or piece of news खबर, कुछ-नया **3** *There has been very little development in the treatment of some diseases of the eye.* = progress in research which helps solve a problem प्रगति

de•vi•ate /ˈdi:vieɪt/ /ˈडीविएइट/ verb, i. *He goes for a walk at five o' clock every morning and never deviates from this routine.* = to do something which is different from the expected or the normal thing सामान्य या अपेक्षित से हट जाना, लीक से अलग हो जाना, च्युत या स्खलित होना/**deviation** /dɪvɪˈeɪʃən/डिविˈएइशन्/ noun, c. or u. = the act of deviating स्खलन

de•vice /dɪˈvaɪs/ /डिˈवाइस/ noun, c. **1** *My car is fitted with a device which allows me to use the mobile phone while I am driving.* = a machine or instrument which is used for a special purpose यंत्र, जुगत **2** *We planned a device to get him to write the letter.* = a way of achieving a goal which is clever and not straightforward तिकड़म

dev•il /ˈdevəl/ /ˈडेव्ल/ noun, c. = an evil spirit or a wicked person दुष्टात्मा, शैतान

between the devil and the deep sea = facing a choice between two things which are equally unpleasant विकल्पग्रस्त, किंकर्त्तव्य, पसोपेश/साँप-छछूंदर की गति में **to give the devil his/her due** *Though his behaviour on the tennis court is terrible, I must admit that he is a great player. After all, you have to give the devil his due!* = to be fair and just, even to a person who one otherwise cannot praise or admire शत्रु के साथ भी न्याय **Talk of the devil!** = used to express surprise when someone who has just been mentioned arrives unexpectedly (informal) 'लो, नाम लिया कि हाज़िर!' (अनौपचारिक)

de•vi•ous /ˈdi:viəs/ /ˈडीवियस/ adj. *He is such a devious person that you can never know what he is planning.* = clever but dishonest in a hidden way (disapproving) कुटिल, धूर्त, घाघ (अस्वीकृत)

dev•ise /dɪˈvaɪz/ /डिˈवाइज़/ verb, t. *Our scientists have devised a new computer which can talk.* = to build or do something new, using great intelligence or skill आविष्कार करना, सोच निकालना

de•void /dɪˈvɔɪd/ /डिˈवॉइड/ adj. His *speech was dull and devoid of humour.* = without; lacking in a particular quality से रहित या विहीन

de•volve /dɪˈvɑlv/ /डिˈवॉल्व/ verb, t. *While Amar is in hospital, his work will devolve on his deputy.* = to fall on or to pass on to someone else (formal) के जिम्मे पड़ना (औपचारिक)

de•vote /dɪˈvəʊt/ /डिˈवउट/ verb, t. *My mornings are devoted to physical exercise.* = to set apart for some purpose; to give a lot of attention to अपनी शक्ति या अपना समय किसी के लिए समर्पित करना **devoted** adj. *a devoted parent* = very loving and caring in a steady way अनुरक्त **devotee** /devə'ti:/ /डेवटी/ noun, c. **1** = a follower of God or a religious leader भक्त, उपासक **2** *a devotee of detective fiction* = a person who has great love for or interest in something (humourous) शौकीन (हास्यपरक) **devotion** noun, u. = great fondness or love, specially in religious matters धर्मानुराग, निष्ठा, श्रद्धा, भक्तिभाव

de•vour /dɪ'vaʊəʳ/ /डि'वाउअʳ/ verb, t. *When I am hungry I can devour a large meal.* = to eat quickly and in large quantity when one is very hungry (used for emphasis or to create humour) भकोसना (ज़ोर देकर कहने के लिए या हास्य उत्पन्न करने के लिए)

de•vout /dɪ'vaʊt/ /डि'वाउट/ adj. *a devout follower* = very religious and not questioning anything धर्मपरायण, धर्मनिष्ठ

dew /dju:/ /डियू/ noun, u. = small drops of water which collect on grass, leaves etc. during the night ओस

dex•ter•i•ty /dek'sterɪti/ /डेक्'स्टेरिटी/ noun, u. *Our artists, who produce beautiful paintings, have great dexterity.* = skill दक्षता, कौशल **dexterous** /'dekstərəs/ /'डेक्स्ट्रस/ adj. = possessing dexterity दक्ष, निपुण

di•a•be•tes /dɑiə'bi:ti:z/ /डाइअ'बीटीज/ noun = a disease in which the body is unable to control the level of sugar in the blood [MEDICINE] मधुमेह [चिकित्सा] **diabetic** /dɑɪə'betɪk/ /डाइअ'बेटिक/ noun, c. or adj. = someone who suffers from diabetes मधुमेह-रोगी

di•a•bol•i•cal /daɪə'bɑlɪkəl/ /डाइय'बॉलिक्ल/ adj. *a diabolical plan* = very evil and cruel पैशाचिक, दारुण, अत्यंत दुष्टतापूर्ण

di•ag•nose /'daɪəgnəʊz/ /'डायग्नउज़/ verb, t. *The doctors diagnosed his disease as malaria.* = to find out and say what disease someone is suffering from [MEDICINE] रोग का पता लगाना या निदान करना **diagnosis** /daɪəg'nəʊsɪs/ /डायग्'नउसिस/ noun, u. = the act of diagnosing a disease रोग का निदान या निरूपण रोग-मीमांसा

di•ag•o•nal /daɪ'ægənəl/ /डाइ'ऐग्नल/ noun, c. = a line joining the two opposite corners of a four-sided figure [GEOMETRY] चौखुटी आकृति के विपरीत कोणों को मिलाती सीधी रेखा **diagonally** adv. *He walked diagonally across the room.* = from one corner to the opposite corner एक कोने से विपरीत कोने तक

di•a•gram /'daɪəgræm/ /'डाइयग्रैम/ noun, c. = a figure or scientific drawing which explains something e.g. the parts of the ear आरेख, रेखालेख, नक्शा, खाका

dial¹ /daɪəl/ /डाइअल/ noun, c. **1** *the dial of a clock* = the face of an instrument, on which time, temperature, measure etc. are shown घड़ी का पट **2** *the dial of a telephone* = the part of a telephone on which the numbers are shown टेलिफ़ोन का अंकपट

dial² /daɪəl/ /डाइअल/ verb, t. *dial a number* = to push buttons or turn a disc on a telephone to make a phone call (टेलीफ़ोन से बात करने के लिए) नंबर मिलाना या लगाना

di•a•lect /'daɪəlekt/ /'डाइअलेक्ट/ noun, c. = the variety of a language spoken in one part of a country, which is different from other forms of the same language spoken elsewhere in the country [TECHNICAL] जनपद-/वर्ग-विशेष की अपनी बोली, उपभाषा [तकनीकी]

di•a•logue /'daɪəlɒg/ /'डाइअलॉग/ noun, u. or c. **1** *He has written the dialogue for the new film.*(c.) = the talk between the different characters in a book, play or film संभाषण, कथोपकथन, संवाद **2** *India and America have entered into a dialogue.*(u.) = an exchange of ideas and opinions, usually on a political issue विमर्श, वार्त्ता, बातचीत

di•a•me•ter /daɪ'æmɪtəʳ/ /डाइ'ऐमिटʳ/ noun, c. = the straight line joining one point on a circle to another point and passing through the centre of the circle [GEOMETRY] वृत्त के एक छोर से दूसरे छोर तक, केंद्र से गुज़रती रेखा, व्यास [ज्यामिति]

di•a•mond /daɪəmənd/ /डाइअमण्ड/ noun, c. or u. **1** = a very hard and expensive precious stone used in jewellery मणि, हीरा **2** = the shape of a figure with four sides, pointed at the top and bottom विषमकोण चतुर्भुज **3** = a playing card with this figure printed on it [ताश के खेल में] ईंट का पत्ता **diamond jubilee** noun = a day which marks the completion of 60 years after some important event सातवाँ वार्षिक समारोह, हीरक जयंती

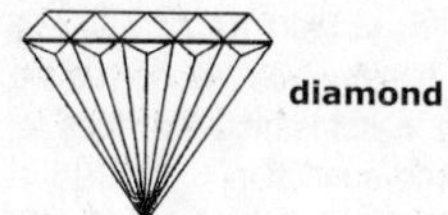

diamond

di•a•phragm /'daɪəfræm/ /'डाइयफ्रैम/ noun, c. **1** = the muscle inside the body that separates the lungs from the stomach and helps one breathe [BIOLOGY] उदर को वक्षस्थल से अलग रखनेवाली पेशी, मध्यपट [जीव विज्ञान] **2** = any piece of thin material inside a machine which stretches tightly across an opening किसी यंत्र के मुहाने पर हल्की-सी लगी कोई झिल्ली

di•ar•rhoe•a /daɪə'rɪə/ /डाइअ'रिअ/ noun, u. = an illness in which waste matter in liquid form passes out of the bowels very frequently [MEDICINE] अतिसार, दस्त

di•a•ry /'daɪəri/ /'डाइअरी/ noun, c. (**diaries**) = a book which has some space for every day of the year, in which one can write about the events that take place on that day दैनिकी, रोज़नामचा

dice[1] /daɪs/ /डाइस/ noun, c. (plural form of **die**) = small six-sided pieces of wood, bone or plastic, on each side of which there are dots to show numbers from one to six, used in playing certain games पाँसा

dice[2] /daɪs/ /डाइस/ verb, t. *Dice the chicken.* = to cut a vegetable or meat into small, square pieces for cooking सब्ज़ी या गोश्त के कतरे काटना

di•chot•o•my /daɪ'kɒtəmi/ /डाइ'कॉटमी/ noun, u. *There is a clear dichotomy in the group on the issue of using nuclear arms.* = a division of something into two opposite parts; opposing views on a subject द्विभाजन

dic•tate /dɪk'teɪt/ /डिक्'टेइट/ verb, t. or i. **1** = to tell or read something aloud so that another person can write it down or record it with the help of a machine बोलकर लिखवाना **2** *Why do you want to dictate how I should run the house?* = to give orders and force someone to obey हुक्म चलाना **dictation** noun, u. or c. **1** = the act of dictating श्रुतिलेखन **2** = something that is read out or spoken for another person to write down or type श्रुतिलेख **dictator** noun = a ruler who has complete power and whom everyone is forced to obey तानाशाह

dic•tion /'dɪkʃən/ /'डिक्श्न्/ noun, u. **1** = the choice of words, specially in poetry शब्द-विन्यास रीति, शब्द चयन **2** = the way in which somebody pronounces words उच्चारण की या बोलने की (अपनी) विशिष्ट शैली

dic•tion•a•ry /'dɪkʃənəri/ /'डिक्शन्री/ noun, c. (**dictionaries**) = a book that contains a list of words in alphabetical order in the same language or in another language, together with their meanings, pronunciation, examples to show their use etc. शब्दकोश

di•dac•tic /daɪ'dæktɪk/ /डाइ'डैक्टिक/ adj. *This is a didactic poem which teaches us the importance of patriotism.* = something that tries to teach or is connected with education उपदेशात्मक

die[1] /daɪ/ /डाई/ verb, i. (**died**) **1** = to stop living मरना, मर जाना, चल बसना **2** *My faith in you will never die.* = (of a feeling) to disappear or stop (भावना) समाप्त या लुप्त हो जाना

die[2] noun, c. **1** *We use dies to make these plastic chairs.* = a piece of metal used to press something into a certain shape धातु का साँचा **2** = one of a pair of dice, used in a game पाँसा

The die has been cast = the decision has been made and cannot be changed निर्णय लिया जा चुका, अब बदला नहीं जा सकता **to die down** = to become less strong कम हो जाना, क्षीण पड़ जाना **to die out** = (of fashions, beliefs etc.) to disappear completely विलुप्त हो जाना, के दिन लद जाना **to die for something** = to have a great desire for something (informal) की उत्कट अभिलाषा रखना, के लिए तरसना (अनौपचारिक) **to be dying to do something** *I'm dying to see my baby cousin.* = to have a great wish to do something (informal) बहुत मन करना, हसरत होना (अनौपचारिक) **to die for** *The ice-cream he makes is to die for.* = very wonderful or good (informal) कमाल का, मज़े का (अनौपचारिक) **to die with one's boots on (to die in harness)** = to die while still active काम करते हुए या कार्यकाल में ही मृत्यु को प्राप्त होना **to die away** *The sound was loud at first, then it died away.* = to become gradually less and come to an end क्षीणतर होते हुए विलुप्त हो जाना

die•sel /'di:zəl/ /'डीज़्ल/ noun, u. = heavy mineral oil that is burnt instead of petrol in car or truck engines खनिज तेल (न कि पेट्रोल) जो इंजिन में जलता है **diesel engine** = a kind of engine used in trucks, buses etc. that burns diesel oil (named after its inventor, Rudolf Diesel) खनिज तेल से (ही) चलनेवाला इंजिन

diet[1] /'daɪət/ /'डाइअट/ noun, u. or c. **1** *You need a balanced diet to stay healthy*(u.) = the food and drink that one takes आहार, खुराक **2** *He has gone on a diet to lose weight.*(c.) = the limited amount of food that one takes when trying to lose weight वजन कम करने के लिए लिया गया पथ्य

diet[2] verb, i. *The doctors have advised him to diet.* = to control one's diet in order to lose weight नियत आहार, मिताहार

di•ffer /'dɪfəʳ/ /'डिफ़र्/ verb, i. **1** *My uncle and aunt differ very much in their nature. One is quiet while the other loves to talk.* = to be unlike भिन्न या असमान होना **2** *We differ in our views on Hindi films.* = to disagree असहमत होना, मतभेद रखना **difference** noun, u . or c. **1** *It is easy to see the difference between the two boys. One is tall while the other is short.* = the quality or qualities that make a person or thing different from another अंतर, फ़र्क, वैशिष्ट्य **2** *A train ticket to Kolkata costs Rs 300 while a bus ticket costs only Rs 180. The difference is quite a lot.* = the amount by which one thing is more or less than another असमानता, फ़र्क **3** *I hear there has been some difference between your professor and you.* = disagreement or quarrel विवाद, मनमुटाव **different** adj. **1** *This is a different shirt from the one you wore this morning.* = not the same दूसरा, भिन्न, वही नहीं **2** *Mohsin and his brother are very different in their looks. One is tall while the other is short.* = not of the same kind भिन्न प्रकार का, अलग किस्म का **3** *I am getting letters from different places.* = separate अलग-अलग

to make no difference **1** *It makes no difference whether you go tonight or tomorrow.* = to not be important गौण होना **2** *I went all the way to be with them, but it didn't* *make any difference to them.* = to not have the effect that was desired (derogatory) कोई फ़र्क नहीं पड़ना, बेअसर होना या रह जाना (अनादरपूर्ण) **to make a difference** *I was feeling very low, and your cheerful telephone call made a great difference.* = a change in one's mood, feelings etc. for the better [प्रिय अर्थ में] अंतर आ जाना

dif•fi•cult /'dɪfɪkəlt/ /'डिफ़िक्ल्ट/ adj. **1** *We expected the test to be easy but it was quite difficult.* = not easy दुःसाध्य, दुष्कर **2** *He is such a difficult person that no one wants to work with him.* = hard to deal with; not easily made happy मुश्किल से प्रसन्न हो पानेवाला, टेढ़ा, टेंटिया **3** *I am going through a difficult time.* = full of problems विषम, विकट **difficulty** noun, u. or c. (**difficulties**) **1** *She walks with difficulty.*(u.) = great effort; not easily बड़ी मुश्किल से, बहुत ज़ोर या दम लगाकर **2** *She has financial difficulties.*(c.) = trouble or problem कठिन समस्या, कठिनाई, दिक्कत

dif•fi•dent /'dɪfɪdənt/ /'डिफ़िड्ण्ट/ adj. *He feels diffident about speaking to a large audience.* = lacking confidence in one's ability आत्मविश्वासरहित, संकल्पहीन

dif•fuse /dɪ'fju:z/ /डि'फ़्यूज़/ verb, i. or t. *The lovely smell of roses diffused the room.* = to spread out in all directions विकीर्ण करना, बिखेरना, व्याप्त करना **diffusion** noun, u.= the process of spreading gradually विसरण, व्यापन

dig[1] /dɪg/ /डिग/ verb, t. or i. (**dug**) *We have to dig a hole to plant this tree.*(t.) = to make a hole in the ground खोदना, गड्ढा करना

dig[2] noun, c. *The remark that Hari made was a dig at me.* = something said to make fun of someone उपहास, खिल्ली, चोट

to dig one's own grave = to cause serious trouble for oneself मुसीबत मोल लेना **to dig in** = to help oneself to food; to start eating (informal) भोजन शुरू कर देना, शुरू हो जाना (अनौपचारिक) **to dig one's heels in** = to refuse to change one's mind अड़ियल या दुराग्रही होना **to dig something out** = **1** to find something by searching (informal) कुछ ढूँढ़ निकालना, खोज लेना, सूँघ लेना (अनौपचारिक) **2** to get information from someone who is unwilling to give that piece of information (informal) भयदोहन करना, ऐंठना (अनौपचारिक)

di•gest[1] /daɪ'dʒest/ /डाइ'जेस्ट/ verb, t. **1** *I can't digest rich food.*= to cause food to be changed into a form which the body can use पचाना **2** *The lecture was interesting. But it was too much to digest all at once.* = to understand thoroughly (figurative) आत्मसात कर पाना (लाक्षणिक)

digest[2] noun, c. *He has made a digest of all the reports on this case.* = summary or abstract सार-संक्षेप

di•git /'dɪdʒɪt/ /'डिजिट/ noun, c. *Telephone numbers in most cities have seven or eight digits.* = a number from 0 to 9 (1 से 9 तक का) एक अंक

digital adj. **1** *a digital watch* = showing quantities in the form of numbers and not points on a scale (opposite **analogue**) [TECHNICAL] अंकों द्वारा व्यक्त होने वाला, अंकवाची (विलोम शब्द **analogue**) [तकनीकी] **2** *a digital compact disc // a digital recording* = an electronic system that uses 0 and 1 to store sound or information विद्युत्-प्रवाह नियंत्रक प्रणाली जो ध्वनि या प्राप्त ब्यौरे को संरक्षित करने के लिए 1 तथा 0 का प्रयोग करती है

dig•ni•ty /'dɪgnɪti/ /'डिग्निटी/ noun, u. **1** *She was feeling angry, but behaved with great dignity.* = a calm and serious manner which wins respect शांत-गंभीर आचरण **2** *Everyone came to the meeting in formal wear, in keeping with the dignity of the occasion.* = seriousness and importance मान-मर्यादा, गरिमा **dignitary** /'dɪgnɪtəri/ /'डिग्निट्री/ noun, c. (**dignitaries**) = a person in a high position (उच्चपदस्थ) प्रतिष्ठित व्यक्ति

to be beneath/below one's dignity *I did not reply to the insulting remark because it was beneath my dignity.* = not in keeping with one's self-respect अपना मानभंग या अपनी हेठी समझना

di•gress /daɪ'gres/ /डाइ'ग्रेस/ verb, i. *You were telling us about the cricket match. Don't digress and start talking about your children.* = to move away from a subject भटक जाना **digression** noun, u. or c. *This is a digression from the subject.* = something that is not connected to what is being talked or written about विषयांतर

dike (dyke) /daɪk/ /डाइक/ noun, c. = a wall built to hold back water and prevent floods बाँध

di•lap•i•dat•ed /dɪ'læpɪdeɪtɪd/ /डि'लैपिडेइटिड/ adj. *a dilapidated old house* = broken down and falling to pieces जीर्णशीर्ण

di•late /daɪ'leɪt/ /डाइ'लेइट/ verb, t. *The girl's eyes dilated with fear while she saw the horror movie.* = (of eyes, body organs etc.) to grow larger or wider फैलना

di•lemma /dɪ'lemə/ /डि'लेम/ noun, u. *I was planning to go to the cinema with my friend on Sunday but my teacher has invited me to lunch on the same day. I am in a dilemma as I cannot decide whether I should refuse the invitation or disappoint my friend.* = a delicate situation in which one has to choose between two actions or things विकल्पग्रस्त/ उभयसंकट/ धर्मसंकट/ द्वंद्व/कशमकश/असमंजस/ऊहापोह की स्थिति

di•li•gent /'dɪlɪdʒənt/ /'डिलिज्ण्ट/ adj. *If a student is diligent she can do well in the examination even if it is difficult.* = hardworking (formal) अध्यवसायी, उद्यमशील (औपचारिक)

dil•ly-dal•ly /dɪlɪ'dælɪ/ /डिलि'डैली/ verb, i. *We must be at the station at 8 p.m. to catch the Delhi train. Get ready at once and don't dilly-dally* = to waste time unnecessarily (informal) व्यर्थ विलंब करना, आगापीछा करना (अनौपचारिक)

di•lute /daɪ'lu:t/ /डाइ'लूट/ verb, t. *You have to dilute the milk with water or the baby will not be able to digest it.* = to make a liquid thinner or weaker by mixing it with some other liquid जलमिश्रण से पतला करना, घोलना

dim[1] /dɪm/ /डिम/ adj. **1** *I could not read the paper as the light was too dim.* = not bright (referring to a light) मद्धिम **2** *I saw the dim shape of a building in the distance.* = not clear अस्पष्ट, धुँधला **3** *The chances of our winning are dim.* = not hopeful की कम ही उम्मीद होना **4** *a dim person* = not intelligent (informal, not respectful) मंदमति, कमअक्ल (अनौपचारिक, आदरपूर्ण नहीं)

dim[2] verb, t. *Please dim your lights.* = to make less bright मद्धिम करना

to take a dim view of something = to disapprove निरनुमोदन या नापसंद करना, पर भौं चढ़ाना

di•men•sion /daɪ'menʃən/ /डाइ'मेन्श्न्/ noun, u. or c. **1** *The dimensions of this room are: length 5 metres, breadth 3.5 metres and height 2.5 metres* = measurement of the length, width or height लंबाई, चौड़ाई और ऊँचाई का नाप, आयाम **2** *We must discuss this problem in all its dimensions.* = an aspect (side) of a problem पहलू **dimensional** adj. *a three dimensional photograph* = having or appearing to have the stated number of dimensions (sides) आयामात्मक

dimension

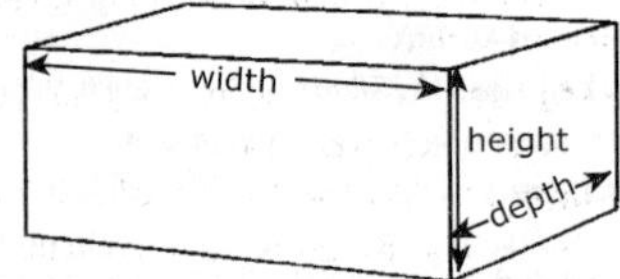

di•min•ish /dɪ'mɪnɪʃ/ /डि'मिनिश/ verb, i. or t. *The singer's popularity has greatly diminished in the last two years. Her cassettes are not selling.* = to become less or reduce कम करना, घटाना

di•min•u•tive /dɪ'mɪnjtɪv/ /डि'मिन्यटिव/ adj. *a diminutive house* = very small (formal) अत्यधिक लघु (औपचारिक)

dim•ple /'dɪmpəl/ /'डिम्प्ल/ noun, c. *the dimples in his cheeks* = the small hollow places formed in the cheeks usually when one smiles गर्त्तिका, गाल पर बनता गड्ढा

din[1] /dɪn/ noun, u. *There was such a din in the room that I couldn't hear a word of the speech.* = continuous loud noise कोलाहल, शोरगुल

din[2] verb, t. *She must pass the examination this time. You will have to din this into her ears.* = to repeat something frequently and in a slightly unpleasant way so as to make someone remember it (informal) (ज़ोर देकर) बार-बार समझाना, नाक में दम करते हुए कहते रहना (अनौपचारिक)

dine /daɪn/ /डाइन/ verb, i. = to eat dinner (formal) भोजन करना (औपचारिक)

to dine out = to eat dinner in a restaurant घर से बाहर भोजन कर (ले)ना

ding-dong[1] /'dɪŋdɒŋ/ /'डिङ डॉङ/ adj. *a ding-dong battle* = noisy and exciting (informal) हंगामेदार, धमा-चौकड़ी भरा (अनौपचारिक)

ding-dong[2] noun, u. *I could hear the ding-dong of the bells in the clock tower* = the sound of bells घंटनाद, टनाटन

din•ghy /'dɪŋgi/ /'डिंग्गी/ adj. = a small boat with a sail डेंगी या डोंगी

din•gy /'dɪndʒi/ /'डिन्जी/ noun, c. *a dingy room* = dirty, dull-looking and dark बेलौस, गंदा और अँधेरा

din•ner /'dɪnə^r/ /'डिनर्/ noun, c. or u. **1** (u.) = the main meal of the day, usually taken in the evening सायंभोज **2** *We are having a dinner tomorrow in the students' honour.*(c.) = a formal occasion when people have dinner together औपचारिक अवसर पर प्रीतिभोज

di•no•saur /'daɪnəsɔ:^r/ /'डाइनसॉर्/ noun = a very large animal belonging to the family of reptiles (lizards) which lived on the earth several million years ago and then disappeared एक दीर्घकाय सरीसृप या रेंगनेवाला जानवर (जो कई लाख वर्ष पूर्व धरती पर था, फिर विलुप्त हो गया)

dint (by dint of) /dɪnt/ /डिण्ट/ noun, u. *He became a successful lawyer by dint of hard work.* = by means of की बदौलत या के बूते पर

dip[1] /dɪp/ /डिप/ verb, t. **1** *He dipped his hand in the water.* = to lower something into a liquid briefly वजू करना **2** *The sun dipped below the trees.* = to go down डूब जाना, अस्त हो जाना

dip[2] noun, c. **1** *Let us go for a dip in the sea.* = a quick bathe in a river or sea डुबकी **2** *There has been a dip in the price of gold.* = a drop or fall गिरावट **3** *I am making a cheese dip.* = a thick sauce into which food (e.g. vegetables, chips) can be dipped to give it better taste एक गाढ़ी चटनी (जिससे लिपटने से भोजन का ज़ायका बढ़ जाता है)

to dip into a book = to read something from a book without paying much attenion to it जहाँ-तहाँ देखते हुए पढ़ना **to dip into one's savings** = to use a part of the money one has saved अपनी कमाई में से कुछ खर्चना

diph•ther•i•a /dɪf'θɪəriə/ /डिफ़'थीरिअ/ noun = a severe bacterial disease which affects the throat [MEDICINE] कंठ-रोग [चिकित्सा]

di•plo•ma /dɪ'pləʊmə/ /डि'प्लउम/ noun, c. *She has a Diploma in Education.* = an educational qualification that one can generally get after the completion of a course at a university विद्योपाधि, उपाधि-पत्र

dip•lo•mat /'dɪpləmæt/ /डि'प्लमैट/ noun, c. **1** = a person who represents his/her country in a foreign country (e.g., an ambassador) राजनयिक **2** = a person who has great skill in dealing with people and getting them to agree कूटनीतिज्ञ **diplomacy** /dɪ'pləʊməsi/ /डि'प्लउमसी/ noun, u. = the art or skill of being a diplomat कूटनीति, व्यवहार-कौशल **diplomatic** /dɪplə'mætɪk/ /डिप्ल'मैटिक/ adj. **1** *He belongs to the diplomatic service.* = connected with the branch of a government that deals with foreign countries अंतरराज्यनैतिक/अंतर्राष्ट्रीय नीति से संबद्ध **2** *I asked Prem an awkward question and he gave me a very diplomatic answer.* = done carefully, so as not to hurt someone's feelings नीतिनिपुण, सतर्क, नपा-तुला

dire /daɪəʳ/ /डाय'/ adj. *Our theatre group has no money and is in dire need of funds.* = very great; urgent नितांत

to be in dire straits = to be in great difficulty, especially about money तंगी में होना

di•rect[1] /dɪ'rekt/ /डि'रेक्ट/ verb, t. **1** *Who is going to direct the new film?* = to guide or control निर्देशन करना **2** *The question was directed at the captain.* = to be aimed at something or someone की ओर निर्दिष्ट होना **3** *The judge directed the police to free the accused at once.* = to order निर्देश देना, हिदायत देना

direct[2] adj. **1** *I am taking the direct flight to Delhi.* = going straight from one point to another सीधे, एक जगह से दूसरी जगह **2** *I want a direct answer from you.* = straight and clear साफ़, खरा **3** *Your illness is a direct result of your poor eating.* = without any other reason coming between त्वरित, सीधा

direct current see **DC** देखें **DC**

di•rec•tion /daɪ'rekʃən, dɪ-/ /डाइ'रेक्शन, डि'रेक्शन/ noun, u. or c. **1** *The school has made great progress under the direction of the new principal.* = control and guidance संचालन, नियंत्रण **2** *The batsman hit the ball in the direction of the square leg boundary.* = towards की ओर **3** *I am waiting for the technician's directions.* = information or instruction (often plural) मार्ग-निर्देश, आदेश

di•rect•ly /daɪ'rektlɪ, dɪ-/ /डाइ'रेक्टली, डि'रेक्टली/ adv. **1** *Our school is directly opposite the hospital.* = exactly एकदम ठीक **2** *We have decided to buy books directly from the publishers.* = straight (without making use of others) सीधे **3** *I am flying to Delhi directly, not through Kolkata.* = by a straight route बिलकुल सीधे **4** *He came directly on receiving your call.* = at once फ़ौरन, तुरंत

di•rec•tor /dɪ'rektə, daɪ-/ /डि'रेक्ट/डाइ'रेक्ट/ noun, c. **1** = a person who runs a company etc. संचालक **2** = a person who is in charge of a film or play चलचित्र या रंगमंच निर्देशक

di•rec•to•ry /daɪ'rektərɪ, dɪ-/ /डाइ'रेक्ट्री, डि'रेक्ट्री/ noun, c. (**directories**) *the telephone directory* = a list of names arranged in alphabetical order निर्देशिका

dirge /dɜːdʒ/ /डऽज/ noun, c. = a slow, sad song or poem about the death of someone [LITERATURE] मरसिया, शोकगीत [साहित्य]

dirt /dɜːt/ /डऽट/ noun, u. *There was a lot of dirt on top of the old cupboard.* = unclean matter धूलधक्कड़, गंदगी **dirt cheap** adj. = very cheap (informal) कौड़ी के माल, मिट्टी के भाव (अनौपचारिक)

dirt•y[1] /dɜːtɪ/ /डऽटी/ adj. **1** *a dirty room* = not clean गंदा **2** *a dirty joke* = referring to sex in a rude or unpleasant way (informal) कुत्सित, अश्लील, निर्लज्ज, शर्मनाक, भोंडा (अनौपचारिक)

dirty[2] verb *Don't dirty your clothes.* = to make something dirty गंदा करना

to give someone a dirty look = to look at someone angrily and show them that you don't like them or what they are doing पर आँखें तरेरना **to do someone's dirty work** = to do the necessary but unpleasant/dull etc. work that someone else does not want to do (informal) अरुचिकर कार्य करना, झख मारकर करते जाना (अनौपचारिक) **to treat someone like dirt** = to show no respect for someone (किसी को) तुच्छ समझना **to do the dirty on someone** = to treat someone unfairly or dishonestly (informal) कुत्सित चालाकी से काम लेना (अनौपचारिक)

dis- /dɪs/ /'डिस/ prefix meaning 'not' or 'the opposite of' e.g. वैपरीत्य/'विपरीत' का अर्थ दर्शाता एक उपसर्ग **disability** /dɪsə'bɪlɪtɪ/ /डिस'बिलिटी/ noun, c. or u. *They should have better arrangements in the theatre for people with a disability.*(c.) = a state of being unable to use one's hands, legs etc. from birth or as the result of an illness or injury विकलांगता

dis•able /dɪs'eɪbəl/ /डि'सेइबल्/ verb, i. or t. *He was disabled in the war.*(i.) = to be unable to use a part of the body properly because of injury or disease अपाहिज कर देना **disabled** noun = those who are disabled अपंग, विकलांग, अपाहिज

dis•a•gree /dɪsə'griː/ /डिस'ग्री/ verb, i. **1** *I disagree with you. I don't think your idea will work.* = to have a different or opposite opinion असहमत होना **2** *These two reports seem to disagree.* = to be different from each other मेल नहीं खाना, में भेद होना

dis•ap•pear /dɪsə'pɪəʳ/ /डिस'पिअ'/ verb, t. *There are no trees left in the city after the storm. They have all disappeared.* = to go out of sight; to stop existing लुप्त हो जाना, मिट जाना **disappearance** noun, c or u. = the act of disappearing लोप, अंतर्धान

dis•ap•point /dɪsə'pɔɪnt/ /डिस'पॉइण्ट/ verb, t. *I expect you to come early. I hope you won't disappoint me.* = to make someone unhappy/sad because what was hoped for was not done अपेक्षानुसार कुछ करने में असफल होकर (किसी की) आशा भंग करना **disappointed** adj *I was disappointed with the film. I had expected it to be good.* = unhappy because what one expects does not happen से निराशा होना

disappointing adj *a disappointing music concert* = making one feel unhappy because one expected something better निराशाजनक

dis•ap•prove /dɪsə'pru:v/ /डिसप्रूव/ verb, i. or t. *He disapproves of people smoking in the office.* = to have a low opinion of someone or something को नापसंद करना, को इतर समझना

dis•arm /dɪs'ɑ:m/ /डिस्'आऽम/ verb, t. or i. *The soldiers who refused to obey orders have been disarmed.* = to take away the weapons from a soldier, criminal etc. निरस्त्र करना, निहत्था करना **disarmament** noun, u. = giving up one's weapons निरस्त्रीकरण

dis•ar•ray /dɪsə'reɪ/ /डिस'रेइ/ noun, u. *We have just moved into this house and all our things are lying in complete disarray.* = a state of untidiness and lack of order तितर-बितर या अव्यवस्था की स्थिति

dis•as•ter /dɪ'zɑ:stə'/ /डि'ज़ाऽस्टर/ noun, c. **1** *The cyclone that hit Orissa last year was a disaster.* = an event that causes great suffering महाविपदा, आपदा, अनर्थ, आफ़त **2** *The college play was a disaster.* = a total failure (informal) टाँय-टाँय फिस (अनौपचारिक)

dis•band /dɪs'bænd/ /डिस्'बैण्ड/ verb, t. *Our football team has been disbanded.* = to break up and separate a group that has been together विघटित करना, भंग करना

dis•burse /dɪs'bɜ:s/ /डिस्'बऽस/ verb, t. *I have received Rs 10,000 which I will disburse to the employees.* = to pay out (formal) अदायगी, भुगतान करना (औपचारिक)

disc (disk) /dɪsk/ /डिस्क/ noun, c. **1** = a round and flat object चपटा गोल पात्र **2** = a piece of cartilage between the bones of the back रीढ़ की हड्डियों के बीच की कोमलास्थि **floppy/compact disk** = a round or square object used to store data, music etc. electronically [COMPUTERS] ध्वनि-लेख संयोजक [कंप्यूटर]

dis•card /dɪs'kɑ:d/ /'डिस्कार्ड/ verb, t. *I have discarded these old shoes.* = to throw away something that has become useless (बेकार समझकर) फेंक देना, तजना, छाँट देना

di•scern /dɪ'sɜ:n/ /डि'सऽन/ verb, t. *I looked all around but I could see nothing. At last I discerned the house in the distance.* = to see or understand something with difficulty (literary) पहचान लेना, देख लेना (साहित्यिक)

di•scern•ing /dɪ'sɜ:nɪŋ/ /डि'सऽनिङ/ adj. *This shop has rare books for discerning readers.* = possessing good taste in clothes, food, music, books etc. विवेचनशील

dis•charge[1] /'dɪstʃɑ:dʒ/ /'डिस्चाऽज/ verb, t. **1** *This drain discharges dirty water from the factory into the river.* = to let out or pour out विसर्जन करना, में गिराना या बहाना, निकास करना **2** *Don't you think he has discharged his duties very efficiently?* = to perform a duty (formal) कर्त्तव्य-निर्वाह करना (औपचारिक) **3** *The doctor discharged the patient from the hospital.* = to allow someone to go; especially from a hospital जाने की अनुमति दे देना, रिहा कर देना **4** *The battery has been discharged.* = to lose electrical energy विभृत होना, विद्युत् शक्ति खोना

discharge[2] noun, u. **1** *The discharge of water from the river is highest during the monsoon.* = the amount of a gas or liquid that is discharged (given out) द्रव या गैस का परिमाण जिसका निकास हो जाता है **2** *The patient went home after his discharge.* = the action of being discharged जाने की छुट्टी

di•sci•ple /dɪ'saɪpəl/ /डि'साइपल्/ noun, c. = a follower of a religious teacher धार्मिक नेता का अनुयायी, चेला

dis•ci•pline[1] /'dɪsɪplɪn/ /'डिसिप्लिन/ noun, u. or c. **1** *Discipline is very important in the army.*(u.) = training which produces obedience (opposite **indiscipline**) (हुक्मबरदारी के लिए) प्रशिक्षण (विलोम शब्द **indiscipline**) **2** *Political Science and Economics are the disciplines taught in this college.*(c.) = a subject taught in a university or college ज्ञान-विज्ञान या शिक्षा की एक शाखा, विषय

discipline[2] verb, t. *She thought the students needed to be disciplined.* = to develop discipline through training; to punish someone in order to correct him/her प्रशिक्षण से अनुशासन लाना, दंड-शोधन करना, सीधा करना

dis•claim /dɪs'kleɪm/ /डिस्'क्लेइम/ verb, t. *The newspapers reported that the tigers had died due to the carelessness of the zoo staff, but the director of the zoo has disclaimed responsibility for their death.* = to state that one has nothing to do with something; to deny (formal) से कोई संबंध अस्वीकार करना, नहीं मानना (औपचारिक)

dis•close /dɪs'kləʊz/ /डिस्'क्लज़/ verb, t. *The judge ordered the police to disclose the name of the person who had given them information.* = to reveal or give out some information उद्घाटन करना, खोलना, बतला देना

dis•col•our /dɪs'kʌlə/ /डिस्'कॅलर/ verb, t. *The paintings have become discoloured.* = to change the colour of some-thing; to lose colour often because of age, dirt etc. अपवर्ण करना, रंग बिगाड़ना, बदरंग होना

dis•con•cert /dɪskən'sɜ:t/ /डिस्कन्'सऽट/ verb, t. *The loss of my valuable books disconcerted me completely.* = to cause someone to become upset and worried व्यग्र/ विकल/चित्त क्षुब्ध करना

dis•con•nect /dɪskə'nekt/ /डिस्क'नेक्ट/ verb, t. **1** *Our telephone has been disconnected as the bill was not paid.* = to cut off काट देना **2** *I got disconnected* *while I was talking on the phone.* = to break the telephone connection between two people कट जाना **disconnected** adj. *I can't write a report from disconnected bits of information.* = not connected with something else असंबद्ध

dis•con•so•late /dɪsˈkɒnsəlɪt/ /डिस्'कॉन्सुलिट/ adj. *She is disconsolate because she can't find her dog.* = very sad and without hope (literary) उद्विग्न, विषण्ण एवं उदास (साहित्यिक)

dis•con•tent•ed /dɪskəˈntentid/ /डिस्कन्'टेन्टिड/ adj. *No matter how well he did, he always looked discontented.* = not satisfied; unhappy अतृप्त, असंतुष्ट

dis•con•tin•ue /dɪskənˈtɪnjuː/ /डिस्कन्'टिन्यू/ verb, t. or i. *I had joined the M. A. course but I will have to discontinue as I have no time to study.* = to stop or give up त्याग देना, छोड़ देना

dis•cord /ˈdɪskɔːd/ /'डिस्कॉऽड/ noun, u. **1** *There was so much discord between the two students sharing the room that one of them decided to move out.* = lack of understanding and agreement असामंजस्य, वैमत्य, असहमति, अनबन **2** = lack of harmony in the notes played in music बेसुरापन **discordant** adj = the state of not being in tune with or matching something असंगत, बेमेल

dis•count¹ /dɪsˈkaʊnt/ /डिस्'काउण्ट/ noun, c. *This scooter costs Rs 40,000 but I paid only Rs 34,000 as I got a special discount of 15 per cent.* = a reduction made in the original price of something असल दाम से कम ही, छूट, बट्टा

discount² verb, t. *You should discount the stories that you hear of his bravery during the war. He is just an ordinary person.* = to regard as unimportant or unlikely to be true को महत्त्वहीन या असत्य मानना, को नगण्य समझना, पर ध्यान न देना; अतिशयोक्ति के लिए छूट देना

dis•cour•age /dɪsˈkʌrɪdʒ/ /डिस्'करिज/ verb, t. **1** *Ravi felt discouraged when his application was rejected.* = to lose hope (opposite **encourage**) हताश होना (विलोम शब्द **encourage**) **2** *You should discourage him from criticizing his teachers.* = to stop someone from doing something किसी को कुछ करने से रोकना

dis•course /ˈdɪskɔːs/ /डिस्'कॉस/ noun, u. = a serious speech or discussion प्रवचन, भाषण

dis•cour•te•ous /dɪsˈkɜːtiəs/ /डिस्'कऽटियस/ adj. *It was discourteous of you not to visit her when she was ill.* = showing bad manners or lack of courtesy अशिष्ट, अभद्र

dis•cov•er /dɪsˈkʌvəʳ/ /डिस्'कॅवʳ/ verb, t. *Who discovered penicillin?* = to find or learn something for the first time (पहली बार) खोज करना, पता लगाना

dis•cov•e•ry /dɪsˈkʌvərɪ/ /डिस्'कॅवरी/ noun, c. or u. **1** *the discovery of pencillin.*(c.) = the act of finding for the first time खोज **2** *Many people believe that education is a process of discovery.*(u.) = understanding something through observation, experience etc. अन्वेषण

dis•creet /dɪˈskriːt/ /डि'स्क्रीट/ adj. *You can talk to him freely. He is very discreet and will never tell anyone what you said to him.* = careful in dealing with people and showing good judgement (opposite **indiscreet**) व्यवहार-सतर्क तथा विवेकशील (विलोम शब्द **indiscreet**) **discretion** /dɪˈskreʃən/ /डिस्क्रेशन/ noun, u. = the quality of being discreet विवेक, विचारशीलता, समझ-बूझ

di•screp•an•cy /dɪˈskrepənci/ /डिस्'क्रेपन्सी/ noun, generally u. *Your report is totally different from his. Why is there such a discrepancy?* = difference which is striking विचित्र विसंगति

di•scrim•i•nate /dɪˈskrɪmɪneɪt/ /डि'स्क्रिमिनेइट/ verb, i. **1** *The written test will discriminate between the good and the average candidates.* = to bring out the difference between people or things दो के बीच भेद निकालना **2** *I don't discriminate among my students. All of them are the same for me.* = to favour one person or group over another भेद मानना, भेदभावपूर्ण व्यवहार करना, पक्षपात करना **discrimination** /dɪskrɪmɪˈneɪʃən/ /डिस्क्रिमि'नेइश्न/ noun, u. *discrimination against women.* = the system of treating one group unjustly or unfairly भेदभाव **discriminatory** /dɪˈskrɪmɪnətəri/ /डि'स्क्रिमिनट्री/ adj. *discriminatory rules* = showing unfair favour to one group and disfavour to another विभेदकारी, पक्षपातग्रस्त

di•scuss /dɪˈskʌs/ /डिस्'कॅस/ verb, t. *The writer discusses the events that led to the war.* = to talk or write about something from several different points of view (The verb 'discuss' is never followed by the preposition 'about') (लिखित या मौखिक रूप में) विभिन्न दृष्टिकोणों से विचार-विमर्श करना

dis•dain /dɪsˈdeɪn/ /डिस्'डेइन/ noun, u. *I know you don't agree with her views, but you don't have to treat them with such disdain.* = feeling of contempt and disrespect (formal) अपेक्षा, अवहेलना, तिरस्कार (औपचारिक)

dis•ease /dɪˈziːz/ /डि'ज़ीज़/ noun, u. or c. *AIDS is a deadly disease.* = illness caused by some infection or disorder in the body व्याधि, रोग

dis•fig•ure /dɪsˈfɪgəʳ/ /डि'स्फ़िगर/ verb, t. *People have disfigured the walls by writing on them.* = to spoil the appearance of something विरूपित करना, शक्ल बिगाड़ना

dis•grace¹ /dɪsˈgreɪs/ /डिस्'ग्रेइस/ verb, t. *You have disgraced the family by your bad manners.* = to bring shame or loss of name कलंकित करना, नाम पर बट्टा लगाना

disgrace² noun, u. *She left the job in disgrace as she was found to be dishonest.* = the loss of honour as the result of some wrong action अपयश, बदनामी

dis•grunt•led /dɪsˈɡrʌntld/ /डिस्ग्रॅन्ट्ल्ड/ adj. *The students are disgruntled because you didn't allow them to watch the cricket match.* = a little angry and dissatisfied because of not getting what one wants असंतुष्ट तथा नाराज़, चिड़चिड़ा

dis•guise¹ /dɪsˈɡaɪz/ /डिस्गाइज़/ verb, t. *The prisoner disguised himself as a woman and escaped from prison.* = to change one's appearance in order to trick or cheat someone धोखा देने के लिए भेस बदलना

disguise² noun, c. *In the play he put on the disguise of a woman.* = a dress, make-up etc., which is used to prevent people from knowing who one is छद्मवेष

dis•gust¹ /dɪsˈɡʌst/ /डिस्गॅस्ट/ noun, u. *The sight of the rubbish lying on the road filled me with disgust.* = strong feeling of dislike caused by something that is unpleasant or ugly जुगुप्सा, घिन

disgust² verb, t. *Your habit of not combing your hair disgusts me.* = to cause a strong feeling of dislike घिन पैदा करना

dish¹ /dɪʃ/ /डिश/ noun, c. **1** *Food was served in silver dishes.* = a vessel, usually round, used to serve food तश्तरी, रकाबी **2** *a meat dish* = an item of food cooked in a particular way विशिष्ट भोजन, पकवान

dish² verb, t. **1** *Will you dish out the food?* = to serve food (informal) परोसना (अनौपचारिक) **2** *He loves to dish out advice to people.* = to offer something which is not welcome (informal, disapproving) वितरित करते, बाँटते चलना (अनौपचारिक, अस्वीकृत)

dis•heart•en /dɪsˈhɑːtn/ /डिस्हाऽट्न/ verb, i. *I hope the Indian team will not be disheartened by this defeat.* = to cause someone to lose hope निरुत्साह करना या होना, हिम्मतपस्त होना या करना

di•shev•elled /dɪˈʃevəld/ /डि'शेवल्ड/ adj. *You shouldn't go for an interview looking so dishevelled.* = untidy in one's appearance, dress etc. (disapproving) (पोशाक/केश/शकल) अस्तव्यस्त, ढीलाढाला (अस्वीकृत)

dis•hon•our¹ /dɪsˈɒnəʳ/ /डिस्आनर/ noun, u. *You brought dishonour to the family by running away from the fight.* = shame अप्रतिष्ठा, कलंक

dishonour² verb, t. *The bank has dishonoured your cheque.* = to refuse to pay out money on a cheque (बैंक चेक, आदि) लौटा देना, फेर देना

dis•il•lu•sion /dɪsɪˈluːʒən/ /डिसि'लूज़्न/ verb, t. *They think life in big cities is always wonderful. I don't want to disillusion them.* = to make someone stop having hope or a good impression about something मोह-भंग करना

disillusioned adj. *I thought this was a very good school but I feel disillusioned after joining it.* = feeling disappointed on learning the truth about someone or something पर विश्वास टूट जाने से निराश, भ्रममुक्त

dis•in•clined /dɪsɪnˈklaɪnd/ /डिसिन्क्लाइण्ड/ adj. *He has been asking me to join karate classes, but I feel disinclined to do so.* = not willing अनिच्छुक होना, अप्रवृत्त होना

dis•in•fect /dɪsɪnˈfekt/ /डिसिन्'फ़ेक्ट/ verb, t. = to clean with some chemical which destroys germs [TECHNICAL] रोगाणु नष्ट करना [तकनीकी]

dis•in•for•ma tion /dɪsɪnfəˈmeɪʃən/ /डिसिन्फ़'मेइश्न/ noun, u. = false information deliberately given out to mislead people भ्रामक सूचना देना

dis•in•her•it /dɪsɪnˈherɪt/ /डिसिन'हेरिट/ verb, t. = to take away from someone the legal right to receive one's property after one's death [LAW] (अपनी) मृत्यु के बाद संपत्ति के उत्तराधिकार से वंचित कर देना, उत्तराधिकारी न मानना [कानून]

dis•in•te•grate /dɪsˈɪntɪɡreɪt/ /डिसिन्टीग्रेइट/ verb, i. **1** *The ancient piece of pottery disintegrated in his hands when he held it.* = (of something hard or crisp) to break up into pieces विखंडित या टुकड़े-टुकड़े हो जाना **2** *The empire disintegrated when the emperor died.* = to break up because of political problems राजनीतिक समस्याओं के कारण विसंघटित हो जाना

dis•lo•cate /ˈdɪsləkeɪt/ /डिस्लकेइट/ verb, t. *I fell down the stairs and dislocated my shoulder.* = to put something (specially a bone) out of its proper place [MEDICINE] (हड्डी का) अपनी जगह से उखड़ जाना [चिकित्सा]

dis•lodge /dɪsˈlɒdʒ/ /डिस्लॉज/ verb, t. *The nail had been hammered in so hard that we could not dislodge it from the wall.* = to move someone or something out of a fixed position उखाड़ना

dis•mal /ˈdɪzməl/ /'डिज़म्ल/ adj. *a dismal future.* = sad and hopeless निरुल्लास, निराशाजनक

dis•man•tle /dɪsˈmæntəl/ /डिस्मैण्ट्ल/ verb, t. *The factory shed was dismantled and moved to another place.* = to take something apart (into pieces) विखंडित कर देना, पुरज़े खोल देना

dis•may¹ /dɪsˈmeɪ/ /डिस्मेइ/ noun, u. *When we were told that another storm was expected, we were filled with dismay.* = sadness and disappointment उत्साहहीनता, घबराहट

dismay² verb, t. *The news that our friends were leaving town dismayed us.* = to cause sadness and disappointment (formal) निराश कर देना, दिल तोड़ देना (औपचारिक)

dis•miss /dɪsˈmɪs/ /डि'स्मिस/ verb, i. or t. **1** = to remove from a job नौकरी से बरखास्त कर देना **2** *The teacher dismissed the class.* = to send someone away (so that the person can go home etc.) विसर्जित कर देना, जाने की अनुमति देना, विदा करना **3** *The judge dismissed the case.* = to decide that a court case should not continue, usually because of the lack of evidence [LAW] (गवाही के अभाव में) खारिज कर देना

dis•mount /dɪsˈmaʊnt/ /डिस्माउण्ट/ verb, i. = to get off a horse or bicycle or something that one rides (घोड़ा या साइकिल-जैसी) सवारी से उतरना

dis•or•der /dɪsˈɔːdəʳ/ /डिस्ऑऽडर/ noun, u. **1** *Books and clothes lay scattered everywhere. The house was in complete disorder.* = an untidy state व्यतिक्रम की स्थिति, गड्डमड्ड **2** *He suffers from a stomach disorder.* = any illness in which the mind or body is not working properly अस्वास्थ्य, व्याधि, विकार

dis•or•gan•ized (disorganised) /dɪsˈɔːgənaɪzd/ /डिस्ऑगनाइज़्ड/ adj. *Your essay is very disorganized. There is no link between one point and another.* = lacking proper order or arrangement (opposite **organized**) विसंघटित, क्रमविहीन (विलोम शब्द **organized**)

dis•own /dɪsˈəʊn/ /डिस्'अउन/ verb, t. **1** = to stop accepting someone as one's own or as one's legal responsibility [LAW] (किसी को) नहीं अपनाना, कानूनी जिम्मेवारी से हट जाना [कानून] **2** *I disown responsibility for damaging the walls.* = to say that one has not done something अस्वीकार करना

dis•pa•rate /ˈdɪspərɪt/ /'डिस्पृरिट/ adj. *You cannot compare China and India. The situation in the two countries is quite disparate.* = different; difficult to compare सर्वथा विषम, इतना अधिक असमान कि बिलकुल प्रतिकूल, बिलकुल दीगर, मुख़्तलिफ़ **disparity** noun, u. = difference; a state of not being equal to something असमानता, विषमता

dis•patch (despatch) /dɪˈspætʃ/ /डि'स्पैच/ verb, t. *Have you dispatched the letters?* = to send out (formal) (पत्र, संदेश आदि) प्रेषित करना, भेजना, पठाना (औपचारिक)

dis•pel /dɪˈspel/ /डि'स्पेल/ verb, t. *The rains came and dispelled the heat.* = to make something, especially a feeling, disappear (विशेषकर भावना) को दूर कर देना

dis•pen•sary /dɪˈspensəri/ /डि'स्पेन्स्री/noun, c. (**dispensaries**) = a place where medicines are given to people who need them दवाखाना

dis•pense /dɪˈspens/ /डि'स्पेन्स/ verb, t. **1** = to give out medicines etc. to a number of people (formal) दवा बाँटना (औपचारिक) **2** *Let's dispense with this chair since we no longer need it.* = to give away and manage without (formal) छुटकारा पाना (औपचारिक)

di•sperse /dɪˈspɜːs/ /डि'स्पऽस/ verb, t. or i. *The police used tear gas to disperse the crowd.*(t.) = to separate and move in different directions छिन्न-भिन्न या तितर बितर कर देना

dis•place /dɪsˈpleɪs/ /डिस्'प्लेइस/ verb, t. *The flood displaced thousands of people from their homes.* = to make someone or something move out from their/its usual place (अपने सामान्य स्थान से) विस्थापित कर देना **displacement** noun, u. = the amount of liquid which is made to flow out when a solid object is lowered into the liquid etc. [PHYSICS] ठोस पिंड डालने पर तरल पदार्थ का उतनी ही मात्रा में छलकाव [भौतिकी]

dis•play¹ /dɪˈspleɪ/ /डिस्'प्लेइ/ verb, t. *The shops are displaying beautiful silk saris to attract customers.* = to put up for show (formal) प्रदर्शित करना (औपचारिक)

display² noun, c. or u. **1** *They have put up an attractive display of books.*(c.) = an arrangement of things put on show प्रदर्शनी **2** *a sudden display of affection* (u.) = a show of feeling (भाव का) प्रकटीकरण

dis•pose /dɪˈspəʊz/ /डि'स्पउज़/ verb, t. *I have disposed of all my old clothes.* = to get rid of निपटा देना **disposable** adj. *We have to get some disposable paper plates and cups for our picnic.* = something that is used only once and then thrown away प्रयोग के बाद फेंक देने लायक **disposal** noun, u. **1** *The municipality is responsible for the disposal of garbage from the city.* = the act of getting rid of something (formal) किसी चीज़ से छुट्टी पाने की क्रिया (औपचारिक) **2** *I will place my car at your disposal.* = available for someone's free use (formal) मनचाहे उपयोग के लिए प्राप्त (औपचारिक)

dis•pos•sess /dɪspəˈzes/ /डिस्प'ज़ेस/ verb, t. *The refugees who left their homes were dispossessed of all their property.* = to take away someone's possessions संपत्ति से बेदखल कर देना

dis•pro•por•tion•ate/dɪsprəˈpɔːʃənɪt/ /डिस्प्र'पॉश्निट/ adj. *He earns Rs 5,000 a month but spends Rs 2,000 on clothes—quite a disproportionate amount!* = a lot more (or less) in relation to something else अनुपातहीन, से बेमेल या असंगत

di•spute¹ /dɪˈspjuːt/ /डि'स्पिऊट/ verb, t. or i. **1** *disputing over land*(i.) = to argue or quarrel about something for a long time लंबी अवधि तक झगड़ना **2** *I dispute the results of his research. His figures are wrong.*(t.) = to disagree about the correctness of something प्रतिवाद करना, सत्यता या औचित्य को चुनौती देना

dispute² noun, c. or u. *There is an old dispute between the two partners over this question.*(c.) = a strong disagreement or argument विवाद, कलह

dis•qual•i•fy /dɪsˈkwɒlɪfaɪ/ /डिस्'क्वॉलिफ़ाइ/ verb, t. *Some athletes who took part in the Olympic Games were disqualified for taking drugs.* = to declare someone unfit to take part in games, exams or other events which have rules and standards निर्धारित मानदंड या नियम के उल्लंघन के कारण खेलकूद या परीक्षा के अनुपयुक्त या अयोग्य ठहराना

dis•re•gard /dɪsrɪ'gɑːd/ /डिस्रिंगाऽड/ verb, t. *Please disregard the notice you have received about the meeting tomorrow. The meeting is cancelled.* = to pay no attention to something (formal) उपेक्षा करना, ध्यान न देना (औपचारिक)

dis•rupt /dɪs'rʌpt/ /डिस्रॅप्ट/ verb, t. *Some people tried to disrupt the meeting by walking out.* = to break up; to cause disorder, generally on purpose (जानबूझकर) भंग करना

dis•sect /dɪ'sekt/ /डि'सेक्ट/ verb, t. **1** = to cut up the body of a plant, animal or human being in order to study it [TECHNICAL] (पौधे या शरीर की संरचना के परीक्षण के लिए) विच्छेदन करना [तकनीकी] **2** *I dissect the news in the newspapers every morning.* = to study carefully ध्यानपूर्वक अध्ययन या विश्लेषण करना

dis•sent[1] /dɪ'sent/ /डि'सण्ट/ verb, i. *One of the judges dissented with the views of the other two judges.* = to disagree with the opinion of the majority (बहुमत से) असहमत होना

dissent[2] noun, u. *One of the judges gave a note of dissent.* = refusal to agree (formal) असहमति, विरोध (औपचारिक)

dis•ser•ta•tion /dɪsə'teɪʃən/ /डिसटेइश्न/ noun, u. or c. = a thesis; a long, written discussion of a topic produced for a higher university degree विश्वविद्यालय की एक उच्च उपाधि के लिए लिखित शोध-प्रबंध

dis•ser•vice /dɪ'sɜːvɪs/ /डि'सऽविस/ noun, u. *He did the nation a disservice by helping the enemy.* = a harmful action अपकार

dis•si•pate /'dɪsɪpeɪt/ /'डिसिपेइट/ verb, t. *Don't dissipate all your energy in games. Remember, your studies are more important.* = to waste (formal) अपव्यय करना, व्यर्थ बरबाद करना (औपचारिक)

dis•so•ci•ate /dɪ'səʊʃieɪt/ /डि'सउशिएइट/ verb, t. *It is difficult to dissociate politics from sports.* = to separate or keep apart अलग करना या रखना

dis•solve /dɪ'zɒlv/ /डि'ज़ॉल्व/ verb, i. or t. **1** *Salt dissolves in water.*(t.) = to change into a liquid form by mixing with some liquid तरल पदार्थ में मिश्रित करके घोल देना **2** *Parliament has been dissolved.*(i.) = to break up or end an association or group विघटित/विसर्जित करना

dis•suade /dɪ'sweɪd/ /डि'स्वेइड/ verb, t. *She was planning to go on a very dangerous journey but I managed to dissuade her.* = to advise someone not to do something (परामर्श द्वारा) रोकना, मना करना

dis•tance[1] /'dɪstəns/ /'डिस्टन्स/ noun, u. or c. **1** *The distance between Calcutta and New Delhi is 1,500 kilometres.*(c.) = the space which separates two points (बीच का) फ़ासला **2** *I saw a house in the distance.*(u.) = far away दूरस्थ **3** *They were good friends but there is a distance between them now.* = a situation in which two people stop being friends मैत्री में दरार की स्थिति

distance[2] verb. *He distanced himself from us after he left the company.* = to become less friendly (figurative) कम मैत्री भाव रख पाना, दूर खिंचना (लाक्षणिक)

to keep one's distance = to stay away from someone on purpose, usually because one does not want to get very friendly or because one has had an unpleasant experience with the person (अप्रिय अनुभव के बाद) छिटके रहना, रूखा होना, उदासीन रहना

distant /'dɪstənt/ /'डिस्टण्ट/ adj. **1** *a distant place* = far away दूरवर्त्ती, दूरस्थ **2** *a distant relation* = not close दूर (के रिश्ते) का **3** *His behaviour was rather distant.* = not very friendly कटा-कटा-सा

in the not-too-distant past = not very long ago अचिर, अभी हाल ही में, बहुत दिन नहीं हुए

dis•taste•ful /dɪs'teɪstfəl/ /डिस्'टेइस्टफ़ल/ adj. *The pictures in his room are rather distasteful.* = not in good taste; not pleasant (disapproving) अरुचिकर, कुरुचिपूर्ण (अस्वीकृत)

dis•til /dɪ'stɪl/ /डि'स्टिल/ verb, t. **1** = to make a liquid pure by turning it into a gas by boiling and then turning it back into a liquid by cooling द्रव शुद्ध करने के लिए उसे भाप बनाकर, ठंडा करके फिर से द्रव बनाना **2** = to prepare alcoholic drinks by this method (इसी ढंग से)मादक द्रव्य तैयार करना **distillery** noun, c. (**distilleries**) = a factory which makes alcoholic drinks मादक द्रव्य तैयार करने का कारखाना

dis•tinct /dɪ'stɪŋkt/ /डि'स्टिंक्ट/ adj. **1** *The state of Bihar has been divided into two distinct parts.* = completely different and separate बिलकुल पृथक्, भिन्न **2** *Your handwriting is not distinct.* = clearly seen or heard सुस्पष्ट

dis•tinc•tion /dɪ'stɪŋkʃən/ /डि'स्टिंकश्न/ noun, u. or c. **1** *There should be a clear distinction between those who are likely to be chosen for the team and those who are not going to be chosen.*(c.) = something that separates or marks a difference between two things साफ़-साफ़ अलगाव **2** *He has won great distinction as a writer.* = honour प्रतिष्ठा **3** *He passed the examination with distinction.*(u.) = producing very good results उत्तम परीक्षाफल की उपलब्धि के साथ **4** *She is a singer of great distinction.* = high quality श्रेष्ठता, उत्कर्ष

to draw a distinction *We need to draw a distinction between growing trees and growing trees of one kind.* = to keep things separate अलग-अलग रखना

dis•tinc•tive /dɪ'stɪŋktɪv/ /डि'स्टिंक्टिव/ adj. *She*

has very distinctive handwriting. = clearly marking something as different from others स्पष्टत: अन्य से भिन्न, विशिष्ट

dis•tin•guish /dɪ'stɪŋgwɪʃ/ /डि'स्टिंग्विश/ verb, t. **1** *You can easily distinguish a shark from other fish by the tail-fin.* = to recognize; to be able to see the difference between two or more things or people दो के बीच का अंतर देख/समझ/पहचान पाना **2** *He has distinguished himself as a writer.* = to become famous (के रूप में) ख्याति प्राप्त करना **distinguished** adj. = well known in a way which is admired or deserved विख्यात, लब्धप्रतिष्ठ

dis•tort /dɪ'stɔːt/ /डि'स्टॉऽट/ verb, t. *The report in the newspaper has completely distorted the speech I made last night.* = to give a false account of something; to damage out of shape विकृत करना, मिथ्या प्रस्तुति करना, तोड़-मरोड़ करना

dis•tract /dɪ'strækt/ /डि'स्ट्रैक्ट/ verb, t. *The attention of the students was distracted by the music being played over a loudspeaker.* = to turn away someone's attention from something से ध्यान हटाना **distraction** noun, u. or c. *It is difficult to concentrate on studies. Television is such a distraction.* = something that takes away one's attention from what one is doing ध्यान विचलित या दुचित्त करनेवाली वस्तु, विकर्षण

to drive someone to distraction = to cause confusion of the mind उलझन में डाल देना **to love someone to distraction** = to love very much (informal) के प्रति आसक्त होना, की आँखों का तारा होना, पर लुटा होना, पर रीझना, पर लट्टू होना, का दीवाना होना, छोहना

dis•tress[1] /dɪ'stres/ /डि'स्ट्रेस/ noun, u. *She was in distress over the loss of her friend.* = great suffering of the mind or body शारीरिक या मानसिक व्यथा

distress[2] verb, t. *I was distressed by the unkind remarks he made about me.* = to suffer deep pain of the mind **distressing** adj. 1. व्यथित होना 2. दु:खद

dis•trib•ute /dɪ'strɪbjuːt/ /डि'स्ट्रिब्यूट/ verb, t. **1** *We distribute sweets to children on Republic Day.* = to divide and give out बाँटना **2** *Their tea gardens are distributed over a number of districts in Assam.* = to spread out over an area विशाल क्षेत्र में फैला होना

dis•trust /dɪs'trʌst/ /डिस्'ट्रस्ट/ verb, t. *I distrust her because she does not always speak the truth.* = to have no faith or trust in का या पर अविश्वास करना

dis•turb /dɪ'stɜːb/ /डि'स्टऽब/ verb, t. **1** *Don't disturb me when I am working.* = to do something which makes it difficult for someone to keep their mind on their work or to continue working कार्यरत रह (पा)ने में विघ्न या बाधा डालना **2** *Don't disturb the arrangement of the chairs.* = to change or upset सामान्य स्थान से हटा देना, उलट पुलट कर देना, गड़बड़ कर देना **3** *I was disturbed by the news of your illness.* = to feel anxious or worried अशांत या चिंतित होना **4** *He had hired a few criminals to disturb the peace in the town.* = to cause trouble (disapproving) उपद्रव या हंगामा कराना (अस्वीकृत) **disturbance** noun, u. *The police had to be called in as there was some disturbance in the city.* = disorder or trouble उपद्रव, उत्पात

dis•use /dɪs'juːs/ /डिस्'यूस/ noun, u. *The house is in poor condition because of disuse.* = (of houses, machines, language etc.) the state of not being in use अनुपयुक्त या अप्रचलित हो जाने की स्थिति

ditch[1] /dɪtʃ/ /डिच/ noun, c. (**ditches**) *The car fell into a ditch.* = a hollow or hole in the ground गड्ढा, खाई

ditch[2] verb, t. *He got bored with the relationship and ditched her.* = to let someone down by not doing what was promised; in a relationship where one loves a man or woman, to leave her/him for someone else (slang) (प्रेमी-प्रेमिका/प्रणय-संबंध में) बेवफ़ाई की वादाखिलाफ़ी करना, झाँई बताना (अपभाषा)

dith•er /'dɪðəʳ/ /'डिथʳ/ verb, i. *After dithering for a long time she has decided to become a journalist.* = to not be able to make up one's mind about something निश्चय न कर पाना, ढुलमुल रहना

dit•to /'dɪtəʊ/ /'डिटउ/ noun, u. *I spent Rs 50 on sweets and ditto on soft drinks* = the same (informal) उतना ही (अनौपचारिक)

dive[1] /daɪv/ /डाइव/ verb, t. **1** *The girl dived off the rock into the sea.* = to jump into the water in a controlled movement so as to land head first सिर के बल गोता लगाना **2** *The scientists are diving to explore the bottom of the sea.* = to go under the surface of the water पानी के तल तक जाना **3** *The goalkeeper dived and collected the ball.* = to make a sudden quick jump, head first झपटना

dive[2] noun, c. *She made a graceful dive into the swimming pool.* = an act of diving गोता, डुबकी

di•verge /daɪ'vɜːdʒ/ /डाइ'वऽज/ verb, i. *Our views on education diverge. He wants to teach through English while I am keen on the mother-tongue.* = to move in different directions भिन्न दिशाओं में जाना, विचारों का भिन्न होना **divergent** adj. = moving in different directions भिन्न दिशाओं की ओर अपसरित

di•verse /daɪ'vɜːs/ /डाइ'वऽस/ adj. *The children in this group come from diverse family backgrounds.* = different from each other विभिन्न, विविध

diversify /daɪ'vɜːsɪfaɪ/ /डाइ'वऽसि.फाई/ verb, i. or t. *Our company produces only motorcars, but now we have decided to diversify. We will also produce scooters and mopeds.*(i.) = to take up a number of different business activities विविधता अपनाना

diversion /daɪ'vɜːʃən/ /डाइ'वऽश्न/ noun, u. or c. **1** *The road is being repaired so you will have to take a diversion.*(c.) = a path that turns away from the usual route अलग बना रास्ता **2** *The diversion of* *the river has made this area fertile.*(u.) = the act of diverting or turning something aside दिशा परिवर्त्तन की क्रिया, विपथन **3** *Cinemas are one of the main diversions in cities.*(c.) = something that amuses and entertains people मन बहलानेवाली वस्तु, मनोरंजन

di•vert /daɪ'vɜ:t/ /डाइ'वɜट/ verb, t. *The money which is now being spent on weapons should be diverted to education and health programmes.* = to turn something away from one direction or thing to another दूसरे काम में लाना

di•vest /daɪ'vest/ /डाइ'वेस्ट/ verb, t. *divest the minister of all his powers* = to take away someone's position, rights, property etc. पदाधिकार, संपत्ति आदि से वंचित करना

di•vide /dɪ'vaɪd/ /डि'वाइड/ verb, t. **1** *The money in the box will be divided among the three of us.* = to distribute; to share so that each person gets something हिस्सा करके बँटवारा करना **2** *The teacher divided the class into groups.* = to make into different groups or parts अलग-अलग हिस्सों या वर्गों में बाँटना **3** *You can divide 21 by 7.* = to see how many times a number is found in another number से भाग देना **4** *I divide my time between work and family.* = to use for different purposes अलग-अलग काम के लिए इस्तेमाल करना **5** *Our quarrel over where the new building should be built has divided us.* = to stop being friendly पारस्परिक असहमति होना, मैत्रीभाव समाप्त होना

dividend /'dɪvɪdend/ /'डिविडेण्ड/ noun, c. **1** = a share of the profits made by a company which is paid to shareholders भागीदारों को दिया जानेवाला लाभांश **2** = a number which is divided by another number भाज्य

di•vine /dɪ'vaɪn/ /डि'वाइन/ adj. = having to do with God ईश्वरीय **divinity** noun, c. = the state or quality of being divine (a god) ईश्वरत्व का गुण

di•vi•sion /dɪ'vɪʒən/ /डि'विज़्न/ noun, u. or c. **1** *The division of India took place in 1947*(u.) = the act of dividing (separating into different parts) विभाजन, बँटवारा **2** *The state contains four main divisions.*(c.) = a part into which something is divided प्रखंड **3** *There is division within the team.*(u.) = difference of opinion मतभेद, फूट **4** *He passed in the second division.* = class श्रेणी **5** = the process by which a number can be divided भाग [गणित] **6** = one of the parts into which an army is divided [सेना] टुकड़ी **divisible** adj. *22 is divisible by 11* = (a number) that can be divided by another number (opposite **indivisible**) (संख्या) विभाज्य (विलोम शब्द **indivisible**)

di•vi•sor /dɪ'vaɪzəʳ/ /डि'वाइज़ʳ/ noun, c. *If we divide 27 by 3, 27 is the dividend while 3 is the divisor.* = a number by which another number is divided भाजक

di•vorce[1] /dɪ'vɔ:s/ /डाइ'वॉɔस/ verb, t. **1** = to bring a marriage to an end through a court of law विवाह विच्छेद, तलाक **2** *Your ideas are divorced from reality.* = to have no connection with से विच्छिन्न या असंबद्ध

divorce[2] noun, u. or c. **1** *He wants a divorce from his wife.*(c.) = the official ending of a marriage through a court of law तलाक **2** *In any work we do, it is difficult to divorce the easy from the difficult parts.* = to see a difference between two things; to separate से अलग कर (पा)ना

di•vulge /daɪ'vʌldʒ/ /डाइ'वॅल्ज/ verb, t. *You must promise not to divulge my plans to anyone.* = to give out a secret (formal) रहस्योद्घाटन करना, प्रकट कर देना (औपचारिक)

diz•zy /'dɪzi/ /'डिज़ी/ adj. *He felt dizzy when he sat on the merry-go-round.* = an uncomfortable feeling of losing one's balance and going round and round चकराया हुआ, चक्कर आने-जैसा एहसास

do[1] /du:/ /डू/ aux. verb **1** *How much do you know?* **2** *You do not know me.* **3** *Yes, I do know the answer.* = auxiliary verb, used along with a main verb to form questions and negative sentences or in short sentences for emphasis प्रश्नात्मक तथा नकारात्मक वाक्यों में मुख्य क्रिया के साथ जुड़ती सहायक क्रिया के रूप में या मुख्य क्रिया पर ज़ोर देने के लिए प्रयुक्त **4** *He plays golf, and so do I.* = used to replace another verb मुख्य क्रिया को दुहराने से बचने के लिए उसके बदले में प्रयुक्त

do[2] verb, t. or i. **1** *What is the Board doing about noise pollution?*(t.) = to perform an action, activity or task (के लिए या से संबद्ध) कार्य करना **2** *What do you do for your food?* = arrange, organise का प्रबंध करना **3** *How are you doing in your studies?*(i.) = to make progress प्रगति करना **4** *My car does 60 kilometres per hour.*(t.) = to be capable of producing (के लिए) सक्षम होना **5** *One litre of paint will do for this wall.*(i.) = to be enough (के लिए) काफ़ी होना **6** *Do remember to take an umbrella.*(t.) = a way of stressing that something should be done 'चाहिए' के अर्थ पर ज़ोर डालने के लिए प्रयुक्त **7** *'Don't you like watching television?' 'I do.'*(i.) = used as an answer to don't, or in place of a verb to follow पिछली मुख्य क्रिया को दुहराने से बचने के लिए स्वीकारात्मक या नकारात्मक उत्तर में प्रयुक्त **8** *If you take up French, you'll have to do it for four years.*(t.) = study (as part of a course) सीखते रहना **9** *Let's go to that restaurant. They do good Bengali food there.*(t.) = make (food) (informal) राँधना (अनौपचारिक)

do[3] noun *We are having a do to celebrate our victory.* = a party (informal) खाना-पीना, दावत (अनौपचारिक) **do-gooder** noun = a person who tries to help others but is not very practical or effective (derogatory) ढुलमुल उपकारक (अनादरपूर्ण)

to do up (something) *We are going to do up her room so that she feels happy when she's back from hospital.* = to decorate or make a place look pleasant (informal) ठीक-ठाक करना (अनौपचारिक) **to do with 1** *Have you any ice? I could do with a cold drink.* = to need something (informal) से ज़रूरत पूरी करना, से काम चलाना (अनौपचारिक) **2** *The film is to do with the horrors of war.* = about; connected with; on the subject of (formal) से संबद्ध (औपचारिक) **to do or die** = to do everything possible to succeed (कामयाब होने के लिए) कुछ उठा नहीं रखना **to be up and doing** = to be active after a period of illness or rest (informal) टनमना जाना (अनौपचारिक) **to do someone in** = to kill (informal) काम तमाम करना, खलास करना (अनौपचारिक) **to do someone out of something** *By not letting me know, they did me out of the chance of getting a wonderful job.* = to make sure that someone does not get what she/he needs or deserves यह देखना कि जिसको जो मिलना चाहिए उसे वह नहीं मिल पाए **to do without** *There were no onions in the house so we did without.* = to manage without something that is fairly important or necessary के बिना काम चला (ले)ना **to have nothing to do with someone** *They cheated me in that shop, and now I'll have nothing to do with them.* = to make up one's mind not to be friendly with, work with, buy from etc. someone 'से कोई सरोकार नहीं रखना', 'से कुछ अब लेना-देना नहीं' का संकल्प करना

do•cile /'dəʊsaɪl/ /'डउसाइल/ adj. *She will do whatever you ask. She is a very docile person.* = quiet and willing to obey (sometimes derogatory) आज्ञाधीन, बाअदब, विनीत (यदा कदा अनादरपूर्ण) एकदम बमभोला, मिट्टी का माधो

dock¹ /dɒk/ /डॉक/ noun, c. **1** = a place where ships are loaded and unloaded or repaired (बंदरगाह) गोदी **2** *the prisoner in the dock* = the place in a court of law where a prisoner is made to stand कठघरा

dock² verb, t. *The ship has been docked.* = to put a ship into a dock for unloading, repairs etc. जहाज़ को 'गोदी' में लाना

doc•tor¹ /'dɒktəʳ/ /'डॉक्टʳ/ noun, c. **1** = a person who treats sick people चिकित्सक **2** = a person who has a Ph.D. degree विश्वविद्यालय से पीएच डी की उपाधि-प्राप्त व्यक्ति

doctor² verb, t. *The contract papers have been doctored.* = to change a document in a dishonest way (disapproving) धोखा देने के लिए या कुछ झुठलाने के लिए दस्तावेज़ में फेर-बदल करना (अस्वीकृत)

doc•trine /'dɒktrɪn/ /'डॉक्ट्रिन/ noun, c. *the doctrine of rebirth* = principle or set of beliefs that one is taught by a religion or a political party (धर्म या राजनीति) सिद्धांत, मत, वाद

doc•u•ment¹ /'dɒkjʊmənt/ /'डॉक्युमण्ट/ noun, c. *Do you have documents to prove that you are the owner of this house?* = a legal or official paper दस्तावेज़

document² verb, t. *The war of 1914 has been well documented.* = to record an event in the form of documents or to prove something with the help of documents दस्तावेज़ के तौर पर प्रमाण प्रस्तुत करने के लिए घटित का विवरण तैयार करना

documentary /dɒkjʊ'mentərɪ/ /डॉक्यु'मेन्ट्री/ noun = film, TV or radio programme that gives information about a certain subject वृत्तचित्र

dod•der /'dɒdəʳ/ /'डॉडʳ/ verb, i. = to walk slowly and unsteadily due to old age (बुढ़ापे की वजह से) डगमगाते या थकमकाते हुए चल पाना

dodge /dɒdʒ/ /डॉज/ verb, t. **1** *He tried to dodge the blow but he was hit on the shoulder.* = to move aside quickly in order to avoid getting hit वार बचाना, कतराकर बच जाना **2** *I asked him if he was getting married but he dodged the question.* = to avoid something (e.g. a question, by not answering it) टाल जाना

doe /dəʊ/ /डउ/ noun, c. = a female deer हरिणी, मृग

dog¹ /dɒg/ /डॉग/ noun, c. = a small four-legged animal often kept as a pet कुत्ता (एक पालतू जानवर भी)

dog² verb, t. *He has been dogged by bad luck.* = to be followed by (informal) पीछे लगा हुआ, पछियाता (अनौपचारिक) **dog-eared** adj. *a dog-eared exercise book* = a book or exercise book whose pages have become bent at the corners due to heavy use मुड़े कोनेवाला (पन्ना) **dog tired** = extremely tired (informal) थकामाँदा, थककर चूर (अनौपचारिक) **a dog in the manger** *You don't enjoy television yourself and you won't allow your children to watch television. You are a real dog in the manger!* = someone who does not want others to use or enjoy something even though he/she does not enjoy or want it ऐसा व्यक्ति जो न अपने करे न दूसरे को करने दे **to lead a dog's life** = to lead an unhappy life, full of troubles मुसीबतज़दा ज़िंदगी गुज़ारना **to let sleeping dogs lie** = not to do anything to disturb a situation which was rough and difficult but is now peaceful स्थिति जो उथलपुथल की थी लेकिन अब शांत है, उसमें दखल नहीं देना **a dog-eat-dog situation** = a highly competitive situation in which people take advantage of each other स्वार्थपूर्ण स्पर्धा की स्थिति

dogged /'dɒgɪd/ /'डॉगिड/ adj. *She worked in a dogged way to fulfil her ambitions.* = very determined (usually approving) **doggedly** adv. धुन का पक्का या अडिग होकर (प्रायः स्वीकृत)

dog•ge•rel /'dɒgərəl/ /'डॉगरल/ noun, c. = a badly written poem without much meaning कुकविता

D

dog•ma /'dɒgmə/ /'डॉग्म/ noun, c.= a belief (generally connected with religion) that one is expected to follow without questioning आँख मूँदकर माना जाता धर्मसिद्धांत **dogmatic** adj. *a dogmatic person* = not willing to give up one's beliefs हठधर्मी, मताग्रही

dol•drums /'dɒldrəmz/ /'डॉल्ड्रम्ज़/ noun, u. (always plural) = a part of the ocean where sailing ships were unable to move (in the old days) as there was no wind to drive them प्रशांत मंडल, समुद्र का वह भाग जहाँ हवा का वेग नहीं के बराबर रहता है और जहाज़ नहीं चल पाते

to be in the doldrums *The jute industry is in the doldrums now.* = to be in a state of inactivity (when nothing happens) बेकार पड़ा होना, ठप्प

dole /dəʊl/ /डउल/ noun, u. = money paid by the government (in some countries) to people who are without jobs बेकारी अनुदान, बेरोज़गारी भत्ता, खैरात

to dole out *She doled out food to her children.* = to give in small quantities to someone who is in need, or in a weak position (informal, derogatory) थोड़ा-थोड़ा बाँटना (अनौपचारिक, अनादरपूर्ण)

doll /dɒl/ /डॉल/ noun, c. **1** = a figure, usually that of a small child, baby or adult, used as a toy गुड्डा/गुड़िया **2** = a word sometimes used by men to describe an attractive woman कामिनी, नाज़नीन, हसीना, हेमा **3** = a word sometimes used to refer to a good-looking but not very intelligent woman Ⓖ. (derogatory) छम्मक छल्लो (अनादरपूर्ण) लिंग

dol•lar /'dɒlə[r]/ /'डॉलर/ noun, c. = the unit of money used in America, Canada, Australia, New Zealand, Hong Kong and Singapore अमेरिका, कनाडा, आस्ट्रेलिया, हॉङ् काङ् में प्रचलित मुद्रा

to bet one's bottom dollar = to be very certain that one is right (informal) निश्शंक (अनौपचारिक) **to look like a million dollars** = to look very attractive (informal) लुभावना लगना, बिजली गिराना (अनौपचारिक)

dol•phin /'dɒlfɪn/ /'डॉल्फ़िन/ noun = a highly intelligent mammal that lives in the sea एक समझदार समुद्री जीव, सूँस

dolt /dəʊlt/ /डउल्ट/ noun, c. = a stupid person (derogatory) 'गोबर गनेस' (अनादरपूर्ण)

do•main /də'meɪn/ /ड'मेइन/ noun, c. **1** *It is difficult to explain how some people are able to tell the future. Such things lie outside the domain of science.* = an area of activity or knowledge ज्ञान-विज्ञान के अपने एक दायरे या किसी कार्य क्षेत्र-विशेष की सीमा से परे **2** = a set of Internet addresses that end with the same name [COMPUTERS] इंटरनेट के ठिकानों का सेट जिसमें सभी (ठिकानों) के नामों का अंत एक ही होता है [कंप्यूटर]

dome /dəʊm/ /डउम/ noun, c. **1** = a round roof on a building **2** *the dome of someone's head* = something round, shaped like a dome गुंबद

do•mes•tic /də'mestɪk/ /ड'मेस्टिक/ adj. **1** *domestic problems* = having to do with the home or family घरेलू **2** *a domestic flight* = within the country (opposite **international**) देशीय (विलोम शब्द **international**) **domestic animals** = animals which are kept in the home or on a farm e.g. dogs, cats, cows घरेलू या पालतू जानवर **domestic science (home science)** = the study of the skills required in the home e.g. cooking गृह-विज्ञान **domesticate** verb, t. = to tame or train an animal so that it can live in the home along with human beings (जंगली से) पालतू बनाना

dom•i•cile /'dɒmɪsaɪl/ /'डॉमिसाइल/ noun, u. *His domicile is New Delhi, India, though he is working in America.* = the place to which a person belongs or where he/she lives निवास-स्थान

dom•i•nate /'dɒmɪneɪt/ /'डॉमिनेइट/ verb, t. or i. **1** *Sachin Tendulkar has dominated the game of cricket in India.* = to have the most important position in का सबसे महत्त्वपूर्ण स्थान होना **2** *When I am in a meeting with you, I never get a chance to speak. You dominate every meeting.* = to control or rule पर छा जाना, पर हावी होना **dominant** adj. *The dominant theme in his poetry was love for his motherland.* = most noticeable or important प्रमुख, प्रधान, प्रबल

dom•i•neer•ing /dɒmɪ'nɪərɪŋ/ /डॉमि'नियरिंग/ adj. *My partner in business is so domineering that he wants to decide everything for me.* = ruling over others without any consideration for their feelings (derogatory) धाक जमाने वाला दबंग, धौंसवाला (अनादरपूर्ण)

do•min•ion /də'mɪnjen/ /ड'मिन्यन/ noun, u. or c. **1** *Akbar's dominion extended over the whole of India.*(u.) = power and control **2** *Bengal was a part of Akbar's dominion.*(c.) = kingdom अधिकार-क्षेत्र, राज्य

don /dɒn/ /डॉन/ noun, c. = the powerful leader of a gang of criminals मेठ, 'दादा', 'बॉस'

do•nate /dəʊ'neɪt/ /डउ'नेइट/ verb, t. *My neighbour has donated a lot of money to charity.* = to give away something, especially money, for a good cause; to give one's blood, organs etc to someone medically in need दान में देना **donation** noun, c. = something, especially money that is donated दानराशि, चंदा

don•key /'dɒŋki:/ /'डौंकी/ noun, c. **1** = an animal like a horse but smaller, with larger ears खच्चर **2** = a silly or foolish person बजरबट्टू, मूढ़मग्ज़

doo•dle[1] /'du:dl/ /'डूड्ल/ verb, t. *He was doodling away in his notebook, paying little attention to the lecture.* = to draw, not seriously, lines, figures etc. while thinking of something else कुछ और सोचते हुए टेढ़ी-मेढ़ी लकीरें खींचते रहना

doodle

doodle[2] noun, c. *The sheet of paper was covered with doodles.* = things that are drawn while doodling टेढ़ी-मेढ़ी या जैसे-तैसे खिंची आकृतियों का अंकन

doom[1] /du:m/ /डूम/ noun, u. *The soldiers knew that they were sure to be killed yet they marched cheerfully to their doom.* = death or destruction that cannot be avoided (literary) अवश्यंभावी सर्वनाश (साहित्यिक)

doom[2] verb, t. *Our hopes for a lasting peace are doomed.* = to face certain destruction निश्चित बरबादी का सामना होना **Doomsday** noun = the day when the world will come to an end, as some religions believe अंतिम न्याय का दिन, कयामत

door /dɔ:ʳ/ /'डॉऽʳ/ noun, c. = a flat block of wood, metal or plastic which opens or closes the entrance to a building etc. दरवाज़ा **doorbell** noun = a bell that visitors to a house can ring to announce their presence आगंतुकों के लिए घर के बाहर लगी घंटी **doorkeeper** noun = a person who guards the entrance to a building दरबान

to show someone the door = to ask an unwelcome guest to leave अनचाहे अतिथि को बाहर जाने को कहना **to shut the door in someone's face** = to refuse to listen or talk to someone कुछ भी कहने-सुनने से इनकार कर देना **to answer the door** = to open the door to allow someone to come in अंदर आने देने के लिए किवाड़ खोलना **behind closed doors** = in a secret manner गुपचुप ढंग से

dope[1] /dəʊp/ /डउप/ noun, u. **1** = an illegal drug, such as marijuana (ganja) (slang) मादक द्रव्य (अपभाषा) **2** = a stupid person (derogatory, slang) बौड़म, उल्लू का पट्ठा, भकोल, बकलोल (अनादरपूर्ण, अपभाषा)

dope[2] verb, t. *The man has been doped.* = to give a drug to a person or animal in order to make him/her unconscious मादक द्रव्य देकर बेसुध करना

dor•mant /'dɔ:mənt/ /'डॉऽमण्ट/ adj. **1** *a dormant volcano* = inactive (not active) प्रसुप्त, निष्क्रिय **2** = (of genes, infection etc.) hidden and not active but likely to become active in certain situations [BIOLOGY] (जीवाणु कोष या संक्रामकता) सुप्त, निहित (किंतु परिस्थिति-विशेष में सक्रिय) [जीव विज्ञान]

dor•mi•to•ry /'dɔ:mɪtəri/ /'डॉमिट्री/ noun, c. (**dormitories**) = a large hall in which several people can sleep शयनागार

dor•sal /'dɔ:səl/ /'डॉऽस्ल/ adj. *the dorsal fin of a fish* = on or near the back of an animal [BIOLOGY] (see pic under **fish**) पृष्ठीय [जीव विज्ञान] (**fish** के अंतर्गत चित्र देखें)

dose[1] /dəʊs/ /डउस्/ noun, c. *Give him just one dose of the medicine.* = a measured amount of medicine खुराक

dose[2] verb, t. *We dosed our child with cough syrup.* = to give medicine to someone (often derogatory) दवा की खुराक पिलाना (प्राय: अनादरपूर्ण)

dos•si•er /'dɒsieɪ/ /'डॉसिएइ/ noun, c. *The police maintains dossiers on all important people.* = a set of secret papers containing detailed information about someone or something किसी व्यक्ति या घटना-विशेष के बारे में एकत्र तथ्य-संग्रह, मिसिल, फाइल

dot[1] /dɒt/ /डॉट/ noun, c. = a small round mark or spot बिंदु **dot-com** = an abbreviation used on the Internet to show that one is referring to a commercial organisation (business company) [COMPUTERS] व्यावसायिक संस्था-विशेष का संक्षिप्त संकेत [कंप्यूटर]

dot[2] verb, t. **1** *Don't forget to dot your i's.* = to put a dot on or over something बिंदु लगाना **2** *The whole area is dotted with little shops selling soft drinks.* = to be covered with बिंदुओं की तरह फैला हुआ दीखना या होना, छिटका होना

to dot one's i's and cross one's t's = to do something with great care सतर्कतापूर्वक कुछ करना **to be on the dot** *The meeting began on the dot.* = exactly at the expected or correct time (informal) ऐन वक्त पर (अनौपचारिक)

do•tage /'dəʊtɪdʒ/ /'डउटिज/ noun, u. *in one's dotage* = second childhood; the period of old age when one's mind does not work clearly सठियाया

dote /dəʊt/ /डउट/ verb, t. *They are loving parents and dote on their children.* = to have great love for someone, to the point where it becomes a weakness दुलारना

doub•le[1] /'dʌbəl/ /'डॅब्ल्/ adj. **1** *The spelling of the word 'door' is: 'd', 'double o', 'r'* = containing two of something, or the same thing twice युग्म **2** *We need a double bed.* = something meant for two people दो व्यक्तियों के लिए **doubly** adv. दोतरफा, दोहरा

double[2] noun, c. or u. **1** *You don't want to sell this painting for Rs 50? Very well, I'll give you double.*(u.) = twice the amount दुगुना **2** *That man is your double.*(c.) = a person who looks very much like another प्रतिरूप **double-dealer** noun = a person who is dishonest, generally in business dealings (derogatory) व्यापार संबंध में दुरंगी चाल वाला बट्टेबाज़, छलिया, ठग, चार सौ बीस (अनादरपूर्ण)

double[3] verb, t. *I will double your salary if I like your work.* = to make something twice the original amount or size दुगुना करना **double-cross** verb, t. *The thief double-crossed his partners by informing the police about them.* = to betray or cheat someone with whom one has agreed to do something dishonest झाँसा देना, उल्लू बनाना, छलावा देना, घात करना, पीठ में छुरा भोंकना **double-check** = to check something twice in order to be sure दुबारा जाँच **double-book** = a seat in a train, plane, cinema etc. is double-booked when it has been given to two persons (instead of to one) [ट्रेन/हवाई जहाज़/सिनेमा] एक ही सीट जो एक के बदले दो के नाम की कर दी जाती है

at/on the double *Please come here. On the double!* = very quickly and without delay (informal) फ़ौरन से पेश्तर, फटाफट, दन से (अनौपचारिक) **to double as** *Karishma is a young girl in the film. She also doubles as the girl's mother.* = to have a second use or job (in addition to the first one) डबल रोल करना, एक और काम साथ ही निभाना **to double up/over 1** *He suddenly doubled up and clutched his stomach.* = to bend at the waist in a sharp movement as a result of sudden pain दोहरा हो जाना (जैसे अचानक दर्द से पेडू या कमर आगे झुक जाना) **2** *We doubled up listening to the story.* = to laugh लोट-पोट होना **to be bent double** = (of trees, persons etc.) to be bent down sharply as a result of age, force etc. ज़्यादा उमर या भार से नीचे झुका होना

doubt¹ /daʊt/ /डाउट/ verb, t. **1** *He says he is 21, but I doubt it.* = to question the truth of something सच्चाई पर संदेह करना **2** *Although there are dark clouds in the sky, I doubt if it will rain this evening.* = to consider something unlikely or uncertain नहीं लगता कि मुमकिन है

doubt² noun, c. or u. **1** *I have some doubts about the accuracy of this report.*(c.) = lack of trust or confidence संदेह **2** *His honesty was never in doubt.*(u.) = a state of uncertainty असंदिग्ध **doubtful** adj. **1** *I am doubtful if she will come on time.* = feeling doubt शंकनीय **2** *His coming is doubtful.* = uncertain संदेहास्पद, अनिश्चित **3** *She gave us a doubtful report.* = something that cannot be trusted अविश्वसनीय **doubting Thomas** *Don't be such a doubting Thomas.* = a person who does not believe things easily (informal) संशयात्मा, वहम का पुतला (अनौपचारिक)

to give someone the benefit of the doubt = to think well of somebody even though there seems to be something against him/her कुछ अप्रिय दीखने पर भी किसी के बारे में अच्छा या भला ही सोचना

dough /dəʊ/ /डउ/ noun, u. = the mixture of flour, water, salt, sugar etc. from which bread, pies, chapatis etc. are made गुँधा-सना आटा, लोई

dour /dʊəʳ/ /डुअʳ/ adj. *a dour person* = one who does not speak or smile often and does not change his/her mind easily सुस्त, मनहूस और हठी

douse (dowse) /daʊs/ /डाउस/ verb, t. *to douse a fire* = to put out a fire by throwing water on it पानी डालकर आग बुझाना

dove /dʌv/ /डॅव/ noun, c. = a bird, the white species of which is considered a symbol of peace पंडुक (शांति का प्रतीक)

dovetail /ˈdʌvteɪl/ /ˈडॅवटेइल/ verb, t. **1** = to join two pieces of wood by using a special kind of joint, called a dovetail काष्ठसंधि, गठचूल, डवजोड़ बिठाना **2** *Each of you is writing a separate report, but I would like you to dovetail your reports so that I can get a complete picture.* = to join or fit two or more things together skilfully समन्वित करना

dow•dy /ˈdaʊdi/ /डाउडी/ adj. *a dowdy dress* = unattractive and old-fashioned (derogatory) अनाकर्षक, भद्दा, फूहड़ (अनादरपूर्ण)

down¹ /daʊn/ /डाउन/ prep. **1** *We ran down the hill.* = from a higher place to a lower place ऊपर से नीचे की ओर **2** *He was walking down the road.* = along (सड़क) से होकर **3** *We are rowing down the river.* = with the current धारा की दिशा में

down² adv. **1** *The sun is going down.* = to a lower position और नीचे **2** *I bent down to pick up the sheet of paper.* =towards a lower position such as the floor, ground etc. (फ़र्श, जमीन की तरफ़) नीचे की ओर **3** *You should lie down.* = from a standing or sitting to a lying position लेट जाना **4** *Our profits are going down.* = to a lower level घटना **5** *Will you walk down to the market with me?* = away from a place किसी (मुख्य) जगह से / जहाँ खड़े हैं वहाँ से कहीं जाना **6** *Write down his address.* = on paper लिख लेना, टाँक लेना

down³ adj. **1** *She has been down since he lost his job.* = depressed (informal) खिन्न, उचाट, बेदिल, अनमना, उखड़ा-उखड़ा (अनौपचारिक) **2** *This is the down train from Howrah.* = going away from किसी (मुख्य या नियत) स्टेशन से चलने या जानेवाली **3** *The computer system is down.* = not working temporarily (फिलहाल) ठप्प

down⁴ verb, t. **1** *Our hockey team has downed the Australians.* = to defeat हरा देना **2** *He downed his coffee quickly.* = to swallow some liquid गटक जाना

down⁵ noun, u. = the soft feathers covering the skin of a young bird चिड़िया के चमड़े पर मुलायम रोएँ **down-and-out** adj. *My friend is down-and-out these days.* = going through a period of bad luck, with no money, opportunity etc. हाल खस्ता (होना) **downcast** adj. = feeling sad उदास, मुँह लटका (होना) **downgrade** verb, t. *The Manager has been downgraded to the rank of Assistant Manager.* = to bring down in position or importance दर्जा घटाना, पदावनत करना **download** verb, t. = to move information from the Internet to the storage system of a computer [COMPUTERS] इंटरनेट से संरक्षण-निकाय में स्थानांतरित करना [कंप्यूटर] **down payment** noun *I have to make a down payment of Rs 25,000 on the car which I am buying.* = a part of the full price of something, the rest to be paid later किश्त अदायगी (बाकी रकम बाद में) **downplay** verb, t. *The newspapers are trying to downplay the importance of this meeting.* = to make something seem less important than it really is महत्त्व घटाना **downpour** noun = a heavy shower of rain मूसलाधार बारिश **Down's syndrome** noun = a biological condition which results in a person's being born with disabilities that are mental as well as physical [MEDICINE] एक जैविक स्थिति जिसके परिणामस्वरूप मानसिक या शारीरिक अशक्तता जन्मजात होती है **down-to-earth** adj. *a very down-to-earth person* = practical and honest दुनियादार तथा नीतिवान **downtown** noun (American) = the important business area in a city (अमेरिकन अंग्रेज़ी का शब्द) शहर की साझामंडी **downtrodden** adj. *downtrodden people* = treated badly by those who are in power पददलित, दलित (वर्ग)

to come down in the world = to lose one's social position साख घटना **to be down with something** *She is down with the flu.* = to suffer from some disease किसी रोग विशेष से ग्रस्त होना **to be down for something** = to be included in a list of people taking part in a competition किसी होड़ के लिए बनी फिहरिस्त में शुमार होना **to down tools** = to stop working अचानक काम बंद कर देना, हड़ताल कर देना

doy•en /'dɔɪən/ /'डॉइअन/ noun, c. *Rabindranath Tagore was the doyen of Bengali poets.* = the seniormost and most respected member of a group (usually of teachers or writers) किसी दल-विशेष का ज्येष्ठ एवं समादृत सदस्य (सामान्यत: अध्यापक या साहित्यकार के प्रसंग में)

doze¹ /dəʊz/ /डउज़/ verb, i. *I dozed off while riding in the bus.* = to sleep lightly झपकी लेना, ऊँघना

doze² noun, u. *He had a quick doze.* = short and light sleep (informal) झपकी (अनौपचारिक)

doz•en /'dʌzən/ /'डॅज़्न/ noun, c. *a dozen eggs* = a group of 12 दर्ज़न, बारह का समुच्चय

drab /dræb/ /ड्रैब/ adj. *a drab brown dress* = dull and uninteresting फीका, मटमैला, एकरस

draft¹ /drɑːft/ /ड्राफ़्ट/ noun, c. **1** *I am preparing the first draft of my speech.* = the first rough form of something which is written प्रारूप, रूपरेखा **2** *a bank draft* = a written order given to a bank, asking for a payment to be made धनादेश, हुंडी

draft² verb, t. *I am drafting a report for the committee.* = to prepare a draft (informal) प्रारूप/परचा/मसौदा तैयार करना (अनौपचारिक)

drag¹ /dræg/ /ड्रैग/ verb, t. **1** *Several trees fell across the road but they have been dragged away.* = to pull something heavy along a surface समतल पर कुछ घसीटना **2** = to move something across the screen of a monitor using a mouse [COMPUTERS] प्रबोधक के पर्दे पर त्रिकोणात्मक बिंदु के जरिये कुछ स्थानांतरित करना [कंप्यूटर]

drag² noun, u. **1** *The meeting was such a drag that we left.* = something dull and uninteresting बोर **2** *An aircraft has to overcome a powerful drag when it is flying.* = the force of air which prevents forward movement [TECHNICAL] हवा की शक्ति जो अग्रसरण को बाधित करती है [तकनीकी] **3** *a drag show* = a performance in which a man is dressed as a woman (slang) एक अभिनय-प्रस्तुति जिसमें पुरुष स्त्री के वेश में होता है (अपभाषा)

to drag one's feet = to be deliberately slow in doing something कोई काम करने में जानबूझकर लस्टम-पस्टम दीखना **to drag on** = to go on for too long a period of time (कार्यक्रम) लंबा खिंचना, अनावश्यक देर तक जारी रहना **to drag up** *Why do you want to drag up those terrible times?* = to remind someone of something unpleasant which has been forgotten गड़े मुर्दे उखाड़ना

dra•gon /'drægən/ /'ड्रैगन/ noun, c. = an imaginary large animal, found in stories, that breathes fire एक काल्पनिक आग उगलता परदार साँप **dragonfly** noun, c. = a large insect with large, thin wings चिउरा

drain¹ /dreɪn/ /ड्रेइन/ verb, t. **1** *The water in the pond has been drained. It is dry now.* = to make something dry by removing liquid from it द्रव निकालकर सूखा कर देना **2** *We will dig a channel to drain the water away.* = to allow water to flow away से/का पानी बहा देना **3** *With one gulp he drained his glass.* = to drink all the liquid in the glass खाली कर देना, गटक जाना

drain² noun, c. **1** *The drain is choked with garbage.* = a pipe or channel which allows water to flow away नाली **2** *The amusement park is running well but it is a big drain on our resources.* = something that uses up something else अपव्यय का कारण

to go down the drain = to be wasted, (referring to money) (रुपया) पानी की तरह बह जाना

dra•ma /'drɑːmə/ /ड्राऽम/ noun, u. or c. **1** *He is writing a drama for television.*(c.) = a piece of writing that is acted out नाटक **2** *He is an authority on Sanskrit drama.*(u.) = literature in the form of plays नाट्य-साहित्य **3** *high drama in court.*(u.) = interesting or exciting events रोचक एवं उत्तेजक घटनाक्रम **dramatic** /drə'mætɪk/ /ड्र'मैटिक/ adj. **1** *a dramatic situation* = exciting नाटकीय, उत्तेजक, जीवंत **2** *a dramatic change or increase* = sudden and often unexpected आकस्मिक, अप्रत्याशित **3** *a dramatic display of anger* = showing excessive emotion अत्यंत भावपूर्ण **dramatically** adv. **dramatist** /'dræmətɪst/ /'ड्रैमटिस्ट/ noun, c. = a person who writes plays नाट्यकार **dramatize** verb, t. *The novel is being dramatized.* = to change a book into a drama so that it can be acted out नाटक

का रूप देना **dramatics** /drəˈmætɪks/ /ड्रॅमैटिक्स/ noun (always plural) = the study of things connected with drama, e.g. acting नाट्यशास्त्र

drape /dreɪp/ /ड्रेइप/ verb, t. *The table was draped with a tablecloth.* = to cover with cloth वस्त्र से आच्छादित करना

dras•tic /ˈdræstɪk/ /'ड्रैस्टिक/ adj. *We are making small changes in the school syllabus. No one likes a drastic change.* = something done suddenly that produces a powerful effect आकस्मिक तथा उग्र प्रभाव का

draught[1] (draft) /drɑːft/ /ड्राफ़्ट/ noun, c. *Don't stand in the draught. You will catch a cold.* = a moving current of cold air सर्द वातप्रवाह

draught[2] adj. *He gulped down a draught of water.* = the amount of water, tea or other liquid that one swallows at one single time एक (ही) घूँट

draughts /ˈdrɑːfts/ /'ड्राऽफ़्ट्स/ noun = an indoor game for two persons, played on a black and white board with 12 round pieces दो खिलाड़ियों के बीच एक खेल जो उजले-काले पट पर 12 गोटियों से खेला जाता है, चौपड़

draw[1] /drɔː/ /ड्रॉ/ verb, t. or i. (**drew, drawn**) **1** *The boy drew a large mountain.*(t.) = to create a picture using a pencil, pen or other instrument, but not a brush पेंसिल, तूलिका आदि से चित्र बनाना **2** *The students are learning to draw.*(i.) = to make pictures चित्रकारी करना **3** *The horse drew the cart along the road.*(t.) = to pull खींचना **4** *draw water from the well*(t.) = to take out निकालना **5** *The match drew a big crowd.*(t.) = to attract आकर्षित करना, जुटाना **6** *India drew the match.* = to end a game without losing or winning [खेल] बराबरी पर खत्म होना **7** *to draw conclusions* = to reach some result निष्कर्ष प्राप्त करना **8** *How much money have you drawn from the bank?* = to take something out from a source where it is stored or available (जहाँ जमा या प्राप्य है) वहाँ से निकालना **9** *In times of trouble, she draws a lot of courage from her friends.* = to take से प्राप्त करना, से पाना **10** *The time for the exam is drawing near.* = to come close (का दिन या समय) निकट आना, नियराना

draw[2] noun, c. **1** *The match ended in a draw.* = a match, competition etc. in which neither of the teams wins एक प्रतियोगिता खेल जिसमें कोई पक्ष नहीं जीतता **2** *The professor is always a big draw at workgroups.* = someone or something that attracts people प्रमुख आकर्षण **3** *He won the prize in a lucky draw.* = lottery लॉटरी

to draw up *We drew up a list of people we wanted to invite.* = to prepare तैयार करना, लिख डालना **to draw a blank** *The police were trying to find out who the leader of the gang is, but they drew a blank.* = to be unsuccessful in getting information सुराग पाने में विफल होना, कोई परिणाम न पाना **to draw the line** *I don't mind playing cards for fun, but I draw the line at gambling.* = to fix a limit beyond which one does not wish to do something अपनी कोई/एक हद तय करना **to draw (someone) out** *The boy was shy but I managed to draw him out and we talked for a long time.* = to make someone speak freely मुँह खुलवाना **to draw something up** = to prepare plans for some activity प्रारूप या योजना तैयार करना

drawback /ˈdrɔːbæk/ /'ड्रॉऽबैक/ noun, c. *The book you have written is a good one, but there's one drawback. It's too long.* = disadvantage; something that spoils an otherwise good thing त्रुटि

drawer /ˈdrɔːr/ /'ड्रॉऽर/ noun, c. = a kind of box without a lid, which fits into a table and can slide in and out, and is used to store things दराज़

drawing /ˈdrɔːɪŋ/ /'ड्रॉऽइङ/ noun, c. or u. **1** *This is a drawing of the new building.*(c.) = a picture made with pencils, crayons etc. and not with a brush पेंसिल आदि से उकेरा गया चित्रांकन या नक्शा **2** *We teach our students drawing.*(u.) = the art of making pictures चित्रांकन-कला, चित्रकारी **drawing room** noun, c. = the room in a house where visitors are received (also **living room**) बैठक, दालान, विश्राम-कक्ष (देखें **living room**)

drawl[1] /drɔːl/ /ड्रॉऽल/ verb, i. or t. = to speak very slowly, stretching the vowels सुस्त ढंग से लंबी स्वर-ध्वनियों में बोलना, चबाचबाकर बोलना

drawl[2] noun = a very slow style of speaking मंदोच्चारण, बोलने की बहुत ही धीमी शैली

dread[1] /dred/ /ड्रेड/ verb, t. *I dread examinations.* = to be very afraid of (formal) काँप जाना (औपचारिक)

dread[2] noun, u. *I have a dread of examinations.* = great fear of something (का) त्रास **dreadful** adj. *I got the dreadful news of the train accident.* = something that is sad or unpleasant बहुत बुरा, उदास या अप्रिय

dream[1] /driːm/ /ड्रीम/ noun, c. **1** *I had a strange dream last night.* = something that one thinks of or imagines while asleep सपना **2** *I have dreams of an India where there will be no poverty.* = something that one wants very much to happen but which may not happen वह जिसकी तीव्र आकांक्षा हो किंतु जो नहीं भी घटित हो सकता

dream[2] verb. i. or t. (**dreamt** or **dreamed**) **1** *Last night I dreamt that I was in New York.* = to have a dream while asleep सपना देखना **2** *When did I say that I would give you Rs 1,000? You must be dreaming!* = to imagine something खामखयाली में होना, सपनाना **dreamer** noun, c. = a person who has talent and imagination, but is not very practical or down-to-earth स्वप्नद्रष्टा, प्रतिभासंपन्न, कल्पनाशील किंतु अव्यावहारिक

beyond one's wildest dreams = more than one had hoped for कल्पना या आशा के परे **to dream up something** = to think of an excuse for not doing something (कोई काम नहीं कर पाने का) बहाना ढूँढ़ना

drear•y /'drɪəri/ /'ड्रिअरी/ adj. *Nothing interesting ever happens here. Life is dreary.* = dull and boring **dreariness** noun, u. नीरस, उबाऊ, उदास या खिन्न करनेवाला

dredge /dredʒ/ /ड्रेज/ verb, t. *The engineers are dredging the river as it is not deep enough for ships to pass.* = to dig up mud or sand from the bottom of a river or sea in order to make it more deep नदी या समुद्र को और गहरा करने के लिए उसके तल से बालू या कीचड़ निकालना **dredger** noun, c. = a special kind of ship which is used to dredge a river or sea निकर्षण पोत

drench /drentʃ/ /ड्रेन्च/ verb, t. *I got drenched in the rain and caught a cold.* = to become completely wet भींग जाना, सिक्त होना

dress[1] /dres/ /ड्रेस/ verb, i. or t. **1** *We will leave in ten minutes. Please get dressed.*(i.) = to put clothes on oneself or someone else; to put on clothes suitable for going out in etc. (बाहर निकलने के) कपड़े पहन(ले)ना या पहना(दे)ना **2** *She dressed for the journey.*(i.) = to wear clothes for a particular purpose or occasion अवसर-विशेष के लिए पोशाक पहनना **3** *The doctor is dressing his wounds.*(t.) = to clean a wound and tie a bandage over it [MEDICINE] मरहम-पट्टी करना [चिकित्सा] **4** *Please dress the chicken.* = to clean and prepare for cooking छील-साफ़ करके पकाने के लिए तैयार करना

dress[2] noun, c. **1** *That's a pretty dress.* = a garment or item of clothing worn by a girl or woman ज़नाना पोशाक **2** *the national dress of Nepal* = a specific style of clothes एक विशेष ढंग की पोशाक, लिबास **dress circle** noun = the first row of seats in a cinema or theatre नाट्यशाला या सिनेमाघर में कुर्सियों की पहली कतार **dress rehearsal** noun, u. = the final rehearsal of a drama before it is shown to an audience, in which the actors wear the clothes they are supposed to wear on stage दर्शकों के लिए रंगमंच का पर्दा उठने के पहले नाटक का अंतिम पूर्वाभ्यास जिसमें अभिनेता रंगमंच पर अपेक्षित परिधान ही में होते हैं

to be dressed in one's Sunday best = to be wearing one's best clothes for some special occasion खास मौके पर अपने सबसे नफ़ीस लिबास पहने होना **to be dressed to kill** = to be wearing very attractive clothes (informal) बहुत ही लुभावनी पोशाक में होना, बिजली गिराना (अनौपचारिक) **to dress something up** *They dressed up the computer to make it look new.* = to make something look more attractive than it really is और आकर्षक या मनोहारी बनाना **to give someone a dressing-down** = to scold someone डाँटना, फटकारना, धता बताना

Usage The noun **dress** is a word for a particular item of clothing worn by girls or women. A man's clothes would not be described as a dress.
A sari is a form of dress but it cannot be referred to as 'a dress'.
The verbs **dress, wear** and **put on** often get confused. We usually **put on** a garment with sleeves, a neck etc (e.g. a blouse, a shirt). We don't **put on** a sari, we **wear** it. संज्ञा शब्द **dress** का प्रयोग लड़कियों या महिलाओं द्वारा पहने जाने वाली एक विशेष पोशाक के लिए किया जाता है। एक पुरुष के कपड़ों का वर्णन dress के रूप में नहीं किया जा सकता।
साड़ी dress का एक प्रकार है लेकिन इसे 'a dress' के रूप में व्यक्त नहीं किया जा सकता। क्रियाएं **dress, wear** और **put on** अक्सर दुविधा पैदा करते हैं। हम अक्सर बाँह और गले इत्यादि वाले कपड़े के लिए **put on** का इस्तेमाल करते हैं। (जैसे a blouse, a shirt)। हम sari के साथ **put on** का इस्तेमाल नहीं करते, हम **wear** it कहते हैं।

dressing /'dresɪŋ/ /'ड्रे सिंग/ noun, u. or c. **1** *She enjoys dressing.*(u.) = the act of putting on clothes पहनावा **2** *Put a clean dressing on the wound.*(c.) = material used to cover a wound [MEDICINE] पट्टी [चिकित्सा] **3** *salad dressing* = a mixture of oil and spices used to add taste to food भोजन का ज़ायका बढ़ाने के लिए तेल-मसाले का एक मिश्रण **dressing table** noun, c. = a table fitted with a mirror and drawers, used by a person who is dressing प्रसाधन-पटल

drib•ble[1] /'drɪbəl/ /'ड्रिब्ल/ verb, i. or t. **1** *Saliva was dribbling from the baby's mouth.*(i.) = to allow some heavy liquid to flow out slowly in drops टपकना, चूना **2** *The centre half dribbled the ball to the left out.*(t.) = to keep the ball moving while running, in the game of football or hockey, with the help of short pushes or kicks (गेंद) लुढ़काते रहना

dribble[2] noun, c. **1** *a thin dribble of saliva* = a thin flow; a trickle चुआव **2** *a fast dribble* = the act of dribbling the ball in hockey or football लुढ़काव

dri•ft[1] /drɪft/ /ड्रिफ़्ट/ verb, i. **1** *The boat is drifting down the river.* = to float along slowly, driven by the wind or current हवा या धारा के बल पर तिरना **2** *The work started well but now we seem to be drifting.* = to move with no sense of direction निरुद्देश्य संचरण करना **3** *The younger people are drifting away from the villages to the towns.* = to move away slowly धीरे-धीरे छोड़ते जाना

drift[2] noun, c. *I couldn't get the drift of your speech.* = the general meaning तात्पर्य, प्रयोजन **driftwood** noun = wood from trees which is carried along by rivers नदी के बहाव में बहता पेड़ का हिस्सा

drill[1] /drɪl/ /ड्रिल/ noun, c. or u. **1** *a carpenter's drill.*(c.) = a machine used to make a hole in something (see pic under **tools**) छेद करने का एक औज़ार, बर्मा (**tools** के अंतर्गत चित्र देखें) **2** *The teacher led the students through a drill.*(c.) = physical exercise कवायद **3** *I am giving the students a drill in the vowels of English.* = practice which involves repetition (आवृत्ति से) अभ्यास **4** *a fire drill* =

practice of what should be done in an emergency संकटकाल के लिए पूर्वाभ्यास

drill² verb, t. *The thieves drilled a large hole in the wall and entered the room.* = to use a drill to make a hole छेद करना

drink¹ /drɪŋk/ /ड्रिंक/ verb, t. or i. (**drank, drunk**) **1** *You should drink more milk.*(t.) = to take some liquid into the stomach through the mouth पीना **2** *He drinks too much.*(i.) = to take alcoholic liquids (disapproving) पियक्कड़ होना, ढालते जाना (अस्वीकृत)

drink² noun, c.or u. **1** *Would you like a soft drink?*(c.) = a cup etc. of a hot or cold liquid (e.g. orange juice) which one drinks पेय **2** *Have a drink before you go.* = an alcoholic liquid मद्य, मदिरा

to drink up something *It's late, please drink up your coffee.* = to drink something fast and finish it (जल्दी से) पी लेना, घोंट लेना, गटक जाना **to drink like a fish** = to be very fond of alcoholic drinks पियक्कड़ होना **to drink in something** *We drank in the beauty of the sunset.* = to look at or listen to something with great enjoyment or eagerness इंद्रियों द्वारा अवधारित करना, का ऐंद्रिक सुख पाना

drip¹ /drɪp/ /ड्रिप/ verb, i. or t. *Water is dripping from the roof.*(i.) = to fall in drops टपकना

drip² noun, c. **1** *You can hear the drip from the tap.* = the sound of water falling in drops टपकन **2** *The man who was hurt in the accident has been given a drip.* = some liquid which is allowed to flow into a person's veins slowly in tiny drops (containing some medicine or chemical which the body needs) [MEDICINE] शरीर के लिए अपेक्षित औषधि या रसायन-युक्त एक द्रव पदार्थ जो नसों में बूँद-बूँद रिसता है [चिकित्सा] **drip-dry** adj. = clothing that becomes smooth after drying and does not need to be ironed after washing (पोशाक) जो सूखते ही ऐसी चिकनी हो जाती है कि इस्तरी की ज़रूरत नहीं होती

drive¹ /draɪv/ /ड्राइव/ verb, t. or i. (**drove, driven**) **1** *My brother will drive the car.*(t.) = to control a moving vehicle (गाड़ी) चलाना, हाँकना **2** *Can you drive?*(i.) = to be able to control a moving vehicle, specially a car (विशेषकर मोटर) चला या हाँक सकना **3** *He drove us out of the house because we were singing very loudly.*(t.) = to force someone to leave a place जबरन बाहर कर देना **4** *His depression drove him to drink.*(i.) = to force a person to do something, usually bad के लिए/पर मज़बूर कर देना **5** *The batsman drove the ball over the fielder's head.*(t.) = to hit hard कसके मारते हुए उछाल देना

drive² noun, c. or u. **1** *Let us go for a drive.*(c.) = a ride in a vehicle, especially a car, taken for pleasure (मोटर से) सैर **2** = a narrow road leading to a building इमारत को जाती एक पतली सड़क **3** *He works hard but he has no drive.*(u.) = great energy or strong desire to succeed कामयाब होने की स्फूर्ति, बलवती इच्छा **4** *Our club is running a membership drive.*(c.) = a campaign अभियान **5** *a disk drive* = a part of a computer that reads and stores information [COMPUTERS] कंप्यूटर का एक हिस्सा जो पठन तथा तथ्य-संग्रह का काम करता है [कंप्यूटर] **6** *Hunger is a powerful drive* = a need of the body which has to be satisfied एक शरीरोचित बलवती प्रवृत्ति जिसकी संतुष्टि अपरिहार्य होती है **driver** = a person who drives a car (गाड़ी) चालक **drive-in restaurant** noun = a restaurant that people can use without getting out of their cars रेस्तराँ या जलपान-गृह जिसमें अपनी गाड़ी में ही बैठे खाया-पीया जा सकता है **driving** verb = the action of controlling a car गाड़ी चलाना या हाँकना **driving licence** an official card or book which allows one to drive in public places गाड़ी हाँकने का एक अनुमति-पत्र

to drive a hard bargain = to get something which is to your advantage by bargaining सौदेबाज़ी में मुनाफ़ा हासिल करना **to drive something home** = to make a point very clear समझा देना **to drive at something** = to suggest something indirectly को या की ओर इंगित करना/का तात्पर्य होना **to be in the driving seat** = to be in control शासनाधिकारी होना

driz•zle¹ /ˈdrɪzəl/ /ˈड्रिज़्ल/ verb, i. *We expect heavy rain but it is only drizzling now.* = to rain in very fine and small drops फुहार या झींसी पड़ना

drizzle² noun, c. *We had a light drizzle.*(c.) = a very light shower of rain बूंदाबाँदी, फुहार

drom•e•da•ry /ˈdrɒmədəri/ /ˈड्रॉमड्री/ noun (**dromedaries**) = a type of camel with only one hump on its back एक ही कूबड़ वाला ऊँट

drone¹ /drəʊn/ /ड्रउन/ verb, i. **1** *The generator droned all night, making sleep impossible.* = to make a low, deep humming sound like that of a bee भनभनाना, हनहनाना **2** *The speaker droned on, though no one was listening.* = to talk for a long time in a low and dull voice बकते रहना

drone² noun, u. **1** *The singer's voice was accompanied by the drone of the tanpura.* = a continuous low sound मंद्रध्वनि **2** = a male bee नर-मधुमक्खी

droop /druːp/ /ड्रूप/ verb, i. **1** *The plants are drooping from the heat.* = to bend or hang down (म्लान होकर) झुक जाना **2** *We started the work happily but by the evening our spirits were drooping.* = to become low or sad कुम्हलाना, शिथिल या मंद पड़ जाना

drop¹ /drɒp/ /ड्रॉप/ verb, t. or i. **1** *Don't drop the glasses. They will break.*(t.) = to allow something to fall from a height (ऊपर से नीचे) गिरा या टपका देना **2** *The price of gold has dropped.*(i.) = to come down to a lower level (भाव) गिरना **3** *I have dropped the idea of going to America.*(t.) = to give up (विचार आदि) छोड़ देना **4** *He has been dropped from the team.*(i.) = to leave out नहीं शुमार करना **5** *My friend dropped in* *this morning.*(i.) = to visit someone unexpectedly अचानक पहुँचना **6** *I will drop you at the station.* = to take someone to some place (usually in a car) (स्थान पर) छोड़ देना या आना (मोटर से)

drop² noun, c. or u. **1** *Take only two drops of this medicine.* = an amount of liquid that falls in one round mass बूँद **2** *There was a big drop in temperature.* = fall गिरावट **dropper** noun, c. = a small glass tube with a rubber bulb at one end, used for measuring out liquids (e.g. medicines) in drops (see pic under **laboratory equipment** बिंदुपाती) शीशे की एक छोटी ट्यूब जिसके एक छोर पर रबर बल्ब लगा होता है (laboratory equipment के अंतर्गत चित्र देखें) **drops** = a liquid that is put into the eyes, ears or nose आँख/कान/नाक में डाली जानेबाली बूँदें

to drop in on someone = to visit someone unexpectedly किसी के यहाँ (अकस्मात्, अप्रत्याशित) पहुँचना **to drop a hint** = to suggest something indirectly इंगित करना, एक इशारा देना **to drop a brick** = to say something foolish or embarassing which makes others feel uncomfortable कुछ ऊटपटांग अप्रिय बात कह देना **to drop off** = to fall asleep सो जाना **to drop out** = to stop going to classes or to give up some activity स्कूल/कॉलेज/पढ़ाई छोड़ देना, कोई काम त्याग देना **to drop the subject** = to stop discussing something because it might make someone who may hear what is being said unhappy अप्रिय लगते विषय-विशेष के बारे में और आगे नहीं बात करना **to let a matter drop** = to agree to stop discussing something विषय-विशेष पर और आगे बात नहीं करने पर राज़ी होना **to drop someone a line** = to write someone a letter (informal) को पाँती भेजना, को दो लाइन लिखना (अनौपचारिक) **to drop names** = to mention the names of well-known people, or those in high positions, as a way of showing to others that one knows them (informal, disapproving) बड़ी हस्तियों से अपना सरोकार जताने के लिए उनके नाम गिनवाना (अनौपचारिक, अस्वीकृत) **at the drop of a hat** *He can sing at the drop of a hat.* = without having a strong reason to do something (informal) कोई वैसी खास वजह नहीं होने पर भी 'दन से', 'कहने भर की देर' (अनौपचारिक)

droppings /'drɒpɪŋz/ /'ड्रॉपिंग्ज़/ noun (plural only) *bird droppings* = small bits of solid waste matter from birds or animals बीट **drop-out** noun, c. = someone who leaves a school or college without going through the course of study fully व्यक्ति जो स्कूल/कॉलेज बिना पढ़ाई पूरी किए छोड़ देता है

drought /draʊt/ /ड्राउट/ noun, u. = a long period without rain लंबे दौरान तक पड़ा सूखा

drove /drəʊv/ /ड्रउव/ noun, c. *a drove of sheep* = a group of farm animals moving together मवेशी का झुंड

drown /draʊn/ /ड्राउन/ verb, i. or t. **1** (i.) = to die by going under the surface of water and being unable to breathe डूबने से मरना **2** *His voice was drowned by the shouts from the crowd.*(t.) = to make so much noise that something or somebody cannot be heard इतना शोर करना कि कुछ या किसी को सुनने नहीं दिया जा सके

drow•sy /'draʊzi/ /'ड्राउज़ी/ adj. *I feel drowsy after the heavy meal.* = sleepy; in a state just before one falls asleep तंद्रिल

drudge¹ /drʌdʒ/ /ड्रॅज/ verb, i. *I have been drudging in this office for two years.* = to do hard but dull work for little money कम पैसे पर खटना या हाड़ तोड़ना

drudge² noun, c. *I am just a drudge in this office.* = a person who has to drudge भाड़े का टट्टू **drudgery** noun, u. = hard and uninteresting work मशक्कत, पिसाई

drum¹ /drʌm/ /ड्रॅम/ noun, c. **1** = a musical instrument consisting of a piece of thin leather stretched over a hollow, round frame which makes a sound when it is struck with the hand or a stick ढोल **2** *an oil drum* = a round metal container for liquids द्रव पदार्थ के लिए एक गोल बर्तन **3** = a part of a machine that looks like a drum मशीन का एक ढोलनुमा हिस्सा

drums

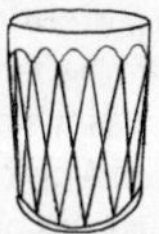

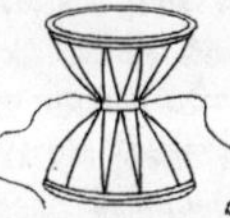

drum² verb, i. or t. *He drummed on the table with his fingers.* = to produce a sound like that of a drum ठेका लगाना **drummer** noun, c. = a professional musician who play on drums पेशेवर नगाड़ा या ढोल बजानेवाला **drumstick** **1** = the lower part of the leg of a chicken चूज़े की टाँग का निचला हिस्सा **2** = the long, stick-like fruit of tree, which is eaten as a vegetable एक लंबा पतला फल जिसकी सब्ज़ी होती है

to drum something into one's ears = to keep on repeating something so that one remembers बार-बार याद दिलाते रहना ताकि याद रहे **to beat one's own drum** = to say things in praise of oneself अपने मुँह मियाँ मिट्ठू बनना **to drum something into somebody** = to repeat an idea until it has been clearly understood बार-बार कोई बात दुहराना ताकि साफ़ समझ में आ जाए

drunk¹ /drʌŋk/ /ड्रॅन्क/ adj. *He was so drunk that he could hardly walk.* = under the influence of alcohol नशे में चूर, बुत

drunk² verb, t. *He has drunk all the milk.* = past participle form of **drink**

dry¹ /draɪ/ /ड्राइ/ adj. **1** *The fields are dry because there is no rain.* = without any water or moisture; not wet बिना नमी का, सूखा **2** *Tamil Nadu has gone dry.* = not allowing the sale of alcoholic drinks नशाबंदी या शराबबंदी वाला **3** *This is a very dry document.* = uninteresting नीरस **4** *dry chapatis* = eaten without anything else; without oil बिना

तेल/मसाले/घी का, सादा

dry² verb, t. **1** *She is drying her clothes.* = to put out in such a way that it becomes dry सुखाना **2** *Could you dry the dishes?* = to wipe something which has been washed until there is no moisture on it पोंछकर सुखाना **dryclean** verb, t. = to clean clothes with some chemical instead of water पानी के बदले किसी रसायन से साफ़ करना **dry dock** noun, c. = a place where a ship can be repaired after all the water has been pumped out बंदरगाह की 'गोदी', जहाँ पानी हटा लेने के बाद, जहाज़ की मरम्मत होती है **dry humour** = humour which sounds like something said seriously गंभीर बात की तरह लगता हास्य, शुष्क हास्य

as dry as dust = very dull and uninteresting नीरस **a dry cough/sneeze** = a cough/sneeze which does not produce any liquid from the mouth or nose सूखी खाँसी या छींक **to be home and dry** = to complete something successfully सफलतापूर्वक कार्य संपन्न करना **to dry up 1** *The river has dried up.* = (of a river, lake etc.) to be completely without water सूख जाना **2** *The actor was just about to say her lines when she dried up.* =to be unable to say what one was supposed to say (out of nervousness) (informal) अचानक निर्वाक् हो जाना, सटक जाना, सटक सीताराम होना (अनौपचारिक)

du•al /'dju:əl/ /'ड्यूअल/ adj. *My son has an American passport as well as an Indian passport. He has dual citizenship.*= double; having to do with two things द्वैध

dub /dʌb/ /डॅब/ verb, t. or i. **1** *D. N. West has been dubbed 'Do Nothing West' because he has done nothing for the team.*(t.) = to call somebody by a name उपनाम देना **2** *The English film will be dubbed in Hindi.*(i.) = to create new sounds for a film so that what was said originally in one language is now heard in another language फिल्म में मूल भाषा को दूसरी भाषा में ध्वनांतरित करना

du•bi•ous /'dju:biəs/ /'ड्यूबिअस्/ adj. **1** *I had agreed to her plan but now I am a little dubious about the whole thing* = doubtful संशयालु **2** *a dubious reputation* = something that causes doubt about one's honesty etc. संदेहास्पद

duck¹ /dʌk/ /डॅक/ noun, c. **1** = a small species of water-bird, often farmed for its eggs or meat बतख **2** *He scored a duck in this match.* = zero (informal) सिफ़र (साइफ़र) (अनौपचारिक)

duck² verb, i. or t. *The boy ducked to avoid being hit.* (i.) = to move or lower one's head or body quickly in order to avoid a blow वार से बचने के लिए एक-ब-एक सर झुका लेना, मुड़िया जाना **duckling** noun, c. = a small, young duck बतख का बच्चा

to take to something like a duck to water = to learn something very easily and quickly सहज ही जल्दी सीख लेना **like water off a duck's back** = having no effect on someone कोई असर नहीं पड़ना, बेअसर होना

duct /dʌkt/ /डॅक्ट/ noun, c. = a thin, narrow tube or pipe that carries a liquid, gas etc. [TECHNICAL] द्रव या गैस बहने के लिए एक पतली तंग नली [तकनीकी] **ductless gland** noun = a part inside the body which produces some chemical needed by the body and allows it to flow directly into the blood, and not through a duct (tube) e.g. the pituitary gland वाहिनी, शिरा, धमनी

duc•tile /'dʌktaɪl/ /'डॅक्टाइल/ adj. *Aluminium is a ductile metal.* = having the quality of taking any required shape easily; being easy to work with [TECHNICAL] लोचदार, कोई शक्ल अख्तियार कर सकने वाला, आसानी से काम आनेवाला [तकनीकी]

dud /dʌd/ /डॅड/ noun, c. *a dud coin* = something that is found to be of no use or value (informal) खोटा (सिक्का) (अनौपचारिक)

due¹ /dju:/ /ड्यू/ adj. **1** *I must repay all the money which is due to the bank.* = something which is owed to someone (has to be paid back) दाय, देय **2** *You should show due respect to your teachers.* = proper or correct; belonging to someone as a right औचित्य-सम्मत, उचित **3** *The train is due to arrive at 10.00.* = expected पहुँचने वाला, अपेक्षित **4** *His victory was due to the hard work he put in.* = because of (formal) की वजह से (औपचारिक)

due² noun, c. or u. **1** *You should clear all your dues.*(c.) = money that is owed to someone and has to be paid back बकाया **2** *I have not done you a favour by giving you a promotion; this was your due.*(u.) = something that belongs to someone as a right हक

in due course = at the proper time नियत समय पर

du•el /'dju:əl/ /'ड्यूअल/ noun, c. = a fight between two people (formerly used to refer to a fight with chosen weapons to settle an argument) (सामान्यत: किसी विवाद के निर्णय के लिए विशेष शस्त्र के प्रयोग से किया गया) द्वंद्व युद्ध

du•et /dju'et/ /ड्यूएट/ noun, c. = a song in which two people sing or play, often at the same time अक्सर एक ही समय दो गायकों द्वारा गाया जानेवाला भिन्न-कंठ गीत

duke /dju:k/ /ड्यूक/ noun, c. *the Duke of Edinburgh* = a British person of high rank, lower only than that of the king or queen (see also **duchess**) ब्रिटेन में ऊँचे पद का व्यक्ति जिसका दर्ज़ा राजा या रानी के तुरंत बाद माना जाता है (देखें **duchess**)

dull¹ /dʌl/ /डॅल/ adj. **1** *a dull person* = not intelligent कुंदजहन, भोंदू **2** *You cannot cut the vegetables with that dull knife.* = not having a sharp edge भोथड़ा, कुंद **3** *The match has been dull so far.* = not interesting or exciting नीरस **4** *He has painted the walls a dull grey colour.* = not bright फीका, मंद

dull[2] verb, t. *The doctor gave me an injection to dull the pain.* = to reduce or make less सुन्न कर देना **dullard** noun,c. = a dull person भोंदू, लोदा

to have never a dull moment = to have something interesting going on अविराम मनोरंजन करना **dull as ditch-water** = uninteresting उबाऊ, नीरस, बेलौस

dumb /dʌm/ /डॅम/ adj. **1** = not able to speak गूँगा, मूक **2** *The man chose to be dumb.*= unwilling to speak चुप ही रह जाना **3** *How can you be so dumb?* = stupid (informal) जाहिल, बुद्धू, घोंघाबसंत, पोंगा, गोबर, घोंचू (अनौपचारिक) **dumbfound** verb, t. *The new player dumbfounded his critics by scoring a century in his first match.*= to surprise someone so much that he/she is unable to speak अवाक् कर देना

to strike someone dumb = to shock someone greatly in a pleasant or unpleasant way (प्रिय या अप्रिय ढंग से) स्तंभित या अवाक् कर देना

dum•my[1] /'dʌmi/ /'डॅमी/ noun, c. (**dummies**) **1** *They have put up a dummy in the shop to display new clothes.* = a figure of a human being used to show new clothes गुड्डा, पुतला **2** = a stupid person (informal, American) काठ का उल्लू (अनौपचारिक, अमेरिकी अंग्रेज़ी का शब्द)

dummy[2] adj. **1** *This company has a dummy manager.* = something or somebody that is there only for show, but has no power to do anything (not respectful) नामभर का, कहने भर का (आदरपूर्ण नहीं) **2** = a pacifier used to keep a baby calm बच्चे को चुप करानेवाला

dump[1] /dʌmp/ /डॅम्प/ verb, t. **1** *The truck dumped the sand just in front of my house.* = to unload something in a careless manner ढेर लगा देना, जैसे-तैसे डाल देना **2** *The film company dumped the actor because she was absent most of the time.* = to get rid of (not respectful) छुट्टी पा लेना, को हाथ जोड़ लेना (आदरपूर्ण नहीं) **3** *When countries produce more goods than they need, they try to dump them on other countries.* = to sell something in a foreign market at a very cheap price [TECHNICAL] परदेसी बाज़ार में कौड़ी के मोल बेचना [तकनीकी]

dump[2] noun, c. *This lake has become a rubbish dump for the whole city.* = a place for dumping waste material जमाव, ढेर, कूड़ागाह **dumper** noun, c. = a special kind of truck with a container that can be raised to unload sand etc. एक खास तरह का ट्रक जिसके डब्बे को उठाकर बालू वगैरह गिराया जाता है **dumpling** = a kind of cake having meat etc. inside it गोश्त दिया हुआ एक तरह का केक

dumpy /'dʌmpɪ/ /'डॅम्पी/ adj. *a dumpy little man* = short and fat गोलमटोल

dunce /dʌns/ /डॅन्स/ noun, c. = a person considered stupid; a slow learner बोदा, गोबर

dune /dju:n/ /ड्यून/ noun, c. *sand dune* = a small hill made of sand, found near the sea or in a desert बालू का स्तूप, रेत का टीला

dung /dʌŋ/ /डॅङ/ noun, u. = solid waste matter produced by an animal, often used as a fertilizer गोबर

dun•geon /'dʌndʒən/ /'डॅन्जन/ noun, c.= an underground jail or prison in a castle (प्राय: बंदीग्रह/दुर्ग में) तहखाना

dunk /dʌŋk/ /डॅन्क/ verb, t. *He dunked the piece of bread in his tea.* = to dip bread etc. into a liquid to make it soft for eating (informal) खाने में मुलायम बनाने के लिए रोटी आदि को शोरबे या चाय में डुबोना (अनौपचारिक)

dupe /dju:p/ /ड्यूप/ verb, t. *He duped all of us and ran away with our money.* = to cheat or trick someone उल्लू बनाना, पट्टी पढ़ाकर ठग लेना, झाँसा देना

du•plex /'dju:pleks/ /'ड्यूप्लेक्स/ noun, c. **1** = a flat which has rooms on two floors एक .फ्लैट जिसके कमरे दो तल्लों पर हों **2** = a small house which has one common wall with a neighbouring house एक छोटा मकान जिसकी एक दीवार पड़ोसी मकान की भी हो

du•pli•cate[1] /'dju:plɪkət/ /'ड्यूप्लीकट/ adj. *This is a duplicate key for your scooter.* = of exactly the same kind प्रतिकृति, ठीक वैसी ही नकल

duplicate[2] noun, c. **1** *This key is a duplicate.* = something that is an exact copy of something else बिलकुल एक-जैसा जोड़ा **2** *Fill out this application form in duplicate.* = two copies which are exactly the same प्रतिलिपि

duplicate[3] /'dju:plɪkeɪt/ /'ड्यूप्लीकेइट/ verb, t. *I will have to duplicate this key.* = to make a duplicate हूबहू जोड़ा बनाना

du•pli•ci•ty /dju:'plɪsɪti/ /ड्यू'प्लीसिटी/ noun, u. *The company lost money due to the manager's duplicity.* = the quality of being dishonest (formal, disapproving) दुरंगापन, छल-कपट, कपटाचार (औपचारिक, अस्वीकृत)

du•ra•ble /'djʊərəbəl/ /'ड्यूअरब्ल/ adj. *These shoes are extremely durable.* = able to last (stand use for a long time) टिकाऊ

du•ra•tion /djʊ'reɪʃən/ /ड्यू'रेइश्न/ noun, u. *You will not be allowed to go home for the duration of your trial.* = the period during which something continues (formal) काला-वधि, मियाद (औपचारिक)

dur•ess /djʊ'res/ /ड्यू'रेस/ noun, u. *The thief admitted his crime to the police, but his statement was made under duress.* = use of threats or force धमकी, ज़ोर-ज़बर्दस्ती का इस्तेमाल

dur•ing /'djʊərɪŋ/ /'ड्यूअरिंग/ prep. **1** *It is very hot during the day but cool at night.* = all through a period of time के दौरान, की अवधि तक **2** *I had to go out once during the examination.* = at one point within a longer period of time के बीच में

dusk /dʌsk/ /डॅस्क/ noun, u. = the time just before night when the sun sets and it is nearly dark गोधूलि, झुटपुटा

dust[1] /dʌst/ /डॅस्ट/ noun, u. *The table is covered with dust.* = the fine, dry powder produced by small grains of earth, coal etc. गर्द, धूल

dust[2] verb, t. **1** *Please dust the table.* = to take away dust from a surface, by wiping etc. गर्द या धूल झाड़ना/पोछना **2** *The doctor is dusting the wound with antiseptic powder.* = to put light powder on something छिड़कना, बुरकना **dusty** = covered with or full of dust धूलि-धूसरित, धूल से सना, धूलभरा **duster** noun, c. = a piece of cloth used to remove dust from a surface or to clean a blackboard on which something has been written with chalk झाड़न **dustbin** noun, c. = a container with a lid in which rubbish is collected before it is thrown away कचरा-पेटी

to kick up the dust = to create an argument or quarrel टंटा खड़ा करना **to wait for the dust to settle** = to wait for a situation to become clear after a period of confusion बवाल के नर्म पड़ने या थमने का इंतजार करना, को थमने देना **to bite the dust** = to come to an unsuccessful end धराशायी होना, धूल चाटना, मुँह की खाना

duty /'dju:ti/ /'ड्यूटी/ noun, u. or c. (**duties**) **1** *It is the duty of a soldier to protect his country from the enemy.*(u.) कर्त्तव्य, फ़र्ज़ **2** *My duties include teaching and cooking lunch for the students.*(c.) = work that one is expected or supposed to do कार्यभार **3** *You will have to pay duty on the computer you have brought from Singapore.* = tax महसूल, चुंगी **dutiful** adj. = willing to do one's duty कर्त्तव्यपरायण

dwarf[1] /dwɔ:f/ /ड्वॉफ़/ noun, c. (**dwarfs** or **dwarves**) = a person who is much shorter in height than the average person (considered offensive at present) बौना (ऐसा प्रयोग अब अमान्य है।)

dwarf[2] adj. *a dwarf variety (of a tree)* = a person, animal or plant of much less than the usual height or size अदना, ठिंगू, पिद्दी

dwarf[3] verb, t. *Our house has been dwarfed by the tall new building which has come up next to it.* = to make something look very small by comparison तुलना में छोटा कर देना, बौना बना देना

dwell /dwel/ /ड्वेल/ verb, i. (**dwelt**) = to live somewhere (old-fashioned, literary) निवास करना (पुराने प्रचलन का, साहित्यिक)

dwin•dle /'dwɪndl/ /'ड्विण्ड्ल/ verb, i. *The population of this village is fast dwindling as many people are leaving.* = to become less or weaker घटना, कम होना

dye[1] /daɪ/ /डाइ/ noun, c. (**dyes**) = colour or paint, made from chemicals or vegetable matter, used to colour something रँगने का मसाला **dyed** adj. *a dyed shirt* = put into dye so that its colur changes दुहरा या दुबारा रँगा हुआ

dye[2] verb, t. *I will have to dye this shirt as it has lost its colour.* = to give colour to something by using a dye रँगना, रंग चढ़ाना

dyke /daɪk/ /डाइक/ noun, c. see **dike** देखें **dike**

dy•na•mic /daɪ'næmɪk/ /डाइ'नैमिक/ adj. *We have a dynamic leader.* = active, full of energy, new ideas etc. सक्रिय, स्फूर्त

dy•na•mics /daɪ'næmɪks/ /डाइनैमिक्स/ noun. **1** *You need to understand the dynamics of social change in the community.* = the ways in which people or things interact लोक-समाज की या वस्तुओं की अंतर्निहित पारस्परिक प्रतिक्रिया का क्रम **2** = the scientific study of the forces involved in movement [PHYSICS] गतिशीलता या गत्यात्मकता में निहित शक्ति का अध्ययन-शास्त्र [भौतिकी]

dy•na•mite /'daɪnəmaɪt/ /'डाइनमाइट/ noun, u. = a strong explosive mixture made of nitroglycerine स्फोटनशील द्रव-विशेष से निर्मित प्रध्वंसक

dy•na•mo /'daɪnəməʊ/ /'डाइनमउ/ noun, c. = a machine that can produce electrical energy from some other form of energy e.g. wind or water energy (also **generator**) विद्युत्-शक्ति-यंत्र, वायु अथवा जल की ऊर्जा से विद्युत्- शक्ति उत्पन्न करनेवाला यंत्र (देखें **generator**)

dy•nas•ty /'dɪnəsti/ /'डिनस्टी/ noun, c. (**dynasties**) = a series of rulers belonging to the same family [HISTORY] राजघराना [इतिहास]

dys•en•te•ry /'dɪsəntəri/ /'डिज़न्ट्री/ noun = an uncomfortable condition of the body which causes a person to empty his/her bowels frequently and to produce blood रक्तातिसार, पेचिश

dys•lex•i•a /dɪs'leksiə/ /डिस्'लेक्सिअ/ noun = a problem in reading caused by difficulty in seeing the differences between the shapes of letters (e.g. between 'b' and 'd') [TECHNICAL] **dyslexic** adj. पढ़ने में एक कठिनाई जो अक्षरों के स्पष्ट स्वरूप-भेद नहीं देख पाने के कारण होती है [तकनीकी]

dys•pep•sia /dɪs'pepsiə/ /डिस्'पेपसिय/ noun = a condition in which one is unable to digest food [MEDICINE] मंदाग्नि, अजीर्ण, अपच, बदहज़मी [चिकित्सा]

eE

e, E /iː/ /ई/ the fifth letter of the English alphabet

e- = 'electronic', or based on, as in *e-mail*, *e-commerce*, *e-banking* etc. [COMPUTERS] विद्युत् प्रवाह नियंत्रण अथवा इलेक्ट्रानिक पर आधृत, जैसे ई-मेल, ई-बैंकिंग इत्यादि [कंप्यूटर]

each /iːtʃ/ /ईच/ det. or pron. *Each of the boys carried a flag.* = every single one (out of two or more) प्रत्येक (दो/अधिक में से) हरएक

ea•ger /ˈiːgəʳ/ /ˈईगर्/ adj. *She is so eager to play in the match that she is using all her free time to practise.* = full of keen interest **eagerly** adv. आतुर, उत्सुक

ea•gle /ˈiːgəl/ /ˈईग्ल/ noun, c. = a very large meat-eating bird गिद्ध **eagle-eyed** adj. *Our eagle-eyed soldiers spotted the enemy.* = having keen (good) eyesight, like an eagle (literary) गृध्र-दृष्टि वाला (साहित्यिक)

ear /ɪəʳ/ /इअर्/ noun, c. **1** = the part of the body we use for hearing कान **2** *He has an ear for music.* = the ability to recognize sounds स्वर पहचानने का सहज सामर्थ्य **3** *an ear of wheat* = the top part of a plant that carries grains (गेहूँ आदि) बाली **eardrum** noun, c. = a piece of thin, tightly stretched skin inside the ear which allows us to hear sounds कान का परदा **earlobe** /ˈɪəˌləʊb/ /ˈइअलउब/ noun, c. = the soft, fleshy part at the bottom of one's ear कान के सबसे नीचे का नरम मांसल भाग **earmark** verb, t. *I have earmarked this money for our holiday in Goa.* = to keep aside for a particular purpose बचाकर रखना **earring** noun, c. = a piece of jewellery worn on the ear बाली

to be all ears *She looked bored when I met her but was all ears when I told her we would both be going to Delhi.* = listening with keen attention (informal) कान खड़े करके सुनते हुए (अनौपचारिक) **to have an ear to the ground** = to be very well informed about things that are happening around one रत्ती-रत्ती का हाल मालूम रहना **to play something by ear** *I'm not sure what we can do if the plan fails. Let's play it by ear.* = to be guided by one's feelings or instincts while reacting to a situation, instead of following a fixed plan किसी परिस्थिति के प्रति प्रतिक्रिया में अंतस्संज्ञा से ही काम लेना **to play (a musical instrument) by ear** = to play a piece of music by depending on one's memory rather than reading the music as one plays श्रवण-स्मृति से ही वाद्य बजाना **to turn a deaf ear** = to decide not to attend to advice or a call for help अनसुनी कर देना

ear•ly[1] /ˈɜːli/ /ˈअऽली/ adj. **1** *He gets up early in the morning.* = at the beginning of a period of time e.g. the morning or night सवेरे, तड़के पहले ही **2** *The train was due at 7.00 but it arrived at 6.50. It was ten minutes early.* = arriving or happening before the expected time नियत समय के पहले ही **3** *When did early life on earth begin?* = first or near the first आदि (कालीन) **4** *They taught him to read at an early age.* = young बहुत बचपन में ही

early[2] adv. **1** *They arrived early for dinner.* = before the expected time प्रत्याशित समय से पूर्व **2** *Can you call me early tomorrow?* = towards the start of the day, week etc. पहले ही, सवेरे

earn /ɜːn/ /अऽन/ verb, t. **1** *I earn Rs 5000 a month.* = to get money in return for work रोज़ी कमाना **2** *Yuvraj Singh has earned his place in the Indian team.* = to get something that one deserves अर्जित करना **3** = to get money as interest on money in the bank बैंक में अपनी राशि पर सूद पाना **earnings** /ˈɜːnɪŋʒ/ /ˈअऽनिंग्ज/ noun, u. (always plural) कमाई **1** *The family's earnings were insufficient.* = money earned through work **2** = money earned by a company or government; income आमद(नी)

ear•nest[1] /ˈɜːnɪst/ /ˈअऽनिस्ट/ adj. *Tara and Ketan will be successful in any job as they are very earnest about their work.* = serious about things निष्ठावान, गंभीरता तथा लगन से काम करने वाला

earnest[2] noun, u. *When I called him an ass, I was only joking. I did not mean it in earnest.* = seriousness गंभीरता में न कि मज़ाक़ में

earth[1] /ɜːθ/ /अऽथ/ noun, u. **1** = the planet on which we live पृथ्वी, धरती **2** *I need two baskets of earth to fill up this hole.* = soil मिट्टी

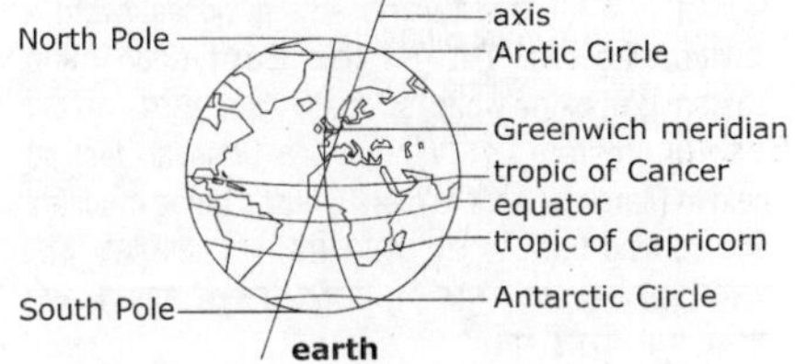

earth

earth[2] verb, t. *You must earth the machine or you will get a shock.* = to make an electrical machine safe by connecting it to the ground with a wire [TECHNICAL] खतरनाक होने से बचने के लिए बिजली की मशीन को धरती से संबद्ध रखना [तकनीकी] **earthenware** /ˈɜːθənweəʳ/ /ˈअऽथ्नवेअर्/ noun, u. = cups, pots etc. made of baked clay मिट्टी के बने बर्तन

to come down/ bring someone down to earth = to be forced to deal with the hard realities of a situation ठोस यथार्थ से सामना करने/को समझने के लिए बाध्य करना/होगा

earth•quake /'ɜːθkweɪk/ /'अऽथक्वेइक/ noun, c. = a sudden and violent shaking of the earth's surface भूकंप, ज़लज़ला

ease[1] /iːz/ /ईज़/ noun, u. **1** *He lives a life of ease and doesn't do much.* = comfort आरामतलबी **2** *She passed the examination with ease.* = without much difficulty or effort बिना मशक्कत या कोशिश के

ease[2] verb, t. or i. **1** *The doctor gave me an injection to ease the pain.*(t.) = to reduce or make less को राहत देना **2** *He eased the car into the garage.*(t.) = to move something slowly and carefully बहुत आहिस्ते से और सतर्कता के साथ **3** *Take this medicine. After an hour, the pain will ease.*(i.) = (of pain, situations, the climate etc.) to become less strong or unpleasant (दर्द/परिस्थिति/ आबोहवा) कम होना या कमज़ोर पड़ना

to ease off *The headache will ease off once you take this medicine.* = to become weaker or less intense घटना या कम होना **to ease up** = to become less focused or severe on someone किसी पर थोड़ा नरम होना **to be at ease** = to feel comfortable इतमीनान महसूस करना **to stand at ease** = a command given to soldiers to make them stand with their feet apart and hands behind their backs, in a relaxed way [MILITARY] सैनिकों से विश्राम-मुद्रा में खड़े होने को कहना [सेना] **to put one's mind at ease** = to become more relaxed and to stop feeling nervous about something तनाव से कुछ राहत महसूस करना

ea•sel /'iːzəl/ /'ईज़ल/ noun, c. = a wooden frame used to hold a picture while it is being painted ईज़ल, लकड़ी का फ्रेम जिसपर रँगी जाती तस्वीर खड़ी की जाती है

east /iːst/ /ईस्ट/ noun = the direction in which the sun rises पूर्व, पूरब (दिशा) **eastern** adj. *the eastern states of India* = of the east पूर्वीय **easterly** adj. **1** *travelling in an easterly direction* = towards the east पूरब की (ओर) **2** *an easterly wind* = from the east पुरवइया (हवा) **eastward** adv. *flying eastward* = towards the east पूर्वोन्मुख **the East** noun = the eastern part of the world, specially Asia पूर्वीय-भूमंडल

Eas•ter /'iːstər/ /'ईस्टर/ noun = a Christian festival held in March or April to mark Christ's being crucified and coming back to life ईसामसीह की शहादत और उनके पुनर्जन्म की स्मृति में मार्च/अप्रैल में मनाया जाने वाला एक ईसाई पर्व

ea•sy /'iːzi/ /'ईज़ी/ adj. **1** *It is easy to learn French.* = not difficult सरल **2** *He has an easy life.* = comfortable and free from trouble ऐशो-आराम का **3** *I was rather anxious last night but am easy now.* = in a calm and relaxed state राहत में **4** *'Shall we go out or eat here?' 'I'm easy.'* = I will accept whatever decision you take जो भी फ़ैसला हो मंजूर है **easily** adv. **1** *She won the race easily.* = without difficulty आसानी से **2** *She is easily the best student in the class.* = without doubt बेशक **easygoing** adj. = taking life calmly and in a relaxed manner आरामतलबी मिज़ाज का

easy on the eye/ear = to be nice to look at or listen to देखने/सुनने में सुखद **to take it easy** *She had worked continuously for eight days, now she decided to take it easy.* = to relax and not work as much as usual थोड़ी साँस लेना, थोड़ा विश्राम करना **to take the easy way out** = to do the easy rather than the best or right thing (disapproving) जो आसान पड़ता है/हो वही पहले निपटाना (अस्वीकृत) **to go easy on something** *The doctor wants me to go easy on sweets.* = to be careful about something one usually has or does a lot of, or often थोड़ी कम मात्रा में ही लेना **easier said than done** = easy to talk about but not so easy to do कथनी-करनी में बड़ा अंतर होना **to get off easy** *I thought my seniors would scold me for not doing my work properly, but I got off easy. They only gave me gentle advice.* = to get less strong punishment than one expected (informal) आसानी से बच निकलना, कम ही सज़ा भुगतना (अनौपचारिक)

eat /iːt/ /ईट/ verb, i. and t. (**ate, eaten**) = to take in food through the mouth; to have a meal खाना, भोजन करना **eatable** adj. *The food was barely eatable.* = good enough to be eaten (compare **edible**) खाने लायक (देखें **edible**)

to eat out = to have a meal in a restaurant instead of eating at home घर से बाहर रेस्तराँ वगैरह में भोजन करना **Eat up!** =an expression encouraging someone, generally a child etc. to eat all the food given to him/her सब खा जाना, छोड़ना नहीं (बच्चों से) **to eat humble pie** =to be forced to admit that one was wrong and to apologize अपनी गलती मनवाना और माफ़ी माँगने को मज़बूर करना **to eat one's words** = to take back one's words when one is proved wrong अपनी बात वापस लेना **to have someone eating out of one's hand** = to get someone to do anything that one wants them to do because one is loved, is charming etc. को कठपुतली बनाकर रखना, को उँगली पर नचाना [अपने आकर्षण से किसी को अपना गुलाम बनाकर रखना] **to eat into** *The long meeting has eaten into our lunch break.* = to use up of more time or money than was planned जो नियत था उससे ज्यादा वक्त/पैसा खरचना/खर्च हो जाना

eaves•drop /'iːvzdrɒp/ /'ईव्ज़ड्रॉप/ verb, i. *I am sorry I was trying to eavesdrop when your father was talking to you.* = to listen secretly to what other people are saying (disapproving) किसी की बातें छिपकर चुपके से सुनना (अस्वीकृत)

ebb[1] /eb/ /एब/ verb, i. **1** *The tide is ebbing.* = to flow away from the shore (used to describe the flow of sea-water) 'भाटा' होना **2** *His strength ebbed away and he became very weak.* = to become less (figurative, literary) घटते जाना (लाक्षणिक, साहित्यिक)

ebb[2] noun, u. **1** *The tide is at an ebb.* = the flow of sea-water away from the shore भाटा **2** *Government activities are at a low ebb.* = a state when nothing is happening निष्क्रिय, ठप

eb•o•ny[1] /'ebəni/ /'एबनी/ noun, u. = a kind of tree that produces hard, dark wood एक प्रकार का पेड़ जिससे काले रंग का काठ मिलता है, आबनूस की लकड़ी

ebony[2] adj. **1** = made of ebony wood आबनूस का **2** = very dark-coloured आबनूस

ec•cen•tric[1] /ɪk'sentrɪk/ /इक्सेण्ट्रिक/ adj. *The eccentric young man lives in a house with 50 cats.* = a person with very unusual habits or behaviour झक्की

eccentric[2] noun, c. *He is an eccentric.* = an eccentric person सनकी

ECG abbr. of **electrocardiogram** noun = a drawing made by a machine that traces the electrical activity of the heart [MEDICINE] हृदय का विद्युत्-प्रवाह अंकन करनेवाली एक मशीन द्वारा प्रस्तुत चित्र [चिकित्सा]

ech•o[1] /'ekəʊ/ /'एकउ/ noun, n. (**echoes**) *If you clap your hands inside this room, you will hear an echo.* = a sound which is repeated because it is sent back off a surface प्रतिध्वनि

echo[2] verb, i. or t. **1** *The sound echoed around the room.*(i.) = to be heard as an echo प्रतिध्वनित होना **2** *This book echoes all your ideas.*(t.) = to repeat or imitate की आवृत्ति/का अनुकरण होना

e•clec•tic /ɪ'klektɪk/ /इ'क्लेक्टिक/ adj. *The system of education in this school is eclectic. It combines ideas taken from many different countries.* = not following a single set of ideas but combining ideas taken from different sources

e•clipse[1] /ɪ'klɪps/ /इ'क्लिप्स्/ noun, c or u. **1** (c.) = the darkness caused by the moon coming between the sun and the earth (**solar eclipse**) or the earth coming between the sun and the moon (**lunar eclipse**) ग्रहण **2** *The rise of the general meant the eclipse of the king.*(u.) = loss of power and influence महत्त्व/प्रसिद्धि/शक्ति का तुलनात्मक रूप से मद्धिम पड़ जाना

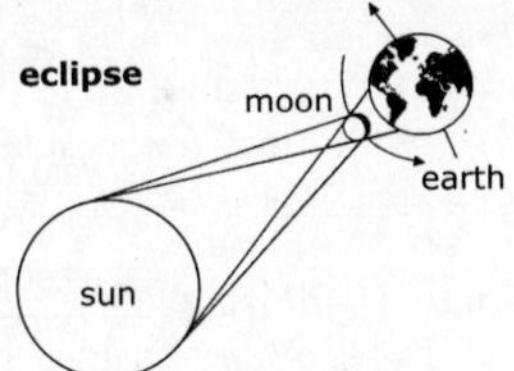

eclipse[2] verb, t. *Her reputation as a novelist has now eclipsed that of her famous grandfather.* = to do better than someone else; to surpass पर छा जाना, पीछे छोड़ जाना

e•col•o•gy /ɪ'kɒlədʒi/ /इ'कॉलजी/ noun = the scientific study of the natural surroundings in which plants, animals and human beings live, and the effect that they have on each other पौधे, पशु तथा मानव के प्राकृतिक वातावरण तथा उनके पारस्परिक प्रभाव का वैज्ञानिक अध्ययन

ec•o•nom•ic /ɪkə'nɒmɪk/ /इक'नॉमिक/ adj. **1** *The economic policies of the government are not very effective.* = having to do with economics उद्योग, संपदा विषयक **2** *The company gave up the idea of making cars as it would not be economic.* = profitable लाभदायक

ec•o•nom•i•cal /ɪkə'nɒmɪkəl/ /इक'नॉमिक्ल/ adj. *It is more economical to travel by bus than by train.* = using money, time etc. in a better way, without waste कमखर्चीला

ec•o•nom•ics /ɪkə'nɒmɪks/ /इक'नॉमिक्स/ noun = the scientific study of the ways in which wealth is produced and used धन के उत्पादन तथा उपयोग का शास्त्रीय अध्ययन, अर्थशास्त्र

e•con•o•mize (economise) /ɪ'kɒnəmaɪz/ /इ'कॉनमाईज़/ verb, i. *We must economize on petrol.* = save (शक्ति, धन, समय) पहले से कम खरचना

e•con•o•my /ɪ'kɒnəmi/ /इ'कॉनमी/ noun, u. or c. (**economies**) **1** *India's economy is growing fast.*(c.) = the economic system of a country (its trade, industry, agriculture etc.) अर्थव्यवस्था (व्यापार, उद्योग, कृषि विषयक) **2** *All of us must practise economy now.*(u.) = the careful use of money किफायत

ec•sta•sy /'ekstəsi/ /'एक्सटसी/ noun, u. *The beautiful music created a feeling of ecstasy in the audience.* = a very strong feeling of joy आनंदातिरेक **ecstatic** /ɪk'stætɪk/ /इक्'स्टैटिक/ adj. *The children were ecstatic when their mother gave them ice cream.* = feeling great joy प्रफुल्ल

ec•ze•ma /'eksɪmə/ /'एक्सिमा/ noun, u. = a skin disease causing swelling and blisters [MEDICINE] एक चर्म रोग [चिकित्सा]

ed•dy[1] /'edi/ /'एडी/ noun, c. (**eddies**) *The boat was caught in an eddy and spun round and round.* = a circular movement of water or wind पानी या हवा में एक भँवर

eddy[2] verb, i. *The smoke eddied round the kitchen.* = to move round and round चक्कर काटना

edge[1] /edʒ/ /एज्ज/ noun, c. **1** *The knife has a sharp edge.* = the thin, sharp cutting part of a knife धार **2** *The flowers grew along the edge of the pond.* = the outer part, where something ends; the border ठीक किनारे

edge[2] verb, t. **1** *For the carnival, he wore a yellow shirt edged with orange.* = to form the edge or border of something किनारी बनाना **2** *We edged our way out of the crowded meeting as we did not want to disturb anyone.* = to move sideways slowly, so as not to be noticed दबे पाँव किनारे होकर निकल जाना **edgeways** adv. **1** *The desk was so big that it had to be carried in edgeways.* = sideways किनारे को बाहर की ओर किए हुए **2** *They were both talking so much that we couldn't* *get a word in edgeways.* = in between (informal) बीच-बीच का कुछ भी (अनौपचारिक)

to be on edge *Everyone else in the room was relaxed but she was clearly on edge.* = nervous and anxious चिंतित, व्यग्र **to have an edge over (someone)** *In our violin class, Shama has an edge over us because she's been learning to play for several years.* = to have an advantage over someone else based on skill, experience etc. से आगे बढ़े होना और कुशल होना **to take the edge off something** *His kind words took the edge off the deep sadness we were feeling.* = to make emotion, taste, pain etc. less strong or sharply felt टीस कम करना, कुछ राहत देना

ed•i•ble /ˈedɪbəl/ /ˈएडिब्ल/ adj. *The fruits of the banyan tree are not edible.* = which can safely be eaten; non-poisonous (see also **eatable**) खाद्य (विषैला नहीं)

> **Usage** **eatable** is used to comment on the taste of food while भोज्य पदार्थ के स्वाद और **edible** is used to comment on the safety of eating something. खाद्य पदार्थ में किसी खतरे के प्रसंग में प्रयुक्त विशेषण हैं

e•dict /ˈiːdɪkt/ /ˈईडिक्ट/ noun, c. *The emperor Ashoka issued an edict ordering his subjects to be kind to animals.* = a public order issued by someone in power फरमान, राज्यादेश

ed•i•fice /ˈedɪfɪs/ /ˈएडिफिस/ noun, c. = a fine, large building, such as a palace (formal or literary) प्रासाद, महल (औपचारिक या साहित्यिक)

ed•i•fy /ˈedɪfaɪ/ /ˈएडिफाई/ verb, t. *I hope the lecture you heard this morning has edified your mind.* = to improve someone's mind or character (formal) उन्नयन करना (चरित्र, बुद्धि का) (औपचारिक)

ed•it /ˈedɪt/ /ˈएडिट/ verb, t. *You will need to edit this book before it is published.* = to prepare a book or article for printing by correcting mistakes, leaving out certain parts etc. संपादन करना **edition** /ɪˈdɪʃən/ /इˈडिश्न/ noun, c. *the first edition of a book* = the form in which a book appears when it is published संस्करण **editor** /ˈedɪteʳ/ /ˈएडिटʳ/ noun, c. **1** = a person who edits a book or article संपादक/संशोधक **2** = a person who is in charge of a newspaper or magazine पत्र/पत्रिका का सूत्रधार **editorial** /edɪˈtɔːrɪel/ /एडिˈटॉऽरिअल/ noun = an opinion given by the newspaper on an important subject संपादकीय

ed•u•cate /ˈedjʊkeɪt/ /ˈएज्युकेइट/ verb, t. = to teach; to develop someone's mind and character बुद्धि/चरित्र को (प्र)शिक्षित, विकसित करना **educated** /edjʊˈkeɪtɪd/ /एज्युˈकेइटिड/ adj. **1** *an educated woman* = a person who has had a good education and is knowledgable सुशिक्षित **2** *an educated guess* = a guess based on knowledge and therefore likely to be correct तथ्याधृत **education** /edjʊˈkeɪʃn/ /एज्युˈकेइश्न/ noun, c. or u. **1** (u.) = the formal process of educating people in schools, colleges, universities etc. औपचारिक शिक्षा पद्धति **2** *I went to university to complete my education in public health.* (c.) = someone's learning or experience in a particular field विशिष्ट विषय के क्षेत्र में ज्ञानार्जन अथवा अनुभव

eel /iːl/ /ईल/ noun, c. *as slippery as an eel* = a long fish that looks like a snake साँप की जैसी मछली

ee•rie /ˈɪəri/ /ˈइअरी/ adj. *The old, deserted house has an eerie atmosphere.* = strange and causing fear रोमांचक

ef•face /ɪˈfeɪs/ /इˈफ़ेइस/ verb, t. *This is an old coin. Unfortunately, you can't read the writing on it because it has been effaced.* = to destroy the surface of something so that the writing etc. on it is removed [TECHNICAL] घिसके मिट जाना [तकनीकी]

ef•fect[1] /ɪˈfekt/ /इˈफ़ेक्ट/ noun, c. or u. **1** *The advertising campaign has had no effect on the sales of this product.* = result असर **2** *This rule comes into effect next year.* = use or practice प्रचलन

effect[2] verb, t. *The architect has effected a number of changes in the plan.* = to bring about; to cause (formal) ले आना, पैदा करना (औपचारिक) **effective** adj. *The mosquito coil has been quite effective.* = producing the desired result असरदार **effects** noun **1** (always plural) *The Customs officer will check your personal effects.* = belongings साज़-सामान **2** *The film had some wonderful special effects.* = images and sounds in a film, on stage etc. which are unusual फ़िल्म में या रंगमंच पर प्रस्तुत असामान्य बिंब या ध्वनि-विधान

to take effect *The medicine you have taken for your headache will take effect soon.* = (of medicines etc.) to show results (दवा आदि का) असर दिखाना **with immediate effect** *Nina will take over as the senior teacher with immediate effect.* = immediately; from the time of speaking (formal) अविलंब (औपचारिक) **words to that effect** *Sonali said she had been unfair, or words to that effect.* = to give a general idea of what a person said rather than the exact words कुछ इसी अर्थ/भाव का

ef•fem•i•nate /ɪˈfemɪnət/ /इˈफ़ेमिनट/ adj. = having the looks or qualities of a woman (used to refer to a man) (derogatory) स्त्रैण (अनादरपूर्ण)

ef•fer•ves•cence /efəˈvesəns/ /एफ़ˈवेसन्स/ noun, u. *If you put a little sodium bicarbonate in a glass of water it will produce effervescence.* = little bubbles of gas produced in a liquid because of some chemical action [CHEMISTRY] रासायनिक प्रक्रिया में किसी तरल पदार्थ में उठते बुलबुले [रसायनशास्त्र] **effervesce** verb, i. = to produce an effervescent reaction बुलबुले उठना **effervescent** adj. **1** = a liquid that gives out bubbles बुलबुले पैदा करता तरल पदार्थ **2** *He is in an* *effervescent mood.* = cheerful and excited (used to refer to a person) (व्यक्ति के संदर्भ में प्रयुक्त) उत्तेजित, उत्साहपूर्ण

ef•fi•ca•cious /efɪˈkeɪʃəs/ /एफ़िˈकेइशस/ adj. *The new medicine proved to be efficacious. The patient was cured in two days.* = having the power to produce good results (used to refer to a medicine or a course of action) (formal) (औषध, कार्यप्रणाली) अभीष्ट परिणाम उत्पन्न करना (औपचारिक)

ef•fi•cient /ɪˈfɪʃənt/ /इˈफिशण्ट/ adj. *We have an efficient manager. The office is doing well.* = able to work well and produce good results योग्य, दक्ष

ef•fi•gy /ˈefɪdʒi/ /ˈएफ़िजी/ noun, c. (**effigies**) *The angry protestors took out an effigy of the leader.* = the figure or likeness of some person made out of wood, old clothes etc. used to show disrespect अनादर व्यक्त करने के लिए लकड़ी, पुराने कपड़ों से बना किसी की शक्ल का पुतला

ef•flu•ent /ˈefluənt/ /ˈएफ़्लुअण्ट/ noun, c. (usually plural) or u. *The effluents from the factories are being poured into the river and are polluting it.* = harmful waste material from factories, etc. that is poured out into rivers or seas [TECHNICAL] गलीज़ जो कारखानों से नदियों, समुद्र में बहाया जाता है [तकनीकी]

ef•fort /ˈefət/ /ˈएफ़ट/ noun, u. or c. **1** *I was able to lift the heavy iron bar with great effort.*(u.) = the use of strength (of the body or the mind) शारीरिक/मानसिक बल से **2** *The school is making an effort to increase the number of books in the library.*(c.) = an attempt to do something difficult कुछ कठिन काम करने का प्रयास

ef•fron•te•ry /ɪˈfrʌntəri/ /इˈफ्रॅण्टरी/ noun, u. *I wonder how he had the effrontery to criticise you after all the help you gave him.* = the boldness to do something without feeling any shame (disapproving) उद्‌दंडता, बेहया, हिमाकत (अस्वीकृत)

ef•fu•sive /ɪˈfjuːsɪv/ /इˈफ़्यूसिव/ adj. *He gave us an effusive welcome even though he didn't know us well.* = showing a lot of feeling, often without sincerity भावोच्छवसित (प्राय: प्रवंचनात्मक)

e.g. abbr. of **exempli gratia** (Latin) = for example उदाहरणस्वरूप

e•gal•i•tar•i•an /ɪgælɪˈteəriən/ /इगैलिˈटेअरिअन/ adj. *an egalitarian society* = treating everyone as equal समतावादी

egg[1] /eg/ /एग/ noun, c. or u. **1** *an ostrich egg*(c.) = a round or oval object with a hard shell which comes out of a female bird, snake etc. and contains the unborn baby of the animal अंडा **2** *I had egg curry for lunch.*(u.) = eggs used as food खाद्य के रूप में अंडा

egg[2] verb, t. *My friends egged me on to take part in the debate although I was not very keen.* = to encourage strongly (informal) पीठ ठोकना, उत्साहित करना (अनौपचारिक) **egghead** noun, c. = a person who is interested only in books and studies and not in practical things (derogatory) बुद्धिजीवी (अनादरपूर्ण) **eggplant** noun = the fruit of a plant, usually round, purple, green or white, also known as 'brinjal' or 'aubergine' बैंगन

to put all one's eggs in one basket *If you want to have a good programme, you should invite a number of speakers instead of just one. It is never wise to put all your eggs in one basket.* = to depend completely on only one thing एक ही पर निर्भर रहना

e•go /ˈiːgəʊ/ /ˈईगउ/ noun, u. *His ego was hurt when he was not selected for the team.* = the good opinion that one has of oneself अहं **egocentric** /ɪgəʊˈsentrɪk/ /इगउˈसेण्ट्रिक/ adj. *She is an egocentric person.* = thinking only of oneself स्वार्थी **egoism** अहम्मन्यता /ˈɪgəʊɪzm/ /ˈईगउइज़्म/ noun, u. *Your egoism is what has made you so unpopular.* = the quality of thinking only of oneself (also **egotism**) केवल खुद के बारे में सोचते रहने की प्रवृत्ति (देखें **egotism**) **egoist** noun = a person who thinks only of him/herself (also **egotist**) अहंकारी (देखें **egotist**)

eight /eɪt/ /एइट/ noun = the number written as 8 अंक जो 8 की तरह लिखा जाता है

eigh•teen /eɪˈtiːn/ /एइˈटीन/ noun = the number written as 18 अंक जो 18 की तरह लिखा जाता है

eigh•ty /ˈeɪti/ /ˈएइटी/ noun = the number written as 80 अंक जो 80 की तरह लिखा जाता है

ei•ther[1] /ˈaɪðəʳ/ /ˈआइदर/ det. **1** *The Principal wants either Sally or Sheila to read out the speech.* = one or the other of two दो में से कोई एक **2** *We have a house with a garden on either side.* = both दोनों

either[2] pron. *We have sweets as well as ice cream. You can have either.* = one or the other दो में से कोई

either[3] adv. *I have not read this book and my sister hasn't read it either.* = one as well as the other (used only in negative sentences) (केवल नकारात्मक वाक्यों में प्रयुक्त) = भी नहीं

either[4] conj. *Either Philip or his brother will come here tomorrow.* = one or the other या तो एक नहीं तो दूसरा

e•jac•u•late /ɪˈdʒækjʊleɪt/ /इˈजैक्युलेइट/ verb, i. **1** = to throw out sperm (male seed) with force from the body [BIOLOGY] वीर्य-स्खलन करना **2** = to cry out or speak suddenly आकस्मिक उच्छ्वास या तीव्र स्वर उत्पन्न करना

e•ject /ɪˈdʒekt/ /इˈजेक्ट/ verb, t. or i. **1** *The warden of the hostel ejected some students who were causing trouble.*(t.) = to throw out forcibly from a place (formal) निकाल बाहर करना (औपचारिक) **2** *The pilot ejected from the falling plane.*(i.) = to leave or come out of

E

something with force [TECHNICAL] किसी जगह से तेज़ी से बाहर निकलना **3** = to remove a disk or tape from a device such as a cassette player कैसेट प्लेयर से तश्त या टेप निकालना

eke /iːk/ /ईक/ verb, t. *She eked out her small income by doing extra work in the evenings.* = to make a small supply (of money, food etc.) last longer by being careful (old-fashioned) विशेष उद्देश्य के लिए थोड़ा-थोड़ा करके धन-भोजन एकत्र करते रहना (पुराने प्रचलन का)

to eke out a living = to make just enough money to live on (old-fashioned) जीविका चलाना (पुराने प्रचलन का)

e•lab•o•rate¹ /ɪˈlæbərət/ /इलैबरट/ adj. *They made elaborate arrangements for the long train journey.* = done with great care, going into details पूरे ब्यौरों का खयाल रखते हुए, पूरी सावधानी से

e•lab•o•rate² /ɪˈlæbəreɪt/ /इलैबरेइट/ verb, i. or t. *Could you please elaborate further on what you have just told us?*(i.) = to add more details और विस्तार देना

e•lapse /ɪˈlæps/ /इलैप्स/ verb, i. *Three months have elapsed since she left town.* = to pass (referring to a period of time) (formal) [LAW] (समय की अवधि) बीतना (औपचारिक) [कानून]

e•las•tic /ɪˈlæstɪk/ /इलैस्टिक/ adj. *an elastic belt* = able to return to its original size and shape (referring to things made of material such as rubber) रबर की जैसी चीज़ की बनी हुई लचीली जो फिर अपनी शक्ल में आ जाती है

e•lat•ed /ɪˈleɪtɪd/ /इलेइटिड/ adj. *They were elated when their team won.* = full of joy उल्लसित

el•bow /ˈelbəʊ/ /ˈएलबऊ/ noun, c. **1** = the joint between the upper arm and the lower arm (forearm) केहुनी, कोहनी **2** *an elbow joint* = a piece of metal, shaped like an elbow, which connects two pipes etc. दो पाइप की जोड़ की जगह केहुनी की शक्ल की एक धातु

el•der¹ /ˈeldəʳ/ /ˈएल्डर/ adj. *my elder brother* = the older of two people (specially a brother or sister) बड़ा (परिवार में ही अपने से बड़ा)

elder² noun, c. *a village elder* = a person who is respected because of his or her age and wisdom and has an important position मेठ, प्रमुख, मुखिया **elderly** adj. = old or nearing old age बड़ा-बूढ़ा

e•lect¹ /ɪˈlekt/ /इलेक्ट/ verb, t or i. **1** *The party elected a new president.*(t.) = to choose by voting वोट से चुनना **2** *He elected to return to India.*(i.) = to decide to do something (formal) तय करना (औपचारिक)

elect² adj. *The prime minister elect* = someone who has been elected to a certain position निर्वाचित **election** noun, u. = the process by which someone is elected (through voting) निर्वाचन **electorate** noun, u. = the people who vote or have the right to vote in an election मतदाता

e•lec•tive /ɪˈlektɪv/ /इलेक्टिव/ adj. or noun *an elective (subject)* = a subject which one can choose to study or not to study चुना जाने वाला अध्ययन का विषय

e•lec•tric /ɪˈlektrik/ /इलेक्ट्रिक/ adj. *an electric clock* = something that is operated by electricity बिजली का **electrical** adj. *an electrical engineer* = connected with electricity बिजली से संबद्ध **electrician** ɪlekˈtrɪʃən/ /इलेक्ट्रिश्न/ noun, c. = a person who repairs electrical machines etc. बिजली कारीगर **electrification** /ɪlektrɪfɪˈkeɪʃən/ /इलेक्ट्रिफिˈकेइश्न/ noun, u. = the bringing of electricity to a place विद्युतीकरण

e•lec•tri•ci•ty /ɪlekˈtrɪsɪti/ /इलेक्ˈट्रिसिटी/ noun = the power or energy produced by a battery or generator (dynamo); a kind of energy which can be used to provide heat, light etc. बैटरी/जेनरेटर से उत्पन्न शक्ति/ऊर्जा; एक ऊर्जा जो ताप, प्रकाश देती है

e•lec•tro•cu•tion /ɪlektrəˈkjuːʃən/ /इलेक्ट्रˈक्यूश्न/ noun = death caused by an electrical current passing through the body बिजली करेंट के आघात से मौत

e•lec•trode /ɪˈlektrəʊd/ /इलेक्ट्रउड/ noun, c. = one of the two points (terminals) at which a current enters or leaves an electrical machine [SCIENCE] विद्युत-यंत्र में विद्युत्, आने-जाने की सुविधा वाले दो बिंदु [विज्ञान]

e•lec•trol•y•sis /ɪlekˈtrɒlɪsɪs/ /इलेक्ˈट्रॉलिसिस/ noun = the separation of a liquid into its chemical parts by passing an electrical current through it [SCIENCE] विद्युत् प्रवाह प्रवेश से किसी तरल पदार्थ का रासायनिक विश्लेषण या रासायनिक तत्त्वों में पृथक्करण [विज्ञान]

e•lec•tro•mag•net /ɪlektrəʊˈmægnɪt/ /इलेक्ट्रउˈमैग्निट/ noun, c. = any material (usually metal) around which a wire is wound, that acts like a magnet when a current passes through the wire [TECHNICAL] कोई धातु का पदार्थ जिसके चारों ओर तार लिपटे होते हैं और जो विद्युत् प्रवाह के बाद चुंबकीय हो जाता है [तकनीकी]

e•lec•tron /ɪˈlektrɒn/ /इलेक्ट्रॉन/ noun, c. = a tiny particle (piece) of matter which forms part of an atom and carries a negative electrical charge (compare **proton, neutron**) [SCIENCE] परमाणु में विद्यमान ऋण विद्युत् आदेशयुक्त द्रव्य (देखें **proton, neutron**) [विज्ञान]

e•lec•tron•ic /ɪlekˈtrɒnɪk/ /इलेक्ˈट्रॉनिक/ adj. *an electronic calculator* = a machine that works by using the flow of electrons परमाणु में निहित विद्युत् द्रव्य से संचालित यंत्र **electronics** noun **1** = the science that deals with the behaviour of electrons इलेक्ट्रॉनिक मशीन बनाने में विज्ञान का प्रयोग **2** = the application of this science in making electronic machines e.g. computers परमाणु में निहित विद्युत् द्रव्य की प्रक्रिया का विज्ञान

el•e•gant /ˈelɪgənt/ /ˈएलिगण्ट/ adj. *an elegant swimmer* = graceful and stylish ललित, सुरुचिपूर्ण
el•e•gy /ˈelɪdʒi/ /ˈएलिजी/ noun, c. (**elegies**) = a poem or song expressing sorrow at the death of someone [LITERATURE] शोकगीत [साहित्य]
el•e•ment /ˈelɪmənt/ /ˈएलिमण्ट/ noun, c. **1** *Water is a compound made up of the two elements, hydrogen and oxygen.* = a substance which cannot be broken up into some other substance but can combine with other elements to form substances called compounds [CHEMISTRY] पदार्थ जो तत्त्वों में विभाजित नहीं हो पाता लेकिन दूसरे तत्त्वों से मिश्रित हो सकता है ऐसा तत्त्व [रसायनशास्त्र] **2** *There is an element of truth in what he says.* = a small amount तथ्य **3** *Luck is an important element in a person's success.* = a part of something अंश **elements** noun, c. (always plural) **1** *I will teach you the elements of mathematics.* = the first things to be learnt about a subject आरंभिकी **2** *The elements seem to be in an angry mood.* = the things that make up the weather (sun, wind, clouds, rain etc.) (figurative, literary) मौसम, आँधी तूफ़ान से संबंधित (लाक्षणिक, साहित्यिक)

to be in one's element = to feel very comfortable and happy अपने स्वाभाविक रूप में

el•e•men•ta•ry /elɪˈmentəri/ /एलिˈमेण्ट्री/ adj. *a textbook of elementary mathematics* = simple and easy; concerned with the first things to be learnt प्रारंभिक
el•e•phant /ˈelɪfənt/ /ˈएलिफण्ट/ noun, c. = a large and strong animal with curved teeth (tusks) and a long nose, called a trunk हाथी
el•e•vate /ˈelɪveɪt/ /ˈएलिवेइट/ verb, t. **1** *He has been elevated to the post of judge.* = to raise or lift to a higher position (formal) तरक्की करना (औपचारिक) **2** *This book will elevate your mind.* = to improve उन्नत करना **elevation** /ˌelɪˈveɪʃən/ /एलिˈवेइशन्/ noun, u. or c. **1** *Darjeeling is situated at an elevation of 1,000 m above sea level.* (c.) = height above sea level [GEOGRAPHY] ऊँचाई [भूगोल] **2** *I congratulated her on her elevation to the position of a judge.*(u.) = the act or result of raising someone to a higher position (formal) तरक्की, पदोन्नति (औपचारिक) **3** *I have asked the architect to draw a front elevation of the house he is going to build for me.*(c.) = a drawing showing how a building will look from the front or from one side [TECHNICAL] निर्माणाधीन घर के सामने के रुख की तस्वीर **elevator** noun, c.= a machine that carries people and goods to a higher level in a building; a lift लिफ़्ट
e•le•ven /ɪˈlevən/ /इˈलेव्न्/ noun **1** = the number written as 11 अंक जो 11 की तरह लिखा जाता है **2** *the Sri Lanka eleven* = a sports team made up of 11 players ग्यारह खिलाड़ियों की टीम का नाम **eleventh hour** *We were getting ready for the examination, but it was cancelled at the eleventh hour.* = at the very last moment (informal) बिल्कुल अंतिम वक्त में (अनौपचारिक)
elf /elf/ /एल्फ/ noun, c. (**elves**) = a small creature with pointed ears that plays tricks on people (in stories) नुकीले कान वाले परीज़ाद
e•li•cit /ɪˈlɪsɪt/ /इˈलिसिट/ verb, t. *The police have been questioning the prisoner and trying to elicit the names of the other people who were involved in the crime.* = to try to get information or a reaction from someone (formal) किसी से गुप्त सूचना लेने या उसकी प्रतिक्रिया जानने की कोशिश करना (औपचारिक)
el•i•gi•ble /ˈelɪdʒɪbəl/ /ˈएलिजिब्ल/ adj. **1** *You are not eligible for the job as you do not have the required experience.* = fulfilling the necessary conditions for something आवश्यक शर्तों को पूरा करता, उपयुक्त **2** *an eligible boy/girl* = suitable to be chosen, especially for marriage विवाह योग्य
e•lim•i•nate /ɪˈlɪmɪneɪt/ /इˈलिमिनेइट/ verb, t. **1** *Malaria was very common here in the past, but the health authorities have managed to eliminate it.* = to remove or get rid of completely उन्मूलन करना **2** *They were eliminated from the competition in the first round and had to go back home.* = to be out of a contest after being defeated हारने के बाद प्रतियोगिता से निष्कासित कर देना
e•lite[1] /eɪˈli:t/ /एइˈलीट/ noun, u. *clothes for the elite* = people belonging to the highest or richest class धनाढ्यवर्ग
elite[2] adj. *an elite group* = of the highest class अभिजात वर्ग
e•lix•ir /ɪˈlɪksəʳ/ /इˈलिक्सर्/ noun, u. or c. *He is very relaxed after his holiday. It has proved to be an elixir for his depression.* = something that has a magical power to cure अमृत, रामबाण
elk /elk/ /एल्क/ noun, c. = a kind of deer found in some cold countries (ठंडवाले देशों का) एक प्रकार का हिरण
el•lipse /ɪˈlɪps/ /इˈलिप्स/ noun, c. = a geometrical shape that is oval (egg-shaped) अंडाकार आकृति **elliptical** adj. *The earth moves in an elliptical path around the sun.* = oval or egg-shaped अंडाकार
elm /elm/ /एल्म/ noun, c. = a large tree that produces hard wood and has broad leaves एक वृहत् वृक्ष जिसमें काठ कड़ा और पत्ते चौड़े होते हैं
el•o•cu•tion /eləˈkju:ʃən/ /एलˈक्यूशन्/ noun = the art of speaking clearly and effectively in public वक्तृत्वकला, वाक्-पटुता
e•lon•gate /ˈi:lɒŋgeɪt/ /ˈईलॉङ्गेइट/ verb, t. *Look at this picture of Mr Thakur which the artist has drawn. It*

doesn't look like him; the nose is elongated. = to make something look longer than it really is परास बढ़ना और लंबा कर देना

e•lope /ɪ'ləʊp/ /इ'लउप/ verb, i. *The young man and woman decided to elope and get married.* = to run away and get married secretly, usually without the knowledge of the parents माता-पिता से छिपके शादी रचाने के लिए साथ भाग जाना

el•o•quent /'eləkwənt/ /'इलेक्वण्ट/ adj. *He made an eloquent speech in praise of the new film.* = expressing one's ideas effectively and in rich language, so that the listeners are influenced (formal) प्रभावशाली शैली का (औपचारिक)

else /els/ /एल्स/ adv. **1** *She had nothing else to say.* = more और कुछ **2** *He left but everyone else stayed on.* = other than को छोड़कर

or else **1** *Do not stay up late, or else you will wake up late and miss your bus.* = otherwise; if not और नहीं तो **2** *Finish your work or else...* = an expression used to warn someone of an unpleasant result that awaits them अप्रिय परिणाम की चेतावनी देने की एक वाक्-शैली

e•lu•ci•date /ɪ'lu:sɪdeɪt/ /इ'लूसिडेइट/ verb, t. or i. *I'm sorry, but I could not understand your lecture. Could you elucidate the main points?* = to explain or make something clear (formal) (also **explain**) सुस्पष्ट करना

e•lude /ɪ'lu:d/ /इ'लूड/ verb, t. *The thief was able to elude the police by hiding inside a well.* = to escape being caught by using a clever plan झाँसा देकर बच निकलना

e•ma•ci•a•ted /ɪ'meɪʃieɪtɪd/ /इ'मेइशिएइटिड/ adj. *The children look emaciated because they have just recovered from typhoid.* = thin and weak from hunger or illness (formal) वृशकाय, क्षीणकाय (औपचारिक)

e-mail[1] /i:meɪl/ /ईमेइल/ noun, c. = a system of sending and receiving messages from one computer to another, usually through a modem and telephone line (short for electronic mail [COMPUTERS] प्राय: टेलिफोन द्वारा एक से दूसरे कंप्यूटर में संवाद भेजने या पाने की पद्धति [कंप्यूटर]

e-mail[2] verb, t. *I e-mailed him yesterday and received his reply within five minutes.* = to send an e-mail ई-मेल भेजना

e•man•ci•pate /ɪ'mænsɪpeɪt/ /ई'मैन्सिपेइट/ verb, t. *Winning the right to vote emancipated women all over the world.* = to give freedom or political rights to someone (formal) किसी को मुक्ति या राजनीतिक अधिकार प्रदान करना (औपचारिक)

em•balm /ɪm'bɑ:m/ /इम'बाम/ verb, t. = to treat a dead body with spices or chemicals so that it will not decay रसायनों के लेप से शव का संरक्षण करना

em•bank•ment /ɪm'bæŋkmənt/ /इम'बैंकमण्ट/ noun, c. = a wide wall built of stones or earth to stop a river from overflowing बाँध

em•bar•go[1] /ɪm'bɑ:gəʊ/ /इम'बाऽगउ/ noun, c. *There is an embargo on the sale of ivory.* = an official order forbidding trade in something प्रतिबंध

embargo[2] verb, t. *The government has embargoed trade in sandalwood.* = to put an embargo on something; to ban प्रतिबंध लगाना

em•bark /ɪm'bɑ:k/ /इम'बाऽक/ verb, i. **1** *We embarked at Mumbai and disembarked at Karachi.* = to get on a boat, ship or aircraft जहाज़, वायुयान आदि पर सवार होना **2** *He plans to become a writer after retiring. It is brave of him to embark on a completely new career.* = to start something new (formal) एक नए अध्याय का श्रीगणेश करना (औपचारिक)

em•bar•rass /ɪm'bærəs/ /इम'बैरस/ verb, t. *My colleague embarrassed me at the meeting by remarking about the clothes I was wearing.* = to make someone feel uncomfortable or ashamed, शर्मिंदा, परेशानी या लाज-संकोच में डाल देना

em•bas•sy /'embəsi/ /'एम्बसी/ noun, c. (**embassies**) *the American embassy in India* = the office in which the ambassador and officials of some country work in a foreign country (see **ambassador**) विदेश में कार्यरत देश के राजदूत या अधिकारीवर्ग का कार्यालय (देखें **ambassador**)

em•bed /ɪm'bed/ /इम'बेड/ verb, t. *The arrow was embedded in the tree trunk and could not be removed easily.* = to fix something strongly and deeply into something else गहरा धँस जाना

em•bel•lish /ɪm'belɪʃ/ /इम'बेलिश/ verb, t. *The queen's dress was embellished with diamonds and rubies.* = to decorate; to make something more beautiful by adding something to it (formal) कुछ वस्तुएँ लगाकर और सुंदर बनाना, सजाना, अलंकृत करना (औपचारिक)

em•ber /'embəʳ/ /'एम्बर/ noun, c. = a piece of burning wood or coal from a fire which has died down अंगारा

em•bez•zle /ɪm'bezəl/ /इम'बेज़ल/ verb, t. *The police asked the bank cashier how much he had embezzled from the bank.* = to steal money that belongs to someone else and has been placed in one's care ग़बन करना **embezzlement** noun, u. = the act of embezzling money [LAW] गबन [कानून]

em•bit•ter /ɪm'bɪtəʳ/ /इम्'बिटर/ verb, t. *He has tried his hand at many tasks and failed; this has embittered him against society.* = to make someone feel bitter (sad and angry) over a long period of time लंबे अर्से तक किसी को उदास और नाराज़ रखना **embittered** adj. *None of the plans she suggested had succeeded. She left the job a very embittered woman.* = with feelings of sadness and anger गमगीन और रंज

em•blem /'embləm/ /'एम्ब्लम/ noun, c. *The Ashoka pillar, with its four lions, is India's national emblem.* =

a symbol or sign प्रतीक

em•bo•dy /ɪm'bodi/ /एम्'बॉडी/ verb, t. *This poem embodies the poet's love for his beloved.* = to express or give form to (formal) रूपायित/मूर्त्त करना (औपचारिक) **embodiment** noun

em•boss /ɪm'bɒs/ /इम्'बॉस/ verb, t. *Your name has been embossed on this metal plate.* = to make a raised pattern of letters, numbers etc. on metal, paper etc. by pressing the material from behind पीछे से दबाकर किसी धातु या कागज़ पर उठे/उभरे हुए अक्षरों की उपाकृति बनाना

em•brace /ɪm'breɪs/ /इम'ब्रेइस/ verb, t. or i. **1** = to express one's love for someone by holding the person tightly and putting one's arms around him/her आलिंगन करना **2** *He has embraced Buddhism.*(t.) = to adopt (a religion, way of thinking etc.) (formal) धारण करना (औपचारिक) **3** *This book embraces all aspects of India's economic policy.*(t.) = to include or cover समाविष्ट करना

em•broi•der /ɪm'brɔɪdəʳ/ /इम'ब्रॉइडʳ/ verb, t. or i. **1** *She embroidered the tablecloth with a beautiful pattern of flowers.* = to make patterns on a piece of cloth using a needle and thread सुई-धागे से कपड़े पर उपाकृति उभारना **2** *Don't try to embroider the report. Let me have the facts.* = to try to improve a story or report by adding imaginary details (disapproving) काल्पनिक ब्यौरों से कहानी को और मसालेदार बनाने की कोशिश करना (अस्वीकृत) **embroidery** noun, u. or c. (**embroideries**) = a design made on cloth by using a needle and thread कपड़े पर कढ़ाई-बुनाई से बनी कोई उपाकृति

em•bry•o /'embriəʊ/ /'एम्ब्रीअेउ/ noun, c. = the unborn baby of a human being, animal, bird or plant (compare **foetus**) भ्रूण (देखें **foetus**)

e•mend /ɪ'mend/ /इ'मेण्ड/ verb, t. *The printing mistakes in the book have been emended.* = to correct the mistakes in a book before printing it (compare **amend**) मुद्रण के पूर्व भाषा-शुद्धि करना (देखें **amend**)

em•e•rald /'emərəld/ /'एम्रल्ड/ adj. noun, c. or u. = (the colour of) a green precious stone मरकत (मणि)

e•merge /ɪ'mɜːdʒ/ /इ'मɔज/ verb, i. **1** *The chick emerged from the egg.* = to come out of; to appear से निकल आना **2** *Several surprising facts have emerged from the study.* = to become known as a result of उद्घाटित होना

e•mer•gen•cy /ɪ'mɜːdʒənsi/ /इ'मɔज्न्सी/ noun, u. or c. (**emergencies**) *In case of a fire or any other emergency, you should dial the number 101 on the telephone and ask for help.* = an unexpected and dangerous situation which must be dealt with at once आपातकाल, आकस्मिक तथा ख़तरनाक स्थिति जिससे तत्काल निबटना अत्यावश्यक हो

to be in a state of emergency = a situation in which the government has to take some action immediately to help or protect the people (e.g. after an earthquake) आकस्मिक संकटकालीन स्थिति जिसमें सरकार को लोगों के जानमाल की सुरक्षा के लिए तुरंत कदम उठाना पड़ता है

e•met•ic /ɪ'metɪk/ /इ'मेटिक/ noun, c. or u. = a substance or medicine which causes a person to throw up (vomit) food from the stomach [MEDICINE] एक दवा जो पेट के अंदर के भोजन का वमन करा देती है [चिकित्सा]

em•i•grate /'emɪgreɪt/ /'एमिग्रेइट/ verb, i. *Ameena is planning to emigrate to South Africa.* = to leave one's country and settle in some other country (compare **immigrate**) अपने देश को छोड़कर दूसरे का प्रवासी होना (देखें **immigrate**) **emigrant** noun, c. = a person who emigrates प्रवासी

em•i•nent /'emɪnənt/ /'एमिनण्ट/ adj. *She is such an eminent poet that she needs no introduction.* = famous प्रतिष्ठित, लब्धप्रतिष्ठ

e•mir /e'mɪəʳ/ /ए'मियʳ/ noun, c. (amir or ameer) = a ruler of an Arab country or kingdom अरब देश/राज्य का शासक

em•is•sa•ry /'emɪsəri/ /'एमिस्री/ noun, c. (**emissaries**) = a person who is sent on a mission (asked to do some special work or deliver a official message) (formal) किसी (मिशन) विशेष कार्य के लिए या कोई शासकीय संदेश पहुँचाने के लिए भेजा गया दूत (औपचारिक)

e•mit /ɪ'mɪt/ /इ'मिट/ verb, t. *The car is emitting a lot of smoke.* = to give out or send out निकालना, फेंकना **emission** noun, u. = something that is given out (formal) (usually smoke or harmful gas from a factory etc.) (प्राय: धुएँ या हानिकारक गैस का फैक्ट्री से निस्सरण (औपचारिक)

e•mol•li•ent /ɪ'mɒlɪənt/ /इ'मॉलियण्ट/ noun, c. = a substance (usually medicine) that is rubbed on the skin to soften it and reduce soreness [MEDICINE] घाव या सूजन को मुलायम करने या घटाने के लिए चमड़े पर मली जाने वाली एक दवा [चिकित्सा]

e•mol•u•ment(s) /ɪ'mɒljʊmənt/ /इ'मॉल्युमण्ट/ noun, u. (usually plural) = money paid or received for work; wage or salary (formal) आय, पारिश्रमिक (औपचारिक)

e•mo•tion /ɪ'məʊʃən/ /इ'मउश्न/ noun, u. or c. *The song is full of emotion and makes us want to cry.*(u.) = a strong feeling such as love, anger or fear भावुकता **emotional** adj. *a very emotional scene* = having to do with emotion (feeling) भावावेशयुक्त, रागात्मक

em•pa•thy /'empəθi/ /'एम्पथी/ noun, u. *A good actor needs a lot of empathy to play different roles.* = the ability to enter into the feelings of another person

E

तादात्म्य-सामर्थ्य, दूसरों की भावना से अंतरंग होना

em•pe•ror /'empərə^r/ /'एम्प्र^र/ noun, c. = the ruler of an empire (a large kingdom) सम्राट

em•pha•sis /'emfəsɪs/ /'एम्फ़सिस/ noun, u. or c. (**emphases**) *In this office, the emphasis is on work, not talk.* = special किसी वस्तु का महत्त्व देखते हुए उस पर बल/ज़ोर देना attention given to something to bring out its importance **emphasize (emphasise)** verb, t. *The cricket coach emphasized the importance of fitness.* = to give special importance to something को विशेष महत्त्व देना

em•pir•i•cal /ɪm'pɪrɪkəl/ /इम्'पिरिकल/ adj. *The doctor has treated many cases of malaria, and his approach is entirely empirical.* = guided by practical experience rather than theories सिद्धांतों के बदले प्रयोग एवं अनुभव पर आधृत **empirically** adj. = using an empirical approach प्रायोगिक, व्यावहारिक

em•ploy /ɪm'plɔɪ/ /इम्'प्लॉइ/ verb, t. *The school will employ three new teachers.* = to appoint (to get someone to do some work) बहाल करना **employee** noun, c. = someone who is appointed to do some work वेतनभोगी कर्मचारी **employer** noun, c. = someone who employs people बहाल करने वाला (व्यक्ति)

em•pow•er /ɪm'paʊə^r/ /इम्'पाउअ^र/ verb, t. *The people of this village are not aware of their rights as most of them are illiterate. We must give them some education to empower them.* = to give political rights or power to people राजनीतिक अधिकार/प्रभुत्व प्रदान करना

emp•ty[1] /'empti/ /'एम्प्टी/ adj. **1** *Her glass is empty. Fill it up.* = containing nothing खाली, रिक्त **2** *I am tired of your empty promises.* = without meaning or purpose खोखला, अर्थशून्य

empty[2] verb, t. *The building emptied at once when someone shouted 'Fire!'* = to become empty खाली हो जाना

to do something on an empty stomach = to do something before taking any food खाली पेट काम करना

e•mu /'i:mju:/ /'ईम्यू/ noun, c. = a large bird which cannot fly, found in Australia ऑस्ट्रेलिया का एक पक्षी जो उड़ नहीं पाता

EMU abbr. of **Economic and Monetary Union** = the system where many countries of Europe (which constitute the European Union) come under the same currency, called the **euro** यूरोप के कई देशों की एक ही प्रकार की मुद्रा-पद्धति

em•u•late /'emjʊleɪt/ /'एम्युलेइट/ verb, t. *Your father was a great singer. You should try to emulate his achievements.* = to try to do as well as some other person (formal) किसी के जैसा कर दिखाने/पाने की कोशिश करना (औपचारिक)

e•mul•sion /ɪ'mʌlʃən/ /इ'मॅल्श्न/ noun, c. = a mixture of two liquids which do not normally mix with each other e.g. oil and water [TECHNICAL] दो ऐसे तरल पदार्थ जो सामान्यः मिश्रित नहीं हो पाते (जैसे तेल और पानी) [तकनीकी]

en•a•ble /ɪ'neɪbəl/ /इ'न्नेइब्ल/ verb, t. *The money you have given me will enable me to buy a few books that I need.* = to give someone the ability (means) to do something कुछ कर सकने के योग्य बनाना

en•act /ɪ'nækt/ /इ'नैक्ट/ verb, t. *The parliament has enacted a new law.* = to make or pass a law (referring to the government or parliament) कानून बनाना या पास करना

e•nam•el[1] /ɪ'næməl/ /इ'नैम्ल/ noun, u. **1** = a kind of paint; a hard, glass-like substance which is used to cover the surface of metal objects (e.g. pots and pans) तामचीनी **2** the hard, white outer surface of the tooth दाँत की ऊपरी परत

enamel[2] verb, t. *I am going to enamel this flower vase.* = to cover with enamel इनैमेल का लेप चढ़ाना

en•am•oured /ɪ'næməd/ /इ'नैमड/ adj. *He is so enamoured of his garden that he does not want to move to another house.* = taken with, having a strong liking for something or someone (literary) पर लट्टू होना, रीझना (साहित्यिक)

en bloc /ɒn 'blɒk/ /ऑन'ब्लॉक/ adv. (French) *They left the meeting en bloc.* = all at the same time; together (फ्रेंच भाषा का प्रयोग) एक ही समय सब के सब

en•case /ɪn'keɪs/ /इन्'केइस्/ verb, t. *His feet were encased in expensive leather shoes.* = to be surrounded or covered with (formal and old-fashioned) से घिरा या ढँका होना (औपचारिक तथा पुराने प्रचलन का)

en•chant /ɪn'tʃɑ:nt/ /इन्चाऽट/ verb, t. *She was enchanted by the natural beauty of Leh.* = to fill someone with delight (see also **enrapture**) मोहित करना, आनंदित करना (देखें **enrapture**) **enchanting** adj.= charming मोहक, मंत्रमुग्धकारी

en•cir•cle /ɪn'sɜ:kəl/ /इन्'सऽक्ल्/ verb, t. = to form a circle around something or someone; to surround घेरा डालना

en•close /ɪn'kləʊz/ /इन्'क्लउज/ verb, t. **1** *The school is enclosed by a high wall.* = to surround with a fence or wall in order to keep people out दीवार/चहारदीवारी से घेरना **2** *I enclose a copy of my story with this letter.* = to put something in an envelope together with a letter संलग्न करना **enclosure** noun, c. **1** *the visitors' enclosure* = an enclosed area घिरा क्षेत्र **2** = something that is enclosed with a letter अनुलग्नक (पत्र)

en•code /ɪn'kəʊd/ /इन्'कउड/ verb, t. **1** *Please encode this message.* = to put a message into code (a secret writing system) कूटलिपि में संवाद का लिप्यंतर करना **2** = to change a message into a form a computer can read (opposite **decode**) [TECHNICAL] संवाद का ऐसा परिवर्तन करना जो कंप्यूटर ही पढ़ सके (विलोम शब्द **decode**) [तकनीकी]

en•com•pass /ɪn'kʌmpəs/ /इन'कॅम्पस/ verb, t. **1** *Modern history encompasses a wide range of topics.* = to include or cover समाहित करना **2** *This village is encompassed by high mountains.* = to surround (formal) घेरना (से घिरा होना) (औपचारिक)

en•core /'ɒŋkɔː/ /'ऑन्कॉऽ/ noun, c. or u. **1** *The audience liked the song so much that the singer had to come back for three encores.*(c.) = a repetition of a song, dance, etc. by a singer or dancer which is demanded by the audience श्रोताओं द्वारा की गई माँग पर गायन/नृत्य की पुनरावृत्ति **2** = the word ('Encore!' = again) used by an audience to ask for a repeat of a song, act etc. गायन, प्रदर्शन, अभिनय को फिर से प्रस्तुत करने के लिए श्रोताओं का शब्द

en•coun•ter[1] /ɪn'kaʊntəʳ/ /इन'कॉउण्टʳ/ verb, t. *You will encounter many problems on this job.* = to face or meet with something unpleasant (problems, difficulties etc.) (formal) कोई अप्रिय घटना/समस्या, कठिनाई का सामना करना (औपचारिक)

encounter[2] noun, c. *I had a frightening encounter with a wild elephant while I was walking through the forest.* = an unexpected meeting with someone or something अचानक किसी का सामना हो जाना

en•cour•age /ɪn'kʌrɪdʒ/ /इन'कॅरिज/ verb, t. *My coach always encouraged me to work very hard.* = to give confidence or hope to someone उत्साह बढ़ाना, आशा बँधाना

en•croach /ɪn'krəʊtʃ/ /इन'क्रउच/ verb, i. **1** *The municipality plans to pull down the houses of people who have encroached on government land.* = to occupy by force something that does not belong to you [LAW] अतिक्रमण करना, अनधिकार हस्तक्षेप करना [कानून] **2** *I hope I am not encroaching on your time.* = to occupy more of something than one should (formal) आवश्यकता से अधिक लेना [औपचारिक]

en•cum•ber /ɪn'kʌmbəʳ/ /इन'कॅम्बʳ/ verb, t. *It is difficult to travel when one is encumbered with a lot of luggage.* = to be loaded or weighed down with something that prevents free movement or action (formal) ऐसा लदा हुआ कि ठीक चलना भी मुश्किल हो (औपचारिक) **encumbrance** noun, c. or u. = something that is a burden and does not allow free movement [LAW] बोझ, बाधा, रुकावट [कानून]

en•cy•clo•pe•di•a (encyclopaedia) /ɪnsaɪklə'piːdiə/ /इन्साइक्ल'पीडिअ/ noun, c. = a book or set of books containing information on many subjects or topics usually arranged in alphabetical order अनेक विषयों का संपूर्ण विवरण प्रस्तुत करती ग्रंथमाला

end[1] /end/ /एण्ड/ noun, c. **1** *the end of the road.* = the last part or point छोर **2** *the end of a story* = the conclusion अंत **3** *a means to an end* = aim or purpose उद्देश्य **4** *a cigarette end* = a piece that is left over अधजला (सिगरेट का टुकड़ा)

end[2] verb, t. or i. *The meeting ended at midnight.*(i.) = to come to a finish समाप्त होना

end in *The match ended in a draw.* = to have something as the final result में समाप्त होना **end up** *After watching the movie and going out for dinner, my friends ended up at my house. I studied science in college but ended up becoming an artist.* = to come to a certain state after doing something else // आखिरकार कहीं आ पहुँचना–कुछ और करने के बाद किसी स्थिति में आ पहुँचना **to be at a loose end** = to have nothing to do बैठे-ठाले **to make both ends meet** = to have just enough money for one's needs अपनी ज़रूरतभर ही कमा पाना

en•dan•ger /ɪn'deɪndʒəʳ/ /इन्'डेइन्जʳ/ verb, t. *He has endangered our safety by making us travel in a boat without life jackets.* = to put someone in danger खतरे में डालना **endangered species** noun, c. = a plant or animal that is in danger of not existing anymore and has to be protected पौधा या पशु जिसके अस्तित्व का भविष्य खतरे में हो, विलुप्तप्राय प्रजातियाँ

en•dear /ɪn'dɪəʳ/ /इन्'डीअʳ/ verb, t. *Her sweet nature endeared her to everyone.* = to cause someone/oneself to be loved का प्रियपात्र होना

en•deav•our[1] /ɪn'devəʳ/ /इन'डेवʳ/ noun, u. or c. *Our endeavours to clean up this city have been successful.* = attempt (formal) प्रयास (औपचारिक)

endeavour[2] verb, t. *You should endeavour to improve yourself in many ways.* = to try (formal) प्रयास करना (औपचारिक)

en•dem•ic /en'demɪk/ /एण्'डेमिक/ adj. *Malaria is endemic in many parts of India and Africa.* = found regularly and commonly in a place (generally referring to diseases) [TECHNICAL] (प्रायः बीमारी के संदर्भ में) सामान्यतः तथा नियमित रूप से फैला या पाया जाने वाला [तकनीकी]

en•dorse /ɪn'dɔːs/ /इन'डॉऽस/ verb, t. **1** *I endorse your action in refusing to pay a bribe.* = to support an action, opinion etc. किसी कार्य/मत का समर्थन करना **2** *to endorse a cheque* = to sign one's name on the back of a cheque in order to let the bank know that it is genuine **endorsement** noun, c. or u. चेक की पीठ पर अपने हस्ताक्षर करना (यह समर्थन करते हुए कि चेक प्रामाणिक है) **1** *The people of the colony gathering to listen to the leader's speech can be seen as an endorsement of her record.*(c.) = an action that conveys public support for a person or thing कोई कार्य जो जन-समर्थन का प्रमाण हो **2** *Rahul Dravid has signed an endorsement for a well-known brand of shoes.*(c.) = an official agreement that makes a famous person agree to advertise a product कोई औपचारिक अनुबंध जो किसी प्रसिद्ध व्यक्ति को किसी उत्पादन को विज्ञापित करने को राज़ी करता है

en•dow /ɪn'daʊ/ /इन्डाउ/ verb, t. **1** = to create a charitable fund for a school, hospital etc. स्कूल, अस्पताल के लिए कल्याण-कोष स्थापित करना **2** *She is endowed with great artistic talent.* = to possess some good quality from birth (formal) जन्मना प्रदत्त होना (औपचारिक) **endowment** noun, u. or c. = a fund created by someone to help a school, hospital etc. [LAW] व्यक्तिगत कल्याण-कोष जो स्कूल, अस्पताल की सहायता के लिए होता है [कानून]

en•dure /ɪn'djʊəʳ/ /इन्'ड्युअʳ/ verb, t. **1** *As a soldier, you must be able to endure discomfort and pain.* = to put up with an uncomfortable or painful situation without complaining झेलना **2** *The Taj Mahal is 400 years old and we believe it will endure for at least another 400 years.* = to last टिकना **endurance** noun, u. *She suffered great pain but never complained. We were surprised at her endurance.* = the ability to bear pain सहनशक्ति

en•e•my /'enəmi/ /'एनमी/ noun, c. (**enemies**) **1** *He has many friends and very few enemies.* = someone who hates a person and wishes to harm him/her शत्रु **2** *The enemy is advancing across the border.* = the army of a country that one is fighting against (generally used in singular) जिस देश से युद्ध हो उसकी सेना, शत्रु-सेना

to be your own worst enemy = to be in the habit of doing something that harms you more than anyone else जिससे अपना ही नुकसान ज्यादा हो उसकी आदत

en•er•gy /'enədʒi/ /'एनजी/ noun, u. or c. (**energies**) **1** *She can work all day and all night without getting tired. I don't know where she gets her energy from.* = the ability to do a lot of work कर्मठता **2** *India is trying to develop the use of wind energy.* = power which can be used to drive machines etc. ऊर्जा **energetic** /ˌenə'dʒetɪk/ /एन'जेटिक/ adj. = full of energy कर्मठ, उत्साही

en•force /ɪn'fɔːs/ /इनफ़ॉऽस/ verb, t. *The government is going to enforce the new law against the use of child labour.* = to cause a rule or law to be put into practice नियम/कानून लागू करना

en•gage /ɪn'geɪdʒ/ /इन्गेइज/ verb, t. **1** *We have engaged a computer specialist.* = to employ बहाल करना **2** *The children will have to be engaged throughout the day.* = to take up one's time, attention etc. मशगूल रखना **engaged** adj. **1** *He is engaged to Shahina.* = (the state of) having agreed to marry someone सगाई के लिए तैयार **2** *They are engaged in talks with the foreign officials.* = busy in doing something व्यस्त **3** *The telephone line is engaged.* = not free **engagement** noun, u. or c. **1** *His engagement has been announced.* = an agreement to marry someone सगाई **2** *I can't come to your party as I have another engagement.* = an arrangement to meet someone or do something किसी से मिलने या कुछ करने का पूर्व-निर्धारित/नियत समय

en•gine /'endʒɪn/ /'एन्जिन/ noun, c. **1** *This car has a powerful engine.* = a machine that produces power एक मशीन जिससे ऊर्जा पैदा होती है **2** *a train pulled by a steam engine* = a locomotive (a vehicle that pulls a train) रेल का इंजिन

en•gi•neer[1] /endʒɪ'nɪəʳ/ /एन्जि'नियʳ/ noun, c. *a civil engineer* = a person who designs and builds houses, roads, machines etc. इंजीनियर जो भवन, सड़क, मशीन आदि का निर्माण करता है

engineer[2] verb, t. **1** *The new super-highway has been engineered by a Japanese company.* = to build something requiring great skill यांत्रिक कुशलता से निर्माण करना **2** *They engineered a strike in the factory.* = to cause something (generally unpleasant) to happen through secret planning (disapproving) किसी अप्रिय हादसे की साज़िश करना (अस्वीकृत)

en•grave /ɪn'greɪv/ /इन्ग्रेइव/ verb, t. = to cut pictures, words etc. on wood, stone or metal (compare **emboss**, see also **carve**) काठ, पत्थर या धातु पर चित्र, शब्द आदि उभारना (देखें **emboss** तथा **carve**)

en•gross•ed /ɪn'grəʊst/ /इन'ग्रउस्ट/ adj. *She was so engrossed in her work that she did not hear the ringing of the alarm.* = having one's attention completely filled or occupied with something तल्लीन **engrossing** adj. *an engrossing book* = very interesting अत्यंत रोचक

en•gulf /ɪn'gʌlf/ /इन'गॅल्फ़/ verb, t. *The house was completely engulfed by the flames.* = to swallow up and destroy (formal) पूरी तरह ढँक लेना (अनौपचारिक)

en•hance /ɪn'hɑːns/ /इन'हान्स/ verb, t. *This blue shirt will enhance his good looks.* = to increase the value or beauty of something or someone (formal) किसी व्यक्ति/चीज़ की कीमत या खूबसूरती को बढ़ाना (औपचारिक)

e•nig•ma /ɪ'nɪgmə/ /इ'निग्मा/ noun, c. *I know nothing about my neighbour. He is an enigma to me.* = someone or something that is difficult to know or understand नहीं समझ में आनेवाला रहस्य **enigmatic** /ɪ'nɪgmætɪk/ /इनिग्मैटिक/ adj. = mysterious रहस्यात्मक

en•joy /ɪn'dʒɔɪ/ /इन्जॉइ/ verb, t. *I enjoy Hindi songs; they fill me with joy.* = to get pleasure from का मज़ा लेना **enjoyable** adj. *a very enjoyable film* = able to give pleasure मज़ेदार

en•large /ɪn'lɑːdʒ/ /इनलाऽज/ verb, t. *The photograph is very small. Ask the studio to enlarge it.* = to make something, usually a photograph or a document, bigger तस्वीर या दस्तावेज़ को बड़े साइज़ में करना **enlargement** noun, u. = something that has been made bigger बड़े साइज़ में की गई चीज़

en•light•en /ɪn'laɪtn/ /इन्'लाइट्न/ verb, t. *I knew nothing about astronomy but your talk has enlightened me.* = to cause to understand (formal) प्रबुद्ध करना (औपचारिक)

en•list /ɪn'lɪst/ /इन्'लिस्ट/ verb, t. or i. 1 *I had to enlist the support of all my friends in order to make this meeting a success.*(t.) = to ask people for help का सहयोग प्राप्त करना 2 *All the young men in this village want to enlist because our country has been attacked.*(i.) = to join the army फ़ौज में भरती होना

en•liv•en /ɪn'laɪvən/ /इन्'लाइव्न/ verb, t. = to make things more active or interesting और जीवंत करना, और रोचक बनाना

en masse /ˌɒn'mæs/ /ऑन'मैस/ adv. (French) *They decided to resign en masse.* = all together; in a crowd (फ्रेंच भाषा का प्रयोग) सभी एक साथ, एकजुट होकर (औपचारिक)

en•meshed /ɪn'meʃt/ /इन्'मेश्ट/ verb, t. *I needed their help, but they were so enmeshed in problems of their own that I wasn't able to ask them.* = to be caught in something that one cannot get out of (like being caught in a net or mesh) (formal) किसी चीज़ में फँस जाना, उलझ जाना (औपचारिक)

e•nor•mous /ɪ'nɔːməs/ /इ'नॉऽमस/ adj. *an enormous crowd* = very large विशाल **enormity** /ɪ'nɔːmɪti/ /इ'नॉऽमिटी/ noun, u. *I have realised the enormity of the problem that faces us. I will need everybody's help.* = great size or seriousness (used to refer to problems, difficulties, crimes etc.) (समस्या, कठिनाई, अपराध के संदर्भ में), बड़े पैमाने पर, अति गंभीर

e•nough[1] /ɪ'nʌf/ /इ'नॅफ/ det. or pron. 1 *There is enough food for all of us.* (det.) यथेष्ट 2 *I don't want any more rice. I have eaten enough.*(pron.) = as much as is required काफ़ी

enough[2] adv. 1 *He was kind enough to show me the way to the station.* = to the extent required वांछित सीमा तक 2 *He plays well enough for a beginner.* = quite well, but not very well अच्छी ही तरह (कोई खास नहीं)

en•quire /ɪn'kwaɪə^r/ /इन्'क्वाइअ^र/ verb, i. *We need to enquire about buses to Pondicherry.* = to ask for information (also **inquire**) पूछताछ करना (देखें **inquire**)

en•rage /ɪn'reɪdʒ/ /इन्'रेइज/ verb, t. *They were enraged when they saw how laboratory animals were being treated.* = to make someone very angry नाराज़ करना

en•rap•ture /ɪn'ræptʃə^r/ /इन्'रैप्च^र/ verb, t. *The beautiful music enraptured the audience.* = to fill someone with great joy (literary) बहुत आनंदमग्न कर देना (साहित्यिक)

en•roll /ɪn'reʊl/ /इन्'रउल/ verb, t. *The school plans to enroll 500 students this year.* = to make someone a member (of a school, group etc.) स्कूल/दल का सदस्य बनना

en route /ˌɒn'ruːt/ /ऑन'रूट/ adv. (French) *We stopped at Agra en route to Delhi.* = on the way to (फ्रेंच भाषा का प्रयोग) को जाते हुए, के रास्ते में

en•sue /ɪn'sjuː/ /इन्'स्यू/ verb, i. *Many people were still trying to get into the train when it started moving, and a lot of confusion ensued.* = to follow as a result (formal) फलस्वरूप घटित होना (औपचारिक)

en•sure /ɪn'ʃʊə^r/ /इन्'शुअ^र/ verb, t. *You must go to the stadium early to ensure that you get a ticket for the match.* = to make sure of something सुनिश्चित होना

en•tail /ɪn'teɪl/ /इन्'टेइल/ verb, t. *Success entails a lot of hard work.* = to require; to make something necessary आवश्यक तत्त्व के रूप में सम्मिलित करना

en•tan•gle /ɪn'tæŋgəl/ /इन्'टैन्ग्ल/ verb, t. *The bird got entangled in the net and couldn't fly away.* = to get caught or mixed up in something में फँस जाना

en•ter /'entə^r/ /'एण्ट^र/ verb, t. or i. 1 *He entered the room with some hesitation.*(t.) = to go into प्रवेश करना 2 *She is entering the medical profession.*(t.) = to join किसी पेशे का सदस्य बनना, को शुरू करना 3 *The receptionist entered my name in his diary.*(t.) = to write down दर्ज करना 4 *She has entered a new phase in her life now that she has started working.*(t.) = to begin नये क्षेत्र में पदार्पण करना, जीवन का नया अध्याय शुरू करना 5 *The competition is open. Anyone above the age of 12 can enter.*(i.) = to take part in a contest प्रतियोगिता में भाग लेना **entrance** noun, u. or c. 1 (c.) = a gate or door by which people enter a place प्रवेश-द्वार 2 *People were waiting for the lead actor's entrance.*(u.) = the act of entering प्रवेश 3 *They were refused entrance to the restaurant because they were wearing shorts.*(u.) = permission to enter प्रवेश की अनुमति **entry** noun, u. or c. (**entries**) 1 *The new students are celebrating their entry into the university.*(u.) = the act of becoming a part of something आगमन, कहीं का सदस्य हो पाने का अवसर 2 *She made an entry in her diary.*(c.) = something that is written down में टाँक लेना 3 *We are making a list of all the entries to the competition.* = the people entering a competition प्रतियोगी 4 *They were not allowed entry into the examination hall.*(u.) = the right to enter a place प्रवेशाधिकार

en•trant /'entrənt/ /'एण्ट्रण्ट/ noun, c. *a new entrant to the legal profession* = a person who joins a profession or a competition (formal) किसी पेशे में

E

पहले-पहल आनेवाला व्यक्ति (औपचारिक)

en•ter•prise /'entəpraɪz/ /'एण्टप्राइज/ noun, u. or c. 1 *He does not have a job now but I am sure he will find one. He has a lot of enterprise.*(u) = willingness to take risks and do things that are difficult or new जोखिम उठाने की हिम्मत या तत्परता 2 *The company is about to start a new enterprise.*(c.) = a business व्यापार **enterprising** adj. *a very enterprising woman* = one who has enterprise उद्यमी

en•ter•tain /entə'teɪn/ /एण्ट'टेइन/ verb, t. 1 *The singer entertained the crowd for two hours.* = to keep someone interested and amused by a public performance किसी सार्वजनिक प्रदर्शन/तमाशे से मनोरंजन करना 2 *We are entertaining a few guests this evening.* = to receive guests and offer them food etc. अतिथियों के स्वागत तथा भोज से उनका सम्मान करना 3 *We are not entertaining any new applications.* = to receive or accept लेना, स्वीकार करना **entertainment** noun, u. 1 *The company will spend Rs 1000 on the entertainment of guests.* = the act of entertaining (guests) अतिथियों की आवभगत/उनका सत्कार 2 *The film was not very good as a form of art, but it was good entertainment.* = a film or public performance that entertains (keeps the audience interested) मनोरंजन, दिलबहलाव **entertaining** adj.

en•thral /ɪn'θrɔːl/ /इन'थ्रॉल/ verb, t. (**enthrall**) *The concert was so good that it completely enthralled the audience.* = to hold the attention and interest of someone completely, as if by magic (see also **enrapture**) (literary) मंत्रमुग्ध कर देना (देखें **enrapture**) (साहित्यिक)

en•throne /ɪn'θrəʊn/ /इन'थ्रउन/ verb, t. = to make someone a king or to put one in a position of great power (formal) सिंहासनारूढ़ करना या उच्च पद प्रदान करना

en•thuse /ɪn'θjuːz/ /इन्'थ्यूज/ verb, t. *The new science teacher is very good. He is able to enthuse his students.*(t.) = to create a strong interest in अभिरुचि जगाना **enthusiasm** /ɪn'θjuːzɪˌæzəm/ /इन्'थूज़िऐज़्म/ noun, u. *Our cricket players were full of enthusiasm when they left for Australia.* = a strong desire to do something उछाह, उत्साह, जोश **enthusiastic** /ɪnθjuːzɪ'æstɪk/ /इनथ्यूज़ि'ऐस्टिक/ adj. = full of enthusiasm उत्साही, उछाहभरा

en•tice /ɪn'taɪs/ /इन्'टाइस/ verb, t. *Advertisements entice people into buying more things than they need.* = to draw or attract someone into doing something (often disapproving) ललचाकर करना (प्रायः अस्वीकृत) **enticing** adj. = so attractive that it is difficult to stay away from it सम्मोहक

en•tire /ɪn'taɪə^r/ /इन्'टाइअ^र/ adj. 1 *I have cleaned the entire house today.* = the whole of something, with nothing left out पूरा करना 2 *I am in entire agreement with you.* = complete; total पूरी तरह **entirely** adv. *This is entirely the responsibility of the students.* = completely संपूर्णतः

en•ti•tle /ɪn'taɪtl/ /इन्'टाइट्ल/ verb, t. 1 *This ticket entitles you to a reserved seat on the train.* = to give someone the right to do or have something कुछ करने या पाने का अधिकार देना 2 *The book is entitled 'Travels with a Donkey'* = to give a title to a book पुस्तक को शीर्षक देना

en•ti•ty /'entɪti/ /'एण्टीटी/ noun, u. or c. (**entities**) *Sikkim has become a part of India. It is no longer a separate entity.* = something that has an independent existence अलग, स्वतंत्र अस्तित्ववाली कोई चीज़

en•to•mol•o•gy /ˌentə'mɒlədʒi/ /एण्ट'मॉलजी/ noun = the scientific study of insects **entomologist** noun [BIOLOGY] कीटाणु-विज्ञान [जीव विज्ञान]

en•trails /'entreɪlz/ /'एण्ट्रेइल्ज़/ noun (always plural) = the parts inside the body of an animal, specially the bowels (the organs that carry food away from the stomach) अँतड़ी

entrance, entrant, entry see **enter** देखें **enter**

en•treat /ɪn'triːt/ /इन'ट्रीट/ verb, t. *I entreat you to help me.* = to beg अनुरोध करना **entreaty** adj. *He paid no attention to my entreaty.* = act of entreating (formal) अनुरोध (औपचारिक)

en•trench /ɪn'trentʃ/ /इन्'ट्रेन्च/ verb, t. *The soldiers are now entrenched on the mountain and it will be difficult for the enemy to push them back.* = to be established in a strong position from which one cannot easily be moved or removed (formal) अटल रूप में सुगठित करना (औपचारिक)

en•tre•pre•neur /ɒntrəprə'nɜː^r/ /ऑण्ट्रप'नऽ^र/ noun, c. (French) = a person who makes money by starting a new business, specially one in which there may be some risk (see **enterprise**) कोई नया वित्तीय उद्यम जिसमें कुछ जोखिम भी हो सकता है (देखें **enterprise**)

en•trust /ɪn'trʌst/ /इन्'ट्रॅस्ट/ verb, t. *I entrust the house to you. Please look after it while we're away.* = to make someone responsible for something किसी चीज़ को किसी के जिम्मे सौंपना

en•twine /ɪn'twaɪn/ /इन्'ट्वाइन/ verb, t. *The rose creeper was entwined around the mango tree.* = to twist round and round लपेट लेना

e•nu•mer•ate /ɪ'njuːməreɪt/ /इ'न्यूमरेइट/ verb, t. *He enumerated the reasons for not wishing to leave the country.* = to make a count of; to name things, one by one from a list (formal) एक-एक करके गिनाना (औपचारिक)

e•nun•ci•ate /ɪ'nʌnsieɪt/ /इ'नॅनसिएइट/ verb, t. 1 *The actor read out her part from the script, enunciating* *the words clearly.* = to pronounce words carefully and clearly स्पष्टतः उच्चरित करना **2** *When the student was invited to speak, he enunciated his ideas very clearly.* = to state clearly (compare **propound**) **enunciation** noun, c. or u. स्पष्टतः कह (पा)ना (औपचारिक)

en•vel•op /ɪn'veləp/ /इन्'वेलप/ verb, t. *The house was enveloped in flames.* = to wrap up or cover completely पूरी तरह ढँक लेना

en•vel•ope /'envələʊp/ /'एन्वेलउप/ noun, c. = a paper container for a letter लिफ़ाफ़ा

envy[1] /'envi/ /'एन्वी/ verb, t. *She is so talented that I sometimes envy her.* = to have a negative feeling about someone because of some quality or possession that he/she has and that you wish you had से ईर्ष्या करना

envy[2] noun, u. *His palatial house attracts the envy of many people.* = the feeling of envy ईर्ष्या, जलन **enviable** adj. = something that can cause envy ईर्ष्या **envious** adj. = having the feeling of envy ईर्ष्यालु

en•vi•ron•ment /ɪn'vaɪərənmənt/ /इन'वायरनमण्ट/ noun, c. **1** *growing up in a pleasant environment* = the social and physical conditions or surroundings in which people live, which have an effect on their bodies and minds सामाजिक या भौगोलिक/भौतिक वातावरण जिसमें लोग रहते हैं और जिसका उनके शरीर और मन पर प्रभाव पड़ता है, पर्यावरण **2** = the natural surroundings (air, water, soil etc.) in which living things exist **3** = the operating system in a computer, on the base of which software programs are developed e.g. *a Windows environment* [COMPUTERS] **environ-mental** /ɪnvaɪrən'məntəl/ /इनवायरन'मण्टल/ adj. *Sheila is very interested in environmental issues and wants to write about them after she finishes college.* = relating to the effect of human activity on the environment वातावरण पर मानव गतिविधि के प्रभाव से संबंधित **environmentalist** noun, c. = a person who is active in trying to protect the environment पर्यावरण संरक्षक

en•vis•age /ɪn'vɪzɪdʒ/ /इन'विज़िज/ noun, t. *I can envisage a time when not a single tree will be left in this city.* = to imagine; to see as a possibility (formal) अंदाज़ लगाना, संभाव्य भवितव्य की कल्पना करना (औपचारिक)

en•voy /'envɔɪ/ /'एण्वॉइ/ noun, c. = a person who is sent to a foreign country to represent his or her own country (formal) (compare **emissary**) अपने देश का प्रतिनिधित्व करता विदेश भेजा गया व्यक्ति, राजदूत (औपचारिक)

en•zyme /'एन्ज़ाइम/ noun, c. = a chemical substance produced by plants or animals, which helps to bring about chemical changes [BIOLOGY, CHEMISTRY] पौधों, पशुओं से उत्पन्न एक रासायनिक पदार्थ जो रासायनिक परिवर्तन लाता है [जीव विज्ञान, रसायन शास्त्र]

e•phem•e•ral /ɪ'femərəl/ /इफ़ेम्रल/ adj. *His fame as an actor was ephemeral. In a few years he was forgotten.* = lasting for a very short time अल्पकालिक

ep•ic[1] /'epɪk/ /'एपिक/ noun, c. = a very long poem written in ancient times, describing heroic deeds [LITERATURE] महाकाव्य [साहित्य]

epic[2] adj. *an epic battle* = very long and full of events घटनापूर्ण एवं विस्तृत, महान

ep•i•centre /'epɪsentəʳ/ /'एपिसेण्टʳ/ noun, c. = the centre of an area on the earth's surface where the force of an earthquake is felt [TECHNICAL] पृथ्वी के धरातल पर एक क्षेत्र का केंद्र जहाँ भूकंप का झटका पहले लगता है [तकनीकी]

ep•i•cure /'epɪkjʊəʳ/ /'एपिक्यूअʳ/ noun, c. = a person who is knowledgeable about food and loves good food स्वादलोलुप

ep•i•dem•ic /epɪ'demɪk/ /एपि'डेमिक/ noun, c. *There is a cholera epidemic in the state.* = a disease that is passed on to a large number of people or animals at the same time महामारी

ep•i•gram /'epɪgræm/ /'एपिग्रैम/ noun, c. = a short, clever and amusing remark सूक्ति

ep•i•lep•sy /'epɪlepsi/ /'एपिलेप्सी/ noun, u. = a disorder of the brain which causes violent shaking of the body or unconsciousness [MEDICINE] मिरगी [चिकित्सा]

ep•i•logue /'epɪlɒg/ /'एपिलॉग/ noun, c. = the last part of a book or play that comments on what has gone before [LITERATURE] पुस्तक/नाटक का अंतिम उपसंहार-अंश [साहित्य]

ep•i•sode /'epɪsəʊd/ /'एपिसउड/ noun, c. **1** *This is the last episode of the television programme.* = a part of a story which contains a number of such parts नियमित रूप से प्रसारित कथा-क्रम का एक अंश **2** *That is an episode which I'd like to forget.* = an event or incident एक घटना

e•pis•tle /ɪ'pɪsəl/ /इ'पिस्ल/ noun, c. = a very long and important letter [LITERATURE] (परि)पत्र [साहित्य]

ep•i•taph /epɪtɑːf/ /'एपिटाऊफ़/ noun, c. = something written in praise of a dead person, usually on a piece of stone above his/her grave समाधि-लेख

ep•i•thet /'epɪθet/ /'एपिथेट/ noun, c. *We always use the epithet 'the Great' when talking about the emperor Akbar.* = a word or expression that describes someone or a quality in them कोई महत्त्वपूर्ण वैशिष्ट्य व्यक्त करने वाला विशेषण, उपाधि

ep•i•tome /ɪ'pɪtəmi/ /इ'पिटमी/ noun, u. *Her collection of paintings is the epitome of good taste.* = the finest example of some desirable quality वांछनीय गुण का सर्वोत्तम उदाहरण

e•poch /ˈiːpɒk/ /ˈईपॉक/ noun, c. *The death of Mahatma Gandhi marked the end of an important epoch in our history.* = a period of history during which certain important events take place युग

e•qual¹ /ˈiːkwəl/ /ˈईक्वल/ adj. *Roshni and I are of equal age. We are both 17.* = the same in size, rank, quality, etc. बराबर, कद, ओहदे, सिफ़त में एक-जैसे

equal² noun, c. *equals in the department* = a person of the same quality, rank etc. बराबर योग्यता/पद का व्यक्ति

e•quate /ɪˈkweɪt/ /इक्वेइट/ verb, t. *You can't equate fame with popularity.* = to treat two things as equal or the same किन्हीं दो वस्तुओं को बराबर मानना

e•qua•ni•mi•ty /iːkwəˈnɪmɪti/ /ईक्वनिमिटी/ noun, u. *She has many serious problems, but she is facing them with great equanimity.* = calmness of mind (formal) समबुद्धि (औपचारिक)

e•qua•tor /ɪˈkweɪtəʳ/ /इक्वेइटʳ/ noun = an imaginary line drawn around the middle of the earth, dividing the earth into a northern and a southern half [GEOGRAPHY] (see pic under **earth**) विषुवत् रेखा (**earth** के अंतर्गत चित्र देखें) [भूगोल]

e•ques•tri•an /ɪˈkwestriən/ /इक्वेस्ट्रियन/ adj. *He is going to take part in the equestrian events at the Olympic games.* = connected with horse riding [TECHNICAL] घुड़सवारी के खेल से संबंधित [तकनीकी]

e•qui•lat•e•ral /iːkwɪlætərəl/ /ˈईक्वीलैट्रल/ adj. *an equilateral triangle* = having all sides equal in length [GEOMETRY] (see pic under **triangles**) जिसमें सभी पहलू बराबर लंबाई के हों [ज्यामिति] (**triangles** के अंतर्गत चित्र देखें)

e•qui•lib•ri•um /iːkwɪˈlɪbriəm/ /ईक्वीˈलिब्रिअम/ noun, u. **1** *She was riding her bicycle well but she suddenly lost her equilibrium and fell.* = balance (in science, the state of balance between opposing forces) [विज्ञान] विरोधी आकर्षणों के बीच का संतुलन **2** *She lost her equilibrium when she was criticized and became very angry.* = mental balance; the state of remaining calm मानसिक संतुलन

eq•uine /ˈekwaɪn/ /ˈएक्वाइन/ adj. = having to do with horses घोड़ों से संबंधित

e•qui•nox /ˈiːkwɪnɒks/ /ˈईक्विनॉक्स/ noun = one of the two days in the year (21 March and 22 September) when day and night are of equal length [GEOGRAPHY] वर्ष में दो समय जब रात और दिन बराबर होते हैं [भूगोल]

e•quip /ɪˈkwɪp/ /ईˈक्विप/ verb, t. *People who go trekking in the Himalayas have to be equipped with special clothing and boots.* = to supply with the knowledge, tools etc. necessary for doing something लैस करना **equipment** noun, u. (no plural) = the things needed for a particular activity उपकरण, साज-सामान

e•quiv•a•lent¹ /ɪˈkwɪvələnt/ /इक्विव्लण्ट/ adj. *He changed Rs 5000 into an equivalent amount in US dollars.* = equal के बराबर का

equivalent² noun, u. *Is there any equivalent of the English word 'silly' in your language?* = something that has the same value or meaning समतुल्य

e•quiv•o•cal /ɪˈkwɪvəkəl/ /इक्विवक्ल/ adj.= (words) carrying a doubtful or double meaning अस्पष्ट अभिप्राय का, भिन्नार्थक

era /ˈɪərə/ /ˈइअर/ noun, c. *the Christian era* = a period of history which is named after and counted from some important event (e.g. the birth of Christ) इतिहास का युग जो एक विशेष घटना के बाद से उसी के नाम पर अंकित होता है

e•rad•i•cate /ɪˈrædɪkeɪt/ /इरैडिकेइट/ verb, t. *The government is trying to eradicate crime.* = to remove completely (formal) उन्मूलन करना (औपचारिक)

e•rase /ɪˈreɪz/ /इरेड्ज़/ verb, t. **1** *You should erase the words you have written on this page.* = to remove or rub away the marks of writing मिटा देना **2** *We are trying to erase the painful memories of the defeat.* = to remove रबर **eraser** noun, c. = a rubber (used to rub out writing from paper) विस्मृत करना, भुला देना

e•rect¹ /ɪˈrekt/ /इरेक्ट/ verb, t. *We will erect a statue of our leader.* = to build; to fix in an upright position खड़ा स्थापित करना

erect² adj. *You should always walk erect and not with your back bowed.* = standing up straight; upright सीधा तने हुए

e•rec•tion /ɪˈrekʃən/ /इरेक्शन/ noun, u. or c. **1** *the erection of a statue* = the act of putting up a statue, building etc. **2** = the process of the male sex organ becoming hard because of sexual excitement [MEDICINE] मैथुन की उत्तेजना में पुरुष-लिंग के सख्त होने की प्रक्रिया [चिकित्सा]

e•rode /ɪˈreʊd/ /इरउड/ verb, t. *The river has been eroding its banks for years.* = to wear away; to eat into क्षारण **erosion** noun, u. *We are planting trees to check the erosion of the soil.* = the process of the soil being worn away by the action of water or wind [GEOGRAPHY] खँधरना, क्षारण करना [भूगोल]

e•rot•ic /ɪˈrɒtɪk/ /इरॉटिक/ adj. *erotic feelings* = having to do with love and sex कामोत्तेजक, शृंगारिक

err /ɜːʳ/ /ˈअʳ/ verb, i. *To err is human.* = to make mistakes (old-fashioned) गलतियाँ करना (पुराने प्रचलन का)

er•rand /ˈerənd/ /ˈएरण्ड/ noun, c. *My friend sent me to the bank on an errand.* = a journey made at the personal request of a relative, friend etc. to carry a message or deliver or bring something back किसी संवाद को पहुँचाने या कुछ ले आने के लिए किसी के अनुरोध पर किया गया छोटा सफ़र

er•rat•ic /ɪ'rætɪk/ /इरैटिक/ adj. *He played a very erratic game.* = uneven (sometimes good and sometimes bad) अच्छा भी, खराब भी, अनिश्चित व्यवहार का

er•ro•ne•ous /ɪ'rəʊnɪəs/ /इरअउनियस/ adj. *I thought you could be trusted, but I find my assumption was erroneous.* = incorrect; wrong (formal) गलत

er•ror /'erə^r/ /'एर^र/ noun, c. *There is an error in your calculations. Can you do them again?* = mistake गलती, अशुद्धि

er•u•dite /'erʊdaɪt/ /'एरुडाइट/ adj. *Our teacher is highly erudite.* = well-read and learned (formal) पंडित, विद्वान (औपचारिक) **erudition** /erʊ'dɪʃən/ /एरु'डिश्‌न/ noun, u. = learning; scholarship विद्वत्ता

e•rupt /ɪ'rʌpt/ /इ'रॅप्ट/ verb, i. **1** *The volcano erupted and poured out hot lava into the valley below.* = to explode and pour out fire (referring to a volcano) **2** *Celebrations erupted in the city after our victory in the World Cup.* = to burst or break out suddenly (figurative) (समारोह आदि) अचानक उछल होना **eruption** noun उद्‌गार

es•ca•late /'eskəleɪt/ /'एस्कलेइट/ verb, i. **1** *The fighting was not very serious at first but it later escalated into a war.* = to grow into something big or serious गंभीर रूप धारण करना **2** *The cost of living has escalated.* = to rise बढ़ना **escalator** /eskə'leɪtə^r/ /एस्क'लेइट^र/ noun, c. = a moving staircase driven by a machine यंत्र-चालित चलती हुई सीढ़ी

es•ca•pade /'eskəpeɪd/ /'एस्कपेइड/ noun, u. *The boys were told not to go into the jungle as it is full of snakes. However, they disobeyed the order. Luckily, no harm resulted from their escapade.*= an exciting adventure, done in disobedience of the rules दुस्साहसिक घटना

es•cape[1] /ɪ'skeɪp/ /इ'स्केइप/ verb, i. or t. **1** *The prisoners have escaped from jail.*(i.) = to get away or get out of an enclosed space; to become free से भाग निकलना **2** *We narrowly escaped an accident.*(t.) = to avoid something dangerous or unpleasant. किसी खतरनाक घटना या अप्रिय स्थिति से बच जाना **3** *This letter has escaped your notice.*(t.) = to miss नज़रअंदाज़ होना

escape[2] noun, c. *The prisoners made a daring escape.* = an act of escaping पलायन **escapist** noun, c. *He has given up his job and joined an ashram in the Himalayas. I think he is just an escapist.* = a person who tries to run away from duty or from reality (derogatory) पलायनवादी (अनादरपूर्ण)

es•chew /ɪs'tʃuː/ /इस्'च्यू/ verb, t. *You should eschew bad habits such as smoking.* = to avoid or keep away from (formal) से बचना, से दूर रहना (औपचारिक)

es•cort[1] /'eskɔːt/ /'एस्कॉट/ verb, t. *Six policemen escorted the prisoner when he was taken to the court for his trial.* = to go along with someone in order to protect or show the way etc. सुरक्षा की दृष्टि से या रास्ता दिखाने के लिए साथ-साथ चलना

escort[2] noun, c. *I don't need an escort. I can travel alone.* = someone who escorts अनुरक्षक

Es•ki•mo /'eskɪməʊ/ /'एस्किमउ/ noun, c. = a person belonging to the Eskimo community, which lives in the cold countries near the North Pole (old-fashioned) (Eskimos now prefer to be called Inuits) उत्तरी (पुराने प्रचलन का) (एस्कीमो लोग Inuits अब कहलाना पसंद करते हैं) ध्रुव के निकट सर्द देशों की एस्कीमो-जाति का व्यक्ति

es•o•ter•ic /esə'terɪk/ /एसटेरिक/ adj. *an esoteric religion* = something secret and mysterious and known only to a few people गुप्त, रहस्यात्मक

es•pe•cial (special) /ɪ'speʃəl/ /इ'स्पेशल/ adj. *He is an especial friend of mine.* = not ordinary (formal) विशिष्ट

Es•pe•ranto /espə'ræntəʊ/ /एस्प'रैण्टउ/ noun = a language created in the nineteenth century for international use, which did not become popular अंतर्राष्ट्रीय प्रचलन के लिए उन्नीसवीं शताब्दी में निर्मित एक भाषा जो लोकप्रिय नहीं हुई

es•pi•o•nage /'espiənɒːʒ/ /'एस्पियनाऽज/ noun, u. *The police have arrested a number of foreigners who were engaged in espionage.* = the activity of spying (trying to find out secrets about other countries) गुप्तचरी

es•say[1] /'eseɪ/ /'एसेई/ noun, c. *Write an essay on 'The Festivals of India'.* = a piece of writing on some subject, usually done for a course of studies (आ)लेख, निबंध

essay[2] verb, t. = to try or attempt (old-fashioned) चेष्टा (पुराने प्रचलन का)

es•sence /'esəns/ /'एसन्स/ noun, u. **1** *The essence of all religions is love and tolerance.* = the central or most important part of something तत्त्वांश **2** *vanilla essence* = a substance from a plant or fruit, having the smell or taste of that plant or fruit किसी पौधे या फल से निकला पदार्थ जिसकी गंध या जिसका स्वाद उसी की तरह का होता है

es•sen•tial /e'senʃl/ /ए'सेन्शल/ adj.**1** *Water is essential for life.* = absolutely necessary अत्यावश्यक **2** *It is essential that you tell him that you think.* = very important बहुत महत्त्वपूर्ण **3** *Rice is an essential ingredient in pulao.* = basic and important अहम और ज़रूरी

essentials noun (always plural) *She didn't pack too many things for the journey, only the essentials.* = very necessary things बहुत ही ज़रूरी सामान **essentially**

He may find fault with us but he is essentially a good person. = for the most part; overall कुल मिलाकर, मोटे तौर पर

es•tab•lish /ɪ'stæblɪʃ/ /इ'स्टैब्लिश/ verb, t. **1** *This university was established in 1858.* = to set up or create स्थापित करना **2** *He has established his reputation as a lawyer.* = to be firmly settled सुनिश्चित रूप से स्थिर हो जाना **3** *The detective has established the facts of the case.*= to prove beyond doubt साबित कर देना **4** *Has the conference helped the countries establish good trade relations?* = to begin शुरू करना **establishment** noun, c. or u. **1** *We have an establishment here as well as one in Chennai.*(c.) = an organisation or a place equipped for business, living etc. व्यापार/जीवन-यापन के लिए साधन-संपन्न संस्था **2** *We consider the establishment of peace and order important in this town.*(u.) = the act of creating or setting up something स्थापना **the Establishment** (usually capital) = the organisations and people who have the most power and influence in a country सत्ता संपन्न प्रभावशाली व्यक्तियों का संघटन

es•tate /ɪ'steɪt/ /इ'स्टेइट/ noun, c. **1** *I have a plot of land in the new industrial estate.* = a large piece of land containing a number of buildings, built according to a plan योजनानुसार निर्मित इमारतों का एक बड़ा इलाक़ा **2** = the property which a person leaves behind on his/her death जागीर **fourth estate** noun = journalists and the television channels, newspapers, magazines, radio stations etc. that they work for टेलिविज़न, अख़बारों, पत्रिकाओं, रेडियो के लिए कार्यरत पत्रकार

es•teem /ɪ'sti:m/ /इ'स्टीम/ noun, u. *She was held in high esteem by all her colleagues.* = great respect (formal) सम्मान तथा श्रद्धा (औपचारिक)

estimable /'estiməbəl/ /'एस्टिमब्ल्/ adj. *an estimable person* = deserving respect सम्माननीय

es•ti•mate[1] /'estɪmeɪt/ /'एस्टिमेइट/ verb, t. *I estimate the number of people present at the meeting at 5000.* = to judge or calculate the size, value etc. of something; to guess मूल्य, आकार का आकलन करना, संख्या का अनुमान लगाना

estimate[2] /'estɪmɪt/ /'एस्टिमिट/ noun, c. *The estimate you prepared for the new building was quite accurate.* = calculation of the expected cost संभावित लागत का आकलन **estimated** /estɪ'meɪtɪd/ /एस्टि'मेइटिड/ adj. *The estimated cost of the travel arrangements is Rs 2500.* = approximate; according to calculations which are close to the actual cost लगभग अनुमानित लागत के बराबर **estimation** noun, u. = what has been estimated or the act of estimating आकलन

es•trange /ɪ'streɪndʒ/ /इ'स्ट्रेइन्ज/ verb, t. *He has been estranged from his brother after their quarrel.* = to be no longer on friendly terms with someone (formal) से अजनबी हो जाना (औपचारिक)

es•tu•a•ry /'estʃuəri/ /'एस्चुअरी/ noun, c. (**estuaries**) = the wide mouth of a river at the point where it meets the sea [GEOGRAPHY] समुद्र से मिलता नदी का मुहाना [भूगोल]

et•ce•te•ra (etc.) /et'setərə/ /एट'सेट्रॅ/ abbr. as **etc.** *We will need some rice, oil, vegetables, etcetera* = and so on इत्यादि, वगैरह

etch /etʃ/ /एच/ verb, t. or i. = to cut a picture out of a metal plate, using acid, so as to print from it (compare **emboss, carve**) **etching** noun, c.= a picture printed by this process एसिड से धातु के एक पट पर तस्वीर खोदना ताकि उससे उसकी छपाई की जा सके (देखें **emboss, carve**)

e•ter•ni•ty /ɪ'tɜ:nɪti/ /इ'टऽनिटी/ noun, u. *Many believe that a person's soul never dies but lives for all eternity.*= time which has no end (figurative) अनंतकाल (लाक्षणिक) **eternal** adj. *The body dies but the soul is eternal.*= lasting for ever; without beginning or end शाश्वत

e•ther /'ईथर/ noun, u. **1** *The sun's rays travel to us through the ether.* = the thin air which is believed to be present in outer space ब्रह्मांड में व्याप्त सूक्ष्म वायु **2** a kind of gas used earlier as an anaesthetic, to put a person to sleep before an operation ऑपरेशन के पहले बेहोश करने के लिए एक प्रकार की गैस

e•the•re•al /ɪ'θɪəriəl/ /इ'थीअरिअल/ adj. *The ethereal beauty of Rajasthan made me feel that it did not belong to this world.* = unearthly and delicate, like that of a spirit or fairy (literary) अलौकिक, इंद्रपुरी जैसा (साहित्यिक)

Ethernet™ /'ɪ:θənet/ /'ईथनेट/ noun = a system in which many computers in an area are connected to each other through wires किसी क्षेत्र में कंप्यूटरों को तारों से अंतर्संबद्ध रखने की एक पद्धति

e•th•ic /'eθɪk/ /'एथिक/ noun, u. = a system of moral behaviour which tells people what to do and what not to do **ethics** noun = the study of moral principles **ethical** adj. *You may want to evade paying taxes because so many are doing it, but it is not ethical.* = morally acceptable

eth•nic /'eθnɪk/ /'एथनिक/ adj. *ethnic culture* = typical of a race or tribe विशिष्ट जनजाति का **ethnology** /eθ'nɒlədʒi/ /एथ'नॉलजी/ noun = the scientific study of the different human races विभिन्न जनजातियों का वैज्ञानिक अध्ययन

et•i•quette /'etɪket/ /'एटिकेट/ noun, u. *You should observe etiquette and give up your seat on the bus to* *an elderly person.* = the rules of polite and correct behaviour तमीज़, शिष्टाचार

et•y•mol•o•gy /etɪ'mɒlədʒi/ /एटिमॉलजी/ noun = the study of the history, origins and changing meanings of words शब्दों के इतिहास, उनकी व्युत्पत्ति तथा बदलते अर्थों का अध्ययन

eu•ca•lyp•tus /juːkə'lɪptəs/ /यूक'लिप्टस/ noun = a kind of tree that grows in Australia and Asia, which produces a strong-smelling oil used as medicine (also **gum-tree**) ऑस्ट्रेलिया तथा एशिया में उगने वाला एक तरह का पेड़ जिससे निकला तेज़ गंध का तेल दवा के लिए प्रयुक्त होता है (देखें **gum-tree**)

eu•lo•gy /'juːlədʒi/ /'यूलजी/ noun, u. or c. (**eulogies**) *The poet composed a eulogy to love.* = a speech or piece of writing praising someone or something [LITERATURE] (लेखन/भाषण के रूप में प्रस्तुत) प्रशस्ति, स्तुति [साहित्य]

eu•nuch /'juːnək/ /'यूनक/ noun, c. = a man who has had his testicles removed पुरुष जिसने अपने को नपुंसक बना लिया है

eu•phe•mis•m /'juːfɪmɪzəm/ /'यूफ़िमिज़्म/ noun, u. or c. *When we say 'passed away' instead of 'died', we are using a euphemism.* = the use of a milder, less unpleasant word or expression in place of a harsh term कटु उक्ति के बदले कम अप्रिय लगती अभिव्यक्ति का प्रयोग

eu•pho•ri•a /juː'fɔːriə/ /यूफ़ॉरिय/ noun, u. *The whole family was in a state of euphoria after I harvested our first crop.* = a feeling of happiness and excitement उत्तेजित उल्लास

Eu•ra•sian /jʊ'reɪʒən/ /युरेइज़्न/ noun or adj. = a person of mixed European and Asian blood (also **Anglo-Indian**) यूरोपीय तथा एशियाई मूलों के मिश्रण का व्यक्ति (देखें **Anglo-Indian**)

euro /'jʊːreʊ/ /'यूरउ/ noun = the common unit of currency used in most European countries बहुत सारे यूरोपीय देशों में प्रयुक्त समान मुद्रा-पद्धति

eu•tha•na•si•a /juːθə'neɪziə/ /यूथ'नेज़िअ/ noun = the practice, legal in some countries, of allowing a person who has an incurable disease to die without suffering; the belief that people who are very ill should be allowed to die if they choose to (also **mercy-killing**) एक रिवाज़ (कुछ देशों में वैध भी) जिसके मुताबिक दुस्साध्य रोग-ग्रस्त व्यक्ति को बिना कष्ट के मरने की छूट होती है (देखें **mercy-killing**)

e•va•cu•ate /ɪ'vækjueɪt/ /इ'वैक्युएइट/ verb, t. *The village near the border was evacuated during the war.* = to take all the people away from a place to protect them from danger (formal) सुरक्षा की दृष्टि से किसी जगह को (लोगों से) खाली कराना (औपचारिक) **evacuation** /ɪvækju'eɪʃən/ /इवैक्यु'एइशन/ noun = the process of evacuating people from a building, area etc. किसी इमारत/क्षेत्र से लोगों को बाहर हटाना

e•vade /ɪ'veɪd/ /इ'वेइड/ verb, t. *When I asked her if she would marry me, she evaded the question.* = to avoid टालना **evasion** *The government is trying to check tax evasion.* = the act of evading (not paying) taxes टालमटोल, बचाव **evasive** adj. *He gave me an evasive answer.* = not direct; trying to hide the truth सच्चाई छिपाने की कोशिश में घुमा-फिराकर बात करना

e•val•u•ate /ɪ'væljueɪt/ /इ'वैल्युएइट/ verb, t. *The management will evaluate the work of all the people in the office.* = to judge the quality of something **evaluation** /ɪvælju'eɪʃən/ noun, c. or u. मूल्यांकन करना

e•van•gel•ist /ɪ'vændʒɪlɪst/ /इ'वैन्जिलिस्ट/ noun, c. = a person who tries to teach others the importance of having faith in Christianity ईसाई धर्म में आस्था के महत्त्व का शिक्षक **evangelical** /ɪvæn'dʒelɪkəl/ /इवैन्'जेलिक्ल/ adj.

e•vap•o•rate /ɪ'væpəreɪt/ /इ'वैपरेइट/ verb, i. or t. *If you allow the water to boil too long, all of it will evaporate.*(i.) = to allow water to change into steam and disappear [PHYSICS] भाप बनकर उड़ जाने देना [भौतिकी] **evaporation** /ɪvæpə'reɪʃən/ /इवैप'रेइश्न/ noun, u. वाष्पीकरण

eve /iːv/ /ईव/ noun, u. **1** *New Year's Eve* = the day or the night just before an important occasion किसी महत्त्वपूर्ण अवसर से ठीक पहले का दिन/रात **2** *We are meeting on the eve of the celebration.* = the time before an important event (old-fashioned) घटना के ठीक पहले का समय (पुराने प्रचलन का)

e•ven[1] /'iːvən/ /'ईव्न/ adj. **1** *The surface of the playground is not even.* = flat and smooth समतल **2** *India won the first match and Sri Lanka won the second. Now the two sides are even.* = equal बराबरी पर **3** *The numbers 4,6 and 8 are even numbers.* = a number which can be divided by *2* सम (संख्या जो 2 से विभाजित हो सके) **4** *an even-tempered person* = calm, not showing sharp changes in emotion शांतचित्त

even[2] adv. **1** *She goes to the library every day. She goes there even on Sundays.* = which is more than one might expect. ('Even', used as an adverb, makes a statement seem stronger or more surprising.) भी (=आशा के विपरीत) **2** *It was hot yesterday but it is even hotter today.* ('Even' makes the comparison stronger) और भी (तुलना में बल देने के लिए) **3** *I consider him shy, even unfriendly.* = used for emphasis तक, यहाँ तक कि (बल देते हुए)

even[3] **(out)** verb, t. *The price of petroleum keeps going up or down frequently. We hope it will even out soon.* = to become level स्थिर हो जाना **even-handed** adj. *A teacher should not have favourites. She must be even-handed in awarding marks to students.* = just or fair निष्पक्ष **even if** *I will go to the Himalayas even if I have to take leave for a month.* = used for emphasis to say that one will do something, whatever the cost अगर...तब भी (=किसी हालत में) **even though** *Even though I have a master's degree I would like to apply for another one.* = used to begin a statement हालाँकि

to get even with somebody = to punish someone by causing them as much unhappiness as they have caused you से हिसाब चुकाना, बदला लेना (जिस तरह की तकलीफ़ किसी ने दी है उसी तरह की उसे भी देकर उसे दंडित करना)

eve•ning /'i:vnɪŋ/ /'ईव्निंग/ noun, c. or u. = the time of the day just before and a few hours after sunset शाम

e•vent /ɪ'vent/ /इ'वेण्ट/ noun, c. **1** *A famous veena player is visiting our school tomorrow. The newspapers will cover this event.* = something that happens (विशेष) घटना **2** *The Indian team going to the Olympic Games will take part in only a few events.* = a particular item (e.g. long jump) in a sports competition (खास प्रतियोगिता), स्पर्धा

e•ven•tual /ɪ'ventʃuəl/ /इ'वेन्चुअल/ adj. *Our students will visit every home and teach the older people to read and write. You may not see much change at first, but the eventual benefit will be great.* = happening at last as a result फलस्वरूप घटित **eventually** adv. *When she started a new business she lost money at first, but eventually she made a profit.*= at last; finally अंततः

ev•er /'evə^r/ /'एव^र/ adv. (used to give emphasis to expressions) **1** *Have you ever been to Paris?* = at any time कभी **2** *He came to India thirty years ago and has lived here ever since.*= always तबसे हमेशा **3** *Thank you ever so much!* बहुत-बहुत **4** (used in questions which begin with *when, what, who*) *Whatever do you mean?* = showing surprise आश्चर्य प्रकट करते हुए **5** *I'll follow you whereever you go.* = used for emphasis with 'how', 'what', 'where'etc.

ev•ery /'evri/ /'एव्री/ det. **1** *Every student must do the homework.* = each or all (more than two) हरएक = सभी **2** *She comes every week.*= once in each (week) हर (हफ़्ता) एक बार **3** *We made every attempt to win.*= as much as possible भरसक **everybody (everyone)** *Raise your hand, everybody!* = every person सभी **everyday** adj. *These are my everyday clothes* = for daily use, not for special occasions रोज़ाना इस्तेमाल का

every now and then *Every now and then she visits her parents in Ooty.* = sometimes but not very often कभी-कभार, अक्सर नहीं

eve•ry•thing /'evrɪθɪŋ/ /'एव्रीथिंग/ **1** *Everything is ready.* = all things सब कुछ **2** *Money isn't everything*= the most important thing सबसे बड़ी/महत्त्वपूर्ण चीज़

eve•ry•where /'evrɪˌweər/ /'एव्रीवेअ^र/ adv. *I have looked for it everywhere.* = in all places सर्वत्र

e•vict /ɪ'vɪkt/ /इ'विक्ट/ verb, t. *My tenant hasn't paid his rent for six months. I will have to evict him.*= to make a person (officially) leave a place [LAW] किसी को जगह खाली करने पर (कानूनन) मजबूर करना [कानून] **eviction** निष्कासन noun, u.

ev•i•dence /'evɪdəns/ /'एविड्न्स/ noun, u. *You say you saw a man from Mars. Do you have any evidence to prove it?* = something that supports or proves a statement [LAW] सबूत **evident** adj. *It is quite evident that you are confused.*= clear साफ़ ज़ाहिर

to be in evidence *When we arrived at the gathering there were no guests in evidence.* = to be seen or noticed. देखने को

e•vil[1] /'i:vəl/ /'ईव्ल/ adj. *She plays an evil character in the movie.* = causing trouble or harm; wicked दुष्ट

evil[2] noun, u. or c. *There is a little evil in all of us.*(u.) = something that makes us do bad things आसुरी प्रवृत्ति

e•vince /ɪ'vɪns/ /इ'विन्स/ verb, t. *He evinced great interest in my paintings.* = to show (formal) दिखाना, प्रकट करना (औपचारिक)

e•voke /ɪ'vəʊk/ /इ'वउक/ verb, t. *My visit to the village where I was born evoked many memories.* = to produce; to call up जगाना (स्मृति) **evocative** adj. *This book describing Lucknow was evocative of many memories of my childhood.* = producing memories and feelings भावनाएँ, स्मृतियाँ जगाने वाला **evocation** noun, u.

e•volve /ɪ'vɒlv/ /इ'वॉल्व/ verb, i. or t. *Scientists do not believe now that humans have evolved from apes.* = to develop gradually क्रमिक रूप से विकसित होना **evolution** /i:və'lu:ʃən/ /ईव'लूश्न/ noun, u. *the evolution of the aeroplane* = the gradual development of something from something else that came earlier and was simpler (जो कालक्रम में पहले हुआ और अपेक्षाकृत सरल था उससे) क्रमिक विकास

ewe /ju:/ /यू/ noun, c. = a fully grown female sheep (opposite **ram**) भेड़ (विलोम शब्द **ram**)

ex- /ɪks/ /इक्स/ prefix meaning 'formerly but not now' e.g. *the ex-Captain* (उप.) =भूतपूर्व, पूर्व-उपसर्ग

ex•a•cer•bate /ɪg'zæsəbeɪt/ /इग'ज़ैसबेइट/ verb, t. *This medicine has exacerbated the pain instead of reducing it.* = to make something that was already bad worse (formal) बदतर करना (औपचारिक)

ex•act[1] /ɪ'zækt/ /इग'ज़ैक्ट/ adj. *The exact distance from Bhubaneswar to Puri is 57.3 km.* = precise, correct सटीक, बिल्कुल सही

exact[2] verb, t. *to exact a high rent* = to get (specially money) by force (विशेषकर पैसा) ऐंठना **exactly** adv. *Her age is exactly 33 years and 5 months.*= precisely (opposite **roughly** or **approximately**) ठीक-ठीक (विलोम शब्द **roughly** या **approximately**) **exacting** adj. *The work of a pilot is very exacting.*= demanding much care and attention जिसमें बहुत ध्यान तथा होशियारी की अपेक्षा हो

ex•ag•ge•rate /ɪg'zædʒəreɪt/ /इग'जैजरेइट/ verb, i. or t. *The newspaper exaggerated when it reported that 10,000* people were present at the meeting. Actually, there were about 2000.(i.) = to say that something is larger, better etc. than it really is अतिशयोक्ति करना **exaggeration** /ɪgzædʒə'reɪʃən/ इग्ज़ैज'रेइशन/ noun, c. = a comment that makes something seem bigger, better or more important than it actually is अतिशयोक्ति

ex•alt /ɪg'zɔ:lt/ /इग'जॉल्ट/ verb, t. **1** *The critics exalted the new film to the skies, saying it was the best film ever made.* = to praise highly (literary) अत्यंत प्रशंसनीय मानना (साहित्यिक) **2** *The judge was exalted to the rank of Chief Justice.* = to raise a person in rank किसी को उच्चपदस्थ करना

ex•am•ine /ɪg'zæmɪn/ /इग'ज़ैमिन/ verb, t. **1** *The doctor will examine your throat.* = to look at closely in order to find out something जाँच करना **2** *The lawyer examined the witness.* = to ask questions in court जिरह करना **3** *This professor will examine your paper.* = to test or evaluate (find out how good or bad something is) परीक्षण करना **4** *He wanted to take part in the protest march, but felt he needed time to examine his feelings.* = think about carefully with a view to reaching a decision निर्णय करने के लिए ठीक से सोच-विचार करना **examination** /ɪg͵zæmɪ'neɪʃən/ /इग्ज़ैमि'नेइश्न/ noun, u. or c. *The examination is over.* = the act of examining परीक्षा, इम्तहान, जाँच

ex•am•ple /ɪg'zɑ:mpəl/ /इग'ज़ाम्प्ल/ noun, u. or c. **1** *This is an example of the temple paintings of the twelfth century.* = a particular object, taken from a number of things of the same kind, which shows what the others are like नमूना **2** *Saif forgot to answer one of the questions in the examination. This is an example of his carelessness.* = something that supports or proves a general rule एक मिसाल जो आम बात साबित करती है

to set an example *Ann did such good work in the office that she set an example for the others.* = to provide a model for others to follow अनुकरणीय आदर्श स्थापित करना **to make an example of someone** = to punish someone so that others will be afraid to behave in the same way किसी को ऐसी सज़ा देना कि दूसरे उसके-जैसा बर्ताव करने की हिम्मत न करें

ex•as•per•ate /ɪg'zɑ:spəreɪt/ /इग'ज़ैस्परेइट/ verb, t. *Vijay is unwilling to do anything I tell him to do. His laziness exasperates me.* = to make someone feel mildly angry and impatient किसी के सब्र का इम्तिहान लेना और नाराज करना

ex•ca•vate /'ekskəveɪt/ /'एक्स्कवेइट/ verb, t. *Some historians are excavating a hill near Hoshangabad, where an ancient city once stood.* = to dig out and uncover something that has been covered for a long period by the earth [TECHNICAL] ज़मीन के नीचे ज़माने से पड़ी चीज़ की खुदाई करना [तकनीकी] **excavation** /ekskə'veɪʃən/ /एक्स्क'वेइशन/ noun, u. or c. **1** (u.) = the act of excavating खुदाई **2** = something that has been uncovered by excavating खुदाई से निकली सामग्री

ex•ceed /ɪk'si:d/ /इक्'सीड/ verb, t. *Your speed on the highway exceeded 100 km per hour.* = to be greater than; to go beyond the limit that is allowed (formal) से आगे/श्रेष्ठतर होना नियत सीमा से भी आगे बढ़ जाना (औपचारिक)

ex•cel /ɪk'sel/ /इक्सेल/ verb, i. *My daughter excels in studies as well as sports.* = to be very good at; to do better than others in something में निपुण होना, किसी काम में दूसरों से बढ़-चढ़ के होना

ex•cept[1] /ɪk'sept/ /इक्सेप्ट/ prep. *He invited all his friends except me.* = leaving out; not including के अलावा

except[2] conj. *I know nothing about this matter except what my friends told me.* = but only उतना ही जितना

except[3] verb, t. *Everyone will be rewarded. No one will be excepted.* = to leave out सम्मिलित नहीं करना **exception** noun, c. *an exception to the rule* = something that marks a difference from the usual set of rules, practices etc. अपवाद

to make an exception = to deal with something in a way that is different from the usual असामान्य ढंग से कुछ करना **to take exception** = to dislike something because it makes one angry or irritated एतराज़ करना, पर रंज होना **with the exception of** = used while saying that a certain person is not included in what one is saying को छोड़कर (यह कहते हुए कि जो कहा जा रहा है उसमें कोई शक्ति शामिल नहीं है)

ex•cerpt /'eksɜ:pt/ /'एक्सऽप्ट/ noun, c. = a short piece taken from a book, film, piece of music etc. उद्धरण

ex•cess[1] /ɪk'ses/ /इक्'सेस/ noun, u. or c. **1** *There is an excess of violence in the new film.* = something more than what is reasonable वाज़िब से भी कहीं बेशी **2** *The company's profits are in excess of Rs 50 crore.* = more than से कहीं ज्यादा

excess[2] adj. *You will have to pay for excess baggage.* = over and above the limit which is allowed जितने की अनुमति है उससे भी अधिक

ex•change[1] /ɪks'tʃeɪndʒ/ /एक्स'चेइन्ज/ verb, t. *I have a blue shirt which I would like to exchange for a yellow one.* = to give something and receive something in return अदला-बदली करना

exchange[2] noun, u. or c. **1** *There is a lot of cultural exchange between the two countries.* = an example of giving and receiving आदान-प्रदान **2** *a telephone exchange* = a place where telephone connections are made टेलिफ़ोन करें **3** *stock exchange* = a place where shares in companies are bought and sold वह जगह

जहाँ कंपनियाँ अपने शेयरों की खरीद बिक्री करती हैं **4** *She went on exchange to London.* = an arrangement, usually between two countries, in which persons from each country visit the other country दो देशों के बीच एक अनुबंध जिसके अनुसार किसी एक का देशवासी दूसरे देश जा सकता है

ex•che•quer /ɪks'tʃekə^r/ /इक्स'चेकर/ noun, u. = the government treasury; that part of the government which is responsible for collecting taxes and paying out money सरकारी कोष जो टैक्स वसूलता/इकट्ठा करता है और राशि का भुगतान करता है

ex•cise /'eksaɪz/ /'एक्साइज/ noun, u. = tax paid to the government on goods produced or sold in the country (e.g. on alcoholic drinks) देश में पैदा की गई या बेची गई सामग्री पर सरकार को दिया जाने वाला टैक्स (जैसे शराब पर)

ex•cite /ɪk'saɪt/ /इक्'साइट/ verb, t. *The umpire's decision, which went against the home team, excited the crowd.*= to have strong feelings of joy, anger, etc. and lose one's calmness उत्तेजित करना, आपे से बाहर करना, भड़काना **excitement** noun, u. = the state of being excited उत्तेजना **exciting** adj. *The match was exciting.* = causing excitement उत्तेजक

ex•claim /ɪk'skleɪm/ /इक्स'क्लेइम/ verb, t. *'We have won the match!' the captain exclaimed as the last run was scored.* = to speak out loudly and suddenly with strong feeling तीव्र भावना में अचानक ज़ोर से चिल्ला उठना **exclamation** /ekskla'meɪʃən/ /एक्सक्ल'मेइश्न्/ noun, c. **exclamation mark** noun, c. = the mark (!) used while writing to show that someone is saying something suddenly and loudly एक विरामचिह्न जो आकस्मिक तथा अधिक अभिव्यक्ति का भाव व्यक्त करता है

ex•clude /ɪk'sklu:d/ /इक्'सक्लूड/ verb, t. *The selectors have decided to exclude him from the team.*= to leave out or keep out से निष्कासित करना/रखना **exclusive** adj. **1** *an exclusive club* = one that excludes (keeps out) people not belonging to a certain group etc. विशिष्ट-वर्गीय **2** *This car is for your exclusive use.* = limited to only that person केवल एक व्यक्ति के उपयोग के लिए **3** *The hotel charges Rs 300 a day, exclusive of food.* = not including को छोड़कर

ex•crete /ɪk'skri:t/ /इक्'सक्रीट/ verb, t.= to pass waste matter out of the body [BIOLOGY] मल त्याग करना [जीव विज्ञान] **excretion** noun, u. = the act or process of excreting something शरीर के भीतर के मल का निकास/उसकी प्रक्रिया **excrement** /'ekskrɪmənt/ /'एक्सक्रिमण्ट/ noun, u. = solid waste matter passed out from the bowels विष्ठा, मल

ex•cru•ci•a•ting /ɪk'skru:ʃieɪtɪŋ/ /इक्सक्रूशिएटिंग/ adj. *I have an excruciating headache.* = very intense (referring to pain) (पीड़ा) बहुत तीव्र

ex•cur•sion /ɪk'skɜ:ʃən/ /इक्'सकऽश्न्/ noun, c. *The students are going on an excursion to Darjeeling.* = a journey made for pleasure or study by a number of people travelling together (विशेष अध्ययन के लिए) पर्यटन, मौज के लिए सैर-सपाटा

ex•cuse[1] /ɪk'skju:z/ /इक्'सक्यूज़/ verb, t. **1** *Please excuse me for coming late.* = to pardon or forgive someone for a fault or mistake किसी दोष या गलती के लिए माफ़ी माँगना **2** *May I be excused from football practice today?* = to free someone from a duty से बरी हो सकना **3** *Excuse me, where are you from?* = a polite expression used to ask a question, etc. कोई प्रश्न पूछने का एक ढंग

excuse[2] noun, c. **1** *The work must be completed today, and I won't accept any excuses.* = a reason, true or false, given for not doing something कुछ नहीं कर सकने की झूठी या सच्ची सफ़ाई **2** *I am thinking of an excuse to leave this meeting.* = a reason, true or false, for doing something बहाना, दलील

to make an excuse = to give an explanation of why one hasn't done something कुछ नहीं किए रहने पर उसकी वजह बतलाना **to excuse oneself** = to ask that one be allowed to leave or not attend a meeting, party etc. चले जाने या सम्मिलित नहीं होने की अनुमति माँगना

ex•e•cra•ble /'eksɪkrəbəl/ /'एक्सीक्रब्ल/ adj. *The food in this restaurant is execrable. We should not eat here again.* = very bad (a very strong expression of disapproval) एकदम चौपट

ex•e•cute /'eksɪkju:t/ /'एक्सीक्यूट/ verb, t. **1** = to punish someone legally for a serious crime by taking his/her life [LAW] गंभीर अपराध के लिए किसी को प्राणदंड देना **2** *Please make sure that my orders are executed satisfactorily.*= to carry out an order or perform a piece of work कार्यान्वित करना **execution** /eksɪ'kju:ʃən/ /एक्सी'क्यूश्न्/ noun, u. **1** = the act of executing (killing) a person as a legal punishment [LAW] फाँसी, प्राणदंड [कानून] **2** = the carrying out of an order हुक्मउदूली

ex•e•cu•tive /ɪg'zekjʊtɪv/ /इग'ज़ेक्युटिव/ noun, c. = a person in a high position in government or business who has to make and carry out decisions प्रबंधक; शासन/व्यापार का वह उच्चपदस्थ व्यक्ति जो निर्णयों का कार्यान्वयन करता है

ex•em•pla•ry /ɪg'zempləri/ /इग'ज़ेम्पलरी/ adj. **1** *Her conduct as a student has been exemplary.* = fit to be copied as an example उदाहरण योग्य **2** *exemplary punishment* = intended to serve as a warning to others (disapproving) निवारक, चेतावनी स्वरूप (अस्वीकृत)

ex•emp•lify /ɪg'zemplɪfaɪ/ /इग'ज़ेम्प्लिफाई/ verb, i. *This poem by Kalidasa exemplifies Sanskrit literature* *at its best.* = to be an example of something उदाहृत करना

ex•empt /ɪg'zempt/ /इग'ज़ेम्प्ट/ verb, t. *The students have been exempted from payment of fees because of their excellent performance.*= to free someone from some duty, payment,etc. imposed on others से बरी होना

ex•er•cise[1] /'eksəsaɪz/ /'एक्ससाइज़/ noun, c. or u. **1** *I want you to work out these five exercises.*(c.) = a question to be answered by a student for practice अभ्यासार्थ प्रश्न **2** *a military exercise* = an action performed by the military (army, navy or airforce) during peace-time, as practice for fighting शांतिकाल में सैन्य-अभ्यास

exercise[2] verb, i. or t. **1** *You should exercise regularly.*(i.) = to take physical exercise व्यायाम करना **2** *The Supreme Court exercised its power to overrule the decision of the High Court.*(t.) = to use a power, right, etc. का प्रयोग करना

ex•ert /ɪg'zɜːt/ /इग'ज़ऽट/ verb, t. **1** *Don't exert yourself so much. You will become tired.* = to use up one's energy or strength अपने को खटाना **2** *She exerts great influence on me. I always seek her advice.* = to produce an effect पर प्रभाव छोड़ना

ex•hale /eks'heɪl/ /एक्स'हेइल/ verb, i. = to breathe out (opposite **inhale**) साँस छोड़ना (विलोम शब्द **inhale**)

ex•haust[1] /ɪg'zɔːst/ /एग'ज़ॉस्ट/ verb, t. **1** *The long walk has exhausted him.* = to make one tired थका देना **2** *I have exhausted all my money.* = to use up completely पूरा का पूरा खर्च कर डालना

exhaust[2] noun, u. *Some gas is leaking from the exhaust.* = the pipe which allows used (burnt) gas to escape from a machine (also **exhaust-pipe**) मशीन से जलती गैस को बाहर निकालने की पाइप (नली) (देखें **exhaust-pipe**) **exhausting** adj. *an exhausting meeting* = something that makes one tired थकानेवाला

ex•haus•tive /ɪg'zɔːstɪv/ /इग'ज़ॉऽस्टिव/ adj. *Your answer to this question was very exhaustive.* = thorough and complete; covering all aspects of a question संपूर्ण

ex•hib•it[1] /ɪg'zɪbɪt/ /इग'ज़िबिट/ verb, t. *We will exhibit our new cars next month at the Car Show.* = to show something to the public का सार्वजनिक प्रदर्शन करना

exhibit[2] noun, c. *This lobster, which is from the crustacean family, is the first exhibit.* = something which is put on show, in a laboratory, museum or law court वह वस्तु जो प्रयोगशाला, अजायबघर या रजलास में (सबूत के) प्रदर्शन के तौर पर पेश की गई होती है **exhibition** /ˌeksɪ'bɪʃən/ /एक्सी'बिश्न/ noun, u. or c. = a public show of objects प्रदर्शनी, नुमाइश

ex•hil•a•rate /ɪg'zɪləreɪt/ /इग'ज़िलरेइट/ verb, t. *You should take a walk by the seaside every morning. It will exhilarate you.* = to make someone feel cheerful and full of energy उल्लसित करना **exhilaration** / ɪgzɪlə'reɪʃən/ /इग्ज़िल'रेइश्न/ noun

ex•hort /ɪg'zɔːt/ /इग'ज़ॉट/ verb, t. *The coach exhorted the athlete to complete the race even though she was tired.* = to urge or advise strongly प्रोत्साहित करना, ज़ोर देते हुए कोई राय देना

ex•hume /ɪg'zjuːm/ /इग'ज़्यूम/ verb, t. = to dig up or unearth something, especially a dead body [TECHNICAL] गड़े हुए मुर्दे को उखाड़ना [तकनीकी]

ex•i•gen•cy /'eksɪdʒənsi/ /'एक्सिज्न्सी/ noun, c. (**exigencies**) or u. *The government has asked officials to be prepared for any exigency, as we are expecting floods after the heavy rains.* = a difficult situation which requires immediate action; an emergency एक कठिन परिस्थिति जिसमें तुरंत कोई कदम उठाने की अपेक्षा हो

ex•ile[1] /'eksaɪl/ /'एक्साइल/ verb, t. *They had committed great crimes against the country, so the king exiled them.* = to send someone out of the county for political reasons देश निकाला देना

exile[2] noun, u. or c. **1** *living in exile*(u.) = forced absence from the country for political reasons देश निकाला, निर्वासन **2** *She is a political exile.*(c.) = a person who has been exiled निर्वासित व्यक्ति

ex•ist /ɪg'zɪst/ /इग'ज़िस्ट/ verb, i. *Many strange animals lived on this earth millions of years ago but some of them do not exist now.* = to live का अस्तित्व होना **existence** noun, u. *Do you believe in the existence of ghosts?* = the state of existing अस्तित्व

ex•it[1] /'egzɪt/ /'एग्ज़िट/ noun, u. *Where is the exit?* = the way out of a place निकास

exit[2] verb, i. *Let us exit before the crowd arrives.* = to get out; to leave (humorous) खिसक जाना (हास्यपरक)

ex•o•dus /'eksədəs/ /'एक्सडस/ noun, u. *There is an exodus of people from the villages into Mumbai.* = a large number of people moving out of a place किसी जगह से बहुत-से लोगों का हट जाना

ex•of•fi•ci•o /eksə'fɪʃiəʊ/ /एक्स'फ़िशिअउ/ adj. (Latin) *The Education Minister is exofficio President of the Board of Governors.*= because of one's official position (and not as an individual) (लैटिन भाषा का शब्द) पदेन

ex•on•e•rate /ɪg'zɒnəreɪt/ /इग'ज़ॉनरेइट/ verb, t. *Everyone said he was guilty of the crime, but he was tried and the court has exonerated him.* = to free someone from blame (formal) दोष मुक्त कर देना (औपचारिक)

ex•orb•i•tant /ɪg'zɔːbɪtənt/ /इग'ज़ॉबिटण्ट/ adj. *I did not buy the book as I found the price exorbitant.* = too great (referring to costs, demands etc.) [कीमत, माँग] अत्यधिक

ex•or•cize (exorcise) /'eksɔːsaɪz/ /'एक्सॉऽसाइज़/ verb, t. **1** = to drive out an evil spirit from a person or

E

place [TECHNICAL] (झाड़-फूँक से) किसी पर से/कहीं से भूत भगाना **2** *He has been able to exorcize his fears.* = to drive out; to get rid of से मुक्त होना

ex•o•tic /ɪg'zɒtɪk/ /इग'ज़ॉटिक/ adj. **1** *There are several kinds of exotic plants in the Botanical Garden.* = from a different country विदेशीय **2** *She loves travelling to exotic places such as Siberia.* = exciting and unusual, because connected to a foreign country विदेश से संबंधित होने के कारण असामान्य **exotica** noun = unusual objects collected from foreign countries विदेशों से एकत्र उत्कृष्ट वस्तुएँ

ex•pand /ɪk'spænd/ /इक्'स्पैण्ड/ verb, i. or t. *The metal tube expanded from 32 cm to 42 cm.* = to become bigger or to make something bigger (आकार, विस्तार) बढ़ना, बढ़ाना **expansion** noun, u. = the act of expanding विस्तार **expanse** noun, u. *a huge expanse of water* = a wide space of water or land फैलाव

ex•pa•ti•ate /ɪk'speɪʃieɪt/ /इक्'स्पेशिएइट/ verb, t. *We invited the writer to expatiate on her story.* = to speak or write at length about something (see also **elaborate**) पर विस्तार से बोलना या लिखना (देखें **elaborate**)

ex•pat•ri•ate[1] **(expat)** /eks'pætriət/ /एक्स'पैट्रिअट/ noun, c. = a person who is living outside his/her own country विदेशवासी

expatriate[2] verb, t. = to force a person to leave his/her own country [TECHNICAL] किसी को अपना देश छोड़ने को बाध्य करना [तकनीकी]

ex•pect /ɪk'spekt/ /इक्'स्पेक्ट/ verb, t. **1** *I expect that it will rain tonight.* = to think or believe that something will happen घटना की उम्मीद करना **2** *I am expecting a letter from him.* = to wait for something to happen घटना की प्रतीक्षा करना **3** *I am expecting some guests.* = to wait for a visit from someone किसी के आगमन की प्रतीक्षा में होना **4** *You can't expect our neighbour to come on time. He is always late.* = to hope for or wish for something की इच्छा करना

ex•pe•di•ent /ɪk'spi:diənt/ /इक्'स्पीडियण्ट/ adj. *I thought it expedient to end my speech as the audience was becoming restless.* = (an action that is) advisable or wise, in a certain situation (formal) किसी स्थिति में जो उचित हो (औपचारिक)

ex•pe•dite /'ekspɪdaɪt/ /'एक्स्पीडाइट/ verb, t. *They are very slow in appointing new teachers. Can we do something to expedite the process?* = to make something happen more quickly (formal) जल्दी निबटाना (औपचारिक)

ex•pe•di•tion /ekspɪ'dɪʃən/ /एक्स्पी'डिशन्/ noun, c. *My friend is going on a scientific expedition to the South Pole.* = a journey undertaken for some purpose, especially exploration, research or war अभियान

ex•pel /ɪk'spel/ /इक्'स्पेल/ verb, t. (**expelled**) *The student was expelled from school for bad behaviour.* = to drive out or send out निकाल बाहर करना **expulsion** noun, u. = the act of expelling someone or something निष्कासन

ex•pend /ɪk'spend/ /इक्'स्पेण्ड/ verb, t. *Don't expend all your energy on cooking.* = to spend; to use up (formal) पर ख़र्च करना, पर लगा देना (औपचारिक) **expenditure** /ɪk'spendɪtʃə/ noun, u. *The company's expenditure on entertainment is very high.* = the act of spending money on something ख़र्च

ex•pense /ɪk'spens/ /इक्'स्पेन्स/ noun, u. *I managed to get these old books at great expense.* = cost लागत **expenses** noun, c. (always plural) *What are your expenses on travel?* = the amount of money spent for a particular purpose ख़र्च **expensive** adj. = costly महँगा

ex•pe•ri•ence /ɪk'spɪəriəns/ /इक्'स्पीअरिअन्स/ noun, u. or c. **1** *She has five years' experience of teaching.* = the knowledge or skill that comes from doing something कुछ किए रहने का ज्ञान, उससे प्राप्त कौशल **2** *My journey along the backwaters of Kerala was an unforgettable experience.*(c.) = something interesting that happens to one and has an effect on the mind ऐसी कुछ विचित्र घटना जिसका असर दिमाग पर रह जाए

ex•per•i•ment[1] /ɪk'sperɪmənt/ /इक्'स्पेरिमण्ट/ noun, c. or u. *He is conducting an experiment to find out if chimpanzees can learn to count.*(c.) = a trial made to learn something or prove the truth of an idea कुछ पता लगाने के लिए/किसी सच्चाई को साबित करने के लिए प्रयोग करना

experiment[2] verb, i. *Our scientists are experimenting with new kinds of crops.* = to carry out an experiment प्रयोगरत रहना **experimental** /ɪksperɪ'mentəl/ /इक्स्पेरि'मेण्टल/ adj. = connected with an experiment प्रायोगिक

ex•pert[1] /'ekspɜ:t/ /'एक्सपऽर्ट/ noun, c. *He is an expert on African languages.* = a person with deep and special knowledge of something विशेषज्ञ व्यक्ति

expert[2] adj. *I am going to her for expert advice.* = having special knowledge or skill विशेष जानकारीवाला, निपुण **expertise** noun, u. *We need your expertise to run this company.* = the skill or special knowledge that an expert has विशेषज्ञ-ज्ञान

ex•pire /ɪk'spaɪə^r/ /इक्'सपाअ^र/ verb. **1** *My friend has expired.* = to die (formal) मृत हो जाना (औपचारिक)

2 *The time limit has expired.* = to come to an end; to run out समाप्त हो जाना

ex•plain /ɪk'spleɪn/ /इक्स्प्लेइन/ verb, t. **1** *Can you explain the meaning of this poem?* = to make something clear, so that one can understand स्पष्ट करना, व्याख्या करना **2** *I want you to explain why you forgot to do your homework.* = to give reasons for something going wrong (used as a warning or a threat of punishment) चेतावनी या दंड की धमकी के रूप में गलत काम का स्पष्टीकरण माँगना **explanation** /ɪksplə'neɪʃən/ /इक्स्प्ल'नेइशन/ noun, u. *The packet was not delivered on time. We have to ask the courier for an explanation.* = a statement giving reasons for something going wrong ग़लत काम पर सफ़ाई की माँग करना

to explain oneself = to give an explanation of why you have done something, to another person who is angry with you जो नाराज़ हो उसको अपनी करतूत की सफ़ाई देना

ex•ple•tive /ɪk'spli:tɪv/ /इक्स्प्लीटिव/ noun, c. = a word or expression used to express some strong feeling, which is generally avoided in polite talk कठोर/उत्तेजक भाव व्यक्त करती कोई अभिव्यक्ति जो शिष्ट बोलचाल में सामान्यत: टाली जाती है

ex•pli•cit /ɪk'splɪsɪt/ /इक्स्प्लिसिट/ adj. **1** *You are driving too fast, although I gave you explicit instructions to drive carefully.* = something which is expressed in a clear and direct way (referring to statements, rules etc.) स्पष्ट और सीधे तरीके से व्यक्त करना **2** = (of a book or film) describing sex or violence openly खुल्लमखुल्ला उत्तेजक, अश्लील

ex•plode /ɪk'spləʊd/ /इक्स्प्लोउड/ verb, i. or t. **1** *The cracker exploded, injuring one person.* = to blow up or burst फट पड़ना **2** *She exploded when the boss told her she would not get leave.* = to become very angry and shout loudly etc. (figurative) भड़क उठना (लाक्षणिक) **explosion** noun, u. *a loud explosion* = an example of something exploding विस्फोट

ex•ploit¹ /'ɪksplɔɪt/ /'इक्स्प्लॉइट/ verb, t. **1** *The mineral resources of Maharashtra have not been fully exploited.* = to make use of something for profit लाभ के लिए पूरा उपयोग करना **2** *He can donate money for the cause, but don't exploit his generous nature.* = to take advantage of; to use unfairly for one's own profit (derogatory) अपने लाभ के लिए किसी का फ़ायदा उठाना (अनादरपूर्ण)

exploit² noun, c. (often plural) *Tell us about your latest exploits in China.* = an adventure; a brave and successful act दुस्साहसिक सफल कार्य

ex•plore /ɪk'splɔːʳ/ /इक्स्प्लॉऽʳ/ verb, t. **1** *Before I do anything else, I am going to explore the rooms in this house.* = to travel through a place with the purpose of finding something new कुछ नई खोज के लिए किसी स्थान की छानबीन करना **2** *She has promised to explore the possibility of finding a job for you.* = to look into; to examine तरकीब ढूँढ़ना **exploration** /ɪksplə'reɪʃən/ /इक्सप्लोरेइशन/ noun, c. or u. **explorer** noun, c.

ex•po•nent /ɪk'spəʊnənt/ /इक्स्पउनण्ट/ noun, c. *She is the greatest living exponent of the Kuchipudi style of dance.* = someone who practices a form of art or supports a belief किसी विशिष्ट कला-स्वरूप का अध्यवसायी या सिद्धांत-विशेष का समर्थक

ex•port¹ /ɪk'spɔ:t/ /इक्सपॉट/ verb, t. *India exports tea to Russia.* = to send goods out of a country for sale निर्यात व्यापार करना

export² noun, c. *Tea is one of our most important exports.* = something that is exported निर्यातित सामग्री/माल

ex•pose /ek'spəʊz/ /इक्स्पउज़/ verb, t. **1** *I don't think you should expose your head to the sun.* = to uncover; to display (show) खुला छोड़ना **2** *The baby should not be exposed to the cold wind.* = to leave something open and unprotected खुला, असुरक्षित छोड़ना/रखना **3** *Students who go to universities abroad are exposed to many new ideas.* = to be brought in contact with new ideas etc. नये विचारों के संपर्क में आना **4** *The report has exposed the real reason behind the failure of the project.* = to make a secret or a guilty person known (रहस्य/दोषी व्यक्ति को) उद्घाटित करना **5** *I have to expose a roll of film.* = to use a roll of film to take photographs [TECHNICAL] फ़ोटो लेने के लिए रील खोलना [तकनीकी] **exposure** noun, u. or c. **1** *If you take off your clothes here you may be arrested for indecent exposure.*(u.) = the act of showing or displaying नग्न प्रदर्शन **2** *The plant died of exposure.*(u.) = the result of being left unprotected against the sun etc. धूप में असुरक्षित खुला रहने का नतीजा **3** *Exposure to science has helped many students.*(u.) = the result of being brought in contact with संपर्क का फल **4** *The exposure of their contacts with criminals forced them to resign.* = the result of making something known to the public पर्दाफ़ाश **5** *This film allows 36 exposures.* = photographs taken on a roll of film [PHOTOGRAPHY] फ़िल्म रॉल पर तस्वीरों की नियम संख्या

ex•po•si•tion /ekspə'zɪʃən/ /एक्सपज़िशन/ noun, u. **1** *The writer presented an exposition of his new book.* = an act of explaining something भाष्य **2** *There will be an exposition of classical dances next month.* = a show; an exhibition प्रदर्शन

ex•pound /ɪk'spaʊnd/ /इक्स्पाउण्ड/ verb, t. *The scientist expounded his ideas at the conference.* = to explain in detail (formal) (see also **enunciate**) ब्यौरे पर व्याख्या करना (औपचारिक) (देखें **enunciate**)

ex•press[1] /ɪk'spres/ /इक्सप्रेस/ verb, t. *This poem expresses love for nature.* = to show a feeling or opinion through words, actions etc. शब्दों/व्यवहार/भंगिमाओं से भाव/विचार व्यक्त करना

express[2] noun, c. *To save time, I am travelling by the Coromandel Express.* = a fast train which stops at few stations एक तेज़, कम रुकने वाली ट्रेन

express[3] adj. *Send this letter by express delivery.* = fast शीघ्र प्रेषणीय

ex•pres•sion /ɪk'spreʃən/ /इक्स्प्रेशन्/ noun, u. or c. **1** *The constitution allows freedom of expression.*(u.) = speaking or writing to express one's opinions and feelings make known अभिव्यक्ति **2** *She puts a lot of expression into her dancing.*(u.) = feeling अभिव्यंजना **3** *The expression 'born with a silver spoon' is very meaningful in his case.* = a word or group of words शब्द(-समूह) **expressive** adj. *an expressive face* = showing feeling अभिव्यंजनात्मक, अभिव्यक्ति-सक्षम

ex•pro•pri•ate /ɪk'sprəʊpreit/ /इक्स्प्रउप्रिएइट/ verb, t. *The government expropriated his property as it was needed for a hospital.* = to take away something owned by another [TECHNICAL] दूसरे का (कुछ) हथिया लेना [तकनीकी]

ex•punge /ɪk'spʌndʒ/ /इक्स्पॅन्ज/ verb, t. = to remove something from a book or a written record (formal) किसी आलेख या पुस्तक से कोई अंश काट लेना (औपचारिक)

ex•pur•gate /'ekspəgeɪt/ /'इक्स्पगइट/ verb, t. *The judge has ordered the publisher to expurgate the objectionable parts of the book.* = to remove or cut out the objectionable parts of a book (formal) पुस्तक से आपत्तिजनक अंश काट देना (औपचारिक)

ex•qui•site /ɪk'skwɪzɪt/ /इक्स्क्वीज़िट/ adj. *an exquisite poem* = extremely beautiful and well-made उत्कृष्ट रूप से सुंदर तथा सुरक्षित

ex•tem•pore[1] /ɪk'stempəri/ /इक्स्टेम्पोरी/ adj. *an extempore speech* = (a speech) made without any previous preparation बिना तैयारी के किया गया भाषण

extempore[2] adv. *She spoke extempore.* = without any previous preparation बिना तैयारी के

ex•tend /ɪk'stend/ /इक्स्टेण्ड/ verb, t. **1** *The road is being extended from the station to the airport.* से (आगे) बढ़ाना **2** *Her five year term is being extended.* = to make something longer in space or time विस्तार करना, बढ़ाना **3** *He extended his hand to me.* = to stretch out पसारना, फैलाना **4** *We are happy to extend an invitation to you.* = to offer प्रेषित करना **5** *This lake extends over a very large area.* = to spread out or stretch out फैला होना **extension** noun, u. or c. **1** *The extension of the road will be completed soon.* = the act of making something longer और लंबा करने का काम **2** *We are constructing an extension to the canteen.* = something that is added on (मुख्य भवन में) जोड़ा गया भाग **3** *The officer was given an extension.* = an additional period of service सेवा की अवधि बढ़ाना

ex•tent /ɪk'stent/ /इक्स्टेण्ट/ noun, u. **1** *This map shows the extent of the forest.* = the area over which something extends (stretches out) क्षेत्र **2** *We were surprised at the extent of his knowledge.* = range विस्तार **3** *To some extent, you are right.* = to some degree कुछ हद तक **extensive** adj. *the extensive campus* = large प्रशस्त

to a certain extent = partly but not fully पूर्णत: नहीं, आंशिक रूप से **to a large extent** *The complaints about the movie was to a large extent correct.* = to a great degree but not fully बहुत हद तक

ex•te•ri•or[1] /ɪk'stɪəriə^r/ /इक्स्टीअरिअर्/ noun, u. or c. *I need to get the exterior of this building painted.* = the outside or outer surface of a building etc. (मकान का) बाहरी हिस्सा या सतह

exterior[2] adj. *Please paint the exterior walls only, not the inside.* = outer (opposite **interior**) बाहर-ही-बाहर का (विलोम शब्द **interior**)

ex•ter•mi•nate /ɪk'stɜːmɪneɪt/ /इक्स्टऽमिनेइट/ verb, t. *The government has failed to exterminate mosquitoes.* = to kill all the people or creatures in a place (formal) किसी स्थान से लोगों या जीवों को मार डालना (औपचारिक)

ex•ter•nal /ɪk'stɜːnl/ /इक्स्टऽन्ल/ adj. *This ointment is for external use only.* = on the outside of something (opposite **internal**) बाहरी (विलोम शब्द **internal**)

ex•tinct /ɪk'stɪŋkt/ /इक्स्टिंक्ट/ adj. *You cannot find the dodo anywhere in the world. It has become extinct.* = no longer in existence लुप्त **extinction** noun, u. लोप

ex•tin•guish /ɪk'stɪŋgwɪʃ/ /इक्स्टिंगुइश/ verb, t. *Please extinguish all the lights before you leave.* = to put out a fire or switch off a light (formal) आग/बत्ती बुझा देना (औपचारिक)

ex•tol /ɪk'stəʊl/ /इक्स्टउल/ verb, t. *He has been extolling the virtues of Goa as a holiday resort.* = to praise very highly तारीफ़ के पुल बाँधना

ex•tort /ɪk'stɔːt/ /इक्स्टॉऽट/ verb, t. *This gang has been extorting money from all the shopkeepers in this area.* = to get something (specially money) by using threats or violence धमकी या मारपीट से रुपया वसूल करना

ex•tra[1] /'ekstrə/ /'एक्स्ट्र/ adj. *It is very cold tonight. May I have an extra blanket?* = additional; more than what is usual or necessary. जो सामान्य/आवश्यक है उसके अतिरिक्त

extra[2] noun, c. **1** *He is appearing as an extra in* *this film. He is a part of the crowd.* = an actor who has a very small part in a film नगण्य/छोटी भूमिका करने वाला व्यक्ति **2** (usually plural) *The computer comes with some extras such as a printer and some CDs.* = things given away with an item किसी बड़ी चीज़ के साथ-साथ दी जाने वाली चीज़ें **3** *I was happy to do the work overnight. I don't want to be paid extra.* = any more, anything additional और भी कुछ, अतिरिक्त **4** *The book costs Rs 200. The CD-Rom will be extra.* = additional and not included अलग से, ऊपर से **5** *She looked pleased to see me, and was extra happy when she saw the baby.* = more than expected (informal) अप्रत्याशित (अनौपचारिक) **extra-curricular** adj. = activities such as sports, debating, drama etc. which are carried out in a school or college but are outside the curriculum (subjects which are taught) पाठ्यक्रम से अलग **extra-sensory perception (ESP)** = the power to know or feel things without the use of the five senses (sight, smell, hearing, taste, touch) which some people are said to have अतींद्रिय बोध

ex•tract[1] /ɪk'strækt/ /इक्स्ट्रैक्ट/ verb, t. **1** *We grow lemon grass on this farm, from which we extract a kind of oil.* = to take out some substance from some raw material निचोड़ना **2** *The dentist extracted my tooth.* = to pull out [TECHNICAL] उखाड़ लेना [तकनीकी] **3** *The police extracted a confession from the criminal who had been arrested.* = to force someone to admit or promise something by using force बलपूर्वक मनवा लेना, वादा करा लेना

extract[2] /'ekstrækt/ /'एक्स्ट्रैक्ट/ noun, c. **1** *Vanilla essence is an extract prepared from flowers.* = a substance taken out from some raw material सत **2** *I shall read out an extract from this book.* = a short passage taken from a book उद्धरण

ex•tra•dite /'ekstrədaɪt/ /'एक्स्ट्रडाइट/ verb, t. *The criminal was extradited from Thailand to India.* = to send someone who is thought to be guilty of some crime from the country in which he/she is living to the country that wants to place the person on trial [LAW] किसी अपराधी को उसी के देश वापस भेज देना जहाँ का कानून उस पर लागू किया जा सके **extradition** /ɪkstrə'dɪʃən/ /इक्स्ट्र'डिशन/ noun

ex•tra•ne•ous /ɪk'streɪniəs/ /इक्स्ट्रेनियस/ adj. *Your article on birds should deal with things related to birds, and not introduce extraneous topics.* = not related to the subject being talked or written about असंबद्ध

extra•or•di•na•ry /ɪk'strɔ:dənəri/ /इक्स्ट्रॉऽड्नरी/ adj. **1** *extraordinary kindness* = much more than what is ordinary (common or usual) असाधारण **2** *What an extraordinary sight this is!* = strange and unusual अद्भुत

ex•trav•a•gant /ɪk'strævəgənt/ /इक्स्ट्रैवगण्ट/ adj. **1** *extravagant habits* = wasteful, specially of money अपव्ययी **2** *The scientist has been making extravagant claims for his new invention.* = more than what is reasonable तर्क से परे **extravagance** noun, u. = the quality, or an example, of being extravagant फ़िजूलखर्ची

ex•treme[1] /ɪk'stri:m/ /इक्स्ट्रीम/ adj. **1** *These plants will die in the extreme cold.* = very great; of the highest degree possible अत्यधिक **2** *Ladakh lies in the extreme north of India.* = the (northern) most एकदम

extreme[2] noun, c. *You should avoid all extremes of temperature.* = the limits (highest or lowest) उच्चतम या न्यूनतम की अंतिम सीमा **extremity** /ɪk'stremɪtɪ/ /इक्स्ट्रेमिटी/ noun, c. (**extremities**) = the last or furthest points or parts of something छोर, अंतिम सिरा

ex•tri•cate /'ekstrɪkeɪt/ /'एक्स्ट्रीकेइट/ verb, t. **1** *She has been able to extricate herself from the financial problems she had got into.* = to set someone (or oneself) free from a difficult or dangerous situation (formal) से छुटकारा पाना (औपचारिक) **2** *More than ten injured people were extricated from the bus which had been wrecked in the accident.* = to pull out with some difficulty से निकालना

ex•tro•vert /'ekstrəvɜ:t/ /'एक्स्ट्रवऽट/ noun, c. *You will always find her with a crowd of friends. She is an extrovert.* = a person who loves to have social contact with others (opposite **introvert**) [SCIENCE] बहिर्मुखी (विलोम शब्द **introvert**) [विज्ञान]

ex•u•be•rant /ɪg'zju:bərənt/ /इग्'ज़्यूब्रण्ट/ adj. *He is always in an exuberant mood when we have a social gathering.* = extremely cheerful and excited उल्लसित

ex•ude /ɪg'zju:d/ /इग्'ज़्यूड/ verb, t. *The rubber tree exudes a thick white sap from which rubber is made. // to exude happiness* = to give out or produce (formal) [TECHNICAL] फेंकना, पैदा करना (औपचारिक) [तकनीकी]

ex•ult /ɪg'zʌlt/ /इग'ज़ॅल्ट/ verb, i. *The tennis player's fans exulted when she won the match.* = to show great happiness प्रफुल्लित होना

eye[1] /aɪ/ /आई/ noun, c. **1** = the part of the body that we see with आँख **2** *He has an eye for beauty.* = the ability to know the value of something सौंदर्य-बोध की क्षमता **3** *the eye of a needle* = the small hole in a needle through which a thread can pass सुई का छेद

eye² verb, t. *He has been eyeing your pen for quite some time.* = to have a desire to take away something which belongs to someone else पर निगाह लगाए रहना **eyeball** /'aɪbɔːl/ /'आइबॉल/ noun, c. = the whole of the eye, including the part inside the head, which is like a ball in shape आँख की पुतली **eyeballs** noun *We had over 2 million eyeballs and the television programme was a great success.* = a measure of the people who are attracted to a television programme or visit a website on the Internet [COMPUTERS] टेलिविज़न-द्रष्टा-समुदाय [कंप्यूटर] **eyebrow** noun, c. = the line of hairs growing above the eye भौं **eye contact** noun = the action of looking straight into someone's face **eyelash** noun, c. (**-lashes**) = the small hairs growing along the edge of the eyelid पपनी **eyelid** noun, c. = the piece of skin covering the eye, which can move up and down पलक **eye-opener** noun, c. *Her acting in this film was a real eye-opener.* = something which causes great surprise and makes you realise the truth about something आश्चर्यचकित करके सच्चाई के प्रति सजग कराने वाला **eyesore** noun, c. *The new station building is an eye-sore.* = something which is ugly to look at and can be seen by many people जो देखने में भद्दा हो और जिसपर बहुत लोगों की नज़र पड़े बिना नहीं रहती **eyewash** noun, u. *You work very hard, but what you say about not stopping to eat is a lot of eyewash.* = nonsense; something said to mislead people (informal) बकवास, लोगों को छलावा देता कोई कथन (अनौपचारिक) **eyewitness** noun, c. *He is an eyewitness to the murder.* = a person who has seen something happen and can tell the judge about it in a law court चश्मदीद् गवाह

a good eye for *She has a good eye for detail.* = to be very skilful at something में माहिर होना **to keep an eye on (someone or something)** = to watch someone's behaviour carefully किसी पर निगाह रखना **to keep one's eyes open** = to keep looking for something that you hope to find जो पाना चाहते हैं उसके लिए तत्पर रहना **to not believe one's eyes** = to think something so impossible that it seems unreal आँखों पर विश्वास नहीं करना, इतना असंभव असझना कि अवास्तविक लगे **an eye for an eye** = to seek revenge for some loss or damage that one has suffered अपने किसी नुकसान का बदला लेना **to keep one's eye peeled** *We need to find a small shop on a very crowded street. Let's keep our eyes peeled.* = to prepare to look very carefully for something बड़ी होशियारी से किसी तलाश में रहना **to not be able to take your eyes off something** = to find something very attractive or interesting आँखें नहीं हटा पाना **to have a good eye for something** *Nina has a good eye for pictures.* = to have the ability to see or notice something के लिए नज़र ज़ेहन होना **to do something with one's eyes open** = to get involved in something with care and a full knowledge of the consequences and problems नतीजों और मसलों की पूरी जानकारी और होशियारी के साथ किसी काम में लगना

e-zine /iːziːn/ /'ईज़ीन/ noun, c. = a magazine that one can read in electronic form on a computer screen (short for electronic magazine) [COMPUTERS] एक पत्रिका जो इलेक्ट्रॉनिक रूप में कंप्यूटर के पर्दे पर पढ़ी जा सकती है [कंप्यूटर]

fF

f, F /ef/ the sixth letter of the English alphabet अंग्रेज़ी वर्ण माला का छठा वर्ण

F abbr. for **Fahrenheit Fahrenheit** का संक्षिप्त रूप *Water freezes at 32ºF.*

fa•ble /'feɪbəl/ /फ़ेइबल/ noun, c. or u. = a short story that teaches a lesson (moral) and in which animals are usually the main characters (compare **myth, legend**) नीतिकथा जिसमें चरित्र मुख्यत: पशु होते हैं (देखें **myth, legend**)

fab•ric /'fæbrɪk/ /फ़ेब्रिक/ noun, c. or u. *a shirt made of cotton fabric.*(u.) = the material out of which a dress is made (बुना हुआ) कपड़ा जिससे पोशाक बनती है

fab•ri•cate /fæbrɪ'keɪt/ /फ़ैब्रिकेइट/ verb, t. **1** *We have to fabricate the metal frame for this desk.* = to make by joining together [TECHNICAL] एक में जोड़कर बनाना [तकनीकी] **2** *They fabricated a story about the work they had done.*= to make up or invent a false story about someone or something (derogatory) किसी आदमी या चीज़ के बारे में झूठी कहानी गढ़ना (अनादरपूर्ण) **fabrication** noun, u. or c. **1** (u.) = the act of building something कोई संरचना **2** *This story is a complete fabrication.*(c.) = something that has been made up falsely झूठा गढ़न

fab•u•lous /'fæbjʊləs/ /फ़ैब्युलस/ adj. **1** *fabulous jewellery* = very beautiful (informal) नफ़ीस (अनौपचारिक) **2** *We had a fabulous holiday.* = so great or wonderful that it is hard to believe or describe (informal) कमाल का (अनौपचरिक)

fa•ça•de /fə'sɑːd/ /फ़साड/ noun, c. (French) **1** *the façade of a building* = the front [TECHNICAL] (फ्रेंच भाषा का शब्द) सामने का नज़ारा [तकनीकी] **2** *They wear a façade of goodness but are really unpleasant people.* = a false appearance or show मुखौटा, छद्‌म

façade

face¹ /feɪs/ /फ़ेइस/ noun, c. **1** = the front part of the head, including the forehead, nose, ears, lips and chin चेहरा **2** *the face of the clock* = the front part of something सामने का पहलू

face² verb, t. **1** *The building faces the main road.* = to stand opposite to something की ओर होना **2** *We are facing a problem with the water supply.* = to have to deal with सामने के हिस्से को किसी और तरह की चीज़ से मढ़ना **3** *The building is faced with marble.* = to cover the front part of something with a different material से निबटना **faceless** adj. *a faceless crowd* = without individual character बिना किसी एक खास पहचान का **facial** adj. *facial hair* = connected with a person's face चेहरे का **at face value** noun, u. *Take it at face value.* = as seen from the outside, without one's going deeply into it ऊपर-ऊपर से लगता

face to face *a face to face talk* = direct सीधे, आमने-सामने **in the face of** *She was brave in the face of illness.* = when required to go through or suffer something के बावजूद **to face the music** *You knew you were not following the rules; now you'll have to face the music.* = to deal with the unpleasant results of one's own actions अपने किए का नतीजा भुगतना **to lose face** *You have always done well. Don't worry, you won't lose face if you fail this time.* = to lose respect as a consequence of something प्रतिष्ठा में कमी आना **to put on a brave face** *She was very upset when she lost her job, but she put on a brave face.* = to act as if one is not sad, depressed etc. in order to make a situation seem better (हिम्मत) पस्त नहीं दीखना **on the face of (it)** *On the face of it, the plan looks all right, but I have my doubts.* = from the outside or from what one can see/tell at first वैसे (ऊपरी तौर पर) देखने-सुनने पर **(to give something) a face-lift** = to improve something (e.g. a building) just enough to make it look better (इमारत) थोड़ा सँवार देना

fa•cet /'fæsɪt/ /फ़ैसिट/ noun, c. **1** *the facets of a diamond* = one of many sides of a precious stone कीमती पत्थर का पार्श्व **2** *There are several facets to this problem.* = different sides to be considered (thought about) पक्ष, पहलू

fa•ce•tious /fə'siːʃəs/ /फ़सीशस/ adj. *This is a serious occasion. Your facetious remarks are out of place.* = humorous in a foolish way (derogatory) बिना सोचे-समझे मज़ाकिया होना (अनादरपूर्ण)

fa•cile /'fæsaɪl/ /फ़ैसाइल/ adj. **1** *When they were asked to suggest some new ideas for the school magazine, they could only come up with some facile plans.* = easily done; not requiring much thought or effort (derogatory) बहुत आसान जिसमें ज़्यादा मगज़ नहीं लगाना पड़े (अनादरपूर्ण) **2** *a facile win* = easily obtained or done सुसाध्य, अनायास

fa•cil•i•ta•te /fə'sɪlɪteɪt/ /फ़'सिलिटेइट/ verb, t. *The new highway will facilitate travel across the country.* = to make something easier; to help किसी बात को आसान बनाना, में सहायक होना

fa•cil•i•ty /fə'sɪlɪti/ /फ़'सिलिटी/ noun, u. or c. **(facilities)** **1** *She has great facility with languages.*(u.) = ability to do things easily and well (formal) आसानी

से अच्छी तरह कर पाने की योग्यता (औपचारिक) **2** (generally plural) *Our school does not have library facilities.*(c.) = something that helps one or provides an advantage सुविधाएँ, सहूलियतें **3** *Could I use the facilities, please?* = a polite way of referring to a toilet (formal) शौचालय का एक शिष्ट संकेत (अनौपचारिक)

fac•sim•i•le /fæk'sɪmɪli/ /फ़ैक्सीमिली/ noun, c. *This is a facsimile of a letter written by Tipu Sultan to the British representative.* = an exact copy, not the original (The word **fax** comes from fascimile.) [LAW] प्रतिलिपि (**Fax** शब्द facsimile का संक्षिप्त रूप है) [कानून]

fact /fækt/ /फ़ैक्ट/ noun, c. *You have been getting a lot of wrong information. Now here are the facts.* = something that is true or correct; the truth सच्चाई **factual** adj. *a factual account of the war* = based on things that actually happened वास्तविक **in fact 1** *She expected it to rain, but in fact it was very sunny.* = actually वाकई **2** *I know very little about whales; in fact I know almost nothing.* = really (said for emphasis and contrast) सच पूछो या पूछा जाए तो (बल देने के लिए या उल्टी बात जतलाने के लिए)

fac•tion /'fækʃən/ /'फ़ैक्शन/ noun, c. = a group within a large group or political party दलबंदी, गुट

fac•tor /'fæktə^r/ /'फ़ैक्टर/ noun, c. **1** *Her illness was a major factor in her leaving school.* = something that can influence a result in a negative or positive way हानिकारक या लाभदायक रूप में परिणाम को प्रभावित करने वाला घटक या कारक **2** = a whole number by which a larger number can be divided (2, 4, 5, 10 are factors of 20) [MATHEMATICS] एक सम संख्या जिससे बड़ी संख्या विभाजित हो सके [गणित]

fac•to•ry /'fæktəri/ /'फ़ैक्ट्री/ noun, c. (**factories**) *a tyre factory* = a place where goods are produced (in large numbers) with the help of machines कारखाना

fac•ul•ty /'fækəlti/ /फ़ैकल्टी/ noun, c. (**faculties**) **1** *He has lost the faculty of speech, which is special to human beings.* = the power or natural ability प्राकृतिक क्षमता **2** *the Faculty of Science* = a branch of learning in a university (faculty can also mean teaching staff) विश्वविद्यालयों में संकाय (शिक्षक वर्ग भी)

fad /fæd/ /फ़ैड/ noun, c. *Many people want to listen to pop music, but this is only a passing fad.* = an interest in something that will not remain for a long time (informal, derogatory) फैशन, झक, ज़माने का खास कोई चस्का (अनौपचारिक, अनादरपूर्ण)

fade /feid/ /फ़ेईड/ verb, i. or t. **1** *I could hear her very clearly at first but suddenly her voice faded away.*(i.) = to become less strong मंद पड़ जाना **2** *These curtains have faded because of the strong sunlight falling on them.*(t.) = to become lighter in colour (रंग में) फीका/मद्धिम पड़ जाना

fae•ces (feces) /'fi:si:z/ /फ़ीसीज़/ noun, u. = solid waste material from the bowels [MEDICINE] विष्ठा [चिकित्सा]

fag /fæg/ /फ़ैग/ noun, c. = a cigarette (informal) सिगरेट (अनौपचारिक) **fagged** adj. = tired थककर चूर, श्रांत

fag•got /'fægət/ /'फ़ैगट/ noun, c. = a bunch of small sticks which can be used as fuel जलावन की लकड़ियों का गट्ठर

Fah•ren•heit /'færənhaɪt/ /फ़ैरनहाइट/ noun = a scale of tempe-rature in which the freezing point of water is 32 degrees and its boiling point 212 degrees तापमान का पैमाना जिसमें पानी जमने का 32 और खौलने का बिंदु 212 होता है

fail /feɪl/ /फ़ेइल/ verb, i. or t. **1** *Don't worry, you won't fail in the examination.*(i.) // *I'm sorry you failed the driving test.*(t.) = to be unsuccessful in something असफल हो जाना, नाकामयाब **2** *The examiners don't want to fail you.*(t.) = to decide that someone should not pass an examination असफल कराना **3** *The monsoon has failed us again.*(t.) = to disappoint निराश करना **4** *My business has failed.* (i.) = to be unsuccessful डूब जाना **failure** noun, u. or c. **1** *the failure of the experiment* = the act of failing असफलता **2** *The holiday was a failure. We could not relax at all.* = someone or something that has failed बिलकुल बेकार हो जाने की स्थिति में (कोई घटना या व्यक्ति)

without fail *You must come at 7.00 tomorrow, without fail.* = certainly, with no possibility of not (coming) etc. निश्चित रूप से, निस्संदेह

faint[1] /'feɪnt/ /'फ़ेइण्ट/ verb, i. *He fainted when he heard the news, and we had to call the doctor.* = to lose consciousness बेहोश हो जाना

faint[2] adj. **1** *We heard a faint sound.* = not strong or clear क्षीण, अस्पष्ट **2** *There is only a faint chance of her coming.* = very small बहुत कम

fair[1] /feə^r/ /फेअर/ adj. **1** *The decision by the referee was fair.* = just; impartial निष्पक्ष **2** *He won the election by fair means.* = honest (opposite **unfair**) ईमानदार (विलोम शब्द **unfair**) **3** *He has a fair knowledge of Russian.* = quite good अच्छा खासा **4** *We expect fair weather today.* = bright and sunny खुशनुमा, साफ़, खुला-खुला **5** *They don't know everything about our plans, but they have a fair idea.* = rough मोटा-मोटी, मोटे तौर पर

fair[2] noun, c. **1** *Elephants are sold at the Sonepur fair.* = a market, generally in the countryside, that is held at regular intervals; a (usually) large exhibition of books, garments etc. मेला **2** *a trade fair* = an event at which many people display and sell their goods (व्यापार) मेला **fair play** = treatment or behaviour that is fair and just ईमानदार व्यवहार

fairly /feəlɪ/ /फ़ेअली/ adv. **1** *She felt that she had not been treated fairly.* = in a just way **2** *She is fairly good at art.* = quite बहुत काफ़ी, अच्छा-ख़ासा

fai•ry /'feəri/ /'फ़ेअरी/ noun, c. (**fairies**) = an imaginary creature that looks like a small human being and has wings and magical powers परी, पंखों और जादुई शक्ति वाले छोटे दीखते आदमी जो काल्पनिक होते हैं **fairy tale** noun, c. **1** = a story about fairies परीकथा **2** = a story that is hard to believe अविश्वसनीय कहानी

faith /feɪθ/ /फ़ेइथ/ noun, u. or c. **1** *I have great faith in her.*(u.) = strong trust or belief आस्था **2** *I am a follower of the Buddhist faith.*(c.) = religion धर्म **faithful** adj. **1** *a faithful friend* = showing loyalty विश्वसनीय **2** *This is a faithful account of what happened at the meeting.* = true in every detail पूर्णत: सत्य **3** = to be loyal to one's partner (in a relationship) व.फादार

fake[1] /feɪk/ /फ़ेइक/ verb, t. **1** *She faked illness in order to avoid travelling.* = to pretend to be feeling something when one is not (usually derogatory) बहानेबाज़ी करना (प्राय: अनादरपूर्ण) **2** *The police arrested him for faking bank notes.* = to produce false copies of something for a reason जाली

fake[2] noun, c. *not really a doctor but a fake* = a person or thing that is not really what he/she/it is supposed to be व्यक्ति या वस्तु जो वह नहीं, जो वह लगता या लगती है

fake[3] adj. *a fake watch* = not genuine but a copy of the real thing नकली

fal•con /'fɔːlkən/ /'फ़ॉल्कन्/ noun, c. = a bird with pointed wings that can be trained to hunt other birds or small animals बाज, नुकीले पंखों वाला एक पक्षी जिसे छोटी चिड़ियों या जानवरों का शिकार करना सिखाया जाता है

fall[1] /fɔːl/ /फ़ॉल/ verb, i. (**fell, fallen**) **1** *He fell off a tree and hurt himself.* = to come down from a higher to a lower place गिर पड़ना **2** *The price of gold has fallen.* = to become less घट जाना **3** *The city fell to the attack of the planes.* = to be conquered or defeated (से) पराजित हो जाना **4** *Thousands of soldiers fell in the war.* = to be killed मारा जाना **5** *Ramzan falls on a Monday this year.* = to happen के दिन पड़ना

fall[2] noun, c. **1** *I had a fall and broke my leg.* = an act of falling गिर पड़ने की घटना **2** *There is a big fall in the price of gold.* = a decrease or reduction उतार **3** = American English for autumn पतझड़ के लिए अमेरिकी शब्द **fallout** noun, u. *the fallout from the nuclear test at Pokhran* = the dangerous radioactive matter that is left floating in the air after a nuclear explosion खतरनाक /हानिकारक किरणों का परमाणुओं के विघटन के फलस्वरूप हवा में व्याप्त होना

to fall about *The story was so funny that all of us fell about laughing.* = to laugh a lot and with great enjoyment (informal) हँसी से लोट पोट होना (अनौपचारिक) **to fall apart** *Our science project made good progress at first, then it just fell apart.* = to fail or not work out ठप पड़ जाना **to fall back on** *As no buses were available, I had to fall back on my old bicycle.* = to be forced to use something as nothing else is available कुछ नहीं मिलने पर किसी चीज़ का सहारा लेने को बाध्य होना **to fall for 1** *She fell for the trick we played on her on April Fool's Day.* = to believe that something is true, not knowing that a trick is being played on you झाँसे में आना **2** = to fall in love with someone (informal) से प्रेम हो जाना (अनौपचारिक) **to fall in with** *I wasn't sure I wanted to do what they suggested, but I had to fall in with their plans.* = agree to be a part of हिस्सेदार होने को राज़ी होना **to fall out** *We fell out over a small matter, but are now friends again.* = to quarrel झगड़ पड़ना **to fall through** *Sadly, our trip to Silent Valley fell through.*= to be given up or not to happen त्याग देना, नहीं घटित होना

fal•la•cy /'fæləsi/ /'फ़ैलसी/ noun, u. or c. (**fallacies**) *It is a fallacy to think that girls are cleverer than boys or that boys are cleverer than girls.* = a false idea or belief झूठा विश्वास **fallacious** /fə'leɪʃəs/ /फ़'लेइशस/ adj. *a fallacious belief* = something that is a fallacy मिथ्या

fal•li•ble /'fælɪbəl/ /'फ़ैलिब्ल/ adj. *It is possible that my cal-culation is wrong. I admit that I am fallible.* = able or likely to make mistakes (opposite **infallible**) जिसमें गलतियों की गुंजाइश हो (विलोम शब्द **infallible**)

fal•low /'fæləʊ/ /'फ़ैलउ/ adj. *fallow land* = land on which crops have not been grown for a few years so that the quality of the land will improve बंजर छोड़ी हुई ज़मीन ताकि उसकी (उत्पादन) क्षमता बढ़े

false /fɔːls/ /फ़ॉल्स/ adj. **1** *That story is false. I don't believe it.*= not true or correct झूठ या गलत **2** *We both like praise, so let's not show any false modesty.* = insincere or dishonest पाखंडी, बेईमान **3** *false teeth* = not real, artificial नकली **false alarm** = a warning of something bad which does not happen किसी अनहोनी हादसे के लिए नाहक परेशान करनेवाली चेतावनी **falsify** /'fɑlsɪfaɪ/ /'फ़ॉल्सिफ़ाई/ verb, t. *falsify a report or a statement* = to change something (usually true) and make it untrue सच को झूठ बनाना

fal•ter /'fɔːltə^r/ /'फ़ॉल्टर/ verb, i. **1** *The old man's footsteps faltered as he walked towards the door.* = to move or speak unsteadily because of weakness or uncertainty थकमकाते चलना या हकलाना **2** = to lose confidence (आत्म) विश्वास या भरोसा खोना

fame /feɪm/ /फ़ेइम/ noun, u. *Her fame as a writer spread quickly.* = the condition of being well known शोहरत, ख्याति

fa•mil•i•ar /fə'mɪliə'/ /'फ़मिलिअ'/ adj. **1** *An old man carrying a basket of vegetables on his head is a familiar sight in this part of the city.* = common; known to everyone सुपरिचित, आम **2** *I am not familiar with these roads. Please show me the way.* = having a thorough knowledge of की पूरी जानकारी होना, से वाकिफ़ होना **3** *He acted so familiar with us that we felt uncomfortable.* = friendly in a way that may not be welcome (disapproving) इतना घुलामिला कि अच्छा न लगे (कि उबाऊ लगने लगे) (अस्वीकृत) **familiarity** /fəmɪlɪ'ærɪti/ /फ़मिलि'ऐरिटी/ noun, u. *Her familiarity with the roads of the city is very useful.* = knowledge of or close relationship with परिचय, निकट संपर्क

fam•i•ly /'fæməli/ /'फ़ैम्ली/ noun, c. (**families**) **1** *Our family consists of my parents, my aunt and myself.* = a group of people related to each other by blood or marriage परिवार, खून के रिश्ते या शादी से जुड़े लोगों का समूह **2** *Cats and lepoards are part of the same family.* = a group of animals, birds etc. which have some common characteristics (e.g. shape of head and body, style of movement, claws, feeding habits) एक ही नस्ल के जानवर, पक्षी, जिनकी विशिष्टताओं में समानता मिलती है (सिर या देह की शक्ल, चाल, पंजे, खाने की आदतें) **3** = a term used to refer to a class of computers [COMPUTERS] एक श्रेणी के कंप्यूटर के लिए प्रयुक्त शब्द **family planning** = controlling the number of children who are born by using different methods of birth-control विभिन्न जन्म-निरोध के उपायों से शिशु-प्रजनन पर काबू **family tree** = a diagram which traces the relationship between members of a family, usually over a long period starting from the past वंशावली-वृक्ष

fa•mine /'fæmɪn/ /'फ़ैमिन/ noun, u. or c. *There was a famine as we had no rain for three years and many people were unable to get any food.*(c.) = serious shortage of food over a long period in a large area अकाल

famished /'fæmɪʃt/ /'फ़ैमिष्ट/ adj. *I feel famished. Let us eat now.* = very hungry; suffering from hunger बुभुक्षित, बहुत भूखा

fa•mous /'feɪməs/ /'फ़ेइमस/ adj. *a famous writer* = very well known सुज्ञात, मशहूर

fan[1] /fæn/ /फ़ैन/ noun, c. **1** *a ceiling fan; a palm-leaf fan* = an instrument or machine that causes air to flow पंखा (जो हवा देता है) **2** *an Amitabh Bachchan fan* = an admirer or supporter of some famous person (informal) उत्साही प्रशंसक, दीवाना (अनौपचारिक)

fan[2] verb, t. **1** *It is very hot in this room. Let's fan ourselves with these newspapers.* = to use a fan or something like a fan to cause air to flow किसी चीज़ का इस्तेमाल पंखे की तरह करते हुए हवा देना **2** *fan the fires of hatred* = to cause bad feelings to grow (figurative, literary) (बुरे भाव को) भड़काना, उकसाना

fa•nat•ic /fə'nætɪk/ /'फ़नैटिक/ noun, c. *Mahatma Gandhi was deeply religious but he was not a fanatic. He respected all religions.* = a person with very strong views, especially on religion and politics, who is not prepared to listen to people who do not agree with him/her कट्टर, दुराग्रही, मतांध, व्यक्ति जो धर्म, राजनीति के अपने सिद्धांतों पर अटल होता है और दूसरों या भिन्न मतवालों से सहमत नहीं हो सकता **fanatical** adj. *a person with fanatical views* = extremely strong and unreasonable, sometimes dangerously so अत्यंत कट्टर तथा विवेकशून्य (प्रायः हानिकारक या ख़तरनाक रूप से) **fanaticism** noun, u. = the quality one finds in a fanatic कट्टरता, दुराग्रह

fan•cy[1] /'fænsi/ /'फ़ैन्सी/ noun, u. or c. (**fancies**) **1** *A poet can see many strange things in his fancy.*(u.) = imagination कल्पना **2** *I have taken a fancy to that kind of coffee.*(c.) = a liking not based on reason (informal) के प्रति अहैतुक मोह (अनौपचारिक)

fancy[2] verb, t. **1** *Do you fancy a holiday in Kashmir?* = want or wish for (informal) का सपना देखना (अनौपचारिक) **2** *I can't fancy going all the way to Mumbai just to see a film star!* = to imagine (informal) सोच भी सकना **3** *They left Nagpur without telling anyone. Fancy that!* = an expression of mild disapproval meaning 'Just imagine!' (informal) 'कहो तो!' (अनौपचारिक) **4** *Do you think he fancies her?* = to be sexually attracted to a person (informal) को दिल दे बैठना, पर लट्टू होना (अनौपचारिक)

fancy[3] adj. *Please show me some ordinary shoes—nothing fancy.* = ornamented (highly decorated); not ordinary भड़कीला, नफ़ीस **fancy dress** = clothes worn, often as part of a competition, to dress up as someone different प्रतियोगिता में धारण किए जाने वाले परिधान (ताकि देखने में कोई दूसरा लगे)

to fancy oneself = to have a very high opinion of oneself (informal) अपने बारे में बहुत ऊँची धारणा पालना (अनौपचारिक)

fan•fare /'fænfeə'/ /'फ़ैन्फ़ेअ'/ noun, u.**1** = a short, loud piece of music played to introduce a person or an event किसी व्यक्ति या घटना के आरंभ के पहले शोरभरा संगीत **2** *The film festival started with much fanfare.* = the excitement before an important event (figurative) महत्त्वपूर्ण घटना के आरंभ का धूमधाम (लाक्षणिक)

fang /fæŋ/ /फ़ैङ/ noun, c. *the tiger's fangs* = the long, sharp tooth of an animal जानवर के नुकीले या तेज़ दाँत

fan•tas•tic /fæn'tæstɪk/ /फ़ैन्टैस्टिक/ adj. 1 *He told me a fantastic story about a journey he had made to the moon.* = unreal and impossible अवास्तविक, काल्पनिक 2 *We saw the garden he had created. It was fantastic!* = unbelievably good (informal) कमाल का (अनौपचारिक)

fan•ta•sy /'fæntəsi/ /फ़ैण्टसी/ noun, u. or c. (**fantasies**) 1 *She lives in a world of fantasy.*(u.) = imagination कल्पना 2 *This story is a fantasy.*(c.) = something unreal that has been imagined or made up कल्पित अवास्तविकता का

far[1] /fɑːʳ/ /फ़ाऽʳ/ adj. 1 *Mumbai is very far from Delhi.* = a long way off से बहुत दूर 2 *She is a visitor from a far country.* = a long way off; distant दूरस्थ 3 *The final version of the novel was far better than the first draft.* = much (better, worse etc.) कहीं बहुत अच्छा/बेहतर/ कहीं और गया-गुज़रा

far[2] adv. 1 *We had not gone far when the car broke down.* = a long way दूरी तक 2 *How far is the station from the school?* = at what distance कितनी दूर **far-fetched** adj. *She gave me a really far-fetched excuse to explain why she had been absent.* = something that is difficult to believe अविश्वसनीय, अतिशयोक्तिपूर्ण **far-reaching** adj. *The work they did on wild-life protection had a far-reaching influence.* = having great influence or effect गहरा **far-sighted** adj. *a far-sighted leader* = able to see or think of the future effects of present actions दूरदर्शी

so far *We have had problems with electricity but so far the water supply has been good.* = up to the time of speaking अभी तक (तो) **to go far** 1 *A 100-rupee note doesn't go far these days.* = to be able to buy many things; to be enough पूरा या काफ़ी नहीं पड़ना 2 *She is a promising young writer and should go far.* = to be successful सफलीभूत सिद्ध होना **to go too far** *It all began as a harmless joke but we went too far and made him angry.* = to do something to such an extent as to cause an unpleasant situation हद से इतना आगे बढ़ जाना कि स्थिति अप्रिय हो जाए

farce /fɑːs/ /फ़ाऽस/ noun, c. or u. 1 (c.) = a kind of light and humorous play [LITERATURE] प्रहसन, नौटंकी [साहित्य] 2 *The queues at that ticket counter are a farce. People can join the queue at any point they like.* = some action that is done only for show, without any result being expected and usually to mislead (informal) महज़ एक नाटक, नाम भर का (अनौपचारिक) 3 *a farce of a lecture* = a poor, disappointing version of something (informal) घटिया, निराशाजनक संस्करण (अनौपचारिक)

fare[1] /feəʳ/ /फ़ेअʳ/ noun, c. *The train fare from Kolkata to Delhi is Rs 600.* = the amount of money that is paid to travel by train or air भाड़ा

fare[2] verb, i. *They fared very well in the examination.* = to perform; to be successful बहुत अच्छा करना, सफल रहना

fare•well[1] /feə'wel/ /फ़ेअ'वेल/ noun, c. *We said farewell to our friends when they left town.* = good bye अलविदा

farewell[2] adj. *a farewell speech* = expressing good wishes to someone who is leaving शुभाशंसा व्यक्त करना, विदाई-भाषण

farm[1] /fɑːm/ /फ़ाऽम/ noun, c. = an area of land used for growing crops or raising animals फ़सल उगाने या पशु पालने के लिए प्रयुक्त भूमिखंड

farm[2] verb, t. *I plan to farm this land.* = to grow crops or rear animals on a piece of land भूमिखंड पर कृषिकार्य करना **farmer** noun, c. = a person who owns or works on a farm कृषक

to farm out *This factory has very few workers, so it has to farm out some of its work to other factories.* = to send out work which one is supposed to do, to other people अपने काम को दूसरों से कराने के लिए बाहर भेजना

fart /'fɑːʳt/ /फ़ाऽʳ/ verb i. = to force the wind (gas) out of one's bowels (not polite) पादना

far•ther[1] (**further**) /'fɑːðəʳ/ /फ़ाऽदʳ/ adj. *Kolkata is very far from this town, but Delhi is even farther.* = more far और दूर

farther[2] (**further**) adv. *The government has no money to go any farther with this new project.* = forward; ahead अब और आगे

> **Usage** Either **farther** or **further** can be used in a sentence such as: *Farther/Further down the street, you will find the cake shop.* Both are used to talk about real distances and places. **Further** has also the sense of 'higher' or 'more' e.g. *further education.* एक वाक्य जैसे: farther/further down the street में **farther** or **furher** दोनों का इस्तेमाल किया जा सकता है। आपको पता लगेगा कि दोनों से वास्तविक दूरी और स्थान का अर्थ बोध हो रहा है। Further से 'higher' या 'more' की भी अनुभूति होती है जैसे further education.

fas•ci•nate /'fæsɪneɪt/ /फ़ैसिनेइट/ verb, t. *Indian culture has fascinated people all over the world.* = to charm; to have a powerful influence on सम्मोहित करना **fascinating** /fæsɪ'neɪtɪŋ/ /फ़ैसि'नेइटिङ/ adj. *You have written a fascinating novel.* = very interesting रोचक **fascination** noun, u. = great attraction सम्मोहन

fas•cis•m /'fæʃɪzəm/ /फ़ैशिज़्म/ noun = a political

system in which the government, under a strong leader, has complete power and control over industry, education etc. and allows no opposition (फासीवाद) एक राजनीतिक व्यवस्था जो एक ऐसे दृढ़ नेता द्वारा नियंत्रित होती है जिसका संपूर्ण प्रभुत्व उद्योग, शिक्षा इत्यादि पर होता है और जो किसी तरह का विरोधी-दल बरदाश्त नहीं करता **fascist** noun, c. फासीवादी

fash•ion[1] /ˈfæʃən/ /ˈफ़ैशन्/ noun, c. **1** *You find many men and women colouring their hair now. This is the new fashion.*(c.) फ़ैशन, नया शौक **2** *Narrow trousers are no longer in fashion.*(u.) = a way of dressing or behaving that is popular at a given time (पहनावा, चलन) जिसका ज़माना लद गया **3** *She speaks in a strange fashion.*(u.) = manner; way of doing something ढंग

fashion[2] verb, t. *She fashioned a beautiful dress out of the old sari.* = to make (literary) बनाना, गढ़ना (साहित्यिक) **fashionable** adj. *a fashionable woman; a fashionable hair-style* = following the latest fashion आधुनिकतम प्रसाधन-शैली के अनुरूप

fast[1] /fɑːst/ /फ़ाऽस्ट/ adv. **1** *She runs very fast.* = quickly तेज़ी से **2** *He is fast asleep.* = sleeping deeply गाढ़ी (नींद में) **3** *The door was stuck fast. We couldn't open it.* = in such a way that it cannot move or be moved कसके बंद

fast[2] adj. **1** *This is a fast train.* = moving quickly तेज़ जानेवाली **2** *The clock is 10 minutes fast.* = ahead of the correct time ठीक वक्त से आगे **3** *The colour on this shirt is fast.* = not easily washed away पक्का **4** *fast film.* = (used about photographic film) very sensitive to light and therefore used to shoot in poor light प्रकाश के प्रति बहुत संवेदनशील, इसलिए मद्धिम रोशनी में ही चित्रांकन के लिए प्रयुक्त

fast[3] verb, i. *My grandmother fasts once a week.* = to eat no food as a part of a religious ritual, for medical reasons etc उपवास करना (धार्मिक अनुष्ठान या स्वास्थ्य के लिए)

fast[4] noun. *Are you well enough to keep a fast?* = the practice of going without food उपवास-व्रत, निराहार-व्रत

fasten /fɑːsən/ /फ़ास्न/ verb, t. *Have you fastened the door properly?* = to close or join together एक में बाँधना या जोड़ना **fastener** /fɑːsənəʳ/ /फाऽस्नʳ/ noun, c. = a thing that fastens बाँधनेवाला, -बंद

fas•tid•i•ous /fæˈstɪdiəs/ /फ़ैˈस्टिडियस्/ adj. *He is so fastidious about his food that he never eats out.*= difficult to please; always finding fault with things (see also **fussy**) (slightly derogatory) छिद्रान्वेषी, मीनमेख निकालता रहने वाला (देखें **fussy**) (थोड़ा-थोड़ा अनादरपूर्ण)

fat[1] /fæt/ /फ़ैट/ adj. **1** *a fat boy* = having a lot of fat (see below) on one's body (descriptive, but can be impolite or disrespectful) चर्बीला (वर्णनात्मक, संभवत:अनादरपूर्ण शब्द) **2** *We were charged a fat fee for express delivery.* = very high (informal) बहुत ज़्यादा, मोटी (अनौपचारिक) **3** *We have a fat chance of winning against such a good team!* = no or hardly any (chance) (informal) कम ही, शायद ही कोई (अनौपचारिक)

fat[2] noun, u. or c. **1** *You must get rid of all the fat around your waist.*(u.) = the heavy flesh under the skin which is formed from food that is not used up by the body चमड़े के पीछे शरीर के अनपचे भोजन से बनती चर्बी **2** *A balanced diet should contain some fat, to supply energy to the body.* = food which provides energy but is stored in the body as fat if not burnt up through exercise भोज्य पदार्थ जो ऊर्जा देता है लेकिन शारीरिक श्रम से उसकी खपत नहीं होती तो बदन में जमा होता जाता है **fatten** verb, t. = to make an animal fat before it is ready to be killed and eaten किसी जानवर को मारने और उसे खाने से पहले उसे मोटा बनाना

the fat's in the fire = the situation has suddenly turned as bad as it could become आखिर हालत एक-ब-एक बिगड़ ही गई **to live off the fat of the land** = to have the best things, often at the expense of others, without doing much or any work (derogatory) परान्नभोजी होना (अनादरपूर्ण)

fa•tal /ˈfeɪtl/ /ˈफ़ेइट्ल/ adj. **1** *The bite of some snakes can be fatal.*= something that causes death प्राणघातक **2** *a fatal mistake* = causing a bad result which cannot be set right (figurative) ऐसी गलती जिसे सुधारा नहीं जा सकता (लाक्षणिक)

fate /feɪt/ /फ़ेइट/ noun, u. **1** *He wanted to become a doctor, but fate made him an actor.* = the supernatural power that is believed to control events भाग्य, वह अतिभौतिक शक्ति जो कथित रूप से घटनाओं का नियंत्रण करती है **2** *A dam is being built across the river and 200 villages will disappear under the water. The fate of the people who live there is uncertain.* = the future भविष्य **fateful** adj. *a fateful day* = a very important day that has far-reaching consequences (usually negative) अत्यंत महत्त्वपूर्ण (नकारात्मक) **fatalism** noun = the belief that all events are controlled by fate भाग्यवादिता, नियतिवादिता

fa•ther /ˈfɑːðəʳ/ /ˈफ़ाऽʳ/ noun, c. **1** = the male of the parents पिता **2** *Dr Ambedkar was the father of the Indian Constitution.* = the person who produces or begins something प्रणेता **3** = the title sometimes given to Christian priests कभी-कभी ईसाई पुजारियों की पदवी **father figure** = an older man on whom one depends for guidance or advice (figurative) पिता-तुल्य (लाक्षणिक) **father-in-law** *(fathers-in-law)* = the father of one's wife or husband श्वसुर

fa•thom[1] /ˈfæðəm/ /'फ़ैदम/ noun, c. = a measure of the dep-th of water, equal to six feet or 1.8 metres पानी की गहराई (छह फीट/1.8 मीटर के बराबर)

fathom[2] verb, t. *I am unable to fathom the meaning of the poem.* = to understand completely में पैठना, को थाहना या समझना

fa•tigue[1] /fəˈtiːg/ /फ़'टीग/ noun, u. **1** *After marching for 50 km the soldiers collapsed from fatigue.* = very great tiredness थकावट **2** *We found some cracks in the wings of the aircraft which had been caused by metal fatigue.* = a defect or weakness in a mechanical part that develops after long use [TECHNICAL] यांत्रिक पुरज़े में बहुत दिनों के इस्तेमाल की वजह से आई कोई खराबी या कमज़ोरी [तकनीकी]

fatigue[2] verb, t. *The long period of study has fatigued me.* = to make someone very tired (formal) थका देना, श्रांत कर देना (औपचारिक)

fault[1] /fɔːlt/ /'फ़ॉल्ट/ noun, c. **1** *This computer does not work. There must be a fault in the machine.* = something wrong; a defect दोष, खराबी, गड़बड़ **2** *One of her faults is her forgetfulness.* = something for which one is likely to be blamed दुर्गुण (जो दोषारोपण का कारण हो सके) **3** = a crack in the rocky surface of the earth [GEOGRAPHY] पृथ्वी के पथरीले समतल में दरार [भूगोल] **4** = a service in tennis that is not according to rules [SPORTS] टेनिस की एक 'सर्विस' जो नियम का उल्लंघन करती है [खेल-कूद]

fault[2] verb, t. *She read out the passage so well that it was difficult to fault her.* = to find a fault in someone में दोष निकालना **faultless** adj. *That was a faultless dance performance.* = perfect सर्वथा पूर्ण **faulty** adj. *a faulty connection* = having faults दोषयुक्त, खराबी वाला

fau•na /ˈfɔːnə/ /'फ़ॉन/ noun, u. *Scientists are studying the fauna found in these jungles.* = the animals living in or around a place (see also **flora**) [BIOLOGY] स्थान-विशेष के जंतु (देखें **flora**) [जीव विज्ञान]

fa•vour[1] /ˈfeɪvəʳ/ /'फ़ेइवʳ/ noun, u. or c. **1** *I want to ask you for a favour. May I use your suitcase?*(c.) = a kind act done to the person who is asking कृपा (वक्ता या प्रश्नकर्त्ता के ऊपर) **2** *We are trying to decide where to go for our picnic and most of the students are in favour of Jabalpur.*(u.) = a preference (liking) for someone or something over another के पक्ष में **3** *I'm out of favour with my friend after our last argument.* = approval; good opinion सहमति **4** *I don't think you should show favour to just a few and neglect the others.*(u.) = unfairly kind treatment shown to a person, to the disadvantage of others तरफ़दारी करना

favour[2] verb, t. **1** *I favour resting on weekends over going out.* = to show a preference for someone or something (व्यक्ति या वस्तु) अधिक पसंद आना **2** *She doesn't really favour us, but everyone thinks she does because she is nice to us.* = to be seen to show unfair support of or preference for someone किसी की गलत तरफ़दारी करता-सा लगता **3** *All of us except Martin favour the idea of building another room.* = approve समर्थन करना

in (someone's) favour *The judge decided the case in my favour.* = to one's advantage के हित में, के पक्ष में

favourite[1] /ˈfeɪvərɪt/ /'फ़ेइवरिट/ noun, c. *The baby is ever-yone's favourite.* = a person or thing that one likes the most सबसे प्यारा

favourite[2] adj. *He is my favourite actor.* = someone or something that is loved more than others सबसे प्रिय

favouritism noun, u. = the practice of showing special favour to one person and being unfair to others (derogatory) पक्षपात, तरफ़दारी (अनादरपूर्ण)

fawn[1] /fɔːn/ /'फ़ॉऽन/ noun, c. = a young deer मृगछौना

fawn[2] verb, i. *You will always find the artist surrounded by a few of her followers who fawn on her.* = to give a lot of attention to someone in order to win his/her favour (derogatory) चापलूसी करना, चमचागिरी करना (अनादरपूर्ण)

fear[1] /fɪəʳ/ /फीअʳ/ noun, u. or c. *She has a great fear of dogs, especially big ones.* = the feeling that one may be harmed or in danger नुकसान या खतरे का भय

fear[2] verb, t. **1** *She fears snakes and scorpions.* = to be afraid of से डरना **2** *I fear war may break out any day on.* = to be anxious or worried about something आशंकित-चिंतित होना **3** *It's going to be a hot day, I fear.* = to think that something unpleasant might happen अप्रिय होनी की चिंता करना **fearful** adj. **1** *We ran into a fearful storm.* = causing fear भयावह **2** *I was fearful of missing the train.* = afraid (opposite **fearsome**) डर की आशंका होना (विलोम शब्द **fearsome**)

fea•si•ble /ˈfiːzɪbəl/ /'फ़ीज़िबल/ adj. *Most people think it is not feasible to have a garden inside the house but I say it is.* = possible; something that can be done संभव (व्यावहारिक रूप में)

feast[1] /fiːst/ /'फ़ीस्ट/ noun, c. = a large meal or a public meal shared by many people प्रीतिभोज

feast[2] verb, t. **1** = to arrange a feast for someone किसी के लिए भोज आयोजित करना **2** *We feasted our eyes on the beautiful collection of paintings.* = to enjoy (figurative) आनंद लेना, सुख लेना (लाक्षणिक)

feat /fiːt/ /'फ़ीट/ noun, c. *The little boy ran all the way from his house to the school, more than five kilometres away. It was quite a feat.* = an action that deserves to be noticed because it requires a lot of courage, strength, skill etc. कमाल (कोई काबिले-गौर काम जिसमें

F

हिम्मत, ताकत, हुनर की ज़रूरत पड़ी हो)

fea•ther /'feðəʳ/ /'फ़ेदʳ/ noun, c. = the light covering that grows on a bird's body, specially the wings पक्षी के शरीर को ढँके हुए, विशेषकर पंख

a feather in one's cap = some achievement that one can be proud of सेहरा **birds of a feather** = people of the same kind (usually bad) (usually derogatory) चोर-चोर मौसेरे भाई (प्राय: अनादरपूर्ण) **to feather one's nest** = to make oneself rich, often through corrupt or dishonest means (derogatory) बेईमानी से धनसेठ बन जाना (अनादरपूर्ण)

fea•ture¹ /'fi:tʃəʳ/ /'फ़ीचʳ/ noun, c. 1 *In the dark, I could see a woman standing near the door, but I could not make out her features.* = parts of the face (eyes, nose, lips etc.) नाक-नक्श 2 *Noise, dust and smoke are now common features of life in the city.* = an important or noticeable part or quality of something स्पष्टत: गोचर विष्टिताएँ 3 *Have you read the feature on police dogs in this Sunday's newspaper?* = a long article appearing in a newspaper आलेख

feature² verb, t. or i. *The new film features Aishwarya Rai and Salman Khan.* = to have or include की भूमिका से युक्त होना

Feb•ru•a•ry /'februəri/ /'फ़ेब्रुअरी/ noun = the second month of the year साल का दूसरा महीना

fed /fed/ /फ़ेड/ verb, t. past tense of **feed** क्रिया का भूतकालिक रूप

fed up *I am fed with up with this place.* = bored and tired (informal) ऊब जाना, तंग आना (अनौपचरिक)

fed•e•ra•tion /fedə'reɪʃən/ /फ़ेड'रेइश्न/ noun, c. or u. 1 *The different states in India are parts of a federation.*(c.) = a group of states joining into a single group, but with each state keeping control of some matters [TECHNICAL] (राज) संघशासन, राज्यों का एक संघटन (संगठन) जिसमें प्रत्येक का कुछ मामलों पर अपना स्वतंत्र नियंत्रण होता है [तकनीकी] 2 *the Federation of Students' Unions*(c.) = a group of societies or unions that have joined together समितियों या संघटनों (संगठनों) का दल 3 (u.) = the process of joining together to form a larger group बड़ा संगठन बनाने के लिए एकजुट होने की प्रक्रिया **federal** /'fedərel/ /फ़ेड्रल/ adj. *a federal system of governance* = relating to a federation संघीय **federalism** noun = the belief in political, fiscal etc. संघवाद

fee /fi:/ /फ़ी/ noun, c. 1 *The doctor charges a fee of Rs 50.* = a sum of money paid for professional services फ़ीस 2 = the cost of entrance/membership etc. (प्रवेश या सदस्यता) शुल्क

fee•ble /'fi:bəl/ /'फ़ीब्ल/ adj. *He has grown feeble with age.* = weak; without energy or power दुर्बल **feeble-minded** adj. *a feeble-minded person* = not having a strong mind मंदबुद्धि

feed¹ /fi:d/ /फ़ीड/ verb, t. or i. (**fed**) 1 *Did you feed the cats? They look hungry.*(t.) = to give food to खिलाना 2 *Monkeys feed on fruits and nuts.*(i.) = to eat का खाद्य होना 3 *The mother is feeding her baby.*(t.) = to give milk from one's breast स्तनपान कराना 4 *Don't feed us with all these foolish ideas.*(t.) = to fill someone's mind in a way that is not welcome (disapproving) दिमाग में घुसा देना (अस्वीकृत) 5 *We have to feed the data into our computers.*(t.) = to type in or copy in [COMPUTERS] [कंप्यूटर में दर्ज़] करना

feed² noun, u. or c. *We have to buy some feed for the cattle.*(u.) = food for animals चारा

feed•back /'fi:dbæk/ /'फ़ीडबैक/ noun, u. *Although the books have been in use in schools for many years, we have received no feedback on their quality.* = information received about the result of some action taken, which is passed back to the persons responsible, so that necessary changes or corrections can be made प्रत्युत्तर प्राप्ति, किसी कार्य के परिणाम की सूचना की प्राप्ति जो उसके अधिकारी को उसमें ज़रूरी फेरबदल के लिए वापस भेजी जाती है

feel¹ /fi:l/ /'फ़ील/ verb, t. or i. (**felt**) 1 *I feel great happiness when I reach home after a day's work.* (t.) = to experience महसूस करना 2 *I feel some pain in my back.*(t.) = to suffer (तकलीफ़) झेलना 3 *My new shirt feels like cotton, but it may be a blend.*(i.) = to produce a certain effect when touched etc. छूने पर एक खास संवेदना उत्पन्न करना 4 *In the dark, he felt his way along the corridor.*(t.) = to get to know of something by touching टटोलते हुए ढूँढ़ना 5 *I feel Saturdays should be holidays.*(t.) = to have an opinion मत (विचार) होना 6 *Do you feel like having a drink?* (t.) = to have a wish for की चाह करना

feel² noun, u. 1 *This blanket has a rough feel.* = the sensation caused by touching something कुछ छूने पर होनेवाली संवेदना 2 *I am getting the feel of this new scooter.* = knowledge of something gained by using it or experiencing it तज़र्बे से हासिल इल्म या ज्ञान **feeler** noun, c. 1 = a sense organ in certain animals used while searching for food or sensing danger [BIOLOGY] कुछ पशुओं की वह इंद्रिय जो उन्हें भोजन ढूँढ़ने या खतरे को भाँपने में सहायक होती है [जीव विज्ञान] 2 *They sent out feelers that they would need help ahead of the meeting.* = a hesitant message sent out in advance in order to know what people think, usually before a proper request is made (informal) कोई अनुरोध या अभ्यर्थना करने के पहले लोगों के विचारों का अंदाज़ लेने के लिए एक संकोचशील संवाद भेजना (अनौपचारिक) **feeling** noun, u. or c. 1 *He has no feeling in the leg.*(u.) = the ability or power to feel pain etc. महसूस करने की शक्ति या क्षमता 2 *He had a sudden feeling of hunger.*(c.) =

emotion or sensation अनुभूति, संवेग **3** *I have a feeling that the plan will work.*(c.) = knowledge that something will or is likely to happen संभावित घटना की जानकारी होना **feelings** noun (usually plural) *He gave us the bad news with no consideration for our feelings.* = capacity to feel hurt or unhappy संवेदनशीलता

feign /feɪn/ /फ़ेइन/ verb, t. *He feigned shyness to avoid meeting us.* = to pretend to have a quality or conditionकिसी विशेषता या स्थिति का झूठा अभिनय करना

feint /feɪnt/ /फ़ेइण्ट/ noun, c. *The boxer made a feint with his left hand and then hit his opponent with his right.* = to make a false attack or blow to draw the opponent's attention away from the real danger असली खतरनाक वार से दुश्मन का ध्यान हटाने के लिए झूठे वार का झाँसा देना

fe•li•ci•tate /fɪ'lɪsɪteɪt/ /फ़ि'लिसिटेइट/ verb, t. *There will be a meeting to felicitate him on winning the Green Peace award.* = to express happiness at something good that has happened to someone बधाई देना **felicitations** /felɪsɪ'teɪʃənz/ /फ़ेलिसि'टेइशन्स/ noun, c. = good wishes बधाइयाँ, शुभकामनाएँ

fe•li•ci•ty /fɪ'lɪsɪti/ /फ़ि'लिसिटि/ noun, u. **1** = happiness or luck (literary) सौभाग्य (साहित्यिक) **2** *He writes with great felicity.* = the ability to use the right words (formal) सटीक या उपयुक्त शब्द-प्रयोग की क्षमता (औपचारिक)

fe•line¹ /'fi:laɪn/ /फ़ीलाइन/ noun, c. *Lions and tigers are felines.*(c.) = members of the cat family बिडाल (बिल्ली)-नस्ल के जानवर

feline² adj. *feline grace* = like a cat बिल्ली के ढंग की

fell verb **1** = the past tense of **fall** **2** (t.) = to cut down a tree (पेड़) काट गिराना

fel•low¹ /'feləʊ/ /फ़ेलउ/ noun, c. **1** *He is a jolly good fellow.* = person (informal) (मस्त) जीव (अनौपचारिक) **2** *She is a Fellow of the Royal Society.* = a member of a learned society [TECHNICAL] किसी विद्वन्मंडली का सदस्य [तकनीकी]

fellow² adj. *One must have sympathy for one's fellow students.* = (those who are) like oneself जो अपनी तरह के हों, सह- **fellowship** noun, c. or u. **1** *a spirit of fellowship*(c.) = the quality of sharing the joys and sorrows of others बंधुत्व-भाव **2** *He has received Fellowship of the Royal Society.*(u.) = the honour of being a member of a learned society किसी विद्वन्मंडली का सदस्य होने का सम्मान **3** = a scholarship at a university, with some teaching duties विश्वविद्यालय में एक विद्वत्वृत्ति जिसमें प्राध्यापन-कार्य भी सम्मिलित होता है

fe•lo•ny /'feləni/ /फ़ेलनी/ noun, c. (**felonies**) (American) *Murder is a felony.* = a serious crime [LAW] (अमेरिकी अंग्रेज़ी का शब्द) एक संगीन जुर्म [कानून]

felt noun, u. = a kind of thick cloth made from wool, used for making hats or covering the tops of tables हैट बनाने, या मेज़ पर मढ़ने के लिए ऊन का बना एक मोटा कपड़ा

felt-tip pen noun. = a pen with a felt tip (made of thick fur or wool), having a firm end rather than a nib निब के बदले रोएँ या ऊन की बनी सख़्त नोक वाली कलम

fe•male¹ /'fi:meɪl/ /फ़ीमेइल/ noun, c. **1** *a mature female* = a woman or animal which is able to produce eggs or babies मादा **2** = a way of referring to a woman which is casual and disrespectful (derogatory) Ⓖ किसी स्त्री को संबोधित करने का ढंग (अनादरपूर्ण) लिंग

female² adj. *a female artist* = being a woman or a girl नारी, स्त्री, महिला

fem•i•nine /'femɪnɪn/ /फ़ेमिनिन/ adj. **1** *He used a feminine voice on the phone to make us think it was his sister.* = like that of a woman or as expected of a woman (sometimes derogatory) औरताना (यदा कदा अनादरपूर्ण) **2** *'Lioness' is the feminine form of 'lion'.* = a form of a word that shows whether we are referring to a man or a woman (or a male or a female) [GRAMMAR] स्त्रीलिंग [व्याकरण]

fem•i•nis•m /'femɪnɪzəm/ /फ़ेमिनिज़्म/ noun = the belief that women should have the same rights, opportunities, ways of being judged etc. as men, and that this process should be given attention ऐसा सिद्धांत कि स्त्री को पुरुष के समान ही अधिकार, अवसर, न्यायसंहिता प्राप्त हो और इस प्रक्रिया को ध्यातव्य समझा जाए **feminist** noun, c. = a person who works actively for women's rights नारी की समकक्षता या उसके अधिकारों का सक्रिय समर्थक

fence /fens/ /फ़ेन्स/ noun, c.**1** = a light wall, usually made of wire stretched between poles, used to divide two pieces of land तारों से बना घेरा, बाड़ा जो ज़मीन के दो भाग दर्शाता है **2** = a person who receives and sells stolen goods (slang) चोरबाज़ारी/ काला धंधा करनेवाला/तस्कर (अपभाषा)

to sit on the fence = to avoid taking sides in a quarrel or dispute तटस्थ रहना, निर्लिप्त रहना

fend /fend/ /फ़ेण्ड/ verb, i. or t.

to fend for oneself *You are now old enough to fend for yourself.* = to look after oneself अपनी देखभाल खुद करना

to fend off someone or something *As I was not feeling well, my parents fended off all callers and visitors.* = to keep someone or something away (informal) दूर (ही दूर) रखना (अनौपचारिक)

fen•der /'fendəʳ/ /'फ़ेण्डʳ/ noun, c. **1** = something used to prevent damage in case of an accident caused

F

by striking against something e.g. the bumpers on a motorcar किसी चीज़ से टक्कर लगने की दुर्घटना से होनेवाले नुकसान से बचानेवाली कोई चीज़, जैसे मोटरगाड़ी में बंपर **2** (American) = the mudguards of a car (अमेरिकी अंग्रेज़ी का शब्द) मोटरगाड़ी का मडगार्ड

fen•u•greek /ˈfenjuːgrɪk/ /फ़ेन्यूग्रिक/ noun = a kind of seed used for flavouring food ('methi' in some Indian languages) भोजन (छौंककर) स्वादिष्ट बनाने के लिए एक तरह का बीज, मेथीदाना

fer•ment[1] /ˈfɜːment/ /ˈफ़ऽमेण्ट/ verb, t. or i. **1** *Whisky is made by fermenting barley.*(t.) = to allow alcohol to be produced from sugar as a result of action by bacteria खमीर उठाना, कीटाणुओं की अपनी प्रक्रिया के फलस्वरूप बने चीनी से अल्कॉहल निकालना **2** *To make idlis, you should allow the batter to ferment overnight.*(i.) = to cause a substance to rise as a result of bubbles of carbon-dioxide gas forming due to the action of bacteria कीटाणुओं की प्रक्रिया से बनी कार्बन-डाईऑक्साइड गैस से निकले बुलबुलों के फलस्वरूप कोई पदार्थ निःसृत होने देना

ferment[2] noun, u. *ferment in the country* = a state of political and social excitement as a result of change परिवर्तन के परिणामस्वरूप राजनीतिक तथा सामाजिक उथलपुथल या उत्तेजना **fermentation** /fɜːmenˈteɪʃən/ /फ़ऽमेण्टेइशन/ noun

fern /fɜːn/ /फ़ऽन/ noun = a kind of flowerless green plant with feather-like leaves बिना फूल का एक हरा पौधा जिसकी पत्तियाँ पंख की तरह होती हैं

fe•ro•cious /fəˈrəʊʃəs/ /फ़ंरउशस/ adj. *a ferocious dog* = violent and likely to attack खूँखार एवं आक्रामक

fer•ret[1] /ˈferɪt/ /ˈफ़ेरिट/ noun, c. = a small cat-like animal which hunts rabbits by entering the holes in which they live, and driving them out एक छोटा-सा बिल्लीनुमा जानवर जो खरगोशों की माँद में घुसकर उन्हें बाहर निकालता और उनका शिकार करता है

ferret[2] verb, i. *We have been looking into old trunks and cupboards to ferret out photographs of our childhood.* = to find something by searching carefully (informal) खूब ध्यान से खोजकर निकालना (अनौपचारिक)

fer•rous /ˈferəs/ /ˈफ़ेरस/ adj. *ferrous metals* = containing iron (opposite **non-ferrous**) [CHEMISTRY] लौह-धातु युक्त (विलोम शब्द **non-ferrous**) [रसायनशास्त्र]

ferry[1] /ˈferi/ /ˈफेरि/ noun, c. (**ferries**) *When the new bridge is built across the river, no one will use the ferry.* = a boat or ship in which people regularly cross a river or stretch of sea नाव या जहाज़ जिससे लोग नदी या समुद्र का कोई हिस्सा पार करते हैं

ferry[2] verb, t. (**ferried**) *The boat ferried us across the river.* = to carry across a river in a boat नाव से नदी पार करना

fer•tile /ˈfɜːtaɪl/ /ˈफ़ऽटाइल/ adj. **1** *fertile land* = land on which crops and fruit can be grown easily and in large quantities उपजाऊ **2** = able to produce young one (referring to plants, animals or human beings) (opposite **infertile** or **sterile** or **barren**) (विलोम शब्द **infertile** या **sterile** या **barren**) **3** *She has a fertile imagination.* = very active in imagining things; full of ideas (humorous)

fer•ti•lize (fertilise) /ˈfɜːtɪlaɪz/ /फ़ऽटिलाइज़/ verb, t. **1** = to bring about the union of male seeds with the female eggs in a plant or animal, through which young are produced [TECHNICAL] नर-बीज और मादा अंडे का योग कराकर किसी पौधे या जानवर से उसका बच्चा पैदा करना [तकनीकी] **2** *The land has to be fertilized.* = to put natural/artificial substances on the land to make plants grow better पौधों की और अच्छी उपज के लिए खाद देना **fertilizer (fertiliser)** /fɜːtɪˈlaɪzəʳ/ /फ़ऽटिंलाइज़ʳ/ noun, u. or c. = a substance that makes land more fertile खाद

fer•vent /ˈfɜːvənt/ /ˈफ़ऽवण्ट/ adj. *He has a fervent desire to start a school.* = strong (referring to a wish or belief) उत्साहपूर्ण (आकांक्षा या आस्था) **fervour** noun, u. *She spoke with great fervour.* = strength of feeling जोश, उछाह

fes•ter /ˈfestəʳ/ /ˈफ़ेस्टʳ/ verb, i. **1** *The wound in his leg has been festering for a long time.* = to become infected and diseased (referring to a wound or cut) (घाव, शरीर पर कटने का घाव) मवाद देना, उसमें छूत लग जाना या और कोई खराबी आ जाना **2** *A feeling of dissatisfaction has been festering in our minds.* = to become bitter and angry (referring to a feeling) because it is not dealt with well भावना में कड़वाहट आ जाना (क्योंकि उसकी संतुष्टि नहीं हो सकी)

fes•ti•val /ˈfestɪvəl/ /ˈफ़ेस्टिव्‌ल/ noun, c. **1** = an event (usually religious) which is often marked by great public celebration त्यौहार **2** *a dance festival* = a public performance (show) of dances, films etc. held at some place किसी स्थान पर आयोजित प्रदर्शन-समारोह

fes•toon[1] /feˈstuːn/ /फ़ेंस्टून/ noun, c. = a chain made of coloured paper, cloth etc. which is hung from a high place, usually to celebrate something बंदनवार

festoon[2] verb, t. = to decorate with festoons बंदनवार से सजाना

fetch /fetʃ/ /फ़ेच/ verb, t. **1** *Could you please go to the post office and fetch me some stamps?* = to go to another place and bring back something from it दूसरी जगह जाकर वहाँ से कुछ लाना **2** *This car should fetch at least Rs 30,000.* = to be worth a certain price एक

कीमत का होना, में आना

fete /feɪt/ /फ़ेइट/ noun, c. = an outdoor gathering for enjoyment, where money is raised for charitable purposes through the sale of articles, games etc. खुले मैदान में एक आनंदोत्सव जिसमें लोक-कल्याण या योगदान के लिए खेल की सामग्री या और चीजों की बिक्री की जाती है

fet•id /'fi:tɪd/ /फ़ीटिड/ adj. *a fetid smell* = having a very unpleasant smell सड़ाँध

fet•ish /'fetɪʃ/ /'फ़ेटिश/ noun, c. *He makes such a fetish of cleanliness that he cleans his room three times a day.* = something to which one gives too much importance and attention कोई वस्तु जिसे कोई आवश्यकता से अधिक महत्त्व देता है या उसका ध्यान रखता है

fet•ter[1] /'fetəʳ/ /'फ़ेटʳ/ noun, c. (generally plural **fetters**) *shake off one's fetters* = something that binds or ties down and prevents one from becoming free बंधन जो मुक्तिबाधक होता है

fetter[2] verb, t. *We feel fettered by these rules.* = to restrict or limit (one's) freedom अपनी स्वतंत्रता सीमित करना

feud[1] /fju:d/ /फ़्यूड/ noun, c. *There is an old feud between the two families.* = a feeling of anger or a serious dispute often over a long time, between two families or groups, likely to lead to frequent fighting खानदानी दुश्मनी जो कभी-कभी मारपीट का रूप ले लेती है

feud[2] verb, i. *the two feuding families* = to take part in a feud पुश्तैनी दुश्मनी में हिस्सेदार होना

feu•dal /'fju:dl/ /'फ़्यूड्ल/ adj. *the feudal system* = belonging to a social system existing in former times, in which a rich and powerful landowner, who received large areas of land from the king, gave away some of it to people of lower rank, who offered him their services in return [HISTORY] पुराने ज़माने की एक सामाजिक (सामंती प्रथा) जिसमें कोई दौलतमंद दबदबे वाला ज़मींदार राजा से मिले हुए बड़े भूमिक्षेत्र को नीचे तबके के उन लोगों में बाँट देता था जो बदले में उसकी कोई खिदमत करते थे [इतिहास]

fe•ver /'fi:vəʳ/ /'फ़ीवʳ/ noun, c. or u. *I have a fever.*(c.) // *Stomach infections are often accompanied by fever.*(u.) = a condition of the body caused by some illness when the temperature of the body rises above the normal level बुखार, किसी अंदरूनी बीमारी से पैदा शरीर का सामान्य से अधिक तापक्रम **feverish** adj. **1** *to feel feverish* = feeling unwell, as if one has or is about to have a fever बुखार-सा **2** *at a feverish pace* = very fast and with great excitement उत्तेजित, गर्मजोशी के साथ

few[1] /fju:/ /'फ़्यू/ noun. *Most people are busy with their jobs. Few have time to relax.* = not many बहुत कम ही, नहीं के बराबर

few[2] pron. *He asked me for some eggs but I had very few left.* = not many एकदम थोड़े-से, इने-गिने

few[3] det. **1** *She has few friends.* = not many कुछ ही (एक ही उँगली पर गिनने लायक) **2** *She has a few friends.* = at least a small number कम-से-कम कुछ तो

> **Usage** The sentence: *There were a few people in the room.* and the sentence: *There were few people in the room.* have different meanings.
> **a few** means 'a small number' while, **few** (without **a**) means 'not many'. In the sentence: *Few would believe that...*, **few** means 'hardly anyone'.
> वाक्य: *There were a few people in the room* और वाक्य: *There were few people in the room* के अर्थ अलग-अलग हैं। **a few** का अर्थ है 'a small number' जबकि **few** (without **a**) का अर्थ है 'not many'. वाक्य: *Few would believe that...* में **few** का अर्थ है 'hardly anyone'.

fez /fez/ /फ़ेज़/ noun, c. = a round fur hat with a flat top रोएँवाला एक गोल चिपटा हैट

fi•an•ce /fi'ɒnseɪ/ /फ़ि'ऑन्सेई/ noun, c. (French) = a man to whom a woman is engaged to be married (फ्रेंच भाषा का शब्द) बन्ना **fiancee** noun, c. (same pronunciation) = a woman to whom a man is engaged to be married परिणेया, बन्नी

fi•as•co /fi'æskəʊ/ /फ़ि'ऐस्कउ/ noun, c. (**fiascos**) *We expected a lot from this meeting but it proved to be a fiasco.* = a total failure व्यर्थता, नाकामयाबी

fib[1] /fɪb/ /फ़िब/ noun, c. = a lie (false statement) which is not very important ख्वाहमख्वाह का झूठ

fib[2] verb, i. *Are you fibbing?* = to tell a fib ऐसा झूठा कुछ कहना

fi•bre (fiber) /'faɪbəʳ/ /'फ़ाइबʳ/ noun, u. or c. **1** *a muscle fibre*(c.) = a thread-like part of the body of a plant or animal रेशा, तंतु **2** *Cotton is a natural fibre.*(c.) = a substance containing fine threads, used for making cloth, rope etc. ऐसा पदार्थ जिससे कपड़े, रस्सी वगैरह के लिए धागे निकल सकते हैं **3** (u.) = a thread-like substance in certain kinds of food which helps the body to get rid of waste matter easily **fibreglass** noun, u. = light but strong material made from glass fibres, used for making tennis racquets, boats etc. टेनिस रैकेट, नाव बनाने के लिए शीशे के रेशों से बनी हल्की लेकिन मज़बूत सामग्री **fibre optics** noun **1** = the use of very thin wires, made of fibre glass, to carry telephone signals with the help of light waves [TECHNICAL] शीशे के रेशों से बने महीन तार जो प्रकाश तरंगों के माध्यम से टेलिफोन संकेत का वहन कराते हैं [तकनीकी] **2** *a fibre-optic cable*(adj.) = using fibre optics ऐसे तारों का उपयोग

fick•le /'fɪkəl/ /'फ़िक्ल/ adj. **1** *a fickle friend* = not dependable; likely to change one's mind suddenly, especially in love or friendship (derogatory) चंचलचित्त (अनादरपूर्ण) 2 *The weather is fickle.* = (of weather) changing all the time; not steady अस्थिर

fic•tion /'fɪkʃən/ /'फ़िक्शन्/ noun, u. 1 = a novel or short story that is about imaginary events and characters and not something that really happened एक कल्पना-प्रसूत उपन्यास या गल्प 2 *a piece of fiction* = something that is false and should not be believed (compare **fact**) मिथ्या-कथा (देखें **fact**)

fi•ddle[1] /'fɪdl/ /'फ़िड्ल/ noun, c. 1 = a musical instrument with strings that is played like a violin वायलिन-सा बजता तारों का यंत्र 2 *an accounts fiddle* = dishonest or illegal work done in money-related matters (informal, derogatory) रुपये-पैसे की हेराफेरी (अनौपचारिक, अनादरपूर्ण)

fiddle[2] verb, i. 1 = to play on the violin (old-fashioned) वायलिन बजाना (पुराने प्रचलन का) 2 *Stop fiddling with the thermometer. You'll drop it.* = to play with something by holding it in the hands हाथ में लेकर खिलवाड़ करना 3 *This report has been fiddled with.* = to change the facts in a document in a dishonest way (disapproving) किसी दस्तावेज़ के तथ्यों में गोलमाल करना (अस्वीकृत)

to play second fiddle to someone = to play a relatively unimportant part in some activity helping a more important person (informal) किसी महत्त्वपूर्ण व्यक्ति की सहायता की प्रक्रिया में अपेक्षाकृत कम महत्त्वपूर्ण भूमिका अदा करना (औपचारिक) **fit as a fiddle** = perfectly healthy (informal) चुस्त-दुरुस्त (अनौपचरिक)

fi•del•i•ty /fɪ'delɪti/ /फ़ि'डेलिटि/ noun, u. 1 *Heads of organizations must be sure about the fidelity of those who work for them.* = the quality of being loyal and faithful to someone स्वामिभक्ति, निष्ठा 2 *The fidelity of this recording is exceptional.* = the faithfulness of a copy to the original object or event (commonly used about music. See **hi-fi**) मूल की यथावत् प्रस्तुति (प्राय: संगीत के संदर्भ में प्रयुक्त, देखें **hi-fi**)

fi•dget /'fɪdʒɪt/ /'फ़िजिट/ verb, i. *Please stop fidgeting. It makes me think you are not listening.* = to move one's body in a restless manner so as not to sit or stand still बेचैनी में स्थिर नहीं रह पाना

field[1] /fi:ld/ /फ़ील्ड/ noun, c. 1 *a rice field* = an area of land used for growing crops खेत 2 *a football field* = an open area used for games etc. (खेल) मैदान 3 *He is an expert in the field of European languages.* = a branch of knowledge ज्ञान का क्षेत्र 4 *magnetic field* = an area affected by or included in something [PHYSICS] कोई क्षेत्र जो किसी चीज़ में सम्मिलित होता है या उससे प्रभावित होता है [भौतिकी]

field[2] verb, t. 1 *Ganguly fields the ball and throws it back to the bowler.* = to catch or stop a ball in the game of cricket [क्रिकेट] गेंद को पकड़ लेना या रोक देना 2 *India will field the same team in the next match.* = to use for a contest मैच खेलने के लिए उतरना **field work** noun, u. = scientific or social study done outside a laboratory or classroom to collect **data** on a subject किसी विषय के ब्यौरे एकत्र करने के लिए प्रयोगशाला या क्लासरूम से बाहर किया गया वैज्ञानिक या सामाजिक अध्ययन

fiend /fi:nd/ /फ़ीण्ड/ noun, c. 1 = a wicked person in a legend शैतान 2 *a fiend for work* = a person who is very keen about something (informal) धुनी (अनौपचारिक)

fiendish adj. *He laughed with fiendish delight.* = showing great excitement and keenness in a cruel and unpleasant way पैशाचिक

fierce /fɪəs/ /फ़िअस/ adj. 1 *a fierce dog* = angry and violent उग्र 2 *fierce competition* = very strong or great तीव्र

fi•er•y /'faɪəri/ /'फ़ाइअरी/ adj. *a fiery temper* = with a capacity to get angry very quickly सहज ही क्रुद्ध हो जाने वाला

fife /faɪf/ /फ़ाइफ़/ noun, c. = a musical instrument like a trumpet दुंदुभी की तरह का एक वाद्य

fif•teen /ˌfɪf'ti:n/ /फ़िफ़्टीन/ noun, c. = the number represented by 15 (5+10) संख्या जो 15 की तरह लिखी जाती है

fifth[1] /fɪfθ/ /फ़िफ़्थ/ noun, c. *a fifth of the property* = one part of something which has been divided into five equal parts पाँचवाँ (हिस्सा)

fifth[2] adj. *the fifth house in the row* = coming after the first four पाँचवाँ (क्रमानुसार, 1 से 4 तक के बाद)

fif•ty /'fɪfti/ /'फ़िफ़्टी/ noun, c. = the number represented by 50 (5x10) संख्या जो 50 की तरह अंकित होती है

fifty-fifty adj. *She has a fifty-fifty chance of being chosen for the play.* = an equal chance (of winning or losing, getting or not getting etc.) जीतने या पाने की संभावना जितनी निश्चित उतनी ही अनिश्चित भी

fig /fɪg/ /फ़िग/ noun, c. = a kind of fruit with many seeds which is often eaten dried अंजीर

fight[1] /faɪt/ /फ़ाइट/ noun, c. 1 *This is not a fight, it's a friendly argument.* = a dispute or argument that may lead to physical violence झगड़ा जो मारपीट का रूप ले सकता है 2 *We need your support in the fight against pollution.* = struggle, usually against something harmful or evil (प्राय: अहितकर के विरुद्ध) संघर्ष

fight[2] verb, t. or i. (**fought**) 1 *The soldiers have fought in many wars.*(t.) = to take part in a war युद्ध में भाग लेना 2 *They are always fighting.*(i.) = quarrelling (with or without the use of violence) झगड़ते रहना (अ) हिंसात्मक रूप से 3 *We must fight corruption.*(t.) = to oppose or resist का विरोध करना 4 *I had to fight my nervousness* *before I went on stage.* = to struggle to prevent an emotion from being felt, or seen by others प्रकट हो जा सकनेवाली भावना के दमन का संघर्ष करना **5** *fight the election* = compete with someone for votes, a job etc. किसी वोट के लिए चुनाव लड़ना

to be fighting fit = to be in very good health (informal) बिलकुल तंदुरुस्त (अनौपचारिक) **to have a fighting chance** = to have a fairly good chance of winning, suceeding etc. जीतने, कामयाब होने का अच्छा-खासा मौका **to fight shy of something** = to try to avoid doing something which is seen as difficult or uninteresting से जी चुराना

fight•er /faɪtəʳ/ /फ़ाइटʳ/ noun, c. **1** = a person who takes part in a fight or likes to fight लड़ाका **2** = a small and fast military aircraft that can destroy enemy aircraft during an aerial battle एक छोटा बहुत तेज़ मिलिटरी हवाई जहाज़ जो हवाई लड़ाई में दुश्मन के हवाई जहाज़ को मार गिराता है

fig•ment /ˈfɪgmənt/ /ˈफ़िग्मण्ट/ noun, c. *He was sure he had seen a creature from another planet but we told him it was only a figment of his imagination.* = something that one believes to be true but is not real दिमागी फितूर

fig•u•ra•tive /ˈfɪgjʊrətɪv/ /ˈफ़िग्यूरटिव/ adj. *When I say music is sweet, I am using a figurative expression. Actually, music has no taste.* = a word or expression that is not to be understood in its exact meaning but used to give an imaginative effect. (see **figure of speech**) आलंकारिक, जिसका शब्दिक अर्थ नहीं, कल्पनाप्रसूत प्रभाव अभीष्ट होता है (देखें **figure of speech**)

fig•ure[1] /ˈfɪgəʳ/ /ˈफ़िगʳ/ noun, c. **1** = the shape of the whole body पूरे शरीर का आकार **2** *I could see a blue figure in the distance.* = a person who is not clearly visible because she/he is far away, in poor light etc. आकृति **3** *You can find many beautiful carved figures on the walls of the temple at Mt Abu.* = a human being or animal shown in a painting, statue or carving मूर्त्ति के रूप में/खुदी हुई/रंग-चित्रित मनुष्य या पशु की आकृति **4** *Jawaharlal Nehru was an important political figure of his time.* = personality व्यक्तित्व, हस्ती **5** (usually plural) *Write the amount to be paid in figures as well as words.* = the numbers from 0 to 9 अंकों में **6** *In this figure, you can see how the building will look from the top.* = a diagram (drawing) used to explain something खाका

figure[2] verb, i. or t. **1** *Politics does not figure in his writing.*(i.) = to be a part of का उल्लेख होना **2** (American) *I figured she would be here.*(t.) = to guess (informal) (अमेरिकी अंग्रेज़ी का प्रयोग) अनुमान/अंदाज़ होना

figurehead /ˈfɪgəhed/ /ˈफ़िगहेड/ noun, c. *He is only a figurehead. He does not have any influence on the decisions taken.* = the head of a government or organisation who has an official position but no power प्रशासन या संगठन का शीर्षस्थ व्यक्ति जिसका प्रशासनिक पद तो होता है लेकिन कोई शासनिक अधिकार नहीं होता

figure of speech noun, c. *The expression 'blue-eyed boy' is only a figure of speech.* = words used for the sake of effect without depending on their exact meaning अलंकार, शाब्दिक अर्थ के संप्रेषण के बदले अभिव्यंजनात्मक प्रभाव के निमित्त प्रयुक्त शब्द /पद

fi•la•ment /ˈfɪləmənt/ /ˈफ़िलमण्ट/ noun, c. **1** *the filament inside an electric bulb* = a very thin thread or piece of wire that produces light when electricity is passed through it (see pic under **bulb**) बहुत ही बारीक तार का टुकड़ा जो विद्युत्-शक्ति से प्रकाश देता है (**bulb** के अंतर्गत चित्र देखें) **2** = a thin long part of the stamen that supports the anther in a flower [BOTANY] फूल के पराग की उत्पत्ति में सहायक डंठल का एक बारीक लंबा हिस्सा [वनस्पति विज्ञान]

filch /fɪltʃ/ /फ़िल्च/ verb, t. *Someone has filched my box of paints.* = to steal something of not very high value, secretly (informal) मार लेना, टपा लेना (अनौपचारिक)

file[1] /faɪl/ /फ़ाइल/ noun, c. **1** *a steel file* = a metal tool with a rough face, used for cutting away hard surfaces or making them smooth रेती **2** = a folder made of stiff material in which papers on a subject can be arranged or clipped together कड़े कूट का जिल्द जिसमें किसी खास विषय के कागज़ात सजाए और बँधे होते हैं **3** *a confidential file* = a collection of papers on a given subject kept together in a folder किसी विषय पर एकत्र कागज़ात जो कूटवाली जिल्द में साथ रखे जाते है **4** *single file* = a line or row of people, one behind the other एक के पीछे एक की कतार **5** = some information on a subject stored in a computer [COMPUTERS] कंप्यूटर में किसी विषय पर संगृहीत तथ्य [कंप्यूटर]

file[2] verb, t. **1** *I have to file this piece of wood before I can polish it.* = to make something smooth with the help of a file रेती से चिकना करना **2** *Let me file this report.* = to store in a file फाइल में रख देना

fi•li•al /ˈfɪliəl/ /ˈफ़िलियल/ adj. *The emperor built this monument in memory of his father, as a filial duty.* = relating to a son or daughter (literary) संतान से संबंधित (साहित्यिक)

fil•i•gree /ˈfɪlɪgriː/ /ˈफ़िलिग्री/ noun, u. = fine threads produced from silver or gold which are used to make ornaments चाँदी या सोने के बारीक रेशे जो गहने बनाने में प्रयुक्त होते हैं

filings /ˈfaɪlɪŋs/ /ˈफ़ाइलिङ्स/ noun, c. *iron filings* = very fine pieces of metal, like dust, which are left behind when a metal surface is rubbed with a file धूल की तरह के धातु के बारीक कण जो किसी धातु पर रेती चलाने से गिरते हैं

fill /fɪl/ /फ़िल/ verb, t or i. **1** *Fill this bottle with water.*(t.) = to put into a container or space as much as it will hold; to make full कोई बरतन या जगह जितना भर सके भरना **2** *We have to fill this vacant post.*(t.) = to place someone in a position that is empty खाली पद पर बहाल करना **3** *His eyes filled when I told him the sad story.*(i.) = to become full with tears आँखें भर आना

to fill up *Let us fill the tank up with petrol.* = to make completely full पूरी तरह भर डालना **to fill in** *You will have to fill in this application form.* = to complete or make entries in खानों को भरना **to fill out** 1 *Have you filled out the form?* = to complete (same as **fill in**) भरना, पूरा करना 2 *He has really filled out.* = to become fat (informal) मोटा हो जाना (अनौपचारिक) **to eat one's fill** *We have eaten our fill and can't have any more!* = as much as one requires or can take भर पेट खाना **to have one's fill of something** *I've had my fill of film songs.* = to have so much of something that one does not want any more of it इतना पा लेना कि अब उसकी ज़रूरत नहीं

fil•let[1] /ˈfɪlɪt/ /ˈफ़िलिट/ noun, c. *a fish fillet* = a piece of fish or meat from which the bones have been removed बिना हड्डी का गोश्त या मछली

fillet[2] verb, t. *I will have to fillet this fish.* = to remove the bones from हड्डी निकालना

fil•ly /ˈfɪli/ /ˈफ़िली/ noun, c. (**fillies**) = a young female horse (compare **colt**) घोड़ी (देखें **colt**)

film[1] /fɪlm/ /फ़िल्म/ noun, u. or c. **1** *The water in the lake is covered with a film of oil.*(u.) = a thin layer of some material which forms a kind of skin, covering a surface परत **2** *I have loaded a roll of film in my camera as I want to take some photographs.*(u.) = a thin sheet of plastic material covered with chemicals which are sensitive to light and can be used to take photographs (photographic film) रासायनिक लेप का प्लास्टिक का फीता जो प्रकाश के प्रति संवेदनशील होता है और जिसपर तस्वीर आँकी जाती है **3** *Have you seen the new film directed by Shyam Benegal?*(c.) = movie; a story or play recorded on film and meant to be shown in a cinema or on television 'चित्रपट' जो सिनेमा या टेलिविज़न में दिखलाया है

film[2] verb, t. *Ramanand Sagar and Sanjay Khan have filmed many epics for television.* = to produce a film for cinema or television फिल्माना **filmstar** = a well-known actor or actress in films सिने-अभिनेता या -अभिनेत्री **filmy** adj. *a filmy silk sari* = thin and translucent बहुत पतली, झिलझिली

fil•ter[1] /ˈfɪltəʳ/ /ˈफ़िल्टʳ/ noun, c. **1** *a water-filter* = a device (machine) which removes impurities from liquids or gases which are passed through it मशीन जिसमें तरल पदार्थों या गैसों से अशुद्ध या गंदे तत्त्व निकल जाते हैं **2** *colour filter* = lightly coloured glass used in photography to change the quality of light passing through it, so that special effects are achieved फोटोग्राफ़ी में प्रयुक्त एक हल्का रंगीन शीशा जो प्रभाव-वैचित्र्य के लिए अपने अंदर से गुज़रते प्रकाश की अपनी सीरत बदल देता है

filter[2] verb, t. *We will have to filter this water.* = to clean or make pure by passing through a filter छानना

filth /fɪlθ/ /फ़िल्थ/ noun, u. = dirty matter (derogatory) गंदगी, गलीज़ (अनादरपूर्ण)

fin /fɪn/ /फ़िन/ noun, c. **1** = a wing-like part on the back and sides of a fish which it uses to swim मछली की पीठ और बगल में पंख-जैसा एक अंग जिससे वह तैरती है **2** = a flat, thin part that sticks out at the edge of an aircraft/vehicle, helping it to move faster हवाई जहाज़ या किसी यान के छोर पर बाहर की ओर निकला एक सपाट पतला हिस्सा जो उसकी तेज़ गति के निमित्त होता है

fi•nal[1] /ˈfaɪnəl/ /ˈफ़ाइनल/ noun, c. *We are playing the final tomorrow.* = the last and most important match in a tournament खेल प्रतियोगिता का सबसे महत्त्वपूर्ण समापन मैच

final[2] adj. *the final examination* = last; coming at the end अंतिम **finalist** noun c. = one of the people or teams in the finals अंतिम मैच के खिलाड़ी या उसकी टीम **finalize (finalise)** verb, t. *I have finalized the arrangements for my holiday.* = to complete and make certain पूरा और निश्चित कर देना **finally** adv. = lastly अंततः

fi•nance[1] /ˈfaɪnæns/ /ˈफ़ाइनैन्स/ noun, u. or c. **1** *I need some finance to start a new business.*(u.) = money used for running a business व्यापार-विशेष के लिए अपेक्षित धन **2** *the Ministry of Finance* = the department that controls the money earned and spent by the government सरकार द्वारा अर्जित तथा खर्च की जाने वाली धनराशि का नियंत्रक विभाग या मंत्रिमंडल, वित्त मंत्रालय **3** (always plural) *the finances of the company* = the amount of money a company, government etc. is able to spend वह द्रव्य-राशि जो कंपनी या सरकार खर्च करने में सक्षम है

finance[2] verb, t. *The bank has agreed to finance my business.* = to provide money for a business etc. किसी व्यापार के लिए राशि मुहय्या करना

find[1] /faɪnd/ /फ़ाइण्ड/ noun, c. *He is India's new batting find.* = something good that has been discovered (found) (informal) खोज (अनौपचारिक)

find[2] verb, t. (**found**) **1** *Geologists have found oil under the Arabian Sea.* = to discover, especially by searching खोज के बाद निकालना **2** *Did you find the gold ring which had been lost?* = to recover (get back) something which was lost मिल जाना, पा जाना **3** *I have* *always found him very helpful.* = to come to know something through experience अनुभव से पहचानना

all found *He gets Rs 5,000 a month all found.* = including everything that one is supposed to get (referring to the money one is paid for work done) जो मिलना चाहिए वह कुल का कुल (मेहनताना के प्रसंग में)

fine[1] /faɪn/ /फ़ाइन/ noun, c. *You have to pay a fine of Rs 500.* = an amount of money paid as punishment जुर्माना

fine[2] verb, t. *You will be fined for breaking the law.* = to be made to pay a fine जुर्माना देने को बाध्य होना

fine[3] adj. **1** *This is a fine poem.* = of good quality श्रेष्ठकोटिक **2** *We need some fine needles.* = very thin बहुत ही महीन, बारीक **3** *a fine difference between two things* = very hard to tell apart सूक्ष्म **4** *We are having fine weather.* = bright and sunny खुशनुमा

fine[4] adv. *I will have to look at the book again to understand the fine points.* = difficult to notice or understand अंतर्निहित, दुर्बोध **fine arts** = music, painting, poetry etc. संगीत, चित्र-कला, काव्य इत्यादि **finery** noun, u.= beautiful clothes and ornaments सुंदर परिधान तथा आभूषण **fine tune** verb *The picture on the television screen is not clear. You will have to fine tune it.* = to make small adjustments that improve something किसी चीज़ को बेहतर बनाने के लिए उसमें कुछ समायोजन करना

A fine thing to do! = an expression showing displeasure over some activity किसी काम पर नाराज़गी जाहिर करने की एक वाक्‌शैली ('यह तो खूब किया!') **to cut (something) very fine** = *Our train was to leave at 5.00, and we reached the station at 4.58. That was really cutting it fine.* = to allow very little time before some event (informal) किसी घटना के पहले बहुत थोड़ा वक्त रखना (अनौपचारिक)

fin•ger /ˈfɪŋgəʳ/ /ˈफ़िङ्गर/ noun, c. **1** = one of the five movable parts at the end of each hand उँगली **2** *a finger of land* = something that has the shape of a finger उँगली-जैसी लगती कोई चीज़ **fingerprint** noun, c. = the mark left by one's fingers, which can be used to find out who has committed a crime उँगलियों की छाप जिससे मुजरिम की पहचान हो पाती है **fingertip** noun, c. = the part at the end of one's fingers उँगली का छोर

to have a finger in every pie = to have a part in everything that is going on जो-जो घटित हो रहा है उसमें अपनी भूमिका होना **to keep one's fingers crossed** = to hope for the best अच्छे फल की ही आशा किए रहना **to have something at one's fingertips** *She has the facts at her fingertips.* = to have complete knowledge of something किसी विषय का हस्तामलकवत् होना **to put one's finger on something** *You've put your finger on it!* = to place or identify something exactly (informal) ठीक नस पकड़ना (अनौपचारिक) **to have green fingers** = to have a talent for making plants grow पौधों को उगाने की काबिलियत होना **to not lift a finger** *There was so much work to do, but she did not lift a finger to help us.* = to not help even a little (disapproving) कुछ भी मदद नहीं करना (अस्वीकृत) **to not lay a finger on someone** = to not harm or punish someone, especially by beating or hitting them किसी पर हाथ नहीं उठाना **to burn one's fingers** = to experience failure or to suffer as a result of trying out a new idea, a new business venture etc. and consequently not want to try again नया धंधा हाथ में लेने पर नाकामयाबी या नुकसान झेलना और फिर उससे पीछे हट जाना **to let something slip through one's fingers** = to waste an opportunity by not doing anything about it निठल्लेपन से मौका खो देना **to give someone the finger** = to insult someone by showing them the back of your fist with the middle finger pointing upwards (informal) (USE) किसी का अपमान जताने के लिए बंद मुट्ठी से अपनी मध्यमा उंगली का ऊपरी भाग दिखाना (निषिद्ध)

fin•i•cky /ˈfɪnɪki/ /ˈफ़िनिकी/ adj. *You should not be so finicky about your food.* = caring too much about unimportant matters (**fastidious**) (disapproving) बहुत मामूली बातों के लिए भी मीनमेख करना (अस्वीकृत)

fin•ish[1] /ˈfɪnɪʃ/ /ˈफ़िनिश/ noun, u. **1** *The race had a close finish.* = end अंत **2** *The marble statue is crude. It lacks finish.* = the quality that one finds in something that has been done with great skill परिसज्जा, पॉलिश

finish[2] verb, t. **1** *I have finished my homework.* = to complete or end समाप्त कर देना **2** *The tailor has to finish the coat this evening.* = to do the last things needed to make something perfect or complete आख़िरी 'टच' देना **3** *The food is finished.* = to be used up खप जाना **4** *Please let me borrow your pen after you have finished with it.* = to have no further use for something जब किसी चीज़ का काम या इस्तेमाल खत्म हो जाए

to be finished = to be very tired physically or emotionally (informal) शारीरिक-मानसिक रूप से श्रांत, अंजर पंजर ढीले होना (अनौपचारिक) **to finish with (something or someone)** *They are always quarrelling with me. I have finished with them.* = to not wish to continue a relationship (informal) कुछ लेना-देना नहीं रखने की नीयत होना (अनौपचारिक)

fi•nite /ˈfaɪnaɪt/ /ˈफ़ाइनाइट/ adj. *We can't go on spending money on this project. Our resources are finite.* = having a definite limit or size (opposite **infinite**) सीमित (विलोम शब्द **infinite**)

fir /fɜːʳ/ /फ़ऽर/ noun = a kind of tall, straight tree that grows in cold countries ठंडे देशों में उगनेवाला एक प्रकार का लंबा सीधा-तना पेड़

fire[1] /faɪəʳ/ /फ़ाइअर/ noun, u. or c. **1** *The house is on* fire.(u.) = in flames में आग लग जाना **2** *Let us light a fire.*(c.) = burning wood or coal used to warm people or a house अपने को या घर को गरम रखने के लिए कोयला या लकड़ी जलाना **3** *Our soldiers came under fire.* = shooting of bullets गोलाबारी

fire² verb, t. **1** = to shoot bullets from a gun गोली चलाना **2** *The potter fired the clay pots that she had made.* = to bake pots by putting them in a heated oven तपे या जलते चूल्हे में मिट्टी के बरतन पकाना **3** *His brave words fired the crowd.* = to fill someone with strong feelings of anger or courage उत्तेजित करना, भड़काना **4** *My colleague has been fired.* = to dismiss from service (informal) बरखास्त करना (अनौपचारिक) **fire brigade** noun, c. = a group of people whose job it is to put out harmful or dangerous fires वैसे लोगों का दल जो खतरनाक आगलगी या अग्निकांड को बुझाते हैं **fire-engine** = a vehicle carrying equipment for putting out large fires दमकल गाड़ी **fireplace** noun, c. = a part of a room in a house where a fire can be lit to keep the room warm कमरे का वह हिस्सा जहाँ कमरे को गरम रखने के लिए आग जलाई जाती है

fireplace

to catch fire = to start to burn from contact with a flame, etc. आग पकड़ लेना **to play with fire** = to do something dangerous आग से खेलना, जोखिम का काम करना **to come under fire** = to be blamed for something दोषी हो सकना

firearm noun, c. = a gun that can be carried जो (बंदूक) पिस्तौल साथ ली जा सकती हो **firefly** noun, c. =an insect that gives out light from its body जुगनू **fireproof** adj. = something that cannot be burnt or badly damaged by heat अज्वलनशील **fireworks** noun (always plural) = objects that are filled with special chemicals and give out bright coloured lights or produce a loud sound when the wick is lit (used on festivals and special occasions) आतिशबाज़ी

firm¹ adj. **1** *This house has been built on a firm foundation of rock.* = strong and solid मज़बूत और ठोस **2** *He kept a firm grip on his father's arm.* = strong and sure दृढ़ **3** *My decision is firm.* = strong and not changing अटल

firm² /fɜːm/ /'फ़ऽम/ noun, c. *Our firm makes medicines.* = a business company व्यापार के लिए बनी कंपनी

fir•ma•ment /'fɜːməmənt/ /'फ़ऽममण्ट/ noun, u. = sky (literary) गगन (साहित्यिक)

first¹ /fɜːst/ /'फ़ऽस्ट/ noun. *He got a first in the examination.* = a first class (informal) प्रथम श्रेणी, अव्वल दर्ज़ा (अनौपचारिक)

first² pron. *She was the first to sing.* = before all the others सर्वप्रथम

first³ adv. *Sit down first, and then we can talk.* = before other things happen (के) पहले, कुछ घटित होने के पूर्व

first⁴ det. **1** *She was the first speaker.* = before anyone else प्रथम **2** *This is my first visit to Delhi.* = something that never happened earlier पहले-पहल का **3** *The first years in a new job are the most difficult.* = at the beginning शुरुआत का **4** *This is the first thing to remember when you are starting your work.* = most important अहम **first aid** = treatment given to a person injured in an accident or suddenly taken ill, before professional medical help is available समुचित चिकित्सा शुरू हो इसके पहले किसी घायल या अचानक बीमार व्यक्ति का किया जानेवाला इलाज **first-class** *a first-class meal* = of the highest quality उम्दा किस्म का **first class** = the most expensive method of travel सबसे खर्चीला सफर **first floor 1** = the rooms in a building just above the ground level (in British English and more commonly used in India) (ब्रिटिश अंग्रेजी और सामान्यत: भारत में प्रयुक्त) सबसे निचले तल्ले से ऊपर की मंज़िल **2** = the rooms at the ground level (American English, now becoming popular in India) निचले तल्ले के कमरे (अमेरिकी, अब भारतीय प्रयोग भी) **firsthand** *a firsthand report* = information given by someone directly involved in an incident आँखों देखा, चश्मदीद **first name** *Mr Sinha's first name is Ramesh.* = the part of the name which comes first, before the surname नाम का वह हिस्सा जो पहले आता है **first-rate** *This is a first-rate book.* = of the highest quality (informal) श्रेष्ठकोटिक (अनौपचारिक)

to be on first name terms with someone = to be very friendly with someone, so that you can address him/her by the first name ऐसी नज़दीकी दोस्ती कि एक-दूसरे को उसके पहले नाम से ही संबोधित कर सकें **to put someone or something first** *In all matters, he puts his family first.* = to consider most important अहम मुद्दा मानना

fis•cal /'fɪskəl/ /'फ़िस्क्ल/ adj. *the government's fiscal policy* = having to do with public money, specially the taxes collected by the government वित्तीय

fish¹ /fɪʃ/ /'फ़िश/ noun, u. or c. (**fish** or **fishes**) **1** *He caught several fish/we saw three little fishes.*(c.) = an animal that lives in water मछली **2** *Would you like some more fish?*(u.) = the flesh of a fish, used as food मछली का मांस (भोज्य पदार्थ के रूप में)

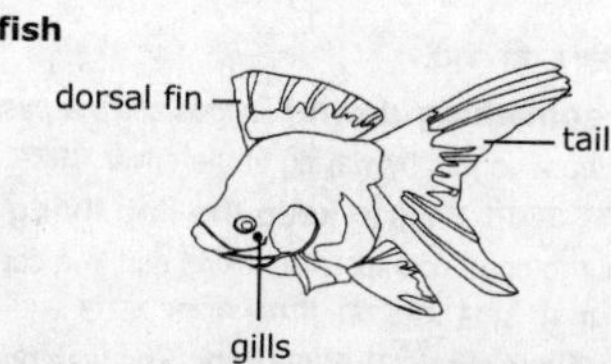

fish² verb, i. **1** *They were fishing in the river.* = to catch or try to catch fish मछली मारना **2** *He was fishing around inside the cupboard.* = to search for something (informal) टटोलते हुए खोजना (अनौपचारिक) **fisherman** noun = a person who catches fish for a living or as a hobby मछुआरा, मछली मारने वाला **fishy** adj. **1** *a fishy smell* = like that of a fish मछली की जैसी (गंध) **2** *There is something fishy about this story.* = something that causes doubt or suspicion; dishonest (informal) दाल में कुछ काला (अनौपचारिक)

a cold fish = a person who is not friendly and does not show her/his feelings (derogatory) नाख़रूस (अनादरपूर्ण) **to feel like a fish out of water** = to feel uncomfortable because one is in unfamiliar or unfriendly surroundings किसी जगह अजनबीपन की बेचैनी महसूस करना **to fish for compliments** = to try to make someone say something good about you **to fish in troubled waters** = to try to gain something from the troubles of other people दूसरों के झगड़ों से अपने फायदे की कोशिश करना **to fish out something** = to bring something out of its place after a search खोजकर ढूँढ़ निकालना

fis•sion /ˈfɪʃən/ /ˈफ़िश्न्/ noun, u. *The first atom bomb made use of the fission of uranium atoms.* = the process of dividing or breaking up the central part (nucleus) of an atom into smaller parts (opposite **fusion**) [PHYSICS] अणु के केंद्र का और लघु अंशों में विघटन (विलोम शब्द **fusion**) [भौतिकी]

fis•sure /ˈfɪʃəʳ/ /ˈफ़िशʳ/ noun, c. = a long deep crack in the earth धरती में एक गहरी लंबी दरार

fist¹ /fɪst/ /फ़िस्ट/ noun, c. *He clenched his fist.* = the shape of the hand with the fingers tightly clenched (closed) मुट्ठी

fist² verb, t. *The goalkeeper fisted the ball away.* = to hit with one's fist मुक्के से ठोकर देना **tight-fisted** adj. = a person who does not like to spend money; a miser कृपण, कंजूस

fit¹ /fɪt/ /फ़िट/ noun, u. **1** *This shirt has a nice fit.* = the way in which something fits a person's body शरीर पर ठीक बैठना (चुस्त पोशाक) **2** *She feels she is about to have a fit.* = a condition which causes a sudden violent, uncontrollable shaking of the body एक स्थिति जिसमें शरीर अचानक ज़ोर से तड़फड़ाने लगता है **3** *He screamed in a fit of anger.* = a violent feeling which does not last for a long time आवेग **4** *He had a fit when I told him what had happened.* = an outburst of anger भड़क उठने, उखड़ पड़ने की स्थिति

fit² verb, t. or i. **1** *These trousers don't fit (me). They are too tight.*(t.) = to be of the right size सही साइज़ का **2** *Your experience fits you for this job.*(t.) = to be suitable for a purpose किसी काम के योग्य **3** *They are fitting new locks to the doors.*(t.) = to put into place किसी जगह लगा देना **4** *That piece fits here.*(i.) = to be in the correct position सही जगह में होना

fit³ adj. **1** *This book is not fit to be published.* = suitable for a given purpose के योग्य या काबिल **2** *He is very fit, although he is 70.* = healthy and strong हृष्टपुष्ट

by fits and starts *I study by fits and starts* = not regularly (informal) जब-तब, कभी-कभार (अनौपचारिक) **to fit in** = to be accepted and be part of a social group समाज के किसी समुदाय में खप जाना **to fit the bill** = to be exactly what is required जो चाहिए ठीक वही होना

fit•ful /ˈfɪtfʊl/ /ˈफ़िटफ़ुल/ adj. *Her attendance in school has been fitful.* = not regular अनियमित

fit•ness noun, u. = the state of being physically fit (healthy) तंदुरुस्ती

fit•ter /ˈfɪtəʳ/ /ˈफ़िटʳ/ noun, c. = a mechanic मेकैनिक, दुरुस्त करने वाला

fit•ting¹ /ˈfɪtɪŋ/ /ˈफ़िटिङ/ adj. *It is fitting that we should invite the novelist to this function.* = right and proper (formal) औचित्य-सम्मत, वाजिब (औपचारिक)

fitting² noun (usually plural) = something that is fitted into a house/building after it has been built e.g. electrical fittings मकान बन जाने के बाद जो-जो चीज़ें उसमें अंदर-अंदर लगाई जाती हैं

five /faɪv/ /फ़ाइव/ noun = the number represented by 5 संख्या जो 5 की तरह अंकित होती है **fiver** noun, c. = a 5-rupee note or coin पाँच रुपये का नोट या सिक्का **five-star** *a five-star hotel* = of the highest quality न. फीस, सबसे उत्तम श्रेणी का **high fives** = the action of raising one's hand high, with the fingers open, to strike the open palm of a partner or teammate, to express joy at something good that happens in a match or game खेल में कुछ मनोनुकूल घटने पर साथी खिलाड़ी के खुले पंजे पर अपने उठे हाथ का खुला पंजा ठोकने की क्रिया

fix¹ /fɪks/ /ˈफ़िक्स/ noun, c. *We are in a fix. Can you help us?* = a difficult situation (informal) मुश्किल में, मुसीबत में (अनौपचारिक)

fix² verb, t. **1** *The goalposts were fixed in place at the two ends of the football field.* = to put something firmly in place so that it cannot be moved or shaken किसी जगह किसी चीज़ को ऐसे ठोक देना कि हिले-डुले नहीं **2** *His salary was fixed at Rs 1000 a month.* = decided finally आखिरकार तय करना **3** *I will*

F

have to fix the scooter, it is giving me some trouble. = to repair (informal) मरम्मत करना, ठीक-ठाक करना (अनौपचारिक) **4** *The match has been fixed for next Monday.* = to arrange आयोजित करना **5** *The match has been fixed.* = to make a dishonest arrangement by which the result of a match is decided before the match (informal) कुछ ऐसा तिकड़म करना कि मैच का नतीजा पहले ही तय हो जाए (अनौपचारिक) **6** *Is he giving you trouble? I'll fix him.* = to deal harshly with someone, as a kind of punishment को दुरुस्त करना, को मज़ा चखाना

fix•a•tion /fɪk'seɪʃən/ /फ़िक्सेशइन/ noun, c. *a fixation about cleanliness* = a very strong, sometimes unhealthy, feeling about something [TECHNICAL] किसी चीज़ में असामान्य या अस्वाभाविक रुचि [तकनीकी]

fixed adj. *He works on a fixed salary.* = not changing स्थायी

fix•ture /'fɪkstʃə^r/ /'फ़िक्सचर/ noun, c. **1** *The house will be rented out with all fittings and fixtures.* = something that is fitted into a building and is a necessary part of it इमारत में जो भी अंदरूनी ढंग से बना-बनाया ज़रूरी हिस्सा है **2** = a sporting event arranged for a particular day एक-दिवसीय खेल

fizz /fɪz/ /फ़िज/ noun, u. *All the fizz has gone from that bottle of lemonade.* = the bubbles of gas in a liquid किसी तरल पदार्थ के गैस के बुलबुले

fiz•zle out /'fɪzəl aʊt/ /'फ़िज़ल आउट/ verb, i. *The celebrations fizzled out completely.* = to come to a poor or weak end (informal) टाँय-टाँय फिस हो जाना (अनौपचारिक)

flab•ber•gast /'flæbəgɑːst/ /'फ़्लैबगाऽस्ट/ verb, t. (usually passive) *I was flabbergasted when I heard that your brother had left his job.* = to cause great surprise or shock (informal) अचकचा देना, सदमा देना, धक्का लगना (अनौपचारिक)

flab•by /'flæbi/ /'फ़्लैबी/ adj. = having too much of fat instead of muscle गुलथुल

flac•cid /'flæsɪd/ /'फ़्लैसिड/ adj. *The plants are not growing properly. Their stems have become flaccid.* = soft and weak; not firm [TECHNICAL] नरम और कमज़ोर, लुंजपुज [तकनीकी]

flag¹ /flæg/ /फ़्लैग/ noun, c. *the national flag* = a piece of cloth, usually rectangular in shape, with some pattern on it, fixed to a pole (the flagpole) ध्वज, झंडा

flag² verb, i. or t. (**flagged**) **1** *We are flagging as we have been working continuously for eight hours.*(i.) = to become tired and weak पंजर ढीला होना **2** *I have flagged this document so that you can find it easily when you are going through the file.* = to put a flag (a small piece of paper) on something so that it can be picked out easily from others कागज़ के छोटे-छोटे टुकड़े चिपका या लगा देना ताकि दूसरे कागज़ात से उनकी अलग पहचान हो सके

to flag something down *I flagged down a passing taxi.* = to stop a vehicle by waving at the driver ड्राइवर को हाथ हिलाकर सवारी रोकना **to keep the flag flying** = to bring honour to one's country while taking part in a contest etc. प्रतिस्पर्धा में अपने देश को गौरव-मंडित करना

fla•grant /'fleɪgrənt/ /'फ्लेइग्रण्ट/ adj. *She was driving at 100 km an hour on a road where the speed limit is 40 km per hour. The police arrested her for this flagrant violation of the traffic rules.* = open and without shame or responsibility (formal) उद्दंड (औपचारिक)

flair /fleə^r/ /'फ्लेअर/ noun, u. *He has a flair for writing.* = a natural ability प्राकृतिक क्षमता

flak /flæk/ /फ़्लैक/ noun, u. **1** *The enemy planes faced heavy flak as they flew in to attack the city.* = firing from guns that shoot from the ground at flying aircraft उड़ते हवाई जहाज़ों पर ज़मीन से की जाती तोपों की मार **2** *Our school had to face a lot of flak for changing the dates of the exams.* = criticism or opposition (informal) विरोध, नुक्ताचीनी (अनौपचारिक)

flake /fleɪk/ /फ़्लेइक/ noun, c. *corn flakes* = a light, flat piece of some material, shaped like a leaf पत्ती-जैसी एक हल्की सपाट टुकड़ी

flam•boy•ant /flæm'bɔɪənt/ /फ़्लैम्बॉइअण्ट/ adj. **1** *He dresses in bright and flamboyant clothes.* = showy; attracting a lot of attention भड़कीला, लोगों का ध्यान आकर्षित करने वाला **2** = used to describe a person's personality, sometimes disapprovingly, when he/she is very loud and confident (व्यक्तित्व) अक्खड़, अकड़बाज़, धृष्ट, उद्धत

flame¹ /fleɪm/ /फ़्लेइम/ noun, c. or u. *the flame of the candle*(u.) = the burning gas rising from a fire, candle or lamp (see pic under **candle**) लौ (**candle** के अंतर्गत चित्र देखें)

flame² /fleɪm/ /फ़्लेइम/ verb, i. *The candle is flaming brightly.* = to burn and give out light जलती, रोशनी देती हुई **flammable** /'flæməbəl/ /फ्लैमबल/ adj. (American) = something which can be set on fire (compare **inflammable**) [TECHNICAL] (अमेरिकी अंग्रेज़ी का शब्द) ज्वलनशील (देखें **inflammable**) [तकनीकी]

fla•min•go /flə'mɪŋgəʊ/ /फ़्लमिङ्उ/ noun, c. (**flamingoes** or **flamingos**) = a tall waterbird with pink feathers and long thin legs एक ऊँचे कद का जलपक्षी जिसके पंख गुलाबी और टाँगें लंबी पतली होती हैं

flange /flændʒ/ /फ़्लैन्ज/ noun, c. = the raised edge of the flat wheel of a railway carriage, made in such a way that it will not run off the steel track on which it moves [TECHNICAL] रेल के डिब्बे के पहिये के किनारे वाला निकला हिस्सा जिससे लाइन से वह उतर न सके [तकनीकी]

flank¹ /flæŋk/ /फ़्लैंक/ noun, c. **1** = the side of an animal's body जानवर के शरीर के बगल का सपाट

हिस्सा 2 *The enemy attacked the left flank of our army.* = one side of a moving army or a team (in games such as football)

flank² verb, t. *The buildings flank the road.* = to lie along one flank (side) of something की बगल में होना

flan•nel /ˈflænəl/ /फ़्लैन्ल/ noun, u. = soft woollen cloth with a slighty furry (hairy) surface कुछ रोएँदार सतह का मुलायम ऊनी कपड़ा

flap¹ /flæp/ /फ़्लैप/ noun, c. *the flap of an envelope* = a wide, flat part of something that is fixed on one side and hangs down and covers an opening (किसी चीज़ का) एक चौड़ा सपाट हिस्सा जो एक ओर जुड़ा लटका रहता है और खुला मुँह बंद करने के लिए होता है

flap² verb, t. or i. *The bird is flapping its wings.*(t.) = (of wings) to move up and down in the air, making a sound (पंख) ऊपर-नीचे होते हुए फड़फड़ाना

flare¹ /fleəʳ/ /फ़्लेअʳ/ noun, c. 1 *the flare of a candle* = sudden brightening of light रोशनी की अचानक तेज़ चमक 2 *The sailors on the ship fired flares into the sky.* = a very bright light used by sailors or soldiers as a signal एक बहुत चमकवाली रोशनी जो नाविक या सैनिक सिगनल (संकेत) के लिए इस्तेमाल करते हैं

flare² verb, i. *lanterns flaring brightly* = to burn brightly तेज़ चमक के साथ जलती हुई

to flare up *Trouble has flared up in the city.* = to start suddenly भड़क (उठ)ना

flash¹ /flæʃ/ /फ़्लैश/ noun, c. (**flashes**) 1 *There was a flash of lightning.* = a sudden quick bright light कौंध 2 *a news flash* = a short news report received by radio, telephone etc. 3 *a photo flash* = a bright light used for taking photographs in the dark अँधेरे में फोटो खींचने के लिए एक तेज़ रोशनी

flash² verb, i. or t. 1 *The lightning flashed suddenly.*(i.) = to shine for a short time थोड़ी ही देर के लिए चकमका उठना 2 *Something flashed past my window.*(i.) = to move quickly झट से गुज़र जाना 3 *We have flashed the news to New Delhi.*(t.) = to send a message by radio, telephone etc. रेडियो, टेलिफोन से संवाद भेजना **flasher** noun 1= a light signal that goes off and on regularly रोशनी या बत्ती का सिगनल जो बारी-बारी से जलता-बुझता है 2 = a man with a sick mind who is in the habit of showing his private parts very quickly to others (slang) एक दिमागी बीमारी का आदमी जिसे अपने गुप्तांगों को दूसरे को दिखलाते रहने की आदत होती है (अपभाषा) **flashback** noun, c. = a part of a cinema that goes back in time to show something that happened earlier [TECHNICAL] चलचित्र-कथा जो पूर्वघटित की प्रस्तुति के लिए कालक्रम में पीछे जाती है [तकनीकी] **flashlight** noun, c. = an electric torch बिजली का टार्च **flashy** adj. *flashy clothes, flashy sports car* = very bright and colourful, attracting attention रंगीन और चमकीला

in a flash = very quickly झट से, देखते ही देखते **a flash in the pan** = success that comes by a lucky chance सौभाग्य से मिली सफलता

flask /flɑːsk/ /फ़्लास्क/ noun, c. 1 = a container or bottle used for carrying liquids such as tea etc. (A **vaccum flask** keeps liquids hot or cold) चाय आदि तरल पदार्थ ले चलने के लिए एक बोतल या बरतन 2 = a bottle used for mixing chemicals in a laboratory [CHEMISTRY] रासायनिक सम्मिश्रण के प्रयोजन के लिए प्रयोगशाला की एक बोतल [रसायनशास्त्र]

flat¹ /flæt/ /फ़्लैट/ adj. 1 *a flat surface* = smooth and level चिकना और समतल 2 *a flat tyre* = without any air inside बिना हवा का, पिचका 3 *The story of the film is flat.* = dull and uninteresting एकदम सपाट, ऊबाऊ 4 *The batteries are flat.* = without any electrical charge बिजली की मात्रा से रहित 5 *The drink is flat.* = not fresh; without bubbles बासी, बिना झाग का 6 *We asked her if she would like to come on a trip with us and her answer was a flat no!* = very strong and not allowing any argument or discussion (informal) खड़ा, सीधा (जिसमें बहस या तर्क की गुंजाइश न दीखे) (अनौपचारिक)

flat² noun, c. *a three-roomed flat* = an apartment (set of rooms) कुछ कमरों का एक तल्ला **flat rate** = an amount that includes everything

flat•ter /ˈflætəʳ/ /फ़्लैटʳ/ verb, t. 1 *Don't try to flatter me.* = to praise someone insincerely in order to please him/her खुशामद करना 2 *I was very flattered that they liked my design the best.* = to feel happy because one has been praised or honoured प्रशंसित या सम्मानित होने पर आह्लादित होना 3 *This dress flatters you.* = to bring out the best in someone खूबी उजागर करना

flat•u•lence /ˈflætjʊləns/ /फ़्लैट्युलन्स/ noun, u. = gas in the stomach [MEDICINE] पेट में गैस (वात) [चिकित्सा]

flaunt /flɔːnt/ /फ़्लॉण्ट/ verb, t. *flaunt one's wealth* = to show publicly something that you think others will admire (derogatory) दूसरों की प्रशंसा पाने के लिए सरे-आम कुछ दिखलाते रहना (अनादरपूर्ण)

fla•vour¹ /ˈfleɪvəʳ/ /फ़्लेइवʳ/ noun, c. 1 *ice cream with a chocolate flavour* = taste ज़ायका 2 *The film will give you a flavour of Hyderabad.* = an idea of the quality or character of a thing किसी चीज़ की खासियत का एहसास

flavour² verb, t. *You can flavour your cakes with chocolate.* = to give flavour (taste) to something ज़ायका देना **flavouring** noun, u. = something that is added to food to give it a special taste छौंक, बघार, ज़ायका **flavour of the month** = a humorous way of refering to an item of fashion which does not last long

F

ज़माने की हवा, जो फैशन टिकाऊ नहीं लगता उसका ज़िक्र करने का एक मज़ाकिया ढंग

flaw[1] /flɔ:/ /फ़्लॉऽ/ noun, c. *The painting is beautiful but unfortunately there is a slight flaw in it.* = a small defect त्रुटि, ऐब

flaw[2] verb, t. *The beauty of the finely carved table is flawed by the scratch on it.* = to spoil the perfect quality of something किसी वस्तु की परिपूर्णता, अनिंद्यता में दाग लगा देना **flawless** adj. = without any defect; perfect दोषरहित, संपूर्ण

flea /flɪ:/ /फ़्ली/ noun, c. = a small insect without wings that sucks blood from animals and can spread disease among human beings पिस्सू

fleck /flek/ /फ़्लेक/ noun, c. **1** *a blue dress with white flecks* = a small mark दाना, बिंदु **2** *a fleck of dust* = a small particle of something कण, ज़र्रा

fledg•ling /'fledʒlɪŋ/ /'फ़्लेजलिङ/ noun, c. **1** = a very young bird that is just beginning to fly एक बहुत छोटा पक्षी जो अभी-अभी उड़ने लगा है **2** *a fledgling poet* = a person who is just beginning a career उदीयमान

flee /fli:/ /फ़्ली/ verb, i. or t. (**fled**) = to escape some danger by running away खतरे से भागकर बचना

fleece[1] /fli:s/ /फ़्लीस/ noun, u. = the wool growing on a sheep (literary) भेंड़ की देह पर उगा हुआ ऊन (साहित्यिक)

fleece[2] verb, i. *Don't buy things in these shops. They fleece customers.* = to be cheated or asked to pay too much for something (informal) लूट लेना (अनौपचारिक)

fleet[1] /fli:t/ /फ़्लीट/ noun, c. **1** = a number of fighting ships which sail together, under a single commander कई लड़ाकू जहाज़ों का बेड़ा, जो एक कंमाडर के मातहद चलता है **2** *a fleet of cars* = a large number of

fleet[2] adj. *a fleet runner* = very fast (also **fleet-footed**) बहुत तेज़ **fleeting** adj. **1** *I have grown old with the fleeting years.* = passing quickly (literary) जल्दी-जल्दी गुज़रना (साहित्यिक) **2** *I caught only a fleeting glimpse of the film star.* = a brief look at someone who passes by quickly उड़ती झलक

flesh /fleʃ/ /फ़्लेश/ noun, u. the soft substance, including muscles and fat, that covers the bones and lies under the skin; meat चमड़े के अंदर और हड्डियों को ढँके वह गूदा (जिसमें पेशियाँ और चर्बी भी शामिल होते हैं), मांस **fleshy** adj. **1** *the fleshy part of the leg* = having many soft thick layers गूदों की कई परतों वाला **2** = fat (humorous) गुलथुल (हास्यपरक)

flesh and blood **1** *The pain is more than flesh and blood can bear* = human nature मानव-प्रकृति **2** *They are my own flesh and blood* = relatives सगे-संबंधी, रिश्तेदार **in the flesh** *Have you seen Hema Malini, the actress, in the flesh.* = in reality (formal) वास्तविक स्वरूप में **to make one's flesh creep** = to frighten रोएँ खड़े करना, कँपकँपाना (औपचारिक) **to flesh something out** = to make something (usually a piece of writing) longer by adding more details कुछ और ब्यौरों से भरा-पूरा करना **flesh wound** = a wound that is not very deep सतही (घाव)

flex[1] /fleks/ /फ़्लेक्स/ verb, t. *I got up and flexed my limbs.* = to bend and move मोड़ना और हिलाना-डुलाना

flex[2] noun, c. *a length of flex* = electric wire बिजली का तार

flexible adj. **1** *Metal wires are flexible, but wood is not.* = something that can be bent easily without breaking लचीला **2** *Our timings are flexible.* = something that can be changed easily to suit different conditions (opposite **inflexible**) जिसमें मौके के मुताबिक फेर-बदल की गुंजाइश हो (विलोम शब्द **inflexible**)

flick[1] /flɪk/ /फ़्लिक/ noun, c. *I brushed away the dirt with a flick of my fingers.* = a short, light movement अचानक हल्की-सी चोट की एक भंगिमा

flick[2] verb, t. *The horse flicked the flies away with its tail.* = to strike lightly with a quick small movement झट से हल्की चोट के लिए हिलाना

flicks noun, u. (always plural) *I am going to the flicks.* = a cinema show (slang) सिनेमा का शो (अपभाषा)

flick•er[1] /'flɪkəʳ/ /'फ़्लिकर्/ verb, i. *The candle flame flickered in the wind.* = to burn or shine unsteadily फड़फड़ाते हुए कभी तेज़/कभी मद्धिम जलना या चमकना

flicker[2] noun, c. **1** *the flicker of a candle* = the weak, shaking light given out by a candle before it goes out बुझने के पहले मोमबत्ती की कमज़ोर काँपती लौ की मद्धिम रोशनी **2** *I had a last flicker of hope.* = a feeling of hope, doubt etc. that stays for a short time (figurative) किरण, क्षीण आभास (लाक्षणिक)

flight /flaɪt/ /फ़्लाइट/ noun, u. or c. **1** *I want to photograph an eagle in flight.*(u.)= the act of flying उड़ान **2** *a flight of people from the city, trying to escape the heat wave*(c.) = the act of running away or escaping पलायन **3** *I am taking the next flight to Delhi.*(c.) = a journey in an aircraft उड़ान (हवाई यात्रा की) **4** *a flight of ducks*(c.) = a number of birds flying together in a group साथ उड़ती चिड़ियों की पाँत या कतार **5** *a flight of stairs*(c.) = a set of stairs सीढ़ियों का सिलसिला **flightless** adj. *The ostrich is a flightless bird.* = having no wings and therefore unable to fly [TECHNICAL] बिना पंखों का जो उड़ नहीं सकता [तकनीकी]

flim•sy /'flɪmzi/ /'फ़्लिम्ज़ी/ adj. **1** *flimsy material* = light and thin; not strong तुनुक, नाजुक **2** *He gave us a flimsy excuse for not being able to attend the function.* = something that is hard to believe; not convincing न जँचने वाला, लचर

flinch /flɪntʃ/ /फ़्लिन्च/ verb, i. *The child flinched when his father raised a hand.* = to show fear or pain through one's expressions or movements सहमकर

सिमट-दुबक जाना

fling /flɪŋ/ /फ़्लिङ/ verb, t. (**flung**) **1** *She flung the ball so hard that it hit the window and broke it.* = to throw with great force कसके फेंकना **2** *He flung himself on the bed.* = to throw carelessly and with great force ज़ोर से जैसे-तैसे गिर जाने देना

flint /flɪnt/ /फ़्लिण्ट/ noun, u. or c. = a kind of hard stone which produces sparks when rubbed against a piece of steel or another stone and was used in former times to light fires एक बहुत सख्त पत्थर जो लोहे के टुकड़े या दूसरे पत्थर से रगड़ खाने पर चिनगारियाँ (आग जलाने के लिए पुराने ज़माने में इस्तेमाल किया जाता था) पैदा करता है

flip /फ़्लिप/ verb, t. (**flipped**) **1** *The umpire flipped the coin in the air.* = to throw or toss something up into the air, so that it turns over again and again ऊपर उछालना ताकि उलटता-पुलटता गिरे **2** *She flipped the pages of the book.* = to turn over पलटना

flip•pant /ˈflɪpənt/ /ˈफ़्लिपण्ट/ adj. *You can't call this school a jail. We don't like such flippant remarks.* = trying to be light-hearted and funny when one is expected to be serious (derogatory) शोख़ (अनादरपूर्ण)

flip•per /ˈflɪpəʳ/ /ˈफ़्लिपर/ noun, c. *the flippers of a whale* = the limb of a large sea-animal, such as a whale, used for swimming through the water विशाल समुद्री जानवर (ह्वेल-मछली) का एक अंग-विशेष जो तैरने में काम आता है

flirt /flɜːt/ /फ़्लऽट/ verb, i. *I was not flirting with you, I was just being friendly.* = to act in a way that lets the other person know you find them sexually attractive इश्कबाज़ी करना

flit /flɪt/ /फ़्लिट/ verb, i. *The butterfly flits from one flower to another.* = to fly or move lightly and quickly फुदकना

float¹ /fləʊt/ /फ़्लउट/ verb, i. or t. **1** *Cork floats on water.*(i.) = to stay at the top of a liquid without sinking below the surface तिरना **2** *The balloon floated through the air.*(i.) = to be carried by the wind without falling to the ground नीचे आए बिना हवा में तिरते रहना **3** *Children celebrate this festival by floating little boats on the water.* (नाव) बहाना **4** *The ship sank in the sea last year but now they are trying to float it again.*(t.) = to cause something to float पानी पर फिर चालू करना **5** *She has floated a new company.*(t.) = to start a new business नया व्यापार चालू करना

float² noun, c. *Fishermen use floats to keep their nets in place when they are fishing.* = a light object that floats on the water एक हल्की-सी चीज़ जो पानी पर उतराई रहती है **floating** adj. *Mumbai has a large floating population.* = not fixed but moving in and out of a city, village etc. अस्थिर

flock¹ /flɒk/ /फ़्लॉक/ noun, c. **1** *a flock of sheep* = a group of sheep, goats or birds झुंड **2** = a large crowd of people (informal) जत्था, भीड़ (अनौपचारिक)

flock² verb, i. *Thousands of birds flock around the lake in winter.* = to gather together इकट्ठा होना, एक जुट होना

Birds of a feather flock together. = People with similar natures, interests etc. like to seek one another's company. चोर-चोर मौसेरे भाई

floe /fləʊ/ /फ़्लउ/ noun, c. (**floes**) *an ice floe* = a large mass of ice floating in the sea (compare **iceberg**) समुद्र पर तिरता बर्फ का एक विशाल खंड (देखें **iceberg**)

flog /flɒg/ /फ़्लॉग/ verb, t. = to punish by beating a person or animal with a whip or stick चाबुक से मारने की/मारते हुए सज़ा देना **flogging** noun = punishment given by beating with a whip or stick चाबुक से मारने की सज़ा

to flog a dead horse = to waste one's time by trying to talk about something in which people are no longer interested गड़े मुर्दे उखाड़ना

flood¹ /flʌd/ /फ़्लॅड/ noun, u. or c. **1** *All the rivers are in flood.*(u.) = the presence of too much water in a river, causing it to flow over its banks बाढ़ से लबालब **2** *We have received a flood of letters.* (c.) = a large number or amount (informal) ढेरों-सारे (अनौपचारिक)

flood² verb, t. *The Gandak river floods hundreds of villages in Bihar every year after the rains.* = to cause a flood बाढ़ग्रस्त कर देना

floor¹ /flɔːʳ/ /फ़्लॉर/ noun, c. **1** *There is a lot of dust on the floor.* = the surface on which one stands, inside a building फर्श **2** *My room is on the second floor of this building.* = level; storey तल्ला, मंज़िल **3** *the floor of the ocean* = the bottom-most part तल

floor² verb, t. **1** *His reply was so astonishing that I didn't know what to say. I was completely floored!* = to be at a loss for word's because of surprise, admiration etc. (informal) अवाक् रह जाना (अनौपचारिक) **2** *The new building has to be floored.* = to provide with a floor के लिए फ़र्श तैयार करवाना

to go through the floor **1** = to fall very low (of prices, etc.) (दाम) बहुत गिर जाना **2** *When I started to speak, I couldn't remember what I wanted to say. I wanted to go through the floor!* = to feel deeply embarassed (लगता कहाँ समा जाऊँ) बहुत घबराहट/शर्मिंदगी में पड़ जाना **to have the floor** = to have an opportunity to speak भाषण कर सकने का मौका होना

flop¹ /flɒp/ /फ़्लॉप/ noun, c. *The meeting proved to be a big flop.* = something that does not succeed; a failure (informal) टाँय-टाँय फिस्स, बंटाढार (अनौपचारिक)

flop² verb, i. **1** *He was so tired that he just flopped into bed.* = to fall heavily; to collapse भारी ढंग से गिर पड़ना, थसक जाना **2** *The new film has flopped.* = to be unsuccessful (informal) 'बंडल' होना या निकलना (अनौपचारिक)

floppy /ˈflɒpi/ /फ़्लॉपी/ adj. *floppy clothes* = soft and loose ढीला-ढाला **floppy disk** noun, c. = a piece of soft plastic coated with a magnetic substance, on which information from a computer can be stored [COMPUTERS] (compare **hard disk**) मुलायम प्लास्टिक का एक टुकड़ा जिसपर चुंबकीय लेप रहता है और जिसपर कंप्यूटर से ब्यौरे दर्ज किए जा सकते हैं

flo•ra /ˈflɔːrə/ /ˈफ्लॉऽर/ noun, u. = plant life; the plants growing naturally in and around a place (compare **fauna**) [BIOLOGY] वनस्पति, स्थान-विशेष की वनस्पति (देखें **fauna**) [जीव विज्ञान]

flo•rid /ˈflɒrɪd/ /ˈफ़्लॉरिड/ adj. 1 *She writes in a florid style.* = highly decorative and trying to attract attention; flowery (derogatory) लुभाने या अपनी ओर ध्यान खींचनेवाली (अनादरपूर्ण) 2 *a florid complexion* = having a red face (often a sign of poor health) लाल चेहरे का (प्रायः दुर्बल स्वास्थ्य-सूचक)

florist /ˈflɒrɪst/ /ˈफ़्लॉरिस्ट/ noun, c. = a person who sells flowers फूलफ़रोश

flo•til•la /fləˈtɪlə/ /फ़्लˈटिल/ noun, c. = a group of small ships or boats छोटे जहाज़ों या नावों का समूह

flot•sam /ˈflɒtsəm/ /ˈफ़्लॉटसम्/ noun, u. = the waste material floating about in the sea or washed up on the beach समुद्रतल पर तिरता या उसके तट पर आकर जमा हुआ गलीज़

flounce¹ /flaʊns/ /फ़्लाउन्स/ noun, c. = a piece of cloth used to decorate a dress पोशाक की शोभा बढ़ाने वाला एक कपड़े का टुकड़ा

flounce² verb, i. *I tried to explain the problem but he wasn't willing to listen and flounced out of the house.* = to rush away angrily (informal) झनकते हुए बाहर हो जाना (अनौपचारिक)

floun•der /ˈflaʊndəʳ/ /ˈफ़्लाउण्डर्/ verb, i. 1 *He did not know how to swim and floundered in the water until someone helped him out.* = to move helplessly and with difficulty through water, mud, snow etc. पानी, कीचड़, बर्फ़ में लाचार तड़फड़ाना 2 *The speaker forgot what she had to say and started to flounder.* = to lose control while speaking or doing something requiring skill जिसमें कौशल की अपेक्षा हो उसे कहते या करते हुए भूल कर बैठना

flour /flaʊəʳ/ /फ़्लाउअर्/ noun, u. = grain (wheat, rice etc.) in powdered form, used for making bread etc. आटा

flourish¹ /ˈflʌrɪʃ/ /ˈफ़्लरिश/ noun, c. *sign with a flourish* = a showy movement or gesture that attracts attention; a decorative curl made while writing, एक दिखाऊ भंगिमा जो ध्यानाकर्षण के लिए होती है लेखन में एक सजावटी घुमाव

flour•ish² verb, i. or t. 1 *They are doing well. Their business is flourishing.*(i.) = to be successful or to grow in a healthy manner; to prosper बढ़ोत्तरी पर होना 2 *He flourished his M.A. degree certificate in our faces.*(t.) = to hold in the hand and wave about with energy to indicate control, power etc. प्रभुत्व या अपनी धौंस जमाने के लिए जोश के साथ किसी चीज़ को हिला-हिलाकर दर्शाना

flout /flaʊt/ /फ़्लाउट/ verb, t. *By not wearing uniform, you've flouted the rules of the school.* = to go against; to not accept आज्ञा का उल्लंघन करना

flow¹ /fləʊ/ /फ़्लउ/ noun, u. *the flow of blood from a wound* = the action or process of flowing बहाव, स्राव

flow² verb, i. *The river flows past this town.* = to move smoothly as in a stream शांत ढंग से बहना **flow chart** noun, c. = a kind of diagram (drawing) which explains the different steps that one has to go through to complete an action [TECHNICAL] (see pic under **chart**) किसी काम की संपन्नता के लिए जो विभिन्न कार्य करने होते हैं उन्हें समझानेवाला एक खाका [तकनीकी] (**chart** के अंतर्गत चित्र देखें)

flow•er¹ /ˈflaʊəʳ/ /ˈफ़्लाउअर्/ noun, c. = the part of a plant, often brightly coloured, that produces seeds or fruit फूल (जिससे बीज या फल भी निकलते हैं)

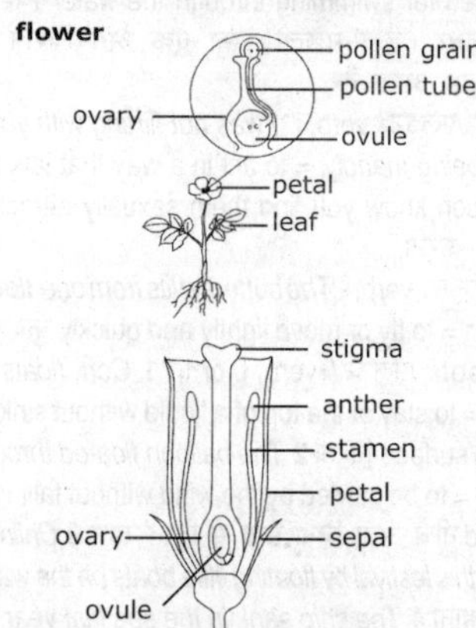

cross-section of a **flower**

flower² verb, i. 1 *The plants are beginning to flower.* = to produce flowers पुष्पित होना, फूल देना 2 *allow someone's talent to flower* = to develop (used for skill, personality etc.) (कौशल या व्यक्तित्व) विकसित होना **flowerbed** = an area in a garden where flowers are grown क्यारी **flowerpot** noun, c. = a pot filled with earth, in which a plant can be grown गमला

flow•er•y /ˈflaʊərɪ/ /ˈफ्लाउअरी/ adj. *a flowery style* =

a way of writing or speaking using rich and fanciful language (derogatory) बोलने या लिखने की शैली जो लच्छेदार होती है (अनादरपूर्ण)

flu /flu:/ /फ़्लू/ noun, u. = short form of **influenza** (a disease which causes cold and fever) (informal) सर्दी-बुख़ार वाली एक बीमारी (अनौपचारिक)

fluc•tu•ate /'flʌktʃueɪt/ /'फ़्लॅक्चुएइट/ verb, i. *The price of tea fluctuates. Last month it was Rs 200 a kilo but this month it has gone up to Rs 400.* = to rise or fall from time to time; to change (दाम/दर/भाव) घटना-बढ़ना, चढ़ना-उतरना

fluency /'flu:ənsɪ/ /'फ़्लूअन्सी/ noun, u. = the quality or skill of being fluent (see below) प्रवाहपूर्ण (नीचे देखें)

flu•ent /'flu:ənt/ /'फ़्लूअण्ट/ adj. **1** *He is fluent in English as well as Hindi.* = able to speak and write well and easily अच्छी तरह और आसानी से लिख-बोल लेना **2** *She has a fluent style of singing.* = effortless and easy निष्प्रयास, सहज

fluff /flʌf/ /फ़्लॅफ/ noun, u. = soft and light waste material from cotton or wool that is often found floating in the air as dust रूई या ऊन का हल्का बेकार टुकड़ा जो हवा में धूलकण की तरह तिरता रहता है

flu•id[1] /'flu:ɪd/ /'फ़्लूइड/ noun, c. or u. *Petroleum is a fluid.* = liquid (compare **solid**) तरल पदार्थ (देखें **solid**)

fluid[2] adj. **1** *When hot steel is poured out of a furnace it is fluid, but later it becomes solid.* = having the form and qualities of a liquid तरल गीले पदार्थ-सा **2** *Our plans for the future are still fluid.* = uncertain; not fixed अनिश्चित, ढुलमुल

fluke /flu:k/ /फ़्लूक/ noun, c. *I am not a good tennis player, but I managed to win in straight sets by a fluke.* = a lucky chance (informal) सुखद संयोग (अनौपचारिक)

flum•mox /'flʌməks/ /'फ़्लॅमक्स/ verb, t. *The interviewer asked me such a difficult question that I was flummoxed.* = to be unable to decide what to say or do; to be confused (informal) घचपच में पड़ जाना (अनौपचारिक)

flu•o•res•cent /flʊə'resənt/ /फ़्लुअ'रेसण्ट/ adj. *a fluorescent lamp* = having the quality of giving out a bright white light when an electric current passes through it [TECHNICAL] विद्युत्-प्रवाह संचारित करने पर तेज़ उजली रोशनी दे सकने वाला [तकनीकी]

flur•ry /'flʌri/ /'फ़्लॅरी/ noun, c. (**flurries**) *There was a flurry of excitement when the famous musician visited our school.* = a sudden wave of excitement or activity हलचल

flush[1] /flʌʃ/ /फ़्लॅश/ noun, c. (**flushes**) **1** *I am so sorry you can't use this toilet. The flush does not work.* = a device (machine) which drives out and cleans waste matter from a toilet by sending water through it with force एक मशीन जो स्नानागार से गंदगी को पानी के वेग से बाहर कर देने का काम करता है **2** *There was a flush on her face.* = flow of blood causing the face to turn red, usually because of embarrassment शर्मिंदगी या घबराहट से आई चेहरे की लालिमा

flush[2] verb, t. **1** *The drain is blocked. We will have to flush it out.* = to clean out something by sending water through it with force पानी के वेग से किसी चीज़ के अंदर की गंदगी साफ़ करना **2** *The man flushed when I asked him why he was late.* = to become red in the face due to a rush of blood, caused by anger, nervousness, pride etc. रंज, घबराहट या अभिमान से चेहरे में खून तमतमा जाने से दीखती लालिमा

flush[3] adj. **1** *The door is flush with the wall.* = exactly on the same level as something else **2** *The company is flush with money.* = having a lot of money which can be used (informal)

flus•ter /'flʌstə^r/ /'फ़्लॅस्टर/ verb, t. *People asked me so many questions at the meeting that I was flustered and unable to answer them.* = to make someone nervous and confused

flute /flu:t/ /फ़्लूट/ noun, c. = a musical instrument in the shape of a thin pipe (usually made of bamboo) with a number of holes, into which the musician blows air from the mouth (प्राय: बाँस का बना) एक वाद्य यंत्र जो एक पतली नली की तरह और कई सूराखों का होता है और जिसमें वादक मुँह से हवा फूँकता है, बाँसुरी

flut•ter[1] /'flʌtə^r/ /'फ़्लॅस्टर/ noun, u. or c. **1** *The actor's entry on the stage caused a flutter.*(u.) = a wave of excitement उत्तेजना की एक लहर **2** *a flutter in the signal*(c.) = a brief break or weakening in force थोड़ी देर की रुकावट या टिमटिमाहट या मद्धिम पड़ने - जैसे कमज़ोरी

flutter[2] verb, i. or t. **1** *The bird fluttered its wings.*(t.) = to move the wings up and down without flying बिना उड़े पंख फड़फड़ाना **2** *The flag is fluttering in the breeze.*(i.) = to shake and wave backwards and forwards, up and down (ऊपर-नीचे, आगे-पीछे) फड़फड़ाना, फहराना

flux /flʌks/ /फ़्लॅक्स/ noun, u. *The school is moving to a new building and everything is in a state of flux.* = quick movement as a result of change

fly[1] /flaɪ/ /फ़्लाइ/ (**flies**) noun, c. **1** = a kind of insect with wings मक्खी **2** = the front opening in a pair of trousers, shorts, etc which is fastened with a zip or buttons पतलून या जाँघिया का अगला खुला हिस्सा जो ज़िप या बटन से बंद होता है

fly[2] verb, i. or t. (**flew, flown**) **1** *The bird can fly.*(i.) = to move through the air by using its wings पंखों के सहारे उड़ जाना **2** *She likes to fly kites.*(t.) = to cause something to move through the air हवा में उड़ाना **3** *The door flew open.* = to move quickly and with force जल्दी, ज़ोर से खुल पड़ना **4** *They both flew into a* *temper.* = to become angry suddenly and quickly (informal) एक-ब-एक, तुरंत तैश में आ जाना, भड़क उठना (अनौपचारिक) **5** *I am late for class. I must fly.* = run; move quickly (informal) जल्दी से निकल पड़ना (अनौपचारिक)

a fly in the ointment = something that spoils the pleasure of a happy occasion कबाब में हड्डी **to fly the flag** = to show that one is proud of one's country, one's workplace etc. (informal) अपने कार्यस्थल या अपने देश पर गर्व का भाव दर्शाना (अनौपचारिक) **to fly off the handle** = to get very angry suddenly (informal) आपे से बाहर हो जाना (अनौपचारिक) **to not hurt a fly** *He wouldn't hurt a fly.* = to be a very gentle, kind person अत्यंत सीधा, दयालु व्यक्ति होना **to fly by the seat of one's pants** = to manage a situation by making guesses and working on the basis of one's instincts or feelings rather than by being knowledgeable about it (informal, often disapproving) जानकारी के बूते पर नहीं बल्कि अपनी सूझबूझ से काम लेते हुए अटकलबाज़ी से ही मामला सुलझा लेना **to go fly a kite** = to go away (an expression of anger) (informal, disrespectful) क्रोध में बोली जाती एक अनौपचारिक या अनादरपूर्ण अभिव्यक्ति: 'जाओ/चलो हटो यहाँ से -अपना काम देखो'

fly•ing¹ /'flaɪ-ɪŋ/ /'फ़्लाइ-इंग/ noun, u. *I love flying.* = the act of flying (travelling in an aircraft) हवाई सफर करना

flying² adj. **1** *a flying bird* = moving through the air उड़ती हुई **2** *a flying visit* = a very short visit एक मुख़्तसर मुलाकात **3** *a flying start* = a very good beginning (informal) अच्छी शुरुआत, शुभारंभ (अनौपचारिक) **flying doctor** = a doctor who visits patients in distant places by aircraft हवाई जहाज़ से मरीजों को देखने जाता डॉक्टर **flying fish** = a fish found in the Tropics, with winglike fins for moving fast through the air भूमध्य प्रदेश में पाई जानेवाली एक मछली जो अपने पंखनुमा अंग-विशेष से हवा में तेज़ी से उड़ पाती है **flying saucer** noun = a mysterious flying object, which some people claim to have seen, shaped like a saucer (plate), carrying creatures from some other planet उड़नतश्तरी (एक रहस्यपूर्ण उड़नशील वस्तु, जो दूसरे ग्रहों के जीवों की सवारी समझी जाती है) **flying squad** noun = a group of police officers who are always ready to go into action when needed उड़नदस्ता, पुलिस **fly-leaf** noun, c. = an unprinted page at the beginning of a book किताब के शुरू में सादा पन्ना **flyover** noun, c. = a bridge that allows one road to pass on top of another road एक पुल जो दूसरी सड़क के ऊपर एक सड़क पार कराता है **flywheel** noun, c. = a heavy wheel fitted to a machine that helps the machine to work at a steady speed because of its weight मशीन में लगा एक वजनदार पहिया जो अपने भार से मशीन को संतुलित ढंग से काम करने देता है

to pass with flying colours = to do very well at an examination इम्तहान में बहुत अच्छा करना (उच्च श्रेणी पाना)

foal /fəʊl/ /फ़उल/ noun, c. = a very young horse

foam¹ /fəʊm/ /फ़उम/ noun, u. *sea-waves covered with foam* = the bubbles seen on top of a liquid फेन

foam² verb, i. *The sick cow was foaming at the mouth.* = to produce foam झाग निकालना **foam rubber** = soft rubber which is full of air-bubbles, used for making cushions etc. हवाई बुलबुलों से भरा मुलायम रबर जो सोफ़े, गद्दे (कुशन) बनाने में लगता है

fob /fɒb/ /फ़ॉब/ noun, c. = a short chain to which a pocket-watch is attached एक छोटी-सी सिकड़ी जिससे जेब-घड़ी जुड़ी होती है

to fob something off on someone = to cheat someone by selling them something which is worthless or of very little value (informal) कोई बेकार या मामूली किस्म की चीज़ किसी को बेचकर उसे ठगना (अनौपचारिक)

fo•cus¹ /'fəʊkəs/ /'फ़उकस/ noun, u. **1** = the point at which rays of light or sound meet after reflection or refraction [PHYSICS] वह बिंदु जहाँ रोशनी की किरणें या ध्वनि प्रतिबिंबन या विकीर्णीकरण के बाद मिलती हैं [भौतिकी] **2** *The focus of the article was the importance of conserving our forests.* = the subject which receives greatest attention केंद्रिक आकर्षण, केंद्रिक रूप से ध्यातव्य **3** *In this photograph you are out of focus.* = not clearly seen (in a photograph) (फोटो में) धुँधला दीखता

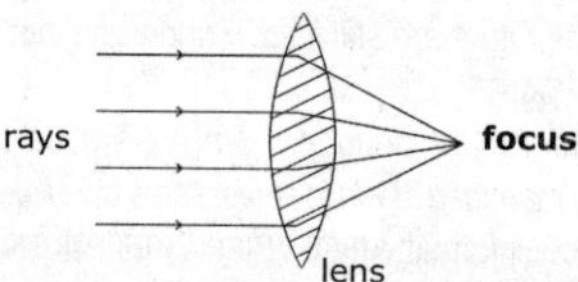

focus² verb, t. **1** *Please focus your camera on this building.* = to adjust the lens of a camera so that something is sharply seen in a photograph कैमरे का लेंस ऐसे संयोजित करना कि अंकनीय वस्तु प्रखर दीखे **2** *We are going to focus on the languages of India.* = to give special attention to पर विशेष ध्यान देना

fod•der /'fɒdəʳ/ /'फॉडʳ/ noun, u. = food for cattle, horses etc. चारा

foe /fəʊ/ /फ़उ/ noun, c. = enemy (literary) शत्रु (साहित्यिक)

foe•tus (fetus) /'fi:təs/ /'फ़ीटस/ noun, c. = an unborn baby that is almost fully developed [MEDICINE] (compare **embryo**) लगभग विकसित अवस्था का गर्भस्थ शिशु (देखें **embryo**)

fog¹ /fɒg/ /फ़ॉग/ noun, u. = tiny drops of water hanging low in the air, which make it difficult to see clearly कुहासा **foggy** adj. *We were not able to drive in the foggy weather.* = to not be clear because of fog धुंधभरा

fog² verb, t. (**fogged**) *My glasses have become fogged. I can't see clearly.* = to become covered with tiny drops of water from the air धुँध हो जाना, हवा में पानी के छोटे-छोटे कणों से ढँक जाना

fo•gey /'fəʊgi/ /'फ़उगी/ noun, c. (**fogies**) *an old fogey* = a person with old-fashioned and fixed ideas (derogatory) दकियानूस (अनादरपूर्ण)

foi•ble /'fɔɪbəl/ /'फ़ॉइब्ल/ noun, c. *My grandmother collects different kinds of dolls. This is her only foible.* = a strange habit or a weakness in one's character चरित्र की एक विचित्र आदत या कमज़ोरी

foil[1] /fɔɪl/ /फ़ॉइल/ noun, u. *If you wrap your food in aluminium foil you can keep it fresh.* = metal which has been beaten into very thin paper-like sheets धातु जो पीट-पीट कर बहुत पतले कागज़ के ताव की तरह हो जाती है, पन्नी

foil[2] verb, t. *Some thieves were trying to rob a bank but the police foiled their attempt.* = to cause someone to fail in doing something (किसी कोशिश को) नाकाम कर देना

foist /fɔɪst/ /फ़ॉइस्ट/ verb, t. **1** *If they don't want you in their party, you shouldn't foist yourself on them.* = to force someone to accept something against their wishes अपने को जबरन किसी पर थोपना **2** *They foisted this damaged computer on me.* = to deceive someone by selling him or her something which is bad कोई घटिया या खराब चीज़ बिक्री में चलता कर देना/चला देना

fold[1] /fəʊld/ /फ़उल्ड/ noun, c. **1** *The piece of paper is covered with folds.* = the lines made in paper or cloth by folding it कागज़ या कपड़े के मुड़ने से पड़ी लाइनें **2** *a sheep fold* = a shelter for sheep or cattle भेड़ या मवेशी के लिए बाड़ा

fold[2] verb, t. **1** *Fold this sheet of paper in the middle.* = to bend and press one part of something on another किसी चीज़ के एक हिस्से को मोड़कर दूसरे पर दबा देना **2** *This is a folding chair. You can fold it up and carry it easily.* = to bend or close something so that it takes up less space मोड़ देना या बंद कर देना ताकि कम जगह घेरे **3** *The show folded up after a week.* = to close down suddenly (informal) एक-ब-एक उखड़ जाना (अनौपचारिक) **folder** noun, c. = a piece of cardboard that is folded to hold papers कार्डबोर्ड का टुकड़ा जिसे कागज़ात रखने के लिए मोड़ा जा सकता है

to return to the fold = to come back to the place or the group to which one belongs फिर वापस अपने दल या अपनी जगह आना

fo•li•age /'fəʊli-ɪdʒ/ /'फ़उलि-इज/ noun, u. = the leaves of a plant or tree (formal) पौधे या पेड़ के पत्ते

folk[1] /fəʊk/ /फ़उक/ noun, u. or c. **1** *folk from a nearby village* (u.) = people belonging to the same place or country, who generally have the same lifestyle एक ही जगह के समान चालचलन वाले लोग **2** *Good bye, folks!*(c.) = people (generally used for one's relations or friends) (informal) भाइयो/दोस्तो (अनौपचारिक)

folk[2] adj. *I love folk music.* = something that relates to a community or particular region and has existed for a long time कोई चीज़ जो किसी खास समुदाय या विशेष क्षेत्र की होती है और बहुत दिनों से उसकी/वहाँ की होती है **folklore** noun = the study of the habits, beliefs etc. of a group of people in earlier times प्राचीनकाल में किसी जनजातिवर्ग के आचार-व्यवहार, उसकी आस्थाओं का अध्ययन

fol•lic•le /'fɒlɪkəl/ /'फ़ॉलिक्ल/ noun, c. = a small hole in the skin out of which a single hair grows [BIOLOGY] चमड़े का एक पोर जिसमें एक ही रोआँ या बाल उगता है [जीव विज्ञान]

F

fol•low /'fɒləʊ/ /'फ़ॉलउ/ verb, t. or i. **1** *The letter 'B' follows the letter 'A'.*(t.) // *Lead, and I shall follow.*(i.) = to come after someone or something के बाद आना **2** *Please follow the lecture.*(t.) = to pay attention to something पर ध्यान देना **3** *Can you follow what he is saying?*(t.) = to understand समझ सकना **4** *You should follow her advice.*(t.) = to accept मानना **5** *We live in the same city but it does not follow that we speak the same language.*(i.) = to be a necessary result of something ज़रूरी नतीजा होना ('इसका मतलब यह नहीं कि') **follower** noun, c. = a person who supports another person, belief etc. अनुयायी, समर्थक **following** noun **1** = a group of supporters समर्थक-समुदाय **2** *The following have been selected for the team.* = those who are about to be mentioned निम्नलिखित

fol•ly /'fɒli/ /'फ़ॉली/ noun, u. or c. (**follies**) *You must suffer for your folly.*(u.) = foolishness (formal) मूर्खता (औपचारिक)

fo•ment /fəʊ'ment/ /फ़उ'मेण्ट/ verb, t. **1** *to foment trouble* = to cause or encourage a troublesome situation असंतोष/अव्यवस्था भड़काना या उकसाना **2** *The doctor has asked me to foment my back with hot water as it is hurting.* = to apply heat to some part of the body to take away pain [MEDICINE] सेंकना [चिकित्सा]

fond /fɒnd/ /फ़ॉण्ड/ adj. **1** *She is fond of sweets.* = to have a great liking for something शौकीन **2** *fond parents* = affectionate स्नेही

fon•dle /'fɒndl/ /'फॉण्ड्ल/ verb, t. = to touch gently in a loving or sexual way प्यार-दुलार या वासना से हल्का स्पर्श करना

font /fɒnt/ /फ़ॉण्ट/ noun, c. *Use 10-point Courier font to type this document.* = the shape, size and style of the letters used in printing something (also sometimes spelt **fount**) [TECHNICAL] छापे में इस्तेमाल किए जाने वाले अक्षरों की शकल, उनके आकार और स्वरूप-विशेष (अथवा **fount**) [तकनीकी]

food /fu:d/ /फ़ूड/ noun, u. or c. = something which is eaten भोज्य पदार्थ, भोजन **food-chain** = a series of plants and animals each dependent on the next for their food पौधों और पशुओं की एक श्रृंखला जिसमें अपने खाद्य के लिए उनमें पारस्परिक निर्भरता होती है

fool[1] /fu:l/ /फ़ूल/ noun, c. **1** = a person without understanding or sense; a stupid person अक्ल का दुश्मन, बेवकूफ़ **2** *a mango fool* = a sweet made with fruit and cream फल और खोए से बनी एक मिठाई

fool[2] verb, t. or i. **1** *I thought you couldn't speak our language, but I find you can. You fooled us!* = to trick or mislead someone, sometimes in fun गलत धारणा देकर छलना **2** *I was not serious when I said I would not come. I was only fooling.* = joking and not speaking seriously महज़ मज़ाक करना **foolish** adj. = without good sense नासमझ **foolhardy** adj. = careless; taking unnecessary risks दुस्साहसी (कोई चीज़ जो इतनी सुलझी हुई, साफ़ और सुनियोजित है कि गलती की गुंजाइश ही उसमें नहीं) **foolproof** adj. = something which is so simple or clear or well-planned that it cannot go wrong **foolscap** noun, u. or adj. = writing paper of large size लिखने के कागज़ का बड़े आकार का ताव

to live in a fool's paradise = to believe that everything is all right when there are actually many problems जब बहुत सारे मसले हों तब यह मानते रहना कि सब ठीक-ठाक है

foot[1] /fʊt/ /फ़ुट/ noun, c. (**feet**) **1** = the lowest part of the leg पाँव **2** *the foot of the hill* = the lowest part of something किसी चीज़ का सबसे निचला हिस्सा **3** = a length of 12 inches or 30.48 cm फुट, 12 इंच की लंबाई

foot
ankle
toe
toenail
heel

foot[2] verb, t. **1** *We will have to foot it back to the hostel.* = to walk (informal) पैदल चलना (अनौपचारिक) **2** *Don't worry, I will foot the bill for this dinner.* = to pay for something (informal) (बिल) अदा करना (अनौपचारिक)

foot•age /ˈfʊtɪdʒ/ /फ़ुटिज/ noun, u. = the amount of film that has been used to shoot something and is now to be used for broadcasting etc. [TECHNICAL] फ़िल्म का वह हिस्सा जिसपर चित्रांकन हो चुका है और बाद में प्रसारण के लिए प्रयुक्त होता है [तकनीकी] **football** noun, u. = a game played between two teams containing 11 players each, in which a leather ball is kicked across a field into a goal (see also **soccer**) फुटबॉल: खेल जिसमें दो टीमें 11-11 खिलाड़ियों की होती हैं, चमड़े की एक गेंद मैदान में इधर-उधर मारते हुए गोल में डाली जाती है (देखें **soccer**) **foothill** noun = a low hill at the bottom of a high mountain ऊँचे पहाड़ की तलहटी में एक छोटी पहाड़ी **footlights** noun (usually plural) = the row of lights along the front edge of a stage on which a play is being presented रंगमंच के अगले छोर पर बत्तियों की कतार **footnote** noun, c. = a note at the bottom of a page in a book, explaining something or adding some information किताब के पन्ने के सबसे नीचे एक टिप्पणी जो व्याख्यात्मक या सूचनात्मक होती है **footpath** noun, c. = a path, on either side of the main road, for pedestrians पैदल चलनेवालों के लिए सड़क के दोनों ओर के पथ, फुटपाथ **footprint** noun, c. = a mark left by someone's foot or shoe on the ground पदचिह्न **footwear** noun, u. = shoes etc. worn on the feet पैरों के जूते या चप्पलें वगैरह

foot-and-mouth disease = a serious disease which can attack cattle एक गंभीर बीमारी जो मवेशी को हो सकती है **to have both feet on the ground** = to act in a sensible manner and not have any wild ideas ठोस यथार्थ से ही सरोकार रखना, दिमागी फितुर नहीं पालना **to put one's foot down** = to use one's authority to stop something from happening अपने पद-प्रभुत्व या विशेषाधिकार का प्रयोग करके किसी काम को रोक देना **to put one's foot in one's mouth** = to say something which causes embarassment without one's intending it घबराहट या शर्मिंदगी पैदा करनेवाली कोई बात कह जाना (बिना नीयत के मुँह से निकल जाना)

fop /fɒp/ /फ़ॉप/ noun, c. = a man who takes too much interest in clothes and in his own appearance (derogatory) अपने रूपरंग, पोशाक के मामले में बहुत रुचि रखना (अनादरपूर्ण)

for[1] /fəʳ/ or /fɔːʳ/ /फ़ॉ/ prep. **1** *Here is a piece of cake for you.* = showing that something is to be given to someone किसी को देने के लिए होना **2** *What is this switch for?* = showing the use of something or how it works किसी चीज़ का इस्तेमाल या उसकी प्रक्रिया बताने के लिए **3** *Use this cream for lessening the pain.* = to help or make something less मदद करने के लिए, कम करने के लिए **4** *Are you for or against jogging?* = in support of something पक्ष में **5** *He was sent to China for some work.* = because of की वजह से **6** *I bought this TV set for Rs 6,000.* = by giving a certain price कीमत देने पर **7** *I am going to America for 14 days.* = showing a length of time समय की अवधि बतलाने के लिए **8** *He slept for two hours.* = showing a distance/ length of time दूरी या अवधि की लंबाई बतलाने के लिए **9** *She is very bold for her age.* = showing how unusual/difficult something is के हिसाब से

for[2] conj. *I never saw him again, for he never came back.* = because (old-fashioned) क्योंकि (पुराने प्रचलन का)

for•age /ˈfɒrɪdʒ/ /ˈफ़ॉरिज/ verb, i. *The wild elephants are foraging for food.* = to wander about in search of food (used generally for animals) (जानवरों के प्रसंग में) अपना खाद्य (चारा) खोजते इधर-उधर घूमना

for•ay /ˈfɒreɪ/ /ˈफ़ॉरेइ/ noun, c. *The film star likes to remember his foray into politics.* = an attempt to take up some activity different from what one does usually (formal) अपने पेशे से भिन्न किसी दूसरे पेशे को अख़्तियार करने की कोशिश (औपचारिक)

for•bid /fəˈbɪd/ /फ़बिड/ verb, t. (**forbade, forbidden**) *We were forbidden to go out by ourselves because we were not old enough.* = to order someone not to do something मना करना

force[1] /fɔːs/ /फ़ॉस/ noun, u. or c. **1** *I had to use force to break open the door.*(u.) = strength, power or violence बल (प्रयोग) **2** *the police force* (c.) = a group of people trained for a particular kind of work किसी खास तरह के काम के लिए प्रशिक्षित लोग **3** = a power that causes movement or changes it (e.g. magnetic force) कोई शक्ति जो गति या परिवर्त्तन लाती है

force[2] verb, t. **1** *She forced the door open.* **2** *He forced me to keep still when we watched the mystery film.* = to use one's strength, power or influence to do something or make someone do something किसी से कुछ करने के लिए अपनी शक्ति या अपने प्रभाव का प्रयोग करना **3** *She forced herself to see the doctor though she didn't want to.* = to make oneself do something that one does not want to do अनिच्छा के बावजूद अपने को किसी काम के लिए बाध्य करना **forceful** adj. *He made a forceful speech.* = powerful प्रभावशाली **forcible** adj. *a forcible attempt to enter the house* = using force जबरन

for•ceps /ˈfɔːseps/ /ˈफ़ॉऽसेप्स/ noun, c. (always plural) = an instrument used by doctors to hold something firmly किसी चीज़ को ठीक से पकड़ने के लिए डॉक्टरों द्वारा प्रयुक्त यंत्र या औजार

ford /fɔːd/ /फ़ॉऽड/ noun, c. = a place where a river can be crossed on foot as the water is not very deep नदी में ऐसी जगह जहाँ पानी कम होता है और उसे पैदल ही पार किया जा सकता है

fore- /fɔː'/ /फ़ॉ'/ a prefix meaning **a.** before in time e.g. [उपसर्ग कालक्रम में पहले] **forecast** noun, c. or verb, t. **1** *weather forecast*(noun, c.) = a statement made about something that is going to happen in the future भविष्य में घटनेवाली घटना के बारे में कोई वक्तव्य, पूर्वानुमान **2** *I forecast a rise in the price of gold.* (verb, t.) = to tell what is going to happen in the future **b.** in front of e.g. भविष्यवाणी करना **foreground** noun, c. or verb, t. **1** (noun, c.) = the front part of a scene in a picture or photograph (opposite **background**) किसी दृश्य या चित्र या फोटो में अपनी ओर दीखता हिस्सा (विलोम शब्द **background**) **2** (verb, t.) = to make something look specially prominent or important किसी चीज़ को खास तौर से उभरा/मुख्य/महत्त्वपूर्ण दिखाना

fore•arm /ˈfɔːrɑːm/ /ˈफ़ॉऽराऽम/ noun, c. = the lower part of the arm, from the wrist to the elbow कोहनी से कलाई तक बाँह का हिस्सा

fore•father /ˈfɔːˌfɑːðəʳ/ /ˈफ़ॉऽफाऽदर्/ noun, c. = a person from whom one is descended (a grandfather, great-grandfather etc.); (also **ancestor**) पूर्वज (जैसे दादा, परदादा) (देखें **ancestor**)

fore•front /ˈfɔːfrʌnt/ /ˈफ़ॉऽफ्रॅण्ट/ noun, u. *She is always in the forefront of the fight against pollution.* = in a leading positions in front अग्रिम पंक्ति या स्थान

fore•head /ˈfɒrɪd/ /ˈफ़ॉरिड/ noun, c. = the front part of the face, above the eyes and below the hair ललाट

foreign /ˈfɒrɪn/ /ˈफ़ॉरिन/ adj. **1** *a foreign language* = relating to a country that is not one's own विदेशी **2** *A foreign body has got into his eye, causing redness.* = something that has entered inside the body but should not be there कोई बाहरी भिन्न प्रकार की चीज़ **foreigner** noun, c. = a person who belongs to a foreign country विदेशी

fore•man /ˈfɔːmən/ /ˈफ़ॉऽमन/ noun, c. = a person who leads a group of workers (also **foreperson**) कामगारों का नेतृत्व करनेवाला (देखें **foreperson**)

fore•most /ˈfɔːməʊst/ /ˈफ़ॉऽमउस्ट/ adj. *the foremost university in the country* = the most important; leading सबसे महत्त्वपूर्ण, अग्रणी

foren•sic /fəˈrensɪk/ /फ़ˈरेन्सिक/ adj. *forensic medicine* = scientific methods used to find out more about a crime and how it was commited किसी जुर्म के बारे में और जानकारी हासिल करने के वैज्ञानिक तरीके **forensic evidence/material** = items such as blood, hair, finger prints, which provide information about a crime खून, बाल, उँगलियों के निशान जो किसी जुर्म के बारे में और जानकारी देते हैं

fore•see /fɔːˈsiː/ /फ़ॉऽˈसी/ verb, t. *I don't foresee any problems in your visit to Delhi.* = to think of what is going to happen in the future जो भविष्य में होने को है उसका एहसास या आभास होना **foreseeable** adj. *This city will keep on growing in the foreseeable future.* = as far as one can look into the future भविष्य जहाँ तक अनुमानित हो सकता है

fore•sha•dow /fɔːˈʃædəʊ/ /फ़ॉऽˈशैडउ/ verb, t. *The death of 12 tigers in the zoo foreshadows the total destruction of our wildlife.* = to give an indication (sign) of what is going to happen in the future (formal) जो भविष्य में होने जा रहा है उसके लक्षण या आसार प्रकट करना

fore•sight /ˈfɔːsaɪt/ /ˈफ़ॉऽसाइट/ noun, u. *He had the foresight to carry an umbrella with him.* = the wisdom to be prepared for the future भविष्य के लिए प्रस्तुत रहने की बुद्धिमानी

forest /ˈfɒrɪst/ /ˈफ़ॉरिस्ट/ noun, c. = a large piece of land covered with trees पेड़ों के घने जमाव का एक बड़ा भूखंड, जंगल **forestry** noun = the science of planting and preserving (taking care of) forests वन-विज्ञान

F

fore•stall /fɔːˈstɔːl/ /फ़ॉऽ'स्टॉल/ verb, t. *My neighbour wanted to buy this car but I forestalled him by buying it myself.* = to prevent someone from doing something by doing it first किसी काम को खुद पहले करके दूसरे को उससे वंचित कर देना

fore•tell /fɔːˈtel/ /'फ़ॉऽ'टेल/ verb, t. = to tell what is going to happen in the future भविष्यवाणी करना

for•ever /fərˈevəʳ/ /फ़'रेवʳ/ adv. *I shall be your friend forever.* = for all time हमेशा के लिए

fore•warn /fɔːˈwɔːn/ /फ़ॉऽ'वॉऽन/ veb, t. = to warn someone of coming danger आनेवाले खतरे से आगाह करना

fore•word /ˈfɔːwɜːd/ /फ़ॉऽवऽड/ noun, c. = a printed note at the beginning of a book which says something about the book प्राक्कथन

for•feit /ˈfɔːfɪt/ /'फ़ॉऽफ़िट/ verb, t. *Please return this hired bicycle by 10 o'clock tomorrow, otherwise you may have to forfeit the money you paid as a deposit.* = to give up something or have something taken away as the result of some wrong action (formal) गलत काम के नतीजे के तौर पर किसी चीज़ से हाथ धो बैठना (औपचारिक)

forge¹ /fɔːdʒ/ /'फ़ॉऽज/ noun, c. = a large fire in which metal objects are heated and shaped in a blacksmith's shop लोहार की दुकान में आग की बड़ी अँगीठी जिसमें धातु की चीज़ें तपाई जाती हैं और उनकी शकल बदली जाती है

forge² verb, t. **1** *The blacksmith is forging a sword.* = to make something by heating a piece of metal in a forge आग की भट्ठी में धातु को तपाकर कोई चीज़ गढ़ना **2** *India is forging ahead in the field of information technology.* = to make quick progress प्रगति करना **3** *They were arrested for trying to forge 100-rupee notes.* = to make a copy of something in order to cheat someone ऐसी जालसाज़ी का जुर्म **forgery** noun, c. *She was arrested for forgery.* = the crime of copying something in order to cheat someone ठगने के लिए जाली या नकली चीज़ बनाना

for•get /fəˈget/ /'फ़'गेट/ verb, t. (**forgot, forgotten**) **1** *I forgot to return the book to the library.* = to fail to remember something याद नहीं रख पाना **2** *Forget your troubles and be cheerful!* = to stop thinking about something के बारे में सोचना ही नहीं, भुला देना

for•give /fəˈgɪv/ /फ़'गिव/ verb, t. or i. (**forgave, forgiven**) = to give up the feeling of anger that one has against someone who has done you some harm माफ़ कर देना, जिसने नुकसान किया है उसपर नाराज़ नहीं रहना **forgiveness** noun, u. = the act of forgiving someone माफ़ी

forgo /fɔːˈgəʊ/ /फ़ॉऽगउ/ (**forwent, forgone**) verb, t. *You will have to forgo your holiday to get the work completed in time.* = to give up something pleasant (formal) किसी प्रिय (वस्तु, अवसर, आदि) को त्यागना (औपचारिक)

fork¹ /fɔːk/ /फ़ॉऽक/ noun, c. **1** = an instrument used to hold food and carry it to the mouth, having a handle at one end and two or more points at the other भोजन का कौर मुँह में डालने के लिए एक चम्मचनुमा चीज़ जिसको एक ओर एक हैंडल और दूसरी ओर दो या दो से ज़्यादा नोंक होते हैं, काँटा **2** *a fork in the road* = a place where something long (e.g. a tree, road or river) divides into two branches जहाँ कोई लंबी चीज़ (पेड़, सड़क, नदी) दो फाँक/शाखाओं /दिशाओं में बँट जाती है

fork² verb, i. *The road forks at this point.* = to divide into two parts or branches दो हिस्सों या शाखाओं में बँट जाना

for•lorn /fəˈlɔːn/ /फ़'लॉन/ adj. *The child that had lost its mother had a forlorn look on its face.* = sad and lonely उदास, परित्यक्त

form¹ /fɔːm/ /फ़ॉम/ noun, u. or c. **1** *The building is circular in form.* = shape आकार, आकृति **2** *The hotel offers different forms of recreation.*(c.) = kind or type (of something) प्रकार **3** *Fill in this form.*(c.) = a piece of printed paper with empty spaces in which information can be filled in छपा हुआ प्रपत्र जिसमें रिक्त स्थानों पर ज़रूरी जानकारी दी जा सकती है, फार्म

to be in good form = to be in a state of health and fitness चुस्त-दुरुस्त होना

form² verb, t. **1** *The potter forms the clay into beautiful objects.* = to give shape to गढ़ना, शक्ल देना **2** *Rice and dal form the main ingredients of our diet.* = to make up मिलकर बनना

for•mal /ˈfɔːməl/ /'फ़ॉऽम्ल/ adj. *You have to wear formal clothes for the party on Republic Day.* = ceremonial; according to accepted customs औपचारिक, स्वीकृत प्रथा के अनुकूल **formality** /fɔːˈmælɪti/ /. फॉऽ'मैलिटी/ noun, c. (**formalities**) *You have to go through some formalities before you can start work in this office.* = an action done in keeping with some rules नियमानुसार औपचारिक प्रक्रिया

for•ma•lin /ˈfɔːmələn/ /'फॉऽमलन/ = a solution of formaldehyde in water used to destroy bacteria and preserve specimens in a laboratory [CHEMISTRY] पानी में एक घोल जिसका इस्तेमाल प्रयोगशाला में कीटाणुओं के नाश और नमूनों के संरक्षण के लिए होता है [रसायनशास्त्र]

for•mat¹ /ˈfɔːmæt/ /'फ़ॉऽमैट/ noun, u. or c. **1** *The format for the new book has been decided.* = the size and shape in which a book, magazine etc. is produced आकार जिसमें पुस्तक या पत्रिका छपती है **2** *Do you like the format of the new television show?* = the arrangement or general plan of something किसी चीज़ की सामान्य व्यवस्था

format² verb, t. *I will have to format this file.* = to arrange something in a particular manner so that information can be stored in it [COMPUTERS] किसी चीज़ को इस प्रकार व्यवस्थित करना कि जानकारी की बातें संगृहीत हो सकें [कंप्यूटर]

for•ma•tion /fɒˈmeɪʃən/ /फ़ॉˈमेइश(न्/ noun, u. 1 *formation of lines.* = shaping or making शक्ल लेना, बनना 2 *The birds are flying in a v-formation.* = arrangement शक्ल, स्वरूप

for•mer /ˈfɔːmə^r/ /ˈफ़ॉऽमर्/ adj. 1 *These things were done in former times but are not done now.* 2 *He is the former Principal of this school.* = earlier but not at present भूतपूर्व 3 *Mr Sinha and Mr Mishra have arrived. The former (Mr Sinha) is a lawyer while the latter (Mr Mishra) is an engineer.* = the person or thing that was referred to earlier (compare **latter**) प्रथमोक्त, जिसका उल्लेख पहले हुआ है (देखें **latter**)

for•mi•da•ble /ˈfɔːmɪdəbəl/ /फ़ॉऽमिडब्ल/ adj. 1 *a formidable problem* = causing fear, anxiety etc. भयावह 2 *The other team had a formidable record. We have to be prepared for a tough game.* = difficult to defeat or deal with दुर्जय, विकट

for•mula /ˈfɔːmjʊlə/ /ˈफ़ॉऽम्युल/ noun, c. (**formulas** or **formulae**) 1 = a general law or fact that is expressed in a short form by a group of letters, numbers etc. सूत्र, गुट 2 = a way of showing how elements combine to form a chemical compound [CHEMISTRY] कैसे तत्त्व मिलकर एक रासायनिक सम्मिश्रण बनाते हैं, इसे बताने का एक ढंग [रसायनशास्त्र] 3 *Have you learnt the secret formula for making this drink?* = a set of instructions for doing or making something कुछ तैयार करने के लिए हिदायतों का समुच्चय

for•sake /fəˈseɪk/ /फ़ˈसेइक/ verb, t. (**forsook**, **forsaken**) = to desert; to leave or give up someone that one is supposed to take care of (old fashioned) परित्याग कर देना (पुराने प्रचलन का)

for•swear /fɔːˈsweə^r/ /फ़ॉऽˈस्वेअर्/ verb, t. (**foreswore**, **foresworn**) *I hear you have foresworn fast driving.* = to make a promise to give up or stop doing something कुछ छोड़ देने या अब नहीं करने की कसम खाना

fort /fɔːt/ /फ़ॉट/ noun, c. = a strongly made building used for the defence of a city (in former times) (प्राचीन काल) नगर की रक्षा के लिए मज़बूत बनी एक इमारत/दुर्ग, किला **fortress** noun, c. (**fortresses**) = a large fort एक बड़ा किला **fortify** verb, t. *Our defences have been fortified.* = to make something stronger किसी चीज़ को और दृढ़ करना

forte /ˈfɔːtɪ/ /ˈफ़ॉऽटि/ noun (usually u.) *She is not very good at English. Marathi is her forte.* = something that one is specially good at जिसमें कोई खास तौर से माहिर हो

forth /fɔːθ/ /फ़ॉऽथ/ adv. *He went forth to win fame as a singer.* = forward; out into the world (literary) कदम बढ़ाना **forthcoming** adj. 1 *Wait for our forthcoming publication.* = expected in the near future आगामी 2 *I asked several people to help, but no volunteer was forthcoming.* = ready तैयार, राज़ी **forthright** adj. *She is honest and forthright, but some people may find her rude.* = straightforward; expressing one's thoughts and feelings openly खरा, स्पष्ट बोल देनेवाला

forthwith adv. *Please go there forthwith. It's an emergency.* = at once, without delay [LITERARY] शीघ्र, अविलंब (साहित्यिक)

for•ti•tude /ˈfɔːtɪtjuːd/ /ˈफ़ॉऽटिट्यूड/ noun, u. = the courage to bear pain or face difficulties without complaining बिना शिकायत किए कष्ट, कठिनाइयाँ सहने का साहस

fort•night /ˈfɔːtnaɪt/ /ˈफ़ॉऽटनाइट/ noun, c. = a period of two weeks (14 days) पक्ष, पखवाड़ा **fortnightly** adj. or adv. = once every fortnight पाक्षिक

for•tu•i•tous /fɔːˈtjuːɪtəs/ /फ़ॉऽˈचूइटस/ adj. 1 *My meeting with Komal was entirely fortuitous, I wasn't expecting to see him.* = happening by chance; accidental (formal) अप्रत्याशित, आकस्मिक (औपचारिक) 2 *It was fortutious that we didn't sell our house last year.* = lucky बड़े भाग्य से

for•tune /ˈfɔːtʃʊn/ /फ़ॉऽˈचुन/ noun, u. or c. 1 *She had the good fortune to be born in a family of poets.* = luck सौभाग्य 2 *He made a fortune by selling paper toys.* = a lot of wealth धनराशि **fortune-teller** = a person who can make a prediction of what will happen in the future भविष्यवक्ता **fortunate** adj. *I was fortunate in having good teachers.* = having good luck भाग्यशाली

forty /ˈfɔːti/ /ˈफ़ॉऽटी/ noun = the number represented by 40 (4x10) संख्या जो 40 (4×10) की तरह अंकित होती है **forty winks** noun = a short nap (sleep) taken in the afternoon (humorous) झपकी (हास्यपरक)

fo•rum /ˈfɔːrəm/ /ˈफ़ॉऽरम/ noun, c. (**forums** or **fora**) *This newsletter provides a forum in which students can discuss their problems.* = a place where public matters can be raised or discussed; a meeting held to discuss problems सार्वजनिक मामलों पर विमर्श का मंच, समस्याओं पर विचार-विमर्श के लिए गोष्ठी

for•ward[1] /ˈfɔːwəd/ /ˈफ़ॉऽवड/ adv. 1 *We will march forward.* = ahead आगे 2 *She brought forward some new arguments.* = into a prominent place प्रमुखतः ध्यातव्य लगने वाले

forward[2] adj. *a very forward way of thinking* = advanced in development, ahead of its time (compare **backward**) प्रगतिशील, ज़माने से आगे (देखें **backward**)

for•ward[3] verb *I will forward your letter to the editor.* = to send a letter, e-mail etc. from one address to another एक पते से दूसरे पते पर (पत्र) भेजना

fos•sil /'fɒsəl/ /'फ़ॉस्‌ल्/ noun, c. **1** = a part of a plant or animal that lived very long ago, which has become hard like a rock प्राचीनकाल का कोई पौधा या पशु जो अब पत्थर हो गया है, जीवाश्म **2** = a person with very old-fashioned ideas (humorous) **fossil fuel** = a substance found inside the earth, such as coal or petroleum, which is formed from a plant or animal that lived long ago, and can be burnt धरती के गर्भ में पाया जानेवाला एक पदार्थ (जैसे कोयला, पेट्रोलियम) जो प्राचीनकालीन पशुओं या पौधों से बना होता है और ज्वलनशील होता है **fossilize** verb, i. = to become a fossil पौधों, पशुओं का पत्थर हो जाना

fos•ter /'fɒstəʳ/ /'फ़ॉस्टर्/ verb, t. *The Sahitya Akademi was set up to foster the growth of Indian literature.* = to encourage something to grow or develop; to promote प्रोत्साहन देना, विकास में सहायक होना **foster-parents** = people who look after someone else's child and bring it up as their own पालक माता-पिता

foul¹ /faʊl/ /फ़ाउल/ noun, c. *The referee declared a foul.* = an action that is against the rules, in the sport of football, boxing etc. खेल में नियम-विरुद्ध कोई काम

foul² verb, t. *Factories must not foul the air.* = to make something dirty or impure अशुद्ध या दूषित करना

foul³ adj. **1** *a foul smell* = bad; unpleasant बुरी **2** *foul weather* = stormy अंधड़-पानी का, आंधी-तूफ़ान का

found /faʊnd/ /फ़ाउण्ड/ verb, t. (**founded**) **1** *This university was founded in 1857.* = to start or set up something; to establish स्थापित **2** *This film is founded on a real-life story.*= based on पर आधृत **foundation** /faʊn'deɪʃən/ /फ़ाउण्'डेइशन्/ noun, u. or c. **1** *The foundation of this university took place in 1857.*(u.)= the act of starting something स्थापना **2** *A good foundation in maths is necessary for studying economics.* = that on which something is based आधार **3** (always plural) *This house has solid foundations.*(c.) = the part of a building, below the ground, which supports or holds it up नींव **4** *foundation cream* = a cream that is used as a base upon which other cosmetics are applied वह लेप जो सौंदर्यप्रसाधन की अन्य सामग्री का आधार होता है **5** *The Fulbright Foundation* = an organisation, often named after the founder, that runs and supports projects, and gives out money for special purposes संस्थापक के नाम पर स्थापित संगठन जो योजनाओं की सहायता करता है और विशेष कार्यों के लिए आर्थिक सहायता देता है **founder** /'faʊndəʳ/ /'फ़ाउण्डर्/ noun, c. = a person who starts or sets up something संस्थापक

foun•dry /'faʊndri/ /'फ़ाउण्ड्री/ noun, c. (**foundries**) = a place where metal is melted down and poured into moulds (different shapes) to make different objects or parts for machines जहाँ धातु गलाकर साँचे में ढाली जाती है जिससे तरह-तरह की चीज़ें और मशीन के पुरज़े बनते हैं

foun•tain /'faʊntɪn/ /'फ़ाउण्टीन/ noun, c.**1** = a device (arrangement) used in gardens, parks etc. that causes a stream of water to shoot up with force झरना (जैसे उद्यानों में होता है जिसमें से पानी वेग से बाहर आता है) **2** *There was a fountain of sparks when the display of fireworks began.* = the pattern which is formed when something is thrown into the air with force किसी चीज़ को ज़ोर से खुले में फेंकने पर जो उपाकृति बनती है **fountain pen** = a writing instrument which holds ink inside its body and allows it to flow slowly down into a metal nib कलम जिसकी स्याही उसी में होती है और धातु की निब तक आती रहती है

four /fɔːʳ/ /फ़ॉऽर्/ noun = the number represented by 4 संख्या जो 4 की तरह अंकित होती है **four-letter word** = a word, often consisting of four letters, that is not used in polite conversation प्रायः चार अक्षरों का शब्द जिसका प्रयोग शिष्ट वार्त्ता या संभाषण में वर्जित है **foursome** = a group of four people who get together to play some game requiring four players जिस खेल में चार खिलाड़ियों की अपेक्षा होती है उसके लिए जुटे चार व्यक्ति; चौकड़ी

four•teen /fɔː'tiːn/ /फ़ॉऽ'टीन/ noun = the number represented by 14 (4+10) चौदह (अंकन 14=4+10)

fowl /faʊl/ /फ़ाउल/ noun, c. = a bird (especially chicken) that can be eaten एक चिड़िया (विशेषकर चूज़ा) जो भोज्य-पदार्थ है

fox¹ /fɒks/ /फ़ॉक्स/ noun, c. (**foxes**) = a wild animal like a small dog, said to be very clever, which was hunted by people on horseback in former times लोमड़ी (छोटे कुत्ते के-जैसा एक जंगली पशु) जो बहुत चालाक होती है: पुराने ज़माने में घुड़सवार इसका शिकार करते थे

fox² verb, t. **1** *He foxed me into giving him a loan.* = to trick or deceive mildly (informal) झाँसा-पटटी देना (अनौपचारिक) **2** *I was foxed by this question.* = to be puzzled (unable to understand) (informal) चकरा जाना, उलझन में पड़ जाना (अनौपचारिक)

foy•er /'fɔɪeɪ/ /'फ़ॉइयेइ/ noun, c. = the large, high entrance hall to a hotel or cinema building (होटल या सिनेमाघर का) प्रशस्त प्रवेश कक्ष

frac•as /'frækɑː/ /'फ़्रैका/ noun = a noisy quarrel in which many people take part, sometimes leading to a fight (formal) बहुत लोगों के बीच का शोरगुल भरा लड़ाई-झगड़ा जिसमें जब-तब मारपीट की नौबत आ जाती है (औपचारिक)

frac•tion /ˈfrækʃən/ /ˈफ्रैक्श्न/ noun, c. 1 = a number which is less than 1 or a part of 1 (e.g. 2/3) एक संख्या जो एक से कम या उसका अंश होती है 2 *These lovely paintings are only a fraction of the collection they have in the studio.* = a small part अंशमात्र, एक हिस्सा

frac•ture[1] /ˈfræktʃəʳ/ /ˈफ्रैक्चर्/ noun, c. *I have a fracture in my leg.* = the breaking of a bone in the body शरीर में हड्डी की टूटन

fracture[2] verb, t. *He has fractured his arm.* = to break a bone in the body शरीर में किसी हड्डी का टूटना

fra•gile /ˈfrædʒaɪl/ /ˈफ्रैजाइल/ adj. 1 *a fragile china cup* = something that can break easily and needs to be handled with great care तुनुक, नाज़ुक इसलिए होशियारी से उठाने-रखने लायक 2 *fragile health* = delicate and weak सुकुमार तथा निर्बल

frag•ment[1] /ˈfrægmənt/ /ˈफ्रैग्मण्ट/ noun, c. *The glass bowl dropped from my hand and shattered into fragments.* = a small piece into which something breaks छोटा टुकड़ा जो किसी चीज़ के टूट जाने पर रह जाता है

fragment[2] verb, t. *Some of the states are being broken up and this may fragment the whole country.* = to divide or break up into smaller parts खंड-खंड में विभाजित या विघटित करना **fragmentation** /frægmənˈteɪʃən/ /ˌफ्रैमण्टेइशन/ noun, u. = the process of breaking up something into small parts खंड खंड हो जाने की प्रक्रिया **fragmentary** adj. = forming a part of something larger किसी बड़ी चीज़ के खंड के रूप में

frag•rance /ˈfreɪgrəns/ /ˈफ्रेइग्रन्स/ noun, u. *the fragrance of roses* = an attractive or pleasant smell सुगंधि **fragrant** adj.

frail /freɪl/ /फ्रेइल/ adj. *He is very frail after his illness.* = weak and delicate कमज़ोर और नरम **frailty** noun, c. or u. 1 (u.) = the condition of being frail सुकुमारता 2 *One of his frailities is anger.*(c.) = a weakness in one's character चरित्र की एक कमज़ोरी

frame[1] /freɪm/ /फ्रेइम/ noun, c. 1 *a photo frame* = a border or case which surrounds something चौखटा 2 *the bicycle frame* = the part which supports something and around which it is built किसी चीज़ के सहारे का होता है और जिसके इर्द-गिर्द वह चीज़ बनी होती है 3 *He has a strong frame.* = body शरीर

frame[2] verb, t. 1 *You will have to frame this picture.* = to put a frame (border) around something चौखटा लगवाना 2 *Frame a sentence using the word "anxious"* = to make or produce रचना 3 *The man is not guilty of this crime but has been framed by his neighbours.* = to produce false proof to show that someone is guilty of a crime (informal) झूठे सबूत पर किसी को अपराध का दोषी ठहराना (अनौपचारिक) **framework** noun, c. *This is the framework of the wooden shed.* = the structure that offers the basic support वह ढाँचा जो बुनियादी सहारा देता है

franc /fræŋk/ /ˈफ्रैंक/ noun = a unit of money used in France, Belgium and Switzerland फ्रांस, बेल्जियम, स्विट्ज़रलैंड में चलता द्रव्य (मुद्रा)

fran•chise[1] /ˈfræntʃaɪz/ /ˈफ्रैन्चाइज़/ noun, u. or c. 1 *adult fra-nchise*(u.) = the right to vote मताधिकार 2 *They hold a franchise for an American company that makes shoes.*(c.) = a special right given by a company to someone to sell the goods made by it, using the name of that company कंपनी का नाम लेकर उसका माल बेचने का खास हक जो किसी व्यक्ति को कोई कंपनी देती है

franchise[2] verb, t. *We are going to franchise people to sell our products.*(t.) = to give someone a franchise किसी को औपचारिक अनुमति देना

frank /fræŋk/ /फ्रैंक/ adj. *a frank discussion* = free and open; direct and truthful स्पष्ट, खरा, खुल्लमखुल्ला

fran•tic /ˈfræntɪk/ /ˈफ्रैंटिक/ adj. *She was making frantic efforts to attract our attention but we were busy talking.* = very anxious; excited व्यग्र, उत्तेजित

fra•ter•nal /frəˈtɜːnəl/ /फ्रटऽन्ल/ adj. *fraternal feelings* = like that of a brother; brotherly भ्रातृवत् **fraternity** noun, c. (**fraternities**) *a fraternity of doctors* = brotherhood; an association of people with common interests or a common profession एक ही उद्देश्य या व्यवसाय के लोगों का मातृसंघ

fraud /frɔːd/ /फ्रॉड/ noun, u. or c.1 = the crime of cheating someone धोखाधड़ी का जुर्म 2 = a person who cheats others or pretends to be what he or she is not प्रवंचक, कपटी

fraught /frɔːt/ /फ्रॉट/ adj. *fraught with danger* = full of से भरा

fray[1] /freɪ/ /फ्रेइ/ noun, c. *He loves to join a fray.* = a quarrel or fight (literary) झगड़ा-टंटा (साहित्यिक)

fray[2] verb, t. *My shirt has become frayed with use.* = to become worn out झड़ जाना, जीर्ण-शीर्ण हो जाना, घिसना

freak[1] /friːk/ /फ्रीक/ noun, c. *Our cow gave birth to a freak—a calf with six legs.* = something unnatural रूप या आकार में असामान्य

freak[2] adj. *We had freak rains last night. It never rains at this time of the year.* = unusual or unnatural बेमौसम, अप्राकृतिक, असामान्य

freckle /ˈfrekəl/ /ˈफ्रेक्ल/ noun, c. = a small brown mark on the face or skin चेहरे या त्वचा पर एक छोटा भरा दाग

free[1] /friː/ /फ्री/ adj. 1 *You are free to go.* = able to do as one wishes; not under the control of someone else अपनी मर्ज़ी के मुताबिक **2** *Are you free now ?* = not busy खाली, फुरसत में **3** *Admission to the park is free.* = without cost नि:शुल्क **4** *The bathroom is free now.* = not in use खाली **5** *The dancer's movements are very free.* = natural; graceful सहज या स्वाभाविक, मनोरम, शोभन **6** *Please don't touch the free end of the wire.* = the part which is loose, unattached हिस्सा जो जुड़ा नहीं; खुला झूल रहा है

free[2] verb, t. **1** *We have been asked to free the prisoner.* = to make someone free मुक्त करना **2** *My friend freed me from having to cook for nine people.* = to allow someone not to do something that he/she is unwilling to do बरी कर देना **free of charge** *You have to pay for the room, but the food is free of charge.* = that which one does not have to pay for मुफ़्त **free enterprise** = business in which there are not many trade controls, specially by the government व्यापार जिसमें बहुत सारे तिज़ारती नियंत्रण (विशेषत: सरकारी) होते हैं **free kick or throw** = a chance to kick or throw the ball (in football or basketball) given to one team when some player in the other team breaks a rule फुटबॉल या बेसबॉल में दूसरी टीम का खिलाड़ी जब किसी नियम का उल्लंघन करता है तो उसकी प्रतिद्वंद्वी टीम को अलग से अपने लिए एक 'किक' या 'थ्रो' मिलती है **free speech** = a situation (in a country) when one is allowed to speak out one's thoughts or beliefs without fear of the law किसी देश में विचारों की अभिव्यक्ति या भाषण की स्वतंत्रता

of one's own free will = doing whatever one wants to do अपनी मर्ज़ी से **to make free with something** *He made free with my bicycle.* = to use something without permission or without looking after it well (disapproving) का बिना इज़ाजत के इस्तेमाल करना, के साथ मनमानी करना (अस्वीकृत) **to free up (space)** *If we move this cupboard, we can free up some space for the chairs.* = make (space etc.) available by moving something किसी चीज़ को हटाकर जगह बना देना

-free /'friː/ /'फ़्री/ suffix (added to a noun) meaning 'something which does not contain a certain substance' e.g. *caffeine-free, pollution-free* = not having caffeine, conditions of pollution etc. (प्रत्यय: संज्ञा में संयुक्त) = -मुक्त

free•bie /'fribi/ /'फ़्रिबि/ noun, c. **(freebies)** =something you get free when you buy something else (informal, American) कुछ खरीदने पर जो मुफ़्त में मिलता है (अनौपचारिक, अमेरिकी अंग्रेज़ी का शब्द)

free•dom /'friːdəm/ /'फ़्रीडम/ noun, u.or c. **1** *India won its freedom in 1947.* = the state of being free and not governed by an outside power स्वाधीनता **2** *freedom from hunger, anxiety etc.* = the absence of something unpleasant किसी अप्रिय बात का न होना **3** *They give their children a lot of freedom.* = When one has freedom, one can do what one wants. छूट **freedom (of speech etc.)** = the freedom to do something without the control of the government, or some other institution सरकार या किसी दूसरी संस्था के नियंत्रण में न रहकर स्वतंत्र आचारी या स्वतंत्र वक्ता आदि होना **freedom fighter** = a person who takes part in a movement to free her/his country from being ruled by another country विदेशी शासन से अपने देश को मुक्त कराने के संघर्ष या आंदोलन में भाग लेने वाला स्वतंत्रता-सेनानी

freehand /'friːhænd/ /'फ़्रीहैण्ड/ adj. = a drawing done without the help of any instruments (रूलर या कंपास आदि के बिना) बना रेखाचित्र **freehold** /'friːhəʊld/ /'फ़्रीहउल्ड/ noun = land which one is allowed to own without any conditions or time limit बिना किसी कालावधि या किन्हीं शर्त्तों के अपने लिए मिली ज़मीन

freelance /'friːlɑːns/ /'फ़्रीलान्स/ noun or adj. = a person who works (e.g. as a writer or journalist) for anyone who pays/him her and not for a single employer लेखक या पत्रकार जो किसी एक नियोक्ता के लिए नहीं, बल्कि उसके लिए कार्यरत होता है जो उसे पारिश्रमिक देता है

freeze[1] /friːz/ /फ़्रीज़/ **(froze, frozen)** noun. **1** = to change from water into ice पानी को बर्फ़ की तरह जमाना **2** *The meat has been frozen.* = to preserve food by keeping it at very low temperature बहुत कम तापक्रम में रखकर भोजन को ताज़ा रखना **3** *There is a freeze on admissions.* = a fixing or control of something by an organisation (informal) किसी संस्था द्वारा किसी चीज़ पर नियंत्रण या उसका निर्धारण (अनौपचारिक)

freeze[2] verb, t. **(froze, frozen) 1** *The photographer froze when she saw a tiger about to jump at her.* = to be unable to move out of fear or surprise डर या अचरज से ठिठका रह जाना **2** *The prices of foodgrains have been frozen.* = fixed at a certain level by the government सरकार द्वारा किसी सीमा पर निर्धारित **freezer** noun, c. = a machine in which food can be stored at a very low temperature मशीन जिसमें बहुत कम तापक्रम (0º सेंटि.) में भोजन रखा जाता है **freezing point** noun, u. = the temperature (0ºC) at which water turns into ice (compare **boiling point**) तापक्रम (0º सेंटि.) जिसमें पानी बर्फ बन जाता है (देखें **boiling point**)

freight /freɪt/ /फ़्रेइट/ noun, u. **1** = goods carried by railways, trucks etc. ट्रक, रेलगाड़ी से ढोया जानेवाला माल **2** = the money paid for carrying goods ढोए जाते माल का भाड़ा

French[1] noun **1** = the language spoken in France and related countries फ्रांस तथा पड़ोसी या संबद्ध देशों में बोली जानेवाली भाषा **2** = the people of France फ्रांसीसी (लोग)

French[2] adj. *French wine, cheese etc.* = made in or in the style of France फ्रांस में या फ्रांस के ढंग से बना

fre•net•ic /frɪˈnetɪk/ /फ्रिˈनेटिक/ adj.1 *frenetic with joy* = highly excited अति उत्तेजित 2 *work at a frenetic pace* = done with great speed and energy (informal) ऊर्जा स्फूर्त्त

fren•zy /ˈfrenzi/ /ˈफ्रेन्ज़ी/ noun, c. *The football players got into a frenzy before the match.* = a state of great excitement or anxiety आवेश, उत्तेजना, या पागलपन का दौर

fre•quent /ˈfriːkwənt/ /ˈफ्रीक्वण्ट/ adj. *frequent attacks of malaria* = happening often or repeatedly रह-रहकर होनेवाला **frequency** noun, u. or c. 1 *The frequency of accidents on this road has gone up.* = the rate at which something happens or is repeated बहुलता 2 *The radio signals are sent out at very high frequency.* = the rate at which something is repeated (e.g. oscillations of a pendulum) [TECHNICAL, PHYSICS] बारंबारता (जैसे पेंडुलम का घूमना) [तकनीकी, भौतिकी]

fres•co /ˈfreskəʊ/ /ˈफ्रेस्कउ/ noun, c. (**frescos**) = a painting done on a wall भित्ति-चित्र

fresh /freʃ/ /ˈफ्रेश/ adj. 1 *fresh fruit* = food that has just been gathered and is in good condition; not frozen or tinned (भोज्य पदार्थ) अभी तुरंत का, ताज़ा (जमाया हुआ या टिन के डब्बेवाला नहीं) 2 *fresh water* = not containing salt खारा नहीं 3 *fresh air* = pure शुद्ध 4 *Our players are fresh.* = not tired; in good physical condition थका हुआ नहीं, चुस्त शारीरिक हालत में 5 *The teacher seems to be quite fresh.* = new to a profession किसी पेशे में नया-नया 6 *Don't get fresh with me!* = too free with someone of the opposite sex (informal, disapproving)

fret /fret/ /ˈफ्रेट/ verb, i. *Don't fret. Everything will be all right.* = to worry without reason (अकारण) चिंता करना

fretsaw /ˈfretsɔː/ /ˈफ्रेटसॉ/ noun, c. = an instrument used for cutting out pieces from a thin sheet of wood so as to produce an ornamental design (fretwork) कोई नक्काशी करने के लिए काठ की एक पतली परत निकालने का एक औज़ार

fric•tion /ˈfrɪkʃən/ /ˈफ्रिक्श्न/ noun, u. 1 *There is friction between the road and the wheels of a car.* = the natural force that makes it difficult for things to move freely over or through each other [PHYSICS] घर्षण [भौतिकी] 2 *The rope has become worn out because of friction.* = rubbing रगड़ 3 *There is some friction between the two groups.* = bad feeling or enmity मनमुटाव

Fri•day /ˈfraɪdi/ /ˈफ्राइडी/ noun = the sixth day of the week, between Thursday and Saturday शुक्रवार, जुम्मा

fridge /frɪdʒ/ /फ्रिज/ noun, c. = short form of **refrigerator** (a machine which keeps food at a low temperature in order to preserve it) कम तापमान पर भोजन को ताज़ा या ज्यों का त्यों रखने की मशीन

friend /frend/ /फ्रेण्ड/ noun, c.= a person whom one knows well and likes, but who may not be a relative मित्र, दोस्त (जो रिश्तेदार नहीं भी हो सकता) **friendly** adj. *a friendly person* = pleasant and welcoming in the way a friend would be (opposite **unfriendly**) दोस्ताना (विलोम शब्द **unfriendly**)

-friendly suffix (added to a noun) meaning 'something which supports or encourages someone' e.g. *user-friendly software* = that which helps or supports the user इस्तेमाल करने वाले का सहायक

friendship noun, u. or c. *No one can destroy our friendship.* = the state of being a friend to someone दोस्ती

fri•gate /ˈfrɪgɪt/ /ˈफ्रिजिट/ noun, c. = a small, fast fighting-ship छोटा और तेज़ युद्धपोत

fright /fraɪt/ /फ्राइट/ noun, u. *He gave me a fright by suddenly shouting in my ear.* = a feeling of fear (not very great) हल्का-सा डर **frighten** verb, t. = to cause a feeling of fear in someone हल्के-से डरा देना, कँपा देना

fri•gid /ˈfrɪdʒɪd/ /ˈफ्रिजिड/ adj. 1 *a frigid expression* = not friendly or enthusiastic, very formal अत्यंत औपचारिक, भावशून्य 2 = unable to enjoy sex (generally referring to women) रतिक्रिया में आनंद न लेना (सामान्य तौर पर स्त्रियों के लिए प्रयुक्त))

frill /frɪl/ /फ्रिल/ noun, c. 1 *a dress with frills* = a decorative edge or border for a dress किसी पोशाक की सजावटी किनारी 2 *I just want a scooter that moves—no frills.* = something that is not necessary but adds to the beauty कोई चीज़ जो ज़रूरी तो नहीं लेकिन फैशनेबुल लगे

fringe /frɪndʒ/ /फ्रिन्ज/ noun, c. 1 *a fringe of hair* = a straight, short border of hair over one's forehead or threads hanging from curtains etc. ललाट के ऊपर छोटे-छोटे बालों का किनारा या पर्दे के लटके हुए धागे 2 *We have a small house on the fringes of the town.* = the edge; the part farthest from the centre कगार, छोर, वह हिस्सा जो केंद्र से सबसे दूर पड़ता हो **fringe benefits** noun = the extra advantages that one gets from working in a certain position, in addition to the salary किसी पद पर काम करनेवाले को वेतन के अलावा मिलता लाभ **fringe group** noun = a small group that has broken away from the main party मुख्य पार्टी से अलग हो गया हुआ दल या गुट

frisk /frɪsk/ /फ्रिस्क/ verb, t. 1 *The security staff have to frisk all passengers before allowing them to enter the aircraft.* = to search someone for hidden weapons, etc. by passing one's hands over the body मुसाफ़िरों के शरीर पर हाथ फिराकर छिपाये हुए हथियारों की तलाश करना 2 *The rabbits are frisking about happily.* = to run and jump about playfully इधर-उधर फुदकते रहना

frit•ter /ˈfritəʳ/ /ˈफ्रिटʳ/ verb, t. *Don't fritter away all your* *energy on such useless activities.* = to waste (derogatory) ज़ाया करना, बरबाद करना (अनादरपूर्ण)

friv•o•lous /'frɪvələs/ /'फ्रिवलस/ adj. *The interviewer asked you a serious question. You should not have given her such a frivolous reply.* = light-hearted and silly; not serious (derogatory) मज़ाकिया और छिछोरा (अनादर पूर्ण)

fro /frəʊ/ /फ्रउ/ (**walking to and fro**) adv. = from one place to another and back (old-fashioned) एक से दूसरी जगह और फिर वापस (पुराने प्रचलन का)

frock /frɒk/ /फ्रॉक/ noun, c. = a dress for a young girl or a priest बालिका या (ईसाई) पुजारी की एक पोशाक

frog /frɒg/ /फ्रॉग/ noun, c. = a small hairless animal that lives in the water as well as on land (compare **toad**) मेढक (देखें **toad**)

frogman noun, c. = an expert diver who can remain and move about under water for a long time with the help of special equipment एक निपुण, विशेषज्ञ गोताख़ोर जो खास उपकरण की सहायता से पानी के भीतर इधर-उधर घूम सकता है और देर तक भीतर रह सकता है

frolic[1] /'frɒlɪk/ /'फ्रॉलिक/ verb, i. *The children frolicked in the playground.* = to play happily मौज में उछलते-कूदते खेलना

frolic[2] /'frɒlɪk/ noun, c. (**frolicked**) *The children are having a frolic.* = game (मौज का) खेल

from /frəm/ or /frʌm/ /फ्रम/फ्रॅम/ prep. **1** *This is the train from Delhi.* = starting at से रवाना होनेवाली **2** *This is a letter from my father.* = sent or given by के यहाँ से आई/मिली/भेजी गई **3** *Chapatis are made from whole wheat.* = out of (में) से **4** *The school is five km from the station.* = showing distance दूरी बतलाता हुआ **5** *She suffers from asthma.* = because of से, की वजह से **6** *The price range is from Rs 60 to 80.* = to show the point at which something (price, figure etc.) starts वह बिंदु इंगित करना जहाँ से कीमत या कोई आँकड़ा शुरू होता है

frond /frɒnd/ /फ्रॉण्ड/ noun, c. = the leaf of a palm tree खजूर के पेड़ का पत्ता

front[1] /frʌnt/ /फ्रॅण्ट/ noun, u. **1** *This is the front of the building.* = the most forward part सबसे अगला हिस्सा **2** *Our soldiers are going to the front.* = the place where fighting is taking place मोर्चा, जहाँ लड़ाई चल रही है **3** *We must put on a brave front.* = appearance बाह्य स्वरूप

front[2] adj *Two of her front teeth were removed.* = of or at the front आगे के

up front *When we decided to buy the house, we paid the owner a part of the money up front.* = to make an advance payment as an indication that one is definitely interested in something पेशगी अदा करना यह जतलाने के लिए कि किसी चीज़ में ज़रूर दिलचस्पी है

fron•tier /'frʌntɪəʳ/ /'फ्रॅण्टिअʳ/ noun, c. *the frontier between India and Pakistan* = the line joining two countries सीमांत, दो देशों की एक सीमा

frost[1] /frɒst/ /फ्रॉस्ट/ noun, u. = little particles of ice formed on cold surfaces at very low temperatures (below 0ºC) e.g. inside a refrigerator बर्फ़ के कण जो सर्द सतह पर कम तापमान पर बने दिखते हैं (जैसे रेफ्रिजरेटर में)

frost[2] verb, i. *The windows are frosted up.* = to get covered with frost तुषार या पाले से ढँक जाना

frostbite noun, u. = swelling of a person's limbs because of extreme cold temperature अत्यधिक ठंडे तापमान से अंगों की सूजन

froth /frɒθ/ /फ्रॉथ/ noun, u. = the bubbles formed on top of sea-waves or liquids (e.g. beer) (see also **foam**) समुद्री लहरों या तरल पदार्थों के सिर पर बने बुलबुले (देखें **foam**)

frown[1] /fraʊn/ /फ्राउन/ verb, i. = to draw the eyebrows together, causing lines to appear on the forehead, to show anger or displeasure नाराज़गी या अप्रसन्नता ज़ाहिर करती मुखाकृति जिसमें भवें सिकुड़ जाती हैं और ललाट पर लकीरें उभर आती हैं

frown[2] noun, c. = the expression of anger or displeasure through the act of frowning भवों की सिकुड़न से नाराज़गी या अप्रसन्नता की अभिव्यक्ति

fru•gal /'fru:gəl/ /फ्रूगल/ adj. *a person of frugal habits* = careful about spending money; economical, simple मितव्ययी

fruit[1] /fru:t/ /फ्रूट/ noun, c. (**fruits or fruit**) or u. **1** (c.) = the part of a plant or tree which contains its seeds and is often used as food फल **2** *This is the fruit of your labours.*(u.) = result परिणाम

fruit[2] verb, i. *The tree has begun to fruit.* = to produce fruit फल देने लगना **fruitful** adj. = producing good results (opposite **fruitless**) फ़ायदेमंद, कामयाब (विलोम शब्द **fruitless**)

frus•trate /frʌ'streɪt/ /फ्रॅस्ट्रेइट/ verb, t. **1** *We had planned to go on a picnic, but the bad weather has frustrated our plans.* = to defeat; to prevent something from being fulfilled निष्फल कर देना, कोई कार्य न होने देना **2** *The film show has been cancelled three times. I feel so frustrated!* = to cause someone to feel disappointed or dissatisfied निराश या असंतुष्ट

fry /fraɪ/ /फ्राइ/ verb, t. = to cook something in hot oil तेल में तलना/बघारना

fudge /fʌdʒ/ /फॅज/ noun, u. = a kind of soft sweet एक मुलायम मिठाई

fuel[1] /'fju:əl/ /'फ्यूअल/ noun, u. or c. = something that can be burnt to produce heat and energy गरमी और ऊर्जा उत्पन्न करने के लिए जलाई जानेवाली चीज़, जलावन के ईंधन

fuel[2] verb, t. *Our economy is fuelled by exports.* = to provide fuel for; to provide the power that makes something work (figurative) किसी कार्य की प्रेरक या सहायक शक्ति (लाक्षणिक)

fu•gi•tive /ˈfjuːdʒɪtɪv/ /ˈफ्यूजिटिव/ noun, c. = a person who is trying to escape or run away from the police or some danger भगोड़ा, पुलिस या खतरे से भागे रहने की कोशिश करनेवाला व्यक्ति

ful•crum /ˈfʊlkrəm/ /ˈफ़ॅल्क्रम/ noun, c. = the support on which a lever moves [TECHNICAL] डंडे या छड़ का सहारा जिसकी मदद से कोई भारी चीज़ उठाई जा सकती है

ful•fil /fʊlˈfɪl/ /फुलˈफ़िल/ verb, t. **1** *I have fulfilled my promise.* = to complete or carry out पूरा करना, पालन करना **2** *I have fulfilled my ambition.* = to achieve हासिल करना **3** *This hospital fulfills a great need.* = to meet or satisfy पूर्त्ति करना, संतुष्ट करना

full /fʊl/ /फ़ुल/ adj. **1** *The bottle is full.* =holding as much as something can जितना भर सकता है उतना भरा हुआ **2** *Her answers were full of mistakes.* = having a lot of something से भरा होना **3** *I want a full report on the function.* = not leaving any details out पूरे या सारे ब्यौरों के साथ **4** *She ran at full speed.* = the maximum possible अधिकतम संभव **full-blown** *He has full blown measles.* = the worst or most developed form एकदम या बुरी तरह उभरा **full-length** *This is a full-length film.* = as compared to a short film (less than 90 mins) पूरी (तीन घंटेवाली) **full stop** = a mark that shows the end of a sentence वाक्य के अंत का विरामचिह्न **full-time** adj. or adv. *He is a full-time student.* = for the regular number of hours (opposite **part-time**) नियमित **fulltime** noun, u. = the end of the time set for a match e.g. football (फुटबॉल) पूरे मैच के लिए निर्धारित समय का अंत

fum•ble /ˈfʌmbəl/ /ˈफ़म्बल/ verb, i. **1** *The speaker was fumbling for words.* = to search for something in a clumsy manner (हकलाते हुए) भद्दे ढंग से सही शब्द की तलाश करना **2** *The fielder fumbled with the ball and dropped the catch.* = to handle something without skill बेढंगे तौर पर, गड़बड़ाते हुए

fume[1] /fjuːm/ /फ़्यूम/ noun, c. (usually plural) *The room was full of tobacco fumes.* = heavy and strong-smelling gas given out by something that is burning and can be dangerous if inhaled घनी, कड़ी गंधवाली गैस जो किसी जलती चीज़ से निकलती है और साँस में जाए तो ख़तरनाक हो सकती है

fume[2] verb, i. *He was fuming with rage because he had not been invited to speak.* = to be very angry (informal) आग-बबूला होना (अनौपचारिक)

fu•mi•gate /ˈfjuːmɪgeɪt/ /ˈफ़्यूमिगेइट/ verb, t. *You should fumigate this room regularly to get rid of the germs.* = to clear a room of harmful bacteria by using some chemical which produces smoke or gas एक रासायनिक पदार्थ (जो धुआँ या गैस पैदा करती है) के प्रयोग से किसी कमरे को हानिकारक कीटाणुओं से मुक्त करना

fun[1] /fʌn/ /फ़न/ noun, u. *We had great fun at the picnic.* = enjoyment or pleasure मज़ा, मौज

fun[2] adj. *She is a fun person.* = someone with whom one can enjoy themselves (slang) 'माइ डीयर' आदमी [अपभाषा] **funny** adj. **1** *Let me tell you a funny joke.* = amusing, humorous; something that makes one laugh हास्यकर, मज़ाकिया **2** *A funny thing happened as I was coming to school.* = strange, unexpected अजीब

func•tion[1] /ˈfʌŋkʃən/ /ˈफ़ॅन्क्शन्/ noun, u. or c. **1** *The function of the censors is to make sure that a film is suitable for the audience.* = the duty given to someone फ़र्ज़ **2** *We had a function at school today. Many guests were invited.* = a special event at which many people are present एक विशेष समारोह जिसमें बहुत-सारे लोग उपस्थित होते हैं

function[2] verb, i. *The computer is not functioning.* = to work (formal) काम कर पाना (औपचारिक)

fund[1] /fʌnd/ /फ़ॅण्ड/ noun, c. *We have started a fund for retired teachers.* = a sum of money set apart for some special purpose कोष

fund[2] verb, t. *The government will fund this project.* = to provide money for some activity किसी कार्य-विशेष के लिए राशि (आर्थिक सहायता) देना

fun•da•men•tal[1] /fʌndəˈmentl/ /फ़ॅण्डˈमेण्ट्ल/ adj. *The system of education needs some fundamental changes.* = deep; basic; producing an effect on the complete nature of something आधारभूत, तात्त्विक (जो किसी वस्तु की संपूर्ण प्रकृति को प्रभावित करे)

fundamental[2] noun (generally plural) *If you want to become a musician you will have to first learn the fundamentals of music.* = the first things; the rules or principles on which something is based मौलिक नियम या सिद्धांत जिसपर कोई चीज़ आधृत होती है **fundamental rights** = the rights which are given to every citizen of a country किसी देश के प्रत्येक नागरिक को मिले अधिकार **fundamentalist** noun = a person who believes that the rules of a religion must be followed exactly वह व्यक्ति जो किसी धर्म के नियमों के शब्दश: पालन में विश्वास करता है

fu•ne•ral /ˈfjuːnərəl/ /ˈफ़्यूनरल/ noun, u. or c. = a religious ceremony at which a dead person is buried or cremated (burnt) एक धार्मिक रीति जिसमें एक मृत व्यक्ति को दफ़नाया जाता है या उसकी दाह-क्रिया होती है **funereal** /fjuːˈnɪːrɪəl/ /फ़्यूˈनीरिअल/ adj. = sad; relating to a funeral (literary) उदास, दाह या दफ़न से संबंधित (साहित्यिक)

fun•gus /ˈfʌŋgəs/ /ˈफ़ॅङ्गस/ noun, c. (**fungi** or **funguses**) or u. = a kind of plant that is not green and is without flowers or leaves (e.g. a mushroom) (Some fungi may be harmful.) एक प्रकार का पौधा जो न हरा होता है न उसमें फूल-पत्ते होते हैं (जैसे कुकुरमुत्ता)

(ऐसे कुछ पौधे हानिकारक हो सकते हैं।)

fun•nel[1] /ˈfʌnəl/ /फ़ॅनल/ noun, c. **1** = an object in the shape of a tube which is wide and round at the top and narrow at the bottom, used for pouring liquids into vessels with narrow mouths (see pic under **laboratory equipment**) एक नली की तरह की चीज़ जो ऊपरी सिरे पर चौड़ी और गोल, और निचले सिरे पर पतली या तंग होती है (तंग मुँह के बरतनों में तरल पदार्थ ढालने के लिए काम में लाई जाती है) (**laboratory equipment** अंतर्गत चित्र देखें) **2** *the funnel of a ship* = a long metal chimney through which smoke comes out of the engine that drives a ship एक लंबी, धातु की चिमनी जिससे वह धुआँ बाहर आता है जो जहाज़ चलानेवाले इंजिन से पैदा होता है

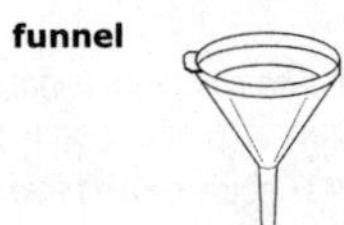

funnel[2] verb, t. *All the money is being funnelled into cricket. There is nothing left for other games.* = to pour into something; to use only for a limited purpose किसी चीज़ में सब का सब डाल देना, किसी विशेष प्रयोजन के लिए ही इस्तेमाल करना

fur /fɜːʳ/ /फ़ऽʳ/ noun, u. = the thick hair that covers the skin of some animals घने बाल जो जानवर के चमड़े पर होते हैं **furry** adj. = having a lot of fur घने बालों या रोओं वाला

fur•bish /ˈfɜːbɪʃ/ /फ़ऽबिश/ verb, t. *The house is being furbished and a lot of new furniture has been bought.* = to improve the appearance of something that is old and worn-out किसी पुरानी, जीर्ण-शीर्ण चीज़ के स्वरूप को निखारना

furl /fɜːl/ /फ़ऽल/ verb, t. *The umbrella is furled after it has been used.* = to roll up or fold (opposite **unfurl**) मोड़ देना, बंद कर देना (विलोम शब्द **unfurl**)

fur•long /ˈfɜːlɒŋ/ /ˈफ़ऽलॉङ/ noun, c. = a measure of distance, equal to 220 yards (210) दूरी का एक माप (220 गज़ के बराबर)

fur•nace /ˈfɜːnɪs/ /फ़ऽनिस/ noun, c. = a place or container in a factory or steam engine where a fire is kept burning at very high temperature, in which metals and other substances are heated भट्ठी, किसी कारखाने या भाप के इंजिन की वह जगह जहाँ बहुत अधिक तापमान पर आग जलती रखी जाती है, और जिसमें धातु या अन्य पदार्थ तपाए जाते हैं

fur•ni•ture /ˈfɜːnɪtʃəʳ/ /ˈफ़ऽनिचʳ/ noun, u. (always singular) = beds, tables, chairs, cupboards etc. that are needed to make a house comfortable बिछावन, कुर्सियाँ, अलमारियाँ वगैरह जो मकान को आरामदेह रखने में ज़रूरी होती हैं

fur•nish /ˈfɜːnɪʃ/ /ˈफ़ऽनिश/ verb, t. **1** *You will have to furnish the new house before you can move in.* = to provide furniture for a building मकान के लिए फर्नीचर जुटाना **2** *Can you furnish us with all the information we need?* = to supply or provide जुटाना, उपलब्ध कराना, मुहैया कराना

fu•ro•re /fjʊˈrɔːri/ /फ़्युरॉरी/ noun, u. *There was a furore when the umpire declared the batsman out.* = anger and excitement among a crowd हंगामा, भीड़ में क्रोध और उत्तेजना

fur•row /ˈfʌrəʊ/ /ˈफ़ॅरउ/ noun, c. = a long, narrow mark or cut in the earth made by a plough हल से बनी ज़मीन में क्यारी

fur•ther[1] /ˈfɜːðəʳ/ /ˈफ़ऽदʳ/ adv. *Delhi is further away from Kolkata than Lucknow.* = more far ज़्यादा दूर

further[2] adj. *I have nothing further to say.* = more और कुछ

further[3] verb, t. *India should do everything possible to further the cause of peace.* = to help something to become successful अग्रसर या सफल होने में सहायता देना, प्रोत्साहन देना

fur•tive /ˈfɜːtɪv/ /ˈफ़ऽटिव/ adj. *The furtive manner in which the man behaved made me suspicious.* = secret and not open or direct; trying to escape being noticed गुपचुप या गुप्त ढंग से, दिख जाने से बचने की कोशिश करते हुए

fu•ry /ˈfjʊəri/ /ˈफ़्युअरी/ noun, u. *the fury of the storm* = very great anger रोष **furious** /ˈfjʊəriəs/ /ˈफ्युअरिअस्/ adj. **1** *They were furious when they came back and found the house locked.* = very angry आगबबूला **2** *He ran at a furious speed.* = very strong; great (informal) प्रचंड, उग्र, बेतहाशा (अनौपचारिक)

fuse[1] /fjuːz/ /फ़्यूज़/ noun, c. **1** *The fuse in the electric cooker has blown and that's why it is not working.* = a very thin piece of wire, placed in an electric device (machine) or system, which melts if too much current passes through it and thus shuts off the current, protecting the device [TECHNICAL] बिजली की किसी मशीन में एक बहुत बारीक तार का टुकड़ा जो बहुत मात्रा में विद्युत् प्रवाह लेने से पिघल जाता है और विद्युत् प्रवाह रोक देता है, मशीन को नुकसान नहीं पहुँचने देता है **2** *The bomb had a short fuse.* = a string or pipe which carries fire to an explosive article and causes it to blow up एक तार या नली जिसमें से आग विस्फोटक तक पहुँचती है और उसे फटने देती है

fuse[2] verb, i. **1** *The wire has fused.* = to melt पिघल जाना **2** *We will have to fuse these two pieces of metal.* = to join together by using heat तपा कर एक में मिला देना

to be on a very short fuse = to be in the habit of becoming angry very easily तुनकमिज़ाज होना

fusion noun, u. = the process of joining together (of metal etc.) [TECHNICAL, PHYSICS] धातुओं के (पिघलकर) एक हो जाने की प्रक्रिया [तकनीकी, भौतिकी]

fu•se•lage /'fjuːzəlɑːʒ/ /'फ़्यूज़लाज/ noun = the main body of an aircraft, within which passengers sit हवाई जहाज़ का वह मुख्य बड़ा हिस्सा जिसमें मुसाफ़िरों की सीटें होती हैं

fuss[1] /fʌs/ /फ़स/ noun, u. . *Don't make such a fuss because you lost those notes. You can write them again.* = unnecessary impatience, excitement, anger बेकार का उतावला, नाराज़ होना; बात का बतंगड़

fuss[2] verb, i. **1** *They like to fuss over their cooking.* = to give a lot of attention to ज़रूरत से ज़्यादा ध्यान देना **2** *Don't fuss. Everything will be all right.* = to behave in a worried, anxious manner (informal) परेशान, बेकल होना (अनौपचारिक) **fussy** adj. **1** = nervous and excitable सहज ही आशंकित तथा उत्तेजित **2** *He is very fussy about his food.* = paying too much attention to small details (disapproving) मीन-मेख निकालनेवाला (अस्वीकृत)

fu•tile /'fjuːtaɪl/ /'फ़्युटाइल/ adj. *a futile search* = producing no result; useless निष्फल, व्यर्थ

fu•ture[1] /'fjuːtʃər/ /'फ़्यूचर/ noun, u. **1** *Would you like to know your future?* = the time which is to come भविष्य **2** *I see no future in this business.* = chance of success in future भविष्य में सफलता की गुंजाइश **3** *the future tense* = the form of a verb that expresses what may happen in the time to come [GRAMMAR] भविष्यत् काल [व्याकरण] **futuristic** /fjuːtʃə'rɪstɪk/ फ़्यूच'रिस्टिक/ adj. *a futuristic building* = an appearance that suggests how things will look in the future एक आकृति जो भविष्य की वस्तुओं के आकार या स्वरूप का आभास दे

future[2] adj. *future events* = relating to the future भविष्य-संबंधी

fuzz /fʌz/ /'फ़ज/ noun, u. = a mass of thin hair or hair-like substance बहुत महीन बालों की गुत्थी या बाल के जैसी कोई चीज़ **fuzzy** adj. *a fuzzy picture* = not very sharp or clear धुँधला, अस्पष्ट

F

gG

g, G /dʒiː/ the seventh letter of the English alphabet अंग्रेज़ी वर्णमाला का सातवाँ वर्ण

gab /gæb/ /गैब्/ noun **(the gift of the gab)** *He has the gift of the gab. He can convince people of anything.* = the talent to talk well and fluently in a way which impresses people (informal) प्रभावशाली ढंग से धाराप्रवाह तथा अच्छी तरह बोल पाने की प्रतिभा, वाक्-पटुता (अनौपचारिक)

gab•ble /'gæbəl/ /'गैबल्/ verb, i. *I could hear her gabbling away at the meeting but I couldn't understand a word she was saying.* = to speak so fast that one cannot be understood (informal, humorous or not respectful) इतनी तेज़ी से बोलते जाना कि कुछ समझ में न आए (अनौपचारिक, हास्यपरक अथवा अनादरबोधक)

gad /gæd/ /गैड्/ verb, i. *Stop gadding around and settle down to work.* = to travel from one place to another aimlessly, looking for enjoyment (informal, humorous or not respectful) मटरगश्ती करना (अनौपचारिक, हास्यपरक अथवा अनादरबोधक)

gad•get /'gædʒɪt/ /'गैजिट्/ noun, c. *He has invented a gadget that keeps rats away by producing a loud noise.* = a small machine or device that is invented and used for a particular purpose (informal) एक छोटी मशीन जो किसी खास मकसद से बनाई/गढ़ी जाती है, जुगत (अनौपचारिक)

gaffe /gæf/ /गैफ़्/ noun, c. *I made a gaffe by asking her how much money she earned in a month.* = an unintended social mistake which causes embarrassment (informal) बिना नीयत की कोई चूक, आचार-व्यवहार की ऐसी गलती जिससे परेशानी, शर्मिंदगी पैदा होती हो (अनौपचारिक)

gag[1] /gæg/ /गैग्/ verb, t. or i. **1** (t.) = to prevent someone from speaking by putting a piece of cloth, etc. into his/her mouth मुँह में कपड़ा ठूँसकर किसी को बोलने में असमर्थ करना **2** *No one knows what is happening as the newspapers have been gagged.*(t.) = to pass an order usually in court preventing someone from expressing his/her views (informal) (विशेषत: न्यायालय का) आदेश जो किसी को अपने विचार व्यक्त करने पर रोक लगाता है(अनौपचारिक) **3** *The rice had such a foul smell that I gagged when I tried to eat a handful.*(i.) = to be unable to swallow and to be about to vomit (informal) उल्टी कर देना, कै कर देना (अनौपचारिक)

gag[2] noun, c. **1** *The thieves stuffed a gag into his mouth.* = a piece of cloth put inside someone's mouth to prevent him/her from speaking कपड़े का टुकड़ा जो किसी को बोलने में असमर्थ करने के लिए उसके मुँह में ठूँसा जाता है **2** *The comedian produced some stale gags that everyone had heard before. No one found him funny.* = a joke or funny story (informal) पुराना (सुना-सुनाया) लतीफ़ा(अनौपचारिक)

ga•ga /'gɑːgɑː/ /'गाऽगाऽ/ adj. *The people are going gaga over the new action movie.* = having a strong attraction for someone or something (informal and often disapproving)) अति उत्साहित हो जाना (अनौपचारिक तथा प्राय: अस्वीकृत)

gag•gle /'gægəl/ /'गैग्ल्/ noun, c. *a gaggle of school-children* = a noisy group किलकारी भरता समूह

gai•e•ty /'geɪɪti/ /'गेई-इटी/ noun, u. *The guests were enjoying themselves, but suddenly there was a loud explosion, putting an end to their gaiety.* = feeling of cheerfulness and enjoyment (old-fashioned) मौज-मस्ती (पुराने प्रचलन का)

gain[1] /geɪn/ /गेइन्/ verb, t. **1** *I will not gain anything from selling this house.* = to obtain something useful e.g. money, power, access etc. कुछ फ़ायदा हासिल करना (जैसे पैसा, प्रभुत्व, पहुँच) **2** *They managed to gain entry into the cricket pavilion.* = to get into a place etc. by making an effort कोशिश करके किसी जगह पहुँच पाना **3** *He is gaining weight.* = to have an increase in वजन बढ़ना **4** *My watch is gaining two minutes every day.* = to work too fast by a given amount of time (used for a watch or clock) [घड़ी का] समय से आगे तेज़ चलना

gain[2] noun, u. or c. *He made a gain of Rs 1,000 when he sold his new car.* = the act of making a profit लाभ, मुनाफ़ा

to gain ground *The protest against cruelty to animals is gaining ground.* = (of an idea, belief etc.) to become stronger (विचार, विश्वास का) दृढ़ होना, जमते जाना

gainful adj. *You should take up some gainful employment.* = something which helps one to earn money लाभदायक

gain•say /geɪn'seɪ/ /गेइन्'सेइ/ verb, t. *You may not like her, but you cannot gainsay her ability as a leader.* = to refuse to accept something as true (used in negative sentences only) (formal) से इनकार करना (केवल नकारात्मक वाक्यों में प्रयुक्त) (औपचारिक)

gait /geɪt/ /गेइट्/ noun, u. *a majestic gait* = manner of walking चाल

ga•la /'gɑːlə/ /'गाऽल/ adj. *The celebration was a gala event.* = very grand and colourful भव्य, रंगीन, रंगारंग

gal•ax•y /'gæləksi/ /'गैलक्सी/ noun, c. (**galaxies**) **1** = a large group of stars which makes up a part of the universe ब्रह्मांड का एक खंड जिसमें तारों के समूह होते हैं **2** *a galaxy of poets* = a group of famous people लब्धप्रतिष्ठ व्यक्तियों का समूह

gale /geɪl/ /गेइल्/ noun, c. = a very strong wind अंधड़

gale of laughter *There was a gale of laughter from*

the next room. = sounds of laughter coming in a wave हँसी के ठहाके

gall /gɔːl/ /गॉल्/ noun, u. **1** = a bitter, greenish liquid produced in the body by the gall-bladder, which helps to digest fats present in food (also **bile**) पित्त; एक कड़वा, हरा-सा तरल पदार्थ जो शरीर में गॉल-ब्लैडर (पित्ताशय) से पैदा होता है और भोजन में चर्बी के पाचन से सहायक होता है (देखें **bile**) **2** *I wonder how he had the gall to insult his teacher.* = bad manners for which a certain kind of courage is needed (disapproving) ढिठाई, उद्दंडता, उच्छृंखलता, हिमाकत (अस्वीकृत)

gal•lant /'gælənt/ /'गैलन्ट्/ adj. *our gallant soldiers* = brave बहादुर

gal•le•ry /'gæləri/ /'गैलरी/ noun, c. (**galleries**) **1** *an art gallery* = a large building where works of art are put up for show दीर्घा जिसमें कलाकृतियाँ प्रदर्शन के लिए लगती हैं **2** *a seat in the gallery* = rows of seats fixed on top of high wooden or metal frames, from which people can watch a game (e.g. a cricket match) or a show in a theatre, for which a lower price is usually charged लकड़ी या धातु के ढाँचों पर खड़ी कुर्सियों की कतार जिस पर बैठे लोग मैच देखते हैं या थियेटर में कोई प्रदर्शन (ऐसी कतार का टिकट-दर अपेक्षाकृत कम होता है)

to play to the gallery = to try to win praise from the common people सामान्य जन की वाहवाही लूटना

gal•ley /'gæli/ /'गैली/ noun, c. (**galleys**) **1** = a long, low ship, rowed by slaves and used as a fighting-ship in former times एक लंबा, छोटे कद का जहाज़ जिसे गुलाम खेते थे और पुराने ज़माने में पोत-युद्ध में काम आता था **2** = the kitchen in a ship or aircraft पानी के जहाज़ या वायुयान का रसोईघर

gal•li•vant /'gælɪvænt/ /'गैलिवैन्ट्/ verb, i. *You can't spend your whole life gallivanting around the country. You must settle down to work.* = to move around looking for enjoyment (see also **gad**) (humorous) मौज-मज़े की तलाश में इधर-उधर भटकते रहना (देखें **gad**) (हास्यपरक)

gal•lon /'gælən/ /'गैलन्/ noun, c. = a measure for liquids, equal to 4.5 litres, formerly used in India but now used only in USA (3.8 L = 1 American gallon) तरल पदार्थों का माप (4.5 लिटर के बराबर), पहले भारतवर्ष में प्रयुक्त लेकिन अब अमेरिका तक सीमित (3.8 L = 1 अमेरिकन गैलन)

gal•lop¹ /'gæləp/ /'गैलप्/ noun, c. (no plural) *The horse moved at a gallop.* = the fastest movement of a horse, when all four legs come off the ground at the same time (केवल एकवचन में प्रयुक्त) घोड़े की सरपट चाल जिसमें उसकी चारों टाँगें एक साथ उठी चलती हैं

gallop² verb, i. *The horse galloped away.* = to move at a gallop सरपट भागना/दौड़ना

gal•lows /'gæləʊz/ /'गैलउज़्/ noun, c. (only plural) = a wooden frame used to hang criminals, usually as a punishment for murder (केवल बहुवचन में प्रयुक्त) फाँसी का तख़्ता

Gallup poll /'gæləp pəʊl/ /'गैलप् पउल्/ noun, u. = a method used to guess the result of an election before it is made known, by making a count of the opinions of groups of people who are going to vote or have already voted चुनाव का नतीजा घोषित होने के पहले उसका पूर्वानुमान लगाने का एक तरीक़ा जिसमें (मत देने जाने वाले/दे चुकने वाले) मतदाताओं के समूहों की राय का आँकड़ा बिठाया जाता है

ga•lore /gə'lɔːʳ/ /ग'लॉऽʳ/ adj. *The actor has admirers galore in all parts of the country.* = in large number बहुत बड़ी तादाद में

galosh /gə'lɒʃ/ /ग'लॉश/ noun, c. (only in plural form **galoshes**) = rubber boots worn on top of ordinary shoes to protect them from rain or snow (केवल बहुवचन में प्रयुक्त) बारिश या बर्फ़ से सुरक्षा के लिए ऊपर से पहने जाते रबर के जूते या बूट

gal•va•nize (galvanise) /'gælvənaɪz/ /'गैल्वनाइज़्/ verb, t. **1** *The sheets of iron have been galvanized.*= to pour a covering of zinc over a sheet of iron or steel with the help of electricity, so that the metal will not rust लोहे/इस्पात पर बिजली से ज़स्ते का लेप ढालना ताकि उस धातु (लोहा/इस्पात) में जंग न लगे **2** *The announcement of the dates for the examination galvanized the students into action.* = to shock or force someone who has not been active into action निष्क्रिय को सदमा देकर या बलात् सक्रिय कर देना

gam•bit /'gæmbɪt/ /'गैम्बिट्/ noun, c. *the opening gambit in a game of chess* = a clever and risky move, or action, by a player in a game of chess or by someone taking part in a conversation etc. in order to gain an advantage over an opponent शतरंज या बातचीत में पहली ही ऐसी चालाक (और जोखिमवाली भी) चाल जो प्रतिद्वंद्वी/विरोधी पर बढ़त हासिल करने के लिए चली जाती है

gam•ble¹ /'gæmbəl/ /'गैम्ब्ल्/ verb, i. *She loves to gamble although she always loses money.* = to take part in betting or to take a risk in the hope of making a profit जुआ खेलना, मुनाफ़े की उम्मीद में दाव चलना

gamble² noun, c. *When we decided to start a new business, we were not sure if it would succeed. It was a gamble.* = an action which is risky दाव

game¹ /geɪm/ /'गेइम्/ noun, c. or u. **1** *She is good at outdoor games such as cricket.*(c.) = a sport or activity in which the players compete with one another खेलकूद जिसमें प्रतिद्वंद्वी खिलाड़ी होते हैं **2** *We have just finished a game of bridge.*(c.) = a particular example of a sport खेल का एक विशेष प्रकार **3** *There is no game left in these rivers now.*(u.) = wild animals including birds and fish which are hunted for food or as a form of sport शिकार (चिड़िया/मछली आदि जिनका भोजन के लिए शिकार किया जाता है/खेला जाता है)

G

game² adj. *If you want me to join you on this picnic, I am game.* = willing to do something (informal) हाथ बँटाने को तैयार (अनौपचारिक) **big game** noun, u. = large animals, such as tigers, which were hunted for sport शिकार के लिए बड़े-बड़े जंगली जानवर (जैसे बाघ)

to play games with someone *I don't want you to play games with me. Please tell me exactly what you are planning.* = to act with a dishonest purpose or in an unfair way in order to get what you want (informal) बेईमानी से या ग़लत ढंग से अपने लिए कुछ हासिल करने का कोई दाव खेलना (अनौपचारिक) **to give the game away** = to do something to spoil what is a secret or a surprise सब पोल खोल देना

gamut /'gæmət/ /'गैमट्/ noun, u. *She is such a good actor that she can present the whole gamut of emotions, from anger to love.* = the whole range of something किसी चीज़/भाव का पूरा आयाम

gang¹ /gæŋ/ /गैंग्/ noun, c. **1** *a gang of thieves* = a group of people working on something, usually something criminal कुछ लोगों का दल/गुट जो सामान्यतः किसी जुर्म से संबंधित रहता है **2** *Where is the rest of your gang?* = a group of friends (informal) मित्रमंडली (अनौपचारिक)

gang² verb, i. *They have all ganged up against me.* = to form a group to fight against someone किसी के खिलाफ़ लड़ने के लिए एक गुट बनाना

gang•ling /'gæŋglɪŋ/ /'गैंग्लिङ्/ adj. *a gangling youth* = very tall and thin and therefore jerky or not graceful in movement (informal)

gangplank noun, c. = a long, narrow piece of wood which forms a movable bridge from a ship to the shore (also **gangway**) एक लंबा तंग-सा तख़्ता जो जहाज़ से किनारे तक पुल का काम देता है (देखें **gangway**)

gang•rene /'gæŋgri:n/ /'गैंग्रीन्/ noun, u. = the decay of some part of the body caused by the lack of blood supply to that part [MEDICINE] शरीर के किसी भाग का सूख जाना, सड़ जाना, जो वहाँ तक खून के नहीं पहुँच पाने पर होता है [चिकित्सा]

gangster /'gæŋstə^r/ /'गैंग्स्ट^र/ noun, c. = a member of a group of dangerous criminals खतरनाक मुज़रिमों के दल का कोई व्यक्ति

gang•way /'gæŋweɪ/ /'गैंग्वेइ/ noun, c. **1** = a movable bridge leading to a ship or aircraft हटाया/लगाया जा सकने वाला एक पुल जो पानी के जहाज़ या हवाई जहाज़ पर चढ़ने में काम आता है **2** = a path between two rows of seats in a cinema or on a bus (also **gangplank**) सिनेमा या बस में सीटों की कतारों के बीच का रास्ता (देखें **gangplank**)

gaol /dʒeɪl/ /जेइल्/ noun, c. = jail (prison) (old-fashioned) कारा/बंदीगृह (पुराने प्रचलन का) **gaoler** noun = a guard in a prison कारा-रक्षक, जेलर

gap /gæp/ /गैप्/ noun, c. **1** *There is a large gap between two of his front teeth.* = a space between two things फाँक **2** *There is a wide gap between the rich and the poor in some countries.* = a difference between people or groups of people अंतर (लोगों/वर्गों के बीच) **3** *I could not understand your speech fully. There was an information gap. // There is a generation gap between my children and me.* = failure to understand or appreciate something because of incomplete information, being much older or younger than someone else etc. अवस्था में बहुत अंतर होने के कारण एक दूसरे की पूरी जानकारी के अभाव में आपसी समझ-बूझ की विफलता

gape /geɪp/ /गेइप्/ verb, i. **1** *When the screen covering the beautiful statue was removed the audience gaped at it in wonder.* = to मुँह बाए अचरज से/अचंभे में किसी पर ताकते रह जाना look at someone or something in surprise or wonder, usually with the mouth open **2** *His old shoes are gaping at the toes.* = to come apart and be wide open फटकर चौड़ा खुल जाना, 'मुँह बा देना'

ga•rage /'gærɑ:ʒ या 'गराऽज /'गैराऽज/ या ग'राऽज़् or / gə'rɑ:ʒ/ noun, c. **1** = a building in which motor vehicles are kept मकान जिसमें मोटरगाड़ी रखी जाती है **2** = a place where motor vehicles are repaired वह जगह जहाँ मोटर-गाड़ियों की मरम्मत होती है

gar•bage /'gɑ:bɪdʒ/ /'गाऽबिज/ noun, u. **1** = leftover food, used paper and other waste material which needs to be thrown away कूड़ा-करकट (जूठा खाना, इस्तेमाल किए कागज़ की तरह बेकार फेंक देने लायक चीज़ें) **2** *He spoke a lot of garbage.* = nonsense (informal) अंटशंट (अनौपचारिक)

gar•bled /'गाऽब्ल्ड्/ adj. *She gave us a garbled account of the meeting which was held last night.* = confusing and difficult to understand उलझा हुआ, दुर्बोध

gar•den¹ /'gɑ:dn/ /'गाऽड्न्/ noun, c. = a piece of land on which flowers or vegetables are grown बगीचा, उद्यान

garden² verb, i. *He likes to garden in the evening.* = to do work in a garden, growing flowers, vegetables etc. बागबानी करना

gar•gle¹ /'gɑ:gəl/ /'गाऽग्ल्/ verb, i. *The doctor has asked me to gargle with salt water as I have a sore throat.* = to wash the throat and mouth with some liquid by blowing air from the lungs through the liquid, held in the mouth and throat, but not swallowing it गरारे करना

gargle² noun, c. *You should use a salt water gargle.* = a liquid which one gargles with वह तरल पदार्थ जिससे मुँह-गला साफ़ किया जाता है

gar•ish /'geəris/ /'गेअरिश्/ adj. *garish clothes* =

having very bright colours which hurt the eyes (derogatory) भड़कीला, चटकीला (अनादरपूर्ण)

gar•land[1] /'gɑːlənd/ /'गाऽलण्ड्/ noun, c.= a closed chain of flowers which is put around the neck of someone to whom respect is being shown माला (जो किसी आदरणीय व्यक्ति के गले में डाली जाती है)

garland[2] verb, t. *He was garlanded on the occasion of his visit.* = to place a garland, usually of flowers, round a person's neck माल्यार्पण करना, माला पहनाना

gar•lic /'gɑːlɪk/ /'गाऽलिक्/ noun, u. = pods from a plant with a strong smell and taste, used to give flavour to food लहसुन (तेज़ गंध और स्वाद के एक पौधे की फली)

gar•ment /'gɑːmənt/ /'गाऽमन्ट्/ noun, c.= an item (piece) of clothing e.g. a shirt (formal, literary) कोई एक वस्त्र/पोशाक, परिधान (औपचारिक, साहित्यिक)

gar•ner /'gɑːnəʳ/ /'गाऽनरʳ/ verb, t. = to collect and store something जुटाना, जमा करना

gar•net /'gɑːnɪt/ /'गाऽनिट्/ noun, c. or u. = a purple gemstone which is used in jewellery बैंगनी रंग का बेशकीमती पत्थर जो जवाहरात में लगता है

gar•nish[1] /'gɑːnɪʃ/ /'गाऽनिश्/ noun, u = some material, usually some vegetable or fruit cut into small pieces, which is put on top of a dish of cooked food to give it flavour or to make it look more attractive सब्ज़ी/फल के कटे कतरे जो किसी भोज्य वस्तु के ऊपर बिखरे होते हैं ताकि वह आकर्षक लगे या उसका ज़ायका बढ़े

garnish[2] verb, t. *Garnish the fried chicken with some chopped onions.* = to decorate food by using a garnish भोज्य वस्तु को इस तरह सजाना

gar•ret /'gærɪt/ /'गैरिट्/ noun, c. = a small and not very comfortable room at the top of a building इमारत के सबसे ऊपर एक छोटा, तंग-सा कमरा

gar•ri•son[1] /'gærɪsən/ /'गैरिसन्/ noun, c. 1 = a group of soldiers who are defending a place किसी जगह की सुरक्षा के लिए तैनात सैनिकों की एक टुकड़ी 2 = a camp in which soldiers live सैनिकों के निवास के लिए शिविर

garrison[2] verb, t. *The city has been garrisoned.* = to send soldiers to defend a place against an enemy during a war युद्धकाल में शत्रु से किसी स्थान की सुरक्षा के लिए सैनिकों को भेजना

gar•ru•lous /'gærələs/ /'गैरलस्/ adj. *a garrulous person* = (a person who is) in the habit of talking too much बातूनी

gar•ter /'gɑːtəʳ/ /'गाऽटरʳ/ noun, c. = an elastic band worn around the leg to keep a sock in place (not commonly used now) एक लचीला फीता जो पैरों में मोजे को नीचे नहीं खिसकने देने के लिए लपेटा जाता है

gas[1] /gæs/ /गैस्/ noun, u. or c. *Oxygen is a gas.*(c.) *// We use gas to cook our food.*(u.) = a substance which is not solid or liquid and usually cannot be seen एक पदार्थ जो न ठोस होता है न तरल और अक्सर दीखता भी नहीं, गैस

gas[2] /gæs/ verb, t. or i. (**gassed**) **1** (t.) = to use some kind of poisonous gas to kill someone किसी को मार डालने के लिए किसी ज़हरीली गैस का इस्तेमाल करना **2** *Don't sit there gassing all day. Do some work!* (i.) = to talk without any purpose. (slang) बेकार बकवास करते रहना (अपभाषा) **gas-bag** noun = a person who loves to talk बातूनी **gaseous** adj. = in the form of a gas गैस-जैसी **gas mask** noun = a covering worn over the face which protects the wearer from dangerous gases present in the air वातावरण/हवा में छाई ज़हरीली गैसों से बचाव के लिए चेहरे पर पहने जाने वाला एक मुखौटा

gash[1] /gæʃ/ /गैश्/ verb, t. *He fell off the bicycle and gashed his leg.* = to cut or wound deeply (कटने का) गहरा घाव हो जाना

gash[2] noun, c. *The blood was flowing from a gash in her leg.* = a deep cut or wound (कटने से हुआ) गहरा घाव

gas•ket /'gæskɪt/ /'गैस्किट्/ noun, c. = a thin and flat piece of rubber, paper etc. which is put between two parts of a machine so that no steam, air or liquid can escape from it [TECHNICAL] रबर/कागज़ आदि का एक पतला सपाट टुकड़ा जो मशीन के दो हिस्सों के बीच में रखा जाता है ताकि भाप, हवा या किसी तरल पदार्थ को निकलने से रोका जा सके

gas•o•line /'gæsəliːn/ /'गैसलीन्/ noun, u. = petrol (also **gas**) (American) पेट्रोल/गैस (अमेरिकी अंग्रेज़ी का प्रयोग) (देखें **gas**)

gasp[1] /gɑːsp/ /'गाऽस्प्/ verb, i. **1** *The man had been running hard and was gasping for breath.* = to breathe quickly and with difficulty हाँफना, जल्दी-जल्दी मुश्किल से साँस ले पाना **2** *The audience gasped in surprise when the two famous film stars appeared on the stage.* = to draw in one's breath suddenly with a sound because of surprise, wonder etc. अचरज/कौतूहल/विस्मय से एकाएक साँस थम जाना

gasp[2] noun, c. **1** *He was breathing in quick gasps.* = a quick, short breath हँफनी **2** *There was a gasp of surprise from the audience when the film stars appeared.* = the action of drawing in breath suddenly एकाएक थमी साँस की भंगिमा

gas•tric /'gæstrɪk/ /'गैस्ट्रिक्/ adj. *gastric pain* = having to do with the stomach [MEDICINE] (पेट में) वात-संबंधी **gastritis** /gæs'trɪtɪs/ /गैस'ट्राइटिस्/ noun = infection of the stomach which causes pain पेट की एक संक्रामक स्थिति जिसमें दर्द होता है **gastronomy** /gæs'tronəmɪ/ /गैस'ट्रॉनमी/ noun, u. = the art and science of appreciating good food सुभोजन की पहचान की कला और विद्या

gate /geɪt/ /'गेइट्/ noun, c. = a frame on hinges which closes an opening in a fence or wall and can be moved to allow people to enter or leave फाटक, चूलों पर टिका एक ढाँचा जो किसी बाड़े या दीवार में खुली जगह बंद रखता है **gatecrasher** noun, c. = an uninvited guest बिना बुलाए जबरन घुस आने वाला मेहमान

gath•er /ˈgæðəʳ/ /ˈगैदʳ/ verb, t. or i. **1** *The children wandered through the park gathering flowers.*(t.) = to bring things together; to collect बटोरना **2** *A crowd gathered outside the stadium.*(i.) = to come together in large numbers (referring to people) (लोगों का) बड़ी तादाद में जमा होना **3** *I gather you are contesting the next election.* = to get information or find out about something सुनने में आया है कि

gauche /gəʊʃ/ /ˈगउश्/ adj. *His gauche behaviour at the party made us feel ashamed.* = not socially correct or acceptable behaviour भोंडा, भद्दा व्यवहार जो सामाजिक शिष्टता से सम्मत न हो

gau•dy /ˈgɔːdi/ /ˈगॉडी/ adj. *a gaudy piece of jewellery* = very bright and showy (see also **garish**) दिखावटी ढंग से सस्ते तड़क-भड़कवाला (देखें **garish**)

gauge[1] /geɪdʒ/ /गेइज्/ verb, t. **1** *We use a special thermometer to gauge the temperature of the air outside the aircraft.* = to measure माप लेना **2** *I am afraid you have not been able to gauge the situation correctly.* = to judge or understand something (formal) (औपचारिक अंदाज़ा लगाना, आँकना (औपचारिक)

gauge[2] noun, c. **1** *a rain-gauge* = an instrument used for measuring the size, speed etc. of something किसी चीज़ के आकार/उसकी गति का मापक-यंत्र **2** *narrow-gauge railway // a cupboard made of 16-guage steel* = a measurement of the distance between two things or of the thickness of something [TECHNICAL] दो चीज़ों के बीच की दूरी या किसी चीज़ की मोटाई का एक माप

gaunt /goːnt/ /ˈगॉन्ट/ adj. *a tall, thin person with gaunt cheeks* = thin and bony looking; ill or hungry कृशकाय, ठठरीनुमा; रुग्ण या बुभुक्षित

gaunt•let /ˈgɔːntlɪt/ /ˈगॉन्ट्लिट्/ noun, c. = a glove (covering for the hand) made of metal, used by soldiers to protect themselves in former times धातु का बना एक दस्ताना जिससे पुराने ज़माने के सैनिक अपनी रक्षा कर पाते थे

to pick up the gauntlet = to accept a challenge बीड़ा उठाना, चुनौती स्वीकार करना **to run the gauntlet** = to expose oneself to some danger ख़तरे का सामना करना (ओखल में सिर डालना)

gauze /gɔːz/ /गॉऽज़्/ noun, u. **1** = very thin, net-like cloth, used as a bandage to cover a wound बहुत महीन जालीदार कपड़ा जो घाव ढँकने के लिए उसके ऊपर बाँधा जाता है **2** *a wire gauze* = a kind of light screen or net, woven out of thin metal wires, on which a container can be placed and heated, for an experiment in science विज्ञान में प्रयोग के दौरान प्रयुक्त धातु के बारीक तारों से बनी एक पतली जाली जिसपर कोई बरतन रखा और तपाया जा सकता है

gawk /gɔːk/ /गॉक्/ verb, i. *He stood gawking at the 120-storey building.* = to look at someone or something in a foolish way, usually in surprise (informal) अकसर अचरज से (चकराई हुई अक्ल के साथ) किसी चीज़/व्यक्ति को मुँह बाए देखते रह (जा)ना, भौंचक रह जाना (अनौपचारिक) **gawky** adj. *Her gawky movements made everyone look at her curiously.* = awkward and clumsy in movement लस्टम-पस्टम

gay[1] /geɪ/ /गेइ/ noun, c. = a person, generally a man, who is homosexual (attracted to a person of the same sex as oneself) कोई व्यक्ति (सामान्यतः पुरुष) जो अपने ही समलिंगी व्यक्ति के प्रति यौनाकर्षण महसूस करता है

gay[2] adj. **1** = bright and colourful (old-fashioned, out of use now) चटकीला (पुराने प्रचलन का, अब अप्रचलित) **2** *a gay magazine* = for homosexual persons समलिंगी व्यक्तियों के निमित्त

gaze[1] /geɪz/ /गेइज़्/ verb, i. *He sat on the beach, gazing at the sunset.* = to look on with wonder or pleasure at something for a long time कौतूहल में या सुख पाते हुए किसी चीज़ पर टकटकी लगाए रहना

gaze[2] noun, u. *I could not meet his gaze and had to look away.* = a long, steady look अपलक दृष्टि, टकटकीवाली नज़र

ga•ze•bo /gəˈziːbəʊ/ /गˈज़ीबउ/ noun, c. = a place in a garden or on top of a hill where one can sit and admire the scenery उद्यान या पहाड़ी के सबसे ऊपर कोई जगह जहाँ से पूरे नज़ारे पर तल्लीन दृष्टि डाली जा सकती है

ga•zelle /gəˈzel/ /गˈज़ेल्/ noun, c. = a kind of antelope (deer) that moves fast एक प्रकार का तेज़ दौड़ने वाला हिरण

ga•zette /gəˈzet/ /गˈज़ेट्/ noun, c. = a newspaper published by the government, containing important notices, orders etc. सरकार द्वारा प्रकाशित एक समाचार-पत्र जिसमें महत्त्वपूर्ण सूचनाएँ, आदेश आदि होते हैं

gear /geaʳ/ /गेअʳ/ noun, u. or c. **1** *the gears in a motorcar* = a set of wheels with teeth which allows a machine (e.g. a motorcar) to run at different speeds दाँत वाले पहियों का सेट जो मशीन (विशेषकर मोटरगाड़ी) को भिन्न-भिन्न गतियों में चालित होने देता है **2** *sports gear*(u.) = the equipment (tools, shoes, clothing etc.) needed or used for a special activity such as mountain-climbing, swimming under water, playing games such as hockey and football etc. उपकरण (औज़ार, जूते, कपड़े) जो पर्वतारोहण, पानी के अंदर तैरने, हॉकी या फुटबॉल खेलने-जैसे विशेष कार्यों में अपेक्षित या प्रयुक्त होते हैं

to gear up to do something *We are gearing up for water shortage in our city.* = to make preparations for something which will happen किसी संभावित/अवश्यंभावी घटना के लिए तत्पर होना **to be geared to something** *The production of motor cars is geared to the demand. When more* *people want to buy cars, the factories produce more cars, but when the demand is low, the factories produce fewer cars.* = to plan a course of action which will suit a particular condition or need ऐसी कार्यपद्धति आयोजित करना जो किसी विशेष प्रयोजन या आवश्यकता की पूर्ति करे

geck•o /'gekəʊ/ /'गेकउ/ noun = a small animal of the lizard family, commonly found in houses in warm countries छिपकली-नस्ल का छोटा-सा जानवर जो गर्म देशों के मकानों में देखा जाता है

gel•a•tine /'dʒeləti:n/ /'जेलटीन्/ noun = a clear substance produced by boiling the bones of animals, used for making jelly जेली (पारदर्शक अवलेह) बनाने के लिए पशुओं की हड्डियों को उबालकर निकाला गया एक साफ़ दीखता पदार्थ

gem /dʒem/ /जेम्/ noun, c. **1** = a precious stone such as a diamond, which has been cut and can be used in making jewellery एक बेशकीमती पत्थर नग जैसे हीरा जो कटे टुकड़े के रूप में जवाहरात बनाने में काम आता है **2** *He is a gem of a friend.* = a person who is given high value because of some special quality or skill (figurative) 'भूषण', एक व्यक्ति जो विशिष्टगुण-कौशल संपन्न माना जाता है (लाक्षणिक)

gen•der /'dʒendəʳ/ /'जेण्डʳ/ noun, u. or c. **1** *The pronoun 'he' is masculine in gender while the pronoun 'she' is feminine.* = the form of a word which shows whether it refers to someone or something that is male (e.g. 'man' or 'boy') or female (e.g. 'woman' or 'girl') [GRAMMAR] शब्द का वह रूप जिससे पता चलता है कि वह नर या मादा के लिए प्रयुक्त हुआ है, लिंग **2** *The government makes no gender distinctions in selecting officers. There are women as well as men working in important posts.* = differences based on the sex of a person (male or female) लिंग-भेद

gene /dʒi:n/ /जीन्/ noun, c. = a part of a living cell that helps to pass on the qualities of the parent (father or mother) to its young ones पिता या माता के वैशिष्ट्य को संतान में संचरित करने वाला जीवाणु-अंश, **genetic** /जि'नेटिक/ /dʒɪ'netɪk/ adj. *Many forms of diabetes are genetic.* = something that is passed on through the genes from the parent to the child (also **hereditary**) पिता/माता के जीवाणु-अंश से जो संतान में भी संचरित हो जाता है, आनुवंशिक (देखें **hereditary**) **genetics** noun, u. = the study of genes and how they carry the qualities of the parent to the child माता-पिता से संतान तक जीवाणु-अंश की संचरण-प्रक्रिया का अध्ययन, **genetic code** noun = the arrangement of genes in a cell that controls the development of living thing जीवित वस्तुओं के विकास को नियंत्रित करता जीवाणु-संयोजन **genetic engineering** noun = the process of bringing about a change in the nature of the genes so as to control the qualities of the child that is produced by the parent जीवाणु की प्रकृति में ही परिवर्तन लाने की एक प्रक्रिया जिससे पिता-माता की संतान के प्राकृतिक गुण नियंत्रित हो सकें **genetically modified crops** noun = plants (usually plants which produce foodgrains such as wheat etc.) which have been changed through genetic engineering so that they can produce more than normal plants (sometimes abbreviated as GMC) पौधे (प्राय: गेहूँ) जो जीवाणु के मौलिक परिवर्त्तन के फलस्वरूप सामान्य से अधिक परिमाण में पैदा हो सकें

ge•ne•al•o•gy /dʒi:ni'ælədʒi/ /जीनि'ऐलजी/ noun, u. or c. (**genealogies**) = the study of the history of a family showing how its members are related to each other वंशवृक्ष, किसी परिवार की वंशावली का अध्ययन, जिससे पता चलता है कि परिवार वाले किस प्रकार किससे संबंधित हैं

gen•e•ral¹ /'dʒenərəl/ /'जेन्रल्/ noun, c. = an officer of very high rank in the army सेना का एक उच्चपदस्थ अधिकारी

general² adj. **1** *There is a general feeling that the roads in the city need to be improved.* = having to do with all or most of the people; widespread सर्वसाधारण से संबंधित, सामान्य, व्यापक **2** *This school provides a good general education but if you want to learn more about computers you should go to a technical school.* = dealing with common things but not limited to something special विशेष विषयों तक ही सीमित न होकर सामान्य विषयों से संबंधित **3** *This book gives a general description of the people living in Thailand.* = not detailed, but dealing with the main things ब्यौरेवार नहीं, लेकिन मुख्य तथ्यों के विवरण के साथ **general election** noun = an election in which all the voters in a country vote to elect a government आम चुनाव **generalize (generalise)** verb, i. *You cannot generalize that everyone has a television set just because a few people in the building do.* = to form a rule or principle that can apply to a large number of people or things by looking at only a few examples कुछ थोड़े उदाहरणों के आधार पर कोई ऐसा नियम या सिद्धांत बना लेना जो अधिकांश लोगों पर लागू हो, सामान्यीकरण करना **generalization (generalisation)** /dʒenərelaɪ'ʒeɪʃən/ /जेनरलाइ'जेइशन्/ noun, u. or c. = a statement made about a large group of people or things by looking at just a few examples कुछ थोड़े उदाहरणों पर ही आधारित बहुत-सारे लोगों या वस्तुओं के विषय में कोई कथन/वक्तव्य, सामान्यीकरण

gen•e•rate /'dʒenəreɪt/ /'जेनरेइट्/ verb, t. *The new dam will generate 5000 megawatts of electricity.* = to produce (formal) पैदा करना (औपचारिक)

gen•e•ra•tion /dʒenə'reɪʃən/ /जेन'रेइशन्/ noun, c. or u. **1** *The new generation of students is more interested in technology than in the arts.*(c.) = people of about the same age living at a particular time एक काल/युग-विशेष के हमउम्र लोग **2** *Our family has been* *living in this village for at least five generations.* = the period of time during which a person can grow up from a child into an adult and produce children, roughly equal to 25 years काल की अवधि जिसके दौरान कोई बच्चे से सयाना होता है और बच्चे जनता है (औसतन 25 वर्ष) **3** *The generation of electricity has gone up as many new dams have been built.*(u.) = the act of producing something उत्पादन की क्रिया **generation gap** noun = the difference in the ideas, feelings etc. of young people and older people, often leading to a poor understanding of each other युवा पीढ़ी तथा पुरानी पीढ़ी के बीच विचारों, भावनाओं का अंतर या भेद, जिसके कारण एक (पीढ़ी) दूसरी को ठीक-ठीक नहीं समझ पाती **new generation** *new generation computers* = (of machines), new versions which are capable of meeting new needs (विशेषकर मशीन) नई ज़रूरतों के मुताबिक गढ़े गए नए ढाँचे/प्रकार/संस्करण

generator /ˈdʒenəˌreɪtəʳ/ /जेन'रेइटʳ/ noun, c. = a machine that produces electricity (also **dynamo**) एक मशीन जो बिजली पैदा करती है (देखें **dynamo**)

ge•ner•ic /dʒɪˈnerɪk/ /जि'नेरिक्/ adj. **1** *'Panthera' is the generic name given to a class of large cats, to which leopards belong.*= referring to a whole group of things and not to a particular thing पूरे समूह के लिए एक नामवाला **2** *In the USA, doctors are allowed to prescribe only generic drugs, not medicine sold under a particular brand name.* = belonging to a class of drugs (medicines) and not having a special trade name e.g. Crocin दवा की एक विशिष्ट श्रेणी के अंतर्गत, किसी व्यापारिक चिह्न या नाम का नहीं

gen•e•rous /ˈdʒenərəs/ /'जेन्रस्/ adj. **1** *He is a very generous person and has given a lot of money to charitable organizations.* = kind and willing to help by giving away money etc. दानी **2** *He gave me a generous helping of rice.* = large काफ़ी बड़ी (मात्रा) में, उदार, दयालु तथा दान करने को तत्पर

gen•e•sis /ˈdʒenɪsɪs/ /'जेनिसिस्/ noun, u. *The speaker explained the genesis of Hindustani music.* = the beginning or origin of something (formal) उद्‌गम (औपचारिक)

ge•ni•al /ˈdʒiːniəl/ /'जीनियल्/ adj. *She is such a genial person that everyone likes her.* = having a friendly and cheerful attitude मिलनसार और खुशमिज़ाज

ge•nie /ˈdʒiːni/ /'जीनि/ noun, c. = a spirit with magical powers, found in Arabian fairy tales अरबी परी-कथाओं में जादुई शक्ति का एक वैताल

gen•i•tal /ˈdʒenɪtəl/ /'जेनिटल्/ adj. = having to do with the sex organs जननेंद्रिय-संबंधी

gen•i•tals noun, c. (always plural) = the sex organs that are on the outer part of a person's body (केवल बहुवचन में प्रयुक्त) जननेंद्रिय जो शरीर पर उभरे होते हैं

gen•i•tive /ˈdʒenɪtɪv/ /'जेनिटिव्/ noun or adj. *'His' is the genitive or possessive form of the pronoun 'he'.* = the form of a noun or pronoun which shows possession or ownership [GRAMMAR] संबंधवाचक संज्ञा या सर्वनाम जिससे स्वामित्व का बोध होता है

ge•ni•us /ˈdʒiːniəs/ /'जीनियस्/ noun, c. (**geniuses**) or u. **1** *The boy is a musical genius and I am sure he will become a great singer.*(c.) = a person born with very great ability or intelligence उल्लेखनीय क्षमता या मेधा का प्रतिभाशाली व्यक्ति **2** *This beautiful painting is a work of genius.*(u.) = very great and unusual ability or skill असाधारण क्षमता या कौशल

gen•o•cide /ˈdʒenəsaɪd/ /'जेनसाइड्/ noun = the deliberate killing of a whole race of people किसी पूरी जनजाति की संकल्पित हत्या, जाति संहार

genome /ˈdʒiːnəʊm/ /'जीनउम्/ = the sum of all the genes that are found in living beings [TECHNICAL] जीव में विद्यमान जीव-कोशिका के समस्त तत्त्वों का योग

gen•re /ˈʒɒnrə/ /'जॉन्र/ noun, c. *The novel is the most popular genre in modern literature.* = a class of literature, art, film or music which follows a particular form साहित्य, कला, फ़िल्म या संगीत की एक विशिष्ट विधा जो एक निश्चित स्वरूप धारण करती है

gen•teel /dʒenˈtiːl/ /जेन'टील्/ adj. *genteel manners* = polite and refined in a way that is thought to belong to a high social class संभ्रांत/अभिजात वर्ग के अनुरूप भद्र एवं परिष्कृत, कुलीन **gentility** noun, u. = the quality of being genteel कुलीनता

gen•tle /ˈdʒentl/ /'जेन्ट्ल्/ adj. **1** *She is too gentle a person to hurt you.* = kind and careful not to hurt people दयालु तथा दूसरों को कष्ट न पहुँचे इसका ध्यान रखने वाला **2** *gentle exercise* = not violent or requiring much effort हल्का, जिसमें ज्यादा मशक्कत न पड़े

gen•tle•man /ˈdʒentlmən/ /'जेन्ट्ल्मन्/ noun, c. (**gentlemen**) **1** = a polite man, seen as dignified and as someone who behaves well with others (somewhat old-fashioned) भद्रपुरुष (कुछ-कुछ पुराने प्रचलन का) **2** *Gentlemen, can I have your attention?* = used to refer the men in a gathering किसी सभा/गोष्ठी में पुरुष श्रोताओं को संबोधित करने में प्रयुक्त

gen•try /ˈdʒentri/ /'जेन्ट्री/ noun, u. *The gentry of the town have been invited to the function.* = people belonging to the higher social classes (old-fashioned) कुलीन/अभिजात-वर्ग (पुराने प्रचलन का)

gen•u•ine /ˈdʒenjuɪn/ /'जेन्युइन्/ adj. **1** *Is this a genuine painting by the great painter Van Gogh or is it only a copy?* = real; actually being what something or someone is supposed to be असली, प्रामाणिक **2** *a genuine person* = very honest and sincere ईमानदार तथा निष्कपट

ge•nus /ˈdʒiːnəs/ /'जीनस्/ noun, c. (**genera**) = a biological group or class to which an animal or plant belongs (see also **species**) [BIOLOGY] जैविक श्रेणी जिसके अंतर्गत कोई पौधा या पशु माना जाता है (देखें **species**)

geo- prefix meaning 'having to do with the Earth' उपसर्ग जो 'भू-संबंधी' का अर्थ दे e.g. **ge•og•ra•phy** /dʒiˈɒgrəfi/ /जिˈऑग्रफ़ी/ noun **1** = the study of the things found on the Earth's surface, physical features, climate, vegetation etc. भूगोल **2** *The geography of this city, lying next to a mountain, is very attractive.* = the way in which a place is arranged किसी स्थान-विशेष की स्थिति का प्रकार

ge•o•cen•tric /dʒiːəʊˈsentrɪk/ /जीअउˈसेण्ट्रिक्/ adj. *The astronomer Copernicus proved that the universe was not geocentric.* = having the Earth as the centre भूकेंद्रीय

ge•ol•o•gy /dʒiˈɒlədʒi/ /जिˈऑलजी/ noun = the study of the materials which make up the Earth e.g. rocks, minerals, soil etc. पृथ्वी के गढ़न के उपादानों (चट्टान, खनिज, मिट्टी आदि) का विज्ञान, भूगर्भ विज्ञान

ge•om•e•try /dʒiˈɒmɪtri/ /जिˈऑमिट्री/ noun = the branch of mathematics which deals with lines, surfaces, angles and shapes (e.g. a circle, a triangle) गणित की एक शाखा जो रेखाओं, समतलों, कोणों तथा वृत्त, त्रिकोण-जैसे स्वरूपों का विचार करती है; ज्यामिति **geometric (geometrical)** /dʒɪəˈmetrɪk/ /जियˈमेट्रिक्/ adj. **1** = having to do with geometry ज्यामितिक **2** *geometrical patterns* = formed by lines or regular patterns only and not showing living things (human beings, animals etc.) (मनुष्यों/पशुओं की) संपूर्ण आकृति का अंकन किए बिना, रेखाओं या सुव्यस्थित उपाकृतियों से ही स्वरूपित **geometric progression** noun *The numbers 2,6,18,54 etc. form a geometric progression.* = a set of numbers in which each number is multiplied or divided by a fixed number in order to get the next number [MATHEMATICS] (compare **arithmetical progression**) संख्याओं का एक संकुल (सेट) जिसमें प्रत्येक संख्या किसी निश्चित संख्या से गुणित या विभाजित होती है और इस प्रकार अगली संख्या हाथ आ पाती है (देखें **arithmetical progression**)

ge•ra•ni•um /dʒɪeˈreiniəm/ /जेˈरेइनियम्/ noun, c. = a small plant which produces red, pink, or white flowers, commonly found in gardens प्राय: उद्यानों में मिलने वाला एक छोटा पौधा जिससे लाल, गुलाबी और सफ़ेद फूल निकलते हैं

ge•ri•at•rics /dʒeriˈætrɪks/ /जेरिˈऐट्रिक्स्/ noun = the branch of medicine which deals with the treatment and care of old people वृद्धजनों की चिकित्सा या उनकी देखभाल के लिए प्रयुक्त औषधि-विज्ञान की एक प्रशाखा **geriatric** adj. *a geriatric ward in a hospital* = having to do with the treatment and care of old people वृद्धजनों की चिकित्सा या उनकी देखभाल के निमित्त

germ /dʒɜːm/ /जɜम्/ noun, c. *This disease is caused by a germ.* = a very tiny living thing that can cause disease रोगाणु **germ cell** noun *Scientists are collecting germ cells from rice plants in order to produce new kinds of rice.* = a cell (small part of a plant or animal) which can grow into a new plant or animal कोशाणु/किसी पौधे या पशु की इकाई-सत्ता, जो एक नये पौधे या पशु के रूप में विकसित हो सकती है **germ warfare** noun = the use of germs during a war to kill enemy soldiers (also **biological warfare**) युद्धकाल में शत्रु-सैनिकों के संहार के लिए प्रयुक्त रोगाणु-हथियार (देखें **biological warfare**) **germicide** noun, c. = a chemical that can kill germs [TECHNICAL] रोगाणुओं का नाशक एक रासायनिक पदार्थ, रोगाणुनाशक

ger•mi•nate /ˈdʒɜːmɪneɪt/ /ˈजɜमिनेइट्/ verb, i. *These seeds will germinate if they are kept in a warm and damp place.* = to cause a seed to grow [TECHNICAL] पनपाना, बीज को पनपने देना

ger•und /ˈdʒerənd/ /ˈजेरन्ड/ noun, c. *In the sentence 'I love eating.' the word 'eating', is a gerund.* = a verb ending in 'ing' which is used as a noun in a sentence. [GRAMMAR] 'ing' से अंत होने वाली क्रिया जो वाक्य में संज्ञा का काम करती है

ges•ta•tion /dʒeˈsteɪʃən/ /जेˈस्टेइशन्/ noun, u. *A human foetus has a gestation period of nine months.* = the time during which the child develops inside the mother's body (before it is born) [BIOLOGY] जन्म से पूर्व गर्भस्थ शिशु के विकास की अवधि

ges•ti•cu•late /dʒeˈstɪkjʊleɪt/ /जेˈस्टिक्युलेइट्/ verb, i. *I saw her gesticulating from a distance but I don't know what she was trying to say.* = to use movements of the arms and hands in order to express some meaning (formal) किसी अभिव्यक्ति के लिए हाथ-पाँव के संचालन (भंगिमा) का प्रयोग (औपचारिक)

gesture[1] /ˈdʒestʃəʳ/ /ˈजेस्चर/ noun, c. **1** *She made an angry gesture by shaking her fist.* = the use of movements of the body, specially the hands, to express a certain meaning विचार/भावना की अभिव्यक्ति के लिए शरीर के किसी अंग, विशेषत: हाथों की भंगिमा का प्रयोग **2** *It was not necessary for him to invite me home for a meal, but he did so. It was a kind gesture on his part.* = an action done to express a certain feeling, usually pleasant (सामान्यत: प्रिय/रुचिकर) भाव प्रदर्शित करने के लिए की गई क्रिया

gesture[2] verb, i. *She asked me to sit down and gestured towards the chair.* = to make a gesture to express some meaning कोई भाव व्यक्त करने के लिए इशारा करना

get /get/ /गेट्/ verb, t. or i. (**got**) **1** *She got the first prize.*(t.) = to receive or obtain पाना, उपलब्ध करना **2** *I've got a brand new car.*(t.) = to have something अपने पास होना **3** *Get me a chair.*(t.) = to bring or fetch (के लिए) लाना/ले आना **4** *She got an attack of influenza last week.*(t.) = to suffer from some illness (बीमारी का) दौरा आना **5** *We got to the station in time.*(t.) = to reach

पहुँचना **6** *He is getting too old to run.*(t.) = to become होते जाना **7** *I got him to clean the house.*(t.) = to cause something to happen कुछ करवाना **8** *I don't get you.*(t.) = to understand समझ पाना/समझ में आना **9** *Let's go home before it gets too hot.* = becomes हो जाना **get-together** = an informal meeting of friends मित्रों की एक अनौपचारिक गोष्ठी **get-up** *The new book has a nice get-up.* = something done to make the appearance of a book etc. attractive साज-सज्जा, कलेवर

> **Usage** The participle form of **get** is **gotten** in American English. (e.g. *I have gotten a new car.)* The participle form is **got** in British English. (e.g. *I have got a new car.)* अमेरिकी अंग्रेज़ी में get का participle रूप gotten होता है। (जैसे, I have gotten a new car). ब्रिटिश अंग्रेज़ी में participle रूप got होता है (e.g. I have got a new car.)

to get about *How do you manage to get about when you are in the village?* = to move from place to place इधर-उधर जा (पा)ना **to get something across** *Were you able to get your ideas across to your students?* = to make oneself understood अपने को समझा पाना **to get along** *Do you get along with your seniors?* = to have a good relationship with someone 'से (अच्छी) बनती है' (ऐसा भाव) **to get around** *My grandfather is very old. He doesn't get around the house very much.* = to move about or go somewhere घूमना-फिरना, बाहर निकलना **to get at** *What are you getting at? Will you explain what you mean?* = to suggest or say something indirectly का संकेत देना, बात ज्यों की त्यों नहीं कहना **to get away** *I'd like to get away from the city and go somewhere quiet.* = to escape (जगह) से चला जाना/को छोड़ देना **to get away with something** *Their child does so many naughty things, but she gets away with it.* = to be able to escape punishment for doing something wrong because one is loved, very important etc. प्रिय या विशेष होने के कारण गलत काम के लिए सज़ा से छूट मिल जाना **to get by** *I find it difficult to get by on my salary.* = to manage (to have enough money for one's needs) खर्च चला पाना **to get down to** *I must get down to work now.* = to begin something seriously किसी काम को गंभीरता से शुरू करने लगना **to get off** *I jumped a traffic light, but I was lucky to get off with just a warning.* = to be lucky enough to escape punishment खुशकिस्मती से सज़ा से बच जाना **to get through** = to be successful in an examination or in reaching someone on the telephone इम्तहान में पास हो जाना या किसी का टेलिफोन पर मिल जाना **to get over 1** *I was really sad when I failed but have got over it.* = to feel better after an experience of sorrow, shock, disappointment etc. दु:ख:, सदमे या निराशा के अनुभव के बाद कुछ बेहतर या हल्का महसूस करना **2** *She had a very bad backache but has now got over it.* = to recover from an illness चंगा हो जाना **to get round** *The news has got round that he is leaving his job.* = to be known to many people (used to refer to a matter which is generally not favourable to the person) किसी के बारे में कोई अप्रिय बात का लोगों में फैलना, अफवाह

gey•ser /'gi:zəʳ/ /'गीज़र्/ noun, c. **1** = a stream of water, usually hot, which shoots up with force out of the ground from time to time पानी का (प्राय:) गरम स्रोत जो ज़मीन के अंदर से रह-रहकर फूट पड़ता है, सोता **2** = a machine, working on electricity or gas, usually found in the bathrooms of houses, which stores and produces hot water एक मशीन जो बिजली या गैस से चलती है, प्राय: स्नानागारों में लगी रहती है जिसमें गरम पानी जमा होता है और बाहर आता है

ghast•ly /'gɑ:stli/ /'गाऽस्ट्ली/ adj. **1** *He made such a ghastly speech that everyone in the audience walked out.* = very bad भद्दा, भोंड़ा **2** *A truck collided with a motorbike. It was a ghastly accident.* = something that is very unpleasant to look at and causes fear दारुण, भयावह

ghee /gi:/ /गी/ noun, u. = cooking fat made from butter घी

gher•kin /'gɜ:kɪn/ /'गऽकिन्/ noun, c. = a kind of green vegetable like a cucumber, which is usually pickled in salt water or vinegar before eating ककड़ी/खीरे की तरह एक हरी सब्ज़ी जो खाने के लिए नमकीन पानी या सिरके में पगे अचार की तरह होती है

ghet•to /'getəʊ/ /'गेटउ/ noun, c. (**ghettos** or **ghettoes**) = an overcrowded part of a city where people belonging to a particular community or group live together in poor conditions शहर का एक बहुत भीड़-भाड़वाला हिस्सा जहाँ किसी विशेष समुदाय के लोग बहुत तंग हालत में साथ जीते हैं

ghost /gəʊst/ /गउस्ट्/ noun, c. = the spirit of a dead person which is said to be able to appear in different forms प्रेत, भूत **ghostwriter** noun = a person who is paid to write a book for someone else, using that person's name पारिश्रमिक पाकर दूसरे के लिए उसीके नाम पर लिखने वाला लेखक

ghoul /gu:l/ /गूल्/ noun = an evil spirit which is said to eat the dead bodies of human beings शवभक्षी वैताल

giant /'dʒaɪənt/ /'जाइअन्ट्/ noun, c. = an imaginary wicked or sometimes friendly creature that has the shape of a very large and powerful human being (found in children's stories) बहुत विशाल आकार का एक ताकतवर काल्पनिक जीव जो या तो खल होता है या मित्रवत् (बाल-कथाओं में एक सामान्य पात्र)

gib•ber•ish /'dʒɪbərɪʃ/ /'जिबरिश्/ noun, u. *I can't understand a word of what you are saying. You are talking gibberish!* = meaningless nonsense (derogatory) बकवास, बिना सिर-पैर की बात (अनादरपूर्ण)

gib•bet /'dʒɪbɪt/ /'जिबिट्/ noun, c. = a wooden post from which criminals were hanged in former times (see also **gallows**) फाँसी का तख्ता जिससे पुराने ज़माने में मुजरिम लटकाकर मार दिए जाते थे (देखें **gallows**)

gib•bon /'gɪbən/ /'गिबन्/ noun, c. = a kind of small ape found in parts of Asia एशिया के कुछ हिस्सों में पाया जाने वाला छोटा लंगूर

gibe /dʒaɪb/ /जाइब्/ noun, c. *The gibes you made at the Director in your speech were not liked by many.* = an unkind remark intended to make someone appear foolish किसी को बुद्धू-जैसा लगने देने के लिए तानाकशी

gib•lets /'dʒɪblɪts/ /'जिब्लिट्स्/ noun, u. (only plural) = the heart, liver and other organs of a bird (e.g. a chicken) which are removed before cooking but are often eaten separately (केवल बहुवचन में प्रयुक्त) चूज़े सरीखे किसी पक्षी के दिल, गुर्दे और दूसरे अंग जो उसे पकाने से पहले निकाल लिए जाते हैं और कभी-कभी अलग से भी खाए जाते हैं

gid•dy /'gɪdi/ /'गिडि/ adj. *I feel giddy whenever I travel by boat.* = feeling unsteady, as though everything was turning round and round and one was about to fall चक्कर आना

gift /gɪft/ /'गिफ़्ट्/ noun, c. **1** *This pen is a birthday gift for your daughter.* = present उपहार, तोहफ़ा **2** *She has a gift for music.* = a special talent or ability that one is born with जन्मजात प्रतिभा या क्षमता

gi•gan•tic /dʒaɪ'gæntɪk/ /जाइ'गैन्टिक्/ adj. *a gigantic crowd* = very large; huge विशालकाय

gig•gle[1] /'gɪgəl/ /'गिग्ल्/ verb, i. *Stop giggling! This is a serious matter.* = to laugh in a foolish way because of being nervous or embarrassed घबराहट या शर्मिंदगी में बेवकूफ़ की तरह हँसना, खी-खी-खी-खी करना

giggle[2] noun, c. *You can hear her giggles.* = the sound made while giggling शर्मिंदगी में बेवकूफों जैसी हँसी की आवाज़

gild /gɪld/ /गिल्ड्/ verb, t. *If you gild these silver ornaments, they will look as if they are made of gold.* = to cover something with a thin coating of gold सोने का पानी चढ़ाना **gilt** noun, u. = the thin covering of gold which is put on something (usually an ornament made of cheaper metal) सोने का पानी (जो सस्ती धातुओं पर चढ़ा होता है)

gill /gɪl/ /गिल्/ noun, c. = an organ (body part) in the head of a fish, on either side of the mouth, through which the fish gets oxygen present in the water (see pic under **fish**) मछली के सिर में दोनों ओर ऐसे अंग जिनसे पानी के अंदर विद्यमान ऑक्सीजन उसे मिलता रहता है (**fish** के अंतर्गत चित्र देखें)

gim•let /'gɪmlɪt/ /'गिम्लिट्/ noun, c. = a tool used by a carpenter to make holes in wood, through which screws can be fitted बर्मा, बढ़ई का एक औज़ार जिससे वह काठ में सूराख करता है ताकि उसमें पेंच कसा जा सके

gim•mick /'gɪmɪk/ /'गिमिक्/ noun, c. *A company that makes toothpaste is offering a free trip to Singapore as a prize, but this is only a sales gimmick.* = an idea intended to draw the attention of people, usually in order to sell something (disapproving) किसी चीज़ की बिक्री कराने के लिए लोगों को लुभाने की एक तरक़ीब, तिकड़म (अस्वीकृत)

gin /dʒɪn/ /जिन्/ noun, u. = a strong alcoholic drink which is usually colourless and looks like water एक कड़ा मादक द्रव्य जो सामान्यतः रंगहीन, पानी के-जैसा, दीखता है

ging•er /'dʒɪndʒə^r/ /'जिन्जर/ noun, u. = the root of a plant which is used as a spice to give a hot taste to food एक पौधे की जड़ जो भोज्य पदार्थ में कुछ तीखे स्वाद के लिए मसाले का काम करता है, अदरक

gip•sy (gypsy) /'dʒɪpsi/ /'जिप्सी/ noun, c. (**gipsies**) = a member of a group of people who have no fixed home and travel from place to place खानाबदोश

gi•raffe /dʒɪ'rɑːf/ /जि'राफ़्/ noun = an African animal with a very long neck and legs, yellowish-brown in colour, with black spots बहुत ही लंबी गरदन और टाँगोंवाला, पीले-भूरे रंग और काले-काले धब्बों का एक अफ़्रीकी जानवर, जिराफ

gir•der /'gɜːdə^r/ /'गऽडर/ noun, c.= a strong and heavy beam (thick piece of metal) made of steel, which supports a bridge or the roof of a building लोहे का शहतीर जो पुल या मकान की छत को टिकाए रखता है

gir•dle /'gɜːdl/ /'गऽड्ल्/ verb, t. *The mountain girdles the town of Dehra Dun.* = to form a ring around something चारों ओर से एक घेरा बनाना

girl /gɜːl/ /गऽल्/ noun, c. **1** = a very young woman लड़की/ **2** *I am taking my little girl to school.* = daughter बेटी **girlfriend** noun = a woman who has a close relationship with a man एक युवक से घनिष्ठ/निकट संपर्क रखती युवती, प्रेमिका

girth /gɜːθ/ /गऽथ्/ noun, u. *This old tree has a girth of five metres around the trunk.* = the measurement of the thickness of something around its middle part किसी चीज़ के मध्य भाग की मोटाई का माप, तना

gist /dʒɪst/ /जिस्ट्/ noun, u. *I don't have time to read this long report. Just give me the gist.* = the main points, without the details सारांश, सार-संक्षेप

give /gɪv/ /गिव्/ verb, t. or i. (**gave, given**) **1** *My parents gave me an encyclopedia for my twelfth birthday.*(t.) = to cause or allow someone to own something रख लेने के लिए देना/दिलवाना **2** *Give her the present which you bought her for her birthday.*(t.) = to hand over थमाना, देना **3** *I will give you a week to complete this task.*(t.) = to allow की छूट/मुहलत देना **4** *This cow gives two litres of milk a day.*(t.) = to produce or supply दे सकना/पाना **5** *He gave a loud cry and fell down.*(t.) देना **6** *She will give the welcome address.* = to speak भाषण करना **7** *The noise from these machines gave me a headache.*(t.) = to create or produce पैदा करना **8** *Please give me five more minutes to complete the work.*(t.) = to allow (किसी को कुछ कर सकने के लिए समय) देना **9** *The look on his face gave me the feeling that he was angry with me.*(t.) = to create a certain effect एक असर पैदा करना

G

10 *The plastic bench gave a little after many people had sat on it.*(i.) = to change shape because of pressure दबाव से शक्ल बदल लेना, लचक जाना

giveaway noun *I can guess who wrote this letter, even though the writer's name is missing. The handwriting is a clear giveaway.* = something that makes a secret known, without its intending to do so कोई चीज़ जिसका कोई राज़ अपने-आप खुला लगता है

give and take *A friendship can last only when there is give and take between the friends.* = willingness to accept the wishes or ideas of the other person दूसरे के विचारों, उसकी इच्छाओं को मानते रहने की तत्परता **to give in** *For a long time I refused to see the film but finally gave in.* = to let something happen after a period of preventing it from happening कुछ नहीं होने देने में बहुत विलंब करने के बाद उसके लिए राज़ी होना **to give as good as one gets** = to give someone the same kind of unpleasant treatment that he/she gives you जैसे को तैसा देना **to give off** *The chutney was stale and gave off a bad smell.* = to create or produce noise, light, smell etc. पैदा करना (शोर, रोशनी, गंध आदि) **to give up** 1 *I gave up swimming when I developed a pain in my legs.* = to stop doing something that one does often जो अक्सर करने की आदत है उसे बंद कर देना 2 *I really think you should give up smoking.* = to stop doing something that is bad for one's health स्वास्थ्य के लिए जो हानिकर हो उसे त्याग देना

gizzard /'gɪzəd/ /'गिज़ड्/ noun = a small bag of muscle inside the stomach of a bird in which food is broken up into tiny pieces with the help of small stones which the bird has swallowed पक्षी के पेट के भीतर पेशियों की एक छोटी-सी थैली जिसमें उसका भोजन उसके निगले हुए छोटे-छोटे पत्थरों के ज़रिये कतरों में कट-कट जाता है

gla•cier /'glæsiə^r/ /'ग्लैसिअ^र/ noun, c. = a river of ice high up on a mountain (from which a river has its source) पहाड़ की ऊँचाई पर बर्फ़ की एक नदी (जो किसी नदी का उद्गम होती है), हिमनद

glad /glæd/ /ग्लैड्/ adj. *I am glad to see you in good health.* = happy खुश, प्रसन्न

glade /gleɪd/ /ग्लेइड/ noun, c. = an open space surrounded by trees पेड़ों से घिरी खुली जगह

glad•i•a•tor /'glædieɪtə^r/ /'ग्लैडिएइट^र/ noun, c. = a trained fighter who was made to fight, in ancient Rome, against other gladiators or wild animals, for the entertainment of crowds that came to watch such fights एक प्रशिक्षित योद्धा जिसको प्राचीन रोम में इच्छुक दर्शकों के मनोरंजन के लिए दूसरे योद्धाओं या जंगली जानवरों से लड़वाया जाता था

glam•our /'glæmə^r/ /'ग्लैम^र/ noun, u. *People are attracted to filmstars because of their glamour.* = a quality, attributed to rich, famous or beautiful people, which has a strong attractions for ordinary people मोहकता का गुण जो दौलतमंद, मशहूर या खूबसूरत लोगों में होता है और जनसाधारण को लुभावना लगता है

glance[1] /glɑːns/ /'ग्लाऽन्स्/ verb, i. *She glanced at her watch and saw that she was late for the meeting.* = to take a quick, short look नज़र डालना

glance[2] noun, c. *One glance at his face told me how angry he was.* = a quick, short look पर एक (उड़ती) नज़र

gland /glænd/ /ग्लैन्ड/ noun, c. *The salivary gland helps us to digest our food.* = a small organ of the body that produces a kind of chemical substance that enters the blood and has some effect on the working of the body शरीर का एक अवयव जो एक प्रकार का रासायनिक पदार्थ उत्पन्न करता है जो खून में रिसता है और शारीरिक प्रक्रिया को प्रभावित करता है

glare[1] /gleə^r/ /ग्लेअ^र/ verb, i. *The man stood there, saying nothing but glaring at me angrily.* = to look hard and long at someone in anger रोष में किसी पर कड़ी लंबी निगाह डाले रहना

glare[2] noun, u. 1 *His angry glare frightened me.* = a hard look of anger रोष की एक कड़ी नज़र 2 *The glare of the lights was so strong that I was blinded for a minute.* = the brightness of a strong light that hurts the eyes कड़ी रोशनी की ऐसी चकमकाहट जिससे आँखें दुखने लगती हैं **glaring** adj. *Forgetting to print the chief guest's name on the invitation card was a glaring mistake.* = (something bad) that is very easily noticed or seen; shocking सहज ही में दीखती (चूक, त्रुटि, आदि) जो आघात पहुँचाती है

glass /glɑːs/ /ग्लास्/ noun, u. or c. (**glasses**) 1 *a sheet of glass* (u.) = a hard, transparent material that is brittle (breaks easily) and is made by melting sand and other chemicals at very high temperature एक सख्त पारदर्शी पदार्थ जो तुनुक होता है और बालू तथा अन्य रासायनिक पदार्थों को अधिक तापमान पर पिघलाने से बनता है 2 *a wine glass*(c.) = a small container for liquids that one drinks from, usually made of glass तरल पदार्थों के लिए एक बरतन जो अकसर शीशे का होता है और जिससे पेय लिया जाता है 3 *You should drink a glass of milk every morning.*(c.) = the amount of liquid that can be held by a glass (meaning 2) द्रव/तरल पदार्थ का परिमाप जितना एक गिलास में आ सकता है **glasses** noun, c. (only plural, following 'a pair of') *I must get a new pair of glasses from the optician.* = spectacles; two pieces of specially cut glass, plastic etc. in a frame, worn over the ears and nose, which help a person to see more clearly (केवल बहुवचन में प्राय: 'a pain of' के बाद प्रयुक्त) चश्मा, खास ढंग से कटा शीशा, प्लास्टिक, इत्यादि जो एक फ्रेम में फ़िट रहता है, कानों और नाक के ऊपर पहना जाता है, और जिससे ज्यादा साफ़ दिखाई देता है

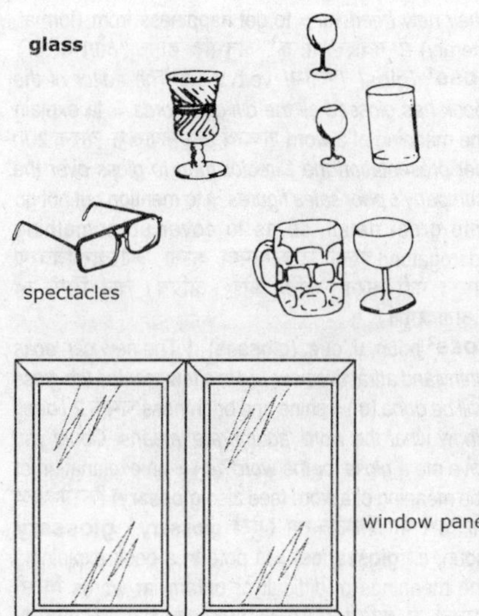

glaze[1] /gleɪz/ /ग्लेइज़्/ noun, u. *These clay pots have a beautiful glaze.* = a shiny glass-like surface which an object made of clay (earth) gets when it is heated to a very high temperature शीशेनुमा चमकीली ऊपरी परत जो अधिक ताप पर तपाने से गीली मिट्टी से बनी चीज़ पर आ जाती है

glaze[2] verb, t. **1** *The potter will glaze these pots by baking them in a special oven.* = to put a glaze (shiny surface) on a pot शीशे के जैसी पॉलिश किसी बरतन पर चढ़ाना **2** *These windows have to be glazed.* = to fit a door or window frame with glass दरवाज़े या खिड़की के ढाँचे में शीशा फ़िट करना

gleam[1] /gliːm/ /ग्लीम्/ verb, t. *We saw a light from the village gleaming in the darkness.* = to shine faintly टिमटिमाना

gleam[2] noun, u. **1** *the soft gleam of a candle* = a soft, gentle light that shines for a short time एक हल्की नेत्र-सुखद रोशनी जो कुछ ही देर के लिए होती है **2** *There was a gleam of hope in his eyes.* = a sudden expression of feeling in someone's eyes आँखों में (किसी) भावना की एक आकस्मिक अभिव्यक्ति

glean /gliːn/ /ग्लीन्/ verb, i. *These facts have been gleaned from a number of newspaper articles.* = to gather facts or information from different sources (formal) विभिन्न स्रोतों से तथ्य या जानकारी की बातों का चयन/संकलन करना (औपचारिक)

glee /gliː/ /ग्ली/ noun, u. *The children clapped their hands in glee.* = joy (LITERARY) उल्लास, खुशी

glen /glen/ /ग्लेन्/ noun, c. = a valley between mountains (commonly used in Scotland or Ireland) (विशेषकर स्कॉटलैंड/आयरलैंड) पहाड़ों के बीच की घाटी

glib /glɪb/ /ग्लिब्/ adj. *I don't trust him at all. He is far too glib.* = able to talk easily and cleverly and to persuade others, though not always truthful or sincere (disapproving) सहज प्रवाह में और चतुराई से बोल सकने वाला जो दूसरों को क़ायल कर देता है, किंतु हमेशा निष्कपट नहीं होता (अस्वीकृत)

glide /glaɪd/ /ग्लाइड्/ verb, i. **1** *The boat glided across the calm waters of the lake.* = to move lightly and effortlessly across a surface किसी सतह से हल्के से, बिना किसी मशक्कत के फिसल सकना **2** *The eagles glided in circles through the air.* = to move through the air without beating the wings or using the power of an engine (used to describe the flight of a bird or aircraft) हवा में बिना पंख चलाये तिरना या बिना मशीन चालू रखे हुए तिरते रहना (पक्षी या वायुयान की एक खास उड़ान के लिए प्रयुक्त शब्द) **glider** noun = a kind of aircraft that has no engine but can fly after it has been towed (pulled up) into the air by another aircraft एक प्रकार का वायुयान जिसका अपना कोई इंजिन नहीं होता लेकिन दूसरे हवाई जहाज़ के ज़रिये खिंचकर हवा में उड़ता रह सकता है

glim•mer[1] /ˈglɪməʳ/ /ˈग्लिमर/ verb, i. *The candle glimmered in the wind.* = to give out a weak, unsteady light टिमटिमाना, रह-रहके मद्धिम रोशनी दे (पा)ना

glimmer[2] noun, u. **1** *the faint glimmer of a candle.* = weak, unsteady light मद्धिम अस्थिर रोशनी **2** *There was a faint glimmer of hope in his eyes.* = a small expression of feeling that does not last long (figurative) भावना की एक क्षणिक कौंध (लाक्षणिक)

glimpse[1] /glɪmps/ /ग्लिम्प्स्/ verb, t. *I glimpsed her among the crowd of women.* = to have a short, quick view of something or someone की झलक पाना

glimpse[2] noun, c. **1** *I caught just a glimpse of your brother as he drove past.* = a short, quick view of something (उड़ती) झलक **2** *The docu-mentary on polar bears gives one a glimpse into the life they live.* = an idea or experience that helps one to understand something एक आभास या एहसास जो किसी चीज़ की कुछ समझ-बूझ कराता है

glint[1] /glɪnt/ /ग्लिन्ट्/ verb, i. *The gold bangles glinted under the bright lights.* = to give out a shine (from a polished metal surface) चमकाई हुई धातु की परत से (रोशनी) छिटकना, चकमकाना

glint[2] noun, c. *The glint of gold ornaments in the jeweller's shop dazzled me.* = the bright shine given out by polished metal चमकाई हुई धातु से छिटकती चमक

glis•ten /ˈglɪsən/ /ˈग्लिसन्/ verb, i. *Her forehead glistened with drops of sweat.* = to give out the shine that comes from a wet surface भींगी हुई/सिक्त गीली सतह पर दीखती आभा

glitch /glɪtʃ/ /ग्लिच्/ noun, c. (**glitches**) *The engine of the car won't start. There must be a glitch in the electrical system.* = a fault in a machine or a computer

G

program that prevents it from working properly (informal) किसी मशीन या कंप्यूटर प्रोग्राम में कोई खराबी जो उसे ठीक से काम नहीं करने देती (अनौपचारिक)

glit•ter[1] /ˈglɪtəʳ/ /ˈग्लिटʳ/ verb, i. **1** *The diamonds in her ring glittered brilliantly.* = to shine in small flashes चकमकाना **2** *His eyes glittered when I promised to publish his story.* = to shine with excitement किसी उत्तेजक भाव से दीप्त होना

glitter[2] noun, u. **1** *The glitter of sunlight on the water was dazzling.* = small flashes (not continuous) झिलमिलाहट **2** *Most people are attracted by the glitter of films.* = excitement (see also **glamour**) चमक-दमक, तड़क-भड़क (देखें **glamour**)

gloat /gləʊt/ /ग्लउट्/ verb, i. *It's nice that you won the match but I don't think you should gloat over your victory.* = to feel superior because of something that one has achieved and to talk about it in a boastful and unpleasant manner किसी उपलब्धि पर अपने को श्रेष्ठ/बेहतर समझना और ऐसी गर्वोक्ति करते रहना कि अप्रिय लगे

globe /gləʊb/ /ग्लउब्/ noun, c. **1** = any round object shaped like a ball गेंद सरीखी कोई भी गोल चीज़ **2** = a round object representing the Earth, with a map of the different oceans and continents printed on it पृथ्वी का गोलाकार मानचित्र, जिसपर महासागरों और महादेशों के मानचित्र अंकित रहते हैं **3** = the Earth (the planet we live on) पृथ्वी (वह ग्रह जिसपर हम रहते हैं) **global** adj. **1** *Everyone fears the possibility of a global war.* = something that relates to all the countries of the world जो विश्व के सभी देशों से संबंधित हो या उन्हें प्रभावित करता हो **2** *We should have a global picture of the water problem.* = relating to every part of something किसी विषय के प्रत्येक पक्ष से संबद्ध **globalization (globalisation)** /gləʊbəlaɪˈzəʃən/ /ग्लउबलाइˈज़शन्/ noun, u. *the globalization of India's economy* = the process or result of becoming a part of some system that operates all over the world or in many countries कई देशों या पूरे विश्व में प्रचलित किसी व्यवस्था का अंग होने का परिणाम या उसकी प्रक्रिया

gloom /gluːm/ /ग्लूम्/ noun, u. **1** *We couldn't find our way in the gloom.* = darkness अंधकार **2** *She was filled with gloom when she heard of the accident.* = sorrow शोक, उदासी

glory[1] /ˈglɔːrɪ/ /ˈग्लॉरी/ noun, u. **1** *Her achievements as a writer have brought glory to the country.* = honour and fame गौरव, सम्मान तथा यश **2** *The temple at Khajuraho had been neglected for years, but now it has been restored to its former glory.* = greatness and beauty महानता एवं सौंदर्य, गौरव

glory[2] verb, t. *When India became independent in 1947, the people were very happy. They gloried in their new freedom.* = to get happiness from (formal, literary) में गर्वोल्लास की अनुभूति होना (औपचारिक)

gloss[1] /glɒs/ /ˈग्लॉस्/ verb, t. **1** *The editor of the book has glossed all the difficult words.* = to explain the meaning of a word शब्दार्थ की व्याख्या करना **2** *In her presentation the Director tried to gloss over the company's poor sales figures.* = to mention but not go into great detail, so as to cover up something (derogatory) हल्का उल्लेखमात्र करना, ब्यौरेवार विवरण प्रस्तुत नहीं करना, ताकि कोई (अप्रिय) बात छिपी रहे (अनादरपूर्ण)

gloss[2] noun, u. or c. (**glosses**) **1** *The new car looks shiny and attractive now, but in a few months the gloss will be gone.*(u.) = shine and brightness चमक **2** *I don't know what the word 'adumbrate' means. Could you give me a gloss for the word?*(c.) = an explanation of the meaning of a word (see also **glossary**) किसी शब्द के अर्थ का स्पष्टीकरण (देखें **glossary**) **glossary** noun, c. (**glossaries**) = a note in a book explaining the meanings of difficult or unfamiliar words किसी पुस्तक में कठिन/अपरिचित शब्दों के अर्थों की व्याख्या का भाग **glossy** adj. = shining brightly चमकदार

glove /glʌv/ /ग्लॅव्/ noun, c. = a covering for the hand, made of leather, wool, rubber etc. which has separate coverings for each finger दस्ताना, चमड़े, ऊन, रबर, आदि का बना हाथ का आवरण जिसमें हर एक उँगली अलग-अलग ढँकी होती है

glow[1] /gləʊ/ /ग्लॅउ/ verb, i *Heat this piece of iron in the fire until it begins to glow.* = to give out light and heat without flames बिना लपट के रोशनी और दाह देना

glow[2] noun, u. *The glow from the burning pieces of coal lit up his face.* = the reddish light given out by something that is burning without flames बिना लपटों के जो जल रहा हो उससे उद्‌भासित लालिमायुक्त प्रकाश **glow-worm** noun = an insect that gives out a faint green light from its body जुगनू

glow•er /ˈglaʊəʳ/ /ˈग्लाउअʳ/ verb, i. *I have never seen a more unfriendly person than Umang. He never smiles or speaks to anyone; he just stands there glowering.* = to look at someone in an angry and unfriendly manner क्रुद्ध तथा तिक्त भाव से किसी पर आँखें तरेरना

glu•cose /ˈgluːkəʊs/ /ˈग्लूकउस्/ noun, u. = sugar in pure form, found in fruits and needed by the body for energy चीनी का तात्विक रूप जो फलों में मिलता है और शरीर की ऊर्जा के लिए अपेक्षित है

glue[1] /gluː/ /ग्लू/ verb, t. *You will have to glue the two pieces of wood together.* = to join together by using glue गोंद से चिपकाना

glue[2] noun, u. = a substance which sticks (joins) things together गोंद

glum /glʌm/ /ग्लॅम्/ adj. *Why do you look so glum?*

Have you had bad news? = unhappy and depressed उदास, खिन्न

glut /glʌt/ /ग्लॅट्/ noun, u. *We had such a good harvest this year that there is a glut of rice now.* = a greater supply of something than is needed; excess बहुतायत, भरमार, अत्यधिक आपूर्त्ति

glut•ton /ˈglʌtn/ /ˈग्लॅट्न्/ noun, c. **1** *He is such a glutton that he eats two whole chickens for breakfast.* = a person who eats too much (derogatory) पेटू, भोजनभट्ट (अनादरपूर्ण) **2** *He is a glutton for hard work.* = a person who is always willing to do something difficult and unpleasant (approving) कोई कठिन या अप्रिय कार्य करने को हमेशा मुस्तैद (स्वीकृत)

gly•ce•rine /ˈglɪsərɪn/ /ˈग्लिसरिन्/ noun, u. = a thick, colourless sweet liquid made from animal or vegetable fat and used for preparing medicines, soap or explosives गाढ़ा रंगहीन मीठा तरल पदार्थ जो पशु या वनस्पति की चर्बी से बनता है और दवा, साबुन या विस्फोटक चीज़ों को तैयार करने में इस्तेमाल किया जाता है

gnarl•ed /nɑːld/ /ˈनाɔल्ड्/ adj. *a gnarled old banyan tree; a gnarled old man* = rough in appearance due to old age and exposure to sun and wind बुढ़ापे की वजह से या धूप और हवा में खुले रहने से देखने में खुरदरे

gnash /næʃ/ /नैश्/ verb, t. *She gnashed her teeth in anger.* = to express anger by bringing the teeth in the upper and lower jaws together with force कसकर दाँत पीसते हुए रंज जतलाना

gnat /næt/ /नैट्/ noun, c. = a small flying insect like a bee, that can sting मधुमक्खी के जैसा एक छोटा उड़ता कीड़ा जिसका दंश होता है

gnaw /nɔː/ /नॉ/ verb, t. *The dog kept gnawing at a bone.* = to chew or bite repeatedly at something hard किसी सख्त चीज़ को चबाना/कुतरना/काटते रहना

gnome /nəʊm/ /नउम्/ noun, c. = a magical creature found in children's stories that looks like a little old man with a beard and a pointed hat and lives underground बाल-कहानियों का एक जादुई जीव जो दाढ़ी वाले बौने बूढ़े की तरह दीखता है, तिकोना टोप पहने रहता है और धरती के भीतर रहता है

gnu /nuː/ /नू/ noun, c. = a kind of large deer found in the southern part of Africa अफ्रीका के दक्षिणी हिस्से में पाया जाने वाला एक बड़ा-सा हिरन

go /gəʊ/ /गउ/ verb, i. (**went, gone**) **1** *I want you to go.* = to leave a place; to depart चले जाना, विदा लेना **2** *You can go there by bus.* = to travel सफ़र कर सकना **3** *The milk has gone sour.* = to become पड़ जाना, हो जाना **4** *This road goes to the airport.* = to extend to (reach as far as) a place तक जाना/पहुँचना **5** *Two goes into six three times.* = to divide a number exactly किसी संख्या का सही-सही विभाजन करना **6** *My old car went for Rs 10,000.* = to be sold for a certain price की क़ीमत पर बिक (जा)ना **7** *She will go far.* = to be very successful बहुत तरक्की करना **8** *A 100 rupee note doesn't go very far these days.* = to be able to buy things से खरीदारी का बहुत काम नहीं चलता **9** *Which school do you go to?* = to be part of an institution किसी संस्था का अंग होना **10** *Where does this road go?* = lead; take one to- तक जाना/ले जाना **11** *Now that I have had some rest, my headache is starting to go.* = (of a condition) to be there no longer (हालत) अब नहीं रह जाना **12** *Half her time goes in travelling to work and back.* = (of money, time etc.) to be spent में लग जाना (द्रव्य, समय आदि) **13** *The box can be placed here, but that heavy suitcase goes under the table.* = to be placed समा सकना **go-cart** noun, c. = a small carriage for a baby, pushed by hand हाथ से धकेली जाने वाली बच्चों की छोटी गाड़ी **go-kart** noun, c.= a tiny racing car with an open body प्रतियोगिता के लिए तंग-सी बिना किसी छाजन की मोटरगाड़ी

to go about something *I would like to open an account in this bank but I don't know how to go about it.* = to do something for the first time पहली बार कुछ करना **to go back on one's word** = to break a promise or agreement मुकर जाना **to go it alone** = to do something without help from anyone अकेले (बिना किसी की मदद के) कुछ कर लेना **to go ahead** **1** *My parents did not want me to apply for a job in Delhi, but I went ahead anyway.* = to do something, often something which others don't want you to do वह कर डालना जो दूसरों की इच्छा के प्रतिकूल हो **2** *I like your idea. Go ahead.* = giving someone permission to do something, in an encouraging way उत्साह बढ़ाते हुए किसी काम की अनुमति दे देना **to go down with (measles etc.)** *She went down with measles.* = to suffer a temporary illness (informal) किसी अस्थायी बीमारी से ग्रस्त होना (अनौपचारिक) **to go into something** **1** *The lawyer went into the details of the case.* = to study closely गहन अध्ययन करना **2** *A lot of hard work has gone into building this hospital.* = to spend on (used to talk about effort, time, money etc.) (प्रयास, समय, द्रव्य आदि) लग जाना **to go off** **1** = (of a bomb) to explode; फट पड़ना (of a siren etc.) to sound or make a loud noise चीखना, ज़ोर की आवाज़ करना **2** *The lights have gone off.* = (of lights, machinery etc.) to stop working (रोशनी, मशीन वगैरह) काम नहीं करना **3** *The rice we made yesterday has gone off.* = to get spoilt or go bad बासी पड़ जाना **to (not) go on** **1** *The work is difficult, but we have to go on.* = to continue to do something that is not easy to do जो दुष्कर हो उसे करते जाना **2** *The chief guest has not come, but let's go on.* = to start or continue an activity काम शुरू कर देना/जारी रखना **3** *'I want to tell you a secret.' 'Go on.'* = said to encourage someone to begin or continue doing something किसी को कुछ करते रहने के लिए/शुरू कर देने के लिए उत्साहित करना **to go on and on** = to talk or complain about something for such a long time that everyone is tired of listening किसी विषय पर या किसी बात की शिकायत इतनी देर तक करते जाना कि सुनने वाले ऊब जाएँ **to go over** *Let's go over the* *speech once more. // Let's go over the fire alarm rules.* = to study, practise or revise something in order to be better prepared और अच्छी तरह तैयार रहने/होने के लिए किसी चीज़ का रियाज़ करना, उसे दुहराना **go around** *Is there enough food to go around?* = to be enough in quantity or numbers परिमाण/संख्या में काफ़ी होना **to go through with something** *I don't think I can go through with this diet.* = to do something which one has decided to do even after knowing that there are problems अड़चनों की जानकारी के बावजूद जो तय कर लिया है उसे करना **to go through the roof** 1 *She went through the roof when I told her what I had spent on the clothes I bought.* = to be very angry suddenly (informal) आसमान सर पर उठा लेना, फट पड़ना (अनौपचारिक) 2 *The prices of television sets have gone through the roof.* = (of the value of something), to become higher than ever (informal) (किसी चीज़ की क़ीमत) आसमान छूना (अनौपचारिक) **to go without** *There was no milk in the market, so the children had to go without.* = to manage without something, usually something which is important or necessary, or which one thinks is important के बिना काम चला लेना

goad /gəʊd/ /गउड्/ verb, t. *He doesn't like travelling, so if you want him to join you on the trip you will have to goad him into it.* = to force or persuade someone into doing something which he/she does not like to do कुछ काम करना जो न चाहता है उसके लिए उसे बराबर बाध्य करते रहना, उससे मनवाते रहना

goal /geʊl/ /गउल्/ noun, c. 1 *Her goal is to become a famous writer.* = aim or purpose उद्देश्य 2 *He scored a goal in the fifth minute.* = a point scored in the game of football or hockey by hitting the ball between two posts (**goal-posts**) which are guarded by a player of the opposite team (the **goalkeeper**) फुटबॉल या हॉकी के खेल में प्रतिद्वंद्वी के गोल-पोस्ट के भीतर गेंद डालकर एक प्वाइंट बनाना

goat /gəʊt/ /गउट्/ noun, c. = an animal with long hair and horns which is kept on farms for its meat as well as milk बकरी जो गोश्त और दूध के लिए पाली जाती है

gob•ble /'gɒbəl/ /'गॉब्ल्/ verb, t. *Don't gobble your food.* = to eat very quickly and noisily (not respectful) जल्दी-जल्दी, आवाज़ करते हुए भोजन गटकना (आदरपूर्ण नहीं)

gob•let /'gɒblɪt/ /'गॉब्लिट्/ noun, c. = a drinking-cup without a handle from which wine is drunk मादक द्रव्य के लिए एक पेय-पात्र जिसमें हैंडिल नहीं होता

gob•lin /'gɒblɪn/ /'गॉब्लिन्/ noun, c. = an imaginary creature found in fairy stories, which is supposed to be small and ugly and fond of playing tricks on people परी-कथाओं का एक काल्पनिक जीव जो बहुत छोटा, बदसूरत होता है और लोगों को झाँसा देता है

god /gɒd/ /गॉड्/ noun, c. = a supernatural being that people worship देवता/एक दैवी सत्ता जिसकी लोग पूजा करते हैं **God** noun (no plural) = the supreme being who is believed to have created the universe and everything in it ईश्वर/वह सर्वोच्च सत्ता जिसे समस्त ब्रह्मांड का स्रष्टा माना जाता है

go•down /'gəʊdaʊn/ /'गउडाउन्/ noun, c. = a warehouse; a large shed in which things are stored before they are sold गोदाम, एक लंबा-चौड़ा सायबान जिसमें बिक्री का माल रखा जाता है

goggles noun, c. (only plural, following "pair of") = a pair of large and often coloured glasses in a frame, worn to protect the eyes from the sun, dust etc. 'a pain of' के बाद (केवल बहुवचन में प्रयुक्त) धूप, धूल आदि से बचाव के लिए रंगीन शीशे का चश्मा

goi•tre /'gɔɪtə^r/ /'गॉइट^र/ noun = a kind of sickness in which the front part of the neck gets swollen [MEDICINE] एक तरह की बीमारी जिसमें गले का अगला भाग सूज जाता है, घेंघ [चिकित्सा]

go•ing[1] /'gəʊɪŋ/ /'गउइङ्/ verb, i. = the progressive form of 'go' क्रिया का एक कालवाचक रूप

going[2] noun 1 *I don't like your going there.* = the act of leaving कहीं के लिए विदा होना 2 *You have done most of the work. That's good going!* = progress प्रगति, बढ़त

going[3] adj. *That's the going rate for a two-bedroom flat.* = at the present time मौजूदा, चलता, चालू

gold[1] /gəʊld/ /गउल्ड्/ noun, u. = a soft yellow metal used for making ornaments as well as coins (money), the possession of which is supposed to make a person rich सोना, एक नरम पीली धातु जिससे गहने और सिक्के बनते हैं, जिसके पास यह होता है उसे दौलतमंद माना जाता है

gold[2] adj. *gold earrings* = made of gold सोने का बना **gold medal** noun = the top prize in a competition प्रतियोगिता का उच्चतम पुरस्कार **golden** adj. 1 *a golden ring* = made of gold सोने का बना 2 *golden hair* = looking like gold सुनहला 3 *a golden chance* = very favourable अत्यंत अनुकूल, सुनहरा मौका **golden age** noun = a period of time in the past which is supposed to have brought great happiness, prosperity etc. स्वर्णिम युग, अतीत का वह युग जिसे सुख-समृद्धि का माना गया हो **golden handshake** noun = a large amount of money given to someone on their leaving a job सेवा-निवृत्त होने पर दी जाने वाली बड़ी द्रव्य-राशि **golden jubilee/wedding** = something celebrated at the end of 50 years पचास वर्षों पर मनाई जानेवाली जयंती, आदि **golden oldie** = popular music or a song which though played or written long ago, is still liked very much वह लोकप्रिय (सं)गीत जो पुरानी रचना हो जाने पर भी अभी तक मनभावन हो **golden rule** = a principle or rule that one is advised to follow सबसे उपयुक्त सिद्धांत/नियम

as good as gold *I thought my children would not behave themselves, but they were as good as gold.* = (used of children or humorously), behaving in a manner which one approves of (बच्चों के प्रसंग में प्रयुक्त/हास्यपरक) अच्छा-भला

golf /gɒlf/ /'गॉल्फ़्/ noun, u.= an outdoor game played across a very large playing area (**golf-course**) in which a small, hard, white ball is hit with long sticks (clubs) into a number of holes in the ground, with each player trying to use as few strokes (hits) as possible एक खेल जो एक बहुत फैले-खुले मैदान में खेला जाता है: एक छोटी सख्त गेंद लंबी लंबी छड़ियों से मारकर ज़मीन के सूराखों में डाली जाती है, हर खिलाड़ी कम से कम 'हिट' की कोशिश करता है

gon•do•la /'gɒndələ/ /'गॉन्डल/ noun, c. = a kind of long, narrow boat used to move along the canals of Venice, in Italy वेनिस (इटली) में नहरों में चलने-फिरनेवाली एक तरह की लंबी डोंगी-जैसी नाव

gone[1] adj. *They were waiting at the bus stop a moment ago. Now they are all gone.* = not at a certain place anymore कहीं अब और हाज़िर न रहना

gone[2] past participle of **go** क्रिया का एक रूप

gong /gɒŋ/ /गॉङ्/ noun, c. = a piece of round metal which makes a deep, loud sound when it is hit with a hammer (a piece of wood) लकड़ी के एक भारी हथौड़े से चोट करने पर एक गंभीर/गहरी ज़ोर की आवाज़ करने वाला गोल धातु का घंटा-घड़ियाल

good[1] /गुड/ adj. (**better, best**) **1** *a good child* = someone or something that is liked because of his/her/its qualities अपने गुणों से जो पसंद किया जाता हो **2** *Milk is good for children.* = useful, healthy or helpful लाभदायक, स्वास्थ्यकर **3** *He's good at games.* = possessing skill or ability to do something well कुछ कर पाने के कौशल या उसकी क्षमता से संपन्न **4** *He has always been good to his customers.* = kind and helpful दयालु एवं मददगार **5** *Be good!* = well-behaved (generally spoken to a child) (सामान्यत: बच्चों को दिया जाता आदेश) तमीज़दार, शऊरदार **6** *He had a good look at the car.* = careful; thorough भरपूर **7** *We have travelled a good distance.* = a fair amount काफ़ी (परिणाम/हद) **8** *The knife may be old but it's still good.* = (of a tool, instrument etc.) able to work satisfactorily (किसी औज़ार के लिए प्रयुक्त) ठीक-ठाक

good[2] noun, u. *Third umpires were introduced into cricket for the good of the game.* = something that will make something better कुछ जो बेहतरी के लिए किया जाए **Good morning / Good afternoon / Good evening** = expressions used to greet someone during the period of the day mentioned अभिवादन की संबोधन-शैली जो उल्लिखित समयानुसार प्रयुक्त होती है **Good night** = an expression used to take leave of someone during the evening or night शाम/रात को किसी से विदा लेने की एक अभिव्यक्ति **Goodbye** = an expression used when someone leaves or you leave अलविदा, किसी के या अपने विदा होते समय की अभिव्यक्ति **Good Samaritan** = a person who helps people who may be in trouble मुसीबतज़दा लोगों का मददगार **goody-goody** adj. *He's always trying to be goody-goody.* = trying to impress others through polite or good behaviour, which is often not sincere (derogatory) खुशामदी टट्टू, चापलूस, पिट्ठू, चमचा (अनादरपूर्ण) **goodish** adj. **1** = good but not as good as one wants or expects कोई खास नहीं **2** *a goodish distance* = used in the sense of 'fairly', to talk about distance, quality or amount (दूरी, गुण या परिमाण के प्रसंग में) अच्छा-खासा, काफ़ी

for good *He gave up smoking for good.* = forever, permanently हमेशा के लिए **to be no good (to not be very good) at something** *I'm no good at needle work.* = to not be able to do something well में कच्चा होना **to be in someone's good books** = to be thought of favourably by someone whose opinion matters जिसकी राय की कद्र की जाती हो उसका अनुग्रह/समर्थन अर्जित किए होना **to be onto a good thing** = to be able to manage well without spending or taking too much trouble (informal, disapproving) चुटकियों में काम निकाल लेना (हींग लगे ना फिटकिरी रंग चोखा आए) (अनौपचारिक, अस्वीकृत) **Oh, good!** 'I've just finished the work.' 'Oh, good!' = a phrase used to mean that the speaker is happy about something you have said or done पद का अर्थ: वक्ता किसी के कथन या काम से संतुष्ट है ('अरे वाह!') **to do someone a world of good** *Why don't you go on a holiday? It will do you a world of good.* = to help someone improve their mental and physical health किसी की सेहत या उसके दिलो-दिमाग़ को तरोताज़ा करना **to put in a good word for someone** *Could you put in a good word for me?* = to help someone who is hoping to get a job, receive a favour etc., by saying something favourable about the person to the person who will judge her/him नौकरी के ख्वाहिशमंद के पक्ष में कुछ ऐसी अनुकूल बातें कहके उसकी सिफ़ारिश करना कि उसकी परख करने वाले का अनुग्रह/उसकी कृपा उसे प्राप्त हो सके **It's a good thing** *It's a good thing I took my umbrella, it rained so hard.* = used to express satisfaction, relief etc. that one had or did something (and did not suffer as a result of not doing or having it) संतोष या राहत ज़ाहिर करने में प्रयुक्त (= ग़नीमत थी कि··· था/किया = नहीं रहने या नहीं किए रहने का नतीजा भुगतना नहीं पड़ा) **That's a good one!** *You mean you're going to be the lead actor in Mr Johar's next film? That's a good one!* = used to show that you don't believe something (informal) किसी बात पर यक़ीन नहीं—यह जतलाने के लिए (यह भी खूब कही!) (अनौपचारिक)

goods /gʊdz/ /गुड्ज़्/ noun, u. (only plural) **1** *consumer goods* = things which are sold in the market बाज़ार में बिक्री का माल **2** *the carriage of goods by trucks* = heavy articles carried in trucks or trains भारी-भरकम असबाब/माल जो ट्रकों और ट्रेनों से ढोया जाता है

goose /gu:s/ /गूस्/ noun, c. (**geese**) = a bird like a duck, but larger in size, which is eaten as well as kept for its eggs बतख़ के जैसा एक पक्षी जिसे खाया भी जाता है और अंडों के लिए पाला भी जाता है

goose•ber•ry noun, c. (**-berries**) = a kind of fruit with a slightly sour taste that grows on a bush एक तरह की झाड़ी पर उगने वाला एक किस्म का फल जो स्वाद में हल्का खट्टा होता है

gore[1] /gɔː/ /गॉऽ/ verb, t. *Don't go near the bull or it may gore you.* = to wound someone with the horns or tusks (used to describe an attack by a bull or elephant) सींगों या लंबे दाँतों से घायल करना (बैल/साँढ़ या हाथी के आक्रमण के प्रसंग में)

gore[2] noun, u. = thick blood (literary not common now) गाढ़ा खून, शोणित, रुधिर (साहित्यिक, अप्रचलित)

gorge[1] /gɔːdʒ/ /गॉऽज्/ noun, u. = a deep, narrow valley cut by a river flowing through a mountain पहाड़ के बीच से बहती नदी के कटाव से बनी एक गहरी तंग घाटी

gorge[2] verb, t. *He ate a whole basketful of mangoes at the farm. The way he gorged himself was disgusting.* = to eat too much food (disapproving) भकोसना (अस्वीकृत)

gor•geous /'gɔːdʒəs/ /'गॉऽजस्/ adj. **1** *She looks gorgeous in that red dress.* = very attractive लुभावना **2** *The drive through the hills was gorgeous.* = very pleasant अति सुखद

go•ril•la /gə'rɪlə/ /ग'रिल/ noun = a large ape found in parts of Africa अफ़्रीका के कुछ हिस्सों में पाया जानेवाला एक विशालकाय बंदर

gos•pel /'gɒspəl/ /'गॉस्पल्/ noun, c. **1** *the Gospel according to St. John* = one of the four accounts of the life and teachings of Jesus Christ, each believed to have been written by one of his followers ईसा मसीह के जीवन तथा उनके उपदेशों के चार विवरणों में से एक (प्रत्येक विवरण उनके एक अनुयायी द्वारा रचित माना जाता है) **2** *She is trying to preach a new gospel.* = a new religious faith or new line of thinking एक नया धार्मिक सिद्धांत या एक नई विचारधारा

gos•sip /'gɒsɪp/ /'गॉसिप्/ noun, u, c. **1** *People read film magazines because they contain a lot of gossip about film stars.* = stories about the private lives and activities of other people, especially famous people, which present them in a bad light and are often untrue दूसरे (खासकर मशहूर) लोगों के निजी जीवन-यापन के बारे में खबरें जो भद्दे ढंग से पेश की जाती हैं और अकसर अफ़वाह होती हैं **2** = a person who enjoys talking about others व्यक्ति जो दूसरों ही के बारे में बात करने में मज़ा लेता है

Goth•ic /'gɒθɪk/ /'गॉथिक्/ adj. = having to do with the Goths (a race of people who lived in Germany and the neighbouring countries hundreds of years ago) गौथ-जनजाति से संबंधित (सैकड़ों बरस पहले जर्मनी और पड़ोसी देशों में रह चुकी एक जनजाति) **Gothic architecture** noun = a style of building, seen specially in old churches, that was popular in Western Europe about six hundred years ago, which made use of tall pillars and long, pointed arches and high ceilings भवन-निर्माण की एक विशिष्ट शैली (जो पुराने गिरजाघरों में दीखती है) कोई छह सौ बरस पहले यह शैली पश्चिमी यूरोप में प्रचलित थी: इस शैली में ऊँचे-ऊँचे खंभों, लंबे-तिकोने-से मेहराबों, और बहुत ही ज़्यादा ऊँचाई की छतों का निर्माण होता था

gourd /gʊəd/ /गुअड्/ noun, c. = a class of vegetables, very common in India, which have thick skins covering soft flesh (e.g. bitter-gourd, sweet-gourd, snake-gourd etc.) कद्दू/लौकी

gour•mand /'gʊəmənd/ /'गुअमन्ड्/ noun, c. = a person who is very fond of eating and drinking (slightly disapproving) भोजनप्रिय, भोजनभट्ट (थोड़ा अस्वीकृत)

gour•met /'gʊəmeɪ/ /'गुअमेइ/ noun, c. = a person who thinks of food and cooking as an art and has a deep knowledge of food and wine व्यक्ति जो भोजन तथा पाक-क्रिया को एक कला समझता है और भोजन तथा मद्यप का गहन ज्ञान रखता है, पाकशास्त्री

gout /gaʊt/ /गाउट्/ noun = a kind of disease that old people often suffer from, in which the joints of the knees, fingers and toes swell up and become painful एक तरह की बीमारी जो अक्सर बूढ़ों को होती है—इसमें घुटनों के जोड़, हाथ-पाँव की उँगलियों में सूजन आ जाती है और वहाँ दर्द भी रहा करता है

gov•ern /'gʌvən/ /'गॅवन्/ verb, t. *The British governed India for more than 200 years.* = to rule a country किसी देश पर शासन करना **government** noun, u. or c. **1** (c.) = the group of people who rule a country or state वैसे लोगों का वर्ग जो किसी देश या राज्य पर शासन करता है, सरकार **2** (c.) = the act of ruling a country शासन **governess** noun, c. (**governesses**) = a woman teacher who (in former times) lived as a member of the family and looked after the education of the children गुज़रे ज़माने में एक शिक्षिका जो परिवार के सदस्य के रूप में उसके बच्चों की शिक्षा का ख्याल रखती थी **governor** noun, c. = a person who is supposed to be the head of the government of a state, but may have little political power वह व्यक्ति जो सरकार का सर्वोच्च अधिकारी होता है, किंतु जिसकी राजनीतिक नियंत्रण-शक्ति न्यून होती है, राज्यपाल

gown /gaʊn/ /गाउन्/ noun, c. **1** = a long dress for a Western woman, worn on formal occasions टखनों तक लंबा परिधान, लबादा, पश्चिमी महिलाओं द्वारा औपचारिक अवसरों पर पहनी जाने वाली पूरे कद की एक पोशाक **2** = a loose, black garment worn over the other clothes by lawyers as a sign of their profession (formal) ढीला-ढाला काला परिधान जो वकील अपनी पोशाक के ऊपर (अपने पेशे की पहचान के लिए) डाले रहते हैं (औपचारिक)

grab /græb/ /ग्रैब्/ verb, t. **1** *The thief grabbed my suit-case and ran.* = to take hold of something with a sudden, strong grip; to snatch झपट लेना **2** *I'll grab a sandwich on my way to work.* = to eat something quickly because one is in a hurry (informal)

हड़बड़ी/जल्दी में होने से कुछ झट से खा लेना, गपक लेना (अनौपचारिक) **3** *grab an opportunity* = to take advantage of something by acting quickly तत्परता से किसी चीज़ का लाभ उठा लेना

grace[1] /greɪs/ /ग्रेइस्/ noun, u. **1** *She moves with amazing grace.* = beauty of movement, specially in dance गति-भंगिमा (विशेषकर नृत्य की) **2** *He had the grace to congratulate his opponent who had defeated him in the debate.* = behaviour which is generous and fair as may be expected of a person with good manners उदार तथा निस्पृह आचार-व्यवहार जो किसी सलीक़ेदार व्यक्ति से अपेक्षित है **3** *The bank has allowed us a month's grace to pay up the loan.* = extra time allowed for making a payment which is due by a certain date रकम अदायगी की मोहलत जो किसी खास तारीख तक के लिए दी जाती है

grace[2] verb, t. *The famous poet has agreed to grace our meeting with his presence.* = to give honour to someone or something (formal) गौरवान्वित करना (औपचारिक) **graceful** adj. *a graceful dancer* = having grace (beauty of movement) गति-लालित्य **gracious** adj. *a gracious host* = polite and kind विनम्र तथा कृपालु

grade[1] /greɪd/ /ग्रेइड् /verb, t. **1** *Have you finished grading the examination papers?* = to examine or give grades to जाँचना, दर्ज़ा (श्रेणी) देना **2** *These eggs have been graded 'Extra Large', 'Large' and 'Medium', according to size.* = to divide into different classes अलग-अलग श्रेणियों/दर्जों में वर्गीकरण करना

grade[2] noun, c. **1** *She is a writer of the highest grade.*=a particular level or class, in quality (गुण की दृष्टि से) एक विशिष्ट कोटि **2** (often plural) *Your grades in the examination have been excellent.*= results in an examination, usually shown by the letters 'A', 'B', etc. instead of marks, following the American system (प्रायः बहुवचन में प्रयुक्त) (अमेरिकी परीक्षा-प्रणाली के अनुसार) परीक्षा-फल जो प्राप्तांकों के बदले A, B आदि अक्षरों से इंगित होता है

gra•di•ent /'greɪdiənt/ /'ग्रेइडिअन्ट्/ noun, u. or c. *The road up the mountain has a gradient of one in 10 (10%).* = a measure of the slope or degree of steepness of a road or railway ढलान का माप या सड़क, रेल-लाइन के चढ़ाव/उतार की मात्रा

grad•u•al /'grædʒuəl/ /'ग्रैजुअल्/ adj. **1** *Five years ago 560 children were born in this town and this year the number has fallen to 540. There seems to be a gradual decrease in the number of births.* = slow, not high in numbers क्रमिक धीरे-धीरे **2** *The hill has a gradual slope. We can climb it without difficulty.* = not steep खड़ा (चढ़ाव) नहीं **gradually** adv.

grad•u•ate[1] /'grædʒueɪt/ /'ग्रैजुएइट्/ verb, i. **1** *He is going to graduate from the university this month.* = to get a university degree विश्वविद्यालय की एक उपाधि पाना **2** *We will have to graduate this flask.* = to make marks on something so that it can be used to make measurements [TECHNICAL] किसी चीज़ पर ऐसे निशान लगाना कि माप में सहूलियत हो [तकनीकी]

grad•u•ate[2] /'grædʒuɪt/ /'ग्रैजुइट्/ noun, c. = a person who has completed a first university degree (B.A., B.Sc., B.Com. etc.) वह व्यक्ति जिसने विश्वविद्यालय की पहली उपाधि (स्नातक) हासिल की हो **graduate studies** = post graduate programmes of study in a university (American) [अमेरिकी] विश्वविद्यालय का स्नातकोत्तर अध्ययन कार्यक्रम

graf•fi•ti /græ'fiːti/ /ग्रैफ़ीटी/ noun, u. *The walls are covered with graffiti whenever there is an election.* = drawings or writings on a wall, usually of a political nature आम तौर पर राजनीतिक प्रकार की तसवीरें या लिखावटें जो दीवार पर दीखती हैं

graffiti

graft[1] noun, c. or u. or **1** = a piece cut from one tree or plant and allowed to grow on another plant एक पेड़/पौधे से काटकर दूसरे पर पनपने के लिए लगाया गया टुकड़ा **2** = a piece of healthy skin taken from one part of the body and fixed on to a damaged part and allowed to grow to form new skin शरीर के किसी एक स्थान से क्षतिग्रस्त अंग-विशेष पर प्रत्यारोपित स्वस्थ त्वचा का एक टुकड़ा **3** *He has been arrested for graft.* = bribery (the giving or receiving of money for some dishonest purpose) घूस

graft[2] /grɑːft/ /ग्राऽफ़्ट/ verb, t. = to produce a graft (meanings **2** or **1** above) **grafting** noun, c. *He is quite an average person, but he has succeeded in business through grafting.* = hard and patient work अध्यवसाय **grafter** noun, c. *He is not a great batsman but he manages to score many runs. He is a successful grafter.* = a person who succeeds through patient and hard work, without having great talent विशिष्ट क्षमता/प्रतिभा के बिना भी धैर्य तथा कठिन श्रम से सफलता अर्जित करनेवाला व्यक्ति

grain /greɪn/ /ग्रेइन्/ noun, c. or u. **1** *a grain of rice*(c.) = a single seed from a plant producing rice, wheat etc. दाना **2** *a grain of sand*(c.) = a single, very small piece of some hard substance कण, ज़र्रा **3** *The government's warehouses are full of grain from last year's harvest.*(u.) = food in the form of grains of rice, wheat, etc. खाद्य पदार्थ के रूप में चावल/गेहूँ के दाने **4** *The piece of wood has a very fine grain.*(u.) = the natural arrangement of fibres (long thread-like substances) in a piece of wood or rock लकड़ी या पत्थर में रेशों की प्राकृतिक उपाकृति

to go against the grain = to have to do something which is against one's nature or character अपनी प्रकृति/अपने चरित्र के प्रतिकूल कुछ करने को बाध्य होना

gram /græm/ /ग्रैम्/ noun, u. **1** = a measure of weight equal to a thousandth part of a kilogramme (1000g = 1kg) एक किलोग्राम के हज़ारवें हिस्से के बराबर का वजन **2** *gram flour* = a kind of foodgrain produced by a plant of the pea family, popular in India (also **chick pea**) (भारत में सुपरिचित) मटरदाने के वर्ग का एक क़िस्म का अनाज-दाना (देखें **chick pea**)

gram•mar /'græməʳ/ /'ग्रैमʳ/ noun, u. or c. **1** = the rules by which words change their forms (e.g. 'boy' into 'boys' or 'ask' into 'asked') and combine with other words to form sentences(u.) वे नियम जिनके अनुसार शब्द अपने रूप बदलते हैं और दूसरे शब्दों से मेल खाकर वाक्य बनाते हैं **2** = the study of such rules(u.) व्याकरण **3** = a book containing a description of such rules(c.) ऐसे नियमों के विवरण की पुस्तक

gram•o•phone /'græməfəʊn/ /'ग्रैमफ़उन्/ noun, c. = an old-fashioned machine that plays music from records (large circular disks made of plastic) using a needle (also **record player**) एक पुराने ढाँचे की मशीन जो प्लास्टिक के बड़े गोल तश्तों (रेकॉर्ड्ज़्) से सुई के ज़रिये संगीत बजाती है (देखें **record player**)

gra•na•ry /'grænəri/ /'ग्रैनरी/ noun, c. (**granaries**) = a building where grain is stored अनाज-घर

grand /grænd/ /'ग्रैन्ड्/ adj. **1** *The new building looks grand.* = very impressive in appearance; splendid भव्य, शानदार **2** *The party was a grand success.* = very great ठाटदार **grandfather** noun, c. = father's father or mother's father दादा या नाना **grandfather clock** = a tall, old-fashioned clock that is placed on the floor एक ऊँची-सी पुराने ढाँचे की घड़ी जो फ़र्श पर रखी जाती है **grandchild** noun, c. = son or daughter of one's son or daughter नाती या पोता **Grand Slam** = a complete set of championships in a year of some sport e.g. tennis किसी खेल (जैसे टेनिस) के सालभर की चैंपियनशिप का एक पूरा सिलसिला

gran•deur /'grændʒəʳ/ /'ग्रैन्जʳ/ noun, u. *It is difficult to describe the grandeur of the Himalayas in words.* = very great beauty and power गरिमा, वैभव

grandstand noun = the rows of covered seats in a stadium from which people watch a match क्रीड़ांगन (स्टेडियम) में गद्देदार कुर्सियों की क़तार जिसमें मैच देखनेवाले बैठते हैं

gra•nite /'grænɪt/ /'ग्रैनिट्/ noun, u. = a kind of very hard stone which can be polished and used for floors, etc. एक प्रकार का बहुत ही कठोर पत्थर जिसपर पालिश हो सकती है और जो फ़र्श बनाने के काम आता है

gran•ny /'græni/ /'ग्रैनी/ noun, c. (**grannies**) = a grandmother or a very old woman (informal) दादी या कोई बहुत बूढ़ी औरत, पुरखन (अनौपचारिक)

grant¹ /grɑ:nt/ /'ग्राऽन्ट्/ verb, t. **1** *I had requested the government to transfer me to a city and the government has granted my request.* = to officially accept or agree to a request, wish etc. औपचारिक रूप से प्रार्थना मान लेने को राज़ी होना **2** *The judge granted me a pardon.* = to give प्रदान करना **3** *I grant that he is intelligent, but he is not very hardworking.* = to accept something as correct or true किसी बात की सच्चाई से इन्कार नहीं करना

grant² noun, c. *The university has received a grant of Rs 10 million.* = money given by the government for a particular purpose सरकार द्वारा किसी विशेष प्रयोजन के लिए दी गई अनुदान-राशि

to take someone or something for granted *You should have taken my permission before spending my money. You shouldn't take me for granted.* = to act according to a fixed idea or belief about someone or something, without making sure that it is correct बिना जाँचे-परखे अपनी ही समझ-बूझ के मुताबिक़ काम कर लेना

gran•ule /'grænju:l/ /'ग्रैन्यूल/ noun, c. = a very tiny piece of some solid substance किसी ठोस पदार्थ का एक बहुत छोटा (गोल) टुकड़ा, दाना

grape /greɪp/ /ग्रेइप्/ noun, c. or u. **1** = a small, round fruit produced by a vine (climbing plant) that is full of juice from which wine can be made अंगूर जो लत्तर पर उगता है और रसभरा होता है: इससे शराब बन पाती है **2** *grape salad*(u.) = something made from grapes अंगूर से बना कुछ **grapefruit** noun, c. = a large round fruit with a thick skin belonging to the citrus family, which includes oranges and lemons नींबू के वंश का एक भारी गोल फल जिसका छिलका मोटा होता है, नारंगी और नींबू इसी प्रकार के फल हैं

graph /grɑ:f/ /'ग्राफ़्/ noun, c. *This is a graph showing the rise in the number of road accidents over the last five years.* = a mathematical diagram which shows how two different quantities (numbers of things) are related to each other [TECHNICAL] एक गणितीय खाका जिससे पता चल सकता है कि कैसे दो भिन्न परिमाण या संख्याएँ एक-दूसरी से संबंधित हैं [तकनीकी]

graphic /'græfɪk/ /'ग्रैफ़िक्/ adj. **1** *Today's newspaper contains a graphic report on yesterday's train accident.* = very clear, detailed and life-like (making the reader feel as though he/she was actually present) सुस्पष्ट, ब्यौरेवार, जीवंत, चित्रात्मक (जिससे पाठक को आँखों-देखी की अनुभूति होती है) **2** *the graphic arts* = connected with the drawing of pictures चित्रांकन से संबद्ध

graphics noun (only plural) *computer graphics* = writing or drawing produced by a computer or an artist (a graphic artist) e.g. for the cover of a book (केवल बहुवचन में प्रयुक्त) पुस्तक के आवरण के लिए कंप्यूटर या चित्रकार द्वारा प्रस्तुत अक्षरांकन या चित्रांकन

graph•ite /'græfaɪt/ /'ग्रैफ़ाइट्/ noun, u. = a soft, shiny black substance which is a form of carbon, put inside pencils used for writing or drawing एक नरम चमकीला काला पदार्थ (एक प्रकार का कार्बन) जो पेंसिल के अंदर लिखने या चित्र बनाने के लिए डाला रहता है

grap•ple /ˈgræpəl/ /ˈग्रैप्ल्/ (+ with) verb, t. **1** *The guard grappled with the thief and threw him to the ground.* = to take hold of someone or something and struggle with him/her/it किसी व्यक्ति/वस्तु को कसकर पकड़ना और उससे लड़ना **2** *We will have to grapple with the problem of drug abuse.* = to face a difficult situation boldly (figurative) कठिन परिस्थिति का दृढ़ता से सामना करना, से जूझना (लाक्षणिक)

grasp[1] /grɑːsp/ /ग्रास्प्/ verb, t. **1** *The woman grasped the rope and pulled herself up.* = to take hold of something with the hands किसी चीज़ को हाथों से पकड़ना **2** *I was unable to grasp his lecture.* = to understand (formal) समझ पाना (औपचारिक)

grasp[2] noun, u. *The man held the child in a firm grasp.* = a hold with the hands or arms पकड़

grass /grɑːs/ /ग्रास्/ noun, u.= different kinds of plants with narrow green leaves that grow along the ground and are eaten by cattle, sheep etc. घास **grasshopper** noun, c.= a kind of small insect which can hop (jump) high टिड्डा, एक छोटा कीड़ा जो ऊँचा कूद पाता है **grassroots** noun *If you want to help the country, you will have to start by working at the grassroots level.* = the ordinary people सर्वसाधारण

to not let grass grow under one's feet = to not allow anything to delay or postpone what one is doing (approving) अपने कार्य को विलंबित या स्थगित नहीं होने देना (स्वीकृत)

grate[1] /greɪt/ /ग्रेइट्/ verb, t. **1** *Please grate these carrots.* = to rub something, specially pieces of fruit, vegetable, cheese etc. against a rough sheet with holes (called a **grater**) so that it is broken up into fine pieces कद्दूकस पर घिस/रगड़कर सब्ज़ी/पनीर आदि के कतरे करना **2** *The two cars grated against each other as they tried to pass on the narrow street.* = to rub against something hard, producing an unpleasant sound सख़्त चीज़ से रगड़ खाकर कर्णकटु आवाज़ पैदा करना

grate[2] noun, c. *Put the logs of wood across the grate and then light the fire.* = the iron bars across a fireplace on top of which pieces of wood or coal are placed in order to start a fire किसी चूल्हे पर लगी लोहे की सलाखें जिनपर काठ या कोयला रखकर आग जलाई जाती है **grating** noun, u. = the metal bars which protect a window or a hole in the ground धातु की सलाखें जो खिड़की या ज़मीन के गड्ढे पर सुरक्षा के लिए लगाई जाती हैं

grate•ful /ˈgreɪtfəl/ /ˈग्रेइट्फ़ल्/ adj. *I shall always be grateful for the help you gave me when I was ill.* = feeling thankful to someone for some help or favour कृतज्ञ, किसी की सहायता या कृपा के लिए एहसानमंद

grat•i•fy /ˈgrætɪfaɪ/ /ˈग्रैटिफ़ाइ/ verb, t. (**gratified**) **1** *I am gratified to hear that my book has been liked.* = to give pleasure or happiness (formal) सुखद होना (औपचारिक) **2** *She always wanted to travel around the world and now that she has become a pilot she can gratify that desire.* = to satisfy or fulfil (a desire) संतुष्ट/(इच्छा) पूरी करना

gra•tis /ˈgrætɪs/ /ˈग्रैटिस्/ adv. or adj. *If you need advice, I can give you some gratis.*(adv.) = free of cost; without payment (humourous) मुफ़्त, फोकट (हास्यपरक)

grat•i•tude /ˈgrætɪtjuːd/ /ˈग्रैटिट्यूड्/ noun, u. *I don't expect any gratitude for the help I gave you. I was happy to help.* = the feeling of being grateful (thankful) for some help कृतज्ञता, किसी मदद के लिए एहसानमंदी

gra•tu•i•tous /grəˈtjuːɪtəs/ /ग्रˈच्यूइटस्/ adj. *I don't want any gratuitous advice from you.* = not needed or wanted, unncessary in a particular situation (not respectful) अकारण, ख्वामखाह (आदरपूर्ण नहीं)

gra•tu•i•ty /grəˈtjuːɪti/ /ग्रˈच्यूइटी/ noun, u. = a sum of money (a tip) paid to someone as a gift on retiring from service, or a small amount of money that you give someone who serves you सेवा से निवृत्ति पर उपहार-स्वरूप दी गई एक द्रव्य-राशि, अपने सेवक को दी जाने वाली एक छोटी रकम

grave[1] /greɪv/ /ग्रेइव्/ noun, c. = the place in the ground where a dead person has been buried कब्र

grave[2] adj. **1** *a grave injury* = serious and needing immediate attention गंभीर तथा शीघ्र ध्यातव्य **2** *Why do you look so grave? You should relax!* = serious or solemn (formal) गंभीर (औपचारिक)

grav•el /ˈgrævəl/ /ˈग्रैव्ल्/ noun, u. *a gravel path* = small stones mixed with sand, used for making a path etc. बालू में मिले हुए छोटे-छोटे पत्थर जिनसे कोई पथ बना होता है

grav•i•ty /ˈgrævɪti/ /ˈग्रैविटी/ noun, u. **1** *The force of gravity prevents humans from floating in the air.* = the force with which the earth attracts things towards itself or makes objects fall to the ground वह शक्ति (गुरुत्वाकर्षण) जिसकी बदौलत पृथ्वी किसी वस्तु को अपनी ओर खींचती है या अपनी तरफ़ गिरने देती है **2** *Many people have complained that the building is not safe. The owners should understand the gravity of the situation and get the building repaired.* = the seriousness or importance of a situation which makes some action necessary (formal) किसी स्थिति की गंभीरता या उसका महत्त्व जो शीघ्र कार्रवाई की अपेक्षा करता है (औपचारिक) **3** *The chairperson wanted to laugh when someone made a joke, but she had to maintain her gravity.* = the state of being serious and dignified (formal) गांभीर्य तथा शालीनता (औपचारिक)

G

grav•i•tate /'grævɪteɪt/ /'ग्रैविटेइट्/ verb, i. **1** *All falling objects gravitate towards the centre of the earth.* = to be attracted by the earth's gravity पृथ्वी की गुरुत्वाकर्षण-शक्ति से खिंच आना **2** *People from the villages are gravitating to the towns, attracted by the possibility of finding jobs.* = to move towards a place because of some attraction किसी आकर्षण के चलते किसी स्थान की ओर प्रस्थान करना

gra•vy /'greɪvi/ /'ग्रेइवी/ noun, u. = the juice which collects in a pot in which meat or vegetables are being cooked जिस बरतन में गोश्त या सब्ज़ी पक रही हो, उसमें जमा होता शोरबा

graze /greɪz/ /ग्रेइज़्/ verb, i. **1** *The cattle are grazing in the fields.* = to feed on grass घास चरना **2** *He has gone out to graze the cattle.* = to lead cattle or other animals into fields where there is grass मवेशी/दूसरे जानवरों को चरागाह में चराने के लिए ले जाना **3** *He fell off his bicycle and grazed his hands.* = to injure lightly by rubbing the skin against something hard किसी सख़्त चीज़ से चमड़ा छिल जाने की चोट लगना **4** *The two cars grazed each other.* = to touch lightly while passing अगल-बगल से गुज़रते हुए हल्के से एक-दूसरे से छू जाना

grease[1] /gri:s/ /ग्रीस्/ noun, u. **1** *The mechanic applied some grease to the wheels of the bicycle to make them run more smoothly.* = a thick oily substance used to make the moving parts of machine run more smoothly एक गाढ़े लेप की जैसी चीज़ जो मशीन के पुरज़ों को और चिकनाई से चलने देती है **2** = animal fat that becomes soft while cooking किसी जानवर की चर्बी जो पकने पर नरम हो जाती है

grease[2] verb, t. *The wheels of the bicycle don't run smoothly. You will have to grease them.* = to put grease on something ग्रीस लेपना/लगाना

to grease somebody's palm = to pay a bribe to someone to get something done कुछ कराने के लिए किसी की मुट्ठी गरम करना

great[1] /greit/ /ग्रेइट्/ adj. **1** *The population of Delhi is very great.* = large विशाल **2** *Shelley was a great poet.* = of very high quality उच्चकोटिक **3** *This is a great day for me.* = important खास **4** *Akbar the Great* = famous or well known मशहूर

great[2] noun, c. *Kapil Dev will be remembered as an all-time great.* = a person who deserves to be famous वह व्यक्ति जो प्रसिद्धि के योग्य है

greed /gri:d/ /ग्रीड्/ noun, u. *I have already paid you Rs 10,000 but you are not satisfied. Is there no limit to your greed?* = strong desire to have more and more money, power, food etc. लालच, अधिक-से-अधिक पैसा, प्रभुता, भोजन की अदम्य इच्छा **greedy** adj. *You have had three helpings of chicken already, and you still want more. Don't be so greedy.* = having a strong desire for food (derogatory) (अनादरपूर्ण)

green[1] /gri:n/ /ग्रीन्/ adj. **1** *the green leaves of a tree* = the colour of leaves and grass, which is a mixture of yellow and blue पत्तियों और घास का रंग जो पीले और नीले की मिलावट होता है **2** *Many writers are now interested in debating green issues.* = connected with the protection of the environment (the natural surroundings in which we live) प्राकृतिक पर्यावरण से संबंधित **3** *When we were growing up, we were too green to understand the horrors of war.* = young, not experienced अनुभवहीन, कच्चा, अनाड़ी **4** *green mangoes* = not ripe कच्चा (पका हुआ नहीं)

green[2] noun, u. *They are playing cricket on the village green.* = open field or meadow where grass grows खुला मैदान या चरागाह जहाँ घास उगी रहती है

green[3] verb, t. *The government plans to green this whole area.* = to plant trees in an area where there are no trees or few trees जहाँ पेड़ नहीं के बराबर या बिल्कुल नहीं हों वहाँ पेड़ लगाना **green card** noun = a document that allows a person from some other country to work and live in the USA एक प्रलेख/प्रमाण पत्र जो किसी विदेशी को अमेरिका में काम करने या निवास करने की इज़ाजत देता है **greens** noun, u. (only plural) = leafy green vegetables which are cooked and eaten (केवल बहुवचन में प्रयुक्त) पत्तियों-समेत हरी सब्ज़ी जो पकाई-खाई जाती है **greengrocer** noun = a person who sells vegetables (old-fashioned) कुँजड़ा (पुराने प्रचलन का) **greenhouse** noun = a building made of glass in which plants are grown in controlled conditions (temperature, amount of water etc.) शीशे का बना एक मकान जिसमें (तापमान, जल-परिमाण की) नियंत्रित अवस्था में पौधे उगाए जाते हैं **greenhouse effect** noun = the increase in the temperature of the air surrounding the earth because of the presence of harmful gases which do not allow heat to escape पृथ्वी के वायुमंडल में तापवृद्धि जो हानिकारक गैसों की वैसी सघनता के कारण होती है जो उष्णता को बाहर नहीं निकलने देती **greenie** = a person who is interested in protecting the environment (informal) पर्यावरण की सुरक्षा में दिलचस्पी रखनेवाला व्यक्ति (अनौपचारिक) **green light (green signal)** noun *We need the green light from you before we can begin today's programme.* = permission to begin some activity (informal) कोई कार्यवाही शुरू करने की इज़ाज़त, 'हरी झंडी' (अनौपचारिक)

greet /gri:t/ /ग्रीट्/ verb, t. *He greeted me warmly when we met this morning.* = to welcome someone on meeting them with words or actions किसी का स्वागत/अभिवादन करना (शब्दों/भंगिमाओं से) **greeting** noun, u. or c. *The usual greeting when you meet someone at Christmas time is 'Merry Christmas!'* = the words used to greet someone अभिवादन-संबोधन

gre•gar•i•ous /grɪ'geəriəs/ /ग्रि'गेयरियस्/ adj. *It is difficult for a gregarious person like you to live all alone.* = liking the company of others; sociable साहचर्य-प्रेमी, मैत्रीपूर्ण, मिलनसार

gre•nade /grɪˈneɪd/ /ग्रि'नेइड्/ noun, c. = a small bomb which is thrown by hand or fired from a gun एक छोटा बम जो हाथ से फेंका या बंदूक से चलाया जाता है

grey (gray) /greɪ/ /ग्रेइ/ adj. **1** *The sky looks grey because of the rain clouds.* = a dull colour which is a mixture of black and white एक धुमैला रंग जो काले और सफ़ेद रंग की मिलावट के जैसा लगता है **2** *He is turning grey.* = getting grey hair because of old age बुढ़ापे की वजह से अधपके/भूरे बालोंवाला होने लगना **greymarket** noun *The greymarket for computers is growing.* = copies or imitations of goods made by well-known manufacturers which are sold at a cheaper price and of whose quality one cannot be sure मशहूर उत्पादकों/निर्माताओं के माल की नकल जो सस्ते दर पर बिकती है और जिसकी क़ीमत या सिफ़त पर यक़ीन नहीं हो सकता **grey matter** noun = brains; intelligence (informal) भेजा (अनौपचारिक)

grey•hound /ˈgreɪhaʊnd/ /'ग्रेइहाउन्ड्/ noun, c. = a kind of dog with a thin body and long legs that can run very fast and is used for racing कुत्ते की एक नस्ल। यह कुत्ता दुबला और लंबी टाँगोंवाला होता है, बहुत तेज़ दौड़ सकता है और दौड़ की प्रतियोगिताओं में शामिल किया जाता है

grid /grɪd/ /ग्रिड्/ noun, c. **1** *The principal drew a grid on the blackboard to explain the new timetable to the teachers.* = a set of squares arranged in rows and columns, used to present some information सूचना/जानकारी देने के लिए प्रयुक्त कतारों और स्तंभों में व्यवस्थित वर्गों का समुच्चय **2** = a set of metal bars set across each other, forming small squares आड़ी रखी हुई धातु की सलाखें जिनसे छोटे-छोटे चौखटे वर्ग बने दीखते हैं **3** = a set of numbered squares printed on a map, with the help of which the position of any place on the map can be found मानचित्र पर नंबर दिए हुए वर्गों का एक सिलसिला जिनसे किसी जगह की स्थिति का पता चल सकता है **4** *the power grid* = a network of connected wires by which electric power produced in one part of the country can be sent to another part when needed जुड़े हुए तारों का एक जालतंत्र जिसके ज़रिये ज़रूरत पड़ने पर बिजली देश के एक भाग से दूसरे भाग तक संचारित हो सकती है

grid•dle /ˈgrɪdl/ /'ग्रिड्ल्/ noun, c. = a round iron plate which can be heated over a fire and is used to bake bread, chapatis etc. using dry heat लोहे का एक गोल तश्त जिसे आग की आँच पर तपाकर रोटी, चपाती वगैरह सेंकी जाती है; तवा

grief /gri:f/ /ग्रीफ़्/ noun, u. = great sorrow, spe-cially at the death of a loved person प्रियजन की मृत्यु पर शोक

to be grief stricken = to feel very great grief (sorrow) शोक-संतप्त होना **to come to grief** *Her plans came to grief.* = to come to an unhappy end; का दु:खद अंत होना (of ships, planes etc.) to be destroyed (formal) (जहाज़, वायुयान का) ध्वस्त हो जाना (औपचारिक) **good grief!** *Good grief! I've lost my suitcase!* = an expression used to show that one is unpleasantly surprised 'अरे लो' कष्टकर आश्चर्य की एक अभिव्यक्ति

grieve /gri:v/ /ग्रीव्/ verb, i. *He is grieving for his friend, who died on this day a year ago. // I am grieved to see you in this sad condition.* = to feel or express grief (sorrow) (formal) शोक-संतप्त होना, शोकोद्‌गार प्रगट करना (औपचारिक)

griev•ance /ˈgri:vəns/ /'ग्रिव्न्स्/ noun, u. or c. *The workers felt they were not being paid enough money, but no one listened to their grievance.* = a complaint about some loss or injustice which one has suffered माँग, किसी प्रकार की क्षति या अन्याय की शिकायत

grill[1] /grɪl/ /ग्रिल्/ verb, t. = to cook something, usually meat, under or over direct heat आँच पर/में (प्राय:) गोश्त पकाना

grill[2] noun, c. **1** = a device, usually run on electricity or gas, which can grill food (cook it by direct heat) बिजली या गैस से संचालित एक जुगुत जिसमें सीधी आँच पर खाना भूना जा सकता है **2** = (see **grille**) = (देखें **grille**)

grille /grɪl/ /ग्रिल्/ noun, c. **1** = a metal frame with bars running across it, often arranged in different patterns, used to protect a door or window दरवाज़े या खिड़की की सुरक्षा के लिए किसी धातु का एक ढाँचा जिसपर ऊपर से नीचे, बाएँ से दाएँ भिन्न उपाकृतियों में सलाखें सजी होती हैं **2** = the bright metal bars covering the radiator at the front end of a motor car चमकदार धातु की सलाखें जो मोटर-गाड़ी के अगले किनारे पर उसके रेडिएटर को बचाये रखती हैं

grim /grɪm/ /ग्रिम्/ adj. **1** *She is looking very grim today. She hasn't smiled even once.* = looking serious and worried, as though expecting some trouble or difficulty किसी परेशानी या दिक्कत की आशंका से चिंतित और गंभीर **2** *There is some grim news in today's newspapers.* = causing fear or anxiety भयप्रद तथा चिंताजनक

gri•mace[1] /grɪˈmeɪs/ /ग्रि'मेइस्/ verb, i. *He grimaced with pain when the doctor gave him an injection.* = to express pain or sorrow by twisting the face into an unnatural expression मुखाकृति की ऐंठन से पीड़ा या शोक जतलाना

grimace[2] noun, c. *He made a grimace as the doctor pushed the needle into his arm.* = the twisting of the face to express pain पीड़ा जतलाती मुखाकृति की ऐंठन

grime /graɪm/ /ग्राइम्/ noun, u. *You are covered with grime; have a good bath and clean up.* = thick black dirt (old-fashioned) कालिख, काली धूल की मोटी परत (पुराने प्रचलन का)

grin[1] /grɪn/ /ग्रिन्/ verb, i. (**grinned**) *The boy grinned when he saw his friend.* = to produce a wide and happy smile showing one's teeth खीसें निपोरना

G

grin² noun, c. = a wide smile, stretching from one side of the face to the other showing one's teeth एक चौड़ी एक छोर से दूसरे तक फैली मुस्कुराहट जिसमें दाँत भी दीखते हैं

grind¹ /graɪnd/ /ग्राइन्ड्/ verb, t. (**ground**) **1** *We grind wheat into flour in order to make bread.* = to break something up into very fine pieces or powder by pressing between two hard surfaces दो सख्त सतहों के बीच पीसकर चूरा/चूर्ण बना देना **2** *This knife has lost its sharp edge. You will have to grind it.* = to make a knife sharp by rubbing it against a hard stone सख्त पत्थर पर घिस-घिसकर चाकू की धार तेज़ करना **3** *I ground my cigarette into the ashtray.* = to rub (something) against a surface with force किसी चीज़ को किसी सतह पर मसल देना

grind² noun, u. *I find it a terrible grind to work in this office for 14 hours.* = hard and uninteresting work नीरस कठिन कार्य **grinder** noun = a machine which grinds things (e.g. wheat or coffee) into powder एक मशीन जो (गेहूँ, कॉफ़ी, वगैरह) का चूरा बना देती है **grindstone** noun = a rough stone against which a knife is rubbed to make it sharp सान का पत्थर

to grind to a halt *The train ground to a halt.* = to stop, producing a lot of noise and shaking (of a train, bus etc.) झटके से ज़ोर की आवाज़ करते हुए रुक जाना

grip¹ /grɪp/ /ग्रिप्/ verb, t. **1** *The road is very slippery. Grip my hand tightly or you may fall.* = to take hold of something tightly कसकर पकड़े/थामे रहना **2** *This book is so interesting that it grips you completely.* = to take hold of one's attention मगन/मशगूल कर लेना, अपने में रमा देना

grip² noun, u. **1** *Although the man was old and weak, I was surprised by the strength of his grip when he held my hand.* = the action of gripping (holding) something पकड़ **2** *The city is in the grip of a heat wave.* = suffering from the strong effects of something की चपेट में **3** *The team is losing its grip on the match.*= the power to control नियंत्रण-शक्ति, काबू

gripe¹ /graɪp/ /ग्राइप्/ verb, i. *He is always griping about the hot weather.* = to complain (informal, disapproving), भुनभुनाते रहना (अनौपचारिक, अस्वीकृत)

gripe² noun, c. *My gripe is that you never pay any attention to my suggestions.* = complaint (informal) शिकवा, उलाहना (अनौपचारिक)

gris•ly /'grɪzli/ /'ग्रिज़्ली/ adj. *The newspapers had a grisly picture of the people who were wounded in the war.* = (something that is) unpleasant because it deals with violence or bloodshed लोमहर्षक, हिंसा तथा खून-खराबे से जुड़े होने की वजह से भीषण

grit /grɪt/ /ग्रिट्/ noun, u. **1** = small pieces of stone or some other hard substance कंकड़, पत्थर या किसी दूसरी तरह की सख्त चीज़ का छोटा-सा टुकड़ा **2** *The runner completed the 10,000 metre race although she was feverish and could barely stand. I admired her grit.* = courage or determination which enables a person to do something difficult जीवट, साहस एवं मनोबल जो कठिन काम करा लेता है

groan¹ /grəʊn/ /ग्रउन्/ verb, i. *The sick man was groaning in pain.* = to make a deep sound expressing pain, suffering, disappointment etc. पीड़ा, संताप, निराशा आदि की अभिव्यक्ति में एक दबी-दबी सी आवाज़ पैदा करना, कराहना

groan² noun, c. *There were groans of disappointment from the crowd when Sehwag was bowled with the very first ball.* = the sound produced when someone groans कराहने की आवाज़

gro•cer /'grəʊsə'/ /'ग्रउसर्/ noun = a person who sells foodstuffs (rice, sugar, tea, oil etc.) or other things used in the home regularly (e.g. soap, toothpaste etc.) पंसारी **grocery** noun, u. or c. (**groceries**) = the things sold by a grocer पंसारी के यहाँ बिकती चीज़ें

groin /grɔɪn/ /ग्रॉइन्/ noun, c. = the place where the legs join the body शरीर का वह (बिचला) हिस्सा जहाँ धड़ से टाँगें मिलती हैं

groom¹ /gru:m/ /ग्रूम्/ verb, t. **1** *We are grooming them to head the organisation.* = to choose and prepare or train someone for a special position or responsibility किसी विशेष पद या उत्तरदायित्व के लिए किसी का चुनाव कर उसे प्रशिक्षित करना **2** *He grooms himself well. You will never find him looking untidy.* = to take good care of one's appearance by dressing well (old-fashioned) अपनी शक्ल-सूरत और वेशभूषा का खास ख्याल रखना **3** *grooming a horse* = to clean an animal, especially a horse, by brushing ब्रश से रगड़-रगड़कर जानवर (विशेषकर घोड़ा) की सफ़ाई करना

groom² noun, c. **1** = bridegroom (a man who is about to get married or has just been married) दूल्हा, वर **2** = a person who takes care of horses साईस

groove /gru:v/ /ग्रूव्/ noun, c. **1** *The window slides in this groove when it is opened or closed.* = a long, hollow cut in a piece of wood or metal in which something moves खाँचा, काठ या धातु में खुदी हुई पतली-सी नाली जिसमें कोई चीज़ आगे-पीछे जा सकती है **2** *The wheels of the bullock carts moving along this road have made deep grooves in it.* = a deep mark in a surface, caused by pressure दबाव से किसी सतह पर बना गहरा निशान

grope /grəʊp/ /ग्रउप्/ verb, i. *She groped about in the dark, trying to find the light switch.* = to try to find something that one cannot see by stretching out one's hands to touch things जो दीखता नहीं उसे हाथ बढ़ाकर छूने की कोशिश करते हुए ढूँढ़ना

to grope one's way somewhere = to try to find one's way in the dark by touching things, because one cannot see दिखाई नहीं देता इसलिए अँधेरे में टटोल-टटोलकर चीज़ें छूते हुए अपना रास्ता ढूँढ़ना

gross[1] /grəʊs/ /ग्रउस्/ noun, c. = 12 dozen or 144 (in number) बारह दर्जन (1=144)

gross[2] verb, t. *The new film has grossed more than 5 million in the first week.* = to earn as profit मुनाफ़ा कमाना

gross[3] adj. **1** *My gross salary, including all allowances, is Rs 10,725 a month.* = total; before something is taken away कुल मिलाकर **2** *The doctor who did not attend to the patient in time has been guilty of gross negligence.* = something that is seriously wrong and cannot be excused अक्षम्य, संगीन **3** *I am shocked by your gross behaviour.* = rough and improper भोंड़ा, भद्दा **4** *He has put on so much weight that he looks quite gross.* = fat and ugly भद्दे ढंग से मोटा

gro•tesque /grəʊ'tesk/ /ग्रउ'टेस्क्/ adj. *You will find a grotesque picture hanging on the wall, showing a man with ten heads and enormous teeth sticking out like tusks. // The old man looks quite grotesque when he tries to dress like a teenager.* = strange and unnatural in appearance, causing fear or laughter देखने में ऐसा अजीब और अस्वाभाविक कि डर लगे या हँसी आ जाए

grot•to /'grɒtəʊ/ /'ग्रॉटउ/ noun, c. (**grottos** or **grottoes**) = a small cave एक छोटी खोह

grouch[1] /graʊtʃ/ /ग्राउच्/ verb, i. *Stop grouching about your exam!* = to complain in a bad-tempered manner (informal) खीझते रहना (अनौपचारिक)

grouch[2] noun, c. **1** *I am tired of your grouches.* = complaints शिकवा **2** *What a grouch you are!* = a person who keeps complaining about things व्यक्ति जो हमेशा कोई-न-कोई शिकायत करता रहता है

ground[1] noun, u. or c. **1** *The ground is very hard here. It will be difficult to dig a hole.*(u.)= the solid surface of the earth ज़मीन की ठोस ऊपरी परत **2** *This is sandy ground.*(u.)= soil मिट्टी **3** *a football ground*(c.) = a piece of land used for a particular purpose खास काम के लिए ज़मीन का एक क्षेत्र **4** *The professor covered a lot of ground during her talk.*(u.) = information relating to some subject किसी विषय से संबद्ध तथ्य **5** (always plural) *What are your grounds for saying that we should move out of this house?*(c.) = a reason for saying something (formal) (केवल बहुवचन में प्रयुक्त) किसी कथन का आधार (औपचारिक) **6** (always plural) *Let us take a walk around the grounds.*(u.) = the area surrounding a building (केवल बहुवचन में प्रयुक्त) किसी इमारत के चारों ओर की ज़मीन

ground[2] /graʊnd/ /ग्राउन्ड्/ verb, t. (**grounded**) **1** *The ship grounded as the water was not very deep.* = to hit the bottom of the sea or river (used to refer to a ship) (जहाज़ के प्रसंग में) समुद्र/नदी की तलहटी से टकराना **2** *The aircraft has been grounded as there is some problem with the engine.* = to prevent an aircraft from flying हवाई जहाज़ की उड़ान रद्द करना **ground floor** noun, c. = the lowest floor of a building, built at the ground level (known as the **first floor** in American English) किसी भवन का सबसे निचला फ़र्श जो बाहर की ज़मीन से समतल होता है (अमेरिकी अंग्रेज़ी में **first floor** कहलाता है) **groundless** adj. *Your fears are quite groundless.* = without reason or cause अकारण, आधारहीन **groundnut** noun = the nut (seed) of a plant which grows under the ground and produces a kind of oil मूँगफली **groundwork** noun, u. *I have completed the groundwork for my new book and now I can start writing it.* = the work done as preparation for something खाका, मसविदा

to be on familiar ground = to be talking/writing about a subject that one knows well (हस्तामलकवत्), जिसकी पूरी जानकारी हो उसके बारे में बोलना, लिखना **to be on dangerous ground** = to be in a position in which one is likely to say, do or write something which may prove to be risky ऐसी स्थिति में होना जिसमें कुछ भी कहना, करना या लिखना, खतरे से खाली न हो/जोखिम का काम हो

group[1] /gru:p/ /ग्रूप्/ verb, t. *We can group these plants together as none of them have green leaves.* = to place or arrange in a group (usually for the purpose of study) (सामान्यतः अध्ययन के प्रयोजन से) एक वर्ग/श्रेणी में व्यवस्थित करना, समूहीकरण करना

group[2] noun, c. **1** *a group of children* = a number of persons or objects gathered together at one place or time (एक समय/एक स्थान पर जमा) झुंड, दल, टोली **2** *Hawks and eagles belong to a group of hunting birds.* = class श्रेणी, वर्ग

grouse /graʊs/ /ग्राउस्/ noun, c. **1** = a kind of small brown bird which is commonly eaten एक प्रकार की छोटी भूरी चिड़िया (आमतौर पर खाद्य) **2** *He has a grouse against you. It seems you insulted him once.* = complaint or grievance (informal) गिला, मलाल (अनौपचारिक)

grove /grəʊv/ /ग्रउव्/ noun, c. *a mango grove* = an area where fruit trees (usually of the same kind) have been planted कुंज, एक क्षेत्र जहाँ समान प्रकार के पेड़ लगाए जाते हैं

gro•vel /'grɒvəl/ /'ग्रॉव्ल्/ verb, i. (**grovelled**) *I hate to see you grovel for a role in the film. You should behave with greater dignity.* = to show too much respect or humility to someone who is in power or can give you something you want (disapproving) ठकुरसुहाती करना, चापलूसी करना, तलवे चाटना (अस्वीकृत)

grow /grəʊ/ /ग्रउ/ verb, t. or i. (**grew, grown**) **1** *Coconut trees grow best in sandy soil.*(i.)= to survive and increase in size;(used about plants) to develop (पेड़-पौधों के प्रसंग में) पनप सकना और आकार में बढ़ते रहना **2** *I am happy to see how tall you have grown.*(i.) = to become bigger or taller सयाना या/और

लंबा लगने लगना **3** *She grows rice on her land.*(t.) = to cause or allow something to survive and increase in size उपजाना **4** *Her savings have grown.*(i.) = to become greater in quantity or number परिमाण या संख्या में बढ़ना **5** *He is growing bald.*(i.) = to become हो जाना/हो चलना **growth** noun, u. or c. **1** *The growth of these plants is quite normal.*(u.) = the process of becoming larger in size आकार में और बढ़ते जाने की प्रक्रिया **2** *the growth of unemployment*(u.) = increase वृद्धि **3** *The doctor found a growth inside his mouth.*(c.) = a part of the body that grows in an unnatural way [MEDICINE] शरीर का कोई भाग जो अप्राकृतिक रूप से बढ़ता है [चिकित्सा] **grown-up** noun, c. or adj. **1** *We have no grown-ups to look after the children.* (noun) = an adult person सयाना व्यक्ति **2** *The child is trying to act grown up.*(adj.) = behaving or looking like an adult सयाने की तरह दीखता-आचरण करता

growl[1] /graʊl/ /ग्राउल्/ verb, i. *The dog growls at strangers.* = to make a deep sound in the throat expressing anger or suspicion (रंज या शक जतलाते हुए) गले में एक गहरी आवाज़ करना; गुर्राना

growl[2] noun, c. *The dog's growls don't frighten me.* = the sound of growling गुर्राहट

grub /grʌb/ /ग्रॅब्/ noun, c. or u. **1** (c.) = a young insect, after it has just come out of its egg, looking like a worm एक नन्हा-सा कीड़ा जो अभी-अभी अपने अंडे से बाहर आया है **2** *Have you had your grub?*(u.) = food (informal) खाना, पारण (अनौपचारिक)

grub•by /'grʌbi/ /'ग्रॅबी/ adj. *Your clothes look grubby. Get them washed.* = dirty (informal) चीकट (अनौपचारिक)

grudge[1] /grʌdʒ/ /ग्रॅज्/ noun, c. *He has a grudge against you as he feels you got the job that should have gone to him.* = a deep dislike of someone, caused by the feeling that he/she has done you some harm मलाल जो किसी के प्रति इस भावना से पैदा होता है कि उसने नुकसान पहुँचाया है

grudge[2] verb, t. **1** *They grudged her the high salary they paid her.* = to give something unwillingly अनिच्छापूर्वक देना **2** *I don't grudge you your success.* = to feel unhappy at something good that happens to someone else किसी का कुछ भला हो तो उससे नाखुश होना

gruel /'gruːəl/ /'ग्रूअल्/ noun, u. = the watery liquid that collects on top of rice which has been boiled and is often used as food माँड़, वह तरल द्रव्य जो पके चावल की ऊपर सतह पर जमा होता है और भोज्य-पदार्थ भी है

gruel•ling /'gruːelɪŋ/ /'ग्रूएलिङ्/ adj. *I feel tired after the gruelling car race.* = something that requires a lot of effort and makes one tired जिसमें काफ़ी मशक्कत पड़ती है और थकान हो जाती है

grue•some /'gruːsəm/ /'ग्रूसम्/ adj. *a gruesome murder* = very horrible and violent जघन्य

gruff /grʌf/ /'ग्रॅफ़्/ adj. *He always speaks to us in such a gruff manner that we are frightened.* = rough and angry रूखा और रंजिश भरा

grum•ble[1] /'grʌmbəl/ /'ग्रॅम्ब्ल्/ verb, i. *She is always grumbling about being made to work too hard.* = to complain in a quiet but bad-tempered manner भुनभुनाना, चुपके से चिड़चिड़े मिज़ाज़ में शिकायत करना

grumble[2] noun, c. *I am tired of listening to your grumbles.* = a complaint शिकवा

grump•y /'grʌmpi/ /'ग्रॅम्पी/ adj. *She is always grumpy on Monday mornings, when she has to return to the office after a weekend.* = bad-tempered and complaining (informal) चिड़चिड़ा, भुनभुनाता (अनौपचारिक)

grunt[1] /grʌnt/ /'ग्रॅन्ट्/ verb, i. *When I asked him whether he would come for dinner, he just grunted.* = to make a deep sound in the throat expressing dissatisfaction or an unwillingness to talk असंतुष्टि या 'नहीं बोलने की तबीयत' का भाव जतलाने के लिए गले में एक गहरी आवाज़ पैदा करना

grunt[2] noun, c. = the sound made by a pig or a similar sound made by a human being सूअर की गुरगुराहट या वैसी ही किसी इन्सान की आवाज़

gua•no / 'gwɑːnəʊ/ /'ग्वाऽनउ/ noun, u. = dried waste matter passed out of the intestines of seabirds, from which fertilizer (a chemical that helps plants grow well) is made समुद्री चिड़ियों की अँतड़ियों से निकला सूखा बीट जिससे (पौधों की उपज में मदद के लिए) खाद बनती है

gua•ran•tee[1] /gærən'tiː/ /गैरन'टी/ noun, c.or u. *There is a one-year gurantee on this new car. If anything goes wrong during this time, the car will be replaced by the manufacturer.* = a written agreement or promise made by the maker of an article to repair or replace it if a defect is found एक लिखित समझौता या वादा, जो किसी चीज़ को बनाने वाला उसमें ख़राबी आने पर उसे मरम्मत कर देने के लिए करता है

guarantee[2] verb, t. *I guarantee that this watch has no defect.* = to provide a guarantee for the quality of something that is sold बिक्री के माल के गुण के लिए कौल देना, जिम्मा लेना

guard[1] /gɑːd/ /गाऽड्/ verb, t. *We have hired a person to guard the house at night and prevent thieves from breaking in.* पहरा देना, रखवाली करना // *Guard the prisoner well and make sure that he does not escape.* = to keep watch over something or someone in order to keep it/him/her protected and safe, or to prevent him/her from escaping किसी को सुरक्षित रखने या भाग जाने से रोके रखने के लिए उस पर कड़ी नजर रखना

guard[2] noun, c. *The guards have been ordered not to allow anyone to enter this house.* = a person or group of persons who guard (keep watch over) someone or something पहरेदार, संतरी, कुछ लोगों का

एक जत्था जो किसी व्यक्ति या चीज़ पर पहरा देता है **guarded** adj. *When the newspaper reporter asked the film star a question about her private life, she gave him a guarded reply.* = careful; not saying too much सतर्क एवं संक्षिप्त

guard•i•an /'gɑːdiən/ /'गाऽडियन्/ noun, c. *The boy's parents live in the USA, so I look after him as his guardian.* = a person who has been appointed to look after a child that is not his/her own अभिभावक, वह व्यक्ति जो उस बच्चे की देखभाल के लिए नियुक्त किया जाता है जो उसका अपना नहीं है

gua•va /'gwɑːvə/ /'ग्वाऽव/ noun, c. = a small round tropical fruit (growing in warm or hot places) with white or pink flesh अमरूद

guer•ril•la[1] (guerilla) /gə'rɪlə/ /ग'रिल्ल/ noun, c. = a fighter who is not a regular soldier and is (usually) fighting against the government and who attacks the enemy in small groups, while hiding from them एक योद्धा जो पूर्णकालिक सैनिक नहीं, आमतौर पर सरकार से संघर्षरत रहता है और छोटी टुकड़ियों में दुश्मन पर घात से हमला करता है

guerrilla[2] adj. *guerrilla war* = a war fought by guerrilla fighters छापामार जंग/युद्ध

guess[1] /ges/ /गेस्/ verb, t. *I can only guess why she wants to leave the job.* = to try to form a judgement or an opinion or to find the answer to a question without being sure of it अनुमान लगाना, (बिना निश्चित हुए) कोई निर्णय लेना/राय कायम करने की कोशिश करना/किसी मसले का हल ढूँढ़ना

guess[2] noun, c. *I don't know how much you paid for that old car but I can make a guess.* = an attempt to find an answer to a question to which one does not know the correct or exact answer अनुमान, जिस प्रश्न का उत्तर ठीक-ठीक ज्ञात नहीं उसका हल ढूँढ़ने की कोशिश **guesswork** noun = the act of guessing about something अनुमान लगाने की क्रिया **guess-timate** = an estimate of something based on a guess अनुमान पर आधृत आकलन

a wild guess = a guess made without much thinking अटकलबाज़ी (जिसमें बहुत सोच-विचार नहीं किया गया हो) **Guess what!** *Guess what! I've forgotten the book again!* = an expression of surprise mixed with joy or sarcasm (informal, often humorous) खुशी और अपने ऊपर तानाकशी के साथ अचरज की एक अभिव्यक्ति ('जानते हो?!) **to be anybody's guess** *When he will finish the work is anybody's guess.* = no one knows the answer (informal, humorous) भगवान जाने! **to keep someone guessing** 1 *We won't tell them what happens at the end of the play. Let's keep them guessing.* = to not reveal or tell what is going to happen जो घटित होने को है उसे नहीं बतलाना 2 = to not tell one's partner in a romantic relationship whether it will end in marriage, be a permanent one etc. प्रणय-संबंध में अपने संगी/साथी से यह गुप्त रखना कि इसका अंत विवाह में या स्थायी प्रबंध में होगा

guest /gest/ /गेस्ट्/ noun, c. 1 *I am expecting two guests who will stay with me for couple of days.* = a person who is invited by someone (the host) for a meal or to spend some time in his/her house अतिथि, मेहमान 2 = a person who is staying at a hotel होटल में ठहरा व्यक्ति

guf•faw[1] /gə'fɔː/ /ग'फ़ॉऽ/ verb, i. *We guffawed at her silly plan.* = to laugh loudly and rudely ठहाका लगाना, ठठाकर हँसना

guffaw[2] noun, c. *There was a guffaw when I sang out of tune.* = a burst of loud and rude laughter ठहाका

guide[1] /gaɪd/ /गाइड्/ verb, t. 1 *I don't know the way to the station. I shall be grateful if you could guide me there.* = to show someone the way by leading him/her to it किसी को किसी जगह की राह दिखाना 2 *The driver guided the bus carefully through the narrow streets.* = to control or direct सँभाल के चलाना-ले चलना 3 *I'm really very confused. Please guide me.* = advise सलाह देना, रास्ता सुझाना

guide[2] noun, c. 1 *The guide will take us around the town and show us all the interesting places.* = a person who is paid to take tourists or visitors around places of interest (ऐतिहासिक, आदि) महत्त्व के स्थानों पर पर्यटकों या आगंतुकों का भाड़े पर तय किया हुआ मार्गदर्शक 2 *This book is a useful guide to classical Indian music.* = a book which introduces or teaches a new subject वह पुस्तक जो किसी विषय का परिचय देती है या उसका अध्ययन कराती है **the Guides** noun = an organization of girls who are trained to help people in need जरूरतमंदों की मदद के लिए लड़कियों की संस्था

guile /gaɪl/ /गाइल्/ noun, u. *a person with a lot of guile* = cleverness which is used for bad purposes e.g. to cheat people धूर्तता/चालाकी जो कलुषित प्रयोजनों के लिए (जैसे लोगों को ठगने के लिए) काम में लाई जाती है

guil•lo•tine[1] /'gɪlətiːn/ /'गिलटीन्/ noun, c. 1 = an instrument consisting of a large heavy blade (knife) sliding down between two wooden posts, used in France in the eighteenth century to punish criminals by cutting off their heads एक मशीन जिसमें एक बहुत चौड़ा भारी चाकू दो खंबों के बीच नीचे सरकता हुआ गिरता है (अठारहवीं सदी में फ्रांस में इसका इस्तेमाल मुज़रिमों का सर धड़ से अलग करके उन्हें सज़ा देने के लिए होता था) 2 = an order or ruling given by the speaker, bringing some discussion in the parliament to an end संसद-अध्यक्ष द्वारा घोषित कोई आदेश या निर्णय जो संसद में चल रहे विवाद को अब और आगे नहीं चलने देता

guillotine[2] verb, t. = to cut off someone's head, using a guillotine गिलोटीन से किसी का सर काट डालना

guilt /gɪlt/ /गिल्ट्/ noun, u. 1 *The man was tried in court for murder, but he was set free because his guilt* *could not be proved.*= responsibility for doing something wrong or against the law कानून के खिलाफ/ कुछ ग़लत करने की जिम्मेवारी **2** *I have such a sense of guilt about not helping my friend when she was ill.* = the feeling produced by the knowledge that one has done something wrong अपराध-भाव **guilty** adj. *You are guilty of murder.* = found to have done something wrong (का)अपराधी/मुज़रिम

guinea pig noun, c. **1** = an animal which looks like a small rabbit and is commonly used for scientific experiments or tests एक पशु जो एक छोटे खरहे-जैसा लगता है और आमतौर पर वैज्ञानिक प्रयोगों/परीक्षणों में काम आता है **2** *The doctors are testing a new medicine and we are the guinea-pig.* = used figuratively about human beings on whom something new is tested कोई व्यक्ति जिसपर कोई परीक्षण किया जाता है (लाक्षणिक)

guise /gaɪz/ /गाइज़्/ noun, c. *It is said that Haroon-al-Rashid, the ruler of Baghdad, often went round the city at night in the guise of a beggar, in order to find out what was happening in his kingdom.* = outward appearance or dress भेष

gui•tar /gɪ'tɑːʳ/ /गि'टाऽʳ/ noun, c. = a musical instrument with six strings and a long narrow stem attached to a larger flat body, played with the fingers उँगलियों से बजाया जाने वाला एक बाजा जिसमें छह तार होते हैं और एक लंबा, तंग 'तना' जो एक बड़े सपाट ढाँचे से जुड़ा होता है, गिटार

gulf /gʌlf/ /गॅल्फ़्/ noun, c. **1** *the Persian Gulf* = a stretch of deep sea partly surrounded by land ज़मीन से घिरा गहरे समुद्र का एक क्षेत्र, खाड़ी **2** *There is a wide gulf between our views on music, which can never be bridged.* = difference or gap between the way people think, feel or live लोगों के सोचने, महसूस करने या जीवन-यापन करने के ढंग में अंतर/फ़र्क/. फासला

gull /gʌl/ /गॅल्/ noun = a kind of large bird commonly found near the sea एक तरह की बड़ी-सी चिड़िया जो समुद्र के इर्द-गिर्द ही दीखती है

gul•let /'gʌlɪt/ /'गॅलिट्/ noun = the pipe leading down the throat from the mouth to the stomach, through which food passes मुँह से पेट तक पहुँचती गले के अंदर की एक नली जिसके जरिये भोजन अंदर जाता है, भोजन-नली

gul•li•ble /'gʌlɪbəl/ /'गॅलिब्ल्/ adj. *Why did you believe them when they promised you a job? You are too gullible!* = very willing to believe others and therefore easily tricked सहज ही विश्वास करने लेने वाला, और यों आसानी से धोखा खानेवाला

gul•ly /'gʌli/ /'गॅली/ noun, c. (**gullies**) **1** = a small narrow valley cut through the side of a hill by heavy rain or a storm भारी बारिश या अंधड़-तूफ़ान से कटी हुई पहाड़ी की एक बगल की छोटी तंग घाटी **2** = a fielding position in cricket close to the batsman, on the off side and between point and slip क्रिकेट के खेल में क्षेत्ररक्षण (फीलि्डंग) का एक निश्चित स्थान

gulp¹ /gʌlp/ /गॅल्प्/ verb, t. **1** *The man gulped down his tea and ran to catch the bus.* = to swallow large amounts of food or drink quickly बड़ा कौर निगल जाना, (पेय) घोंट जाना/गटक जाना **2** *She gulped when I asked her what she was doing in my room.* = to make a sudden swallowing movement, out of nervousness or surprise घबराहट या अचरज में अचानक कुछ घोंटते रहने-जैसा करने लगना

gulp² noun, c. *He finished his coffee in a single gulp.* = a large mouthful which is swallowed एक ही घूँट/एक ही कौर

gum¹ /gʌm/ /गॅम्/ verb, t. *This envelope has to be gummed before it can be mailed.* = to stick something with gum or to put gum on something गोंद से चिपकाना/गोंद लगाना

gum² noun, c. or u. **1** *She is bleeding from the gums.*(c.) = the pink firm area covering the jaws in which the teeth are rooted मसूड़ा **2** *This gum is taken from a eucalyptus tree.*(u.)= a sticky substance obtained from a plant or tree and used for sticking things together गोंद **3** = chewing gum or bubble gum चूईंग गम या बबल गम **gumboots** noun (always plural) = large boots made of rubber which are worn when walking through muddy areas (केवल बहुवचन में प्रयुक्त) कीचड़ भरे क्षेत्र से गुजरने के लिए रबर के बने भारी जूते

gun¹ noun, c. = a weapon which is either held in the hands or fixed to a frame, from which bullets or shells can be fired गोली छोड़ने के लिए एक हथियार जो या तो हाथों में रहता है या किसी ढाँचे में फ़िट किया रहता है

gun² /gʌn/ /गॅन् / verb, t. **1** *The driver gunned the engine of her car before the race.* = to make the engine of a car run very fast किसी कार के इंजिन को बहुत तेज़ चालू कर देना **2** *The enemy soldiers were gunned down by our troops.* = to shoot down with guns गोली का शिकार बनना, बंदूक से मार गिराना

gur•gle¹ /'gɜːgəl/ /'गऽग्ल्/ verb, i. *The rain water gurgled through the drains.* = to flow with a bubbling sound कलकल की आवाज़ के साथ बहना

gurgle² noun, u. *I can hear the gurgle of the stream flowing down the hillside.* = the sound made by flowing water बहते पानी की आवाज़

guru /'gʊruː/ /'गुरु/ noun, c. = a teacher or religious leader or a person who is respected for his/her ideas एक शिक्षक/धार्मिक नेता/अपने विचार-दर्शन के लिए आदृत व्यक्ति

gush¹ /'gʌʃ/ /'गॅश्/ verb, i. **1** *Blood gushed from the cut in my head.* = to flow out with force, in large quantities वेग से, अधिक मात्रा में फूट पड़ना **2** *I didn't like the way he gushed about your book.* = to praise excitedly and in a way which seems to have the purpose of flattering someone (disapproving) भावावेश

में ऐसी प्रशंसा करना कि लगे मक़सद किसी की खुशामद की है (अस्वीकृत)

gush² noun, u. *The doctor tried to stop the gush of blood by applying pressure.* = the flow of liquid in large quantities अधिक परिमाण/मात्रा में तरल द्रव का प्रवाह **gushing** adj. *a gushing speech* = expressing some feeling very strongly but without much sincerity किसी भावना की ज़ोरदार किंतु झूठी अभिव्यक्ति

gust /gʌst/ /गॅस्ट्/ noun, c. *a gust of wind* = a strong, sudden rush of air हवा का एक कड़ा आकस्मिक झोंका

gusto /'gʌstəʊ/ /'गॅस्टउ/ noun, u. *He talked with great gusto.* = energy and enjoyment उछाह

gut¹ /gʌt/ /गॅट्/ noun, c. or u. **1** (c.) = the intestines (tubes inside the body below the stomach, through which food passes) अंतड़ियाँ, पेट के नीचे नलियाँ जिनसे भोजन संचारित होता है **2** (u.) = strong thread made from the intestines of sheep भेंड़ की अँतड़ियों से बने मज़बूत धागे

gut² verb, t. (**gutted**) **1** = to remove the intestines, stomach etc. of an animal before cooking it किसी जानवर को पकाने के पहले उसकी अँतड़ियाँ/पेट निकाल लेना **2** *The building was gutted by the fire.* = to destroy completely (used to describe the effects of fire) (आग के असर के प्रसंग में) जलाकर खाक कर देना **gut feeling** noun *I have a gut feeling that we are going to win this match, although everyone thinks we will lose.* = a strong natural feeling, not based on reason बिना किसी आधार का एक दृढ़, अपने-आप जगा मनोभाव **guts** noun, u. **1** = intestines or bowels अँतड़ियाँ **2** *I thought you were a timid person, afraid of getting into a fight, but I see you have guts.* (always plural) = courage and determination (informal) (केवल बहुवचन में प्रयुक्त) हौसला और दृढ़ निश्चय (अनौपचारिक)

to hate someone's guts = to dislike the fact that someone is bold, clever etc. (informal) किसी के हिम्मतवर, चालाक वगैरह होने को नापसंद करना (अनौपचारिक)

gut•ter /'gʌtə^r/ /'गॅटर/ noun, c. = a drain through which rainwater or dirty water flows नाली जिससे बारिश का या गंदा पानी बहता है **guttersnipe** noun, c. = a poor child from the lowest social class (derogatory) कँगला (अनादरपूर्ण) **gutter press** noun = newspapers which print shocking stories about the private lives of people वैसे अखबार जो लोगों के निजी जीवन के बारे में सदमा पहुँचाने वाली खबरें छापते हैं

gut•tur•al /'gʌtərəl/ /'गॅट्रल/ adj. *a guttural sound* = a sound which seems to come from the back of the throat कंठ-ध्वनि

guy /gaɪ/ /गाइ/ noun, c. *He's a good guy.* = man or woman (informal) पुरुष या महिला (अनौपचारिक)

guz•zle /'gʌzəl/ /'गॅज़्ल्/ verb, t. or i. *He has been guzzling icecream and soft drinks all evening.* = to eat or drink quickly and greedily (informal) जल्दी-जल्दी ललचते हुए भकोसना/गटकना (अनौपचारिक)

gym•kha•na /gʒɪm'kɑːnə/ /जिम्'काऽन/ noun, c. = a sports club खेलकूद की एक मंडली

gym•na•si•um /dʒɪm'neɪziəm/ /जिम्'नेइज़िअम्/ noun, c. (**gynasiums** or **gymnasia**) = a place where people can perform physical exercises, using equipment of different kinds वह स्थान जहाँ तरह-तरह के उपकरणों के जरिये लोग शारीरिक व्यायाम कर सकते हैं **gymnastics** /dʒɪm'næstɪks/ /जिम'नैस्टिक्स्/ noun, u. (only plural form) = physical exercises requiring balance and skill, done indoors e.g. swinging from parallel bars or rings (केवल बहुवचन में प्रयुक्त) शारीरिक व्यायाम जिसमें संतुलन और कौशल अपेक्षित है (जैसे पैरलल बार्ज़ या रिंग्ज़ पर झूलना)

gynaecology (gynecology) /gaini'kɒledʒi/ /गाइनि'कॉलजी/ noun = the branch of medicine which deals with the diseases and medical conditions of women स्त्री-रोग तथा स्त्री-स्वास्थ्य के लिए चिकित्सा-औषधि की एक श्रेणी

gyp•sum /'dʒɪpsəm/ /'जिप्सम्/ noun = a soft white chalk-like substance, from which plaster of paris is made एक मुलायम खल्ली के जैसा पदार्थ जिससे 'प्लेस्टर ऑव् पैरिस' बनता है

gy•rate /dʒaɪ'reɪt/ /जाइ'रेइट्/ verb, i. = to turn round and round at great speed while staying in one place (literary) घिरनी की तरह नाचना (साहित्यिक)

gy•ro•scope /'dʒaɪrəskəʊp/ /'जाइरस्कउप्/ noun = an instrument which helps to keep balance in a ship or aircraft, consisting of a heavy wheel which spins very fast inside a frame जहाज़ या वायुयान के एक ढाँचे में तेज़ी से चक्कर काटते एक भारी-भरकम पहिये के रूप में लगा एक यंत्र जो संतुलन बनाए रखता है

G

hH

h, H /eɪtʃ/ /एच/ the eighth letter of the English alphabet अंग्रेजी वर्णमाला का 8वां वर्ण

ha /hɑː/ /हाऽ/ interjec. = an expression of surprise, interest, amusement etc. विस्मयादि बोधक अभिव्यक्ति

ha•bit /'hæbɪt/ /'हैबिट/ noun, c. or u. **1** *She has a habit of biting her fingernails when she is thinking.*(c.) = some action that one performs regularly, often without knowing that one is doing it, आदत **2** = special clothing worn by nuns, monks etc. नन, भिक्षु आदि के पहनने वाला विशेष वस्त्र **habitual** /hə'bɪtʃuəl/ /हंबिचुअल/ adj. **1** *He is a habitual smoker.* = doing something as a habit आदती **2** *She greeted us with her habitual friendliness.* = usual स्वाभाविक **habituate** verb, i. *I am habituated to twenty cups of tea a day.* = to do something regularly as a habit का अभ्यस्त होना, की आदत पड़ना **habit-forming** adj. *Tea and coffee are habit-forming.* = likely to result in a habit if done regularly (see also **addiction, addictive**) आदत डालने वाला

to break a habit *He used to smoke 20 cigarettes a day but he has been able to break the habit. Now he doesn't smoke at all.* = to give up a bad habit आदत छोड़ना **from force of habit** *He is rich now and has many servants, but he still cooks his own food from force of habit.* = doing something that one has been in the habit of doing, although it is no longer necessary आदतन काम करना

hab•i•ta•ble /'hæbɪtəbəl/ /'हैबिटब्ल/ adj. *This house is not habitable.* = fit to be lived in (formal) रहने लायक (औपचारिक)

hab•i•tat /'hæbɪtæt/ /'हैबिटैट/ noun, u. *The habitat of the whale is the deep waters of the Pacific Ocean.* = the natural home in which a living creature is found [BIOLOGY] वास, प्राकृतिक निवास [जीव विज्ञान]

hab•i•ta•tion /hæbɪ'teɪʃən/ /हैबि'टेइश्न/ noun, u. or c. **1** *Some of the people who have approached us do not have proper habitations.*(c.) = a place to live in; a home (formal) वास, निवास (औपचारिक) **2** *This old house is no longer fit for human habitation.*(u.) = the act of living in a place (formal) वास, निवास (औपचारिक)

hack[1] /hæk/ /हैक/ verb, t. or i. **1** (t.) = to cut with an axe or knife, using force (कुल्हाड़ी से बलपूर्वक) काटना **2** *Someone has hacked into the data files in my computer system.*(i.) = to break through the security system that protects data on a computer network, without the permission or knowledge of its users [COMPUTERS] (see also **hacker**) सेंध लगाना (देखें **hacker**)

hack[2] noun, c. *No one takes his newspaper reports seriously. He is just a hack.* = a low-paid writer, usually working for a newspaper (derogatory, not respectful) छोटा-मोटा पत्रकार (अनादरपूर्ण नहीं) **hacker** noun, c. *An unknown hacker broke into our computer system and destroyed our database.* = someone who hacks into a computer system (informal) सेंध लगाने वाला (अनौपचारिक) **hacksaw** noun, c. = a saw (a metal blade with teeth) used for cutting metal आरी (धातु को काटने की आरी)

hack•ney (+carriage) /'hækni/ /'हैक्नी/ noun, c. = a horse-drawn carriage which one can hire किराये की घोड़ा गाड़ी

hack•neyed /'hæknid/ /'हैक्निड/ adj. *The story of the film is the hackneyed one about the two brothers who get separated in childhood.* = something which has been repeated so often that it has lost its freshness and meaning (derogatory) घिसा-पिटा (अनादरपूर्ण)

hae•mo•glo•bin (hemoglobin) /hiːmə'gləʊbɪn/ /हीम'ग्लउबिन/ noun = the substance in blood which makes it red in colour [MEDICINE] हीमोग्लोबिन, रक्त का लाल पदार्थ [चिकित्सा]

hae•mo•phil•i•a (hemophilia) /hiːmə'fɪliə/ /हीम'फ़िलिअ/ noun = a disease which causes a person to bleed for a long time after receiving a cut because the blood does not **clot** (thicken and stop flowing) [MEDICINE] 'हीमोफ़िलिया' रक्त रोग [चिकित्सा]

haem•or•rhage (hemorage) /'hemərɪdʒ/ /'हेम्रिज/ noun, c. = a flow of blood which causes a lot of blood to be lost [MEDICINE] रक्तस्राव [चिकित्सा]

hag /hæg/ /हैग/ noun, c. = an ugly old woman who is unpleasant (derogatory) डायन (अनादरपूर्ण)

hag•gard /'hægəd/ /'हैगड/ adj. *He returned from his month-long expedition into the forest looking tired and haggard.* = weak and unwell, because of overwork or lack of sleep मरियल सा थका-माँदा अस्वस्थ-सा, लस्त

hag•gle /'hægəl/ /'हैग्ल/ verb, i. *We haggled over the price of the old car for a long time, but finally agreed on a price.* = to bargain or to argue over the price of something मोलभाव करना

haiku /'haɪkuː/ /'हाइकू/ noun = a Japanese poem of three lines [LITERATURE] तीन लाइनों की कविता की एक विधा जापानी में प्रचलित [साहित्य]

hail[1] /heɪl/ /हेइल/ noun, c. = rain which turns into little balls of ice because of sudden cooling ओला

hail[2] verb, t. **1** *He hailed an autorickshaw from a distance.* = to shout to someone in order to attract his/her attention बुलाना, पुकारना (चिल्लाकर) **2** *The film has been hailed as a masterpiece.* = to praise strongly and publicly सार्वजनिक रूप से स्वागत करना, प्रशंसा करना

hair /heəʳ/ /हेअ/ noun, u. or c. = the thread-like parts growing from the body of an animal or the body, head and face of a human being बाल, केश **hairy** adj. = with hair or full of hair बालदार, रोएँदार **hairdo** noun, c. (**hair-dos**) = the way in which a person's hair is styled by a hair-dresser (informal) केश-सज्जा, केश-विन्यास (अनौपचारिक) **hairdresser** noun, c. = a person who styles the hair (cuts it and makes it look attractive) of a man or woman केश-प्रसाधक **hairpin bend** noun, c. = a sharp, U-shaped curve in a road going up or down a hill पहाड़ी रास्ते में घुमावदार मोड़, कैंची-मोड़ **hair-raising** adj. *a hair-raising experience* = something that causes excitement mixed with fear रोमांचकारी

to split hairs = (always plural) in an argument or disagreement, to go into details which seem unimportant बाल की खाल निकालना **to keep one's hair on** = to not lose one's temper, to keep calm (informal) क्रोध को वश में रखना, शांत रहना, (अनौपचारिक) **to not turn a hair** *I told Lisa she had failed in the test, but she didn't turn a hair.* = to not let others know one is bothered by unpleasant news (informal, disapproving) उपेक्षा या लापरवाही दिखाना, कान पर जूँ नहीं रेंगना (अनौपचारिक, अस्वीकृत) **to tear one's hair** = to react angrily or nervously to a situation नाराज़गी अथवा घबराहट की प्रतिक्रिया व्यक्त करना **to let one's hair down** = to relax and enjoy oneself after having done hard work over a long period (informal) लंबे समय तक मेहनत करने के बाद आराम करना (अनौपचारिक) **to get in someone's hair** = to upset someone's calmness by annoying them (informal) शांति भंग करना, परेशान करना (अनौपचारिक) **to make one's hair stand on end** = to put one into a state of great fear (informal) भय की स्थिति में डालना, रोंगटे खड़े करना (अनौपचारिक)

hale /heɪl/ /हेइल/ adj. **(hale and hearty)** *He has recovered from his illness and looks hale and hearty.* = in good health भला-चंगा, स्वस्थ

half[1] /hɑːf/ /हाऽफ़/ noun, c. (**halves**) *Take one half of the apple and give me the other half.* = one of the two equal parts of something आधा

half[2] adj. *The bottle is half full.* = partly but not completely आधा, अधूरा

half[3] det. *She will be here in half an hour.* = one of the two equal parts into which something is or can be divided आधा **halve** /hɑːv/ /हाऽव/ verb, t. = to divide into two equal parts आधा-आधा करना **half-baked** adj. *Your half-baked ideas won't work.* = ideas or plans which have not been fully thought out अधपका, सुविचारित नहीं **half-mast** adv. *The national flags are flying at half-mast because our leader is dead.* = the lowering of a flag to a position near the centre of the flag-pole, as a sign of national sorrow झुका हुआ (झंडा)

to not do something by halves = to do something very carefully ध्यानपूर्वक करना, आधा-अधूरा नहीं छोड़ना **to go halves** = to share equally the amount one pays for something (informal) खर्च आधा-आधा बाँटना (अनौपचारिक)

hall /hɔːl/ /हॉऽल/ noun, c. **1** = a large room हॉल, बड़ा कमरा **2** = the room that is just inside the entrance of a building सभा-भवन

hal•le•lu•jah /hælə'ljuːjə/ /हैल'ल्यूज/ interjec. (Hebrew) = an expression of praise and thanks to God ईश्वर को धन्यवाद देने की अभिव्यक्ति

hal•low /'hæləʊ/ /'हैलउ/ verb, t. = *This ground has been hallowed by the blood of the heroes who died here for their country.* = to make something holy (formal) पवित्र करना (औपचारिक)

hal•lu•ci•na•tion /həluːsɪ'neɪʃən/ /हलूसि'नेइश्न्/ noun, u. *He claims that he saw the ghost of his great-grandfather last night but I think it was just a hallucination.* = something imaginary that one believes to be real, often because one has taken a drug or is ill मतिभ्रम दृष्टिभ्रम के कारण काल्पनिक वस्तु को सत्य समझना

ha•lo /'heɪləʊ/ /'हेइलउ/ noun, c. (**halos or haloes**) **1** = a ring of bright light painted around the head of a holy person प्रभामंडल, आभामंडल **2** = a circle of light seen around the moon or sun in very misty weather सूर्य अथवा चंद्र को घेरे हुए दिखने वाली रोशनी

halt[1] /hɔːlt/ /हॉऽल्ट/ verb, i. or t. **1** *'Halt!' the guard shouted at us as we came near the actor's residence.*(i.) = to stop रुकना (आज्ञा) **2** *The driver halted the train as the track was being repaired.*(t.) = to bring something to a stop रोकना

halt[2] noun, c. *The train came to a halt at the station.* = a stop or pause that doesn't last very long ठहराव

hal•ter /'hɔːltə^r/ /'हॉऽल्टर/ noun, c. **1** = a strap around the neck that holds a woman's dress in place 'हाल्टर' महिलाओं की पोशाक में प्रयुक्त फीता **2** = the rope or leather band tied around the head of a horse, by which it is led घोड़े के सिर पर लपेटा गया चमड़े या रस्सी का घेरा

halve see under **half** देखें **half**

ham[1] /hæm/ /हैम/ noun, u. or c. **1** *We had ham and eggs for breakfast.*(u.) = meat from the upper part of the leg (the buttock and thigh) of a pig, which has been preserved with salt or by smoking it over a fire 'हैम' सूअर का माँस **2** *After the cyclone all the telephone lines were blown down, but some hams provided valuable help by sending information over the radio.*(c.) = a person who sends and receives wireless messages over the radio as a hobby, using his/her own equipment ('ham' is an abbreviation for 'amateur radio operator'.) [TECHNICAL] जो स्वयं के उपकरण द्वारा रेडियो पर वायरलेस संदेश भेजता/प्राप्त करता है [तकनीकी] **3** (c.) = an actor who puts too much expression or movement into his or her acting) (derogatory) अभिनय में अधिक हाव-भाव दिखाने वाला अभिनेता (अनादरपूर्ण)

H

ham² verb, i. *He likes to ham when he is acting.* = to act with too much expression, movement etc. (in a film or on the stage) (derogatory) अत्यधिक हाव-भाव के साथ अभिनय करना (अनादरपूर्ण) **hamburger** noun, c. = an item of food consisting of two buns (pieces of round bread), between which is placed meat that has been ground (broken into very fine pieces) and cooked over a fire 'हैमबर्गर'

hamster /'hæmstəʳ/ /'हैम्स्टʳ/ noun, c. = an animal that looks like a small rat, often kept as a pet 'हैमस्टर' - चूहे-जैसा दिखाई देने वाला एक पालतू जीव

hamstring¹ /'hæmstrɪŋ/ /'हैम्स्ट्रिङ्ग/ noun = the thick tendon (thick strong cord) at the back of the leg, connecting the muscle in the thigh to the bone in the lower leg घुटने के पीछे की नस

hamstring² verb, t. (**hamstrung**) *The government is unable to do anything; it is hamstrung by the lack of funds.* = to be made powerless and unable to act पंगु या असमर्थ बना देना

ham•let /'hæmlɪt/ /'हैम्लिट/ noun, c. = a small village छोटा गाँव, बस्ती, टोला

ham•mer¹ /'hæməʳ/ /'हैमʳ/ noun, c. = a tool consisting of a heavy piece of metal (the head) fitted to a wooden handle, used to drive metal nails into wood or to hit things with force in order to break them up into small pieces हथौड़ा

hammer² verb, t. *These nails have to be hammered into the wood.* = to hit something with a hammer (see pic under **tools**) ठोंकना (**tools** के अंतर्गत चित्र देखें)

to hammer an idea *You have to hammer this idea into her head if you want her to remember it.* = to keep on repeating something until it is understood or has some effect विचार मन में ज़बरदस्ती बिठाना

ham•mock /'hæmək/ /'हैमक/ noun, c. = a kind of bed or seat made of strong cloth or ropes, which can be hung between two trees or two posts or from a hook in the ceiling झूला जिसमें बैठा या लेटा भी जा सके

ham•per¹ /'hæmpəʳ/ /'हैम्पʳ/ noun, c. = a large basket with a lid, generally used to carry food for a picnic डलिया

hamper² verb, t. *The work of building new roads has been hampered by the shortage of labour.* = to cause difficulty in doing something अटकाना, काम में कठिनाई उत्पन्न करना

hand¹ /hænd/ /हैण्ड/ noun, c. **1** = the lowest part of the arm, below the wrist and including the fingers हाथ **2** *the hands of the clock* = the pointer or needle of a watch or clock which shows the time कलाई/दीवार घड़ी की सुई **3** *She writes a beautiful hand.* = handwriting हस्तलेख, लिखावट **4** *a farmhand* = a person who does hard physical work on a farm खेत पर काम करने वाला **5** *He's an old hand at this kind of work.* = a person with skill or experience कौशल/दक्षता प्राप्त व्यक्ति, **6** *Give him a big hand!* = applause, welcome or encouragement given by clapping the hands ताली बजाकर प्रशंसा या स्वागत करना, उत्साह बढ़ाना

hand² verb, t. **1** *Hand me that pen, please.* = to give or put into someone's hand देना, **2** *Please take this letter and hand it over to your neighbour.* = to deliver or give सौंपना, **3** *Will you hand out these sweets to the children?* = to distribute बाँटना, **handbag** noun = a small bag used by a woman to carry money etc. 'हैण्डबैग', **handbill** noun = a small printed advertisement इश्तहार, पर्चा **handbook** noun = a book which introduces a new subject or tells one how to do something पुस्तिका **handbrake** noun = a device (simple machine) in a car which is used to stop the car and is worked by the hand (and not foot) हैण्डब्रेक **handcuffs** noun = a pair of metal rings connected by a chain, which are put around the wrists of a prisoner हथकड़ी **second-hand** adj. = something that has had an owner earlier पुराना, किसी दूसरे द्वारा प्रयोग किया हुआ

to ask for someone's hand = to express a desire to marry someone किसी का हाथ माँगना, उसके साथ शादी की इच्छा जाहिर करना **to be at hand** = to be available or nearby उपलब्ध होना, निकट होना, **to get out of hand** = to get out of control बेकाबू होना, हाथ से बाहर होना **to lend a hand** = to help someone do a piece of work सहायता करना **to live from hand to mouth** = to have just enough money for one's needs कठिनाई से गुजर होना **to have a hand in something** *I think Nita had a hand in the fact that we didn't go on the school picnic.* = to have a part or role in seeing that something unpleasant happens or something good does not happen में हाथ होना **to win hands down** = to win completely and in a big way (informal) शानदार विजय (अनौपचारिक)

han•di•cap¹ /'hændikæp/ /'हैण्डी कैप/ noun, c. **1** = the absence of a physical or mental ability (see usage note) विकलांगता **2** *Not knowing German is a handicap if you are working in Germany.* = something that puts a person at a disadvantage बाधक, **3** *He is such a good player that we will have to set him a handicap if we want to give the others a chance.* = a way of making a sports competition more equal (and therefore more interesting) by giving some disadvantage to a strong competitor प्रतियोगी के लिए कठिनाई या बाधा उपस्थित करना

> **Usage** the phrase 'differently abled' is preferred when referring to a person with a handicap. अपंग व्यक्ति के संदर्भ में 'differently abled' phrase का प्रयोग करना बेहतर माना जाता है।

handicap² verb, t. *I am handicapped by my inability to use a computer.* = to put someone at a disadvantage or to be at a disadvantage रुकावट होना

han•di•craft /'hændikrɑːft/ /'हैण्डीक्राफ़्ट/ noun, c. *Weaving and pottery are our most common* *handicrafts.* = the production of articles of common use by hand, requiring great skill हस्तशिल्प, दस्तकारी

handiwork /'hændɪwɜːk/ /'हैण्डिवऽक/ noun, u. **1** *an exhibition of drawings and other handiwork by schoolchildren* = work done by hand, requiring skill दस्तकारी, हाथ की बनी वस्तु अथवा हाथ का काम **2** *The table lamp had been knocked over when we returned home. I think it must be the handiwork of our cats.* = the result, specially the bad result, of someone's action (disapproving) काम, करनी, करतूत (अस्वीकृत)

hand•ker•chief /'hæŋkətʃɪf/ /'हैङ्कचिफ़/ noun, c. (**-chiefs or -chieves**) = a small piece of cloth used to wipe one's face or fingers रूमाल

han•dle[1] /'hændl/ /'हैण्ड्ल/ noun, c. *an umbrella with a long handle* = a part of an object which is used to hold it or carry it in the hand मूठ, दस्ता, हत्थी

handle[2] verb, t. **1** *Please handle this watch carefully. It is very expensive.* = to hold or to touch with the fingers and hands सँभाल कर पकड़ना या प्रयोग करना **2** *This is a dangerous situation and you should call in the police to handle it.* = to deal with, control or manage निपटना **handlebars** noun, c. (always plural) **1** = the part of a bicycle or motorcycle which the rider holds with his/her hands साइकिल के हैण्डल **2** = large U-shaped moustaches which stretch on either side and turn up slightly at the ends, looking like the handlebars of a bicycle साइकिल के हैण्डल जैसी मूँछें, गलमुच्छ

hand•some /'hænsəm/ /'हैनस्म/ adj. **1** *a handsome man* =good-looking (more often used to describe a man than a woman) सुंदर (पुरुष) **2** *a handsome salary* = fairly large; decent समुचित, अच्छा

han•dy[1] /'hændi/ /'हैण्डी/ adj. *She is quite handy with a set of carpenter's tools.* = possessing good skills at using the hands सिद्धहस्त, दक्ष

handy[2] adv. *Keep a pen and a sheet of paper handy when you receive a telephone message.* = nearby; in a place which can be easily reached पास में, तैयार **handyman** noun, c. = a person who does various kinds of repair jobs in the house घर में छोटी-मोटी मरम्मत का काम करने वाला

to come in handy = to be useful उपयोगी

hang /hæŋ/ /हैङ/ verb, t. or i. (**hung or hanged**) **1** *Please hang this picture from that nail on the wall.*(t.) = to fix something in such a way that the lower part is free to move or swing about टाँगना, लटकाना **2** = to kill somebody or oneself by putting a rope around the neck and allowing the body to hang without touching the ground फाँसी लगाना

to get the hang of something *You may never have driven a jeep before, but you will soon get the hang of it.* = to learn how to do something that needs skill, generally by doing it for some time अभ्यस्त हो जाना **to hang around** *He is always hanging around the railway station.* = to wait or stay near a place without having any clear purpose (informal, sometimes disapproving) आस-पास घूमते या मँडराते रहना (अनौपचारिक, कभी-कभी अस्वीकृत) **to hang out with someone** *He's always happy when he's hanging out with his friends.* = spending time with, often without a purpose (informal) किसी के साथ घुमक्कड़ी करना **to hang up** = to end a telephone conversation by putting the receiver down टेलिफोन काट देना **to hang fire** *The plan we sent them is still hanging fire.* = to be delayed or blocked (used to refer to plans and proposals) अनिश्चिय की स्थिति में रहना (योजना या प्रस्ताव के संदर्भ में) **Hang on!** *Hang on! I just remembered something.* = used to ask someone to wait or to show that one has remembered something important (informal) रुको! कुछ महत्त्वपूर्ण बात याद आ जाने पर प्रयुक्त अभिव्यक्ति (अनौपचारिक) **to leave something hanging in the air** = to leave something that someone hopes to have an answer to, uncertain अनिश्चितता में छोड़ना

Usage 'hang' takes the past tense form 'hanged' only when referring to a 'hanging' (the punishment given in some countries to someone who has committed a murder or a very serious crime.) अंग्रेज़ी 'hang' का past tense (भूतकाल) hanged केवल तभी प्रयोग किया जाता है जब इसका hanging के अर्थ में प्रयोग हो। (वह सज़ा जो किसी देश में किसी व्यक्ति को हत्या या अत्यंत गंभीर अपराध करने के लिए दी जाती है।)

hangar /'hæŋəʳ/ /'हैङर/ noun, c. = a large building in which aircraft are kept when they are not in use or are being repaired वायुयान रखने का स्थान

hanger /'hæŋəʳ/ /'हैङर/ (**coathanger**) noun, c. = a frame made of wood, plastic or metal which is pushed inside the shoulders of a coat or shirt so that it will keep its shape 'हैंगर' **hanger-on** noun, c. = someone who attaches himself/herself to an important person in the hope of getting some benefit or advantage from him/her पिछलग्गू **hangout** noun, c. *This restaurant is my favourite hangout.* = a place that one likes to visit, where one can often be found मनोरंजन या समय बिताने के लिए पसंद का स्थान, अपना अड्डा

hanging /'hæŋɪŋ/ /'हैङिङ/ noun, c. or u. = the punishment sometimes given to a person for committing a murder or some other very serious crime फाँसी

hangover /'hæŋəʊvər/ /'हैङअउवर/ noun, c. **1** = the headache and feeling of being unwell that one has after drinking too much alcohol अत्यधिक शराब पीने से होने वाला सिरदर्द, बदखुमारी अस्वस्थ **2** *Some people say that our love for the English language is a* *hangover from the British rule.* = the long-lasting effect of something that happened earlier बाद तक रहने वाला प्रभाव

han•ker /ˈhæŋkəʳ/ /ˈहैङ्कर/ verb, t. (+ after) *She is very lonely and hankers after friendship.* = to have a strong wish for something which one cannot get लालायित होना **hankering** noun, c. = a strong wish for something; longing ललक, उत्कण्ठा, तीव्र इच्छा

hank•y-pank•y /hæŋki ˈpæŋki/ /हैङ्की ˈपैङ्की/ noun, u. *When you find people in the office whispering to each other, it is likely that there is some hanky-panky going on.* = behaviour which is not correct or proper (disapproving) गड़बड़ (अस्वीकृत)

hap•ha•zard /hæpˈhæzəd/ /हैप्ˈहैज़ड/ adj. = without a plan or done in an unplanned manner अव्यवस्थित, अनियोजित, बिना तैयारी के

hap•less /ˈhæpləs/ /ˈहैप्लस/ adj. *a hapless person* = unlucky (literary) अभागा (साहित्यिक)

hap•pen /haepən/ /ˈहैप्न/ verb, i. **1** *This accident happened while the car was trying to overtake a bus.* = to take place (घटित) होना **2** *I just happened to be at the party she attended.* = to be somewhere or to do something by chance संयोग से उपस्थित हो जाना या पहुँच जाना **3** *What will happen if the exam is advanced? // I pulled the alarm chain but nothing happened. The train did not stop.* = to produce some result or effect असर होना, परिणाम होना

hap•py /ˈहैपी/ adj. **1** *The child looks happy.* = feeling or showing pleasure प्रसन्न, खुश **2** *I am happy that you have passed the examination.* = feeling pleasure because of something good खुश **3** *By a happy chance, he was passing by when my car broke down on the road.* = fortunate सौभाग्य से **happiness** noun, u. = the state of being happy खुशी, मस्तमौला **happy-go-lucky** adj. *a happy-go-lucky person who never looks worried* = having no worries, specially about the future बेफ़िक्र, भविष्य की चिंता न करने वाला

har•a•ki•ri /हैरˈकिरी/ noun (Japanese) = a way of killing oneself with a sword, by cutting the stomach open, formerly used in Japan as a means of saving one's honour पुराने समय में जापान में प्रचलित आत्म सम्मान की रक्षा में आत्महत्या का एक प्रकार

to commit harakari = to do something unwise which causes great harm to oneself (figurative) आत्मघात करना (लाक्षणिक)

ha•rangue¹ /həˈræŋ/ /हˈरैङ/ noun, c. *The visiting professor delivered a long harangue to the gathering.* = a loud speech in which one tries to convince others of his/her opinion लंबा-चौड़ा भाषण

harangue² verb, t. *The leader harangued his opponents.* = to attack or blame someone in a speech भाषण में प्रहार करना

har•ass /ˈhærəs/ /ˈहैरस/ verb, t. *The judge ordered the policeman to stop harassing the shopkeepers.* = to trouble someone repeatedly सताना, परेशान करना

har•bin•ger /ˈhɑːbɪndʒəʳ/ /ˈहाऽबिन्जर/ noun, c. *The dark clouds in June are harbingers of the monsoon.* = messenger; someone or something that tells us what is going to happen (literary) अग्रदूत, सूचक, पूर्वाभास (साहित्यिक)

har•bour¹ /ˈhɑːbəʳ/ /ˈहाऽबर/ noun, c. *The ship entered the harbour.* = a part of the sea near the shore, where the water is calm and where ships can take shelter बंदरगाह

harbour² verb, t. **1** *The police can arrest you for harbouring a dangerous criminal.* = to give protection or shelter to someone who is bad आश्रय देना, शरण देना, **2** *Don't harbour such unkind thoughts about me.* = to keep some unpleasant thought in one's mind and not allow them to go मलाल होना

hard¹ /hɑːd/ /हाऽड/ adj. **1** *Diamond is hard.* = difficult to break सख्त, ठोस **2** *This is a hard question to answer.* = difficult कठिन **3** *He received a hard blow.* = powerful कठोर, कड़ा **4** *She is a hard worker.* = able to do a lot of work परिश्रमी, मेहनती **5** *She has a hard life.* = full of difficulties मशक्कत का **6** *He is very hard on his children.* = strict निर्दय, निष्ठुर, सख्त, कठोर **7** *hard water* = water containing large amounts of certain minerals, which makes it unsuitable for drinking or washing clothes

hard² adv. **1** *She works hard.* = putting in a lot of effort परिश्रमपूर्वक **2** *It is raining hard.* = heavily ज़ोर से **hard and fast** adj. *This is not a hard and fast rule.* = something that cannot be changed ऐसा पक्का कि बदला न जा सके (नियम आदि) **hardback** (**hard cover**) noun = a book with a thick, strong cover सज़िल्द **hard-boiled** adj. = an egg boiled until the yellow part is solid पूरा उबला हुआ (अंडा) **hard copy** noun = a copy of a document which has been printed out from a computer on paper (opposite **soft copy**) कंप्यूटर की प्रिंट प्रति (विलोम शब्द **soft copy**) **hard disk** noun = the part of a computer (inside the machine) in which information is stored (compare **floppy disk**) 'हार्ड डिस्क' (देखें **floppy disk**) **hard drink** (**hard liquor**) noun = a drink which contains a lot of alcohol (e.g. whisky) कड़ी शराब **hard feelings** noun = feelings of anger or hatred towards someone किसी के प्रति क्रोध या नफ़रत की भावना **hard-hitting** adj. *a hard-hitting article in a magazine* = a piece of writing or speech which is very powerful and effective प्रभावशाली (लेखन/भाषण) **hardware** noun, u. **1** = iron nails, screws, tools etc. made of metal धातु के उपकरण **2** = the mechanical parts of a computer (compare **software**) कंप्यूटर के मशीनी भाग

to be a hard act to follow = something which is so good that one cannot improve on it easily इतना अच्छा

कि उसमें और सुधार की संभावना न हो **to give somebody a hard time** = to make a situation difficult for somebody (informal) मुश्किल खड़ी करना (अनौपचारिक) **to be hard up** = to have too little money (informal) तंगहाल होना (अनौपचारिक) **to be hard-pressed to do something** *She was hard-pressed to explain why she had stayed away from school for a week.* = to find it difficult to do something कुछ करने में कठिनाई होना

hard•ly /'hɑ:rdli/ /'हाऽडली/ adv. **1** *I hardly ever see you these days—may be once a year.* = almost not लगभग नहीं **2** *He is hardly able to manage on his salary.* = only with great difficulty मुश्किल से **3** *I had hardly begun writing when the bell rang.* = only just (soon after) किया ही था कि

har•dy /'hɑ:rdi/ /'हाऽर्डी/ adj. *Banyan trees are very hardy.* = able to bear cold, pain, etc. and to survive in difficult conditions हृष्ट-पुष्ट, शक्तिशाली

hare /heəʳ/ /हेंअर/ noun, c. = an animal like a rabbit, but bigger and able to run very fast खरगोश **hare-brained** adj. *a hare-brained idea* = impractical and foolish अविवेकी, मूर्खतापूर्ण **harelip** noun = a physical condition that some people are born with, in which the upper lip is divided into two parts because it does not develop properly ओठकटा

hark /hɑ:k/ /हाऽक/ verb, i. *Hark! Someone is knocking on the door.* = to listen (literary) ध्यान से सुनना, ध्यान देना (साहित्यिक)

to hark back = to talk about things that happened much earlier (old-fashioned, literary) पहले हुई बातों की चर्चा, गड़े मुर्दे उखाड़ना (पुराने प्रचलन का, साहित्यिक)

har•le•quin /'hɑ:lɪkwɪn/ /'हाऽलिक्विन/ noun, c.= a character who appears in some children's plays wearing very bright and colourful clothes, and plays tricks on others बाल नाटकों का एक पात्र

harm[1] /hɑ:m/ /हाऽम/ verb, t. *Don't be afraid of the dog. He won't harm you. // You will be glad to know that the storm has not harmed your house at all.* = to cause some injury or damage to someone or something चोट या हानि पहुँचाना

harm[2] noun, u. *The article accusing me of being corrupt did a lot of harm to my reputation.* = damage or injury caused by something हानि, क्षति, चोट **harmful** adj. *Smoking is harmful to health.* = something that causes harm (opposite **harmless**) हानिकारक (विलोम शब्द **harmless**)

har•mo•ny /'hɑ:məni/ /'हाऽमनी/ noun, u. **1** *What beautiful harmony the singers produced!* = a pleasing union of musical sounds or colours संगति **2** *People of different religions should live together in harmony.* = peace and agreement with each other मेल-जोल, प्रेमपूर्वक **3** *Your ideas are not in harmony with mine.* = a state of agreement सामंजस्य **harmonize (harmonise)** verb, i. or t. *Your voices don't harmonize when you are singing.*(i.) = to combine or blend together in a pleasant way समस्वर होना/करना **harmonium** noun = a musical instrument in which sounds are produced by forcing air to pass through thin pieces of metal called reeds 'हारमोनियम' (वाद्य यंत्र)

har•ness[1] /'hɑ:nɪs/ /'हाऽनिस/ verb, t. **1** *The horses have to be harnessed to the carriage.* = to put leather straps around the neck and body of a horse so that it can pull something e.g. a carriage गाड़ी में जोतना **2** *The river has been harnessed to produce electricity.* = to control and use a natural force for a particular purpose के काम में लाना

harness[2] noun, u. *The horses need a new harness.* = ropes or bands of leather used to tie a horse (घोड़े का) लगाम आदि साज़

to die in harness = to die while one is still working actively सेवा काल में मरना

harp[1] /hɑ:p/ /हाऽप्/ noun, c. = a musical instrument in which sounds are produced by plucking (pulling at) metal wires or strings of different length वीणा जैसा वाद्य यंत्र

harp[2] verb, t. (**+ on**) *She is always harping on the subject of clothes, to remind her husband to buy her a new sari.* = to talk repeatedly or continually about something (किसी बात का) राग अलापना

har•poon /hɑ:'pu:n/ /हाऽ'पून/ noun, c. = a long, sharp spear with a rope tied to it at one end, which is used to hunt whales and other large sea animals समुद्री जीवों के शिकार के लिए काँटेदार बर्छी

har•row[1] /'hærəʊ/ /'हैरउ/ noun, c. = a tool with several sharp teeth used by farmers to break up the soil before planting seeds 'हैरो', बुआई से पहले मिट्टी को तोड़ने के लिए प्रयुक्त उपकरण

harrow[2] verb, t. *The soil has to be harrowed.* = to break up the soil by using a harrow 'हैरो' द्वारा मिट्टी को तोड़ना **harrowing** adj. *We went through a harrowing experience when the storm hit our city.* = causing great suffering; upsetting तबाही, मुसीबत पैदा करने वाला

harsh /hɑ:ʃ/ /हाऽश/ adj. **1** *harsh words* = unkind and unfair अप्रिय, कटु, कठोर **2** *Although I believe in discipline, I try not to be harsh with my students.* = strict, severe कठोर **3** *The weather in Canada can be quite harsh in winter.* = difficult to live in कठिन **4** *She spoke in a harsh tone and made us feel angry.* = unpleasant to hear कर्कश, कठोर **harshness** noun कठोरता

har•vest[1] /'hɑ:vɪst/ /'हाऽविस्ट/ verb, t. *The farmers are harvesting the rice crop.*= to gather a crop from the fields फ़सल काटना

harvest[2] noun, c. or u. **1** *The farmers have returned home after the harvest.* = the act of harvesting crops

फ़सल की कटाई **2** *We are expecting a good harvest this year.* = the quantity of the crops that are harvested (gathered) उपज, पैदावार

hash /hæʃ/ /हैश/ noun, u. = a meal containing meat cut up into small pieces छोटे-छोटे टुकड़ों में कटे गोश्त से बना खाद्य **re-hash** noun *The musical programme put up on Republic Day was a re-hash of last year's programme.* = old and stale material presented a second time दोबारा दुहराई गई पुरानी वस्तु

to make a hash of something *I had asked him to arrange a party but he made a hash of the arrangements.* = to do something very badly (informal) गड्ड मड्ड कर देना (अनौपचारिक)

hash•ish /'hæʃɪʃ/ /'हैशिश/ noun, u. = a harmful drug prepared from the hemp plant भाँग, 'हशिश'

has•sle¹ /'hæsəl/ /'हैसल्/ noun, c. *I am facing so many hassles at home that I am unable to sleep.* = a situation which causes a lot of worry परेशानी, चिंता

hassle² verb, t. *Please don't hassle me now as I am studying.* = to annoy or trouble परेशान करना

haste /heɪst/ /हेइस्ट/ noun, u. *She left the house in such haste that she forgot to tie up her shoe laces.* = something done very quickly, when there is not enough time हड़बड़ी

hasten /'heɪsən/ /'हेइसन/ verb, i. or t. **1** *He spilled some ink on his friend but hastened to apologize.*(i.) = to move quickly in order to do something तुरंत करना **2** *The service in this restaurant is very slow. Could you do something to hasten it?*(t.) = to cause something to happen more quickly जल्दी करना

hat /हैट/ noun, c. = a high or raised covering for the head टोपी, 'हैट' **hat-trick** noun, c. = three successes of the same type during a match or game in a sport (e.g. three batsmen given out to successive balls (one after the other) by the same bowler, in cricket) [TECHNICAL] लगातार तीन बार जीतना [तकनीकी]

to take one's hat off to someone = to express admiration for someone सम्मान करना, अभिनंदन करना **to talk through one's hat** = to talk nonsense ऊटपटाँग बातें करना

hatch¹ /hætl/ /हैच/ verb, t. or i. **1** *On this poultry farm, eggs are hatched in a machine called an incubator.*(t.) = to cause a young chick to come out of the egg (अंडे) सेना **2** *The chicks hatched this morning.*(i.) = to come out of an egg अंडे से निकलना **3** *The thieves hatched a plan to steal the Kohinoor diamond.*(t.) = to prepare a secret plan to do something bad योजना तैयार करना, षडयंत्र रचना

hatch² noun **1** *The workers threw the boxes of oranges down the hatch into the waiting trucks.* = an opening in a wall or floor through which things can pass दीवार अथवा फ़र्श में बना रास्ता **2** = the door in an aeroplane हवाई जहाज़ का दरवाज़ा

hatchback /'hætʃbæk/ /'हैचबैक/ noun, c. = a car which does not have a separate space at the back for storing luggage but in which a door at the back opens upward बिना डिक्की वाली कार

hatchery /'hætʃəri/ /'हैचरी/ noun, c. (**hatcheries**) = a place where eggs, specially fish-eggs, are hatched अंडे सेने का स्थान

hatch•et /'hætʃɪt/ /'हैचिट/ noun, c. = an axe with a short handle, used as a a tool for cutting things down or as a weapon कुल्हाड़ी **hatchet-man** noun = a person who is paid by someone to attack or kill an enemy किसी से सुपारी लेकर आक्रमण या हत्या करने वाला

hate¹ /heɪt/ /हेइट/ verb, t. **1** *I love being with people but I hate crowds.* = to have a strong dislike for someone or something नफ़रत करना **2** *I hate to disturb you but can I have five minutes of your time?* = a polite way of saying that one is sorry for something that one is doing नापसंद करना

hate² noun, u. or c. *There was a look of hate in his eyes. It frightened me.*(u.) = strong dislike (also hatred) नफ़रत

haugh•ty /'hɔːti/ /'हॉऽटी/ adj. = proud; thinking oneself to be better than others घमंडी, स्वयं को दूसरों से श्रेष्ठ समझने वाला

haul¹ /hɔːl/ /हॉऽल/ verb, t. *Two locomotives haul this train up the mountain to Darjeeling.* = to pull with some effort or difficulty बलपूर्वक खींचना

haul² noun, c. **1** *The fishermen had a big haul of fish.* = the amount of fish caught in a net ढेर **2** *The thieves got away with a big haul.* = stolen goods चोरी का सामान लेकर निकल भागना

to haul someone in = to arrest someone for some crime गिरफ़्तार या कैद करना **to haul someone up** *I was hauled up for losing the keys of the office.* = to ask someone to explain why a mistake has been made (informal) गलती के बारे में पूछताछ करना, खिंचाई करना (अनौपचारिक) **to haul someone over the coals** = to speak angrily or very severely to someone for making a mistake किसी को गलती करने पर बुरी तरह डाँटना **to be a long haul** = something that will take a long time अधिक समय लेने वाला

haunch /hɔːntʃ/ /हॉऽन्च/ noun, c. (**haunches**) = hips or buttocks कूल्हा, पुट्ठा

haunt¹ /hɔːnt/ /हॉऽण्ट/ verb, t. **1** *This house is said to be haunted by the ghost of an old woman.* = to be visited by a ghost (the spirit of a dead person) कहीं भूत या मृतात्मा का होना, भुतहा होना **2** *That unhappy episode has haunted me for years.* = to be always in the mind and to cause unhappiness टीसते रहना

haunt² noun, c. *You will often find Komal and his friends chatting away under a tree on the river bank. It is their favourite haunt.* = a place which a person visits frequently अड्डा **haunted** adj. *a haunted house* = believed to be visited by ghosts or in which ghosts are said to live भुतहा **haunting** adj. *This song from the film 'Devdas' has a haunting melody which keeps ringing in your ears.* = something strange, beautiful or having a quality which remains in one's thoughts मन में रमा रह जाने वाला

have[1] /həv/ /हव/ verb, t. (**had**) **1** *We have three houses in the city.* = to own 'होना' (संबंधवाची क्रिया/अधिकारसूचक) **2** *They have short tempers.* = to show as part of one's character or personality व्यक्तित्व का भाग होना **3** *These rooms have marble floors.* = to contain or include अंश के रूप में विद्यमान होना **4** *They have malaria.* = to suffer from रोग अथवा कष्ट से ग्रस्त होना **5** *We have no hopes of passing the examination.* = to feel or keep in the mind (आशा) होना **6** *He had some rice for lunch.* = to eat or drink something का खान या पान होना **7** *He had a bath before he went to bed.* = to perform some action लेना, करना **8** *She had a baby last month.* = to give birth to जन्म देना **9** *We have to meet the Principal.* =to be required or forced to do something 'होना' (बाध्यता के अर्थ में) ('have' क्रिया के विभिन्न अर्थों में हिंदी में 'होना' क्रिया का प्रयोग किया जाता है।)

have[2] aux. verb *She has broken the high jump record.* = used with the participle forms of verbs to form the perfect tense, showing the completion of some action क्रिया के पूर्णतावाची कृदंत् के साथ प्रयुक्त सहायक क्रिया, हिंदी में 'होना' का प्रयोग

haves /'hævz/ /'हैव्ज़/ noun = the rich people in a country or society साधन संपन्न **have-nots** noun = the poor people in a country or society गरीब, साधन रहित, अभावग्रस्त

ha•ven /'heɪvən/ /'हेव्न/ noun, c. *This little pond by the farm has become a haven for birds.* = a place where one can find peace and safety आश्रय

hav•er•sack /'hævəsæk/ /'हैवसैक/ noun, c. = a bag which can hang from one's shoulder and in which one can carry things एक प्रकार का झोला

hav•oc /'hævək/ /'हैवक/ noun, u. *The flood washed away many villages and caused havoc in the state.* = serious damage or destruction विध्वंस, बरबादी

hawk[1] /hɔːk/ /हॉऽक/ noun, c. = a meat-eating bird which can be trained to hunt other birds or small animals बाज पक्षी

hawk[2] verb, t. *This man hawks pens and books in trains.* = to sell things by travelling from place to place (sometimes used in place of the word 'sell' in a way which is not respectful) फेरी लगाना (आदरसूचक नहीं) **hawker** noun, c. = a person who travels from place to place and sells things फेरी वाला

to watch someone like a hawk = to watch someone very carefully पर नज़र रखना

haw•thorn /'hɔːθɔːn/ /'हॉऽथॉऽन/ noun = a small tree which produces white flowers and red berries एक प्रकार का वृक्ष

hay /heɪ/ /हेइ/ noun, u. = grass which has been cut and dried and is used to feed cattle भूसा **hay fever** noun = an illness caused by dust from plants which produces a bad cold फूलों के पराग से होने वाला एक रोग **haystack** noun = a large pile of hay, stored for cattle to eat भूसे का ढेर

to go haywire *All our arrangements for the party went haywire.* = to end in a state of confusion (informal) गड़बड़ हो जाना (अनौपचारिक) **to hit the hay** *We're all tired. Let's hit the hay.* = go to sleep (informal) सोना (अनौपचारिक) **to make hay while the sun shines** = to make the best use of an opportunity (a chance to do something) अवसर का पूरा लाभ उठाना

haz•ard[1] /'hæzəd/ /'हैज़ड/ noun, c. *Smoking is a serious health hazard.* = danger or risk जोखिम, खतरा

hazard[2] verb, t. *I don't know the answer to your question but I will hazard a guess.* = to say or do something when there is a risk of making a mistake साहस करना **hazardous** adj. *A soldier's profession is hazardous.* = dangerous or risky जोखिम भरा

haze /heɪz/ /हेइज़/ noun, u. *It is not possible to see anything through this haze.* = light mist or dust or smoke, through which one cannot see clearly धुंध **hazy** adj. **1** = not allowing one to see धुँधला **2** *She has only a hazy idea of the problems faced by the people. She should spend more time here.* = unclear; vague अस्पष्ट सा

ha•zel /'heɪzəl/ /'हेइज़्ल/ noun = a small tree or bush which produces a kind of nut (**hazelnut**)

he[1] /hiː/ /ही/ pron. *I asked Mike to come but he refused.* = the male person or animal already referred to (spoken about earlier) वह (पुल्लिंग)

he[2] noun, c. (singular) *If you see a lion with a thick mane around the head, you can be sure that it is a he.* = a male नर

head[1] /hed/ /हैड/ noun, c. **1** *She lifted her head to look up.* = the part of the body containing the eyes, ears, nose, mouth etc. सिर/सर **2** *He has a lot of creative ideas in his head.* = mind or brain मस्तिष्क, दिमाग **3** *the Head of the Department* = the person who controls something; the leader अध्यक्ष, प्रमुख **4** *She was standing at the head of the stairs.* = the upper part शीर्ष, ऊपरी भाग **5** = the part of a tape-recorder, videotape player etc. that comes in contact with the tape and changes the electronic signal into sounds/ pictures टेपरिकार्डर, विडियोटेप आदि विद्युत उपकरणों का एक हिस्सा जो टेप से सटने पर विद्युत सिगनलों को ध्वनि या चित्र में परिवर्तित कर देता है

head[2] verb, t. **1** *He heads the group of doctors.* = to lead नेतृत्व करना **2** *She has just returned from the station and now she is heading for the market.* = to travel in a certain direction की ओर बढ़ना, किसी दिशा में आगे बढ़ना **3** *The centre-forward headed the ball* *into the goal.* = to hit the ball with the head in the game of football (फुटबॉल के खेल में गेंद को) सर से मारना **headache** noun, c. *She has a headache.* = a pain in the head (Notice the use of the article.) सरदर्द, सिरदर्द **head-hunter** noun, c. **1** = a person who (in former times) killed his enemies and cut off their heads, as a sign of victory शत्रु को मार कर उसका सर काट कर लाने वाला **2** = a person who is paid to find suitable people for particular jobs (figurative) उपयुक्त व्यक्ति खोजकर लाने वाला (लाक्षणिक) **head-on** adj. or adv. **1** *a head-on collision between a car and a truck.*(adj.) = (an accident) in which the front part of one vehicle hits the front part of another vehicle आमने-सामने **2** *I had serious differences with my senior. For a long time I avoided an argument, but finally I had to take him head-on.*(adv.) = a difference of opinion which is expressed openly मतभेद स्पष्टत: व्यक्त कर देना, आमने-सामने खुलकर बात करना **headphones** noun (always plural) = a piece of equipment worn over the ears that allows one to listen to music etc. from a music player, computer etc. without others hearing it 'हेडफ़ोन' **head-strong** adj.= a person who does whatever he or she wants to do, paying no attention to advice given by others हठी, हठीला, ज़िद्दी **heady** adj. *Victory in the match gave our players a heady feeling.* = giving a feeling of joy and excitement उत्तेजक

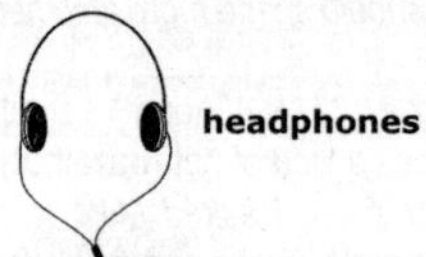
headphones

to bite someone's head off = to answer in a very angry and rude way क्रोधावेश में बोलना **to go to someone's head** *I hope all that success hasn't gone to his head.* = to make someone very proud घमंडी बना देना **to have a good head for something** = *She has a good head for numbers.* = to be able to understand or do something easily किसी काम को आसानी से करने की योग्यता होना **to not make head or tail of something** = to not be able to understand something सिर-पैर न होना (बात के संदर्भ में): कुछ अर्थ नहीं लगा पाना

headline[1] /'hedlaɪn/ /'हॅडलाइन/ noun, c. = the words printed in large letters at the top of an article in a newspaper which give readers an idea of the important news शीर्षक, 'हॅड लाइन'

headline[2] verb, t. *The newspapers headlined the Sri Lankan team's victory in Sydney.* = to present a piece of news in a headline, to make it look important मुख्य समाचार बनाना, 'हॅड लाइन्स' बनाना

heads /heds/ /हॅड्स/ noun *There was a toss before the cricket match, and the Indian captain called 'Heads!'* = the side of a coin which often has the picture of a man or woman, animal etc. on it (opposite **tails**) 'हॅड'-सिक्के का अग्रभाग (विलोम शब्द **tails**)

heal /hi:l/ /हील/ verb, i. or t. **1** *My wounds have healed and I can walk again.*(i.) = to become healthy once more ठीक या अच्छा होना, चंगा होना, घाव भरना **2** *This new medicine will heal the pain in your shoulder.*(t.) = to cure or make healthy स्वस्थ करना, दर्द दूर करना

health /helθ/ /हॅल्थ/ noun, u. *Some exercise is necessary for one's health.* = the state of being well in body and mind and free of disease स्वास्थ्य **health food** noun = food that is supposed to be specially good for one's health usually because it does not contain chemicals स्वास्थ्यवर्धक भोजन

healthy /'helθɪ/ /'हॅल्थी/ adj. **1** *She is a very healthy child.* = strong and not falling ill often हृष्ट-पुष्ट, स्वस्थ **2** *He has healthy teeth.* = in good condition स्वस्थ, दुरुस्त **3** *There was healthy competition between the students in the class.* = sensible and in the right spirit स्वस्थ, सही भावना के साथ

to drink (to) someone's health = to drink some liquid (usually containing alcohol) at a feast or social gathering while expressing a wish that someone may enjoy good health किसी की सेहत के लिए जाम पीना

heap[1] /hi:p/ /हीप/ noun, c. *The books lay in a heap on the bed.* = an untidy pile of things lying on top of each other अंबार, ढेर

heap[2] verb, t. *He heaped rice and dal on his plate and sat down to eat.* = to pile up in a large quantity ढेर लगाना

hear /hɪəʳ/ /हिअ/ verb, t. or i. (**heard**) **1** *I can hear the crying of a baby.*(t.) // *He can't hear very well after his illness.*(i.) = to receive or to be able to receive sounds through the ears सुन पाना **2** *I hear you have been given a promotion.*(t.) = to be told or informed किसी से सुनना, जानकारी या सूचना मिलना **3** *The judge will hear your case next week.*(t.) = to listen to arguments in a court of law in order to come to a decision [LAW] सुनवाई करना [कानून] **hearing** noun, u. or c. **1** *How good is your hearing?*(u.) = the power or ability to receive sounds through the ears श्रवण शक्ति, सुनने की योग्यता **2** *The judge gave me a patient hearing.*(c.) = an act of listening carefully to someone [LAW] सुनवाई [कानून] **3** *The hearing of your case is fixed for tomorrow.*(u.) = a trial of a case before a judge [LAW] सुनवाई होना [कानून] **hearing aid** = a small electric machine fitted inside or over the ear, which helps a person to hear by making sounds louder सुनने की मशीन **hearsay** adj. *A person cannot be sent to jail unless there is strong evidence against him. Hearsay evidence is not enough.* = something which is said by someone, but for which there is no proof सुना-सुनाया, मौखिक

to hear from *I have not heard from them for over a year now.* = to receive a telephone call, letter etc. from someone . फोन अथवा पत्र आदि से किसी का समाचार मिलना

hearse /hɜːs/ /हऽस/ noun, c. = a carriage used to carry a dead person शव वाहन

heart /hɑːt/ /हाऽट/ noun, c. **1** *You have a weak heart. You must be careful not to work too hard.* = the organ inside the chest which pumps blood to different parts of the body हृदय, दिल **2** *You should do what your heart tells you to do.* = feelings or emotions मन, दिल **3** *The Reserve Bank forms the heart of India's banking system. // Now we come to the heart of the matter.* = the central or most important part of something केंद्र, मुख्य स्थान **4** (always plural) *the Queen of Hearts* = one of a set of 13 playing cards, out of a total of 52 cards, on which a heart-shaped figure is printed in red ताश के पत्तों पर अंकित पान का चिह्न **heartache** noun, u. = feeling of sorrow मनोव्यथा, दिल का दुख **heartbreak** noun, u. = deep sorrow or disappointment अत्यधिक दुख अथवा निराशा **hearten** verb, t. *We were heartened by India's victory in the test match.* = to cause someone to feel happy; to encourage खुश करना, उत्साह बढ़ाना **heartfelt** adj. *Please accept my heartfelt thanks.* = sincere (from the heart) हार्दिक **heartthrob** noun, c. *Hrithik Roshan is the latest heartthrob of film lovers.* = a very attractive person to whom people are easily attracted सबको आकर्षित करने वाला आकर्षक व्यक्तित्व, धड़कन **heart-to-heart** adj. = open and sincere and hiding nothing घनिष्ठ, अंतरंग **hearty** adj **1** *a hearty welcome* = friendly and sincere हार्दिक **2** *a hearty breakfast* = large and filling भारी, भरपेट

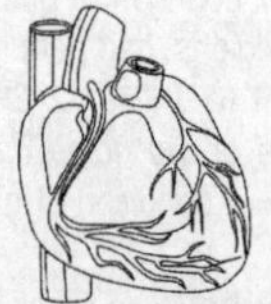

heart

from the bottom of one's heart *I think your work is excellent, and I say that from the bottom of my heart.* = in a very sincere and deep way. दिल की गहराई से **to not have the heart to do something** = to be unable to do something unkind or to hurt someone किसी का दिल दुखाने वाला कार्य न कर पाना **to do something to one's heart's content** = to do something to the maximum level of enjoyment जी भरकर करना **to do something with a heavy heart** = to carry out something while feeling very sad about it भारी मन से करना

hearth /hɑːθ/ /हाऽथ/ noun, c. = the place where a fire is lit in a room to keep it warm in winter अँगीठी (ठंडे स्थानों पर कमरा गर्म करने के लिए बनाई गई)

heat¹ /hiːt/ /हीट/ noun, u. *The heat becomes unbearable in Delhi during the summer.* = the degree of hotness; temperature ताप, गर्मी

heat² verb, t. *The food has become cold. Please heat it up.* = to make something hot गर्म करना **heater** noun, c. = a machine that is used to heat water or a room etc. तापक, 'हीटर' **heating** noun, u. = a system that makes a house, a building etc. warm मकान को गर्म रखने की व्यवस्था

heatstroke /'hiːtstrəʊk/ /'हीटस्ट्रउक/ noun, c. = weakness and tiredness, with fever, resulting from exposure to the hot sun लू लगना

the heat of the moment = a state of great anger or excitement गरमागरमी की स्थिति

heats /hiːts/ /हीट्स/ noun, c. (always plural) *Eight runners are competing in the first heats of the 200 metres race, of whom two will go to the final.* = a race or sports competition which is held before the final round, to select the competitors for the final प्रतियोगिता के आरंभिक चरण

hea•then /'hiːðən/ /'हीद्न/ noun, c. = a person who is not a Christian or who does not belong to any of the major religions (old-fashioned) ईसाई धर्म अथवा अन्य किसी प्रमुख धर्म को न मानने वाला (पुराने प्रचलन का)

hea•ther /'heðəʳ/ /'हेद्ʳ/ noun, u. = a small bush which grows wild on open land जंगली झाड़ी

heave¹ /hiːv/ /हीव/ verb, t. or i. **1** *We had to heave the steel cupboard up the stairs.*(t.) = to lift, push or pull something with great effort किसी भारी वस्तु को बलपूर्वक उठाना या खिसकाना **2** *His chest heaved as he tried to breathe.*(i.) = to rise and fall regularly उठना-गिरना, ऊपर-नीचे होना

heave² noun, c. *One last heave will be required to lift this box up the stairs.* = the act of heaving (pushing or pulling) धक्का - भारी वस्तु को उठाने या हिलाने के लिए ज़ोर हुँमच

to heave a sigh of relief = to breathe out slowly and loudly when one is glad that something is over चैन की साँस लेना

heaven /'hevən/ /'हेवन/ noun, u. or c. (**heavens**) **1** *the gods in heaven* (*Heaven*) = the place where God or the gods are supposed to be and where the souls of good people are thought to be taken after they die स्वर्ग **2** *We had a wonderful holiday this weekend. It was heaven to lie in bed all day doing nothing.*= a state of great happiness स्वर्गिक आनंद **3** *Why do you look so worried? Surely, the heavens are not about to fall.* = the sky आसमान **heavenly** adj. **1** *heavenly bodies* = connected with the sky or with space, in this case referring to the sun, moon, stars etc. खगोलीय नक्षत्र-सूर्य, चंद्र आदि **2** *heavenly feeling* = a feeling of great pleasure अत्यधिक सुखद, आनंदप्रद

heav•y /'hevi/ /'हेवी/ adj. **1** *The box is so heavy that I can't lift it.* = having great weight भारी **2** *We can expect heavy rains today.* ज़ोरदार **3** *You will have to pay a*

H

heavy fine. **4** *There is heavy traffic on the roads.* = of great force, amount or degree बहुत ज़्यादा **5** *Her last lecture made for heavy listening.* = serious, difficult or in some cases boring गंभीर, ऊबाउ **heavy metal** noun, u. = a kind of rock music played very loudly on electric guitars etc. अत्यधिक उच्च स्वर का संगीत (रॉक म्यूज़िक)

to make heavy weather of something = to make something appear much more difficult than it is किसी कार्य को अधिक कठिन बताना, कठिनाई को बढ़ा-चढ़ा कर बताना

heck•le /'hekəl/ /'हेक्ल/ verb, t. *The minister was heckled by the crowd when he tried to make a speech.* = to prevent a person from speaking by shouting and making unfriendly remarks विरोध में शोर मचाकर किसी को बोलने न देना

hec•tare /'hekteəʳ/ /'हेक्टेअ़ʳ/ noun, c. = a unit of measurement of land, equal to about 2.5 acres (10,000 sqm) 'हेक्टेयर' (ढाई एकड़)

hec•tic /'hektɪk/ /'हैक्टिक/ adj. *I had a hectic day in the office today. I could not get a moment's rest.* = full of excitement and hurried activity अत्यधिक व्यस्ततापूर्ण, भाग दौड़ से भरा

hedge¹ /hedʒ/ /हेंज/ noun, c. = a row of bushes or small trees separating one piece of land from another बाड़ा, घेरा, खेत या बगीचे की सीमा पर लगाई जाने वाली झाड़ियाँ

hedge² verb, i. *She is hedging and not telling us the truth.* = to not give a direct answer to a question सीधा उत्तर न देना, हिचकिचाना

to hedge one's bets = to reduce the risk of making a mistake by keeping several choices open बचाव के लिए अनेक विकल्प रखना

hedge•hog /'hedʒhɒg/ /'हेंज हॉग/ noun, u. = a small animal which has sharp quills (needles) on its back to protect it from other animals सेही, साही (एक छोटा पशु जिसकी खाल पर काँटे होते हैं)

heed¹ /hi:d/ /हीड/ verb, t. *You should heed the advice of your teachers.* = to pay attention to something or to take something seriously (formal) ध्यान देना (औपचारिक)

heed² noun, u. *You must pay heed to your teacher's advice.* = careful attention (formal) ध्यान, सावधानी (औपचारिक) (**foot** के अंतर्गत चित्र देखें)

heel /hi:l/ /हील/ noun, c. **1** = the rounded back part of the foot (see pic under **foot**) (पैर की) एड़ी **2** = the part of a shoe or sock that covers the heel of the foot (जूते या मोजे की) एड़ी **3** *high-heeled shoe* = the raised part of a shoe under the heel of one's foot ऊँची एँड़ी वाला (जूता, सैंडिल चप्पल आदि)

hef•ty /'hefti/ /'हॅफ़्टी/ adj. **1** *a hefty policeman* = a big and strong person भारी-भरकम, मुस्टंड **2** *a hefty fine* = large in amount (informal) भारी (अनौपचारिक)

he•gem•o•ny /hɪ'geməni/ /हि'गेमनी/ noun, u. = the control of one state over another आधिपत्य, एक राज्य का दूसरे राज्य पर नियंत्रण

heif•er /'hefəʳ/ /'हेफ़र/ noun, c. = a young female cow which has not yet produced a calf (young one) कलोर, बिन ब्याई गाय, बछिया

height /haɪt/ /हाइट/ noun, u. **1** *He is 1.75 m in height // The height of the mountain is 8,000 m.* = the measurement of something from top to bottom (see pic under **dimension**) ऊँचाई (**dimension** के अंतर्गत चित्र देखें) **2** *Her height helps her when she plays basketball.* = the quality of being tall ऊँचाई, कद **3** *At the height of winter we travelled to the Arctic.* = the strongest part of something चरमसीमा, पराकाष्ठा

hein•ous /'heɪnəs/ /'हेइनस/ adj. *a heinous crime* = wicked and shameful घृणित, जघन्य

heir /eəʳ/ /एँअʳ/ noun, c. = a person to whom the property of a dead person goes by law वारिस, उत्तराधिकारी

heir•loom /'eəlu:m/ /'एँअलूम/ noun, c. *That old painting which you see in my room is a family heirloom bought by my great-grandmother many years ago.* = a valuable object that is passed on by persons to their children or other relatives in a family पूर्वजों से प्राप्त होने वाली वस्तु, थाती, धरोहर

hel•i•cop•ter /'helɪkɒptəʳ/ /'हॅलिकॉप्टʳ/ noun, c. = a small aircraft without wings that flies with the help of large metal blades fixed on top, which turn very fast and make it go straight up into the air 'हेलीकॉप्टर'

he•li•um /'hi:liəm/ /'हीलिअम/ noun = a kind of gas that is lighter than air and does not burn and is used to fill balloons [CHEMISTRY] हीलियम गैस [रसायनशास्त्र]

hell (Hell) /hel/ /हेल/ noun **1** = a place to which, it is believed in some religions, bad people are sent by God when they die नरक (नर्क) **2** *Our lives have become hell because of the noise caused by the construction outside.* = a condition of great suffering नरक (नर्क)

to give somebody hell = to speak very strictly or angrily to someone (informal) नाराज़गी से बोलना, किसी पर बरस पड़ना (अनौपचारिक) **to run/hurt/bleed etc. like hell** = to happen very strongly or very badly (informal) बुरी तरह होना (अनौपचारिक) **to get the hell out of somewhere** = to get out of a place quickly, usually because otherwise, something unpleasant will happen (slang) स्थिति खराब होने से पहले निकल आना (अपभाषा) **one hell of a (good film)** = a way of saying something or someone is very good बहुत अधिक, अधिकतासूचक अभिव्यक्ति

Hel•len•ic /he'lenɪk/ /हे'लेनिक/ adj. *Hellenic culture* = having to do with ancient Greece यूनानी

hello /hə'ləʊ/ /ह'लउ/ interjec. **1** *Hello Sarah! How are you this morning?* = an expression used as a friendly greeting 'हैलो'–अभिवादन का शब्द **2** *Hello, is* *that 247235?* = a word often used to begin a conversation on the telephone 'हैलो'–टेलिफ़ोन पर बातचीत आरंभ करने का शब्द **3** *Hello, could you please tell me how to get to the station?* = a word often used to draw someone's attention, in order to ask for help etc. 'सुनिए', किसी का ध्यान आकर्षित करने की अभिव्यक्ति

helm /helm/ /हेल्म/ noun, u. or c. **1** = the wheel which controls the movement of a ship at sea जलयान की गति व दिशा को नियंत्रित करने वाला चाक **2** *The Principal has been at the helm of this school for the last ten years.* = the position from which one controls or guides something (figurative) संचालक का पद (लाक्षणिक)

hel•met /ˈhelmɪt/ /ˈहॅल्मिट/ noun, c. = a covering for the head, made of metal or plastic, which protects the head from injury (see pic under **visor**) 'हॅलमेट', धातु अथवा प्लास्टिक का बना मजबूत टोप (**Visor** के अंतर्गत चित्र देखें)

help[1] /help/ /हॅल्प/ verb, t. or i. **1** *My friend helped me to clean up the house.*(t.) = to do part of the work which another person is supposed to do सहायता करना, मदद करना **2** *My friends helped me with money when I did not have a job.*(t.) = to do something for another person which makes life easier or better मदद करना **3** *Can I help you to some more chicken?* परोसना **4** *She helped herself to some ice cream.*(t.) = to give food to someone or to oneself परोसना **5** *You can call the doctor if you like but that won't help.*(i.) = to make things better लाभकारी होना, फ़ायदेमंद होना

help[2] noun, u. or c. **1** *I am grateful for your help with the cooking.*(u.) = the act of helping सहायता, मदद **2** *Your instructions were a great help–I was able to open the box easily.*(c.) = someone or something that helps मदद **3** *I've found a help to cook for me in the morning.*(c.) = a person who does some work for one regularly नौकर **helpful** adj. *Her advice was very helpful.* = useful उपयोगी

helpless /ˈhelplɪs/ /ˈहॅल्प् लिस/ adj. *He felt quite helpless when his wife died. // I feel helpless without my mobile phone.* = to not be able to take care of oneself or manage well असहाय **helping** noun, c. *Let me give you another helping of ice-cream.* = an amount of food given to someone भोजन में कोई खाद्य (पकवान) दूसरी बार लेना

helter-skelter /heltəʳ ˈskeltəʳ/ /हॅल्टʳ ˈस्कॅल्टʳ/ adv. *He ran helter-skelter to school, with the buttons of his shirt undone and his shoelaces untied.* = in a great hurry or in a state of disorder हड़बड़ी में

hem[1] /hem/ /हॅम/ noun, c. *the hem of a dress* = the edge of a piece of cloth that is folded and stitched किनारे की सिलाई

hem[2] verb, t. (**to hem in**) *This piece of land is completely hemmed in by buildings.* = to surround on all sides चारों ओर से घिरा होना, घेर रखना

hemi- /hemɪ/ /हॅमि/ prefix meaning 'half' e.g. अर्ध **hemisphere** /ˈhemɪsfɪəʳ/ noun, c. **1** = half of a sphere (any round object) गोलार्द्ध **2** *the northern hemisphere* = one half of the Earth, north or south of the equator गोलार्द्ध

hemp /hemp/ /हॅम्प/ noun, u. = a kind of plant from which ropes can be made and from which the drug **cannabis** is produced सन

hen /hen/ /हॅन/ noun, c. **1** = a female bird which lays eggs मुर्गी **2** *a hen-sparrow* = the female of any kind of bird मादा पक्षी

hence /hens/ /हॅन्स/ adv. **1** *Your boss needs your help urgently, hence the phone call.* = for this reason (formal) इसलिए (औपचारिक) **2** *You will receive a notice from our office two days hence.* = from this time or from this place अब से, यहाँ से **henceforth** adv. *You will henceforth take your orders from the Prime Minister, not the President.* = after this time; from now on अब से

hench•man /ˈhentʃmən/ /ˈहॅन्च् मन/ noun, c. (**-men**) = a faithful supporter of a person who may be asked to do violent or illegal things for the person he supports वफ़ादार अनुयायी, चमचा (derogatory) (अनादरपूर्ण)

hen•na /ˈhenə/ /ˈहॅन/ noun, u. = a kind of plant from the leaves of which a red dye (colour) is produced and which is used to colour the hair, beard, fingernails etc. मेंहदी

hep•a•ti•tis /hepəˈtaɪtɪs/ /हॅपˈटाइटिस/ noun = a disease of the liver which causes the eyes and skin to turn yellow (also **jaundice**) [MEDICINE] हेपाटाइटिस रोग (देखें jaundice) [चिकित्सा]

hepta- /heptə/ /हॅप्त/ prefix meaning 'seven' e.g. सप्त **heptagon** /ˈheptəgən/ noun, c. = a geometrical figure (shape) with seven sides सप्तभुज

her[1] /hər/ /हर/ det. *Mrs Rao and her daughter* = of or belonging to some woman 'वह' स्त्रीलिंग का संबंध-सूचक रूप

her[2] pron. *I was looking for Asha, but could not find her .* = object form of the pronoun 'she' (referring to a woman) 'वह' स्त्रीलिंग का विकारी रूप

herself /həˈself/ /हˈसॅल्फ़/ pron. **1** *She will do it herself.* = without anyone's help अपने-आप (स्त्रीलिंग रूप) **2** *She wasn't herself yesterday.* = in her normal state of mind or body अपने आपे में, होश में

her•ald[1] /ˈherəld/ /ˈहॅरल्ड/ verb, t. *The appearance of dark clouds heralds the coming of the monsoon.* = to announce; to tell of something that is going to happen (literary) आगमन की सूचना देना, घोषणा करना (साहित्यिक)

herald[2] noun, c. *The cuckoo is a herald of spring.* = someone or something that tells us of something that is going to happen soon (literary) आने की सूचना देने वाला, अग्रदूत (साहित्यिक)

herb /hɜːb/ /हऽब/ noun, c. = a small plant from which some medicine can be produced or which can be used to improve the taste of food e.g. mint जड़ी-बूटी **herbal** adj. *herbal medicine // herbal oil* = made of or using herbs औषधीय, जड़ी-बूटियों से बना

her•bi•vore /'hɜːbɪvɔːr/ /'हऽबिवॉसर/ noun, c. = an animal that only eats plants and not other animals (opposite **carnivore**) [BIOLOGY] शाकाहारी (पशु) (विलोम शब्द **carnivorous insectivorous, omnivorous**) [जीवविज्ञान]

her•bi•vor•ous /hɜː'bɪvərəs/ /हऽ'बिव्रस/ adj. *a herbivorous animal* = plant-eating (see also **carnivorous, insectivorous, omnivorous**) शाकाहारी (देखें **carnivarous, insectivorous, omnivorous**)

Her•cu•le•an /hɜːkjʊ'liːən/ /हऽक्यु'लीअन/ adj. *a Herculean task* = requiring very great effort or strength (literary) विकट पहाड़ जैसा, भारी-भरकम (साहित्यिक)

herd¹ /हऽड/ noun, c. *a herd of wild elephants* = a group of animals of the same kind which live together झुंड

herd² verb, t. **1** *He is employed to herd cattle.* = to look after animals in a herd झुंड में रहने वाले पशुओं की देखभाल करना **2** *The teachers herded the school-children into the bus.* = to guide or direct a group of children etc. संपूर्ण दल को दिशा निर्देशन देना

here /hɪər/ /हिअर/ adv. **1** *Come here!* यहाँ **2** *I live here.* = to or at a place यहाँ **3** *Here they come!* = used at the beginning of a sentence to draw attention to something ध्यानाकर्षण की अभिव्यक्ति, 'लो, वे आ गये' में लो

hereafter /hiər'aːftər/ /हिअर'आऽफ़्टर/ adv. = from now on भविष्य में, आइंदा, अब से

hereby /hɪəbai/ /हिअबाइ/ adv. *I hereby declare this meeting closed.* = by doing or saying this एतत् द्वारा

he•red•i•ta•ry /hɪ'redɪtəri/ /हि'रेडिट्री/ adj. *a hereditary disease* = something which can be passed on from a parent to a child through the genes (see **gene, genetic**) वंशानुगत (देखें **gene genotic**)

her•e•sy /'herəsɪ/ /'हेरसि/ noun, c. (**heresies**) *Galileo's statement that the earth is round and not flat was regarded as a heresy by the people of his time.* = a statement or belief that goes against what most people think to be true and is considered punishable अपधर्म, अनधिकृत मत, लोकप्रचलित मत से विपरीत **heretic** noun, c. = a person who questions or challenges a belief that most people accept as the truth विधर्मी, अपधर्मी, लोकप्रचलित मत को चुनौती देने वाला

her•i•tage /'herɪtɪdʒ/ /'हेरिटिज/ noun, u. *School children should be given an idea of our country's great heritage in art, music and culture.* = the history or traditions of a country or group, considered to be of special value परंपरा, धरोहर

her•met•ic /hɜː'metɪk/ /हऽ'मेटिक/ adj. *a hermetic seal in a pump* = fitting so closely together that no air can pass through [TECHNICAL] वायुरुद्ध [तकनीकी]

her•mit /'hɜːmɪt/ /'हऽमिट/ noun, c. = a person who lives in isolation (away from others) in order to lead a spiritual or religious life एकांतवासी

her•nia /'hɜːniə/ /'हऽनिअ/ noun, c. = a break or weakness in the tissue covering the abdomen (front part of the body) which allows the intestine to move out of its natural place [MEDICINE] हर्निया रोग [चिकित्सा]

he•ro /'hɪərəʊ/ /'हिअरउ/ noun, c. (**heroes**) **1** = a person who is admired for some great or good quality such as bravery, courage etc. वीर, नायक **2** *It is difficult to say who the hero of the film is.* = the main or central character in a play or film नायक **heroics** noun *He has been talking a lot but has done nothing for the people. We are tired of his heroics.* = actions which appear very brave or grand but mean nothing (derogatory) महान अथवा साहसिक दीखने वाले किंतु वास्तव में निरर्थक कार्य (अनादरपूर्ण)

her•o•in /'herəʊɪn/ /'हेरउइन/ noun = a drug which can be used to remove pain but is often used by drug-addicts to produce a false feeling of pleasure or happiness चरस

her•o•ine /'herəʊɪn/ /'हेरउइन/ noun, c. = the leading female character in a film or play etc. नायिका

he•ron /'herən/ /'हेरन/ noun = a type of bird with long legs and a long neck that lives near water बगुला

her•ring /'herɪŋ/ /'हेरिङ/ noun, c. = a type of fish that lives in the sea and swims in large groups हिल्सा मछली

a red herring noun = a subject or topic which is introduced to draw attention away from the main topic मुख्य विषय से ध्यान हटाने के लिए छेड़ा गया अन्य विषय

hes•i•tate /'hezɪteɪt/ /'हेज़िटेइट/ verb, i. *Mr Rao has been offered a job in Germany, but he is hesitating to accept the offer because he is not sure if his children will be happy there.* = to be unwilling to decide or to do something because one is not sure if it is the right thing to do हिचकना, हिचकिचाना, निर्णय न ले पाना

hes•si•an /'hesiən/ /'हेसिअन/ noun, u. = rough cloth made from jute, used for making sacks (bags in which rice etc. are carried) टाट, बोरी बनाने के लिए प्रयुक्त जूट का खुरदरा कपड़ा

he•te•ro- /hetərəʊ/ /हेटरउ/ prefix meaning **1** different e.g. विषम, पर-उपसर्ग **heterodox** adj. *He has very heterodox views on religion.* = different from or going against the ideas which are commonly accepted (opposite **orthodox**) रूढ़ि विरुद्ध (विलोम शब्द **orthodox**) **2** other (opposite **homo-**) e.g. दूसरा, अन्य **heterogenous** (see below) (नीचे देखें)

het•e•ro•ge•ne•ous /'hetərəʊ'dʒiːniəs/ /'हेटरउ'जीनियस/ adj. *Mumbai has a heterogeneous population, consisting of people from different parts* *of the country.* = made up of things that are very different from each other (opposite **homogeneous**) विषम (विलोम शब्द **homogeneous**)

heterosexual /ˈhetərəˈsekʃuəl/ /ˈहेंट्र्ˈसेंक्शुअल/ adj. = attracted sexually to someone of the opposite sex (opposite **homosexual**) विपरीत लिंग के प्रति आकर्षित होने वाला (विलोम शब्द **homosexual**)

heu•ris•tic /hjʊˈrɪstɪk/ /ह्युˈरिस्टिक/ adj. *a heuristic process of learning* = learning based on the discoveries that one makes through personal experience स्वत: शोध (प्रणाली) (स्वानुभवजनित खोज़ों पर आधृत ज्ञान)

hew /hjuː/ /ह्यू/ verb, t. (**hewed, hewn**) *We have to hew down a few trees.* = to cut down something with the help of an axe (literary) चीरना, कुल्हाड़ी से काटना गिराना (साहित्यिक)

hexa- /heksə/ /हेक्स/ prefix meaning six e.g. षट्, षऽ उपसर्ग **hexagon** /ˈheksəgən/ /ˈहेंक्सगन/ noun, c. = a geometrical figure with six sides (see pic under **shapes**) षड्भुज (**shapes** के अंतर्गत चित्र देखें)

hey /heɪ/ /हेइ/ interjec. *Hey! Come here at once!* = an expression used to attract someone's attention or to express surprise etc. (informal) विस्मयादिबोधक अभिव्यक्ति जैसे - ऐ अरे! (अनौपचारिक)

hey•day /ˈheɪdeɪ/ /ˈहेइडेइ/ noun, u. *In its heyday the company owned six floors of the building. Now it owns just one.* = the time of greatest power, influence etc. स्वर्ण काल, उत्कर्ष का समय

hey•pres•to /heɪ ˈprestəʊ/ /हेइ ˈप्रेंस्टउ/ interjec. = done very quickly as if by magic जादू की तरह जल्दी होने वाला

hi /haɪ/ /हाइ/ interjec. *Hi, how are you Shilpa?* = an expression used as a greeting (a short form of 'hello') (informal) अभिवादन शब्द 'हलो' का संक्षिप्त रूप (अनौपचारिक)

hi•a•tus /haɪˈeɪtəs/ /हाइˈएइटस/ noun, u. *The party has come back to power in Maharashtra after a hiatus of six years.* = a gap or break (formal) अंतराल (औपचारिक)

hi•ber•nate /ˈhaɪbəneɪt/ /ˈहाइबनेइट/ verb, i. *It is said that bears hibernate during winter.* = to go into a long sleep in order to save energy [BIOLOGY] दीर्घ काल तक सोये रहकर ऊर्जा बचाए रखना [जीव विज्ञान] **hibernation** /haɪbəˈneɪʃən/ /हाइबˈनेइशन/ noun शीतनिद्रा

hi•bis•cus /haɪˈbɪskəs/ /हाइˈबिस्कस/ noun = a plant that produces large, brightly-coloured flowers गुड़हल का पौधा

hic•cup /ˈhɪkʌp/ /ˈहिकॅप/ noun, c. (usually plural **hiccups**) **1** *The boy is having hiccups and can't speak.* = a sharp sound caused by a sudden difficulty in breathing, sometimes due to eating or drinking something too quickly हिचकी **2** *The new factory has not gone into production yet because of some hiccups.* = a small problem that causes a delay (figurative) छोटी-मोटी अड़चन (लाक्षणिक)

hide¹ /haɪd/ /हाइड/ verb, t. or i. (**hid, hidden**) **1** *I have hidden the money under my bed.*(t.) = to put something in a place where it cannot be seen or found छिपाना **2** *The boy is hiding behind the screen.*(i.) = to put oneself in a place where one cannot be seen छिपना **3** *She was disappointed when she learnt that she had failed but she managed to hide her disappointment.*(t.) = to cover up a feeling and not make it known भावना को छिपा लेना, गुप्त रखना

hide² noun, c. or u. **1** *We built a hide among the trees from which we could photograph the tigers.*(c.) = a place where a person can hide in order to photograph animals, birds etc. without being seen by them मचान, छिपने की जगह **2** *India exports buffalo hides to Europe.*(c.)= the skin of an animal from which leather is made खाल **hide-and-seek** noun = a children's game in which some players hide while others look for them आँख मिचौनी का खेल **hidebound** adj. *a hidebound person* = not willing to accept changes (derogatory) संकीर्ण, दकियानूस (अनादरपूर्ण)

hid•e•ous /ˈhɪdiəs/ /ˈहिडिअस/ adj. **1** *a hideous painting* = extremely ugly अत्यधिक कुरूप **2** *a hideous sight* = causing one to feel upset, shocked etc. वीभत्स

hi•er•ar•chy /ˈhaɪrɑːki/ /ˈहाइराऽकी/ noun, c. (**hierarchies**) or u. *There are many people above me in the government hierarchy.* = a system in which people or things are grouped and arranged into higher and lower ranks or positions पदानुक्रम

hi•e•ro•glyph•ics /haɪrəˈglɪfɪks/ /हाइरˈग्लिफ़िक्स/ noun (always plural) = a system of writing used in ancient times in Egypt in which pictures (hieroglyphs) represented words चित्र-लिपि, प्रतीकात्मक लिपि

hig•gle•dy-pig•gle•dy /hɪgəldi ˈpɪgəldi/ /हिग्ल्डी ˈपिग्ल्डी/ adv. or adj. *Things were lying higgledy-piggledy all over the room.* = in a state of disorder (informal) अस्त व्यस्त, तितर-बितर (अनौपचारिक)

high¹ /haɪ/ /हाइ/ adj. **1** *a high building* = raised well above the ground ऊँचा **2** *a building that is 100 ft high* = having a particular height ऊँचा **3** *high prices* = above the usual level or amount of something ऊँचा (दाम)

high² adv. **1** *The bird was flying high in the sky.* = at a high position ऊँचाई पर **2** *How high can you sing?* = used to talk about pitch in sound ऊँचे सुर में **3** *The ball flew high into the air.* = to a high level बहुत ऊँचाई पर

high³ noun, c. **1** *The kidnapping cases reached an all time high last year.* = high level or point (informal) अधिकतम **2** *Deep sea diving gave me a real high.* = the excitement and pleasure that one gets from doing something they like (informal) रोमांच (अनौपचारिक) **Highness** noun = a title used to address a king or

H

queen or a person from a royal family महामहिम **high-rise** adj. = a building which is very tall and has several floors गगनचुंबी **high-sounding** adj. = words which seem to be very important but carry little meaning (derogatory) खोखले (शब्द) (अनादरपूर्ण) **high-strung** (**highly-strung**) adj. = nervous and easily excited अतिसंवेदनशील **high school** noun, c. or u. = a school for children who are above 13 years of age हाईस्कूल **high-tech** adj. = using the most modern technology उच्च तकनीक से बना **high tide** noun, u. = a rise in the level of water in the sea ज्वार (समुद्र की लहरों का ऊँचा उठना) **high-and-mighty** adj. = proud and arrogant in behaviour घमंडी **highbrow** noun, c. = a person who is interested in things that ordinary people may find too serious or dull e.g. *highbrow cinema* (opposite **low-brow)** सामान्य जन की रुचि का नहीं (विलोम शब्द low-brow) **High Commissioner** noun = a person who acts as the ambassador or representative of a Commonwealth country in another Commonwealth country उच्चायुक्त **High Court** = a court that is a level above an ordinary court, and lower than the Supreme Court उच्च न्यायालय **high fidelity** (**hi-fi**) adj. = machines which can record and playback musical sounds which are very close to the original sounds in quality उच्च स्तरीय **high flier** noun = a person who is very ambitious and clever and is likely to be successful in his/her plans (informal) महत्त्वाकांक्षी (अनौपचारिक) **high-handed** adj. = using one's power without thinking of the feelings of other people शक्ति का मनमाना प्रयोग करने वाला

highlands /'haɪləndz/ /'हाइलण्ड्स/ noun = an area where there are many mountains [GEOGRAPHY] उच्चभूमि, पर्वतीय प्रदेश [भूगोल]

high•light[1] noun, c. *The television programme presented the highlights of yesterday's cricket match.* = the most important or interesting events or points, selected from something bigger प्रमुख विशेषताएँ अथवा घटना के प्रमुख अंश

highlight[2] verb, t. *Can you highlight the main points in your paper?* = to select and draw particular attention to something चुनी हुई विशेषताओं की ओर ध्यानाकर्षित करना **highlighter** /'haɪlɑɪtə^r/ /'हाइलाइटर/ noun = a pen with a coloured felt tip which is used to highlight text which is important, to be noted etc. (When highlighted the text can be seen through the band of coloured ink) 'हाईलाईटर' (पेॅन) एक प्रकार का पेन जो लिखे वाक्य पर फेरे जाने पर एक रंगीन पट्टी बनाए पर जिससे लिखा हुआ छिप न जाए वरन् आसानी से पढ़ा जा सके।

hi-jack /'haɪdʒæk/ /'हाइजैक/ verb, t. *The plane was hijacked on its way across the Pacific.* = to take control of something (usually an aircraft) by force and use threats of violence to make some political demand अपहरण करना

hike[1] /haɪk/ /हाइक/ verb, t. or i. **1** *I shall go hiking in Nagarkot next month.*(i.) = to go on a long walk through the countryside (see also **hitch-hike**) पदयात्रा (देखें hitch-hike) **2** *The government has hiked the price of petrol once more.*(t.) = to raise or increase (informal) बढ़ाना (अनौपचारिक)

hike[2] noun, c. **1** *Will you come with me on a hike?* = a long walk लंबी पैदल यात्रा **2** *There has been another price hike.* = an increase in the price of something (informal) मूल्य वृद्धि (अनौपचारिक)

hi•lar•i•ous /hɪ'leəriəs/ /हि'लेअरिअस/ adj. *Mehmood was an excellent comedian who made several hilarious films.* = (of things and events), causing a lot of laughter and enjoyment हास्यपूर्ण (वस्तु अथवा घटना)

hill /hɪl/ /हिल/ noun, c. = a raised area of land, not very high पहाड़ी **hillock** /'hɪlək/ /'हिलक/ noun, c. = a small hill पहाड़ी

to be over the hill = to be no longer young or good at something (informal, not respectful) सठिया जाना (अनौपचारिक, आदरपूर्ण नहीं)

hilt /hɪlt/ /हिल्ट/ noun, c. = the handle of a sword or knife मूठ, दस्ता, हत्था

him /ɪm/ /इम/ pron. *If you see Tapan, tell him that I am going to congratulate him.* = the object form of 'he', the pronoun used to refer to a male person or animal पुल्लिंग सर्वनाम 'वह' का विकारी रूप **himself** pron. **1** *He hurt himself while moving the desk.* = the form of the pronoun 'he' (called the reflexive form) which shows that an action produces some effect on the doer of the action अपने आप को **2** *He wrote this himself.* = the use of the reflexive pronoun for emphasis (he and no one else) स्वयं, खुद

hind[1] /haɪnd/ /हाइण्ड/ adj. *The horse stood on its hind legs.*= at the back (opposite **front**) पिछला, पीछे का [विलोम शब्द **front**]

hind[2] noun, c. = a female deer हिरनी **hind-sight** noun, u. *In hind-sight, we can say that we made a number of mistakes in planning our programme.* = understanding the nature of some event only after it has taken place घटित होने के पश्चात कार्य या घटना की असलियत समझ में आना

hin•der /'hɪndə^r/ /'हिण्डर/ verb, t. *The match was hindered by rain.* = to stop or delay something or to prevent it from happening रुकावट डालना **hindrance** noun, u. *There should be no hindrance in our programme.* = something or someone that hinders बाधा, विघ्न

Hin•du[1] /'hɪndu:/ /'हिंदू/ noun, c. = a person who follows the Hindu religion हिंदू

Hindu[2] adj. = having to do with the Hindu religion or the people who follow that religion हिंदू धर्म से संबंधित **Hinduism** noun = the set of beliefs followed by

Hindus हिंदुवाद

hinge¹ /hɪndʒ/ /हिन्ज/ noun, c. = a part consisting of two flat pieces of metal joined together, which can be fitted to a door and which allows the door to swing freely कब्जा

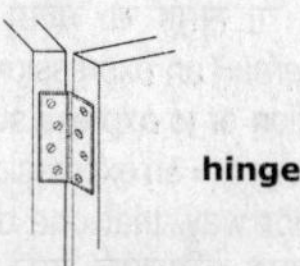

hinge² verb, t. *The door is hinged at three places.* = to be fitted with a hinge कब्जे लगाकर जोड़ना

to hinge on (upon) *The success of a student in the examination hinges on the amount of study that he or she puts in.* = to depend on पर निर्भर करना

hint¹ /hɪnt/ /हिण्ट/ verb, i. *My mother said she was going to give us a surprise and hinted that she might cook some biryani for us.* = to suggest or to say something indirectly संकेतित करना

hint² noun, c. **1** *She dropped a hint that she might leave town soon, and so we should look for someone else to take her place.* = an indirect suggestion or statement संकेत **2** *There is a hint of winter in the air. It is beginning to get cold.* = a small sign संकेत, लक्षण

hin•ter•land /'hɪntəlænd/ /'हिन टलैण्ड/ noun, u. *Mumbai is India's most important business centre, with a rich hinterland.* = the area that lies behind a port or city and is far away from the sea or rivers (informal) भीतरी इलाका (अनौपचारिक)

hip /हिप/ noun, c. = the round, fleshy part of the body above the legs and below the waist नितंब, कूल्हा **hip pocket** noun, c. = a pocket at the back of a pair of trousers पीछे वाली जेब

hip•pie (hippy) noun, c. = a person who does not accept the usual values and way of life of society. (In the 1960's, hippies were known by the clothes they wore, their long hair etc.) 'हिप्पी' (लंबे बालों, विशिष्ट पोशाक आदि से पहचाना जाने वाला व्यक्ति)

hip•po•pot•a•mus (hippo) /hɪpə'pɒtəməs/ /हिप'पॉटमस/ noun (**hippopotamuses** or **hippopatami**) = a large African animal which lives in or near water दरियाई घोड़ा

hire¹ /haɪəʳ/ /हाइअʳ/ verb, t. *I don't have a car so I will have to hire a taxi to take me to Pune.* = to get the use of something for a limited time by making a payment (also **rent** in American English) किराये पर लेना

hire² noun, u. *We have some bicycles for hire.*= the act of hiring something किराये पर लेना/देना **hireling** noun, c. = a person who is willing to work for anyone for payment (derogatory) भाड़े का या किराये का टट्टू (अनादरपूर्ण) **hire-purchase** noun, u. = a system which allows one to buy something without paying the full price, but by making small payments (instalments), usually every month किश्तों में खरीदने की पद्धति

his¹ /ɪz/ /इज़/ det. *Utpal has invited me to his house.* = belonging to him (to a male) 'वह' पुल्लिंग का संबंधवाची रूप

his² pron. *I am told Rakesh has bought a car but I did not know this car was his.* = possessive form (showing possession or ownership) of the pronoun 'he', used to refer to a male person or animal वह(पु.) का संबंधवाची रूप

hiss¹ /hɪs/ /हिस/ verb, i. or t. **1** *The snake hissed angrily when the boys surrounded it.*(i.) = to make a sound by allowing air to pass out of the mouth continuously with force फुफकारना **2** *The crowd hissed the fielder when he dropped an easy catch.*(t.) = to make a hissing sound in order to show displeasure, anger etc. अप्रसन्नता व्यक्त करने के लिए प्रयुक्त ध्वनि, हूट करना

hiss² noun, c. (**hisses**) *The pressure-cooker gave a hiss.* = the sound made while hissing सीटी-सी आवाज़

his•to•ry /'hɪstəri/ /'हिसट्री/ noun, u. or c. (**histories**) **1** *We are studying American history.*(u.) = the record of past events which have had an important effect on a society or country; the study of such events इतिहास **2** *I am writing a history of Indian classical music.*(c.) = a study or record of the development of something इतिवृत्त, इतिहास **3** *The doctor will have to look at the patient's medical history before he can make a diagnosis.*(u.) = the events or facts to do with a person or thing संबद्ध, घटनाओं अथवा तथ्यों का क्रम **historian** noun, c. = a person who studies history or writes about it इतिहासकार **historic** adj. *The Quit India movement was historic.* = important and likely to become a part of history ऐतिहासिक **historical** adj. *historical research* = connected with the study of history ऐतिहासिक, ऐतिहासीय **case-history** noun, c. = a record of the health problems that a person has had, maintained by a doctor पूर्ववृत्त, रोग का विस्तृत वृत्तांत

to go down in history = to become a part of history इतिहास का भाग बन जाना, के रूप में याद किया जाना

his•tri•on•ic /hɪstri'ɒnɪk/ /हिस्ट्री'ऑनिक/ adj. *The actor has a lot of histrionic talent.* = connected with acting (on the stage or in films) (formal) अभिनय संबंधी (औपचारिक) **histrionics** noun, u. *He pretended to be very happy when he saw me. I was quite impressed by his histrionics.* = insincere or false behaviour which reminds one of drama seen on the stage (derogatory) पाखंड, दिखावा (अनादरपूर्ण)

hit¹ /hɪt/ /हिट/ verb, t. (**hit**) **1** *The ball hit him on the leg.* = to strike with the hand or some other object से चोट/वार करना, मारना **2** *The car went off the road and* *hit a tree.* = to strike against something with force से टकराना **3** *The increase in the price of diesel will hit all of us.* = to have a bad effect on बुरी तरह प्रभावित करना **4** *Tendulkar has hit a century.* = to score runs or points in a game लगाना, मारना **5** *What she said made me angry. Later it hit me that she was only joking.* = to realise the truth of something (informal) सूझना, समझ में आना (अनौपचारिक)

hit² noun, c. **1** *He got a hit on the jaw.* = a blow प्रहार **2** *This new film will be a hit.* = a great success बड़ी कामयाबी **3** *How many hits did the site get today?* = a visit to a website by someone using the internet [COMPUTERS] उपयोग (कंप्यूटर वेब साइट का) **hit-and-run** adj. *a hit-and-run accident* = an accident in which the driver of a car etc. does not stop to help someone who may have been injured but runs away to avoid trouble with the police टक्कर मार कर भाग निकलना

to hit it off with someone = to get on well or successfully with someone (informal) किसी के साथ पटना (अनौपचारिक) **to hit the nail on the head** = to say or do just the right thing एकदम सही बात कहना या काम करना **to hit the roof** *My friend will hit the roof when she finds out I have lost her watch.* = to be very angry (informal) आसमान सर पर उठा लेना (अनौपचारिक) **to not know what hit one** *He was very angry. We didn't know what had hit us!* = to be unprepared for something unpleasant (informal, often humorous) किसी अप्रिय घटना का अचानक हो जाना (अनौपचारिक, प्रायः हास्यप्रद)

hitch¹ /hɪtʃ/ /हिच/ verb, t. **1** *The bullocks were hitched to the cart.* = to join or attach to something जोतना (जैसे बैलों को गाड़ी में) **2** *hitching a ride* = to get a free ride (see **hitch-hike**, below) मुफ़्त यात्रा करना (नीचे देखें **hitch-hike**)

hitch² noun, c. (**hitches**) *There has been a slight hitch in the programme which will cause some delay.* = problem or difficulty अड़चन **hitch-hike** verb, t. *He hitch-hiked his way from Mumbai to Delhi.* = to get a free ride in a car or truck, after standing by the road-side and signalling to the driver to stop किसी के वाहन में मुफ़्त यात्रा करना, फोकट में सफ़र करना

to get hitched = to get married to someone (slang) विवाह होना (अपभाषा)

hith•er /'hɪðəʳ/ /'हिद्र/ adv. *Come hither!* = here; to this place (old-fashioned) इधर (पुराने प्रचलन का) **hitherto** adv. *Hitherto, we have been sending our rice to America, but from now on we will send it to Japan.* = until this time (in the past) अब तक

HIV abbr. of **human immuno-deficiency virus** noun = the virus that is considered to cause **AIDS** एच.आई.वी.–एक वायरस जिससे एड्स रोग होता है

hive /haɪv/ /हाइव़/ noun, c. **1** *a beehive* = a box in which bees are kept or a nest which they build, usually in a high place छत्ता **2** *Mumbai is a hive of trade and industry.* = a very busy place (figurative) गढ़, केंद्र (लाक्षणिक)

to hive off verb *The group has hived off its cement-producing units and sold them to another company.* = to separate a company from a larger business group (व्यावसायिक वर्ग या समूह से अलग हो जाना

ho interjec. *Ho there!* = an expression used to attract someone's attention or to express surprise etc. अरे!, ओह! **ho ho** interjec. = an expression used to show, often in a superior way, that one does not believe something अविश्वास अभिव्यक्त करने की ध्वनि

hoard¹ /hɔ:d/ /हॉऽड/ verb, t. *People have been hoarding rice because they have been told there may be a shortage of food.* = to store or stock up something (food, money etc.) secretly in a larger quantity than is required आवश्यकता से अधिक जमा करना, जमा-खोरी करना

hoard² noun, c. *He has a large hoard of money in an underground room in his house.* = a secret store of something valuable गुप्त खज़ाना

hoard•ing /'hɔ:dɪŋ/ /'हॉऽडिङ/ noun, c. = a large signboard, usually mounted on high pillars by the side of a road, carrying an advertisement प्रचार हेतु सड़कों के किनारे लगाये जाने वाले बड़े-बड़े 'बोर्ड'

hoarse /hɔ:s/ /हॉऽस/ adj. *a hoarse voice* = a voice that has become rough or weak because of a cold or shouting too much कर्कश अथवा बैठी हुई (आवाज़)

hoar•y /'hɔ:ri/ /'हॉऽरी/ adj. *Her hair is hoary with age.* = gray or white (literary) धूसर, पके हुए (बाल) (साहित्यिक)

hoax /həʊks/ /हउक्स/ noun, c. (**hoaxes**) *Someone telephoned the police to report that a man had been killed, but the call proved to be a hoax.* = a trick played on someone by giving false information झूठ, गलत सूचना देने की चाल, अफवाह

hob /hɒb/ /हॉब/ noun, c. = the flat top of a gas or electric stove on which pans are kept (used for cooking) चूल्हे का वह भाग जिस पर बर्त्तन रखा जाता है।

hob•ble /'hɒbəl/ /'हॉब्ल/ verb, i. *He hurt his leg in a football match and was able to hobble home with some difficulty.* = to walk painfully and with difficulty as a result of some injury (informal) घायल होने पर लँगड़ाते हुए चलना (अनौपचारिक)

hob•by /'hɒbi/ /'हॉबी/ noun, c. (**hobbies**) *Her hobby is collecting stamps.* = something that one enjoys doing and does in one's spare time शौक **hobby-horse** noun, c. **1** = a toy horse, usually made of wood, on which a child can ride कठघोड़ा **2** *As soon as you talk to him he will bring up the topic of banning cricket in this country, which is his hobby-horse.* = a favourite subject or idea to which a person keeps returning (figurative) प्रिय विषय (लाक्षणिक)

hob•gob•lin /hɒb'gɒblɪn/ /हॉब्'गॉब् लिन/ noun, c. = a goblin (wicked and ugly fairy, found in children's stories) that loves to play tricks on people बच्चों की कहानियों में वर्णित काल्पनिक चुड़ैल

hobnob /ˈhɒbnɒb/ /ˈहॉब नॉब/ verb, i. *She is always trying to hobnob with important people, in the hope of getting some favours from them.* = to try to have a good relationship with someone in an important position. (derogatory) मेल-जोल/साँठ गाँठ रखना (अनादरपूर्ण)

hock /hɒk/ /हॉक/ verb, t. *I had to hock my gold ring as I needed some money urgently.* = to pawn (to leave something valuable with a money-lender in return for money that one has borrowed) (informal) गिरवी रखना (अनौपचारिक)

hock•ey /ˈhɒki/ /ˈहॉकी/ noun = a game with eleven players on each side in which a small ball is hit across a field with long sticks curved at the bottom हॉकी

ho•cus-po•cus /həʊkəs ˈpeʊkəs/ /हउकस ˈपउकस/ noun, u. *In India there are many holy men who say they can perform miracles, such as curing disease, by using their spiritual powers. My friend does not believe in miracles and thinks all this is just hocus-pocus.* = the use of tricks to cheat or confuse people लोगों को भ्रम में डालने की चालबाज़ी

hodge-podge see **hotch-potch** खिचड़ी, गड्डमड्ड (देखें **hatch-potch**)

hoe[1] /həʊ/ /हउ/ noun, c.= a tool used in the garden which has a long handle and is used to break up the soil and remove unwanted plants कुदाली

hoe[2] verb, t. = to use a hoe गोड़ना, खोदना

hog[1] /hɒg/ /हॉग/ noun, c. **1** = a fat pig सूअर **2** *Don't be such a hog!* = a greedy person who eats too much (figurative) खाऊ, भोजन-भट्ट (लाक्षणिक)

hog[2] verb, t. *She hogs the bathroom every morning and does not allow anyone else to use it.* = to use something in a selfish manner and not allow anyone else to use it (informal) हथियाये रखना, अन्य किसी को उपयोग न करने देना (अनौपचारिक) **road-hog** noun, c. = the driver of a motor-car who tries to occupy the whole of the road without caring for the safety of other drivers दूसरों की सुरक्षा की चिंता किए बिना पूरी सड़क घेर कर वाहन चलाने वाला

to go the whole hog = to do something thoroughly and completely भलीभाँति काम पूरा करना

hoist[1] /hɔɪst/ /हॉइस्ट/ verb, t. *hoisting a flag* = to raise, lift or pull something up चढ़ाना

hoist[2] noun, c. = a machine used for lifting heavy objects क्रेन जैसी मशीन

to be hoist with one's own petard = to be trapped or caught by one's own trick (old-fashioned) अपनी ही चाल में फँसना (पुराने प्रचलन का)

hold[1] /həʊld/ /हउल्ड/ verb, t. **(held, held)** **1** *Hold the knife in your right hand and the fork in your left when you eat.* = to grip (catch something in the hand so that it does not slip out) पकड़ना **2** *The roof is held up by these two stone pillars.* = to support टिका होना **3** *When the teacher asked a question some of the students held up their hands.* = to keep in a particular position उठाना **4** *The police are holding the two men in jail.* = to prevent someone or something from moving or getting out जाने से रोकना **5** *Hold your breath for one minute.* = to control रोकना **6** *This bottle holds one litre of milk.* = to contain आना **7** *Can we hold the meeting in this room?* = to have a meeting or event करना (मीटिंग आदि) **8** *The views that she holds don't agree with ours.* = to have an opinion होना, रखना **9** *She is talking on the other line. Can you please hold?* (i.) = to ask a person who is on the telephone to wait until the person one wants to talk to is ready 'होल्ड करना' (टेलिफ़ोन पर बातचीत के संदर्भ में)

hold[2] or noun, u. **1** *He caught hold of the thief and pushed him down to the floor.* = the act of holding someone or something पकड़ **2** *She has a strong hold on the party.* = control नियंत्रण **hold-all** noun = a large bag for carrying clothes or bedding बिस्तरबंद **holder** noun *a cigarette-holder* = something which holds or contains an object कोई वस्तु रखने का उपकरण **holding** noun = a piece of land that one possesses जायदाद (भूमि)

to hold something against someone = to think badly of someone because of something that happened in the past एक बुरे अनुभव के कारण किसी के बारे में गलत धारणा बना लेना **to hold back** **1** *I wanted to show that I was hurt but I held back because it was not the right time.* = to not express one's feelings रोक लेना (स्वयं को) अपने को ज़ब्त कर लेना **2** *They needed my help but I held back because it was going to take up a lot of my time.* = to be unwilling to do something सहायता के लिए आगे नहीं बढ़ना, हाथ खींच लेना **to hold out** = to continue in spite of difficulties प्रयास न छोड़ना, लगे रहना **to hold up** **1** *The traffic was held up by the procession.* = to delay something by blocking it रोकना **2** = to rob someone लूटना **to be left holding the baby** = to be left, usually suddenly, in a position where others make one take up a responsibility which one does not want to take up किसी पर अवांछित ज़िम्मेदारी थोप देना **Hold it!** **1** = an expression used to ask someone to stop doing something or wait (informal) रुको (अनौपचारिक) **2** = an expression used to stop someone saying something or to interrupt them टोकना **to not hold (much) water** *I'm afraid your explanation does not hold much water.* = to not sound true or possible सत्य न लगना **to hold one's own** *He's a shy person but when anyone tries to argue with him, he can hold his own.* = to look after or protect oneself well in an argument etc. अपने विचार पर डटे रहना

hole /həʊl/ /हउल/ noun, c. **1** *She is digging a hole in order to plant a tree.* = an empty space in something solid गड्ढा **2** *The rabbit quickly jumped into its hole.* =

H

the home in which a small animal lives, inside a tree or the ground बिल **3** = the small opening in a golf course into which a ball must be hit [TECHNICAL] सुराख [तकनीकी] **4** *What a hole!* = a small, dark room (derogatory, informal) काल कोठरी (अनादरपूर्ण, अनौपचारिक)

to hole up = to hide from someone छिपना

hol•i•day[1] /'hɒlɪdi/ /'हॉलिडी/ noun, c. **1** *We have been working hard for a week. We will take a holiday tomorrow.* = a day of rest अवकाश, छुट्टी **2** *We are going to Cochin for a holiday.* = a period of enjoyment spent in a place away from one's home or place of work छुट्टी

holiday[2] /'hɒlɪdi/ verb, i. *They are holidaying in Karnataka.* = to travel to some place for a holiday छुट्टी मनाना

ho•lis•tic /həʊ'lɪstɪk/ /हउ'लिस्टिक/ adj. = looking at or treating things as a whole, and not in parts एक व्यवस्था के रूप में देखना, न कि अलग-अलग भागों में

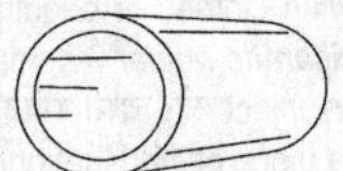
hollow

hol•low[1] /'hɒləʊ/ /'हॉलउ/ adj. **1** *Her gold bangles look solid, but in fact they are hollow.* = having an empty space inside खोखला, पोला **2** *hollow cheeks* = referring to parts of the face to suggest poor health पिचका हुआ, पोपला

hollow[2] noun *The house had been built in a hollow at the foot of a hill.* = an area which is at a lower level than the surrounding areas गहराई

hollow[3] verb, t. *We will have to hollow out this log of wood.* = to make something hollow खोखला बनाना

hol•o•caust /'hɒləkɔːst/ /'हॉलकॉऽस्ट/ noun, c. *The entire city was destroyed by a fire and thousands of people died in the holocaust.* = some event that causes terrible destruction and loss of life, specially by burning अग्निकांड

hol•o•gram /'hɒləgræm/ /'हॉलग्रैम/ noun, c. = a picture which seems to be three-dimensional (solid) त्रिआयामी चित्र

hol•ster /'həʊlstəʳ/ /'हउल्स्टʳ/ noun, c. = a leather holder for a pistol (small gun) that is worn on a belt पिस्तौल रखने का खोल

holy /'həʊli/ /'हउली/ adj. *The Ganga is said to be a holy river.* = connected with God; good and pure पवित्र

ho•mage /'hɒmɪdʒ/ /'हॉमिज/ noun, u. *Our history books tell us that Akbar ruled over the whole of India and that the smaller kings, whom he had defeated in battle, paid him homage.* = great respect shown to someone, specially a ruler श्रद्धांजलि

home[1] /həʊm/ /हउम/ noun, c. **1** *This little house is my home, where I live with my family.* = the place where one lives घर **2** *India is the home of the Gir lion.* = the place in which an animal or plant lives or where it was first found स्वदेश **3** *The game of chess had its home in India.* = the place where something started मूल स्थान **4** *an aged people's home* = a place where old people, children etc. are looked after आश्रम

home[2] adj. **1** *He has a happy home life.* = connected with one's home and family घर-गृहस्थी **2** *The senior minister looks after home affairs.* = connected with one's own state or country स्वदेश-संबंधी **3** *This match will be played on home ground.* = belonging to one of the teams अपना

home[3] adv. **1** *He didn't get home until midnight.*= where one lives अपने घर **2** *Turkey took the penalty corner and hit the ball home.* = into the correct position ठीक जगह डाल देना **home-body** noun, c. = a person who likes to stay at home घर-घुसना, घरघुस्सू **home-coming** noun, c. = an occasion on which someone returns home after a long time लंबे समय बाद घर लौटना **homely** adj. **1** *a homely meal* = simple and good साधारण, घर-जैसा **2** *a homely person* = not good looking (not respectful) सामान्य-सा (आदरपूर्ण नहीं) **home-maker** noun, c. = a person in a family who looks after the house, cooks etc. (The word is used in preference to 'housewife'. It refers to both men and women.) घर-गृहस्थी का संचालन करने वाला गृहस्वामी, गृहस्वामिनी (Housewife के बदले home-maker का प्रयोग करें, क्योंकि यह स्त्री एवं पुरुष दोनों के लिए प्रयुक्त होता है) **home rule** noun, u. = political control of a country by the people whose home it is and not by people from another country स्वराज्य, स्वशासन **homesick** adj. = having a strong desire to return to one's own family or country अपने घर या देश के प्रति आसक्त **homestead** noun or adj. = the piece of land on which a home is built as well as the building निवास-भूमि तथा भवन **home truth** noun, c. = a fact about someone which is not very pleasant to hear अप्रिय तथ्य **homework** = school work done outside the class गृहकार्य **a homing pigeon** = a pigeon used to carry messages, which knows exactly where its home is and always returns to that place (also **carrier pigeon**) पत्रवाहक कबूतर (देखें **carrier pigeon**)

to home in on something = to reach a correct answer to a problem समस्या का सही समाधान निकालना **to be at home with something** *He's completely at home with the subject of childcare.* = to know something very thoroughly and to be comfortable with it विषय की गहरी जानकारी से सुविधा अनुभव करना **to make oneself at home** = to make oneself feel comfortable and relaxed in a place one is not familiar with or one would tend to behave formally in (informal) नि:संकोच या इतमीनान से रहना (अनौपचारिक) **to be home and dry** = to complete something successfully सफलतापूर्वक पूरा करना

ho•me•op•a•thy /həʊmi'ɒpəθi/ /हउमी'ऑपथी/

noun = a system of medicine in which some substance which can cause a disease is used to treat a disease similar to it 'होम्योपैथी' चिकित्सा पद्धति

hom•i•cide /ˈhɒmɪsaɪd/ /ˈहॉमिसाइड/ noun, u. or c. **1** = an act of murder (deliberate killing of a human being) नरहत्या **2** = a person who has murdered someone हत्यारा

hom•i•ly /ˈhɒmɪli/ /ˈहॉमिली/ noun, c. (**homilies**) *a long homily* = a long talk giving advice to someone (not respectful) उपदेशात्मक लंबा भाषण (आदरपूर्ण नहीं)

ho•mo- /həʊməʊ/ /हउमउ/ prefix meaning 'the same' e.g. सम **homogeneous** /həʊməˈdʒiːniəs/ /हउमˈजीनिअस/ adj. *These twelve villages have a homogeneous population.* = made up of things of the same kind (opposite **heterogeneous**) सदृश, समरूप, सजातीय (विलोम शब्द **heterogeneous**)

homologous /həˈmɒləgəs/ /हˈमॉलगस/ = identical in position, structure etc. to something else [TECHNICAL] सदृश, समान [तकनीकी]

ho•mo•nym /ˈhɒmənɪm/ /ˈहॉमनिम/ noun, c. *The words 'bear', meaning 'to suffer', and 'bear', referring to the animal, are homonyms.* = words having the same spelling and sound but different meanings श्रुतिसम भिन्नार्थक शब्द

hom•o•phone /ˈhɒməfəʊn/ /ˈहॉमफ़उन/ noun, c. *The words 'dew' and 'due' are homophones.* = words having the same sound but different spellings and meanings श्रुतिसम

Ho•mo sa•pi•ens /həʊməʊ ˈsæpɪenz/ /हउमउ ˈसैपिऍन्ज़/ noun = a member of the human race as it exists now [TECHNICAL] मानव

ho•mo•sex•u•al /həʊməˈsekʃuəl/ /हउमˈसॅक्शुअल/ noun, c. = a person who is attracted to a person of the same sex (opposite **heterosexual**) समलैंगिक कामी (विलोम शब्द **hetersexual**)

hone /həʊn/ /हउन/ verb, t. *The knife has been beautifully honed.* = to give a sharp edge to a knife or sword सान चढ़ाना

hon•est /ˈɒnɪst/ /ˈऑनिस्ट/ adj. *an honest businessman* = one who can be trusted and is not likely to steal or cheat सच्चरित्र, ईमानदार **honesty** noun, u. = the quality of being honest ईमानदारी

hon•ey /ˈhʌni/ /ˈहॅनी/ noun, u. = the sweet golden liquid produced by bees from the juice of flowers शहद **honeycomb** noun, c. = a little container with six sides, made of wax and produced by bees, in which honey is stored छत्ता

hon•ey•moon[1] /ˈhʌnɪmuːn/ /ˈहॅनिमून/ noun, c. = a holiday taken by a man and a woman just after their marriage मधुमास, 'हनीमून'

honeymoon[2] verb, i. *They are honeymooning in Europe.* = to go somewhere on a honeymoon हनीमून/मधुमास मनाना

honk[1] /hɒŋk/ /हॉङ्क/ noun, u. = the sound made by the horn of a car or by a wild goose भोंपू की आवाज़

honk[2] verb, i. *The driver of the car honked his horn loudly.* = to make a honking sound भोंपू बजाना

honorarium /ɒnəreəriəm/ /ऑन्ˈरेअरिअम/ noun, u. = money paid to a person holding an honorary job for which there is no salary मानदेय

hon•or•ar•y /ˈɒnərəri/ /ˈऑन्ररी/ adj. *The Chairperson of the company is not paid a salary. She holds an honorary position.* = a job or position for which a regular salary is not paid अवैतनिक **honorary degree** = a university degree given to someone as an honour, without having to take courses, pass examination etc. मानद उपाधि

hon•our[1] /ˈɒnəʳ/ /ˈऑनʳ/ noun, u. or c. **1** *Mahatma Gandhi received great honour as a leader of people not only in India but all over the world.*(u.) = great respect and love which is publicly expressed सम्मान **2** *It was an honour to receive the prize.*(c.) = something that one does with pride and pleasure सम्मान, गौरव

honour[2] verb, t. **1** *We have arranged this function to honour our brave soldiers who fought in the war.* = to show respect सम्मानित करना **2** *The bank will honour this cheque.* = to accept स्वीकार करना **honours** (**Honours**) noun *He passed the B.A. degree with Honours in Sanskrit.* = a university degree with special attention given to one subject विशिष्ट, विशेष **honourable** adj. **1** *an honourable profession* = having dignity and deserving respect सम्मानित **2** *an honourable person* = having a high sense of moral behaviour प्रतिष्ठित **3** *an honourable agreement* = fair and just to all who are involved न्याय-संगत **honourably** adv. सम्मानपूर्वक

hood /hʊd/ /हुड/ noun, c. **1** = a covering for the head and neck, which leaves the face open 'हुड', सिर और गर्दन को ढँकने की वस्तु **2** *the hood of a cycle rickshaw* = a covering made of cloth, fitted over a wooden frame, which covers the top of a vehicle and can be raised or lowered टप, बरसाती **3** *the hood of a car* = American English for **bonnet** (the metal covering over the engine of a car) हुड, बोनट

-hood /ˈhʊd/ /ˈहुड/प्रत्यय/ suffix meaning **1** state अवस्था सूचक (प्रत्यय) e.g. *childhood* **2** group e.g. *brotherhood* समूह, वर्ग

hood•lum /ˈhuːdləm/ /ˈहूड्लम/ noun, c. = a person who is hired to do some violent criminal act बदमाश, पैसा लेकर अपराध कार्य करने वाला

hood•wink /ˈhʊdˌwɪŋk/ /ˈहुड विङ्क/ verb, t. *He hoodwinked me into paying him Rs 1,000.* = to cheat or trick someone आँखों में धूल झोंकना

hoof /huːf/ /हूफ़/ noun, c. (**hoofs** or **hooves**) = the hard, bony part at the end of the foot of a horse, cow or deer खुर

hook[1] /hʊk/ /हुक/ noun, c. **1** *a fish hook* = a piece of metal with a curved and often pointed end, from which something can be hung or which can be used

H

to catch or to lift something काँटा **2** = a hit made by swinging the bat in a curve (cricket) क्रिकेट खेल संबंधी शब्द 'हुक'

hook² verb, t. **1** *Can you hook up the child's dress?* = to fasten (close or tie up) something by using one or more hooks बंद करना **2** *She has hooked a big fish.* = to catch with a hook काँटे से पकड़ना **3** *Ganguly has hooked the ball for a six.* = to hit the ball in cricket so as to send it high to one side क्रिकेट बॉल 'हुक' करना **hooker** noun, c. = a sex-worker (slang, not respectful) देह-व्यापार करने वाली (अपभाषा, आदरपूर्ण नहीं) **hookworm** noun, c. = a kind of worm which lives inside the intestines of a human being or animal मनुष्य की आँतों में पलने वाला एक प्रकार का कीड़ा

by hook or by crook = to do something using any means possible किसी तरह से **off the hook** = (used about a telephone) when the receiver (top part) is not in place, preventing calls from being received टेलीफ़ोन गलत रखना **to be (get) hooked** = to be trapped (to get into an unpleasant situation and not be able to get out) फँसना

hoo•li•gan /'hu:lɪgən/ /'हूलिगन/ noun, c. = a person who acts in a rough and violent way in public गुंडा

hoop /hu:p/ /हूप/ noun, c. = a circular band or ring made of metal or plastic, which is put around the top of a wooden barrel छल्ला

hoot¹ /hu:t/ /हूट/ noun, c. **1** *the hoot of an owl* घुघुआना **2** *the hoot of a car horn* = the sound made by an owl or a similar sound made by the horn of a motor-car शोर, उलूक की सी ध्वनि **3** *The audience greeted the actor with a hoot.* = loud sounds or laughter produced by a group of people to show that they do not like something नापसंदगी में सीटी बजाना

hoot² verb, i. **1** *The driver hooted his horn.* = to make a hooting sound (भोंपू से) **2** *The audience hooted the speaker.* = to show disrespect or displeasure by making a loud sound or by laughing शोर मचाकर या खिल्ली उड़ाते हुए अप्रियता या अनादर व्यक्त करना

hop¹ /hɒp/ /हॉप/ verb, i. (**hopped**) **1** *The bird hopped from one branch to another.* = to give a small jump (used to describe the movement of birds and small animals e.g. frogs) फुदकना **2** *The children were hopping across the field* = to jump on one leg (used for human beings) एक पैर पर उछलना **3** *He hopped into the car.* = to get into or out of a vehicle very quickly झट से वाहन पर चढ़ना या उससे उतरना

hop² noun, c. *She cleared the ditch with a hop.* = the act of jumping उछाल **hopping flight** noun = a journey made in an aircraft which stops at a number of places which are not very far from each other कई स्थानों पर रुकते हुए जाने वाला हवाई जहाज़

Hop it! = a rude way of asking someone to go away 'चलते बनो' **to be hopping mad** = to be very angry (informal) क्रोध (अनौपचारिक)

hope¹ /həʊp/ /हउप/ verb, t. or i. *He hopes to pass the examination in the first division.* = to believe strongly that something good will happen because there is some reason to believe this आशा करना, विश्वस्त होना

hope² noun, u. or c. *The patient's condition is getting worse, but the doctors have not given up hopes of his recovery.* = the expectation or belief that something good will happen आशा

hope•ful adj. **1** *We are hopeful that the minister will come on time.* = feeling hope आशावान **2** *The patient has opened his eyes. This is a hopeful sign.* = something that causes hope आशाजनक, आशाप्रद **hopeless** adj. **1** *This is a hopeless situation. We have lost nine wickets and still need 150 runs to win.* = something that gives no cause for hope निराशाजनक **2** *I am quite hopeless as a singer.* = lacking in skill एकदम बेकार, किसी कौशल में कमज़ोर

to dash somebody's hopes = to completely destroy somebody's belief विश्वास को ध्वस्त कर देना **to hope against hope** = to continue to expect something good, even when it seems unlikely संभावना न होने पर भी आशा रखना **to hope for the best** = to expect something good to happen, when it seems unlikely अच्छे की उम्मीद करना

horde /hɔ:d/ /हॉऽड/ noun, c. = a large, noisy and moving crowd काफ़िला

ho•ri•zon /hə'raɪzən/ /ह'राइज़न/ noun = the line at which the sky and the earth seem to meet क्षितिज

horizontal /hɒrɪ'zɒntl/ /हॉरि'ज़ॉण्ट्ल/ adj. *Keep the piece of wood in a horizontal position.* = flat or level with the ground (compare **vertical, perpendicular**) सपाट (देखें **vertical, perpendicular**)

to expand one's horizons (always plural) = to be able to get more knowledge or experience अनुभव का विस्तार करना

hor•mone /'hɔ:məʊn/ /'हॉऽमउन/ noun, c. = a kind of chemical produced inside the body which gets mixed with the blood and has some effect on the growth, development etc. of the body [BIOLOGY] 'हार्मोन' [जीवविज्ञान]

horn /hɔ:n/ /हॉऽन/ noun, c. or u. **1** *the horns of a cow*(c.) = one of a pair of bony, pointed parts growing on the head of a cow, buffalo, goat, deer etc. सींग **2** = a musical instrument made of metal that is played by blowing into it तुरही **3** *the horn of a motorcar*(c.) = the part in a motor-car, truck etc. that makes a loud sound to warn others भोंपू

to take the bull by the horns = to face a difficult

situation with courage मुसीबतों का साहस से सामना करना **to be on the horns of a dilemma** = to not know what to do in a particular situation असमंजस में होना

hor•net /'hɔːnɪt/ /'हॉऽनिट/ noun, c. = a black and yellow insect like a bee, which has a painful sting भिंड, ततैया

hor•o•scope /'hɒrəskəʊp/ /'हॉरस्कउप/ noun, c. = a chart or diagram showing the positions of the planets at the time when a person was born, from which it is believed that the person's future can be told जन्मकुंडली

hor•ror /'hɒrə'/ /'हॉर'/ noun, u. or c. 1 *The news that 30,000 people had been killed in the earthquake filled us with horror.*(u.) = a feeling of shock, fear, anxiety and dislike भय 2 *The television programme showed us the horrors of the earthquake.*(c.) = something that causes a feeling of shock, disgust or great fear विभीषिका 3 *horror movie* = a film that creates horror by showing ghosts and other supernatural things डरावनी फिल्म **horrible** adj. 1 *a horrible accident* = causing horror भयंकर 2 *horrible handwriting* = very bad बहुत खराब **horrify** verb, t. (**horrified**) *The news of the earthquake horrified us.* = to cause a feeling of horror भयभीत करना

hors d'oeu•vre /ɔː 'dɜːv/ /ऑऽ 'दऽव़/ noun, c. (French) = appetizer (food served in small quantities at the beginning of a meal to add to the enjoyment of the meal) मुख्य भोजन से पूर्व परोसी जाने वाली सामग्री

horse[1] /hɔːs/ /हॉऽस/ noun, c. = a large, strong animal that people ride on or use to draw carts and carriages घोड़ा

horse[2] verb, i. *Stop horsing around!* = to waste time in rough play or rough behaviour (slang) व्यर्थ उछल-कूद में समय नष्ट करना (अपभाषा) **horseman/horsewoman** noun, c. = a person who is skilled at riding horses घुड़सवारी करनेवाला **horsepower** noun, u. *This car can develop 80 horsepower* = a measure of the power that an engine can produce 'हॉर्स पावर'- इंजन की शक्ति **horse-sense** noun, c. *You need a little horse-sense to deal with this situation* = common sense सामान्य ज्ञान **horse-trading** noun, u. = a process by which two persons or two parties try to reach an agreement, by giving away something and getting something in return लेन-देन द्वारा समझौता

straight from the horse's mouth *The newspaper reporter got the news of the cricketer's retirement straight from the horse's mouth.* = information given directly by someone connected with some event घटना से संबंधित व्यक्ति से सीधे सूचना मिलना

hor•ti•cul•ture /'hɔːtɪkʌltʃə'/ /'हॉऽटिकॅल्च'/ noun = the science of growing fruits, flowers and vegetables बागवानी

hose[1] /həʊz/ /हउज़/ noun, c. 1 = a thick pipe or tube made of rubber or plastic, through which water can flow with force 'होज़' रबर का पाइप 2 = thick socks (see **hosiery**) मोटी जुर्राब

hose[2] verb, t. *She is hosing the car down.* = to use a hose to wash something or to provide water for a plant etc. पाइप से पानी डालना

ho•sier•y /'həʊzjəri/ /'हउज़्री/ noun, u. = clothing made by knitting threads on a machine e.g. underwear, tee-shirts, socks etc. हौज़री

hos•pi•tal /'hɒspɪtl/ /'हॉस्पिट्ल/ noun, c. = a place where people who are ill receive medical treatment अस्पताल

hos•pi•tal•i•ty /hɒspɪ'tælɪti/ /हॉस्पि'टैलिटी/ noun, u. *Mr Sharma always looks after people who are travelling through Delhi. He is well-known for his hospitality.* = the quality of being friendly and welcoming and looking after guests well आतिथ्य, अतिथि-सत्कार **hospitable** /hɒs'pɪtəbəl/ /हॉस'पिटबल/ adj. *Mr Sharma is a very hospitable person.* = friendly and welcoming to guests मेहमान नवाज़

host[1] /həʊst/ /हउस्ट/ noun, c. 1 = a person who receives guests and provides them with food etc. मेज़बान 2 *the host on a television programme* = a person who introduces other performers on a television programme मंच संचालक 3 *If you buy a new computer you will receive a host of prizes from the dealers.* = a large number अनेक 4 = an animal or plant on which another animal or plant feeds [TECHNICAL] (compare **parasite**) परपोषी

host[2] verb, t. *He is hosting a dinner for a hundred guests.* = to act as a host at a party or on a television show etc. दावत या कार्यक्रम आयोजित **hostess** noun, c. = a woman who is a host महिला मेज़बान **Airhostess** noun, c. = a woman who serves food and drink to passengers on an aircraft and looks after them वायुयान परिचारिका

hos•tage /'hɒstɪdʒ/ /'हॉस्टिज/ noun, c. *The robbers have kidnapped two of our students and are holding them as hostages.* = a person who is captured and held prisoner by criminals or terrorists and used to bargain with his/her relatives and friends, so that the criminals can get what they want बंधक व्यक्ति

hos•tel /'hɒstəl/ /'हॉस्टल/ noun, c. = a place where students can live and eat together छात्रावास

hos•tile /'hɒstaɪl/ /'हॉस्टाइल/ adj. *The people living in this city are hostile to the idea of the new bridge and will never agree to it.* = unfriendly; showing extreme dislike शत्रुतापूर्ण, विरुद्ध

hot[1] /hɒt/ /हॉट/ adj. 1 *Bhubaneswar becomes very hot in summer.* = having a high degree of heat गर्म 2 *The people of Andhra Pradesh like hot food.* = food which contains a lot of chilli and causes a burning feeling in the mouth मिर्च-मसालेदार 3 *He has a hot temper.* = excitable and easily made angry क्रोधी 4 *He fled a hot situation.* = difficult to deal with कठिन

स्थिति 5 *He is the hot favourite to win this tournament.* = very popular लोकप्रिय 6 *hot news* = fresh and exciting (figurative) उत्तेजनापूर्ण (लाक्षणिक)

hot² verb, i. (**hotted**) *The series of matches between India and Australia started tamely but is hotting up now.* = to become exciting (informal) उत्तेजनापूर्ण होना (अनौपचारिक) **hot air** noun *His speech was full of hot air* = high-sounding but meaningless talk निरर्थक, अनर्गल **hotbed** noun *Delhi has become a hotbed of crime.* = a place where a lot of bad things happen केन्द्र, अड्डा **hot-blooded** adj. *a hot-blooded person* = easily made angry जल्दी क्रुद्ध होने वाला **hot dog** noun = a sausage (meat which has been cut into very fine pieces and packed inside a thin piece of animal skin) which is placed between two long pieces of bread and eaten 'हॉट डॉग' **hothouse** noun = a building which is kept warm and in which certain kinds of plants are grown (see also **greenhouse**) तापगृह (देखें **greenhouse**) **hotline** noun = a direct telephone link between heads of governments which can be used when a serious problem arises or there is danger of war विशेष टेलिफोन सेवा **hot water bottle** noun, c. = a rubber container that is filled with water and put in a bed to warm it गर्म पानी की बोतल

to get into hot water = to get into trouble मुश्किल में पड़ना **to sell like hot cakes** = to sell quickly हाथों-हाथ बिकना **to blow hot and cold** = to say or do things which contradict each other परस्पर विरोधी बातें करना **to go hot and cold** = to be in a situation where one is very anxious or very afraid उत्तेजित अथवा भयभीत होने की परिस्थिति में **to be too hot to handle** = a situation which is very unpleasant or dangerous बेकाबू, खतरनाक स्थिति **to be a hot ticket** = to be a popular actor, singer etc. who is greatly admired and who everyone wants to see (informal) अत्यधिक लोकप्रिय कलाकार (अनौपचारिक)

hotch potch (hodge-podge) /'hɔ:tʃ'pɔ:ʃ/ /'हॉऽच'पॉऽच/ noun, u. *The new book by Mr Verma is a hotch-potch of ideas taken from different writers.* = a confusing mixture of different things, without any order (derogatory) ऊट-पटांग, गड्डमड्ड (अनादरपूर्ण)

ho•tel /həʊ'tel/ /हउ'टल/ noun, c. = a place where travellers can get rooms to stay in for a short time as well as meals for a sum of money होटल **hotelier** noun, c, = a person who owns a hotel होटल मालिक

hound¹ /haʊnd/ /हाउण्ड/ noun, c. = a hunting dog शिकारी कुत्ता

hound² verb, t. *The filmstar was hounded by the press for details about her new movie.* = to be troubled or followed continuously by someone (informal) परेशान करना, पीछे पड़े रहना (अनौपचारिक)

hour /aʊə^r/ /आउअ^र/ noun, c. **1** = a period of 60 minutes घंटा (समय की इकाई) **2** *Pondicherry is two hours away.* = the distance one can travel in 60 minutes घंटे (का रास्ता) **3** (always plural) *We can examine the account after hours.* = working hours (the period during which a shop or office is open) काम का समय

house¹ /haʊs/ /हाउस/ noun, c. **1** = a building in which people belonging to a family live मकान **2** *a cinema house* = a building used for a particular purpose घर **3** = one of the groups into which the children studying in a school are divided, specially for purposes of competition in sports सदन, वर्ग **4** *The Prime Minister informed the House that relief operations had started in the region.* = one of the divisions of Parliament सदन (संसद)

house² /haʊs/ /हाउस/ verb, t. **1** *This building houses the National Library.* = to provide space for में स्थित होना **2** *We will have to house 10,000 refugees urgently.* = to provide shelter for आश्रय देना **house arrest** noun = a situation in which a person who is suspected of having done something wrong is not allowed by the police to leave his or her house नज़रबंद **house-broken** adj. = a pet animal which has been trained not to make the house dirty by passing urine etc. inside it प्रशिक्षित (पालतू जानवर) **housebreaking** noun = the act of entering someone's house for the purpose of stealing सेंधमारी **house coat** noun = a long dress worn by women while working inside the house 'हाउसकोट' **household** noun = the members of the family living together in a house एक घर में रहने वाले परिवार के सदस्य **household name** noun = very well known and popular प्रचलित, लोकप्रिय **house-keeping** noun **1** = the action of managing a house and taking care of the people living in it घर-गृहस्थी की देखरेख **2** = the job of looking after the rooms, the facilities, services etc. in a hotel होटल में रहने की व्यवस्था देखने का काम **house-proud** adj. = a person who likes to keep his/her house clean and tidy घर को साफ़-सुथरा रखना पसंद करने वाला **house surgeon** noun = a doctor who is receiving training in a hospital अस्पताल में प्रशिक्षण करने वाला चिकित्सक **house-warming** noun = a party given on moving into a new house गृहप्रवेश **housewife** noun = a woman who looks after her family and the house they live in and who does not go out to work (The term **homemaker** is now preferred as being more respectful and as referring to both men and women.) नौकरी या व्यवसाय न करने वाली पत्नी

to be on the house = paid for by the restaurant, hotel etc. that one is visiting **to get on (with someone) like a house on fire** = to be very good friends with someone and have a lot in common with them मित्रता में अभिन्नता होना **to put one's house in order** = to organize things neatly वस्तुओं को व्यवस्थित रखना **to bring the house**

down = to give a performance (on a stage etc.) which is greatly liked by everyone (informal) दर्शक दीर्घा का ज़ोरदार समर्थन उपलब्ध करना (अनौपचारिक)

hov•el /ˈhɒvəl/ /ˈहॉव्ल/ a place which is small and dirty and which people believe is unsuitable for living in (derogatory) तंग और गंदी जगह, 'नरक' (अनादरपूर्ण)

hover /ˈhɒvəʳ/ /ˈहॉवर/ verb, i. *The birds hovered in the air over the fields.* = to remain in the air in one place without moving मँड़राना **hovercraft** noun = a kind of aircraft without wings that can fly over land or water, keeping very close to the surface and supported by a strong downward current of air 'हॉवर क्राफ़्ट' वायुयान

how[1] /haʊ/ /हाउ/ adv. **1** *How can I become a member of this club?* = in what way किस प्रकार **2** *Your father was ill. How is he now?* = in what condition किस स्थिति में

how[2] conj. *I will never forget how you helped me.* = the fact that कैसे **How are you? / How do you do?** = a form of greeting used when meeting someone एक औपचारिक अभिवादन **How's that?** = an expression used by a player on the field in the game of cricket, asking the umpire to decide whether a batsman of the opposite team is out क्रिकेट के खेल में खिलाड़ी द्वारा प्रयुक्त अभिव्यक्ति

how•ev•er /haʊˈevəʳ/ /हाउˈएवर/ adv. **1** *She is very ill. However, she is sure to come to your party next week.* = in spite of; nevertheless (used to add a comment) फिर भी; के बावजूद **2** *This man is likely to leave the job, however much we pay him.* = in whatever way किसी तरह **3** *However did you manage to find that book?* = how; in what way किस तरह

how•it•zer /ˈhaʊɪtsəʳ/ /ˈहाउइट्सर/ noun, c. = a very heavy gun which can fire shells over a long distance तोप

howl[1] /haʊl/ /हाउल/ verb, i. *The dogs howled when they caught the scent of a stranger.* = to produce a long, loud, sound expressing anger, pain etc. (generally used to describe the sound produced by a dog, wolf etc. but also sometimes by a human being) भौंकना, चीखना

howl[2] noun, c. *I heard a howl of anger from the next room, in which the meeting was going on.* = the sound produced when howling चीख, चिल्लाहट **howler** noun, c. = a mistake committed by someone, generally while writing, which makes people laugh हास्यप्रद भूल

HTML abbr. of **Hypertext Mark-Up Language** = a system of codes used to mark text, pictures, colour etc. so that they can be seen as web pages [COMPUTERS] कूट संकेतों की व्यवस्था जिससे टेक्स्ट, चित्र, रंग आदि को हम वेब पेज की तरह देख सकें [कंप्यूटर]

hub /hʌb/ /हॅब/ noun, c. **1** *The hub of a wheel* = the central part of a wheel, around which it turns धुरी **2** *Mumbai is the hub of commerce in India.* = a busy centre of activity केंद्र, गढ़

hub•bub /ˈhʌbʌb/ /ˈहॅबॅब/ noun, u. *What a hubbub there is in this market!* = a mixture of loud noises शोरगुल, कोलाहल

hud•dle[1] /ˈhʌdl/ /ˈहॅड्ल/ verb, i. *As It was very cold inside the room we huddled together to keep warm.* = to crowd together, forming a group or pile आपस में सिमट कर, गठरीनुमा हो जाना

huddle[2] noun, c. *They stood in a huddle, whispering.* = a large number of people or things forming an untidy group or pile झुंड, ढेर

hue /hjuː/ /ह्यू/ noun, c. **1** *This flower has a beautiful golden hue.* = colour (literary) रंग (साहित्यिक) **2** *Politicians of every hue are now busy trying to win votes.* = type or kind प्रकार, वर्ग **hue and cry** *There was a hue and cry when the price of petrol went up.* = an expression of public anger or opposition to something विरोध में उठी आवाज़

huff[1] /hʌf/ /हॅफ़/ verb, i. *The old ladies huffed and puffed as they climbed up the stairs.* = to breathe loudly and with some effort हाँफना

huff[2] noun, u. *The man walked off in a huff because you did not invite him to stay on after the meeting.* = a state of being displeased or angry खीझ, झुँझलाहट

hug[1] /hʌg/ /हॅग/ verb, t. (**hugged**) **1** *The mother hugged her child lovingly.* = to hold someone or something tightly in the arms, close to the body गले लगाना **2** *The road from Puri to Konark hugs the coast.* = to stay near से सटे होना

hug[1] noun, c. *Give the child a hug!* = the act of holding someone close as an expression of love आलिंगन

huge /hjuːdʒ/ /ह्यूज/ adj. **1** *a huge person* = very large विशाल **2** *The book was a huge success.* = very great अत्यधिक **3** *She gets a huge allowance.* = a very large amount बड़ा, बहुत ज़्यादा 'मोटा'

hulk /hʌlk/ /हॅल्क/ noun, c. **1** *We saw the hulk of an old ship tied up close to the shore.* = the body of an old ship or some other vehicle which is no longer in use and is in a bad condition पुराने वाहन का ढाँचा **2** *What a hulk that boy is!* = a large person (disrespectful) भारी-भरकम (अनादरपूर्ण)

hull /hʌl/ /हॅल/ noun, c. = the main body of a ship, which floats on water जलपोत का वह भाग जो जल पर तैरता है

hul•la•ba•loo /hʌləbəˈluː/ /हॅलबˈलू/ *Don't make such a hullabaloo! You can be heard down the corridor.* = a loud noise produced by many voices हो-हल्ला, कोलाहल

hum[1] /hʌm/ /हॅम/ verb, t. or u. (**hummed**) **1** *Can you hear the bees humming around the beehive?*(i) = to make a continuous low sound भिनभिनाना **2** *If you don't know the words of the song, you can hum it to us.*(t) =

to sing without moving the lips गुनगुनाना **3** *The market was humming with activity.*(i) = to be full of activity गुलज़ार होना

hum[2] noun, u. *We heard the hum of a car's engine in the distance.* = a continuous low sound घरघराहट

hu•man[1] /'hju:mən/ /'ह्यूमन/ adj. **1** *Human intelligence is higher than that of any computer.* = belonging to or having to do with a human being मानव, मानवीय **2** *human qualities* = feelings, emotions (e.g. pity) and often weaknesses (e.g. jealousy) that humans commonly have मानवोचित **3** *the human side of Sylvia* = connected with qualities of kindness, pity etc. मानव-सुलभ **4** *a human error* = a mistake made by a person, not a machine मानवीय

human[2] noun, c. *It is said that the earliest humans lived in Africa about a million years ago.* = a member of the human race; a person मानव

hu•mane /hju:'meɪn/ /ह्यू'मेइन/ adj. *a very humane person* = kind and sympathetic दयालु, सहृदय

humanitarian /hjumæni'teəriən/ /ह्युमैनि'टेंअरिअन/ adj. *The Red Cross does a lot of humanitarian work in the developing countries of the world.* = something done to improve the lives of human beings who are suffering मानवतावादी, मानव-कल्याण संबंधी

hu•man•i•ties /hju:'mænɪtiz/ /ह्यू'मैनिटीज़/ noun = the study of literature, history, philosophy etc. (and not science) मानविकी

humanity /hju'mænɪti/ /ह्यु'मैनिटी/ noun, u. **1** *crimes against humanity* = human beings मानवता, मानव जाति **2** *The children injured in the riots were treated with great humanity.* = kindness सहृदयता

hum•ble[1] /'hʌmbl/ /'हॅम्ब्ल/ adj. **1** *Although she is a famous person, she is very humble.* = not thinking that one is better than others; not proud विनम्र, सरल **2** *The big shop had humble beginnings.* = ordinary or small साधारण, छोटे पैमाने पर

humble[2] verb, t. *We were humbled by our defeat in the match.* = to cause someone to lose pride नीचा दिखाना **humility** noun, u. = the quality of being humble (not thinking that one is better than others) विनम्रता, दीनता

hum•bug /'hʌmbʌg/ /'हॅम बॅग/ noun, u. or c. **1** *What you said in you speech was a lot of humbug.*(u.) = nonsense or something that should not be believed (informal) गप, बकवास (अनौपचारिक) **2** (c.) = a person who pretends to be what he/she is not दिखावा करने वाला

hum•drum /'hʌmdrʌm/ /'हॅम ड्रॅम/ adj. *We live very humdrum lives in this little town, without any excitement.* = very ordinary and dull अति सामान्य, साधारण, नीरस

hu•mid /'hju:mɪd/ /'ह्यूमिड/ adj. *The climate in Chennai is very humid as it is near the sea.* = containing a lot of water-vapour (tiny, invisible drops of water present in the air); damp (wet) आर्द्र **humidity** /hju:'mɪdɪti/ /ह्यू'मिडिटी/ noun, c. *The humidity of the climate in Mumbai makes one feel tired.* = the quality of being humid आर्द्रता, नमी

hu•mil•i•ate /hju:'mɪlieɪt/ /ह्यू'मिलिएइट/ verb, t. *My boss humiliated me by shouting at me in front of all my colleagues.* = to cause someone to feel ashamed or to lose respect नीचा दिखाना, अपमानित करना **humiliation** /hju:mɪlɪ'eɪʃən/ /ह्यूमिलि'एइशन/noun, u. = the feeling of shame, embarassment अपमान, अवमानना

hu•mour[1] /'hju:mə[r]/ /'ह्यूम[र]/ noun, u. *Anyone who can make jokes about themselves must have a good sense of humour.* = the ability to make people laugh and to enjoy something that is funny परिहास, विनोद

humour[2] verb, t. *Will you have to humour your seniors at work?* = to keep someone happy by doing what he or she wants (derogatory) प्रसन्न रखना (अनादरपूर्ण) **humorous** adj. *a humorous film* = able to make people laugh, funny हास्यप्रद **humorist** noun, c. = a person who can make people laugh, specially by writing funny things विनोदी, हास्यलेखक

hump /hʌmp/ /हॅम्प/ noun, c. **1** *Camels have large humps on their backs.* = a round part which stands out कूबड़ **2** *The road has many humps.* = a part of a road surface which is raised and forces cars etc. to slow down ऊँची-नीची सतह

hu•mus /'hju:məs/ /'ह्यूमस/ noun = the substance, made up of dead plants, leaves etc. which makes the soil rich [TECHNICAL] खाद [तकनीकी]

hunch[1] /hʌntʃ/ /हॅन्च/ noun, c. (**hunches**) *I was not sure how many people were coming to this meeting but I had a hunch that many pèople would come.* = an idea based on some feeling rather than on facts, which often turns out to be right (informal) खयाल, विचार (अनौपचारिक)

hunch[2] verb, t. *She lay in bed reading a book, hunched up under the electric light.* = to pull the body into a rounded shape गुड़मुड़ बैठना **hunchback** /'hʌntʃbæk/ /'हॅन्चबैक/ noun, c. = a person whose back is bent and who has a growth (a hump) sticking out from the back कुबड़ा

hun•dred /'hʌndrɪd/ /'हॅण्ड्रिड/ noun, c. = the number represented by 100 (एक) सौ

hun•ger[1] /'hʌŋgə[r]/ /'हॅङ्ग[र]/ noun, u. **1** *That was a good meal, but I don't know if your hunger has been satisfied.* = the desire for food भूख **2** *People are dying of hunger.* = lack of food भूख **3** *She has a hunger for knowledge.* = a strong desire to get something तीव्र इच्छा, भूख

hunger[2] verb, i. *She hungers for justice.* = to have a strong desire for something (literary) का भूखा होना,

के लिए बेताब होना (साहित्यिक) **hungry** adj. *Are you hungry?* = wishing to eat; feeling hunger भूखा

hunk /hʌŋk/ /हँङ्क/ noun, c. **1** *a hunk of bread* = a thick piece of some food टुकड़ा, ग्रास **2** *What a hunk!* = a man with an attractive and muscular body (informal) डील-डौल (अनौपचारिक)

hunt[1] /hʌnt/ /हॅण्ट/ verb, t. **1** *Tigers hunt deer and other small animals.* = to chase and kill an animal for food का शिकार करना **2** *Are crocodiles still hunted in India?* = to search out, chase and kill an animal for sport (enjoyment) (मनबहलाव के लिए) पीछा कर, शिकार करना **3** *He is hunting for a textbook of physics.* = to search for की तलाश करना

hunt[2] noun, c. **1** *The villagers have started a hunt for the missing child.* = the act of searching for someone or something खोज, तलाश **2** *a tiger hunt* = an act of chasing wild animals, in order to kill them शिकार **hunter** noun, c. = a person or animal that hunts wild animals for food or sport शिकारी

to hunt something or someone down = to search for and find खोज निकालना

hur•dle[1] /'hɜ:dl/ /हऽड्ल/ noun, c. **1** *The government has to face many hurdles in carrying out its programmes.* = something that creates a difficulty or prevents one from doing something रुकावट **2** *I am competing in the 110 metres hurdles race.* = a wooden frame that one has to jump over in a race दौड़ में बाधा के लिए बने लकड़ी के फ्रेम

hurdle[2] verb, t. *He hurdled the gate with a single jump.* = to jump over something without touching it किसी वस्तु, दीवार आदि के पार, बिना स्पर्श किए कूदना

hurl /hɜ:l/ /हऽल/ verb, t. = to throw something heavy with an effort ज़ोर लगाकर फेंकना

to hurl abuse (accusations) at someone = to shout at someone in an insulting manner किसी पर तोहमत लगाना

hur•ly-bur•ly /'hɜ:li bɜ:li/ /'हऽली बऽली/ noun, u. *I am tired of the hurly-burly of the city. I prefer the peace of the countryside.* = noisy activity भाग-दौड़, कोलाहलपूर्ण वातावरण

hur•ray (hurrah) /hʊ'reɪ/ /हु'रेइ/ interjec. *Hurray! It's raining!* = an expression of joy 'हुर्रे!' प्रसन्नता-सूचक शब्द

hur•ri•cane /'hʌrikən//'हॅरिकन/ noun, c. = a violent storm with strong winds and rain तूफ़ान

hur•ry[1] /'हॅरी/ verb, i. or t. (**hurried**) **1** *She hurried to catch the postman who had just left the house.*(i.) = to move or do something quickly जल्दी करना या चल देना **2** *The meeting is going very slowly. Can you hurry things up?*(t.) = to make things happen more quickly जल्दी करना

hurry[2] noun, u. **1** *He left in a great hurry.* = using quick movements or actions उतावली, जल्दबाज़ी **2** *We have plenty of time to reach the airport. There is no hurry.* = need to be quick जल्दी

hurry up *Hurry up or we'll miss the bus.*= to do something quickly (informal) जल्दी करना, फ़टाफ़ट (काम) करना (अनौपचारिक)

hurt[1] /हऽट/ verb, t. or i. **1** *She fell off the bicycle and hurt her leg.*(t.) = to cause some injury (damage) to the body चोट लगना **2** *My arm hurts.*(i.) = to feel pain दर्द करना **3** *I am hurt by your unkind remarks.*(t.) = to feel pain in the mind दिल को ठेस लगना, दु:ख होना **4** *Cigarette companies will be hurt by the new law banning smoking.* = to suffer loss हानि पहुँचना

hurt[2] noun, u. *Your letter of apology cannot take away the hurt to my feelings.* = damage or injury कष्ट या चोट

hur•tle /'हऽट्ल/ verb, i. *The cyclist hurtled down the road.* = to move on a bicycle, in a car etc. with great speed (वाहन) तेज़ी से निकल जाना

hus•band[1] /'hʌzbənd//'हॅज़बण्ड/ noun, c. = the man to whom a woman is married पति

husband[2] verb, t. *We will have to husband our resources carefully or we will never be able to complete this project.* = to use carefully or to make the best use of something without wasting it (formal, old-fashioned) किफ़ायत से उपयोग करना (औपचारिक, पुराने प्रचलन का) **husbandry** (**animal husbandry**) noun, u. = a branch of farming which tells us how to make the best use of land, forests, cattle etc. कृषि-व्यवस्था, पशु-पालन

hush[1] /हॅश/ noun, u. *There was a hush in the auditorium as she got up to speak.* = silence निस्तब्धता, सन्नाटा

hush[2] verb, t. *Can you hush the baby, please? We are disturbed by its crying.* = to cause someone to become silent (informal) चुप कराना (अनौपचारिक) **hush-hush** adj. *a hush-hush affair* = something which is planned or done secretly, without letting anyone know (informal, derogatory) गुपचुप (अनौपचारिक, अनादरपूर्ण) **hush-money** noun, u. = money paid to someone to prevent something unpleasant or shameful from becoming known मुँह-भराई

husk[1] /हॅस्क/ noun, c. **1** = the dry outer covering of some seed or fruit भूसी **2** *He has taken everything, leaving only the husk behind.* = the useless part of something (figurative) अनुपयोगी अंश (लाक्षणिक)

husk[2] verb, t. *The paddy has to be husked.* = to remove the husk (outer covering) of grain (also **de-husk**) भूसी निकालना (देखें **de-husk**)

hus•ky[1] /'hʌski/ /'हॅस्की/ adj. **1** *We could not hear her clearly as she spoke in a very husky voice.* = somewhat rough and difficult to hear (referring to a person's voice) भर्राया, भारी (स्वर) **2** *a husky person* = big and strong मुस्टंड

husky[2] noun, c. (**huskies**) = a large working dog with

H

thick fur which is used (in the very cold countries near the North Pole) to pull sledges over the ice (see also **sledge**) कुत्ते की एक प्रजाति (देखें **sledge**)

hus•sy /'hʌsi/ /'हॅसी/ noun, c. (**hussies**) = a woman who is very bold and impolite (derogatory) G बेलिहाज़, मुँहफट औरत (अनादरपूर्ण) लिंग

hus•tle[1] /hʌsəl//'हॅसल/ verb, t. *The workers in this factory are very slow. You will have to hustle them.* = to cause someone to move or work fast तेज़ी से कार्य करने को प्रेरित करना

hustle[2] noun, u. *You will find a lot of hustle and bustle in the city when there is an election.* = hurried activity भागम-भाग

hut /hʌt//'हॅट/ noun, c. = a small building, usually with one room only, made of simple and cheap materials झोंपड़ी

hutch /'hʌts//'हॅच/ noun, c. (**hutches**) *a rabbit hutch* = a small box or cage in which rabbits or other small animals are kept as pets खरगोश जैसे छोटे पालतू जानवरों को रखने का पिंजरा

hy•a•cinth /'haiəsinθ/ /'हाइसिण्थ/ noun = a kind of plant which produces sweet-smelling flowers सम्बुल पुष्प का पौधा **water hyacinth** noun = a kind of plant with large, thick leaves which grows wild in ponds and other watery places जल में उत्पन्न होने वाला पौधा

hy•brid /'haibrid/ /'हाइब्रिड/ noun or adj. *This new animal in the zoo, called a 'liger', is a hybrid. Its father is a lion and its mother a tiger.*(noun) = a plant or animal produced from parents of different breeds वर्णसंकर

hy•drant /'haidrənt/ /'हाइड्रन्ट/ noun, c. = a water-tap set up on a street to supply water for public use, specially to put out fires बंबा, नल (सार्वजनिक उपयोग हेतु)

hy•draul•ic /हाइ'ड्रॉलिक/ adj. *The car has hydraulic brakes.* = made to work by the pressure of water, oil or some other liquid [TECHNICAL] द्रवचालित [तकनीकी]

hy•dro- /हाइड्रउ/ prefix meaning connected with water e.g. जल से संबंधित का अर्थ देने वाला उपसर्ग **hydrophobia** /haɪdrə'fəʊbiə/ /हाइड्र'फ़उबिअ/ noun = a disease which causes, among other things, fear of water (also known as **rabies**) [MEDICINE] जलभीति का रोग (देखें **rabies**) [चिकित्सा]

hy•dro•car•bon /haidrəka:bən/ /हाइड्र'कॉबन/ noun, c. = a chemical in which hydrogen and carbon are combined e.g. petrol [CHEMISTRY] एक रसायन का नाम [रसायन शास्त्र]

hy•dro•e•lec•tric /'haidrevilektrik/ /हाइड्रउइ'लेॅक्ट्रिक/ adj. *a hydro-electric powerstation* = electricity produced by making use of the power of falling water जल से उत्पन्न विद्युत

hy•dro•gen /'haidrədzən/ /'हाइड्रजन/ noun = a gas that is lighter than air, has no smell or colour, burns very easily and produces water when combined with oxygen 'हाइड्रोजन' **hydrogen bomb** noun = a very powerful bomb which explodes when atoms of hydrogen are made to fuse (join) together 'हाइड्रोजन बम'

hy•ena (hyaena) /hai'i:nə/ /हाइ'ईन/ a wild animal somewhat like a dog which eats the bodies of dead animals and has a cry that sounds like a human laugh लकड़बग्घा

hy•giene /'haidzi:n/ /'हाइजीन/ noun = the science which deals with the prevention of disease through special attention to cleanliness स्वास्थ्य-विज्ञान **hygienic** adj. = very clean and therefore healthy स्वच्छ व स्वास्थ्यकर

hymn[1] /him/ /हिम/ noun, c. = a prayer in the form of a song भक्ति-गीत

hymn[2] verb, t. = to sing a hymn or prayer भजन गाना

hy•per- /हाइप'/ prefix meaning **1** more than usual e.g. अति **hyperactive** adj. *a hyperactive child* = more active than is usual and therefore unable to sit quietly (technical or derogatory) **2** 'too much' e.g. अतिक्रियाशील (तकनीकी या अनादरपूर्ण) **hyper-sensitive** adj. = unusually sensitive (having feelings which are very easily hurt) (derogatory) अतिसंवेदनशील (अनादरपूर्ण)

hy•per•bo•le /hai'pɜ:bəli/ /हाइ'पऽबली/ noun, u. *Calling someone 'an ocean of wisdom' is an example of hyperbole.* = describing something by means of exaggeration (making something appear bigger, better etc. than it really is) [LITERATURE] अतिशयोक्ति, अत्युक्ति [साहित्य]

hyperlink noun, c. = a line or place in an electronic document that is connected to another document or page [COMPUTERS] 'हाइपरलिंक' (कंप्यूटर संबधी)

hy•phen /'haifən/ /'हाइफ़न/ noun, c. = a short line which joins words together e.g. 'hyper-active' 'हाइफ़न' एक विराम-चिह्न **hyphenate** verb, t. = to put a hyphen between two words to join them together समास चिह्न लगा कर मिलाना

hyp•no•tize (hypnotise) /'hipnətaiʒ/ /'हिप्नटाइज़/ verb, t. = to control the mind and actions of a person by putting him/her into a dream-like state सम्मोहित करना **hypnosis** noun, c. = the dream-like state created by hypnotizing a person सम्मोहन **hypnotist** noun, c. = a person who can hypnotize people सम्मोहन कर्त्ता

hy•po- /'haipəv/ /'हाइपउ/ prefix meaning 'less than usual' or 'too little' (opposite of **hyper**) उप, अल्प-सूचक उपसर्ग (विलोमार्थक उपसर्ग **hyper**)

hy•po•chon•dri•a /'haipə'kɒndrio/ /हाइप'कॉण्ड्रिअ/ noun = the state of worrying too much about one's own health रोगभ्रम-एक प्रकार का मानसिक रोग **hypochondriac** adj. = a person who suffers from hypochondria 'रोगभ्रम' से पीड़ित

hy•po•crite /'hipəkrit/ /'हिपक्रिट/ noun, c. = a person who says one thing but does something very different or pretends to be something that he/she is not पाखंडी, ढोंगी **hypocrisy** /hɪ'pɒkrɪsi/ /हि'पॉक्रिसी/ noun = the quality of being a hypocrite पाखंड, ढोंग, प्रवंचक, प्रवंचना

hy•po•der•mic /'haipə'dʒ:mik/ /हाइप'डऽमिक/ adj. *a hypodermic needle* = something which is used for an injection (allowing some medicine to pass directly into the blood through a hollow needle which makes a small hole in the skin) दवा देने वाली एक प्रकार की सुई

hy•po•te•nuse /'haipɒtinju:z/ /हाइ'पॉटिन्यूज़/ noun, c. *the hypotenuse of a right-angled triangle* = the longest side in a triangle in which one angle measures 90 degrees [GEOMETRY] त्रिकोण का कर्ण [ज्यामिति]

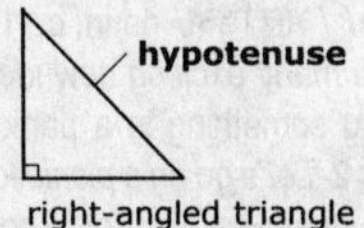

hy•poth•e•sis /hai'pɒθisis/ /हाइ'पॉथिसिस/ noun, c. (**hypotheses**) *The scientist Galileo put forward the hypothesis that the earth is round, at a time when everyone else believed that the earth was flat.* = an idea which is suggested as a possible explanation for something that is observed (seen), but which has not been tested or proved प्रस्तावित संभावना, प्राक्कल्पना **hypothetical** /haɪpə'θetɪkəl/ /हाइप'थेटिकल/ adj. *What I would do if I were the Prime Minister of India is only a hypothetical question, because I will never become the Prime Minister!* = something that is based on ideas and situations that are not real परिकल्पनात्मक

hys•te•ri•a /hi'stiəriə/ /हि'स्टिअरिअ/ noun = a condition of the mind and body which causes a person to become very excited and to laugh or weep without reason उन्माद (एक मानसिक रोग) **hysterical** adj. = in a state of hysteria उन्मत्त

i, I /aɪ/ /आइ/ the ninth letter of the English alphabet अंग्रेज़ी वर्णमाला का नवाँ वर्ण

I /aɪ/ /आइ/ pron. *I am doing something important.* = a word used by a person who is speaking to refer to himself or herself मैं

i•bex /'aɪbeks/ /'आइबेक्स्/ noun, c. (**ibexes** or **ibex**) = a kind of wild goat found in the mountains of Europe एक प्रकार की जंगली बकरी जो यूरोप के पर्वतीय इलाकों में पाई जाती है

ibis /'aɪbɪs/ /'आइबिस्/ noun, c. (**ibises** or **ibis**) = a large bird with a long downward-curving beak लंबी, नीचे मुड़ी हुई चोंच वाला एक पक्षी

ice[1] /aɪs/ /आइस्/ noun, u. = water which has been cooled to a very low temperature and frozen (made solid) बर्फ़

ice[2] verb, t. = to add ice to something in order to cool it बर्फ डालकर ठंडा करना **icy** adj. **1** *an icy wind* = extremely cold बर्फ़ीला **2** *icy roads* = covered with layers of ice बर्फ़ से ढँका **3** *His manner was so icy that we felt like going away.* = cold and unfriendly ठंडा, उपेक्षापूर्ण **Ice Age** noun = a time, very long ago, when large parts of the earth were covered with ice हिम युग **iceberg** noun, c. = a large mountain of ice floating in the ocean हिमशैल **ice cream** noun, u. or c. = a kind of sweet made from milk or cream, sugar and flavouring etc which has been kept at very low temperature and has become almost solid 'आइसक्रीम'

to break the ice = to do something at a gathering where people are meeting for the first time, to make them feel more comfortable and friendly चुप्पी तोड़ना, वातावरण को अंतरंग बनाना **to put something on ice** *Since we haven't received the money for the project, let's put it on ice.* = to stop work on a plan or idea or put it away for a while, usually for a reason (informal) किसी कारण से एक ओर कर देना, कार्य रोके रखना (अनौपचारिक) **to cut no ice** *They were strongly against the plan, and all our explanations cut no ice with them.* = to not succeed in making someone feel that something is worthwhile, good etc. or to have no effect on someone (informal) दूसरे का मत अपने पक्ष में करने के प्रयास में असफल रहना (अनौपचारिक)

i•ci•cle /'aɪsɪkəl/ /'आइसिक्ल्/ noun, c. = a long stick of ice formed when water falling from a height freezes गिरते पानी के जम जाने से बना बर्फ़ का स्तंभ, हिमलंब

ic•ing /'aɪsɪŋ/ /'आइसिङ्/ noun, u. = a coating of sugar, chocolate etc. which covers a cake केक के ऊपर फैलाई जाने वाली चीनी, चॉकलेट आदि की परत

i•con (ikon) /'aɪkɒn/ /'आइकॉन्/ noun, c. **1** = a small sign on a computer screen which has a certain meaning and can be used to make the computer carry out some instruction [COMPUTERS] कंप्यूटर स्क्रीन पर प्रदर्शित विशेष चिह्न जो विशिष्ट निर्देश ग्रहण करे **2** *Elvis Presley was an icon of rock n' roll music.* = a person who is popular, admired and well remembered किसी कला के क्षेत्र में अत्यंत प्रसिद्ध व्यक्ति **3** = a picture of a god or a holy person used for religious purposes ईश्वर या किसी धार्मिक व्यक्ति का चित्र अथवा प्रतीक **iconoclast** /aɪ'kɒnəklæst/ /आइ'कॉनक्लैस्ट्/ noun, c. = a person who speaks against the things (mostly religious) that most people believe in and respect लोगों के विश्वास व धर्म आदि का विरोध करने वाला, मूर्ति-भंजक

ID /aɪ'di:/ /आइ'डी/ noun, c. **1** = abbreviation of identity card (see **identity**) identity card का संक्षिप्त रूप (देखें **identity**) **2** *e-mail id* = one's e-mail address e.g. sheela2@vsnl.com 'ई-मेल आई डी', ई-मेल पता, कंप्यूटर द्वारा संपर्क किए जाने हेतु संदर्भ

i•dea /aɪ'dɪə/ /आइ'डिअ/ noun, c. **1** *Our new leader is a man with many exciting new ideas.* = thought or plan for doing something in a particular way खयाल सुझाव, योजना **2** *'Let's go on a picnic tomorrow.' 'That's an excellent idea!'* = a plan for a possible course of action खयाल, सुझाव **3** *Can you give me some idea of the climate in Singapore?* = information or knowledge which is not detailed or exact अपर्याप्त, अस्पष्ट जानकारी **4** *When I went to drama school, the idea was to become an actor.* = purpose, aim उद्देश्य

to have no idea (only singular) *'Do you know why Sanat is absent today?' 'I have no idea?'* = to not have information about something (केवल एकवचन में) कुछ जानकारी न होना **to (not) be one's idea of something** *Watching a film is not my idea of an enjoyable evening.* = opinion तरीका, ढंग **to have some (a rough) idea** = to have a little knowledge about something मोटे तौर पर जानकारी होना

i•deal[1] /aɪ'dɪəl/ /आइ'डिअल्/ adj. *Darjeeling is the ideal place for a holiday.* = perfect उपयुक्त, बहुत अच्छा

ideal[2] noun, c. **1** *Sachin Tendulkar is my ideal of what a good cricketer should be.* = a perfect example of some quality that one values आदर्श **2** (always plural) *She is a person with high ideals.* = high principles, values or standards of behaviour (केवल बहुवचन में) आदर्श, सिद्धांत **idealism** noun, u. = the quality of believing in ideals आदर्शवाद **idealist** noun, c. = a person with high ideals which may not be suitable for the real or practical world (sometimes derogatory) आदर्शवादी (यदा-कदा अनादरपूर्ण)

i•den•ti•ty /aɪ'dentɪti/ /आइ'डेन्टिटी/ noun, u. or c. (**identities**) *The man who was injured in the accident has lost his memory. The police is trying to find out his identity.* = who or what a person is (details such as name, age, profession, address etc.) परिचय, पहचान, शिनाख्त **identity card (ID card)** noun, c. = a card or piece of paper carrying a person's name, photograph etc. which can help prove his/her identity परिचय-पत्र **identify** verb, t. **1** *I don't know who you are. Is there anyone here who can identify you?* = to point out someone's identity शिनाख्त देना, पहचानना **2** *Could we identify someone who can help us with this project?* = select, for a purpose चुनना **identifiation** /aidentifi'keiʃən//आइडेन्टि-फि'केइशन्/ noun, u. **1**= the act of identifying someone पहचान **2** *Can you produce some identification?* = some document (official paper) which can identify a person पहचान का प्रमाण **identical** /aɪ'dentɪkəl/ /आइ'डण्टिक्ल्/ adj. *Leela and Anita are identical twins.* = very strongly alike एक जैसा, हूबहू

i•de•ol•o•gy /aɪdi'ɒlədʒi/ /आइडि'ऑलजी/ noun, u. or c. (**ideologies**) = ideas which form a way of thinking and acting on which a political or economic system is based विचारधारा

id•i•om /'ɪdiəm/ /'इडिअम्/ noun, c. **1** *'To cut no ice' is an idiom which means 'to have no effect on someone'* = an expression which carries a special meaning, which is different from the meanings of the individual words मुहावरा **2** *The characters in this film speak in the idiom of Mumbai.* = the way in which a language is used by the people belonging to a particular group or area क्षेत्र-विशेष की बोली, तर्ज़ **idiomatic** /dɪə'mætɪk/ /इडिअ'मैटिक्/ adj. *'To cry wolf' is an idiomatic expression which means 'to give a false alarm'.* = containing an idiom or having the form of an idiom मुहावरेदार

id•i•ot /'ɪdiət/ /'इडिअट्/ noun, c. *What an idiot I've been!* = a foolish person (derogatory) मूर्ख, बेवकूफ़ (अनादरपूर्ण)

i•dle[1] /'aɪdl/ /'आइड्ल्/ adj. **1** *Get up and start working. I don't like idle people.* = not doing any work आलसी, सुस्त **2** *The machines are idle because there is no electricity.* = not producing anything खाली या बेकार पड़े होना

idle[2] verb, i. **1** *Why are you idling away your time?* = to waste time doing nothing समय नष्ट करना, अपना वक्त ज़ाया करना **2** *The engine of my car is very quiet when it is idling.* = running very slowly and not being made to do useful work (used for an engine) (इंजिन का) धीमे चलते रहना

i•dol /'aɪdl/ /'आइड्ल्/ noun, c. **1** = a statue or picture which is worshipped as a god मूर्त्ति **2** *Sachin Tendulkar is the idol of many young people who love cricket.* = someone who is loved and respected by many people अनेक लोगों द्वारा आदृत या उनका स्नेहभाजन **idolize (idolise)** verb, t. = to show someone very great respect in the belief that she/he is perfect किसी को आदर्श मानकर उसका अत्यधिक आदर करना, किसी का पूजक होना

if /ɪf/ /इफ़्/ conj. **1** *I will come to your party if you invite me.* = only on condition that यदि, अगर **2** *If she asks for payment, please give her this cheque.* = in case यदि, अगर **3** *Do you know if he is coming to the meeting? // She asked if I had eaten.* = whether (used to ask a reported question, following the verbs 'know', 'remember' 'wonder' or 'ask') क्या-प्रश्नसूचक **4** *He's an interesting person, if a little strange.* = even though यद्यपि **5** *If I've said anything wrong, please forgive me.* = used to talk about a possibility यदि **6** *If you don't mind, I'll leave now.* = used to express a hope that someone will not respond negatively to something अगर **ifs and buts** noun (always plural) *I want this work to be completed by this evening. No ifs and buts!* = excuses for not doing something (informal) (केवल बहुवचन में) बहाने (अनौपचारिक) **if only** *If only I had taken the train, I would have been in Lucknow by now.* = an expression used to express sadness that something was not done, or that something didn't happen काश, अगर

> **Usage** The phrase **if suppose** in *If suppose I take up the job* is incorrect. Use either **if** or **suppose**, depending on what you want to say.
> *If suppose I take up the job* इस वाक्य में **if suppose** का प्रयोग गलत है। अर्थ के अनुसार **if** या **suppose** किसी एक का ही प्रयोग व्याकरण सम्मत है।

-ify suffix meaning **1** = to become or do something होना या करना (के अर्थ वाला प्रत्यय) e.g. **qualify, beautify, modify** **2** = to cause a particular emotion e.g. **terrify** विशेष भाव पैदा करना (के अर्थ वाला प्रत्यय)

ig•loo /'ɪglu:/ /'इग्लू/ noun, c. = a house made of blocks of ice बर्फ़ का घर

ig•ne•ous /'ɪgniəs/ /'इग्निअस्/ adj. *Volcanic regions abound in igneous rocks.* = a type of rock formed when volcanic lava solidifies ज्वालामुखी के लावा के जमने से बनी चट्टान

ig•nite /ɪg'naɪt/ /इग'नाइट्/ verb, t. or i. *The engine of the car starts when a mixture of petrol and air is ignited.*(t.) = to burn or cause something to burn जलना या जलाना **ignition** /ɪg'nɪʃən/ /इग'निशन्/ noun, u. = the action or process of making something burn जलने या जलाने की प्रक्रिया (मोटर इंजन के संदर्भ में)

ig•no•rant /'ɪgnərənt/ /'इग्नरन्ट्/ adj. *Don't you know what the capital of France is? How can you be so ignorant!* = not knowing something that one is supposed to know अनजान, अज्ञानी, अनभिज्ञ **ignorance** noun, u. = the state of being ignorant अज्ञान, अनभिज्ञता

ig•nore /ɪg'nɔ:ʳ/ /इग'नॉ/ verb, t. *When I ask you to do something, please listen. Don't ignore me.* = to pay no attention to someone or something उपेक्षा करना, ध्यान न देना

i•gua•na /ɪ'gwɑːnə/ /इ'ग्वाऽन/ noun, c. = a very large lizard found in parts of South America गोह, दक्षिण अमेरिका में पाई जाने वाली एक प्रकार की बड़ी गिरगिट

il- /ɪ'l/ /इ'ल्/ prefix meaning 'not' नकारात्मक अर्थबोधक उपसर्ग e.g. **il•lit•e•rate** /ɪ'lɪtərət/ /इ'लिट्रट्/ adj. *an illiterate person* = not able to read or write (opposite **literate**) अनपढ़, अशिक्षित, निरक्षर (विलोम शब्द **literate**) **illiteracy** noun, u. = the state of being illiterate निरक्षरता, अशिक्षा

ill[1] /ɪl/ /इल्/ adj. **1** *He cannot come because he is ill.* = in poor health बीमार, अस्वस्थ **2** *I don't have any ill feelings towards you.* = unpleasant, usually because of something bad done to one मलाल, नाराज़गी **3** *Ill health has kept him from coming to work.* = bad or poor (health) अस्वस्थता

ill[2] adv. **1** *an ill-fitting dress // an ill-fed cat // The animal was ill treated.* = badly; not properly or in a cruel way (generally with **treat**) बुरी तरह, खराब (व्यवहार) (सामान्यत: **treat** के साथ प्रयुक्त) **2** *It was sad that they spoke ill of a friend who had done so much for them.* = unfavourably (formal) विरुद्ध, बुरा-भला (औपचारिक)

ill[3] noun, c. **1** *Many great people have worked to remove the social ills of their time.* = (often plural) a custom which causes misery and difficulty to some (प्राय: बहुवचन में) कुरीति, बुराई **2** *Is education the cure for all ills?* = problems and difficulties समस्या, बुराई

ill at ease *He is shy and quite ill at ease among strangers.* = not comfortable असुविधा का अनुभव करना

Usage One can *fall ill* (become ill) or be *seriously* (= very) *ill*. One is *taken ill* when an illness strikes suddenly. A person is *terminally ill* when she/he has an illness which is certain to lead to death. Note that *'She is serious.'* cannot be used to mean *'She is seriously ill.'*
बीमार पड़ना के लिए *fall ill* तथा बहुत बीमार होना के लिए *seriously* (= very) *ill* का प्रयोग होता है। कोई बीमारी एकाएक पकड़ ले तो *taken ill* का प्रयोग होता है। अगर कोई *terminally ill* है तो इसका मतलब हुआ कि उसकी बीमारी उसके प्राण ले लेगी। ध्यान दें, *she is serious* का अर्थ *she is seriously ill* नहीं होगा।

il•le•gal /ɪ'liːgəl/ /इ'लीग्ल्/ adj. *It is illegal to drive a car without a licence.* = not legal, against the law (opposite **legal**) गैरकानूनी, न्यायविरुद्ध (विलोम शब्द **legal**)

il•le•gi•ble /ɪ'ledʒəbəl/ /इ'लेंजब्ल्/ adj. *Your handwriting is so bad, it is almost illegible.* = impossible or difficult to read (opposite **legible**) अपाठ्य, पढ़े जाने योग्य नहीं (विलोम शब्द legible)

il•le•git•i•mate /ɪlɪ'dʒɪtɪmət/ /इलि'जिटिमट्/ adj. **1** *an illegitimate child* = born to parents who are not married to each other अवैध, नाजायज़ **2** *an illegitimate procedure* = not allowed by the law or the rules (opposite **legitimate**) कानून द्वारा स्वीकृति प्राप्त नहीं (विलोम शब्द **legitimate**)

il•li•cit /ɪ'lɪsɪt/ /इ'लिसिट/ adj. *There is an illicit trade in tiger skins.* = against the law and done secretly गैरकानूनी, अवैध

ill•ness /'ɪlnɪs/ /'इलनिस्/ noun u. or c. (**illnesses**) *My cousin could not come on holiday because of his illness.*(u.) = state of being unhealthy, either physically or mentally (शारीरिक या मानसिक) बीमारी, अस्वस्थता

il•lo•gi•cal /ɪ'lɒdʒɪkəl/ /इ'लॉजिक्ल्/ adj. = not supported by logic or reason (opposite **logical**) तर्कहीन, तर्कसंगत न होना (विलोम शब्द **logical**)

il•lu•mi•nate /ɪ'luːmɪneɪt/ /इ'लूमिनेइट्/ verb, t. **1** *Government buildings are illuminated on the occasion of Republic Day.* = to decorate with lights for a special occasion बिजली की रोशनी से जगमगाना या सजाना **2** *There are no electric lights inside the temple. The place is illuminated by oil lamps.* = to provide or give light to रोशनी करना **3** *This book will illuminate you on the benefits of yoga.* = to give knowledge or understanding (formal) ज्ञान देना या समझ पैदा करना (औपचारिक) **illumination** /ɪluːmɪn'eɪʃən/ /इलूमि'नेइश्न्/ noun, u. **1** *There will be no illumination of buildings on Republic Day this year because of the earthquake and floods in the country.* = the act of decorating with lights बिजली की रोशनी की सजावट **2** *You cannot read the writing on the walls because of the poor illumination.* = the amount of light that is available प्रकाश **illuminating** /ɪ'luːmɪneɪtɪŋ/ /इ'लूमिनेइटिङ्/ adj. *a highly illuminating talk* = something that brings better knowledge and understanding ज्ञानवर्धक

il•lu•sion /ɪ'luːʒən/ /इ'लूज़्न्/ noun, u. *This town seems to be peaceful, but that is only an illusion. As a matter of fact, there are many problems here.* = something that is different in reality from what it appears to be on the surface भ्रम

il•lus•trate /'ɪləstreɪt/ /'इलस्ट्रेइट्/ verb, t. or i. **1** *I have asked a famous artist to illustrate my book.*(t.) = to create pictures for a book which are connected with its contents पुस्तक के लिए पाठ-संबंधित चित्र बनाना **2** *We listened to many stories that illustrate the courage of our soldiers.* = to give an example of something उदाहरण द्वारा दर्शाना **illustration** /ɪləs'treɪʃən/ /इलस्ट्रेइशन्/ noun, u. or c. **1** = a picture that is part of a book पुस्तक में पाठ संबंधित चित्र **2** = an example उदाहरण

im- /ɪm/ /इम्/ prefix meaning 'not' नकारात्मक, अर्थबोधक उपसर्ग e.g. **impossible** /ɪm'pɒsɪbəl/ /इम्'पॉसिब्ल्/ adj. *It is difficult but not impossible for you to become a dancer.* = something that cannot be done (opposite **possible**) असंभव (विलोम शब्द **possible**)

im•age /'ɪmɪdʒ/ /'इमिज्/ noun, c. **1** = a statue or picture which is worshipped (see **icon**) पूजी जाने वाली

मूर्ति या चित्र (देखें **icon**) **2** *a clean image* = the picture or idea that people have in their minds of someone or something (मन में बना) स्पष्ट चित्र **3** *You can see your own image in a mirror.* = the picture or reflection of some object as seen in a mirror or through the lens of a camera प्रतिबिंब, छवि **4** *The poet uses an image of the sun when talking about the hero.* = a picture in words created by the special use of language in poetry काव्यात्मक भाषा में बिंब, **imagery** noun, u. = the special use of language in poetry to create pictures in words बिंब-विधान

i•ma•gine /ɪ'mædʒɪn/ /इ'मैजिन्/ verb, t. **1** *Imagine that you are a person living in the eighth century and describe a typical day in your life.* = to think of something that is not real as if it was real कल्पना करना **2** *You cannot imagine my surprise at meeting you in this strange place.* = to form an idea or a picture in the mind कल्पना करना, सोचना **3** *You are the leader of this group, I imagine.* = to suppose or think (sometimes disapproving) समझना (प्रायः अस्वीकृत) **4** *Is this lovely garden real or am I imagining it?* = having an unreal idea in one's mind कल्पना **imagination** /ɪmægɪn'eɪʃən/ /इमैजि'नेइशन्/ noun, u. **1** *The artist who painted this picture must have had a wonderful imagination.* = the ability to think of something which is not real and to use this ability to create art or literature कल्पना-शक्ति **2** *These problems that you complain about are nothing but your imagination.* = something that is not real (often derogatory) कोरी कल्पना (प्रायः अनादरपूर्ण) **imaginary** /ɪ'mægɪnəri/ /इ'मैजिनरी/ adj. *The places and characters in this novel are all imaginary.* = not real or actual काल्पनिक **imaginative** adj. = having the ability to use the imagination to create something कल्पनाशील

im•bal•ance /ɪm'bæləns/ /इम्'बैलन्स्/ noun, u. *There is an imbalance in the student population. We have many more boys than girls.* = more of one than of the other (opposite **balance**) असंतुलन (विलोम शब्द **balance**)

im•i•tate /'ɪmɪteɪt/ /'इमिटेइट्/ verb, t. *Sawan can imitate Amitabh Bachchan's voice.* = to copy नकल करना **imitation** /ɪmɪ'teɪʃən/ /इमि'टेइशन्/ noun, c. or u. or adj. **1** *Alfred did a wonderful imitation of Amitabh Bachchan.*(noun) = the act of imitating someone नकल **2** *This sofa has a covering of imitation leather.*(adj.) = something that is a copy of something else कृत्रिम

im•mac•u•late /ɪ'mækjʊlɪt/ /इ'मैक्युलिट्/ adj. **1** *His clothes always look immaculate.* = neat, bright and clean साफ़-सुथरा **2** *Her manners are immaculate.* = without a fault; perfect दोषरहित, पूर्णतः सही

im•ma•ture /ɪmə'tʃʊə^r/ /इम'चुअ^र/ adj. *Although he is sixty years old, his behaviour is often immature.* = not wise, as may be expected of a grown-up person (opposite **mature**) अपरिपक्व, अप्रौढ़ (विलोम शब्द **mature**)

im•me•di•ate /ɪ'miːdiət/ /इ'मीडिअट्/ adj. **1** *The man is bleeding and needs immediate medical attention.* = without any delay तत्काल **2** *I have a lot of relatives, but my immediate family consists of my wife, her mother, my two children and myself.* = nearest, closest निकटतम, नज़दीकी

im•mense /ɪ'mens/ /इ'मेन्स्/ adj. **1** *The lake covers an immense area, we can hardly see the other side.* = (of space or size of objects) very large विशाल, बहुत बड़ा **2** *The holiday did me an immense amount of good.* = a great deal बहुत अधिक

im•merse /ɪ'mɜːs/ /इ'मऽस्/ verb, t. **1** *The wood has to be immersed in a solution of water and chemicals.* = to make something sink into a body of water or other liquid, so that it is fully covered डुबोना, भिंगोना **2** *He was so immersed in reading the book that he didn't notice when we left.* = to be deeply involved in some activity (figurative) ध्यानमग्न, डूबा हुआ (लाक्षणिक)

im•mi•grate/'ɪmɪgreɪt/ /'इमिग्रेइट्/ verb, i. = to come to live in a different country (opposite **emigrate**) प्रवास करना, दूसरे देश में निवास करने जाना (विलोम शब्द **emigrate**) **immigrant** noun, c. *Thousands of immigrants enter America each year from different parts of the world.* = someone who enters a country from abroad with the intention of settling there (opposite **emigrant**) प्रवासी (विलोम शब्द **emigrant**) **immigration** /ɪmɪ'greɪʃən/ /इमि'ग्रेइशन्/ noun, u. = the act of entering another country in order to settle there (opposite **emigration**) प्रवास, दूसरे देश में निवास हेतु प्रवेश (विलोम शब्द **emigration**)

im•mi•nent /'ɪmɪnənt/ /'इमिनन्ट्/ adj. *There are dark clouds gathering in the sky. A storm is imminent.* = likely to take place soon संभावित

im•mo•bile /ɪ'məʊbaɪl/ /इ'मउबाइल्/ adj. *He is unhappy because he has broken a leg and cannot get out of bed. He hates to be immobile.* = not able to move (opposite **mobile**) जाने-आने से लाचार (विलोम शब्द **mobile**) **immobilize (immobilise)** verb, t. *When he broke his leg the doctor put it in a plaster so as to immobilize it, so that the bones would heal quickly.* = to prevent someone or something from moving हिलने से रोकना

im•mor•al /ɪ'mɒrəl/ /इ'मॉरल्/ adj. *You must not steal, even if you are desperate. Stealing is immoral.* = not in keeping with the principles of morality (right conduct or behaviour) (opposite **moral**) अनैतिक (विलोम शब्द **moral**)

im•mor•tal /ɪ'mɔːtəl/ /इ'मॉऽट्ल्/ adj. *He did not want his dog to die. He wanted it to be immortal.* //

immortal works of art = someone or something that will never die or lose value and importance (opposite **mortal**) कालजयी, अमर (विलोम शब्द **mortal**)

im•mune /ɪ'mju:n/ /इ'म्यून्/ adj. *A child who has had small pox once will never get it again. Her body becomes immune to small pox.* = protected against something and not harmed by it प्रतिरक्षित **immunity** noun, u. *A person who has had chicken pox once develops immunity to the disease.* = the quality of being protected against something प्रतिरक्षण

imp /ɪmp/ /इम्प्/ noun, c. **1** = a supernatural being in stories that causes trouble to others किस्से-कहानियों का काल्पनिक शैतान **2** = a very naughty child (informal) शरारती या ऊधमी बालक (अनौपचारिक)

im•pact /'ɪmpækt/ /'इम्पैक्ट्/ noun, u. **1** *When the two trains hit each other, the impact was so great that one of the trains was badly damaged.* = the force with which one object hits another object प्रभाव, धक्का, टक्कर **2** *If the price of diesel goes up, it will have an impact on the price of food.* = effect or influence (usually bad) प्रभाव (सामान्यत: बुरा)

im•pair /ɪm'peəʳ/ /इम्'पेंअʳ/ verb, t. *The earthquake has impaired industry in these parts, as many factories have been destroyed.* = to harm; to hinder (formal) हानि पहुँचाना, क्षति पहुँचाना (औपचारिक)

im•par•tial /ɪm'pɑ:ʃəl/ /इम्'पाऽश्ल्/ adj. *Judges cannot favour either of the two sides in a dispute. They must be impartial.* = fair; not giving help or support to either side (opposite **partial**) निष्पक्ष (विलोम शब्द **partial**)

im•passe /'ɪmpæs/ /'इम्पैस्/ noun, u. *Our efforts to solve the problem reached an impasse and we could not go further.* = a point at which no progress is possible; a dead end रास्ते का अंतिम छोर जहाँ जाकर रास्ता बंद हो जाए और आगे बढ़ना असंभव हो जाए

im•pa•tient /ɪm'peɪʃənt/ /इम्'पेइश्ण्ट्/ adj. *His father has promised to send him to America next year but he wants to go at once. He is getting impatient.* = restless from a sense of being eager to do something, and therefore unwilling to accept delay (opposite **patient**) अधीर (विलोम शब्द **patient**) **impatience** noun, u. अधीरता

im•pede /ɪm'pi:d/ /इम्'पीड्/ verb, t. *Our journey by car was impeded by the poor condition of the roads.* = to hinder or to prevent someone from doing something smoothly or easily बाधा डालना **imp-ediment** noun, c. = something that impedes or hinders बाधक, गतिरोध

im•pend•ing /ɪm'pendɪŋ/ /इम'पेन्डिङ्/ adj. *The students are preparing seriously for the impending examination.* = about to take place (formal) आसन्न, शीघ्र होने वाला (औपचारिक)

im•pen•e•tra•ble /ɪm'penɪtrəbəl/ /इम्'पेनिट्रब्ल्/ adj. *The forests are so thick in the Sunderban area that they are almost impenetrable.* = something which cannot be penetrated or entered into अभेद्य, अगम्य

im•per•a•tive /ɪm'perətɪv/ /इम्'पेरटिव्/ adj. **1** *There is a serious shortage of water and it is imperative that we organise supplies immediately.* = absolutely necessary; something that must be done at once (formal) अविलंब, अत्यावश्यक (औपचारिक) **2** *'Stop!' is an example of an imperative sentence.* = a sentence that has the form of a command [GRAMMAR] आज्ञार्थक, आदेशसूचक (वाक्य अथवा क्रियारूप) [व्याकरण]

im•per•fect /ɪm'pɜ:fɪkt/ /इम्'पऽफ़िक्ट्/ adj. *Please don't be angry if I make a mistake. Remember, we are all imperfect.* = having a fault or something which prevents someone/something from being completely perfect (opposite **perfect**) दोषपूर्ण अथवा अपूर्ण (विलोम शब्द **perfect**)

im•pe•ri•al /ɪm'pɪəriəl/ /इम्'पिअरीअल्/ adj. *an imperial power* = having to do with an emperor or an empire शाही, साम्राज्यिक

im•per•son•al /ɪm'pɜ:sənəl/ /इम्'पऽसन्ल्/ adj. *Hundreds of people work in this office but no one ever talks to you or even smiles at you. The atmosphere is quite impersonal.* = not having or showing personal feelings or connection (disapproving) (opposite **personal**) अवैयक्तिक, भावशून्य (अस्वीकृत) (विलोम शब्द **personal**)

im•per•ti•nent /ɪm'pɜ:tɪnənt/ /इम्'पऽटिनन्ट्/ adj. *Don't be impertinent when you talk to your teacher. Show her respect.* = talking or answering in a disrespectful way धृष्ट

im•per•vi•ous /ɪm'pɜ:vɪəs/ /इम्'पऽविअस्/ adj. *This piece of leather will not allow water to pass through it. It is impervious to moisture.* = (of material) not allowing liquid etc. to pass through अ-पारगम्य (पदार्थ)

im•pe•tus /'ɪmpɪtəs/ /'इम्पिटस्/ noun, u. *The government is giving loans to farmers in this area in order to provide an impetus to agriculture.* = a push forward; something that helps or encourages people to do something प्रोत्साहन

im•plant /'ɪmplɑ:nt/ /'इम्प्लाऽन्ट्/ noun, c. *a heart implant* = something that has been put in place artificially inside the body प्रत्यारोपण

im•ple•ment[1] /'ɪmplɪmənt/ /'इम्प्लिमन्ट्/ noun, c. *We need better farming implements in order to grow more rice on this land.* = a tool or instrument औजार, यंत्र

implement[2] verb, t. *The new government policy on education will not be easy to implement.* = to carry out or put into action क्रियान्वित करना

im•plore /ɪm'plɔ:ʳ/ /इम्'प्लॉऽʳ/ verb, t. *I implore you to help me as I am in great difficulty.* = to beg someone strongly to do something अनुनय करना, याचना करना

im•ply /ɪm'plaɪ/ /इम्'प्लाइ/ verb, t. (**implied**) *He said he didn't enjoy his visit to our city. Was he implying* that we did not look after him well? = to not say something directly but to say something with a hidden meaning अप्रत्यक्ष रूप से संकेतित करना

im•po•lite /ɪmpə'laɪt/ /इम्प'लाइट्/ adj. *It was impolite of you not to reply to my letter.* = not showing good manners अशिष्ट, आदरपूर्ण नहीं

im•port[1] /ɪm'pɔ:t/ /इम्'पॉऽट्/ verb, t. **1** *India imports petroleum from West Asia.* = to receive or bring something into a country from another country आयात करना **2** = to transfer or move a document, information etc from one computer to another, or one program to another [COMPUTERS] एक कंप्यूटर से दूसरे में सूचना का अंतरण करना [कंप्यूटर]

import[2] noun, u. or c. **1** *India's imports, including petroleum and textiles, have increased this year.*(c.) = things that are imported (opposite **export**) आयात (विलोम शब्द **export**) **2** *The import of our leader's speech was that most of us will have to give some time to cleaning up the neighbourhood.*(u.) = a meaning which is not expressed directly (formal) तात्पर्य, संकेत (औपचारिक)

im•por•tant /ɪm'pɔ:tənt/ /इम्'पॉऽटन्ट्/ adj. **1** *Rice is the most important foodgrain for the people of this state.* = having special value महत्त्वपूर्ण **2** *a very important person (VIP)* = having great influence or power अधिकार अथवा प्रभाव के कारण महत्त्वपूर्ण (व्यक्ति) **importance** noun, u. *You will be paid well but you will have to work hard. The company attaches great importance to work.* = special attention given to something महत्त्व

im•pose /ɪm'pəʊz/ /इम्'पउज्/ verb, t. or i. **1** *The government is going to impose a new tax on all professional people.*(t.) = to pass an order to make someone do something (formal) (टैक्स आदि) लागू करना, लगाना (औपचारिक) **2** *impose strict discipline*(t.) = to make someone accept something which is not liked कड़ाई से लागू करना/लगाना **3** *It is kind of you to invite me to stay in your house, but I don't want to impose on you.*(i.)= to give unnecessary trouble to someone दूसरे पर भार होना **imposition** /ɪmpə'zɪʃən/ /इम्प'ज़िशन्/ noun, u. *the imposition of a new tax* = the act of imposing something भार, आरोपण **imposing** /ɪm'pəʊzɪŋ/ /इम्'पउज़िङ/ adj. *The government buildings in New Delhi are very imposing.* = large in size and grand in appearance शानदार, भव्य

im•pos•tor /ɪm'pɒstə'/ /इम्'पॉस्टर/ noun, c. = someone who makes people believe he/she is someone or something that he/she is not, usually for dishonest purposes (derogatory) ढोंगी, झूठा दिखावा करने वाला (अनादरपूर्ण)

im•pov•e•rish /ɪm'pɒvərɪʃ/ /इम्'पॉव्रिश्/ verb, t. **1** *The earthquake has impoverished many people in this area and they have lost everything they had.* = to make someone poor दरिद्र बना देना या कंगाल कर देना **2** *The soil will be impoverished by the use of chemicals.* = to reduce in quality or strength कमज़ोर कर देना

im•press /ɪm'pres/ /इम्'प्रेस्/ verb, t. **1** *The new batsman impressed everyone with his fine batting.* = to cause someone to have a good opinion about you प्रभावित करना, अच्छा प्रभाव डालना **2** *Please impress upon her that this task has to be completed by tomorrow.* = to make someone understand the importance of something महत्त्व समझा देना **impression** noun, u. or c. **1** *Your speech created a good impression.* = an effect on the mind created by someone or something प्रभाव **2** *You can see the impression of his shoes clearly in the mud.* = a pattern or mark made by putting pressure on a surface छाप, निशान **impressive** adj. *Younis played an impressive innings in this match.* = something that makes a good and strong impression (see meaning **1** for **impress**) प्रभावशाली (देखें **impress** का meaning 1)

im•pris•on /ɪm'prɪzən/ /इम्'प्रिज़्न्/ verb, t. *You can be impr-isoned for careless driving.* = to put someone in prison or jail कैद करना, जेल की सज़ा होना **life imprisonment** noun = punishment given to a criminal by putting him/her in prison for the whole of his/her life आजीवन कारावास

im•prop•er /ɪm'prɒpə'/ /इम्'प्रॉपर/ adj. **1** *Many people think it is improper if you do not take off your footwear when entering someone's house.* = behaviour which is not morally or socially accepted अनुचित **2** *improper activities* = criminal or unlawful (opposite **proper**) आपराधिक, गैर कानूनी **3** *an improper suggestion* = connected with sex शारीरिक (यौन) संबंध के बारे में (विलोम शब्द **proper**)

im•prove /ɪm'pru:v/ /इम्'प्रूव्/ verb, t. or i. **1** *Your handwriting is very bad. You must improve it.*(t.) = to make something better सुधारना **2** *Is the patient's condition improving?*(i.) = to become better सुधरना, सुधार होना **improvement** noun, u. *The patient's condition is showing some improvement.* = the state of becoming better सुधार

im•pro•vise /'ɪmprəvaɪz/ /'इम्प्रवाइज़्/ verb, i. or t. *The actor forgot the words she was supposed to speak on the stage and had to improvise.*(i.) = to be forced to do something that one had not prepared for, sometimes because of something unexpected happening तात्कालिक कामचलाऊ प्रबंध करना

im•pu•dent /'ɪmpjʊdənt/ /'इम्प्युडन्ट्/ adj. *You were very impudent when you asked your teacher why he had not given you better marks.* = rude and disrespectful अनादरपूर्ण, अभद्र, कठोर

im•pulse /'ɪmpʌls/ /'इम्पल्स्/ noun, c. or u. *We went shopping and bought a lot of clothes on an* *impulse.*(c.) = a sudden decision to do something, often considered unnecessary and unwise आवेश (में), बिना सोचे-समझे **impulsive** /ɪm'pʌlsɪv/ /इम्'पॅल्सिव्/ adj. *He is such an impulsive person that you can never know what he will do next.* = likely to decide or do something suddenly without thinking about it carefully आवेगी, बिना सोचे-समझे अचानक कर डालने वाला (विलोम शब्द **accurate**)

in- /ɪn/ /इन्/ prefix meaning not नकारात्मक उपसर्ग e.g. **inaccurate** /ɪn'ækjʊrɪt/ /इन्'ऐक्युरिट्/ adj. *Your report was inaccurate. There were only a hundred people at the meeting but you said there were more than a thousand.* = not exact (opposite **accurate**) गलत, पूर्णतः सही नहीं

in[1] /ɪn/ /इन्/ prep. **1** *The book is in my bag.* = inside or within में **2** *There are 45 students in this class.* = as a part of में **3** *She passed the B.A. examination in 1986.* = during में **4** *The girl in blue is my daughter.* = wearing a certain kind of dress (पोशाक) पहने हुए **5** *She spoke in French.* = by means of or through (used of a language) में

in[2] adv. **1** *Come in!* = into a space, from the outside अंदर **2** *The doctor is in.* = present in a place अंदर उपस्थित

in[3] adj. *The new restaurant is the in-place now.* = popular and fashionable (informal) लोकप्रिय, ज़माने के मुताबिक़ (अनौपचारिक)

in•a•bil•i•ty /ɪnə'bɪlɪti/ /इन्'बिलिटि/ noun, u. *My inability to attend the meeting was because of my illness.* = lack of power or ability to do something असामर्थ्य

in•ac•ces•si•ble /ɪnək'sesɪbəl/ /इनक'सेसिबल्/ adj. *It is not possible to get to the top of the hill. As there are no roads, it is inaccessible.* = difficult or impossible to reach (opposite **accessible**) अगम्य, पहुँच के बाहर (विलोम शब्द **accessible**)

in•ad•e•quate /ɪn'ædɪkwɪt/ /इन्'ऐडिक्विट्/ adj. *We had cooked five kilograms of rice but this proved to be inadequate as there were more than 50 guests.* = not enough (opposite **adequate**) अपर्याप्त, कम (पड़ना) (विलोम शब्द **adequate**)

i•nane /ɪ'neɪn/ /इ'नेइन्/ adj. *an inane speech* = foolish and meaningless अनर्गल, निरर्थक, बेकार

in•au•di•ble /ɪn'ɔːdɪbəl/ /इन्'ऑडिबल्/ adj. *His voice was almost inaudible.* = something that cannot be heard (opposite **audible**) इतना धीमा कि सुना न जा सके (विलोम शब्द **audible**)

in•au•gu•rate /ɪ'nɔːgjʊreɪt/ /इ'नॉग्युरेइट्/ verb, t. *We have invited a film actor to inaugurate the new building.* = to open a new building or to start a public event उद्घाटन करना

in•born /ɪn'bɔːn/ /इन्'बॉन्/ adj. *Human beings have an inborn ability to use language.* = present from birth जन्मजात

in•cal•cu•la•ble /ɪn'kælkjʊləbəl/ /इन्'कैल्क्युलबल्/ adj. *Rabindranath Tagore was one of our greatest writers. The value of his contribution to Indian literature is incalculable.* = something that cannot be measured or calculated because it is too great गणनातीत, अपरिमित

in•ca•pa•ble /ɪn'keɪpəbəl/ /इन्'केंइपबल्/ adj. *He is so honest that he is incapable of telling a lie.* = not able to do something (opposite **capable**) असमर्थ, जिसके लिए करना संभव न हो (विलोम शब्द **capable**)

in•car•na•tion /ɪnkɑː'neɪʃən/ /इन्का'नेइशन्/ noun, u. or c. = the coming of a divine being to earth in the form of a human being अवतरण **reincarnation** noun, u. = the act of being born again पुनर्वतरण

in•cense[1] /'ɪnsens/ /'इन्सेंन्स्/ noun *You can get the sweet smell of incense burning in the temple.* = a substance used in religious ceremonies which has a fragrant smell when burnt अगरबत्ती

in•cense[2] /ɪn'sens/ /इन्'सेंन्स्/ verb, t. *I was so incensed by their bad behaviour that I had to ask them to leave.*(t.) = to be made very angry by something (formal) नाराज़ होना या करना (औपचारिक)

in•cen•tive /ɪn'sentɪv/ /इन'सेन्टिव्/ noun, u. or c. *We had to work over two weekends, but as an incentive, we had a week's holiday.* = something that encourages a person to do more work or to do something with more interest प्रोत्साहक, प्रेरक

in•ces•sant /ɪn'sesənt/ /इन्'सेसन्ट्/ adj. *We were unable to leave the house because of incessant rain.* = something that does not (or does not seem to) stop अविराम, अनवरत

in•cest /'ɪnsest/ /'इन्सेस्ट्/ noun, u. = sexual relations between near relatives in a family e.g. between a man and his sister, considered unnatural and forbidden [LAW] निकट संबंधियों से अप्राकृतिक, गैरकानूनी यौन संबंध [कानून]

inch[1] /ɪntʃ/ /इंच्/ noun, c. = a unit of measuring length, equal to 2.54 centimetres इंच

inch[2] verb, i. *The cars inched their way along the crowded street.* = to move slowly in small stretches with difficulty थोड़ा-थोड़ा, आहिस्ता-आहिस्ता

in•ci•dent /'ɪnsɪdənt/ /'इन्सिडन्ट्/ noun, c. = an event or happening घटना, प्रसंग

in•ci•den•tal /ɪnsɪ'dentəl/ /इन्सि'डन्टल्/ adj. *Let us first plan the main events in the programme. We can fill in the incidental details later.* = something that is not very important and happens together with something else that is more important प्रासंगिक, आकस्मिक **incidentally** adv. *She is a wonderful singer. Incidentally, her mother was a famous violinist.* = 'By the way' संयोग से

in•cin•e•rate /ɪn'sɪnəreɪt/ /इन्'सिनरेइट्/ verb, t. *The garbage removed from these houses is incinerated every day.* = to destroy waste or unwanted material by burning कूड़ा-कर्कट आदि जलाकर नष्ट करना **incinerator** noun, c. = a large electric oven that is used to destroy unwanted things by burning them अवांछित पदार्थों को जलाकर नष्ट करने वाला बिजली का विशाल यंत्र

in•ci•sion /ɪn'sɪʒən/ /इन्'सिज़न्/ noun, c. or u. *The surgeon started the operation by making an incision in the patient's abdomen.* = a cut; the act of making a cut चीरा **incisive** adj. *A member of the audience asked the speaker a very incisive question which he was unable to answer.* = sharp and cutting तेज़, तीक्ष्ण **incisor** noun, c. = one of the broad, flat teeth in the front part of the mouth, which are used for cutting food into small pieces मुख में सामने के दाँतों में से एक – 'कृंतक'

in•cite /ɪn'saɪt/ /इन्'साइट्/ verb, t. *incite a revolt* = to cause or encourage someone to do something wrong उत्तेजित अथवा प्रेरित करना, उकसाना

in•cli•na•tion /ɪnklɪ'neɪʃən/ /इन्क्लि'नेइशन्/ noun, u. or c. **1** *Whenever he feels the inclination to travel, he goes to the Himalayas.*(u.) = desire तीव्र इच्छा **2** *He has an inclination to avoid people of his own age.*(c.) = a natural tendency or feeling which makes one behave in a certain way व्यवहार की स्वाभाविक विशेषता **3** *There is a slight inclination in the road here as we are going up the hill.*(u.) = slope ढलान

in•cline /ɪn'klaɪn/ /इन्'क्लाइन्/ verb, i. **1** *She thinks our plan is bad, and I am inclined to agree.* = to feel a desire to do something इच्छुक होना, चाहना **2** *He inclined his head to show that he was thinking.* = to make something move downwards or sideways झुकाना या हिलाना

in•clude /ɪn'klu:d/ /इन्'क्लूड्/ verb, t. **1** *The dictionary includes a number of illustrations.* = to contain as a part सम्मिलित करना, का समावेश करना **2** *Please include my name in the list of people who will be invited.* = to put in or to consider as part of a group etc. विचारार्थ प्रस्तुत करना **inclusion** noun, u. = the act of including something or someone in a list etc. समावेश

in•co•her•ent /ɪnkəʊ'hɪərənt/ /इन्कउ'हिअरन्ट्/ adj. *She was crying and I could not understand what she was trying to say. She was quite incoherent.* = unable to express oneself clearly or to express ideas in a logical way असंबद्ध (opposite **coherent**) स्पष्ट, क्रमबद्ध रूप से (विलोम शब्द **coherent**)

in•come /'ɪŋkʌm/ /'इङ्कम्/ noun, u. or c. = the money that is earned or received on a regular basis, for work done आमदनी, आय

in•com•pa•ra•ble /ɪn'kɒmpərəbəl/ /इन्'कॉम्प्रब्ल्/ adj. *The beauty of the Himalayas is incomparable.* = so good that it cannot be compared to anything else (opposite **comparable**) अतुलनीय (विलोम शब्द **comparable**)

in•com•pe•tent /ɪn'kɒmpɪtənt/ /इन्'कॉम्पिटन्ट्/ adj. *I knew she was lazy, but I didn't know she was incompetent as well. How can she help us then?* = not having the ability to do something (opposite **competent**) अयोग्य, अक्षम (विलोम शब्द **competent**)

in•com•pre•hen•si•ble /ɪnkɒmprɪ'hensɪbəl/ /इन्कॉम्प्रि'हेंन्सिब्ल्/ adj. *an incomprehensible book* = something that one cannot understand (opposite **comprehensible**) अबोधगम्य, समझ में न आने वाला (विलोम शब्द **comprehensible**)

in•con•clu•sive /ɪnkən'klu:sɪv/ /इन्कन्'क्लूसिव्/ adj. *The match between the two teams was inconclusive. Neither team won.* = not leading to a clear result (opposite **conclusive**) अनिर्णीत (विलोम शब्द **conclusive**)

in•con•se•quen•tial /ɪnkɒnsɪ'kwenʃəl/ /इन्कॉन्सि'क्वेन्शल्/ adj. *Nothing depends on the result of this test. It is quite inconsequential.* = of no or very little importance for the future महत्त्वहीन, भविष्य के लिए प्रभावशाली नहीं

in•con•sid•er•ate /ɪnkən'sɪdərɪt/ /इन्कन्'सिडरिट्/ adj. *She came all the way to see you, and you didn't even look at her. How could you be so inconsiderate?* = uncaring about the feelings of others (opposite **considerate**) दूसरों का खयाल न करने वाला (विलोम शब्द **considerate**)

in•con•sis•tent /ɪnkən'sɪstənt/ /इन्कन्'सिस्टन्ट्/ adj. **1** *What you do is quite inconsistent with what you think.* = not in agreement with (formal, disapproving) असंगत, मेल न खाने वाला (औपचारिक) **2** *He is very inconsistent as a batsman. He may score a century in one match and make a low score in the next three matches.* = changing all the time; not steady (opposite **consistent**) परिवर्तनशील, एक रूप न रहने वाला (विलोम शब्द **consistent**)

in•con•spic•u•ous /ɪnkən'spɪkjʊəs/ /इन्कन्'स्पिक्युअस्/ adj. *He always sits in an inconspicuous place in the last row because he does not want to be noticed.* = not attracting attention (opposite **conspicuous**) अप्रकट, जिस पर किसी का ध्यान न जाए

in•con•ve•ni•ent /ɪnkən'vi:nɪənt/ /इन्कन्'वीनिअन्ट्/ adj. *Why do you want to have the meeting on a Sunday? It is very inconvenient for me.* = causing trouble or discomfort (opposite **convenient**) असुविधाजनक, कष्टकर (विलोम शब्द **convenient**)

in•cor•po•rate /ɪn'kɔ:pəreɪt/ /इन्'कॉऽपरेइट्/ verb, t. *You should incorporate the ideas I am suggesting into your speech.* = to include as a part of something larger समाविष्ट करना, सम्मिलित करना

in•cor•rup•ti•ble /ɪnkə'rʌptɪbəl/ /इन्क'रप्टिब्ल्/ adj. *an incorruptible officer* = a person who can never be made to do something dishonest (opposite corruptible) (approving) सच्चरित्र, ईमानदार जिससे गलत या बेईमानी का काम न कराया जा सके (विलोम शब्द **corruptible**)(स्वीकृत)

in•crease[1] /ɪn'kri:s/ /इन्'क्रीस्/ verb, i. or t. **1** *The number of people who own computers is increasing.*(i.) बढ़ना, वृद्धि होना **2** *They will soon increase the price of petrol.*(t.) = to make or become greater बढ़ाना

increase[2] /'ɪŋkri:s/ /'इन्क्रीस्/ noun, u. *There is a slight increase in the price of sugar.* = rise (opposite **decrease**) वृद्धि, बढ़ोतरी (विलोम शब्द **decrease**)

in•cred•i•ble /ɪn'kredɪbəl/ /इन्'क्रेडिबल्/ adj. **1** *I am sure you are lying. Your story is incredible!* = hard to believe (opposite **credible**) अविश्वसनीय (विलोम शब्द **credible**) **2** *What an incredible collection of paintings you have!* = unbelievably wonderful (informal) अद्भुत (अनौपचारिक) **incredulous** /ɪn'kredjʊləs/ /इन्'क्रेड्युलस्/ adj. *As the policeman listened to my story, he looked quite incredulous.* = not willing to believe something (opposite **credulous**) शंकालु (विलोम शब्द **credulous**)

in•cu•bate /'ɪŋkjʊbeɪt/ /'इन्क्युबेइट्/ verb, t. **1** = to keep an egg at a certain temperature until the young one comes out of it एक निश्चित तापमान पर अंडों को सेना **2** *The chicken pox virus takes at least two weeks to incubate.* = to lie hidden inside the body while growing, before appearing as a disease [MEDICINE] अंदर-ही-अंदर (शरीर से बाहर आने से पूर्व) पनपना [चिकित्सा] **incubator** noun, c. = a machine which keeps eggs warm and helps the young ones to grow in them or a machine which keeps babies born before time in a safe and warm environment अल्पविकसित जन्मे शिशु अथवा अंडे के भीतर के चूज़े को विकसित करने में सहायक मशीन

in•cur•a•ble /ɪn'kjʊərəbəl/ /इन्'क्युअरबल्/ adj. *an incurable disease* = something that cannot be cured or set right (opposite **curable**) असाध्य (विलोम शब्द **curable**)

in•debt•ed /ɪn'detɪd/ /इन्'डेटिड्/ adj. *I am indebted to my parents who worked hard so that I could get a good education.* = in someone's debt; grateful to someone for something ऋणी

in•de•cent /ɪn'di:sənt/ /इन्'डीसन्ट्/ adj. *This film should be banned as it contains some indecent songs and dances.* = vulgar and in bad taste (opposite **decent**) अशोभन (विलोम शब्द **decent**)

in•de•ci•sion /ɪndɪ'sɪʒən/ /इन्'डिसिज़न्/ noun, u. *Do you want to go by bus or by train? Your indecision is making us nervous.* = the state of not being able to decide something अनिश्चय, दुविधा

in•deed /ɪn'di:d/ /इन्'डीड्/ adv. **1** *That was an exciting match indeed!* = in fact; really (an expression used to make a statement more forceful) सचमुच (कथन पर बल देने की अभिव्यक्ति) **2** *'They are the most powerful people in the country.' 'Indeed!'* = an expression showing that one is surprised, or that one does not believe what is said 'सच में' (आश्चर्य अथवा शंका की अभिव्यक्ति)

in•de•pen•dent /ɪndɪ'pendənt/ /इन्डि'पेन्डन्ट्/ adj. **1** *an independent country* = not ruled or controlled by someone else आज़ाद, स्वतंत्र **2** *She has a very independent nature and she accepts no help from her parents.* = not taking help or advice from anyone (opposite **dependent**) आत्मनिर्भर, स्वावलंबी (विलोम शब्द **dependent**) **independence** noun, u. *India gained independence in 1947.* = the quality or state of being independent आज़ादी, स्वतंत्रता

in•dex /'ɪndeks/ /'इन्डेक्स्/ noun, c. **1** = an alphabetical list at the end of a book showing the pages on which particular words, names etc. can be found (plural **indexes**) अनुक्रमणिका (बहुवचन **indexes**) **2** *The cost of living index has gone up by 200 per cent in the last six months.* = a number used to measure the cost of something by comparing it to the cost at some other time (plural **indices** or **indexes**) तालिका, घातांक (बहुवचन **indices** या **indexes**) **3** *It is said that the face is the index of the mind.* = something by which something else can be judged or measured (plural **indices** or **indexes**) सूचक **index finger** noun = the finger next to the thumb, which is generally used to point at something तर्जनी

in•di•cate /'ɪndɪkeɪt/ /'इन्डिकेइट्/ verb, t. *Your silence indicates that you agree with me.* = to show दिखाना, सूचित करना **indication** /ɪndɪ'keɪʃən/ /इन्डि'केइश्न्/ noun, u. or c. *The presence of dark clouds in the sky is an indication of rain.*(u.) = a sign which informs us of something that is going to happen संकेत, निर्देश **indicator** noun, c. = a light on the front and rear of a car, bus etc. which shows the direction in which the car is going to turn संकेतक, सूचक

in•dif•fer•ent /ɪn'dɪfərənt/ /इन्'डिफ़रन्ट्/ adj. **1** *In the past they were always happy when I visited them but now they seem quite indifferent.* = having no feelings about something or someone उदासीन, विरक्त **2** *We were hoping that Tendulkar would bat well as usual, but he gave an indifferent performance.* = not very good; mediocre (ordinary) साधारण, बहुत अच्छा या अपेक्षानुसार नहीं

in•di•ge•nous /ɪn'dɪdʒənəs/ /इन्'डिजनस्/ adj. *Tea is not indigenous to India. It was brought into this country from China 300 years ago.* = something that belongs naturally to a place and has not been brought in from outside देशज, देशी, स्वदेशी

in•di•ges•tion /ɪndɪ'dʒestʃən/ /इनन्डि'जेसचन्/ noun, u. *If you eat a lot of spicy food, you will get indigestion.* = illness or pain caused when the stomach is not able to deal with food that has been eaten अपच, अजीर्ण, बदहज़मी

in•dig•nant /ɪn'dɪgnənt/ /इन्'डिग्नन्ट्/ adj. *She was indignant when she was told we hadn't bought her a ticket for the film we were all going to.* = to be angry or unhappy because of something wrong or unjust रुष्ट, क्रुद्ध, नाराज़

in•di•go /'ɪndɪgəʊ/ /'इन्डिगउ/ noun **1** = a plant from which a purple dye or colour was produced and used (in former days) for dyeing (colouring) cloth नील **2** = a dark purple colour गहरा नीला रंग

in•di•rect /ɪndɪ'rekt/ /इन्डि'रेक्ट्/ adj. **1** *You are planning to go from Kolkata to Delhi via Bhopal. Why are you taking such an indirect route?* = not straight but round about घुमावदार, सीधा नहीं **2** *My senior asked me if I was feeling bored in the office. This was an indirect way of telling me that he was not happy with my work.* = something that carries a meaning which can be understood but which is not expressed openly and in a straightforward manner अप्रत्यक्ष, परोक्ष **indirect object** noun *In the sentence 'Mohan asked his teacher a question', the phrase 'a question' is the direct object while 'his teacher' is the indirect object.* = the person or the thing to whom (or to which) something is done [GRAMMAR] द्वितीय अथवा अप्रत्यक्ष कर्म [व्याकरण] **indirect speech** noun *The sentence 'Navin said, "Salma, I want a piece of bread" ' is in direct speech, while the sentence 'Navin told Salma that he wanted a piece of bread' is in indirect speech.* = the words of a speaker as reported by someone else and not presented exactly as used by the speaker (also **reported speech**) [GRAMMAR] परोक्ष कथन (देखें **reported speech**) [व्याकरण]

in•dis•creet /ɪndɪ'skriːt/ /इन्डि'स्क्रीट्/ adj. *I was somewhat indiscreet when I told my aunt that she looked very old.* = not very careful about the things one says (opposite **discreet**) असावधान, बिना सोचे-समझे बोलना

in•di•spen•sa•ble /ɪndɪ'spensəbəl// इन्डि'स्पेंनसबल्/ adj. *Mr Mishra is our best teacher. In fact, he is absolutely indispensable. If he leaves the school, all our students will go away.* = someone or something that one cannot do without (opposite **dispensable**) अपरिहार्य, जिसके बिना काम न चले (विलोम शब्द **dispensable**)

in•dis•posed /ɪndɪ'spəʊzd/ /इन्डि'स्पउज़्ड्/ adj. *The minister cannot come to the meeting as he is indisposed.* = not well (formal) अस्वस्थ (औपचारिक)

in•dis•pu•ta•ble /ɪndɪ'spjuːtəbəl/ /इन्डि'स्प्यूटबल्/ adj. *The fact that India and Sri Lanka have some of the greatest batsmen in the world today is indisputable.* = something that one cannot doubt but has to agree with (opposite **disputable**) निर्विवाद (विलोम शब्द **disputable**)

in•dis•tinct /ɪndɪ'stɪŋkt/ /इन्डि'स्टिङ्क्ट्/ adj. *Your face looks indistinct in this photograph.* = not clearly seen or heard (opposite **distinct**) अस्पष्ट, साफ़ नहीं (विलोम शब्द **distinct**)

in•di•vid•u•al[1] /ɪndɪ'vɪdʒʊəl/ /इन्डि'विजुअल्/ noun, c. *Each individual in a group is a little different from the others.* = a single person or thing, taken separately and not as part of a group वस्तु, व्यक्ति, व्यष्टि

individual[2] adj. *Each student in the class gets individual attention from the teachers.* = something which is meant for or given to one member of a group but may not be suitable for others व्यक्तिगत, विशेष, विशिष्ट

in•di•vis•i•ble /ɪndɪ'vɪzəbəl/ /इन्डि'विज़बल्/ adj. = something that cannot be split up or divided into parts (opposite **divisible**) अविभाज्य (विलोम शब्द **divisible**)

In•do- /ɪndəʊ/ /इन्डउ/ prefix meaning having to do with India e.g. भारत से संबंधित का अर्थ देने वाला उपसर्ग **Indo-Anglian** adj. *an Indo-Anglian writer* = a person who is an Indian but writes in English भारतीय अंग्रेज़ी-लेखक **Indo-European** adj. *an Indo-European language* = one of a family of languages that includes many of the languages of Europe as well as the languages of India (e.g. Sanskrit and German) भारोपीय

in•door /'ɪndɔːʳ/ /'इन्डॉरʳ/ adj. *Table tennis is an indoor game.* = happening inside a building (opposite **outdoor**) भीतरी (विलोम शब्द **outdoor**) **indoors** adv. *It is very hot outside. We will have to remain indoors.* = inside a house or other building (opposite **outdoors**) (घर) के अंदर (विलोम शब्द **outdoors**)

in•duce /ɪn'djuːs/ /इन्'ड्यूस्/ verb, t. **1** *I wanted to keep the matter secret but my friends induced me to reveal it to them.* = to persuade someone to do something against her/his will राज़ी करना, मजबूर करना **2** *This medicine may induce sleep.* = to cause or bring about लाना, प्रभाव डालना

in•dulge /ɪn'dʌldʒ/ /इन्'डॅल्ज्/ verb, t. or i. **1** *Don't indulge your children too much or they will get spoilt.*(t.) = to give too much love to someone and allow him/her to do whatever he/she wants मोहवश छूट देना **2** *He sometimes indulges in gambling.*(i.) = to allow oneself to do something for enjoyment, specially something that is considered bad or harmful (formal) मज़े के लिए जानबूझकर बुरा काम करना (औपचारिक) **indulgence** noun, u. **1** *The children are getting spoilt through your indulgence.* = the habit of allowing someone to do what he/she wants (disapproving) मनमानी करने की छूट (अस्वीकृत) **2** *Indulgence in drinking is bad for one's health.* = the habit of doing something harmful for enjoyment (formal) मनोरंजन हेतु बुरी आदत पालना, मज़े के लिए लत लगा देना (औपचारिक)

in•dus•try /'ɪndəstri/ /'इन्ड्स्ट्री/ noun, u. or c. (**industries**) **1** *the textile industry in Gujarat*(c.) = the production of goods by factories उद्योग **2** *The people of this region are known for their industry.*(u.) = habit of working hard (also **industriousness**) परिश्रम (देखें **industriousness**) **industrial** /ɪn'dʌstrɪəl/ /इन्'डॅस्ट्रिअल्/ adj. *industrial development* = connected with industry औद्योगिक **industrialist** noun, c. = a person who sets up a factory to produce something उद्योगपति **industrious** adj. *a very industrious person* = hard working परिश्रमी, मेहनती

in•ed•i•ble /ɪn'edəbəl/ /इन्'एँडब्ल्/ adj. *inedible food* = something which cannot be eaten because it is spoilt, too spicy etc. or because it is not suitable for eating अखाद्य, अभक्ष्य

in•ef•fec•tu•al /ɪnɪ'fektʃuəl/ /इनि'फ़ेक्चुअल्/ adj. *He wanted to bring about some improvement in the school but his efforts proved to be ineffectual.* = not achieving the desired result (also **ineffective**) अप्रभावी, निष्फल, नाकारगर (देखें **ineffective**)

in•ef•fi•cient /ɪnɪ'fɪʃənt/ /इनि'फ़िश्ण्ट्/ adj. *She tries her best but she is very inefficient at work.* = not able to work in a satisfactory way or not able to produce good results (referring to a person or a machine) (opposite **efficient**) अकुशल, असमर्थ (व्यक्ति या मशीन) (विलोम शब्द **efficient**)

inert /ɪ'nɜːʳt/ /इ'नऽर्ट/ adj. **1** *The government has become inert. Nothing is getting done.* = unable to act अकर्मण्य **2** *Nitrogen is an inert gas.* = a chemical on which other chemicals produce no reaction or effect [CHEMISTRY] अक्रिय, प्रभावित न होने वाला [रसायन शास्त्र]

in•er•tia /ɪ'nɜːʃə/ /इ'नऽशा/ noun, u. **1** *The car kept moving due to its own inertia even when the engine was switched off.* = the natural force which keeps an object moving or at rest unless some other force acts on it [PHYSICS] वह बल जो किसी वस्तु को तब तक स्थिर अथवा गतिशील रखे जब तक कि उस पर कोई दूसरा बल न लगे [भौतिकी] **2** *No work is being done in this office. There is complete inertia.* = absence of movement or activity (derogatory) अकर्मण्यता (अनादरपूर्ण)

in•es•sen•tial /ɪnɪ'senʃəl/ /इनि'सॅन्शल्/ adj. *Please remove all inessential furniture from the room.* = not needed or necessary (opposite **essential**) अनावश्यक(विलोम शब्द **essential**)

in•ev•i•ta•ble /ɪ'nevɪtəbəl/ /इ'नॅविटब्ल्/ adj. *The weather office thinks a storm is inevitable but we hope they are wrong.* = (something that is) bound to happen and cannot be avoided अवश्यंभावी, अनिवार्य, अपरिहार्य

in•ex•cu•sa•ble /ɪnɪk'skjuːzəbəl/ /इनिक्'स्क्यूज़ब्ल्/ adj. *Your rude behaviour at the meeting was inexcusable.* = something that cannot be excused अक्षम्य

in•ex•pe•ri•enced /ɪnɪk'spɪəriənst/ /इनिक्'स्पिरिअन्स्ट्/ adj. *The new teacher is not able to control her class as she is inexperienced.* = lacking experience (the ability to do something well that comes through long practice) (opposite **experienced**) अनुभवहीन (विलोम शब्द **experienced**)

in•fant[1] /'ɪnfənt/ /'इन्फ़न्ट्/ noun, c. = a very small child that has not learnt to talk or walk बच्चा, शिशु

infant[2] adj. *infant food* = something meant for or connected with an infant प्रारंभिक, शिशु का

in•fan•try /'ɪnfəntri/ /'इन्फ़न्ट्री/ noun, u. or c. (**infantries**) = soldiers who fight on foot पैदल सेना

in•fat•u•a•tion /ɪnfætʃu'eɪʃən/ /इन्फ़ैचु'एइशन्/ noun, u. *This is not a case of true love; it is only infatuation.* = a state of being foolishly in love with someone which usually does not last very long (derogatory) आसक्ति (अनादरपूर्ण) **infatuated** adj. प्रेमांध, सम्मोहित, मोहित

in•fect /ɪn'fekt/ /इन्'फ़ॅक्ट्/ verb, t. *We can't drink water from this river. It has become infected as there are insects floating in it.* = to make food or water unsafe because of the presence of germs which can cause disease संदूषित करना, रोग उत्पन्न करने वाले कीटाणुओं द्वारा दूषित **infection** noun, u. = a disease caused by germs which can be carried from one person to another through the air or through water संक्रमण **infectious** adj. **1** *an infectious disease* = a disease that can be passed through the air or water from one person to another संक्रामक **2** *Her laughter is infectious.* = something that can carry a feeling (usually of happiness) to other people (figurative) संक्रामक, फैलने वाला (लाक्षणिक)

in•fer /ɪn'fɜːʳ/ /इन्'फ़ऽʳ/ verb, t. (**inferred**) *I infer from your letter that you are not happy in this city as you have asked for a transfer.* = to make a judgement or to form an opinion based on something that one has come to know (formal) निष्कर्ष निकालना (औपचारिक) **inference** /'ɪnfərəns/ /इन्फ़रन्स/ noun, u. *No one except you entered this room last night. So I can say by inference that you must have been the one who switched on the television.* = the act of inferring something (making a judgement or forming an opinion based on some evidence) (प्रमाण पर आधारित) अनुमान निष्कर्ष निकालने की क्रिया

in•fe•ri•or /ɪn'fɪəriəʳ/ /इन्'फ़िअरिअʳ/ adj. *I think this pen is cheap becuase it is inferior to the other one.* = less good than something else; of a lower quality घटिया, कमतर **inferiority** /ɪnfɪərɪ'ɒrɪti/ /इन्-फ़िअरि'ऑरिटी/ noun, u. = the fact of being inferior or having a feeling of being inferior हीनता, हीनभावना **inferiority complex** noun = a feeling, which is often not correct, that makes a person believe that he/she is not as good as others [TECHNICAL] हीन भावना, हीनता मनोग्रंथि (जो प्राय: गलत होती है) [तकनीकी]

in•fer•no /ɪn'fɜːnəʊ/ /इन्'.फ़ऽनउ/ noun, c. *a burning inferno* = a place where fires are burning, causing great heat नर्क, दोजख, जहाँ जलती आग की गर्मी है

in•fer•tile /ɪn'fɜːtaɪl/ /इन्'.फ़ऽटाइल्/ adj. **1** *infertile land* = unable to produce crops अनुपजाऊ, ऊसर, बंजर **2** *an infertile person* = unable to have children (opposite **fertile**) बाँझ (स्त्री), नपुंसक (पुरुष)(विलोम शब्द **fertile**)

in•fest /ɪn'fest/ /इन्'फ़ेस्ट्/ verb, t. *This house is infested with rats.* = to be full of pests (e.g. rats, insects) that cause harm to human beings हानिकर जीव-जंतुओं (जैसे चूहे, कीड़े-मकोड़े) से भरा होना

in•fi•del /'ɪnfɪdl/ /'इन्फ़िड्ल्/ noun, c. = someone who follows a religion or has a set of religious beliefs different from one's own अपने धर्म से भिन्न मान्यताओं को मानने वाला

in•fi•del•i•ty /ɪnfɪ'delɪti/ /इन्फ़ि'डॅलिटी/ noun, u. = the act of not being faithful, specially to one's husband or wife (opposite **fidelity**) [LAW] पति/पत्नी के प्रति वफ़ादार न होना (विलोम शब्द **fidelity**) [कानून]

in•fil•trate /'ɪnfɪltreɪt/ /'इन्.फ़िल्ट्रेइट्/ verb, t. **1** *Our soldiers managed to infiltrate the enemy position.* = to get secretly into a place held by the enemy छिप-छिप कर प्रवेश करना, घुसपैठ करना **2** *It is possible that foreign spies have managed to infiltrate the army.* = to enter secretly into an organisation belonging to an enemy, with the intention of doing some harm (नुकसान करने के इरादे से) घुसपैठ करना **infiltration** /ɪnfɪl'treɪʃən/ /इनफ़िलट्रेइशन्/ noun, u. = the act of infiltrating घुसपैठ **infiltrator** noun, c. = a person who infiltrates into a place or an organisation घुसपैठिया

in•fi•nite /'ɪnfɪnɪt/ /'इन्फ़िनिट्/ adj. **1** *The universe is infinite.* = something that has no end or limit (opposite **finite**) अनंत, असीम (विलोम शब्द **finite**) **2** *He took infinite trouble to look after us when we stayed with him.* = endless, with great attention to detail अत्यधिक **infinity** /ɪn'fɪnɪti/ /इन'.फ़िनिटी/ noun, u. **1** = an imaginary number which is too great to be calculated [MATHEMATICS] एक काल्पनिक संख्या जो अगण्य हो [गणित] **2** = a distance too great to be calculated अत्यधिक दूरी, जिसे मापा न जा सके

in•fin•i•tive /ɪn'fɪnɪtɪv/ /इन्'फ़िनिटिव्/ noun, c. *In the sentence 'I want to go', 'to go' is the infinitive form of the verb 'go'* = a form of a verb which is used after 'to' and can follow a noun or another verb [GRAMMAR] (अंग्रेज़ी में) क्रिया का मूल रूप [व्याकरण]

in•flam•ma•ble /ɪn'flæməbəl/ /इन्'फ़्लैमबल्/ adj. *The old building, which was made of wood and other inflammable materials, caught fire at once.* = something which can catch fire and burn easily ज्वलनशील **inflammatory** adj. *an inflammatory speech* = a message, spoken or written, that can create strong feelings of anger and violence in others उत्तेजक, भड़काने वाला

in•flam•ma•tion /ɪnflə'meɪʃən/ /इन्फ़्ल'मेइशन्/ noun, u. = a painful swelling in the body, caused by some infection सूजन, प्रदाह

in•flate /ɪn'fleɪt/ /इन्'फ़्लेइट्/ verb, t. *The balloons were inflated and hung from the ceiling.* = to fill up something with air and make it swell out, (हवा भरकर) फूलना या फुलाना, हवा भरना **inflation** noun, u. = a rise in the prices of things, which brings down the value of money and makes people poorer मुद्रा-स्फीति

in•flect /ɪn'flekt/ /इन्'.फ़्लेक्ट्/ verb, t. **1** *We can inflect the word 'boy', which is singular, to 'boys', which is plural.* = to change the form of a word in order to express a different meaning [GRAMMAR] शब्दों को रूपांतरित करना [व्याकरण] **2** *You should inflect your voice carefully if you want to sound cheerful.* = to change the tone (sound) of one's voice in order to express a certain feeling सुर बदलना

in•flex•i•ble /ɪn'fleksɪbəl/ /इन्'फ़्लैक्सिबल्/ adj. *You can never make him change his mind once he decides to do something. He is completely inflexible.* = not willing to bend or to change one's mind (opposite **flexible**) अपरिवर्तनीय, अटल, दृढ़ (विलोम शब्द **flexible**)

in•flict /ɪn'flɪkt/ /इन्'फ़्लिक्ट्/ verb, t. *A heavy fine was inflicted on us when we took photographs by flash light in the ancient building.* = to force something unpleasant on someone (formal or legal) (दंड स्वरूप) लगाना (औपचारिक या कानूनी)

in•flu•ence¹ /'ɪnflʊəns/ /'इन्फ़्लुअन्स्/ verb, t. *If your students do not study, you will have to explain to them why they must study. Good teachers should be able to influence their students.* = to have an effect on the thinking and behaviour of someone प्रभावित करना

influence² noun, u. *Although I am his mother, I have no influence on him and he does what he likes.* = the power to make someone think or act in a certain way प्रभाव, असर **influential** /ɪnflu'enʃəl/ /इनफ़्लु'ऍन्शल्/ adj. **1** *The book was very influential.* = producing a lot of effect on people प्रभावशाली **2** *an influential member of the committee* = important and able to make others listen महत्त्वपूर्ण एवं प्रभावशाली

in•flu•en•za /ɪnflu'enzə/ /इनफ़्लू'ऍन्ज़ा/ noun = a sickness which causes fever, head-ache and cold (also **flu**) इनफ्लूएंज़ा (फ़्लू)

in•form /ɪn'fɔːm/ /इन्'.फ़ाऽम्/ verb, t. *He does not know that the school is closed tomorrow. Will you please inform him?* = to give someone knowledge of something which he/she did not have (formal) सूचित करना(औपचारिक) **information** /ɪnfə'meɪʃən/ /इन्फ़्'मेइशन्/ noun, u *I did not have the information that the school is closed today, or I would not have come.* = facts which give us knowledge of or about something सूचना **Information Technology** noun, u. = the use of computers to collect, store and use information (also **IT**) सूचना प्रौद्योगिकी (देखें **IT**)

in•for•mal /ɪnˈfɔːməl/ /इन्'फ़ॉऽमल्/ adj. **1** *The new Director had an informal discussion with her colleagues over lunch.* = a meeting, discussion etc. held in a friendly atmosphere (as if among friends) अनौपचारिक **2** *I want you to wear informal clothes when you come to the meeting.* = suitable for ordinary, everyday occasions but not for official occasions सादा (कपड़े), औपचारिक अथवा विशेष अवसर के अनुरूप नहीं

informant /ɪnˈfɔːmənt/ /इन्'फ़ॉऽमन्ट्/ noun, c. **1** = a person who is part of a criminal group and who reveals its secrets to the police, other groups etc. मुखबिर, सूचना देने वाला **2** *My informant tells me that there is no Hindi word for 'computer'.* = a person who helps someone who is making a study of a language or culture by giving him/her some information about the language or culture सूचना देने वाला

informer /ɪnˈfɔːməʳ/ /इन्'फ़ॉऽमर्/ noun, c. = a person who gives secret information to the police on criminal activities (often derogatory) मुखबिर, गुप्त सूचना देने वाला (प्राय: अनादरपूर्ण)

infra- /ɪnfrə/ /इनफ्र/ prefix meaning 'below' or 'beyond' नीचे या परे का अर्थ देने वाला उपसर्ग e.g. **infra-red rays** noun = rays of light which cannot be seen but which produce heat अवरक्त किरणें **infrastructure** noun, u. = the things which help an industry to work smoothly, such as roads, telephone systems, supply of electricity and water etc. [उद्योग में मददगार] सामान्य किंतु आवश्यक सुविधाएँ जैसे सड़क, टेलीफोन, विद्युत आपूर्ति, पानी आदि, ढाँचा

in•fringe /ɪnˈfrɪndʒ/ /इन्'फ्रिन्ज्/ verb, t. *infringe the law* = to break or go against a law उल्लंघन करना **infringement** noun, u. = the act of breaking a law उल्लंघन, अतिक्रमण

in•fu•ri•ate /ɪnˈfjʊərieɪt/ /इन्'फ़्युअरिएइट्/ verb, t. *They feel infuriated when they see people smoking.* = to make someone very angry क्रोधोन्मत्त होना, अत्यधिक क्रोधित होना

in•ge•ni•ous /ɪnˈdʒiːnɪəs/ /इन्'जीनिअस्/ adj. *He has come up with an ingenious plan to export mangoes to China.* = very clever कुशल, बढ़िया **ingenuity** /ɪndʒəˈnjuːɪti/ /इंज'न्यूइटी/ noun, u. *It required great ingenuity to design a car that can run on hydrogen gas, but she was able to do it.* = skill and intelligence प्रवीणता, पटुता, बुद्धिमत्ता

in•gen•u•ous /ɪnˈdʒenjʊəs/ /इन्'जेन्युअस्/ adj. *He is so ingenuous that anyone can cheat him.* = simple and easily influenced (often derogatory) सच्चा और निष्कपट, सरल हृदय (प्राय: अनादरपूर्ण)

in•glo•ri•ous /ɪnˈglɔːriəs/ /इन्'ग्लॉऽरिअस्/ adj. *an inglorious defeat in the cricket match* = shameful; bringing dishonour (opposite **glorious**) लज्जाजनक, अपमानजनक (विलोम शब्द **glorious**)

in•got /ˈɪŋgət/ /'इङ्गट्/ noun, c. *a steel ingot* = a lump of metal shaped like a brick सिल्ली, धातुपिंड

in•grained /ɪnˈgreɪnd/ /इन्'ग्रेइन्ड्/ adj. *She has a deeply ingrained dislike of travel.* = something that has been fixed deeply into one's mind or nature गहरा, पक्का, स्वभावगत

in•gra•ti•ate /ɪnˈgreɪʃieɪt/ /इन्'ग्रेइशिएइट्/ verb, t. *The man is trying to ingratiate himself with his seniors, so that he can get a promotion.* = to try to win someone's favour through flattery चापलूसी द्वारा किसी का कृपापात्र बने, उसकी कृपादृष्टि प्राप्त करने की कोशिश करना

in•grat•i•tude /ɪnˈgrætɪtjuːd/ /इन्'ग्रैटिचूड्/ noun, u. *I will always remember the help you gave me. I will never be guilty of ingratitude.* = the quality of not being grateful (opposite **gratitude**) कृतघ्नता (विलोम शब्द **gratitude**)

in•gre•di•ent /ɪnˈgriːdiənt/ /इन्'ग्रीडिअन्ट्/ noun, c. *You need a number of ingredients to make this sweet, mainly sugar and milk.* = something that is used, along with other things, to make something (specially in cooking) वह वस्तु या सामग्री जो दूसरी वस्तुओं या सामग्रियों से मिलकर कुछ (खाद्य) पदार्थ बनाती है

in•hab•it /ɪnˈhæbɪt/ /इन्'हैबिट्/ verb, t. *The Paraja tribe inhabits the mountains of western Orissa.* = to live in a place (formal) निवास करना (औपचारिक) **inhabitant** noun, c. *The Asian lion is an inhabitant of the forests of Gujarat.* = a person or an animal which lives in a certain place निवासी

in•hale /ɪnˈheɪl/ /इन्'हेइल्/ verb, t. or i. *When you are smoking, others may inhale the smoke.* = to take in something into the lungs, along with one's breath साँस द्वारा खींचना या लेना

in•her•ent /ɪnˈhɪərənt/ /इन्'हिअरण्ट्/ adj. *Most children have an inherent fondness for sweet foods such as ice cream.* = something that is built into one's nature or is naturally present in something जन्मजात, स्वाभाविक, सहज

in•her•it /ɪnˈherɪt/ /इन'हेरिट्/ verb, t. *As you have no family, who will inherit your property?* = to receive something, specially property, from someone who has died विरासत या उत्तराधिकार में प्राप्त करना **inheritance** noun, u. = something (usually property or money) that has been inherited विरासत, उत्तराधिकार

in•hib•it /ɪnˈhɪbɪt/ /इन्'हिबिट्/ verb, t. *A hot climate can inhibit the development of sports in a country.* = to make something difficult, or to hold back or prevent it रुकावट डालना **inhibition** /ɪnhɪˈbɪʃən/ /इनहि'बिशन्/ noun, c. *She has no inhibitions about showing her anger when necessary.* = a feeling of shyness which checks one from doing something that one would like to do लज्जाभाव जो किसी को उसकी इच्छा पूरी करने से रोकता है

in•hu•man /ɪn'hju:mən/ /इन्'ह्यूमन/ adj. **1** *suffer inhuman treatment* = very cruel, without feelings of mercy अमानुषिक, अमानवीय **2** *The cry of anger that went up from the crowd when the police started firing was almost inhuman.* = not having a human quality जो मानवीय गुणों वाला नहीं है

in•im•i•ta•ble /ɪ'nɪmɪtəbəl/ /इ'निमिटब्ल्/ adj. *Asha Bhonsle's singing style is inimitable.* = something that is so good that it cannot be copied जिसकी नकल न की जा सके

i•ni•tial[1] /ɪ'nɪʃəl/ /इ'निश्ल्/ adj. *When she first came to this school, she was very shy. But after she got over her initial shyness, she became very friendly.* = something that happens or is found at the beginning प्रारंभिक

initial[2] noun, c. *Mr Ahmed's initials are S.A. They stand for Saif Ali.* = single letters used at the beginning of a person's name, as an abbreviation (short form) of the first and middle names आदि, पहला, आद्यक्षर

i•ni•ti•ate /ɪ'nɪʃieɪt/ /इ'निशिएइट्/ verb t. **1** *The government is initiating a new programme for the education of tribal children.* = to start or begin प्रारंभ करना **2** *Robert was initiated into our club today.* = to make someone a member of a group after a certain ceremony दीक्षित करना, सम्मिलित करना **initiation** /ɪnɪʃɪ'eɪʃən/ /इनिशि'एइशन्/ noun सूत्रपात, प्रारंभ

i•ni•tia•tive /ɪ'nɪʃətɪv/ /इ'निशटिव्/ noun, u. **1** *You should not be guided by others. You should use your own initiative.* = the ability, usually liked by people, to take a decision on one's own and start some activity oneself, without depending on others पहल करने या स्वतंत्र निर्णय लेने की योग्यता **2** *No one has thought of putting up a play. Let's take the initiative and suggest it.* = the first step which starts a chain of actions or events पहल या अगुआई करना

in•ject /ɪn'dʒekt/ /इन्'जेक्ट्/ verb, t. *The doctor injected an antibiotic into his hip.* = to use a syringe or special needle to put some liquid into someone's body सूई लगाना, टीका लगाना **injection** noun, u. or c. **1** = the act of injecting someone इंजेक्शन, टीका **2** = the liquid that is injected into someone सुई द्वारा दी जाने वाली दवा

in•jure /'ɪndʒə/ /'इंजऽ/ verb, t. **1** *Five people were injured in the accident but luckily no one was killed.* = to harm or cause damage to the body of a living being घायल होना या करना **2** *The article in today's newspaper will injure his chances of victory in the election.* = to spoil हानि पहुँचाना, खराब करना **injury** noun, u. or c. (**injuries**) *He has suffered an injury in the head.* = the damage done to someone or something चोट, क्षति **injurious** adj. *Smoking is injurious to health.* = harmful हानिकर

ink[1] /ɪŋk/ /इङ्क्/ noun, u. or c. = the coloured fluid or liquid substance used in writing, printing or drawing स्याही

ink[2] verb, t. **1** *The cyclostyling machine has to be inked before it can be used to print something.* = to put ink on something स्याही पोतना **2** *The artist draws the outlines of the picture with a pencil and inks in the details later.* = to complete a drawing by using ink **inky** adj. **1** *inky hands* = covered with ink स्याही-लगा **2** *an inky blue sky* = dark (usually dark blue) काला (सामान्य गाढ़ा नीला) **inkjet printer** noun = a machine using a special technology, used to print computer documents [COMPUTERS] कंप्यूटर प्रिंटर मशीन का एक प्रकार [कंप्यूटर]

ink•ling /'ɪŋklɪŋ/ /'इङ्क्लिङ्/ noun, u. *I didn't have the slightest inkling that you were planning to come here today.* = idea or hint of something that is going to happen संकेत, आभास

in•land[1] /'ɪnlənd/ /'इन्लन्ड्/ adj. *inland trade in food grains* = happening inside a country देशीय, अंतर्देशी

inland[2] adv. /ɪn'lænd/ /इन्'लैन्ड्/ *We will be travelling inland.* = towards the centre of the country, away from the coast अंदर, भीतर, तटीय प्रदेश से दूर

in-laws /'ɪnlɔ:z/ /'इन्लॉऽज़्/ noun, c. (often plural) = people who are related to one through marriage (e.g. father-in-law) ससुराल वाले (रिश्तेदार)

in•lay /'ɪnleɪ/ /'इन्लेइ/ noun, u. *The table is made of teak wood, but it has an inlay of ivory.* = a pattern made with some material placed inside an object made of a different material जड़ाऊ काम

in•let /'ɪnlet/ /'इन्लेट्/ noun, c. **1** = a narrow arm of the sea reaching into the coast उपखाड़ी, प्रवेश मार्ग **2** = a pipe or opening through which water or some other liquid can enter (opposite **outlet**) प्रवेशिका, अंतर्गम (विलोम शब्द **outlet**)

in•mate /'ɪnmeɪt/ /'इन्मेइट्/ noun, c. *One of the inmates of the jail has escaped.* = someone who has to stay in a prison or hospital for the mentally ill along with others (formal) अस्पताल अथवा जेल में बंद व्यक्ति (औपचारिक)

inn /ɪn/ /इन्/ noun, c. = a small hotel; (usually an old-style place) where a traveller can find a room to sleep in सराय, धर्मशाला

in•nate /'ɪneɪt/ /'इ'नेइट्/ adj. *The people of Indonesia have an innate sense of politeness. They will never speak rudely to anyone.* = some quality that is natural to one सहजात, स्वाभाविक

in•ner /'ɪnəʳ/ /'इनर/ adj. **1** *The inner rooms in this house do not receive sunlight.* = on the inside (opposite **outer**) भीतरी (विलोम शब्द **outer**) **2** *The poet's words have an inner meaning.* = hidden; not expressed openly आंतरिक, अव्यक्त, निहित

in•nings /'ɪnɪŋz/ /'इनिङ्ज़्/ noun, c. (always plural) *India scored 150 runs in their first innings.* = the time during which a cricket team or a single player from the team is batting (**inning** = the time taken by a team to bat in the game of baseball) पारी, पाली

in•no•cent /ˈɪnəsənt/ /ˈइनसन्ट्/ adj. **1** *The man was sent to prison, although he was innocent.* = not guilty of doing anything wrong निर्दोष **2** *Everyone was angry with him, although he had made just an innocent remark.* = not intended to cause unhappiness etc.; harmless सीधा, अहानिकर

in•noc•u•ous /ɪˈnɒkjʊəs/ /इˈनॉक्युअस्/ adj. *The dog looks ferocious, but it is really quite innocuous.* = not able to cause harm or hurt one's feelings अहानिकर

in•no•vate /ˈɪnəveɪt/ /ˈइनवेइट्/ verb, i. *Our manager wants every meeting to begin with a recitation of humorous poems to create a happy mood. He loves to innovate.* = to introduce or try out new ideas नवीनता लाना, नए विचार अपनाना **innovation** /ɪnəˈveɪʃən / /इनˈवेइशन्/ noun, u. = a new idea that brings about a change अभिनव परिवर्तन, नवीनता

in•nu•me•ra•ble /ɪˈnjuːmərəbəl/ /इˈन्यूमरब्ल्/ adj. *the innumerable stars in the sky* = too many to be counted असंख्य

i•noc•u•late /ɪˈnɒkjʊleɪt/ /इˈनॉक्युलेइट्/ verb, t. *inoculate the child against small pox* = to treat a person or animal against some disease by injecting a weak form of the same disease (a vaccine) into the body, to create immunity रोग प्रतिरोधक टीका लगाना

in•op•por•tune /ɪnˈɒpətjuːn/ /इनˈऑपचून्/ adj. *She came to see me at a very inopportune time, when I was arguing loudly with my uncle.* = not suitable or convenient (opposite **opportune**) असमय (विलोम शब्द **opportune**)

in•or•gan•ic /ɪnɔːˈgænɪk/ /इनॉऽˈगैनिक्/ adj. *Most farmers use inorganic fertilizers, such as potassium nitrate, which damage the soil. They should be advised to use cowdung or other organic fertilizers.* = not obtained from an animal or plant (opposite **organic**) अकार्बनिक, अजैव (विलोम शब्द **organic**)

in•put[1] /ˈɪnpʊt/ /ˈइनपुट्/ noun, c. **1** *If you want the factory to produce more goods, you should provide more inputs, such as raw materials, money, labour etc.* = things that must be supplied or put into an industry etc. to make it work निवेश **2** *I can't work on this essay without some inputs from you.* = ideas, advice, guidance etc. which help one develop a plan or improve it विचार, मार्गदर्शन

input[2] verb, t. (**inputted** or **input**) *I want you to input this data into the computer.* = to feed (put) information into a computer [COMPUTERS] कंप्यूटर में डालना [कंप्यूटर]

in•quest /ˈɪŋkwest/ /ˈइन्क्वेस्ट्/ noun, c. = an inquiry held by a court to find out how someone died or why a crime took place [LAW] किसी की मृत्यु के कारण का पता लगाने अथवा किसी आपराधिक घटना का कारण जानने के लिए अदालत द्वारा की गई जाँच-पड़ताल [कानून]

in•quire (enquire) /ɪnˈkwaɪəʳ/ /इन्ˈक्वाइअरʳ/ verb, i. *Please phone the railway station and inquire when our train is arriving.* = to ask for information (formal) पूछना, पता लगाना (औपचारिक) **inquiry (enquiry)** noun, u. or c. (**inquiries**) = the act of inquiring जाँच पड़ताल, पूछताछ

in•quis•i•tive /ɪnˈkwɪzɪtɪv/ /इन्ˈक्विज़िटिव्/ adj. *You shouldn't be so inquisitive about what she told me. It's a secret.* = interested in knowing about other people and their private affairs (disapproving) जिज्ञासु, जानने को उत्सुक (अस्वीकृत)

in•sane /ɪnˈseɪn/ /इन्ˈसेइन्/ adj. *insane with grief* = mad; mentally unbalanced उन्मादी, विक्षिप्त, पागल **insanity** noun, u. = madness उन्माद, पागलपन, विक्षिप्तावस्था

in•scribe /ɪnˈskraɪb/ /इन्ˈस्क्राइब्/ verb, t. *The names of the soldiers who died in the war have been inscribed on a marble slab.* = to write, print or engrave something as a permanent record अंकित करना, लिखना, उत्कीर्ण करना **inscription** noun, u. = writing which has been inscribed on stone etc. अभिलेख, शिलालेख, पत्थर आदि पर खुदा हुआ लेख

in•scru•ta•ble /ɪnˈskruːtəbəl/ /इन्ˈस्क्रूटब्ल्/ adj. *You can never know what she is thinking. The expression on her face is inscrutable.* = something that is a mystery and cannot be understood रहस्यमय, अबोधगम्य, समझ में न आने वाला

in•sect /ˈɪnsekt/ /ˈइन्सेक्ट्/ noun, c. = a small invertebrate animal with six legs e.g. a cockroach कीट, कीड़ **insecticide** /ɪnˈsektɪsaɪd/ /इन्ˈसेक्टिसाइड्/ noun, u. or c. = a chemical substance used for destroying insects [TECHNICAL] कीटनाशक रासायनिक पदार्थ [तकनीकी]

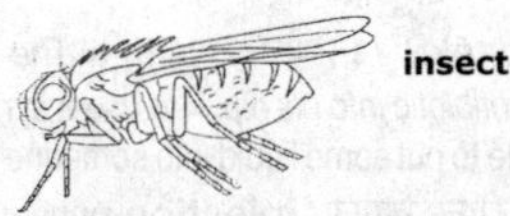
insect

in•se•cure /ɪnsɪˈkjʊəʳ/ /इन्सिˈक्युअरʳ/ adj. *My position in the company is insecure.* = shaky; not safe असुरक्षित, अस्थिर

in•sen•si•tive /ɪnˈsensɪtɪv/ /इन्ˈसेंन्सिटिव्/ adj. **1** *How can you think of going on a holiday when millions of people are suffering? How can you be so insensitive?* = not caring about the feelings or sufferings of others संवेदनशून्य, उदासीन, दूसरे के कष्ट की परवाह न करने वाला **2** *He feels no pain when you pinch him in the arm. His body seems to have become insensitive to pain.* = having no power to feel pain etc. असंवेदनशील

in•sep•a•ra•ble /ɪn'sepərəbəl/ /इन्'सॅप्रबल्/ adj. *The two friends are inseparable. You will always find them together.* = something or someone that cannot be separated (taken away) from something else जिसे अलग न किया जा सके

in•sert /ɪn'sɜːt/ /इन्'सऽट्/ verb, t. *Please insert the disk in the disk drive.* = to put or push an object into something else घुसाना, भीतर डालना **insertion** noun, u. = the act of inserting or putting something into something else निवेशन, सन्निवेश

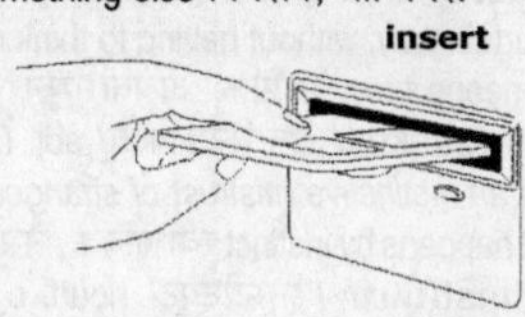
insert

in-service /ɪn sɜːvɪs/ /इन सऽविस्/ adj. *in-service training for teachers* = something that takes place during the time when one is working कार्यरत

in•side[1] /ɪn'saɪd/ /इन्'साइड्/ prep. **1** *The book is inside the bag.* = within के अंदर, में **2** *No one is allowed inside the departure area in an airport except the passengers.* = into an area or region which is specially protected भीतरी भाग, अंदर **3** *She could feel the baby moving inside her.* = in one's body भीतर, अंदर

inside[2] adv. **1** *The children are sleeping inside.* = indoors; inside a room or house अंदर **2** *He looks brave but has real fears inside.* = in a way that other people cannot see अंदर से

inside[3] adj. *You will find his picture on an inside page of the newspaper.* = near the middle आंतरिक, भीतरी, मध्य

inside[4] noun, c. **1** *The inside of the building is very dirty, although the outside looks clean.* = the part that is inside (away from the open air) भीतरी भाग **2** *inside information* = information or knowledge that is secret and known only to a few अंदरूनी, अंदर की (गुप्त बात) **insider** noun, c. = a term used to refer to a person who is considered part of a group or organization (opposite **outsider**) अंदर का (व्यक्ति), सदस्य (विलोम शब्द **outsider**) **insides** noun (always plural) *I have a pain in my insides.* = stomach (informal) पेट

to turn something inside out *We had to turn the house inside out to find the gold bangle.* = to look for something anxiously and thoroughly and in the process move objects, papers etc. so that they are not in their usual place उलट-पुलट कर देना **to know something inside out** *I know my history lessons inside out.* = to know a subject etc. in great detail की पूरी जानकारी होना **inside information** (also **inside story**) = information or details about something or someone which are hidden and known to only a few अंदर की बात, अंदरुनी सूचना (देखें **inside story**)

in•sight /'ɪnsaɪt/ /'इन्साइट्/ noun, u. or c. **1** *She showed great insight in understanding our problem.*(u.) = the natural ability to understand or judge a situation समझ, सूझ **2** *Our teacher's lesson gave us new insights into life in ancient times.*(c.) = special and sudden knowledge or understanding विशेष नई सूझ

in•sig•ni•a /ɪn'sɪgniə/ /इन्'सिग्निअ/ noun, c. *The Ashoka pillar with the four lions is our national insignia, which you will find on all currency notes.* = a sign or symbol of official power प्रतीक

in•sig•nif•i•cant /ɪnsɪg'nɪfɪkənt/ /इन्सिग्'निफ़िकन्ट्/ adj. *an insignificant position* = unimportant or having no meaning (opposite **significant**) तुच्छ, नगण्य, महत्त्वपूर्ण नहीं (विलोम शब्द **significant**)

in•sin•u•ate /ɪn'sɪnjʊeɪt/ /इन्'सिन्युएइट्/ verb, t. *Why are you asking me if I know what happened to your books? Are you insinuating that I took them?* = to suggest something unpleasant by making an indirect remark संकेत करना, मन में शंका लाना **insinuation** /ɪnsɪnjʊ'eɪʃən/ /इन्सिन्यु'एइशन्/ noun, u. = the act of insinuating something शंका का परोक्ष संकेत

in•sip•id /ɪn'sɪpɪd/ /इन'सिपिड्/ adj. *You can add some chillies to your food if you find it insipid.* = without taste स्वादहीन, फीका

in•sist /ɪn'sɪst/ /इन्'सिस्ट्/ verb, i. or t. **1** *He insisted on making a long speech, even though everyone was ready to leave.* = to demand that something must happen or be done आग्रह करना, ज़ोर देना **2** *He insists that he is innocent, although many people think he is guilty.* = to state something strongly आग्रहपूर्वक कहना

in•so•lent /'ɪnsələnt/ /'इन्सलन्ट्/ adj. *You have been very insolent to your teacher. You must be more respectful.* = rude and showing lack of respect बदतमीज़, अभद्र, अशिष्ट

in•sol•u•ble /ɪn'sɒljʊbəl/ /इन्'सॉल्युबल्/ adj. **1** *Chalk is insoluble in water, but salt is soluble.* = not capable of dissolving in a liquid [CHEMISTRY] अविलेय, अघुलनशील [रसायनशास्त्र] **2** *Who killed him? The murder remains an insoluble mystery.* = incapable of being solved (explained or understood) जिसका हल समझ में न आए

in•som•nia /ɪn'sɒmniə/ /इन्'सॉम्नीय/ noun, u. = a condition in which one is unable to sleep [MEDICINE] अनिद्रा [चिकित्सा]

in•spect /ɪn'spekt/ /इन्'स्पेक्ट्/ verb, t. *I want to inspect your class and see how well you teach.* = to examine something thoroughly in order to judge its quality निरीक्षण करना **inspection** noun, u. = the act of inspecting something निरीक्षण, मुआयना **inspector** noun, c. = a person whose job it is to inspect something निरीक्षक

in•spire /ɪn'spaɪəʳ/ /इन्'स्पाइअʳ/ verb, t. **1** *The example of our fearless leaders inspired many Indians to struggle for the freedom of this country.* = to create

I

in someone the desire to do something good प्रेरित करना **2** *The novel I wrote was inspired by the story you told me.* = to create a new idea on the basis of which a work of art or literature is created साहित्य अथवा कला के निर्माण में प्रेरक तत्व की रचना करना **inspiration** /ɪnspɪ'reɪʃən/ /इन्स्पि'रेइशन्/ noun, u. = the courage or desire to do something good by following an example प्रेरणा

in•sta•bil•i•ty /ɪnstə'bɪlɪti/ /इन्स्ट'बिलिटी/ noun, u. *The government may fall any day, as our leaders are fighting among themselves. The instability of the government is disturbing.* = the state of being easily shaken off balance (opposite **stability**) अस्थिरता (विलोम शब्द **stability**)

in•stall /ɪn'stɔːl/ /इन्'स्टॉऽल्/ verb, t. **1** *A new governing body has been installed in the school.* = to set up or put in power नियुक्त करना, बनाना **2** *We have installed air-conditioners in the building.* = to set up a machine for use स्थापित करना, लगाना **3** *Shall I install the new software in your computer?* = to save a program on the hard disk of a computer [COMPUTERS] प्रतिस्थापित करना, कंप्यूटर में लगाना [कंप्यूटर] **installation** /ɪnstɒ'leɪʃən/ /इनस्टॉ'लेइशन्/ noun, u. or c. **1** *the installation of a new government* = the act of installing something स्थापना **2** *a military installation* = a military base (a place which is used and protected by the military) सैनिक अड्डा

in•stal•ment /ɪn'stɔːlmənt/ /इन्'स्टॉऽलमन्ट्/ noun, c. *I have taken a loan from a bank to buy a car. It will have to be repaid in forty instalments.* = a sum of money paid at regular intervals to repay a loan or as a part of the price of something that has been bought किश्त

in•stance /'ɪnstəns/ /'इन्स्टन्स्/ noun, c. *Can you give me an instance of a student who has passed the high school examination at the age of thirteen?* = example उदाहरण, दृष्टांत

in•stant[1] /'ɪnstənt/ /'इन्स्टन्ट्/ noun, c. (usually singular) *He vanished in an instant.* = a very short period of time क्षण, पल, लम्हा

instant[2] adj. *I always use instant coffee.* = something that can be done or made in an instant (in a very short time) तत्काल तैयार होने वाला, तुरंत **instantaneous** /ɪnstən'teɪnəɪs/ /इन्स्टन'टेनियस्/ adj. *When I asked him a question, his answer was instantaneous.* = happening at once त्वरित, तुरंत

in•stead /ɪn'sted/ /इन्'स्टेड्/ adv. *I can't go to the meeting. My son can go instead (of me).* = in place of के स्थान पर, के बदले

in•step /'ɪnstep/ /'इन्स्टेप्/ noun = the upper, middle part of the foot पैर का ऊपरी मध्य भाग

in•sti•gate /'ɪnstɪgeɪt/ /'इन्स्टिगेइट्/ verb, t. *instigate people to stay away from work* = to say something which encourages someone to do something wrong उकसाना

in•stil /ɪn'stɪl/ /इन्'स्टिल्/ verb, t. (**instilled**) *My teacher instilled the quality of patience in us.* = to help someone think in a certain way, have certain attitudes etc. मन या मस्तिष्क में भरना

in•stinct /'ɪnstɪŋkt/ /'इन्स्टिङ्क्ट्/ noun, u. or c. *When baby turtles come out of their eggs, they start crawling towards the sea, driven by some instinct.* = a natural feeling that causes an animal or human being to behave in a certain way, without having to think or to learn from someone else नैसर्गिक अथवा मूल प्रवृत्ति **instinctive** /ɪn'stɪŋktɪv/ /इन्'स्टिङ्क्टिव्/ adj. *Dogs and cats have an instinctive mistrust of strangers.* = something that happens by instinct स्वाभाविक, नैसर्गिक

in•sti•tute[1] /'ɪnstɪtjuːt/ /'इन्स्टीट्यूट्/ noun, c. *the Indian Institute of Technology* = an organisation (usually connected with education or research) that is set up for some special purpose (सामान्यतः शिक्षा या शोध से जुड़ा) संस्थान, प्रतिष्ठान

institute[2] verb, t. *The Board of Governors has decided to institute a gold medal, to be given to the best student each year.* = to set up स्थापित करना **institution** /ɪnstɪ'tjuːʃən/ /इन्स्टि'ट्यूशन्/ noun, c. **1** *The Regional Research Laboratory in Hyderabad is a well-known institution.* = an organisation which has existed for some time संस्था **2** *The institution of marriage must be respected.* = custom or tradition; something that has existed for a long time रीति-रिवाज, संस्था

in•struct /ɪn'strʌkt/ /इन्'स्ट्रॅक्ट्/ verb, t. **1** *I have been asked to instruct him in classical music.* = to teach (formal) शिक्षा देना (औपचारिक) **2** *The teacher instructed the students to wait after the bell went.* = to order someone to do something आदेश देना **instruction** noun, u. or c. **1** *I give the class instruction in the art of painting.* = the act of teaching शिक्षण **2** *Those are the instructions our teacher gave us.* = orders, usually from a person in authority निर्देश **3** (always plural) *When I opened the box in which the new toaster was packed, I found there were instructions on how to use it.* = a set of guidelines which go with a product (e.g. a television set) to explain how it can be set up and used (केवल बहुवचन में) निर्देश **instructive** adj. *That was a highly instructive lecture.* = something that adds to one's knowledge शिक्षाप्रद **instructor** noun, c. = a teacher शिक्षक, प्रशिक्षक

in•stru•ment /'ɪnstrəmənt/ /'इन्स्ट्रमन्ट्/ noun, c. **1** *Biologists need a microscope and other instruments for their profession.* = a tool which helps one in carrying out some highly skilled or scientific work उपकरण, यंत्र **2** *a musical instrument* = something which can be used to produce musical sounds वाद्ययंत्र **3** *All of us must try to be instruments of peace.* = someone or something which seems to be used by some higher force for some purpose साधन **instrumental** /ɪnstrə'mentəl/ /इन्स्ट्रू'मेन्टल्/ adj. **1** *Many freedom fighters were instrumental in bringing freedom to India.* = being part of the cause for something सहायक **2** *instrumental music* = music produced by instruments only, without any human voices वाद्यसंगीत

in•suf•fi•cient /ɪnsə'fɪʃənt/ /इन्स'फ़िशन्ट्/ adj. *The food was insufficient for so many people. Several people remained hungry.* = not enough for a particular purpose (opposite **sufficient**) अपर्याप्त, काफ़ी नहीं (विलोम शब्द **sufficient**)

in•su•lar /'ɪnsjʊlə^r/ /'इन्स्यूलर्/ adj. *You appreciate only Indian things and dislike anything that is foreign. You shouldn't be so insular.* = interested only in things belonging to one's own group, country etc.; narrow-minded (disapproving) अनुदार, संकीर्णमना (अस्वीकृत) **insularity** /ɪnsjʊ'lærɪti/ /इनस्यु'लैरिटी/ noun, u. = the quality of being insular अनुदारता, संकीर्णता (अस्वीकृत)

in•su•late /'ɪnsjʊleɪt/ /'इन्स्युलेइट्/ verb, t. **1** *The electric cables are insulated with a covering of thick rubber.* = to cover something with some material so as to prevent electricity, heat, sound etc. from getting out or getting in विद्युत्‌रोधी बनाना **2** *His family lives far away from the city, among the mountains, and is insulated from all the dust and noise.* = to protect a person or thing from the unpleasant effects of the surroundings से सुरक्षित होना **insulation** /ɪnsjʊ'leɪʃən/ / इन्स्यु'लेइशन्/ noun, u. = material which insulates e.g. rubber प्रतिरक्षक पदार्थ

in•sult[1] /ɪn'sʌlt/ /इन्'सॅल्ट्/ verb, t. *They had invited me to dinner and I felt very insulted when I got there and found they had gone out.* = to be rude to someone or to treat them disrespectfully अपमानित करना

insult[2] /'ɪnsʌlt/ noun, c. *I felt unable to take such an insult.* = a rude or offensive remark or action अपमान करना, बेइज़्ज़त करना

in•sur•ance /ɪn'ʃʊərəns/ /इन्'शुअरन्स्/ noun, u. *My new car is covered by insurance.* = an agreement signed by a company to pay money to someone in case of an accident, death etc. बीमा **insure** /ɪnʃʊə^r/ /इन्शुअर्/ बीमा कराना verb, t. *My car is insured against accidents.* = to protect someone or something against accidents, death etc. by signing an agreement with an insurance company बीमा कराना

in•sur•moun•ta•ble /ɪnsə'maʊntəbəl/ /इन्स'माउन्टबल्/ adj. *insurmountable problems* = (problems) that cannot be overcome or dealt with दुष्कर, ऐसी समस्याएँ जिनको हल करना संभव न हो

in•tact /ɪn'tækt/ /इन्'टैक्ट्/ adj. *I was told that your house had been damaged in the earthquake, but I was happy to see that it is still intact.* = whole; not damaged or broken into small pieces सही-सलामत, अखंडित

in•take /'ɪnteɪk/ /'इन्टेइक्/ noun, u. *This school usually admits 100 new students every year but this year the intake has gone up to 150.* = the number that is taken in लिया गया परिमाण

in•tan•gi•ble /ɪn'tændʒebəl/ /इन्'टैन्जेबल्/ adj. *Although this city is dirty and overcrowded, there is an intangible feeling of joy that one gets by living here.* = something that one can feel but cannot show or describe निहित, जिसका अनुभव किया जाए किंतु प्रत्यक्ष दिखाया न जा सके

in•te•ger /'ɪŋtɪdʒə^r/ /'इन्टिजर्/ noun, c. *The number 5 is an integer but 5.3 is not an integer.* = a whole number [MATHEMATICS] पूर्ण संख्या [गणित]

in•te•grate /'ɪntɪgreɪt/ /'इन्टिग्रेइट्/ verb, t. **1** *Many people who left India and settled in other countries have not been able to integrate fully into those societies.* = to join and become part of a larger group मिलकर एक हो जाना **2** *The districts of Koraput and Malkangiri are to be integrated into a single district.* = to join together समाकलन करना, मिलाना **integral** / ɪn'tegrəl/ /इन्'टेग्रल्/ adj. *Science and mathematics are an integral part of the school curriculum.* = something that cannot be left out अनिवार्य, अपरिहार्य **integrity** noun, u. **1** *She may not work very hard, but no one can doubt her integrity.* = honesty and strength of character ईमानदारी, सत्यनिष्ठा **2** *We must protect the integrity of our nation.* = the state of being united and not split into many parts अखंडता

in•tel•lect /'इन्टलेक्ट्/ noun, u. *a man of high intellect* = the ability to think and reason intelligently (see **intelligent**) प्रतिभा, बुद्धि (देखें **intelligent**)

in•tel•lect•u•al[1] /ɪntə'lektʃuəl/ /इन्ट'लेक्चुअल्/ noun, c. *She is an intellectual and will give us some fresh ideas to think about.* = someone who is highly educated, intelligent and has the ability to work with complex ideas बुद्धिजीवी

intellectual[2] adj. **1** *an intellectual debate* = connected with intelligent thinking बौद्धिक **2** *He does not like any intellectual activity.* = something that has to do with the use of the mind जिसमें बुद्धि या सोच-विचार का उपयोग किया जाए

in•tel•li•gence /ɪn'telɪdʒəns/ /इन्'टेलिजन्स्/ noun, u. **1** *This is a test of intelligence.* = the ability to think well समझ, बुद्धिमत्ता **2** = secret information about the activities of an enemy country [MILITARY] खुफ़िया सूचना [सेना] **intelligent** adj. *a highly intelligent student* = having a quick and clever mind बुद्धिमान, होशियार

in•tel•li•gi•ble /ɪn'telɪdʒəbəl/ /इन्'टेलिजबल्/ adj. *His talk was not intelligible.* = something heard or read which can be understood (opposite **unintelligible**) बोधगम्य, समझ में आने वाला (विलोम शब्द **unintelligible**)

in•tend /ɪn'tend/ /इन्'टेन्ड/ verb, t. *She intended to come to the special class but unfortunately she fell ill and could not come.* = to have a plan or purpose in one's mind to do something इरादा होना या करना **intention** noun, u. or c. = some plan that one has for doing something (also intent) अभिप्राय, इरादा, नीयत, आशय **intentional** adj. *intentional damage* = something done knowingly, on purpose साभिप्राय, जानबूझकर

in•tense /ɪn'tens/ /इन्'टॅन्स्/ adj. *He has an intense desire to learn about computers.* = very strong तीव्र **intensify** verb, i. or t. *The storm seems to be intensifying. I hope we won't have another cyclone.*(i.) = to become stronger तेज़ हो जाना, ज़ोर पकड़ना **intensive** adj. *The syllabus contains one book for intensive study and two other books for extensive reading.* = concentrated; requiring a lot of attention or effort गहन

in•ter- /ɪntə'/ /इन्टर/ prefix meaning 'between' or 'among' e.g. **in•ter•act** /ɪntər'ækt/ /इन्टरैक्ट्/ verb, i. *Television personalities like to interact with the public.* = to meet or come in touch with someone so as to know his/her mind as well as to have an effect on him/her परस्पर मिलना, मिलना-जुलना

in•ter•cept /ɪntə'sept/ /इन्ट'सॅप्ट्/ verb, t. *The police intercepted a wireless message which a foreign spy was trying to send.* = to catch and stop something from reaching someone बीच में रोक लेना

in•ter•change /ɪntə'tʃeɪndʒ/ /इन्ट'चेइन्ज्/ verb, t. *We have interchanged the engines of the two cars.* = to put or use one thing in place of another अदला-बदली करना, बदलना

in•ter•com /'ɪntəkɒm/ /'इन्टकॉम/ noun, c. = a telephone system used to talk to someone in the same building or in a place nearby इंटरकॉम, टेलीफोन-व्यवस्था

in•ter•course /'ɪntəkɔ:s/ /'इन्टकॉऽस्/ noun, u. **1** *sexual intercourse* = an act of sex between two people संभोग **2** = an exchange of ideas or feelings between people परस्पर विचार विनिमय

in•ter•de•pen•dent /ɪntədɪ'pendənt/ /इन्टडि'पेन्डन्ट्/ adj. *India and Pakistan are interdependent in their trade relations. They need our sugar and we need their cotton.* = depending on each other अन्योन्याश्रित, एक दूसरे पर निर्भर

in•terest[1] /'ɪntrɪst/ /'इन्ट्रिस्ट्/ noun, u.or c. **1** *He was reading your letter with great interest.*(u.) = willingness to give attention to something रुचि **2** *The book had no interest for me.*(u.) = some quality that can hold one's attention and make one read, listen etc. more carefully दिलचस्पी **3** *Music is one of my many interests.*(c.) = something that one likes to do अभिरुचि, शौक **4** *The bank charges interest at 15 per cent on loans.*(u.) = a charge made for lending money ब्याज, सूद

interest[2] verb, t. *Your plan to start a new factory does not interest me.* = to hold someone's attention दिलचस्पी पैदा करना, प्रभावित करना **interesting** adj. *an interesting story* = something that holds one's interest and attention रोचक, रुचिकर, दिलचस्प

in•ter•fere /ɪntə'fɪə'/ /इन्ट'फ़िअर/ verb, i. *Please do not interfere when I am advising her. Let me do the talking.* = to come in between two people; to take part in something that one is not concerned with (derogatory) हस्तक्षेप करना (अनादरपूर्ण) **interference** noun, u. = the act of interfering हस्तक्षेप

in•ter•im /'ɪntərɪm/ /'इन्टरिम्/ adj. *The government will build many new roads in this area, but as an interim measure some of the old roads will be repaired.* = something done immediately or within a short time, as part of something larger that is to be done later अंतरिम

in•te•rior /ɪn'tɪəriə'/ /इन्'टिअरिअर/ noun, c. *The interior of the house will be painted in bright colours.* = the inside part भीतरी भाग

in•ter•jec•tion /ɪntə'dʒekʃən/ /इन्ट'जेंक्शन्/ noun *'Oh!' is an interjection that expresses pain.* = a word or phrase (group of words) that expresses some strong feeling [GRAMMAR] विस्मयादिबोधक अभिव्यक्ति [व्याकरण]

in•ter•link /ɪntə'lɪŋk/ /इन्ट'लिङ्क्/ verb, t. *Kolkata and Delhi are interlinked by road as well as by railway.* = to join two things together जोड़ना

in•ter•mis•sion /ɪntə'mɪʃən/ /इन्ट'मिशन्/ noun, u. *There will be a short intermission of ten minutes after this dance.* = interval अवकाश

in•ter•mit•tent /ɪntə'mɪtənt/ /इन्ट'मिटन्ट्/ adj. *We had intermittent rain yesterday. It rained heavily in the morning and again in the evening, but not in the afternoon.* = something that happens for a time, stops, and begins again रुक-रुक कर होने वाला

in•tern /ɪn'tɜ:n/ /इन्'टऽन्/ verb, t. *The judge said that the persons who were being tried should be interned.* = to make someone go to prison or to limit someone's freedom [LAW] कैद करना, नज़रबंद करना [कानून] **internship** noun, u. = the period during which a person is under training in a hospital, school etc. (अस्पताल, स्कूल आदि में) प्रशिक्षण की अवधि

in•ter•nal /ɪn'tɜ:nəl/ /इन्'टऽनल्/ adj. **1** *Although he had no wounds on his body, he was bleeding from some internal injury.* = something happening inside the body अंदरूनी, भीतरी, आंतरिक **2** *I am the internal examiner for this paper.* = someone who belongs to an organisation and is not brought in from outside आंतरिक

in•ter•na•tion•al /ɪntə'næʃənəl/ /इन्ट'नैशनल्/ adj.

The Olympic Games, held once in four years, are an international competition in sports. = something happening among two or more different countries अंतरराष्ट्रीय (अंतर्राष्ट्रीय)

In•ter•net /'ɪntənet/ /'इन्टनॅट्/ noun, u. = (always capital) a system that connects people using computers in different parts of the world (see also **the Net**) इंटरनेट (देखें **the Net**)

in•ter•pret /ɪn'tɜ:prɪt/ /इन्'टɔप्रिट्/ verb, t. **1** *Mr Li Peng spoke in Chinese and someone interpreted his speech in English.* = to put the words spoken in one language into a different language भाषांतरण करना **2** *She said nothing when I asked her if she agreed with me, but I interpret her silence to mean that she has no objection.* = to try to find a meaning for something अर्थ लगाना **interpretation** /ɪntəpre'teɪʃən/ /इण्टप्रेटेइशन्/ noun, u. or c. = the act of interpreting व्याख्या, अर्थ **interpreter** /ɪn'tɜ:prɪtə'/ /इन्'टɔप्रिटॅ/ noun, c. = a person who interprets (usually a speech given in one language into a different language) दुभाषिया

in•ter•ro•gate /ɪn'terəgeɪt/ /इन्'टॅरगेइट/ verb, t. *The police are interrogating the man who was arrested last night to find out who was helping him in this crime.* = to ask a lot of questions in order to find out something (formal) पूछताछ करना (औपचारिक) **interrogation** /ɪntəre'geɪʃən/ /इन्टरे'गेइशन्/ noun, u. = the act of interrogating (asking questions) पूछताछ **interrogative** /ɪntər'ɒgətɪv/ /इन्ट'रॉगटिव्/ adj. *'What is your name?' is an interrogative sentence.* = a sentence in the form of a question [GRAMMAR] प्रश्नात्मक, प्रश्नवाचक [व्याकरण]

in•ter•rupt /ɪntə'rʌpt/ /इन्ट'रॅप्ट्/ verb, t. **1** *Please don't interrupt me when I am speaking. You will have a chance to speak when I have finished.* = to stop someone in the middle of doing or saying something टोकना, बीच में बोलना **2** *At the interview they asked him why his studies were interrupted for two years.* = to stop a process in the middle, for a period of time बीच में रोकना

in•ter•sect /ɪntə'sekt/ /इन्ट'सॅक्ट्/ verb, i. *The two lines AB and XY intersect at the point O.* = to meet or to cut each other [GEOMETRY] एक दूसरे को काटना [ज्यामिति] **intersection** noun, c. = a place where two roads cross each other चौराहा

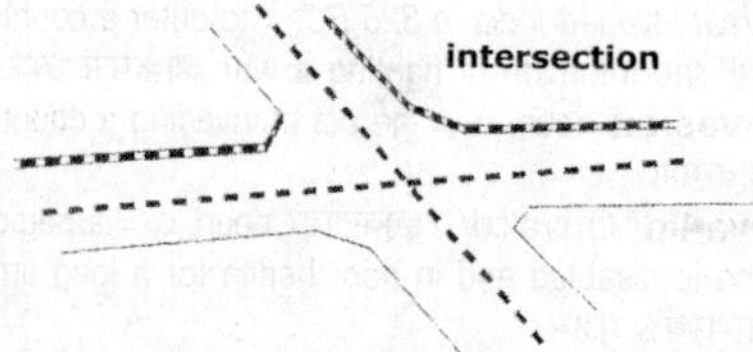

in•ter•sperse /ɪntə'spɜ:s/ /इन्ट'स्पɔस/ verb, t. *It was a very serious film, although it was interspersed with some humorous scenes.* = to put something here and there in the middle of something different (formal) इधर-उधर, कहीं-कहीं कुछ मिला देना (औपचारिक)

in•ter•val /'ɪntəvəl/ /'इन्टव्ल्/ noun, c. **1** *There will be an interval of 20 minutes after the first part of the film.* = a break in time, usually in a film or play or in school, between two events or activities मध्यांतर, अवकाश **2** *The school bell rings at 40-minute intervals.* = at the end of every hour, 30 minutes etc. अंतराल **3** *The flower pots have been placed at regular intervals.* = equal spaces between two objects दूरी **4** *I drink water at regular intervals.* = equal periods of time अंतराल

in•ter•vene /ɪntə'vi:n/ /इन्ट'वीन्/ verb, i. *My two sons were arguing and I was forced to intervene.* = to come between two people in order to stop something unpleasant हस्तक्षेप करना **intervention** noun, u. = the act of intervening हस्तक्षेप

in•ter•view[1] /'ɪntəvju:/ /'इन्टɔव्यू/ noun, c. *We will have a written examination as well as an interview to select a new manager. // A press interview has been arranged for the Prime Minister.* = a meeting at which someone has to face questions asked by a number of people, who may be trying to find out if he/she is suitable for a job, or to find out about his/her ideas and opinions, in order to write a report for a newspaper अंतर्वीक्षा, साक्षात्कार, भेंट

interview[2] verb, t. *The Chairperson of the company will interview the candidates.* = to ask questions at an interview अंतर्वीक्षा या साक्षात्कार करना

in•tes•tine /ɪn'testɪn/ /इन्'टॅस्टिन्/ noun (often plural **intestines**) = the long tube which carries waste food away from the stomach and out of the body [BIOLOGY] आँत [जीवविज्ञान]

in•ti•mate[1] /'ɪntɪmɪt/ /'इन्टिमिट्/ adj. **1** *Seema and I have been intimate friends since our schooldays.* = very close and friendly घनिष्ठ **2** *She shared her most intimate thoughts with me.* = very personal, not revealed to others easily निजी, वैयक्तिक **3** *intimate contact* = connected with having sexual relations निकट संपर्क (अनैतिक शारीरिक संबंध)

intimate[2] /'ɪntɪmeɪt/ /'इन्टिमेइट्/ verb, t. *He intimated a desire to be left alone.* = to convey or to express a wish indirectly (formal) अपनी इच्छा अप्रत्यक्ष रूप से व्यक्त करना (औपचरिक)

in•tim•i•date /ɪn'tɪmɪdeɪt/ /इन्'टिमिडेइट्/ verb, t. *Why are you looking at me angrily? Are you trying to intimidate me?* = to frighten by using threats डराना, धमकाना

in•to /'ɪntə/ /'इन्ट/ prep. **1** *She walked into the room suddenly.* = to enter में, के अंदर प्रवेश करने के संदर्भ में **2** *He developed into a successful writer.* = to become

बन जाना **3** *They ran into a tree.* = used when an object is hit or touched से (टकराना) **4** *When I went into high school, I was only twelve years old.* = move to something new and become closely involved in it में (प्रवेश करना) **5** *Cut the carrots into small pieces.* = in order to make में **6** *'What is two into two?' 'Four.'* = to multiply numbers गुणा

to run into someone = to meet someone unexpectedly किसी से अचानक मिलना, अचानक सामना होना **to be into something** *He is into computers now.* = interested in (informal) में रमना (अनौपचारिक)

in•tol•e•ra•ble /ɪn'tɒlərəbəl/ /इन्'टॉल्रब्ल्/ adj. *The noise on the street is intolerable.* = something that one cannot bear (opposite **tolerable**) असह्य, असहनीय (विलोम शब्द **tolerable**) **intolerant** adj. *If you are so intolerant of our ideas, how can we work together?* = not willing to accept differences in ways of thinking and behaving मतभेद आदि से समझौता न करने वाला असहिष्णु **intolerance** noun, u. अनुदारता

in•to•na•tion /ɪntə'neɪʃən/ /इन्ट'नेइश्न्/ noun, u.= rise or fall in the level of the voice, in order to bring out a particular meaning [TECHNICAL] अनुतान [तकनीकी]

in•tox•i•cant /ɪn'tɒksɪkənt/ /इन्'टॉक्सिकन्ट्/ noun, u. = something which can make one drunk (e.g., alcohol) [TECHNICAL] मादक द्रव्य [तकनीकी] **intoxicate** verb, t. *These drinks can intoxicate you, be careful.* = to make a person drunk नशे में लाना, मस्त करना, उत्तेजित करना

in•tra- /ɪntrə/ /इन्ट्र/ prefix meaning 'inside' or 'within' e.g. **in•tra•ve•nous** /ɪntrə'viːnəs/ /इन्ट्र'वीनस/ adj. *an intravenous injection* = given into a vein अंत:शिरा का

in•tran•si•tive /ɪn'trænsɪtɪv/ /इन्'ट्रैन्सिटिव्/ adj. *The verb 'is' is intransitive, but 'like' is transitive.* = a verb that does not take an object [GRAMMAR] अकर्मक [व्याकरण]

in•trep•id /ɪn'trepɪd/ /इन्'ट्रैपिड्/ adj. *We must be thankful to our intrepid soldiers who are fighting the enemy.* = fearless (literary) निर्भीक, निडर (साहित्यिक)

in•tri•cate /'ɪntrɪkɪt/ /'इन्ट्रिकिट्/ adj. **1** *intricate carving* = full of fine details बारीकी का (काम) **2** *The film we saw last night has a very intricate plot. There are so many characters in the story and so many things happen to them that it is difficult to follow the story.* = full of fine details and therefore difficult to understand उलझा हुआ, दुर्बोध

in•trigue[1] /ɪn'triːg/ /इन्'ट्रीग्/ noun, u. *They succeeded in their plot because of cunning and intrigue.* = the art of planning and doing things secretly and dishonestly (derogatory) षड्यंत्र (अनादरपूर्ण)

intrigue[2] verb, t. *I am greatly intrigued by the stories he tells about all the strange places he has visited.* = to find something very interesting and mysterious कौतूहल उत्पन्न करना या होना

in•trin•sic /ɪn'trɪnsɪk/ /इन्'ट्रिन्सिक्/ adj. *Your plan has intrinsic merit, but you have not thought about all the details.* = something that is in-built (a part of the nature of someone or something) (see **inherent**) मूलभूत, अंतर्निहित(देखें **inherent**)

in•tro•duce /ɪntrə'djuːs/ /इन्ट्र'ड्यूस्/ verb, t. **1** *Let me introduce you to each other. This is my sister-in-law, Mohini, and this is my friend Hamid.* = to get two or more people to meet each other for the first time परिचय कराना **2** *The railways were introduced into India by the British in 1812.* = to bring in for the first time आरंभ, नई शुरुआत करना **3** *The government is introducing a ban on the sale of cigarettes to children.* = to bring in a new law लाना, लागू करना **4** *I must introduce you to the pleasure of gardening.* = to tell someone about a skill, a hobby etc. for the first time पहली बार परिचित कराना **introduction** /ɪntrə'dʌkʃən/ /इन्ट्र'डॅक्श्न्/ noun, u. = the act of introducing someone or something परिचय

in•tro•spect /ɪntrə'spekt/ /इन्ट्र'स्पॅक्ट्/ verb, i. *I want you to introspect and think about the mistakes you have made.* = to examine or look into one's own thoughts and feelings आत्मविश्लेषण करना **introspection** noun, u. = the act of introspecting (examining oneself) आत्मविश्लेषण

in•tro•vert /'ɪntrəvɜːt/ /'इन्ट्रवऽट/ noun, c. *He is such an introvert that he does not like to mix with anyone.* = a person who is concerned only with his/her own thoughts and does not like social relationships with others (often disapproving) (opposite **extrovert**) [TECHNICAL] अंतर्मुखी (विलोम शब्द **extrovert**)

in•trude /ɪn'truːd/ /इन्'ट्रूड्/ verb, i. *You seem to be very busy. I hope I am not intruding on your time.* = to enter something without being invited अनुचित रूप से घुस आना

in•tu•i•tion /ɪntjʊ'ɪʃən/ /इन्ट्यु'इश्न्/ noun, u. *My intuition tells me that this man cannot be trusted, though I know nothing about him.* = the ability to get to know something without using the methods of reasoning अंतस्संज्ञा, सहज अनुभूति **intuitive** adj. = based on intuition अंतर्ज्ञान पर आधृत

in•un•date /'ɪnəndeɪt/ /'इनअन्डेइट्/ verb, t. *After the heavy rain, the river overflowed and inundated the neighbouring villages.* = to flood; to cover under water जलमग्न कर देना, डुबो देना

in•vade /ɪn'veɪd/ /इन्'वेइड्/ verb, t. *Alexander the Great invaded India in 326 BC.* = to enter a country with the intention of fighting a war आक्रमण करना **invasion** noun, u. = the act of invading a country आक्रमण

in•va•lid[1] /'ɪnvəliːd/ /'इन्वलीड्/ noun, c. = a person who is disabled and in poor health for a long time अस्वस्थ, अक्षम

invalid² /ɪn'vælɪd/ /इन'वैलिड्/ adj. **1** *Your passport is invalid.* = not acceptable for use, usually because of some legal problem अमान्य **2** *The reasons stated by you for the failure of the project are invalid.* = not based on good reasoning and therefore not acceptable अप्रामाणिक, अमान्य

in•val•ua•ble /ɪn'væljʊbəl/ /इन्'वैल्यूबल्/ adj. *The help you gave me on the project proved to be invaluable. I am really grateful to you.* = something that has such great value that its value cannot be measured अमूल्य

in•var•i•a•ble /ɪn'veəriəbəl/ /इन्'वेंअरिअबल्/ adj. *The food in this restaurant is always good. Its quality is invariable.* = something that does not change अपरिवर्तनीय, सदैव एक-सा रहने वाला **invariably** adv. *He is invariably busy when I visit him.* = always सदैव

in•vent /ɪn'vent/ /इन्'वेण्ट्/ verb, t. **1** *The gramophone was invented by Thomas Edison.* = to create or produce something for the first time आविष्कार करना **2** *She always invents an excuse for being late.* = to think of a story or plan which is not true, usually so as to mislead people गढ़ना **invention** noun, u. or c. **1** = the act of inventing something आविष्कार **2** = something that has been invented by someone आविष्कार **inventive** adj. *He has an inventive mind.* = having the ability to invent or to think of something new मौलिक, आविष्कारशील

in•ven•tory /'ɪnvəntri/ /इन्वेन्ट्री/ noun, c. (**inventories**) = a list of the things found in a factory, office etc. संपत्ति सूची, सामान की सूची

in•verse (+ proportion, ratio) /ɪnvɜːs/ इन्वऽस्/ adj. *The older he becomes, the less wise he seems to be. His age and his wisdom seem to be in inverse proportion.* = opposite to each other [TECHNICAL] विपरीत [तकनीकी]

in•vert /ɪn'vɜːt/ /इन्'वऽट्/ verb, t. *If you invert the glass, all the water in it will spill out.* = to turn something upside down or in the opposite direction उलटा करना, उलटना **inverted** adj. = turned upside down उलटा **inverted comma** noun, c. = a printed or written mark which looks like a comma turned upside down (") and is used to show the actual words of a speaker उद्धरण चिह्न

in•vest /ɪn'vest/ /इन्'वेंस्ट्/ verb, t. or i. *He has invested money in many companies.* = to put money into some business पूँजी लगाना

in•ves•ti•gate /ɪn'vestɪgeɪt/ /इन्'वेंस्टिगेइट्/ verb, t. or i. *to investigate a murder* = to try to get information about something or to find out the truth about something तहकीकात करना

in•vi•gi•late /ɪn'vɪdʒɪleɪt/ /इन्'विजिलेइट्/ verb, t. or i. *He has been asked to invigilate the examination.* = to keep watch over the people who are taking an examination so as to prevent cheating पर्यवेक्षण करना **invigilator** noun, c. = a person who invigilates an examination पर्यवेक्षक

in•vin•ci•ble /ɪn'vɪnsɪbəl/ /इन्'विन्सिबल्/ adj. *The cricketers thought they were invincible, but they were defeated in the very first match.* = one who cannot be defeated अजेय, अपराजेय

in•vis•i•ble /ɪn'vɪzəbəl/ /इन्'विज़बल्/ adj. *The germs which cause cholera are so small that they are invisible to the human eye.* = something that one cannot see (opposite **visible**) अदृश्य (विलोम शब्द **visible**)

in•vite /ɪn'vaɪt/ /इन्'वाइट्/ verb, t. **1** *My friend has invited me to his lecture.* = to ask someone to come to a social event आमंत्रित करना **2** *When the speaker had finished his talk, the Chairman invited questions from the audience.* = to ask for or request आमंत्रित करना **invitation** /ɪnvɪ'teɪʃən/ /इन्वि'टेइशन्/ noun, u. or c. **1** = a written or spoken request asking someone to come for some social event निमंत्रण **2** = the act of inviting someone निमंत्रण

in•voice¹ /'ɪnvɔɪs/ /'इन्वॉइस्/ noun, c. = a list of goods supplied, stating quantity and price बीजक, बिल

invoice² verb, t. = to send an invoice (bill) to someone किसी को बीजक भेजना, बिल

in•voke /ɪn'vəʊk/ /इन्'वउक्/ verb, t. **1** *The priest chanted a mantra invoking God's blessings.* = to pray to a divine power for help आह्वान करना **2** *The government invoked the Internal Security Act to arrest the leaders of the strike.* = to bring some law into use for a particular purpose विशेष उद्देश्य के लिए किसी कानून को लागू करना **3** *I invoke your help.* = to ask for के लिए प्रार्थना करना **invocation** /ɪnvə'keɪʃən/ /इनव'केइशन्/ noun, u. or c. *This is an invocation to the god of light.* = prayer प्रार्थना, आह्वान

in•vol•un•ta•ry /ɪn'vɒləntəri/ /इन्'वॉल्न्ट्री/ adj. *an involuntary act* = something done without conscious intention or effort यंत्रवत्, बिना प्रयास के

in•volve /ɪn'vɒlv/ /इन्'वॉल्व्/ verb, t. **1** *You shouldn't get involved in local politics.* = to become connected with or mixed up with something में फँसना **2** *I didn't know that arranging a picnic involved so much hard work.* = to require; to have something as a necessary part की आवश्यकता होना

in•ward /'ɪnwəd/ /'इन्वड्/ adj. *All the cars are taking people away from the city but there is no inward traffic.* = moving towards the inside भीतर की ओर

i•o•dine /'aɪədiːn/ /'आइअडीन्/ noun, u. = a substance that is found in sea-water and is used by doctors to prevent the infection of wounds आयोडीन

i•on /'aɪən/ /'आइन्/ noun = an atom which can carry a positive or negative electrical charge [CHEMISTRY] आयन, धन या ऋण विद्युत् आवेशयुक्त परमाणु [रसायनशास्त्र]

i•o•ta /aɪ'əʊtə/ /आइ'अउट/ noun, u. *There is not even an iota of truth in the report.* = a very small amount (used in negative sentences only) बिंदु, कण, रत्तीभर (केवल निषेधात्मक वाक्यों में प्रयुक्त)

IQ abbr. of **Intelligence Quotient** = a measure of the intelligence of a person, where normal intelligence is represented by 100 'आइ क्यू'

ir- /ɪr/ /इर/ prefix meaning 'not' e.g. **ir•re•place•a•ble** /ɪrɪ'pleɪsəbəl/ /इरि'प्लेइसबल्/ adj. *Our teacher is irreplacable.* = someone who is too valuable to be replaced by someone else इतना महत्त्वपूर्ण कि उसे स्थानापन्न न किया जा सके

i•rate /aɪ'reɪt/ /आइ'रेइट्/ adj. *an irate letter* = very angry about something (formal) क्रोधपूर्ण (औपचारिक)

ir•i•des•cent /ɪrɪ'desənt/ /इरि'डेंसन्ट्/ adj. *the butterfly's iridescent wings* = having colours that seem to change in the light (literary) बहुवर्णी छटा जो प्रकाश द्वारा परिवर्तित प्रतीत हो (साहित्यिक)

i•ris /'aɪərɪs/ /आइअरिस्/ noun **1** = a kind of yellow or purple flower एक प्रकार का नीला-पीला फूल **2** = the coloured ring which surrounds the pupil (central part) of the eye [BIOLOGY] (see pic under **eye**) आँख की पुतली के आस-पास का रंगीन घेरा [जीवविज्ञान] (**eye** के अंतर्गत चित्र देखें)

irk /ɜːk/ /अऽक/ verb, t. *I was irked by his silly question.* = to make someone feel angry or annoyed (old-fashioned) खिझाना (पुराने प्रचलन का)

i•ron[1] /'aɪən/ /'आइअन्/ noun, u. or c. **1** (u.) = a common metal used in making steel लोहा **2** *an electric iron*(c.) = a heavy object which becomes hot and is used to take wrinkles out of clothes इस्तरी

iron[2] verb, t. *to iron clothes* = to use an iron to take wrinkles out of clothes इस्तरी करना

to iron out one's differences = to remove differences of opinion between people through talk मतभेदों को बातचीत से खत्म करना

i•ron•y /'aɪərəni/ /'आइअरनी/ noun, u. *Saying 'You are a big help!' to someone who has given you no help at all is an example of irony.* = the use of words to carry a meaning which is the opposite of what they seem to mean [LITERATURE] विडंबना, व्यंग्य, व्यंग्योक्ति [साहित्य] **ironic** /aɪ'rɔːnɪk/ /'आइ'रॉनिक/ adj. *It is ironic that the man you dislike is the only person who can help you now.* = something that is the opposite of what one would expect or hope for आशा के विपरीत, विडंबनात्मक

ir•ra•tion•al /ɪ'ræʃənəl/ /इ'रैश्नल्/ adj. *Your fear of ghosts is irrational.* = based on fanciful thoughts, not on reason (opposite **rational**) तर्क पर नहीं बल्कि कल्पना पर आधृत, निराधार (विलोम शब्द **rational**)

ir•rel•e•vant /ɪ'reləvənt/ /इ'रेलवन्ट्/ adj. *Why did you speak on classical music when you were asked to speak on films? Everything that you said was irrelevant.* = not related to the topic being discussed or to the situation that exists (opposite **relevant**) असंगत (विलोम शब्द **relevant**)

ir•rep•a•ra•ble /ɪ'repərəbəl/ /इ'रेप्रबल्/ adj. *The damage caused to these houses by the floods is irreparable.* = something that cannot be repaired or put right (formal) असंशोधनीय, मरम्मत के लायक नहीं (औपचारिक)

ir•re•proa•cha•ble /ɪrɪ'prəʊtʃəbəl/ /इरि'प्रउचबल्/ adj. *Every-one likes her because her manners are irreproachable.* = something that one cannot find fault with निर्दोष, निष्कलंक

ir•re•spec•tive /ɪrɪ'spektɪv/ /इरि'स्पेक्टिव्/ adv. *This book can be enjoyed by everyone, irrespective of age.* = without reference or regard to something का विचार किए बिना

ir•re•spon•si•ble /ɪrɪ'spɒnsəbəl/ /इरि'स्पॉन्सबल्/ adj. *He never does anything that he is asked to do. I find him totally irresponsible.* = one who has no sense of responsibility (does not think that it is his duty to do certain things and do them properly) (disapproving) गैरज़िम्मेदार (अस्वीकृत)

ir•rev•o•ca•ble /ɪ'revəkəbəl/ /इ'रेवकबल्/ adj. *Any judgement by the Supreme Court is irrevocable.* = something that cannot be changed or taken back (formal) अटल, अपरिवर्तनीय

ir•ri•gate /'ɪrɪgeɪt/ /'इरिगेइट्/ verb, t. *We must irrigate these fields to grow more wheat.* = to supply water to land for agriculture [TECHNICAL] सिंचाई करना [तकनीकी]

ir•ri•tate /'ɪrɪteɪt/ /'इरिटेइट्/ verb, t. *Your habit of laughing foolishly without reason irritates me.* = to make someone feel angry चिढ़ाना, गुस्सा दिलाना

is /ɪz/ verb, i. (**was**) *Navroze is our leader.*= third person, singular, present tense form of the verb 'be' है

is•land /'aɪlənd/ /'आइलन्ड्/ noun, c. = a piece of land surrounded on all sides by water [GEOGRAPHY] द्वीप, टापू [भूगोल]

i•so•bar /'aɪsəbɑːr/ /'आइसबाऽर/ noun, c. = a line on a map joining places which have the same atmospheric pressure [GEOGRAPHY] समदाब रेखा [भूगोल]

i•so•late /'aɪsəleɪt/ /'आइसलेइट्/ verb, t. *Your child has chicken pox. We must isolate him from the other children so that no one else gets the disease.* = to keep someone separate or apart from others [TECHNICAL] अलग करना [तकनीकी]

i•sos•ce•les /aɪsɒsəliːz/ /आइसॉसलीज़/ adj. *an isosceles triangle* = a triangle that has two sides of equal length [GEOMETRY] (see pic under **triangles**) समद्विबाहु [ज्यामिति] (**triangles** के अंतर्गत चित्र देखें)

is•sue[1] /'ɪʃuː/ /'इशू/ noun, c. **1** *The issue we are discussing now is how to control our expenses.* = the subject being discussed विषय (चर्चा का) **2** *'India Today' magazine has brought out a special issue on the unusual hobbies people have.* = something which is produced or published to be sold प्रकाशन अंक

issue[2] verb, t. *The Prime Minister's office will issue a statement on the subject.* = to produce or come out with जारी करना

isth•mus /ˈɪsməs/ /ˈइसमस्/ noun *the isthmus of Panama* = a narrow piece of land surrounded by water that connects two larger pieces of land [GEOGRAPHY] संधि, दो भूखंडों को जोड़ने वाला द्वीप-सा खंड

it /ɪt/ /इट्/ pron. **1** *He told me to read this book but I haven't read it.* = referring to some non-living object that has been mentioned before यह **2** *It is raining.* = making a statement about the weather सर्वनाम जो अव्यक्त संज्ञा के लिए आता है (एक विशिष्ट व्याकरणिक प्रयोग) **3** *It is wonderful to be young.* = an empty (dummy) subject which refers back to the real subject of the verb, which comes later सर्वनाम जो वाक्य में (क्रिया के) बाद में प्रयुक्त वास्तविक कर्त्ता का संकेत करे **4** *'Hello, is that Veena speaking? It's me, Arun.'* = used, specially in telephone conversations, to show who is speaking टेलीफोन पर बातचीत के प्रारंभ में वक्ता अपनी पहचान बताने के लिए इस सर्वनाम का प्रयोग करता है **5** *It was Anne who asked me to come.* = used to make the subject of the sentence look more important यह/वह

that's it *You've left our train tickets at home? That's it, now we can't take the train!* = an expression of anger or irritation used to show that something cannot go ahead as planned (informal) नाराज़गी दिखाने की अभिव्यक्ति 'खूब हुआ' (अनौपचारिक) **someone is 'it' 1** *If you're looking for a good actor, Mary is it.* = the person/thing we are looking for or the right person or thing सही वस्तु अथवा व्यक्ति **2** *'The word you want is archeology'. 'That's it, thanks!'* = the right answer बिलकुल ठीक

IT abbr. of **Information Technology** = the science of computers सूचना प्रौद्योगिकी

i•tal•ics /ɪˈtælɪks/ /इˈटैलिक्स्/ noun *All the examples given in this dictionary are printed in italics.* = sloping letters used in printing तिरछे वर्ण (मुद्रित)

itch[1] /ɪtʃ/ /इच्/ verb, i. *My back is itching. Can you scratch it for me?* = to feel uncomfortable, making one want to scratch खुजली होना

itch[2] noun, c. **1** *an itch in the back* = an uncomfortable feeling which makes one want to scratch खुजली **2** *I have an itch to travel.* = a strong desire (informal) तीव्र इच्छा जिसे रोक पाना कठिन हो (अनौपचारिक)

i•tem /ˈaɪtəm/ /ˈआइटम्/ noun, c. *The next item on our programme is an Odissi dance by Madhavi Mudgal.* = a single thing which is part of a list of other things सूची का एक विषय

i•tin•e•ra•ry /aɪˈtɪnərəri/ /आइˈटिन्ररी/ noun, c. (**itineraries**) = a plan for a journey (formal) यात्रा मार्ग-योजना (औपचारिक)

i•vo•ry /ˈaɪvəri/ /ˈआइव्री/ noun, u. **1** = the bony substance of which the tusks of an elephant are made हाथीदाँत **2** = the slightly yellow colour that ivory has हल्का पीला रंग **ivory tower** noun *You live in an ivory tower. You don't know what is happening in the world outside.* = a situation in which someone does not know about the problems and difficulties of ordinary people (disapproving) सामान्य जन से अलग-थलग (अस्वीकृत)

i•vy /ˈaɪvi/ /ˈआइवी/ noun, u. = a kind of climbing plant with large leaves बड़े-बड़े पत्तों वाली एक प्रकार की बेल

I

j J

j, J /dʒeɪ/ /'जेइ/ the tenth letter of the English alphabet अंग्रेज़ी का दसवाँ वर्ण

jab[1] /dʒæb/ /जैब्/ verb, t. **(jabbed)** 1 *The doctor jabbed a needle into my arm.* = to push something hard and pointed into something चुभोना 2 = to hit someone with a short, straight, movement of the hand थप्पड़ मारना

jab[2] noun, c. *a jab in the stomach* = a sudden blow or push with some hard object अचानक लगा धक्का

jab•ber[1] /'dʒæbəʳ/ /'जैबर्/ verb, i. *The man jabbered away in his excitement, and no one could understand him.* = to talk quickly but not clearly उत्तेजित स्वर में अस्पष्ट बोलना

jabber[2] noun, u. *meaningless jabber* = fast and meaningless talk बड़बड़ाहट

jack[1] /dʒæk/ /जैक्/ noun, c. 1 = a machine used for lifting a heavy weight, such as a car, in order to change the tyre etc. (see pic under **tools**) कार आदि भारी वाहनों के टायर बदलने के लिए प्रयोग में लाई जाने वाली मशीन, जैक (**tools** के अंतर्गत चित्र देखें) 2 = a playing card with the picture of a man on it, greater in value than the ten but smaller than the queen (see also **cards**) गुलाम – ताश का एक पत्ता (देखें **cards**)

jack[2] verb, t. *You will have to jack up the car.* = to lift with the help of a jack जैक लगाकर ऊपर उठाना **jackass** noun, c. 1 = a male ass or donkey गधा 2 = a person who behaves foolishly (informal) मूर्खतापूर्ण व्यवहार करनेवाला (अनौपचारिक) **jack-boot** noun = a large and heavy boot which covers the leg up to the knee घुटने तक का बड़ा और भारी जूता

jack-of-all-trades *He is a jack-of-all-trades: a gardener, carpenter and cook, all in one.* = a person who can do many different kinds of work, but may not be good at any of them (mildly derogatory) हरफनमौला, हर काम कर लेनेवाला (कुछ अनादरपूर्ण) **jack in the box** = a toy in the form of a box, containing the head of a man mounted on a spring, which jumps out suddenly when the box is opened एक प्रकार का खिलौना

jack•al /'dʒækɔːl/ /'जैकॉऽल्/ noun, c. = a wild animal belonging to the dog family which eats the dead bodies of animals killed by other hunting animals सियार

jack•et /'dʒækɪt/ /'जैकिट्/ noun, c. 1 = a short coat with sleeves, worn with trousers (A 'coat' or 'over-coat' is usually worn over a jacket, and is longer.) 'जैकेट' (कोट या ओवरकोट लंबे होते हैं और उन्हें जैकेट के ऊपर पहना जाता है) 2 *The potatoes have been roasted in their jackets.* = the skin of a potato छिलका **life jacket** noun, c. = equipment made of plastic and filled with air which, is worn on the upper part of the body, to help one float in water जीवनरक्षक (लाइफ़) जैकेट जो पानी में डूबने से बचाए

jacket

jack-knife /'dʒæknaɪf/ /'जैक्नाइफ़्/ noun, c. **(-knives)** = a knife with a blade that folds into the handle (हैंडल में) बंद होनेवाला चाकू

jack•pot /'dʒækpɒt/ /'जैक्पॉट्/ noun, c. the biggest prize in a lottery or competition सबसे बड़ा पुरस्कार, विशेष रूप से लॉटरी में

to hit the jackpot = to be very successful अत्यधिक सफलता पाना

ja•cuz•zi /dʒə'kuːzi/ /ज'कूज़ी/ noun, c. **(jacuzzi)** = a machine fitted to a bath-tub or swimming pool which can create a strong current of water with many bubbles पानी में तेज़ लहरें चलाने वाला एक यंत्र जिससे स्नान के टब या तरणताल में तेज़ बुलबुलेदार जल धाराएँ पैदा की जा सकें

jade /dʒeid/ /जेइड्/ noun, u. = a semi-precious green stone from which jewellery or statues can be made एक बहुमूल्य हरा पत्थर जिससे गहने या मूर्तियाँ बनती हैं

ja•ded /'dʒeɪdɪd/ /'जेइडिड्/ adj. *We have seen so many films in the last two weeks that we feel jaded. Maybe we should do something else!* = a condition of being tired and bored, especially after one has had too much of a good thing किसी कार्य अथवा वस्तु से उकता जाना, ऊब जाना

jag•ged /'dʒægɪd/ /'जैगिड्/ adj. *When metal had not been discovered, people used stones with jagged edges as knives.* = having a rough, uneven edge with sharp points दाँतेदार, काँटेदार

jag•u•ar /'dʒægjʊəʳ/ /'जैग्युअर्/ noun, c. = a large wild cat found in Central and South America that looks like a leopard जागुआर–तेंदुए जैसा एक पशु जो मध्य या दक्षिण अमेरिका में पाया जाता है

jail[1] /dʒeɪl/ /'जेइल्/ noun, c. *The thief was sent to jail.* = a place where criminals are kept as part of their punishment; prison (old-fashioned) (also **gaol**) जेल, कारागार (पुराने प्रचलन का) (देखें **gaol**)

jail[2] verb, t. *He was jailed for four years.* = to put in jail कैद करना, जेल में बंद करना

jam[1] /dʒæm/ /जैम्/ noun, u. (American **jelly**) 1 *pineapple jam* = a thick, sweet substance prepared from the juice of fruit, boiled with sugar, generally eaten with bread (अमेरिकी अंग्रेज़ी का वैकल्पिक शब्द **jelly**) मीठी चटनी, 'जैम' 2 *Our bus was caught in a traffic jam.* = a thick crowd of people or vehicles through which it is difficult to move अव्यवस्थित, गहन, यातायात जिसके कारण वाहनों का चलना कठिन हो जाता है, 'ट्रैफिक जैम' का जाम

jam[2] verb, t. or i. (**jammed**) **1** *The roads are jammed all the way to the airport.*(t.) = to fill with people/vehicles so that it is difficult to move ट्रैफ़िक जाम, जाम होना **2** *This window is jammed; I can't open it.*(i.) = stuck, immobile जकड़ जाना, जाम होना, जो हिल न सके **jam-packed** adj. *a jam-packed stadium* = very crowded खचाखच भरा, ठसाठस भरा **jam session** noun, c. = a music (jazz or rock) performance in which the music played has not been practised beforehand (जैज़ या रॉक) संगीत समारोह जहाँ प्रस्तुत संगीत का पूर्वाभ्यास न किया गया हो

to be in a jam = to be in a difficult position (informal) कठिनाई में फँसे होना, साँसत में पड़ना (अनौपचारिक)

jan•gle[1] /ˈdʒæŋgəl/ /ˈजैङ्ग्ल्/ noun, u. *I could hear the jangle of bells from a kilometre away.* = the sound made by metal striking metal घंटियों की ध्वनि

jangle[2] verb, i. *The bunch of keys tied to the end of her sari jangled as she walked.* = to produce the loud sound of metal striking metal धातु की वस्तुओं, जैसे चाबियों का परस्पर टकराकर बजना, झनकना

Jan•u•a•ry /ˈdʒænjʊəri/ /ˈजैन्युअ्री/ noun = the first month of the calendar year जनवरी

jar[1] /dʒɑːʳ/ /ˈजाऽʳ/ noun, c. **1** *a jar filled with sweets* = a bottle with a wide mouth and cover, generally made of glass or stone, used for storing things शीशे की चौड़े मुँह वाली बड़ी बोतल **2** *a jar of honey* = the amount of something e.g. oil, jam, which can be put in a jar (एक) बोतल (शहद) **3** *The car came to a halt suddenly, giving us a jar.* = an unpleasant shaking sensation झटका

jar[2] verb, i. (**jarred**) *The loud music jarred on my ears.* = to produce an unpleasant or disturbing effect on someone (referring to a sound) कर्णकटु होना

jar•gon /ˈdʒɑːgən/ /ˈजाऽग्न्/ noun, u. *This textbook of surgery is written in medical jargon.* = the use of a language by the members of a particular professional group, with words and expressions that are special to that subject or profession (खास व्यावसायिक मंडली की) विशिष्ट भाषा-शैली

jas•mine /ˈdʒæzmɪn/ /ˈजैज़्मिन्/ noun, u. = a climbing creeper; the white, scented flower of the plant एक प्रकार की पुष्प-बेल, जैसमिन

jaun•dice /ˈdʒɔːndɪs/ /ˈजॉऽण्डिस्/ noun, u. = a disease caused by infection of the liver which makes the skin and the eyes look yellow पीलिया रोग

jaunt /dʒɔːnt/ /ˈजॉऽण्ट्/ noun, c. *The members of the club have gone on a jaunt to the seaside.* = a short journey taken for pleasure (informal) भ्रमण, सफ़र (अनौपचारिक) **jaunty** /ˈdʒɔːnti/ /ˈजॉऽण्टी/ adj. *She was in a jaunty mood as she stood waving to us from the train.* = cheerful and happy प्रसन्न, आह्लादित

jav•e•lin /ˈdʒævəlɪn/ /ˈजैव्लिन्/ noun, c. = a light spear which can be thrown through the air over a long distance, once used as a weapon but now used only in sports competitions लंबा भाला, आधुनिक खेल प्रतियोगिताओं में प्रयुक्त

jaw /dʒɔː/ /ˈजॉऽ/ noun, c. **1** *He has lost four of the teeth on his upper jaw.* = the bony parts in the face in which the teeth are set जबड़ा **2** (always plural) *The lion opened his jaws wide.* = the mouth of a fierce animal (केवल बहुवचन में) मुँह, जबड़े

for one's jaws to drop *Our jaws dropped when we saw the magnificent building.* = to be greatly and suddenly surprised or shocked, often as a response to something pleasant आश्चर्यचकित होना

jay /dʒeɪ/ /जेइ/ noun, c. = a bird of the crow family कौवे की जाति का एक पक्षी

jay•walk /ˈdʒeɪwɔːk/ /ˈजेइवॉऽक्/ verb, i. *Any pedestrian found jaywalking across this street can be fined by the police.* = to cross the street in a dangerous manner, at a place where one is not supposed to cross गलत रास्ते से सड़क पार करना **jaywalker** noun, c. = a person who jaywalks इस तरह सड़क पार करने वाला

jazz[1] /dʒæz/ /जैज़्/ noun, u. = a kind of music with a strong rhythm (beat or regular sound of drums) first made popular by African Americans धमाकेदार तालों का एक प्रकार का संगीत जिसे अफ़्रीकी अमेरिकियों ने लोकप्रिय बनाया

jazz[2] verb, t. *I've jazzed up my cupboard with photographs of my recent holidays.* = to make something brighter or more enjoyable (informal) रचके सजाना (अनौपचारिक) **jazzy** adj. **1** = having a sound like that of jazz music जैज़ संगीत की ध्वनि वाला **2** *I bought a jazzy bike yesterday.* = something that calls attention to itself, usually by its bright colour (informal) भड़कीले रंगों वाला (अनौपचारिक)

jeal•ous /ˈdʒeləs/ /ˈजेलस्/ adj. **1** *He was jealous because she won the quiz while he did not even qualify.* = unhappy because someone else has something you like but cannot get ईर्ष्या के कारण दुखी **2** *She is jealous of her new plants and does not let anybody else water them.* = possessive (not willing to allow someone else to share something) आग्रही **3** *a jealous wife/husband* = not willing to allow the person one loves to show romantic interest in another person डाही

jealously adv. *He protected the reputation of his family jealously.* = to try hard to keep something protected श्रमपूर्वक, पूरी तत्परता से

jeal•ous•y /ˈdʒeləsi/ /ˈजेलसी/ noun, c. or u. = a strong negative emotion which makes one unhappy when someone else has something that one wants for oneself (compare **envy**) ईर्ष्या, जलन (देखें **envy**)

jeans /dʒiːnz/ /जीन्ज़्/ noun, c. (always plural; following '*a pair of*') = trousers made of strong, thick material, for rough or informal use एक प्रकार की (साधारण इस्तेमाल की) पैंट 'जीन्स'

jeep /dʒi:p/ /जीप्/ noun, c. = a small, open car used for travelling across rough ground जीप, एक प्रकार का वाहन जो ऊबड़-खाबड़ सड़कों पर चल चके

jeer /dʒɪəʳ/ /जिअ/ verb, i. or t. *The crowd jeered when the captain of the team was bowled out with the first ball.*(i.) = to make fun of someone by laughing noisily खिल्ली उड़ाना

Jekyll and Hyde noun = two very different personalities found in the same person एक ही व्यक्ति के दो रूप

jel•ly /ˈdʒeli/ /ˈजेली/ noun, u. *mango jelly* = a sweet made from fruit juice and sugar, which is solid but soft, less thick than jam and translucent (like glass) (compare **jam**) 'जेली'-फलों से बना मीठा खाद्य पदार्थ (देखें **jam**)

to turn to jelly *My legs turned to jelly when I tried to run out of the reach of the dog.* = (of one's limbs etc.) to become useless, usually out of fear डर के मारे सुन्न हो जाना

jel•ly•fish /ˈdʒelɪfɪʃ/ /ˈजेलिफिश्/ noun, u. = a sea-animal which has a soft, transparent body एक प्रकार की पारदर्शी-सी कोमल समुद्री मछली

jelly fish

jeopardize (jeopardise) /ˈdʒepədaɪz/ /ˈजेपडाइज़्/ verb, t. *The lawyer jeopardized his reputation when he agreed to defend a criminal.* = to put something in a risky situation ख़तरे में डालना

jeopardy /ˈdʒepədi/ /ˈजेपडी/ noun, u. *By missing the rehearsals, Rahul has put his chances of playing the lead role in jeopardy.* = at risk; in danger (formal) खतरा (औपचारिक)

jerk[1] /dʒɜ:k/ /ˈजऽक्/ verb, t. *The man was about to be run over by a truck, but I caught his arm and jerked him away.* = to pull suddenly झटक देना

jerk[2] noun, c. **1** *The train came to a stop with a jerk.* = a short, quick backward movement झटका **2** (American) = a stupid person (slang) (अमेरिकी अंग्रेज़ी का प्रयोग) बेवकूफ़ (अपभाषा)

jer•kin /ˈdʒɜ:kɪn/ /ˈजऽकिन्/ noun, c. = a short jacket which fits tightly around the waist एक प्रकार का जैकेट, मिरज़ई

jerry can /ˈdʒerɪkæn/ /ˈजेरिकैन्/ noun, c. = a large container with flat sides used for storing liquids पीपा

jer•sey /ˈdʒɜ:zi/ /ˈजऽज़ी/ noun, c. (**jersies**) *a football jersey* = a shirt worn by a player in a game, which shows which team he/she is playing for (also **jumper, pullover, sweater**) जर्सी (जरसी), स्वेटर (देखें **jumper, pullover, sweater**)

jest[1] /dʒest/ /ˈजेस्ट्/ verb, i. *I was jesting when I said I could walk on a tight rope.* = to joke; to create fun by talking in a light-hearted manner मज़ाक़ करना, दिल्लगी करना

jest[2] noun, c. *He called you an ass, but it was only a jest.* = joke मज़ाक़ **jester** noun, c. = a person whose job it was (in former times) to make people laugh मसखरा

Je•su•it /ˈdʒezjuɪt/ /ˈजेज़्युइट्/ noun, c. = a Christian priest belonging to a religious group known as the Society of Jesus ईसाई पादरी जो सोसायटी ऑफ़ जीसेस का सदस्य हो

Jesus Christ = see **Christ** (देखें **Christ**)

jet[1] /dʒet/ /जेट्/ noun, c. **1** *a four-engined jet* = an aircraft driven by jet engines (see below) जेट विमान (नीचे देखें) **2** *a jet of water* = a fast, narrow stream of some liquid or gas which comes out through a small opening with force झरना, फव्वारा

jet[2] verb, i. (**jetted**) **1** *Water jetted from the pipe with force.* = to flow out in a narrow stream with force फव्वारा छूटना **2** *He spends most of his time jetting around the world.* = to travel by air at high speed हवाई यात्रा करना **jet-black** noun, u. = very dark black in colour गहरा काला **jet engine** noun, c. = an engine that drives an aircraft forward by pushing out a jet (stream) of hot air and gases with great force in the opposite direction जेट इंजिन **jet lag** noun, u. = the tiredness that a traveller feels after flying at high speed in a jet aircraft to a different part of the world, where the time is different from what it is in the place where the journey began लंबी हवाई यात्रा के परिणामस्वरूप थकान तथा शरीर की दैनिक-चर्या का बिगड़ जाना **jet-propelled** adj. *a jet-propelled aircraft* = driven by jet engines जेट इंजिन से चलने वाला **jet set** noun, u. = the group of rich and fashionable people, in any society, who travel a lot (informal) भ्रमण के शौकीन रईस लोगों का समूह (अनौपचारिक)

jet•sam /ˈdʒetsəm/ /ˈजेटसम्/ noun, u. = waste material thrown out of a ship and floating towards the shore (see also **flotsam**) जलयान से जल में फेंकी गई गंदगी जो तट की ओर बहती है (देखें **flotsam**)

jet•ti•son /ˈdʒetɪsən/ /ˈजेटिसन्/ verb, t. *The aircraft was carrying too heavy a load, so the pilot decided to jettison some of the petrol in the tanks to make the aircraft lighter.* = to throw out निकाल देना

jet•ty /ˈdʒeti/ /ˈजेटी/ noun, c. (**jetties**) = a platform built out into the water, for the use of passengers getting into or out of a ship 'जेटी'-जलयान में चढ़ने-उतरने के लिए समुद्र में बनाया गया प्लैटफ़ार्म

Jew /dʒu:/ /ज्यू/ noun, c. = a person following the beliefs of Judaism यहूदी

jew•el /ˈdʒu:əl/ /ज्यूअल्/ noun, c. **1** = a costly stone such as a diamond or ruby which is set in a gold ornament (e. g. a ring) रत्न **2** = an ornament that contains a number of jewels रत्नजड़ित आभूषण **3** *He* *is a jewel of a man.* = a person or thing of great value (figurative, informal) हीरा (व्यक्ति के लिए प्रयुक्त शब्द) (लाक्षणिक, अनौपचारिक) **jewellery** noun, u. (always singular) = ornaments such as necklaces and bangles usually made of gold, with or without stones आभूषण, जवाहरात **jeweller** noun, c. = a person who makes jewellery जौहरी, सुनार, आभूषणों का व्यापारी

the jewel in the crown = the most precious or outstanding item in a collection संग्रह में सबसे मूल्यवान वस्तु

jibe (**gibe**) /dʒaɪb/ /जाइब्/ noun, c. = a remark which makes fun of someone व्यंग्य, ताना

jif•fy /'dʒɪfi/ /'जिफ़ि/ noun, u. *Please wait, I'll be back in a jiffy.* = a very short while (informal) फ़ौरन (अनौपचारिक)

jig[1] /'dʒɪg/ /'जिग्/ noun, c. **1** = a quick dance एक प्रकार का तेज़ नृत्य **2** = a piece of equipment which holds a tool in position औज़ार को सही स्थिति में रखनेवाला एक उपकरण

jig[2] verb, t. or i. (**jigging**) = to dance a jig 'जिग' नृत्य करना

jig•gle /'dʒɪgəl/ /'जिग्ल्/ verb, t. or i. *Don't jiggle the tray or the tea will spill.*(t.) = to move something in short, quick movements (informal) हिलाना (अनौपचारिक)

jig•saw /'dʒɪgsɔː/ /'जिगसॉऽ/ noun, c. = a tool with a metal blade used for cutting out thin pieces of wood to make a design एक प्रकार की छोटी आरी **jigsaw puzzle** noun, c. = a picture which is pasted on top of a piece of wood and then cut into many small pieces. These pieces are separated and have to be fitted back together to make the complete picture चित्र के अंश लगे लकड़ी के टुकड़े जिन्हें खेलने के उद्देश्य से जोड़कर चित्र पूरा दिखाया जा सके, एक प्रकार के खेल की वस्तु

jilt /dʒɪlt/ /जिल्ट्/ verb, t. *This man promised to marry my friend but now he has jilted her.* = to be false to a person one loves or to refuse to marry a person after having promised to do so धोखा देना, मुकर जाना

jin•gle[1] /'dʒɪŋgəl/ /'जिंग्ल्/ noun, u. or c. **1** *You can hear the jingle of the little bells on the dancer's feet as she walks.*(u.) = the sweet sound produced by small bells or two pieces of metal striking each other घंटियों या घुँघरुओं की आवाज़ **2** *She writes jingles for television to advertise toothpaste.*(c.) = short and simple songs played over the radio or television to advertise some product रेडियो या टी.वी. पर विज्ञापन के लिए रचित छोटी गेय काव्यात्मक रचना

jingle[2] verb, i. *The bells on the dancer's feet jingled merrily.* = to produce a sweet sound, like that of small bells घुँघरुओं का झनकना, आवाज़ के लिए प्रयुक्त

jing•o•is•m /'dʒɪŋgəʊɪzəm/ /'जिंगउइज़्म्/ noun, u. = the belief that one's country is better than all others (derogatory)अपने देश को अन्य सभी से श्रेष्ठ समझने का मिथ्या-अभिमान (अनादरपूर्ण)

jinn (**djinn**) /dʒɪn/ /जिन्/ noun, c. = a supernatural spirit, found in fables from Muslim countries (also **genie**) जिन्न (देखें **genie**)

jinx[1] /dʒɪŋks/ /जिङ्क्स्/ noun, c. *Our holidays in Patna seem to have a jinx on them. We never enjoy them.* = something that brings bad luck नज़र लगना

jinx[2] verb, t. *First we lost our bags, and then we missed our train. This holiday is jinxed!* = to be troubled by bad luck दुर्भाग्यपूर्ण, मनहूस

jit•ters /'dʒɪtəz/ /'जिटज़्/ noun, u. (always plural) *She always gets the jitters just before an examination.* = anxiety or nervousness before an important event किसी आसन्न बड़ी घटना के पूर्व होने वाली घबराहट

jive /dʒaɪv/ /जाइव्/ verb, i. = to dance to the sound of fast music द्रुत संगीत के साथ नाचना

job /dʒɒb/ /जॉब्/ noun, c. or singular **1** *He has a full-time job in an office.*(c.) = regular paid employment नौकरी **2** *The carpenter has done a good job.*(c.) = a piece of work काम **3** *It's your job to water these plants.* (singular) = duty दायित्व, काम **4** *When you have completed all the jobs, log off.*(t.) = something specific done by a computer e.g. calculations or sorting (कंप्यूटर द्वारा संपन्न) काम **jobless** adj. = unemployed (Note: This does not mean 'idle' or 'free to do what someone wants'.) बेरोज़गार

to make a good/bad job of something = to do something well/badly अच्छी तरह/खराब तरह से काम करना **to be out of a job**= to be unemployed नौकरी से निकाल दिया जाना **to do the job** *I need a fork but this spoon will do the job.* = to serve the purpose in a particular situation काम चलाना

jock•ey /'dʒɒki/ /'जॉकी/ noun, c. = a person who is paid to ride horses in races घुड़दौड़ के घुड़सवार

joc•u•lar /'dʒɒkjʊlə^r/ /'जॉक्युल^र/ adj. *a jocular remark* = intended to cause laughter मज़ाकिया

jog[1] /dʒɒg/ /जॉग्/ verb, i. **1** *He jogs every morning.*= to run slowly for exercise व्यायाम हेतु दौड़ना **2** *He will remember everything if you jog his memory.* = to shake gently; nudge (figurative) झँझोड़ना (लाक्षणिक)

jog[2] noun, u. **1** *Will you come with me for a jog?* = a slow run (दुलकी चाल की) दौड़ **2** *Give him a jog and wake him up.* = a shake धक्का

john /dʒɒn/ /जॉन्/ noun, c. (American) = a toilet or lavatory (informal) (अमेरिकी अंग्रेज़ी का प्रयोग) गुसलखाना (अनौपचारिक)

join[1] /dʒɔɪn/ /जॉइन्/ verb, t. or i. **1** *This road joins New Delhi to Gurgaon.*(t.) = to connect or bring together मिलाना, जोड़ना **2** *You can start the dinner. I will join you later.*(t.) = to become united with सम्मिलित होना **3** *The two roads join at this point.*(i.) = to meet मिलना **4** *I am joining the Officers' Club.*(t.) = to become a member of सदस्य बनना **5** *We had to join a long queue.* = to stand at the end of a line पंक्ति में लगना

join[2] noun, c. *The carpenter has repaired the broken chair so cleverly that you can't see the join.* = the place where two things are joined together जोड़

join in *Will you join in with us and celebrate Anu's promotion?* = to participate भाग लेना, सम्मिलित होना **to join hands with someone** *Parvez and I have joined hands to set up a restaurant.* = to set up plans to work with someone else (sometimes in a cause which is not approved of) परस्पर मिलकर (साझेदारी में) काम करना (कभी-कभी ऐसे उद्देश्य के लिए जो मान्य नहीं हो)

joint[1] /dʒɔɪnt/ /जॉइन्ट्/ noun, c. **1** *I have a pain in my knee joint.* = the place where two bones are joined together in the body (हड्डियों का) जोड़ **2** *The long pipe has a number of joints.* = a place where things are joined or a part that joins things जोड़ **3** = a place regularly visited by someone for food etc. of an unhealthy kind (derogatory) बाज़ारू खान-पान का वह स्थान जहाँ कोई बार-बार जाता हो (अनादरपूर्ण) **4** = a cigarette containing marijuana (slang) नशीली (मारिजुआना युक्त) सिगरेट (अपभाषा)

joint[2] adj. *a joint family/decision/account* = shared by two or more people; of several people संयुक्त

joist /dʒɔɪst/ /जॉइस्ट्/ noun, c. = a metal beam which supports some part of a building भवन के किसी भाग को सहारा देने वाली 'बीम'

joke[1] /dʒəʊk/ /जउक्/ noun, c. **1** = a short funny story about someone or something चुटकुला, मज़ाक **2** *Someone played a joke on him by pretending to be his long lost friend.* = a trick played on someone to create laughter हँसी-मजाक के लिए चाल खेलना **3** *The dress was something of a joke.* = something which is not a good example of something or someone who is not taken seriously का एक मज़ाक, उपयुक्त न होना **4** *practical joke* = a joke/trick played on someone that is amusing for others शरारत, मज़ाक

joke[2] verb, i. *I don't like anyone joking with me while I am working.* = to speak in a light-hearted and non-serious manner मज़ाक करना, बात में गंभीरता न होना **joker** noun, c. **1** = a person who likes to joke मसखरा **2** = an extra card in a pack of cards, which can be given any value 'जोकर'-ताश का एक विशेष पत्ता

to play a joke on somebody = to fool someone for the amusement of others मनोरंजन के लिए किसी को मूर्ख बनाना **to take a joke** *He gets irritated very easily. He can't take a joke.* = to not be able to laugh at a joke about/on oneself मज़ाक को सहन करना, मज़ाक पर नाराज़ न होना

jol•ly[1] /ˈdʒɒli/ /जॉली/ adj. *a jolly old man* = cheerful and happy हँसमुख, हँसी-मज़ाक करने वाला

jolly[2] adv. *We had a jolly good time.* = very (informal) अच्छा-खासा (अनौपचारिक)

jolt[1] /dʒəʊlt/ /जउल्ट्/ verb, t. or i. **1** *The train jolted so much that we could not sleep.*(i.) = to move roughly, shaking from side to side हिलना, झटके खाना **2** *I was jolted out of my sleep by the sound of the door being banged.* = to wake or surprise in a sudden and unpleasant way (often figurative) हड़बड़ाकर उठना (प्रायः लाक्षणिक)

jolt[2] noun, c. *The news of India's defeat in the match gave me a jolt.* = shock or blow धक्का, सदमा

jos•tle /ˈdʒɒsəl/ /'जॉस्ल्/ verb, t. *The film stars were jostled by the crowd during the shooting of the film.* = to push someone roughly धक्का-मुक्की में पड़ना

jos•tling /ˈdʒɒslɪŋ/ /'जॉस्लिङ्/ noun, u. *The jostling in the bus caused him to feel sick.* = the pressure which one feels inside a crowded vehicle भीड़-भाड़ में होनेवाली घबराहट, धक्का-मुक्की

jot[1] /dʒɒt/ /जॉट्/ verb, t. (**jotted**) *Can you jot down the main points of his speech?* = to write quickly संक्षेप में जल्दी लिख लेना

jot[2] noun *There is not even a jot of truth in the report you have sent.* = a very small amount (used in negative sentences only) जरा भी, रत्ती-भर (केवल निषेधात्मक वाक्यों में प्रयुक्त) **jotting** noun, c. *Let me show you the jottings I made from your speech.* = a short note, written quickly जल्दी-जल्दी संक्षेप में लिखा हुआ

jou•le /dʒuːl/ /जूल्/ noun, c. = a unit of work/energy [PHYSICS] कार्य ऊर्जा की इकाई, जूल [भौतिकी]

jour•nal /ˈdʒɜːnəl/ /'जऽन्ल्/ noun, u. **1** *This is the new journal of the Computer Society of India.* = a serious magazine containing articles by experts or people doing research पत्रिका (प्रायः शोध-पत्रिका) **2** *He maintains a journal in which he puts down all his personal thoughts.* = diary डायरी

journalism /ˈdʒɜːnəlɪzəm/ /'जऽन्लिज़्म्/ noun, u. = the profession of writing for newspapers, magazines, televison or the Internet पत्रकारिता **journalist** noun, c. = a person who has made journalism his/her profession पत्रकार

jour•ney[1] /ˈdʒɜːni/ /'जऽनी/ noun, c. **1** *We are going on a long journey by train, from Kanyakumari to New Delhi.* = a trip from one place to another, usually by land यात्रा **2** *The journey of life teaches us many valuable lessons.* = experience (figurative) (see also **travel**) जीवन के अनुभव (लाक्षणिक) (देखें **travel**)

journey[2] verb, i. *We will journey from Ahmedabad to Guwahati.* = to go on a journey (formal and somewhat old-fashioned) यात्रा करना (औपचारिक कुछ पुराने प्रचलन का)

jo•vi•al /ˈdʒəʊviəl/ /'जउविअल्/ adj. *Our jovial host kept all of us amused with her jokes.* = cheerful and friendly खुशमिज़ाज, मिलनसार

jowls /dʒaʊls/ /जाउल्स्/ noun, u. (always plural) = the skin/area below the cheeks गाल से कुछ नीचे का भाग

joy /dʒɔɪ/ /जॉइ/ noun, u. or c. **1** *The birth of a daughter filled us with joy.*(u.) = great happiness खुशी, प्रसन्नता

2 *My children are a joy to me in my old age.*(c.) = someone or something that causes great happiness आनंद देनेवाला

joy•ous /'dʒɔɪəs/ /'जॉइअस्/ adj. = full of joy (formal) [LITERATURE] आनंदपूर्ण (औपचारिक) [साहित्य] **joy-ride** = a ride in a car or plane, taken for enjoyment मनोरंजन के लिए (कार या प्लेन की) सवारी करना **joy-stick** noun, c. = a handle by which one can control the movement of something, especially an aircraft नियंत्रक छड़

jub•i•lant /'dʒu:bɪlənt/ /'जूबिलन्ट्/ adj. *He is jubilant because he managed to complete the test in an hour.* = very happy about something that has happened अत्यंत प्रसन्न

ju•bi•lee /'dʒu:bɪli:/ /'जूबिली/ noun, c. = a celebration marking some special date on which something important happened many years ago जयंती

Ju•da•is•m /'dʒu:deɪ-ɪzəm/ /'जूडेइ-इज़्म्/ = the religion followed by the Jews यहूदी धर्म

judge[1] /dʒʌdʒ/ /जॅज्/ noun, c. *The judge will decide the case.* = an official who decides law cases in a court न्यायाधीश, 'जज'

judge[2] verb, t. *She has been asked to judge the flower show.* = to choose the winner in a competition (प्रतियोगिता का) निर्णय करना **judgment (judgement)** noun, u. or c. 1 *The judgment has been signed by the judge.*(u.) = the official decision given by a judge in a court of law फ़ैसला, निर्णय (कानून-संबंधी) 2 *His judgment of people is generally correct.*(u.) = the ability to form an opinion about people or things विचार, निर्णय 3 *The lawyer referred to a judgment by the Supreme Court.*(c.) = a decision taken earlier by a judge which can act as an example for other judges निर्णय **Day of Judgement** (often capitals) noun = the day on which, according to some religious beliefs, God will judge our deeds कयामत, मृत्यु के पश्चात ईश्वर द्वारा फैसले का दिन (कुछ धर्मों में मान्य)

ju•di•cia•ry /dʒu:'dɪʃəri/ /जू'डिश्री/ noun, u. = the branch of the government that deals with law and justice न्यायपालिका **judicial** adj. = dealing with judges and courts of law न्यायिक

ju•di•cious /dʒu:'dɪʃəs/ /जू'डिशस्/ adj. *a judicious decision* = wise (formal) न्यायपूर्ण, विवेकपूर्ण (औपचारिक)

ju•do /'dʒu:dəʊ/ /'जूडउ/ noun, u. = a martial art (sport that teaches one to protect oneself against an attacker) that began in Japan and Korea (see also **jujitsu** and **karate**) 'जूडो'-जापानी/कोरियाई युद्ध-कला जो आत्म-रक्षा सिखलाती है (देखें **jujitsu** तथा **karate**)

jug /dʒʌg/ /जग/ noun, c. = a container with a handle, used for storing and pouring out liquids (also **pitcher**) 'जग' (देखें **pitcher**)

jug•ger•naut /'dʒʌgənɔ:t/ /'जॅगनॉऽट/ noun 1 = a large vehicle used for carrying loads भारी सामान ले जाने वाला बड़ा वाहन 2 = a very powerful force which no one can check अत्यंत भीषण दुर्दम्य शक्ति

jug•gle /'dʒʌgəl/ /'जॅग्ल्/ verb, t. *The clown in the circus can juggle four balls at the same time.* = to keep several objects up in the air by throwing them up, catching them and throwing them up again एक प्रकार की जादुई कला, हाथ की सफ़ाई

to juggle the accounts = to arrange or make changes in something cleverly, usually to cheat someone (derogatory) हेराफेरी करना (अनादरपूर्ण)

ju•gu•lar /'dʒʌgjʊlə'/ /'जॅग्युलॅ/ noun, c. *the jugular vein* = one of the two large veins inside the neck carrying blood from the head to the heart गर्दन की एक नस जो मस्तिष्क से हृदय तक रक्त वहन करती है

to go for the jugular = to attack someone dangerously with the intention of causing serious harm खतरनाक तरीके से वार करना

juice[1] /dʒu:s/ /'जूस्/ noun, u. *You should drink a glass of orange juice every morning.* = the liquid from fruit, vegetables or meat (फल, सब्ज़ी या माँस का) रस, 'जूस'

juice[2] verb, t. *He is juicing an orange for you.* = to take the juice out of something (फल का) रस निकालना **juicy** adj. 1 *a juicy apple* = full of juice रसीला 2 *a juicy piece of news* = interesting (usually relating to improper behaviour) रोचक, चटपटा **juicer** noun, c. = a machine used to take the juice out of fruit and vegetables रस निकालने की मशीन, 'जूसर'

ju•jit•su /dʒu:'dʒɪtsu:/ /जू'जित्सू/ noun, u. = a martial art (sport which teaches one to defend oneself against an attacker) which began in Japan (see also **judo** and **karate**) जापान की एक युद्ध-कला जो आत्म-रक्षा सिखलाती है (देखें **judo** और **karate**)

juke•box /'dʒu:k bɒks/ /'जूक बॉक्स/ noun, c. = a machine, often inside a restaurant, that plays a selected piece of music when a coin is put into it 'जूक बॉक्स, प्राय: रेस्तरां में रखी ऐसी मशीन जिसमें पैसा डालकर लोग अपनी पसंद के गाने सुन सकते हैं

Ju•ly /dʒʊ'laɪ/ /जु'लाई/ noun = the seventh month of the year, between June and August 'जुलाई'-वर्ष के सातवें महीने का नाम

jum•ble[1] /'dʒʌmbəl/ /'जॅम्ब्ल्/ verb, t. *The books and papers inside the room have been jumbled up and are lying in an untidy heap.* = to mix up in a disorderly fashion (वस्तुओं का) अव्यवस्थित होना, अस्त-व्यस्त होना

jumble[2] noun, u. *There is an untidy jumble of things lying on the floor.* = a mixture of things without any order अव्यस्थित ढेर **jumble sale** noun, c. = a sale of used articles, usually to raise money पुराने सामान की बिक्री

jum•bo /'dʒʌmbəʊ/ /'जॅम्बउ/ adj. *a jumbo jet* = very large in size विशाल, बहुत बड़ा

jump[1] /dʒʌmp/ /जॅम्प्/ verb, i. or t. 1 *The thief jumped over the fence when he saw that the lights in the house were on.*(i.) = to push oneself up into the air, over or across something कूद कर पार करना, फाँदना 2 *He*

J

jumped the fence.(t.) = to cross or go over something by jumping फाँदना **3** *He jumped from one topic to another during his lecture.*(i.) = to move suddenly from one point to another (figurative) विषयांतर करना (लाक्षणिक) **4** *The price of petrol jumped from Rs 15 to Rs 30 a litre.*(i.) = to rise sharply and suddenly अचानक बढ़ जाना

jump[2] noun, c. **1** *That was a beautiful jump.* = an act of jumping कूद **2** *There is a big jump in the price of fertilizer.* = sudden rise अचानक वृद्धि **jump-start** verb, t. **1** *to jump-start a car* = to start a car by connecting its battery to that of another car, so that a strong electric current is produced एक गाड़ी की बैटरी को दूसरी गाड़ी की बैटरी से जोड़कर चलाना **2** *to jump-start a new industry* = to do something in order to help something to work better एक उद्योग की प्रगति के लिए कोई कार्य आरंभ करना **jumpsuit** = a single whole-body garment that covers the upper body and the legs एक प्रकार की एकल पोशाक जो समूचे शरीर को ढँकती है

to jump out of one's skin = to move suddenly in surprise or shock (informal) अचानक आश्चर्य से विचलित होना, चौंक जाना (अनौपचारिक) **to jump the gun** = to start doing something before the proper time (informal) सही समय से पहले ही कार्य आरंभ कर देना (अनौपचारिक) **to jump the traffic lights** = to disobey a red (stop) traffic signal and drive on (informal) चौराहे की लाल बत्ती की उपेक्षा कर वाहन न रोकना (अनौपचारिक) **to jump the queue** = to take an unfair advantage over others in a situation in which one is required to wait for one's turn (informal) अपनी बारी से न चलकर दूसरों से आगे बढ़ जाना (अनौपचारिक)

jump•er /ˈdʒʌmpəʳ/ /ˈजॅम्पर्/ noun, c. **1** *a high jumper* = a person who jumps ऊँची कूद (खेल) का खिलाड़ी **2** = a woollen garment that covers the upper half of the body स्वेटर

jump•y /ˈdʒʌmpi/ /ˈजॅम्पी/ adj. *She is feeling more and more jumpy as the examination draws near.* = nervous and excited (informal) घबराहट से उत्तेजित, आशंकित (अनौपचारिक)

junc•tion /ˈdʒʌŋkʃən/ /ˈजंक्शन्/ noun, c. or u. *Kharagpur is an important junction where the railway lines from Kolkata, Mumbai and Chennai meet.*(c.)= a place where roads, railway lines,etc. meet or join 'जंक्शन'-बड़ा रेलवे स्टेशन **junction box** noun, c. = a box where various electrical wires are joined 'जंक्शन बॉक्स'-जिसमें बिजली के विभिन्न तार जुड़े रहते हैं

junc•ture /ˈdʒʌŋktʃəʳ/ /ˈजंक्चर्/ noun, u. *It looks like we will easily win the match, and at this juncture the captain should declare the innings.* = a particular point of time which is very important (formal) स्थिति, मोड़, महत्त्वपूर्ण समय अथवा अवसर (औपचारिक)

June /dʒu:n/ /जून/ noun = the sixth month of the year, between May and July, usually the hottest in India 'जून'-वर्ष के छठे महीने का नाम

jun•gle /ˈdʒʌŋgəl/ /ˈजंगल्/ noun, c. = thick tropical forest जंगल, वन **concrete jungle** = an area (usually a city) that has many buildings and very little open ground (disapproving) शहर जो इमारतों का जंगल हो, जहाँ खुली जगह न हो (अस्वीकृत) **jungle gym** noun, c. = a framework of metal or wood that can be climbed (usually used by children) बच्चों के चढ़ने-उतरने के लिए बनाया गया धातु या लकड़ी का ढाँचा

ju•ni•or[1] /ˈdʒu:nɪəʳ/ /ˈजूनिअर्/ adj. **1** *He is a junior salesman in the store.* = of low or lower rank (opposite **senior**) छोटा, कनिष्ठ, निम्न स्तर का (विलोम शब्द **senior**) **2** *She is junior to me by two years.* = younger in age or having fewer years in service or having joined a school or college later than someone else उम्र अथवा अनुभव में कम

junior[2] noun, c. (abbr. as **Jr** or **Jnr**) (American) *George Bush, Junior (George Bush, Jr.)* = the younger of two people in the same family who have the same name (संक्षिप्त रूप Jr या Jnr) (अमेरिकी अंग्रेज़ी में प्रचलित प्रयोग) एक परिवार में एक ही नाम के दो सदस्यों में छोटा **junior school** = a school for children aged 5 to 10 years प्राथमिक विद्यालय **junior college** = a college for students preparing to enter a bachelor's degree course स्नातक-पूर्व अध्ययन का महाविद्यालय (कॉलेज)

ju•ni•per /ˈdʒu:nɪpəʳ/ /ˈजूनिपर्/ noun, c. = an evergreen bush that has sharp leaves and small berries, used for making gin एक प्रकार की सदाबहार झाड़ी (जिसके पत्ते नुकीले हों और छोटे बेर जैसे फल हों, जिससे जिन (एक प्रकार की शराब) बनती है

junk[1] /dʒʌŋk/ /जंक्/ noun, c. or u. **1** *Throw out all this junk. You don't need it.*(u.) = old and unwanted things कबाड़ **2** *a Chinese junk*(c.) = a kind of sailing ship with square sails, used in China चीन में प्रचलित एक प्रकार का जलपोत

junk[2] verb, t. (**junked**) *You should junk all this old furniture.* = to get rid of something that is not needed कबाड़ निकाल देना **junk food** noun, u. = food that is not healthy स्वास्थ्य के लिए हानिकर बाज़ारू खाना **junk mail** noun, u. = letters, advertisements etc. sent to people who have not asked for them and do not want them अवांछित पत्र, विज्ञापन आदि की डाक **junk jewellery** noun, u. = jewellery that is eye-catching but of little value कृत्रिम आभूषण **junkie** (also **junky**) noun, c. **1** = a person who is addicted to drugs (slang) नशे का आदी व्यक्ति (देखें **junky**) (अपभाषा) **2** *a video game junkie* = a person who watches television, plays video games, uses the computer etc. a great deal (humorous) जिसे किसी कार्य अथवा वस्तु की लत हो जैसे टी.वी., विडियो गेम्स तथा कंप्यूटर की (हास्यपरक)

jun•ket /ˈdʒʌŋkɪt/ /ˈजंकिट्/ noun, c. **1** = an unnecessary journey or trip made by a government official and paid for by public money (derogatory) अनावश्यक सरकारी यात्रा जिसमें जनता का पैसा बरबाद हुआ हो (अनादरपूर्ण) **2** = a pudding made with milk दूध से बनी एक प्रकार की खीर

jun•ta /ˈdʒʌntə/ /ˈजॅन्ट/ noun, u. *the military junta in a neighbouring country* = a (military) government that comes to power without an election बिना चुनाव आदि के बनी (सैनिक) सरकार

Ju•pi•ter /ˈdʒuːpɪtəʳ/ /ˈजूपिटʳ/ noun (always capital) one of the planets of the **solar system** बृहस्पति-सौर मंडल का एक ग्रह

jur•is•dic•tion /dʒʊərɪsˈdɪkʃən/ /जूअरिसˈडिक्श्न्/ noun *This case does not lie within the jurisdiction of the High Court and should not have been decided by it.* = the power to decide a law case (formal) न्यायिक मामले की जाँच का अधिकार क्षेत्र (औपचारिक)

ju•ris•pru•dence /dʒʊərɪsˈpruːdəns/ /जूअरिसˈप्रूडन्स्/ noun = the study of the principles of law न्याय-सिद्धांत का अध्ययन

jury /ˈdʒʊərɪ/ /ˈजूअरी/ noun, c. (**juries**) = a group of people from the public, who may not know much about law, who are chosen to hear a case in a court of law and give a decision on it (The jury system is common in the U.S.A., but no longer found in India.) 'जूरी'-संयुक्त राष्ट्र अमेरिका में अदालत के संदर्भ में प्रयुक्त शब्द **jurist** noun, c. = a person who is an expert in law कानून विशेषज्ञ

just[1] /dʒʌst/ /जस्ट/ adv. **1** *The accident took place just at this spot.* = exactly ठीक **2** *He has just arrived.* = only a short time ago अभी-अभी **3** *She is just a child.* = no more than से अधिक नहीं, महज़ **4** *I don't know where he went. He seems to have just disappeared.* = completely एकदम, पूरी तरह **5** *I know he has come a long way, but he'll just have to wait.* = an expression used to say something strongly बात पर ज़ोर देने की अभिव्यक्ति **6** *She thinks she has packed just about everything she needs for the trip.* = almost लगभग **7** *I was just about to send you the e-mail when you called.* = to be about to do something very soon करने ही वाला **8** *to be just as good/bad as something else* = equally के समान ही, के जितना ही **9** *The bus arrived just as I was leaving the bus-stop.* = at the same time उसी समय **10** *I just can't bear that noise.* = really; used to stress something बात पर ज़ोर देने के लिए प्रयुक्त

just kidding = a way of telling someone not to worry and that one was joking (kidding) about something मज़ाक कर रहा था **just like that!** *She left her job, just like that!* = without giving something importance, thinking of others' feelings etc. (informal, disapproving) ऐसे ही (अनौपचारिक, अस्वीकृत)

just[2] /dʒʌst/ /जस्ट्/ adj. *That is a just and fair decision.* = right and proper सही, उपयुक्त, न्यायसम्मत

jus•tice /ˈdʒʌstɪs/ /ˈजॅस्टिस्/ noun, u. **1** *The man was innocent, and we are happy that he has been set free. Justice has been done.* = the right and proper thing न्याय **2** *The police must arrest this criminal and bring him to justice.* = the power of the law न्यायालय के समक्ष **Justice** noun *Mr Justice Misra* = the title by which a judge is addressed 'जज' के लिए प्रयुक्त संबोधन, न्यायमूर्ति

jus•ti•fy /ˈdʒʌstɪfaɪ/ /ˈजॅस्टिफ़ाई/ verb, t. *You have spent Rs 10,000 to buy paper for the office. How can you justify this expenditure?* = to give a good reason for something; to explain सही प्रमाणित करना, उपयुक्त कारण बताना **justifiable** /dʒʌstɪˈfaɪəbl/ /जॅस्टिˈफाइअबल्/ adj. *justifiable expense* = something that has a good reason तर्कसंगत, उपयुक्त कारण से किया गया **justification** /dʒʌstfɪˈkeɪʃən/ /जॅस्टिफ़िˈकेइश्न्/ noun, u or c. *What is the justification for your action?*(c.) = a reason for doing something उपयुक्त कारण

jut /dʒʌt/ /जॅट्/ verb, i. (**jutted**) *The lighthouse has been built on a rock which juts out into the sea.* = to stick out or extend into आगे बढ़ा होना, आगे को निकला होना

jute /dʒuːt/ /जूट्/ noun, u. = a fibre (thread-like material) produced by a plant, from which ropes and sacks are made 'जूट' रेशेदार पदार्थ जिससे रस्सियाँ, बोरे आदि बनते हैं

ju•ve•nile /ˈdʒuːvənaɪl/ /ˈजूवनाइल्/ adj. *a juvenile person* = a very young person, no longer a child but not an adult किशोर, जवान **juvenile delinquency** noun, c. = the committing of crimes by very young people [LAW] नाबालिग़, कम उम्र के बच्चों द्वारा किया अपराध [कानून]

jux•ta•pose /dʒʌkstəˈpəʊz/ /जक्स्टˈपउज़्/ verb, t. *If you juxtapose these two paintings, you will see how different one is from the other.* = to place side by side or close together (formal) साथ-साथ या पास-पास रखना (औपचारिक)

J

kK

k, K /keɪ/ /केइ/ the eleventh letter of the English alphabet अंग्रेज़ी वर्णमाला का ग्यारहवाँ वर्ण

K abbr. of **Kelvin** noun = a unit for measuring temperature (0º centigrade = –273º K) तापमापक इकाई (**Kelvin** का संक्षिप्त रुप)

ka•lei•do•scope /kə'laɪdəskəʊp/ /क'लाइडस्कउप्/ noun, c. = a toy consisting of a tube with pieces of coloured glass and mirrors fitted inside, which shows different patterns in the mirrors when the tube is turned around **kaleidoscopic** /kəlaɪdəs'kɒpɪk/ /कलाइडस'कॉपिक्/ adj. = colourful, having great variety रंग-बिरंगा

kan•ga•roo /kæŋgə'ru:/ /कैंग'रू/ noun = an animal found in Australia which hops along on its powerful back legs and carries its babies in a pouch in its stomach कंगारू (एक जानवर)

ka•o•lin /'keɪəlɪn/ /'केइअलिन्/ noun = a kind of white clay (earth) used for making fine pots as well as medicines केओलिन, चीनी मिट्टी जिससे बर्तन और दवाएँ बनती हैं

ka•ra•o•ke /kærɪ'əʊkɪ/ /कैरि'अउकि/ noun (Japanese) = a form of entertainment in which one sings while musical accompaniment as well as the words of the song are provided by a machine (जापानी भाषा का शब्द) एक प्रकार का मनोरंजन

ka•ra•te /kə'rɑ:ti/ /क'रॉऽटी/ noun, u. = a kind of martial art, originally from Japan and Korea, which teaches one to defend oneself against an attacker (see also **judo, jujitsu, kung fu**) कराटे (एक प्रकार की युद्ध-कला मूलत: जापान और कोरिया में प्रचलित) (देखें **judo, jujitsu, kung fu**)

ka•yak /'kaɪæk/ /'काइऐक्/ noun, c. = a light, narrow covered boat which usually seats only one person एक प्रकार की छोटी नौका, डोंगी

ke•bab /kə'bɑ:b/ /क'बाऽब/ (also **kabab**) noun, u. or c. = small pieces of meat cooked over a fire on a thin bamboo or metal stick (see also **barbecue**) कबाब (देखें **barbecue**)

keel /ki:l/ /कील्/ noun, c. = a long, straight piece of wood or metal which holds the bottom of a ship together and over which the frame of the ship is built नौतल, एक लंबी छड़ जिसके ऊपर जलपोत का ढाँचा टिका रहता है

to keel over = to fall over sideways एक ओर गिर जाना

keen /ki:n/ /कीन्/ adj. **1** *She is keen to study computer technology in Germany.* = having a deep interest in doing something उत्सुक **2** *He has such a keen mind that he can learn any new subject.* = sharp; good at understanding तेज़ (दिमाग) **3** *a keen knife* = having a sharp edge तेज़ धार वाला

keep /ki:p/ /कीप्/ verb, t. or i. (**kept**) **1** *You can keep the pen I lent you. You need not return it to me.*(t.) = to continue to have something in one's possession, without the need to return it अपने पास रख लेना, वापस नहीं करना **2** *He keeps a huge dog.*(t.) = to have/own and look after an animal (पशु आदि के संदर्भ में) पालतू रखना **3** *They invited me over and kept me in great comfort for a week.*(t.) = to look after someone with care बहुत एहतियात के साथ रखना **4** *This blanket will keep you warm.*(t.) = to cause to remain in a particular state रखना **5** *He keeps writing letters to me.*(t.) = to continue to do something 'रहना' सहायक क्रिया जैसे–लिखते रहना **6** *He kept his word to me.*(t.) = to fulfill वायदा पूरा करना **7** *I'm afraid this food won't keep very long.*(i.) = to remain in good condition सुरक्षित रहना, टिकना

to keep off *I've been asked to keep off red meat because it isn't healthy for me.* = to avoid something (informal) से परहेज़ रखना/दूर रहना (अनौपचारिक) **to keep up** *I can cycle quite fast, but cannot keep up with my sister.* = to be as fast, good etc. as someone else in an activity (informal) बराबरी कर पाना (अनौपचारिक) **to keep (something) up** *You've done a wonderful job. Keep it up!* = an expression used to encourage someone who is doing good work (informal) अच्छा कार्य करते रहने के लिए उत्साहित करने की अभिव्यक्ति, लगे रहो (अनौपचारिक) **to keep one's head** = to remain calm in a difficult situation (informal) दिमाग शांत रखना (अनौपचारिक) **to keep one's shirt on** = to stay calm and not get angry (informal) क्रुद्ध न होना, शांत रहना (अनौपचारिक) **to keep to something** *Try to keep to the subject.* = to not move away from something one is discussing, or to stick to a promise अपने विषय अथवा वायदे से विचलित न होना **to keep something to oneself** = to not share information, a secret etc. with others गुप्त रखना, अपने तक रखना **to keep to oneself** *He has few friends and usually keeps to himself.* = to not be interested in meeting other people अपने में रहना **to keep out of something** = to choose not to be involved in something which is likely to create trouble मुसीबत से अलग रहना **to keep up one's spirits** = to try to be cheerful in a situation which causes sadness, low feelings etc.हिम्मत बाँधे रखना **for keeps** *This book is yours for keeps.* = for all time (informal) हमेशा के लिए, अपना अधिकार हो जाना (अनौपचारिक) **keeping up with the Joneses** = trying to live as well as someone who has more money, is more stylish etc. (disapproving) अमीरों की तरह रहने की कोशिश करना (अस्वीकृत)

Usage **keep** and **put**

'keep' is used to indicate the position occupied by something permanently or over a long period of time e.g. 'I keep my books in this cupboard' 'Put', on the other hand, indicates a temporary position e.g. 'Put the book on the table.'

Keep बताता है कि कोई वस्तु किसी स्थान पर सदा के लिए स्थित है या लंबी अवधि के लिए स्थित है। जैसे: 'I keep my books in this cupboard'. Put किसी वस्तु के किसी स्थान पर अल्पावधि के लिए स्थिति की सूचना देता है। जैसे: 'Put the book on the table'.

keep•er /'ki:pə^r/ /'कीप^र/ noun, c. or suffix *a shopkeeper* = someone who is in charge of something रक्षक, अधिकार दर्शाने वाला प्रत्यय जैसे-'दुकानदार में 'दार'

keg /keg/ /केग्/ noun, c. = a small wooden **barrel** that can hold liquids तरल पदार्थ रखने के लिए प्रयुक्त लकड़ी का पीपा

ken•nel /'kenəl/ /'केन्ल्/ noun, c. = a shelter (small house or hut) for a dog कुत्ते के रहने के लिए बनाया गया घर

kerb /kɜ:b/ /'कऽब्/ noun = a raised space along the side of a street, built at a slightly higher level, for people to walk on सड़क के किनारे पैदल चलने के लिए बनाया गया रास्ता

ker•chief /'kɜ:tʃɪf/ /'कऽचिफ़्/ noun, c. = a square piece of cloth used to cover the head and neck (see also **handkerchief**) रूमाल (देखें **handkerchief**)

ker•nel /'kɜ:nəl/ /'कऽन्ल्/ noun, c. **1** = the inside part of a nut, which is eaten e.g. a groundnut मेवा गिरी **2** *Let us get to the kernel of this problem.* = the central or most important part (figurative) मूल तत्त्व (लाक्षणिक)

ker•o•sene /'kerəsi:n/ /'केरसीन/ noun, u. = thin, colourless oil made from petroleum, used for providing light or heat मिट्टी का तेल, केरोसीन

ketch•up /'ketʃəp/ /'केचप्/ noun, u. = a thick, red sticky liquid made by boiling tomatoes with sugar, salt and spices, used as an accompaniment to food टमाटर चटनी, सॉस

kettle /'ketl/ /'केट्ल्/ noun, c. = a pot with a handle and a lid as well as a spout (a narrow curved mouth for pouring liquids), in which water can be heated केतली

the kettle calling the pot black = a person with a bad reputation trying to give someone else a bad name उल्टा चोर कोतवाल को डाँटे

key[1] /ki:/ /की/ noun, c. **1** *the key to the front door* = a piece of metal which, when inserted (put into) a lock and turned, can close or open the lock चाबी **2** *the keys of a typewriter or a piano* = a part of a machine that is pressed down to make the machine work (टाइपराइटर या पियानो की) कुंजी **3** = a book or a part of a book that has answers to questions in the same book or a different book (किताब की) कुंजी **4** = (in an atlas, diagram etc.) a table which tells one what the colours, symbols, lines etc in a map stand for कुंजी (जैसे एटलस की)

key[2] adj. *Now watch carefully; this is the key scene.* = the most important सबसे महत्त्वपूर्ण

key[3] verb, t. (**keyed**) *The data has to be keyed into the computer.* = to enter data (information) into a computer using the keyboard, so that it can be read again, printed or sent out कंप्यूटर में कोई तथ्य रख छोड़ना **keyboard** noun, c. = the part of a typewriter, computer, piano etc. which has one or more rows of keys which are pressed down to make the machine work कुंजीपटल, की बोर्ड **keynote** noun, u. *The key-note for this conference is the prevention of violence against women.* = the main topic or point मुख्यबिंदु **keynote address** = a speech which introduces the main topic for a meeting, conference etc. आधार पत्र **keyring** noun, c. = a small ring made of metal which is used to keep keys in one place चाबियों का छल्ला **keyhole** noun, c. = the hole in a door where the key is inserted चाबी लगाने का छेद **keyword** noun, c. = a word used when searching the Internet for information about a particular subject [COMPUTERS] इंटरनेट पर किसी खास विषय के बारे में जानने के लिए प्रयुक्त विशिष्ट शब्द [कंप्यूटर]

to be keyed up *When we heard that we might spot a tiger on the night safari, we were keyed up.* = excited and nervous उत्तेजित होना

kha•ki[1] /'kɑ:ki/ /'खाकी/ adj. *Policepersons in India usually wear khaki uniforms.* = light yellowish-brown in colour खाकी (रंग)

khaki[2] noun, c. *He looked very smart in his new khakis.* = trousers meant for informal wear (to be worn on ordinary, everyday occasions) दैनिक प्रयोग में पहनी जानेवाली पैंट

kib•butz /kɪ'bʊts/ /कि'बुट्स्/ noun, c. (**kibbutzim** or **kibbutzes**) = a farm or factory in Israel where people live and work together इज़राइल में ऐसे कार्य-स्थान जहाँ कर्मचारी रहते भी हैं

kick[1] /kɪk/ /किक्/ verb, t. *He kicked the ball into the goal with his left foot.* = to hit with the foot पैर से मारना, ठोकर मारना

kick[2] noun, c. **1** *The centre-forward scored a goal with a powerful kick.* = a hit or strong push given with the foot 'किक' **2** *He gets a kick out of watching wrestling on television.* = a feeling of great interest or excitement (informal) उत्तेजना (अनौपचारिक) **kick-back** noun = bribe or money paid dishonestly to someone for doing something रिश्वत, घूस

to kick off *The match kicked off at nine.* = to start some activity (informal) आरंभ होना (अनौपचारिक) **to get a kick out of something** *They get a kick out of watching violence in films.* = to get great pleasure and excitement, sometimes by being unkind or unfeeling, in doing something (informal) मज़ा लेना (अनौपचारिक) **to kick the bucket** = to die (slang, humorous or not respectful) मर जाना (अपभाषा, हास्यपरक अथवा आदरपूर्ण नहीं) **to kick a habit** *When I asked him if he still smoked, he said he had kicked the habit.* = to give up a bad habit (informal) बुरी आदत छोड़ देना

K

(अनौपचारिक) **to kick somebody out** = to remove somebody (from a job) or to make them leave (informal, not respectful) निकाल देना (अनौपचारिक, आदरपूर्ण नहीं) **to kick-start something** = to make something start working again (figurative) दुबारा शुरू करना (लाक्षणिक) **to kick up a fuss** = to complain vigorously about something, especially when it is not necessary to do so (informal) अधिक उत्तेजना में ख्वामख्वाह शिकायत करना (अनौपचारिक) **to do something for kicks** = to do something, especially something filled with danger, for the excitement it creates (informal) केवल मनोरंजन के लिए जोखिम भरा काम करना (अनौपचारिक)

kid[1] /kɪd/ /किड्/ noun, c. **1** = the baby of a goat मेमना, बकरी का बच्चा **2** *What's the kid doing?* = a child or a very young person (informal) बच्चा (अनौपचारिक)

kid[2] verb, t. (**kidded**) *You must be kidding! Don't try to kid me.* = to joke with someone or to play a trick on someone (informal) मज़ाक करना, बेवकूफ़ बनाना (अनौपचारिक) **kid stuff** = something that is very easy to do (informal) 'बच्चों का खेल', आसान काम (अनौपचारिक)

kid•nap /ˈkɪdnæp/ /ˈकिड्नैप्/ verb, t. (**kidnapped**) *The boy was kidnapped by a gang of criminals.* = to take away a person by force, usually for a ransom (money demanded for returning him/her) अगवा करना, अपहरण करना

kid•ney /ˈkɪdni/ /ˈकिड्नी/ noun, c. = an organ (working part) inside the body of an animal or human being, which separates waste matter from the blood, in the form of urine गुर्दा **kidney bean** noun, c. = kidney-shaped beans, usually red or dark, eaten as a vegetable राजमां (दाल)

kill[1] /kɪl/ /किल्/ verb, t. **1** *Hunters have killed all the tigers in this forest.* = to cause someone's death, usually by violence मार डालना **2** *We had planned a picnic, but the rain killed it.* = to put an end to something (informal) बरबाद कर देना, कार्यक्रम रद्द कर देने को विवश कर देना (अनौपचारिक) **3** *My feet are killing me.* = to cause great discomfort (informal) अत्यधिक कष्ट देना (अनौपचारिक)

kill[2] noun, c. *The tiger is sitting over its kill.* = an animal that has been killed by another animal for food शिकार **killer** noun = something (e.g a disease) or someone who kills जानलेवा बीमारी आदि, हत्यारा **killing** adj. *We thought we would enjoy the trek but it was killing.* = something that makes one very tired (informal) थककर चूर करने वाला (अनौपचारिक) **killer whale** = a species of whale with distinct black and white markings एक विशेष प्रकार की ह्वेल **killjoy** noun, c. *Our group leader is a killjoy; he refuses to allow us to go trekking alone.* = a person who spoils the pleasure of others दूसरों का मज़ा खराब करने वाला

to kill time = to find something to do in order to make time pass quickly (informal) केवल समय बिताने के लिए कुछ करना (अनौपचारिक) **to kill somebody for doing something** *My sister will kill me if I ruin her rose bush.* = be very angry (informal) बहुत नाराज़ होना (अनौपचारिक) **to kill someone with kindness** = to be greatly or excessively kind to someone (informal) अत्यधिक कृपालु होना (अनौपचारिक) **The suspense is killing me** = to be very anxious to know how something will end (informal) (अत्यधिक उत्सुकता) से बेचैन होना (अनौपचारिक) **to kill two birds with one stone** = to achieve two purposes with a single effort 'एक पंथ दो काज' या एक तीर से दो शिकार करना **to be dressed to kill** = to wear (fashionable) clothes in an excessive way, or dress in such a way that people notice you (informal) दूसरों को आकर्षित करने वाली पोशाक पहनना, दूसरों पर बिजली गिराना (अनौपचारिक) **to make a killing** = to earn a lot of money very quickly (informal) बहुत जल्दी अमीर हो जाना (अनौपचारिक)

kiln /kɪln/ /किल्न्/ noun, c. *a brick kiln* = a closed space in which bricks made of clay are baked (heated until they become hard) भट्टी

ki•lo- /ˈkiːləʊ/ /ˈकीलउ/ prefix meaning 'thousand' e.g. किलो- उपसर्ग **kilobyte** = a unit for measuring the amount of information that can be stored in a computer, equal to 1000 bytes किलोबाइट **kilogram** (abbr. as **kg**) noun, c. = a unit of weight, equal to 1000 grams किलोग्राम (संक्षिप्त रूप **kg**) **kilohertz** (abbr. as **kHz**) = a unit for measuring the frequency of radio waves, equal to 1000 hertz 'किलोहर्टज़ (संक्षिप्त रूप **kHz**) **kilometre** (abbr. as **km**) noun, c. = a unit of distance, equal to 1000 metres 'किलोमीटर (संक्षिप्त रूप **km**) **kilowatt** (abbr. as **kw**) noun, c. = a unit for measuring energy, equal to 1000 watts 'किलोवाट' (संक्षिप्त रूप **kw**)

kilt /kɪlt/ /किल्ट्/ noun, c. = a kind of short pleated skirt traditionally worn by men in Scotland किल्ट–स्कॉटलैंड में पुरुषों की एक (स्कर्टनुमा) पोशाक

ki•mo•no /kɪˈməʊnəʊ/ /किˈमउनउ/ noun, c. = a long, loose dress with wide sleeves worn by the Japanese किमोनो–एक लंबी, ढीली-ढाली जापानी पोशाक

kin /kɪn/ /किन्/ noun, u. = members of one's family; relatives (slightly old-fashioned) निकट संबंधी (कुछ पुराने प्रचलन का)

kind[1] /kaɪnd/ /काइन्ड्/ adj. *He is a kind man who has helped many people.* = one who cares about the happiness or feelings of people (opposite **unkind**) दयालु (विलोम शब्द **unkind**)

kind[2] noun, u. **1** *Tigers and lions are animals of the same kind, belonging to the cat family.* = a group or class whose members share some qualities; type or sort वर्ग, प्रकार, जाति **2** *Are you saying I told her our secret? I did nothing of the kind!* = sort; of the nature of the activity being talked about इस प्रकार का, ऐसा **3** *I'm not the kind of person who lets people down.* =

type ऐसा **kind-hearted** adj. *The kind-hearted milk-seller gave the poor woman some extra milk.* = having a kind nature कोमल-हृदय, दयालु **kindness** noun, c. = the quality of being kind; caring about others and helping them दया

in kind *You need not pay me cash for the rice I have supplied to you. You can pay me in kind. I'd love some coconuts from your tree.* = payment made through things, often of the same type, instead of money नकद राशि के स्थान पर वस्तु द्वारा दाम चुकाना **kind of** **1** *A cougar is a kind of wild cat.* = an expression used when one wants to explain something not familiar in words that are easy to understand एक प्रकार का **2** *It was kind of bad.* = an expression used in place of details which one does not want to reveal or which one cannot (or does not want to) describe एक प्रकार से, विशेषण+सा

kin•der•gar•ten /ˈkɪndəgɑːtn/ /ˈकिन्डगाऽट्न्/ noun, u. = a school for very young children, usually four to six years old) (compare **junior school**) पूर्व प्राथमिक विद्यालय 'केजी' (देखें **junior school**)

kin•dle /ˈkɪndl/ /ˈकिन्ड्ल्/ verb, t. **1** *Let us collect some wood and kindle a fire.* = to cause something to burn सुलगाना, जलाना **2** *I spoke to the group of students on the benefits of yoga, but I was unable to kindle much interest among them.* = to cause someone to feel interested रुचि उत्पन्न करना, जागृत करना

ki•net•ic /kɪˈnetic/ /किˈनेटिक्/ adj. *A car that is moving possesses kinetic energy.* = related to movement [TECHNICAL] (compare **potential energy**) ऊर्जा का एक प्रकार, गतिज ऊर्जा [तकनीकी] (देखें **potential energy**)

king /kɪŋ/ /किङ्/ noun, c. **1** *the King of Nepal* = the male ruler of a country, usually the eldest son of the former king राजा **2** *Gautam is the oil king.* = a rich and powerful businessperson सम्राट, बहुत धनी व शक्तिशाली व्यापारी **3** *Your king is under attack!* = the most important piece in the game of **chess** बादशाह (शतरंज का) **4** *Play the king of hearts.* = a playing card bearing the picture of a king बादशाह (ताश का) **kingly** adj. *kingly behaviour* = generous, just and dignified, of the kind expected of a king राजाओं-जैसा **kingdom** noun, c. **1** *the kingdom of Thailand* = a country ruled by a king or queen राज्य **2** *the animal kingdom* = one of the main classes into which living things are divided जीववर्ग, प्राणि-जगत

kingfisher /ˈkɪŋfɪʃəʳ/ /ˈकिङ्फिशर/ noun, c. = a small bird that catches and eats fish from lakes, rivers etc. (see pic under **bird**) नदी, झील आदि से मछली पकड़ कर खाने वाला एक छोटा पक्षी—किलकिला (bird के अंतर्गत चित्र देखें) **king-size** adj. *a king-size pack* = larger than the usual size सामान्य से बड़े आकार का **king-pin** noun = the most important person in a group, on whom the success of some activity depends दल का सबसे महत्त्वपूर्ण व्यक्ति

kink /kɪŋk/ /किङ्क्/ noun, c. *You should straighten out the rope and remove the kinks.* = a twist or knot in one's hair, a piece of rope etc. बल, गाँठ **kinky** adj. **1** *kinky hair* = hair that has tight curls घुँघराला **2** *a kinky mind* = having some quality which makes a person behave differently from most others (often derogatory) दूसरों से कोई भिन्न विशेषता होने के कारण भिन्न प्रकार का व्यवहार करने वाला (प्रायः अनादरपूर्ण)

kins•man /ˈkɪnzmən/ /ˈकिन्ज़्मन्/ noun, c. (**kinsmen**) = relative (The word 'kinsman' is generally avoided as it seems to favour the male sex or gender.) रिश्तेदार, संबंधी (**kinsman** शब्द का प्रयोग अमान्य होता जा रहा है क्योंकि इससे लिंगभेद का बोध होता है, केवल पुरुष (पुल्लिंग) का बोध होता है जो कि उचित नहीं है)

ki•osk /ˈkiːɒsk/ /ˈकीऑस्क्/ noun, c. = a small shop selling newspapers, cigarettes etc. छोटी दुकान, 'कियॉस्क'

kip•per /ˈkɪpəʳ/ /ˈकिपर/ noun, c. = a kind of fish that has been dried over the smoke from a fire and salted so that it will not go bad सड़ने से बचाव के लिए नमक लगाकर धुएँ पर सेंकी गई मछली

kiss[1] /kɪs/ /किस्/ verb, t. *She kissed the child goodnight.* = to touch someone with the lips as a sign of love or friendship चुंबन लेना, चूमना

kiss[2] noun, c. *give someone a kiss* = an act of kissing चुंबन

kiss of life = to help a person who is not breathing, usually someone who has almost drowned, start breathing again by placing one's mouth on his/her mouth and start blowing in air मुँह से कृत्रिम श्वास देना **to kiss something goodbye** *If you don't send in a letter asking for leave, you may have to kiss the job goodbye.* = to lose a job, an opportunity etc. through one's own carelessness (informal, humorous) अपनी लापरवाही के कारण नौकरी या अवसर खो देना, से हाथ धो बैठना (अनौपचारिक, हास्यपरक)

kit /kɪt/ /किट्/ noun, c. *I forgot to pack my shaving kit.* = the equipment, tools etc. that one needs for a particular purpose or job 'किट' **kit bag** noun, c. = a long narrow bag in which soldiers or sailors carry the things they need every day 'किटबैग'

kitch•en /ˈkɪtʃɪn/ /ˈकिचिन्/ noun, c.= a room in which food is cooked रसोई **kitchenette** noun, c. = a very small kitchen छोटी-सी रसोई, चौका

kite /kaɪt/ /काइट्/ noun, c. **1** = a piece of thin paper or silk, mounted on a light frame, which is tied to the end of a long piece of string (thread) and can be made to fly with the help of the wind पतंग **2** = a meat-eating bird (also **hawk**) चील पक्षी (देखें **hawk**)

go fly a kite *When I suggested that we try to repair the old car he told me to go fly a kite.* = to dismiss an idea as being unrealistic (informal, not respectful) किसी विचार को अव्यावहारिक बताकर अस्वीकृत कर देना, दिमागी फ़ितूर समझकर टाल देना (अनौपचारिक, आदरपूर्ण नहीं)

K

kitsch /kɪtʃ/ /किच्/ noun, u. *There are a lot of paintings in his room. He thinks they are beautiful, but I think they are just kitsch.* = things used for decoration that are of poor artistic quality (have little value as art) (derogatory) घटिया सजावटी सामान (अनादरपूर्ण)

kit•ten /'kɪtən/ /किट्न्/ noun, c. = the young of a cat बिल्ली का बच्चा, बिलौटा

kit•ty /'kɪti/ /'किटी/ noun **1** *I am putting Rs 100 in the kitty.* = money collected from every member of a group and put together, to be used for some common purpose सभी सदस्यों के योगदान से एकत्र राशि **2** = money collected from each player in a card game, which is taken by the winner ताश आदि के खेल में खिलाड़ियों द्वारा एकत्र वह राशि जिसे विजयी खिलाड़ी प्राप्त करता है **3** = the informal way of calling a cat बिल्ली के लिए प्रयुक्त घरेलू शब्द

ki•wi /'ki:wi:/ /'कीवी/ noun, c. = a large bird found in New Zealand, which has very small wings and cannot fly कीवी–न्यूज़ीलैंड का एक पक्षी **kiwi fruit** = a sour fruit which has a rough brown skin and is green inside कीवी–एक खट्टा फल जो अंदर से हरा और ऊपर भूरे रंग का होता है

klep•to•ma•ni•a /kleptə'meɪnɪə/ /क्लेंपट्'मेइनिअ/ noun = a disease of the mind that causes a strong desire to steal चोरी करने को प्रेरित करने वाला मनोरोग **kleptomaniac** noun, c. = a person who suffers from kleptomania उपर्युक्त रोग का रोगी

knack /næk/ /नैक्/ noun, u. *At first he was unable to use a computer but now he has got the knack.* = a special skill which partly comes from practice (informal) अभ्यास से प्राप्त निपुणता, महारत (अनौपचारिक)

knead /ni:d/ /नीड्/ verb, t. *To make chappatis, we must first knead some flour with water.* = to mix flour thoroughly with water using the fingers and the palm गूँधना, सानना, माँड़ना

knee /ni:/ /नी/ noun, c. = the joint between the thigh and the lower leg घुटना **kneecap** noun, c. = the bone at the front of the knee joint घुटने की हड्डी **knee-deep** adj. **1** *The water is only knee-deep.* = upto the level of the knee घुटनों तक गहरा **2** *knee-deep in trouble* = quite a lot of something बुरी तरह फँसा **knee-jerk** adj. *knee-jerk reaction* = behaviour which is not based on careful thought but on instinct (a natural reaction to a situation) स्वाभाविक त्वरित प्रतिक्रिया

to learn at someone's (one's mother's) knee = to learn something while still a baby गोद ही में रहते हुए सीख लेना **on bended knee** *I ask you, on bended knee, not to write that letter.* = a way of pleading with someone (figurative) घुटने टेक कर (लाक्षणिक) **to bring someone or something to their knees** **1** *In the war that took place the smaller country was defeated and brought to its knees.* = to suffer a bad and sometimes shameful defeat in a war बुरी तरह पराजित होना/करना **2** = to be placed at a very low level through repeated failure बार-बार की असफलता के कारण बहुत निम्न स्तर पर रखे जाना

kneel /ni:l/ /नील्/ verb, i. (**knelt**) *Some people kneel while praying to God.* = to fold one's legs and sit with the weight of the body resting on the knees घुटनों पर बैठना

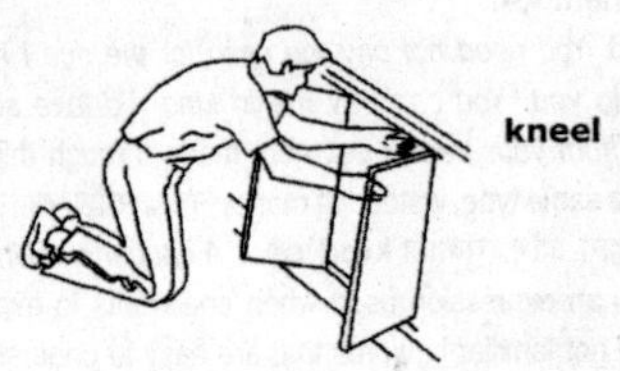

knell /nel/ /नेल्/ noun, u. = the sound of a bell ringing slowly to mark a sad occasion, such as a death मृत्यु जैसे शोक अवसर पर बजने वाली घंटी का स्वर

knick•ers /'nɪkəz/ /'निकज़्/ noun, c. (always plural) = an undergarment for women worn around the waist and covering the top part of the legs (informal) (केवल बहुवचन में प्रयुक्त) निकर, महिलाओं की पोशाक (अंतर्वस्त्र) का भाग (अनौपचारिक)

knick-knack /'nɪk næk/ /'निक्नैक्/ noun, c. *She bought some knick-knacks for the house.* = a small decorative object for the house (informal) घर के लिए छोटी-मोटी सजावटी चीज़ (अनौपचारिक)

knife[1] /naɪf/ /नाइफ़्/ noun, c. (**knives**) = a tool which has a sharp metal blade with a handle, used for cutting things छुरी

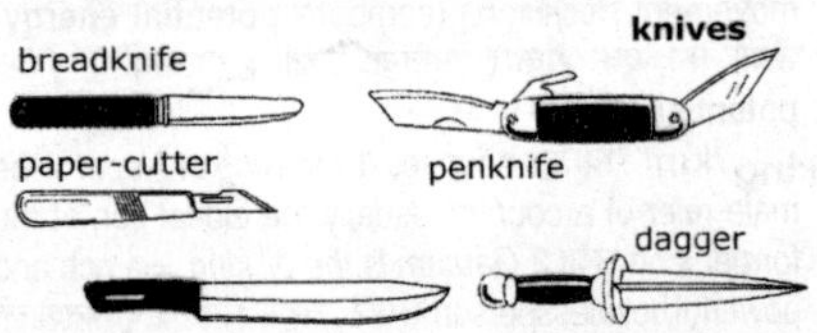

knife[2] verb, t. *The thief knifed her when she raised an alarm.* = to injure somebody with a knife (also **stab**) छुरा भोंकना (देखें **stab**)

to have one's knife in someone = to have a strong, sharp feeling of hate towards someone (informal) किसी के प्रति तीव्र घृणा की भावना होना (अनौपचारिक)

knight[1] /naɪt/ /नाइट्/ noun, c. **1** = a person of high rank (in the Middle Ages) who fought on horse-back सामंत, (मध्य युग में) सेना में उच्च पद प्राप्त **2** = one of the pieces in the game of **chess**, shaped like the head of a horse, which moves two squares forward or backwards and one square to the left or right शतरंज का एक मोहरा–घोड़ा **3** = a man given the title of 'Sir' as an honour by a British king or queen ब्रिटिश शासन द्वारा दिया जाने वाला खिताब 'सर'

knight[2] verb, t. *The famous singer, Paul McCartney, was knighted. He is now Sir Paul McCartney.* = to receive the title of 'Sir', as an honour, from the British king or queen खिताब से नवाज़ा जाना

knit /nɪt/ /निट्/ verb, t. or i. (**knitted** or **knit**) **1** *My brother is knitting a pullover for me.*(t.) = to make a garment (e.g. a sweater) by joining threads into a kind of net, using long needles (knitting needles) बुनना **2** *He had broken three of his ribs but the bones are knitting together.* = to join जुड़ना **knitting** noun, u. *I am very poor at knitting.* = the act of making things with needles and wool बुनाई **knitting needle** noun, c. = a long needle used for knitting (see pic under **needles**) बुननेवाली सलाई (**needles** के अंतर्गत चित्र देखें) **knitwear** noun, u. = clothes made with wool or thread joined in rows बुना हुआ कपड़ा

to knit one's eyebrows = to move the eyebrows close together to show worry, deep thought etc. भौंहें सिकोड़ना

knob /nɒb/ /नॉब्/ noun, c. **1** *the knobs on the television set* = a round button used to control the working of an instrument घुंडी, बटन **2** *He carries a cane with a gold knob.* = a round lump at the end of something मूँठ

knock[1] /nɒk/ /नॉक्/ verb, i. or t. **1** *I can hear someone knocking at the door.*(i.) = to hit a door or a window with the hand, making a sound, to inform someone of one's presence खटखटाना **2** *The two players accidentally knocked into each other while chasing the ball.*(t.)= to hit against टकरा जाना **3** *The children knocked down the chair when they ran across the room.*(t.) = to make something fall down by the action of hitting against it (also **knock over**) (see also to **knock someone down** below) गिरा देना (देखें **knock over**) (नीचे **knock someone down** भी देखें) **4** *If the engine knocks, you may have to take it to a mechanic.*(i.) = to make a noise (of machinery, an engine etc.) (मशीनरी, इंजिन आदि का) आवाज़ करना **5** *knock down a wall* = to cause a structure to fall गिराना **6** *knock a nail into the wall*(t.) = to hit a surface so that an object (e.g. a nail) goes in ठोंकना

knock[2] noun, c. *I hear a knock at the door.* = the sound of someone knocking खटखटाहट **knock-kneed** adj. *a knock-kneed person* = having knees that bend inwards and touch each other when walking जिसके दोनों घुटने अंदर की ओर मुड़े हुए हों और चलते समय आपस में टकराते हों **knock-down** **1** *knock-down rate* = a very low price न्यूनतम, निम्नतम **2** *knock-down condition* = furniture, computers etc. which come in many parts and can be assembled जुड़ सकने के लिए पुर्ज़ों का अलग-अलग होना **knock-out** noun, c. *Mohammad Ali won the match by a knock-out.* = a victory in a boxing match won by hitting the opponent so hard that he cannot get up again मुक्केबाज़ी के खेल में विजय दिलाने वाला प्रहार, पछाड़

to knock (something) around **1** = to do small things which help one relax (informal) तनाव या थकान दूर करने के लिए हल्के-फुल्के काम करना (अनौपचारिक) **2** *We started the meeting by knocking a few ideas around.* = to have a discussion in which people respond to or offer ideas (informal) चर्चा छेड़ना (अनौपचारिक) **to knock someone down** = to hit a person while driving a car, bus etc. वाहन द्वारा किसी को टक्कर मारना **to knock something down** **1** *They knocked down the price of the book by Rs 100 and so I was able to buy it.* = to lower the price of something (informal) दर कम करना (अनौपचारिक) **2** *The ideas I suggested were all knocked down.* = to reject (informal) ठुकरा देना (अनौपचारिक) **to knock off** *Let's not work late, let's knock off early.* = to stop doing some work in order to rest etc. (informal) निबटना (अनौपचारिक) **to knock somebody off** = to murder (informal) काम तमाम करना (अनौपचारिक) **to knock somebody up** = to have sex with someone (slang) USE किसी के साथ शारीरिक संबंध रखना (अपभाषा) निषिद्ध **to knock something off** = to steal, usually a small object कोई छोटी-मोटी चीज़ झटक लेना **to knock someone out** **1** = (in boxing etc.) to make someone unconscious अचेत कर देना **2** = in a game, to defeat someone खेल में हरा देना **to take a knock** *Her confidence in herself has taken a knock.* = to suffer a setback (referring to one's feelings etc.) भावना को धक्का लगना

knoll /nəʊl/ /नउल्/ noun, c. = a small, round hill [LITERATURE] पहाड़ी [साहित्य]

knot[1] /nɒt/ /नॉट्/ verb, t. (**knotted**) *The prisoner knotted some bedsheets together to make a rope and escaped from the prison by climbing down it.* = to join two pieces of rope, string etc. by tying their ends together गाँठ लगाना

knot[2] noun, c. **1** *I need help to open this knot.* = a joint in a rope or string where two ends are tied together गाँठ **2** *She tied her hair in a knot.* = hair that is twisted into a round ball at the back of the head गाँठ, जूड़ा **3** *The ship is sailing at a speed of 20 knots.* = a unit for measuring the speed of a ship, equal to about 1.85 km per hour नॉट-जलयान की गति नापने की इकाई जो 1.85 कि.मी. प्रति घंटा की रफ़्तार के बराबर है **4** *This piece of wood cannot be used because there are too many knots in it.* = a hard mass formed in a piece of wood at a place where a branch joins the tree गाँठ

to tie the knot = to marry (informal, often humorous) गठबंधन करना (अनौपचारिक, प्रायः हास्यपरक) **to tie oneself up in knots** = to become very confused while trying to describe or explain something, so that what one is saying is not clear कुछ बताने के प्रयास में अत्यधिक उलझ जाना **to have a knot in one's stomach** = to feel as if there were something hard in one's stomach, as a result of fear or anxiety भय या उत्तेजना की स्थिति में पेट में बल पड़ना

know /nəʊ/ /नउ/ verb, t. or i. (**knew, known**) **1** *I know a number of European languages besides English.*(t.) // *Do you know where the manager's room is?*(t.) = to have a knowledge of a certain subject, way of doing something etc. जानना, जानकारी होना, मालूम होना **2** *I know their family very well.*(t.) = to be familiar

K

with जानना, परिचित होना **3** *I know he will come today.*(t.) = to feel very sure of something यकीन होना **4** *She knew that she was going to miss the bus.*(i.) = to understand something समझना **5** *Sodium chloride is also known as 'common salt'.* = to be given a name कहा या जाना जाए **known** adj. **1** *a known criminal* = having a reputation, either good or bad विख्यात, जाना-माना **2** *a known difficulty* = something which one is familiar with ज्ञात **know-all** noun, c. (American **know-it-all**) = a person who behaves as if he/she knows everything (derogatory) (अमेरिकी अंग्रेज़ी में **know-it-all**) सर्वज्ञ होने का दिखावा करने वाला व्यक्ति (अनादरपूर्ण) **know-how** noun, u. *We are setting up a factory to manufacture scooters. We will get the know-how from Japan.* = the knowledge or skill needed to do something तकनीक, कार्य प्रणाली की जानकारी

to know a thing or two *She knows a thing or two about cars.* = to have knowledge about something as a result of experience (informal) अनुभव के आधार पर थोड़ी बहुत जानकारी होना (अनौपचारिक) **to know something backwards** (or **inside out**) = to have detailed knowledge about something (informal) संपूर्ण या विस्तृत जानकारी होना, का पंडित होना (अनौपचारिक) **Well, what do you know!** *Well, what do you know, he wants to act in films!* = an expression of surprise, mixed with ridicule 'तुम जानते क्या हो?' व्यंग्यपूर्ण अभिव्यक्ति **Heaven/God/Goodness knows** **1** *God knows how he finished the race as he had a corn on his foot.* = a way of saying you don't know (informal) भगवान/खुदा जाने (अनौपचारिक) **2** *Heaven knows, the city needs this rain.* = used to emphasise a statement (informal) भगवान/खुदा करे, किसी बात पर बल देने के लिए प्रयुक्त अभिव्यक्ति (अनौपचारिक) **you know** **1** *The bathroom was, you know, not very clean.* = an expression used to delay mentioning a detail which is unpleasant 'मालूम है'- एक अभिव्यक्ति **2** *That's not a nice thing to say, you know.* = used to stress a point one is making बात पर बल देने के लिए प्रयुक्त अभिव्यक्ति, समझे **3** *'How did you spend the weekend?' 'Well, you know, I relaxed.'* = used to say that one wants to continue talking but can't think of the next word बात करने में अटकने पर प्रयुक्त अभिव्यक्ति **you never know** *You never know, she might learn to love the music that she now says she hates.* = a phrase used to indicate (sometimes with the intention of making fun) that you don't know what will happen in the future कौन जाने? 'कहा नहीं जा सकता' **one should have known** *He should have known it would take more than four hours.* = an expression of mild annoyance used to show that someone should have been aware of something किसी की लापरवाही पर कुछ नाराज़गी व्यक्त करने की अभिव्यक्ति **to know perfectly well** *Why did you take that road? You know perfectly well it is damaged.* = an expression used to show that one is annoyed because someone did not realise something simple and obvious सीधी-सी बात को न समझ कर लापरवाही करने पर नाराज़गी जताने की अभिव्यक्ति **to (not) know something from something else** **1** *He doesn't know snakes from worms.* = to not be able to tell the difference between two things which are similar in some ways अंतर कर पाना **2** = to be unable to tell the difference between two opposite things e.g. right from wrong, hope from despair विपरीत वस्तुओं में अंतर समझ न पाना **How should I know?** *'Is our teacher in today?' 'How should I know?'* = a reply used to show that one cannot be expected to be aware of something (not respectful) 'मुझे क्या मालूम?' (आदरपूर्ण नहीं)

know•ing /ˈnəʊɪŋ//ˈनउइङ्/ adj. *a knowing smile* = showing that you know what somebody is really thinking दूसरे के मन की बात समझ जाने पर (आनेवाली मुस्कान) **knowingly** adv. **1** *He winked knowingly at us.* = in a way that shows that one knows something which is a secret or is embarrassing गुप्त बात जानते हैं, यह जताते हुए **2** *I made her angry, knowingly.* = deliberately; with full knowledge जानबूझकर

knowl•edge /ˈnɒlɪdʒ/ /ˈनॉलिज्/ noun, u. **1** *He has a good knowledge of Kannada.* = what one knows or has learnt through study ज्ञान **2** *This incident should have been brought to my knowledge.* = the state of being informed about something जानकारी में लाना **knowledgeable** adj. *She is very knowledgeable about dogs.* = knowing a lot about something की बहुत जानकारी रखने वाला

general knowledge = a knowledge of important facts and figures relating to various subjects सामान्य ज्ञान **common knowledge** *It is common knowledge that plants should not be disturbed at night.* = something that people generally know सर्वप्रचलित जानकारी **working knowledge** *I have a working knowledge of French.* = to have very basic and limited knowledge of a language, a computer program etc. but enough to manage कामचलाऊ ज्ञान **to the best of one's knowledge** *I don't know when railways were introduced into Sri Lanka. To the best of my knowledge, it was the late nineteenth century.* = used to show that one is not absolutely sure of something स्वयं की जानकारी के अनुसार **without one's knowledge** *They borrowed my car without my knowledge when I was away.* = describing a situation in which one does not know something has taken place or is taking place बिना बतलाए

knuck•le /ˈnʌkəl/ /ˈनॅक्ल्/ noun, c. = the joint where a finger joins the hand अंगुलियों की गाँठ, जोड़

to knuckle down = to start working hard मेहनत करना आरंभ करना **to knuckle under** = to be forced to accept the orders of a more powerful person (informal) अधिक समर्थ अथवा अधिकार-प्राप्त व्यक्ति के आदेश मानने को विवश होना (अनौपचारिक)

ko•a•la /kəʊˈɑːlə/ /कउˈआउल/ noun = an Australian animal that is furry, looks like a small bear and lives on eucalyptus trees 'कोआला'–आस्ट्रेलिया में पाया जाने वाला एक पशु जो छोटे भालू जैसा लगता है और युकेलिप्टस के पेड़ पर रहता है

kohl /kəʊl/ /कउल्/ noun, u. = a black substance used to darken the eyes and make them look more attractive काजल

Ko•ran /kɔːˈrɑːn/ /कॉऽˈराऽन्/ noun, c. = the holy book of the Muslims कुरान

ko•sher /ˈkəʊʃəʳ/ /कउशर/ adj. *kosher meat* = food which has been prepared and cooked according to the rules of the Jewish religion यहूदी विधि से पकाया गया भोजन

kow-tow /kaʊˈtaʊ/ /काउˈटाउ/ verb, i. *You shouldn't kow-tow to them.* = to show too much respect to someone or to obey his/her wishes completely (informal) चमचागिरी करना, तलवे चाटना (अनौपचारिक)

ku•dos /ˈkjuːdɒs/ /ˈक्यूडॉस्/ noun, u. *The director of the film earned kudos by winning the highest award.* = praise or glory तारीफ़, सम्मान

kung•fu /kʌŋˈfuː/ /कॅङˈफ़ू/ noun = a martial art (art of self-defence) that started in China (see also **judo, karate, jujitsu**) कॅङफू–चीन का एक युद्ध कौशल (देखें **judo, karate, jujitsu**)

L

I, L /el/ /ऍल/ the twelfth letter of the English alphabet अंग्रेज़ी वर्णमाला का 12वाँ वर्ण

l 1 = abbr. of 'litre' 'लीटर' का संक्षिप्त रूप 2 = abbr. of 'large' (size) बड़े (माप) का संक्षिप्त रूप 3 **L** = used to denote 'learner' on vehicles etc. वाहन चलाना सीखने वालों द्वारा वाहन पर प्रदर्शित चिह्न

lab /læb/ /लैब/ = abbr. of **laboratory** noun, c. 'लैबोरेटरी' प्रयोगशाला का संक्षिप्त रूप

la•bel[1] /ˈleɪbəl/ /ˈलेइब्ल्/ noun, c. *There is no label on this bottle, so I can't tell what there is in it.* = a piece of paper fixed to a bottle etc. which gives information about its contents (what is inside) 'लेबल', अंदर रखी वस्तु की जानकारी देनेवाली पर्ची

label[2] verb, t. (**labelled**) 1 *You should label the bottle clearly.* = to fix a label on a bottle or other container so that one knows what is inside it अंकित, चिह्नित करना 2 *They have been labelled unfriendly by their neighbours.* = to be described as वर्णित, नाम देना

la•bor•a•tory /ləˈbɒrətri/ /लˈबॉरट्री/ noun, c. (**laboratories**) = a place where scientific research is carried out or where scientists test or prepare materials (e.g. medicines) प्रयोगशाला

la•bour[1] /ˈleɪbəʳ/ /ˈलेइबʳ/ noun, u. 1 *It took many years of labour to build the Taj Mahal.* = hard work परिश्रम 2 *We need skilled labour to run this factory.* = workers श्रमिक, मजदूर 3 *Reena is going into labour today.* = the act of giving birth to a baby प्रसव, प्रसवपीड़ा

labour[2] verb, i. or t. 1 *You will have to labour to pass the examination.*(i.) = to work hard (formal, old-fashioned) कठोर परिश्रम करना (औपचारिक, पुराने प्रचलन का) 2 *The truck loaded with rice bags laboured up the hill.*(i.) = to move slowly and with great effort धीरे-धीरे प्रयासपूर्वक चलना 3 *Don't labour the point.*(t.) = to keep on arguing or talking unnecessarily about something किसी के बारे में अनावश्यक बात या विवाद बढ़ाना **labourer** noun, c. = a paid worker श्रमिक **Labour** noun, u. = a political party (in Britain) that believes in social equality of opportunity and supports the rights of workers ब्रिटेन की एक राजनीतिक पार्टी **laboured** adj. *He made a laboured speech, halting after every sentence.* = showing signs of doing something with great effort and difficulty परिश्रमपूर्ण **labour union** noun, c. = a group which protects the interests of workers in a factory etc. (the number of hours they work, the pay they receive etc.) श्रमिक संघ, मजदूर संघ

la•bo•ri•ous /ləˈbɔːrɪəs/ /लˈबॉःरिअस्/ adj. *Making lunch for so many people was a laborious job.* = something that needs a lot of labour or hard work मेहनत का

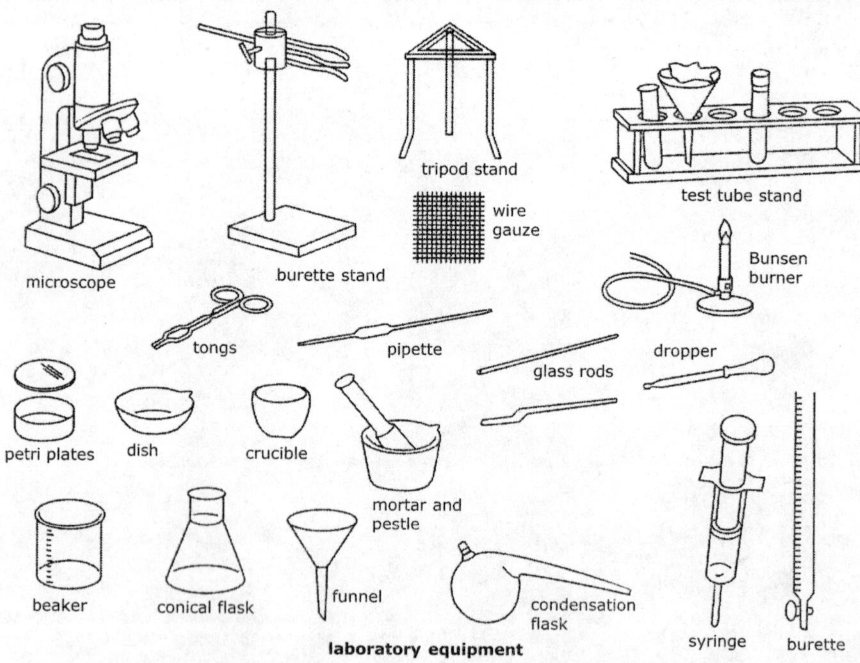

laboratory equipment

Lab•ra•dor /'læbrədɔːʳ/ /'लैब्रडॉऽʳ/ noun, c. = a big black or golden dog, often used as a guide dog for blind people काला या सुनहरी ऐसा कुत्ता जो प्राय: नेत्रहीन (अंधे) लोगों के मार्ग दर्शन के काम आता है

lab•y•rinth /'læbərɪnθ/ /'लैबरिण्ट/ noun, c. **1** = a place or a building which is difficult to get out of because it has many paths meeting and crossing each other भूलभुलैया **2** = the inner ear [BIOLOGY] अंत:कर्ण, कान का अंदर का भाग

lac /læk/ /लैक्/ noun, u. **1** = a resin-like substance that is secreted by an insect लाख, लाक्षा **2** = the number represented by 100,000 (also **lakh**) लाख (संख्या)

lace[1] /leɪs/ /लेइस्/ noun, u. or c. **1** *The curtains in her room are made of silk lace.*(u.) = decorative cloth made from fine thread 'लेस', झालर **2** *Tie up your shoelaces.*(c.) = a string or thread used to tie up a shoe, so that it fits properly फीता, तसमा (जूते का)

lace[2] verb, t. **1** *Lace your shoes.* = to tie the laces on a shoe तसमा, फीता बाँधना **2** *The orange juice has been laced with gin.* = to add a small amount of some alcoholic drink to a drink that does not contain alcohol (informal) थोड़ी मात्रा में मिलाना, पुट देना (अनौपचारिक)

la•ce•rate /'læsəreɪt/ /'लैसरेइट्/ verb, t. *He lacerated his knee when he fell.* = to tear or cut roughly छिल जाना, फाड़ना **laceration** /læsə'reɪʃən/ /लैस'रेइशन्/ noun, u. = a wound in which the skin is torn and cut up चीरा, कटने से हुआ घाव

lack[1] /læk/ /लैक्/ verb, t. *The concert was good but lacked pace.* = to be without something or not to have enough of something कमी होना, अभाव होना

lack[2] noun, u. *There was a lack of sympathy in his words when he scolded the child.* = the state of not having enough of something कमी, अभाव **lacking** adj. *Food and warm clothes were lacking when help arrived after the earthquake.* = missing, absent न होना **lacklustre** adj. *This actor usually acts well but he has given a lacklustre performance in his new film.* = dull and boring भावशून्य, निस्तेज

lack•a•dai•si•cal /lækə'deɪzɪkəl/ /लैक'डेइज़िकल्/ adj. *You should take your studies more seriously. Your whole approach to study is lackadaisical.* = lazy; not showing enough interest or effort सुस्त, पूरी कोशिश के बिना, उत्साहित नहीं

la•con•ic /lə'kɒnɪk/ /ल'कॉनिक्/ adj. *She made a laconic speech, although we thought she would have much to say.* = very brief (short); using very few words संक्षिप्त

lac•quer /'lækəʳ/ /'लैकʳ/ noun, u. = a kind of transparent paint which appears as a shiny surface on wood or metal रोगन

lac•ta•tion /læk'teɪʃən/ /लैक'टेइशन्/ noun, u. = the production of milk by an animal or human mother जानवरों या मनुष्यों में माँ के स्तनों में दूध बनने की प्रक्रिया **lactating** adj. *a lactating cow* = able to produce milk दुधारू गाय

lac•tose /'læktəʊs/ /'लैक्टउस्/ noun, c. = a kind of sugar found in milk (see also **glucose, fructose**) दूध में पायी जाने वाली शर्करा (देखें **glucose, fructose**)

la•cu•na /lə'kjuːnə/ /ल'क्यून/ noun, c. (**lacunae** or **lacunas**) *There is a lacuna in your report. You have written nothing about the work we did last month.* = gap; something that should have been there but is missing (formal) कमी, ऐसी चीज़ जो होनी चाहिए थी, लेकिन नहीं है (अनौपचारिक)

lad /læd/ /लैड्/ noun, c. = boy or young man (informal) लड़का, किशोर, युवक (अनौपचारिक)

lad•der /'lædəʳ/ /'लैडʳ/ noun, c. = two long pieces of bamboo, metal or rope which are joined to each other by a number of steps (**rungs**), used for climbing up the side of a building etc. सीढ़ी, जीना

la•den /'leɪdn/ /'लेइड्न्/ adj. *The ship is laden with coal.* = heavily loaded लदा हुआ, भारी वजन भरा होना

la•dle[1] /'leɪdl/ /'लेइड्ल्/ noun, c. = a large, round and deep spoon with a long handle, used usually for serving liquid food (milk, soup, curry etc.) कलछी, कड़छी

ladle[2] verb, t. *He ladled out the soup.* = to serve some liquid/solid food with a ladle कड़छी से निकालना

la•dy /'leɪdi/ /'लेइडी/ noun, c. (**ladies**) = woman (polite, old-fashioned, sometimes formal) महिला, औरत (विनम्र, पुराने प्रचलन का, कभी-कभी औपचारिक)
Lady noun *Lord Emsworth and Lady Sarah* = (in Britain) the title of a woman who has the rank of a peer or who is the wife of a peer or knight (ब्रिटेन में)महिला की पदवी **the ladies** (short for **ladies' room**) = a toilet, only for the use of women महिलाओं के लिए (प्रसाधन कक्ष) **ladybird** noun, c. = a small, round, bright red insect सोनपाखरा, सोनपंखी, लाल रंग का कीट **lady'sfinger** noun, c. = a name used in some Asian countries for a kind of long green vegetable (also **okra**) भिंडी (ओकरा)

> **Usage** The word lady tends to be used because it is considered by some to be more respectful, e.g. 'Only ladies were allowed.' It is now generally considered old-fashioned. Many people now prefer the word 'woman' as in, for example, a *woman scientist*, a *woman doctor*. कुछ समय पहले तक 'lady' शब्द का प्रयोग सम्मानजनक समझा जाता था, आज सामान्यत: यह शब्द-प्रयोग पुराना पड़ता जा रहा है। अधिकांश लोग 'woman' शब्द का प्रयोग ही पसंद करते हैं जैसे a woman scientist, a woman doctor आदि।

lag[1] /læg/ /लैग्/ verb, i. *They are lagging behind in the three-legged race.* = to move or develop more slowly than someone else; to fall behind पिछड़ना, पीछे रह जाना

lag[2] noun, u. *There was a lag between his exposure to the cold and his catching flu.* = delay or gap; the period of time between two events विलंब, देर; दो घटनाओं के बीच का अंतराल **laggard** /'lægɜːd/ /'लैगऽड्/ noun, c. *This laggard is always the last to finish his work.* = a lazy person who works very slowly (derogatory) फिसड्डी (अनादरपूर्ण) **jet lag** = see under **jet**

L

la•ger /'lɑːgəʳ/ /'लाऽगर/ noun = a kind of light beer (light alcoholic drink) एक हल्की शराब (हल्का नशीला पेय)

la•goon /lə'guːn/ /ल'गून्/ noun, c. = a lake of sea water separated from the sea by a barrier (wall) of sand or rockसमुद्रताल, समुद्री झील (रेतीली चट्टानों द्वारा समुद्र से पृथक की गई)

laid /leɪd/ /लेइड्/ verb = past tense or participle of **lay** रखा (lay (=रखना) क्रिया का भूतकालिक रूप)

to be laid-back *He is very laid-back though he has a train to catch in ten minutes.* = relaxed, not anxious आराम से, बिना किसी ज़ल्दीबाज़ी के **to be laid up** *laid up with a sore throat* = to be forced to stay indoors due to an illness बीमारी के कारण घर में रहने को मज़बूर होना **to be laid low** *He was laid low by a rare kind of fever.* = to be made weak, usually by an illness बीमारी से कमज़ोर होना

lair /leəʳ/ /लेअर/ noun, c. *the leopard's lair* = den; a place where a wild animal lives माँद

lais•sez-faire /leseɪ'feəʳ/ /लेसेई'फेअर/ noun, u. (French) = free enterprise; a system in which the government does not control the business activities of private companies (फ्रेंच पद) स्वच्छंद, अहस्तक्षेप, निजी व्यापार

lake /leɪk/ /लेइक्/ noun, c. = a large area of fresh water, surrounded by land झील, सरोवर, ताल

lakh (lac) /læk/ /लैक्/ noun, c. = a number equal to a hundred thousand (100,000) लाख (संख्या)

la•ma /'lɑːmə/ /'लाम/ noun, c. = the title of a Tibetan Buddhist spiritual leader लामा, तिब्बती बौद्ध धर्मगुरु

lamb /læm/ /लैम्/ noun, c. or u. **1** (c.) = the young one of a sheep मेमना **2** (u.) = the meat of a lamb, used as food मेमने का गोश्त

lam•bent /'læmbənt/ /'लैम्बन्ट्/ adj. *The candle burnt with a lambent flame.* = giving out a soft light (literary) झिलमिलाती, हल्की (साहित्यिक)

lame[1] /leɪm/ /लेइम्/ adj. **1** *The man became lame after he broke his leg in an accident.* = unable to walk properly लंगड़ा **2** *Don't give me such a lame excuse for your absence.* = weak, difficult to believe as being true असंतोषजनक, कच्चा, झूठा बहाना

lame[2] verb, t. *The man was lamed in the accident.* = to make someone lame लंगड़ा हो जाना

la•ment[1] /lə'ment/ /ल'मेंन्ट्/ verb, i. or t. *She is lamenting the death of her friend who was killed in the war.* = to express sorrow (unhappiness) over something (formal) विलाप करना, (औपचारिक)

lament[2] noun, u. *This song is a lament on the death of the brave soldiers.* = an expression of sorrow शोक गीत, विलाप

lam•i•nate[1] /'læmɪneɪt/ /'लैमिनेइट्/ verb, t. *The top of this table has been laminated with a sheet of plastic.* = to cover with a thin sheet of plastic परतबंदी, प्लास्टिक की पतली-सी परत चढ़ाना

laminate[2] noun, u. = material (usually plastic) used to cover a surface परत चढ़ाने की सामग्री

lamp /læmp/ /लैम्प्/ noun, c. = a device (a simple machine) which gives light, using oil, gas or electricity (see pic under **lights**) चिराग, दीपक, बिजली का बल्ब **lamp post** noun, c. = a tall post on which a light is fixed, usually to light up roads लैंपपोस्ट, बिजली बत्ती का खंभा **lamp-shade** noun, c. = a covering placed on and around a lamp to lessen the brighteness and to make it look beautiful लैंप-शेड

lam•poon /læm'puːn/ /लैम्'पून्/ verb, t. *The writer of the article lampoons the people in power.* = to write something attacking and making fun of someone लेखन द्वारा प्रहार करना

LAN abbr. of **Local Area Network** = a system in which computers are connected within a local space e.g. an office [COMPUTERS] कार्यालय आदि में कम्प्यूटरों की कार्यप्रणाली को परस्पर जोड़ने का एक सिस्टम

lance[1] /lɑːns/ /लाऽन्स्/ noun, c. = a long spear (stick with a sharp metal point) used as a weapon in former times by soldiers fighting on horseback बल्लम, भाला

lance[2] verb, t. *The surgeon is going to lance the boil in my leg and take out the pus.* = to cut open a wound (formal) (फोड़ा या घाव के संदर्भ में) चीरना, चीरा लगाना (औपचारिक) **lancer** noun, c. = a soldier who fought with a lance (in former days) बल्लम बरदार, बल्लम से लड़ने वाला सिपाही (प्राचीन समय में)

lan•cet /'lɑːnsɪt/ /'लाऽन्सिट्/ noun, c. = a sharp knife used by a surgeon or doctor to perform an operation नश्तर, शल्य चिकित्सा में प्रयुक्त औजार

land[1] /lænd/ /लैन्ड्/ noun, u. or c. **1** *After sailing across the ocean for three months, Columbus returned to land.*(u.) = the solid, dry part of the earth's surface जमीन, पृथ्वी **2** *The farmer chose to sow cotton on his land.*(u.) = an area of ground owned as property जमीन, खेत **3** *She is travelling to a distant land.*(c.) = country देश **4** (always capital) *Land of the Rising Sun* = a name for a country used when giving a unique description (केवल capital अक्षरों में) देश विशेष का नाम **5** *homeland; motherland* = suffix (coming at the end of a word) 'land' प्रत्यय के रूप में शब्द के अंत में प्रयुक्त

land[2] verb, t. or i. **1** *The pilot landed the plane safely.*(t.) (हवाई जहाज़) उतारना **2** *The plane has landed.*(i.) = to cause an aircraft to come down to the earth from the sky or to bring something down (e.g. a kite) (आकाश में उड़ती हुई वस्तु का धरती पर) उतरना **3** *The soldiers landed on the beach near Chennai.*(i.) = to come from the water to the land जलमार्ग से भूमि (तट) पर पहुँचना **4** *He landed himself in serious trouble.*(t.) = to put someone or oneself in a difficult situation मुसीबत में डालना **landfill** noun, c. = a place where garbage is buried कूड़ा भरने या गाड़ने

की जगह **landlady** noun, c. (**-ladies**) = a woman who owns a building and earns rent from it (The word *house-owner* is now preferred to *landlady* or *landlord* as it represents both men and women.) मकान मालकिन (अब **Landlord/Landlady** के बदले **house-owner** का प्रयोग होने लगा है) **landlocked** adj. *Nepal is a landlocked country.* = a country which is completely surrounded by other countries and cut off from the sea ऐसा देश जो चारों ओर से अन्य देशों से घिरा हो, और समुद्र से अलग हो, स्थलरुद्ध **landlord** noun, c. = a man who owns a building and earns rent from it ज़मीदार, मकान मालिक **landmark** noun, c. **1** *You can easily reach my house by using the railway station as a landmark.* = a place or building which can be used to tell one's position (where one is) निशानी, पहचान **2** *The 15th of August, 1947 is a landmark in India's history.* = an important event in the life of a person or the history of a country महत्त्वपूर्ण ऐतिहासिक घटना **landmine** noun, c. = a bomb hidden in or on the ground which explodes when a person or vehicle passes over it बारूद की सुरंग

land•scape[1] /lændskeɪp/ /लैन्ड्स्केइप्/ noun, u. or c. **1** *The landscape around Kandy is very beautiful.*(u.)= scenery (natural objects seen in or around a place) प्राकृतिक दृश्य **2** *He has painted many beautiful landscapes.*(c.) = a painting or a picture which shows natural objects (mountains, rivers etc.) प्राकृतिक दृश्य

landscape[2] verb, t. *We have asked a famous architect to landscape the new building.* = to make the surroundings of a place more natural and attractive भवन के इर्द-गिर्द आकर्षक प्राकृतिक दृश्य बनाना

land•slide[1] /'lændslaɪd/ /'लैन्ड्स्लाइड्/ noun, c. = a natural fall of earth down the side of a mountain भू-स्खलन, चट्टान खिसकना

landslide[2] adj. *a landslide victory* = an unexpected and very large victory, usually in an election (figurative) अप्रत्याशित जीत, महाविजय (लाक्षणिक)

lane /leɪn/ /लेइन्/ noun, c. **1** = a narrow road गली **2** *a four-lane highway* = one of the parallel parts into which a wide road is divided for the easy movement of traffic सड़क पर वाहनों के चलने के लिए बनाई गई 'लेन'

lan•guage /'læŋgwɪdʒ/ /'लैङ्ग्विज्/ noun, u. or c. **1** *It is said that only human beings possess language.*(u.) = a system of expressing meanings through words and sentences used by human beings भाषा **2** *She can speak six languages.*(c.) = a particular system for expressing meanings through words, used by the people of a particular country भाषा **3** *a computer language*(c.) = a system of signs or words used to design a program for a computer भाषा **4** *The report was in medical language and very difficult to understand.* = the words and phrases connected with a particular subject e.g. medicine, law भाषा (शैली) **5** *He was angry and used terrible language.* = words which cause offence (informal) अपशब्द भाषा (अनौपचारिक) **language laboratory** noun, c. = a room fitted with a number of tape-recorders, in which learners of a language can practise listening to or speaking the language भाषा प्रयोगशाला

lan•guid /'læŋgwɪd/ /'लैङ्ग्विड्/ adj. *Her movements are languid.* = slow and lazy but in a graceful way (literary) शिथिल, धीमा किंतु शालीन

lan•guish /'læŋgwɪʃ/ /'लैङ्ग्विश्/ verb, i. **1** *languish in prison* = to remain in a condition of suffering कष्टप्रद स्थिति में रहना **2** *The plants are languishing for lack of water.* = to become weak (literary) मुरझा जाना (साहित्यिक)

lank /læŋk/ /'लैङ्क्/ adj. *Her hair is dark but lank.* = straight and lifeless (used to refer to a person's hair) सीधे-पतले निर्जीव से (बाल) **lanky** adj. = tall and thin (used to refer to a person's body) दुबला-पतला, छरहरा (बदन)

lan•tern /'læntən/ /'लैण्टन्/ noun, c. = a container of metal and glass with a lamp or candle inside, used to provide light लालटेन

lap[1] /læp/ /लैप्/ noun, u. or c. **1** *The mother held the child in her lap.*(u.) = the part of a person's body between the waist and the knees, when seated गोद **2** *The coach asked them to run three laps round the track.*(c.) = a complete round of a circular field चक्कर **3** *You can hear the lap (lapping) of the waves on the shore.*(u.) = the sound of waves striking the shore (which is like that of an animal drinking water) समुद्रतट से टकराने वाली लहरों की आवाज़

lap[2] verb, t. or i. (**lapped**) **1** *The thirsty tiger lapped up the water from the stream.* = to drink by taking up liquid with quick movements of the tongue चपड़- चपड़ पीना **2** *The runner who came first in the race lapped most of the other runners.* = to be ahead of a competitor in a race by one or more complete laps of the track दौड़ में कई चक्कर से आगे होना **3** *The waves lapped against the boat.*(i.) = to make a gentle sound as water hits against something लहरों द्वारा आवाज़ करना **lapdog** noun, c. **1** = a very small pet dog छोटा पालतू कुत्ता **2** = a person who follows/imitates someone else all the time (derogatory) दूसरे की नकल करना (अनादरपूर्ण) **laptop** noun, c. = a small computer which can be carried around 'लैपटॉप' कंप्यूटर

to lap something up 1 *The comic actor did not give a very clever speech but the audience lapped it up.* = to enjoy something e.g. music, greatly, even when it is not very good (informal) बहुत अच्छा न होने के बावजूद भी आनंदित होना (अनौपचारिक) **2** = to enjoy an item of food and eat it fast (informal) खाने की वस्तु पसंद आने पर जल्दी-जल्दी खाना (अनौपचारिक)

la•pel /lə'pel/ /ल'पेल्/ noun, c. = the front part of a

L

jacket or coat, which is connected to the collar कॉलर से जुड़ा हुआ जैकेट या कोट का अग्र भाग

lapse[1] /læps/ /लैप्स्/ noun, c. **1** *He is suffering from a lapse of memory.* = a temporary fault or mistake भूल, गलती, अस्थायी दोष **2** *I asked him a question but he answered after a lapse of two minutes.* = a gap; passage of time अंतराल, विलंब

lapse[2] verb, i. *Your membership has lapsed because you did not pay the membership fee.* = to come to an end खत्म होना

lar•ce•ny /'lɑːsəni/ /'लाऽस्नी/ noun, u. = an act of stealing (theft) (formal) चोरी (औपचारिक)

lard /lɑːd/ /लाऽड्/ noun, u. = the fat of an animal used in cooking चर्बी (जिसका भोजन में तेल की भांति प्रयोग किया जाता है)

lar•der /'lɑːdəʳ/ /'लाऽडर/ noun, c. = a room where food is stored (also **pantry**) भंडार घर

large /lɑːdʒ/ /लाऽज/ adj *a large house* = bigger than usual in size or number बड़ा, वृहत, विशाल

to be at large *The hungry tiger is at large.* = free; not under control (used for a dangerous person or animal) मुक्त, खुला नियंत्रण में नहीं **by and large** *By and large, the meeting was a success.* = on the whole (if not completely) कुल मिलाकर

lar•gesse /lɑː'dʒes/ /ला'ऽजेस्/ noun, u. *The rich business houses have been distributing largesse to the poor people in the villages.* = something given to someone out of kindness or generosity दान

lark /lɑːk/ /लाऽक्/ noun, c. **1** = a kind of singing bird एक गाने वाला पक्षी **2** *The boys had a lark by dressing up as ghosts and giving their classmates a fright.* = something done as a joke (informal) मज़ाक, शरारत (अनौपचारिक)

lar•va /'lɑːvə/ /'लाऽव/ noun, c. (**larvae**) = a kind of worm (crawling insect) that grows into an adult insect (e.g. a mosquito, ant or butterfly) लारवा (मच्छर, चींटी, तितली आदि के अंडों से निकले रूप)

lar•ynx /'lærɪŋks/ /'लैरिङ्क्स्/ noun, u. = the part of the human body, inside the throat (neck), that is used to produce the sounds we use while speaking स्वरयंत्र, कंठ **laryngitis** /lærɪn'dʒaɪtɪs/ /लैरिन्'जाइटिस/ noun, u. = infection of the larynx that causes pain and swelling and sometimes temporary loss of the ability to speak स्वरयंत्र शोथ

la•ser /'leɪzəʳ/ /'लेइज़र/ noun, c. = a machine that produces a narrow and very powerful beam of light which can cut through metal and other hard substances and can also be used to perform surgical operations inside the brain etc. 'लेज़र' औजार **laser disc** = a disc on which information is recorded and read with a laser beam (see also **compact disc**) [TECHNOLOGY] 'लेज़र डिस्क' **laser printer** noun = a machine that is used, together with a computer, to print on paper by using a beam of light 'लेज़र प्रिंटर'

lash[1] /læʃ/ /'लैश्/ verb, t. or i. **1** (t.) = to hit with a whip कोड़े लगाना **2** *Pokhra was lashed by strong winds last night.*(t.) = to hit hard (as if with a whip) ज़ोर से टकराना **3** *He lashed out at those who had blamed him unfairly.*(i.) = to attack using strong words or language कठोर शब्दों का प्रहार करना **4** *The tiger lashed its tail from side to side.*(t.) = to move violently ज़ोर-ज़ोर से हिलना **5** *The boat was lashed to a tree on the bank.*(t.) = to tie something firmly with a rope to something else कसकर बाँधना

lash[2] noun, c. (**lashes**) **1** = a hit given with a whip कोड़े की मार **2** *The girl has long lashes.* = eyelashes (the hairs growing out of the folds of skin covering the eye) पलक

lass /læs/ /लैस्/ noun, c. (**lasses**) = a girl or young woman (informal) (compare **lad**) लड़की, नवयुवती (अनौपचारिक)

las•si•tude /'læsɪtjuːd/ /'लैसिचूड्/ noun, u. = the feeling of laziness that one has when tired थकान के कारण शिथिलता

las•so /lə'suː/ /ल'सू/ noun, c. = a rope with one end knotted (tied) into a ring, which can be slipped and tightened around the neck of an animal (e.g. a cow or horse) to prevent it from running away कमंद, पशु के गले में बांधी जाने वाली रस्सी

last[1] /lɑːst/ /लाऽस्ट्/ det. **1** *Your friend is sitting in the last row.* = behind everyone else अंतिम, आखिरी **2** *I got the last ticket.* = the only thing remaining आखिरी **3** *I saw her last night.* = most recently; on an occasion nearest to the present पिछली, कल

last[2] adv. **1** *She came in last.* = behind all the others अंत में **2** *I met him last at the bus-stop.* = most recently; on an occasion nearest to the present पिछली बार

last[3] pron. **1** *She was the last to hand in her essay.* = after everyone else आखिरी, सबके बाद **2** *He ate the last of the biscuits.* = the only thing remaining आखिरी, बचा हुआ

last[4] verb, i. **1** *This storm won't last.* = to remain or continue for some time बना रहना, टिकना **2** *I expected these shoes to last for many years.* = to remain in good condition चलना, टिकना **lastly** adv. *Lastly, I would like to check if we have packed our raincoats.* = finally (mentioning the last point in a list) अंत में, अन्तत: **lasting** adj. *This book and its beautiful photographs will give us lasting joy.* = continuing for a long time अधिक समय तक रहने वाला **the last straw** = some problem or difficulty which comes after many other problems or difficulties, making a situation very difficult to handle (see also **straw**) स्थिति संभालने में कठिनाई पैदा करने वाला कारण **last word** = the final word or expression that gives one victory in an argument आखिरी बात, अंतिम निर्णय

to have the last laugh = to be proved correct or victorious in the end अंत में ठीक प्रमाणित होना **as a last resort** *There was a transport strike and it was difficult to walk to the station, so as a last resort we had to ask our neighbour to take us in her car.* = the thing that has to be done or used because everything else has failed अंतिम उपाय के रूप में, और कोई चारा न होने पर **to do something in the last minute** = to do something at the final moment before something finishes or is about to start (generally disapproving) आखिरी क्षण में कुछ करना (आमतौर पर अस्वीकृत) **to be the last person** *Sheila is the last person we thought would be a doctor.* = to be or do something that people don't expect you to do (informal) अपेक्षा न होना (अनौपचारिक) **the last thing** *It was a bad day anyway and the last thing we wanted was for the lights to go off.* = something that is not wanted or not welcome (informal) अवांछित (अनौपचारिक) **to be on its last legs** = (of furniture, equipment etc.) in very poor condition and not likely to last खस्ता हालत में, अधिक न टिकने वाला **to not hear the last of something** *They have been boasting about their mountain climbing and I fear we haven't heard the last of it.* = used to express the feeling that something unpleasant, or a problem, has not ended (informal, often humorous) 'बात यहीं खत्म नहीं हुई' अप्रिय संदर्भ आगे और भी है, ऐसा भाव व्यक्त करने की अभिव्यक्ति (अनौपचारिक, प्रायः हास्यपरक) **to be the last word** *The film was the last word in acting.* = to be the best or most advanced (informal) सर्वोच्च अथवा अत्यधिक विकसित (अनौपचारिक)

latch[1] /lætʃ/ /लैच/ noun, c. (**latches**) *He lifted the latch and opened the gate.* = a metal bar used to fasten (close) a door or gate द्वार बंद करने की जंजीर अथवा छड़

latch[2] verb, t. *Please latch the door.* = to fasten(close) with a latch बंद करना **latch-key** noun, c. = a key that opens the door of a house leading to the outside बाहर का मुख्य ताला खोलने की चाभी **latch-key child** = a child whose parents are often away at work and who has to open the door herself or himself when coming back from school etc. (often used to express concern for a child who is not getting enough support from its parents) स्कूल से घर आकर खुद ताला खोलने वाला बच्चा

to latch on to something = to begin to understand something (informal) किसी चीज़ को समझना आरंभ करना **to latch on to someone** = to become too friendly with someone and refuse to leave him/her (disapproving) किसी से बहुत घनिष्ठ होना और उसे छोड़ने से इन्कार करना (अस्वीकृत)

late[1] /leɪt/ /लेइट/ adj. **1** *The train was late.* = arriving or happening after the expected time विलम्बित, देर से आने वाला **2** *She is writing a book about her late husband.* = a person who died recently दिवंगत, स्वर्गीय

late[2] adv. **1** *The train arrived late.* = arriving or happening after the expected time देर से **2** *He arrived late at night.* = in the last part of देर रात **late-comer** adj.= someone who arrives late देर से आने वाला

lately /ˈleɪtli/ /ˈलेइटली/ adv. *The child has been avoiding her friends lately.* = recently हाल में, इन दिनों

later /ˈleɪtəʳ/ /ˈलेइटर/ *I am busy now, but I will talk to you later.* = after some time बाद में, फिर

latest /ˈleɪtəst/ /ˈलेइटस्ट/ adj. *the latest fashion* = the most recent अति आधुनिक, प्रचलित

la•tent /ˈleɪtənt/ /ˈलेइण्ट/ adj. *Education should bring out the latent talent of a child.* = something that lies hidden अप्रकट, अंतर्निहित

lat•e•ral /ˈlætərəl/ /ˈलैट्रल्/ adj. *This photograph gives you a lateral view of the new building.* = from the side पार्श्व से **lateral thinking** noun = the ability to think of an unexpected answer or solution to a problem किसी समस्या का अनपेक्षित उत्तर देने की योग्यता होना

la•tex /ˈleɪteks/ /ˈलेइटेक्स्/ noun, u. = the thick, milky juice produced by the rubber plant (from which rubber is made) पेड़ से निकलने वाला दूध जैसा पदार्थ जिससे रबड़ बनता है

lathe /leɪð/ /ˈलेइद्/ noun, c. = a machine on which a piece of metal or wood can be given a desired shape by turning it round and round at speed and pressing it against a sharp tool खराद

la•ther[1] /ˈlɑːðəʳ/ /ˈलाऽदर/ noun, u. = the thick foam produced by shaking a mixture of soap and water फेन, झाग

lather[2] verb, i. *He lathered his face before he started to shave.* = to cover with lather झाग उठाना

Latin /lætɪn/ /लैटिन्/ adj. **1** = the language spoken in ancient Rome लैटिन भाषा **2** = any country that speaks a language derived from Latin e.g. Italian, Spanish, French etc. लैटिन से निकली भाषाएँ बोलने वाले देश, लातीनी **Latino** noun = a person from a South American country where Spanish is spoken, who has moved to the U.S.A. (informal) (also **Hispanic**) दक्षिणी अमेरिका के स्पेनिश भाषी देश से संयुक्त राष्ट्र अमेरिका में प्रवासी व्यक्ति (अनौपचारिक)

lat•i•tude /ˈlætɪtjuːd/ /ˈलैटिच्यूड्/ noun, u. or c. **1** *Kanyakumari, the southernmost tip of India, has a latitude of 15 degrees north.*(c.) = the distance north or south of the equator, measured in degrees अक्षांश **2** *Companies have been given a lot of latitude in the matter of hiring and firing people.*(u.)= freedom to do something छूट, स्वछंदता

lat•rine /ləˈtriːn/ /लˈट्रीन/ noun, c. = a pit or hole dug in the ground for use as a toilet (lavatory) in an army camp etc. सेना आदि के कैंपों में ऐसी जगह जहाँ पाखाना जाने के लिए गड्ढा खोदा गया हो

lat•ter[1] /ˈlætəʳ/ /लैटर/ noun *Ms Verma and Mr Misra were my teachers in school. The latter taught me Mathematics.* = the second of two people or things that have just been mentioned (opposite **former**) परवर्ती, बाद वाला, दूसरा (विलोम शब्द **former**)

latter[2] adj. *He started out as a policeman but became a farmer towards the latter part of his life.* = later (opposite **earlier**) बाद के (विलोम शब्द **earlier**)

lattice /lætɪs/ /लैटिस्/ noun, c. = a frame of wood or metal with bars across it which is used as a support for creepers or as a fence जाली (पौधों को सहारा देने के लिए)

laud /lɔ:d/ /लॉऽड्/ verb, t. *She was lauded for saving the child from falling into the well.* = to praise (formal) प्रशंसित होना (औपचारिक) **laudable** adj. = worthy of praise प्रशंसनीय **laudatory** adj. *a laudatory review* = expressing praise प्रशंसात्मक

laugh[1] /lɑ:f/ /लाऽफ्/ verb, i. *Why are you laughing? Do you find my remarks funny?* = to express happiness or amusement by making a sound while breathing out with force (compare **smile, giggle**) हँसना

laugh[2] noun, c. **1** *His laugh was loud enough to be heard downstairs.* = the act of laughing हँसी **2** *She thinks her speech was a great success, but actually it was a laugh.* = something that cannot be taken seriously; a joke (informal) मजाक (अनौपचारिक) **laughable** adj. *a laughable mistake* = making people laugh; funny हास्यप्रद **laughingly** adv. *My mother laughingly reminded me of how I tried to trim the cat's whiskers when I was a child.* = to laugh while you say something हँसते हुए **laughter** noun, u. = the action of laughing हँसी, हास्य

to laugh at someone/something *I hope you won't laugh at the story I've written.* = to make fun of मज़ाक उड़ाना, किसी पर हँसना **to have the last laugh** = (see **last**) अंत में सही प्रमाणित होना **to burst out laughing** = to laugh suddenly, with great enjoyment खुशी के मारे ज़ोर-ज़ोर से हँसना **to be no laughing matter** *Missing my train that night was no laughing matter. I had to wait until the next morning.* = to be a serious matter हँसी नहीं, गंभीर बात **to do something for a laugh** = to do something as a joke or in fun (informal) मनोरंजन के लिए करना (अनौपचारिक)

launch[1] /lɔ:ntʃ/ /लॉऽन्च्/ verb, t. **1** *The new ship will be launched today.* = to put a new ship into the water for the first time जलयान को पहली बार जल में उतारना **2** *We are launching a new programme today.* = to begin something new आरंभ करना

launch[2] noun, u. or c. (**launches**) **1** *You are invited to the launch.*(u.) = the ceremony of launching something (showing something publicly for the first time) पहली बार सबके सामने प्रस्तुत करने का समारोह **2** *a motor launch*(c.) = a large motor-boat which carries passengers 'मोटर लाँच'

laun•der /'lɔ:ndə^r/ /लॉऽण्ड^र/ verb, t. = to wash or clean clothes धोना (कपड़े)

to launder money = to do something in order to make money which has been earned dishonestly, appear legal गैर कानूनी तरीके से धन कमाने के लिए कुछ करना

laundry /'lɔ:ndrɪ/ /'लॉऽण्ड्री/ noun, c. or u. **1** (u.) = a shop where clothes are washed or cleaned 'लांड्री' **2** *Where do you send your laundry?*(u.) = clothes which need to be washed or cleaned धुलाई के कपड़े

launderette /lɒndə'ret/ noun, c. = a shop where one can launder (wash) one's own clothes in an automatic washing-machine by putting some coins into the machine (also **laundromat**) जहाँ मशीन में सिक्के डालकर अपने कपड़े स्वयं धो सकते हैं

laur•e•ate /'lɔ:riɪt/ /'लॉऽरीइट्/ noun, c. *the Nobel laureate in Economics* = someone who has won a specially high honour प्रतिष्ठा प्राप्त **poet-laureate** noun = a poet who is given a special position by the king or queen of England and is required to write poems to mark special occasions राज कवि

laur•el /'lɒrəl/ /'लॉरल्/ noun, c. = a small tree with green leaves (In former times, in Greece, a champion sports person was honoured by having a crown of laurel leaves placed on his head.) हरी पत्तियों वाला एक प्रकार का छोटा वृक्ष (पुराने समय में ग्रीस में खेल के विजेता को लॉरल की पत्तियों से बने ताज से सम्मानित किया जाता था) **laurels** noun (always plural) *The laurels for this match were won by Mahanama.* = honour or prize for some achievement श्रेय, किसी उपलब्धि पर प्राप्त सम्मान

la•va /'lɑ:və/ /'लाऽव/ noun, u. = red-hot liquid rock that flows from of a volcano लावा

lav•a•to•ry /'lævətəri/ /'लैवट्री/ noun, c. (**lavatories**) = a **toilet** शौचालय

lav•en•der[1] /'lævɪndə^r/ /'लैविण्ड^र/ noun = a plant which produces sweet-smelling blue-pink flowers 'लैवेण्डर' पुष्प पौधा

lavender[2] adj. = purple colour, like that of the flowers of lavender 'लैवेण्डर' पुष्प जैसा बैंजनी या जामुनी रंग

lav•ish[1] /'lævɪʃ/ /'लैविश्/ adj. *She did not want a lavish party for her birthday, so they had only samosas and mango juice.* = very grand; generous and expensive अधिक खर्चीला

lavish[2] verb, t. *She lavished attention on her pet cat.* = to give someone a lot of care, love, attention, praise etc. उदारता दिखाना

law /lɔ:/ /लॉऽ/ noun, c. or u. **1** *There is a law against child marriage in most countries.*(c.) = a rule made by the government which everyone in a country must obey कानून **2** *Everyone should be equal in the eyes of the law.*(u.) = the complete set of rules made by the government which controls the behaviour (actions) of the people in a country कानून **3** *He is studying law at the university.*(u.) = the study of the laws of a country and the principles used in making these laws विधि, कानून **4** T*he law of gravitation was first stated by Isaac*

Newton.(c.) = the statement of a principle which can explain or help to understand the things that commonly happen in nature नियम **law-abiding** adj. = honest and always obeying the law विधि पालक, कानून के अनुसार चलने वाला **lawless** *a lawless city* = where the law is not respected or feared कानून रहित, जहाँ कानून की परवाह नहीं की जाती **lawsuit** /lɔ:sju:t/ /लॉस्यूट्/ noun, c. = a problem presented in court, by a person or organization (not the police) for a decision मुकदमा **lawyer** noun, c. = a person who has studied law and is trained to represent people in court or to write business agreements etc. वकील

lawn /lɔ:n/ /लॉऽन्/ noun, c. = a piece of land, usually surrounding a building, which is covered with grass that has been carefully mown (cut) 'लॉन' घास का दालान **lawn mower** noun, c. = a machine that is used to mow (cut) grass घास-काटने की मशीन

lax /læks/ /लैक्स्/ adj. *The discipline in this school is very lax. The teachers should have more control over the students.* = not having enough control ढीला, शिथिल

lax•a•tive /'læksətɪv/ /'लैक्सटिव्/ *Castor oil is used as a laxative.* = a substance or a medicine that helps a person to get rid of the solid waste matter in the intestines easily (compare **emetic**) रेचक, कब्ज़ दूर करने की दवा

lay[1] /leɪ/ /लेइ/ verb, i. or t. (**laid**) (also past tense of **lie**) **1** *The friends of the injured man lifted him out of the car and laid him on the ground.*(i.) = to put down carefully in a flat position लिटाना **2** *The Minister will lay the foundation of the new library building.*(t.) = to start a new building (नींव) रखना **3** *Please lay the table for dinner.*(t.) = to make things ready on a table for the beginning of a meal तैयार करना (भोजन की मेज़) **4** *The hen lays eggs.*(t.) = to produce an egg (अंडे) देना **5** = to have sex with a woman (slang) USE संभोग करना (अपभाषा) निषिद्ध

lay[2] adj. *a lay person* = not specially trained for a profession अकुशल, अप्रशिक्षित (**layperson**) noun, c. *This book on agriculture has been written in language that the layperson cannot understand.* = a person who has no special training in some subject or for some kind of work सामान्य जन, विषय विशेषज्ञ नहीं **layout** noun, u. *The layout of the new shopping complex has been designed by a famous architect.* = a plan or design for a building etc. भवन का नक्शा

to lay down arms = to accept defeat in a war and stop fighting हथियार डालना **to lay someone off** *He has been laid off because business has been poor.* = to stop employing a worker, usually because there is not enough work or because the employer cannot afford to pay him/her नौकरी से निकाल देना **to lay a hand/finger on** *I don't want you to lay a finger on my brother.* = to hurt दिल दुखाना **to lay claim to** *She approached the court and laid claim to the designs prepared by the official architect.* = to say that one owns something स्वामित्व का दावा करना **to lay down one's life** = to sacrifice one's life for some cause बलिदान करना **to lay down the law** = to make the rules about something clear (informal)नियमों को स्पष्ट करना (अनौपचारिक) **to lay someone's fears to rest** = to reassure आश्वस्त करना, भय या आशंका दूर करना **to lay out** *The gardens and the pools have been beautifully laid out by the architect.* = to arrange and present buildings, gardens etc. व्यवस्थित करना, डिज़ाइन करना **to lay one's cards on the table** = to talk honestly or frankly to someone खुलकर, ईमानदारी से बात करना

lay•er /'leɪəʳ/ /'लेइअर/ noun, c. *The table is covered with a thick layer of dust.*= a quantity of some substance that has been spread out over an area परत

la•zy /'leɪzi/ /'लेइज़ी/ adj. *The children are becoming lazy. You must ask them to help more.* = not willing to work (disapproving) आलसी (अस्वीकृत) **lazybones** noun (always plural) = a person who is lazy (informal, not polite) आलसी (अनौपचारिक, विनम्र नहीं)

lbw abbr. of **leg before wicket** = a decision taken by the umpire in the game of cricket, in which a batsman is said to be out when he is hit on the leg by a ball that would otherwise have hit the stumps (wicket) [SPORTS] पगबाधा

LCD abbr. of **Liquid Crystal Display** noun, c. = a screen showing text or pictures passing through liquid using electricity [TECHNOLOGY] 'एल.सी.डी.' एक प्रकार का स्क्रीन जो विद्युत् द्वारा द्रव माध्यम से प्रवाहित लिखित या चित्रित को दिखलाए

lead[1] /lɪ:d/ /'लीड्/ verb, t. (**led**) **1** *The teacher led the new children to their classroom.* = to walk in front of someone so as to show him/her the way पथप्रदर्शन करना, रास्ता दिखाना **2** *This road leads to the airport.* = to go in the direction of की ओर जाना **3** *Saurav Ganguly will lead the Indian team in this match.* = to be in command of a group नेतृत्व करना **4** *The Sri Lankan team is leading by 120 runs.* = to be ahead of someone in a competition or game (प्रतियोगिता या खेल में) आगे होना **5** *She leads a very active life.* = to live a certain kind of life बिताना (जीवन)

lead[2] noun, u. **1** *We don't know what to do in this situation. We are waiting for someone to give us a lead.* = a suggestion (idea) or an example that tells or shows someone what should be done अगुआई, मार्ग दर्शन **2** *The Indian team is now in the lead.* = a winning position विजय की ओर बढ़त

lead[3] adj. *She is the lead singer in this song.* = the most important प्रमुख, अति महत्त्वपूर्ण

lead[4] /led/ /'लेड्/ noun, u. **1** = a soft metal used in electrical batteries etc. सीसा, 'लेड' **2** = a thin black stick inside a pencil, that makes it write सिक्का (पेन्सिल का) **leaded** adj. *leaded petrol* = containing lead (opposite **unleaded** or **lead-free**) सीसा युक्त

leader /'li:dəʳ/ /'लीडʳ/ noun, c. = a person who guides others (shows them the way) or is in command of a group नेता, मुखिया, सरदार **leadership** noun, c. *Under his leadership the team played very well.* = the position or quality of a leader नेतृत्व **a leading question** noun, c. = a question (specially a question asked in court by a lawyer) asked in such a way that the expected answer is suggested [LAW] (अदालत में) सूचक प्रश्न

leaf /li:f/ /'लीफ़्/ noun, c. (**leaves**) **1** *a banana leaf* = the flat, green part of a plant or tree which is joined to the stem or to a branch (see pic under **leaf**) पत्ता **2** *the leaf of a book* = a sheet of paper in a book which is printed on both sides पृष्ठ, सफा, पन्ना **leafy 1** *a leafy part of the city* = with a large number of trees वृक्षों से भरा **2** *leafy vegetables* = (vegetables) with a lot of leaves or made up of leaves e.g. cabbage पत्तेदार सब्ज़ियाँ

leaflet /'li:flɪt/ /'लीफ़्लिट्/ noun, c. = a piece of printed paper folded into a small book, which contains an advertisement for something and is generally given away free इश्तहार, विज्ञापन हेतु बाँटा जाने वाला पर्चा

to leaf through *While waiting for the bus I leafed through a magazine.* = to read quickly parts of a book/ magazine, usually in a casual manner से पन्ने पलटना **to turn over a new leaf** = to begin a new and improved part of one's life जीवन का नया अध्याय आरंभ करना

league[1] /li:g/ /लीग्/ noun, c. **1** *India has joined the international cricket league.* = a group of sports teams which play matches against each other to decide which team is the best संघ, लीग **2** *the League of Nations // League for Safe Driving* = a group of countries or people joining together for a common purpose or cause संघ, लीग

league[2] verb, i. *All the opposition parties have leagued together against the government.* = to join together for a common purpose or cause संगठित हो जाना, परस्पर मिलकर कार्य करना

leak[1] /li:k/ /लीक्/ verb, i. **1** *Water is leaking into the boat through a hole in the bottom.* = to flow into or out of something through a small opening, usually creating a problem (used to refer to the flow of a liquid or gas) रिसना (तरल या गैस के संदर्भ में) **2** *Someone must have leaked this report to the newspapers.* = to make something secret known to the public गुप्त जानकारी को प्रकट कर देना (अनौपचारिक, अनादरपूर्ण) (informal, derogatory)

leak[2] noun, c. *There is a small leak in the boat.* = a small opening through which some liquid or gas can flow into or out of something रिसाव के. लिए रास्ता **leakage** noun, c. **1** *Water got into the boat because of a leakage* = an example of quantity of something that is leaking (e.g. oil, water) रिसाव (तेल, पानी) **2** = information that is given out, often on purpose, in order to spoil chances of success ऐसी सूचना को प्रकट कर देना जिससे व्यक्ति को सफलता प्राप्त न हो **leaky** / li:kɪ/ /लीकि/ adj. *a leaky tap* = something that leaks रिसने या टपकने वाला

lean[1] /li:n/ /लीन्/ verb, i. (**leaned** or **leant**) **1** *We leaned forward as we climbed the mountain, to balance the heavy loads we were carrying on our backs.* = to slope or tilt (bend forwards or backwards) from an upright position झुकना **2** *He sat on the floor, leaning against the wall.* = to support oneself in a sloping position, putting the weight of the body on something सहारा लेना

lean[2] adj. **1** *He used to be fat, but he is quite lean now.* = thin (often approving) दुबला-पतला (प्राय: स्वीकृत) **2** *This has been a lean year for the film industry. Most films did not earn much money.* = earning little profit क्षीण, कमज़ोर (आर्थिक दृष्टि से) **3** *They eat only lean meant.* = food, especially meat, without natural fat in it बिना चर्बी वाला गोश्त

leap[1] /li:p/ /लीप्/ verb, i. (**leapt** or **leaped**) **1** *She leapt over the wall before the dog caught up with her.* = to jump over or across something कूदना, फाँदना **2** *He leaped to defend his leader.* = to move quickly to do something झपटना

leap[2] noun, c. *The tiger crossed the stream with a single leap.* = a sudden, big jump छलाँग, उछाल **leap year** noun, c. = a year which comes once in four years, in which the month of February has 29 days instead of 28 अधिवर्ष, लीप वर्ष

by/in leaps and bounds = very quickly and successfully (informal) शीघ्रता से और सफलता से (अनौपचारिक) **a leap in the dark** = an action taken without thinking of the consequences बिना परिणाम को सोचे कुछ करना **to leap at** *She leapt at her father's offer to drop her at school.* = to accept eagerly (informal) तुरंत स्वीकार कर लेना (अनौपचारिक) **to leap out at one** *This colour leaps out at you from the shelf.* = to stand out from the surroundings (informal) सबसे अलग दिखाना (अनौपचारिक)

learn /lɜ:n/ /लऽन्/ verb, t. (**learnt** or **learned**) **1** *She is learning French in school.* = to gain knowledge of some subject or to gain skill in doing something, as a result of teaching or experience सीखना **2** *I learn that you are now a successful lawyer.* = to get information about something जानना, मालूम होना **3** *He has learnt to respect the advice of friends.* = to come to understand something समझ लेना, समझ में आना **learned** /'lɜ:nɪd/ /लऽनिड्/ adj. *a learned professor* = one who has gained a great deal of knowledge विद्वान **learner** noun, c. **1** = a person who is learning सीखने वाला **2** = a person learning to drive a vehicle (abbr. as **L**) नौसिखिया (संक्षिप्त रूप) **learning** noun, u. = knowlege that is gained by studying (see also **knowledge**) ज्ञान, विद्या

lease[1] /liːs/ /लीस्/ noun c. *The government has given me this plot of land on a 99-year lease.*(c.) = a written legal agreement by which a piece of land or a building is given to someone for a fixed period, in return for payment पट्टा, कानूनी स्वामित्व (भूमि या भवन का)

lease[2] verb, t. *I have leased this building for ten years.* = to take or give something (e.g. a building) on lease पट्टे पर देना/लेना

leash[1] /liːʃ/ /लीश्/ noun, c. *You have to keep the dog on a leash.* = a piece of rope etc. used to tie up and control an animal पट्टा, जानवर के गले में बाँधा जाने वाला

leash[2] verb, t. *He leashed the dog to the post.* = to tie up an animal with a leash (opposite **unleash**) पट्टे से बाँधना

least[1] /liːst/ /लीस्ट्/ det. or pron. *This student gave me the least trouble.* कम से कम, बहुत कम // *This is the least I can do for you.* = the smallest amount अल्पतम, न्यूनतम

least[2] adv. *She is the least fussy of all the sisters.* = less than all the others औरों से कम

at least 1 *At least let me help clean the vessels.* = if nothing else कम से कम 2 *at least eight people* = a minimum of कम से कम **in the least** *The rain has not affected her spirit in the least.* = hardly; at all मुश्किल से, ज़रा भी **last but not least** *Last but not least, I must thank my wife for all the help she has given me.* = something that is important though it is mentioned last महत्त्वपूर्ण यद्यपि अंत में उल्लेख करना

lea•ther /ˈleðəʳ/ /लेदʳ/ noun, u. = the skin of an animal that has been dried and treated with chemicals and from which shoes, bags etc. can be made चमड़ा

leave[1] /liːv/ /लीव्/ verb, t. or i. (**left**) 1 *We must leave this city tomorrow.*(t.) छोड़ देना 2 *Are you ready to leave?*(i.) = to go away from a place प्रस्थान, बाहर जाना 3 *I have left this job.*(t.) = to give up छोड़ देना 4 *I have left my glasses at home.*(t.) = to go without taking something भूल जाना, छोड़ जाना 5 *The accident left a scar on his face.*(t.) = to cause to remain as an effect छोड़ देना (चिह्न) 6 *I can hear music from the next room. Did you leave the television on?* = to make something remain on, off, hot etc. छोड़ना 7 *Please do not leave any food on your plate.* = to let food remain on a plate because one is full or does not like it छोड़ना 8 *Could you leave the windows open, there's a nice breeze.* = to let something stay as it is यथास्थिति छोड़ना 9 *You can leave the children with me on Thursday. I'll be happy to look after them.* = to place children etc. for a short while with someone who will look after them छोड़ना 10 *Leave your watch with her.* = to give someone something which needs mending or watching छोड़ देना 11 *Do not worry about the cooking, leave it to me.* = I will be responsible for it किसी पर छोड़ना 12 *They had left some food for me in the fridge.* = to place or put something in a place where someone can take or use it रखना 13 *Aruna had left a message for me on the answering machine.* = used with a spoken/written message or letter which is put in a place where it can be found/heard छोड़ना 14 *When she died she left me her lovely books.* = to receive something which someone wanted you to have after their death किसी की मृत्यु के उपरांत उसकी वस्तु दूसरे को प्राप्त होना

leave[2] noun, u. 1 *He has taken a month's leave.* = a period of time during which one is not working छुट्टी, अवकाश 2 *He wrote this article in the newspaper without my leave.* = permission (formal) अनुमति, इजाज़त (औपचारिक)

to leave something or someone alone *Leave the tree alone; don't cut it.* = to let something stay as it is; to not disturb someone or something, or not cause someone more sadness, anxiety etc by being with them अकेला छोड़ देना, परेशान न करना **to leave no stone unturned** *They left no stone unturned to make the programme a success.* = to make every effort possible एड़ी चोटी का ज़ोर लगाना **to leave out** *The team for the next match has been announced but my friend has been left out.* = to not include (when counting or giving something) सम्मिलित न किया जाना **to leave word with someone** = to give someone a message for someone else किसी दूसरे के लिए किसी के पास संदेश छोड़ना **to be left over** *Is there any of that delicious rice left over?* = (of food, money etc.) to last after most of it has been eaten, spent etc. (adj. **leftover** food) बचा हुआ (भोजन) **to leave somebody cold** *It was an interesting novel but it left me cold.* = to not make one feel any strong emotion of happiness, fear, sadness etc. (informal) भावशून्य बनाना (अनौपचारिक) **to leave a bad taste in one's mouth** *We became friends again but our quarrel left a bad taste in my mouth.* = to feel a sense of unpleasantness when you remember something in the past बीती बातों को याद करके मन खराब करना **to get left behind** 1 = when competing with someone else, to do less well दूसरों के मुकाबले कम अच्छा करना, पीछे रह जाना 2 *His book on ancient temples in Nepal leaves all other books behind.* = (of work, books, art etc.) to be so good as to make one forget the worth of other, similar things (informal) (काम, पुस्तकें, कला आदि) सबको पीछे छोड़ देना (अनौपचारिक)

lea•ven[1] /ˈlevən/ /ˈलेव्न्/ noun, u. = a substance (e.g. yeast) that is added to a mixture of flour and water to make bread more soft ख़मीर

leaven[2] verb, t. = to add yeast to a mixture of flour and water (old-fashioned) ख़मीर उठाना (पुराने प्रचलन का)

lech•er•ous /ˈletʃərəs/ /ˈलेचरस/ adj. *lecherous behaviour* = having too much interest in sex (derogatory) लंपट, कामुक (अनादरपूर्ण)

lec•ture[1] /ˈlektʃəʳ/ /ˈलेक्चʳ/ noun, c. *Did you listen to the professor's lecture on the relationship between*

L

music and mathematics? = a serious and learned talk given on some subject, especially as a part of university teaching व्याख्यान, भाषण

lecture[2] verb, i. or t. **1** *Dr Misra will lecture on Romantic poetry today.*(i.) = to give a lecture on some subject व्याख्यान देना **2** *They love to lecture their children.*(t.) = to talk seriously to someone, usually giving that person some advice or warning with good intentions but which they may find unpleasant or tiresome (informal, often humorous) भाषण देना, सीख देना **lecturer** noun, c. = a person who lectures (teaches) at a university व्याख्याता (अनौपचारिक, प्रायः हास्यपरक)

ledge /ledʒ/ /'लेज/ noun, c. *window ledge* = a narrow shelf or platform built into a wall, just above or below a window खिड़की के ऊपर या नीचे बना चौखटा

LED abbr. of **Light Emitting Diode** noun, c. *LED display* = characters (words and figures) displayed through light in electronic equipment 'एलईडी' उपकरण

led•ger /'ledʒəʳ/ /'लेजर्/ noun, c. = a large book in which the accounts of a company, bank etc. are kept बही-खाता

leech /liːtʃ/ /'लीच्/ noun, c. (**leeches**) **1** = a small insect that lives in wet places and fixes itself to the skin of animals or humans, sucking their blood जोंक **2** = a person who does no work but supports himself/herself by getting money or help from someone else (derogatory) दूसरों के धन पर आश्रित, जोंक (अनादरपूर्ण)

leek /liːk/ /लीक्/ noun, u. = a vegetable with long green shoots that is often eaten raw लंबे हरे डंठलों वाली सब्ज़ी जिसे कच्चा (बिन पका) ही खाया जाता है

leer[1] /lɪəʳ/ /लियर्/ noun, c. *The man had a leer on his face which made me very angry.* = an unpleasant smile which expresses crude and vulgar enjoyment कुटिल मुस्कान

leer[2] verb, i. = to look at someone with a leer बुरी नज़र से देखना

left[1] /left/ /लेफ़्ट्/ adj. **1** *He writes with his left hand.* = the side of the body where the heart is (opposite **right**) बायाँ **2** *He took a left turn when he came to the crossroads.* = in the direction indicated (shown) by one's left hand बाँई ओर

left[2] adv. *She is turning left.* = towards the left side बाँई ओर

left[3] noun, u. **1** *Please turn to the left.* = the left side or direction बाँई दिशाएँ **2** *The parties on the left are opposed to free trade.* = political parties which favour **socialism** or **communism** वाम पंथी (राजनीतिक दल) **left-handed** adj. = a person who does most things with his/her left hand (also **lefty** or **southpaw** (American English) (opposite **right-handed**) (अमेरिकी अंग्रेज़ी) बाएँ हाथ से कार्य करने वाला **left luggage** = a place where luggage carried by passengers on trains, planes etc. can be left and looked after for a short period कुछ समय के लिए यात्रियों का सामान रखने की जगह **leftover** = the remaining part बचा हुआ **leftovers** (always plural) = food left uneaten, that may be eaten at a later meal बचा हुआ लेकिन दुबारा उपयोग योग्य भोजन

a left-handed compliment = something which seems to be said in praise of a person, but is really criticism (an unfavourable remark) देखने में प्रशंसा लेकिन वास्तव में आलोचनात्मक टिप्पणी (प्रतिकूल टिप्पणी)

leg[1] /leg/ /लेग्/ noun, c. or u. **1** *He cannot walk as he has an injured leg.*(c.) = a limb of a human being or an animal which supports the body and is used in walking or running टाँग, पैर **2** *chicken leg.*(u.) = the leg of a bird or animal used as food मुर्गे की टाँग **3** *We will have to travel by boat for the next leg of our journey.*(c.) = a part of a journey or competition यात्रा या प्रतियोगिता का शेष भाग **4** *The batsman hit the ball to square leg.*(u.) = the side of the cricket field which is to the left of a right-handed batsman as he stands facing the bowler. [SPORTS] 'स्क्वेयर लेग' (क्रिकेट खेल में क्षेत्ररक्षण की एक खास जगह) (also **leg-side**; opposite **off-side** or **off**)

leg[2] verb, i. *Since I missed the last bus from the railway station I had to leg it home.* = to walk (informal) पैदल चलना (अनौपचारिक)

-legged suffix *three-legged table* = used to describe the number of legs an object has पाद, पैरों वाला

leg•a•cy /'legəsi/ /'लेगसी/ noun, c. (**legacies**) **1** *He left all his property as a legacy for his family when he died.* = money or property that one receives from a person who has died पैतृक संपत्ति, धरोहर **2** *India has a rich legacy of classical music.* = something of value that is passed on from one generation to the next and belongs to everyone धरोहर, परंपरा से चलते आने वाला

le•gal /'liːgəl/ /'लीग्ल्/ adj. **1** *It is not legal for a person below the age of 18 to drive a car.* = allowed by law विधि-सम्मत, कानून द्वारा सहमति प्राप्त **2** *I need some legal advice.* = related to law (compare **legitimate**) कानूनी (विधि संबंधी) **legalize (legalise)** verb, t. *After the wedding ceremony, they went to the registrar to legalize their marriage.* = to make something legal (allowed by law) वैध बनाना, कानूनी रूप देना **legal tender** noun = money which can be used within a country देश में ही प्रयोग की जाने वाली मुद्रा

le•gend /'ledʒənd/ /'लेजन्ड्/ noun, c. or u. **1** (c.) = an ancient story (which may not be true) about brave people and their noble deeds आख्यान, इतिहास प्रसिद्ध **2** *Mahatma Gandhi became a legend during his lifetime.* = a person who becomes famous for his/her achievements महापुरुष **legendary** adj. **1** *the legendary Vinoo Mankad* = a person who becomes very famous and is remembered by many people महापुरुष **2** *a legendary character* = not real but belonging to a legend (a story) पौराणिक

le•gi•ble /'ledʒɪbəl/ /'लेजिब्ल्/ adj. *I can read your handwriting quite easily. It is perfectly legible.* = can be read easily सुवाच्य, सुपाठ्य, आसानी से पढ़ा जानेवाला

le•gis•la•ture /'ledʒɪsleɪtʃə^r/ /'लेजिस्लेइचर्/ noun, u. = the branch of the government that makes laws, e.g. the parliament (Lok Sabha) विधायिका, विधानमंडल (लोक सभा) **legislate** verb, i. *The parliament has legislated for the privatization of industries owned by the government.* = to make new laws कानून बनाना **legislator** noun, c. = a person who is responsible for making new laws (e.g. a member of parliament) विधायक (संसद सदस्य)

le•git•i•mate /lɪ'dʒɪtɪmɪt/ /लि'जिटिमिट्/ adj. **1** *a legitimate child* = born of parents who are legally married (opposite **illegitimate**) जायज़ **2** *The demand for higher pay made by the employees is perfectly legitimate.* = proper; allowed by the law or the rules जायज़, उचित, न्यायसंगत

lei•sure /'leʒə^r/ /'लेज़र्/ noun, u. *I like to paint whenever I have some leisure.* = free time फुरसत (फ़ुर्सत), खाली समय **leisurely** adv. *a leisurely walk* = done without any hurry इत्मीनान से, आराम से

le•mon[1] /'lemən/ /'लेमन्/ noun, c. or u. **1** (c.) = a yellow fruit which produces sour juice नींबू **2** *Should I add some lemon to your tea?*(u.) = the juice of a lemon नींबू का रस

lemon[2] adj. *She was wearing a lemon kurta.* = light yellow in colour, like that of a lemon (also **lemon-yellow**) हल्का पीला रंग, नींबू जैसा **lemon squash** = a drink made from lemon juice and sugar, which is mixed with water नींबू का शरबत

le•mur /li:mə^r/ /'लीमर्/ noun, c. = a small animal that looks like a monkey and is active only at night, found in Madagascar (an island to the right of central Africa) 'लीमर' या लैमूर-मध्य अफ़्रीका के दाँई ओर एक द्वीप मडागास्कर में पाया जाने वाला बंदर जैसा एक पशु

lend /lend/ /लेन्ड्/ verb, t. (**lent**) **1** *Can you lend me your pen? I will return it to you at the end of the day.* = to give someone something or to allow someone to use something belonging to you for a period of time, on the understanding that it will be returned उधार देना, कुछ समय के लिए देना **2** *The bank lends money at an interest of 12 per cent.* = to give out money for a period of time in order to earn interest कर्ज़ देना, उधार देना **3** *The presence of the detective lent some glamour to the party.* = to add some quality to something सहायक होना, प्रदान करना

to lend a hand = to help someone in doing something हाथ देना, सहायता करना **to lend an ear** = to listen patiently and sympathetically दत्तचित्त होकर सुनना

length /leŋθ/ /'लेङ्थ्/ noun, u. or c. **1** *The length of this field is 200 metres.*(u.)= the measurement of something from one end to the other लंबाई **2** *I am surprised at the length of your answer.*(u.) = the quality of being too long बड़ा होना **3** *She spoke at length.*(u.) = using many words विस्तार से **4** *Tie up the parcel with a length of rope.*(c.) = a piece of टुकड़ा **lengthen** verb, t. = to make something longer दीर्घ करना, लंबा करना **lengthy** adj. *a lengthy report* = very long (derogatory) बहुत लम्बा (रिपोर्ट आदि) (अनादरपूर्ण)

le•ni•ent /'li:niənt/ /'लीनिअन्ट्/ adj. *The thief should have been sent to jail for at least five years, but as the judge was lenient, he sentenced the thief to only six months in prison.* = kind and not strict in punishing people नरम, दयालु, कठोर, सज़ा न देने वाला

lens /lenz/ /'लेन्ज़्/ noun, c. (**lenses**) *The lens of my camera has become dirty.* = a piece of curved glass or plastic which can bend rays of light. (used in cameras, telescopes, spectacles etc.) 'लेन्स' (कैमरा, दूरबीन, चश्मे में प्रयोग होने वाले)

Lent /lənt/ /लन्ट्/ noun = the period of 40 days before Easter, during which Christians usually fast and pray 'चालीसा', ईसाई त्योहार 'ईस्टर' से पूर्व चालीस दिन

len•til /'lentl/ /'लेन्ट्ल्/ noun, u. (usually plural **lentils**) = the dried seeds of plants belonging to the family of beans, used as food ('daal', eaten by people in India) मसूर, मूँग दाल

Le•o /'li:əʊ/ /'लीअउ/ noun = the fifth sign of the zodiac, represented by a lion (see pic under **zodiac**) सिंह राशि

leop•ard /'lepəd/ /'लेपड्/ noun, c. = a large and fierce animal belonging to the cat family, which is yellow in colour with many black spots, found in parts of India and Africa तेंदुआ

lep•re•chaun /'leprɪkɔ:n/ /'लेप्रिकॉऽन्/ noun, c. = a fairy which looks like a short old man, common in old fairy tales from Ireland परी कथाओं की एक परी

lep•ro•sy /'leprəsi/ /'लेप्रसी/ noun, u. = a disease in which the skin of human beings loses sensation and which affects their limbs, faces etc. कोढ़, कुष्ठ **leper** noun, c. = a person suffering from leprosy कोढ़ी, कुष्ठरोगी

les•bi•an /'lezbiən/ /'लेज़बिअन्/ noun, c. = a woman whose sexual partner is another woman समलैंगिक (महिला)

le•sion /'li:zən/ /'लीज़न्/ noun, c. = a wound or injury [MEDICINE] चोट, घाव [चिकित्सा]

less[1] /les/ /लेस/ det. or pron. **1** *I would like less sugar in my tea.*(det.) कम, थोड़ा **2** *I can't eat so much rice. Could you please give me a little less?*(pron.) = a smaller amount; not so much कुछ कम **3** *You will find less cars on the road now than we had last year.*(det.) = a smaller number कम, थोड़ी

less[2] adv. *He is less educated than his brothers.* = not as much as से कम, के जितना नहीं

less[3] prep. *The conductor returned Rs 10 to me less the bus fare of Rs 2.50.* = after subtracting (taking away) something कम करके **lessen** verb, t. *This medicine will lessen the pain.* = to make less कम करना **lesser** adj. *Though they sing together, Nitin is clearly the lesser singer of the two.* = not as good or important as someone else (not used with 'than') तुलना में कम महत्त्वपूर्ण

les•son /'lesən/ /'लेसन्/ noun, c. *The teacher is giving a language lesson.* = a period during which something is taught to someone, especially in a school classroom पाठ, अध्याय

to be taught a lesson *I hope your defeat in the election has taught you a lesson.* = some piece of wisdom that one learns through experience सबक सिखाना, सीख लेना **to teach someone a lesson** *They have been giving us a lot of trouble. We must teach them a lesson now.* = to make someone who has been making things difficult or unpleasant suffer, usually just enough to make them stop सबक सिखाना

lest /lest/ /'लेस्ट्/ prep. *The little girl would not accept my help in climbing the ladder, lest I should call her a baby.* = in order that something should not happen (formal) ऐसा न हो कि, यदि (औपचारिक)

let[1] /let/ /लेट्/ verb, t. (**let**) **1** *Please let him go home.* = to allow अनुमति देना **2** *Let us (Let's) go to the cinema tonight.* = used to make a suggestion आओ चलो (सुझाव से पूर्ण) **3** *Let AB be a straight line, and let X be its middle point.* = used to make a supposition in mathematics मान लो कि **4** *We are letting (out) our house.* = to give on rent किराये पर देना

let[2] noun, c. *That service was a let!* = a service in the game of tennis that must be re-played because the ball has hit the top of the net [SPORTS] टेनिस के खेल की ऐसी सर्विस जो नेट को छू लेने के कारण अमान्य हो जाती है और जिसे दुबारा लेना पड़ता है

to let someone down = to disappoint someone निराश करना **to let on** *The secretary wouldn't let on what happened at the meeting.* = to reveal; to let somebody know something (informal)दूसरों को बताना, जानकारी देना (अनौपचारिक) **to let up** *If the storm lets up we can continue our trek.* = to cease; to stop (even for a short while) रुकना, बंद होना (चाहे कुछ देर के लिए) **to let oneself go** *I felt shy about having a stylish haircut. Then I let myself go and had one.* = to make a decision to do something that one would normally not feel free to do because others will talk (informal) दूसरों की बातों की परवाह न करना (अनौपचारिक) **to let something ride 1** = to decide not to react angrily etc. to something someone has said (informal) किसी के कथन पर नाराज़गी जाहिर न करने का निर्णय लेना (अनौपचारिक) **2** = to decide not to act at once on a decision (informal) किसी निर्णय पर तुरंत अमल न करने का निश्चय करना (अनौपचारिक) **to let someone have it** = to scold someone strongly (informal) अच्छी तरह डाँटना (अनौपचारिक)

le•thal /'li:θəl/ /'लीथल्/ adj. *a lethal blow* = something that can cause death (compare **fatal**) घातक

leth•ar•gy /'leθədʒi/ /'लेथ़जी/ noun, u. *The lethargy I feel is probably due to the heat.* = the state of being lazy and not wanting to work अकर्मण्यता, सुस्ती **lethargic** adj. अकर्मण्य, सुस्त

let•ter /'letə^r/ /'लेटॅ/ noun, c. **1** = a written message sent through the post पत्र **2** *the letters of the alphabet* = a written or printed sign that represents a speech sound e.g. the letter 'b', as in 'ball' वर्ण, अक्षर **letter-box** noun, c. = a box in which letters are dropped, so that they may be collected by a postman or by the person to whom the letters have been sent पत्र-पेटी **letterhead** noun, c. = the name and address of the person who is sending a letter, printed at the top of a sheet of paper 'लेटरहेड' **letter of credit** (**LC**) = an official letter from a bank allowing someone to borrow money from another bank, specially in a foreign country अन्य बैंक से उधार लेने के लिए बैंक द्वारा दिया गया पत्र

let•tuce /'letɪs/ /'लेटिस्/ noun, u. = a vegetable with large, soft green leaves which are usually eaten in salads सलाद पत्ता

leu•co•cyte /'lu:kəsaɪt/ /'लूकसाइट्/ noun, c. = white blood corpuscles (the white cells in the blood which fight infection [MEDICINE] श्वेताणु, रक्त के श्वेत कण

leu•ke•mia (leukemia) /lu:'ki:miə/ /लू'कीमिअ/ noun, c. = a disease which causes the presence of too many white cells in the blood and not enough red cells, causing weakness [MEDICINE] रक्त संबंधी विकार जिसमें लाल रक्त-कणों की तुलना में अत्यधिक श्वेत रक्त-कणों की मौजूदगी से हुई कमज़ोरी होती है

lev•el[1] /'levəl/ /'लेवल्/ adj. **1** *The football field is perfectly level.* = having a flat surface, no part of which is higher than another part समतल **2** *Our plane is level with the mountains.* = at the same height as बराबर ऊँचाई पर **3** *I will try my level best to come.* = the very best that one can do (informal) यथासंभव, पूरी कोशिश करना (अनौपचारिक)

level[2] noun, c. **1** *The top of this mountain is 5,000 metres above sea-level.* = the surface of the sea, which is used as a reference for measuring the height of a place समुद्र-तल **2** *This house has been built on two levels.* = at different heights above the surface of the ground ऊँचाई के खंड-तल **3** *The uniform is worn by workers at all levels.* = in different positions स्तर, पद

level[3] verb, t. *The mountain had to be levelled before the new road could be built across it.* = to make flat समतल बनाना **level crossing** noun, c. = a place where a road crosses a railway track, with gates that can be raised or lowered रेलवे क्रॉसिंग **level-headed** adj. = calm and balanced शांतचित्त एवं संतुलित

le•ver /'li:vər/ /'लीवर/ noun, c. **1** = a simple machine used for lifting or moving heavy objects. It consists of a straight metal rod, which is fixed at a point, called the fulcrum. One end of the rod is pushed underneath the object to be lifted while the other end is pressed down उत्तोलक, 'लीवर'-भारी वस्तु उठाने या हिलाने वाली मशीन **2** = a metal rod or handle which is connected to a machine and can be pushed down to make the machine start working 'लीवर'–मशीन को चालू या बंद करने वाला उपकरण

lev•i•tate /'levɪteɪt/ /'लेविटेइट्/ verb, i. = to rise and float in the air हवा में उठ जाना **levitation** /levɪ'teɪʃən/ /'लेविटेइशन्/ noun = the action of levitating (floating in the air) हवा में तैरने की प्रक्रिया

lev•i•ty /'levɪti/ /'लेविटी/ noun, u. *This is a serious matter. I am surprised that you can treat it with such levity.* = lack of seriousness; light-heartedness (formal) हल्कापन (गंभीर का विपरीत) (औपचारिक)

lev•y[1] /'levi/ /'लेवी/ verb, t. (**levied**) *The government will levy a tax on alcoholic drinks.* = to demand and collect taxes उगाहना, कर लगाना

levy[2] noun, c. (**levies**) *The government has imposed a levy on petrol.* = a tax or payment demanded by the government कर, शुल्क

lewd /lu:d/ /'लूड्/ adj. *People want the government to ban this film as it contains a number of lewd songs.* = vulgar and in bad taste; suggesting crude thoughts of sex अश्लील, भद्दा

lex•i•con /'leksɪkən/ /'लेक्सिकन्/ noun, u. or c. **1** (singular) *the lexicon of a language* = the total stock of words in a language शब्द भंडार **2** (c.) = a dictionary or list of words with their meanings शब्दकोश **lexical** adj. *the lexical meaning* = having to do with words शाब्दिक **lexicography** /leksɪ'kɔ:grəfi/ /लेक्सि'कॉग्रफ़ी/ noun = the act of preparing a dictionary कोश कला अथवा कोश विज्ञान

li•a•bil•i•ty /laɪə'bɪlɪtɪ/ /लाइअ'बिलिटि/ noun, u. or c. **1** *If a worker is injured while working, it is the company's liability.*(c.) = something for which one is legally responsible उत्तरदायित्व, ज़िम्मेदारी **2** *The company's liabilities are much greater than its assets.*(c.) = debts; money that has to be paid to various people देनदारी **3** *Our family house in the village has become a liability.*(u.) = a burden (a load that one is forced to carry) थोपी गई ज़िम्मेदारी, भार (ऐसा भार जो ज़बरदस्ती लेना पड़े)

li•a•ble /'laɪəbəl/ /'लाइअबल्/ adj. **1** *He is liable to laugh loudly when he is amused.* = likely to do something आदतन कुछ करना **2** *If you drive a car without a licence you are liable to be fined.* = likely to be punished हकदार होना, संभावित होना

li•aise /li'eiz/ /ली'एइज़्/ verb, i. *My job as the secretary is to liaise with all the employees of the company.* = to create and to keep up a working relationship with someone व्यापार के संबंध में संपर्क बनाना

li•ai•son /li'eɪzən/ /ली'एइज़न्/ noun, u. **1** *There is close liaison between the hospital staff and the health workers in the village.* = close working relationship between two people or two groups of people (sometimes derogatory) संपर्क (कभी-कभी अनादरपूर्ण) **2** = a sexual relationship between a man and a woman who are not married to each other महिला और पुरुष का अनुचित संबंध

li•ar /'laɪər/ /'लाइअर/ noun, c. = a person who tells lies झूठा

li•bel /'laɪbəl/ /'लाइबल्/ noun, u. or c. (u.) *Rehan sued the magazine for libel.*(u.) // *a libel action suit*(c.)= something that is written or spoken falsely against someone and can damage that person's reputation किसी के विरुद्ध झूठी बात फैलाकर उसकी प्रतिष्ठा को हानि पहुँचाना

lib•e•ral[1] /'lɪbərəl/ /'लिबरल्/ adj. **1** *a liberal mind* = having respect for the ideas and feelings of others उदार **2** *This university offers a liberal education.* = encouraging the development of the mind, but not necessarily useful for a profession बुद्धि के सामान्य विकास के लिए **3** *There was a liberal supply of ice cream at the party.* = plentiful अधिक मात्रा में, बहुतायत में

liberal[2] noun, c. *He is known to be a liberal in politics.* = a person with a liberal mind who does not have extreme views उदारवादी **liberal arts** noun = subjects such as literature, history etc. which help the development of the mind and knowledge of the world (rather than technical skills and abilities) सामान्य ज्ञान के विषय (तकनीकी कौशल और योग्यता की अपेक्षा) **liberalization (liberalisation)** /lɪbərəlaɪ'zeɪʃən/ /लिबरलाइ'ज़ेइशन्/ noun *economic liberalization* = the act of making something more open and less controlled by the government उदारवाद, सरकार का नियंत्रण कम

lib•e•rate /'lɪbərəɪt/ /'लिबरेइट्/ verb, t. = to free someone, usually from prison (जेल से) मुक्त करना

lib•er•ty /'lɪbəti/ /'लिबटी/ noun, u. or c. (**liberties**) **1** *We fought for liberty from foreign rule.* = freedom, specially of the mind मुक्ति, स्वतंत्रता **2** *He has given me liberty to speak.* = permission अनुमति

to take liberties with someone = (generally of a man) to behave in a way which seems too friendly (and therefore crude) with someone, especially a woman घनिष्ठ व्यवहार की छूट लेना (प्राय: पुरुषों द्वारा महिलाओं के संदर्भ में)

Libra /'li:brə/ /'लीब्रा/ noun = the seventh sign of the zodiac, represented by a pair of scales (see pic under **zodiac**) तुला राशि

li•bra•ry /'laɪbrəri/ /'लाइब्ररी/ noun, c. (**libraries**) = a place where many books are kept and are available for use by members of the public पुस्तकालय

li•cence /'laɪsəns/ /'लाइस्न्स्/ noun, u. or c. **1** *driving licence*(c.) = an official paper or document giving someone permission to do something (e.g. drive a motor car) 'लाइसेंस', अनुज्ञा पत्र (जैसे मोटर चलाने के लिए) **2** *Freedom of speech should not turn into licence.*(u.) = too much freedom that can cause harm (derogatory) अधिकार, स्वच्छंदता (अनादरपूर्ण) **license** verb, t. *The government has licensed the sale of fruit-based drinks.* = to give someone a licence to do something (to allow or give permission for) अनुज्ञा प्रदान करना, लाइसेंस देना

lick /lɪk/ /'लिक्/ verb, t. or i. **1** *The dog licked my face.*(t.) = to move the tongue across the surface of something चाटना **2** *The tiger licked up the water from the stream.*(t.) = to drink by using quick movements of the tongue (also **lap**) चपड़-चपड़ पीना **3** *The other team played splendidly; we were licked.*(i.) = to lose, specially a game (informal) खेल में हारना (अनौपचारिक)

to lick one's wounds = to suffer quietly after being defeated in something घाव सहलाना, पराजय का दुख चुपचाप सहना

lid /lɪd/ /लिड्/ noun, c. *The cooking pan has a glass lid.* = a cover for a box, pot or an open container ढक्कन

to take the lid off something = to make something which is unpleasant and should be kept secret, known to everyone अशोभनीय बात का पर्दा हटाना और सार्वजनिक करना

lie[1] /laɪ/ /लाइ/ verb, i. **1** (past tense **lied**) *She lied to you when she told you she was a doctor. She is actually a school teacher.* = to make an untrue statement झूठ बोलना **2** (**lay, lain**) *He was lying on the ground.* = to be in a flat position, spread out on a flat surface लेटना, पड़े रहना **3** *You should lie down and take rest.* = to place one's body in a flat position लेट जाना **4** *The city lay in ruins after the earthquake.* = to be in a certain condition (as described) अवस्था में होना **5** *The school lies ahead.* = to be in a certain place or position अवस्थित होना

lie[2] /laɪ/ /लाइ/ noun, c. *He told you a lie when he said he had cycled 50 km.* = an untrue statement or a falsehood झूठ **lie detector** noun, c. = an instrument that can show whether a person is lying or telling the truth झूठ पकड़ने की मशीन, 'लाइ डिटेक्टर'

to lie around *When there is so much work to be done, don't lie around doing nothing.* = to be doing nothing कुछ न करते हुए खाली घूमना **to lie low** = to try not to be noticed पहचाने न जाने की कोशिश करना **to lie in wait for someone** = to wait in a place where one cannot be seen, in order to surprise and attack someone आश्चर्यचकित करने के लिए छिप कर इंतजार करना **to not take something lying down** *They insulted me and I am not going to take it lying down.* = to decide to take revenge because you have been insulted, hurt etc. अपमान का बदला लेने का निश्चय करना

lieu (in lieu of) /lju:/ /ल्यू/ noun, u. *In lieu of the help I gave her, she offered to look after my baby.* = in place of; in exchange for के बदले, के स्थान पर

lieu•ten•ant /lef'tenənt/ /लेफ़'टेनन्ट्/ noun, c. = an officer in the army or navy who has a junior rank (below the rank of captain) 'लेफ़्टीनेंट' (सेना का एक पद)

life /laɪf/ /लाइफ़्/ noun, u. or c. (**lives**) **1** *A plant has life but a stone is lifeless.*(u.) = the energy present in a living plant or animal that makes it grow, produce offspring (young ones) etc. जीवन **2** *Scientists think there may be life on the planet Mars.*(u.) = forms of matter in which life (meaning **1**) is present जीवन **3** *Life is not all work. There should be place for enjoyment too.*(u.) = the quality of human existence जीवन, जीवनचर्या **4** *A soldier must be prepared to sacrifice his life for his country.*(c.) = the state of being alive प्राण, जान **5** *My grandfather had a long life. He died at the age of 93.*(c.) = the period between birth and death उम्र, आयु **6** *On a Sunday, you will find no sign of life in this place.*(u.) = activity, movement गतिविधि **lifebelt** noun, c. = a ring made of some material that will float, found on a ship or boat, which a person can wear around the body to prevent him/her from sinking (see also **life jacket** under **jacket**) रक्षापेटी **lifeboat** noun, c. = a small boat carried on a ship to help passengers to escape in case the ship sinks रक्षा नौका **life-cycle** noun, c. = the changes or developments that a living thing goes through in the course of its life (e.g. from the egg of an insect to the fully-grown animal) जीवन चक्र (कीटाणु या पक्षियों का विकास-क्रम) **life history (life story)** noun = the story and details of somebody's life जीवनवृत्त **life insurance** noun = money paid to a company regularly so that if (and when) one dies, the company pays a large amount of money to one's relatives (see also **insurance**) जीवन बीमा **life jacket** (see under **jacket**) 'लाइफ़ जैकेट' **life-like** = looking real सजीव, यथार्थ, जीता जागता **lifeline** noun **1** = a rope used to save somebody from drowning बचाव रस्सी **2** *My work is my lifeline.* = anything that is very important for life or being alive (figurative) जीने के लिए महत्त्वपूर्ण (लाक्षणिक) **lifelong** = forever; for as long as one lives आजीवन **life sentence** noun = the punishment of staying in prison for 14 years उम्रकैद **lifesize** adj. *lifesize statue* = the same size as the original प्राकृत आकार **lifespan** noun, u. = the period of time for which a human being, animal or plant can expect to remain alive जीवन अवधि **lifestyle** noun, c. = the manner in which one lives जीवन शैली

full of life = lively; enjoying life जीवंत, जीवन का आनंद लेने वाला **to take someone's life** = to kill someone जान या प्राण लेना, जान से मार डालना

lift[1] /lɪft/ /लिफ़्ट्/ verb, t. or i. **1** *This suitcase is very heavy. You won't be able to lift it.*(t.) = to raise; to carry something from a lower to a higher level उठाना **2** *The government should lift the ban on foreign films.*(t.) = to remove or take away उठा देना, हटा लेना **3** *The fog has lifted.*(i.) = to rise or move up छँट जाना, हट जाना

lift[2] noun, c. **1** *You can use the lift to go to the fifth floor.* = a machine in a building which carries people up or down, from one floor to another (**elevator** in American English) 'लिफ़्ट', बहुमंजिली इमारतों में ऊपर-नीचे आने जाने के लिए प्रयुक्त **2** *I can give you a lift in my car.* = a free ride in a vehicle 'लिफ़्ट' **3** *As the air rushes past the wings of a flying aircraft, it produces lift.* = a force that carries something upwards [PHYSICS] उठान [भौतिकी] **4** *My new hairstyle has given me a lift.* = a good feeling (informal) बेहतर महसूस करना (अनौपचारिक) **lift-off** noun, u. = the beginning of the flight of a spacecraft (a vehicle that can carry a person through space) अंतरिक्ष यान की उड़ान का आरंभ

lig•a•ment /ˈlɪgəmənt/ /ˈलिगमन्ट्/ noun, c. = a band of tissue that joins bones to each other or to muscles अस्थियों को परस्पर अथवा माँसपेशियों के साथ जोड़ने वाले स्नायु, तंत्रिका

lig•a•ture /ˈlɪgətʃə/ /ˈलिगच/ noun, c. = a kind of thread used by a surgeon during an operation to tie-up a blood vessel and prevent loss of blood [MEDICINE] शल्य चिकित्सा में प्रयुक्त तंतु [चिकित्सा]

light[1] /laɪt/ /लाइट्/ noun, u. or c. **1** *I can't read the book as there is not enough light.*(u.) = the form of energy that allows one to see रोशनी, प्रकाश, उजाला **2** *Switch on the light.*(c.) = a lamp that uses oil or electrical energy to produce light बत्ती, बिजली **3** *I thought she was an unhelpful person but after she helped her grandmother cross the road, I began to see her in a better light.*(c.) = the way in which one sees or thinks of someone or something दृष्टिकोण, दृष्टि से **4** *Some new facts about this case have come to light.*(u.) = the condition of becoming known प्रकाश में आना, जानकारी होना

lights

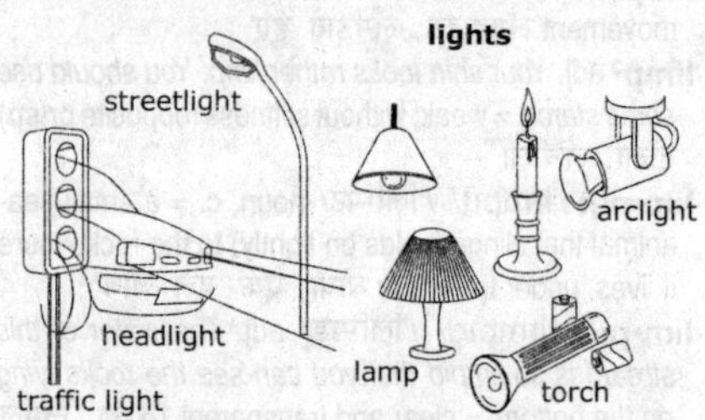

light[2] verb, t. (**lit** or **lighted**) **1** *We must light a fire. It's very cold in this room.* = to cause something to start burning जलाना **2** *Please light the candle.* = to cause something to give out light जलाना **3** *The house is lit by two powerful lights.* = to give light to चमकना, रोशन होना

light[3] adj. **1** *She wears clothes of a light colour.* = not dark हल्का (रंग) **2** *The suitcase is very light. It must be empty.* = not heavy हल्का (वजन में) **3** *Give me some magazines for light reading.* = not serious हल्का-फुल्का **4** *The patient should be given only light food.* = easy to digest हल्का (सुपाच्य) **light-house** noun, c. = a tower built near the sea, with a powerful light on top to guide ships प्रकाश गृह, प्रकाश स्तंभ **light year** noun, c. = 9.46×10^{12} km, the distance through which light can travel in one year (a unit for measuring the distance of a star from the earth or another star) [PHYSICS] प्रकाश वर्ष **lighten** verb, t. = to make something lighter हलका करना

the light at the end of the tunnel = something that offers hope, after a long period of disappointment or difficulty आशा की किरण दिखाई देना **to make light of** = not to take something very seriously or to do something very easily किसी बात को या किसी काम को गंभीरता से न लेना **to throw light on** = to explain; to make clear प्रकाश डालना, व्याख्या करना **in a lighter note** *We have been talking about Professor Shreshta's achievements. On a lighter note, let me tell you a story about him.* = a phrase used to suggest that one has been talking on serious matters and is now going to talk about something humorous मनोरंजक, हल्की-फुल्की बात

light•ning /ˈlaɪtnɪŋ/ /ˈलाइट्निङ्/ noun, u. = a powerful flash of light in the sky caused by electrical energy passing from one cloud to another or from a cloud to the earth बिजली (आकाशदीप)

lig•nite /ˈlɪgnaɪt/ /ˈलिग्नाइट्/ noun, u. = a kind of soft coal एक प्रकार का कच्चा कोयला

like[1] /laɪk/ /लाइक्/ verb, t. **1** *I like reading books.* = to be fond of or to love someone or something पसंद करना, शौक होना **2** *I would like (to have) a cup of tea.* = to want चाहना **3** *I would like to go to Australia this summer.* = to wish to do something इच्छा, चाह करना

like[2] prep. **1** *His house is just like mine.* = similar to (having the same quality as) के समान, जैसा **2** *He jumps like a kangaroo.* = in the same manner as के जैसे, के सदृश, की तरह **3** *To make a puppet we can use everyday materials like string, cardboard, nails etc.* = for example जैसे

like[3] noun, c. **1** *We will never see his like as a musician in a thousand years.* = someone who can be compared to जैसा, जोड़ का, बराबरी का **2** (always plural) *I don't think we should listen to the likes of him.* = someone like him (used only when the person referred to is not

L

liked or respected) ''' जैसे (लोग) उदाहरण इन जैसों की''')

like[4] adj. *She and I have like minds.* = of the same kind समान, एक जैसे (विचार) **likely** adj. *It is likely that he will come today as it is sunny.* = probable (something that can be expected) संभाव्य, संभावित **likelihood** noun, u. *Do you see the dark clouds in the sky? There is a strong likelihood of rain.* = probability (a strong possibility that something will happen) संभावना **like-minded** adj. = having the same ideas समरुचि वाले, समान विचारों वाले **likeness** noun, u. *His brother and he have a family likeness.* = resemblance (quality of looking like each other) समानता, साम्य (एक जैसे लगने का गुण) **likewise** adv. *She gave away all her books when the examination was over and advised me to do likewise.* = to do the same thing उसी तरह, उसी प्रकार **liking** noun, u. *He has a great liking for sweets.* = fondness पसंद, शौक

li•lac[1] /'laɪlək/ /'लाइलक्/ noun, c. = a kind of sweet-smelling flower which is light purple in colour 'नीलक' एक प्रकार का पुष्प

lilac[2] adj. *a lilac dress* = having the light purple colour of a lilac flower हल्के बैंगनी रंग का

lilt /lɪlt/ /लिल्ट्/ noun, u. *The song has a pleasant lilt.* = a musical pattern of rising and falling sound आरोह-अवरोह **lilting** adj. *a lilting tune* = having a lilt उतार-चढ़ाव वाला (संगीत)

lil•y /'lɪli/ /'लिली/ noun, c. (**lilies**) = a plant with large flowers of different colours (red, white, pink etc.) एक प्रकार का पुष्प, कुमुदिनी

limb /lɪm/ /लिम्/ noun, c. **1** = a leg or arm (of a human being or animal) बाँह, टाँग जैसे अंग **2** = the branch of a tree शाखा, डाली

lim•ber[1] /'lɪmbə^r/ /'लिम्ब^र/ verb, i. *The runners are limbering up before the start of the race.* = to stretch and loosen up the muscles of the body before a race etc. दौड़ आदि से पूर्व शरीर को लचीला बनाना

limber[2] adj. *the limber body of the dancer* = supple (moving and bending easily) लचीला, फुर्तीला

lim•bo /'lɪmbəʊ/ /'लिम्बउ/ noun, u. **1** = a place which is neither one of happiness (like heaven) nor a place of sorrow (like hell), in the existence of which some religious groups believe स्वर्ग और नर्क के बीच की स्थिति **2** *He is in limbo now, waiting for the results of the examination to be published.* = a state of uncertainty अनिश्चितता

lime /laɪm/ /लाइम्/ noun, u. or c. **1** (c.) = a kind of fruit which produces sour juice, like a lemon नींबू जैसा फल, खट्टा **2** (u.) = calcium carbonate (a white substance, which is a mixture of calcium, carbon and oxygen, and is used for giving a white colour to houses) चूना (पुताई में प्रयुक्त) **limestone** noun, u. = a kind of rock containing calcium, which has important industrial uses चूना पत्थर, चूर्ण प्रस्तर

limelight /'laɪmlaɪt/ /'लाइम् लाइट्/ noun, u. **1** = a very bright light produced by heating lime in a flame, which was used in the old days to light up a stage when a play was being performed तीव्र प्रकाश **2** *Although she is a wellknown dancer, she does not enjoy being in the limelight.* = the centre of public attention (figurative) लोक प्रसिद्धि (लाक्षणिक)

lim•e•rick /'lɪmərɪk/ /'लिमरिक्/ noun, c. = a humorous poem which has five lines पाँच पंक्तियों वाली हास्य कविता

lim•it[1] /'lɪmɪt/ /'लिमिट्/ noun, c. **1** *This fence marks the northern limit of my property.* = the farthest point or boundary सीमा **2** *You cannot be selected for this trek if you are more than 65 years old. There is an age limit.* = the greatest or smallest amount or number that is allowed सीमा, बंधन

limit[2] verb, t. *We will limit the number of guests invited to this party to 50.* = to keep within a certain size, number etc. सीमित करना **limitation** /lɪmɪ'teɪʃən/ /लिमि'टेइशन्/ noun, u. or c. *This cassette player has a limitation. It does not work on battery cells.*(c.) = a disadvantage; something that one cannot do सीमा (कमी)

limited adj. **1** *limited powers* = having limits सीमित **2** *For a limited peiod, our computers will be sold for a discount.* = not very long (period of time) अल्प समय के लिए **3** *I'd like to help but am limited by the fact that I'm not too well myself.* = to be prevented from doing something (because of a problem) मजबूर **limited company** (**Ltd.**) noun, c. = a business company which is required by law to pay back all debts, but only to the limit of the money owned by the company 'लिमिटेड कंपनी'

lim•ou•sine /'lɪməzi:n/ /'लिमज़ीन्/ noun, c. = a very big and comfortable motor car (sometimes abbreviated to 'limo') एक प्रकार की बड़ी कार 'लिमोज़िन' ('लीमो' संक्षिप्त रूप)

limp[1] /lɪmp/ /लिम्प्/ verb, i. *He is limping because he has hurt his leg.* = to walk unevenly, with difficulty लँगड़ाना

limp[2] noun, u. *She walks with a limp.* = slow and painful movement लँगड़ाहट, लँगड़ाते हुए

limp[3] adj. *Your shirt looks rather limp. You should use some starch.* = weak; without stiffness (opposite **crisp**) ढीला, लचीला

lim•pet /'lɪmpɪt/ /'लिम्पिट्/ noun, c. = a small sea-animal that clings (holds on tightly) to the rock where it lives, under the water घोंघा, एक जल-जीव

lim•pid /'lɪmpɪd/ /'लिम्पिड्/ adj. *The water of this stream is so limpid that you can see the rocks lying on the bottom.* = clear and transparent स्वच्छ, निर्मल

line[1] /laɪn/ /लाइन्/ noun, c. **1** *Draw a line five centimetres in length.* = a long, narrow mark drawn on a surface रेखा, लकीर, लाइन **2** *Your essay should not be more than ten lines in length.* = a row of words on a printed page पंक्ति **3** *I want all of you to stand in line.* = a row (side by side or one behind the other) पंक्ति, लाइन, कतार **4** *Please put out the clothes on the line to dry.* = a piece of rope or string, generally used to dry clothes (also **clothes-line**) रस्सी, डोरे (कपड़े सुखाने की) **5** *Sorry, I can't hear you clearly. There must be something wrong with the line.* = a telephone wire or connection टेलीफ़ोन लाइन **6** *Ustad Amjad Ali Khan comes from a long line of musicians.* = the members of a family who follow each other in time घराना **7** *All railway lines are closed for repairs.* = a railway track रेलमार्ग **8** (generally singular) *He's in the medical line.* = profession व्यवसाय क्षेत्र **9** *Her talk was along religious lines.* = (always plural) dealing with a certain subject विषय **10** *online* = connected through the Internet with another computer (opposite **offline**) 'ऑन लाइन' कंप्यूटर से संबंधित

line[2] verb, t. **1** *A child cannot write on a sheet of paper unless it has been lined.* = to draw lines on something लाइनदार (कागज़) **2** *The crowds lined both sides of the street as the Prime Minister drove past in his car.* = to form a line or row पंक्तिबद्ध होना, कतार में होना **3** *Ask the tailor to line this cloth with silk material.* = to cover the inner surface of something with some material (see **lining**) अस्तर लगाना **linear** /ˈlɪniəʳ/ adj. *In English, the arrangement of letters in a word is linear.* = coming one after the other and forming a line अनुक्रमिक, रेखीय (क्रम) **linesman** noun, c. (**linesmen**) (also **linesperson**) = a person whose duty is to stay near the boundary line (in the game of tennis, football or hockey) and help the referee or umpire to decide if the ball has gone out of play and who hit it out of play 'लाइन मैन' (विभिन्न खेलों जैसे, टेनिस, फुटबॉल आदि के संदर्भ में)

along these/those lines *Her phone message was not very clear but it was something along these lines—.* = used when offering a general idea of something, the details, of which are not known or understood कुछ इस प्रकार का **to fall into line** *She's very new to the job and does not know it well. She'll soon fall into line, I expect.* = to start doing the things that a company or organization expects you to do अपेक्षा के अनुसार करने लगना **somewhere along the line** *Samir started the essay with great energy, but somewhere along the line he lost interest.* = while doing something काम करते समय

lin•en /ˈlɪnɪn/ /ˈलिनिन्/ noun, u. **1** = soft cloth made from a special kind of fibre 'लिनन' कपड़ा **2** *table/bed linen* = cloth used to cover a table or a bed मेज़ पोश, चादर आदि कपड़े

liner /ˈlaɪnəʳ/ /ˈलाइनरʳ/ noun, c. *an ocean liner/airliner* = a large ship or aircraft used by a company to carry passengers 'लाइनर' बड़ा जहाज (जलयान, वायुयान)

lin•ger /ˈlɪŋgəʳ/ /ˈलिङ्गʳ/ verb, i. **1** *It's time for us to go to the theatre. Don't linger, or we'll be late.* = to remain in some place instead of going; to delay the action of going विलंब करना **2** *I can't forget the wonderful party we had on your birthday. The memory of that party still lingers.* = to stay on (instead of disappearing) बने रहना

lin•ge•rie /ˈlænʒəri:/ /ˈलैन्ज़री/ noun, u. = underclothes used by women महिलाओं के अधोवस्त्र

lin•go /ˈlɪŋgəʊ/ /ˈलिङ्गउ/ noun, u. *I am sorry, but I don't speak your lingo.* = language (slang) भाषा-शैली (अपभाषा)

lin•guis•tics /lɪŋˈgwɪstɪks/ /लिङˈग्विस्टिक्स्/ noun, u. = the study of the development, grammar etc. of a single language or all languages भाषा विज्ञान **linguistic** adj. *linguistic development* = having to do with language भाषायी, भाषा विषयक **linguist** noun, c. **1** = a person who studies linguistics भाषाविद्, भाषा विज्ञानी **2** = a person who is good with languages भाषाविद्

lingua franca /lɪŋgwə ˈfræŋkə/ /लिङ्ग्वˈफ्रैङ्क/ noun, c. *Hindi serves as a lingua franca in many parts of this country.* = a language which joins people (a language used for communication between people who ordinarily speak different languages) संपर्क भाषा

lining /ˈlaɪnɪŋ/ /ˈलाइनिङ्/ noun, c. *The woollen coat has a silk lining.* = material that is used to cover the inner surface of a dress अस्तर

link[1] /lɪŋk/ /ˈलिङ्क/ verb, t. *This road links Delhi to Agra.* = to join together or connect जोड़ना, मिलाना

link[2] noun, c. **1** *All telephone links between Nellore and its neighbouring cities have been cut off because of the storm.* = something which connects संपर्क **2** *One of the links in this chain has rusted.* = a single ring in a chain कड़ी **linkage** noun, u. *There is no linkage between the sentences in this paragraph.* = connection between things संबंध

li•no•le•um /lɪˈnəʊliəm/ /लिˈनउलिअम्/ noun, u. = a stiff material used for covering floors 'लिनोलियम'

lin•seed /ˈlɪnsi:d/ /ˈलिन्सीड्/ noun, u. = the seed of a kind of plant, from which linseed oil is produced. (Linseed oil is mixed with paint to make it thinner, so that it can be spread more easily.) अलसी (के बीज)

lint /lɪnt/ /लिन्ट्/ noun, u. **1** = soft cotton cloth used to cover and protect wounds फाहा **2** = fibres from cloth which stick to other clothes, while washing etc. रेशे (मुलायम कपड़े के)

lin•tel /ˈlɪntl/ /ˈलिन्ट्ल्/ noun, c. = a piece of stone or concrete above a door or window 'लिंटल', दरवाजे या खिड़कियों के ऊपर समतल रखा हुआ लकड़ी का तख्ता या पत्थर

lion /ˈlaɪən/ /ˈलाइअन्/ noun, c. = a large wild animal belonging to the cat family, sometimes called the 'king

L

of beasts (animals)' सिंह, शेर (पशुओं का राजा) **lionize (lionise)** verb, t. *The students lionize their English teacher, Mr Prahlad.* = to give special respect and love to someone बहुत महत्त्व देना, आदर करना

lip /lɪp/ /लिप्/ noun, c. or u. **1** *He has thick lips.*(c.) = one of the two edges of the mouth, where the skin is of a slightly different colour ओंठ (होंठ) **2** *Don't give me any of your lip or you will be sorry!*(u.) = rude or insulting talk (informal) अशिष्ट बात, बकवास (अनौपचारिक) **lip-reading** noun = the action of watching the movements made by someone's lips while speaking, so as to guess what the person is saying (often used by people who are not able to hear) ओष्ठ पठन (बहरे लोगों द्वारा प्रयुक्त), ओठों की गति को देखकर बात समझना **lip-service** noun, u. *She does not agree with her supervisor on many issues but pays him lip-service.* = to appear to like or support someone without actually liking or supporting him/her (disapproving) दिखावटी, ठकुरसुहाती (अस्वीकृत) **lipstick** noun, u. or c. = a piece of soft wax-like substance, shaped like a small stick, used to colour the lips 'लिपस्टिक'

liq•ueur /lɪ'kjʊə^r/ /लि'क्युअ^र/ noun, u. or c. = a kind of sweet alcoholic drink that is taken in a small quantity, specially after a meal एक प्रकार की शराब

liq•uid[1] /'lɪkwɪd/ /'लिक्विड/ noun, c. or u. *Water is a colourless liquid.*(c.) = a substance which is neither solid nor a gas, can be seen and has no fixed shape तरल पदार्थ

liquid[2] adj. *The patient can only have liquid food.* = in the form of liquid तरल **liquid assets** noun *She owns a lot of property but she has no liquid assets.* = the things that one possesses in the form of money or something which can easily be changed into money नकद **liquidize (liquidise)** verb, t. = to change something solid (specially fruits and vegetables) into liquid form तरल रूप में बदलना (विशेषकर फल और सब्ज़ियाँ) **liquidizer** noun, c. = a machine that can crush fruits and vegetables into liquid form फल और सब्ज़ियों का रस निकालने वाली मशीन **liquidate** verb, t. **1** = to kill or destroy मारना, समाप्त करना **2** *The company lost so much money that it had to be liquidated.* = to close down a business which is losing money व्यवसाय को बंद कर देना **liquidation** noun परिसमापन (कंपनी, व्यापारिक प्रतिष्ठान का)

liq•uor /'lɪkə^r/ /'लिक^र/ noun, u. = a strong alcoholic drink, e.g. whisky or rum शराब

lir•a /'lɪərə/ /'लिअरऽ/ noun, c. (**liras** or **lire** /lireɪ/) = the unit of money used in Italy लीरा (इटली की मुद्रा का नाम)

lisp[1] /lɪsp/ /लिस्प्/ verb, i. *The child lisps and cannot speak clearly.* = to speak in a manner that cannot be clearly understood, because of difficulty in producing certain sounds तुतलाना

lisp[2] noun, u. *He speaks with a lisp.* = the habit or action of lisping तुतलाहट, तोतला

lis•som (lissome) /'lɪsəm/ /'लिसम्/ adj. *The dancer has a lissom body.* = graceful in movement and without much fat (used to describe the body of a woman) लचीला (महिला के शरीर का वर्णन करने में प्रयुक्त)

list[1] /lɪst/ /'लिस्ट्/ noun, c. *a long shopping list.* = a number of names (of people or things) written one below the other सूची

list[2] verb, t. *Please list the names of the boys who are going on the picnic tomorrow.* = to make a list of things or people सूची बनाना

lis•ten /'lɪsən/ /'लिसन्/ verb, i. *I enjoy listening to new film songs.* = to hear something with attention (ध्यान से) सुनना **listener** noun, c. *She is a good listener.* = a person who listens to someone who is speaking श्रोता

list•less /'lɪstləs/ /'लिस्ट्लस्/ adj. *The students are feeling listless because of the heat.* = without energy or interest in doing something (see also **lethargy, languor**) बेजान, सुस्त

lit•e•rate /'lɪtərɪt/ /'लिट्रिट्/ adj. *All the women in this village are literate.* = able to read and write (opposite **illiterate**) साक्षर, शिक्षित **literacy** noun, u. *The level of literacy in this part of the country is quite high.* = the state of being literate साक्षरता

lit•e•ral /'lɪtərəl/ /'लिट्रल्/ adj. **1** *She is not tall in the literal sense, but she stands out in the class because of her personality.* = the surface meaning that a word or expression has, without considering any additional or hidden meanings (opposite **figurative**) सतही, शाब्दिक **2** *This is a literal translation in English of a Hindi poem.* = word for word, not related to deep meanings शाब्दिक, अक्षरशः **literally** adv. **1** *These people are literally starving. They have had no food for almost two days.* = in fact or in reality; taking a word in its literal (factual) meaning सच में, यथार्थ, वास्तव में **2** *The classroom is literally flooded with paper airplanes.* = in effect, although not in reality (used to give extra force to a colourful expression) (informal) वास्तव में, सचमुच (अनौपचारिक)

lit•e•ra•ture /'lɪtərətʃə^r/ /'लिट्रच^र/ noun, u. or c. **1** (u.) = written books which have high artistic value साहित्य **2** *He is studying American literature.*(c.) = the study of the great books produced in a country or during a period of time साहित्य **3** *The literature on the treatment of cancer is vast.*(u.) = the books, articles etc. on a given subject साहित्य **literary** adj. *She speaks in a highly literary style.* = belonging to literature and not the everyday use of language साहित्यिक

lithe /laɪð/ /लाइद्/ adj. *A runner should have a lithe body.* = supple (able to bend or move easily) लचीला, फुर्तीला (झुकाने/हिलाने-डुलाने में समर्थ)

lithium /'lɪθiəm/ /'लिथिअम्/ noun, u. = a very light metallic element, used for making batteries, aluminium etc.'लिथियम' एक हल्की धातु

lit•i•ga•tion /lɪtɪ'geɪʃən/ /लिटि'गेइश्न्/ noun, u. = the process by which a case is settled (decided) in a court of law मुकदमा, मुकदमेबाजी **litigate** /'lɪtɪgeɪt/ /'लिटिगेइट्/verb, i. = to take some matter to a law court for a decision [LAW] मुकदमा लड़ना

lit•mus /'lɪtməs/ /'लिट्मस्/ noun, u. = a substance which turns pink when it touches acid and blue when it touches alkali [CHEMISTRY]'लिटमस' [रसायन विज्ञान]

li•tre /'li:tə^r/ /'लीटऱ्/ noun, c. (American **liter**) = a unit for measuring volume (the amount of liquid present in a container), equal to 1000 ccs 'लीटर' (तरल पदार्थ का तौल)

lit•ter[1] /'lɪtə^r/ /'लिटऱ्/ noun, u. or c. **1** *After we have eaten our lunch, let us clean up the litter and throw it into the garbage bin.* = waste material that has been thrown away carelessly कूड़ा-कचरा **2** *a litter of kittens* = young animals that are born to a mother at the same time एक साथ पैदा हुए कई बच्चे (पशु के)

litter[2] verb, t. **1** *Don't litter the streets.* = to throw or scatter litter (waste material) गंदगी फैलाना **2** *The book is littered with printing mistakes.* = to be full of or covered with (figurative) से भरी हुई (लाक्षणिक)

lit•tle[1] /'lɪtl/ /'लिट्ल्/ det. **1** *He has little time for friends now.* = not much कम, थोड़ा **2** *You can come and talk to me about your problems. I have a little time now.* = some कुछ

little[2] adj. **1** *I have a little house in the village.* = small in a way that can be liked छोटा-सा **2** *They had a nice little fight.* (झगड़ा)-सा *// a sweet little kiss* हल्का *// poor little Maya* = 'Little' is used to show that one is making fun of something or does not like the situation ('a nice little fight') or that one likes it ('a sweet little kiss') or that one feels sorry for someone in a superior way ('poor little Maya') बेचारा

little[3] adv. **1** *Can you give me some rice. I want just a little.* = a small amount थोड़ा-सा **2** *His new film is little more than a mixture of all the other films he has made.* = not much more than थोड़ा, किंचित **3** *I write to her very little now.* = not often कभी-कभार

lit•to•ral /'lɪtərəl/ /'लिटरल्/ adj. = an area of land lying next to the sea [GEOGRAPHY] तटवर्ती, तटीय

live[1] /lɪv/ /'लिव्/ verb, i. **1** *My parents live in a village.* = to have one's home in रहना **2** *No humans can live for long periods in Antarctica because of the cold.* = to have life; to survive रहना **3** *to live an exciting life* = to spend one's time in a certain way जीवन बिताना, समय गुज़ारना

live[2] /laɪv/ /लाइव़्/ adj. *You can see a live rhinoceros in the zoo.* = something that has life; alive जीवित

live[3] adv. *This interview with the football coach is being televised live.* = seen and heard on television at the same time as it is happening (not recorded) सजीव, 'लाइव' (रिकार्ड किया हुआ नहीं) **lively** /laɪvli/ /लाइव़्ली/ adj. *a lively dance // a lively speech* = full of life (energy and movement); interesting रोचक, जोशभरा, उत्तेजनापूर्ण **livelihood** /'laɪvlihʊd/ /'लाइव़्लीहुड/ noun, u. *He earns his livelihood by writing songs.* = the way in which one earns money आजीविका

to live and let live = to allow others to do what they want to do जियो और जीने दो **to live on something** *We lived on bread and jam for a week.* = to survive using something पर जीवित रहना/निर्भर रहना, गुज़र करना **to live up to** *I am finding it difficult to live up to my sister's reputation as a sportsperson.* = to match; to achieve के अनुरूप रहना या बनना **to live with** *Anand has to live with the fact that he is not as good a cook as his brother.* = to accept , though not happily स्वीकार करने की विवशता **to live like a king** = to live a life of luxury विलासितापूर्ण जीवन जीना

li•ver /'lɪvə^r/ /लिव़ऱ्/ noun, u. or c. **1** (c.) = the large organ (working part) in the body that keeps the blood clean and produces bile यकृत, जिगर **2** *fried chicken liver*(u.) = the liver from an animal's body, used as food कलेजी

liv•e•ry /'lɪvəri/ /'लिव़री/ noun, u. or c. (**liveries**) = the special uniform worn by people working in the service of a company or a person वरदी/वर्दी

livestock /'laɪvstɒk/ /'लाइव़्स्टॉक्/ noun, u. (only singular) = animals kept on a farm (cattle, sheep, goats etc.) पशुधन (गाय, भेड़, बकरी आदि)

li•vid /'lɪvɪd/ /'लिविड्/ adj. *livid with anger* = in a very angry state; furious भयंकर

living[1] /'lɪvɪŋ/ /'लिविङ्/ adj. **1** *He is my only living relation.* = alive at the present time जीवित, मौजूद **2** *She is a living encyclopaedia of science.* = something that has life (used to express admiration or respect) सजीव, जीता-जागता (आदर अथवा सराहना की अभिव्यक्ति)

living[2] noun, u. *He earns his living by painting pictures.* = money needed for survival (to live on) जीविका **living room** noun, c. = the main room in a house where people generally receive guests (also **drawing room** or **sitting room**) बैठक

li•zard /'lɪzəd/ /लिज़ड्/ noun, c. = an animal belonging to a class of animals that have a rough or hard skin and four short legs and a tail, and lay eggs छिपकली

lla•ma /'lɒmə/ /'लॉम/ noun, c. = an animal that looks like a camel and is found in South America लामा, विकूट-दक्षिणी अमरीका में पाया जानेवाला ऊँट जैसा एक पशु

L

load[1] /ləʊd/ /लउड्/ noun, c. **1** *The heavy load may be too much for this small car.* = something heavy that has to be carried from one place to another in a vehicle or by an animal or a human being भार, वज़न **2** *She has a heavy teaching load this term.* = the amount of work that one is required to do कार्यभार **3** *This pillar is bearing the entire load of the roof.* = weight वजन

load[2] verb, t. or i. **1** *We have to load the truck with potatoes.* = to put a load (something that has to be carried) into or on a vehicle सामान लादना **2** *Load the gun/camera.* = to put bullets into a gun in order to fire or to put a film into a camera in order to take photographs बंदूक या पिस्तौल में गोली भरना, कैमरे में फिल्म भरना या डालना **3** *The program will take 20 minutes to load.*(i.) = to transfer a program from some source into the memory of a computer एक उपकरण से दूसरे में यथा कंप्यूटर में सूचना भरना **4** *This is the second load in the washing machine.* = set of clothes to be washed खेप **loaded** adj. **1** *a loaded camera/ gun* = carrying a film, gun powder, bullets etc. भरा हुआ **2** *a loaded train* = full of people भरी हुई **3** *They don't have to worry. They are loaded.* = very wealthy (informal) पैसेवाले धनवान (अनौपचारिक) **4** *a loaded statement* = full of hidden and usually negative information or meaning अप्रत्यक्ष एवं प्रायः नकारात्मक सूचना से भरा कथन **download** = to store information received, through the Internet in one's computer [COMPUTERS] 'डाउनलोड' (कंप्यूटर में सूचना भरा जाना) **upload** = (the opposite of **download**) to transfer information, text etc. from a computer to a server, making it possible for it to be sent to another computer एक कंप्यूटर से दूसरे कंप्यूटर में सूचना भेजने की व्यवस्था ('डाउनलोड' का विलोम)

loaf[1] /ləʊf/ /लउफ़्/ noun, c. (**loaves**) *a loaf of bread* = a fairly large piece of bread which is baked in an oven and can be cut into smaller pieces (slices) पूरी डबलरोटी, पावरोटी

loaf[2] verb, i. *You are not supposed to loaf when all your friends are working.* = to waste time by doing no work (informal) समय नष्ट करना (अनौपचारिक) **loafers** noun **1** = shoes that one can easily slip one's feet into and which do not need to be tied/buckled on बिना फीतों वाले जूते **2** = a person who loafs आवारागर्द

loam /ləʊm/ /लउम्/ noun, u. = dark-coloured soil (earth) that contains a lot of humus (dead and rotten leaves from plants etc.) and is very good for farming, growing crops/plants दुमट, दुम्मट, उपजाऊ मिट्टी

loan[1] /ləʊn/ /लउन्/ noun, c. or u. **1** *She has taken a loan of Rs 20,000 from the bank.*(c.) = money which is lent out for a period of time and has to be repaid, generally with interest ऋण, कर्ज़, उधार **2** *This bicycle is on loan from my neighbour.* = the act of lending or having something lent माँगी हुई

loan[2] verb, t. **1** *The bank will loan you money to start your shop.* = to give money on loan ऋण देना **2** *My friend has loaned me his car.* = to allow someone to use something for a period of time कुछ समय के लिए उपयोग हेतु देना **loan word** noun, c. *Although 'station' is originally an English word, it has become a loan word in Hindi.* = a word that is taken from one language into another गृहीत शब्द, आगत शब्द

loath /ləʊð/ /लउथ़्/ adj. *He was very loath to allow me to use his car.* = reluctant; unwilling to do something (formal) संकोच में, अनिच्छुक (औपचारिक)

loathe /ləʊθ/ /लउद्/ verb, t. *I loathe her habit of leaving the wet towel on the floor.* = to hate or dislike someone or something strongly से नफ़रत करना, नापसंद करना **loathing** noun, u. *His rudeness filled me with loathing* = a strong feeling of dislike घृणा **loathsome** adj. = something that causes loathing घृणित, नफ़रत के लायक

lob[1] /lɒb/ /लॉब्/ verb, t. (**lobbed**) *He lobbed the ball high over my head into the far end of the court.* ऊपर फेंकना // *He lobbed the ball into the goal.* = to hit the ball in a slow, high curve (in the game of tennis or football) ऊपर फेंकना (टेनिस या फुटबॉल के खेल में)

lob[2] noun, c. *I was unable to return the lob.* = a ball that has been lobbed (in tennis) ऊपर फेंकी हुई गेंद (टेनिस में)

lob•by[1] /'lɒbi/ /'लॉबी/ noun, c. (**lobbies**) **1** *The guests are waiting in the hotel lobby.* = a wide hall or passage leading inside from the entrance (in a hotel, cinema etc.) प्रतीक्षा स्थल (होटल, सिनेमा आदि में) **2** *The government is under pressure from the farmers' lobby to increase the price of foodgrains.* = a group of people who represent a certain interest (e.g. farming, industry, trade etc.) and who try to influence the policy of the government so that it will help them 'लॉबी', वर्ग

lobby[2] verb, i. *Your party should lobby for higher government spending on primary education.* = to try to influence people in power so that they will support one's interests (informal) सत्ता पक्ष को प्रभावित करने की कोशिश करना (अनौपचारिक)

lobe /ləʊb/ /लउब्/ noun, c. **1** *the ear lobes* = the soft fleshy parts at the bottom of each ear लौ (कान का एक भाग) **2** *the lobes of the brain/lungs* = the rounded parts into which an organ of the body is divided [TECHNICAL] गोलाकार/वर्तुलित खंड

lob•ster /'lɒbstə^r/ /'लॉब्स्ट^र/ noun, c. or u. **1** (c.) = a sea-animal with two claws, eight legs and a hard shell झींगा, केंकड़ा **2** (u.) = the meat of the lobster, used as food केंकड़े का माँस

lobster

lo•cal[1] /ˈləʊkəl/ /लउक्ल्/ adj. **1** *We took the patient to the local hospital as there was no time to take him to the big hospital in the city, 50 km away.* = belonging to the place where one lives स्थानीय **2** *The operation was done under local anaesthesia.* = something that affects only one part of the body and not the whole of it सीमित, स्थानीय

local[2] noun, c. *He is a local.* = a person who belongs to an area and has not come from some place outside (informal) स्थानीय निवासी (अनौपचारिक) **locality** /ləʊˈkælɪti/ /लउ'कैलिटी/ noun, u. or c. (**localities**) *There is no telephone booth in this locality.*(u.) = a particular area, usually small, that one is talking about इलाका, मोहल्ला, क्षेत्र **localize** /ˈləʊkəlaɪz/ /'लउकलाइज़/ verb, t. *There was a danger that cholera would spread from this village to the entire district, but the doctors have been able to localize the disease.* = to keep something undesirable limited to a small area स्थानीकृत, एक स्थान तक सीमित कर देना

locale /ləuˈkɑːl/ /लउ'काल्/ noun, c. *a scenic locale* = a place where something special happens, such as the action in a book or film घटनास्थल

lo•cate /ləʊˈkeɪt/ /लउ'केइट्/ verb, t. **1** *The new cement factory will be located in Dhenkanal.* = to set up something in a certain place स्थापित करना **2** *I put my keys somewhere in this room, but I cannot locate them now.* = to find the position of something पता लगाना, खोजना **location** noun, u. or c. **1** *We are looking for a suitable location for our new restaurant.*(c.) = place स्थान **2** *This new film about Hyderabad will be shot on location.*(u.) = the actual place where some event is supposed to take place वास्तविक घटना स्थल

loch /lɒk/ /लॉक्/ noun, c. = a lake (in the language of Scotland) or part of a sea located near land झील, खाड़ी

lock[1] /lɒk/ /लॉक्/ noun, c. *I put a lock on the suitcase so it would not open accidentally.* = a simple device (machine) used to keep a door, cupboard etc. closed, and which can be opened with a key ताला

lock[2] verb, t. *Please lock the door/box.* = to close a door or the lid of a box etc. by using a lock so that it can only be opened with the help of a key ताला लगाना **locker** noun, c. = a small cupboard fitted with a lock, in which things can be kept safely 'लॉकर' **lock-out** noun, c. *There is a lock-out in the factory. All the workers have gone home.* = the closing of a factory by its owner to force workers to stop work तालाबंदी **locksmith** noun, c. = a person who makes or repairs locks and keys तालासाज़, ताला-चाबी बनाने वाला **lock-up** noun = a small prison जेल, हिरासत, हवालात

lock•et /ˈlɒkɪt/ /लॉकिट्/ noun, c. = a small piece of jewellery which can be fixed to a chain worn around the neck 'लॉकेट'

lo•co•mo•tive /ləʊkəˈməʊtɪv/ /लउक'मउटिव/ noun, c. = a railway engine which pulls trains इंजन (रेलगाड़ी का)

lo•cust /ˈləʊkəst/ /'लउकस्ट्/ noun, c. = an insect which flies in large swarms (groups) and attacks and destroys crops in fields टिड्डी

lodestone /ˈləʊdstəʊn/ /लउडस्टउन/ noun, c. = a piece of stone which contains iron and has the qualities of a magnet चुंबक-पत्थर **lodestar** = the pole star, used to help find direction ध्रुवतारा

lodge[1] /lɒdʒ/ /लॉज्/ verb, i. or t. **1** *My son is lodging with some friends.*(i.) = to stay in a place for a short time by paying rent ठहरना, रहना **2** *The woman next door lodges students.*(t.) = to provide someone with a place to stay in for a short time रखना, रहने की सुविधा देना **3** *The bullet that was fired at him lodged in his chest.*(i.) = to become fixed in some position स्थिर होना **4** *I want to lodge a complaint against the manager of this hotel.*(t.) = to make an official statement or complaint (formal, legal) शिकायत दर्ज करना (औपचारिक, कानूनी)

lodge[2] noun, c. **1** *I have a room in a lodge.* = a place where rooms are available on rent for a short time 'लॉज'-होटल जैसा स्थान **2** *a hunting lodge* = a small building which is used only occasionally कभी-कभार उपयोग में आनेवाला मकान **lodger** noun, c. = a person who pays rent to stay in some place 'लॉज' में या किसी के स्थान पर किराये पर रहनेवाला

loft[1] /lɒft/ /लॉफ्ट्/ noun, c. *This room has a loft where you can store your belongings.* = a space above the ceiling of a room where things can be stored अटारी, 'लॉफ़्ट', छत के निकट बनी सामान रखने की जगह

loft[2] verb, t. *The batsman lofted the ball over the square leg boundary.* = to hit a ball high into the air, especially in the game of cricket (गेंद) ऊपर उछालना

lof•ty /ˈlɒfti/ /लॉफ़्टी/ adj. **1** = high or tall ऊँचा **2** *lofty ideals* = of very high moral quality; noble उच्चस्तरीय, नैतिक

log[1] /lɒg/ /लॉग्/ noun, c. **1** *a log of wood* = a part or whole of the trunk or branch of a tree which has been cut down लकड़ी का लट्ठा, कुंदा **2** *The driver of the truck has to enter the details of each journey in his log.* = a written record of the journeys made by a vehicle (car, ship or aircraft) वाहनों का यात्रा विवरण, रोज़नामचा

log[2] verb, t. (**logged**) **1** *This old bus has logged more than 300,000 kms.* = to travel a certain distance, which is recorded in writing **2** *This forest has been so heavily logged that there are no trees left.* = to cut down trees in a forest in order to get logs of wood लकड़ी के लट्ठे प्राप्त करने के लिए पेड़ काटना **logbook** noun, c. = a book in which all the details of a car or other vehicle which is in use are recorded वाहनों की यात्रा-दैनिकी

L

log in/on verb = to start using a computer system, especially to 'surf' the Internet 'लॉग इन/ऑन'-इंटरनेट सुविधा के उपयोगार्थ कंप्यूटर चालू करना **log out/off** verb = to end a period of using a computer system, especially the Internet 'लॉग आउट/ऑफ़'-कंप्यूटर बंद करना

log•a•rith•m (log) /'lɒgərɪðəm/ /'लॉगरिद्म्/ noun *The logarithm of 100 in base 10 is 2.* = a number which shows how many times a number (called the base) has to be multiplied by itself to produce another number [MATHEMATICS] लघुगणक (गणित)

log•ger•heads /'lɒgəhedz/ /'लॉगहेड्ज़्/ noun *My friend and I were at loggerheads, trying to decide which of us would serve first in a game of tennis.* = a state of serious disagreement (not being able to agree) about something फैसला न कर पाने की स्थिति, बहस

lo•gic /'lɒdʒɪk/ /'लॉजिक्/ noun, u. **1** *He is a student of logic.* = the scientific study of the methods of reasoning (thinking) used by human beings तर्कशास्त्र **2** *The logic of her arguments was very clear.* = the manner of reasoning तर्क **3** *I don't see the logic of paving the space around the building. All the rain water will be wasted.* = a way of thinking which is based on good judgement तर्क, कारण **logical** adj. **1** *The scientist produced some very logical arguments to show that a car would not be able to travel at a speed greater than that of sound.* = well thought-out and argued, according to the rules of logic तर्कसंगत **2** *If you expect people to help you, you must be prepared to help them. This is only logical.* = reasonable (based on good reasoning) तर्कपूर्ण, उपयुक्त

lo•gis•tics /lə'dʒɪstɪks/ /ल'जिस्टिक्स्/ noun, u. *We expect 50 guests for the wedding next week. We will have to find accommodation for them as well as provide food. It is going to be difficult to manage the logistics.* = the planning and organization necessary to do something difficult and complicated successfully समुचित व्यवस्था

lo•go /'leʊgəʊ/ /'लउगउ/ noun, c. (**logos**) = *The logo of the Chrysler Daimler-Benz company, which makes the famous Mercedes cars, is a star with three points inside a circle.* = trademark (a picture or sign that a business company puts on the things that it produces, and by which it is known) प्रतीक, चिह्न, लोगो

loin /lɔɪn/ /लॉइन्/ **1** (always plural, **loins**) = the part of the body below the stomach and above the legs कमर, कटि **2** = the meat of an animal from the back and near the tail पीठ व पूँछ के निकट का माँस/गोश्त

loi•ter /'lɔɪtə^r/ /'लॉइट^र/ verb, i. *The police will arrest anyone who is found loitering near the school, between 10 a.m. and 4 p.m.* = to stand or wait in a public place, without a reason or purpose मटरगश्ती करना, बेकार घूमना

loll /lɒl/ /लॉल्/ verb, i. *He was lolling in his easy chair in the garden, listening to the song of the birds.* = to lie or sit in a relaxed position आराम से पड़े रहना

lol•li•pop /'lɒlipɒp/ /'लॉली पॉप्/ noun, c. = a kind of sweet made of hardened sugar, which is fixed to a small, thin stick and is usually licked 'लॉलीपॉप'

lone /ləʊn/ /लउन्/ adj. *The lone goal in the second half of the game helped France win the match.* = solitary; a single thing or person एकमात्र, अकेला, एकाकी **lonely** adj. **1** *He lives all alone in a big house, with no one to talk to. He feels very lonely.* = unhappy because of being alone अकेला **2** *Her house is on a very lonely road. There is hardly any traffic.* = without people nearby निर्जन, सुनसान **loner** noun, c. = a person who likes to live or work alone एकाकी रहना पसंद करनेवाला, अकेले घूमने वाला

long[1] /lɒŋ/ /लॉङ्/ adj. **1** *Her long hair came down to her waist.* = having a large length, or larger than the average, from one end to the other लंबा (सामान्य से अधिक लंबाई वाला) **2** *You will have to walk a long way to reach the station. It is more than 8 km away.* / / *We met after a very long time—more than 20 years!* = a great distance or period of time बहुत दूरी अथवा दीर्घ अवधि **3** *The room is 10 m long and 4 m broad.* = the measurement of an object from one end to another, at the point where this measurement is greatest लंबा

long[2] adv. *This meeting won't take long.* ज्यादा देर, अधिक समय // *Anu couldn't stay long at the party; she had to leave by 8 p.m.* = a long time or for a long time अधिक समय तक

long[3] verb, i. *I long to see my mother again. I haven't seen her in seven years.* = to want something very strongly तरसना, व्याकुल होना **longing** noun, c. *He has a longing for Indian sweets.* = a strong desire for something कोई वस्तु अत्यधिक प्रिय होना **long-drawn-out** adj. *a long-drawn-out argument* = elaborate and lasting for a long time दीर्घकालीन, लंबे समय तक चलते रहने वाला **long-hand** noun, u. = writing done by hand, using a pen or pencil, and not using shortened forms, or done with the help of a typewriter or other machine (opposite **short-hand**) सामान्य लिपि ('शॉर्टहैंड' का विलोम) **long-lasting** adj. *a long-lasting quarrel* = which has been going on for a long time अधिक समय तक चलने वाला, टिकाऊ **long-lost** adj. *In the film the long-lost brothers met each other in the last scene.* = not having seen someone for a long time or someone who is lost बिछड़े हुए **long-winded** adj. *He made a long-winded speech.* = going on too long and using too many words (derogatory) लंबा-चौड़ा (अनादरपूर्ण) **longish** adj. *He wrote me a longish letter.* = fairly long but not too long (informal) बड़ा, सामान्य से बड़ा (अनौपचारिक)

to go a long way *She is sincere about her work; she will definitely go a long way and will be successful in her career.* = to achieve; to succeed (approving) लक्ष्य अथवा सफलता प्राप्त करना (स्वीकृत) **before long** = after a short time कुछ समय बाद **so long** = an expression that is used instead of 'goodbye' विदा होने के समय प्रयुक्त **long ago** = very far back in the past बहुत समय पहले

lon•gev•i•ty /lɒn'dʒevɪti/ /लॉन'जेविटी/ noun, u. *If you visit Hunza Valley, which is in the north-western part of Pakistan, you will come across many people who are more than a 100 years old. Scientists are trying to discover the secret of their longevity.* = long life (formal) दीर्घायु (औपचारिक)

lon•gi•tude /'lɒndʒɪtju:d/ /'लॉनजिचूड/ noun, c. or u. = the position of a place on the surface of the earth, measured (in degrees) east or west of an imaginary line running through Greenwich in England (compare **latitude**) देशांतर रेखांश (अक्षांश की तुलना में)

loo /lu:/ /लू/ noun, c. = toilet or lavatory (informal) शौचालय, प्रसाधन कक्ष (अनौपचारिक)

look[1] /lʊk/ /लुक्/ verb, i. **1** *Look at this photograph. Can you recognize the boy in the picture? // He looked up and saw his daughter waving at him from the window.* = to use one's eyes in order to see something or to turn one's eyes in some direction in order to see something देखना **2** *I am looking for the book I was reading last night.* = to search for something ढूँढ़ना **3** *You look very angry. What's the matter?* = to seem or appear to be दिखाई देना

look[2] noun, c. **1** *He took another look at the house.* = the action of using one's eyes in order to see नज़र, दृष्टि **2** *a loving look // an angry look* = the expression of some feeling through the eyes or face आँखों या चेहरे से भावाभिव्यक्ति **3** *This house has the look of a prison.* = appearance रूप-रंग, आकृति **looks** noun (always plural) *He has grown old, but he hasn't lost his looks.* = attractive apperance रूप-रंग **look-alike** noun, c. *An Amitabh Bachchan look-alike presented a dance from one of his films.* = someone who looks very much like some famous person के जैसा **Look out!** = a warning to somebody to be careful सतर्क रहने की चेतावनी **looking-glass** noun, c. = mirror दर्पण, शीशा

to look after = to take care of देखभाल करना **to look around** = to search for something खोजना, ढूँढ़ना **to look down on** = to have a low opinion about someone तुच्छ समझना, तिरस्कार करना **to look forward to** *I look forward to your next visit.* = to expect with pleasure उत्सुकता से प्रतीक्षा करना **to look into something** *I'm looking into the reasons for my students always coming late on Fridays.* = to examine, with a view to getting an answer पता लगाना **to look on** = to watch something happening without taking part in it देखना, दर्शक बने रहना **to look up** *Things are looking up now for the Indian team.* = to improve सुधरना, बेहतर होना **to look up someone (to look someone up)** = to visit someone मिलने जाना **to look up something (to look something up)** *Look this word up in the dictionary.* = to get information about something from a book जानकारी प्राप्त करने के लिए देखना **to look out for something** *Could you look out for a second-hand computer for me?* = to be alert; so that one can notice or find something quickly ध्यान में रखना, पता करना **to look through someone** = to pretend not to notice someone अनजान बने रहना, न देखने का दिखावा करना **to look as if** *She looks as if she is going to faint.* = to give the impression of something दिखाई देना **to give someone a look** = to make it clear to someone that one is angry (informal) नाराज़गी दिखाना (अनौपचारिक) **If looks could kill (I'd be dead)** = an expression used to describe a very angry look given by someone (informal, often humorous) क्रोधपूर्ण दृष्टि के वर्णन की अभिव्यक्ति (अनौपचारिक, प्राय: हास्यपरक)

loom[1] /lu:m/ /लूम्/ noun, c. = a machine on which cloth is woven from threads करघा

loom[2] verb, i. *A strange figure suddenly loomed out of the darkness.* = to be seen, but not very clearly, so as to appear large and frightening अचानक प्रकट होना अस्पष्ट किंतु भयावह रूप में

loop[1] /lu:p/ /लूप्/ noun, c. *Let me show you how to tie your shoelace. Take one end of the lace, form a loop, and then tie it up with the other end into a knot, which will not slip.* = a piece of string, wire or rope that has been bent into a curved or round shape, with the ends almost touching or crossing each other फंदा, छल्ला, 'लूप'

loop[2] verb, i. **1** *Take this rope and loop it around the tree.* = to make a loop with a rope or string फंदा बनाना **2** *The river loops around the hill.* = to curve into the shape of a loop चक्कर बनाना **loophole** noun, c. *The judge who was trying the criminals in court had to set them free because of some loophole in the law.* = a weakness or defect in a set of rules or laws which allows someone to escape punishment नियम अथवा कानून की कमज़ोरी

loose /lu:s/ /लूस्/ adj. **1** *One of the buttons on your shirt is loose. It may fall off.* = not firmly fixed in place ढीला **2** *The shirt you are wearing is very loose. It is too big for you.* = not fitting tightly ढीला **3** *Be careful. The dog is loose.* = not tied up or kept in a closed space and therefore free to run about खुला (बँधा हुआ नहीं) **4** *This is a loose translation of a Hindi poem.* = not exact ढीला, उपयुक्त नहीं **5** *a loose character* = immoral अनैतिक, चरित्रहीन **6** *loose stool/motions* = solid waste which, because of a bad stomach condition, has a lot of fluid matter in it दस्त **loose change** noun = coins that one carries in a purse, wallet etc. खुल पैसे, सिक्के **loose-fitting** *loose-fitting clothes* = (of clothes) not tight and sticking to the body ढीले-ढाले (कपड़े)

loosen /'lu:sən/ /'लूसन्/ verb, t. **1** *My belt is uncomfortably tight. I want to loosen it.* = to make something less tight ढीला करना **2** *The government has loosened its control on the press.* = to have less control नियंत्रण में छूट देना

to be at a loose end = to have no fixed work to do निश्चित काम न होना **to let (an animal) loose** = to free an animal by disconnecting its collar from the chain खुला छोड़ना **to tie up loose ends** *We have agreed on all the conditions for the sale of the house but still have to tie up some loose ends.* = to attend to smaller details after the major points have been taken care of in a legal matter मुख्य बातों का निर्णय हो जाने पर छोटी-मोटी बातों पर विचार करना

loot[1] /lu:t/ /लूट्/ noun, u. *The robbers broke into the bank and took away Rs 50,000 in bank notes. The loot was divided among the members of the gang.* = something valuable, specially money, which has been stolen or obtained illegally लूट

loot[2] verb, t. *The robbers looted the shop last night.* = to rob लूटना

lop /lɒp/ /लॉप्/ verb, t. (**lopped**) *The branches of the tree have been lopped off.* = to cut something off, especially the branches of a tree काट डालना, छाँटना

lope /ləʊp/ /लउप्/ verb, t. *The leopard loped away when our jeep went too close to the tree under which he was lying.* = to run easily, with long steps लंबे-लंबे कदम भरते हुए चले जाना

lop-sided /lɒp'saɪdɪd/ /लॉप्'साइडिड्/ adj. *Economic development in this country has been lop-sided. While industry has grown, agriculture has not progressed at all.* = not equally balanced; having one side heavier or bigger than the other (informal) असंतुलित, एकतरफा (अनौपचारिक)

loq•ua•cious /ləʊ'kweɪʃəs/ /लउ'क्वेइशस्/ adj. *He is such a loquacious person that it is difficult to make him stop talking.* = talkative (fond of talking a lot) वाचाल, बातूनी

lord[1] /lɔ:d/ /लॉऽड्/ noun, c. **1** = a man of noble or high birth in British society ब्रिटेन के समाज में प्रचलित उच्च वर्ग 'लार्ड' **2** *Lord* = a way of referring to God मालिक, परमेश्वर, ईश्वर के लिए संबोधन **3** *Lord Swraj Paul is visiting India.* = a title given by the King or Queen of England to someone, which is used as part of his name (see also **Lady**) एक उपाधि **4** *The meeting of the media lords was postponed.* = a person who is powerful in a particular field अधिपति, किसी क्षेत्र में विशेष शक्ति संपन्न

lord[2] verb, t. *She likes to lord it over her juniors.* = to behave in a proud and rude manner, giving orders to others रोब जमाना

lore /lɔ:ʳ/ /लॉऽʳ/ noun, u. *The knowledge of medicinal herbs which can cure many diseases is an important part of tribal lore.* = traditional knowledge which is not written down but is passed on from one generation to the next परंपरा से प्राप्त ज्ञान

lor•ry /'lɒri/ /'लॉरी/ noun, c. (**lorries**) = a heavy truck ट्रक, लॉरी

lose /lu:z/ /लूज़्/ verb, t. (**lost**) **1** *I have lost my pen. I can't find it anywhere.* = to no longer possess (have) something because one does not know where it is or because it has been taken away खो जाना **2** *Arun may lose the race.* = to fail to win हारना **3** *He has lost weight.* = to have less of something कम होना, घटना **4** *He has lost his father.* = to no longer have as a result of death खो देना (मृत्यु) **5** *The children lost their way in the forest.* = to be unable to find one's way भूलना **6** *The clock is losing time.* = to work too slowly धीरे-धीरे चलना

loser /'lu:zəʳ/ /'लूज़ʳ/ noun, c. **1** *The winner will get the trophy and the loser will get a gift cheque.* = a person who loses हारने वाला, पराजित **2** = a person who is unsuccessful in life (derogatory) जीवन में असफल (अनादरपूर्ण)

to lose sleep = to worry about something नींद हराम होना, चिंतित होना **to lose track** *I have lost track of the story because I had to answer the telephone four times.* = to not know something fully भटकना, संपर्क सूत्र छूट जाना **to lose one's heart** = to fall in love (informal) प्रेम करना (अनौपचारिक) **to lose one's temper** = to become angry नाराज़ होना, क्रोधित होना **to lose face** = to do something which makes people lose their respect for you (see also **face**) सम्मान खोना

loss /lɒs/ /लॉस्/ noun, u. or c. (**losses**) **1** *He reported the loss of his watch to the police.*(u.) = the fact of losing (no longer having) someone or something खोना, हानि **2** *The company has suffered a loss of Rs 5 crore this year.*(c.)= a situation in which one spends more money than one earns हानि

lost[1] /lɒst/ /लॉस्ट्/ verb, t. or i. (also see **lose** above) = the past tense of **lose** क्रिया lose (= खोना) का भूतकालिक रूप

lost[2] adj. **1** *There is a notice in the newspaper about a lost child.* = someone or something that cannot be found by the parents, owner etc. गुमशुदा, खोया हुआ **2** *We got lost in the forest.* = unable to find one's way रास्ता भटकना **3** *The memory of the lost match will haunt the captain for years.* = something that was not won हारा हुआ **lost property** noun = any article that has been found and is not claimed by the person who has lost it खोई संपत्ति, जिसका कोई दावेदार न हो

Get lost! = a rude way of telling a person to go away 'दफा हो जाओ', क्रोधपूर्ण अभिव्यक्ति **a lost cause** = an idea or belief that does not have much chance of succeeding सफल न होने वाला विचार **I am lost (I've lost you)** *Can you start the story again? I'm lost.* = to be confused and uncertain संभ्रम की स्थिति, कुछ समझ न पाना **to be lost for words** = to be unable to speak because one is very sad, happy, shocked etc. भावविह्वल होने की वजह से बोलने में असमर्थ होना **to be lost to the world** = to be deeply asleep (informal) गहरी नींद में

होना (अनौपचारिक) **He/she has lost it!** = has become mad or crazy (slang, not respectful) दीवाना होना, पागल होना (अपभाषा, आदरपूर्ण नहीं)

lot[1] /lɒt/ /लॉट्/ det. (**lots**) **1** *He has a lot of (lots of) money.* = a large amount (when used with u. nouns) बहुत ज़्यादा **2** *She has a lot of (lots of) friends.* = a large number (when used with c. nouns) अधिक, बहुत

lot[2] noun, c. or u. **1** *How many mangoes do you have? I'll eat the lot.*(u.) = the whole quantity or number सब, पूरे **2** *I am expecting another lot of guests tomorrow.* समूह, कई लोगों का एक साथ आना (c.) // *When is the next lot of cars coming in?*(c.) = a group or set of people or objects अधिक संख्या में आनेवाली वस्तु अथवा व्यक्ति **3** *We will draw lots to decide the winner.*(c.) = a system of deciding something by chance (see also **lottery**) 'लॉटरी'

lo•tion /'ləʊʃən/ /'लउशन्/ noun, u. or c. = liquid medicine for the skin or hair 'लोशन', त्वचा पर लगाने की तरल दवा

lot•te•ry /'lɒtəri/ /'लॉटरी/ noun, c. (**lotteries**) *He won the first prize in the lottery.* = a system in which numbered tickets are sold and prizes given to the winning tickets, which are chosen by chance 'लॉटरी'

lo•tus /'ləʊtəs/ /'लउटस्/ noun, c. = a large pink or white flower that grows in water कमल पुष्प **lotus-eater** noun, c. = a person who lives in his own dream world, away from the real world अपनी ही दुनिया में (सपनों में) खोया रहने वाला

loud /laʊd/ /लाउड्/ adj. **1** *a loud sound* = a sound that is strong and easily heard over a long distance ऊँचा, ज़ोरदार **2** *a loud person* = one who tries to attract everyone's attention through his or her appearance, behaviour etc. अपने व्यवहार से दूसरों को आकर्षित करने वाला **loud-mouth** noun = a person who talks too much and is disliked बड़बोला **loud-speaker** noun, c. = a kind of machine that makes sounds louder, so that they can be easily heard over a distance 'लाउडस्पीकर', ध्वनि विस्तारक यंत्र

lounge[1] /laʊndʒ/ /लाउन्ज्/ noun, c. *The guests are waiting in the lounge.* = a room in a hotel or house where one can sit comfortably होटल आदि में प्रतीक्षा स्थल

lounge[2] verb, i. *He was lounging on the sofa.* = to sit or lie comfortably सुस्ताना

louse /laʊs/ /लाउस्/ noun, c. (**lice**) = a small insect that lives on the skin or in the hair of human beings or animals जूँ **lousy** adj. *That was a lousy film we saw today.* = very bad (informal) बकवास, बेकार (अनौपचारिक)

lout /laʊt/ /लाउट्/ noun, c. *You are behaving like a lout!* = a crude person गँवार

lou•vre /'lu:vəʳ/ /'लूवर्/ noun, c. = a thin, sloping piece of metal, glass or plastic that is fixed in a frame covering a window, which can be raised or lowered to allow more or less light or air to come in झिलमिली, रोशनदान का शीशा

love[1] /lʌv/ /लॅव्/ verb, t. *We love our parents deeply.* प्यार करना // *I love travelling to new places.* = to have a strong feeling of fondness or liking for someone or something अच्छा लगना, पसंद करना

love[2] noun, u. or c. **1** (u.) = the feeling of fondness for someone प्रेम, अनुराग **2** *The young man has fallen in love.*(u.) = a feeling of fondness mixed with attraction for someone of the opposite sex प्यार, मुहब्बत **3** *She was the love of his life.*(c.) = a person who is loved by someone; something (e.g. rock-climbing) which one loves to do प्यार, मुहब्बत (व्यक्ति अथवा शोक) **4** *Gopichand is leading 8-love in this game.*(u.) = a score of no (zero) points in games like tennis, badminton शून्य (खेल में) **lovely** adv. *a lovely flower* = very beautiful/nice सुंदर, प्यारा **lover** noun, c. = a person whom one loves and has sexual relations with प्रेमी, प्रेमिका **lovable** adj. *a lovable child* = something or someone which can easily be loved and which is pleasant प्यारा **love-letter** noun, c. = a letter written by/to the person one loves प्रेमपत्र

to make love (to someone) = to have sex with someone प्रेम में शारीरिक संबंध बनाना **(not) for love or money** *I won't part with my favourite book for love or money!* = a way of saying that nothing will make one do something (informal) किसी कीमत पर (अनौपचारिक)

low[1] /ləʊ/ /लउ/ adj. **1** *You can jump over this wall easily. It is quite low.* = not high above the ground or floor नीची **2** *low profits* = small in value कम मूल्य का **3** *He spoke in a low voice.* = not loud धीरे, मंद **4** *She has a low opinion of your ability as a leader.* = not favourable नकारात्मक **5** *How could you use such a low trick to win the race?* = dishonourable or dishonest घटिया, बेईमानी भरा

low[2] adv. *He sank low into the bath tub.* = into a low position निचले स्तर पर

low[3] noun, c. *The price of gold reached an all-time low.* = a low level न्यूनतम, सबसे कम **lowly** **1** (adj.) = of a low rank or position निचला, छोटा **2** *lowly paid job* (adv.) = of a small degree or level छोटे स्तर का **low-brow** noun = a person who is not interested in books, art, literature etc. (derogatory) (opposite **high-brow**) शिष्ट, कुलीन नहीं (अनादरपूर्ण) **low-down** noun *The newspaper reporter gave us the low-down on the secret deal with a foreign country.* = correct and secret information about something (informal) गुप्त व सही सूचना (अनौपचारिक) **low down** adj. *They are such low down people, I don't want to be friends with them.* = having no good qualities घटिया **low-land** noun = an area of land that is lower than the surrounding area and is usually covered with water नीची भूमि **low pitched** adj. *a low-pitched voice* = deep (voice) मंद, अनुदात्त (आवाज़) **low profile** noun *keep a low profile* = the state of not drawing too much attention to oneself

स्वयं को केंद्र में अथवा लोगों की दृष्टि में न लाना **low tide** noun = the time when the water is at a low level on the sea-shore (opposite **high tide**) भाटा, उतार

to lie low = to hide or be quiet at a time when someone wants to catch you or to involve you in something you don't want to be a part of दूसरे के ध्यान से बचकर रहना **highs and lows** *'How do you like your job?' 'It's full of highs and lows.'* = good times as well as unpleasant times उतार-चढ़ाव

low•er[1] /'ləʊə^r/ /'लउअ^र/ adj. *He fell off a tree, but he was not hurt as he had fallen from one of the lower branches.* = not as high as something else निचला

lower[2] verb, i. **1** *Mandeep had been carrying the suitcase on his head, but he lowered it to the ground as he approached his coach.* = to bring down to a lesser (smaller) height नीचे रखना **2** *The sky is lowering. We are going to have a storm.* = to look dark and threatening (used to refer to the sky or the weather) खराब होना (आसमान/मौसम के संदर्भ में) **lower case** noun = letters of the alphabet written or printed in the usual small form and not in capitals (a, b, c etc. and not A, B, C) रोमन लिपि में छोटे अक्षर **Lower House** noun = one of the two divisions of the parliament that has more members and more power (e.g. the Lok Sabha, in the Indian parliament) संसद का निचला सदन, लोकसभा

loy•al /'lɔɪəl/ /'लॉइअल्/ adj. *The two friends remained loyal to each other even when their classmates tried to create a misunderstanding between them.* = faithful to one's friends, leader, country etc. निष्ठावान, ईमानदार **loyalty** noun, u. = the quality of being loyal वफादारी, राजभक्ति

loz•enge /'lɒzɪndʒ/ /'लॉज़िन्ज्/ noun, c. *cough lozenge* = a small sweet, often containing some medicine, that melts slowly in the mouth मीठी गोली

L-plate noun = a board with the capital letter **L** that is hung on a vehicle to signal that the driver is learning to drive मोटरगाड़ी पर लगी L-पट्टी जो इसका संकेत है कि चालक अभी गाड़ी चलाना सीख रहा है

LPG abbr. of **Liquid Petroleum Gas** = a gas used for burning as fuel in kitchen stoves, automobiles etc. and usually packed in metal cylinders 'एल.पी.जी.'

LSD noun = abbr. for *lysergic acid*, **diethylamide** a dangerous drug that can cause a person to hallucinate (imagine things that do not really exist) (see also **acid**) 'एल.एस.डी.'-एक नशीली दवा

Ltd. abbr. of **Limited** (usually for a business company) (see under **limit**) सीमित, लिमिटेड

lu•bri•cant /'lu:brɪkənt/ /लूब्रिकन्ट्/ noun, u. or c. = an oily substance that is put into a machine (e.g. the engine of a car) to help the parts of the machine work more smoothly and easily चिकनाई, तेल **lubricate** verb, t. *You haven't lubricated the car for a long time.* = to put a lubricant into a machine to make it work more smoothly चिकना करना, तेल देना **lubrication** / lu:brɪ'keɪʃən/ /लूब्रि'केइशन्/ noun, u. = the process of using a lubricant in a machine तेल डालने की क्रिया

lu•cid /'lu:sɪd/ /'लूसिड्/ adj. **1** *He writes in a lucid style.* = clear and easy to understand स्पष्ट सुबोध **2** *His mind remains lucid, even though he is more than a 100 years old.* = able to understand clearly समझने में कठिनाई न होना **lucidity** /lu:'sɪdɪti/ noun, u. = the quality of being lucid (clear) सुबोधगम्यता, स्पष्टता

luck /lʌk/ /लॅक्/ noun, u. **1** *She won the quiz as much through luck as skill.* = fate; the force that makes either good or bad things happen by chance भाग्य **2** *Keep this picture. It will bring you luck.* = good fortune (some force that brings success) सौभाग्य (सफलता लाने वाला) **lucky** adj. *You are lucky to be studying in a good school.* = having good fortune or good luck भाग्यशाली, सौभाग्यशाली

to be down on one's luck = to be unlucky/ unfortunate अभागा

lu•cra•tive /'lu:krətɪv/ /'लूक्रटिव/ adj. *a lucrative job* = profitable; bringing in plenty of money लाभप्रद

lu•di•crous /'lu:dɪkrəs/ /'लूडिक्रस्/ adj. *You look ludicrous in that red velvet coat, with all the gold lace on it.* = ridiculous; something that causes people to laugh at you उपहासास्पद

lug /lʌg/ /लॅग्/ verb, t. (**lugged**) *He lugged the heavy suitcase up the stairs.* = to lift or carry with difficulty (informal) घसीटना, कठिनाई से ले जाना (अनौपचारिक)

lug•gage /'lʌgɪdʒ/ /'लॅगिज्/ noun, u. (only singular) *He is carrying a lot of luggage on this journey.* = the boxes, bags, suitcases etc. (full of clothes etc.) that one carries on a journey (also **baggage**) सामान

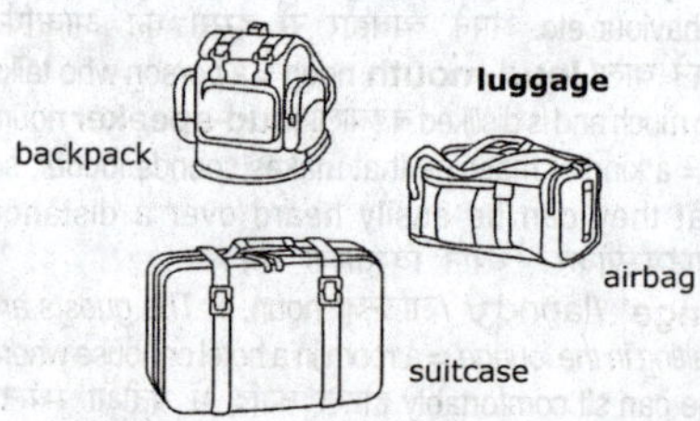

luke•warm /lu:k'wɔ:m/ /लूक्'वाॅम्/ adj. **1** *Drink lukewarm water, not hot water.* = slightly warm कुनकुना, गुनगुना, हल्का गर्म **2** *When I asked him to join our club his response was rather lukewarm.* = not showing much interest ठंडा, उत्साह रहित

lull[1] /lʌl/ /लॅल्/ verb, t. *The soft music lulled the child to sleep.* = to cause sleep or rest in a gentle way सुलाना

lull[2] noun, u. *There is a lull in the market. It will get busy after February.* = a short period when there is no activity and things are quiet शांति, मंदी **lullaby** noun, c. (**lullabies**) = a song that one sings to make a child sleep लोरी

lum•ba•go /lʌm'beɪgəʊ/ /लॅम्'बेइगउ/ noun, u. = a kind of sickness that causes pain in the lower back कटिवेदना, कमर दर्द की बीमारी

lum•bar /'lʌmbəʳ/ /'लॅम्बʳ/ adj. *lumbar vertebra* = belonging to the lower part of the back [MEDICINE] रीढ़ के निचले भाग से संबंधित [चिकित्सा]

lum•ber[1] /'lʌmbəʳ/ /'लॅम्बʳ/ noun, u. **1** *We have no place in the house to store the old, broken furniture and all the other lumber.* = useless and unwanted things काठ-कबाड़ **2** = timber (wood from trees, used for making furniture etc. or as firewood) इमारती लकड़ी

lumber[2] verb, i. *He lumbered slowly up the stairs, carrying a heavy suitcase.* = to move in a heavy, awkward manner भार उठाकर कठिनाई से चलना **lumberjack** noun, c. = a person whose job is to cut down trees in the forest लकड़हारा

lu•mi•nous /'lu:mɪnəs/ /'लूमिनस्/ adj. *You can see the road signs clearly at night because they are painted with luminous paint.* = able to shine in the dark प्रकाशवाही, अंधेरे में चमकने वाला

lump[1] /lʌmp/ /'लॅम्प्/ noun, c. **1** *You should mix the flour thoroughly with water or it will form lumps.* = a mass of something solid, which has no particular shape गाँठ **2** = a small growth or swelling on the body सूजन, गाँठ

lump[2] verb, t. *There is nothing you can do to improve things in this city. You will just have to lump it!* = to accept something unpleasant without complaining (informal) चुपचाप स्वीकार करना (अनौपचारिक)

lunacy /'lu:nəsi/ /'लूनसी/ noun, u. = a condition of madness (sickness of the mind), which people believed (in the old days) to be caused by the moon उन्माद, पागलपन **lunatic** noun, c. **1** = a very foolish person पागल, विक्षिप्त **2** = a mad person (no longer used) उन्माद, पागल (अब व्यवहार में नहीं)

lu•nar /'lu:nəʳ/ /'लूनʳ/ adj. *a lunar eclipse* = having to do with the moon चंद्र, चाँद से संबंधित

lunch[1] /lʌntʃ/ /'लॅन्च्/ noun, c. or u. = a meal eaten in the middle of the day दोपहर का भोजन, 'लंच'

lunch[2] verb, i. *He is lunching at the restaurant.* = to eat lunch 'लंच करना' **lunch-box** noun, c. (**lunch-boxes**) = a container in which lunch is packed खाने का डिब्बा, 'लंच बॉक्स' **lunchtime/lunch hour** noun, u. = the time during which lunch is eaten भोजन का समय

lung /lʌŋ/ /'लॅङ्/ noun, c. = one of two organs in the body, inside the chest, which are used in breathing फेफड़ा

lunge[1] /lʌndʒ/ /लॅन्ज्/ verb, i. *She lunged forward to catch the ball.* = to move forward suddenly, in order to attack or catch (in a game) झपटना (खेल में)

lunge[2] noun, c. *He made a sudden lunge at me.* = a sudden attacking movement झपटने की क्रिया

lurch[1] /lɜ:tʃ/ /लɜच्/ verb, i. *The bullock cart lurched slowly down the road.* = to move with a slow, unsteady movement झोंका/झटका खाते हुए धीरे-धीरे चलना

lurch[2] noun, u. *The cart gave a sudden lurch.* = a lurching movement झटका

to leave someone in the lurch = to not help someone at a time of difficulty मुसीबत में छोड़ देना

lure[1] /lʊəʳ/ /लुअʳ/ verb, t. *He was lured to Mumbai in the hope of becoming a film star.* = to attract by making a promise, which is usually false झूठे प्रलोभन द्वारा आकर्षित करना

lure[2] noun, u. *the lure of money* = attraction (usually of a dangerous kind) प्रलोभन (आम तौर पर खतरनाक)

lu•rid /'lʊərɪd/ /'लुअरिड्/ adj. **1** *The house was painted in lurid colours.* = very bright and colourful, but not in an attractive manner चटक, चमकीला (रंग) **2** *The newspaper contains all the lurid details of the murder.* = shocking, having unpleasant details सनसनीदार, सनसनीखेज

lurk /lɜ:k/ /लɜक/ verb, i. *lurking in the shadows* = to wait quietly and secretly, specially before attacking or doing something violent घात में बैठना

lus•cious /'lʌʃəs/ /'लॅशस्/ adj. *There are luscious mangoes growing on the trees, waiting to be plucked and eaten.* = full of juice and having a sweet taste सुस्वादु, रसदार

lush /lʌʃ/ /लॅश्/ adj. **1** *The fields look green and lush during the rainy season.* = covered thickly with grass or other small plants हरा-भरा **2** *a lush dress* = looking very expensive and luxurious महँगा और बढ़िया

lust[1] /lʌst/ /लॅस्ट्/ noun, u. or c. **1** (u.) = very strong, uncontrolled sexual desire कामुकता, काम-ललासा **2** *the lust for power*(u.) = very strong desire for something (पद) लोलुप

lust[2] verb, i. *He lusts after power.* = to desire very strongly पद लोलुप होना **lustful** adj. = full of lust (strong desire) कामुक (तीव्र इच्छा)

lus•tre /'lʌstəʳ/ /लॅस्टʳ/ noun, u. **1** *the lustre of diamonds* = very bright shine कांति, चमक **2** = honour or glory महिम, ख्याति

lus•ty /'lʌsti/ /'लॅस्टी/ adj. *a lusty shout* = full of life and energy (not to be confused with **lustful**) ज़ोरदार, उत्साहपूर्ण

lux•u•ri•ant /lʌg'zjʊəriənt/ /लॅग'ज़्युअरिअन्ट्/ adj. *There is luxuriant grass growing in these fields.* = growing healthily and in great amounts (not to be confused with **luxurious**) अधिक मात्रा में तथा अच्छा

luxury /'lʌkʃəri/ /'लॅक्शरी/ noun, u. or c. (**luxuries**) **1** (u.) = very great comfort विलासिता, आरामप्रद **2** *Going to the cinema is a luxury which I cannot afford.*(c.) = something that is very pleasant but not necessary विलासिता **luxurious** /lʌg'zjʊəriəs/ /लॅग'ज़्यु-अरिअस्/ adj. *a luxurious hotel* = very comfortable and expensive विलासपूर्ण, महँगा, अत्यधिक आरामप्रद

L

lymph /lɪmf/ /लिम्फ़्/ noun, u. = clear watery liquid present inside the body which is a part of the bloodstream लसीका, रक्त में विद्यमान जलीय तत्त्व

lynch /lɪntʃ/ /लिन्च्/ verb, t. = to take hold of someone who has done something wrong and to kill him/her without a trial (used to refer to some action by a crowd or mob) अपराधी को सज़ा के तौर पर मार डालना (भीड़ द्वारा की गई कार्रवाई)

lynx /lɪŋks/ /लिङक्स्/ noun = a kind of fierce wild cat बनबिलाव

lyre /laɪəʳ/ /लाइअर/ noun, c. = a U-shaped musical instrument with strings, used by the people of Ancient Greece 'लाइअर' एक वाद्य यंत्र

lyr•ic¹ /'lɪrɪk/ /'लिरिक्/ noun, c. = a short, musical poem expressing some personal feeling गीत

lyric² adj. *lyric poetry* = having the qualities of a lyric गीतिकाव्य **lyrical** adj. = a feeling of joy and admiration expressed in a very personal way गीतमय **lyrics** noun = the words of a song, especially one written for a film etc. गीत के बोल **lyricist** /'lɪrɪsɪst/ /'लिरिसिस्ट्/ noun, c. = a person who writes the words for songs गीतकार

mM

m, M /em/ /एँम/ **1** the thirteenth letter of the English alphabet अंग्रेज़ी वर्णमाला का 13वाँ वर्ण **2** (always capital) = medium (size) (हमेशा बड़े अक्षर में) मध्यम **3** = abbr. of metre (माप) मीटर का संक्षिप्त रूप **4** = abbr. of million मिलियन का संक्षिप्त रूप

MA abbr. of **Master of Arts** = a university degree higher than **BA** 'एम.ए.' 'मास्टर ऑफ आर्ट्स' का संक्षिप्त रूप

ma'am /mæm/ /मैम्/ noun = short form of **madam** (see below) 'मैम', मैडम का संक्षिप्त रूप (आगे देखें)

ma•ca•bre /mə'kɑːbrə/ /म'काऽब्र/ adj. (French) *I have heard a macabre story about a woman who died here and whose ghost haunts this house.* = connected with death and causing fear (फ्रेंच भाषा का शब्द) मृत्यु से संबंधित, डरावना

mac•a•ro•ni /mækə'rəʊni/ /मैक'रउनी/ noun, u. = a kind of Italian food made from flour, in the shape of small hollow tubes (also **pasta**) 'मैकरोनी' – इटली का एक आटे का बना और खोखली नली जैसा भोज्य पदार्थ (देखें **pasta**)

ma•caw /mə'kɔː/ /म'कॉऽ/ noun = a brightly-coloured bird of the parrot family, found in South America 'मकॉ'–दक्षिण अमेरिका में पाया जाने वाला तोते की जाति का एक पक्षी

mace /meɪs/ /मेइस/ noun, c. or u. **1** (c.) = a heavy stick with a rounded end, used as a weapon गदा **2** (u.) = a spice made from nutmeg, a sweet-smelling nut जावित्री

Mach /mɑːk/ /माऽक/ noun = the speed of a flying aircraft measured in relation to the speed of sound (The speed of sound is Mach 1.) [TECHNICAL] उड़ते हुए हवाई जहाज और ध्वनि की गति का संबंधित माप (ध्वनि की गति–मैक 1) [तकनीकी]

ma•chine[1] /mə'ʃiːn/ /म'शीन/ noun, c. **1** *a washing machine* = an instrument which is used to do some kind of work, often replacing human labour मशीन **2** *I want you to think about what I've said, not be a machine.* = a person who does something without thinking about it, and often without stopping (informal) व्यक्ति जो यंत्र की तरह व्यवहार करे (अनौपचारिक)

machine[2] verb, t. *This metal part for a motorcar engine has to be machined carefully.* = to make something with the help of a machine मशीन से बनाना **machinery** noun, u. (no plural) **1** *The machinery for the new factory has been imported from Japan.* = machines in general, used for different purposes (केवल एकवचन रूप में प्रयुक्त) मशीनरी **2** *I don't understand the machinery of this new car.* = the way in which a machine works मशीन की कार्यप्रणाली **3** *political machinery* = system (figurative) तंत्र, संगठन (लाक्षणिक) **machine gun** noun, c. = a gun which fires bullets very quickly 'मशीनगन' **machine-readable** adj. *The price of each book is printed on the cover, in machine-readable form.* = in a way that can be read and understood by a computer, using a system of **bar-codes** (thick and thin lines) and a **scanner** बार-कोड और स्कैनर की सहायता से कंप्यूटर द्वारा पढ़ा और समझा जाने वाला

ma•cho /'mætʃəʊ/ /'मैचउ/ adj. *He always dresses and acts in a macho fashion.* = trying to look and act in a way which is thought to be very manly (strong and brave) (informal) पुरुषोचित (सुदृढ़ और बहादुर) (अनौपचारिक)

mack•e•rel /'mækərəl/ /'मैक्रल्/ noun = a kind of sea fish बाँगड़ा–एक प्रकार की समुद्री मछली

mack•in•tosh /'mækɪntɒʃ/ /'मैकिन्टॉश्/ noun, u. = a kind of long waterproof coat used to protect people from rain (also **raincoat**) बरसाती (देखें **raincoat**)

mac•ro- /'mækrəʊ/ /'मैक्रउ/ prefix meaning **1** = large e.g. 'बड़ा' अथवा 'संपूर्ण' का अर्थ देने वाला उपसर्ग **macro-economics** = the study of large systems or concepts in economics अर्थशास्त्र के तथ्यों का अध्ययन **2** whole e.g. **macrocosm** noun = the whole universe (of which the earth is a part) संपूर्ण ब्रह्मांड (पृथ्वी जिसका एक भाग है)

mad /mæd/ /मैड्/ adj. **1** *a mad person* = suffering from sickness of the mind पागल **2** *Indians are mad about cricket.* = very fond of (informal) दीवाना (अनौपचारिक) **3** *She was mad at being made to wait for two hours.* = very angry (American English) (informal) बहुत नाराज़, आपे से बाहर (अमेरिकी अंग्रेज़ी में) (अनौपचारिक) **4** *You must be mad to go out in this rain without an umbrella.* = without sense (informal) पागल (अनौपचारिक) **madness** noun. पागलपन **madden** verb, t. *The tiger was maddened by the bullet wound in its shoulder.* = to drive someone or an animal mad with anger or pain उत्तेजित करना, क्रुद्ध करना **maddening** adj. *The pain in my leg is maddening.* = causing much suffering पागल कर देने वाला (कष्ट) **mad-cap** adj. *He has some mad-cap idea about walking all the way to Delhi.* = foolish and not very practical (informal) सनकी (अनौपचारिक)

> **Usage** It is now considered generally more respectful to use the terms 'mentally challenged' or 'mentally ill' instead of 'mad.' आजकल आमतौर पर 'mad' के स्थान पर 'mentally challenged या mentally ill' आदि का प्रयोग अधिक आदरपूर्ण समझा जाता है।

to work/run/dance etc. **like mad** *I worked like mad on the story I was writing.* = to do something at great speed and with great effort (informal) दीवानों की तरह (अनौपचारिक)

M

a mad rush *There was a mad rush at the railway station when the train came in.* = disorganized movement by a crowd, with a lot of pushing etc. (informal) धक्का-मुक्की (बेतरतीब भीड़ द्वारा) (अनौपचारिक)

mad•am (Madam) /ˈmædəm/ /ˈमैडम/ noun *Madam, may I come in?* = a respectful way of addressing or talking to a woman one does not know, or with whom one wants to be formal (the short form is **Ma'am**) महोदया (संक्षिप्त रूप 'मैम')

made = see under **make** (देखें **make**)

Ma•donn•a /məˈdɒnə/ /मˈडॉन/ noun = Mary, the Mother of Jesus Christ (in the Christian religion) 'मेरी', ईसा मसीह की माता (ईसाई धर्म में)

mael•strom /ˈmeɪlstrəm/ /ˈमेइलस्ट्रम्/ noun, c. *The boat was caught in a maelstrom.* = a place in a river where the water moves round and round with great force and can suck objects down भँवर

maes•tro /ˈmaɪstrəʊ/ /ˈमाइस्ट्रउ/ noun, c. (Italian) **1** *Ravi Shankar, the sitar maestro* = a very great musician (इटालियन भाषा का शब्द) संगीतज्ञ, विशेषज्ञ **2** = a person who is famous in any field of activity किसी क्षेत्र विशेष में प्रसिद्धि प्राप्त

ma•fia /ˈmɑːfiə/ /ˈमाफ़िअ/ noun, c. (Italian) = a gang of criminals (इटालियन भाषा का शब्द) 'माफ़िया', अपराधियों का गिरोह

mag•a•zine /mægəˈziːn/ /मैगˈज़ीन्/ noun, c. **1** = a thin book containing pictures, articles etc. published every week, fortnight or month पत्रिका **2** *the magazine of a rifle* = the hollow part of a gun into which bullets are fed (placed) before they are fired 'मैगज़ीन'– राइफ़ल का एक भाग (नाल)

ma•gen•ta /məˈdʒentə/ /मˈजेन्टा/ adj. *a magenta sunset* = dark purple 'मैजेंटा', गहरा जामुनी **magenta** noun. 'मैजेंटा रंग'

mag•got /ˈmægət/ /ˈमैगट्/ noun, c. = a small worm which grows out of the egg of a fly and develops into a fly when fully grown मक्खी का अविकसित प्रारंभिक रूप

ma•gic /ˈmædʒɪk/ /ˈमैजिक्/ noun, u. **1** = the use of supernatural forces (spirits etc.) to make strange things happen (also **black magic**) जादू-टोना, जादूगरी (देखें **black magic**) **2** = the use of clever tricks, such as making things disappear, by an entertainer (a person who provides enjoyment for people) (also **white magic**) मनोरंजन हेतु प्रदर्शित जादू (देखें **white magic**) **magician** /ˈmædʒɪʃən/ /ˈमैजिशन्/ noun, c. = a person who can do magic (both meanings) जादूगर

ma•gis•trate /ˈmædʒɪstreɪt/ /ˈमैजिस्ट्रेइट्/ noun, c. = a government official who has the power to judge law cases दंडनायक, दंडाधिकारी, 'मजिस्ट्रेट'

mag•nan•i•mous /mægˈnænɪməs/ /मैग्ˈनैनिमस्/ adj. *She made a magnanimous donation to the school.* = kind-hearted and generous (formal) उदार, खुले दिल से (औपचारिक)

mag•nate /ˈmægneɪt/ /ˈमैग्नेइट्/ noun, c. *a business magnate* = a rich and powerful businessperson प्रभावशाली, धनी-मानी व्यापारी

mag•ne•sia /mægˈniːʃə/ /मैगˈनीश/ noun = a kind of white powder used in medicines for the stomach 'मैग्नीशिया', पेट की दवाओं में प्रयुक्त एक रसायन (सफेद पाउडर जैसा)

mag•ne•sium /mægˈniːzɪəm/ /मैगˈनीज़िअम्/ noun = a common silvery metal which is used in fireworks etc. 'मैग्नीशियम', आतिशबाज़ी में प्रयुक्त एक चमकीला (सफ़ेद पाउडर जैसा) पदार्थ

mag•net /ˈmægnɪt/ /ˈमैग्निट/ noun, c. = a piece of iron or steel which can attract (pull towards itself) other pieces of iron or steel चुंबक **magnetism** noun, u. **1** = the quality that a magnet has of being able to attract pieces of iron or steel चुंबकीय शक्ति **2** *People were attracted to Martin Luther King by his magnetism.* = the power to attract people that some persons have (figurative) चुंबकत्व (लाक्षणिक) **magnetic** /mægˈnetɪk/ /मैगˈनेटिक्/ adj. **1** *This piece of iron has magnetic properties.* = having to do with magnets चुबकीय **2** *Lata Mangeshkar has a magnetic voice.* = very attractive प्रभावशाली, आकर्षक **magnetic field** = the area around a magnet where its effect can be felt [PHYSICS] चुंबक के चारों ओर का उतना भाग, जहाँ तक चुंबक का प्रभाव पड़ता है [भौतिकी]

magnet

mag•nif•i•cent /mægˈnɪfɪsənt/ /मैगˈनिफिसन्ट्/ adj. *He lives in a magnificent house which has more than 50 rooms.* = very beautiful and grand भव्य, शानदार, आलीशान

mag•ni•fy /ˈmægnɪfaɪ/ /ˈमैग्नि.फाइ/ verb, t. (**magnified**) *This lens will magnify the small letters on the page so that you can read them easily.* = to make something look larger than it is आवर्धन करना, आकार में बड़ा दिखाना **magnification** mægnɪfɪˈkeɪʃən/ /मैग्निफ़िˈकेइशन्/ noun, u. = the process of making something look larger, using some equipment आवर्धन **magnifying glass** noun, u. = a thick piece of glass, curved on both sides, used to make things look larger so that they can be seen clearly आवर्धक लेंस, बड़ा दिखाने वाला शीशा

magnitude /ˈmægnɪtjuːd/ /ˈमैग्निट्यूड्/ noun, u. *There were at least 50,000 people present at the meeting. The magnitude of the crowd surprised us.* = large size विस्तार, परिमाण, अधिकता

mag•no•li•a /mægˈnəʊliə/ /मैग्ˈनउलिअ/ noun = a kind of large flower which grows on a tree and has a pleasant smell एक बड़ा फूल जो पेड़ पर उगता है और सुगंध देता है

mag•pie /'mægpaɪ/ /'मैग्पाइ/ noun, c. (**magpies**) = a kind of bird with black and white feathers that is said to be attracted by bright and shining objects मुटरी–एक काले-उजले पंखों वाला पक्षी जो चमकती चीज़ों से आकर्षित होता है

ma•hog•a•ny /mə'hɒgəni/ /म'हॉगनी/ noun = a kind of hard and costly wood having a reddish-brown colour, used for making furniture महोगनी, फर्नीचर बनाने में प्रयुक्त महँगी लकड़ी का एक प्रकार

maid /meɪd/ /मेइड्/ noun, c. *kitchen maid* = a woman who is employed to work in a house or hotel, generally to keep it clean घर या होटल में सफाई का काम करनेवाली

maid•en[1] /'meɪdn/ /'मेइड्न्/ noun, c. = a young, unmarried girl (old-fashioned, literary) Ⓖ अविवाहित युवा लड़की (पुराने प्रचलन का, साहित्यिक) लिंग

maiden[2] adj. *The new member of parliament will make her maiden speech today.* = the first; something done for the first time प्रथम, जीवन में पहली बार किया जाने वाला **maiden over** noun, c. = an over (in cricket) in which no runs are scored [SPORTS] क्रिकेट में बिना रन बनाए खत्म होने वाला 'ओवर' (खेल)

mail[1] /meɪl/ /मेइल्/ noun, u. **1** *I want to send this letter by registered mail.* = the postal system through which letters etc. are sent डाक **2** *Have you received any mail today?* = letters, e-mail etc. डाक, पत्र आदि

mail[2] verb, t. *Please mail this letter at the post office.* = to send a letter, e-mail etc. through the postal or the computer system (see also **e-mail**) डाक में डालना, पोस्ट करना (देखें **e-mail**)

maim /maɪm/ /माइम्/ verb, t. *Several young men from this village, who were in the army, were killed or maimed during the war.* = to wound very badly so as to make one unfit to use a certain part of the body विकलांग या अपंग बना देना

main[1] /meɪn/ /मेइन्/ adj. *The main reason for his success is his ability to work hard.* = most important मुख्य, बड़ा

main[2] noun, c. (always plural) *There will be no supply of water today as the mains are being repaired.* = a large pipe or cable (wire) carrying water, gas or electricity to buildings (केवल बहुवचन में प्रयुक्त) (पानी, गैस या बिजली की) मुख्यलाइन **mainland** noun *The island of Rameshwaram is connected to the mainland by a bridge.* = the large piece of land which makes up a country (This does not include the islands around it) देश की मुख्य भूमि (आस-पास के द्वीपों को छोड़कर) **mainframe** noun, c. = a very large, powerful computer that is the centre of a computer system [COMPUTERS] बड़ा और प्रभावशाली कंप्यूटर जो कंप्यूटर-सिस्टम का केंद्र है [कंप्यूटर] **mainly** adv. **1** *This dish uses mainly potatoes. // We travelled mainly by bus.* = mostly मुख्यतः, मुख्य रूप से **2** *Her illness was caused mainly by her working in the sun.* = the most important reason for something मुख्यतः, मुख्य रूप से **mainstay** noun, u. *Agriculture is the mainstay of this country.* = something that provides the most important means of support for the people मुख्य आधार, सहारा **mainstream** noun = *Bhagwan Verma was a good poet, but he does not belong to the mainstream of Hindi literature.* = a tradition in literature, science etc. which most people follow मुख्यधारा, परंपरा

main•tain /meɪn'teɪn/ /मेइन्'टेइन्/ verb, t. **1** *Your car is in poor condition. You must maintain it properly.* = to take care of something and to keep it in good condition रख-रखाव करना, देखभाल करना **2** *This shop has maintained its reputation for selling goods of high quality.* = to keep up; to continue as before बनाए रखना **3** *He maintains a large family.* = to look after and support देखभाल करना, पालन-पोषण करना **maintenance** /'meɪntənens/ /'मेइन्टनन्स्/ noun, u. **1** *The maintenance of this old house costs at least Rs 10,000 a month.* = the act of keeping something in good condition रख-रखाव **2** *The judge ordered him to pay his wife Rs 10,000 every month towards maintenance, after they were divorced.* = money paid to a former husband or wife regularly by his/her former wife or husband, under the orders of a court गुजारा भत्ता

maize /meɪz/ /मेइज़्/ noun, u. = a kind of plant grown by farmers, the seeds of which are eaten, generally in the form of flour (also **corn**) मकई, मक्का (देखें **corn**)

ma•jes•ty /'mædʒɪsti/ /'मैजिस्टी/ noun, u. *It is difficult to describe the majesty of these high mountains.* = beauty that has a powerful effect on the mind मस्तिष्क को प्रभावित करने वाली सुंदरता, भव्यता **Majesty** noun *Your Majesty* = a title used to address or talk about a king or queen महामहिम (संबोधन) **majestic** /me'dʒestɪk/ /मेजेस्टिक्/ adj. राजसी, तेजस्वी

ma•jor[1] /'meɪdʒər/ /'मेइजर/ adj. *India has more than 2,000 languages but there are 20 major languages, as well as minor languages spoken by a few people.* = one of the main or most important (opposite **minor**) मुख्य, प्रधान (विलोम शब्द **minor**)

major[2] noun, c. **1** *He is 18 years old and a major now.* = a person who has reached the age at which one is recognized in law as being a fully-grown person बालिग, वयस्क **2** *The parade was led by Major Singh.* = an officer of middle rank in the army (higher than Captain but lower than Colonel) 'मेजर', (सेना में कैप्टेन से बड़ा लेकिन कर्नल से छोटा पद)

major[3] verb, i. *My daughter is majoring in Economics.* = to study something at a university as the most important subject विश्वविद्यालयीय स्तर पर मुख्य विषय के रूप में अध्ययन करना

majority /mə'dʒɒrɪtɪ/ /म'जॉरिटि/ noun, u. **1** *The majority of the students want a holiday tomorrow.* = the greater number (opposite **minority**) अधिकांश,

M

अधिकतर (विलोम शब्द **minority**) **2** *She won the election by a large majority.* = margin or difference between two quantities बहुमत, परिमाण में अंतर

make[1] /meɪk/ /मेइक्/ verb, t. (**made**) **1** *My father is making chapatis for us.* = to produce something बनाना **2** *He has made an agreement with his publishers. // He made several good suggestions.* देना/पेश करना **3** *Don't eat this mango. It will make you sick.* = to cause something to happen कर देना **4** *He makes a lot of money.* = to earn अर्जित करना, कमाना **5** *We made it to the station in time.* = to reach पहुँचना **6** *Five and two make seven.* = to add up to a total कुल जमा होना **7** *Our teacher made us study very hard.* = to cause someone to do something by force कोई काम ज़बरदस्ती कराना **8** *This leafy tree makes an excellent shelter against the sun.* = to be good or suitable for a purpose बन जाना, होना **9** *She was made a director of the company.* = to give a person some responsibility in an organization कंपनी द्वारा विशेष बनाया जाना

make[2] noun, u. or c. **1** *He sells cars of different make.*(u.) प्रकार **2** *You can find many makes of watches in this shop.*(c.) = a product manufactured by a particular company and sold under a certain name किसी कंपनी का उत्पाद

make-believe[1] /ˈmeɪkbɪˈliːv/ /ˈमेइक् बिˈलीव्/ noun, u. *He lives in a world of make-believe* = imagination कल्पनालोक, छलावा

make-believe[2] adj. *a make-believe world* = false and imaginary; something that has no connection with reality झूठा, काल्पनिक

makeshift /ˈmeɪkʃɪft/ /ˈमेइक्शिफ़्ट्/ adj. *We did not have a house, so we found makeshift accommodation in a tea-shop.* = something done to meet an urgent need, in the absence of something better कामचलाऊ

make-up /ˈmeɪkʌp/ /ˈमेइकॅप/ noun, u. = powder, lipstick etc. used on the face to make a person look more attractive; used by actors to make them appear like the characters they are playing, or to look suitable for the camera बनाव-शृंगार

to make do *We don't have a car, so we must make do with a bicycle.* = to manage with something (in the absence of something else which is required) काम चलाना (किसी वस्तु की अनुपस्थिति में अन्य से काम करना) **to make off with** *The thieves made off with a huge amount of cash.* = to steal चोरी करना, चुरा लेना, लेकर चंपत होना **to make the most of something** *Make the most of your meeting with the well-known writer.* = to take full advantage of a chance or opportunity अवसर का लाभ उठाना **to make up 1** *When the principal asked him why he was late, he made up a story about his father falling ill suddenly.* = to invent a story or excuse (disapproving) कहानी गढ़ना, कहानी बनाना (अस्वीकृत) **2** *Have they made up with each other after the fight they had?* = to go back to being friends again after a fight, argument etc. मन-मुटाव दूर होना **to make up for something** *She is a poor speaker, but she makes up for it by writing beautifully.* = to compensate for something (to have something good to offer which takes away the effect of something bad) कमी पूरी करना (कुछ अच्छा करना, जिससे बुरे का प्रभाव खत्म हो जाए) **to make it 1** *We thought we were going to be late but we made it.* = used when one reaches or gets to a place in time for something and feels relief (informal) समय पर पहुँच पाने पर राहत महसूस करना (अनौपचारिक) **2** *Only three students made it in the exam.* = to succeed (informal) सफल होना (अनौपचारिक) **3** *Did he make it to the meeting?* = to go to a meeting etc. as promised (informal) वायदे के अनुसार पहुँच पाना (अनौपचारिक) **to make someone's day** = to make someone happy by doing something which gives them happiness (informal) दिन सफल कर देना, खुश करना (अनौपचारिक) **Make it snappy!** = an instruction to someone to do something fast (informal) जल्दी करो, फ़टाफ़ट (अनौपचारिक) **to make (something) out 1** *make out a cheque* = to prepare a cheque etc. addressed to someone who has to be paid तैयार करना **2** *There was so much noise outside the classroom that we couldn't make out what the teacher was saying.* = to be hardly able to see, hear, read etc. something मुश्किल से समझ पाना

mal- prefix meaning bad or badly e.g. 'बुरा/बुरी तरह' का अर्थ देने वाला उपसर्ग **mal•ad•just•ed** /mæləˈdʒʌstɪd/ /मैलअˈडजॅस्टिड्/ adj. *The boy has been unhappy ever since he came to this school. He seems to be maladjusted.* = not able to accept the people or things around oneself and therefore not happy (often disapproving) आस-पास के वातावरण में घुलमिल न पाने के कारण दुखी होना (प्राय: अस्वीकृत)

mal•a•dy /ˈmælədi/ /ˈमैलडी/ noun, u. or c. (**maladies**) *He suffers from a strange malady.*(c.) = sickness or disease बीमारी, रोग

ma•laise /məˈleɪz/ /मˈलेइज़्/ noun, u. *The patient has a feeling of malaise though he is not suffereing from any disease.* = a general feeling of being unwell, for which there may be no reason (formal) सामान्य अस्वस्थता (औपचारिक)

ma•lar•ia /məˈleəriə/ /मˈलेअरिअ/ noun = a common disease carried by mosquitoes which causes high fever and pain 'मलेरिया' रोग

male[1] /meɪl/ /मेइल्/ adj. = belonging to the sex that does not give birth to young ones नर, पुरुष

male[2] noun, c. *There are only two males in this herd of elephants.* = a male person or animal नर **male chauvinist** noun, c. = a person who believes that men are superior to women पुरुषों को महिलाओं से श्रेष्ठ समझने वाला

ma•lev•o•lent /məˈlevələnt/ /मˈलेवलन्ट्/ adj. *Some malevolent power seems to be ruling our fate and making us suffer.* = evil or harmful (opposite **benevolent**) बुरी, अपकारी (विलोम शब्द **benevolent**)

mal•formed /mælˈfɔːmd/ /मैल्ˈफ़ॉːम्ड्/ adj. *The baby was born with a malformed hand which had* *seven fingers.* = an incorrectly or unusually shaped part of the body विकृत (अंग)

mal•func•tion /mælˈfʌŋkʃən/ /मैल्ˈफ़ंङ्क्शन्/ noun, u. *There is some malfunction in the engine of the car. I can't start it.* = some fault in the working of a machine etc. खराबी

mal•ice /ˈmælɪs/ /ˈमैलिस्/ noun, u. *There is a lot of malice in this piece of writing. The author seems to hate everyone.* = hatred or anger घृणा या दुर्भावना

malicious /məˈlɪʃəs/ /मˈलिशस/ adj. *malicious look* = full of anger and hatred विद्वेषपूर्ण, दुर्भावपूर्ण, क्रोध तथा घृणा से भरा

ma•lign /məˈlaɪn/ /मˈलाइन्/ verb, t. *The film magazine has been maligning the actor.* = to talk or write unkindly about someone निंदा करना, बदनाम करना, बुराई करना

ma•lig•nant /məˈlɪgnənt/ /मˈलिग्नन्ट्/ adj. **1** *a malignant person* = evil and harmful अशुभ, अमंगलकारी **2** *a malignant tumour* = an unnatural growth that can turn into cancer and lead to death [MEDICINE] फैलने वाला, जो कैंसर बन सकता है [चिकित्सा]

ma•lin•ger /məˈlɪŋgəʳ/ /मˈलिङ्गʳ/ verb, i. *My driver is on leave. He says he is ill but I am sure he is malingering.* = to avoid work by pretending to be sick (derogatory) बीमारी का बहाना करना (अनादरपूर्ण)

mall /mɔːl/ /मॉऽल्/ noun, c. = a large shopping centre 'मॉल'–बड़ा खरीदारी केंद्र

mal•le•a•ble /ˈmæliəbəl/ /ˈमैलिअब्ल्/ adj. *Silver and lead are malleable metals. They can be beaten into thin, flat sheets.* = something that can be beaten or pressed flat [SCIENCE] पिटवाँ, कुटनीय (धातु) अघातवर्ध्य [विज्ञान]

mal•let /ˈmælɪt/ /ˈमैलिट्/ noun, c. = a heavy wooden hammer मुद्गर, मुँगरा, लकड़ी का भारी हथौड़ा

mal•nu•tri•tion /mælnjʊˈtrɪʃən/ /मैल्न्युˈट्रिशन्/ noun, u. *These children are weak and sickly. They have been suffering from malnutrition.* = poor health caused by lack of food कुपोषण

mal•prac•tice /mælˈpræktɪs/ /मैल्ˈप्रैक्टिस/ noun, u. or c. *Many students were caught copying in the examination and the police had to be called in to check malpractice.*(u.) = something done dishonestly or in an illegal manner [LAW] कदाचार, बेईमानी, बुरा तरीका [कानून]

malt /mɔːlt/ /मॉऽल्ट्/ noun, u. = grain (wheat, barley etc.) that has been kept in water until it begins to sprout (grow) and then dried and used for making some drink (usually alcoholic) 'माल्ट'–अनाज का वह रूप जिससे शराब जैसे पेय बनाए जाते हैं

mam•mal /ˈmæməl/ /ˈमैमल्/ noun, c. = an animal that does not lay eggs (except for the duck-billed platypus) but gives birth to babies and feeds them with milk which it produces (e.g. dogs, human beings) स्तनपायी **mammary** /ˈmæmərɪ/ /ˈमैमरी/ adj. *Whales have large mammary glands.* = producing milk [BIOLOGY] स्तनीय, शरीर में दूध उत्पन्न करने वाली (ग्रंथि) [जीव विज्ञान]

mam•moth[1] /ˈmæməθ/ /ˈमैमथ्/ noun = a kind of large, hairy elephant that lived on earth very long ago but is no longer found प्रागैतिहासिक काल का हाथी जिसके बदन पर बड़े-बड़े बाल होते थे

mammoth[2] adj. *She drives to the office in a mammoth car.* = very large विशाल, विशालकाय

man[1] /mæn/ /मैन्/ noun, c. (**men**) or u. **1** *a young man* (c.) = an adult (fully-grown) human male पुरुष, नौजवान, वयस्क **2** *Man has caused a lot of damage to the surroundings in which he lives.*(u.)= the human race as a whole, including women (see note below) मानव, मनुष्य, आदमी (स्त्री समेत पूरी जाति के संदर्भ में) (नीचे बॉक्स का नोट पढ़ें) **3** *Our men are unhappy because they have not been paid for the last six months.*(u.) = a worker काम करने वाला, कामगार

man[2] verb, t. (**manned**) *The new factory will be manned by workers from Korea.* = to provide with workers (*operated, run* or *managed* are expressions preferred today) कामगार रखना, आदमी रखना (**manned** के बदले अब **operated, run** या **managed** का ही प्रयोग प्रचलित हो रहा है) **man-eater** noun, c. = an animal that eats human flesh नर-भक्षी, आदमखोर **right-hand (man)** noun = a trusted adviser or follower विश्वसनीय, दाहिना हाथ (मुहावरा) **manhandle** verb, t. **1** *The photographer complained that he had been manhandled by the police.* = to treat someone roughly or with violence (derogatory) बुरा व्यवहार करना, हाथापाई करना (अनादरपूर्ण) **2** *The steel cupboard had to be manhandled up the stairs.* = to move something heavy, using the strength of human beings आदमियों के द्वारा भारी वजन ले जाया जाना **man-hole** noun, c. = an opening, fitted with a lid (cover), through which a worker can enter to repair a drain etc. 'मैनहोल' **man-made** adj. = made by human beings, not found naturally (*human-made, artificial* or *synthetic* are preferred expressions) मनुष्य द्वारा निर्मित, कृत्रिम (man-made के बदले human-made, artificial या synthetic का प्रयोग ही बेहतर) **man-power** = workers needed to do a piece of work जनशक्ति, कर्मचारियों की संख्या **manslaughter** noun, u. = the crime of killing someone, but not on purpose (not deliberately) कत्ल (जान-बूझ कर नहीं)

Usage As **man** in the following contexts seems to refer to only male human beings, it is now considered polite or correct to use words which include both men and women. The following are recommended:

चूँकि नीचे उद्धृत संदर्भों में man से संभवत: मात्र पुल्लिंग का ही बोध होता है, इसलिए दोनों लिंगों का संकेत एक ही साथ देने के लिए कुछ नए प्रयोग प्रस्तावित हैं, जो शिष्ट और सही भी जान पड़ते हैं:

human या **human** beings, जैसे *Humans* (*Man* नहीं) *have been great inventors.*

man (verb) के बदले **manage** या *run* प्रयोग, जैसे *The shop is managed/run by* (**manned by** नहीं) *seven people.*

man-hours के बदले में *person hours*
man-made के बदले में *human-made*
chairman/salesman/businessman etc के स्थान पर *chairperson, salesperson, businessperson* आदि।

the man in the street = the ordinary or average person जन-साधारण, आम आदमी **a man of the world** = a wise or clever person with a lot of experience अनुभवी और चतुर व्यक्ति **Oh man!** (or **Man!**) = an expression used to show that one likes or is enjoying something (slang) प्रदर्शन की अभिव्यक्ति वाह! (अपभाषा)

man•age /'mænɪdʒ/ /'मैनिज्/ verb, t. or i. **1** *She managed the company so well that it made a huge profit.*(t.) = to look after something; to be in control of प्रबंध करना, व्यवस्था देखना **2** *I don't have much experience of cooking but I think I can manage just for today.*(i.) = to be able to do something though not very well काम चलाना **3** *I can't give you Rs 10,000 but perhaps I could manage a thousand.*(t.) = to be able to find something व्यवस्था कर पाना **manageable** adj. *The political situation in the state is difficult but manageable.* = something that can be managed (controlled) नियंत्रण में **management** noun, u. **1** *The company succeeded because of good management.* = the way in which a company, a business, one's time etc. are managed (controlled), or the act of managing them प्रबंध, व्यवस्था **2** *The management has decided to start another school.* = the group of people who manage a business etc. प्रबंधन, प्रबंधक वर्ग (या समिति) **manager** noun, c. **1** = a person who manages (looks after or controls) a business etc. व्यवस्थापक, प्रबंधक **2** = a person who is in charge of a sports team (e.g. in cricket, football) खेल की टीम का इनचार्ज (क्रिकेट, फुटबॉल)

Man•da•rin /'mændərɪn/ /'मैन्ड्रिन्/ noun = the official form of the Chinese language which is used in and around the capital, Beijing चीन की राजधानी बीजिंग के आसपास प्रयोग की जानेवाली चीनी भाषा का आधिकारिक नाम

man•date /'mændeɪt/ /'मैन् डेइट्/ noun, u. or c. *The party that wins the largest number of seats in the election gets the people's mandate to form the government.* = the right or power to rule, given by the people especially after an election जनादेश, शासनादेश **mandatory** adj. *It is mandatory for all house-owners to pay municipal tax.* = compulsory; something that must be done (formal) अनिवार्य, करना आवश्यक (औपचारिक)

man•di•ble /'mændɪbəl/ /'मैन्डिब्ल्/ noun = the bone that forms the movable lower jaw of an animal or human being (also **jaw-bone**) [BIOLOGY] नीचे का जबड़ा (देखें **jaw-bone**) [जीव-विज्ञान]

man•do•lin /mændə'lɪn/ /मैन्ड'लिन्/ noun = a musical instrument with eight strings (somewhat like a guitar) सारंगी-आठ तारों वाला एक वाद्य यंत्र

mane /meɪn/ /मेइन्/ noun, c. *the lion's mane* = the long hair around the face of a male lion or the hair on the back of a horse's neck अयाल, केसर

man•ga•nese /'mæŋgəni:z/ /'मैंगनीज़्/ noun = a kind of metal used in making steel 'मैंगनीज़' एक धातु

mange /meɪndʒ/ /मेइन्ज्/ noun = a skin disease that attacks animals, especially cats and dogs खाज, खुजली, त्वचा रोग **mangy** adj. *a mangy cat* = suffering from mange खुजली वाला, खरसैला (त्वचा रोग से पीड़ित)

man•ger /meɪndʒə^r/ /मेइन्जर्/ noun, c. = a large open container in which food is given to horses or cattle नाँद

man•gle /'mæŋgəl/ /'मैंग्ल्/ verb, t. *His hand was badly mangled when he accidentally put it into a machine which was running.* = to cut up or tear into pieces so that something can no longer be recognized क्षत-विक्षत करना, बुरी तरह कट जाना

man•go /'mæŋgəʊ/ /'मैंगउ/ noun, c. (**mangoes**) or u. **1** (c.) = a kind of fruit that grows in tropical (warm) climates आम **2** *mango pudding*(u.) = the flesh or juice of a mango used as food आम की मीठी चटनी

man•grove /'mæŋgrəʊv/ /'मैंग्रउव्/ noun = a kind of tree that grows near the water and has thick roots growing down from the branches जल के निकट उगने वाला एक वृक्ष

ma•ni•a /'meɪniə/ /'मेइनिअ/ noun, u. **1** = a dangerous disorder of the mind (e.g. kleptomania, a mental condition which makes someone want to steal) [MEDICINE] उन्माद, एक मानसिक रोग [चिकित्सा] **2** *a mania for watching horror films* = a very strong desire to do something (informal) सनक, झक (अनौपचारिक) **maniac** noun, c. **1** = a person suffering from some mania (disorder of the mind) मानसिक रोगी **2** *She drives like a maniac.* = a person who does not understand what danger is (derogatory) झक्की, सनकी (अनादरपूर्ण) **manic** adj. *He is suffering from manic depression.* = having to do with some mania [MEDICINE] मानसिक रोग [चिकित्सा]

man•i•cure /'mænɪkjʊə^r/ /'मैनिक्युअर्/ noun, u. or c. = beauty treatment for the hands and the fingernails हस्त-प्रसाधन

man•i•fest[1] /'mænɪfest/ /'मैनिफ़ेस्ट्/ verb, t. *Malaria manifests itself in the form of high fever and severe headache.* = to appear in a certain form; to be seen (formal) व्यक्त होना, प्रकट होना (औपचारिक)

manifest[2] adj. *The failure of the government to control crime is quite manifest.* = something that can be clearly seen प्रत्यक्ष, स्पष्ट **manifesto** /mænɪ'festəʊ/ /'मैनिफ़ेस्टउ/ noun, c. (**manifestos**) = a written statement produced by a political party, usually before an election, to let people know about its beliefs, plans etc. घोषणा-पत्र

man•i•fold[1] /ˈmænɪfəʊld/ /ˈमैनिफ़ोउल्ड्/ adj. *She has manifold problems. She has lost her job, and her husband and daughter are ill.* = of many kinds (formal) विविध, नाना प्रकार का, भिन्न-भिन्न, अनेक (औपचारिक)

manifold[2] noun, c. = a pipe through which gas can escape from the engine of a motorcar [TECHNICAL] मोटरकार में प्रयुक्त एक गैस निकलने वाली 'पाइप' [तकनीकी]

ma•nil•a /məˈnɪlə/ /मˈनिल/ noun, u. or c. *a manila envelope* = thick, strong brown paper मोटा, मज़बूत, भूरा कागज़

ma•nip•u•late /məˈnɪpjʊleɪt/ /मˈनिप्युलेइट्/ verb, t. **1** *He has become unpopular but he is able to manipulate the crowd so that they still say nice things about him.* = to control or influence something in a clever manner for one's own advantage (derogatory) अपनी इच्छानुसार चलाना (अनादरपूर्ण) **2** *The surgeon tried to set the broken bones in my arm by manipulating them.* = to do something with the hands that requires great skill हस्तकौशल से काम लेना **manipulative** adj. व्यवहारकुशल

mankind /mænˈkaɪnd/ /मैनˈकाइन्ड्/ noun *Have computers really benefited mankind?* = human beings in general (The preferred word today is **humankind** or **people**. See note after **man**) मानव-जाति (अब humankind या **people** शब्द का ही प्रयोग हो रहा है (देखें **man** के अंतर्गत)

man•ner /ˈmænəʳ/ /ˈमैनर/ noun, c. (usually singular) *The children like the manner in which you teach.* = the way or method of doing something (साधारणत: एकवचन में प्रयुक्त) ढंग, प्रकार **manners** noun, u. (always plural) *Why are you so rude? Didn't they teach you any manners at school?* = polite or good behaviour (केवल बहुवचन में प्रयुक्त) शिष्टाचार **mannerism** noun, c. *The speaker had a very irritating mannerism. He kept saying 'Do you follow me?' after each sentence.* = a peculiar way of behaving or speaking that becomes a habit (derogatory) किसी शब्द अथवा वाक्य को बार-बार बोलने की आदत, तकियाकलाम (अनादरपूर्ण)

ma•noeu•vre[1] **(maneuver)** /məˈnuːvəʳ/ /मˈनूवर/ verb, t. **1** *The driver manoeuvered the car through the crowded street.* = to move or turn something skilfully and in a controlled manner सीधे तरीके से या कुशलतापूर्वक निकाल लेना **2** *He knows how to manoeuvre his way through the world of politics.* = to do something clever and often dishonest in order to gain an advantage (derogatory) युक्ति से काम निकालना, चालाकी करना, तिकड़म से काम निकाल लेना (अनादरपूर्ण)

manoeuvre[2] noun, c. **1** *The army will be carrying out manoeuvres in the desert this week.* = a military movement (of soldiers, tanks etc.) done for training purposes युद्धाभ्यास **2** *He will try everything possible to defeat me in the election but I think I will be able to check his manoeuvres.*(c.) = a clever and often dishonest action intended to gain an advantage over someone (derogatory) चालबाज़ी (अनादरपूर्ण)

manoeuvrable (maneuverable) adj. *The new car is highly manoeuverable and can be turned around even in this narrow lane.* = something that can be easily moved or turned in a controlled manner आसानी से घुमाया जाने वाला

man•or /ˈmænəʳ/ /ˈमैनर/ noun, c. = a large house, with land around it (formal) हवेली (औपचारिक)

man•sion /ˈmænʃən/ /ˈमैन्शन्/ noun, c. = a large house हवेली, कोठी, भवन

man•tle /ˈmæntl/ /ˈमैन्ट्ल्/ noun, c. **1** = a loose and long coat without sleeves, worn in former times लबादा-पुराने ज़माने में पहनी जाने वाली ढीली-सी पोशाक **2** = the part of the earth between the centre and the surface [TECHNICAL] पृथ्वी की परत [तकनीकी]

man•u•al[1] /ˈmænjuəl/ /ˈमैन्युअल्/ adj. *He is so used to working on a computer that he can no longer work on a manual typewriter.* = done or used by the human hand हस्तचालित

manual[2] noun, c. *I am preparing a manual for teachers.* = a book which tells someone how to do something (e.g. how to teach, how to repair a radio) निर्देशिका

man•u•fac•ture[1] /mænjʊˈfæktʃəʳ/ /मैन्युˈफ़ैक्चर/ verb, t. *We have several factories in India which manufacture motorcars.* = to make or produce something in large quantities with the help of machines निर्माण करना, उत्पादन करना (कारखाने में)

manufacture[2] noun, u. *The manufacture of steam locomotives has been stopped now.* = the act or process of producing something निर्माण, उत्पादन

ma•nure /məˈnjʊəʳ/ /मˈन्युअर/ noun, u. *Cowdung is used as manure.* = waste matter produced by animals which is used to make land fertile (so that it can produce better crops) खाद

man•u•script /ˈmænjʊskrɪpt/ /ˈमैन्युस्क्रिप्ट्/ noun, c. = a book written by hand or typed (on a typewriter or computer), before it has been printed (abbr. **ms**) पांडुलिपि, हस्तलिपि (संक्षिप्त रूप **ms**)

many[1] /ˈmeni/ /ˈमेनी/ det. *He has many dogs.* = several, a large number अनेक, बहुत, कई

many[2] pron. *He asked me to bring all my friends to his party, but unfortunately I do not have many.* = a large number (of) बहुत, अधिक संख्या में

Mao•ri /ˈmaʊri/ /ˈमाउरी/ noun = a person belonging to the Maori tribe, the aboriginal tribe of New Zealand

M

न्यूज़ीलैंड की एक आदिवासी जाति का व्यक्ति

map[1] /mæp/ /मैप्/ noun, c. *You can find Pokhra on any map of Nepal.* = a picture of the earth's surface, showing mountains, rivers, the position of states, cities etc. [GEOGRAPHY] मानचित्र, नक्शा (भूगोल)

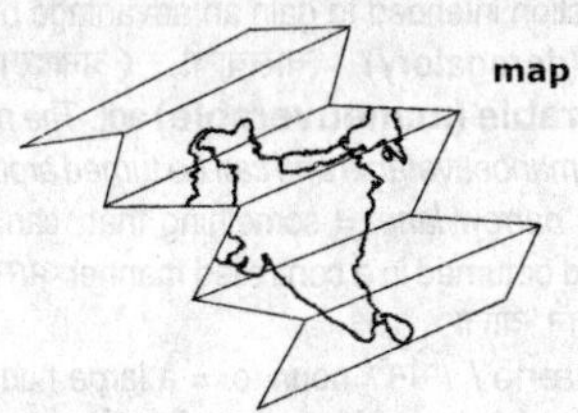

map[2] verb, t. (**mapped**) *The western part of this state has not been mapped yet.* = to make a map of something मानचित्र बनाना

to map out *We have to map out the route we are taking.* = to plan something योजना बनाना **to put something on the map** = to make an unknown place known to everyone अज्ञात स्थान की सबको जानकारी देना

ma•ple /ˈmeɪpəl/ /ˈमेइप्ल्/ noun, u. = a kind of tree, common in America and Canada, which produces sweet juice from which maple sugar is made 'मैपिल' अमेरिका और कनाडा में पाया जाने वाला एक वृक्ष जिसके मीठे रस से खास प्रकार की चीनी तैयार की जाती है

mar /mɑːʳ/ /माऽʳ/ verb, t. (**marred**) *The scar on her cheek mars the beauty of her face.* = to spoil or make less perfect बिगाड़ना, बट्टा लगाना

mar•a•thon[1] /ˈmærəθən/ /ˈमैरथ्न्/ noun = a long-distance race of about 26 miles (42 km) लंबी दौड़ (42 किमी की)

marathon[2] adj. *He made a marathon speech.* = very long and needing much effort (figurative) बहुत लंबा (लाक्षणिक)

ma•raud•ing /məˈrɔːdɪŋ/ /मˈरॉऽडिङ्/ adj. *The gang of robbers has gone on a marauding raid.* = moving about with the intention to rob or kill लूट-मार करते फिरना **marauder** noun, c. = one who robs or kills लुटेरा

mar•ble /ˈmɑːbəl/ /ˈमाऽब्ल्/ noun, u. or c. **1** *The Taj Mahal is built of white marble.* = a kind of soft stone, white or coloured, which is used to make buildings, floors etc. संगमरमर **2** = a coloured glass ball, used in the game of marbles (see below) काँच की गोली, कंचे (बच्चों के खेलने की वस्तु) (आगे देखें) **marbles** noun = a game played by rolling small, coloured glass balls on the ground कंचे (का खेल)

to lose one's marbles = to become mentally unwell (informal, not respectful) मानसिक रोगी (अनौपचारिक, आदरपूर्ण नहीं)

march[1] /mɑːtʃ/ /माऽच्/ verb, i. *The soldiers will march through the streets of the capital on Republic Day.* = to walk with strong and regular steps, usually in a group मार्च करना (सैनिकों द्वारा)

march[2] noun, c. *a peace march* = an act where a large group of people walk together in an organized way, often to support or oppose something अभियान यात्रा

mare /meəʳ/ /मेंअʳ/ noun, c. = a fully-grown female horse घोड़ी **mare's nest** = a discovery which turns out to be useless निरर्थक खोज

mar•ga•rine /mɑːdʒəˈriːn/ /माऽजˈरीन्/ noun = a kind of food that looks like butter but is made from vegetable oil मारगरीन/मारजरीन—एक प्रकार का घी

mar•gin /ˈmɑːdʒɪn/ /ˈमाऽजिन्/ noun, c. **1** *Someone has written his name in the left margin on this page of the book.* = the blank area (with no printing on it) down the side of the page of a book, near either edge किनारा, पार्श्व, हाशिया **2** *The Sri Lankan team defeated the Australians by a margin of 250 runs.* = difference; the amount by which one thing is greater than another अंतर **3** *She lives in a little hut on the margin of the forest.* = the outside edge बाहरी छोर, उपांत **marginal** adj. **1** *The professor returned my essay after making marginal comments.* = something written in the margin of a page हाशियों में **2** *He occupies a marginal position in the party.* = not very important साधारण, सामान्य **3** *He won a marginal victory in the election.* = by a small difference (in the number of votes) बहुत कम अंतर से (मतों की संख्या)

mari•gold /ˈmærɪgəʊld/ /ˈमैरिगउल्ड्/ noun = a kind of ball-shaped yellow flower, often used for making garlands गेंदा (का फूल)

mar•i•jua•na /mærɪˈwɑːnə/ /मैरिˈवाऽन/ noun = a kind of drug made from the dried leaves and stems of a plant known as cannabis or Indian hemp ('bhang') मेरीजुआना (भाँग)

mari•nate /ˈmærɪneɪt/ /ˈमैरिनेइट्/ verb, t. *The meat should be marinated in lemon juice or yoghurt for six hours before it is cooked.* = to keep meat in a mixture of oil, lemon juice or vinegar and some spices for some time before cooking it, in order to make it soft and give it a particular taste 'मेरिनेट'- मांस आदि पकाने से पहले उसे नरम करने के लिए सिरके, मसाले, तेल आदि में मिलाकर रखना **marinade** noun, u. = the mixture of oil, lemon juice and spices etc. which is used to marinate meat 'मेरिनेट' करने की प्रक्रिया में प्रयुक्त सामग्री

ma•rine /məˈriːn/ /मˈरीन्/ adj. *a marine animal* = living in the sea or obtained from the sea समुद्री **mariner** noun, c. = a sailor (literary) नाविक (साहित्यिक)

mar•i•tal /ˈmærɪtəl/ /ˈमैरिट्ल्/ adj. *marital bliss* = having to do with marriage वैवाहिक, दांपत्य

mar•i•time /ˈmærɪtaɪm/ /ˈमैरिटाइम्/ adj. *England was once a great maritime power and English ships were found in every port in the world.* = having to do with the sea and with ships समुद्रीय, (नौ)जहाज़ी

mark[1] /mɑːk/ /माऽक्/ noun, c. **1** *He walked across the clean floor, leaving the marks of his dirty feet on it. // She carries the marks of small pox on her face.* = a spot or cut on a surface निशान, चिह्न **2** *He has the highest marks in history.* = a figure (usually between 0 and 10 or 0 and 100) which shows how well one has done in an examination or a competition अंक, प्राप्तांक **3** *He folded his hands when he greeted me, as a mark of respect.* = sign or symbol प्रतीक के रूप में **4** *You should use an exclamation mark after the word 'Oh'.* = a written sign which carries a certain meaning संकेत, चिह्न **5** *He aimed at the target and fired, but the bullet missed its mark.* = the object that one aims at लक्ष्य, निशाना **6** *This shirt, which I bought in Germany, cost 200 marks.* = the unit of money used in Germany and some neighbouring countries मार्क, जर्मनी की मुद्रा

mark[2] verb, t. **1** *His face has been marked by small pox.* = to make a mark that spoils the appearance of something निशान होना **2** *The teachers are marking examination papers.* = to give marks to अंक देना, मूल्यांकन करना **3** *This sign-board marks the spot where 200 people were killed.* = to show the position of निर्देशित या संकेतित करना **4** *All the novels written by this writer are marked by great sympathy for women.* = to carry the sign of दर्शाना **5** *Can you mark the questions that you cannot answer?* = to put a sign to indicate something निशान लगाना **6** *He is such a good forward that he is marked by two people.* = to stay close to a player of the opposing team so that he or she cannot score easily [SPORTS] प्रतिद्वंद्वी खिलाड़ी पर लगे रहना [खेल] **marked** adj. **1** *There is a marked improvement in the condition of the patient.* = easily noticed or seen आसानी से पहचाना जाने वाला, स्पष्ट दिखाई देने वाला **2** *His enemies have threatened to harm him. He is a marked person.* = a person whose life is in danger जिसका जीवन खतरे में हो

to mark time **1** = to make the movements of marching while remaining in the same place (सैनिकों द्वारा) कदम ताल करना **2** = to be doing something without making progress बिना प्रगति किए काम करते रहना **quick/slow off the mark** = quick or slow to start something धीरे या तेज़ी से काम शुरू करना **mark up** = to increase the price of something, sometimes so that one does not lose money while offering a discount दाम बढ़ाना **to not be up to the mark** *Her singing is not up to the mark.* = to not be as good as expected (informal) वांछित स्तर के अनुसार न होना (अनौपचारिक) **On your marks!** = a command asking runners in a race to get ready to run दौड़ के लिए तैयार होने का धावकों को आदेश

marker /mɑːkər/ /माऽकर्/ noun, c. = a pen, piece of paper etc. that marks clearly because it is thick or of a different colour मार्कर – एक खास तरह की कलम जिसके द्वारा गाढ़ा, रंगीन चिह्न लगाया जाए

mar•ket[1] /ˈmɑːkɪt/ /ˈमाऽकिट्/ noun, c. **1** *Please get some fresh vegetables from the market.* = a place where things are bought and sold बाज़ार **2** *These shirts are made for the European market.* = an area or country where there is a demand for goods बाज़ार, व्यापार **3** *There is no market now for classical music.* = demand for particular goods (उपभोक्ताओं की) माँग

market[2] verb, t. *We market our clothes mainly in the Arab countries.* = to offer for sale बेचना, बिक्री के लिए भेजना **marketing** noun *He teaches marketing at the Institute of Business Management.* = the science which tells one how to sell one's products in the market 'मार्केटिंग', विपणन

marks•man /ˈmɑːksmən/ /ˈमाऽक्समन्/ noun, c. (**-men**) = a person who can shoot well with a gun निशानेबाज़, लक्ष्यबेधी

mar•lin /ˈmɑːlɪn/ /ˈमाऽलिन्/ noun = a kind of large fish which lives in the sea एक प्रकार की समुद्री मछली

mar•ma•lade /ˈmɑːməleɪd/ /ˈमाऽमलेइड्/ noun, u. = a kind of jam made with the skin of oranges (see also **jam**) मुरब्बे-जैसा पदार्थ (देखें **jam**)

ma•roon[1] /məˈruːn/ /मˈरून/ noun = a dark red colour गहरा लाल रंग

maroon[2] adj. *a maroon shirt* = of a maroon colour गहरे लाल रंग का

maroon[3] verb, t. *It rained so heavily that all the roads were flooded and we could not leave the village. We were marooned there for a week.* = to be left in a place with no means of getting away or leaving किसी स्थान पर अटके रहना

mar•quee /mɑːˈkiː/ /माऽˈकी/ noun, c. = a large tent used for public meetings etc. शामियाना, टेंट

mar•row /ˈmærəʊ/ /ˈमैरउ/ noun, u. = the soft substance found inside hollow bones मज्जा

mar•ry /ˈmæri/ /ˈमैरी/ verb, t. or i. (**married**) **1** *Rehana married Ashok.*(t.) // *Ashok decided to marry.*(i.) = to become the husband of a woman or the wife of a man through a religious or legal ceremony शादी करना **2** *The Bishop of Kolkata will marry the young couple.*(t.) = to perform a religious or legal ceremony through which a man and a woman are married to each other शादी करवाना **marriage** /ˈmærɪdʒ/ /ˈमैरिज्/ noun, u. or c. **1** *The marriage of my daughter will be performed next month.*(c.) = the ceremony through which two people get married to each other शादी, विवाह **2** *I am not ready for marriage yet. I will wait for another five years.*(u.) = the state of being married शादी, विवाह **3** *a marriage of minds* = coming together संबंध बनना **marriageable** adj. *of marriageable age* = suitable (legally) for marriage विवाह योग्य (कानूनी दृष्टि से) **married** adj. *He is a married man.* = having a wife or husband विवाहित

Mars /mɑːz/ /माऽज़्/ noun **1** = one of the planets in

the solar system [PHYSICS] मंगल ग्रह [भौतिकी] **2** = the Roman god of war, to whom soldiers prayed (in the old days) for victory in battle रोम का युद्ध का देवता **Martian** adj. = having to do with the planet Mars मंगल ग्रह से संबंधित

marsh /mɑːʃ/ /माऽश्/ noun, c. or u. = low, soft land that is partly covered with water (see also **swamp**) दलदल (देखें **swamp**)

mar•shal[1] /ˈmɑːʃəl/ /ˈमाऽश्ल्/ noun, c. = an officer of the highest rank in the British or Indian army (Field Marshal) or air-force (Air Chief Marshal) मार्शल (सेना का उच्चतम पद)

marshal[2] verb, t. (**marshalled**) *The teacher marshalled the little children onto the stage.* = to lead का नेतृत्व करना

mar•su•pi•al /mɑːˈsuːpiəl/ /माऽसूपिअल्/ noun *The kangaroo is a marsupial.* = a class of animals, to which the kangaroo belongs, which carry their babies in a pouch (bag) in the front part of their bodies [BIOLOGY] 'धानी'–कँगारू जैसा जीव-वर्ग [जीवविज्ञान]

mar•tial /ˈmɑːʃəl/ /ˈमाऽश्ल्/ adj. *The band was playing martial music as the soldiers started their parade.* = having to do with war or fighting सामरिक, युद्ध संबंधी **martial arts** noun = sports such as judo, karate, kung-fu etc. which teach a person how to defend himself/herself from an attacker, often without using weapons 'मार्शल आर्ट' एक युद्ध कला **martial law** noun = the rule of a country by the military forces (army, navy, etc.) सैनिक शासन

mar•ti•ni /mɑːˈtiːni/ /माऽˈटीनि/ noun = a kind of alcoholic drink produced by mixing different drinks (see also **cocktail**) अलग-अलग प्रकार की शराब को मिलाकर बनी शराब (देखें **cocktail**)

mar•tyr[1] /ˈmɑːtəʳ/ /ˈमाऽटॅ/ noun, c. *Bhagat Singh, who was hanged by the British, is honoured in India as a martyr.* = a person who gives up his/her life for a noble cause, such as the freedom of the country शहीद

martyr[2] verb, t. *The British government martyred Bhagat Singh.* = to kill someone so as to make a martyr of him/her शहीद बनाना **martyrdom** noun, u. = the act of becoming a martyr शहादत

mar•vel[1] /ˈmɑːvəl/ /ˈमाऽव्ल्/ verb, i. *She dances so beautifully that one can only marvel at the beauty of her movements.* = to look at something or someone with great wonder, surprise and admiration आश्चर्यचकित होकर देखते रह जाना

marvel[2] noun, c. *The Taj Mahal was built about 400 years ago, but it remains a marvel even today.* = something that causes great wonder, surprise and admiration चमत्कार, आश्चर्य **marvellous** adj. *She has a marvellous memory. She can remember hundreds of telephone numbers.* = causing great wonder, surprise or admiration आश्चर्यजनक, चमत्कारिक

Marx•is•m /ˈmɑːksɪzəm/ /ˈमाऽक्सिज़्म/ noun = the political ideas of Karl Marx, on which communism is based, which looks at history as a struggle between different social classes (see also **communism, socialism, capitalism**) मार्क्सवाद (देखें **communism, socialism, capitalism**)

mas•ca•ra /mæˈskɑːrə/ /मैˈस्काऽर/ noun, u. = a substance used to colour the eye-lashes (see also **eye-lashes**) अंजन, 'मस्कारा' – नेत्र प्रसाधन (देखें **eye-lashes**)

mas•cot /ˈmæskət/ /ˈमैस्कट्/ noun, c. *The mascot of the Indian football team is a baby elephant.* = an animal, object or person that is supposed to bring good luck and becomes a symbol (sign) शुभंकर (चिह्न, प्रतीक)

mas•cu•line /ˈmæskjʊlɪn/ /ˈमैस्क्युलिन्/ adj. **1** *'Lion' is masculine while 'lioness' is feminine.* = belonging to the class of words which are used to name or talk about a male animal or person [GRAMMAR] पुंल्लिंग [व्याकरण] **2** *masculine looks* = having the qualities that are thought to be attractive in a man पुरुषोचित, मर्दाना

mash[1] /mæʃ/ /मैश/ verb, t. *Please boil and mash some potatoes for our dinner.* = to crush a soft substance after cooking मसलकर या फेंट कर एक सार कर देना

mash[2] noun, u. *He prepared some grain mash to feed the cows.* = a soft mixture of grain and water सानी **mashed** adj. *mashed potatoes* = crushed into a soft mass मसले हुए

mask[1] /mɑːsk/ /माऽस्क्/ noun, c. *The robbers wore masks over their faces so that they would not be recognized.* = a covering for the face or a part of the face, to hide or protect it नकाब

mask[2] verb, t. **1** *The strong smell of onions completely masked the flavour of the other vegetables.* = to hide or prevent from being smelt, heard, seen etc. आच्छादित कर देना, छिपा लेना **2** *Although she was angry, she kept smiling. She knows how to mask her feelings.* = to hide one's true feelings, thoughts etc. so that others cannot see them मन का भाव छिपाना

ma•so•chism /ˈmæsəkɪzəm/ /ˈमैसकिज़्म/ noun = a psychological condition in which one finds pleasure by suffering pain or giving oneself pain (opposite **sadism**) स्वयं को पीड़ा देने में सुख पाने की मानसिक स्थिति (विलोम शब्द **sadism**)

ma•son /ˈmeɪsən/ /ˈमेइस्न्/ noun, c. = a person who works with bricks, stone, cement etc. to construct buildings राजमिस्त्री

mas•que•rade[1] /mæskəˈreɪd/ /मैस्कˈरेइड्/ verb, i. *The robbers entered the bank by masquerading as policemen.* = to pretend to be छद्मवेश या नकली रूप धारण करना

masquerade[2] noun, u. *He pretends to be my friend but he is really my enemy. Anyway, I can see through his masquerade.* = the action of pretending (formal) छद्मवेश, छल (औपचारिक)

mass[1] /mæs/ /मैस्/ noun, u. or c. (**masses**) **1** *There is a great mass of sand lying on the road. It should be removed.*(c.) = a pile or heap of some solid substance पिंड, पुंज, ढेर **2** *There were masses of people around the cricket stadium.* = a large number भीड़, जनसमूह **3** *Any substance, whether solid, liquid or gas, has mass.*(u.) = weight [PHYSICS] द्रव्यमान, मात्रा, भार [भौतिकी] **4** *The priest will say mass.* = a religious ceremony that is a part of Christian worship ईसाई पूजा-पद्धति की एक रस्म

mass[2] adj. *The gang of criminals has been accused of mass murder.* = of a large number of people सामूहिक

mass[3] verb, i. *The crowds massed around the cricket stadium.* = to gather together in a large number एकत्र होना **masses** noun (always plural) *Most films are made for the entertainment of the masses.* = the largest class of people in a society (sometimes derogatory) (केवल बहुवचन में प्रयुक्त) भीड़, जनता (कभी-कभी अनादरपूर्ण) **mass media** noun = newspapers, radio, television and cinema, which can be used to spread information quickly among the masses जन-प्रचार साधन **mass production** noun = the making of large numbers or quantities of some product with the help of machines अधिक मात्रा में उत्पादन

mas•sa•cre[1] /'mæsəkə^r/ /'मैसकऽ/ verb, t. = to kill a number of helpless people or animals in a cruel manner हत्याकांड, जनसंहार करना

massacre[2] noun, c. *a massacre of innocent people* = the killing of many helpless people or animals in a cruel manner हत्याकांड, जनसंहार

mas•sage[1] /'mæsɑːʒ/ /'मैसाऽज़/ verb, t. *The football coach massaged the knee of the player who had been injured in the match.* = to press or rub someone's body with the arms, hands, fingers and sometimes feet, so as to take away pain मालिश करना, मलना

massage[2] noun, c. or u. *The coach gave the player a massage.*(c.) = the act of massaging someone मालिश **masseur** /'mæsɜː^r/ /'मैसऽ/ noun, c. = a person whose profession is to massage people मालिश करने वाला

mas•sive /'mæsɪv/ /'मैसिव्/ adj. *Her house is surrounded by massive walls.* स्थूल, भारी-भरकम // *a massive heart attack* = very large or great (also **huge**) ज़बरदस्त, ज़ोरदार (देखें **huge**)

mast /mɑːst/ /माऽस्ट्/ noun, c. **1** *a ship with three masts* = a long, upright pole, usually made of wood, which carries the sails on a ship मस्तूल **2** = a metal or wooden pole from the top of which a flag can be flown झंडा फहराने का खंभा **to fly a flag at half-mast** = to lower a flag from its usual position at the top of a mast to show respect to a dead leader etc. झंडा आधा झुकाना

mas•tec•to•my /mæ'stektəmi/ /मै'स्टेक्टमी/ noun = an operation done to remove the breast of a woman who has cancer (of the breast) कैंसरग्रस्त स्तन को निकालने के लिए की गई शल्य चिकित्सा

master[1] /'mɑːstə^r/ /'माऽस्टऽ/ noun, c. **1** *He is one of the great masters in the field of music.* = a person who has gained very great skill in doing something विशेषज्ञ **2** *He is the master of the house.* = the man who owns or controls something (old-fashioned) मालिक, स्वामी (पुराने प्रचलन का) **3** *We are getting a new master to teach mathematics.* = a male teacher अध्यापक **4** *master copy // master tape* = an original from which copies can be made मूल प्रति

master[2] adj. *He is a master cook.* = having very great skill in doing something प्रधान, कुशल

master[3] verb, t. *She has mastered the art of painting on walls.* = to become very skilful in doing something अधिकार प्राप्त कर लेना **master key** noun = a key which can open many different locks मास्टर चाबी, अनेक तालों की एक चाबी **master of ceremonies** noun, c. = a person who is in charge of the programme at a social gathering (a party etc.) and makes announcements etc. (abbr. **MC**) संचालक (जैसे मंच-संचालक) (संक्षिप्त रूप **MC**) **masterpiece** noun, c. = a piece of work (writing, painting etc.) done with very great skill श्रेष्ठ कृति

mat /mæt/ /मैट्/ noun, c.= a rough and strong covering for the floor, often made of straw, which is also used for sleeping on चटाई **matted** adj. *long, matted hair* = forming a thick, untidy layer (like a mat) (चटाई की तरह) मोटी तह वाला **table mat** noun, c.= a small piece of cloth or plastic which is put under the plates that people eat from, in order to protect the surface of the table टेबलमैट - खाने की मेज़ पर बिछाया जाने वाला

mat•a•dor /'mætədɔː^r/ /'मैटडॉऽ/ noun, c. = bull-fighter; a person whose profession is to fight bulls, as a sport, which is popular in Spain and parts of South America स्पेन में प्रचलित साँड़ से लड़ाई का खेल खेलने वाला

match[1] /mætʃ/ /मैच्/ noun, c. (**matches**) **1** *a football match* = a game or sports event in which teams compete 'मैच' **2** *There is only one match left in this box of matches.* = a thin stick made of soft wood, one end of which is covered with some substance which burns easily when it is rubbed against a hard surface माचिस, दियासलाई **3** *I have found one red sock, but I cannot find its match.* = something which is just like another जोड़े का दूसरा भाग **4** *Sachin Tendulkar is a great batsman, but he has met his match in Brian Lara, who is also a great* *batsman.* = a person who is equal to, or as good as, someone else बराबर का **5** *He is trying to find a match for his daughter.* = a person of the opposite sex to whom someone may be married (old-fashioned) वर या वधू (पुराने प्रचलन का)

match[2] verb, t. or i. **1** *The colour of the curtains should match the colour of the walls.*(t.) // *Her sari and blouse don't match.*(i.) = to be like something else in colour, design etc. मेल खाना **2** *There is no other runner who can match him in speed.*(i.) = to be the equal of बराबरी करना **3** *The chairs in the classroom have to be light to match the little children's needs.* = to be suitable for a purpose आवश्यकता के अनुरूप **4** *We'll have to match the space to the number of people who will sit there.* = to be enough for उपयुक्त होना, मेल बैठाना **matchbox** noun, c. = a box that contains matches, for lighting a fire (meaning **2**, **match[1]**) माचिस

mate[1] /meɪt/ /मेइट्/ noun, c. **1** *Manu and Salil are childhood mates.* = a friend (informal) मितवा, यार (अनौपचारिक) **2** *The carpenter has come with his mates.* = a person that one works with (informal) साथी (अनौपचारिक) **3** *The tiger has found a mate.* = one of a pair of animals, one of which is a male and the other a female (नर अथवा मादा) साथी **4** *He is the first mate on this ship.* = an officer on a ship who is junior to the captain समुद्री जहाज़ में कप्तान से छोटे स्तर का अधिकारी

mate[2] verb, i. or t. = used of animals, to have sex for the purpose of producing young ones (also **breed**) पशुओं का प्रजननात्मक संबंध होना या कराना (देखें **breed**)

ma•te•ri•al[1] /məˈtɪəriəl/ /मˈटिअरिअल्/ noun, u. or c. **1** *This coat is made of thick woollen material.*(u.) = cloth प्रयुक्त सामग्री **2** *We cannot repair the house as we have no building materials.*(c.) = a substance which is used to make some object बनाने की सामग्री **3** *I am collecting material for my research.*(u.) = information which can go into a book सामग्री (सूचना आदि)

material[2] adj. **1** *We need money to satisfy our material needs.* = relating to wordly objects (e.g. food) भौतिक (भोजन, आदि) **2** *This fact is not very material to our case.* = important महत्त्वपूर्ण **materialism** noun, u. **1** = the desire to possess things which can be bought with money (generally derogatory) भौतिकतावाद (सामान्यत: अनादरपूर्ण) **2** = the belief that only material things (which can be seen, touched etc.) exist and there is no such thing as the 'spirit' भौतिक स्थल **materialist** noun = a person who is interested only in material things and not in spiritual matters भौतिकतावादी **materialize (materialise)** verb, i. *She had hoped to become a good scientist some day, but her hopes have not materialized.* = to become real पूरा होना, यथार्थ में परिवर्तित होना

ma•ter•nal /məˈtɜːnl/ /मˈटɜन्ल्/ adj. **1** *The tigress has strong maternal instincts. She will fight to protect her cubs.* = related to the state of being a mother मातृ-सुलभ **2** *She is my maternal grandmother.* = related to a person through his/her mother (compare **paternal**) मातृवंश से संबंधित (देखें **paternal**) **maternity** adj. **1** *maternity clothes* = connected with the act or condition of giving birth to a baby मातृत्व **2** = connected with the act or condition of being a mother [LAW] मातृत्व

math•e•mat•ics /mæθəˈmætɪks/ /मैथ्ˈमैटिक्स/ noun = the science that deals with numbers, shapes or quantities गणित

ma•ti•n•ee /ˈmætɪneɪ/ /ˈमैटिनेइ/ noun = the performance of a play or a film during the afternoon अपराह्न काल का प्रदर्शन (फ़िल्म, नाटक आदि) **matinee idol** noun = an actor who is very popular अत्यधिक प्रसिद्ध अभिनेता

ma•tri•arch /ˈmeɪtriɑːk/ /ˈमेइट्रीआɔक/ noun, c. = a mother or grandmother who heads a family परिवार की प्रमुख महिला **matriarchy** noun = a system in which property is handed down from the mother to her daughters (also **matriarchal system**) मातृसत्ता (मातृसत्तात्मक), मातृ-प्रधान पारिवारिक व्यवस्था

ma•tric•u•late /məˈtrɪkjʊleɪt/ /मैˈट्रिक्युलेइट/ verb, i. = to pass out of the school system and join the university मैट्रिक पास करना, विद्यालयीय शिक्षा संपूर्ण करना

mat•ri•mo•ny /ˈmætrɪməni/ /ˈमैट्रिमनी/ noun, u. *to be united in matrimony* = the state of being married विवाह, शादी **matrimonial** /mætrɪˈməʊnɪəl/ /मैट्रिˈमउनिअल/ adj. or noun. *a matrimonial advertisment* = connected with marriage वैवाहिक, विवाह-संबंधी

ma•tron /ˈmeɪtrən/ /ˈमेइट्रन/ noun, c. **1** = a woman who is in charge of a group of children in a school or of other women (in a hospital, prison etc.) **'मेट्रन'**, अधिशिक्षिका **2** = a strong woman who commands people (derogatory) Ⓖ रोबीली महिला (अनादरपूर्ण) लिंग

matt /mæt/ /मैट/ adj. *a photograph with matt finish* = having a dull and not a shiny surface निष्प्रभ

mat•ter[1] /ˈmætəʳ/ /ˈमैटʳ/ noun, c. or u. **1** *We are discussing an important political matter.*(c.) = a subject which is being dealt with or talked about विषय, मामला **2** *What's the matter? Why is everyone so excited?*(u.) = trouble or problem समस्या, मामला **3** *All the things we see around us are made up of matter.*(u.) // *We have to think of a way to get rid of all the dirty matter in this factory.* = substance सामग्री, वस्तु **4** *We thought he would take long, but he was back in a matter of minutes.* = only a short time अल्पकाल

matter[2] verb, i. *It really matters to me that you have come all this way just to see me.* // *I have missed my train, but it doesn't matter. There is another train after two hours.* = to be important (often used in negative sentences) महत्त्वपूर्ण होना (प्राय: निषेधात्मक वाक्यों में प्रयुक्त)

a matter of life and death = something that is extremely urgent अत्यावश्यक, जीवन-मरण का प्रश्न **a matter of opinion** = something that people do not agree on विचारणीय विषय **matter-of-fact** *He spoke about his adventures in a very matter-of-fact tone.* = dealing with facts only, without any feelings भावशून्य, सीधा-सपाट, खरा **as a matter of fact** *You think he is not a good singer, but as a matter of fact he is quite good.* = in reality वास्तव में, असल में **no laughing matter** = something that should be taken very seriously गंभीर, मज़ाक नहीं

matt•ress /'mætrɪs/ /'मैट्रिस/ noun, c. (**mattresses**) = a kind of mat made of thick, strong cloth, which is filled with soft material such as cotton and spread on top of a bed, for someone to sleep on गद्दा

mature[1] /mə'tʃʊə^r/ /म'चुअ^र/ adj. **1** *These mango trees are five years old. They are mature and will produce fruit this year.* = fully grown and developed (physically) परिपक्व, विकसित (शारीरिक रूप से) **2** *Although she is only 16 she has a mature mind. She will do nothing without thinking carefully about it.* = having a fully developed mind (opposite **immature**) परिपक्व, प्रौढ़, समझदार (विलोम शब्द **immature**)

mature[2] verb, i. **1** *These mango trees will mature this year and start producing fruit.* = to grow up physically पूर्णरूप से तैयार होना, विकसित होना **2** *She has matured a lot during these two years.* = to grow mentally (in the way one thinks etc.) परिपक्व होना (सोच आदि) **maturation** /mætʃʊ'reɪʃn/ /मैचु'रेइश्न्/ noun = the process of becoming mature परिपक्वन **maturity** /mə'tʃʊrɪti/ /म'चुरिटी/ adj. = the state of being mature परिपक्वता

maud•lin /'mɔːdlɪn/ /'मॉड्लिन/ adj. *singing maudlin songs* = sad in a foolish way (specially when drunk) भावुक, दुखी (विशेषकर नशे की हालत में)

maul /mɔːl/ /मॉ:ल/ verb, t. *The tiger dragged the hunter into the bushes and mauled him badly.* = to wound or hurt badly (used to describe an attack by an animal) क्षत-विक्षत करना (पशु द्वारा हमले के विवरण में प्रयुक्त)

mau•so•le•um /mɔːsə'liːəm/ /मॉ:स'लीअम/ noun, c. *The Taj Mahal is a mausoleum built by an emperor for his queen.* = a large tomb, like a palace, built over the grave of a dead person मक़बरा, समाधि

mauve /məʊv/ /मउव़/ noun = a light purple colour हल्का बैंगनी रंग

mav•e•rick /'mævərɪk/ /'मैव़रिक/ noun, c. *He is quite a maverick, and very few people can understand him.* = a person who is always different from others in his/ her behaviour दूसरों से भिन्न व्यक्ति

maw /mɔː/ /मॉ:/ noun, c. *the maw of the tiger* = the mouth of a fierce animal (old-fashioned) जबड़ा, मुँह (भयंकर पशु का) (पुराने प्रचलन का)

mawk•ish /'mɔːkɪʃ/ /'मॉ:किश/ adj. *The film had some mawkish scenes in which a son expresses love for his mother by weeping on her shoulder.* = showing emotion or love in a manner which is thought to be silly (derogatory) भावना का फूहड़ प्रदर्शन (अनादरपूर्ण)

max•im /'mæksɪm/ /'मैक्सिम/ noun, c. *They followed the maxim 'Charity begins at home.'* = a short saying that is meant to guide people in their behaviour सूक्ति, नीतिवाक्य

max•i•mum[1] /'mæksɪməm/ /'मैक्सिमम/ noun, u. or c. (**maxima** or **maximums**) *You can score a maximum of 100 marks in the physics examination.*(c.) = the highest number or amount which is possible अधिकतम

maximum[2] adj. (opposite **minimum**) *The maximum temperature today was 42 degrees Celsius.* = the highest or greatest अधिकतम **maximize (maximise)** verb, t. *Our profits were very low this year. We must think of a plan to maximize our profits next year.* = to make something as large as possible बढ़ाना-जहाँ तक संभव हो

may /meɪ/ /मेइ/ aux. verb **1** *You may (can) sit down now.* = expressing permission to do something सहायक क्रिया, जैसे-सकना **2** *It may rain today.* = expressing possibility संभावना सूचक **3** *May you live to be a hundred!* = expressing a wish कामना सूचक **4** *She may be slow but she does things so perfectly.* = expressing the idea that while the statement made in the first part of the sentence may or may not be true, the statement made in the second part is certainly true संभावना सूचक **May** noun = the fifth month of the year, between April and June मई महीना **May Day** noun = the first day in May, which is celebrated as International Labour Day, to honour workers all over the world श्रमिक दिवस-एक मई **mayday** noun = the international signal asking for help, sent out from a ship or an aircraft which is in trouble मुसीबत में पड़े जहाज़ का सहायता के लिए संदेश भेजने का अंतरराष्ट्रीय संकेत

may•hem /'meɪhem/ /'मेइहेम/ noun, u. *When the umpire declared te batsman out, there was a lot of mayhem in the stadium.* = trouble and confusion विवाद, झगड़ा, हंगामा

may•on•naise /meɪə'neɪz/ /'मेइअ'नेइज़/ noun, u. = thick white sauce made with eggs, oil and vinegar, to be eaten with salads सलाद के साथ परोसी जाने वाली 'सॉस' (चटनी)

may•or /meə^r/ /मेअ^र/ noun, c. = an elected official who is in charge of the administration of a city 'मेयर', महापौर

maze /meɪz/ /मेइज़/ noun, c. = a complicated system of paths through which people walk, trying to find their way out, as a kind of entertainment (also **labyrinth**) भूलभुलैया (देखें **labyrinth**)

M

a maze

MC abbr. of **Master of Ceremonies** (see **master**) (**Master of Ceremonies** का संक्षिप्त रूप देखें **master**)

MD abbr. of **1** *Doctor of Medicine* = a higher degree in Medicine, given after the first degree of MBBS एम.डी. (चिकित्सा-संबंधी उपाधि) **2** *Managing Director* = the person who manages a business or a company प्रबंधक निदेशक

me /miː/ /मी/ pron. *She likes me.* = object form of the pronoun 'I' मुझे

mead•ow /ˈmedəʊ/ /ˈमेडउ/ noun, c. = an open field covered with wild grass, in which cattle can graze (eat grass) घास का मैदान

mea•gre /ˈmiːgəʳ/ /ˈमीगʳ/ adj. *She has to manage on a meagre salary.* = very small in quantity or value अपर्याप्त न्यून, बहुत कम

meal /miːl/ /मील/ noun, c. or u. **1** *He eats only two meals a day—breakfast and dinner.*(c.) = the food eaten at a particular time of the day भोजन **2** *bone meal*(u.) = something (specially some grain) which has been crushed into a powder आटा, चूरा **3** *a square meal* = a meal which satisfies one's hunger भूख मिटाने योग्य संपूर्ण भोजन

mean¹ /miːn/ /मीन/ adj. **1** *He is so mean that he never gives money to any charity.* = unwilling to give or share कंजूस **2** *She was very mean not to thank you for the present.* = unkind अभद्र **3** *The mean temperature in Bhubaneswar in June is 39 degrees Celsius.* = average औसत

mean² noun, c. **1** *The mean of 5, 9 and 13 is 9.* = average औसत **2** *Parents must find a mean between too much kindness to children and too much strictness.* = something that is between two extremes मध्य-मार्ग, मध्यम

mean³ verb, t. **1** *The expression 'to pass away' means 'to die'.* = to express or carry a certain meaning (see under **meaning**) मतलब होना, अर्थ होना (देखें **meaning** के अंतर्गत) **2** *My parents mean a lot to me.* = to have importance महत्त्व रखना **3** *I meant to come yesterday, but I could not come.* = to intend to do something इरादा होना **meaning** noun, u. or c. **1** *The meaning of the word 'travel' is 'to go from one place to another'.* = what a word or an expression stands for or conveys अर्थ, मतलब **2** *Education has little meaning for the poor who hardly get anything to eat.* = importance महत्त्व **meaningful** adj. *He plays a very meaningful part in this new film.* = important महत्त्वपूर्ण **meanwhile** *It is now only 11 a.m. and our next class begins at 12.30 p.m. Meanwhile, we can have a quick lunch.* = in the time between two events or at the same time as something is happening इतने में, इस बीच

to mean business *When our basketball coach asked us to do some exercises after the game, we thought she was joking, but she meant business.* = to be serious about something that one plans to do के बारे में गंभीर होना, गंभीरतापूर्वक कहना **to mean well** = to have good intentions सद्भावना होना **I mean to say** *He is useless as a wicket-keeper. I mean to say, he shouldn't have dropped that easy catch.* = an expression of disapproval, used to soften the effect of something stronger that was said earlier कहना चाहना–कही गई कठोर बात को हल्का करने के उद्देश्य से प्रयुक्त अभिव्यक्ति

means /miːnz/ /मीन्ज़/ noun (always plural) **1** *The most comfortable means of travelling there is by train.* = a method or way of doing something उपाय, साधन, माध्यम **2** *She has been living beyond her means.* = income; the money that one has आमदनी, आय

by all means *'Shall we sell the building?' 'By all means?'* = an expression used to convey complete agreement with something that has been proposed or suggested निश्चय ही, किसी प्रकार **to live beyond one's means** = to be spending more money on oneself than one should spend 'चादर से बाहर पैर फैलाना' **a means to an end** = something done in order to achieve a desired result लक्ष्य प्राप्ति के लिए किया गया उपाय

me•an•der /miˈændəʳ/ /मीˈऐण्डʳ/ verb, i. **1** *The river meanders between these hills and flows down to the sea.* = to flow slowly along a winding (not straight) path (used to describe the flow of a river or stream) घुमावदार बहना (नदी के बहाव का विवरण) **2** *We like to meander through the streets of Varanasi.* = to walk slowly and aimlessly (literary) उद्देश्यरहित घूमना (साहित्यिक)

mea•sles /ˈmiːzəlz/ /ˈमीज़ल्ज़/ noun (always plural) = a kind of sickness which produces fever and small red spots on the face and body and is highly infectious खसरा

measly /मीज़्ली/ adj. *a measly amount* = very small (derogatory) बहुत कम (अनादरपूर्ण)

mea•sure¹ /ˈmeʒəʳ/ /ˈमेश़ʳ/ verb, t. **1** *The engineers measured the height of the mountain before building a road across it.* = to find out the size, length, height etc. of something, using standard units such as metres, kilograms etc. माप लेना **2** *The ladder which was used to climb the wall measured 13 feet in length.* = to have a certain size उल्लिखित माप का होना

measure² noun, u. or c. **1** *He sold me 12 measures of rice.*(c.) = a container which is used to measure out a quantity of some thing माप, मात्रा **2** *He is not very intelligent but he has a certain measure of cleverness.*(u.) = amount or degree (formal) मात्रा (औपचारिक) **3** (usually plural) *The government is* *taking measures to check the smuggling of drugs.*(c.) = an action taken to bring about a certain result कार्रवाई करना, कदम उठाना **measurable** adj. = something that can be measured परिमेय जिसे मापा जा सके **measured** adj. *She spoke in a measured voice.* = carefully chosen or planned नपा-तुला **measurement** noun, u. or c. **1** (u.) = the act of measuring something नाप **2** (c.) = the length, height etc. of something that is found by measuring it नाप

short measure = less than the correct amount कम तोल, कम मात्रा **to get the measure of someone** = to understand someone's nature correctly स्वभाव को ठीक-ठीक जानना **to measure up** *We thought we would give him a chance to do some other kind of work but he didn't measure up.* = to be good enough अनुरूप न होना

meat /miːt/ /मीट/ noun, u. **1** = the flesh of an animal or bird, used as food गोश्त, मीट **2** *He spoke a lot, but there was no meat in his argument.* = ideas that may be considered important (figurative) सार (लाक्षणिक) **meaty** adj. **1** *meaty piece of chicken* = containing a lot of meat मांसल **2** *a meaty book* = having a lot of ideas which make one think (figurative) सारगर्भित (लाक्षणिक)

Mec•ca /ˈmekə/ /ˈमेक/ noun **1** = the holiest city for Muslims मक्का शहर **2** *Varanasi seems to be a Mecca for all foreigners visiting India.* = a place that everyone wants to visit किसी वर्ग विशेष के लिए अत्यंत महत्त्वपूर्ण

me•chan•ic /mɪˈkænɪk/ /मिˈकैनिक/ noun, c. = a person who has skill in repairing machines 'मेकैनिक', मिस्त्री

mechanics (mechanics) /mɪˈkænɪks/ /मिˈकैनिक्स/ noun **1** *He teaches us mechanics.* = a branch of physics that deals with the effect of physical forces on objects यांत्रिकी **2** *The new principal knows a lot about the mechanics of running a college.* = the way in which something is done चलाने की प्रविधि **mechanism** /ˈmekənɪzəm/ /ˈमेकनिज़्म/ noun, u. *My watch has stopped. There must be something wrong with its mechanism.* = the parts of a machine that allow it to work यंत्र-रचना **mechanize (mechanise)** verb, t. = to replace people with machines to do a certain work यंत्रचालित बनाना

med•al /ˈmedl/ /ˈमेड्ल/ noun, c. *She won the gold medal for swimming.* = a round, flat piece of metal given to the winner of a competition as a prize पदक **medallion** /məˈdæliən/ /मˈडैलिअन/ noun, c. = a large, round and flat piece of metal worn around the neck as a decoration गले में पहना जाने वाला धातु का गोलाकार फलक

med•dle /ˈmedl/ /ˈमेड्ल/ verb, i. **1** *Two of my neighbours are quarrelling. I could have stopped the quarrel but I don't like to meddle in the affairs of other people.* = to take too much interest in things that do not concern one (derogatory) हस्तक्षेप करना, टाँग अड़ाना (अनादरपूर्ण) **2** *The television was working perfectly until you started to meddle with it.* = to interfere in the working of something दखलअंदाज़ी करना, छेड़छाड़ करना **meddlesome** adj. *a meddlesome person* = one who likes to meddle in the affairs of other people दखलअंदाज़

me•di•a /ˈmiːdiə/ /ˈमीडिअ/ noun, u. (always plural, but used with either singular or plural forms of verbs) *The media plays/play an important part in educating the public.* = newspapers, television and radio, through which information can be spread (see also **medium, mass media**) प्रचार-माध्यम (देखें **medium, mass media**) **media studies** noun = the study of the media (television etc.) and its use as an academic subject प्रचार-माध्यम अध्ययन

me•di•an /ˈmiːdɪən/ /ˈमीडिअन/ noun, c. **1** = the middle value in a series of numbers arranged in a certain order माध्यिका, मध्यम **2** = a straight line passing through the vertex of a triangle to the mid-point of the opposite side [MATHEMATICS] मध्यम रेखा [गणित]

me•di•ate /ˈmiːdieɪt/ /ˈमीडिएइट/ verb, i. *My two neighbours quarrelled and I was forced to mediate between them.* = to act as a peacemaker or referee between two opposing sides मध्यस्थता करना

me•di•cine /ˈmedsən/ /ˈमेडसन्/ noun, c. or u. **1** *The leaves of the neem tree make an excellent medicine for any skin disease.*(c.) = some substance that can cure a disease दवा, औषधि **2** *He is studying medicine at the university.*(u.) =

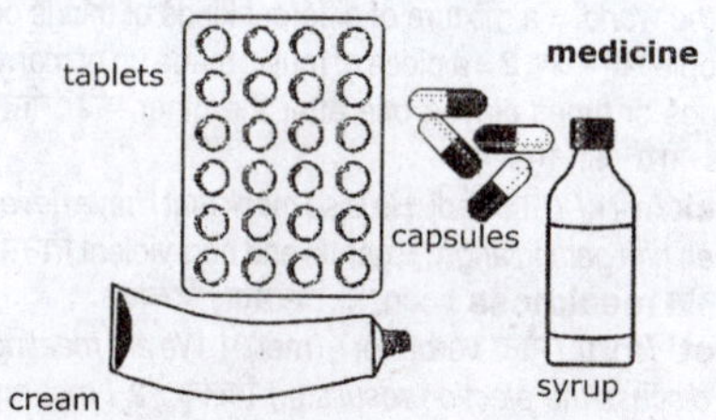

the science that deals with the treatment of diseases चिकित्सा-विज्ञान **medical** /ˈmedɪkəl/ /ˈमेडिकल/ adj. *a medical book* = dealing with the science of medicine चिकित्सा-संबंधी **medication** /medɪˈkeɪʃn/ /मेडिˈकेइश्न/ noun, u. *The patient is asleep. He is under medication.* = the medicines given to treat a disease चिकित्सा **medicinal** /mɪˈdɪsənəl/ /मिˈडिसनल/ adj. *She grows medicinal plants in her garden.* = something that can be used to prepare medicines औषधीय

me•di•e•val (mediaeval) /mediˈiːvəl/ /मेडिˈईवल/ adj. = the middle period in history (from about AD 1100 to AD1500) मध्ययुगीन, मध्यकालीन

me•di•o•cre /मीडिˈअउकर/ adj. *He gave a mediocre performance in the match.* = neither very good nor

M

very bad; ordinary साधारण, सामान्य, बहुत अच्छा नहीं

me•di•ta•tion /medɪ'teɪʃən/ /मेडि'टेइशन्/ noun, u. *She is always calm because she practises meditation.* = the art of making the mind calm by clearing it of unnecessary thoughts and fixing it on a single thought ध्यान (आध्यात्मिक) **meditate** /'medɪteɪt/ /'मेडिटेइट/ verb, i. = to practise meditation ध्यान करना **meditative** adj. = showing deep thought चिंतनशील, विचारमग्न

me•di•um[1] /'mi:diəm/ /'मीडिअम/ adj. *He is of medium height, about 160 cm.* = of middle size, quality etc. मध्यम

medium[2] noun, c. (**media** or **mediums**) **1** *Air is the medium through which sound travels. If there is no air, you will not be able to hear any sounds.* = a substance which is necessary for something to exist or for something to happen [SCIENCE] माध्यम **2** *In this school, we use Hindi as the medium of teaching.* = the language used in doing something माध्यम (भाषा) **3** *She uses dance as the medium to express her feelings.* = something which is used as the means by which one does something or expresses oneself (see also **media**) माध्यम (कला) (देखें **media**) **4** = a person who is said to be able to receive messages from the spirits of dead people (also **spiritualist**) माध्यम (आध्यात्मिक) **medium wave** = radio signals with a wave length of between 100 and 1,000 metres 'मीडियम वेव' (रेडियो से संबंधित)

med•ley /'medli/ /'मेड्ली/ noun, c. **1** *The city of New York contains a medley of people from different parts of the world.* = a mixture of different kinds of things or people सम्मिश्रण **2** = a piece of music made up of many songs or tunes played one after the other कई गीत, कई सुरों का मिश्रण

meek /mi:k/ /मीक/ adj. *He is so meek that I have never seen him getting angry.* = gentle and non-violent विनम्र, विनीत **meekness** noun, u. विनम्रता, दब्बूपन

meet[1] /mi:t/ /मीट/ verb, t. or i. (**met**) **1** *We are meeting to discuss the election results.*(i.) मिलना **2** *I met my friend after many years.*(t.)= to come together, either by arrangement or by chance एकसाथ मिलना **3** *I want you to meet my brother, Roshan.*(t.) = to get to know someone परिचय करना **4** *Some people from the office met me at the airport.*(t.) = to be present when someone arrives से मिलना या भेंट होना **5** *The two roads meet just outside the city.*(i.) = to join together एक साथ मिलना **6** *This house will meet my requirements.*(t.) = to satisfy or fulfil पूरा करना **7** *India and Australia will meet in the final match.*(i.) = to play against each other खेलना (दो दलों का एक-दूसरे के विरुद्ध)

meet[2] noun, c. *We are organizing a sports meet next month.* = a gathering of people, specially for a sports event समारोह (खेल-कूद प्रतियोगिताएँ आदि) **meeting** noun, c. *There will be a meeting of scientists from 16 countries in Tokyo.* = a coming together of people for some purpose गोष्ठी, सभा, बैठक

there is more to something than meets the eye = something is deeper or more interesting than it appears to be दिखाई देने से अधिक रोचक होना **to meet someone halfway** = to reach an agreement with someone by agreeing to something and getting something in return समझौता होना

> **Usage** In British English, the expression used is to 'meet someone', whereas in American English the expression is 'to meet with someone'. (The British usage is more common in India.) ब्रिटिश इंग्लिश में to meet someone सही प्रयोग है। इसी अर्थ को अमेरिकन इंग्लिश में to meet with someone कह/लिखकर अभिव्यक्त किया जाता है। भारत में हम सामान्यत: ब्रिटिश इंग्लिश का अनुसरण करते हैं। यहाँ पहला प्रयोग ही प्रचलित है।

meg•a- /megə/ /मेग/ prefix meaning **1** one million times (of a given number) उपसर्ग = किसी संख्या का दस लाख गुणा e.g. **meg•a•byte** /'megəbaɪt/ /'मेगबाइट्/ noun = a unit for measuring the amount of information that a computer can store, equal to more than one million 'bytes', abbr. as MB [COMPUTERS], 'मेगाबाइट' (कंप्यूटर) **megahertz** noun = a unit for measuring how many million times an electrical current can flow in one second, abbr. as MHz [PHYSICS] 'मेगाहर्ट्ज' [भौतिकी] **2** = very large e.g. **mega-store** noun = a very large shop बहुत बड़ा खरीदारी केंद्र

meg•a•phone /'megəfəʊn/ /'मेगफ़उन्/ noun, c. = an instrument shaped like a tube with a wide mouth, used for making one's voice sound louder 'मेगाफ़ोन', भोंपू

mel•an•chol•y[1] /'melənkəli/ /'मेलन्कली/ noun, u. *He is suffering from melancholy.* = a feeling of sadness अवसाद, विषाद, उदासी

melancholy[2] adj. *a melancholy piece of music.* = producing sadness विषादमय, दुख भरा **melancholia** /melən'kəʊlɪə/ /मेलन'कउलिअ/ noun = a sickness of the mind that makes one feel sad for no particular reason विषाद रोग **melancholic** adj. = suffering from melancholia (formal) विषादी, विषादग्रस्त (औपचारिक)

mel•ee /'meleɪ/ /'मेलेइ/ noun, u. *A big crowd rushed into the hall and she was trapped in the melee.* = a large and uncontrolled crowd अनियंत्रित भीड़

mel•li•flu•ous /mɪ'lɪfluəs/ /मि'लिफ़्लुअस्/ adj. *mellifluous music* = sweet (used to describe music or some sound) सुमधुर (ध्वनि अथवा संगीत के लिए)

mel•low[1] /'meləʊ/ /'मेलउ/ adj. **1** *As a young man he was always ready to quarrel but he has become mellow with age.* = gentle or wise as a result of aging or experience (used to describe the behaviour of people) कुछ गंभीर, विवेकपूर्ण (व्यक्ति के स्वभाव के लिए) **2** *This room will be beautiful if painted with* *mellow colours.* = having a smooth and gentle appearance सौम्य, हल्के रंग का **3** *Cheese becomes mellow with age.* = (about certain kinds of food or wine) having a gentle taste; not too strong नरम, ढीला (खाने की कुछ चीज़ें अथवा शराब)

mel•low² verb, i. or t. *As you can see, the leader of the party has mellowed with age.*(i.) = to become mellow (wise and gentle) परिपक्व होना (बुद्धिमान और नम्र)

mel•o•dra•ma /'melədrɑːmə/ /'मेलड्राऽम/ noun, u. or c. *Many Indian films are full of melodrama.*(u.) = a kind of drama or film containing a lot of emotion, with exciting and sudden events and characters who are either very good or very evil अतिनाटकीय फिल्म, भावुकतापूर्ण नाट्य **melodramatic** melədrə'mætɪk/ /मॅलड्र'मैटिक्/ adj. अतिनाटकीय, भावुकतापूर्ण

mel•o•dy /'melədi/ /'मेलडी/ noun, u. or c. (**melodies**) = a song or tune लय, स्वर माधुर्य **melodious** / mə'ləʊdɪəs/ /म'लउडिअस्/ adj. = having a sweet sound सुरीला, मधुर (संगीत)

mel•on /'melən/ /'मॅलन्/ noun, u. or c. = a kind of fruit containing soft, juicy flesh खरबूजा

melt /melt/ /मेल्ट्/ verb, i. or t. **1** *If you leave ice on the floor, it will melt after some time.*(i.) = to turn from a solid substance into a liquid due to the action of heat पिघलना **2** *The artist will melt some wax and pour the molten wax into a hollow mould, to form a statue.*(t.) = to cause a solid substance to turn into a liquid by heating it पिघलाना **3** *I shouted out to the man, but he just melted into the crowd.*(i.) = to disappear गायब हो जाना, खो जाना **4** *She was feeling very angry with the children, but when she saw them her heart melted.*(i.) = to be suddenly filled with softer feelings नरम होना, (हृदय या दिल) पिघलना **melting point** noun *The metal lead has a melting point of only 85 degrees C.* = the temperature at which a solid substance will turn into a liquid गलनांक **melting pot** noun *India has been a melting pot of different races and cultures for thousands of years.* = a place where different races, cultures etc. come together and become one ऐसा स्थान जहाँ भिन्न-भिन्न जातियाँ संस्कृतियाँ आदि आकर घुलमिल जाती हैं

mem•ber /'membəʳ/ /'मेम्बʳ/ noun, c. *He is a member of our family.* = a person belonging to a family, club etc. सदस्य

mem•brane /'membreɪn/ /'मेम्ब्रेइन्/ noun, c. *There is a fine membrane inside the ear which allows us to hear sounds.* = a very soft and thin piece of skin, specially inside the body [BIOLOGY, TECHNICAL] झिल्ली (शरीर के भीतर) [जीव विज्ञान, तकनीकी]

me•men•to /mɪ'mentəʊ/ /मि'मेन्टउ/ noun, c. (**mementos**) = a small object which reminds one of a special event or occasion (e.g. a visit to a well-known place etc.) (also **souvenir**) निशानी, यादगार, स्मृति चिह्न (देखें **souvenir**)

mem•o /'meməʊ/ /'मेमउ/ noun, c. (**memos**) abbr. of **memorandum** संक्षिप्त रूप **memorandum** का /meməʊ'rændəm/ /मेमउरैन्डम/ noun, c. (**memoranda** or **memorandums**) **1** = a written message sent by one person to another in the same company etc. ज्ञापन **2** = a note to remind someone of something that needs to be done स्मरण पत्र **memorandum of understanding (MOU)** noun = an informal legal agreement between two companies etc. कानूनी विज्ञप्ति

mem•oirs /'memwɑːʳz/ /'मेम्वाऽʳज़/ (always plural) noun *Have you read the memoirs of the late Sarojini Naidu?* = a record of the life of a famous person, written by the person himself/herself (केवल बहुवचन में प्रयुक्त) संस्मरण

mem•o•ry /'meməri/ /'मेम्री/ noun, u. or c. (**memories**) **1** *The old woman has an excellent memory. She remembers all the events of her childhood.*(c.) = the ability to remember things स्मृति, याददाश्त **2** *Can you recite the poem from memory?*(u.) = the store of things (in the mind) that are remembered मौखिक, जुबानी **3** *I have some very pleasant memories of my stay in Patna.*(c.) = something that one can remember स्मृति, यादें **4** *How much memory does your computer have?*(u.) = the part of the computer where information is stored [COMPUTERS] 'मेमोरी' (कंप्यूटर) **5** *We built a hospital in memory of all those who died in the war.*(u.) = the act of remembering someone who has died (की) याद में **memorable** /'memərəbəl/ /'मेमरबल/ adj. *The day of my wedding will always remain memorable.*= something that is worth remembering because of its importance; यादगार, स्मरणीय **memorabilia** /memərəbɪliə/ /मेम्र'बिलिअ/ noun, u. *If you visit the Bradman Museum, you will see some memorabilia, including his watch and a pair of gloves which he used.* = small objects which are collected because they remind us of a famous person or an interesting event याद दिलाने वाली छोटी वस्तुएँ **memorial** /mɪ'mɔːriəl/ /मि'मॉऽरिअल्/ noun, c. = a monument (stone building etc.) built in memory of a famous person स्मारक, यादगार **memorize (memorise)** /'meməraɪz/ /'मेमराइज़्/ verb, t. *Can you memorize these telephone numbers?* = to learn something by heart so that it can be easily remembered when required याद करना, कंठस्थ करना **to have a memory like a sieve** = to be unable to remember anything कुछ भी याद रखने में असमर्थ होना

men•ace /'menɪs/ /'मेनिस्/ noun, u. *Our village is facing a menace from frequent floods.* = danger or threat खतरा **menacing** adj. *a menacing voice* = threatening or fearsome धमकाने वाला, धमकी-भरा, भयानक

M

men•a•ge•rie /mɪ'nædʒəri/ /मि'नैजरी/ noun, c. = a private zoo निजी प्राणि-शाला (चिड़ियाघर)

mend¹ /mend/ /मेन्ड्/ verb, t. *This man mends broken pots and pans.* = to repair मरम्मत करना, ठीक करना

mend² noun, c. *Her old coat has a mend near the shoulder.* = a place where something has been mended (repaired) मरम्मत का निशान

on the mend *She was very depressed after her illness but she is on the mend now.*= to be improving in health (informal) (स्वास्थ्य) सुधार की दिशा में बढ़ना (अनौपचारिक) **to mend one's ways** = to get rid of one's bad habits सुधरना, गलत आदतों से छुटकारा पाना

men•di•cant /'mendɪkənt/ /'मेन्डिकन्ट्/ noun, c. = a person, usually a religious person, who goes from place to place begging for alms भिक्षुक

me•ni•al /'mi:nɪəl/ /'मीनिअल्/ adj. *menial jobs* = heavy and uninteresting work, not requiring skill, below one's dignity ऐसे भारी और अरुचिकर काज जिसके लिए किसी विशिष्ट कौशल की आवश्यकता नहीं होती, निम्नस्तरीय (काज)

> **Usage** 'menial' was used formerly to refer to a person working as a helper in a house. This use is now considered offensive. पुराने समय में घर सहायक के रूप में काम करने वाले को 'मीनिअल' कहा जाता था। आजकल यह कहना अनुचित माना जाता है।

men•in•gi•tis /menɪn'dʒaɪtɪs/ /मेनिन्'जाइटिस्/ noun = a serious disease which attacks the outer part of the brain [MEDICINE] 'मैनिनजाइटिस' मस्तिष्क का एक रोग, तंत्रिका शोथ-रोग [चिकित्सा]

men•o•pause /'menəpɔ:z/ /'मेनपॉऽज़्/ noun = the time when a woman stops having menstrual periods रजोनिवृत्ति **menses** /'mensi:z/ /'मेनसिज़्/ noun = the flow of blood from the part of the body (uterus) where a baby can develop (also **menstrual period**) रजोधर्म, मासिक धर्म (देखें **menstrual period**) **menstruate** /'menstrueɪt/ /'मेन्स्ट्रूएइट्/ verb, i. = to have menstrual periods रजोधर्म होना **menstruation** /menstru'eɪʃən/ /मेनस्ट्रू'एइशन्/ noun = the process of having menstrual periods रजोधर्म, ऋतुस्राव

men•su•ra•tion /mensjʊə'reɪʃən/ /मेनस्युअ'रेइशन्/ noun = the branch of mathematics which deals with the measurement of length, area, volume etc. मापन, क्षेत्रमिति (गणित)

men•tal /'mentl/ /मेन्ट्ल्/ adj. *The psychologist is studying the child's mental development.* = having to do with the mind मनोगत, मानसिक **mental age** *The patient is 14 years old but has a mental age of five.* = (generally used to refer to a person whose mind has not developed properly) the power of thinking that one would expect to find in a person of a certain age [SCIENCE] मानसिक अथवा बौद्धिक विकास स्तर (जो कुछ व्यक्तियों के संदर्भ में अपर्याप्त हो) [विज्ञान] **mental hospital** noun = a hospital where people with mental illness are treated मानसिक चिकित्सालय, मनोरोग चिकित्सालय

to have a mental block about something = to be unable or unwilling to think about something (disapproving) दिमाग कुंद हो जाना, कुछ सोचने समझने में असमर्थ हो जाना (भर्त्स)

men•tal•i•ty /men'tælɪti/ /मेन्'टैलिटी/ noun, u. or c. (**mentalities**) *a criminal mentality* = the way in which a person's mind works मनोवृति, मनोभाव, मानसिकता

men•thol /'menθɒl/ /'मेनथॉल्/ noun = a solid white substance which has a strong smell and is used as a medicine एक तीखी गंध वाला ठोस सफ़ेद औषधीय पदार्थ

men•tion¹ /'menʃən/ /'मेनशन्/ verb, t. *Mr Verma mentioned you but did not tell me much about you.* = to speak about someone in a few words, without giving details उल्लेख करना, जिक्र करना

mention² noun, c. *Mr Verma made a mention of you when we met last month.* = a short remark about someone or something, without details उल्लेख

men•tor¹ /'mentɔ:'/ /'मेन्टॉऽʳ/ noun, c. *I have learnt many things from him and regard him as my mentor.* = a person who guides and advises someone regularly, particularly about work परामर्शदाता, गुरु

mentor² verb, t. *I am mentoring these young boys.* = to give advice and help to someone परामर्श देना **mentoring** noun, u.

men•u /'menju:/ /'मेन्यू/ noun, c. **1** = a list of the different dishes (items of food) that are available in a restaurant 'मीनू', व्यंजन-सूची **2** = a list of the different choices available in a computer programme, which appear on the screen [COMPUTERS] 'मीनू', कंप्यूटर प्रोग्रामों की सूची (कंप्यूटर)

me•ow (miaow) /mi'aʊ/ /मी'आउ/ noun = the crying sound made by a cat 'म्याऊँ', बिल्ली की आवाज़

mer•can•tile /'mɜ:kəntaɪl/ /'मऽकन्टाइल्/ adj. *You should have some knowledge of mercantile law if you want to start a business.* = having to do with trade वाणिज्य-संबंधी, व्यापारिक

mer•ce•na•ry¹ /'mɜ:sənəri/ /'मऽसनरी/ noun, c. (**mercenaries**) = a professional soldier who is willing to fight for anyone who will pay him or her भाड़े का सिपाही

mercenary² adj. *a mercenary attitude to work* = interested only in money (derogatory) धनलोलुप, स्वार्थी, पैसा पहचानने वाला (अनादरपूर्ण)

mer•chant /'mɜ:tʃənt/ /'मऽचन्ट्/ noun, c. = a person who buys and sells goods, usually in large amounts व्यापारी, सौदागर **merchant navy** noun = ships belonging to a country which are used for trading, not war व्यापारी बेड़ा

mer•chan•dise /'mɜ:tʃəndaɪz/ /'मऽच्णडइज़्/ noun, u. *They have a lot of merchandise in their shop.* = things which are offered for sale (also **goods**) माल, सौदा (देखें **goods**)

mer•cy /'mɜːsi/ /'मऽसी/ noun, u. *The judge showed mercy to the criminal and allowed her to go free.* = kindness shown when one has the power to make a person suffer दया **merciful** adj. *a merciful judge* = showing mercy (pity) दयालु **merciless** adj. *the merciless killing of people* = showing no mercy निर्दय, निष्ठुर, कठोर **mercy killing** noun. = the painless killing of someone, generally by using a powerful drug, who is suffering from a disease that cannot be cured (also **euthanasia**) सुखमृत्यु, पीड़ाहीन मृत्यु (देखें **euthanasia**)

to be at someone's mercy = to be helpless असहाय, दूसरे की दया पर निर्भर

mer•cu•ry /'mɜːkjʊri/ /'मऽक्यूरी/ noun = a silvery, liquid metal, used in thermometers (instruments that measure temperature) पारा **mercurial** /mɜː'kjʊəriəl/ /मऽक्युअरिअल/ adj. *She has a mercurial temper and becomes angry easily.* = quick and active; changing very quickly तुरंत परिवर्तनशील, अस्थिर

Mercury /'mɜːkjʊri/ /'मऽक्यूरी/ noun **1** = the messenger of the gods, in stories from ancient Rome रोम की कथाओं में देवताओं का संदेशवाहक **2** = the planet nearest to the sun बुध ग्रह

mere /mɪəʳ/ /मिअʳ/ adj. *He is only 10 years old—a mere child.* = nothing more than मात्र, निरा **merely** adv. *I was merely joking when I said that he should become the next Prime Minister.* = only (formal) केवल, महज़, सिर्फ़ (औपचारिक)

merge /mɜːdʒ/ /मऽज्/ verb, i. or t. **1** *The rivers Ganga and Yamuna merge at Allahabad.*(i.) = to meet and become one संगम होना, परस्पर मिलकर एक हो जाना **2** *The princely states merged into the Union of India in 1947.* = to become a part of विलय होना **merger** noun, u. *The merger of the publishing company and the film company was completed last year.* = the act of merging (joining together to become one) विलयन

me•rid•i•an /mə'rɪdiən/ /म'रिडिअन/ noun, c. = an imaginary line drawn on the surface of the earth which passes through both the North Pole and the South Pole and helps to mark the position of a place on the map [GEOGRAPHY] याम्योत्तर रेखा, पृथ्वी को विभाजित करने वाली एक काल्पनिक रेखा [भूगोल]

me•ringue /mə'ræŋ/ /म'रैङ्/ noun, u. = a kind of light cake made from sugar and the white part of eggs एक प्रकार का हल्का केक

mer•it[1] /'merɪt/ /'मेरिट्/ noun, u. or c. **1** *My sister got a scholarship entirely through her own merit and not through somebody's help.*(u.) = the quality of being good at something (e.g. studies or professional work) for which one deserves praise योग्यता **2** *We have received a number of paintings for the art competition. Each painting will be judged on its merits.*(c.) = a good quality गुण, खूबी

merit[2] verb, t. *Your proposal is so well-researched that it merits consideration.* = to deserve योग्य होना **meritorious** /merɪ'tɔːriəs/ /मेरि'टॉऽरिअस्/ adj. *a meritorious student* = having merit योग्य, होशियार, सराहनीय

mer•maid /'mɜːmeɪd/ /'मऽमेइड्/ noun, c. = an imaginary creature which has the upper body of a woman and the tail of a fish जलपरी, मत्स्यकन्या

mer•ry /'meri/ /'मेरी/ adj. *He is always merry, although he has many problems.* = cheerful and happy प्रसन्नचित्त, खुश **merry-go-round** noun = a machine which turns round and round in a circle and has toy animals on which children can ride चक्रदोला **merry-making** noun, u. = feasting, dancing, singing etc. done for enjoyment आमोद-प्रमोद, मौज-मस्ती

mesh[1] /meʃ/ /मेश/ noun, u. or c. (**meshes**) **1** *We have fitted the windows with wire mesh so that no mosquitoes can enter.*(u.) = a piece of material made from steel wires or plastic threads woven into a net, with small spaces between the wires जाली **2** *The fish were caught in the meshes of the net.*(c.) = the spaces between the threads in a net जाली की

mesh[2] verb, i. *I don't think I can work in this company for long. My ideas and those of the others don't mesh.* = to fit together (used to describe ideas etc.) विचारों का मिलना, मेल खाना

mes•mer•ize (mesmerise) /'mezməraɪz/ /'मेज़म्राइज़्/ verb, t. *I was mesmerized by his beautiful song.* = to capture the attention of someone completely सम्मोहित करना

mess[1] /mes/ /मेस/ noun, c. or u. **1** *I am having all my meals in the students' mess.*(c.) = a room in a students' hostel or army officers' camp etc. where meals are served 'मेस', भोजनालय **2** *When the students moved out of the hostel, it was a complete mess.* (u.) = a state of untidiness and disorder गड्डमड्ड, अस्तव्यस्त **3** *The director has left the company in a mess.*(u.) = a troubled situation परेशानी, अव्यवस्था की स्थिति

mess[2] verb, t. or i. *Don't mess up my room.*(t.) = to leave things in an untidy state अव्यवस्थित करना **messy** adj. *The room is very messy.* = untidy गंदा, अव्यवस्थित

mess around with something = to play with something in a careless way (informal) के साथ खिलवाड़ करना (अनौपचारिक) **to create a mess 1** = to make something dirty or untidy गंदगी फैलाना, वस्तुओं को इधर-उधर रख देना **2** = to cause trouble or confusion for others परेशानी में डालना **to make a mess of something** = to spoil something गड़बड़ करना **to mess with someone** *You shouldn't mess with him. He is a dangerous person.* = to cause trouble to someone (informal) किसी से उलझना, बखेड़ा करना (अनौपचारिक)

M

mes•sage[1] /ˈmesɪdʒ/ /ˈमेसिज्/ noun, c. **1** *Your sister came to see you while you were away. She has left a message for you.* = a piece of information that is passed on to someone संदेश **2** *This book has a message for readers.* = an important idea that a picture, book, poster etc. is trying to pass on संदेश, शिक्षा, प्रेरणा

message[2] verb, t. *Could you message me tonight to let me know how you are?* = to send a message to someone on a mobile telephone संदेश देना (मोबाइल फ़ोन पर)

messenger /ˈmesɪndʒəʳ/ /ˈमेसिन्जर्/ noun, c. = a person who brings a message (old-fashioned) संदेश-वाहक (पुराने प्रचलन का)

to get the message *I get the message! You want me to leave!* = to be able to understand something, usually something not very pleasant, which is not said clearly or directly संकेत या अभिप्राय समझ जाना

Mess•iah /mɪˈsaɪə/ /मि'साइअ/ noun, c. = a great religious leader who is believed to have the power to save the world मसीहा

me•ta- /metə/ /मेट/ prefix meaning 'beyond the normal' e.g. **met•a•phys•ics** /metəˈfɪzɪks/ /मेटफ़िज़िक्स/ noun = a branch of philosophy that deals with the nature of existence सैद्धांतिकी, तत्त्व, मीमांसा **metaphysical** adj. **1** = relating to metaphysics तात्त्विक **2** *metaphysical ideas* = dealing with abstract questions, such as 'What is death?' पराभौतिक, आध्यात्मिक

me•tab•o•lism /mɪˈtæbəlɪzəm/ /मि'टैबलिज़्म्/ noun *As one grows older, the body's metabolism slows down.* = the chemical processes in the body, specially those processes by which the body gets energy from food पोषण-प्रक्रिया, उपापचय

me•tal /ˈmetl/ /ˈमेट्ल्/ noun, c. or u. *Silver and copper are metals.* = a substance obtained from minerals (different kinds of rock inside the earth) through which heat and electricity can travel easily धातु

me•tal•lic /mɪˈtælɪk/ /मि'टैलिक्/ adj. *a metallic substance* = having the qualities of metal or made of metal धात्वीय, धातुक **metallurgy** /mɪˈtælədzi/ /मि'टैलजी/ noun = the scientific study of metals and the process by which they can be produced धातु-विज्ञान **metallurgist** noun, c. = a person who studies or practises metallurgy [CHEMISTRY] धातु-वैज्ञानिक [रसायनशास्त्र]

met•a•mor•pho•sis /metəˈmɔːfəsɪs/ /मेट'मॉ:फसिस्/ noun, c. (**metamorphoses**) *All insects go through a process of metamorphosis in which there are several stages.* = a complete change from one form into another [BIOLOGY] कायांतरण [जीव विज्ञान]

met•a•phor /ˈmetəfəʳ/ /ˈमेटफ़र्/ noun, c. *When I say you are a wolf in sheep's clothing, I am using a metaphor.* = the use of literary language, common in poetry, to describe someone or something by making an indirect comparison with something else, without using words such as 'like' or 'as', which are generally used to make comparisons between different things (see also **simile**) रूपक अलंकार (देखें **simile**) **metaphorical** /metəˈfɒrɪkəl/ /मेटफ़ॉरिकल्/ adj.

mete /miːt/ /मीट्/ verb, t. *mete out severe punishment* = to give or to order punishment (formal) (सज़ा) देना (औपचारिक)

me•te•or /ˈmiːtiəʳ/ /ˈमीटिअर्/ noun, c. = a piece of rock or other matter, thought to have come from some outer space, that falls through space and produces a bright light as it burns on coming in contact with the earth's atmosphere (the layer of air surrounding the earth) (also **falling star** or **shooting star**) उल्का (देखें **falling star** या **shooting star**) **meteorite** /ˈmiːtiəraɪt/ /ˈमीटिअराइट्/ noun, c. = a meteor that lands on the earth without getting totally burnt up उल्कापिंड **meteoric** /mɪːtɪˈarɪk/ /मीटि'ऑरिक्/ adj. *Aamir Khan has had a meteoric career in films.* = like a meteor (gaining very great success in a very short time) (approving) अल्प समय में अत्यधिक सफलता प्राप्त करना (स्वीकृत)

me•te•o•rol•o•gy /miːtiəˈrɒlədʒɪ/ /मीटिअ'रॉलजी/ noun = the science which studies weather conditions (wind, rain etc.) मौसम विज्ञान (हवा, बारिश आदि) **meteo-rologist** noun = a scientist who studies or practises meterorology मौसम वैज्ञानिक

me•ter[1] /ˈmiːtəʳ/ /ˈमीटर्/ noun, c. = a machine which measures the amount of electricity, water etc. that has been used मीटर, एक मशीन जो बिजली, पानी आदि को मापती है

meter[2] verb, t. *We are going to meter the supply of electricity.* = to measure with the help of a meter मापना

me•thane /ˈmiːθeɪn/ /ˈमीथेइन्/ noun = a gas that can be burnt to produce heat and is produced by the rotting of organic matter (something that was once part of a living plant or animal) मिथेन गैस

me•thod /ˈmeθəd/ /ˈमेथड्/ noun, c. or u. **1** *The teacher used the translation method to teach English.*(c.) = a planned way of doing something विधि, पद्धति **2** *I don't find much method in the way things are done in this office.*(u.) = proper planning सुव्यवस्था **methodical** /mɪˈθɒdɪkəl/ /मि'थॉडिकल्/ adj. *She is very methodical in her work.* = doing things carefully and in a planned way व्यवस्थित, क्रमबद्ध (तरीके से) **methodology** /meθəˈdɒlədʒɪ/ /मेथ'डॉलजी/ noun, u. *Can you describe the methodology that you used in carrying out this research?* = a system or a set of methods used to do something or to study a particular subject पद्धति, प्रविधि

to have method in one's madness = to have a good reason for some action, even though it seems foolish or not done in an orderly way किसी कार्य के लिए अच्छा कारण

methyl alcohol /ˈmeθɪl ˈælkəhɒl/ /मेथिल'ऐल्कहॉल/

= alcohol mixed with a poisonous substance got from wood etc. जहरीली शराब

meth•yl•at•ed spir•it /meθɪleɪtɪd spɪrɪt/ /मेथिलेइटिड स्पिरिट्/ noun, u. = alcohol which has been mixed with some poisonous substance so that it cannot be drunk, and is used for other purposes such as fuel or for mixing paints etc. एक ज़हरीला द्रव्य

me•tic•u•lous /mɪˈtɪkjʊləs/ /मि'टिक्युलस्/ adj. *She is always meticulous in her work and never makes a mistake.* = extremely careful and paying great attention to details सतर्क, अतिसावधान

me•tre /ˈmɪtəʳ/ /ˈमिटʳ/ noun **1** = a unit for measuring length, originally used in France but now used in most countries, equal to 100 cm मीटर **2** *This poem has been written in iambic metre.* = the regular arrangement of sounds in poetry, which produces a certain kind of rhythm (pattern of strong and soft sounds) छंद **metric** adj. *the metric system of measurement* = using the metre, kilometre, kilogramme etc. as units of measurement मीटर, किलोमीटर, किलोग्राम आदि इकाइयों का प्रयोग करने वाली मापीय व्यवस्था

met•ro /ˈmetrəʊ/ /मेट्रउ/ noun, c. **1** = abbr. of **metropolis metropolis** का संक्षिप्त रूप **2** = an underground railway system used in large cities (also **subway**) भूमिगत पारपथ अथवा रेल (देखें **subway**) **metropolis** /mɪˈtrɒpəlɪs/ /मि'ट्रॉपलिस्/ noun, c. (**metropolises**) *Delhi, Mumbai, Chennai and Kolkata are the four Indian metropolises.*= a very large and important city महानगर **metropolitan** adj. *a metropolitan centre* = relating to a metropolis महानगरीय

met•tle /ˈmetl/ /मेट्ल्/ noun, u. *Tendulkar made a poor start and was almost bowled with the first ball, but he proved his mettle by scoring a brilliant century.* = courage and ability shown during a competition प्रतियोगिता में प्रदर्शित उत्साह, दिलेरी, साहस

mew[1] /mju:/ /मियू/ noun = the sound made by a cat 'म्याऊँ'–बिल्ली की आवाज़

mew[2] verb, i. *The cat mewed when it saw its master.* = to make the sound that a cat makes म्याऊँ-म्याऊँ करना

mez•za•nine /ˈmezəni:n/ /ˈमेज़नीन्/ noun = a small floor in a building that comes between the bottom (ground) floor and the next higher floor भवन की दो मंजिलों (तलों) के बीच बना स्थान

mg abbr. of **milligram, milligram** का संक्षिप्त रूप

ml abbr. of **millilitre, millilitre** का संक्षिप्त रूप

mi•ca /ˈmaɪkə/ /ˈमाइक/ noun = a kind of mineral (rock) from which a glass-like substance can be produced, which is not damaged by heat अभ्रक

mi•cro- /ˈmaɪkrəʊ/ /ˈमाइक्रउ/ prefix meaning very small (opposite **macro-**) e.g. सूक्ष्म का अर्थ जोड़ने वाला उपसर्ग **mi•crobe** /ˈmaɪkrəʊb/ /ˈमाइक्रउब्/ noun, c.= a living thing which is so small that it cannot be seen with the naked eye and which can cause disease सूक्ष्म जीवाणु, रोगाणु

mi•cro•bi•ol•o•gy /maɪkrəʊbaɪˈɒlədʒi/ /माइक्रउबाइ'ऑलजी/ noun = the scientific study of very small living things, such as bacteria सूक्ष्मजीव-विज्ञान

micro•computer /ˈmaɪkrəʊkəmpju:təʳ/ /ˈमाइक्रउकंप्यूटʳ/ noun, c. = a computer of very small size (old-fashioned) बहुत छोटा कंप्यूटर (पुराने प्रचलन का)

mi•cro•cos•m /ˈmaɪkrəʊkɒzəm/ /ˈमाइक्रउ काज़्म्/ noun, u. *In this tiny colony you can find people from all parts of India. It is a microcosm of our vast country.* = something very small which represents all the qualities of something that is much larger (opposite **macrocosm**) लघुब्रह्मांड (विलोम शब्द **macrocosm**)

mi•cro•or•gan•ism /maɪkrəʊˈɔ:gənɪzəm/ /माइक्रउ'ऑऽगनिज़्म्/ noun, c. = a very tiny living creature e.g. a bacterium [BIOLOGY] बैक्टीरिया जैसे एक अत्यंत सूक्ष्मजीव [जीव विज्ञान]

mi•cro•phone /ˈmaɪkrəfəʊn/ /ˈमाइक्रफ़उन्/ noun, c. (also **mike**) = an instrument that receives sound waves and converts them into electrical waves, which can again be converted into sound waves through an amplifier and loud speakers (देखें **mike**) ध्वनिग्राहक, माइक्रोफ़ोन

mi•cro•pro•ces•sor /ˈmaɪkrəʊprəʊsesəʳ/ /ˈमाइक्रउप्रउसेसʳ/ noun, c. = the 'brain' of a computer that controls its working [COMPUTERS] माइक्रोप्रोसेसʳ– कंप्यूटर का सबसे अधिक महत्त्वपूर्ण भाग [कंप्यूटर]

mi•cro•scope /ˈmaɪkrəskəʊp/ /ˈमाइक्रस्कउप्/ noun, c. = an instrument that can make extremely small objects or living things look much larger, so that they can be studied by scientists (see pic under **laboratory equipment**) सूक्ष्मदर्शी, ख़ुर्दबीन (**laboratory equipment** के अंतर्गत चित्र देखें) **microscopic** /maɪkrəsˈkɒpɪk/ /माइक्रस'कॉपिक/ adj. *a microscopic creature* = so small that it can be seen only with the help of a microscope, not with the naked eye अत्यंत सूक्ष्म जो बिना सूक्ष्मदर्शी यंत्र के देखा न जा सके

mi•cro•wave /ˈmaɪkrəʊweɪv/ /ˈमाइक्रोवेव्/ noun, c. = a form of electrical energy having a very short wavelength, which can be used to send wireless messages and also for cooking food 'माइक्रोवेव्' **microwave oven** noun = a machine operated by electricity, which can cook or heat food very quickly, using microwaves माइक्रोवेव ओवन

mid- /ˈmɪd/ /ˈमिड्/ prefix meaning 'middle' 'मध्यम' का अर्थ देने वाला उपसर्ग e.g. **mid-day** noun = the middle part of the day (12.00 noon) दोपहर, मध्याह्न **midnight** noun = the middle of the night (12 o'clock at night) मध्य-रात्रि **mid-point** noun, c. = a point which

M

is at or near the centre केंद्र-बिंदु **midway** adv. *Our farm lies midway between Pune and Mumbai.* = in the middle, between two places के मध्य **mid-week** noun = the middle days of the week (Tuesday, Wednesday and Thursday) सप्ताह के बीच के दिन

mid•dle[1] /'mɪdl/ /'मिड्ल्/ noun, u. *There are three houses along this road, and my house is the one in the middle.* = the point or position which is almost at the centre, with something on either side मध्य, बीच का

middle[2] adj. *the middle house* = in the central or a nearly central position (compare **centre**) केंद्र में स्थित (बीच में) (देखें **centre**) **middle age** noun, u. = the period of life between youth and old age (roughly from the age of 40 to 55) मध्यवय, प्रौढ़ावस्था **Middle Ages** noun = the period of history between AD 1100 and AD 1500 (see also **Medieval Period**) मध्ययुग (देखें **Medieval Period**) **middling** adj. *'How was the play?' 'Oh, middling.'* = (of events, food etc.) neither very good nor very bad (mildly derogatory) मध्यम, न बहुत अच्छा न बुरा (कुछ अनादरपूर्ण) **middle class** noun or adj. = the name given to a social group of people who are employed in different professions (e.g. teaching, banking etc.) and do not belong to either the very rich **upper class** or the **working class**, which is employed in doing heavy work in factories etc. मध्यम-वर्ग **middleman (middle person)** noun, c. = a person who buys something from a producer (e.g. a farmer) and sells it at a profit to a shop-keeper or a consumer (a user of the product) बिचौलिया (उत्पादन का उपयोगकर्ता) **middle school** noun, c. = a school for children above primary school and below secondary school माध्यमिक विद्यालय

in the middle of nowhere = a long way from any town, village etc. दूरवर्ती

midge /mɪdz/ /मिज/ noun, c. = a small insect which sometimes bites मच्छर

mid•get[1] /'mɪdʒɪt/ /'मिजिट्/ noun, c. = a person of very small height (not respectful) बौना (आदरपूर्ण नहीं)

midget[2] adj. *a midget car* = of very small size लघु आकार का

midst /mɪdst/ /मिड्स्ट्/ noun, u. *She remained calm in the midst of all her troubles.* = in the middle of; surrounded by (old-fashioned) के मध्य, के बीच (पुराने प्रचलन का)

midwife noun, c. (**midwives**) = a woman who is not a doctor but helps women who are about to give birth दाई, प्रसविका

mien /mi:n/ /मीन्/ noun, u. *We were impressed by his dignified mien.* = the expression on a person's face or his/her whole appearance (literary) मुखाकृति [साहित्यिक]

might[1] /maɪt/ /माइट्/ aux. modal verb (sometimes considered to be the past tense of **may**) *He might come tomorrow.* = expressing slight possibility संभावना-सूचक सहायक क्रिया

might[2] noun, u. *He threw the ball with all his might.* = strength शक्ति **mighty** adj. *the mighty Roman Empire* = powerful and strong शक्तिशाली

mi•graine /'mi:greɪn/ /'मीग्रेइन्/ noun, u. = a kind of sickness which produces very painful headaches आधासीसी दर्द

mi•grate /maɪ'greɪt/ /माइ 'ग्रेइट्/ verb, i. **1** *Every winter, thousands of birds migrate from Central Asia to the Chilka Lake.* = to travel regularly, in certain seasons, from one part of the world to another (used to describe the movement of animals, birds, fish etc.) निवास स्थान का परिवर्तन करना, प्रवास करना (पशु-पक्षी, मछलियों के आने-जाने के बारे में) **2** *I am planning to migrate to America.* = to move away from one's country or home to some other place (see also **immigrate**) परदेस जा कर बसना (देखें **immigrate**) **migration** noun, u. = the act of migrating (meaning **1**) देशांतरण, प्रवास **migrant** /'maɪgrənt/ /'माइग्रन्ट्/ noun, c. = a person or animal that migrates to another place प्रव्रज्यक **migratory** /maɪgrəɪtəri/ /माइग्रेटरी/ adj. = used about birds, animals etc. that travel from one part to another during a particular time of the year प्रवासी, भ्रमणशील

mike /maɪk/ /माइक/ see **microphone** माइक (देखें **microphone**)

mild /maɪld/ /माइल्ड/ adj. **1** *He is a mild person who does not like to argue with anyone.* = gentle and peace-loving मृदु, सौम्य, नरम **2** *She has mild fever.* = not very severe (strong) and not causing much discomfort हल्का, थोड़ा **mildly** adv. **mildness** noun.

mil•dew /'mɪldju:/ /'मिल्ड्यू/ noun, u. *old furniture covered with mildew* = a kind of fungus (very tiny plant) that grows on things that have been kept for a long time in warm and wet conditions (e.g. bread or leather shoes) फफूँदी, फफूँद

mile /maɪl/ /'माइल्/ noun, c. = a unit for measuring distances, equal to about two km मील **mileage** /'maɪlədʒ/ /'माइलज्/ noun, u. **1** *This car has a mileage of 20,000 miles.* = the distance that a vehicle has travelled किसी वाहन द्वारा की गई यात्रा की मील दूरी **2** *This car returns a mileage of 10 km to a litre of petrol.* = the distance that a vehicle is able to travel on a given amount of fuel किलोमीटर संख्या प्रति लीटर पेट्रोल **3** *The film star donated a lakh of rupees to a charity but got a lot of mileage out of this.* = advantage or benefit लाभ, लाभांश **mile-stone** noun **1** = a small stone pillar by the side of a road, showing the distance to the next important city मील का पत्थर **2** *The defeat of the Australian team by the Indians was a milestone in the history of Indian sports.* = an important event मील का पत्थर, महत्त्वपूर्ण घटना

mi•lieu /'mi:ljɜ:/ /'मील्यऽ/ noun, c. (**milieux** or **milieus**) *Fifty years ago, girls were treated as inferior to boys, but this is not possible today. We live in a different social milieu.* = the physical and social surroundings or conditions in which one lives वातावरण, परिस्थितियाँ

mil•i•tant¹ /'mɪlɪtənt/ /'मिलिट्न्ट्/ adj. *He has a militant attitude and fights for everything.* = ready to fight or use violence युद्धप्रिय, लड़ाकू, हमेशा लड़ने को तैयार

militant² noun, c. = a person who uses violence in politics हिंसावादी, आतंकवादी

mil•i•ta•ry¹ /'mɪlɪtəri/ /'मिलिट्री/ noun, u. *The military had to be called in to control the situation as the police was unable to control it.* = the army सेना, फौज

military² adj. *a military government* = having to do with the fighting forces (army, navy, air force) सैनिक, सैन्य (थल, जल, वायु)

mil•i•tate /'mɪlɪteɪt/ /'मिलिटेइट्/ verb, i. *The fact that you were once in jail will militate against you when you apply for a job.* = to go against; to be something which will be seen as negative (formal) विरुद्ध होना (औपचारिक)

mi•li•tia /mɪ'lɪʃə/ /मि'लिश/ noun, u. = people who are trained to fight to defend their country or keep law and order when required, but who do not belong to the army सहायक सेना, नागरिक सेना

milk¹ /mɪlk/ /मिल्क्/ noun, u. **1** = a white liquid produced by female animals and human beings to feed their babies दूध **2** *The milk from the rubber tree is used to produce rubber.* = the thick white sap or juice produced by certain kinds of trees that looks like milk दुग्ध, दूध

milk² verb, t. **1** *Do you know how to milk cows?* = to get milk from a cow or other animal दूहना **2** *to milk a snake* = to draw out poison from a snake [TECHNICAL] साँप का ज़हर निकालना [तकनीकी] **milkshake** noun = a thick cold drink with some flavour (e.g. chocolate) made from milk 'मिल्क शेक'-दूध से बना मीठा पेय **milky** adj. = made from milk or looking like milk दूधिया, दूध से बना

to milk a situation *He wants to milk the water shortage by selling buckets of water at a very high price.* = to take advantage (often dishonestly) of a situation and profit by it बेईमानी से स्थिति का लाभ उठाना **to milk someone** = to get as much money as possible from someone दुहना, (किसी से) अधिक से अधिक पैसा ऐंठने का प्रयास करना

mill¹ /mɪl/ /मिल्/ noun, c. **1** *a flour mill* = a simple machine which is used to crush wheat or other kinds of grain into flour, from which bread can be made आटा चक्की **2** *a textile mill* = a factory in which a certain type of product is made कपड़ा मिल

mill² verb, t. *This wheat has to be milled.* = to crush grain into flour in a mill पीसना **millstone** noun, c. **1** = one of the two circular stones between which grain is crushed into flour (चक्की का) पाट **2** *Why don't you do some work instead of hanging like a millstone round my neck?* = someone or something which puts a heavy responsibility or burden on a person गले पड़ा ढोल (बोझ)

to mill about *There was a large crowd milling about the airport.* = to be moving aimlessly निरुद्देश्य घूमना

mil•len•ni•um /mɪ'leniəm/ /मि'लेनिअम्/ noun, c. (**millennia** or **millenniums**) **1** = a period of 1,000 years सहस्राब्दी **2** *We are all waiting for the millenium to arrive.* = an ideal period of time, when everyone can expect to be happy स्वर्णयुग

mil•let /'mɪlɪt/ /'मिलिट/ noun = a kind of cereal (foodgrain) बाजरा (अनाज)

milli- /'mɪlɪ/ /मिलि/ prefix meaning 'one-thousandth' 'हजारवाँ' भाग का अर्थ देने वाला उपसर्ग e.g. **millimetre** = one thousandth of a metre 'मिली मीटर', एक मीटर का एक हजारवाँ भाग

mil•lion /'miljən/ /मिल्यन्/ noun, c. **1** = a number equal to 1,000,000 दस लाख **2** (always plural) *Millions of people attended the conference in Brazil* = a very large number (informal) (केवल बहुवचन में प्रयुक्त) लाखों (अनौपचारिक) **millionaire** noun, c. = a very rich person करोड़पति

mil•li•pede /'mɪlɪpi:d/ /'मिलिपीड्/ noun, c. = a small insect with many legs कानखजूरा

mi•me¹ /maɪm/ /माइम्/ noun, u. **1** *I was very hungry, but as I didn't know Spanish, I couldn't tell anyone what I wanted. Finally, I had to use mime to ask for food!* = the use of actions and gestures without words to express a certain meaning नकल करना, मूक अभिनय **2** = a kind of play with actions and facial expressions in which no one speaks मूक अभिनय का नाटक

mime² verb, t. *The actor mimed the movements of a man who was drunk.* = to show something through actions and gestures, not with words स्वाँग भरना, नकल करना (मूक अभिनय द्वारा)

mim•ic¹ /'mɪmɪk/ /'मिमिक्/ verb, t. (**mimicked**) *The television host mimics the famous film star in his television programme.* = to copy the speech or actions of some well-known person to make people laugh हास्यपरक नकल उतारना

mimic² noun, c. *Suresh is an excellent mimic.* = an actor who mimics people नकलची **mimicry** noun, u. = the art of mimicking people नकल

min abbr. of **1** = minutes 'मिनट' का संक्षिप्त रूप **2** = minimum (मिनिमम) का संक्षिप्त रूप (सबसे कम, अल्प)

min•a•ret /mɪnə'ret/ /मिन'रेट/ noun, c. *There is a minaret at each corner of the Taj Mahal.* = a tall, thin tower, usually built as part of a mosque मीनार

M

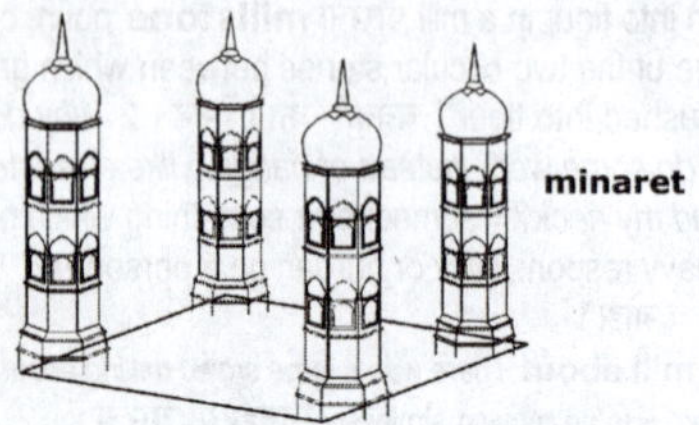
minaret

mince[1] /mɪns/ /मिन्स्/ verb, t. *I have to mince some meat to make kheema curry.* = to chop (cut) a piece of meat or vegetables into very fine pieces, using a heavy knife or a cutting machine known as a mincer बारीक बारीक काटना

mince[2] noun, u. *I need some mince for my cooking.* = meat which has been minced कीमा **mincingly** *to walk mincingly* = to walk taking very short steps (often disapproving) छोटे-छोटे कदम रखना (प्रायः अस्वीकृत)

not to mince one's words *Not to mince one's words, I think he is very lazy.* = to use strong instead of mild language to talk about something unpleasant (generally used in negative sentences) अप्रिय स्थिति की बात करते हुए नरम शब्दों का प्रयोग न करके कठोर शब्दों का प्रयोग (आम तौर पर निषेधात्मक प्रयोग) **to make mincemeat out of someone** = to destroy or defeat someone completely (informal) किसी को पूर्णतया बरबाद कर देना, हरा देना (अनौपचारिक)

mind[1] /maɪnd/ /माइन्ड्/ noun, c. or u. **1** *He has a sharp mind.*(c.) = the abilility to think or reason बुद्धि **2** *She has a good mind for science.* = the way in which one thinks or feels विचार, मनोवृत्ति **3** *His name slips my mind now.* = memory याद, स्मृति, दिमाग **4** *Your mind is not on your work.* = attention ध्यान, मन

mind[2] verb, t. **1** *You should always mind the advice of your elders.* = pay attention to (formal) ध्यान देना (औपचारिक) **2** *Mind out! There's a man with a ladder! // Mind your head!* = a warming given to someone to be careful as there may be some danger (का) ध्यान रखना, सावधान होने का संकेत **3** *Who is minding the baby?* = to take care of ध्यान रखना, देखभाल करना **4** *I don't mind your singing while I am working.* = to have no objection to something आपत्ति न होना **5** *Would you mind opening the window, please?* = expressing a request अनुरोध की विनम्र अभिव्यक्ति **mindful** /'maɪndfʊl/ /'माइन्डफुल्/ adj. *Are you mindful of the fact that you have to pick up your father from the station tomorrow?* = able to remember something that one has to do सतर्क, का ध्यान होना, याद होना **mindless** adj. *mindless anger* = without any thought बिना सोचे-विचारे **mind-boggling** adj. *The size of the crowd at the film festival was mind-boggling.* = something that causes great wonder and surprise अत्यधिक आश्चर्यजनक **mind-reader** noun, c. = a person who is said to know what is in the mind of another person दूसरे के दिमाग की बात जानने वाला

to be in two minds *I am in two minds about whether to go to Delhi in the summer.* = to not be sure about what one should do दुविधा में पड़ना **to be out of one's mind** *You're going out in this stormy weather? You must be out of your mind!* = a way of telling someone they are doing something foolish (informal) मूर्ख, बेवकूफ़ होना (अनौपचारिक) **to bring to mind** = to remember याद दिलाना **to make up one's mind** *I wasn't sure earlier but I've now made up my mind to apply for the job.* = to reach a decision निश्चय करना, निर्णय लेना **to put someone's mind at rest** *He was worried that I was travelling without any money, but I put his mind at rest by telling him I had enough.* = to make someone stop worrying about something चिंता दूर करना **to mind one's own business** *Why do you want to know more about their plans? I think we should mind our own business.* = to not interfere in the affairs of others (impolite and not respectful if used as a command) दूसरे के काम में हस्तक्षेप न करके अपना काम करना (अभद्र, आदरपूर्ण नहीं) **to blow someone's mind** *The music they played really blew my mind.* = to fill one with wonder (informal) चकित कर डालना (अनौपचारिक) **Never mind!** = don't worry, it's all right चिंता मत करो **to keep an open mind** *Should young people start jobs at twenty? I have an open mind on the subject.* = to not be rigid and fixed in one's thinking so that one is able to look at many points of view किसी बात का हठ न रखना, दिमाग खुला रखना **to have a closed mind** = the opposite of having an **open mind** (see earlier) दिमाग खुले रखने का विलोम **to know one's mind** = to know exactly what one wants to do मन की बात भाँप लेना **to speak one's mind** = to say exactly what one thinks or believes is right, even if it may hurt someone's feelings मन की बात कहना **It's all in the mind** = a way of saying that one's feelings and attitudes towards someone or something are influenced by certain beliefs in the mind, and that one can change them if one wants to कि दूसरों के प्रति भावनाएँ आदि दिमाग से प्रभावित होती हैं लेकिन यदि कोई उन्हें बदलना चाहता है तो बदल सकता है यह कहने का एक तरीका

-minded a suffix meaning 'having a certain kind of mind' मानसिकता e.g. **narrow-minded** = unable to see things, except in one way संकीर्ण-मना

mine[1] /maɪn/ /माइन्/ possessive pron. *This book is mine.* = belonging to me मेरा, मेरी

mine[2] noun, c. **1** *a coal mine* = a deep hole in the earth from which coal or other mineral substances are dug out (see **mineral**, below) खान, खदान (नीचे देखें **mineral**) **2** *an anti-tank mine* = a kind of bomb used to destroy an enemy, which is placed inside the water or below the ground and explodes (bursts) when it is hit by a ship or when someone steps on it टैंकरोधी सुरंग

mine[3] verb, t. **(mined)** **1** *We are mining the hillside for gold.* = to dig a mine (hole in the earth) in order to look for minerals खदान खोदना **2** *Coal used to be mined* *here, but there is no coal left now.* = to take something out of a mine खान से बाहर निकालना **3** *This stretch of road has been heavily mined by the enemy.* = to place a mine (bomb) somewhere बारूदी सुरंग लगाना **miner** noun, c. = a person who works in a mine (to take out minerals) खनिक (खनिजों को निकालने वाला) **mining** noun = the industry of taking minerals out of the earth खनन **minefield** noun, c. = an area in which mines (bombs) have been placed by an enemy बारूदी-सुरंग क्षेत्र

a mine of information = able to give information about many things सूचनाओं की खान, बहुत चीजों के बारे में जानकारी देने में समर्थ

min•e•ral /ˈmɪnərəl/ /'मिन्रल्/ noun, c. = a chemical substance that is formed naturally inside the earth and obtained from a mine खनिज **mineralogy** /mɪnəˈrælədʒɪ/ /मिन्रैलजी/ noun = the scientific study of minerals खनिज विज्ञान, खनिजिकी **mineral oil** noun = oil obtained from inside the earth (petroleum) पेट्रोल (पेट्रोलियम) **mineral water** noun = water that comes from inside the earth and has minerals (natural chemicals present in the earth) mixed in it which make it good for health 'मिनरल वाटर', धरती से प्राप्त खनिजयुक्त जल

min•gle /ˈmɪŋgəl/ /मिङग्ल्/ verb, i. *If you want to be successful as a politician you must learn to mingle with the crowd.* = to mix closely with other things or people मिलना-जुलना

mi•ni- /mɪni/ /मिनी/ prefix meaning 'small' e.g. लघु, 'छोटा' का अर्थ देने वाला उपसर्ग **mini-bus** noun, c. = a bus of very small size, carrying only a few passengers छोटी बस **mini-skirt** noun, c. = a skirt (dress) worn below the waist that is very short in length छोटी 'स्कर्ट'

min•i•a•ture¹ /ˈmɪnɪtʃəʳ/ /'मिनिचं'/ adj. *The child is playing with a miniature truck.* = a very small copy of a larger object लघु, छोटा प्रारूप

miniature² noun, c. *She collects miniatures painted by Moghul artists.* = a very small painting of a person लघु चित्र

min•i•mum¹ /ˈmɪnɪməm/ /'मिनिमम्/ noun, u. or c. (**minima** or **minimums**) *Your contribution to this project has been minimum. You must work harder.*(u.) = very little अल्पतम, लघुतम, न्यूनतम, बहुत कम

minimum² adj. *The minimum age for getting a driving licence is 18 years.* = the lowest or smallest number or amount possible न्यूनतम **minimize (minimise)** verb, t. *We are spending too much money in running this office. We will have to minimize our expenses.* = to bring to a minimum घटाना, कम करना **minimal** adj. *minimal expenditure* = as little as possible कम से कम

min•is•cule /ˈmɪnɪskjuːl/ /'मिनिस्क्यूल्/ adj. *The dish was hot even though he had used only a miniscule amount of chilli.* = extremely small (also **minuscule**) (often humorous) नाम मात्र को, बहुत कम (देखें **minuscule**) (प्राय: हास्यपरक)

min•is•ter¹ /ˈmɪnɪstəʳ/ /'मिनिस्टं'/ noun, c. **1** *He is the Minister for Home Affairs.* = a politician who is a member of the government and is put in charge of a particular department मंत्री **2** *He is studying to become a minister.* = a Christian priest पादरी

minister² verb, i. *Mother Teresa spent most of her life ministering to the poor and sick.* = taking care of someone who needs help सेवा करना **ministry** noun, c. (**ministries**) **1** *The leader of the largest party has been asked to form the new ministry.* = the government मंत्रिमंडल, सरकार **2** *the Ministry of Defence* = a government department which is under a minister मंत्रालय **3** = the service of the church चर्च द्वारा मुहैया की गई सुविधाएँ

mink /mɪŋk/ /मिङ्क्/ noun, c. or u. **1** (c.) = a small animal which has thick, brown fur (hair covering the skin) भूरे बालों वाला एक छोटा पशु, मेमना **2** *a mink coat* = the fur of the mink, which is used to make very expensive coats for women मिंक से प्राप्त फर जिससे स्त्रियों के लिए बेशकीमती कोट बनाए जाते हैं

min•now /ˈmɪnəʊ/ /'मिनउ/ noun, c. = a kind of very small fish मीनिका - एक प्रकार की बहुत छोटी मछली

M

mi•nor¹ /ˈmaɪnəʳ/ /'माइनं'/ adj. *He is considered a minor poet, but I love his work.* = not important when compared to others (opposite **major**) गौण, छोटा, अपरिपक्व (विलोम शब्द **major**)

minor² noun, c. *As she is only 12, she is still a minor.* = a person who has not reached the age at which one legally becomes an adult (grown-up person) नाबालिग, अवयस्क

min•strel /ˈmɪnstrəl/ /'मिन्स्ट्रल्/ noun, c. = a travelling musician who, in the old days, went from place to place singing songs of bravery चारण

mint /mɪnt/ /मिन्ट्/ noun, u. or c. **1** *mint sauce*(u.) = a plant with small, green leaves which have a strong but pleasant smell and are used to add flavour to food पुदीना **2** *the government mint*(c.) = a place where coins (to be used as money) are made for the government टकसाल

to mint money *He is a successful lawyer now and is minting money.* = to earn a lot of money पैसा बनाना, अत्यधिक धन कमाना

mi•nus¹ /ˈmaɪnəs/ /'माइनस्/ prep. or noun, c. (**minuses**) **1** *Seven minus three equals four.* (7-3 = 4). = made less by the number stated में से घटा हुआ **2** *The temperature outside the aircraft is -55º Centigrade.* = below (less than) zero शून्य से नीचे

minus² noun, c. (**minuses**) **1** *You have to put a minus before the number 55.* = a minus sign, showing that a number is less than zero घटाने का चिह्न **2** *As a batsman* *he has a number of minuses.* = weaknesses or disadvantages खामियाँ, कमियाँ

minus[3] adj. *Her lack of experience goes against her. It is a minus factor.* = a disadvantage अवगुण, दोष, कमी

min•ute[1] /'mɪnɪt/ /'मिनिट्/ noun, c. **1** *There are 60 minutes in an hour.* = a division of time मिनट **2** *This will be over in a minute.* = a very short time बहुत कम समय **3** *This angle measures 35 degrees and 15 minutes.* = a unit for measuring an angle (A degree is divided into 60 minutes.) [GEOMETRY] कला–कोण को नापने की इकाई (एक डिग्री 60 मिनटों में विभाजित होती है) [ज्यामिति] **4** *The chairperson has asked me to write the minutes of this meeting.* = an official record of what takes place at a meeting कार्यवृत्त, विवरण

minute[2] verb, t. *I want you to minute all that I have said on this point.* = to include in the minutes (official record) of a meeting कार्यवृत्त में सम्मिलित करना

minute[3] /maɪ'nju:t/ /माइ'न्यूट्/ adj. **1** *The Chairperson and the Secretary had some minute differences over the selection of candidates.* = very small अत्यल्प **2** *She was able to describe the book in minute detail.* = very exact सटीक, बारीक

any minute/moment now *Listen! Any minute now, we'll hear the door bang.* = very soon (informal) किसी क्षण, जल्दी ही (अनौपचारिक)

mir•a•cle /'mɪrəkəl/ /'मिरक्ल्/ noun, c. **1** = a wonderful action performed by some supernatural power चमत्कार **2** *Everyone in the bus escaped, though it rolled over twice. What a miracle!* = something surprising and wonderful that cannot be explained चमत्कार **miraculous** /mɪ'rækjʊləs/ /मि'रैक्यूलस्/ adj. *He has had a miraculous cure.* = like a miracle चमत्कारी, चमत्कारिक

mi•rage /'mɪrɑ:ʒ/ /'मिराऽज़्/ noun, c. **1** = a strange effect produced by the movement of hot air in a desert, which makes people imagine that they are seeing things which are not there मरीचिका **2** *He has been chasing wealth all his life, but it is a mirage that he is unable to hold on to.* = something that one tries very hard to achieve, but without success (figurative) मृगमरीचिका (लाक्षणिक)

mir•ror[1] /'mɪrə^r/ /'मिरॅ/ noun, c. = a piece of glass which reflects light and produces an image (picture) of whatever is in front of it दर्पण, शीशा, आईना

mirror[2] verb, t. (**mirrored**) *The writings of Jonathan Swift mirror the English society of the eighteenth century.* = to show something as it really is, as if in a mirror प्रतिरूप प्रस्तुत करना, प्रतिबिंबित करना **mirror image** noun = an image (picture) seen in a mirror, in which the right side becomes the left side and the left side becomes the right side प्रतिबिंब

mirth /mɜ:θ/ /मऽथ्/ noun, u. *The play we saw on television last night produced a lot of mirth.* = laughter हास्य

mis- /mɪs/ /मिस/ prefix meaning **1** 'wrong' e.g. 'बुरा या गलत' का अर्थ देने वाला उपसर्ग **misconduct** noun, u. = wrong behaviour दुर्व्यवहार **2** wrongly e.g. **mis-spell** /mɪs'spel/ /मिस्'स्पेल्/ verb, t. (**mis-spelled** or **mis-spelt**) = to spell a word wrongly किसी शब्द को अशुद्ध लिखना

misbehave /mɪsbɪ'heɪv/ /मिसबि'हेइव्/ verb, i. = to behave badly अभद्र व्यवहार करना

miscalculate /mɪs'kælkjʊleɪt/ /मिस'कैल्क्युलेइट्/ verb, i. or t. = to make a wrong calculation about the time, money etc. required for something गलत गणना करना, मिथ्या अनुमान लगाना

miscarriage /mɪs'kærɪdʒ/ /मिस'कैरिज्/ noun, u. = the accidental birth of a baby before the expected time, resulting in its death (compare **abortion**) [MEDICAL] गर्भपात (देखें **abortion**) [चिकित्सा] **miscarry** verb, i. = to have a miscarriage गर्भपात हो जाना

mis•cel•la•ne•ous /mɪsə'leɪniəs/ /मिस'लेइनिअस्/ adj. (abbr. **misc**) *I need Rs 1,000 a month to pay house rent, Rs 2,000 for food and Rs 1,000 for miscellaneous expenses.* = of different kinds (संक्षिप्त रूप **misc**) फुटकर, विविध प्रकार का

mis•chief noun, u. **1** *What mischief has the child been up to?* = childish behaviour that is bad or wrong, but causes no serious harm शरारत **2** *He couldn't harm me by writing against me in the papers, so now he is planning some new mischief.* = damage or harm done knowingly by a grown-up person (disapproving) हानि पहुँचाने की योजना (अस्वीकृत)

mis•con•cep•tion /mɪskən'sepʃən/ /मिसकन्'सेप्शन्/ noun, u. = a wrong idea that one has about something भ्रांति, भ्रांत धारणा

misconstrue /mɪskən'stru:/ /मिसकन्'स्ट्रू/ verb, t. = to put a wrong meaning on one's words (formal) गलत अर्थ लगाना (औपचारिक)

mis•de•mea•nour /mɪsdɪ'mi:nə^r/ /मिस्डि'मीनॅ/ noun, u. = a crime or an offence which is not very serious गौण अपराध

mi•ser /'maɪzə^r/ /'माइज़ॅ/ noun, c. = a person who is very careful with money and does not like to spend it कंजूस, कृपण

mis•e•ra•ble /'mɪzərəbəl/ /'मिज़्रबल्/ adj. **1** *He is feeling miserable in this new city as he has no friends.* = very unhappy दुखी, परेशान **2** *We were working in miserable conditions.* = likely to cause suffering खराब **3** *a miserable little room* = very small or poor in quality दयनीय, खराब हालत में

mis•fit /mɪs'fɪt/ /मिस्'फ़िट्/ noun, c. *I feel I am a misfit in this gathering of famous writers.* = a person who is unable to fit into (to adjust to or accept) a certain situation बेमेल, अनुपयुक्त

mis•for•tune /mɪs'fɔ:tʃən/ /मिस्'फ़ॉऽचन्/ noun, u. or c. = a piece of bad lack दुर्भाग्य

mis•giv•ing noun, c. or u. *When the doctor told me my child needed heart surgery, I was full of misgivings.* = a doubt or fear which may prove to be wrong आशंका, अनुचित भय

misguide /mɪs'gaɪd/ /मिस्'गाइड्/ verb, t. = to teach someone wrong or bad things गलत रास्ते पर डालना, गलत जानकारी देना

mis•hap noun, c. = accident दुर्घटना, अनिष्ट

mish•mash /'mɪʃmæʃ/ /मिश्मैश्/ noun, u. *This new film is a mishmash of at least three other well-known films.* = a mixture of things taken from different sources (informal) मिश्रण, घालमेल (अनौपचारिक)

misinform /mɪsɪn'fɔːm/ /मिसइन्'फॉऽम्/ verb, t. = to deliberately give wrong information to someone मिथ्या सूचना देना, गलत जानकारी देना

mis•in•ter•pret /mɪsɪn'tɜːprɪt/ /मिसइन'टऽप्रिट्/ verb, t. = to put a wrong meaning on something that is said or done (see also **misconstrue**) गलत अर्थ लगाना, गलत समझना (देखें **misconstrue**)

mis•judge /mɪs'dʒʌdʒ/ /मिस्'जॅज्/ verb, t. *I thought he was hard-working but he turned out to be lazy. I had misjudged him completely.* = to form a wrong judgement or opinion about someone किसी के बारे में गलत धारणा बना लेना, गलत निर्णय देना

mis•lead /mɪs'liːd/ /मिस्'लीड्/ verb, t. (**misled**) *You misled me by telling me there was very little work in this office. I find I have to work for 10 hours a day.* = to cause someone to think or act in a wrong manner (see also **misguide**) गलत जानकारी देकर बहकाना (देखें **misguide**)

mismanage /mɪs'mænɪdʒ/ /मिस्'मैनिज्/ verb, t. = to manage or control an organization (a company or a school etc.) badly (कंपनी अथवा स्कूल में) कुप्रबंध करना

mis•place /mɪs'pleɪs/ /मिस्'प्लेइस्/ verb, t. = to put something in a place where it cannot be found again (also **mislay**) किसी जगह पर रखकर भूल जाना (देखें **mislay**)

mis•print /'mɪsprɪnt/ /'मिस्प्रिन्ट्/ verb, t. = to make a mistake in printing गलत या अशुद्ध छापना

mis•quote /'mɪskʊəʊt/ /'मिस्कुअउट्/ verb, t. *I said he has 14 children, not 40. You are misquoting me.* = to report the words of a person wrongly गलत उद्धरण देना

mis•read verb, t. *When the audience clapped, the speaker thought they liked his speech. He misread their reaction; actually, they wanted him to stop.* = to read something wrongly or to understand something wrongly गलत पढ़ना या समझना

mis•rep•re•sent verb, t. *The accident took place because the brakes failed, not because the driver fell asleep. You are misrepresenting the facts.* = to give a wrong picture of something गलत तथ्य-निरूपण करना

mis•rule noun, u.= bad government by a ruler कुशासन

miss[1] /mɪs/ /मिस्/ verb, t. (**missed**) **1** *The wicket-keeper missed a simple catch. // The ball just missed the leg stump. // If you don't rush to the station at once you will miss your train.* = to be unable to catch, hit, meet etc. something चूकना, चूक जाना, पकड़ न पाना **2** *I am missing my children. They are away in Mahe.* = to feel unhappy at the absence of someone or something कमी महसूस करना, याद आना

miss[2] noun, c. (**misses**) *The wicket-keeper jumped, but could not catch the ball. That was a narrow miss!* = a failure to catch, hit etc. something चूक, असफल रहना **missing** adj. **1** *a missing tile* = not found or not where it should be लापता, गायब **2** *a missing person* = a person who cannot be found but has not been reported killed खोया हुआ, गुमशुदा **3** *Fill in the missing letters to complete the word.* = which should be there but is not लुप्त, अनुपस्थित, कम **the missing link** = some creature (which has never been found) which might have been like an ape, but from which human beings might have developed संबंध जोड़ने वाली वस्तु अथवा तथ्य का ज्ञात न होना

miss[3] noun, c. (**misses**) *Miss Gurung teaches us history.* = the form of address used for an unmarried woman (**Ms** is now preferred by many women as a form of address.) कुमारी, सुश्री (आजकल बहुत औरतें Ms पुकारा जाना पसंद करती हैं)

miss out *You will miss out on the boat ride if you stay at home.* = to not be able to do or enjoy something (मौका) खो देना, (मौका) गँवाना **to give something a miss** = to decide not to do something (an activity, an event etc.) अनुपस्थित होने या किसी कार्रवाई के न करने का निर्णय लेना **to miss the bus (boat)** = to lose a good chance by hesitating or being too slow अवसर हाथ से जाने देना, अवसर गँवा देना

mis•sile /'mɪsaɪl/ /'मिसाइल्/ noun, c. **1** = any object (e.g. a stone) thrown through the air, which could cause damage or injury प्रक्षेपास्त्र **2** *a ballistic missile* = a flying weapon which can be aimed at a distant target (the place or object that one wants to hit and destroy) 'बैलिस्टिक मिजाइल', दूरस्थ लक्ष्य वाला प्रक्षेपास्त्र

mis•sion /'mɪʃən/ /'मिशन्/ noun, c. **1** *They went on a long tour of Nepal. Their mission was to teach children about basic health.* = a duty or purpose for which someone is sent somewhere मिशन, उद्देश्य **2** *My mission in life is to help people to read and write.* = the work that one believes one has been born to do as a duty जीवन-लक्ष्य **3** *A trade mission from Nepal is visiting New Delhi.* = a group of people who are sent to a foreign country for a special purpose शिष्टमंडल **4** *This school is run by the Catholic mission.* = a religious organization 'मिशन', धार्मिक संस्था **5** *a space mission* = a very special journey made by a spacecraft 'मिशन'-विशिष्ट अंतरिक्ष-यात्रा **missionary** noun, c.

M

(**missionaries**) = a person who works for a religious organization and tries to make others understand his/her religion स्वधर्म-प्रचारक, मिशनरी, 'मिशन' (धार्मिक संस्था) से संबंधित

mist[1] /mɪst/ /मिस्ट्/ noun, u. or c. = a kind of cloud made up of tiny drops of water floating in the air, close to the ground कुहासा, कुहरा (कोहरा)

mist[2] verb, i. *I could not see anything as my spectacles had misted over.* = to be covered with tiny drops of water, like a mist धुँधला होना

mis•take[1] noun, c. or u. = something that has been done wrongly or should not have been done at all भूल, गलती, अशुद्धि

mistake[2] verb, t. (**mistook, mistaken**) *Sita looks so much like her twin sister Gita that most people mistake one for the other.* = to fail to recognize someone or something correctly भूल करना, समानता के भ्रम में एक को दूसरा समझ लेना

mis•ter /'mɪstəʳ/ /मिस्टर्/ noun *Mister Jones is my neighbour.* = a form of address for a man (abbr. **Mr**) श्री, श्रीमान् (संक्षिप्त रूप **Mr**)

mis•tress /'mɪstrɪs/ /'मिस्ट्रिस्/ noun, c. (**mistresses**) 1 *She is the mistress of this house.* = a woman who controls or owns something (old-fashioned) मालकिन, (पुराने प्रचलन का) 2 *The school has a new mistress.* = a woman teacher (old-fashioned) अध्यापिका (पुराने प्रचलन का)

mis•trust verb, t. *They mistrust me because I have lied several times.* = to have no trust in someone अविश्वास करना, संदेह करना, भरोसा न करना

mis•un•der•stand /mɪsʌndə'stænd/ /मिसअॅन्ड'स्टैन्ड्/ verb, t. (**misunderstood**) = to understand someone wrongly गलत समझ लेना **misunderstanding** noun, c. or u. = a situation in which something has not been understood correctly गलतफ़हमी, भ्रम

misuse verb, t. = to use something wrongly or badly दुरुपयोग

mite /maɪt/ /माइट्/ noun, c. = a small insect कुटकी–एक छोटा कीड़ा

mit•i•gate /'mɪtɪgeɪt/ /'मिटिगेइट्/ verb, t. *There is a move to plant neem trees in our neighbourhood. This will mitigate the effect of pollution from diesel fumes.* = to make something less bad or less harmful दोष या हानि को कम करना

mit•ten /'mɪtn/ /मिट्न्/ noun, c. = gloves worn on the hands, which do not have separate coverings for each finger 'मिटन', ऐसा दस्ताना, जिसमें उँगलियाँ अलग-अलग न बनी हों

mix[1] /mɪks/ /मिक्स्/ verb, t. or i. 1 *You can mix lime juice with water.*(t.) = to combine different things together, so that they cannot be separated easily मिलाना 2 *I want you to mix with all the guests.*(i.) = to talk in a friendly way with other people मिलना-जुलना

mix[2] noun, c. 1 *There was a mix of people from many different professions at the meeting.* = a combination or group made up of different things or people मिश्रण, मिला-जुला वर्ग 2 *an idli mix* = a special powder that contains the different things required to make a dish etc. मिश्रण **mixture** noun, c. or u. 1 *We use a mixture of sugar, lemon juice and water to make lemonade.*(c.) = a combination of different things मिश्रण, घालमेल 2 *This bottle contains cough mixture.*(u.) = a medicine produced by combining a number of chemicals together मिश्रण (खाँसी की दवा) **mixed** adj. 1 *I got a mixed response from the audience.* = both good and bad मिला-जुला (अच्छा, बुरा दोनों प्रकार का) 2 *I had a mixed group of classmates in school.* = made up of different kinds of people or things मिश्रित **mixed economy** noun = a country where some of the business is run by the government (the public sector) and some by private companies (the private sector) मिश्रित अर्थव्यवस्था

mixed blessing *Television has proved to be a mixed blessing.* = something that is harmful as well as useful वरदान और अभिशाप दोनों **to be mixed up** = to be confused and not know what to do भ्रम या पशोपेश की स्थिति **to get mixed up with** *She had a quiet life so far, but suddenly she's got mixed up with people who smoke and drink.* = to get involved in something unpleasant गलत संगत या आदतों में पड़ जाना **mixed bag** *We have received many paintings for our art competition, but it is a mixed bag.* = containing a number of things, not all of the same quality अलग-अलग प्रकार की वस्तुओं का जुटाव

mix•er /'mɪksəʳ/ /'मिक्सर्/ noun, c. = an electrical machine used (mostly in the kitchen) to mix substances together (also **blender**) 'मिक्सर'–मिश्रण बनाने के लिए प्रयुक्त विद्युत उपकरण (रसोई के संदर्भ में) (देखें **blender**)

mne•mo•nic /nɪ'mɒnɪk/ /नि'मॉनिक्/ noun, c. *Whenever I forget how many days there are in a particular month, I recite the poem 'Thirty days has September etc.' to myself. It is an excellent mnemonic.* = something that helps one to remember something स्मृति-सहायक, किसी तथ्य या काम को याद करने का तरीका

MO abbr. of **money-order** = money sent through the postal system 'मनीआर्डर' का संक्षिप्त रूप, डाक-व्यवस्था द्वारा भेजा गया पैसा

moan[1] /məʊn/ /मउन्/ verb, i. 1 *The sick man moaned in pain.* = to make a low sound expressing pain or sorrow कराहना 2 *Stop moaning! You are very comfortable here.* = to complain unnecessarily (informal) अनावश्यक शिकायत करना (अनौपचारिक)

moan[2] noun, c. *I heard a soft moan from the sick patient in the hospital.* = the sound of moaning कराह

Moat /məʊt/ /मउट्/ noun, c. = a ditch (long, deep hole) filled with water, surrounding a fort or castle (see **fort**), intended to stop enemies from entering खाई (देखें **fort**)

mob /mɒb/ /मॉब्/ noun, c. = a large and uncontrolled crowd that could cause trouble उत्तेजित भीड़

mo•bile[1] /'məʊbaɪl/ /'मउबाइल्/ adj. *We are using a mobile home to travel around the country. // a mobile phone* = something that can move easily or be moved from place to place गतिशील, चलता-फिरता

mobile[2] noun, c. **1** *You will find a beautiful mobile hanging from the roof of this building.* = a piece of decoration made up of small parts tied to wires or strings, which can move in the wind लटकाने वाली सजावटी वस्तु **2** *She is using a mobile to speak to her friend.* = a mobile phone (a telephone that one can carry around and use from any place) (also **cell phone**) मोबाइलफ़ोन (देखें **cell phone**) **mobility** /məʊ'bɪlɪti/ /मउ'बिलिटी/ noun, u. *I have lost my mobility after I broke my leg in an accident.* = the quality of being mobile (able to move about) गतिशीलता, चलना-फिरना **mobilize (mobilise)** /'məʊbɪlaɪz/ /मउ'बिअलइज़/ verb, t. **1** *We have mobilized to protest against the noise of the diesel engines in our locality.* = to organize people in support of something विरोध-प्रदर्शन के लिए लोगों को एकजुट करना **2** *The army is being mobilized.* = to make an army ready for war सेना को युद्ध के लिए तैयार करना

moc•ca•sin /'mɒkəsɪn/ /'मॉकसिन्/ noun, c. = a shoe made of soft leather which can be slipped on and does not need to be tied up बिना फीते का जूता

mock[1] /mɒk/ /मॉक्/ verb, t. *You shouldn't mock someone who seems to be less intelligent than you.* = to make fun of someone उपहास करना

mock[2] adj. **1** *We are staging a mock parliament.* = something that is a copy of something else (the real thing) अनुकृति **2** *a mock entrance test* = something that is held as a preparation before the real thing is to happen पूर्वाभ्यास **mock-up** noun, c. = a model or copy of something that is going to be built बनाई जाने वाली वस्तु का नमूना **mockery** noun, u. **1** *Some people laughed when I danced badly, but I was not disturbed by their mockery.* = the act of mocking or laughing at someone उपहास **2** *You have made a mockery of the examination by using unfair means.* = to take away the value of something and turn it into a joke उपहास, मजाक

mo•dal /'məʊdl/ /'मउड्ल्/ noun, c. *'Can', 'may', 'will', 'shall', etc. are all modals.* = an auxiliary (helping) verb that expresses permission, possibility etc. [GRAMMAR] वृत्तिवाची सहायक क्रिया [व्याकरण]

mode /məʊd/ /मउड्/ noun, c. **1** *The mode of teaching in this school is rather old-fashioned.* = a way of doing something पद्धति, प्रणाली **2** *The tape-recorder is now in the playback mode. It can play a cassette but cannot record anything.* = the manner in which a machine, which can do different things, is working at a particular time मोड, प्रकार **3** *Narrow trousers are now the mode.* = fashion चलन में, फ़ैशन

mo•del[1] /'mɒdl/ /'मॉड्ल्/ noun, c. **1** *This is a cardboard model of the new school that will be built.* = a small but exact copy of a building, machine etc. to show what it will look like 'मॉडल', नमूना **2** *She works as a model for a fashion designer.* = a good-looking person who appears on a stage or platform in new clothes designed by someone so that people interested in buying such clothes can see what they look like 'मॉडल' **3** *The artist is looking for a model.* = a person who is paid to be painted by an artist or photographed by a photographer 'मॉडल' **4** *We have followed the British model in planning the Indian parliamentary system.* = a system or a design which can be copied by someone else मानक, पद्धति **5** *She is a model for other teachers.* = someone who can serve as a good example for others to copy आदर्श **6** *We want to buy a car of this model.* = a particular type of vehicle made by a company during a particular year नमूना, प्रकार

model[2] adj. *She is a model teacher.* = serving as an example for others to copy आदर्श

model[3] verb, t. **1** *This artist models statues of birds and animals out of clay.* = to make or shape something (मूर्त्ति) गढ़ना, बनाना **2** *She models clothes for a fashion designer.* = to work as a model so that people can see clothes of new design नमूना तैयार करना

mo•dem /'məʊdəm/ /'मउडम्/ noun, c. = an instrument that connects a computer to a telephone line and allows communication to the Internet [COMPUTERS] 'मॉडम' [कंप्यूटर]

mod•e•rate[1] /'mɒdərɪt/ /'मॉड्रिट्/ adj. **1** *He lives in a house of moderate size.* = neither very large nor very small मध्यम, न बहुत बड़ा न बहुत छोटा **2** *This political party has moderate views.* = not at one extreme or the other but somewhere in the middle नरमपंथी

moderate[2] /'mɒdəreɪt/ /'मॉडरेइट्/ verb, t. **1** *They are asking for too much money. They should moderate their demands.* = to make something less strong संयत करना, कम करना **2** *I have been asked to moderate the questions that have been set for the examination.* = to review or check the questions set (by someone else) for an examination, making sure that they are not too difficult (used in education to ensure that standards of judging or testing are uniform) संतुलित करना, कुछ आसान बनाना (परीक्षा के प्रश्न-पत्र के संदर्भ में)

moderate[3] noun, c. = a person whose political views are not at one extreme or the other मध्यमार्गी

M

moderator /mɒdə'reɪtə^r^/ /मॉड'रेइट^र^/ noun, c. **1** = a person who acts as a referee in a dispute, argument or debate मध्यस्थ **2** = a person who moderates the questions set for an examination निर्णायक (परीक्षा के प्रश्न-पत्र का)

mo•dern /'mɒdn/ /मॉड्न्/ adj. **1** *a history of modern India* = belonging to the present time आधुनिक **2** *a modern institution* = having the technology, systems etc. of the present times आधुनिक **modernize (modernise)** verb, t. *We must modernize our system of education.* = to make something suitable for the needs of the present time आधुनिक बनाना

mod•est /'mɒdɪst/ /'मॉडिस्ट्/ adj. **1** *Although she is a famous writer, she is so modest that she never talks about her achievements.* = not speaking too much of one's good qualities संकोची, विनम्र, विनयशील **2** *I have been given a modest increase in my salary.* = not very large (often disapproving) अल्प, साधारण-सा, कोई खास नहीं (प्राय: अस्वीकृत) **modesty** noun, u. = the quality of being modest शालीनता

mo•di•cum /'mɒdɪkəm/ /'मॉडिकम्/ noun, u. *He doesn't have even a modicum of dishonesty. // There is not even a modicum of truth in this report.* = a very small amount (mostly used in negative sentences) (formal, somewhat old-fashioned) थोड़ा-सा, अल्प मात्र (आमतौर पर निषेध-सूचक वाक्य में प्रयुक्त)

mod•i•fy /'mɒdɪfaɪ/ /'मॉडिफ़ाइ/ verb, t. *We are going to modify the design of this house by adding an extra bedroom.* = to change slightly थोड़ा-बहुत परिवर्तन कर सुधार करना (औपचारिक, कुछ पुराने प्रचलन का) **modification** /mɒdɪfɪ'keɪʃn/ /मॉडिफ़ि'केइशन्/ noun, u. **1** = the act of modifying (changing) something परिवर्तन, सुधार **2** = a change that has been made to something संशोधन **modifier** /'mɒdɪfɪə/ /'मॉडिफ़िअ/ noun = a word (e.g. an adverb) that changes the meaning of or has an effect on another meaning प्रविशेषण

mod•ule /'mɒdju:l/ /'मॉड्यूल्/ noun, c. *The new English course is designed in the form of modules, which a student can choose from at different times.* = a small independent part or unit which can be combined with other parts to make a larger structure or arrangement इकाई

mod•u•late /'mɒdjʊleɪt/ /'मॉड्युलेइट्/ verb, t. *He has a powerful voice but he should learn how to modulate it.* = to control the strength of a sound सुर, स्वर संतुलित करना

mo•dus op•er•an•di /məʊdəs ɒpə'rændi/ /मउडस् ऑप'रैन्डी/ noun (Latin) *Police detectives use a very clever modus operandi to catch criminals.* = a method of doing something (लैटिन भाषा का प्रयोग) कार्य-पद्धति

modus vivendi /məʊdəs vɪ'vendi/ /मउडस वि'वेण्डी/ noun (Latin) *There was some dispute between the two brothers over property, but now they have worked out a modus vivendi to live together in peace.* = an arrangement by which people can live or work together in peace (लैटिन भाषा का प्रयोग) समझौता

mo•gul /'məʊgəl/ /मउग्ल्/ noun, c. *He owns 25 factories and is a powerful business mogul.* = an important, rich and powerful person (informal) महत्त्वपूर्ण और धनी व्यक्ति, सेठ (अनौपचारिक)

moist /mɔɪst/ /मॉइस्ट्/ adj. *The soil is moist after the rain.* = slightly wet नम, गीला **moisten** /'mɔɪsn/ /'मॉइस्न्/ verb, t. *She moistened a towel and wiped the child's face with it.* = to make something wet भिगोना **moisture** /'mɔɪstʃə^r^/ /'मॉइस्च^र^/ noun, u. *There is a lot of moisture in the air. It may rain today.* = wetness (water or some other liquid in the form of very tiny drops) नमी, आर्द्रता **moisturize (moisturise)** verb, t. *This lotion (medicine for the skin) will moisturize your skin.* = to take away the dryness from something शुष्कता को दूर कर नमी लाना **moisturizer** /mɔɪstʃə'raɪzə^r^/ /मॉइस्च'राइज़^र^/ noun, c. = a liquid or cream that makes the skin less dry 'मॉस्चरॉइज़र' - त्वचा में नमी लाने वाली क्रीम

mo•lar /'məʊlə/ /'मउल/ noun, c. = the large teeth at the back of the mouth which are used to break up food while chewing दाढ़

mo•las•ses /mə'læsɪz/ /म'लैसिज़्/ noun, u. (always plural) = the thick, dark and sweet substance produced by boiling the juice of sugarcane (केवल बहुवचन में प्रयुक्त) शीरा, चाशनी

mold /məʊld/ /मउल्ड्/ noun, u. = see **mould** (below) (नीचे **mould** देखें)

mole /məʊl/ /मउल्/ noun, c. **1** = a small animal that looks like a rat and makes its home under the ground छछूँदर **2** = a spy who gives secret information, usually to the police (informal) मुखबिर (अनौपचारिक) **3** *She has a mole on her cheek.* = a small, raised mark, usually black, on a person's skin मस्सा, तिल **4** = a unit used to measure how much of a substance there is [CHEMISTRY] मापक इकाई [रसायनशास्त्र] **mole-hill** noun, c. = a small pile of earth dug up by a mole while making its home under the ground छछूँदर की बाँबी

to make a mountain out of a mole-hill = to make something which is unimportant appear to be very important by talking a lot about it राई का पहाड़ बनाना (मुहावरा)

mol•e•cule /'mɒlɪkju:l/ /'मॉलिक्यूल्/ noun, c. *A molecule of hydrogen contains two atoms.* = the smallest part into which a chemical substance can be divided without losing its natural qualities, usually consisting of two or more atoms [CHEMISTRY] (compare **atom**) किसी रसायन का लघुत्तम भाग, अणु संबंधी (देखें **atom**) [रसायनशास्त्र] **molecular** /mə'lekjʊlə^r^/ /

म'लेक्युल/ adj. *molecular weight* = relating to a molecule आणविक

mo•lest /mə'lest/ /म'लेस्ट्/ verb, t. = to harm a child or a woman sexually छेड़खानी करना, यौन-उत्पीड़न करना **molestation** /məʊle'steɪʃən/ /मउले'स्टेइशन्/ noun, u. = the act of molesting someone छेड़छाड़, उत्पीड़न

mol•li•fy /'mɒlɪfaɪ/ /'मॉलिफ़ाइ/ verb, t. *She was very angry with me, but I mollified her by inviting her to dinner.* = to make a person less angry क्रोध शांत करना

mol•lusc /'mɒləsk/ /'मॉलस्क/ noun, c. = a kind of animal that has a very soft body covered with a hard shell e.g. a snail or an oyster [BIOLOGY] घोंघे के प्रकार का जीव [जीव विज्ञान]

mol•ten /'məʊltən/ /'मउलट्न्/ adj. *molten steel* = something solid which melts and becomes liquid due to great heat पिघला हुआ

mo•lyb•de•num /mə'lɪbdənəm/ /म'लिब्डनम्/ noun = a kind of white metal that is sometimes mixed with steel एक प्रकार की श्वेत धातु जिसे कभी-कभी स्टील में मिलाया जाता है।

mom /mɒm/ /मॉम्/ noun, c. = mother (also **mum** or **mummy**) (informal) माँ, अम्मा, मैया (देखें **mum** या **mummy**) (अनौपचारिक)

mo•ment /'məʊmənt/ /'मउमन्ट्/ noun, c. **1** *I will be back in a moment.* = a very short period of time क्षण, पल **2** *The actor arrived at just that moment.* = a particular point of time उसी क्षण **3** *She is going to speak on a matter of great moment.* = importance (formal) महत्त्व (औपचारिक) **momentary** adj. *a momentary loss of memory* = lasting for just a moment क्षणिक, अल्पकालिक **momentous** /məʊ'mentəs/ /मउमेन्टस्/ adj. *a momentous event* = very important (formal) महत्त्वपूर्ण (औपचारिक)

the moment of truth = a moment when something very important or dramatic happens नाटकीय क्षण **at the moment** *She can't come to the door now. She's busy at the moment.* = now अभी, इस समय **at any moment** = very soon after the present time किसी भी पल, जल्दी ही **at the last moment** *The meeting is planned, but Mr. Alvarez may change his mind about it at the last moment.* = just in time before something happens अंतिम क्षणों में **for the moment** *I know we need better chairs in the classroom, but for the moment, could you manage with the ones we have?* = only for the present time, but not later इस समय के लिए, फ़िलहाल **to have one's moments** = to feel happy, important etc. only at certain times, but not always प्रसन्न व महत्त्वपूर्ण अनुभव करना

mo•men•tum /məʊ'mentəm/ /मउ'मेन्टम्/ noun, u. **1** = the mass (weight) of an object mutiplied by its velocity (speed) [PHYSICS] संवेग बल, गतिमात्रा [भौतिकी] **2** *The driver tried to stop the train by applying the brakes, but the train had so much momentum that it could not be stopped at once and rolled along for nearly two kilometres.* = the force that a moving object has, because of which it cannot be stopped at once तेजी, बल, वेग

mon•arch /'mɒnək/ /'मॉनक्/ noun, c. = the ruler of a country (king or queen) राजा, अधिपति **monarchy** noun, u. or c. (**monarchies**) **1** (u.) = the system of rule by a king or queen राजतंत्र **2** (c.) = a country which is ruled by a king or queen राजतंत्र का देश

mon•as•tery /'mɒnəstri/ /'मॉनस्ट्री/ noun, c. (**monasteries**) = a place where monks (people who have chosen to spend their lives in serving their religion) live (see also **monk**) मठ, विहार **monastic** /mə'næstɪk/ /म'नैस्टिक्/ adj. *a monastic life* = like that of a monk मठवासीय, भिक्षु-जैसा

mon•e•ta•ry /'mʌnɪteri/ /'मॅनिटेरी/ adj. = having to do with money आर्थिक, वित्तीय, मुद्रा संबंधी

mon•ey /'mʌni/ /'मॅनी/ noun, u. **1** *I need some money to buy food.* = coins, bank-notes etc. which can be used to buy things धन, रुपया-पैसा **2** *He has a lot of money.* = wealth धन **money-changer** noun, c. = a person who can exchange the money used in one country for the money used in a different country देश-विदेश की मुद्राओं का विनिमय करने वाला **money-lender** noun = a person who gives out loans on interest साहूकार **money-spinner** noun = a book or film etc. which earns a lot of money for the writer or producer (informal) ऐसी पुस्तक या फिल्म आदि जिसके द्वारा लेखक या निर्माता को बहुत धन मिले (अनौपचारिक)

to get one's money's worth = to get complete value for the money that one has spent पैसा वसूल होना **to come into big money** = to get a lot of money from some source, usually by inheriting money from someone who has died (informal) विरासत में बहुत धन मिलना (अनौपचारिक) **to have money to burn** = to be careless with money because one is very rich (disapproving) पैसा उड़ाना, पैसा फूँकना (अस्वीकृत) **money for jam** = money which is earned very easily, without much effort बिना मेहनत किए पैसा कमाना **to put one's money where one's mouth is** = to provide proof to support something that one is saying अपने कथन को प्रमाणित करना **hush money** = money paid as a bribe, to keep something secret (informal) मुँह बंद रखने के लिए दी गई रिश्वत (अनौपचारिक) **money talks** = an expression used to suggest that if one has money, one has power and can get/do what one wants 'पैसा बोलता है'– जिसके पास पैसा है वह जो चाहे कर या करवा सकता है

mon•goose /'mɒŋgu:s/ /'मॉङ्गूस्/ noun, c. (**mongooses**) = a small animal found in India (and other tropical countries) that kills snakes नेवला

mon•grel /'mʌŋgrəl/ /'मॅङ्ग्रल्/ noun, c. = a dog whose parents belong to different breeds and is not considered valuable दोगली नस्ल का कुत्ता

mon•i•tor[1] /'mɒnɪtə^r/ /'मॉनिटर/ verb, t. *The Election Commission is sending a team of officials to three*

M

states to monitor the elections there. = to watch something carefully over a period of time so as to make sure that nothing goes wrong पड़ताल करना, चेक करना, 'मॉनीटर' करना

monitor[2] noun, c. **1** *You can see the pictures on the monitor.* = an instrument with a screen on which pictures or words can be shown, used as part of a computer system [COMPUTERS] 'मॉनीटर' (कंप्यूटर) **2** *The teacher has made me the monitor for this class.* = a pupil who is chosen by the teacher to help him/her in keeping order in the class कक्षा-नायक, मॉनीटर

monk /mʌŋk/ /मङ्क्/ noun, c. = a person (generally a man) who joins a religious group and leads a life of prayer and service to religion (compare **nun**) भिक्षु, मठ में रहकर आध्यात्मिक जीवन जीने वाला (देखें **nun**)

mon•key[1] /'mʌŋki/ /मँङ्की/ noun, c. = a small, tree-climbing animal with a long tail बंदर

monkey[2] verb, i. *Who asked you to monkey with this machine?* = to handle something (specially a machine) carelessly because of not knowing enough about it (informal) किसी वस्तु को छेड़ना, शरारत करना (अनौपचारिक) **monkey business** *I don't want any of your monkey business.* = behaviour which is not honest or acceptable and is often secret दुराव-छिपाव वाला व्यवहार **monkey-nut** = a peanut or groundnut मूँगफली

mon•o- /mɒnəʊ/ /मॉनउ/ prefix meaning one or single एक का अर्थ देने वाला उपसर्ग e.g. **mo•no•chrome** /'mɒnəkrəʊm/ /'मॉनक्रउम्/ adj. *We have arranged an exhibition of monochrome photographs.* = having no colours other than black and white एकरंगा, श्वेत-श्याम

mono noun or adj. *Is your new cassette player a stereo or a mono?* = a machine which produces sounds that seem to come from only one direction (see also **stereo**) 'मोनो' (देखें **stereo**)

mo•nog•a•my /mə'nɒgəmi/ /म'नॉगमी/ noun, u. = the custom of having only one wife or husband at one time (opposite **bigamy** or **polygamy**) एक-पत्नीक/एक-पति प्रथा (विलोम शब्द **bigamy** या **polygamy**) **monogamous** adj.

mon•o•graph /'mɒnəgrɑːf/ /'मॉनग्राफ़्/ noun, c. = a short book written on a single subject, usually to report some research विनिबंध, प्रबंध, शोधपरक रिपोर्ट की छोटी पुस्तिका

mon•o•lin•gual[1] /mɒnəʊ'lɪŋgwəl/ /मॉनउ'लिङ्ग्वल्/ noun, c. = a person who knows and can use only one language एकभाषाभाषी

monolingual[2] adj. *a monolingual dictionary* = using only one language (opposite **bilingual** or **multi-lingual**) एकभाषा (कोश) (विलोम शब्द **bilingual** या **multi-lingual**)

mon•o•lith /'mɒnəlɪθ/ /'मॉनलिथ्/ noun, c. = a single large, tall block of stone, put up for religious purposes by people who lived long ago एकाश्म, एक ही पत्थर की बनी ऊँची शिला **monolithic** /mɒnə'lɪθɪk/ /मॉन'लिथिक्/ adj. *a monolithic state* = something (usually a company or a governnment) which becomes too large and powerful and does not allow any differences (derogatory) एकछत्र, विशाल (अनादरपूर्ण)

mon•o•logue /'mɒnəlɒg/ /'मॉनलॉग्/ noun, c. or u. = a long speech by one person only (opposite **dialogue**) (sometimes derogatory) एक लंबा भाषण, एकालाप (विलोम शब्द **dialogue**) (कभी-कभी, अनादरपूर्ण)

mo•nop•o•ly /mə'nɒpəli/ /म'नॉप्ली/ noun, u. or c. (**monopolies**) *The railways are a government monopoly.*(u.) = a business which is controlled by a single person or group, with no competition from anyone else एकाधिकार **monopolize (monopolise)** verb, t. *The large company wants to monopolize the tele-communications industry.* = to have full control over something and allow no competition एकाधिकार प्राप्त कर लेना

mon•o•rail /'mɒnəʊreɪl/ /'मॉनउरेइल्/ noun, c. = a train which runs on or hangs from a single rail (railway track) एकल पटरी पर चलने वाली रेल

mon•o•syl•la•ble /mɒnə'sɪləbəl/ /मॉन'सिलब्ल्/ noun, c. *The word 'send' is a monosyllable but 'sending' has two syllables.* = a word which has only one syllable (see **syllable**) एकाक्षर (देखें **syllable**) **monosyllabic** /mɒnəsɪ'læbɪk/ /मॉनसि'लैबिक्/ adj. *a monosyllabic word* = having one syllable only एकाक्षरी, एकाक्षरिक

mon•o•the•is•m /'mɒnəʊθiːɪzəm/ /'मॉनउथीइज़्म्/ noun, u. = the belief that there is only one god (opposite **polytheism**) एकेश्वरवाद, अद्वैतवाद (विलोम शब्द **polytheism**)

mo•no•tone /'mɒnətəʊn/ /'मॉनटउन्/ noun, c. *He was speaking in a dull monotone that made us feel sleepy.* = a way of speaking in which the voice never rises or falls and therefore sounds dull एकस्वर, सपाट स्वर (बिना उतार-चढ़ाव के) **monotonous** /mə'nɒtənəs/ /म'नॉट्नस्/ adj. *The film was very monotonous.* = not containing variety (change) and therefore dull नीरस एकरस

mo•nox•ide /mə'nɒksaɪd/ /म'नॉक्साइड्/ noun, u. or c. = a chemical which contains only one atom of oxygen in each molecule [CHEMISTRY] मोनोऑक्साइड–एक रसायन [रसायनशास्त्र]

mon•soon /mɒn'suːn/ /मॉन्'सून्/ noun, c. **1** = a season in the Indian subcontinent and parts of South Asia when there is very heavy rain वर्षाऋतु, मानसून **2** = a wind that brings heavy rain बरसाती हवा/मानसून की हवा

mon•ster /'mɒnstə^r/ /'मॉन्स्ट^र/ noun, c. **1** = an imaginary creature (appearing in children's stories) that is very large and frightening दैत्य, राक्षस (बाल साहित्य में एक काल्पनिक पात्र) **2** *The tiger was an absolute monster.* = an animal of unusually large size विकराल पशु **3** *The man is a monster.* = a very evil or wicked person (figurative) दुरात्मा, बड़ी और भद्दी

(लाक्षणिक) **monstrosity** /mɒn'strɒsɪti/ /मॉन्'स्ट्रॉसिटी/ noun, u. *The new office building is a monstrosity.* = something very large and ugly बड़ी और भद्दी **monstrous** /'mɒnstrəs/ /मॉन्स्ट्रस्/ adj. **1** *Your behaviour at the meeting was monstrous.* = very bad बहुत बुरा **2** *a monstrous elephant* = of unusually large size विशालकाय

month /mʌnθ/ /मॅन्थ्/ noun, c. = one of the 12 parts into which a year is divided माह, महीना **monthly** adj. = happening every month मासिक

mo•nu•ment /'mɒnjʊmənt/ /'मॉन्युमन्ट्/ noun, c. = an object (usually a stone building, tower etc.) built to remember a person or an important event स्मारक **monumental** /mɒnjʊ'məntl/ /मॉन्यु'मन्टल्/ adj. *a monumental piece of writing* = very great or important चिरस्मरणीय, स्मारकीय, महान **historical monument** = an old building or place which is important in the history of a country ऐतिहासिक स्मारक

moo[1] /mu:/ /मू/ noun, c. = the sound made by a cow गाय के रँभाने का शब्द

moo[2] verb, i. = to make a sound like a cow रँभाना

mood /mu:d/ /मूड्/ noun, c. **1** *He is in a happy mood now.* = the way one feels at a particular time मनोदशा, मिजाज, मूड **2** *The sentence 'Go home at once!' is in the imperative mood.* = the form of the verb which shows whether a sentence is to be understood as a statement (indicative), a question (interrogative) or a command (imperative) [GRAMMAR] क्रिया के संकेतार्थ, विध्यार्थ और संभावनार्थ तीन प्रकारों में से कोई एक; 'मूड' विधि [व्याकरण] **moody** adj. *a very moody person* = having moods that change easily and often तुनकमिजाज, शीघ्र बदल जाने वाला

moon[1] /mu:n/ /मून्/ noun **1** = the heavenly body that moves around the earth and shines at night चाँद **2** *the moons of Jupiter* = a heavenly body that moves around planets other than the earth उपग्रह

moon[2] verb, i. *Stop mooning around and settle down to some work!* = to spend time doing nothing (informal) मटरगश्ती करना (अनौपचारिक) **moonless** adj. = dark, with no moon in the sky अमावस **moon-beam** noun, c. = a ray of light that comes from the moon चंद्रकिरण **moonlight** noun, u. = the light of the sun, reflected by and seeming to come from the moon चाँदनी **moonlight** verb, i. *She is a teacher in a school but she is also moonlighting and doing other jobs.* = to have more than one job, without the knowledge of the employer बिना नियोक्ता की जानकारी के दूसरा काम भी करना **moonstruck** adj. *You must be moonstruck!* = slightly mad पागल

to be over the moon = to feel extremely happy about something अत्यधिक प्रसन्न होना **to cry for the moon** = to wish strongly for something that one cannot get अप्राप्य वस्तु को प्राप्त करने की इच्छा करना **to promise someone the moon** = to promise to do something that one cannot possibly do or to give someone something that one cannot give असंभव को संभव करने का वादा करना

moor[1] /mʊəʳ/ /मुअर/ noun, c. = an open area of land covered with rough grass बंजर भूमि

moor[2] verb, t. *We will moor the boat here.* = to tie up a boat or ship to something on the land (e.g. a tree) so that it cannot move बाँधना **moorings** noun, c. (generally plural) **1** *The ship broke loose from its moorings.* = the place to which a ship is moored (tied) (सामान्यत: बहुवचन में प्रयुक्त) लंगर-स्थल **2** *This generation has lost its emotional moorings.* = something that keeps a person steady and balanced स्थिर, संतुलन बनाए रखने वाली वस्तु

Moor = a person from Morocco (an Arab country in northern Africa) (उत्तरी अफ्रीका में एक अरब देश) मोरक्को का बाशिंदा, मूर

moose /mu:s/ /मूस्/ noun, c. = a kind of large deer found in North America उत्तरी अमेरिका में पाया जाने वाला एक प्रकार का बड़ा हिरण (हिरन)

moot point /'mu:t pɔɪnt/ /'मूट पॉइन्ट्/ noun, c. *It is a moot point whether the banning of violent programmes on television will reduce crime.* = a question which has not been decided and over which there can be a debate विवाद का विषय

mop[1] /mɒp/ /मॉप्/ noun, c. **1** = a long stick with a number of loose cotton threads hanging from one end, used to clean floors एक प्रकार का पोंछा **2** *a mop of hair* = a mass of untidy hair on someone's head (बालों का) गुच्छा

mop[2] verb, t. **1** *You have spilled some ink on the floor. Please mop it up.* = to clean with a mop पोंछे से साफ़ करना **2** *She kept mopping his face with a towel.* = to wipe clean (with a piece of cloth) पोंछना (कपड़े से साफ करना) **a mopping-up operation** noun *The army is engaged in mopping-up operations across the border.* = an attack carried out by soldiers to mop up (remove completely) any enemies remaining in an area बचे हुए दुश्मनों का सफ़ाया करने का अभियान

to mop up = to clean something using a mop etc. from a surface पोंछे से साफ़ करना

mope /məʊp/ /मउप्/ verb, i. *Stop moping over your defeat.* = to continue to be unhappy about something उदास रहना, शोक करना

mo•ped /'məʊped/ /'मउपेड/ noun, c. = a light motorcycle or a bicycle fitted with an engine मोपेड–इंजनवाली साइकिल

mo•raine /mə'reɪn/ /म'रेइन्/ noun, u. = masses of earth or rock lying on the edges of a glacier [GEOGRAPHY] (see also **glacier**) हिमनद द्वारा लाया हुआ मलबा, हिमोढ़, 'मोरेन' [भूगोल] (देखें **glacier**)

mo•ral[1] /'mɒrəl/ /'मॉरल्/ adj. *We expected our leaders to be honest and just to have high moral values.* = based on principles of right and wrong behaviour etc. नैतिक, सदाचारी

M

moral² noun, c. *The moral of this story is that you should always think before you speak.* = something that one learns from a story or an incident about the right way to act or behave नीति-वचन, शिक्षा, सीख **morals** noun (always plural) *He will do anything to win. He has no morals.* = the rules or standards for good behaviour which a person is supposed to have (केवल बहुवचन में प्रयुक्त) नैतिकता **morality** /məˈræləti/ /मˈरैलटी/ noun, u. *the morality of using nuclear weapons* = standards of good or honest behaviour नैतिकता, नैतिक शिक्षा **moralize (moralise)** /ˈmɒrəlaɪz/ /मॉˈरलाइज़्/ verb, i. *He loves to moralize, though he seldom practises what he preaches.* = to talk about the importance of morality etc. without doing anything about it (derogatory) उपदेश देना, नैतिकता की बात करना (अनादरपूर्ण)

mo•rale /məˈrɑːl/ /मˈराऽल्/ noun, u. *The morale of our company is very high after achieving the sales target.* = the level of confidence or courage in an army, team etc. मनोबल, हौसला

mor•a•to•ri•um /mɒrəˈtɔːriəm/ /मॉरˈटॉऽरिअम्/ noun, c. (**moratoria**) *The government has declared a moratorium on the testing of nuclear weapons.* = the stopping of something for a limited period of time विलंबन, स्थगन

mor•bid /ˈmɔːbɪd/ /ˈमॉऽबिड्/ adj. *My brother loves reading murder stories. I don't know why he has such a morbid interest in the subject.* = having an unhealthy interest in unpleasant subjects, specially things connected with death or disease (disapproving) विकृत, दूषित रुचि वाला (अस्वीकृत) **morbidity** /mɒˈbɪdɪti/ /मॉˈबिडिटी/ noun, u. **1** = the quality of being morbid विकृत मानसिकता **2** = (of a person with a disease), the tendency for the disease to worsen [MEDICINE] रुग्णता, रुग्णावस्था [चिकित्सा]

more¹ /mɔːʳ/ /मॉऽʳ/ det. **1** *This class has 25 boys and 13 girls. There are more boys than girls in this class.* = a larger number तुलना में अधिक **2** *You have given me only five rupees for a meal. I need some more money.* = an additional amount अतिरिक्त, और

more² pron. *I don't have enough money. I need some more.* = an additional number or amount और अतिरिक्त

more³ adv. *He should practise more if he wants to play for his country.* और ज़्यादा // *She is more hardworking than her brother.* = to a greater extent or degree तुलना में अधिक

more and more *There are more and more restaurants in the city.* = *an increasing number or amount* अधिकाधिक, संख्या में वृद्धि **not any more** = not any longer और अधिक समय नहीं **more or less** *This is more or less the number of people coming to the party.* = roughly, approximately अनुमानतः, लगभग

morgue /mɔːg/ /मॉऽग्/ noun, u. = a place where dead bodies are kept, specially in cases of unnatural death (also **mortuary**) शवगृह, मुर्दाघर (देखें **mortuary**)

morn /mɔːn/ /मॉऽन्/ noun = literary form of "morning" प्रातः **morning** /ˈmɔːnɪn/ /ˈमॉऽनिङ्/ noun, c. or u. = the first part of the day, from sunrise to noon प्रातःकाल, सुबह

mo•ron /ˈmɔːrɒn/ /ˈमॉऽरान्/ noun, c. = a very stupid person (not polite) (informal) मूर्ख, मंदबुद्धि, अल्पबुद्धि (विनम्र नहीं) (अनौपचारिक)

mo•rose /məˈrəʊs/ /मˈरउस्/ adj. *Why do you look so morose? What's wrong?* = sad; depressed विषण्ण, उदास, खिन्न

moreover conj. or adv. *He is very hard-working. Moreover, he is completely honest.*(conj.) = in addition to what has been said उस पर, इसके अतिरिक्त, इसके अलावा

mor•pheme /ˈmɔːfiːm/ /ˈमॉऽफीम्/ noun, c. *The word "books" contains two morphemes : book + -s* = the smallest meaningful part into which a word can be divide [GRAMMAR] रूपिम, रूपग्राम [व्याकरण] **morphology** /mɔːˈphɒlədʒi/ /मॉऽˈफ़ालजी/ noun = the study of the morphemes of a language [TECHNICAL] रूपिम विज्ञान [तकनीकी]

mor•phine /ˈmɔːfiːn/ /ˈमॉऽफ़ीन्/ noun, u. = a drug made from opium, which is used by doctors to lessen pain (also **morphia**) 'मॉरफ़ीन'–अफ़ीम से बनी औषधि, मार्फ़िया

mor•sel /ˈmɔːsəl/ /ˈमॉऽसल्/ noun, c. *a morsel of bread* = a very small piece of food ग्रास, कौर, निवाला

mor•tal¹ /ˈmɔːtl/ /ˈमॉऽट्ल्/ adj. **1** *All human beings and animals are mortal.* = bound to die; not living forever (opposite **immortal**) नश्वर, मरणशील (विलोम शब्द **immortal**) **2** *He has a mortal wound in the chest.* = likely to cause death घातक, प्राणघातक **3** *She is in mortal danger.* = very great (figurative) घोर (लाक्षणिक)

mortal² noun, c. *It is said that the gods sometimes come down from heaven to live with mortals.* = a human being who, by nature, will be born and will die मनुष्य, मर्त्य प्राणी **mortality** /mɔːˈtælɪti/ /मॉऽˈटैलिटी/ noun, u. or c. (**mortalities**) **1** *The death of my father reminded me of my own mortality.*(u.) = the quality of being mortal नश्वरता, मरणशीलता **2** *A large number of mortalities resulted from the accident.*(c.) = a death caused by some accident, war etc. अकाल मृत्यु (जैसे–दुर्घटना, युद्ध आदि में)

mor•tar /ˈmɔːtəʳ/ /ˈमॉऽटʳ/ noun, u. or c. **1** *This building is made from brick and mortar.*(u.) = a mixture of sand, cement and water, used to join bricks together गारा **2** (c.) = a heavy gun used in war मोर्टार, छोटी तोप **3** *a mortar and pestle*(c.) = a hard bowl, made of stone or clay, in which something can be ground (crushed into powder), using a short stick called a **pestle** (see pic under **laboratory equipment**) ऊखल, ओखली, खरल (**laboratory equipment** के अंतर्गत चित्र देखें)

mort•gage[1] /ˈmɔːgɪdʒ/ /ˈमॉऽगिज्/ verb, t. *I need a loan from the bank to start a business. I will have to mortgage my house in order to get the loan.* = to give up the ownership of a building or piece of land for a certain period in return for a loan of money गिरवी रखना, रेहन रखना

mortgage[2] noun, u. *This house is on mortgage with the bank.* = an agreement by which one borrows money in return for some property (buildings or land) बंधक, गिरवी, रेहन

mor•ti•fy /ˈmɔːtɪfaɪ/ /ˈमॉऽटिफ़ाइ/ verb, t. *I was mortified to find that when I stood up to read my speech, I had forgotten my spectacles.* = to feel great shame and embarrassment (formal) लज्जित व अपमानित अनुभव करना (औपचारिक) **mortification** /mɒtɪfɪˈkeɪʃən/ /मॉटि'फिकेइश्न्/ noun, u. *To my mortification, I discovered that I had no money to pay for my bus ticket.* = feeling of shame लज्जा, अपमान की अनुभूति

mor•tu•a•ry /ˈmɔːtʃuəri/ /ˈमॉऽचुअरी/ noun, c.= a building where dead bodies are kept (see also **morgue**) मुर्दाघर, शवगृह (देखें **morgue**)

mo•saic[1] /məʊˈzeɪ-ɪk/ /मउ'जेइक्/ noun, u. or c. = a pattern made by using many small pieces of coloured stone or glass in a background of a different colour पच्चीकारी

mosaic[2] adj. *a mosaic floor* = made with small pieces of coloured stone 'मोजाइक'-रंग-बिरंगे छोटे छोटे पत्थरों से बना

mos•que /mɒsk/ /मॉस्क्/ noun, c. = a place of worship for Muslims मस्जिद

mos•qui•to /məˈskiːtəʊ/ /म'स्कीटउ/ noun, c. (**mosquitoes**) = a small flying insect that sucks blood मच्छर

moss /mɒs/ /मॉस्/ noun, u. = tiny green plants that are soft and grow in wet places (on rocks, tree-trunks, walls etc.) कई चट्टानों, पेड़ों के तनों, दीवारों आदि पर उगने वाली काई **mossy** adj.

a rolling stone gathers no moss = A person who is always moving from one job to another can never become rich or successful. धोबी का कुत्ता घर का न घाट का

most[1] /məʊst/ /मउस्ट्/ det. *Most men tell lies.* = nearly all अधिकांश

most[2] pron. *I like all my friends but I like Mohan the most.* = more than the others सबसे अधिक, सर्वाधिक

most[3] adv. **1** *This is the most beautiful painting in the room.* = more than the others सर्वाधिक, सबसे ज़्यादा **2** *I shall be most grateful for your help.* = very अत्यधिक

at the most *At the most, a hundred people will come to our meeting.* = the maximum number अधिक से अधिक **for the most part (mostly)** **1** = almost completely अधिकतर, ज़्यादातर **2** = nearly always बहुधा **to make the most of something** = to take as much advantage of a situation as possible पूरा लाभ उठाना

-most suffix meaning **1** greatest e.g. अधिकतम **uppermost** adj. *The thought of meeting you was uppermost in my mind.* = having greater importance than anything else प्रमुख, सर्वोच्च **2** farthest from a point e.g. **southernmost** adj. *Kanya Kumari is the southernmost point on the mainland of India.* = farther to the south than anything else दक्षिण का छोर

mote /məʊt/ /मउट्/ noun, c. = a very small particle (piece) of dust रजकण, धूल-कण

mo•tel /məʊˈtel/ /मउ'टेल्/ noun, c. = a hotel by the side of a road, meant for the use of motorists (people travelling in motorcars) (motel = motor + hotel) 'मोटल', मोटरगाड़ी की सवारियों के लिए सड़क किनारे बना होटल

moth /mɒθ/ /मॉथ्/ noun, c. = an insect like a butterfly that flies at night and is attracted by lights पतंगा **moth-ball** noun = a small, white ball made of a chemical with a very strong smell, which protects clothes by driving moths away कीटनाशक गोलियाँ (फिनायल की) **moth-eaten** adj. **1** *moth-eaten clothes* = damaged by moths कीड़ों द्वारा खाए गए **2** *moth-eaten furniture* = in very poor condition दयनीय स्थिति, खराब हालत, जीर्ण-शीर्ण

mo•ther[1] /ˈmʌðəʳ/ /ˈमॅदॅ/ noun, c. **1** *This is the boy's mother.* = a female human being or animal that has given birth to a child (young one) माँ, माता **2** *Poverty is the mother of crime.* = the cause of (figurative) जन्मदाता, कारण (लाक्षणिक) **3** *I have the mother of all stomach upsets!* = the worst kind of something (informal) सबसे खराब, किस्म (अनौपचारिक)

mother[2] verb, t. *Mr Mulay has a number of dogs at home and he mothers them lovingly.* = to take care of and protect like a mother माँ की तरह देखभाल करना **mother-board** noun, c. = the central part of a computer that controls all the other parts [COMPUTERS] 'मदरबोर्ड' (कंप्यूटर) **mother-in-law** noun, c. = the mother of one's wife or husband सास **motherland** = the country of your birth to which you have strong emotional ties मातृभूमि **mother tongue** noun, c. = the first language that a baby hears and learns to speak at home मातृभाषा

mo•tif /məʊˈtiːf/ /मउ'टीफ़/ noun, c. (French) *These new curtains have a flower motif.* = pattern or design (फ्रेंच शब्द), डिज़ाइन

mo•tion[1] /ˈməʊʃən/ /ˈमउश्न्/ noun, u. or c. **1** *The train is in motion.*(u.) = the act or process of moving गति **2** *The Leader of the Opposition introduced a motion in the parliament.*(c.) = a suggestion or proposal made at a meeting (formal) प्रस्ताव (औपचारिक) **3** *The doctor asked the sick man if his motions were regular.*(c.) = the act of emptying the bowels of solid

M

waste matter (a term normally used by doctors) मलत्याग (डॉक्टरों द्वारा प्राय: प्रयुक्त अंग्रेज़ी शब्द)

motion[2] verb, i. *The policeman motioned the driver of the car to stop.* = to signal with a movement of the hand इशारा करना, संकेत देना **motion-picture** noun = a cinema film चलचित्र

to go through the motions of something = to do something only because one has to do it, without any interest बेमन से यंत्रवत् कार्य करना **to put something in motion** = to start a process or a machine प्रक्रिया आरंभ करना, चलाना

mo•ti•vate /ˈməʊtɪveɪt/ /ˈमउटिवेइट्/ verb, t. *Although Indrajeet is very lazy, he may agree to work for you if you motivate him by giving him interesting work.* = to give someone a strong reason for wanting to do something प्रेरित करना **motivation** /məʊtɪˈveɪʃən/ /मउटिˈवेइशन्/ noun, u. *She is intelligent but she lacks the motivation to work hard.* = desire or need to do something प्रेरणा **motive** /ˈməʊtɪv/ /ˈमउटिव्/ noun, c. *The man who was killed had no enemies. The police are trying to find out what motive anyone could have for killing him.* = the reason for doing something उद्देश्य, प्रयोजन

mot•ley /ˈmɒtli/ /ˈमॉट्ली/ adj. *The film-star is always followed by a motley crowd of admirers.* = of many different kinds (derogatory) मिला-जुला खिचड़ी-सी (भीड़) (अनादरपूर्ण)

mo•tor[1] /ˈməʊtəʳ/ /ˈमउटʳ/ noun, c. *The motor of my electric pump has been damaged.* = the machine or engine that drives something or makes something work मोटर

motor[2] adj. 1 *the motor industry in India* = connected with cars (also **automobile** or **auto**) मोटरकार से संबंधित (देखें **automobile** या **auto**) 2 *My friend is unable to move his left arm and leg. The doctors say he has lost motor control of the left half of his body.* = having to with the muscles that help the body to move (see also **muscle**) माँसपेशियों की गत्यात्मकता, गतिशीलता (देखें **muscle**)

motor[3] verb, i. *We will motor down to Chennai for the holidays.* = to travel in a motorcar कार से यात्रा करना **motorist** noun, c. = a person who drives a motorcar मोटर-चालक **motorized** adj. *a motorized bicycle* = fitted with a motor इंजन-चालित, मोटर-चालित **motorbike** noun = motorcycle मोटर-साइकिल

mot•to /ˈmɒtəʊ/ /ˈमॉटउ/ noun, c. (**mottoes** or **mottos**) *The motto of the Government of India is 'Satyameva Jayate'* (the truth alone conquers) = a short sentence or phrase that expresses a principle or objective of a company, organization etc. नीति-वाक्य आदर्श-वाक्य

mould[1] /məʊld/ /मउल्ड्/ verb, t. *These chairs have been moulded out of sheets of plastic by a special machine. // A good school will mould the character of its students.* = to make or shape something (to give it a shape) (साँचे में) ढालना, गढ़ना

mould[2] noun, c. 1 *These wax candles, which are shaped like apples, are made by melting wax and pouring it into an apple-shaped mould.* = a hollow container with a particular shape into which some liquid or soft substance is poured, so that when the substance becomes hard it takes the shape of the container साँचा 2 *The piece of bread is covered with mould. You can't eat it.* = a soft greenish material (which is made up of tiny plants) that grows on food such as bread or cheese which has been kept too long in a warm, wet place (also **mold**) (देखें **mold**) फफूँदी **mouldy** adj. = covered with mould फफूँदी-लगा, फफूँददार, पुराना

moult /məʊlt/ /मउल्ट्/ verb, i. *Birds moult each year before winter.* = to lose feathers, hair or skin during certain seasons of the year (used in connection with birds and animals) (पक्षियों या पशुओं द्वारा) पर झाड़ना, केंचुल उतारना

mound /maʊnd/ /माउन्ड्/ noun, c. 1 = a pile of earth, stones etc. टीला, ढेर 2 *He served me a mound of rice.* = a large pile of something (informal, if used humorously) ढेर (अनौपचारिक, यदि हास्य के लिए प्रयुक्त)

mount[1] /maʊnt/ /माउन्ट्/ verb, t. 1 *He mounted his horse and rode away.* = to get on a horse, bicycle etc. चढ़ना, सवार होना 2 *You will have to mount these stairs to reach the rooms above.* = to climb चढ़ना 3 *Excitement mounted in the stadium as Tendulkar neared his century.* = to rise बढ़ना 4 *The company is mounting a sales campaign to increase the sales of their products. // The army mounted an attack on the enemy.* = to organize (plan and carry out) some activity कार्रवाई आयोजित करना 5 *You should mount these photographs in an album.* = to fix or place in a position where something can be easily seen चिपकाना, लगाना

mount[2] noun, c. *Mount Everest* = a word used as part of the name of a mountain (abbr. **Mt.**) पहाड़, पर्वत (संक्षिप्त रूप **Mt.**)

moun•tain /ˈmaʊntɪn/ /ˈमाउन्टिन्/ noun, c. 1 = a raised part of the earth's surface, higher than a hill, the top part of which is often covered with snow पर्वत, पहाड़ 2 *I have a mountain of examination papers to correct.* = a very large amount (figurative) बहुत सारा, ढेर सारा, अंबार (लाक्षणिक) **mountainous** adj. = full of mountains पहाड़ी, पर्वतीय, पर्वताकार **mountaineering** /maʊntɪˈnɪərɪŋ/ /माउन्टिनिअरिङ्/ noun, u. = the sport or skill of climbing high mountains पर्वतारोहण **mountaineer** noun, c. = a person who climbs high mountains पर्वतारोही

mourn /mɔːn/ /मॉऽन्/ verb, t. or i. *He is mourning the death of his mother.* = to feel or express grief at the death of someone शोक करना **mournful** adj. *a* *mournful glance* = very sad मातमी, शोकग्रस्त **mourner** noun, c. = a person who is present at somebody's funeral (the ceremony held to mourn someone's death) शोक मनाने वाला, शोकाकुल

mouse /maʊs/ /माउस्/ noun, c. (**mice**) **1** = a small animal like a rat, but smaller in size चुहिया **2** (plural **mouses**) = a small instrument that is connected to a computer and clicked to make the computer do various things [COMPUTERS] 'माउस' (कंप्यूटर का) **mouse-trap** noun, c. = a simple device (machine) used to catch mice चूहेदानी

mous•tache /mə'stɑːʃ/ /म'स्टाऽश्/ noun, c. = the hair which grows above a man's upper lip मूँछें

mouth[1] /maʊθ/ /माउथ्/ noun, c. **1** = the opening in the face of a human being through which food is taken into the body मुँह, मुख **2** *the mouth of a volcano* = an opening मुहाना, दहाना **3** = the point where a river falls into a sea [GEOGRAPHY] मुँहाना [भूगोल]

mouth[2] /məʊð/ /मउद/ verb, t. *He can't sing, so he just mouthed the words while the others sang.* = to move one's lips as if speaking or singing, without making any sound केवल ओठ हिलाना **mouthful** noun, c. **1** *She drank a mouthful of tea.* = a small quantity of food or drink taken in the mouth घूँट **2** *Your name is quite a mouthful!* = a word that is hard to say बोलने में कठिन **mouth-organ** noun, c = a musical instrument that is played by holding it between the lips and blowing air through it (also **harmonica**) 'माउथ ऑर्गन' (देखें **harmonica**) **mouth-piece** noun, c. **1** = the part of a musical instrument or telephone that is held in or near the mouth 'माउथ पीस'– टेलिफ़ोन का बोलने वाला भाग **2** *This newspaper is the mouth-piece of the Chief Minister.* = a newspaper or a person that expresses the opinions of someone (derogatory) दूसरे के विचार व्यक्त करने वाला प्रतिनिधि या मुखपत्र (अनादरपूर्ण) **mouth-watering** = (about food) very attractive and giving one a desire to eat मुँह में पानी लाने वाला, लार टपकाने वाला भोजन

-mouthed suffix meaning speaking in a certain way e.g. **1 loud-mouthed** = speaking very loudly ज़ोर से बोलने वाला **2 foul-mouthed** = using bad language अपशब्दों का प्रयोग करने वाला

to make one's mouth water **1** = (about food) to look or smell so good that one wants to eat it at once मुँह में पानी लाने वाला, लार टपकाने वाला **2** = to want to get something which looks very attractive (figurative) किसी आकर्षक चीज़ को लेने की इच्छा करना, (लाक्षणिक) **to put one's foot in one's mouth** = to say something carelessly, making a mistake लापरवाही से बोलने में गलती कर जाना **to be down in the mouth** *Although he had not failed in the test, he looked very down in the mouth.* = to look very unhappy दुखी नज़र आना **to have a big mouth (to be all mouth)** = to be very fond of talking or boasting शेखी बघारने या अधिक बोलने का शौक होना **to keep one's mouth shut** = to say nothing or to stop talking मुँह बंद रखना, चुप्पी साधे रहना **to (not) look a gift horse in the mouth** = to not look critically at something one gets free मुफ़्त मिली वस्तु की आलोचना करना **to put words in someone's mouth** = to state falsely that someone said something किसी की अनकही बात को कहे होने का झूठा दावा करना **to shoot one's mouth off** = to talk carelessly, without thinking बिना सोचे-समझे लापरवाही से बोलना **to live from hand to mouth** = to have barely enough money for one's needs मुश्किल से गुज़ारा करना **by word of mouth** *The new restaurant is getting known by word of mouth.* = only through speaking and not writing मुँह जुबानी, मुख प्रचार

move[1] /muːv/ /मूव्/ verb, i. or t. **1** *The train is moving.*(i.) // *Please move your chair closer to the table.*(t.) = to change position or to change the position of something खिसकाना, जगह बदलना **2** *Work is moving fast in the office now.* = to progress प्रगति करना **3** *We were moved by the courageous story.*(t.) = to cause a person to feel pity or sadness द्रवित हो जाना **4** *The Chairperson moved that we should adjourn the meeting to the next week.*(t.) = to make a suggestion or proposal at a meeting प्रस्ताव रखना **5** *He moves mostly in political circles.*(i.) = to mix with people of a certain type मिलना-जुलना, आना-जाना **6** *We will move to our new house tomorrow.*(i.) = to change the place one lives in घर बदलना, नए घर में जाना

move[2] noun, c. **1** *He was afraid to move, in case the guards should see him.* = an act of moving one's body हिलना, चलना-फिरना **2** *It is your move now!* = the act of changing the position of a piece in the game of chess (खेल में) चाल **3** *That was a clever move!* = an action done to get some result कार्रवाई, चाल **movement** noun, u. or c. **1** *My legs hurt so much that movement has become difficult.*(u.) = the act of moving from one place to another हिलना-डुलना, संचालन **2** *She has joined the movement to resist the building of dams.*(c.) = a group of people working together for a common cause आंदोलन **3** *a movement away from globalization* (u.) = a change in the way people think लोगों की सोच में परिवर्तन **4** *My watch is assembled in India but it has a Japanese movement.* = the system of parts inside a watch or clock that make it work कल-पुर्ज़े **movable** adj. *a movable tent* = something that can be moved चल, एक स्थान से दूसरे स्थान पर ले जाने योग्य

to make a/no move **1** *If you make a move, the animal will attack you.* = to make any movement of the body क्रिया करना, हिलना-डुलना **2** *We should make a move. It's past nine.* = to leave a place (informal) चल देना (अनौपचारिक) **3** *Although we begged them so many times, they made no move to help.* = to take action आगे बढ़ना, वांछित कार्य करना **to move in** **1** *He couldn't find a room*

M

to stay in and so he moved in with us. = to come to live in someone else's house with them, either permanently or for a period दूसरे के साथ रहने के लिए आ जाना **2** *We've just moved in and don't know our neighbours.* = to begin to live in a new house रहना शुरू करना **to move out** = to leave one's home घर से बाहर जाना **to get moving** *We have a lot of dishes to wash up. Let's get moving.* = to do something without further delay (informal) देर किए बिना कार्य आरंभ करना, फ़टाफ़ट शुरू करना (अनौपचारिक) **to be on the move** *I'm not able to get them on the phone because they're always on the move.*= to be travelling or going somewhere (informal) यात्रा करना, घुमक्कड़ी करना (अनौपचारिक) **to move heaven and earth** *We had to move heaven and earth to see that the ugly new building did not come up.* = to work very hard to achieve a purpose in which there are many difficulties (informal) आकाश-पाताल एक करना (अनौपचारिक) **movers and shakers** = used to refer to people who have the power and influence to make things happen शक्तिसंपन्न और प्रभावशाली लोग

mo•vie /ˈmuːvi/ /ˈमूवी/ noun, c. = a cinema **film** चलचित्र, फ़िल्म **movie-star** = a filmstar फ़िल्म अभिनेता, फ़िल्मी सितारा

moving /ˈmuːvɪŋ/ /ˈमूविङ्/ adj. *a moving story* = causing deep feelings हृदयस्पर्शी

mow /məʊ/ /मउ/ verb, t. (**mowed, mown**) *We have to mow the grass.* = to cut grass or food-producing plants growing in a field (पौधों, घास आदि की) कटाई करना **mower** noun, c. = a machine that can cut grass मोवर-घास काटने की मशीन

MP /emˈpiː/ /ऍमˈपी/ abbr. of **1** *Member of Parliament* संसद सदस्य **2** *Military Police* सेना पुलिस

Mr /ˈmɪstəʳ/ /मिस्टʳ/ abbr. of **Mister** = a title used with the name of a man श्रीमान्, मिस्टर (Mister का संक्षिप्त रूप)

Mrs /ˈmɪsɪz/ /मिसिज़/ = a title used with the name of a woman who is married श्रीमती, 'मिसेज'

Ms /mɪz/ /मिज़/ = a title used with the name of a woman who does not wish to be called either 'Miss' (an unmarried woman) or 'Mrs' (a married woman) सुश्री (विवाहित या अविवाहित स्त्रियों के लिए प्रयुक्त)

ms abbr. of **1** = **manuscript** हस्तलिखित प्रति, हस्तलिपि, पांडुलिपि, **2** = multiple sclerosis [MEDICINE] एक प्रकार की बीमारी

Mt abbr. of **Mountain** (e.g. Mt. Everest) (**Mountain** का संक्षिप्त रूप) पहाड़-पर्वत

much¹ /mʌtʃ/ /मॅच्/ det. (used only in negative sentences and questions) (केवल निषेधवाचक एवं प्रश्नवाचक वाक्यों में प्रयुक्त) **1** *We don't have much money.* = a lot of अत्यधिक **2** *She is not much of a speaker, but she writes well.* = (not) very good बहुत अच्छा (नहीं)

much² pron. *He asked me if I had any money and I told him I didn't have much.* = a lot of; a large amount (used in questions and negative sentences only) अधिक, ज्यादा

much³ adv. *The man is much taller than I had expected.* = by a large amount or degree (तुलना में) बहुत, अधिक

muck¹ /mʌk/ /मॅक्/ noun, u. *The roads were covered with muck.* = dirt or mud (informal) धूल, कीचड़ (अनौपचारिक)

muck² verb, t. *I mucked up my car when I was driving through the village roads.* = to make something dirty or to spoil something (informal) बदरंग कर देना (अनौपचारिक)

mu•cus /ˈmjuːkəs/ /म्यूकस्/ noun, u. = the thick, slippery liquid found inside certain parts of the body e.g. the nose or the throat कफ़, बलगम **mucous** adj. श्लेष्म

mud /mʌd/ /मॅड्/ noun, u. *The roads are covered with thick mud during the rainy season.* = earth (soil) which is very wet and sticky कीचड़

mu•ddle¹ /ˈmʌdl/ /ˈमॅड्ल्/ noun, c. *His books and clothes were lying all over the room in a complete muddle.* = a state of confusion and disorder अव्यवस्थित **muddled** adj. बेतरतीब

muddle² verb, t. **1** *I had arranged all my files in order and now someone has muddled them up.* = to create a state of disorder and confusion अव्यवस्थित करना **2** *Your explanation was so confusing that it muddled everyone.* = to cause someone to feel confused (also **muddle-headed**) भ्रमित कर देना (देखें **muddle-headed**)

to muddle along = to continue working in a confused manner गड़बड़ ढंग से काम करते रहना **to muddle through** = to be successful in doing something in spite of making mistakes and not having a clear plan किसी तरह पार लगना

muddy¹ /ˈmʌdɪ/ /ˈमॅडी/ adj. *muddy water* = covered with or containing mud कीचड़दार, गँदला

muddy² verb, t. (**muddied**) *You have muddied the floor by walking across it with your muddy shoes on.* = to make something dirty with mud कीचड़ से गंदा कर देना

mues•li /ˈmjuːzli/ /ˈम्यूज़्ली/ noun, u. = a mixture of grain, nuts, dried fruit etc. generally eaten with milk for breakfast शाही दलिया

mu•ezzin /muːˈezɪn/ /म्यूˈएँज़िन्/ noun, c. = a man who calls Muslims to prayer from a **mosque** मुअज़्ज़िन, अजान देने वाला

muff /mʌf/ /मॅफ़्/ verb, t. *The wicket-keeper muffed an easy catch.* = to miss (to fail to catch) (informal) पकड़ न पाना (अनौपचारिक)

muf•fle /ˈmʌfəl/ /ˈमॅफ़्ल्/ verb, t. **1** *The engine of a motorcar is fitted with a box, called the silencer or muffler, which muffles the sound of the engine.* = to make a sound less loud आवाज़ को दबाना **2** *She muffled* *up her head and neck in a woollen shawl.* = to cover oneself so as to keep warm लपेटना, ढाँपना **muffler** noun, c. **1** = a device (machine) which muffles sounds (makes them less loud) 'साइलेंसर' **2** = a piece of woollen material used to cover up the neck in winter मफ़लर, गुलूबंद, स्कार्फ

muf•ti /'mʌfti/ /'मॅ.फ़्ती/ noun, c. or u. **1** (c.) = a person who has the position of a religious leader in an Islamic country मुफ़्ती **2** *The army officers came in mufti when they were invited to a party.*(u.) = ordinary clothes, not uniform साधारण कपड़े (वर्दी नहीं)

mug¹ /mʌg/ /मॅग्/ noun, c. **1** *She is drinking tea from a mug.* = a round container with a handle, generally larger than a cup, from which one drinks a hot liquid 'मग' **2** *You are such a mug that anyone can cheat you.* = a foolish or simple person (informal) भोला-भाला (अनौपचारिक)

mug² verb, t. *The businessman was mugged on the street by a gang.* = to rob a person in a public place after using violence (slang) लूट-मार करना (अपभाषा) **mugging** noun, c. = the act of robbing someone (slang) लूटना (अपभाषा) **to mug something up** = to learn something by heart (usually before an examination) याद करना, रट लेना **mugger** /'mʌgəʳ/ /'मॅगर्/ noun, c. = a person who mugs (robs) someone लुटेरा

muggy *muggy weather* = unpleasantly warm and humid उमसभरा, उमसदार (मौसम)

mul•berry /'mʌlbəri/ /'मॅलब्री/ noun = a berry (fruit) of dark purple colour गहरे जामुनी रंग का एक फल, शहतूत

mulch¹ /mʌltʃ/ /मॅल्च्/ noun, u. = dead leaves, wood chips etc. which are spread over the soil to prevent it from becoming too dry घास-पात

mulch² verb, t. = to cover with mulch घास-पात से ढँकना

mule /mju:l/ /म्यूल्/ noun, c. = an animal which has a donkey as its father and a mare (female horse) as its mother and is used for carrying heavy loads खच्चर **mulish** adj. *a mulish person* = having the quality of stubbornness (refusing to see other's points of view), which is said to be present in all mules (figurative) हठीला, अड़ियल, ज़िद्दी (लाक्षणिक)

mull /mʌl/ /मॅल्/ verb, t. *I would like to mull over your suggestion before I decide what to do.* = to ponder (think about something for a time) सोचना, विचार करना

mul•lah /mʊlɑ:h/ /मुलाऽह्/ noun, c. = a Muslim religious teacher मुल्ला

mul•li•ga•taw•ny /mʌlɪgə'tɔ:ni/ /मलिग'टॉऽनी/ noun = a kind of soup made from pepper and other spices, very popular among the British who lived in India भारत में रहने वाले अंग्रेज़ों द्वारा पसंद किया जाने वाला काली मिर्च और अन्य मसालों द्वारा बना एक प्रकार का 'सूप'

mul•ti- /mʌltɪ/ /मॅल्टि/ prefix meaning 'many' e.g. 'अनेक' या 'बहुत' अर्थ देने वाला उपसर्ग **multilateral** /mʌltɪ'lætərəl/ /मॅल्टि'लैट्रल्/ adj. *a multilateral agreement* = having many sides (having to do with more than two groups or nations) बहुपक्षीय

mul•ti•lin•gual /mʌltɪ'lɪŋgwəl/ /मॅल्टि'लिङ्ग्वल्/ adj. *multilingual translation* = speaking or able to speak more than two languages बहुभाषी

mul•ti•media /mʌ'ltɪmi:dɪə/ /मॅ'ल्टिमीडिया/ adj. *a multimedia presentation* = showing pictures together with sounds and printed texts दृश्य-श्रव्य बहुमाध्यम, मल्टीमीडिया

mul•ti•na•tion•al /mʌltɪ'næʃənəl/ /मॅल्टि'नैशनल/ adj. *a multinational company* = a company which has offices and factories etc. in many different countries बहुराष्ट्रीय

mul•ti•ple¹ /'mʌltɪpəl/ /'मॅल्टिपल्/ adj. *He suffered multiple injuries in the accident.* = many बहुत, अनेक

multiple² noun, c. *Sixteen is a multiple of 4* = a number which one gets by multiplying one number by another number (16 = 4x4) गुणज **multiply** /'mʌltɪplaɪ/ /'मॅल्टिप्लाइ/ verb, t. **1** *If you multiply 9 by 3, you get 27.* = to add a number to itself many times (27 = 9+9+9) गुणा करना **2** *The number of schools in this town is multiplying fast.* = to grow in number संख्या में बढ़ना **multiplication** /mʌltɪplɪ'keɪʃn/ /मॅल्टिप्लि'केइशन्/ noun, u. *The teacher has given the students some exercises in multiplication.* = the process of mutiplying numbers (in arithmetic) (compare **division, addition, subtraction**) गुणा, गुणन (देखें **division, addition, subtraction**) **multiplication tables** noun = a list of numbers which small children are made to learn by heart, which tells them which numbers one gets by mutiplying numbers from 1 to 12 by other numbers पहाड़ा, पहाड़े

mul•ti-sto•reyed adj. *a multi-storeyed building* = having several storeys (levels of floors) बहुमंज़िली

mul•ti•tude /'mʌltɪtju:d/ /'मॅल्टिट्यूड्/ noun, c. *He has a multitude of problems.* = a very large number बहुत अधिक संख्या में

mum¹ /mʌm/ /मॅम/ adj. *The police inspector asked the thief hundreds of questions, but he remained mum.* = silent; refusing to speak (informal) चुप (अनौपचारिक)

mum² noun, c. = mother (informal) माँ, मैया (अनौपचारिक)

mum•ble /'mʌmbəl/ /'मॅम्बल्/ verb, i. *When I asked him what he was doing in my room, he could only mumble in reply.* = to speak unclearly and in a low voice so that the words are difficult to understand बुदबुदाना

mumbo-jumbo /mʌmbəʊ 'dʒʌmbəu/ /मॅम्बउ'जॅम्बउ/ noun *The holy man told me he could cure my fever by chanting some prayers. However, I have no faith in such mumbo-jumbo.* = something

M

done to create a mysterious or magical effect, often in the name of religion (derogatory) धर्म के नाम पर चमत्कारपूर्ण अथवा रहस्यात्मक कार्य, तंत्र-मंत्र, जंतर-मंतर (अनादरपूर्ण)

mum•my /'mʌmi/ /'मॅमी/ noun, c. (**mummies**) **1** = mother माँ **2** *The National Museum has the mummy of an Egyptian princess who died 4,000 years ago.* = a dead body that has been treated with chemicals so that it will not decay (become rotten), as was done in ancient Egypt हजार वर्ष पुराने परिरक्षित शव, 'ममी' **mummify** verb, t. (**mummified**) = to turn a dead body into a mummy by treating it with chemicals शव को परिरक्षित करना, 'ममी' बनाना

mumps /mʌmps/ /मॅम्प्स्/ noun, u. = a kind of sickness, common among children, which causes fever and painful swellings in the neck कनपेड़ा, गलसुआ

munch /mʌntʃ/ /मॅन्च्/ verb, t. *The teacher was angry because I was munching peanuts in class.* = to chew or eat something noisily, with strong movements of the jaw जल्दी-जल्दी चबाकर, आवाज़ करते हुए खाना

mun•dane /mʌn'deɪn/ /मॅन्'डेइन्/ adj. *People think a bus conductor's job is mundane but I really like it.* = connected with everyday life; dull (formal/literary) नीरस, उबाऊ (औपचारिक/साहित्यिक)

mu•ni•ci•pal•i•ty /mju:nɪsɪ'pælɪti/ /म्यूनिसि'पैलिटी/ noun, c. (**municipalities**) **1** = a city or town which has its own local government (to keep it clean etc.) नगरपालिका **2** = the group of people who manage the affairs of a city or town नगरपालिका कर्मचारी **municipal** /mju:'nɪsɪpəl/ /म्यू'निसिपल्/ adj. *a municipal building* = having to do with a municipality नगरपालिका अथवा नगर-निगम संबंधी

mu•ni•tion•s /mju:'nɪʃənz/ /म्यू'निश्न्ज़्/ noun, u. (always plural) = weapons used in war (guns, bombs etc.) (केवल बहुवचन में प्रयुक्त) युद्ध-सामग्री (बंदूक, बम आदि)

mu•ral /'mjʊərəl/ /'म्युअरल्/ noun, c. = a large painting done on a wall भित्ति-चित्र

mur•der[1] /'mɜ:dəʳ/ /'मɜडर/ verb, t. *The police thought he had been murdered but he had died a natural death.* = to kill a human being deliberately हत्या करना, मार डालना

murder[2] noun, u. or c. **1** *The police have arrested him on a charge of murder.*(u.) = the crime of murdering someone खून, हत्या **2** *A murder was committed here last night.*(c.) = a particular case of murder (compare **kill, assassinate**) हत्या, खून (देखें **kill, assassinate**) **murderous** adj. *a murderous attack* = very violent and possibly leading to death खूनी, निर्दय, घातक **murderer** noun, c. = a person who commits murder हत्यारा, खूनी

to get away with murder = to be allowed to do whatever one wants without being punished or warned बिना दंड या चेतावनी दिए कुछ भी करने देना

mur•ky /'mɜ:ki/ /'मɜकी/ adj. **1** *The water of the river used to be very clear, but it has turned murky.* = dark and dirty गंदा, मटमैला **2** *a murky past* = unpleasant and shameful (figurative) दु:खद व लज्जाजनक (लाक्षणिक)

mur•mur[1] /'mɜ:məʳ/ /'मɜमर/ verb, i. or t. **1** *Stop murmuring. I can't hear what you are saying.*(t.) = to speak in a soft, low voice फुसफुसाना **2** *Everyone in the office is murmuring about my habit of shouting angrily at people.*(i.) = to complain about something, but not openly बुदबुदाना, बड़बड़ाना

murmur[2] noun, c. *Can you hear the murmur of the waves gently touching the shore?* = a soft, low sound (लहरों की) कलकल-ध्वनि

muscle[1] /'mʌsəl/ /'मॅसल्/ noun, u. or c. **1** *He has no fat on his body, only muscle.*(u.) // *There are three large muscles in the human arm.*(c.) = the thread-like material, covering the bones, which makes up the flesh of an animal or human being and which can contract (grow tight) to cause movement of the body माँसपेशी **2** *They have a lot of financial muscle.* (u.) = power or influence (figurative) शक्ति, प्रभाव (लाक्षणिक)

muscle[2] verb, i. *The guards tried to stop him but he muscled his way in.* = to enter a place by force जोर-जबरदस्ती घुस आना **muscular** /'mʌskjʊləʳ/ /'मॅस्क्युलर/adj. *a muscular body* = having a lot of big muscles गठीला, हृष्ट-पुष्ट **muscle-man** noun, c. = a person with a strong body who is paid to protect his employer, using violence when necessary (slang) पहलवान (अपभाषा)

muse[1] /mju:z/ /म्यूज़्/ verb, i. *He was musing about the holiday he had just returned from.*= to think about something deeply and for a long time ध्यान करना, खोए रहना

muse[2] noun, c. **1** *the nine Muses* = a goddess (in stories from Ancient Greece) who represents some branch of art (e.g. poetry, painting, music etc.) कलादेवी (काव्य, चित्रकला, संगीत आदि) **2** *He is writing very bad poetry now. His muse seems to have left him.* = inspiration (the force that makes a person do something well) प्रेरणा (ऐसी शक्ति जो अच्छा काम करने के लिए प्रेरित करती है)

mu•seum /mju:'zi:əm//म्यू'ज़ीअम्/ noun, c. = a building where objects which have historical, scientific or artistic value are kept and shown to the public संग्रहालय, अजायबघर

mush /mʌʃ/ /मॅश्/ noun, u. **1** *He boiled the rice for such a long time that it became mush.* = food which is soft and sticky गूदा, लुगदी **2** *The new novel she has written is nothing but mush.* = writing which is full of sentiment (feelings of love, pity etc. which are not very deep) (derogatory) भावुकतापूर्ण (अनादरपूर्ण)

mush•room[1] /'mʌʃru:m/ /'मॅश्रूम/ noun, c. or u. 1 (c.) = a kind of plant without leaves, shaped like a small umbrella, which grows very fast कुकुरमुत्ता 2 *Would you like some mushroom?*(u.) = the flesh of the mushroom, used as food खुंबी

mush•room[2] verb, i. *Hundreds of English-medium public schools have mushroomed all over the country.* = to grow very quickly and in an uncontrolled manner (informal, derogatory) कुकुरमुत्ते की तरह तीव्र गति से फैलना (अनौपचारिक, अनादरपूर्ण)

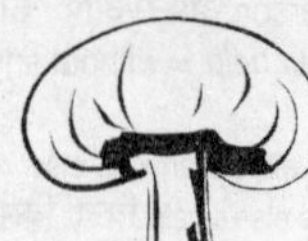
mushroom

mu•sic /'mju:zɪk/ /'म्यूज़िक्/ noun, u. *Do you like Western music?* = an arrangement of sounds produced by the human voice or by musical instruments which gives pleasure to the listener संगीत

musical[1] /'mju:zɪkəl/ /'म्यूज़िकल्/ adj. 1 *a musical voice* = pleasant to hear (like music) संगीत-सा मधुर 2 *a musical person* = interested in or having a talent for music संगीतप्रिय, संगीत में रुचि रखने वाला

musical[2] noun = a film or play that has many songs or dances in it संगीतमय, गीत-संगीत से भरपूर **musician** /mju'zɪʃən/ /म्यू'जिश्न्/ noun, c. = a person who produces music, either by singing or by playing a musical instrument संगीतकार, वाद्यकार **music system** = a number of machines (usually consisting of a cassette player or **CD** (Compact Disc) player, an amplifier and two or more speakers) connected to each other, which are used to play recorded music 'म्यूज़िक सिस्टम' **musical chairs** = a game in which the players move round and round a number of chairs (one less than the number of players) placed in a circle while music is being played, but have to find and sit down quickly in an empty chair when the music stops कुर्सियों के इर्द-गिर्द संगीत की धुन पर दौड़ने वाला एक खेल (कुर्सी-दौड़) (एक खेल)

musk /mʌsk/ /मॅस्क्/ noun, u. = a natural substance produced by a kind of deer (the musk-deer) which has a very strong smell and is used for making perfume कस्तूरी

mus•ket /'mʌskɪt/ /'मॅस्किट्/ noun, c = a kind of gun used in former times पुराने जमाने में प्रयुक्त एक प्रकार की बंदूक, तुपक **musketeer** /mʌskɪ'tiə'/ /मॅस्कि 'टीअर/ noun, c. = a soldier who used a musket to fight बंदूकची, तिलंगा

Mus•lim /'mʊslɪm/ /'मुस्लिम्/ noun, c. = a follower of the prophet Mohammed, the founder of Islam मुसलमान

mus•lin /'mʌzlɪn/ /'मॅज़लिन्/ noun, u. = very fine cotton cloth, for which the weavers of India were famous in former times मलमल

muss /mʌs/ /मॅस्/ verb, t. *The wind mussed up his hair.* = to make something untidy अस्त-व्यस्त करना, बिखेर देना

mus•sel /'mʌsəl/ /'मॅसल्/ noun, c. = a kind of sea-animal with a hard shell and soft flesh which is eaten शंबुक–एक कवचधारी समुद्री जीव जिसे खाया जाता है

must[1] /məst/ /मस्ट्/ aux. modal verb 1 *You must go to school every day.* = it is necessary to do this आवश्यकतासूचक वृत्तिवाची क्रिया 2 *That must be the postman, bringing our letters.* = it is very probable (likely) that this is so संभावनासूचक सहायक क्रिया

must[2] noun, c. (no plural) *Warm clothes are a must if you are planning to go to Darjeeling.* = something that is absolutely necessary (केवल एकवचन में प्रयुक्त) अपरिहार्यता

mus•tang /'mʌstæŋ/ /'मॅस्टैङ्/ noun, c. = a wild horse of small size, found in America अमेरिका में पाया जाने वाला एक जंगली घोड़ा

mus•tard /'mʌstəd/ /'मॅस्टड्/ noun, u. a kind of plant that produces bright yellow flowers and seeds which have a hot taste and are used as a spice (to add taste to food) सरसों, राई **mustard gas** noun = a poisonous gas which was sometimes used during World War I (1914–1918) एक ज़हरीली गैस

mus•ter /'mʌstə'/ /'मॅस्टर/ verb, i. or t. 1 *The soldiers will muster here every morning for parade.*(i.) = to gather together एकत्र होना 2 *I wanted to ask my teacher for permission to come back late after the holidays, but I could not muster enough courage to speak to her.*(t.) = to gather जुटाना, बटोरना

mus•ty /'mʌsti/ /'मॅस्टी/ adj. *The room has a musty smell as it was kept locked for years.* = the unpleasant smell that comes from old and slightly wet things बंद पड़ा हुआ, फफूँददार

mu•ta•tion /mju:'teɪʃən/ /म्यू'टेइशन्/ noun, u. or c. *These tiny creatures living in the water have undergone mutation.* = a process of change in a living plant or animal परिवर्तन प्रक्रिया **mutate** verb, i. or t. *mutated virus* = to change biologically उत्परिवर्तित होना **mutant** /'mju:tənt/ /'म्यूटन्ट्/ noun, c. = a living thing which has undergone a change and become different उत्परिवर्ती

mute[1] /mju:t/ /म्यूट्/ noun, c. = a person who is unable to speak गूँगा, मूक

mute[2] adj. 1 *mute admiration* = silent; without words मौन, मूक 2 = the state of an electronic device when it does not make any noise [TECHNICAL] अनुच्चरित, बेआवाज [तकनीकी] **muted** adj. *The minister's speech was greeted with muted applause.* = not very loud; soft मंद, दबा-दबा

mu•ti•late /'mju:tɪleɪt/ /'म्यूटिलेइट्/ verb, t. 1 *The bodies of our soldiers were mutilated by the enemy.* = to damage a person's body by removing a part विकृत करना, अंग-भंग करना 2 *The editor has mutilated my*

M

story by trying to change it. = to spoil (figurative) बिगाड़ देना (लाक्षणिक)

mu•ti•ny[1] /'mju:tɪni/ /'म्यूँटिनी/ verb, i. *Some Indian soldiers mutinied against their British officers in 1857.* = to disobey; to try to take away power from someone who is in charge गदर, विद्रोह, बग़ावत करना, आंदोलन करना

mutiny[2] noun, c. (**mutinies**) or u. *The First War of Independence (1857) was earlier called the Sepoy Mutiny.* = an act of mutiny गदर, आंदोलन **mutineer** /'mju:tɪnɪəʳ/ /'म्यूटिनिअर/ noun, c. = a person who takes part in a mutiny विद्रोही, बागी

mut•ter[1] /'mʌtəʳ/ /'मॅटर/ verb, t. or i. *She was muttering something under her breath.*(t.) = to speak angry or complaining words in a low voice which cannot be heard clearly क्रोध में बड़बड़ाना

mutter[2] noun, u. *I could hear the mutter of voices.* = the sound of someone muttering बड़बड़ाहट

mut•ton /'mʌtn/ /'मॅट्न/ noun, u. = meat from a sheep or goat (भेड़, बकरी का) गोश्त

mu•tu•al /'mju:tʃuəl/ /'म्यूचुअल/ adj. **1** *I will help you if you help me. The agreement should be mutual.* = done by both sides or felt by both sides, in an action in which two people or two groups take part आपसी, पारस्परिक **2** *Abraham is our mutual friend.* = common to two people or shared by two people दोनों का

muz•zle[1] /'mʌzəl/ /'मॅज़्ल/ noun, c. **1** *the muzzle of a horse* = the front part of the head of an animal (usually a horse or a dog) थूथन **2** *the muzzle of a gun* = the front part of the barrel of a gun (the tube through which bullets are fired) बंदूक की नाल-मुख **3** *You should put a muzzle on the dog so that it does not bite anyone.* = a covering put around the mouth of a dangerous animal to prevent it from biting छींका, पशुओं के मुँह पर लगाई जाने वाली जाली

muzzle[2] verb, t. **1** *Have you muzzled the dog?* = to put a muzzle around the mouth of an animal छींका लगाना, जाली लगाना **2** *The newspapers refuse to be muzzled by anyone.* = to force someone to keep silent (figurative, derogatory) मुँह पर ताला लगाना (लाक्षणिक, अनादरपूर्ण)

my /maɪ/ /माइ/ det. **1** *She is my mother.* = belonging to me मेरा, मेरी **2** *My! My! What a nice dress you are wearing!* = an expression showing surprise or pleasure, sometimes to make fun of the person one is talking to मज़ाक या आश्चर्य की अभिव्यक्ति

my•nah /'maɪnə/ /'माइन/ noun = a dark-coloured bird that can learn to copy human voices मैना

my•o•pi a /maɪ'əʊpiə/ /माइ'अउपीअ/ noun = a defect in the eye which makes a person unable to see things which are far away (also **near-sightedness** or **short-sightedness**) दृष्टि-दोष (देखें **near-sightedness** या **short-sightedness**) **myopic** adj = suffering from myopia निकट दृष्टि-दोष का रोगी

myr•i•ad /'mɪriəd/ /'मिरिअड्/ noun, c. *He has a myriad followers.* = a very large number (formal) असंख्य (औपचारिक)

myr•tle /'mɜ:tl/ /'मऽट्ल्/ noun = a small tree with shiny green leaves एक प्रकार की वनस्पति

my•self /maɪ'self/ /माइ'सेल्फ़/ reflexive pron. **1** *I saw myself in the mirror.* = used when an action done by a person affects the same person अपने-आप को **2** *I'll do it myself, I don't need your help.* = without any help from others खुद, स्वयं

all by myself **1** = alone, without anyone else अकेले, अपने-आप **2** = without anyone else's help बिना किसी की सहायता के

mys•te•ry /'mɪstəri/ /'मिस्ट्री/ noun, u. or c. (**mysteries**) *No one knows who killed the woman. The police is trying to solve the mystery.*(c.) // *He likes stories of adventure and mystery.*(u.) = something strange or unknown that has not been or cannot be fully explained or understood रहस्य, भेद **mysterious** /mɪ'stɪərɪəs/ /मि'स्टिअरिअस्/ adj. *mysterious sounds at night* = full of mystery रहस्यमय **mystify** /'mistifai/ /'मिस्टिफ़ाइ/ verb, t. (**mystified**) *The police is mystified by this strange murder.* = to make someone unable to understand or explain something रहस्यपूर्ण स्थिति में उलझा होना **mystique** /mɪ'sti:k/ /मि 'स्टीक्/ noun, u. *There is a certain mystique attached to the new kind of yoga she is teaching.* = a special quality that makes something appear mysterious and attractive (often disapproving) आकर्षित करने वाला, रहस्यमय (प्राय:, अस्वीकृत)

mys•ti•cis•m /'mɪstɪsɪzəm/ /'मिस्टिसिज़्म/ noun = the belief that one can understand the hidden nature of God and of truth through prayer or meditation and not through reasoning यह मानना कि ईश्वर की छिपी प्रकृति को प्रार्थना या ध्यान के माध्यम से जाना जा सकता है न कि तर्क से, रहस्यवाद **mystic** noun, c. = a person who practises mysticism रहस्यवादी

myth /mɪθ/ /मिथ्/ noun, c. or u. **1** = an ancient story that deals with the early history of a group of people in a literary way काल्पनिक कथा, पौराणिक कथा **2** = something that is generally believed but is not true सत्य न होने पर भी समाज में प्रचलित मान्यता **mythology** /maɪ'θɔ:lədʒi/ /माइ'थॉऽलजी/ noun, u. = myths in general पौराणिक कथाएँ **mythical** /'mɪθɪkəl/ /'मिथिक्ल्/ adj. *a mythical event* = relating to a myth (also **mythological**) पौराणिक, कल्पित, मनगढ़ंत (देखें **mythological**)

FIRST AID FUNDAMENTALS प्राथमिक चिकित्सा सहायता

First aid is not a replacement for medical attention. It is an **informed awareness** of what an untrained person should do (and should not do) until the patient is in the hands of a doctor. These simple measures aim to keep the patient in the best possible condition until professional medical help is received. ➢ First aid डाक्टरी सहायता का पर्याय नहीं है। यह एक informed awareness है कि एक अप्रशिक्षित व्यक्ति को डाक्टर के आने तक क्या करना व क्या नहीं करना चाहिए। इन सीधे-सादे (simple) steps का उद्देश्य रोगी को अधिक से अधिक आराम पहुँचाना है।

The most important rules सबसे महत्वपूर्ण नियम–

1 Keep calm. Take charge of the situation. Clear away crowds, if they surround the patient. Take help from able people who remain to assist. ➢ शांत रहिए। स्थिति को नियंत्रण में रखिए। भीड़ को दूर रखिए। सिर्फ़ उन्हीं व्यक्तियों से सहायता लीजिए जो वास्तव में सहायता कर सकते हैं।

2 Listen to the history of the situation. Pay special attention to the symptoms. Examine the patient for signs. This will help you diagnose the problem with greater accuracy. ➢ रोगी की medical history को सुनिए। लक्षणों (symptoms) पर खास ध्यान दीजिए। लक्षणों के लिए रोगी की जांच कीजिए। इससे आप अधिक accuracy सुनिश्चितता से रोगी की समस्या को पहचान सकेंगे।

3 If the injuries are serious, send someone to telephone for medical help. Give an accurate report of the problem. ➢ यदि चोटें गंभीर हैं तो डाक्टरी सहायता के लिए टेलीफोन कीजिए और समस्या की सही report दीजिए।

4 Provide the correct first aid treatment. सही प्राथमिक चिकित्सा दीजिए।

5 Await professional medical help after this. If the patient is able to travel and needs further medical attention, send him/her to a doctor or hospital. ➢ इसके बाद डाक्टरी सहायता की प्रतीक्षा कीजिए। यदि रोगी चल-फिर सकता है और उसे डाक्टरी सहायता की आवश्यकता है तो उसे किसी डाक्टर के पास ले जाइए अथवा अस्पताल।

YOUR FIRST AID KIT SHOULD HAVE आपके First Aid किट में निम्नलिखित सामान होना चाहिए

- A roll of cotton
- Various bandages: rolls of **gauze**, strips of cloth to make slings, sticker bandages, adhesive tape
- A box of **sterile** dressings individually wrapped, to cover open **wounds**
- A pair of scissors
- A pair of tweezers
- Safety pins
- A sharp knife
- A flashlight with spare batteries
- Thermometer
- Eye-dropper
- Pack for ice
- Petroleum jelly
- Burn ointments
- Pain relievers
- **Antiseptic** preparations (**salves** like Dettol, iodine, mercurochrome, alcohol)
- Tablets for indigestion, **allergic reactions**, headaches, and other illnesses that the owner is prone to
- Glucose powder
- Medicated soap
- Clean towel
- First Aid Manual

++ Drugs do not last indefinitely. They may lose their potency, or their components may recombine harmfully. All prescription drugs have an expiry date. Discard drugs immediately after this date. ➢ दवाइयों की एक समय सीमा होती है, उसके बाद वे बेकार हो जाती हैं। नुकसान पहुँचा सकती हैं। समय सीमा समाप्त हो जाने पर दवाइयों को फेंक दीजिए।

++ Keep your First Aid Kit unlocked, to prevent searching for the keys when it is needed. ➢ First Aid Kit को ताला लगाकर मत रखिए जिससे जरूरत पड़ने पर चाबी न खोजनी पड़े।

SOME FIRST AID TIPS प्राथमिक चिकित्सा सहायता संबंधी प्रमुख सलाह

CHOKING सांस लेने में तकलीफ

Choking means that something – food or a foreign body – is plugging the windpipe, so that the patient cannot breathe. If the airway is completely blocked, the victim may die in less than five minutes. Acting fast is crucial. The

Heimlich Manouevre is the most effective first aid measure for choking. This is what you have to do. **चोकिंग** का अर्थ है कोई वस्तु अथवा खाना श्वास नली (wind pipe) में फंस गया है जिससे रोगी का सांस लेना मुश्किल हो रहा है। यदि वायु का रास्ता पूरी तरह बंद हो जाता है तो पांच मिनट के भीतर ही रोगी की मृत्यु भी हो सकती है। ऐसे में जल्दी करना बहुत ज़रूरी है। **Heimlich Manouevre** श्वास नली को खोलने का सबसे अधिक प्रभावशाली measure है। आपको ऐसा करना है–

1. Make a fist with one hand and place the thumb-side against the victim's abdomen, above the navel and below the ribcage. एक हाथ की मुट्ठी बनाकर रोगी के पेट पर नाभि के ऊपर और ribcage के थोड़ा नीचे अंगूठे की तरफ़ से रखें।

2. Grasp your fist with the other hand and press it forcefully into the abdomen with a quick upward thrust. Repeat this several times until the stuck object is ejected. दूसरे हाथ से इस मुट्ठी को ज़ोर से पकड़ें और ऊपर की ओर दबाव बनाते हुए पेट को दबाएँ। इस क्रिया को कई बार दोहराएँ जिससे फंसी हुई वस्तु श्वास नली से निकल जाए।

   Remember: Do not squeeze the person with your arms. This could damage the ribs. To avoid squeezing, keep your arms bent at the elbow. याद रखें–रोगी को अपने बाजुओं से न दबाएँ (squeeze)। इससे उसकी पसलियाँ चटक सकती हैं। पसलियों पर दबाब न पड़े इसके लिए अपने बाजुओं को कोहनी से मोड़ लें।

***DROWNING* डूबना**

If the patient is not breathing, begin **artificial respiration** at once. Do this in rapid succession: यदि रोगी की सांस नहीं चल रही, तो उसे तुरंत कृत्रिम श्वास दें। इस क्रिया को जल्दी-जल्दी दोहराएँ।

1. Place the patient on his or her back. Do not do this if you suspect a broken neck. रोगी को पीठ के बल लिटाएँ (यदि संदेह हो कि गर्दन टूट गई है तो ऐसा न करें)।

2. Place the palm of one hand on the forehead of the patient and tilt the head back. Place the fingers of the other hand under the chin and lift to bring it forward. This position prevents the airway from becoming obstructed by the tongue. अपनी एक हथेली को रोगी के माथे पर रखें और उसके सिर को थोड़ा पीछे की तरफ़ ले जाएँ। दूसरे हाथ की अंगुलियों को ठोढ़ी (chin) के नीचे रखें और इसे सामने की तरफ उठाएँ। इस position से जीभ द्वारा (airway) हवा का रास्ता बंद हो जाने का भय नहीं रहता।

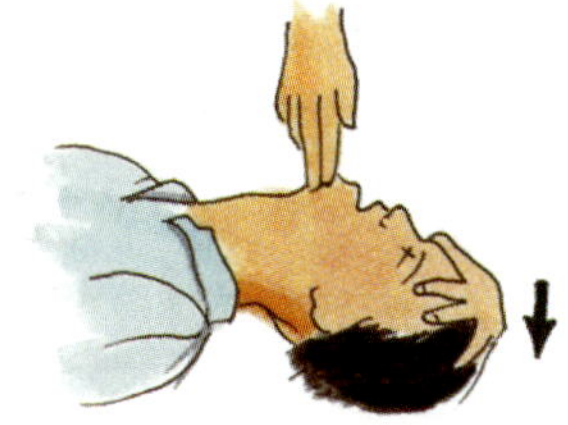

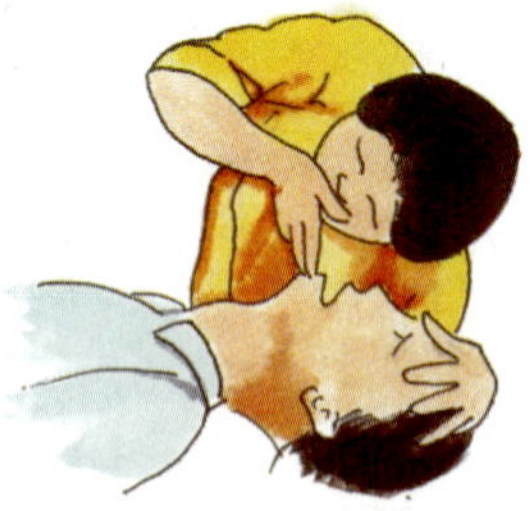

3. Watch the patient's chest for signs of breathing. Place your cheek near the patient's mouth and nose to feel any exhaled air. If there is none, move to step 4. रोगी की छाती को देखते रहें कि उसकी सांस चल रही है या नहीं। अपने गालों को रोगी के मुँह व नाक के पास ले जाएँ और बाहर निकलती हुई सांस को महसूस करें। यदि सांस नहीं चल रही हो तो step 4 की तरह चलें।

4. Use the thumb and index finger of the hand that is on the patient's forehead to pinch the patient's nostrils closed. Remember to continue to maintain the proper tilt of the head. अपने अंगूठे व तर्जनी अंगुली की सहायता से रोगी की नाक को दबाएँ। सिर को पीछे की तरफ ही रखें।

5. Place your mouth over the victim's and give two full breaths. Take a deep gulp of air between the two. Each ventilation should cause the patient's chest to rise and fall. If this fails to happen, try adjusting the patient's head. If this too fails, perhaps the victim's airway is obstructed (see CHOKING). ➢ अपना मुँह रोगी के मुँह पर रखें और दो पूरे श्वास दें। दोनों श्वासों के बीच एक गहरा सांस लें। प्रत्येक चढ़ती-उतरती सांस से रोगी की छाती उठनी-गिरनी चाहिए। यदि ऐसा नहीं होता है तो रोगी के सिर को सुविधाजनक अवस्था में लाएँ, adjust करें। यदि इससे भी कुछ न हो, तो शायद रोगी की श्वास नली अवरुद्ध है।

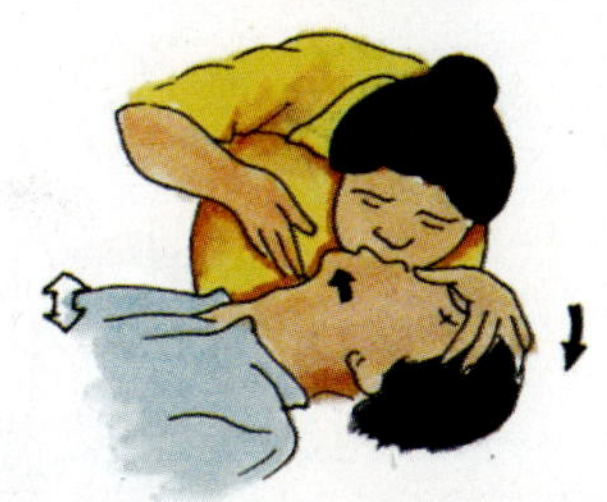

6. If you can revive the patient's breathing, feel the carotid pulse for signs of a pulse rate. If there is no pulse, take the patient to a qualified practitioner to administer Cardio-pulmonary Resuscitation (CPR). If there is a pulse but no breathing, begin steady mouth-to-mouth breathing. ➢ यदि रोगी की सांस चलने लगती है तो pulse rate के लिए carotid pulse को महसूस (feel) करें। यदि pulse न हो तो रोगी को एक प्रशिक्षित डाक्टर के पास ले जाएँ। यदि नब्ज़ बंद हो लेकिन सांस चल रही हो तो मुँह से श्वास दें।

7. For this, place your mouth over the patient's and breathe hard. Remove your mouth to let the patient exhale while you take another deep breath. Repeat this procedure every five seconds, until the patient starts to breathe on his/her own. ➢ इसके लिए अपना मुँह रोगी के मुँह पर रखें व ज़ोर से सांस लें। रोगी सांस छोड़ सके इसके लिए अपना मुँह हटाएँ और एक और गहरी सांस लें। हर 5 सैकिंड पर यह क्रिया तब तक दोहराते रहें जब तक रोगी अपने आप सांस लेना शुरू न कर दे।

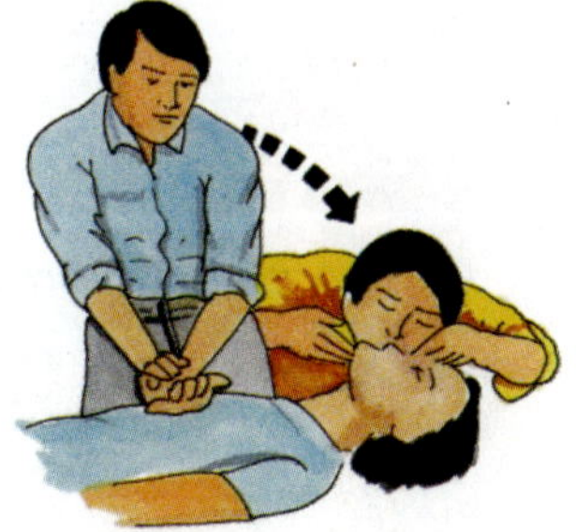

8. Send for an ambulance meanwhile and keep the patient lying down even after revival. Use a blanket, sheet or jacket to keep the patient warm. ➢ इस बीच एम्बुलेंस को बुलवाएं और रोगी की सांस आ जाने के बाद भी उसे लिटाए रखें। रोगी को किसी कम्बल, चादर अथवा जैकेट द्वारा गर्म रखें।

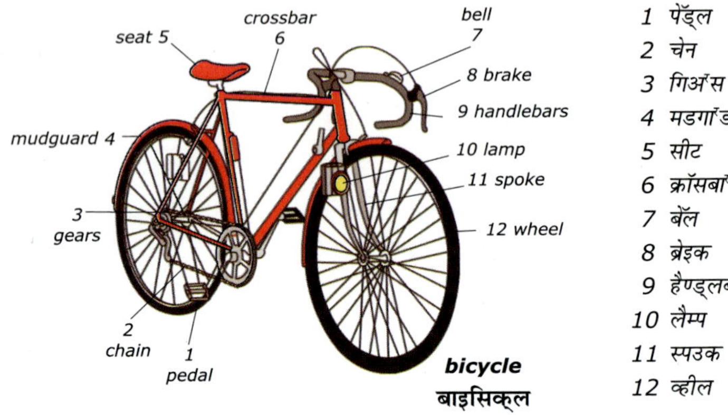

1 पेड्ल
2 चेन
3 गिअ॑स
4 मडगा॑ड
5 सीट
6 क्रॉसबा॑
7 बॅल
8 ब्रेइक
9 हैण्ड्लबा॑स
10 लैम्प
11 स्पउक
12 व्हील

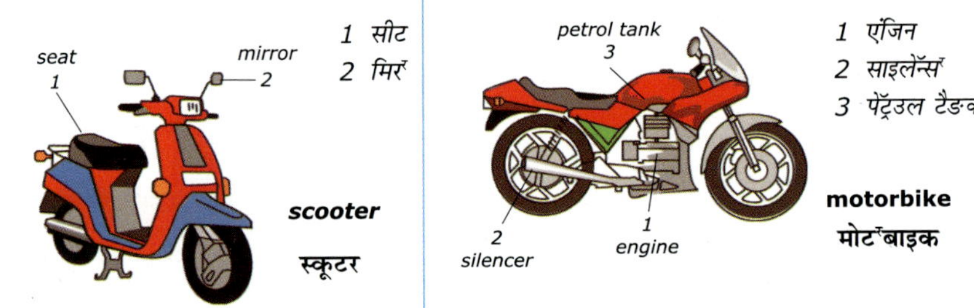

1 सीट
2 मिर॑

1 एंजिन
2 साइलॅन्स॑
3 पॅट्रउल टैङ्क

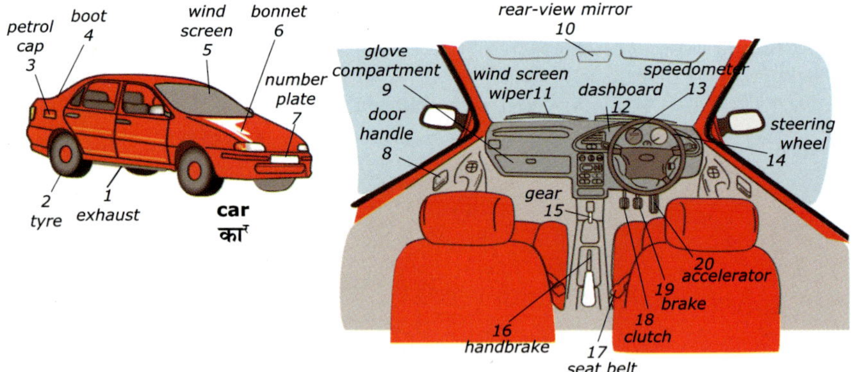

1 इग्ज़ॉस्ट
2 टायर
3 पॅट्रउल कैप
4 बूट
5 विण्ड स्क्रीन
6 बॉनिट
7 नम्बर प्लेइट
8 डॉ॑ हैण्ड्ल
9 ग्लव़ कम्पाटमण्ट
10 रीअ॑ व्यू मिर॑
11 विण्ड स्क्रीन वाइप॑
12 डैश बउ॑ड
13 स्पीडउमीट॑
14 स्टिअरिङ व्हील
15 गिअ॑
16 हैण्ड ब्रेइक
17 सीट बॅल्ट
18 क्लच
19 ब्रेइक
20 अक्सॅलॅरेइटर

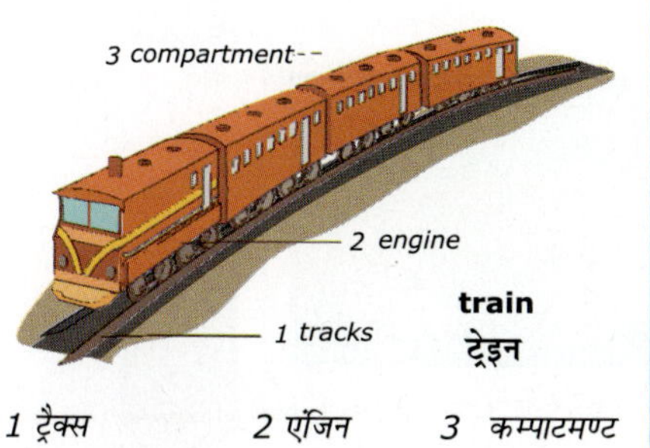

train
ट्रेइन

1 ट्रैक्स 2 एंजिन 3 कम्पाटमण्ट

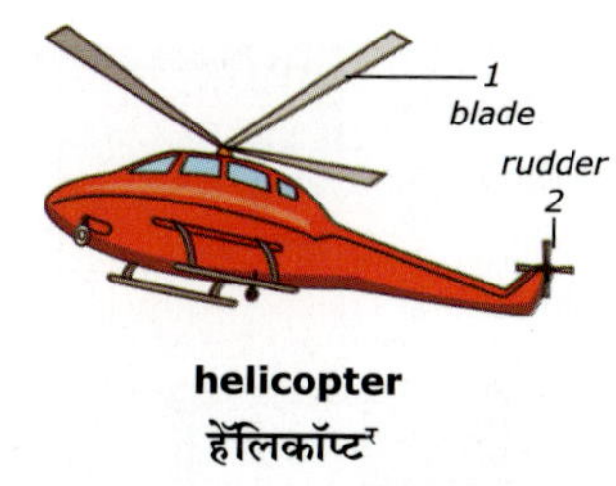

helicopter
हेलिकॉप्टर

1 ब्लेइड 2 रडर

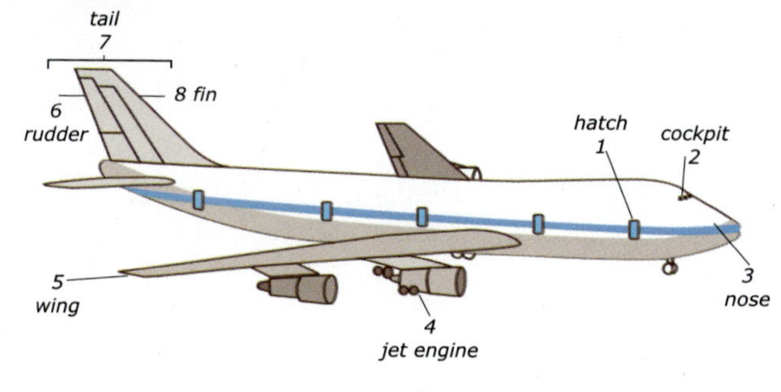

aircraft
एअर क्रैफ़्ट

1 हैच
2 कॉकपिट
3 नउज़
4 जेट एंजिन
5 विङ
6 रडर
7 टेइल
8 फ़िन

liner
लाइनर

1 हल
2 यॉट
3 मास्टर
4 सेइल
5 रडर
6 मउ टॅबउट
7 मउटर
8 रउइङ बउट
9 ऑर

1 hull
7 motor
3 mast
4 sail
6
motor boat
9 oar
2 yacht
8
rowing boat
5
rudder

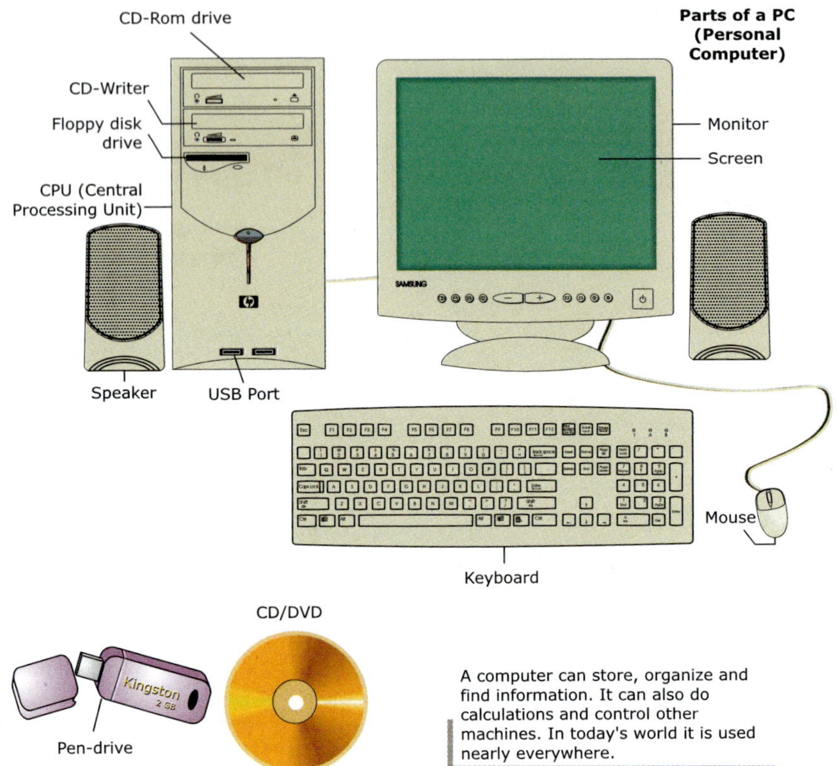

The part that makes the entire system of the computer work is called the **processor**. ➢ कंप्यूटर के जिस भाग द्वारा कंप्यूटर मशीन काम करती है, उसे 'प्रोसेसर' कहते हैं।

Each computer stores programs, games, documents etc. on its **hard disk**. If information is to be carried from one computer to another it can be stored on a **Pen Drive** and/or **CD** (Compact Disc). ➢ कंप्यूटर सभी 'प्रोग्राम', 'गेम', 'डाक्युमेंट' आदि अपनी 'हार्ड-डिस्क' में सुरक्षित रखता है। यदि एक कंप्यूटर से दूसरे कंप्यूटर में कुछ जानकारी भेजनी हो तो उसे 'पैन ड्राइव' और/या 'सी डी', (कम्पैक्ट डिस्क) में भरा जाता है।

When a computer is open the **RAM** (Random Access Memory) allows the user to access information, give commands and complete an operation within the computer. The RAM is the main memory of the computer. ➢ जब कंप्यूटर चालू हो तब 'रैम' ('रैंडम ऐक्सस मेंमोरी') प्रयोक्ता को जानकारी प्राप्त करने, निर्देश देने तथा कंप्यूटर द्वारा किसी कार्य को पूरा कराने की सुविधा देता है। RAM 'रैम' कंप्यूटर की प्रमुख 'मेंमोरी' है।

A computer can be used to view many media. The **CD-ROM drive, speakers, sound card** and **DVD-drive** allow a user to listen to music, watch movies etc. on the computer. ➢ कंप्यूटर का प्रयोग विभिन्न 'मीडिया' के लिए किया जा सकता है, जैसे संगीत सुनना, फ़िल्म देखना आदि। इनके लिए प्रयुक्त साधन हैं–'सीडी-रोम ड्राइव', 'स्पीकर', 'साउंड कार्ड' और 'डीवीडी-ड्राइव'।

A **printer** is required to print documents, pictures etc. onto a document. A **scanner** is used to scan pictures or documents into a computer. ➢ 'प्रिंटर' की सहायता से 'डाक्युमेंट', चित्र आदि को 'प्रिंट' किया जा सकता है और 'स्कैनर' द्वारा चित्र अथवा लिखित/मुद्रित सामग्री को कंप्यूटर में उतारा जा सकता है।

For a computer to be **interactive** it must have an OS (Operating System). Once an **OS** is loaded onto a system then **software packages** can be **installed** too. The software programs (a series of commands) have many applications that can be used in **word processing, designing, spreadsheet work, data**

entry etc. ➢ कंप्यूटर को प्रयोक्ता के साथ 'इंटरेक्टिव' बनाने के लिए एक 'ओ एस' (ओपरेटिंग सिस्टम) की आवश्यकता होती है। एक बार 'ओ एस' को कंप्यूटर मशीन में 'लोड' कर दिया जाए उसके बाद विविध 'सॉफ़्टवेअर पैकेज' भी 'इंस्टाल' किए जा सकते हैं। 'सॉफ़्टवेअर प्रोग्राम' का उपयोग 'वर्ड प्रोसेसिंङ', 'डिज़ाइनिङ', 'स्प्रेडशीट वर्क', 'डाटा एन्ट्री' आदि अनेक कार्यों के लिए किया जाता है।

The Internet

This is a large **network** of computers that allows many people all over the world to communicate with each other, find information and present information to as many viewers who can **access** the network. ➢ 'इंटरनेट' विश्व भर में अनेक लोगों को सम्प्रेषण सुविधा देने वाला विशाल 'कंप्यूटर नेटवर्क' है। इसके द्वारा वे समस्त जन-सूचना का आदान-प्रदान कर सकते हैं जो इस 'नेटवर्क' को 'ऐक्सस' करते हैं।

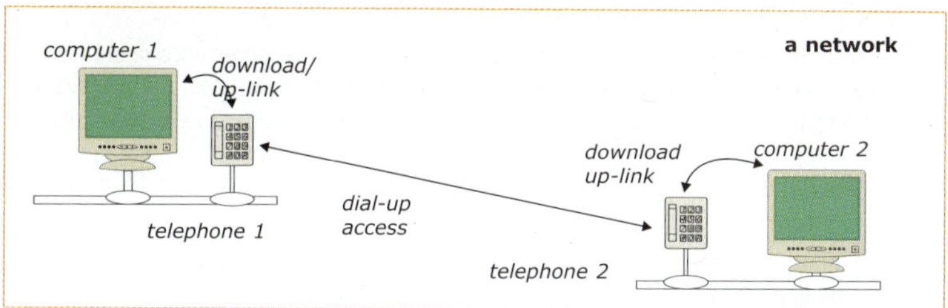

The **World Wide Web** lets you **download** information onto your home computer and store it through a **browser**. *You can also send* **e-mail** *through this network.* ➢ 'वर्ल्ड वाइड वेब' 'ब्रउज़र' द्वारा हमें अपने कंप्यूटर में जानकारी 'डाउनलोड' करने और सुरक्षित रखने की सुविधा देता है। इस 'नेटवर्क' द्वारा 'ई-मेल' भी भेजा जा सकता है। इस 'नेटवर्क' से संपर्क 'माडॅम' द्वारा प्राप्त किया जाता है।

A **modem** allows you to get onto this network. A browser accesses **homepages, websites, search engines** etc. that have information that you may want to download, receive, send or just read. ➢ 'होम पेज, वेॅब साइट, सर्च एंजिन' आदि में ऐसी जानकारी रहती है जिसे हम 'डाउन लोड' करना, प्राप्त करना, भेजना अथवा केवल पढ़ना चाहते हैं। 'ब्राउज़र' इन साधनों से संपर्क स्थापित करता है।

Once a browser window is open you will have to type in a **URL/address** of a particular web site to go to it. A URL on the world wide web is of the form– **http://www.orientblackswan.com.** ➢ 'ब्रउज़र विन्डउ' खुलने पर वांछित 'वेॅब साइट' आदि का पता/URL 'यू आर एॅल' टाइप किया जाता है। URL का प्रारूप इस प्रकार का होता है– **http://www.orientblackswan.com**

Our language, in the ways in which we choose to use it, reveals our attitudes to people, animals, situations and things. Among these attitudes are prejudice, bias and decisions to discriminate against someone or something. Just as language has the power to raise and enrich our thinking, it has the unhappy capacity to offend, create biases and stereotypes. Language is never completely free of bias, but if we want to aim to be fair in a society that is diverse and multicultural, our choice of words becomes important.

We commonly discriminate against others on the grounds of sex, religion, race, marital status, sexual preferences, disability (both mental and physical) and the kind of work they do. We also deal with structures and levels in society. In the books we read and the things we say, there is a growing tendency for humans to consider themselves the centre of the universe and therefore many of us habitually see the world through adult human eyes. Terms which express sexism, hatred, contempt and 'differentness' are common in both formal and informal language. **WordMaster** frequently highlights discriminatory usage and guides users about alternatives.

These pages look at some standard words and phrases which have gained acceptance or are welcomed. They look at language which is *inclusive* and which aims to cut across, for example, race, sex and disability. Except where such distinctions are in some way necessary to our meaning, it is important to avoid using them.

भाषा प्रयोग में शब्दों का चयन वक्ता के भावों को व्यक्त करता है। जिसके प्रति शब्द प्रयोग किया जा रहा है, उसके प्रति आदर, अनादर, उपेक्षा, घृणा, पूर्वाग्रह आदि के भाव शब्द चयन द्वारा अभिव्यक्त होते हैं। धर्म, जाति, लिंग आदि का भेदभाव भाषा में प्रयुक्त शब्दावली से भी प्रकट होता है। अत: अंग्रेज़ी शब्दावली को निष्पक्ष, भेदभाव-रहित बनाने के प्रयास स्वरूप निम्नलिखित शब्द प्रयोग प्रस्तावित एवं स्वीकृत किए गए हैं।

'man' words 'मैन' वाले शब्द

'man' शब्द पुरुषवाची है जिसका प्रयोग 'व्यक्ति' के अर्थ में वर्षों से किया जाता रहा है। निम्नलिखित संदर्भों एवं संयुक्त शब्दों में 'man' के स्थान पर 'human' अथवा 'person' का प्रयोग प्रचलन में आ गया है।

Avoid आपत्तिजनक प्रयोग	**Use** प्रयोग करें
man as in	
1 *Man has seen many wars.*	humans, the human race, human beings
2 *Let's find the man who can do this job.*	person
mankind	humankind, people, men and women
one-man show	one-person show, solo performance
the man in the street	the average person, ordinary people
businessman	businessperson
craftsman	craftsperson
chairman	chairperson
fisherman	fisher
handyman	repairer
layman	layperson
milkman	milk supplier
postman	postal worker
salesman	salesperson, sales worker, sales attendant
man-made	artificial, synthetic, fabricated
manpower	workforce, staff, human resources
man hours	work hours, project hours
manning (the shop)	managing, looking after

jobs and positions कार्य/व्यवसाय के संदर्भ में

The terms on the right offer alternatives which are generally non-discriminatory and which in some cases are dignity-giving. Unless essential to the context, gender labels are either unimportant or discriminatory.

Avoid आपत्तिजनक प्रयोग	**Use** प्रयोग करें
housewife	homemaker
air hostess	flight attendant
salesgirl	salesperson, sales attendant
actress, authoress, manageress	actor, author, manager
lady doctor	doctor, woman doctor
cleaning woman	cleaner, help, office/house cleaner
career girl	professional

terms of address संबोधन/उपाधि के संदर्भ में

Mr, Ms (*instead of* Mrs or Miss)
Dr Mehta (*not* Dr Mrs Mehta), unless there is a need to specify that we don't mean Mr Mehta etc.
Professor D'souza (*not* Professor Mrs D'souza या Professor (Sushila) D' souza)

disability विकलांगता अथवा मानसिक रोग

People with disabilities are often viewed *through* these disabilities, and sometimes only as having a disability. We need language which is inclusive and which does not direct attention to the disability where this is not necessary. Terms such as 'retard', 'cretin', 'nutcase', 'psycho' and 'cripple' are insulting and derogatory.

Labels with *the* (such as 'the disabled', 'the handicapped', 'the deaf', 'the blind') tend to view people as if they were part of a single mass with no other identity. Terms such as *disabled persons, persons with a disability, physically disabled people, blind people or people with visual impairment* are considered more objective and respectful. A 'mentally retarded person' is a *person with an intellectual disability*, 'a paraplegic' is similarly *a paraplegic person*, 'epileptics' are *persons with epilepsy etc.*

विकलांग अथवा मानसिक रोग से ग्रस्त व्यक्ति के लिए रोग से संबंधित शब्दों जैसे–'retard', cretin, nutcase, psycho, cripple का प्रयोग उसके लिए अनादरपूर्ण तथा अप्रसन्नताकारक होता है। ऐसे व्यक्तियों के लिए 'the disabled', 'the handicapped', 'the deaf' के label लगा देना उचित नहीं है। इसके स्थान पर 'disabled persons, persons with a disability, physically disabled people, blind people or people with visual impairment' जैसे शब्दों का प्रयोग सही माना जाता है।

non-human-centred ways of 'seeing' the world

विश्व को देखने की निष्पक्ष दृष्टि

We look at the world through adult human eyes, and often as if there were no other way of viewing it!
Land is described in terms of its value to us, because crops can be grown on it, because it is suitable for the construction of buildings or because the weather suits us.

Similarly, animals are described as *dangerous* or *harmless*. They are classified as *domestic* and *wild*. We see them as being 'useful' or 'not useful' to us. When we refer to a *poisonous snake*, we are not talking about venom-carrying, we mean that it has poison which can kill human beings.

We need to find ways to describe things in their own terms and in their own right, not necessarily as connected to us and dependent on our judgement.

प्रकृति व विविध जीव-जन्तुओं के संबंध में व्यक्ति का भाषा प्रयोग उसके पूर्वाग्रह तथा उसकी भावना को अभिव्यक्त करता है। प्रकृति एवं जीव-जन्तुओं के पूर्वाग्रह रहित निष्पक्ष दृष्टिकोण से वर्णन हेतु भाषा प्रयोग, विशेष रूप से शब्दों के चयन पर विशेष ध्यान दिया जाना चाहिए।

cricket क्रिकेट

third man
24
long leg
23
22
fine leg
1st slip
2nd slip
3rd slip
1
2
3
wicket keeper
5
leg slip
4
gully
10
short leg
6
square leg
21
point
11
silly point
8
25
striker
silly mid-off
9
forward short leg
7
mid-wicket
20
cover
12
13 — extra cover
19 — silly mid-on
bowler
15
26 — non-striker
14 — mid-off
16 — mid-on
long-on
18
17 — long-off

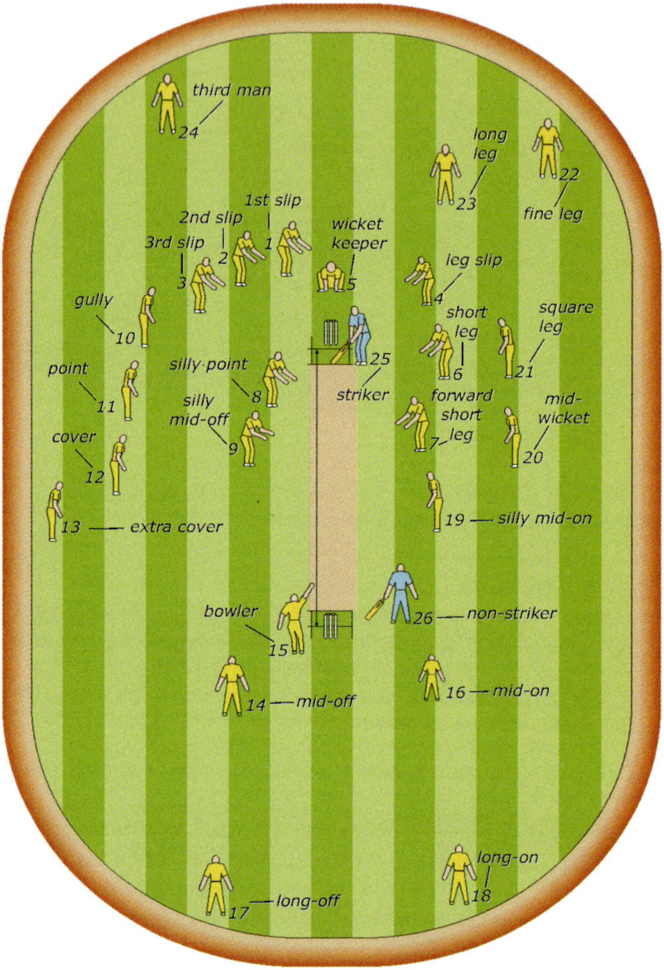

1 फ़र्स्ट स्लिप
2 सेकण्ड स्लिप
3 थर्ड स्लिप
4 लेॅग स्लिप
5 विकेॅट कीपर
6 शॉर्ट लेॅग
7 फ़ॉरवर्ड शॉर्ट लेॅग
8 सिलि पॉइंट
9 सिलि मिड-ऑफ़
10 गलि
11 पॉइंट
12 कवर
13 ऐकस्ट्रा कवर
14 मिड-ऑफ़
15 बॉउलर
16 मिड-ऑन
17 लॉङ्-ऑफ़
18 लॉङ्-ऑन
19 सिलि मिड-ऑन
20 मिड-विकेॅट
21 स्क्वेअर लेॅग
22 फ़ाइन लेॅग
23 लॉङ् लेॅग
24 थर्ड मैन
25 स्ट्राइकर
26 नॉन-स्ट्राइकर

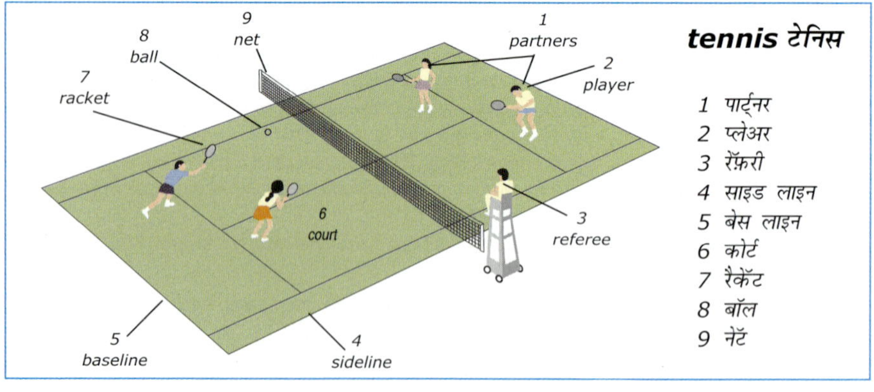

tennis टेनिस

9
net
8
ball
7
racket
1
partners
2
player
6
court
3
referee
5
baseline
4
sideline

1 पार्ट्नर
2 प्लेअर
3 रेॅफ़्री
4 साइड लाइन
5 बेस लाइन
6 कोर्ट
7 रैकेॅट
8 बॉल
9 नेॅट

soccer & athletics सॉकर व ऐथलेटिक्स

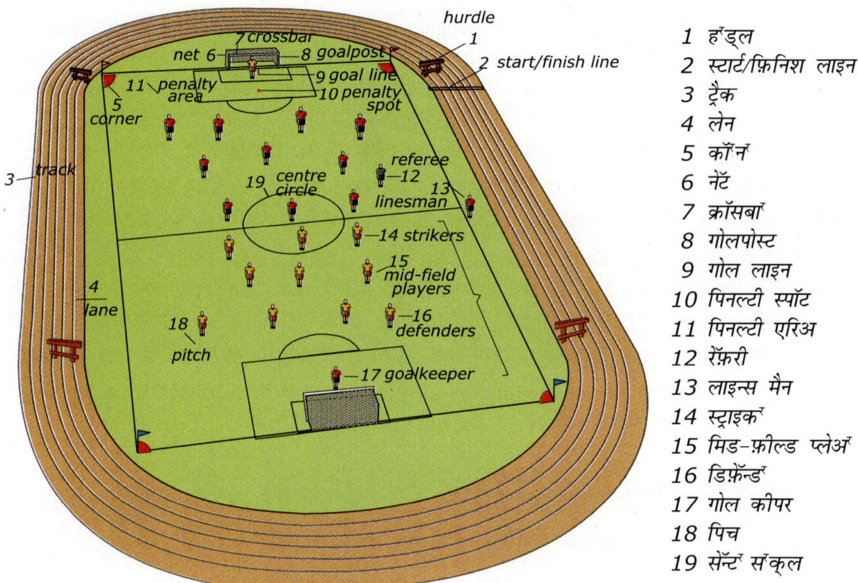

1 हर्डल
2 स्टार्ट/फ़िनिश लाइन
3 ट्रैक
4 लेन
5 कॉर्नर
6 नेट
7 क्रॉसबार
8 गोलपोस्ट
9 गोल लाइन
10 पिनल्टी स्पॉट
11 पिनल्टी एरिअ
12 रेफ़री
13 लाइन्स मैन
14 स्ट्राइकर
15 मिड-फ़ील्ड प्लेअर
16 डिफ़ेन्डर
17 गोल कीपर
18 पिच
19 सेन्टर सर्कल

swimming स्विमिङ

sports equipment स्पॉट्स इक्विप्मण्ट

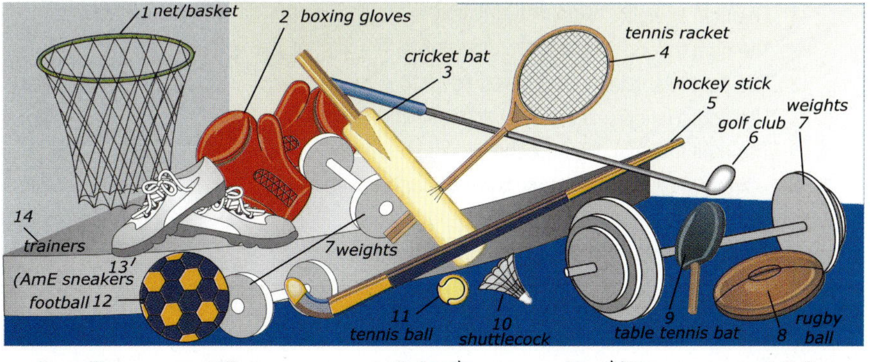

1 नेट/बास्केट
2 बॉक्सिङ ग्लव्ज़
3 क्रिकेट बैट
4 टेनिस रैकेट
5 हॉकी स्टिक
6 गॉल्फ़ क्लब
7 वेट्स
8 रग्बी बॉल
9 टेबल टेनिस बैट
10 शटल कॉक
11 टेनिस बॉल
12 फ़ुटबॉल
13 स्नीकर्स
14 ट्रेनर्स

1. What are human rights ? मानवाधिकार क्या है?

All children, women and men have human rights which entitle them to live with dignity (true worth or self-respect). People have a right to **justice**; a right to equality, whatever their religion, **caste or gender**; a right to adequate food which keeps them in good health; a right to basic education; a right to clean air and water. ➢ सभी बच्चों, महिलाओं व पुरुषों के कुछ ऐसे अधिकार हैं जो उन्हें आत्म-सम्मान के साथ जीने का हक देते हैं। लोगों को न्याय का अधिकार है, समानता का अधिकार है। चाहे किसी का **धर्म**, **जाति** व **लिंग** कुछ भी हो, सभी को स्वस्थ जीवन के लिए उचित भोजन का अधिकार है, बुनियादी शिक्षा का अधिकार है, स्वच्छ हवा व पानी का अधिकार है।

Human rights are basic rights that all people in all countries have. There are rights in every aspect of life. There are civil and political rights; economic, social and cultural rights; and rights for children. ➢ मानवाधिकार वे **बुनियादी** अधिकार हैं जो प्रत्येक देश के प्रत्येक नागरिक को हैं। जीवन के प्रत्येक पहलू पर अधिकार है। नागरिक, राजनीतिक, आर्थिक, सामाजिक, सांस्कृतिक व बाल अधिकार हैं।

These rights are sometimes guaranteed (or promised) by **laws** passed by governments. कभी-कभी ये अधिकार सरकारी कानून द्वारा भी प्राप्त किए जाते हैं।

Some basic human rights बुनियादी मानव अधिकार

Civil and political rights **नागरिक व राजनीतिक अधिकार**

1 The right to life ➢ जीने का अधिकार
2 No discrimination based on gender, colour, religion, language or caste ➢ लिंग, रंग, धर्म, भाषा, जाति **समानता** का अधिकार
3 The right to freedom from slavery ➢ दासता से मुक्ति का अधिकार
4 The right to freedom from arbitrary arrest arbitrary संबंधी कैद से मुक्ति
5 The right to free speech ➢ भाषा का अधिकार (free speech)
6 The right to vote ➢ मतदान का अधिकार

The right to vote

Economic rights **आर्थिक अधिकार**

1 The right to work ➢ काम का अधिकार
2 The right to food ➢ भोजन का अधिकार
3 The right to shelter ➢ आश्रय का अधिकार
4 The right to medical care ➢ डॉक्टरी सहायता का अधिकार
5 The right to equal pay for equal work for men and women ➢ समान काम के लिए समान आय का अधिकार

The right to equal pay for equal work for men and women

Social and cultural rights **सामाजिक व सांस्कृतिक अधिकार**

1 The right to freedom of religion and belief ➢ धर्म व मान्यताओं की स्वतंत्रता का अधिकार
2 The right to a clean environment ➢ स्वच्छ पर्यावरण का अधिकार
3 The right to form trade unions ➢ **मज़दूर संघ** (trade union) बनाने का अधिकार
4 The right to property ➢ सम्पत्ति का अधिकार
5 The right to marry ➢ शादी-विवाह का अधिकार

Children's rights बाल अधिकार

1 The right to education ➢ शिक्षा का अधिकार
2 The right to health services ➢ स्वास्थ्य सेवाओं का अधिकार
3 The right not to be separated from the child's parents ➢ माता-पिता के साथ रहने का अधिकार
4 The right to an adequate standard of living एक सामान्य (adequate) ➢ **जीवन स्तर का अधिकार**
5 The right to protection against exploitation ➢ **शोषण** (exploitation) **के विरुद्ध सुरक्षा** का अधिकार

The right to education

People all over the world have been concerned with human rights. Human rights have **evolved** over many centuries. They were widely recognized (accepted) and expanded in the twentieth century.

Some milestones on the path to Universal Human Rights
विश्व मानवाधिकारों संबंधी कुछ गरिमापूर्ण आंकडे

- The Kalinga War (c 250 BC): Emperor Ashoka banned war, **capital punishment** and torture
  क लिंग युद्ध-(c.200 BC) सम्राट अशोक ने युद्ध, शारीरिक यातना (capital punishment), व अन्य अत्याचारों पर प्रतिबंध लगाया
- Magna Carta in England (1215 AD): The first step to defining the **freedoms** and rights of free persons and the Church
  इंग्लैंड में मैग्ना कार्टा (1215 AD): स्वतंत्रताओं की परिभाषा व स्वतंत्र व्यक्तियों व चर्च के अधिकारों की ओर पहला कदम
- Eighteenth-century European philosophy of 'humanism' (or a belief in human values and dignity): **Awareness** of rights and **responsibilities** of humans
  अठारहवीं सदी की मानवता का दर्शन (मानवीय मूल्यों व सम्मान में विश्वास): मानवीय हकों व **ज़िम्मेदारियों** के प्रति **जागृति**
- French Revolution (1789): '**Declaration** of the Rights of Man'
  फ्रांसीसी क्रांति (French Revolution) (1789): मानवीय अधिकारों की **घोषणा**
- American War of Independence (1776–1783): American **Constitution** and its Bill of Rights assured basic rights for citizens: freedom of speech, of press and **association**, right to **legal** process and freedom from cruel punishment
  अमेरिका की स्वतंत्रता की लड़ाई (1776–1783): अमेरिकी **संविधान** तथा अधिकारों के बिल (Bill) द्वारा नागरिकों के बुनियादी अधिकारों को स्वीकृति: बोलने की आज़ादी, कानूनी प्रक्रिया व क्रूर दंड से आज़ादी
- Nineteenth Century: International agreements banned the slave trade
  उन्नीसवीं सदी: अन्तर्राष्ट्रीय समझौते द्वारा दासों के व्यापार पर प्रतिबंध
- Russian (or Bolshevik) Revolution (1917): Affirmed the **fundamental** rights of citizens, especially workers
  रूसी (अथवा बोल्शेविक) क्रांति (1917): नागरिकों के बुनियादी अधिकारों का, विशेष तौर पर मजदूरों का समर्थन

- 1903: The Women's Social and Political Union (Great Britain) demanded rights for women, especially the right to vote. In 1920, the United States gave women the right to vote. In 1928, women in Great Britain won the right to vote. 1903: औरतों के सामाजिक व राजनैतिक संगठनों ने इंग्लैंड में औरतों के अधिकारों की मांग की, विशेष तौर पर मतदान का अधिकार। 1920 में अमेरिका में औरतों को मतदान का अधिकार दिया गया। 1928 में औरतों ने इंग्लैंड में मतदान का अधिकार प्राप्त किया।

the suffragettes demand the right to vote

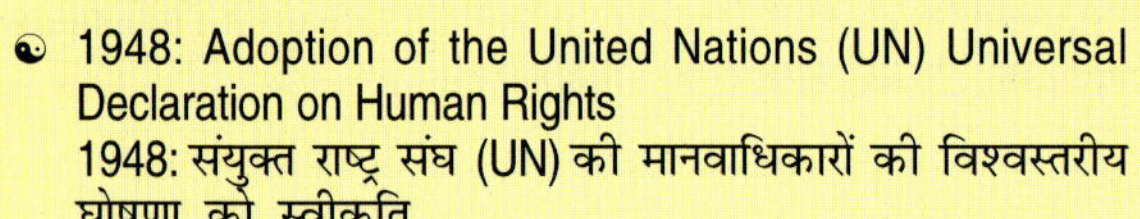

- 1948: Adoption of the United Nations (UN) Universal Declaration on Human Rights
  1948: संयुक्त राष्ट्र संघ (UN) की मानवाधिकारों की विश्वस्तरीय घोषणा को स्वीकृति
- Mid-twentieth century: End of **colonialism**. Many newly independent countries, such as India, adopted the rights set out in the Universal Declaration of Human Rights. मध्य-बीसवीं सदी (mid-20th century) **उपनिवेशवाद** का अंत। भारत जैसे कई नए स्वतंत्र देशों ने मानवाधिकारों की विश्वस्तरीय घोषणा को स्वीकार किया।
- 1989: Adoption of the UN Convention on the Rights of the Child
  1989: बाल अधिकारों पर संयुक्त राष्ट्र संघ की घोषणा।
- 1990: **Apartheid** ends in South Africa; all South Africans have equal rights
  1990: दक्षिण अफ्रीका में रंगभेद का अंत।
- 1992: UN Rio **Charter** (or statement of rights) on Environment and Development: the right to a clean environment and development
  1992: संयुक्त राष्ट्र संघ (UN) का चार्टर (अधिकारों की व्याख्या) पर्यावरण व विकास पर, स्वच्छ पर्यावरण व विकास का अधिकार।

a racist signboard: discrimination on the basis of colour

2. Universal Declaration on Human Rights (UDHR)
मानवाधिकारों की विश्व घोषणा

The first global recognition of human rights was **contained** in the UDHR, which was adopted by the UN in 1948. The UDHR is not an international **treaty** (agreement) which can be enforced, but it lists 30 human rights that countries **pledge** to **honour**. A few of the 30 rights are:

1. All human beings are born free and equal in dignity and rights. (Article 1)
2. No one shall be subjected to torture. (Article 5)
3. Everyone has the right to a **nationality**. (Article 15)
4. Everyone has the right to freedom of thought and religion. (Article 18)
5. Everyone has the right to education. (Article 26)

UDHR, जिसे संयुक्त राष्ट्र संघ द्वारा 1948 में स्वीकृति मिली, द्वारा पहली बार मानवाधिकारों को विश्व स्तर पर मान्यता मिली। UDHR कोई अन्तर्राष्ट्रीय समझौता नहीं है जिसे कानूनी तौर पर लागू किया जा सके। लेकिन यह 30 मानवाधिकारों को सूचीबद्ध करता है जिसे लगभग सभी देश स्वीकार करते हैं। इन 30 अधिकारों में से कुछ इस प्रकार हैं–

1. सभी मनुष्य जन्म से स्वंतत्र हैं और उन सभी को आत्म-सम्मान का बराबर अधिकार है। (आर्टिकल 1)
2. किसी पर अत्याचार नहीं किया जाएगा। (आर्टिकल 5)

3 प्रत्येक व्यक्ति को राष्ट्रीयता का अधिकार है। (आर्टिकल 15)
4 प्रत्येक व्यक्ति को विचारों की स्वतंत्रता व धर्म का अधिकार है। (आर्टिकल 18)
5 प्रत्येक व्यक्ति को शिक्षा का अधिकार है। (आर्टिकल 26)

3. Enforcement of human rights मानवाधिकारों का लागू होना

Governments of all countries recognize human rights. But not all countries give the same importance to all civil, political, economic, social and cultural rights. Governments of countries where elections are held regularly do guarantee the right to vote and the freedom of speech. But few governments implement the right to food.

सभी देशों की सरकारें मानवाधिकारों को समझती हैं लेकिन सभी सरकारें व्यक्ति के नागरिक, राजनैतिक, आर्थिक, सामाजिक व सांस्कृतिक अधिकारों को समान महत्व नहीं देतीं। जिन देशों में चुनाव होते हैं उन देशों की सरकारें मतदान व विचारों की स्वतंत्र अभिव्यक्ति के अधिकारों की गारंटी तो देती हैं लेकिन कुछ ही सरकारें भोजन का अधिकार लागू करती हैं।

4. Rights and responsibilities अधिकार व कर्त्तव्य

Human rights also contain responsibilities. The right to free speech is a basic right. The responsibility is not to abuse this right by expressing hate against people of certain communities, religions or castes.

मानवाधिकारों के साथ-साथ कर्त्तव्य भी हैं। भाषा की स्वतंत्रता के अधिकार के साथ-साथ यह कर्त्तव्य भी है कि इस स्वतंत्रता का दुरुपयोग किसी जाति, धर्म व समुदाय के विरुद्ध घृणा प्रदर्शन के लिए न किया जाए।

Right to freedom of speech

5. Constitution संविधान

The Constitution guarantees all Indians some fundamental rights. All citizens have a right to equal treatment before the law. Citizens cannot be discriminated against on the grounds of religion, caste, sex or place of birth. The Constitution guarantees the freedom of speech, the right to assemble (form trade unions) and the freedom to travel and live anywhere in the country.

प्रत्येक देश का संविधान लोगों को उनके अधिकार देता है। भारत का संविधान सभी भारतीयों को कुछ बुनियादी अधिकार देता है। सभी नागरिकों को कानून से समान व्यवहार का अधिकार है। जाति, धर्म, जन्म स्थान, लिंग के आधार पर किसी नागरिक के साथ भेदभाव नहीं किया जा सकता। संविधान अभिव्यक्ति का अधिकार, मजदूर संघ बनाने, यात्रा करने व देश में कहीं भी रहने का अधिकार भी देता है।

The Constitution also contains the 'Directive Principles of State Policy'. These are meant to direct or guide the government in improving the **welfare** of citizens. The government is not legally bound to enforce them. The Directive Principles include free and compulsory education for all children.

Right to seek redress

संविधान में 'directive principles of state policy' भी दिए गए हैं। इनका उद्देश्य नागरिक कल्याण के लिए सरकार को दिशा-निर्देश देना है। सरकार इन्हें अपनाने के लिए कानूनी तौर पर बाध्य नहीं है। Directive principles में सभी बच्चों को मुफ्त व अनिवार्य शिक्षा का अधिकार है।

When governments do not honour human rights, like the right to freedom from arbitrary arrest, citizens have the right to seek **redress**. The National Human Rights Commission was set up in 1993 to hear complaints and investigate cases of **violation** of human rights.

जब कोई सरकार मानवाधिकारों, जैसे arbitrary कैद से आज़ादी का आधार, का सम्मान नहीं करती तो नागरिकों को उसके विरुद्ध न्याय पाने का अधिकार है। 1993 में राष्ट्रीय मानवाधिकार आयोग की, मानवाधिकारों का उल्लंघन करने जैसी शिकायतों को सुनने के लिए, स्थापना की गई।

The Constitution and laws passed by the Central and State Governments guarantee many human rights. But citizens do not always know their rights. People can exercise their rights only if they are aware of them. Schools, colleges, newspapers, books, television, websites and non-governmental organizations provide information on human rights.

राज्यों व केन्द्र सरकारों के संविधान व कानून कई मानवाधिकारों की गारंटी देते हैं। लेकिन नागरिक हमेशा अपने अधिकारों को नहीं जानते। लोग तभी अपने अधिकार का प्रयोग कर सकते हैं जब वे इन्हें जानते हों। स्कूल, कॉलेज जैसे प्रशिक्षण संस्थान, समाचार-पत्र, किताबें, टेलीविज़न, वेबसाईटें तथा कई गैर-सरकारी संस्थाएँ मानवाधिकारों की जानकारी देती हैं।

Websites वेबसाइटें

To learn more about human rights, you could look up these websites:

मानवाधिकारों के बारे में अधिक जानकारी के लिए इन websites को देखा जा सकता है:

1 UN Universal Declaration on Human Rights:
http://www.un.org/Overview/rights.html

2 National Human Rights Commission (INDIA):
http://nhrc.nic.in/

3 Rights of the Child:
http://www.unhchr.ch/html/menu3/b/k2crc.htm

4 UN Resources on Environment for Children:
http://www.unep.org/Documents Default.asp? DocumentID=295

nN

n, N /en/ /एँन्/the fourteenth letter of the English alphabet अंग्रेज़ी वर्णमाला का चौदहवाँ वर्ण

n, short form of '**and**' (e.g. *bread 'n' butter*) (informal) 'and' का संक्षिप्त रूप (उदा० bread 'n' butter) (अनौपचारिक)

nab /næb/ /नैब्/ verb, t. (**nabbed**) *The police nabbed the thief.* = to catch a criminal (informal) अपराधी को पकड़ना (अनौपचारिक)

na•dir /'neɪdɪər/ /'नेइडिअर/ noun, u. *Our party reached its nadir in 1977, when almost all its leaders were defeated in the election.* = the lowest point of power or importance महत्ता अथवा शक्ति का निम्नतम स्तर

nag[1] /næg/ /नैग्/ verb, i. or t. **1** *Oh all right, I'll buy you a new dress. Now, will you stop nagging?*(i.) = to annoy or trouble someone constantly by complaining or asking him/her to do something लगातार शिकायत या तगादे (तकाजा) से किसी को परेशान करना **2** *I don't know how to solve this problem. It has been nagging me all week.*(t.) = to cause worry for a long time (informal) लंबे समय तक परेशानी या चिंता का कारण बने रहना (अनौपचारिक)

nag[2] noun, c. **1** = a horse which is in poor physical condition (informal) मरियल टट्टू (अनौपचारिक) **2** = a person who is in the habit of nagging. 'nagging' करने वाला व्यक्ति (The word 'nag' was often used to describe a bad-tempered woman who constantly quarrelled with her husband. This use is considered offensive now.) **G** (यह शब्द बदमिज़ाज औरत (जो हमेशा अपने पति से लड़ती रहती हो) के लिए प्रयोग किया जाता था। अब इस प्रयोग को अपमानसूचक माना जाता है।) **लिंग**

nail[1] /neɪl/ /नेइल्/ noun, c. **1** *I need a large nail to hang this picture from.* = a thin piece of metal, usually iron, one end of which is pointed and the other end flat so that it can be hammered (hit with a hammer), which is used to join two pieces of wood together etc. कील **2** *a fingernail* = the thick, hard covering over the soft flesh at the end of a finger or toe नाखून

nail

nail[2] verb, t. **1** *We have to nail these pieces of wood together.* = to fix or join something with a nail कील से जोड़ना **2** *The police suspected he was involved in smuggling, but they weren't able to nail him.* = to prove that someone is guilty of a crime किसी को अपराधी सिद्ध करना या साबित करना **nail-biting** *The match between India and Australia came to a nail-biting finish.* = very exciting अत्यंत उत्तेजक, उत्तेजनापूर्ण **nail polish** = thick, coloured liquid used to paint the nails of the fingers and toes to make them look attractive नाखूनों के शृंगार के लिए प्रयुक्त किया जाने वाला रंगीन तरल पदार्थ

to hit the nail on the head = to say something that is exactly correct (informal) एकदम सटीक बात कहना (अनौपचारिक)

na•ïve /naɪ'i:v/ /ना'ईव्/ adj. **1** *He is so naïve that he will believe anything you tell him.* = simple and willing to believe anything भोला, सीधा **2** *You thought everyone would donate large sums of money to the charity. How naïve of you!* = having little experience of life अनाड़ी, नासमझ

na•ked /'neɪkɪd/ /'नेइकिड्/ adj. **1** *a naked person* = without any clothes covering the body (also **nude**) नग्न, नंगा (देखें **nude**) **2** *The forest becomes quite naked during the summer.* = without leaves or trees वृक्षों अथवा पत्तों से रहित **3** *Let me tell you the naked truth.* = with nothing kept hidden (figurative) बिना किसी दुराव-छिपाव के, खरा (लाक्षणिक)

with the naked eye = without the help of any instrument that could help one to see more clearly अधिक स्पष्ट देखने के लिए प्रयोग किये जाने वाले किसी यंत्र के बिना, सीधे आँखों से (देखना)

name[1] /neɪm/ /neɪm/ /नेइम्/ noun, c. or u. **1** *His name is Ramesh Bhatia.*(c.) = the word or words used to call someone नाम **2** *She has a name as a writer.*(c.) = reputation; fame नाम, प्रसिद्धि

name[2] verb, t. **1** *I have named this child Ismail.* = to give a name to someone नामकरण करना, नाम रखना **2** *He has been named in the police report as one of the persons suspected of the murder.* = to mention उल्लेख होना **3** *She has been named the next Indian ambassador to China.* = to appoint someone to a high position किसी को उच्च पद के लिए नियुक्त या नामित करना **namely** adv. *I would like to discuss one other matter: namely, the appointment of the captain for the team.* = that is to say जैसे (often abbreviated as **viz.**) (सामान्यत: संक्षिप्त रूप **viz.**) **namesake** noun, c. *Would you like to meet your namesake, Amitabh?* = a person who has the same name as someone else हमनाम, एक ही नाम के एक से अधिक व्यक्ति **first name** *Your name appears on the passenger list as Ambani Dinesh, with the first name coming*

N

after the last name. = the name by which a person is usually addressed by his/her family and friends व्यक्ति का अपना नाम **last name** = the name given to every member of a family (also **surname** or **family name**) परिवार या जाति नाम (देखें **surname** या **family name**) **to be quite a name** *He is quite a name in the world of sports.*= a well-known person (informal) नामी, सुप्रसिद्ध (अनौपचारिक) **to call someone names** (always plural) *She may have been angry with me but why did she have to call me names.* = to use offensive or insulting language while talking to someone or about someone else (informal) (केवल बहुवचन में प्रयुक्त) किसी के लिए भद्दे और अपमानजनक शब्दों का प्रयोग करना, गाली देना (अनौपचारिक) **to drop names** = to mention the names of famous or important people during a conversation, with the intention of showing that one knows them personally (informal, disapproving)वार्त्तालाप में महत्त्वपूर्ण या प्रसिद्ध व्यक्तियों का यह जताने के लिए उल्लेख करना कि वक्ता उन्हें व्यक्तिगत रूप से जानता है (अनौपचारिक, अस्वीकृत) **to get a good/bad name for something** *This fruit shop has a bad name for selling overripe fruit.* = to be known for something किसी गुण अथवा अवगुण के लिए माना जाना **the name of the game** *You can't expect to become a good singer in just one week. Practice is the name of the game.* = what one must do in order to achieve something (informal) किसी वस्तु या कार्य का पर्याय होना, उसके लिए अनिवार्य होना (अनौपचारिक) **You name it!** *This shop sells everything—clothes, computers, watches. You name it!* = anything that one can think of (informal) कुछ भी चीज जो सोच सको (प्रत्येक वस्तु), कुछ भी (अनौपचारिक)

nan•ny /'næni/ /'नैनी/ noun, c. (**nannies**) = a woman who is employed to take care of a small child in a family and who usually lives in the same house (see also **nurse**) छोटे बच्चों की देखभाल करने के लिए नियुक्त औरत, दाई माँ या धाय (देखें **nurse**) **nanny goat** noun, c. = a female goat (compare **billy goat**) बकरी (देखें **billy goat**)

nano- /'nænəu/ /'नैनउ/ a prefix for a unit of measurement equal to a thousand millionth e.g. **nanosecond** = a thousand millionth of a second नाप-तौल की किसी इकाई का एक अरबवाँ भाग

nap[1] /næp/ /नैप्/ noun, c. *I like to take a nap in the afternoon.* = a short sleep during the day झपकी, थोड़ी देर की नींद

nap[2] verb, i. (**napped**) *Would you like to nap?* = to take a nap झपकी लेना **to catch someone napping** = to find someone in a state of not being prepared for something (informal) किसी को असावधान स्थिति में पकड़ना (अनौपचारिक)

na•palm /'neɪpɑːm/ /'नेइपाऽम्/ noun = a substance made from petrol which burns very easily and can be used to start a fire when dropped as a bomb from an aircraft पेट्रोल से बनी वस्तु जिसे बम की तरह हवाई जहाज़ से फेंके जाने पर आग लग सकती है

nape /neɪp/ /नेइप्/ noun *the nape of the neck* = the back of the neck गर्दन के पीछे का भाग

nap•kin /'næpkɪn/ /'नैपकिन्/ noun, c. **1** *a baby's napkin* = a piece of cloth or paper lined with cotton wrapped around the waist and thighs of a baby, in which the waste matter from the baby's body can be collected (formal) (also **nappy, diaper**) छोटे शिशु के पाखाने से कपड़ों आदि को बचाने के लिए प्रयुक्त कपड़े या कागज़ की बनी लंगोट-जैसी वस्तु (औपचारिक) (देखें **nappy, diaper**) **2** *a dinner napkin* = a piece of cloth or paper used to protect one's clothes and to wipe one's fingers and mouth while eating भोजन के समय हाथ-मुँह पोंछने के लिए और अपने कपड़ों को खराब होने से बचाने के लिए प्रयोग किया जाने वाला कपड़े या कागज़ का रूमाल

nappy (nappies) = see **napkin** (meaning **1**) (informal) देखें **napkin** (meaning **1**) (अनौपचारिक)

nar•cis•sus /nɑː'sɪsəs/ /नाऽ'सिसस्/ noun = a kind of white or yellow flower एक प्रकार का सफ़ेद या पीले रंग का फूल, नरगिस **narcissism** noun = the quality of being too much in love with oneself अपने आप पर ही मोहित होने का स्वभाव, आत्ममोह, आत्मरति **Narcissus** = a character in a story from ancient Greece, a very handsome young man who fell in love with his own beauty and was unable to love anyone else प्राचीन ग्रीस की एक प्रसिद्ध कहानी का एक पात्र जो अपनी ही सुंदरता पर इतना मोहित था कि किसी अन्य को प्यार नहीं कर सकता था।

nar•cot•ic /nɑː'kɒtɪk/ /नाऽ'कॉटिक्/ noun, u. or c. or adj. = a drug such as cocaine or opium which can be used to cause sleep and lessens pain when used in small quantities but can cause great harm when taken regularly and in larger quantities अफ़ीम-जैसा पदार्थ जिसका कम मात्रा में प्रयोग निद्रा लाने वाला और दर्द कम करने वाला होता है किंतु अधिक मात्रा में प्रयोग हानिकारक होता है।

nar•rate /nə'reɪt/ /न'रेइट्/verb, t. *He narrated the story of his life.* = to tell a story or to describe an event or a number of events (formal) सुनाना, किसी कहानी या घटना या घटनाक्रम का विस्तारपूर्वक वर्णन करना (औपचारिक) **narration** noun, u. = the act of narrating something सुनाने की प्रक्रिया **narrator** noun, c. = a person who narrates something (tells a story) कथावाचक **narrative** /'nærətɪv/ /'नैरटिव्/ noun, c. **1** = a story or description of events which is narrated कहानी/घटना जिसका वर्णन किया जा रहा हो **2** = the skill of telling stories कहानी सुनाने/कहने की कला

nar•row[1] /'nærəʊ/ /'नैरउ/adj. **1** *a narrow lane* = having a small distance from one side to the other, in comparison with the length (opposite **wide**) तंग या संकरा (जैसे-गली) (विलोम शब्द **wide**) **2** *The ship moved into the harbour before the storm broke. It was a narrow escape.* = very close to a bad or dangerous situation बाल-बाल बचना **3** *We lost the* match, but it was a narrow defeat. = a victory or defeat in a game, contest etc. in which the two sides get almost the same amount of success जीतते-जीतते हार जाना या हारते-हारते जीत जाना **4** Everyone expects us to be fair. Let us not take a narrow view of the matter. = referring to an attitude in which, e.g. while judging someone or something, one considers only some things and not others, on purpose (derogatory) संकीर्ण दृष्टिकोण (अपमानसूचक) **narrowly adv.**

narrow² verb, i. (**narrowed**) **1** *The river narrows at this point.* = to become narrow (less wide) संकरा हो जाना, कम चौड़ा रह जाना **2** *The differences between us have narrowed.* = to become less sharp or strong कम हो जाना **narrow gauge** = a railway track which has less than the usual width (opposite **broad gauge**) रेल की पटरी, छोटी लाइन (**broad gauge** के विपरीत) **narrow-minded** *a narrow-minded person* = unwilling to accept ideas, customs etc. which are different from one's own (opposite **broad-minded**) अपने विचारों से भिन्न कुछ भी अपनाने को तैयार न होने वाला, संकीर्ण मना (विलोम **broad-minded**) **to narrow something down** *The president of the party has narrowed down the list of candidates to five.* = to reduce to a smaller number in order to fix a limit on something सीमा बाँधते हुए किसी चीज़ या संख्या को कम कर देना

NASA /ˈnæsə/ /ˈनैस/ abbr. of **National Aeronautics and Space Administration** = the department of the American government that controls space travel and research अमेरिकी सरकार में अंतरिक्ष यात्रा एवं अनुसंधान का नियंत्रण करने वाला विभाग

na•sal¹ /ˈneɪzəl/ /ˈनेइज़ल्/ noun, c. *'m' and 'n' are nasals.* = a speech sound made through the nose [TECHNICAL] नाक द्वारा उच्चरित ध्वनि [तकनीकी]

nasal² adj. *a nasal voice* = coming through the nose or having to do with the nose नाक से बोलना, नाक द्वारा, नाक से संबंधित

nas•cent /ˈnæsənt/ /ˈनैसन्ट्/ adj. *A few people in the village are trying to stop the practice of child labour. It is only a nascent movement now, but it will spread.* = newly started and therefore small, but likely to grow (formal) छोटे स्तर पर शुरू किया गया काम जिसके बढ़ने की संभावना हो (औपचारिक)

nas•tur•tium /nəˈstɜːʃəm/ /नˈस्टऽशम्/ noun = a garden plant that produces flowers of different colours रंग-रंग के फूल देने वाला एक पौधा जो बगीचे में उगता है

nas•ty /ˈnɑːsti/ /ˈनास्टी/ adj. **1** *There's a nasty smell from the drain outside.* = unpleasant अप्रिय **2** *The shopkeeper was rude and behaved in a nasty manner.* = rude अशिष्ट **3** *She has a nasty cut above the eye.* = dangerous or painful खतरनाक अथवा पीड़ाजनक **4** *He played a nasty trick on me.* = immoral or wicked दुष्टतापूर्ण

na•tion /ˈneiʃən/ /ˈनेइशन्/ noun, c. *The whole nation went wild with joy when our team won the World Cup.* = a group of people living together in a country and having their own government राष्ट्र **national** adj. or noun **1** *the national team* (adj.) = relating to the whole country or nation and not just a part of it राष्ट्रीय **2** *He is a French national.* (noun) = a person who belongs to a particular nation (country), even though he/ she may be living in a different country नागरिक **national park** = an area that is specially looked after by the government and visited by many people for its natural beauty राष्ट्रीय उद्यान **nationality** /næʃəˈnælɪti/नैशˈनैलिटी/ noun, c. or u. *She lives in Singapore, but she has Pakistani nationality.* = membership of a nation, while living in another country राष्ट्रीयता **nationalism** noun, u. **1** = great love for one's country and the feeling that it is better than other countries (sometimes derogatory) (compare **jingoism**) राष्ट्रवाद (देखें **jingoism**) **2** = the strong interest of a group of people sharing the same beliefs in having a separate country एक अलग राष्ट्र होने का एक समूहविशेष का दृढ़ विश्वास **nationalistic** /næʃənəˈlɪstɪk/ /नैशनलिˈस्टिक्/ adj. = believing that one's country is better than other countries and having a poor view of other countries (disapproving) अपने राष्ट्र को अन्य राष्ट्रों से श्रेष्ठ मानना और अन्य राष्ट्रों को नीची दृष्टि से देखना (अस्वीकृत) **nationalize (nationalise)** /ˈnæʃənəlaɪz/ /ˈनैशनलाइज़्/ verb, t. *The banks in the country have been nationalized.* = to give control of a business or industry to the central government of a country राष्ट्रीयकृत होना/करना

na•tive¹ /ˈneɪtɪv/ /ˈनेइटिव्/ noun, c.**1** *She is a native of Bastar in Chhatisgarh.* = a person who was born in a certain place किसी स्थान से जन्म का संबंध **2** *the natives* (often plural) = the people originally living in a place, whose country is ruled by others (derogatory and offensive) परतंत्र देश के मूल निवासी (अपमानसूचक)

native² adj. **1** *He is visiting his native land.* = the place of one's birth जन्मस्थान का **2** *The pepper plant is native to India.* = belonging to a place from the beginning and not brought in from outside (also **indigenous**) उसी स्थान पर उत्पन्न होने वाला न कि बाहर से लाया गया (देखें **indigenous**)

na•tiv•i•ty /nəˈtɪvɪti/ /ˈन टि विटी/ noun, u. = birth (the act of being born) जन्म (होने की क्रिया) **Nativity** noun = the birth of Jesus Christ, the founder of the Christian religion ईसा मसीह का जन्म

N

NATO /ˈneɪtəʊ/ /ˈनेइटउ/ abbr. of **North Atlantic Treaty Organization** = a group of European countries, together with U.S.A and Canada, which give military help to each other under a treaty (agreement) (**North Atlantic Treaty Organization** का संक्षिप्त रूप) संयुक्त राज्य अमेरिका और कैनेडा के साथ यूरोप के देशों का गुट जो कि एक संधि के अंतर्गत एक-दूसरे को सैन्य सहायता देते हैं

nat•ter /ˈnætəʳ/ /ˈनैटʳ/ noun, u. *I couldn't bear to listen to their natter for too long.* = light talk (not about serious matters); chatter (informal) गप्प, गपोड़बाज़ी, गपाष्टक, अनावश्यक बातचीत (अनौपचारिक)

nat•ty /ˈnæti/ /ˈनैटी/ adj. *natty clothes* = fashionable or stylish (informal) फैशन या सुरुचिपूर्ण, नफ़ीस (अनौपचारिक)

nat•u•ral /ˈnætʃərəl/ /ˈनैच्रल्/ adj. **1** *I admire the natural beauty of this place. // a natural lake // natural disasters* = belonging to or caused by nature (the natural world) and not made by humans (opposite **artificial, man-made**) प्राकृतिक (विलोम शब्द **artificial, man-made**) **2** *It is natural to feel nervous before an interview.* = usual; something that can be expected स्वाभाविक, सहज रूप से **3** *She has a natural talent for drawing.* = something that one has been born with जन्मजात, नैसर्गिक **4** *natural parents* = parents who have given birth to one वास्तविक **5** *His laughter on stage was so natural.* = done without any special effort सहज, निष्प्रयास **6** *They keep posing for photographs and I want them to look natural.* = normal and not putting on a special smile etc. for the camera सहज **7** *natural protein* = from natural sources, not created with chemicals or with no chemicals added प्राकृतिक स्रोतों से प्राप्त **naturalist** noun, c.= a person who studies nature, specially plants and animals, in natural (real) surroundings and not in a laboratory प्रकृति का अध्ययन करने वाला, प्रकृति विज्ञानी **naturalize (naturalise)** verb, t. **1** *He was born in Japan but was naturalized after he had lived in the U.S for 20 years.* = to make a person who was born somewhere else a citizen of a country नागरिकता प्राप्त करना **2** *Tobacco was brought to India from Europe and naturalized here.* = to bring a plant or animal to a new home किसी अन्य स्थान से लाकर रोपा गया पौधा या पाला गया जीव **naturally** adv. **1** *She has lost her gold watch. Naturally, she is upset.* = the expected result of something स्वाभाविक है **2** *My skin is naturally dry.* = as a gift from nature स्वाभाविक, प्रकृति से प्राप्त **3** *He spoke so naturally on stage, we didn't realise he was nervous.* = in a calm and relaxed manner स्वाभाविक, सहज रूप से **4** *Cooking comes naturally to everyone in his family.* = without any obvious effort; easily सरलता से, अपने आप, बिना विशेष प्रयास के **naturalness** noun, u. **Naturalism** noun = the belief that people should be shown, in literature, art etc. as they really are and not as we imagine them to be प्रकृतिवाद या प्रकृतवाद **natural gas** noun = a gas (usually methane) which is present inside the earth or sea and can be taken out and used for different purposes समुद्र या पृथ्वी से प्राप्त गैस, प्राकृतिक गैस (सामान्यत: मीथेन गैस) **natural history** = the study of plants, animals, rocks etc. प्रकृति-संबंधी अध्ययन, प्राकृतिक संपदा **natural resources** = the land, water, mineral deposits etc that a country has प्राकृतिक भंडार/संसाधन **natural sciences** = the study of biology, chemistry and physics जीव विज्ञान, रसायन विज्ञान, भौतिक विज्ञान आदि का अध्ययन

na•ture /ˈneɪtʃəʳ/ /ˈनेइचʳ/ noun, u. or c. **1** *He is a great lover of nature.* = things that are not made by man (e.g. mountains, lakes, forests) प्रकृति, जो मानव निर्मित नहीं है **2** *She has a friendly nature.*(u.) = character स्वभाव **3** *We have to study the nature of the soil before we decide which crops we should grow here.*(u.) = the qualities that make someone or something different from others प्रकृतिगत विशेषताएँ **4** *I don't read writings of this nature.*(c.) = type प्रकार **5** *By its very nature, a snake will not attack unless it is in danger.* = behaviour that an animal or human being is born with and does not have to learn जन्मजात प्रकृति या स्वभाव

naturopath/ˈnætʃərəʊpæθ//नैचरौपैथ् noun = a person who treats illness by using herbs, plants, roots etc. (and not artificial medicines) प्राकृतिक चिकित्सक **naturopathy** /ˈnætʃərəʊpəθi/ /नैचरउपथी/ noun प्राकृतिक चिकित्सा **human nature** *It's human nature to feel hurt when someone says something insulting.* = the qualities that one is born with मानव स्वभाव, मानव की जन्मजात विशेषताएँ

the call of nature = the need to empty out waste matter from the body at once लघुशंका अथवा शौच का तीव्र दबाव **by nature** *He is an anxious person by nature.* = born with a certain quality जन्म से **to let nature take its course** *He is suffering from a disease which the doctors don't know how to treat. We will have to let him recover by himself and let nature take its course.* = to allow things to happen without doing anything to control them प्रकृति के नियम से, स्वत: होने देना

-natured /neɪtʃəd/ /ˈनेइचड्/ suffix used to describe a person's character e.g. **good-natured** /gʊd ˈneɪtʃəd/ /गुड्नेइचड/ स्वभाव वाला

naught (nought) /nCːt/ /नॉट्/ noun = nothing; nil or zero (old-fashioned use) शून्य(पुराने प्रचलन का)

naugh•ty /ˈnɒːti/ /ˈनॉटी/ adj. **1** *a naughty child* = behaving badly and not listening to others (used to describe the behaviour of a child) शरारती, कहना न

मानने वाला (बच्चा) **2** *The film has some naughty scenes.* = improper but not in a serious way (informal) अनुचित, बेजाँ (अनौपचारिक)

nau•se•a /'nɔːzɪə/ /'नॉज़िय/noun, u. = a feeling of sickness that makes one want to vomit (throw up the food that one has eaten)उल्टी या वमन होने का अहसास **nauseate** /nɔːzɪ'eɪt/ /नॉज़ि'एइट/ verb, t. *The smell of tobacco nauseates me.* = to cause nausea वमन का अहसास कराना **nauseating** adj. *a nauseating smell* = causing nausea वमनकारी **nauseous** adj. वमनकारक

nau•ti•cal /'nɔːtɪkəl/ /'नॉटिक्ल्/adj. *Distances at sea are measured in nautical miles.* = relating to ships, sailors or the sea समुद्र, समुद्री जहाज़ आदि से संबंधित

na•vel /'neɪvəl/ /'नेइव्ल्/ noun, c. = the small depressed (deeper) area in the middle of a person's stomach which marks the place where the baby was attached to the mother before birth by the umbilicus (umbilical cord) (informal) (also **belly-button**) नाभि, ढोंढ़ी (अनौपचारिक) (देखें **belly-button**)

nav•i•gate /'nəevɪgeɪt/ /'नैविगेइट्/ verb, i. or t. **1** *The captain navigated the ship across the Atlantic Ocean.*(t.) = to guide or direct a ship or aircraft across the sea or the sky समुद्री जहाज़ को समुद्र में या हवाई जहाज़ को आकाश में ले जाने से संबंधित मार्गदर्शन करना **2** *Please use the map to navigate while I drive.* = to use a map to find a route to some place नक्शे की सहायता से मार्ग ढूँढ़ना **navigable** adj. *The river is not navigable as the water is not deep enough.* = deep or wide enough for a boat or ship to travel in (used to describe a river or sea) जिसमें नाव या जहाज़ चल सके **navigation** /næviˈgeɪʃən/ /नैवि'गेइशन्/ noun = the art and science of guiding a ship or aircraft safely across the sea or sky समुद्री जहाज़ को समुद्र में तथा हवाई जहाज को आकाश में चलाने का मार्गदर्शन करने की विद्या **navigator** noun, c. = the officer who plans the course (path) that a ship is supposed to follow at sea; a person who reads the map and guides the driver in a car rally समुद्र में जहाज़ का मार्ग निश्चित करने वाला अधिकारी, कार-रैली में चालक का मार्गदर्शन करने वाला

na•vy /'neɪvi/ /'नेइवी/ noun, c. (**navies**) **1** = the branch of a country's military forces that defends the country against attack by sea नौसेना **2** = a group of ships belonging to a country किसी देश का समुद्री बेड़ा **naval** adj. *a naval officer* = having to do with the navy नौसेना-संबंधी **navy blue** noun or adj. = a dark blue colour गहरा नीला रंग

nay /neɪ/ /नेई/ noun, c. = no (old-fashioned) (opposite **aye** or **yea**) नहीं (पुराने प्रचलन का) (विलोम aye या yea) **nays** noun, c. (always plural) = persons who vote against something in the parliament (केवल बहुवचन में प्रयुक्त) विरोध में मतदान करने वाले

NB abbr. of **nota bene** (Latin) = note well (a hint that something which is being read is important) ध्यातव्य (**nota bene** का संक्षिप्त रूप)

NCO abbr. of **Non-commissioned Officer** = a junior officer in the army, below the rank of lieutenant (**Non-commissioned Officer** का संक्षिप्त रूप) लेफ़्टिनेंट से छोटे स्तर पर कनिष्ठ अधिकारी

NE abbr. of **north-east** (**north-east** का संक्षिप्त रूप)उत्तर-पूर्व

Ne•an•der•thal /ni'ændətɑːl/ /नी'ऐंडटाऽल/ noun = a race of early human beings who lived in Europe during the Stone Age, before 12,000 BC 12,000 वर्ष ईसा पूर्व यूरोप में पाषाणकालीन एक आदिम जाति, निएनडर्थल

near[1] /nɪəʳ/ /निअʳ/ prep. *My house is near the station.* = close to; not far from निकट, पास, नज़दीक

near[2] adj. **1** *Our village is quite near.* = not far away; close निकट **2** *a near relation* = closely related निकट, नज़दीकी **3** *Her singing was near perfect.* = almost लगभग **nearest** adj. निकटतम

near[3] adv. *They live quite near.* = not far away पास ही, दूर नहीं

near[4] verb, t. *We could see people running as we neared the town. // The time is nearing six.* = to approach (to come closer to something) निकट पहुँचना **nearest** adj. **1** *I'm nearest to the station so I will receive her.* = most close सबसे निकट **2** *We called only the nearest relatives to the wedding.* = the most closely related निकटतम **3** *I calculated the fare to the nearest ten rupees and paid the taxi Rs 40 instead of Rs 37.* = the round figure closest to the amount निकटतम पूर्ण संख्या **nearly** adv. *We have nearly reached the school.* = almost लगभग **Near East** noun = the countries in Africa and Asia lying close to Europe (e.g. Morocco, Turkey) (opposite **Far East**) निकट-पूर्व, अफ्रीका और एशिया के देश जो यूरोप के निकट हैं (जैसे-मोरोक्को, तुर्की) (विलोम शब्द **Far East**)

to be nowhere near *She said that the Taj Mahal was built in the twelfth century, but she was nowhere near the correct answer.* = not at all close to something (a number, place etc.) सत्य से बहुत दूर, सही स्थान या संख्या से बहुत दूर **to be a near thing/miss** *He just missed running over a dog which ran suddenly into the middle of the road. It was a near thing.* = an accident that one avoids narrowly जिस दुर्घटना से बाल-बाल बच जाएँ **to be near to doing something** = to almost do something e.g. marry someone, refuse an offer of a job, but not actually do it in the end करते-करते रह जाना, अभी-अभी करने वाला होना

neat /niːt/ /नीट्/ adj. **1** *Her handwriting is very neat.* = tidy; well-ordered, with everything in its proper

N

place साफ़-सुथरा, सही रूप में **2** *He drinks his whisky neat* = with nothing added to it (used to refer to alcoholic drinks) कुछ मिलाए बिना शुद्ध **neatly** adv.

neb•u•la /ˈnebjʊlə/ /ˈनेब्युल/ noun, c. (**nebulae**) = a cloud of dust and gas seen in space, among the stars अंतरिक्ष में तारों के बीच दिखाई देने वाला धूल और गैस का बादल, निहारिका **nebulous** adj. *nebulous ideas* = having no clear shape; vague अस्पष्ट

ne•ces•sa•ry /ˈnesɪsəri/ /ˈनेसिसरी/ adj. *Water is necessary for life. // It is necessary to switch off the fan when you leave a room.* = something that one must have or do; essential आवश्यक, **necessity** /nəˈsesɪti/ /नˈसेसिटी/ noun, u. or c. (**necessities**) **1** *This house is too small. I feel the necessity for a larger house.*(u.) = the condition of being necessary आवश्यकता **2** *A fan has become a necessity because of the hot weather.*(c.) = something that is necessary किसी वस्तु का आवश्यक हो जाना **necessitate** verb, t. = to make something necessary (formal) किसी वस्तु को आवश्यक बनाना (औपचारिक)

neck[1] /nek/ /नेक्/noun, c. **1** *The giraffe has a long neck.* = the part of the body connecting the head to the shoulders गर्दन **2** *the neck of the shirt* = the part that goes around the neck कमीज़ का गला **3** *the neck of a bottle* = the long portion that is just below the mouth (opening) (see pic under **bottle**) बोतल के मुँह के नीचे का भाग (**bottle** का चित्र देखें)

neck[2] verb, i. = to have close physical contact without having sex (informal/slang, old-fashioned) बिना शारीरिक संबंध के शारीरिक निकटता रखना (अनौपचारिक/अपभाषा, पुराने प्रचलन का) **neck-tie** (**tie**) noun, c. = a long, narrow piece of cloth worn around the neck, under the collar of the shirt, and tied in a knot at the front टाई (कमीज़ के कॉलर के नीचे गर्दन के आस-पास पहनी जाने वाली)

neck and neck = to be equal to someone in a race or some kind of competition किसी प्रतियोगिता में बराबर रहना **to be upto one's neck in trouble** = to have too much of something that one does not like (e.g. trouble) गले तक आ जाना, परेशानी या कष्ट बहुत अधिक हो जाना **a pain in the neck** *Please don't give him our telephone number. He's a pain in the neck.* = someone who annoys you (informal) परेशान करने वाला, मुसीबत, गले का ढोल (अनौपचारिक) **to stick one's neck out** *They are having a fight and I'd like to help but don't want to stick my neck out.* = to do something which could lead to avoidable trouble मुसीबत मोल लेना, ओखली में सिर देना

necklace /ˈneklɪs/ /ˈनेकॅलिस्/ noun, c. = a chain made of gold or some other material which is worn round the neck गले में पहना जाने वाला आभूषण (सोने की चेन)

nec•tar /ˈnektəʳ/ /ˈनेक्टर्/ noun, u. **1** = a drink said to be taken by the gods (in stories from ancient Greece or India) भारत और ग्रीस की प्राचीन कथाओं में वर्णित देवताओं का पेय, अमृत **2** = the juice of flowers collected by bees, from which honey is made मधुमक्खियों द्वारा इकट्ठा किए जाने वाले फूलों का रस, शहद

née /neɪ/ /नेइ/ adj. *Mrs Sinha née Roy* = a word used to show that a woman had a certain surname (family name) before her marriage विवाह-पूर्व का वंश नाम

need[1] /ni:d/ /नीड्/ noun, u. or c. **1** *As he does not have a bicycle he has to walk to his office, which is six kilometres away. He feels the need for a bicycle.*(u.) = a condition in which one does not have something which one must have in order to live comfortably सुविधापूर्वक रहने के लिए आवश्यक वस्तु का अभाव, आवश्यकता **2** *As we have a holiday tomorrow there is no need for you to go to school.*(u) = something that must be done आवश्यकता, कुछ करने की अनिवार्यता

need[2] verb, t. *I need some aspirin for my headache.* = to feel that one must have something आवश्यकता होना

need[3] aux. (modal) verb *You need not go.* = do not have to do something (used in negative sentences or questions) आवश्यकता (नहीं) **needful** adj. *He had asked me to fill the form, but I haven't had time to do the needful.* = whatever has to be done आवश्यक कार्रवाई **needy** adj. *a needy person* = poor ज़रूरतमंद

nee•dle[1] /ˈni:dl/ /नीड्ल्/ noun, c. **1** = a long, thin piece of metal used for sewing (stitching) clothes, having a sharp point at one end and a hole at the other end (called the 'eye' of the needle) through which a thread can be passed सिलाई करने की सुई **2** *an injection needle* = a thin, hollow metal tube with a sharp point which is pushed into somebody's skin when a liquid medicine has to be injected (put inside the body) टीका लगाने या इंजेक्शन देने की सुई **3** *the needle of a compass* = a long, thin metal pointer fitted to a scientific instrument वैज्ञानिक उपकरण 'कम्पास' की सुई

needles

knitting-needle
compass
syringe
sewing-needle

needle[2] verb, t. *His friends are always needling him because he is soft-hearted and cries easily.* = to trouble or annoy someone by making jokes or unkind remarks (informal) चिढ़ाना (अनौपचारिक) **needlework** noun = work like sewing or embroidery सिलाई-कढ़ाई

to look for a needle in a hay-stack = to search for something which is very small and therefore difficult to find ढूँढ़ने में कठिनाई होना जैसे भूसे के ढेर में सुई खोजना

ne•gate /nɪ'geɪt/ /नि'गेइट्/ verb, t. *You say you want to be my friend, and then you tell all our neighbours that I can't be trusted. Your action negates your own words.* = to go against or to cancel out the effect of something नकारना **negation** noun, u. **1** *You should not have refused to help these poor children. This is a negation of all the good work you did earlier.* = the act of negating (cancelling out) something किए-कराए पर पानी फेरना **2** *He is making a study of negation in Hindi.* = the different ways of saying 'no' in a language निषेध-संबंधी प्रयोग

neg•a•tive[1] /'negətɪv/ /'नेगटिव्/ adj. **1** *When I asked him if he could lend me his camera, his answer was in the negative. // 'He can sing' is an affirmative sentence but 'He can't sing' is a negative sentence.* = expressing 'no' (refusing something, not agreeing to something, saying that something is not true etc.) नकारात्मक **2** *She is very negative in the way she sees things.* = seeing only the bad or unpleasant side of things; not hopeful किसी वस्तु अथवा काम के केवल बुरे पक्ष को देखना **3** *a negative quantity* = less than zero (e.g. - 5) शून्य से कम संख्या **4** *Her blood was tested for malaria, but the test proved to be negative.* = showing that something tested for is not present [MEDICINE] नकारात्मक [चिकित्सा] **5** *a negative charge* = (of an electrical current) describing the direction in which the current is flowing [TECHNICAL] विद्युत-प्रवाह की दिशा [तकनीकी]

negative[2] noun = a piece of film from which a photograph can be made कैमरे से खींचे गए फ़ोटो का मूल **negative pole** = the end opposite the positive end of a magnet [PHYSICS] (चुंबक का) ऋणात्मक ध्रुव [भौतिक विज्ञान]

ne•glect[1] /nɪ'glekt/ /नि'ग्लेक्ट्/ verb, t. **1** *If you spend so much time on games you will neglect your studies.* = to give too little attention or care to someone or something उपेक्षा करना **2** *He neglected to switch off the lights before locking up the office.* = to fail to do something that should have been done, because of carelessness or forgetfulness लापरवाही या भूल से किसी कार्य को न करना

neglect[2] noun, u. *The plants in the garden died because of neglect.* = the action or condition of neglecting something उपेक्षा **neglectful** adj. = careless or forgetful लापरवाह, भूल जाने वाला, भुलक्कड़

neg•li•gee /'neglɪʒeɪ/ /'नेग्लिजेइ/ noun, c. = a very light dress worn at night by a woman who is getting ready to go to bed सोने के समय पहनी जाने वाली महिलाओं की हल्की-सी पोशाक

neg•li•gent /'neglɪdʒənt/ /'नेग्लिजन्ट्/ adj. *The guards should have made sure that all the doors were properly locked, but they were negligent. That is why the thieves got in.* = neglectful; careless or forgetful in doing something लापरवाह **negligence** noun, u. *The guards who forgot to lock the doors at night should be punished for negligence.* = the action of neglecting something (being careless or forgetful) लापरवाही **negligible** adj. *She has been injured in the accident but the injuries are negligible.* = very slight (small) and not worth thinking about 'न' के बराबर, बहुत कम

ne•go•ti•ate /nɪ'gəʊʃieɪt/ /नि'गोशिएइट्/ verb, t. or i. **1** *I am negotiating a business agreement with a company in Japan.*(t.) // *We are negotiating with the management, and we hope they will agree to raise our salaries.*(i.) = to talk to a person or group in order to reach an agreement of some kind किसी समझौते के लिए विचार-विमर्श करना, मोल-भाव करना **2** *The car was going so fast that it ran off the road while trying to negotiate a curve.*(t.) = to move or travel along a path रास्ते पर चलते/गाड़ी चलाते **negotiable** adj. **1** *I have told you how much I expect for my car, but the price is negotiable.* = something that can be negotiated (changed after discussion) विचार के लिए मुक्त होना, मोल-भाव संभव **2** *The village roads are not negotiable during the rainy season.* = not fit for travelling on यात्रा योग्य **negotiation** /nɪgəʊʃɪ'eɪʃən/ /निगउशि'एइशन्/ noun, u. or c. *The negotiation has been successful.* = the act of negotiating (having discussions about) something समझौते के लिए विचार-विमर्श

ne•gro /'ni:grəʊ/ /'नीग्रउ/ noun, c. (**negroes**) = a person with dark skin, belonging to an African race. (The word 'negro' is now generally considered offensive. The terms now preferred are, 'African American' (in the U.S.A) or 'person of African origin' USE) हब्शी एक अफ़्रीकी जाति अफ़्रीकी अमेरिकी (अमेरिका में) अथवा अफ़्रीकी मूल का निषिद्ध

neigh /neɪ/ /नेइ/ noun, c. = the sound made by a horse हिनहिनाना

neigh•bour /'neɪbəʳ/ /'नेइबर्/ noun, c. *She loves chatting to her neighbour across the fence.* = someone who lives near the place where one lives पड़ोसी **neighbourhood** noun, u. or c. **1** *There are no shops in the neighbourhood.*(u.) = the area surrounding the place where one lives पास-पड़ोस, घर के निकट **2** *This is a quiet neighbourhood.*(u.) = a part of a town or city where a group of people

N

live, close to each other जहाँ लोग पास-पड़ोस से निकट संबंध रखते हैं **neighbouring** adj. *The roads in the neighbouring town are better than ours.* = being next to or near something पास का, निकटवर्ती **neighbourly** adj. *Let me give you some neighbourly advice.* = friendly (coming from a neighbour) पड़ोसी होने के नाते

nei•ther[1] /ˈnaɪðəʳ/ /ˈनाइदर/ det. *Neither Mohini nor Hema won the prize. It went to Saina.* न एक न दूसरा / न यह न वह

neither[2] pron. *I asked you to read both books but you have read neither.* = not one and not the other (of two) दोनों में से कोई नहीं

neither[3] adv. *I didn't get the prize and neither did my friend.* = also not दूसरे को भी नहीं, दूसरा भी नहीं

neither[4] conj. *Neither he nor his brother got the prize.* = not one or the other न एक न दूसरा

nem•e•sis /ˈnemɪsɪs/ /ˈनेमिसिस्/ noun = *He made millions by cheating people but he finally met his nemesis and was sent to jail.* = punishment or misfortune that is deserved and cannot be escaped from उचित दंड या दुर्भाग्य

neo- /niːəʊ/ /नीअउ/ prefix meaning **1** new e.g. **neoclassical** /niːəʊˈklæsɪkəl/ /नीआˈक्लैसिकल्/ adj. *a neo-classical building* = made or built recently, but in the classical style (a style that was popular long ago) नव, नवीन **2** coming after बाद में आने वाला e.g. **neocolonialism** /niːəʊkəˈləʊnɪəlɪzəm/ /नीअउकˈलउनियलिज़्म्/ noun, u. = the attempt by some powerful countries in modern times to control other countries, as was done by the colonial countries several hundred years ago आधुनिक काल में ताकतवर देशों द्वारा अन्य देशों पर नियंत्रण रखना जैसा कि सैकड़ों वर्ष पूर्व उपनिवेशवाद में होता था, नव उपनिवेशवाद

ne•o•lith•ic /niːəˈlɪθɪk/ /नीअˈलिथिक्/ adj. = belonging to the New Stone Age (about 10,000 years ago) (लगभग 10,000 वर्ष पूर्व का) नव पाषाण युग

ne•ol•o•gis•m /niːˈɒlədʒɪzəm/ /नीˈऑलजिज़्म्/ noun, c. *The word 'program', when used to talk about computers, is a neologism that was not known twenty years ago.* = a word or phrase that has been newly created or given a new meaning नव निर्मित शब्द अथवा पुराने प्रचलित शब्द का नए अर्थ में प्रयोग, जैसे कम्प्यूटर के संदर्भ में 'प्रोग्राम' शब्द, नव शब्द-निर्माण

ne•on[1] /ˈniːɒn/ /ˈनीऑन्/ noun *neon gas* = a kind of gas that is inert (on which nothing has any effect) एक गैस जिस पर किसी चीज़ का प्रभाव नहीं पड़ता

neon[2] adj. *neon lights* = very bright lights in different colours, made of glass tubes filled with neon gas, which are used to advertise different products गैस के प्रयोग से जलने वाली रंग-बिरंगी बत्तियाँ जिनका प्रायः विज्ञापनों में प्रयोग किया जाता है

neph•ew /ˈnevjuː/ /ˈनेव्यू/ noun, c. = the son of one's brother or sister (compare **niece**) भतीजा/भानजा (देखें **niece**)

ne•phri•tis /nɪˈfraɪtɪs/ /निˈफ्रायटिस/ noun = a disease that affects the kidneys गुर्दे की एक बीमारी, वृक्कशोथ **nephrology** noun = the study of diseases of the kidneys गुर्दे की बीमारियों से संबंधित अध्ययन, वृक्क विज्ञान

nep•o•tis•m /ˈnepətɪzəm/ /ˈनेपटिज़्म्/ noun, u. *They have given highly paid jobs to all their relations. Someone should speak out against this nepotism.* = the misuse of power by giving unfair advantages to one's relatives and friends भाई-भतीजावाद

Nep•tune /ˈneptjuːn/ /ˈनेप्ट्यून्/ noun = one of the planets in the solar system, named after the god of the ocean (in stories from ancient Rome) वरुण ग्रह, सौर मंडल का एक ग्रह जिसका नाम सागर के देवता के नाम पर है (प्राचीन रोम की कथाओं में)

nerd /nɜːd/ /नऽड्/ noun, c. = a person who is dull and not very fashionable (informal, derogatory) सीधा-सादा (अनौपचारिक, अनादरसूचक)

nerve /nɜːv/ /नऽव्/ noun, c. or u. **1** *the sciatic nerve*(c.) = a thread-like structure (part) inside the body which carries feelings of pain etc. to the brain from different parts of the body नस, स्नायु, नाड़ी **2** *He had the nerve to make me wait for two hours.* = the foolish kind of courage that makes a person do something rude or disrespectful (informal) हिमाकत, दुस्साहस (अनौपचारिक) **nerves** noun *He had a sudden attack of nerves before the interview.* = loss of courage or confidence आत्मविश्वास या हिम्मत खोना **nervous** adj. **1** *I am always nervous before an examination.* = slightly afraid and worried डर तथा चिंता-युक्त **2** *She has a nervous disorder.* = connected with the nerves स्नायु-तंत्र-संबंधी **nervous breakdown** noun = a period of mental illness resulting in continual anxiety, restlessness and a feeling of depression (sadness) एक मानसिक रोग जिसके लक्षण हैं उत्तेजना, बेचैनी और अवसाद, स्नायु विचलन **the nervous system** noun = the network of nerves in the body which is connected to the brain and carries messages from and to the brain नाड़ी-तंत्र या स्नायु तंत्र

to get on someone's nerves = to make someone irritated and angry किसी को हद से ज़्यादा परेशान करना, नाक में दम करना **to lose one's nerve** *At the driving test, they asked me so many questions that I lost my nerve and did badly.* = to lose the courage one had in the beginning शुरुआती साहस छोड़ देना

nest[1] /nest/ /नेस्ट्/ noun, c. *a bird's nest* = a home built by a bird, usually out of twigs (small branches of trees) or bits of straw or grass, in which it lays its eggs and keeps its chicks (young ones) until they have grown up घोंसला, नीड़

nest[2] verb, i. *The birds are nesting in the mango trees.* = to build a nest घोंसला बनाना **nest-egg** noun *The money she got on her retirement is her nest-egg.* = money saved by someone for future use भविष्य के लिए सुरक्षित धन **nestling** noun, c. = a young bird that has not left its nest (literary) नीड़ शावक, पक्षी शिशु (साहित्यिक)

nes•tle /'nesəl/ /'नेसल्/ verb, t. *The child nestled its head on the soft pillow.* = to lie in a warm and comfortable position सुखपूर्वक लेटना

net[1] /net/ /नेट्/ noun, c. 1 *a nylon net.* = material made from threads or wires tied or woven together so as to leave open spaces in between, allowing gases, liquids or small objects to pass through (also **netting**) जाल, जाली (देखें **netting**) 2 *We caught the fish in a net.* = an object made from netting material tied or woven into a net, used to stop something from passing through जाल 3 *a tennis net* = a net used in games such as tennis, table-tennis, volley-ball, badminton etc. in which a player loses a point if the ball is hit into the net 'नेट' 4 *surfing the Net* = an abbreviation for the Internet [COMPUTERS] 'इंटरनेट' का संक्षिप्त रूप 'नेट'

net[2] verb, t. (**netted**) 1 *We netted a large fish.* = to catch in a net जाल में फँसा लेना 2 *He netted two goals.* = to score a goal (in the game of football or hockey) by hitting a ball into the net at the back of the goal-post (फुटबॉल या हॉकी के खेल में) 'गोल करना'

net[3] adj. *The company made a net (nett) profit of five lakhs this year.* = the total amount remaining after everything that should have been deducted has been deducted शुद्ध, वास्तविक, सारी कटौती के बाद शेष राशि

to surf/browse the Net = to get into the Internet system and view pages or sites on the World Wide Web इंटरनेट पर किसी विषय की जानकारी प्राप्त करना

neth•er /'neðə^r/ /'नेद^र/ adj. *He lives in a room somewhere in this huge building.I don't know where his room is, probably somewhere in the nether regions.* = lower or hidden (humorous) पातालखाने में (हास्यपरक)

net•work[1] /'netwɜ:k/ /'नेटवɜक्/ noun, c. *The railways form a large network. // a television network* = a large system made up of many similar parts that are connected to each other so as to allow movement or communication between or along the parts जाल, छोटे-छोटे केंद्रों को मिलाकर बनी एक बड़ी व्यवस्था जैसे–रेलवे नेटवर्क; टेलिविज़न नेटवर्क

network[2] verb, i. *The different television channels are networking together.* = to form a network, so as to communicate with each other परस्पर संपर्क के लिए जुड़े होना

neu•ral•gia /njʊ'rældʒə/ /न्यु'रैल्जा/ noun = pain in the body caused by some damage to the nerves स्नायु दोष के कारण होने वाला दर्द

neuro- /njʊ'rəʊ/ /न्यु'रउ/ prefix meaning 'having to do with the nerves' नाड़ी- अथवा स्नायु-संबंधी e.g. **neurology** /njʊ'rɒlədʒi/ /न्यु'रॉलजी/ noun = the branch of medicine which deals with disorders of the nervous system in the body स्नायु-तंत्र-संबंधी रोगों का विज्ञान **neurologist** noun, c. = a doctor who practises neurology स्नायु-तंत्र-संबधी रोगों का चिकित्सक

neu•ro•sis /njʊ'rəʊsəs/ /न्यु'रउसस्/ noun = a disorder of the mind causing great anxiety and fear बहुत उत्तेजना और भय उत्पन्न करने वाला मानसिक रोग, हल्का मनोविक्षेप **neurotic** adj. or noun = (a person who is) suffering from neurosis 'neurosis' का रोगी

neuron noun, c. = a cell that carries messages from the various parts of the body to the brain and back [BIOLOGY] शरीर के विभिन्न अंगों से मस्तिष्क तक अनुभूति को लाने और ले जाने वाली स्नायु-कोशिका

neu•ter[1] /'nju:tə^r/ /'न्यूट^र/ adj. *The pronoun 'he' is masculine, 'she' is feminine, but 'it' is neuter in gender.* = a word that is neither masculine in gender (that is, referring to a male person or animal) nor feminine (referring to a female person or animal) [GRAMMAR] नपुंसक (लिंग) [व्याकरण]

neuter[2] verb, t. = to remove the sex organs of a male animal नरपशु को नपुंसक बनाना

neu•tral[1] /'nju:trəl/ /'न्यूट्रल्/ adj. *I don't like or dislike them. I have neutral feelings about them.* = neither in favour of something nor against it; having no strong feelings or opinions about something तटस्थ, न पक्ष में न विपक्ष में 2 *We did not join one group or the other. We remained neutral.* = not helping either side in a war or a dispute तटस्थ, निष्पक्ष 3 = neither acidic nor basic [CHEMISTRY] मध्यम, न अम्लीय, न क्षारीय [रसायन-विज्ञान]

neutral[2] noun, u. or c. 1 *The car is not moving because it is in neutral.*(u.) = the condition when no power is being carried from the engine of a car to the wheels, because the gears are not connected to each other (see also **gear**) वाहन के इंजन से पहिए तक शक्ति संचार न होने की स्थिति, न्यूट्रल (देखें **gear**) **neutrality** /nju:'trælɪti/ /न्यू'ट्रैलिटी/ noun, u. = the state of being neutral in a war युद्ध में तटस्थता **neutralize (neutralise)** /'nju:trəlaɪz/ /'न्यूट्रलाइज़्/ verb, t. 1 *Our salaries have been raised, but the cost of food has also gone up, neutralizing the effect of the raise.* = to take away the effect or value of something निष्प्रभावित कर देना 2 = to make a country remain neutral during a war किसी देश को युद्ध में तटस्थ रखना

N

neu•tron /ˈnju:trɒn/ /ˈन्यूट्रॉन्/ noun, c. = a very tiny piece of matter inside an atom, which carries no electrical charge (see also **electron**, **proton**) अणु के अंदर विद्यमान एक अत्यंत लघु पदार्थ (देखें **electron**, **proton**)

nev•er /ˈnevəʳ/ /ˈनेवॅʳ/ adv. **1** *I don't know anything about London as I have never been there.* = not at any time कभी नहीं **2** *'He told me your secret.' 'Never!'* = used to say that something could not have happened, and that you don't believe it कदापि नहीं, असंभव **nevertheless** adv. *It is raining heavily. Nevertheless, I must go for the meeting because people are expecting me.* = in spite of that (formal)फिर भी, तथापि (औपचारिक)

never mind *'I'm sorry, there's no dinner left for you.' 'Never mind. I can go and get some.'* = an expression meaning, 'It does not matter. Don't worry.' कोई बात नहीं **you never know** *Nihar doesn't want to go with the others to the cinema, but you never know, he may change his mind.* = an expression used to show that someone's behaviour cannot be predicted (informal, humorous) कुछ कहा नहीं जा सकता, कौन जाने (अनौपचारिक, हास्यपरक)

new /nju:/ /न्यू/ adj. *The book is so new that very few people have read it.* = produced (made) very recently नवीन, नया **2** *This car is new, not second-hand.* = not used or owned by anyone before जिसका पहले कभी प्रयोग न किया गया हो, नया **3** *She doesn't like this house, so she is thinking of moving into a new one.* = different भिन्न, नया **4** *I don't find it easy to learn a new language.* = not known or experienced before अपरिचित **5** *Look, there are some new leaves on the bush!* = (of something which grows) just appeared or developed सद्य, नया **6** *My house has a new number now.* = changed from the old पुराने को बदलकर **7** *We are new to this city.* = recently arrived कुछ ही समय पहले आए **8** *The water problem has been solved, but we have a new problem now.* = another, fresh; one that wasn't there before अन्य जो पहले नहीं था **newly** adj. *a newly-painted car* = recently (not very long ago) कुछ ही समय पूर्व **newborn** adj. = recently born (referring to a baby) नवजात **newcomer** noun = a person who has just come to a place किसी स्थान अथवा संस्था में प्रवेश करने वाला **new-fangled** adj. *I don't like your new-fangled ideas about teaching meditation to children.* = new but not necessarily better (derogatory) (अति-आधुनिक विशेषत: अटपटा-सा; नया किंतु सभवत: प्राचीन से बेहतर नहीं (अनादरसूचक) **new moon** = the time when the moon first appears and can hardly be seen अमावस के बाद पहला चाँद **New Testament** noun = the part of the Bible that tells us about Jesus Christ बाइबल का एक भाग जो ईसा मसीह पर केंद्रित है **New Year's Day** noun = the first day in January, which marks the beginning of a new year नव वर्ष दिवस

as good as new *He has repaired the table. It looks as good as new.* = almost as if it were new नए-जैसा **to feel like a new person** = to feel in a better state of health than one felt before पहले से अच्छी स्थिति में **What's new?** *'He came late to class this morning.' 'He did? So what's new?'* = this is only to be expected and I am not surprised at all (slang, derogatory) कोई नई बात नहीं (ऐसी ही अपेक्षा की जाती है) (अपभाषा, अनादरसूचक)

news /nju:z/ /न्यूज़्/ noun, u. **1** *What's the news in the papers today?* = information or reports about recent events समाचार **2** *the 9 o'clock news* = a programme on radio or television which presents the news रेडियो, दूरदर्शन आदि में समाचार प्रस्तुत करने का कार्यक्रम **news agency** noun, c. = a company that supplies news to newspapers, television and radio channels संचार माध्यमों को समाचार देने वाली संस्था **newscaster** noun, c. = a person who presents the news on radio or television (also **news-reader**) समाचार-प्रस्तुतकर्त्ता (देखें **news-reader**) **newsflash** = a piece of news (on television or radio), which is important and therefore shown by breaking the regular reading of the news [MEDIA] रेडियो अथवा टेलिविजन के नियमित कार्यक्रम को रोक कर दिया जाने वाला कोई महत्त्वपूर्ण संक्षिप्त समाचार [मीडिया] **newsletter** noun, c. = a printed sheet containing news, published and sent to readers regularly by post किसी संस्था के समाचार आदि जो मुद्रित रूप में सदस्यों के पास भेजे जाते हैं, संवाद-पत्र, वृत्तपत्र **newspaper** = large sheets of printed paper containing news, articles, advertisements usually published and sold everyday समाचार-पत्र, अखबार **newsworthy** adj. *We didn't report your speech in the newspaper as we didn't think it was newsworthy.* = something which is interesting or important enough to be published as news इतना रोचक अथवा महत्त्वपूर्ण कि उसे समाचार रूप में दिया जाए

to break the news = to be the first to give someone the news सबसे पहले समाचार देना **to make the news** = to do something which gets reported in the newspaper, on television etc.समाचार में प्रसारण योग्य कुछ करना **to be in the news** = to be talked about in an important way by newspapers, television etc. संचार माध्यमों में चर्चित होना **No news is good news.** = a way of hoping, especially when one is expecting unpleasant news, that not getting any news will mean that things are all right कोई समाचार न मिलने का अर्थ है कुशल होना **That's news to me!** *You're leaving the city? That's news to me!* = an expression used to show that one is surprised or annoyed because one has not been told something कोई सूचना पहली बार मिलने पर आश्चर्य और शिकायत व्यक्त करना **to be bad news** I don't think we should deal with them. They're bad news. = to be likely to cause trouble or be unpleasant (informal)

किसी बात का अप्रिय अथवा कष्टकर होना (अनौपचारिक)

next[1] /nekst/ /नेक्स्ट्/ det. *There are no seats left in the first row but there is a seat in the next row.* = nearest or closest to something in time or space, with nothing in between अगला (समय अथवा स्थान की दृष्टि से)

next[2] adv. **1** *The school is next to the shopping centre.* = nearest to निकट **2** *Which song will you sing next?* = just after the present one इसके बाद **next door** adv. *She lives next door.* = in the house next to this one पड़ोस का घर

next to nothing *He knows next to nothing about music.* = almost nothing लगभग नहीं, कुछ नहीं, न के बराबर

NGO abbr. of **Non-governmental Organization** = an organization usually not connected directly with the government but engaged in doing social work **Non-governmental Organisation** का संक्षिप्त रूप-सामाजिक कार्यों से संबद्ध गैर-सरकारी संस्था

nib /nɪb/ /निब्/ noun, c. *The pen has a steel nib.* = a flat and pointed piece of metal at the end of a pen, through which ink flows down to the paper while writing निब (स्याही वाले पेन से संबंधित)

nib•ble[1] /'nɪbəl/ /'निब्ल्/ verb, t. **1** *The boy does not seem to be hungry. He is only nibbling at his food.* = to take small and repeated bites of food बार-बार थोड़ा-थोड़ा खाते रहना, टूँगना **2** *The mouse nibbled through the rope.* = to cut something with the teeth कुतरना

nibble[2] noun, c. *She took a nibble from the piece of bread.* = a small bite एक छोटा कौर, ग्रास या निवाला, टुकड़ा

nice /naɪs/ /नाइस्/ adj. **1** *It rained yesterday but today the weather is nice.* = pleasant अच्छा, सुखद **2** *He is a really nice person.* = friendly अच्छा, मित्रतापूर्ण **3** *You should be nice to your students.* = kind; good अच्छा, स्नेहपूर्ण **nicely** adv. **1** *He will help you if you speak to him nicely.* = politely अच्छी तरह, विनम्रता से **2** *The motorbike was running nicely until we suddenly ran out of petrol.* = in a good way, as expected ठीक-ठाक, अच्छा **nicety** noun, c. (**niceties**) *The two companies have come to a broad agreement, but their lawyers will have to examine all the niceties.* = small details which have to be looked at carefully ध्यान देने योग्य छोटी से छोटी बातें

a nice bit of trouble (mess) etc. *That was a nice bit of trouble you got into!* = 'Nice' is used here to mean exactly the opposite—bad or unpleasant (informal) 'अच्छी-खासी मुसीबत (वास्तव में बुरा या अप्रिय) (अनौपचारिक) **Nice work!** = a way of praising someone (informal) उम्दा काम की प्रशंसा की अभिव्यक्ति (अनौपचारिक)

niche /ni:ʃ/ /नीश्/ noun, c. (French) **1** = a hollow place in a wall, where one can keep a statue or something beautiful for people to see (फ्रेंच शब्द) दीवार में बना आला **2** *He has found his niche as the only writer of science fiction in Hindi.* = a special position that one occupies अर्जित विशेष स्थान **niche market** *He makes glass furniture for a niche market.* = a limited number of buyers who are prepared to buy a very special kind of product विशिष्ट लोगों के लिए विशिष्ट वस्तुओं का बाज़ार

nick[1] /nɪk/ /निक्/ verb, t. **1** *I accidentally nicked my face while shaving.* = to cut काटना **2** *Someone has nicked my watch.* = to steal (informal) मार लेना, चुराना (अनौपचारिक)

nick[2] noun, c. *There are some nicks in the door where the dog scratched the wood with its claws.* = a small cut in a surface किसी सतह पर लगी खरोंच

in the nick of time *The doctor arrived in the nick of time, or the patient would have died.* = just in time सही समय पर, ऐन वक्त पर

nick•el /'nɪkəl/ /'निकल्/ noun = a hard, silvery white metal which is often mixed with steel so that it will not rust 'निकल' एक धातु **nickel-plating** = a thin, shiny coating of nickel put on top of another metal with the help of an electric current अन्य धातु की वस्तु पर 'निकल' धातु की पॉलिश

nick•nack /'nɪk næk/ /'निक्नैक्/ (**knick-knack**) noun, c. *His house is full of little nicknacks which he has collected over many years.* = a small decorative object सजावट की छिटपुट वस्तुएँ

nick•name /'nɪkneɪm/ /'निक्नेइम्/ noun, c. *Saurav Ganguli's nickname is 'Maharaj' (king)* = a name by which a person is called affectionately by members of his/ her family and close friends वह नाम जिससे किसी को परिवार और निकट संबंधियों, मित्रों द्वारा बुलाया जाता है, पुकार का नाम

nic•o•tine /'nɪkəti:n/ /'निकटीन्/ noun, u. = a poisonous, habit-forming substance which is present in tobacco तंबाकू में विद्यमान एक विषैला पदार्थ

niece /ni:s/ /नीस्/ noun, c. = the daughter of one's brother or sister or husband's or wife's brother or sister भतीजी, भानजी

niff /nɪf/ /निफ़्/ noun, u. *The room carries a niff of stale food.* = a bad or unpleasant smell (informal) अप्रिय गंध (अनौपचारिक)

nif•ty /'nɪfti/ /'निफ़्टी/ adj. *That's a nice little wooden table you have made. A nifty piece of work, I must say!* = something attractive or effective (informal) आकर्षक (अनौपचारिक)

nig•gard•ly /'nɪgədli/ /'निगड्ली/ adj. **1** *a niggardly person* = not willing to spend money or do anything to help anyone कंजूस **2** *She made me a niggardly offer for my car, so I didn't agree to sell it to her.* = very small in amount; miserly (informal) मितव्ययी, सस्ता, कम राशि का (अनौपचारिक)

nig•gling /'nɪgəlɪŋ/ /'निग्लिङ्/ adj. *I have a niggling doubt that we left the house without locking the*

N

door properly. = something that annoys or troubles one for a long time (referring to an idea or feeling) लगातार परेशान करने वाला विचार

nigh /naɪ/ /नाइ/ adv. *The time to go is nigh.* = near (old-fashioned or poetic) निकट (पुराने प्रचलन का, पद्यात्मक)

night /naɪt/ /नाइट्/ noun, u.or c. **1** *The sun is about to set. Soon it will be night.*(u.) // *We have booked a room in the hotel for two days and one night.*(c.) = the part of the day (period of 24 hours) when the sun cannot be seen and it is dark रात **2** *I want to see the new play on the opening night.*(c.) = the evening on which some special event takes place किसी विशेष कार्यक्रम या समारोह के होने की संध्या **night-blindness** noun = a defect in the eyes resulting in the inability to see clearly in poor light निशांधता, रतौंधी **night-club** noun = a place that people visit at night for entertainment (to eat, drink and watch a performance of dance and music) रात्रि के समय मनोरंजन का स्थान **night-life** noun = the entertainment that is available in night-clubs etc. देर रात्रि के समय उपलब्ध मनोरंजन-संबंधी गतिविधियाँ **night-shift** noun, c. = the part of the day (usually between 10.00 at night and 8.00 in the morning) when a person works in a factory, hospital etc. रात्रि पारी/पाली **night-soil** noun = waste matter from human bodies, which may be used for agriculture मनुष्य शरीर का अप पदार्थ जिसका कृषि में प्रयोग किया जा सकता है **nightie** noun, c. (**nighties**) = a dress worn by a woman in bed (informal) महिलाओं द्वारा रात को सोते समय पहनी जाने वाली पोशाक (अनौपचारिक)

a late night = a night when one goes to bed very late देर रात **good night** = said before one goes to bed सोने से पूर्व का अभिवादन **last thing at night** *Please have this medicine last thing at night.* = just before one goes to bed रात सोने से ठीक पहले, सब कार्यों के बाद **to (work) nights 1** *He's at home in the day. He works nights now.* = to work, go for a walk, exercise etc. on a regular basis at night (informal) रात के समय व्यस्त रहना (अनौपचारिक) **2** *The baby cried nights.* = every night or often (informal) लगभग रोज रात को (अनौपचारिक) **to stay up all night** *We stayed up all night watching the football match on television.* = to choose not to sleep and to work etc. instead रातभर जागते रहना

nigh•tin•gale /'naɪtɪŋgeɪl/ /'नाइटिंङ्गेइल्/ noun, c. = a kind of bird that sings very sweetly बुलबुल, गानेवाली चिड़िया

night•mare /'naɪtmeəʳ/ /'नाइटमेअʳ/ noun, c. **1** = a bad or frightening dream भयानक स्वप्न **2** = a frightening or unpleasant experience डरावना अनुभव

nil /nɪl/ /निल्/noun, u. *India lost the football match by five goals to nil.* = zero; nothing कुछ नहीं, शून्य

nim•ble /'nɪmbəl/ /'निम्ब्ल्/adj. **1** *She is so nimble that she runs ahead of everyone else in a race.* = quick in movement (literary) तेज़ (साहित्यिक) **2** *He has a nimble mind.* = quick in thinking तेज दिमाग

nim•bus /'nɪmbəs/ /'निम्बस्/ noun or adj. *nimbus clouds* = a dark cloud that usually brings rain [GEOGRAPHY] वर्षा मेघ (भूगोल)

nine /naɪn/ /नाइन्/ noun or det. or pron. = the number after eight and before ten नौ की संख्या **ninth** det. = coming after eight things or people नवाँ -नौवाँ **nine days' wonder** *The actor's first film was a hit, but all his other films were flops. His popularity proved to be a nine days' wonder.* = an event that causes excitement for a short time and is then forgotten थोड़े समय की प्रसिद्धि, चार दिन की चाँदनी

nine•teen /naɪn'tiːn/ /नाइन्'टीन्/noun or det. = the number coming after 18 and before 20 उन्नीस

to speak nineteen to the dozen = to speak very fast, without stopping बिना रुके, लगातार बहुत जल्दी-जल्दी बोलना

nine•ty /'naɪnti/ /'नाइन्टी/ noun = the number obtained by mutiplying 9 by ten (9x10 = 90) नब्बे

nip¹ /nɪp/ /निप्/ verb, t. *The dog nipped me in the leg.* = to bite lightly हल्का-सा काटना

nip² noun, u. or c. **1** *There is a nip in the air.*(u.) = a slight feeling of coldness कुनकुनी **2** *He took a nip of whisky.*(c.) = a small amount of some strong alcoholic drink थोड़ी मात्रा, रत्तीभर

to nip something in the bud = to stop something unpleasant, such as a fight, when it is just starting and has not been able to grow आरंभ में ही दबा देना **to nip across** *I nipped across to buy a loaf of bread.* = to go somewhere quickly (informal) झटके के निकल जाना (अनौपचारिक)

nip•ple /'nɪpəl/ /'निप्ल्/ noun, c. **1** = the raised part on a woman's breast or the chest of a female mammal, through which a baby can suck milk from the mother स्तनाग्र **2** = a piece of rubber shaped like a nipple, fitted to the end of a bottle, through which a baby sucks milk बच्चे को बोतल से दूध पिलाने के लिए प्रयुक्त रबर की वस्तु **3** *a grease nipple* = an opening in a machine through which oil or grease can be put into the machine मशीन में तेल डालने के लिए बना स्थान

nip•py /'nɪpi/ /'निपी/ adj. **1** *The weather is nippy.* = cold (informal) सर्द (अनौपचारिक) **2** *He is a nippy runner.* = fast (informal) तेज़, तीव्र (अनौपचारिक)

nir•va•na /nɪr'vɑːnə/ /निर्'वाण/ noun = the state of being free from all pain, sorrow and desire (in Hinduism and Buddhism) निर्वाण, मुक्ति

nit /nɪt/ /निट्/noun, c. = a small insect or its egg sometimes found in a person's hair लीख, जूँ का अंडा **nit-picking** noun, u. *My senior in the office has such a habit of nit-picking that he is never satisfied with my work.* = the habit of paying too much attention to small faults (derogatory) छोटी-छोटी गलतियों पर बहुत मीन-मेख निकालना (अपमानसूचक)

ni•tro•gen /'naɪtrədʒən/ /'नाइट्रजन्/ noun = a kind of colourless gas which forms 78 per cent of the air that we breathe एक गैस **nitrate** noun, u. or c. = a chemical which is rich in nitrogen and can be used as fertilizer नाइट्रोजन गैस से युक्त एक रसायन **nitric acid** noun = a very powerful acid which can destroy substances and is used in making explosives एक विस्फोटक पदार्थ

ni•tro•gly•ce•rine /naɪtrəʊ'glɪsərɪn/ /नाइट्रउ'ग्लिसरिन्/ noun = a powerful explosive, also known as dynamite, used to blow up rocks etc. चट्टान आदि को उड़ाने के लिए प्रयुक्त एक शक्तिशाली विस्फोटक–जैसे डायनामाइट

nit•ty-grit•ty /nɪti'grɪti/ /निटी'ग्रिटी/ noun *We have talked in general terms about the new project. Let us come to the nitty-gritty now.* = the practical and basic details that have to be considered in planning something (informal) कोई योजना बनाते समय ध्यान देने योग्य मूल एवं व्यावहारिक बातें, ठोस मुद्दे (अनौपचारिक)

no¹ /nəʊ/ /नउ/ det. **1** *We have no sugar. // He has no time.* = not any नहीं, अभाव होना **2** *No smoking!* = used in warning signs निषेधात्मक निर्देश **3** *It's no distance at all from my house to the railway station.* = hardly any (very little) बहुत कम, नहीं के बराबर

no² adv. **1** *'Will you come to the play tonight?' 'No, I'm not feeling well.'* = an answer expressing refusal or disagreement नहीं **2** *She has no more than two or three friends.* = not any नहीं **3** *We ordered food from the restaurant and in no time, it was delivered to our house.* = hardly any नहीं के बराबर

no³ noun, c. *Can you give me a clear no or a yes by tomorrow?* = an answer expressing disagreement अस्वीकृति-सूचक उत्तर **no-ball** = a ball bowled by a bowler (in cricket) that is against the rules and is not counted क्रिकेट के खेल में नियम विरुद्ध फेंकी गई गेंद

no, no **1** *'He left without telling me.' 'No, no, he's left you a note.'* = a way of stressing that something is not what one thinks it is; a way of disagreeing नहीं, नहीं **2** *'No, no, you can't go in.'* = a way of strongly stopping someone from doing something बल देकर 'न, न' बोलना **3** *I'm sorry, but I can't join your club. That's a total no no.* = something that one will never agree to do (informal) कभी नहीं (अनौपचारिक) **no-man's land** = an area of land which falls between two countries and is not controlled by either country दो देशों के बीच का स्थलखंड, जिस पर दोनों में से किसी का नियंत्रण न हो **no-nonsense** *She is famous for her no-nonsense approach to company management.* = practical and efficient (interested only in getting things done) (approving) काम (होने) पर ज़ोर देना, व्यावहारिक एवं प्रभावी (स्वीकृत) **a no-win situation** = a difficult situation which can have no solution, no matter what one does जिसका कोई हल नहीं **no good/use** *It's no good going to the station now. The train will have left.* = it is pointless to do something बेकार, कोई लाभ नहीं **Oh no!** *'I had a fall and broke my arm.' 'Oh no!'* = a way of reacting to news of something unpleasant that has happened to someone, or to show that one is disappointed निराशा अथवा अप्रिय घटना में प्रयुक्त विस्मयादिबोधक पद **to not take no for an answer** *You're going on the trip with us, and we'll not take no for an answer.* = to make a request in such a way that the person requested cannot refuse (informal) बहुत ज़ोर देकर अनुरोध करना, 'नहीं' नहीं सुनना (अनौपचारिक)

No•bel prize /nəʊbel 'praɪz/ /नोबल 'प्राइज़्/ noun = a prize given by a group of people in Sweden and founded by Alfred Nobel, the inventor of dynamite (nitroglycerine), for outstanding work in science, medicine, literature, economics and efforts to bring peace to the world विज्ञान, चिकित्सा, साहित्य, अर्थशास्त्र के क्षेत्र में विशेष उपलब्धि और विश्व शांति की दिशा में विशेष प्रयास के लिए दिया जाने वाला पुरस्कार, नोबेल पुरस्कार

no•ble¹ /'nəʊbəl/ /'नउब्ल्/ adj. **1** *I am glad you've taken up the noble cause of teaching disabled children.* = something that should be praised or admired because it is based on high moral principles प्रशंसा योग्य (पुण्य का काम) **2** *a person from a noble family* = (in the past) having a high position in society (old-fashioned) समाज में प्रतिष्ठित, उच्चस्तरीय (पुराने प्रचलन का)

noble² (**noble man**) noun, c. = a member of the nobility समाज के प्रतिष्ठित वर्ग का सदस्य **nobility** noun, u. = the class of rich, land-owning families which, in former times, were close to the rulers of the country (see also **aristocracy**) प्राचीन समय में राजा के निकट स्थान-प्राप्त उच्च वर्ग (देखें **aristocracy**) **noble gas/metal** noun, c. = any of the gases or metals that do not react with other chemicals or with the air [CHEMISTRY] किसी रसायन अथवा वायु से प्रभावित न होने वाली धातु अथवा गैस (रसायन विज्ञान)

no•bod•y¹ /'nəʊbədi/ /'नउबडी/ det. *Nobody came to see me when I was in hospital.* = no one कोई नहीं

nobody² noun, c. *I'm just a nobody.* = a person without any position or importance (informal) किसी महत्त्व का नहीं, कोई नहीं (अनौपचारिक)

noc•tur•nal /nɒk'tɜːnl/ /नोक'टɜन्ल्/ adj. *Owls are nocturnal birds. They hunt only at night.* = having to do with the night (active only during the night) रात्रि के समय क्रियाशील

nod¹ /nɒd/ /नॉड्/ verb, i. (**nodded**) *The teacher nodded when I asked him if I could leave the meeting. // She nodded at me when we met on the street.* = to move one's head down and up again to show agreement or to greet someone स्वीकृति अथवा अभिवादन के लिए सिर हिलाना

N

nod² noun, c. *He gave me a nod. // Our plan was given the nod.* (Note the use of 'a' and 'the') = a movement of the head to show agreement or greeting (figurative in the second example) ('a' और 'the' के प्रयोग पर गौर करें) स्वीकृति-सूचक या सहमति (दूसरा उदाहरण लाक्षणिक)

node /nəʊd/ /नउड्/ noun, c. **1** *a leaf node* = a place where things are joined (e.g. the place where a leaf joins the stem or branch of a plant or a tree) [BOTANY] जोड़, वर्णसंधि, वर्णग्रंथि [वनस्पति विज्ञान] **2** *a lymph node* = a lump, especially at the meeting point of two bones in the human body [ZOOLOGY] (also **nodule**) शरीर में हड्डियों के जोड़ पर बन जाने वाली गाँठ [जीव विज्ञान] (देखें **nodule**) **nodal** adj. **1** = having to do with a node (a place where things are joined) जोड़ने या मिलाने वाला स्थान **2** *a nodal organization* = an important part of a network or system which connects or brings things together किसी व्यवस्था का केंद्र

noise /nɔɪz/ /नॉइज़्/ noun, u. or c. *The noise of traffic on the streets is enough to make you deaf.*(u.) = unwanted, unpleasant and loud sounds शोरगुल **noisy** adj. *These streets are very noisy. // The class is very noisy.* = full of noise or making a lot of noise जहाँ या जिसमें बहुत शोर हो

no•mad /'nəʊmæd/ /'नउमैड्/ noun, c. = a member of a tribe which has no permanent home but keeps moving from place to place एक खानाबदोश जाति, जैसे 'बनजारा', यायावर **nomadic** adj.

nom•de•plume /nɒmdə'plu:m/ /नॉम् द' प्लूम्/ noun, c. (French) *Samuel L. Clemens wrote under the nom de plume of Mark Twain.* = pen name (the false name used by a writer) उपनाम (लेखकों द्वारा प्रयुक्त)

no•men•cla•ture /nəʊ'meŋklətʃəʳ/ /नउ'मेन्क्लचॅ/ noun, u. = the system used, specially in science, to name things नामावली, नामकोश

nom•i•nal /'nɒmɪnl/ /'नोमिन्ल्/ adj. **1** *He is the nominal ruler of the state, but the real ruler is his mother.* = only in name but not in reality नाम का, नाम के लिए **2** *I sold the car to my brother for a nominal payment of one rupee.* = very small compared to the expected price or value बहुत कम

nom•i•nate /'nɒmɪneɪt/ /'नोमिनेइट्/ verb, t. *The class has nominated me for the post of class leader.* = to name or suggest someone officially for a position मनोनीत या नामज़द करना **nomination** /nɒmɪ'neɪʃən/ /नोमि'नेइशन्/ noun, u. = the act of nominating someone to a position नामांकन **nominee** /'nɒmɪni:/ /नोमिनी/ noun, c. = a person who is nominated मनोनीत किया गया (व्यक्ति)

nominative /'nɒmɪnətɪv/ /'नोमिन्टीव्/ noun *'I' is the nominative form of the pronoun while 'me' is the dative form.* = the form of a noun or pronoun which shows that it is the subject of a sentence [GRAMMAR] संज्ञा या सर्वनाम का कर्त्ता रूप [व्याकरण]

non- /nɒn/ /नॉन्/ prefix meaning not e.g. **non-addictive** /nɒn'ædɪktɪv/ /नॉन'एडिक्टिव्/ adj. *Coffee is non-addictive.* = some-thing that does not lead to the formation of a habit नकारात्मक उपसर्ग

no•na•ge•nar•i•an /nəʊnədʒə'neəriən/ /नउनज'नेअरियन्/ noun, c. = a person who is in his nineties (between 90 and 99 years old) 90 और 99 वर्ष के बीच की आयु वाला

non-alcoholic adj. = not containing alcohol अल्कोहल- या मद्य-रहित

non-aligned adj. *a meeting of non-aligned countries* = not a member of any group or supporting any other country तटस्थ (देश), किसी एक वर्ग का साथ न देने वाला (सदस्य)

non•cha•lant /'nɒnʃələnt/ /'नॉनशलन्ट्/ adj. (French) *He remained nonchalant even when he had lost all his money.* = calm and showing no anxiety or care (फ्रेंच शब्द) शांत, उत्तेजनारहित

non-committal adj. *She was non-committal when we asked her if she would like to accompany us on our tour.* = not expressing a clear or definite opinion अप्रतिबद्ध, वायदे से नहीं बँधा हुआ

non-con•duc•tor /nɒnkən'dʌktr/ /नॉन कन' डॅक्ट्र/ noun, c. = a substance that does not allow electricity or heat to pass through it गर्मी या विद्युत को संचारित नहीं होने देने वाला

non-con•form•ist adj. = a person who lives and thinks in a way that is different from that of other people अन्य लोगों से भिन्न प्रकार से सोचने और जीने वाला

non•de•script /nɒndɪskrɪpt/ /नॉनडिस्क्रिप्ट्/ adj. *a nondescript person* = very ordinary; having no special quality which can be noticed (derogatory) अति सामान्य, बिना किसी विशेषता के (अनादरसूचक)

none¹ /nʌn/ /नॅन्/det. *None of my friends lives in this neighbourhood.* = not even one कोई नहीं, एक भी नहीं

none² pron. **1** *My sister has three children but I have none.* = not any कोई नहीं, एक भी नहीं / **2** *Half a loaf of bread is better than none at all.* = not anyone or anything कोई नहीं, एकदम नहीं

none the wiser *I was none the wiser for having gone to the travel agent. He did not give me any useful information.* = not knowing any more than before कुछ नया नहीं

non-entity noun, c. (**nonentities**) *He was treated as a non-entity, though he had many talents.* = a person without any importance or position (derogatory) बिना किसी महत्त्व या स्थिति का, नगण्य (अनादरसूचक)

none•the•less /nʌnðə'les/ /नॅन द' लेस्/ adv.

He does not visit people often. Nonetheless, he is very popular with his neighbours. = in spite of that (also **nevertheless**) के बावजूद, फिर भी (देखें **nevertheless**)

non-fiction noun, u. = writing that is about real and not imaginary people, things or events सत्य घटना अथवा व्यक्ति का वर्णन, काल्पनिक नहीं

non•plus /nɒnˈplʌs/ /नॉनˈप्लस्/ verb, t. (**nonplussed**) *I was completely nonplussed by the question asked at the interview.* = to cause someone to feel confused and not know what to say or do घबरा जाना, कुछ कह न पाना

non-proliferation noun, u. *a treaty for the non-proliferation of nuclear weapons* = not allowing something (specially the ability to make and use nuclear weapons) to spread among many countries किसी चीज़ (विशेषत: आणिवक हथियारों) को अनेक देशों में प्रसारित होने देने पर रोक

non-resident adj. *She is a non-resident Indian (NRI).* = a person who does not live in the country where he or she was born or of which he or she is a citizen जिस देश की नागरिकता हो उससे भिन्न देश में रहने वाला

non•sense /ˈnɒnsəns/ /ˈनॉनसन्स्/ noun, u. *Stop talking nonsense!* = speech or writing without sense (meaning) अर्थहीन, बेकार, अनर्गल

non-starter noun, c. *The idea of using gas to run all the buses in the country is a non-starter.* = an idea which has no chance of succeeding (informal) जिसकी सफलता की संभावना न हो (अनौपचारिक)

non-stick adj. *a non-stick frying-pan* = having an inner surface coated with some chemical to which food will not stick न चिपकने वाला, ऐसा बरतन जिसमें भोजन न चिपके

non-stop adj. *a non-stop flight* = without a pause or stop बिना रुके, लगातार, निरंतर

non-vegetarian noun or adj. **1** (noun) = a person who eats meat or fish as well as vegetables शाक-सब्जी और माँस-मछली भी खाने वाला, आमिष भोजी **2** *non-vegetarian food* (adj.) = containing meat or fish मांस-मछली आदि से बना भोजन

non-verbal adj. *non-verbal communication* = without the use of words, written or spoken शब्द-रहित

non-violence noun, u. = the belief that no violence (use of force) should be used in politics, religion or living अहिंसा

noo•dle /ˈnuːdl/ /ˈनूॅड्ल्/ noun, u. (usually plural **noodles**) = food made from flour, in the form of long, thin threads (बहुवचन रूप **noodles** में ही प्राय: प्रयुक्त) 'नूडल', मैदे का बना भोज्य पदार्थ

nook /nʊk/ /नुक्/ noun, c. *She likes to sit in a nook in the garden, reading a book.* = a small space which is hidden or shelterd एकांत कोना
in every nook and corner/cranny = every place हर जगह

noon /nuːn/ /नूॅन्/noun, u. or c. = the middle of the day (12 o'clock) (compare **midnight**) दिन का मध्य भाग, 12 बजे का समय, मध्याह्न (देखें **midnight**)

noose /nuːs/ /नूस्/ noun, c. *the hangman's noose* = a ring formed by the end of a rope which becomes tight when the rope is pulled फंदा

nope /nəʊp/ /नउप्/ adv. *'Will you come with me?' 'Nope.'* = no (slang) ना, न: (अपभाषा)

nor /nɔːʳ/ /नॉʳ/ conj. *'I like Kolkata. It's neither too crowded, like Mumbai, nor too expensive, like Delhi.'* = used, together with **neither**, before the second or last of a set of negative choices न-न (neither/nor) योजक में द्वितीय या अंतिम 'न'

norm /nɔːm/ /नॉम्/ noun, c. **1** *He said we should never use bad language because it went against the norms of polite behaviour.* = a standard of behaviour (way of doing things) that is accepted by most people स्वीकृत मान या आदर्श / **2** *We will accept two children as the norm for a family.* = standard; something which is used to measure or judge other things of the same kind प्रतिमान, आदर्श

nor•mal[1] /ˈnɔːməl/ /ˈनॉम्ल्/ noun, u. *The temperature in the month of May should be about 35 degrees Celsius but this year it is 43 degrees— eight degrees above normal.* = what is usual or expected (opposite **abnormal**) सामान्य, स्वाभाविक (विलोम शब्द **abnormal**)

normal[2] adj. **1** *The normal temperature of the human body is 23 degrees Celsius.* = average or usual सामान्य **2** *a normal baby* = in good physical and mental health शारीरिक व मानसिक रूप से स्वस्थ

normality /nɒˈmælɪtɪ/ /नॉˈमैलिटि/ noun, u. *There was some trouble in the city last week but now normality has returned.* = the usual state of things (also **normalcy**) सामान्य स्थिति (देखें **normalcy**)

normalize (normalise) /ˈnɔːməlaɪz/ /ˈनॉमलाइज़्/ verb, t. *Relations between the two warring countries have been normalized.* = to go back to the normal (usual) condition फिर से सामान्य हो जाना

north /nɔːθ/ noun = one of the four directions (north, south, east and west), which is the direction in which the left arm of a person will point if he/she stands facing the rising sun (east) उत्तर दिशा **northern** adj. *the northern states of India* = in the north or belonging to the north उत्तरी **North Atlantic Drift** = a warm water current in the Atlantic Ocean that affects the climate of Europe [GEOGRAPHY] अटलांटिक महासागर की वह ऊष्म जलधारा

N

जिसका यूरोप की जलवायु पर असर पड़ता है [भूगोल] **northerly** adj. 1 *northerly winds* = coming from the north उत्तर से आने वाली, उत्तरी 2 *We marched off in a northerly direction.* = towards the north उत्तर दिशा की ओर **north-east** noun = the direction that is half-way between north and east उत्तर-पूर्व **north-eastern** adj. = belonging to the north-east उत्तर-पूर्वी **north-west** noun = the direction that is half-way between north and west उत्तर-पश्चिम **North Pole** noun = the most northern point on the surface of the earth (see pic under **earth**) उत्तरी ध्रुव (**earth** का चित्र देखें) **northern lights** noun = bands of brightly coloured light seen in the night sky in countries near the North Pole (also known as **aurora borealis**) उत्तर-ध्रुव प्रकाश (**aurora borealis** नाम से भी ज्ञात)

nose[1] /nəʊz/ /नउज़्/ noun, c. 1 = the part of the face above the mouth, which stands out from the rest of the face and with the help of which we are able to smell and breathe नाक 2 *the nose of the aircraft* = the narrow and pointed front end of something किसी वस्तु का सँकरा-सा अगला हिस्सा

nose[2] verb, i. or t. 1 *She nosed the car into the traffic.*(t.) = to move ahead slowly and carefully धीरे और सावधानीपूर्वक आगे बढ़ाना / 2 *I don't like other people nosing into my affairs.*(i.) = taking an interest in something that does not concern you (informal, derogatory) हस्तक्षेप करना, टाँग अड़ाना (अनौपचारिक, अनादरसूचक) 3 *I found him nosing about the house.*(t.) = to look for or search for something which does not concern you ऐसी वस्तु की खोज करना जिससे उस व्यक्ति का कोई सरोकार न हो **nosy** adj. *a nosy person* = one who is interested in things that do not concern him/her (informal, derogatory) ऐसी चीज़ों में रुचि लेने वाला जिनसे उस व्यक्ति का कोई सरोकार न हो (अनौपचारिक, अनादरसूचक) **nose-bag** = a bag containing grain, hung around the head of a horse तोबड़ा, घोड़े के गले से लटका उसके दाने का थैला

to poke one's nose into someone's affairs = to take an interest in things which do not concern one (informal) हस्तक्षेप करना, टाँग अड़ाना (अनौपचारिक) **to do something under someone's nose** *She learnt later that they had planned the robbery under her nose, and she didn't know!* = openly (without trying to hide something) (informal) नाक के नीचे, आँखों के सामने (अनौपचारिक) **to turn one's nose up at something** = to not want to do something because one thinks oneself to be too good for it नाक-भौं सिकोड़ना **to cut off one's nose to spite one's face** = to do something in a mood of anger, even if it is unpleasant or harmful to oneself (figurative) गुस्से में ऐसा गलत काम कर डालना जिसके लिए बाद में पछताना पड़े (लाक्षणिक)

nose•dive /ˈnəʊzdaɪv/ /ˈनउज़डाइव्/ verb, i. *The aircraft nose-dived into the sea.* = to drop straight down at great speed from a height with the nose (front part) pointing downwards तीव्रता से सीधे नीचे गिरना

nos•tal•gia /nɒˈstældʒə/ /नॉˈस्टैल्ज/ noun, u. *I have a strong feeling of nostalgia when I think of the little town where I grew up.* = fondness (love) for something belonging to the past किसी विगत घटना या वस्तु से मोह **nostalgic** adj. *He feels nostalgic about the place where he lived as a child.* = full of nostalgia किसी विगत वस्तु से मोहग्रस्त होना

nos•tril /ˈnɒstrɪl/ /ˈनॉस्ट्रिल्/ noun, c. = one of the two openings at the end of one's nose, through which one breathes नासिका, नथुना

not /nɒt/ /नॉट्/ adv. 1 *She is not ready as yet. Could you wait a few minutes?* = a word used to express a negative meaning नहीं 2 *Is he planning to go to the meeting or not?* = a word which replaces a whole expression and carries a meaning opposite to what was stated earlier नहीं 3 *'Do you think it will rain today?' 'I think not.'* = a short negative answer नहीं 4 *Shall we buy this computer or not?* = the negative of two possibilities नहीं **not at all** *'Thank you for coming.' 'Not at all.'* = a reply often given to an expression of thanks (also *'You are welcome!'*) 'धन्यवाद' के उत्तर में प्रयुक्त अभिव्यक्ति ('You are welcome' भी कहा जाता है।) **notwith-standing** prep. *He is still very popular in this city, notwithstanding all the bad reports being published about him.* = in spite of (formal) के बावजूद (औपचारिक)

no•ta•ry /ˈnəʊtəri/ /ˈनउटरी/ noun, c. (**notaries**) = a public official who has the legal authority to witness a document, as proof that it is genuine (also **notary public**) नोटरी, लेख्य प्रमाणक (देखें **notary public**)

no•ta•tion /nəʊˈteɪʃən/ /नउˈटेश्न्/ noun, c. = a system of written symbols used in mathematics or music अंकन, संकेतन, गणित अथवा संगीत विषयों में प्रयुक्त चिह्न

notch[1] /nɒtʃ/ /नॉच्/ noun, c. (**notches**) 1 *He cut a notch in the branch of a tree.* = a V-shaped cut made in a hard surface खाँच 2 *Many people think that as an actor, Amitabh Bachchan is several notches above all the new actors.* = an imaginary point on a scale by which values are compared तुलना करने का काल्पनिक बिंदु

notch[2] verb, t. *The hockey team notched up a victory in the first match.* = to record a gain or an achievement उपलब्धि प्राप्त करना

note[1] /nəʊt/ /नउट्/ noun, c. 1 *Have you made notes from the professor's lecture?* = a written record, usually based on a book that one has read or a talk that one has listened to, which helps one to remember what one has read or heard याद रखने के लिए अंकन (नोट) **2** *I have received a note from the secretary.* = a short letter लिखित सूचना **3** *a bank note* = a piece of printed paper which can be used as money नोट (रुपया) **4** = a musical sound (संगीत के संदर्भ में) स्वर **5** *There was a note of sadness in his voice.* = something which shows (one's) feelings संकेत, आभास

note[2] verb, t. **1** *Please note that no children are allowed at the meeting.* = to pay special attention to something and to remember it विशेष ध्यान देना और याद रखना **2** *Please note this telephone number in your diary.* = to make a written record of लिख कर सुरक्षित रखना **notable** /ˈnəʊtəbl/ /नउटबॅल्/ adj. *This book is notable for its description of Tibetan customs.* = so interesting as to deserve attention and mention उल्लेख योग्य, ध्यान देने योग्य **notepaper** noun, u. = special paper used to write letters or notes नोट/पत्र लिखने के लिए विशेष कागज **noteworthy** adj. *He did not say anything noteworthy in his talk.* = deserving attention or notice विशेष ध्यान देने योग्य

to take note of something = to pay special attention to something and remember it किसी चीज़ पर गौर करना

note•book /ˈnəʊtbʊk/ /ˈनोटबुक/ noun, c. **1** = a book, which is used to write things (class notes, accounts etc.) in so that they can be referred to later अनेक पन्नों वाली लिखने के लिए प्रयुक्त पुस्तिका **2** = a portable computer (a laptop) [COMPUTERS] छोटा कंप्यूटर (लैपटॉप)

noth•ing[1] /ˈnʌθɪŋ/ /ˈनॅथिङ/ det. *She said nothing new.* = not anything कुछ नहीं

nothing[2] pron. **1** *Nothing has happened.* = not anything कुछ भी नहीं **2** *There's nothing happening in the town hall tonight.* = the absence of something, e.g. a television programme कुछ नहीं **3** *We can't expect him to repair the cycle for nothing.* = no payment मुफ़्त में **4** *I gave him a lot of advice, but for nothing.* = serving no purpose बेकार, व्यर्थ, बिना किसी प्रभाव या लाभ के

nothing[3] adv. *She's nothing like you describe her. You said she was unfriendly, but she was very friendly.* = not at all बिल्कुल नहीं, एकदम नहीं

to have nothing to do with someone *He was my friend once upon a time, but I have nothing to do with him now.* = to have no connection with someone or something कोई संबंध न होना या रखना **to want nothing to do with someone** *She has let us down and we want nothing to do with her.* = to not want any connection with a person, usually for a reason कोई संबंध न रखना **nothing but** *She does nothing but paint all day.* = only केवल **nothing much** *'What did you do in Bangalore last weekend?' 'Nothing much.'* = not a lot कुछ विशेष या अधिक नहीं **It's nothing** *'You helped us so much. Thank you!' 'Oh, it was nothing.'* = a way of replying to thanks by saying something isn't or wasn't difficult to do (informal) 'धन्यवाद' के उत्तर में प्रयुक्त विनम्र अभिव्यक्ति **nothing to it** *Of course you can drive a bus. There's nothing to it.* = an expression meaning 'It's quite easy to do.' (informal) कुछ मुश्किल नहीं, अत्यंत सरल (अनौपचारिक) **nothing on earth 1** *Nothing on earth can be as good as this song.* = an expression meaning that something is the best there is (informal) किसी वस्तु की प्रशंसा में प्रयुक्त अभिव्यक्ति (अनौपचारिक) **2** *The ice cream tasted like nothing on earth.* = so bad that it cannot be described (informal) किसी वस्तु की आलोचना में प्रयुक्त अभिव्यक्ति (अनौपचारिक)

no•tice[1] /ˈnəʊtɪs/ /ˈनउटिस्/ noun, c. **1** *The notice on the board says that the school will be closed tomorrow.*(c.) = a written statement giving information to the public लिखित सार्वजनिक सूचना **2** *The bank has sent me a notice saying it will take me to court if I don't pay up the loan.*(c.) = a warning or information about something that is going to be done लिखित चेतावनी **3** *This matter should have been brought to my notice. Why wasn't I told?*(u.) = attention जानकारी में

notice[2] verb, t. *I notice that you have got new curtains for your room.* = to observe (see) something or to pay special attention to something ध्यान में आना, देखना **noticeable** adj. *There is a noticeable improvement in the patient's condition.* = something that can be easily observed (seen) स्पष्ट दिखाई देने वाला **notice-board** noun, c. = a large board usually fixed on a wall, on which notices are put up so that people can read them (also **bulletin board**) 'नोटिस-बोर्ड', सूचना-पट (देखें **bulletin board**)

no•ti•fy /ˈnəʊtɪfaɪ/ /ˈनउटिफाइ/ verb, t. (**notified**) *All the students have been notified of the change in the timetable.* = to inform through a written notice (formal) लिखित सूचना द्वारा सूचित किया जाना (औपचारिक) **notification** /nəʊtɪfɪˈkeɪʃən/ /नउटिफिˈकेइश्न्/ noun, u. or c. **1** = the act of notifying or sending a notice to someone लिखित सूचना का प्रेषण **2** = a notice given to someone

no•tion /ˈnəʊʃən/ /ˈनउश्न्/ noun, c. *I had the notion that he and you were related to each other.* = a vague (not clear or exact) idea or piece of information which often proves to be wrong धारणा **notional** adj. *She is the notional head of the department, although she can't take important decisions.* = something that exists only as an idea, not in reality नाम के लिए

no•to•ri•ous /nəʊˈtɔːriəs/ /नउˈटॉरिअस्/ adj. *This shop has become notorious for selling stolen goods.* = famous for something bad बुराई के लिए प्रसिद्ध, कुख्यात **notoriety** /nəʊtəˈraɪəti/ /नउटˈरायटी/

noun, u. = the state of being notorious बदनामी, कुख्याति

nought /nɔːt/ /नॉऽट्/ noun, c. = zero शून्य **noughts and crosses** = a game played on a piece of paper in which two players write either 0 or X in a pattern of nine squares, and the player who gets three noughts or three crosses in a straight line wins एक प्रकार का खेल

noun /naʊn/ /नाउन्/ noun, c. *The words 'plate' and 'truth' are both nouns.* = a word that names a person (e.g. Asif), a place (e.g. New Delhi), a thing (e.g. a chair) or a quality or idea (e.g. beauty) [GRAMMAR] संज्ञा [व्याकरण]

nour•ish /ˈnʌrɪʃ/ /ˈनॅरिश्/verb, t. **1** *You should nourish the children by giving them plenty of milk and fruits.* = to provide food so as to keep someone or something healthy (formal) पोषण करना (औपचारिक) **2** *to nourish new ideas* = to support and encourage सहायता करना और प्रेरित करना **nourishment** noun, u. *Are the children getting enough nourishment?* = food given to someone or something to maintain good health पोषण

no•va /ˈnəʊvə/ /ˈनउव/ noun, c. (**novas** or **novae**) = a bright star [PHYSICS] नवतारा [भौतिक]

no•vel[1] /ˈnɒvəl/ /ˈनॉव्ल्/ noun, c. *He is writing a novel about the war.* = a long story about imaginary people and events उपन्यास

novel[2] adj. *That's a novel idea! No one has thought of it before.* = new and original नवीन एवं मौलिक **novelist** noun, c. = a person who writes a novel उपन्यासकार

nov•el•ty /ˈnɒvəlti/ /ˈनोव्ल्टी/ noun, c. **1** = the quality of being new and original नवीन एवं मौलिक वस्तु **2** = a small object that is not very expensive एक छोटी चीज़ जो ज़्यादा महँगी न हो

No•vem•ber /nəʊˈvembəʳ/ /नउˈवेम्बʳ/ noun = the eleventh month of the year, between October and December नवंबर

nov•ice /ˈnɒvɪs/ /ˈनॉविस/ noun, c. *I can tell from the way you are driving that you are a novice.* = a beginner; a person who has little skill in or experience of doing something अनाड़ी, नौसिखिया

now /naʊ/ /नाउ/ adv. **1** *I want you to go now, not later.* = at this time; at present अब **2** *She has been a doctor for ten years now.* = from the beginning to the present time अब तक **3** *We will have some games now.* = very soon अभी **4** *I want you to phone him now, please.* = immediately अभी, तत्काल **5** *Now, whom did you want to meet?* = used to introduce a statement or question 'अब' तो **nowadays** adv. *It doesn't usually rain much here but we are getting a lot of rain nowadays.* = at the present time, in comparison with the past आजकल **now and then** *She calls me now and then.* = occasionally अक्सर, प्राय: **for now** *Yes, we do need a scooter, but for now let's manage with a bicycle.* = for the present फ़िलहाल, अभी के लिए **now for** *I have eaten a big meal. Now for a good nap!* = an expression used to refer to something that one is going to do next अब, इसके बाद **any day now** *My friend is getting married soon and I should be receiving an invitation to the wedding any day now.* = soon जल्दी ही **now or never** *There's no time to think about applying for a job. It's now or never.* = a way of saying 'the right time is this, not later.' (informal) अभी या कभी नहीं (अनौपचारिक) **What is it now?** *This is the third time you have telephoned me this morning. What is it now?* = said to mean 'Why are you disturbing me again?' (showing annoyance at being disturbed repeatedly) बार-बार परेशान किए जाने पर खीझ की अभिव्यक्ति 'अब क्या है?'

nox•ious /ˈnɒkʃəs/ /ˈनॉक्शस्/ adj. *When diesel oil is burnt in an engine, some noxious gases are produced.* = harmful or poisonous (formal) नुकसानदेह या विषैली (औपचारिक)

noz•zle /ˈnɒzəl/ /ˈनॉज़्ल्/ noun, c. *There is a plastic nozzle fitted to the end of the rubber pipe.* = a short, pointed piece of metal or plastic fitted to the end of a pipe, so that the flow of liquid or gas through the pipe can be controlled and directed towards a particular point किसी नली के मुँह पर लगने वाली टोंटी

nu•ance /ˈnjuːɑːns/ /ˈन्यूआऽन्स/ noun, c. *A word can have many meanings, and a good dictionary tries to show the different nuances in the meanings of words.* = a very small difference in meaning which is difficult to describe गहरे अर्थ में सूक्ष्म भेद

nu•cle•us /ˈnjuːklɪəs/ /ˈन्यूक्लिअस्/ noun, c. (**nucleuses** or **nuclei**) **1** *the nucleus of an atom* = the central part of an atom, made of protons, neutrons and electrons [PHYSICS] नाभिक [भौतिक विज्ञान] **2** *the nucleus of a cell* = the central part of a cell (the smallest part into which a living substance can be divided) [BIOLOGY] कोशिका का केंद्र [जीव विज्ञान] **3** *I am setting up a new team of scientists, and I want the two of you to form its nucleus.* = the most important or central part of an organization or group, around which it can grow केंद्र **nuclear** /ˈnjuːklɪəʳ/ /ˈन्यूक्लिअʳ/ adj. **1** *nuclear weapons* = having to do with nuclear energy (the powerful energy which is produced when the nucleus of an atom is divided or joined to the nucleus of another atom) आणविक, अणु **2** = having to do with the nucleus in an atom अणु का केंद्र **nuclear disarmament** noun = the giving up of nuclear weapons by an agreement between countries अणु-शस्त्रों का बहिष्कार **nuclear power-station** noun = a power station (place where electrical energy is produced) which uses nuclear energy to produce electricity अणु-शक्ति द्वारा विद्युत उत्पन्न करने वाला केंद्र **nuclear reactor** noun = a powerful device that contains many parts and produces nuclear energy अणुशक्ति उत्पन्न करने वाला उपकरण **nuclear weapon** noun, c. = a bomb which can produce very great destruction because it uses nuclear energy अणु-शस्त्र, परमाणु हथियार

nude[1] /nju:d/ /न्यूड्/ adj. = naked (with no clothes on the body) नग्न, नंगा

nude[2] noun, c. = a painting or a photograph of a naked person which is a work of art नग्नमूर्त्ति अथवा चित्र **nudity** noun, u. = the state of being nude नग्नता

nudge[1] /nʌdʒ/ /नॅज्/ verb, t. *He nudged me to remind me that it was time to leave the meeting.* = to give someone a gentle push, usually with the elbow, to attract his/her attention or to remind him/her of something कुछ याद दिलाने अथवा ध्यान आकर्षित करने के लिए धीरे से कोहनी मारना

nudge[2] noun, c. *She gave me a nudge.* = a gentle push with the elbow कोहनी द्वारा धक्का

nug•get /'nʌgɪt/ /'नॅगिट्/ noun, c. **1** *a nugget of gold* = a rough lump of some precious metal found in the earth ढेला, पिंड **2** *a nugget of advice* = a very useful and valuable piece of advice (figurative, humorous) उपयोगी और मूल्यवान सुझाव (लाक्षणिक, हास्यपरक)

nui•sance /'nju:səns/ /'न्यूसन्स्/ noun, c. (no plural) *The heavy traffic on this road is a real nuisance.* = someone or something that causes annoyance (a feeling of anger) or trouble परेशानी या कष्ट देने वाला

null /nʌl/ /नॅल्/ adj. *null value* = zero; nil शून्य **null and void** adj *The agreement between us is null and void now.* = having no legal value रद्द, खारिज

numb[1] /nʌm/ /नॅम्/ adj. *It was so cold that my hands became numb.* = without the ability to feel anything (especially pain) सुन्न, जड़

numb[2] verb, t. *The doctor will give you an injection of morphine to numb the pain.* = to take away the ability to feel pain सुन्न करना **numbness** noun, u. संवेदनशून्यता, सुन्न हो जाने की हालत

num•ber[1] /'nʌmbəʳ/ /'नॅम्बर/ noun, c. **1** *Five is a number.* = a written symbol (sign) representing a unit which forms part of the system of counting and calculating संख्या **2** *He lives at Number 13, Race Course Road.* = a number which shows the position of something in a list संख्या **3** *a number of houses* = quantity or amount अनेक **4** *'Cow' is singular in number, but 'cows' is plural.* = a change in the form of a noun or pronoun which tells us whether the word refers to one person or thing (singular) or more than one (plural) [GRAMMAR] वचन [व्याकरण] **5** *Do you have her number?* = telephone number / टेलिफोन नंबर **6** *We sold all the back numbers of the magazine.* = (of magazines and journals), copies published earlier अंक

number[2] verb, t. **1** *Have you numbered the pages of the book?* = to give a number to क्रम संख्या लिखना **2** *He is ill and his days are numbered.* = limited in number (not many are left) (informal) सीमित बहुत कम, गिनती का (अनौपचारिक) **even number** = 2 and multiples of the number 2 सम संख्या **odd number** = 1, 3, 5, 7, 11 etc. विषम संख्या **number-crunching** = the use of a calculating machine or computer to do a large number of difficult calculations कंप्यूटर अथवा अन्य संगणक के प्रयोग से बड़ी संख्याओं का हिसाब करना **number plate** = a metal plate at the front or back of a vehicle which shows its registration number (the official number given to a vehicle by the government) वाहन का नंबर दर्शाने वाली पट्टी

to have a head for numbers = to be good at making calculations, estimates and at finance हिसाब-किताब में कुशल **any number of** *There are any number of reasons why she's angry.* = a way of saying there are many reasons for something (informal) अनेक, बहुत-सारे, सैकड़ों (अनौपचारिक) **Your number is up** **1** *You haven't done your work? Your number is up!* = a way of saying that someone will suffer the reasons for doing or not doing something करने या न करने के परिणाम का भोगी होना **2** = a way of saying that someone will die (informal, not respectful) (जीवन का) समय या अवसर समाप्त होना, दिन गिने हुए (अनौपचारिक, आदररहित)

nu•me•ral /'nju:mərəl/ /'न्यूमरल्/ noun, c. *Seven is a numeral* = a symbol (sign) that represents a number संख्या दर्शाने वाला चिह्न **numeracy** noun, u. = the ability to understand and work with numbers संख्याओं का प्रयोग करने की कुशलता **numerate** adj. *He is a numerate person.* = able to work with numbers (to add, subtract etc.) संख्याविषयक कार्यों में कुशल **numerator** noun, c. *In the fraction ¾, the numerator is three.* = the number which is above the line in a fraction अंश (देखें **denominator**) (compare **denominator**) **numerical** /nju:'merɪkəl/ /न्यू'मेरिकल्/ adj. *a numerical problem* = having to do with numbers संख्या-विषयक **numerous** adj. *He has numerous problems.* = many असंख्य, बेशुमार, बहुत अधिक

nu•mis•mat•ics /nju:mɪz'mætɪks/ /न्यूमिज्' मैटिक्स्/ noun = the study of coins (specially old coins which have historical value) सिक्कों का अध्ययन, मुद्रा-विषयक, मुद्रा-शास्त्र

nun /nʌn/ /नॅन्/ noun, c. = a woman who has joined a religious group and spends her life in prayer or the service of her religion (see also **monk**) साध्वी, मठ अथवा धर्मसंघ की सदस्या (देखें **monk**) **nunnery** noun = a house in which nuns live together (साध्वियों का) मठ

N

nup•tial /ˈnʌpʃəl/ /ˈनॅपशल्/ adj. = connected with the ceremony of marriage वैवाहिक **nuptials** noun (always plural) *The nuptials are over and the wedding feast can begin now.* = wedding ceremony (old-fashioned) (केवल बहुवचन में प्रयुक्त) विवाह-संबंधी रीति-रिवाज़, रस्में (पुराने प्रचलन का)

nurse[1] /nɜːs/ /नऽस्/ noun, c. **1** *a nurse in a hospital* = a person who is trained to take care of sick or old people परिचारिका **2** *a child's nurse* = a woman who looks after a very young child (see also **nanny**) 'आया', दाई, शिशु की देखभाल करने वाली (देखें **nanny**)

nurse[2] verb, t. **1** *He likes to nurse sick people.* = to take care of देखभाल करना **2** *The mother was nursing her baby.* = to feed with milk from the breast स्तनपान कराना **3** *The baby was nursing at the mother's breast.* = to suck milk from the breast स्तनपान करना **nursing** noun, u. = the profession or job of being a nurse नर्स का पेशा या काम **nursing home** noun, c. = a private hospital where people who have health problems can be looked after गैरसरकारी छोटा अस्पताल

nur•se•ry /ˈnɜːsəri/ /ˈनऽसरी/ noun, c. (**nurseries**) **1** = a room in a house where a child sleeps or plays शिशु के सोने या खेलने का कमरा **2** = a place where small children are taken care of while their parents are working (also **nursery school**) छोटे बच्चों की देखभाल करने का स्थान (देखें **nursery school**) **3** = a place where plants are grown and sold वाटिका जहाँ नया पौधा या फूलों के पौधे उगाए जाते हैं **nursery rhyme** noun, c. = a short, well-known song or poem for children बालगीत

nur•ture[1] /ˈnɜːtʃəʳ/ /ˈनऽचर/ verb, t. *My parents nurtured me with great love.* = to take care of and protect someone or something and help him/her/it to grow (literary) पालन-पोषण करना (साहित्यिक)

nurture[2] noun, u. *A child will become weak without proper nurture.* = care and protection while growing पालन-पोषण

nut /nʌt/ /नॅट्/ noun, c. **1** *a cashew nut* = the dry seed of a plant, which is protected by a hard shell (cover) मेवा (काजू) **2** *nuts and bolts* = a small piece of metal with a hole in it, through which a bolt (a long piece of metal, which is used as a screw) can be pushed, in order to fix or tighten something (see pic under **tools**) ढिबरी जिसमें पेंच कसा जाता है (**tools** का चित्र देखें) **3** *He is a real nut.* = a slightly mad person (informal, humorous or approving) बावला, सनकी (अनौपचारिक, हास्यपरक) **nuts** adj. *You've spent so much money on the house. You must be nuts.* = slightly mad (also **nut-case**) (humorous or not respectful, slang) थोड़ा पागल (देखें **nut-case**) (हास्यपरक, आदरपूर्ण नहीं, अपभाषा) **nutcracker** noun, c. = a tool used for cracking open the hard shell of a nut सरौता **nutmeg** noun, u. = a kind of nut with a sweet smell which is powdered and used as a spice जायफल **nutshell** noun, u. **1** = the hard outer covering of a nut कड़ा छिलका **2** *Let me have the facts of the case in a nutshell.* = in brief (in a few words) संक्षेप में

nu•tri•tion /njuːˈtrɪʃən/ /न्यूˈट्रिशन्/ noun, u. *These plants don't look very healthy. They need more nutrition.* = food which is necessary to stay healthy पोषण **nutrient** noun, c. *This soil is very fertile because it is rich in nutrients.* = a substance which a plant, animal or human being can use as food, to stay healthy [TECHNICAL] पोषक तत्त्व [तकनीकी]

nuz•zle /ˈnʌzəl/ /ˈनॅज़ल्/ verb, t. *The horse nuzzled its young one lovingly.* = to touch or rub gently with the nose (used to describe the behaviour of an animal) पशुओं द्वारा अपने बच्चों को नाक से सहलाना

ny•lon /ˈnaɪlɒn/ /ˈनाइलॉन्/ noun, u. = an artificial (human-made) fibre from which clothing, ropes etc. can be made 'नायलॉन', कपड़े, रस्सी आदि बनाने के लिए प्रयुक्त कृत्रिम रेशा

nymph /nɪmf/ /निम्फ़्/ noun, c. = a goddess or female spirit, mentioned in stories from ancient Greece and Rome, that is supposed to live in a natural thing such as a tree, river, lake etc. यूनान एवं रोम की प्राचीन कथाओं में वर्णित देवी जो पेड़, नदी या झील में रहती है [LITERATURE]

oO

o, O /əʊ/ /अउ/ the fifteenth letter of the English alphabet अंग्रेज़ी वर्णमाला का पंद्रहवाँ वर्ण

O interjec. *O King!* = a form of address (literary) संबोधन (साहित्यिक)

o' prep. *Jack o' London* = of (literary) of का संक्षिप्त रूप (साहित्यिक)

oak /əʊk/ /अउक्/ noun, c. or u. **1** (c.) = a large tree that grows in cold countries बलूत का पेड़ **2** (u.) = the wood of the oak tree बलूत की लकड़ी

oar /ɔːʳ/ /ऑऽʳ/ noun, c. = a long pole with a wide, flat blade at one end, which is held in position at some point on the side of a boat and used to row the boat चप्पू

o•a•sis /əʊ'eɪsɪs/ /अउ'इसिस्/ noun, c. (**oases**) = a place in a desert where there is water which helps trees to grow नखलिस्तान, मरूद्यान

oath /əʊθ/ /अउथ्/ noun, c. or u. *He has sworn an oath to tell the truth.*(c.) = a promise शपथ

oats /'əʊts/ /अउथट्स्/ noun = a kind of cereal or foodgrain जई, एक प्रकार का अनाज

o•bei•sance /əʊ'beɪsəns/ /अउ'बेइसन्स्/ noun, u. or c. *He made an obeisance to the king by bowing three times.*(c.) = respect shown to an important person by bending the upper part of the body (formal, old-fashioned) फ़र्शी सलाम राजा-जैसे व्यक्ति के सम्मुख (औपचारिक, पुराने प्रचलन का)

o•bese /əʊ'biːs/ /अउ'बीस्/ adj. *an obese person* = fat in an unhealthy way [MEDICINE] मोटा [चिकित्सा] **obesity** noun, u. = the state of being obese मोटापा

o•bey /əʊ'beɪ/ /अउ'बेइ/ verb, t. *Children should obey their parents.* = to do what one is told to do आज्ञा पालन करना **obedient** adj. *an obedient child* = a person who is willing to obey (opposite **disobedient**) आज्ञाकारी (विलोम शब्द **disobedient**)

o•bit•u•a•ry /ə'bɪtʃuəri/ /अ'बिचुअ्री/ noun, c. (**obituaries**) *I came to know of the famous dancer's death when I read the obituary in today's paper.* = a report printed in a newspaper informing people that someone has died, together with an account of the dead person's life समाचार पत्र में प्रकाशित किसी की मृत्यु की सूचना

ob•ject[1] /'ɒbdʒɪkt/ /'ऑब्जिक्ट्/ noun, c. **1** *He held a small wooden object in his hand.* = a thing that can be seen or felt वस्तु **2** *The object of my visit is to inform you that you have been selected for the job.* = purpose; aim उद्देश्य **3** *In the sentence 'Prema saw a tiger', the noun 'tiger' is the object of the verb 'saw'.* = a noun or pronoun that usually follows a verb in a sentence and represents the thing or person to whom something (some action) is done [GRAMMAR] कर्म [व्याकरण] **4** *Our teacher was the object of our admiration.* = a person who is given love, respect etc. पात्र

object[2] /əb'dʒekt/ /अब'जेक्ट्/ verb, i. *I object to your keeping birds in cages.* = to speak against something that you do not like or do not agree with आपत्ति करना **objection** noun, c. *There were objections from several students when the dates for the examination were changed without notice.* = a statement showing disagreement with something or unhappiness over something आपत्ति **objectionable** adj. *objectionable behaviour* = thought to be improper (wrong) आपत्तिजनक

ob•jec•tive[1] /əb'dʒektɪv/ /अब्'जेक्टिव्/ noun, c. *My objective is to complete the project in two weeks.* = aim (something that one wants to do) लक्ष्य

objective[2] adj. *A judge must be objective while making a judgement.* = not guided by personal feeling; fair and considering only the facts available (opposite **subjective**) वस्तुनिष्ठ, निष्पक्ष (विलोम शब्द **subjecting**)

o•blige /ə'blaɪdʒ/ /अ'ब्लाइज्/ verb, t. or i. **1** *I was obliged to move out of the house as the owner wanted to move in.*(t.) = to make it necessary for someone to do something; to compel विवश होना **2** *If you need help with the heavy boxes, I would be happy to oblige.*(i.) = to do someone a favour; to help someone सहायता या उपकार करने को प्रस्तुत **obliging** adj. *an obliging person* = willing to help सहायता के लिए तत्पर **obligation** /əblɪ'geɪʃən/ /अब्लि'गेइशन्/ noun, c. or u. **1** *It is the obligation of every citizen to vote in the election.*(u.) = a duty that one must perform कर्त्तव्य **2** *I am under an obligation to him as he helped me find a job.* = a situation in which one feels bound to help someone because of some help received in the past एहसान, उपकार **obligatory** /ə'blɪgətəri/ /अ'ब्लिगटरी/ adj. *It is obligatory for you to vote.* = which must be done (opposite **optional**) अनिवार्य (विलोम शब्द **optional**)

o•blique /ə'bliːk/ /अ'ब्लीक्/ adj. **1** *an oblique line* = sloping (not straight) टेढ़ा **2** *He made an oblique remark hinting that I had hurt him.* = indirect अप्रत्यक्ष (वक्रोक्ति के संदर्भ में)

o•blit•er•ate /ə'blɪtəreɪt/ /अ'ब्लिटरेइट्/ verb, t. *A powerful king ruled this city hundreds of years ago but all traces of his kingdom have been obliterated.* = to wipe out or remove completely (formal) बुरी तरह से समाप्त, लुप्त हो जाना, नामोनिशाँ मिट जाना (औपचारिक)

o•bliv•i•on /ə'blɪvɪən/ /अ'ब्लिविअन्/ noun, u. **1** *Nothing remains of that powerful kingdom. It has gone into oblivion.* = the state of being completely forgotten (formal, literary) लुप्त, अतीत के गर्भ में (औपचारिक, साहित्यिक) **2** = the state of being unaware of anything around you अभिज्ञता, से अनजान **oblivious** adj. *The*

O

tiger was creeping through the tall grass towards the deer, but the deer was oblivious of the danger. = not aware of something (not in a position to know) अनजान, बेखबर

ob•long /'ɒblɒŋ/ /'ऑब्लाङ्/ adj. = a figure with four straight lines (at 90º to each other), but longer than it is broad (see also **rectangle**) दीर्घआयत, आयताकार (देखें **rectangle**)

ob•nox•ious /əb'nɒkʃəs/ /अब्'नॉक्शस्/ adj. *They have an obnoxious habit of reading letters meant for other people.* = very unpleasant (disapproving) अप्रिय, बुरा (अस्वीकृत)

ob•scene /əb'si:n/ /अब'सीन्/ adj. *an obscene picture* = dirty or indecent, especially in matters related to sex अश्लील **obscenity** noun, u. or c. (**obscenities**) **1** (u.) = the fact of being obscene (indecent) अश्लीलता **2** *His language is full of obscenities.*(c.) = an obscene (bad) word or action अश्लीलतापूर्ण, भद्दा

ob•scure[1] /əb'skjʊəʳ/ /अब'स्क्युअʳ/ verb, t. *The article in the newspaper praises the new leader but obscures the fact that he was once in jail for cheating.* = to hide or cover up something छिपाना

obscure[2] adj. **1** *His ideas on education are so obscure that no one knows exactly what he is trying to say.* = not clear; difficult to understand अस्पष्ट **2** *This article was printed in some obscure newspaper which no one has heard about.* = not well known अप्रसिद्ध

ob•serve /əb'zɜ:v/ /अब'ज़ऽव्/ verb, t. **1** *I observe that there are more scooters than cycles on the road.* = to notice something देखना, ध्यान देना **2** *'I am happy to see so many students here', the teacher observed.* = to speak or to make a remark टिप्पणी करना **3** *Have you observed the behaviour of this animal in different living conditions?* = to make a scientific study of something [SCIENCE] किसी चीज़ का वैज्ञानिक अध्ययन [विज्ञान] **4** *The doctors have decided to observe the patient for a week.* = to keep a patient under watch, before or during medical treatment [MEDICINE] निरीक्षण करना [चिकित्सा] **5** *Holi will be observed on the 18th of March.* = to celebrate a festival (formal) (त्यौहार) मनाना (औपचारिक) **6** *Let us observe silence for two minutes.* = to practise some action for a limited period of time (formal) पालन करना (औपचारिक) **observation** /ɒbzə'veɪʃən/ / ऑबज़'वेइशन् / noun, u. or c. **1** *If you use your powers of observation, you will notice that most people here are below the age of 20.*(u.) = the ability to notice something ध्यान देना, देखने की क्षमता **2** *Your observations on the teaching in this school were well received.*(c.) = remarks or comments, specially those made during a speech भाषण में की गई टिप्पणी **3** *Newton discovered the law of gravitation through observation of natural phenomena.*(u.) = the process of studying events in a scientific manner [SCIENCE] वैज्ञानिक ढंग से देखना **4** *The doctors will keep the patient under observation for a week.* = the process of keeping watch over a patient before or during medical treatment [MEDICINE] निरीक्षण [चिकित्सा] **observer** /əb'zɜ:veʳ/ / अब्'जऽवʳ/ noun, c. **1** *a keen observer of human nature* = a person who can notice things easily ध्यानपूर्वक निरीक्षण करने वाला **2** *The United Nations is sending observers to the two countries.* = a person who is sent by an organization to some place to keep watch over a situation [TECHNICAL] प्रेक्षक [तकनीकी] **observant** adj. *If you had been more observant, you would have noticed that Naseer looked rather pale.* = able to observe (notice) things quickly ध्यान से देखने परखने वाला

observatory /əb'zɜ:vətəri/ /अब'ज़ऽवट्री/ noun, c. (**observatories**) = a building from which scientists can watch the stars etc. with the help of telescopes and other scientific instruments वेधशाला

ob•sess /əb'ses/ /अब'सेस्/ verb, t. *You should not let the idea of becoming a film star obsess you. You need to complete your studies.* = to completely fill someone's mind, so that he/she is unable to think of anything else अभिभूत करना, दिमाग पर छाए रहना **obsession** noun, u. or c. *The Internet has become an obsession with him. He spends at least six hours every day on the computer.*(c.) // *Her obsession with clothes is worrying.*(u.) = something that fills one's mind completely and takes up most of his/her time (disapproving) धुन, सम्मोह (अस्वीकृत) **obsessive** adj. *an obsessive interest in films* = being an obsession (derogatory) ख़ब्ती (अनादरपूर्ण)

ob•so•lete /'ɒbsəli:t/ /'ऑबसलीट्/ adj. *The Long Playing record* (LP) *has become obsolete. The new recording systems are much more modern.* = out of date and not suitable for use at the present time or on modern equipment (also **out-of-date**) अप्रचलित, लुप्तप्राय (देखें **out-of-date**)

ob•sta•cle /'ɒbstəkəl/ /'ऑबस्टकल्/ noun, c. *Not knowing how to swim is an obstacle to becoming a captain on a ship.* = something that prevents progress or movement रुकावट, अवरोध

ob•stet•rics /əb'stetrɪks/ /ऑब'स्टेट्रिक्स्/ noun = the branch of medicine that deals with the process of childbirth [MEDICINE] प्रसूति-संबंधी विद्या **obstetrician** /əbste'trɪʃən/ /ऑब्स्टे'ट्रिशन्/noun, c. = a doctor who helps a woman deliver (give birth to) a child प्रसूति-विशेषज्ञ

ob•sti•nate /'ɒbstɪnət/ /'ऑबस्टिनट्/ adj. *The boy is so obstinate that he won't listen to anyone.* = not willing to change one's mind or follow anyone's advice (also **stubborn**) (disapproving) ज़िद्दी, हठी (देखें **stubborn**) अस्वीकृत

ob•struct /əb'strʌkt/ /अब'स्ट्रॅक्ट्/ verb, t. *The man stood in the middle of the road, obstructing the flow of traffic.* = to block or prevent someone or something from moving रुकावट पैदा करना **obstruction** noun, c. or u. *The traffic on the road could not move because there were many obstructions.*(c.) = something that obstructs (blocks); obstacle रुकावट

ob•tain/əb'teɪn/ /अब'टेइन्/ verb, t. *You cannot obtain the medicine that you want without a prescription.*(t.) = to get (formal) प्राप्त करना (औपचारिक)

ob•tru•sive /əb'tru:sɪv/ /अब्'ट्रूसिव्/ adj. *The room was beautifully decorated, except for the bright yellow curtains. They were far too obtrusive.* = too easily noticed, in a way that is not liked (opposite **unobtrusive**) (disapproving) देखने में खटकने वाला (विलोम शब्द **unobtrusive**) (अस्वीकृत)

ob•tuse /əb'tju:s/ /अब्'ट्यूस्/ adj. **1** *The boy is so obtuse that it is difficult to make him understand anything.* = slow to understand (formal) मंदबुद्धि (औपचारिक) **2** *an obtuse angle* = measuring more than 90º but less than 180º [GEOMETRY] (see pic under **angle**) 90° से अधिक परंतु 180° से कम माप का कोण, अधिक कोण [ज्यामिति] (**angle** के अंतर्गत चित्र देखें)

ob•vi•ous /'ɒbvɪəs/ /'ऑबविअस्/ adj. *You were unable to answer a single question. It was obvious that you hadn't prepared for this test.* = easy to see or understand स्पष्ट, प्रत्यक्ष, ज़ाहिर **obviously** adv. *He obviously knows this city very well —he can find his way around easily.* = clearly (can be easily seen) निश्चित रूप से

oc•ca•sion[1] /ə'keɪʒən/ /अ'केइज़न्/ noun, c. or u. **1** *The minister visited our village last month but on that occasion he stayed only for a few minutes.*(c.) = a time when something happens अवसर, मौका **2** *There is an important meeting going on. This is not the occasion to raise your demands.*(u.) = a suitable time for doing something अवसर, मौका **3** *The farewell party was a memorable occasion.*(c.) = a special gathering, event etc. खास मौका, विशेष अवसर **occasional** adj. *We get only occasional rain in this part of the country.* = happening only sometimes; not regular कभी-कभी, नियमित नहीं **occasionally** adv. *We visit Colombo occasionally.* = not very frequently, only sometimes कभी-कभी

oc•cult[1] /'ɒkʌlt/ /'ऑकल्ट्/ adj. *It is said that some people have occult powers which make it possible for them to perform magical deeds.* = mysterious and magical जादुई एवं रहस्यात्मक

occult[2] noun, u. *They are very interested in the occult.* = supernatural forces, usually considered evil तंत्र-मंत्र, गुह्य विद्या

oc•cu•py /'ɒkjʊpaɪ/ /'ऑक्युपाइ/ verb, t. (**occupied**) **1** *Our new house is almost ready. We will occupy it next month.* = to move into and take possession of a place अधिकार में लाना **2** *The Japanese army occupied Singapore in 1942.* = to take possession of a place by using military force पर (सैनिक बल द्वारा) अधिकार करना **3** *Cricket occupies all my spare time.* = to fill up a space or period of time समय ले लेना **4** *He can't talk to you now. He is occupied.* = busy (formal) व्यस्त (औपचारिक) **occupant** noun, c. *The occupants of the house are away on a vacation.* = a person who occupies (lives in) a house रहनेवाले **occupation** /ɒkjʊ'peɪʃən/ /ऑक्यु'पेइशन्/ noun, u. or c. **1** *Her occupation is that of a motor mechanic.* = profession or trade (what one does to earn a living) व्यवसाय **2** *Singapore was under Japanese occupation from 1942–1945.* = the act of occupying (taking possession of) a place अधिकार **3** *Swimming is a healthy occupation.* = something done to spend time समय बिताने के लिए किया जाने वाला काम **occupational** adj. *Soldiers often get injured when they are fighting a war. This is an occupational risk.* = connected with an occupation (profession) व्यवसाय-संबंधी **occupational therapy** noun = the treatment of illness by giving the patient some work to do [MEDICINE] उपचार हेतु रोगी को किसी कार्य में व्यस्त करने की प्रक्रिया [चिकित्सा]

oc•cur /ə'kɜːr/ /अ'कऽर/ verb, i. (**occurred**) **1** *Many people were injured in the train accident which occurred last night.* = to happen or take place (formal) घटित होना (औपचारिक) **2** *Uranium occurs in some parts of Kerala. // The word 'living' occurs three times in this paragraph.* = to be found प्राप्त होना, मिलना **3** *It never occured to me that I could enter through the back door.* = to come to one's mind सूझना, ध्यान में आना **occurrence** noun, u. or c. **1** *We must do everything possible to prevent the occurrence of such accidents.*(u.) = the process of happening (formal) घटित होने की स्थिति (औपचारिक) **2** *The accident was not unusual. Such accidents are common occurrences.*(c.) = something that happens घटना

o•cean /'əʊʃən/ /'अउशन्/ noun, c. **1** = a mass of salt water that covers large parts of the earth's surface महासागर **2** (always capital) *the Pacific Ocean* = one of the five oceans into which the water on the earth's surface is divided प्रशांत महासागर **ocean-going** adj *an ocean-going ship* = a ship large enough to sail on the sea समुद्री (जहाज) **oceanic** /əʊʃɪ'ænɪk/ /अउशि'ऐनिक्/ adj. = having to do with oceans महासागर संबंधी **oceanography** /əʊʃə'nɒgrəfi/ /ओश'नोग्रफी/ noun = the scientific study of the ocean समुद्र विज्ञान

o•chre[1] **(ocher)** /'əʊkər/ /'अउकर/ noun = a reddish-yellow colour लालिमायुक्त पीला रंग

ochre[2] adj. = of an ochre colour लालिमायुक्त पीले रंग का

o'clock /ə'klɒk/ /अ'क्लॉक्/ adv. *It is seven o'clock now.* = an expression used to tell the time, used only with the numbers from one to twelve समय का सूचक, जैसे 'बजे'

O

oc•ta•gon /ˈɒktəgən/ /ˈऑक्टगन्/ noun, c. = a geometrical figure (shape) which has eight sides [GEOMETRY] अष्टभुज [ज्यामिति]

oc•tane /ˈɒkteɪn/ /ˈऑक्टेइन्/ noun *My car uses 95-octane petrol.* = a measure of the quality of petrol and the amount of power it can produce [TECHNICAL] पेट्रोल की क्षमता मापने की इकाई [तकनीकी]

oc•tave /ˈɒktɪv/ /ˈऑक्टिव्/ noun, c. *This singer's voice has a range of three octaves.* = a scale (comprising eight musical notes) in music which measures how low or high a singer's voice can go [TECHNICAL] अष्टक, संगीत में आरोह-अवरोह मापने की इकाई [तकनीकी]

oc•to•ber /ɒkˈtəʊbə/ /ऑकˈटउब/ noun = the tenth month of the year, between September and November अक्टूबर

oc•to•ge•nar•i•an /ɒktəʊdʒɪˈneəriən/ /ऑक्टउजिˈनेअरियन्/ noun, c. = a person in his/her eighties (between 80 and 89 years of age) 80 से 90 वर्ष के बीच की आयुवाला

oc•to•pus /ˈɒktəpəs/ /ˈऑक्टपस्/ noun = an animal that lives in the deep waters of the sea and has eight tentacles (arms) with which it catches its prey (animals hunted for food) आठ पैरों वाला जल-जीव

odd /ɒd/ /ऑड्/ adj. **1** *When he saw me he hid behind a sofa. I found his behaviour very odd.* = strange or peculiar; different from what is usual अजीब, अटपटा **2** *She does odd jobs in her spare time.* = not regular and not continuing all day फुटकर, कुछ न कुछ, नियमित नहीं **3** *You're wearing odd slippers.* = not one of a pair असंबद्ध, असंगत **4** *'Do you like James Bond?' 'No, but I watch the odd Bond film.'* = occasional (now and then) (informal) कभी-कभार (अनौपचारिक) **odd number** noun, c. *1, 3 and 5 are odd numbers.* = a number that cannot be divided by 2 विषम संख्या **odds** noun, c. (always plural) **1** *The Sri Lankan team is playing so well that the odds are it will beat the South Africans.* = the probability that something will happen (केवल बहुवचन में प्रयुक्त) संभावना **2** *The two senior managers were at odds for some time but now they seem to agree on most things.* = in disagreement with one another (informal) (के बहुवचन में प्रयुक्त) के बीच 36 का आंकड़ा होना (अनौपचारिक) **odd-jobs person** noun = a person who has no permanent job but is paid to do various small jobs for different people कोई निश्चित काम न करके कभी कुछ, कभी कुछ करने वाला **odd man out** noun *Which of the following words is the odd man out : (1) chair (2) table (3) actor (4) door?* = a person or thing that is different from the others in a group वर्ग से भिन्न **odds and ends** noun *I have to pick up the odds and ends which are still lying around the house.* = small things that do not have much value छिट-पुट सामान, बची-खुची चीज़ें **odds-on favourite** *The Pakistan team, which has won this tournament three times in the last four years, is the odds-on favourite.* = expected by most people to win ज़्यादातर लोगों की नज़रों में जीत का दावेदार **against all odds** *Everyone thought she would lose, but she won her case against all odds.* = something that was believed by everyone to be impossible but becomes a reality असंभव दिखता कार्य संभव हो जाना

ode /əʊd/ noun, c. *Ode to the West Wind* = a long poem written in praise of a person or thing [LITERATURE] किसी व्यक्ति या वस्तु पर लिखी एक प्रकार की लंबी कविता [साहित्य]

o•di•ous /ˈəʊdɪəs/ /ˈअउडिअस्/ adj. *He is such an odious person that no one wants to be his friend.* = very unpleasant (formal) अत्यंत अप्रिय (औपचारिक)

o•dour /ˈəʊdəʳ/ /ˈअउडʳ/ noun, u. or c. *They keep cows in a shed close to my bedroom. I can get the odour of cow-dung every night.* = a strong smell, usually unpleasant तेज गंध (सामान्यतः अप्रिय) **odourless** adj. = having no smell गंधहीन

od•ys•sey /ˈɒdɪsi/ /ˈओडिसी/ noun, c. *Our trek in the Himalayas was not a picnic; it was an odyssey.* = a long and adventurous journey (literary) लंबी साहसिक यात्रा (साहित्यिक)

oe•soph•a•gus /ɪˈsɒfəgəs/ /इˈसॉफ़गस्/ noun = a tube inside the body leading from the mouth to the stomach, through which food passes [BIOLOGY] भोजन नली [जीव विज्ञान]

oes•tro•gen /ˈiːstrədʒən/ /ˈइस्ट्रजन्/ noun = a hormone (chemical substance) produced in the ovaries (the part of the body that produces eggs) of women as well as female animals, which is responsible for the female qualities of a person [BIOLOGY] अंडाशय में उत्पन्न होने वाला एक हारमोन (रसायन तत्त्व) [जीव विज्ञान]

of /əv/ **or** /ɒːv/ /अव् या ऑव्/ prep. **1** *the residence of the Prime Minister* = belonging to संबंधवाची 'का' **2** *a crown of gold* = made of का बना हुआ **3** *a kilogram of sugar* = amount or quantity तौल की मात्रा **4** *a book of short stories* = containing का **5** *the 18th of March* = a day in a month वाँ (तारीख के संदर्भ में) **6** *the front of the house* = showing position का **7** *the courage of a lion* = typical of or connected with के जैसा **8** *the result of the match* = relating to का **9** *a man of great wisdom* = having some quality वाला, का

off¹ /ɒf/ /ऑफ़्/ prep. **1** *She got off the bus. // He took all his books off the table.* = away from 'से' अपादान कारक **2** *Her house is off the main road.* = at some distance from से हटकर **3** *He is off meat and sweets now.* = not taking (eating or drinking) something खाने-पीने की किसी वस्तु से परहेज़ करना

off² adv. **1** *They drove off.* = out of or away from दूर **2** *He took his jacket off.* = removed from उतारना **3** *I am off!* = starting to go away चलने को तैयार

off[3] adj. **1** *The fans are off.* = not working (opposite **on**) बंद होने की स्थिति **2** *The meeting is off.* = stopped or cancelled समाप्त या रद्द **3** *The milk has gone off.* = to go bad (referring to food) खराब हो जाना

off and on *I meet her off and on, though we are neighbours.* = sometimes, not always हमेशा नहीं, कभी-कभी **off limits** *The school laboratory is off limits for students under ten.* = some place which one is not allowed to enter जाने की मनाही, निषेध **well/badly off** = to have or not have a lot of money संपन्न/मुफ़लिस **off-the-record** *What I have told you about them was off-the-record.* = not to be quoted or reported to anyone गोपनीय रूप से **off the shelf** *She buys her clothes off the shelf.* = ready-made; whatever is easily available निर्मित, तैयार, आसानी से उपलब्ध

off- /ɒf/ /ऑफ़्/ prefix meaning नकारात्मक उपसर्ग **1** not on e.g. **off-duty** /ˈɒfˈdjuːti/ /ˈऑफ़ˈड्यूटी/ *off-duty officer* = not on duty **2** away from e.g. **off-centre** /ˈɒfˈsentə/ /ˈऑफ़्ˈसेन्ट/ adv. or adj. *The button is off-centre.* = not in the centre दूर

off-colour /ˈɒfˈkʌləʳ/ /ˈऑफ़्ˈकॅलर/ adj. *The singer seems to be off-colour today.* = not well (physically) or not in one's usual form स्वाभाविक रूप में न होना

offhand /ˈɒfhænd/ /ˈऑफ़हैन्ड्/ *You have asked me how many members this club has. I am not sure of the exact figure, but offhand I would say, about a hundred.* = without taking time to prepare an answer बिना ठोस जानकारी के, अनुमानत:

of•load /ˈɒfləʊd/ /ˈऑफ़्लउड्/ verb, t. *We managed to offload the ugly and useless furniture.* = to get rid of something unwanted पीछा छुड़ाना

off-putting adj. *I found his arrogant manner rather off-putting.* = unpleasant and causing dislike अप्रिय, नापसंद

off•shoot /ˈɒfʃuːt/ /ˈऑफ़्श्यूट्/ noun, c. *Our school is an off-shoot of the Delhi Garden School.* = branch शाखा

off•side /ɒfˈsaɪd/ /ऑफ़्ˈसाइड्/ adv. or adj. *The referee decided that the centre-forward was off-side*(adv.) = in a position where a player should not be (in football and hockey) फुटबॉल और हॉकी के खेल में खिलाड़ी का गलत स्थान पर होना

off•spring /ˈɒfsprɪŋ/ /ˈऑफ़्स्प्रिंग्/ noun, u. (no plural) *They have no offspring.* = child or children (formal) संतान (औपचारिक)

of•fence /əˈfens/ /अफ़ेन्स्/ noun, c. or u. **1** *Robbery is a serious offence.*(u.) = crime; an act of breaking the law अपराध **2** *Your words have caused offence.*(u.) = the act or the effect of hurting someone's feelings भावनाओं को ठेस पहुँचाने वाला, कष्टकर

of•fend /əˈfend/ /अˈफ़ेन्ड्/ verb, t. *Your remarks have offended her and she is feeling very unhappy.* = to hurt someone's feelings कष्ट पहुँचाना, मन को ठेस पहुँचाना

of•fend•er /əˈfendəʳ/ /अˈफ़ेन्डर/ noun, c. = one who commits an offence (a crime) or breaks a law अपराधी **offensive** adj. or noun, u. or c. **1** *I find your remarks offensive.*(adj.) = unpleasant or causing one to feel insulted अप्रिय एवं कष्टकर होने के कारण आपत्तिजनक **2** *Our army has gone on the offensive.*(noun, u.) = the action of attacking someone first without waiting to be attacked आक्रामक

to take offence = to feel very angry or upset at what someone has said किसी की बात का बुरा मानना

of•fer[1] /ˈɒfəʳ/ /ˈऑफ़र/ verb, t. **1** *The company has offered him a job.* = to ask someone whether he/she would like to take something that one is in a position to give प्रस्ताव रखना **2** *He offered to drive me to the airport in his car.* = to express willingness to do something इच्छा व्यक्त करना **3** *Your letter offers me some hope.* = to give देना **4** *He is offering prayers.* = to give to God प्रार्थना करना, पूजा में चढ़ाना

offer[2] noun, c. or u. **1** *She says she will pay Rs 30,000 for my old car. Her offer is so attractive that I can't refuse it.*(c.) = something that one agrees or promises to do प्रस्ताव **2** *These shirts are on offer.*(u.) = on sale at a price lower than usual (also **special offer**) कम दाम पर (देखें **special offer**) **offering** noun, c. *She placed her offerings on the altar.* = something that is given, especially to God चढ़ावा (ईश्वर पर चढ़ाई जाने वाली कोई वस्तु)

of•fice /ˈɒfɪs/ /ˈऑफ़िस्/ noun, c. or u. **1** *The company has its offices in Birganj and Pokhra.*(c.) = a place where people work for a company, government etc. कार्यालय, दफ़्तर **2** *Let us go to the booking office and buy tickets.*(c.) = a place where a particular service is offered किसी कार्य-विशेष का स्थान **3** *She holds the office of secretary in the company.*(u.) = a position of responsibility नौकरी में पद **official** /əˈfɪʃəl/ /ˈअफ़िशल्/ noun, c. or adj. **1** *He is an official in the Education Department.* (noun) = a person who works for the government or a company and has some power or authority over others अधिकारी, पदाधिकारी **2** *an official letter*(adj.) = connected with the work of or accepted by a government or company कार्यालयी या सरकारी पत्र **3** *We will have a new Principal in May. This announcement is official.*(adj.) = as declared to the public (opposite **unofficial**) आधिकारिक (विलोम शब्द **unofficial**) **officer** noun, c. *an army officer // a customs officer* = a person in the army or government who commands (leads) people or does an important job अधिकारी **officialese** noun, u. *The government's reply to my letter was written in officialese which no one could understand.* = the style of writing often used by government officials which is difficult for some to understand (derogatory) कार्यालयी भाषा (अनादरपूर्ण) **officiate** verb, i. *She is the Assistant Director but*

O

she is officiating as the Director of the company. = to perform the duties of an official for a short period, in the absence of someone who is supposed to perform those duties कार्यकारी अधिकारी

of•ten /'ɒfən/bfton /'ऑफ़न् या 'ऑफ़्टन्/ adv. **1** *The doctor comes here quite often, at least once a week.* = many times कई बार, अक्सर, प्राय: **2** *How often do you clean your refrigerator?* = frequently कितने-कितने समय बाद

every so often *He is in the habit of forgetting to reply to letters, so his wife has to remind him every so often.* = quite often प्राय:, अनेक बार **more often than not** = usually अक्सर

o•gle /'əʊgəl/ /'अउगल्/ verb, t. = to look at someone with sexual interest, in a manner which is usually not liked (derogatory) कुदृष्टि डालना

o•gre /'əʊgə'/ /'अउगर/ noun, c. **1** = a fierce giant, found in stories meant for children बच्चों की कहानियों का काल्पनिक भयंकर राक्षस **2** = a frightening or unpleasant person (figurative, often humorous) भयंकर, डरावना व्यक्ति (लाक्षणिक, प्राय: हास्यपरक)

oh /əʊ/ /अउ/ interjec. **1** *'I came back home at two last night.' 'Oh!'* = an expression of surprise, fear or pain एक विस्मयादिसूचक उच्छवास-शब्द **2** *Oh King, please grant my wish!* = a form of address संबोधन-कारक चिह्न

ohm /əʊm/ /'अउम/ noun = a unit for measuring electrical resistance (the amount of electrical energy that can pass through a substance) [PHYSICS] विद्युत् शक्ति संबंधी इकाई [भौतिकी]

oil¹ /ɔɪl/ /ऑइल्/ noun, u. or c. **1** (u.) = thick liquid containing fat, obtained from plants, animals or from the inside of the earth, used for cooking, burning, making machines run smoothly etc. तेल **2** *medicinal oils*(c.) = different kinds of oil चिकित्सा के लिए प्रयुक्त भिन्न-भिन्न प्रकार के तेल

oil² verb, t. *The wheels of the bicycle have to be oiled.* = to put oil on or into something तेल डालना **oily** adj. **1** *oily food* = containing a lot of oil अधिक तेल वाला (भोजन), चिकनाई युक्त **2** *a person with oily manners* = polite in an unpleasant way (figurative, derogatory) चिकना, आवश्यकता से अधिक विनम्र, लल्लो-चप्पोवाला (लाक्षणिक अनादरपूर्ण) **oil-field** noun, c. = an area where oil can be found inside the earth or under the sea वह स्थान जहाँ से तेल प्राप्त होता है **oil painting** noun, c. = a picture made with paints which are mixed with oil तैल-चित्र **oil slick** noun, c. = a large film (sheet) of oil floating on top of the water in a sea or lake, which can kill all the plants and animals in the water तैलीय सतह **oil tanker** noun, c. = a special kind of ship or truck that is used to carry oil तेल लाने ले जाने वाली गाड़ी **oil-well** noun, c. = a hole dug deep into the ground or the sea from which oil can be taken out तेल का कुँआ

oint•ment /'ɔɪntmənt/ /'ऑइन्ट्मन्ट्/ noun, u. = a kind of medicine containing oil or wax, which is rubbed into the skin to heal a wound or a sore मलहम, मरहम

o•kay¹ /əʊ'keɪ/ /अउ'केइ/ adj. *Your plan seems to be okay.* = all right; acceptable (also o.k. or ok) (informal) ठीक, सही, स्वीकार करने योग्य, ठीक-ठाक (अनौपचारिक)

okay² adv. **1** *The car is running okay now.* = correctly (in the right manner) (informal) ठीक तरह से, ठीक-ठाक (अनौपचारिक) **2** *Okay, I will come with you to the meeting.* = very well (expressing agreement or consent) (informal) स्वीकृति-सूचक जैसे 'अच्छा' (अनौपचारिक)

okay³ verb, t. *The Director has okayed the plan. Now we can start the project.* = to accept or to approve (give permission for) (informal) मान लेना, स्वीकृति देना, अनुमोदित करना (अनौपचारिक)

okay⁴ noun, c. *I have the Director's okay for my plan.* = approval (permission to do something) (informal) अनुमोदन, सहमति, मंज़ूरी (अनौपचारिक)

ok•ra /'ɒkrə/ /'ऑक्र/ noun = a kind of long, thin, green vegetable (also **lady's finger**) भिंडी (देखें **lady's finger**)

old /əʊld/ /अउल्ड्/ adj. **1** *an old man; an old temple* = having lived or existed for many years पुराना, बूढ़ा **2** *an old coat* = in use for a long time पुराना **3** *an old friend* = having continued in a relationship for a long time पुराना **4** *a three-year old child* = having reached a certain age (which is stated) आयुप्राप्त **5** *She went back to her old job after she had tried out a number of new jobs.* = former, earlier पूर्व, पुराना **6** *This is an old model.* = something belonging to the past (opposite **new, modern**) पुराना (विलोम शब्द **new, modern**) **7** *There's some old curd in the fridge.* = made a long time ago (opposite **fresh**) बासी (विलोम शब्द **fresh**) **8** *an old quarrel* = something which has been going on for a long time पुराना **old age** = the last part of one's life belonging to वृद्धावस्था, बुढ़ापा **old boy** noun, c. *He is an old boy of this school.* = a former student of a school or college (also **alumnus**) पूर्व (छात्र) (देखें **alumnus**) **old-fashioned** adj. *an old-fashioned dress* = not very common or popular at the present time पुरातन, अप्रचलित **old guard** noun, c. *He is a member of the old guard in the Farmer's Party.* = a group of people in an organization who have been there for a long time and who do not like change संस्था के पुराने रूढ़िवादी सदस्य **old hand** noun, c. *She is an old hand at teaching.* = a very experienced person अनुभवी **Old Testament** noun = the different books which form parts of the Bible, dealing with events before the birth of Jesus Christ बाइबिल का एक भाग जो ईसा के जन्म के पूर्व की घटनाओं पर केंद्रित है **old-timer** noun, c. = a person who has been in a particular place, position or organization for a long time बहुत समय से विद्यमान **old wives' tale** noun = an old belief or idea that is not considered to be based on fact (derogatory) दादी-नानी या परंपरा से चली आ रही मान्यता

o•le•an•der /əʊli'ændəʳ/ /अउलि'ऐन्डʳ/ noun = a kind of plant that produces flowers which are pink or white in colour गुलाबी या श्वेत रंग के फूलों का पौधा, कनेर

ol•fac•to•ry /ɒl'fæktəri/ /ऑल्'फैक्ट्री/ adj. *The olfactory sense in dogs is highly developed. They can smell things from a great distance.* = having to do with the sense of smell (the ability to smell things) [BIOLOGY] गंध-संबंधी शक्ति, घ्राण शक्ति [जीव विज्ञान]

ol•i•gar•chy /'ɒlɪgɑːki/ /'ऑलिगाऽकी/ noun, u. or c. (**oligarchies**) = government by a small group of powerful people अल्पतंत्र, कुलीन-तंत्र

ol•ive /'ɒlɪv/ /'ऑलिव्/ noun u or c. **1** (u.) = a kind of tree that grows mostly in countries near the Mediterranean Sea (Italy, Spain, Greece etc.) and produces the olive fruit, from which we get olive oil जैतून वृक्ष **2** (c.) = the fruit of this tree, used as food जैतून का फल **olive branch** noun *holding out the olive branch* = a sign of peace शांति का प्रतीक **olive green** noun = a kind of dull-green colour that is commonly seen in military uniforms (clothes worn by soldiers) जैतून-हरित, सेना की पोशाक जैसा हरा रंग

O•lym•pics /ə'lɪmpɪks/ /अ'लिम्पिक्स्/ noun = an international sports competition that was originally held in Greece and is now held once in four years in different parts of the world (also Olympiad) ओलंपिक खेल प्रतियोगिता

o•me•ga /'əʊmɪgə/ /'अउमिग/ noun = the last letter of the Greek alphabet, represented by the sign Ω ग्रीक वर्णमाला का अंतिम चिह्न

ome•lette /'ɒmlɪt/ /'ऑमलिट्/ noun, c. = a dish (item of food) made by beating the liquid inside an egg into a kind of froth (foam), which is then fried in hot oil or butter अंडे से निर्मित एक भोजन पदार्थ

o•men /'əʊmən/ /'अउमन्/ noun, c. *Some people believe that if a black cat crosses your path when you are about to start on a journey, that is a bad omen.* = a sign of something, either good or bad, that is going to happen in the future शकुन, लक्षण

om•i•nous /'ɒmɪnəs/ /'ऑमिनस्/ adj. *We are going to have a storm. There are ominous black clouds gathering in the sky.* = giving a warning of something bad that is going to happen (formal, literary) अनिष्ट-सूचक (औपचारिक, साहित्यिक)

o•mit /əʊ'mɪt/ /अउ'मिट्/ verb, t. (**omitted**) *Debasis played for India in the last two matches but he will not play in the next match. He has been omitted from the team.* = to leave out (not include) someone or something (formal) छोड़ देना, नाम हटा देना, मिटा देना (औपचारिक) **omission** noun, u. or c. **1** *We are sorry about your omission from the team.*(u.) = the act of omitting someone or something (formal) चूक, विलोपन (औपचारिक) **2** *Kumble's name has not been included in the team. This is a surprising omission.*(c.) = someone or something that is omitted (left out) (formal) चूक (औपचारिक)

omni- /'ɒmni/ /'ऑम्नि/ prefix meaning 'all' 'सर्व' उपसर्ग e.g. **om•ni•bus** /'ɒmnɪbəs/ /ऑम्निबस/ noun, c. (**omnibuses**) or adj. **1** (noun) = bus (old-fashioned) **2** *a Premchand omnibus* (noun) // *an omnibus edition of Premchand's works*(adj.) = a book containing many of the writings produced by a single author, which have already been published separately elsewhere संग्रह, रचनावली

om•nip•o•tent /ɒm'nɪpətənt/ /ऑम्'निपट्न्ट्/ adj. *an omnipotent ruler* = all-powerful (having unlimited power) सर्वशक्तिमान

omnipresent /ɒmnɪ'presənt/ /ऑम्नि'प्रेसन्ट्/ adj. = present everywhere सर्वत्र विद्यमान

om•ni•vo•r•ous /ɒm'nɪvərəs/ /ऑम्'निवरस्/ adj. = eating everything (an animal that eats any kind of food, meat as well as vegetables etc.) (compare **carnivorous, herbivorous**) सर्वभक्षी, सर्वाहारी (पशु) (देखें **carnivorous, herbivorous**)

on¹ /ɒn/ /ऑन्/ prep. **1** *The book is on the table.* = above a surface and touching it ऊपर, पर **2** *He has ink marks on his hands.* = covering लगा हुआ **3** *He had the dog on a leash.* = connected to जुड़ा हुआ **4** *This is a book on yoga.* = relating to (about) के बारे में **5** *He is on the Board of Governors.* = working for; a member of का सदस्य **6** *This tractor runs on kerosene oil.* = by means of पर, द्वारा **7** *The shops are open on Sunday.* = the time when something happens को (के दिन) **8** *On hearing of his father's death I sent him a letter.* = after पर, के बाद

on² adv. **1** *He walked on.* = continuously, without stopping लगातार, निरंतर **2** *If you walk on you will reach the station.* = further आगे **3** *She is on a diet.* = to be using or having a particular kind of food का नियम निभाते हुए **4** *The lights are on.* = working कार्य करने की स्थिति में चालू

not on *You can't say whatever you like and hurt the feelings of people. That's not on!* = to not be acceptable (informal) बेजाँ होना (अनौपचारिक) **(to) go on 1** *There's something in the box. Go on, open it.* = a way of encouraging someone to do something चलो, प्रेरित करते हुए **2** *I'll be a little late. Go on, and don't wait for me.* = to keep walking, moving etc.बिना प्रतीक्षा किए बढ़ते रहना **3** *'I've fallen in love.' 'Go on, you're joking!'* = a way of expressing surprise (informal) सचमुच! आश्चर्यसूचक (अनौपचारिक) **to go on and on** *I've listened patiently to your words of advice. Please don't go on and on.* = to keep saying something and cause the other person to feel annoyed (derogatory) करते चले जाना, बंद न करना, मगज़ चाटना (अनादरपूर्ण) **on someone** *The lunch is on me. You paid the last time.* = to pay for something

O

पर उधार होना **on and off** *I hear from her on and off, she has so much to do!* = not in a regular and continuous way रुक-रुक कर, रह-रहकर

on•look•er /'ɒnlʊkə^r/ /'ऑनलुकर्/ noun, c. = a person who watches something happening without taking part in it दर्शक, तमाशबीन

on•set /'ɒnset/ /'ऑन्सेट्/ noun, u. *The storm last night announced the onset of the monsoon.* = the start or beginning प्रारंभ, आगमन

on•slaught /'ɒnslɔ:t/ /'ऑन्स्लॉट्/ noun, u. *The army made an onslaught on the enemy position.*= a violent attack आक्रमण, ज़बरदस्त मार-काट

once[1] /wʌns/ /वँन्स्/ adv. **1** *I have seen her only once.* = one single time एक बार **2** *He was an actor once.* = at some time in the past पूर्व में किसी समय, कभी

once[2] noun, c. *Let me drive your car just this once.* = one time बस एक बार

once[3] conj. *Once you begin reading this book, you won't be able to put it down.* = from the moment that कभी एक बार

once and for all *Let me say this once and for all: you are not going to eat any more sweets.* = for the last time अंतिम बार **once upon a time** = at some time in the past (words commonly used to begin a story for children) किसी समय **at once** *She is very sick. Please come at once.* = immediately तत्काल, शीघ्र **once in a blue moon** *She writes to me once in a blue moon.* = very rarely (informal) कभी-कभार, छठे-छमासे (अनौपचारिक)

one[1] /wʌn/ /वँन्/ det. **1** *He has two daughters and one son.* = the number 1; single एक, अकेला **2** *One day the king had a dream.* = on a particular occasion एक विशेष **3** *One Alok Sinha wants to meet you.* = a person not known to the speaker but calling herself/himself by a certain name कोई **4** *He is the one person who can help you.* = only केवल, एक वही

one[2] pron. **1** *He has asked me to look for a house but I can't find one.* = the person or thing mentioned earlier कोई भी **2** *One should respect one's teachers.* = any person (formal) किसी को (औपचारिक) **3** *Ramesh is the one with brown hair.* = the particular person who is described वह (खास व्यक्ति) **4** *She is the one who wrote the lovely poem.* = the person who has already been mentioned वह (पूर्व वर्णित) **5** *You're not a guest. You are one of us.* = part (of a group); belonging to a group एक सदस्य **one-off** adj *I will repair your computer free, but only on a one-off basis.* = something that will be done only once and not repeated केवल एक बार **one-sided** adj. *The match between Bangladesh and South Africa was very one-sided.* = unequal (with one side much stronger than the other) एकपक्षीय, असमान **one-time** adj. *She was a one-time captain of the team.* = former (in the past but not now) पूर्व, कभी का **one another** = each other एक (दूसरे को) **one-upmanship** noun, u. = a competition in which one person tries to do better than someone else दूसरे से श्रेष्ठ **one-way** adj. **1** *a one-way street* = moving or allowing movement in only one direction एक दिशा में जाने वाला **2** *a one-way ticket* = only travelling to a place, not back to the place from where you left (opposite **return**) केवल जाने के लिए, वापसी के लिए नहीं (विलोम शब्द **return**)

one-to-one *The two leaders will have a one-to-one meeting.* = between two people only केवल दो के बीच (अनौपचारिक) **to be one up on someone** = to have an advantage over someone in a test, game etc. (informal) लाभकारी स्थिति में, फ़ायदे में होना (अनौपचारिक)

o•ne•rous /'ɒnərəs/ /'ऑन्रस्/ adj. *As the company's secretary he has to perform many onerous duties.* = difficult (referring to a task or duty) (formal) कठिन, दुष्कर (औपचारिक)

on•ion /'ʌnjən/ /'अन्यन्/ noun, c. or u. **1** (c.) = a round vegetable with a very strong smell, which grows under the ground and is used as a spice to add taste to food प्याज **2** *I don't like onion in my food.*(u.) = the same vegetable used as food प्याज

on•line /'ɒnlaɪn/ /'ऑन्लाइन्/ adv. *I will find the information online.* = connected to the **Internet** [COMPUTERS] इंटरनेट पर [कंप्यूटर]

on•ly[1] /'əʊnli/ /'ओन्ली/ adj. **1** *He is my only child.* = with no others of the kind stated एकमात्र, इकलौता **2** *He wears only the costliest clothes.* = nothing else but केवल, ही

only[2] adv. *I have only two days more to complete the film.* = no more than केवल, सिर्फ़

only[3] conj. *I would like to teach the poor children; only, I don't have the time.* = but for the fact that किंतु

on•o•mat•o•poe•ia /ɒnəmætə'pi:ə/ /ऑनमैट'पीअ/ noun *The phrase 'the buzzing of bees' is an example of onomatopoeia.* = the use of a word (e.g. 'buzzing') which imitates (copies) a natural sound (e.g. the sound made by a bee) [LITERATURE] अनुकरणात्मक अथवा ध्वन्यात्मक शब्द [साहित्य]

on•to /'ɒntu:/ /'ऑन्टू/ prep. *She stepped onto the plane from the step-ladder.* = moving from one position to another पर

to be onto somebody *He is planning to cheat us, but I am onto him.* = to know what someone is planning to do (generally used of something unpleasant) (informal) पर निगाह होना (अनौपचारिक) **to be onto something** *They are onto a cure for malaria.* = to have found out something that could lead to a good result (informal) खोज निकालना (अनौपचारिक)

on•tol•o•gy /ɒn'tɒlədʒi/ /ऑन्'टॉलजी/ noun = the branch of philosophy which deals with the nature of existence [TECHNICAL] दर्शनशास्त्र की एक शाखा [तकनीकी]

o•nus /'əʊnəs/ /'अउनस्/ noun, u. *There are several people helping us on the project, but the onus is on me as the leader.* = the duty or the responsibility of doing something [LAW] भार, जिम्मेवारी, उत्तरदायित्व [कानून]

on•yx /'ɒnɪks/ /'ऑनिक्स्/ noun = a kind of semi-precious stone that has many shades of colour, commonly used to make jewellery and paperweights एक प्रकार का कीमती पत्थर, सुलेमानी, गोमेद

oo•dles /'u:dlz/ /'ऊड्ल्ज़्/ noun, u. (always plural) *She has oodles of energy.* = a lot of (slang, humorous) (केवल बहुवचन में प्रयुक्त) बहुत अधिक, ढेर-सारा, अफ़रात (हास्यपरक)

ooze[1] /u:z/ /ऊज़्/ verb, i. or t. *Blood is oozing from his wound.*(i.) = to flow out slowly (used for a thick liquid) रिसना, कम मात्रा में बहना

ooze[2] noun, u. *My legs were caught in the ooze.* = wet mud in which things can get stuck कीचड़, दलदल

o•pal /'əʊpəl/ /'अउप्ल्/ noun = a kind of precious stone that is white but contains traces (faint marks) of other colours as well एक कीमती पत्थर

o•paque /əʊ'peɪk/ /अउ'पेइक्/adj. *Glass is usually transparent, but some kinds of glass are opaque.* = not allowing light to pass through or not allowing one to see through it (opposite **transparent**) [TECHNICAL] अपारदर्शी (विलोम शब्द **transparent**)

OPEC abbr. of **Organization of Petroleum Exporting Countries** = a group of countries which produce petroleum (oil), and control its price around the world Organization of Petroleum Exporting Countries का संक्षिप्त रूप, उन देशों का समूह जो तेल उत्पादक हैं तथा विश्व में तेल का मूल्य नियंत्रित करते हैं

o•pen[1] /'əʊpən/ /'अउपन्/ adj. **1** *The door is open.* = not shut or closed; allowing someone to enter or pass through खुला **2** *an open magazine* = allowing someone to read what is printed on the pages जिसे कोई भी पढ़ सकता है **3** *an open field* = not surrounded by walls; allowing one to pass freely खुला **4** *The post-office is open.* = allowing people to enter and get the services they need खुला, कार्यरत

open[2] verb, t. or i. **1** *Please open the door.*(t.) = to cause something to become open, allowing someone to enter खोलना **2** *The door opened.*(i.) = to become open खुलना **3** *I opened the conference by making a short speech.*(t.) = to start उद्‌घाटन करना **4** *The post-office opens at 10.00.*(i.) = to begin working दैनिक कार्य आरंभ करना **5** *Please open the file and read the story.*(t.) = to start a file or program so as to read or work on it [COMPUTERS] नई फाइल खोलना [कंप्यूटर] **6** *This room opens on to the courtyard.*(i.) = to lead directly to की ओर खुलना **opener** noun, c. **1** *a bottle-opener* = a thing that is used to open something खोलने की वस्तु **2** = the batsman who opens the innings for his team in cricket [SPORTS] (क्रिकेट में) पारी आरंभ करना [खेल-कूद] **open-air** adj. *an open-air cinema* = in the open-air (outside a building, not inside) खुले मैदान में **open-and-shut** adj. *This murder is an open-and-shut case for the police.* = easy to solve or prove आसानी से सुलझने वाला **open-ended** adj. *an open-ended discussion* = with nothing decided in advance (beforehand) जिसमें पहले से कोई निर्णय नहीं लिया गया है **open-eyed** adj. *She was open-eyed with wonder when she saw the Taj Mahal for the first time.* = with eyes wide open in surprise or wonder आँखें खुली रह जाना **open-heart surgery** noun = an operation in which the heart is made to stop beating for some time and is cut open to be examined and repaired एक प्रकार की हृदय शल्यक्रिया **open house** noun = a day when the public can visit a school, organization etc. meet the people there and see how it works etc. एक निश्चित दिन जब आम जन किसी स्कूल, संस्था आदि में जाकर वहाँ के लोगों से मिल सकते हैं, उनकी कार्यप्रणाली आदि का निरीक्षण कर सकते हैं **Open University** noun = a university which allows people to study at home or in their free time, through lessons given through radio or television or sent through the post (रेडियो, टेलीविजन या डाक सामग्री द्वारा) दूरस्थ शिक्षण का विश्वविद्यालय **with open arms** *The new teacher was welcomed with open arms.* = showing that one is pleased to welcome something or someone खुले दिल से **to open fire** = to shoot at someone or something गोलीबारी करना **open up 1** *At first she was silent but then she opened up.* = to become willing to talk about something बतलाने के लिए तैयार **2** = to make a business less controlled व्यापार को खुला (अनियंत्रित) बनाना/बंधनमुक्त करना **(out) in the open** *The secret was out in the open. We were happy that everyone now knew what was happening.* = known to everyone as a result of being revealed or told सर्वज्ञात, सबको ज्ञात **to have an open mind** *I don't like large cities, but I'm moving to Mumbai with an open mind.* = without prejudice or negative thinking; willing to accept something खुला दिमाग, बिना किसी पूर्वाग्रह के

opening[1] /'əʊpnɪŋ/ /'अउप्निङ्/ noun, c. or u. **1** *There is an opening in the wall, through which you can enter.*(c.) = gap; a clear space रास्ता (होना) **2** *The opening of a new school will help the people of this area.*(u.) = the act of starting something खुलना **3** *There is an opening in the advertising company for an artist.*(c.) = a job that is available and can be applied for नौकरी के लिए रिक्त स्थान

opening[2] adj. *I liked her opening speech at the conference. // Saurav Ganguly is our opening batsman.* = something or someone that opens (begins or starts) something जिसके द्वारा किसी कार्य का आरंभ किया जाए

op•e•ra /'ɒpərə/ /'ऑप्र/ noun, c. = a kind of musical drama in which the story is told mainly through songs गीति-नाट्य

O

op•e•rate /'ɒpəreɪt/ /'ऑपरेइट्/ verb, t. or i. **1** *He has been hired to operate the computer system in the office.*(t.) = to make something (specially some machine) work मशीन आदि चलाना **2** *The trains are operating once again.*(i.) = to work चालू होना **3** *The surgeon will operate tomorrow.*(i.) = to perform a surgical operation (to cut open someone's body in order to remove a diseased part etc.) शल्य-क्रिया करना **4** *The company operates in three cities.*(i.) = to do business कार्य करना **operation** /ɒpə'reɪʃən/ /ओप'रेइशन्/ noun, u. or c. **1** *The machines are in operation.*(u.) // *Have you understood the operation of these new machines?*(u.) = the state or process of working कार्य प्रणाली **2** *The operation has been successful.*(c.) = the act of cutting open a person's body, performed by a surgeon शल्य-क्रिया **operator** noun, c. **1** *the projector operator in a cinema // a telephone operator* = a person who operates a machine (makes it work) मशीन (यंत्र) आदि को चलाने वाला **2** *He is a clever operator.* = a person who is very clever and usually dishonest in business matters in a way that people don't usually like (also **smooth operator**) (derogatory) काम निकालने वाला (देखें **smooth operator**) (अनादरपूर्ण) **operational** adj. *The factory is fully operational now.* = in a working condition काम करने की स्थिति में **operative** /'ɒpərətɪv/ /'ओपरटिव्/ adj. **1** *This new rule will become operative next month.* = to start working and producing an effect लागू **2** *a post-operative check* = connected with a medical operation शल्य-क्रिया संबंधी **operating system** noun = a set of programs that controls the way in which other programs in a computer work and the way a user interacts with the computer [COMPUTERS] कंप्यूटर में एक प्रोग्राम-समूह जो दूसरे प्रोग्रामों को नियंत्रित करता है **operating theatre** noun = a room in which operations are performed शल्य-क्रिया कक्ष

oph•thal•mo•lo•gy /ɒfθæl'mɒlədʒi/ /ऑफ़थैल'मॉलजी/ noun = the branch of medicine that deals with the eyes and their diseases नेत्र-चिकित्सा विज्ञान **opthalmic** /ɒf'θælmɪk/ /ऑफ़'थैल्मिक/ adj. = having to do with the eyes [MEDICINE] नेत्र-संबंधी (औपचारिक, अनादरपूर्ण)

o•pin•ion /ə'pɪnjən/ /अ'पिन्यन्/ noun, c. or u. **1** *In my opinion, this is not the right time to start a new business.*(c.) = an idea that someone has or expresses about someone or something, based mainly on feelings and beliefs rather than facts विचार, राय **2** *My doctor thinks I may have an ulcer, but I am going to get a second opinion.* = professional judgement or advice विशेषज्ञ की राय **opinionated** adj. *She is so opinionated that she never takes anyone's advice.* = too sure that one's opinion is always right (formal, derogatory) दुराग्रही (औपचारिक, अनादरपूर्ण) **opinion poll** noun, c. = a system of voting in which people are asked to give their opinion on some subject so that a representative statement based on common beliefs may be made जनमतसंग्रह

to have a low/high/good/bad opinion of someone/something = to think well or poorly of someone or something किसी के बारे में कोई विचार रखना, किसी को प्रशंसा अथवा हेय दृष्टि से देखना

o•pi•um /'əʊpɪəm/ /'अउपिअम्/ noun = a drug which produces sleep, made from the seeds of the poppy plant अफ़ीम **opiate** noun, c. = a drug that contains opium (formal) अफ़ीमयुक्त (औपचारिक)

op•por•tu•ni•ty /ɒpə'tju:nɪti/ /ऑप'च्यूनिटी/ noun, c. (**opportunities**) or u. *Arundhati Roy is visiting our school tomorrow and all the students will have an opportunity to meet her.*(c.) = chance; an occasion or situation which makes it possible to do something that one wants to do अवसर, मौका **opportune** /'ɒpətju:n/ /'ऑपच्यून्/ adj. **1** *I was waiting for the opportune moment to ask you for a favour.* = the correct time for doing something सही समय, सुअवसर **2** *You visited the office at an opportune time. We were looking for someone exactly like you.* = favourable उपयुक्त **opportunist** /ɒpə'tju:nɪst/ /ऑप'च्यूनिस्ट्/ noun, c. *Last year you were supporting Mr Singh, but now that Mr Rao is the new President of the club, you have become a supporter of Mr Rao. What an opportunist you are!* = a person without fixed principles, who makes use of every opportunity (favourable situation) to gain something (derogatory) मौकापरस्त, अवसरवादी (अनादरपूर्ण) **opportunistic** adj.

op•pose /ə'pəʊz/ /अ'पउज़्/ verb, t. **1** *When a teacher suggested that the examination should be postponed, others opposed him.* = to disagree and to speak against an opinion (idea) expressed by someone विरोध करना **2** *India will oppose Australia in this match.* = to compete with or fight against से लड़ना अथवा प्रतिस्पर्धा करना **opposed** adj. **(opposed to something)** *He has always been opposed to smoking.* = believing strongly that something is harmful or wrong विरोध में **opponent** /ə'pəʊnənt/ /अ'पउनन्ट्/ noun, c. *I am facing a strong opponent in the election.* = one who fights against or competes with someone विरोधी, प्रतिद्वन्द्वी **opposition** noun, u. **1** *My plan had to be given up because of the opposition from several people.* = the act of opposing something or someone (speaking against an opinion expressed by someone) (formal) विरोध (औपचारिक) **2** *India will face strong opposition in the next match as they are going to play against South Africa.* = the people who are fighting against or competing with someone (formal) विपक्षी (औपचारिक) **the Opposition** noun = the group of members in the parliament who are not in the government विपक्ष (संसद में)

op•po•site[1] /ˈɒpəzɪt/ /ˈऑपज़िट्/ noun *'Old' is the opposite of 'young'.* = something that is completely different from something else विपरीत

opposite[2] adj. *When I praised the child and said he had done some good work, my friend took the opposite view and said it was not really good.* = as different as possible विपरीत

opposite[3] prep. *He lives opposite the market.* = facing (just in front of) ठीक सामने, आमने-सामने

op•press /əˈpres/ /ॲˈप्रेस्/ verb, t. = to treat in a cruel way and make someone suffer by not allowing them the rights that others have दबाना, क्रूर व्यवहार करना, अधिकार का हनन करना **oppression** noun, u. *The people have decided to fight against the king's oppression.* = the action of oppressing someone (ruling in a cruel way) दमन **oppressor** noun, c. = one who oppresses someone किसी के अधिकार का हनन करने वाला **oppressive** adj. *The heat is oppressive.* = causing suffering or pain कष्टकर

opt /ɒpt/ /ऑप्ट्/ verb, t. *I could have been a doctor but I opted to become a painter instead.* = to choose to do something (formal) चुनना, पसंद करना (औपचारिक) **option** noun, c. *You can go either to Mumbai or to Goa for your holiday. You have an option.* = the freedom to choose between two different things विकल्प **optional** adj. *You will have to study mathematics and physics. Those are compulsory subjects. But you can take geography as an optional subject.* = something that one is free to choose or not to choose (opposite **compulsory**) वैकल्पिक (विलोम शब्द **compulsory**)

op•tic /ˈɒptɪk/ /ˈऑप्टिक/ adj. *the optic nerve* = having to do with the eyes नेत्र संबंधी **optical** adj. *This man repairs microscopes and other optical instruments.* = having to do with vision (the act of seeing something) दृष्टि-संबंधी **optician** /ɒpˈtɪʃən/ /आˈप्टिशन्/ noun, c. = a person who makes and sells spectacles (which help people to see more clearly) चश्मे आदि का व्यवसाय करने वाला **optics** noun = the science of light, vision and sight [PHYSICS] प्रकाश एवं दृष्टि से संबंधित विज्ञान [भौतिकी]

op•ti•mist /ˈɒptɪmɪst/ /ˈऑप्टिमिस्ट्/ noun, c. *He is such an optimist that he believes it will not rain today, even though it has been raining for the past week.* = a person who always hopes for the best (opposite **pessimist**) आशावादी (विलोम शब्द **pessimist**) **optimism** noun, u. *I think we will have to call off our picnic as it is bound to rain. I see no reason for optimism.* = the quality of being an optimist (hoping for the best) आशावाद **optimistic** /ɒptɪˈmɪstɪk/ /ऑप्टिˈमिस्टिक्/ adj. *I feel very optimistic about being admitted to the college.* = having very strong hopes आशावान

op•ti•mum /ˈɒptɪməm/ /ˈऑप्टिमम्/ adj. *Under optimum conditions this factory can produce 1,000 cars a day, but at present we are producing only 200 cars.* = most favourable or best (most likely to bring success) (also optimal) आदर्श स्थिति

op•u•lence /ˈɒpjʊləns/ /ˈआप्युलन्स्/ noun, u. *There is too much opulence in the way this room has been decorated. I prefer something more simple.* = a show of wealth or luxury (formal, often disapproving) दिखावा, आडंबर (औपचारिक प्रायः अस्वीकृत) **opulent** adj. *They own an opulent house with 25 rooms.* = very rich; grand अति समृद्ध, विशाल एवं समृद्ध

or /əʳ/ /अʳ/ conj. **1** *You can go now or later.* = indicating more than one possibility अथवा, या **2** *Do as I say or you will be in serious trouble.* = otherwise; if not नहीं तो **3** *He is the sardar, or chief, of this tribe.* = which is to say (in other words) या **4** *I have visited the city museum six or seven times.* = used between numbers which are close together so that one gets a general idea of the number या, छह-सात (अनुमानित संख्या)

or•a•cle /ˈɒrəkəl/ /ˈऑरकल्/ noun, c. **1** = a person with supernatural powers, able to tell the future (in ancient Greece) भविष्यवक्ता (प्राचीन ग्रीस में) **2** = anyone who tries to say what is likely to happen in the future भविष्यवक्ता

o•ral /ˈɔːrəl/ /ˈऑरल्/ adj. **1** *After the written examination you will have an oral test.* = spoken (and not written) मौखिक **2** *The dentist will advise you on oral hygiene.* = having to do with the mouth (formal) मुख संबंधी (औपचारिक) **orally** adj. *Take this medicine orally.* = through the mouth (formal) मुख द्वारा (औपचारिक)

or•ange[1] /ˈɒrɪndʒ/ /ˈऑरिन्ज्/ noun, c. or u. **1** (c.) = a round, juicy fruit which is reddish-yellow in colour संतरा **2** (u.) = the flesh or juice of the same fruit, used as food संतरे का गूदा या जूस (रस)

orange[2] adj. *an orange sari* = of the colour of an orange (reddish-yellow) संतरी रंग

o•rang•u•tang /ɔːræŋuːˈtæŋ/ /ऑरैंग्यूˈटैङ्/ noun = a large ape with reddish-brown hair, found in Borneo and Sumatra बोर्नियो और सुमात्रा में पाया जाने वाला वानर, औरंग उटांग

or•a•tor /ˈɒrətəʳ/ /ˈऑरटʳ/ noun, c. *President Radhakrishnan was one of the greatest orators of his time. When he spoke, people listened in absolute silence.* = a person who has great skill in the art of speaking in public (to a large audience) (formal) वक्ता (औपचारिक) **oration** noun, c. *Jawaharlal Nehu's speech in parliament welcoming India's independence was one of the greatest orations of all time.* = a public speech (formal) अभिभाषण (औपचारिक)

O

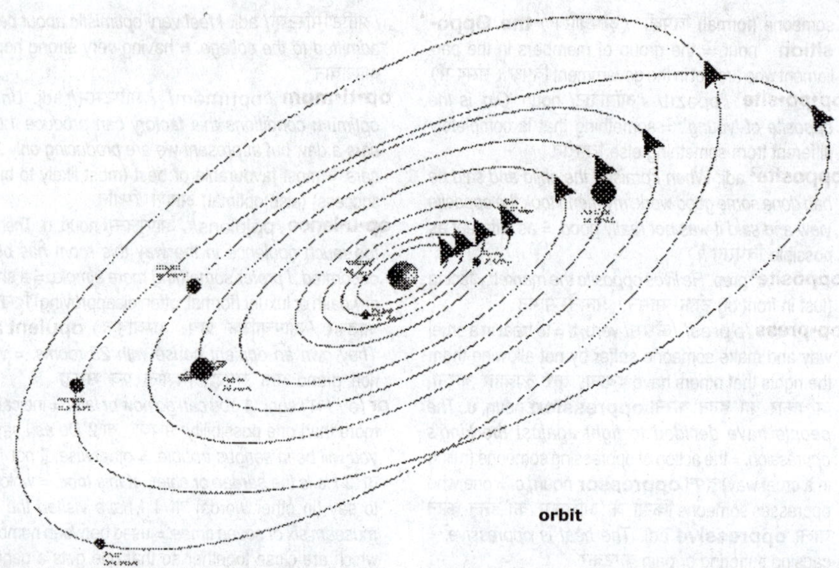

orbit

or•bit[1] /'ɔːbɪt/ /'ऑबिट्/ noun, c. *the earth's orbit around the sun* = the curved path followed by a planet (e.g. the earth) or a space-craft (a vehicle moving in space) as it goes round something else परिक्रमा-पथ, कक्षा, ग्रहपथ

orbit[2] verb, t. *The earth orbits the sun once in 365 days.* = to move in an orbit around something परिक्रमा-पथ पर परिक्रमा करना

or•chard /'ɔːtʃəd/ /'ऑचड्/ noun, c. = a garden containing fruit trees फलों का उद्यान, बगीचा

or•ches•tra /'ɔːkɪstrə/ /'ऑकिस्ट्र/ noun, c. = a large group of musicians who play together on different musical instruments वाद्य-वृंद **orchestrate** verb, t. *We are going to have a conference here next month. You will have to orchestrate all the programmes.* = to plan and manage (look after) some activity which requires a number of people to work together, so as to get the best results सुव्यवस्था करना

or•chid /'ɔːkɪd/ /'ऑकिड्/ noun = a kind of flower with an unusual shape and beautiful, bright colours एक प्रकार का पुष्प, ऑर्किड

or•deal /ɔː'diːl/ /ऑ'डील्/ noun, c. *We had to climb many hills to reach the village. It was a real ordeal.* = a difficult and painful experience कष्टकर अनुभव

or•der[1] /'ɔːdəʳ/ /'ऑडर्/ verb, t. **1** *The teacher ordered the student to stand up.* = to give a command which must be obeyed because of one's position आदेश देना **2** *I ordered some tandoori chicken for my friend. // I have ordered some new books for the library.* = to ask for something to be bought, supplied, made etc. in return for payment ऑर्डर करना; मंगाना **3** *Your essay is very loosely written. It seems you have not been able to order your ideas properly.* = to arrange things neatly व्यवस्थित करना

order[2] noun, u. or c. **1** *I have received an order from the government asking me to go to Delhi for a meeting.*(c.) = a command आदेश **2** *The children were shouting at the top of their voices and the teacher was trying hard to maintain order in the classroom.*(u.) = a condition in which rules are obeyed, so that it is possible for work to go on (opposite **disorder**) अनुशासन, व्यवस्था (विलोम शब्द **disorder**) **3** *In a dictionary, the words whose meanings are being explained are arranged in alphabetical order.*(u.) = sequence (the arrangement of names etc. in a list, with one name following another according to a certain system) क्रम, अनुक्रम **4** *The telephone was not working yesterday but today it is in order.*(u.) = in a working condition चालू, ठीक, सही **5** *The waiter at the restaurant took our order.*(c.) = a request by a customer for something to be brought or made on payment लाने का आदेश **Order! Order!** interjec.= an expression used to announce the start of a meeting सभा आरंभ होने की घोषणा में प्रयुक्त अभिव्यक्ति

to order someone around/about = to tell others what they must do (disapproving) आदेश देना, हुक्म देना (अस्वीकृत) **out of order** *The stereo is out of order. We can't listen to any music.* = to not be in working condition कार्य योग्य स्थिति में न होना, खराब, **a tall order** *Do you really expect me to work two days without a break? That's a tall order!* = an expectation which cannot be met easily (informal) जितना संभव हो उससे अधिक की अपेक्षा (अनौपचारिक) **to set in order** *Please help me set the library in order.* = arrange neatly with everything in its place व्यवस्थित करना

or•der•ly[1] /'ɔːdəli/ /'ऑडलि/adj. *an orderly group of students* = well-arranged or well-behaved सुव्यस्थित, अनुशासित

orderly[2] noun, c. (**orderlies**) = a soldier or a policeman who works for an officer in the army or police सेना अथवा पुलिस अधिकारी की सेवा में नियुक्त व्यक्ति, अर्दली, सहायक

or•din•al /'ɔːdɪnəl/ /'ऑडिन्ल्/ noun, c. = the numbers 1st, 2nd, 3rd etc. (first, second, third etc.) which show order or rank rather than quantity क्रमवाची, जैसे-पहला, दूसरा, तीसरा

or•di•nance /'ɔːdɪnəns/ /'ऑडनन्स्/ noun, c. *an ordinance passed by the government* = a rule made through an order of the government अध्यादेश, सरकार के आदेश से निर्मित नियम

or•di•nary /'ɔːdənəri/ /'ऑड्नरी/ adj. **1** *an ordinary day* = not special or unusual in any way सामान्य, विशेष नहीं **2** *In your public lecture you have to use language that ordinary people can understand.* = without great intellectual ability, education etc. सर्वसाधारण, आम **ordinarily** adv. *Ordinarily, she picks me up on her way to school, today she hasn't.* = usually प्राय:, आमतौर पर

out of the ordinary = not usual; something different from the normal सामान्य से भिन्न, असाधारण

ord•nance /'ɔːdnəns/ /'ऑडनन्स्/ noun, u. *This factory produces ordnance for the army.* = weapons needed by the army for fighting, specially cannons (big and heavy guns mounted on wheels) तोपखाना, युद्ध-सामग्री बनाने का कारखाना

ore /ɔː/ /'ऑ/ noun, c. or u. *iron ore* = rock or earth from which metals (e.g. iron, copper) can be obtained कच्ची धातु, अयस्क

or•gan /'ɔːgən/ /'ऑगन/ noun, c. **1** *The heart, liver, lungs, etc. are important organs.* = an inner part of the body which has a special function (purpose) अंग, अवयव **2** *This newspaper is the organ of the Weavers' Party.* = a newspaper which represents the views or policies of a group विचारों का वाहक (समाचारपत्र), साधन **3** *She plays the organ.* = a large musical instrument containing pipes of different length, through which air is blown to produce musical sounds एक वाद्य-यंत्र जो फूँक कर बजाया जाता है

or•gan•is•m /'ɔːgənɪzəm/ /'ऑगनिज़्म/ noun, u. or c. = a living thing which is made up of many parts जीव, अवयवी **organic** /ɔː'gænɪk/ /ऑ'गैनिक्/ adj. *organic fertilizer* = having to do with living things or produced by living things (opposite **inorganic**)जैविक (विलोम शब्द **inorganic**)

or•gan•ize (organise) /'ɔːgənaɪz/ /'ऑगनाइज़/ verb, t. **1** *You must organize your thoughts in order to write a good essay.* = to arrange the different parts of something properly so that they fit together and work well व्यवस्थित करना, सही क्रम या स्थान पर लगाना **2** *We are organizing a birthday party for you.*= to make arrangements for आयोजित करना **organization (organisation)** /ɔːgənaɪ'zeɪʃən/ /ऑगनाइ'ज़ेइशन्/ noun, c. or u. **1** *People for Animals is a large organization, with branches in every state.*(c.) = a group which has people working at different levels for a common purpose संस्था, संगठन **2** *The organization of an advertising campaign requires a lot of effort as well as money.*(u.) = the action or process of arranging things or putting things together for some purpose व्यवस्थित करना, संगठित करना

or•gas•m /'ɔːgæzəm/ /'ऑगैज़्म/ noun, u. = the point of highest sexual pleasure [BIOLOGY] कामोन्माद [जीव विज्ञान]

or•gy /'ɔːdʒi/ /'ऑजि/ noun, c. (**orgies**) = a wild party, with a lot of uncontrolled eating, drinking etc. (disapproving) ऐसी पार्टी जिसमें खाना-पीना अनियंत्रित प्रकार से हो

o•ri•ent /'ɔːrɪənt/ /'ऑरियन्ट्/ verb, t. *These teachers do not know how to teach the new books. We will have to orient them.* = to help someone to understand how something should be done (also **orientate**) प्रशिक्षित करना (देखें **orientate**) **Orient** noun = the East (the eastern part of the world, specially Asia) विश्व का पूर्व भाग **Oriental** /ɔːrɪ'əntəl/ /ऑरि'यन्टल्/ noun, c. or adj. **1** (noun) = a person belonging to the Orient (East) (old-fashioned, not respectful) (Most people prefer to be called Asians.) पूर्वी देशों का व्यक्ति (पुराने प्रचलन का, अनादरपूर्ण) (आज ज्यादातर लोग 'एशियाई' पुकारा जाना पसंद करते हैं) **2** *Oriental religions*(adj.) = belonging to the Orient पौर्वात्य **orientation** /ɔːrɪən'teɪʃən/ /ऑरिअन'टेइशन्/ noun, u. **1** *a programme of orientation* = the process of orienting someone (explaining how something should be done) प्रशिक्षण **2** *His writings reveal his political orientation.* = a person's system of beliefs मान्यता, विचारोन्मुखता

o•ri•fice /'ɒrɪfɪs/ /'ऑरिफ़िस्/ noun, c. = a hole or opening, specially in the body [TECHNICAL] रंध्र, छिद्र [तकनीकी]

ori•ga•mi /ɒrɪ'gɑːmi/ /ऑरि'गाऽमि/ noun = the art of folding paper into different shapes e.g. the shapes of animals and birds, which began in Japan एक प्रकार की कला जिसमें कागज़ को मोड़कर विभिन्न प्रकार की आकृतियाँ बनाई जाती हैं (जापानी कला)

or•i•gin /'ɒrɪdʒɪn/ /'ऑरिजिन/ noun, c. or u. *This dictionary explains the origins of English words, many of which have come from Indian languages.*(c.) = the point, place or thing from which something begins स्रोत, मूल, उद्गम-बिंदु, उत्पत्ति-स्थल

o•rig•i•nal[1] /ə'rɪdʒɪnəl/ /अ'रिजिन्ल्/ adj. **1** *The original meaning of the word 'villain' was 'one who owns a villa, or a house', but now 'villain' has come to mean 'a bad or wicked person'.* = the earliest or first मूल, प्राचीन **2** *I like your essay very much. It is really*

O

original. = new and fresh; different from others मौलिक, नवीन

original² noun, c. *This painting is an original by the famous artist, Jamini Roy. It is not a copy. // I have a copy of the letter. Where is the original?* = something from which copies can or have been made (also, for documents, **top copy**) मूल (प्रति) **originality** /ərɪdʒɪ'nælɪti/ /अरिजि'नैलिटि/ noun, u. *The writer was praised for her originality.* = the quality of being original (new and different from others) मौलिकता **originate** /ə'rɪdʒɪneɪt/ /अ'रिजिनेइट्/ verb, i. *The river Ganga originates in a glacier in the Himalayas.* = to start from something (formal) से नि:सृत होना, निकलना (औपचारिक)

or•na•ment¹ /'ɔ:nəment/ /'ऑनमेन्ट्/ noun, c. or u. **1** *The jeweller makes gold ornaments.*(c.) = rings, bangles, necklaces etc. made of gold or other costly materials, worn mostly by women in order to look more beautiful आभूषण **2** *I want a simple wooden chair, without any ornament.*(c.) = decoration; something that is added to an object to make it look more beautiful, though not more useful सजावट, टीम-टाम

ornament² verb, t. *Several beautiful paintings by Van Gogh ornament his drawing room.* = to add beauty to something सौंदर्य में वृद्धि करना **ornamental** / ɔ:nə'mentəl/ /ऑन'मेन्टल्/ adj. *ornamental furniture* = having a lot of decoration, but not serving a useful purpose सुंदर किंतु दिखावटी

or•nate /ɔ:'neɪt/ /ऑ'नेइट्/ adj. *furniture of ornate design* = having a lot of decoration; ornamental सजा हुआ

or•ni•thol•o•gy /ɔ:nɪ'θɒlədʒi/ /ऑनि'थॉलजी/ noun = the scientific study of birds पक्षी संबंधी वैज्ञानिक अध्ययन **ornithologist** noun, c. = a person who studies or practises ornithology पक्षी-विशेषज्ञ

or•phan¹ /'ɔ:fən/ /'ऑफ़न्/ noun, c. *He lost both his parents and became an orphan at the age of five.* = a person, specially a child, whose parents are dead अनाथ, जिसका कोई न हो

orphan² verb, t. *The war has orphaned many children.* = to cause someone to become an orphan अनाथ बना देना **orphanage** noun, c. = a place in which orphans live and are taken care of अनाथालय

or•tho•don•tist /ɔ:θə'dɒntɪst/ /ऑथ'डॉन्टिस्ट्/ noun, c. = a dentist (doctor who takes care of the teeth) who helps people with crooked teeth by straightening them दंत-चिकित्सक जो चिकित्सा के साथ-साथ दाँतों के आकार-प्रकार भी ठीक करता है।

or•tho•dox /'ɔ:θədɒks/ /'ऑथडॉक्स्/ adj. *He is very orthodox in his religious views and does not want any new ideas to be brought in.* = holding beliefs or ideas which have been accepted by most people for a long time रूढ़िवादी, दकियानूसी

or•thog•ra•phy /ɔ:'θɒgrəfi/ /ऑ'थॅग्रफ़ी/ noun, u. *English orthography is very different from the Chinese system of writing.* = a system of spelling वर्तनी, लिपि-व्यवस्था

or•tho•pae•dics(orthopedics) /ɔ:θə'pi:dɪks/ /ऑथ'पीडिक्स्/ noun = the branch of medicine that deals with the care of the bones and joints अस्थि चिकित्सा विज्ञान

Os•car /'ɒskəʳ/ /'ऑस्कʳ/ noun = a prize given in the U.S.A. each year for making and acting in films अमेरिकी फ़िल्म जगत का एक श्रेष्ठता पुरस्कार

os•cil•late /'ɒsɪleɪt/ /'ऑसिलेइट्/ verb, t. **1** *The pendulum of the clock oscillates once in each second.* = to move from side to side [PHYSICS] एक सिरे से दूसरे सिरे तक घूमना, दोलन [भौतिकी] **2** = to move from one direction to another as in radio waves [TECHNICAL] रेडियो तरंगों की तरह एक दिशा से दूसरी दिशा में गति [तकनीकी] **3** = to move between extreme feelings of e.g. happiness or sadness विपरीत भावों का आना-जाना **oscillation** /ɒsɪ'leɪʃən/ /ऑ'सिलेइशन्/ noun, c. **1** = the action of oscillating (दोलन-क्रिया) **2** = one complete movement from side to side [तकनीकी] [TECHNICAL] दोलन

os•mo•sis /ɒz'məʊsɪs/ /ऑज़्'मउसिस्/ noun = the process by which liquids pass slowly through a membrane (a solid substance with very tiny holes, through which liquids or gases can pass) [SCIENCE] परासरण [विज्ञान]

os•ten•si•ble /ɒ'stensɪbəl/ /ऑ'स्टेन्सिबल्/adj. *We don't know why he left the job. The ostensible reason was that he had started a business of his own but the real reason was that he had got a job in Delhi.* = what seems to be; appearing to be real but not real (referring to a reason for doing something) (formal, disapproving) प्रकट, प्रत्यक्ष किंतु यथार्थ नहीं (औपचारिक, अस्वीकृत)

os•ten•ta•tion /ɒstən'teɪʃən/ /ऑस्टन्'टेइशन्/ noun, u. *We will be married in a very simple ceremony. We don't like ostentation.* = a show of wealth (formal, derogatory) दिखावा, आडंबर, तड़क-भड़क (औपचारिक, अनादरपूर्ण) **ostentatious** adj. *an ostentatious person* = having a liking for ostentation (show) (formal, disapproving) दिखावा या तड़क-भड़क पसंद करने वाला (औपचारिक, अस्वीकृत)

os•tra•cize (ostracise) /'ɒstrəsaɪz/ /'ऑस्ट्रसाइज़्/ verb, t. *The family ostracized her because she changed her religion.* = to stop accepting someone as a member of a group because of something he/she has done (formal) समूह अथवा समाज से निकाल देना, बहिष्कृत कर देना (औपचारिक)

os•trich /'ɒstrɪtʃ/ /'ऑस्ट्रिच्/ noun, c. (**ostriches**) = a very large bird, found in Africa, which has beautiful feathers but cannot fly शुतुरमुर्ग (पक्षी)

oth•er¹ /'ʌðəʳ/ /'अॅदʳ/ det. **1** *I don't want the red book.*

Give me the other book. = different from the one which is being referred to अन्य, दूसरा **2** *Do you need any other books?* = more or additional और (अतिरिक्त, अन्य)

other² pron. **1** *If you don't like this shirt, you can try the other.* = the second of two दूसरा **2** *Although he is very busy, he always tries to help others.* = not the same as oneself दूसरे लोग **otherwise** adv. or conj. **1** *She thinks she is a good actor, but most people think otherwise.*(adv.) = in a different way भिन्न, विपरीत **2** *He is lazy, but otherwise he has the qualities of a good manager.*(adv.) = apart from that अन्यथा **3** *You must work hard, otherwise you will not succeed.*(conj.) = if not; or else नहीं तो, अन्यथा

in other words = that is to say दूसरे शब्दों में

ot•ter /'ɒtəʳ/ /'ऑटᶦ/ noun, c. = an animal with thick fur (hair) that looks like a large rat and is very good at swimming and catching fish ऊदबिलाव, बड़े चूहे जैसा एक पशु

ouch /aʊtʃ/ /'ऑउच्/ interjec. *Ouch! That hurts!* = an expression of pain (informal, sometimes humorous) उफ़! आह! कष्ट का उच्छ्वास (अनौपचारिक, हास्यपरक)

ought /ɔ:t/ /ऑट्/ aux. (modal) verb (used with **to**) **1** *You ought to look after your old parents.* = should (to have the moral duty to do something) 'चाहिए' सूचक, कर्त्तव्यसूचक **2** *My house ought to have been repaired last year, but I had no money.* = which would have been the right thing to do आवश्यकतासूचक **3** *The new film ought to have a good sale.* = should (that is what one expects) अपेक्षासूचक

ounce /aʊns/ /ऑउन्स्/ noun, c = a unit of weight equal to about 28.35 gms (abbreviated as oz) तोल की एक इकाई 28.35 ग्राम के बराबर थोड़ी मात्रा (संक्षिप्त रूप oz)

our /aʊəʳ/ /ऑउअᶦ/ det. *This is our house.* = belonging to us हमारा **ours** pron. *This house is ours.* = belonging to us हमारा **ourselves** pron. **1** *We saw ourselves on television the other night.* = us ('We saw us') खुद को **2** *We bought ourselves a new house.* = for us ('We bought for us') अपने लिए **3** *We cooked everything ourselves.* = without help from anyone अपने-आप

oust /aʊst/ /ऑउस्ट्/ verb, t. *You would have been the next president of the club. Why did you have to oust the present one?* = to force someone out and take his/her place or position निकाल देना, हटा देना

out¹ /aʊt/ /ऑउट्/ adv. **1** *He opened the door and walked out.* = away from the inside बाहर **2** *Please give out the sweets to the children.* = to a number of people बाँटना **3** *He read out the names from the list.* = in a loud voice ज़ोर से **4** *The batsman has been given out.* = no longer allowed to play (गलती करने के कारण) खेल से बाहर होना **5** *There will be a lot of excitement when the new book is out.* = published; released to the public प्रकाशित **6** *Scarves are out this season.* = not in fashion any more प्रचलन में न होना **7** *Wednesday is out, maybe we can have dinner on Friday.* = not acceptable or possible (informal) संभव या स्वीकार्य न होना

out² adj. **1** *The doctor is out. Please have a seat.* = not in the place where one expects to find someone अनुपस्थित होना **2** *The results of the examination are out.* = to be seen or known by many people घोषित, सूचित

out- /'aʊt/ /'ऑउट्/ prefix meaning **1** outside बाहर e.g. **outdoor** /aʊtdɔ:ʳ/ /आउट्डॉऽᶦ/ adj. *outdoor swimming pool* = found or done in the open (opposite **indoor**) खुले में **2** beyond e.g. **outskirts** /'aʊtskɜ:ts/ /'ऑउट्स्कऽट्स्/ noun, u. (always plural) *She has built her house on the outskirts of the city.* = beyond or further than the central parts (केवल बहुवचन में प्रयुक्त) बाहरी सीमा पर **3** greater than e.g. **outnumber** /aʊt'nʌmbəʳ/ /ऑउट्'नॅम्बᶦ/ verb, t. *Our soldiers outnumbered the enemy troops.* = to be more in number than संख्या में अधिक होना

out•break /'aʊtbreɪk/ /'ऑउट्ब्रेइक्/ noun, u. *There has been an outbreak of cholera in the city.* = a sudden appearance or beginning of something bad किसी बुरी चीज़ (बीमारी आदि) के प्रकोप का फैलना

out•burst /'aʊtbɜ:st/ /'ऑउट्बर्स्ट्/ noun, u. *He started shouting in an outburst of anger.* = a sudden and strong expression of some feeling विस्फोट

out•cast /'aʊtkɑ:st/ /'ऑउट्काऽस्ट्/ noun, c. = a person who has been forced out of a group for his/her views or behaviour बहिष्कृत, निष्कासित

out•class /aʊt'klɑ:s/ /ऑउट्'क्लाऽस्/ verb, t. *The Australian team completely outclassed the Indian team.* = to be much better than से बढ़कर होना, मात करना

out•come /'aʊtkʌm/ /'ऑउट्कॅम्/ noun, c. *We are waiting for the outcome of the examination which was held last month.* = result (formal) परिणाम (औपचारिक)

out•cry /'aʊtkraɪ/ /'ऑउट्क्राइ/ noun, c. (**outcries**) *There was an outcry from several famous musicians when an unknown musician was given the title of Bharat Ratna.* = a public protest or expression of anger कड़ा विरोध, हो-हल्ला

out•dat•ed /aʊtdeɪtɪd/ /ऑउट्डेइटिड्/ adj. *Your ideas on education are out-dated.* = no longer in use or no longer accepted (also **obsolete**) पुराना, अप्रचलित (देखें **obsolete**)

out•do /aʊt'du:/ /ऑउट्'डू/ verb, t. (**outdid, outdone**) *Last year we put up a lovely play, but the one we put up this year outdid it.* = to do better than someone else, or oneself at another point in time से बढ़कर होना

out•fit /'aʊtfɪt/ /'ऑउट्फिट्/ noun, c. **1** *We are buying new outfits for the cricket team.* = a set of the things, specially clothes, need for some activity पोशाक

O

2 *I want to join your outfit.* = a group of people working together (informal, sometimes not respectful) वर्ग, दल (अनौपचारिक, प्राय: आदरसूचक नहीं)

out•go•ing /aʊtgəʊɪŋ/ /ऑउट्गोइङ्/ adj. *This meeting is being held to bid farewell to the outgoing Principal.* = (one who is) leaving or giving up a position जाने वाले, पदमुक्त

out•grow /aʊt'grəʊ/ /ऑउट्'ग्रउ/ verb, t. (**outgrew**, **outgrown**) *The boy has outgrown his clothes.* = to grow too big or old for something बढ़ निकलना, अधिक बढ़ जाना

out•ing /'aʊtɪŋ/ /ऑउटिङ्/ noun, c. *We are going to the zoo for an outing.* = a pleasure trip भ्रमण या मनोरंजन के लिए बाहर जाना

out•land•ish /aʊt'lændɪʃ/ /ऑउड्'लैंडिश्/ adj. *He came to the meeting wearing outlandish clothes.* = strange (disapproving) विचित्र, अजीब (अस्वीकृत)

out•law[1] /'aʊtlɔː/ /'ऑउट्लॉऽ/ noun, c. *The filmstar was kidnapped by an outlaw.* = a person who has broken the law and is trying to avoid punishment कानून तोड़कर दंड से बचने का प्रयास करने वाला अपराधी

outlaw[2] verb, t. *The government has outlawed the trade in ivory.* = to declare that something is against the law अवैध घोषित करना

out•lay /'aʊtleɪ/ /'ऑउट्लेइ/ noun, c. *The government is making an outlay of Rs 200 crore on the new factory.* = money spent for some purpose निवेश, लागत, व्यय

out•let /'aʊtlet/ /'ऑउट्लेट/ noun, c. or u. 1 *The outlet pipe allows you to empty the tank when you want to clean it.* = a pipe through which some gas or liquid can be taken out बाहर निकालने का रास्ता 2 *The child has so much energy that she needs some outlet, such as sports.* = some activity which allows a person to release (take out) his/her feelings, energy etc. व्यय करने का मार्ग, साधन 3 *The company is starting a new outlet to sell its shoes.* = a shop through which the products of a company are sold दुकान या वह स्थान जहाँ से सामान बेचा जा सके

out•line[1] /'aʊtlaɪn/ /'ऑउट्लाइन्/ noun, c. 1 *As it was getting dark, I could not see the house clearly but I could see its outline.* = the lines showing the shape of some object रूपरेखा 2 *You should produce an outline of your essay before you start writing it.* = the main ideas, without the details मुख्य विचार प्रकट करने वाला संक्षिप्त रूप

outline[2] verb, t. *The leader of the group outlined his plans to his followers.* = to explain or describe the main ideas or points, without the details मुख्य मुद्दों का खाका देना

out•live /aʊt'lɪv/ /ऑउट्'लिव/verb, t. *The old king, who died at the age of 115, outlived all his children.* = to live longer than someone else अन्य की तुलना में अधिक समय तक जीवित रहना

out•look /'aʊtlʊk/ /'ऑउट्लुक्/ noun, u. 1 *He has a healthy outlook on life.* = the way in which one thinks about something दृष्टिकोण 2 *What is the outlook for the weather today? Do you think it will rain?* = the possibility that something may happen; what one may expect संभावना

out•put /'avtpʊt/ /'ऑउट्'पुट्/ noun, u. or c. 1 *He works eighteen hours a day but produces little output.*(u.) = something that is produced after some effort (formal) उत्पादन, परिणाम, उपलब्धि (औपचारिक) 2 = the data, results etc. given out by a computer [COMPUTERS] (compare **input**) कंप्यूटर से प्राप्त परिणाम अथवा सूचना (देखें **input**)

out•rage[1] /'aʊtreɪdʒ/ /'ऑउट्रइज्/ noun, u. *How could you write such horrible things about me? This is an outrage!* = an action that hurts one's feelings or causes pain आघात, घोर अपमान

outrage[2] verb, t. *The government's action in closing down this school has outraged the feelings of the public.* = to cause hurt or anger आघात पहुँचाना, क्रुद्ध करना **outrageous** /aʊt'reɪdʒəs/ /आउट्'रेइजस्/ adj. *outrageous behaviour* = shocking, not acceptable उग्र, अस्वीकार्य, घृणित

out•side[1] /aʊt'saɪd/ /आउट्'साइड्/noun, u. *The outside of the house looks more modern than the inside.* = the outer part of something बाहरी भाग

outside[2] adj. *You can enter the house through an outside door.* = on the outside बाहर का

outside[3] adv. *It is raining outside.* = on the outside बाहर **outsider** noun, c. *No one tells me anything about the school because they think I am an outsider.* = a person who does not belong to a group or is not accepted as a member of a group बाहरी व्यक्ति **outside chance** adj. = not very likely असंभावित **outside interests** adj. = having nothing to do with work कार्य से संबंधित न होना

out•spo•ken /aʊt'spəʊkən/ /ऑउट्'स्पउकन्/ adj. *People respect him because he is outspoken and not afraid to tell the truth.* = expressing one's feelings openly, without fear (sometimes disapproving) स्पष्टवादी, खरा, मुँहफट (कभी-कभी अस्वीकृत)

out•source /'aʊtsɜːs/ /ऑउट्'सऽस्/ verb, t. *American software companies are outsourcing a lot of their work to companies in India.* = to arrange for another person, company etc. to do some work for one's company संस्था से बाहर के व्यक्ति अथवा अन्य संस्था से काम करवाना

out•stand•ing /aʊt'stændɪŋ/ /ऑउट्'स्टैंड्ग/ adj. 1 *an outstanding student* = much better than others श्रेष्ठ 2 *outstanding payments* = not paid, completed etc. बकाया

out•weigh /aʊt'weɪ/ /ऑउट्'वेइ/ verb, t. *He is lazy but honest. His good qualities outweigh his faults.* = to be greater in value than something else तुलना में अधिक होना

out•wit /aʊt'wɪt/ /ऑउट्'विट्/ verb, t. = to do something more clever than someone and get an advantage over them अन्य की तुलना में अधिक होशियार व चतुर होने के कारण मात देना

o•va /'əʊvə/ /'अउव/ noun, c. (plural of **ovum**) = the eggs produced by a woman or female animal, from which a baby is born (**ovum** का बहुवचन रूप) अंडा **ovary** noun, c. (**ovaries**) = the part of the body of a woman or female animal that produces eggs अंडाशय **ovulate** /'ɒvjʊleɪt/ /'आव्युलेइट्/ verb, i. = to produce eggs inside the body, before they are fertilized शरीर के भीतर अंडे उत्पन्न होने की प्रक्रिया, अंडोत्सर्ग

o•val /'əʊvəl/ /'अउव्ल्/ adj. *an oval table* = egg-shaped (see pic under **shapes**) अंडाकार (**shopes** के अंतर्गत चित्र देखें)

o•va•tion /əʊ'veɪʃən/ /ओ'वेइश्न्/ noun, u. *When Ganguly scored his century the crowd gave him a standing ovation.* = happiness expressed by a crowd by clapping, shouting etc. जय-जयकार, करतल ध्वनि से प्रकट हर्ष

ov•en /'ʌvən/ /'अॅव्न्/ noun, c. = a kind of box in which food is baked (cooked) by heating the air inside पारंपरिक तंदूर, उसी प्रकार का आधुनिक विद्युत उपकरण

o•ver[1] /'əʊvər/ /'अउवर/ prep. **1** *Our plane is flying over the city of Agra.* = above ऊपर **2** *He wears a coat over his sweater.* = on top of ऊपर **3** *There is a bridge over the river.* = from one side to the other पर **4** *We travelled over a large part of Uttar Pradesh.* = in many parts of अधिकांश **5** *Ashoka ruled over the whole of India.* = in control of पर **6** *He has read over 3,000 books on this subject.* = more than से अधिक **7** *I received this news over the telephone.* = by means of द्वारा, माध्यम से

over[2] adv. **1** *The wind was so strong that it blew the tree over.* = down नीचे (गिरा देना) **2** *You can come over to our house whenever you like.* = across को **3** *The child rolled over in its sleep.* = from one side to another उलट-पलटकर **4** *This book is meant for children of five and over.* = more than से अधिक **5** *If you make a mistake you will have to type it over again.* = once more और एक बार

over[3] adj. *The examination is over.* = finished समाप्त

over[4] noun, c. *He bowled a maiden over.* = a set of six or eight balls from the same direction, by the same bowler [SPORTS] 'ओवर' क्रिकेट के खेल का शब्द

over- /'əʊvə/ /'अउव/ prefix meaning **1** much more than usual स्वाभाविक या सामान्य से बहुत अधिक e.g. **overload**[1] /əʊvə'ləʊd/ /अउव'लउड्/verb, t. *This truck is meant to carry only five tonnes of coal but you have put more than eight tonnes on it. You have overloaded the truck.* = to put too much load (weight) on someone or something किसी वस्तु अथवा व्यक्ति पर आवश्यकता से अधिक बोझ डालना **overload**[2] noun, u. *There is an overload of three tonnes on this truck.* = the amount by which a load exceeds (is more than) the correct load अतिरिक्त भार/मात्रा **2** too much e.g. **overdo** /अउव'डू/ /əʊvə'du:/ verb, t. (**overdid, overdone**) *I had asked him to cook a good meal for the guests, but he has overdone things and cooked 15 dishes.* = to do more than is required आवश्यकता से बहुत अधिक **3** completely e.g. **overjoyed** /əʊvə'dʒɔɪd/ /अउव'जॉइड्/ adj. *He was overjoyed when he heard that all the children in the class had passed the examination.* = extremely happy बहुत अधिक प्रसन्न **4** outer e.g. **overcoat** /'əʊvəkəʊt/ /'अउवकउट्/ noun बाहर का **5** extra e.g. **overtime** /'əʊvətaɪm/ /'अउवटाइम्/ noun, adv. अतिरिक्त **6** above e.g. **overcast** /əʊvə'kɑ:st/ /'अउव'कास्ट्/ adj. *The sky is overcast. I think it will rain.* = to be covered with dark clouds ढँका हुआ

over-act /əʊvər'ækt/ /अउवर'एक्ट्/ verb, i. *Dilip Kumar has over-acted in this film.* = to act in an unnatural way in a film or drama (disapproving) आवश्यकता से अधिक, स्वाभाविक से भिन्न (अस्वीकृत)

o•ver•all[1] /əʊvər'ɔ:l/ /अउवर'ऑल्/ adj. *He is in over-all charge of the office.* = including everything पूर्ण

overall[2] adv. *He has many faults but overall, he is a good worker.* = when everything is considered सब मिलाकर

o•ver•awe /əʊvər'ɔ:/ /अउव'ऑ/ verb, t. *I was so overawed by her personality that I could not say a word to her.* = to be unable to speak out of respect or fear भय अथवा, आश्चर्य से अवाक् रह जाना

o•ver•bear•ing /əʊvə'beərɪŋ/ /अउव'बेअरिङ/ adj. *an overbearing manner* = proud and trying to take control of others (derogatory) रोबीला, दबंग (अनादरपूर्ण)

o•ver•charge /əʊvə'tʃɑ:dʒ/ /अउव'चार्ज्/ verb, t. *The house-owner wants me to pay a rent of Rs 1000 for this tiny house. I feel he is overcharging me.* = to ask someone to pay more than he/she should pay (disapproving) सही दाम से अधिक माँगना (अस्वीकृत)

o•ver•come /əʊvə'kʌm/ /अउव'कम्/ verb, t. (**overcame**) **1** *The soldiers overcame the enemy.* = to defeat हराना **2** *I managed to overcome my shyness and acted in the school play.* = of a habit, a sickness, a disability etc., to bring oneself out of it successfully by effort and determination किसी बुराई या कमज़ोरी को दूर करना

o•ver•crowd•ed /əʊvə'kraʊdɪd/ /अउव'क्राउडिड्/ adj. *The bus is overcrowded. It is carrying more than 70 passengers.* = to have too many people within a space किसी स्थान पर बहुत अधिक भीड़ होना

o•ver•dose /'əʊvədəʊs/ /'अउवडउस्/ noun, c. *The doctor had asked him to take some aspirin for his*

O

headache and he took six tablets. That was a big overdose. = too much of some medicine आवश्यकता से अधिक खुराक (दवा)

o•ver•draft /'əʊvədrɑːft/ /'अउववड्राफ़्ट/ noun, c. *The bank has allowed him an overdraft of Rs 20,000.* = a sum of money which a bank allows a person to draw (take out), which is more than the money which he/she has put into the bank बैंक में अपने खाते में जमा राशि से अधिक राशि निकालना

o•ver•es•ti•mate /əʊvər'estɪmeɪt/ /अउव'एँस्टिमेइट्/ verb, t. *I had thought I would need Rs 3,000 to get my car repaired but I actually spent less than 2,000. I had over-estimated the expenses.* = to estimate (calculate) that an amount required for some purpose will be greater than it actually is अधिक का अनुमान कर लेना

o•ver•flow /əʊvə'fləʊ/ /अउव'फ्लउ/ verb, t. or i. (**overflowed**) *There was so much rain this year that the river overflowed its banks.*(t.)= to flow over the edges of something जल अथवा किसी तरल पदार्थ का अपनी सीमाओं से बाहर बहना, भरा होने के कारण छलकना

o•ver•haul[1] /əʊvə'hɔːl/ /अउव'हॉल्/ verb, t. **1** *We will have to overhaul this car. It is badly in need of repair.* = to examine something thoroughly and repair it if necessary पूरी तरह जाँच और मरम्मत करना **2** *He had a slow start in the race, but after that he ran so fast that he overhauled the other runners.* = to come from behind and to get ahead of someone (also **overtake**) पीछे से आकर आगे निकल जाना (देखें **overtake**)

overhaul[2] noun, c. *The car is running very well after the overhaul.* = the act of repairing something thoroughly पूरी तरह की गई मरम्मत आदि

o•ver•head /əʊvə'hed/ /अउव'हेड्/ adv. or adj. *The kites are flying overhead.*(adv.) = above one's head सिर के ऊपर **overhead projector** noun, c. = a machine that projects (throws) pictures on a wall, at a level higher than the heads of the people who are looking at the pictures सिर से ऊपर के स्तर पर **overheads** noun, c. (always plural) *Our company is losing money because of the high overheads.* = money which has to be spent regularly to keep a business running (केवल बहुवचन में प्रयुक्त) दैनंदिन आवश्यकताओं की पूर्ति हेतु किया जाने वाला व्यय

o•ver•hear /əʊvə'hɪə[r]/ /अउव'हिअ[र]/ verb, t. (**overheard**) *I overheard the Principal telling the teachers that Rahim has come first in the exam.* = to hear accidentally something which one is not supposed to hear किसी की बातचीत अचानक चोरी-चुप्पे सुन लेना

o•ver•in•dulge /əʊvərɪn'dʌldʒ/ /अउवरइन'डॅल्ज्/ verb, i. *I overindulged at the party and had about eight helpings of ice-cream. As a result, I am ill today.* = to have too much of something that one likes, especially food and drink खाने-पीने में अधिक ले लेना

o•ver•land /əʊvə'lænd/ /अउव'लैन्ड्/ adv. *We will take a flight to Chennai and then travel overland to Madurai.* = across the land (by train, bus, or car and not by air or sea) थलमार्ग से

o•ver•lap[1] /əʊvə'læp/ /अउव'लैप्/ verb, t. or i. *I worked in this college from 1970 to 1975, whereas you worked here from 1973 to 1980. These two periods overlap.*(i.) = to cover a part of something and to go beyond it कुछ अंश तक ढँक लेना, आच्छादित कर लेना, आंशिक रूप से एक के ऊपर एक

overlap[2] noun, u. or c. *There is a slight overlap between the roof of this house and the roof of the next house.*(u.) = the amount by which one thing overlaps (goes beyond) something else कुछ भाग तक एक के ऊपर दूसरा आ जाना

o•ver•look /əʊvə'lʊk/ /अउव'लुक्/ verb, t. **1** *His house, which is on top of a hill, overlooks the town.* = to have or provide (give) a view of something from above ऊँचाई से दिखाई देना **2** *I made a spelling mistake in my essay but the teacher did not point it out. She must have overlooked it.* = to miss or not to notice either knowingly or unknowingly ध्यान न देना, नज़रअंदाज कर जाना **3** *Please overlook my faults.* = to pay no attention to ध्यान न देना

o•ver•night /əʊvə'naɪt/ /अउव'नाइट्/ adv. **1** *We will stay over-night in Kolkata.* = for the night रात-भर के लिए, एक रात **2** *She opened a new shop overnight.* = very quickly; suddenly बहुत कम समय में, अचानक **overnight** adj. **an overnight journey** = requiring the whole of the night पूरी रात की यात्रा

o•ver•pop•u•lat•ed /əʊvə'pɒpjʊleɪtɪd/ /अउव'पॉप्युलेइटिड्/ adj. *Most people think Delhi is over-populated.* = to have too many people living in a place अत्यधिक आबादी वाला

o•ver•pow•er /əʊvə'paʊə[r]/ /अउव'पाउअ[र]/ verb, t. *The man was overpowered by the two thieves and they took away his wallet.* = to defeat completely through greater strength शक्ति द्वारा दबा लेना

o•ver•rate /əʊvə'reɪt/ /अउव'रेइट्/ verb, t. *His reputation as a singer is overrated. Actually, he is an ordinary singer.* = to have too high an opinion of someone or something अधिक महत्त्व देना

o•ver•re•act /əʊvəri'aekt/ /अउवरि'ऐक्ट्/ verb, *The writer over-reacted and became very angry when someone pointed out a mistake in her writing.* = to become angry or upset over a small thing अस्वाभाविक रूप से प्रतिक्रिया व्यक्त करना, छोटी बात पर बहुत क्रुद्ध हो उठना

o•ver•ride[1] /əʊvə'raɪd/ /अउव'राइड्/ verb, t. (**overrode, over-ridden**) *The members of the club had decided to go to Puri for the picnic but the president of the club overrode them and said they would go to Goa instead.* = to use one's official position to take a decision that goes against some other decision (also **overrule**) अपने अधिकार का प्रयोग कर दूसरों की राय के ऊपर अपना निर्णय थोपना (देखें **overrule**)

override[2] noun, c. = a device that can be used to make something continue to work if the electricity or the electronic functions fail विद्युत् आपूर्ति न होने पर भी उससे चलने वाले कार्य को चलाते रहने वाला उपकरण

o•ver•run /əʊvəˈrʌn/ /अउवˈरॅन्/ verb, t. (**overran, overrun**) *The fields are overrun by grasshoppers.* = to conquer by spreading over something in great numbers अधिक संख्या में आकर फैल जाना और किसी स्थान या वस्तु को आच्छादित कर लेना

o•ver•seas /əʊvəˈsiːz/ /अउवˈसीज़्/adv. *She is being sent overseas for training.* = to a foreign country समुद्र पार, विदेश

o•ver•see /əʊvəˈsiː/ /अउवˈसी/ verb, t. (**oversaw, overseen**) *The new manager will oversee the setting up of the new factory.* = to look after something and make sure that it is done properly निरीक्षण करना

o•ver•shad•ow /əʊvəˈʃædəʊ/ /अउवˈशैडउ/ verb, t. *Shabana Azmi acted quite well in the film but Rakhee overshadowed her.* = to do much better than someone else ढँक देना, पीछे छोड़ देना

o•ver•sight /ˈəʊvəsaɪt/ /ˈअउवसाइट्/ noun, u. or c. *I checked the accounts carefully but I didn't notice that there was a mistake on the last page. It was an oversight.* = failure to notice something that one should have noticed लापरवाही के कारण हुई भूल चूक

o•ver•sleep /əʊvəˈsliːp/ /अउवˈस्लीप्/ verb, i. **(overslept)** *She overslept and was late for the cinema.* = to sleep longer than one should have अधिक समय तक सोते रह जाना

o•ver•step /əʊvəˈstep/ /अउवˈस्टेप्/ verb, t. *You are only the manager of this company, working under the Managing Director. You have overstepped your authority by hiring so many new workers.* = to go beyond the limits of something e.g. one's power or authority अपने अधिकार अथवा शक्ति से बाहर जाना, अतिक्रमण करना

o•vert /ˈəʊvɜːt/ /ˈअउवऽट्/ adj. *Many people liked my plan but no one gave me overt support.* = (some action that is) done openly and not in a hidden or secret way (opposite **covert**) खुलकर, प्रत्यक्ष रूप से (विलोम शब्द **covert**)

o•ver•take /əʊvəˈteɪk/ /अउवˈटेइक्/ verb, t. (**overtook, overtaken**) *Our car is so fast that it can easily overtake all the other cars.* = to go faster than or to come from behind and pass something or someone that is moving slower तेज़ गति के साथ पीछे से आकर आगे निकल जाना

o•ver•throw /əʊvəˈθrəʊ/ /अउवˈथ्रउ/ verb, t. (**overthrew, overthrown**) *The Americans fought against British rule and overthrew it after the War of Independence.* = to defeat and remove from power हरा कर सत्ता से हटा देना

o•ver•turn /əʊvəˈtɜːn/ /अउवˈटऽन्/ verb, i. or t. **1** *The car overturned but no one was hurt.*(i.) = to turn upside down उलट जाना **2** *The Supreme Court overturned the High Court's judgement.*(t.) = to go against what someone else has decided earlier (specially someone who is in a less powerful position) अन्य के निर्णय के विरुद्ध निर्णय देना

o•ver•view /ˈəʊvəvjuː/ /ˈअउवव्यू/ noun, c. *I will present an overview of the work done by us during the year.* = a short account of something giving only the main points, without the details मुख्य-मुख्य बातें, संक्षिप्त विवरण

o•ver•weight /əʊvəˈweɪt/ /अउवˈवेइट्/ adj. *The child is only six years old but he weighs 75 kg. He is overweight.* = weighing more than is usual स्वाभाविक से अधिक वजनवाला

o•ver•whelm /əʊvəˈwelm/ /अउवˈवेल्म्/ verb, t. *The Sri Lankan team overwhelmed the Australian team and defeated it by an innings and 200 runs.* = to defeat completely by using much greater force बुरी तरह पराजित करना **overwhelming** adj. *The Australians secured an overwhelming victory over the Sri Lankans.* = very great अत्यधिक उत्तेजनापूर्ण

o•ver•work /əʊvəˈwɜːk/ /अउवˈवऽक्/ noun, u. *He has been working 15 hours a day for the last three months and has become ill due to overwork.* = too much work अत्यधिक कार्य

o•vip•ar•ous /əʊˈvɪpərəs/ /अउˈविपरस्/ adj. *Some snakes are oviparous—they lay eggs; but other snakes are viviparous. They give birth directly to young ones.* = (animals) which lay eggs (opposite **viviparous**) [BIOLOGY] अंडे देने वाला अंडप्रजक (विलोम शब्द **viviparous**)

ovum, ovulate = see **ova** देखें **ova**

owe /əʊ/ /अउ/ verb, t. **1** *You owe me Rs 500, which you borrowed last year. When are you going to return the money?* = to have to pay back money which was taken as a loan देनदार होना **2** *You owe a lot to the teachers who taught you when you were a child.* = to be grateful for something that was received ऋणी होना, कृतज्ञ होना

owl /aʊl/ /आउल/ noun, c. = a bird with large eyes that is active mostly at night (see pic under **bird**) उल्लू (**bird** के अंतर्गत चित्र देखें)

own[1] /əʊn/ /अउन/ det. *You must travel by your own car and not by taxi* अपना

own[2] pron. *She has no children of her own.* = belonging to oneself and not to someone else अपना, स्वयं का

own[3] verb, t. **1** *She owns a house in the city.* = to possess or have (संपत्ति का) मालिक होना **2** *I must*

O

own that this essay was written by my brother and not by me. = to admit (formal, old-fashioned) स्वीकार करना (औपचारिक, पुराने प्रचलन का) **owner** noun, c. *He is the owner of the house I live in.* = a person to whom something belongs मालिक

to own up *They are looking for the person who broke the window. Why don't you own up?* = to admit that one has done something wrong (informal) जिम्मेदारी लेना (अनौपचारिक) **to come into one's own** *She was helping backstage in all our plays, but as an actor she has finally come into her own.* = to have the opportunity to do something that one is specially good at अपनी विशेषता को अभिव्यक्त करने का अवसर मिलना **to hold one's own** *Though she was in the company of experienced tennis players, she held her own and played very well.* = to prove to be as good as others स्वयं को दूसरों के बराबर सिद्ध करना

ox /ɒks/ /ऑक्स/ noun, c. (**oxen** or **oxes**) = a male animal belonging to the family of cattle (cows and bulls) which has had its sex organs removed (also **bullock**) बैल (देखें **bullock**)

ox•y•gen /'ɒksɪdʒən/ /'ऑक्सिजन्/ noun = a gas present in the air which is necessary for all forms of life ऑक्सीजन गैस **oxygenate** verb, t. *Blood from different parts of the body is oxygenated in the lungs.* = to make blood pure by adding oxygen to it ऑक्सीजन मिलाना **oxide** noun, c. *nitrous oxide* = a compound in which oxygen is combined with some other chemical element e.g. copper oxide अन्य रसायन के साथ आक्सीजन के मेल से बना **oxidize (oxidise)** verb, t. or i. *If you leave a piece of iron lying on the ground, it will oxidize and form rust.*(t.) = to combine with oxygen ऑक्सीकरण, ऑक्सीजन से मिलकर स्वरूप बदलना, जंग लगना

oy•ster /'ɔɪstə^r/ /'ऑइस्टर्/ noun, c. or u. = a kind of animal with a hard shell living in the water, inside which pearls are sometimes found सीप के अंदर रहने वाला जल जीव, सीप

o•zone /'əʊzəʊn/ /'अउज़उन्/ noun = a form of oxygen (There is a layer of ozone above the earth's surface which protects it from harmful radiation.) ओज़ोन, ऑक्सीजन का एक रूप (जो पृथ्वी की सतह को विनाशकारी विकिरण से बचाता है)

pP

p, P /pi:/ /पी/ the sixteenth letter of the English alphabet अंग्रेज़ी वर्णमाला का सोलहवाँ वर्ण

p. abbr. of **1 page** (referring to the number of a page in a book) **2 paise** = (India) **3 pence** (U.K) = units of money मुद्रा की इकाई पैसा, पेंस का संक्षिप्त रूप

pa /pɑ:/ /पा/ noun = a form of address for one's father (informal) पिता के लिए संबोधन का शब्द (अनौपचारिक)

PA noun abbr. of **Personal Assistant** (e.g. *PA to the Chief Minister*) 'व्यक्तिगत सहायक' पदनाम का संक्षिप्त रूप

pace[1] /peɪs/ /पेइस/ noun, u. or c. **1** *He walked at a slow pace.* = speed गति **2** *The bowler measured off 20 paces and started his run.* = a step taken by a person कदम

pace[2] verb, i. or t. **1** *The guards paced up and down outside the bank.*(i.) = to walk with slow and regular steps समान गति से चलना **2** *The runner who is in the lead has been asked to pace the other runners.*(t.) = to set the speed for someone who is running गति निश्चित करना, निर्धारित करना **pace bowler** noun = a fast bowler [CRICKET] तेज़ गेंदबाज़ [क्रिकेट] **pace-maker** noun = a small electrical machine fitted inside the chest of a person with a weak heart, in order to make it beat at the normal speed अस्वस्थ हृदय को चलाने में सहायता देने वाला चिकित्सा उपकरण

pach•y•derm /'pækɪdɜ:m/ /'पॅकिडऽम्/ noun = an animal with a thick skin e.g. an elephant [BIOLOGY] दृढ़-त्वचीय प्राणी (जैसे हाथी)

pac•i•fis•m /'pæsɪfɪzəm/ /'पैसिफ़िज़्म/noun, u. = the belief that war is always bad and must be avoided शांतिवाद, युद्ध-विरोध **pacifist** noun, c. = a person who believes in pacifism शांतिवादी **pacify** verb, t. *You might be able to pacify that child who is crying by telling her a story.* = to make someone calm शांत करना, चुप कराना **pacifier** noun, c. = a piece of rubber given to a baby to suck in order to make it calm शांत करने के लिए प्रयुक्त उपकरण

pack[1] /pæk/ /पैक्/ verb, t. or i. **1** *I have to pack as I am leaving for Delhi tonight.*(i.) // *Pack these books in cardboard boxes.*(t.) = to put one's belongings (clothes, books etc.) into boxes, suitcases etc for storing or before travelling सामान बाँधना **2** *Pack a lunch for the journey.* = put food etc. into a box to be eaten later (खाना) पैक करना **3** *On the day of the match, thousands of fans packed the stadium.*(t.) = to fill up a space completely किसी स्थान को पूरी तरह भर देना, खचाखच भरना **4** *Pack some salt around the trunk of the coconut tree.* = to arrange and press something against or around something in order to protect it or treat it किसी चीज़ के ऊपर या आसपास उसके बचाव के लिए कोई वस्तु अच्छी तरह जमाना

pack[2] noun, c. **1** *Don't forget to carry a pack of playing cards for this long journey.* = a whole set of cards etc. गड्डी **2** *a pack of cigarettes* = a small,light container in which a number of the same things have been packed (stored) डिब्बी **3** *a pack of wolves* = a group of wild animals that hunt together गिरोह, दल (शिकारी पशुओं का)

to pack (somebody) off *We packed the children off so we could rest after our illness.* = to send someone away quickly so that they do not cause any trouble (informal, disrespectful) कहीं भेज देना, दूर कर देना (अनौपचारिक, अनादरपूर्ण) **to send someone packing** = to send someone away in a forceful way, without respect (informal) किसी को ज़बरदस्ती दूर भेजना (अनौपचारिक) **to pack up 1** *It's late. Let's pack up.* = to bring the work one is doing to an end and leave (informal) काम समाप्त करके जाने की तैयारी करना (अनौपचारिक) **2** *My computer's packed up. Can I use yours?* = (of a machine) to stop working and be in need of repair (informal) (मशीन आदि) ठप हो जाना (अनौपचारिक)

pack•age[1] /'pækɪdʒ/ /'पैकिज्/ noun, c. *He has received a package of books from America.* = (see **packet**) (देखें **packet**)

package[2] verb, t. *If you want to sell your products, you must package them more attractively.* = to display something in an attractive package for sale लपेटना, बंद करना **package deal** noun, c. = an agreement containing a number of conditions (things that must be agreed to) एकमुश्त, कई चीज़ों के संबंध में एक साथ फ़ैसला करना **package tour** noun = a plan for a tour (a holiday spent away from one's home) which includes a number of things (e.g. stay in a hotel, meals etc.) in addition to the cost of travelling, so that one does not have to pay separately for them यात्रा-कार्यक्रम जिसमें अनेक सुविधाएँ सम्मिलित हों **a software package** noun = a group of (software) items which together form a set for a specific purpose e.g. the Windows package सॉफ्टवेयर पैकेज

pack•et /'pækɪt/ /'पैकिट्/ noun, c. *a packet of sweets* = a number of things put together in a single container (also **package**) पैकेट, डिब्बा (देखें **package**)

pact /pækt/ /पैक्ट्/ noun, c. *The two countries made a pact to help each other if there was a war.* = agreement (usually between countries) संधि, समझौता

pad[1] /pæd/ /पैड्/ noun, c. **1** *a letterpad* = sheets of paper held together and used for writing, drawing etc. कागज़ के पन्ने मिला कर बनाया गया जिसमें से एक-एक कर पन्ने निकाले जा सकते हैं **2** *The doctor covered the wound with a cotton pad.* = soft material (cotton, cloth etc.) put inside something (e.g. a dress) or used to cover something to make it more comfortable or to

P

give it shape मुलायम कपड़े या रुई की गद्दी **3** = the soft fleshy part on the lower side of the foot of some animals (e.g. dogs, cats) जानवरों के पंजों के नीचे का मुलायम माँसल भाग, तलवा

pad[2] verb, t. (**padded**) **1** *The tailor has padded the shoulders of my jacket.* = to put a pad inside a garment (dress) in order to make it more comfortable or to give it shape आरामदायक बनाने या आकार देने के लिए कपड़े की गद्दी लगाना **2** *He has padded his essay and made it rather long, but he does not have much to say.* = to make a piece of writing or speech longer by using more words than are necessary अनावश्यक विस्तार देना **3** *He padded about the house in cloth slippers, so as not to disturb anyone.* = to walk slowly and carefully without making any sound हल्के कदमों से, बिना आवाज़ किए चलना, दबे पाँव चलना **padding** noun, u. **1** = soft material used to make pads मुलायम चीज़ जिससे गद्दे (पैड्स) बनाए जाते हैं **2** = words used unne-cessarily in a piece of writing or speech अनावश्यक विस्तार (लेखन अथवा भाषण में)

pad•dle[1] /ˈpædl/ /ˈपैड्ल्/ noun, c. = a short pole with a wide, flat blade at one end, which is held in the hands and used to row a boat (make it move through the water) चप्पू

paddle[2] verb, t. or i. (**paddled**) **1** *She paddled the boat gently along the river.*(t.) = to row a boat using a paddle चप्पू चलाना **2** *The dog paddled through the water.*(i.) = to swim by using the feet, as a dog or duck does पैरों द्वारा तैरना (कुत्ते या बतख की तरह) **3** *The children were paddling happily in the sea.*(i.) = to walk about in water which is not deep उथले पानी में चलना

pad•dy /ˈpædi/ /ˈपैडी/ noun, u. or c. (**paddies**) **1** *paddy seedlings* = rice that is still growing on a plant and has not become ripe धान **2** (u.) = ripe grains of rice from which the husk (outer covering) has not been removed धान (छिलका सहित) **3** *rice paddies*(c.) = a field in which rice is grown (This use is not common in India.) धान का खेत

pad•lock[1] /ˈpædlɒk/ /ˈपैड्लॉक्/ noun, c. = a large lock used to fasten (close) a door, box, bicycle etc., which can be removed when not required ताला

padlock[2] verb, t. *padlock the front door* = to close with a padlock ताला लगाना

pa•dre /ˈpɑːdri/ /ˈपाद्री/ noun, c. = a Christian priest पादरी

pa•gan /ˈpeɪgən/ /ˈपेइगन्/ noun, c. **1** = a word used in former times to describe a person who was not a Christian and who worshipped many gods and goddesses (derogatory) ईसाई धर्म से भिन्न धर्म के लोगों के लिए पूर्व समय में प्रचलित हेयबोधक शब्द (अनादरपूर्ण) **2** = a person with no religion (who often follows beliefs/practices that do not belong to any of the main religions of the world) (derogatory) नास्तिक (अनादरपूर्ण)

page[1] /peɪdʒ/ /पेइज्/ noun, c. **1** *a page from a book* = one side of a printed sheet of paper in a book etc. पृष्ठ (पुस्तक का) **2** = the text or images seen on a computer screen at a time कंप्यूटर स्क्रीन पर पेज **3** = a boy who works for a hotel or club and carries messages (old-fashioned) होटल आदि में संदेशवाहक (पुराने प्रचलन का)

page[2] verb, t. *Page the doctor. We need him at once.* = to call someone, using a loudspeaker or a pager (paging machine) मशीन द्वारा संदेश भेजना **pager** noun, c. = a small machine like a telephone, which can be carried in the pocket and which rings when the owner of the machine is paged (called) by someone संदेश भेजने/प्राप्त करने की मशीन जो पाकेट में रखी जा सकती है और जो संदेश आने पर बजती है

pag•eant /ˈpædʒənt/ /ˈपैजन्ट्/ noun, c. *On Republic Day each year, there is a colourful pageant on the streets of Delhi.* = a public show held on special occasions, in which people move in a procession जुलूस, प्रदर्शन

pa•go•da /pəˈgəʊdə/ /पˈगउड/ noun, c. = a Hindu or Buddhist place of worship found in India, Srilanka or East Asia बौद्ध मंदिर

pain[1] /peɪn/ /पेइन्/ noun, u. or c. **1** *He felt a severe pain when he hit himself on the knee.*(c.)= feeling of suffering or discomfort caused by an injury or illness दर्द, पीड़ा **2** = a feeling of sadness caused by something unpleasant कष्ट

pain[2] verb, t. or i. **1** *Does it pain?*(i.) = to feel pain in some part of the body दर्द होना **2** *It pains me that you no longer think I am your friend.*(t.) = to feel sad about something कष्टदायी होना **painful** adj. *It was very painful to get up after I fell from the swing.* = causing pain पीड़ादायक **painless** *My tooth was taken out in a painless way.* = without causing pain बिना दर्द के **painkiller** noun, c. = a medicine which takes away pain दर्द दूर करने की दवा **pains** noun, u. (always plural) *The man has taken good care of us and we should pay him something extra for his pains.* = hard work or effort (केवल बहुवचन में प्रयुक्त) परिश्रम, प्रयास **painstaking** adj. *It took four months of painstaking effort for Satish to finish the painting.* = careful, patient and hardworking श्रमसाध्य प्रयास

to take pains (always plural) *She took great pains to make sure we were comfortable.* = to take great trouble to do something (केवल बहुवचन में प्रयुक्त) कष्ट उठाना **a pain in (the neck)** = someone who gives a person a lot of trouble or annoys them (informal) परेशान करने वाला (अनौपचारिक)

paint[1] /peɪnt/ /पेइन्ट्/ noun, u. or c. = liquid colouring matter which is spread over a surface or a picture to colour it पुताई का तरल रंग

paint[2] verb, t. **1** *He is painting the door blue.* = to put paint on a surface or a picture so as to give it a colour

पोतना, रंग करना **2** = to put colouring material on one's face or fingernails चेहरे या नाखूनों पर रंग पोतना **paints** (always plural) = tubes or blocks of painting material रंग सामग्री ट्यूब या **painting** noun, c. *That's a beautiful painting of the Taj Mahal!* = a picture drawn by an artist, using paints रंग-चित्र, कलाकृति **painter** noun, c. **1** = a person who paints surfaces such as doors, houses, cars etc. पुताई या पेंट करने वाला **2** = an artist who makes paintings चित्रकार **paintbrush** = a brush used to dip into paint and spread over a wall etc. रंग करने के लिए प्रयुक्त कूची

to paint a sad/gloomy/rosy etc. picture of something *Sawan painted a gloomy picture of the hospital, so I decided not to go there for my operation.* = to talk about something in a certain way in order to create a certain kind of feeling किसी विशेष प्रभाव को व्यक्त करने वाला वर्णन प्रस्तुत करना **to paint the town red** = to have a good time dancing, eating etc. in a way which makes people notice नाच-गाकर अथवा अन्य प्रकार से मनोरंजन करना

pair[1] /peəʳ/ /पेअʳ/ noun, c. **1** *a pair of birds* = two animals of the same kind which live together, one of which is a male and the other a female जोड़ा (नर-मादा का) **2** = people who are connected in some way e.g. a pair of singers जोड़ी **3** *a pair of shoes* = two things of the same kind which are used together जोड़ा, जोड़ी **4** *a pair of trousers* = something made out of two similar parts which are joined together दो भागों को जोड़कर बनाई गई वस्तु, पजामा, पैंट आदि

pair[2] verb, t. *to pair someone with someone else* = to form a pair by bringing two people or two things together जोड़ी बनाना, मिलाना

pal /pæl/ /पैल्/ noun, c. = a close friend (informal) मीत (अनौपचारिक) **pally** adj. *He is trying to be pally.* = friendly (informal) दोस्ताना

pal•ace /'pælɪs/ /'पैलिस्/ noun, c. = a very large building in which a king, queen or president lives महल **palatial** /pə'leɪʃəl/ /प'लेइश्ल्/ adj. *a palatial building* = very large and grand, like a palace महल-जैसा

pal•an•quin /pælən'kiːn/ /पैलन्'कीन्/ noun, c. = a carriage without wheels, carried on the shoulders of human beings, in which people ride पालकी

pal•ate /'pælɪt/ /'पैलिट्/ noun **1** = the top inside part of the mouth तालु **2** *This food is sure to please your palate.* = desire for good food स्वादिष्ट भोजन की भूख **palatable** adj. **1** *palatable food* = having good taste स्वादिष्ट **2** *He did not find my advice palatable.* = acceptable (to one's liking) पसंद का **palatal** adj. *a palatal sound* = a sound produced while making some part of the tongue touch the palate [TECHNICAL] तालव्य [तकनीकी]

pale[1] /peɪl/ /पेइल्/adj. **1** *He looks pale and sickly.* = having little colour in the face or skin पीला, ज़र्द **2** *a pale blue dress* = light in colour पीलापन लिए हुए

pale[2] verb, i. **1** *He paled when he saw the blood on my face.* = to become pale as a result of blood flowing away from the face, usually because of fear or surprise भय अथवा आश्चर्य से पीला पड़ जाना **2** *The beauty of Switzerland pales in comparison to that of Pokhra in Nepal.* = to appear less when compared to something else फीका पड़ना

pal•e•o•lith•ic /pæliəʊ'lɪθɪk/ /पैलिअउ'लिथिक्/ adj. = belonging to the Stone Age (the time, very long ago, when people did not know how to use metals and made weapons and tools out of stone) पाषाणयुगीन

pal•e•on•tol•o•gy (palaeontology) /pæliən'tɒlədʒi/ /पैलिअन'टैलजी/ noun, c. = the study of **fossils** (plants or animals that died thousands of years ago and have turned into stone) जीवाश्मों का अध्ययन

pal•ette /'pælɪt/ /'पैलिट्/ noun, c. = a curved piece of wood on which an artist mixes the paints which he/she uses to paint pictures चित्रकला में रंग घोलने, मिलाने की तख्ती

pall[1] /pɔːl/ /पॉल्/ verb, i. *I used to enjoy tandoori chicken but I have been eating it so often that the taste has palled.* = to become less attractive because of having or doing something repeatedly बार-बार करने या होने से अरुचिकर हो जाना

pall[2] noun, c. **1** = a large piece of cloth used to cover a dead body or a coffin (the box in which a dead body is kept) कफ़न **2** *The city was covered by a pall of darkness.* = covering आवरण **pallbearer** noun, c. = a person who carries a dead person or a coffin on his/her shoulder during a funeral (the ceremony of burying or cremating a person after death) शव को उठाने (कंधा देने) वाला

pal•li•a•tive /'pæliətɪv/ /'पैलिअटिव्/ noun, c. *You should not use painkillers when you get a headache. A painkiller is only a palliative.* = something that reduces pain or suffering but does not cure a disease or get rid of a problem कष्ट आदि को दूर न कर केवल दबा देने वाला

palm /pɑːm/ /पाऽम्/ noun, c. **1** *a coconut palm* = a tree belonging to the family of palms (tall, thin trees with a bunch of large leaves at the top) ताड़ (वृक्ष) **2** *the palm of the hand* = the soft, fleshy part of the hand between the fingers and the wrist which is covered with many lines हथेली **palm top** = a small hand-held computer that can be carried in the pocket [COMPUTERS] बहुत छोटे आकार का (हथेली पर टिकाने वाला) कंप्यूटर

to carry off the palm = to win the top prize in a competition प्रतियोगिता में सर्वोच्च पुरस्कार जीतना **to read someone's palm** = to tell someone about the future by examining the lines in the palm of the hand हाथ देखना (हस्त रेखा विशेषज्ञ द्वारा) **to palm something off** *The shop-keeper managed to palm off a damaged radio to one of*

P

his customers. = to get rid of something which is bad or unacceptable (informal) किसी को गलत वस्तु देकर ठग देना (अनौपचारिक)

palm•ist•ry /'pɑːmɪstrɪ/ /'पाऽमिस्ट्री/ noun, u. = the practice of telling a person's future by examining the lines on the palm of his/her hand हस्त-रेखा विज्ञान **palmist** noun = a person who practises palmistry हस्त रेखा विशेषज्ञ

pal•pa•ble /'pælpəbəl/ /'पैल्पबल्/ adj. **1** *He told me that he owned many houses in the city, but I could see that it was a palpable lie.* = obvious (which one can see at once) ज़ाहिराना तौर पर **2** *The people looked relaxed, but the feeling of anxiety was quite palpable.* = something that can almost be touched or felt स्पष्टत: व्यक्त

pal•pi•ta•tion /pælpɪ'teɪʃən/ /पैल्पि'टेइशन्/ noun, c. *The doctor listened to the palpitation of my heart through his stethoscope.* = the sound of a person's heart beat beating at an unusually high speed (तेज़) धड़कन **palpitate** /'pælpɪteɪt/ /'पैल्पिटेइट्/ verb, i. *Why is your heart palpitating?* = to beat very fast (used to describe a person's heartbeat) (हृदय का) धड़कना

pal•sy /'pɔːlzi/ /'पॉल्ज़ी/noun *cerebral palsy* = a condition that affects the brain and causes loss of feeling in the limbs पक्षाघात

pal•try /'pɔːltri/ /'पॉल्ट्री/adj. *a paltry salary of Rs 150 a month* = so small as to have no value बहुत कम

pam•per /'pæmpəʳ/ /'पैम्पʳ/verb, t. *You are pampering your children by giving them too many toys.* = to give someone too much attention or love अधिक लाड़-प्यार करना

pam•phlet /'pæmflɪt/ /पैम्फ़्लिट्/ noun, c. *a political pamphlet* = a small printed book or sheet dealing with some matter of public interest प्रचार हेतु प्रकाशित एवं वितरित पुस्तिका **pamphleteer** /pæmfli'tɪəʳ/ /पैम्फ़्लि'टिअʳ/ noun, c. = a person who writes pamphlets, specially on political matters पैम्फ्लेट लिखने वाला

pan[1] /pæn/ /पैन्/ noun, c. **1** *a frying pan* = a metal pot used for cooking कड़ाही (भोजन पकाने में तलने के लिए प्रयुक्त बरतन) **2** *the pan of a balance* = a small container at each end of a balance in which something which is to be weighed is placed तराज़ू का पलड़ा

pan[2] verb, i. or t. (**panned**) **1** *The camera panned slowly from one end of the room to the other.*(i.) = to move a camera (while making a film) slowly from one side to another, in order to produce a sense of movement फ़िल्म की शूटिंग में कैमरे की गति **2** *The new book written by this author has been panned by all the critics.*(t.) = to criticize (to say that something is bad) (informal) की नुक्ताचीनी या आलोचना करना (अनौपचारिक)

pan- /pæn/ /पैन/ prefix meaning 'including all' = उपसर्ग 'अखिल' के अर्थ में e.g. **pan-Indian** *a pan-Indian language* = a language that is spoken in all parts of India अखिल भारत में बोली जाने वाली भाषा

pan•a•ce•a /pænə'sɪə/ /पैन'सिअ/ noun, c. *I don't agree that education is a panacea for all evils. We face many problems.* = something that one thinks (not very wisely) can solve most problems or cure most diseases (often disapproving) हल, समाधान (प्राय: अस्वीकार्य)

pa•nache /pə'næʃ/ /प'नैश्/ noun, u. *She spoke with such panache that everyone applauded her speech.* = a stylish and graceful manner of doing things विशेष शैली, प्रभावपूर्ण ढंग

pan•cake /'pæŋkeɪk/ /पैंकेइक्/ noun, c. = a kind of thin, flat cake एक प्रकार पतला, चपटा केक; मालपुआ

pan•cre•as /'pæŋkriəs/ /'पैंक्रिअस्/ noun = an organ near the stomach which produces insulin, a chemical that controls the amount of sugar in the blood [BIOLOGY] अग्न्याशय [जीवविज्ञान] तिल्ली

pan•da /'pændə/ /'पैन्ड/ noun = a large black and white animal that looks like a bear, found in China पांडा, चीन देश में पाया जाने वाला भालू जैसा एक पशु

pan•de•mo•ni•um /pændɪ'məʊniəm/ /पैन्डि'मउनिअम्/ noun, u. *When there is no teacher in the class, the children shout and run about wildly, creating pandemonium.* = noise and disorder ऊधम, कोलाहल, हुल्लड़

pan•der /'pændəʳ/ /'पैन्डʳ/ verb, t. *Some magazines pander to the low tastes of their readers by printing gossip about film stars.* = to give someone what he/she wants, even when you know this is wrong (disapproving) लोगों के सस्ते मनोरंजन के लिए गलत किंतु रोचकतापूर्ण बातें प्रकाशित करना (अस्वीकृत)

Pan•do•ra's box /पैन्'डॉरेज़ बॉक्स्/ noun = a source of trouble परेशानी का कारण, मुसीबतों का पिटारा
to open a Pandora's box *Leave that problem alone. You will open a Pandora's box if you talk about it.* = to do something which creates a number of unwanted problems मुसीबतों का पिटारा खोलना

pane /peɪn/ /पेइन्/ noun, c. *a window pane* = a sheet of glass fitted to a window शीशा, काँच

pan•e•gyr•ic /pænɪ'dʒɪrɪk/ /पैनि'जिरिक्/ noun, c. *The newspaper published a panegyric on the writer, calling him the father of the modern novel.* = something written or spoken to praise someone highly प्रशस्ति, गुणगान

pan•el /'pænl/ /'पैन्ल्/ noun, c. **1** *a concrete wall decorated with teak panels* = a piece of wood or some other material fixed over a surface of a different material फलक **2** *the control panel on an aircraft* = a board into which different controls (instruments, switches etc.) for a machine are fitted बोर्ड जिसमें मशीन के विभिन्न अंगों को चलाने या नियंत्रित करने के कल-

पुर्जे, स्विच आदि लगे हुए हों **3** *a panel of experts* = a group of people chosen to perform some special work (e.g. to hold an interview to select someone for a job) किसी विशेष कार्य (जैसे पद पर नियुक्ति के लिए साक्षात्कार) के लिए गठित विशेष वर्ग का सदस्य, चयनित व्यक्ति समूह, वर्ग **panelist** noun, c. = a person who is chosen to be a member of a panel (special group)

pang /pæŋ/ /पैङ्/ noun, c. *pangs of hunger* = a sharp pain टीस **pangs of love** (always plural) = the unhappiness which someone in love feels when separated from the loved one (figurative) (केवल बहुवचन में प्रयुक्त) हूक, कसक (लाक्षणिक)

pan•ic[1] /ˈpænɪk/ /ˈपैनिक्/ noun, u. or c. (always singular) *It is true that we are late but there is no cause for panic.*(u.) // *Some people created a panic by shouting that the house was on fire.*(c.) = sudden and very great fear or anxiety for which there is usually no reason (केवल एकवचन में प्रयुक्त) घबराहट, आतंक, तहलका

panic[2] verb, i. *Don't panic! We are perfectly safe here.* = to feel fear in a sudden and uncontrolled way आतंकित होना, घबराना **panicky** adj. *Don't get so panicky!* = to be in a state of panic (informal) आतंकित, घबराया हुआ (अनौपचारिक)

to push the panic button = to raise an alarm or do something in haste as a result of being in a state of panic (informal) घबराहट में शोर मचाना या कुछ करना (अनौपचारिक)

a panic sale = a sale made in haste, usually because one is afraid that the price will come down further and the seller will suffer a loss (दाम गिरने के डर में) जल्दी में बेच देना

pan•o•ra•ma /pænəˈrɑːmə/ /पैनˈराऽम/ noun, c. **1** *As our plane was flying low, we could enjoy the beautiful panorama of the green forest spread below us.* = a view of a wide area of land, seen from a height परिदृश्य **2** *This novel presents a panorama of life in the eighteenth century.* = an account or description of something vast (very big and wide) विस्तृत विवेचन

pan•sy /ˈpænzi/ /ˈपैन्ज़ी/ noun, c. (**pansies**) **1** = a garden plant that produces small, flat flowers of different colours बाग का पौधा जिसमें रंग-बिरंगे छोटे, चपटे फूल उगते हों **2** = a man who behaves like a woman (slang, derogatory) स्त्रियों के जैसा व्यवहार करने वाला (अपभाषा, अनादरपूर्ण)

pant[1] /pænt/ /पैन्ट्/ verb, i. *The girl was panting as she had been running to catch the bus.* = to breathe fast, taking short breaths हाँफना

pant[2] noun, c. = a short, quick breath हाँफते हुए लिया गया श्वास

pan•ta•loons /pæntəˈluːnz/ /पैन्टˈलून्ज़/ noun, c. (always plural) = loose fitting trousers worn by men in earlier times (केवल बहुवचन में प्रयुक्त) पतलून, पुरुषों की पजामा जैसी पोशाक

pan•the•ism /ˈpænθiɪzəm/ /ˈपैनˈथिइज़्म्/ noun = a religion based on the worship of Nature प्रकृति पूजा **pantheist** noun, c. = one who worships Nature प्रकृति पूजक

pan•the•on /ˈpænθiən/ /ˈपैनथिअन्/ noun, c. *The ancient Greeks had a pantheon of gods and goddesses of whom Zens was the king.* = the complete set of gods worshipped by the followers of a religion which believes in more than one god देवगण, देवकुल

pan•ther /ˈpænθəʳ/ /ˈपैन्थर्/ noun, c. = a fierce wild animal belonging to the cat family, similar to a leopard तेंदुआ

pan•to•mime /ˈpæntəmaɪm/ /ˈपैन्टमाइम्/ noun, c. = a play (drama) based on a fairy story and produced for children, especially during Christmas क्रिसमस के अवसर पर बच्चों के मनोरंजन के लिए किया जाने वाला नाटक

pan•try /ˈpæntri/ /ˈपैन्ट्री/ noun, c. (**pantries**) = a small room in a house, next to the kitchen, where food is stored रसोईघर के साथ बना भंडार घर

pants /pænts/ /पैन्ट्स्/ noun, c. (always plural) = trousers or shorts (informal) (केवल बहुवचन में प्रयुक्त) पैंट (एक पोशाक)

pap /पैप्/ noun, u. = very soft food given to babies or sick people दलिया, शिशु अथवा बीमार व्यक्ति को दिया जाने वाला हल्का भोजन

pa•pa /pəˈpɑː/ /पˈपाऽ/ noun, c. = a form of address used for one's father (informal) पिता के लिए संबोधन (अनौपचारिक)

pa•pa•ya /pəˈpaɪə/ /पˈपाइअ/ noun = a kind of yellow fruit that grows on a tall tree in warm climates (also **pawpaw**) पपीता फल (देखें **powpaw**)

pa•per[1] /ˈpeɪpəʳ/ /ˈपेइपर्/ noun, u. or c. **1** (u.) = the material used for writing or printing books etc. कागज **2** *an evening paper*(c.) = newspaper समाचार-पत्र, अखबार **3** *an examination paper*(c.) = a set of printed questions given out to someone who is taking an examination प्रश्न-पत्र **4** *papers presented at a conference*(c.) = something written on a subject, meant to be read out at a conference or printed in a journal or book लेख **5** *government papers*(c.) = record or document कागज़ात, दस्तावेज़

paper[2] verb, t. *The walls are being papered.* = to cover something with paper कागज से ढँकना **paper-weight** noun, c. = a small object that is heavy enough to weigh down loose papers so that the wind does not carry them away कागज़ उड़ न जाएँ इसके लिए उन पर रखा जाने वाला भार, पेपरवेट **paperwork** noun, u. *They have agreed to our offer on the phone but you will have to take care of the paperwork.* = the work of writing reports,documents etc. and keeping them in files कागज़ी कार्रवाई, लिखा-पढ़ी **paper qualifications** adj. **1** = relating to one's education, the

P

degree one has etc. शैक्षणिक योग्यता **2** = qualifications (degrees etc.) on paper, as against one's actual practical experience (often derogatory) कागजी डिग्रियाँ (जो व्यावहारिक प्राय: अनादरसूचक)

papiermâché /pæpieɪ'mæʃeɪ/ /पैपिएइ'मैशेइ/ noun, u. *toys made of papiermâché* = paper which has been boiled into a soft mass and then made hard, used for making different objects e.g. toys कागज़ की लुगदी, कुट्टी

pap•ri•ka /'pæprɪkə/ /'प्रैप्रिक/ noun = a red powder made from a kind of chilli which is not very hot, used to add taste and colour to food एक प्रकार की लाल मिर्च पाउडर

pa•py•rus /pə'paɪərəs/ /प'पाइअरस्/ noun = a kind of water-plant from which paper was made in Egypt in ancient times पपीरस, एक जलीय पौधा जिससे प्राचीन मिस्र में कागज़ बनाया जाता था

par /pɑːʳ/ /पाऽʳ/ noun, u. **1** *If you compare these two bowlers, you will find they are at par.* = of the same level or quality; equal समान **2** *He usually bowls well but today his bowling was below par.* = below or less than the usual level or standard (informal) स्तर, दर्ज़ा (अनौपचारिक) **3** *The shares of this company are selling at par.* = the same value at which a share was first bought by someone [TECHNICAL] समान मूल्य [तकनीकी] **4** = the number of strokes taken by a player to hit a golf ball into a hole [SPORTS] गोल्फ खेल का एक तकनीकी शब्द

par excellence /pɑːr'eksəlɑːns/ /पाऽर'एक्सलांऽस्/ adj. (French) *Anju George is our ace athlete, par excellence.* = without an equal (फ्रेंच शब्द) अनुपम, श्रेष्ठ, अतुलनीय

parity /'pærɪti/ /'पैरिटी/ noun, u. *Our football team has been working hard to achieve parity with the other teams.* = the state of being equal to someone else समानता

para- /pærə/ /पैर/ prefix meaning **1** beyond e.g. **paranormal** /pærə'nɔːməl/ /पैर'नॉऽम्ल्/ adj. *paranormal phenomena* = beyond science; not explainable by science से परे **2** almost but not fully qualified for something e.g. **paramedic** /pærə'medɪk/ /पैर'मेडिक्/ noun, c. = a person who is trained to give some medical help at the place of an accident but is not a doctor डाक्टरी की पूर्ण योग्यता-प्राप्त नहीं, किंतु संबंधित ज्ञान-प्राप्त

par•a•ble /'pærəbəl/ /'पैरब्ल्/ noun, c. *Buddha and Christ used parables to teach their followers.* = a simple story which teaches a lesson नीतिकथा

pa•rab•o•la /pə'ræbələ/ /प'रैब्ल्/ noun, c. = a curved line which is like the path of a bullet fired from a gun, or a ball when thrown in the air, which then falls towards the earth [TECHNICAL] परवलय, हवा में फेंकी गई वस्तु का धरती पर आने तक का मार्ग दर्शाने वाली रेखा [तकनीकी]

par•a•chute /'pærəʃuːt/ /'पैरश्यूट्/ noun, c. = a large, round piece of nylon cloth shaped like an umbrella, to which ropes are tied and with the help of which a person can drop slowly to the ground from a flying aircraft without getting hurt पैराशूट, हवाई छतरी **parachutist** noun, c. = a person who is trained to drop from an aircraft, using a parachute पैराशूट द्वारा हवाई जहाज से कूदने वाला **paratrooper** /pærə'truːpəʳ/ /पैर'ट्रूपʳ/ noun, c. = a soldier who is carried in an aircraft to a place where a battle is being fought and who then drops out of the aircraft with the help of a parachute पैराशूट द्वारा हवाई जहाज़ से धरती पर उतरने वाला सैनिक

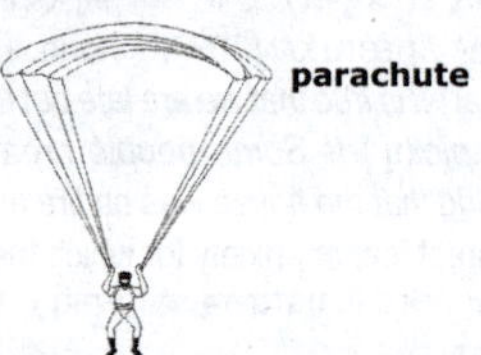
parachute

pa•rade¹ /pə'reɪd/ /प'रेइड्/ noun, c. *a military parade* = a ceremony in which people march together in front of people who are watching them परेड, जुलूस, सेना-प्रदर्शन

parade² verb, t. **1** *The general is parading his troops.* = to cause soldiers to march together in a parade परेड कराना **2** *We know how clever you are. There is no need for you to parade your cleverness.* = to make a show of something (figurative, derogatory) प्रदर्शन करना (लाक्षणिक, अनादरसूचक)

par•a•dise /'pærədaɪs/ /'पैरडाइस्/ noun, u. **1** = heaven (the place to which the souls of good people are thought to be sent after death, as a reward for being good) स्वर्ग **2** *This lake is a paradise for bird lovers.* = a place where one can freely do something that one likes to do स्वर्ग-समान

par•a•dox /'pærədɒks/ /'पैरडॉक्स्/ noun, c. *'Let us make haste slowly.' This statement may look like a paradox, but it is true.* = a statement which seems impossible as it combines two opposite things, but which is true विरोधाभास, विरोधोक्ति **paradoxical** /pærə'dɒksɪkəl/ /पैर'डॉक्सिकल्/ adj.

par•af•fin /'pærəfɪn/ /'पैरफ़िन्/ noun, u. = kerosene (a term commonly used in Britain) पैराफ़िन (ब्रिटेन में आम रूप से प्रयुक्त नाम)

par•a•gon /'pærəgən/ /'पैरगन्/ noun, c. *a paragon of wisdom* = a model or perfect example of some good quality (often humorous) मूर्त्ति, आदर्श (प्राय: हास्यपरक)

par•a•graph /'pærəgrɑːf/ /'पैरग्राऽफ़्/ noun, c. = a group of sentences which are connected to each other and are generally on the same topic पैरा, अनुच्छेद

par•a•keet /'pærəkiːt/ /'पैरकीट्/ noun, c. = a kind of parrot एक प्रकार का तोता

par•al•lel[1] /'pærəlel/ /'पैरलेल्/ adj. *These two lines are parallel.* = running side by side but always at the same distance from each other (referring to two or more lines) समांतर, समानांतर

parallel[2] noun, c. **1** *I want you to draw a parallel.* = a line which runs parallel to another line समांतर **2** *This city is full of life. The only parallel I can think of is Delhi.* = something that is similar to (like) something else समान, समरूप, सदृश

parallel[3] verb, t. (**paralleled**) *Mumbai is full of life. The only city which can parallel it is Delhi.* = to be similar to something else बराबर का, के समान **parallelogram** /pærə'leləʊgræm/ /पैर'लेलउग्रैम्/ noun, c. = a geometrical figure with four sides, having its opposite sides parallel and equal to each other (see also **rectangle**) (see pic under **shapes**) समानांतर चतुर्भुज (देखें **rectangle**) (**shapes** के अंतर्गत चित्र देखें) **parallel port** noun, c. = a special kind of socket at the back of a computer through which the computer can be connected to a printer, scanner, another computer etc. कंप्यूटर के पीछे बना वह छिद्र जहाँ से कंप्यूटर को संबंधित उपकरणों अथवा दूसरे कंप्यूटर के साथ जोड़ा जाता है

pa•ral•y•sis /pə'rælɪsɪs/ /प'रैलिसिस्/ noun, u. *He has been suffering from paralysis since his accident.* = damage caused to the brain or the nervous system, resulting in the loss of feeling and the inability to move some or all parts of the body पक्षाघात, लकवा **paralyze (paralyse)** /'pærəlɑɪz/ /'पैरलाइज़्/ verb, t. **1** *She injured her spine in an accident and is paralyzed.* = to suffer from paralysis लकवाग्रस्त **2** *Work has been paralyzed by the strike.* = to cause something to stop working (figurative) काम या गतिविधि का रुक जाना, थम जाना, गतिरोध (लाक्षणिक)

par•a•mil•i•tary /pærə'mɪlɪtərɪ/ /पैर'मिलिटरी/ noun or adj. *The government is sending the Border Security Force and other paramilitary forces to maintain law and order at the border.*(adj.) = not belonging to the regular army but doing almost the same kind of work सेना का कार्य करने वाला, लेकिन सेना का अंग नहीं

par•a•mount /'pærəmaʊnt/ /'पैरमाउन्ट्/ adj. *the paramount ruler of a country* = highest, greatest or most important (formal) परम, सर्वोपरि (औपचारिक)

par•a•noi•a /pærə'nɔɪə/ /पैर'नॉइअ/ noun = a disease of the mind which makes a person believe that he/she is likely to be harmed by someone and so cannot trust anyone एक मानसिक रोग, संभ्रम **paranoiac** noun, c. = a person who suffers from paranoia जिसे यह रोग हो गया है **paranoid** /'pærənɔɪd/ /पैर'नॉइड्/ adj. *He is becoming paranoid.* = suffering from paranoia paranoia इस रोग से पीड़ित

par•a•pet /'pærəpɪt/ /'पैरपिट/noun, c. = a low wall at the edge of a roof मुंडेर

par•a•pher•na•li•a /pærəfə'neɪlɪə/ /पैरफ'नेइलिअ/ noun, u. (always singular) *The magician has come with all his paraphernalia and will put up a magic show for the children.* = all the things that are needed for some activity (केवल एकवचन में प्रयुक्त) साज़-सामान, किसी कार्य के लिए आवश्यक सब सामान

par•a•phrase[1] /'pærəfreɪz/ /'पैरफ्रेइज़्/noun, c. *I couldn't understand a word of her speech. Can you give me a paraphrase?* = a re-telling or rewriting of something in simpler language भावानुवाद, सरल व्याख्या

paraphrase[2] verb, t. *Please paraphrase the speech for us.* = to make a paraphrase of something सरलार्थ या भावानुवाद करना

par•a•ple•gic /pærə'pli:dʒɪk/ /पैर'प्लीजिक्/ noun, c. = a person who is unable to use the lower part of the body अधरंग-आघात

par•a•psy•chol•o•gy /pærəsaɪ'kɒlədʒɪ/ /पैरसाइ'कॉलजी/ noun = the study of things that are beyond psychology (things that cannot be fully explained by science such as telepathy) (the ability to know another person's thoughts) etc. परा-मनोविज्ञान

par•a•site /'pærəsaɪt/ /'पैरसाइट्/ noun, c. **1** = a plant or animal that lives by getting the food that it needs from another plant or animal परजीवी **2** = a person who does nothing to earn his or her living but depends on others दूसरों पर आश्रित **parasitic** /pærə'sɪtɪk// 'पैरसिटिक्/ adj. **1** = (of a plant or animal) living off another plant, animal etc. [BIOLOGY] परजीवी [जीव विज्ञान] **2** = (of a person) dependant on someone else's money, food, shelter etc. and doing nothing in return (derogatory) दूसरे का धन, भोजन आदि का उपयोग करने वाला परान्नभोजी (अनादरसूचक)

par•a•sol /'pærəsɒl/ /'पैरसॉल्/noun, c. = a kind of umbrella used by a lady (सामान्यत: महिलाओं द्वारा प्रयोग की जाने वाली) छाता, छतरी

par•a•ty•phoid /pærə'taɪfɔɪd/ /'पैर'टाइ.फॉइड्/ noun = a disease that is almost like typhoid, but less serious टायफ़ाइड जैसा, लेकिन कम खतरनाक एक रोग

par•boil /'pɑ:bɔɪl/ /'पाऽ'बॉइल्/ verb, t. *The rice has been parboiled.* = to boil something (specially rice) for a short time हल्का उबला हुआ

par•cel[1] /'pɑ:səl/ /'पाऽसल्/noun, c. **1** *I have received a parcel of books.* = an object or a number of objects wrapped in cloth or paper so that it can be easily carried or sent by post पार्सल **2** *a parcel of land* = a piece of land टुकड़ा, भाग

parcel[2] verb, t. (**parcelled**) **1** *I want to buy these books. Will you please parcel them for me?* = to make into a parcel पार्सल करना **2** *My land is to be parcelled out and given to my two children.* = to divide विभाजित करना

parched /pɑ:tʃt/ /पाऽच्ड्/adj. *There has been no rain for two years and the land is parched.* = completely dry सूखा, खुश्क

parch•ment /'pɑːtʃmənt/ /'पाच्मन्ट्/ noun, u. = a kind of thin leather, made from the dried skin of sheep or goats, used in former times for writing on भेड़-बकरियों के चमड़े से बना पत्र, चर्म-पत्र

par•don[1] /'pɑːdn/ /पाऽड्न्/ verb, t. *He has not helped me at, but I will pardon him this time.* = to excuse someone who has done something wrong, without punishing him/her माफ़ करना

pardon[2] /पाऽड्न्/ noun, c. *The judge granted him a pardon.* = freedom from punishment माफ़ी, क्षमा

pardon[3] interjec. *Pardon, can you please repeat what you said?* = used to ask a person to repeat what he or she said because one did not hear it एक बार कही गई बात ठीक से न सुन पाने की स्थिति में प्रयुक्त अभिव्यक्ति, ताकि वक्ता अपनी बात फिर से कहे **pardonable** adj. *Your offence is pardonable.* = some wrong action that is not very serious and can be pardoned क्षमायोग्य, क्षम्य

pardon me for (something) = used when one is about to do something rude e.g. interrupting कुछ आपत्तिजनक (जैसे टोक-टाक) करने पर की गई अभिव्यक्ति **I beg your pardon** **1** *'I almost made you fall. I beg your pardon.'* = a formal way of saying that one is sorry क्षमा याचना करने की औपचारिक अभिव्यक्ति **2** *'Did you come today?' 'I beg your pardon?' 'I said, "Did you come today?" '* = a request made to ask someone to repeat something said earlier which could not be heard clearly किसी बात को स्पष्टता से नहीं सुन पाने पर उसे दुहराने की याचना **3** *'That was a silly thing to say.' 'I beg your pardon!'* = a way of telling someone you don't like what they are saying असहमति प्रकट करने की अभिव्यक्ति

pare /peəʳ/ /पेअॅ/verb, t. **1** *You can use this knife to pare apples.* = to remove or cut away the thin skin or covering of something with a sharp knife छीलना **2** *We have to pare our costs down to the minimum.* = to cut down or reduce कम करना, घटाना

par•ent[1] /'peərənt/ /'पेअ्रण्ट्/ noun, c. = one's mother or father माता-पिता **single parent** = a woman or man who is separated from his/her partner and bringing up a child or children on her/his own माता-पिता में से एक जो अकेले रहकर बच्चे का पालन-पोषण कर रहा हो

parent[2] adj. *The parent company in the U.S.A. has taken control of the Indian branch.* = a business company that sets up branches in other countries मुख्य एवं मूल केंद्र **parental** /pə'rentl/ /प'रेन्ट्ल्/ adj. *I have many parental duties.* = of a parent माता-पिता का (कर्त्तव्य) **parentage**/ 'peərɪntɪdʒ/ /'पेअरिनटिज्/ noun, u. *She is an Indian citizen but has Sri Lankan parentage.* = the origin of the parents who have given birth to a child माँ-बाप का मूलस्थान **parenthood** noun, u. *They are very happy that they have had a child at last and are really enjoying parenthood.* = the state of being a parent माता-पिता बनना **parenting** noun, u. *You must learn the art of parenting if you want your children to be well-behaved.* = the duties performed by a parent (e.g. education of the children) माता-पिता के कर्त्तव्य (जैसे बच्चों की शिक्षा)

pa•ren•the•sis /pə'renθɪsɪs/ /प'रेन्थिसिस्/noun, c. (usually plural **parentheses**) *Mrs Sen is my aunt (mother's sister). The nature of our relationship is explained in the parenthesis.* = the bracket (punctuation mark) that is put before as well as after a word or expression which is used to explain or comment upon another word used in the same sentence कोष्ठक

par•ish /'pærɪʃ/ /'पैरिश्/ noun, c. = an area which has a church of its own ईसाई धर्म से संबंधित शब्द, पल्ली

parity see **par** देखें par

park[1] /pɑːk/ /पाऽक्/ noun, c. *a public park* = a large piece of land, usually covered with grass or trees, used by the public for recreation उद्यान, पार्क **theme park** = see **theme** देखें **theme**

park[2] verb, t. *You can park your car here.* = to leave a car in a place when it is not being used गाड़ी को खड़ा करना, **parking lot** noun, c. = a place where many vehicles are parked पार्किंग की जगह (वाहनों को खड़ा करने का स्थान)

Par•kin•son's dis•ease /'pɑːkɪnsənz/ /'पाऽकिन्सन्ज़्/noun, u. = a disease that some old people suffer from, which causes the limbs to become very weak over time and to shake कंपनशील लकवा

par•lia•ment /'pɑːləmənt/ /'पाऽलमन्ट्/ noun, u. or c. = the main law-making body in a country, consisting of members who are directly or indirectly elected by the people संसद **parliamentarian** / 'pɑːləmen'teərɪən/ /'पाऽलमन्'टेअरिअन्/ noun, c. = a member of a parliament संसद सदस्य **parliamentary** /pɑːlə'mentərɪ/ /पाऽल'मेन्टरी/ adj. *a parliamentary committee* = relating to the parliament संसदीय

par•lour /'pɑːləʳ/ /'पाऽलॅ/noun, c. *a video parlour // beauty parlour* = a shop which sells a special kind of article or offers a special service किसी वस्तु-विशेष अथवा सेवा-विशेष का विशेष विक्रय-स्थल

pa•ro•chi•al /pə'rəʊkiəl/ /प'रउकिअल्/adj. *This newspaper is rather parochial. It does not cover issues outside our locality.* = narrow-minded; interested only in people with whom one is directly connected (derogatory) तंगदिल, अपने ही सीमित क्षेत्र में सिमटा हुआ (अनादरपूर्ण)

par•o•dy /'pærədi/ /'पैरडी/ noun, c. (**parodies**) or u. *This new film is a clever parody of the famous film 'Sholay'.* = a book, drama or film which creates humour by copying a well-known book, play or film हास्यपरक नकल, पैरोडी

pa•role /pə'rəʊl/ /प'रउल्/ noun, u. *The prisoner has been allowed to go home on parole.* = freedom given to a prisoner before the period of his/her stay in jail has ended, on condition that he/she should behave well प्रतिबंध पर, पैरोल (पर), अच्छे व्यवहार की शर्त पर किसी कैदी को मिली अस्थायी आज़ादी

par•ri•cide /'pærɪsaɪd/ /'पैरिसाइड्/noun, c. = a person who is guilty of killing his/her own father मातृघाती अथवा पितृघाती

par•rot[1] /'pærət/ /'पैरट्/ noun, c. = a bird with bright green feathers that can often be taught to copy the sounds of human speech तोता

parrot[2] verb, t. *He was merely parroting your words.* = to copy or repeat the words or ideas of another person without understanding their meaning fully (derogatory) अंधानुकरण करना (अनादरपूर्ण)

par•ry /'pæri/ /'पैरी/ verb, t. (**parried**) **1** *parry a blow* = to escape a blow by a quick movement or by blocking (stopping) the blow वार बचाना **2** *He parried the journalists' questions with clever replies.*(t.) = to avoid answering questions by asking another question or providing a clever reply टाल देना

pars•ley /'pɑːsli/ /'पाऽस्ली/ noun = a small plant with green leaves, used to give taste to food अजवायन

part[1] /pɑːt/ /'पाऽट्/noun, c. or u. **1** *Divide this cake into four parts.*(c.) = a piece into which something can be divided भाग, टुकड़ा **2** *I have to buy some parts for my car.*(c.) = a piece of a machine which helps to make it work पुर्ज़ा **3** *He is taking part in the competition.*(u.) = a share in some activity भाग (लेना) **4** *He plays the part of a lawyer in this film.*(c.) = role; the character that an actor tries to represent in a drama or film भूमिका **5** *You have heard only one part of the story.* = some of or a portion of something अंश

part[2] verb, i. or t. **1** *I am afraid you and I have to part.*(i.) = to be separated from each other अलग होना **2** *You will have to part with this house.* = to be forced to give up something छोड़ना, त्याग देना **3** *The curtains parted and the drama began.*(i.) = to spread out (move away from each other) बीच से अलग-अलग होना **4** *She parts her hair in the middle.*(t.) = to separate the hair on the head along a line माँग काढ़ना

part[3] adj. *I am only part-owner of this house.* = of only a part (not the whole) आंशिक **parts** noun (always plural) **1** *the northern and southern parts of the country* भाग (केवल बहुवचन में प्रयुक्त) **2** *He does not belong to these parts.* = an area or region in a country क्षेत्र, प्रदेश **3** *He is a man of parts.* = many different skills योग्यता, कौशल **part(s) of speech** noun = the different classes into which the words of a language are divided e.g. noun, verb etc. शब्द-वर्ग

to part with *When I left the university I had to part with all my books, because I could not carry them back home.* = to give up or give away something छोड़ देना, दे देना **the better part of (something)** *I've been in this school for the better part of twelve years.* = for the greater part of a period of time समय का अधिक भाग **in part** *I agree with her in part, but not everything she says is acceptable.* = to some extent, not totally आंशिक रूप से **to be part and parcel of something** *Referring to books in the library is part and parcel of learning.* = to be an essential activity included in something आवश्यक गतिविधि होना **to part company** **1** = to bring a friendship, marriage etc. to an end संबंध-विच्छेद करना **2** = to stop agreeing with someone on an important subject असहमत होना

par•take /pɑː'teɪk/ /प'ऽटेइक्/verb, i. *I want you to partake of this food.* = to have some food or drink (old-fashioned) खाना या पीना (पुराने प्रचलन का)

par•tial /'pɑːʃəl/ /'पाऽश्ल्/adj. **1** *The meeting was a partial success. It went off quite well, but we had a few problems.* = in part (not completely) आंशिक **2** *I am partial to chocolate cake.* = showing special liking for something or someone पक्षपाती **partiality** /pɑːʃi'æliti/ /पाऽशि'ऐलिटी/ noun, u. = the quality of being partial (showing special favour to someone or something) पक्षपात **partially** adv. **1** *The building was partially hidden by the trees.* = partly अंशत: **2** *We were treated very partially and given all the comforts while the others were not.* = in a good way as a result of being liked (disapproving) विशेष सुविधा आदि मिलना/देना (अस्वीकृत)

par•tic•i•pate /pɑː'tɪsɪpeɪt/ /पाऽ'टिसिपेइट्/ verb, i. *All the children will participate in the school play.* = to take part in some activity भाग लेना **participant** noun, c. = one who takes part in some activity भाग लेने वाला

par•ti•ci•ple /'pɑːtɪsɪpəl/ /'पाऽटिसिप्ल्/ noun, c. *In the sentence 'He has already eaten', 'eaten' is a participle.* = a form of a verb which is non-finite (does not show whether it is in the past tense or present tense) and often ends in '-en' [GRAMMAR] अंग्रेजी व्याकरण में क्रिया का एक रूप जो non-finite होता है और प्राय: ऐसे शब्द का अंत '-en' से होता है। Non-finite रूप न past tense होता है न present tense. कृदंत [व्याकरण]

par•ti•cle /'pɑːtɪkəl/ /'पाऽटिक्ल्/ noun, c. **1** *a particle of dust* = a very tiny piece of something कण **2** *In the sentence 'I can't put up with this nonsense', the word 'up' is a particle.* = a small word which is generally a preposition, adverb or conjunction and is often used together with a verb [GRAMMAR] एक छोटा-सा शब्द, जो साधारणत: preposition, adverb या conjunction होता है और प्राय: क्रिया शब्द के साथ प्रयुक्त होता है, जैसे up. निपात [व्याकरण]

par•tic•u•lar /pə'tɪkjʊlə^r/ /प'टिक्युल^र/ adj. **1** *Are you looking for a particular book for your child, or would you be in interested in just any book?* = something special, considered separately from others अन्य या सामान्य से भिन्न, विशेष **2** *He is very particular about the clothes he wears.* = taking a lot of care in choosing something; choosy सावधान **particularly** adv. *I was*

P

happy to see you, but I was particulary happy to see your parents. = especially विशेष रूप से **particulars** noun, u. (always plural) *I will look for your lost child. Please give me the name and other particulars.* = detailed information about something or someone (केवल बहुवचन में प्रयुक्त) विवरण

part•ing[1] /ˈpɑːtɪŋ/ /ˈपाऽटिङ्/ noun, u. or c. **1** *Parting from one's friends is painful.*(u.) = the situation when two people (usually two people who like or love each other) leave each other for a period of time or permanently अलग या दूर होना, विदाई **2** *the parting in a person's hair*(c.) = the line on the head where the hair is parted (divided into two parts) माँग (बालों के बीच)

parting[2] adj. *parting words* = done or spoken at the time of parting (going away) विदाई का

par•ti•tion[1] /pɑːˈtɪʃən/ /पाऽˈटिश्न्/ noun, u. or c. **1** *Many books have been written about the partition of India in 1947.*(u.) = the act of dividing a country into two or more parts (देश का) विभाजन **2** *The large hall can be divided into two smaller rooms by using a wooden partition.*(c.) = a wall made of thin wood, cloth etc. that can be easily removed and is used to separate one room from another अस्थायी दीवार

partition[2] verb, t. *The brothers decided to partition the family property.* = to divide into two or more parts विभाजित करना, बँटवारा करना

part•ly /ˈpɑːtli/ /ˈपाऽट्ली/ adv. **1** *I didn't go to school partly because I was ill but also because I was tired.* = to some extent कुछ अंश तक **2** *The ground was partly cemented.* = not fully पूरा नहीं, कुछ अंश

part•ner[1] /ˈpɑːtnəʳ/ /ˈपाऽट्नर्/ noun, c. **1** *He will be my partner in the tennis match.* = one who joins or helps someone in carrying out an activity that is shared between two or more people साथी **2** *This firm has four partners.* = one of the owners of a business who shares the profit or loss with other owners साझेदार **3** = the person one lives with or is married to जीवनसाथी, साथ रहने वाला

partner[2] verb, t. *She is going to partner me in this match.* = to be one's partner in some activity साथ देना, साथी बनना **partnership** noun, u. or c. **1** *Rahim and Sheila set up a business in partnership.*(u.) = the state of being a partner in some activity साझे में **2** *The second wicket partnership between Sehwag and Tendulkar was worth 150 runs.*(c.) = an activity, usually in a game, which two players perform together as partners साझेदारी **3** *The terms of the partnership have been drawn up by a lawyer.*(c.) = a business agreement between two or more partners व्यापार में परस्पर समझौता या अनुबंध

par•tridge /ˈpɑːtrɪdʒ/ /ˈपाऽट्रिज्/ noun, c. = a kind of game-bird, hunted for its meat तीतर

par•ty[1] /ˈpɑːti/ /ˈपाऽटी/ noun, c. (**parties**) **1** *There were many guests at the party.* = a social gathering when people come together to eat, drink and enjoy themselves प्रीतिभोज, दावत **2** *A party of teachers is visiting our school.* = group दल, मंडली **3** *She is starting a new political party.* = a group of people who have the same political ideas and aims and who engage in political activity दल, पार्टी

party[2] verb, i. *We have won the match. Now we must party.* = to celebrate something by having a party (informal) खाना-पीना खुशी मनाना (अनौपचारिक)

pass[1] /pɑːs/ /पास्/ verb, t. or i. **1** *I passed him on the road as I was coming here.*(t.) // *I passed his house.*(t.) // *A train just passed.*(i.) = to reach and move away from something or someone who may be going in the same direction or in a different direction or not moving at all पास से निकलना, गुज़रना **2** *The car was trying to pass our bus, but the road was too narrow.*(t.) = to overtake; to go ahead of someone by moving faster तेज़ गति से दूसरे से आगे बढ़ना **3** *The storm will soon pass.*(i.) = to come to an end चले जाना, थम जाना, समाप्त हो जाना **4** *He passed the ball to me.*(t.) = to give or send हस्तांतरित करना, दूसरे को देना **5** *How do you pass the time?*(t.) = to spend time (समय) बिताना **6** *He has passed the test.*(t.) = to be successful in a test or examination उत्तीर्ण होना **7** *Your work is of such poor quality that I cannot pass it.*(t.) = to accept as being satisfactory स्वीकार करना **8** *The Parliament has passed the new law.*(t.) = to be accepted officially by the parliament पारित करना

pass[2] noun, c. (**passes**) **1** *She has a railway pass, so she does not need a ticket.* = an official document which allows a person to do something e.g. travel in a bus or train without payment 'पास', कहीं प्रवेश करने या यात्रा के लिए अनुमति पत्र **2** *Many foreign travellers came to India through the Khyber Pass.* = a gap in a chain of mountains which allows a traveller to cross easily दर्रा **3** *He has managed a pass in the examination.* = a successful result in an examination उत्तीर्ण, सफल होना **4** *He sent a pass to me.* = the act of passing (giving) the ball to another player, in the game of football, hockey, basketball etc. खेल में गेंद दूसरे साथी की ओर बढ़ाना **passbook** noun, c. = a small book which shows how much money a person puts into or takes out of a bank बैंक के खाते की पुस्तिका, पासबुक **passable** adj. *He has written a passable book.* = not of high quality but just good enough to be accepted स्वीकार करने योग्य किंतु बहुत अच्छा नहीं, संतोषजनक

to pass away (also **to pass on**) = to die (polite use) गुज़र जाना, मृत्यु हो जाना (शिष्ट प्रयोग) **to pass down** *This shawl has been passed down from my grandmother to me.* = to give something to someone who will keep it after you die हस्तांतरित करना, पीढ़ी-दर-पीढ़ी चलाना **to pass the buck** = to shift a responsibility to someone else (disapproving) दूसरे पर जिम्मेदारी डालना (अस्वीकृत)

to pass out = to become unconscious (also **faint**) बेहोश हो जाना (देखें **faint**) **to pass off** *She got her mother to write an essay, but passed it off as her own.* = to make people believe that something is genuine, when it is not नकली चीज़ को चालू करना **to pass for** *She is only 9, but she can pass for 15 because of her height.* = to seem to be something that one is not वास्तविकता से भिन्न दिखाई पड़ना **to pass something on** *Could you please pass on this message to your sister?* = to give someone something that you have been asked to give आगे पहुँचाना, देना **pass it on** *There is no history class today. Pass it on.* = a way of asking someone to tell others a piece of information you gave them दूसरों को सूचित करना **to pass up** *By not sending in an application, I passed up a good chance to compete for a scholarship.* = to let an opportunity go, on purpose अवसर खोना **to make a pass at someone** = to show sexual interest in someone (disapproving) कामुक छेड़-छाड़ करना (अस्वीकृत)

pas•sage /'pæsɪdʒ/ /'पैसिज्/noun, c. or u. **1** *There is a passage which connects the library to the main building.*(c.) = a narrow connecting path सँकरा मार्ग, गलियारा **2** *Please read through this passage from the book.*(c.) = a part of a longer piece of writing or speech अनुच्छेद **3** *The passage of heavy vehicles over this old bridge is not allowed.*(u.) = the action of going across, along or over something गुज़रना, जाना-आना **4** *The passage of time will make you forget your grief.* = the flow of time समय का बीतना

pas•sen•ger /'pæsɪndʒəʳ/ /'पैसिन्जʳ/ noun, c. *a passenger in a bus* = a person who travels in a vehicle but is not driving or working on it यात्री

pas•sion /'pæʃən/ /'पैशन्/noun, u. or c. **1** *He spoke with great passion.*(u.) = strong feeling आवेश **2** *You should learn to control your passions.*(c.) (always plural) = a very strong feeling (of love, anger etc.) which may drive a person to do something improper or wrong (केवल बहुवचन में प्रयुक्त) भावावेश **3** *He has a passion for Alphonso mangoes.*(c.) = very strong liking (informal) पसंद (अनौपचारिक) **passionate** adj. **1** *a passionate speech* = full of emotion (feeling) भावपूर्ण **2** *a passionate person* = easily influenced by passions (desires) भावप्रवण **passionately** adv.

pas•sive[1] /'pæsɪv/ /'पैसिव्/ adj. **1** *He remained passive at the meeting and did not say a word.* = not doing or saying anything अकर्मण्य, निष्क्रिय **2** *'Australia defeated India' is an active sentence, but when you make it passive, it becomes 'India was defeated by Australia'.* = a sentence in which the subject is the person or thing to whom or on which some action is done [GRAMMAR] भाववाच्य [व्याकरण]

passive[2] noun, u. *This sentence is in the passive.* = the passive form (also **passive voice**) भाववाच्य **passive smoking** noun = breathing in smoke from cigarettes etc. that other people are smoking सिगरेट आदि के धुएँ में साँस लेना **passivize** verb, t. = to change a sentence or verb into the passive form [GRAMMAR] भाववाच्य में परिवर्तित करना [व्याकरण]

pass•port /'pɑːspɔːt/ /'पाऽस्पॉऽट्/ noun, c. = an official document given by the government to a person who is a citizen of that country, to show that he/she has permission to leave or enter the country पासपोर्ट, पारपत्र

pass•word /'pɑːswɜːd/ /'पाऽस्वऽड्/noun, c. **1** = a secret word which must be spoken by a person before he/she is allowed to enter a place संकेत-शब्द, पहचान-शब्द **2** = a secret sign (group of letters, numbers etc.) which a person must use in order to get into a computer system पासवर्ड, कंप्यूटर के प्रयोग से संबंधित शब्द

past[1] /pɑːst/ /पाऽस्ट्/noun, u. **1** *Typewriters now seem a thing of the past.* = the time before the present अतीत, भूतकाल **2** *'Ate' is past, while 'eat' is present.* = the form of a verb which shows whether we are talking about something that happened before the present time [GRAMMAR] भूतकाल [व्याकरण] **3** *know nothing about his past.* = a part of one's life that is over अतीत

past[2] adj. **1** *In past years, the monsoon always arrived in June.* = before the present time पिछला (समय) **2** *Summer is past and the rains have come.* = over; ended समाप्त **3** *He is the past president of the party.* = former भूतपूर्व, पूर्व

past[3] prep. **1** *We drove past the hospital and came to the school.* = further than; beyond से आगे **2** *The show begins at twenty minutes past six.* = after बजकर (समय के संदर्भ में)

pas•ta /'pæstə/ /'पैस्टə/ noun, u. = Italian food made in different shapes from wheat flour इटली का एक भोजन पदार्थ

paste[1] /peɪst/ /पेइस्ट्/ noun, u. **1** *She made a paste by mixing some flour and water.* = a thick mixture of a liquid and some solid substance घोल, लेप, पीठी **2** *Use a little paste to stick the paper to the wooden surface.* = a sticky mixture used to stick paper to something लेई (कागज़ चिपकाने के लिए प्रयुक्त घोल)

paste[2] verb, t. **1** *I have pasted the posters on the wall.* = to stick paper to some surface with paste चिपकाना **2** = to move text, pictures or files to a document within a computer from elsewhere [COMPUTERS] (कंप्यूटर के संदर्भ में) किसी सूचना अथवा चित्र को एक स्थान से लाकर दूसरे स्थान पर लगाना

pas•tel[1] /'pæstəl/ /'पैस्टल्/noun, u. or c. *The artist used pastels to produce this painting.*(c.) = a stick of paint used for making pictures, produced by mixing some colour to a soft material पेस्टल रंग

pastel[2] adj. *a pastel blue sari* = having a very light shade of some colour बहुत हल्का रंग

pas•teur•ized (-ised) /'pæstʃəraɪz/ /'पैस्चराइज़्/ adj. = some liquid (usually milk) which has been heated to

P

a high temperature (but not boiled) so as to kill the harmful bacteria present in it (किसी तरल पदार्थ, सामान्यत: दूध के संदर्भ में) कीटाणु रहित **pasteurization** /pæstʃəraɪ'zeɪʃn/ /पैस्चराइ'ज़ेइशन्/ noun = the action of pasteurizing something कीटाणुरहित करने की विशिष्ट प्रक्रिया

pas•time /'pɑːstaɪm/ /'पाऽसटाइम्/ noun, c. *Watching television is her only pastime.* = something done to make the time pass more pleasantly (also **hobby**) शग़ल/समय बिताने के लिए किया जाने वाला कार्य, शौक

pas•tor /'pɑːstə'/ /'पाऽस्टर्/ noun, c. = a Christian priest who is the head of a church group ईसाई पुरोहित **pastoral** adj. **1** *pastoral duties* = having to do with a pastor (priest) ईसाई पुरोहित (का) **2** *We lead a simple pastoral life on our farm.* = having to do with the countryside (open and peaceful places away from the busy cities) ग्राम्य, प्रकृति के निकट **pastoral poetry** noun = poetry which describes the joys of living a natural life, away from the city प्रकृति का वर्णन करती कविता

pas•try /'peɪstri/ /'पेइस्ट्री/noun, c. (**pastries**) = a small cake एक मिष्टान्न, छोटा केक

pas•ture[1] /'pɑːstʃə'/ /'पाऽस्चर्/ noun, u. or c. = a piece of grassy land where sheep or cows feed चरागाह

pasture[2] verb, t. *Where do you pasture your sheep?* = to allow animals to feed on grass in a pasture चराना

pat[1] /pæt/ /पैट्/ noun, c. **1** *She gave the child a loving pat on the back.* = a gentle touch with the fingers and palm of the hand, to express affection, friendliness etc. थपकी **2** *a pat of butter* = a small, flat piece of some substance (usually butter) डली, टिकिया

pat[2] verb, t. (**patted**) *He patted the dog on the head.* = to tap someone several times with an open hand as a way of showing love, encouragement etc. थपथपाना

patch[1] noun, c. /pætʃ/ /पैच्/(**patches**) **1** *The dog was white, with black patches.* = a small area on a surface that is different in colour from the surrounding areas धब्बा **2** *He has patches all over his old trousers.* = a piece of material used to cover up a torn or damaged part पैबंद **3** *a vegetable patch* = a small piece of land where something is grown छोटा भूखंड जिसमें कुछ उगाया जाता हो

patch[2] verb, t. **1** *Have you patched the hole in your trousers?* = to put a patch on a torn or damaged part पैबंद लगाना, भरना **2** *The brothers had quarrelled but they have patched up their differences now.* = to end a quarrel सुलह करना **patchwork** noun, u. or c. *Your essay is a patchwork of passages taken from different books.* = something made by joining several pieces together (derogatory) टुकड़े जोड़-जोड़कर बना हुआ (अनादरपूर्ण)

not a patch on *The new restaurant is not a patch on the old one.* = not as good as मुकाबले का **to go through a bad patch (to hit a bad patch)** = to go through a period of difficulty कठिन या बुरा समय झेलना

pa•tel•la /pə'telə/ /पə'टेल/noun = the knee-cap (bone over the knee joint) [BIOLOGY] चपनी, घुटने की हड्डी [जीव विज्ञान]

pa•tent[1] /'peɪtənt/ /'पेइटन्ट्/noun, c. *The inventor of this new washing machine has been given a patent on his invention.* = the right given to an inventor (someone who has made something new) to make a product in large quantities, while stopping others from making it without the inventor's permission एकस्व, अधिकार

patent[2] verb, t. *The inventor of the machine has patented it.* = to get a patent on a new invention एकस्व प्राप्त करना

patent[3] adj. *It is quite patent that he is telling a lie.* = obvious; easy to see स्पष्ट **patently** adv. **patent medicine** noun = a medicine which can be manufactured by only one company, which has a patent on it एकस्वकृत (दवा)

pa•ter•nal /pə'tɜːnəl/ /पə'टऽनल्/adj. *our paternal home* = belonging to one's father or having to do with one's father (compare **maternal**) पिता से संबंधित, पैतृक (देखें **maternal**) **paternalism** noun, u. = the practice of protecting and looking after people like a father, often without giving them the freedom to grow (often derogatory) पितृवत् शासन (प्राय: अनादरपूर्ण) **paternity** noun, u. *The paternity of the child was established through a DNA test.* = the fact of being the biological father of a child [LAW] पैतृत्व [कानून]

path /pɑːθ/ /पाऽथ्/ noun, c. **1** *We walked along a narrow jungle path.* = a way made on the ground for people to walk on पगडंडी, रास्ता **2** *The aircraft followed a path through the clouds.* = the direction that something is moving in मार्ग **3** *My sister is a nurse. She has chosen the path of sacrifice.* = the career or profession that one follows (figurative) मार्ग, व्यवसाय (लाक्षणिक)

pa•thet•ic /pə'θetɪk/ /पə'थेटिक्/ adj. **1** *I heard the drowning woman's pathetic cries for help, and was able to save her.* = causing one to feel pity and sadness करुण **2** *Our performance in this match was pathetic and we deserved to lose.* = of poor quality (informal, derogatory) दयनीय, बहुत बुरा (अनौपचारिक, अनादरपूर्ण)

pa•thol•o•gy /pə'θɒlədʒi/ /पə'थॉलजी/ noun = the study of the tiny living things (bacteria or germs etc.) that cause many diseases रोग विज्ञान **pathologist** noun, c. = a doctor who studies the germs that cause diseases रोग विज्ञानी **pathological** /pæθə'lɒdʒɪkəl/ /पैथ'लॉजिक्ल/ adj. **1** *a pathological test* = connected with pathology रोग-संबंधी **2** *pathological liar* = unable to control one's behaviour, because of some weakness of the mind मानसिक कमज़ोरी के कारण नियंत्रण में असमर्थ

pa•thos /ˈpeɪθɒs/ /ˈपेइथॉस्/noun, u. *The film was so full of pathos that most people in the audience were crying when it ended.* = a feeling of pity and sorrow [LITERATURE] कारुण्य [साहित्य]

pa•tience /ˈpeɪʃəns/ /ˈपेइशन्स्/ noun, u. *He has great patience with children and never gets angry with them.* = the ability to remain calm in a difficult or unpleasant situation धैर्य, धीरज

pa•tient[1] /ˈpeɪʃənt/ /ˈपेइशन्ट्/ adj. *Please be patient. The bus will arrive in a few minutes.* = calm and not upset because of some delay धैर्यवान, सहनशील

patient[2] noun, c. *She is a patient in this hospital.* = a person who receives medical treatment from a doctor रोगी

pa•tri•arch /ˈpeɪtriɑːk/ /ˈपेइट्रिआऽक्/ noun, c. = the oldest and most respected man in a family or a community (compare **matriarch**) (formal) परिवार अथवा समुदाय का प्रमुख (देखें **matriarch**) (औपचारिक)

pat•ri•ot /ˈpætriət/ /ˈपैट्रिअट्/ noun, c. = a person who has great love for his/her country and is willing to make sacrifices to defend it देशभक्त **patriotic** /pætrɪˈɒtɪk/ /पैट्रिˈऑटिक्/ adj. *a patriotic young woman* = having deep love for one's country देशभक्ति से पूर्ण **patriotism** /ˈpætrɪətɪzm/ /ˈपैट्रिअटिज़्म्/ noun, u. = the quality that a patriot has देशभक्ति

pa•trol[1] /pəˈtrəʊl/ /पˈट्रउल्/ verb, t. (**patrolled**) *The police is patrolling this area to make sure that there are no violent incidents.* = to go round an area to see that there is no trouble किसी क्षेत्र में सुरक्षा हेतु फेरे लगाना

patrol[2] noun, c. or u. **1** *The police patrol will begin tonight.*(u.) = the act of patrolling an area फेरा लगाने की प्रक्रिया **2** *The police patrol is well armed.*(c.) = a group of policemen or soldiers who are patrolling an area सुरक्षा के लिए क्षेत्र में घूमनेवाले पुलिस-कर्मी

pa•tron /ˈpeɪtrən/ /ˈपेइट्रन्/noun, c. *She is a great lover of art and you will find her at every art exhibition. I wish we had more such patrons of art.* = a person who supports (usually with money) a good cause, such as that of art संरक्षक **patronage** noun, u. *The artists are looking for government patronage.* = the support given by a patron संरक्षण **patronize (patronise)** verb, t. **1** *I have been patronizing this shop for years and I buy all my requirements here.* = to support a business by buying things etc. (formal) संरक्षण देना, सहयोग देना, नियमित ग्राहक होना (औपचारिक) **2** *You may know more about music, while I am just a beginner but that doesn't mean you can patronize me.* = to show by one's behaviour that one is better or more important than someone else (derogatory) दूसरे को नीचा दिखाना (अनादरपूर्ण) **patronizing (patronising)** adj. = behaving as if one were superior to someone else (derogatory) हेठी दिखाना (अनादरपूर्ण)

pat•ter[1] /ˈpætəʳ/ /ˈपैटʳ/noun, u. *the gentle patter of raindrops falling on the leaves* = the soft sound made when something falls lightly and repeatedly on a surface किसी सतह पर बूँद (या कुछ अन्य हल्की चीज़) गिरने की आवाज़, टपटपाहट

patter[2] verb, i. *The children pattered down the corridor.* = to run or walk softly, making a pattering sound हल्के कदमों से चलना या भागना

pat•tern /ˈpætən/ /ˈपैटन्/ noun, c. or u. **1** *The curtains have a floral pattern.*(c.)= a regular arrangement of lines, shapes and colours on a surface, which makes it look attractive पैटर्न, उपाकृति **2** *I find no pattern to the weather. It's raining one day and bright and sunny the next.* = a regular arrangement of events which one can predict नियमित क्रम

pat•ty /ˈpæti/ /ˈपैटी/ noun, c. (**patties**) *a meat patty* = food cut into small pieces and cooked पैटी, एक प्रकार का खाद्य पदार्थ

pau•ci•ty /ˈpɔːsɪti/ /ˈपॉऽसिटी/noun, u. *There is a paucity of people who may be willing to join the army.* = shortage or lack of something (formal) अभाव, कमी (औपचारिक)

paunch /pɔːntʃ/ /पॉऽन्च्/ noun, c. (**paunches**) = a fat stomach which bulges (sticks out) (not respectful) तोंद (अनादरसूचक)

pau•per /ˈpɔːpəʳ/ /ˈपॉऽपʳ/ noun, c. *She was once a rich woman but now she is a pauper.* = a very poor person (old-fashioned) कंगाल (पुराने प्रचलन का)

pause[1] /pɔːz/ /पॉज़्/verb, i. *He paused in the middle of a sentence to take a sip of water.* = to stop for a short time रुकना

pause[2] noun, c. *We will continue our discussion after a brief pause.* = a short break in some activity विराम **pause button** noun = the button in a video player etc. that stops playing or recording, for a short time कुछ समय के लिए रोकने वाला (जैसे वीडियो प्लेयर में)

pave /peɪv/ /पेइव्/ verb, t. = to cover a surface with something hard and flat e.g. tiles किसी सतह को ठोस व समतल वस्तु से ढँक देना **pavement** /ˈpeɪvmənt/ /ˈपेइव्मन्ट्/ noun, c. = the raised path along each side of a street, on which people can walk पटरी, फुटपाथ

pa•vil•ion /pəˈvɪljən/ /पˈविल्यन्/ noun, c. **1** *a sports pavilion* = a building inside a sports field, where the players and people watching a game can sit खिलाड़ियों का प्रतीक्षा स्थल, खिलाड़ियों व दर्शकों के बैठने का स्थान **2** *a pavilion at an exhibition* = a light building, meant for temporary use, where objects of interest can be shown to the public मंडप

paw[1] /pɔː/ /पॉऽ/ noun, c. **1** *the tiger's paw* = the lower part of the foot of an animal which has claws (nails) पंजा **2** *Keep your paws off me!* = the hand of a human being (humorous) हाथ (हास्यपरक)

P

paw² verb, t. **1** *The horse was restless and pawed the ground impatiently.* = to touch or rub a surface with the paw or hoof (referring to an animal) पंजा मारना, हाथ मारना **2** = to touch someone in a rough and sexually improper manner (disapproving) अनैतिक प्रकार से छूना (अस्वीकृत)

pawn¹ /pɔ:n/ /पॉऽन्/ noun, c. **1** = the least important piece in the game of chess, which can be moved only one square forward प्यादा (शतरंज के खेल में) **2** = someone who has no power or importance and is used by someone else for his/her own advantage जिसका दूसरों के द्वारा अपने लाभ के लिए उपयोग किया जाय

pawn² verb, t. *As I had no money, I had to pawn my watch in order to pay for the train ticket.* = to borrow money from a pawnbroker (see below) by leaving something of value with him/her, on the understanding that it will be returned when the money is paid back गिरवी रखना **pawnbroker** noun, c. = a person who lends money to people after taking something of value from them साहूकार, महाजन

pay¹ /peɪ/ /पेइ/ verb, t. or i. (**paid**) **1** *How much did you pay for your new watch?* = to give money to someone in return for something that one has bought or some service that one has received भुगतान करना, दाम देना **2** *I have to pay my taxes.* = to give money that is due to someone चुकाना **3** *The school will pay for itself in five years.* = to produce a profit लाभ कमाना **4** *I want to pay him a visit.* = to make जाकर मिलना **5** *Pay attention to what I say!* = to listen ध्यान देना, सुनना

pay² noun, u. = salary; money received in exchange for work वेतन **payable** adj. *This cheque is payable at any branch of the State Bank of India.* = can be exchanged for money भुगतान योग्य देय, **payee** /peɪ'i:/ /पेइ'ई/ noun, c. = a person who is paid (who gets some money) जिसे दिया जा रहा है **payment** noun, u. or c. **1** *You must make the payment today.*(u.) = the act of paying money भुगतान **2** *You have to make monthly payments of Rs 3000 for the car you have bought.*(c.)= an amount of money that is paid भुगतान राशि **pay phone** noun = a public telephone that one can use on payment of money पैसा देकर प्रयोग किया जाने वाला फोन

to pay one's respects to somebody = to meet somebody as a sign of respect आदर देना **to pay tribute to somebody or something** = to do something special (say, sing etc.) in order to show respect आदर की अभिव्यक्ति हेतु किया जाने वाला कार्य (संगीत, भाषण आदि) **to pay (someone) back** 1 *Please lend me Rs 50. I will pay you back soon.* = to return the money that one has borrowed उधार लौटाना/चुकाना **2** *You have made me look foolish today, but I'll pay you back someday.* = to do something harmful or insulting to someone so that they are put in the same position as you are now बदला लेना **pay off** *All your patience will pay off when your results are declared.* = to produce a favourable result (informal) फलदायी होना (अनौपचारिक) **to pay your way through (college)** = to work and earn money to pay for one's education (शिक्षा का) खर्च उठाने के लिए काम करना **to pay through the nose** = to spend a lot of money on something, much more than one thinks is right आवश्यकता से अधिक खर्च करना **to pay someone off** = to give someone money in order that they do not reveal (let someone know about) something wrong or illegal that one has done पैसा देकर किसी का मुँह बंद करना

PC abbr. of **1 Personal Computer** = a small computer which one can use at home कंप्यूटर **2 political correctness** = a way of thinking, speaking or writing that does not offend people ऐसा बोलना, सोचना अथवा लिखना जो किसी को आहत न करे

pea /pi:/ /पी/ noun, c. = the small, round, green seed of a plant which is eaten as a vegetable मटर

peace /pi:s/ /पीस्/ noun, u. **1** *I hope the agreement will bring peace to the country.* = a state (condition) when there is no fighting or violence शांति **2** *I don't have peace of mind on this job.* = freedom from worry; a state of calmness चिंतामुक्त स्थिति, मन की शांति **peaceful** adj. *The election meeting was peaceful, although we expected some trouble.* = free from trouble or violence शांत

peach¹ /pi:tʃ/ /पीच्/ noun, c. (**peaches**) = a fruit which has a reddish yellow colour and soft, juicy flesh आड़ू (फल)

peach² adj. **1** *a peach coloured sari* = a light pink colour हल्का गुलाबी-सा रंग **2** *He is a peach of a person.* = having qualities that one can admire (informal) प्रशंसा योग्य व्यक्तित्व (अनौपचारिक)

pea•cock /'pi:kɒk/ /'पीकॉक्/noun, c. = a large bird with beautiful bluish-green feathers, specially in its tail, which is India's national bird मयूर, मोर (पक्षी)

peak¹ /pi:k/ /पीक/ noun, c. **1** *We reached the peak of the mountain.* = the top of a mountain चोटी, शिखर (पहाड़ की) **2** *Examination fever is at its peak now.* = the highest or strongest point उच्चतम स्तर, शिखर

peak² verb, i. *I hope the atheletes peak in time for the Olympic games.* = to reach the highest point of one's ability etc. शिखर पर पहुँचना

peak³ adj. *The traffic on this road during peak hours is really heavy.* = at the point of greatest activity व्यस्ततम

peal¹ /pi:l/ /पील्/ noun, c. *a peal of thunder* = a loud, long sound गड़गड़ाहट, गरज

peal² verb, i. *The bells are pealing.* = to produce a loud ringing sound घनघनाना, तेज़ी से बजना

pea•nut /'pi:nʌt/ /'पीनॅट्/noun, c. = a kind of edible nut that grows under the ground, from which oil is produced (also **groundnut** or **monkeynut**) मूँगफली

(देखें **groundnut** या **monkeynut**) **peanuts** (always plural) *I am paid peanuts!* = a very small sum of money which has almost no value (derogatory) (केवल बहुवचन में प्रयुक्त) न्यूनतम राशि (अनादरपूर्ण)

pear /peəʳ/ /पेअʳ/ noun, c. = a sweet, juicy fruit नाशपाती (फल)

pearl /pɜːl/ /पɜल्/ noun, c. = a shiny substance, often in the shape of a small ball, found inside some oysters, which has value as a precious stone and is used in making jewellery मोती, मुक्ता **pearl diver** noun, c. = a person who dives into the sea looking for oysters which may contain pearls मोती के लिए गोताखोर

peas•ant /'pezənt/ /'पेज़न्ट्/ noun, c. = a farmer who owns a small piece of land on which he/she grows crops so that his/her family can be fed खेतिहर, कृषक

peat /piːt/ /'पीट्/ noun, u. = a kind of mud which is found in bogs (wet places) and can be burnt like coal as it contains a lot of plant matter एक प्रकार का कीच, जिसका ईंधन के रूप में प्रयोग किया जा सकता है

peb•ble /'pebəl/ /'पेबल्/ noun, c. = a small, round, smooth stone found on riverbeds or on the seashore कंकड़, रोड़ा

peck[1] /pek/ /पेक्/ verb, i. or t. **1** = to strike or eat with the beak (referring to a bird) चुगना **2** *She is only pecking at her food, not eating anything.* = taking food in very small quantities, without any interest अनमने भाव से खाना

peck[2] noun, c. = a light kiss (informal) हल्का-सा चुंबन (अनौपचारिक)

pec•tin /'pektɪn/ /'पेक्टिन्/ noun, u. = a kind of chemical used for making jams and jellies, which is present in some fruits फलों में प्राप्त एक प्रकार का रसायन

pec•to•ral /'pektərəl/ /'पेक्ट्रल/adj. *pectoral muscles* = the muscles in the chest, below the shoulders उर स्थानीय

pe•cu•li•ar /pɪ'kjuːliəʳ/ /पि'क्यूलिअʳ/ adj. *He has a peculiar habit of taking a bath in the middle of the night. // The sauce has a peculiar taste. Maybe it has gone bad.* = strange and unusual, often in an unpleasant way अजीब, असाधारण **peculiarity** /pɪkjuːlɪ'ærɪti / /पिक्यूलि'ऐरिटी/noun, u. or c. (**peculiarities**) **1** (u.) = the quality of being peculiar असाधारणता, विशिष्टता **2** (c.) = a strange or unusual habit that a person has विशिष्ट गुण **peculiarly** adv. *This route is peculiarly different.* = more than what is usual असामान्य रूप से

ped•a•go•gy /'pedəgɒdʒi/ /'पेडगॉजी/noun, u. = the activity of teaching, specially young children शिक्षण, शिक्षा-शास्त्र

ped•al[1] /'pedl/ /'पेड्ल्/noun, c. *Press the brake pedal when you want to stop the car.* = a flat piece of metal, fitted to a motorcar or a bicycle, which is pressed down with the foot to drive it or to control its working 'पेडल', पैर द्वारा चलाए जाने वाले वाहन का भाग

pedal[2] verb, i. or t. *He pedalled down the road to the shop.*(i.) = to drive a bicycle by using its pedals पेडल से चलाकर

pe•dan•tic /pɪ'dæntɪk/ /पि'डैन्टिक्/ adj. *You should not be so pedantic about small grammatical mistakes.* = worried too much about rules or unimportant details (derogatory) पंडिताऊ (अनादरपूर्ण)

ped•dle /'pedl/ /'पेड्ल्/ verb, t. **1** *He goes around the city peddling ice cream.* = to go from place to place trying to sell something फेरी लगाना **2** = to sell illegal drugs अवैध दवाएँ बेचना **3** = to sell something which does not have much value कम मूल्य की वस्तु बेचना

ped•es•tal /'pedɪstəl/ /'पेडिस्ट्ल्/ noun, c. = the base on which a statue stands पीठिका, आधार

to put someone on a pedestal = to think of someone, as nobler, better and higher than he or she actually is (disapproving) ऊँचा उठाना (अस्वीकृत)

pe•des•tri•an[1] /pɪ'destriən/ /पि'डेस्ट्रिअन्/ noun, c. *There are so many cars on this road that it has become dangerous for pedestrians.* = a person who walks on a road पैदल यात्री

pedestrian[2] adj. *a very pedestrian style of writing* = dull and lacking in imagination (derogatory) सड़कछाप (अनादरपूर्ण) **pedestrian crossing** noun, c. = a place where pedestrians are allowed to cross a street (also **zebra crossing)** पैदल पारपथ (देखें **zebra crossing**)

pe•di•at•rics (paediatrics) /piːdɪ'ætrɪks/ /पीडि'ऐस्ट्रिक्स्/ noun = the branch of medicine which deals with the treatment of children's diseases शिशु-चिकित्सा **pediatrician (paediatrician)** /pidɪ'ætrɪʃən/ पिडि'ऐस्ट्रिशन्/ noun, c. = a doctor who treats children's diseases शिशु-चिकित्सा विशेषज्ञ

ped•i•cure /'pedɪkjʊəʳ/ /'पेडिक्युअʳ/ noun, u. or c. = care of the feet and the nails growing on the feet (see also **manicure**) पैरों की देखभाल, साज-सँवार (देखें **manicure**)

ped•i•gree[1] /'pedɪgriː/ /'पेडिग्री/noun, u. or c. *He has bought an Alsatian dog with a pedigree.* = a written record of the family history (who the parents, grandparents etc. were) of a human being or an animal वंशावली

pedigree[2] adj. *a pedigree dog* = an animal which has a pedigree पशु जिसकी नस्ल का इतिहास ज्ञात हो

pee[1] /piː/ /पी/ verb, i. = to urinate (slang, not polite) मूतना (अपभाषा, विनम्र नहीं)

pee[2] noun, u. = the act of urinating (slang, not polite) मूतने की क्रिया (अपभाषा, विनम्र नहीं)

peek[1] /piːk/ /पीक्/ verb, i. *She tried to peek through the curtains at the guests.* = to take a quick look without letting others know झुलकी मारना (अपभाषा, विनम्र नहीं)

peek[2] noun, c. *Take a peek.* = the act of peeking झलक देखना **a peek preview** = a viewing of a film which is not yet showing at the cinemas for a small and

P

special audience सीमित संख्या में, विशिष्ट दर्शकों के सम्मुख फ़िल्म का दिखाया जाना

peel[1] /piːl/ /पील्/verb, t. or i. **1** *Can you peel this orange for me? // The nurse peeled off my bandages.*(t.) = to remove the skin or outer covering from a fruit, vegetable or some other object छीलना **2** *The paint on the building is beginning to peel.*(i.) = to lose part of the surface छिलना, उखड़ना, झड़ना

peel[2] noun, u. *You can use orange peel to make marmalade.* = the skin of a fruit or vegetable which has been removed छिलका

to keep one's eyes/ears peeled = to keep a careful watch or listen for something very carefully आँख-कान खुले रखना

peep[1] /piːp/ /पीप्/ verb, i. **1** *The child peeped out of the window.* = to take a quick look झाँकना **2** *The sun peeped through the clouds.* = to appear for a short time झलकना, झाँकना

peep[2] noun, c. *He had a peep at the book before the examination began.* = a quick short look नज़र डालना **peeping Tom** noun = a man who has a bad habit of peeping at people, specially women, in an offensive manner, through doors etc. (derogatory) ताक-झाँक करने वाला व्यक्ति (अनादरपूर्ण)

peer[1] /pɪəʳ/ /पिअ़ʳ/ verb, i. *She was peering at the letter, trying to make out from the handwriting who the writer could be.* = to look very carefully at something by narrowing one's eyes बारीकी से देखना, गौर से देखना

peer[2] noun, c. *The child should be put in the same class as her peers.* = a person of the same age or position as someone else समस्तरीय, आयु व स्तर की दृष्टि से समकक्ष **peer group** noun = a group of people, specially children, who are of the same age or educational level एक ही उम्र या शैक्षिक स्तर के लोगों, खासकर बच्चों का समूह **peerless** adj. *Her beauty is peerless.* = with nothing to equal it बेजोड़, अद्वितीय

peeve /piːv/ /पीव्/ verb, t. *I felt peeved when she did not return my phone call.* = to feel angry or to cause someone to feel angry नाराज़ होना, चिढ़ना

peg[1] /peg/ /पेग्/ noun, c. **1** *My trousers are hanging from the peg on the wall. // We will hammer the tent pegs into the ground and then put up our tent.* = a short piece of wood or metal fixed to a wall or driven into the ground, used for hanging things from, tying things to etc. खूँटा, खूँटी **2** *a peg of whisky* = a measure of the amount of some alcoholic drink that one consumes (takes) पेय (शराब) की मात्रा

peg[2] verb, t. **1** *I have pegged the bookshelf to the wall.* = to fix with a peg खूँटी से टाँगना **2** *The price of oil has been pegged to the 1999 level.* = to fix the price of things at a certain level किसी स्तर पर निश्चित करना

off the peg *He buys his clothes off the peg.* = ready-made; not specially made to fit somebody सिले-सिलाए, तैयार

to have somebody pegged = to know exactly what a person's character is (informal) किसी के व्यक्तित्व, चरित्र को जानना (अनौपचारिक)

pe•jor•a•tive /pɪˈdʒɒrətɪv/ /पि'जॉरटिव्/adj. *Don't call me a donkey! Don't you know the word is pejorative?* = (of the use of a word or language in general) carrying a negative or unpleasant meaning निंदात्मक, अपकर्षार्थी

pe•kin•ese /piːkɪˈniːz/ /पीकि'नीज़्/noun = a small dog with a wide face and long, silky hair चौड़े मुँह और लंबे रेशमी बालों वाला एक छोटा कुत्ता

pel•i•can /ˈpelɪkən/ /'पेलिकन्/ noun = a large bird with a long beak, the lower part of which looks like a bag एक प्रकार का लंबी चोंच वाला पक्षी जिसका निचला भाग झोले जैसा होता है, पेलिकन

pel•let /ˈpelɪt/ /पेलिट्/ noun, c. **1** *a paper pellet* = a small ball-like mass of some substance ढेला, गोली, टिकिया **2** = a small piece of lead which is fired from a gun गोली(बंदूक की), छर्रा

pelt[1] /pelt/ /पेल्ट्/ verb, t. **1** *The spectators pelted the players with plastic water bottles.* = to attack someone by throwing a large number of things quickly ढेले चलाना या मारना, बौछार करना **2** *The rain pelted down and we all had to run into the house.* = to rain very heavily मूसलाधार वर्षा **3** *The students pelted past us to catch the bus.* = to run very fast तेज़ी से भागना, लपकना

pelt[2] noun, c. *the pelt of a leopard* = the skin of a dead animal, before it has been dried and made into leather खाल, फर

pel•vis /ˈpelvɪs/ /पेल्विस्/ noun = the framework of bones below the waist, to which the bones of the leg are joined श्रोणी, कमर के नीचे की वे अस्थियाँ जिनसे टाँगों की हड्डियाँ जुड़ती हैं **pelvic** adj. *a pelvic fracture* = of the pelvis श्रोणी की/का

pen[1] /pen/ /पेन्/ noun, c. **1** *a ballpen* = an instrument used for writing लेखन के लिए प्रयुक्त उपकरण, पेन **2** *a cattle pen* = a small area enclosed with a fence, in which animals, specially cattle, are kept बाड़ा **3** *play pen* = a small place, sometimes a cot, enclosed by a frame, in which a baby can play safely खटोला

pen[2] verb, t. **1** *She has penned me a letter at last.* = to write (old-fashioned) लिखना (पुराने प्रचलन का) **2** *The sheep have been penned in.* = to shut animals in a pen बाड़े में बंद करना **penfriend** noun, c. = a person whom one has made friends with by writing letters, but has not met पत्र-मित्र **penknife** noun, c. (**pen-knives**) = a small knife with a blade that can fold up छोटा चाकू जिसका फल मुड़ सकता है **penname** noun, c. = the false name under which a writer may write (see also **nom de plume** or pseudonym) उपनाम (देखें **nom de plume** या **pseudonym**)

pe•nal /'pi:nl/ /'पीन्ल्/ adj. *Criminals are punished under the country's penal laws.* = relating to crime and its punishment दंड-संबधी

penalize (-ise) /'pi:nəlaɪz/ /'पीनलाइज़्/ verb, t. **1** = to punish someone for breaking a law or a rule दंडित करना **2** *The teacher penalized the student for his bad handwriting by deducting five marks.* = to punish or to put someone at a disadvantage सज़ा या दंड देना

penalty /'penltɪ/ /'पेनल्टी/ noun, u. or c. (**penalties**) **1** *There will be a penalty of Rs 500 if you are caught driving a car on the wrong side of the road.*(c.) = a punishment for breaking a law or rule, often in the form of a fine (an order to pay money as punishment) जुर्माना **2** *The referee awarded a penalty as the centre-forward fouled a player inside the penalty area.* = a punishment given to a player or team for breaking a rule in a game खेल के संदर्भ में सज़ा, पेनल्टी

pen•ance /'पेनॅन्स/ noun, u. *He once shot a bird and felt so sorry that he gave up meat as penance.* = the action of doing something to show that one is sorry for something wrong that one has done प्रायश्चित

pen•cil /'pensəl/ /'पेन्स्ल्/ noun, c. = a writing object made of wood or metal, which has a stick of some soft material inside that leaves marks on paper पेन्सिल

pen•dant /'pendənt/ /'पेन्डन्ट्/ noun, c. = a small object worn around the neck with a chain 'पेन्डेंट'; गले के आभूषण में लटकने वाला आभूषण

pend•ing[1] /'pendɪŋ/ /'पेन्डिङ्/ adj. *My case has not been decided yet by the judge; it is still pending.* = undecided जिसपर अभी कार्य नहीं किया गया अथवा निर्णय नहीं लिया गया, अनिर्णीत, विचाराधीन

pending[2] prep. *We will allow you to continue working, pending the orders for your transfer.* = until (while waiting for) जबतक

pen•du•lum /'pendjʊləm/ /'पेन्ड्युलम्/ noun, c. *the pendulum of a clock* = a rod or a piece of string with a weight at the bottom, which hangs from a fixed point and can swing freely from side to side (Old-fashioned clocks had pendulums to make sure they kept correct time.) लोलक, 'पेण्डुलम'

pen•e•trate /'penɪtreɪt/ /'पेनिट्रेट्/ verb, t. or i. **1** *The bullet penetrated the door.*(t.) = to enter into something or pass through something अंदर धँस जाना या पार निकल जाना **2** *The poem was difficult to penetrate.*(i.) = to be understood (figurative) समझना (लाक्षणिक) **penetration** /penɪ'treɪʃən/ /पेनि'ट्रेइशन्/ noun, u. = the action of penetrating (entering into) something भेदना **penetrating** adj. **1** *He gave us a penetrating look when we entered the room late.* = a steady, long look intended to make a person feel uncomfortable तीखा, तीखी, उग्र **2** *She asked some penetrating questions during the presentation.* = intelligent and forcing one to think बुद्धिमत्तापूर्ण, विवेकपूर्ण

pen•guin /'peŋgwɪn/ /'पेङ्ग्विन्/ noun, c. = a large sea bird living in Antarctica that cannot fly but is very good at swimming under the water अंटार्क्टिका में पाया जाने वाला एक विशाल समुद्री पक्षी जो उड़ नहीं सकता किंतु पानी के नीचे तैर सकता है

pen•i•cil•lin /penɪ'sɪlɪn/ /पेनि'सिलिन्/noun = a powerful antibiotic (medicine that can destroy many kinds of bacteria which cause disease and infection) made from a kind of fungus पेनसिलीन, एक प्रचलित दवा

pe•nin•su•la /pɪ'nɪnsjʊlə/ /पि'निन्स्युल/ noun, c. *the Deccan peninsula* = a piece of land almost completely surrounded by water प्रायद्वीप

pe•nis /'pi:nɪs/ /'पीनिस/noun, c. = the sex organ of a male animal or human being नर जीव का लिंग, शिश्न

pen•i•tent /'penɪtənt/ /'पेनिटन्ट्/adj. *After he had hit the dog, he felt penitent and promised never to hurt it again.* = feeling very sorry for something wrong that one has done, which one realises to be wrong पश्चात्ताप-ग्रस्त

penitentiary /pənɪ'tenʃəri/ /पनि'टेन्शरी/ noun, c. (**penitentiaries**) = a kind of prison where people who have committed small crimes are given a chance to improve their behaviour कैदियों का सुधार-गृह

pen•ny /'peni/ /'पेनी/ noun, c. (**pennies** or **pence**) = the smallest unit of money used in Britain (1 pound = 100 pence) ब्रिटेन की लघुतम मुद्रा (1 पौंड = 100 पेंस) **penniless** adj. *a penniless writer* = a person without money निर्धन **penny-pincher** noun, c. = a person who does not like to spend money; a miser कंजूस

pen•sion /'penʃən/ /'पेन्शन्/ noun, c. = an amount of money which one receives every month after one has retired (stopped working), from a former employer पेन्शन, निवृत्ति-वेतन **pensioner** noun, c. = a person who has stopped working and is getting a pension पेंशन प्राप्तकर्ता

pen•sive /'pensɪv/ /'पेन्सिव्/ adj. *He was in a quiet and pensive mood after he heard of his friend's illness.* = thoughtful and sad विचारमग्न, ध्यानमग्न, विषादग्रस्त

penta- prefix meaning 'five उपसर्ग 'पंच' e.g. **pen•ta•gon** /'pentəgən/ / पेन्टगन/ noun, c. = a geometrical figure (shape) with five equal sides (see pic under **shapes**) पंचभुज (**shapes** के अंतर्गत चित्र देखें)

Pentagon noun = a building in Washington, the capital of the U.S.A., from which the American defence forces (army, navy and air-force) are controlled अमेरिका

P

की राजधानी वाशिंगटन में स्थित एक भवन जहाँ से सेनाओं का नियंत्रण किया जाता है/अमेरिकी रक्षा मंत्रालय का भवन

pen•tam•e•ter /pen'tæmitθr/ / पेन्'टैमिटर/ noun = a line of poetry which contains five main beats (loud or strong sounds) पाँच चरणों वाली कविता, कविता का एक छंद

pentathlon /pen'tæθlən/ /पेन्'टैथिलन/ noun, c. = a sports competition in which there are five events (see also **decathlon**) एक खेल प्रतियोगिता जिसमें पाँच खेल होते हैं (देखें **decathlon**)

pent•house /'penthaʊs/ /'पेन्ट्हाउस्/ noun, c. = a set of rooms built on top of a tall building covering the entire area of the floor below ऊँचे भवन की छत पर बने कमरे, सायबान

pent-up adj. *She has no one to speak to in this place. So she never gets a chance to express her pent-up feelings.* = (feelings) that one cannot express freely, which one is forced to keep within oneself दबा हुआ

pe•nul•ti•mate /pi'nʌltɪmɪt/ /पी'नॅल्टिमिट्/adj. *This is the penultimate match. The winning team will go to the final.* = just before the last or final event; the semi-final event in a tournament (formal) उपांत, अंतिम से पूर्व का (औपचारिक)

pe•num•bra /pɪ'nʌmbrə/ /पि'नॅम्ब्र/ noun = a slightly dark area surrounding an area of complete darkness, called the umbra [PHYSICS] उपछाया [भौतिकी]

pen•u•ry /'penjʊri/ /'पेन्युरी/ noun, u. *The man lives in complete penury. He has no money even to buy food.* = very great poverty (state of being poor) गरीबी, निर्धनता, कंगाली

pe•o•ny /'pi:əni/ /'पीअनी/ noun = a garden plant with white or pink flowers एक प्रकार का पौधा जिसमें सफ़ेद या गुलाबी फूल उगते हैं

peo•ple[1] /'pi:pəl/ /'पीपल्/noun, c. **1** *I don't know many people in this city.* = more than one person लोग **2** *The Prime Minister spoke to the people on television.* = the citizens of a country जनता **3** *The French are a very artistic people.* = the whole of a nation किसी देश के लोग **4** *Are all your people coming for your wedding?* = relatives संबंधी

people[2] verb, t. *Singapore is peopled by groups from various nationalities.* = to live in a place बसा हुआ **peoples** noun (always plural) *the peoples of the world* = the different nations (केवल बहुवचन में प्रयुक्त) विभिन्न राष्ट्र

pep /pep/ /पेप्/ noun, u. *He never seems to get tired. He is always full of pep.* = energy and high spirits (informal) उछाह (अनौपचारिक) **pep pill** noun, c. = a medicine or drug which gives one energy for a short time स्फूर्तिदायक गोली **pep talk** noun, c. *The captain gave his players a pep talk before the match.* = a short talk which gives the listeners courage or the desire to win (informal) उत्साहवर्धक भाषण (औपचारिक)

pep•per[1] /'pepəʳ/ /'पेपॅ/ noun, u. = a kind of spice with a hot taste, made from the small, round seeds of a plant काली मिर्च

pepper[2] verb, t. *The article was peppered with quotations from famous writers.* = containing a lot of भरा होना **peppery** चटपटा बनाना adj. **1** *The peppery taste of the curry made my throat burn.* = hot (like that of pepper) तीखा, चटपटा **2** *He has a peppery temper.* = easily made angry तेज मिज़ाज, चिड़चिड़ा **pepper-and-salt** adj. *pepper-and-salt coloured moustaches* = a mixture of black and white श्वेत-श्याम मिश्रित, काला-सफ़ेद

pep•per•mint /'pepəmɪnt/ /'पेपमिन्ट्/ noun = a kind of sweet made from the mint plant 'पिपरमिंट गोली', पुदीने से बनी मीठी गोली

pep•sin /'pepsɪn/ /'पेप्सिन्/ noun = a kind of juice produced in the stomach that helps to break down and digest food पाचक रस **peptic ulcer** noun, c. = a kind of wound that forms inside the stomach of a person who has too much acid in the stomach पेप्टिक अल्सर (पेट का फोड़ा)

per /pəʳ/ /पर/ prep. **1** *He earns Rs 3000 per month.* = in each प्रति, हर **2** *These eggs cost Rs 20 per dozen.* = for each हरेक **per annum** /pər 'ænəm/ adv. *a salary of Rs 1.5 lakh per annum* = in each year वार्षिक, प्रति वर्ष **per capita** /pər 'kæpitə/ adv. *the per capita income of the country* = for each person प्रति व्यक्ति **per cent** /pə 'sent/ adv. *You will have to pay 10 per cent interest on this loan.* = for each hundred प्रतिशत

per•am•bu•la•tor /pə'ræmbjʊleɪtəʳ/ /प'रैम्ब्युलेइटॅ/ noun, c. = a small carriage with wheels in which a baby can be taken out into the fresh air (formal) (also **pram**) 'प्रैम', शिशु को टहलाने की गाड़ी (औपचारिक) (देखें **pram**)

per•ceive /pə'si:v/ /प'सीव/ verb, t. *I perceive a slight improvement in the patient's condition. // I now perceive what the writer is trying to say.* = to be able to see or to understand देखना या समझ में आना, अनुभव करना **perception** /pə'sepʃən/ /प'सेप्शन्/ noun, u. **1** = the action of perceiving (understanding) something बोध, समझ, प्रत्यक्षण **2** *With her keen perception the teacher understood the students' problems.* = the ability to look at things and understand them well अवबोधन **perceptible** adj. *I see no perceptible change in his behaviour.* = which can be easily perceived (seen) बोधगम्य **perceptive** adj. *Your comments on the book were highly perceptive.* = showing very good understanding बोधक्षम, ग्रहणशील

perch[1] /pɜ:tʃ/ /पɜच्/ verb, i. **1** *The bird perched on the highest branch of the tree.* = to come to rest (used to refer to a bird) बैठना (पक्षी का) **2** *His cottage was perched on a high rock.* = to be in a certain position on top of something high स्थित

perch² noun, c. **1** *The bird found a perch on the highest branch of the tree.* = a resting place for a bird विश्रामस्थल (पक्षी का) **2** *From his perch on the rooftop he could see the procession clearly.* = a high position ऊँचाई का स्थान

per•co•late /ˈpɜːkəleɪt/ /ˈपɜकलेइट्/ verb, i. **1** *Rainwater percolates through the soil and forms large pools below the ground.* = to pass slowly through some material which has very small holes महीन छलनी या कपड़े से छनना या छानना, रिसना **2** *Very little news of the peace talks percolated to the public.* = to reach (figurative) पहुँचना (लाक्षणिक) **percolator** /pɜːkəˈleɪtəʳ/ /पɜकˈलेइटʳ/ noun, c. = an electrical machine used for making coffee by allowing boiling water to percolate (pass) through powdered coffee कॉफी बनाने का उपकरण

per•cus•sion /pəˈkʌʃən/ /पˈकॅशन्/ noun, u. = the sound produced by a musical instrument such as a tabla or drum, caused by striking a tightly stretched piece of leather with the fingers and hands or with a stick थाप, तबला, ढोल आदि की ध्वनि **percussionist** noun, c. = a musician who plays some kind of percussion instrument, e.g. a drum तबलची, ढोलची, तबला-वादक

pe•remp•to•ry /pəˈremptəri/ /पˈरेम्प्ट्री/ adj. *You should not have dismissed her in that peremptory manner, without listening to her point of view.* = not polite or friendly (as if giving an order to someone and expecting to be obeyed) आदेशात्मक, विनम्र नहीं

pe•ren•ni•al /pəˈreniəl/ /पˈरेनिअल्/ adj. **1** *Shortage of water is a perennial problem in the city.* = permanent; lasting for ever स्थायी **2** *a perennial plant* = a plant that lives for more than two years (compare **annual, biennial**) [BIOLOGY] दो वर्ष से अधिक जीवित रहने वाला पौधा, बहुवर्षी (देखें **annual, biennial**) [जीव विज्ञान]

per•fect¹ /ˈpɜːfɪkt/ /ˈपɜफ़िक्ट्/ adj. **1** *The weather is just perfect for a picnic—not too hot and not too cold.* = without any fault दोषरहित **2** *Rati is perfect for the job.* = exactly right एकदम सही, उपयुक्त **3** *She is a perfect novice at the job.* = complete पूर्ण, पूरा **4** = the form of a verb which tells us whether an action may be thought of as complete, e.g. 'He has done his homework.' [GRAMMAR] एक क्रिया रूप [व्याकरण]

perfect² /pəˈfekt/ /पɜˈफ़ेक्ट्/ verb, t. *She has perfected her singing.* = to make something perfect निखारना **perfection** /pəˈfekʃən/ /पˈफ़ेक्शन्/ noun, u. *You should aim at perfection in your dancing.* = the state of being perfect (having no defects) दोषरहित अवस्था **perfectionist** noun, c. = a person who does things as well as he or she possibly can and expects others to do the same (generally approving) पूर्णताग्रही, आदर्शवादी (स्वीकृत) **perfectly** adv. **1** *They gave us perfectly cooked curry.* = in a perfect or beautiful way सही रूप से **2** *He had a perfectly good reason for being late.* = very एकदम उपयुक्त, एकदम सही

per•fo•rate /ˈpɜːfəreɪt/ /ˈपɜफ़रेइट्/ verb, t. *The doctor medically perforated the patient's lung to let the fluid out.* = to make a hole or holes in something छेदना **perforation** /pɜːfəˈreɪʃən/ /पɜफ़ˈरेइशन्/noun, c. *The sheets of paper have perforations down the middle, so that they can easily be torn into two.* = a small hole or line of holes छेदन

per•form /pəˈfɔːm/ /पˈफ़ॉɔम्/ verb, t. or i. **1** *I am happy to see that you have performed all the tasks which were given to you.*(t.) = to do something; to carry out or complete a piece of work कर दिखाना **2** *The students are performing a play on the stage.*(t.) = to present a show before an audience अभिनीत करना, की प्रस्तुति करना **3** *All our players performed well in this match.*(i.) = to do something that requires skill प्रदर्शन करना **performance** noun, u. **1** *Our hockey team's performance in this match was brilliant.* = the manner of doing something उपलब्धि **2** *Pandit Chaurasia, the famous flute player, will give a performance at the Rabindra Bhavan this evening.* = a public show प्रदर्शन (कला का) **performer** noun, c. **1** = a person who performs (gives a show before an audience) (sometimes not respectful) कलाकार **2** *a good performer* = a person who takes part in an exam, test etc. भाग लेने वाला (परीक्षादि में)

per•fume /ˈpɜːfjuːm/ /ˈपɜफ़्यूम्/ noun, u. **1** *the perfume of roses* = a very pleasant smell सुगंध, खुशबू **2** *a bottle of French perfume* = a liquid made from flowers etc. which has a very pleasant smell and is used mainly by women to give their bodies an attractive smell इत्र

per•func•to•ry /pəˈfʌŋktəri/ /पˈफङ्क्ट्री/ adj. *The examiner was in a hurry and examined the answer-papers in a perfunctory manner.* = careless and hurried (formal) बेपरवाही से किया हुआ (औपचारिक)

per•haps /pəˈhæps/ /पˈहैप्स्/ adv. *He is twenty, perhaps twentyfive years old.* = possibly; maybe शायद

per•il /ˈperɪl/ /ˈपेरिल्/ noun, u. or c. *The man realized he was in peril when he saw a leopard about to jump on him.*(u.) // *My father had fought in the mountains and he often told us about the perils of war.*(c.) = great danger(s) खतरा, जोखिम **perilous** adj. *The journey to Mansarovar, across high mountains, is perilous.* = dangerous खतरनाक, जोखिम भरा

pe•rim•e•ter /pəˈrɪmɪtəʳ/ /पˈरिमिट्/ noun, u. *The perimeter of the school compound is protected by a fence.* = the border or outer edge of an area of land परिधि, घेरा

pe•ri•od /ˈpɪəriəd/ /ˈपिअरिअड्/ noun, c. **1** *He spent a period of five years in China.* = a length of time समयावधि **2** *Many great poets were born during the Mughal period.* = a particular length of time in the history of a country etc. काल विशेष का **3** *The*

P

geography teacher will meet us in the third period. = a part of the school time-table पीरियड **4** = the time of the month when a woman loses blood from her body (see also **menses**) माहवारी (देखें) **5** (American) *There should be a period at the end of the sentence.* = fullstop (अमेरिकी प्रयोग) विराम, अंतराल **periodic** /pɪəri'ɒdɪk/ /पिअरी'ऑडिक्/ adj. *We have periodic tests in this school.* = happening regularly, after a certain length of time (also **periodical** adj.) मियादी, नियमित (देखें **periodical**) **periodical** noun, c. = a magazine that appears after a regular period of time, e.g. once in a month (formal) पत्रिका (औपचारिक) **periodic table** noun = a list of all the chemical elements arranged in a table depending on the number of positively charged particles (protons) they have [CHEMISTRY] आवर्त्ती सारणी [रसायन शास्त्र]

pe•riph•e•ry /pə'rɪfəri/ /प'रिफ़री/ noun, c. (**peripheries**) or u. *Our school is on the periphery of the city.* = the outer edge of an area; the less important part, away from the centre परिधि, कम महत्त्वपूर्ण जगह **peripheral** adj. *Listening to music is a peripheral interest of mine.* = not as important as something else परिधीय, बाहरी, कम महत्त्व वाला

per•i•scope /'perɪskəʊp/ /पेरिस्कउप्/ noun, c. = an instrument consisting of a long tube fitted with mirrors, which allows one to see something that is above him/her. (Used by people in submarines to look at ships sailing on the surface of the sea.) परिवीक्षण-यंत्र, समुद्र में चलने वाले जहाजों को पनडुब्बी में से देखने वाला यंत्र

per•ish /'perɪʃ/ /'पेरिस्/ verb, i. **1** *Many people perished in the train accident.* = to die (referring to people or animals) (often literary) मरना, मृत्यु होना (प्राय: साहित्यिक) **2** *The vegetables perished while they were being transported.* = to become spoilt or rotten (referring to food) (खाने की चीज़ का) सड़ना-गलना **perishable** adj. = something that can easily get spoilt or rotten (referring to food) खराब होना, सड़ जाना (खाद्य पदार्थ के संबंध में)

per•ju•ry /'pɜ:dʒəri/ /'पऽजरी/ noun, u. = the crime of telling a lie in court after promising to tell the truth [LAW] झूठी गवाही [कानून] **perjurer** noun, c. = one who commits perjury झूठी कसम खाने वाला, झूठा गवाह

perk[1] /pɜ:k/ /पऽ'क्/ noun, c. *She gets a good salary as well as lots of perks, such as money for books.* = an advantage or benefit that one gets from one's work, in addition to one's salary (informal) सुविधाएँ (अनौपचारिक) (formal = **perquisite**) औपचारिक perquisite

perk[2] verb, i. *He was looking rather sad, but he perked up when I told him that he had won a prize.* = to become more cheerful प्रसन्नचित्त होना **perky** adj. = cheerful and full of life जीवंत, खुशमिज़ाज

perm[1] /'pɜ:m/ /'पऽम/(abbr. of **permanent wave**) noun, c. = waves or curls put in a woman's hair, using a chemical process, so that they will last for several months कृत्रिम लट (बालों की)

perm[2] verb, t. *The hair dresser will perm your hair.* = to give someone a perm लटें बनाना

per•ma•nent /'pɜ:mənənt/ /'पऽमनन्ट्/ adj. *The job he has been given is only for a year, but it may become permanent.* = lasting forever or for a long time स्थायी **permanence** noun, u. = the quality of being permanent स्थायित्व

per•man•ga•nate /pə'mæŋgənɪt/ /प'मैंगनिट्/ noun, u. = a chemical having a dark purple colour, used for disinfecting (killing harmful germs) (also **potassium permanganate**) गाढ़े बैंगनी रंग का एक कीटाणुनाशक रसायन पदार्थ (देखें **potassium permanganate**)

per•me•ate /'pɜ:mieɪt/ /'पऽमिएइट्/ verb, i. or t. **1** *Water permeated through tiny cracks in the roof.*(i.) = to pass through (referring to some liquid or gas) रिसना **2** *The smell of stale food permeates the entire building.*(t.) = to fill; to be present everywhere (formal) भर या फैल जाना (औपचारिक) **permeable** adj. *Sandstone is permeable to water.* = allowing some substance (usually a liquid or gas) to pass through it पारगम्य

per•mis•sion /pə'mɪʃən/ /प'मिशन्/ noun, u. *The Chairman has given me permission to speak.* = the act (done by a person in authority) of allowing someone to do something अनुमति **permissive** adj. *Society has become more permissive now than it was a hundred years ago.* = allowing a lot of freedom in matters of behaviour (disapproving) उदार (अस्वीकृत)

per•mit[1] /pə'mɪt/ /पमिट्/ verb, t. (**permitted**) *Please permit her to enter the room.* = to allow someone to do something (formal) अनुमति देना (मुख्य क्रिया + ने देना, जैसे-करने देना, आने देना) (औपचारिक)

permit[2] /'pɜ:mɪt/ /'पऽमिट्/ noun, c. *I have a permit allowing me to travel.* = an official document allowing someone to do something, especially for a certain period of time अनुमति-पत्र

per•mu•ta•tion /pɜ:mjʊ'teɪʃən/ /पऽम्यु'टेइशन्/ noun, u. or c. *We have six kinds of vegetables. You can have any three kinds for lunch or dinner. Let us try out different permutations and see what we enjoy best.* = one of the ways in which a number of things can be arranged in a group [MATHEMATICS] क्रम-निर्धारण [गणित]

per•ni•cious /pə'nɪʃəs/ /प'निशस्/ adj. *The pernicious effects of smoking are becoming clear now.* = extremely harmful (formal) अत्यंत हानिकर (औपचारिक)

per•ox•ide /pə'rɒksaɪd/ /प'रोक्साइड्/ noun = a liquid that is used to kill germs and make face and hair colour lighter (also **hydrogen peroxide**) एक कीटाणुनाशक द्रव पदार्थ जिसे चेहरे और बाल का रंग हल्का करने में इस्तेमाल किया जाता है (देखें **hydrogen peroxide**)

per•pen•dic•u•lar[1] /pɜːpənˈdɪkjʊləʳ/ /पऽपन्'डिक्युलर/ adj. *The wall should be perfectly perpendicular.* = making an angle of 90 degrees with the ground लंब, 90^0 के कोण की खड़ी रेखा

perpendicular[2] noun, c. = a line which makes an angle of 90 degrees with another line 90^0 का कोण बनाती हुई खड़ी रेखा

per•pe•trate /ˈpɜːpɪtreɪt/ /'पऽपिट्रेइट्/ verb, t. *The evil king perpetrated many crimes during his reign.* = to do something wrong or illegal (formal) (अनुचित कार्य) कर डालना (औपचारिक) **perpetrator** noun, c. = one who has committed a crime or done something wrong or evil अपराधी, अपराधकर्त्ता

per•pet•u•al /pəˈpetʃuəl/ /प'पेचुअल्/ adj. **1** *Mt Everest is covered in perpetual snow.* = permanent; having no end चिरस्थायी, अंतहीन **2** *The perpetual chatter in the classroom made the teacher angry.* = continuing for a long time (formal, often derogatory) सतत, निरंतर (औपचारिक, कभी-कभी अनादरपूर्ण) **perpetuate** verb, t. *We must do something to end poverty. We can't allow it to be perpetuated.* = to make something continue for ever (formal) बने रहना, कायम रहना (औपचारिक) **perpetuity** /pɜːpiˈtjuːiti/ /पऽपीट्यूइटी/ noun, u. *The government has allowed us to keep this land in perpetuity.* = for all time (formal) स्थायी रूप से (औपचारिक)

per•plex /pəˈpleks/ /प'प्लेक्स्/ verb, t. *He is very friendly one day but the next day he will not even recognize you. His behaviour will perplex you.* = to cause confusion (failure to understand) हैरान कर देना **perplexed** adj. हैरान

per se /pɜːˈseɪ/ /पऽ'सेइ/ adv. *Watching television is not a bad thing per se, but it can hinder the development of reading.* = by itself (not considered along with other things) अपने आप में

per•se•cute /ˈpɜːsɪkjuːt/ /'पऽसिक्यूट्/ verb, t. = to treat someone cruelly and make him/her suffer for racial, religious or political reasons जाति, धर्म आदि को लेकर किसी के साथ निर्दयता का व्यवहार करना **persecution** /pɜːsɪˈkjuːʃən/ /पऽ'सिक्यूशन्/ noun, u. *persecution of the freedom fighters.* = the act or the effect of being persecuted अत्याचार

per•se•vere /pɜːsɪˈvɪəʳ/ /पऽसि'विअर/ verb, i. *When you are learning yoga, you may often feel discouraged and want to give up, but you should persevere.* = to go on trying to do something in spite of difficulties हिम्मत न हारना **perseverance** noun, u. = the quality that makes a person persevere (go on trying) अध्यवसाय

Per•sian /ˈpɜːʃən/ /पऽ'श्न्/ noun, c. or u. **1** = a person who belongs to Persia (Iran) फ़ारस-निवासी **2** = the language of Iran फ़ारसी (भाषा)

per•sist /pəˈsɪst/ /प'सिस्ट्/ verb, i. **1** *The teacher asked the student not to talk in class, but the student persisted.* = to go on doing something even when asked not to do it डटे रहना, मना करने के बावजूद करते रहना **2** *We are trying to remove malaria completely but it still persists.* = to continue to exist कायम रहना **persistent** adj. **1** *I told the salesperson that I did not want to buy anything but she was persistent.* = continuing to do something that is not liked or that one is told not to do (derogatory) पीछे पड़ना (अनादरपूर्ण) **2** *She has a persistent cough* = something undesirable that will not go away easily न खत्म होने वाला, बने रहने वाला **persistence** noun आग्रह, स्थायित्व

per•son /ˈpɜːsən/ /'पऽसन्/ noun, c. or u. **1** *This car can seat four persons.* = people; human beings in general व्यक्ति **2** *I like her as a person, though she is not a good teacher.* = individual; a human being with certain qualities that make him/her different from others व्यक्ति **3** *The police searched his person and found some drugs .* = body शरीर **4** *first/second/third person* = a form of a pronoun or verb that indicates whether the speaker is referring to himself/herself, or to the listener, or to someone else [GRAMMAR] पुरुष (सर्वनाम अथवा क्रिया संबंधी) [व्याकरण] **5** *businessperson/chairperson* = someone who works in business or is the head of a company व्यापारी, अध्यक्ष

per•son•a•ble /ˈpɜːsənəbəl/ /'पऽसनबल्/adj. *He is very personable. You will like him.* = having an attractive appearance or character (formal) आकर्षक (व्यक्तित्व) (औपचारिक)

personal /ˈpɜːsənəl/ /'पऽसनल्/ adj. **1** *This is a personal letter. I can't let you read it.* = private; belonging to or meant for one person only व्यक्तिगत **2** *The minister made a personal appeal to the public.* = done by a particular person and not by somebody else निजी **3** *We offer personal service at our bank.* = paying special attention to each individual व्यक्तिगत **personal computer (PC)** noun, c. = a small computer, generally for the use of one person पीसी (छोटा कंप्यूटर) **personal pronoun** noun, c. *'I', 'you' and 'he' are personal pronouns.* = a pronoun that refers to some person such as the speaker or the person being spoken to [GRAMMAR] व्यक्तिवाचक सर्वनाम [व्याकरण]

to get personal with somebody = to make a remark about someone's appearance or character (disapproving) किसी के बारे में टिप्पणी करना (गलत तरीके से) (अनादरपूर्ण) **in person** *You will have to come in person if you want to vote.* = yourself स्वयं, खुद, अपने आप

per•son•al•i•ty /pɜːsəˈnælɪti/ /पऽस'नैलिटी/ noun, u. or c. **1** *a leader with a powerful personality*(u.) = having qualities of character which have an effect on other people व्यक्तित्व **2** *Many personalities have been invited to the meeting.*(c.) = a person who is wellknown to the public महानुभाव **personality cult** noun = the

P

belief that the personality (character) of a leader is more important in politics than the party or its views राजनीति में पार्टी या विचारधारा से अधिक किसी व्यक्तित्व को महत्त्व देने की विचारधारा

per•son•i•fy /pəˈsɒnɪfaɪ/ /पˈसॉनिफ़ाइ/ verb, t. *She personifies kindness.* = to think of someone as being the perfect example of some quality का आदर्श होना **personification** /pəsɒnɪfɪˈkeɪʃən/ /पसॉनिफ़िˈकेइशन्/ noun, u. **1** = the act of personifying something (thinking of someone as human) मानवीकरण **2** *personification of evil* = a person who is a perfect example of some quality व्यक्ति जो किसी गुण का साकार रूप हो

per•son•nel /pɜːsəˈnel/ /पऽसˈनेल्/ noun, u. (plural **personnel**) *We need trained personnel for this factory.* = the persons working for an organization कर्मचारी

per•spec•tive /pəˈspektɪv/ /पˈस्पेक्टिव्/ noun, u. or c. **1** *Don't allow your troubles to conquer you. Try to see things in the right perspective.*(u.) = the sensible and balanced way of looking at things परिप्रेक्ष्य **2** *He brings a fresh perspective to this discussion.* = an individual view or way of seeing something दृष्टिकोण **3** *This drawing shows the new building in perspective.*(u.) = a drawing of an object which gives it depth (some objects appearing farther away than others) परिदृश्य, गहराई

per•spi•ra•tion /pɜːspɪˈreɪʃən/ /पऽस्पिˈरेइशन्/ noun, u. = sweat (the bodily fluid that flows out through the skin after one has done some physical exercise) पसीना **perspire** /pɜːˈspaɪr/ /पऽˈस्पाइर/ verb, i. = to produce sweat from the body (formal) पसीना बहाना (औपचारिक)

per•suade /pəˈsweɪd/ /पˈस्वेइड्/ verb, t. *He did not want to come for the picnic, but the other boys persuaded him to come.* = to make someone change his/her mind, or to believe or do something, through repeated requests, arguments etc. राज़ी करना, मनाना **persuasion** pəˈsweɪzən/ /पˈस्वेइश्न्/ noun, u. *We had to use a lot of persuasion before he agreed to come.* = the act or skill of persuading someone आग्रह करना, अनुनय करना **persuasive** adj. *persuasive arguments* = having the power to persuade someone राजी या प्रेरित कर लेनेवाला

pert /pɜːt/ /पऽट्/ adj. *a pert young girl* = energetic and amusing in a bold and likeable way ढिठाई और प्रियता लिए हुए तत्पर और चपल

per•tain /pəˈteɪn/ /पˈटेइन्/ **(to)** verb, i. *These documents pertain to the agreement that has been signed.* = to relate to; to be connected with (formal) से संबंध रखना (औपचारिक) **pertinent** /ˈpɜːtɪnənt/ /ˈपऽटिनन्ट्/ adj. *This question is not pertinent to the matter we are discussing. It is about something else.* = connected directly with something that is being discussed (formal) उपयुक्त (औपचारिक)

per•turb /pəˈtɜːb/ /पˈटऽब्/ verb, t. *We may have lost the match, but this defeat does not perturb me.* = to disturb; to cause someone to feel worried (formal) परेशान करना, घबराना (औपचारिक) **perturbed** adj. क्षुब्ध, दुखी

pe•ruse /pəˈruːz/ /पˈरूज़्/ verb, t. *I'll give you the book and you can peruse it when you find the time.* = to read through something carefully (formal) ध्यानपूर्वक पढ़ना (औपचारिक)

per•vade /pəˈveɪd/ /पˈवेइड्/verb, t. *A feeling of sadness pervaded the movie.* = to fill something or to spread through every part (referring to ideas, feelings etc.) में फैला होना, से भरा होना **pervasive** adj. *The influence of television is so pervasive that even small children in villages have begun to talk like Amitabh Bachchan.* = spreading to every part (of a country etc.) व्यापक

per•verse /pəˈvɜːs/ /पˈवऽस्/adj. *Why do you continue to smoke twenty cigarettes a day when most people have given up smoking? Your behaviour seems quite perverse.* = deliberately continuing to do or believe in something that is known to be wrong or is not liked by other people (derogatory) अड़ियल, जो गलत काम या राह न छोड़ता हो (अनादरपूर्ण) **perversion** noun, u. or c. **1** *sexual perversion* = an action or type of behaviour that is considered unacceptable or unnatural by most people or by the law (काम) विकृति **2** *The judge allowed the prisoner, who had killed his wife, to go free. This was a perversion of justice.* = a wrong or unacceptable form of something (e.g. truth, justice) (formal) विकृत रूप (जैसे, सत्य, न्याय का)

pervert /pəˈvɜːt/ /पˈवऽट्/noun, c. = a person whose behaviour (especially sexual behaviour) is thought to be unnatural and unacceptable पथभ्रष्ट व्यक्ति

pe•so /ˈpeɪsəʊ/ /पेˈइसउ/ noun, c. (**pesos**) = a form of money used in Spain and countries which were once controlled by Spain पीसो, स्पेन की मुद्रा का नाम

pes•si•mist /ˈpesɪmɪst/ /ˈपेसिमिस्ट्/ noun, c. *She is such a pessimist that she believes it will rain on the day of the match.* = one who sees only the dark (unpleasant) side of things and believes that the future will be bad (opposite **optimist**) निराशावादी (विलोम शब्द **optimist**) **pessimism** noun, u. = the quality of being a pessimist निराशावाद

pest /pest/ /पेस्ट्/ noun, c. **1** = a plant, insect or small animal that causes damage to crops खेती को नुकसान पहुँचानेवाला कीड़ा **2** *You are such a pest. You always come here to ask for something when I am busy.* = a person whose presence annoys someone (informal) नाखरूस, मुसीबत (अनौपचारिक)

pes•ter /ˈpestəʳ/ /ˈपेस्टʳ/ verb, t. *When you visit the temple lots of vendors will pester you to buy their goods.* = to annoy or trouble someone by making demands, specially for money परेशान करना

pesticide /'pestɪsaɪd/ /'पेस्टिसाइड्/ noun, u. = a chemical that is used to destroy pests कीटनाशक

pes•ti•lence /'pestɪləns/ /'पेस्टिलन्स्/ noun, u. = a disease such as cholera that spreads quickly and causes many deaths (literary) महामारी (साहित्यिक)

pes•tle /'pesəl/ /पेस्ल्/ noun, c. = a heavy piece of wood, stone etc. that is used to crush (break up) a solid substance into powder मूसल, साबुत चीजों को पाउडर बनाने के काम आने वाली, कूटने वाली वस्तु

pet[1] /pet/ /पेट्/ noun, c. *He keeps a parrot as a pet.* पालतू (पशु-पक्षी)

pet[2] adj. *He has a pet rabbit.* = an animal that is kept in the home as a companion पालतू

pet[3] verb, t. (**petted**) *The mother petted her child.* = to touch with the hands in a loving way प्यार से थपथपाना **pet name** noun, c. = the name by which someone is lovingly called by friends or members of the family प्यार का नाम, घर का नाम

pet•al /'petl/ /पेट्ल/ noun, c. *a rose petal* = the leaf-like parts of a flower, which are usually brightly coloured (see pic under **flower**) पंखुड़ी

pet•er /'pi:tə^r/ /'पीटर्/ (**out**) verb, i. *Interest in wild-life conservation is in danger of petering out.* = to come to an end gradually क्रमशः समाप्त होना (**flower** के अंतर्गत चित्र देखें)

pe•tite /pə'ti:t/ /प'टीट्/ adj. *a petite woman* = small in an attractive way (referring to a woman) G चुनमुनियाँ (महिला के संदर्भ में) लिंग

pe•ti•tion[1] /pɪ'tɪʃən/ /पि'टिशन्/ noun, c. **1** *The citizens of the town have signed a petition protesting against the building of a new hotel.* = a written request or demand made to the government, signed by many persons आवेदन, माँग अथवा शिकायत-पत्र **2** *The High Court had sentenced the man to five year's imprisonment, but he has sent a petition to the Supreme Court asking for a review of his case.* = an official letter sent to a court of law, asking for a review of a law case [LAW] याचिका [कानून]

petition[2] verb, t. *The citizens are going to petition the government for a reduction in taxes.* = to make or send a petition निवेदन करना **petitioner** noun, c. = a person who makes a petition आवेदक, प्रार्थी, याचिकादाता

pet•rel /'petrəl/ /'पेट्रल्/ noun, c. = a kind of sea-bird that feeds by diving into the water समुद्री काक

pet•ri•fy /'petrɪfaɪ/ /'पेट्रिफ़ाइ/ verb, t. or i. (**petrified**) **1** *These pieces of stone are really trees that grew in this forest five million years ago and have become petrified.*(i.) = to turn into stone पत्थर बन जाना **2** *The tiny child stood still, petrified with fear, as the tiger crept slowly towards it.*(t.) = to be unable to move or act (as if made of stone) because of extreme fear (figurative) काठ मार जाना, सन्न रह जाना (लाक्षणिक)

pe•tro•le•um /pɪ'trəʊliəm/ /पि'ट्रउलिअम्/ noun, u. = the thick, dark mineral oil that is taken out of the earth and used for making petrol, plastics and other chemicals पेट्रोलियम **petrol** /'petrəl/ / 'पेट्रल/ noun, u. = the thin, colourless liquid that is produced from petroleum and used as fuel for motor-car engines etc. पेट्रोल **petrochemical** /petrəʊ'kemɪkəl/ /पेट्रउ'केमिक्ल्/ noun, c. = a chemical substance that is produced from petroleum and used for manufacturing plastics etc. प्लास्टिक बनाने के काम आने वाला रसायन **petrol station** noun, c. = a place where one can get petrol and other things (lubricants etc.) for a car पेट्रोल पंप

pet•ti•coat /'petikəʊt/ /'पेटिकउट्/noun, c. = a woman's undergarment tied round the waist for saris, or covering the body from the shoulders to the knees for dresses पेटीकोट, साड़ी के नीचे पहनने वाला महिलाओं का वस्त्र

pet•ty /'peti/ /'पेटी/adj. **1** *She read through the report quickly, ignoring the petty details.* = small and unimportant (in comparison to larger, more important things) नगण्य/छोटी-मोटी, महत्त्वहीन **2** *She can be so petty that she will quarrel with you over five rupees.* = small-minded संकीर्णमना **petty cash** noun, u. = an amount of money kept in an office for making small payments खुदरा पैसे

pet•u•lant /'petʃʊlənt/ /'पेच्युलन्ट्/ adj. *The girl was so petulant that she refused to talk to anyone.* = bad-tempered and childish for no reason (formal) चिड़चिड़ा/ बदमिज़ाज़ (औपचारिक)

pe•tu•ni•a /pɪ'tju:niə/ /पि'ट्यूनिअ/ noun = a garden plant with white or red flowers सफ़ेद या लाल रंग के पेटूनिया फूल का पौधा

pew /pju:/ /प्यू/ noun, c. = a seat, like a bench, for people to sit on while in a church (चर्च में) बेंच-जैसी बैठने की जगह

pew•ter /'pju:tə^r/ /'प्यूटर्/ noun, u. = a silvery metal made by mixing lead and tin जस्ता (धातु का नाम)

pH = a measure of the amount of alkali or acid in a substance [CHEMISTRY] किसी पदार्थ में क्षार या अम्ल की मात्रा की माप [रसायन शास्त्र]

phag•o•cyte /'fægəsaɪt/ /'फ़ैगसाइट्/ noun, c. = a blood-cell which protects the body by killing harmful bacteria [MEDICINE] एक रक्त कोशिका जो घातक बैक्टीरिया से शरीर की रक्षा करती है [चिकित्सा]

pha•lanx /'fælæŋks/ /'फैलैंक्स्/ noun, c. (**phalanxes**) = a group of policemen or soldiers marching close together for attack or defence (सेना या पुलिस का) जत्था

phal•lus /'fæləs/ /'फैलस्/ noun, c. = an image, usually made of stone, of the male sex organ, which is worshipped in some religions as a symbol (sign) of the power of creation लिंग (जैसे शिवलिंग)

phan•tom /'fæntəm/ /फ़ैन्टम्/noun, c. = a ghost भूत

pha•raoh /'feərəʊ/ /फ़ेअरउ/ noun, c. = one of many kings who ruled in Ancient Egypt फेरो (प्राचीन मिस्र का एक राजा)

P

phar•ma•col•o•gy /fɑːmə'kɒlədʒi/ /फ़ाऽम'कॉलजी/ noun = the science which studies the effects of different drugs and medicines on the body [TECHNICAL] औषध विज्ञान [तकनीकी]

phar•ma•cy /'fɑːməsi/ /'फ़ाऽमसी/ noun, u. or c. (**pharmacies**) **1** (u.) = the study of how drugs and medicines are made दवा बनाने का विज्ञान **2** (c.) = a shop where medicines are sold औषधालय **pharmacist** noun, c. = a person who mixes or makes medicines (also **chemist**) फार्मसिस्ट (औषधि विक्रेता की दुकान) **pharmaceutical** /fɑːmə'sjuːtɪkəl/ /फाऽम'स्यूटिक्ल्/ adj. *a pharmaceutical company* = connected with the making of medicines औषधीय/दवा बनाने से संबंधित

phar•ynx /'færɪŋks/ /'फ़ैरिंक्स्/ noun = the tube which connects the mouth and nose to the throat ग्रसनी, मुख और नाक को गले से मिलाने वाली नली **pharyngitis** /færɪŋ'dʒɑɪtɪs/ /फ़ैरिङ्'जाइटिस्/noun = infection of the pharynx, causing swelling and pain ग्रसनीशोथ

phase[1] /feɪz/ /फ़ेइज़्/ noun, u. or c. **1** *The first phase of the project has been completed.* = a stage or step in a series of events or a process of development अवस्था, चरण **2** *the phases of the moon* = the different shapes which the moon seems to have at different times as it rotates in orbit around the earth दशा, स्थिति

phase[2] verb, t. *The project will be phased carefully.* = to divide something into phases or stages चरण

phase in = to start using something gradually (in stages etc.) over a period धीरे-धीरे शुरू करना **phase out** *The bus company will take a year to phase out the old buses and introduce new buses.* = to remove something gradually by phases (stages) क्रम से निकालना, समाप्त करना

Ph.D abbr. of **Doctor of Philosophy** = an advanced degree given by a university, to a person who has done some original research in a specific area of a subject पी.एच.डी.

pheas•ant /'fezənt/ /'फ़ेज़न्ट्/noun (**pheasant** or **pheasants**) = a kind of game-bird (a bird that is hunted for its meat) चेड़ पक्षी जिसका मांस के लिए शिकार किया जाता है

phe•nom•e•non /fɪ'nɒmɪnən/ /फ़ि'नॉमिनन्/ noun, c. (**phenomena**) **1** *Eclipses of the sun and moon are natural phenomena, although people believed at one time that they were caused by supernatural forces.* = something that happens regularly as part of a natural process but appears unusual or strange and has scientific interest (वैज्ञानिक) घटना **2** *A batsman like Don Bradman is born once in a hundred years. He was a phenomenon.* = a very unusual or special person or event (figurative) असाधारण व्यक्ति/घटना, चमत्कार (लाक्षणिक) **phenomenal** adj. *Rathi played a phenomenal game of chess.* = unusual and wonderful असाधारण, अद्भुत

phi•al /'faɪəl/ /'फाइअल्/ noun, c. (American) = a small bottle in which liquid medicines are kept (अमेरिकी शब्द) शीशी/बोतल

phi•lan•thro•pist /fɪ'lænθrəpɪst/ /फि'लैन्थ्रपिस्ट्/ noun, c. = a person who likes to help people who are poor or in trouble, specially by giving away money लोकोपकारी (व्यक्ति)

phi•lat•e•list /fɪ'lætəlɪst/ /फ़ि'लैटलिस्ट्/ noun, c. = a person who collects stamps टिकट-संग्रही **philately** = stamp collecting [TECHNICAL] टिकट-संकलन [तकनीकी]

phi•los•o•phy /fɪ'lɒsəfi/ /फ़ि'लॉसफ़ी/ noun, u. or c. (**philosophies**) **1** = the study of the nature and meaning of reality and existence, knowledge, goodness etc. दर्शनशास्त्र **2** *What is the philosophy behind the new political movement?* = a system of beliefs and principles which guides some action तर्क **philosopher** noun, c. = a person who studies philosophy or thinks about the meaning of life etc. दार्शनिक **philosophical** /fɪlə'sɒfɪkəl/ adj. /फ़िल'सॉफिक्ल्/ **1** *a philosophical question* = concerning philosophy दार्शनिक **2** *She was calm and philosophical about not being accepted by the university.* = not worrying and remaining calm about something bad that happens शांतचित्त **philosophize (philosophise)** /fɪ'lɒsəfaɪz/ /फि'लॉसफ़ाइज़्/ verb, i. = to think like a philosopher चिंतन करना **philosopher's stone** noun = an imaginary substance which could turn a cheap metal into gold पारस पत्थर/पारसमणि

phlegm /flem/ /फ़्लेम्/ noun, u. = the thick liquid (mucous) produced inside the nose, throat etc. when one has a cold कफ़, बलगम **phlegmatic** /fleg'mætɪk/ / फ्लेग'मैटिक्/ adj. *a phlegmatic person* = calm and not easily excited (formal) शांत, उत्तेजित न होने वाला (औपचारिक)

pho•bi•a /'fəʊbiə/ /'फ़उबिअ/ noun, c. or u. = strong and unreasonable fear of some kind, which one cannot get over easily भय, डर

-phobia /fəʊbɪə/ /फ़उबिअ/a suffix added to nouns to mean **1** complete dislike of something e.g. **arachnophobia** noun = a hatred of spiders मकड़ियों से घृणा **2** a dislike or deep fear of something that could be a mental illness भय, घृणा e.g. **pyrophobia** noun = a fear of fires

phoe•nix /'fiːnɪks/ /'फ़ीनिक्स्/ noun = an imaginary bird which lives for 500 years and then burns itself and is born again from its own ashes (referred to in ancient stories), फीनिक्स, अमरपक्षी (प्राचीन कहानियों में वर्णित)

to rise like a phoenix from the ashes = to be revived (brought back into active life) after going through a period of difficulty or suffering राख में से फीनिक्स की तरह फिर जी उठना

phone[1] /fəʊn/ /फ़उन/ noun, c. = telephone फ़ोन, दूरभाष

phone[2] verb, t. *I phoned him last night.* = to call or speak to someone over the telephone फ़ोन पर बात करना **phone card** noun, c. = a card that one can use to make calls from a public booth फ़ोन कार्ड, दूरभाष कार्ड

to tap someone's phone = to listen secretly to conversations on someone's telephone, using special electronic instruments दूसरे के फ़ोन को सुनने के लिए यंत्र लगाना **phone in** = a television or radio programme where one can phone the station and make a request, ask question etc. on the phone फ़ोन द्वारा संपर्क करना

pho•neme /'fəʊni:m/ /'फ़उनीम्/ noun, c. *The words 'bat' and 'mat' are pronounced in the same way, except for the difference between the first sound ('b') in 'bat' and the first sound ('m') in 'mat'. So we can say that 'b' and 'm' are phonemes in English.* = the smallest unit of sound that can make one word different from another word [TECHNICAL] स्वनिम [तकनीकी] **phonemics** /fə'ni:miks/ /फ़'नीमिक्स्/ noun = the study of the phonemes in a language स्वनिमिकी

pho•net•ics /fə'netɪks/ /फ़'नेटिक्स्/ noun = the scientific study of the sounds used in human speech (also **phonology**) मनुष्य की स्वर-ध्वनियों का वैज्ञानिक अध्ययन (देखें **phonology**) **phonetic** adj. *phonetic symbols* = special symbols (signs) used to represent the actual sounds of human speech उच्चारण-विधान **phonetician** /fəʊnə'tɪʃən/ /फ़उन'टिश्न्/ noun = a person who studies or practises phonetics उच्चारण-विधि का आचार्य

pho•ney[1] **(phony)** /'fəʊni/ /'फ़उनी/ noun, c. (American) *Her accent is phoney.* = someone who pretends to be something that he/she is not in reality; a fraud (informal) (अमेरिकी शब्द) बनावटी (अनौपचारिक)

phoney[2] adj. *They are fighting a phoney war.* = false; not real झूठ-मूठ का

phono- /'fəʊnəʊ/ /'फ़उनउ/ a prefix used to mean 'connected with sound' i.e. phonics e.g. एक उपसर्ग जिसका अर्थ 'ध्वनि से संबंधित' होता है जैसे phonics, **pho•no•graph** /'fəʊnəgrɑ:f/ /'फ़उनग्राऽफ़/ noun, c. = an old-fashioned instrument that plays music from records (discs made of plastic) (also **gramophone**) ग्रामोफ़ोन

phos•pho•rus /'fɒsfərəs/ /'फॉस्फ़रस्/ noun = a yellowish substance that gives out a faint light in the dark फ़ास्फ़ोरस **phosphorescent** /fɒsfə'reʃɪnt/ /फ़ास्फ़'रशिन्ट्/ adj. *Sea waves have a phosphorescent quality.* = shining faintly in the dark हल्के-हल्के चमकता

pho•to- /fəʊtəʊ/ / .फ़उटउ/ a prefix meaning **1** connected with light एक उपसर्ग जिसका अर्थ 'प्रकाश से संबंधित' होता है e.g. **photosensitive** *photosensitive screen* = affected by light प्रकाश-संवेदी **2** to do with photographs e.g. **pho•to•copy** /'fəʊtəkɒpi/ /फ़उटकॉपि/ noun, c. or verb, t. = a copy of something or to make a copy फ़ोटो प्रति बनाना

pho•to /'fəʊtəʊ/ /फ़उटउ/ noun, c. (**photos**) = see **photograph** (informal) फ़ोटो (देखें **photograph**) (अनौपचारिक)

pho•to•cop•i•er /'fəʊtəʊkɒpɪə'/ /'फ़उतोकॉपिअ'/ noun, c. = a machine that makes photographic copies of something एक से अधिक प्रतियाँ बनाने वाली मशीन

pho•to•graph[1] /'fəʊtəgrɑ:f/ /'फ़उटोग्राऽफ़/ noun, c. = a picture made by using a camera and photographic film (a thin sheet of plastic, coated with chemicals which change colour when light falls on them) छायाचित्र, कैमरा से खींची गई फ़ोटो

photograph[2] verb, t. *I want to photograph this building.* = to make a photograph छायाचित्र लेना। फोटो लेना **photography** /fəʊ'tɒgrəfi/ /फ़उ'टॉग्रफ़ी/ noun, u. = the art and science of making photographs छाया-चित्रण **photographer** noun, c. = a person who makes photographs फोटोग्राफर, छाया-चित्रकार **photographic** /fəʊtə'græfɪk //फ़ोट'ग्रैफ़िक्/ adj. **1** *a photographic exhibition* = having to do with photographs छाया-चित्रों का **2** *a photographic memory* = able to remember things very clearly फ़ोटो-जैसा साफ और स्पष्ट **photoelectric** adj. = using electricity that is produced by the effect of light [PHYSICS] विद्युतीय [भौतिकी] **photogenic** /fəʊtəʊ'dʒenɪk/ /'फ़उटउ'जेनिसिस्/ adj. *a photogenic face* = looking very good in a photograph फ़ोटो में सुंदर दीखनेवाला

pho•to•syn•the•sis /fəʊtəʊ'sɪnθɪsɪs/ /.फ़उटउ'सिन्थिसि/ noun, u. = the process by which plants are able to make their own food in the presence of sunlight [BIOLOGY] प्रकाश संश्लेषण [जीव विज्ञान]

phrase /freɪz/ /फ़्रेइज़्/ noun, c. *'On the face of it' is a phrase meaning 'without going deep into some matter'.* = a group of words which are commonly used together and can form part of a sentence [GRAMMAR] पदबंध [व्याकरण] **phrasal** adj. = having to do with a phrase पदबंधीय **phrasal verb** noun, c. *'Put up with' is a phrasal verb which means 'to tolerate'.* = a phrase made up of a verb together with one or more prepositions or adverbs, which has a meaning somewhat different from that of the verb taken by itself [GRAMMAR] मूल क्रिया और पूर्वसर्ग अथवा क्रिया विशेषण के जोड़ से बना क्रिया पदबंध [व्याकरण] **phrase book** noun, c. = a book which is used by tourists visiting a foreign country and contains sentences in the language of that country which may be frequently required or used विदेशी सैलानियों की मदद के लिए किसी भाषा की चुनिंदा अभिव्यक्तियों की किताब **phraseology** /freɪzɪ'ɒlədʒi/ /फ्रेइज़ि'ऑलजी/ noun, u. = the way in which words are used (or arranged) to talk or write about a particular subject (formal) पदबंध विज्ञान (औपचारिक)

phy•lum /'faɪləm/ /'फ़ाइलम्/ noun, c. (**phyla**) = a family or group of animals or plants which have certain things in common [BIOLOGY] जाति (वनस्पति अथवा पशु संबंधी) [जीव विज्ञान]

P

phys•i•cal /'fɪzɪkəl/ /'फ़िज़िक्ल्/ adj. **1** *You need physical exercise.* = relating to the body भौतिक, शारीरिक, ऊपरी **2** *She is more interested in the physical development of the village than in its spiritual development.* = having to do with material things required for the body, such as money, food, housing etc. भौतिक (जीने से संबंधित) **3** *Let me describe the physical properties of hydrogen. It is a colourless gas, lighter than air, having no smell, which burns easily.* = having to do with qualities which can be seen, smelt, measured etc. भौतिक (विशेषताएँ) **4** *Don't get physical!* = having the habit of touching other people in a sexual way यौनोत्तेजना में छूने की आदत **5** *a physical science* = an area connected with physics भौतिक विज्ञान **physical education** noun = the study of the body and its care through exercise, sports etc. शारीरिक शिक्षा **physical geography** noun = the study of the surface of the earth, its shape, the rivers, mountains etc. (compare **political geography**) भौतिक भूगोल (देखें **political geography**)

phy•si•cian /fɪ'zɪʃən/ /फ़ि'ज़िशन्/ noun, c. = a doctor who treats diseases through medicines चिकित्सक, डॉक्टर

phys•ics /'fɪzɪks/ /'फ़िजिक्स्/ noun = the science that deals with different forms of matter and natural forces such as light, electricity, heat etc. भौतिक विज्ञान **physicist** noun, c. = a scientist who studies physics भौतिकशास्त्री

phys•i•ol•o•gy /fɪzɪ'ɒlədʒi/ /फ़िज़ि'ऑलजी/ noun = the study of how the different parts of living things of various animals, plants etc. work शरीर विज्ञान

phys•i•o•ther•a•py /fɪziəʊ'θerəpi/ /फ़िज़ीयो'थेरपी/ noun = the treatment and care of the body through exercise, massage etc. भौतिक चिकित्सा, व्यायाम आदि के द्वारा चिकित्सा करना **physiotherapist** noun, c. = a person who practises physiotherapy फिजियोथेरपी करवाने वाला

phy•sique /fɪ'zi:k/ /फ़ि'ज़ीक्/ noun, u. = the form of the human body डील-डौल, गठन

pi /paɪ/ /पाइ/ noun **1** = a letter of the Greek alphabet, represented by the sign π पाइ **2** *The circumference of a circle is given by the formula 2 πr, where the value of π is 22 / 7 or 3.14.* = a constant (a quantity which does not change) in mathematics, used for making certain calculations (It is the distance around a circle divided by its width.) [GEOMETRY] पाइ [ज्यामिति]

pi•an•o /pi'ænəʊ/ /पी'ऐनउ/ noun, c. (**pianos**) = a large musical instrument in which sounds are produced when small hammers are made to hit strings (metal wires) of different length पियानो **pianist** /'pi:ənɪst/ /'पीयनिस्ट्/ noun, c. = a professional musician who plays the piano पियानो बजाने वाला

pick[1] /pɪk/ /पिक्/ verb, t. **1** *The selectors have picked twelve players for the team.* = to choose or select out of a larger group or number चयन करना **2** *The girls are picking flowers in the garden.* = to gather (or take from a particular place) तोड़ना, चुनना **3** *Don't pick your nose!* = to clean the nose by using one's finger (informal, disapproving) नाक खोदना, कुरेदना (अनौपचारिक, अस्वीकार्य)

pick[2] noun, u. **1** *Which shirt would you like? You can take your pick.* = the thing that one would like to choose मनपसंद का **2** *Kumble is the pick of the Indian bowlers.* = the best (सबसे उत्तम) पसंद **picky** adj. *She is very picky about food.* = choosy (careful to pick or choose only certain things) (informal) (see also **fussy**) (sometimes disapproving) सोच-समझकर लेने वाला (अनौपचारिक, प्राय: अनादरपूर्ण) **pick-axe** noun, c. = a tool which has a wooden handle and a metal head with two sharp points, and is used for digging up a hard surface गैंती **pickpocket** noun = a person who steals things from other's bags, pockets etc. जेबकतरा

to pick someone's brains *I am taking part in the debate tomorrow and I would like to pick your brains.* = to get or take ideas from someone (informal) विचार लेना/जानना (अनौपचारिक) **to pick a lock** *The thief entered the house after picking the lock on the front door.* = to open a lock by using some instrument other than the key of the lock ताला तोड़ना **to pick someone's pocket** = to steal money from someone's pocket जेब काटना **to pick a quarrel** = to start a quarrel with someone झगड़ा मोल लेना **to pick on somebody** *She keeps picking on her friend and teases him because he cannot sing well.* = to behave unfairly by teasing someone in an unkind way (informal) बदतमीज़ ढंग से चिढ़ाना (अनौपचारिक) **to pick someone out** = to choose someone from a group किसी का चयन करना **to pick up** = to improve and get better after an illness चंगा होना **to pick someone up** *We have requested our neighbour to pick us up from school.* = to collect someone, usually in a car etc. ले लेना (कार में) **to pick someone/something up** **1** *I picked up my dog and gave him a hug.* = to lift something from the ground उठाना **2** *I cannot pick up your signal here; let me go out into the open.* = to receive an electronic signal, television picture, radio sound etc. सुन पाना **3** *I picked up some Chinese cooking skills during this course.* = to learn a skill, language etc. (informal) सीखना (अनौपचारिक) **to pick up a book or packet** = to buy or collect खरीदना **to take one's pick** *They sell many kinds of pens here. Take your pick.* = to choose from a variety of things (informal) अपनी पसंद का लेना (अनौपचारिक)

pick•et /'pɪkɪt/ /'पिकिट्/ verb, t. *The workers are picketing the factory as they are demanding better working conditions.* = to stand near the entrance to a factory, shop etc. and prevent people from entering, until a issue with the employers has been settled धरना देना

pick•le[1] /'pɪkəl/ /'पिक्ल्/ noun, c. or u. = fruit or vegetables which have been kept in a mixture of oil, vinegar, spices and salt for sometime and are used to add taste to food अचार

pickle² verb, t. *I am going to pickle these mangoes.* = to make a pickle out of something अचार डालना

pic•nic /'pɪknɪk/ /'पिक्निक्/ noun, c. *We are going on a picnic to the Botanical Gardens.* = a visit by a family or a group to an attractive outdoor spot, during which food is taken to be eaten outside पिकनिक

pic•ture¹ /'pɪktʃəʳ/ /'पिक्चʳ/ noun, c. 1 *The child is drawing a picture of the monkeys in the zoo.* = a painting or drawing चित्र 2 *I can't see you in this picture.* = photograph फ़ोटो 3 *The picture on the TV screen is rather faint.* = the image that appears on a television screen टी.वी. के स्क्रीन पर उभरा चित्र 4 *This book presents an exciting picture of life in the Himalayas.* = a description that provides an image in the mind वर्णन

picture² verb, t. 1 *Can you picture the scene which the writer describes?* = to imagine कल्पना करना 2 *In this painting the artist has pictured Napoleon leading his army into battle.* = to show in a painting or drawing चित्रित करना **picture book** noun = a children's book that has many pictures and some text and generally tells a story चित्र-पुस्तक, बच्चों की कहानी की किताब जिसमें तस्वीरें भरी हों **picture postcard** = a postcard with a picture of photograph on its front तस्वीर कार्ड **pictorial** /pɪk'tɔːriəl/ /पिक्'टॉरिअल्/ adj. *a pictorial magazine* = containing pictures or showing something through pictures सचित्र

to get the picture *You've been trying to meet me all day. I get the picture: you want a day off, don't you?* = to understand the truth about something (informal) किसी के बारे में असली बात जानना (अनौपचारिक) **to be the picture of health** = to be very healthy अधिक स्वस्थ होना

pic•tur•esque /pɪktʃə'resk/ /पिक्च'रेस्क्/ adj. 1 *The people living in the villages of Rajasthan look very picturesque in their bright clothes.* = interesting and colourful in an old-fashioned way रंगीन, मज़ेदार, चित्रात्मक 2 *The writer uses picturesque language to describe the beauty of the lake.* = very clear, vivid and beautiful (words in this case) (शब्दों से) रूपायित कर देना

pid•dle /'pɪdl/ /पिड्ल्/ verb, i. = to urinate (pass water) (slang) मूतना (अपभाषा) **piddling** adj. *piddling details* = small and unimportant (informal, derogatory) छोटा, महत्त्वहीन, पिद्दी (अनौपचारिक, अनादरपूर्ण)

pid•gin /'pɪdʒɪn/ /'पिजिन्/ noun, u. or c. = a language which is a mixture of two or more languages and is used for conversation among people who do not know each other's language मिश्रित, पिजिन

pie /paɪ/ /पाइ/ noun, c. = a kind of cake which has an outer crust (covering) filled with fruit or meat पाइ, केक

to have a finger in every pie = to play a part in many different activities (disapproving) हर काम में हाथ डालना (अस्वीकृत)

piece¹ /piːs/ /पीस्/ noun, c. 1 *Give me a piece of that cake.* = a small part of something solid, which has been broken or cut off टुकड़ा, हिस्सा 2 *He has lost some of his important pieces, including the bishop and the knight.* = a small object used to play a game such as chess मुहरा 3 *She wrote an excellent piece on the music festival.* = an article in a newspaper or magazine अखबारी लेख 4 *Can you play that piece again?* = a single composition of music, art etc. रचना

piece² verb, t. *Several people who witnessed the accident gave different accounts of what happened. The police is trying to piece the facts together.* = to join the different pieces (parts) and make something complete टुकड़े जोड़ना **piecemeal** adj. or adv. *This large painting was made by a number of artists, working piecemeal.*(adv.) = doing something a bit at a time थोड़ा-थोड़ा करके

a piece of cake *Passing this examination will be a piece of cake for me.* = something which is very easy to do (informal) बाँए हाथ का खेल (अनौपचारिक) **to give somebody a piece of one's mind** = to speak to someone very angrily telling them exactly what/how one feels गुस्से में किसी की औकात बताना **to go to pieces** = to feel like one has lost control and is unable to go to work or complete regular tasks easily (informal) चूर होना (अनौपचारिक) **to take something to pieces** *The watch-repairer took the watch to pieces.* = to open up something (e.g. a clock) so that one gets the separate parts which make it up पुर्ज़ा-पुर्ज़ा खोलना

pied /paɪd/ /पाइड्/ adj. = having feathers of different colours (used to describe a bird) चितकबरा, रंग-बिरंगे पंखों वाला

pier /pɪəʳ/ /पिअʳ/ noun, c. = a kind of bridge that extends from the land into the water, where boats can stop to let their passengers get off or get on जेट्टी, ज़मीन से समुद्र के भीतर तक जाने वाला पुल जहाँ नावें यात्रियों को उतारती हैं

pierce /pɪəs/ /पिअस्/ verb, t. 1 *I pierced my finger accidentally with the needle when I was trying to mend my shirt.* = to pass through something solid (of an object having a sharp point) नुकीली चीज़ से किसी ठोस चीज़ को छेदना 2 *The sun's rays pierced the clouds.* = to pass through sharply भेदना **piercing** adj. *a piercing wind* = so strong that it can pierce (pass through) something भेदक, अंदर तक घुस जाने वाला

pi•e•ty /'paɪəti/ /'पाइअटी/ noun, u. = deep respect for one's religion and for God धर्मपरायण **pious** /'paɪəs/ /'पाइअस्/adj. *a pious person* = having great piety श्रद्धावान

pig /pɪg/ /पिग्/ noun, c. 1 = a farm animal which has a fat body and short legs सुअर 2 *a greedy pig* = an offensive word for an unpleasant person who eats too much or does not care for the feelings of others (informal, derogatory) सुअर (व्यक्ति के संदर्भ में;

P

अनौपचारिक, अनादरपूर्ण) **piggy** noun, c. (**piggies**) = a word used by a child to refer to a pig सूअर के बच्चे के लिए प्रयुक्त शब्द **piggyback** /ˈpɪgibæk/ /पिगिबैक्/ verb, i. *The government plans to start 300 new schools and our project to train teachers can piggy-back on the government's programme.* = to ride on the back of someone or something; to take advantage of something that is happening to do what you want to do अल्प सहायता **piggy bank** /ˈpɪgibæŋk/ noun, c. = a small toy made of clay, glass etc. in the shape of a pig, in which children drop coins to learn the habit of saving money गुल्लक **pig-headed** adj. *a pig-headed person* = stubborn (not willing to change one's thinking easily) संकीर्ण विचारों वाला, ज़िद्दी **pig iron** noun, u. = an impure form of iron produced by heating iron-ore (the rock from which iron is obtained) in a furnace कच्चा लोहा **piglet** noun, c. = a very young pig घेंटा **pigsty** noun, c. (**pigsties**) **1** = a hut or shed in which pigs are kept सुअरबाड़ा **2** *This house has become a pigsty.* = a very dirty and badly kept place (derogatory) सुअरबाड़ा (अनादरपूर्ण) **pigtail** noun, c. = hair on the head of a person which is twisted together into a kind of rope and tied with a ribbon or piece of string झोंटा, लंबी चोटी

to pig out = to eat a great deal at a meal (informal) भोजन के समय खूब खाना, भकोसना (अनौपचारिक)

pi•geon /ˈpɪdʒɪn/ /ˈपिजिन्/ noun, c. = a kind of bird often found sitting on the roofs of old buildings, which is kept as a pet and also sometimes used to carry messages from one place to another कबूतर **pigeon-hole**[1] noun, c. = a small space or compartment into which a box is divided (by using thin walls or partitions) and hung on a wall, so that letters etc. meant for different people can be kept in it कबूतरखाना **pigeon-hole**[2] verb, t. *You need different kinds of people to run a hospital. In fact, it is difficult to pigeon-hole them.* = to put something or someone in a class or category, separate from other classes or categories विशिष्टत: श्रेणीबद्ध करना

pig•ment /ˈpɪgmənt/ /ˈपिग्मन्ट्/ noun, u. or c. **1** = a coloured substance from which paint is made रंग सामग्री **2** = the substance in the human body which gives colour to the skin, hair etc. रंगद्रव्य, मनुष्य की त्वचा को रंग देने वाला द्रव्य **pigmentation** /pɪgmənˈteɪʃn/ /ˈपिग्मेंन्टेइशन्/ noun, u. *Her skin has lost its pigmentation and become white.* = the colouring matter present in the skin (formal) रंजकता, वर्णकता (औपचारिक)

pi•lau (pilaf) /ˈpiːlaʊ/ /ˈपीलाउ/ noun, u. = a kind of food made with rice, meat, vegetables, nuts etc. popular in India and other Asian countries (also **pulao**) पुलाव (देखें **pulao**)

pile[1] /paɪl/ /पाइल/ noun, c. **1** *There is a large pile of books on the table.* = a number of things of the same kind, placed on top of each other ढेर **2** *The new building will be supported by concrete piles.* = a heavy pillar driven into or built into the ground, supporting a building, bridge etc. खंभा, स्तंभ

pile[2] verb, t. **1** *He piled the books on top of the table.* = to put things on top of each other to make a pile एक के ऊपर एक रखना **2** *The work in the office is piling up.* = to increase or grow into something big जमा हो जाना, एकत्र हो जाना **pile driver** noun, c. = a machine which is like a very big hammer and is used to drive piles into the ground, before a building comes up, supported on the piles बहुत बड़े हथौड़े की तरह का उपकरण **pile-up** noun, c. = a road traffic accident in which cars, buses etc. crash into each other अंनेक वाहनों का एक साथ टकरा जाना

to pile into *The school children piled into the bus once the doors opened.* = to get into a place or car etc. in large numbers अनेक लोगों का किसी वाहन में भर जाना **to pile on** **1** *The citizens have piled on the pressure and the government will have to solve the water problem soon.* = to increase (e.g. the demands one makes in order to get a result) बढ़ाना **2** *I feel awkward when she piles on praise like that.* = to say something in an excessive way (so that it does not seem sincere) (informal, derogatory) बढ़ा-चढ़ा कर कहना, प्रशंसा के पुल बाँधना, बहुत चूना लगाना (अनौपचारिक अनादरपूर्ण)

piles /पाइल्ज़्/ noun = a condition of the body in which the blood vessels near the anus (the opening at the lower end of the intestines) become swollen and painful (also **haemorrhoids**) बवासीर (देखें **haemorrhoids**)

pil•fer /ˈpɪlfəʳ/ /ˈपिल्फ़र्/ verb, t. *The cashier has been pilfering money from the office.* = to steal things in small quantities or of little value थोड़ी-थोड़ी मात्रा में अथवा छोटी-मोटी चीज़ चुराना

pil•grim /ˈpɪlgrɪm/ /ˈपिल्ग्रिम्/ noun, c. = a person who travels to a place of religious importance तीर्थयात्री **pilgrimage** noun, u. or c. **1** = a journey to a place of religious importance, made by a pilgrim तीर्थयात्रा **2** = a place which is visited by a pilgrim तीर्थस्थल

pill /pɪl/ /पिल्/ noun, c. *a headache pill* = a small, solid piece of some medicine which is usually swallowed and not chewed (also **tablet**) गोली (देखें **tablet**)

a bitter pill to swallow = an unpleasant situation that is difficult to accept (figurative) कड़वी गोली निगलना (लाक्षणिक)

pil•lage /ˈpɪlɪdʒ/ /ˈपिलिज्/ verb, t. = to plunder or loot (to rob, using violence) लूटमार

pil•lar /ˈpɪləʳ/ /ˈपिलर्/ noun, c. **1** = a tall, upright column (post) made of stone or concrete which supports the roof of a building स्तंभ, खंभा **2** *She is one of the pillars of this community.* = a person who helps or supports a group (figurative) स्तंभ (लाक्षणिक)

pil•li•on[1] /'pɪljən/ /'पिल्यन्/ noun, c. *You can drive the motor-cycle and I will sit on the pillion.* = the second seat on a motorcycle or scooter, behind the driver's seat. पिछली सीट

pillion[2] adv. *He was riding pillion.* = on the pillion of a motorcycle पीछे बैठने वाला

pil•low /'pɪləʊ/ /'पिलउ/noun, c. *a feather pillow* = a cloth bag filled with cotton, feathers or some other soft material, which is used to support the head while sleeping (see pic under **bed**) तकिया (**bed** के अंतर्गत चित्र देखें) **pillow-case/-cover** noun = a cloth bag used to cover a pillow गिलाफ़

pi•lot[1] /'paɪlət/ /'पाइलट्/ noun, c. 1 *an airline pilot* = a person who controls an aircraft while it is flying चालक/पायलट 2 *a river pilot* = a person who has detailed knowledge of a river or some other stretch of water and who guides a ship while it is passing through this stretch मार्गदर्शी 3 *This project is only a pilot.* = something which is taken up in advance of a large project or programme, in order to test whether it will be successful प्रायोगिक, अग्रगामी

pilot[2] verb, t. 1 *Capt. Wijeratne is piloting this aircraft.* = to control an aircraft while it is flying चलाना 2 *pilot a ship* = to guide a ship through a stretch of water मार्गदर्शन 3 *The Home Minister will pilot the new act through the Parliament.* = to make sure that a new law is accepted by the Parliament संचालन करना

pilot[3] adj. *a pilot project* = something which is done as a trial for something else that is to follow प्रायोगिक योजना **auto(matic) pilot** noun = a machine, controlled by a computer, which can take over the control of an aircraft while the human pilot is resting चालक यंत्र **pilot error** noun = an accident to an aircraft caused by some mistake of the pilot चालक की भूल **pilot lamp** noun = a small light (usually red) on a machine which burns to show that the machine is working मशीन पर काम के समय जलने वाली रोशनी

pimp /pɪmp/ /पिम्प्/ noun, c. = a person who acts as an agent, supplying and finding customers for sex workers (not respectful) दलाल (आदरपूर्ण नहीं)

pim•ple /'pɪmpəl/ /'पिम्प्ल्/ noun, c. = a small, round infected spot on the skin, which may be full of pus मुँहासा

pin[1] /pɪn/ /पिन्/ noun, c. *You can use a pin to hold the papers together.* = a small piece of metal with a sharp point, like a small needle, which is used to hold pieces of cloth or paper together पिन

safety pin pin tack

pin[2] verb, t. (**pinned**) 1 *She pinned the two pieces of paper together.* = to fasten or join together with a pin पिन लगाकर मिलाना 2 *The older boy pinned the younger boy to the floor.* = to hold in a certain position so that one cannot get up or move जकड़ना **pin-prick** noun, c. 1 *The injection was like a pin-prick.* = a quick, short pain that one feels when a needle is pushed into the skin पिन की चुभन 2 *My seniors in the office sometimes test my patience through little pinpricks.* = something that causes a minor irritation (makes one feel angry or upset) परेशान करने वाली बात **pin-up** noun, c. = A picture of an attractive and well-known woman or man (e.g. a film-star) which is pinned up on a wall by an admirer. A pin-up can also be a picture of, usually a woman, with revealing clothes दीवाल पर लगी तसवीर **pincode** = a postal number which identifies the area and city in which one lives (compare **zip code**) पिनकोड (देखें **zip code**) **you could hear a pin drop** = used to emphasize how quiet a place is पूर्ण शांति **to pin one's hopes on something** = to hope very much that something will be successful because everything else has failed पर भरोसा करना **to pin someone down** *He won't tell us how to proceed unless we pin him down.* = to force someone to speak about something clearly, with all the details किसी से जबरदस्ती बुलवाना

PIN abbr. for 'personal identification number,' a number used by the owner of a credit-card, bank account etc. and not known to anyone else for security reasons पिन, व्यक्तिगत पहचान नंबर (क्रेडिट कार्ड, बैंक खाता आदि के संदर्भ में)

pin•cer /'pɪnsəʳ/ /'पिन्सʳ/ noun, c. *The crab uses its pincers to protect itself from enemies.* = one of the two hand-like parts, ending in sharp points, which some animals (crabs, lobsters, scorpions etc.) have and which they use to hold their food or to protect themselves सूँड़ जैसा नुकीला अंग **pincers** noun (always plural) = a metal tool that looks like a pair of scissors, with two short and curved movable parts which can be used to hold and pull a nail out of a piece of wood (see **pliers**) (केवल बहुवचन में प्रयुक्त) चिमटा (देखें **pliers**)

pinch[1] /pɪntʃ/ /पिन्च्/ verb, t. or i. 1 *Her grandmother pinched her cheek playfully.*(t.) = to squeeze a person's flesh between the thumb and forefinger, either in play, to express affection, or in anger, causing pain चिकोटी काटना 2 *The child's fingers got pinched in the door.*(t.) = to be caught between two hard surfaces दो चीज़ों के बीच दबना 3 *The new shoes are pinching.*(i.) = to press tightly and cause pain काटना (जूता) 4 *Someone has pinched my watch.*(t.) = to steal (informal) चुराना, मार लेना (अनौपचारिक)

pinch[2] noun, c. 1 *She gave her friend a playful pinch.* = the act of pinching someone चिकोटी काटना 2 *He added*

P

a pinch of salt to the curry. = a small amount of some powdery substance (as much as can be picked up between the thumb and forefinger) चुटकीभर **pinched** adj. *His face looked pinched after his long illness.* = hollow, thin and drawn in as a result of being old, tired, starved or ill निचुड़ा हुआ, रिक्त

at a pinch *I don't have much money but at a pinch I can always ask my friends to help me.* = if absolutely necessary (informal) मजबूरी में (अनौपचारिक) **to take something with a pinch of salt** *You say you will give up smoking. I take that with a pinch of salt.* = to not believe something completely, often because of an earlier experience (informal) किसी कथन आदि पर पूर्ण विश्वास नहीं करना, आटे में नमक के बराबर (अनौपचारिक) **to feel the pinch** *Prices are going up and we are all feeling the pinch.* = to feel suffering or hardship कष्ट, परेशानी

pine[1] /paɪn/ /पाइन्/ noun **1** *a pine tree* = a kind of tree with thin, sharp leaves that grows in high or cold places चीड़, देवदार **2** = the wood of this tree चीड़, देवदार की लकड़ी

pine[2] verb, i. **1** *He hasn't seen his children in the last ten years and he is pining for them.* = to suffer in the mind because one cannot have something that one would strongly wish to have ऐसी चाहत जो पूरी न हो सके उसकी पीड़ा (मानसिक) **2** *She has been pining away ever since she moved away from her house.* = to feel very sad and become weak as a result उदासी से कमज़ोर दीखना

pine•ap•ple /ˈpaɪnæpəl/ /पाइनएप्ल्/ noun = a kind of yellow, juicy fruit that is covered with a thick skin अनन्नास

ping /pɪŋ/ /पिङ्/ noun, u. *We heard the ping of bullets as they whistled over our heads.* = a short, sharp sound एक तनिक-सी, तेज़ आवाज़

ping-pong /ˈpɪŋpɒŋ/ /पिङ्पॉङ्)ˈप/noun = the game of table tennis पिंगपॉङ् का खेल

pin•ion /ˈpɪnjən/ /ˈपिन्यन्/ verb, t. *The policeman caught hold of the thief and pinioned his arms.* = to hold someone by the arms so as to prevent movement (formal) मुश्क बाँधना (औपचारिक)

pink[1] /pɪŋk/ /पिंक्/noun = a very pale red colour गुलाबी रंग

pink[2] adj. *pink cheeks* = the colour pink गुलाबी

pin•na•cle /ˈpɪnəkəl/ /ˈपिनक्ल्/ noun, c. **1** *Lata Mangeshkar has reached the pinnacle of fame as a singer.* = the highest point चोटी, पराकाष्ठा **2** = a pointed rock or the top of a mountain शिखर

pin•point[1] /ˈpɪnpɔɪnt/ /ˈपिन्पॉइन्ट्/ verb, t. *The police knows roughly the area in which the robber lives, but they have not been able to pinpoint its exact location.*(t.) = to find or show the exact position of something ठीक-ठीक जगह बताना

pinpoint[2] adj. *She hit the target with pinpoint accuracy.* = very accurate एकदम सही

pint /paɪnt/ /पाइन्ट्/ noun, c. *a pint of milk* = a measure of the amount of liquid which a container can hold, equal to about half a litre द्रव नापने का बर्तन जिसमें एक बार में लगभग आधा लीटर द्रव रह सकता है **pint-sized** adj. *a pint-sized person* = very small (not respectful) ठिगना (अनादरपूर्ण)

pi•o•neer[1] /paɪəˈnɪəʳ/ /पाइअˈनिअʳ/ noun, c. *Jagdish Chandra Bose was a pioneer in the field of science.* = a person who is the first to take up some new activity (an area of knowledge etc.) and is followed by others अग्रगामी अग्रणी

pioneer[2] verb, t. *Homi Bhabha pioneered research in the field of nuclear physics in India.* = to be the first to take up a new activity पथ-प्रदर्शन करना **pioneering** adj. *Sir C.V. Raman did pioneering research in physics.* = used to describe something (e.g. research, an idea, a method) which is done for the first time and changes the way people think etc. मार्गदर्शक

pious see **piety** देखें **piety**

pip[1] /pɪp/ /पिप्/ noun, c. **1** *an orange pip* = the small seed of a fruit, e.g.an orange बीज **2** *the pips on an army officer's uniform* = the stars, made of metal or plastic, which are put on the shoulders of the uniform (military dress) worn by an army officer, and which show his/her rank सितारे-जैसे तमगे

pip[2] verb, t. (**pipped**) *P.T. Usha almost won the 200 m race, but she was pipped at the finishing line by Shiny Abraham.* = to defeat or to be defeated narrowly by someone in a race or competition (informal) कम अंतर से पिछड़ जाना (अनौपचारिक)

pipe[1] /paɪp/ /पाइप्/ noun, c. **1** *a water pipe* = a tube (long piece of hollow, round metal or plastic) through which some liquid or gas can flow पाइप, नली **2** *a tobacco pipe* = a short, hollow tube with a round container at one end which is used for smoking tobacco पाइप (तंबाकू पीने वाला)

pipe[2] verb, t. **1** *The water that we get in our homes is piped all the way from the Mahanadi river, 200 km away.* = to be carried through pipes (referring to some liquid or gas) पाइप के द्वारा लाना **2** *'Welcome to our school!' a little child piped.* = to speak in the high, energetic voice children use (informal) चहक उठना (अनौपचारिक) **pipe dream** noun, c. = an idea or plan which cannot be put into practice (derogatory) खामखयाली, मन के लड्डू (अनादरपूर्ण) **pipeline** noun, c. = a long line of thick pipes through which water, oil or gas can be carried over long distances in a large quantity or volume पाइप लाइन **piped music** = recorded music played in e.g. a plane, a shop (हवाई जहाज़, दुकान आदि में) बजने वाला रिकॉर्डेड संगीत

to pipe down *Why are the people outside shouting? Please ask them to pipe down.* = to stop making a noise (informal, not respectful) शोर करने से मना करना (अनौपचारिक, आदरपूर्ण नहीं) (**laboratory equipment** के अंतर्गत चित्र देखें)

pi•pette /pɪ'pet/ पिपेट noun, c. = a thin glass tube which can be used to suck up measured quantities of some liquid and is used for carrying out experiments in chemistry (see pic under **laboratory equipment**) नलिका, पिपेट

pip•ing[1] /'paɪpɪŋ/ /पाइपिङ्/ noun, u. **1** *The piping in this house is old and needs to be changed.* = the system of pipes नल की लाइन **2** *The cushion covers are decorated with blue piping.* = a narrow piece of cloth which is folded into a tube and used to decorate something सजावट के लिए किसी वस्तु के किनारों पर लगी कपड़े की मुड़ी हुई पतली पट्टी

piping[2] adj. *The food was served piping hot.* = very hot (referring to food) गर्मागर्म (खाना)

pi•pul (peepul) /'pi:pʌl/ /'पीपल/ noun = a large tree with spade- shaped leaves commonly found in India पीपल

pique[1] /pi:k/ /पीक्/ noun, u. *He left the meeting in a pique because he was not allowed to speak.* = a feeling of displeasure caused when one thinks one has been insulted खीझ, नाराज़गी

pique[2] verb, i. *She felt piqued because her name was not in the guest list.* = to feel hurt and displeased नाराज़ होना

pi•ra•nha /pɪ'rɑ:njə/ /'पिराऽन्य/ noun = a kind of fish found in South America which will attack and eat up any animal that enters the water in which the fish lives दक्षिण अमेरिका में पाई जाने वाली विशेष प्रकार की खूँखार मछली जो पानी में आने वाले प्रत्येक जीव पर हमला करती है और उसे खा जाती है

pi•rate[1] /'paɪrət/ /'पाइरट्/ noun, c. **1** = a sea-robber (a person who attacks and robs ships at sea) समुद्री दस्यु **2** = a person who copies and sells a product made by someone else, without having the permission or the right to do so नकली सामान बेचने वाला

pirate[2] verb, t. *A recording company has pirated the songs of Lata Mangeshkar.* = to copy or sell the work done by someone else (e.g. a writer or a singer) without having the right or the permission to do so बिना अनुमति के नकल बनाना **piracy** noun, u. **1** = robbery at sea, committed by a pirate समुद्री डाकुओं द्वारा डकैती **2** = the action of pirating (copying illegally) something such as books, tapes etc. साहित्यिक/कला-संबंधी चोरी

Pis•ces /'paɪsi:z/ /'पाइसीज़्/ noun = the sign of the zodiac which is represented by two fish (see pic under **zodiac**) मीन (**Zodiac** के अंतर्गत चित्र देखें)

piss[1] /pɪs/ noun, u. = urine (slang) मूत (अपभाषा)

piss[2] verb, i. = to urinate पेशाब करना

piss off *I was tired of listening to them and asked them to piss off.* = an offensive way of asking someone to leave चले जाने को कहना (बुरी तरह से) **to be pissed off** = to react to something in a way that shows that one is disappointed, displeased or unhappy with something (slang) किसी चीज़ से नाराज़गी दिखाना, कुढ़ जाना (अपभाषा)

pis•ta•chi•o /pɪ'stɑ:ʃiəʊ/ /पि'स्ताऽशिअउ/ noun = a small, green nut with a very pleasant taste often used in making sweets पिस्ता

pis•til /'pɪstl/ /पिस्ट्ल्/ noun, c. = the central, female part of a flower which produces seeds [BIOLOGY] (compare **stamen**) फूल का बीजोत्पादक मादा हिस्सा, गर्भकेसर, पराग [जीवविज्ञान] (देखें **stamen**)

pis•tol /'pɪstəl/ /पिस्टल्/ noun, c. = a very small gun which can be carried in the pocket and aimed and fired with one hand पिस्तौल, तमंचा

pis•ton /'pɪstən/ /'पिस्टन्/ noun, c. = a part of an engine that fits tightly in a hollow tube called a cylinder and moves up and down to make the engine work पिस्टन, इंजिन का एक पुर्ज़ा

pit[1] /pɪt/ /पिट्/ noun, c. **1** *We dug a pit and buried all the garbage in it.* = a hole dug in the ground गड्ढा **2** *The miners have gone down into the pit.* = a coal-mine कोयले की खान **3** *There are some pits in this steel plate.* = a small mark or hole in a surface पिचका हुआ, छेद **4** = a large hard seed in a fruit e.g. a date गुठली

pit[2] verb, t. (**pitted**) **1** *His face has been pitted by disease.* = to make holes or pits in something गड्ढेदार **2** *India has been pitted against South Africa in the opening match.* = to make someone compete against someone else मुकाबले में खड़े होना, भिड़ना/भिड़ाना (अपभाषा) **pitfall** noun, c. *A politician has to be prepared at all times to face pitfalls.* = an unexpected danger or difficulty खतरा, कठिनाई, झमेला

to be the pits *This restaurant is the pits. Let's not eat here again.* = to be very bad (slang) बहुत गंदा होना (अपभाषा)

pitch[1] /pɪtʃ/ noun, u. or c. **1** *a cricket pitch*(c.) = an area marked out for playing some game पिच (क्रिकेट) **2** *Lata Mangeshkar sings at a very high pitch.*(u.) = the degree of highness or lowness of a voice while singing or speaking सुर **3** *Violence has reached a high pitch in the city.*(u.) = level or degree स्तर

pitch[2] verb, t. or i. **1** *Let us pitch our tent under these trees.*(t.)= to put up a tent or a camp गाड़ना **2** *The ship pitched violently as the storm hit us.*(i.) = to move in such a way that the front part goes up and down (describing the movement of a ship or aircraft) (जहाज़ के अग्रभाग का) डूबना-उतराना **3** *Everyone liked the talk because the speaker had pitched it at just the right level.*(t.) = to adjust or set the level of a speech or a piece of writing so that it can be understood by most people लहज़ा/स्तर कायम करना **4** *Pitch the ball to me.*(t.) = to throw a ball through the air at someone उछालना, फेंकना **5** *The bowler pitched the ball very close to the batsman.*(t.) = to make the ball hit the ground when bowling in sports like cricket, baseball etc. फेंकना **6** *She pitched forward and fell when the bus-driver used*

P

the brakes suddenly. = to move as a result of some other action so as to fall, or nearly fall झटका खाना

pitch[3] adj. *It was pitch-dark inside the room.* = completely dark घुप्प अंधकार

to pitch in = to join someone in doing something किसी के साथ जुड़ना **a pitched battle** = a battle fought (in the old days) at a fixed place (usually an open field) युद्ध-क्षेत्र, रणभूमि

pitch•er /ˈpɪtʃəʳ/ /ˈपिचॅ/ noun, c. **1** *a pitcher full of water* = a container, usually made of clay, that holds some liquid घड़ा, मटका, सुराही **2** *a baseball pitcher* = a player who pitches (throws) the ball in the game of baseball बेसबॉल खेल में गेंद फेंकने वाला

pitch•fork /ˈpɪtʃfɔːk/ /ˈपिच्फॉऽक्/ noun, c. = a tool with a long handle and two thin metal arms, generally used by farm workers to lift and move hay कृषि का एक औज़ार

pith /pɪθ/ /पिथ्/ noun, u. **1** = the soft, white substance found at the centre of the stems of certain plants गूदा, मज्जा **2** *You seem to have some good ideas for the development of this village. Now let us get to the pith.* = the central or most important part of an idea, argument etc. केंद्र बिंदु **pithy** adj. *Your ideas are pithy.* = having pith or substance and said in few words (something that can be taken seriously) स्पष्टता से व्यक्त, सारगर्भित (ऐसी चीज़ जिसे गंभीर समझा जाए)

pit•tance /ˈpɪtəns/ /ˈपिट्न्स्/ noun, u. *I was paid a pittance for doing the work.* = a very small amount of money (not very generous) (derogatory) अल्पवेतन (अनादरपूर्ण)

pi•tu•i•ta•ry /pɪˈtjuːɪtəri/ /पिˈच्युइट्री/ noun *the pituitary gland* = a small organ (working part of the body) at the lower end of the brain, which produces some hormones (chemicals) that affect the growth and sexual development of the body पीयूष ग्रंथि

pit•y[1] /ˈpɪti/ /ˈपिटी/ noun, u. *How can you leave the dog out in the rain. Have you no pity?* = sorrow at the suffering of another living being and a desire to help दया, करुणा, तरस, रहम

pity[2] verb, t. (**pitied**) *Arjun got soaked in the rain. I pity him.* = to feel sorry for someone तरस खाना, दया आना **piteous** adj. *a piteous cry for help* = causing pity करुण **pitiable** adj. *The house is in a pitiable condition.* = deserving pity (also **pitiful**) शोचनीय (देखें **pitiful**) **pitiless** adj. = having or showing no pity निर्दय, हृदयहीन

for pity's sake *For pity's sake! Please get up. Its seven o' clock.* = said to show annoyance नाराज़गी दिखाने के लिए कहना **What a pity** *I couldn't meet her children when she came to town. What a pity!* = to say that something is unfortunate दुर्भाग्यपूर्ण

pi•vot[1] /ˈpɪvət/ /ˈपिवट्/ noun, c. **1** *the pivot in a machine* = the fixed central point or part in a machine around which something turns (goes round) or balances केंद्रबिंदु, धुरी **2** *Agriculture is the pivot of our economy.* = the most important part, on which everything depends (figurative) आधार, केंद्र (लाक्षणिक)

pivot[2] verb, t. **1** *You can make this chair revolve (turn round and round). It pivots on this large screw.* = to turn around a fixed point धुरी पर घूमना **2** *The political system of the country pivots on the strength of the economy.* = to depend on पर निर्भर होना **pivotal** adj. *She played a pivotal role when her country won the tennis cup.* = most important निर्णायक

pix /pɪks/ /पिक्स्/ snoun, c = pictures (informal) चित्र (अनौपचारिक)

pix•el /ˈpɪksəl/ /ˈपिक्सल्/ noun, c. = the smallest part of an image on the computer screen [COMPUTERS] कंप्यूटर पर छाया चित्र का लघुतम भाग

pix•ie /ˈpɪksi/ /ˈपिक्सी/ noun, c. (**pixies**) = a kind of fairy (in stories for children) who can do magic परी (बच्चों की कहानियों में)

piz•za /ˈpiːtsə/ /ˈपीत्स/ noun, u. or c. = a thick, round piece of bread which is baked with cheese, tomatoes etc. on it पीज़ा (एक प्रकार का भोज्य पदार्थ)

plac•ard /ˈplækɑːd/ /ˈप्लैकाऽड्/ noun, c. *Ahmed waited at the airport carrying a placard with his colleague's name.* = a large notice, supported on a pole, carried in a public place to attract attention नाम वाला ऐसा कार्ड जिसे लेकर हवाई अड्डे आदि पर अपरिचित लोगों को लेने जाते हैं

pla•cate /pləˈkeɪt/ /प्लˈकेइट्/ verb, t. *She placated her angry friend with a nice letter.* = to do something to take away a person's anger (formal) शांत/राजी करना नाराज़गी दूर करना (औपचारिक)

place[1] /pleɪs/ /प्लेइस्/ noun, c. **1** *This is the place where the battle was fought.* = a particular area or spot विशिष्ट जगह **2** *Is there place for us to sit inside?* जगह, स्थान // *I'm sorry we can't offer you any of the jobs. All the places have been filled.* = a position or seat (in a car etc.) that can be used or a job in a company पद, स्थान, जगह **3** *I have found a place in the college hockey team.* = a chance to play for a team, study in a college etc. अवसर, मौका **4** *Please put the book back in its place.* = usual position नियत स्थान **5** *This boy came first in the examination, and that girl took second place.* = position after the end of an exam or race etc. रेस या परीक्षा की समाप्ति पर प्राप्त स्थान **6** *The answer is 7.583, calculated to the third decimal place.* = the position of a figure to the right of the decimal point दशमलव बिंदु की दाईं ओर का कोई स्थान **7** *She has a really nice place in a quiet part of the town.* = home (informal) जगह, स्थान, ठौर (अनौपचारिक)

place[2] verb, t. **1** *He placed the book on top of the desk.* = to put down रख देना **2** *The new officer will be placed in the accounts department.* = to find a job for नौकरी पर लगाना, नियुक्त करना **3** *I have placed an* *order for a new car.* = to give देना **4** *Your face looks familiar, but I can't place you.* = to remember someone fully पहचानना **placement** noun **1** = the art of finding a place to work नियुक्ति **2** = a temporary job अस्थायी नौकरी

to be all over the place *His books were all over the place.* = everywhere (in a way which makes it difficult to find something) छितराया हुआ, तितर-बितर **to be in someone's place** *If I was in your place I would go to school today.* = to be in another's situation के स्थान पर **in the first place** *No, I didn't go to school on Tuesday. In the first place, I wasn't even in town.* = used when one is listing out reasons why something happened (informal) पहले तो (अनौपचारिक) **to put someone in their place** = to let someone know that they are not the cleverest or the skilful at something किसी को उसकी औकात/जगह बताना **to feel out of place** = to feel uncomfortable in a situation सहज महसूस न करना **to be in place** *Are all the things in the new house in place?* = in a suitable position उपयुक्त स्थान पर **in place of** *In place of the film we wanted to show, we are performing a play.* = instead of अन्य के स्थान पर, इसके बदले **to do something in someone's place** *She couldn't attend the meeting, so I went in her place.* = instead of the person who is originally supposed to do something किसी दूसरे के स्थान पर काम करना **to fall into place** *When the detective saw the letter, everything suddenly fell into place.* = to become clear (used of something e.g. a mystery, in which the facts are not clear at first) सब कुछ का तालमेल स्पष्ट होना **to not be one's place** *It is not my place to talk about the company's faults. I'm very new here.* = I should not be saying this as I am too junior etc. उपयुक्त स्थान पर न होना **to be going places** = to become successful in one's job (informal) अपने कार्य में सफल होना (अनौपचारिक)

pla•ce•bo /plə'siːbəʊ/ /प्ल'सीबउ/ noun, c. (**placebos**) *The doctors have given him a placebo, and it seems to work.* = a substance that is not a medicine but is believed to be a medicine by the patient किसी वस्तु के दवा न होने पर भी मरीज़ द्वारा उसे दवा समझना

pla•cen•ta /plə'sentə/ /प्ल'सेन्ट/ noun, c. = the flesh-like material which joins the baby, before its birth, to the mother (also **umbilical cord**) नाल जिसके साथ गर्भ में शिशु माँ से जुड़ा रहता है (देखें **umbilical cord**)

pla•cid /'plæsɪd/ /'प्लैसिड्/ adj. *a placid lake* = calm and peaceful शांत

pla•gi•a•ris•m /'pleɪdʒərɪzəm/ /'प्लेइजरिज़्म/ noun, u. or c. **1** *His new book is mostly a copy of a novel by Tagore. I never thought he would turn to plagiarism.*(u.) = the practice of taking ideas or words from the work of another writer, composer etc. and using them as one's own, without admitting that one has done so किसी की रचना से चोरी करके उसे अपनी रचना घोषित करना **2** *This is clearly a plagiarism.*(c.) = an idea or expression that one writer has taken from another, without admitting that he/she has done so साहित्यिक चोरी **plagiarize (plagiarise)** verb, t. = to commit an act of plagiarism साहित्यिक चोरी करना **plagiarist** noun, c. = a writer who plagiarizes another writer साहित्यिक चोर

plague[1] /pleɪg/ /प्लेइग्/ noun = a disease carried by fleas (insects) which live on rats, causing high fever, swellings on the body and, often, death पिस्सुओं के काटने से होनेवाला एक रोग, प्लेग

plague[2] verb, t. *The state has been plagued by natural disasters throughout the year.* = to cause trouble, suffering etc. विपत्ति में पड़ना

plain[1] /pleɪn/ /प्लेइन्/ adj. **1** *She looks beautiful even in plain clothes.* = simple and without any decoration or show साधारण **2** *a plain girl* = not good-looking (derogatory) सुंदर नहीं (अनादरपूर्ण) **3** *It is quite plain that you have not studied for the examination.* = obvious (easy to see) स्पष्ट **4** *I think the time for plain speaking has come.* = frank (without trying to hide anything) स्पष्ट, साफ़-साफ़ **5** *I need some plain paper.* = without lines सादा **6** *plain chocolate // plain flour* = only the substance (chocolate, flour etc.) mentioned, without anything added to it साधारण, सादा

plain[2] noun, c. (also plains) *The city lies in the middle of a large plain.* = a large piece of flat land समतल मैदान **plainclothes** adj. *The Prime Minister is always surrounded by plainclothes guards.* = not wearing police or army uniform (dress) while on duty सादा वेषधारी **plainly** adv. *She did not speak to us. Plainly, she was angry or hurt.* = clearly स्पष्टत: **plain English** **1** = clear, simple English which is not difficult to understand सरल, स्पष्ट शब्दों में **2** = a movement to make the English used in legal, medical etc. documents free of expressions which are difficult to understand (except by specialists in that field) so that it can reach more people [TECHNICAL] कानूनी भाषा के सरलीकरण का अभियान [तकनीकी]

plain sailing noun, u. *At first I found it difficult to do the work, but once I had practised, it was plain sailing.* = a situation that presents no difficulties बिना परेशानी के **to make something plain** *I would like to make it plain that I am not trying to sell you anything.* = to make something clear so that the other person does not misunderstand स्पष्ट बताना

plain•tiff /'pleɪntɪf/ /प्लेइनटिफ़्/noun, c. = a person who brings a plaint (a complaint) to a court [LAW] वादी, मुद्दई [कानून]

plain•tive /'pleɪntɪv/ /प्लेइनटिव्/ adj. *a plaintive song* = expressing sorrow (literary) दुखभरा, (साहित्यिक)

plait /plæt/ /प्लैट्/ noun, c. = a kind of rope made by twisting strands of hair or threads together चोटी (बालों या धागों को गूँथ कर बनी)

plan[1] /plæn/ /प्लैन्/ noun, c. or u. **1** *The government has come up with a new plan to bring clean drinking*

P

water to villages.(c.) // The work is progressing according to plan.(u.) = a set of decisions about some future actions, to be taken up for a particular purpose योजना **2** *The architect has prepared the plans for the new building.*(c.) = a drawing of a building that will come up in the future नक्शा

plan² verb, t. **(planned)** **1** *They plan to visit China next year.* = to decide some future event or activity कार्यक्रम बनाना **2** *The new cinema complex is very badly planned.* = to design something (e.g. a building) योजना या नक्शा बनाना

plane¹ /pleɪn/ /प्लेइन्/noun, c. **1** = aircraft हवाई जहाज़ **2** *I would like to discuss this matter with you on a personal plane.* = level स्तर **3** *The carpenter uses a plane to make surfaces smooth.* = a tool used by carpenters to make a wooden surface flat and smooth रंदा

plane² adj. *a plane surface* = completely flat [TECHNICAL] समतल [तकनीकी]

plane³ verb, t. *The table has many bumps. We must plane it.* = to use a plane to make a surface smooth समतल या सपाट करना

pla•net /'plænɪt/ /'प्लैनिट्/ noun, c. = a heavenly body that moves in an orbit or fixed path around a star, such as the sun ग्रह **planetarium** /plænɪ'teəriəm/ /प्लैनि'ट्रिअम/noun, c. = a building fitted with a special machine that is like a film projector, which can show pictures of the sky at night and the movements of the different stars and planets, on the curved roof of the building which represents the night sky कृत्रिम वक्राकार छत वाली इमारत जो रात के आकाश का काम करती है जिस पर फिल्म प्रोजेक्टर जैसी मशीन की मदद से ग्रहों की स्थिति और गति कृत्रिम प्रकार से दिखाई जाती है, ताराघर, कृत्रिम सौरमंडल

plank /plæŋk/ /प्लैंक्/noun, c. = a long, narrow and flat piece of wood from which different wooden objects can be made तख्ता

plank•ton /'plæŋktən/ /'प्लैंक्टन्/noun = tiny forms of animal or plant life found in the sea, rivers or lakes, which become food for many kinds of fish समुद्र, नदी या झील में रहनेवाले छोटे-छोटे जीव (जंतु एवं वनस्पति)

plant¹ /plɑːnt/ /प्ला'न्ट्/ noun, c. **1** *a rice plant* = a living thing with roots and leaves, smaller than a tree पौधा **2** *an industrial plant* = a factory प्लांट, फैक्टरी **3** *pro-cessing plant* = machinery used for some industrial purpose संयंत्र **4** = a person who pretends to be part of an audience, group etc. but who has actually been placed there to observe things, ask the questions one wants asked etc. (often derogatory) स्थापित या नियत व्यक्ति (प्रायः अनादरपूर्ण)

plant² verb, t. **1** *We have to plant more trees.* = to put a plant or tree or the seed of a plant or tree in the ground, so that it can grow पौधे लगाना **2** *She planted herself in front of the ticket counter, waiting for it to open.* = to position oneself somewhere firmly (humourous, informal) जम जाना (हास्यपरक, अनौपचारिक) **3** *The terrorists planted a bomb under the bridge.* = to place something secretly in a place लगाना, रखना **4** *The police found some drugs in his suitcase. Someone must have planted them there.* = to hide something illegal in someone's luggage, clothes etc. to make the person appear guilty गैरकानूनी वस्तु दूसरों के समान में डाल देना उसे अपराधी साबित करने के लिए **plantation** /plæn'teɪʃən/ /प्लैन'टेइशन्/ noun, u. or c. **1** *tree plantation*(u.) = the action of planting trees वृक्षारोपण **2** *a coffee plantation*(c.) = a large area of land used for growing crops for profit बागीचा, बाग **planter** noun, c. **1** *a tea planter* = someone who owns a plantation or is in charge of it चाय बागान का मालिक **2** = a pot in which a plant can be planted गमला

plan•tain /'plæntɪn/ /'प्लैनटिन/noun, c. or u. = a fruit which is like a banana केले-जैसा एक फल

plaque /plɑːk/ /प्लाक/ noun, u. or c. **1** *a wall plaque*(c.) = a small, flat piece of stone or metal fitted into a wall, on which there is some writing in memory of an important person or event दीवार में लगाई गई पत्थर या धातु की पट्टिका जिस पर किसी महत्वपूर्ण व्यक्ति या घटना की स्मृति में कुछ लिखा रहता है; स्मृति-पट्टिका, फलक **2** (u.) = the yellowish substance (bacteria) that forms on teeth दाँतों पर जमने वाली पीलापन लिए परत

plas•ma /'plæzmə/ /'प्लैज़्म/ noun, u. **1** *blood plasma* = the liquid part of blood in which the red or white blood-cells float [BIOLOGY] प्लाविका, प्लाज़्मा **2** = a kind of gas contained inside a star that is still hot and has not become solid [PHYSICS] प्लाज़्मा/**plasma panel/display** = a large electronic display board which is connected to a computer and can be used in public places संगणक (कम्प्यूटर) से जुड़ा हुआ इलेक्ट्रॉनिक सूचना बोर्ड

plas•ter¹ /'plɑːstəʳ/ /'प्लास्टʳ/ noun, u. or c. **1** *The plaster on the walls of the old building is peeling off.*(u.) = a mixture of sand and cement used to cover the bricks in a wall or building दीवार और भवन आदि की ईंटों पर लगाया जानेवाला रेत और सीमेंट का मिश्रण, पलस्तर **2** *I have broken my arm. The doctor will put a plaster on it.*(c.) = a cloth bandage containing a powder (called gypsum or plaster of paris), which becomes hard when water is added to it (A plaster is used to hold a broken bone in position so that it can join properly.) प्लास्टर (टूटी हड्डी जोड़ने के लिए) **3** *Put a plaster on the cut on your forehead.*(c.) = a small bandage which covers a wound and can stick to the skin, so that it will not fall off प्लास्टर, घाव आदि पर चिपकाने के लिए प्रयुक्त एक चिपचिपी वस्तु

plaster² verb, t. **1** *The brick wall has to be plastered.* = to cover with a mixture of sand and cement दीवार आदि पर प्लास्टर करना **2** *The doctor plastered my broken arm.* = to put a broken limb (arm or leg) in a plaster (bandage) प्लास्टर (पलस्तर) करना **3** *The news of your victory was plastered all over the newspapers.* = to be written about in great detail विस्तार से लिखा जाना **plastered** adj. *The man was thoroughly plastered.* = drunk (informal) बहुत ज़्यादा पिए हुए (अनौपचारिक)

plas•tic¹ /'plæstɪk/ /'प्लैस्टिक्/ noun, u. or c. **1** *This factory produces plastics.* = an artificial chemical substance which can be used to make objects of different kinds, in different shapes (e.g. chairs or buckets) प्लास्टिक **2** *We accept both cash and plastic.* = a credit card that one can use instead of money for paying things (informal) क्रेडिट कार्ड (अनौपचारिक)

plastic² adj. **1** *This material is very plastic.* = something which can be moulded into different shapes and keeps these shapes लचीला **2** *a plastic smile* = artificial or not sincere कृत्रिम, बनावटी **plastic explosives** noun, c. = a soft chemical material from which a bomb can be made and which can be given different shapes by pressing with the fingers विस्फोटक **plastic surgery** noun *His face has been so badly burnt that he will need plastic surgery. // The filmstar has undergone plastic surgery to improve the shape of her nose.* = the repairing or improving of a damaged or badly shaped part of the body by taking skin or bone from some other part and allowing it to grow in the damaged or unsatisfactory part [MEDICINE] प्लास्टिक शल्य चिकित्सा, प्लास्टिक सर्जरी [चिकित्सा]

plas•ti•cine /'plæstɪsi:n/ /'प्लैस्टिसीन्/ noun, u. = a soft, clay-like substance in different colours, from which children make toy animals or other toy objects बच्चों द्वारा खिलौने आदि बनाया जाने वाला नरम पदार्थ, प्लास्टिसीन

plate¹ /pleɪt/ /प्लेइट्/ noun, u. or c. **1** *a dinner plate* = a round, flat vessel usually made of glass, china or plastic, from which food is eaten प्लेट, थाली **2** *Scientists tell us that the earth is made up of huge plates which move very, very slowly. It is the movement of these plates that causes earthquakes.*(c.) = large, flat pieces of hard rock of which the earth's surface is made चट्टान **3** *This statue is made of lead, covered with gold plate.*(u.) = a thin covering of some metal, usually gold or silver, over some cheaper metal मुलम्मा, पत्तर **4** *a plate in the skull // a number plate* = a piece of metal that is used to protect something [MEDICINE] or to provide information धातु का समतल टुकड़ा

plate² verb, t. *The jeweller will plate these silver ornaments with gold.* = to cover thinly with some metal मुलम्मा चढ़ाना **plateful** noun, c. = the amount of food that a plate will hold प्लेट भर **platter** noun, c. = a large plate (vessel) in which food is served प्लैटर, 'सर्विस प्लेट'

to hand something to someone on a plate or silver platter = to make it very easy for someone to get something which is usually hard to get किसी अप्राप्य वस्तु को आसानी से प्राप्त करना **to have too much on one's plate** = to have too many things to worry about or deal with बहुत-सी समस्याओं से एक साथ जूझना

pla•teau /'plætəʊ/ /'प्लैटउ/ noun, c. (**plateaus** or **plateaux**) **1** *the Deccan plateau* = a large piece of level (flat) land which is higher than the land surrounding it [GEOGRAPHY] पठार [भूगोल] **2** *She was improving steadily as an artist, but she seems to have reached a plateau now.* = a stage in one's development or growth during which there is no change or further development एक ऐसा मुकाम जहाँ विकास रुक जाता है।

plate•let /'pleɪtlɪt/ /'प्लेइट्लिट्/ noun, c. = small cells in the blood that help it to clot बिंबाणु

plat•form /'plætfɔ:m/ /'प्लैटफ़ाऽम/ noun, c. **1** *a railway platform* = a raised, flat surface built on one side of a railway track, so that passengers can easily get into or out of trains प्लेटफ़ॉर्म **2** *the speaker's platform* = a low table on which a speaker stands while talking to an audience, so that he/she is at a height and can be seen by people sitting at the back मंच **3** *The candidate has made clean water supply her election platform.* = an idea or a cause which a politician adopts (makes his own) in order to fight an election चुनाव का मुद्दा **4** *The Citizens' Club provides a platform for discussion on many topics.* = a place where one gets a chance to express one's opinions मंच **5** *We are using the Windows platform for our work.* = a software system which supports a number of programs [COMPUTERS] कंप्यूटर में प्रयुक्त होने वाला एक सॉफ़्टवेयर [कंप्यूटर]

pla•ti•num /'plætɪnəm/ /'प्लैटिनम्/ noun = precious white metal from which jewellery is made and which is also used by some chemical industries प्लैटिनम, एक कीमती सफ़ेद धातु जिससे गहने बनते हैं तथा जिसका रासायनिक उत्पादों के निर्माण में प्रयोग होता है

pla•ti•tude /'plætɪtju:d/ /'प्लैटिट्यूड्/ noun, c. *I am tired of hearing you repeat these platitudes endlessly.* = a statement that contains some truth but which is so well-known (e.g. 'Honesty is the best policy') that no one wants to hear it being repeated (derogatory) घिसी-पिटी सीख (अनादरपूर्ण)

pla•toon /plə'tu:n/ /प्ल'टून्/ noun, c. = a small group of soldiers पलटन

plat•y•pus /'plætɪpəs/ /'प्लैटिपस्/ noun = an animal found in Australia that has a beak and feet like that of a duck, lays eggs but feeds its young ones with milk आस्ट्रेलिया में पाया जाने वाला एक पशु जिसकी चोंच और पैर बतख जैसे होते हैं और जो अंडा भी देती है और बच्चों को स्तनपान द्वारा दूध भी पिलाती है

plau•si•ble /'plɔ:zɪbəl/ /'प्लॉऽज़िबल्/ adj. *He may be telling us the truth. His story sounds plausible.* = seeming to be true or reasonable (referring to a statement or argument) (opposite **implausible**)

विश्वसनीय (वक्तव्य या तर्क) (विलोम शब्द **implansible**)

play[1] /pleɪ/ /प्लेइ/ verb, i. or t. **1** *The children are playing in the garden.*(i.) // *They are playing hide-and-seek.*(t.) = to do something for amusement मनोरंजन करना **2** *India will be playing Australia in the next match.*(t.) = to compete against someone in a sporting competition के साथ (विरुद्ध) खेलना **3** *He likes to play the radio in the morning.*(t.) = to turn something on चालू करना **4** *He is playing his flute.*(t.) = to produce music on a musical instrument बजाना **5** *Shah Rukh Khan plays a young poet in this film.*(t.) = to perform a role in a drama or film का अभिनय करना **6** *He played a trick on us.*(t.) = to do something funny, clever or dishonest चाल चलना

play[2] noun, u. or c. **1** *We are going to see the new play.*(c.) = drama (a piece of writing turned into a story with dialogues and action and presented by actors) नाटक **2** *Play in the match has been stopped because of rain.*(u.) = the activity done during a game or sport एक गतिविधि जो किसी खेल के दौरान हो **3** *My niece is more interested in play than in study.* = activity done for amusement, specially by children खेलने में **4** *the play button* = a button on a video cassette recorder or music player etc. that allows one to run a tape (चालू करने का) बटन **player** noun, c. **1** = one who takes part in a game, either as an individual or as a member of a team खिलाड़ी **2** *a record player* = an electronic instrument that can run a tape रिकार्ड प्लेयर **3** *a piano player* = one who plays a musical instrument पियानोवादक **4** *'Softwise' is one of the players in the software industry.* = one of the important companies in an industry [BUSINESS] किसी खास उद्योग-क्षेत्र की कंपनी [व्यापार] **playground** noun, c. = an area or large piece of land where people (specially children) can play खेल का मैदान **playschool** noun, c. = a school for very young children, where they learn through play छोटे बच्चों का स्कूल **playwright** noun, c. = a person who writes plays (dramas) नाटककार

play down *He was suffering great pain, but played it down so that we would not feel bad.* = to make something seem less important, painful etc. than it actually is (opposite **to play up**) कम करके दिखाना (विलोमार्थक अभिव्यक्ति **to play up**) **play up 1** *When we spoke to the Principal, we played up the importance of sports.* = to make something sound more important than it is (informal) वास्तविकता से अधिक महत्त्वपूर्ण बताना, मुलम्मा चढ़ाना (अनौपचारिक) **2** *The battery is playing up and we are not able to start the car.* = to give trouble (informal) परेशान करना (अनौपचारिक) **to play one's cards right** = to handle or plan a situation cleverly so that the results help one later अपने पत्ते सही खेलना **to play second fiddle** = to have to act/be in a position lower to someone else (informal) दूसरों से नीचे के स्तर की भूमिका निभाना (अनौपचारिक) **to not play ball** *She wanted Ravi to accompany her to the station but he would not play ball.* = to not do something that someone wants you to do (informal) दूसरों के कहे अनुसार कार्य न करना (अनौपचारिक) **to play the fool** = to behave in a foolish way मूर्खतापूर्ण व्यवहार करना **to play something by ear** = to act according to the situation or circumstances, instead of having a fixed plan स्थिति के अनुसार काम करना **to play one's cards close to one's chest** = to tell nothing about one's plans to anyone गुप्त रीति से कार्य करना **to play to the gallery** = to do something that will please most people (disapproving) लोगों को खुश करने के लिए कोई काम करना (अनादरपूर्ण) **to play on words** = to use words with more than one meaning (see **pun**) अनेकार्थी शब्दों का प्रयोग (देखें **pun**) **to play along** *She did not really agree with what her companion said but she played along.* = to act as though you agree with someone because you want to avoid a quarrel झगड़े से बचाव करने के लिए सहमत होना **to play hard to get** = (in a sexual relationship) to behave as if one does not care for the other person in order to attract him/her more दूसरों को आकर्षित करने के लिए उपेक्षा का भाव दिखाना (कामुक संबंधों में) **to play it cool** *Don't worry, you are bound to get promoted soon. Just play it cool!* = to remain calm while doing something necessary to achieve your goal (informal) ठंडे दिमाग से सोचना (अनौपचारिक) **to play safe** = to not take unnecessary risks in something that one is trying to do अपने को सुरक्षित रखते हुए काम करना **to play games** *Stop playing games and tell me what is really on your mind.* = to do something to mislead or confuse another person, without revealing your real intention चाल चलना, बनाना **to play the game** = to act in an honest and honourable way ईमानदारी निभाना **to play for time** *He says he would like to discuss things with you but he is not really interested in reaching an agreement. He is only playing for time.* = to delay matters so that one gets more time to carry out one's plans टाल-मटोल करना

play•back[1] /'pleɪbæk/ /'प्लेइबैक्/ noun, u. **1** *a playback singer* = the action of using a singer to sing the songs that an audience thinks an actor is singing पार्श्वगायक **2** = a recording on videotape etc. can be viewed by going to the starting point रिकार्ड किए गए को पुनः आरंभ करना

playback[2] adj. *a playback singer* = a person who in the making of a film, actually sings the song(s) that the actor in the film appears to be singing पार्श्वगायक

pla•za /'plɑːzə/ /'प्लाज़ा/ noun, c. = an open area in a town or a group of shops in the centre of town where there is a market खुले स्थान पर बना बाज़ार

plea /pliː/ /प्ली/ noun, c. **1** *She made a strong plea for giving the children a holiday.* = a serious request गंभीर तर्क, दलील **2** *He didn't come to work on the plea that he had fever.* = excuse बहाना

plead /pliːd/ /प्लीड्/ verb, t. **1** *The students pleaded that they should be allowed to go home as they had not gone home for a whole year.* = to ask for something very strongly and seriously विनती करना **2** *The prisoner engaged a lawyer to plead her case.* = to present a case before a judge on behalf of someone दूसरे की ओर से मामले को जज के सम्मुख पेश करना

pleas•ant /'plezənt/ /'प्लेज़ेन्ट्/ adj. **1** *The weather is pleasant in Bangalore throughout the year.* = enjoyable or comfortable सुहावना **2** *She is quite a pleasant person to talk to.* = friendly and likeable प्रिय, प्यारा **pleasantry** noun, c. (usually plural **pleasantries**) *The two associates exchanged pleasantries before settling down to serious talk.* = light and polite talk (सामान्यतः बहुवचन में प्रयुक्त) विनम्र अनौपचारिक बातचीत

please[1] /pli:z/ /प्लीज़्/ verb, t. **1** *I will buy this sari for my friend. I am sure it will please her.* = to make someone feel happy or satisfied खुश करना, रिझाना **2** *You can choose any book that you please.* = to want इच्छानुसार

please[2] interjec. *Please sir, may I be excused?* = making a polite request कृपया **pleased** adv. *She seemed very pleased with her new sandals. // we were so pleased to see you.* = to be happy or satisfied about something संतुष्ट, प्रसन्न **pleasing** adj. *That sari has a pleasing colour.* = likeable सुखद, मनोहर

if you please = used to make a polite request (formal) अगर आप चाहें (औपचारिक) **Yes please** *'Would you like some orange juice?' 'Yes please.'* = to accept politely (विनम्र स्वीकृति) हाँ **please yourself** *If you don't want to do what I'm telling you to do, please yourself.* =a way of telling someone, with some irritation, that because they haven't taken your advice they can do what they want जो मन में आए, सो करो

plea•sure /'pleʒə^r/ /'प्लेज़र्/ noun, u. **1** *His face lit up with pleasure when he saw his children.* = happiness खुशी, सुख **2** *She likes to combine work with pleasure* मनोरंजन के साथ काम भी करना = relaxation or some activity that helps to make the mind light **3** *What a pleasure it is to meet you after all these years!* = something that causes happiness कितनी खुशी की बात है

to have the pleasure *Could I have the pleasure of your company for dinner tonight?* = an expression used to invite someone (formal) आमंत्रण की अभिव्यक्ति (औपचारिक) **to take pleasure in something** = to enjoy doing something very much किसी काम में सुख पाना **with pleasure** *'Could you help me cook dinner?' 'With pleasure.'* = used to say that you would be happy to do something that you are requested to do खुशी से, शौक से

pleat[1] /pli:t/ /प्लीट्/ noun, c. *trousers with pleats* = a long, flat fold in a dress चुन्नट

pleat[2] verb *to pleat a sari* = to make pleats in a piece of cloth चुन्नट बनाना

pledge[1] /pledʒ/ /प्लेज्/ verb, t. *The people pledged to come forward and work wholeheartedly to remove poverty and hunger.* = to make a solemn promise प्रतिज्ञा करना, शपथ लेना

pledge[2] noun, c. = a solemn promise प्रतिज्ञा, शपथ

plen•ty[1] /'plenti/ /प्लेन्टी/ noun, u. **1** *Poverty has its problems but so does plenty.* = the state of being rich प्राचुर्य, समृद्धि **2** *He used to be poor but now he has wealth in plenty.* = in large quantities प्रचुर, विपुल

plenty[2] pron. *I don't need any more money for the journey. I have plenty.* = enough or a large quantity बहुत **plentiful** adj. *We have a plentiful supply of food.* = more than enough (opposite **scarce**) बहुत ज़्यादा (विलोम शब्द **scarce**) **plenitude** noun, u. *He has a plenitude of wealth.* = plenty or a great amount (old-fashioned, literary) बहुतायत, प्रचुर (पुराने प्रचलन का, साहित्यिक)

pli•a•ble /'plaɪəbəl/ /'प्लाइअबल्/ adj. **1** *Silver is a very pliable metal.* = something that can be easily bent without breaking आसानी से मुड़ जाने वाली वस्तु **2** *She is old-fashioned but quite pliable.* = willing to accept new ideas नए विचारों को ग्रहण करने को तैयार **3** = easily influenced or persuaded (sometimes derogatory) आसानी से प्रभावित होना (कभी-कभी अनादरपूर्ण)

pli•ers /'plaɪəz/ /'प्लाइअज्/ noun, c. (always plural) = a tool that looks like a pair of scissors and is used to hold something or to cut pieces of wire (see **pincers**) (see pic under **tools**) (केवल बहुवचन में प्रयुक्त) चिमटा संसी जैसा चिमटा, प्लास (**tools** के अंतर्गत चित्र देखें)

plight /plaɪt/ /प्लाइट्/ noun, u. *The children were cold. He was so sorry to see their plight that he gave them all the warm clothes he had.* = a condition or situation that is sad and serious and causes pity दुर्दशा, बुरी हालत

plinth /plɪnθ/ /प्लिन्थ्/ noun, c. = the base (lower part) of a building or column, which is partly under the ground and supports the upper part भवन की नींव का भाग

plod /plɒd/ /प्लॉड्/ verb, i. (**plodded**) **1** *They plodded along, tired after the day's work.* = to walk slowly and with difficulty घिसटना **2** *She is plodding away at her task.* = to work steadily but without much interest बिना रुचि के काम में लगे रहना **plodder** noun, c. *Don't expect much from her. She is just a plodder.* = a slow and not very intelligent person who can work hard (derogatory) मेहनती और होशियार नहीं, धीरे-धीरे काम करते रहने वाला, 'कोल्हू का बैल' (अनादरपूर्ण)

plonk /plɒŋk/ /प्लोंक्/ verb, t. *She plonked the heavy suitcase down on the bed.* = to put down or drop something heavy or to sit down, usually with a noise (informal) धम्म से गिरना, पटकना (अनौपचारिक)

plop /plɒp/ /प्लॉप्/ noun, c. *The stone fell into the water with a plop.* = the soft sound made when something solid drops into a liquid छपाक (पानी में गिरने की आवाज़)

plot[1] /plɒt/ /प्लॉट्/ noun, c. **1** *The plot of the film is rather complicated.* = the connected events which

P

make up a story कथावस्तु, कथानक **2** *a plot to slow down work* = a secret plan to do something षड्यंत्र **3** *I have been given a small plot in the new township.* = a piece of land भूखंड, जमीन का टुकड़ा

plot² verb, t. (**plotted**) **1** *They plotted to make her give them money.* = to make a secret plan to do something षड्यंत्र करना **2** *The captain of the ship plotted his course carefully.* = to mark on a map a route that is to be taken by a ship or plane नक्शे पर अंकित करना **3** = to mark points on a **graph** (ग्राफ पर) अंकित करना

plough¹ /plaʊ/ /प्लाउ/ verb, t. *ploughing the land* = to turn the soil over before seeds are planted जोतना

plough² noun, c. = a tool used by farmers to break up the soil before seeds are planted in it, consisting of a wooden frame to which a metal blade is attached for cutting up the soil हल

to plough back = to put the money earned through a business back into the business व्यापार से कमाए धन को पुनः व्यापार में ही लगा देना **to plough into** = to crash into something because one is driving a car etc. without care or attention असावधानीवश टकरा जाना **to plough on** = to continue to work hard at something मेहनत से काम करते रहना **to plough through** *We ploughed through the many cars on the road.* = to move through something with difficulty मुश्किल से निकलना

ploy /plɔɪ/ /प्लॉइ/ noun, c. *He quickly tried to think of a ploy to make his aunt buy him a new shirt.* = a clever or confusing trick (derogatory) चाल चलना (अनादरपूर्ण)

pluck¹ /plʌk/ /प्लॅक्/ verb, t. **1** *There are lots of ripe mangoes on the trees. We should pluck them now.* = to gather flowers, fruit etc. growing on a tree or plant by pulling them out तोड़ना **2** *Can you pluck out the grey hairs on my head?* = to pull out and remove something which is not wanted उखाड़ना **3** *The sitar player produces musical sounds by plucking the strings of the sitar.* = to pull repeatedly तारों को खींचकर सुर छेड़ना

pluck² noun, u. *He lost one of his legs in the war but he is not worried. He has plenty of pluck.* = courage and determination (informal) हिम्मत, जीवट (अनौपचारिक) **plucky** adj. *a plucky fighter* = a person who has pluck (courage) साहसी, दिलेर

plug¹ /plʌg/ /प्लॅग्/ noun, c. **1** *The bath-tub has an opening in the bottom, to allow the water to flow out. But you can use a rubber plug to close the opening.* = a piece of rubber,metal etc. which is used to close a hole or an opening in a container so that nothing can get out or get in डाट **2** *an electrical plug* = a small plastic object with two or three metal pins attached to it which, when pushed into small openings in a wall etc. connects a machine using electricity (e.g. a television set) to wires through which an electric current is flowing प्लग

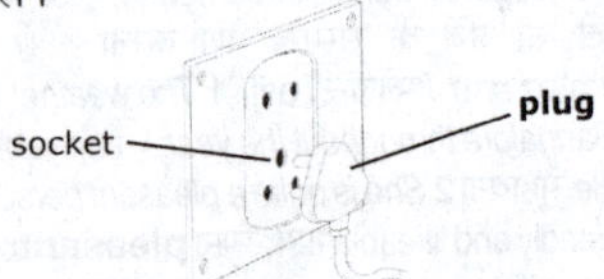

plug² verb, t. *The water is leaking out through this hole. Can you plug the hole with some cement?* = to close or block a hole or an opening so that something cannot get out or get in डाट लगाना

to plug in *Please plug in the computer.* = to connect an electrical appliance to a supply of electricity बिजली का प्लग लगाना **to pull the plug on something** = to stop something by no longer providing money or support of some other kind सहायता देना बंद कर देना

plum¹ /plʌm/ /प्लॅम्/ noun, c. or u. **1** (c.) = a kind of round, juicy fruit with a hard seed बेर **2** (u.) = a colour close to red गहरा लाल रंग, अलूचइ रंग

plum² adj. *She has a plum job.* = very desirable (informal) अतिरिक्त पैसा मिलने वाला पद (अनौपचारिक)

plum•age /ˈpluːmɪdʒ/ /ˈप्लूमिज्/ noun, u. *Some parrots have very colourful plumage.* = the feathers of a bird पंख **plume** noun, c. **1** *The king's crown is decorated with peacock plumes.* = a large feather from a bird, used to decorate something बड़ा पंख **2** *a plume of smoke* = something that looks like a large feather (e.g. a long and thin cloud) विशाल पंख-सा

plumb¹ /plʌm/ /प्लॅम्/ verb, t. *The ancient philosophers of India tried to plumb the mysteries of life.* = to study something deeply in order to understand it (formal) गहराई से अध्ययन करना, थाह लेना (औपचारिक)

plumb² adj. *The wall that you are building is not straight. It should be plumb.* = perfectly vertical (upright) and not sloping backwards or forwards सीधी, लंब

plumb³ adv. *The ball hit him plumb on the nose.* = exactly सीधे

to plumb the depths *This director's first film was bad, but with his second film he has really plumbed the depths.* = to reach the lowest level of something थाह तक पहुँचना

plumb•er /ˈplʌməʳ/ /ˈप्लॅमर्/ noun, c. = a person who fits water-pipes in a building or repairs water-pipes, taps etc. पानी के पाइप, नल आदि लगाने का काम करने वाला **plumbing** noun, u. = the complete system of pipes, taps etc. in a building through which water is supplied पानी पहुँचाने की व्यवस्था

plum•met /ˈplʌmɪt/ /ˈप्लॅमिट्/ verb, i. **1** *The aircraft plummeted suddenly after one of its wings was damaged in the storm.* = to fall with great speed from a height तीव्रता से सीधे गिरना **2** *The share prices plummeted this week.* = to fall sharply (become lower in value) अचानक गिर जाना, अचानक कम होना (मूल्य घटना)

plump /plʌmp/ /प्लॅम्प्/ adj. **1** *a plump baby* = fat in a pleasant way गोलमटोल **2** *a plump cushion* = large and round आरामदायक, मोटा, गद्देदार

plun•der[1] /ˈplʌndəʳ/ /ˈप्लॅन्डर/ verb, t. *Armies plundered Eastern Europe during the war and carried away many valuable objects.* = to rob by taking away something forcibly, specially during a war लूटना

plunder[2] noun, u. = things taken away by thieves or robbers लूटपाट, डकैती

plunge[1] /plʌndʒ/ /प्लॅन्ज्/ verb, i. **1** *The boy jumped off the high rock and plunged into the sea below.* = to move forwards or downwards suddenly with force ज़ोर से कूद पड़ना, गोता लगाना **2** *The temperature in Delhi is supposed to plunge this week.* = to fall much lower गिरना, कम होना **3** *She opened the car and plunged into the house.* = to move fast and with force into something तेज़ी से घुस जाना

plunge[2] noun, u. *He took a plunge into the water.* = an act of jumping suddenly into water कूद पड़ना

plunger noun, c. *the plunger of an injection syringe* = a part of a machine that moves up and down मज्जक, किसी यंत्र में ऊपर-नीचे आने-जाने वाला हिस्सा

to take the plunge = to decide suddenly to do something (especially to get married) after hesitating for a time (informal) अचानक फ़ैसला कर लेना (अनौपचारिक) **to plunge in 1** = to start doing something with great enthusiasm उत्साहपूर्वक आरंभ कर देना **2** *to plunge a needle in* = to quickly push something in जल्दी से कुछ अंदर घुसा देना **to plunge into** *The country has plunged into a crisis after the drought.* = to suddenly be put into an unpleasant situation पड़ जाना, फँस जाना

plu•ral[1] /ˈplʊərəl/ /ˈप्लुअरल्/ noun, u. or c. *'Children' is the plural of 'child'* = a form of a word which shows that we are talking of more than one person or thing (opposite **singular**) [GRAMMAR] बहुवचन (विलोम शब्द **singular**) [व्याकरण]

plural[2] adj. *'They' is a plural pronoun.* = the plural form of a word बहुवचन

plus[1] /plʌs/ /प्लॅस्/ prep. *Two plus five equals seven.* = added to जमा, जोड़कर

plus[2] noun, c. (**pluses**) **1** *The fact that you know many languages is a plus on this job.* = an advantage (informal) अतिरिक्त लाभकारी (अनौपचारिक) **2** *You should use a plus to show that you are adding two numbers to each other.* = a mathematical sign represented by **+** धन चिह्न

plus[3] adj. **1** *Your long experience will be a plus factor.* = desirable (informal) अतिरिक्त (गुण) (अनौपचारिक) **2** *He has to retire as he is sixty-plus now.* = more than से अधिक **3** *A+* (said as A plus). = a grade which is higher than A etc. से ज़्यादा

plush[1] /plʌʃ/ /प्लॅश्/ adj. *plush surroundings* = luxurious (very comfortable and expensive looking) विलासितापूर्ण

plush[2] noun, u. *The seats in the cinema are covered with plush.* = a kind of soft cloth with short hair-like threads covering its surface मखमल-जैसा कपड़ा

Plu•to /ˈpluːtəʊ/ /ˈप्लूटउ/noun = a planet in the solar system, which is very far away from the earth and at the farthest distance from the sun प्लूटो ग्रह

plu•to•ni•um /pluːˈtəʊnɪəm/ /प्लूˈटउनिअम्/ noun = a kind of (**radio-active**) metal that is used to produce nuclear energy (energy produced by breaking up the atoms of a substance) प्लूटोनियम, एक रेडियोधर्मी धातु (आण्विक शक्ति उत्पन्न करने वाली धातु)

ply[1] /plaɪ/ /प्लाइ/ noun, c. (**plies**) or adj. *three-ply wool; a six-ply nylon tyre* = a measure of the thickness or strength of a material, depending on the number of threads or lengths of material (called plies) which are woven together to form the material परत, लड़ (किसी वस्तु की मोटाई अथवा मज़बूती का मापदंड) जैसे तीन लड़ोंवाला ऊन

ply[2] verb, i. or t. *Buses are plying on the new highway.* (i.) = to move along a road or route (used to refer to the movement of vehicles) चलना (वाहनों का सड़क पर) **2** *He plies a taxi on this route.*(t.) = to drive a vehicle that carries passengers चलाना (वाहन)

to ply someone with something = to keep giving someone a lot of food, drinks, presents etc. खाने-पीने की वस्तुएँ, उपहार आदि देते रहना

ply•wood /ˈplaɪwʊd/ /ˈप्लाइवुड्/ noun, u. = wooden board (thin, flat material) made by joining several thin sheets of wood together with glue परतदार लकड़ी, परती लकड़ी, प्लाई

pm abbr. of **post meridiem** = sometime after 12.00 noon **post meridiem** का संक्षिप्त रूप पी०एम० (अपराह्न)

pneu•mat•ic /njuːˈmætɪk/ /न्यूˈमैटिक्/adj. *a pneumatic lift* = worked by the pressure of air (referring to machines) वायवीय गैस यांत्रिकी (मशीनों के संदर्भ में)

pneu•mo•ni•a /njuːˈməʊniə/ /न्यूˈमउनिअ/noun = a serious disease that attacks the lungs and causes breathing difficulties निमोनिया

poach /pəʊtʃ/ /पउच्/ verb, t. or i. **1** *There are not many tigers left as people have been poaching tigers for many years.*(t.) = to catch or kill animals in an illegal way for profit (derogatory) गैरकानूनी शिकार करना (अनादरपूर्ण) **2** (t.) = to cook an egg or fish in boiling water उबलते पानी में पकाना **3** *The company is poaching senior managers from its rival companies.* = to persuade someone to leave another company or group and join yours (informal) दूसरी कंपनी के कर्मचारी को अपनी कंपनी में आने को कहना (अनौपचारिक)

poaching noun, u. *The government is trying to stop poaching.* = the illegal catching or killing of animals चोरी से जानवर पकड़ना या शिकार करना **poacher** noun, c. = a person who poaches (catches or kills animals illegally) चोर शिकारी

P

pock•et[1] /'pɒkɪt/ /'पॉकिट्/noun, c. **1** *a shirt pocket* = a piece of cloth stitched into a small bag in which objects can be kept, which is attached to a shirt, coat or other garment (dress) जेब **2** (always singular) *I will pay for this meal out of my own pocket.* = supply of money (केवल एकवचन में प्रयुक्त) अपने पास से पैसे देना **3** *We drove into a pocket of mist as we were going up the hill.* = a small area (figurative) लघुक्षेत्र (लाक्षणिक)

pocket[2] verb, t. *She pocketed the charge and didn't return any to her mother.* = to take or keep money for oneself, often dishonestly जेब में रख लेना **pocket-book** noun, c. **1** = a small book which can be carried in the pocket पाकेट में रखने लायक नोटबुक **2** = a purse (handbag) for a woman (American) (अमेरिकी अंग्रेजी का प्रयोग) औरतों का पर्स **pocket calculator** = a calculator that is small enough to be carried in one's pocket जेब में रखने वाला कैलकुलेटर **pocket money** noun, u. = money given by parents to a child to spend as he/she likes जेब खर्च

to pick someone's pocket = to steal a person's wallet जेब काटना **to be in each other's pockets** = used of two people who spend too much time together (disapproving or humorous) घनिष्ठ (अनादरपूर्ण, हास्यपरक)

pock•mark /'pɒkmɑːk/ /'पॉक्माऽक्/ noun, c. = a small, hollow mark on the skin of a person who suffered from chicken-pox or acne चेचक के निशान **pock-marked** adj. = covered with pock-marks चेचक के दागों से भरा हुआ

pod /pɒd/ /पॉड्/ noun, c. *like two peas in a pod* = a long, hollow part of a plant that contains the seeds of the plant फली, कोया

podg•y /'pɒdʒi/ /'पॉजी/ adj. *a podgy little child* = short and fat (informal, less offensive than **fat**) थुलथुल (अनौपचारिक, **fat** से कम अप्रसन्नताकारक शब्द)

po•di•um /'pəʊdɪəm/ /'पउडिअम्/ noun, c. *the speaker's podium* = a raised area on which a person can stand so that he/she is easily seen by others मंच, पीठिका

po•em /'pəʊɪm/ /'पउइम्/noun, c. = a piece of writing which has an imaginative and musical quality, in which the lines are not continuous (running on from one line to the next without stopping) कविता

po•et /'pəʊɪt/ /पउइट्/ noun, c = a writer of poems कवि **poetry** noun, u. **1** *He will be remembered for his poetry.* = the art or skill of writing poems काव्य-कला **2** *the English poetry of the nineteenth century* = the poems written during a certain time or in a certain country or by a certain person काव्य **poetic** adj. *poetic langage* = having to do with poetry or poets काव्यात्मक **poetic justice** noun = the punishment or rewarding of a person (which is often shown in a story) because it is what they deserve उचित न्याय, आदर्श न्याय **poetic licence** noun = the freedom given to a poet or writer to change facts, in order to make his/her writing more attractive कवि-स्वातंत्र्य **Poet Laureate** noun = an important poet who is specially honoured by being requested to write for special occasions राजकवि, राष्ट्रकवि

poi•gnant /'pɔɪnjənt/ /'पॉइन्यन्ट्/adj. *She told us the poignant story of how she had to start work at the age of sixteen.* = causing sadness or pity मर्मस्पर्शी, मार्मिक, हृदयस्पर्शी

point[1] /pɔɪnt/ /पॉइन्ट्/ noun, c. or u. **1** *The needle has a sharp point.*(c.) = a sharp end which can prick (break) the skin नोक **2** *It was at this point that our car broke down yesterday.* = a particular place, position or moment स्थान, जगह, स्थल **3** *She ran the 100m in 11.(point) 2 secs.* = the way in which a number is referred to, using the decimal system दशमलव **4** *Can you suggest a few points for my essay?* = an idea or fact that can be included in a speech or piece of writing विचार, मुद्दा, विषय **5** *Each team gets two points for winning a match and one point if a match ends in a draw.* = a unit for recording the score in a game or sports competition अंक (खेल में मिलने वाले) **6** *What are her strong points?* = a quality of somebody or something विशेषता, गुण

point[2] verb, i. or t. **1** *When I asked the child where her father was, she pointed at a man sitting in the last row.*(i.) = to show where someone or something is by holding out a finger दिखलाना, इशारा करना **2** *You should never point a knife at anyone, even if it is to say something.*(t.) = to aim at निशाना लगाना **3** *The needle of a magnetic compass points north.* = to show a certain direction दर्शाना, संकेत करना **point-blank** **1** *at point-blank range* = (of a bullet fired from a gun) from a very close position काफ़ी नज़दीक से **2** *They asked me point-blank if I had told others the secret.* = in a sharp, direct way which can cause surprise or offence (informal) साफ़-साफ़ सीधे (अनौपचारिक) **pointed** adj. **1** *a pointed nose* = having a sharp end तीखी, ऊँची **2** *a pointed remark* = spoken in a meaningful or critical way तीखी आलोचना **pointer** noun, c. **1** *The teacher used a pointer to show where Dehradun was on the map.* = a long, thin piece of wood that is used to draw attention to something संकेतक **2** *I have just joined this school. You have been here for a long time, so can you give me a few pointers?* = a tip (words of advice) (informal) संकेत, सलाह (अनौपचारिक) **3** = a kind of hunting dog एक प्रकार का शिकारी कुत्ता **pointless** adj. *We are already an hour late so it is pointless going to the meeting now.* = without use/purpose बेमतलब **point of order** noun, c. *The Leader of the Opposition raised a point of order during the Lok Sabha debate.* = a short speech made at a meeting to say that some rule has not been followed or should be followed अनुशासन-संबंधी निर्देश **beside the point** *We admire her for her bravery. That she is young is beside the point.* = not important or relevant असंगत, अप्रासंगिक **to make a point of something** *Although it was only an informal meeting, he made a point of welcoming us.* = to make sure that one does something which is noticed ध्यान रखना **point of view** *You may not agree but this is my point of view.* = a certain way of looking at something दृष्टिकोण **to the point** = (said of writing or speeches) just right or said well enough to convey clearly what needs to be said or written प्रासंगिक, काम की बात **up to a point** *What you say is true up to a point.* = not fully but partly अंशतः, कुछ हद तक **a sore point** *Which route to take to work has become a sore point between us.* = a point of constant argument or disagreement विवाद का विषय **to miss the point** = to not understand the main idea of something असली बात समझ में न आना **What's the point?** *It's over now. We can't do anything, what's the point of talking about it?* = used to indicate that some action is not likely to be useful क्या लाभ, कोई आवश्यकता नहीं

poise /pɔɪz/ /पॉइज़्/noun, u. **1** *I have never seen her lose her poise at meetings, no matter how strongly she is attacked.* = balance or the state of remaining calm संतुलन, शांत स्वभाव **2** *The dancer has remarkable poise.* = a balanced way of moving संतुलन **poised** adj. **1** *She always looks poised.* = calm and balanced संतुलित **2** *The man is dangerously ill—poised between life and death.* = in an uncertain position between two opposite things लटकना, झूलना **3** *The cat is poised to strike at the mouse.* = ready to do something (कुछ करने को) तैयार

poi•son[1] /'pɔɪzən/ /'पॉइज़्न्/ snoun, u. or c. *some poison in the bottle* (u.) // *Carbon monoxide is a deadly poison.*(c.) = a substance that can cause illness or death if you eat, drink or breathe it ज़हर, विष

poison[2] verb, t. **1** *In the story, the queen poisoned the apple before giving it to Snow White.* = to use poison to harm or kill someone किसी वस्तु में विष डालना **2** *The chemicals from the factory are poisoning the water of the river.* = to make something impure so that it turns into a poison ज़हरीला, दूषित करना **3** *Some people think that television is poisoning the minds of children.* = to have a bad influence on someone's mind बिगाड़ना **poisonous** adj. **1** *a poisonous snake* = containing or being able to produce poison **2** *poisonous gas* = likely to kill विषैला, जहरीला, विषाक्त

poke[1] /pəʊk/ /पउक्/ verb, i. or t. **1** *She poked my elbow with her pen.*(t.) = to push a pointed object into something or someone कोचना, चुभाना **2** *She poked her head out of the window.*(i.) = to stretch something through or out of an opening बाहर निकालना

poke[2] noun, u. *I gave him a poke in the ribs with my finger.* = an act of poking (pushing something pointed into someone) चुभाने की क्रिया

pok•er /'pəʊkə^r/ /'पउक^र/ noun, c or u. **1** (c.) = a metal rod used to shake up the pieces of coal in a fire so that they will burn better कुरेदनी, लोहे की सींक **2** (u.) = a kind of card game played for money ताश का एक खेल **poker-faced** adj. *a poker-faced person* = having no expression at all on the face भावशून्य चेहरा, भावहीन चेहरा

to poke fun at someone = to make fun of someone उपहास/मज़ाक उड़ाना **to poke one's nose into something** = to take an interest in some matter that does not concern you टाँग अड़ाना

po•lar /'pəʊlə^r/ /'पउल^र/ adj. **1** *a polar bear* = having to do with either the North or the South Pole of the earth ध्रुव संबंधी, ध्रुवीय **2** *polar differences* = exactly opposite to each other (formal) ध्रुवीय, एक दूसरे के विपरीत, ठीक उलटा (औपचारिक)

po•la•ri•ty /pə'lærɪti/ /प'लैरिटी/ noun, u. (**polarities**) = the state of having two opposite ends or poles (referring to a magnet etc.) [PHYSICS] दो गुणों या प्रवृत्तियों का प्रादुर्भाव, जैसे चुंबक के संदर्भ में ध्रुवत्व [भौतिकी]

Po•lar•oid[1] /'pəʊlərɔɪd/ /'पउलरॉइड्/ adj. *Polaroid lenses for sun-glasses*(adj.) = glass which has been treated in a special way so that the light passing through it causes no harm to the eyes (used for making sun-glasses etc.) पोलरॉइड प्रक्रिया से सुधारा गया शीशा जिससे होकर निकलनेवाला प्रकाश आँखों को नुकसान नहीं पहुँचाता

Polaroid[2] noun = (trademark) a camera that produces photographs immediately (ट्रेडमार्क) पोलरॉयड कैमरा

pole /pəʊl/ /पउल्/ noun, c. **1** *The roof of the hut is supported by wooden poles.* = a long, straight stick of wood or bamboo that is used to support something डंडा, खंभा **2** *We are at opposite poles in our views on education.* = opinions or views which are opposite to (completely different from) each other विपरीत (छोर) **3** *the poles of the earth* = the two opposite ends of the earth's surface (the North and South Poles) ध्रुव (पृष्ठ 169 का चित्र देखें) **4** *the poles of a magnet* = the two ends of a magnet, having opposite powers of attraction चुंबक के सिरे **pole star** noun = a very bright star seen at night in the northern part of the sky ध्रुवतारा **pole-vault** noun = a kind of sport in which a person is required to vault (jump) over a high bar, using a long pole लंबे डंडे के सहारे ऊँची कूद **pole-vaulter** noun, c. पोल वॉल्ट का खिलाड़ी

to be poles apart *They don't like the same kind of music. In fact they are poles apart in their taste.* = (of people's tastes, opinions, personality) to be so different that there is nothing in common पूर्णतः विपरीत

po•lice[1] /pə'li:s/ /प'लीस्/ noun, u. (generally used with plural forms of verbs but also with singular forms) *The police have/has arrested the criminals.* = a group of persons whose duty is to protect the lives and property of people and to make everyone obey the law पुलिस

P

police² verb, t. *The security guards have been policing the factory during the strike.* = to guard a place सुरक्षा करना **police station** noun = a building used as an office by the police थाना **police state** noun = a government which controls political freedom and uses the police to make sure that people are obeying rules (derogatory) पुलिस राज (अनादरपूर्ण)

pol•i•cy /'pɒlɪsi/ /'पॉलिसी/ noun, u. or c. (**policies**) **1** *It is the policy of this government to be on friendly terms with our neighbours.*(u) = a set of ideas and beliefs that guides the actions of a group or an individual नीति **2** *an insurance policy*(c.) = a document showing that a person has an agreement with an insurance company under which the company will pay him/her money in case of some loss, accident, death etc. बीमापत्र **3** *She has a policy of letting people know what she will do.* = a set of beliefs कूटनीति, चाल

po•li•o /'pəʊliəʊ/ /'पउलिअउ/ noun = a serious disease, more common among children, which can cause paralysis (inability to move one's arms and legs) पोलियो रोग

pol•ish¹ /'pɒlɪʃ/ /'पॉलिश्/ noun, u. **1** *wax polish for a car* = a substance which, when rubbed on or spread over a surface, makes it shine पॉलिश **2** *The table has a good polish.* = a smooth and shiny surface चमकदार सपाट सतह **3** *He lacks polish.* = refined (good) manners or quality परिष्कार, शिष्टता

polish² verb, t. **1** *I am going to polish my car today.* = to make a surface bright and shiny by rubbing or spreading some polish over it चमकाना **2** *Please practise harder and polish your typing skills before you attend the interview.* = to improve a skill by working harder at it परिष्कार करना **polished** adj. **1** *The singer gave a polished performance* = done with great skill (referring to work done by an artist) परिष्कृत **2** *He is very polished in his behaviour.* = having good manners परिष्कृत, शिष्ट

to polish off *He polished off a whole chicken.* = to eat something quickly and completely (informal, often disapproving) फटाफट सारा खा लेना, भकोस लेना (अनौपचारिक, प्राय: अनादरपूर्ण)

po•lite /pə'laɪt/ /प'लाइट्/ adj. *She is so polite that she will never say a word until you have finished speaking.* = having or showing good manners (opposite **rude**) विनम्र, शिष्ट, नम्र (विलोम शब्द **rude**) **politely** adv. *She politely refused her friend's invitation to dinner.* = to say something in a polite way विनम्रतापूर्वक **politeness** noun विनम्रता, शिष्टता

pol•i•tic /'pɒlɪtɪk/ /'पॉलिटिक्/ adj. *It would not be politic on your part to refer to this unfortunate incident again.* = wise नीतिकुशल, चतुर

pol•i•tics /'pɒlɪtɪks/ /'पॉलिटिक्स्/ noun **1** *She is very active in politics and hopes to become a minister some day.* = the activity of taking part in public affairs and using such activity to try to take control of the government राजनीति **2** *He is a student of politics.* = the study of the principles of government (also **political science**) राजनीतिशास्त्र (देखें **political science**) **3** *There is a lot of politics in the office.* = activity within a particular group by which some people try to gain some advantage over others (often derogatory) किसी संगठन के सदस्यों में सत्ता के लिए स्पर्धा से संबंधित (प्राय: अनादरपूर्ण) **political** /pə'lɪtɪkəl/ /प'लिटिक्ल्/ adj. **1** *Many of India's political institutions, such as the parliament and the law courts, have been set up on the British model.* = having to do with public affairs and the government of a country राजनीतिक (देश के शासन से संबंधित) **2** *The company's decision to appoint a new director is purely political.* = done to bring some advantage राजनीतिक (बेहतरी के लिए कुछ करना) **political geography** noun = the study of the way in which continents are divided into countries etc. rather than the physical features marking them (mountains, rivers etc.) (compare **physical geography**) राजनीतिक भूगोल (देखें **physical geography**) **politician** /pɒlɪ'tɪʃən/ /पॉलि'टिशन/ noun, c. **1** = a person who has made politics (public affairs) his/her profession राजनीतिक गतिविधियों में संलग्न व्यक्ति, खासकर किसी संसद या सरकार का सदस्य, राजनेता **2** = a clever person who works always for his/her own interests राजनीति खेलने वाला (व्यक्ति)

pol•ka dot /'pɒlkə dɒt/ /'पॉल्कडॉट्/ noun, c. = a printed design for dress material (cloth for dresses) consisting of large circular dots on a background of different colour पोल्कडॉट डिजाइन

poll¹ /pəʊl/ /पउल्/ noun, c. **1** *We are conducting a poll to find out how many people think India should sign a treaty to ban nuclear tests.*(c.) = an attempt to find out the opinions of people on some matter by asking them questions लोगों के विचार संगृहीत करना **2** *a defeat at the polls* (always plural) = the process of voting in an election (केवल बहुवचन में प्रयुक्त) मतदान **3** *The poll has been quite heavy in this election.*(u.) = number of votes cast (given) मतदान

poll² verb, t. *Our candidate polled only 2000 votes.* = to receive votes in an election मतदान करना **polling** noun, u. **1** *Polling begins tomorrow.* = the process of voting at an election मतदान **2** *The polling on the website indicates that this was a popular programme.* = the act of asking people for their opinion on something मतदान-प्रक्रिया **polling booth** noun, c. = a place where people can cast their votes मतदान-केंद्र

pol•len /'pɒlən/ /'पॉलन्/ noun, u. = the yellow dust produced by the male part of a flower which, when carried by the wind or by an insect (e.g., a bee) to the female part, causes it to produce seeds from which a new plant can grow पराग **pollinate** verb, t. *Bees help to pollinate flowers.* = to carry pollen from one flower to another so that it produces seeds पराग सींचना **pollination** /pɒlɪˈneɪʃən/ /पॉलि'नेइशन्/ noun, u. परागण

pol•lute /pəˈluːt/ /प'ल्यूट्/ verb, t. *The Yamuna has been polluted by chemical waste from factories.* = to make something impure or unfit for use प्रदूषित करना **pollution** noun, u. = the process of polluting air, water, land etc. (making it impure) [BIOLOGY] प्रदूषण (जीव विज्ञान) **pollutant** noun, c. *The chemical factories are discharging dangerous pollutants into the Yamuna.* = a substance that pollutes something or makes it impure प्रदूषक तत्त्व

po•lo /ˈpəʊləʊ/ /'पउलउ/ noun = a game, said to have been started in India hundreds of years ago, in which players on horseback try to hit a small ball with a long stick to score goals पोलो (एक खेल) **polo neck** noun *a shirt with a polo neck* = a garment (e.g. a shirt or sweater) with a round collar that forms a circle around the neck गोल कॉलर वाला गला (कमीज़ या स्वेटर का)

pol•y- /pɒlɪ/ /पॉलि/ prefix meaning many बहु-(एक उपसर्ग) e.g. **pol•y•gon** /ˈpɒlɪgən/ /'पॉलिगन्/ noun, c. = a geometrical figure (shape) with four or more sides बहुभुज

pol•y•es•ter /pɒlɪˈestəʳ/ /पॉलि'एस्टर्/ noun = a kind of artificial material from which clothes can be made 'पोलिएस्टर' कपड़ा बनाने का कृत्रिम तंतु

pol•y•syl•la•ble /ˈpɒlɪsɪləbəl/ /'पॉलिसिलब्ल्/ noun *The word 'photographic' is a polysyllable.* = a word that has more than one syllable (see also **syllable**) अनेकाक्षरी शब्द (देखें **syllable**)

pol•y•tech•nic /pɒlɪˈteknɪk/ /पॉलि'टेक्निक्/ noun, c. = a college where technical education is given in many different subjects or areas so that it can be used in practical work विविध विषयों या विषय क्षेत्रों में तकनीकी व्यावहारिक शिक्षा देनेवाला संस्थान, पोलीटेक्नीक

pol•yp /ˈpɒlɪp/ /'पॉलिप्/ noun, c. **1** = a very small animal that lives in water एक छोटा जल-जीव **2** = a small growth in the body that is generally harmless गिल्टी, मांसपिंड (विशेषत: नाक में)

pom•e•gran•ate /ˈpɒmɪgrænɪt/ /'पॉमिग्रैनिट्/ noun, c. = a kind of round fruit with a thick skin and small juicy seeds inside अनार

pomp /pɒmp/ /पॉम्प्/ noun, u. *Republic Day is celebrated in Delhi with a lot of pomp.* = a show of solemnity (seriousness) किसी बड़े औपचारिक समारोह का ठाट-बाट, तड़क-भड़क **pompous** adj. = behaving in a serious manner, as if to show one's importance (derogatory) आडंबरपूर्ण (अनादरपूर्ण)

pond /pɒnd/ /पॉन्ड/ noun, c. = an artificial lake तालाब

pon•der /ˈpɒndəʳ/ /'पॉण्डर्/ verb, i. or t. *She pondered how to make the best use of the money she had won in the lottery.*(i.) // *I cannot answer you immediately. I need time to ponder the matter.*(t.) = to think over a matter carefully for some time (formal; literary or old-fashioned) गुनना, मनन करना, विचार करना (औपचारिक, साहित्यिक या पुराने प्रचलन का)

pon•toon /pɒnˈtuːn/ /पॉन्'टून्/ noun, c. = a hollow metal container built like a boat, which floats in water and is used as a support for a floating bridge तैरते पुल को सहारा देने के लिए प्रयुक्त नौका के आकार के पीपे

po•ny /ˈpəʊni/ /'पउनी/ noun, c. (**ponies**) = a horse of small size टट्टू, खच्चर

poo•dle /ˈpuːdl/ /'पूड्ल्/ noun, c. = a kind of dog with thick, curling hair which is often cut in a special way घने घुँघराले बालों वाला पूड्ल कुत्ता

pooh /puː/ /पू/ interjec. *Pooh! What does he know about cricket?* = an expression of mild contempt (old-fashioned) उँह (पुराने प्रचलन का) **pooh-pooh** verb, t. (**pooh-poohed**) *When I asked her whether she would like to meet the singer, she pooh-poohed the idea.* = to dismiss an idea (to say that it is not a good idea) (informal) किसी विचार को ठुकराना, तिरस्कृत करना (अनौपचारिक)

pool[1] /puːl/ /पूल्/ noun, c. **1** *There is a liitle pool in the forest where the animals come to drink.* = a small area of still water तालाब **2** *a pool of blood* = a small amount of some liquid **3** = a swimming pool तैरने का स्थान, तरणताल **4** *a car pool* = things belonging to different people which are shared by the members of a group लोगों द्वारा किसी वस्तु का मिलजुल कर प्रयोग करना **5** = a game in which balls are hit with sticks (cues) into holes in a table (Pool is similar to billiards but played on a smaller table.) 'पुल' खेल

pool[2] verb, t. *We will have to pool our resources.* = to bring together and share (money, ideas, equipment etc.) आपस में इकट्ठा करके सामूहिक प्रयोग करना

poor[1] /pʊəʳ/ /पुअर्/ adj. **1** *They are very poor and cannot afford to go to school.* = without money गरीब **2** *We had poor rainfall last year.* = much less than usual बहुत कम **3** *His handwriting is poor.* = not good खराब **4** *Poor girl! She has broken her leg just before a match!* = expressing sympathy or pity for someone बेचारा **5** *He is in poor health and needs to see a doctor.* = bad, well below normal खराब दशा

poor[2] noun, u. *You should help the poor.* = the poor people गरीब, निर्धन **poorly** adv. or adj. **1** *A poorly done job.*(adv.) = not very well बुरी तरह **2** *After the spell of flu, she is feeling rather poorly.*(adj.) = in a weak state of health कमजोरी (स्वास्थ्य)

a poor second *In the race, she finished a poor second.* = a very long way behind the person or thing that has come first पिछड़ा

pop[1] /pɒp/ /पॉप्/ verb, i. or t. (**popped**) **1** *The rubber balloon popped when the baby stepped on it.*(i.) = to burst with a short, low sound फटना **2** *Your sister popped in while you were in the bathroom.*(i.) = to come in suddenly (informal) आ टपकना (अनौपचारिक) **3** *I will pop this letter into the letter box.*(t.) = to drop डालना

pop² noun, u. *The balloon burst with a soft pop.* = the low sound of something bursting without much force

pop³ adj. *pop music* = short for 'popular' and modern (informal) 'पॉप' (**popular** का संक्षिप्त रूप) लोकप्रिय और आधुनिक (अनौपचारिक) **pop art** आधुनिक और लोकप्रिय कला noun = a form of modern painting based on popular or 'pop' culture, which shows common subjects (e.g. advertisements) from everyday life **pop culture** noun = the popular culture of the modern age, specially popular among young people युवावर्ग में बहुत लोकप्रिय आधुनिक संस्कृति **pop music** noun = modern popular music, which is generally loud and has a strong rhythm and simple words that are easy to remember पॉप संगीत **popcorn** noun, u. = seeds of corn (maize) which are heated until they pop (swell up and burst) and are eaten with salt मक्की का लावा, पॉपकार्न **pop-eyed** adj. *He was pop-eyed with wonder when he saw the Taj Mahal.* = having one's eyes wide open because of surprise or wonder (informal) आँखें फटी रह जाना (अनौपचारिक) **pop-gun** noun = a toy gun that fires small objects with a pop (low sound) खिलौने की बंदूक **pop-up** adj. or noun **1** *This book has pop-up pictures.* = made in such a way that something that is inside will pop up (jump up or out) जल्दी-जल्दी निकलनेवाला **2** = used to describe a box or menu that appears suddenly on a computer screen when one clicks the mouse [COMPUTERS] (कंप्यूटर स्क्रीन पर किसी बॉक्स या मेनू का) अचानक उभर आना

to pop off = to die unexpectedly (informal, humorous and not respectful) अकस्मात मृत्यु होना, टन बोल जाना (अनौपचारिक, हास्यपरक, आदरपूर्ण नहीं)

Pope /pəʊp/ /पोप/ noun = the head of the Roman Catholic religion (also **pontiff**) पोप, धर्मगुरु (देखें **pontiff**)

pop•lar /'pɒpləʳ/ /'पॉप्लर/ noun = a tall, thin tree that grows very straight पहाड़ी पीपल

pop•lin /'pɒplɪn/ /'पॉपलिन/ noun = a kind of cotton cloth सूती कपड़े का एक प्रकार, पापलिन

pop•py /'pɒpi/ /'पॉपी/ noun, c. (**poppies**) or u. = a plant with white or bright-red flowers (Opium is produced from one kind of poppy plant which has white flowers) पोस्ते का पौधा, (अफीम सफेद फूलों वाले पोस्ते के पौधे से प्राप्त होता है)

pop•u•lar /'pɒpjʊləʳ/ /'पॉप्युलर/ adj. **1** *The new film star, Hrithik Roshan, is very popular with youngsters.* = liked by many people लोकप्रिय **2** *The popular feeling about our leader is that she is a gentle person, with a fine sense of humour.* = common आम (धारणा) **popularity** /pɒpjʊ'lærɪti/ /पॉप्यु'लैरिटि/ noun, u. *Asha Bhonsle's popularity has grown with the years.* = the quality of being liked, enjoyed or supported by a lot of people प्रसिद्धि, लोकप्रियता **popularize (popularise)** /'pɒpjʊləraɪz/ /'पॉप्युलराइज़/ verb, t. *Cricket has been popularized by television.* = to make something popular लोकप्रिय बनाना **popular opinion** noun = what most or many people think जनमत, प्रचलित विचार

by popular demand *By popular demand, the rock group is playing in the city again.* = because many people wanted something जनता की माँग पर

pop•u•la•tion /pɒpjʊ'leɪʃən/ /पॉप्यु'लेइश्न्/ noun, u. or c. *India's population is now over one billion. // The tiger population in Corbett National Park is slowly increasing.* = the number of people or animals living in an area or a particular group of something जनसंख्या, आबादी **populate** /'pɒpjʊleɪt/ /'पॉप्यूलेइट्/ verb, t. *The islands in the Pacific Ocean are populated by people belonging to the Polynesian race.* = to live in an area आबाद होना **populous** adj. *Mumbai is a populous city.* = having a large population (formal) घनी आबादी वाला (औपचारिक)

por•ce•lain /'pɔːslɪn/ /'पॉऽस्लिन्/ noun, u. or adj. = made of porcelain (a special kind of clay which is heated in an oven until it melts and forms a glass-like material) (also **china**) चीनी मिट्टी (देखें **china**)

porch /pɔːtʃ/ /पॉच/ noun, c. (**porches**) = a covered entrance to a building (see also **portico**) ड्यौढ़ी, द्वारमंडप (देखें **portico**)

por•cu•pine /'pɔːkjʊpaɪn/ /'पॉऽक्युपाइन्/ noun = an animal whose entire body is covered with sharp, pointed quills (feather-like growths) which protect it from enemies (also **hedgehog**) (see pic under **quill**) सेही, साही (जीव) (**quill** के अंतर्गत चित्र)

pore¹ /pɔːʳ/ /पॉ/ noun, c. *the pores in a person's skin* = a tiny opening in the skin through which sweat (liquid produced by the body) comes out छिद्र, रोमकूप

pore² verb, i. *He has been poring over her letter for two hours.* = to study (read with great attention) something that has been written ध्यान से पढ़ना **porous** /'pɔːrəs/ / पॉऽरस् / adj. *Drinking water is often kept in pots made of porous clay, so that the water is cool.* = a material which has tiny pores or holes through which a liquid can pass रोमकूप जैसे छिद्रों वाला, सरंध्र

pork /pɔːk/ /पॉऽक/ noun, u. = the meat of a pig when used as food सुअर का गोश्त

por•nog•ra•phy /pɔː'nɒgrəfi/ /पॉऽ'नौग्रफ़ी/ noun, u. = pictures or writing intended to cause sexual excitement (disapproving) **porn** noun, u. = a short form of the word 'pornography' अश्लील साहित्य

por•poise /'pɔːpəs/ /'पॉऽपस्/ noun = an animal that lives in water and is a mammal (giving birth to young ones and feeding them with milk) but smaller than the dolphin सूंस (जलजीव)

por•ridge /'pɒrɪdʒ/ /'पॉरिज्/ noun, u. = soft food

prepared by boiling some grain (usually oats or wheat) in water or milk, often eaten for breakfast दलिया

port /pɔ:t/ /पॉऽट्/ noun, c. **1** *the port of Mumbai* = a place where ships can stop and load or unload goods or people बंदरगाह **2** *a computer with two parallel ports* = an opening in a computer through which it can be connected to a monitor (screen), printer etc. कंप्यूटर में बना एक छिद्र जिससे वह मॉनिटर आदि से जोड़ा जाता है **port-hole** noun = a circular window in the side of a ship, covered with glass मूका, जलपोत में बनी गोल खिड़की

por•ta•ble /'pɔ:təbəl/ /'पॉऽट्बल्/adj. *a portable computer* = something that can be easily carried from one place to another एक स्थान से दूसरे स्थान तक ले जाने योग्य, पोर्टेबल

por•tal /'pɔ:təl/ /'पॉऽट्ल्/ noun, c. = a website through which one can connect with the Internet [COMPUTERS] एक प्रकार का वेबसाइट जिससे इंटरनेट से संपर्क किया जाता है [कंप्यूटर] **portals** noun, u. (always plural) = a large entrance to a building [LITERATURE] (केवल बहुवचन में प्रयुक्त) प्रवेशद्वार [साहित्य]

por•tend /pɔ:'tend/ /पॉऽ'टेन्ड्/ verb, t. *The black clouds in the sky portend a storm.* = to be a sign or warning of something that is coming (formal) पूर्वाभास, पूर्वसूचना देना, संकेत/चेतावनी देना (औपचारिक)

por•ter /'pɔ:təʳ/ /'पॉऽटʳ/noun, c. = a person who is paid to carry heavy objects, such as the suitcases of travellers कुली

port•fo•li•o /pɔ:t'fəʊliəʊ/ /पॉऽट्'फ़उलिअउ/ noun, c. (**portfolios**) **1** a file (a large cover shaped like a book, made of card-board or plastic, inside which loose sheets of paper can be kept) फ़ाइल कवर **2** *The minister has been given two important portfolios.* = a department under the charge of a minister in the government मंत्री को दिया जानेवाला विभाग **3** *The painter showed us her portfolio of drawings.* = a collection of drawings etc. carried inside a portfolio (cover) संग्रह **4** = a particular selection of **shares** owned by a person or an organization किसी व्यक्ति अथवा संस्था के शेयर

por•ti•co /'pɔ:tɪkəʊ/ /'पॉऽटिकउ/ noun, c. (**porticos**) = a covered entrance to a building (formal) (see also **porch**) ड्योढी, प्रवेशद्वार (देखें **porch**) (औपचारिक)

por•tion¹ /'pɔ:ʃən/ /'पॉऽशन्/ noun, c. **1** *I live in the front portion of this building.* = a part of something larger भाग **2** *A portion of my savings will go towards buying the bicycle.* = a share of something हिस्सा **3** *Could I have another portion of chicken please?* = (used about food) a quantity of something (भोजन का) टुकड़ा

portion² verb, t. *The teacher portioned out the sweets among the children.* = to divide बाँटना

port•rait /'pɔ:trɪt/ /'पॉट्रिट्/ noun, c. **1** = a painting, drawing or photograph of a person (किसी व्यक्ति का) चित्र **2** = the printout from a computer such that the height is greater than the width [COMPUTERS] कंप्यूटर द्वारा मुद्रित चित्र जिसकी ऊँचाई चौड़ाई से अधिक हो [कंप्यूटर]

por•tray /pɔ:'treɪ/ /पॉऽ'ट्रेइ/ verb, t. *This film portrays the life of Dr Ambedkar.* = to represent (show) चित्रित करना, प्रस्तुत करना

pose¹ /pəʊz/ /पउज़्/ verb, i. or t. **1** *After the meeting we were asked to pose for a group photograph.*(i.) = to sit or stand in a certain way without moving in order to be photographed or painted फोटो खिंचवाने अथवा चित्र बनवाने की मुद्रा में आना **2** *He has posed a difficult question.*(t.) = to ask a question, create a challenge etc. प्रस्तुत करना, प्रश्न खड़ा करना **3** *He is not really unhappy. He is only posing.*(i.) = to pretend (to behave in a false or unnatural manner) दिखावा करना

pose² noun, c. **1** *The film star was photographed in several different poses.* = a position in which one stands or sits in order to be photographed or painted चित्र या फोटो के लिए बनाई गई मुद्राएँ **2** *His unhappiness is only a pose. Actually, he is quite happy.* = an act of pretending (showing false or unnatural behaviour) ढोंग, दिखावा

posh /pɒʃ/ /पॉश्/ adj. *a posh house filled with expensive furniture* = fashionable and expensive (informal) फैशन तथा मूल्य की दृष्टि से उच्चस्तरीय, नफ़ीस (अनौपचारिक)

po•si•tion¹ /pə'zɪʃən/ /प'ज़िशन्/ noun, c. or u. **1** *The sentry has been ordered not to move from his position.*(c.) = a place where someone or something stands (is located) जगह, स्थान **2** *He was sitting in a comfortable position.*(c.) = the way in which one sits or stands अवस्था **3** *I am not in a position to accept your offer.*(u.) = situation स्थिति, हालत **4** *Your daughter got the highest position in the examination.*(c) = rank श्रेणी, स्तर **5** *She has applied for a position in the company.*(c.) = job पद

position² verb, t. *George positioned himself outside the door so that he could keep an eye on everyone who was leaving.* = to put someone or oneself in a certain place स्थापित करना, रखना

pos•i•tive /'pɒzɪtɪv/ /'पॉज़िटिव्/ adj. **1** *We were not sure if the company would accept our plan, but as their reply is positive we can go ahead with the plan.* = expressing acceptance or agreement (opposite **negative**) (formal) सकारात्मक (औपचारिक) (विलोम शब्द **negative**) **2** *I am positive that the man who spoke to you on the telephone was the one who called yesterday.* = certain (formal) निश्चित (औपचारिक) **3** *We haven't been on good terms with our neighbour but now there are some positive developments.* = giving cause for hope (formal) स्वीकारात्मक, सकारात्मक, रचनात्मक (औपचारिक) **4** *Why do you always say that we are going to lose? I want you to be more positive.* = hopeful आशावादी **5** *His blood was tested this*

P

morning for malaria and the result was positive. = showing the presence of a disease etc. 'पॅज़िटिव', रोग की उपस्थिति दर्शाने वाला **6** *'Big' is the positive form of the adjective while 'bigger' is the comparative form.* = the simple form of an adjective, which shows that no comparison is being made [GRAMMAR] मूल (व्याकरण) **positively** adv. **1** *I was positively touched by the present my aunt gave me.* = without a doubt निश्चय ही **2** *If you approach the problem positively, you will be able to solve it quickly.* = to think about the good things in a situation, rather than the bad things सकारात्मक रूप से **3** *She spoke cautiously for the first five minutes but continued more positively for the next half hour.* = confident and strong दृढ़ विश्वास से **4** *I positively dislike travelling by air.* = used to emphasize something that one feels strongly about निश्चित ही **positive discrimination** noun = the practice of showing special favour to people who have been unfairly treated in the past in order to make up for past injustice क्षतिपूर्ति के रूप में पक्षपात

pos•sess /pə'zes/ /प'ज़ेस्/ verb, t. *Do you possess a scooter?* = to own or have something (formal) के पास होना (औपचारिक) **possessed** adj. *He was shouting and screaming as if posessed.* = under the control of some evil spirit ग्रस्त होना **possession** noun, u. or c. **1** *The government will give you this land as you are already in possession.*(u.) = the state of owning or holding something, specially a piece of land or a building अधिकार में होने की स्थिति **2** *She lives simply and does not have many possessions.*(c.) = the things that one possesses (owns) संपत्ति **possessive** adj. **1** *Rajan is so possessive of his camera that he does not let anyone use it.* = not willing to share something with someone because one loves it very much स्वामित्व-लोभी **2** *'My' and 'mine' are the possessive forms of the pronoun 'I'.* = the grammatical form of a word which shows ownership [GRAMMAR] संबंधवाची [व्याकरण]

pos•si•ble /'pɒsɪbəl/ /'पॉसिबल्/ adj. **1** *It is possible for you to get a job in the new company.* = something that can happen or can be done संभव **2** *It is possible for the price of wheat to come down soon.* = something that may or may not happen संभाव्य **possibly** adv. **1** *'Can you come with me to the shops today?' 'Possibly.'* = may be **2** *I will let you know as soon as I possibly can.* = used to say that one is trying very hard to do something संभवतया **possibility** noun, u. or c. (**possibilities**) **1** *There is every possibility of your winning this election.*(u.) = likelihood (a good chance of something happening) संभावना **2** (always plural) *This house is in poor condition now, but it has possibilities.*(c.) = the ability to become better (केवल बहुवचन में प्रयुक्त) सुधार की संभावना **3** *This city offers many possibilities of things we could do today.*(c.) = one of many things that can be done संभावना

pos•sum /'pɒsəm/ /'पॉसम/ noun = a kind of tree-climbing animal found in America पेड़ पर चढ़ने वाला एक अमेरिकी पशु, पोसम

post- /pəʊst/ /पउस्ट्/a prefix meaning **1** after पश्चात, उत्तर e.g. **post•grad•u•ate** /pəʊst'grædjʊɪt/ /पउस्ट्'ग्रैज्युइट्/ noun or adj. *a post-graduate degree*(adj.) = a higher degree given to a person after he/she has already become a graduate and received the first degree (B.A., B.Sc. etc.) स्नातकोत्तर **2** later than e.g. **post-dated** /pəʊst'deɪtɪd/ /पउस्ट्'डेइटिड्/ verb, t. *Could you give me a postdated cheque?* = to put a date on a cheque that is later than the current date (the date on which the cheque is written out) बाद की तारीख का

post[1] /pəʊst/ /पउस्ट्/ noun, c. or u. **1** *Please tie the dog to the post.*(c.) = a thick piece of wood fixed into the ground खंभा **2** *I will send the books by post.*(u.) = the system by which letters, parcels etc. are sent डाक **3** *The post has just arrived.*(u.) = letters etc. sent by post डाक **4** *She was offered the post of Manager.*(c.) = job or position पद

post[2] verb, t. **1** *Please post this letter at once.* = to send letters etc. by post डाक में डालना **2** *The new officer has been posted to Kolkata.* = to send a person to a particular place to work पदस्थ, नियत **3** *Please post this paper on the notice-board.* = to put up a notice on a wall or notice-board लगाना, चिपकाना **postcard** noun, c. = a card on which one can write a letter and send it by post पोस्टकार्ड **post code** noun *The post code for Bhubaneswar is 571007* = a number which is given to every post office in the country, so that letters can easily be sent through it (also **pin code** or **zip code**) पोस्टकोड, देश में प्रत्येक डाकघर को दी गई कूटसंख्या जिससे पत्र आसानी से भेजे जा सकें (देखें **pin code** या **zip code**) **postman** noun, c. = a person who collects letters, packages etc. from a post office and delivers them to every house डाकिया **post office** noun = a place where work connected with the postal system e.g. selling stamps, collecting letters which have to be sent to different places etc. is done डाकघर **postage** noun, u. **1** *How much postage do I have to pay to send this letter to America?* = the amount of money required to send something by post डाकखर्च, डाकव्यय **2** = the correct number of stamps for a letter, package etc. पत्र, पैकेट आदि पर लगाई जाने वाली सही डाकटिकट संख्या **postal** adj. *Postal charges may go up soon.* = having to do with the system of sending letters etc. डाकव्यय, डाक, डाक द्वारा, डाक शुल्क

post•er /'pəʊstə^r/ /'पउस्ट^र/ noun, c. = a picture or photograph of a large size that is put up usually to inform or advertise an event, show etc. इश्तहार

pos•te•ri•or[1] /pɒ'stɪəriə'/ /पॉस्टिअरिअ'/ noun, u. = the back part of the body, on which a person sits (the bottom) (formal or humorous) नितंब, कूल्हा (औपचारिक अथवा हास्यपरक)

posterior[2] adj. *a posterior view of the building* = relating to the back part of something परवर्त्ती, पीछे का, पार्श्व

pos•ter•i•ty /pɒ'sterɪti/ /पॉ'स्टेरिटी/ noun, u. *The letters written by Mahatma Gandhi during his lifetime have been preserved for posterity in a museum.* = people born at a later time (formal) भावी पीढ़ियाँ (औपचारिक)

post•hu•mous /'pɒstjʊməs/ /'पॉस्ट्युमस्/adj. *Some of India's great leaders received posthumous awards of 'Bharat Ratna' several years after their death.* = happening after the death of a person (formal) मरणोपरांत (औपचारिक)

post-meridiem /pəʊst mə'rɪdiəm/ /पउस्ट्म'रिडीअम्/ adv. = a time after 12 o'clock in the day, usually abbreviated as **pm** दोपहर 12 बजे के बाद, अपराह्न

post•mor•tem /pəʊst'mɔːtəm/ /पउस्ट्'मॉऽटम्/ noun **1** = an examination of the dead body of a person done after his/her death, to find out the cause of death (also **autopsy**) शव-परीक्षा (देखें **autopsy**) **2** *We had a post-mortem after the exam to find out why we had done badly.* = a discussion to find out why something produced bad results (figurative) कार्य के उपरांत अच्छी तरह खोजबीन करना

post•pone /pəʊs'pəʊn/ /पउ'स्पउन्/ verb, t. *The examination was to begin tomorrow but it has been postponed to next week.* = to delay an event so that it takes place at a later time स्थगित करना, टालना

post•script /'pəʊstskrɪpt/ /पउस्ट्स्क्रिप्ट्/ noun = a short message added to a letter or e-mail at the end पुनश्च, पूरक

pos•tu•late /pɒstʃʊ'leɪt/ /पॉस्चु'लेइट्/ verb, t. *Copernicus first postulated that the earth moved around the sun.* = to suggest something as being possible or likely, for the sake of argument or experiment (formal) तर्क अथवा परीक्षण हेतु मान लेना (औपचारिक)

pos•ture /'pɒstʃə'/ /'पॉस्च'/ noun, u. or c. **1** *You should always sit with your back and shoulders straight. That is the correct posture.*(u.) = the position in which one keeps one's body while sitting or standing खड़े अथवा बैठे व्यक्ति के शरीर की मुद्रा **2** *I had hoped that we could reach an agreement, but he took a very rigid posture.*(u.) = a way of behaving or thinking (formal) रुख अपनाना (औपचारिक)

post•war /pəʊst'wɔːr/ /पउस्ट्'वॉऽर/ adj. or adv. *European cinema grew very fast in the postwar years.*(adj.) = the period after a war युद्धोपरांत, युद्धोत्तर

pot[1] /pɒt/ /पॉट्/ noun, c. or u. **1** *a cooking-pot*(c.) = a container made of clay, metal etc. in which liquids or solids are kept, specially for cooking खाना बनाने या रखने का बर्तन **2** *I need a pot of tea.*(c.) = the amount of liquid that can be held in a pot केतली **3** *He has pots of money.*(c.) (always plural) = a very large amount of something, usually money (not respectful) (केवल बहुवचन में प्रयुक्त) ढेर-सा (आदरपूर्ण नहीं) **4** *The police caught him smoking pot.*(u.) = marijuana (a dangerous drug) (slang) मारीजुआना, एक नशीला पदार्थ (अपभाषा)

pot[2] verb, t. *He is potting the plants so that he can carry them to his new home.* = to put a plant in a pot गमले में (पौधे) लगाना **pot-belly** noun = a paunch (a fat stomach that sticks out or hangs like a pot) तोंद/तोंदवाला **pot-boiler** noun = a book or film of rather poor quality, written or produced to earn money quickly घटिया साहित्य **pothole** noun, c. = a hole in the surface of a road (सड़क में) गड्ढा **pot luck** noun or adj. *Come over to my house this evening and let us have a pot luck dinner.*(adj.) = a meal where people eat whatever food is available, without specially cooking anything 'दाल-रोटी', साधारण भोजन

po•ta•ble /'pəʊtəbəl/ /'पउटब्ल्/ adj. *Is this water potable?* = suitable for drinking (formal) पीने लायक (औपचारिक)

po•tas•si•um /pə'tæsɪəm/ /प'टैसिअम्/ noun = a kind of metal which is present in the bodies of all living things पोटैशियम **potash** noun = a chemical containing potassium, which is used as a **fertilizer** पोटाश (खाद)

po•ta•to /pə'teɪtəʊ/ /प'टेइटउ/ noun, u. or c. (**potatoes**) = a kind of very popular vegetable that grows under the soil and has a brown or yellow skin आलू **potato crisp** noun = a very thin, round and flat piece of potato that has been dried and then fried in oil (On the subcontinent, potato crisps are often called potato chips.) आलू के चिप्स (भारतीय उपमहाद्वीप में potato crisps को potato chips बोला जाता है)

po•tent /'pəʊtənt/ /'पउटन्ट्/ adj. **1** *The doctor gave me a potent medicine. I was cured quickly.* = very strong or powerful शक्तिशाली, तेज **2** = able to have sex (used to describe a man) (opposite **impotent**) पुंस (विलोम शब्द **impotent**) **potency** adj. *The potency of this new medicine has not been tested.* = power or effectiveness (ability to produce the desired effect) शक्ति (वांछित परिणाम देने की योग्यता)

po•ten•tial[1] /pə'tenʃəl/ /प'टेन्शल्/ adj. *He is the potential captain of the team.* = something that can happen in future, if not at the present time संभावित

potential[2] noun, u. *This young writer has a lot of potential.* = possibility for growth or development सामर्थ्य, संभावना **potentially** adv. *This illness could become potentially very dangerous.* = possibly (happening in the future) संभवत: **potential energy** *Water stored behind a dam possesses potential energy.* = the energy stored in a body because of the

P

position it is in [PHYSICS] (compare **kinetic energy**) स्थितिज ऊर्जा [भौतिकी] (देखें **kinetic energy**)

po•tion /ˈpəʊʃən/ /ˈपउशन्/ noun = a liquid that is used as a medicine or is considered magical (in stories) दवा अथवा जादुई प्रभाव वाला तरल पदार्थ, काढ़ा

pot•ter /ˈpɒtəʳ/ /ˈपॉटर्/ noun, c. = a person who makes pots out of clay कुम्हार **pottery** noun, u. = pots and other objects made out of clay मिट्टी के बर्तन

pot•ty /pɒti/ /पॉटी/ noun, c. (**potties**) or adj. = a small pot, made of plastic or metal, into which a child can empty his/her bowels (informal) पॉटी, एक प्रकार का पात्र जिसमें बच्चा मलत्याग करे (अनौपचारिक)

pouch /paʊtʃ/ /पाउच्/ noun, c. (**pouches**) **1** = a small bag made of leather or cloth थैली, पाउच **2** *The monkey stores its food in a pouch inside its cheeks.* = a fold of skin which is like a bag थैली

poul•tice /ˈpəʊltɪs/ /ˈपउल्टिस्/ noun, c. = a bandage containing some soft substance which is used to cover the skin and can take away pain or a swelling पुलटिस, सूजन पर लगाई जाने वाली या दर्द सोख लेने वाली एक मुलायम पट्टी (बैन्डेज)

poul•try /ˈpəʊltri/ /ˈपउल्ट्री/ noun, u. or c. (**poultries**) **1** *We will buy some poultry for our farm.*(u.) = farm birds such as hens, ducks etc. which are kept for their eggs and meat मुर्गी, बत्तख आदि **2** = meat from hens, ducks etc.(u.) मुर्गी, बत्तख आदि का मांस **3** *She runs a poultry.*(c.) = a farm on which poultry is kept मुर्गीखाना

pounce /paʊns/ /पाउन्स्/ verb, i. **1** *The tiger pounced on the deer.* = to attack and catch hold of someone or something with a sudden jump झपट्टा मारना **2** *The reporters pounced on the film actor's remarks.* = to jump on to something (figurative) फट पड़ना, उबल पड़ना (लाक्षणिक)

pound[1] /paʊnd/ noun, c. **1** *This cake weighs one pound.* = a unit of weight equal to about half a kilogramme पौंड (लगभग 1/2 किलो वजन) **2** *He earns 5000 pounds a year.* = a unit of money used in Britain (symbol £) इंग्लैंड की मुद्रा जिसका चिह्न £ है **3** *Stray cattle which have no homes are put in the pound.* = a place where stray animals (cows, dogs etc. which have no master or home) are kept मवेशी-खाना, कांजी हाउस

pound[2] verb, t. or i. **1** (t.) = to beat rice with a wooden stick so that the husk (outer covering) is separated from the grain or to beat and crush something into powder पीसना, कूटना **2** *His heart was pounding with fear.*(i.) = beating very fast धड़कना

to get/demand your pound of flesh = something that you insist on having even if it causes the other person suffering (from Shakespeare's 'Merchant of Venice') अपने अधिकार की वस्तु की माँग करना

pour /pɔːʳ/ /पॉर्/ verb, t. or i. **1** *Pour some water out of the jug.*(t.) = to cause some liquid to flow out of a container by tilting it (making one side higher than the other) उड़ेलना **2** *The rain poured down on us.*(i.) = to flow steadily and in a large quantity मूसलाधार बरसना

to pour oil on troubled waters = to prevent some trouble by making people calm हंगामा/झगड़ा शांत करना **to pour something down the drain** = to waste something (money, time etc.) व्यर्थ गंवाना **to pour cold water on something** = to react to something in a negative way, discouraging others हतोत्साहित करना **to pour out** *She poured out her troubles to us.* = to tell somebody everything that you feel अपने मन की बात (कष्ट) बता देना, उगल देना

pout[1] /paʊt/ verb, i. *Why are you pouting? Is it because you were not given a chance to play?* = to push the lips forward so as to show displeasure (used mostly to describe the behaviour of a child or young girl) मुँह फुलाना

pout[2] noun, c. = an act of pouting मुँह फुलाने की मुद्रा

pov•er•ty /ˈpɒvəti/ /ˈपॉवटि/ noun, u. *living in poverty* = the state of being very poor and not being able to pay for food, clothing etc. गरीबी, दरिद्रता, निर्धनता

POW abbr. of **Prisoner of War** = a soldier who has been captured by the enemy and is kept in a special prison (**Prisoner of War** का संक्षिप्त रूप) युद्धबंदी

pow•der[1] /ˈpaʊdəʳ/ /ˈपाउडर्/ noun, u. *talcum powder // chilli powder* = a solid substance in the form of very small and fine grains चूरा, पाउडर, पिसा हुआ

powder[2] verb, t. **1** *Please powder these tablets.* = to crush or break up something solid into powder पीसना **2** *powder one's nose* = to put powder on something किसी वस्तु पर 'पाउडर' छिड़कना

pow•er[1] /ˈpaʊəʳ/ /ˈपाउअर्/ noun, u. or c. **1** *As head of the company she has a lot of power.*(u.) = influence or control over others शक्ति, ताकत, सामर्थ्य **2** *Human beings have the power of speech.*(u.) = ability to do something क्षमता **3** *Many trees were blown down by the power of the wind.* वेग शक्ति *// I will need a computer with more power.*(u.) = strength, force or speed गति शक्ति, क्षमता **4** *The lights are not on because there is no power.*(u.) = electrical energy विद्युत, बिजली **5** *The engine of your car has very little power.*(u.) = the ability to do some work (e.g. move a vehicle) हय शक्ति **6** *The lenses of your spectacles have high power.*(u.) = the ability to make things look bigger or more clear दृष्टि का नंबर **7** *a foreign power*(c.) = country विदेशी ताकत **8** *Two to the power of three is 8.* ($2^3 = 8$) = the number of times a number must be multiplied by itself [MATHEMATICS] घात [गणित]

power[2] verb, t. *This bicycle is powered by a small petrol engine.* = to supply power to something से चालित होना **power cut/failure** noun = a period when there is no supply of electricity विद्युत् कटौती **power point** noun, c. = a source from which a supply of electrical energy can be obtained to make an electrical appliance work पावर प्वांइट **powerful** adj. 1 *a powerful leader* = having a lot of power or influence प्रभावशाली 2 *You need powerful legs to run a 5 km race.* = physically very strong मज़बूत **powerless** /'paʊəlɪs/ /पाउअलिस्/ adj. = lacking strength or power शक्तिहीन, अशक्त **powerhouse** noun, c. 1 = a kind of factory where there are machines which produce power (electrical energy) (also **power station** or **power plant**) बिजली घर 2 *The creative director is a powerhouse of ideas.* = a person who is good at producing ideas विचारों का स्त्रोत **power of attorney** noun = the power given to someone through a legal agreement to act on behalf of (take some action for) someone else because they are ill or too old [LAW] मुख़्तारनामा [कानून] **power-steering** noun *a car with power-steering* = a device (machine) which allows the driver of a car to steer (control the direction of) a car with little effort by using the power of the engine पावर स्टीयरिंग

to be in power = (of a political party) to be in control of the government सत्ता में होना **to do everything within one's power** = to do everything that one possibly can अपने सामर्थ्यानुसार कार्य करना **to exercise one's power** = to use one's authority or influence शक्ति/अधिकार का उपयोग करना

-powered /paʊəd/ /पाउअड्/ suffix meaning driven by the power of (-शक्ति से संचालित) e.g. **solar-powered** adj. *solar-powered engine* = driven by the power of the sun सौर ऊर्जा से संचालित

pox /pɒks/ /पॉक्स्/ noun = small pox (a disease which leaves marks, called pock-marks, on the face) चेचक

PR abbr. of **Public Relations** = the branch of a government or company that deals directly with the public and receives complaints, inquiries etc. Public Relations का संक्षिप्त रूप, जनसंपर्क

prac•ti•cal[1] /'præktɪkəl/ /प्रैक्टिक्ल्/ adj. 1 *He has a degree in Business Management but he lacks practical experience of managing a company.* = having to do with action in actual conditions and not just ideas प्रयोगात्मक, व्यावहारिक 2 *She is a very practical person who knows how to deal with difficult situations.* = effective (able to do things well or get things done) व्यवहारशील 3 *I want a practical pair of shoes.* = one that serves a purpose well and can be taken care of easily उपयोगी

practical[2] noun, c. *We have a Chemistry practical next week.* = a lesson or an examination which requires a person to perform some task प्रायोगिक **practically** adv. 1 *We visit them practically every day.* = nearly; almost तकरीबन, लगभग 2 *I will do everything practically possible to come to see you in Kochi.* = that which can be done व्यावहारिक रूप से **practical joke** noun, c. *He played a practical joke on me on April Fool's Day by telling me that I had won a prize in a lottery.* = a trick played on someone which causes some humour शरारत **practicable** adj. *The Supreme Court has ordered the government to clean up the Yamuna river within six months, but most people think this is not practicable.* = something that is possible to do व्यवहार्य (देखें **power station** या **power plant**)

for all practical purposes *For all practical purposes, he is the boss in the office*= in actual fact, though not officially सभी व्यावहारिक कार्यो के लिए, वास्तव में

prac•tice /'præktɪs/ /प्रैक्टिस्/ noun, u. or c. 1 *You need more practice if you want to sing well.*(u.) = frequent repetition of an activity in order to become better at it अभ्यास, रियाज 2 *This sounds like a good idea, but can it be put into practice?*(u.) = the actual doing of something (as different from just thinking about it) व्यवहार में लाने योग्य 3 *The doctor has a very good practice.*(u.) = business व्यवसाय 4 *It is common practice in Japan to greet one by bowing.*(c.) = a common or usual tradition or custom चलन, प्रचलन

to be out of practice = to not be skilful at doing something because one has not done it for a while अभ्यास छूट जाना **practice makes perfect** = doing an activity regularly can make one very good at it 'करत-करत अभ्यास के जड़मति होत सुजान', अभ्यास करते रहने से दक्ष होना

prac•tise /'præktɪs/ /प्रैक्टिस्/ verb, t. or i. 1 *You must practise every morning if you want to become a singer.*(i.) // *You will have to practise your drawing.* (t.) = to perform an action repeatedly in order to gain some skill रियाज़ करना, बार-बार करना 2 *She plans to practise law.*(t.) = to work as a lawyer or doctor का पेशा अख्तियार करना 3 *Most of our money is gone and we will have to practise economy.*(t.) = to bring into use बरतना **practised** adj. *a practised radio jockey* = very skilled at something कुशल, अभ्यस्त **practising** adj. *a practising lawyer/Catholic/Hindu/Muslim etc.* = a person who actively follows a religion or is in a profession धर्म या व्यवसाय में रत

to practise what you preach *If you want others to be tidy you must practise what you preach.* = to do what you want others to do दूसरों को दी गई नसीहत पर खुद अमल करना

prac•ti•tion•er /præk'tɪʃənəʳ/ /प्रैक्'टिशनर्/noun, c. *a medical practitioner* = a person who works in a profession व्यवसायी, व्यवसाय करने वाला

prag•mat•ic /præg'mætɪk/ /प्रैग्'मैटिक्/ adj. *We need a pragmatic approach to this problem, not one based on theory.* = dealing with a situation in a practical way, which suits present conditions, instead of following a fixed idea (formal) व्यावहारिक (औपचारिक) **pragmatism** noun, u. = the quality of being pragmatic व्यावहारिकता **pragmatist** noun, c. व्यवहारवादी

prai•rie /'preəri/ /प्रेअरी/ noun, c. = a large grassy

P

plain (flat area) without trees, in North America/ प्रेयरी–उत्तरी अमेरिका में वृक्षरहित घास का मैदान

praise[1] /preɪz/ /प्रेइज़्/ verb, t. *The Principal praised the teacher for her excellent lesson.* = to speak highly of someone or something प्रशंसा करना

praise[2] noun, u. *The new film has received high praise from critics.* = something said or written to show that one thinks highly of someone or something प्रशंसा, सराहना **praiseworthy** adj. *Your attempt to clean up this dirty city is praiseworthy.* = something that deserves praise (formal) प्रशंसनीय (औपचारिक)

pram /præm/ /प्रैम्/ noun, c. short form of 'perambulator' = a baby-carriage (a small carriage in which a baby can be taken out) (**perambulator** का संक्षिप्त रूप) बच्चागाड़ी

prance /prɑːns/ /प्रान्स्/ verb, i. **1** *The horses were prancing impatiently.* = to jump by raising first the front legs and then the back legs high into the air (referring to the movement of a horse) (घोड़े का) पहले अगले पैरों को उठाना, फिर पिछले पैरों को ऊपर की ओर ऊँचा उठाना **2** *The children were prancing around the garden.* = to move quickly or happily, with a lot of energy कूद-फाँद करना, उछल-कूद करना

prank /præŋk/ /प्रैंक्/ noun, c. *School children like to play pranks on their friends.* = a playful trick that causes no harm शरारत **prankster** noun, c. = a person who plays pranks शरारती

prat•tle[1] /'prætl/ /'प्रैट्ल्/ verb, i. *The child prattled endlessly about everything that had happened in school that day.* = to talk for a long time in the way that children often do (approving) (बच्चों द्वारा) ब्यौरा देना, उत्तेजनापूर्वक वर्णन करना (स्वीकार्य)

prattle[2] noun, c. *I get bored with his foolish prattle.* = meaningless or pointless talk (derogatory) बकबक (अनादरपूर्ण)

prawn /prɔːn/ /प्रॉन्/ noun, c. or u. **1** (c.) = a small sea-animal with a hard shell and ten legs एक नन्हा समुद्री जीव जिसका कड़ा कवच तथा दस पैर होते हैं **2** *fried prawn*(u.) = the meat of a prawn, used as food झींगा मछली

pray /preɪ/ /प्रे/ verb, i. **1** = to communicate with (speak to) God, either silently or aloud ईश्वर से मौन या मुखर प्रार्थना **2** *We prayed for rain.* = to wish for something strongly प्रार्थना करना **prayer** noun, c. = the words used in speaking to God प्रार्थना **prayer book** noun, c. = a book that contains religious prayers प्रार्थना-पुस्तक

pre- /priː/ (प्री) prefix meaning before पूर्व, पहले e.g. **pre-cooked** adj. *pre-cooked food* = food which has been cooked earlier and only has to be warmed up before it is eaten पहले से ही पका

preach /priːtʃ/ /प्रीच्/ verb, i. or t. **1** (i.) = to give a religious talk, usually with the intention of making someone accept your religion प्रवचन करना **2** *She always preaches the benefits of regular exercise.*(t.) = to try to convince people of something का विश्वास दिलाना **3** *Please stop preaching to me. I know what to do.*(i.) = to give someone advice on how to behave (disapproving) उपदेश देना (अस्वीकृत)

pre•am•ble /priː'æmbəl/ /प्री'ऐम्बल्/ noun, c. = a statement made before a speech or a piece of writing to explain what follows आमुख, प्रस्तावना

pre•ar•range /priːə'reɪndʒ/ /प्रीअ'रेइंज्/ verb, t. *It had been pre-arranged that everyone would clap when he finished his speech.* = to arrange in advance पूर्व या पहले से ही व्यवस्था करके रखना, पूर्वनियोजित

pre•car•i•ous /prɪ'keəriəs/ /प्रिके'अॅरिअस्/ adj. *The government may fall at any time. It is in a precarious position.* = dangerous; unsafe खतरनाक; असुरक्षित

pre•cau•tion /prɪ'kɔːʃən/ /प्रि'कॉशन्/ noun, c. *We were advised to take a course of medicines as a precaution against malaria.* = some action taken in advance to guard against possible danger एहतियात, चौकस, सावधानीपूर्ण कार्रवाई **precautionary** adj.

pre•cede /prɪ'siːd/ /प्रि'सीड्/ verb, t. *The meeting was preceded by a welcoming song.* = to happen before something else (formal) के पहले होना (औपचारिक) **preceding** adj. *I could not attend the meeting on 18 August because I had been ill the preceding day.* = coming just before (formal) से पहले, पिछला (औपचारिक)

pre•ce•dent /'presɪdənt/ /'प्रेसिडन्ट्/ noun, c. *The boss said he would grant me leave to go home for my brother's wedding, but he did not want others in the office to use this as a precedent.* = something that has happened earlier and is used as an example to decide something at a later time पूर्वोदाहरण, मिसाल

pre•cincts /'priːsɪŋkts/ /'प्रिसिंक्ट्स्/ noun, u. (always plural) *You will find a few eating places within the precincts of the university.* = the area surrounding a building or a group of buildings (formal) अहाता (औपचारिक)

pre•cious /'preʃəs/ /'प्रेशस्/ adj. **1** *This is a very precious necklace.* = worth a large amount of money मूल्यवान, कीमती **2** *a precious photograph* = much loved प्रिय **3** *a precious old coin* = very rare दुर्लभ **precious metal** noun = a metal which is very rare and valuable and is used in making jewellery दुर्लभ, कीमती (धातु) **precious stone** noun = a gem (an expensive stone such as a diamond or ruby) used in jewellery कीमती पत्थर, जैसे हीरे-जवाहरात, रत्न-मणि

pre•ci•pice /'presɪpɪs/ /'प्रेसिपिस्/ noun, c. = a steep, high cliff खड़ी चट्टान

pre•cip•i•tate[1] /prɪ'sɪpɪteɪt/ /प्रि'सिपिटेइट्/ verb, t. or i. **1** *War between Spain and England was bound to take place some day, but the attack by an English ship precipitated the war.*(t.) = to make something happen sooner than expected संभावित समय से पूर्व ही कर देना / 2 *Mixing hydrocholic acid with sodium nitrate causes sodium chloride to precipitate.*(i.) = to cause a solid matter to separate from a liquid through some chemical action [CHEMISTRY] अवक्षेप करना [रसायन शास्त्र]

precipitate[2] /prɪ'sɪpɪtɪt/ /प्रि'सिपिटिट्/ noun, c. *Sodium chloride is obtained as a precipitate if hydrochloric acid is mixed with sodium nitrate.* = some solid matter that has been separated from a liquid through chemical action [CHEMISTRY] अवक्षेपण [रसायन शास्त्र]

pré•cis /'presi:/ /'प्रेसी/ noun, u. (French) = a shortened form of a speech or piece of writing, containing only the main points (फ्रेंच शब्द) सार-संक्षेप

pre•cise /prɪ'saɪs/ /प्रि'साइस्/ adj. *Don't write that 4,000 people were present at the meeting when there were only 2,000. Your reporting should be precise.* = exact or correct (formal) सही, यथार्थ (औपचारिक) **precisely** adv. 1 *Your answer should be in 30 words precisely.* = exactly सही-सही, ठीक-ठीक 2 *'So if we don't take the bus we won't reach the show on time?' 'Precisely.'* = used to express agreement ठीक **precision** noun, u. *I expect greater precision in your reporting.* = the quality of being precise (exact) यथार्थता, तथ्य-सीमितता

pre•con•ceive /pri:kən'si:v/ /प्रीकन्'सीव्/ adj. *You should not come to this meeting with pre-conceived ideas.* = ideas or opinions about something that one has formed in advance without enough information पूर्वकल्पना, पूर्वाग्रह

pre-con•di•tion /pri:kən'dɪʃən/ /प्रिकन्'डिशन्/ noun, c. *If you want to come to an agreement with him, there should be no pre-conditions.* = something that must be agreed to before something else can happen अहम शर्त्त

pre•cur•sor /prɪ'kɜ:sə'/ /प्रि'कउसर/ noun, c. *The first calculating machine, built in the eighteenth century, was the precursor to the modern computer.* = something that comes before something else and prepares the way for it पुरोगामी

pre-date /pri:'deɪt/ /प्री'डेइट/ verb, t. *The use of stone pre-dates the use of iron.* = to come earlier in history than something else से पहले घटित होना

pred•a•tor /'predətə'/ /'प्रेडटर/ noun, c. *There are a few leopards in this forest, but no other predators.* = a wild animal that hunts and kills other animals शिकार करके खाने वाला मांसाहारी पशु, हिंसक पशु **predatory** adj. *Owls are predatory birds.* = having the qualities of a predator शिकारी

pre•dic•a•ment /prɪ'dɪkəmənt/ /प्रि'डिकमन्ट्/ noun, u. *His pocket had been picked and all his money was gone. He did not know what to do in such a predicament.* = a difficult situation that leaves one confused (formal) विकट या अप्रिय स्थिति (औपचारिक)

pred•i•cate /'predɪkɪt/ /'प्रेडिकिट्/ noun, c. *In the sentence 'The policeman caught the thief', 'caught the thief' is the predicate while 'the policeman' is the subject.* = the part of a sentence which tells us something about the subject [GRAMMAR] विधेय [व्याकरण]

pre•dict /prɪ'dɪkt/ /प्रि'डिक्ट्/ verb, t. *Most weather forecasters try to predict rainfall patterns.* = to know or say in advance that something will happen भविष्यवाणी करना, पहले सूचित करना **prediction** noun, u. or c. *Ranjit made a prediction that Sri Lanka would win the World Cup.*(c.) = something that is predicted (told in advance) भविष्यवाणी, पूर्व सूचना

pre•dom•i•nant /prɪ'dɒmɪnənt/ /प्रि'डॉमिनन्ट/ adj. *Spanish is the predominant language in South America.* = having greater importance than others (formal) प्रमुख, प्रधान (अनौपचारिक)

pre•empt /pri:'empt/ /प्री'एम्प्ट्/ verb, t. *We were planning to meet the Chief Minister to request him to start a new school, but we find that our plans have been pre-empted. He has already given orders for the building of the school.* = to make an action by some other person unnecessary or ineffective by doing it first पहले ही से किया गया

preen /pri:n/ /प्रीन्/ verb, t. 1 *The parrot was preening its feathers.* = to clean with one's beak (referring to a bird) (चिड़िया का चोंच से) सँवारना 2 *preening herself in front of the mirror* = to make oneself look tidy (referring to people) प्रसाधन करना (व्यक्ति के संदर्भ में)

pre-exist /pri:ɪg'zɪst/ /प्रीइग्'ज़िस्ट्/verb, i. *Scientists believe that some intelligent animals, similar to humans, pre-existed on Earth before the first human beings appeared.* = to exist (live) before something else पहले से अस्तित्व में होना

pre-fab•ri•cate /pri:'fæbrɪkeɪt/ /प्री'फ़ैब्रिकेइट/ verb, t. = to construct some of the parts of a building, such as the roof, pillars, doors and windows, in advance and then fit them into the building पूर्वनिर्मित करना

pref•ace[1] /'prefɪs/ /'प्रेफ़िस्/ noun, c. *The writer explains in his preface how this book was written.* = an introduction to a book that comes before the main book (compare **foreword**) भूमिका, प्रस्तावना, आमुख (देखें **foreword**)

preface[2] verb, t. *The speaker prefaced his speech with a few remarks thanking us for inviting him.* = to say or write something as an introduction प्रस्तावना के रूप में कुछ कहना

pre•fect /'pri:fekt/ /'प्रीफ़ेक्ट्/ noun, c. = a student in a school who is given authority to control younger students प्रधान (छात्र)

pre•fer /prɪ'fɜ:'/ /प्रि'.फ़उर/ verb, t. *Would you like some tea, or would you prefer coffee?* = to choose one thing over another वरीयता देना, तुलना में अधिक

P

पसंद करना **preferable** /'pref ərəbəl/ /'प्रेफ़्रेइबल्/ adj. *I don't mind having tea, but coffee would be preferable.* = better बेहतर **preference** noun, u. or c. *We can offer you tea, coffee or soft drinks. What is your preference?*(c.) = choice (greater liking for one thing rather than another) वरीयता, प्रधानता, अन्य की तुलना में अधिक पसंद

Usage One prefers something **to** something else, not **than**. एक की तुलना में दूसरे को पसंद करने के संदर्भ में prefer के साथ than नहीं, to का प्रयोग शुद्ध है

pre•fix[1] /'pri:fɪks/ /'प्रीफ़िक्स्/ noun, c. *The prefix 'un-' means 'not'.* = a group of letters that carries a certain meaning and can be attached (fixed) to the beginning of a word उपसर्ग

prefix[2] verb, t. *You can prefix 'im-' to the word 'possible'.* = to attach a prefix to the beginning of a word शब्द के पूर्व जोड़ना

preg•nant /pregnənt/ /'प्रेग्नन्ट्/ adj. **1** *a pregnant woman* = having a child inside the body (referring to a female animal or human being) गर्भवती **2** *His words were pregnant with meaning.* = full of hidden meaning अर्थपूर्ण, सारगर्भित **pregnancy** noun, u. *She is in the third month of pregnancy.* = the condition of being pregnant गर्भावस्था

a pregnant pause = a pause (usually in a conversation) that is heavy and full of meaning (informal, humorous) सारगर्भित विराम (अक्सर बातचीत के दौरान) (अनौपचारिक, हास्यपरक)

pre•his•to•ry /pri:hɪ'stəri/ /प्रीहि'स्ट्री/ noun = the period of time of which there is no reliable (recorded) history प्राक्-इतिहास, प्रागितिहास **prehistoric** adj. = belonging to prehistory प्रागैतिहासिक

prej•u•dice[1] /'predʒədɪs/ /'प्रेजडिस्/ noun, c. or u. **1** *He does not enjoy talking to us because he has a prejudice against people who don't speak Hindi.*(c.) = a strong dislike of someone or something, for which there is no good reason पूर्वाग्रह **2** *The new law discourages racial prejudice.*(u.) = hatred of people belonging to a different religion, race etc. द्वेष, पक्षपात

prejudice[2] verb, t. **1** *Please don't prejudice the judges. Let them decide for themselves.* = to influence in an unfair way नकारात्मक रूप से प्रभावित करना **2** *Your habit of mumbling may prejudice your chances at the interview.* = to harm हानि, क्षति पहुँचाना

pre•lim•i•na•ry /prɪ'lɪmɪnəri/ /प्रि'लिमिन्री/ adj. *The preliminary examination will be held in March and the final examination in July.* = happening before some other event which is more important प्रारंभिक, प्राथमिक

prel•ude /'prelju:d/ /'प्रेल्यूड्/ noun, c. **1** *The result of this election may be a prelude to great political change in the coming months.* = something that announces (tells us) that a more important event is to follow प्रस्तावना **2** = a short piece of music played before a longer piece that is to follow मंगलाचरण

pre•ma•ture /'premətjʊə'/ /'प्रेमच्युअ'/ adj. *Keats died at the age of 29. His premature death deprived the world of a great poet.* = something that happens or is done before the natural or proper time समयपूर्व, अकाल

prem•i•er[1] /'premiə'/ /'प्रेमिअ'/ adj. *She is the hockey team's premier player.* = most important (formal) प्रमुख (औपचारिक)

premier[2] noun, c. *The premier will speak in parliament tomorrow.* = Prime Minister (informal) प्रधानमंत्री (अनौपचारिक)

prem•i•ere[1] /'premieə'/ /'प्रेमीअ'/ noun, c. *I have come to attend the premiere of the new film.* = the very first show of a film or play प्रथम प्रदर्शन

premiere[2] verb, i. *The film will premiere next week.* = to have a premiere प्रथम प्रदर्शन आयोजित करना

prem•ise /'premɪs/ /'प्रेमिस्/ noun, c. (always singular) *She based her research on the premise that the population would increase in the next five years.* = a piece of reasoning upon which an argument/research/experiment is based (केवल एकवचन में प्रयुक्त) तर्काधार

prem•is•es /'premɪsəz/ /'प्रेमिसज़्/ noun, u. (always plural) *We have decided to rent out these premises to a bank.* = a building with its surrounding land (केवल बहुवचन में प्रयुक्त) अहाता, भवन, परिसर

pre•mi•um /'pri:mɪəm/ /'प्रीमिअम्/ noun, u. or c. (**premiums** or **premia**) **1** *You have not paid the premium on this insurance policy.*(c.) = money paid for an insurance policy बीमे की किश्त **2** *Many cars are selling at a premium these days.*(u.) = money paid over and above the usual price in order that something becomes available when demanded अधिशुल्क, अधिमूल्य **3** *A Masters degree in microbiology is at a premium now.*(u.) = having a higher value than usual अधिक लाभकारी या महत्त्वपूर्ण

pre•mo•ni•tion /premə'nɪʃən/ /प्रेम'निश्न्/ noun, c. *a premonition of death* = a feeling that something bad is going to happen पूर्वाभास

pre•na•tal /pri:'neɪtəl/ /प्री'नेइटल्/ adj. *a hospital for the pre-natal care of mothers* = relating to the period or state before a child is born जन्मपूर्व, प्रसवपूर्व

pre•oc•cu•pa•tion /pri:ɒkjʊ'peɪʃən/ /प्रीआक्यु'पेइश्न्/ noun, c. or u. *Cricket is his main preoccupation now.* = something that occupies (fills up) one's attention or time कार्य व्यस्तता **pre-occupied** adj. *When I said 'Hello' to Ravi, he was too preoccupied to answer me.* = having one's mind fixed on something else विचारमग्न

prep /prep/ /प्रेप्/ abbr. of 'preposition' or of 'preparatory' as in 'prep school' 'preposition' या 'preparatory' का संक्षिप्त रूप

pre-paid /pri:'peɪd/ /प्रि'पेइड्/ adj. *She has sent me two pre-paid tickets for the film festival next week.* =

something for which the price has been paid in advance पूर्वदत्त, पूर्व भुगतान किया हुआ

pre•pare /prɪ'peəʳ/ /प्रि'पेअʳ/ verb, t. or i. **1** *Can you prepare tandoori chicken?* (t.) = to make or cook पकाना **2** *I want you to prepare for the test next week.*(i.) = to study in order to pass an examination or be ready for a future event तैयारी करना **3** *Have you prepared your students for the examination?* (t.) = to get ready for some future event तैयार करना **preparation** /prəpə'reɪʃən/ /प्रेप'रेइशन्/noun, u. or c. **1** *The cook has produced a wonderful preparation of chicken masala.*(c.) = something that has been produced or cooked (formal) पकवान (औपचारिक) **2** (always plural) *The preparations for the meeting are complete.*(c.) = things which are done to get ready or to get something ready for a future event (केवल बहुवचन में प्रयुक्त) आयोजन, तैयारियाँ **3** *Your preparation for the examination seems to be satisfactory.*(u.) = the act of getting ready or the state of being ready तैयारी **preparatory** /prɪ'pærətri/ /प्रि'पैरट्री/ adj. *a preparatory meeting* = done in order to get ready for something प्रारंभिक

prep•o•si•tion /prepə'zɪʃən/ /प्रेप'ज़िशन्/ noun, c. *In the phrase 'a bird in hand', the word 'in' is a preposition.* = a word that is used before a noun or pronoun and shows the connection of that word to some other word [GRAMMAR] पूर्वसर्ग [व्याकरण]

pre•pos•ter•ous /prɪ'pɒstərəs/ /प्रि'पॉस्ट्रस्/ adj. *Why should I give you Rs 10,000 for the old bicycle? Your demand is preposterous.* = completely unreasonable and not worth considering अनर्गल, तर्कहीन

pre-school /'priːskuːl/ /'प्रीस्कूल्/ noun = a kind of school to which a very young child is sent, mainly to learn through play, before she or he joins a regular school पूर्व प्राथमिक विद्यालय

pre•scribe /prɪ'skraɪb/ /प्रि'स्क्राइब्/ verb, t. **1** *The doctor has prescribed this medicine for my cough.* = to say or write what medicine a sick person should take निर्धारित करना, आदेश देना (औपचारिक) **2** *The law prescribes imprisonment for cheating someone.* = to say with authority what should be done in a certain situation (formal) निर्धारण करना [औपचारिक] **prescription** noun, c. or u. **1** *Take the doctor's prescription to the medicine shop.*(c.) = a piece of paper on which a doctor has written the names of the medicines which a sick person should take, after examining him/her 'नुस्खा', चिकित्सक द्वारा लिखी गई दवा **2** *The government has banned the prescription of certain medicines.*(u.) = the act of prescribing निर्देशित करना

pres•ence /'prezəns/ /'प्रेज़न्स्/ noun, u. *Your presence at the meeting made it interesting.* = the fact of being present (at a place) (opposite **absence**) उपस्थिति (विलोम शब्द **absence**) **presence of mind** noun *He showed great presence of mind by calling up the police as soon as the thieves broke into his neighbour's house.* = the ability to act quickly and calmly in a difficult situation प्रत्युत्पन्नमतित्व

present[1] /'prezənt/ /'प्रेज़न्ट्/ noun, c. or u. **1** *This ring is a present from my sister.* = gift (something given to someone) (formal) उपहार, भेंट (औपचारिक) **2** *I'm sorry I can't lend you any money at present.* = now (at the time of speaking) इस समय **3** *The verb 'eats' is in the present.* = the form of a verb which shows that we are talking about an action that takes place regularly, and at the time one is speaking [GRAMMAR] वर्तमान काल [व्याकरण]

present[2] adj. **1** *Your son was present at the meeting.* = at a certain place उपस्थित, हाज़िर, मौजूद **2** *Is this your present address?* = at this time वर्तमान **3** *The verb 'eats' is in the present tense.* = the form of a verb which shows that we are talking about an action that takes place regularly, at the time or when one is speaking ('now') [GRAMMAR] वर्तमान (अभी) [व्याकरण]

present[3] /prɪ'zənt/ /प्रि'जन्ट्/ verb, t. **1** *My sister has presented this ring to me.* = to give as a gift उपहार, भेंट देना **2** *The minister will present the prizes to the students.* = to give away something at a special ceremony देना **3** *The theatre group in the school is presenting a new play.* = to show to the public प्रस्तुत करना **4** *Allow me to present the Director of this Institute, Professor Raha.* = to introduce formally परिचय कराना **5** *I will present this paper at the conference.* = to read out to an audience प्रस्तुत करना

pre•sen•ta•ble /prɪ'zentəbəl/ /प्रि'ज़ेन्टबल्/ adj. *The house is very dirty. It is not presentable.* = fit to be shown to someone who one doesn't know too well दिखाने योग्य **presentation** /prɪzen'teɪʃən/ /प्रिज़ेन्'टेइशन्/ noun, u. **1** *The presentation will be in the evening after all the matches are completed.* = the act of giving away prizes पुरस्कार-वितरण **2** *His presentation of the company's performance was excellent.* = the way in which something is explained, shown etc. प्रस्तुति **present participle** noun, c. *In the sentence 'He is sleeping', 'sleeping' is the present participle form of the verb 'sleep'.* = a form of a verb produced by adding '-ing' to it, which shows that some action is in progress at the present time, and which can also be used as an adjective e.g. 'a sleeping child' [GRAMMAR] वर्तमानकालिक कृदंत [व्याकरण] **present perfect** noun *In the sentence 'She has eaten', 'has eaten' is in the present perfect.* = the form of a verb produced (generally) by adding '-en' to it, which shows that an action has been completed [GRAMMAR] पूर्ण वर्तमान [व्याकरण]

pre•serve[1] /prɪ'zɜːv/ /प्रि'ज़ɜव्/ verb, t. **1** *This house is more than a hundred year's old but it looks new. The owner has preserved it well.* = to keep something

P

in good condition for a long time सुरक्षित रखना, सँभाल कर रखना **2** *The government must preserve the old monuments in Delhi.* = to protect from harm or damage सुरक्षित रखना

preserve² noun, u. *mango preserves* = fruit boiled with sugar and spices so that it can be kept for a long time सुरक्षित, बचा के रखा गया **preservation** /prezə'veɪʃən/ /प्रज़'वेइशन्/ noun, u. *The government spends a lot of money on the preservation of historical buildings.* = the act of preserving something (keeping in good condition) संरक्षण **preservative** /prɪ'zɜːvətɪv/ /प्रि'ज़ऽवटिव्/ noun, c. or u. *Some preservatives have been added to the ice-cream so that it can be kept for a long time.*(c.) = a chemical which is added to food to prevent it from going bad quickly परिरक्षक

pre-set /priː 'set/ /प्री'सेट्/ verb, t *You can pre-set the alarm clock at night so that it will ring in the morning and wake you up.* = to set or adjust something in advance पूर्वसंचालित, पूर्वनियंत्रित

pre•side /prɪ'zaɪd/ /प्रि'ज़ाइड्/ verb, i. *The Education Minister will preside at the meeting.* = to control or be in charge of a meeting or some other activity अध्यक्षता करना

pres•i•dent /'prezɪdənt/ /'प्रेज़िडन्ट्/ noun, c. **1** *the President of India* = a person who has the highest political position in a country where there is no king राष्ट्रपति **2** *the president of a company* = the head of a business company अध्यक्ष **presidential** /prəzɪ'denʃəl/ /प्रज़ि'डेनॅश्ल्/ adj. अध्यक्षीय **presidency** noun, u. = the office (position) of a president अध्यक्ष अथवा राष्ट्रपति पद

press¹ /pres/ /प्रेस्/ noun, c. (**presses**) or u. **1** (u.) = newspapers and the people working for various newspapers पत्र एवं पत्रकार **2** *He owns a small printing press.*(c.) = a machine used for printing books etc. छापाखाना **3** *Can you give my shirt a press?*(u.) = the act of pressing a garment with a hot iron to remove wrinkles इस्तरी करना

press² verb, t. **1** *The bell will ring when you press this switch.* = to push something downwards दबाना **2** *Shall I press your trousers?* = to give a smooth surface or a sharp fold to a garment by using a hot iron इस्तरी करना **3** *She pressed me to stay on and have dinner with her.* = to urge (to request someone repeatedly to do something) दबाव डालना **press conference** noun, c. = a meeting of journalists with an organization, the government etc., when some information has to be given out to the press पत्रकार-सम्मेलन

to be hard pressed for time to do something = to find something very difficult to complete etc. because one is very busy व्यस्तता के कारण काम को मुश्किल से पूरा करना **to press charges** = to complain officially (to the police) about someone or something शिकायत करना **to press on ahead** *They pressed on ahead with the preparations for the function though it was raining.* = to continue to do something even though it is difficult to do काम करने का दबाव होना

pres•sure /'preʃəʳ/ /'प्रेशर/ noun, u. **1** *The pressure of the wind drives this machine. // Water flows through these pipes at high pressure.* = the force with which something drives or hits something else दबाव **2** *We are putting pressure on them to start a new school here.* = something said repeatedly to make someone do something कुछ करने के लिए बार-बार कहना **3** *I am working under a lot of pressure.* = conditions which make the mind troubled दबाव, प्रभाव **pressurize (pressurise)** verb, t. *We must pressurise the chemical companies to stop polluting the environment.* = to use influence to try to get something done दबाव डालना **pressure-cooker** noun, c. = a vessel (pot) with a tight-fitting lid in which food can be cooked very quickly because of the pressure of steam प्रेशर कुकर **pressure-group** noun, c. = a group of people which tries to use its political influence to get something done प्रभावी समूह, अपने राजनीतिक प्रभाव से काम निकालने वाला जनसमूह

pres•tige /pre'stiːdʒ/ /प्रे'स्टीज्/ noun, u. *Teachers have a lot of prestige in society.* = value and respect प्रतिष्ठा, गौरव, सम्मान **prestigious** adj. *a highly prestigious institution* = having a lot of prestige (value and respect) प्रतिष्ठित, सम्मानित

pre•sume /prɪ'zjuːm/ /प्रि'ज़्यूम्/ verb, t. or i. **1** *I presume that Khalid is coming for the meeting tomorrow because he has not told anyone that he cannot come.* = to suppose; to believe that something is true even though one is not certain अनुमान से मान लेना **2** *I cannot presume to tell you how to run your office.* = to have the courage to do something which one has no right to do (formal) हिमाकत करना (औपचारिक) **presumption** noun, u. = *Your presumption that the examination will be announced tomorrow is correct.* = the act of presuming something अनुमान, परिकल्पना **presumptuous** adj. *It was presumptuous of Harsha to think that just one telephone call from him would make all of us rush to his birthday party.* = not showing enough respect to someone while thinking too highly of oneself (derogatory) धृष्ट, घमंडी (अनादरपूर्ण)

pre•sup•pose /priːsə'pəʊz/ /प्रीस'पउज़्/ verb, t. *Why do you presuppose that your team is going to win the match? You may lose.* = to believe in advance that something is going to happen पहले से मान लेना, पूर्व अनुमान करना

pre•tence /prɪ'tens/ /प्रि'टेन्स्/ snoun, u. or c. *She was not able to continue the pretence of enjoying the concert.*(u.) = a false show झूठा दिखावा

pre•tend /prɪ'tend/ /प्रि'टेन्ड्/ verb, t. or i. **1** *He pretends to be a good singer but I know that he is quite bad.*(t.) = to try to appear falsely as something which one is not झूठा दावा करना **2** *I know that this is not a palace and you are not a queen but let us pretend.*(i.) = to imagine something, as part of a game कल्पना करना, मान लेना

pre•text /'pri:tekst/ /'प्रीटेक्स्ट्/ noun, c. *Seema left on the pretext that she had an appointment with the doctor.* = a false reason given for doing something बहाना

pret•ty[1] /'prɪti/ /'प्रिटी/ adj. *What a pretty dress that is!* = good-looking, attractive आकर्षक, सुंदर, नफ़ीस

pretty[2] adv. *It's pretty hot today!* = quite, but not very (to a large extent or degree) (informal) काफ़ी, बेहद (अनौपचारिक) **prettily** adv. पर्याप्त मात्रा में

not a pretty sight *I looked at the injury on his knee. It was not a pretty sight.* = not at all pleasant to see (informal, sometimes humorous) असुंदर (अनौपचारिक, कभी-कभी हास्यपरक) **to be not just a pretty face** = (said in defence of someone) to have qualities or skills which are worth considering, not just good looks सुन्दरता के साथ और भी गुण होना **pretty-pretty** *'Do you like this room?' 'Not much. It's too pretty-pretty.'* = too highly decorated and therefore not pleasing सज्जित लेकिन रुचिकर नहीं, बहुत भड़कीला

pre•vail /prɪ'veɪl/ /प्रि'वेइल्/ verb, i. **1** *The custom of child marriage still prevails in some parts of the country.* = to continue to exist प्रचलित होना **2** *Don't lose hope! I am sure that justice will prevail in the end.* = to win जीत होना **prevailing** adj. *It is not possible for me to work in the prevailing conditions.* = found at a certain time वर्तमान, मौजूदा

prev•a•lent /'prevələnt/ /'प्रेवलन्ट्/ adj. *The tradition of sending one's eldest son into the army is prevalent in this part of the country.* = quite common प्रचलित

pre•vent /prɪ'vent/ /प्रि'वेन्ट्/ verb, t. **1** *Satish was determined to become an actor and nobody could prevent him from going into films.* = to stop or check someone from doing something रोकना **2** *We advise people to wear helmets to prevent serious injuries.* = to stop something from happening (बचाव के लिए) रोकना **prevention** noun, u. *We are distributing medicines for the prevention of malaria.* = the act of preventing (checking) something रोकथाम करना **preventive** noun, c. or adj. *Neem leaves are an excellent preventive against cholera.* = something that helps to prevent (stop) something bad from happening निवारक

pre•view[1] /'pri:vju:/ /'प्रिव्यू/ verb, t. *The director of the new film has invited us to preview it before it is released next week.* = to view (see) a new film, play etc. before it is shown to the public पूर्वदर्शन करना

preview[2] noun, c. *We will have a preview of the film.* = an occasion when something is previewed पूर्वदर्शन

pre•vi•ous /'pri:vɪəs/ /'प्रीविअस्/ adj. *He could not come for the meeting because he fell and broke his leg the previous day.* = happening or coming earlier (formal) पूर्ववर्ती, पहला, पिछला (औपचारिक)

prey /preɪ/ /प्रेइ/ noun, u. (always singular) *Smaller animals, such as deer, are the natural prey of tigers.* = animals which are hunted and killed by other animals (केवल एकवचन में प्रयुक्त) शिकार

to prey on/upon **1** *Tigers usually prey on deer.* = to kill for food शिकार करना **2** *The fear of failing in the test always preyed on her mind.* = to cause worry हावी होना, चिंता का कारण होना

price[1] /praɪs/ /प्राइस्/ noun, u. or c. **1** *The price of this book is Rs 50.* = the amount of money for which something is sold or bought; cost दाम, मूल्य **2** *A deduction of two marks is the price you pay for submitting your homework late.* = an unpleasant thing that happens because one has not done what one was supposed to दंडस्वरूप देय

price[2] verb, t. *This book is priced at Rs 150.* = to fix the price of something मूल्य निर्धारित करना **priceless** adj. *This painting is 500 years old and it is priceless.* = so valuable that its price cannot be calculated अमूल्य **price-tag** noun, c. = a piece of paper attached to an article which shows its price मूल्य-पर्ची **pricey** adj. *This dress is rather pricey. I don't think I can buy it.* = high-priced (informal) कीमती, महँगा (अनौपचारिक)

at any price *I was determined to go to Mumbai this weekend at any price.* = whatever the consequences or preparations necessary किसी कीमत पर **not at any price** = to never want to do something किसी कीमत पर नहीं **at a price** *Mangoes are out of season but you can get them at a price.* = for a lot of money अधिक पैसा देकर **to be beyond price** *This harmonium is my great-grandmother's. It is beyond price.* = to be so precious that no price can be set on it अमूल्य **to pay the price** *I allowed him to have his way and now I am paying the price.* = to suffer for something one did with good intentions परिणाम भुगतना

prick[1] /prɪk/ /प्रिक्/ verb, t. *The doctor pricked the girl's finger with a needle and collected a drop of her blood for a test.* = to make a very small hole in something with a pointed object (सुई) चुभोना, छेद करना

prick[2] noun, c. **1** *The doctor gave her finger a prick.* = the act of pricking (making a small hole) सुई लगाना **2** *She felt a prick.* = a sudden sharp pain caused by some pointed object चुभन **prickly** adj. **1** *This damp, hot climate causes prickly heat to appear on the skin.* = causing a feeling of discomfort घमौरी (घमौरियाँ) **2** *a prickly person* = becoming angry or irritated easily चिड़चिड़ा, जल्दी गुस्से में आ जाने वाला

pride see **proud** देखें proud

priest /pri:st/ /प्रीस्ट्/ noun, c. = a person, usually a man, who performs religious duties for a group of people पुजारी

P

prig /prɪg/ /प्रिग्/ noun, c. = a person who is very careful about obeying the rules of correct behaviour and considers himself/herself superior to others (derogatory) व्यवहार आदि में नियम का पाबंद और अभिमानी (अनादरपूर्ण)

prim /prɪm/ /प्रिम्/ adj. *Why are you so prim and proper? You don't allow people to shout or laugh in your house.* = very correct and proper in behaviour and easily shocked by anything rude रीतिनिष्ठ, अनुचित बात को नापसंद करने वाला

pri•ma•ry /'praɪməri/ /'प्राइमरी/ adj. **1** *The primary occupation of the people in this village is agriculture.* = chief or main अहम, प्रमुख **2** *He goes to a primary school.* = having to do with the earliest period in one's life प्राथमिक **3** *The experiment is in a primary stage of development.* = early; not advanced आरंभिक **primarily** /praɪ'mærɪli/ /'प्राइमैरिली/ adv. *Yes, we do sell some medicines here, but we are primarily a grocery shop.* = mainly मुख्य रूप से **primary colour** noun, c. = each of the three colours red, yellow and blue, from a mixture of which all other colours can be produced मूल वर्ण (रंग) जिनके मिश्रण से अन्य रंग बनते है

pri•mate /'praɪmeɪt/ /'प्राइमेइट्/ noun, c. = a member of the most developed group of mammals including monkeys, apes and human beings प्रथम श्रेणी के स्तनपायी जीव

prime[1] /praɪm/ /प्राइम्/ noun, c. *The young soldiers were in the prime of life.* = the best or strongest part or time सबसे बढ़िया भाग, यौवन, जीवन का वसंत-काल

prime[2] adj. *He is selling off some prime property.* = of the highest value or importance उत्कृष्ट, महत्त्वपूर्ण

prime[3] verb, t. *The students were primed for the test by their teachers.* = to prepare or make someone ready to face a test etc. तैयार करना **prime minister** (abbr. PM) noun, c. = the most important minister and the head of the government in countries which follow the parliamentary system of government (संक्षिप्त रूप PM) प्रधानमंत्री **prime number** noun, c. *13 is a prime number.* = a number which can be divided only by itself or by 1 [MATHEMATICS] अविभाज्य संख्या [गणित] **prime time** noun = the time (usually in the evening) when the highest number of people are watching television सबसे अधिक महत्त्वपूर्ण (समय) **a prime example** *a prime example of untidiness* = having all the qualities that represent something आदर्श उदाहरण **a prime suspect** = to be the main person who is thought to have done something प्रमुख आरोपी

prim•er /'praɪmə^r/ /'प्राइम'/ noun, c. **1** = a textbook for very young children प्रवेशिका (पुस्तक) **2** = a kind of paint which is spread on a surface before the main painting is done रंग-रोगन से पहले लगाया जाने वाला तैलीय पदार्थ

pri•me•val (primaeval) /praɪ'mi:vəl/ /प्राइ'मीवल्/ adj. *the primeval forests of the Sunderbans* = very ancient (old) अत्यंत प्राचीन

prim•i•tive /'prɪmɪtɪv/ /'प्रिमिटिव्/ adj. **1** *Primitive people lived in caves.* = at the earliest stage of development [HISTORY] आदिम, आदिकालीन [इतिहास] **2** *Living conditions in this town are primitive.* = old-fashioned and not comfortable (derogatory) पुराना, सुविधाओं से रहित (अनादरपूर्ण)

prim•rose /'prɪmrəʊz/ /'प्रिमरउज़्/ noun, c. = a kind of garden plant that produces light yellow flowers एक प्रकार का पौधा जिसमें हलके पीले रंग के फूल उगते हैं

prince /prɪns/ /प्रिंस्/ noun, c. = the son of a king or queen राजकुमार

prin•cess /prɪn'ses/ /प्रिं'सेस्/ noun, c. (**princesses**) = the daughter of a king or queen राजकुमारी

prin•ci•pal[1] /'prɪnsɪpəl/ /'प्रिंसिपल्/ adj. *Rice is the principal food here.* = chief or main प्रमुख

principal[2] noun, c. *She is our principal.* = the head of an educational institution प्रधानाचार्य **principally** adv. प्रमुखत:, मुख्यत:

prin•ci•ple /'prɪnsɪpəl/ /'प्रिंसिपल्/ noun, c. or u. **1** *Freedom of speech is one of the most important principles of democracy.*(c.) = a truth or belief on which something is based सिद्धांत **2** *I cannot accept this present from you. It would go against my principles.*(c.)= a rule which guides one's behaviour उसूल

in principle *In principle, I agree with your suggestion but we will have to disuss some points.* = in a large sense, but not in the details1 मोटे तौर पर, सिद्धांतत:

print[1] /prɪnt/ /प्रिंट्/ verb, t. **1** *We print textbooks here.* = to produce a book, newspaper, magazine etc. on paper using a machine and ink मुद्रित करना, छापना **2** *We will print the story in the front page.* = to make something appear in a newspaper, book, magazine etc. प्रकाशित करना **3** = to decorate with a coloured pattern, using a block of wood or metal into which the pattern has been cut ठप्पे से छापना **4** = to make a photograph from a negative फ़ोटो बनाना

print[2] /prɪnt/ noun, u. or c. **1** *This book is available in large print for people with poor eyesight.*(u.)= the letters and words which appear in a newspaper, book or magazine बड़े-बड़े हरुफ़ों में छपा हुआ **2** *You can see the prints of his car tyres on the wet sand.*(c.) = a mark made on a surface by some object pressing down on it निशान, चिह्न **3** *The photographer has made two prints of this photograph.*(c.) = a copy of a picture or photograph (फ़ोटो की) प्रति **4** *Your sari has a very attractive print.*(u.) = a decorative design on a dress कपड़े पर छाप के नमूने **printing** noun, u. **printable** adj. (usually negative) *When he gets angry he uses language which is not printable.* = fit to be heard or read by others (also **unprintable**) (often humorous) (प्राय: नकारात्मक संदर्भ में प्रयुक्त) बताने योग्य नहीं

(देखें **unprintable**) (प्राय: हास्यपरक) **printer** noun, c. **1** = a machine which prints out information from a computer [COMPUTERS] कंप्यूटर का एक उपकरण जो कंप्यूटर से किसी सूचना की कॉपी निकालता है [कंप्यूटर] **2** = a person whose job is to print books etc. मुद्रक **printing press** noun = a machine that is used for printing newspapers, books etc. छापे की मशीन (छापाखाना) **print out** noun, c. or u. = a document from a computer that is printed onto a paper [COMPUTERS] कंप्यूटर द्वारा छपा हुआ कागज़ **in print** *Is this book in print any more?* = still being printed and sold उपलब्ध (पुस्तक के संदर्भ में) **out of print** = to not be published any more and hence not available in the market न छपने के कारण अनुपलब्ध

pri•or /'praɪə'/ /'प्राइअ'/ adj. *I cannot come to the meeting as I have some prior engagements.* = from before; relating to an earlier time or event (formal) पहले से निश्चित, पूर्व निर्धारित (औपचारिक)

pri•or•i•ty /praɪ'ɒrɪti/ /प्राइ'ऑरिटी/ noun, u. or c. **1** *Your studies must have priority over sports.*(u.) = greater importance than something else प्राथमिकता **2** *You should know what your priorities are.*(c.) = matters that need more attention than others प्राथमिकता, अधिक महत्त्व

pris•m /'prɪzəm/ /'प्रिज़्म्/ noun, c. = a piece of transparent glass with three sides which can bend rays of light passing through it and can also break up white light into different colours प्रिज़्म

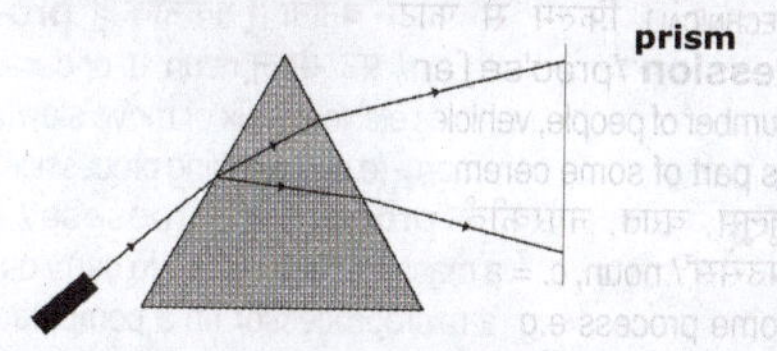

pris•on /'prɪzən/ /'प्रिज़न्/ noun, c. or u. = a place where people who have committed some crime are sent as a punishment (also **jail**) जेल, कारागार (देखें **jail**) **prisoner** noun, c. = a person who is sent to prison as a punishment for committing some crime कैदी **prisoner-of-war** (abbr. **POW**) noun, c. = a soldier who has been caught by the enemy during a war and is kept in a special prison (संक्षिप्त रुप **POW**) युद्ध-बंदी

pri•vate[1] /'praɪvɪt/ /'प्राइविट्/ adj. **1** *These are my private letters. You should not read them.* = personal and not meant to be shared with anyone निजी, व्यक्तिगत **2** *This is his private library which no one else is allowed to use.* = meant to be used by a particular person and not others निजी **3** *This used to be a government factory but it has now become private.* = not owned or managed by the government [TECHNICAL] निजी, गैर सरकारी **4** *She is a very private person, and has very few friends.* = not wanting to share one's feelings with others (often disapproving) संकोची, एकांतप्रिय (प्राय: अनादरपूर्ण)

private[2] noun, c. *He is a private in the army.* = a soldier having the lowest rank in the army साधारण सैनिक **private detective** noun = a person who is not a policeperson but can be hired to do a policeperson's work, such as trying to find out who committed a certain crime गैर-सरकारी जासूस **private enterprise** noun = a business which is not owned or managed by the government निजी या गैर-सरकारी उद्यम **privacy** /'prɪvəsɪ/ /'प्रिवसी/ noun, u. **1** *We have no privacy here because our neighbours can easily look into our house.* = the state of being away from other people, so that one can freely do what one likes without being disturbed or seen by others एकांत, पर्दा, गोपनीय रखे जाने की स्थिति **2** *The actor must have his privacy.* = the state of not being under public attention असार्वजनिक होने की स्थिति

pri•va•tize (privatise) /'praɪvətaɪz/ /'प्राइवटाइज़्/ verb, t. *to privatize a company.* = to sell a government-owned company to private owners (people who are not part of the government) निजीकरण करना **privatization (privatisation)** praɪvitaɪ'zeɪʃən/ /प्राइवीटाइ'ज़ेइशन्/ noun = the process by which government-owned companies are sold to private owners निजीकरण

in private *I would like to talk to you in private.* = alone एकांत में, अकेले में

priv•i•lege /'prɪvɪlɪdʒ/ /'प्रिविलिज्/ noun, u. or c. *to enjoy many privileges* = a special right or advantage given to a person or group विशेष सुविधा **privileged** adj. **1** *Members of the royal family were privileged people.* = having many privileges विशेष अधिकार-प्राप्त **2** *I am privileged to speak to this audience.* = fortunate भाग्यशाली

priv•y /'prɪvi/ /'प्रिवी/ adj. *He is privy to all our secrets.* = sharing secret knowledge (formal) हमराज़, राज़दार, गुप्त बातें या रहस्य जानने वाला (औपचारिक)

prize[1] /praɪz/ /प्राइज़्/ noun, c. *She won a prize for her painting.* = a reward given to someone for winning a competition, race etc. or for doing some good act पुरस्कार, इनाम

prize[2] verb, t. *We prize the help given by you to this school.* = to put a high value on something महत्त्व देना

pro- /prəʊ/ /प्रउ/ prefix meaning **1** in favour of समर्थक e.g. *a pro-China policy*(adj.)= to be in favour of China **2** in place of e.g. *pro-Vice Chancellor* = to be acting in place of Vice Chancellor के स्थान पर कार्य करने वाला

pros and cons noun (always plural) *Before you decide to join politics, you should consider the pros and cons carefully.* = the reasons for and against doing something (केवल बहुवचन में प्रयुक्त) हानि-लाभ, अच्छाई-बुराई, पक्ष-विपक्ष के तर्क

PRO abbr. of **Public Relations Officer** noun = an officer in a government or private company who deals

P

with the public, giving them information etc. जन संपर्क अधिकारी

prob•a•ble /'prɒbəbəl/ /'प्रॉबब्ल्/ adj. *It is highly probable that India will beat Sri Lanka in this match.* = likely or expected to happen संभव, संभाव्य **probability** /prɒbə'bɪlɪti/ / प्रॉब'बिलिटी/ noun, u. or c. **1** *There is a strong probability of India's winning.* = likelihood; the state of being probable संभावना **2** = the chance that an event might occur e.g. calling 'Heads' or 'Tails' correctly when flipping a coin [MATHEMATICS] संभावना, अनुमान [गणित]

pro•ba•tion /prə'beɪʃən/ प्र'बेइश्न् noun, u. **1** *The new teacher is still on probation.* = the process of being on trial before one is selected for a job परिवीक्षा **2** *a year's probation* = the period for which one is on probation परिवीक्षाधीन

probe[1] /prəʊb/ /प्रउब/ verb, t. *The engineer will probe the causes of the collapse of the building.* = to examine or look into some matter छानबीन करना, जाँच करना

probe[2] noun, c. or u. **1** = a long, thin metal instrument used to examine some part of the body शरीर की जाँच का एक उपकरण **2** *The government has set up a probe into these charges of corruption.* = a careful search or inquiry जाँच-पड़ताल, तहकीकात

prob•lem /'prɒbləm/ /'प्रॉब्लम्/ noun, c. **1** *We are facing several problems in our work. The biggest problem is the shortage of money. That car is a constant problem.* = something that presents a difficulty and needs attention समस्या **2** *The teacher has given us a problem to solve.* = a question which needs careful thinking to answer कठिन प्रश्न **problematic** /prɒblə'mætɪk/ / प्राब्ल'मैटिक्/ adj. *Teaching this new book in class will be problematic.* = causing problems (difficulties) समस्यात्मक, जटिल

pro•bos•cis /prə'bɒsɪs/ /प्र'बॉसिस्/ noun, c. (**probosces**) **1** = the long, movable nose that some animals (e.g. an elephant or rhinoceros) have सूँड़, शुंड **2** = the long, tube-like mouth of some insects e.g. mosquitoes [BIOLOGY] मच्छर-जैसे जीवों का मुँह [जीव विज्ञान]

pro•ceed /prə'si:d/ /प्र'सीड्/ verb, i. **1** *The construction is proceeding according to plan.* = to go ahead or to continue (formal) प्रगति पर होना, चलना (औपचारिक) **2** *After cutting the vegetables Samir proceeded to fry them.* = to do the next thing after something has been completed (formal) अगला कार्य करना (औपचारिक) **procedure** noun, u. or c. *We must follow the correct procedure when filing a law case.*(c.) = a set of actions which have to be carried out while doing something प्रक्रिया, कार्य-विधि

proceedings /prə'si:dɪŋs/ /प्र'सीडिंग्स्/ (always plural) noun, c. **1** *The director of the film was shooting a battle scene and the journalists watched the proceedings with interest.* = the actions that form part of some interesting event (केवल बहुवचन में प्रयुक्त) गतिविधि **2** *A member of parliament is expected to know parliamentary proceedings.* = the rules or activities which are followed in a particular place कार्य-विधि

pro•ceeds /'prəʊsi:dz/ /'प्रउसीड्ज़्/ noun, c. (always plural) *The proceeds from this film show will be given away to charitable organisations.* = the money collected from the sale of something or from some activity (केवल बहुचन में प्रयुक्त) प्राप्त राशि, प्राप्ति, आय

pro•cess[1] /'prəʊses/ /'प्रउसेस्/ noun, u. or c. (**processes**) **1** *This state is going through a process of economic and political change.*(u.)= a series of connected actions or events which may or may not be planned or controlled but which lead to a certain result क्रम **2** *Steel is produced from iron ore by using the hot-strip rolling process.*(u.) = a connected set of actions that are done in a planned and controlled way in order to produce a desired result प्रक्रिया, पद्धति

process[2] verb, t. **1** *The university has not processed your application yet.* = to put something through a process (a set of actions or decisions guided by certain rules) जाँच करना, प्रक्रिया से गुज़रने देना **2** *The data has to be processed.* = to examine or analyse with the help of a computer some information that has been collected (data-processing) [COMPUTERS] कंप्यूटर द्वारा विश्लेषण करना **3** = to print a photograph from film [TECHNICAL] फ़िल्म से फोटो बनाना [तकनीकी] **procession** /prəʊ'seʃən/ प्रउ'सेशन् noun, u. or c. = a number of people, vehicles etc. that walk or move slowly as part of some ceremony (e.g. a wedding procession) जुलूस, बरात, नगरकीर्तन **processor** /'prəʊsesə^r/ / 'प्रउसेसर्/ noun, c. = a machine that is used to carry out some process e.g. a microprocessor (in a computer) that carries out the central functions in a computer विश्लेषण प्रक्रिया के लिए प्रयुक्त उपकरण

in the process *She had gone to the airport to see her uncle off and in the process she ran into an old friend.* = while doing something else (formal) के दौरान, करते हुए (अनौपचारिक) **to be in the process of doing something** *I am in the process of writing a report.* = to be busy or occupied doing something कार्य में संलग्न होना

pro•claim /prə'kleɪm/ /प्र'क्लेइम्/ verb, t. *The government has proclaimed a national holiday.* = to make something known to the public घोषणा करना **proclamation** /prɒklə'meɪʃən/ /प्रॉक्ल'मेइश्न्/ noun, c. *a proclamation announcing the dates of the election* = an official statement made for the publlc सार्वजनिक घोषणा/सूचना

pro•cras•ti•nate /prə'kræstɪneɪt/ /प्र'क्रैस्टिनेइट्/ verb, i. *Stop procastinating and start preparing for the examination.* = to keep on delaying some activity (formal) टालना (औपचारिक) **procrastination**

/prəkræstɪˈneɪʃən/ /प्रक्रैस्टि'नेइशन्/ noun, u. = the action of procrastinating टालने की क्रिया

pro•cure /prəˈkjʊəʳ/ /प्र'क्यूअर्/ verb, t. *I have procured a copy of the new book that everyone is talking about.* = to obtain (get) by making a special effort (formal) प्राप्त करना (विशेष प्रयत्न द्वारा) (अनौपचारिक)

prod /prɒd/ /प्रॉड्/ verb, t. (**prodded**) **1** *prod with a stick* = to poke (to push a pointed object into something) किसी नुकीली वस्तु से कोंचना **2** *That student needs to be prodded from time to time or else he will not study.* = to be told or reminded repeatedly to do something (figurative) उकसाना, प्रेरित करना (लाक्षणिक) **prodding** noun

prod•i•gy /ˈprɒdɪdʒi/ /'प्रॉडिजी/ noun, c. (**prodigies**) *a violin prodigy* = a genius (a person with unusual intelligence or ability) विलक्षण प्रतिभा-संपन्न

pro•duce[1] /prəˈdjuːs/ /प्र'ड्यूस्/ verb, t. **1** *Sri Lankan farmers produce the finest tea.* = to grow उगाना **2** *This factory produces 200,000 motorcycles a year.* = to make निर्मित करना, बनाना **3** *A lioness can produce two cubs in a year.* = to give birth to उत्पन्न करना, पैदा करना, जन्म देना **4** *The test did not produce any result.* = to lead to फलीभूत होना **5** *Produce the line AB to the point X.* = to make a line longer until it reaches a point [MATHEMATICS] रेखा बढ़ाना [गणित] **6** = to plan and control the making of a film, play etc. निर्माण करना

prod•uce[2] /ˈprɒdjuːs/ /'प्रॉड्यूस्/ noun, u. *Farmers are not able to get a good price for their produce.* = something that has been grown or made on a farm पैदावार, उपज

prod•uct /ˈprɒdʌkt/ /'प्रॉडॅक्ट्/ noun, c. **1** *The main products of Kashmir are apples, woollen carpets and shawls.* = something that is grown on the land or produced (made) by hand or in a factory उपज, उत्पाद **2** = a number that is obtained by multiplying two or more numbers together [MATHEMATICS] गुणनफल [गणित] **3** = a compound that is obtained when two other substances are changed by a chemical action (reaction) [CHEMISTRY] रासायनिक अभिक्रिया से प्राप्त पदार्थ [रसायनशास्त्र] **4** *Ranjit is a product of the Ahmedabad School of Art.* = someone who has been trained to do something in a certain way प्रशिक्षित व्यक्ति

pro•duc•tion /prəˈdʌkʃən/ /प्र'डॅक्शन्/ noun, u. or c. **1** *India has started the production of computer chips.*(u.) = the process of making something निर्माण **2** *The production of cement has increased.*(u.) = the amount of something that is produced उत्पादन **3** *This play is the theatre group's latest production.*(c.) = something that has been made by someone कृति **productive** adj. *I am very productive in the morning.* = someone or something that is able to produce a lot of things रचनात्मक, सक्रिय **productivity** /prɒdʌkˈtɪvɪti/ /प्रॉडॅक्टि'विटी/ noun, u. *The productivity of the paint factory is low.* = the ability to produce goods उत्पादन-क्षमता

Prof. /prɒf/ /प्रॉफ़्/ abbr. of **professor** (informal) प्रोफेसर का संक्षिप्त रूप (अनौपचारिक)

pro•fess /prəˈfes/ /प्र'फ़ेस्/ verb, t. **1** = to follow a certain religion धर्मानुयायी होना **2** *Why did you profess agreement with the idea when you actually didn't think it would work?* = to claim something, without being sincere (formal) प्रवंचनात्मक स्वीकृति या सहमति व्यक्त करना (औपचारिक)

pro•fes•sion /prəˈfeʃən/ /प्र'फ़ेशन्/ noun, u. or c. **1** *He is a lawyer by profession.*(u.) // *He wants to change his profession.*(c.) = work or employment that require special education or training व्यवसाय, आजीविका का साधन **professional**[1] adj. *The doctor has a lot of professional experience.* = relating to a profession व्यवसाय-संबंधी, व्यावसायिक **2** *He is a professional singer.* = doing something as a profession (for a living) and not as a hobby व्यवसायी, पेशेवर **3** *The doctor is highly professional in his behaviour.* = showing the best qualities that one would expect in a member of a profession व्यावसायिक विशेषताएँ लिए हुए **professional**[2] noun, c. **1** = a person who does something as a profession (opposite **amateur**) व्यवसायी (विलोम शब्द **amateur**) **2** *He is a real professional.* = having high professional standards उच्चस्तरीय योग्यता प्राप्त **professionalism** noun, u. *We are impressed by the professionalism of the airport staff.* = high standards of professional behaviour व्यावसायिकता

pro•fes•sor /prəˈfesəʳ/ /प्र'फ़ेसर्/ noun, c. = a university or college teacher who has the highest rank महाविद्यालय में उच्च श्रेणी का प्राध्यापक **professorship** noun, c. = the position held by a professor 'प्रोफ़ेसर' पद

pro•fi•cient /prəˈfɪʃənt/ /प्र'फ़िशन्ट्/ adj. *She started learning French only a year ago but has become quite proficient in the language.* = skilled; able to do something well दक्ष, कुशल **proficiency** noun, u. *He has excellent proficiency in French.* = skill; abilility to do something well दक्षता

pro•file[1] /ˈprəʊfaɪl/ /'प्रउफ़ाइल्/ noun, u. or c. **1** *Can you draw her profile?*(u.) = a side view of something, specially of a person's face एकपक्षीय दृश्य या चित्र, **2** = a short description of someone किसी का संक्षिप्त विवरण

profile[2] verb, t. *The writer of this book has profiled the people of this state in a very interesting manner.* = to write about someone or to draw a picture of someone विवरण प्रस्तुत करना

to keep a low profile = to stay away from the attention of the public because of fear, shame, shyness etc. सादगी से रहना, प्रशंसा आदि से दूर रहना

P

prof•it[1] /'prɒfɪt/ /'प्रॉफ़िट्/ noun, c. or u. *He bought a car for Rs 25000 and sold it for Rs 35000, making a good profit.*(u.) = money gained from a business or by selling something at a higher price than what one paid for it लाभ, फ़ायदा, मुनाफ़ा
profit[2] verb, i. or t. *The steel industry will profit from the new import laws.* = to earn a profit or to gain some advantage लाभ कमाना, फ़ायदा होना **profitable** adj. *Writing books for children is highly profitable.* = producing a lot of profit लाभकारी, लाभप्रद **profitability** /prɒfɪtə'bɪlɪtɪ/ /प्रॉफ़िट'बिलिटि/ noun, u. *Last year our company made a profit of 50 crores but this year the profit was only 25 crores. The profitability of the company has gone down.* = the ability to produce profits लाभप्रदता, मुनाफ़ा कमाने की क्षमता **profit and loss account** = the statement of a company that shows how much it earns and spends लाभ-हानि लेखा
prof•li•gate[1] /'prɒflɪgɪt/ /'प्रॉफ़्लिगिट्/ noun, c. *His father was such a profligate that he spent all his money on horse-racing.* = a person who is careless with his money अपव्ययी, फ़िज़ूलखर्च
profligate[2] adj. *profligate spending of money* = careless लापरवाह, अतिव्यय
pro•found /prə'faʊnd/ /प्र'फ़ाउन्ड्/ adj. **1** *He has profound knowledge of his subject.* = deep गहरा, गहन, अथाह **2** *The book left a profound impression on my mind.* = strong प्रगाढ़, गहरा
pro•fuse /prə'fjuːs/ /प्र'फ़्यूस्/ adj. **1** *profuse bleeding* = in great quantity अधिक मात्रा में, प्रचुर **2** *She was profuse in thanking me for the help with her project.* = generous (ready to give freely) मुक्त कंठ से, उदार **profusion** noun, u. *There is a profusion of roses in the garden.* = a great amount of something (formal) भंडार, बहुत अधिक मात्रा में होना (औपचारिक)
prog•e•ny /'prɒdʒəni/ /'प्रॉजनी/ noun, u. (used with plural forms of verbs) *His progeny have none of his wicked qualities.* = children (formal) (क्रिया के बहुवचन रूप के साथ प्रयुक्त) संतान (औपचारिक)
prog•no•sis /prɒg'nəʊsɪs/ /प्रॉग्'नउसिस्/ noun, u. (**prognoses**) **1** *The doctor's prognosis is that the patient will be cured in a few days.* = a doctor's judgement of what is likely to happen to a patient [MEDICINE] पूर्वानुमान [चिकित्सा] **2** *Our factories have stopped working. The prognosis for the future is bad.* = a judgement or opinion of what is likely to happen in the future (formal) किसी के भावी विकास के विषय में अकन, पूर्वानुमान (औपचारिक)
pro•gram[1] /'prəʊgræm/ /'प्रउग्रैम्/ noun, c. *a computer program* = a set of instructions (orders) given to a computer in a special language which the computer can follow, to make it do something [COMPUTERS] कंप्यूटर के संदर्भ में 'निर्देश' [कंप्यूटर]
program[2] verb, t. (**programmed**) *I have to program the computer.* = to write or supply a program for a computer कंप्यूटर प्रोग्राम तैयार करना **programmer** noun, c. = a person who writes programs for a computer कंप्यूटर प्रोग्राम का लेखक
pro•gramme[1] /'prəʊgræm/ /'प्रउग्रैम्/ (**program** in American English) noun, c. **1** *What is the programme for today's meeting?* = a list of the things to be done on a particular occasion कार्यक्रम **2** *I like to watch sports programmes on television.* = a show or performance presented on radio or television रेडियो अथवा टेलिविजन प्रस्तुति **3** *The government has an extensive programme for the improvement of schools in villages.* = plans for future activities योजना
programme[2] verb, t. (**programmed**) *We have programmed the video recorder to start recording at 8.30 pm.* = to plan or arrange some activity in a certain way व्यवस्था करना

> **Usage** 'program' is used in British English only to refer to the use of computers. In India, the American convention of using only 'program' is gradually becoming popular. कंप्यूटर की उपयोग विषयक चर्चा के संदर्भ में केवल ब्रिटिश अंग्रेजी में मान्य वर्तनी 'program' है। भारत में अमेरिकी मान्यता प्राप्त वर्तनी 'program' ही प्रचलन में धीरे-धीरे लोकप्रिय हो रही है।

pro•gress[1] /'prəʊgres/ /'प्रउग्रेस्/noun, u. **1** *The progress of the car through the muddy roads was slow.* = advance or forward movement आगे बढ़ने की गति **2** *Last year the boy had got only 50 in English but this year he has scored 75. He seems to be making good progress.* = improvement प्रगति, सुधार **3** *Don't disturb the students while the class is in progress.* = the process of continuing इस समय चल रहा
progress[2] /prə'gres/ /प्रो'ग्रेस्/verb, i. (**progressed**) **1** *Is the work progressing or are you still making plans?* = to move forward आगे बढ़ना **2** *The doctor thinks the patient is progressing well.* = to improve in health सुधार होना **progress report** noun = a statement that comments on the performance or progress that a person has made over a certain period of time (especially school students) प्रगति रिपोर्ट (विद्यार्थियों का) **progression** noun, u. *The numbers 4,12 and 36 are in geometric progression.* = a set of numbers that progress (increase) in a certain way [MATHEMATICS] अनुक्रम, श्रेणी [गणित] **progressive** adj. **1** *In 1999 only 25 per cent of our students had passed. In the year 2000, 38 percent passed whereas in 2001, 47 percent of the students have passed. There is progressive improvement in the results.* = improving continuously क्रमिक सुधार **2** *a progressive magazine* = supporting new ideas especially in politics and education आधुनिक विचारों का
pro•hib•it /prə'hɪbɪt/ /प्र'हिबिट्/ verb, t. *The library rules prohibit talking inside the library.* = to stop or

prevent someone from doing something मना करना, निषेध करना **prohibition** /prəʊhɪ'bɪʃən/ /प्रउहि'बिशन्/ noun, u. **1** = the action of prohibiting (stopping) something निषेध/ **2** *Prohibition* = an order by the government stopping the sale or use of alcoholic drinks मद्यनिषेध, नशाबंदी **prohibitive** / prəʊ'hɪbɪtɪv/ /प्रउ'हिबिटिव्/ adj. *The price of fish is so prohibitive that we have not been able to buy any for more than three months now.* = preventing or discouraging something निरुत्साह करने वाला

proj•ect[1] /'prɒdʒekt/ /'प्रॉजक्ट्/ noun, c. *The teacher has given the class a science project.* = a piece of work which has to be done and which requires skill and careful planning परियोजना, प्रोजेक्ट

pro•ject[2] /prə'dʒekt/ /प्र'जेक्ट्/ verb, i. or t. **1** *The building has a large balcony which projects three feet from the wall.*(i.) = to stick out; to extend beyond a certain point बाहर की ओर निकला होना **2** *You can project the pictures on this screen, using a projector.*(t.) = to cause light to be thrown on a surface प्रकाश द्वारा चित्र या फ़िल्म दिखाना **3** *She projects herself as having a lot of self-confidence.*(t.) = to represent (show) someone or something (or oneself) to others in a certain way, so as to produce a certain kind of impression प्रस्तुत करना, दिखाना **4** *The government has projected an expenditure of Rs 5 lakh for the repair of this building.*(t.) = to plan for the future भावी योजना तैयार करना **projector** noun, c. = a machine which makes large pictures appear on a screen or a flat surface like a wall प्रोजेक्टर **projection** noun, c. **1** *a projection from the wall of a building* = something that sticks out बाहर को निकला हुआ **2** *the company's projection for next year's expenditure* = plans for the future भावी योजना

pro•lif•ic /prə'lɪfɪk/ /प्र'लिफ़िक्/ adj. **1** *Rabbits are prolific breeders. A pair of rabbits can produce 100 young ones in a year.* = able to produce many young ones बहुप्रज, उर्वर **2** *She is a prolific writer. She has already produced 25 novels.* = able to produce a lot of work बहुसर्जक, बहुकृतिक

pro•logue /'prəʊlɒg/ /'प्रउलॉग्/ noun, c. **1** = an introduction to a poem or play आमुख, प्रस्तावना **2** = an event that leads to something more important or serious (see also **prelude**) भूमिका (देखें **prelude**)

pro•long /prə'lɒŋ/ /प्रो'लॉङ्/ verb, t. *The patient's breathing has stopped, but the doctors are using a heart-lung machine to prolong his life.* = to make something last longer बढ़ाना, लंबा करना

to prolong one's agony = to not tell something that a person is anxious to hear बेचैनी को बढ़ाना

prom•e•nade /prɒmə'nɑ:d/ /प्रॉम'नाऽड्/ noun, c. = a wide path, often facing the sea, along which people take walks समुद्र-तटीय चहलकदमी का रास्ता

prom•i•nent /'prɒmɪnənt/ /'प्रॉमिनन्ट्/ adj. **1** *She has a very prominent nose.* = sticking out प्रमुख **2** *He has a prominent birthmark on his neck.* = easily noticed or seen विशिष्ट, स्पष्ट दिखाई देनेवाला **3** *She is one of our most prominent writers.* = important and well-known लब्धप्रतिष्ठ, प्रसिद्ध **prominence** noun, u. **1** = the quality of being prominent (important or easily noticed) **2** *The newspaper gives too much prominence to her speeches.* = importance वैशिष्ट्य, प्राधान्य, महत्त्व

pro•mis•cu•ous /prə'mɪskjʊəs/ /प्र'मिस्क्युअस्/ adj. = having sex with many different partners व्यभिचारी, **promiscuity** /prəmɪs'kʊɪtɪ/ प्रमिॅस'क्युइटि/ noun, u. = the quality of being promiscuous व्यभिचार

prom•ise[1] /'prɒmɪs/ /'प्रॉमिस्/ verb, t. or i. **1** *I promise that you will be taken to the market tomorrow.*(t.) // *I am sure he will come. He has promised.*(i.) = to tell someone that you will surely do something वायदा करना, वचन देना **2** *She promises to be a great singer.*(t.) = to give cause for hope होनहार होना

promise[2] noun, c. or u. **1** *He has made a promise to pay back the money when I need it.*(c.) = a statement that something will surely be done or not done वायदा **2** *She shows great promise as a singer.*(u.) = a sign that something good will happen कुछ करने में सक्षम या सफल होने के संकेत **promising** adj. *a promising hockey player* = showing signs of becoming very good or reaching the highest levels of something होनहार, उदीयमान

to break a promise = to not do something one has said one would do वायदाखिलाफ़ी, वायदा तोड़ना **to promise someone the moon** = to make a promise that is difficult or impossible to fulfill आकाश के तारे तोड़ना **Promises, promises!** *You're going to help me clean the house on Sunday? Promises, promises!* = a humorous or sarcastic way of saying that one doesn't believe someone will keep her/his promise अविश्वास-सूचक हास्यपरक अथवा व्यंग्यात्मक कथन

prom•on•tory /'prɒmənt*ə*ri/ /'प्रॉमनट्री/ noun, c. = a long, narrow piece of land stretching out into the sea [GEOGRAPHY] अंतरीय [भूगोल]

pro•mote /prə'məʊt/ /प्र'मउट्/ verb, t. **1** *My son has been promoted to Class 5.* अगली कक्षा में प्रोन्नति कराना // *My sister has been promoted to the post of General Manager.* = to put someone in a higher class or position पदोन्नति **2** *The government is trying to promote the use of paper bags instead of plastic bags.* = to actively help or encourage someone to do something प्रोत्साहित करना, प्रचार करना **3** *He is promoting a new company that will manufacture pumps.* = to support the formation of a new company with money etc. आर्थिक सहयोग द्वारा बढ़ावा देना **promotion** noun, u. or c. **1** *Your promotion was well deserved.* = the result of being promoted to a higher position पदोन्नति **2** *Our toothpaste is not selling well. We should have a promotion to increase sales.* = something done to

P

increase the sale or use of a product किसी वस्तु की बिक्री के प्रोत्साहन हेतु किया गया प्रयत्न या गतिविधि **promoter** noun = a person who raises money for an event or for a new business किसी कार्यक्रम का आयोजन करने या उसके लिए धन देनेवाला व्यक्ति

prompt[1] /prɒmpt/ /प्रॉम्प्ट्/ adj. **1** *Prompt treatment of disease can save lives.* = done quickly, without delay शीघ्र संपन्न **2** *He was prompt in replying to my letter. I got his reply the next day.* = quick to do something तत्पर, मुस्तैद, तैयार

prompt[2] verb, t. **1** *My unhappiness prompted me to speak.* = to cause प्रेरित करना **2** *If the actor forgets his lines you will have to prompt him.* = to remind an actor of the words which he/she is supposed to speak in a drama मंच-पार्श्व से सहायता करना **3** *Let him try to answer my question. I don't want you to prompt him.* = to suggest to someone what he/she should say पीछे से आकर सहायता देना

prompt[3] noun, c. **1** *I have forgotten my lines. Can you give me a prompt?* = a reminder of what an actor is supposed to say याद दिलाना **2** = a sign that appears on a computer screen informing one that it has finished a task and is ready for some more instructions [COMPUTERS] कंप्यूटर स्क्रीन पर एक संकेत जो एक कमांड (निर्देश) की पूर्ति के उपरांत नए निर्देश माँग रहा हो [कंप्यूटर] **promptly** adv. **1** *I sent her an e-mail and she replied promptly.* = without delay बिना विलंब किए **2** *We left the party promptly at 7 o'clock.* = at the exact time ठीक (निश्चित) वक्त पर

prone[1] /prəʊn/ /प्रउन्/ adj. **1** *The men in our family are prone to heart conditions.* = likely to suffer from रोग अभिशप्त **2** *prone to lying* = likely to do something undesirable कुछ अवांछित करने की संभावना

prone[2] adv. *He was lying prone on the ground.* = flat on the ground, with the face down अधोमुख, सपाट, मुँह के बल

prong /prɒŋ/ /प्राङ्/noun, c. *the two prongs of a fork* = one of two or more thin, pointed pieces of metal which is joined to another piece of the same kind काँटा **a two-pronged (double-pronged) attack** = an attack on an enemy which comes from two directions at the same time दोतरफ़ा आक्रमण

pro•noun /ˈprəʊnaʊn/ /ˈप्रउनाउन्/ noun, c. *In the sentence 'Mohsin is my brother but I don't like him', 'my', 'I', and 'him' are pronouns.* = a word that can be used in place of a noun [GRAMMAR] सर्वनाम [व्याकरण]

pro•nounce /prəˈnaʊns/ /प्रˈनाउन्स्/ verb, t. **1** *The word 'knee' is pronounced 'nee'.* = to produce the sound of a word or letter उच्चरित **2** *The judge pronounced the prisoner not guilty.* = to make a declaration (an official statement) [LAW] (फ़ैसला) सुनाना (कानून) **pronunciation** /prənʌnsɪˈeɪʃən/ /प्रनॅन्सिˈएइश्न्/ noun, u. or c. **1** *What is the pronunciation of the word 'psychology'?* = the way in which a particular word is pronounced (spoken) उच्चारण **2** *Your pronunciation suggests that you are from Maharashtra.* = the way in which a particular person pronounces (speaks) a word or a language बोलने का विशेष ढंग **pronounced** adj. *He walks with a pronounced limp.* = easily seen or noticed स्पष्ट दिखाई देने वाला **pronouncement** noun, u. = an official declaration made by a person who has the authority to do so (see meaning 2 for **pronounce**) उद्घोषणा

proof /pru:f/ /प्रूफ़्/ noun, u. or c. **1** *Do you have any proof to show that you are the owner of this car?*(u.) = a fact or a document which can show beyond doubt that something is true सबूत, प्रभाव **2** *I would like to check the proofs of the book which is being printed.*(c.) = a copy of something which is being printed, made so that mistakes in printing can be corrected प्रूफ़, शोध्यपत्र **3** = a test or steps of reasoning to prove a hypothesis [MATHEMATICS] परीक्षण [गणित] **proof-read** verb, t. = to check a proof for mistakes प्रूफ़ संशोधन करना

-proof suffix meaning 'able to resist the action of something' e.g. *waterproof, soundproof* etc. 'रोध' का अर्थ देने वाला प्रत्यय

prop[1] /prɒp/ /प्रॉप्/noun, c. **1** *The roof of this old building is supported by bamboo props.* = a support which holds up something सहारा **2** *The drama was put up on a bare stage, without any props.* = an object that is used in a play or film to help the audience imagine the scene सहारा, कल्पना करने में सहायक

prop[2] verb, t. (**propped**) *The old roof had to be propped up to stop it from falling.* = to use a prop to support something टेकना, सहारा लगाना

prop•a•gan•da /prɒpəˈgændə/ /प्रॉपˈगैन्ड/ noun, u. = information (which may be false), usually for political purposes, given out to people to make them think the way you want them to think प्रचार **propagandist** noun, c. = a person whose job is to produce propaganda प्रचारक

prop•a•gate /ˈprɒpəgeɪt/ /ˈप्रॉपगेइट्/verb, t. **1** *He is going to U.S.A. to propagate yoga.* = to cause an idea to spread का प्रचार करना **2** *The bamboo plant propagates itself by putting out new shoots every year.* = to increase by producing young फैलाना, वृद्धि करना

pro•pane /ˈprəʊpeɪn/ /ˈप्रउपेइन्/ noun = a kind of gas used for cooking and heating buildings एक प्रकार की गैस, प्रोपेन गैस

pro•pel /prəˈpel/ /प्रˈपेल्/ verb, t. (**propelled**) *Many buses in Delhi are propelled by CNG (Compressed Natural Gas).* = to drive a machine and make it move forward चलाना **propeller** noun, c. = a machine with moving blades which looks like a fan and propels (drives) a ship or aircraft जहाज़ चलाने वाला पंखनुमा यंत्र **propellant** noun, c. = any fuel (substance that can be burnt) which propels (drives) a machine, such as a rocket मशीन आदि को चलाने वाला ईंधन **propulsion** noun नोदन, प्रणोदन

prop•er /'prɒpəʳ/ /'प्रॉपर्/adj. **1** *It was not proper on your part to be out when our guests arrived.* = right or correct उचित **2** *I don't have a proper home. I am living in a hotel.* = real or actual सही मायने में **properly** adv. *Please paint the house properly. // Please check the papers properly.* = throughly; in the way that is correct उचित रीति से **proper fraction** noun, c. *¾ is a proper fraction.* = a fraction in which the numerator (number above the dividing line) is smaller than the denominator (number below the dividing line) (opposite **improper fraction**) [MATHEMATICS] उचित भिन्न (देखें **improper fraction**) [गणित] **proper noun** noun, c. *'Mohan' and 'Kolkata' are proper nouns, while 'cat' is a common noun.* = a word which is the name of a particular person or place and is spelt with a capital letter [GRAMMAR] व्यक्तिवाचक संज्ञा [व्याकरण]

prop•er•ty /prɒpəti/ /'प्रापटी/noun, u. or c. (**properties**) **1** *This land is the school's property. We will have to ask the school before we use it.*(u.) // *This is valuable property.*(c.) = something (usually a piece of land or a building) which is owned by (belongs to) someone संपत्ति **2** *One of the properties of hydrogen is that it is lighter than air.*(c.) = a quality by which something can be recognised गुण, धर्म

proph•et /'prɒfɪt/ /'प्रॉफ़िट्/ noun, c. **1** = a person who brings a message from God and causes it to spread in the form of a religion पैगंबर **2** *He had said that India would win, and India won. He proved to be quite a prophet!* = a person who is able to tell the future correctly भविष्यवक्ता **prophecy** noun, c. *Her prophecy about the growth of the computer industry proved to be accurate.* = a statement saying that something is going to happen in the future भविष्यवाणी **prophesy** verb, i. or t. *Can you prophesy who is going to win the match next week?* = to say what is going to happen in the future भविष्यवाणी करना **prophetic** /prə'fetɪk/ /प्र'फेटिक्/ adj. *His words proved to be prophetic. It rained the next day, just as he had prophesied.* = correctly saying what is going to happen पैगंबरी

pro•por•tion /prə'pɔːʃən/ /प्र'पॉश्न्/ noun, u. or c. **1** *This doll's head is too small in proportion to the rest of its body. // The proportion of unmarried to married men is very high in this group.* = the size or amount of something when compared to that of something else उचित अनुपात **2** *She is able to save only a small proportion of her salary.* = part or share भाग, हिस्सा **proportional** adj. *Your share in the company's profits will be proportional to the amount of work that you put in.* = in proportion to (also **proportionate**) आनुपातिक दृष्टि से, समानुपातिक (देखें **proportionate**) **proportions** noun, u. (always plural) *The proportions of the new library building are impressive.* = size and shape आकार-आकृति (केवल बहुवचन में प्रयुक्त)

to blow things out of proportion = to make a situation seem more serious than it actually is वास्तविकता से अधिक बतलाना **to have a sense of proportion** = to be able to see and understand a situation correctly ठीक से ग्रहण करने या समझने की क्षमता का होना

pro•pose /prə'pəʊz/ /प्र'पउज़्/ verb, t. **1** *I propose Rakesh Khanna's name for the post of president.* = to put forward formally for consideration by other people प्रस्तावित करना **2** *I propose to go to Pokhra for my holidays.* = to plan योजना बनाना **3** *to propose marriage* = to ask someone to marry you शादी का प्रस्ताव रखना **proposal** noun, c. **1** *We have received a proposal from the Bangladesh government for a joint meeting.* = suggestion or plan प्रस्ताव **2** = the act of formally asking someone to marry you शादी का प्रस्ताव

pro•pound /prə'paʊnd/ /प्र'पाउन्ड्/ verb, t. *Einstein propounded the Theory of Relativity.* = to put forward a theory (new idea) for consideration (formal) प्रतिपादित करना (औपचारिक)

pro•pri•e•tor /prə'praɪətəʳ/ /प्र'प्राइअटर्/ noun, c. = the owner of a business (formal) स्वामी, मालिक (औपचारिक)

pro•sa•ic /prəʊ'zeɪk/ /प्रउ'जेइक्/adj. *a prosaic person* = having little imagination; dull and uninteresting नीरस, कल्पना-रहित

pro•scribe /prəʊ'skraɪb/ /प्रउ'स्क्राइब्/ verb, t. *The government has proscribed this book as it is likely to corrupt the minds of young readers.* = to ban (to declare something illegal) (compare **prescribe**) (formal) अवैध घोषित करना (देखें **prescribe**) (औपचारिक)

prose /prəʊz/ /प्रउज़्/noun, u. = the use of language in its ordinary, everyday form (compare **poetry** or verse) गद्य (देखें **poetry** या **verse**)

pro•se•cute /'prɒsɪkjuːt/ /'प्रॉसि'क्यूट/ verb, t. *The police will prosecute him for breaking traffic rules.* = to bring a charge in a law court against someone who has broken the law [LAW] मुकदमा चलाना [कानून]

pro•se•cu•tion /prɒsɪ'kjuːʃən/ /प्रॉसि'क्यूशन्/ noun, u. **1** *The government has ordered the prosecution of motorists who disobey traffic rules.* = the act of prosecuting someone who has broken the law अभियोग **2** *She is the lawyer for the prosecution.* = the person or persons who try to show in court that a person is guilty (compare **defence**) अभियोग पक्ष (देखें **defence**) **prosecutor** /'prɒsɪkjuːtəʳ/ /'प्रॉसिक्यूटर्/ noun, c. = a lawyer who works for the government and prosecutes people who break the law (also **public prosecutor**) अभियोगी, अभियोजक, अभियोक्ता (देखें **public prosecutor**)

P

pros•o•dy /'prɒsədi/ /'प्रॉसडी/ noun, u. = the study of the patterns of sound in poetry छंद शास्त्र

pros•pect¹ /'prɒspekt/ /'प्रॉस्पेक्ट्/ noun **1** (only singular) *I like the prospect of visiting Goa for a short holiday.* = the possibility of something happening (केवल एकवचन में प्रयुक्त) संभावना **2** (always plural) *You should accept this job.The prospects are quite good here.* = opportunities for improvement etc.(केवल बहुवचन में प्रयुक्त) भविष्य की संभावना

prospect² /prə'spekt/ /प्र'स्पेक्ट्/ verb, i. *Several companies are prospecting for oil in the Arabian Sea.* = to search for minerals (gold, silver, oil etc.) which may be present inside the earth or under the sea भूगर्भ में दबे या समुद्र के गर्भ में छिपे खनिज खोजना **prospective** /prɒ'spektɪv/ /प्रॉ'स्पेक्टिव्/ adj. *He is the prospective manager of the new office. He has just been interviewed for the job.* = likely to become प्रत्याशित, भावी **prospectus** /prə'spektəs/ /प्र'स्पेक्टस्/ noun, c. = a printed statement put out by a business or educational organisation, describing the advantages which it offers विवरणिका, विवरणपत्र

pros•per /'prɒspəʳ/ /'प्रॉस्पर/verb, i. *He was very poor five years ago but now he owns a large house in the city. He has prospered.* = to become successful and rich समृद्ध होना **prosperous** adj. *She is a prosperous businessperson, the owner of a dozen factories.* = successful and rich सफल, फलता-फूलता, समृद्ध **prosperity** /prɒ'sperɪti/ /प्रॉ'स्पेरिटी/ noun, u. *The rains have brought prosperity to the farmers.* = success and wealth सफलता, समृद्धि, वैभव, संपन्नता

pros•ti•tute /'prɒstɪtju:t/ /'पॉस्टिच्यूट/ noun, c. = a sex worker, especially a woman, who offers sex for money (The preferred term is **sex worker**.) वेश्या, देह व्यापार करने वाली (आजकल इसके स्थान पर **sex worker** का प्रयोग प्रचलित हो रहा है)

pro•tect /prə'tekt/ /प्र'टेक्ट्/ verb, t. **1** *Our defence forces (army, navy and airforce) protect this country from enemy attack.* = to keep safe from harm or injury; to guard सुरक्षा/हिफाजत/रक्षा करना **2** *Every country has to protect its industries.* = to help an industry by putting a tax on goods made by companies outside the country which are imported (brought into the country) संरक्षण देना, सुरक्षा प्रदान करना **protection** noun, u. **1** *I always carry an umbrella for my own protection against the rain.* = the state of being protected बचाव **2** *The seat-belts in a car are a protection in case of an accident.* = something that protects रक्षक, संरक्षी **protective** adj. **1** *The outer shell of a bird's egg is a protective covering for the young chick inside.* = offering protection सुरक्षा, संरक्षक **2** *The lion is very protective of her cubs.* = wishing to protect संरक्षात्मक, संरक्षा करने की प्रवृत्ति वाला **protectionism** noun, u. = the system of protecting the industries of a country by charging taxes on imported goods संरक्षणवाद की नीति

prot•é•gé /'prɒteʒeɪ/ /'प्रॉटे'ज़ेइ/noun, c. (French) *She is a protégé of the the great singer Nalin Basu.* = a person who is helped by someone who is very powerful and influential (फ्रेंच शब्द) आश्रित, रक्षित

pro•tein /'prəʊti:n/ /'प्रउटीन/ noun, u. or c. *Cheese contains a lot of protein.*(u.) = a substance which is present in such foods as meat, cheese, beans, etc. and which is necessary to build up the body प्रोटीन

pro•test¹ /prə'test/ /प्र'टेस्ट्/ verb, i. or t. *When the students were told the examination would be held earlier than announced, they protested.*(i.) // *The students protested the teacher's decision.*(t.) = to complain (express one's unhappiness or dissatisfaction) against something which one does not like or agree with घोर विरोध करना

protest² /'prəʊtest/ /'प्रउटेस्ट्/noun, c. or u. *strong protests*(c.) // *The workers shouted slogans in protest against the management's decision.*(u.) = an act of protesting (complaining or disagreeing) कड़ा विरोध **Protestant** /'prəʊtestənt/ /'प्रउटेस्टन्ट्/ noun, c. = a person who follows the Protestant faith (the beliefs followed by Christians who do not accept the authority of the Pope or the Roman Catholic Church) प्रोटेस्टेंट

proto- /prəʊtəʊ/ /प्रउटउ/prefix meaning **1** the first आदि, पहला (उपसर्ग) e.g. **prototype** /'prəʊtətaɪp/ /'प्रउटटाइप्/noun, c. *the prototype of a new aircraft* = the first or earliest form of a new machine, which will be improved upon and developed आदि प्रारूप **2** earliest e.g. **protoplasm** /'prəʊtəplæzəm/ /'प्रउटप्लैज़्म/ noun, u. = the substance which is present in the cells of all living things and which is the earliest form of life [BIOLOGY] जीवद्रव्य [जीवविज्ञान]

pro•to•col /'prəʊtəkɒl/ /'प्रउटकॉल/ noun, u. **1** *Protocol requires that when the president of another country visits India, he or she should be welcomed on arrival by the President of India, who is of equal rank.* = the fixed rules of behaviour which are used on special occasions by the representatives of different countries; behaviour and work rules prescribed in a company or an organization such as the armed forces व्यवहार के निर्धारित नियम **2** = the original written version of an agreement समझौते की मूल प्रति **3** = a set of rules that controls the flow of information from one computer to another [COMPUTERS] (कंप्यूटर के संदर्भ में) सूचना प्रवाहित करने की व्यवस्था

pro•ton /'prəʊtɒn/ /'प्रउटॉन्/ noun, c. = a smaller par of an atom which carries a positive electrical char (see also **electron, neutron**) प्रोटॉन (देखें **elect** **neutron**)

protoplasm, prototype see **proto-**

pro•to•zo•a /prəʊtə'zəʊə/ /प्रउट'ज़उअ/ noun (always plural, used with plural verbs) = very tiny liv. things having only one cell (केवल बहुवचन में बहुवच क्रिया के साथ प्रयुक्त) प्रोटोज़ोआ, जीवाणु

pro•tract /prə'trækt/ /प्र'ट्रैक्ट्/ verb, t. *There is no need to protract this quarrel. Let us end it now.* = to stretch or extend something (to make it continue for a long time) बढ़ाना, खींचना **protractor** noun, c. = an instrument, usually in the form of a half-circle, used for measuring an angle in degrees [TECHNICAL] कोणमापक [तकनीकी]

pro•trude /prə'tru:d/ /प्र'ट्रूड्/ verb, i. *Your handkerchief is protruding from the pocket of your shirt.*= to stick out बाहर निकलना **protrusion** noun, u. or c. **1** (u.) = the act of protruding बाहर निकला हुआ **2** *There is a protrusion on the back of his hand.*(c.) = something which protrudes (sticks out) उभार, बाहर की ओर निकला हुआ

proud /praʊd/ /प्राउड्/adj. **1** *He has become very proud. He thinks he is better than all of us because he has a university degree.* = thinking too highly of oneself (derogatory) घमंडी (अनादरपूर्ण) **2** *She is too proud to ask for another's help.* = having respect for oneself (not derogatory) स्वाभिमानी, खुद्दार (अनादरपूर्ण नहीं) **3** *I am proud of my students.* = getting pleasure or satisfaction, with good reason, from something with which one is connected गर्व **pride** noun, u. **1** *You have many good qualities but your pride makes people think badly of you.* = the quality of being proud (thinking too highly of oneself) (derogatory) अहंकार (अनादरपूर्ण)/ **2** *We take pride in our reputation for being honest.* = the feeling of satisfaction or pleasure that one gets by doing something good गर्व महसूस करना **3** *Nina Kansaker is the pride of the acting group.* = the most valuable person or thing गौरव **4** *a pride of lions* = a group of lions, containing males as well as females, that live and hunt together (सिंहों का) गोल, झुंड

to pride oneself on doing something *This city prides itself on its cleanliness.* = to feel happy about something with which one is connected किसी कार्य पर गर्व होना

prove /pru:v/ /प्रूव्/ verb, t. **1** *I can prove that this tree is 300 years old.* = to show beyond doubt that something is true, by producing facts etc. प्रमाणित/सिद्ध करना **2** *He has proved a good choice.* = to show that one is able to do something which he/she is required to do सिद्ध होना

prov•erb /'prɒvɜ:b/ /'प्रॉवऽब्/ noun, c. *'A rolling stone gathers no moss' is a well-known proverb in English.* = a short, well-known and widely used saying which expresses some truth or wisdom कहावत, लोकोक्ति **proverbial** /prə'vɜ:bɪəl/ /प्र'वऽबिअल्/adj. *The hospitality of the Arab people is proverbial.* = very well-known and widely spoken about लोकप्रसिद्ध

pro•vide /prə'vaɪd/ /प्र'वाइड्/verb, t. *This hotel provides a free breakfast along with the room.*(t.) = to supply (to allow someone to have or use) देना **to provide for** verb **1** *She has a large family to provide for.* = to support, specially with money भरण-पोषण करना **2** *We expect 200 guests but we have provided for 500.* = to make arrangements for प्रबंध करना **provided** adv. *She agreed to drive the jeep to Mussourie provided someone sat beside her and told her the way.* = a condition that says something can be done only if something else happens बशर्ते **pro-vident** /'prɒvɪdent/ /'प्रॉविडन्ट्/ adj. *provident fund* = providing support for the future, usually in the form of money (formal) भविष्यनिधि (औपचारिक) **pro-vision** /prə'vɪzən/ /प्र'विज़न्/ noun, u. **1** *The government has made no provision for the education of girls in this village.* = the act of providing (supplying) something for other's use की व्यवस्था करना **2** *She made provision for the children's lunch at a friend's house because she was away on work.* = preparation for some future need आगे की आवश्यकता की व्यवस्था करना **3** *One of the provisions in this agreement is that the landlord must give three months' notice to the tenant.* = a condition in an agreement or a law (also **proviso**) उपबंध (देखें **proviso**) **provisions** noun, u. (always plural) *We have run out of provisions. We must get some rice and vegetables from the market.* = food supplies (केवल बहुवचन में प्रयुक्त) भोजन, खाद्य सामग्री **provisional** adj. *A provisional government has been set up, which will look after the state until the elections are held.* = temporary (for the present time only) अस्थायी, अनन्तिम

prov•i•dence (Providence) /'prɒvɪdəns/ /'प्रॉविड्न्स/ noun, u. *He could have been badly injured in the accident but he was saved by providence.* = the protection that God is thought to provide to all human beings परमात्मा या ईश्वर से प्राप्त सुरक्षा

prov•ince /'prɒvɪns/ /'प्रॉविन्स्/ noun, c. **1** *The Mughal rulers had divided India into a number of provinces.* = a part of a country or kingdom, which has its own system of administration but is controlled by the system at the centre प्रांत, प्रदेश **2** *I cannot talk to you on Western music. That lies outside my province.* = an area of knowledge with which one is connected (ज्ञान) क्षेत्र **provincial** /prə'vɪnʃəl/ /प्र'विन्शल्/ adj. **1** *a system of provincial government* = relating to a province प्रांतीय **2** *He is very provincial in his views and it is difficult to get him to agree with anyone.* = narrow-minded and old-fashioned (derogatory) संकीर्ण, दकियानूसी (अनादरपूर्ण)

pro•voke /prə'vəʊk/ /प्र'वउक्/ verb, t. *He tried to provoke me by saying I was always making mistakes, but I remained calm.* = to try to make a person angry or to cause a certain reaction उकसाना, भड़काना **provocation** /prɒvə'keɪʃən/ /प्रॉव'केइशन्/ noun, u. *I remained calm in spite of her provocation.* = the act of provoking someone उत्तेजित करना, उकसाना **provocative** /prə'vɒkətɪv/ /प्र'वॉकटिव्/adj. *He* *made a provocative statement at the meeting, saying that we had no loyalty to our country.* = having the power to provoke (cause anger or other strong feelings) उत्तेजक, उकसाने वाला

prow /praʊ/ /प्राउ/ snoun, u. *the prow of a boat* = the pointed front part of a boat or ship (also **bow**) (compare **stern**) पोताग्र; नौका या जहाज का अग्रभाग (देखें **bow** तथा **sterm**)

prow•ess /ˈpraʊɪs/ /ˈप्राउइस्/ noun, u. *sporting prowess* = ability or strength कौशल/दक्षता या पराक्रम/बहादुरी

prowl /praʊl/ /प्राउल्/ verb, i. or t. **1** *The leopard prowled about the village at night.*(i.) = to move quietly, looking for prey शिकार खोजना **2** *The police found the thieves prowling the streets at night.*(t.) = to move quietly without making a sound, usually for some illegal purpose बिना आवाज़ के धीमे-धीमे दबे पाँव चलना

prox•im•i•ty /prɒkˈsɪmɪti/ /प्रॉक्ˈसिमिटी/ noun, u. *There are no shops in the proximity of our home. We have to go a long way to buy the things that we need.* = nearness (the area immediately surrounding some place) निकट, आसपास

prox•y /ˈprɒksi/ /ˈप्रॉक्सी/noun, c. (**proxies**) or u. **1** *I was not able to attend the meeting, but I asked a friend to be my proxy.*(c.) = a person who represents or acts on behalf of another person दूसरों की ओर से प्रस्तुत होने वाला **2** *Members of this club are allowed to vote by proxy.*(u.) = the system of using a proxy (someone who represents you or acts on your behalf) प्रतिपत्र, प्रतिनिधि

prude /pruːd/ /प्रूड्/ noun, c. = a person who is easily shocked by rude things, especially things connected with sex (slightly derogatory) लज्जालु (थोड़ा अनादरपूर्ण) **prudery** noun, u. = the quality of being a prude सलज्जता

pru•dent /ˈpruːdənt/ /ˈप्रूड्न्ट्/ adj. *Why did you trust an unknown person with your money? You should have been more prudent.* = careful or wise बुद्धिमान, सावधान **prudence** noun, u. = carefulness or wisdom that saves one from doing something harmful समझदारी, सावधानी

prune[1] /pruːn/ /प्रून्/ noun, c. = a dried plum (fruit) सुखाया हुआ आलूबुखारा

prune[2] verb, t. *These rose plants have to be pruned regularly.* = to cut, remove or shorten the branches of a plant or tree काट-छाँट करना, तराशना (पेड़-पौधों के संदर्भ में)

pry /praɪ/ /प्राइ/ verb, i. or t. (**pried**) **1** *Let's not pry into their affairs.*(i.) = to try to find out about someone else's private affairs दूसरे की निजी बातों में रुचि लेना **2** *He pried open the door with an iron bar.*(t.) = to use force to open a door or a box बलपूर्वक खोलना

psalm /sɑːm/ /साम्/ noun, c. = a song or poem used in Christian worship ईसाई पूजा में गाया जाने वाला गीत

pseu•do- /sjuːdəʊ/ /स्यूडउ/ prefix meaning 'false' e.g. उपसर्ग 'मिथ्या' **pseudo** noun, c. *What pseudos they are!* = a person who is not sincere or honest and pretends to be something which he/she is not (informal, derogatory) बनावटी, मिथ्या, कृत्रिम (अनौपचारिक, अनादरपूर्ण)

pseu•do•nym /ˈsjuːdənɪm/ /ˈस्यूडनिम्/ noun, c. = a false name, specially a pen-name used by a writer छद्मनाम अथवा उपनाम (साहित्यकार का)

psy•che /ˈsaɪki/ /ˈसाइकी/noun, u. = the human mind or soul (formal) चेतस् मन, आत्मा (औपचारिक) **psychic** adj. = having unusual powers of the mind that cannot be scientifically explained, which makes a person know what another is thinking आत्मिक, मानसिक

psy•chi•a•try /saɪˈkaɪətri/ /साइˈकाइअट्री/ noun = the study of the diseases of the mind and their treatment [MEDICINE] मनोचिकित्सा [चिकित्सा] **psychiatrist** noun, c. = a doctor who treats diseases of the mind मनोचिकित्सक

psycho- /saikəʊ/ /साइकउ /a prefix meaning 'connected with the mind' e.g. (मनो-उपसर्ग) **psy•chol•o•gy** /saɪˈkɒlədʒi/ /साइˈकॉलजी/ noun = the scientific study of the mind and the way it works मनोविज्ञान **psychological** /saɪkəˈlɒdʒɪkəl/ /साइकˈलॉजिकल्/ adj. *a psychological film* = dealing with the mind or its working मनोवैज्ञानिक (विशेषण) **psychologist** /saɪˈkɒlədʒɪst/ /साइˈकॉलॉजिस्ट्/ noun, c. = a person who studies or teaches psychology मनोवैज्ञानिक (मनोविज्ञान का ज्ञाता)

psy•cho•a•nal•y•sis /saɪkə-ənælɪsɪs/ /साइक-अनैलिसिस्/ noun, u. = treatment of disorders of the mind by analysing (examining) a person's experiences, memories, dreams etc. मनोविश्लेषण (द्वारा चिकित्सा) **psycho-analyst** noun, c. = a person trained in psycho-analysis मनोविश्लेषक

psy•cho•path /ˈsaɪkəpæθ/ /ˈसाइकपैथ्/noun, c. = a person with a disturbed mind who can easily commit violent crimes मनोरोगी

psy•cho•sis /saɪˈkəʊsɪs/ /साइˈकउसिस्/ noun, u. = serious disorder of the mind that may cause a person to lose touch with reality and affect their personality मनोविक्षिप्तता, मनोविकृति **psychotic** noun, c. = a person who suffers from psychosis मनोविक्षिप्त

psy•cho•so•mat•ic /saɪkəʊsəˈmætɪk/ /साइकउसˈमैटिक्/adj. *Asthma is thought to be a psychosomatic disease.* = caused mainly by anxiety (fear in the mind) (रोग) मानसिक (न कि शारीरिक) समस्याओं से उत्पन्न

pub /pʌb/ /पॅब्/ noun, c. short form of 'public house' = a place where alcoholic drinks can be sold and bought सार्वजनिक मदिरालय, मधुशाला, पब

pu•ber•ty /ˈpjuːbəti/ /ˈप्यूबटी/ noun, u. = the age at which a boy or girl reaches sexual maturity and is able to produce children वय:संधि; यौवनारंभ

pu•bic /'pju:bɪk/ /'प्यूबिक/ adj. *pubic hair* = having to do with the sex organs जननांग-संबंधी

pub•lic[1] /'pʌblɪk/ /'पॅब्लिक्/ adj. **1** *Public opinion on this subject is very important.* = having to do with people in general आम लोग, जनसमूह से संबंधित **2** *This is a public library.* = for the use of everyone (opposite **private**) आम, सार्वजनिक (विलोम शब्द **private**) **3** *a course in public policy* = connected with the government लोक

public[2] noun, u. (no plural form, but can be used with singular or plural forms of verbs) **1** *The public is/are losing interest in the theatre.* = people in general लोग, जनता **2** *In this college there is no public for poetry.* = people who are interested in something or have something in common (समान रुचि वाले लोग)

to be public knowledge = to be known to many people जनता द्वारा जाना जाना **to go public 1** = to let something that was a secret become well-known गोपनीय बात का सार्वजनिक हो जाना/खुल जाना **2** = of a commercial organization, to put up its shares for sale to the public [BUSINESS] किसी कंपनी द्वारा आम लोगों द्वारा खरीद के लिए शेयर जारी करना [व्यापार] **to be in the public eye** = to be seen on television, in the newspapers etc. जनता की नज़र में होना

pub•lic•i•ty /pʌ'blɪsɪti/ /पॅ'ब्लिसिटी/noun, u. *The new film is getting a lot of publicity in the media.* = public notice or attention प्रचार **publicize (publicise)** /'pʌblɪsaɪz/ /'पॅब्लिसाइज़्/ verb, t. *We are trying to publicize the new book so that people will buy it.* = to bring to the notice of the public किसी वस्तु को प्रचारित करना **public address system** noun = an arrangement of microphones, loud-speakers etc. used to make the voice of a speaker louder so that it can be heard by many people at a meeting etc. जनसमूह तक आवाज पहुँचाने का जरिया **public health** noun = the health care provided by the government जनस्वास्थ्य **public sector** (always singular) noun = the industries or services in a country which are owned and managed by the government (केवल बहुवचन में प्रयुक्त) सरकारी निकाय **public works** noun (always plural) = the building of roads, bridges, buildings etc. by the government for the use of the public (केवल बहुवचन में प्रयुक्त) लोक निर्माण

pub•lish /'pʌblɪʃ/ /'पब्लिश्/ verb, t. **1** *Orient Blackswan publishes many kinds of books including medical books.* = to print, produce and sell books, magazines etc. प्रकाशित करना **2** *The report will be published next week.* = to make known to the public प्रकाशित **publisher** noun, c. = a person or a company which publishes books, magazines etc. प्रकाशक **publishing** noun, u. = the business of making books, newspapers etc. ready to print and sell प्रकाशन **publication** /pʌblɪ'keɪʃən/ /पॅब्लि'केइशन्/ noun, u. or c. **1** (u.) = the act or business of publishing books etc. पुस्तक प्रकाशन **2** *This is our latest publication.*(c.) = a book, magazine etc. that has been published पुस्तक, पत्रिका आदि सरीखा प्रकाशन **3** *We are waiting for the publication of the election results.*(u.) = the act of making something known to the public प्रकाशन (आम जनता की जानकारी में लाना)

pud•ding /'pʊdɪŋ/ /'पुडिंग्/noun, u. or c. **1** = a sweet dish prepared from rice, milk, eggs, fruit etc **2** = any sweet eaten at the end of a meal खीर के जैसा मीठा भोज्य पदार्थ, पुडिंग

pud•dle /'pʌdl/ /'पॅड्ल्/noun, c. *I stepped into a puddle and got some mud on my trousers.* = a small amount of water, especially rain, which collects on the ground ज़मीन पर एकत्र बरसाती पानी का जमाव

pu•er•ile /'pjʊəraɪl/ /'प्युअ्राइल्/ adj. *He has written many books on religion but I find them rather puerile.* = childish and silly (derogatory) बचकाना, बेकार (अनादरपूर्ण)

puff[1] /pʌf/ /पफ़/verb, i. or t. **1** *He was puffing as he ran up the hill.*(i.) = to breathe quickly and heavily as a result of some exercise etc. हाँफना **2** *puff a cigarette*(i.) = to breathe in and out while smoking कश लेना **3** *He puffed smoke into the air.*(t.) = to blow or to breathe out smoke सिगरेट आदि का धुआँ छोड़ना

puff[2] noun, c. **1** *He took a long puff at his cigarette.* = the act of puffing (breathing in or out while smoking) कश **2** *A puff of wind blew away the paper.* = a sudden rush of air, smoke etc. झोंका **3** *She applied some powder on her cheeks with a puff.* = a ball of soft material used for putting talcum powder on the skin पफ़ **puffy** adj. *His eyes looked puffy. Maybe she had been crying.* = swollen सूजा हुआ, मोटा, फूला हुआ

puf•fin /'pʌfɪn/ /'पॅफ़िन्/noun, c. = a kind of sea-bird found in the North Atlantic region समुद्री पक्षी 'पफ़िन'

pug /pʌg/ /पॅग्/ noun, c. = a kind of dog that is very small in size and has a wide, flat face 'पग' एक प्रकार का कुत्ता

puke[1] /pju:k/ /प्यूक्/ verb, i. *The fish had such a bad smell that it made me puke.* = to vomit or throw up (informal) वमन, कै, उल्टी करना (अनौपचारिक)

puke[2] noun, u. *There was puke all over her clothes.* = vomit (food that is thrown up from the stomach) (informal) कै, उल्टी (अनौपचारिक)

pull[1] /pʊl/ /पुल/verb, t. **1** *The horse was pulling a cart. // If you pull this rope the bell will ring.* = to cause something to move forward or move towards you खींचना **2** *The dentist pulled out my tooth.* = to remove or to take something out of its usual place उखाड़ना/निकालना **3** *Tendulkar pulled the ball over the boundary.* = to hit the ball high [SPORTS] उछालना [खेल-कूद] **4** *She pulled her thigh muscle while rowing the boat.* = to damage a muscle because of putting in too much effort खिंचना (मांसपेशी का)

P

pull² noun, c. **1** *He gave the rope a pull.* = the act of pulling something towards yourself झटका **2** *the earth's gravitational pull* = a force that makes something move in a certain direction खींचने की शक्ति **pull-over** noun, c. = a sweater (woollen garment) that is worn by pulling it down over one's head बड़ा स्वेटर **pull-out** noun, c. = a part of a book or magazine, which can be taken out and forms a separate part (another small book) किसी पुस्तक आदि से अलग किया जा सके, ऐसा स्वतंत्र भाग

to pull off = to succeed in doing something unexpected अप्रत्याशित सफलता प्राप्त होना **to pull through** = to come out of a difficult or dangerous situation, e.g. an illness उबरना, कठिन परिस्थिति से बाहर आना **to pull a fast one on someone** = to cheat or deceive someone by using a trick (informal) किसी को मूँड़ना (अनौपचारिक) **to pull someone's leg** = to make fun of someone in a gentle way टाँग खींचना, खिंचाई करना **to pull one's weight** = to do a large share of some work as is expected (कार्य का) भार उठाना **to pull oneself together** = to start to behave calmly and control one's feelings शांत हो जाना और अपनी भावनाओं को काबू करना **to pull strings** = to use one's influence or power to gain an advantage अपने लाभ के लिए प्रभाव का प्रयोग करना

pul•let /'pʊlɪt/ /'पुलिट्/ noun, c. = a young hen चूज़ा

pul•ley /'pʊli/ /'पुली/noun, c. = a machine consisting of a wheel over which a rope or chain passes, which can be used to lift heavy things गरारी, चरखी, 'पुली'

pul•mo•na•ry /'pʊlmənəri/ /'पुलमन्री/adj. *the pulmonary artery* = having to do with the lungs [MEDICINE] फुप्फुसीय [चिकित्सा]

pulp¹ /pʌlp/ /'पॅल्प्/ noun, u. **1** *Paper is made from bamboo pulp.* = a substance which has been boiled until it becomes very soft, almost liquid लुगदी **2** = the soft, inner part of a fleshy fruit गूदा

pulp² verb, t. *The bamboo is pulped by boiling it.* = to turn some substance into pulp गूदा बनाना **pulp fiction** noun = cheaply produced stories, mostly romantic घटिया (साहित्य)

pul•pit /'pʊlpɪt/ /'पुल्पिट्/ noun, c. = a small raised platform in a church, on which the priest stands as he speaks to the worshippers in the church प्रवचन-मंच

pul•sar /'pʌlsɑːʳ/ /'पॅल्साʳ/ noun, c. = a very small star that sends out radio waves [TECHNICAL] एक छोटा तारा जिससे रेडियो तरंगें निकलती हैं [तकनीकी]

pulse¹ /pʌls/ /पॅल्स्/noun, u. or c. **1** (u.) = the movement of blood through the arteries (blood vessels leading away from the heart) in jerks, caused by the beating of the heart नब्ज़ **2** *Telephone systems in India use a pulse.*(u.) = a short burst of electrical energy, which is repeated regularly विद्युत शक्ति का रुक-रुककर होने वाला लघु विस्फोट (टेलिफ़ोन में प्रयुक्त)

pulse² verb, i. *Blood pulses through the arteries.* = to move or flow steadily बहना **pulsate** /pʌl'seɪt/ /पल्'सेइट्/ verb, i. *The music pulsated through the room.* = to move or shake with a regular rhythm; to vibrate धड़कना, गूँजना **pulses** (always plural) = the seeds of some plants that are cooked and eaten (केवल बहुवचन में प्रयुक्त) दाल

pul•ver•ize (pulverise) /'pʌlvəraɪz/ /'पॅल्वराइज़्/ verb, t. **1** *The glass dish fell from the top of the building and was pulverized.* = to break or crush into powder चूरचूर होना **2** *The Australians pulverized the Indian team.* = to defeat very badly (figurative) धूल चटाना, बुरी तरह हराना (लाक्षणिक)

pu•ma /'pjuːmə/ /'प्यूम/noun, c. = a large wild animal belonging to the cat family that looks like a lion and is found in South America 'प्यूमा', दक्षिणी अफ़्रीका में पाया जाने वाला सिंह-जैसा पशु

pum•ice /'pʌmɪs/ /'पॅमिस्/ noun, u. = a kind of soft stone that is used for rubbing or cleaning things झावाँ

pum•mel /'pʌməl/ /'पॅम्ल्/verb, t. (**pummelled**) *Rohan pummelled the boxing bag with his fists.* = to hit repeatedly ठोंकना, घूँसे-मुक्के मारना

pump¹ /pʌmp/ /पॅम्प्/ noun, c. **1** *a bicycle pump* = a machine that can force a liquid, such as water, or a gas, into or out of some place पंप **2** *He had black leather pumps on his feet.* = a kind of light shoe without laces एक प्रकार का जूता

pump² verb, t. *We have to pump water out of the well.* = to use a pump (machine) to lift or move a liquid or a gas पानी निकालना

pump•kin /'pʌmpkɪn/ /'पॅम्प्किन्/ noun, c. = the large, round fruit of a plant that is eaten as a vegetable कद्दू, कुम्हड़ा

pun¹ /pʌn/ /'पॅन्/ noun, c. *In Shakespeare's play 'The Merchant of Venice', Shylock makes a pun when he says that Antonio's blood will be on his sole but not on his soul.* = humour or a special effect created by playing with the meanings or spellings of words श्लेष

pun² verb, i. (**punned**) *Shakespeare often puns on words.* = to play with words शब्दों का श्लेषात्मक प्रयोग करना

punch¹ /pʌntʃ/ /पंच/noun, c. or u. **1** *He hit an excellent shot and punched the air in excitement.*(c.) = to hit something with one's fist मुक्का मारना **2** (c.) = a machine which can make holes in paper, metal etc. पंच, छेद करने का उपकरण **3** *fruit punch* (u.) = a kind of drink made by mixing different kinds of juice together फलों के रस से बना पेय

punch² verb, i. or t. **1** *He punched the pillow many times in anger.* = to hit with a closed fist मुक्का मारना **2** *The conductor punched my ticket.*(t) = to make a hole in something, using a punch (machine) पंच करना **punch-line** noun, c. = the last few words in a story or joke, which make it interesting or funny रोचकता या हास्य उत्पन्न करने वाले अंतिम शब्द

punc•tu•al /'pʌŋktʃuəl/ /'पंक्चुअल्/ adj. *She is*

always punctual. I have never known her to be late for class. = doing something at exactly the right time समय का पाबंद

punc•tu•a•tion /pʌŋktʃu'eɪʃən/ /पॅङ्क्चु'एइशन्/ noun, u. *The punctuation is wrong in this sentence. You should have used a comma here, not a semi-colon.* = the system of signs, including commas, semi-colons, full-stops etc. used to separate sentences, phrases etc. from each other in a piece of writing विराम चिह्न **punctuate** /'pʌnklʃueɪt/ /'पॅङ्क्चुएइट्/ verb, t. *How should I punctuate this part of my essay?* = to use punctuation to separate sentences etc. विराम चिह्न लगाना

punc•ture[1] /'pʌŋktʃə'/ /'पॅङ्क्चर्/ noun, c. *a puncture in the tyre* = a small hole through which some gas or liquid can escape छेद, पंक्चर

puncture[2] verb, t. *The nails lying on the road punctured the car tyres.* = to make a hole in something पंक्चर करना, छेद करना

pun•gent /'pʌndʒənt/ /'पॅंजन्ट्/ adj. *Garlic has a pungent smell.* = strong and sharp (referring to a taste or smell) तीखा और तेज़ (स्वाद या गंध)

pun•ish /'pʌnɪʃ/ /'पॅनिश्/ verb, t. *The teacher punished the student for disturbing the class by asking him to leave.* = to cause someone to suffer for doing something wrong दंड/सज़ा देना **punishable** adj. *Driving without a licence is a punishable offence.* = which can be punished under the law दंडनीय, दंडयोग्य **punishment** adj. **1** *The punishment for late submission is to deduct two marks.* = the action taken to punish someone दंड, सज़ा **2** *This motorcycle can take a lot of punishment.* = rough treatment झटके **punishing** adj. *It was a punishing trip. I didn't have a day's rest.* = something that makes one very tired कष्टकर

punk /pʌŋk/ /पॅन्क्/ noun, c. **1** = a kind of rock music of the 1940's and 1980's which was violently against tradition एक विशेष प्रकार का परंपरा-विरोधी संगीत **2** = a person who colours his or her hair and wears unusual clothes with metal etc. as a sign of independence (fashionable some years ago but not now) रंगीन बाल और असामान्य वस्त्रों द्वारा सज्जित व्यक्ति

punt /pʌnt/ /पॅन्ट्/ noun, c. = a long, narrow boat with a flat bottom which is moved by using a long stick that pushes against the bottom of a river डोंगी

pu•ny /'pju:ni/ /'प्यूनी/ adj. *a man with a puny body* = small and weak (often derogatory) अदना, दुबला-पतला, छोटा-सा (प्राय: अनादरपूर्ण)

pup /pʌp/ /पॅप्/ noun, c. = the term used for the baby of certain animals e.g. a seal पिल्ला **puppy** noun, c. (**puppies**) = the baby of a dog पिल्ला, कुत्ते का बच्चा **puppy love** noun = love between a very young boy and a very young girl, which often does not last (derogatory) बचपन का प्यार (अनादरपूर्ण)

pu•pa /'pju:pə/ /'प्यूप/ snoun, c. (**pupas** or **pupae**) = an insect which is in the middle stage of its development, shortly before it is fully developed प्यूपा (अर्धविकसित कीड़ा)

pu•pil /'pju:pəl/ /'प्यूपल्/ noun, c. **1** *The teacher has 50 pupils.* = a person, specially a child, who is learning something शिष्य **2** *the pupil of the eye* = the small, dark opening in the centre of the eye through which light passes into the eye (see pic under **eye**) पुतली (eye के अंतर्गत चित्र देखें)

pup•pet /'pʌpɪt/ /'पॅपिट्/ noun, c. **1** = a toy figure of a human being or animal, usually made of wood, that can be made to move by pulling strings tied to it कठपुतली **2** *a puppet minister* = someone whose actions are controlled by someone else (derogatory) दूसरों के इशारों पर चलने वाला (अनादरपूर्ण) **puppeteer** /pʌpɪ'tɪər/ /'पॅपिटिअर/ noun, c. = a person who makes and operates puppets and presents shows in which puppets are used कठपुतली नचाने वाला

pur•chase[1] /'pɜ:tʃɪs/ /'पऽचिस्/ verb, t. *We have to purchase some gifts for the children who are coming to the party.* = to buy (formal) खरीदना (औपचारिक)

purchase[2] noun, u. or c. **1** *The purchase of books has been stopped by the government.*(u.) = the act of purchasing (buying) क्रय, खरीद **2** *This car was an excellent purchase.*(c.) = something that has been bought खरीद

pur•dah /'pɜ:də/ /'पऽद/noun *The women of the royal family lived in purdah.* = the system of not allowing women to appear in public either by making them stay at home or covering their faces, especially when men are present पर्दा (प्रथा)

pure /pjʊə'/ /प्युअ'/ adj. **1** *This ring is made of pure silver.* = not mixed with anything else शुद्ध **2** *He saw me by pure accident.* = complete बिल्कुल **3** *She has a pure white sari.* = not mixed with any other colour एकदम शुद्ध **4** *I am learning pure mathematics.* = theoretical not practical केवल सैद्धांतिक **5** *His mind is pure.* = free from evil निर्मल **purify** verb, t. = to make something pure शुद्ध करना **purification** /pjʊrɪfɪ'keɪʃən/ प्यूरिफ़ि'केइशन् noun, u. = the process of making something pure शुद्धीकरण

pu•ree /'pjʊəreɪ/ /'प्युअरेइ/ noun, u. *We use tomato puree to make our curries.* = some fruit or vegetable which has been turned almost into a liquid, by boiling or using a machine (called a blender or liquidizer) प्यूरी, किसी फल या सब्ज़ी का गाढ़ा तरल रूप

purge /pɜ:dʒ/ /पऽज्/verb, t. **1** *The leader of the group decided to purge the members who had been speaking against him.* = to get rid of something or someone; to drive out निकालना, पीछा छुड़ाना **2** *to purge oneself through penance* = to make oneself clean आत्मशुद्धि करना **3** *This medicine may purge you.* = to

P

clear out the waste matter inside the bowels (intestines) (see also **purgative**) कब्ज़ दूर करना (देखें **purgative**) **purgative** noun, c. *Castor oil is a purgative.* = a substance or a medicine that helps to clear out waste matter from the bowels कब्ज़ दूर करनेवाला

purl /pɜːl/ /पऽल्/ verb, i. = to make a backward stitch in knitting बुनाई का एक तरीका

pur•ple /ˈpɜːpəl/ /ˈपऽपल्/ noun = a colour produced by mixing red and blue colours बैंगनी रंग **a purple passage/patch** = an unexpectedly fine piece of writing in the middle of something that is very dull किसी उबाऊ रचना के बीच अप्रत्याशित रूप से बढ़िया लेखन

pur•port¹ /ˈpɜːpɔːt/ /ˈपऽपॉट्/ noun, u. *I could not understand the purport of your letter.* = meaning or intention (formal) अर्थ, तात्पर्य (औपचारिक)

purport² verb, t. *He purports to be very close to the Prime Minister.* = to claim to be (formal) दावा करना (औपचारिक)

pur•pose /ˈpɜːpəs/ /ˈपऽपस्/noun, u. or c. **1** *The purpose of my letter was to warn you of danger.*(u.)= the reason for doing something उद्देश्य **2** *This soap can be used for different purposes.*(c.) = the use to which something is put कार्य, प्रयोग **3** *He worked with a sense of purpose.*(u.) = a definite aim निश्चित उद्देश्य/लक्ष्य **purposeful** adj. *Our discussion was purposeful.* = having a clear purpose or aim उद्देश्यपूर्ण **purposely** adv. *I purposely did not invite you to my party.* = intentionally; knowingly जानबूझकर

purr¹ /pɜːʳ/ /पऽʳ/ verb, i. (**purred**) *A cat purrs when it is happy. // The engine of my car is purring nicely.* = to make a continuous low sound, like that made by a cat when it is happy घुरघुराना

purr² noun, u. *Can you hear the purr of the engine?* घुरघुराहट

purse¹ /pɜːs/ /पऽस्/ noun, c. = a flat bag, usually made of leather, in which money (usually in the form of notes) is carried पर्स, बटुआ

purse² verb *to purse one's lips* = to press one's lips into a thin line to show that one does not like something सिकोड़ना

purs•er /ˈpɜːsəʳ/ /ˈपऽसʳ/ noun, c. = an officer on a ship or aircraft who keeps accounts and looks after the comfort of passengers पर्सर, पोतनीस

pur•sue /pəˈsjuː/ /पˈस्यू/ verb, t. *The police pursued the thief.* = to chase or to run after someone with the intention of catching him/her पीछा करना

pur•suit /pəˈsjuːt/ /पˈस्यूट्/ noun, u. = the action of pursuing (chasing) someone पीछा, अनुसरण

pur•view /ˈpɜːvjuː/ /ˈपऽव्यू/ noun, c. *This matter does not come within the purview of the Defence Ministry. The Prime Minister has to decide it.* = the limit of one's authority, knowledege अधिकार सीमा, अधिकार क्षेत्र

pus /pʌs/ noun, u. = the thick, whitish-yellow liquid that sometimes forms in a wound or infected part of the body मवाद

push¹ /pʊʃ/ /पुश्/ verb, t. or i. **1** *He pushed the cupboard against the wall.*(t.) *// Don't push! I will fall.*(i.) = to cause something to move away from oneself by using force धकेलना **2** *I know you will never complete this job unless I push you.*(t.) = to force someone to do something प्रोत्साहित करना, मजबूर करना **3** *We are trying to push this new product in the market.*(t.) = to bring something to the notice of people [TECHNICAL] लोगों के सामने लाना, प्रचार करना [तकनीकी]

push² noun, u. **1** *Let us give the car a push.* = the act of pushing something धक्का **2** *He has a lot of push. I expect him to be very successful.* = the energy or determination required to do something (informal) शक्ति, ऊर्जा (अनौपचारिक) **push-over** noun = someone who can be easily defeated or influenced आसानी से मान जाने वाला व्यक्ति

to be pushed for time *I'm sorry I can't help. I'm pushed for time.* = to not have enough time (informal) दम मारने की फ़ुर्सत नहीं होना **to push someone around** = to give someone orders in a rude way कठोरतापूर्वक आदेश देना **to push for** *We are trying to push for a bus-stop in our neighbourhood.* = to try to get something, usually something good or useful किसी अच्छे व उपयोगी कार्य के लिए प्रयास करना

put /pʊt/ /पुट/ verb, t. **1** *Put the book on the table.* = to place or move something from one place to another रखना **2** *You have put too much salt in the curry.* = to add डालना **3** *Put some ointment on the wound.* = to apply or spread लगाना **4** *Can you put that in simple language?* = to express अभिव्यक्त करना, कहना **5** *Put inverted commas around the word 'tree'* = to write लगाना, लिखना **6** *I'd put her first, not last, among the talented writers.* = to place or rank स्थान देना, रखना

to put aside = to save (specially money) बचाकर रखना (खासकर पैसा) **to put off** **1** *We put off the journey by a day.* = to delay or move to a later date स्थगित करना **2** *I liked them but their bad manners put me off.* = to make someone not like someone or something पसंद न करने को मजबूर करना **to put something/someone down** **1** = to put what one is holding down नीचे रखना **2** *I'll put that down on paper.* = to write something लिखना **3** *I'll put down Rs 500 as a first payment.* = to pay a certain amount as an initial cost of something अदा करना **4** *The cat was very sick and had to be put down.* =to cause an animal to die because it is old or sick कष्ट से मुक्त करने के लिए (किसी जानवर को) सुला (मृत्यु) देना **5** = to tell somebody that they are not good enough at something किसी को बताना कि वह किसी काम में निपुण नहीं है **to put somebody or something up** **1** *Put your hand up if you can help us with the play.* = to hold or lift something up दिखाना, उठाना **2** = to build something (e.g. a tent) खड़ा करना, लगाना **3** *put up a* *picture/poster* = to fix something, on a wall, board etc. लगाना **4** *I would be happy to put you up for a few days.* = to provide temporary accomodation (living space) to someone रहने की सुविधा देना **to put a stop to something** *We have wasted a lot of time arguing. Let's put a stop to it.* = to bring an activity which is considered harmful or not welcome to an end रोक लगाना, खत्म करना **to put something behind one** = to decide by agreement, to stop thinking about a problem, disappointment or failure सोचना छोड़ देना **to put something down to something else** *Paul is looking worried. I put it down to his fear of writing exams.* = to say that a feeling, way of behaving etc. is caused by something else कारण बतलाना **How shall I put it?** *She's a very—how shall I put it?—impatient person.* = an expression used to suggest that the speaker is looking for the correct words to say, or words that will not cause unhappiness सही शब्द सोचने का प्रयास करना

pu•tre•fy /'pju:trɪfaɪ/ /'प्यूट्रिफ़ाइ/ verb, i. = (of meat or something organic) to become rotten (formal) (मांस आदि का) सड़ना (औपचारिक) **putrefaction** /pju:trɪ'fækʃən/ /प्यूट्रि'फ़ैक्शन्/ noun, u. = the process of becoming rotten सड़न

pu•trid /'pju:trɪd/ /'प्यूट्रिड्/ adj. *putrid meat* = rotten and giving out a bad smell सड़ा हुआ, बदबूदार

putt /pʌt/ /पॅट्/ verb, t. (**putted**) = to hit the ball in the game of golf गॉल्फ़ के खेल में गेंद हिट करना

put•ty /'pʌti/ /'पॅटी/ noun, u. = a soft material used in fixing a sheet of glass to a window पुटी

puz•zle[1] /'pʌzəl/ /'पॅज़ल्/ verb, t. **1** *His letter puzzles me. I don't know what he is trying to say.* = to make someone confused (unable to understand something) समझ न पाना, भ्रम में डालना **2** *I am trying to puzzle out the meaning of this letter.* = to make an effort to try to find out the meaning of something or the solution to a problem etc. अर्थ समझने या समस्या को सुलझाने का प्रयास करना

puzzle[2] noun, c. *Can you solve this crossword puzzle?* = a game or a toy which forces a person to think hard पहेली **puzzled** adj. *She looked puzzled when I asked her where the pencil was.* = confused परेशान

PVC abbr. of **polyvinylchloride** = a kind of plastic material used to make pipes etc. **polyvinylchloride** का संक्षिप्त रूप 'पीवीसी', एक प्रकार का प्लास्टिक

py•ja•mas /pə'dʒɑ:məz/ /प'जाऽमज़्/ noun (always plural) **1** = a dress worn when going to bed, consisting of a short jacket (coat) and a pair of loose trousers **2** = any loose-fitting clothes worn when going to bed and (therefore) not considered suitable for formal use पायजामा

py•or•rhoe•a /paɪə'ri:ə/ /पाइअ'रीअ/ noun = a disease which causes bleeding from the teeth and gums [MEDICINE] 'पायरिया' रोग जिसमें दाँतों और मसूढ़ों से खून निकलता है [चिकित्सा]

pyr•a•mid /'pɪrəmɪd/ /'पिरमिड्/ noun, c. **1** = a solid geometrical shape, consisting of a square base and four triangular sides that meet at a point एक ठोस ज्यामितीय आकृति जिसका आधार वर्गाकार हो और जिसकी चार त्रिभुजाकार सतहें एक बिंदु पर मिलती हों **2** *an Egyptian pyramid* = a very large stone building in the shape of a pyramid, used as a tomb for a king, found in Egypt पिरामिड

pyre /paɪəʳ/ /पाइअʳ/ noun, c. *a funeral pyre* = a pile of wood on which a dead body is kept for burning चिता

py•thon /'paɪθən/ /'पाइथन्/ noun, c. = a very large and powerful snake that has no poison but kills its prey by winding its body round it, crushing it and swallowing the prey अजगर

qQ

q, Q /kju:/ /क्यू/ the seventeenth letter of the English alphabet अंग्रेज़ी का 17वाँ वर्ण

QED abbr. of **quod erat demonstrandum** (Latin) = which was to be proved (commonly written after the proof given for a theorem) [GEOMETRY] quod erat demonstrandum (लैटिन अभिव्यक्ति) का संक्षिप्त रूप जो सिद्ध होना था (साध्य को सिद्ध करने के उपरांत लिखी जाने वाली अभिव्यक्ति)

quack /kwæk/ /क्वैक्/ noun, c. **1** = the sound made by a duck बत्तख की आवाज़/काँ,काँ **2** = a person who has not been trained as a doctor but who pretends to be one (derogatory) नीमहकीम (अनादरपूर्ण)

quad- /kwɒd/ /क्वाड्/ prefix meaning four 'चार' का अर्थ देने वाला उपसर्ग e.g. **quad•ran•gle** /'kwɒdræŋgəl/ /'क्वॉड्रैंग्ल्/ noun, c. = a courtyard (open space surrounded by buildings on four sides) which forms part of a college or university campus चौकोर प्रांगण **quadrangular** /kwɒ'dræŋgulə'/ / क्वॉड्रैंगुल'/ adj. *a quadrangular cricket tournament* = limited to four teams or sides चतुर्पक्षीय अथवा चार टीमों तक सीमित

quad•rant /'kwɒdrənt/ /'क्वॉड्रन्ट्/ noun, c. = a quarter (fourth part) of a circle वृत्त, पाद, चतुर्थांश

quad•ru•ped /'kwɒdrʊped/ /'क्वॉड्रूपेड/ noun, c. *The horse is a quadruped.* = an animal with four legs चौपाया

quad•ru•ple[1] /'kwɒdrʊpəl/ /'क्वॉड्रूप्ल्/ noun, c. *100 is the quadruple of 25* = a number which is four times as great as another number चतुर्गुण, चौगुना

quadruple[2] verb, t. *We plan to quadruple the number of schools in this town.* = to multiply something by four चौगुना करना **quadruplicate** noun, u. *You have to submit your application in quadruplicate* = in four copies (compare **duplicate, triplicate**) चौगुना, चार प्रतियाँ (देखें **duplicate, triplicate**)

quail[1] /kweɪl/ /क्वेइल्/ noun, c. (**quail** or **quails**) or u. (u.) = a type of small bird, once hunted for its meat and now raised on farms बटेर

quail[2] verb, i. *He quailed when he was suddenly asked to go on stage.* = to feel or show great fear (literary) हिम्मत हारना (साहित्यिक)

quaint /kweɪnt/ /क्वेइन्ट्/ adj. *a quaint custom* = something which seems strange and unusual to others अनोखा, अजीब

quake[1] /kweɪk/ /क्वेइक्/ verb, i. **1** *The earth quaked.* = to shake (referring to the earth) भूकंप **2** *The actor quaked when the director asked him to leap into the water.* = to shake with fear or cold (referring to a person) (literary) डर से काँपना (साहित्यिक)

quake[2] 'noun, c. *We felt a small quake last night.* = earthquake (informal) भूकंप (अनौपचारिक) **Quaker** noun = a member of a Christian religious group which believes in leading a very simple life एक ईसाई वर्ग का सदस्य जो अत्यंत सरल जीवन व्यतीत करने में विश्वास रखता हो

qual•i•fy /'kwɒlɪfaɪ/ /'क्वॉलिफ़ाइ/ verb, i. or t. (**qualified**) **1** *The Sri Lankan team beat the Australian team and qualified for the final round of the tournament.*(i.) = to prove oneself suitable for something योग्य सिद्ध होना **2** *The MBBS degree qualifies you to practise as a doctor.*(t.) = to make someone suitable for something योग्य बनाना **3** *He said he would like to qualify the statement he had made earlier.*(t.) = to change something that one has said earlier etc. by making it less strong, less general etc. अपने कथन को और सामान्य बनाना **4** *An adjective qualifies a noun.*(t.) = to describe the qualities of something [GRAMMAR] विशेषता बताना [व्याकरण] **qualification** /kwɒlɪfɪ'keɪʃən/ /क्वालिफ़ि'केइशन्/ noun, c. or u. **1** *The MBBS degree is a necessary qualification for practising medicine.*(c.) = a degree or a form of training that makes one suitable for some job etc. अपेक्षित योग्यता **2** (u.) = the act of qualifying for something योग्य सिद्ध होना

qual•i•ty /'kwɒlɪti/ /'क्वॉलिटी/ noun, u. or c. (**qualities**) **1** *I am not satisfied with the quality of this shirt. I want something better.*(u.) = the extent to which something is good अच्छाई का स्तर, गुणवत्ता **2** *She is honest and hard-working and has many good qualities.*(c.) = something that makes a person or thing different from others विशिष्टताएँ **qualitative** /'kwɒlɪtətɪv/ /'क्वॉलिटटिव्/ adj. *We want to see a qualitative improvement in your work.* = having to do with the quality of something (as different from quantity or exact measurement) गुणात्मक **quality control** = the system of checking goods, services etc. to make sure the quality is acceptable गुणवत्ता नियंत्रण **quality time** = time spent happily, especially with one's children, free from worries हँसी-खुशी बिताया गया समय

qualm /kwɑ:m/ /क्वाऽम्/ noun, c. (usually plural) *I have serious qualms about sending my child alone to school in the public bus.* = a feeling that one may be doing something wrong (सामान्यत: बहुवचन में प्रयुक्त) आशंका, गलत होने का भय

quan•da•ry /'kwɒndəri/ /'क्वॉन्डरी/ noun, c. *He has been offered an attractive job in Mumbai, but he does not want to leave Kolkata. He is in a quandary.* = the state of not being able to decide what to do; dilemma (formal) उलझन, असमंजस (औपचारिक)

quan•ti•ty /'kwɒntɪti/ /'क्वॉन्टिटी/ noun, u. or c. (**quantities**) *She has written more than 20 books, but they are all badly written. She should be told that* *quantity is not important in writing.*(u.) // *Large quantities of foodgrain have been sent to states where there is a shortage.*(c.) = an amount or number that can be counted, weighed etc. परिमाण, संख्या **quantifier** noun, c. *In the expression 'a lot of money', the phrase 'a lot of' is used as a quantifier.* = a word or phrase that shows quantity [GRAMMAR] परिमाणवाचक [व्याकरण] **quantify** verb, t. *You say that the students are improving. Can you quantify that statement and tell me what percentage of the students got pass marks?* = to express something as a quantity (something that can be measured, counted etc.) किसी स्थिति को परिमाण या संख्या की शब्दावली में व्यक्त करना, परिमाणित करना **quantitative** adj. *We are doing a quantitative survey of the schools in this district. We would like to know how many schools there are, how many teachers are working in those schools etc.* = concerned with quantity (the measurement of how much, how many etc.) परिमाणात्मक

quan•tum /'kwɒntəm/ /'क्वॉन्टम्/ noun, u. or c. (**quanta or quantums**) *What is the quantum of money that you need to complete this building?*(u.) = a quantity (amount) that is needed or wanted (formal) परिमाण, मात्रा (औपचारिक) **quantum leap** noun *India has taken a quantum leap forward in information technology.* = sudden and great progress अचानक बहुत अधिक प्रगति **quantum theory** noun = the theory that energy (e.g. heat or light) travels from a source in fixed quantities [PHYSICS] ऊर्जा की गति से संबंधित सिद्धांत जिसके अनुसार ऊर्जा (जैसे, प्रकाश, ऊष्मा) स्रोत से निश्चित परिमाण में निकलती है

quar•an•tine[1] /'kwɒrənti:n/ /'क्वॉरन्टीन्/ noun, u. *The child is suffering from chicken pox. He must be kept in quarantine for six weeks.* = the period during which a person suffering from an infectious disease is separated from other people to prevent the infection from spreading संगरोध अवधि, रोगी को अन्य लोगों से अलग रखने की अवधि

quarantine[2] verb, t. *The patient will be quarantined.* = to put a person in quarantine रोगी को अन्य लोगों से अलग रखना

quark /kwɑ:k/ /क्वाऽक्/noun, c. = a very small particle (piece of matter) that forms part of an atom [PHYSICS] अणु का छोटा कण [भौतिकी]

quar•rel[1] /'kwɒrəl/ /'क्वॉरल्/ verb, i. (**quarrelled**) *The two children were quarrelling over a toy.* = to disagree or argue angrily about something झगड़ा करना, झगड़ना

quarrel[2] noun, c. *There was a quarrel between the two brothers.* = the act of quarrelling झगड़ा **quarrelsome** adj. *a quarrelsome person* = one who is in the habit of quarrelling (derogatory) झगड़ालू (अनादरपूर्ण)

quar•ry[1] /'kwɒri/ /'क्वॉरी/ noun, c. **1** *a stone quarry* = a place, usually in the side of a hill, from which stone or minerals are dug out खदान **2** *The leopard is chasing its quarry.* = an animal or a person that one is chasing or hunting शिकार

quarry[2] verb, t. (**quarried**) *Marble is quarried in Rajasthan.* = to dig (stone or minerals) out of a quarry खदान खोदना

quart /kwɔ:t/ /क्वॉऽट्/ noun, c. = a unit for measuring the amount of liquid that a container can hold, equal to about one litre 'क्वार्ट', लगभग एक लीटर के बराबर

quar•ter /'kwɔ:tə^r/ /क्वॉऽटर/ noun, c. **1** *Give me a quarter of that cake.* = one part out of four equal parts into which something is or can be divided एक चौथाई **2** *This is the rent for the first quarter of 2001.* = a period of three months तिमाही **3** *We received some help from an unexpected quarter.* = a place or person व्यक्ति या स्थान **4** *We shall offer no quarter to those who break the law.* = mercy दया **5** (always plural) *I am living in government quarters.* = accommodation (a place to live in) (केवल बहुवचन में प्रयुक्त) निवास **quarter-final** noun, c. = a match in a tournament played just before the semi-final match सेमी-फाइनल के पूर्व का मैच **quarterly** adj. *a quarterly magazine* = appearing four times a year (once in three months) तिमाही

quartz /kwɔ:ts/ /क्वॉट्स्/ noun, u. = a kind of mineral which is used in making electronic watches etc. क्वार्ट्ज, स्फटिक

quasi- /'kweɪzaɪ/ /'क्वेइज़ाइ/ a prefix meaning **1** partly but not wholly e.g. **quasi-official** *a quasi-official inquiry* = only partly official अर्द्ध सरकारी **2** not genuine or real e.g. **quasi-science** = not real science that can be proved तथाकथित विज्ञान

qua•ver[1] /'kweɪvə^r/ /'क्वेइवर/ verb, i. *His voice quavered when he spoke about the death of his dog.* = to shake (referring to someone's voice) because of nervousness, sadness etc. घबराहट अथवा दु:ख के कारण आवाज़ का थरथराना, लरज़ना

quaver[2] noun, u. *He spoke with a quaver.* = a shake in the voice काँपती आवाज़, थरथराहट

quay /ki:/ /की/ noun, c. = a place on the bank of a river where boats load and unload goods घाट

quea•sy /'kwi:zi/ /'क्वीज़ी/ adj. *The movement of the ship through the rough sea made me feel queasy.* = wanting to vomit or throw up वमनकारी, मितली आने-जैसा

queen /kwi:n/ /क्वीन्/ noun, c. **1** = a woman who rules over a country or is the wife of a king साम्राज्ञी, रानी **2** *a beauty queen* = a woman who wins the highest prize in a competition सुंदरी **3** *the queen bee* = the most powerful insect, which is a female, in a group of insects रानी मक्खी **4** = the most powerful piece in the game of chess, positioned next to the king at the beginning of a game बेगम **5** = a playing card with the picture of a queen on it बेगम

Q

queer /kwɪəʳ/ /क्विअरʳ/ adj. **1** *He has a queer habit. He always sleeps in a sitting position.* = strange and unusual (disapproving) विचित्र (अस्वीकृत) **2** *She told the doctor she was feeling slightly queer.* = unwell अस्वस्थ **3** *The old man is a little queer.* = slightly mad सनकी **4** = a homosexual person (also **gay**) (The word 'queer' is now generally not used with this meaning as it causes offence.) समलैंगिक (व्यक्ति) ('queer' का अब इस अर्थ में प्रयोग अमान्य हो रहा है क्योंकि इससे किसी की भावना को चोट पहुँचती है)

to queer someone's pitch = to spoil someone's chances of success किसी की सफलता का अवसर खराब करना

quell /kwel/ /क्वेल्/ verb, t. **1** *The British rulers quelled the Indian War of Independence in 1857.* = to put down by force (referring to a revolt or mutiny) (formal) (विद्रोह) का दमन करना, कुचलना (औपचारिक) **2** *You have quelled our doubts.* = to end खत्म करना

quench /kwentʃ/ /क्वेन्च्/ verb, t. **1** *Drink this lemon juice. It will quench your thirst.* = to satisfy one's thirst प्यास बुझाना, शांत करना **2** *The fire has been quenched.* = to put out a fire आग बुझाना

quer•u•lous /ˈkwerʊləs/ /ˈक्वेरुलस्/ adj. *She asked me in a querulous tone, 'Why can't I leave now?'* = complaining चिड़चिड़ा, खीझा हुआ

que•ry /ˈkwɪəri/ /ˈक्विअ्री/ noun, c. (**queries**) *Have I answered your query?* = a question usually based on a doubt (formal) प्रश्न, जिज्ञासा (औपचारिक)

quest /kwest/ /क्वेस्ट्/ noun, c. *I have been searching all the bookshops for a copy of the book. My quest has ended at last.* = a long search (literary) खोज, तलाश (साहित्यिक)

ques•tion¹ /ˈkwestʃən/ /ˈक्वेस्च्न्/ noun, c. **1** *'Where do you live?' is a question. // He asked me a question which I was unable to answer.* = a sentence or phrase which needs a reply, used to get information, clarify a doubt etc. प्रश्न **2** *the question of better services at railway stations* = a matter that has to be decided or acted upon मामला **3** (usually plural) *The accident raises questions about the safety of travelling by train.* = doubts or uncertainty (प्राय: बहुवचन में प्रयुक्त) प्रश्न, शंका

question² verb, t. **1** *The police are questioning the man who was arrested last night.* = to ask questions to find out something पूछताछ करना **2** *I question your ability to lead this team.* = to raise doubts about something प्रश्न-चिह्न लगाना, शंका करना **questionable** adj. *His ability to lead the team is questionable.* = something that can be doubted संदिग्ध, शंकास्पद **question mark** noun **1** = the sign of punctuation (?) used after a question प्रश्न-चिह्न **2** *There is a question mark over the future of this government.* = doubt or uncertainty प्रश्न-चिह्न, शंका **questionnaire** /kwestʃəˈneəʳ/ /क्वेस्चˈनेअरʳ/ noun, c. = a set of written questions given to a large number of people to answer, in order to get some information प्रश्नावली **without question** *Without question, this is the most beautiful garden I've seen.* = without any doubt नि:संदेह **no question (of something happening)** *There is no question of our allowing you to travel alone. You are too young.* = something that will definitely not happen प्रश्न ही नहीं उठता **out of the question** *You want to leave now? That's out of the question. You haven't finished your work.* = not permitted or possible (Note that **the** must be used.) असंभव

queue¹ /kjuː/ /क्यू/ noun, c. *There is a long queue at the ticket counter.* = people standing one behind the other in a line and waiting for their turn to receive some service etc. पंक्ति, लाइन

queue² verb, i. *Please queue up if you want to buy tickets.* = to form a queue लाइन बनाना, पंक्ति में लगना

to jump the queue = to get ahead of someone who has been standing in a queue for a longer time than one, or to try to get something before it is one's turn to get it लाइन तोड़ना

quib•ble¹ /ˈkwɪbəl/ /ˈक्विबल/ verb, i. *The two men were quibbling over the amount of lime juice that should be added to the soup.* = to argue continuously over something that is not very important अनावश्यक बहस करना

quibble² noun, c. *I have a small quibble over the quality of the food. It is not hot enough.* = complaint शिकायत

quick¹ /kwɪk/ /क्विक/ adj. **1** *He is quick to learn new ways of cooking.* = able to do things in a very short time तेज़, फुर्तीला **2** *We had a quick dinner before we left for the airport.* = done in a short time जल्दी

quick² adv. *Come quick! I have something wonderful to show you.* = fast; with great speed शीघ्र, जल्दी **quickly** adv. झटपट, जल्दी से **quicken** verb, i. or t. *Changes in education are usually slow, but with the coming of computers the changes have quickened.*(i.) = to become quicker or faster तेज़ करना, तेज़ हो जाना

quick-lime /ˈkwɪk-laɪm/ /ˈक्विक-लाइम/ noun, u. = lime (calcium oxide) अनबुझा चूना, अलीचूना

quicksand /ˈkwɪksænd/ /ˈक्विकसैण्ड/ noun, c. or u. *Be careful! There is quicksand here.*(u.) = wet sand which sucks in anyone who tries to walk over it दलदल

quick-silver /ˈkwɪksɪlvəʳ/ /ˈकिक्वसिल्वʳ/ noun = the liquid metal called mercury पारद, पारा

qui•et /ˈkwaɪət/ /क्वाइअट/ adj. **1** *The house is very quiet now that the children are sleeping. // The market is quiet now because of the long holiday.* = silent or without much activity शांत **2** *I was impressed by his quiet confidence.* = without attracting much attention or making much noise आडंबरहीन **3** *She's a quiet* *person.* = not given to talking much शांत, मितभाषी

quieten verb, t. *Can you quieten the children? They are making too much noise.* = to make someone quiet शांत करना, शांत रहना, चुप रहना

to keep quiet *I didn't really know the answer, so I kept quiet.* = to stay silent for a reason शोर न मचाना (गुप्त रखने के लिए) **to keep something quiet** *We're planning a party for them but we want to keep it quiet.* = to not talk to many people about something that one wishes to keep secret **on the quiet** 1 *She works in a laboratory but has been writing a novel on the quiet.* = in such a way that no one gets to know about it (approving) चुपचाप (बिना किसी को बतलाए) (स्वीकृत) 2 *He has a job but has been working for others on the quiet.* = secretly in order that others do not know (derogatory) गुप्त रूप से, चोरी-छिपे (अनादरपूर्ण)

quill /kwɪl/ /क्विल/ noun, c. 1 = the long feather of a bird, which was used as a pen in former times पर (पंख) की कलम 2 = a sharp, needle-like growth found on the back of a porcupine (see also **porcupine**) काँटे-जैसा उभार

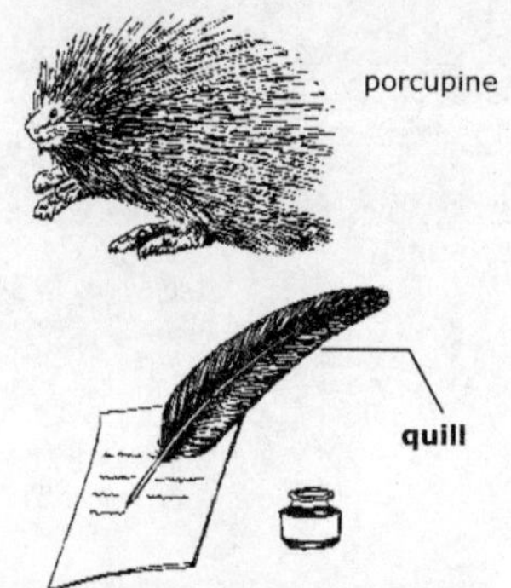

quilt /kwɪlt/ /क्विल्ट/ noun, c. = a large bag, filled with cotton or other soft material, used as a cover to keep one warm in bed रजाई

quin- /kwɪn/ prefix meaning five पाँच e.g. **quintet** noun, c. = a group of five singers singing together पंचक (पाँच का दल) **quin•tu•plet** /'kwɪntjʊplɪt /'क्विनट्यूप्लिट/ noun, c. = one of five children born of the same mother at the same time पाँच जुड़वाँ बच्चों में से एक

quip¹ /kwɪp/ /क्विप/ noun, c. *The man who made the quip that 'A fool and his money are soon parted' must have been very intelligent.* = remark or statement which is witty and amusing परिहास, चुटकुला, मनोरंजक कथन, ताना

quip² verb, t. = to make a quip

quirk /kwɜːk/ /क्वऽक/ noun, c. *One of his quirks is that he always goes to bed with his glasses on, may be so that he can see his dreams more clearly!* = a habit which is thought to be strange खास आदत, असामान्य आदत

quit /kwɪt/ /क्विट/ verb, t. (**quit**) 1 *I do not work in this school any more. I have quit my job.* = to give up something and leave छोड़ देना 2 *We quit the place at nine.* = to leave a place स्थान छोड़ देना **quitter** noun, c. *She is a fighter, not a quitter.* = a person who runs away from a difficult situation कायर, भाग जाने वाला

quits adj. *He defeated me in the first match, but I defeated him in the next match. Now we are quits.* = equal; on the same level (informal) बराबर (अनौपचारिक)

quite /kwaɪt/ /क्वाइट/ adv. 1 *She was quite right in asking you to leave.* = very; completely पूर्णतया 2 *It was quite a good film, but it could have been better.* = to some extent, but not completely काफ़ी, निश्चय ही 3 *'He is a good bowler.' 'Quite!'* = an expression of agreement (सहमति की एक अभिव्यक्ति) बिल्कुल

quiv•er¹ /'kwɪvəʳ/ /'क्विवर/ noun, c. *He has several arrows in his quiver.* = a cylinder-like container for carrying arrows तरकस, तरकश

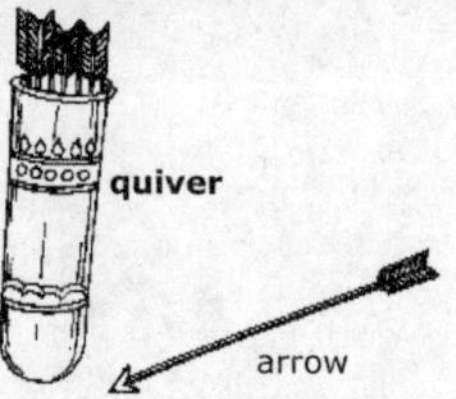

quiver² verb, i. *He was quivering with anger and we had to calm him down.* = to shake, specially with anger or excitement उत्तेजना या क्रोध से थरथराना, काँपना

quiz /kwɪz/ /क्विज/ noun, c. (**quizzes**) *The school won many prizes in the science quiz.* = a competition in which people are asked questions which they have to answer to win पहेली, प्रश्नोत्तरी प्रतियोगिता

quiz² verb, t. (**quizzed**) *The teacher quizzed the student to find out why he was late.* = to ask questions पूछना

quizzical /'kwɪzɪkəl/ /'क्विजिकल/ adj. *His father gave him a quizzical look when he came home with a parcel in his hand.* = seeming to ask a question without saying anything in words (describing an expression or a look) प्रश्नसूचक, जिज्ञासापूर्ण

quo•rum /'kwɔːrəm/ / 'क्वॉरम' / noun, u. *Since we have a quorum, we can continue with our meeting.* = the minimum number of people required for holding a meeting, starting a group etc. कोरम, कोई बैठक करने के लिए व्यक्तियों की न्यूनतम संख्या

quo•ta /'kwəʊtə/ /'क्वोट/ noun, c. *Our state has not received its quota of rice from the Central Government.* = an amount that is given to someone as his/her/its share 'कोटा', अभ्यंश

Q

quote[1] /kwəʊt/ /क्वोट/ verb, t. **1** *The teacher quoted a line from a poem to show that time does not stand still.* = to repeat, in speech or writing, the words used by some other speaker or writer अक्षरश: दुहराना **2** *The lawyer quoted an earlier decision by the Supreme Court in support of his argument.* = to mention as an example उद्धृत करना

quote[2] noun, c. **1** *'Do unto others as you would that they did unto you' is a famous quote from the Bible.* = words from a speech or a book that are quoted by someone उद्धरण **2** (always plural) *The word 'leader' has been put in quotes.* = quotation marks (punctuation marks which show that someone's words are being quoted) उद्धरण-चिह्न **quotation** /kwəʊ'teiʃən/ /क्वो'टेइशन/ noun, c. *This is a quotation from one of the plays of Shakespeare.* = a quote (see meaning **1**, above, for **quote**) उद्धरण

quo•tient /'kwəʊʃənt/ /'क्वोशण्ट/ noun, c. *When you divide 108 by 9, the quotient is 12.* = a number obtained by dividing one number by another [MATHEMATICS] भागफल

rR

r, R the eighteenth letter of the English alphabet अंग्रेज़ी वर्णमाला का 18वाँ वर्ण

R abbr. of 'river' e.g. *R. Ganga* river का संक्षिप्त रूप

rab•bi /'ræbaɪ/ /'रैबाइ/ noun, c. = a Jewish priest रब्बी, यहूदी गुरु अथवा पुजारी

rab•bit /'ræbɪt/ /'रैबिट्/ noun, c. = a small animal with long ears, often kept as a pet खरगोश, खरहा

rab•ble /'ræbəl/ /'रैब्ल्/ noun, u. = a noisy crowd that can become violent (derogatory) हंगामा करती भीड़ (अनादरपूर्ण) **rabble-rouser** noun, c. = a speaker who can make a crowd of people excited or violent through his/her speeches (informal, derogatory) भड़काऊ भाषण द्वारा भीड़ इकट्ठी करने वाला (अनौपचारिक, अनादरपूर्ण)

ra•bies /'reɪbi:z/ /'रेइबीज़्/ noun = a disease causing uncontrollable behaviour that attacks dogs and some other animals and can be passed on to other animals or human beings through the bite of an animal suffering from the disease कुत्तों के काटने से होने वाली बीमारी, रेबीज

ra•bid /'ræbɪd/ /'रैबिड्/ adj. **1** *a rabid dog* = suffering from rabies रेबीज बीमारी से पीड़ित **2** *a rabid supporter of vegetarianism* = having very strong feelings or opinions which one is not willing to give up (derogatory) कट्टर (अनादरपूर्ण)

race¹ /reɪs/ /रेइस्/ noun, c. **1** *He is taking part in the 200 m race.* = a competition to see who can run the fastest दौड़ **2** = one of the groups into which human beings can be divided according to their physical qualities (colour of skin, type of hair etc.) जाति

race² verb, t. **1** *I will race you to the school gates.* = to compete in a race दौड़ लगाना **2** *He raced the engine of his motor-cycle.* = to cause something (e.g. the engine of a car) to run or work at great speed गति बढ़ाना

race•course /'reɪskɔ:s/ /'रेइसकॉस्/ noun, c. = a circular field used for horse-racing घुड़दौड़ का मैदान, रेसकोर्स

ra•cial /'reɪʃəl/ /'रेइश्ल्/ adj. *racial discrimination* = having to do with a person's race or happening between people of different races जातीय, जातिगत **racism** /'reɪsɪzəm/ /'रेइसिज़्म्/ noun = the belief that people belonging to a certain race are superior to people belonging to other races (derogatory) प्रजातिवाद (अनादरपूर्ण) **racist** noun, c. = a person who believes that people belonging to his/her race are superior to people belonging to other races (derogatory) अपनी जाति को श्रेष्ठ मानने वाला (अनादरपूर्ण)

ra•cy /'reɪsɪ/ /'रेइसि/ adj. *He writes racy stories.* = interesting and full of excitement (informal) रोचक, उत्तेजनापूर्ण (अनौपचारिक)

rack¹ /ræk/ /रैक्/ noun, c. (usually used in compound words) *a shoe-rack* = a shelf or frame made of metal or wood, on which shoes, books etc. can be kept (सामान्यत: शब्द-युग्मों में प्रयुक्त) रैक

rack² verb, t. *Her body was racked with pain.* = to cause great suffering कष्ट, दर्द से शरीर टूटना
to rack one's brains = to think deeply in order to find an answer to a question दिमाग लगाना, गहराई से सोचना, सिर खुजलाना

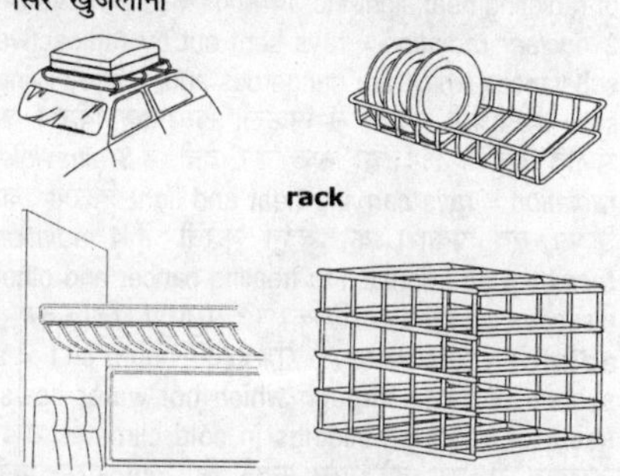

rack•et (racquet) /'rækɪt/ /'रैकिट्/ noun, c. **1** *a tennis racket* = a frame made of metal or wood, with nylon strings running across it, used for playing games such as tennis, badminton etc. बल्ला, रैकेट **2** *She was making such a racket that I could not sleep.* = a loud noise (informal) शोर (अनौपचारिक) **3** *Many people are starting computer courses but students don't really learn anything useful from them. This has become a racket.* = a dishonest way of making money पैसा कमाने का गलत तरीका **racketeer** /rækɪ'tɪəʳ/ /रैकि'टिअʳ/ noun, c. = a dishonest business-person who is mixed up with a racket (derogatory) गलत धंधे का बेईमान व्यापारी (अनादरपूर्ण)

ra•dar /'reɪdɑ:ʳ/ /'रेइडाऽʳ/ noun = an instrument which uses radio waves to find the position of a solid object (e.g. an aircraft) on the ground or in the air राडार

ra•dial¹ /'reɪdɪəl/ /'रेइडिअल्/ adj. *radial roads* = coming out in straight lines from a central point (like a **radius**) एक केंद्र से निकलने वाली सीधी रेखाओं जैसी

radial² noun, c. *radial tyre* = a tyre for a motor-car in which the steel or nylon cords (wires) that hold the tyre together run across the body of the tyre (like lines drawn from the centre) and not along it, as in an ordinary tyre एक प्रकार का टायर

ra•di•ant /'reɪdiənt/ /'रेइडिअन्ट्/ adj. **1** *She had a radiant smile when she received her M.A. degree.*

= bright and shining, like the sun चमकदार, उल्लसित **2** *radiant energy* = producing heat and light [PHYSICS] विकीर्ण **radiantly** adv.

ra•di•ate /'reɪdieɪt/ /'रेइडीएइट्/ verb, t. **1** *The sun radiates heat and light.* = to give out energy (heat, light etc.) विकिरण करना **2** *He radiates confidence.* = to send out in a strong way (figurative) से उद्भासित होना (लाक्षणिक) **3** *These two roads radiate from the Town Hall.* = to come from a central point and spread in straight lines in different directions (like a **radius**) किसी केंद्र स्थान से भिन्न दिशाओं में सीधी रेखा में फैलना **radiation** /reɪdi'eɪʃən/ /रेइडी'एइश्न्/ noun, u. **1** = the process of radiating heat, light etc. विकीर्ण करने की प्रक्रिया **2** *nuclear radiation* = rays sent out by radioactive substances which are dangerous and destroy living cells रेडियोधर्मी पदार्थों से निकली खतरनाक किरणें जो सजीव कोशिकाओं को नष्ट कर देती हैं **3** *ultraviolet radiation* = rays carrying heat and light किरणें जो ऊष्मा एवं प्रकाश का वहन करती हैं **4** *radiation therapy* = an approach to treating cancer and other diseases using rays /विकिरण, प्रसारण चिकित्सा

radiator /'reɪdɪeɪtəʳ/ /'रेडिएइटᵀ/ noun, c. **1** = a system of pipes through which hot water flows, used for heating buildings in cold climates ठंडी जलवायु में घरों को गरम रखने के लिए गरम पानी प्रवाहित करने वाली पाइपों की व्यवस्था **2** = a system of pipes through which water flows, used to keep the engine of a car cool विकिरक कार का इंजन ठंडा रखने वाला रेडिएटर

ra•di•cal /'rædɪkəl/ /'रैडिक्ल्/adj. **1** *radical reform in education* = complete and bringing about great change आमूल **2** *He is very radical in his political views.* = favouring deep or complete change (political, in this case) क्रांतिकारी

ra•di•o /'reɪdiəʊ/ /'रेइडीअउ/ noun, c. or u. **1** (c.) = a device (machine) that can receive electromagnetic waves sent out through the air and change them into sound waves, which can be heard रेडियो **2** *The police department uses radio to send messages.*(u.) = the system of sending and receiving messages with the help of radio sets (also **wireless**) रेडियो सेटों द्वारा संदेश भेजने या पाने की व्यवस्था (देखें **wireless**)

ra•di•o•ac•tive /reɪdiəʊ'æktɪv/ /'रेइडिअउ'ऐक्टिव्/ adj. *Uranium is a radioactive substance.* = having the quality of radioactivity (see below) रेडियोधर्मी **radioactivity** noun, u. = the quality that some substances (e.g. metals such as radium, uranium, plutonium etc.) have of giving out energy which can be harmful to living things, through the breaking up of their atoms रेडियोधर्मिता

ra•di•ol•o•gy /reɪdi'ɒlədʒɪ/ /रेइडी'ऑलजी/ noun = a branch of medicine which deals with the use of radioactive substances such as radium, for treating cancer and other diseases (see **radioactive**) विकिरण चिकित्सा विज्ञान (देखें **radioactive**) **radiologist** noun, c. = a doctor who practises radiology [MEDICINE] विकिरण चिकित्सक [चिकित्सा]

ra•di•o-te•le•scope /reɪdi'ɒtelɪskəʊp/ /रेइडी'ऑटेलिस्कउप्/ noun = an instrument which can follow the movements of the stars by receiving the electromagnetic waves given out by them रेडियो दूरदर्शी यंत्र

ra•dish /'rædɪʃ/ /'रैडिश्/ noun, c. = a small, red root vegetable with a sharp taste which is used in salads मूली

ra•di•um /'reɪdiəm/ /'रेइडीअम्/ noun = a kind of metal which is highly radioactive (gives out energy through the breaking up of atoms) and is often used for treating cancer etc. (symbol Ra) [CHEMISTRY] रेडियम [रसायन शास्त्र]

ra•di•us /'reɪdiəs/ /'रेइडीअस्/ noun, c. (**radii**) **1** = a line drawn from the centre of a circle to its circumference (the curved line which forms the boundary of the circle) (compare **diameter**) [GEOMETRY] त्रिज्या, अर्धव्यास (देखें **diameter**) **2** *All schools within a radius of 20 km from the city will be closed because of the cholera epidemic.* = an area surrounding a certain point घेरा **3** = the shorter bone in the arm that connects the wrist to the elbow [MEDICINE] कलाई से कुहनी को जोड़ता हाथ का हिस्सा [चिकित्सा]

raf•fia /'ræfiə/ /'रैफ़िअ/ noun, u. = a thread-like material obtained from the stems of palm leaves, used for making baskets etc. ताड़पत्र का रेशा

raf•fle¹ /'ræfəl/ /'रैफ़ल्/ noun, c. = an arrangement by which money is raised for some charitable purpose by selling tickets with numbers on them, some of which are chosen to win prizes (also **lottery**) लॉटरी

raffle² verb, t. *We are going to raffle this car.* = to give something away as a prize in a raffle लॉटरी का इनाम

raft¹ /rɑːft/ /राऽफ़्ट्/ noun, c. = a floating platform made by tying planks of wood together बेड़ा

raft² verb, i. or t. *The men are rafting down the river.* = to travel along a river on a raft or to transport goods by raft बेड़ों पर नदी में यात्रा करना या सामान ढोना

raf•ter /'rɑːftəʳ/ /'राऽफ़्टᵀ/ noun, c. = a large wooden beam that supports the roof of a building छत की कड़ी

rag¹ /ræg/ /रैग्/ noun, c. **1** *She used a rag to wipe the oil off her fingers.* = a small piece of old cloth or other waste material पुराना कपड़ा **2** (generally plural) *The beggar was dressed in rags.* = old and torn clothes (सामान्यत: बहुवचन में प्रयुक्त) फटे चिथड़े

rag[2] verb, t. *The second year students are planning to rag the new students.* = to play rough tricks on someone, specially a new student in a school or college, often as part of a welcoming ceremony (informal) 'रैगिंग करना', चिढ़ाना (अनौपचारिक) **ragbag** noun *This newspaper is only a ragbag of stale news.* = a confusing mixture of things (derogatory) पिटारा (अनादरपूर्ण) **ragging** noun = the action of playing rough and often unpleasant tricks, usually on someone who is new to an organisation (informal) रैगिंग करना (अनौपचारिक)

rage[1] /reɪdʒ/ /रेइज्/ noun, u. or c. **1** *The fact that she had been left out of the team filled Ramya with rage and she stamped out of the room.*(u.) = great anger (बेकाबू) क्रोध **2** *He flew into a rage on reading the report.*(c.) = a sudden feeling of great anger क्रोध से भड़क उठना

rage[2] verb, i. (usually at/against) **1** *He raged at the bus driver for driving carelesly.* = to speak or shout in anger क्रोध से चिल्लाना **2** *The storm raged for two days.* = to continue with great force or violence उग्र रूप में रहना

to be the rage *Blue jeans are the rage now, specially among college students.* = to be in fashion (informal) फ़ैशन में होना (अनौपचारिक)

rag•ged /'rægɪd/ /'रैगिड्/adj. **1** *ragged clothes* = old and torn फटे-पुराने **2** *The actor gave a ragged performance in this film.* = of poor quality (referring to work done by someone) घटिया, चौपट (किसी के काम के संदर्भ में)

raid[1] /reɪd/ /रेइड्/ verb, t. **1** *The soldiers raided the enemy camp.* = to carry out a quick attack on an enemy with the intention of causing damage अचानक हमला करना, धावा बोलना **2** *The police raided the hotel where the smugglers were hiding.* = to search a place for a criminal or to check some illegal activity (referring to a visit by the police etc.) छापा मारना

raid[2] noun, c. **1** *The soldiers carried out a raid on the enemy camp.*= a quick attack धावा **2** *The police conducted a raid on the house, looking for drugs.* = a visit by the police without warning to look for something illegal रेड, छापा

rail[1] /reɪl/ /रेइल्/ noun, c. or u. **1** *The garden is fenced off with rails.*(c.) = a long, thin, straight piece of metal (usually steel), used for different purposes e.g. to form the top part of a fence or to cover the side of a staircase to prevent people from falling over the side पटरी (सामान्यत: लोहे की) **2** (usually plural) *The train ran off the rails but, luckily, there was no damage.*(c.) = one of two long thin pieces of metal, fixed to the ground, on which the wheels of a train move(c.) (सामान्यत: बहुवचन में प्रयुक्त) रेल की पटरी **3** *We are travelling to Kolkata by rail.*(u.) = the railway system रेलगाड़ी

rail[2] verb, i. *In his speech he railed against injustice.* = to complain or protest in an angry manner (formal) विरोध करना, आलोचना करना (औपचारिक)

rail-head /'reɪlhed/ /'रेइलहेड्/ noun, c. *If you visit Mussorie, your rail-head will be Dehra Doon.* = a railway station beyond which trains do not run [TECHNICAL] रेलगाड़ी का अंतिम पड़ाव [तकनीकी]

rail•ing /'reɪlɪŋ/ /'रेइलिङ्/ noun, u. = a protecting fence put around an open space e.g. along the sides of the roof of a building or the side of a staircase बाड़, लोगों को गिरने से बचाने के लिए बनाई गई दीवार

rail•way /'reɪlweɪ/ /'रेइल्वेइ/ noun, c. = the system used to carry goods and people by trains which run on metal rails (see meaning **2** for **rail**[1]) (also **railroad**) रेलमार्ग (देखें **railroad**) **railway station** noun, c. = a place where railway trains stop so that people can get off or get on रेलवे-स्टेशन

rain[1] /reɪn/ /रेइन्/ noun, u. or c. **1** *We had heavy rain this morning.* = drops of water falling from clouds in the sky वर्षा, बारिश **2** (always plural) *The rains have arrived.* = the season during which there is rain (केवल बहुवचन में प्रयुक्त) वर्षा ऋतु

rain[2] verb, i. *It rained last night.* = to fall in the form of rain बारिश होना **rainbow** /'reɪnbəʊ/ /'रेइन्बउ/ noun, c. = a band of seven colours, curving in a semicircle, which sometimes appears in the sky after a shower of rain इंद्रधनुष **raincoat** noun, c. = a long coat, usually made of rubber or plastic, which protects the person who is wearing it from rain बरसाती **rainforest** noun, c. = a very thick tropical forest growing in a place which has heavy rainfall वर्षावन **rain gauge** noun, c. = an instrument used to measure the amount of rainfall in a place वर्षामापक यंत्र

to rain blows (curses) on someone = to hit or abuse someone repeatedly in anger गालियों की बौछार करना **to rain cats and dogs** = to rain heavily (informal) मूसलाधार बरसना (अनौपचारिक) **to take a rain check** (American) *I can't come to your party this evening, but I will take a rain check on it.* = to put off an invitation or an offer made to you for a later, more convenient time (अमेरिकी अंग्रेज़ी का मुहावरा) किसी निमंत्रण या प्रस्ताव को सुविधाजनक समय के लिए टालना

raise[1] /reɪz/ /रेइज़्/ verb, t. **1** *The teacher asked the students to raise their hands if they knew the answer to her question.* = to lift or move something upwards ऊपर उठाना **2** *He has been raised from the rank of secretary to that of president.* = to promote (move to a higher position or rank) पदोन्नति करना **3** *The house-owner wants to raise the rent for this house.* = to increase बढ़ाना **4** *I have raised*

R

Rs 5,00,000 for the charity. = to collect इकट्ठा करना **5** *They were raised in Kerala.* = to bring up and take care of a child or an animal पालन-पोषण करना/होना **6** *I would like to raise the question of my transfer.* = to bring up for discussion चर्चा के लिए प्रश्न उठाना **7** *Your speech has raised some doubts in my mind.* = to cause something to appear उत्पन्न करना

raise[2] noun, c. *He has done well on the job and has been given a raise.* = an increase in salary (American) (अमेरिकी अंग्रेज़ी का प्रयोग) वेतनवृद्धि

to raise one's eyebrows = to show disapproval or surprise भौहें चढ़ाना (आश्चर्य अथवा असहमतिसूचक) **to raise hell** = to create a lot of trouble by shouting etc. (informal) तूफ़ान खड़ा कर देना (अनौपचारिक)

rai•sin /ˈreɪzən/ /ˈरेइज़्न्/ noun, c. or u. = a sweet dried grape, used in making cakes etc. किशमिश

raison•d'être /reɪzɒnˈdetrə/ /रेइज़ॉनˈदेत्र/ noun (French) *After the death of his wife, his children are his raison d'être.* = the reason for one's existence (फ्रेंच अभिव्यक्ति) जीवन का उद्देश्य

rake[1] /reɪk/ /रेइक्/ noun, c. *The farmer used a rake to level the ground.* = a tool with a long handle and a number of metal points at one end, used for making the earth level, removing dead leaves etc. पाँचा

rake[2] verb, t. *The farmer raked the soil.* = to use a rake to make the earth level पाँचे द्वारा ज़मीन समतल करना

to rake in *They rake in at least half a million of rupees every month.* = to earn a lot of money (informal, not respectful) बटोरना (अनौपचारिक, अनादरपूर्ण) **to rake something up** *His quarrel with his brother is almost forgotten. Why do you want to rake it up?* = to talk about something that has been forgotten so as to remind someone of it भूली हुई बात को दोबारा याद करना, गड़े मुर्दे उखाड़ना

ral•ly[1] /ˈræli/ /ˈरैली/ noun, c. (**rallies**) **1** *A student rally will be held outside the Vice-Chancellor's office.* = a large public meeting of people who support a particular idea or political cause रैली, जुलूस **2** *I am taking part in the Mumbai–Pune car rally.* = a cross-country motorcar race रैली **3** *There were several long and exciting rallies in the tennis match.* = a long and continuous exchange of shots between players, in a game such as tennis, table-tennis or badminton टेनिस, बैडमिंटन जैसे खेलों में शॉटों का लंबा चला आदान-प्रदान

rally[2] verb, t. or i. (**rallied**) **1** *They are trying to rally support against drunken driving.*(t.) = to bring together or to come together in order to support a cause समर्थन या सहायता के लिए आना **2** *Last night the patient was in a bad condition but she has rallied this morning.*(i.) = to improve in condition; become healthier, stronger etc. स्वास्थ्य लाभ करना/सुधरना

to rally round/around someone = to get together and help a person who is in some kind of trouble सहायता करने के लिए इकट्ठा होना

ram[1] /ræm/ /रैम्/ noun, c. **1** = a fully grown male sheep (opposite **ewe**) भेड़ा, भेड़ (विलोम शब्द **ewe**) **2** *a hydraulic ram* = a machine with a moving part which can put pressure on something एक दबाने वाली मशीन **3** *a battering ram* = a long, heavy wooden pole which, in former times, was pushed with force against a solid object, such as a door or wall, in order to break it down भारी लकड़ी का लंबा खंभा

ram[2] verb, t. (**rammed**) **1** *The two cars rammed into each other.* = to run into something with force टक्कर मारना **2** *The loose earth has to be rammed down before we can build something on it.* = to press down on something with force कूट-कूट कर भरना, दबाना **3** *You are welcome to your views, but you don't have to ram them down our throats.* = to force someone to accept an idea (informal) ठूँसना, थोपना (अनौपचारिक) **ram-rod** noun = a stick used to ram (push) gunpowder into an old-fashioned gun or cannon तोप में बारूद को ठूँसने के लिए प्रयुक्त छड़

to ram something home = to emphasize a point in order to make sure that it is understood किसी बात को समझाने के लिए ज़ोर देना **to be straight/stiff as a ram-rod** = to sit or walk upright, keeping one's back very straight (old-fashioned, disapproving) अकड़कर बैठना या चलना (पुराने प्रचलन का)

RAM /ræm/ /रैम्/ abbr. of **Random Access Memory** = the ability of a computer to store information in such a way that it can be recovered in any order [COMPUTERS] **Random Access Memory** का संक्षिप्त रूप, 'रैम' कंप्यूटर के संदर्भ में

ram•ble[1] /ˈræmbəl/ /ˈरैम्बल्/ verb, i. **1** *We love to ramble through the fields.* = to walk for pleasure भ्रमण करना, घूमना **2** *I'm sorry I keep rambling on about my grandchildren.* = to talk aimlessly for a long time बे-सिर-पैर की बातें करते जाना

ramble[2] noun, c. *We went for a ramble through the fields.* = a long walk taken for pleasure भ्रमण, सैर **rambling** adj. *a long and rambling speech* = without any order or plan (derogatory) असंबद्ध प्रलाप (अनादरपूर्ण)

ram•i•fy /ˈræmɪfaɪ/ /ˈरैमिफ़ाइ/ verb, i. *He had one little grocery shop in the beginning but now his business has ramified and he has over thirty.* = to spread by branching out in many directions शाखाओं में फैल जाना

ram•i•fi•ca•tion(s) /ræmɪfɪˈkeɪʃən/ /रैमिफ़िˈकेइशन्/ noun, c. (usually plural) **1** *The new law on pollution will have widespread ramifications.* = an unexpected result or consequence of something which affects many people (सामान्यत: बहुवचन में प्रयुक्त) बहुत लोगों को प्रभावित करने वाला अप्रत्याशित परिणाम **2** = the branches of a business, organization etc. शाखा-विस्तार

ramp /ræmp/ /रैम्प्/ noun, c. *The mechanic drove the car up the ramp, so that he could carry out some repairs on the car.* = a sloping platform which leads from a lower to a higher level (A ramp is also provided so that wheelchair users can move about easily in public places.) ढाल, रपटा

ram•page /ræm'peɪdʒ/ /रैम्'पेइज्//verb, i. *The herd of wild elephants rampaged through the jungle.* = to rush around wildly (formal) उद्दंडतापूर्वक इधर-उधर भागना (औपचारिक)

to go on the rampage *The angry crowd went on the rampage, burning down and looting shops.* = angry and excited behaviour by a crowd क्रोधावेश, उग्र व्यवहार

ram•pant /'ræmpənt/ /'रैम्पन्ट्/ adj. *Corruption is rampant in many departments.* = spreading everywhere and difficult to check (referring to something unpleasant e.g. crime, disease) निरंकुश, (अपराध, रोग आदि का) सब तरफ़ इस तरह फैलना कि रोकना कठिन हो

ram•part /'ræmpɑːt/ /'रैम्पाऽट्/ noun, c. (usually plural) (**ramparts**) = wide, high walls made of earth or stone, protecting a fort or city (सामान्यत: बहुवचन में प्रयुक्त) परकोटा, प्राचीर (किले या शहर की सुरक्षा हेतु)

ram•shack•le /'ræmʃækəl/ /'रैम्शैक्ल्/ adj. *an old, ramshackle bus* = in very poor condition and in need of repair (referring to a building or vehicle) टूटा-फूटा, जर्जर (मकान या गाड़ी)

ranch /rɑːntʃ/ /राऽन्च्/ noun, c. = a large farm in N. America or Australia where cattle, sheep etc. are bred उत्तरी अमरीका या आस्ट्रेलिया का विस्तृत पशु फार्म

ran•cid /'rænsɪd/ /'रैन्सिड्/ adj. *rancid butter* = having a bad, usually sour, smell and taste (referring to oil, butter etc. that is not fresh) बासी (घी, तेल, मक्खन आदि)

ran•cour /'ræŋkər/ /'रैङ्कर/ noun, u. *Although they were very unkind to me I feel no rancour towards them.* = feeling of hatred or anger (formal) विद्वेष (औपचारिक)

R & D abbr. of **Research and Development** = the activity of carrying out research or trying out new ideas, so as to develop new products for a company etc.

ran•dom[1] /'rændəm/ /'रैन्डम्/ noun *He walked through the shops, buying things at random to give to his friends.* = done without a clear plan or design बिना किसी योजना के, बेतरतीब किसी क्रम में

random[2] adj. *The company has taken up a random survey to find out what people think of its new soap.* = a method of collecting facts or opinions in which anyone has a chance of being picked up to take part बिना किसी निश्चित क्रम या आधार के

to do something at random = without any clear plan बिना किसी योजना के

range[1] /reɪndʒ/ /रेइन्ज्/ noun, c. **1** *the Himalayan range*(c.) = a chain or line of mountains पर्वतमाला **2** *The temperature in Delhi varies in a range of 3–42 degrees centigrade.* = the limits within which something can change सीमा में **3** *This shop stocks a wide range of children's clothing.* = a group of similar things, from which one can choose **4** *The mountain was beyond the range of my camera.* = the distance to which a gun can shoot or a camera can take clear pictures पहुँच **5** *a shooting range* = an area where people can practice shooting or test new weapons चाँदमारी, शूटिंग रेंज

range[2] verb, i. **1** *The temperature in Delhi ranges from 3–42 degrees centigrade.* = to change between certain limits **2** *The tigers ranged freely through the hills. // Our discussion ranged over a wide variety of subjects.* = to move about or wander freely पहुँचना, खुले घूमना **range-finder** noun, c. = an instrument used to find the distance between a photographer and some object which is being photographed, or between a gun and some object which is being fired at दूरीमापक

rang•er /'reɪndʒər/ /'रेइनजर/ noun, c. **1** *a forest ranger* = a forest guard who protects the trees and animals in the forest रेंजर, वनपाल **2** = a policeperson who protects the law (American) अमेरिका में कानून की रक्षा करने वाला पुलिसमैन

rank[1] /ræŋk/ /रैंक्/ noun, c. **1** *The Air Chief Marshal has the highest rank in the airforce.* = position श्रेणी, पदवी **2** *The soldiers are marching in ranks.* = a line or row (of soldiers etc.) क्रम, पंक्ति

rank[2] verb, t. **1** *How would you rank these three poets?* = to arrange or place people or things in a certain order, according to quality, size etc. क्रम निर्धारण करना **2** *He ranks among the best writers in the country.* = to occupy or have a certain position (among a group) वर्ग, दर्जा, श्रेणी

rank[3] adj. **1** *The garden has become rank.* = having too thick a growth of plants (old-fashioned) झंखाड़ (पुराने प्रचलन का) **2** *He is a rank beginner.* = complete पूर्ण

rank and file = the ordinary or common people in an organisation (not respectful) सामान्य जन(आदरपूर्ण नहीं) **to close ranks** = to unite or come together to face a difficulty मुसीबत का सामना करने के लिए एकजुट होना

ran•kle /'ræŋkəl/ /'रैंक्ल्/ verb, i. *Her unkind comment about my dance performance still rankles.* = to continue to cause pain or bitterness दुख देना, कचोटना

R

ran•sack /ˈrænsæk/ /ˈरैन्सैक्/ verb, t. **1** *She ransacked the cupboard to look for a document.* = to search thoroughly, often causing damage कुछ ढूँढ़ने के लिए सामान उलट-पलट करना **2** *The robbers ransacked the village.* = to rob by searching in a rough and violent way लूटने के लिए छान डालना

ran•som¹ /ˈrænsəm/ /ˈरैन्सम्/ noun, u. = money demanded by or paid to a kidnapper (a person who is holding someone illegally as a prisoner) to free the person being held (see also **hostage**) फिरौती (देखें **hostage**)

ransom² verb, t. *The kidnapped army officer was ransomed and returned safely.* = to set someone free by paying a ransom फिरौती देना

rant /rænt/ /ˈरैन्ट्/ verb, i. *The man ranted on about how wicked the world had become.* = to talk in a loud and excited way, without making much sense (disapproving) अत्यंत उत्तेजित होकर प्रलाप करना (अस्वीकृत)

rap¹ /ræp/ /रैप्/ verb, i. or t. (**rapped**) **1** *He rapped the table with a ruler.* = to knock or hit in a sharp or quick manner खटखट करना **2** *The magistrate rapped the police for not doing their work properly.* = to rebuke (speak harshly, pointing out some mistake) डाँटना, फटकारना **3** *rap out orders* = to speak quickly and in a sharp (angry) voice गुस्से में बोलना

rap² noun, c. **1** = a light blow on a hard surface खटखटाना **2** *a rap on the window glass* = the sound produced by striking something in a sharp quick way **3** = a kind of song in which the singer speaks the words quickly एक प्रकार का गीत जिसमें गीत के बोल गायक जल्दी-जल्दी गाता है

to take the rap *It was she who came home late, but I had to take the rap.* = to take the blame for something wrong that someone else has done (informal) किसी और का दोष अपने मत्थे ओढ़ना (अनौपचारिक)

rape¹ /reɪp/ /रेइप्/ verb, t. = to force a person to have sex by using violence or threats बलात्कार करना

rape² noun, u. or c. = the act or crime of raping a person बलात्कार

rap•id /ˈræpɪd/ /ˈरैपिड्/ adj. *The change in our village in the last two years has been rapid. We have four wells and six pumps now.* = happening very fast बहुत जल्दी, तेज़ी से **rapids** noun, c. (always plural) = a part of a river where the water moves very fast over rocks (केवल बहुवचन में प्रयुक्त) नदी का वह हिस्सा जहाँ नदी का पानी चट्टानों के ऊपर तेज़ी से गुज़रता हो

ra•pi•er /ˈreɪpiəʳ/ /ˈरेइपीअʳ/ noun, c. = a long, thin sword with a sharp point (often used figuratively e.g. *a rapier tongue*) खाँड़ा, नीमचा (अधिकतर लाक्षणिक प्रयोग में, जैसे a rapier tongue)

rap•port /ræˈpɔː/ /रैˈपॉ:/ noun, u. *The teacher has good rapport with her students.* = close understanding or good relationship with someone अच्छे संबंध, अच्छा आपसी समझ

rap•proche•ment /ræˈprɒʃmɒŋ/ /रैˈप्रॉश्मॉङ्/ noun, u. (French) *rapprochement between the two warring countries* = a better understanding between two people or groups that have not been friends for some time (formal) (फ्रेंच शब्द) फिर से मेल (औपचारिक)

rapt /ræpt/ /रैप्ट्/ adj. *We listened to her speech with rapt attention.* = giving one's whole mind to something so that one does not notice anything else एकाग्रतापूर्ण, दत्त-चित्त

rap•ture /ˈræptʃə/ /ˈरैप्च/ noun, u. **1** *We looked at the garden in rapture.* = a great feeling of wonder (literary) विस्मय (साहित्यिक) **2** (often plural **raptures**) *The children were in raptures when the circus clowns appeared.* = very great joy (प्रायः बहुवचन में प्रयुकत हर्षातिरेक **rapturous** adj. *The film star was greeted with rapturous applause when he arrived.* = expressing great joy हर्षोल्लिसित

rare /reəʳ/ /रेअʳ/ adj. **1** *Tigers are becoming increasingly rare in India.* = not seen very often दुर्लभ **2** *The air on top of a high mountain is rare.* = thin and light (referring to air) बहुत थोड़ी मात्रा में, विरल (हवा) **3** (American) *I like to eat meat which is cooked rare.* = not cooked very much (अमेरिकी प्रयोग) थोड़ा-थोड़ा **rarity** noun, u. or c. (**rarities**) *Woman taxi drivers are still a rarity.*(c.) = something that is rare (difficult to find) विरलता **rare earth** noun = a radioactive metal such as uranium which is found inside the earth (see **radioactive**) धरती के अंदर प्राप्त होने वाली एक रेडियोधर्मी धातु, जैसे यूरेनियम

rar•e•fied /ˈreərɪfaɪd/ /ˈरेअरिफ़ाइड्/ adj. *The air is rarefied at a height of 30,000 feet.* = thin and low in oxygen (referring to air) विरलित (हवा के संदर्भ में)

rar•ing /ˈreərɪŋ/ /ˈरेअरिङ्/ adj. *The children are raring to go to the cinema.* = very eager to do something (informal) उतावला (अनौपचारिक)

ras•cal /ˈrɑːskəl/ /ˈरास्कल्/noun, c. **1** = a person who cheats others धोखेबाज़ **2** *Your son has hidden my shoes somewhere. Where is the little rascal?* = a person, generally a child, who plays tricks on others but is liked बदमाश, शैतान (बालक)

rash¹ /ræʃ/ /रैश्/ adj. *You are driving too fast. You should not be rash.* = careless; doing things without thinking of the possible danger or harm that may result अंधाधुंध, लापरवाह **rashly** adv.

rash² noun, c. (**rashes**) **1** *There is a rash on the child's face.* = a red mark appearing on the skin, caused by some illness e.g. measles त्वचा पर उभरे लाल निशान जैसे खसरा **2** *Yesterday was a quiet day in* *the office, but today we had a rash of orders.* = a great many, coming at nearly the same time अनेक का एक साथ आना

rasp /rɑːsp/ /राऽस्प्/ verb, t. or i. *Her voice is so harsh that it rasps on one's nerves.*(i.) = to have an unpleasant effect on someone (referring to a person's voice) अखरना, खटकना (व्यक्ति की आवाज़ के संदर्भ में)

rasp•ber•ry /ˈrɑːzbəri/ /ˈराऽज़बरी/ noun = a kind of sweet, juicy red berry (fruit) that grows on a bush रसभरी (फल)

rat[1] /ræt/ /रैट्/ noun **1** = an animal with a long tail, larger than a mouse, that causes a lot of damage, specially to food grains चूहा **2** *He is such a rat!* = a person who is not loyal in matters of work and friendship (derogatory, informal) भरोसेमंद न होना (अनादरपूर्ण, अनौपचारिक)

rat[2] verb, i. (**ratted**) **1** *We trusted him with all our secrets and never dreamt that he would rat on us some day.* = to betray someone, generally by giving out secrets (informal, derogatory) विश्वासघात करना (अनौपचारिक, अनादरपूर्ण) **2** *The farmers use these dogs for ratting.* = to hunt rats चूहे पकड़ना **rat race** noun *Life in the city is often a rat race.* = an unpleasant competition which has no end (derogatory) व्यर्थ की स्पर्द्धा, चूहा-दौड़ (अनादरपूर्ण) **rat-snake** noun = a kind of large snake which has no poison and which hunts rats विषहीन साँप **to smell a rat** = to suspect that something is wrong संदेह करना

rate[1] /reɪt/ /रेइट्/ noun, u. or c. **1** *Our boat is moving at the rate of six kilometres per hour.*(u.) = a way of measuring something by relating one quantity (e.g. speed) to another quantity (e.g. time) गति/दर **2** *We are paying very high rates for this work.*(c.) = level of payment दर, दाम

rate[2] verb, t. **1** *His teachers rate him high.* = to express an opinion or judgement about something or someone मूल्यांकन करना **2** *He rates a special mention in your report.* = to deserve (to be worthy of something) का योग्य होना **rating** noun *Many viewers gave the new show a high rating.* = a record of how much something is appreciated or liked मूल्यांकन **at any rate** *Most students like Hindi films. At any rate, the ones I know do.* = an expression used to qualify or explain what one has said earlier हर कीमत पर, किसी कीमत पर

ra•ther /ˈrɑːðəʳ/ /ˈराऽदर/ adv. **1** *a rather hot day* = to some extent (less strong than **very**) कुछ-कुछ **2** *He is happy to see you; or rather, he is excited to see you.* = more exactly or more correctly पक्के तौर पर **3** *I would rather read than watch television.* = preferably (wishing to do something more than something else) बल्कि

rat•i•fy /ˈrætɪfaɪ/ /ˈरैटिफ़ाइ/ verb, t. (**ratified**) *The agreement was ratified at the meeting today.* = to approve a written agreement (to decide that it should remain in force) by voting or signing (formal) अनुसमर्थन, अभिपुष्ट करना (औपचारिक)

ra•ti•o /ˈreɪʃiəʊ/ /ˈरेइशिअउ/ noun, c. (**ratios**) *The ratio of boys to girls in this school is 3:2.* = the relation between two quantities represented by numbers, to show how much larger one is than the other अनुपात

ra•ti•on[1] /ˈræʃən/ /ˈरैशन्/ verb, t. *The government has rationed the supply of kerosene. Each family will get five litres a month.* = to control or limit the supply of something नियंत्रण करना

ration[2] noun, u. or c. **1** (always singular) *Have you received your ration of rice?* = the amount of something that one is allowed to take (केवल एकवचन में प्रयुक्त) राशन **2** (always plural) *We have used up all our rations.*(c.) = supply of food (केवल बहुवचन में प्रयुक्त) राशन, रसद

ra•tion•al /ˈræʃənəl/ /ˈरैशनल्/ adj. **1** *I don't think he will be upset by what has happened. He is rational and will understand the situation.* = having the ability to think and work things out logically (formal) समझदार (औपचारिक) **2** *The magician produced a gold watch out of the air. Some people believe that he performed a miracle, but I am sure there is a rational explanation.*= something that can be explained through logic (by connecting events to natural causes) (formal) तर्कसंगत (औपचारिक) **rationalist** noun, c. = a person who believes that everything can be explained through reason (the ability to think) तर्कवादी, बुद्धिवादी **rationalize (rationalise)** verb, t. **1** *When he lost the election, he tried to rationalize his defeat by saying that it is not good for one person to remain in power always.* = to try to find an explanation or an excuse for something, knowing that it may not be true तर्क या दलील प्रस्तुत करना **2** *rationalize the transport system* = to make changes in something so that it is better organized and works better व्यवस्थित करना

ra•tio•nale /ræʃəˈnɑːl/ /रैशˈनाऽल्/ noun, u. *There must be a rationale for making English compulsory in schools.* = a reason for doing or deciding to do something (formal) कारण, तर्काधार (औपचारिक)

rat•tan /rəˈtæn/ /रˈटैन्/noun, u. = a kind of cane from South East Asia, used for making furniture बेंत

rat•tle[1] /ˈrætl/ /ˈरैट्ल्/ noun, c. **1** = a child's toy, consisting of a hollow tube, usually made of metal, with a number of small, solid objects inside, which make quick, sharp sounds when the toy is shaken झुनझुना **2** *There was a loud rattle as the tray containing the cups and saucers slipped from my*

R

hand. = a noisy sound produced by things falling, breaking etc. खड़खड़ाहट, गिरने, टूटने की आवाज़

rattle² verb, i. or t. **1** *The wind made the windows rattle.*(i.) = to cause something to shake and produce quick, sharp sounds, like those made by a rattle खड़खड़ाना **2** *The old car rattled along the road.*(i.) = to move while making sounds like a rattle खड़खड़ाते हुए चलना **3** *The insulting letter from my senior rattled me.*(t.) = to make someone feel uneasy or angry भड़काना, क्रुद्ध करना **rattlesnake** noun = a kind of highly poisonous snake found in North America, having small bony rings on its tail which produce a rattling sound when the snake is about to attack रैट्ल् स्नेक **rattle-trap** noun = an old car or bus that produces a lot of rattling noises while moving (informal) खड़खड़िया गाड़ी (अनौपचारिक)

to rattle something off *She rattled off all the names of the hockey players in the Indian team.* = to speak from memory without thinking for too long (sometimes disapproving) बिना सोचे झट से बोलना (कभी-कभी अस्वीकृत)

rau•cous /'rɔːkəs/ /'रॉऽकस्/ adj. *raucous laughter* = having a loud, rough and unpleasant sound कर्कश, कर्णकटु, फटा स्वर

raunch•y /'rɔːntʃi/ /'रॉऽन्ची/ adj. *raunchy jokes* = connected with sex, meant to be exciting (disapproving) उत्तेजक (अस्वीकृत)

ra•vage /'rævɪdʒ/ /'रैविज्/ verb, t. *ravaged by an earthquake* = to destroy something or to damage it badly उजाड़ना, विध्वस्त करना **ravages** noun (always plural) = the signs of destruction left behind by a fire, storm etc. (केवल बहुवचन में प्रयुक्त) विध्वंस के चिह्न, खंडहर

rave /reɪv/ /'रेइव्/ verb, i. **1** *The man was raving angrily about the transport problems in the city.* = to talk wildly, in an excited manner उत्तेजित स्वर में बोलना **2** *All the critics are raving about the new film.* = to praise something very highly बढ़ा-चढ़ा कर प्रशंसा करना **rave review** noun = something written about a new book, film etc. which praises it highly (informal) प्रशंसात्मक समीक्षा (अनौपचारिक)

ra•ven /'reɪvən/ /'रेइव्न्/ noun, c. = a bird which looks like a crow but is completely black in colour काला कौआ

rav•e•nous /'rævənəs/ /'रैव्नस्/ adj. *You haven't eaten anything since yesterday. You must be ravenous.* = very hungry (literary or formal) भूखा, भूख से पीड़ित (साहित्यिक/औपचारिक)

ra•vine /rə'viːn/ /र'वीन्/ noun, c. = a deep, narrow valley between mountains [GEOGRAPHY] दर्रा [भूगोल]

ra•vi•o•li /rævi'əʊli/ /रैविअउली/ noun = an Italian dish consisting of small balls made of flour, filled with meat and served with sauce मटन बोंडे या कोफ़्ते जैसा इतालवी भोज्य पदार्थ जो सॉस के साथ परोसा जाता है

ra•vish /'rævɪʃ/ /'रैविश्/ verb, t. **1** *We were ravished by the beauty of Kashmir.* = to fill with great joy or delight आनंद-विभोर करना/होना **2** *The village was ravished by the invading army.* = to plunder (rob) लूटना **3** = to rape a woman (old-fashioned or literary) बलात्कार करना (पुराने प्रचलन का या साहित्यिक) **ravishing** adj. *a ravishing smile* = causing great delight सम्मोहक

raw¹ /rɔː/ /रॉऽ/ adj. **1** *raw vegetables* = not cooked कच्चा **2** *raw cotton* = a substance which is in its natural state सूत **3** *raw materials* = natural materials from which things are produced in a factory कच्चा माल **4** *What we have is raw data, we will have to organize it.* = not organized into a form that can be used अव्यवस्थित **5** *a raw worker* = a person who has not been properly trained अपरिष्कृत, अप्रशिक्षित **6** *The raw power in his shot took the ball over the boundary line.* = pure (not mixed with anything else) शुद्ध, स्वाभाविक **7** *The skin on your wounds is still raw.* = not fully healed and therefore painful हरा (घाव), कच्चा **a raw deal** noun *The workers were given a raw deal by the management.* = unfair treatment अन्यायपूर्ण

ray /reɪ/ /रेइ/ noun, c. **1** *a ray of light* = a narrow beam or line of light or some other form of energy रोशनी की किरण **2** *a ray of hope* = a small bit क्षीण (आशा की किरण **3** *a sting ray* = a kind of fish with a flat body and a long tail शंकुश:

ray•on /'reɪɒn/ /'रेइऑन्/ noun = an artificial material made from plants, out of which clothes can be made रेयान, एक कृत्रिम पदार्थ जिससे कपड़ा बनता है

raze /reɪz/ /'रेइज़्/ verb, t. *The building was razed by the fire.* = to destroy a building, town etc. completely मिटाना, ध्वस्त कर देना

ra•zor /'reɪzə^r/ /'रेइज़र्/ noun, c. = a kind of knife with a sharp edge, used to remove hair from the face, head etc. उस्तरा **razor blade** noun, c. = a thin piece of steel with one or two sharp edges, which can be fitted into a safety razor (a special kind of razor) and thrown away after it has been used several times पत्ती ब्लेड **razor-sharp** adj. *a razor-sharp mind* = very intelligent or clever तीक्ष्ण (बुद्धि)

re /riː/ /री/ abbr. of 'with reference to' (used in business letters to remind the person receiving the letter of something) 'with reference to' का संक्षिप्त रूप, जो व्यावसायिक पत्र-व्यवहार में प्रयुक्त होता है

re- (usually in verbs) prefix उपसर्ग meaning **1** again पुन: e.g. **reappear** verb, i. *The sun had disappeared behind a cloud but it has reappeared now.* = to be seen again फिर से दृश्य **2** again in a new and more improved way नए और परिष्कृत रूप में e.g. **rewrite** verb, t. *to rewrite an essay* = to write again in a better way सुधार कर पुनर्लिखना **3** back to a state that something was in before **reactivate** verb, t. *We reactivated the machine.* = to make something active again फिर से सक्रिय करना

reach[1] /riːtʃ/ /रीच्/ verb, t. **1** *We will reach Delhi on Saturday.* = to get to or arrive at a place पहुँचना **2** *She reached across the table to pick up the book.* = to stretch out a hand or an arm in order to get something हाथ बढ़ाना **3** *Can you reach that box on the top shelf of the cupboard?* = to be able to touch something by stretching out an arm तक हाथ पहुँचाना **4** *I have not been able to reach him on his phone.* = to get in touch with someone संपर्क करना **5** *The argument has reached a stage where neither person is going to listen to the other.* = to move up to a particular state or level किसी स्थिति या स्तर तक पहुँचना

reach[2] noun, u. **1** *The light switch is beyond the child's reach.* = the distance to which one can stretch one's arm पहुँच **2** *The school is within easy reach of the station.* = the distance that one has to travel to get to a place किसी जगह पहुँचने के लिए जो दूरी तय करनी हो

re•act /ri'ækt/ /री'ऐक्ट्/ verb, t. **1** *When I asked him what the matter was he reacted by bursting into tears.* = to behave in a particular way in answer to something प्रतिक्रिया करना **2** *Hydrochloric acid reacts with sodium to form common salt.* = to go through a chemical change [CHEMISTRY] अभिक्रिया उत्पन्न करना [रसायनशास्त्र] **reaction** noun, u. or c. **1** *What was her reaction when you told her that her friend was ill?* = the manner (way) of behaving in response to something प्रतिक्रिया **2** *Action and reaction are equal and opposite.* = the force produced by a body (object) when some other force acts upon it [PHYSICS] प्रतिक्रिया [भौतिकी] **3** = a chemical change produced by substances acting on each other (see meaning **2** for **react**) (रासायनिक) अभिक्रिया

re•ac•tion•a•ry /ri'ækʃənəri/ /री'ऐक्शन्री/ adj. = opposed to any social or political change (disapproving) परिवर्तन के विरुद्ध (अस्वीकृत)

reactor /ri'æktə^r/ /री'ऐक्टर्/ noun, c. *a nuclear reactor* = a machine which produces nuclear energy in a controlled way by breaking down or joining together the atoms of a substance such as plutonium प्रतिघातक

read /riːd/ /रीड्/ verb, t. or i. **1** *The child has learnt to read.*(i.) = to recognize printed or written letters and words and to understand the meanings they carry पढ़ना **2** *I have read the report in today's newspaper.* (t.) = to go through something printed in a book, newspaper etc. and get information from it पढ़ना **3** *This poem reads well.*(i.) = to have or produce a certain effect when it is read (referring to something that is written or printed) पढ़ने में **5** *The thermometer reads 44 degrees centigrade.*(t.) = to record or show (referring to something measured by an instrument) (माप) दिखलाना **6** *My son is reading law at Delhi University.*(t.) = to study a subject at a university in order to get a degree शिक्षा ग्रहण करना, पढ़ना **7** *I read his remarks to mean that he wants to be the next captain of the team.*(t.) = to interpret (to get a certain meaning from something that is said or written) समझना **8** *My computer cannot read the disk you sent me.* = to be able to access information on a disk [COMPUTERS] (कंप्यूटर पर) पढ़ना **readable** adj. **1** *This is a very readable book.* = interesting, easy or enjoyable to read रोचक, पढ़ने योग्य **2** *Your hand writing is perfectly readable.* = which can be read without difficulty (also **legible**) पढ़ने योग्य, पठनीय (देखें **legible**) **machine-readable** adj.= printed in a form that can be read by a machine and fed into a computer मशीन द्वारा पढ़ने योग्य **reader** noun, c. **1** *a newsreader* = one who reads something, either silently to himself/ herself, or aloud to an audience समाचार-वाचक **2** *an English reader* = a textbook used for teaching a language पाठ्यपुस्तक **3** = a person who teaches in a university or college and has a rank next lower to that of a professor रीडर **readership** noun, u. *Her books have wide readership.* = the number or kind of people who regularly read something पाठकवर्ग **read out** noun, c. or verb. = information obtained from a computer, either in printed form or on a monitor (screen) कंप्यूटर से प्राप्त सूचना

to read up = to find out more information on a particular subject by reading (informal) किताबें छान डालना (अनौपचारिक) **to read between the lines** = to find hidden meanings in something तात्पर्य या छिपा अर्थ ग्रहण करना **to read somebody like a book** = to be able to make out easily what a person is thinking or feeling किसी के मन की बात भाँप लेना

read•ing /'riːdɪŋ/ /'रीडिङ्/ noun, u. or c. **1** *Reading is what I like best when I am alone.*(u.) = the act of reading the matter वाचन, पठन **2** *The professor gave us a lot of reading to do.*(u.) = books, journals, articles etc. that make up the matter to be read पाठ्य सामग्री **3** *What's your reading of the situation?*(c.) = one's opinion or what one has understood विचार, अभिमत **4** *the thermometer reading*(c.) = the number that an instrument shows while measuring something (मापक यंत्र की) रीडिंग

re•ad•just /riːə'dʒʌst/ /रीअ'जॅस्ट्/ verb, t. or i. *The sound from the radio is not loud enough. Can you readjust the volume?*(t.) = to adjust something again (to make a change in the way something is working so that it works better) ठीक कर लेना

R

read•y¹ /ˈredi/ /रेडी/ adj. **1** *She is ready to go to school.* = prepared to do something तैयार **2** *I am ready to help you.* = willing तैयार **3** *She has a ready wit.* = quick (slightly old-fashioned) हाज़िरजवाब (पुराने प्रचलन का) **4** *He looked ready to cry.* = about to cry, laugh etc. लगभग रोने वाली अथवा हँस देने वाली स्थिति

ready² verb, t. (**readied**) *Let us ready the house for the boss's visit.*= to make something ready तैयार करना **ready-made** adj. **1** *ready-made clothes* = not specially made for someone but made in advance, to be sold in a shop (referring to clothes) (also **ready-to-wear**) बना-बनाया, तैयार (देखें **ready-to-wear**) **2** *ready-made opinions* = not original but borrowed from someone else (derogatory) दूसरों से गृहीत (अनादरपूर्ण) **ready-money / cash** noun = money that is available for immediate use नकद/नगद हाथ में होना **readiness** noun, u. = the state of being ready (prepared) to do something तैयारी, तत्परता, मुस्तैदी

at the ready *The filmstar will be here for only a few minutes. If you want to photograph her, keep your cameras at the ready.* = ready to be used at short notice तैयार रखना **rough and ready** *I don't know the exact rate of exchange between dollars and pounds, but a rough and ready calculation is two dollars to a pound.* = not exact or perfect but good enough for quick use काम चलाऊ, कच्चा, मोटा-मोटा हिसाब, लगभग

re•a•gent /riˈeɪdʒənt/ /री'एइजन्ट्/ noun, c. *Sulphuric acid is often used as a reagent in chemistry.* = a chemical substance that acts on some other chemical substance [CHEMISTRY] अभिकर्मक [रसायनशास्त्र]

real /rɪəl/ /रिअल्/ adj. **1** *Is that diamond real, or is it only a piece of glass that looks like a diamond?* = genuine (not false) असली (नकली नहीं) **2** *Is the film based on a real incident or an imaginary story?* = something that exists; not imaginary वास्तविक **3** *He looks like a real scholar.* = (used for emphasis) having qualities one would expect (अर्थ पर बल देने के लिए प्रयुक्त) असली **real estate** noun, u. *He owns a lot of real estate in the city, including two houses and some shops.* = property in the form of buildings अचल संपदा **realism** noun, u. *Satyajit Ray's films have a lot of realism. The characters in his films are ordinary people that you meet every day.* = the quality of showing life as it really is, without any falsehood यथार्थवाद **realistic** /rɪəˈlɪstɪk/ /रीय'लिस्टिक्/ adj. **1** *You know very well that you can't become a film star. You should be realistic.* = accepting things as they are and being sensible यथार्थवादी **2** *The dinosaurs in the film were very realistic.* = not real but seeming real सचमुच के **reality** /rɪˈælɪtɪ/ /'रि'ऐलिटी/ noun **1** *All his paintings show imaginary places. He seldom deals with reality.* = what is real or that which exists यथार्थ **2** *We had heard wonderful things about London, but the reality was quite disappointing.* = the real nature of something वास्तविकता, सच्चाई **3** *He looks very tall in the photograph but in reality, he is of average height.* = in person दरअसल, वास्तव में

re•a•lize (realise) /ˈrɪəlaɪz/ /'रिअलाइज़्/ verb **1** *They went on talking and did not realize that it was getting late.* = to come to understand महसूस करना **2** *I am glad he has realized his dream of becoming a surgeon.* = to achieve चरितार्थ करना, (सपना) साकार करना **realization** /rɪəlɪˈzeɪʃən/ /रिअलि'ज़ेइशन्/ noun, u. = the act of realizing something कार्यान्वयन, उपलब्धि, अनुभव

real•ly /ˈrɪəli/ /'रिअली/ adv. **1** *Can you really stand on your head?* = truly; actually सच में **2** *It was really cold in that room.* = rather, very वास्तव में **Really?** *'I can run almost two km in a minute.' 'Really?'* = (depending on the tone used) an expression used to show surprise and admiration सचमुच, वास्तव में (विशिष्ट टोन में उच्चरित होकर आश्चर्यमिश्रित प्रशंसा की अभिव्यक्ति) **Well really!** = an expression used to show surprise and displeasure सच में!

realm /relm/ /रेल्म्/ noun, c. **1** *the ruler of the realm* = kingdom (a country ruled by a king or queen) राज्य **2** *Such things happen only in the realm of imagination, not in real life.* = the world of imagination, science etc. (literary) लोक (साहित्यिक)

ream /riːm/ /रीम्/ noun, c. = a quantity of paper (about 500 sheets in the US and 480 in Britain) रीम (कागज़ की मात्रा)

reap /riːp/ /रीप्/ verb, t. *When the crop is ripe the farmers will reap it.* = to cut and gather a crop of grain (compare **sow, harvest**) फ़सल काटना (देखें **sow, harvest**)

re•ar¹ /riːəˈr/ /रीअ'र्/ noun, u. *In most cars the engine is in front, but in this car the engine is at the rear.* = the back part of something पृष्ठ भाग (में), पीछे

rear² adj. *The rear seat of the car is more comfortable than the front seat.* = at the back पिछला

rear³ verb, i. or t. **1** *The horse suddenly reared.*(i.) = to lift the front legs off the ground and balance on the back legs (referring to a four-legged animal) चौपाए (पशु) का पिछले दो पैरों पर खड़े होना **2** *The snake reared its head.*(t.) = to raise or lift a part of the body ऊँचा उठाना **3** *He rears goats on his farm.*(t.) = to raise (to take care of a human child or baby animal until it is fully grown) पालना **rear-view mirror** = a mirror in a vehicle which enables a driver to see the traffic etc. behind the vehicle गाड़ी में लगा हुआ वह शीशा, जिसमें पीछे से आने वाले वाहन देखे जा सकें

re•ar•range /riːəˈreɪndʒ/ /रीअ'रेइन्ज्/ verb, t. *We will rearrange the furniture in this room.* = to arrange again (to put things in positions different from those in which they were before) पुनः व्यवस्थित करना, फिर से लगाना

rea•son[1] /'ri:zən/ /'रीज़न्/ noun, c. or u. **1** *The reason for my absence from the meeting yesterday is my child's illness.*(c.) = a fact or situation that explains why something happened कारण **2** *I expect you to use your reason when you are faced with a problem.*(u.) = the ability to think and come to conclusions विवेक, बुद्धि

reason[2] verb, t. *I reasoned that you would not be able to come as it was raining heavily.* = to come to a conclusion or judgement based on some fact निष्कर्ष पर पहुँचना, तथ्यों के आधार पर फ़ैसला करना **reasonable** adj. **1** *I think she will let you keep the book for another month. She is a reasonable person.* = willing to understand the problems of others (referring to people) दूसरों की स्थिति को समझने वाला **2** *He wants Rs 20,000 for this car. That is a reasonable price.* = fair (not too much) उचित **reasonably** adv. *It was a reasonably comfortable journey.* = fairly; enough to satisfy one but not fully पर्याप्त **reasoning** noun, u. *In my reasoning, there is no chance of your winning this election.* = an opinion that one forms after considering all the facts तर्क, विवेचन

reason with = to talk to somebody in order to convince him/her तर्क देकर दूसरे को सहमत कराना

re•as•sure /ri:ə'ʃʊə/ /रीअ'शुअ/ verb, t. *I would like to reassure you that no one is going to blame you for our defeat.* = to give hope or comfort to someone who is feeling anxious or worried आश्वासन देना, दिलासा देना

re•bate /'ri:beɪt/ /'रीबेइट्/ noun, c. *The telephone company will give you a rebate of Rs 50 if you pay your bill before the end of the month.* = a reduction in the payment to be made छूट

re•bel[1] /rɪ'bel/ /रि'बेल्/ verb, i. (**rebelled**) *He rebelled against his parents and left home.* = to refuse to obey someone who has power or authority विद्रोह करना

rebel[2] /'rebəl/ /'रेबल्/ noun, c. *He has become a rebel and is fighting against the people in power.* = a person who fights against the government because he or she wants change विद्रोही, बागी

re•bel•lion /rɪ'beljən/ /रि'बेल्यन्/ noun, u. or c. = the act of rebelling against someone विद्रोह, बगावत **rebellious** adj. *She is rebellious by nature and never listens to her teachers.* = not ready or willing to follow what an authority or society asks one to do विद्रोही, विद्रोहात्मक

re•birth /rɪ:'bɜ:θ/ /री'बऽथ्/ noun, u. = the process of being born again (formal) पुनर्जन्म (औपचारिक)

re•boot /rɪ:'bu:t/ /री'बूट्/ verb, t. = to make a computer work again after it has failed to work for some reason [COMPUTERS] कंप्यूटर को फिर से चालू करना

re•bound[1] /'rɪ:baʊnd/ /'रीबाउन्ड्/ verb, i. *The ball rebounded after hitting the wall.* = to bound (jump up) again or to jump back after hitting something टकराकर लौटना

rebound[2] /rɪ'baʊnd/ /रि'बाउन्ड्/ noun, u. *The fielder caught the ball on the rebound.* = the action of jumping back after hitting something टकराकर उछलना

re•buff[1] /rɪ'bʌf/ /रि'बॅफ़्/ noun, c. *His attempts to become friendly with the girl next door met with a rebuff.* = rejection; an unfriendly answer to an offer of help, friendship etc. असफल, कटु उत्तर, झिड़की

rebuff[2] verb, t. *The child rebuffed our attempts to become friendly with her.* = to reject or turn back दो-टूक जवाब देना

re•build /rɪ:'bɪld/ /री'बिल्ड्/ verb, t. *We have to rebuild the houses which were damaged in the storm.* = to build again or to repair पुनर्निर्माण करना, दुबारा बनाना

re•buke[1] /rɪ'bju:k/ /रि'ब्यूक्/ verb, t. *The judge rebuked the police for their unfair treatment of the prisoner.* = to speak in a harsh or angry manner to someone for something done by him/her which is not liked (formal) फटकारना, डाँट-डपट करना (औपचारिक)

rebuke[2] noun, c. = the action of rebuking someone फटकार, डाँट-डपट

re•but /rɪ'bʌt/ /रि'बॅट्/verb, t. (**rebutted**) *One of the speakers said that women would not be able to do the job and I had to rebut his argument.* = to reply to an argument and to show that it is wrong (formal) खंडन करना (औपचारिक) **rebuttal** noun, u. = the act of rebutting an argument खंडन, काट

re•cal•ci•trant /rɪ'kælsɪtrənt/ /रि'कैल्सिट्रन्ट्/ adj. *The girl refuses to obey her teachers. We are worried about her recalcitrant behaviour.* = refusing again and again to obey or to accept a situation (formal) अक्खड़, धृष्ट (औपचारिक)

re•call /rɪ'kɔ:l/ /रि'कॉल्/ verb, t. **1** *I cannot recall your name.* = to remember something स्मरण करना **2** *He was recalled to the side for the series against Australia.* = to ask a person to return वापस बुलाना

re•cant /rɪ'kænt/ /रि'कैन्ट्/ verb, t. *George Orwell, the famous writer, was a Communist at first but later recanted his belief in Communism.* = to declare that one has given up a belief that one had earlier in a religion, political idea etc. किसी विचारधारा को छोड़ देना

re•ca•pit•u•late /ri:kə'pɪtʃʊleɪt/ /रीक'पिचुलेइट्/ verb, t. *Let me recapitulate the main points of the speech.* = to say again, repeating the main points of something said earlier (formal) (also **recap**) संक्षेप में दोहराना (औपचारिक) (देखें **recap**)

re•cap•ture /riːˈkæptʃər/ /रीˈकैप्चर्/ verb, t. *The thief escaped from prison but was recaptured.* = to catch someone who had escaped दोबारा बंदी बनाना, (भागे हुए कैदी का) दोबारा पकड़ना

re•cast /riːˈkɑːst/ /रीˈकाऽस्ट्/ verb, t. **1** *This essay has to be recast.* = to write, plan etc. something again, giving it a new shape पुनः लिखना, सुधारना **2** = to change the cast (the actors taking part) of a film or play (फ़िल्म या नाटक में) अभिनेता को बदलना

re•cede /rɪˈsiːd/ /रिˈसीड्/ verb, i. *The water in the river has begun to recede after the flood.* = to go back or to become less (formal) घटना, कम होना (औपचारिक) **a receding hairline** = used about a person's appearance when hair stops growing in the front सिर के बाल कम होते जाना

re•ceipt /rɪˈsiːt/ /रिˈसीट्/ noun, u. or c. **1** *I will reply at once on receipt of your letter.*(u.) = the act of receiving (getting) something प्राप्ति **2** *Please give me a receipt to show that I have paid you Rs 500.* (c.) = a document showing that one has received money or some other thing from someone रसीद, पावती

re•ceive /rɪˈsiːv/ /रिˈसीव्/ verb, t. **1** *He has not received the letter which you wrote him.* = to get प्राप्त करना **2** *She does not receive presents from friends on her birthday.* = to accept something from someone प्राप्त होना, प्राप्त करना **3** *Three of us went to the airport to receive our cousins.* = to meet and welcome स्वागत करना, स्टेशन आदि पर लेने जाना

re•ceiv•er /rɪˈsiːvəʳ/ /रिˈसीवर्/ noun, c. **1** *a telephone receiver* = an instrument (telephone, radio etc.) used for receiving messages चोंगा (टेलिफ़ोन का) **2** = a person appointed by a court to take charge of a business which is about to close down [LAW] आदाता कानून

re•cent /ˈriːsənt/ /ˈरीसन्ट्/ adj. *This library was set up only last month. It is a recent addition to the college.* = having happened only a short time ago आधुनिक, हाल का **recently** adv. = not very long ago हाल में, कुछ समय पहले

re•cep•ta•cle /rɪˈseptəkəl/ /रिˈसेपटक्ल्/ noun, c. = a vessel or container in which something (usually some liquid) can be kept (formal) पात्र (औपचारिक)

re•cep•tion /rɪˈsepʃən/ /रिˈसेप्शन्/ noun, u. or c. **1** *She got a very friendly reception on her first day at work.* = a public welcome स्वागत **2** *I got married last week. We had the reception at a nearby hotel.* = a party given on a special occasion स्वागत समारोह **3** *I have signed the hotel register at the reception.* = the office that receives (welcomes) visitors at a hotel or office स्वागत-कक्ष **receptionist** noun, c. = a person whose duty is to receive visitors or guests in a hotel etc. स्वागती, स्वागतिक

re•cep•tive /rɪˈseptɪv/ /रिˈसेप्टिव/ adj. *She's very receptive. She always listens to any new ideas her friends have.* = willing to accept something (usually an idea or a comment) ग्रहणशील, नए विचारों को सुनने का धैर्य रखने वाला

re•cess /rɪˈses/ /रिˈसेस्/ noun, c. **1** *The school has a 15-minute recess at 11.30 a.m.* = a period of rest (see also **interval**) भोजन का अवकाश, अल्पावकाश (देखें **interval**) **2** *There is a recess in the wall where we can fit a bookshelf.* = a hollow space in a wall where a cupboard etc. can be fitted ताक, आला, गड्ढा

re•ces•sion /rɪˈseʃən/ /रिˈसेशन्/ noun, u. *The country is going through an economic recession and many people are out of work.* = a period when there is less trade or industrial production in a country मंदी का समय

re•charge /rɪːˈtʃɑːdʒ/ /रीˈचाऽज्/ verb, t. = to charge again (to put back electrical energy into a battery which has lost its energy) पुनः चालू करना, बैटरी चार्ज करना

to recharge one's batteries = to get back one's energy and strength अपनी शक्ति को पुनः प्राप्त करना

re•ci•pe /ˈresɪpi/ /ˈरेसिपी/ noun, c. *a recipe for making masala dosa* = a set of instructions for cooking a particular kind of food नुस्खा, विधि

re•cip•i•ent /rɪˈsɪpiənt/ /रिˈसिपीअन्ट्/ noun, c. *Pandit Ravi Shankar is a recipient of the 'Bharat Ratna' award.* = a person who is given something (formal) पाने वाला, प्राप्तकर्त्ता (औपचारिक)

re•cip•ro•cal /rɪˈsɪprəkəl/ /रिˈसिप्रक्ल्/ adj. **1** *Pakistan and India have entered into a reciprocal trade agreement. Pakistan will import sugar from India while India will import cotton.* = two-sided (something that happens between two parties and is of benefit to both) परस्पर, आपसी (आदान-प्रदान) **2** *the reciprocal of 7 is 1/7* = the number obtained by dividing 1 by a certain number [MATHEMATICS] व्युत्क्रम सदृश [गणित]

re•cip•ro•cate /rɪˈsɪprəkeɪt/ /रिˈसिप्रकेइट्/ verb, t. *I am happy that you want to be friends with us again; we reciprocate your feelings.* = to give something in exchange for something received (formal) आदान-प्रदान करना (औपचारिक)

re•cite /rɪˈsaɪt/ /रिˈसाइट्/ verb, t. *The little child recited a nursery rhyme.* = to say something, especially a poem or song, from memory कविता पाठ करना **recital** noun, u. or c. *a music recital* = a performance of music or dance नृत्य-संगीत समारोह

re•ci•ta•tion /resɪˈteɪʃən/ /रेसिˈटेइशन्/ noun, u. *Did you enjoy the recitation of your poem by the* *children?* = the act of reciting something (usually a poem) सस्वर पाठ, कविता-पाठ

reck•less /'rekləs/ /'रेक्लस्/ adj. *a reckless driver* = careless and not thinking about the danger or harm that can be caused by one's actions (see also **rash**) लापरवाह, अंधाधुंध कार्य करने वाला (देखें **rash**)

reck•on /'rekən/ /'रेकॅन्/ verb, t. **1** *Scientists reckon that about 3 million years ago the Himalayas lay under the ocean.* = to believe something as the result of making a calculation (formal) हिसाब लगाना (औपचारिक) **2** *It is an hour since he called. I reckon he is not coming.* = to guess (informal) लगना, समझना (अनौपचारिक) **reckoning** noun, u. *Scientists had predicted that we would have a normal monsoon last year but their reckoning proved to be wrong.* = calculation गणना

to be out of the reckoning = to not be among those likely to be chosen or to win संभावित विजेता न होना

re-claim /rɪ'kleɪm/ /रि'क्लेइम्/ verb, t. **1** *The government had taken possession of his property, but he has been able to reclaim it.* = to ask for and get back something that had been taken away वापस प्राप्त करना **2** *This piece of land has been reclaimed from the sea.* = to make land fit for use (again) पुन: उपयोगी बना देना

re•cline /rɪ'klaɪn/ /रि'क्लाइन्/ verb, i. *recline against the cushions* = to lie back in a comfortable position पीठ के बल आरामदायक स्थिति में होना **reclining** adj. *a reclining position* = leaning back comfortably पीठ टिका कर लगभग लेटा हुआ

re•cluse /rɪ'klu:s/ /रि'क्लूस्/ noun, c. *He is a recluse and does not like to meet anyone.* = a person who likes to live alone, away from others (disapproving) एकांतप्रेमी

rec•og•nize (recognise) /'rekəgnaɪz/ /'रेकग्नाइज़्/ verb, t. **1** *I met an old friend after 30 years. She looked so different that I could not recognize her.* = to be able to know again someone or something that one knew earlier पहचानना **2** *The new government of Croatia has been recognized by all the countries of the world. // He is recognized as a leading poet.* = to accept something or someone as legal or worthy of respect मान्यता देना **recognition** /rekəg'nɪʃən/ /रेकग्'निशन्/ noun, u. **1** *He has changed beyond recognition.* = the state of being recognized पहचान **2** *She never got the recognition she deserved as a poet.* = the act or the fact of being recognized (accepted as legal or worthy of respect) मान्यता, पहचान

re•coil /rɪ'kɔɪl/ /रि'कॉइल्/ verb, i. **1** *The gun recoiled with great force when it was fired.* = to spring back when fired (referring to a gun) पीछे धक्का देना (बंदूक के संदर्भ में) **2** *He recoiled with fear when he saw a snake on his bed.* = to jump back suddenly out of fear or dislike (भय से) पीछे हटना

re•col•lect /rekə'lekt/ /रेक'लेक्ट्/ verb, t. *I don't recollect what happened on my first day at school.* = to remember after some effort (see also **recall**) याद करना (देखें **recall**)

rec•om•mend /rekə'mend/ /रेक'मेन्ड्/ verb, t. *The new film by Aamir Khan is very good. I recommend it.* = to praise someone or something strongly as being suitable for something अनुशंसा करना **recommendation**/rekəmen'deɪʃən/ /रेकमेन'डेइशन्/ noun, u. or c. **1** *I went to see the film on your recommendation. I agree that it is very good.*(u.) = the act of recommending someone or something किसी वस्तु के पक्ष में विचार **2** *We gave him the job because he had several favourable recommendations.*(c.) = a letter recommending someone for a job (saying that he/she is suitable and should be chosen) अनुशंसा, सिफ़ारिश

rec•on•cile /'rekənsaɪl/ /'रेकन्साइल्/ verb, t. or i. **1** *The two friends had quarrelled but now they are reconciled.*(i.) = to become friends again समझौता होना **2** *You say you love animals and yet you support their use for scientific experiments. How do you reconcile these two positions?* = to find agreement between two opposite ideas or situations दो विपरीत विचारों में मेल करना **3** *I didn't like the idea of living in a noisy neighbourhood, but now I am reconciled to it.* = to accept something that one cannot change easily विवशता में स्वीकार करना, स्थिति से समझौता करना

reconciliation /रि'कनसिलएशन/ noun, c. *There was a reconciliation last week between the two brothers who had not been on speaking terms for years.* = the act of being reconciled (becoming friends again) मेल-मिलाप, समझौता

re•con•nais•sance /rɪ'kɒneɪsəns/ /रि'कॉनेइसंस्/ noun, u. *The soldiers were sent out to make a reconnaisance.* = to go near an enemy position in order to find out something (number, position etc.) about the enemy, before a battle begins; an advance party that goes out to study a situation before it is dealt with [TECHNICAL] सर्वेक्षण, टोह [तकनीकी]

re•con•sid•er /rɪ:kən'sɪdər/ /रीकन'सिडर/ verb, t. *Your application was turned down by the authorities but they will reconsider it, if you apply again.* = to consider (think about) something again, with the possibility of changing one's mind पुनर्विचार करना

re-con•struct /ri:kən'strʌkt/ /रीकन'स्ट्रॅक्ट्/ verb, t. **1** *The government will reconstruct this building.* = to build something again after it has been damaged पुनर्निर्माण करना **2** *The police team is visiting the*

R

place where the accident took place. They are trying to reconstruct the accident. = to make something happen again artificially so that people can understand how it could have happened नाटकीय रूप से प्रस्तुत करना

re•cord[1] /rɪˈkɔːd/ /रिˈकाऽड्/ verb, t. **1** *I have recorded everything that you said yesterday.* = to write down something on paper so that it can be preserved or read later कागज़ पर उतार लेना (लिख लेना) **2** *I have recorded the Director's speech.* = to make a copy of sounds and visuals (with the help of a recording machine) so that they can be heard or seen again (e.g. on an audiocassette or video tape) लिपिबद्ध करना, दर्ज करना **3** *A rainfall of 170 mm was recorded yesterday.* = to measure with the help of instruments दर्ज करना

record[2] /ˈrekɔːd/ /ˈरेकॉऽड्/ noun, c. **1** *The police have a complete record of the criminal's movements.* = a written statement of facts etc. विवरण, इतिहास **2** *He has broken the long jump record.* = the best achievement by anyone in the past, specially in sports or studies कीर्तिमान **3** *a gramophone record* = a piece of plastic on which sound is stored, so that it can be heard again (बजने वाला) रेकॉर्ड

record[3] adj. *He completed the race in record time.* = better than anyone had done in the past नया कीर्तिमान बनाना **recorder** noun, c. = a machine for recording sound अभिलेखी यंत्र, रिकॉर्डर **recording** noun, c. or u. **1** (c.) = sounds or pictures put on tape etc. टेप पर रेकार्डित ध्वनि या चित्र **2** *a recording session* = the process of putting music onto a cassette, CD etc. अभिलेखन, ध्वन्यालेखन, रिकॉर्डिंग

to go on record *She went on record to say that the programme did not interest her.* = to say something officially so that it may be reported or written as one's having said it [MEDIA] दर्ज़ कराना [मीडिया] **off the record** *I did support his ideas at the meeting, but off the record, I don't think they will be accepted.* = to say something unofficially which cannot be repeated as your having said it [MEDIA] अनौपचारिक रूप से कहना [मीडिया] **to set the record straight** = to correct a mistake by finding out the true facts सही तथ्य प्राप्त होने पर गलती को सुधारना

re•count /rɪːˈkaʊnt/ /रीˈकाउन्ट्/ verb, t. **1** *The government will recount the votes cast in the election.* = to count again दोबारा गिनना, पुनर्गणना करना **2** *We want you to recount your days as Principal of this college.* = to tell the story of something that happened earlier पुरानी बातें याद करके सुनाना

re•coup /rɪˈkuːp/ /रिˈकूप्/ verb, t. *He had lost a lot of money but he has recouped his losses.* = to get back (again) something that one had lost, especially money or one's health क्षतिपूर्ति करना

re•course /rɪˈkɔːs/ /रिˈकॉस्/ noun, u. *You have no hope of getting your money back unless you have recourse to the law.* = to take help from the police, law etc. or to do something that one would normally not do (formal) सहारा, शरण, आश्रय (औपचारिक)

re•cov•er /riːˈkʌvəʳ/ /रीˈकॅवʳ/ verb, t. or i. **1** *The police have recovered the stolen car.*(t.) = to get back (again) something that had been lost, stolen or taken away वापस प्राप्त करना **2** *She is recovering from her illness.* = to return to a state of good health after illness स्वास्थ्य-लाभ करना **recovery** noun, u. = the state of recovering or having recovered स्वास्थ्य-लाभ, वसूली, पुनर्लाभ

re•cre•ate /riːkriˈeɪt/ /रीक्रिˈएइट्/ verb, t. **1** *The art director of the film recreated a part of the Red Fort in order to shoot the film.* = to make an exact copy of something किसी वस्तु की नकल बनाना **2** *Can you recreate the scene for us?* = to make something happen again (see **reconstruct**) पुनः प्रदर्शित करना (देखें **reconstruct**)

re•cre•a•tion /rekriˈeɪʃən/ /रेक्रिˈएइशन्/ noun, u. **1** *We are going to have a park for the recreation of children.* = enjoyment, specially during free time मनबहलाव, मनोरंजन **2** = the act of recreating something पुनर्निर्माण

re•crim•i•na•tion /rɪkrɪmɪˈneɪʃən/ /रिक्रिमिˈनेइशन्/ noun, u. or c. (usually plural **recriminations**) *There were bitter recriminations after our team lost the match.* = the act of people quarrelling and blaming each other (प्राय: बहुवचन रूप **recriminations** में प्रयुक्त) एक दूसरे पर दोषारोपण करता झगड़ा

re•cruit[1] /रिˈक्रूट्/ verb, t. *The hospital will recruit 50 new doctors this year.* = to give employment (work) to someone नियुक्त करना

recruit[2] noun, c. *He is a new recruit to the army.* = someone who has just joined the army or some other service रँगरूट

rec•tan•gle /ˈrektæŋgəl/ /ˈरेक्टैंग्ल्/ noun, c. = a geometrical figure with four straight sides, in which the opposite sides are of equal length and the angles are of 90 degrees [GEOMETRY] (see pic under **shapes**) आयत, चतुर्भुज [ज्यामिति] (shapes के अंतर्गत चित्र देखें) **rectangular** /rekˈtæŋgjʊlə/ /रेक्ˈटैंग्युलʳ/ adj. = having the shape of a rectangle आयताकार

rec•ti•fy /ˈrektɪfaɪ/ /ˈरेक्टिफ़ाइ/ verb, t. *There is some fault in the car. Can you rectify it?* = to remove a defect and set something right (formal) सुधारना, संशोधन करना (औपचारिक)

rec•tor /ˈrektəʳ/ /रेक्टʳ/ noun, c. **1** = a Christian priest पादरी **2** = the head of a school or college प्राचार्य

rec•tum /ˈrektəm/ /ˈरेक्टम्/ noun = the last part of the intestines, near the **anus** मलाशय [MEDICINE]

[चिकित्सा] **rectal** adj. *rectal cancer* = having to do with the rectum मलाशय-संबंधी

re•cum•bent /rɪ'kʌmbənt/ /रि'कॅम्बन्ट्/ adj. *In Bangkok you can see a huge statue of Gautam Buddha in a recumbent posture.* = lying down (formal) लेटा हुआ (औपचारिक)

re•cu•pe•rate /rɪ'kju:pəreɪt/ /रि'क्यूपरेइट्/ verb, i. *She has recuperated after her illness.* = to become healthy again after an illness (formal) स्वास्थ्य-लाभ करना (औपचारिक)

re•cur /rɪ'kɜ:ʳ/ /रि'कऽʳ/ verb, i. (**recurred**) *We must make sure that such accidents do not recur.* = to happen again पुनरावृत्ति होना

re•cy•cle /ri:'saɪkəl/ /री'साइकल्/ verb, t. *Don't throw away the old newspapers. We can recycle them.* = to use again (to treat some material which has already been used in such a way that it can be used again) पुनः चक्रित (प्रयोग) करना **recyclable** adj. = capable of being recycled पुनः चक्रित होने के योग्य **recycling** noun, u. = the process by which something is recycled पुनः चक्रित होने की प्रक्रिया

red[1] /red/ adj. *a red rose* = the colour which blood has लाल, रक्तिम

red[2] noun **1** *If you mix red and blue you get purple.* = the colour red लाल **2** *He is a Red.* = a communist or left-wing person साम्यवादी **redden** verb, t. **1** = to turn red लाल पड़ जाना **2** =to be embarassed शर्मिंदा होना **red alert** noun, u. *The police have been put on red alert.* = a state of high readiness to deal with a dangerous situation अत्यंत सतर्क **red-blooded** adj. = young and strong and full of high spirits (referring to people) जोशीला **red blood cell** noun, c. = a cell in the blood which carries oxygen and gives red colour to blood लाल रक्तकण **red carpet** noun *She received the red carpet treatment in her old school after she became a famous writer.* = a special welcome given to an important guest भव्य स्वागत **the Red Cross** noun = an international organisation that looks after sick and wounded people during a war or after a natural disaster रेड क्रॉस संस्था **red-letter day** noun = a specially happy and important day in the life of a person स्मरणीय, महत्त्वपूर्ण दिन, अत्यंत प्रसन्नता-भरा दिन **red light** noun = a red light used to show the presence of danger or to order vehicles to stop खतरे का संकेत, चौराहे पर रुकने का संकेत **red-light district** (**area**) noun = a part of a city where sex-workers do their work वेश्यावृत्ति के लिए निंदित क्षेत्र **red meat** noun = the dark-coloured meat from a large animal such as a goat or cow, which is supposed to be less healthy than white meat from a chicken, specially for people with high blood pressure लाल मीट, मांस **red pepper** noun = chilies which have been dried and powdered for use in cooking लाल मिर्च **red-tape** noun *This project has been delayed because of red-tape.* = complicated rules that delay action unnecessarily लाल-फीता (लालफीता शाही से संबद्ध) **Red Indian** noun = a member of one of the tribes which were the earliest inhabitants of North America रेड-इंडियन जन-जाति (उत्तरी अमेरिका के प्राचीन निवासी)

Usage The term 'Red Indian' is no longer used as it is considered offensive. It has been replaced by 'Native American.' Red Indian अब एक अपमानसूचक प्रयोग माना जा रहा है। आजकल इसके बदले 'Native American' का प्रयोग हो रहा है।

to be caught red-handed = to be caught while trying to do something illegal रँगे हाथों पकड़े जाना **a red-herring** = a subject which is brought up during a discussion in order to draw attention away from the topic being discussed विषयांतर करना **to be in the red** = to suffer loss of money and be in debt घाटा होना, कर्जदार होना **to see red** *When I heard he had let us down again, I saw red.* = to be very angry (informal) गुस्सा आना (अनौपचारिक)

re•deem[1] /rɪ'di:m/ /रि'डीम्/ verb, t. **1** *The minister had promised, before the election, to build a school in this village and he has redeemed his promise.* = to carry out or fulfil a promise (वायदा) पूरा करना **2** *Everyone thought she was selfish and heartless, but she has redeemed herself by helping so many people.* = to regain the good opinion of people after having lost it प्रतिष्ठा पुनः प्राप्त करना **3** = get something back by paying for it कीमत देकर दोबारा पाना **Redeemer** noun, c. = the word used for Jesus Christ who, according to the Christian religion, was sent by God to redeem (save) the human race from sin and evil उद्धारक, मुक्तिदाता (ईसा मसीह) **redemption** noun, u. = the act of redeeming (saving) someone दूसरों को बचाने का कार्य

re•do /rɪ:'du:/ /री'डू/ verb, t. *Your essay has been badly written. You will have to redo it.* = to do something again, improving on what was done earlier सुधार हेतु दोबारा करना

re•do•lent /'redələnt/ /'रेड्लन्ट्/ adj. *The chicken curry was redolent of saffron and other wonderful spices.* = smelling of something pleasant (literary) सुगंधित, सुगंधि आना (साहित्यिक)

re•dress /rɪ'dres/ /रि'ड्रेस्/ verb, t. *The government arrested him unjustly, but now the Supreme Court has ordered that he should be set free.The injustice has been redressed.* = to put right something that had been done wrongly or unjustly (formal) ठीक कर देना, गलती सुधारना (औपचारिक)

re•duce /rɪ'dju:s/ /रि'ड्यूस्/ verb, t. *The teacher reduced the boy's marks from 65 to 50.* = to make less घटाना, कम करना **reduction** noun, u. or c.

R

There has been some reduction this year in the number of deaths from cholera.(u.) = the fact of becoming less of the action of making something less कटौती, कमी

to reduce someone to tears = to make someone cry by saying something hurtful रुला देना **to be reduced to something** *He lost a lot of money in business and was reduced to borrowing money from friends.* = to reach a point where one is forced to do something which is hurtful to one's pride or dignity अपनी प्रतिष्ठा के विरुद्ध काम करने को मज़बूर होना

re•dun•dant /rɪ'dʌndənt/ /रि'डॅन्डन्ट्/ adj. *We have 50 people working here but we need only 30. Twenty of them are redundant.* = not needed; more than necessary (formal) फालतू, अनावश्यक (औपचारिक) **redundancy** noun, u. = the condition of being redundant

reed /ri:d/ /रीड्/ noun, c. **1** = a thin, grass-like plant that grows in wet places सरकंडा **2** *the reeds of a harmonium* = a thin piece of metal in a musical instrument that produces a musical sound by vibrating (shaking) when a stream of air is blown over it वाद्ययंत्र का कंपनशील धातु भाग **reedy** adj. *a reedy voice* = thin or high महीन, बारीक

reef /ri:f/ /रीफ़्/ noun, c. (**reefs**) *a coral reef* = a line or chain of rocks in the sea, not far from the shore समुद्री चट्टान **reef knot** noun = a kind of double knot made in a rope or string, so that it will not slip or open easily दोहरी गाँठ

reek[1] /ri:k/ /रीक्/ verb, i. *Their breath reeked of onions.*= to smell of something unpleasant अप्रिय गंध देना

reek[2] noun, u. *You can get the reek of stale food in the kitchen.* = a strong and unpleasant smell दुर्गंध, बदबू

reel[1] /ri:l/ noun, c. *a reel of cotton thread* = a cylindrical object, usually made of wood or metal, on which thread, wire, cinema film etc. can be wound (also **spool**) चरखी, रील (देखें **spool**)

reel[2] verb, t. or i. **1** (t.) *The boy reeled in the kite which he had been flying.* = to make a piece of thread shorter by winding it around a reel चरखी पर लपेटना **2** *The runners reeled into the stadium, tired after their 26 km marathon race.*(i.) = to walk unsteadily लड़खड़ाते हुए चलना **3** *My head is reeling.*(i.) = to feel unsteady, because of shock or some sickness चक्कर खाना, घूमना

to reel off *She reeled off the names of the members.* = to repeat quickly from memory (informal) धड़ाधड़, सहज ही बोलना (अनौपचारिक)

re-el•ect /ri:ɪ'lekt/ /रीइ'लेक्ट्/ verb, t. *She has been re-elected to parliament.* = to elect again पुनः चुनना

ref. /ref/ abbr. of 'with reference to', used in a business letter or document to remind the receiver (the person getting the letter) of some other letter written earlier 'with reference to' का संक्षिप्त रूप संदर्भ

re•fer /rɪ'fɜ:r/ /रि'.फ़ऽ'/ verb, t. or i. (**referred**) **1** *You should refer to the dictionary when you are not sure of the spelling of a word.* = to go to someone or something in order to get some information संदर्भ ग्रंथ देखना **2** *The new plan has been referred to the Managing Director of India for his opinion.* = to send something to another person for information or for an opinion उच्चाधिकारी या विशेषज्ञ के पास भेजना **3** *In her speech, the speaker referred to the recent killing of tigers by poachers.*(i.) = to mention or speak about something किसी चीज़ के बारे में कहना

ref•er•ee[1] /refə'ri:/ /रेफ़'री/ noun, c. **1** *a football referee* = a person who is in charge of a match or game and who makes sure that the rules are being followed by the players रेफ़री **2** = a person who is asked to write a reference for someone (see meaning **3** for **reference**) निर्णायक, मध्यस्थ

referee[2] verb, t. *I have been asked to referee this match.* = to act as a referee in a match रेफ़री बनना

ref•er•ence /'refərəns/ /रेफ़्रेन्स्/ noun, u. or c. **1** *These dictionaries are kept in the library for reference.*(u.) = the act of using something to get some information संदर्भ **2** *The editorial made a reference to the water problem in the city.*(c.) = the act of referring to (mentioning) something उल्लेख करना **3** *I am writing a reference for one of my students, who wants to study in Sri Lanka.*(c.) = a letter or document giving information about someone's character, achievements etc. so as to help that person in getting a job etc. प्रमाण-पत्र **reference book** noun, c. = a book such as a dictionary or atlas which one uses when some information is needed संदर्भ-ग्रंथ **reference library** noun, c. = a collection of reference books in a library, which must be used inside the library and cannot be taken out संदर्भ-पुस्तकालय

ref•e•ren•dum /refə'rendəm/ /रेफ़'रेन्डम्/ noun, c. (**referenda** or **referendums**) or u. *to hold a referendum* = the taking of votes to decide an important course of action जनमत-संग्रह, मत-संग्रह

re•fill[1] /ri:'fɪl/ /रणी'फ़िल्/ verb, t. *The petrol tank is empty. It has to be refilled.* = to fill up again दोबारा भरना

refill[2] /'ri:fɪl/ /'रीफ़िल्/ noun, c. **1** *I have to buy a refill for my pen.* = a small container of ink which is fitted into a pen so that it can be used to write again रीफ़िल (स्याही की) **2** *He emptied his glass and asked for a refill.* = some more of the same drink दोबारा भरना **refillable** /rɪ'fɪləbəl/ /रि'फ़िलब्ल्/ adj. = used to describe an object (e.g. a battery cell, a printing cartridge etc.) which can be refilled and used again दोबारा भरने योग्य

re•fine /rɪˈfaɪn/ /रि'फ़ाइन्/ verb, t. *Sugar is made by refining sugarcane juice.* = to make something more pure by removing other substances from it शुद्ध, परिष्कृत करना **refinery** noun, c. (**refineries**) = a factory in which a substance (e.g. oil taken out of the earth) is refined, so as to make it more pure or to make other products from it परिष्करण शाला **refinement** noun, c. or u. **1** *The computers made 20 years ago were difficult to use but the computers of today have many refinements.*(c.) = an improvement which makes something better सुधार **2** *a woman of great refinement*(u.) = the qualities of good manners and behaviour that are expected in a person सुसंस्कार

re•flect /rɪˈflekt/ /रि' फ़्लेक्ट्/ verb, t. **1** *A mirror reflects light.* = to throw back light, heat etc. प्रतिबिंबित करना **2** *She has taken many photographs of temples in India. This reflects her interest in Indian culture.* = to show दिखाना, दर्शाना **3** *You should reflect carefully on this problem before you come to a decision.* = to think carefully चिंतन करना, सोच-विचार करना **reflection** /rɪˈflekʃən/ /रि'फ़्लेक्शन्/ noun, u. or c. **1** *You can see the reflection of the clouds in the water.*(u.) = an image or picture of something seen in water or in a mirror प्रतिबिंब **2** *The manner in which you dress is a reflection of your taste.*(c.) = a sign of what something is like दर्शाने वाला **3** *I have come to this decision after a great deal of reflection.*(u.) = thinking चिंतन, मनन **4** *This book contains Gandhiji's reflections on Indian politics.*(c.) = thoughts expressed in a book विचार **5** *What I said about this city was not meant as a reflection.*(c.) = an unfavourable opinion about something किसी के बारे में नकारात्मक विचार **reflective** /rɪˈflektɪv/ /रि'फ़्लेक्टिव्/ adj. *a reflective person* = having the habit of reflecting (thinking deeply) चिंतनशील, विचारशील

re•flec•tor /rɪˈflektəʳ/ /रि.फ्लेक्टर/ noun, c. **1** = an object or surface that reflects light, sound etc. परावर्तक, रि.फ्लेक्टर **2** = a small piece of plastic or glass fitted on the back of a bicycle that can be seen at night when light shines on it (साइकिल के पीछे लगा) रि.फ्लेक्टर

re•flex[1] /ˈriːfleks/ /ˈरिफ़्लेक्स्/ noun, c. *When a child suddenly ran across the road in front of my car, I was able to brake in time. Fortunately, my reflexes were good.* = the ability to react quickly to a situation without having to think about what one is doing त्वरित प्रतिक्रिया

re•flex[2] adj. *a reflex action* = connected with one's reflexes (see **reflex**[1]) प्रतिक्रिया (देखें **reflex**[1]) **reflex angle** noun, c. = an angle of more than 180º [GEOMETRY] (compare **acute angle, obtuse angle**) वृहत कोण, अधिक कोण [ज्यामिति] (देखें **acute angle, obtuse angle**)

re•flex•ive /rɪˈfleksɪv/ /रि'फ़्लेक्सिव्/ adj. *The sentence "He hurt himself" contains a reflexive pronoun, "himself".* = the use of a word to show that an action done by a person has some effect on the same person [GRAMMAR] निजवाचक [व्याकरण]

re•form[1] /riːˈfɔːm/ /री'फ़ॉऽम्/ verb, i. or t. **1** *Earlier, he turned violent easily, but now he has completely reformed.*(i.) = to change for the better सुधर जाना **2** *We will have to reform the system of education.* (t.) = to make something better by bringing in some change सुधार करना

reform[2] noun, c. or u. **1** *She made many reforms in the way in which the school was run.*(c.) = a major change which improves the way in which something is run or managed सुधार **2** *The booking system for train tickets needs reform.*(u.) = a basic change which results in improved services, facilities etc. सुधारात्मक परिवर्तन **Reformation** /refəˈmeɪʃən/ /रेफ़ 'मेइशन्/ noun, u. = an important event in the history of Europe in the sixteenth century, when the Protestant Church broke away from the Catholic Church सुधार आंदोलन, धर्मसुधार

re•fract /rɪˈfrækt/ /रि'फ्रैक्ट्/ verb, t. = to cause rays of light to bend and change direction (used in connection with water, glass etc.) [PHYSICS] किरणों को मोड़ना और उनकी दिशा बदलना [भौतिकी] **refraction** noun, u. = the change in the direction in which light is travelling, when it passes from one substance (e.g. air) into a different substance (e.g. water) [PHYSICS] अपवर्तन [भौतिकी]

re•frain[1] /rɪˈfreɪn/ /रि'फ्रेइन्/ verb, i. *Please refrain from talking in the library.* = to stop oneself from doing something (formal) स्वयं को कुछ करने से रोकना (औपचारिक)

refrain[2] noun, c. *The song has a refrain which means 'Be careful, take care.'* = a part of a song, which is repeated several times (especially at the end of each verse) स्थायी पद, टेक

re•fresh /rɪˈfreʃ/ /रि'फ्रेश्/ verb, t. **1** *I was tired after the match but the cup of tea has refreshed me.* = to make one feel energetic तरोताज़ा करना, थकान मिटाना **2** *You seem to have forgotten your promise. Let me refresh your memory.* = to remind someone of something याद दिलाना **refresher course** = a course given to bring the knowledge of a group of people on a particular subject up to date पुनश्चर्या पाठ्यक्रम **refreshing** adj. *Normally we have classes indoors but today we had a class under the trees. It made a refreshing change.* = welcome in a way that is fresh and different स्फूर्तिदायक **refreshment** /rɪˈfreʃmənt/ /रि'फ्रेश्मन्ट्/ noun, c. (usually plural **refreshments**) *We will serve refreshments to the passengers once the plane*

R

takes off. = light food and drink (प्रायः बहुवचन रूप में प्रयुक्त) जलपान, अल्पाहार

re•fri•ge•rate /rɪ'frɪdʒəreɪt/ /रे'फ्रिजरेइट्/ verb, t. = to cool food to a very low temperature so that it will not go bad quickly प्रशीतित करना **refrigerator** noun, c. = a machine in which food can be kept at a very low temperature so that it does not go bad रेफ्रिजरेटर, फ्रिज **refrigerant** noun, c. = a kind of gas which is used in refrigerators प्रशीतक (गैस)

ref•uge /'refju:dʒ/ /रे'फ़्यूज्/noun, u. *When the king was chased by his enemies, he took refuge in a cave.* = shelter (a place where one is protected from danger) शरण, आश्रय

re•fu•gee /refjʊ'dʒi:/ /रेफ़्यु'जी/ noun, c. = a person who has been forced to leave his/her home or country and look for refuge (shelter) in another place शरणार्थी

re•fund[1] /rɪ'fʌnd/ /रि'फ़न्ड्/ verb, t. *As the shirt you bought is damaged, the shop will refund the price to you.* = to return or give back money which was received earlier कीमत, राशि लौटाना, वापस करना

refund[2] noun, c. *I have received a refund from the shop for the sari I returned to them.* = money which has been refunded लौटाई गई राशि

re•fuse[1] /rɪ'fju:z/ /रि'फ़्यूज़्/ verb, t. or i. 1 *The director offered her a part in the play, but she refused.*(i.) = to say 'no' or to be unwilling to do something मना करना, अस्वीकृत करना 2 *The government has refused him permission to leave the country.*(t.) = not to allow देने से इनकार करना

refuse[2] /'refju:s/ /'रेफ़्यूस्/ noun, u. *industrial refuse* = garbage or rubbish (waste material that is thrown out) कूड़ा-करकट **refusal** /rɪ'fju:zəl/ /'रिफ़्यूज़ल्/ noun, u. = the act of refusing something इनकार, अस्वीकृति

re•fute /rɪ'fju:t/ /रि'फ़्यूट्/ verb, t. *He argued that dogs are more loving than cats, but she was able to refute his argument easily.* = to prove that an argument is false or incorrect (formal) खंडन करना (औपचारिक)

re•gain /rɪ'geɪn/ /रि'गेइन्/ verb, t. *She was very ill but she has regained her health.* = to get back (again) something that one had lost दोबारा प्राप्त करना/पाना

re•gal /'ri:gəl/ /'रीग्ल्/ adj. *He gave us a regal welcome.* = very grand; fit for a king (literary) राजोचित, शानदार (साहित्यिक)

re•gale /rɪ'geɪl/ /रि'गेइल्/ verb, t. *He regaled us with wonderful stories of adventure.* = to entertain someone, specially by telling stories मनोरंजन करना, मुग्ध कर देना

re•ga•lia /rɪ'geɪliə/ /रि'गेइलिअ/ noun, u. *The students appeared in colourful regalia on the occasion of their convocation.* = clothes used on a special or ceremonial occasion (old-fashioned) विशेष समारोह की पोशाक (पुराने प्रचलन का)

regard[1] /rɪ'gɑ:d/ /रि'गाऽड्/ noun, u. 1 *I have great regard for my professor.* = respect सम्मान, आदर 2 *I am writing to you with regard to the matter we discussed last week.*= in connection with के संबंध में

regard[2] verb, t. 1 *Everyone regards him highly.* = to respect आदर करना, सम्मान करना, 2 *I don't want to discuss this matter with you. I regard it as closed.* = to consider समझना 3 *She regarded him with curiosity.* = to look at someone in a certain way किसी खास नज़र से देखना **regarding** prep. *I am writing to you regarding the matter we discussed last week.* = about ; in connection with (used in business letters) (slightly old-fashioned and formal) के संदर्भ में, के विषय में, के बारे में (औपचारिक और थोड़ा पुराने प्रचलन का) **regardless** adv. 1 *Although they had little money, they carried on regardless and bought some expensive clothes.* = without worrying about or caring for something बिना परवाह किये 2 = without reference to something बिना किसी संदर्भ के **regards** noun, u. (always plural) *I send you my warm regards.* = good wishes (used in friendly letters) (केवल बहुवचन में प्रयुक्त) प्रणाम, शुभकामनाएँ (मित्रों के साथ पत्र-व्यवहार में प्रयुक्त)

re•gat•ta /rɪ'gætə/ /रि'गैट/ noun, c. = an event with many races between sailing or rowing boats नौका-दौड़

re•gen•e•rate /rɪ'dʒenəreɪt/ /रि'जेनरेइट्/ verb, i. *The lizard has lost its tail but it will regenerate.* = to grow back again फिर से उग आना **regeneration** /rɪdʒenə'reɪʃən/ /रिजन'रेइशन्/ noun, u. = the process by which something regenerates पुनरुद्धार, पुनःउत्पत्ति

re•gent /'ri:dʒənt/ /री'जन्ट्/ noun, c. = a person who rules a kingdom in place of the real king or queen रीजेंट, प्रतिशासक

reg•gae /'regeɪ/ /'रेगेइ/ noun = a very popular kind of music that started in the West Indies एक प्रकार का संगीत जिसका जन्म वेस्ट इंडीज में हुआ

re•gime /reɪ'ʒi:m/ /रेइ'जीम्/ noun, c. *Many Indians were sent to jail for writing against the British regime.* = a particular kind of government शासन, शासन-प्रणाली

re•gi•men /'redʒɪmɪn/ /'रेजिमिन्/ noun, c. *The doctor has prescribed a strict regimen of diet and exercise for the patient.* = a set of rules about diet, exercise etc. that a patient is asked to follow in order to improve his/her health पथ्यापथ्य-नियम

re•gi•ment /'redʒɪmənt/ /'रेजिमन्ट्/ noun, c. = a large group of about 1,000 soldiers, commanded by a **colonel** रेजीमेंट, सैन्यदल **regimental**

/redʒɪ'məntəl/ /रेजि'मन्टल्/ adj. *a regimental dinner* = having to do with a regiment रेजीमेंट-संबंधी **regimentation** /redʒɪmən'teɪʃən/ /रेजिम'न्टेइशन्/ noun, u. *Each teacher should be allowed to teach in a way that suits him or her. There should be no regimentation.* = a system which forces everyone to behave in the same way (generally derogatory) संगठन, अनुशासन, एक ही प्रकार के नियम (सामान्यत: अनादरपूर्ण)

re•gion /'ri:dʒən/ /'रीज्न्/ noun, c. *These people belong to the north-eastern region.* = a large area or part of a country क्षेत्र, प्रदेश **regional** adj. *We are going to have a regional committee for each game.* = having to do with a region प्रादेशिक, क्षेत्रीय

re•gis•ter[1] /'redʒɪstə^r/ /'रेजिस्ट^र/ noun, c. or u. 1 *Students must sign the attendance register.*(c.) = a book of large size containing a list or official record पंजिका 2 *These books are written in a scientific register.*(c.) = the style of writing or speaking used by people belonging to a particular profession or studying a particular subject [TECHNICAL] शैली [तकनीकी]

register[2] verb, t. 1 *You will have to register your new car before you can drive it on the roads.*= to get something entered into official records पंजीकृत कराना 2 *The thermometer registered 50 degrees Centigrade.*= to show (used for a thermometer or other measuring instrument) दिखलाना, दर्ज करना 3 *register surprise* = show emotion व्यक्त करना **registration** /redʒɪs'treɪʃən/ /रेजिस'ट्रेइशन्/ noun, u. = the act of registering something पंजीकरण **registrar** /'redʒɪstrɑː^r/ /'रेजिस्ट्रा^र/ noun = a person who is in charge of office records रजिस्ट्रार, पंजीयक

re•gress /rɪ'gres/ /रि'ग्रेस्/ verb, i. *We thought he had become mature with age, but he has actually regressed.* = to go back to a kind of behaviour which is connected with a less developed state पीछे या पूर्व स्थिति में लौटना, अवनति **regressive** adj. *a regressive policy* = going into a less developed state than before प्रतिगामी, अधोगामी

re•gret[1] /rɪ'gret/ /रि'ग्रेट्/ verb, t. *I have always regretted the fact that I did not take more interest in sports when I was young.* = to feel sorry or upset about something पश्चात्ताप करना, पछताना

regret[2] noun, c. *I have no regrets about losing the match.* = a feeling of sadness or disappointment पश्चात्ताप **regrettable** adj. *It is regrettable that we could not meet when I was in Chennai.* = something that one should be sorry about (formal) खेदजनक, शोचनीय (औपचारिक)

reg•u•lar /'regjʊlə^r/ /'रेग्युल^र/ adj. 1 *She is very regular in coming to classes. I have never known her to be absent.* = always doing what one is expected to do (opposite **irregular**) नियमबद्ध, नियमित (विलोम शब्द **irregular**) 2 *I am a regular user of this bus.* = doing something very often नियमित 3 *His heart-beat is regular.* = happening again and again at equal intervals (gaps) of time नियमित 4 *Your apppointment is not regular.* = done according to the usual rules; straightforward and honest स्थायी 5 *'Ask' is a regular verb, but 'see'is an irregular verb.* = a verb whose past tense is formed in the usual way, by adding '-ed' [GRAMMAR] सामान्य [व्याकरण] **regularize (regularise)** /'regjʊlərɑɪz/ /'रेग्युलराइज्/ verb *She has been working as a temporary teacher for the last six months, but her appointment will be regularized now.* = to make something that has been going on for some time official नियमित करना

reg•u•late /'regjʊleɪt/ /'रेग्युलेइट्/ verb, t. *Although many people want to see the Taj Mahal on the first day of the new year, the police have to regulate the number of visitors. Only a fixed number are allowed in at a time.* = to control or keep in check नियंत्रित करना **regulation** /regjʊ'leɪʃən/ /रेग्यु'लेइशन्/ noun, u. or c. 1 = the act of regulating (controlling) something नियंत्रण 2 *There is a police regulation controlling the speed of vehicles on the city roads.*(c.) = an official order or rule, used to regulate (control) something अधिनियम **regulator** noun, c. *The speed of the ceiling fan is controlled by a regulator.* = an instrument that controls the working of a machine नियंत्रक, नियामक

re•gur•gi•tate /rɪ'gɜːdʒɪteɪt/ /रि'गऽजिटेइट्/ verb, t. 1 = to bring food up again from the stomach into the mouth after swallowing it [TECHNICAL] वमन, उलटी करना [तकनीकी] 2 *The students regurgitated the notes which their teacher had dictated.* = to repeat something from memory without understanding it (figurative, derogatory) उगलना, (लाक्षणिक, अनादरपूर्ण)

re•ha•bil•i•tate /riːhə'bɪlɪteɪt/ /रीह'बिलिटेइट्/ verb, t. *The people who lost their homes in the earthquake have been rehabilitated.* = to bring back again to a good condition or situation after a period of suffering; to provide a home to someone who has lost his/her home पुन: प्रतिष्ठित करना, पुनर्वास करना, पुन: स्थापित करना

re•hash[1] /riː'hæʃ/ /री'हैश्/ verb, t. *He has produced a new book by rehashing all his old writings.* = to use old ideas again in a slightly different form (derogatory)पुराने विचारों को थोड़ा भिन्न रूप में प्रस्तुत करना (अनादरपूर्ण)

R

rehash[2] noun, u. *This new book is just a rehash of all his old writings.* = a repetition of old ideas in a slightly different form पुराने विचारों की पुनः कुछ भिन्न अभिव्यक्ति

re•hearse /rɪ'hɜːs/ /रि'हऽस्/ verb, t. *The actors are rehearsing their parts before the drama is staged.* = to practise something (e.g. a drama, speech, a piece of music etc.) before it is done publicly रिहर्सल करना, पूर्वाभ्यास करना **rehearsal** noun, u. or c. *We will have a rehearsal of the play this evening.*(c.) = the act of rehearsing (practising) something पूर्वाभ्यास

reign[1] /reɪn/ /रेइन्/ verb, i. **1** *Emperor Akbar reigned for more than 50 years during the sixteenth century.* = to rule over a country as a king or queen [HISTORY] शासन करना [इतिहास] **2** *Australia reigns in cricket.* = to be much better than anyone else in some activity (figurative) सर्वश्रेष्ठ होना, राज करना (लाक्षणिक)

reign[2] noun, c. or u. *The Taj Mahal was built during Shah Jehan's reign.* = the period during which a king or queen rules शासन-काल

re•im•burse /riːɪm'bɜːs/ /रीइम्'बऽस्/ verb, t. *The company will reimburse the money that you spent last month on travelling.* = to pay back money to someone who has had to spend money for some official purpose (formal) वापस देना, अदा करना (औपचारिक)

rein[1] /reɪn/ /रेइन्/ noun, c. (usually plural **reins**) *The horse will stop if you pull the reins.*= a narrow band made of leather, tied to the head of a horse and used to control its movements (प्रायः बहुवचन रूप में प्रयुक्त) लगाम, रास

rein[2] verb, t. **1** *You will have to rein in the horse.* = to make a horse move more slowly by using the reins लगाम पकड़कर धीरे-धीरे चलाना **2** *The students are spending too much time watching television. We should rein them in.* = to control a person's behaviour (figurative) लगाम कसना (लाक्षणिक)

re•in•car•nate /riːɪnkɑː'neɪt/ /रीइन्काऽ'नेइट्/ verb, i. or t. *He is so violent that I feel he will reincarnate as a tiger.* = to be born again or to cause someone or something to be born again पुनर्जन्म होना **reincarnation** noun, u. **1** = the action of being born again पुनर्जन्म **2** *She believes she is the reincarnation of a sage of ancient times.* = someone who has been born again पुनर्जन्म

rein•deer /'reɪndɪəʳ/ /'रेइन्डिअʳ/ noun (plural **reindeer**) = a kind of deer with large horns, found in cold countries near the North Pole (उत्तरी ध्रुव से सटे देशों में पाया जानेवाला) रेंडियर पशु

re•in•force /riːɪn'fɔːs/ /रीइन'फ़ॉऽस्/ verb, t. **1** *There were only 50 soldiers on our side, but as there were more than 500 enemy soldiers, it became necessary to reinforce our troops.* = to add strength to an army or other group by sending more men, weapons etc. कुमुक भेजना, वृद्धि करना **2** *Let us reinforce the wall with an extra layer of concrete.* = to add strength or support to something मज़बूत करना **reinforcement** noun, u. or c. **1** (u.) = the action of making something stronger मज़बूत करने की क्रिया **2** *The general asked for reinforcements when he found himself outnumbered by the enemy*(c.) = more soldiers or weapons etc. sent to make an army stronger सुदृढ़ीकरण **reinforced concrete** (**cement**) = cement which has been made stronger by putting steel rods inside, before the cement becomes hard मज़बूत सीमेंट

re•in•state /riːɪn'steɪt/ /रीइन्'स्टेइट्/ verb, t. *The officer had been asked to leave but she has been reinstated.* = to put someone back (again) in a former position or job (formal) (नौकरी में) फिर से बहाल कर लेना (औपचारिक)

re-issue /riː'ɪʃuː/ /री'इशू/ verb, t. *The book was out of print but it has been re-issued.* = to print a book again पुनः प्रकाशित करना

re•it•e•rate /riː'ɪtəreɪt/ /री'इटरेइट्/ verb, t. = to say again (to repeat a statement many times) बार-बार कहना

re•ject[1] /rɪ'dʒekt/ /रि'जेक्ट्/ verb, t. *If you do not send in your application in time, the admissions committee will reject it.* = to turn down or refuse to accept someone or something अस्वीकृत करना

re•ject[2] noun, c. *The rejects are being sold at half the usual price.* = a thing or person that is not good enough (not polite when used about a person) अस्वीकृत (वस्तु/व्यक्ति) **rejection** noun, u. = the action of rejecting someone or something अस्वीकृति

re•joice /rɪ'dʒɔɪs/ /रि'जॉइस्/ verb, i. *We rejoice at the victory of our team.* = to feel great happiness about something (literary) खुशी मनाना (साहित्यिक) **rejoicing** noun, u. *There was great rejoicing when our team won.* = great happiness or joy shown usually by a group of people हर्षोल्लास

re-join /riː'dʒɔɪn/ /री'जॉइन्/ verb, t. or i. *He has re-joined his party.* = to join again after having left जुड़ जाना, सदस्यता छोड़ने के बाद पुनः सदस्य बन जाना

re•join•der /rɪ'dʒɔɪndəʳ/ /रि'जॉइन्डʳ/ noun, c. *I was so angry on getting his letter that I sent him a rejoinder at once.* = a strong reply प्रत्युत्तर

re•ju•ve•nate /rɪ'dʒuːvəneɪt/ /रि'जूवनेइट्/ verb, t. *He looks rejuvenated after his holiday in Goa.* = to make someone feel or look young again नया करना, जवान बना देना

re•kindle /riː'kɪndl/ /री'किन्ड्ल्/ verb, t. = to light a fire again दोबारा (आग) जलाना

re•lapse[1] /rɪ'læps/ /रि'लैप्स्/ verb, i. *The patient was improving but he has relapsed.* = to return to a poor state of health after some improvement (रोग) फिर से लौट आना

relapse² noun, u. *The patient has suffered a relapse.* = a return to poor health after some improvement बीमारी की आवृत्ति

re•late /rɪ'leɪt/ /रि'लेइट्/ verb, t. **1** *There was a lot of rain last week and this week we have had many two-wheeler accidents. Can we relate these two things?* = to try to find a connection between two things संबंध जोड़ना **2** *Can you relate what happened at the meeting yesterday?* = to tell (usually a story) (formal) विस्तार से सुनाना (औपचारिक) **related** adj. **1** *He and I are related. He is married to my sister.* = having some family connections रिश्तेदार, संबंधी या होना **2** *The rise in the price of vegetables is related to the rise in petrol prices.* = having some connection with something that is being discussed संबंधित **relation** /rɪ'leɪʃən/ /रि'लेइशन्/ noun, u. or c. **1** *What you are saying has no relation to the matter we are discussing now.*(u.) = connection नाता, रिश्ता, संबंध **2** *That man is a distant relation. His mother is my husband's cousin.*(c.) = a person with whom one has some family connection रिश्तेदार **relationship** noun, c. **1** *a loving relationship between two sisters* = a friendly or loving connection मैत्री या स्नेहिल संबंध/ रिश्ता **2** *He wanted to have a relationship with her.* = a friendship based on sex शारीरिक संबंध **3** *The relationship between the two teams is improving.* = the way in which people feel about each other परस्पर संबंध **4** *Is there a relationship between smoking and cancer?* = a connection, usually one of cause and effect कारण-कार्य संबंध

rel•a•tive¹ /'relətɪv/ /रे'लटिव्/ noun, c. *I have invited all my relatives to my son's wedding.* = relation (a member of one's family) संबंधी, रिश्तेदार

relative² adj. *Although the bus was overcrowded it was air-conditioned, and we travelled in relative comfort.* = as compared to someone or something else सापेक्ष, तुलनात्मक **relative clause** noun *In the sentence 'I have read the book which you published last week', 'which you published last week' is a relative clause.* = a clause (group of words containing a finite verb) that is connected to the rest of the sentence by 'who', 'which' or 'that' [GRAMMAR] मिश्रित अथवा मिश्र उपवाक्य [व्याकरण]

Re•la•ti•vi•ty /relə'tɪvɪtɪ/ /रेल'टिविटि/ noun = the idea that time, mass (weight) and energy are related to each other and change with the speed of light [PHYSICS] सापेक्षता [भौतिकी]

re•lax /rɪ'læks/ /रि'लैक्स्/ verb, i. or t. **1** *You have been working hard for the last five hours. You should relax now.*(i.) = to make one's mind and body free and comfortable आराम करना **2** *Please relax the muscle in your arm, otherwise I will not be able to inject this medicine.*(i.) = to make something less tight or stiff ढीला करना **3** *The company has a strict rule against smoking on the premises, and they will not relax it under any circumstances.* = to be less strict in making someone obey a law or rule छूट देना **relaxation** /ri:læk'seɪʃən/ /रीलैक'सेइशन्/ noun, u. **1** *relaxation of import laws* = the act of relaxing a law or rule (making it less strict) शिथिलता, ढिलाई, छूट **2** *She plays chess for relaxation.* = something done for enjoyment in one's free time राहत, मन-बहलाव

re•lay¹ /ri:'leɪ/ /री'लेइ/ verb, t. **1** *He phoned us and wanted us to relay the news to others.* = to pass on something (e.g. some information) from one person to the next आगे बतलाना **2** *Doordarshan will relay the cricket match from Harare.* = to send or carry a television or radio programme from one place to another प्रसारित करना

relay² noun, c. *The Olympic flame was brought from Greece to Australia by a relay of runners.* = one part of a team of people who help to carry something by passing it on from one person to the next टोली **relay race** noun = a race in which each runner of a team runs only for a part of the total distance, allowing the next runner to continue चौकी-दौड़, रिले रेस

re•lease¹ /rɪ'li:s/ /रि'लीस्/ verb, t. **1** *The judge ordered the police to release the prisoner.* = to set free [LAW] छोड़ना, मुक्त करना (कानून) **2** *The new book on birds will be released next week.* = to show a new book or film to the public for the first time (का) विमोचन करना या होना **3** *He released the string and the bird flew away.* = to let go of something खोलना, छोड़ना **4** *The name of the winner has not been released.* = to let some information be known to the public घोषित करना

release² noun, u. **1** *The judge ordered the release of the prisoner.* = the act of setting someone free [LAW] रिहाई [कानून] **2** *Many important guests were invited to the release of the new film.* = the public showing of a new film or book for the first time प्रथम प्रदर्शन (फ़िल्म का), विमोचन (पुस्तक का)

rel•e•gate /'relɪgeɪt/ /'रेलिगेइट्/ verb, t. *This rocking chair was once everyone's favourite but now it has been relegated to the storeroom.* = to push someone or something down to a lower or less important position (formal) निकाल देना, महत्त्वहीन स्थिति में रखना (औपचारिक) **relegation** /relɪ'geɪʃən/ /रेलि'गेइशन्/ noun = the act of relegating someone or something निर्वासन, बहिष्कार, पदावनति

re•lent /rɪ'lent/ /रि'लेन्ट्/ verb, i. **1** *The storm caused a lot of destruction in the last two days but it*

R

seems to be relenting now. = to become less severe or strong (तीव्रता) कम होना **2** *At first, her parents would not allow her to go to the party with her friends but later they relented.* = to agree to something that has been refused previously नर्म पड़ना **relentless** adj. *The rain has been pouring down for four weeks now. It is relentless.* = continuous and strong; (of attitudes) showing no mercy अनवरत, लगातार, बिना नर्म पड़े

rel•e•vant /ˈrelɪvənt/ /ˈरेलिवन्ट्/ adj. *We are discussing cricket and you suddenly start talking about films. What you are saying is not relevant.* = connected with the subject being discussed (opposite **irrelevant**) प्रासंगिक, संगत (विलोम शब्द **irrelevant**)

re•ly /rɪˈlaɪ/ /रिˈलाइ/ verb, t. **1** *Our city relies on the river nearby for its supply of water.* = to depend on निर्भर होना **2** *She is very honest. You can rely on her.* = to trust विश्वास करना **reliable** adj. *My watch is reliable. It always shows the correct time.* = (someone or something) that can be trusted विश्वसनीय **reliance** noun, u. = the state (condition) of depending on something भरोसा, विश्वास **reliant** adj. *India is heavily reliant on agriculture.* = depending on something निर्भर

re•lic /ˈrelɪk/ /ˈरेलिक्/ noun, c. *The ruined temple at Hampi is a relic of Karnataka's past.* = something old that still survives and reminds one of the past स्मृति-चिह्न **relics** noun (always plural) *Buddha's relics have been kept in a temple in Sri Lanka.* = parts from the body or clothing of a dead person, considered holy, preserved in his/her memory (केवल बहुवचन में प्रयुक्त) अवशेष

relief /rɪˈliːf/ /रिˈलीफ़/ noun, u. or c. **1** *This medicine will give you relief from pain.*(u.) = freedom from pain, sorrow etc. आराम (दु:ख या कष्ट से) **2** *The government is sending relief to the people who have lost their homes in the earthquake.*(u.) = help given to people in trouble सहायता, मदद **3** *I am going off-duty now. My relief has arrived.*(c.) = a person who takes over a duty from someone else एवजी अधिकारी **4** *The building was lit up brightly and stood out in high relief.*(u.) = standing out clearly from the background उभरकर स्पष्ट दिखाई देना **relief map** noun, c. = a map of a country in which the high areas (mountains etc.) stand out from the lower areas [GEOGRAPHY] उभारदार नक्शा [भूगोल]

re•lieve /rɪˈliːv/ /रिˈलीव्/ verb, t. **1** *This medicine will relieve the pain in your chest.* = to make one's suffering less आराम मिलना (दर्द से) **2** *This guard is on duty until 8.00 in the morning, after which another guard will relieve him.* = to take up some duty from someone else, making him/her free कार्यमुक्त करना

re•li•gion /rɪˈlɪdʒən/ /रिˈलिज्न्/ noun, u. or c. **1** *It is said that all human beings need religion to give them hope.*(u.) = belief in the existence of the soul and God or gods आत्मा और परमात्मा में विश्वास **2** *India is the home of some of the oldest religions in the world.*(c.) = a particular system of belief or practice in worshipping God or gods धर्म **religious** adj. **1** *a religious ceremony* = connected with religion धार्मिक **2** *a religious person* = having deep faith in religion धार्मिक, धर्मपरायण

re•lin•quish /rɪˈlɪŋkwɪʃ/ /रिˈलिंक्विश्/ verb, t. *He relinquished his kingdom and lived as an ordinary citizen.* = to give up power, wealth etc. (formal) त्याग देना, छोड़ देना (औपचारिक)

re•lish[1] /ˈrelɪʃ/ /ˈरेलिश्/ verb, t. *This book has been beautifully written. I am sure you will relish it.* = to enjoy or like very much पसंद करना, आनंद लेना

relish[2] noun, u. **1** *He ate the salad with great relish.*= enjoyment; usually of food (भोजनों के संदर्भ में) स्वाद से **2** *She served her guest some relish, along with rice and curry.* = something that adds taste to food, e.g. pickles or sauce स्वादवर्द्धक (अँचार, चटनी आदि)

re•live /ˈriːlɪv/ /ˈरीलिव्/ verb, t. *When I see old photographs, I often relive my childhood.* = to remember and experience (feel) something again in the mind फिर से महसूस करना, गुज़रा समय याद आना

re•lo•cate /riːləʊˈkeɪt/ /रीलउˈकेइट्/ verb, t. *We had set up our factory in Mumbai but we will have to relocate it to Pune.* = to find a new place for someone or something नए स्थान पर पुन: बसाना

re•luc•tant /rɪˈlʌktənt/ /रिˈलॅक्टन्ट्/ adj. *I enjoyed my holiday in Lucknow so much that I was reluctant to return to Delhi.* = unwilling or unhappy to do something अनिच्छुक **reluctance** noun, u. *I returned from my holiday with great reluctance.* = unwillingness to do something अनिच्छा **reluctantly** adv. अनिच्छा से

re•main[1] /rɪˈmeɪn/ /रिˈमेइन्/ verb, i. **1** *The cake has been eaten. Only a small piece remains.* = to be left behind when everything else is gone बाकी रहना **2** *He remained seated when everyone else stood up.* = to continue doing something बने रहना

re•main•der /rɪˈmeɪndəʳ/ /रिˈमेइन्डʳ/ noun, u. **1** *I have eaten up most of the oranges. You can have the remainder.* = what remains (is left) शेष, बाकी **2** *If you divide 14 by 4, you get 3 as the quotient and 2 as the remainder.* = the number that is left when one number is divided by another number [MATHEMATICS] शेष [गणित]

re•mains /rɪˈmeɪnz/ /रीˈमेन्ज़/ noun, u. (always plural) *Here you see the remains of the king's palace.* = the part of something that remains (is left) behind when everything else is gone (केवल बहुवचन में प्रयुक्त) अवशेष

re•make[1] /riːˈmeɪk/ /री'मेइक्/ verb, t. *The producer is going to remake this film.* = to make something again, especially a film पुनः बनाना
remake[2] noun c. *This is a remake of the popular film "Sholay".* = a film made on the basis of an older one पुनर्निर्माण
re•mand /rɪˈmɑːnd/ /रि'माऽन्ड्/ verb, t. *The judge ordered her to be remanded to police custody.* = to send to prison to await trial [LAW] हवालात में भेजना [कानून]
re•mark[1] /rɪˈmɑːk/ /रि'माऽक्/ verb, t. *'This meeting should end quickly,' the Chairperson remarked.* = to say something, especially something that one has just thought of or noticed टिप्पणी करना
remark[2] noun, c. *They made rude remarks about those who were late.*= a spoken or written opinion or comment टिप्पणी **remarkable** adj. *She has a remarkable sense of humour. She makes everyone laugh.* = unusual; worth talking about विशिष्ट, असाधारण **remarkably** adv. असाधारण रूप से
rem•e•dy[1] /ˈremɪdi/ /'रेमिडी/ noun (**remedies**) or u. *This new medicine is a remedy for cancer.*(c.) इलाज // *There is no easy remedy for violence.*(u.)= something that can cure a disease or take away the effects of something unpleasant उपचार, इलाज
remedy[2] verb, t. *The house is in terrible shape, but we can remedy the situation.* = to change something and make it better (also **remediate**) ठीक कर देना (देखें **remediate**) **remedial** /rɪˈmiːdiəl/ /रि'मीडिअल्/ adj. *remedial classes* = something that can be used to set right or cure सुधार करने वाला
re•mem•ber /rɪˈmembəʳ/ /रि'मेम्बर/ verb, t. **1** *Can you remember when we last met?* = to bring back to mind याद आना **2** *Please remember to call me.* = to not forget याद रखना
re•mind /rɪˈmaɪnd/ /रि'माइन्ड्/ verb, t. *I may forget to visit him. Will you remind me?* = to cause someone to remember something याद दिलाना **reminder** noun, c. *We have received a reminder from the telephone company to pay up our dues.* = something that makes one remember to do something अनुस्मारक, स्मरण-पत्र
rem•i•nisce /remɪˈnɪs/ /रेमि'निस्/ verb, i. *When the two friends met after 20 years, they reminisced about old times.* = to think or talk happily about the past (formal) पुराने अनुभव याद करना (औपचारिक) **reminiscence** noun, c. (usually plural **reminiscences**) *The old actor plans to publish his reminiscences.* = a book in which one writes about past events and memories (प्रायः बहुवचन रूप में प्रयुक्त) संस्मरण
re•mis•sion /rɪˈmɪʃən/ /रि'मिशन्/ noun, u. *He feels better now. There has been a remission of his fever.* = a period when something, specially an illness, becomes less severe. तीव्रता कम होना (बीमारी की)
re•mit /rɪˈmɪt/ /रि'मिट्/ verb, t. (**remitted**) **1** *I have to remit Rs 500 to my brother who lives in a village.* = to send money by post (formal) भेजना (औपचारिक) **2** *He was sentenced to 5 years imprisonment, but the court has remitted his sentence.* = to free someone from punishment or reduce the punishment [LAW] सज़ा में छूट देना, माफ़ी देना [कानून]
rem•nant /ˈremnənt/ /'रेम्नन्ट्/ noun, c. **1** *The tailor threw away the remnants after he had stitched a shirt out of the piece of cloth.* = the small pieces of cloth that are left over after a garment has been made out of a piece of some material बचा हुआ टुकड़ा **2** = part that remains अवशिष्ट, शेषांश
re•mo•del /riːˈmɒdəl/ /री'मॉड्ल्/ verb, t. *He has remodelled his house.* = to give something a new shape or appearance नए आकार दोबारा बनाना, पुनर्निर्माण
re•mon•strate /ˈremənstreɪt/ /'रेमन्स्ट्रेइट्/ verb, i. *The students remonstrated when the teacher scolded them for coming late to class.* = to complain or protest (formal) विरोध प्रदर्शन करना (औपचारिक)
re•morse /rɪˈmɔːs/ /रि'मॉस्/ noun, u. *The emperor Ashoka was filled with remorse when he saw that thousands of soldiers had been killed in the war started by him.* = a feeling of sorrow for having done something wrong (literary) अनुताप, पश्चात्ताप (साहित्यिक)
re•mote /rɪˈməʊt/ /रि'मउट्/ adj. **1** *Kalinga was a powerful kingdom in the remote past. // Electricity has not reached the remote villages of this state.* = distant (far away) in time or space दूरवर्ती **2** *I don't have the remotest idea what you are talking about.* = slight (small) ज़रा भी **3** *I tried to talk to them but they were very remote.* = not friendly (figurative) उपेक्षा भाव (लाक्षणिक) **remotely** adv. **remoteness** noun, u. **remote control** noun = an instrument which allows one to control a machine (e.g. a television set) from a distance रिमोट कंट्रोल, दूर से संचालन करने वाला यंत्र

a remote chance *You have very little time but there is a remote chance that you will catch the train.* = not very likely to happen but only just possible क्षीण संभावना

re•move /rɪˈmuːv/ /रि'मूव्/ verb, t. **1** *Please remove the garbage from the road.* = to take away from one place to another हटाना **2** = to dismiss somebody from a position पद से हटाना **removal** noun, u. **1** *the removal of restrictions* = the act of removing (taking away) something विस्थापन **2** = carrying things from one place to another स्थानांतरण
re•mu•ne•rate /rɪˈmjuːnəreɪt/ /रि'म्यूनरेइट्/ verb, t. *You will be remunerated for the work that you have done.* = to pay someone for work done

R

(formal) पारिश्रमिक देना (औपचारिक) **remuneration** /rɪmju:nə'reɪʃən/ /रिम्यून'रेइश्न्/ noun, u. = money paid for work done पारिश्रमिक **remunerative** /rɪ'mju:nərətɪv/ /रि'म्यूनरेइटिव्/ adj. *This job is not very remunerative. I get paid very little.* = well-paid लाभकारी, पैसा दिलाने वाला

re•nais•sance /rɪ'neɪsəns/ /रि'नेइसन्स्/ noun, u. *Bengal had a renaissance in the nineteenth century, when many great writers and philosophers appeared.* = re-birth (a period when art, culture etc. are revived or brought back to life) पुनर्जागरण **Renaissance** noun *the European Renaissance* = the period in the history of Europe between the 14th and 17th centuries, when many great works of art and literature were produced [HISTORY] पुनर्जागरण [इतिहास]

re•nal /'ri:nəl/ /'रीनल्/ adj. = having to do with the **kidneys** [MEDICINE] गुर्दे का, वृक्कीय [चिकित्सा]

re-name /ri:'neɪm/ /री'नेइम्/ verb, t. *Madras has been renamed Chennai.* = to give something a new name नया नाम रखना

rend /rend/ /रेन्ड्/ verb, t. (**rent**) = to tear up (old-fashioned, literary) फाड़ना, चीरना (पुराने प्रचलन का, साहित्यिक)

ren•der /'rendəʳ/ /'रेन्डर्/ verb, t. **1** *You will have to render accounts for the money you have spent.* (formal, old-fashioned) ब्यौरा या हिसाब देना (औपचारिक, पुराने प्रचलन का) **2** *You have rendered great service to the country.* = to give or to perform (formal) अर्पित करना (औपचारिक) **rendering** noun, u. or c. **1** *Lata Mangeshkar gave a wonderful rendering of a bhajan by Meerabai.* = a performance of a piece of music (also **rendition**) संगीत की प्रस्तुति (देखें **rendition**) **2** *This is an English rendering of a Hindi novel by Premchand.* = translation अनुवाद

ren•dez•vous /'rɒndɪvu:/ /'रॉन्दिवू/ noun, c. (French) **1** *He is going to the cinema for a rendezvous with his girl-friend.* = a private and often secret meeting with someone (फ्रेंच शब्द) निजी व गोपनीय मीटिंग **2** *This new restaurant has become a popular rendezvous for college students.* = a place where people like to meet मिलने का स्थान

ren•e•gade /'renɪgeɪd/ /'रेनिगेइड्/ noun, c. = a person who leaves a certain political or religious group to join another group with completely different views स्वधर्म अथवा स्वदल त्यागी, दल-बदलू

re•new /rɪ'nju:/ /रि'न्यू/ verb, t. **1** *You will have to renew your membership of this club, which ended last week.*= to start something again after a break नवीनीकरण करना **2** *The brief holiday renewed my spirits.* = to give fresh strength and energy नई स्फूर्ति देना

re•nounce /rɪ'naʊns/ /रि'नाउन्स्/ verb, t. *He renounced politics and devoted his life to social work.* = to give up something for ever (formal) त्याग देना (औपचारिक)

ren•o•vate /'renəveɪt/ /'रेनवेइट्/ verb, t. *This old building will be renovated.* = to bring something back into good condition by repairing it मरम्मत करके नया कर देना **renovation** /renə'veɪʃən/ /रेन'वेइश्न्/ noun, u. मरम्मत, पुनरुद्धार

re•nown /rɪ'naʊn/ /रि'नाउन्/ noun, u. *Lata Mangeshkar has won great renown as a singer.* = fame (literary) प्रसिद्धि, ख्याति (साहित्यिक) **renowned** adj. *Jagjeet Singh is a renowned singer.* = famous विख्यात, प्रसिद्ध, मशहूर

rent[1] /rent/ /रेन्ट्/ verb, t. **1** *We are renting out this house to a bank.*= to allow someone to use something in return for regular payment किराये पर देना **2** *We will have to rent a building for our new office.* = to be allowed to use something by paying money regularly for its use किराये पर लेना

rent[2] noun, u. or c. **1** *The rent for the house in which I live now is Rs 1000 a month.* = money paid regularly for the use of something (also **rental**) किराया (देखें **rental**) **2** = a large hole in a piece of cloth (old-fashioned, literary) खोंच, छेद (पुराने प्रचलन का, साहित्यिक)

re•o•pen /ri:'əʊpən/ /री'अउपन्/ verb, t. or i. *The school is closed for the summer vacation. It will reopen in July.* = to open or begin again फिर खुलना, अवकाश के बाद शुरू होना

re•or•gan•ize (reorganise) /ri:'ɔ:gənaɪz/ /री'ऑऽगनाइज़्/verb, t. = to organize again (to change the way in which something works or the position in which something is, so as to make it work better) सुधार के लिए पुनर्गठित करना

re•pair[1] /rɪ'peəʳ/ /रि'पेअर्/ verb, t. *My watch is not working. I need to get it repaired.* = to make something work again मरम्मत करना, ठीक करना

repair[2] noun, c. (usually plural) *The car is difficult to start and gets heated easily. It needs repairs.* = something that has to be done to fix something (make it work) (प्रायः बहुवचन में प्रयुक्त) मरम्मत, सुधार

re•par•tee /repɑ:'ti:/ /रेपाऽ'टी/ noun, c. *Urvashi is known for her sense of humour. Whenever she gets into a discussion, she comes up with an excellent repartee.* = a quick and clever reply given to someone during a conversation or debate प्रत्युत्तर, हाज़िरजवाबी

re•past /rɪ'pɑ:st/ /रि'पाऽस्ट्/ noun, c. *I have had an excellent repast. I can't eat anything more.* = a meal (formal, literary) भोज, दावत (औपचारिक, साहित्यिक)

re•pat•ri•ate /ri:'pætrieɪt/ /री'पैट्रीएइट्/ verb, t. = to send someone or something (e.g. money) back (again) to one's country स्वदेश भेजना, लौटाना

re•pay /rɪ'peɪ/ /रि'पेइ/ verb, t. **1** *Can you repay the money by Friday?* = to give back money that is owed (कर्ज़) लौटाना **2** *You have helped me a lot in* *these difficult times. How can I repay your kindness?* = to give in return for kindness, help etc. ऋण चुकाना

re•peal /rɪ'pi:l/ /रि'पील्/ verb, t. = to officially put an end to a law (formal) रद्द करना, निरस्त करना (औपचारिक)

re•peat[1] /rɪ'pi:t/ /रि'पीट्/ verb, t. **1** *Do not repeat this mistake.* = to do something again दोहराना **2** *Please do not repeat what you've heard in this room to anyone.* = to say something again किसी को बतलाना

re•peat[2] noun, c. *I've seen this episode before. It is a repeat.* = something that is shown or done again आवृत्ति **repetition** /repɪ'tɪʃən/ /रेपि'टिशन्/ noun, u. or c. = the act of repeating something (derogatory) पुनरावृत्ति (अनादरपूर्ण) **repetitive** adj.

to repeat oneself = to say the same thing over and over again एक ही बात बार-बार दोहराना

re•pel /rɪ'pel/ /रि'पेल्/ verb, t. (**repelled**) **1** *The enemy attack on our camp was repelled by our brave soldiers.* = to drive back by force पीछे खदेड़ना **2** *She was repelled by their noisy behaviour.* = to cause a strong feeling of dislike नाराज़ करना **repellant** noun, u. or adj. *mosquito repellant* (noun) = a substance that drives things away or keeps them away किसी को भगाने या दूर रखने वाली वस्तु

re•pent /rɪ'pent/ /रि'पेन्ट्/ verb, t. or i. *He had said very unpleasant things about me, but, as he repented and said he would never do this again, I excused him.* = to feel and show that one is sorry for having done something wrong (formal) पछताना (औपचारिक) **repentant** adj. *He was repentant after he lost his temper unnecessarily.* = feeling or showing that one is sorry for having done something wrong पश्चात्तापग्रस्त

re•per•cus•sion /ri:pə'kʌʃən/ /रीप'कॅशन्/ noun, c. (usually plural) *The President's speech criticizing the government has had strong repercussions on the country.* = strong and far-reaching effect (प्राय: बहुवचन में प्रयुक्त) गंभीर प्रभाव, दुष्प्रभाव

re•per•toire /'repətwɑ:r/ /'रेपट्वाड़/ noun, c. *She has a huge repertoire of jokes. She can tell you a funny story whenever you ask her to do so.* = stock (referring to the plays, songs, jokes etc. that someone performs or produces regularly) भंडार

re•phrase /ri:'freɪz/ /री'फ्रेइज़्/ verb, t. = to say something again using different words भिन्न शब्दों में पुन: कहना

re•place /rɪ'pleɪs/ /रि'प्लेइस्/ verb, t. **1** *Saif will replace Robert in the next match.* = to take the place of someone दूसरे का स्थान लेना, एक के स्थान पर दूसरा **2** *Please replace the book on the shelf.* = to put something back in its correct place उसी स्थान पर पुन: रख देना

replay /ri:'pleɪ/ /री'प्लेइ/ verb, t. **1** = to play a match or a game again दोबारा खेलना **2** = to play back something that has been recorded (on a recording machine)रिकार्ड की गई वस्तु को प्रस्तुत करना (रिकार्ड के यंत्र द्वारा सुनाना या दिखाना)

re•plen•ish /rɪ'plenɪʃ/ /रि'प्लेनिश्/ verb, t. *We have used up all our food. We will have to replenish it.* = to re-fill or put back food etc. which has been used up (formal) भरना (औपचारिक) **replenishment** noun भराई, आपूरण

rep•li•ca /'replɪkə/ /'रेप्लिक/ noun, c. *This is a replica of the Taj Mahal.* = a close copy प्रतिकृति **replicate** verb, t. *American scientists will replicate an experiment which was carried out last week in India.* = to do something in exactly the same way as something done earlier दोहराना **replication** /replɪ'keɪʃən/ /रेप्लिकेइशन/ noun प्रत्युत्तर

re•ply[1] /rɪ'plaɪ/ /रि'प्लाइ/ verb, i. (**replied**) *He has not replied to my letter yet.* = to answer उत्तर देना, जवाब देना

reply[2] noun, c. (**replies**) or u. *He gave her a polite reply.*(c.) = something said as an answer उत्तर, जवाब

re•port[1] /rɪ'pɔ:t/ /रि'पॉऽट्/ verb, t. or i. **1** *Have you reported the theft of your car to the police?*(t.) = to give information about something शिकायत दर्ज करना **2** *She has been reporting on the World Cup for five years now.*(i.) = to write in the newspaper giving information about some event (समाचार-पत्र) विवरण देना **3** *Please report at the office on time.*(i.) = to come to a certain place and let others know that one is there (formal) पहुँचना (औपचारिक)

report[2] noun, c. **1** *The sports committee should give us a more detailed report.* = a piece of writing which gives information about some event etc. प्रतिवेदन, रिपोर्ट **2** *There was a loud report when the tyre burst.* = the noise of an explosion or gun being fired धमाका **reporter** noun, c. = a person who writes regularly about events for a newspaper (formal) (compare **journalist**) रिपोर्टर (औपचारिक) (देखें **journalist**) (औपचारिक, साहित्यिक) **reported speech** noun *The sentence 'She asked me 'What's your name?' becomes 'She asked me what my name was' in reported speech.*= the words of a speaker as reported by some other person (see also **indirect speech**) [GRAMMAR] परोक्ष कथन (देखें **indirect speech**) [व्याकरण] **reportedly** adv. = according to what is known unofficially कथित रूप से

re•pose[1] /rɪ'pəʊz/ /रि'पउज़्/ verb, i. **1** *The old woman reposed peacefully on her bed, tired after her work.* = to lie down and rest (formal, literary) लेट जाना, विश्राम करना (औपचारिक, साहित्यिक) **2** *We*

R

repose a lot of hope in these discussions. = to put trust, hope etc. in something (formal) भरोसा करना (औपचारिक)

repose[2] noun, u. *The statue of Buddha has a look of perfect repose.* = calmness or peace शांति

re•pos•i•to•ry /rɪˈpɒzɪtəri/ /रिˈपॉज़िट्री/ noun, c. (**repositories**) *a repository of historical documents* = a place where things are stored संग्रह, निधान

rep•re•hen•si•ble /reprɪˈhensɪbəl/ /रेप्रिˈहेन्सिब्ल्/ adj. *Why did you start a fight during the meeting? Your behaviour was reprehensible.* = of a kind which invites great blame (formal) निंदनीय, दोषपूर्ण (औपचारिक)

rep•re•sent /reprɪˈzent/ /रेप्रिˈज़ेन्ट्/verb, t. **1** *She represented her country in the Olympic Games.* = to speak or do something on behalf of someone or in their place प्रतिनिधित्व करना **2** *This map represents the extent of the Moghul empire during Akbar's reign.* = to show प्रदर्शित करना **representation** /reprɪzenˈteɪʃən/ /रेप्रिज़ेन्ˈटेइशन्/ noun, c. *This sculpture is a representation of the country's struggle for freedom.* = something that represents (shows) something प्रतिनिधित्व/ **representative** /reprɪˈzentətɪv/ /रेप्रिˈज़ेन्टटिव्/ noun, c. *Mrs Roy was the group's representative at the conference.* = a person who speaks or acts on behalf of someone प्रतिनिधि

re•pres•sion /rɪˈpreʃən/ /रिˈप्रेशन्/ noun, u. *emotional repression* = the act of not allowing the natural expression of feelings [TECHNICAL] दमन, निरोध [तकनीकी] **repressive** adj. *a repressive government* = not allowing freedom (disapproving) दमनकारी (अस्वीकृत)

re•prieve /rɪˈpriːv/ /रिˈप्रीव्/ noun, c. *The President of India granted the prisoner a reprieve and he was set free.* = an official order stopping or delaying some punishment [LAW] दंडस्थगन (कानून)

rep•ri•mand[1] /ˈreprɪmɑːnd/ /ˈरेप्रिमाऽन्ड्/ verb, t. *The judge reprimanded the police for taking the sick man to jail.* = to express strong disapproval (dislike) of some action (formal) नाराज़गी व्यक्त करना (औपचारिक)

reprimand[2] noun, c. = a strong expression of disapproval डाँट-फटकार

re•print /riːˈprɪnt/ /रीˈप्रिंट्/ verb, t. = to print something (e.g. a book) again, after all the copies printed earlier have been sold पुनर्मुद्रण

re•pri•sal /rɪˈpraɪzəl/ /रिˈप्राइज़ल्/ noun, c. or u. *When one of our cities was bombed by the enemy our air force bombed two of their cities as a reprisal.* = punishment given to someone in return for some wrong or harm done to you (formal) प्रतिशोध (औपचारिक)

re•proach[1] /rɪˈprəʊtʃ/ /रिˈप्रउच्/ verb, t. *The teacher reproached her for not completing the work on time.* = to blame someone in a way that shows your unhappiness over something that has been done (or not done) भर्त्सना करना, दोष देना

reproach[2] noun, u. or c. *We received a reproach from our teacher for not doing as well as she wanted.*(c.) = an expression of disapproval (not liking something) उपालंभ, ताना

re•pro•cess /riːˈprəʊses/ /रीˈप्रउसस/ verb, t. *Uranium which has been used in a nuclear reactor can be re-processed.* = to treat a substance in such a way that it can be used again (see also **recycle**) पुनरुपयोग करना (देखें **recycle**)

re•pro•duce /riːprəˈdjuːs/ /रीप्रˈड्यूस्/ verb, t. **1** = to make a copy of something नकल बनाना **2** = to produce young ones (babies) [BIOLOGY] पैदा करना [जीव विज्ञान] **reproduction** /rɪprəˈdʌkʃən/ /रिप्रˈडॅक्शन्/noun, u. or c. **1** = the act of producing young ones बच्चे पैदा करना **2** *The quality of reproduction of the black and white photographs in this book is not very good.*(u.) = the process of making a copy of something प्रति बनाना **3** (c.) = a copy of a work of art or music प्रतिकृति, नकल

re•prove /rɪˈpruːv/ /रिˈप्रूव्/ verb, t. *He reproved the young children for breaking the window.* = to express disapproval of some action (see also **reprimand**) (formal) धिक्कारना, डाँटना (देखें **reprimand**) (औपचारिक)

rep•tile /ˈreptaɪl/ /ˈरेप्टाइल्/ noun, c. = a member of a family of animals including snakes and lizards which lay eggs and have scales covering their bodies [BIOLOGY] रेंगनेवाला जीव [जीव विज्ञान]

re•pub•lic /rɪˈpʌblɪk/ /रिˈपॅब्लिक्/ noun, c. = a country which has a system of government by elected representatives of the people and is usually headed by a President (compare **monarchy**) गणराज्य, गणतंत्र (देखें **monarchy**)

re•pu•di•ate /rɪˈpjuːdieɪt/ /रिˈप्यूडिएइट्/ verb, t. *You say I am lying but I strongly repudiate the accusation.* = to deny something (to say that something is false or unjust) (formal) नकारना, अस्वीकार करना, विरोध करना (औपचारिक)

re•pug•nant /rɪˈpʌgnənt/ /रिˈपॅग्नन्ट्/ adj. *He enjoys watching violent films, which I find repugnant.* = causing a feeling of very deep dislike (formal) नापसंद, असंगत (औपचारिक) **repugnance** noun

re•pulse /rɪˈpʌls/ /रिˈपॅल्स्/ verb, t. **1** *Our soldiers repulsed the enemy attack.* = to push or drive back मार भगाना, खदेड़ देना **2** *She has been repulsing all offers of partnership.* = to refuse strongly अस्वीकार करना, मना करना **repulsive** adj. *Most people find frogs repulsive but I love them.* = causing strong dislike घृणास्पद

rep•u•ta•tion /repjʊˈteɪʃən/ /रेप्यूˈटेइशन्/ noun, u. or c. *Sachin Tendulkar enjoys an international* *reputation as a great batsman.* = an opinion (usually good) that most people have about someone or something प्रतिष्ठा **reputed** adj. *Sanath Jayasuriya is a reputed batsman.* = well known प्रतिष्ठित

to live up to one's reputation = to act in a way that people have come to expect अपेक्षानुसार कार्य करना

re•quest¹ /rɪ'kwest/ /रि'क्वेस्ट्/ verb, t. *I request you to let me leave early as I am not well.* = to ask for something in a very polite way प्रार्थना करना, निवेदन करना

request² noun, c. *We are making a request for a more powerful computer.* = the act of asking for something (more formal than **ask**) अनुरोध, प्रार्थना (**ask** से अधिक औपचारिक)

re•quire /rɪ'kwaɪə^r/ /रि'क्वाय^र/ verb, t. **1** *I have enough money for the journey. I do not require more.* = to want or need की आवश्यकता या ज़रूरत होना **2** *The college rules require students to pay their fees by the fifth of the month.* = to expect and demand (formal) अपेक्षा/मांग करना (औपचारिक) **requirement** noun, c. *If you want me to find a house for you, you should let me know your requirements.*(c.) = the details of something that one needs or wants आवश्यकता, ज़रूरत, अपेक्षा

to meet the requirements of something *You must have a B.A. degree in order to join the M.A. classes. Do you meet this requirement?* = to have something that is needed for some purpose अपेक्षित योग्यता होना

re•qui•site /'rekwɪzɪt/ /'रेक्विज़िट्/ adj. *Have you got the requisite papers for your driving licence?* = needed for a particular purpose आवश्यक, अपेक्षित **requisition** /rekwɪ'zɪʃən/ /रेक्वि'ज़िशन्/ noun, c. *We have sent a requisition for some new computers for this office.* = a formal demand or request for something which is needed माँग

re•run¹ /riː'rʌn/ /री'रॅन्/ verb, t. = to run a video or a recorded television programme or film again दोबारा चलाना (रिकार्ड किया गया कार्यक्रम)

re-run² noun, c. = a repeat showing of a television serial etc. which has been shown before पुनः प्रदर्शन

re•sched•ule /riː'ʃedjuːl/ /री'शेड्यूल्/ verb, t. *The meeting was to have been held in March but it has been re-scheduled. It will now be held in November.* = to fix a later date or time for an event than was first planned कार्यक्रम के समय में परिवर्तन करना

res•cue¹ /'reskjuː/ /'रेस्क्यू/ verb, t. *This brave boy rescued a child who was drowning in the river.* = to save from danger or harm बचाना, छुड़ाना

rescue² noun, u. *The rescue of the drowning child made us happy.* = the act of saving someone from danger or harm बचाव

to come/go to someone's rescue = to help someone who is in trouble or danger किसी को बचाने के लिए आगे आना

re•search¹ /rɪ'sɜːtʃ/ /रि'सऽच्/ noun, u. *Scientists are carrying out research to find a cure for cancer.* = a serious and detailed study of some subject done to get new information or reach a new understanding अनुसंधान, शोध

research² verb, t. *Scientists are researching the medicinal properties of these plants.* = to carry out research into something शोध करना

re•semb•le /rɪ'zembəl/ /रि'ज़ेम्बल्/ verb, t. *The girl resembles her brother.* = to look like someone or something एक-जैसा दिखना **resemblance** noun, u. *He has a strong resemblance to his mother.* = the quality of looking like someone else साम्य

re•sent /rɪ'zent/ /रि'ज़ेन्ट्/ verb, t. *Why did the officer fail me in the driving test when all the others passed? I resent that!* = to feel hurt and angry because one has been treated unfairly अप्रसन्न होना **resentment** noun, u. *to feel resentment* = the feeling of being angry or hurt अप्रसन्नता **resentful** adj. नाराज़ **resentfully** adv. नाराज़गी से

re•serve¹ /rɪ'zɜːv/ /रि'ज़ऽव्/ verb, t. *Please reserve a berth for me on the Rajdhani Express.* = to have something set apart for a special purpose or for the use of a particular person आरक्षित करना

reserve² noun, u. or c. **1** *Don't use up all the food. Keep something in reserve for unexpected guests.*(u.) = a quantity of something (e.g. food or money) which is stored or kept for future use बचाकर रखा हुआ **2** *Bangladesh has huge reserves of natural gas.*(c.) = a store of something which has not been used but can be used in future भंडार **3** *Yuvraj has been selected for the team but he will not be playing. He is the reserve.*(c.) = an extra player in a team अतिरिक्त **4** *a game reserve*(c.) = a forest in which wild animals and plants are protected by law and cannot be hunted अभयारण्य **5** *He will not say anything even if he is unhappy with you. He has a lot of reserve.*(u.) = the quality of keeping one's feelings under check (control) and saying very little नियंत्रण, संयम **reservation** /rɪzə'veɪʃən/ /रिज़ा'वेइशन्/ noun, c. or u. **1** *Do you have a reservation on this train?* = an arrangement by which something is kept apart for the use of a particular person आरक्षण **2** (always plural) *I have some reservations about his appointment as captain of the team.* = feelings of doubt (केवल बहुवचन में प्रयुक्त) संशय, शंका **reserved** adj. *He is a very reserved person and does not like to talk much.* = unwilling to express one's feelings (mildly derogatory) गंभीर (थोड़ा अपमान-सूचक)

res•er•voir /'rezəvwɑː/ /'रेज़वआऽ/ noun, c. = an artificial lake in which water is stored for use by a city etc. जलाशय, तालाब

R

re•set /riː'set/ /री'सेट्/ verb, t. **1** *The dates for the examination have been re-set.* = to fix a different date or time for something (see also **re-schedule**) दोबारा निश्चित करना (देखें **re-schedule**) **2** *Your watch is 20 minutes behind the correct time. Please re-set it.* = to change the time shown by a watch or clock ठीक करना **3** *The surgeon will re-set the broken bones in my leg.* = to put a broken bone back in place ठीक से लगाना

re-set•tle /riː'setl/ /री'सेट्ल्/ verb, t. = to find a home (again) for someone who has lost his/her home पुनः बसाना, पुनर्वास कराना

re•shuf•fle /riː'ʃʌfəl/ /री'शॅफ्ल्/ verb, t. *The Prime Minister has reshuffled his cabinet.* = to move people into different jobs or positions अदल-बदल करना

re•side /rɪ'zaɪd/ /रि'ज़ाइड्/ verb, i. *He resides in America but visits India every year.* = to live in a place (formal) निवास करना (औपचारिक)

res•i•dence /'rezɪdəns/ /'रेज़िड्स्/ noun, u. *I have been to her office but never to her residence.* = home (the building in which one lives) (formal) निवास (औपचारिक)

res•i•dent[1] /'rezɪdənt/ /'रेज़िडन्ट्/ noun, c. *She is a resident of Shakti Nagar.* = a person who lives in a place निवासी

resident[2] adj. *She is not resident in India.* = living in a place रहनेवाला **residential** /rezɪ'denʃəl/ /रेज़ि'डन्शल्/ adj. आवासीय, रिहाइशी

res•i•due /'rezɪdjuː/ /'रेज़िड्यू/ noun, u. or c. *The white residue at the bottom of the kettle is calcium which has been left behind when the water boiled.* = the substance that remains behind after some process, e.g. boiling [TECHNICAL] अवशेष [तकनीकी] **residual** adj. *Most of the problems have been solved but there are a few residual problems.* = remaining; left over बचा हुआ

re•sign /rɪ'zaɪn/ /रि'ज़ाइन्/ verb, i. *She has resigned as the chairperson of the committee as she had too many other things to do.* = to give up a job or position (पद अथवा नौकरी) त्याग देना

res•ig•na•tion /rezɪg'neɪʃən/ /रेज़िग'नेइश्न्/ noun, u. **1** *He is unhappy with the job and has handed in his resignation.* = the act of resigning or giving up a job त्यागपत्र, इस्तीफ़ा **2** *He has accepted his loss with resignation.* = the state of accepting something unpleasant without complaining बिना शिकायत के स्वीकार कर लेना

to resign oneself to something = to accept something unpleasant that cannot be avoided अपरिहार्य स्थितियों में मज़बूरन स्वीकार करना

re•sil•i•ent /rɪ'zɪliənt/ /रि'ज़िलिअन्ट्/ adj. **1** *Rubber is a resilient substance.* = able to return to its former shape or condition when pressure is taken away लचीला **2** *She was very unhappy when she lost her mother, but her resilient nature helped her to get over her sorrow.* = able to deal with and recover quickly from the effects of illness, shock or unhappiness रोग, सदमे और दुःख के प्रभाव झेलने और उससे उबरने में संभव, लचीला **resilience** noun, u. *He has great resilience. See how quickly he has recovered from his illness!* = the quality of being resilient लचीलापन

re•sin /'rezɪn/ /'रेज़िन्/ noun, u. **1** = a yellow solid substance that is made from the thick sap (juice) which comes out of certain trees राल **2** = a substance used in making plastics [CHEMISTRY] राल (प्लास्टिक बनाने में उपयोगी पदार्थ) [रसायनशास्त्र]

re•sist /rɪ'zɪst/ /रि'ज़िस्ट्/ verb, t. **1** *Our soldiers resisted the enemy attack.* = to oppose or fight against something प्रतिरोध करना **2** *Concrete buildings can resist earthquakes if they are designed correctly.* = to remain unharmed by something सहन करने में समर्थ **3** *She is so fond of icecream that she can't resist it.* = to force oneself to stay away from something that one likes स्वयं को रोक पाना **resistance** noun, u. **1** *Our soldiers offered strong resistance to the enemy.* = the act of resisting (fighting against) something प्रतिरोध **2** *The greater the speed of the aircraft, the higher the resistance of the wind.* = the force which opposes something झेलने की शक्ति **3** *Old people do not have much resistance to disease.* = the ability to remain unharmed by something झेलने की शक्ति **4** = the power of a substance to not conduct heat or electricity [PHYSICS] प्रतिरोधक शक्ति [भौतिकी] **resistant** adj. *My watch is resistant to water.* = able to resist something प्रतिरोधी

re•sit /riː'sɪt/ /री'सिट्/ verb, t. *If you don't pass the examination you will have to re-sit it.* = to take an examination again दोबारा परीक्षा में बैठना

res•o•lute /'rezəluːt/ /'रेज़लूट्/ adj. *She is a resolute person. When she decides to do something, she always does it.* = determined (having strong determination) कृतसंकल्प, दृढ़प्रतिज्ञ, निर्णय का पक्का

res•o•lu•tion /rezə'luːʃən/ /रेज़'लूश्न्/ noun, c. or u. **1** *We are happy about the resolution of this old family dispute.*(u.) = the action of finding a way out of a difficult situation समाधान, हल **2** *The members of the club passed a resolution to elect a new president.*(c.) = a formal decision by a group, reached after a vote निर्णय **3** *She has made a resolution to give up smoking.*(c.) = something that one strongly decides to do संकल्प

re•solve[1] /rɪ'zɒlv/ /रि'ज़ॉल्व्/ verb, t. **1** *It is time for us to resolve our differences and live together peacefully.* = to settle; to find a way of ending a difficult situation झगड़ा या मतभेद मिटाना **2** *I have* *resolved not to go to his house again, though he has invited me many times.*= to make a decision which one is determined not to change निश्चय करना **3** *The members of the club resolved to elect a new president.* = to decide formally at a meeting बैठक में औपचारिक रूप से निर्णय लेना

resolve[2] noun, u. *Your support has strengthened my resolve to fight environmental pollution.*= determination (strong desire to do something) (formal) कुछ कर डालने का संकल्प (औपचारिक)

res•o•nance /'rezənəns/ /'रेज़नन्स्/ noun, u. **1** = the sound caused in an object by sound waves which are produced by some other object with the same **frequency** प्रतिध्वनि, गूँज [PHYSICS] **2** *His voice has a lot of resonance.* = sound which has the quality of being deep and clear साफ़, स्पष्ट (आवाज़ का गुण)

res•o•nate /'rezəneɪt/ /'रेज़नेइट्/ verb, i. **1** *The sound from the loudspeakers made the glass panes of the window resonate.* = to cause resonance खड़खड़ाना **2** *His deep voice resonated through the hall.* = to be heard loudly and clearly गूँजना **3** *His ideas resonated with the people and he won the elections easily.* = to be of the same opinion as someone else अनुकूल होना, समान होना

re•sort[1] /rɪ'zɔ:t/ /री'ज़ॉट्/ noun, c. *Darjeeling is a popular holiday resort.* = a place where people go for a holiday सैरगाह, छुट्टियाँ बिताने का आकर्षक स्थल

resort[2] verb, i. *You must settle this matter peacefully. Do not resort to force or violence.* = to make use of something, usually bad, to get what one wants सहारा लेना, आश्रय लेना

to be the last resort = if everything else fails अंतिम उपाय होना

re•sound /rɪ'zaʊnd/ /रि'ज़ाउन्ड्/ verb, i. *The entire stadium resounded with the sound of clapping when he completed his century.* = to echo (to be filled with sound) गूँजना **resounding** adj. *India won a resounding victory over the Australian team.* = very great अत्यंत महत्त्वपूर्ण, शानदार

re•source /rɪ'zɔ:s/ /रि'ज़ॉस्/ noun, c. **1** (usually plural) *India is rich in natural resources such as coal.* = wealth (सामान्यतः बहुवचन में प्रयुक्त) संपदा **2** *I have used up all my resources and have nothing left.*= something (e.g. money) that one possesses and can use in time of need साधन, संपत्ति **resourceful** adj. *He is a very resourceful person and knows how to get out of difficult situations.* = able to find ways of dealing with situations साधन-संपन्न **resourcefully** adv.

re•spect[1] /rɪ'spekt/ /रि'स्पेक्ट्/ noun, u. or c. **1** *Children should have respect for their parents.*(u.) = politeness and honour shown towards someone or something that is considered important आदर **2** (always plural) *Please convey my respects to your father.*(u.) = good wishes (केवल बहुवचन में प्रयुक्त) शुभकामनाएँ, प्रणाम **3** *In Mumbai, people are so busy that no one has time for friends or neighbours. Kolkata is better in this respect.*(c.) = a particular point or detail संदर्भ

respect[2] verb, t. **1** *I respect her for her courage.* = to show honour to someone or to something that is considered important आदर करना **2** *I respect your opinions.* = to show consideration for something सम्मान करना **respectful** adj. *He is always respectful towards his teachers.* = showing respect आदरपूर्ण **respectable** adj. **1** *a respectable person* = having qualities or a social position which people consider good or important सम्मानित **2** *Sri Lanka managed to put up a respectable total in this match.* = quite good संतोषजनक

re•spect•ive /rɪ'spektɪv/ /रि'स्पेक्टिव्/ adj. *Ravi lives in Mumbai while Anil is from Kolkata. After this meeting they will return to their respective homes.* = belonging to the person with whose name it has been mentioned earlier अपना-अपना **respectively** adv. *Ravi and Anil have been appointed captain and vice-captain of the team respectively.* = each one separately, in the order mentioned earlier (Ravi has been appointed captain and Anil vice-captain) क्रमशः, क्रमानुसार

res•pi•ra•tion /respɪ'reɪʃən/ /रेस्पि'रेइश्न्/ noun, u. = the action of breathing (formal) [BIOLOGY] श्वसन (औपचारिक) [जीव विज्ञान) **respirator** noun, c. = a device that helps a person to breathe over a long period of time when he or she cannot do so by themselves [MEDICINE] कृत्रिम श्वास लेने का उपकरण [चिकित्सा] **respiratory** /respɪ'reɪtəri/ /रेस्पिरेइटरी/ adj. *She has some respiratory problems.* = connected with breathing श्वास-संबंधी **respire** verb, i. = to breathe साँस लेना

res•pite /'respɪt/ /'रेस्पिट/ noun, u. *He has been working since morning and needs some respite.* = rest; a period of relaxation (formal) राहत, आराम (औपचारिक)

re•splen•dent /rɪ'splendənt/ /रि'स्प्लेन्डन्ट्/ adj. *On Republic Day, Delhi is resplendent with lights.* = bright and shining (literary) देदीप्यमान (साहित्यिक)

re•spond /rɪ'spɒnd/ /रि'स्पॉन्ड्/ verb, i. **1** *He has not responded to my letter yet.* = to reply in speech or writing उत्तर देना **2** *She responded to my request by giving me Rs 1,000 immediately.* = to react to something जवाब देना **3** *The patient seems to be responding well to this new medicine. He is much better today.* = to get better as a result of treatment (सही) प्रभाव होना **response** noun, c. or u. **1** *I have received a response to my letter.*(c.) = reply उत्तर **2** *The public response to the appeal by* *the farmers has been very encouraging.*(u.) = reaction प्रतिक्रिया **responsive** adj. *She is very responsive to new ideas.* = willing to accept ग्रहणशील **respondent** noun, c. = a person who has to answer a charge in a law court [LAW] प्रतिवादी [कानून]

re•spon•si•ble /rɪ'spɒnsɪbəl/ /रि'स्पॉन्सिबल्/ adj. 1 *You are both responsible for the school gardens.* = having the duty of looking after something जिम्मा लेना 2 *The driver of the bus is responsible for this accident.* = being the cause of something bad or unpleasant (disapproving) जिम्मेवार (अस्वीकृत) 3 *She is a very responsible person. You can be sure that she will complete this work in time.*= trustworthy (one who can be trusted to do what he/she is asked to do) (opposite **irresponsible**) भरोसेमंद, जिम्मेवारी समझने वाला (विलोम शब्द **irresponsible**) **responsibility** /rɪspɒnsɪ'bɪlɪti/ noun, /रिस्पॉन्सि'बिलिटी/u. or c. (**responsibilities**) 1 *She has been given the responsibility of making arrangements for the conference.*(c.) = the duty of looking after something जिम्मेवारी 2 *The responsibility for this accident has to be decided by the judge.*(u.) = the blame or fault (for causing something unpleasant) दोष, गलती 3 *He should develop a sense of responsibility.*(u.) = the quality of being trustworthy उत्तरदायित्व, जिम्मेवारी

rest[1] /rest/ /रेस्ट्/ verb, i. or t. 1 *The athlete is resting after the race.*(i.) = to have freedom from work, specially after doing something that makes one tired आराम करना 2 *You can rest your feet on this table.*(t.) = to support सहारा देना या लेना

rest[2] noun, u. 1 *She is tired and is taking a rest.* = a period of freedom from work आराम 2 *The ball rolled along the ground for a few feet and then came to rest.* = the condition of not moving ठहराव 3 *This chair is very comfortable because it has a high backrest.* = a support for something सहारा 4 *You can keep one of these books for yourself and return the rest.* = what is left शेष, बाकी

to rest on something *The success of this project rests on that one important condition.* = to depend on निर्भर करना **to let something rest** = to not talk about something any more so that there is peace, food feeling etc. किसी बात को न छेड़ना **to put one's mind at rest** *The exam results put his mind at rest.* = to cause one to stop worrying चिंताओं से मुक्त होना, दिमाग को आराम देना

re-state /ri:'steɪt/ /री'स्टेइट/ verb, t. *I did not understand your argument. Can you re-state it?* = to say or write something again in a different way so that it can be understood (see also **rephrase**) दूसरे शब्दों में कहना या लिखना (देखें **rephrase**)

res•tau•rant /'restərɒnt/ /'रेस्ट्रॉन्ट्/ noun, c. = a place where food is served and where people can usually sit and eat रेस्तरां, भोजनालय

res•tive /'restɪv/ /'रेस्टिव्/ adj. *People are becoming restive because of the rumours that a war may begin soon.* = nervous and therefore unable to keep still (formal) बेचैन, विकल

rest•less /'restlɪs/ /'रेस्टलिस्/ adj. *The child is so restless that it can't sit still for more than a minute.* = unable to keep still; moving about अधीर, बेचैन

rest•room /'rest ru:m/ /'रेस्ट् रूम/ noun = a toilet in a public place e.g. a hotel, airport (American English) (अमेरिकी अंग्रेज़ी का शब्द) प्रसाधन-कक्ष, शौचालय

re•store /rɪ'stɔ:/ /रि'स्टॉ:/ verb, t. 1 *There was some trouble in the city yesterday but peace has been restored now.* = to bring or put back what has been taken away पुनः स्थापित करना 2 *The government will need to spend a lot of money to restore the Ajanta cave paintings.* = to bring something (specially an old building) back to its original condition जीर्णोद्धार करना

re•strain /rɪ'streɪn/ /रि'स्ट्रेइन्/ verb, t. *You should have restrained her from shouting at the meeting.* = to check (control) or prevent someone or oneself from doing something (formal) रोकना (औपचारिक) **restraint** /रि'स्ट्रेइन्/ noun, u. or c. 1 *I am glad you did not reply when that man shouted at you. You showed great restraint.*(u.) = the quality of being able to control oneself नियंत्रण, संयम 2 *The government has imposed restraints on the press. Newspapers are not allowed to report violent incidents.*(c.) = something that checks or controls प्रतिबंध

re•strict /rɪ'strɪkt/ /रि'स्ट्रिक्ट्/ verb, t. *The officials plan to restrict the number of people entering the stadium.* = to control and put a limit on something सीमित करना, प्रतिबंध लगाना **restriction** noun, u. or c. *The state government has imposed a restriction on the sale of liquor.*(c.) = something done to control and put a limit on something नियंत्रण, प्रतिबंध, रोक

re•struc•ture /ri:'strʌktʃər/ /री'स्ट्रक्चर्/ verb, t. *The company is being restructured.* = to arrange a system (e.g. a company or a political party etc.) again, in a different and better way (see also **reorganize**) पुनः व्यवस्थित करना (देखें **reorganize**)

re•sult[1] /rɪ'zʌlt/ /रि'ज़ॅल्ट्/ noun, u. or c. 1 *This accident is the result of careless driving.* = something that happens because of something else परिणाम 2 (always plural) *The results of the examination are out.* = a report on the success or failure of someone in an examination or a competition (केवल बहुवचन में प्रयुक्त) परीक्षा-फल 3 = what one sees or finds out by doing an experiment परिणाम, नतीजा

result[2] verb, i. 1 *The delay in the arrival of one train resulted in the delay of several others.* = to lead to some result; to cause का कारण बनना **2** *The defeat of the Indian team resulted from poor fielding.* = to be caused by के कारण, के परिणामस्वरूप

re•sume /rɪ'zjuːm/ /रे'ज़्यूम्/ verb, t. or i. *The match has been stopped because of rain but we will resume after lunch.*(i.) = to begin again after a halt पुन: आरंभ होना **resumption** noun, u. *Many people left the stadium when the match was stopped, but they returned after its resumption.* = the act of resuming something (starting again after a halt) (formal) पुनरारंभ (औपचारिक)

re•su•mé /'rezjʊmeɪ/ /'रेज़्युमेइ/ noun, c. (French) **1** *He gave us a resumé of the match.* = summary (फ्रेंच शब्द) विवरण **2** *Please send in your resumé along with your application.* = a record of the things that one has done or achieved, which one uses when applying for a job etc. (also **curriculum vitae** or **cv**) [TECHNICAL] 'बायोडेटा', योग्यता-संबंधी विवरण, जीवन वृत्त (देखें **curriculum vitae** या **cv**) [तकनीकी]

re•sur•gence /rɪ'sɜːdʒəns/ /रि'सऽजन्स्/ noun, u. *the resurgence of nationalism* = the powerful return of something (ideology, art etc.) (विचारधारा, कला आदि का) पुनरुत्थान

re•sur•rect /rezə'rekt/ /रेज़'रेक्ट्/ verb, t. *the dying art of puppet theatre has been resurrected.* = to bring something back to life or activity पुनर्जीवित करना **Ressurrection** noun = coming back to life (Christians believe that Jesus Christ was resurrected after he had been crucified.) पुनरुत्थान, पुनर्जीवन (ईसाइयों का विश्वास है कि ईसा मसीह सूली पर चढ़ाए जाने के बाद फिर से जीवित हो उठे थे।)

re•sus•ci•tate /rɪ'sʌsɪteɪt/ /रि'सॅसिटेइट्/ verb, t. *The patient had stopped breathing and we thought he was dead but the doctors managed to resuscitate him.* = to revive (to bring a person who had stopped breathing back to life) [MEDICINE] पुनरुज्जीवित करना [चिकित्सा]

re•tail[1] /rɪ'teɪl/ /रि'टेइल्/ verb, t. *She retails tea after buying it in large quantities from the tea gardens.* = to sell something directly to customers for their use फुटकर बेचना, छोटी मात्रा में सीधे उपभोक्ता को बेचना

retail[2] adj. *He owns a retail shop.* = a shop which sells things directly to customers for their use? **retailer** noun, c. = a business person who sells things directly to customers through a shop फुटकर या खुदरा व्यापारी

re•tain /rɪ'teɪn/ /रि'टेइन्/ verb, t. *He has sold most of his property but still retains a small house in the city. // I would go mad if I had to live in this crowded city. How do you manage to retain your cheerfulness?* = to be able to keep something without losing it बनाए रखना, बचाए रखना **retainer** noun, u. = a fixed sum of money paid to someone (instead of a salary) in order to have their continued help प्रतिधारण शुल्क, निश्चित राशि **retention** noun, u. *His feet are swollen because of the retention of fluid in the body.* = the process of keeping something without getting rid of it अवरोधन **retentive** adj. *a retentive memory.* = able to retain or keep things for a long time धारणशील

re•tal•i•ate /rɪ'tælieɪt/ /रि'टैलिएट्/ verb, i. *When the hospital lowered the salaries of the nurses they retaliated by staying away from work.* = to return ill treatment with a similar act (to do something bad to someone who has done something bad to you) प्रतिकार करना, बदला लेना **retaliation** /rɪtæli'eɪʃən/ /रिटैलि'एइशन्/ noun, u. = the act of retaliating प्रतिकार **retaliatory** adj. प्रतिकारात्मक

re•tard /rɪ'tɑːd/ /रि'टाऽड्/ verb, t. *The development of this region has been retarded by the lack of communications.* = to cause something to slow down विलंबित करना, धीमा करना **retarded** adj. *retarded growth* = developing at a much slower rate than normal विलंबित

retch /retʃ/ /रेच्/ verb, i. *The food was so bad that it made me retch.* = to make sounds like vomitting but not throw up food उबकाई आना

re•tell /riː'tel/ /री'टेल्/ verb, t. = to tell a story again in a different way दोबारा कहना, पुन: सुनाना

re•think /riː'θiŋk/ /री'थिंक्/ verb, t. *Our plan may not succeed. We will have to rethink it.* = to think about (a plan etc.) something again, in order to change it पुन: विचार करना

ret•i•cent /'retɪsənt/ /'रेटिसन्ट्/ adj. *The girl is very reticent. She hardly speaks to anyone.* = shy and unwilling to speak to others अल्पभाषी, संकोची

ret•i•na /'retɪnə/ /'रेटिन/ noun = the area at the back of the eye that receives light and sends images to the brain, allowing us to see things [BIOLOGY] दृष्टिपटल [जीव विज्ञान]

ret•i•nue /'retɪnjuː/ /'रेटिन्यू/ noun, c. *The President and his retinue of officials.* = a group of people who travel with someone very important वर्ग-विशेष, विशिष्ट व्यक्ति के साथ यात्रा करने वाले

re•tire /rɪ'taɪəʳ/ /रि'टाइअʳ/ verb, i. **1** *A government employee has to retire on reaching the age of 60.* = to give up working on reaching a certain age सेवानिवृत्त **2** *It is 10 o'clock now and it is time for me to retire.* = to go to bed (old-fashioned) सोने जाना (पुराने प्रचलन का) **retired** adj. *retired persons* = someone who has retired सेवानिवृत्त, अवकाश प्राप्त **retirement** noun, u. **1** = the act of retiring (giving up one's profession) सेवानिवृत्ति **2** = the period after one has retired सेवानिवृत्ति

R

re•tort[1] /rɪˈtɔːt/ /रि'टॉऽट्/ verb, i. *When he asked me rudely why I was late, I retorted by saying that it was none of his business.* = to give an angry, disrespectful or humorous reply प्रत्युत्तर देना

retort[2] noun, c. **1** *an angry retort* = an angry or amusing reply मुँहतोड़ **2** = a glass bottle with a long, bent neck, in which chemicals are heated [TECHNICAL] रसायन आदि गर्म करने की विशेष बोतल [तकनीकी]

re•trace /rɪˈtreɪs/ /रि'ट्रेइस्/ verb, t. **1** *Last month some people attacked my neighbour and stole things from his house. The police are trying to retrace the events that took place that night.* = to go back again to something that happened in the past, in order to find out what happened (see also **reconstruct**) कारण खोजने के लिए घटनाक्रम को दोहराना (देखें **reconstruct**) **2** *She was lost in the large city and was unable to retrace her way back home.* = to go back the way one came उसी रास्ते से वापस होना जिस रास्ते आए हों

re•tract /rɪˈtrækt/ /रि'ट्रैक्ट्/ verb, t. **1** *A cat can retract its claws but a dog cannot.* = to draw in or to pull back [TECHNICAL] सिकोड़ना [तकनीकी] **2** *The witness told the magistrate earlier that he had seen the man being robbed, but now he has retracted his statement.* = to take back a statement that one had made earlier (formal) मुकर जाना (औपचारिक) **retractable** adj. *Leopards have retractable claws.* = which can be pulled up or in (see meaning **1** for **retract**) आकुंचनशील

re-tread /ˈriːtred/ /'रीट्रेड/ verb, t. *to retread an old tyre* = to put back (again) the tread (the thick covering of rubber which comes in contact with the road) on a worn-out tyre गाड़ी के पहिए पर दोबारा रबर चढ़ाना

re•treat[1] /rɪˈtrækt/ /रि'ट्रीट्/ verb, i. *Napoleon's army was forced to retreat from Russia because of the fierce winter.* = to move back from a place (usually a place where fighting is taking place) पीछे हटना या हटाना (सामान्यत: युद्धस्थल से)

retreat[2] noun, u. or c. **1** *The retreat of Napoleon's army led to his downfall.*(u.) = the act of retreating (moving back) वापसी, पीछे हटना **2** *Every summer, I go to Rishikesh, where I have a retreat among the hills.*(c.) = a place to which one can go when one needs peace or safety एकांतवास, शांति प्राप्त करने का स्थान **3** = a period of time spent in prayer and meditation, generally away from routine आध्यात्मिक साधना

to beat a (hasty) retreat = to run away before something one doesn't want happens (humorous) पलायन (हास्यपरक)

re•trench /rɪˈtrentʃ/ /रि'ट्रेन्च/ verb, i. or t. **1** *We spent a lot of money on the new factory, but we must retrench now as we are losing money.*(i.) = to reduce (cut) costs कम करना, कटौती करना **2** *We had taken on 500 workers for the factory but we will have to retrench 200 of them as the business is running into loss.*(t.) = to dismiss someone from a job as a means of saving money छँटनी करना

re•tri•al /riːˈtraɪəl/ /री'ट्राइअल्/ noun, c. *The court ordered a retrial because some new evidence was found.* = new or fresh trial for a person whose crime has already been judged in a court of law [LAW] पुनर्विचार

re•trieve /rɪˈtriːv/ /रि'ट्रीव/ verb, t. **1** *I have to retrive my luggage from the train.* = to get something back from a place where one had left it वापस लेना **2** *Can you retrieve the data that was stored in the computer?* = to find and bring back [COMPUTERS] फिर से निकालना, प्राप्त करना [कंप्यूटर] **3** *The company lost a lot of money last year but has managed to retrieve its position.* = to get back (again) into a better position अच्छी स्थिति पुन: प्राप्त कर लेना

retro- prefix meaning 'back' 'retro' उपसर्ग e.g. **retrospective** /retrəˈspektɪv/ रेट्र'स्पेक्टिव् adj. or noun, u. *retrospective cinema*(adj.) = concerning the past पूर्वकालिक **2** from an earlier point in time e.g. पिछले समय से **retroactive** /retrəʊˈæktɪv/ /रेट्रअउ'ऐक्टिव्/ adj. *The new law against smuggling will have retroactive effect.* = coming into effect from an earlier date (referring to a law or rule) (also **retrospective**) पूर्वव्यापी, पिछले समय से (प्रभावी) (कानून या नियम)

ret•ro•spect /ˈretrəspekt/ /'रेट्रस्पेक्ट्/ noun, u. *In retrospect, I can say that my decision to quit my job was a mistake.* = thinking in the present about something that happened in the past पूर्व घटना पर विचार **retrospection** /retrəˈspekʃən/ /रेट्र'स्पेक्शन्/ noun, u. *Retrospection can sometimes be pleasant, but it usually makes one sad.* = the action of thinking about the past पुन:स्मरण **retrospective** noun, c. or adj. **1** *The Film Society is arranging a retrospective of Raj Kapoor films.*(noun) = a series of old films, usually made by the same director or having the same actor, which are shown to an audience एक ही निर्देशक या अभिनेता/अभिनेत्री की फिल्मों का प्रदर्शन **2** *retrospective effect* (adj.) = looking back, applying to the past पूर्वव्यापी, पूर्वप्रभावी

re•turn[1] /rɪˈtɜːn/ /रि'टऽन्/ verb, i. or t. **1** *I shall return to Chennai on the 10th of March.*(i.) = to go back to a place लौटना, वापस आना **2** *The postal services will return to normal tomorrow.*(i.) = to go back to usual activity लौटना **3** *If the pain returns, phone me.*(i.) = (of a medical symptom) to come back (रोग/शारीरिक कष्ट के लक्षण का) दोबारा होना **4** *She has still not returned my book.*(t.) = to give back something one had taken वापस देना **5** *I have contacted them and left a message but they haven't returned my call.*(t.) = to make a telephone call in answer to an earlier call टेलिफ़ोन संदेश के

उत्तर में फ़ोन करना **6** (t.) = to hit the ball back in tennis [SPORT] टेनिस के खेल में गेंद पर जवाबी प्रहार करना

return² noun, u. or c. **1** *I'll call you on my return from Delhi.*(u.) = the act of going or coming back to a place वापसी **2** (c.) = (in tennis) the action of hitting the ball back टेनिस के खेल में गेंद पर जवाबी प्रहार **3** (usually plural) *What are the returns on this investment?* = the profit that one gets back (केवल बहुवचन में प्रयुक्त) लाभ **4** = the key on the computer keyboard which is pressed to move to the next line [COMPUTERS] कंप्यूटर के की-बोर्ड का एक की (बटन) **return ticket** = a ticket which allows one to return to the place from which one started वापसी टिकट

in return *I helped her settle down in her new house and, in return, she looked after my cat when I was away.* = receiving help as a result of having helped someone के बदले **on someone's return** *I know she's out, but on her return, could you ask her to call me.* = when someone returns or comes back home, to the office etc. किसी की वापसी पर **Many happy returns (of the day)!** = a greeting on the occasion of someone's birthday यह दिन बार-बार आए (जन्मदिन की शुभकामनाएँ)

re•u•nite /रीयू'नाइट्/ verb, t. **1** *The two brothers have been reunited after 20 years of separation.* = to come together again का पुनर्मिलन होना **2** *East and West Germany have been reunited.* = to be joined together and become one again दोबारा एक होना

re•use /riː'juːz/ /री'यूज़/ verb, t. *These old envelopes can be re-used.* = to use again (see also **recycle**) पुन: प्रयोग में लाना (देखें **recycle**)

re•vamp /riː'væmp/ /री'वैम्प्/ verb, t. *revamp the examination system* = to make again; to give something a new shape (see also **reorganize, restructure**) पुनर्गठन, पुनर्निर्माण (देखें **reorganize, restructure**)

re•veal /rɪ'viːl/ /'रेवल/ verb, t. **1** *He did not reveal the names of his friends to the police.* = to make a secret known (गुप्त बात) प्रकट करना **2** *The x-ray revealed a crack in her finger.* = to show what was hidden before दर्शाना **revealing** adj. **1** *in a revealing dress* = allowing those parts of the body to be seen which most people believe should be kept hidden प्रदर्शित करने वाला **2** *This film provides some revealing insights into the customs of the people of Nepal.* = allowing something that was secret or unknown to be known अज्ञात अथवा गुप्त तथ्यों को उजागर करने वाला

rev•el /'revəl/ /रि'व्ल्/ verb, i. (**revelled**) *They revelled all night to celebrate their victory.* = to enjoy oneself by drinking, dancing etc. (old-fashioned) रंगरलियाँ मनाना **revelry** noun, u. = wild and noisy enjoyment मौज-मस्ती, जोशभरा मनोरंजन

rev•e•la•tion /revə'leɪʃən/ /रेव'लेइशन्/ noun, u. or c. **1** *We always thought he had no interest in sports. It was a revelation to us that he had been a famous cricketer once.*(u.) = the making known of something that had been kept hidden or secret **2** (c.) (usually plural) = information about someone's life, career, thoughts etc. which surprises others (सामान्यत: बहुवचन में प्रयुक्त) रहस्योद्घाटन

re•venge /rɪ'vendʒ/ /रि'वेन्ज्/ noun, u. *I have been insulted in public. I must have revenge!* = harm done to someone as a punishment for harm that he/she did to you (compare **avenge**) बदला, प्रतिशोध (देखें **avenge**)

to take revenge = to act against someone with the intention of hurting or destroying, as a reaction to damage done to oneself प्रतिशोध लेना, बदला लेना

rev•e•nue /'revɪnjuː/ /रे'विन्यू/ noun, u. *The government's revenue from the sale of tobacco has fallen this year.* = the income which the government receives from taxes राजस्व, सरकार की आय

re•ver•be•rate /rɪ'vɜːbəreɪt/ /रि'वऽबरेइट्/ verb, i. *The sound of thunder reverberated through the valley.* = to echo (to be thrown back and heard again and again); referring to a sound as it bounces off surfaces (literary) गूँजना, प्रतिध्वनित होना (साहित्यिक) **reverberation** /rɪvəbə'reɪʃən/ /रिवब'रेइशन्/ noun, c. (usually plural) **1** *The reverberations faded away gradually.* = echoes (sounds which are heard again and again) (सामान्यत: बहुवचन में प्रयुक्त) प्रतिध्वनि, गूँज **2** *The arrest of the leader produced strong reverberations.* = the effect, usually unpleasant, of some action (figurative) प्रतिक्रिया (लाक्षणिक)

re•vere /rɪ'vɪəʳ/ /रि'विअʳ/ verb, t. *The world revered Mahatma Gandhi, who was thought to be the greatest leader of his age.* = to give great respect to someone आदर करना, सम्मान करना

rev•e•rence /'revərəns/ /'रेव्रन्स्/ noun, u. *My reverence for the Buddha has grown with the years.* = great respect, mixed with love आदर, श्रद्धा **Reverend** noun = a term of respect used for a Christian priest or a Buddhist monk श्रद्धेय, आदरणीय (ईसाई पुजारी या बौद्ध भिक्षु जैसे आध्यात्मिक गुरु के लिए प्रयुक्त)

rev•e•rie /'revəri/ /'रेवरी/ noun, c. (**reveries**) or u. = a pleasant dream-like state while awake दिवास्वप्न

re•ver•sal /rɪ'vɜːsəl/ /रि'वऽस्ल्/ noun, u. or c. **1** *the reversal of the High Court's decision*(u.) = the act of reversing something (changing to its opposite) उलटना, विपरीत हो जाना **2** *We are shocked by this reversal which the Indian team has suffered.*(c.) = defeat (formal) हार, पराजय (औपचारिक)

re•verse¹ /rɪ'vɜːs/ /रि'वऽस्/ verb, t. or i. **1** *We can't go forward as the road ahead is blocked. We will have to reverse.*(i.) = to move backwards विपरीत दिशा में जाना, पलटना **2** *The High Court ordered the release of the prisoner, but the Supreme*

R

Court has reversed the High Court's judgement.(t.) = to change a decision or judgement to its opposite [LAW] फ़ैसला/निर्णय उलट देना, विपरीत कर देना [कानून] **3** *Will you reverse the page of the book you are reading?*(t.) = to turn something back पलटना

reverse[2] noun, u. **1** *The car is moving in reverse.* = a backward direction उलटा **2** *This five-rupee coin has the Ashoka pillar on the reverse.* = the other side or back of something पृष्ठभाग **3** *I had asked him not to eat fried food, but he did the reverse.* = the opposite of what is suggested विपरीत, उलटा **4** *Our army has met with a reverse.* = defeat or set-back पराजय **reversible** adj. *a reversible jacket* = (of a garment) which can also be worn inside out (सीधा-उलटा) दोनों ओर से प्रयोग योग्य (पोशाक के संदर्भ में)

to say in reverse order = to say something backwards (starting at the end) उलटे, विपरीत क्रम में बतलाना

re•vert /rɪ'vɜːt/ /रि'वऽट्/ verb, i. **1** *If the new system does not work we will revert to the old one.* = to go back to an earlier condition (formal) पुराने रूप में आना (औपचारिक) **2** *We were discussing cricket before we started talking about films. Shall we revert to our original topic?* = to go back to an earlier topic of conversation (formal) वार्तालाप के क्रम में पुराने (पिछले) विषय पर लौटना (औपचारिक) **3** *This property will revert to the government at the end of the lease.* = to become the property of a former owner again [LAW] पुराने मालिक के अधिकार में वापस जाना [कानून]

review[1] /rɪ'vjuː/ /रिव्यू/ verb, t. **1** *The examiners will review the cases of all candidates who failed by less than five marks.* = to consider and judge something again, possibly in order to change an earlier decision पुनर्विचार करना **2** *Let us review last week's work.* = to look back at and assess (judge) something पुनः देखकर मूल्यांकन करना **3** = to write an article commenting about something that happened earlier समीक्षा, समालोचना करना

review[2] noun, c. **1** *There will be a review of your performance at the end of the month.* = the examining of something in order to suggest possible changes मूल्यांकन **2** = an article in a newspaper, magazine etc. that comments on the quality of content of a book, film etc. (पुस्तक, फ़िल्म आदि की) समीक्षा

re•vise /rɪ'vaɪz/ /रि'वाइज़्/ verb, t. **1** *There are many mistakes in your essay. Please revise it carefully.* = to read through something again in order to make corrections or improvements सुधार हेतु दोहराना **2** *I have revised my opinion about them.* = to change a plan, an opinion etc. usually as a result of thinking again (usually from unfavourable to favourable) (सोच-विचारकर किसी योजना, अभिमत आदि को) बदलना (सामान्यतः प्रतिकूल से अनुकूल में) **3** *I have revised chapters 8–10 and am now ready to write the exam.* = to study a subject again carefully for an examination, interview etc. (परीक्षा, साक्षात्कार आदि के लिए) दोहराना **revision** noun, u. or c. = the act of revising something that had been written earlier पुनरीक्षण

re•vi•tal•ize /riː'vaɪtəlaɪz/ /री'वाइट्लाइज़्/ **(revitalise)** verb, t. *The Film Club has been revitalized after Ms Gupta took over as its president.* = to put life or energy again into something पुनः शक्तिसंचार करना

re•vive /rɪ'vaɪv/ /रि'वाइव्/ verb, t. *We have to revive our club, which has been inactive for many years.* = to bring back (again) to life or activity पुनर्जीवित करना

re•voke /rɪ'vəʊk/ /रि'वउक्/ verb, t. *The government has revoked its earlier order.* = to officially cancel or take back an order or a decision (formal) वापस लेना, प्रतिसंहरण करना (औपचारिक)

re•volt[1] /rɪ'vəʊlt/ /रि'वउल्ट्/ verb, i. or t. **1** *to revolt against the government*(i.) = to refuse to obey someone in power and to take violent action against him/her विद्रोह करना **2** *Do you think people will revolt?*(i.) = protest विरोध करना **3** *His behaviour is so crude that it revolts me.*(t.) = to shock or to cause disgust (very strong dislike) बहुत बुरा लगना

revolt[2] noun, u. or c. *a revolt against the tax laws* = an act of revolting विद्रोह **revolting** adj. *revolting habits* = causing disgust or contempt अवमाननापूर्ण, अभद्र घृणित

rev•o•lu•tion /revə'luːʃən/ /रेव'लूशन्/ noun, u. or c. **1** *The French Revolution completely changed the political map of Europe.* = a sudden and very great change, specially a violent change in the system of government क्रांति **2** *The coming of the Internet has brought about a revolution in education.* = a complete change in the ways of thinking etc. क्रांति, आमूल परिवर्तन **3** *The earth completes one revolution around the sun in 365 days.* = a complete circular movement around a fixed point परिक्रमा **revolutionary** adj. or noun **1** (adj.) = connected with revolution क्रांतिकारी **2** *revolutionary changes in the system of education.*(adj.) = producing large or dramatic changes बड़ा या नाटकीय परिवर्तन **3** (noun) = a person who supports revolution क्रांतिकारी

re•volve /rɪ'vɒlv/ /रिवॉल्व्/ verb, i. *The earth revolves on its axis once in 24 hours.* = to turn around a central line or point, like a wheel चक्र की तरह घूमना

to revolve around someone or something **1** = to depend completely on someone or something दूसरे पर निर्भर करना **2** *Her life revolves around her children.* = to consider someone or something as being very important in one's life इर्द-गिर्द घूमना

re•volv•er /rɪ'vɒlvəʳ/ /रि'वॉल्वʳ/ noun, c. = a small gun, in which the bullets are kept in a container that revolves (turns round and round) तमंचा, रिवॉल्वर

re•vul•sion /rɪ'vʌlʃən/ /रि'वॅल्शन्/ noun, u. *The sight of garbage lying on the streets fills me with revulsion.* = a feeling of disgust (formal) घृणा (औपचारिक)

re•ward¹ /rɪ'wɔ:d/ /रि'वॉड्/ noun, c.or u. **1** *The promotion to Chief Chef from Junior Chef was a reward for Mr Thakur's efforts.* = something of value given to someone in return for doing some good work पुरस्कार **2** = money or something equal to money given to someone who helps one find something that is lost, or the police to find someone who has been taken away by force or is missing, or a criminal who is in hiding इनाम, पुरस्कार

reward² verb, t. *She was rewarded with a promotion.* = to give someone a reward प्रतिफल **rewarding** adj. *Teaching has been a very rewarding profession for me.* = (of a job or activity) that gives a lot of satisfaction, but possibly not much money संतोषप्रद

re•word /ri:'wɜ:d/ /री'वɜड्/ verb, t. *I have reworded my letter to the bank.* = to say or write something again using different words (see also **rephrase, re-state**) दूसरे शब्दों में कहना (देखें **rephrase, re-state**)

re•work /ri:'wɜ:k/ /री'वɜक/ verb, t. *You should re-work the novel you are writing.* = to change something (e.g. a piece of writing) and put it in a different form (see also **re-do**) दोबारा तैयार करना (देखें **re-do**)

re•write /ri:'raɪt/ /री'राइट्/ verb, t. = to write something again but in a different and better way सुधारकर दोबारा लिखना

rhe•sus /'ri:səs/ /'रीसस्/ noun = the common monkey found in northern India बंदर **rhesus factor (rh factor)** noun = a substance found in the red blood cells of many people, the presence (positive) or absence (negative) of which in the blood of parents can prove to be dangerous for a new-born baby [BIOLOGY] रक्त-संबंधी एक विशेषता rh फैक्टर [जीव विज्ञान]

rhet•o•ric /'retərɪk/ /'रेटरिक्/ noun, u. = the art of speaking in public in such a way that is convincing or makes a strong impression भाषण कला **rhetorical** /rɪ'tarɪkəl/ /रि'टारिकल्/ adj. *She has great rhetorical skill.* = connected with rhetoric (the art of speaking) भाषण कला-संबंधी **rhetorical question** noun *He asked 'Is there anyone in this crowd who does not want India to be prosperous?' It was just a rhetorical question, of course.* = a question which does not need an answer, but is asked in order to create an effect किसी बात पर ज़ोर देने के लिए प्रश्नवाचक रूप में कही गई बात

rheu•ma•tis•m /'ru:mətɪzəm/ /'रूमटिज़्म्/ noun = a disease that causes pain and stiffness in the joints and muscles of the body [MEDICINE] गठिया [चिकित्सा] **rheumatic** /ru:'mætɪk/ /रु'मैटिक/ adj. *rheumatic fever* = having to do with rheumatism गठिया से संबंधित

rhi•no•ce•ros /raɪ'nɒsərəs/ /राइ'नॉस्रस/ noun (also **rhino**) = a large animal with a very thick skin and either one or two horns on its nose, found in parts of Africa and Asia गैंडा

rhi•zome /'raɪzəʊm/ /'राइज़उम्/ noun = a plant of the family to which ginger belongs, which grows along or under the ground and has roots and stems growing from it [BIOLOGY] प्रकंद (अदरक के प्रकार का पौधा) [जीव विज्ञान]

rhom•bus /'rɒmbəs/ /'रॉम्बस्/ noun = a geometrical figure with four sides of equal length, but with none of its angles measuring 90 degrees [GEOMETRY] (see pic under **shapes**) समचतुर्भुज [ज्यामिति] (shapes के अंतर्गत चित्र देखें)

rhyme¹ /raɪm/ /राइम्/ verb, i. *In the poem "Jack and Jill went up the hill", the words "Jill" and "hill" rhyme.* = to have a sound that is almost the same as the sound of another word (referring to a word at the end of a line of poetry) [LITERATURE] तुकसाम्य [साहित्य]

rhyme² noun, c. *Do you know this rhyme?* = a short and simple poem, having lines that rhyme कविता **nursery rhyme** = a simple poem with rhyme (e.g. *"Twinkle, twinkle little star..."*) that is taught to and recited by very young children बालगीत

rhyth•m /'rɪðəm/ /'रिद्म्/ noun, c. *The dancer danced to the rhythm of the tabla.* = a regular and repeated pattern of sounds (specially in music or poetry) लय, ताल **rhythmic** adj. *the rhythmic beating of the heart* = having rhythm लयबद्ध, ताल-बद्ध

rib¹ /rɪb/ /रिब्/noun, c. **1** *He broke a rib when he fell from the motorcycle.* = one of the bones running around the chest of a human being or an animal पसली **2** *an umbrella with steel ribs* = a curved piece of metal or wood that forms the frame of an umbrella or a boat कमानी

rib² verb, t. (**ribbed**) *The girl who always comes to school with her pet cat was ribbed by her fellow-students.* = to make fun of someone in a friendly way (informal) मज़ाक उड़ाना (अनौपचारिक) **rib cage** noun, c. = the arrangement of ribs in the body that surrounds and protects the lungs पसलियों का ढाँचा

rib•ald /'rɪbəld/ /'रिबल्ड्/ adj. *a ribald joke* = humorous in a crude manner and often related to sex (usually referring to a story or a joke) अश्लील, गंदा (मज़ाक या कहानी के संदर्भ में)

rib•bon /'rɪbən/ /'रिबन्/ noun, c. = a long, narrow piece of silk or some other material, used to tie up

R

or decorate things or used in a typewriter to print out words on paper रिबन, फीता, पट्टी

ri•bo•fla•vin /raɪbəʊ'fleɪvɪn/ /राइबउ' फ़्लेइविन्/ noun = the scientific name for vitamin B2 (a chemical substance that is important for health and is found in meat, milk etc.) [MEDICINE] विटामिन बी 2 का तकनीकी नाम [चिकित्सा]

rice /raɪs/ /राइस्/ noun, u. **1** = a plant belonging to the grass family, grown in wet and warm places, the seeds of which are eaten धान **2** = food made with rice चावल

rich /rɪtʃ/ /रिच्/ adj. **1** *a rich person* = having a lot of money, property etc. धनी, अमीर **2** *Soya beans are rich in protein.* = containing a lot of some substance (which is mentioned) प्रचुर होना **3** *The food is very rich.* = containing a lot of oil or spices घी व मसालेदार **4** *rich soil* = land that is very good for growing crops उपजाऊ **5** *a rich red* = colour that is deep and strong गाढ़ा **6** *rich Chinese silk* = very expensive and lovely to look at महँगा और सुंदर / **richness** noun, u. अमीरी, श्रेष्ठता **richly** adv. **1** *a richly polished floor* = beautifully खूबसूरती से **2** *a richly embroidered sari* = containing a lot or plenty of something (कढ़ाई का) भारी काम **3** *You richly deserve comfort in your old age.* = greatly बहुत **riches** noun, u. (plural only) *He likes to show off his riches to the whole world.* = wealth (old-fashioned) (केवल बहुवचन में प्रयुक्त) धन, धन-संपत्ति (पुराने प्रचलन का)

rick•ets /'rɪkɪts/ /'रिकिट्स्/noun = a disease that some children suffer from, caused by the lack of vitamin D, resulting in the bones becoming weak सूखा रोग **rickety** adj. *a rickety old chair* = weak and likely to break कमज़ोर, टूट जाने वाला

rick•shaw /'rɪkʃɔː/ /'रिक्शॉ/ noun, c. = a carriage with two or three wheels, drawn (pulled) or driven by a human being रिक्शा

ric•o•chet /'rɪkəʃeɪ/ /'रिकशेइ/ verb, i. (**ricocheted**) *The ball hit the batsman's glove and ricocheted into the air.* = to change direction after hitting a surface (referring to a moving object) उछल कर दूसरी ओर चले जाना

rid /rɪd/ /रिड्/ verb, t. *You won't find any mosquitoes here. We have managed to rid this place of mosquitoes.* = to make a place free of something harmful (e.g. rats, mosquitoes, cockroaches etc.) मुक्त करना **riddance** noun, u. = the action of getting rid of something that is not wanted छुटकारा, मुक्ति

to get rid of *I managed to get rid of my old radio. // It took me a long time to get rid of my cold.* = to make oneself free of something that is not wanted पीछा छुड़ाना **Good riddance (to bad rubbish)** *We had a manager who kept everyone in this office in a state of terror for years. However, he has been dismissed this morning and all of us feel so relieved. Good riddance to bad rubbish!* = an expression of relief or happiness because an unpleasant situation caused by someone or something has ended राहत, छुटकारा

rid•dle[1] /'rɪdl/ /'रिड्ल्/ noun, c. **1** *Can you answer this riddle: What is it that flies but has no wings?* = a difficult question which one tries to answer as part of a game पहेली **2** *The police are trying to solve the riddle of the murder.* = a mystery; something that people are not able to understand रहस्य

riddle[2] verb, t. *The board which we had been using for target practice was riddled with bullets holes.* = to make many holes in something छलनी कर देना

ride[1] /raɪd/ /राइड्/ verb, t. or i. (**rode, ridden**) **1** *Can you ride a horse?*(t.) = to travel while sitting on and controlling a horse, bicycle, motorcycle etc. सवारी करना, चलाना **2** *Can you ride?*(i.) = sit on and control a horse घुड़सवारी करना **3** *We'll get very tired if we ride in a rickshaw all the way.* = travel in a vehicle which one is not driving यात्रा करना

ride[2] noun, c. *I am going for a ride in the new car.* = a journey (often a short journey taken for pleasure) in a vehicle or or on a horse, motorcycle etc सवारी, सैर

to take someone for a ride = to cheat or make a fool of someone (informal) किसी को बुद्धू बनाना (अनौपचारिक) **to ride up** *His shirt rides up everytime he raises his hands.* = to go up one's body in a way that is not wanted or intended (referring to clothing) ऊपर चढ़ जाना (कपड़ों के संदर्भ में)

ridge /rɪdʒ/ /रिज्/ noun, c. *a mountain ridge* = a long, narrow and raised part of a surface, specially the top of a line of mountains पर्वतश्रेणी

rid•i•cule[1] /'rɪdɪkjuːl/ /'रिडिक्यूल्/ verb, t. *I wanted to go to Mumbai and become a film star, but my friends ridiculed the idea.* = to make fun of someone or something उपहास या खिल्ली उड़ाना

ridicule[2] noun, u. *His writings were generally held up to ridicule by other writers.* = the act of making fun of someone or something उपहास **ridiculous** adj. **1** *The clothes you wore for the formal meeting were ridiculous.* = foolish and in bad taste मूर्खतापूर्ण, हास्यास्पद **2** *He asked a ridiculous price for his old car.* = so high that it cannot be taken seriously (derogatory) बेतुका (अनादरपूर्ण)

rife /raɪf/ /राइफ़्/ adj. *A severe form of flu is rife in our town.* = spreading everywhere (referring to something bad or unpleasant) (literary or old-fashioned) प्रचलित, फैला हुआ (साहित्यिक या पुराने प्रचलन का)

ri•fle[1] /'raɪfəl/ /'राइफ़ल्/ noun, c. = a kind of gun, the barrel (front part) of which has a curved groove (a hollow cut) inside it, so that a bullet fired from the gun is made to spin round and round राइफ़ल, बंदूक

rifle[2] verb, t. *The thief rifled my safe and took*

away all the gold jewellery. = to steal after searching through something छान डालना

rift /rɪft/ /रिफ़्ट्/ noun, c. **1** *There is a rift in the rocks here.* = a crack दरार **2** *There is a rift between the two friends.* = a misunderstanding which spoils a good relationship अनबन, गलतफ़हमी

rig[1] /rɪg/ /रिग्/ noun, c. *an oil rig* = a large machine which is used for a particular purpose (e.g. drilling or making a deep hole in the ground to take out water or oil) (ज़मीन में खुदाई करने वाली) एक बड़ी मशीन

rig[2] verb, t. (**rigged**) *We put up our play on a crude stage which we had rigged up with a few planks.* = to put up something temporarily, using materials that are easily available प्राप्त साधनों से अस्थायी ढाँचा बना लेना

to rig an election/match = to organize an event dishonestly, so that the results favour one व्यवस्था में बेईमानी करना (परिणाम पक्ष में करने के लिए)

right[1] /raɪt/ /राइट्/ adj. **1** *the right hand* = the side/direction of the hand which is used more often by most people (opposite **left**) दायाँ (विलोम शब्द **left**) **2** *Take a right turn here.*= in the direction of the right hand दायाँ **3** *You have given the right answer to this question.* = correct सही, ठीक **4** *We have found the right person for this job.* = proper or most suitable उपयुक्त, सही, ठीक **5** *I wish you wouldn't tell lies. It is not right.* = morally acceptable (opposite **wrong**) ठीक, सही (विलोम शब्द **wrong**)

right[2] noun, u. or c. **1** *Her house is to your right.*(u.) = the right side (indicated or shown by one's right hand) दाएँ **2** (u.) = political parties which favour private ownership of business (often **Right**) (also **right wing**) (opposite **Left**) दक्षिणपंथी पार्टी (प्राय: **Right** के रूप में लिखित; देखें **right wing**) (विलोम शब्द **Left**) **3** *You should know the difference between right and wrong.* = what is good and morally acceptable सही, उचित **4** *You have a right to vote in the election.* = a claim which is fair and just अधिकार

right[3] verb, t. **1** *The car turned over on its side after it hit a tree but we managed to right it.* = to bring back to a correct position ठीक करना **2** *right all the wrongs that have been done* = to correct something wrong (some unjust action) सुधारना

right[4] adv. **1** *The ball hit me right on the nose.* = exactly ठीक **2** *Please turn right, not left.* = towards the right (direction) (opposite **left**) दाएँ (विलोम शब्द **left**) **3** *I do hope I played my part right.* = in the correct or acceptable way भलीभाँति, ठीक से **4** *Let's do this right from the beginning.* = totally, completely एकदम **5** *Let's start right after lunch.* = soon, immediately जल्दी, तुरंत **6** *Can't you see the bird? It's right in front of you.* = exactly एकदम, बिल्कुल

right[5] interjec. *'Anil, you should meet the minister soon.' 'Right!'* = an expression of agreement ठीक! (सहमतिसूचक अभिव्यक्ति) **right angle** noun = an angle which measures 90 degrees [GEOMETRY] (see pic under **triangles**) समकोण [ज्यामिति] (**triangles** के अंतर्गत चित्र देखें) **righteous** adj. *a righteous person* = morally good अच्छे चरित्र का **rightful** adj. *He has a rightful claim to this property.* = legally correct न्यायपूर्ण **rightfully** adv. *Someone has built a house on property which is rightfully ours.* = by law, by right कानूनन **right-handed** adj. *a right-handed batsman* = a person who does most things with the right hand दाएँ हाथ से काम करनेवाला **right-hand man (person)** noun *He is the minister's right-hand man.* = a trusted and useful follower दायाँ हाथ, विश्वसनीय व उपयोगी सहयोगी **rightly** adv. *You rightly refused to accept money from him.* = properly उचित रीति से

right now = at this moment अभी **to get something right** = to repair something or to solve a problem समस्या का समाधान करना, ठीक करना **to be in the right** = to have done what is correct and fair संतुलित व्यवहार **in one's own right** *You are an excellent singer in your own right, not because your mother is a well-known singer.* = by yourself, not because of others अपने आप में **to be on the right track** = to have the right idea about something सही रास्ते पर होना **to be in one's right mind** = in a balanced mental state स्थिरचित्त **to be on the right side of someone** = to enjoy someone's favour विश्वासपात्र होना **right, left and centre** *They had put up posters right, left and centre.* = in all places, everywhere चारों ओर **right of way** = the right to drive or walk first through traffic मार्गाधिकार

rig•id /ˈrɪdʒɪd/ /ˈरिजिड्/adj. **1** *We need a rigid framework of bamboos in order to build a hut.* = stiff; not easily bent (opposite **flexible**) सख्त, मज़बूत (विलोम शब्द **flexible**) **2** *He is very rigid and won't accept any new ideas.* = fixed in one's thinking or behaviour दृढ़ **rigidity** noun, u. = the quality of being rigid दृढ़ता, कठोरता

rig•ma•role /ˈrɪgmərəʊl/ /ˈरिग्मरउल्/ noun, u. *The security guard at the entrance made me go through the rigmarole of writing my name and address, as well as the name of the person I wanted to meet and the purpose of my visit.* = a series of actions which stretch out and sometimes do not have a purpose (derogatory) एक लंबा, प्राय: अनुपयोगी क्रम (अनादरपूर्ण)

rig•or mor•tis /rɪgə ˈmɔːtɪs/ noun (French) = the stiffening of the body after death [MEDICINE] (फ्रेंच अभिव्यक्ति) शव का सख्त होना [चिकित्सा]

rig•o•rous /ˈrɪgərəs/ /ˈरिगरस्/ adj. **1** *When you are doing scientific research, you have to be rigorous. You can't be careless.* = careful and exact

R

मेहनती, सावधान **2** *rigorous hard work* = very difficult, hard and painful बहुत मेहनत का (काम) **3** *rigorous imprisonment* = severe (very strict) and painful कड़ा एवं कष्टदायक **rigour** noun, u. **1** *Scientific research demands a lot of rigour.* = exactness or precision सही अनुपात **2** *The judge treated the man with unusual rigour.* = severity or strictness कड़ाई, कठोरता **rigours** noun, u. (always plural) *He is not used to the rigours of the desert.* = difficult or severe conditions that cause suffering (केवल बहुवचन में प्रयुक्त) कठिनाइयाँ

rile /raɪl/ /राइल/ verb, t. *His habit of tapping on the desk riles me.* = to annoy (to make someone angry) परेशानी पैदा करना

rim[1] /rɪm/ noun, u. *the rim of the cycle wheel* = the outside edge of a circular object गोले की परिधि

rim[2] verb, t. (**rimmed**) *The lake was rimmed with a row of cottages.* = to lie around the rim (edge) of something that is round in shape (गोलाई में) घिरा हुआ होना

rind /raɪnd/ /राइन्ड्/ noun, u. *the rind of a lemon* = the thick outer covering of some kinds of fruit छिलका

ring[1] /rɪŋ/ /रिङ्/ noun, c. **1** *a gold ring* = a circular piece of metal (usually gold or silver) that is worn on the finger अँगूठी **2** = a circular object made from different kinds of material, e.g. the inflatable rubber ring used in a swimming pool घेरा, पहिए के आकार की वस्तु जैसे तरणताल में प्रयोग में आने वाला रबर का पहिया **3** *There is a ring of trees around the house.* = a circular line or mark घेरा **4** *a ring of thieves* = a group of dishonest people working together for their own advantage समूह, गुट, गिरोह **5** *Could you give the bell a ring?* = the act of making a bell ring घंटी बजाना **6** *Did you hear that ring?* = the sound of a bell घंटी की आवाज़ **7** *I am expecting a ring from my sister.* = a telephone call टेलिफ़ोन कॉल **8** *a key ring* = any object having the shape of a ring चाभी का गुच्छा **9** *rings under one's eyes* = dark marks under the eyes which come from lack of sleep, illness etc. झाई

ring[2] verb, t. or i. (**rang**, **rung**) **1** *Please ring the bell.*(t.) = to cause a bell to make a sound घंटी बजना **2** *Did you ring the doctor?*(t.) = to call someone on the telephone फ़ोन करके बुलाना **3** *The house is ringed with trees.*(t.) = to form a circular line around something चारों ओर लगाना, घेरा बनाना **4** *The sound made my ears ring.*(i.) = to cause a painful feeling in one's ears झनझनाना **5** *We rang for some coffee.*(i.) = to use a buzzer or make a telephone call to ask for some service e.g. a cup of coffee in a hotel घंटी बजाकर माँगना/मँगाना **ring finger** noun = the third finger on the left or right hand, on which a ring is usually worn अनामिका उँगली **ring leader** noun = the leader of a group of criminals or dishonest people सरदार, सरगना **ringmaster** noun, c. = a person who trains animals to perform tricks in a circus सर्कस में जानवरों के करतब दिखाने वाला **ring road** noun = a road that goes around the edge of a city, in order to avoid the traffic inside the city रिंगरोड, शहर की सीमा को घेरने वाली सड़क **ringworm** noun = a kind of skin disease that causes red marks to appear on the skin दाद

to ring a bell *What you said in your speech rang a bell.* = to be reminded of something याद दिलाना **to ring hollow** *She didn't like me, so when she said good things about me, her words rang hollow.* = to sound untrue कथन उथले या झूठे लगना **to not ring true** *Her story didn't ring true.* = to not sound convincing विश्वसनीय न लगना **to ring someone back** = to telephone someone because one wasn't present to receive his/her call वापस लौटकर फ़ोन कॉल का जवाब देना **to ring in one's ears** *Her words of farewell rang in my ears for a long time.* = to be remembered (referring to a sound one hears) (disapproving) कानों में गूँजना (अस्वीकृत)

rink /rɪŋk/ /रिंक्/ noun, c. *a skating rink* = an area set apart for the sport of skating (either ice-skating or roller-skating) स्केटिंग खेल का क्षेत्र

rinse[1] /rɪns/ /रिन्स्/ verb, t. **1** *You should rinse your mouth with water after every meal.* = to clean with water धोना, कुल्ला करना **2** *Rinse the clothes.* = to wash with water पानी में खँगालना

rinse[2] noun, c. **1** *Give the clothes another rinse. They don't look very clean.* = the act of rinsing something खँगालने की क्रिया **2** *She uses a herbal rinse for her face.* = a liquid used to clean the face or to colour hair चेहरा साफ़ करने या बालों को रँगने के लिए प्रयुक्त तरल पदार्थ

ri•ot[1] /'raɪət/ /'राइअट्/ noun, c. **1** *Several people have been injured in the riot.* = violent behaviour by a crowd of people (derogatory) दंगा (अनादरपूर्ण) **2** *You will enjoy Govinda's new film. It is really a riot!* = a very entertaining or humorous performance (informal, not derogatory) मनोरंजक प्रदर्शन (अनौपचारिक, अनादरपूर्ण नहीं) **3** *The garden is full of flowers now. It is really a riot of colours.* = a very bright and colourful scene (not derogatory) रंगीन दृश्य (अनादरपूर्ण नहीं)

riot[2] verb, i. *Many people were rioting in the streets.* = to take part in a riot दँगा करना, उपद्रव में सम्मिलित होना **riotous** adj. *a riotous crowd* = wild and uncontrolled बलवाई, उपद्रवी

rip[1] /rɪp/ /रिप्/ verb, t. (**ripped**) *He ripped the envelope open with a knife.* = to tear फाड़ना

rip[2] noun, c. *a rip in the sari* = a long split, tear or cut in some material चीरा, काट

to rip somebody off *When my neighbours told me she had paid Rs 10,000 for an ordinary cotton sari, I realized she had been ripped off.* = to cheat a person (informal) धोखा देना

(अनौपचारिक) **rip apart** = to criticise heavily (informal) आलोचना करना (अनौपचारिक) **rip-off** *The holiday tour was a rip off!* = an act of cheating someone by charging too much money, offering bad service etc (informal) धोखा (अनौपचारिक)

rip-roaring *We had a rip-roaring time at the party.* = exciting and highly enjoyable (informal) मज़ेदार, उत्तेजनापूर्ण (अनौपचारिक)

RIP abbr. of the Latin words for "Rest in Peace" = words written on tombs (the stone platforms put up over the place where a dead person has been buried) पूर्ण विश्राम (मरणोपरांत), क़ब्र पर लगे पत्थर पर लिखा जाने वाला शब्द

ripe /raɪp/ /राइप्/ adj. **1** *The mangoes are ripe. You can eat them.* = fully grown and ready to be eaten (used for fruits and crops) पका हुआ (फल या फसल के बारे में) **2** *The time is ripe to start a new school.* = suitable for something to happen उचित, सही **ripen** verb, i. *The mangoes have ripened.* = to become ripe पकना **ripeness** noun, u. पकापन

rip•ple /ˈrɪpəl/ /ˈरिप्ल्/ noun, c. **1** *If you throw a stone into the water you will cause ripples.* = a gentle wave moving through the water लहर, तरंग **2** *a ripple of laughter* = a continuous sound which becomes louder and then fades away (like a wave) स्वर, लहर

rise[1] /raɪz/ /राइज़्/ verb, i. (**rose, risen**) **1** *The level of water in the river has risen after the heavy rains.* = to become higher चढ़ना, बढ़ना **2** *She rose from a junior position to become the Managing Director.* = to move from a lower to a higher position उन्नति करना, तरक्की करना **3** *The members of the audience rose to their feet when the Prime Minister entered the hall.* = to stand up in order to show respect (formal) खड़े होना (औपचारिक) **4** *We can watch the sun rise.* = to appear in the sky (सूर्य आदि का) उदय **5** *She rises at six o'clock every morning.* = to get out of bed जागना, उठना **6** *We watched the bubbles rise.* = to come to the surface बनना, उठना

rise[2] noun, u. **1** *There is a noticeable rise in the level of the water.* = upward movement बढ़ोतरी, वृद्धि **2** *There is a rise in the cost of food.* = increase वृद्धि, बढ़ोतरी, **3** *The rise of Japanese technology after 1950 has been rapid.* = the act of becoming more developed उत्थान, विकास

to rise to the occasion = to show that one is able to handle problems, challenges etc. कठिनाई का सामना करने के लिए उद्यत होना **to give rise to** *The new system gave rise to many complaints.* = to cause (formal) उत्पन्न करना (औपचारिक) **rise up against / rise up in arms** = rebel, oppose विद्रोह करना **on the rise** *Malaria is on the rise in our city.* = of something unpleasant or harmful, increasing in force or numbers बढ़ोतरी

risk[1] /rɪsk/ /रिस्क्/ noun, u. or c. **1** *Don't drive so fast on this busy road. There is a risk of accidents.*(u.) = danger; the possibility of something bad happening खतरा **2** *He likes to take risks.*(c.) = an action that may lead to some bad result but is done in the hope that something good will happen खतरे से भरा काम

risk[2] verb, t. **1** *Our soldiers are risking their lives every day to protect us.* = to put oneself in a dangerous situation अपने-आप को खतरे में डालना **2** *If you don't get your licence you risk getting caught.* = to face the chance of something bad happening जोखिम लेना **risky** adj. *Taking photographs of wild animals in the forest is a risky business.* = dangerous; involving a lot of risk जोखिम-भरा

at one's own risk = to agree to take the responsibility in case something unpleasant happens खुद को जिम्मेवार बनाकर **to risk one's neck** = to decide to do something very risky खतरे से भरा कार्य करने का निर्णय लेना

ris•que /ˈrɪskeɪ/ /ˈरिस्केइ/ adj. *risque humour* = connected with sex and slightly rude and shocking (referring to a joke or a story) (disapproving) अश्लील (मज़ाक, कहानी) (अस्वीकृत)

rite /raɪt/ /राइट्/ noun, c. *funeral rites* = a religious ceremony or act रीति-रिवाज़

rit•u•al /ˈrɪtʃuəl/ /ˈरिचुअल्/ noun, c. or u. = a set of fixed actions, especially of a religious nature, that are performed regularly धार्मिक कृत्य, रीति **ritualism** noun, u. = obedience to rituals without questioning them (disapproving) कर्मकांड (अस्वीकृत)

ri•val[1] /ˈraɪvəl/ /ˈराइव्ल्/ noun, c. *I defeated my rival in the election by more than 10,000 votes.* = a person against whom one is competing प्रतिद्वंद्वी, प्रतिद्वंद्विता

rival[2] verb, t. (**rivalled**) *Many countries will soon rival America as centres of information technology.* = to be equal to someone, especially in a competition बराबरी करना या बराबरी पर होना **rivalry** noun, u. *There is great rivalry between motorbike companies to sell two-wheelers.* = competition प्रतिस्पर्द्धा, प्रतिद्वंद्विता

ri•ver /ˈrɪvəʳ/ /ˈरिवʳ/ noun, c. = a large stream of fresh water flowing into a lake, another wide stream, or the sea नदी **river-basin** noun, c. = an area of land surrounding a river, from which all the water flows into the river नदी-क्षेत्र **river-bed** noun, c. = the ground below the water of a river नदी-तल

ri•vet[1] /ˈrɪvɪt/ /ˈरिविट्/ noun,c. = a metal pin which is used to fasten (hold together) flat pieces of metal or some other material दो टुकड़ों को मिलाए रखने वाली धातु की कील-सी वस्तु

rivet[2] verb, t. (**rivetted**) **1** *These metal plates have been rivetted together.* = to fasten (hold together) with rivets जुड़ा होना **2** *While the rest of us talked and laughed, the child's attention was rivetted on the ant crawling across the floor.* = to

R

attract and hold someone's attention केंद्रित या आकर्षित होना **riveting** adj. *This television programme is riveting. You will feel compelled to watch it.* = highly interesting; holding one's attention अत्यंत रोचक, ध्यानाकर्षक

RNA abbr. of **ribonucleic acid** noun = an important chemical that is present in all living cells (सभी जीवित कोशिकाओं में पाया जाने वाला) एक रसायन

road /rəʊd/ /रउड्/ noun, c. or u. *The engineers are building a new road to connect the two towns.*(c.) = a wide track with a hard surface on which people can walk, vehicles can run etc. सड़क, मार्ग **road block** noun, c. = a barrier or temporary wall put across a road by the police to stop traffic मार्ग अवरोधक **road hog** noun, c. = a person who drives either too fast or too slowly on the road, without thinking of the problems he/she may be causing for other drivers बेधड़क मोटर-चालक **road-worthy** adj. *This old car is not road-worthy* = fit to be driven on a road सड़क पर चलने योग्य

on the road *He is a salesperson, and has to travel a lot. He is always on the road.* = travelling in connection with one's work यात्रारत **by road** *It will take us about three hours by road.* = in a car, bus, van, scooter etc. सड़क मार्ग से **to get the show on the road** = to get something that was planned, moving or happening (informal) योजना अनुसार प्राप्त होना (अनौपचारिक) **to hit the road** (American) = to begin a journey (informal) (अमेरिकी अंग्रेज़ी का मुहावरा) सफ़र पर निकलना (अनौपचारिक) **All roads lead to Rome** = One can follow different beliefs, plans etc. and yet arrive at the same conclusion or result सब मार्ग एक ही लक्ष्य को जाते हैं।

roam /rəʊm/ /रउम्/ verb, i. *I like to spend my Sundays roaming across the countryside.* = to wander or move about aimlessly भ्रमण करना, घूमना

roar[1] /rɔːʳ/ /रॉऱ्/ noun, c. *I heard the roar of a tiger.* = the deep, loud sound produced by a tiger or lion, or any other sound of the same kind गर्जन, दहाड़

roar[2] verb, i. *The crowd roared with excitement as Tendulkar hit a 'six' to complete his century.* = to produce a deep, loud sound, like that of a roar चिल्लाना, गरजना, दहाड़ना

roast[1] /rəʊst/ /रउस्ट्/ verb, t. = to cook something directly over a fire or in an oven भूनना, सेंकना

roast[2] noun, u. or c. or adj. *chicken roast* (noun) *roast chicken* (adj.) = something (usually meat) which has been roasted भुना हुआ **roasting** noun, u. **1** = the process by which something is roasted भूनने की क्रिया **2** *The Principal gave us a roasting for coming late.* = a severe scolding (expression of anger) (informal) फटकार (अनौपचारिक)

rob /rɒb/ /रॉब्/ verb, t. (**robbed**) *to rob a bank* = to take money or property away from someone by using force लूटना, डाका डालना **robber** noun, c. = a person who robs लुटेरा, डाकू **robbery** noun, u. = the crime of robbing लूटमार, डकैती

to rob someone of something *My illness robbed me of the chance to act in the play.* = to take away from a person something valuable or important that he or she should have had (literary, old-fashioned) छीन लेना (साहित्यिक, पुराने प्रचलन का)

robe[1] /rəʊb/ /रउब्/ noun, c. (often in plural form **robes**) *a judge's robes* = a long, loose garment, like an overcoat, worn for official or ceremonial occasions (प्राय: बहुवचन में ही प्रयुक्त) औपचारिक अवसर पर पहनी जानेवाली पोशाक

robe[2] verb, i. *You must be robed if you want to argue a case in court.* = to be dressed in a robe विशिष्ट पोशाक में होना

rob•in /ˈrɒbɪn/ /ˈरॉबिन्/ noun = a small bird with a red chest, commonly seen in Europe यूरोप में पाए जाने वाले एक पक्षी का नाम

ro•bot /ˈrəʊbɒt/ /ˈरउबॉट्/ noun, c. = a machine, usually controlled by a computer, that can move and work like a human being यंत्रमानव **'रॉबट' robotics** /rəʊˈbɒtɪks/ /रउˈबॉटिक्स्/ noun = the study of the making and use of robots [TECHNICAL] यांत्रिकी शिक्षा [तकनीकी]

ro•bust /rəˈbʌst/ adj. *You must be robust if you want to climb mountains.* = strong and healthy हृष्ट-पुष्ट

rock[1] /rɒk/ /रॉक्/ noun, u. or c. **1** *The river Ganga comes down from the mountains with great force, cutting its way through solid rock.*(u.) = hard stone which forms part of the earth's surface चट्टान **2** *A huge rock fell down the mountain, crushing many cars on the road.*(c.) = a large piece of stone चट्टान **3** *rock music* = a type of popular music which uses drums and guitars and has a loud and strong rhythm ऊँची आवाज़ में बजाया जाने वाला लोकप्रिय आधुनिक संगीत

rock[2] verb, t. or i. **1** *The mother rocked the baby to sleep.*(t.) = to cause someone or something to move backwards and forwards, or from side to side, with a regular movement झुलाना **2** *The whole town was rocked by the earthquake.*(t.) = to shake violently हिला देना **3** *Loud music rocks.*(i.) = a way of saying that something is very good and that ones enjoys it (slang) झुमा देने वाला (अपभाषा) **rock and roll** noun, u. = a type of music with a strong beat and rhythm that was very popular in the 1950s (1950 के दशक का लोकप्रिय संगीत ताल और लय) नृत्य का नाम **rock bottom** noun *The price of cotton has hit rock bottom.* = the lowest point निम्नतम, न्यूनतम **rock-garden** noun = a garden in which beauty is created mainly through the use of rocks of different size, colour etc. (very popular in Japan) शैल-उद्यान (जापान में बेहद लोकप्रिय) **rock solid** adj. *The financial position of the company is rock solid.* = very stable and safe पूर्णत: सुरक्षित

on the rocks = with only ice, not water or soda, added to an alcoholic drink (informal) बर्फ़ डाल कर पी जाने-वाली शराब

(अनौपचारिक) **to be on the rocks** = to be in danger of breaking up (referring usually to a marriage) टूटने के कगार पर (सामान्यत: शादी के बारे में) **to rock the boat** = to disturb or spoil a situation which is calm or comfortable or going well ठीक-ठाक स्थिति में हलचल पैदा करना

rock•et[1] /'rɒkɪt/ /'रॉकिट्/ noun, c. = a cylindrical object which moves very fast by forcing out burning gases, and can be used as a weapon or for space travel रॉकेट, अग्निबाण

rocket[2] verb, i. *The price of vegetables has rocketed because of poor rains.* = to increase very sharply (informal) अचानक बहुत बढ़ जाना, आसमान छूने लगना (अनौपचारिक)

rod /rɒd/ /रॉड्/ noun, c. *The walls of this building have a lining of steel rods.* = a long thin pole or stick of wood or metal छड़, छड़ी

ro•dent /'rəʊdənt/ /'रउड्न्ट्/ noun, c. *Rats, squirrels and rabbits belong to the family of rodents.* = a small animal with very sharp teeth [BIOLOGY] कृतंक जीव (गिलहरी, चूहे-जैसे पशु) [जीव विज्ञान]

roe /rəʊ/ /रउ/ noun, u. *fish roe* = the eggs inside the stomach of a female fish मछली के अंडे

roent•gen /'rɒntgən/ /'रॉन्ट्गन्/ noun = a unit used to measure the strength of x-rays (see **x-ray**) 'एक्स-रे' की शक्ति को मापने की इकाई (देखें **x-ray**)

Roger /'rɒdʒə^r/ /'रॉज^र/ noun *'Can you read me?' 'Roger!'* = an exclamation used in radio communication to show that a message has been understood 'रेडियो संप्रेषण' के अंतर्गत प्रयुक्त एक अभिव्यक्ति

rogue[1] /rəʊg/ /रउग्/ noun, c. = a very dishonest person (derogatory) दुष्ट, बेईमान (अनादरपूर्ण)

rogue[2] adj. *a rogue elephant* = a wild elephant that lives alone and not with a herd in the forest, and can easily become violent जंगली हाथी **rogue state** = a country that supports terrorism and can cause problems for other countries आतंकवाद को बढ़ावा देने वाला राज्य

role /reʊl/ /रउल्/ noun, c. **1** *Hrithik Roshan plays the role of a terrorist in this film.* = a part played by an actor in a film or drama भूमिका **2** *Many unknown people played a role in India's struggle for freedom.* = a duty performed by a person in a particular situation भूमिका **title role** = the leading or most important role in a film प्रमुख भूमिका **role model** noun = a person whose behaviour is so good that it should be copied by others आदर्श **role play** noun, u. *Let us do a role play. You can be a doctor and I will be your patient.*= the activity of trying to behave like someone else, in an imaginary situation (often used by teachers and trainers) भिन्न-भिन्न भूमिकाओं में अभिनय करना

roll[1] /rəʊl/ /रउल्/ verb, i. or t. **1** *The dog rolled on its back on the grass.*(i.) = to turn over or from side to side लोटना **2** *The ball rolled along the ground.*(i.) = to move by turning over, like a wheel डगरना **3** *He rolled up the carpet.* (t.) = to cause something to curl into a cylindrical (tube-like) shape लपेटना **4** *The cricket pitch has to be rolled every morning.*(t.) = to make something flat by pressing it down with force, or using a roller मैदान को समतल करना **5** *roll out a chapati* (t.) = to press out with a rolling-pin and make flat बेलना **6** *Please ask the actors to be ready before the cameras start rolling.*(i.) = to begin operating (used for cameras) (कैमरे का) चालू होना **7** *This pudding is ice-cream and cake rolled into one.*(i.) = a combination of two or more things (sometimes disapproving) मिश्रित (कभी-कभी अस्वीकृत)

roll[2] noun, c. **1** *a roll of bread* = a small piece of bread shaped like a rounded tube गोल **2** *a roll of cloth* = a piece of flat material that has been rolled (curled up) into a tube पाइप के आकार में **3** *the student roll* = an official list of names नामावली, नाम-सूची **4** *The plane went into a roll.* = a rolling (turning) movement from side to side डगमगाना **5** *a roll of thunder* = a deep continuous noise as of drums, thunder etc. गड़गड़ाहट **6** *rolls of flab around his waist* = layers or 'rings', one on top of the other, caused by too much fat in the body **roll-call** noun *All students must be present during the roll-call.* = the act of reading out the names from a list हाज़िरी (बुलाना) **roller** noun, c. *a steam-roller* = a heavy machine used to make the surface of the ground flat 'रोलर' **roller skates** noun = a frame with four small wheels, fixed under a shoe, allowing the wearer to move quickly over a smooth surface स्केट्स **rolling mill** noun = a factory in which steel is rolled by machines into flat sheets or plates **rolling pin** noun, c. = a long, tube-shaped piece of wood, used for rolling dough (flour mixed with water) into bread (e.g. chappaties) बेलन **rolling stock** noun, u. = carriages on wheels that are used by a railway रेलवे द्वारा प्रयुक्त गाड़ियाँ

to call the rolls = calling out a list (in a classroom, the army etc.) of persons to see who is present/absent हाज़िरी लेना **to roll up one's sleeves** = to start a fight with someone आस्तीन चढ़ाना **to roll one's eyes** = to express irritation, boredom or great surprise आँख सिकोड़ना **to roll out the red carpet** = to make special arrangements for a visitor who is important भव्य स्वागत करना **to be rolling in money** = to have much more money than is considered necessary

R

(informal, disapproving) अफरात दौलत होना (अनौपचारिक, अस्वीकृत) **A rolling stone gathers no moss.** = A proverb meaning that a person who changes jobs often, cannot prosper. एक लोकोक्ति जिसका अर्थ है कि अस्थिरमना व्यक्ति कुछ कर नहीं पाता

ROM abbr. of **Read Only Memory** = a kind of computer memory which holds information that can be used but cannot be changed or added to [COMPUTERS] 'रोम' एक प्रकार का कंप्यूटरी स्मृतिकोष है जिसका प्रयोग होता है, पर उसमें कुछ जोड़ा या कोई परिवर्तन नहीं किया जा सकता [कंप्यूटर]

Roman Catholic noun = a member of the Church of Rome, one of the divisions within the Christian religion, of which the Pope is the head रोमन कैथोलिक

Roman numeral noun = a sign such as I, II, IV, V, X etc. used to show different numbers (see also **Arabic numeral**) रोमन संख्याएँ (देखें **Arabic numeral**)

ro•mance /rəʊ'mæns/ /रउ'मैन्स्/ noun, c. or u. **1** (c.) = a relationship between people who are in love but not married to one another प्रेम-संबंध **2** *The new film is full of romance.*(u.) = the feeling of love प्रणय-व्यापार **3** *He is writing a new romance.* = a story of love and adventure प्रेमकथा **romantic** adj. or noun **1** *a romantic film*(adj.) = having to do with romance (love and adventure) प्रेमकथात्मक **2** (noun) = a person who has ideas that are not very practical रोमानी, भावुक **romantically** adv. भावुकतापूर्ण ढंग से

Ro•man•ti•cis•m /rəʊ'mæntɪsɪzəm/ /रउ'मैन्टिसिज़म्/ noun = the idea, commonly found in the literature of Europe in the 19th century, that imagination and feelings are more important than reason (the power of thinking) स्वच्छंदतावाद (साहित्य के संदर्भ में)

romp[1] /rɒmp/ /रॉम्प/ verb, i. *The children are romping about in the garden.* = to run about and play noisily (informal) उछल-कूद करना (अनौपचारिक)

romp[2] noun, c. *The children are going for a romp in the garden.* = the activity of romping उछल-कूद

romp•ers /'rɒmpərz/ /'रॉम्पर्ज़/ noun (always plural) = a one-piece garment for babies that combines a shirt with trousers (केवल बहुवचन में प्रयुक्त) **'रोम्पर'**, शिशु की एक पोशाक

roof[1] /ru:f/ /रूफ़/ noun, c. **1** *The house has a tile roof.* = the outside covering on top of a building or a vehicle छत **2** *the roof of a person's mouth* = the curved upper part of the inside of the mouth तालु

roof[2] verb, t. *This building will be roofed next month.* = to put a roof on a building छत डालना **roof garden** noun = a garden on the roof of a building छत पर बना बगीचा

to go through the roof (or to hit the roof) 1 = to react very angrily to something (informal) ज़्यादा क्रोध करना, छत सिर पर उठाना (अनौपचारिक) **2** *The prices of property have gone through the roof.* = to rise very sharply (referring to the price of something) (informal) बहुत बढ़ जाना (अनौपचारिक)

rook /rʊk/ /रुक/ noun = a bird that looks like a crow कौए-जैसा एक पक्षी

rook•ie /'rʊki/ /'रुकी/ noun, c. (American) *a rookie driver* = someone who is new to a certain activity and has no experience of it (अमेरिकी अंग्रेज़ी का शब्द) अनाड़ी

room[1] /ru:m/ /रूम्/ noun, c. or u. **1** *This house has five rooms.*(c.) = a part of a house, with its own walls, doors, ceiling etc. which is normally used for a specific purpose कमरा **2** *There is a lot of room in the car.*(u.) = space स्थान, जगह **3** *There is room for improvement in your work.*(u.) = the need or possibility for something to be done संभावना, गुंजाइश

room[2] verb, i. *I am rooming with one of my friends.* = to share living space (informal) साथ रहना (अनौपचारिक) **room-mate** noun, c. = a person with whom one shares a room कमरे में साथ रहने वाला **room service** noun, u. = the system which allows one to have food served in one's room in a hotel होटल में कमरे में ही खाना आदि देना **roomy** adj. *a roomy car* = having a lot of space काफ़ी बड़ा **roomie** noun, c. = a person with whom one shares a room in a hostel etc. (slang) छात्रावास में एक कमरे में साथ रहने वाला (अपभाषा)

to make room for something = to remove something and make the space available for something else जगह बनाना **room for improvement** *Your singing is quite good, but there is room for improvement.* = a polite way of saying that something is not good enough सुधार की गुंजाइश है, यह बताने का विनम्र तरीका **to take up a lot of room** = to cover space in such a way that it is difficult to place anything else there अधिक स्थान घेरना

roost[1] /ru:st/ /रूस्ट्/ verb, i. *Many birds roost on this tree at night.* = to sit and rest at night (referring to birds) (चिड़ियों का) बसेरा करना, बसेरा डालना

roost[2] noun, c. *a chicken roost* = a place where birds can sit and rest बसेरा (पक्षियों का) **rooster** noun, c. (American) = a cock (male bird) (अमेरिकी अंग्रेज़ी का शब्द) मुर्गा

root[1] /ru:t/ /रूट्/ noun, c. (often in plural form **roots**) **1** *the roots of a tree* = the part of a tree or plant that generally lies under the soil, helps to keep the tree or plant in place and carries food and water from the soil to other parts जड़ **2** *The root of this tooth has become weak.* = the part of a tooth or hair that joins it to the body दाँत या बाल की जड़ **3** *The root of 49 is seven.* = a number which when multiplied by itself gives the other number (also **square root**) [MATHEMATICS] मूल (देखें **square root**) [गणित] **4** *The word "polygon" comes from the Latin root "poly".* = the part of a word from which other words can be formed शब्दांश **5** *the root of the trouble* = the origin (the thing from which something begins) मूल जड़

root² verb, t. **1** *These plants have rooted themselves strongly.* = to form roots in the ground (referring to plants or trees) (पेड़-पौधों का) जड़ जमाना **2** *The habit of showing respect to teachers is rooted in our culture.* = to be a part of something for a very long time (figurative) जड़ में होना (लाक्षणिक) **rooted** adj. *Our superstitions are deep-rooted.* = firmly fixed in the mind and not easily given up जड़ जमाना, गहरा **root vegetable** noun, c. = a vegetable such as a carrot, which is the root of a plant वे सब्ज़ियाँ जो पौधे में जड़ के रूप में रहती हैं।

to take root = to become firm and accepted (referring usually to a new idea, belief etc.) (नए विचार, विश्वास आदि का) जड़ पकड़ना, मज़बूत होना और सर्वमान्य होना **to root out something** = get rid of a problem by removing its source जड़ से उखाड़ना

rope /rəʊp/ /रउप्/ noun, u. or c. *The cow was being led by a rope.*(u.) = a thick or stout cord made by winding together threads of cotton or some other material e.g. nylon or steel रस्सी **rope ladder** noun = a light ladder made out of two long ropes, joined together by pieces of wood कमंद रस्सी से बनी सीढ़ी

to be roped into something = to be persuaded to join some activity against one's will (informal) किसी कार्रवाई में ज़बरदस्ती डालना (अनौपचारिक) **rope off** = to use ropes to separate an area so that only some people can enter it रस्से बाँध कर रास्ता रोकना **to know the ropes** = to have deep knowledge of the rules or customs which are used to run an organisation (informal) किसी संगठन या संस्था के नियम, प्रक्रिया आदि की गहरी जानकारी होना (अनौपचारिक) **to give someone enough rope to hang themselves** = to give someone a lot of freedom, knowing that he/she will do something foolish ढील देना

rose /rəʊz/ /रउज़्/ noun **1** = a kind of flower often grown in gardens which is known for its sweet smell गुलाब **2** = a soft pink colour गुलाबी रंग **rose-water** noun = a sweet-smelling liquid made from the petals of roses गुलाबजल **rosewood** noun = a kind of wood found in the tropics which has a dark red colour शीशम की लकड़ी **rosy** adj. **1** *rosy lips* = having a healthy pink colour गुलाबी **2** *When we started the new job conditions were not rosy.* = easy and comfortable (figurative) सीधा, सरल (लाक्षणिक)

to not be a bed of roses = (used about something one is doing or a situation one is in) to be difficult and painful and not easy फूलों की सेज न होना (कठिनाई-भरा होना)

ros•ter /ˈrɒstəʳ/ /'रॉस्टर/ noun, c. *a duty roster* = a list of names of people, showing the duties they are expected to perform कार्य-तालिका

ros•trum /ˈrɒstrəm/ /'रॉस्ट्रम्/ noun, c. (**rostrums** or **rostra**) = a platform on which a speaker stands while speaking मंच

rot¹ /rɒt/ /रॉट्/ verb, i. (**rotted**) *These apples have begun to rot. We can't eat them.* = to go bad सड़ना

rot² noun, u. **1** *These fruits have been affected by rot.* = the process of rotting (going bad) सड़न **2** *The film was such a lot of rot!* = silly and mindless (informal, derogatory) घटिया (अनौपचारिक, अनादरपूर्ण) **rotten** adj. *rotten eggs* = (something which has) gone bad सड़ा हुआ **rotter** noun, c. = a bad person (informal, derogatory) भ्रष्ट व्यक्ति (अनौपचारिक, अनादरपूर्ण)

rot setting in *This was once a good hotel. before the rot set in.* = (of something once considered good), the stage of going wrong or bad खराब होना **to stop the rot** = to stop the worsening of a situation which has started to go wrong बदतर होने से रोकना

ro•tate /rəʊˈteɪt/ /रउ'टेइट्/ verb, i. or t. **1** *The earth rotates once in 24 hours.*(i.) = to turn round a fixed point or line, like a wheel चक्कर काटना **2** *We have decided to rotate the headship of the department.*(t.) = to allow the persons in a group to take turns at doing something बारी-बारी से, परिभ्रामी **rotary** adj. /ˈrəʊtəri/ /'रउटरी/ परिभ्रामी *a rotary pump.* = having a part that goes round and round चक्कर काटनेवाला **Rotary Club** noun = an international organization which tries to serve society in different ways रोटरी क्लब **rotation** noun, u. **1** = movement around a fixed point परिक्रमा **2** *The post will be held in rotation.* = by turns बारी-बारी से

rote /rəʊt/ /रउट्/ noun, u. *He learnt the answers to all the questions by rote.* = the use of memory, rather than one's power of thinking, to learn something रटंत

ro•tund /rəʊˈtʌnd/ /रउ'टन्ड्/ adj. *a rotund person* = fat and round (humorous) गोल-मटोल (हास्यपरक) **rotundity** noun, u. = the quality of being rotund गोलाई

rou•ble /ˈruːbəl/ /'रूबल्/ noun = the unit of money used in Russia 'रुबल', रूस की मुद्रा

rouge /ruːʒ/ /रूज़्/ noun, u. = a red substance used for colouring the cheeks, to make the face look more healthy 'रूज़', चेहरे पर लगाने वाली लाली

rough¹ /rʌf/ /रफ़्/ adj. **1** *Sandpaper has a rough surface.* = not smooth खुरदरा **2** *The sea is rough.* = stormy; not calm तूफानी **3** *a rough person* = lacking good manners and likely to become violent उजड्ड **4** *He led a rough life in the city.* = not comfortable and full of problems (informal) मशक्कत-वाला (अनौपचारिक) **5** *I don't know exactly how many people live here, but I have a rough idea.* = not exact; approximate मोटे तौर पर **6** *You should make a rough copy of your essay before you write the final version.* = done without too much care and meant to be improved upon later कच्चा काम जिसे बाद में सुधारा जाएगा

R

rough² verb, t. *The students were roughed up by the police.* = to be treated with violence कठोर, अशिष्टता से पेश आना **roughness** noun, u. **roughly** adv. **rough-and-tumble** noun *the rough-and-tumble of children's play* = activity that is full of noise and energy कोलाहलपूर्ण एवं जोश भरा क्रिया-कलाप **rough diamond (a diamond in the rough)** noun *You may not be impressed with his appearance, but he is a rough diamond.* = a person who looks rough on the outside but has many good qualities ऊपर से कठोर **roughhouse** noun *He got into a roughhouse and was slightly injured.* = a fight without weapons हाथापाई

to rough it out = to live in a manner which is not comfortable तंगी में गुज़र करना **to take the rough with the smooth** = to accept difficult situations with easy ones कठिन परिस्थितियों को सरलतापूर्वक स्वीकार करना **to be rough on someone** 1 *The journey was very rough on the children.* = causing great discomfort, tiredness etc. असुविधाजनक 2 *I wish you wouldn't be so rough on me. I am trying to help.* = unpleasant and harsh कठोर **to ride roughshod over someone** = to be harsh and unkind कठोर व निर्दय होना **rough and ready** = of something which is being prepared, good enough to be accepted, though not perfect कामचलाऊ

rough•age /'rʌfɪdʒ/ /'रॅफ़िज/noun, u. = thread-like substances present in food which help the bowels get rid of waste matter more easily रेशा

round¹ /raʊnd/ /राउन्ड्/ adj. 1 *His watch has a round face.* = shaped like a circle गोलाकार 2 *a round head* = shaped like a ball गेंद की तरह गोल 3 *a round figure* = a number to the nearest 10,000 or 1,000 पूर्णसंख्या के आस-पास

round² prep. 1 *We gathered round the teacher.* = on all sides of चारों ओर 2 *The earth moves round the sun.* = in a circular path in relation to an object in the centre के चारों ओर

round³ adv. *Let me show you round the building.* = into all parts of चारों ओर

round⁴ noun, c. 1 *The two leaders had a round of talks.* = one event in a series of events दौर 2 (always plural) *The doctor is going on her rounds.* = a regular journey made as part of one's duty (केवल बहुवचन में प्रयुक्त) दौरा, चक्कर 3 *The Indian players were defeated in the first round of the tournament.* = a stage in a sports tournament चक्र, दौर 4 *The police fired three rounds at the thieves who were trying to escape in their car.* = a single shot fired from a gun गोली (चलाना) 5 *a round of cheese* = a soft substance made into a ball-like shape गोला, गोली

round⁵ verb, t. 1 *Round your lips!* = to give a round shape to something गोल करना 2 *The bus rounded the corner at great speed.* = to go round a curve at a corner घूमना **roundabout** noun, c. or adj. 1 (noun) = a circular area at a place where several roads meet, round which the traffic is supposed to move गोल चक्कर 2 *I heard of the incident in a roundabout way.*(adj.) = not directly घुमा-फिरा कर, अप्रत्यक्ष रूप से **roundness** noun, u. गोलाई **round-robin** adj. *India, Sri Lanka and New Zealand are taking part in a round-robin tournament.* = a tournament in which each team has to play against each of the other teams टूर्नामेंट जिसमें हर टीम हर दूसरी टीम के विरुद्ध खेलती है **round-the-clock** adj. or adv. *You can get round-the-clock service at this fast-food restaurant.*(adj.) = at all times of the day and night चौबीसों घंटे, हर समय **round trip** noun, c. *I am taking a round trip to Singapore.* = a journey to a place and back again चक्कर (जाना और वापस आना)

round up *The police rounded up the gang of thieves.* = to bring to one place people or animals (especially cows and sheep) things which are spread out or scattered एकत्र करना, घेरना **to round off** *We rounded off the party with a song.* = to conclude or bring a pleasant event to an end (informal) समाप्त करना (अनौपचारिक) **the wrong/other way round** = facing in the wrong direction; starting at the end instead of at the beginning उलटे क्रम से

round•ly /'raʊndlɪ/ /'राउन्ड्ली/ adv. 1 *Our team was roundly defeated.* = completely, thoroughly पूरी तरह, बुरी तरह 2 *We were scolded roundly for making a noise.* = strongly कड़ाई से

rouse /raʊz/ /राउज़्/ verb, t. 1 *The noise roused him from his sleep.* = to wake up जगाना 2 *He made an angry speech which roused his audience into action.* = to make someone active or excited उत्तेजित करना **rousing** adj. *She made a rousing speech.* = something that makes people excited उत्तेजक

rout¹ /raʊt/ /राउट्/ verb, t. *India routed Zimbabwe by an innings and 200 runs.* = to defeat completely हरा देना

rout² noun, u. or c. *the rout of the other team*(u.) = complete defeat पराजय

route¹ /ru:t/ /रूट्/ noun, c. *Vasco da Gama reached India by a sea route.* = path; a line of travel from one place to another मार्ग

route² verb, t. *We will have to route the package through Assam.* = to send by a particular route के मार्ग से

rou•tine¹ /ru:'ti:n/ /रू'टीन्/ noun, c. *The school will follow a new routine, starting next week.* = a regular or fixed way of doing things; a time-table showing when different lessons are taught in a school दिनचर्या

routine² adj. *The police will check your bags. This is just a routine check, so please don't be alarmed.* = something that is done regularly or always; nothing special नेमी, नैत्य

rove /rəʊv/ /रउव्/ verb, i. *He spent many years roving through the forests of Africa.* = to wander about घूमना **rover** noun, c. = a wanderer (literary) घुमक्कड़ (साहित्यिक)

to have a roving eye = to have a weakness for other women, besides one's wife (disapproving) दूसरों की औरतों पर नज़र रखना (अस्वीकृत)

row[1] /raʊ/ /राउ/ noun, c. **1** *He is sitting in the second row.* = a line of people or things पंक्ति **2** *He got into a row with a fellow-passenger on the bus.* = an angry, noisy quarrel झड़प, झगड़ा

row[2] verb, t. *He rowed the boat slowly up the river.* = to move a boat through the water with the help of **oars** खेना (नौका)

row•dy /ˈraʊdi/ /ˈराउडी/ adj. *rowdy people* = noisy and rough उधमी, उपद्रवी

rowdyism noun, u. *Rowdyism at football matches has become quite common. The police has to be ready to deal with it.* = noisy and violent behaviour हुल्लड़बाज़ी

ro•yal /ˈrɔɪəl/ /ˈरॉइअल/ adj. *the royal family* = connected with a king or queen राजकीय, शाही **royalty** noun, u. or c. **1** (u.) = people belonging to the royal family राजवंशी **2** (c.) = a share of the money earned by the publisher of a book through sales, which is paid to the writer each year रायल्टी, स्वत्व शुल्क

rpm = abbr. of **revolutions per minute** (a unit for measuring the speed at which an engine is working) **revolutions per minute** का संक्षिप्त रूप इंजन की गति को मापने की इकाई

RSVP = abbr. of **repondez sil vous plait** (French) = reply if you please (a request to reply to a printed invitation) **repondez sil vous plait** का संक्षिप्त रूप (फ्रेंच अभिव्यक्ति) उत्तरापेक्षी

rub[1] /rʌb/ /रॅब्/ verb, t. or i. (**rubbed**) **1** *She rubbed the blackboard with a piece of cloth in order to clean it.*(t.) = to press something against a surface and to move it backwards and forwards repeatedly रगड़कर साफ़ करना **2** *Please rub some pain balm into my knee.*(t.) = to apply a substance to something with the purpose of making it seep through the surface लगाना, मलना **3** *The sandals I am wearing are tight and are rubbing.*(i.) = causing soreness by moving against the skin काटना (जूते के संदर्भ में)

rub[2] noun, u. **1** *He gave the table a good rub with a piece of cloth.* = the act of rubbing something घिसाई **2** *He wants to become an actor, but no one will help him with a role. There's the rub!* = the cause of some difficulty or problem (literary) बाधा, मुश्किल (साहित्यिक)

to rub salt into a wound = to make a person who is feeling bad, feel even worse कटे पर नमक छिड़कना **to rub shoulders with** = to be on familiar terms with people who are famous प्रसिद्ध व्यक्ति के संपर्क में आना, से मिलना-जुलना **rub in** *I know I shouldn't have forgotten you, but don't rub in the fact that I should have remembered.* = to say something again and again in order to hurt बार-बार कहकर परेशान करना **rub off** *Your habit of singing in the bathroom has rubbed off on her.* = to be passed on to another person because of close or constant contact दूसरे पर असर डालना **to rub someone up the wrong way** = to cause someone to feel annoyed as a result of one's careless way of dealing with them नाराज़ करना

rub•ber /ˈrʌbəʳ/ /ˈरॅबʳ/ noun, u. or c. **1** *Car tyres are made of rubber.*(u.) = a solid substance made from the sap (juice) of the rubber tree, used for making tyres etc. रबर **2** (c.) = a piece of rubber used to remove pencil marks from paper (also **eraser**) रबर **3** *Let us play a rubber of bridge.*(c.) = a competition in games such as cricket or bridge प्रतियोगिता **4** = condom (American, slang) कंडोम (अमेरिकी प्रयोग अपभाषा) **rubber band** noun, c. = a thin piece of rubber shaped like a circle **rubbery** adj. रबर-जैसा

rub•bish[1] /ˈrʌbɪʃ/ /ˈरॅबिश्/ noun, u. **1** *Don't throw rubbish on the streets.* = waste material from the house कूड़ा-करकट **2** *You are talking rubbish!* = nonsense अनाप-शनाप, बकवास

rubbish[2] verb, t. *She rubbished all my ideas.*= to dismiss something as being of no impotance or value खारिज कर देना, अस्वीकृत कर देना

rub•ble /ˈrʌbəl/ /ˈरॅबल्/ noun, u. *The earthquake reduced the building to rubble.* = broken pieces from a building that has been damaged मलबा

ru•by /ˈruːbi/ /ˈरूबी/ noun, c. (**rubies**) = a precious stone which is deep red or pink in colour रूबी, माणिक्य

ruck•sack /ˈrʌksæk/ /ˈरॅक्सैक्/ noun, c. = a bag for carrying clothes etc. which is fixed to a light metal frame and fastened (tied) round the shoulders, used by travellers रकसैक, यात्रा के लिए उपयोगी विशेष प्रकार का थैला

ruck•us /ˈrʌkəs/ /ˈरॅकस्/ noun, u. *I don't want you to get into a ruckus with those people.* = a noisy argument (informal) बहस (अनौपचारिक)

rud•der /ˈrʌdəʳ/ /ˈरॅडʳ/ noun, c. = a metal or wooden blade fixed to the rear (back part) of a boat, ship or aircraft, which can move to the left or the right and control the direction in which the boat, ship or aircraft is moving पतवार, नौका या जहाज़ की दिशा को नियंत्रित करने वाला यंत्र

rude /ruːd/ /रूड्/ adj. **1** *It was rude of you to leave the meeting without excusing yourself.* = not polite अभद्र, अशिष्ट **2** *He had a rude shock when he was told that he had missed the last train.* = unpleasant and sudden अनपेक्षित, अचानक **3** *a rude house* = crude (built in a simple and rough way) कच्चा, अनगढ़

R

ru•di•men•ta•ry /ru:dɪˈmentəri/ /रूडि'मेन्ट्री/ adj. *He does not have even a rudimentary knowledge of cricket.* = concerned with the first or the simplest facts (formal) प्रारंभिक, प्राथमिक (औपचारिक)

rudiments /ˈru:dɪmənts/ /'रूडिमन्ट्स्/ noun, u. (always plural) *You don't know anything about geography. I will have to teach you the rudiments of the subject.* = the simplest facts, which must be learnt first (केवल बहुवचन में प्रयुक्त) मूल तत्त्व, मूल सिद्धांत

rue /ru:/ /रू/ verb, t. *You were foolish to leave college in a hurry. You may rue the day you did that.* = to be sorry for something that one has done (formal, literary) पछताना (औपचारिक, साहित्यिक) **rueful** adj. *She had a rueful expression on her face after I told her she had made a mistake.* = showing that one is sorry for something (humourous) दयनीय, शर्मिंदा (हास्यपरक)

ruf•fian /ˈrʌfiən/ /'रॅफ़िअन्/ noun, c. *He was beaten up by a gang of ruffians.* = a rough and violent person (informal) गुंडा, बदमाश (अनौपचारिक)

ruf•fle /ˈrʌfəl/ /'रॅफ़ल्/ verb, t. **1** *The wind ruffled the calm waters of the lake.* = to cause something to become uneven हलचल पैदा करना **2** *The actor was ruffled when someone in the audience started shouting at him.* = to be upset or disturbed घबरा जाना

rug /rʌg/ /रॅग्/ noun, c. = a small carpet or blanket, usually made of wool गलीचा, कालीन या कंबल

rug•by /ˈrʌgbi/ /'रॅग्बी/ noun = a game somewhat like football, which is played with an egg-shaped ball and in which 13 or 15 players are allowed to carry the ball in their hands as well as kick it with their feet रगबी खेल

rug•ged /ˈrʌgɪd/ /'रॅगिड्/ adj. **1** *rugged mountains* = rough and uneven in surface ऊबड़-खाबड़, ऊँचा-नीचा **2** *He has a rugged body.* = strongly built (used about men) हृष्ट-पुष्ट **3** *the rugged outdoors* = conditions requiring strength and good health ऐसी परिस्थिति जिसमें स्वस्थ व शक्तिशाली होना अपेक्षित है

ruin[1] /ˈru:ɪn/ /'रूइन्/ noun, c. or u. **1** *The old palace is now a ruin.*(c.) = the remains of a building that has fallen down or been destroyed खँडहर **2** *The company has lost a lot of money and is facing ruin.*(u.) = total loss or destruction तबाही, बरबादी

ruin[2] verb, t. **1** *The old palace was ruined in the fire.* = to be damaged or destroyed (referring to a building) नष्ट होना **2** *He was ruined by the medical expenses for his operation.* = to be made poor तबाह करना **ruinous** adj. *ruinous floods* = leading to complete loss विध्वस्त, विनष्ट या तबाह करने वाला

rule[1] /ru:l/ /रूल्/ noun, c. **1** *You must follow the library rules.* = an official principle which guides behaviour नियम, नियमावली **2** *We are learning about Akbar's rule.* = the period during which someone (usually a king) is ruling शासन

rule[2] verb, t. **1** *The judge ruled that the police must produce all their witnesses in the case.* = to give an official decision or to lay down a rule आदेश देना **2** *Akbar ruled (over) India in the sixteenth century.* = to be in control of a country शासन करना **3** *You will have to rule this paper, or the child will not be able to write on it.* = to draw lines on paper लाइन खींचना **ruler** noun, c. **1** = a person who rules over a country राजा, शासक **2** = a flat and narrow piece of wood or plastic, with a straight edge, which is used to draw lines on paper रेखक **ruling** adj. or noun **1** *the ruling party*(adj.) = with the power to govern शासक, शासन करने वाला **2** *The Speaker has given her ruling.*(noun) = an official decision निर्णय **rule of thumb** noun = a simple rule based on common-sense व्यावहारिक नियम

to rule out = to not consider possible संभव न समझना

rum /rʌm/ /रॅम्/ noun = an alcoholic drink distilled from sugarcane juice रम, शराब

rum•ba /ˈrʌmbə/ /'रॅम्बा/ noun = a kind of popular dance that started in Cuba क्यूबा में प्रचलित एक नृत्य

rum•ble[1] /ˈrʌmbəl/ /रॅम्बल्/ verb, i. *The train rumbled across the bridge.* = to produce a loud, deep sound while moving घड़घड़ाना

rumble[2] noun, u. *We heard the rumble of thunder.* = a loud, deep sound गड़गड़ाहट

ruminant /ˈru:mɪnənt/ /'रूमिनन्ट्/ noun, c. *Sheep and goats are ruminants.* = an animal that chews the cud (brings back food that has already been eaten from the stomach into the mouth and chews it a second time) [BIOLOGY] जुगाली करनेवाला [जीव विज्ञान]

ru•mi•nate /ˈru:mɪneɪt/ /'रूमिनेइट्/ verb, i. **1** = to chew the cud (see also **ruminant**) जुगाली करना (देखें **ruminant**) **2** *She has been ruminating over the things that she wants to say at the meeting.* = to think carefully and repeatedly about something सावधानीपूर्वक बार-बार सोचना **rumination** noun जुगाली

rum•mage /ˈrʌmɪdʒ/ /'रॅमिज्/ verb, t. *He rummaged through the papers on the desk, trying to look for the letter he had received that morning.* = to search for something by moving things around, causing disorder छानना, छान डालना (कुछ खोजने के लिए)

rum•my /ˈrʌmi/ /'रॅमी/ noun = a kind of card game ताश का खेल

ru•mour /ˈru:məʳ/ /'रूमर/ noun, u. or c. *When I heard that my colleague had resigned, I called him up on the telephone. But he told me the rumour was false.* = a piece of news or information, usually false, which spreads from one person to another अ.फवाह **rumoured** verb, t. or adj. **1** *It is rumoured that war has broken out in Iraq.*(verb) = to be talked about as a rumour अफवाह फैलना **2** *The rumoured war* *never took place.*(adj.) जिसकी अफ़वाह थी **rumour monger** noun, c. = a person who spreads rumour अफ़वाह फैलाने वाला

rump /rʌmp/ /रॅम्प्/ noun, c. = the buttocks (the part of the body of an animal above the hind legs) पुट्ठा

rum•ple /'rʌmpəl/ /'रॅम्पल्/ verb, t. *My father rumpled my hair with affection.* = to disarrange and make something untidy **rumpled** adj. अस्त-व्यस्त

rum•pus /'rʌmpəs/ /'रॅम्पस्/ noun, u. *He created a rumpus when I told him he was not going to be included in the team.* = noisy argument (informal) बहस, विवाद (अनौपचारिक)

run[1] /rʌn/ /रॅन्/ verb, i. **(ran, run)** **1** *He ran down the hill.* = to move quickly on foot दौड़ना **2** *The Rajdhani Express runs at 120 kilometres an hour.* = to move (गाड़ी का) चलना **3** *This bus runs between the station and the university.* = to travel from one place to another (गाड़ी का) चलना **4** *The tears ran down his cheeks.* = to flow (referring to a liquid) (आँसू) बहना **5** *The child's nose is running. Does she have a cold?* = to flow out in liquid form (नाक) बहना **6** *She runs this company.* = to control or be in charge of (संस्था को) चलाना **7** *Do you know how to run this machine?* = to operate something, especially a machine (मशीन) चलाना **8** *The machines are running now.* = to be in operation चलना **9** *This engine runs on kerosene.* = to operate a machine with the help of से चलना **10** *This highway runs from Mumbai to Pune.* = to continue in a certain direction (दिशा में) चलना **11** *The newspaper ran a story about the summit meeting in Agra.* = to publish in a newspaper प्रकाशित करना **12** *The colour of his kurta ran and stained his trousers.* = of the colour (dye) of cloth to spread on to other garments or come off when wet फैल जाना, (रंग) छूटना **13** *The film ran for weeks in Jalandhar.* = to be shown to the public (फिल्म) चलना, प्रदर्शित होना

run[2] noun, c. **1** *Let us go for a run.* = an act of running (प्रतियोगिता) दौड़ **2** *We took the car for a short run.* = a short journey यात्रा **3** *India lost the match by six runs.* = a point scored in cricket or baseball, when two batsmen run from one end of the pitch to the other (cricket) or around the four bases (baseball) दौड़, रन **4** *The film had a long run of fifty weeks.* = period of being performed or shown चलते रहने का समय

run-of-the-mill *a run-of-the mill story* = very ordinary; not special in any way (derogatory) अत्यंत साधारण, टुच्चा (अनादरपूर्ण) **to run someone down** = to speak against someone किसी की निंदा करना **to run one's eyes over something** *Could you run your eyes over the report?* = to look at something (e.g. a report) quickly (informal) नज़र दौड़ाना (अनौपचारिक) **to run short/out of something** *At the dinner, I was expecting only four people and eight came, so we ran short of rice.* = to reach a point where something that is needed (e.g. money, oil) gets finished or used up कम पड़ जाना **to run over** **1** = to flow out after boiling or being filled completely छलक जाना **2** = (used of a car, bus etc.) to cause a person to fall and go over his/her body गिरा कर ऊपर से निकल जाना (वाहन के संदर्भ में) **to be on the run** = to be trying to escape from the police पुलिस से बचने की कोशिश करना **to run across/into someone** = to meet someone by chance अचानक भेंट हो जाना **to run after** = to chase someone in order to catch them or meet them पीछा करना, पीछे भागना **to run into something** In the middle of the project, we ran into the problem of money. = to meet with a problem व्यवधान या समस्या आ जाना **to run through** **1** *run through a report* = to discuss a set of points quickly or rehearse a play, watch a film (when it is in preparation) very quickly सरसरी तौर पर पढ़ना या देखना **2** *We didn't realise you would run through the money so soon.* = to spend the money one has (disapproving, informal) उड़ा देना (पैसे के संदर्भ में) (अनौपचारिक) **in the long run** *Our moving house seemed such a bad idea but, in the long run, it turned out to be worthwhile.* = in the longer period of time; in the end भविष्य में, अंत में, अंततोगत्वा

runn•ing[1] /'rʌnɪŋ/ /'रॅनिङ/ noun, u. = the action of running दौड़, चाल

running[2] adj. **1** *What are the running costs of this machine?* = the day-to-day cost of keeping something in order and working परिचालन व्यय, चलाने का खर्च **2** *running water* = water that one gets when a tap is opened (a constant supply) नल से चलनेवाला पानी **3** *There is a running battle between brother and sister for the use of the computer.* = continuous, non-stop लगातार, सतत

running[3] adv. *I missed the train three times running.* = in a continous sequence without a break लगातार

run•a•way /'rʌnə'weɪ/ /'रन'वेइ/ adj. *a runaway horse* = out of control अनियंत्रित, बेलगाम

runn•er•up /'rʌnərʌp/ /'रॅनरॲप्/ noun, c. (runners-up) = the person or team that comes second in a competition दूसरा स्थान प्राप्त करने वाला

rung /rʌŋ/ /रॅङ्/ noun, c. *the rungs of a ladder* = the short pieces of wood etc. that one can put one's feet on while climbing a ladder (सीढ़ी का) डंडा

run•way /'rʌnweɪ/ /'रॅन्वेइ/ noun = a person-made surface on which aircraft land and take off हवाई जहाज़ की दौड़-पट्टी, दौड़-पथ, रनवे

ru•pee /ru:'pi:/ /रू'पी/ noun = the unit of money used in India, Sri Lanka, Nepal and Pakistan रुपया

rup•ture[1] /'rʌptʃər/ /'रॅपचर/ verb, t. *to rupture a blood vessel* = to cause something to burst फोड़ना

rupture[2] noun, c. **1** *There is a rupture in the pipeline. The water is leaking out.* = a burst (a place where something has come apart) छेद, फटा होना **2** *There has been a rupture in the relationship*

R

between the two countries. = a break-down in a relationship अनबन, बिगाड़

ru•ral /ˈrʊərəl/ /ˈरुअरल्/ adj. *rural development* = having to do with a village (compare **urban**) ग्रामीण, देहाती, ग्राम्य (देखें **urban**)

ruse /ruːz/ /रूज़्/ noun, c. *He pretended to be asleep as a ruse to escape doing his homework.* = a trick by which one deceives (cheats) someone (sometimes mildly derogatory) छल, धोखा (थोड़ा अनादरपूर्ण)

rush[1] /rʌʃ/ /रॅश्/ verb, i. **1** *She rushed up the stairs as the meeting was about to begin.* = to move with great speed जल्दी, हड़बड़ा कर आना **2** *You can take your time to get dressed for the meeting. I don't want to rush you.* = to force someone to do something quickly जल्दी करना

rush[2] noun, u. or c. **1** *There was a rush of people as the cinema opened.* = sudden and quick movement भीड़-भाड़ **2** *You can take your time. There is no rush.* = hurry (need to do things quickly) जल्दी **3** *There is a lot of rush on the streets when the offices are closing.* = activity भीड़-भाड़ **4** = a kind of grass that grows near the water पानी के किनारे जमने वाली घास **rush hour** noun = the time of the day when the traffic on the streets is greatest व्यस्त समय, भीड़ होने का समय

rust[1] /rʌst/ /रॅस्ट्/ noun, u. *The iron pipe which was lying in the open is covered with rust.* = the orange-brown substance (an oxide of iron) that forms on the surface of iron, because of the effect of water and oxygen present in the air ज़ंग

rust[2] verb, i. *Iron rusts, but aluminium does not.* = to allow rust to form ज़ंग लगना **rusty** adj. **1** = with rust formed on it ज़ंग लगा हुआ **2** *I learnt Urdu when I was young, but my Urdu is rusty now.* = not capable of being used fluently (referring to a skill that one has not practised for a long time) अभ्यास न होने के कारण ठीक से उपयोग नहीं कर पाना **rust-proof** adj. *Stainless steel is rust-proof.* = which cannot rust ज़ंग-अवरोधक

rus•tic /ˈrʌstɪk/ /ˈरॅस्टिक्/ adj. **1** *a rustic manner* = crude and lacking in refinement, because of its connection with a village (derogatory, not respectful) (compare **urban, rural**) गँवार, देहाती (अनादरपूर्ण) (देखें **urban, rural**) **2** *This village has a certain rustic charm.* = simple and unspoilt, because of its connection with a village (not derogatory) सीधा-सरल, विशुद्ध (अनादरपूर्ण नहीं)

rus•tic•ate /ˈrʌstɪkeɪt/ /ˈरॅस्टिकेइट्/ verb, t. *The Principal has decided to rusticate the student who was found dodging college.* = to send a student out of a school, college or university as a punishment [TECHNICAL] शिक्षा-संस्था से निकाल देना [तकनीकी]

rust•le /ˈrʌsəl/ /ˈरॅसल्/ verb, i. or t. *The wind caused the leaves to rustle.*(i.) = to make a soft sound, caused by gentle movement सरसराना

rustle up *Can you rustle up a meal?* = to do something quickly and without careful planning or planning ahead (informal) बिना पूर्व तैयारी के तुरंत कर देना (अनौपचारिक)

rut[1] /rʌt/ /रॅट्/ noun, c. **1** *The constant movement of carts has formed ruts on this road.* = a narrow and somewhat deep track left on a surface by the movement of a wheel पहिये का गहरा निशान **2** = the state of sexual excitement in animals during the mating season [TECHNICAL] पशुओं का मदकाल [तकनीकी]

rut[2] verb, t. or i. *The movement of bullock carts has rutted this road.*= to cause ruts to form निशान पड़ना (जैसे सड़क पर कठोर पहिये का)

to be in a rut = to be in a difficult situation one cannot get out of easily मुश्किल में पड़े होना

ruth•less /ˈruːθləs/ /ˈरूथलस्/ adj. *a ruthless leader* = having no mercy or pity; very hard and cruel निष्ठुर, बेरहम

rye /raɪ/ /राइ/ noun, u. = a kind of foodgrain used for making bread or whisky (a strong alcoholic drink), grown in cold countries राई

sS

s, S /es/ /एँस/ the nineteenth letter of the English alphabet अंग्रेज़ी वर्णमाला का 19वाँ वर्ण

's poss. pron., singular form 1 *Yusuf's son // Anita's bag* = of or belonging to का या की 2 *He is going to the barber's.* = a shop or house belonging to someone दुकान, किसी का निजी स्थान

s' poss. pron., plural form *a girls' hostel* = for or belonging to का, के, की के अर्थ में

Sab•bath /'sæbəθ/ /'सैबथ्/ noun = the day of the week which is treated as a day of rest and worship (Sunday, for some Christians or Saturday for others) सप्ताह का वह दिन जिसे विश्राम एवं पूजा का दिवस माना जाता है **sabbatical** /sə'bætɪkəl/ /स'बैटिकल्/ noun = a period of leave with full pay given to university teachers, usually once in seven years विश्वविद्यालय अध्यापकों को 7 वर्षों में एक बार पूरे वेतन सहित दी जाने वाली विशेष छुट्टी

sab•o•tage[1] /'sæbətɑːʒ/ /'सैबटाऽज़्/ noun, u. *A bridge has been blown up in the war zone. This is the third case of sabotage this month.* = damage caused by an enemy during a war or by dissatisfied people शत्रु अथवा उपद्रवियों द्वारा तोड़-फोड़

sabotage[2] verb, t. *If the holiday is cancelled tomorrow, it will sabotage our plans for a picnic.* = to prevent something from happening or to spoil a plan कार्यक्रम खराब कर देना

sa•bre /'seɪbə'/ /'सेइबॅ/ noun, c. = a heavy sword with a curved blade तलवार

sac /'sæk/ /'सैक्/ noun, c. *The honey-bee carries honey in a sac.* थैली *// the snake's poison sac* = a bag-like part inside the body of an animal or plant which produces or stores some kind of liquid झिल्ली, थैली, ग्रंथी

sac•cha•rin /'sækərɪn/ /'सैकरिन्/ noun = a kind of chemical with a sweet taste that is used by some people in place of sugar सैक्रीन, चीनी के बदले में प्रयुक्त मीठा पदार्थ

sach•et /'sæʃeɪ/ /'सैशेइ/ noun, c. = a very small bag, generally made of paper or plastic, containing a small quantity of some liquid or powder सैशे, 'पाउच', थैली

sack[1] /'sæk/ /'सैक्/ noun, c. = a large, strong bag made of jute, paper, plastic etc.used for storing food-grains, charcoal, potatoes etc. बोरी

sack[2] verb, t. 1 *I hope we won't be sacked for being absent.* = to dismiss from a job (informal) नौकरी से हटाना (अनौपचारिक) 2 *Delhi was sacked in the 14th century.* = to rob and destroy a city, using military force (in former times) सेना द्वारा लूटपाट करना (प्राचीन समय में)

to be given the sack (**to get the sack**) = to be dismissed from a job (informal) नौकरी से हटाया जाना (अनौपचारिक) **to hit the sack** = to go to bed (informal) सोने जाना (अनौपचारिक)

sac•ra•ment /'sækrəmənt/ /'सैक्रमन्ट्/ noun, c. *A marriage is a sacrament in many societies.* = a religious ceremony which has spiritual value एक प्रकार का धार्मिक संस्कार

sa•cred /'seɪkrɪd/ /'सेइक्रिड्/ adj. *All places of worship are sacred.* = having religious importance or value; holy पवित्र, पावन

sac•ri•fice[1] /'sækrɪfaɪs/ /'सैक्रिफ़ाइस्/ verb, t. 1 *Animals have been sacrificed as offerings to God from ancient times.* = to make an offering to God or to some divine being, often of an animal which is killed in a religious ceremony बलि चढ़ाना 2 *Many Indians sacrificed their lives during the freedom movement.* = to give up something of value for a cause बलिदान देना

sacrifice[2] noun, c. or u. 1 (u.) = an offering made to God or some divine being बलि 2 *Parents make many sacrifices in order to educate their children.*(c.) = something of value which is given up in order to help others बलिदान, त्याग

sac•ri•lege /'sækrɪlɪdʒ/ /'सैक्रिलिज्/ noun, c. or u. = the act of not showing respect to a holy place or object धार्मिक व्यक्ति, वस्तु अथवा स्थान के प्रति आदर व्यक्त न करना

sac•ro•sanct /'sækrəsæŋkt/ /'सैक्रसैंक्ट्/ adj. *Most people consider holy books sacrosanct.* = of such importance or value that it cannot be criticised or changed अतिपवित्र, जिसकी आलोचना या जिसमें परिवर्तन न किया जा सके

sad /'sæd/ /'सैड्/ adj. 1 *I was sad to learn of your wife's illness.* = unhappy उदास, दुखी 2 *The sad news of India's defeat made us miserable.* = causing unhappiness दुखद **sadden** verb, t. *We were saddened by the news of the violence in our state.* = to cause someone to become unhappy उदास या दुखी होना/करना **sadly** adv. 1 *She waved goodbye sadly to her child, who was going off to a boarding school.* = unhappily दुखी मन से 2 *Sadly, there are no buses running today.* = unfortunately दुर्भाग्यवश, खेद है

sad•dle[1] /'sædl/ /'सैड्ल्/ noun, c. 1 = a seat, usually

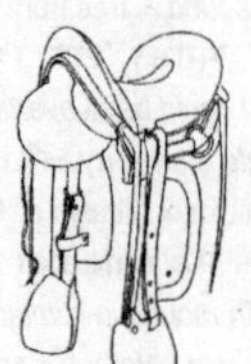
saddle

S

made of leather, which is tied to the back of a horse and on which the rider sits जीन, काठी **2** = the rider's seat on a bicycle or motor-cycle दुपहिया वाहन की पीछे वाली सीट

saddle[2] verb, t. **1** *He will saddle the horse for you.* = to put a saddle on the back of a horse काठी कसना, जीन कसना **2** *How can you saddle me with work that everyone else refuses to do?* = to make someone carry a difficult or unpleasant responsibility; to burden someone with something गले मढ़ना, लादना

to be in the saddle = to be in control नियंत्रण में होना

sa•dis•m /ˈseɪdɪzəm/ /'सेइडिज़्म्/ noun = the practice of getting pleasure by causing pain to others पर-पीड़न-सुख **sadist** noun, c. = a person who gets pleasure by causing pain to others (opposite **masochism**) परपीड़क, दूसरों को कष्ट देकर सुखी होने वाला (विलोम शब्द **masochism**)

sa•fa•ri /səˈfɑːri/ /सफ़ाऽरी/ noun, u. or c. = a trip through a jungle, to hunt or photograph wild animals, specially in East Africa वन्य-प्राणी उद्यान **safari park** noun, c. = a large area in which wild animals are allowed to move about freely and can be viewed by visitors from cars and buses सफ़ारी पार्क, वन्य-प्राणी उद्यान **safari suit** noun, c. = an outfit consisting of a loose shirt-like, light weight jacket with two or four pockets in front, and matching trousers 'सफ़ारी सूट', एक प्रकार की पोशाक

safe[1] /ˈseɪf/ /'सेइफ़्/ adj. **1** *It is safe to swim here as the water is only three feet deep.* = free from danger or the chance of physical injury सुरक्षित **2** *This doctor will cure you. You are in safe hands.* = which can be trusted विश्वसनीय **3** *Putting your money in a bank is a safe investment.* = free from risk सुरक्षित, निरापद **4** *a safe choice* = with little chance of one's making a mistake सुरक्षित

safe[2] noun, c. *I keep my money in a steel safe.* = a cupboard or box made of strong, thick steel in which money or other things of value can be kept, protected from thieves सेफ़, तिजोरी **safely** adv. *We reached home safely, although we set out in stormy weather.* = without any problem सुरक्षित, सही-सलामत

to be on the safe side *When you are travelling with a baby, it is better to be on the safe side and take extra clothes.* = to take extra precautions अतिरिक्त सावधानी बरतते हुए **to be safe and sound** *The bus met with an accident, but the passengers are safe and sound.* = free from danger, well-protected (informal) सकुशल, सुरक्षित, ठीक (अनौपचारिक) **better safe than sorry** *I could have overtaken the bus, but I decided not to: better safe than sorry.* = 'It is better to be overcareful than to risk an accident, illness or failure.' खतरा लेने से अतिरिक्त सावधानी भली **a safe bet** *If you want a moderately priced holiday with mountain-climbing and lots of fine weather, then the Nilgiris is a safe bet!* = something that one can be sure of (informal) (निश्चित रूप से) अच्छा (अनौपचारिक)

safeguard[1] /ˈseɪfgɑːd/ /'सेइफ़्गाऽड्/ noun, c. *It is better to use a backup computer disk as a safeguard against mishaps.* = something that protects one from being harmed बचाव

safeguard[2] verb, t. *Vaccination against hepatitis safeguards people from getting the disease.* = to protect someone or something बचाव करना, रक्षा करना **safe-keeping** noun, u. *They have put all their gold ornaments in the bank for safe-keeping.* = the action of protecting something from loss or harm सुरक्षित करने की क्रिया

safety /ˈseɪftɪ/ /'सेइफ़्टी/ noun, u. *There is perfect safety in this house. No one can enter it as it is well guarded.* = freedom from danger or harm सुरक्षा **safety belt** noun, c. *Wearing a safety belt can save your life in an accident.* = a strap attached to a seat in a car or a plane which holds you in place and protects you from injury in case of an accident (also **seat belt**) सुरक्षा-पेटी (देखें **seat belt**) **safety pin** noun, c. = a bent metal pin for fastening things together that has a cover at one end so that the point cannot slip (see pic under **pin**) 'सेफ़्टीपिन' (देखें **pin** के नीचे का चित्र) **safety razor** noun, c. = a razor (instrument used for removing hair from the face or body) with a blade which is covered, to prevent cutting the skin deeply 'सेफ़्टी रेज़र' **safety valve** noun, c. = a part of a machine which allows air or gas to escape when the pressure becomes too great, so that there is no danger of the machine exploding सुरक्षा वॉल्व **safety in numbers** *The campers realised they were in unknown territory and that there was safety in numbers, so they kept together.* = expressing the belief that there is better protection if you are in a large group सुरक्षा के लिए समूह में रहना

saf•fron[1] /ˈsæfrən/ /'सैफ्रन्/ noun, u. = a spice (substance used to add taste to food) made from a kind of flower that has a deep orange colour and grows mainly in Kashmir and Spain केसर

saffron[2] adj. = having the deep orange colour of saffron केसरिया **saffron robes** noun (always plural) = clothes of a saffron colour, often worn by Buddhist/Hindu monks (केवल बहुवचन में प्रयुक्त) भगवा

sag /ˈsæg/ /'सैग्/ verb, i. (**sagged**) **1** *When people are young, their muscles are tight, but in old age their muscles begin to sag.* = to become loose and to come down to a lower position लटक जाना **2** *Over 10,000 motor-cycles were sold last month but the demand for cars is sagging. We have sold only 2,000 this month.* = to come down in number (संख्या) घटना **3** *It is an interesting film, but it sags in the middle.* = to become uninteresting for a time (referring to a book, film etc.) (figurative) ढीला पड़ना (लाक्षणिक)

sa•ga /'sɑːgə/ /'साऽग/ noun, u. *The new novel by Vinod Seth is a saga of three generations of Indians living in South Africa.* = a long heroic story about a particular place or group of people आख्यान, गाथा

sa•ga•cious /sə'geɪʃəs/ /स'गेइशस्/ adj. *My grandfather's sagacious decision to sell the barren land solved a difficult problem.* = shrewd, with practical wisdom and good judgement (formal) अनुभवी, दूरदर्शी (औपचारिक) **sagacity** noun, u. = wisdom; good judgement and understanding दूरदर्शिता, सही व समझदारी का निर्णय

sage¹ /'seɪdʒ/ /'सेइज्/ noun, c. or u. **1** *People came to the learned sage for advice.*(c.) = a wise old person बुद्धिमान व्यक्ति **2** (u.) = a herb used in cooking खाना बनाने में प्रयुक्त एक वनस्पति 'सेज'

sage² adj. *The teacher has given you sage advice. You should follow it.* = wise (formal) विवेकपूर्ण (औपचारिक)

Sa•git•tar•i•us /sædʒɪ'teəriəs/ /सैजि'टेअरिअस्/ noun = one of the signs of the zodiac, represented by a creature that is half a horse and half a man with a bow and arrow (see pic under **zodiac**) धनु राशि (**zodiac** के अंतर्गत चित्र देखें)

sa•go /'seɪgəʊ/ /'सेइगउ/ noun = a white powder produced from the trunk of a kind of palm tree that is used in puddings and as a thickener in sauces साबूदाना

sail¹ /'seɪl/ /'सेइल्/ verb, i. or t. *We sailed across the Atlantic Ocean on a cargo ship.*(i.) = to travel across a body of water in a boat or ship नाव अथवा समुद्री जहाज़ से यात्रा करना

sail² noun, c. **1** *The ships that carried people from England to India in the 18th century were driven by sails.* = a large piece of canvas (thick,strong cloth) or nylon fixed to a ship, which helps to drive it through the water by using the force of the wind पाल **2** *We are going for a sail on the river in the new boat.* = a short journey in a boat, taken for pleasure नौका-विहार

to set sail = to begin a journey by boat or ship नाव या समुद्री जहाज़ से यात्रा आरंभ करना **to sail through something** *Some of us found the exam hard, but Navin and Shaila sailed through it.* = to do something (e.g. a test) which others find difficult, easily किसी कठिन कार्य को आसानी से कर लेना

sail•or /'seɪlə'/ /'सेइलर/ noun, c. = a person who works on a ship मल्लाह, नाविक

saint /'seɪnt/ /'सेइन्ट्/ noun, c. = a very good or holy person who is deeply respected संत, धर्मात्मा **saintly** adj. *a saintly person* = very good and holy, like a saint संत = जैसा, साधु-संत = जैसा

sake¹ /'seɪk/ /'सेइक्/ noun, u. **1** *I don't like going to the market, but I will go for your sake.* = in order to help someone दूसरे की खातिर **2** *For God's sake, will you stop making that noise?* = in the name of (used when telling or asking someone strongly to do something; an exclamation of annoyance) के नाम पर, ... के लिए, ... के कारण

> **Usage** 'For God's sake!' is often used to express irritation (mild anger) but is considered offensive by some people. 'For goodness sake!' is more acceptable. 'For God's sake'! क्रोध या खीझ व्यक्त करने के लिए प्रयुक्त 'For goodness sake' अधिक स्वीकार्य है।

sake² /'sɑːki/ /'साकी/ noun, u. = a kind of wine made from rice, popular in Japan चावल से बनाई गई जापानी शराब

sa•la•cious /sə'leɪʃəs/ /स'लेइशस्/ adj. *salacious writing* = indecent; relating to sex or causing strong sexual feelings लंपट, कामुकतापूर्ण

sal•ad /'sæləd/ /'सैलड्/ noun, u. or c. = a mixture of raw leafy vegetables or fruit eaten as part of a meal सलाद **fruit salad** = a dish which combines different kinds of cut fruit, generally eaten raw फलों का सलाद

sa•la•man•der /'sæləmændə'/ /'सैलमैन्डर/ noun = a small animal like a lizard that lives in water as well as on land जल और थल में रहने वाला छिपकली के जैसा जीव

sa•la•mi /sə'lɑːmi/ /स'लाऽमी/ noun, u. = a kind of sausage (meat, usually pork or beef, which has been cut up into very fine pieces, spiced and stuffed into a kind of edible tube) सलामी (प्राय: सूअर अथवा गाय-भैंस के मांस से बना खाद्य)

sal•a•ry /'sæləri/ /'सैलरी/ noun, u. or c. (**salaries**) *He earns a salary of Rs 3,000 a month.* (c.) = money paid to someone, usually once a month, for work done by him/her वेतन **salaried** adj. *a salaried person* = earning or getting a salary वेतनभोगी

sale /seɪl/ /'सेइल्/ noun, u. or c. **1** *This car is for sale.* (u.) = an arrangement by which something is given in exchange for money बिक्री **2** *This shop will have a sale of men's clothing next month.* (c.) = a special offering of goods at a price lower than usual सामान्य से कम मूल्य पर छूट देकर बेचना **salesperson (salesman/saleswoman)** noun, c. = a person whose job is to sell things to people विक्रेता **salesmanship (sales personship)** noun, u. = skill in selling things विक्रय कौशल **sales tax** noun = money which has to be paid to the government by a person who is buying something बिक्री कर **sale or return** = an arrangement in which a large shop allows other shops to take goods and to return those which are not sold बिक्री अथवा वापसी हेतु

to make a sales pitch = to try to talk someone into buying something किसी को कोई वस्तु खरीदने के लिए प्रेरित करना

sal•a•ble (saleable) /'seɪləbəl/ /'सेइलबल्/ adj. *a salable product* = which can be sold or is easy to sell (see **sell**) बिक्री हेतु (देखें **sell**)

S

sa•li•ent /ˈseɪliənt/ /ˈसेइलिअन्ट्/ adj. *It was a dull match. The only salient feature was the century by Tendulkar.* = outstanding (most easily noticed or remembered) प्रमुख, विशेष

sa•line /ˈseɪlaɪn/ /ˈसेइलाइन/ adj. *the saline water of the sea* = containing salt खारा, नमकीन

sa•li•va /səˈlaɪvə/ /सˈलाइव/ noun, u. = the natural liquid produced inside the mouth; spittle लार **salivary** adj. *salivary glands* = having to do with saliva लार-संबधी **salivate** (ˈsælɪveɪt) /ˈसैलिवेइट्/ verb, i. *The sight of meat makes a dog salivate.* = to produce saliva in the mouth लार बहना, लार टपकाना

sal•low /ˈsæləʊ/ /ˈसैलउ/ adj. *a sallow complexion* = pale and not looking very healthy (referring to the colour of a person's face or body) पीला, फीका, कांतिहीन

sal•ly[1] /ˈsæli/ /ˈसैली/ noun, c. (**sallies**) **1** *The troops made a sally into an area held by the enemy.* = a quick attack followed by a return to the old position धावा **2** *The girl's witty sallies made everyone laugh.* = a clever and humorous remark चुटकुला, चुटीली टिप्पणी

sally[2] verb, i. *The candidate's followers sallied forth to ask the people to vote for him.* = to go out bravely to face some difficulty (humorous) किसी कठिनाई का सामना करने का साहस करना (हास्यपरक)

salm•on /ˈsæmən/ /ˈसैमन्/ noun = a kind of fish with pink flesh that lives in the sea but returns to a river to lay its eggs गुलाबी रंग की मछली, 'मृदुपक्षा' **salmon-pink** adj. *She wore a salmon-pink saree for the get-together.* = having the colour of salmon गेरुआ रंग

sal•mo•nel•la /sælməˈnelə/ /सैल्मˈनेल/ noun, u. = a kind of bacteria (very tiny living creature) that causes food poisoning, typhoid and paratyphoid fever [MEDICINE] टाइफ़ाइड उत्पन्न करने वाला कीटाणु [चिकित्सा विज्ञान]

sal•on /ˈsælɒn/ /ˈसैलॉन्/ noun, c. **1** *a hair-dressing salon* = a shop where people can get their hair dressed etc. 'सैलून' **2** = a shop selling clothes in fashion at a high price बुटीक, 'सैलून', फ़ैशन के वस्त्र की दुकान

sa•loon /səˈluːn/ /सˈलून्/ noun, c. **1** = a motor-car with a closed body; sedan एक प्रकार की बंद गाड़ी **2** = a place in the USA where alcoholic drinks are sold and drunk (also **bar**) शराबघर (बार) (देखें **bar**)

salt[1] /ˈsɔːlt/ /ˈसॉल्ट्/ noun, u. or c. **1** (u.) = a white chemical, (sodium chloride) which is present in the human body as well as in the sea, and which gives flavour to food नमक **2** (c.) = a compound that is formed when an acid and base combine [CHEMISTRY] क्षार और अम्ल के संयोग से बना एक प्रकार का रसायन [रसायन शास्त्र]

salt[2] adj. *salt water* = containing salt नमकीन, खारा

salt[3] verb, t. *We first salt the water in which the vegetables are to be cooked.* = to flavour with salt नमकीन बनाना **salty** adj. *Sea water is too salty to drink.* = having the taste of salt खारा/खारी, नमकीन **salted** adj. *Salted nuts are very tasty.* = with salt added नमकीन **saltpan** noun, c. = a layer of salt that is left behind in a sea or lake when all the water evaporates [GEOGRAPHY] लवण-पटल [भूगोल] **salt-water** adj. *salt-water fish* = found in the sea समुद्र के खारे पानी में प्राप्त **salt-cellar** noun, c. = a small container with holes in the cover through which salt can be shaken out, used on the table during meals (also **saltshaker**) नमकदानी (देखें **saltshaker**) **saltpetre** noun, u. = a chemical, (potassium nitrate) used in making gun-powder, in preserving meat and in medicine एक रसायन जिससे बारूद बनता है, मांस को सड़ने से बचाया जाता है और जिससे दवाएँ भी बनती हैं

to salt away *In the time of famine, while others suffered some people salted away a fortune.* = to save money and put it away secretly, usually dishonestly बेईमानी से पैसा बचाना **to take something with a pinch/grain of salt** *He makes a lot of promises but rarely keeps them, so we have to take what he says with a pinch of salt!* = to have doubts about the truth of something शंकापूर्वक ग्रहण करना, पूर्ण विश्वास न होना **to (not) be worth one's salt** *No teacher worth her salt will expect her pupils to know everything.* = to be sincere and skilled in one's work अपने कार्य के प्रति ईमानदार तथा कुशल (नहीं) होना

sal•u•ta•tion /sæljʊˈteɪʃən/ /सैल्युˈटेइशन्/ noun, u. or c. **1** *The salutation at the beginning of the letter read: 'My dear friend.'* (c.) = the standard form of words used at the beginning of a speech or a letter as a greeting अभिवादन, संबोधन **2** *The participants bowed in salutation.* (u.) = greeting अभिवादन

sa•lute[1] /səˈluːt/ /सˈलूट्/ verb, t. or i. **1** *When the soldiers saw the general, they saluted.* (i.) = to show respect to a person who has a higher rank in a military service (army, navy or airforce) by raising the right hand stiffly and smartly to the forehead 'सलूट' या सलाम करना **2** *On this day, we salute the heroes who gave their lives to defend the country.* (t.) = to give honour to someone सलामी देना, सम्मान व्यक्त करना

salute[2] noun, c. *The soldier raised his hand in a salute.* = the action of saluting someone सलामी

to take the salute = to accept the salutes of those marching past in a parade सलामी लेना

sal•vage[1] /ˈsælvɪdʒ/ /ˈसैल्विज्/ verb, t. *The house was destroyed by the fire but we were able to salvage some of the furniture.* = to save something from loss or damage बचा लेना, निकाल लेना

salvage[2] noun, u. *This salvage from the sunken ship was worth millions.* = something that has been saved from being destroyed बचाया हुआ सामान

sal•va•tion /sælˈveɪʃən/ /सैलˈवेइशन्/ noun, u. *He often got into trouble but his family helped him out each time. It proved to be his salvation.* = something that saves one from danger or from evil निस्तार, बचाव, रक्षा **Salvation Army** noun = a Christian missionary organization that works like an army but does charitable work among the poor एक ईसाई मिशनरी संगठन

salve[1] /'sælv/ /'सैल्व्/ noun, u. = an oily substance that helps to heal a cut, wound etc. मरहम

salve[2] verb, t. *The only way he can salve his guilty conscience is by apologizing to the people whom he has harmed.* = to make pain or suffering, especially in the mind, less (formal) शांत करना, उबारना, पश्चात्ताप करना (औपचारिक)

sal•ver /'sælvə^r/ /'सैल्वं/ noun, c. = a large metal plate on which food is served थाली, थाल

sal•vo /'sælvəʊ/ /'सैल्वउ/ noun, c. (**salvos** or **salvoes**) = the firing of many guns or the dropping of many bombs at the same time गोलाबारी, बमबारी

sam•ba /'sæmbə/ /'सैम्ब/ noun = a kind of popular dance that started in Brazil ब्राज़ील का एक नृत्य

same /'seɪm/ /'सेइम्/ adj. *This is the same story that you read to us last week.* = not different or not another समान, वही, भिन्न नहीं **sameness** noun, u. *There is a certain sameness of plot in all his films.* = absence of variety समानता, एकरूपता

same old story *It is the same old story every time: he forgets to do his homework.* = something that happens usually (informal) वही पुराना बहाना (अनौपचारिक) **at the same time** 1 *The teacher said she couldn't understand us if we all talked at the same time.* = all together एक साथ, एक ही समय पर 2 *You have to correct them if they make mistakes, but at the same time you should praise them when they are right.* = however; on the other hand साथ ही, दूसरी ओर **all the same** *It is all the same to me which place we go to for our holiday.* = 'It makes no difference to me.' (expressing indifference or boredom) एक समान, कोई फर्क नहीं पड़ता (तटस्थभाव से व्यक्त) **the same here** *'I'll have a cup of coffee.' 'The same here.'* = me too (informal) मुझे भी (अनौपचारिक) **the same to you** *'Happy New Year!'. 'The same to you.'* = returning a greeting or replying to an expression of good wishes (informal) आपको भी (अनौपचारिक)

sa•mo•sa /səməʊsə/ /समउस/ noun, c. or u. = a kind of Indian snack (food eaten between meals), made by filling a thin piece of dough, rolled into the shape of a triangle, with meat or vegetables, sealed and deep fried समोसा

sa•mo•var /'sæməvɑː^r/ /'सैमवाऽ^र/ noun, c. = a large metal pot used for boiling tea, popular in Russia and countries in Central Asia 'समोवार', एक प्रकार का चाय उबालने का बर्तन

sam•pan /'sæmpæn/ /'सैम्पैन्/ noun, c. = a kind of small boat commonly used in China and countries in Southeast Asia 'साम्पान', एक प्रकार की छोटी नौका

sam•ple[1] /'sɑːmpəl/ /'साम्पल्/ noun, c. 1 *The doctor collected a sample of my blood for examination.* = a small part or a small quantity of something, from which one can get an idea of the whole नमूने के रूप में एक छोटा अंश 2 *a blood sample* = a small quantity of body fluid or waste which is tested in order to see if there is infection etc. परीक्षण हेतु लिया गया छोटा अंश 3 = a part (usually small) of a product which gives the buyer an idea of its qualities or features बानगी, नमूना

sample[2] verb, t. *Would you like to sample the biryani we are cooking for tonight's dinner?* = to try out a small part or a small quantity of something in order to get an idea of the whole नमूने के रूप में थोड़ी मात्रा

sample[3] adj. *The teacher gave us some sample test papers for practice.* = of the same kind as the real thing आदर्श, नमूना

sam•u•rai /'sæmʊraɪ/ /'सैमुराइ/ noun, c. = a professional soldier belonging to a military class in Japan (in former times) जापान में व्यावसायिक सैनिक (प्राचीन समय में)

san•a•to•ri•um /sænɪ'tɔːriəm/ /सैनि'टॉरिअम्/ noun, c. (**sanatoriums** or **sanatoria**) = a kind of hospital, built in a place which has a good climate, where people with illness are sent to get back their health आरोग्य आश्रम, सैनिटोरियम

sanc•ti•fy /'sæŋktɪfaɪ/ /'सैंक्टिफ़ाइ/ verb, t. *They wanted a priest to sanctify their new house.* = to make something holy or sacred पवित्र करना (जैसे गृह-प्रवेश की पूजा करके)

sanc•tion[1] /'sæŋkʃən/ /'सैंक्शन्/ verb, t. *The government has sanctioned a new school for our village.* = to give permission for something स्वीकृत करना

sanction[2] noun, u. or c. 1 *No soldier can leave the barracks without the commanding officer's sanction.*(u.) = official permission आधिकारिक स्वीकृति, मंजूरी, अनुमति 2 *The UN can impose sanctions against any country which does not follow the rules of international trade.*(c.) = action taken against a country which has broken some international law or agreement दंड, दंडविधान

sanc•ti•ty /'sæŋktɪtɪ/ /'सैंक्टिटी/ noun, u. *Bus drivers who drive rashly have no respect for the sanctity of human life.* = something of great value which deserves respect and protection (formal) आदर व सुरक्षा योग्य (औपचारिक)

sanc•tu•a•ry /'sæŋktʃuəri/ /'सैंक्चुअरी/ noun, c. (**sanctuaries**) or u. 1 (c.) = the most sacred part of any place of worship (see **sanctum**) पूजादि में सबसे पवित्र स्थान (देखें **sanctum**) 2 *a bird sanctuary*(c.) = a place where birds or animals are protected by law and cannot be hunted अभयारण्य 3 *Some people sought sanctuary in a foreign embassy when there was*

S

political unrest in the country.(u.) = protection (usually of a political nature) or safety शरणस्थल, आश्रय (राजनीतिक अर्थ में)

sanc•tum /'sæŋktəm/ /'सैंक्टम्/ noun, c. = a holy area inside a place of worship पूजा स्थल का भीतरी पवित्र स्थल, जैसे मंदिर में 'गर्भगृह'

sand[1] /'sænd/ /'सैंड्/ noun, c. = loose material with very fine grains of worn-down rock, found in deserts and on seashores and river banks बालू

sand[2] verb, t. *The surface of a wooden table has to be sanded before it is polished.* = to make a surface smooth by rubbing it with sandpaper (see **sandpaper**) रगड़ना (देखें **sandpaper**) **sand bank** noun, c. = a wall of sand which appears in a river बालू-तट, रेत **sand dune** noun, c. = a small hill made of sand, created by the wind, commonly found in deserts रेत के पठार **sandpaper** noun, u. = paper covered with sand or other rough material, which is rubbed over wooden or metal surfaces to make them smooth 'सैंड पेपर' **sandy** adj. **1** *a sandy beach* = having a lot of sand रेतीला **2** *sandy hair* = having the colour of sand or full of sand रेत के रंग का या रेत भरा

san•dal /'sændl/ /'सैन्ड्ल्/ noun, u. or c. **1** *a pair of leather sandals* (c.) = light, open shoes चप्पल **2** (u.) = the wood of the sandalwood tree चंदन **3** = perfume (sweet-smelling liquid) made from oil obtained from a sandalwood tree चंदन का इत्र **sandalwood** noun, u. = the wood of the sandal-wood tree, which has a sweet smell चंदन की लकड़ी

sand•piper /'sændpaɪpə^r/ /'सैन्ड्पाइपर्/ noun = a small bird with long legs, often found in sandy places रेतीले स्थानों पर पाया जाने वाला लंबी टाँगों वाला नन्हा पक्षी

sand•wich /'sændwɪdʒ/ /'सैंडविज्/ noun, c. (**sandwiches**) = two or more pieces of bread with a layer of some food (meat, vegetables, cheese etc.) between them सैंडविच

sane /'seɪn/ /'सेइन्/ adj. **1** *a sane person* = having a healthy mind (opposite **insane**) समझदार (विलोम शब्द **insane**) **2** *sane advice* = wise and practical सही तथा व्यावहारिक **sanity** noun, u. **1** *Could he have lost his sanity? He keeps talking to imaginary people all the time.* = the quality of being sane (having a healthy mind) मानसिक संतुलन **2** *There was total confusion at the meeting, but the President was able to bring some sanity into the proceedings.* = reasonableness, moderate behaviour (figurative) समझदारी, विवेक (लाक्षणिक)

san•guine /'sæŋwɪn/ /'सैंग्विन्/ adj. *My friends think the city will never be able to solve its water problem, but I am sanguine.* = hopeful, confident (formal) आशावादी, विश्वास रखनेवाला (औपचारिक)

san•i•ta•ry /'sænɪtəri/ /'सैनिट्री/ adj. **1** *Many of the food shops do not prepare food in a sanitary environment.* = clean and free from germs etc. (opposite **insanitary**) (formal) स्वच्छ (विलोम शब्द **insanitary**) (औपचारिक) **2** *sanitary fittings/ware for the bathroom* = toilet bowls, wash basins, sinks, showers etc. स्नानघर या शौचालय से संबंधित **sanitary napkin** noun, c. = a padded piece of material worn by women to absorb blood during their menstrual period माहवारी के दिनों में महिलाओं द्वारा प्रयुक्त पैड या गद्दी, 'सैनिट्री नैपकिन' **sanitation** /sænɪ'teɪʃən/ /सैनि'टेइशन्/ noun, u. *People who live in a city must be careful about sanitation.* = removal of waste, especially sewage सफाई का प्रबंध, आरोग्य-प्रबंध **sanitize (sanitise)** /'sænɪtaɪz/ /'सैनिटाइज़/ verb, t. **1** *This building has been thoroughly sanitized. There is no risk to your health here.* = to make clean and free from germs स्वच्छ या कीटाणुरहित करना **2** *a sanitized account of the incident* = to change something (e.g. a report) or leave out some parts, in order to make it more acceptable to people (derogatory) अप्रिय अंशों को छोड़कर प्रस्तुत किया गया विवरण (अनादरपूर्ण)

Sans•krit /'sʌnskrɪt/ /'सँन्स्क्रिट्/ noun = the ancient, classical language in which most of the holy books of the Hindus were first written संस्कृत भाषा

San•ta•Claus /'sæntə klɔːz/ /'सैंट क्लॉज़/ noun = an imaginary old man who is supposed to bring gifts for children at Christmas time, often shortened to Santa (also **Father Christmas**) 'सांता क्लॉज़' (क्रिस्मस त्योहार पर विशिष्ट वेशभूषा में प्रस्तुत किया जाने वाला काल्पनिक बूढ़ा व्यक्ति) (देखें **Father Christmas**)

sap[1] /'sæp/ /'सैप्/ noun, u. or c. **1** (u.) = the juice that flows inside a living plant रस, सार **2** (c.) = a very stupid person (informal) बकलोल (अनौपचारिक)

sap[2] verb, t. *Too much exposure to the sun will sap your energy.* = to weaken gradually क्रमशः अशक्त या दुर्बल कर देना, थका देना

sap•ling /'sæplɪ'/ /'सैप्लिङ्/ noun, c. = a young tree पौध, छोटा पौधा

sap•per /'sæpə^r/ /'सैपर्/ noun, c. = a soldier who carries out engineering duties (building roads, bridges etc.) during a war युद्धकाल में सड़क, पुल इत्यादि का निर्माण कार्य करने वाले सैनिक

sap•phire /'sæfaɪə^r/ /'सैफ़ाइअर्/ noun = a transparent precious blue gemstone, used in making jewellery नीलम रत्न

sar•cas•tic /sɑː'kæstɪk/ /साऽ'कैस्टिक्/ adj. *They asked me for a loan but when I told them I could not give it to them, they made a sarcastic remark 'How generous of you!'* = saying something which is oppposite in meaning to what it seems to mean, in order to make fun of someone, express one's disappointment etc. व्यंग्यात्मक **sarcasm** noun ताना, कटाक्ष, व्यंग्योक्ति **sarcastically** adv. व्यंग्यपूर्वक

sar•coph•a•gus /sɑːˈkɒfəgəs/ /साऽˈकॉफ़गस्/ noun, c. (**sar-cophagi**) = a kind of box in which a dead body was kept in former times [TECHNICAL] शवपेटिका, ताबूत [तकनीकी]

sar•dine /sɑːˈdiːn/ /साऽˈडीन्/ noun, c. = a kind of small fish found in the sea सार्डीन मछली

to be packed like sardines *The six of us were packed together like sardines in the back seat of the car.* = tightly crowded together (like sardines in a can) ठूँस कर भरा होना

sa•ri (saree) /ˈsɑːri/ /ˈसारी/ noun, c. = a long piece of cloth wrapped around the body and worn as a dress by women in India, Nepal and other neighbouring countries साड़ी

sa•rong /səˈrɒŋ/ /सˈरॉङ्/ noun, c. = a piece of cloth covering the waist and legs, used by men and women, specially in Malaysia, Indonesia and neighbouring countries 'सारोंग', धोती के जैसा वस्त्र

sarong

SAT abbr. of **Scholastic Aptitude Test** = a test which must be taken by students applying for admission to an American University अमेरिका के विश्वविद्यालय में प्रवेश हेतु एक परीक्षा

Sa•tan /ˈseɪtn/ /ˈसेइट्न्/ noun = the Devil (the evil power which is the enemy of God, according to the Jewish, Christian and Islamic religions) शैतान (ईश्वर की विरोधी शक्ति) **satanic** /seɪˈtænɪk/ /सेइˈटैनिक्/ adj. = very cruel and evil (like Satan) शैतान की तरह, शैतानी, निर्दय

sa•tay /sɑːˈteɪ/ /साऽˈटेइ/ noun, u. = pieces of meat which are cooked over an open fire and eaten with a spicy peanut sauce (popular in Indonesia and Malaysia) सीधे आग पर पकाकर खाया जाने वाला मांस (इंडोनेशिया और मलेशिया में प्रचलित)

satch•el /ˈsætʃəl/ /ˈसैच्ल्/ noun, c. = a leather or cloth bag hung from one's shoulder or carried on one's back, specially used by school children for carrying books बस्ता

sat•el•lite[1] /ˈsætɪlaɪt/ /ˈसैटिलाइट्/ noun, c. **1** *The moon is a satellite of the earth.* = a heavenly body that revolves around a planet, especially around one of the nine major planets of the solar system उपग्रह **2** *India is sending a telecommunications satellite into space.* = an artificial object which moves in space around the earth and serves some useful purpose, such as sending radio signals कृत्रिम उपग्रह

satellite[2] adj. *For many years the East European countries were satellite countries of Russia.* = a country that is controlled by another country which is more powerful अनुषंगी, दूसरे देश द्वारा नियंत्रित

sa•ti•ate /ˈseɪʃieɪt/ /ˈसेइशिएइट्/ verb, t. *The meal satiated us.* = to be very fully satisfied, especially after eating (formal) संतुष्ट कर देना, परितृप्त कर देना (औपचारिक) **satiated** adj. परितृप्त

sa•t•ire /ˈsætaɪəʳ/ /ˈसैटाइअʳ/ noun, u. or c. = writing which shows the evil or foolishness of someone/something in a way that creates humour व्यंग्य, उपहास **satirical** /səˈtɪrɪkəl/ /सˈटिरिक्ल्/ adj. *a satirical play* = containing satire उपहासात्मक, व्यंग्यात्मक

sat•is•fac•tion /sætɪsˈfækʃən/ /सैटिसˈफ़ैक्शन्/ noun, u. **1** *A teacher finds satisaction when her students do well.*(u.) = the feeling of happiness that one gets by doing something that one likes to do संतोष **2** *Every human being desires the satisfaction of some basic needs.* = the fulfilment of a need or desire आवश्यकता या इच्छा की पूर्ति **satisfactory** adj. *I asked him why he had come late to class but he could not give me a satisfactory reply.* = good enough to be accepted संतोषजनक **satisfactorily** adv. *He performed satisfactorily in the test.* = fairly well संतोषजनक रूप से

sat•is•fy /ˈsætɪsfaɪ/ /ˈसैटिस्फ़ाइ/ verb, t. **1** *I looked after my guests as well as I could, but wasn't able to satisfy them.* = to please someone by giving him/her enough of something प्रसन्न करना, संतुष्ट करना **2** *You will be selected for this job if you satisfy all the requirements.* = to be good enough for something पूरा करना, योग्य होना

sat•u•rate /ˈsætʃəreɪt/ /ˈसैचरेइट्/ verb, t. **1** *His clothes were saturated with sweat after he had run a kilometre.* = to become completely wet बुरी तरह भीगना, तर-बतर होना **2** *You can't sell any more television sets in this city. The market for television is saturated.* = to be so completely full of something that there is no space for any more of it उच्चतम सीमा तक पहुँचा हुआ **saturated** adj. **1** = filled with so much liquid that it cannot take in any more (of a substance which absorbs water or some other liquid) पूरा भरा होना **2** = containing chemicals which are harmful to the body (of certain kinds of food) हानिकारक रसायन-युक्त होना **saturated fat** noun = a kind of fat (substance present in meat, milk etc.) which is solid at ordinary temperature and is believed to cause blocking of the arteries वसा **saturation** /sætʃəˈreɪʃən/ /सैचˈरेइशन्/ noun, u. = the state of being saturated (completely full and unable to take in anymore of something) संतृप्ति, संतृप्तीकरण, पूरा भरा होना

Sat•ur•day /ˈsætədi/ /ˈसैटडि/ noun, c. = the day of the week that comes just before Sunday and is named after the planet Saturn (see below) शनिवार (आगे देखें)

S

Sat•urn /ˈsætən/ /ˈसैटन्/ noun = the sixth planet from the sun and the second largest in the solar system शनिग्रह

sat•yr /ˈsætəʳ/ /ˈसैटʳ/ noun = a god in Greek and Roman mythology who is half man and half goat (below the waist) यूनानी व रोमन पौराणिक कथाओं में एक देवता जो आधा नर है और जिसका निचला आधा हिस्सा बकरे के आकार का है

sauce /ˈsɔːs/ /ˈसॉस्/ noun, u. or c. **1** = a thick liquid containing some fruit, vegetables, fish etc. boiled with spices, used to give flavour to food चटनी, सालन **2** *Don't give me any of your sauce or you will be sorry!* = impolite talk or behaviour (informal) अभद्र व्यवहार, गुस्ताखी (अनौपचारिक) **saucy** adj. *'Don't be saucy!' the mother told the child.* = disrespectful in an impolite way ढीठ, गुस्ताख, धृष्ट

What's sauce for the goose is sauce for the gander = 'Rules which apply to one person should also apply to others'. 'जो नियम एक के लिए है वही दूसरों के लिए भी है'

sau•cer /ˈsɔːsəʳ/ /ˈसॉऽसʳ/ noun, c. = a flat, round plate, slightly raised at the edge, on which a cup is put तश्तरी **flying saucer** noun = a saucer-shaped **Unidentified Flying Object (UFO)** उड़नतश्तरी

saucepan /ˈsɔːspən/ /ˈसॉऽस्पन्/ noun, c. = a deep, round cooking pot with a handle and a lid सॉस्पैन, ढक्कन और हैंडलवाला बर्तन

sau•na /ˈsaʊnə/ /ˈसॉउन/ noun = a room or building in which steam is produced by throwing water on hot stones and in which people sit before taking a bath, in order to allow sweat to run out of their bodies (also **sauna bath**) 'सौना' वाष्प स्नान-हेतु निर्मित स्थान (देखें **sauna bath**)

saun•ter /ˈsɔːntəʳ/ /ˈसॉन्टʳ/ verb, i. *The boy sauntered along the road with his hands in his pockets.* = to walk slowly, without any hurry, in an aimless manner टहलना, मटरगश्ती करना

saus•age /ˈsɒsɪdʒ/ /ˈसॉसिज्/ noun, c. or u. = meat, usually pork or beef, which is cooked with spices, minced and then pressed into an edible tube sealed at both ends सूअर, गाय या भैंस के मांस से बना खाद्य पदार्थ, 'सॉसेज'

sau•te /ˈsəʊteɪ/ /ˈसउटेइ/ verb, t. = to fry (cook) something quickly using a small quantity of oil कम तेल में भूनना

sav•age[1] /ˈsævɪdʒ/ /ˈसैविज्/ noun, c. = a word now considered offensive used to describe a person from a tribe living (usually) in the forest and depending mostly on hunting for food वहशी, बर्बर (यह शब्द अप्रसन्नताकारक समझा जाता है)

savage[2] adj. **1** *a savage temper* = wild; fierce; cruel जंगली, उग्र, हिंसक **2** *The robbers made a savage attack on the village.* = violent and cruel हिंसक और क्रूर

savage[3] verb, t. *The tiger jumped on the man and savaged him.* = to attack and injure someone badly (referring to an attack by a wild animal), especially with the teeth (जंगली पशु द्वारा) हमला करके नोच डालना

sa•van•na (savannah) /səˈvænə/ /सˈवैन/ noun = a flat piece of grassland with scattered bushes or trees lying between equatorial forests and hot deserts भूमध्यीय वनों और गर्म रेगिस्तानों के बीच पड़ने वाला घास का मैदान

sav•ant /ˈsævənt/ /ˈसैवन्ट्/ noun, c. = a person who has deep knowledge of some subject; a person of great learning (formal) विद्वान, पंडित (औपचारिक)

save[1] /ˈseɪv/ /ˈसेइव/ verb, t. or i. **1** *He was about to drown in the river but I saved his life.*(t.) = to make someone free from danger or harm बचाना, रक्षा करना **2** *I am trying to save some money for the education of my children.*(t.) = to keep money aside for future use instead of spending it बचाना, बचत करना **3** *Let's not have the ice cream now, let's save it for later.*(i.) = to set aside food or something useful, interesting etc. for a later/better time बचाकर रखना **4** *You must remember to save before you quit.*(i.) = to store a document on the hard disk of a computer so that it can be called up again (retrieved) (opposite **delete**) [COMPUTERS] 'सेव करना' (विलोम शब्द **delete**) [कंप्यूटर] **5** *If you walk, it will take you an hour to reach the station but you can save time by taking the bus.*(t.) = to prevent the waste of something बचाना

save[2] prep. *I have read all these books save one.* = except सिवाय

save[3] noun, c. *Our goal-keeper made a good save.* = the act of preventing the ball from entering the goal, in the game of football or hockey बचाव (फुटबाल, हॉकी आदि खेलों में गोल होने से बचाना) **savings** noun, u. (always plural) *The man lost all his savings when the finance company in which he had invested closed down.* = money that has been saved and put aside in a bank or a financial organization (केवल बहुवचन में प्रयुक्त) बचत **savings account** noun, c. = a bank or post office account where individuals, but not business companies, can deposit money, on which they get interest बचत खाता

to save the day/situation *Our school won the quiz only because one of our team-mates saved the day by answering the last question.* = to turn a likely defeat or failure into victory or success उबारना, सँभालना **to save one's own neck/skin** *When we were all being scolded, you could have explained things and helped everyone. Instead you spoke only for yourself and saved your own skin.* = to escape harm or punishment in a selfish way स्वार्थपूर्ण बचाव, केवल स्वयं को बचाना **saving grace** *She may be lazy and not very reliable but her saving grace is her honesty.* = the one good quality which makes up for all the bad ones

बुराइयों को ढँक देने वाला गुण **to save face** *We forgot to prepare lunch for our guests but saved face by getting some food from a restaurant.* = to be able to keep the respect of someone when one is in danger of losing it इज़्ज़त रखना

sa•viour (Saviour) /ˈseɪvɪəʳ/ /ˈसेइविअʳ/ noun, c. **1** = a person who protects (saves) people from danger or harm उद्धारक, रक्षक **2** = (usually capital) a reference to Jesus Christ by people who follow the Christian religion ईसा मसीह के लिए प्रयुक्त शब्द

sa•vour¹ /ˈseɪvəʳ/ /ˈसेइवʳ/ verb, t. *The food is excellent. I am going to savour this meal.* = to enjoy something (especially food) पसंद करना, स्वाद का मज़ा लेना (भोजन के संदर्भ में)

savour² noun, u. *The food has lost its savour.* = taste स्वाद

sa•vou•ry¹ /ˈseɪvəri/ /ˈसेइवरी/ adj. *This restaurant is famous for its savoury dishes.* = tasty स्वादिष्ट

savoury² noun, c. (**savouries**) = different kinds of snacks which have a salty taste स्वादिष्ट, सुगंधित नाश्ता (स्वाद में नमकीन)

sav•vy /ˈsævi/ /ˈसैवि/ noun, u. *He is smart, but has he got the savvy to make a success of his business?* = practical wisdom; common sense (slang) व्यवहार-कुशलता (अपभाषा)

saw¹ /sɔː/ /सॉ/ noun, c. = a tool used for cutting hard material such as wood, consisting of a flat steel blade with teeth (see pic under **tools**) आरी (**'tools'** के अंतर्गत चित्र देखें)

saw² verb, t. (**sawed, sawn**) **1** *The carpenter will saw these wooden logs into planks.* = to cut with a saw चीरना, आरी चलाना **2** = past tense of **see** 'देखा' (**'see'** का भूतकालिक रूप) **sawdust** noun, u. = the dust produced when wood is sawn, often used as packing material बुरादा **saw-mill** noun, c. = a factory in which logs of wood are cut into flat boards with the help of saws that are driven by machines आराघर, आरा मिल

Sax•on /ˈsæksən/ /ˈसैक्सन्/ noun = a member of a Germanic tribe which conquered and lived in England in the fifth and sixth centuries AD 'सैक्सन', एक जर्मन जनजाति

sax•o•phone /ˈsæksəfəʊn/ /ˈसैक्सफ़उन्/ noun = a brass musical wind instrument 'सैक्सोफ़ोन', एक वाद्य यंत्र

say¹ /seɪ/ /सेइ/ verb, t. (**said**) **1** *You haven't spoken at all. Please say something.* = to speak बोलना, कहना **2** *You must say your prayers before you go to bed.* = to express in words (aloud or silently) अभिव्यक्त करना (मुखर रूप से या मन ही मन) **3** *People say he was an honest man.* = to express a general opinion अभिमत देना **4** *The expression on your face says you have some bad news.* = to show प्रदर्शित करना, कहना

say² adv. *Could you come back in, say, five minutes?* = about (used in speaking) लगभग, करीब (बोलचाल में प्रयुक्त) **saying** noun, c. *Have you heard the saying 'Don't count your chickens before they are hatched'?* = a well-known statement or proverb which contains some wisdom कहावत, कथन

to have a say *If life in a family has to run smoothly, every member must have a say in matters of importance.* = the right to decide something or to express an opinion कहने का अधिकार होना **It goes without saying** *I'm sorry I didn't invite you to the meeting, but it goes without saying that you are welcome.* = It should be understood, even if it is not said in words. बिना कहे समझा जाना **to save face** = to prevent oneself or others from being ashamed, embarrassed, or looking foolish लज्जित होने से बचाना **If I may say so** *The event went well, but if I may say so, it went on too long.* = if I am allowed to speak frankly (formal) यदि कहा जाए (औपचारिक) **Let's just say** *Many things happened at the meeting. Let's just say it wasn't very satisfactory.* = an expression used to avoid going into details, often so that one does not give a negative picture कम शब्दों में, थोड़े में, संक्षेप में **You can say that again!** *'What a difficult Physics test we had.' 'You can say that again!'* = I agree completely (informal) दुरुस्त .फरमाया (अनौपचारिक)

scab /skæb/ /स्कैब्/ noun, c. = a piece of skin, or a crust which forms over a cut or wound when it is getting better घाव पर जमने वाली पपड़ी, खुरंड

scab•bard /ˈskæbəd/ /स्कैबड्/ noun, c. = a sheath or a case, usually made of leather, for the blade of a knife, dagger or sword म्यान

sca•bies /ˈskeɪbiːz/ /स्केइबीज़/ noun = a skin disease which causes a lot of itching खुजली, खाज (एक त्वचा रोग)

scaf•fold /ˈskæfəld/ /ˈस्कैफ़ल्ड्/ noun, c. **1** = a framework of bamboos, wooden poles or metal put up around a building that is being built, painted or repaired so that workers can go up and down (also **scaffolding**) धातु के लंबे डंडों और लकड़ी के तख्तों से बना मचान जिस पर खड़े होकर कारीगर काम करते हैं, पाड़ (देखें **scaffolding**) **2** = a raised platform on which criminals were made to stand (in former times) before they were hanged फाँसी का तख्ता **scaff-olding** see **scaffold** पाड़

scald /skɔːld/ /ˈस्कॉऽल्ड्/ verb, t. *He scalded his tongue when he tried to drink hot coffee.* = to burn some part of one's body with hot liquid or steam गर्म तरल पदार्थ अथवा भाप से जल जाना **scalding** adj. *How can you drink that scalding coffee?* = so hot that it can burn बहुत गर्म

scale¹ /skeɪl/ /ˈस्केइल्/ noun, c. or u. **1** *Marks for this test will be given on a scale of 0 to 10.*(c.) = a set of numbers which are used to measure something माप क्रम **2** (c.) = an instrument on which a set of numbers are marked at equal distances, used to measure the length of different objects पैमाना, मापने का यंत्र **3** *This map is drawn to a scale of one centimetre to five kilometres.*(c.) = the relationship between the distances shown on a map and the actual distances(c.)

S

अनुपात, पैमाना **4** *The government is going to start the teaching of computer science on a large scale. This year it will start in 10,000 schools.*(c.) = the size or level, especially if it is very big, at which something is done स्तर पर **5** *Most fish have scales.*(c.) = a piece of hard skin which covers the body of a fish or snake कवच, शल्क, छाल **6** (usually plural) *Bathroom scales will help you keep a watch over your weight.* = an instrument for weighing (केवल बहुवचन में प्रयुक्त) तौलने की मशीन **7** *Do you know the scale of damage in the accident?*(u.) = extent विस्तार, सीमा

scale[2] verb, t. **1** *The thief entered the house through a window upstairs, after scaling the wall.* = to climb up चढ़ना **2** *You will have to scale the fish before you can cook it.* = to remove the scales of a fish (also **de-scale**) छीलना, छाल उतारना (देखें **de-scale**)

to scale up or scale down something = to increase or decrease the quantity of something that is being produced or the level at which something is being done घटाना या बढ़ाना

scalp /'skælp/ /'स्कैल्प्/ noun, c. = the skin of the human head excluding the face सिर की खाल, गंज, टांड

scal•pel /'skælpəl/ /'स्कैल्पल्/ noun, c. = a kind of small, sharp knife used by surgeons for surgical operations'स्कैलपेल', क्षुरिका, शल्य-चिकित्सा में प्रयुक्त चाकू

scam /'skæm/ /'स्कैम्/ noun, c. *The newspapers have reported a scam.* = a dishonest action involving large sums of money (slang) घोटाला (अपभाषा)

scamp /'skæmp/ /'स्कैम्प्/ noun, c. = a mischievous child (informal) बदमाश, शरारती बालक (अनौपचारिक)

scam•per /'skæmpə^r/ /'स्कैम्पर/ verb, i. *The children scampered out of the classroom when the bell rang.* = to run quickly and playfully दौड़ पड़ना (खेल के अंदाज़ में)

scan[1] /'skæn/ /'स्कैन्/ verb, t. **1** *We scanned the countryside from the top of the hill, but could see no sign of the house.* = to search or look for something carefully बारीकी से जाँच करना या खोजना **2** *He scanned the newspaper quickly, looking for the report on the School Day function.* = to read quickly through a newspaper or book, searching for something that one is interested in शीघ्र अवलोकन करना **3** *scan a text* = to look through a text in order to locate a specific part of it [TECHNICAL] अवलोकन करना [तकनीकी] **4** *The doctors will scan his brain to see if there is a tumour.* = to examine the inside of a person's body using a special computerised instrument विशेष यंत्र द्वारा बारीक जाँच करना **5** *Does this poem scan?*(i.) = to follow a regular rhythm of strong and weak sounds लयबद्ध होना **6** *to scan a photograph* = to make a copy of a photograph or printed document which can be stored in a computer system, by using an electronic machine called a scanner [COMPUTERS] 'स्कैन करना' [कंप्यूटर]

scan[2] noun, c. or u. **1** *a brain scan*(c.) = an examination of the inside of the body परीक्षण **2** *Most people have a quick scan of the newspaper with their morning cup of tea.*(u.) = quick look जल्दी से देख जाना

scanner /'skænə^r/ /'स्कैनर/ noun, c. **1** = a machine which can make copies of photographs or documents for storing in a computer system [COMPUTERS] 'स्कैनर', (कंप्यूटर के संदर्भ में 'स्कैन' करने वाला यंत्र) **2** *Air-traffic controllers depend on the radar scanner to keep track of planes coming in or going out.* = an instrument which tracks flying aircraft and shows their movement on a radar screen हवाई उड़ान पर दृष्टि रखनेवाला यंत्र

scan•dal /'skændl/ /'स्कैन्ड्ल्/ noun, c. **1** *The Director caused a scandal when he appointed his niece manager.* = an action that people find improper and shocking अनुचित कार्य **2** *Some magazines print a lot of scandal about famous people to increase their sale.* = news which may be true or false, but harms the reputation of someone लोकनिंदापरक विवरण **scandalize (scandalise)** verb, t. *Our parents were scandalised when they saw us watching an adult film.* = to feel angry or shocked about something which seems improper धक्का लगना, आघात पहुँचना **scandalous** adj. *The sudden and sharp rise in the price of cooking gas is scandalous.* = an action causing shock and anger क्रोध एवं आघातकारक

Scan•di•na•vi•an /skændɪ'neɪvɪən/ /स्कैन्डि'नेइविअन्/ noun or adj. = belonging to or concerning Denmark, Norway, Sweden, Finland and Iceland (which form part of Scandinavia) डेनमार्क, नार्वे, स्वीडन, फिनलैंड (स्कैंडिनेविया के अंग देश) से संबंधित

scant /'skænt/ /'स्कैन्ट्/ adj. *The government pays scant attention to education. Many schools are without teachers.* = very little अपर्याप्त, अल्प **scanty** adj. *Most parts of Rajasthan receive scanty rainfall: only about 20 mm in a year.* = very little in quantity अत्यल्प

scape•goat /'skeɪpgəʊt/ /'स्केइप्गउट्/ noun, u. *When our team lost, everyone started looking for a scapegoat.* = a person who is made to take the blame or is blamed for some mistake made by others बलि का बकरा

scap•u•la /'skæpjʊlə/ /'स्कैप्युल/ noun = the wide bone at the back, just below the shoulders (also known as **shoulder-blade**) [MEDICINE] अंसफलक [चिकित्सा विज्ञान]

scar[1] /skɑː^r/ /स्काऽर/ noun, c. **1** *His right cheek was cut in an accident five years ago and you can still see the scar.* = a mark left on the skin as the result of a wound दाग, निशान **2** *The children left scars on the furniture with their muddy shoes.* = marks निशान, धब्बा

scar[2] verb, t. (**scarred**) *The accident has scarred him for life.* = to leave a scar or mark on somebody permanently (often figurative) धब्बा लगाना, विक्षत करना **scarred** adj. *The tragedy of the earthquake left the* *residents scarred for life.* = an emotional mark left by a tragic experience दुखद अनुभवों की स्मृति

scarce /skeəs/ /स्केअस्/ adj. *The economy of the country has to improve. Otherwise jobs will be scarce.* = not easily found, in short supply दुर्लभ, दुष्प्राप्य **scarcely** adv. *I spoke to him for half an hour but he said scarcely anything in reply.* = almost nothing नहीं के बराबर **scarcity** noun, c. *There is a scarcity of vegetables because of the transport strike.* = the state of being scarce (not easily found) अभाव, कमी (दुर्लभ होना)

scare[1] /skeəʳ/ /स्केअʳ/ verb, t. *The sound of crackers bursting scared the baby and it started to cry.* = to frighten (informal) डराना, भयभीत करना (अनौपचारिक)

scare[2] noun, c. **1** *He gave me a scare by suddenly jumping out from behind the door.* = a sudden feeling of fear डर, आशंका **2** *Most people were removed from the building because of a bomb scare.* = a feeling of fear shared by many people आशंका **scary** adj. *The horror film on television yesterday was very scary.* = frightening (informal) डरावना (अनौपचारिक)

to be scared stiff *He was scared stiff as he stood up to face the audience and began his speech.* = to be frightened, alarmed, nervous (informal) घबराया हुआ (अनौपचारिक) **to be scared to death / scared out of one's wits** *When the car that was following us suddenly bumped into ours, it scared me to death.* = to frighten, or make very anxious (informal) आतंकित होना, जानलेवा भय होना (अनौपचारिक)

scarecrow /'skeəkrəʊ/ /'स्केअक्रउ/ noun, c. = a human figure made out of rags and straw, meant to frighten birds away in a field बिजूखा, एक प्रकार का डरावा

scarf /'skɑːf/ /'स्काऽफ़्/ noun, c. (**scarves, scarfs**) a piece of cloth that is wrapped around the neck or head, often to keep oneself warm स्कार्फ़, गले या सिर पर लपेटा जाने वाला बढ़िया कपड़ा

scar•let /'skɑːlɪt/ /'स्काऽलिट्/ adj. = of a bright red गहरा लाल

scath•ing /'skeɪðɪŋ/ /'स्केइदिङ्/ adj. *She is very sad because her new book received a scathing review in several newspapers.* = (about a piece of writing or speech) very unfavourable and hurting अत्यंत कटु, अत्यंत कठोर (लेखन के संदर्भ में)

scat•ter[1] /'skætəʳ/ /'स्कैटʳ/ verb, i. or t. **1** *The crowd scattered when the police threatened to open fire.*(i.) = to move away quickly in different directions तितर-बितर होना **2** *When farmers plant rice in the fields, they scatter the seeds by hand.*(t.) = to throw something so as to spread it in all directions बिखेरना **scatterbrain** noun = a person who lacks concentration (mildly derogatory) जिसमें एकाग्रता की कमी हो, चंचलमति (कुछ अनादरपूर्ण)

scav•enge /'skævɪndʒ/ /'स्कैविंज्/ verb, i. or t. **1** *The forest is kept clean by jackals and vultures who scavenge on the bodies of dead animals.*(i.) = to feed on waste matter and dead animals मरे हुए पशु तथा गंदगी खाना **2** *The stray dogs were scavenging the garbage heaps for scraps of waste food.*(t.) = to search through waste material, looking for food गंदगी या कूड़े में से खाने की वस्तु खोजना **scavenger** noun, c. **1** = an animal such as a jackal or vulture which feeds on dead animals जानवर (जैसे भेड़िया, गीध) जो मृत जानवरों को खाता है **2** = a person whose job it is to remove garbage or waste material (not respectful, use **cleaner** instead) कूड़ा और गंदगी उठाने वाला (सम्मानजनक नहीं; इसके स्थान पर **cleaner** यानी सफ़ाई कर्मचारी का प्रयोग मान्य)

sce•na•ri•o /sɪ'nɑːriəʊ/ /सि'नाऽरिअउ/ noun, c. **1** *The director of the film that is being shot has a complete scenario.* = a detailed written description of the action that is planned for a new film or play दृश्यलेख, विस्तृत लिखित विवरण **2** *What will life be like if someday human beings start living on other planets? No one knows, but there are several possible scenarios.* = a description of possible events or actions in the future दृश्यलेख, संभावित घटनाओं का विवरण

scene /'siːn/ /'सीन्/ noun, c. **1** *We will show you a scene from our new film.* = a part of a film or play showing some action which takes place in a single place दृश्य **2** *There were scenes of great joy at the airport when the victorious team returned.* = an action or event in real life that looks like something in a play or film वास्तविक जीवन की कोई घटना या गतिविधि जो नाटकीय या फिल्म लगे **3** *The artist was painting a rural scene.* = a place seen in a painting or photograph दृश्य **4** *The police arrived on the scene after the thieves had escaped.* = a place where some event has taken place घटनास्थल **5** *Please leave quietly and don't make a scene.* = an expression of anger in public तमाशा खड़ा करना **scenery** /'siːnəri/ /'सीनरी/ noun, u. *The scenery near Darjeeling, with the snow-covered mountains in the background, is wonderful.* = the natural surroundings of a place प्राकृतिक दृश्य **scenic** adj. *The road that runs along the seashore from Puri to Konark is very scenic.* = having beautiful views of nature प्राकृतिक या सुरम्य दृश्य वाला

scent[1] /'sent/ /'सेन्ट्/ noun, u. or c. **1** *The room was filled with the scent of lilies.* (c.) = smell गंध **2** *a bottle of scent* (u.) = perfume (old-fashioned) इत्र (पुराने प्रचलन का)

scent[2] verb, t. **1** *The dogs started barking when they scented the leopard.* = to get the smell of something सूँघकर जान लेना **2** *When I see all of you whispering, I scent something suspicious.* = to get a feeling that something bad is going on (often humorous) सूँघ लेना, भाँपना, ताड़ लेना (प्रायः हास्यपरक) **3** *The flowers scented the air with their perfume.* = to fill with a pleasant smell महकाना, सुगंधित करना

S

scep•tic /'skeptɪk/ /'स्केप्टिक्/ noun, c. *He is a sceptic. He has no faith in our plans.* = a person who doubts the truth of something शंकावादी, शंकालु **sceptical** adj. *The experts tell us that the world economy is improving, but I am sceptical about this.* = not willing to believe शंकित होना **scepticism** noun, u. *Many people look at all advertisements with scepticism.* = unwillingness to believe something; doubt that something can be believed in or trusted संशयवाद, अविश्वास

scep•tre /'septəʳ/ /'सेप्टर्/noun, c. = a small ornamental rod carried by a king or queen on special occasions as a sign of royal power राजाधिकार दंड

sched•ule[1] /'ʃedju:l/ /'शेड्यूल्/ या /'स्केजूल्/ (American English pronunciation) noun, c. or u. **1** *The President of Russia is visiting India next week. A tight schedule of meetings with Indian leaders has been drawn up for him.*(c.) = a list of things that have been planned and have to be done कार्यक्रम **2** *The train is running behind schedule.*(u.) = the expected time समय-सारिणी, निर्धारित समय **3** *The road-laying work has gone according to schedule.*(u.) = as was planned नियत समयानुसार

schedule[2] verb, t. *The trip to Silent Valley has been scheduled for April.* = to plan or fix up something for the future नियत करना

scheme[1] /'ski:m/ /'स्कीम्/ noun, c. *The government has a new pension scheme for its employees.* = plan योजना

scheme[2] verb, i. *Some criminals are scheming to rob the bank.* = to make plans for some dishonest action किसी आपराधिक कार्य की योजना बनाना **schemer** noun c. *I don't trust him. He is a great schemer.* = a cunning person (derogatory) षड्यंत्रकारी, धूर्त, चालाक (अनादरपूर्ण)

schiz•o•phre•ni•a /skɪtsəʊ'fri:niə/ /स्कित्सउ'फ्रीनिअ/ noun = a sickness of the mind in which a person appears to have two or more different personalities [MEDICINE] एक प्रकार का मानसिक रोग [चिकित्सा विज्ञान]

schiz•o•phren•ic /skɪtsəʊ'frenɪk/ /स्कित्सउ'फ्रेनिक्/ noun, c. = a person who suffers from schizophrenia एक प्रकार का मानसिक रोगी

schol•ar /'skɒləʳ/ /'स्कॉलर्/ noun, c. **1** *a Sanskrit scholar* = a person who has deep knowledge of some subject विद्वान **2** = a student who is receiving a scholarship (see below) छात्रवृत्ति प्राप्त करने वाला छात्र (नीचे देखें) **scholarship** noun, c. = money given to a student as a prize to help him/her to study or money given by an individual or an institution to help pay for a person's studies छात्रवृत्ति **scholastic** /skə'læstik/ /स्क'लैस्टिक्/ adj. *The teachers are proud of the scholastic achievements of their students.* = relating to schools, students and education (formal) शैक्षिक (औपचारिक)

school[1] /'sku:l/ /'स्कूल्/ noun, c. **1** = a place where children receive education विद्यालय, पाठशाला **2** *The School of Life Sciences* = a part of a university which specialises in the teaching of a particular subject or group of subjects 'स्कूल', विश्वविद्यालय का एक विभाग **3** *a driving school* = a place where a particular skill or trade is taught प्रशिक्षण केंद्र **4** *a school of dolphins* = a large group of fish or sea animals such as dolphins or whales which swim together समूह **5** *My grandfather belongs to the school which believed in disciplining children firmly.* = a group of people who share the same ideas विचारधारा, संप्रदाय

school[2] verb, t. or i. **1** *He has been schooled in the art of public speaking.* (t.) = to teach or train (formal) शिक्षा देना या लेना, प्रशिक्षित होना (औपचारिक) **2** *My children are schooling in Sri Lanka.* (i.) = to receive education in a school शिक्षा प्राप्त करना **school fellow** noun, c. = a person who goes or went to school at the same time as another person (also **school mate**) सहपाठी (देखें **school mate**) **schooling** noun, u. *He had his schooling in Nainital.* = education at school विद्यालयी या स्कूली शिक्षा **school leaver** noun, c. = a student who has just completed education at school (formal) शिक्षा समाप्त कर स्कूल छोड़ने वाला (औपचारिक)

the old school *He belongs to the old school and does not care for modern theories of education.* = an old-fashioned or traditional style of living, thinking etc. प्राचीन विचारधारा का, पुराने खयालों का

schoo•ner /'sku:nəʳ/ /'स्कूनर्/ noun = a kind of high-speed sailing ship with two or more sails 'स्कूनर', दो या अधिक पाल वाला तीव्र-गामी जलयान

sci•a•ti•ca /saɪ'ætɪkə/ /साइ'ऐटिक/ noun = pain in the lower part of the back, hips and legs [MEDICINE] गृध्रसी [चिकित्सा विज्ञान]

sci•ence /'saɪəns/ /'सायंस/ noun, u. = knowledge which is based on observation (looking carefully at things), measurement and experiment from which conclusions are drawn and can be presented in the form of general theories or laws विज्ञान, शास्त्र **sciences** noun, c. *the life sciences* = a group of scientific subjects which are related to each other e.g. Botany and Zoology **science fiction** noun, u. = writing (books etc.) about imaginary future developments in science and their effect on human life विज्ञान-कथा **science park** noun, c. = an area set aside for organizations which help in the development of science विज्ञान-उद्यान **scientific** /saɪən'tɪfɪk/ /सायं'टिफ़िक/ adj. **1** *scientific research* = connected with science वैज्ञानिक **2** *We are trying to improve the fitness of our school cricket team but I don't think we are doing it in a scientific way.* = using a proper method or system वैज्ञानिक **scientist**

/ˈsaɪəntɪst/ /ˈसायंटिस्ट/ noun, c. = a person who studies one of the branches of science, or works on a problem connected with one of the sciences वैज्ञानिक

scin•til•late /ˈsɪntɪleɪt/ /ˈसिन्टिलेइट्/ verb, i. *The stars scintillate in the darkness.* = to shine or give out flashes as if throwing off sparks; twinkle टिमटिमाना, चमकना **scintillating** adj. *Shah Rukh Khan has given a scintillating performance in his new film.* = exciting and full of life (figurative) जीवंत (लाक्षणिक)

scis•sors /ˈsɪzəz/ /ˈसिज़ज़्/ noun, c. (always plural, generally used with 'a pair of') = a tool used for cutting paper, cloth etc., consisting of two sharp blades joined in the middle, each having a handle at one end (केवल बहुवचन में प्रयुक्त, प्राय: **apair of** के साथ प्रयुक्त) कैंची **scissors-and-paste** adj. *The writer has taken bits and pieces from a number of books and produced a new book. It is only a scissors-and-paste job.* = produced by putting together parts from other writings (derogatory) दूसरी रचनाओं से चुराकर बनाया गया (अनादरपूर्ण)

scle•ro•sis /sklɪˈrəʊsɪs/ /स्क्लि'रउसिस/ noun = a kind of disease which causes soft parts of the body to become hard [MEDICINE] एक प्रकार का रोग जिससे शरीर के मुलायम हिस्से सख्त हो जाते हैं [चिकित्सा विज्ञान]

scoff /ˈskɒf/ /ˈस्कॉफ़्/ verb, i. *When I told my friend we could make a fortune by growing lemon grass, he scoffed at the idea.* = to laugh at or make fun of something or someone उपहास करना, हँसी उड़ाना

scold /ˈskəʊld/ /ˈस्कउल्ड्/ verb, t. *My mother scolds me if I wake up late on weekdays.* = to speak angrily to someone, especially a child, who has done something wrong डाँटना, झिड़कना, फटकारना **scolding** noun, c. (usually singular) *I got a scolding for not doing my work.* = the act of being scolded (सामान्यत: एकवचन में प्रयुक्त) डाँट, झिड़की, फटकार

scone /ˈskɒn/ /ˈस्कॉन्/ noun, c. = a kind of small cake एक प्रकार का छोटा केक

scoop[1] /ˈskuːp/ /ˈस्कूप्/ noun, c. **1** *an icecream scoop* = a tool, shaped like a deep spoon, which is used to gather or take out any soft, powdery substance कड़छी जैसा बर्तन **2** *Give me just one scoop/ scoopful of icecream.* = the amount of some substance which can be held in a scoop कड़छी-भर **3** *The story of the industrialist's kidnap was a scoop for the journalist.* = an exciting piece of news which a newspaper is able to publish before others (informal) उत्तेजनापूर्ण खबर (अनौपचारिक)

scoop[2] verb, t. *He scooped up some sand and put it in a flower-pot.* = to pick up with a scoop निकाल लेना, उठाना

scoot /ˈskuːt/ /ˈस्कूट्/ verb, i. *The bell will ring any moment now. You'd better scoot.* = to leave a place quickly and suddenly (informal) तुरंत चले जाना (अनौपचारिक)

scoo•ter /ˈskuːtəʳ/ /ˈस्कूटर/ noun, c. = a kind of light motor-cycle with small wheels स्कूटर

scope /ˈskəʊp/ /ˈस्कउप्/ noun, u. **1** *This is a book on Indian politics. It doesn't discuss the powers of the American president because that would be outside the scope of the book.* = the limits within which something can be discussed or studied कार्यक्षेत्र, विषय-सीमा **2** *There are only two people working in this office. There is no scope for any growth.* = opportunity or chance गुंजाइश, अवसर

scorch /ˈskɔːtʃ/ /ˈस्कॉच्/ verb, t. *The sun was so hot that it scorched the plants in my garden.* = to burn slightly or to dry up झुलसाना

score[1] /ˈskɔːʳ/ /ˈस्कॉऽर/ noun, c. **1** *The Indian captain declared when the score was 250.* = the number of points, runs, goals etc. made in a game स्कोर, अंक **2** *What was your score on the maths test?* = marks obtained in a test or competition अंक, प्राप्तांक **3** *He owns more than a score of houses.* = the number 20 बीस **4** *There were scores of people on the street protesting against the shortage of drinking water.* = a large number (informal) ढेर सारे, बहुत अधिक (अनौपचारिक) **5** *A violinist puts the score on a stand in front of him/her while playing the instrument.* = a piece of music in written form संगीत-लेख, स्वर-लिपि

score[2] verb, t. or i. *Tendulkar scored a century in the last match.* (t.) = to gain points, runs, goals etc. in a game रन बनाना, अंक लेना **score board** noun, c. = a large board on which the score is shown during a game अंक फलक, अंक-पट्ट **scorer** noun, c. = a person who keeps the score (record of runs, points etc.) during a game गणक

to score out *The teacher scored out the names of the children who had not taken the test.* = to cross out or cancel by drawing a line through a piece of writing काट देना, निकाल देना **on that score** *I have enough money now. I will not trouble you on that score.* = with regard to that particular problem उस संदर्भ में **to settle scores** *They insulted me and I am going to settle scores very soon.* = to take revenge for some wrong done to one बदला लेना

scorn[1] /ˈskɔːn/ /ˈस्कॉन्/ noun, u. *They rejected our offer with scorn.* = a feeling of strong disrespect for someone, expressed through words, gestures or actions तिरस्कार, घृणा

scorn[2] verb, t. *She scorned all offers of help saying she was old enough now.* = to strongly refuse to accept, in a way that is hurtful तिरस्कार करना

Scor•pi•o /ˈskɔːpiəʊ/ /ˈस्कॉपिअउ/ noun = one of the signs of the zodiac, represented by a scorpion (see pic under **zodiac**) वृश्चिक राशि (**zodiac** के अंतर्गत चित्र देखें)

scor•pi•on /ˈskɔːpiən/ /ˈस्कॉपिअन्/ noun, c. = an eight-legged insect which has poison in its tail and can give a painful sting बिच्छू, वृश्चिक

S

Scot /skɒt/ /स्कॉट्/ adj. = (a person who is) from Scotland स्काटलैंड का रहनेवाला **Scottish** adj. = belonging to Scotland (not generally used to refer to persons) स्काटलैंड का (सामान्यतः व्यक्ति के लिए प्रयुक्त नहीं होता)

scotch /'skɒtʃ/ /'स्कॉच्/ verb, t. *Someone went round telling everyone there is going to be a transport strike tomorrow, but we managed to scotch the rumour.* = to put an end to (अफ़वाह को) रोक देना, दबाना **Scotch** adj. *Scotch whisky* = made in Scotland (used to refer mainly to whisky) एक प्रकार की मदिरा, 'व्हिस्की' **Scotch** noun = whisky made in Scotland 'स्कॉच' (स्कॉटलैंड में निर्मित मदिरा या व्हिस्की)

scot•free /'skɒtfri:/ /'स्कॉट्फ्री/ adj. *The prisoner got off scot-free for lack of evidence against him.* = without any punishment (informal) सही-सलामत, निरापद, बिना दंड के (अनौपचारिक)

Scot•land Yard /skɒtlənd 'jɑ:d/ /स्कॉट्लंड'याड्/ noun = the main office of the London police लंदन पुलिस का मुख्यालय

scoun•drel /'skaʊndrəl/ /'स्काउन्ड्रल्/ noun, c. *The scoundrel duped people by talking to them pleasantly and then cheating them of their money.* = a wicked or dishonest person बदमाश, ठग

scour /'skaʊəʳ/ /'स्काउअर्/ verb, t. **1** *The police are scouring the city for the thieves.* = to search carefully for someone or something खोजना, छान डालना **2** *You will have to scour these cooking pots.* = to clean a pot by rubbing it with some rough material माँजना, चमकाना

scourge/'skɜ:dʒ/ /'स्कऽज्/ noun, c. **1** = a whip which was used in earlier times to hit people as a form of punishment कोड़ा, चाबुक **2** *Drought and famine have been a scourge in many countries.* = someone or something that causes great damage or harm महाविपत्ति, अनिष्ट, विनाश

scout¹/'skaʊt/ /'स्काउट्/ noun, c. **1** = a soldier who is sent ahead of the army, during a war, to get information about the enemy गुप्तचर, भेदिया **2** = a member of an international association (the Boy/Girl Scouts, also called Girl Guides) that trains young boys and girls in practical skills बालचर, 'स्काउट'

scout² verb, i. *The government is scouting for a suitable place to set up a new factory.* = to search (informal) खोजना (अनौपचारिक)

scowl¹/'skaʊl/ /'स्काउल्/ noun, c. *The children were frightened when they saw a scowl on their father's face.* = an expression on the face showing anger or displeasure तेवर, त्योरी

scowl² verb, i. *Why are you scowling? Is something wrong?* = to show anger or displeasure through an expression on the face त्योरी चढ़ाना, नाक-भौं चढ़ाना

Scrab•ble /'skræbəl/ /'स्क्रैबल्/ noun = a game in which players try to form words out of individual letters which they pick up from a pool of letters 'स्क्रैबल' खेल

scrag•gly /'skrægli/ /'स्क्रैग्ली/ adj. *a scraggly and untidy beard* = growing in an untidy and irregular way अव्यवस्थित रूप से बढ़ा हुआ, बेतरतीब

scrag•gy /'skrægi/ /'स्क्रैगी/ adj. *a scraggy horse // a scraggy neck* = weak-looking and with thin bones दुबला-पतला

scram•ble¹ /'skræmbəl/ /'स्क्रैम्ब्ल्/ verb, i. **1** *We scrambled up the hill quickly, anxious to reach the top.* = to move quickly but with difficulty over a steep or rough surface जल्दी-जल्दी परंतु कठिनाई से चढ़ना **2** *People were scrambling wildly for seats on the train which was already overcrowded.* = to struggle to get something धक्का-मुक्की करना, ज़ोर-ज़बरदस्ती करना **3** *I am going to scramble some eggs for breakfast.* = to mix together the white and yellow parts of an egg with a little milk, before cooking it in butter मिलाना, घोटना **4** *No one could understand the message that came over the radio because it had been scrambled.* = to mix up the sounds of a secret radio/telephone message, using a machine called a scrambler, so that it cannot be understood by someone who is not supposed to hear the message मिली-जुली ध्वनि पैदा करना **5** *Our pilots were ordered to scramble as some enemy aircraft were seen in the sky.* = to take off (fly up from the ground in an aircraft) quickly before an attack [MILITARY] तुरंत उड़ान भरना (वायुसेना के हवाई जहाज़ के संदर्भ में)

scramble² noun, u. **1** *We reached the top of the hill after a painful scramble.* = the act of moving up over a rough surface कठिन चढ़ाई **2** *There was a scramble for the best seats in the stadium.* = an effort made in a crowded situation to do or get something धक्का-मुक्की

scrap¹/'skræp/ /'स्क्रैप्/ noun, c. or u. **1** *Scraps of paper were lying all over the floor.* (c.) = a small piece टुकड़ा **2** *He makes a lot of money by selling scrap.*(u.) = waste material (e.g. old newspapers) which can be re-used कबाड़ **3** *This man is always getting into scraps. You must keep him out of trouble.*(c.) = a fight or quarrel which is not very serious (informal) विवाद, झड़प (अनौपचारिक)

scrap² verb, t. (**scrapped**) **1** *These old buses cannot be used now. They will have to be scrapped.* = to get rid of something which cannot be used any more निकाल देना (पुरानी बेकार वस्तु के संदर्भ में) **2** *I would advise you to stop scrapping with the other boys in your class.* = to fight or quarrel झगड़ा करना **scrap-book** noun, c. = a book with blank pages in which one can keep pictures, newspaper articles etc. that one has collected खाली पन्नों की एक किताब जिसमें चित्र, अखबारी लेख वगैरह रखे जाते हैं **scrap dealer** noun, c. = a person who buys and sells scrap (waste material) कबाड़ी **scrapheap** noun, c. = a pile of waste material कबाड़ का ढेर **scrap paper**

noun = cheap paper used for writing things that are not important कम महत्त्व की चीज़ों को लिखने के लिए प्रयुक्त घटिया कागज़ **scrappy** adj. **1** *a scrappy child* = one who likes to fight झगड़ालू **2** *a scrappy report* = (of writing) not detailed enough, or written in a disconnected way (derogatory) अत्यंत संक्षिप्त व अव्यवस्थित ढंग से लिखा हुआ (अनादरपूर्ण)

scrape[1] /ˈskreɪp/ /ˈस्क्रेइप्/ verb, t. **1** *Scrape the carrots.* = to rub against a rough surface so as to remove the skin of a vegetable etc.; to cut into very thin pieces, or shred खुरचना, छीलना **2** *He scraped the car door while parking.* = to cause damage by making something rub hard against something else रगड़ना

scrape[2] noun, c. or u. **1** *The classroom was noisy because the children were having a scrape.* = a minor fight (slang) झगड़ा (अपभाषा) **2** *The scrape of heavy furniture being dragged across the floor is very disturbing.* = an unpleasant sound produced when two objects rub against each other रगड़ खाने से उत्पन्न अप्रिय ध्वनि

to scrape together *He has scraped together enough money to buy a bicycle.* = to collect with difficulty (figurative) मुश्किल से इकट्ठा करना (लाक्षणिक) **to scrape through** *I thought I wouldn't pass but managed to scrape through the examination.* = to get through or pass with difficulty (informal) मुश्किल से सफल होना, निकल पाना (अनौपचारिक)

scratch[1] /ˈskrætʃ/ /ˈस्क्रैच्/ verb, t. or i. **1** *The cat scratched the child's face with its claws.* = to cut or damage a surface with something sharp or rough, leaving marks or injuries खुरचना, नोचना **2** *He was bitten by mosquitoes and kept on scratching himself.* = to use one's fingernails to get over an itching feeling खुजलाना

scratch[2] noun, c. *The child's face was covered with scratches because she had walked through a thorny bush.* = a mark or injury made by something sharp or rough खरोंच **scratch pad** noun = a pad of paper used for jotting down something quickly e.g. a phone number or someone's address 'स्क्रैच पैड'

to do/start something from scratch *When all their personal belongings were destroyed in the flood, they had to start from scratch.* = to start from the beginning or with nothing (informal) शून्य से या शुरू से शुरू करना (अनौपचारिक) **to scratch one's head** *She scratched her head but could not recall the title of the book.* = to try to remember or think of something (informal) सिर खुजलाना, याद करने की कोशिश करना (अनौपचारिक) **to not be up to scratch** *The experts tested her singing but it wasn't up to scratch.* = (only negative) to not be of the standard or level expected (केवल नकारात्मक प्रयोग में) अपेक्षित स्तर का न होना

scrawl[1] /ˈskrɔːl/ /ˈस्क्रॉल्/ verb, t. *He hurriedly scrawled a few lines across the sheet of paper.* = to write hurriedly or carelessly and therefore not clearly जल्दबाज़ी में अस्पष्ट ढंग से लिखना

scrawl[2] noun, c. *I hope you can read my scrawl!* = something written hurriedly or carelessly घसीट लिखाई

scraw•ny /ˈskrɔːni/ /ˈस्क्रॉनी/ adj. *How can that scrawny boy hope to become a fast bowler?* = thin and bony in an unattractive way (informal) दुबला-पतला (अनौपचारिक)

scream[1] /ˈskriːm/ /ˈस्क्रीम्/ verb, t. or i. *I screamed when the man in the film jumped out suddenly from behind the door.* = to cry out loudly in a high-pitched/ shrill voice, expressing fear, excitement, pain or anger चीखना, चिल्लाना

scream[2] noun, c. **1** *We heard a loud scream from the child's room.* = a loud, shrill cry expressing fear etc. चीख **2** *The story you told us was a scream.* = something that makes people laugh a lot (informal) मज़ेदार, हँसाने वाला (अनौपचारिक)

screech[1] /ˈskriːtʃ/ /ˈस्क्रीच्/ verb, t. or i. **1** *We screeched when a ghostly figure suddenly appeared out of the darkness.* = to cry out suddenly in a high-pitched voice because of extreme fear or pain चीखना (डर या दर्द से) **2** *The brakes of the car screeched as the driver tried to stop the car suddenly.* = to produce a shrill sound as a result of stopping suddenly from high speed चीत्कार की जैसी आवाज़ करना

screech[2] noun, c. **1** *I heard the screech of an owl.* = a screeching sound चीख **2** *There was a screech of tyres as she braked on the wet road.* = a high-pitched sound produced when something with wheels is moving fast and comes to a sudden stop गाड़ी को अचानक रोकने से पहियों के घर्षण की आवाज़

screen[1] /ˈskriːn/ /ˈस्क्रीन्/ noun, c. **1** *My television set has a 29-inch screen.* = a flat surface in a television, computer system or cinema on which images or text can be seen पर्दा, स्क्रीन **2** *He writes stories for the screen.* = the cinema or television industry (**the small screen** = television; **the big screen, the silver screen** = cinema) सिनेमा, दूरदर्शन **3** *We can divide this large hall into two smaller rooms by putting up a screen across the middle.* = a movable wall, made of cloth, wood etc. which divides a room पर्दा, चिक, स्क्रीन **4** *When she travels by bus, she uses a newspaper as a screen to keep the sun out.* = something that one can use to avoid strong light, dust etc. ओट, पर्दा, आवरण **5** *The restaurant they own is just a screen for smuggling activities.* = something that looks harmless but hides something bad कुछ जो देखने में हानिकर न लगे लेकिन किसी गलत काम को ओट दे (ओट, पर्दा, आवरण)

screen[2] verb, t. **1** *We are screening our new film at the Regal cinema.* = to show on a cinema or television screen (see meaning **1** for **screen**[1]) प्रदर्शित करना **2** *We will screen off the patient so that the doctor can examine her.* = to put up a screen (movable wall) so that someone or something is hidden from view पर्दे से छिपाना **3** *We have received hundreds of applications for this job but we will screen them carefully before we call people for the interview.* = to examine someone or something in order to make sure that he/she satisfies the requirements for a job परखना **4** *We'll have to screen the luggage.* = to put something through an x-ray machine to make sure that it does not have guns, knives, explosives etc. inside एक्स-रे मशीन से जाँच करना **screening** noun, c. or u. **1** *The first screening of the film will take place next week.* (c.) = the showing of a film प्रदर्शन **2** *Candidates will be called for an interview after the screening.* (u.) = a first examination प्रथम चयन परीक्षा **screenplay** noun, c. = the dialogue and camera directions written for a film फ़िल्म के लिए लिखा गया संवाद तथा कैमरा निर्देशन **screen test** noun, c. = a test of a person's ability to act in films or television फ़िल्म या दूरदर्शन पर अभिनय की योग्यता का परीक्षण **screensaver** noun = the moving images that appear on a computer monitor when the computer is not in use [COMPUTERS] 'स्क्रीन सेवर' (कंप्यूटर से संबंधित)

screw[1] /ˈskruː/ /ˈस्क्रू/ noun, c. = a straight, thin metal object, pointed at one end and flat at the other, which has a raised line going round and round it from top to bottom (called the thread) and is used to join pieces of wood or metal together पेंच

screw[2] verb, t. **1** *Can you screw these pieces of wood together.* = to join things together with screws (see pic under **tools**) कसना, जोड़ना ('**tools**' के अंतर्गत चित्र देखें) **2** = to have sex with a person (slang) (USE) शारीरिक संबंध रखना (अपभाषा) निषिद्ध **screwdriver** noun, c. = a tool with a handle and a narrow metal blade which is used to turn a screw so that it moves forwards or backwards into a piece of wood, metal etc. (see pic under **tools**) पेचकस **screw top** noun = a cover for a bottle which is made tight or loose by turning it around like a screw पेंच की तरह कसा जानेवाला ढक्कन

to screw something up *He has screwed up the programme.* = to spoil something or to cause something to fail (slang) किसी चीज़ या काम को खराब करना, असफल बनाना चौपट कर देना (अपभाषा)

scrib•ble[1] /ˈskrɪbəl/ /ˈस्क्रिबल्/ verb, t. **1** *He scribbled a note to me just before rushing out of the house.* = to write something hurriedly and carelessly जल्दी से या लापरवाही से लिखना **2** *Some people have scribbled names and messages on the walls of the monument.* = to write something meaningless or to write something on a surface which is not meant to be written on लापरवाही से कुछ निरर्थक बातें लिखना

scribble[2] noun, c. or u. **1** *I can't read your scribble.* (u.) = careless writing which is difficult to read घसीट लिखावट **2** *The walls are covered with childish scribbles.* (c.) = meaningless marks which look like writing बेमतलबी लिखावट

scribe /ˈskraɪb/ /ˈस्क्राइब्/ noun, c. = a person who is paid to write something for others or a person who was paid to copy out books by hand before the invention of printing मुंशी, लिपिक (प्राचीन समय में जो किताबों की नकल आदि कलम से करते थे)

scrimp /ˈskrɪmp/ /ˈस्क्रिम्प्/ verb, i. *We will have to scrimp and save in order to buy a house.* = to save with great difficulty; to be forced to economize (informal) किफ़ायत करना (अनौपचारिक)

script[1] /ˈskrɪpt/ /ˈस्क्रिप्ट्/ noun, c. **1** *Most Indian languages have their own script.* = the system of writing used by a language लिपि **2** *Do you have the script of the Prime Minister's speech?* = the written form of a speech (usually broadcast over the radio or television) or a story from which a film is to be made लिखित प्रति

script[2] verb, t. *Do you know who scripted the film?* = to write something which is to be used for a speech or for making a film etc. (आलेख) लिखना **scriptwriter** noun, c. = a person who produces the script for a speech or a film कथा-लेखक

scrip•ture /ˈskrɪptʃəʳ/ /ˈस्क्रिप्चॅ/ noun, c. = a holy book which has religious importance धर्मग्रंथ

scroll[1] /ˈskrəʊl/ /ˈस्क्रउल्/ noun, c. *The poet received a scroll announcing that he had been given the title of 'Padma Vibhushan'.* = a long, narrow piece of paper or cloth with some official writing on it, which can be rolled up लपेट कर प्रस्तुत किया जाने वाला कागज़, कपड़े का लंबा टुकड़ा जिस पर सरकारी आदेश लिखा हो

scroll[2] verb, t. *You can scroll the file by pressing this key on the computer.* = to move computer text up or down so as to read it fully on the screen [COMPUTERS] कंप्यूटर स्क्रीन पर पढ़ने के लिए ऊपर-नीचे करना

scro•tum /ˈskrəʊtəm/ /ˈस्क्रउटम्/ noun = the loose bag of skin which holds the testicles (the parts of the body that produce sperm) in male animals or human beings [BIOLOGY] अंडकोश [जीव विज्ञान]

scrounge /ˈskraʊndʒ/ /ˈस्क्राउन्ज्/ verb, i. **1** *He never buys any clothes; he just scrounges off his friends.* = to get things from others by begging and borrowing instead of buying them (derogatory) दूसरों से माँग-माँग कर गुज़ारा करना (अनादरपूर्ण) **2** *The cows shouldn't have to scrounge for food. We can feed them.* = to search for things which are not easily available कुछ पाने के लिए भटकना, ढूँढ़ते फिरना

scrub[1] /ˈskrʌb/ /ˈस्क्रॅब्/ verb, t. *The floor is dirty. You must scrub it clean with a brush.* = to rub something hard in order to clean it साफ़ करने के लिए घिसाई करना

scrub[2] noun, u. **1** *Give the floor a good scrub.* = the act of rubbing hard in order to clean some surface घिसाई **2** = low bushes growing in rocky soil झाड़, झाड़ी

to scrub up *Surgeons have to scrub up before an*

operation. = (of surgeons) to wash one's hands with antiseptic solution before surgery शल्यक्रिया के पूर्व साफ़ करने के लिए रगड़ना

scruff /'skrʌf/ /'स्क्रॅफ़्/ noun, c. = the back part of the neck गरदन **scruffy** adj. *He generally wears scruffy clothes.* = untidy (informal) मुड़े-तुड़े (अनौपचारिक)

scrump•tious /'skrʌmpʃəs/ /'स्क्रम्प्शस्/ adj. *The food at the birthday party was scrumptious.* = delicious (informal) स्वादिष्ट, चटपटा (अनौपचारिक)

scru•ple /'skru:pəl/ /'स्क्रूप्ल्/ noun, c. (always plural) *He has no scruples about travelling without a ticket.* = a principle (something that one believes in) which stops one from doing something wrong (केवल बहुवचन में प्रयुक्त) झिझक, नैतिक संकोच **scrupulous** adj. *He is never late for work. He is always scrupulous about reaching the office on time.* = careful to do the right thing or guided by right principles ईमानदार, कर्त्तव्यनिष्ठ **scrupulously** adv. *She has kept her room scrupulously clean.* = absolutely, very पूरी तरह, सावधानी से, ईमानदारी से

scru•ti•nize (scrutinise) /'skru:tɪnaɪz/ /'स्क्रूटिनाइज़्/ verb, t. *The university authorities will scrutinize your certificates before they admit you.* = to examine or study very carefully (formal) जाँचना (औपचारिक) **scrutiny** noun, u. *These papers need careful scrutiny. I cannot express an opinion about them now.* = careful study or examination सूक्ष्म परीक्षण

scu•ba•div•ing /'sku:bədaɪvɪŋ/ /'स्कूबडाइविङ्/ noun = the sport of swimming under water with special equipment for breathing पानी के नीचे तैराकी, गोताखोरी-जैसा खेल

scud /skʌd/ /'स्कॅड्/ verb, i. (**scudded**) *The clouds scudded across the sky, driven by the wind.* = to move quickly (referring usually to the movement of clouds or ships) (सामान्यत: बादलों या जहाज़ों का) तेज़ी से उड़ना या बह जाना

scuf•fle /'skʌfəl/ /'स्कॅफ़्ल्/ noun, c. *He got into a scuffle and was slightly hurt.* = a rough struggle or fight हाथापाई

scull /skʌl/ /'स्कॅल्/ verb, t. = to row a light boat using small oars छोटे चप्पू से नाव खेना **sculling** noun = the sport of rowing नौका-दौड़

sculpt•or /'skʌlptəʳ/ /'स्कॅल्पटर्/ noun, c. = a person who makes solid figures of human beings, animals etc. out of marble, stone, wood or other material मूर्तिकार

sculp•ture[1] /'skʌlptʃəʳ/ /'स्कॅल्पचर्/ noun, u. or c. **1** = the art of making figures out of stone etc. मूर्त्तिकला **2** = a figure made out of stone etc. प्रतिमा, मूर्त्ति

sculpture[2] verb, t. *The artist sculptured a horse in bronze.* = to make a figure out of metal, stone etc. (also **sculpt**) मूर्त्ति बनाना (देखें **sculpt**)

scum /'skʌm/ /'स्कॅम्/ noun, u. **1** = the dirty froth or foam often seen floating on top of a liquid झाग **2** = a worthless person who deserves no respect (informal, derogatory) निकम्मा, कमीना, नीच (अनौपचारिक, अनादरपूर्ण)

scur•ri•lous /'skʌrɪləs/ /'स्कॅरिलस्/ adj. *The newspaper published an article making a scurrilous attack on the managing director of the company.* = false or unfair criticism which damages a person's reputation अश्लील/फूहड़/अनुचित आलोचना

scur•ry[1] /'skʌri/ /'स्कॅरी/ noun, u. *We could hear the scurry of children's feet outside, along the corridor.* = to move with short, quick steps पदचाप, दौड़-भाग

scurry[2] verb, i. (**scurried**) *As soon as I turned on the light, the mouse scurried back into the hole in the wall.* = to run hurriedly दौड़ पड़ना

scur•vy /'skɜ:vi/ /'स्कऽवी/ noun = a disease caused by the lack of vitamin C in the body, which sailors often suffered from in the old days स्कर्वी रोग

scut•tle /'skʌtl/ /'स्कॅट्ल्/ verb, t. or i. **1** *The children scuttled away when they saw their teacher coming.*(i.) = to move away with short quick steps in order to escape भाग जाना **2** *The committee scuttled our plans to build a swimming pool.*(t.) = to make someone give up some activity that has been planned (informal) (योजना या कार्यक्रम) खराब कर देना (अनौपचारिक)

scythe /'saɪð/ /'साइद्/ noun, c. = a tool with a long, sharp curved blade and a long handle, used to cut grain or long grass दराँती

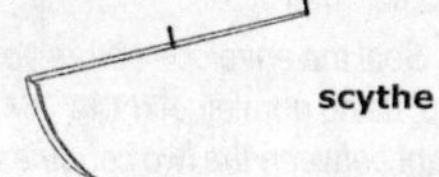

scythe

sea /'si:/ /'सी/ noun, c. **1** = the body of salt water which covers the surface of the earth समुद्र **2** *the Arabian Sea* = a particular body of salt water, smaller than an ocean, which lies near some country अरब सागर **sea-bed** noun = the land at the bottom of the sea समुद्र-तल **sea breeze** noun = a wind blowing from the sea to the land समुद्री वायु **sea change** noun *He was very short-tempered, but there is a sea change in him now.* = a complete change, usually for the better भारी परिवर्तन **sea dog** noun, c. = a sailor who has a lot of experience अनुभवी नाविक **sea-faring** adj. *a sea-faring person* = working or travelling on ships (formal) समुद्री यात्रा करने वाला या समुद्री जहाज़ पर काम करने वाला (औपचारिक) **seafood** noun, u. = fish and other animals from the sea (e.g. oysters) which can be eaten मछली, केकड़ा आदि समुद्री भोजन **sea horse** noun = a kind of small fish whose head and neck look like that of a horse 'अश्वमीन', एक प्रकार की मछली **sea level** noun *Mount Everest is 5,000 feet above sea level.* = the average level of the surface of the sea, which is used to measure the height of places on land समुद्र तल का वह सामान्य स्तर

S

जिससे धरती पर स्थित किसी स्थान की ऊँचाई मापी जाती है **sea lion** noun = a large kind of seal (sea animal) found in the Pacific Ocean 'जलसिंह', बहुत बड़ी सील मछली **seasick** adj. *She hates travelling by boat as she becomes seasick.* = feeling nausea (the desire to vomit) because of the constant movement of the ship on water जहाज़ी मतली **seaweed** noun = plants growing in the sea, especially any one of the algae समुद्री शैवाल

to be all at sea *She was all at sea when I asked her a question in class.* = to not know something that one is expected to know अपेक्षित जानकारी न होने से परेशान, किंकर्तव्यविमूढ़ **to go to sea** *Not many young people want to go to sea these days.* = to become a sailor नाविक बनना

seal¹ /'si:l/ /'सील्/ noun, c. **1** = a sea animal, a mammal, found in cold climates सील मछली **2** *This is an official document, carrying the President's seal.* = an official mark made on a document, letter etc. which proves that it is genuine or legal मुहर **3** *You will have to break the seal on the cap of the bottle before you can open it.* = a piece of wax, paper, plastic, metal etc., used to close an opening in an envelope, bottle etc., which must be broken before the contents can be taken out or used सील **4** *an oil seal in a car engine* = a piece of rubber or plastic fixed tightly around an opening (usually in a machine) to stop some liquid or gas from flowing through it ढक्कन, पेट्रोल वाहन के इंजन में लगने वाला पुर्ज़ा

seal² verb, t. **1** *Seal the envelope before you post it.* = to close the flap, using gum etc. चिपका कर बंद करना **2** *The agreement between the two countries has been sealed.* = to make an agreement final सुनिश्चित करना, पक्का करना **sealing wax** noun, u. = a solid material which easily becomes liquid when heated and solid again when cooled, used to seal envelopes etc. लाख **sealed off** *The police sealed off the highway after the accident.* = to close all approaches to or exits from a place आवागमन के रास्ते बंद करना

my lips are sealed *I can't tell you what happened at the meeting this morning. My lips are sealed.* = to refuse to reveal a secret because one has promised not to reveal it वचनबद्ध होने के कारण कोई बात न बतलाना

seam /'si:m/ /'सीम्/ noun, c. **1** *Your shirt is coming apart at the seams.* = a line of stitches joining two pieces of cloth or other material बखिया **2** *Water is leaking into the boat through the seams.* = the place where two things are joined together जोड़ **3** *a coal seam* = a long, thin layer of some mineral, specially coal, found between layers of other rocks परत

to be bursting at the seams *The shops were so crowded with shoppers that they were bursting at the seams.* = to be completely full (figurative) पूरी तरह भरा हुआ (लाक्षणिक)

seamy /'sɪ:mi/ /'सीमी/ adj. *the seamy side of life* = (of life or conditions) unpleasant or immoral वीभत्स, अप्रिय, अनैतिक

sear /'sɪəʳ/ /'सिअʳ/ verb, t. *The hot sun has seared the plants in my garden.* = to burn or dry up with heat झुलसाना **searing** adj. **1** *I cannot tolerate the searing heat.* = unpleasantly hot or burning झुलसाने वाला **2** *He felt a searing pain in the leg when the stone hit him.* = very great pain which seems to burn (see **scorch**) अत्यधिक पीड़ा (देखें **scorch**)

search¹ /'sɜ:tʃ/ /'सɜच्/ verb, i. or t. *I searched for the letter on my desk but could not find it.* (i.) = to look for something or someone; ढूँढ़ना, छान डालना (i.) // *The police want to search your car.*(t.) to examine something carefully in order to find something or somebody तलाशी लेना

search² noun, c. *The police are making a search of the house as they think the thieves may be hiding there.* = the act of searching (looking for something) तलाशी, छानबीन **searching** adj. *The examiners asked me some searching questions to find out how well I knew the subject.* = intended to find out the truth about something or the extent of a person's knowledge अंतर्भेदी **searchlight** noun, c. = a powerful light which can be turned around and used to see the movements of enemy aircraft in the sky at night 'सर्चलाइट', खोजबत्ती **search engine** = an Internet-based programme which helps a person locate information on the Net [COMPUTERS] कंप्यूटर के संदर्भ में एक इंटरनेट प्रोग्राम **search party** noun, c. = a group of people who are looking for someone who is lost खोजी दस्ता **search warrant** noun, c. = a written order given by a court to the police, allowing them to search a place in order to find someone or something that may be hidden there [LAW] तलाशी अधिपत्र [कानून]

in search of *The police went in search of the missing child.* = to look carefully for someone or something की खोज में, की तलाश में **to do/run a search** = to look for specific information or data or a file on the hard disk of a computer [COMPUTERS] कंप्यूटर से जानकारी खोजना

sea•son¹ /'si:zən/ /'सीज़न्/ noun **1** *the four seasons of the year* = a period of time, extending over several months (e.g. spring, summer, winter), marked by a particular kind of weather ऋतु, मौसम **2** *The Christmas/music/apple season* = the period in a year when an event normally takes place or something is available in plenty मौसम

season² verb, t. **1** *You will have to season the curry by adding some more chillies.* = to give food better taste by adding salt, spices etc. to it भोजन को अधिक स्वादिष्ट या सुंदर बनाने के लिए उस पर कुछ डालना **2** *This wood will have to be seasoned before we can use it to make furniture.* = to make wood fit for use (to make furniture etc.) by drying it सीझना, सिझाना **seasonal** adj. *We get seasonal rains here from July to September.* = happening during a particular time of the year only मौसमी **seasoned** adj. *He is a seasoned teacher. He can teach any class.* = having a lot of experience अनुभवी **seasoning** noun, u. = salt, spices etc. which are added to food to give it taste मिर्च-मसाला **season ticket** noun, c. = a ticket which allows one to travel on a train or bus or to go to a theatre where plays, concerts etc. are being performed, which can be used over a period of time such as a month and is sold at a lower price than if one bought a ticket for each event लंबी अवधि तक प्रयोग में आने वाला टिकट

seat[1] /'si:t/ /'सीट्/ noun, c. **1** *My seat is in the third row of the bus.* = a place where one can sit स्थान, आसन, 'सीट' **2** *Your trousers are too tight at the seat.* = the part of the body on which one sits (the buttocks) or the part of a dress which covers this part of the body आसन **3** *He lost his seat in the parliament as he was defeated in the election.* = a position in an official body or organization पद, गद्दी, कुर्सी **4** *a seat of learning* = a centre where a particular kind of activity takes place अधिष्ठान

seat[2] verb, t. **1** *We were all seated in the first row.* = to get a seat (a place to sit) or to help someone to find a seat आसन ग्रहण करना, बैठना **2** *This bus seats 45 passengers.* = to have space where people can sit बैठने की जगह होना **seat belt** noun, c. = a belt worn around some part of the body by a person travelling in a car or aircraft which protects him/ her in case of an accident by preventing sudden movement of the body सुरक्षा-पेटी **-seater** adj. *a 16-seater bus* = having seats for the stated number of persons जिसमें निश्चित संख्या में व्यक्तियों के बैठने की जगह हो **seating** noun, u. *The seating in this cinema is very comfortable.* = the arrangement of seats बैठने की व्यवस्था

se•cede /sɪ'si:d/ /सि'सीड्/ verb, t. *One of the states in the country threatened to secede unless some steps were taken to improve its economy.* = to separate from or to leave a group because of some disagreement (formal) अलग होना (औपचारिक) **secession** /sə'sesən/ /स'सेशन/ noun, u. = the act of separating from a group or organisation संबंध-विच्छेद

sec•lude /sɪ'klu:d/ /सि'क्लूड्/ verb, t. *He has chosen to seclude himself as he does not like crowds.* = to keep away or to keep someone away from other people अलग रहना या रखना **secluded** adj. *They chose a secluded spot by the side of the lake to pitch their tent.* = lonely, away from the crowd एकाकी, एकांत **seclusion** noun, u. *The people of this village have no contact with the outside world. They live in complete seclusion.* = the state of being secluded (kept away from other people) निर्जन

sec•ond[1] /'sekənd/ /'सेकन्ड्/ det. or pron. **1** *This is my second visit to Bangalore. I have come here once before.*(det.) दूसरा, द्वितीय // *He came first in the examination and I came second.*(pron.) = coming after the first दूसरे स्थान पर **2** *This is the second largest building in the city.* = the one after the first दूसरा **3** *Every second year, we visit Sri Lanka.* = every other (year, month etc.) (हर) दूसरे, दूसरा

second[2] noun, c. **1** *It took him five seconds to reach the top of the stairs.* = a length of time equal to the sixtieth (1/60) part of a minute सैकेंड **2** *This angle measures 35 degrees, 4 minutes and 55 seconds.* = a unit for measuring an angle, equal to 1/3600 part of a degree [GEOMETRY] कोण को मापने की इकाई [ज्यामिति] **3** *Any message sent by fax reaches the other end within seconds.* = very quickly बहुत जल्दी, पलभर में

second[3] verb, t. (**seconded**) *When one of the members of the committee proposed that we should meet every week, I seconded the proposal.* = to support a proposal or an idea at a meeting अनुमोदन करना **second-best** adj. *Rashmi won the first prize in the contest and Avinash was second-best.* = next after the best सर्वश्रेष्ठ के बाद के स्थान पर **second class** adj. *Most of our guests can afford only second class travel.* = not of the highest quality द्वितीय श्रेणी **second-class citizen** noun c. *I refuse to be treated like a second-class citizen in my own country.* = someone who is not treated as well as other members of a society घटिया दर्जे का नागरिक **second-generation** adj. *There are many second-generation Indians living in the US now.* = the children of parents who were born in another country दूसरी पीढ़ी के **second-hand** adj. *I can't afford a new one, so I will buy a second-hand car.* = previously owned or used पुराना, किसी अन्य द्वारा प्रयोग किया हुआ **second language** noun *For many educated Indians, English is the second language.* = a language that is learnt after the mother tongue द्वितीय भाषा **second name** noun *Arundhati is her first name and Roy her second name.* = a less formal expression for **surname** जाति नाम **second rate** adj. *The music produced by the new group is second rate.* = of poor quality घटिया **second thoughts** noun (always plural) *I am having second thoughts about settling down in a large city.* = a change of plan, opinion etc. (केवल बहुवचन में प्रयुक्त) पुनर्विचार

sec•ond•a•ry /'sekəndəri/ /'सेकन्ड्री/ adj. **1** *The government is taking steps to improve secondary education.* = the education given to children after the first six or seven years of school माध्यमिक **2** *It is most important to give these people shelter. Building roads*

S

is only secondary. = not as important as something else गौण **3** *The patient caught a cold and then developed a secondary infection in the lungs.* = developing from (growing out of) something else परवर्ती

seconds /'sekəndz/ /'सेकन्ड्ज़/ noun (always plural) **1** *You can buy shirts very cheaply at this shop. They sell seconds.* = an article, usually clothing, which is sold at a low price because it has some minor faults (केवल बहुवचन में प्रयुक्त) हल्का दोषयुक्त (प्राय: वस्त्र के बारे में) **2** *That pulao was really nice. I'll have seconds.* = a second helping of food or drink (informal) दोबारा लेना (अनौपचारिक)

se•cret[1] /'si:krɪt/ /'सीक्रिट्/ noun, c. **1** *I will tell you a secret, if you promise not to tell anyone. My sister is getting married to her boy-friend tomorrow!* = something which is kept hidden and not known to many people रहस्य, गुप्त बात **2** *the secret of her success* = something that helps someone to become successful, but is not known to many people कुंजी **3** *the secret of how the first living creatures on earth came into being* = a mystery that is not clearly understood or has yet to be explained अज्ञात (भेद, रहस्य)

secret[2] adj. *I know of a secret place where we can hide.* = not known to many people गुप्त **secrecy** noun, u. *This job has to be done in secrecy. No one should know about it.* = the state of being secret (not known to anyone) गोपनीयता **secretive** adj. *They are so secretive that they won't talk to anyone about their plans to visit America next month.* = preferring to hide one's thoughts, plans etc. from others गोपनशील, गुप्त रखने वाला **secretly** adv. *My little brother reads in bed secretly by keeping his book hidden under his blanket!* = something kept from the knowledge of others गुप्त रूप से, चोरी-छिपे **secret service** noun = the branch of the police or the government that collects secret information through spies खुफ़िया विभाग

in secret *The children had planned the party in secret. No one knew about it until the actual day.* = in private, not openly गुप्त रूप से **to keep a secret** *I don't know if I should tell you my plans because you just can't keep a secret.* = to not let a secret be known to anyone बात को अपने तक सीमित रखना, किसी को न बतलाना

sec•re•ta•ry /'sekrɪtəri/ /'सेक्रिट्री/ noun, c. = a person who helps an important person by writing or typing letters, keeping records, arranging meetings etc. सचिव **secretarial** /sekrɪ'teərɪəl/ /सेक्रि'टेअरिअल्/ adj. *He has been trained for secretarial work.* = relating to the work of a secretary लिपिकीय, साचिविक **secretariat** noun, u. **1** = the building in which the offices of the government are located सचिवालय **2** = the department that is responsible for the administration of a large organization सचिवालय

se•crete /sɪ'kri:t/ /सि'क्रीट्/ verb, t. *The bark of this tree secretes a sticky fluid.* = (of a living thing), to produce some substance, usually a liquid स्रावित करना, निस्तारित करना **secretion** noun, u. or c. **1** = a substance which is secreted or produced by some part of the body शरीर के किसी अंग द्वारा स्रावित पदार्थ **2** = the act of secreting something in the body स्राव

sect /'sekt/ /'सेक्ट्/ noun, c. = a group which is part of a larger religious group संप्रदाय, पंथ, मत **sectarian** /sek'teərɪən/ /सेक्'टेरिअन्/ adj. *a sectarian dispute* = having to do with one or more sects सांप्रदायिक, मतानुयायी, मत-संबंधी

sec•tion /'sekʃən/ /'सेक्शन्/noun, c. **1** *A section of the crowd was restless and demanded better seats. // He lives in the front section of the house.* = a part of something larger हिस्सा, भाग **2** *This computer table comes in sections. You will have to screw them together.* = a part of something which can be joined to other parts to make up a whole अलग-अलग टुकड़ों में जिन्हें जोड़कर एक आकार दिया जा सके **3** *You are arrested under Section 420 of the Criminal Procedure Code.* = a law or rule forming a part of a set of laws or rules धारा, दफ़ा **4** *The scientist examined a section of the stem of the plant under the microscope.* = a view of what something would look like if cut across or cut through कटा हुआ भाग

sec•tor /'sektəʳ/ /'सेक्टʳ/ noun, c. **1** *The film industry is entirely in the private sector.* = one part of some field of activity, specially trade and industry खंड **2** *The city has been divided into sectors for the purpose of taking a census of the population.* = a part into which an area is divided खंड **3** = a part of a circle between two radii [TECHNICAL] वृत्त का एक भाग [तकनीकी] **private/public sector** = used to refer to trade and industry—the public sector is controlled and run by the government, the private sector is controlled by private companies सरकारी क्षेत्र/निजी क्षेत्र

sec•u•lar /'sekjʊləʳ/ /'सेक्युलʳ/ adj. **1** *The country is governed by secular laws.* = connected with the world and its affairs, not connected with religion धर्मनिरपेक्ष **2** *India is a secular country.* = not favouring any particular religion धर्मनिरपेक्ष **secularism** noun, u. = the belief that all religions are to be treated as equal धर्मनिरपेक्षवाद, धर्मनिरपेक्षता

se•cure[1] /sɪ'kjʊəʳ/ /सि'क्युअʳ/ adj. **1** *This city is secure against enemy attack.* = safe; protected from danger or risk सुरक्षित, जिस पर कोई खतरा न हो **2** *He has a secure job in a bank.* = free from risk or anxiety सुरक्षित, निरापद

secure[2] verb, t. **1** *The army will fight to secure the freedom of the country.* = to protect from burglary, danger etc. सुरक्षित करना **2** *Please secure the door with a chain and lock.* = (of doors, windows, luggage etc.) to close tightly and make safe (formal) सुरक्षा हेतु बंद करना (औपचारिक) **3** *He has secured full marks* *in mathematics.* = to get something worthy of praise (formal) श्रेय प्राप्त करना (औपचारिक)

security /sɪˈkjʊərɪtɪ/ /सि'क्युअरिटि/ noun, u. or c. (**securities**) **1** *We have employed guards for the security of this building.*(u.) = the state of being protected and safe सुरक्षा **2** = protection (by guards etc.) against danger, fear etc. सुरक्षा **3** *The bank is willing to give me a loan, but they want this house as a security.*(c.) = property which is kept by a bank or a person giving a loan to someone, to make sure that the loan is paid back जमानत, प्रतिभूति

Security Council noun = the group of 15 countries within the United Nations Organization that tries to ensure peace in the world सुरक्षा परिषद्

se•dan /sɪˈdæn/ /सि'डैन्/ noun, c. = a large and often luxurious car with a closed body विशेष प्रकार की मोटरकार

se•date[1] /sɪˈdeɪt/ /सि'डेइट्/ adj. **1** *The discussion at the meeting was very sedate. No one shouted or created a scene.* = calm and without excitement शांतिपूर्ण **2** *The child had a sedate manner.* = quiet and modest शांत, गंभीर, सौम्य

sedate[2] verb, t. *The doctor had to sedate the patient as he was unable to sleep.* = to cause a person to become calm or to fall asleep, by using some medicine नींद की दवा देकर शांत करना **sedation** noun, u. *The patient is relaxed and does not need sedation.* = the use of medicines to make a person calm नींद की दवा **sedative** /ˈsedətɪv/ /'सेडटिव्/ noun, c. = a medicine or drug that makes a person calm उपशामक औषधि, नींद की दवा **sedately** adv.

sed•en•ta•ry /ˈsedəntəri/ /'सेड्न्ट्री/ adj. *He is a man of sedentary habits. I have never seen him going for a walk.* = staying in one place and not moving about (often disapproving) घरघुसना, घरघुस्सू, अभ्रमणशील (प्राय: अस्वीकृत)

sed•i•ment /ˈsedɪmənt/ /'सेडिमन्ट्/ noun, u. or c. *Rivers deposit sediment at the river-mouth where they enter the sea.*(u.) = small particles (pieces) of solid material that are often present at the bottom of a liquid तलछट **sedimentary** /sedɪˈmentəri/ /सेडि'मेन्टरी/ adj. *sedimentary rocks* = left behind by some liquid as sediment तलछटी, परतदार

se•di•tion /sɪˈdɪʃən/ /सि'डिशन्/ noun, u. *The writer of this book has been arrested for sedition.* = writing or speeches that may cause people to rise against the government विद्रोहकारी भाषण अथवा लेखन **seditious** adj. *seditious literature* = likely to cause anger against the government राजद्रोहात्मक

se•duce /sɪˈdjuːs/ /सि'ड्यूस्/ verb, t. **1** = to get someone to agree to have sex, usually through flattery बहकाकर शीलभंग करना **2** *They would not have moved to the city but were seduced by the offer of good jobs.* = to attract someone into doing something which he/she would not have done otherwise (figurative) बहकाना (लाक्षणिक) **seduction** noun, u. or c. = the act of seducing someone प्रलोभन **seductive** adj. = having the qualities needed to seduce someone सम्मोहक

see /siː/ /'सी/ verb, i. or t. (**saw, seen**) **1** *Nobody can see a thing! Why don't you switch on the light?*(t.) = to be able to observe with the use of the eyes देख पाना **2** *It's so dark! I can hardly see to write this letter.*(i.) = to make out with the use of the eyes देख पाना **3** *I saw a film last night.*(t.) = to watch a film, play etc. देखना **4** *We're going to see our grandmother over the week-end.*(t.) = to visit or meet someone मिलना **5** *I am not well. I'll be seeing the doctor this evening.*(t.) = to consult, visit सलाह लेने के लिए मिलना **6** *They had to see a lawyer about the land dispute.*(t.) = to have a meeting with, over a serious matter सलाह लेने के लिए मिलना **7** *Can you see the crack on the wall?*(t.) = to notice दीखना **8** *I can see why he is so upset.*(i.) = to understand or realize something समझ में आना **9** *I can't see the point of learning how to type when hardly anyone uses a typewriter these days!*(t.) = to understand the reason for something कारण समझना **10** *See if there are any more books in the cupboard.*(i.) = to look for a thing, information etc. तलाश करना **11** *Let's see what we can do about this problem.*(i.) = a way of offering help with a problem समस्या के समाधान हेतु मदद करने का तरीका **12** *It'll be interesting to see if this film will do well considering that it deals with a totally new subject.*(i.) = to find out how something fares in the future जानना **13** *We'll see.*(i.) = used when one cannot make a decision at once तुरंत फैसला न कर पाने की स्थिति में प्रयोग **14** *See you! // See you later.* (t.) = said when parting company, when one knows that one will soon be meeting the person again (informal) 'फिर मिलेंगे' (अनौपचारिक) **15** *Please see that the letter is posted today.*(i.) = to make sure that something is done without fail ध्यान देना, निश्चित करना **16** *You test the thickness of the paper like this, see.*(t.) = used to check that someone listens, understands and follows what you are trying to explain/demonstrate देखो और समझो **17** *Don't do that, see?* = a way of threatening or warning someone, or ensuring in an unpleasant way that something will be done नहीं तो, देखना! **see-through** adj. = a garment, screen etc. which is transparent or so thin that one can see what is underneath पारदर्शी

to see somebody off *I saw my friend off at the station.* = to go with someone to a place (a railway station etc.) from where they will leave विदा देना, विदा करना **to see somebody across the road** *May I see you across the road?* = to help a person cross a road by going with them, holding their hand etc. सड़क पार करने में सहायता करना **to see someone to the door** *I'll see*

S

you to the door. = to go to the door with someone when the person is leaving your house, a building etc. after a visit दरवाज़े तक छोड़ने जाना **to see to something** *I'll pack the food for the journey. Could you see to the tickets?* = to arrange or to take responsibility for something जिम्मेदारी लेना **to see through something** *I saw through his game of cheating others.* = to understand/recognize the truth सच्चाई भाँप लेना **to see something through** *I'm tired. Could you see the rest of the meeting through?* = to be in charge of something to the end शेष कार्य की जिम्मेदारी लेना **to see somebody through (an illness)** = to look after and help someone get over a period of difficulty until it has passed मुसीबत के समय किसी का साथ देना, सहायता करना **to be seeing someone** = to be involved with someone in a romantic way and to meet him/her regularly प्रेमी/प्रेमिका से मिलते रहना **Seeing is believing!** *You've written this story? Seeing is believing!* = This is hard to believe. विश्वास न होना (The expression is a way of expressing doubt.) **I'll see about that!** *You're planning to go on holiday without me? I shall see about that!* = a way of mildly threatening someone (often humorous) 'देखता हूँ कैसे–' प्रकार की अभिव्यक्ति (प्राय: हास्यपरक)

seed[1] /'si:d/ /'सीड्/ noun, c. or u. **1** *Plant these seeds in the soil.* = a hard and small part of a fruit, from which it is usually possible to grow another plant बीज **2** = the sperm of a male animal or human being (old-fashioned) वीर्य (पुराने प्रचलन का) **3** *the seeds of revolt* = the beginning of something that is expected to happen in the future (विद्रोह का) बीज (शुरुआत) **4** *Pete Sampras is the top seed in the tennis tournament.* = a player who is expected to do well in a competition (especially in tennis) and given a rank on the basis of some calculations स्थान, श्रेणी, स्तर

seed[2] verb, t. **1** *Pull up these plants before they start seeding.* = to produce seeds (referring to a plant) बीज उत्पन्न करना **2** *Can you seed these water-melons?* = to remove the seeds from a fruit बीज निकालना **3** *Pete Sampras has been seeded for this tennis tournament.* = to place a player on a list of possible winners in a competition विजयी होने वाले संभावित खिलाड़ियों की सूची में रखना या स्थान देना **seedling** noun, c. = a young plant which has grown from a seed अंकुर **seedy** adj. *This hotel looks rather seedy. I don't think we should stay here.* = dirty and in poor condition and appearing to be connected with dishonest activity गड़बड़, खराब हालत में

to go (run) to seed *He looked good a few years ago but he has run to seed now.* = to become unhealthy or unattractive in appearance because of old age, laziness or carelessness बुढ़ापा आना

seek /'si:k/ /'सीक्/ verb, t. or i. **(sought)** **1** *The police are seeking clues which will help them find the murderer.*(i.) = to search or look for खोजना, ढूँढ़ना **2** *I sought his advice when I was in trouble.*(t.) = to ask for (formal) माँगना, लेना (औपचारिक) **3** *Seek and you will find happiness.*(i.) = to look for answers to spiritual questions आध्यात्मिक जिज्ञासा होना **sought-after** adj. *She is a much sought-after actor.* = very popular, highly regarded प्रसिद्ध, सम्मानित

seem /'si:m/ /'सीम्/ verb, i. *The patient seems to be improving, but we cannot be sure.* = to appear to be प्रतीत होना, लगना **seeming** adj. *Don't be misled by his seeming honesty. He is really a cheat.* = as seen on the surface but not really so ऊपर से दीखना

seep /'si:p/ /'सीप्/ verb, i. *Water is seeping through the walls.* = to pass slowly through small holes or openings in some solid material (referring to the movement of a liquid or gas) रिसना **seepage** noun, u. *How can the seepage of water be stopped?* = the slow movement of a liquid or gas through small openings in a solid material रिसाव

seer /'sɪəʳ/ /'सिअर्/ noun, c. *Sri Aurobindo was a great seer who had a grand vision of human progress.* = someone who is wise and can look into the future मनीषी, द्रष्टा

see•saw[1] /'si:sɔ:/ /'सी सॉ/ noun, c. = a long, narrow plank of wood which is balanced in the middle and on which children can move up or down when they sit at the opposite ends एक प्रकार का झूला

seesaw[2] verb, i. *The match between India and South Africa seesawed, with first one side and then the other being in a winning position.* = to move first in one direction and then in the opposite direction घटना-बढ़ना, आगे-पीछे होना

seethe /si:ð/ /'सीद्/ verb, i. *We are seething with anger over the rude remarks made against us.* = to be in a state of agitation, ready to fight क्रोध से उबलना, विद्रोह के लिए उत्तेजित होना

seg•ment /'segmənt/ /'सेग्मन्ट्/ noun, c. **1** *The cake was cut into segments.* = one of the parts into which something circular can be divided or cut (गोल वस्तु का) टुकड़ा, खंड **2** *The Maruti 800 dominates the medium-price segment of the car market.* = a particular part of something larger खंड **3** = a part of a circle formed by drawing a straight line across the circle [TECHNICAL] अर्धवृत्त, वृत्त-खंड [तकनीकी]

seg•re•gate /'segrɪgeɪt/ /'सेग्रिगेइट्/ verb, t. *A good hospital segregates patients suffering from infectious diseases.* = to separate or keep people away from each other, ususally for medical reasons [TECHNICAL] पृथक करना [तकनीकी] **segregation** /segrɪ'geɪʃən/ /सेग्रि'गेइशन्/ noun, u. = the act of segregating people (keeping them separated from each other) often for political reasons पृथक्करण, वियोजन

seis•mic /'saɪzmɪk/ /'साइज़्मिक्/ adj. *Scientists continue to find some seismic disturbance near the area which experienced an earthquake yesterday.* = having to do with the movement of the earth's surface भूकंपी(य) **seismograph** noun, = an instrument that can measure the force of an earthquake भूकंपलेखी **seismology** /saɪz'mɔːlədʒi/ /साइज़्'मॉलजी/ noun = the scientific study of the movements of the earth's surface leading to earthquakes भूकंप-विज्ञान

seize /'siːz/ /'सीज़्/ verb, t. **1** *The man seized my hand and pulled me up the steps.* = to take hold of something forcefully and suddenly अचानक ज़ोर से पकड़ लेना **2** *The government has seized all the documents and ornaments found in the locker of the accused.* = to take possession of something, usually through a government order ज़ब्त करना **3** *When she was offered a free ticket to South Africa she seized the opportunity at once.* = to accept eagerly something which comes to you by chance झपट लेना **seizure** /'siːzər/ /'सीज़र/ noun, c. **1** = the act of seizing something (taking possession of something) ज़ब्त करने की क्रिया **2** = a sudden illness or attack which causes an organ to stop functioning, become paralysed etc. दौरा, झटका

sel•dom /'seldəm/ /'सेल्डम्/ adv. *We seldom watch television because we find it dull.* = not often, rarely यदा-कदा, कभी-कभार

se•lect[1] /sɪ'lekt/ /सि'लेक्ट्/ verb, t. *We will select one of these three candidates for the job.* = to choose or take one or more persons or things out of a group चयन करना

select[2] adj. *He belongs to a select group of artists.* = carefully chosen and belonging to a small or special group चुने हुए, उत्कृष्ट, चुनिंदा **selection** noun, u. or c. **1** *Her selection as the captain was approved by everyone.*(u.) = the act of selecting (choosing) someone or something चयन **2** *We are studying a selection of Urdu short stories.*(c.) = something that has been selected (chosen) out of a larger number संकलन **selective** adj. *She is very selective about the books she reads.* = careful in choosing (sometimes disapproving) पसंद की वस्तु ही लेनेवाला (कभी-कभी अस्वीकृत)

self /self/ /सेल्फ़्/ noun, c. (**selves**) or u. **1** *One must be in control of one's own self in order to find peace.*(c.) = body as well as mind स्वयं, अपना-आप **2** *This is not the time to put the self first. We must think of the nation.*(u.) = one's own interest or profit अपना हित, स्वार्थ

self- prefix meaning 'of, by or for oneself or itself' e.g. 'स्वत:' के अर्थ में उपसर्ग के रूप में प्रयुक्त **self-explanatory** adj. *Just follow this map and you will be able to reach the school easily. The map is self-explanatory.* = explaining itself and easy to understand स्वत: स्पष्ट

self-appointed adj. *He is the self-appointed leader of this group.* = chosen by oneself and not by others (derogatory) स्वयं नियुक्त (अनादरपूर्ण)

self-assured adj. *He looked completely self-assured when he was asked to make a speech.* = very sure of one's own ability and therefore calm आत्मविश्वासी

self-centred adj. *He loves to talk about his own greatness. I have not seen a more self-centred person.* = interested only in oneself आत्मकेंद्रित

self-confident adj. = (as in **self-assured** above) very sure of one's own ability and therefore calm आत्मविश्वासी

self-conscious adj. *She looked very self-conscious when she was asked to stand up and make a speech.* = feeling nervous and uncomfortable संकोचशील, घबराने वाला, असुविधा अनुभव करने वाला

self-contained adj. *a self-contained flat, with a kitchen and bathroom* = having everything that may be required, in one place स्वत:पूर्ण

self-control noun, u. *He does not get angry easily. He has a lot of self-control.* = control over one's own feelings आत्मनियंत्रण, आत्मसंयम

self-defence noun *The law allows you to shoot someone who is trying to kill you. You have the right of self-defence.* = something done to save one's own life or property आत्मरक्षा

self-destruct verb, i. *This plane will self-destruct if it falls into the hands of the enemy.* = to destroy itself, automatically आत्मसंहार होना, स्वत: नष्ट होना

self-effacing adj. *Not many people know about her talent in writing because she is so self-effacing.* = very modest, not wishing to boast; unassuming शालीन, बढ़-चढ़कर न बोलने वाला, दिखावा न करने वाला

self-employed adj. *a self-employed motor-mechanic* = earning money from some business but not working for an employer अपने रोज़गार में संलग्न

self-esteem noun, u. *He was very sure that he would get the job. His failure to do so was a blow to his self-esteem.* = the good opinion that one has of oneself आत्म-सम्मान

S

self-evident adj. *It should be self-evident that our city is getting over crowded.* = so clear that no proof is needed स्वयंसिद्ध, स्वत: प्रमाणित

self-government noun = the government or rule of a country or organization by its own people स्वशासन, स्वराज्य

self-help noun = the action of doing something without depending on others for help स्वावलंबन

self-knowledge noun = an understanding of one's own nature or character आत्मज्ञान

self-locking adj. *a self-locking door* = able to lock itself (referring to a door) स्वत: बंद होने वाला (दरवाज़ा)

self-made adj. *a self-made businessperson* = becoming successful without any help from others स्वनिर्मित, अपनी मेहनत से किसी लक्ष्य तक पहुँचने वाला

self-preservation noun *All living creatures have the instinct of self-preservation.* = the desire to keep oneself alive and safe from harm आत्मरक्षा, आत्म परिरक्षण

self-reliant adj. = not depending on others for help आत्मनिर्भर

self-respect noun *Once he started to drink heavily he lost all self-respect!* = the regard that one has for oneself, which makes a person behave in a way that gets respect from others आत्मसम्मान, स्वाभिमान

self-righteous adj. *She is so self-righteous that she will never admit her own mistakes.* = always believing that one's actions are correct दंभी, अपने को सदैव सही मानने वाला

self-service adj. *a self-service restaurant* = a restaurant or a shop where there is no one to serve customers, who are expected to get what they want themselves स्वयं-सेवी

self-starter noun, c. = an electrical device (instrument) fitted to a machine or engine, which starts it when a button is pressed इंजन को चालू करने के लिए लगाया गया यंत्र

self-sufficient adj. *India is self-sufficient in rice. We do not need to buy rice from any other country.* = not depending on anyone else for the things one needs आत्मनिर्भर

selfish /'selfɪʃ/ /'सेल्फ़िश्/ adj. *They spend all the money they earn on themselves. What selfish persons they are!* = thinking only of one's own interest, convenience, welfare etc. and not that of others स्वार्थी, स्वार्थपरायण **selfishness** noun *It was because of his selfishness that he lost all his friends.* = selfish behaviour स्वार्थ, स्वार्थपरता **selfishly** adv. स्वार्थपूर्ण

self•less /'selflɪs/ /सेल्फ़लिस्/ adj. *Mother Teresa devoted her life to the selfless care of the sick.* = showing concern for others and not for oneself नि:स्वार्थ **selflessness** noun, u. *Every member of the rescue team acted out of pure selflessness in helping the accident victims.* = the quality of showing concern for others and not oneself नि:स्वार्थता, स्वार्थविहीनता

sell[1] /'sel/ /'सेल्/ verb, t. or i. (**sold**) **1** *I have sold my old car to a doctor for Rs 20,000.*(t.)= to exchange something in return for money दाम लेकर वस्तु देना, बेचना **2** *The farmers grow vegetables and sell them in the town.*(t.) = to offer something to a buyer खरीदने के लिए ग्राहक को कुछ पेश करना, बेचना **3** *This new book is not interesting. I don't think it will sell.*(i.) = to be able to find buyers बिकाऊ होना **4** *The government has not been able to sell its new health programme to the people.*(t.) = to make people accept a new idea लोकप्रिय बनाना, प्रसारित करना

sell[2] noun, c. *The car is so costly that it is proving to be a difficult sell.* = something that is offered to a buyer विक्रय की वस्तु **seller** noun, c. = a person who has sold or is trying to sell something for money विक्रेता **seller's market** noun *If you try to buy a house in Mumbai, you will find that very few houses are available. It is a seller's market.* = a time when many people are trying to buy the same things, and prices are high विक्रेता-बाज़ार **selling point** noun, c. *The strongest selling point for this car is that it uses very little petrol.* = a quality in a product which is expected to be liked by someone who may be interested in buying it बिकने का कारण, बिकाऊ गुण **sell-out** noun, c. *The cricket match between Australia and India was a sell-out.* = an event (usually connected with sports, music etc.) that is so popular that it becomes difficult to get tickets किसी खेल या संगीत आदि समारोह की इतनी लोकप्रियता कि टिकट न मिल पाए **sell-by date** noun, c. = referring to an item (usually food or medicine) which, by an order, has a date on it by which time it must be sold निर्धारित समय तक बेची जानेवाली चीज़

to sell like hot cakes *Books on yoga are selling like hot cakes.* = to be in great demand (informal) अत्यधिक माँग होना (अनौपचारिक) **to be sold on something** *He is totally sold on pop music.* = to be an enthusiastic believer in something (informal) किसी चीज़ पर पूरी तरह फ़िदा होना, दीवाना होना (अनौपचारिक)

se•man•tic /sɪ'mæntɪk/ /सि'मैन्टिक्/ adj. = having to do with the meaning of words अर्थ संबंधी **semantics** noun = the scientific study of meaning in language अर्थ-विज्ञान

sem•blance /'sembləns/ /'सेम्ब्लन्स्/ noun, u. *There was no semblance of order at the meeting. Everyone was shouting at the top of his or her voice.* = outward appearance (formal) दिखाई देनेवाला, प्रदर्शन (औपचारिक)

se•men /'siːmən/ /'सीमन्/ noun = the thick whitish fluid which carries the sperm or seed of a male animal or human being [BIOLOGY] वीर्य, शुक्राणु [जीव विज्ञान]

se•mes•ter /sɪ'mestəʳ/ /सि'मेस्टं/ noun, c. = one of the two or three periods into which a year is divided for purposes of teaching at a university सत्र (अर्द्ध वार्षिक अथवा त्रैमासिक अवधि का)

semi- /'semɪ/ prefix meaning **1** half e.g. उपसर्ग, आधा, अर्ध **semi-circle** noun, c. = half a circle अर्ध-वृत्त **2** almost e.g. **semi-automatic** adj. *a semi-automatic washing machine* = a (machine) which can almost run itself and needs little attention अर्ध स्वचालित

semi-colon /semɪ'kəʊlən/ /सेमी'कउलन्/ noun, c. = a mark of punctuation, shown by the sign (;), which is often used to separate the parts of a sentence अर्द्धविराम, 'सेमी कॉलन' (एक विरामचिह्न)

semi-conductor /semɪkən'dʌktə'/ /सेमिकन्'डॅक्ट'/ noun, c. = a substance such as silicon which allows an electric current to pass through it with some resistance and is used for making transistors and other electronic parts, also used in computers अर्धचालक

semi-detached /semɪdɪ'tætʃt/ /सॅमिडि'टैच्ट्/adj. *a semi-detached house* = a house that is joined to the neighbouring house by a common wall एक साझा दीवार से जुड़े मकान

semi-final /semɪ'faɪnəl/ /सेमि'फ़ाइनल्/ noun, c. = a match that is played just before the final (last) match in a tournament or competition 'सेमी फ़ाइनल', अनंतिम

sem•i•nar /'semɪnɑː'/ /'सेमिना'/ noun, c. = a small group which meets to discuss or study a subject संगोष्ठी

sem•i•na•ry /'semɪnəri/ /'सेमिन्री/ noun, c. (**seminaries**) **1** = a school (old-fashioned) विद्यालय (पुराने प्रचलन का) **2** = a place where people are trained to become priests or nuns गुरुकुल का मठ

semi-precious /semɪ'preʃəs/ /सेमि'प्रेशस्/ adj. *a semi-precious stone* = a kind of stone, such as garnet or amethyst, which is used for making jewellery but is not as costly as a precious stone such as diamond आभूषणों में प्रयुक्त मूल्यवान पत्थर (रत्नों से कम कीमती)

se•mit•ic /sɪ'mɪtɪk/ /सि'मिटिक्/ adj. **1** *a Semitic religion* = belonging to the race, languages and cultures of the Jews and Arabs यहूदी और अरबी **2** = Jewish (connected with the Jewish race or religion) यहूदी

sem•o•li•na /semə'liːnə/ /सेम'लीन/ noun, u. = a kind of powdered food made by crushing wheat (known as 'sooji' or 'rava' in India) सूजी

sen•ate /'senɪt/ /'सेनिट्/ noun, c. = a group of people who make laws or look after the affairs of a university राज्यसभा अथवा 'सेनिट' **senator** noun, c. = a member of a senate सीनेटर, सीनेट का सदस्य

send /send/ /सेन्ड्/ verb, t. (**sent**) **1** *Please send this letter by registered post.* = to cause something or someone to go to a place, without going there oneself भेजना **2** *He gave the ball a kick which sent it flying.* = to cause something to move with force फेंकना **3** *The film was so boring that it sent me to sleep.* = to cause something to happen प्रेरित करना **4** *The crowd sent out a roar of joy when Mahanama scored a century.* = to produce उत्पन्न करना **5** *I don't feel like cooking today. Let us send for some food.* = to ask someone to bring something or to order something from some source बाहर से मँगाना **sender** noun, c. = a person who sends something to someone, usually by post प्रेषक, भेजने वाला **send-off** noun, c. *My friends gave me a grand send-off when I was leaving for Japan.* = a show of good wishes for someone who is going on a journey विदाई

to send in *When the doctor arrived, I was sent in first.* = to ask someone to enter a place अंदर भेजना **to send out 1** *If you make any more noise, you will be sent out.* = asked to leave a place बाहर निकालना **2** *This instrument sends out a lot of heat.* = to emit, give out बाहर निकालना/छोड़ना **to send for someone/something** *We sent for the doctor.* = to ask someone to come; to place an order for बुलाना **to send out for something** *I don't feel like cooking. Shall we send out for some food?* = to order food to be brought in from a restaurant (instead of going there to eat) मंगाना **to send back** *As the address on the cover was incorrect, the post office sent the letter back to us.* = return वापस भेजना **to send off** *There was a large crowd at the airport to send him off.* = to convey good wishes when someone is about to leave; to say good-bye विदा करना **to send word (to somebody)** *The meeting had to be postponed because the chairperson sent word to say he was unwell.* = to send a message सूचना भेजना

se•nile /'siːnaɪl/ /'सीनाइल्/ adj. *Both my grandparents have become old and senile. They can't think clearly now.* = mentally or physically weak as a result of old age (technical or not respectful) जीर्ण, कमज़ोर (तकनीकी अथवा आदरपूर्ण नहीं) **senility** /sɪ'nɪlɪti/ /सि'निलिटी/ noun, u. = the condition of being senile जीर्णता, कमज़ोरी

se•ni•or[1] /'siːniə'/ /'सीनिअ'/ adj. *He is a senior officer in the government.* = having a high rank or a higher rank than someone else (पद में) वरिष्ठ, प्रवर

senior[2] noun, c. *She is my senior by three years.* = older in age than someone else (उम्र में) बड़ा, वरिष्ठ **senior citizen** noun, c. = a person who is (usually) more than 65 years of age; retired people, pensioners वरिष्ठ नागरिक, अवकाश-प्राप्त पेंशनभोगी **seniority** /siːnɪ'ɔːrɪti/ /सीनिऑरिटी/ noun, u. *Promotions should be based not merely on seniority, but also on ability.* = the condition of being older or higher in rank than others वरीयता

sen•sa•tion /sen'seɪʃən/ /सेन्'सेइशन्/ noun, u. or c. **1** *He has lost all sensation in his limbs after the accident he had last year.*(u.) = the ability to feel pain, heat etc. संवेदना **2** *The famous actor caused a sensation by appearing in the role of a woman in a play.*(c.) =

S

something that creates great excitement or interest सनसनी **sensational** adj. *The bank robbery made sensational news.* = exciting or causing great wonder, shock etc. उत्तेजक, सनसनीखेज़

sense[1] /'sens/ /'सेन्स्/ noun, c. or u. **1** *He has lost the sense of smell.*(c.) = one of the five senses (the ability to see, hear, smell, taste, feel) अनुभव-शक्ति, ज्ञानेंद्रियों की शक्ति **2** *How could you take a taxi when taxis are so expensive? I thought you had more sense!*(u.)= good judgement about practical things अनुभव, समझ **3** *He had a sense of helplessness when he lost his father.* = feeling अनुभूति **4** *When I say she is 'clever', I am using the word in a positive sense.* = meaning अर्थ

sense[2] verb, t. *Why don't you speak? I sense some kind of anger in you.* = to detect or notice बोध होना, महसूस करना **senseless** adj. **1** *Stop this senseless talk at once!* = *meaningless, foolish* निरर्थक, मूर्खतापूर्ण **2** *The man became senseless because of the heat.* = unconscious बेहोश, अचेत **sense organ** noun, c. = a part of the body that is connected with one of the five senses (e.g. the eyes, ears, nose or tongue) ज्ञानेंद्रिय **senses** noun (only plural) **1** = all or some of the five senses (केवल बहुवचन में प्रयुक्त) ज्ञानेंद्रियाँ **2** *The man was not in his senses.* = in control of one's own actions होश, सुध

to talk sense *Come on! Talk sense!* = used to say that what is being suggested is impossible 'समझदारी की बात करो' (संभव न होने का भाव) **beat/drive/knock some sense into someone** *Will you drive some sense into the boy? He is too young to start a business.* = to change someone's opinion, decision etc., in a forceful manner किसी विचार को मानने के लिए मज़बूर करना **to bring someone to their senses** *I don't know how I can bring her to her senses. She wants to take part in a cycle race so soon after her surgery!* = to stop someone from behaving foolishly होश में लाना, नासमझी करने से रोकना **in one's right senses** (always plural) *Nobody in their right senses would want to see a film with so much violence.* = in a normal state of mind (केवल बहुवचन में प्रयुक्त) समझदार, दुरुस्त, होशोहवास वाला **to talk sense** *You are asking me to climb that tree! Will you talk sense?* = to not say something foolish or impossible समझदारी की बात करना **in a sense** *It is not fair, in a sense, to expect the government to solve every problem.* = if understood or thought about in a particular way एक मायने में **to make sense** *This letter doesn't make sense; the writer seems to have used words which don't exist in the language.* = to be easily understood अर्थपूर्ण होना, समझ में आना

sen•si•bil•i•ty /sensə'bɪlɪti/ /सेन्स'बिलिटी/ noun, u. *They cannot understand art or music. They have no sensibility.* = the ability to understand art, music, poetry etc. समझ, कद्र, संवेदनशीलता

sen•si•ble /'sensəbəl/ /'सेन्सब्ल्/ adj. **1** *As we were all thirsty, he suggested that we should stop and have something to drink. I thought it was a very sensible suggestion.* = based on good judgement and understanding of practical matters तर्क और अनुभव पर आधारित निर्णय करने में समर्थ, समझदार **2** *We were asked to wear sensible footwear while hiking.* = practical and suitable rather than fashionable उपयुक्त, सुविधाजनक

sen•si•tive /'sensɪtɪv/ /'सेन्सिटिव्/ adj. **1** *Her skin is very sensitive. It is easily burnt by the sun.* = easily influenced, changed or damaged by something संवेदनशील **2** *She is so sensitive that she may start crying if you shout at her.* = having feelings that are easily hurt or upset भावुक **3** *Madhuri Dixit has given a very sensitive performance in this film.* = showing delicate feelings भावपूर्ण **4** *You should be sensitive to the suffering of others.* = able to understand the feelings of others संवेदनशील **5** *Don't tell anyone about the minister's illness. This is a sensitive matter.* = delicate; requiring careful handling नाज़ुक, संवेदनशील **6** *This is a very sensitive thermometer. It can show even a slight change in the temperature.* = able to measure things exactly (referring to instruments) संवेदी (यंत्र) **sensitivity** /sensɪ'tɪvɪti/ /सेॅन्सि'टिविटी/ noun, u. = the quality of being sensitive भावुकता, संवेदनशीलता

sen•sor /'sensəʳ/ /'सेन्सर्/ noun, c. *a heat sensor* = a device (part of a machine) that can show the presence of something such as heat etc. दर्शाने वाला यंत्र **sensory** adj. *sensory perception* = having to do with the five senses (sight, smell, taste, hearing, touch) संवेदी, संवेदिक, ज्ञानेंद्रिक

sen•su•al /'senʃuəl/ /'सेन्शुअल्/ adj. *sensual enjoyment* = having to do with physical or bodily, specially sexual pleasure ऐंद्रिय, विषय-संबंधी (काम-संबंधी)

sen•su•ous /'senʃuəs/ /'सेन्शुअस्/ adj. *I loved the sensuous touch of soft silk in my hands.* = giving pleasure to the senses (sight, taste, smell etc.) ज्ञानेंद्रिय के लिए सुखद

sen•tence[1] /'sentəns/ /'सेन्टन्स्/ noun, c. **1** *'He went home last night' is a sentence.* = a group of words that contains a finite verb and a subject [GRAMMAR] वाक्य [व्याकरण] **2** *The judge passed sentence on the accused.* = an order given by a judge in court, declaring someone to be guilty of some crime and fixing the punishment to be given to him/her दंडादेश, सज़ा, फैसला

sentence[2] verb, t. *The judge sentenced the accused to five years' imprisonment.* = to pass a sentence in court, declaring someone to be guilty and fixing the punishment to be given दंडादेश देना

sen•tient /'senʃənt/ /'सेन्शन्ट्/ adj. *J.C. Bose, the famous scientist, showed that plants are sentient creatures and can feel pain as well as pleasure.* = living and able to feel pain, pleasure etc. (formal) संवेदी, सचेतन (औपचारिक)

sen•ti•ment /'sentɪmənt/ /'सेन्टिमन्ट्/ noun, c. or u. **1** *Hindi films are full of sentiment. Several films have been made about the love between a mother and her sons.*(u.) = gentle feelings of sadness, caring, attachment etc. which are often thought to be unsuitable for the practical world (sometimes derogatory) भावुकता, भाव-प्रवणता (कभी-कभी अनादरपूर्ण) **2** *The sentiments expressed by every speaker were the same: that the country should not go to war.*(c.) = idea or feeling expressed in words विचार, भाव **sentimental** /sentɪ'məntəl/ /सेन्टि'मन्टल्/ adj. *This camera has sentimental value for me because it was given to me by a favourite uncle.* = based more on feelings than on practical judgement (see **sentiment**, meaning **1**) भावात्मक (देखें sentiment, meaning 1)

sen•ti•nel /'sentɪnəl/ /'सेन्टिनल्/ noun, c. *The Himalayas have always been India's sentinel against enemy attack.* = a guard (literary, old-fashioned) संतरी, प्रहरी (साहित्यिक, पुराने प्रचलन का)

sen•try /'sentri/ /'सेन्ट्री/ noun, c. (**sentries**) = a guard, soldier or policeman संतरी, प्रहरी, रक्षक

se•pal /'sepəl/ /'सेपल्/ noun, c. = one of the small green leaves surrounding the coloured petals of a flower (see pic under **flower**) [BIOLOGY] फूल की पंखुड़ियों के बाहर की हरी पत्तियाँ (**flower** के अंतर्गत चित्र देखें) [जीव विज्ञान]

sep•a•rate[1] /'sepəreɪt/ /'सेपरेइट्/ verb, t. or i. **1** *There is a fence separating the two plots of land.*(t.) = to keep unconnected or apart अलग/पृथक कर देना **2** *The mother was separated from her children while they were moving through the crowd.*(i.) = to move apart or away from each other (से) अलग होना **3** *Let's separate the graduates from the under-graduates.* = to cause two or more people, groups or objects to move away from each other दो या दो से अधिक व्यक्तियों या वस्तुओं को अलग करना **4** *Mr Verma and his wife have separated.*(i.) = to live apart from each other while still married because of differences मतभेद के कारण अलग हो जाना

separate[2] /'sepərɪt/ /'सेपरिट्/ adj. **1** *The two brothers live in separate houses now, although they grew up in the same house.* = different भिन्न **2** *The boys stayed in a separate hostel.* = not connected अलग, पृथक **separable** adj. *A country's economic progress is not separable from its political freedom.* = which can be separated from something else (opposite **inseparable**) जिसे अलग करना संभव हो (विलोम शब्द **inseparable**) **separation** / sepə'reɪʃən/ /सेप'रेइशन्/ noun, u. **1** *My brother moved into a new house last year, although we had grown up in the same house. The separation was painful.* = the act of separating or moving apart अलग होने की क्रिया, अलगाव **2** *My son has returned after spending five years in America. The long separation has made us more fond of each other than before.* = the time of living apart अलगाव, दूरी **separatist** / 'seprətɪst/ /'सेप्रटिस्ट्/ noun *The separatists want to break away from the country and form an independent state.* = someone who wants to break away from a state, a political union or a religious group अलगाववादी

se•pi•a /'si:piə/ /'सीपिअ/ noun = a yellowish brown colour, found in old photographs 'सीपिआ', पीलापन लिए भूरा रंग

sep•sis /'sepsɪs/ /'सेप्सिस्/ noun = the poisoning of a wound in some part of the body, caused by harmful bacteria घाव में विष फैलना **septic** adj. *The wound in his leg has turned septic.* = infected by bacteria विषाक्त, कीटाणुओं से संक्रामित, पूतित, सेप्टिक **septic tank** noun = a large tank or container, fixed below the ground, in which waste from lavatories is collected and turned into harmless matter by the action of bacteria 'सेप्टिक टैंक'

Sep•tem•ber /sep'tembəʳ/ /सेप्'टेम्बʳ/ noun = the ninth month of the year, between August and October सितंबर माह

sep•tu•a•gen•a•ri•an /septʃuədʒɪ'neəriən/ /सेप्चुअजि'नेअरिअन्/ noun, c. = a person who is between the ages of 70 and 79. 70 से 79 वर्ष के बीच की आयु वाला

sep•ul•chre /'sepəlkəʳ/ /'सेपलकʳ/ noun, c. = a tomb or underground room in which dead bodies are kept (literary, old-fashioned) कब्र, समाधि, मकबरा (साहित्यिक, पुराने प्रचलन का)

se•quel /'si:kwəl/ /'सीक्वल/ noun, c. **1** *A new film called 'Sholay II' has been made as a sequel to the famous Hindi film 'Sholay'.* = a film or book which continues the story of an earlier film or book (opposite **prequel**) उत्तरकथा, किसी अन्य कथा के अनुक्रम में (विलोम शब्द **prequel**) **2** *The Prime Minister has decided to visit Britain, as a sequel to his visit to the USA* = some action which follows another action and is often its result किसी घटना की अगली स्थिति या उसका परिणाम, उत्तर प्रभाव

se•quence /'si:kwəns/ /'सीक्वन्स्/ noun, c. or u. **1** *India became independent in 1947 but became a republic only in 1950. Let us get the sequence right.* = the order in which a group of events or objects are arranged, one following the other अनुक्रम, कथाक्रम **2** *The crowd sequence had to be re-shot.* = a part of a film showing a single episode/event दृश्य **sequential** /sɪ'kwənʃəl/ /सि'क्वन्शल्/ adj. *sequential events* = forming a sequence आनुक्रमिक, क्रमिक

se•ren•di•pi•ty /serən'dɪpɪti/ /सेरन्'डिपिटी/ noun, u. *The old man stumbled into a ditch by the roadside and found he had discovered a gold-mine! What a wonderful case of serendipity!* = the making of a valuable or interesting discovery purely by accident (often humorous) अकस्मात खोज या प्राप्ति (प्रायः हास्यपरक)

S

se•rene /sɪ'ri:n/ /सि'रीन्/ adj. *You will admire the serene beauty of the mountains near Darjeeling.* = (of natural beauty, music etc.) clear, quiet and calm in a way which is pleasing स्वच्छ, शांत व प्रिय **serenity** /sɪ'renəti/ /सिरेन्टी/ noun, u. *The serenity of the prayer hall helps us to concentrate.* = quiet, peace, calmness शांति, स्वच्छता, शांत वातावरण

serf /'sɜ:f/ /'सऽफ़्/ noun, c. = a person working as a labourer on a farm belonging to a rich land-owner, in former times in Europe खेतिहर मज़दूर या दास

serge /'sɜ:dʒ/ /'सऽज्/ noun = a kind of woollen cloth used for making warm clothing 'सर्ज', एक प्रकार का ऊनी वस्त्र

ser•geant /'sɑ:dʒənt/ /'साऽर्जन्ट्/ noun = an army or police officer of low rank 'सारजेंट', सेना अथवा पुलिस का एक पद

se•ri•al[1] /'sɪəriəl/ /'सिअरिअल्/ noun, c.*a television serial* = a play in many parts, presented on radio or television, in which the story continues from one episode or series of events to the next धारावाहिक नाटक, 'टी.वी. सीरियल'

serial[2] adj. *seats placed in serial order* = arranged in a series (one after the other) क्रम से **serialize (serialise)** verb, t. *This novel will be serialized into a television programme.* = to make a radio or television serial out of a book धारावाहिक नाटक बनाना

se•ries /'sɪəri:z/ /'सिअरीज़्/ noun (singular as well as plural) **1** *The Indian and Australian teams will play a series of one-day matches.* = a set of objects of the same kind which are arranged in order, one after the other शृंखला **2** *The cultural organization arranged for a series of lectures on art and music.* = a set of programmes which are part of a theme or topic शृंखला **in series** *Light bulbs in parallel require more electrical current than those connected in series.* = an electrical arrangement in which a number of batteries or capacitors are connected so that a current flows in turn through each one [TECHNICAL] श्रेणीबद्ध, एक पंक्ति में [तकनीकी]

se•ri•ous /'sɪəriəs/ /'सिअरिअस्/ adj. **1** *The patient's condition is serious. His lungs have become infected.* = causing worry or anxiety चिंताजनक, गंभीर **2** *Why do you look so serious? Is something wrong?* = worried गंभीर, चिंतित **3** *This is a serious film.You won't find any humour in it.* = not meant to be funny; requiring intellectual effort संजीदा, गंभीर **4** *We had a serious discussion about the war.* = thoughtful (requiring a lot of thinking) विचारशील, गंभीर **5** *I have a serious interest in architecture.* = an activity on which one is willing to spend time in reading, practising etc. गहरा **seriousness** noun *I want you to understand the seriousness of the water problem. Soon we will have to buy every drop.* = the extent to which something causes one to feel anxious and to take action based on this गंभीरता

in all seriousness *In all seriousness, I think you are wasting your money on this course.* = frankly, honestly सत्य को स्पष्ट कहना 'मज़ाक नहीं'

> **Usage** When we want to say someone is very ill, we say, 'He/She is in a serious condition' not 'He/She is serious'. जब हम यह कहना चाहते हैं कि किसी की तबीयत ज़्यादा खराब है, तो सही होगा यह कहना कि 'He/She is in a serious condition' न कि 'He/She is serious'.

ser•mon /'sɜ:mən/ /'सऽमन्/ noun, c. **1** = a religious or moral talk, usually given in a church and based on a verse taken from the Bible प्रवचन, धर्मोपदेश **2** *Don't start sermonizing just because I didn't come home for lunch. I don't want to listen to any more of your sermons.* = a talk given, especially to advise (not respectful) उपदेश देना (आदरपूर्ण नहीं) **sermonize (sermonise)** verb, i. *Look, I know I should be more serious about my studies. Now don't start sermonizing!* = to talk seriously to someone, usually offering advice, in a way that is often found boring (disapproving) गंभीर परामर्श देना, उपदेश देना (अस्वीकृत)

ser•pent /'sɜ:pənt/ /'सऽपन्ट्/ noun, c. **1** = a large snake (formal and old fashioned; literary) भुजंग, सर्प (औपचारिक, पुराने प्रचलन का; साहित्यिक) **2** = a wicked person who cannot be trusted (figurative) धूर्त, धोखेबाज़ (लाक्षणिक) **serpentine** adj. *a serpentine road, winding up the mountain* = turning and twisting from side to side, like a moving snake सर्पाकार, सर्पिल

ser•rat•ed /sɪ'reɪtɪd/ /सि'रेइटिड्/ adj. *a knife with a serrated edge, used for cutting bread into slices* = having a row of small teeth with a saw-like edge दाँतेदार (छुरी)

se•rum /'sɪərəm/ /'सिअरम्/ noun, u. or c. **1** *Anti-rabies serum should be given at once if a person has been bitten by a dog.* = a liquid used to prevent some disease, prepared from the blood of an animal into which the germs of the disease have been introduced earlier 'सीरम', रोगप्रतिरोधक दवा **2** = the thin, watery substance present in blood which separates when blood clots सीरम, रक्त में विद्यमान जलीय तत्त्व

ser•vant /'sɜ:vənt/ /'सऽवन्ट्/ noun, c. *a loyal government servant* = a person who works regularly for someone on a salary (pay) वेतनभोगी सेवक, नौकर, कर्मचारी

serve /'sɜ:v/ /'सऽव्/ verb, t. or i. **1** *He has served the government for 35 years and is going to retire soon.*(t.) = to work for someone सेवा करना **2** *This railway serves the people living along the east coast.* = to provide with something useful सेवा करना **3** *Who is going to serve food to the guests?* = distribute परोसना **4** *The criminal will serve a five-year sentence in jail.* = to pass a period of time in jail भुगतना, काटना **5** *Now Venus Williams is going to serve to Serena.*

= to begin play by hitting the ball to the opponent in a game such as tennis, badminton or volleyball खेल के संबंध में प्रयुक्त, 'सर्व करना' यानी खेल शुरू करना **6** *This atlas will serve until I can find a more detailed one.* = to be sufficient for a given purpose पर्याप्त होना, काम देना

serve up *My father served up a very tasty meal at short notice.* = to make and serve food efficiently (informal) बनाना और परोसना (अनौपचारिक) **Serves you right!** *So you have lost your keys and can't get into the house. Serves you right! Why are you so careless?* = a harsh way of telling someone they get what they deserve उपयुक्त दंड मिलना

serv•er /'sɜːvəʳ/ /'सऽवर्/ noun, c. **1** = a computer which controls other computers in a network, or one which has a special function (e.g. a file-server) [COMPUTERS] 'सर्वर' (कंप्यूटर) **2** = the player who is serving (in the game of tennis, badminton or volleyball) 'सर्व' करनेवाला खिलाड़ी

ser•vice[1] /'sɜːvɪs/ /'सऽविस्/ noun, u. or c. **1** *He has been in government service for many years.*(u.)= work done regularly for someone नौकरी **2** *The post office offers a number of services to the public.*(c.)= work done to meet a particular need सेवाएँ **3** *The service in this restaurant is poor.*(u.) = attention given to customers in a shop, hotel etc. परिचर्या, ग्राहक पर ध्यान **4** *I have to send my car for service.* = work done to keep a machine in good condition सफ़ाई-धुलाई **5** *Navratilova has a powerful service.* = the act of serving (hitting the ball to an opponent) in the game of tennis, badminton or volleyball 'सर्विस' टेनिस, बैडमिंटन और वॉलीबॉल के खेल में

service[2] verb, t. *This mechanic will service my car.* = to work on a machine in order to keep it in good condition सफ़ाई-धुलाई करना **serviceable** adj. *This old car is still serviceable. Don't sell it away.* = good enough to be used .टिकाऊ, काम में आने योग्य **service charge** noun *Many restaurants include a service charge in the bill.* = a percentage of the bill added on as a tip सेवा-प्रभार **service station** noun, c. = a workshop where cars are serviced or a petrol-filling station or a garage that sells fuel for vehicles ऐसी कार्यशाला जहाँ गाड़ियों की सफाई-धुलाई होती है या पेट्रोल पंप जहाँ गाड़ियों में डाला जाता है, सर्विस स्टेशन

at your service *Don't hesitate to call me if you need help. I am always at your service.* = ready to help (formal but often humorous) सेवा में (औपचारिक, प्राय: हास्यपरक) **on active service** = engaged in fighting a war युद्धरत **out of service** *This lift (elevator) is often out of service.* = not working काम नहीं करना, खराब होना

er•vi•ette /sɜːvi'et/ /सऽवि'एँट्/ noun, c. = a table-napkin (a piece of cloth placed over the thighs while eating at a table, so as to prevent food from accidentally falling on one's clothes and making them dirty) 'टेबुल नैपकिन'

ser•vile /'sɜːvaɪl/ /'सऽवाइल्/ adj. *Why do you speak in such a servile tone when you talk to your seniors on the phone?* = showing too much humility, like a slave (derogatory) जीहुज़ूरी, चापलूस (अनादरपूर्ण)

ser•ving /'sɜːvɪŋ/ /'सऽविङ्/ noun, c. *Please give me just a small serving of rice.* = an amount of food which is offered to one person परोसे जाने वाले खाद्य पदार्थ की एक मात्रा

se•sa•me /'sesəmɪ/ /'सेसमी/ noun = a kind of plant which produces small white seeds, from which sesame oil is made तिल

ses•sion /'seʃən/ /'सेशन्/ noun, c. **1** *The winter session of the parliament begins on the sixth of December.* = a meeting or series of meetings of an official body, such as the parliament अधिवेशन, सत्र **2** *a question-and-answer session* = a period of time given to a particular kind of activity सत्र

set[1] /'set/ /'सेट/ verb, t. or i. **(set)** **1** *He set the suitcase down on the floor.*(t.) = to put something in a particular place or position रखना **2** *The story of this film is set in Manipur.*(t.) = to fix the time and place of a story (कहानी के संदर्भ में) देश-काल निर्धारित करना **3** *His question set me thinking.*(t.) = to cause some activity to start प्रेरित अथवा मज़बूर करना **4** *I have set the alarm on the clock to ring at 4.30 in the morning.*(t.) = to make something ready for use (अलार्म) लगाना **5** *The date for the examination has not been set.*(i.) = to fix or establish a rule, time etc. निश्चित करना **6** *The gold ring was set with diamonds and rubies.*(i.) = to fix a precious stone in a piece of jewellery (नगीना) जड़ना **7** *He has broken his arm. It will take three months for the bones to set.*(i.) = to heal or join together (referring to a broken bone) (टूटी हड्डी का) अपने स्थान पर लगना, जुड़ना **8** *The cement is still wet. It will set in three hours.*(i.) = to become hard (referring to soft cement) जम जाना **9** *I have been asked to set the questions for the examination.*(t.) = to decide on a task to be given to somebody तैयार करना, बनाना **10** *The sun sets very early in winter.*(i.) = to disappear from the sky (referring to the sun, moon or stars) अस्त होना

set[2] adj. **1** *I have no set time for meals. I eat whenever I feel hungry.* = fixed निश्चित **2** *We are all set for the trek. The preparations are complete.* = ready तैयार **3** *'The Tempest' is a set text for the B.A. degree course.* = a textbook that has to be used by everyone doing a course of study (पाठ्यपुस्तक) निर्धारित

set[3] noun, c. **1** *I have bought a set of tools for the car.* = a group of connected things which form a whole (औज़ार) 'सेट' **2** *a television set* = an instrument which receives television or radio signals or telephone messages टेलिविज़न 'सेट' **3** *This colourful set has been made for the new film.* = the scenery, buildings, furniture etc. made to show the place where the story of a film or play is

S

supposed to take place दृश्य/मंच-सज्जा **4** *Pete Sampras has won the first set in this match.* = a part of a match, in tennis, made up of at least six games (खेल) 'सेट' **5** *The set of his jaws showed that he had made up his mind and would not listen to me.* = the position of some part of the body आकृति, स्थिति **setback** noun, c. *Our transport business has suffered a setback. One of our trucks has met with an accident.* = an event or accident that causes some loss हानिकारक घटना या दुर्घटना **set square** noun, c. = a piece of plastic or metal in the shape of a triangle, having one angle of 90 degrees, used by students of geometry to make measurements 'सेट स्क्वायर' ज्यामिति के छात्रों द्वारा प्रयुक्त वस्तु **set theory** noun = a branch of mathematics that deals with sets of numbers etc. [MATHEMATICS] गणित की एक शाखा **set-up** noun *There is a new set-up in the office. We have a new manager and a new secretary.* = an arrangement for doing some work व्यवस्था, ढाँचा

to set about *After the party was over we set about cleaning up the mess.* = to start doing something शुरू करना, प्रारंभ करना **to set against** *Such a decision may set the people against the authorities.* = to make someone oppose a person के विरुद्ध करना **to set apart** *Her quick ways set her apart from the others in the class.* = to bring out the difference between two people (approving) (दो शख़्सों में उनकी कुशलताओं के आधार पर) अंतर करना (स्वीकृत) **set aside** **1** *Let's set aside these books. We may find use for them later.* = to put away for a while एक ओर कर देना, कुछ समय के लिए छोड़ देना **2** *Our savings make us set aside some money for use in our old age.* = to keep for a special purpose बचा रखना, (विशिष्ट प्रयोजन से) अलग रखना **to set somebody back** *The expense on the surgery set him back quite a bit.* = to have to spend a lot of money on something बेशी खर्च पड़ जाना **set down** *If you want to write an article, first set down your ideas on paper.* = to note in writing लिपिबद्ध करना, विचारबद्ध करना **to set forth** *The voyagers set forth on the first Sunday in December.* = to start on a journey or a voyage (old-fashioned) प्रस्थान करना (पुराने प्रचलन का) **to set in** *If the children don't work to a set time-table, confusion will set in. // We have to stock our supplies before the winter sets in.* = to start, become established आरंभ करना, जुट जाना और जम जाना **to set off** **1** *We set off early in the morning.* = to start on a journey यात्रा आरंभ करना **2** *A remote-controlled device set off the alarm.* = to cause चालू करना **to set out** *His arguments in the essay are clearly set out.* = to present or arrange/explain प्रस्तुत अथवा वर्णित करना **to set up** **1** *The highway authorities have set up road-blocks because some repair is going on.* = to put in place खड़ा करना, प्रतिष्ठित करना, लगाना **2** *We set up the stage in readiness for the play.* = to make ready for use तैयार करना **3** *The authorities have set up a committee to go into the new system of examinations.* = to establish बनाना **to set someone/something free** *The bird was in a cage and I set it free.* = to give a person or an animal its freedom मुक्त करना **to set a table** = to make a dining table ready for a meal by arranging plates etc. on it भोजन के लिए खाने की मेज़ सजाना **to set a record** = to create a new standard in a race or competitive event e.g. swimming रिकार्ड बनाना **to set something (things) right** *This whole matter is in such a mess. We need your help in setting it right.* = to bring order to a situation or to solve problems व्यवस्थित करना, समस्या को दूर करना **to set an example** *You shouldn't behave so badly; in fact you should set an example for others.* = to act in such a way that others can follow your example उदाहरण प्रस्तुत करना **to set great store by something** *In my family, we set great store by punctuality.* = to have great respect for a quality, behaviour etc. आचरण का सम्मान करना **to be set in one's opinions/ways** = to have opinions/habits which are firm and difficult to change (often disapproving) दुराग्रही (प्राय: अस्वीकृत) **to set one's heart on something** *She set her heart on going to an art school.* = to want something very much and be determined to get it तीव्र इच्छा व दृढ़ निश्चय कर लेना

set•ting /'setɪŋ/ /'सेटिङ्/ noun, c. **1** *The university is located in a beautiful setting, surrounded by a ring of mountains.* = the natural scenery (trees, mountains etc.) found in or near a place वातावरण **2** *The setting for this film is a small village in Kashmir.* = the background (time and place) for the story of a film परिवेश, (फ़िल्म की) पृष्ठभूमि **3** *The diamond in my ring has come out of its setting.* = the piece of metal (usually gold or silver) in which a precious stone is fixed (नगीना) जड़ाव **4** *The air-conditioner will switch itself off after four hours as the timer setting is on 4.* = the position at which the controlling switches of a machine are set किसी मशीन की नियंत्रक स्विचें जिस संकेत-चिह्न पर सेट की हुई हों, वह स्थान

set•tee /se'ti:/ /से'टी/ noun, c. = a sofa (a long, comfortable chair on which more than one person can sit) काऊच, सोफ़ा

set•tle /'setl/ /'सेट्ल्/ verb, i. or t. **1** *When the Parsis first came to India from Persia, they settled in Gujarat.* (i.) = to start living in a place बसना **2** *The bird flew down and settled on the branch of a tree.*(i.) = to come to rest in some place बैठ जाना या ठहर जाना **3** *The walls of the building are showing cracks because the earth is settling.*(i.) = to sink to a lower level बैठना, धँसना **4** *We have to settle a date for our meeting.*(t.) = to decide or fix निश्चित करना **5** *The two neighbours had been quarrelling for years, but now they have settled their dispute.* = to end a quarrel and reach an agreement समझौता करना समाधान निकालना **settlement** noun, c. or u. **1** *a refugee settlement* = an area into which people have moved from some other place and where they are living आवास, बस्ती उपनिवेश **2** *We have decided to end our dispute and reach* *a settlement.* = an agreement or understanding समझौता **settler** noun, c. *The first settlers in America faced many problems.* = one who settles in a new place, country etc. उपनिवेशी, अधिवासी

to settle down = to make oneself comfortable or to become used to a new place or job व्यवस्थित होना **to settle for something** *He wanted to become a film star, but he finally had to settle for the job of a film star's secretary.* = to accept or agree to something which is not as good as something else that one expected स्वीकार कर लेना, स्थिति से समझौता कर लेना **to settle on someone or something** *We took a long time to decide on whether we would live in Kolkata or Siliguri. In the end, we settled on Kolkata.* = to choose someone or something सहमत होना

sev•en /'sevən/ /'सेव्न्/ noun = the number shown by the sign **7** or **vii**, which comes between 6 and 8 सात

seventh heaven *Don't disturb him now. He is in seventh heaven when he is watching a cricket match on television.* = the highest state of happiness (informal, humorous) सातवें आसमान पर, अत्यंत प्रसन्न होना (अनौपचारिक, हास्यपरक)

sev•en•teen /sevən'ti:n/ /सेव्न्'टीन्/ noun = the number represented by 17 (10+7) सत्रह

sev•en•ty /'sevənti/ /'सेव्न्टी/ noun = the number represented by 70 (10x7) सत्तर

sev•er /'sevəʳ/ /'सेवॅ/ verb, t. **1** *My father decided to sever all connections with his village after he moved to the city.* = to cut off (a relationship) completely (formal) तोड़ देना (औपचारिक) **2** *One of my fingers got severed accidentally when I was working on a machine.* = to be cut off completely and separated from something कट जाना

sev•e•ral[1] /'sevərəl/ /'सेव्रल्/ det. *I have several friends living in America.* = more than a few in number अनेक, कई

several[2] pron. *He has no friends in America but I have several.* = quite a few कई

se•vere /sɪ'vɪəʳ/ /'सिविअॅ/ adj. **1** *The injuries he received in the accident were quite severe.* गंभीर, गहरा *The winter has been severe this year.* = causing great harm, pain or discomfort बहुत ज्यादा, भीषण **2** *My teacher was severe with me as I had not prepared for the test.* = strict and harsh in dealing with someone कठोर **severely** adv. *This district has been severely affected by viral fever.* = badly बुरी तरह **severity** /sə'verɪti/ /सॅवेरिटी/ noun, u. **severities** (always plural) *The children were afraid of the new tutor because of her severity.* = strictness, harshness कठोरता, सख्ती

sew /səʊ/ /सउ/ verb, i. or t. (**sewed, sewn**) *The boys are learning to sew.*(i.) // *The woman is sewing clothes for her baby.*(t.) = to join pieces of cloth together, using a needle and thread or a sewing machine सिलाई करना, सीना

to sew on *Please sew on this button for me.* = to fix by using a needle and thread टाँकना, लगाना **to sew up** *The doctor had to sew up the wound.* = to bring torn parts of skin together by sewing them टाँके लगाना (चिकित्सा के संदर्भ में)

sew•ing /'səʊɪŋ/ /'सउइङ्/ noun, u. *The woman carried her sewing in a basket.* = the material (cloth, thread etc.) used to sew something सिलाई **sewing machine** noun, c. = a machine used for sewing clothes, generally used by tailors सिलाई मशीन

sew•age /'sju:ɪdʒ/ /'स्यूइज्/ noun, u. = waste matter, including body wastes, together with water, which is carried away from houses in sewers (drains) मल आदि गंदगी **sewer** /'sju:əʳ/ /'स्यूअॅ/ noun, c. = large pipes or drains, generally laid underground, which carry sewage (waste matter) मल आदि गंदगी ले जाने वाले पाइप

sewing, sewing machine see under **sew** (sew के अंतर्गत देखें)

sex /seks/ /'सेक्स्/ noun, u. or c. **1** (u.) = the act of sexual intercourse (see below) संभोग (नीचे देखें) **2** *Many of our films seem to be concerned only with sex.*(u.) = physical attraction between two people, which may lead to the act of sex कामुकता **3** *The application form requires you to state your sex.*(u.) = the fact of being either male or female (also **gender**) लिंग (देखें **gender**) **4** *separation of the sexes*(c.) = the two groups (male or female) into which humans and most animals can be divided लिंग-भेद **sex appeal** noun = the power of attracting someone belonging to the opposite sex, in a physical way यौनाकर्षण **sexism** noun = the belief that women and girls are inferior to men and boys, which may lead to unfair treatment of women and girls लिंगवाद (महिलाओं को पुरुषों की तुलना में नीचा समझना) **sexist** noun, c. = a person who believes that women are inferior to men लिंगवादी **sexist** adj. *sexist attitude* = a way of thinking which is based on sexism लिंग पर आधृत सोच **sex organ** noun, c. = some part of the body which is connected with the production of children or with sexual intercourse (see below) जननेन्द्रिय **sexual** adj. = connected with sex यौन, लैंगिक **sexual intercourse** noun, u. = the act of physical union between two persons in which their sex organs are brought together (formal) मैथुन, संभोग (औपचारिक) **sexy** adj. **1** *a sexy scene in a film* = sexually exciting (informal) कामुक, कामोत्तेजक (अनौपचारिक) **2** *a sexy idea* = very clever (slang) उत्तेजक, बहुत होशियार (अपभाषा)

sex•tant /'sekstənt/ /सेक्स्टन्ट्/ noun = an instrument used to calculate the position of a ship at sea by measuring the angles between stars जलयान में प्रयुक्त एक यंत्र-'सेकस्टन्ट्', षष्ठक

sex•tu•plet /sek'stju:plɪt/ /सेक्'स्ट्यूप्लिट्/ noun, c. = one of six children born to a woman at the same time एक साथ जन्मे छह बच्चों में से एक

S

shab•by /ˈʃæbi/ /'शैबी/ adj. **1** *They keep their house in a shabby condition. They should clean it at least once a week.* = having an appearance of neglect, lack of care खराब, अस्त-व्यस्त, गंदा **2** *The candidate was shabbily treated by the interviewing panel. They should have been more fair to him.* = unkind or unfair अनुचित ढंग से, बुरी तरह **3** *You have so many clean clothes, why are you wearing these shabby ones?* = crumpled, old-looking (usually said of clothes) फटे-पुराने (वस्त्रों के संदर्भ में)

shack /ʃæk/ /'शैक्/ noun, c. = a small hut or house made of zinc sheets, cardboard, plastic sheets etc. कुटी, झोंपड़ी

shack•le[1] /ˈʃækəl/ /'शैक्ल्/ noun, c. **1** *The prisoner was chained with a shackle.* = a heavy metal chain used to tie up a person so that he/she is unable to move लोहे की ज़ंजीर **2** *We want our people to throw off their shackles and make themselves free.* = (usually plural) anything that checks the freedom of a person, specially freedom of the mind (figurative) (सामान्यत: बहुवचन में प्रयुक्त) बंधन (लाक्षणिक)

shackle[2] verb, t. *The government has passed a new law to shackle the freedom of the press.* = to check the freedom of a person or organization रोक लगाना

shade[1] /ʃeɪd/ /शेइड्/ noun, u. or c. **1** *These plants grow better in the shade than in direct sunlight.*(u.) = a place where there is not too much sunlight छाँह **2** *Please get a new shade for the lamp.* = something that blocks light (stops too much light from passing through) शेड, अधिक रोशनी को रोकने के लिए प्रयुक्त आवरण **3** *I want a sari in a lighter shade of green.*(c.) = a difference in the brightness of a colour रंग का अंतर **4** *The word 'nice' carries many shades of meaning.* = a slight difference in meaning सूक्ष्म भेद **5** *He uses black magic to communicate with shades.* = the spirit of a dead person (literary) प्रेतात्मा (साहित्यिक)

shade[2] verb, t. **1** *She shaded her eyes with her hand.* = to protect something from too much light तेज़ रोशनी से बचाव करना **2** *The artist used a soft pencil to shade the face of the man in the picture.* = to show the effect of shadow in a picture चित्र में छाया का आभास देना

put somebody/something in the shade *His painting was so good that it put all the other paintings in the exhibition in the shade.* = to do or to be much better than the others (informal) श्रेष्ठ सिद्ध होना, पीछे छोड़ देना (अनौपचारिक)

shad•ow[1] /ˈʃædəʊ/ /'शैडउ/ noun, c. or u. **1** *The trees cast their shadows on the grass.* = a dark area or a dark shape caused by the blocking of light by some object छाया **2** *There were dark shadows under his eyes.* = a dark area on the skin कालापन **3** *That little boy is his father's shadow. He follows him everywhere.* = a person who follows some other person very closely परछाईं

shadow[2] verb, t. *He has hired a private detective to shadow the suspect.* = to follow and watch someone closely पीछा करना **shadowy** adj. **1** *The shadowy garden was a perfect place for a picnic.* = full of shadows छायादार **2** *a shadowy person* = someone about whom not much is known ऐसा व्यक्ति जिसके संबंध में अधिक जानकारी न हो, अनजान

to chase shadows *You have to stop chasing shadows and start working.* = to have impossible ambitions मरीचिका के पीछे भागना **without a shadow of doubt** *With all the proof available there is not a shadow of doubt that he is the guilty person.* = without any doubt नि:संदेह, जिसमें शंका की गुंजाइश नहीं

shady /ˈʃeɪdi/ /'शेइडी/ adj. **1** *a shady place* = not receiving too much sunlight छायादार **2** *a shady character* = a person with a bad moral reputation (derogatory, informal) नीच, चरित्रहीन (अनादरपूर्ण, अनौपचारिक)

shaft /ʃɑːft/ /शाफ़्ट्/ noun, c. **1** *the shaft of a spear* = the long, thin handle, usually made of wood, to which the head (sharp end) of a spear or arrow is fixed भाले का हत्था, डंडा **2** *the drive shaft of a motor car* = a long piece of metal which connects the engine of a car to the wheels and causes them to turn मोटरकार का शाफ़्ट (धातु का डंडा) जो इंजन का पहियों से संबंध जोड़ता है **3** *the shaft of a coal mine* = a long underground passage in a mine, along which people move up or down कूपक, खदान में ऊपर-नीचे आने का रास्ता

shag•gy /ˈʃægi/ /'शैगी/ adj. *The dog has a shaggy coat.* = covered with long and thick hair रोएँदार, झबरा

Shah /ʃɑː/ /'शा/ noun = the title given to the ruler of some Muslim countries such as Iran (in former times) शाह यानी किसी मुस्लिम देश का राजा (प्राचीन समय में)

shake[1] /ʃeɪk/ /'शेइक्/ verb, t. or i. (**shook, shaken**) **1** *The wind shook the trees.*(t.) = to cause something to move from side to side हिलाना **2** *His hand shakes when he writes.*(i.) = to move very slightly from side to side हिलना **3** *The death of her father has shaken her badly.* = to trouble someone's mind or to upset someone विचलित कर देना **4** *My confidence was shaken when I lost the first game in the match.* = to become weak कमज़ोर पड़ जाना

shake[2] noun, c. **1** *She gave my hand a shake.* = The action of shaking (moving something quickly up and down or sideways) थरथराना, हिलना **2** *I will be with you in two shakes.* = a very short period of time (informal) फ़ौरन, तुरंत (अनौपचारिक) **shake-up** noun, c. *Several senior managers lost their jobs last month when there was a shake-up in the company.* = a re-arrangement in an organization which produces a big change पुनर्व्यवस्था, बड़ा परिवर्तन **shaky** adj. *My position in the company is shaky. I may be replaced soon.* = weak or uncertain कमज़ोर, अनिश्चित

shall /ʃəl/ or /ʃæl/ /शल्/ या /शैल/ aux. verb **1** *I shall visit my parents next week.* = showing that som action is to be performed in the future (generally used with 'I' or 'we') भविष्यत्काल–सूचक 'क्रिया' (व्याकरणिक शब्द) **2** *The traffic rule says that the driver of a car shall stop the car when the traffic signal is red.* = used, generally in official or legal writing, to show that something must be done (formal) अनिवार्य (औपचारिक)

shal•lot /ʃə'lɒt/ /श'लॉट्/ noun = a kind of small onion छोटा प्याज़

shal•low /'ʃæləʊ/ /'शैलउ/ adj. **1** *The river is shallow here: only three feet deep.* = not deep उथला, गहरा नहीं **2** *His writings on architecture are rather shallow. He should have spent more time studying the subject.* = not showing deep thinking or study सतही, हल्का

sham[1] /ʃæm/ /शैम्/ noun, u. **1** *That man is not really a doctor. His medical degree is a sham.* = something or someone that is not really what it/he/she appears or claims to be (derogatory) धोखा (अनादरपूर्ण) **2** *He claimed to be a doctor and deceived everyone through his sham.* = false show or pretence धोखा, पाखंड

sham[2] verb, i. or t. (**shammed**) *We are shamming illness so that we can miss school.* = to pretend to have an illness, feelings etc. which one does not have स्वाँग भरना

sham•bles /'ʃæmbəlz/ /'शैम्बल्ज़्/ noun (always plural) *The house is a shambles as no one looks after it now.* = a place which is in a state of disorder or confusion (केवल बहुवचन में प्रयुक्त) दयनीय स्थिति में, बुरी हालत में

shame[1] /ʃeɪm/ /शेइम्/ noun, u. **1** *I felt great shame when I was caught copying.* = the feeling of unhappiness or discomfort caused by the knowledge of having done something wrong or having failed to do something शर्म **2** *My family said I had brought shame on the family by becoming an actor.* = loss of honour अपमान, बेइज़्ज़ती **3** *It's a shame that you could not complete your studies.* = an unfortunate state of affairs; a pity शर्मनाक, दुर्भाग्यपूर्ण

shame[2] verb, t. **1** *You have shamed the family by not telling the truth.* = to cause loss of honour शर्मिंदगी दिलाना, अपमानित करना **2** *When a poor woman gave away her gold earrings to help the flood victims, many of us were shamed into donating money for this cause.* = to persuade someone to do something by causing a feeling of shame लज्जित होना **shamefaced** adj. *He looked shamefaced when I asked him why he had come late.* = showing shame because of something wrong that one has done लज्जित, शर्मिंदा **shameful** adj. *a shameful defeat in the match* = something that causes or should cause shame लज्जाजनक, शर्मनाक **shamefully** adv. शर्मनाक तरीके से **shameless** adj. *a shameless coward* = not showing the expected feeling of shame when one does something wrong निर्लज्ज, बेशर्म **shamelessly** adv. निर्लज्जता से

sham•poo[1] /ʃæm'puː/ /शैम'पू/ noun, u. or c. = a kind of liquid soap used to clean the hair शैम्पू

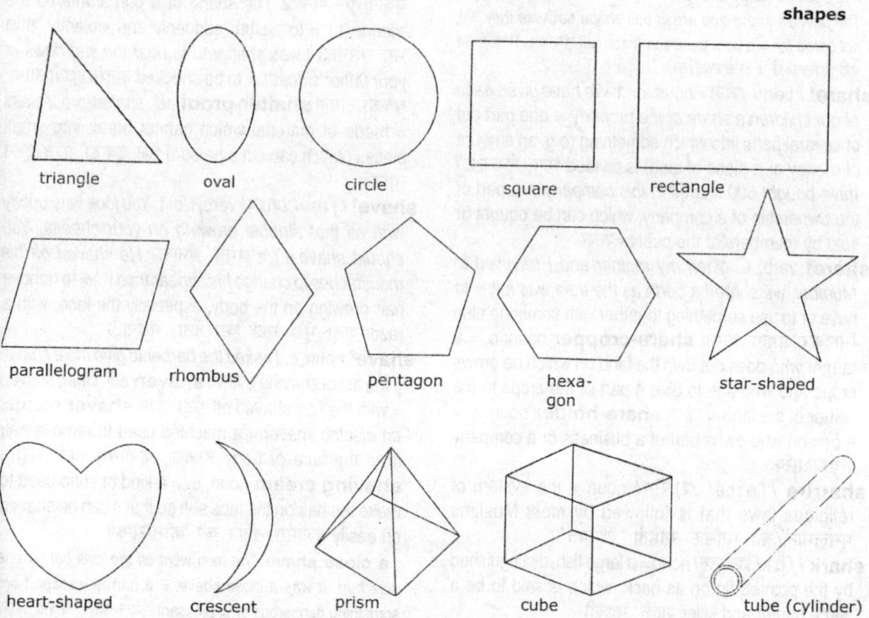

S

shampoo² verb, t. = to wash the hair with shampoo बाल धोना

shan•ty /ˈʃænti/ /ˈशैन्टी/ noun, c. (**shanties**) = a small, rough hut built with cheap materials झोंपड़ी, कुटिया **shanty town** noun, c. = an area where poor people live in huts made of cheap materials झोंपड़ियों की बस्ती, झोंपड़-पट्टी

shape¹ /ʃeɪp/ /शेइप्/ noun, u. or c. **1** *The dining table has a round shape.* = the outer form of something आकार **2** *the shape of the economy* = the nature or character of something प्रकार, प्रकृति **3** *We will not accept religious intolerance in any shape or form.* = (of any) sort or kind किसी रूप में

shape² verb, t. **1** *The potter shaped the soft clay into beautiful vases.* = to give a particular form or shape to something आकार देना **2** *His mind was shaped by the experiences he went through as a child.* = to have an influence on प्रभावित होना **shapely** adj. *shapely legs* = attractive, pleasing to the eye सुंदर, सुघड़, सुडौल

take shape *After many rehearsals the play is at last taking some shape.* = (of a plan, piece of writing etc.) to begin to look as one intends it to आकार या रूप लेना **shape up** *It is too early to say how the student will shape up in his new school.* = develop बनना, निकलना **to get (oneself) into shape** *If you are keen on a career in the army, you must be physically fit. Go to a gym and get yourself in shape.* = to become fit through exercise and shed body weight स्वस्थ बनना, सही आकार में आना **out of shape** *We have not had any exercise for three months and are really out of shape.* = to become flabby and fat बेडौल **to be in bad shape** *The animals in this zoo are in bad shape because they are not cared for.* = a poor condition (informal) दयनीय स्थिति या बुरी हालत में (अनौपचारिक)

share¹ /ʃeəʳ/ /शेअर्/ noun, c. **1** *We have given each of our children a share of the property.* = one part out of several parts into which something (e.g. an amount of money or a piece of land) is divided भाग, हिस्सा **2** *I have bought 500 shares in this company.* = a part of the ownership of a company, which can be bought or sold by members of the public 'शेयर'

share² verb, t. *When my mother and I travelled to Mumbai, we shared a berth as the train was full.* = to have or to use something together with someone else मिलकर प्रयोग करना **share-cropper** noun, c. = a farmer who does not own the land on which he grows crops and who has to give a part of the crops to the owner of the land बँटाईदार **share-holder** noun, c. = a person who owns part of a business or a company शेयर धारक

sha•ri•a /ʃəˈriːə/ /शˈरीय/ noun = the system of religious laws that is followed by most Muslims मुसलमानों की धार्मिक संहिता 'शरीयत'

shark /ʃɑːk/ /शाऽक्/ noun = a large fish, distinguished by the pointed fin on its back, which is said to be a fierce hunter and killer शार्क मछली

sharp¹ /ʃɑːp/ /शाऽप्/ adj. **1** *You can cut this piece of bread into thin slices with a sharp knife.* = having a very thin edge which can cut something easily or a very thin point which can make a hole in something (opposite **blunt**) धारदार, तेज़ (विलोम शब्द **blunt**) **2** *The students were so sharp that they were able to answer my question at once.* = intelligent or clever कुशाग्र, होशियार **3** *a sharp nose* = pointed तीखी या ऊँची **4** *a sharp remark* = angry तीखा **5** *The picture on the television screen was very sharp.* = clear स्पष्ट **6** *He felt a sharp pain in his chest.* = sudden and strong ज़बरदस्त, अचानक तेज़ **7** *The road takes a sharp turn to the right.* = sudden or steep तीव्र

sharp² adv. *Please come at 5.30 sharp.* = exactly ठीक

sharpen verb, t. *You will have to sharpen this knife. It can't cut vegetables.* = to make something sharp (धार) तेज़ करना **sharpener** noun, c. = a tool used to make knives etc. sharp छुरी-चाकू तेज़ करने का औज़ार **sharp practice** noun, c. = a dishonest but not illegal act, done by a businessperson बेईमानी से व्यापार करना **sharpshooter** noun, c. = a person, specially a soldier or a policeman, who is very good at shooting with a gun पक्का निशानेबाज़

to look sharp *The meeting starts in five minutes. You'd better look sharp or else you may not be allowed in.* = to hurry up (informal) जल्दी करना, फटाफट करना (अनौपचारिक)

shat•ter /ˈʃætəʳ/ /ˈशैटर्/ verb, i. or t. **1** *The flower vase dropped from his hand and shattered.*(i.) = to break into very small pieces छोटे-छोटे टुकड़े होना या चकनाचूर होना **2** *The sound of a gun shattered the silence.*(t.) = to disturb suddenly and violently शांति भंग करना **3** *I was shattered to hear the sad news of your father's death.* = to be shocked अत्यंत दुखी होना, धक्का लगना **shatter-proof** adj. *shatter-proof glass* = made of material which cannot break into small pieces (which can cut a person) छोटे टुकड़ों में न टूटने वाला

shave¹ /ʃeɪv/ /शेइव्/ verb, i. or t. *You look very untidy with all that stubble growing on your cheeks. You should shave.*(i.) हजामत बनाना *He shaved off his moustaches to change his appearance.*(t.) = to remove hair growing on the body, especially the face, with a razor दाढ़ी-मूँछ साफ़ कर देना, मूँड़ना

shave² noun, c. *I asked the barber to give me a shave.* = the act of shaving हजामत **shaven** adj. *clean shaven* = with the hair shaved off मुँड़ा हुआ **shaver** noun, c. *an electric shaver* = a machine used to remove hair from the face or body उस्तरा, हजामत की मशीन **shaving cream** noun, u. = a kind of soap used to make the hair on the face soft so that it can be shaved off easily हजामत बनाने की क्रीम/साबुन

a close shave *The train went off the rails but no one was hurt. It was a close shave.* = a narrow escape from something dangerous or unpleasant बाल-बाल बचना

shawl /ʃɔ:l/ /शॉल्/ noun, c. = a piece of warm material used to protect the upper part of the body from cold 'शाल', ओढ़ने का ऊनी वस्त्र

she[1] /ʃi:/ /शी/ pron. *My wife was ill but she is better now.* = referring to a girl/woman, a female animal or some object (e.g. a ship) that is often thought of as being female 'वह' (स्त्रीलिंग सर्वनाम)

she[2] noun, c. *The cow has given birth to a calf. It's a she.* = a female मादा

she- prefix meaning 'a female', e.g. *a she-goat* स्त्रीलिंग के अर्थ में प्रयुक्त उपसर्ग

s/he pron. *If a student is unable to come to class, then s/he must send an application asking for leave.* = he or she, as the case may be महिला/पुरुष वाची सर्वनाम

sheaf /ʃi:f/ /शीफ़्/ noun, c. (**sheaves**) **1** *a sheaf of wheat* = a bunch of stalks of grain (rice, wheat etc.), tied together into a bundle after they have been harvested (cut) गट्ठा, पुलिंदा **2** *The speaker carried a sheaf of papers when he walked up to the stage.* = a bundle पुलिंदा

shear /ʃɪəʳ/ /शिअ/ verb, t. (**sheared, shorn**) **1** *When he joined the army, he had to get his long hair shorn.* = to cut the hair on a person's head or the fur growing on an animal's skin (literary) बाल या रोएँ कतरना (साहित्यिक) **2** *The king was removed from the throne and shorn of all his powers.* = to have one's power, importance etc. taken away अधिकार छीनना **shears** noun (always plural) *gardening shears* = large scissors (केवल बहुवचन में प्रयुक्त) पौधे, पत्तियाँ आदि काटने की कैंची

sheath /ʃi:θ/ /शीथ्/ noun, c. *He pulled the knife out of its sheath.* = the case or cover in which a knife, sword or other sharp tool is kept म्यान **sheathe** verb, t. *He sheathed his sword.* = to put a knife or sword back into its sheath (cover) (opposite **un-sheathe**) म्यान में रखना (विलोम शब्द **unsheathe**)

shed[1] /ʃid/ /शिड्/ noun, c. *a cow or cycle shed* = a light one-storey structure, sometimes without walls, used to store things etc. सायबान, छप्पर, 'शेड', छत से ढँका हुआ स्थान

shed[2] verb, t. (**shed**) **1** *These trees shed their leaves in winter.* झड़ना *// Snakes shed their skins every year.* = to lose leaves, skin, hair etc. as part of a natural process झड़ना, छोड़ना, (साँप) केंचुली उतारना **2** *If you want to join our group, you will have to shed your prejudices.* = to give up in a determined way छोड़ देना, त्याग देना **3** *It is natural sometimes to shed tears when you are unhappy.* = to cause some liquid to flow (आँसू) बहाना **4** *She has shed a lot of weight after she went on a diet.* = to lose something or to have something removed, usually something you do not want कम करना, घटाना

to shed light on *Can you shed some light on this problem so that we can easily find a solution?* = to provide more information about स्पष्ट करना, सूचना या जानकारी देना

sheen /ʃi:n/ /शीन्/ noun, u. *The silk dress has lost its sheen.* = shine or brightness चमक

sheep /ʃi:p/ /शीप्/ noun, c. (**sheep**) (both singular and plural form) = an animal whose hair gives us wool (एकवचन और बहुवचन, दोनों में इसी रूप में प्रयुक्त) भेड़ **sheep-dog** noun = a kind of large dog which is trained to control sheep भेंड़ों को नियंत्रण में रखने के लिए प्रशिक्षित कुत्ता **sheepish** adj. *He looked sheepish when I caught him telling a lie.* = looking uncomfortable or foolish because one has been caught doing something wrong शर्मिंदा, घबराया हुआ **black sheep** noun *You could call him the black sheep of the family as he is the only one who never went to school.* = someone who is thought of as having brought shame on a family or group कलंक, काला धब्बा

to separate the sheep from the goats *This examination at the end of the course is designed to separate the sheep from the goats.* = to separate those thought worthy or suitable enough from those who are thought unworthy or unsuitable योग्य और अयोग्य को अलग-अलग करना

sheer /ʃɪəʳ/ /शिअ/ adj. **1** *He had no one to help him but he became successful through sheer hard work.* = pure; not mixed with something else महज़, केवल **2** *She was wearing a sari of sheer silk.* = very thin and light material महीन **3** *It was a sheer drop of several hundred metres and no one could come out alive.* = very steep and almost vertical (straight) खड़ी चढ़ाई

sheet /ʃi:t/ /शीट्/ noun, c. **1** *a cotton bedsheet* = a piece of cloth which is spread on top of a bed चादर **2** *a sheet of paper* = a thin, flat piece of some material कागज़, फलक **sheet anchor** noun *Sachin Tendulkar is the sheet anchor for the Indian team.* = someone who is the main support or who can be depended upon to help सहारा, आश्रय, अवलंब

as white as a sheet *He looked as white as a sheet when he realized his house had been burgled during his vacation.* = very frightened; shocked डरा हुआ, डर के मारे सूखा

shelf /ʃelf/ /शेल्फ़्/ noun, c. (**shelves**) *a bookshelf* = a long, narrow and flat piece of wood, fixed to a wall or a cupboard (almirah), on which things can be stored 'शेल्फ़', ताक, अलमारी का खाना **shelf life** noun *These canned vegetables have a shelf life of six months.* = the period of time for which some product, specially food, can be stored without its going bad खाद्य पदार्थ की खाने योग्य रहने की अवधि

off the shelf *Can I buy the furniture off the shelf? I need it urgently.* = readily available in a shop, factory etc. so that it can be bought without one's having to wait or place an order बना-बनाया तैयार सामान

shell[1] /ʃel/ /शेल्/ noun, c. or u. **1** *a coconut shell* = the hard outer covering of an egg, nut, crab etc. कड़ा

S

छिलका, खोल **2** *an artillery shell* = a large bullet fired from a gun गोला **3** = any hard outer covering or outer structure e.g. of a building खोल, रूपरेखा, खाका, ढाँचा

shell² verb, t. *The boy is shelling peanuts.* = to remove the shell (outer covering) of a nut etc. छिलका उतारना, छीलना **shell-fish** noun, u. = sea-animals such as lobsters or prawns, which are covered with shells (hard outer coverings) शंख-मीन, सीप शंख **shell-shock** noun = damage to the mind caused by the experience of war युद्ध के अनुभव से होने वाला मनोविकार

to shell out = to pay money unwillingly (slang) मजबूरी में खर्च करना (अपभाषा) **to come out of one's shell** *He came out of his shell once he left home and joined a hostel.* = to become less shy and more inclined to make friends संकोच त्याग देना, अपने दायरे से बाहर निकलना **to withdraw into one's shell/draw back into one's shell** *She is shy and has just begun to make friends. If you criticize her now, she will withdraw into her shell.* = to become unsociable and shy once again संकोचवश अपने में सीमित हो जाना, संकुचित होना

shel•ter¹ /ˈʃeltəʳ/ /ˈशेल्टर/ noun, u. or c. *The rain was so heavy that I had to take shelter under a tree.*(u.)= a place where one can be safe or protected शरण, आश्रय, सुरक्षित स्थान

shelter² verb, t. *The police arrested him for sheltering a criminal.* = to give protection to someone or something बचाव करना, शरण देना

shelve /ʃelv/ /शेल्व/ verb, t. **1** *We will have to shelve these new books which have been bought for the library.* = to arrange something (especially books) on a shelf अलमारी में लगाना (खासकर किताब) **2** *The government has shelved its plans to start new schools for girls.* = to give up for some time; to postpone स्थगित करना

shep•herd¹ /ˈʃepəd/ /ˈशेपड्/ noun, c. = a person who looks after sheep, specially when they are grazing गड़ेरिया

shepherd² verb, t. *The teacher shepherded the children into the bus.* = to lead or guide सुरक्षित ले जाना

sher•bet /ˈʃɜːbət/ /ˈशऽबट्/ noun, u. = a kind of sweet drink शरबत (शर्बत)

sher•iff /ˈʃerɪf/ /ˈशेरिफ़्/ noun, c. = an officer who is in charge of keeping law and order, specially in an American town or city कानून-व्यवस्था बनाए रखने वाला अधिकारी, 'शेरिफ़' (खासकर अमेरिकी शहर के संदर्भ में)

sher•ry /ˈʃeri/ /ˈशेरी/ noun = a kind of wine, first made in Spain 'शेरी', एक प्रकार की मदिरा (शराब) जो पहली बार स्पेन में बनी थी

Shi•a /ʃiːa/ /शीआ/ noun = a member of a large group within the Muslim religion (also **Shi-ite**) 'शिया', मुसलमानों का एक वर्ग (देखें **Shi-ite**)

shield¹ /ʃiːld/ /शील्ड्/ noun, c. **1** *A thousand years ago, soldiers fought with swords and shields.* = a large, heavy piece of metal carried by soldiers (in former times) to protect themselves from being hit कवच, ढाल **2** = a prize in the shape of a shield, given to the winner of a sports tournament पुरस्कार में प्राप्त 'शील्ड'

shield² verb, t. *Society should shield children from violence.* = to see that someone is protected from harm बचाना, रक्षा करना

shift¹ /ʃɪft/ /शिफ़्ट्/ verb, t. or i. **1** *We have to shift this furniture to the bedroom.*(t.) = to move an object from where it is to another place स्थानांतरित करना, स्थान बदलना **2** *The wind was blowing from the north, but it has now shifted.*(i.) = to change direction दिशा बदलना **3** *Shift this bed to the other side of the room.* = to move to a different place अन्य स्थान पर ले जाना **4** *When the car moves fast, you must shift into fourth gear.*(i.) = to change gears (in a motorcycle, car etc.) (गीयर) बदलना

shift² noun, u. or c. **1** *We are expecting a shift in the government's trade policy.* = a change in position or direction परिवर्तन **2** *I am working in the night shift in the factory.* = a group of workers who do a job for a certain period during the day or night पाली **shift key** noun = a key on the keyboard of a typewriter or computer which, when pressed down, prints a capital letter [COMPUTERS] कंप्यूटर कुंजी पटल की एक कुंजी **shifty** adj. *a shifty character who cannot be trusted* = dishonest बेईमान, विश्वास योग्य न होना

shil•ling /ˈʃɪlɪŋ/ /ˈशिलिङ्/ noun = a unit of money used in Britain before 1971, equal to the twentieth part (1/20) of a pound पुराने समय में ब्रिटेन में प्रयुक्त मुद्रा 'शिलिंग' (पाउंड का बीसवाँ हिस्सा)

shilly-shally /ˈʃɪli ʃæli/ /ˈशिली-शैली/ verb, i. *Stop shilly-shallying and decide what you want to do.* = to remain undecided (informal) ढुलमुल होना, पशोपेश में होना (अनौपचारिक)

shim•mer¹ /ˈʃɪməʳ/ /ˈशिमर/ verb, i. *Her silk dress shimmered in the light.* = to shine gently with a soft light which seems to move rapidly झिलमिलाना

shimmer² noun, u. *the shimmer of the waves in the moonlight* = the action or effect of shimmering (shining) झिलमिलाहट

shin¹ /ʃɪn/ /शिन्/ noun, c. *He received a painful kick on the shin.* = the bony front part of the leg, below the knee टाँग में घुटने के नीचे का भाग

shin² verb, i. (**shinned**) *The boy shinned up the tree.* = to climb up/down a tree or pole पेड़ या खंभे पर चढ़ना-उतरना

shin•dig (shindy) /ˈʃɪndɪg/ /ˈशिन्डिग्/ noun, c. *The young people are having a shindig in their room.* = a noisy party or celebration (slang) शोरगुल वाली दावत (अपभाषा)

shine¹ /ʃaɪn/ /शाइन्/ verb, i. or t. (**shone**) **1** *The sun is shining.*(i.) = to give out light चमकना **2** *The* *polished surface of the table shone.*(i.) = to reflect light चमकना **3** *I must shine my shoes.*(t.) = to polish पालिश करना **4** *He is an average student but he shines in cricket.* = to do well in something अच्छा प्रदर्शन करना **5** *The corridor is very dark. Will you shine the torch?* = to point light in a certain direction रोशनी दिखाना

shine² noun, u. *He polished the table and gave it a lovely shine.* = brightness चमक **shiny** adj. *a shiny new car* = bright चमकदार **shining** adj. *Helen Keller is a shining example of a person with a positive attitude to life.* = greatly to be admired प्रशंसा-योग्य

shin•gle /'ʃɪŋgəl/ /शिंग्ल्/ noun, u. *The beach is covered with shingle.* = small stone pebbles lying on the beach समुद्र तट पर प्राप्त होने वाले छोटे-छोटे पत्थर **shingles** (always plural) noun = a viral disease which causes red marks to appear on the skin (केवल बहुवचन में प्रयुक्त) एक प्रकार का रोग जिसमें त्वचा पर लाल धब्बे उभर आते हैं

Shin•to•ism /'ʃɪntəʊɪzəm/ /'शिण्टउइज़्म्/ noun = a religion practised in Japan, in which one worships one's ancestors (older members of the family who are dead) जापान में प्रचलित पूर्वजों की पूजा करने वाला धर्म

shiny see under **shine** (**shine** के अंतर्गत देखें।)

ship¹ /ʃɪp/ /शिप्/ noun, c. = a large vessel (boat) which carries people and goods जलयान, पोत, जहाज़

ship² verb, t. (**shipped**) *We are shipping our products to America.* = to send goods for trading by one of the main means of transport e.g. plane, ship, truck व्यापार हेतु सामान भेजना **shipment** noun, u. or c. **1** = the action of sending goods by ship जहाज़ द्वारा भेजा जाना **2** *A shipment of wheat has arrived from America.* = a large quantity of goods sent by ship or road अधिक मात्रा में भेजा गया सामान **shipping** noun, u. *The Suez Canal was closed to shipping during the war.* = ships in general नौ-परिवहन **ship-shape** adj. *The office was looking very untidy but now it is ship-shape.* = clean and neat ठीक-ठाक, साफ़-सुथरा, व्यवस्थित **shipwreck** noun, u. or c. *There is great danger of shipwreck along this coast because of the presence of dangerous rocks in the sea.* = the destruction or sinking of a ship due to an accident पोतभंग, जहाज़ डूबना **shipyard** noun, c. = a place where ships are built or repaired पोत कारखाना **'The ship of the desert'** = a name given to a camel रेगिस्तान का जहाज़ अर्थात् ऊँट

shire /ʃaɪəʳ/ /शाइअर्/ noun, c. = a county (large area that includes several towns) in Britain शायर, ब्रिटेन का एक इलाका जिसमें कई शहर होते हैं

shirk /ʃɜːk/ /शऽक्/ verb, t. or i. = to avoid work out of a feeling of laziness or irresponsibility जी चुराना

shirt /ʃɜːt/ /शऽट्/ noun, c. = a garment (dress) for the upper half of the body कमीज़

shit¹ /ʃɪt/ /शिट्/ noun, u. = human excrement (solid waste matter) passed out of the bowels especially of humans (slang) मल (अपभाषा)

shit² verb, i. (**shat, shitted**) = to pass out solid waste matter from the bowels मल त्याग करना

shit³ interjec. = an expression of anger or annoyance नाराज़गी की एक अभिव्यक्ति

shiv•er¹ /'ʃɪvəʳ/ /'शिवर्/ verb, i. *The poor man was shivering in the cold as he had no warm clothing.* = to shake because of fever, or because of fear or cold ठंड या भय से सिहरना या काँपना

shiver² noun, c. *The cold sent shivers down his body.* = an act of shivering सिहरन, कँपकँपी

to give one the shivers (always plural) *The memory of the night I spent alone in a deserted house still gives me the shivers.* = to cause fear (केवल बहुवचन में प्रयुक्त) रोआँ कँपा देना

shoal /ʃəʊl/ /शउल्/ noun, c. **1** *Shoals of fish can be seen swimming up the river.* = a large group of fish swimming together मछलियों का झुंड **2** *You can find shoals of foreign tourists around the Taj Mahal.* = a large group of people (informal) भीड़ (अनौपचारिक) **3** *Ships sailing along the Hoogli River are often damaged when they hit large shoals.* = underwater sandbanks which make a river dangerous for boats or ships रेती, नदी के तल पर विद्यमान रेतीले टापू जो नावों, जहाजों के लिए खतरा साबित हो सकते हैं

shock¹ /ʃɒk/ /शॉक/ noun, u. or c. **1** *The news of his illness came to us as a shock.* = the feeling produced by an event which is unpleasant as well as unexpected सदमा, धक्का **2** *We felt a shock as the cracker exploded not far from where we were standing.* = the pain or discomfort caused by an explosion or a blow धक्का **3** *The man received a shock when he accidentally touched a live electric wire.* = a painful blow to the body produced by an electric current बिजली का झटका

shock² verb, t. *The film was so full of violence that it shocked the audience.* = to cause offence or angry surprise क्रोध या आश्चर्य पैदा करने वाला **shock absorber** noun, c. = a device (machine) fitted to a motor vehicle (car or bus) which reduces the jolting (shaking) caused by moving over rough roads मोटरगाड़ी का एक यंत्र, 'शॉक एब्ज़ार्वर' **shocking** adj. *a shocking piece of news* = something unpleasant that shocks one दहलाने वाला **shock-proof** adj. *a shock-proof watch* = not easily damaged by being dropped or hit धक्के से या चोट से प्रभावित न होने वाला **shock-treatment** noun, u. = treatment of diseases of the mind by giving electric shocks (not commonly practised now) बिजली के झटके द्वारा रुग्ण मस्तिष्क की चिकित्सा

shod adj. **1** *The girl could not walk far on her badly shod feet.* = wearing shoes of a certain kind खास किस्म

S

के जूते पहना हुआ **2** *The bullock-cart has rubber-shod wheels.* = covered with rubber tyres (old-fashioned) ढँका, मढ़ा (पुराने प्रचलन का)

shod•dy /ˈʃɒdi/ /'शॉडी/ adj. *She surprised everyone by coming to the party in shoddy clothes.* = cheap, badly-made and untidy सस्ते, घटिया और बुरे **shoddily** adv. *a shoddily produced table* = badly, cheaply बुरी तरह, घटिया या सस्ते तरीके से

shoe[1] /ʃuː/ /शू/ noun, c. = a covering or protection for the foot (of a human being, horse or bullock) जूते, घोड़े या बैल की नाल

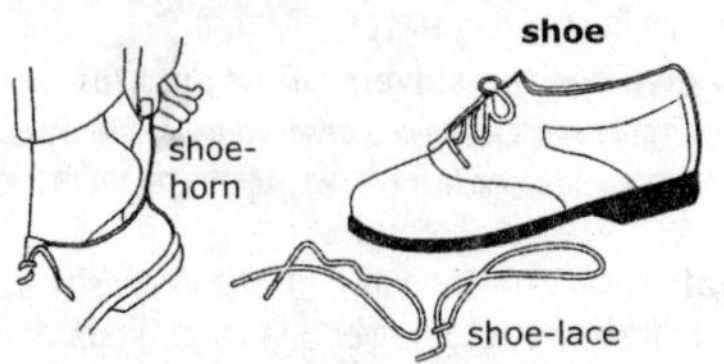

shoe[2] verb, t. (**shod** or **shoed**) *Our soldiers have been shod by the shoe factories in Agra.* = to provide shoes for a human being, horse or bullock (old-fashioned) नाल लगाना, जूता पहनाना (पुराने प्रचलन का) **shoe-horn** noun = a curved piece of metal or plastic which is put inside the back of a shoe to help the wearer's foot to go in easily सींगड़ा, जूते पहनने में सहायता हेतु प्रयुक्त **shoelace** noun, c. = a long, thin piece of string which passes through holes in the front part of a shoe and keeps it in place on the wearer's foot जूते का फ़ीता **shoeshine** noun, c. **1** = the act of polishing shoes जूते पालिश करने की क्रिया **2** = a person who earns money by polishing the shoes of people मोची, जूते पालिश करने वाला **shoestring budget** noun *We have to manage the school on a shoestring budget.* = a very small amount of money given to someone for some purpose (informal) अल्पराशि वाला अनुदान (अनौपचारिक)

(where) the shoe pinches *I run this business year after year and know exactly where the shoe pinches.* = the difficulties that a person has to face मुसीबत या कष्ट का कारण **to (not want to) be in somebody's shoes** *If I were in your shoes, I'd accept the offer at once.* = to be in the position of some other person दूसरे की स्थिति में होना **to step into someone's shoes** *Ms Ahmad has been so successful as the Chairperson that it will not be easy for another person to step into her shoes.* = to take over a position from someone else दूसरे का स्थान लेना

sho•gun /ˈʃəʊgʊn/ /'शउगुन्/ noun = a military leader in Japan, before the 19th century 19वीं सदी से पूर्व के जापान का एक सैन्य नेता

shoo[1] /ʃuː/ /शू/ interjec. *Shoo! Go away!* = an expression used to drive away an animal or a human being that is not welcome किसी को भगाने के लिए प्रयुक्त अभिव्यक्ति, भगाना, दुत्कारना

shoo[2] verb, t. *I want you to shoo those noisy children away.* = to drive away, usually young children or animals भगा देना

shoot[1] /ʃuːt/ /शूट्/ verb, i. or t. (**shot**) **1** *These soldiers are being trained to shoot.*(i.) = to fire a gun गोली चलाना **2** *The dangerous criminal has been shot by the police.* = to kill or injure someone with a gun गोली मारना **3** *In the old days people considered it brave to shoot and kill wild animals.* = to hunt animals with guns शिकार खेलना या बंदूक से शिकार करना **4** *We will shoot the new film in Kashmir.* = to produce a film or a photograph by using a camera फ़ोटो लेना **5** *The centre-forward shot the ball into the open goal.* = to kick the ball in the game of football फ़ुटबॉल के खेल में गेंद को मारना **6** *He shot past me at great speed in his car.* = to move very quickly तेज़ी से निकल जाना

shoot[2] noun, c. **1** *The young plants have put out new shoots.* = a new stem that grows from a plant कोंपल **2** = an occasion when animals were hunted (in the past) with guns शिकार **shooting**[1] noun, u. **1** *the noise of shooting* = the firing of guns to kill or injure someone गोली चलना **2** *The government has banned the shooting of wild animals.* = the act of hunting animals with guns शिकार **shooting**[2] adj. *a shooting pain in the chest* = sudden and sharp pain तीव्र (वेदना) **shooting star** noun, c. = a meteor (a piece of material from some heavenly body in space) that burns brightly as it moves through the earth's atmosphere उल्का, टूटता तारा **shoot-out** noun, c. = an exchange of bullets fired from guns, between two groups of people गोलीबारी

to shoot one's mouth off *He is always shooting his mouth off to impress others.* = to talk carelessly, without thinking of the result लापरवाही से बोलना **shoot down** **1** *The plane was shot down when it entered enemy territory.* = to cause a plane to crash by firing at it मार गिराना **2** *All his suggestions were shot down by the committee as they were considered impractical.* = to reject what someone says नकार देना **shoot up** **1** *The price of petroleum products keeps shooting up every now and then.* = to increase steeply तेज़ी से वृद्धि होना **2** *At a certain stage of their growth, children shoot up in no time at all.* = to grow fast, especially in height एकदम बढ़ जाना, विशेष रूप से कद का बढ़ना

shop[1] /ʃɒp/ /शॉप्/ noun, c. **1** = a place where things are sold दुकान **2** *He has set up shop as an electrician.* = a business दुकान, व्यवसाय

shop[2] verb, i. (**shopped**) *I shopped for clothes when I was in London.* = to visit a shop in order to buy something खरीददारी करना **shopper** noun, c. = a person who buys things from a shop ग्राहक **shopping** noun, u. **1** *I have to do some shopping this morning.* = the act of buying things from a shop खरीददारी **2** *Let me carry your shopping.* = the things bought in a shop खरीद, खरीदा हुआ समान **shop-floor** noun = the area in a factory where work is done कारखाने में कार्य का स्थान **shop-lifting** noun *This man has been arrested for shop-lifting.* = the crime of taking things from a shop without paying दुकान से वस्तु चुराना **shopping centre** noun, c. = an area or building in which there are many shops क्रय केंद्र, बाज़ार **shop-soiled** adj. *We are selling these shirts cheaply because they are shop-soiled.* = slightly damaged or dirty as a result of being kept in a shop for a long time दुकान में रखे-रखे पुराना हुआ (सामान)

to talk shop = to talk about subjects connected with one's work (informal) अपने व्यवसाय से संबंधित बात करना (अनौपचारिक)

shore[1] /ʃɔːʳ/ /शॉ/ noun, c. = the land that borders a large body of water, such as a sea or lake समुद्र या झील का तट

shore[2] verb, t. *The roof of this building is about to fall. It has to be shored up with concrete pillars.* = to support or hold up something that is falling गिरते हुए भवन आदि को टेक लगाना/सहारा देना

short[1] /ʃɔːt/ /शॉट/ adj. **1** *The boy is rather short, although his parents are tall.* छोटा, नाटा // *You have to travel only a short distance to reach the station.* = small in height or distance कम, थोड़ा **2** *She made a short speech.* = lasting for a little time only संक्षिप्त, छोटा **3** *'Phone' is the short form of 'telephone'* = smaller लघु, संक्षिप्त **4** *I wanted to buy this shirt but I am short of money. Can you lend me ten rupees?* = not having enough कम पड़ना **5** *She was rather short with me when I spoke to her.* = rude and impatient रूखा, बदमिज़ाज, चिड़चिड़ा

short[2] adv. *He cut me short when I was trying to explain the programme.* = to stop or interrupt someone while speaking बोलते हुए को टोकना **shortly** adv. *She will shortly be here to join us in our discussion.* = soon, in a little while शीघ्र ही, कुछ ही पलों में **shortage** noun, u. *There is a shortage of sugar in the shops.* = a condition of not having enough of something कमी, अभाव **shortcoming** noun, c. *She has several shortcomings, but worst of all is her bad temper.* = a defect or fault कमी, दोष **shortbread** noun = a kind of sweet biscuit एक प्रकार का मीठा बिस्कुट **short-change** verb, t. *I use the shop often and I felt angry when the owner short-changed me.* = to cheat someone (informal) धोखा देना (अनौपचारिक) **short cut** noun *This road leads to the station, but you can take a short cut by walking across this field.* = a shorter and quicker way of reaching a place छोटा रास्ता, सरल उपाय **shortfall** noun *We need Rs 500 crores for this new project but the government has given us only Rs 300 crores. We are trying to make up the shortfall by borrowing money from banks.* = the amount by which one is short of (has less than) an amount which is needed कमी, न्यूनता **shorthand** noun = a system of fast writing which uses symbols (signs) in place of words, allowing one to write down what is being said by someone else आशुलिपि

short-circuit[1] /ʃɔːt'sɜːkɪt/ /शॉट्'सɜकिट्/ noun, c. *The television set was damaged because of a short circuit.* = a fault in an electrical connection which causes the current to flow along a wrong path and produces some damage बिजली के तारों की खराबी

short circuit[2] verb, t. *It takes years to get permission to build a house, but you can short circuit the process by making an appeal to the government.* = to cut down the time or effort required to do something कम समय अथवा थोड़े प्रयास से काम निकालना

short list[1] /ʃɔːtlɪst/ /शॉऽट्लिस्ट्/ noun = a list of people who may be offered a job or a contract etc., chosen out of a longer list of people who applied अनेक में से कुछ को छाँटना, चयन

shortlist[2] verb, t. *We have shortlisted you for this job.* = to include someone's name in a short list of the most likely candidates छाँटना

short-lived /ʃɔːtlɪvəd/ /शॉऽट्लिव्ड्/ adj. *This writer became famous after he won a prize for his first book, but his fame was short-lived. No one remembers him today.* = not lasting for a long time अल्पजीवी, अल्पकालिक

shorts /ʃɔːts/ /शॉऽट्स्/ noun (always plural, used with 'a pair of') = a garment (dress) covering the legs from the waist to the knees (केवल बहुवचन में प्रयुक्त 'a pair of' के साथ) निकर **short shrift** noun, u. *I expected my boss to thank me for having defended him at the meeting, but he gave me short shrift.* = giving little time or attention to someone कम ध्यान देना **short-sighted** adj. **1** *a short-sighted person* = unable to see clearly things which are at a distance निकटदर्शी, अदूरदर्शी **2** *the short-sighted policies of the company* = not thinking of the effect of some action over a long period of time अदूरदर्शी, भविष्य में होने वाले परिणाम को ध्यान में न रखते हुए **short-staffed** adj. *We are short-staffed at the office because many of the vacancies have not been filled up.* = not having enough people to work कर्मचारियों की कमी वाला **short story** noun = a story which is shorter than a novel and deals with very few characters and events कहानी **short-tempered** adj. *Teachers cannot afford to be short-tempered as they deal with tender minds.* = an inclination to get angry very quickly चिड़चिड़ा, बदमिज़ाज, जल्दी क्रुद्ध होने वाला **short-term** adj. *The bank has given me a short-term loan.* = for a short period of time अल्पकालिक, अल्पावधिक **short-wave** adj. *a short-wave radio broadcast* = radio waves which are less than 60 metres in length and travel for long distances, carrying radio signals (रेडियो के संदर्भ में) 'शॉर्ट वेव'

S

shot[1] /sɒt/ /शॉट्/ noun, c. **1** *The policeman fired a shot at the thief, who was running away.* = a bullet from a gun which is fired at someone or something गोली चलाई गई **2** *Pete Sampras hits a shot to Agassi's backhand.* = a hit or kick given to a ball in a game such as tennis, football, cricket etc. खेल के संदर्भ में 'शॉट' यानी गेंद को हिट या किक करना **3** *He is a very good shot.* = a person who knows how to shoot (aim and fire a gun) निशानेबाज़ **4** *Let us have a shot of the hero singing a song.* = a photograph or a scene photographed for a film चित्र, फ़ोटो **5** *The doctor gave me a shot of penicillin.* = an injection (a medicine or drug injected into the body) 'इंजेक्शन', सुई, टीका **6** *He loaded the gun with lead shots.* = small pieces of metal which are put inside a bullet fired from a gun बंदूक की गोली **7** *He must be a big shot, otherwise he can't be accompanied by a convoy of cars.* = a very important person (slang) महत्त्वपूर्ण व्यक्ति, बड़ा आदमी (अपभाषा)

shot[2] verb, t. *The hunter shot a tiger.* = past tense of **shoot** मारा (**shoot** क्रिया का भूतकालिक रूप) **shotgun** noun, c. = a gun which fires bullets filled with shots (small pieces of metal) बंदूक **shot put** noun = a sporting competition in which persons have to throw a heavy metal ball or shot, and the person throwing it farthest is the winner 'शॉट पुट', एक प्रकार का खेल जिसमें धातु की भारी गेंद (शॉट) फेंकी जाती है और उसे सबसे दूर फेंकने वाला विजेता घोषित होता है

should /ʃəd/ or /ʃʊd/ /शड्/ या /शुड्/ modal aux. verb **1** *You should always speak the truth.* = ought to (expressing the desirability of an action) अनिवार्यता सूचक सहायक क्रिया **2** *My father has given me Rs 100 to buy a shirt. I think that should be enough.* = it is expected that (expressing probability) संभावनासूचक सहायक क्रिया **3** *If you should need help, you can telephone me.* = in case (expressing possibility) यदि आवश्यकता हो **4** *As I was walking down the road, who should I meet but the minister himself, with a shopping bag in his hand!* = expressing surprise आश्चर्यसूचक सहायक क्रिया **5** *Should I go to the meeting?* = asking for advice परामर्श लेना **6** *Should it rain, the match will be cancelled.* = in case (expressing a condition) शर्त के भाव की अभिव्यक्ति **7** *I have brought you here so that you should see this house.* = in order that (expressing purpose) अभिप्रायसूचक सहायक क्रिया **8** *I should tell you that this is your last chance.* = it is important to inform you that आवश्यक **9** *'It's midnight. I think we should stop working and go home now.' 'I should think so!'* = this is my opinion 'मेरे विचार में'

shoul•der[1] /'ʃəʊldə^r/ /'शउल्डर्/ noun, c. **1** = the part of the body below the neck, where the arms or front legs (in four-legged animals) meet the trunk (the upper part of the body) कंधा **2** *a shoulder of mutton* = meat from the shoulder (upper part of the front leg) of an animal पुट्ठा

shoulder[2] verb, t. *Can you shoulder the responsibility of educating ten of the children in the village?* = to accept a responsibility or burden जिम्मेदारी लेना **shoulder bag** noun = a bag that hangs from one's shoulder कंधे पर लटकाने वाला बैग **shoulder blade** noun, c. = the wide, flat bone on each side of the upper back (also **scapula**) स्कंधास्थि (देखें **scapula**) **shoulder-high** adj. *The tiger stalked the animal through shoulder-high grass.* = as high as an average person's shoulder कंधे तक की ऊँचाई वाला **shoulder length** adj. *She decided to have shoulder length hair which would be easier to manage.* = hanging up to the shoulder कंधे तक

an old head on young shoulders *Even as a child Mother Teresa had an old head on young shoulders.* = showing more maturity than is expected at a young age छोटी उम्र में प्रौढ़ विचार का **to rub shoulders with** *When he was in Mumbai he had an opportunity to rub shoulders with actors and film people.* = to move socially with समाज में साथ-साथ रहना **head and shoulders above the rest** *Rima is head and shoulders above the rest in her ability to write.* = much better at something than all the others दूसरों से बहुत अच्छा

shout[1] /ʃaʊt/ /शाउट्/ verb, i. or t. **1** *'Come home at once!' the man shouted to his son.*(i.) चिल्लाना // *The officer shouted an order at his men.*(t.) = to speak in a loud voice ज़ोर से बोलना **2** *Don't shout at me. I am not afraid of you.* = to speak angrily नाराज़ होना, क्रुद्ध होना

shout[2] noun, c. *There were shouts of 'Goal!' from the crowd, but the ball went over the goal post.* = a loud cry or call चीख **shout down** verb *The crowd shouted down when the Mayor began to speak because they disliked him.* = to shout in order to prevent someone from being heard शोरगुल करके बोलने न देना

shove[1] /ʃʌv/ /शॅव/ verb, i. or t. **1** *Everyone started pushing and shoving in order to get into the train.*(i.) = to push in a rough way धकेलना, धक्का मारना **2** *He shoved the letter into his pocket and walked away.*(t.) = to put something away carelessly लापरवाही से डाल लेना **3** *We shoved sand into the hole.* = to push something into an opening with force ठूँसना, भरना

shove[2] noun, c. *Give the car a good shove and it will start.* = a strong push धक्का

shov•el[1] /'ʃʌvəl/ /'शॅवल्/ noun, c. = a tool with a broad, flat metal blade and a long handle, used for lifting or moving sand, coal etc. बेलचा

shovel[2] verb, t. (**shovelled**) *His job is to shovel coal into the boiler of the engine.* = to lift or move something with a shovel बेलचे से उठाना

show[1] /ʃəʊ/ /शउ/ verb, t. (**showed, shown**) **1** *She showed the conductor her pass as he entered the bus.*

= to allow someone to see something दिखाना **2** *This book shows a very depressing picture of the country.* = to present or offer प्रस्तुत करना, दर्शाना **3** *The poor sale of tickets shows that the film is not good.* = to indicate (tell what is happening) से पता लगना **4** *Can you show me Mr Roy's office?* = to point out बतलाना, निर्देश देना **5** *The woman is in great pain but it doesn't show on her face.* = to be noticeable दिखाई देना

show² noun, c. or u. **1** *Would you like to watch this show?* = a programme regularly shown on television कार्यक्रम **2** *Let us go to the flower show.* = a public exhibition प्रदर्शनी **3** *The vote was taken by a show of hands.* = display प्रदर्शन **4** *Most people in the audience were bored with the speech, but they made a show of being interested.* = a pretence दिखावा, ढोंग **5** *The man lives a simple life, without any show.* = the desire to let others know that one is rich or important आडंबर, दिखावा, तड़क-भड़क **show business** noun = the profession of working in films, television etc. तड़क-भड़क वाला व्यवसाय **show- case** **1** (noun, c.) *The gold chains are kept in a show case.* = a glass box in which objects meant to be sold are kept for people to see 'शो-केस' **2** (verb, t.) *We are arranging an exhibition to showcase our textiles.* = to help or encourage people to see something दिखलाना **show-down** noun *I was told that he had been talking against me to everyone, so I decided that we should have a show-down.* = a meeting at which a quarrel or disagreement can be settled or discussed openly खुली चर्चा, आमने-सामने बातचीत **show-off** noun = a person who likes to attract the attention of others (disapproving) दिखावा (अस्वीकृत) **showman** (also **showperson**) noun **1** = a person who is in the profession of producing films, plays etc. (देखें **showperson**) नाटक, फ़िल्म आदि के व्यवसाय में संलग्न व्यक्ति **2** = a person who is good at getting the attention of the public जन-समूह का ध्यानाकर्षण करने वाला **show-piece** noun = the best or finest object in a collection प्रदर्शन योग्य वस्तु **showroom** noun = a shop or a large room in which things which are meant to be sold can be seen दुकान जहाँ विक्रय की वस्तुएँ प्रदर्शित की जाती हैं **showy** adj. *a showy dress* = attracting too much attention (derogatory) भड़कीला (अनादरपूर्ण)

for show *He organized a grand party on his sister's birthday, but it was only for show.* = only to impress others and to attract attention केवल दिखावे या प्रदर्शन के लिए **to show one's (true) colours** *Many people show their true colours when they are under stress.* = to show the unpleasant side of oneself असली रूप में आना **to show one's face** *He made such a fool of himself yesterday that he wouldn't dare to show his face here again.* = to appear in public का सामना करना **to show off** *We know you can sing. Now stop showing off.* = to try to make a good impression on others इठलाना, दूसरों को प्रभावित करने की कोशिश करना **to show somebody the door** = to ask someone to leave (informal) बाहर जाने के लिए कहना (अनौपचारिक) **to show up** *We held up the lunch for a long time, waiting for her to join us, but she didn't show up.* = to arrive at a place where one is expected, especially after some delay (informal) दिखाई पड़ना, प्रकट होना, आना (अनौपचारिक)

show•er¹ /ˈʃaʊəʳ/ /ˈशाउअर्/ noun, c. **1** *We had a heavy shower last night.* = a fall of rain वर्षा **2** *I am getting a shower for the bathroom.* = a piece of metal or plastic with many small holes that is fitted to a water-pipe, through which water can flow out in tiny drops, like rain फुहारा, फव्वारा **3** *He is taking a shower now after a game of tennis.* = the act of taking a bath by standing under a shower फव्वारे में स्नान

shower² verb, t. or i. **1** *We showered, changed into casual clothes, had dinner and then settled down to watch a film.*(i.) = to bath under a shower फव्वारे में स्नान करना **2** *The audience showered him with congratulatory messages.*(t.) = to give a lot (of something, either pleasant or unpleasant) वर्षा करना, बरसाना, बहुत अधिक देना

shrap•nel /ˈʃræpnəl/ /ˈश्रैप्न्ल्/ noun, u. = small pieces of metal scattered by an exploding bomb बम फटने से छिटके हुए धातु के टुकड़े

shred¹ /ʃred/ /श्रेड्/ noun, c. *His clothes are so old and wornout that they have been reduced to shreds.* = a small narrow piece torn out of some material कतरन, धज्जी

shred² verb, t. (**shredded**) *The vegetables have to be shredded to make salad.* = to cut something into long, thin pieces लंबे-पतले टुकड़ों में काटना

a shred of *The authorities can't find a shred of evidence against him. He will be released soon.* = the smallest amount of रत्ती भर

shrew /ʃruː/ /श्रू/ noun, c. **1** = an insulting word for a bad-tempered woman (derogatory) Ⓖ कर्कशा, चण्डी, बदमिज़ाज औरत के लिए प्रयुक्त अपशब्द (अनादरपूर्ण) लिंग **2** = a small animal that looks like a mouse छछूँदर

shrewd /ʃruːd/ /श्रूड/ adj. *The man tried to cheat me, but I was too shrewd to be tricked by him.* = having good practical sense and judgement; clever चतुर, चालाक, सयाना

shriek¹ /ʃriːk/ /श्रीक्/ verb, t. or i. *'Please don't harm me!' the man shrieked in terror when the robbers caught him.*(i.) = to shout or cry out loudly in a high, thin voice because of anger, fear etc. भय अथवा क्रोधवश चीखना

shriek² noun, c. *We heard a shriek of anger.* = a loud cry in a high-pitched voice चीख

shrill /ʃrɪl/ /श्रिल्/ adj. *The train gave a shrill whistle announcing that it was about to start.* = (a sound that is) thin, high and unpleasant to hear कर्णभेदी अप्रिय (ध्वनि) **shrillness** noun, u. तीक्ष्णता, तीखापन

shrimp /ʃrɪmp/ /श्रिम्प/ noun, c. or u. **1** = a sea-animal with a hard shell (covering) and ten legs झींगा मछली **2** = the meat of the shrimp, eaten as food उसका भोजन

shrine /ʃraɪn/ /श्राइन्/ noun, c. = a place of worship or a place that has religious importance मंदिर, पूजास्थल, समाधि

shrink[1] /ʃrɪŋk/ /श्रिङ्क्/ verb, i. or t. (**shrank, shrunk**) **1** *The shirt shrank when it was washed. It has become too tight now.*(i.) = to become smaller in size due to the action of water सिकुड़ना **2** *The number of students has shrunk from 70 to 25.*(i.) = to become smaller in number कम होना, घटना **3** *The man shouted so loudly that the child shrank back.*(i.) = to move back as a result of fear भयवश पीछे हटना

shrink[2] noun, c. = a psychiatrist (a doctor who treats people with mental problems) (slang) मनोचिकित्सक (अपभाषा) **shrinkage** noun, u. *Buy some extra material as you must allow for shrinkage.* = the amount by which something shrinks सिकुड़न

shriv•el /'ʃrɪvəl/ /'श्रिव्ल्/ verb, i. or t. (**shrivelled**) *The rose plants seem to be dying. They have shrivelled because of the heat.* = to dry up and lose shape or become smaller in size मुरझाना, कुम्हलाना **shrivelled** adj. कुम्हलाया हुआ

shroud[1] /ʃraʊd/ /श्राउड्/ noun, c. **1** = a sheet of cloth used to cover a dead body कफ़न **2** *No one knows who paid for these guns. The whole deal is covered in a shroud of secrecy.* = something that hides a situation which is secret or likely to cause criticism परदा, स्थिति अथवा बात को ढँकना

shroud[2] verb, t. *Thick fog shrouded the trees and houses.* = to cover up and hide छिपाना, ढँकना

shrub /ʃrʌb/ /श्रब/ noun, c. or u. = a low bush or line of bushes झाड़ी

shrug[1] /ʃrʌg/ /श्रँग्/ verb, i. *When I asked the boy where his sister was, he just shrugged.* = to move one's shoulders up and down to show lack of knowledge or interest कंधे उचकाना (निषेधात्मक उत्तर)

shrug[2] noun, c. *He answered the question with only a shrug.* = a movement of the shoulders showing lack of knowledge or interest कंधे उचकाने की क्रिया

shucks /ʃʌks/ /शॅक्स/ interjec. *Oh shucks! I have lost my keys!* = an expression of mild annoyance or disappointment (slang) धत्तेरे की विस्मयादिबोधक शब्द, नाराज़गी अथवा निराशासूचक (अपभाषा)

shud•der[1] /'ʃʌdə'/ /'शॅडर्'/ verb, i. *The little child shuddered when the teacher shouted at her.* = to shake suddenly because of cold, fear or strong dislike काँप उठना, थरथराना

shudder[2] noun, u. *The roaring of the lions sent a shudder through the group of children.* = shivering/ trembling of the body caused by fear etc. थरथराहट, कँपकँपी

shuf•fle /'ʃʌfəl/ /'शॅफ़्ल्/ verb, t. or i. **1** *It is your turn to deal the cards. You should shuffle them well before you deal.*(t.) = to mix up a set of playing cards by moving them around quicky, so that the players cannot know the order in which they are arranged फेंटना, मिलाना **2** *The prime minister plans to shuffle the ministers in his cabinet.* = to change the positions of people in a government or company परिवर्तन करना **3** *You can see that the little girl is nervous from the way in which she keeps shuffling her feet.*(i.) = to move repeatedly from one position to another इधर-उधर हिलाना **4** *The sick man shuffled across the room slowly with the help of a support.* = to walk slowly, dragging the feet पैर घसीट कर चलना

shuffle[2] noun, u. **1** *Give the cards a good shuffle.* = mix (see meaning 1 above) फेंटने, मिलाने की क्रिया **2** *One of my colleagues lost his job in a shuffle.* = the act of changing people's positions or jobs नौकरी में परिवर्तन **3** *He walks with a painful shuffle.* = the act of shuffling (walking slowly) कठिनाई से धीरे-धीरे चलना

shun /ʃʌn/ /शॅन्/ verb, t. *People shun them because they tell many lies.* = to avoid or keep away from in a determined and angry way से बचना, से दूर रहना, कन्नी काटना

shunt[1] /ʃʌnt/ /शॅन्ट्/ verb, t. **1** *The empty carriages of the train are being shunted from Platform 1 to Platform 13.* = to move the carriages of a train from one track to another रेलगाड़ी के डिब्बे अथवा इंजन को एक पटरी से दूसरी पर ले जाना, 'शण्ट' करना **2** *The officer is going to be shunted out of office.* = to move someone or something to a less important position, usually as a punishment (informal, not respectful) निचले अथवा कम महत्त्व के पद पर बदलना (अनौपचारिक, आदरपूर्ण नहीं)

shunt[2] noun, c. = a machine which allows something (e.g. an electrical current) to flow in a different direction or along a different path प्रवाह की दिशा बदलने वाला यंत्र

shush[1] /ʃʊʃ/ /शुश/ interjec. *Shush, everybody! The film is about to begin.* = an expression asking people to be quiet (informal) 'श्', चुप रहने का संकेत (अनौपचारिक)

shush[2] verb, t. (**shushed**) *She shushed the child, who was making a noise.* = to order someone to be quiet (informal) चुप होने के लिए कहना (अनौपचारिक)

shut /ʃʌt/ /शॅट्/ verb, t.or i. (**shut**) **1** *Shut the door as you go out.*(t.) = to close (to block or cover up an opening) बंद करना **2** *She shut herself in the room and refused to come out.* = to stop someone from entering or leaving a place बंद कर लेना **3** *The company will shut down this factory.* = to cause something to stop working बंद करना **shutdown** noun, c. *The factory* *is closed because of a shutdown.* = the action of stopping work काम–बंदी

to shut (something) down *He has decided to shut down the factory.* = to cause work to stop काम बंद कर देना **to shut off** *If you stop this pump, the water supply will be shut off.* = to stop the flow of a liquid or gas निकलना बंद करना **to shut out** *He closed the windows to shut out the noise.* = to prevent from getting in रोकना **shut up** *Oh shut up!* = a rude way of asking someone to stop talking 'चुप रहो', बोलने से मना करने की अनादरपूर्ण अभिव्यक्ति

shut•ter /ˈʃʌtəʳ/ /ˈशॅटʳ/ noun, c. **1** *the shutter of a camera* = a part of a camera which opens for a short time to allow light to enter the camera 'शटर', कैमरे का एक हिस्सा **2** *the wooden shutters of a door* = one of a pair of covers, usually made of wood, which can be used to block the opening of a door or window कपाट

to put up the shutters = to stop trading or doing business व्यापार में काम बंद करना

shut•tle /ˈʃʌtl/ /ˈशट्ल्/ noun, c. **1** *He uses the Mumbai-Pune shuttle to travel from his home to his office and back.* = a vehicle (bus, train or aircraft) which regularly runs from one place to another, not too far away, and back again 'शट्ल्' सेवा **2** *a weaver's shuttle* = a device used in weaving cloth, which carries a thread across and between other threads झरनी, कपड़ा बुनने का 'शट्ल्' **3** *a badminton shuttle* = a piece of cork to which feathers are attached, which is hit back and forth, across the net, in the game of badminton (also **shuttlecock**) 'शट्ल् कॉक, चिड़िया (बैडमिंटन खेल के संदर्भ में) (देखें **shuttlecock**)

shuttle

shy¹ /ʃaɪ/ /ˈशाइ/ adj. **1** *The girl is so shy that she hardly speaks to anyone.* = nervous and uncomfortable in the company of people शर्मीला, संकोची **2** *We are collecting money for charity and we have made a good collection. We are only a hundred rupees shy of 5,000.* = less than ; short of a certain amount (informal) कम होना (अनौपचारिक)

shy² verb, i. or t. (**shied**) **1** *The horse shied when the car sounded its horn.*(i.) = to move away suddenly in fear (referring to the movement of an animal) डर से भड़काना, चौंकना (पशु के संदर्भ में) **2** *She shied the ball at me.*(t.) = to throw फेंकना **shyly** adv. *The child looked at the stranger and smiled shyly.* = in a shy manner शरमाते हुए **shyness** noun. झिझक, संकोच, सकुचाहट, शर्मीलापन

to shy away from *'Don't shy away from hard work,' the teacher advised her class.* = avoid पीछे हटना, टालना

sib•i•lant /ˈsɪbɪlənt/ /ˈसिबिलन्ट्/ noun, c. *The sound heard at the beginning of the word 'ship' is a sibilant.* = a speech-sound (sound used in speaking) in which a stream of air is allowed to escape with a light hiss [TECHNICAL] ऊष्म वर्ण (भाषिक ध्वनि के संदर्भ में) [तकनीकी]

sib•ling /ˈsɪblɪŋ/ /ˈसिब्लिङ्/ noun, c. *He grew up in this house together with his three siblings.* = brother(s) and sister(s) सहोदर, भाई–बहन

sic /sɪk/ /सिक्/ adv. (Latin) *Samir writes in his letter that he is going to his vilig (sic) next week.* = a word given in brackets after a word or phrase which has been wrongly spelt or used, to show that it has been copied exactly as it was written, in its incorrect form मूल लेख के अशुद्ध शब्द का यथावत् अंकन

sick /sɪk/ /सिक्/ adj. **1** *He is not playing in this match as he is sick.* = unwell (not in good health) बीमार, अस्वस्थ **2** *I felt sick as the aircraft was moving up and down because of the strong air currents.* = having the desire to vomit मितली आना, तबीयत खराब होना **3** *I am sick of your stupid jokes.* = feeling annoyed or irritated (angry) because there is too much of something ऊब जाना, थक जाना **4** *a sick mind* = unhealthy and cruel अस्वस्थ एवं कठोर **sicken** verb, i. or t. **1** *The man sickened and died.*(i.) = to become very sick बीमार पड़ जाना **2** *Your jokes sicken me.*(t.) = to make someone feel disgusted ऊबाना, खिझाना **sickening** adj. *There was a sickening smell of rotten fish on the beach.* = causing nausea; disgusting घृणित **sickness** noun, u. *The bite of this fly can cause sleeping sickness.* = the condition of not being well or suffering from some disease बीमारी या रोग से ग्रस्त **sickly** adj. *The child looks sickly. Perhaps it is not getting enough food.* = weak and in poor health अस्वस्थ, रोगी **sick note/letter** = a letter written to inform someone in authority (e.g. a teacher, an employer) that one is ill and cannot come बीमारी की छुट्टी का आवेदन–पत्र

to be sick and tired of something *I am sick and tired of your constant complaints.* = tired, weary, fed up with (slang) थक जाना, से ऊब जाना (अपभाषा) **to be worried sick** *After the accident she was worried sick until she got a message to say her child was safe.* = absolutely worried चिंताग्रस्त, चिंता में डूबे होना **to be off sick** = to be absent from work, school etc. because one is ill (informal) बीमारी के कारण अनुपस्थित होना (अनौपचारिक) **to call in sick** = to phone one's school, place of work etc. to say one is ill and cannot come बीमारी की सूचना देना

sick•le /ˈsɪkəl/ /ˈसिकल्/ noun, c. = a kind of knife with a curved blade, used for cutting grain or long grass हँसिया, दराँती

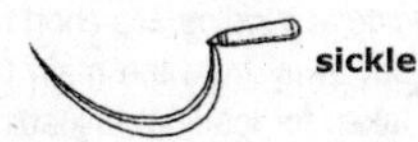
sickle

S

side[1] /saɪd/ /साइड्/ noun, c. **1** *The house has two doors in front, one door at the back and a small door on each side.* = a surface of a solid object that is not the front or back, top or bottom ओर **2** *The child was sitting by the side of the road.* = the edge or border of something के किनारे **3** *Come and sit by my side.* = the place or area next to someone or something पास, बगल में **4** *My room is on this side of the house and my sister's room is on the other side.* = part तरफ़ **5** *Our side is sure to win this match.* = team पक्ष, दल

side[2] verb, i. *My classmates sided with me against our seniors in the argument.* = to support someone in an argument etc. का पक्ष लेना, समर्थन करना **sideboard** noun = a cupboard, usually kept next to the dining table in a house, in which cups, dishes etc. are kept खाने की मेज़ के पास रखी आलमारी **sideburns** noun (always plural) = hair growing on a man's face, in front of the ears (केवल बहुवचन में प्रयुक्त) पुरुषों के कान के पास के बाल, कलमें **sidecar** noun = a small carriage with only one wheel, attached to the side of a motor-cycle पार्श्ववाहन **side dish** noun *I ordered chicken biryani and a vegetable side dish for lunch.* = a portion of food that is served with the main item मुख्य भोजन के साथ खाया जाने वाला खाद्य पदार्थ या पकवान **side-effect** noun *This new drug cures malaria, but it has a number of harmful side-effects.* = the harmful effect that a drug or medicine can have on a patient, in addition to the main effect for which it is given कुप्रभाव, दुष्प्रभाव, **sidekick** noun = a person who is always found in the company of someone important (informal) महत्त्वपूर्ण व्यक्ति के आगे-पीछे रहने वाला (अनौपचारिक) **to sideline** noun *It is quite obvious that Fouzia has been sidelined after she got into an argument with the other members of the team.* = to give less importance, remove (from a team etc.) (informal) गौण बना देना, पीछे कर देना, हटा देना (अनौपचारिक) **side-line** noun, c. = a line marking the limit of the playing area in a game such as tennis or football खेल के क्षेत्र की सीमा-रेखा **side-splitting** adj. *side-splitting laughter* = something that is very funny लोट-पोट कर देने वाला **side-step** verb, t. *The reporter asked the actor a very awkward question, but he side-stepped it.* = to avoid cleverly बचा जाना, टाल जाना **side-track** verb, i. *We were discussing the political situation but somehow we got side-tracked into talking about cricket.* = to move away from the main subject मुख्य विषय से हट जाना या भटक जाना (विषयांतर करना) **sidewalk** noun, c. = a raised surface along the side of a street on which people can walk (also **pavement** or **foot-path**) पटरी, फ़ुटपाथ (देखें **pavement** या **foot-path**) **siding** noun, c. *The train was standing at a siding.* = a short railway track connected to but away from the main track, where trains can be taken for loading, unloading etc. मुख्य पटरी से भिन्न छोटी रेल-पटरी

from all sides *The players were greeted from all sides with shouts of 'Well played!' as they walked through the crowd.* = from different directions चारों ओर से **to do something on the side** = to be engaged in some activity, often dishonest or illegal, in additon to one's main occupation or profession मुख्य व्यवसाय के साथ-साथ गैर कानूनी या अनैतिक कार्य करना **to be on the right side/wrong side of something** *He is on the right/wrong side of forty.* = to be less than or more than a certain age निश्चित उम्र से कम या ज़्यादा होना **the other side of the coin** = a different view or aspect of some question that one has been considering (thinking about) सिक्के का दूसरा पहलू **to stand by someone's side** = to give someone help or support when it is needed का समर्थन करना, मदद करना

si•dle /ˈsaɪdl/ /ˈसाइड्ल्/ verb, i. *He was ashamed that he was late and sidled up to a seat where he couldn't be seen.* = to move nervously and stealthily without attracting too much attention चुपके से दुबककर बैठ जाना

siege[1] /siːdʒ/ /सीज्/ noun, u. *The siege of the TV station by the rebel soldiers is over. Now the two groups ought to settle their differences.* = the surrounding of a place by an armed group in order to force the enemy to accept defeat घेराव, घेराबंदी

si•es•ta /siˈestə/ /सीˈएॅस्टॅ/ noun, c. *We enjoy our siesta after lunch.* = a period of rest or sleep during the daytime, specially in a warm country दोपहर का आराम

sieve[1] /sɪv/ /सीव्/ noun, c. *The flour is passed through a sieve before it is used to make bread.* = a tool consisting of a metal frame with a wire or plastic net fixed to its bottom, used to separate solids from a liquid or large pieces of solid matter from something containing smaller pieces of matter छलनी

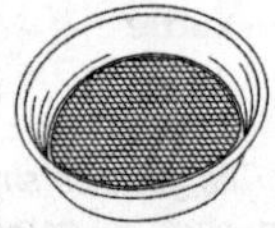
sieve

sieve[2] verb, t. *We will have to sieve the flour in order to remove the husk from it.* = to pass something through a sieve छानना

to have a memory like a sieve (see **memory**) याददाश्त कमज़ोर होना, कुछ याद न रख पाना

sift /sɪft/ /सिफ़्ट्/ verb, t. or i. **1** *The flour has many small pieces of stone mixed with it. We will have to sift it.* = to put a solid substance through a sieve छानना **2** *We have collected a lot of data (information) for our research, but we will have to sift through it before we prepare our report.* = to examine carefully in order to separate what is useful or valuable from something that is less useful or valuable जाँचना, विश्लेषण करना

sigh[1] /saɪ/ /साइ/ verb, i. *'When shall we reach the end of this journey?' the man sighed as he sat down* *to rest in the shade of a tree.* = to let out a deep breath with a sound, expressing tiredness, sadness, boredom etc. गहरी आह भरना

sigh[2] noun, c. *'I think we are going to lose again,' the man said with a sigh.* = the act of sighing or the sound made while sighing ठंडी साँस लेना, आह भरना

to heave a sigh of relief *He heaved a sigh of relief when his interview was over.* = to express satisfaction when a difficult or unpleasant task has been completed चैन की साँस लेना

sight[1] /saɪt/ /साइट्/ noun, u. or c. **1** *The man was hit in the eye by a cricket ball and lost his sight.*(u.) = the power of seeing आँखों की रोशनी, दृष्टि **2** *The flowers in the garden presented a beautiful sight.*(c.) = something that is seen नज़ारा, दृश्य **3** (always plural) *Have you visited all the sights of this city?*(c.) = things that are worth seeing (केवल बहुवचन में प्रयुक्त) दर्शनीय स्थान **4** *The car was travelling so fast that it was soon out of sight.*(u.) = the range or distance within which things can be seen दृष्टि (से ओझल) **5** *When the animal was in his sights the man fired but missed.*(c.) = the part of a gun through which one looks at something that one is aiming at निशाने के लिए सूराख

sight[2] verb, t. *The sailors sighted land after spending more than a month at sea.* = to see something that one has been looking for दीख पड़ना **sighted** adj. *Most of the people in the group are blind, but a few are sighted.* = able to see सही दृष्टि का होना **sightseeing** noun, u. *Most people went sightseeing after we reached Delhi, but I was so tired that I went to bed.* = the act of visiting a famous or interesting place as a tourist सैलानियों द्वारा दर्शनीय स्थलों का परिभ्रमण **sightseer** noun, c. = a tourist who visits famous or interesting places पर्यटक, सैलानी

in sight *We are nearing the station. The platform is in sight.* = near enough to be seen नज़र के सामने होना, नज़र आना **out of sight** = too far away to be seen इतनी दूर कि दिखाई न पड़े **a sight for sore eyes** *How happy the parents were to see their daughter when she got off the train at Chennai! She was a sight for sore eyes.* = someone whom one is very happy to see प्रिय व्यक्ति का दिखाई पड़ना **to lose sight of** *We lost sight of the boy whom we had been chasing.* = to be unable to see someone or something that one had been able to see earlier (दृष्टि से) ओझल हो जाना **to set one's sights on** *Kalpana Chawla set her sights on becoming an astronaut even when she was in school.* = to have an ambition to achieve something in the future लक्ष्य निर्धारित करना

-sighted = suffix describing the way one sees things -दर्शी के अर्थ में प्रयुक्त प्रत्यय e.g. **short-sighted** = unable to see distant objects clearly, निकटदर्शी, जिसकी दूर की दृष्टि कमज़ोर हो **far-sighted** = wise and able to plan for the future दूरदर्शी

sign[1] /saɪn/ /साइन्/ noun, c. **1** *When you see a plus sign (+), you know that you have to add two numbers together.* = a mark, or **symbol**, which carries a meaning that can be understood चिह्न, निशान **2** *The sign outside the doctor's clinic says 'Shoes not allowed inside.'* = a written notice or warning in a public place संकेत (पट्टिका) **3** *The man made a sign with his hand to inform us that he was going into a restaurant to eat.* = a movement of the body which carries a certain meaning; a gesture इशारा **4** *The red marks on the child's face are a sign of measles.* = something that serves as a warning लक्षण

sign[2] verb, t. **1** *Please sign the contract.* = to write one's name on a document (official paper) etc. to show that one accepts or agrees to something हस्ताक्षर करना **2** *He signed that he wanted me to return.* = to make a movement of the body in order to express some meaning; to gesture इशारा करना **3** *We have signed up a new manager.* = to get someone to work for you काम पर नियुक्त करना **sign-board** noun = a board carrying the name of a shop or business establishment नामपट्ट **sign language** noun = a kind of language consisting of movements of the hands and fingers, used by people who are unable to talk or hear मूक-बधिर लोगों द्वारा प्रयुक्त संकेत-भाषा, इंगित भाषा

to sign away something = to give up your rights to a piece of property etc. by signing a legal document औपचारिक रूप से अपना अधिकार छोड़ देना **to sign for** = to sign a document to show that you have received something e.g. a registered letter प्राप्ति-हस्ताक्षर करना **to sign in** = to put your signature in a register or book when you enter a hotel, club etc. प्रविष्टि करना, दर्ज करना **to sign off** = to end a letter or a radio broadcast बंद करना **to sign up** = to show that you want to take part in some activity by signing a list स्वीकृति के रूप में हस्ताक्षर करना **to sign on the dotted line** = to sign an agreement or contract समझौता अथवा अनुबंध पर हस्ताक्षर करना **the signs of the Zodiac** = a sign or symbol used in astrology, showing the group of stars, present in the sky at the time of one's birth, which are supposed to influence a person's character and destiny (see pic under **zodiac**) राशि (**Zodiac** के अंतर्गत चित्र देखें)

signatory /ˈsɪgnətəri/ /सिग्नटरी/ noun, c. (**signatories**) *India is a signatory to the free-trade agreement.* = a person or a country that signs an agreement or a contract अनुबंध हस्ताक्षर-कर्त्ता **signature** noun, u. or c. *It is difficult to copy your signature.* = the form in which a person's name is written by himself/herself on a document etc. हस्ताक्षर **signature tune** = a short piece of music played before and after a television or radio programme रेडियो, दूरदर्शन आदि के कार्यक्रम के आरंभ व अंत में बजाई जाने वाली धुन

sig•nal[1] /ˈsɪgnəl/ /ˈसिग्नल्/ noun, c. **1** *The policeman*

S

made a signal with his hand, ordering us to stop. = a movement of the body or an action that carries a certain message or meaning संकेत, इशारा **2** *a traffic signal* = some equipment, found by the side of a road or railway track, that uses lights to inform drivers whether to stop or move ahead यातायात संकेत **3** *The new satellite will carry television signals.* = magnetic waves that travel through the air carrying messages or pictures संदेश अथवा चित्रवाहक चुंबकीय तरंगें

signal² verb, i. or t. (**signalled**) **1** *The policeman signalled to us to stop.*(i.) = to make a signal संकेत करना, इशारा करना **2** *The surrender of the soldiers signalled the end of the war.*(t.) = to show or indicate what is going to happen का सूचक होना

sig•nif•i•cance /sɪg'nɪfɪkəns/ /सिग्'निफ़िकन्स्/ noun, u. *I was only five years old when India became free. I was too young to understand the significance of this event.* = the special importance or value of something महत्त्व, सार्थकता **significant** adj. **1** *World Wars I and II were very significant events in world history.* = important महत्त्वपूर्ण **2** *The girl looked at me and gave me a significant smile.* = carrying a special meaning अर्थपूर्ण, संकेतपरक **signify** /'sɪgnɪfaɪ/ /'सिग्निफ़ाइ/ verb, t. **1** *The red light signifies the presence of some danger ahead.* = to be a sign of सूचित करना **2** *He signified his agreement by raising his hand.* = to make known बतलाना, दिखलाना, सूचित करना

Signor /siː'njɔːʳ/ /सी'न्यॉʳ/ noun = a title used to address a man in Italian इतालवी भाषा में पुरुष के लिए संबोधन का शब्द **Signora** noun = a title used to address a lady in Italian इतालवी भाषा में महिला के लिए संबोधन का शब्द

sign•post¹ /'saɪnpəʊst/ /'साइन्पउस्ट्/ noun, c. = a sign at a place where roads meet, showing the directions in which different places lie, and the distances to them मार्ग पट्ट, चौराहे या मोड़ पर स्थान-दिशा-निर्देश

sign-post² verb, t. *We found our way to this place easily because the roads were clearly sign-posted.* = to provide information through sign-posts मार्ग पट्ट द्वारा दिशा-निर्देश

Sikh /siːk/ /'सिख/ noun = a person who follows the Sikh religion, founded by Guru Nanak in India in the 16th century सिख धर्मानुयायी

silage see **silo** देखें **silo**

si•lence¹ /'saɪləns/ /'साइलन्स्/ noun, u. **1** *We expect complete silence in the library.* = the absence of sound or noise नीरवता **2** *Your silence shows that you agree with me.* = the state of not saying anything चुप्पी

silence² verb, t. *The instructor silenced the noisy children with an angry look.* = to cause someone to stop speaking or making a noise चुप कराना **silencer** noun, c. = a device fitted to a gun that cuts down the sound produced by the firing of a bullet बंदूक में लगने वाला यंत्र जिससे बंदूक चलने की आवाज़ न हो **silent** adj. **1** *We were so shocked by the news that everyone became silent.* = not making any sound चुप, मौन **2** *The letter 'g' is silent in the word 'sign'.* = not pronounced (spoken aloud) अनोच्चरित **3** *The law is silent on this point.* = not expressing an opinion मौन रहना या होना, विचार व्यक्त न करना

sil•hou•ette¹ /sɪluː'et/ /सिलूएँट/ noun, c. *I could see only the silhouette of the man standing behind the window. I did not see his face clearly.* = the dark shape or shadow of a person or object seen against a light background छायाकृति

silhouette² verb, t. *The tall building was silhouetted against the evening sky.* = to be seen as a silhouette (in outline) छायाकृति के रूप में दिखाई पड़ना

sil•i•ca /'sɪlɪkə/ /'सिलिक/ noun = a chemical substance that is present in sand and is used in making glass शीशा बनाने में प्रयुक्त एक रासायनिक तत्त्व 'सिलिका'

sil•i•con /'sɪlɪkən/ /'सिलिकउन्/ noun = a chemical substance that is not a metal but is found in many different minerals, used in making glass 'सिलिकन', एक रासायनिक तत्त्व **silicon chip** noun, c. = a small piece of silicon used in making parts for a computer and other electronic machines 'सिलिकन चिप', कंप्यूटर तथा अन्य विद्युत् उपकरणों में प्रयुक्त होनेवाला टुकड़ा **Silicon Valley** noun = an area in California, U.S.A., where many famous computer companies have their offices and factories 'सिलिकन वैली', कैलिफ़ोर्निया (अमेरिका) में एक क्षेत्र जहाँ अनेक प्रसिद्ध कंप्यूटर कंपनियों के दफ़्तर और कारखाने हैं

sil•i•cone /'sɪlɪkəʊn/ /'सिलिकउन्/ noun = a group of chemicals which contain silicon and are used to manufacture paints,rubber etc. सिलिकन-युक्त रसायन वर्ग जिनसे रबर, पेंट (रंग) आदि का विनिर्माण होता है

silk /sɪlk/ /सिल्क्/ noun **1** = a kind of fibre (thread-like material) produced by a larva known as the silk-worm रेशम **2** = cloth produced from this fibre रेशमी वस्त्र **silken** adj. **1** *silken dresses* = made of silk सिल्क का बना **2** *silken hair* = like silk रेशमी **silk-worm** noun = the larva which produces threads of silk रेशम का कीड़ा **silky** adj. *silky hair* = like silk (also **silken**) रेशम-जैसा (देखें **silken**)

sill /sɪl/ /सिल्/ noun, c. *window-sill* = a shelf-like structure made of wood or cement at the base of a window 'सिल', दहलीज़

sil•ly /'sɪli/ /'सिली/ adj. *You want to become a writer? Don't be silly! You can't even write a page of composition!* = foolish or unreasonable मूर्ख, बेवकूफ़

si•lo /'saɪləʊ/ /'साइलउ/ noun, c. *a grain silo* = a large building on a farm, shaped like a tower, in which grain or food for cattle is stored खत्ता/खत्ती, अनाज अथवा चारा सुरक्षित रखने का स्थान **silage** noun, u. = food for cattle stored in a silo चारा, खत्ता में रखा अनाज

silt /sɪlt/ /सिल्ट्/ noun, u. *A lot of silt was left behind on the river bank after the flood.* = solid material (mud or soil) carried by a river and often deposited (dropped) on the banks or at the place where the river meets the sea गाद, नदी द्वारा लाई गई मिट्टी

sil•ver[1] /'sɪlvəʳ/ /'सिल्वर्/ noun **1** = a soft, white metal used for making jewellery, utensils (plates, spoons etc.) चाँदी **2** *Let's put the silver away.* = things made of silver (referring usually to spoons, forks, etc. (see **silverware**) चाँदी के बर्तन (देखें **silverware**) **3** = a coin made of silver (old-fashioned) चाँदी के सिक्के (पुराने प्रचलन का)

silver[2] adj. **1** *a silver spoon* = made of silver चाँदी का बना **2** *a silver-haired man* = like silver in colour सफ़ेद

silver[3] verb, t. *The back of the mirror has been silvered.* = to cover with a thin layer of silver चाँदी की परत चढ़ाना **silverfish** noun = a kind of insect that often damages the paper of old books, cloth etc. कागज़ व कपड़ों को खराब करने वाला एक कीट **silver jubilee** noun, c. = a celebration of an important event, held exactly 25 years after the event took place रजत जयंती **silver medal** noun, c. = a medal (prize) made of silver, given to a person who comes second in a competition चाँदी का पदक, रजत पदक **silver-tongued** adj. *a silver-tongued orator* = having great skill as a speaker वाक्पटु **silverware** noun, u. = things such as spoons, knives, dishes etc. made of silver or some other metal which looks like silver चाँदी के बर्तन **silver wedding** noun = a celebration marking 25 years of the marriage of a man and his wife विवाह की रजत जयंती **silvery** adj. **1** *the silvery light of the moon* = looking like silver (literary) रुपहला (साहित्यिक) **2** *silvery laughter* = having a pleasant sound सुमधुर (हँसी)

sim•i•an[1] /'sɪmiən/ /'सिमिअन्/ noun, c. = a monkey or animal belonging to the monkey family वानर जाति का एक पशु

simian[2] adj. *simian features* = like that of a monkey वानर-जैसा

sim•i•lar /'sɪmələʳ/ /'सिम्लर्/ adj. **1** *Many of the metropolitan cities have similar problems because they all suffer from over-crowding.* = of the same kind एक समान, एक-जैसा **2** *The two brothers look so similar that I often mistake one for the other.* = resembling each other मिलते-जुलते, समान **3** *similar triangles* = triangles having exactly the same shape but not the same size [GEOMETRY] समरूपी [ज्यामिति] **similarity** /sɪmɪ'lærɪti/ /सिमिलैरिटी/ noun, u. *There is a lot of similarity between Assamese and Oriya.* = the quality of being similar सादृश्य, समानता **similarly** adv. *Last Friday was a holiday. Similarly, next Friday is a holiday.* = in the same way वैसे ही, उसी तरह

sim•i•le /'sɪmɪli/ /'सिमिली/ noun, c. *When you say 'They worked like machines', you are using a simile.* = an expression which compares one thing to another directly, using words such as 'like' or 'as', often used in poetry [LITERATURE] उपमा [साहित्य]

sim•mer /'sɪməʳ/ /'सिमर्/ verb, i. or t. **1** *Allow the curry to simmer on the fire for ten minutes.*(t.) = to cook something containing a liquid at low heat (below the boiling point) धीमी आँच पर पकाना **2** *The crowd was simmering with anger.*(i.) = to be in a state of anger or excitement क्रोध में उत्तेजित होना **simmer down** verb *It was quite a task for the officer to ask the crowd to simmer down as they were angry about getting no piped water.*= to become quiet after a spell of anger क्रोधावेश के बाद शांत होना

sim•per /'sɪmpəʳ/ /'सिम्पर्/ verb, i. *Why are you simpering? Do you find something funny?* = to smile in a foolish way दाँत निकालना, खींसें निपोरना (मुस्कुराने के संदर्भ में)

sim•ple /'sɪmpəl/ /'सिम्प्ल्/ adj. **1** *I eat simple food—only rice and daal. Nothing fancy!* = plain or very ordinary सादा **2** *He leads a simple life.* = without any show सादा, साधारण **3** *This is a simple mathematical problem. You should be able to solve it easily.* = easy to understand or do आसान, सरल **4** *This wooden 'charkha' is a simple machine for spinning thread, which was made popular by Mahatma Gandhi.* = something which is made up of very few parts सरल **5** *'He eats rice' is a simple sentence.* = a sentence that has only one clause, with one finite verb [GRAMMAR] सरल वाक्य [व्याकरण] **simple fracture** noun, c. = a fracture (breaking of a bone) in which the bone does not cut through the flesh and skin संवृत्त अस्थिभंग **simple interest** noun = interest calculated only on the principal (the sum of money given as a loan) and not on the interest which has been earned साधारण ब्याज **simple-minded** adj. *a simple-minded person* = not very intelligent or clever सरल स्वभाव वाला, भोला-भाला **simpleton** noun, c. *She is such a simpleton that anyone can cheat her.* = a person who is not very clever and trusts people easily बुद्धू, बबुआ, सीधा **simplicity** /sɪm'plɪsɪti/ /सिम्'प्लिसिटी/ noun, u. = the quality of being simple सरलता, सादगी, स्वाभाविकता **simplify** /'sɪmplɪfaɪ/ /'सिम्प्लिफ़ाइ/ verb, t. *This story is difficult for the children. Can you simplify it?* = to make something easier to understand सरलीकरण करना, सरल बनाना **simplistic** /sɪm'plɪstɪk/ / सिम्'प्लिस्टिक् / adj. *The problem of feeding millions of poor people is a difficult one. It cannot be solved by simplistic measures.* = treating something difficult as if it was simple (derogatory) गलत रूप से सरलीकृत (अनादरपूर्ण) **simply** adv. *Our teacher explains the meanings of words as simply as possible so that the*

S

whole class can understand easily. = in a simple manner सरल तरीके से

sim•u•late /ˈsɪmjʊleɪt/ /ˈसिम्युलेइट्/ verb, t. *Cheap plastic is often used to simulate ivory.* = to imitate (to make something look like something else) नकल बनाना **simulation** /sɪmjʊˈleɪʃən/ /सिम्यु'लेइशन्/ noun, u. or c. **1** = the act of imitating something अनुकरण, नकल **2** *a computer simulation* = the use of a computer programme to imitate and study a real event such as an earthquake कृत्रिम रूप से दर्शाना **simulator** noun, c. = a machine used to train people to fly an aircraft हवाई जहाज़ उड़ाने के प्रशिक्षण में प्रयुक्त मशीन

sim•ul•ta•ne•ous /sɪməlˈteɪnəs/ /सिमल्'टेइनस्/ adj. *The start of the meeting was simultaneous with the explosion of the bomb.* = happening at exactly the same time समकालिक, एक ही समय में, एक साथ

sin[1] /sɪn/ /सिन्/ noun, c. *Cruelty to living things is a sin.* = an action that is against God's laws or religion पाप, गुनाह

sin[2] verb, i. (**sinned**) *You have sinned by telling a lie.* = to do something which is a sin पाप करना, अपराध करना **sinful** adj. *a sinful life* = guilty of sin पापपूर्ण, पाप से भरा **sinner** noun, c. = a person who commits a sin पापी

since[1] /sɪns/ /सिन्स्/ prep. *He has been working here since 15 July.* = after (referring to the period of time that has passed after a particular point of time) (15 जुलाई) से (विभक्ति)

since[2] adv. *I saw them last Friday but I haven't seen them since.* = after that time के बाद, अब तक

since[3] conj. **1** *He has put on a lot of weight since we last met.* = after उसके बाद **2** *She ate the last samosa since it would have been wasted otherwise.* = because क्योंकि

sin•cere /sɪnˈsɪəʳ/ /सिन्'सिअर/ adj. *He was not sincere when he said that he agrees with our views. I know that he has differences with us.* = honest or true ईमानदार, सच्चा **sincerely** adv. **1** *I sincerely hope you will attend the general body meeting on Monday.* = really (*sincerely* is here a way of telling the listener that something is important.) ईमानदारी से, कसम से **2** *Please let's do this work sincerely, or not at all.* = in a sincere way ईमानदारी से **sincerity** noun, u. *I like that woman for her sincerity. You can always trust her.* = the quality of being sincere सच्चाई, ईमानदारी

sine /saɪn/ /साइन्/ = the ratio between the length of the side which is opposite an angle of less than 90 degrees, and the length of the hypotenuse in a right-angled triangle [MATHEMATICS] त्रिकोण की रेखाओं का अनुपात [गणित]

si•ne•cure /ˈsaɪnɪkjʊəʳ/ /ˈसाइनिक्युअर/ noun, c. = a paid job with no or very few duties (derogatory) आराम की नौकरी (अनादरपूर्ण)

sine•die /saɪni ˈdaɪ-iː/ /साइनी 'डाइ-ई/ adv. (Latin) *The examination has been postponed sine die.* = indefinitely (without a date being fixed) (लैटिन भाषा की अभिव्यक्ति) अनिश्चितकाल के लिए

sine•qua•non /sɪnikwɑːˈnəʊn/ /सिनीक्वाऽ'नउन्/ noun, u. (Latin) *A knowledge of Kannada is a sine qua non for this job in Bangalore.* = a necessary condition for something to happen (लैटिन भाषा की अभिव्यक्ति) अनिवार्य शर्त

sin•ew /ˈsɪnjuː/ /ˈसिन्यू/ noun, c. = a tendon (strong thread-like structure which attaches a muscle to a bone) नस **sinewy** adj. *a sinewy body* = muscular मांसल

sing /sɪŋ/ /सिङ्/ verb, i. *He has a fine voice and he sings beautifully.* = to produce music or musical sounds with the voice गाना **sing-song** noun, u. *She spoke in a strange sing-song.* = a manner of speaking in which the voice rises and falls regularly आवाज़ के उतार-चढ़ाव के साथ बोलना

to sing a different song/tune *You are sure to sing a different song when you experience life abroad. Every luxury will seem a necessity!* = to change one's views विचारों को बदलना

singe /sɪndʒ/ /सिन्ज्/ verb, t. *I was trying to iron my shirt and I have singed it.* = to burn slightly झुलस जाना

sin•gle[1] /ˈsɪŋgəl/ /ˈसिंग्ल्/ adj. **1** *He managed to win the game in a single shot.* = only one एक ही **2** *He uttered only a single word when he was questioned, which was 'No'.* = only one एकमात्र, एक ही **3** *He is still single. // a single parent* = used to describe someone who is unmarried, divorced, or whose married partner has died अकेला, अविवाहित **4** *I want a single bed.* = for the use of one person only एक व्यक्ति के योग्य

single[2] verb, t. *He was singled out for criticism when the project failed.* = to separate or choose someone from a group वर्ग में से एक को अलग करना, चुनना **single-breasted** adj. *a single-breasted jacket* = a coat or jacket with buttons on only one side of the front एक प्रकार का कोट या जैकेट **single-handed** adv. *I built this house single-handed.* = with no help from anyone बिना किसी सहायता के, अकेले **single-minded** adj. *She is single-minded when she is working.* = having only one clear aim or purpose एकनिष्ठ, एकाग्र **singles** noun *Hewitt has won the singles title at Wimbledon.* = a match in tennis or badminton in which only one player plays against another player एकल (खेल के संदर्भ में) **single out** verb *Why do you always single me out for criticism?* = to choose one person/thing out of a group to blame, scold etc. दोषारोपण के लिए चुनना **single file** noun *Classes have to walk to the quadrangle generally in single file.* = a line of people coming one behind the other एक पंक्ति में

sin•g•let /'sɪŋglɪt/ /'सिंग्लिट्/ noun, c. = a kind of shirt without sleeves, generally worn by men as an undergarment बनियान

singular /'sɪŋgjuləʳ/ /'सिंग्युलर्/ noun or adj. **1** *'Boy' is singular while 'boys' is plural.* = the form of a word which shows that it is being used to refer to only one person or thing [GRAMMAR] एकवचन [व्याकरण] **2** *a child with singular intelligence*(adj.) = unusually great विलक्षण

sin•is•ter /'sɪnɪstəʳ/ /'सिनिस्टर्/ adj. *They were planning to steal money from the bank, but we were able to defeat their sinister plans.* = evil or dangerous (formal, literary) बुरे, खतरनाक (औपचारिक, साहित्यिक)

sink[1] /sɪŋk/ /सिंक/ verb, i. or t. (**sank**, **sunk**) **1** *The 'Titanic' hit an iceberg and sank in the Atlantic Ocean.*(i.) = to go down below the surface of water डूबना **2** *The river kept rising after the rains, but now the level of the water is slowly sinking.*(i.) = to fall to a lower level घटना **3** *The patient is sinking. He may not live very long.*(i.) = to become weaker and close to death बढ़ती कमज़ोरी के साथ मृत्यु की ओर बढ़ना, हालत में उत्तरोत्तर गिरावट **4** *We have agreed to sink our differences and become friends.*(t.) = to give up छोड़ना **5** *We are planning to sink a well here.*(t.) = to dig into the earth खोदना

sink[2] noun, c. *a kitchen sink* = a container for water, fixed to a wall and connected to a water pipe, from which the water can be removed after pots and pans have been washed in it 'सिंक', हौदी **sunken** adj. *The children in the famine-stricken area had sunken cheeks.* = hollow धँसा हुआ **sinker** noun, c. = a weight attached to a fishing line or net to keep it in place below the surface of the water निमज्जक, मछली पकड़ने के जाल में लगाया जानेवाला वज़न **sinking fund** noun, c. = an amount of money set apart for repayment of debts ऋण निधि

sink into *The accident victim sank into a coma.* = slowly become inactive धीरे-धीरे निष्क्रिय होना **sink in** *The thought that my mother is no more is slowly sinking in.* = (referring to an idea or an experience) making itself felt; producing an effect on the mind मन पर असर डालना **to have a sinking feeling** *He had a sinking feeling when he heard that some people in the office would lose their jobs.* = an uncomfortable feeling caused by fear, anxiety or nervousness घबराहट या डर की भावना होना, दिल डूबना **sink so low** *How could you sink so low as to cheat someone who's been so good to you?* = to behave in a worse manner than one could expect व्यवहार में नीचे गिरना, अपेक्षा से अधिक बुरा व्यवहार करना **sink or swim** *We are alone in running this business, and will either sink or swim.* = to fail (sink) or succeed (swim) in something in which one is on one's own सफल या असफल होना **one's heart sank** *His heart sank when he realised he had not been selected for the job.* = to feel unhappy and disappointed निराश होना, दिल डूबना

Sino- /'saɪnəʊ/ /'साइनउ/ prefix meaning connected with China e.g. *Sino-Indian relationships* 'चीन-संबंधित' का अर्थ देने वाला उपसर्ग

sin•u•ous /'sɪnjuəs/ /'सिन्युअस्/ adj. *The sinuous path led up the mountain.* = twisting and turning like a snake, with many curves (literary) सर्पाकार, घुमावदार (साहित्यिक)

si•nus /'saɪnəs/ /'साइनस्/ noun c. (**sinuses**) *The doctor says my headache is caused by a blocked sinus.* = a hollow space, filled with air, inside the bones of the face, leading to the nose [MEDICINE] शिरानाल [चिकित्सा]

sip[1] /sɪp/ /सिप्/ verb, t. (**sipped**) *We sat on the verandah all evening, sipping lemonade from tall glasses.* = to drink some liquid in small amounts at a time घूँट लगाना, घूँट-घूँट पीना

sip[2] noun, c. = a very small amount of some liquid that is drunk by someone घूँट

si•phon[1] **(syphon)** /'saɪfən/ /'साइफ़न्/ noun, u. = a bent tube or pipe which is used to draw out water or other liquid from one container into another, using the pressure of air 'साइफ़न', तरल पदार्थ को एक बर्तन से दूसरे में डालने के लिए प्रयुक्त 'पाइप'

siphon[2] verb, t. **1** *We siphoned some petrol from the petrol tank of the car into a plastic can.* = to draw out liquid with the help of a siphon साइफ़न द्वारा निकालना **2** *to siphon off huge sums of money* = to take money dishonestly (derogatory) बेईमानी से पैसा निकालना (अनादरपूर्ण)

Sir /səʳ/ /सर्/ noun **1** *Sir, may I be excused?* = a title commonly used by school children to address a male teacher श्रीमान, अध्यापक के लिए प्रयुक्त संबोधन **2** *Dear Sir,* = a salutation (words used to begin a letter) commonly used in writing to a man (formal) पत्र-लेखन में प्रयुक्त संबोधन (श्रीमान, महोदय) (औपचारिक) **3** *Sir Donald Bradman* = a title given as an honour by the King or Queen of England to a man who has become famous एक उपाधि, पदवी

sire[1] /saɪəʳ/ /साइअर्/ noun, c. *The sire of this colt (young horse) was a well-known race-horse.* = a male animal (usually a horse or a dog) which is the father of another animal (female **dame**) पिता (पशु के संदर्भ में) (मादा को **dame** कहा जाता है।)

S

sire² verb, t. *This horse has sired a number of champion race horses.* = to become the father of (generally used of horses and other animals) पैदा करना (घोड़े व अन्य पशुओं के संदर्भ में)

si•ren /'saɪərən/ /'साइअरन्/ noun, c. **1** *a factory siren* = a machine which produces a long, high warning sound, commonly used in factories or on police cars or ambulances भोंपू, 'साइरन' **2** = an imaginary sea-creature that was half-woman and half bird and sang so sweetly that sailors were charmed by its music (found in stories from ancient Greece) काल्पनिक जलपरी (प्राचीन ग्रीस की कथाओं में वर्णित)

sir•loin /'sɜːlɔɪn/ /'सऽलॉइन्/ noun, c. *a sirloin of beef* = a piece of costly meat cut from the lower back of a cow पुट्ठे का माँस

sis /sɪs/ /'सिस्/ noun = a form of address used for one's sister (informal) बहन (अनौपचारिक)

si•sal /'saɪsəl/ /'साइसल्/ noun = a kind of plant whose leaves produce a strong thread-like substance that is used for making ropes एक पौधा जिसके रेशों से सुतली बनाई जाती है

sis•sy /'sɪsi/ /'सिसी/ noun, c. (**sissies**) *Don't be such a sissy!* = a boy who looks or acts like a girl (informal, derogatory) G लड़कियों के जैसा (अनौपचारिक, अनादरपूर्ण) लिंग

sis•ter /'sɪstəʳ/ /'सिस्टर/ noun, c. **1** = a girl or woman who has the same father and mother as another person बहन **2** = a title commonly used to address a nurse in a hospital or a nun (a woman who is a member of a Christian religious group) नर्स, परिचारिका, ईसाई नन **sister-in-law** noun, c. (**sisters-in-law**) = a woman who is the sister of one's wife or husband or the wife of one's brother भाभी, जेठानी, ननद, साली **sisterly** adj. *She gave me sisterly affection.* = as a sister would give/do बहन-जैसा

sit /sɪt/ /सिट्/ verb, i. or t. (**sat** /sæt/) /सैट/ **1** = to rest on a chair or on the ground with the legs bent at the waist and the knees but the upper part of the body (above the waist) straight बैठना **2** *I am sitting on the Board of Directors of this company.*(i.) = to be a member of an official body प्रतिनिधि या सदस्य होना **3** *The court will sit in the mornings only.*(i.) = to meet for official work सरकारी कार्य हेतु मिलना **4** *He is sitting for the M.Sc. examination.*(t.) = to take a written examination (also **to sit an examination**) परीक्षा में बैठना **5** *She is sitting for a portrait.*(i.) = to pose for a photograph or painting (to sit without moving while one's photograph is being taken or one's picture is being painted) फ़ोटो या चित्र के लिए बैठना

sit•ting¹ /'सिटिङ्/ noun, c. or adj. **1** *a sitting of the parliament*(noun) = a meeting of an official body बैठक **2** *He read the book in a single sitting.*(noun) = time spent in a chair, usually for reading a book एक ही बार में **3** *a sitting for a portrait.*(noun) = the time spent in having one's photograph taken or one's picture painted फ़ोटो या चित्र के लिए बैठना **4** *a sitting member of the parliament*(adj.) = one who is already a member of an official body प्रतिनिधि, सदस्य **sitting room** noun = the room in a house in which people meet guests but which is not used to sleep in (also **drawing-room** or **living-room**) बैठक, ड्राइंग रूम (देखें **drawing-room** या **living-room**) **sit-down (strike)** noun = the stopping of work by workers in a factory or office who refuse to leave until their demands are met हड़ताल, धरना **a sit-down meal** noun = a meal during which people sit down at a table and have food served to them बैठकर किया जाने वाला भोजन **sit-in** noun = a way of expressing dissatisfaction by entering a public place, stopping the work being done there and refusing to leave (**gherao**, in some Indian languages as well as Indian English) घेराव करना **sit-up** noun, c. = a form of exercise in which a person quickly and repeatedly sits down from a standing position उठक-बैठक

a sitting duck = a person who can be very easily cheated जिसे आसानी से धोखा दिया जा सके **to sit around** *It was so hot that we sat around doing nothing.* = to sit, together with others, in a relaxed way, not doing anything serious (often disapproving) खाली बैठना (प्रायः अस्वीकृत) **to sit in** *Although she wasn't a member of the committee, we asked her to sit in at the meeting.* = to attend a meeting etc. in order to listen and observe, not to take an active part सम्मिलित होना **to sit in for someone** = to take someone's place in doing some work or attending a meeting किसी के एवज में बैठना या बैठक में भाग लेना **to be sitting pretty** **1** *Our business did very well last year and we are sitting pretty.* = (of business) to be in a good state अच्छी हालत में (व्यापार के संदर्भ में) **2** *I think we should help in the housework instead of sitting pretty.* = being idle and not helping खाली बैठना, सहायता न करना **to sit on something** *I sent the newspaper an article, but they're just sitting on it.* = to delay in reaching a decision (disapproving) निर्णय में नाहक विलंब करना (अस्वीकृत) **to sit something out** *We didn't like the film, but because Rehana did, we sat it out with her.* = to go through an experience of listening to or watching something, even if one does not like it मजबूरी में अंत तक रुके रहना **to sit through something** *It was a long and dull lecture but we sat through it patiently.* = to listen to or watch something e.g. a film, from beginning to end अंत तक बैठे रहना **to sit up** *We sat up to watch the film.* = to stay awake very late देर तक जागना **to make someone sit up** *We went to the music performance not expecting much, but the singer made us really sit up and listen.* = to cause someone to feel a sudden interest which they didn't think they would feel इच्छा जागृत करना

si•tar /'sɪtɑːʳ/ /'सितार/ noun = an Indian musical instrument with many strings सितार

sit-com /'sɪtkɒm/ /'सिट्कॉम्/ noun, c. = the short form of **situational-comedy** (a drama shown on television in which humour is created through funny situations or events) हास्य नाटक (**situational-comedy** का संक्षिप्त रूप)

site[1] /saɪt/ /साइट्/ noun, c. **1** *The police rushed to the site of the accident.* = the place where something happens घटनास्थल, स्थान **2** = short form for **website** 'वेब साइट' का संक्षिप्त रूप

site[2] verb, t. *The company will site the new factory near a port.* = to put or build something at a particular place (formal) निर्माण के लिए निर्धारित करना (औपचारिक)

sit•u•ate /'sɪtʃueɪt/ /'सिचुएइट्/ verb, t. *We have not decided where we will situate the new office.* = to put in a particular position. (also **site**[2]) बनाना, स्थापित करना (देखें **site**[2]) **situated** /sɪtʃu'eɪtəd/ /सिचुएइटड्/ adj. *The school is situated on top of a hill.* = to be in a particular place or position स्थित **situation** noun, u. or c. **1** *When I got into the bus, I found I had no money to buy a ticket. It was a difficult situation.* = a set of events leading to a certain condition at a particular time हालत, स्थिति **2** *This house has a wonderful situation.* = the place where something is built स्थान, स्थिति

six /sɪks/ /सिक्स्/ noun **1** = the number shown by the sign 6, which comes after 5 संख्या छह **2** *He hit the ball for a six.* = a hit in the game of cricket which brings six runs (also **sixer**) छक्का (क्रिकेट खेल में) (देखें **sixer**) **six-footer** noun, c. = a tall person who is more than six feet (1.83 metres) in height छह-फ़ुटा **six-shooter** noun, c. = a revolver (small gun) which holds six bullets and can fire them one after another रिवाल्वर, छह गोली वाली बंदूक

six•teen /sɪk'stiːn/ /सिक्'स्टीन्/ noun = the number represented by 16 (10 + 6) सोलह

six•th /'sɪksθ/ /'सिक्स्थ्/ det. *the sixth house on the road* = coming after five persons or objects छठा **sixth sense** noun *His sixth sense told him he was in danger.* = an ability to know things without the use of the ordinary five senses (sight, smell, hearing, taste, feeling) छठी इंद्रिय/इंद्री

six•ty /'sɪksti/ /'सिक्स्टी/ noun = the number represented by 60 (10x6) साठ

size[1] /saɪz/ /साइज़्/ noun, u. or c. **1** *This car is of just the right size—neither too big nor too small.* = the degree of bigness or smallness नाप, माप, छोटा या बड़ा होने का स्तर **2** *China's neighbours admire China because of its size.* = degree of bigness आकार **3** *This shop stocks shoes in many different sizes.* = a set of standard measurements in which things are produced नाप

size[2] verb, t. *The students were becoming restless and could easily turn violent. The chief of the police party sized up the situation immediately.* = to form an opinion or judgement after considering the facts विचार बनाना, परख लेना, फ़ैसला करना **sizable** adj. *She won the election by a sizable number of votes.* = rather large काफ़ी बड़ा

siz•zle /'sɪzəl/ /'सिज़ल्/ verb, i. *The fish which the woman was frying sizzled in the frying-pan.* = to make the sound that is produced when something is being fried in hot oil गर्म तेल में तले जाने की आवाज़ **sizzler** noun, c. = a meat dish served in a restaurant, which is brought to the table while it is still hot and sizzling 'सिज़लर', होटल आदि में मांसाहारी भोज्य पदार्थ परोसने की एक विधि

skate[1] /skeɪt/ /'स्केइट्/ noun, c. **1** (usually plural) *roller skates* = a piece of metal like a shoe, with four small wheels attached to the bottom, which a person can wear on the foot and use to move very fast (सामान्यतः बहुवचन में प्रयुक्त) 'स्केट' पहियों वाले जूते **2** *ice-skates* = a shoe or boot, to the bottom of which a steel blade is attached, to allow the wearer to move quickly over ice बर्फ़ पर पहनने के लिए **3** = a kind of large, flat fish found in the sea एक प्रकार की बड़ी, चपटी समुद्री मछली

skate[2] verb, i. *He loves to skate.* = to move on skates स्केट पर चलना **skate-board** noun, c. = a short, flat board with four small wheels attached to the bottom, on which one can stand and move quickly स्केट बोर्ड

skeet-shooting /'skiːt ʃuːtɪŋ/ /'स्कीट् शूटिङ्/ noun = a sport in which one shoots at clay objects thrown into the air like flying birds एक खेल जिसमें हवा में उछाली गई वस्तु को निशाना बनाया जाता है

skein /skeɪn/ /स्केइन/ noun, c. *a skein of wool* = a length of thread or wool wound loosely into the shape of a large ring लच्छा, अंटी

skel•e•ton[1] /'skelɪtən/ /'स्केलिट्न्/ noun, c. **1** = the framework of connected bones which supports the body अस्थिपंजर, कंकाल **2** *the skeleton of a building* = the framework around which something is constructed ढाँचा **3** *He has become a skeleton after his long illness.* = an extremely thin and weak person (figurative) सूखकर काँटा हुआ व्यक्ति (लाक्षणिक)

skeleton[2] adj. *The company is running with only a skeleton staff.* = just enough to keep something going कामचलाऊ मात्रा में **skeleton key** noun, c. = a key which can open many different locks चोर कुंजी

a skeleton in the cupboard = a shameful event or fact which a person tries to keep secret ऐसी शर्मनाक घटना जिसे व्यक्ति गुप्त रखना चाहता है

skeletal /'skelɪtəl/ /'स्केलिटल्/ adj. **1** *skeletal tissues* = belonging to a skeleton कंकाल-संबंधी **2** *a skeletal report* = giving only the main points, without details मुख्य बिंदु, रूपरेखा

sketch[1] /sketʃ/ /स्केच्/ noun, c. **1** *a pencil sketch* = a simple drawing, often done quickly जल्दी-जल्दी बनाया

S

गया सरल चित्र **2** = a short written or spoken description रेखाचित्र, मौखिक अथवा लिखित संक्षिप्त वर्णन

sketch[2] verb, t. or i. **1** *The artist sketched the scene on a piece of paper.*(t.) = to draw quickly रेखांकन करना **2** *The Director sketched out the programmes planned for the next year.*(i.) = to describe only the main points, without details खाका बनाना **sketchy** adj. *She gave us only a sketchy account of what happened at the meeting.* = not complete or not giving enough information (often derogatory) मोटा-मोटी, अपूर्ण, पूरी जानकारी दिए बिना (प्राय: अनादरपूर्ण)

skew /skjuː/ /स्क्यू/ verb, t. *The facts in the report have been skewed. This is not what happened.* = to change the information in something written or spoken so that one does not get the correct picture तथ्यों को घुमा-फिरा कर प्रस्तुत करना

skew•er[1] /ˈskjuːəʳ/ /ˈस्क्यूअ/ noun, c. = a long metal or wooden stick which is put through pieces of meat being cooked on a fire 'सीख', गोश्त पकाने के लिए प्रयुक्त लोहे की सलाख

skewer[2] verb, t. = to pierce meat for cooking with a skewer सलाख से छेदना

ski[1] /skiː/ /स्की/ noun, c. = a long, curved piece of metal that can be fixed to the bottom of a shoe and used for travelling over ice 'स्की', बर्फ़ पर चलने के लिए जूतों के नीचे लगाया जाने वाला धातु का पदार्थ

ski[2] verb, i. (**skied**) = to move over ice by using skis, either as a sport or for going from one place to another बर्फ़ पर चलना **ski-lift** noun, c. = a machine used to carry people who want to ski down a hill to the top of the hill 'स्कीइंग' खेल के खिलाड़ियों को पहाड़ी के ऊपर ले जाने वाली मशीन

skid /skɪd/ /स्किड्/ verb, i. (**skidded**) *The car skidded on the wet road and hit a tree on the side of the road.* = to slip or move sideways, out of control (describing the movement of a vehicle) फिसलना (वाहन के संदर्भ में)

skill /skɪl/ /स्किल्/ noun, u. or c. *The skill of writing can be improved with practice.* = a special ability to do something which one develops through practice or training कौशल **skilful** adj. *a skilful writer* = having a lot of skill निपुण, प्रवीण **skilled** adj. *skilled labour* = having skill कुशल कारीगर, प्रशिक्षित

skil•let /ˈskɪlɪt/ /ˈस्किलिट्/ noun, c. = a metal pan in which food is fried (also **frying-pan**) भोज्य पदार्थ तलने के लिए प्रयुक्त बर्तन (देखें **frying-pan**)

skim /skɪm/ /स्किम्/ verb, t. or i. (**skimmed**) **1** *She skimmed the cream off the milk.*(t.) = to remove something solid which is floating on the surface of a liquid तरल पदार्थ के ऊपर जमा हुआ गाढ़ा पदार्थ उतारना **2** *The birds skimmed across the lake.*(i.) = to move quickly just above the surface of water, without touching it or touching it only occasionally पानी की सतह छूते हुए ऊपर-ऊपर से निकल जाना **3** *I skimmed through the documents in the file.*(i.) = to read something quickly to understand the main points सरसरी नज़र से देखना **skimmed milk** noun, u. = milk from which the cream or fat has been removed मलाई उतरा हुआ दूध

skimp /skɪmp/ /स्किम्प्/ verb, i. or t. *For the school play, we had to skimp on the lights because most of the money was spent on costumes.* = to spend less money on something than is required, often because there is not enough money कम पैसा होने के कारण कंजूसी करना, बचाना **skimpy** adj. **1** *a skimpy meal* = using or providing less of something than is needed नपा-तुला, अपेक्षित मात्रा से कम **2** *a skimpy dress* = clothes which barely cover the body (disapproving) अपर्याप्त, बहुत कम (अस्वीकृत)

skin[1] /skɪn/ /स्किन्/ noun, u. or c. **1** *The bone in his arm was broken, but the skin was not damaged.*(u.) = the natural outer cover over the body of a human being or animal or a fruit or vegetable त्वचा, खाल या छिलका **2** (c.) = the covering over an animal's body, from which leather is made चमड़ा, खाल

skin[2] verb, t. (**skinned**) = to remove the skin from an animal खाल उतारना **skingraft** noun *The skin on his chest and arms got badly burnt in the fire. The doctors will give him a skingraft next month.* = a surgical operation in which healthy skin from one part of the body is used to replace damaged skin in a different part त्वचा बदलना **skinny** adj. *a skinny girl* = very thin and having little flesh on the body अत्यंत दुबला-पतला **skin-tight** adj. *a skin-tight dress* = fitting very tightly and showing the shape of the body clearly (referring to a dress) तंग, चुस्त (पोशाक)

skin-deep *The friendship between the two neighbours is only skin-deep. They don't really like each other.* = only on the surface; not deep or real ऊपरी, सतही **by the skin of one's teeth** *She escaped an accident by the skin of her teeth.* = narrowly; by a small margin बाल-बाल **to jump out of one's skin** = to react to something with fear or shock घबराहट या डर से प्रतिक्रिया व्यक्त करना **to get under someone's skin** *Their habit of boasting really gets under my skin.* = to cause someone to feel irritated or annoyed किसी को नाराज़ करना या खिझाना **to skin someone alive** = to punish someone harshly by scolding them etc. (informal, often humorous) बुरी तरह डाँटना (अनौपचारिक, प्राय: हास्यपरक)

skip[1] /skɪp/ /स्किप्/ verb, i. or t. (**skipped**) **1** *The little girl skipped happily after her mother.*(i.)= to move lightly or quickly with small, dancing steps फुदकना **2** *The children are practising skipping.*(i.) = to jump as an exercise, using a skipping rope रस्सी कूदना **3** *The next five pages of the book are not interesting, so you can skip them.*(t.) = to leave out or pass over छोड़कर आगे बढ़ जाना **4** *I am going to skip class and watch a film on television.*(t.) = to avoid doing something (informal) उपेक्षा करना, छोड़ना, टालना (अनौपचारिक)

skip[2] noun, c. *The little girl walked out of the room with a skip.* = a light jumping movement उछलते-कूदते **skipping rope** noun = a light rope which is held in both hands and swung repeatedly over the head and then under the legs, as one jumps over it as an exercise कूदने की रस्सी

to skip out/off *I'm amazed that all of you skipped off without helping me to clean the house.* = to go away, often suddenly, without feeling any worry or anxiety or a sense of responsibility जिम्मेदारी न लेते हुए भाग जाना

skip•per /'skɪpəʳ/ /'स्किपʳ/ noun, c. = the captain of a ship or a sports team कप्तान

skir•mish[1] /'skɜːmɪʃ/ /'स्कऽमिश्/ noun, c. *There was a skirmish between the two groups of students.* = a short fight which is not planned (formal) भिड़ंत, मुठभेड़ (औपचारिक)

skirmish[2] verb, i. *The two groups skirmished briefly and then became friends again.* = to take part in a skirmish भिड़ना

skirt[1] /skɜːt/ /स्कऽट्/ noun, c. **1** = a short dress for a woman or girl that covers the legs from the waist to the knees स्कर्ट, घाघरा, लहँगा **2** = a covering for a machine that protects some of its parts पल्ला, ढक्कन

skirt[2] verb, t. or i. *The road skirts the house.* = to go around or along the edge of something के किनारे-किनारे, के आस-पास

skit /skɪt/ /स्किट्/ noun, c. = a short humorous play प्रहसन **skittish** adj. *a playful and skittish child* = energetic and restless (disapproving) चंचल, (अस्वीकृत)

skulk /skʌlk/ /स्कॅल्क्/ verb, i. *The policeman caught the man who was skulking in the bushes.* = to hide or move about stealthily in a suspicious manner संदेहास्पद ढंग से लुकना-छिपना

skull /skʌl/ /स्कॅल्/ noun, c. = the framework of bones inside the head खोपड़ी, कपाल **skull-and-crossbones** noun **1** = a sign, consisting of a skull with two long bones crossing each other below it, which shows the presence of some danger खतरे का एक निशान **2** = a flag, carrying the skull-and-crossbones sign, which was used in former times by pirates (sea robbers) डाकुओं (जल दस्युओं) द्वारा प्रयुक्त झंडा **skullcap** noun, c. = a kind of cap which fits tightly on the head, often used by men who follow the Muslim or Jewish religion मुस्लिम या यहूदी टोपी

skunk /skʌŋk/ /स्कॅङ्क्/ noun, c. = an animal found in the U.S.A. which looks like a fox and gives out a liquid with a strong, bad smell when it is attacked अमेरिका में पाया जाना वाला एक लोमड़ी-जैसा पशु जो खतरा आने पर बेहद बदबूदार द्रव छोड़ता है

sky /skaɪ/ /स्काइ/ noun, u. or c. (**skies**) = the space above the earth in which the sun, moon and stars can be seen आकाश **sky-blue** *Their school uniform is sky-blue in colour.* = light blue आसमानी रंग **sky-diving** noun = a sport in which someone jumps from an aircraft and falls freely for several seconds or minutes before opening his/her parachute पैराशूट द्वारा कूदने का खेल **sky-high** adv. *The price of onions has risen sky-high.* = very high गगनचुंबी, आसमान छूता हुआ, बहुत अधिक **sky-jack** verb, t *The flight which took off from Kolkata for Bangkok has been sky-jacked.* = to take control of an aircraft by force (also **hi-jack**) (विमान का) अपहरण करना (देखें **hi-jack**) **sky-lark** noun, c. = a kind of singing bird चातक, एक पक्षी **sky-light** noun, c. = a high opening in a wall inside a house, covered with glass, which allows light to enter रोशनदान **sky-line** noun, u. or c. = the view of a city showing tall buildings with the sky as a background क्षितिज रेखा **sky-scraper** noun, c. = a very tall building गगनचुंबी भवन

to praise someone to the skies = to shower great praise on someone (informal) के पुल बाँध देना, प्रशंसा (अनौपचारिक) **the sky's the limit** *If you are determined, you can achieve anything you want. The sky's the limit.* = 'There is nothing that one cannot achieve.' अनंत संभावनाएँ हैं

slab /slæb/ /स्लैब्/ noun, c. *The drain was covered with stone slabs.* = a thick, flat piece of some material पट्टी

slack[1] /slæk/ /स्लैक्/ adj. **1** *The telephone wires have become slack and are hanging loosely from the poles.* = not tight (referring to a rope or wire) ढीला **2** *Discipline in this school has become slack.* = not firm ढीला, कड़ा नहीं **3** *Business in hotels is slack here after the earthquake last month.* = not active मंदा

slack[2] noun, u. the part of a rope or wire that hangs loose लटकता हुआ सिरा (रस्सी या तार का)

slack[3] verb, i. *Tell the workers not to slack off or they will be dismissed.* = to be lazy in doing work आलसी होना **slacken** verb, t. **1** *The ropes are too tight. Can you slacken them a bit?* = to make less tight ढीला करना **2** *The train has slackened speed.* = to cut down or decrease कम करना, धीमा करना **slacks** noun, c. (always plural, often used with 'a pair of') = loose-fitting trousers (केवल बहुवचन में प्रयुक्त; प्रायः a pair के साथ प्रयुक्त) पाजामा जैसा वस्त्र

slag /slæg/ /स्लैग्/ noun, u. = waste material that is left behind after a metal has been separated from the ore (rock) in which it was present धातु-मल अथवा अवशिष्ट **slag-heap** noun, c. = a pile of slag often found outside a factory धातु अवशिष्ट का ढेर

slake /sleɪk/ /स्लेइक्/ verb, t. *Animals come to this lake to slake their thirst.* = to drink some liquid in order to get rid of one's thirst (also **quench**) (formal, literary) (प्यास) बुझाना (देखें **quench**) (औपचारिक, साहित्यिक)

sla•lom /'slɑːləm/ /'स्लाऽलम्/ noun, c. = a race for persons wearing **skis** (see **ski**), or for drivers of motor

S

cars, in which competitors have to follow a route that winds in and out through a line of poles carrying flags [SPORTS] एक प्रकार की दौड़ जिसमें एक पंक्ति में गड़े झंडों के बीच से दौड़ना होता है [खेल-कूद]

slam[1] /slæm/ /स्लैम्/ verb, t. or i. (**slammed**) **1** *He slammed the door angrily.*(t.) = to shut or close a door or window with force, making a loud noise (धड़ाम) ज़ोर से बंद करना **2** *He slammed the books down on the table.*(t.) = to put something down with force पटकना **3** *The car behind us slammed into us when we stopped the car suddenly.*(t.) = to hit with force ज़ोर से टकराना **4** *The new film was slammed by all the reviewers.*(t.) = to attack in writing (informal) लिखित रूप में कड़ी आलोचना करना (अनौपचारिक)

slam[2] noun, c. *He shut the door with a slam.* = the loud noise produced when a door is closed with force ज़ोर से दरवाज़ा बंद करने की आवाज़ **Grand Slam** *Venus Williams has won the French, Australian and American titles and is likely to complete the Grand Slam this year.* = to win all the important tournaments that one plays in (in tennis) or to win by a very big margin (in bridge) 'ग्रैंड स्लैम', (टेनिस के) खेल में सभी महत्त्वपूर्ण प्रतियोगिताएँ जीत लेना या (ब्रिज के खेल में) बड़े अंतर से जीतना

slan•der[1] /ˈslɑːndəʳ/ /ˈस्लाऽन्डʳ/ noun, u. = a false report or news which damages someone's reputation झूठी निंदा

slander[2] verb, t. *He is doing so many good things for our town, why do you keep slandering him?* = to make a false statement about someone which damages his or her reputation झूठी निंदा करना

slanderous adj. *a slanderous report* = containing slander निंदात्मक

slang[1] /slæŋ/ /स्लैङ्/ noun, u. *'Chamcha' is a slang word in Hindi used to refer to a person who follows an important person everywhere and flatters him or her all the time.* = highly informal and often rude or insulting language. Slang words are often used by groups of people (e.g. drug peddlers) who don't want others to know what they are saying (e.g. 'joint' for marijuana) अपभाषा, एक खास समूह के सदस्यों के बीच बोली-समझी जाने वाली भाषा

slang[2] verb, t. *The players in the fielding side slanged the umpire for not giving the batsman out.* = to attack with rude and angry words (informal) क्रोध में अपशब्दों का प्रयोग करना, गाली-गलौज करना (अनौपचारिक)

a slanging match *It is not uncommon to see people on discussion panels getting into a slanging match, especially if they belong to different political parties.* = an angry argument where people insult each other (informal) एक-दूसरे को अपमानित करने वाला वाद-विवाद (अनौपचारिक)

slant[1] /slɑːnt/ /स्लाऽन्ट्/ verb, i. **1** *In this sentence, all the letters slant to the right.* = to lean in a certain direction; to be at an angle instead of being perfectly straight तिरछा, एक ओर झुका हुआ **2** *The newspaper slanted its report in favour of the Indian team.* = to present facts in a way that favours or helps someone (disapproving) पक्ष में मोड़ना, झुकना (अस्वीकृत)

slant[2] noun, u. **1** *The rain water falling on the tin roof flows down the slant.* = slope (going from a higher to a lower level) ढाल, ढलान **2** *Your report has a slant against the government.* = the way in which a fact is presented झुकाव **slanted** adj. टेढ़ा

slap[1] /slæp/ /स्लैप्/ verb, t. (**slapped**) **1** *Why did you slap me? What did I do? // We slapped each other on the back when our team won.* = to hit with the palm (the flat part of the hand) usually on the cheek, making a sound to express either anger or a feeling of friendship or joy पीठ या गाल थपथपाना या उस पर थप्पड़ चलाना **2** *The waves slapped against the rocks.* = to strike something with a sound like that of a slap टकराना **3** *The police slapped a fine on the driver of the car.* = to cause something unpleasant to happen (informal) लगाना, जड़ देना (अनौपचारिक)

slap[2] noun, c. *a slap on the cheeks* = a quick hit with the flat part of the hand on the cheek, back etc. as a sign of either anger or friendship चाँटा, चपत या थप्पड़

slap[3] adv. *The car hit the wall slap in the middle.* = exactly (informal) सीधे, ठीक (अनौपचारिक) **slap-dash** adj. *He has written the essay in a slap-dash manner.* = done in a hurry, in a careless manner अंधाधुंध, जल्दी में, असावधानी से **slapstick** noun = humorous acting in a play or film that makes use of action or jokes that are somewhat silly हास्य अभिनय

to slap something on *I slapped some cold cream on my face as the skin was very dry.* = to place or apply quickly and carelessly on a surface (informal) जल्दी-जल्दी पोत लेना (अनौपचारिक) **a slap in the face** *He did not even speak to me when he visited our school, though we had been good friends once. It was a slap in the face for me.* = an insult अपमान, बेइज़्ज़ती

slash[1] /slæʃ/ /स्लैश्/ verb, t. **1** *The tiger slashed the man's face with its claws.* = to cut with something sharp (e.g. a knife or the claws of an animal) काटना (चाकू या नाखून से) **2** *The price of petrol has been slashed from Rs 30 a litre to Rs 12 a litre.* = to reduce (make less) by a large amount कम होना, गिरना **3** *The people walking through the jungle had to slash their way through.* = to clear a way by cutting down bushes etc. झाड़ियाँ आदि काटकर रास्ता साफ़ करना

slash[2] noun, c. **1** *The slash that you see on my face was made by my cat when I was playing with her.* = a cut or a heavy blow with a sharp instrument काटने या तेज़ धार वाले हथियार से गहरी चोट का निशान **2** *The number of the house he lives in is 13 slash 2 (13/2).* = a sloping line used in writing or printing to separate two words or letters (also **oblique**) चिह्न (देखें **oblique**)

slat /slæt/ /स्लैट्/ noun, c. *He sleeps on a bed of wooden slats.* = a thin, narrow piece of wood used for making furniture etc. पट्टी

slate[1] /sleɪt/ /स्लेइट्/ noun, u. or c. **1** *The house has a slate roof.*(u.) = a kind of dark grey stone that can be cut easily into flat pieces or sheets स्लेट पत्थर **2** *The teacher asked the children to write a word on their slates.*(c.) = a small, flat piece of slate (stone) on which children can write with a piece of chalk स्लेट (लिखने की पट्टी)

slate[2] verb, t. **1** *The roof has been slated.* = to cover a roof with slate स्लेट से छत पाटना **2** *Rahul Dravid is slated to be the next captain of the Indian team.* = to choose someone or something for a future occasion भविष्य के लिए चुनना **3** *Salman Rushdie's new book was slated by most critics.* = to attack with words कटु आलोचना करना

to wipe the slate clean *The two friends quarrelled but they have agreed to wipe the slate clean.* = to forgive and forget past happenings बीती बातों को भुला देना

slaugh•ter[1] /ˈslɔːtəʳ/ /ˈस्लॉऽटʳ/ verb, t. **1** *Many innocent children were slaughtered during the riots.* = to kill in a cruel way निर्मम हत्या करना **2** *These chickens will be slaughtered for the feast tomorrow.* = to kill animals for meat मांस के लिए पशुओं का काटा जाना

slaughter[2] noun, u. **1** *The air-raids on the city caused terrible slaughter.* = killing संहार **2** *These goats are being led to the slaughter.* = the act of killing animals for meat मांस के लिए ज़बह, पशु वध **slaughter-house** = a place where animals are killed for meat बूचड़खाना, कसाईखाना

slave[1] /sleɪv/ noun, c. = a person who works for someone without being paid, is said to be owned by that person and can be bought or sold दास

slave[2] verb, i. *I slaved for the government for 35 years.* = to work very hard on low pay गुलामी करना, सेवा करना **slaver** noun, c. = a ship which was used to carry slaves (in the old days) दासों को ले जाने वाला जहाज़ (प्राचीन समय में) **slavish** adj. **1** *He shows a slavish obedience to his seniors.* = showing complete obedience to someone (derogatory) दासोचित, गुलामों जैसा (अनादरपूर्ण) **2** *He produced a slavish translation of a Telugu novel.* = a translation of a book which is a close but unintelligent copy of the original शब्दश: किंतु समझ में न आने वाला (अनुवाद) **slave-driver** = someone who makes people work very hard (derogatory or humorous) सख़्ती से काम लेने वाला (अनादरपूर्ण या हास्यपरक) **slave-labour** *The Egyptian pyramids were built with slave labour.* = work done by slaves, without any payment दासों द्वारा बेगार **slave-trade** = the buying and selling of slaves दास-व्यापार

slay /sleɪ/ /ˈस्लेइ/ verb, t. (**slew, slain**) *He slew the demon.* = to kill (literary) मार डालना (साहित्यिक)

slea•zy /ˈsliːzi/ /ˈस्लीज़ी/ adj. *The old part of the city is full of sleazy hotels.* = dirty, cheap and having a bad reputation सस्ता और घटिया

sled /sled/ /स्लेड्/ = a carriage without wheels that can travel over ice, on long metal blades called runners, and is pulled by horses or dogs (also **sledge**) स्लेज गाड़ी (देखें **sledge**)

sledge•ham•mer /ˈsledʒhæməʳ/ /ˈस्लेजहैमʳ/ noun, c. = a large, heavy hammer that is swung with both hands घन, बड़ा हथौड़ा

sledg•ing /sledʒɪŋ/ /स्लेजिङ्/ noun, u. = the action of abusing a player of the team against which you are playing in a cricket match, in order to make that person angry or nervous (slang) विरोधी टीम के खिलाड़ी को हतोत्साहित करने का कार्य (अपभाषा)

sleek /sliːk/ /स्लीक्/ adj. **1** *a cat with sleek fur* = neat and shining; in very good condition or health (referring generally to hair or fur) चमकीला (बालों के संदर्भ में) **2** *a sleek car* = attractive and neat-looking स्वच्छ और आकर्षक

sleep[1] /sliːp/ /स्लीप्/ verb, i. or t. (**slept**) **1** *He always sleeps in the afternoon.*(i.)= to be in a resting state सोना **2** *This large bed can sleep three children.* (t.) = to provide space for sleeping सोने की जगह **3** *Are they sleeping with each other?*(i.) = to have sex (informal, old-fashioned) संभोग करना, के साथ सोना (अनौपचारिक, पुराने प्रचलन का)

sleep[2] noun, u. **1** *You should get at least six hours of sleep every day.* = a state of deep rest in which the body and mind are not active नींद, आराम **sleepy** adj. **1** *I am feeling sleepy* = ready to sleep उनींदा **2** *a sleepy little town* = a place where there is very little activity निष्क्रिय, सुषुप्त, सोया हुआ-सा **sleeper** noun, c. **1**= a person who is sleeping सोनेवाला **2** = a carriage on a train in which people can sleep (also **sleeping-car**) शयन-यान (देखें **sleeping-car**) **sleeping-bag** noun = a large, warm bag fitted with a zip which one can sleep in सोने के लिए बना ज़िप वाला बैग **sleeping-partner** noun = a partner in a business who is not active at all in looking after the business व्यापार में निष्क्रिय साझेदार **sleeping-pill** noun = a medicine which helps a person to get sleep (also **sleeping tablet**) नींद की गोली (देखें **sleeping tablet**) **sleeping-policeman** noun = a raised part across the road which prevents vehicles from speeding (also **speed-breaker**) गतिरोधक (देखें **speed-breaker**) **sleeping sickness** noun = a serious disease, common in Africa and caused by the biting of a kind of fly (the tse-tse fly) which causes a person to become weak with fever अफ्रीका में होने वाला एक प्रकार का गंभीर रोग जो एक प्रकार की मक्खी 'से-से' के काटने से रोगी को कमज़ोर एवं ज्वरग्रस्त बना देता है **sleepless** adj. *I spent a sleepless night.* = not able to sleep जगा रह

S

गया **sleep-walking** noun = a condition of the mind which causes a person to walk about during sleep without knowing what is happening (also **somnambulism**) निद्रा-भ्रमण, नींद में चलना (देखें **somnambulistm**) **sleep-walker** noun = a person who walks in his/her sleep (also **somnambulist**) नींद में चलने वाला (देखें **somnambulist**)

to put something to sleep = to medically kill an animal that is old or ill so that it no longer suffers बीमार पशु को हमेशा के लिए सुला देना ताकि वह कष्ट से मुक्त हो जाए **to not sleep a wink** *The mother couldn't sleep a wink last night as her baby was very ill.* = to not sleep at all पलक भी न झपकना **to sleep on it** *Don't take a hasty decision. Why don't you sleep on it and give me a reply tomorrow?* = to not decide quickly about something important, but to take time until the next day (informal) आराम से निर्णय लेना (अनौपचारिक) **to not lose sleep** *If I were you, I wouldn't lose sleep over what he said; it is such a trivial matter!* = not to feel worried चिंता न करना **to sleep rough** = to be in the open and not have a sheltered place where one can eat, sleep etc. as a result of being poor (informal) गरीबी के कारण खुले में रहना (अनौपचारिक)

sleet /sli:t/ /स्लीट्/ noun, u. = rain which has turned into ice because of the cold weather हिम-वर्षा

sleeve /sli:v/ /स्लीव्/ noun, c. = the part of a dress which covers the arm of the person wearing it आस्तीन, बाँह **sleeveless** adj. = without a sleeve बिना आस्तीन के, बिना बाँह का

to have something up one's sleeve = to have a secret plan for use at the right time in the future उपयुक्त समय पर प्रयोग हेतु गुप्त योजना बनाना

sleigh /sleɪ/ /स्लेइ/ noun, u. = a sled or sledge (see **sled**) स्लेज गाड़ी (देखें **sled**)

sleight-of-hand /slaɪt əv 'hænd/ /स्लाइट अव़ 'हैन्ड्/ noun *The magician used sleight-of-hand to make the girl disappear.* = the skill used by a magician to perform a magical trick हाथ की सफ़ाई

slen•der /'slendəʳ/ /'स्लेन्डʳ/ adj. **1** = slim (thin in an attractive way) छरहरा **2** *My chances of getting leave are quite slender.* = slight; very small (often humorous) बहुत कम (प्राय: हास्यपरक)

by a slender majority *He won the elections by a slender majority.* = by a narrow margin (a small difference) बहुत कम अंतर से

sleuth /slu:θ/ /स्लूथ़/ noun, c. = a detective (a person who is hired to find out who has committed a crime) (old-fashioned) गुप्तचर, जासूस (पुराने प्रचलन का)

slew /slu:/ /स्लू/ past tense of **slay** (**'slay'** क्रिया का भूतकालिक रूप)

slice¹ /slaɪs/ /स्लाइस्/ noun, c. *a slice of bread* = a flat, thin piece cut out of a larger piece चपटा टुकड़ा, कतरा

slice² verb, t. *You can slice the bread with this knife.* = to cut into slices फाँकों में काटना

slice of life *The new film has been praised highly as it presents a slice of life.* = a film or book which shows life as it really is (यथार्थ) जीवन की एक झलक

slick¹ /slɪk/ /स्लिक्/ adj. **1** *Kajol gives a slick performance in her new film.* = done with great skill but without much effort कुशल, निपुण **2** *Don't be taken in by his slick talk. He is trying to cheat you.* = appearing to be friendly, but clever and dishonest (derogatory) कपटपूर्ण (अनादरपूर्ण)

slick² noun, c. *an oil slick* = a large sheet of oil floating on the surface of the sea तह **slicker** noun, c. *a city slicker* = a person who is very slick (clever) in his or her talk and behaviour but is dishonest and cannot be trusted (derogatory) कपटी, धूर्त (अनादरपूर्ण)

slide¹ /slaɪd/ /स्लाइड्/ verb, i. or t. (**slid**) **1** *The boy slipped and fell while running and slid across the wet floor.*(i.) = to move quickly over a smooth surface such as ice फिसलना **2** *The value of the rupee slid to its lowest level this week.* = to go down suddenly अचानक कम होना, नीचे गिरना

slide² noun, c. **1** *The children are playing on the slide.* = a long, narrow and smooth piece of metal fixed to the top of a small ladder, generally found in a playground, on which children can play by sliding down from the top to the bottom फिसलन पट्टी **2** *The environmentalist spoke to the students with the help of slides.* = a picture on a transparent film mounted on a card, that is shown with the help of a projector 'स्लाइड' प्रोजेक्टर द्वारा दिखाई जाने वाली फ़ोटो **slide-rule** noun, c. = an instrument used by engineers for making mathematical calculations, consisting of a long wooden ruler or scale, down the middle of which a small movable piece can slide (move up and down) इंजीनियरों द्वारा प्रयुक्त एक यंत्र

to let things slide *If you continue to let things slide, you can't expect your results to improve.* = to allow things to become worse खराब होने देना

slight¹ /slaɪt/ /स्लाइट्/ adj. **1** *I have a slight fever. It's not serious.* = not much or not serious हल्का, थोड़ा **2** *The slight frame of the girl is ideal for a long-distance runner.* = small in size हल्का, आकार में छोटा

slight² verb, t. *You slighted them by refusing to meet their leader.* = to insult or not show proper respect तिरस्कार करना

slight³ noun, c. *It was a slight to have made the guests wait for so long.* = insult उपेक्षा, अनादर **slightly** adv. *The line you have drawn is not perfectly straight. It is slightly crooked.* = a little bit थोड़ा, ज़रा, कुछ-कुछ

slim¹ /slɪm/ /स्लिम्/ adj. *The girl was tall and slim. She looked very graceful.* = thin in a way that is healthy and attractive छरहरा

slim² verb, i. (**slimmed**) *I tried to slim down by eating less but didn't succeed.* = to become thin by eating less, taking exercise etc. मोटापा कम करना **slimming** noun, u. *Slimming should be done only under a doctor's supervision.* = the process of trying to lose weight दुबला होने का प्रयास, वजन कम करने का प्रयास

slime /slaɪm/ /स्लाइम्/ noun, u. *The water in the pond has dried up, but the bottom is covered with thick slime.* = dirty and unpleasant matter which is partly solid and partly liquid and feels slippery when touched गंदगी, कीचड़ **slimy** adj. **1** *a slimy pond* = covered with slime गंदा, गँदला **2** *a slimy person* = a person who talks or behaves in a way that seems friendly but is not sincere (derogatory) धूर्त, बाहर से कुछ भीतर से कुछ (अनादरपूर्ण)

sling[1] /slɪŋ/ /स्लिङ्/ verb, t. (**slung**) **1** *He took off his shirt and slung it over the chair.* = to hang something loosely लटकाना **2** *He slung the letters into the waste-paper basket.* = to throw carelessly (often disapproving) बेतरतीबी से फेंकना (प्राय: अस्वीकृत)

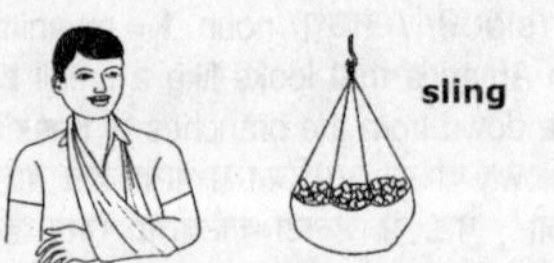

sling[2] noun, c. **1** *The doctor plastered his arm and put it in a sling.* = a piece of cloth which is tied around the neck and used to support a damaged arm, in which a bone has been broken टूटी हड्डी वाली बाँह को गरदन का सहारा देने वाली पट्टी **2** *The pot of milk was kept in a sling hanging from the ceiling.* = a support, made of cloth, rope etc. which is hung up and used to lift or store heavy objects छींका **3** *The gun is hanging by its sling.* = a thick piece of cloth tied to a gun, which is used to hang the gun from the shoulder बंदूक का फीता **sling-shot** noun, c. = a simple weapon used in former times, consisting of a thick piece of cloth in which a stone could be placed and thrown with force (also **catapult**) गुलेल (देखें **catapult**)

slink /slɪŋk/ /स्लिंक्/ verb, t. (**slunk**) *The wounded lion slunk back into its den after it had been defeated in a battle with a younger lion.* = to move quietly or secretly, as if in shame चुपचाप छिपकर चलना

slip[1] /slɪp/ /स्लिप्/ verb, i. or t. (**slipped**) **1** *The man slipped on the wet floor and fell heavily.*(i.) = to slide (move quickly over a wet or smooth surface) without planning to do so फिसलना **2** *He slipped out of the room while the meeting was going on.*(i.) = to move quickly and quietly without being noticed चुपचाप खिसक जाना **3** *He slipped a 100-rupee note into my hand.*(t.) = to put or give quickly and secretly, so that one is not seen doing it चोरी-छिपे देना **4** *I forgot to buy a present for you. It slipped my mind completely.*(t.) = to be forgotten or to escape one's attention दिमाग से निकल जाना, भूल जाना **5** *Be careful! You are slipping in your work.*(i.) = to go down from an expected or usual standard अपेक्षित स्तर से नीचे गिरना

slip[2] noun, c. **1** *He had a slip in the bathroom and broke a leg.* = the act of slipping on a wet or smooth surface फिसलन **2** *He made a slip while reading out the report.* = a small mistake चूक, गलती **3** *She handed him a slip of paper while he was speaking.* = a small piece of paper पर्ची **slip-on** = a shoe without laces which is worn by pushing the foot into it बिना फीते के जूते **slipped disc** = a painful medical condition caused by one of the bones in the spine (the long line of bones in the middle of the back) moving away from its usual place रीढ़ की हड्डी की कशेरु का खिसक जाना **slipper** noun, c. = a light, open shoe पैरों के 'स्लीपर', हल्की चप्पल **slippery** adj. **1** *The floor is slippery. Be careful when you walk over it.* = very smooth or wet and likely to make one slip and fall फिसलनवाला, चिकना **2** *a slippery customer* = a person who cannot be trusted धूर्त, अविश्वसनीय **slip-shod** adj. *Your work has been done in a very slip-shod manner. You must do better next time.* = careless लापरवाही से **slipstream** = an area of low pressure just behind a fast-moving vehicle, such as an aircraft हवाई जहाज़-जैसे तीव्र गति वाले वाहन के पीछे हवा के कम दबाव वाला क्षेत्र **slip-up** = a careless but small mistake लापरवाही से हुई छोटी भूल

to let slip **1** *She is unhappy because she let slip this chance to win a prize.* = to lose or miss an opportunity अवसर चूकना, हाथ से जाने देना **2** *During our talk, he let slip that he was planning to resign.* = to give out a secret without intending to do so गलती से बतला देना, मुँह से निकल जाना **to slip through one's fingers** *Because of one player's carelessness, victory in the finals slipped through our fingers.* = to miss an opportunity through carelessness लापरवाही के कारण हाथ से निकल जाना **a slip of the tongue** = an unintended mistake made while speaking बोलते हुए अनायास हुई गलती

slit[1] /slɪt/ /स्लिट्/ noun, c. *He slipped the letter into the letter-box through the slit at the top.* = a narrow, long opening or cut काट, मुँह

slit[2] verb, t. (**slit**) *The robber slit the man's throat and took his watch.* = to cut with a sharp knife तेज़ धार वाले चाकू से काट देना

slith•er /'slɪðə^r/ /'स्लिदर्/ verb, i. *The snake slithered through the grass.* = to move with a smooth but twisting movement (like a snake) साँप की तरह फिसलते और रेंगते हुए आगे बढ़ना

sliv•er /'slɪvə^r/ /'स्लिवर्/ noun, c. *He cut the bamboo into thin slivers.* = a thin, sharp piece cut or broken out of something चीरे हुए लंबे टुकड़े, खपची

slob•ber /'slɒbə^r/ /'स्लॉबर्/ verb, i. **1** *The dog was ill*

S

and slobbered all over my clothes. = to allow saliva (liquid) to run out of the mouth लार टपकाना **2** *Yes, he is a good poet, but there is no need for you to slobber over him.* = to show too much admiration or liking for someone (informal, derogatory) बहुत प्रशंसा या प्यार जताना, गिलपिल होना (अनौपचारिक, अनादरपूर्ण)

sloe /sləʊ/ /स्लउ/ noun = a kind of fruit, like a plum, with a slightly sour taste जंगली अलूचा

slog[1] /slɒg/ /स्लॉग्/ verb, i. or t. (**slogged**) **1** *We had to slog 15 hours a day for a month to complete the project.* = to work very hard (informal) जी तोड़ मेहनत करना (अनौपचारिक) **2** *They really made us slog.* = to do boring and hard work कठिन परिश्रम करवाना **3** *He slogged the ball over long-on.* = to hit the ball hard but without skill, in cricket (informal) गेंद को ज़ोर से मारना (क्रिकेट के खेल में) (अनौपचारिक)

slog[2] noun, u. *Writing all those invitation letters was a real slog.* = a piece of hard and boring work (informal) कठिन व नीरस कार्य (अनौपचारिक) **slog overs** = (in cricket) the last few overs in a one-day match, when players are expected to hit the ball hard and score runs quickly क्रिकेट में एकदिवसीय मैच के अंतिम कुछ ओवर जिनमें ज़ोर से मार कर जल्दी-जल्दी रन बनाना पड़ता है

slo•gan /ˈsləʊgən/ /स्लउगन्/ noun, c. *The crowd shouted slogans of 'Down with smoking'. // The slogan for Amul Butter is 'Utterly butterly delicious'.* = a short phrase or expression which is easily remembered and is used for political or advertising purposes नारा

sloop /sluːp/ /स्लूप्/ noun, c. = a small sailing ship, often with a single mast एक मस्तूल वाला छोटा जलपोत

slop[1] /slɒp/ /स्लॉप्/ noun, u. or c. *How can we eat such slop?* = tasteless food or waste food often given to animals (informal) घटिया या बचा-खुचा भोजन, जूठन (अनौपचारिक)

slop[2] verb, i. (**slopped**) *He slopped coffee all over the carpet.* = to spill a liquid (to cause it to flow out of a container) because of carelessness (informal) फैलाना, छलका देना (अनौपचारिक)

slope[1] /sləʊp/ /स्लउप्/ verb, i. *The Gangetic plain slopes towards the east.* = to lie at an angle, from a higher to a lower height (also **slant**) ढालू होना (देखें **slant**)

slope[2] noun, u. or c. *The bus went slowly down the slope.* = a surface that runs from a higher to a lower level ढाल, ढलान

slop•py /ˈslɒpi/ /स्लॉपी/ adj. **1** *You should not have come to the party in those sloppy clothes.* = untidy and dirty-looking गंदा, बेढंगा **2** *We cannot accept such sloppy work.* = carelessly done लापरवाही से किया गया काम

slosh /slɒʃ/ /स्लॉश्/ verb, i. *The petrol sloshed around in the bottom of the tank.* = (referring to a liquid) to move around noisily in the bottom of a container तरल पदार्थ का बड़े बर्तन के अंदर तल में हिलते हुए आवाज़ करना **sloshed** adj. *At the end of the party we were completely sloshed.* = drunk (slang) पिये हुए, धुत्त (अपभाषा)

slot[1] /slɒt/ /स्लॉट्/ noun, c. **1** *You can get a cup of hot coffee from this machine when you drop a five-rupee coin into the slot.* = a long, narrow opening in a machine झिरी **2** *We will fit the new television programme in the 8.15 slot, after the news.* = a fixed position or place in a list, into which someone or something can be fitted कालावधि अथवा स्थान

slot[2] verb, t. **1** *With great difficulty he slotted the car into the parking lot.* = to fit into a small space छोटी जगह में घुसाना या बैठाना **2** *The doctor is busy but he will try to slot you in.* = to find a position or time for someone समय निकालना **slot-machine** noun = a machine into which one drops coins and which is used for a form of gambling एक प्रकार के जुए की मशीन जिसमें झिरी से सिक्के डाले जाते हैं

sloth /sləʊθ/ /स्लउथ्/ noun **1** = an animal found in South America that looks like a small bear, hangs upside down from the branches of trees and moves very slowly दक्षिण अमेरिका में पाया जाने वाला रीछ-जैसा पशु जो पेड़ से उलटा लटकता रहता है और बहुत धीरे-धीरे चलता है **2** *Your sloth makes you unfit for any responsible position.*(u.)= the quality of being very lazy आलस **slothful** adj. = lazy आलसी

slouch[1] /slaʊtʃ/ /स्लाउच्/ verb, i. *Tired after the long journey, the man slouched over the table as he ate his lunch.* = to stand, sit or walk with the shoulders hanging forward and the head slightly bent, because of tiredness or boredom सिर, कंधे झुका कर ढीला पड़ना **slouch** noun, u. **1** = a slouching position in which one sits or stands ढीला-ढाला (व्यक्ति के खड़े होने या बैठने के संदर्भ में) **2** *He is no slouch when it comes to running between the wickets.* = a person who is lazy or slow to act (used in the negative only, to carry the opposite meaning) आलसी या ढीला

slough[1] /slʌf/ /स्लॅफ़/ verb, t. **1** *Snakes slough off their skin once a year.* = to throw off dead skin (referring to snakes) सर्प का केंचुली उतारना **2** *He has sloughed off all his old friends.* = to get rid of something or someone that one does not find useful any longer किनारा-कशी करना, पीछा छुड़ाना

slough[2] /slaʊ/ /स्लाउ/ noun, u. **1** = a marsh (a wet and muddy place) दलदल **2** *She has got into a slough after the death of her husband and is unable to get out of it.* = a state of depression (sadness) अवसाद

sloven•ly /ˈslʌvənli/ /स्लॅवन्ली/ adj. **1** *He lives in very slovenly surroundings.* = dirty and untidy गंदा, भद्दा **2** *slovenly work* = done in a careless manner बेढंगा, लापरवाही से किया गया

slow[1] /sləʊ/ /स्लउ/ adj. **1** *a slow train* = moving at low speed धीमी गति वाला **2** *Your watch is ten minutes slow.* = behind the correct time पीछे **3** *These students are rather slow.* = not able to understand something quickly देर से समझने वाला **4** *Business is slow these days.* = not active मंदा

slow² verb, i. or t. **1** *Ask the driver to slow down the car.*(t.) = to make something move at a lower speed धीरे करना **2** *Business has slowed down.*(i.) = to become less active मंदा होना **slow coach** noun, c. = a person who is very slow to think or act मंदबुद्धि **slow motion** noun, u. = a scene from a film which makes the action look much slower than in real life किसी फ़िल्म के किसी दृश्य में सामान्य गति से कम यानी धीमी गति में चित्रित कोई क्रिया **slowly** adv. *Life came back to normal, although slowly.* = not happening quickly or moving fast धीरे-धीरे, शनैः शनैः

slowly but surely *Being a friendly person, he made new friends slowly but surely.* = making good progress though slowly धीरे-धीरे लेकिन निश्चित रूप से या पक्का

sludge /slʌdʒ/ /स्लॅज्/ noun, c. = dirty solid matter which settles at the bottom of a liquid कीचड़, तरल पदार्थ के नीचे तल में जमने वाला ठोस पदार्थ

slug¹ /slʌg/ /स्लॅग्/ noun, c. **1** = a small animal that is like a snail, but has no shell घोंघे जैसा परंतु कवचहीन जीव **2** = a small piece of metal fired from a gun बंदूक की गोली

slug² verb, t. (**slugged**) *I slugged him on the nose.* = to hit hard with the fist (closed hand) (informal) ज़ोर से मुक्का मारना (अनौपचारिक)

slug•gard /ˈslʌgəd/ /ˈस्लॅगड्/ noun, c. = a very lazy person (derogatory, old-fashioned) आलसी (अनादरपूर्ण, पुराने प्रचलन का)

slug•gish /ˈslʌgɪʃ/ /ˈस्लॅगिश्/ adj. **1** *the sluggish flow of the water* = very slow मंद, धीमा **2** *I feel sluggish because of the hot weather.* = less active than usual सुस्त

sluice¹ /slu:s/ /स्लूस्/ verb, t. *We sluiced out the verandah with hose pipes after everyone had finished eating.* = to wash and clean up with water धुलाई करना

sluice² noun, c. = a channel or passage through which water can flow नहर

sluice-gate noun, c. = a gate which can be raised or lowered to control the flow of water through a dam (see pic under **dam**) बाँध में बना दरवाज़ा (गेट) जिसे ऊपर-नीचे करके जल का बहाव नियंत्रित किया जाता है (**dam** के अंतर्गत चित्र देखें)

slum¹ /slʌm/ /स्लॅम्/ noun, c. = a dirty and crowded area in or outside a city in which poor people generally live गंदी बस्ती (गरीबों की)

slum² verb, i. *We had so little money when we were students in the U.S.A. that we were forced to slum.* = to live in conditions that are much poorer than one is used to (informal) गरीबी में गुज़ारा करना (अनौपचारिक)

slum•ber /ˈslʌmbəʳ/ /ˈस्लॅम्बʳ/ noun, u. or c. (**slumbers**) *We hope that one day he will wake up from his slumbers.*(c.) नींद // *Don't wake the baby up. He seems to be in deep slumber.*(u.) = deep sleep or lack of activity (literary) गहरी या गाढ़ी नींद (साहित्यिक)

slumber² verb, i. *The country is slumbering now, but it will wake up and become active again.* = to be asleep and inactive (literary) सोना (साहित्यिक)

slump¹ /slʌmp/ /स्लॅम्प्/ verb, i. **1** *He was so tired that he slumped in his seat as he was speaking.* = to fall or drop back heavily गिर जाना **2** *The price of rice has slumped.* = to fall or come down suddenly in value अचानक कम हो जाना, गिर जाना

slump² noun, c *There is a slump in the car market.* = a fall in business मंदी

slur¹ /slɜ:ʳ/ /स्लऽʳ/ noun, c. **1** *The article in today's paper is a slur on my reputation.* = a remark in speech or writing which damages the reputation of some person लांछन, धब्बा **2** *He speaks with a slur.* = an unclear way of speaking अस्पष्ट बोली

slur² verb, i. (**slurred**) **1** *This article slurs many of the people in our group.* = to make damaging remarks about someone लांछित करना, लांछन लगाना **2** *He was drunk and slurred many of the words in his speech.* = to speak in an unclear way अस्पष्ट बोलना, बड़बड़ाना

slurp /slɜ:p/ /स्लऽप्/ verb, t. *He slurped his tea noisily.* = to drink a liquid with an unpleasant sucking noise सुड़कना

slur•ry /ˈslʌri/ /ˈस्लॅरी/ noun, u. *The coal slurry was pumped out of the mine.* = a mixture of water and some solid material such as coal [TECHNICAL] गारा [तकनीकी]

slush /slʌʃ/ /स्लॅश्/ noun, u. **1** *We drove slowly as there was slush on the roads.* = snow which has partly melted पिघलती हुई बर्फ़ **2** *The new film, which has a romantic story, is full of slush.* = immature and somewhat silly romantic feelings (derogatory) सस्ती भावुकतापूर्ण रूमानी भावनाएँ (अनादरपूर्ण) **slushy** adj. *With the heavy rains the roads have turned slushy.* = muddy कीचड़ भरा, पंकिल **slush fund** = money set apart for secret and dishonest use (slang) गलत काम के लिए अलग रखा हुआ धन (अपभाषा)

slut /slʌt/ /स्लॅट्/ noun, c. = an insulting way of referring to a woman who has had sex with many men (derogatory) USE G कुलटा (अनादरपूर्ण) निषिद्ध लिंग

sluttish adj. = like a slut (derogatory) फूहड़, कुलटा-जैसी (अनादरपूर्ण)

sly /slaɪ/ /स्लाइ/ adj. *He's a sly old fox!* = clever and not to be trusted धूर्त, चालाक

to do something on the sly = to do something bad secretly गुप्त रूप से बुरा काम करना

smack¹ /smæk/ /स्मैक/ verb, t. **1** *Why did you smack the child?* = to hit someone with the flat part of the hand, producing a sound थप्पड़ मारना **2** *Let me*

S

smack you for bringing me flowers. = a loud kiss (informal) चुंबन लेना, चूमना (अनौपचारिक) **3** *He smacked his lips when he heard we were going to have icecream.* = to make a sound with the lips, expressing pleasure because one is about to eat something that one likes चटकारा लेना, होंठ चाटना **4** *Your words smack of some mischief.* = to suggest गंध या संकेत देना

smack[2] noun, c. **1** *a smack on the jaw* = a hard blow कड़ी मार या चोट **2** *He dropped the suitcase on the floor with a smack.* = the sound made when an object hits some surface 'पटाक' गिरने की आवाज़ **3** *The police arrested him for selling smack.* = heroin (a dangerous drug) (slang) 'स्मैक', एक नशीली दवा (अपभाषा)

smack[3] adv. *He drove smack into a tree.* = directly; straight (informal) ठीक, सीधे (अनौपचारिक)

small[1] /smɔːl/ /स्मॉल/ adj. **1** *The house is small. It has only one room.* = not big छोटा **2** *I'll have a small whisky and soda.* = in a small quantity (referring to a drink) थोड़ा (पेय की मात्रा के संदर्भ में) **3** *Small children are not allowed to see this film.* = very young in age छोटी उम्र के, कम उम्र के **4** *She is a small-minded person.* = mean or petty; not generous संकीर्णमना, कंजूस **5** *Use only small letters when you write my e-mail address.* = not capital (letters) अंग्रेज़ी लेखन के छोटे (अक्षर)

small[2] adv. *She writes so small that I can't read her writing.* = using letters that are small in size छोटे अक्षरों में

small[3] noun, u. *He was hit in the small of the back.* = the narrow, middle part of the back पीठ का मध्य भाग (रीढ़ का भाग) **small arms** noun = guns which can be fired from the hand तमंचा **small change** noun = coins of low value रेज़गारी **small hours** noun *He returned home in the small hours.* = the early morning hours, after midnight भोर अथवा आधी रात के बाद का समय **small intestine** noun = the long, narrow, twisting tube inside the body through which food passes छोटी आँत **small pox** noun = a serious disease which leaves marks on the skin, specially the face चेचक **small print** noun *Read the small print carefully before you sign the agreement.* = the details in an agreement or a legal document, which one can miss unless one is careful कानूनी दस्तावेज़ या अनुबंध पत्र में लिखे छोटे महीन अक्षर **small screen** noun *Amitabh Bachchan will appear on the small screen for the first time.* = television दूरदर्शन **small talk** noun *I don't go to parties as I am not good at making small talk.* = light (not serious) conversation during social gatherings गपशप

to cost a small fortune *The necklace cost us a small fortune.* = a great deal of money काफ़ी धन **with a small 'a', 'b' etc.** *I'm a director of the company with a small 'd'.* = used to say that one is not as important as others may think or that one's beliefs in something are not deep or strong (e.g. *a Marxist with a small 'm'*) कम महत्त्व का **small fry** *Who cares about my opinion? I am only small fry.* = an unimportant person महत्त्वहीन व्यक्ति, मामूली आदमी

smart[1] /smɑːt/ /स्माऽट्/ adj. **1** *He looks smart in the checked shirt and blue jeans.* = neat and stylish 'स्मार्ट', सुंदर **2** *a smart reply* = clever or intelligent हाज़िरजवाबी

smart[2] verb, i. *There was so much smoke in the room that my eyes began to smart.* = to get a burning feeling, specially in the eyes आँखों में जलन होना

smart[3] noun, u. *He burnt his finger on the glowing end of a cigarette and could feel the smart for a long time.* = pain or burning feeling जलन या दर्द **smartly** adv. *Everyone looked up when the smartly dressed candidate walked into the room.* = in a neat or stylish manner सुंदर ढंग से **smart aleck** noun, c. = a person who tries to impress people by pretending to know everything (informal, derogatory) सब कुछ जानने का दिखावा करने वाला (अनौपचारिक, अनादरपूर्ण) **smartypants** *All right you smartypants, now let's see you repair this car.* = a humorous way of addressing someone who thinks she or he knows everything or is very clever (informal) अपने आप को बहुत होशियार समझने वाले के लिए हास्यपरक संबोधन (अनौपचारिक)

smash[1] /smæʃ/ /स्मैश्/ verb, i. or t. **1** *The cup dropped from my hand and smashed.*(i.) चकनाचूर होना // *The boy dropped the cup and smashed it.*(t.) = to break or cause to break into pieces चकनाचूर करना **2** *The girl smashed the old record for the 100-metre race.*(t.) = to bring something to an end तोड़ना **3** *Our tanks smashed through the enemy's defences.* = to attack and destroy हमला करके नष्ट करना **4** *Pete Sampras smashed the ball to Agassi's backhand.*(t.) = to hit the ball downwards with force, in the game of tennis or badminton टेनिस या बैडमिंटन जैसे खेल में गेंद को ज़ोर से मारना

smash[2] noun, u. or c. **1** *The car was badly damaged in the smash.* = accident दुर्घटना **2** *We heard the smash of the car hitting a wall.* = the sound produced when something hits another object with force टकराने की आवाज़ **smashing** adj. *You look smashing in that dress.* = very attractive (slang) बहुत आकर्षक, सुंदर (अपभाषा) **smash-up** noun, c. *Several people were killed in the smash-up.* = a serious accident भिड़ंत, दुर्घटना

smat•ter•ing /ˈsmætərɪŋ/ /ˈस्मैट्रिङ्/ noun, u. *I can't claim to be an expert. I have only a smattering of French.* = a very limited knowledge of something अल्पज्ञान, ऊपरी जानकारी, थोड़ा-बहुत ज्ञान

smear[1] /smɪəʳ/ /'स्मिअर/ verb, t. or i. **1** *During the Holi festival, people smear each other's faces with coloured powder.*(t.) = to cause a sticky material to spread over a surface चुपड़ना, मलना, लगाना **2** *The ink had not dried and so the words on the page got smeared and could not be read.*(i.) = to spread over a surface and lose clarity फैल जाना और धुँधला हो जाना

smear[2] noun, c. **1** *There was a smear of paint across his face.* = a mark made by something spreading across a surface धब्बा **2** *The doctor took a smear from the inside of the patient's mouth.* = a small amount of matter (e.g. skin) taken from some part of a person's body, which is examined under a microscope to test for certain diseases नमूना, नमूने या परीक्षण के लिए लिया गया एक टुकड़ा **smear campaign** noun, c. *The manager is not very good to us, but we don't have to start a smear campaign against her.* = an effort to damage someone's reputation by spreading false information झूठा कलंक लगाने की क्रिया **smear test** noun = a medical test of some matter taken from the body to see if a person has cancer (see **smear**[2], meaning **2**) 'स्मीयर' परीक्षण (देखें **smear**[2])

smell[1] /smel/ /'स्मेल्/ verb, t. or i. (**smelt** or **smelled**) **1** *I smell something burning in the kitchen.*(t.) = to be able to feel or know something by using the sense of smell, which is connected with the nose गंध से जानना **2** *His breath smells of alcohol.*(i) = to have a particular quality which one can smell गंध आना **3** *I want you to smell these flowers.* = to draw in air through the nose in order to get the smell of something सूँघना

smell[2] noun, u.or c. **1** *Dogs use smell to track down criminals.*(u.) = the ability to smell something घ्राण-शक्ति, सूँघने की शक्ति **2** *There's a foul smell coming from the kitchen.*(c.) = a particular smell that one can feel through the nose बू **smelling salts** noun = a chemical containing ammonia, which has a strong smell and is sometimes used to bring an unconscious person back to his/her senses एक रसायन जिसे तेज़ गंध के कारण बेहोश व्यक्ति को होश में लाने के लिए सुँघाया जाता है **smelly** adj. *Throw away those smelly socks.* = having a bad smell (derogatory) बदबूदार (अनादरपूर्ण)

to smell a rat *When I asked him what he was doing in the office so late at night, he said he was looking for some papers. However, I smelt a rat.* = to suspect that something either wrong or dishonest is going on दाल में काला होने का संदेह

smelt /smelt/ /स्मेल्ट्/ verb, t. *Iron ore is smelted in this furnace.* = to melt ore (rock or soil containing some metal) in order to separate the metal गलाना, पिघलाना

smile[1] /smaɪl/ /स्माइल्/ verb, i. **1** *He is smiling. He must have received some good news!* = to have a pleased or happy expression on one's face मुस्कुराना **2** *Fortune has smiled on us! We have won the lottery.* = to favour or help someone चमकना, सहायता करना

smile[2] noun, c. *There's a smile on his face. He must be in a happy mood.* = an expression on the face in which the lips are usually stretched out, showing pleasure or amusement मुस्कुराहट, मुस्कान

all smiles *He was all smiles when he was proved correct!* = very happy, pleased अतिप्रसन्न, बहुत खुश

smirch /smɜːtʃ/ /स्मऽच्/ verb, t. *You have smirched the family's reputation by stealing.* = to bring dishonour to someone (formal) कलंक लगाना, दाग लगाना, धब्बा लगाना (औपचारिक)

smirk /smɜːk/ /स्मऽक्/ verb, i. *I saw the boys smirking when you were scolding me. They were enjoying the situation.* = to smile with pleasure at someone else's misfortune (bad luck) (derogatory) खीसें निपोरना (अनादरपूर्ण)

smite /smaɪt/ /स्माइट्/ verb, t. or i. (**smote, smitten**) **1** (t.) = to hit or strike someone hard (literary) प्रहार करना, ज़ोर से मारना (साहित्यिक) **2** *Cricket fever has smitten the entire country.*(t.) = to have a powerful effect on someone अत्यधिक प्रभावित करना **3** (i.) = To be smitten is to fall in love. घायल होना, प्यार हो जाना

smith /smɪθ/ /स्मिथ्/ noun, c. *a blacksmith* = a person who is skilled in making things out of metal लुहार **smithy** noun, c. *Take these broken pans to the smithy for repair.* = a place where things are made from metal or where metal objects can be repaired भट्टी, बर्तन बनवाने या मरम्मत करवाने वाली जगह

smith•e•reens /smɪðə'riːnz/ /स्मिद'रीन्ज़्/ noun (always plural) *The glass door was smashed to smithereens.* = very small pieces (केवल बहुवचन में प्रयुक्त) छोटे-छोटे टुकड़े

smock/smɒk/ /स्मॉक्/ noun, c. = a loose dress that looks like a long shirt एक ढीली-ढाली पोशाक

smog /smɒg/ /स्मॉग्/ noun, u. *In winter the air in Delhi is polluted by thick smog.* = an unhealthy mixture of smoke and fog, often found during winter in cities where there are many motor vehicles धुआँ-मिश्रित कोहरा

smoke[1] /sməʊk/ /स्मउक/ noun, u. or c. **1** *Thick black smoke rose from the burning huts.*(u.)= the hot gases produced when something is burning, usually grey or black because of the presence of very small particles (pieces) of some solid matter धुआँ **2** *Would you like a smoke?*(c.) = a cigarette or some other form of tobacco that can be smoked (informal) सिगरेट आदि का कश (अनौपचारिक) **3** *I left the meeting for a smoke.* = the act of smoking tobacco धूम्रपान

smoke[2] verb, i. or t. **1** *The doctor has advised me not to smoke.*(i.) = to breathe in smoke produced by burning tobacco in some form, e.g. a cigarette धूम्रपान

S

करना, सिगरेट आदि पीना **2** *The wood which you used for the fire was wet. It is smoking.*(i.) = to produce a lot of smoke धुआँ देना **3** *We can smoke the fish and store it away for a whole year.*(t.) = to hang up meat or fish in smoke from a fire so that it is preserved (does not go bad when kept for a long time) गोश्त या मछली को धुँआ देकर संरक्षित रखना **smoke screen** noun, c. **1** *Our soldiers attacked the enemy under the cover of a smoke screen.* = a cloud of smoke created by firing a special kind of shell (large bullet) from a gun, so that the enemy cannot see what is going on धूमपट, धुएँ का गोला छोड़कर बनाया गया धुएँ के बादल-सा **2** *The company's plans to distribute free books may be only a smoke screen for some new business activity.* = something used to hide one's real intentions (derogatory) असली मंशा छिपानेवाला (अनादरपूर्ण) **smoke-stack** noun, c. = a chimney or tall pipe through which smoke comes out चिमनी **smoke-stack industry** noun = a factory which produces a lot of pollution (disapproving) प्रदूषण फैलाने वाली फ़ैक्ट्री (अस्वीकृत)

to smoke someone or something out *There are hundreds of rats living in tunnels below the ground. We will have to smoke them out.* = to force a dangerous or harmful animal or human being to come out of a hiding place छिपने के स्थान से ज़बरदस्ती बाहर निकालना **there's no smoke without fire** *The rumour is that train fares will go up. There can be no smoke without fire.* = every rumour has some truth in it बिना आग के धुआँ नहीं होता **to go up in smoke** *All our plans went up in smoke as the Director did not support us.* = to come to an unhappy end (informal) बेकार हो जाना, धुएँ में या हवा में उड़ जाना (अनौपचारिक)

smooch /smu:tʃ/ /स्मूच्/ verb, i. = to kiss (usually not openly) (slang) चुम्मा लेना (अपभाषा)

smooth[1] /smu:ð/ /स्मूद्/ adj. **1** *The wooden table has a smooth surface.* = perfectly level and allowing something to move easily over it चिकना **2** *The new manager has taken up her duties. The changeover from the old administration to the new was smooth.* = happening in an orderly and peaceful manner निर्विघ्न **3** *a smooth batter* = without large pieces of something in it मुलायम **4** *It was a smooth ride all the way to Agra.* = (of a journey in a vehicle) comfortable as a result of not going over bumps on the road etc. निर्बाध, आरामदायक **5** *I don't trust this man. He is a smooth talker.* = so polite in talk or behaviour as to be insincere (derogatory) चापलूस (अनादरपूर्ण)

smooth[2] verb, t. *The surface of this table is still rough. Ask the carpenter to smooth it.* = to make something smooth (also **smoothen**) चिकना करना (देखें **smoothen**)

smoth•er /'smʌðəʳ/ /'स्मॅदर्/ verb, t. **1** *The walls of her bedroom are smothered in posters of Hrithik Roshan.* = to cover up something almost completely पूरी तरह ढँकना **2** *If she wants to dance, you should encourage her. Don't smother her talent.* = to prevent something from developing or growing दबाना, बढ़ने या विकास करने से रोकना

smoul•der /'sməʊldəʳ/ /स्मउल्डर्/ verb, i. **1** *The fire had died down, but it went on smouldering for hours.* = to burn slowly with a low flame सुलगना **2** *He was smouldering because he had been insulted, but he said nothing.* = to have strong or violent feelings which are not openly expressed (भावनाओं का) सुलगना

smudge[1] /smʌdʒ/ /स्मॅज्/ noun, c. *The little girl had been playing in the dust and there were smudges all over her face.* = a small mark made by rubbing something across a surface धब्बा, दाग

smudge[2] verb, t. or i. *The little girl smudged the walls with her dirty fingers.* = to make something dirty by leaving smudges (marks) on it धब्बे या दाग लगाकर मैला करना

smug /smʌg/ /स्मॅग्/ adj. *He thinks he is the world's greatest singer, although no one shares this opinion. I have never seen a more smug person!* = very pleased or satisfied with oneself (derogatory) अपने आप से प्रसन्न, स्वयं को श्रेष्ठ समझने वाला (अनादरपूर्ण)

smug•gle /'smʌgəl/ /'स्मॅगल्/ verb, t. **1** = to bring something from one country into another in an illegal way तस्करी करना **2** *The boys tried to smuggle some cigarettes into the hostel though they were perfectly aware that they were breaking a rule.* = to bring in something which is against the rules चोरी-छिपे लाना **smuggler** noun, c. = a person who takes part in smuggling तस्कर

smut /smʌt/ /स्मॅट्/ noun, u. **1** *He enjoys reading smut, but he is careful to hide it from his friends.* = magazines, books, films etc. that deal with sex (also **pornography**) (informal) अश्लील साहित्य (अनौपचारिक) (देखें **pornography**) **2** *We live very near the railway station and so our clothes are generally covered with smut.* = small particles of dust, coal etc. which leave dirty marks on faces or clothes धूल व धुएँ की गंदगी **smutty** adj. *smutty jokes* = dirty; dealing with sex in a way which offends some people अश्लील

snack[1] /snæk/ /स्नैक्/ noun, c. *Potato chips are my favourite snack.* = light food eaten between meals नाश्ता

snack[2] verb, i. *You can find them snacking on potato chips any evening.* = to eat a snack (informal) नाश्ता करना (अनौपचारिक) **snack bar** noun = a restaurant that sells snacks 'स्नैक बार', रेस्तराँ

sna•fu /snæ'fu:/ /स्नै'फू/ noun *We had planned the meeting carefully, but unfortunately everything went snafu.* = a state of confusion and disorder (informal) USE गड़बड़ (अनौपचारिक) निषिद्ध

snag /snæg/ /स्नैग्/ noun, c. *My classmate would*

like to join us on the trip to Ooty, but there is a snag. We haven't got a confirmed railway booking for her. = a problem or difficulty that prevents something from happening बाधा, समस्या

snail /sneɪl/ /स्नेइल्/ noun = a small creature with a hard shell on its back that moves very slowly along the ground घोंघा **snail's pace** noun *The construction of the bridge is going on, but at a snail's pace.* = a very slow speed (derogatory) कछुआ-चाल से, कच्छप गति से (अनादरपूर्ण)

snake[1] /sneɪk/ /स्नेइक्/ noun, c. **1** = a reptile (animal that lays eggs and has scales) with a long thin body and no limbs साँप **2** = a dangerous person who cannot be trusted (figurative) खतरनाक व्यक्ति (लाक्षणिक)

snake[2] verb, i. *The river snakes its way through the mountains.* = to move with twists and turns रेंगना **snake-charmer** noun, c. = a person who can control snakes and make them perform tricks (found mostly in India) सँपेरा **snakes-and-ladders** noun = a game in which players throw a dice to move their pieces across a board on which there are pictures of snakes as well as ladders साँप-सीढ़ी (खेल)

snap[1] /snæp/ /स्नैप्/ verb, i. or t. (**snapped**) **1** *We tied a rope to the car and tried to pull it out of the ditch, but the rope snapped.*(i.) = to break suddenly टूट जाना **2** *The door snapped shut.*(i.) = to move quickly into a certain position खट से बंद हो जाना **3** *'You are late again!' the manager snapped as I entered the office.*(i.) = to speak quickly in an angry manner डाँटते हुए बोलना **4** *The photographer wants to snap you with the famous actor.*(t.) = to take a photograph of someone or something (informal) फ़ोटो लेना (अनौपचारिक)

snap[2] noun, c. **1** *The branch of the tree on which we were sitting broke with a snap.* = the sound produced when something breaks suddenly चटखना, अचानक टूटने की आवाज़ **2** *Take a look at this snap of our baby.*(c.) = photograph (informal) फोटू (अनौपचारिक) **snapdragon** noun = a small flower that looks like the head of an animal, which seems to open and close its mouth when its neck is pressed कुत्ता-फूल (एक प्रकार का फूल) **snapper** noun = a kind of sea-fish एक समुद्री मछली **snapshot** noun, c. = a photograph taken quickly with a camera that is held in the hand कैमरे से जल्दी से लिया गया फ़ोटो

snappy adj. **1** *He was in such a snappy mood that no one dared to speak to him.* = irritable; getting angry for no reason at all चिड़चिड़ा **2** *He is a snappy dresser* = smart and fashionable (approving) स्मार्ट, फ़ैशनपरस्त (स्वीकृत)

to snap one's fingers = to make a sound to attract someone's attention, by moving the thumb quickly against the next two fingers चुटकी बजाना **to snap out of it** *You have been depressed ever since you failed the driving test. I want you to snap out of it!* = to get quickly out of an unhealthy state of mind (informal) सँभल जाना, बच जाना (अनौपचारिक) **to snap up** *There is a sale on, and shirts are being sold very cheaply. You should snap up a few.* = to buy or take something quickly (informal) जल्दी से खरीद लेना, (अनौपचारिक) **Make it snappy!** = *You'll be late for class if you don't hurry. Come on, make it snappy!* = be quick (informal) जल्दी करना, फ़टाफ़ट (अनौपचारिक)

snare[1] /ˈsneəʳ/ /ˈस्नेअʳ/ noun, u. = a trap in which small animals are captured जाल, फंदा

snare[2] verb, t. *The bird-catcher snares pigeons in his net.* = to trap and catch an animal फँसाना

snarl[1] /snɑːl/ /स्नाऽल्/ noun, c. **1** *We heard the snarl of the leopard which was hiding in the bushes.* = the warning sound made by an angry dog or wild animal गुर्राने की आवाज़ **2** *The accident caused a snarl-up in the traffic. No vehicle could move for hours.* = confusion, obstruction (of traffic) गड़बड़, रुकावट (यातायात के संदर्भ में)

snarl[2] verb, i. **1** *The leopard snarled at us, baring its teeth to warn us away.* = to make an angry, warning sound (referring to an animal) गुर्राना, गुर्राकर चेतावनी देना **2** *'Now get out!' he snarled.* = to speak angrily क्रोध से चिल्लाना

snatch[1] /snætʃ/ /स्नैच्/ verb, t. **1** *The eagle snatched the chapati from my hand.* = to take possession of something by pulling it away forcibly with a sudden movement झटके से छीनना **2** *We still have one hour before the meeting. We can snatch some sleep.* = to make use of an opportunity to get something (informal) अवसर का लाभ उठाना (अनौपचारिक)

snatch[2] noun, c. (**snatches**) **1** *The thief made a snatch and got away with my gold chain.* = an act of snatching छीना-झपटी **2** (usually plural) *I heard only snatches of your speech.* = a short and incomplete part of something (प्रायः बहुवचन में प्रयुक्त) छोटे-छोटे अपूर्ण अंश

sneak[1] /sniːk/ /स्नीक्/ verb, i. **1** *The students sneaked past the Headmaster's office.* = to move away quietly without being seen आँख बचा कर निकलना **2** = to give information about something wrong done by others (referring to the habit, believed to be common among school-children, of informing their teachers about the activities of other children) शिकायत करना, चुगली करना

sneak[2] noun, c. *You should not be such a sneak.* = a person who sneaks (meaning **2**) शिकायत, चुगली करने वाला **sneakers** noun, c. (commonly used with 'a pair of') = light canvas shoes used while playing or running (प्रायः a pair of के साथ प्रयुक्त) 'स्नीकर',

S

कैन्वस के जूते **sneak preview** noun = a chance to see a new film before most people have seen it (informal) [TECHNICAL] नई फ़िल्म को औपचारिक प्रदर्शन से पूर्व देखने का अवसर (अनौपचारिक) [तकनीकी]

sneak thief noun = a thief who steals things quietly and secretly उचक्का, उठाईगीर

sneer[1] /snɪəʳ/ /स्निअर्/ verb, i. *You may not like the customs of these people, but you have no right to sneer at them.* = to show strong dislike or lack of respect, especially through the expression on one's face तिरस्कार ज़ाहिर करना

sneer[2] noun, c. *'You have a budget of only Rs 15,000 and you want to travel round the world!' said the travel agent with a sneer.* = a disrespectful look or remark ताना या उपहास

sneeze[1] /sni:z/ /स्नीज़्/ verb, t. *The smell of dry chillies made him sneeze.* = to send out air through the mouth and nose with great force, because of some feeling of discomfort in the nose छींकना

sneeze[2] noun, c. *We were startled by a loud sneeze.* = the sound of sneezing छींक

not to be sneezed at *If they are offering you a salary of Rs 2000 a month, you should accept their offer. It's not to be sneezed at.* = something that should be considered seriously and not rejected at once विचार करने योग्य, एकदम छोड़ देने योग्य न होना

snick[1] /snɪk/ /स्निक्/ verb, t. *Tendulkar snicked the ball to a fielder.* = to hit the ball with the edge of the bat, without intending to do so (cricket) बल्ले के किनारे से मारना (क्रिकेट)

snick[2] noun, c. *He was out to a snick.* = an act of snicking the ball in cricket क्रिकेट में बल्ले के किनारे से मारना

snicker see **snigger** दबी हँसी हँसना (देखें **snigger**)

snide /snaɪd/ /स्नाइड्/ adj. *I know our school is not as grand as yours, but I don't like the snide remarks you have been making.* = containing unpleasant and indirect criticism (referring to a remark made by someone) नागवार, आपत्तिजनक (टिप्पणी)

sniff[1] /snɪf/ /स्निफ़्/ verb, i. or t. **1** = to take in air noisily and repeatedly into the nose when one has a cold, in order to prevent the liquid inside the nose from running (flowing out) (also **sniffle**) नाक सुड़कना (देखें **sniffle**) **2** *He sniffed the curry carefully to find out if it had gone bad.*(t.) = to smell something by taking in air through the nose सूँघना **3** *He sniffs heroin regularly.*(t.) = to use a harmful drug by taking it into the body through the nose नाक से खींचना

sniff[2] noun, c. *He took a sniff of the chicken curry and said 'This smells delicious!'* = an act of sniffing सूँघने की किया **sniffer dog** noun = a dog which has been trained to smell and find out drugs (such as opium) hidden in secret places छिपी हुई नशीली दवाएँ गंध से ढूँढने के लिए प्रशिक्षित कुत्ते

not to be sniffed at *His offer of Rs 2 million for this house is not to be sniffed at.* = something that should be considered seriously; not to be taken lightly (compare **not to be sneezed at**) गंभीर रूप से विचार करना (देखें **not to be a sneezed at**)

sniffle see **sniff**[1] (meaning **1**) देखें **sniff** (meaning 1 देखें)

snig•ger[1] /ˈsnɪgəʳ/ /ˈस्निगर्/ verb, i. *When I'm on stage and I make a mistake, please don't snigger.* = to make unkind fun of someone by laughing, but not loudly or openly उपहासात्मक दबी हँसी हँसना

snigger[2] noun, c. = the sound of sniggering (also **snicker**, in American English) उपहासात्मक दबी हँसी की आवाज़ (अमेरिकी अंग्रेज़ी में वैकल्पिक शब्द **snicker**)

snip[1] /snɪp/ /स्निप्/ verb, t. (**snipped**) *He snipped off a corner of the plastic bag and poured out the sugar into a jar.* = to cut with a pair of scissors using short, quick strokes कतरना, काटना

snip[2] noun, c. = a short, quick cut made with a pair of scissors काट

snipe /snaɪp/ /स्नाइप्/ verb, i. **1** *The enemy soldiers who had hidden themselves in the trees sniped at our troops.* = to shoot at someone from a place of hiding छिपकर गोली चलाना **2** *It is quite silly of the two leaders to be sniping at each other all the time.* = to say unpleasant things attacking someone लांछन लगाना, अभद्र बातें कहना **sniper** noun = a soldier who shoots at someone from a place of hiding छिपकर गोली चलाने वाला

snip•pet /ˈsnɪpɪt/ /ˈस्निपिट्/ noun, c. *This website on the Internet gives us some interesting snippets of news.* = a small piece taken from a speech or piece of writing लेख अथवा भाषण का एक छोटा अंश

sniv•el /ˈsnɪvəl/ /ˈस्निवल्/ verb, i. (**snivelled**) *He is snivelling because the teacher punished him.* = to cry softly in a complaining manner (derogatory) नाराज़गी में धीरे-धीरे रोना (अनादरपूर्ण)

snob /snɒb/ /स्नॉब्/ noun, c. *They are such snobs that they don't mix with people who don't own cars.* = a person who keeps away from people whom he considers to be of a lower social class (derogatory) अपने आप को उच्च वर्ग का समझने वाला, दंभी (अनादरपूर्ण) **snobbery** noun, u. = the behaviour of a snob, 'स्नॉब' व्यवहार **snobbish** adj. *snobbish behaviour* = like that of a snob दंभ भरा, स्नॉब का

snook /snu:k/ /स्नूक्/ noun

to cock a snook at someone = to show openly that one has no respect for someone दूसरे के प्रति अनादर प्रकट करना

snoo•ker /ˈsnu:kəʳ/ /ˈस्नूकर्/ noun = a game in which small balls of different colours are hit across a table into holes or pockets, using a long stick called a cue 'स्नूकर' खेल

snoop /snu:p/ /स्नूप्/ verb, i. *The guards caught him snooping around our factory.* = to look into someone else's property or affairs without permission, in order to discover something (derogatory) ताक-झाँक करना (अनादरपूर्ण)

snoot•y /'snu:ti/ /'स्नूटी/ adj. *They are so snooty that they don't talk to any of their neighbours.* = showing through one's behaviour that one considers oneself as belonging to a higher social class than others (also **haughty, snobbish**) (informal) दंभी, अपने आप को उच्चतर स्तर का दिखाने वाला (अनौपचारिक) (देखें **haughty, snobbish**)

snooze /snu:z/ /स्नूज़्/ verb, i. = to have a short, light sleep (informal) झपकी लेना (अनौपचारिक)

snore /snɔ:ʳ/ /स्नॉ/ verb, i. *Those who snore while sleeping disturb others.* = to breathe noisily through the mouth and nose during sleep खर्राटे लेना

snor•kel /'snɔ:kəl/ /'स्नॉक्ल्/ noun = a short tube which allows a swimmer to breathe under the surface of water तैरते समय तैराक के साँस लेने की नली

snort[1] /snɔ:t/ /स्नॉट्/ verb, i. **1** *He snorts like a horse when he laughs.* = to make a loud, rough sound by drawing in or forcing out air through the nose फुफकारने जैसी आवाज़ करना **2** *'I will not pay a single paisa for this rubbish,' the man snorted to the shopkeeper.* = to speak angrily, expressing strong feeling क्रुद्ध स्वर में बोलना **3** *The police caught him snorting heroin.* = to take a harmful drug by breathing it in through the nose (slang) नाक द्वारा नशीली दवा लेना (अपभाषा)

snort[2] noun, c. *She gave a snort of annoyance.* = the sound produced when snorting फुफकारने की आवाज़

snot /snɒt/ /स्नॉट्/ noun, u. = the thick, dirty liquid produced inside the nose when one has a cold नाक बहने पर निकलने वाला मल

snout /snaʊt/ /स्नाउट्/ noun, c. = the long mouth and nose of an animal such as a pig थूथन

snow[1] /snəʊ/ /स्नउ/ noun, u. = soft ice formed, because of the low temperature, from tiny drops of water present in the air हिम, बर्फ़

snow[2] verb, i. **1** *It sometimes snows in Chandigarh during winter.* = to fall from the sky in the form of snow बर्फ़ पड़ना **2** *For years there have been no plays in town, but this year it's snowing plays.* = to have a lot of something suddenly (figurative) अचानक बहुत मात्रा में मिलना (लाक्षणिक) **snow-ball** noun, c. = a round ball made by a child by pressing lumps of snow together, which is thrown at another child as a game बर्फ़ का गोला **snowball effect** = a problem or a plan that grows bigger and more serious as more people join in अधिक लोगों के जुड़ने पर समस्या या योजना का बड़ा होना **snow blindness** noun = a medical condition caused by looking at snow in bright sunlight, causing pain in the eyes or temporary loss of eye-sight हिमांधता, बर्फ़ पर पड़ने वाली धूप के प्रभाव से दृष्टि का प्रभावित होना **snow-bound** adj. *The roads in Kashmir are snow-bound in winter.* = blocked by snow, so that traffic cannot move हिम बाधित, बर्फ़ पड़ने के कारण बंद (मार्ग) **snow capped** adj. *snow-capped mountains* = covered with snow throughout the year हिमावृत्त, बर्फ़ से ढँका **snowflake** noun, c. = a soft, light piece of snow that floats through the air हिमलव, गिरती हुई बर्फ़ **snowline** noun = the level or height on a mountain above which one can find snow at all times हिमरेखा, पर्वत की वह ऊँचाई जहाँ बर्फ़ सदा रहती है **snowman** noun = a figure of a man made out of soft snow by children, as a game हिममानव, खेल-खेल में बर्फ़ से बनाया गया पुतला **snowmobile** noun = a vehicle like a motorcycle which has no wheels but can move on metal blades over ice बर्फ़ पर चलने वाली गाड़ी **snow-white** adj. = as white as snow बर्फ़ के जैसा सफ़ेद

snub[1] /snʌb/ /स्नॅब्/ verb, t. (**snubbed**) *When I tried to settle a quarrel between two of my classmates they snubbed me by asking me to mind my own business.* = to insult someone by making him/her feel small झिड़कना, अपमानित करना

snub[2] noun, c. *I wasn't invited to the wedding and knew it was a snub.* = an act of snubbing someone अपमान

snub[3] adj. *a snub nose* = flat and short चपटा

snuff[1] /snʌf/ /स्नॅफ़्/ noun, u. = tobacco in the form of a powder which is used by putting it into the nose and drawing it in by inhaling it नसवार या सुँघनी

snuff[2] verb, t. **1** *Snuff out the candle!* = to put out the flame of a candle by pressing the wick बुझाना **2** *A promising career was snuffed out when the young chess player was killed in an accident.* = to put a sudden end to something अचानक खत्म कर देना

snug /snʌg/ /स्नॅग्/ adj. **1** *He doesn't want to come out of that snug bed.* = a place that gives a feeling of warmth, comfort and protection आरामदेह **2** *I feel so snug in this house that I have no desire to go anywhere.* = feeling comfortable and protected (safe) सुरक्षित, आरामदेह

snug•gle /'snʌgəl/ /'स्नॅग्ल्/ verb, i. *The child snuggled into its mother's bed.* = to move into a warm and comfortable position आरामदेह स्थिति में हो जाना

so[1] /səʊ/ /'सउ/ adv. **1** *Mysore was never so hot earlier.* = to such a degree इतना **2** *He is so fat that he cannot run.* = leading to some result or effect ताकि **3** *'My father can sing,' Vishal said. 'So can my father,' said Rita.* = similarly (in the same way) वैसे ही, उसी तरह **4** *He thinks that the Indian team is sure to win and I think so too.* = the same (referring to something that has already been mentioned) वैसा ही, उसी तरह

S

5 *Fold down this sofa so, and it turns into a bed.* = in this way (in the manner described or shown) इस तरह
so[2] conj. 1 *I was hungry, so I cooked some rice for myself.* = therefore इसलिए 2 *Leave the window open, so you can get some fresh air.* = in order that ताकि 3 *So you are going to become an actor!* = used to prompt someone to speak on a subject, often unkindly तो
so[3] adj. 1 *He was smart as a student and is more so now.* = having the quality already mentioned उसी तरह का, वैसा 2 *He is very particular about his house. Everything has to be just so!* = neat and tidy व्यवस्थित, साफ़-सुथरा 3 *How could you be so greedy as to eat up your sister's share!* = to this extent इस सीमा तक, इतना 4 *Mother Teresa picked up the abandoned children so that they could have a home.* = in order that ताकि 5 *I hope you will be ready in another half an hour or so.* = approximately लगभग **so-and-so** noun, c. 1 *A Mr So-and-so came to meet us. I can't recall his name.* = a person who is not being named (informal, sometimes not respectful) (अनौपचारिक, कभी-कभी आदरपूर्ण नहीं) फ़लाँ 2 *I don't like that man at all. He's a so-and-so.* = an unpleasant person (informal) नाखरूस (अनौपचारिक) **so-called** adj. *The government is asking some so-called experts to write the new textbooks.* = having a reputation which is not deserved (derogatory) तथाकथित, सामान्य, साधारण, विशेष नहीं **so-so** adj. *We expected him to do well in the examination but his performance was just so-so.* = very ordinary; not good, just average (informal) अति साधारण, औसत दर्जे का
soak[1] /səʊk/ /सउक्/ verb, t. or i. *If you soak these dirty clothes overnight, you will be able to clean them easily.*(t.) = to cause something to remain covered by a liquid for some time so that the liquid enters into it भिगोना
soak[2] noun, u. *Give the clothes a good soak in hot water.* = an act of soaking भिगोने की क्रिया **soaking** adj. *He was soaking wet by the end of the walk as he had forgotten to take his umbrella.* = totally wet तर-बतर
soap[1] /səʊp/ /सउप्/ noun, u. 1 = a substance used for cleaning clothes etc. which produces lather (foam) when mixed with water साबुन 2 *She enjoys watching soaps on television.* = soap opera (see below) 'सीरियल' नाटक (नीचे देखें)
soap[2] verb, t. *He soaped himself before going under the shower.* = to rub soap over the body साबुन लगाना **soap opera** noun, c. = A serial play (a drama in many parts) shown regularly on television, in which events in the daily life of a few characters are shown. (They are called 'soap operas' because they used to be mainly sponsored by companies that manufactured cosmetics as well as soap.) टी.वी. पर दिखाया जाने वाला धारावाहिक नाटक जिसमें कुछ पात्रों के जीवन से संबंधित घटनाओं का चित्रण होता है (इन्हें soap opera इसलिए कहते हैं क्योंकि ये प्राय: साबुन और सौंदर्य प्रसाधन तैयार करने वाली कंपनियों द्वारा प्रायोजित की जाती थीं) **soapstone** noun, u. = a kind of soft stone which feels smooth when it is touched (like soap) एक मुलायम पत्थर
to soft-soap someone = to flatter someone (disapproving) 'मक्खन लगाना, मस्का लगाना', झूठी प्रशंसा करके किसी को प्रसन्न करना (अस्वीकृत)

Usage A small piece of soap is called a 'cake' or a 'bar' of soap. साबुन की टिकिया को cake या bar of soap कहते हैं।

soar /sɔːʳ/ /सॉʳ/ verb, i. 1 *My kite soared into the sky.* = to fly at a great height ऊँचाई पर उड़ना 2 *The price of onions has soared.* = to rise to a high level (दाम) अत्यधिक बढ़ना, ऊँचा होना **soaring** adj. *Soaring prices pushed up the cost of living.* = sharply increasing बढ़ता हुआ
sob[1] /sɒb/ /सॉब्/ verb, i. (**sobbed**) *The athlete sobbed hysterically when she could not participate in the race because of an injury.* = to cry loudly out of sorrow, taking in deep breaths ज़ोर-ज़ोर से सिसकना
sob[2] noun, c. *His sobs died down after some time.* = the sound of sobbing सिसकी **sob story** noun, c. *They got some money out of me by making up a sob story.* = a story, generally not true, intended to make the hearer feel pity (derogatory) दु:खभरी झूठी कहानी (अनादरपूर्ण)
so•ber /ˈsəʊbəʳ/ /ˈसउबʳ/ adj. 1 *He is usually drunk but today he seems to be sober.* = not drunk बिना पिये 2 *We should have a sober discussion on this matter.* = serious and thoughtful गंभीर 3 *He always wears sober clothes.* = not attracting too much attention (approving) सादा (स्वीकृत) **sobering** adj. *My son had all kinds of wild plans but the teacher gave him some sobering advice.* = having the effect of making someone think in a practical way व्यावहारिक रूप में सोचने को प्रेरित करने वाला **sobriety** /seˈbraɪəti/ /सˈब्राइअटी/ adj. *He is a very successful person, but you will never find him boasting. We are all impressed by his sobriety.* = balanced behaviour (formal) गांभीर्य (औपचारिक)
soc•cer /ˈsɒkəʳ/ /ˈसॉकʳ/ noun = the game of football, as it is played in India and neighbouring countries फुटबॉल
so•cial /ˈsəʊʃəl/ /ˈसउश्ल्/ adj. 1 *Drinking creates social problems.* = having to do with a society (a group) and relations within it सामाजिक 2 *He takes part in many social activities.* = relating to activities with friends and other people and not to one's profession सामाजिक 3 *Human beings are social animals.* = having a natural desire to live together with others of the same kind सामाजिक 4 *a social class* = based on rank and position within a society सामाजिक वर्ग **sociable** adj. *He is a*

very sociable person. You will always find him surrounded by friends. = fond of the company of other people मिलनसार **socially** adv. *His constant quarrels with others are not socially acceptable.* = according to the values of society सामाजिक दृष्टि से **social climber** noun, c. = a person who tries to get into a higher social class by mixing with people belonging to that class (derogatory) समाज के उच्चतर वर्ग में सम्मिलित होने का प्रयास करने वाला (अनादरपूर्ण) **socialism** noun, u. = the political belief that all industries should be owned and controlled by the state and that the differences between social classes should be removed समाजवाद **socialist** noun, c. = a person who believes in socialism समाजवादी **socialite** noun, c. = a person who takes part in many social activities and can often be seen at parties etc. (disapproving) सामाजिक क्रिया-कलापों में भाग लेने वाला (अस्वीकृत) **socialize (socialise)** verb, i. **1** *We like to socialize with our colleagues.* = to mix with others in a friendly way मेल-जोल करना, मिलना-जुलना **2** *Children need to be socialized.* = to train someone to live with others as members of a society सामाजिक बनाना **social sciences** noun = the study of subjects such as history, economics and sociology which deal with social events or relationships सामाजिक विज्ञान **social security** noun = help from the government in the form of money, given to people who have no jobs or are in need of medical help etc. सामाजिक सुरक्षा बेरोज़गारों एवं ज़रूरतमंदों को दी जाने वाली सरकारी सहायता **social work** noun = work done by an organization or person to improve social conditions सामाजिक कार्य, समाज-सेवा का कार्य

so•ci•e•ty /sə'saɪəti/ /स'साइअटी/ noun, u. or c. (**societies**) **1** *Teachers are important members of society.*(u.) = an organization made up of groups of people who are controlled by certain rules and bound together by certain relationships समाज **2** *Western society* = people belonging to a particular group, sharing a common religion, language etc. समाज, एक वर्ग के लोग **3** *a film society* = a group of people with common interests समान रुचि वाले लोगों का वर्ग

socio- /'səʊʃəʊ/ /'सउशउ/ prefix meaning 'having to do with society' e.g. **'समाज से संबंधित'** का अर्थ देने वाला उपसर्ग **socioeconomic** adj. *The two parties support each other, although they represent different socioeconomic classes.* = having to do with social groups that have different levels of income समाजार्थिक

so•ci•ol•o•gy /səʊsi'ɒlədʒi/ /सउसी'ऑलजी/ noun = the study of human behaviour in a society समाज विज्ञान, समाजशास्त्र

sock[1] /sɒk/ /सॉक्/ noun, c. (usually plural **socks**, used together with 'a pair of') = a covering of soft material for the foot, worn inside shoes (प्रयोग में प्रायः a pair of के साथ, बहुवचन रूप socks में प्रयुक्त होता है) मोजे, जुर्राब

sock[2] verb, t. *I was socked on the jaw.* = to hit someone with the fist (closed hand) (informal) मुक्का मारना (अनौपचारिक)

to pull up one's socks = to make an effort to improve one's work (informal) अपने कार्य को सुधारने का प्रयास करना (अनौपचारिक)

sock•et /'sɒkɪt/ /'सॉकिट्/ noun, c. *an electrical socket* = an opening or hollow space into which something fits (see pic under **plug**) 'सॉकेट' (**plug** के अंतर्गत चित्र देखें)

sod /sɒd/ /सॉड्/ noun, c. **1** *He moved the sods of earth with a spade.* = a small piece of earth to which grass is attached घास लगी मिट्टी का ढेला **2** *a silly sod* = an insulting word for a man who one thinks is foolish or difficult to tolerate (derogatory, slang) USE मूर्ख असहनीय समझे जाने वाले व्यक्ति के लिए अपमानजनक शब्द (अनादरपूर्ण, अपभाषा) निषिद्ध

so•da /'səʊdə/ /'सउड/ noun, u. or c. **1** = water in which carbon di-oxide gas has been mixed under pressure, used to make an alcoholic drink strong, or taken by itself as a soft drink (also **soda-water**) सोडा (देखें **soda-water**) **2** *washing soda* = a chemical containing sodium which is used as a cleaning agent कपड़े धोने का सोडा

sod•den /'sɒdn/ /सॉड्न्/ adj. *The cricket field is sodden after the heavy rain.* = very wet and soft तर-बतर, गीला व नम

so•di•um /'səʊdɪəm/ /सउडिअम्/ noun = a chemical that is a kind of metal and is commonly found in combination with other chemicals सोडियम **sodium chloride** noun = the chemical name for common salt, used in cooking सोडियम-क्लोराइड नमक का रासायनिक नाम

so•fa /'səʊfə/ /'सउ.फ/ noun, c. = a long, comfortable seat on which two or three people can sit सोफ़ा

soft /sɒft/ /सॉफ़्ट्/ adj. **1** *The earth was so soft after the rain that my feet sank into it as I walked.* = not hard or firm नम **2** *The baby's cheeks are as soft as silk.* = feeling pleasant and smooth to the touch; not rough नर्म, कोमल **3** *He spoke in a soft whisper.* = not loud मृदु, धीमा **4** *He gave the boy a soft push.* = gentle; not using much force हल्का **5** *Don't you think you are too soft on them?* = too kind and not able to control someone (disapproving) दयालु, नियंत्रण न कर सकने वाला (अनादरपूर्ण) **6** *You have grown soft. You should take some exercise.* = not in a good physical condition सेहत खराब होना **7** = something which is less difficult or less unpleasant (see **soft line, soft option** below) कम कठिन, कम अप्रिय (नीचे **soft line, soft option** देखें) **softener** noun = a chemical which, when added to water, makes clothes or cloth feel soft when

S

dry कपड़ों को नर्म बनाने के लिए प्रयुक्त रसायन **softly** adv. हल्के-हल्के **soften** verb, t. or i. **1** *These new curtains seem to soften the light.*(t.) =to make something look less bright कम चमकीला बनाना **2** *I was angry with the children and wanted to scold them but when I saw them looking happy and friendly, I softened.*(i.) = to feel less angry and more kind or gentle नर्म पड़ना, मन में कोमल भाव जगना **3** *The news that she had a rare disease upset her very much but we were able to soften the effect by telling her it could be treated.*(t.) = to make something less painful or unpleasant दर्द हल्का करना, कम करना **soft ball** noun = a game which is like baseball, but is played with a soft ball 'सॉफ्ट बॉल' (एक खेल) **soft-boiled** adj. *a soft-boiled egg* = boiled for a short time only and soft to the touch (referring to one way of cooking an egg) हल्का उबला हुआ (अंडा) **soft copy** noun = information stored on the hard disk of a computer or a floppy disk and not printed out on paper (see **hard copy**) कंप्यूटर में सुरक्षित (देखें **hard copy**) **soft drink** = a non-alcoholic drink such as fruit juice शीतल पेय **soft-hearted** adj. = very kind दयालु **soft landing** noun = the landing (coming down to earth) of a spacecraft or aircraft which does not cause any damage to it आसानी से या आराम से उतरना (हवाई जहाज़ या अंतरिक्ष यान का) **soft palate** noun = the back of the palate (the bony part at the top of the mouth) कोमल तालु **software** noun = the programs used in a computer system (and not the mechanical parts, or **hardware**) कंप्यूटर संबंधी शब्द **softy** adj. = a person who is seen as being too kind or gentle and not able to handle a situation firmly (derogatory or humorous) जो इतना कोमल, दयालु हो कि स्थिति या व्यक्तियों को नियंत्रण में न रख सके (अनादरपूर्ण या हास्यपरक)

to have a soft spot for somebody *I have a soft spot for anyone who comes from Mumbai.*= to have a special liking for someone किसी का विशेष लिहाज़ करना **to soft-pedal something** *They want to introduce the study of astrology in schools but are soft-pedalling this issue at present.* = to not be too active in doing something, because one finds that people are opposed to it कार्य अथवा निर्णय को धीरे-धीरे आगे बढ़ाना **soft-spoken** *a soft-spoken person* = speaking in a gentle voice मृदुभाषी **to be soft in the head** = foolish or not in one's right mind (informal, derogatory, old-fashioned) बेवकूफ़, बुद्धू, दिमाग ठीक न होना (अनौपचारिक, अनादरपूर्ण, पुराने प्रचलन का) **to soften someone up** *They wanted to soften Mira up before they asked her to lend them some money.* = to try to please someone (usually through flattery) in order to get something from him/her (informal, not respectful) चापलूसी करना (अनौपचारिक, आदरपूर्ण नहीं) **to take soft line (on something)** = to not be strict or harsh in reacting to something कठोर प्रतिक्रिया न करना **a soft option** *I want to study art rather than computer science, not because it is a soft option but because I like art.* = something which is seen as being easier and requiring less effort than something else आसान, सरल, जिसमें परिश्रम न करना पड़े

sog•gy /'sɒgi/ /'सॉगी/ adj. *The ground was so soggy after the rain that our car sank into it.* = completely wet and soft (see **sodden**) गीला और नर्म (देखें **sodden**)

soil[1] /sɔɪl/ /सॉइल्/ noun, u. **1** *The soil is so fertile that you can grow anything you like on it.* = the material that covers the top of the earth's suface, in which plants grow मिट्टी **2** *I have decided to return to the soil.* = the profession of farming (figurative) खेती (लाक्षणिक) **3** *Do you like living on this soil?* = country (literary) देश (साहित्यिक)

soil[2] verb, t. *His clothes were soiled with mud.* = to cause something to become dirty मैला होना, सना होना

a son (daughter) of the soil = a person who belongs to a place because he/she was born there and has a special claim on the things it can offer, such as jobs मातृभूमि का सपूत

soi•ree /'swɑːreɪ/ /'स्वारेइ/ noun, c. (French) = an evening party devoted to music, poetry etc. (फ्रेंच शब्द) संगीत, कविता आदि की सांध्य-गोष्ठी

so•journ /'sɒdzɜːn/ /'सॉजऽन्/ noun, u. *He ended his sojourn in the U.S.A. and returned to India.* = a period of stay in a country or a place in which you do not live (literary) प्रवास (साहित्यिक)

sol•ace /'sɒlɪs/ /'सॉलिस्/ noun, u. *When his wife died, he found solace in the company of his children.* = comfort or support when one is unhappy, especially because someone has died शांति, सांत्वना

so•lar /'səʊlə^r^/ /'सउलऽ^र^/ adj. *a solar eclipse* = having to do with the sun सूर्य, सौर **solar cell** noun = a kind of battery (device or machine that produces electrical energy) which uses the sun's energy सौर बैटरी **solar panel** noun = a number of solar cells connected to each other, which can produce a large amount of electrical energy सौर बैटरी की कतार जिससे अधिक विद्युत् शक्ति उत्पन्न हो **solar plexus** noun = the network (group) of nerves in the body lying between the stomach and the backbone सौर चक्र, पेट और रीढ़ की हड्डी के बीच में फैला स्नायुजाल **solar system** noun = the sun, together with the planets that move around it सौर परिवार, सौर मंडल **solar year** noun = the time taken by the earth to go around the sun once, equal to 365 days, 5 hours, 48 minutes and 46 seconds सौर वर्ष

sold /səʊld/ /सउल्ड्/ verb, t. = past tense of **sell** 'sell' क्रिया का भूतकालिक रूप

solder[1] /'sɒldə^r^/ /'सॉल्डऽ^र^/ verb, t. *The electrician soldered two pieces of wire together.* = to join pieces of metal by using a mixture of lead and tin, which melts and becomes soft when it is heated धातु में टाँका लगान

solder[2] noun, u. = a soft mixture of lead and tin, which is heated and used to join pieces of metal together राँगा **soldering iron** noun = a tool which works on electricity, used for melting the mixture of lead and tin that is used in soldering धातु का टाँका लगाने का औज़ार

sol•dier[1] /ˈsəʊldʒəʳ/ /ˈसउल्जं/ noun, c. = a member of the army (the group of people who fight on land to defend their country) who generally is not an officer सैनिक

soldier[2] verb, i. *These two men teach tribal children in a village. Although they get no help from anyone, they have been soldiering on for the last 25 years.* = to continue to work steadily in spite of difficulties प्रतिकूल परिस्थितियों में भी काम करते रहना **soldier of fortune** noun = a professional soldier who is ready to fight for anyone who will pay him (also **mercenary**) पैसे के लिए काम करने वाला सैनिक (देखें **mercenary**)

sole[1] /səʊl/ /सउल्/ adj. *He is the sole owner of this house.* = the only one एकमात्र, अकेला

sole[2] noun, c. **1** *the sole of the foot* = the bottom surface of the foot or of the front part of a shoe तला **2** = a kind of sea fish एक समुद्री मछली

sole[3] verb, t. *I have to get my old shoes soled.* = to repair a shoe by putting a new sole on it तला लगवाना

sol•emn /ˈsɒləm/ /ˈसॉलम्/ adj. **1** *The teacher likes to joke when she is outside the class, but she is always solemn when teaching.* = serious गंभीर **2** *I will return the money next week. I give you my solemn promise.* = a promise etc. made seriously, which one intends to keep सत्यनिष्ठ, गंभीर, पक्का (वायदा) **solemnity** /səˈlemnɪti/ /सˈलेम्निटी/ noun, u. *He spoilt the solemnity of the occasion by talking loudly while the marriage ceremony was going on.* = the quality of being solemn गंभीरता **solemnize (solemnise)** /səˈlemnaɪz/ /सˈलेम्नाइज़्/ verb, t. *The marriage will be solemnized by the priest.* = to perform a wedding (marriage) ceremony (formal) रस्म कराना (औपचारिक)

sol•fa /sɒl ˈfɑː/ /सॉल्ˈफ़ा/ noun = the set of names given to the seven notes on a musical scale (do, re, mi, fa, so, la, ti, in Western music, and sa, re, ga, ma, pa, dha, ni, in Indian music) सरगम

so•li•cit /səˈlɪsɪt/ /ˈसˈलिसिट्/ verb, t. *I am contesting an election next month, and am soliciting the support of the people in this city.* = to ask someone for help or support, in the form of votes, money, advice etc. (formal) याचना करना, सहयोग माँगना (औपचारिक) **solicitor** noun, c. = a lawyer who gives advice or help to someone in connection with a law case but does not argue the case in court अधिवक्ता **solicitor general** noun = a lawyer who advises the government on legal matters महाधिवक्ता **solicitous** adj. *She was very solicitous about you when she heard that you had financial problems.* = feeling anxious about someone and eager to help (formal) चिंतित तथा सहायता के लिए तत्पर (औपचारिक)

sol•id[1] /ˈsɒlɪd/ /ˈसॉलिड्/ adj. **1** *Water becomes solid when it freezes and turns into ice.* = hard and firm, with a clear shape of its own ठोस **2** *These gold bangles are so light because they are hollow. They are not solid.* = having some matter inside; not hollow ठोस **3** *These walls are solid.* = strongly made टिकाऊ, मज़बूत **4** *Shah Rukh Khan gives a solid performance as a poet in this film.* = of a very high standard (informal, approving) उच्चस्तरीय आला दर्जे का (अनौपचारिक, स्वीकृत) **5** *I have been waiting here for three solid hours.* = without a break or gap (informal) पूरे, लगातार, अनवरत (अनौपचारिक)

solid[2] noun, c. **1** *Water can have different forms. It is usually a liquid but it becomes a solid when it is frozen.* = one of the forms in which matter exists, which is neither that of a liquid nor of a gas ठोस **2** (always plural) *When the baby is about six months old, you can start giving it solids.* = food which is not in liquid form (केवल बहुवचन में प्रयुक्त) ठोस आहार

sol•i•dar•i•ty /sɒlɪˈdærɪti/ /सॉलिˈडैरिटी/ noun, u. *There is solidarity among the members of the team. Everyone supports the captain.* = agreement between the members of a group एकमत होने, एकजुट होने का भाव

so•lid•i•fy /səˈlɪdɪfaɪ/ /सˈलिडिफ़ाइ/ verb, i. *Water solidifies when it is cooled to zero degrees Centigrade.* = to become solid or hard ठोस हो जाना **solidity** noun, u. *It was the solidity of this old building that saved it during the earthquake.* = the quality of being solid (strong and dependable) मज़बूती **solid state** adj. *Computers use solid state circuits.* = having transistors, microchips or other advanced electronic parts and not valves [TECHNICAL] उच्चस्तरीय आधुनिक इलेक्ट्रानिक पुर्जों से युक्त [तकनीकी]

so•lil•o•quy /səˈlɪləkwi/ /सˈलिलक्वी/ noun, c. (**soliloquies**) = a speech in a play (drama) where a character is talking only to himself/herself स्वगत कथन **soliloquize (soliloquise)** /səˈlɪləkwaɪz/ /सˈलिलक्वाइज़्/ verb, i. = to speak to oneself स्वगत भाषण करना

sol•i•taire /sɒlɪˈteəʳ/ /सॉलिˈटेअं/ noun **1** = a piece of jewellery (usually a ring) that contains a single large diamond एक हीरे वाला आभूषण **2** = a card game played by one person (also **patience**) एक व्यक्ति द्वारा खेला जाने वाला ताश का खेल (देखें **patience**)

sol•i•ta•ry /ˈsɒlɪtəri/ /ˈसॉलिट्री/ adj. **1** *He is the solitary official in the department who is 25. All the others are above forty.* = the only one अकेला, एकमात्र **2** *We lead a solitary life on our farm.* = without friends or companions एकाकी, अकेला **solitary con-**

S

finement noun = a form of punishment in which one is locked up alone in a room (usually in a prison) कालकोठरी की सज़ा

sol•i•tude /'sɒlɪtjuːd/ /'सॉलिचूड्/ noun, u. = the state of being away from others अकेलापन, अन्य लोगों से दूर अकेले होना

so•lo /'səʊləʊ/ /'सउलउ/ adj. *The pilot took off for a solo flight in his aircraft.* = done by only one person अकेले उड़ान भरना **soloist** noun, c. = a musician who sings or plays on some instrument alone and not together with others एकल वादक, एकल गायक

sol•stice /'sɒlstɪs/ /'सॉल्स्टिस्/ noun = a particular day, which is either the longest day of the year (the summer solstice, on June 22) or the shortest (the winter solstice, on December 22) अयनांत, लघुतम अथवा दीर्घतम दिवस

sol•u•ble /'sɒljʊbəl/ /'सॉल्युबल्/ adj. *Sugar is soluble in water, but chalk is not soluble.* = able to dissolve (get completely mixed up) in some liquid (referring to a solid substance or a gas) घुलनशील

so•lu•tion /sə'luːʃən/ /स'लूशन्/ noun, u. or c. **1** *The doctor asked her to drink a solution of glucose in water.* = a liquid in which some solid substance or gas has been dissolved (completely mixed up) घोल **2** *He has found a job at last. That should provide the solution to most of his financial problems.* = an answer to a difficult problem समाधान, हल

solve /sɒlv/ /सॉल्व्/ verb, t. *The teacher has given us a difficult mathematical problem to solve.* = to find a solution (answer) to a problem हल करना

sol•vent /'sɒlvənt/ /'सॉल्वन्ट्/ noun, c. *Alcohol is often used as a solvent.* = a liquid in which solid substances can easily dissolve (get completely mixed up and form a solution) [TECHNICAL] विलायक, ऐसा तरल पदार्थ जिसमें ठोस पदार्थ आसानी से घुल जाए [तकनीकी]

som•bre /'sɒmbəʳ/ /'सॉम्बʳ/ adj. *The meeting opened on a sombre note, with the chanting of prayers.* = serious or solemn (not light-hearted) गंभीर, पवित्र

som•bre•ro /sɒm'breərəʊ/ /सॉम्'ब्रेअरउ/ noun = a kind of hat commonly worn by men in Mexico मेक्सिको में पुरुषों द्वारा पहना जाने वाला चौड़े किनारे का टोप

some¹ /səm/ /सम्/ det. **1** *There is some sugar in the jar.* = a certain quantity (not stated exactly, but usually understood as a small quantity) कुछ **2** *Some children are waiting for you.* = a certain number (not stated exactly, but usually understood as a small number) कुछ **3** *Some books are torn, but others are in good condition.* = not all कुछ (सब नहीं)

some² pron. **1** *There is no sugar but I am going to get some.* = a certain amount or number (not stated exactly) कुछ, थोड़ा **2** *Some of the people are here.* = not all कुछ, सब नहीं **3** *Some think he is nervous.* = some people (not all) कुछ लोग **somebody** pron. **1** *Somebody has torn my book.* = a person whose identity is not known to the speaker कोई **2** *He thinks he is somebody.* = an important person महत्त्वपूर्ण व्यक्ति **somehow** adv. **1** *I haven't found a suitable job as yet, but I will find one somehow.* = using every means possible किसी तरह **2** *Somehow, I can't remember his name.* = for some unknown reason किसी कारणवश **someone** pron. *Someone has come to meet you.* = somebody (see **somebody** above) कोई (व्यक्ति) **something** noun *You will find something in your room.* = a thing that is not known कुछ **sometime** adv. *Come home sometime.* = at any time कभी **somewhat** adv. *I find this problem somewhat difficult.* = a little/ rather थोड़ा, कुछ **somewhere** adv. *I can't find the house keys. I must have left them somewhere.* = at some unknown place कहीं

som•er•sault¹ /'sʌməsɔːlt/ /'समसॉःल्ट्/ noun, c. *He turned two complete somersaults before he dived into the water.* = a circular movement of the body (going round like a wheel), either forwards or backwards, in which the legs are first raised above the head and then lowered again चक्के की तरह गोल-गोल घूमने की कलाबाज़ी

somersault² verb, i. *She somersaulted and landed on her feet.* = to turn a somersault कलाबाज़ी मारना

som•nam•bu•lism /sɒm'næmbjʊlɪzəm/ /'सॉम्'नैम्ब्युलिज़्म/ noun = sleep-walking (an unusual condition in which one walks in one's sleep) निद्राभ्रमण, नींद में चलना **somnambulist** noun, c. = a person who walks in his/her sleep निद्राभ्रमणकारी, नींद में चलने वाला

son /sʌn/ /सॅन्/ noun, c. *I have three sons.* = someone's male child पुत्र **son-in-law** noun = the husband of one's daughter दामाद

so•nar abbr. of **Sonar Navigation and Ranging** noun = a device (machine) that uses sound waves to find the position of objects which are under water पानी के अंदर स्थित वस्तु की स्थिति ध्वनि तरंगों से ज्ञात करने वाला यंत्र

so•na•ta /sə'nɑːtə/ /स'नाटə/ noun, c. = a piece of music (in Western music) in three or four movements (parts), which are played at different speeds 'सोनाटा', पाश्चात्य संगीत का एक प्रकार

son•et•lumiere /sɒn eɪ 'luːmieəʳ/ /सॉन एइ 'लूमिएँअʳ/ noun (French) = 'sound and light' (a performance or show after sunset that uses sounds, usually recorded, as well as cinema pictures or living actors, to tell the story of a historical place) (फ्रेंच अभिव्यक्ति) 'ध्वनि और प्रकाश' कार्यक्रम

song /sɒŋ/ /सॉङ्/ noun, c. **1** = a poem or other text which is set to music (given a tune so that it can be sung) गाना **2** *the cuckoo's song* = the musical sounds produced by a bird गाना **song-and-dance** noun *I* *can understand your feelings were hurt when you were dropped from the team, but there was no need for you to make such a song-and-dance.* = an unnecessary show of anger or excitement (informal, derogatory) क्रोध या उत्तेजना का अनावश्यक प्रदर्शन (अनौपचारिक, अनादरपूर्ण) **song bird** noun, c. **1** = a bird that produces musical sounds गाने वाला पक्षी **2** = a famous or skilled singer प्रसिद्ध गायक

to go for a song *You can buy this car for Rs 10,000. It is going for a song.* = to be on sale at a very low price बहुत कम कीमत पर बिकना

son•ic /'sɒnɪk/ /'सॉनिक्/ adj. **1** *a sonic barrier* = having to do with sound ध्वनि-संबंधी ध्वनिक **2** = travelling at the speed of sound in air (about 340 metres per second) (see also **subsonic** and **supersonic**) ध्वनि की गति जितनी गति से (देखें **subsonic** और **supersonic**) **sonic boom** noun = the loud sound created when an aircraft travels at a speed greater than the speed of sound ध्वनि से तेज़ गति से उड़ने पर हवाई जहाज़ से उत्पन्न ध्वनि

son•net /'sɒnɪt/ /'सॉनिट्/ noun, c. = a poem which has 14 lines [LITERATURE] 'चतुर्दश पदी', कविता का एक प्रकार [साहित्य]

so•nor•ous /'sɒnərəs/ /'सॉन्रस्/ adj. *a sonorous voice* = deep; musical and pleasant to hear सुरीला

soon /suːn/ /सून्/ adv. *He will come back soon.* = within a short period of time शीघ्र, जल्दी **as soon as** adv. *I need help. Please come as soon as possible.* = quickly जितनी जल्दी हो सके, जल्दी से जल्दी

soot /sʊt/ /सुट्/ noun, u. *The smoke from the fire has covered the walls with soot.* = the black powder produced when something is burnt किसी चीज़ के जलने से उत्पन्न कालिख **sooty** adj. *The miners coming out of the coal-mine had sooty faces.* = blackened with soot कालिख लगा

soothe /suːð/ /सूद्/ verb, t. **1** *He is very upset and angry. We should try to soothe him.* = to calm; to make someone less angry or excited शांत करना **2** *This ointment will soothe the pain in your back.* = to make the pain less पीड़ा कम करना **soothing** adj. *Soothing music can calm our nerves.* = comforting शांतिप्रद

sooth•sayer /'suːθseɪə'/ /'सूथ्सेइअ'/ noun, c. = a person who can tell the future ज्योतिषी, भविष्यवक्ता

sop /sɒp/ /सॉप्/ noun, c. *They don't have proper drinking water, how can we give them television sets as a sop?* = something, usually of little value, given to someone to make him/her less angry (derogatory) रिश्वत, घूस (अनादरपूर्ण) **soppy** adj. *I do not care for such soppy novels.* = sentimental in a way which is annoying इस हद तक भावुक कि खटकने लगे

so•phis•ti•cat•ed /sə'fɪstɪkeɪtɪd/ / स'फ़िस्टिकेइटिड् / adj. **1** *He doesn't listen to pop music. He has sophisticated tastes in music.* = having an understanding of art, literature etc. which is considered very high or very good परिष्कृत, उच्चस्तरीय **2** *These new computers are highly sophisticated machines.* = requiring high levels of skill and knowledge उच्चस्तरीय **sophistication** /səfɪstɪ'keɪʃən/ /स'फ़िस्टि'केइशन्/ noun, u. = the quality of being sophisticated परिष्कृति

soph•ist•ry /'sɒfɪstri/ /'सॉफ़िस्ट्री/ noun, u. *The minister's speech on educational reform was full of sophistry.* = the use of clever arguments which seem reasonable but are really false (derogatory) ऊँची किंतु झूठी बातें (अनादरपूर्ण)

soph•o•more /'sɒfəmɔː'/ /'सॉफ़मॉर/ noun, c. = a second-year student at an American school or college किसी अमेरिकी विद्यालय अथवा महाविद्यालय का द्वितीय वर्ष का छात्र

sop•o•rif•ic /sɒpə'rɪfɪk/ /सॉप'रिफ़िक्/ adj. *The cool breeze had a soporific effect on us and we fell asleep.* = causing one to fall asleep निद्राजनक, तंद्रात्मक

sop•ping /'sɒpɪŋ/ /'सॉपिङ्/ adj. *She came in from the rain with her clothes sopping wet.* = soaking wet (very wet) तर-बतर

so•pra•no /sə'prɑːnəʊ/ /स'प्राऽनउ/ noun = a woman singer who is required to sing in a very high voice [MUSIC] उच्चतम स्वर में गानेवाली गायिका [संगीत]

sor•cer•er /'sɔːsərə'/ /'सॉस्रऽ'/ noun, c. = a person with supernatural powers who can perform black magic तांत्रिक **sorcery** noun = the art practised by a sorcerer तंत्र-विद्या, काला जादू

sor•did /'sɔːdɪd/ /'सॉऽडिड्/ adj. **1** *The newspaper can report the crime, but why does it have to give us all the sordid details?* = unpleasant because of its connection with dishonest or immoral behaviour घृणित, बेईमानी और अनैतिक व्यवहार से संबंधित **2** *sordid surroundings* = dirty and unhealthy गंदा, स्वास्थ्य के लिए हानिकर

sore[1] /sɔː'/ /'सॉऽ'/ noun, c. *He has a deep sore in his leg.* = a painful and infected wound घाव, ज़ख़्म

sore[2] adj. **1** *His shoulder felt sore because he had been carrying a heavy load.* = painful दुखना **2** *They are sore because you did not meet them when they came to town.* = angry and feeling unjustly treated (informal) नाराज़ (अनौपचारिक)

a sore point *His failure in the driving test is a sore point with him. Let's not bring it up.* = something in which one has not succeeded and which one doesn't want others to talk about.अप्रिय विषय, 'दुखती रग' **to stick out like a sore thumb** *Our garden, unlike those of our neighbours, is dry and ugly, and sticks out like a sore thumb.* = to be clearly different from other things/persons of the same kind in a negative way, so that it or they can be noticed easily अन्य से अलग किंतु भद्दा दिखाई देना

S

sor•ghum /ˈsɔːgəm/ /ˈसॉऽगम्/ noun = a kind of foodgrain grown in tropical (hot) countries एक प्रकार का अनाज जो उष्णकटिबंधीय देशों में उगाया जाता है

so•ror•i•ty /səˈrɒrɪti/ /सˈरॉरिटी/ noun = a group of women students at an American university who live together, forming a club अमेरिकी विश्वविद्यालय की छात्राओं का वर्ग जिसमें वे एक संघ के रूप में एक साथ रहती हैं

sor•row¹ /ˈsɒrəʊ/ /ˈसॉरउ/ noun, u. or c. *I felt great sorrow at the death of my dog.* = unhappiness which is connected with a death, a great loss or something very unfortunate which has happened मौत, गंभीर क्षति या दुर्भाग्यपूर्ण घटना से होने वाला दुख

sorrow² verb, i. *She sorrowed over his death.* = to express sorrow (literary) दुख प्रकट करना, शोक प्रकट करना [साहित्यिक]

sor•ry¹ /ˈsɒri/ /ˈसॉरी/ adj. **1** *I felt sorry when I heard of your illness.* = feeling of sadness or pity because something unfortunate has happened दुखी **2** *I hope you are sorry for your mistake.* = having a feeling of shame or unhappiness for doing something wrong or bad पश्चात्ताप, पछतावा **3** *I am sorry, but I don't agree with you.* = expressing disagreement or refusal असहमति व्यक्त करना **4** *The house is in a sorry state. It must be repaired.* = in a poor or weak condition फटेहाल, दयनीय स्थिति में

sorry² interjec. **1** *Sorry, you can't go in. Everyone is at a meeting.* = an expression of refusal, disagreement etc. अस्वीकृति अथवा असहमति व्यक्त करना **2** *Sorry?* = an expression asking someone to repeat something, because one was unable to hear what was said दूसरे की बात सुन न पाने पर उससे दुहराने का अनुरोध करने की अभिव्यक्ति

sort¹ /sɔːt/ /ˈसॉऽट्/ noun, c. **1** *Penicillin is made from a sort of plant.* = type or kind प्रकार **2** *We had a sort of holiday, although it was not very relaxing.* = a kind of (although not of the expected quality) (informal) एक मायने में (अनौपचारिक)

sort² verb, t. **1** *The post office has to sort the letters before they can be delivered.* = to arrange things in different groups वस्तुओं को विभिन्न समूहों में छाँटना **2** *Can you sort out the letters that have to be sent to Delhi?* = to separate from other things एक प्रकार की वस्तु को अन्य प्रकारों से छाँटकर अलग करना **3** *I had many problems but I have been able to sort them out.* = to put things in order ठीक या सही कर देना **4** = the 'sort' command in a computer, which helps one arrange a list in a certain order [COMPUTERS] कंप्यूटर के प्रयोग-संबंधी एक निर्देश शब्द

out of sorts *Ever since he heard he had not been selected for the job, he has been out of sorts .* = upset, irritable उदास, खिन्न, परेशान **it takes all sorts to make a world** *I am not surprised so many impractical suggestions were made at the meeting. After all, it takes all sorts to make a world.* = 'People are not all alike.' (disapproving, humorous) दुनिया में भिन्न-भिन्न प्रकार के लोग हैं (अस्वीकृत, हास्यपरक) **nothing of the sort** *'I'll sit up and work all night tonight.' 'You'll do nothing of the sort!'* = used to give someone an order not to do something (informal) कुछ ऐसा नहीं (अनौपचारिक)

sor•tie /ˈsɔːti/ /ˈसॉऽटी/ noun, c. *Our fighter planes have gone on a sortie.* = a quick attack made by a group of aircraft on an enemy लड़ाकू विमानों की टुकड़ी द्वारा शत्रु पर तुरंत धावा (वायु सेना की शब्दावली 'सॉटी')

SOS noun = abbr. of **'Save Our Souls'** = a message sent out through radio or a distress signal sent by ships at sea which are in serious trouble and need help **'Save Our Souls'** का संक्षिप्त रूप, संकट के संदेश जो समुद्र में संकट में फँसे, मदद माँगते समुद्री जहाज़ से भेजे जाते हैं

sot /sɒt/ /सॉट्/ noun, c. = a person who is always drunk and cannot think clearly (derogatory) नशेबाज़, नशे में धुत्त (अनादरपूर्ण)

sot•to vo•ce /sɒtəʊ ˈveʊtʃi/ /सॉटउ ˈवउची/ adv. (Latin) *He spoke to me sotto voce, so that others would not hear.* = in a very low voice (लैटिन अभिव्यक्ति) धीमे स्वर में, फुसफुसाते हुए

souf•fle /ˈsuːfleɪ/ /ˈसूफ़्लेइ/ noun, c. or u. (French) = a kind of light pudding or cake made with eggs, flour, milk etc. (फ्रेंच शब्द) 'सूफ़्ले', एक प्रकार का मिष्टान्न

soul /səʊl/ /सउल्/ noun, c. or u. **1** = the non-physical part of a human being that is believed to live on forever even after death आत्मा **2** *Shah Rukh Khan's performance in the film was good, but it had no soul.* = deep and sincere feeling संवेदनशीलता **soulful** adj. *The national anthem, if sung well, can be soulful music.* = expressing deep feeling भावपूर्ण **soul music** noun = music having deep religious feeling, usually produced by African American singers धार्मिक भावना से ओतप्रोत

the life and soul *She is the life and soul of the party.* = the most important or active part (informal, approving) जान, सर्वाधिक महत्त्वपूर्ण हिस्सा (अनौपचारिक, स्वीकृत) **soul-destroying** *Working with a computer all your life can be soul-destroying.* = causing dullness and lack of activity जड़ बना देने वाला **soul searching** *After years of soul-searching he decided to resign from politics.* = a deep examination of one's own conscience (mind) आत्म-परीक्षण, आत्ममंथन

sound¹ /saʊnd/ /साउन्ड्/ noun, u. or c. **1** *Sound travels through water as well as air.*(u.) ध्वनि // *I heard the sounds of people whispering.*(c.) = a kind of disturbance that moves through air or water in the form of waves and can be heard by the ears आवाज़ें **2** *You say the doctor refused to examine the patient? I don't like the sound of it.* = the impression (feeling) that one gets after reading or hearing something (generally unpleasant) (सुनने में सामान्यत:) अप्रिय

sound² verb, i. or t. **1** *He sounded as if he had been crying* (i.) = to seem when heard सुनने पर मालूम पड़ना **2** *The bell sounded to inform us that the class was over.*(i.) = to give out a sound बजना **3** *You should sound the horn when you come to a busy street corner.*(t.) = to cause something to produce a sound बजाना

sound³ adj. **1** *Don't worry. Your heart is perfectly sound.* = in good condition स्वस्थ, अच्छी स्थिति में **2** *He made a sound decision by refusing the offer.* = showing good judgement अक्लमंद **3** *Did you get sound sleep last night?* = deep and undisturbed (sleep) गहरी (नींद) **soundly** adj. *The children slept soundly after the long journey.* = fully and deeply गहरी (नींद) में **sound barrier** noun = the force created by the air that acts on an object flying above the speed of sound (340 metres per second) ध्वनिरोधक **sound effects** noun = different sounds produced for a film or television show to give the effects of different kinds of natural sounds (e.g. the sound of waves striking the shore) कृत्रिम ध्वनि प्रभाव **soundproof** adj. *You require a soundproof studio to record a song.* = (something) that sounds cannot get into ध्वनिरोधक **soundtrack** noun = a recording made of the different sounds in a film, including the words spoken by the actors 'साउंड ट्रैक'', फ़िल्म में प्रयुक्त पार्श्व ध्वनियों तथा संवादादि का रिकॉर्ड

soup¹ /su:p/ /सूप्/ noun, u. = liquid food made by boiling meat, vegetables etc. and removing the solid matter सूप, शोरबा

soup² verb, t. *The engine of his car has been souped up from 65 to 150 horse power.* = to increase the power of an engine (slang) इंजन की शक्ति बढ़ाना (अपभाषा)

to be in the soup *My little sister will really be in the soup when Mother returns because she hasn't completed any of the work that she was told to do.* = be in trouble (informal, often humorous) मुश्किल में पड़ना (अनौपचारिक, प्राय: हास्यपरक)

sour¹ /saʊəʳ/ /साउअ'/ adj. **1** *We use lemon juice to give the curry a sour taste.* = having the taste of lemons, tamarind etc. (not sweet, bitter or salty) खट्टा **2** *He has a sour temper.* = unfriendly चिड़चिड़ा, रूखा

sour² verb, i. or t. **1** *The milk has soured.*(i.) = to become sour (in taste) (दूध का) फट जाना **2** *The war has soured the relationship between our countries.*(t.) = to spoil बिगाड़ना, खराब करना

sour grapes *He told me he wasn't interested in the job, but I happen to know he wasn't selected. It may have been a case of sour grapes!* = pretending that you don't want or like something when you are not able to get it 'खट्टे अंगूर', पहुँच से बाहर होना

source¹ /sɔ:s/ /सॉऽस्/ noun, c. **1** *We walked up the mountain to Gangotri, where the river Ganga has its source.* = the place where something (usually a river or stream) begins or comes from उद्‌गम, स्रोत **2** *This farm is the source of my income.* = the means from which one gets something साधन **3** *I got this news from a reliable source.* = a person who gives information संपर्क-सूत्र

source² verb, t. *This tyre factory sources its rubber from Malaysia.* = to get something from a certain source (place) आयात करना

souse /saʊs/ /साउस्/ verb, t. *He got completely soused in the rain.* = to become or to make something very wet (informal) तर-बतर करना या हो जाना (अनौपचारिक)

south (South)¹ /saʊθ/ /साउथ्/ noun **1** *Which is the south?* = the direction which is to the right of a person who is facing east (the direction in which the sun rises) दक्षिण (दिशा) **2** *He is from the south.* = the southern part of the country देश का दक्षिण भाग **3** *the countries of the South* = countries in Asia, Africa and South America, lying to the south of America and Europe, which are also known as 'developing countries' or 'third world countries' (terms which are now avoided as they offend some people) एशिया, अफ्रीका और दक्षिण अमेरिका के देश जो अमेरिका और यूरोप के दक्षिण में स्थित हैं और जिन्हें 'विकसित देश' या 'तीसरी दुनिया' के नाम से जाना जाता है

south² adj. **1** *the south side of the building* = facing the south दक्षिणी **2** *a south wind* = coming from the south दक्षिणी

south³ adv. *We are flying south.* = towards the south दक्षिण की ओर **south-east** noun = the direction which lies between the south and the east दक्षिण-पूर्व **south-eastern** adj. *the south-eastern corner of the building* = facing the south-east दक्षिण-पूर्वीय **southern** adj. *the southern part of the country* = in the south दक्षिणी **Southerner** noun, c. = a person who is from the southern part of a country दक्षिण का रहने वाला **south-west** noun = the direction which lies between the south and the west दक्षिण-पश्चिम

sou•ve•nir /su:vəˈnɪəʳ/ /सूव'निअ'/ noun, c. *This is a model of the Taj Mahal, which I brought back from Agra as a souvenir.* = an object which is kept as a reminder of an event, a visit to a place etc. यादगार, स्मृति चिह्न

sove•reign¹ /ˈsɒvrɪn/ /सॉवरिन्/ noun, c. = a king or queen who rules over a country शासक (राजा, रानी)

sovereign² adj. *a sovereign state* = having all the powers of an independent state प्रभुता-संपन्न

sow¹ /səʊ/ /सउ/ verb, t. **(sowed, sown)** *Farmers sow wheat after the rains.* = to plant seeds in the soil (बीज) बोना

sow² /saʊ/ /सउ/ noun, c. = a female pig (opposite **boar**) सूअरी, शूकरी (विलोम शब्द **boar**)

soy•a bean /sɔɪbɪːn/ /सॉइबीन्/ noun = the seed of a kind of bean plant which is rich in protein and is commonly used as food (also soy) सोयाबीन **soy sauce** noun = a thick, dark liquid made from soya beans, used to add taste to food, specially in Chinese cooking 'सोयासॉस'

soz•zled /'sɒzəld/ /'सॉज़्ल्ड्/ adj. *He was completely sozzled.* = drunk (slang, disapproving) (नशे में) धुत्त (अपभाषा, अस्वीकृत)

spa /spɑː/ /स्पा/ noun, c. = a place where there is a natural spring of health-giving mineral water and where people come to improve their health खनिज जल का प्राकृतिक झरना, 'स्पा'

space[1] /speɪs/ /स्पेइस्/ noun, u. **1** *This car has enough space for six people.* = room or accommodation; an empty area or place which can be filled up by something जगह **2** *This rocket will fly through space to the moon.* = the empty area between the earth and other heavenly bodies अंतरिक्ष (also **outer space**) (देखें **outer space**) **3** *Leave some space between words when you write.* = an empty area between words or lines, in writing (also **single space, double space**) स्थान, जगह (देखें **single space, double space**)

outer space

space[2] verb, t. *The trees in the garden have been widely spaced.* = to leave some space (empty area) between two things दो वस्तुओं के बीच थोड़ा अंतर रखना **spacing** = the blank space between letters, words, lines etc. in printed text मुद्रित सामग्री में अक्षरों, शब्दों, पंक्तियों आदि के बीच की दूरी, छोड़ी गई जगह **spacious** adj. *a spacious house* = having a lot of space विस्तृत, बड़ा, खुला **spatial** /'speɪʃəl/ /'स्पेइश्ल्/ adj. *To be a successful architect, you need excellent spatial judgement.* = dealing with space (the ability to judge how things should be related to each other within a large space) स्थानिक **space-age** adj. *This new car is a space-age machine.* = very modern अत्याधुनिक **spacecraft** noun, c. = a vehicle that can travel through space अंतरिक्ष-यान **space-person (spaceman/spacewoman)** noun, c. = a person who is sent from earth into space in a spacecraft to carry out missions (also **astronaut**) अंतरिक्ष-यात्री (देखें **astronaut**) **space suit** noun = a special kind of protective dress worn by people who are travelling through space, where there is no oxygen and no gravitation अंतरिक्ष वर्दी, स्पेस सूट

spade /speɪd/ /स्पेइड्/ noun, c. **1** = a tool with a handle and a broad, flat metal blade, used for digging the earth or moving loose earth, sand etc. from one place to another फावड़ा **2** *I want you to play a spade.* = one of a set of 13 playing cards, marked with a black figure that looks like a pointed leaf (ताश में) हुकुम का पत्ता **spadework** noun *We were able to set up the new school easily because the spadework had already been done by others.* = hard work done in preparation for the main event पूर्व तैयारी

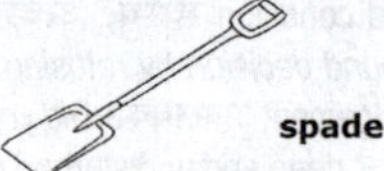
spade

to call a spade a spade *What you have done can only be described as cheating. You may not like the word, but I have to call a spade a spade.* = to speak frankly and truthfully, even when the truth is unpleasant खरी बात कहना, साफ़-साफ़ सुना देना

spa•ghet•ti /spə'geti/ /स्प'गेटी/ noun, u. = food made from flour, in the shape of long threads which are cooked in boiling water, commonly eaten in Italy (see also **pasta**) इतालवी भोज्य पदार्थ, 'स्पागेटी' (देखें **pasta**) **spaghetti junction** = a complicated road junction (a place where many roads meet) (informal) जिस स्थान पर अनेक राहें मिलती हैं (अनौपचारिक)

spam /'spæm/ /'स्पैम्/ noun, u. = e-mail messages, usually sent as advertisments, that are not wanted or asked for [COMPUTERS] विज्ञापनों के लिए भेजे जाने वाले ई-मेल संदेश [कंप्यूटर]

span[1] /spæn/ /स्पैन्/ noun, u. or c. **1** *The new bridge over the river has 13 spans.* = a part of a bridge or an arch that lies between two pillars or supports पाट, फैलाव, दो खंभों के बीच का भाग **2** *He became a first-rate swimmer within a span of three years.* = the period of time that separates two events (काल-) अवधि **3** *Children have a short attention span.* = the period of time during which something can work (कार्य-) अवधि

span[2] verb, t. (**spanned**) **1** *This new bridge spans the river Ganga near Patna.* = to cover or spread across or over something के आर-पार फैला होना **2** *The story of this film spans three generations.* = to spread over को समेटता हुआ

span•gle /'spæŋgəl/ /'स्पैङ्ल्/ noun = a shiny piece of metal stitched on a dress सितारे (पोशाक पर जड़े जाने वाले) **spangled** adj. *The night sky was spangled with stars.* = covered with something that shines सितारे लगे, सितारों-भरा

span•iel /'spænjəl/ /'स्पैन्यल्/ noun = a kind of dog with long ears and long hair लंबे कानों और बालों वाले कुत्ते की एक जाति

spank /spæŋk/ /स्पैङ्क्/ verb, t. = to punish by beating, especially on the bottom or buttocks नितंबों पर मार कर सज़ा देना **spanking** adj. *a spanking new car* = first rate, praiseworthy (slang) नफ़ीस, काबिले तारीफ़ (अपभाषा)

span•ner /ˈspænəʳ/ /ˈस्पैनरʳ/ noun, c. = a tool with fixed jaws, used for loosening or tightening a nut (see pic under **tools**) पाना (**tools** के अंतर्गत चित्र देखें)

spar[1] /spɑːʳ/ /स्पाऽʳ/ noun, c. = a thick pole made of wood or bamboo मस्तूल, डंडा

spar[2] verb, i. **1** *The two boxers are sparring.* = to practise the sport of boxing by fighting against a partner [TECHNICAL] मुक्केबाजी का अभ्यास करना [तकनीकी] **2** *The two managers sparred with each other at the meeting.* = to exchange arguments in a somewhat friendly battle of words वाद-विवाद करना, बहस करना

spare[1] /speəʳ/ /स्पेअʳ/ verb, t. **1** *I need your help in writing the report. Can you spare a couple of hours for me?* = to give up something which is not needed or not being used, in order to help someone समय निकालना **2** *The robber said he would kill me, but I begged him to spare my life.* = not to hurt or harm someone, usually out of a feeling of pity दयावश छोड़ देना **3** *The committee could have spared itself a lot of trouble if it had taken some action in the matter.* = to avoid or not have to face something unpleasant बचना, बचाना **4** *We spared no expense on making the school a happy place.* = to hold back money, effort etc. (generally used in negative sentences) बचा रखना, कमी या कसर न रखना (सामान्यत: नकारात्मक वाक्यों में प्रयुक्त) **5** *We are glad you had a good holiday, but please spare us the details!* = to save someone the trouble, time or boredom of getting extra information on something (humorous) माफ़ करना (हास्यपरक)

spare[2] adj. **1** *You can stay in my house for the night. We have a spare bed.* = extra; (something) that is not being used but can be used when needed अतिरिक्त **2** *She likes to paint in her spare time.* = free; not being used खाली (समय) में **3** *He has the spare body of a long-distance runner.* = thin and without any extra fat (approving) छरहरा (स्वीकृत)

spare[3] noun, c. *The front tyre of my scooter is punctured, but I have a spare.* = an extra object that can be used to replace something when needed अतिरिक्त, आवश्यकता पड़ने पर काम आने वाली वस्तु **sparing** adj. *In spite of his wonderful performance, the public was sparing in its praise.* = using or giving very little अपर्याप्त, कंजूसी जतलाता **sparingly** adv. *We use the car sparingly as petrol is very expensive.* = (of something that is used) very little, because of expense or worry that it will get spoilt or used up (often approving) कम प्रयोग करते हुए, किफ़ायती (प्राय: स्वीकृत) **spare part** noun, c. = a part for a machine which can be used to replace a damaged or worn-out part अतिरिक्त पुर्ज़ा **spare tyre** noun, c. **1** = an extra tyre carried on a vehicle which can be used to replace a tyre that is damaged अतिरिक्त टायर **2** = the layer of fat round a person's waist (informal, humorous) कमर पर चढ़ी चर्बी (अनौपचारिक, हास्यपरक)

spark[1] /spɑːk/ /स्पाऽक्/ noun, c. **1** *The straw roof of the hut was burnt after a spark from the fire fell on it.* = a small piece of burning material from a fire (आग की) चिनगारी **2** *Petrol is made to burn inside the engine of a car by a small spark.* = a small flame caused by an electrical current jumping across a narrow space (बिजली से) चिनगारी **3** *a spark of imagination* = a trace (a very small amount) of some quality in a person (कल्पना का) अल्पांश, लेशमात्र **4** *The shouting of slogans while the procession was going along the main road was the spark that caused the riot.* = something that starts trouble or violence शुरुआत, कारण **sparky** *a sparky speech* = lively (approving) मनोरंजक, जीवंत, उत्तेजनापूर्ण (स्वीकृत)

spark[2] verb, t. **1** *His writings sparked off a revolt.* = to cause something violent to happen हिंसक प्रतिक्रिया का कारण बनना **2** *His interest in cricket was sparked off by television broadcasts.* = to stimulate (cause something to grow or develop) प्राण डालना, प्रेरित करना **spark plug** noun, c. = a small part that fits into a petrol engine and produces an electrical spark which causes the petrol to burn 'स्पार्क प्लग' जिसकी चिनगारी से पेट्रोल इंजन का पेट्रोल जल उठता है (वाहन पेट्रोल इंजन के संदर्भ में)

a bright spark = an intelligent person (informal) बुद्धिमान्, होशियार व्यक्ति (अनौपचारिक)

spar•kle[1] /ˈspɑːkəl/ /ˈस्पाऽकल्/ verb, i. **1** *The diamonds in the king's crown sparkled in the light.* = to shine brightly, with small flashes of light चमचमाना **2** *Her eyes sparkled with joy when she received her parents at the airport.* = to shine brightly (खुशी से) चमक उठना

sparkle[2] noun, u. *These diamonds have lost their sparkle.* = the quality of sparkling चमक **sparkling** adj. **1** *a sparkling clean house* = very (informal) चमकदार (अनौपचारिक) **2** *'Sparkling results! Keep it up!' said the teacher.* = outstanding, shining बहुत अच्छा **sparkler** noun = a type of fireworks which gives off sparks of fire when lit 'फुलझड़ी', आतिशबाजी

spark plug see **spark** (देखें **spark**)

spar•row /ˈspærəʊ/ /ˈस्पैरउ/ noun, c. = a small bird commonly found in and around houses in many parts of the world गौरैया

sparse /spɑːs/ /ˈस्पाऽस्/ adj. *The vegetation in this area is sparse. There are only a few small trees and bushes.* = small in number or quantity and scattered over a large area विरल, छितराया हुआ, दूर-दूर और कम मात्रा में **sparsely** adv. *Since this is a sparsely populated area, there are very few shops here.* = thinly छिटपुट, विरल (घना का विलोम)

spar•tan /ˈspɑːtn/ /ˈस्पाऽट्न्/ adj. *They lead a spartan life, without electricity or running water in the house. Many of us would find it difficult.* = (used of the way

S

one chooses to live) very simple and not having comfort or luxury सुविधारहित, सादा और कठोर

spas•m /'spæzəm/ /'स्पैज़्म्/ noun, c. **1** *His whole body was shaken with spasms.* = an uncontrollable tightening of the muscles which causes the body to shake मांसपेशियों की जकड़न जिससे शरीर काँपने लगे **2** *a spasm of coughing* = a short period of suffering दौरा **spasmodic** /spæz'mɒdɪk/ /स्पैज़्'मॉडिक्/ adj. *They make spasmodic attempts to clean up the house.* = irregular and lasting only for a short period of time; not continuous अनियमित, बहुत कम, जब-तब

spas•tic /'spæstɪk/ /'स्पैस्टिक्/ noun, c. = a person suffering from a condition which makes it difficult to control the muscles of the body [MEDICINE] रोग (जिसमें मांसपेशियों पर नियंत्रण नहीं रहता) से ग्रस्त [चिकित्सा]

spat[1] /spæt/ /स्पैट्/ verb, i. = past tense of **spit** (see **spit**) 'spit' क्रिया का भूतकालिक रूप

spat[2] noun, c. *He often gets into a spat with other children.* = a short and not serious quarrel (informal) झड़प (अनौपचारिक)

spate /speɪt/ /स्पेइट्/ noun, u. **1** *The river is in spate after the heavy rains.* = a flooded condition उफान, बाढ़ की स्थिति **2** *We had a spate of cases of malaria.* = a very large number of unpleasant events coming at almost the same time बुरी घटनाओं की बाढ़

spatial see **space** देखें **space**

spat•ter[1] /'spætəʳ/ /'स्पैटर्/ verb, t. *As we were walking along the road, a car drove past us at great speed, spattering us with mud.* = to cause drops of liquid to scatter (fall across) a surface छींटे उड़ाना

spatter[2] noun, u. *a spatter of rain* = a small amount of some liquid, falling in drops बूँद-बूँद टपकना

spat•u•la /'spætjʊlə/ /'स्पैच्युल/ noun, c. = a kind of spoon with a flat blade, used in the kitchen to spread or mix food; also used by doctors to hold the tongue down so that the throat can be examined 'स्पैचुला', पलटा (रसोई घर में प्रयुक्त उपकरण)

spawn[1] /spɔːn/ /'स्पॉन्/ verb, t. **1** *The fish in the lake are spawning.* = to produce eggs from which young ones will grow (referring to animals that live in water e.g. fish or frogs) (जलीय जीवों द्वारा) अंडे देना **2** *The automobile industry has spawned a number of small trades, such as car-repairing.* = to give rise to something, in large quantities or numbers बड़ी संख्या में उत्पन्न करना, बढ़ाना

spawn[2] noun, u. *fish spawn* = the eggs of fish or frogs, floating in the water (जलीय जीवों के) अंडे

spay /speɪ/ /स्पेइ/ = to surgically remove or block the sex organs of a female cat, dog etc. so that it cannot have young ones मादा पशुओं के जननांगों को प्रजनन रोकने के लिए सर्जरी द्वारा अलग करना

speak /spiːk/ /स्पीक्/ verb, i. or t. (**spoke, spoken**) **1** *She has a bad cold and has lost her voice. She can't speak.*(i.) = to use the voice to express one's thoughts aloud बोलना **2** *I will speak to the authorities about the condition of this road.*(i.) = to have a conversation (exchange of ideas and opinions) with someone usually in order to complain about something बात करना **3** *Can you speak French?*(t.) = to be able to talk in a language बोलना **4** *The President will speak on television tonight.*(i.) = to give a formal talk to a group of people संबोधित करना (औपचारिक भाषण) **speaker** noun, c. **1** = a person who gives a talk वक्ता **2** *a speaker of German/French etc.* = a person who knows a language and can speak it (भाषा) भाषी, बोलने वाला **Speaker** noun = the person who controls discussions in parliament (सदन का) अध्यक्ष

to speak up **1** *Please speak up, I can't hear you.* = to say something louder so that it can be heard clearly ज़ोर से बोलना **2** *Everyone is afraid to speak about the pollution in the city. Well, I'm going to speak up.* = to be bold in stating one's opinion on something निर्भय होकर कहना **to speak up for** *At the meeting, no one supported Alice Kohli, but I spoke up for her.* = to say something, usually strongly, in favour of someone or something समर्थन करना, पक्ष में बोलना **to speak out** *All the students in our class are going to speak out against cruelty to animals in laboratories.* = to state one's views strongly, usually against something which is wrong, unfair or dangerous गलत बात का विरोध प्रकट करना **Speak for (your)self** **1** *'All of us love action films.' 'Speak for yourself!'* = a way of telling someone that a statement made or an opinion expressed by them is not shared by others (informal) 'अपने बारे में कहो' यह सबके लिए सही नहीं है (अनौपचारिक) **2** *We didn't need anyone to tell us how the animals were treated in the zoo. The place spoke for itself.* = something that can be clearly understood, without anyone's help स्वत: स्पष्ट, स्वयं बतलाना **to speak highly/well/ etc. of someone/something** *The way everyone works in this company speaks highly of your ability to manage people.* = to show that something good is happening प्रशंसा करना **to not be on speaking terms** *After they insulted me in public, I am not on speaking terms with them.* = to not talk to someone, especially after a quarrel बोलचाल बंद रखना **to speak highly of** *Everyone I met spoke highly of the film.* = to praise प्रशंसा करना

-speak a suffix used to refer to the terms and special language used in a subject e.g. armyspeak, computerspeak विषय-विशेष की विशिष्ट शब्दावली अथवा भाषा का अर्थ देनेवाला उपसर्ग

spear[1] /spɪəʳ/ /स्पिअर्/ noun, c. **1** = a weapon used in former times in war or hunting, consisting of a long, thin pole (made of wood or bamboo) with a sharp metal point at one end भाला **2** *a spear of grass* = the young stem of a plant पौधे का नन्हा तना

spear[2] verb, t. *The hunter speared a fish.* = to hunt an animal with a spear भाले से शिकार करना **spear-**

head[1] noun, c. **1** = the sharp metal point at one end of a spear (भाले की) नोक **2** *Dhanraj Pillay is the spearhead of the Indian hockey team.* = a person or group that leads an attack अग्रणी, अगुआ **spearhead**[2] verb, i. *Dhanraj will spearhead the attack.* = to lead an attack अगुआई करना **spearmint** noun = a kind of plant which has a pleasant taste and is used in making chewing-gum पुदीना

spec /spək/ /स्पेक्/ noun, c. (always plural) **1** *These are the specs for the new machine we have to order.* = abbr. of 'specifications' (the details of something) (केवल बहुवचन में प्रयुक्त) विशेषताएँ **2** *I can't read this. I forgot my specs.* = spectacles (informal) चश्मा (अनौपचारिक)

spe•cial[1] /'speʃəl/ /स्पेशल्/ adj. **1** *We use a special kind of sugar, made from the juice of palm trees, to prepare this sweet.* = not ordinary or usual विशिष्ट, विशेष प्रकार का **2** *We will take special care of your children.* = very great विशेष

special[2] noun, c. *We are going to watch the New Year's special on television.* = a programme meant for a special occasion विशेष कार्यक्रम **specialist** noun, c. **1** *Our professor is a specialist in European history.* = a person who has very great knowledge or skill in a limited area of study or work विशेषज्ञ **2** *a child specialist* = a doctor who treats only certain kinds of diseases or patients शिशु-रोग विशेषज्ञ **specialism** noun, c. or u. *His specialism is American literature.* = the limited area of study or work in which a person has special (very great) knowledge or skill (also **specialization, specialisation**) विषय-विशेषज्ञता (देखें **specialization, specialisation**) **speciality** /speʃi'ælɪti/ /स्पेशि'ऐलिटी/ noun, u. or c. **1** = a special field of work or study (see **specialism**) विशेषज्ञता (देखें **specialism**) **2** *Tandoori chicken is the speciality of this restaurant.* = a product for which a place is famous विशिष्टता, खासियत **specialize (specialise)** verb, i. *This lawyer specializes in income tax cases.* = to limit one's interests or work to a small area विशेषज्ञता प्राप्त करना **special needs** = (always plural) the needs of people who have mental or physical problems (केवल बहुवचन में प्रयुक्त) सामान्य से भिन्न, विशेष ज़रूरतें **special school** noun = a school meant for children who have learning difficulties as a result of mental or physical problems शारीरिक और मानसिक रूप से विकलांग बच्चों के लिए विद्यालय विशेष

spe•cies /'spi:ʃi:z/ /'स्पिशीज़/ noun, c. (always plural) *Whales are an endangered species.* = a group or family of animals or plants which have similar qualities and which can breed with each other (produce young ones) (केवल बहुवचन में प्रयुक्त) जाति (वनस्पति अथवा जीवों की)

specific[1] /spɪ'sɪfɪk/ /स्पि'सिफ़िक्/ adj. **1** *There is no one to teach physics to Class 12 students. We need a teacher for this specific job.* = particular (relating to one thing only) खास, विशिष्ट **2** *I have given the caretaker specific instructions to clean the office every morning.* = clear and exact स्पष्ट

specific[2] noun, c. *This new drug is a specific for malaria.* = a drug that is used to treat a particular disease [MEDICINE] विशेष दवा या औषधि [चिकित्सा]

s•pe•ci•fi•ca•tion /spesɪfɪ'keɪʃən/ /स्पेसिफ़ि'केइशन्/ noun, c. or u. (often in plural form **specifications**) *The new laboratory has been built according to the director's specifications.* = a detailed and exact plan or description (प्रायः अपने बहुवचन रूप **specifications** में प्रयुक्त) विशेष विवरण **specify** /'spesɪfaɪ/ /'स्पेसिफ़ाई/ verb, t. *The director had specified that she wanted the walls to be made of stone and not of any synthetic material.* = to state something exactly विशेष उल्लेख करना, स्पष्ट करना

spe•ci•men /'spesɪmen/ /'स्पेसिमेन्/ noun, c. **1** *This animal is a fine specimen of the Asiatic or Gir lion.* = a single thing which is shown as a typical example of the whole class of things to which it belongs नमूना **2** *The pathologist will examine a specimen of your urine.* = a small amount of some matter taken from the body, used for a test [MEDICINE] (जाँच के लिए) नमूना [चिकित्सा]

spe•cious /'spi:ʃəs/ /'स्पीशस्/ adj. *specious arguments* = seeming to be true, but really false; clever in a dishonest way (derogatory) सत्याभासी, धूर्त (अनादरपूर्ण)

speck /spek/ /'स्पेक्/ noun, c. *You will not find even a speck of dust in this room.* = a very tiny piece कण, कतरा

speck•led /'spekəld/ /'स्पेक्लड्/ adj. *Some snakes have speckled bodies.* = covered with many small marks or spots चितकबरा

spec•ta•cle /'spektəkəl/ /'स्पेक्टकल्/ noun, c. **1** *The Republic Day parade in Delhi is a colourful spectacle.* = a grand public show प्रदर्शन, समारोह **2** *We witnessed the spectacle of a cat chasing a dog.* = an unusual sight तमाशा

to make a spectacle of oneself *Don't make a spectacle of yourself by arguing so loudly in public.* = to behave in such a way that others notice one and laugh at one तमाशा बना लेना और हँसी का पात्र बनना

spec•ta•cles /'spektəkəlz/ /'स्पेक्टकल्ज़/ noun, c. (always plural used together with 'a pair of') = glasses worn to correct deficiencies in eyesight (see pic under **glass**) (a pair of के साथ केवल बहुवचन में प्रयुक्त) चश्मा (**glass** के अंतर्गत चित्र देखें)

spec•tac•u•lar /spek'tækʊlə^r/ /स्पेक्'टैकुल^र/ adj. *Aravinda scored a spectacular century, with five sixes and 20 hits to the boundary.* = exciting and worth seeing उत्तेजनापूर्ण तथा देखने योग्य

spec•ta•tor /spek'teɪtəʳ/ /स्पेक्'टेइटʳ/ noun, c. = a person who watches a public event (usually a sports event) but does not take part in it दर्शक (सामान्यत: खेल का)

spec•tre /'spektəʳ/ /'स्पेक्टʳ/ noun, c. **1** = a ghost भूत-प्रेत **2** *The spectre of unemployment haunts many countries.* = something fearful which may happen in the future भावी संकट का भय

spec•trum /'spektrəm/ /'स्पेक्ट्रम्/ noun, c. (**spectra**) **1** = the bands of different colours into which a beam of light is divided when it passes through a prism प्रकाश के इंद्रधनुषी रंग **2** *The government's decision to fight terrorism has been supported by all sections of the political spectrum.* = a wide range of opinions, feelings etc. विस्तार क्षेत्र **spectroscope** /'spektrəskəʊp/ /'स्पेक्ट्रस्कउप्/ noun = an instrument used to examine the spectra formed by light coming from different sources प्रकाश के रंगों का अध्ययन करने के लिए प्रयुक्त यंत्र

spec•u•late /'spekjʊleɪt/ /'स्पेक्युलेइट्/ verb, i. **1** *The newspapers are speculating about the results of the election. No one is sure who will win.* = to make guesses, without knowing all the facts अटकलें लगाना, अनुमान करना **2** *We lost money by speculating on the stock market.* = to buy or sell something (specially business shares) in the hope that prices will go up or come down, resulting in a profit सट्टा लगाना **spe-culation** /spekjʊ'leɪʃən/ /स्पेक्यु'लेइशन्/ noun, c. or u. **1** *The speculation is that New Zealand may lift the World Cup.* = a guess made by someone अंदाज़, अनुमान **2** *The shares of this company have gone down in value on account of heavy speculation.* = the act of buying or selling something in the hope of making a profit through the rise or fall of prices सट्टेबाज़ी **spe-culative** /'spekjʊlətɪv/ /'स्पेक्युलटिव़्/ adj. *a speculative remark* = based on speculation (trying to guess what will happen) अनुमान या अंदाज़ के आधार पर

speech /spi:tʃ/ /स्पीच्/ noun, u. or c. (**speeches**) **1** *He suffered loss of speech after the accident.*(u.) = the power of speaking वाणी, बोलने की शक्ति **2** *Your speech sounds unnatural.*(u.) = the way in which someone speaks कथन, बोली, बात **3** *He made an emotional speech in parliament.*(c.) = a formal talk given to a group of people भाषण **speechify** verb, i. *They keep speechifying about falling standards.* = to speak as if one was making an important speech before an audience, causing others to feel annoyed or bored (informal, not respectful) लेक्चरबाज़ी करना (अनौपचारिक, आदरपूर्ण नहीं) **speechless** adj. *He was speechless with anger.* = unable to speak (for a short time) because of anger etc. अवाक् होना, क्रोध अथवा उत्तेजना के कारण बोल न पाना **speech synthesizer (synthesiser)** = a machine, using a computer system, that can produce sounds similar to human speech [TECHNICAL] मानव भाषा बोलने वाला यंत्र [तकनीकी] **speech therapy** noun = treatment given to help people who have difficulty in speaking वाणी-सुधार चिकित्सा, बोलने की शक्ति के विकास अथवा सुधार की चिकित्सा

speed[1] /spi:d/ /स्पीड्/ noun, u. *The car travelled at a speed of 80 kilometres an hour.* = the rate of movement, showing how far someone or something can travel in a given period of time गति, रफ़्तार

speed[2] verb, i. (**sped**) *The motorcycle sped away after it knocked down a cyclist.* = to move fast (at a high speed) तीव्र गति से भाग जाना **speedometer** /spɪ'dɒmɪtəʳ/ /स्पि'डॉमिटʳ/ noun, c. = an instrument which can measure the speed of a vehicle गतिमापक यंत्र **speedy** adj. **1** *a speedy motorcycle* = fast तेज़, द्रुतगामी, तीव्र **2** *We wish her a speedy recovery.* = quick शीघ्र **speeding** *We were fined by a traffic policeman for speeding.* = going too fast (used of cars, buses etc.) तीव्रगति

speedometer

speed up *We must ask the builders to speed up the work.* = do something faster गति बढ़ाना **to speed something up** *We will need to speed the school concert up.* = to make something finish in a shorter period of time तेज़ गति से करना **at full speed** *He drove at full speed in order to reach the airport in time.* = at very high speed (usually in a special situation) पूरी रफ़्तार से

spell[1] /spel/ /स्पेल्/ verb, t. or i. (**spelt** or **spelled**) **1** *Can you spell the word 'dinosaur'?*(t.) = to form a word by calling out or writing out the letters in the word in the correct order हिज्जे करना, वर्ण-विन्यास बतलाना, अक्षर-संरचना बतलाना **2** *Has the child learnt how to spell?*(i.) = to be able to spell words हिज्जे करना, शब्दों का वर्णक्रम बतलाना **3** *The late monsoon may spell trouble for our farmers.* = to lead to or bring about some unpleasant result लाना **4** *The principal spelt out his plans for the development of the school.* = to give someone the details of something विस्तार से सूचित करना

spell[2] noun, c. **1** *We had a long spell of rain.* = a period of time for which some activity goes on continuously अवधि, दौर **2** *The magician cast a spell on the young prince.* = a condition or effect caused by magic जादुई असर **3** *The audience was under the spell of the singer.* = the strong influence that a performer can have on an audience सम्मोहन, प्रभाव से सम्मोहित **spellbinding** adj. *Jennifer Kapoor gave a* *spellbinding performance in '36 Chowringhee Lane'.* = holding the complete attention of someone मंत्रमुग्ध कर देने वाला **spelling** noun, u. or c. *Have you learnt the spelling of this word?* = the set of letters forming a word वर्तनी, वर्ण विन्यास

spend /spend/ /स्पेन्ड्/ verb, t. (**spent**) **1** *The government spends millions every month on this hospital.* = to give out money in payment for something खर्च करना **2** *I spent 15 days in Delhi last month.* = to pass time or use time in doing something बिताना **spending** noun, c. or adj. **1** *This money is for spending.*(noun, u.) = buying something, not keeping the money खर्च करने के लिए **2** *We were given very little spending money when we were children.*(adj.) = (money) to spend जेब खर्च **spendthrift** noun, c. = a person who wastes money (disapproving) अपव्ययी, फ़िज़ूलखर्च (अस्वीकृत)

spent /spent/ /स्पेन्ट्/ adj. *He looks completely spent after the long meeting.* = very tired थका हुआ

sperm /spɜːm/ /स्पऽम्/ noun, u. or c. = cells produced in the body of a male animal or human being which can produce new life when they unite with the eggs produced by a female शुक्राणु **spermatozoa** /spɜːmətə'zəʊə/ /स्पऽमट'ज़उअ/ noun, c. (plural form of **spermatozoon**) = sperm cells [BIOLOGY] (**spermatozoon** का बहुवचन रूप) शुक्राणु [जीव विज्ञान] **spermicide** /'spɜːmɪsaɪd/ /'स्पऽमिसाइड्/ noun, c. = a chemical substance used to prevent pregnancy by destroying sperm cells शुक्राणु नष्ट करने वाला रसायन **sperm whale** noun = a kind of whale which produces a valuable kind of oil known as spermaceti and was often hunted for this oil कीमती तेल उत्पन्न करने वाली एक प्रकार की ह्वेल

spew /spjuː/ /स्प्यू/ verb, t. or i. *The volcano spewed out red-hot lava.* = to throw out with force in large amounts भारी मात्रा में उगलना

sphere /sfɪəʳ/ /स्फ़िअऽ/ noun, c. **1** = a solid object which is round in shape, like a ball वृत्ताकार, गोलाकार **2** *His fame in the sphere of economics is growing.* = an area of activity (विषय) क्षेत्र **spherical** /'sferɪkəl/ /स्फ़ेरिक्ल्/adj. = having the shape of a sphere वृत्तीय, गोल **spheroid** noun, c. = a solid object that is almost round in shape, but slightly egg-shaped गोलाभ

sphinc•ter /'sfɪŋktəʳ/ /'स्फ़िंक्टऽ/ noun, c. = a muscle which controls an opening in the body and can either close or open it [BIOLOGY] अवरोधिनी मांसपेशी [जीव विज्ञान]

sphinx /sfɪŋks/ /स्फ़िंक्स्/ noun **1** = an imaginary creature with the body of a lion and the head of a woman नरसिंही–एक काल्पनिक जीव **2** *the Sphinx* = a very old and large building in Egypt which is built in the shape of a sphinx 'मिस्र' देश में एक अत्यंत विशाल एवं प्राचीन इमारत

spice[1] /spaɪs/ /स्पाइस्/ noun, c. or u. **1** *Ginger is used as a spice.* = a substance, prepared from the fruits, seeds, roots or leaves of certain plants, which is used to add taste to food मसाला **2** *He added a lot of spice to his report.* = something, often not true, which is put into a speech or piece of writing to make it more interesting or exciting (sometimes derogatory) बातों या रचना को चटपटा बनाना (कभी-कभी अनादरपूर्ण)

spice[2] verb, t. *She forgot to spice the curry.* = to add spice to something छौंकना, मसाला डालना **spicy** adj. **1** *spicy food* = containing a lot of spice मसालेदार **2** *a spicy story* = interesting and exciting मज़ेदार

spick-and-span /spɪkən'spæn/ /स्पिकन्'स्पैन्/ adj. *The house is spick-and-span.* = absolutely clean and tidy (informal) पूर्णत: स्वच्छ और करीने से सजा हुआ (अनौपचारिक)

spi•der /'spaɪdəʳ/ /'स्पाइडऽ/ noun = a kind of insect that produces silken threads and weaves them into webs (nets), in order to catch other insects मकड़ी **spidery** adj. *His spidery scrawl was difficult to read.* = (with reference to a person's handwriting) long and thin, bent writing like a spider's legs मकड़ी की टाँगों जैसी पतली, महीन लिखावट

spiel /ʃpiːl/ /श्पील्/ noun, u. *the travel agent's spiel* = fast and clever talk, used for a particular purpose (usually to sell something) (informal, not respectful) लच्छेदार बातें (अनौपचारिक, आदरपूर्ण नहीं)

spike[1] /spaɪk/ /स्पाइक्/ noun, c. *There are sharp iron spikes fitted to the top of the wall.* = something long and thin, having a sharp point नुकीला छड़

spike[2] verb, t. **1** *The wall has been spiked.* = to fit or drive a spike into something कीलें लगाना **2** *She did not know that her drink had been spiked.* = to add some alcohol to a non-alcoholic drink (informal) सारे पेय में शराब मिला देना (अनौपचारिक) **spiky** adj. *a spiky plant* = having long, sharp spikes (thorns) नुकीला (काँटेदार)

spill[1] /spɪl/ /स्पिल्/ verb, t. or i. (**spilt** or **spilled**) **1** *The waiter spilt coffee on my trousers.*(t.) = to cause a liquid to pour out or flow out of a container accidentally छलकाना, फैलाना **2** *His letter spilled over to the next page.*(i.) = to spread beyond the limit of something सीमा से बाहर जाना

spill[2] noun, c. **1** *The oil leaked from the ship, creating a huge spill across the sea.* = an amount of liquid that flows out accidentally छलकाव **2** *He had a nasty spill when his motorcycle skidded on the road.* = a fall from a horse, bicycle etc. (informal) (घोड़े, साइकिल आदि से) गिरना (अनौपचारिक) **spillover** noun, c. *Today's strike is a spillover from yesterday's failed talks between the manager and the workers.* = the effect of some event which continues for some time, having an effect on other events लंबे समय तक चलने वाली घटना के प्रभाव से अन्य घटनाओं का प्रभावित होना

S

spin[1] /spɪn/ /स्पिन्/ verb, i. or t. (**spun** or **span**, **spun**) **1** *The earth spins on its axis, making one complete revolution in 24 hours.*(i.) = to turn round and round fast चक्कर लगाना, घूमना **2** *Mahatma Gandhi used to spin for an hour every morning on his charkha.* = to make thread from cotton for the purpose of weaving cloth कातना **3** *Muralitharan spun the ball from outside the leg stump to the off stump.* = to make the ball move in a different direction, in the game of cricket, by turning the fingers or wrist क्रिकेट की गेंद को घुमा कर फेंकना

spin[2] noun, u. **1** *The spin of the coin may decide the result of the match.* = the act of spinning (turning round and round) चक्कर, घुमाव **2** *We are going for a spin in our new car.* = a short journey in a vehicle, taken for pleasure (informal) सैर (अनौपचारिक) **3** *The aircraft went into a spin and crashed to the ground.* = a circular movement (turning round and round) चक्कर **spin-dry** verb, t. *You can spin-dry these clothes.* = to remove water from washed clothes by allowing them to spin (turn round and round at high speed) in a drier (a machine used to dry clothes) मशीन में सुखाना **spinning-wheel** noun, c. = a simple machine used for spinning thread चरखा **spin-off** noun, c. or u. *These books for children were a useful spin-off from the school project.* = a by-product (something which is not planned but is produced during the process of producing or doing something else) किसी बड़ी परियोजना या कार्य को करने में कुछ छोटे उत्पाद का स्वत: बन जाना **spinner** noun, c. **1** = a person who spins thread for a living कातने वाला **2**= a bowler who can make the ball spin [CRICKET] स्पिनर (क्रिकेट)

to spin a yarn *Don't spin a yarn; tell us the truth!* = to tell a story, usually made up and untrue (informal) झूठी कहानी गढ़ना (अनौपचारिक)

spin•ach /ˈspɪnɪtʃ/ /ˈस्पिनिच्/ noun = a soft, green leafy vegetable, rich in iron पालक

spin•dle /ˈspɪndl/ /ˈस्पिन्डल्/ noun, c. **1** = a part inside a machine which turns round and round धुरी **2** = the part of a machine used for spinning thread, around which the thread is wound तकली **spindly** adj. *a child with spindly arms and legs* = thin and weak-looking दुबला-पतला, कमज़ोर-सा

spin dry, **spinner**, **spin-off** see **spin** देखें **spin**

spine /spaɪn/ /ˈस्पाइन्/ noun, c. **1** = the long, straight line of small bones which runs down the middle of the back (also **backbone**) रीढ़ (देखें **backbone**) **2** *The hedgehog's body is covered with sharp spines.* = a part of the body of an animal or plant which ends in a sharp point काँटा **3** *the spine of a book* = the narrow strip at the back of a book joining its pages to the cover पुस्तक के पृष्ठों को ज़िल्द से जोड़ने वाली पट्टी **spinal cord** noun = the thick bundle of nerves inside the spine through which the brain controls the different parts of the body रीढ़ की हड्डी के स्नायु **spine-chilling** adj. *a spine-chilling ghost story* = very frightening कँपकँपाने वाला, अत्यंत डरावना **spineless** adj. *They knew what was happening was unfair but were afraid to protest. I never thought they were so spineless.* = having no courage कायर, डरपोक **spiny** adj. = full of spines (sharp, bony points) काँटेदार

spin•ster /ˈspɪnstəʳ/ /ˈस्पिन्स्टॅ/ noun, c. = a woman who is no longer young and who has remained unmarried (The word often takes on an insulting meaning.) (old-fashioned) G लंबी आयु तक अविवाहिता (अनादरपूर्ण, पुराने प्रचलन का) लिंग

spi•ral[1] /ˈspaɪərəl/ /ˈस्पाइअरल्/ noun, c. = a line which winds in a continuous curve, always moving further and further away, or higher and higher, from a central point सर्पिल, घुमावदार

spiral[2] adj. *a spiral staircase* = having the shape of a spiral घुमावदार

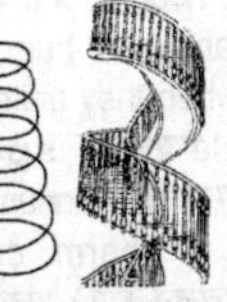

spiral[3] verb, i. (**spiralled**) *The prices of cars are spiralling.* = to rise upwards continuously लगातार बढ़ते जाना

spire /spaɪəʳ/ /स्पाइअ/ noun, c. = the tall, pointed roof of a building मीनार

spir•it[1] /ˈspɪrɪt/ /ˈस्पिरिट्/ noun, u. or c. **1** *I always feel that my father is present in spirit, though not in body.*(u.) = soul; the part of a human being that is separate from the body and is believed to exist even after death आत्मा **2** *It doesn't matter if you lost the match. You should take the defeat in a sporting spirit.* = attitude; a particular way of thinking or feeling about something दृष्टिकोण, भावना **3** *Dravid batted with great spirit.* = courage or determination उत्साह **4** *The children sang the national anthem with spirit.* = enthusiasm (interest and energy) रुचि एवं उत्साह **5** *You have to use spirit to light this stove.* = a liquid (ethyl alcohol) used as a fuel or to dissolve solid substances 'स्पिरिट' **6** *He seems to be under the control of an evil spirit.*(c.) = a supernatural being अप्राकृतिक शक्ति **7** (always plural) *They did not serve spirits at the party.* = strong alcoholic drinks (केवल बहुवचन में प्रयुक्त) शराब

spirit[2] verb, t. *The prisoner was spirited away to some unknown place.* = to take someone away in a secret or mysterious way गुप्त रूप से ले जाना **spirited** adj. *The Prime Minister made a spirited speech on the eve of Republic Day.* = full of determination and energy उत्साहवर्धक, ओजस्वी **spirit level** noun, c. = an instrument, consisting of a glass tube filled with some liquid and having an air bubble inside, used to test whether a surface (e.g. the floor of a building) is level or not तल मापक यंत्र **spiritual** adj. *After his retirement he has become interested in spiritual matters.* = having to do with the spirit (soul) and not the body; connected with religion आध्यात्मिक

to be in high/good spirits *The children were in high spirits as the school declared a holiday.* = full of enthusiasm उत्साह से भरा होना **to be in low spirits** *The children were in low spirits when they were told not to watch television.* = dejected, very unhappy उदास, हतोत्साह होना **to take something in the right spirit** *He took his failure in the right spirit and decided to work harder.* = to not feel either too sad or happy about something सही भावना से, न अत्यधिक खुश न अत्यधिक दुखी

spit[1] /spɪt/ /स्पिट्/ verb, i. or t. **(spat)** 1 *You should not spit on the road.*(i.) = to throw out saliva (the thin liquid produced inside the mouth) with force थूकना 2 *'I hate you!' the girl spat out.*(t.) = to say something with anger क्रोध में बोल देना

spit[2] noun, u. = saliva ('Spit' is used only in very informal situations.) थूक

spit[3] *When you barbecue meat, you actually roast it on a spit.* = a pointed rod on which pieces of meat are strung and roasted सींख **spit and polish** noun *The General is a great believer in spit and polish.* = great attention to neatness and order, specially in the army सफ़ाई और सुव्यवस्था

to spit something out *'What's on your mind? Why don't you spit it out?' my father told me.* = to come out with one's thoughts (informal) विचार व्यक्त करना (अनौपचारिक)

spite[1] /spaɪt/ /स्पाइट्/ noun, u. *They knew I wanted to see the film but they went without me, just out of spite.* = the desire to harm or hurt someone in a small way चिढ़ाना या खिझाना

spite[2] verb, t. *He kept the information away from me just to spite me.* = to annoy, make angry परेशान करना, खिझाना **spiteful** adj. *a spiteful person* = full of spite (the desire to harm) विद्वेषी, द्वेषपूर्ण (दूसरे को हानि पहुँचाने की इच्छा रखने वाला)

spit•fire /'spɪtfaɪəʳ/ /'स्पिटफ़ाइअ'/ noun, c. = a person, especially a woman, who has a very bad temper G क्रोधी स्वभाव वाली लिंग

spitting image noun, c. *The baby is the spitting image of his mother.* = the exact likeness (copy) of someone (informal) हू-ब-हू, एकदम (अनौपचारिक)

spit•tle /'spɪtl/ /'स्पिट्ल्/ noun, u. = spit (liquid produced in the mouth) (formal, old-fashioned) थूक (औपचारिक, पुराने प्रचलन का)

spit•toon /spɪ'tu:n/ /स्पिटून्/ noun, c. = a metal container into which one can spit पीकदान

splash[1] /splæʃ/ /स्प्लैश्/ verb, t. or i. 1 *I splashed cold water on the face of the man who had become unconscious.*(t.) = to throw a liquid against something with force छींटे डालना/मारना 2 *The rain splashed down on the tin roof.*(i.)= to fall or hit noisily 'छपाक' की आवाज़ के साथ टकराना 3 *The children were splashing about in the water.*(i.) = to move noisily through water छपछपाना 4 *A film star was arrested last night and the newspaper splashed the story on its front page.*(t.) = to report a piece of news in such a way as to make it look important (informal) महत्वपूर्ण समाचार को मोटे अक्षरों में छापना (अनौपचारिक)

splash[2] noun, c. 1 *We heard a splash as the rock fell into the river.* = the sound made by something hitting the surface of some liquid 'छपाक' की आवाज़ 2 *He poured out a splash of hot chocolate sauce over the ice cream.* = a small amount of some liquid छिड़कना 3 *The botanical garden was a splash of colours during the flower show.* = an area of brightness रंग-बिरंगा

splat•ter /'splætəʳ/ /'स्प्लैटॅ'/ verb, t. *His clothes were splattered with mud.* = to cover a surface with small drops of some thick liquid छींटे पड़े होना

spleen /spli:n/ /स्प्लीन्/ noun = a small organ (working part) inside the body which produces certain kinds of blood cells and controls the quality of the blood [MEDICINE] तिल्ली [चिकित्सा]

to vent one's spleen = to express anger क्रोध व्यक्त करना

splen•did /'splendɪd/ /'स्प्लेन्डिड्/ adj. 1 *The king wore splendid clothes.* = grand in appearance and attracting attention शानदार (पोशाक) 2 *She made a splendid speech.* = of very good quality बहुत अच्छा, अत्युत्तम **splendour** noun, u. *The splendour of the king's palace filled us with wonder.* = great beauty which causes admiration (literary) वैभव, शान (साहित्यिक)

splice[1] /splaɪs/ /स्प्लाइस्/ verb, t. *The electrician spliced the two ends of the wire.* = to join together जोड़ना, मिलाना

splice[2] noun, c. *There is a splice in the rope.* = a place where two things are joined together जोड़

splint /splɪnt/ /स्प्लिन्ट्/ noun, c. *The surgeon placed my arm in splints.* = a flat piece of wood used for keeping a broken bone in position खपची

splin•ter[1] /'splɪntəʳ/ /'स्प्लिन्टॅ'/ noun, c. *The windscreen of the car was broken in the accident and the glass splinters cut his face.* = a small, sharp piece of wood, glass, metal etc. broken from a larger piece किरच

splinter[2] verb, i. *While she was chopping wood, it splintered and hurt her hand.* = to break into very small, thin pieces छोटे-छोटे पतले टुकड़ों में टूटना **splinter group** noun, c. = a group of people who leave a political party or other group and form one of their own लोगों का समूह जो एक राजनीतिक अथवा अन्य दल छोड़कर अपना नया दल बना लेता है

S

split[1] /splɪt/ /स्प्लिट्/ verb, t. or i. (**split**) **1** *The British split India into two separate states in 1947.*(t.)= to divide or break into parts टुकड़े करना **2** *His trousers were so tight that they split when he sat down.*(i.) = to burst or break open फटना **3** *Hilla and Navroz have decided to split.*(i.) = to end a marriage (informal) (also **split up**) शादीशुदा का अलग-अलग हो जाना (अनौपचारिक) (देखें **split up**)

split[2] noun, c. *There is a split in the group.* = a division or break फूट **split infinitive** noun, c. *The sentence 'I request you to kindly leave this room' contains a split infinitive.* = an expression (e.g. 'to kindly leave') in which a word or phrase is put between 'to' and the verb (e.g. 'leave') which usually follows it [GRAMMAR] 'to' और क्रियापद के बीच किसी शब्द या अभिव्यक्ति के आने की स्थिति [व्याकरण] **split level** adj. *a split-level drawing room* = a room or house which has floors at different heights [TECHNICAL] अलग-अलग स्तरों वाला [तकनीकी] **split personality** noun = a disorder of the mind in which a person seems to behave like two or more different people (also **schizophrenia**) विभक्त व्यक्तित्व (देखें **schizophrenia**) **split second** noun *In a split second, the plane turned and crashed into the World Trade Centre.* = a very short period of time बहुत ही कम समय में, पलभर में **split up** verb **1** *In the P.T. class we were asked to split up into groups according to the houses we belonged to.* = divide बँटना **2** *The Titanic split up after it hit an iceberg.* = to break into two or more pieces कई टुकड़ों में टूटकर अलग होना **3** (see meaning **3** in **split**[1]) टूटना **splitting** adj. *Stop making that noise! I have a splitting headache.* = very painful बहुत तेज़ (दर्द)

splurge /splɜːdʒ/ /स्प्लऽज्/ verb, i. or t. *We have always been very careful with our money but this year we decided to splurge on a holiday.*(i.) = to spend a lot of money without caring about the expense (informal) खुले दिल से खर्च करना (अनौपचारिक)

splut•ter[1] /'splʌtəʳ/ /'स्पलटॅʳ/ verb, i. *Mustard splutters when it is added to hot oil.*(i.) = to produce short, explosive sounds चटखना

splutter[2] noun, c. *the splutter of candles in the rain* = the sound made by a burning candle or fire when some water falls on it सिसकार, आग पर पानी के छींटे पड़ने की आवाज़

spoil /spɔɪl/ /स्पॉइल्/ verb, t. or i. (**spoilt** or **spoiled**) **1** *He spoilt the party by quarrelling with one of the guests.*(t.)= to cause harm or damage खराब कर देना **2** *The meat will spoil if you don't keep it in the refrigerator.*(i.) = to go bad (referring to food) खराब होना (भोज्य पदार्थ का) **3** *Don't spoil the child by giving her too much money.*(t.) = to cause someone, specially a child, to behave badly by giving him/her too much love, attention etc. अधिक लाड़-प्यार से बिगाड़ना **spoilage** noun, u. *We lost most of the fruits we had grown due to spoilage.* = the damage caused when something (specially food) goes bad (formal) (भोज्य पदार्थ) खराब हो जाने के कारण हानि (औपचारिक) **spoiler** noun, c. = a flat piece of metal attached to the back of a car which helps the car to travel at high speed by changing the direction of the flow of air 'स्पॉयलर', कार के पीछे लगा हुआ धातु का चपटा टुकड़ा **spoils** noun (always plural) *The robbers hid their spoils in a cave.* = things taken by thieves or by an army which wins a war (केवल बहुवचन में प्रयुक्त) लूट का माल **spoilsport** noun *Why don't you allow the children to go on a picnic? Don't be a spoilsport.* = a person who is very strict and does not want others to have fun (informal, disapproving) रंग में भंग डालने वाला, मज़ा किरकिरा करने वाला (अनौपचारिक, अस्वीकृत)

spoke[1] /spəʊk/ /स्पउक्/ noun, c. = a piece of wire or a thin metal rod which connects the rim (outer ring) of a wheel (specially of a bicycle or motor-cycle) to the centre आरा

spoke[2] verb = past tense of **speak** **spokesperson** noun, c. *A government spokesperson told reporters that the Foreign Minister was expected to visit China.* = someone who speaks officially for a group प्रवक्ता

sponge[1] /spʌndʒ/ /स्पॅन्ज्/ noun, c. **1** = a kind of sea-animal with a soft body full of small holes एक समुद्री जीव **2** = a piece of soft rubber, full of small holes, which can suck up water and is generally used for cleaning a surface with water 'स्पंज'

sponge[2] verb, t. or i. **1** *The doctor told the nurse to sponge the patient.*(t.) = to clean by rubbing with a wet cloth गीले कपड़े से बदन साफ़ करना **2** *They do not work to earn a living but sponge on their friends.*(i.) = to live by getting everything free from friends, relatives etc (informal, derogatory) दूसरों के टुकड़ों पर जीना (अनौपचारिक, अनादरपूर्ण) **spongy** adj. *This raincoat has a spongy feel to it.* = soft, like a sponge नर्म, मुलायम **sponge cake** noun = a very light and soft cake हल्का और नर्म केक

spon•sor[1] /'spɒnsəʳ/ /'स्पॉन्सʳ/ verb, t. *This film festival is being sponsored by a company which manufactures soap.* = to support or help someone or something (specially an event or activity) by providing money etc. प्रायोजित करना

sponsor[2] noun, u. *Our hockey team is looking for a sponsor.* = a person or group that supports or helps someone or something प्रायोजक

spon•ta•ne•ous /spɒn'teɪnɪəs/ /'स्पॉन्'टेइनिअस्/ adj. *There was spontaneous applause when the Principal declared a holiday.* = happening because of some natural feeling, without any planning or preparation in advance सहज स्वाभाविक रूप से अभिव्यक्त

spontaneity /spɒntəˈniːəti/ /'स्पॉन्ट'नीअटि/ noun, u. *The visitors were impressed by the spontaneity of the children's dancing.* = the quality of being spontaneous (doing something in a natural way, without planning or preparation) सहज उद्‌गार

spoof¹ /spuːf/ /स्पूफ़/ noun, c. *The new film called 'Bollywood Calling' is a spoof on the Indian film industry.* = parody (a copy of something which creates humour but may not be entirely true) (informal) 'पैरोडी', (अनौपचारिक)

spoof² verb, t. *The television serial 'Yes, Minister' spoofs the British government.* = to create humour through a spoof (slang) व्यंग्य, मज़ाक करना (अपभाषा)

spook /spuːk/ /स्पूक्/ noun, c. = a ghost (informal) भूत (अनौपचारिक) **spooky** adj. *a spooky house* = causing fear (like a ghost) (informal) भुतहा, डरावना (अनौपचारिक)

spool /spuːl/ /स्पूल्/ noun, c. = a reel (a wheel-like object on which a length of thread, wire or film can be wound) चरखी

spoon¹ /spuːn/ /स्पून्/ noun, c. = a tool made of metal or plastic, consisting of a small bowl to which a handle is attached, used for carrying food to the mouth or for serving food चम्मच

spoon² verb, t. *Spoon a small amount of the tomato sauce onto the roast meat.* = to move food with a spoon चम्मच से डालना **spoon-feed** verb, t. **1** *The nurse spoon-fed the patient as he was very weak.* = to feed someone with the help of a spoon चम्मच से खिलाना **2** *Don't spoon- feed your students. Let them solve their problems themselves.* = to give more help than is necessary, making things too easy (disapproving) इतनी सहायता करना कि दूसरा व्यक्ति अपना प्रयास ही न करे (अस्वीकृत) **spoonful** noun, c. *a spoonful of sugar* = as much of something as can be carried in a spoon चम्मच-भर, एक चम्मच (की मात्रा)

born with a silver spoon in one's mouth *He does not have to work for a living as he was born with a silver spoon in his mouth.* = born into a wealthy family धनी परिवार में जन्म लेना **to spoon out advice/ideas etc.** = to give someone advice etc. easily, as if it was wanted (informal, disapproving) बिना माँगे सलाह देना (अनौपचारिक, अस्वीकृत)

spoonerism /ˈspuːnərizm/ /'स्पूनरिज़्म्/ noun, c. *The absent-minded professor committed a spoonerism when he told his students, 'You have hissed my mystery lecture' instead of 'You have missed my history lecture'.* = an expression in which the first sound of a word changes place with the first sound of another word, producing humour जल्दबाज़ी या लापरवाही से दो शब्दों की प्रथम ध्वनि के परस्पर परिवर्तित हो जाने की प्रक्रिया

spoor /spɔːʳ/ /'स्पॉ/ noun, c. *We tracked the tiger through the jungle by following its spoor.* = the marks or solid waste matter (dung or droppings) left by a wild animal as it moves through a forest, which help a person to follow it [TECHNICAL] निशान अथवा लीद से बना सुराग [तकनीकी]

spo•rad•ic /spəˈrædɪk/ /स्प'रैडिक्/ adj. *Things are usually peaceful in this state, but we have sporadic outbursts of violence.* = happening now and then, not regularly (formal) कभी-कभार (औपचारिक) **sporadically** adv. *We do not get news of him regularly. He sends us e-mails sporadically.* = occasionally, once in a way (formal) कभी-कभी (औपचारिक)

spore /spɔːʳ/ /स्पॉ/ noun, c. = a single cell by which flowerless plants such as moss, fungi and ferns reproduce themselves [BIOLOGY] बीजाणु, एककोशीय वनस्पति [जीव विज्ञान]

sport¹ /spɔːt/ /स्पॉऽट्/ noun, u. or c. **1** *Volleyball is a popular sport.*(c.) = a game खेल **2** *When I called you a fool, I did not mean it seriously. It was said only in sport.*(u.) = something said or done as a joke, to create humour (literary, old-fashioned) मज़ाक में (साहित्यिक, पूर्व प्रचलन का) **3** *Come on, be a sport! Don't be unhappy because you lost the match.* = a person who accepts defeat or something unpleasant in a cheerful manner, without complaining (informal) अप्रिय घटना का हँस-खेलकर सामना करने वाला (अनौपचारिक)

sport² verb, t. **1** *He was sporting a bright red shirt when he came to class.* = to wear or show something in a manner which attracts attention दूसरों का ध्यान आकर्षित करने के लिए पहनना **2** *The children were sporting in the field.* = to play (literary) खेलना (साहित्यिक) **sporting** adj. *Gilchrist made a sporting gesture and walked away from the pitch when the ball hit his pad, although the umpire had not given him out.* = fair-minded, specially in sports ईमानदार (खिलाड़ी) **sportive** adj. *sportive children* = playful प्रसन्नचित्त **sports** noun, u. (always plural) **1** *He is outstanding in all sports.* = games or activities in which one takes part for exercise or entertainment, or as part of a competition (केवल बहुवचन में प्रयुक्त) खेल-कूद **2** *the school sports* = a meeting at which people take part in different physical activities such as running, jumping etc. खेल-कूद **sportsperson (sportsman/sportswoman)** (plural **sportsmen/sportswomen**) noun, c. **1** = a person who takes part in games, physical activities etc. खिलाड़ी, खेल-कूद में भाग लेने वाला **2** = a person who is very fair-minded, specially in playing games खेल में ईमानदार (see **sport**, meaning 3) **sportsmanship (sportspersonship)** noun, u. *Cricket has become so commercial that now you don't see much sportsmanship on the field.* = the spirit of being fair-minded and honest in sports खेल भावना, खिलाड़ीपन

S

sportswear noun = clothes worn during sports/ games खेल के समय पहने जाने वाले कपड़े **sporty** adj. *sporty clothes* = colourful and attractive (referring to clothes) रंगीन और आकर्षक (कपड़ों के संदर्भ में)

spot[1] /spɒt/ /स्पॉट्/ noun, c. **1** *Let us go to a quiet spot where no one will disturb us.* = a particular place खास जगह **2** *There are some ink spots on your shirt.* = a small mark on a surface of a different colour धब्बा **3** *The boy has got into a spot of trouble.* = a little bit (informal) थोड़ा, कुछ (अनौपचारिक)

spot[2] verb, t. (**spotted**) **1** *I have spotted a few spelling mistakes in your essay.* = to see or find something by looking carefully सावधानी से देखने पर मिलना, देखकर ढूँढ़ निकालना **2** *The whole area was spotted with colourful flags.* = to place or spread something over a surface or area किसी क्षेत्र अथवा सतह पर छितराना या फैलाना **spotless** adj. *His reputation as a forest officer is spotless.* = morally above blame निष्कलंक **spotlight** noun, c. **1** = a lamp which lights up a small area with a very bright light लैंप जो एक छोटे क्षेत्र को तेज़ रोशनी से जगमग कर दे **2** *Most film stars enjoy being in the spotlight.* = the attention of the public सुर्खियों में, जनता की नज़रों में

in a tight spot *The foreign tourist was in a tight spot when she lost her passport.* = in a difficult situation (informal) मुश्किल में (अनौपचारिक) **soft spot** *He may be a problem child but everyone has a soft spot for him because he is so friendly.* = affection, warmth स्नेह

spouse /spaʊs/ /स्पाउस्/ noun, c. = the person of the opposite sex to whom one is married (husband or wife) (formal) पति अथवा पत्नी (औपचारिक)

spout[1] /spaʊt/ /स्पाउट्/ noun, c. **1** *the spout of a teapot* = a narrow opening through which some liquid is poured out टोंटी **2** *The water rushed out of the broken pipe in a spout.* = a stream of water rushing out with force धार **3** *the whale's spout* = water which a whale causes to rise with force when it breathes out फुहार

spout[2] verb, i. or t. **1** *Water spouted from the damaged pipe.* = to rush out with force (referring to some liquid) फुहारा छोड़ना **2** *He spouted nonsense for nearly two hours.* = to talk for a very long time (informal, derogatory) बकते रहना (अनौपचारिक, अनादरपूर्ण)

sprain[1] /spreɪn/ /स्प्रेइन्/ verb, t. *He sprained his ankle while running.* = to damage or hurt a joint in the body by sudden twisting मोच आना

sprain[2] noun, c. *He has a sprain in the left ankle.* = the damage caused by a sudden twisting movement [MEDICINE] मोच [चिकित्सा] **sprained** adj. *He was pulled out of the team because of his sprained wrist.* = injured ज़ख्मी, मोच खाया हुआ

sprawl[1] /sprɔːl/ /स्प्रॉल्/ verb, i. or t. **1** *The man was injured and lay sprawled out on the floor.* = to sit or lie with the body spread out in an untidy manner which is not natural पसरा हुआ **2** *The college buildings sprawl across ten acres of land.* = to spread out in an untidy manner over a large area अव्यवस्थित रूप से फैला होना

sprawl[2] noun, c. *You will find a sprawl of buildings spreading all over the now town.* = a mass or group of things spreading in an untidy manner over a large area अव्यवस्थित विस्तार

spray[1] /spreɪ/ /स्प्रेइ/ verb, t. *We sprayed insecticide all over the house, but it had no effect on the mosquitoes.* = to throw or force out liquid in very fine drops छिड़काव करना, छिड़कना

spray[2] noun, u. **1** *The spray from the waves dashing against the rocks made him wet.* = water in very small drops छींटे **2** *a spray of flowers* = a bunch of flowers arranged in an attractive way गुच्छा, गुलदस्ता

spread[1] /spred/ /स्प्रेड्/ verb, t. or i. (**spread**) **1** *He spread some jam over the slice of bread.*(t.) = to cause something to cover a larger area फैलाना, लगाना **2** *The new town has spread across the river.*(i.) = to grow in such a manner as to cover a larger area फैलना **3** *Spread this bedsheet over the bed.*(t.) = to put a covering on a surface बिछाना

spread[2] noun, u. or c. **1** *The government is trying to check the spread of malaria.*(u.)= the action of spreading (growing so as to cover a larger area) फैलना **2** *He served 15 different dishes for dinner. It was a huge spread.*(c.)= a meal at which many different items of food are served (informal) बड़ी दावत (अनौपचारिक) **3** *cheese spread* (c.) = a kind of food which is spread over bread डबल रोटी पर लगाया जानेवाला एक भोज्य पदार्थ (cheese) **spreadeagle** verb, t. *The injured man lay spreadeagled on the ground.* = to lie in a flat position with the arms and legs spread out हाथ-पैर फैला कर पड़ा होना **spreading** adj. *We took shelter under a spreading banyan tree.* = spread over a wide area फैला हुआ **spreadsheet** noun, c. = a kind of computer program mostly used by businesspersons or companies to show sales, expenditure, profits etc. [COMPUTERS] एक खास कंप्यूटर प्रोग्राम जिसे व्यवसायी या कंपनियाँ विक्रय, व्यय, लाभादि दिखलाने के लिए प्रयोग करती हैं

spree /spriː/ /स्प्री/ noun, c. *The two ladies went on a shopping spree when they were in Singapore.* = a period of uncontrolled activity, providing pleasure (humorous) मौज-मस्ती (हास्यपरक)

sprig /sprɪg/ /स्प्रिग्/ noun, c. *a sprig of rose leaves* = a small branch to which leaves are attached टहनी

spright•ly /ˈspraɪtli/ /ˈस्प्राइट्ली/ adj. *The girls performed a sprightly dance which everyone enjoyed.* = lively; full of energy ज़ोरदार, जानदार

spring[1] /sprɪŋ/ /स्प्रिङ्/ verb, i. or t. (**sprang, sprung**) **1** *The man sprang to his feet and started* *shouting.*(i.) = to jump or move upwards or forwards with force उछलना **2** *Many new colleges have sprung up in this state in the last five years.* = to appear or come into existence quickly प्रकट होना, बन जाना, शीघ्र स्थापित होना **3** *He sprang a surprise on us by announcing that he was going to get married.* (t.) = to make something known unexpectedly एकाएक अनपेक्षित सूचना देना **4** *The thought of home makes tears spring to my eyes.* = to be seen (in one's eyes) (आँसू) छलकना **5** *If you press this button the door will spring open.* = happen suddenly and quickly एकाएक, झटके से

spring[2] noun, c. **1** *The tiger took a spring and landed on the back of the elephant.* = the act of jumping with force उछाल **2** = the season that comes after winter, when new flowers and leaves appear on trees वसंत का मौसम **3** *a hot spring* = an underground source of water which flows out naturally चश्मा **4** *a coil spring* = a length of wire or thin metal, wound into a number of circles, which can be pressed into a smaller space but returns to its original shape and size when the pressure is removed घुमावदार तार, 'स्प्रिंग' **springboard** noun, c. **1** = a flat, narrow piece of wood, to which a spring is attached so that it can move up and down, from which a person can dive into a swimming pool (also **diving board**) तरणताल में स्प्रिंगदार पट्टी जिससे तैराक पानी में तैरने के लिए कूदते हैं (देखें **diving board**) **2** *His victory in the college elections became a springboard to a successful political career.* = a starting point for future success (figurative) सफलता का पहला कदम (लाक्षणिक) **spring chicken** noun, c. **1** = a very young chicken which has soft meat नन्हा चूज़ा **2** *I am no spring chicken.* = a very young person (generally used in negative form, to express the opposite meaning) छोटा बच्चा, नादान (प्रायः निषेधात्मक प्रयोग) **spring onion** noun, c. = a very young onion, to which a long green stem is attached हरा प्याज़ **spring roll** noun, c. = an item of Chinese food, somewhat like a samosa, which has pieces of meat or vegetables inside a covering made of flour and eggs समोसे जैसे एक चीनी व्यंजन का नाम जिसमें आटे और अंडे से बने ऊपरी खोल के अंदर मांस या सब्ज़ी के टुकड़े भरे होते हैं

to spring a leak *The boat sprang a leak and sank within a few minutes.* = to begin to leak (referring usually to a boat or ship) पानी भरने लगना (नौका/जहाज़ के संदर्भ में) **to spring to someone's defence** = to quickly and strongly express one's support of a person or defend her/him किसी के बचाव हेतु अपना समर्थन तुरंत व्यक्त करना

sprin•kle[1] /ˈsprɪŋkəl/ /'स्प्रिङ्कल्/ verb, t. *He sprinkled some salt into the soup.* = to scatter (throw) some liquid in small drops or some solid matter in very small pieces over a surface बुरकना, छिड़कना

sprinkle[2] noun, u. **1** *We were expecting rain today but we had only a sprinkle.* = light rain (informal) बूँदाबाँदी (अनौपचारिक) **2** *There was only a sprinkle of people in the audience.* = very few (people) बहुत कम (लोग) **sprinkler** noun, c. **1** = a container for water with a spout having small holes, which is used to sprinkle water in small drops over the roots of plants in a garden फुहारा **2** = a system of pipes having small holes in them, through which water can flow slowly in small drops and reach the roots of plants (also **sprinkler irrigation**) फुहारा (खेती के संदर्भ में) (देखें **sprinkler irrigation**)

sprint[1] /sprɪnt/ /स्प्रिन्ट्/ verb, i. *The runners sprinted down the track.* = to run at a fast speed तेज़ दौड़ना

sprint[2] noun, c. *He is competing in the 100-metre sprint.* = a short race which is run at a very fast speed थोड़ी दूरी की तेज़ दौड़

sprite /spraɪt/ /स्प्राइट्/ noun, c. = a fairy or a playful child (literary) परी, चुलबुला बच्चा (साहित्यिक)

sprock•et /ˈsprɒkɪt/ /'स्प्रॉकिट्/ noun, c. = a wheel fitted with small teeth, used to drive the chain of a bicycle or motor-cycle [TECHNICAL] दाँता [तकनीकी]

sprocket

sprout[1] /spraʊt/ /स्प्राउट्/ verb, i. or t. *The rice plants are beginning to sprout from the seeds.* = to grow (referring specially to plants) अंकुरित होना

sprout[2] noun, c. = a very young plant that grows out of a seed अंकुर, कल्ला

spruce[1] /spru:s/ /स्प्रूस्/ adj. *The house looks spruce after it has been painted.* = neat and clean साफ़-सुथरा, सुंदर

spruce[2] noun = a kind of tree that grows in cold or high places एक प्रकार का वृक्ष, 'सनोवर'

to spruce up *The house is very untidy. We will have to spruce it up.* = to make something neat and clean (informal) सफ़ाई करना, सजाना-सँवारना (अनौपचारिक)

spry /spraɪ/ /स्प्राइ/ adj. *The old man is still very spry. He goes for a long swim every day.* = active and full of energy (referring to an old person) फुर्तीला, सक्रिय (वृद्ध व्यक्ति के संदर्भ में)

spunk /spʌŋk/ /स्पॅङ्क्/ noun, u. *This soldier was shot in the leg but he managed to climb over a fence and capture the enemy position. He is full of spunk.* = courage (informal, not commonly used today because **spunk** is also slang for *semen*) जीवट, साहस (अनौपचारिक, आजकल सामान्य प्रयोग में प्रचलित नहीं) **spunky** adj. = courageous साहसी

spur[1] /spɜ:ʳ/ /स्पऽʳ/ noun, c. **1** = a piece of metal with a sharp point, fitted to the heel of a shoe worn by

S

the rider of a horse, which is pressed into the belly of the horse in order to control it or make it run faster महमेज़, एँड़ **2** *the spur of a mountain* = a small hill or mountain which grows out of a longer, higher mountain [GEOGRAPHY] पहाड़ से निकली पहाड़ी [भूगोल]

spur[2] verb, t. (**spurred**) **1** *The rider spurred the horse onwards.* = to use spurs in order to control a horse एँड़ लगाना **2** *The runner was tired and was about to give up the race, but the shouts of encouragement from the crowd spurred him on to greater effort.* = to encourage someone to try harder to do something (figurative) प्रोत्साहित करना (लाक्षणिक)

to do something on the spur of the moment = to do something without making any preparations in advance (informal) बिना पूर्व तैयारी के, क्षण भर में (अनौपचारिक) **to spur somebody on** *Your harsh words will not spur your child on to do any better.* = to encourage a person to do even better than before उत्साहित करना, प्रेरणा देना

spu•ri•ous /'spjʊəriəs/ /'स्प्युअरिअस्/ adj. *This is a spurious letter. It does not have the Principal's signature.* = not real or genuine (formal, derogatory) जाली (औपचारिक, अनादरपूर्ण)

spurn /spɜːn/ /स्पऽन्/ verb, t. *My opponent offered to help me with money, but I spurned his offer.* = to refuse or reject something with anger or pride (formal, somewhat literary) ठुकराना (औपचारिक, साहित्यिक)

spurt[1] /spɜːt/ /स्पऽट्/ verb, i. *Blood spurted from his wound.* = to flow out with force फूटकर बहना

spurt[2] noun, c. **1** *There was a spurt of blood from the wound.* = a sudden flow of liquid तेज़ धार **2** *No work was done in the office all month, but there was a sudden spurt of activity last week.* = a short and sudden period of activity थोड़ी देर तक अचानक होने वाली क्रिया **3** *He is not a steady worker. He works in spurts.* = in sudden short bursts झटके में

sput•ter /'spʌtəʳ/ /'स्पॅटॅ/ verb, i. **1** *The engine of the car sputtered and then stopped completely.* = to make short explosive sounds घड़घड़ाना **2** *"Wha ... what's wrong?" he sputtered, when we woke him up suddenly.* = to speak in a confused way बड़बड़ाना **3** *The mustard seeds sputtered when the cook added them to the hot oil.* = to make short, sharp sounds चिटखना

spu•tum /'spjuːtəm/ /'स्प्यूटम्/ noun, u. = the thick liquid that comes out of the lungs and mouth after coughing [MEDICINE] कफ़, बलगम [चिकित्सा]

spy[1] /spaɪ/ /स्पाइ/ noun, c. (**spies**) = a person who collects secret information गुप्तचर, जासूस

spy[2] verb, i. or t. (**spied**) **1** = to work as a spy जासूसी करना **2** *She spied her son in the middle of the crowd.* = to catch sight of someone (literary) पर नज़र पड़ना, देख लेना (साहित्यिक) **3** *The detective spied on the man to see what he was up to.* = to watch and gather information on someone secretly जासूसी करना **spy-glass** noun = a small telescope (an instrument used to see things which are far away) दूरबीन

squab•ble[1] /'skwɒbəl/ /'स्क्वॉब्ल्/ verb, i. *The two children have been squabbling over who should have the window seat.* = to quarrel over something unimportant (informal) झगड़ना (अनौपचारिक)

squabble[2] noun, c. *They decided to end their squabble and become friends.* = quarrel झगड़ा

squad /skwɒd/ /स्क्वॉड्/ noun, c. **1** *a police squad* = a small group of soldiers or policepersons who are given some special duty दस्ता, टुकड़ी **2** *The student squads went round the locality telling the residents not to use plastic bags.* = a small team of people selected to do a particular job छोटा दल

squad•ron /'skwɒdrən/ /'स्क्वॉड्रन्/ noun, c. *a fighter squadron* = a small group of aircraft or ships, in the air-force or navy, together with the men who fly them or sail in them and fight together as a team [TECHNICAL] 'स्क्वॉड्रन', दल (सेना-संबंधी) [तकनीकी] **squadron leader** noun = an officer in the air-force 'स्क्वॉड्रन लीडर', वायु सेना में एक पद

squal•id /'skwɒlɪd/ /'स्क्वॉलिड्/ adj. *squalid surroundings* = dirty and unpleasant गंदा, मैला **squalor** noun, u. = the quality of being squalid (very dirty) गंदा, गंदगी-भरा

squall /skwɔːl/ /स्क्वॉल्/ noun, c. = a sudden storm or strong wind accompanied with rain वर्षा के साथ तेज़ हवा या तूफ़ान

squan•der /'skwɒndəʳ/ /'स्कवॉन्डॅ/ verb, t. *He squandered all his money on gambling and horse-racing.* = to waste money or to spend it on wrong things उड़ा देना, अपव्यय करना

square[1] /skweəʳ/ /'स्क्वेअॅ/ noun, c. **1** = a geometrical figure (shape) having four sides of equal length and all its angles as right angles (measuring 90 degrees) [GEOMETRY] (see pic under **shapes**) चौकोर, वर्गाकार [ज्यामिति] (**shapes** के अंतर्गत चित्र देखें) **2** = a large open area in a city which has buildings on all four sides चौक **3** *The square of 7 is 49.* = a number obtained by multiplying a certain number by itself [MATHEMATICS] वर्गफल [गणित] **4** *He is a square. He never goes to the cinema.* = a person who is old-fashioned and dull in his/her thinking and behaviour (informal, mildly derogatory) सीधा-सादा, दकियानूसी विचारों वाला (अनौपचारिक, कुछ अनादरपूर्ण)

square[2] adj. **1** *a square table* = having the shape of a square चौकोर **2** *The room is 15 square metres in area.* = a unit for the measurement of area वर्ग (क्षेत्र को नापने की इकाई) **3** *India won the first match and Australia the second. Now the two teams are square.* = on equal terms (informal) बराबरी पर (अनौपचारिक) **4** *He gave me a square deal.* = fair and honest (informal) न्यायोचित (अनौपचारिक) **5** *Draw this graph on a sheet of squared paper.* = something that has been divided into squares वर्गाकार

square[3] verb, t. or i. **1** *You have to square this number.* = to multiply a number by itself [MATHEMATICS] वर्गफल निकालना [गणित] **2** *Your report does not square with the facts.* = to be in agreement with (informal) मेल खाना (अनौपचारिक) **square bracket** noun, c. = a bracket (sign used in writing or printing) having the shape [ ] एक प्रकार का चौकोर [ ] कोष्ठक **squarely** adv. *The responsibility for this accident lies squarely on the driver of the car.* = directly or completely प्रत्यक्षत:, सीधे, पूरी तरह **square meal** noun, c. = a meal that satisfies one's hunger पेटभर भोजन **square root** noun *The square root of 49 is 7.* = a number, which when multiplied by itself, gives a certain number [MATHEMATICS] वर्गमूल [गणित]

to go back to square one *The new shop had good sales last week, but now it is back to square one.* = to go back to the starting point (which is usually disappointing) so that something has to be done all over again (informal) फिर से आरंभ करना (अनौपचारिक) **a square peg in a round hole** = a person who does not fit a job or a responsibility किसी कार्य अथवा जिम्मेदारी के योग्य न होना

squash[1] /skwɒʃ/ /स्क्वॉश्/ verb, t. *He squashed the tomato between the palms of his hands.* = to crush; to press into a flat shape दबा कर चपटा कर देना, कुचल देना

squash[2] noun **1** = a game played with a small rubber ball and rackets, in a court having four walls 'स्क्वैश' खेल **2** = a large fruit, like a pumpkin, that grows on a creeping plant and is eaten as a vegetable कुम्हड़ा **3** *orange squash* = the flesh of an orange or other fruit which has been crushed (pressed) and from which a sweet drink can be made by adding water शरबत (शर्बत)

squat[1] /skwɒt/ /स्क्वॉट्/ verb, i. (**squatted**) **1** = to sit on the ground with the knees bent and the weight of the body supported only by the feet उकड़ूँ बैठना **2** = to occupy an empty building or plot of land forcibly खाली मकान या ज़मीन पर कब्ज़ा कर लेना

squat[2] adj. *a squat building* = low, thick and ugly-looking भद्दी (इमारत) **squatter** noun, c. = a person who occupies an empty building or plot of land without permission and gets a legal right, after some time, to own it [TECHNICAL] खाली मकान या ज़मीन पर कब्जा कर लेने वाला [तकनीकी]

squawk[1] /skwɔːk/ /स्क्वॉक्/ verb, i. *The parrot squawked loudly.* = to make the loud, somewhat low and rough sound produced by certain birds (पक्षियों द्वारा) चीख मारना

squawk[2] noun, c. *the squawk of a parrot* = the noise made by a bird when squawking (पक्षी की) चीख

squeak[1] /skwiːk/ /स्क्वीक्/ verb, i. *The wheels of the bullock cart squeaked when the cart moved.* = to make a short and high-pitched sound (like that produced by the wheel of a cart which needs oiling) चरमराना, चूँ-चूँ करना (बैलगाड़ी के पहियों की तरह)

squeak[2] noun, c. *the squeak of cart wheels* = the sound produced by something that squeaks चरमर **squeaky** adj. *a squeaky door* = something that makes a squeaking sound चरमराने वाला **squeaky-clean** adj. *a squeaky-clean reputation* = extremely honest (informal, humorous) बहुत ईमानदार, पाक-साफ़ (अनौपचारिक, हास्यपरक)

squeal[1] /skwiːl/ /स्क्वील्/ verb, i. *The children squealed happily when I told them we were going on a picnic.* = to make a long, high pitched sound expressing excitement खुशी से चिल्लाना

squeal[2] noun, c. *We knew the children were enjoying themselves when we heard squeals of delight coming from the nursery.* = a long, high pitched sound made when a person or animal is gladly surprised, happy or in pain प्रसन्नतापूर्ण आश्चर्य या दर्द से चिल्लाने की आवाज़

squeam•ish /ˈskwiːmɪʃ/ /'स्क्वीमिश्/ adj. *You shouldn't visit a fish market if you are so squeamish.* = easily upset or shocked by things that are unpleasant (disapproving) जल्दी मतलाने वाले (अस्वीकृत)

squeeze[1] /skwiːz/ /स्क्वीज़्/ verb, t. or i. **1** *The mother squeezed her daughter's arm affectionately.* = to press something with the whole hand curved round the object दबाना **2** *She squeezed some juice out of the lemon.*(t.) = to force a liquid or soft solid substance (e.g. toothpaste) out by pressing something between the fingers निचोड़ना **3** *The car was small but all six of us managed to squeeze into it.*(i.) = to be able to get into a space with some difficulty, by using pressure ठूँसना, कठिनाई से घुसना **4** *The rat tried to squeeze through the narrow opening.* = to force one's way through a very small gap तंग रास्ते से घुसना **5** *I don't know how they manage to squeeze so much into a day.*(i.) = do many things within a limited time सीमित समय में बहुत काम कर पाना

squeeze[2] noun, u. **1** *She gave the child's arm a gentle squeeze.* = the act of squeezing, usually to show affection or to encourage someone (see meaning **1** above) स्नेह दर्शाने अथवा प्रेरित करने के लिए कोंचना (ऊपर दिया meaning 1 देखें) **2** *All six of us managed to get into the car, but it was a tight squeeze.* = a state of being crowded into a limited space (informal) ठूँसा हुआ (अनौपचारिक) **3** *The company is facing a credit squeeze.* = a difficult situation in business, caused by short supplies etc. व्यापार में तंगी **squeezer** noun, c. = a tool used to press juice out of a fruit such as an orange फल आदि का रस निकालने वाला उपकरण

S

squelch[1] /skweltʃ/ /स्क्वेल्च्/ noun, u. *We heard the squelch of heavy shoes moving across the muddy fields.* = the sucking sound produced when one walks through mud कीचड़ में चलने की आवाज़ 'फच-फच'

squelch[2] verb, i. *We squolched through the muddy fields.* = to move across soft, wet ground, making a squelching sound (also **squish**) कीचड़ में 'फच-फच' की आवाज़ करते हुए चलना (देखें **squish**)

squib /skwɪb/ /स्क्विब्/ noun, c. = a kind of fire-cracker that hisses before producing a loud sound or a bright light when it is lit, used to celebrate a festival such as Deepavali फुलझड़ी (आतिशबाज़ी)

a damp squib *The producer expected the new film to do well, but it turned out to be a damp squib.* = something that is expected to succeed, but does not succeed (informal) आशा के विपरीत (असफल) होना, टाँय-टाँय फिस्स (अनौपचारिक)

squid /skwɪd/ /स्क्विड्/ noun = a sea-creature with a long, tube-like body, having long, thin arms at one end एक नलीनुमा लंबा समुद्री जीव जिसके एक सिरे पर लंबी, पतली बाँहें हों

squint[1] /skwɪnt/ /स्क्विन्ट्/ noun = a defect of the muscles that control the movement of the eyes, causing the eyes to look in different directions भैंगापन

squint[2] verb, i. **1** *The girl squints.* = to suffer from a squint भैंगा होना **2** *The bright sunlight caused him to squint.* = to close the eyes partly because of too much light (तेज़ रोशनी के कारण) आँखों का संकुचित होना

squire /skwaɪəʳ/ /स्क्वाइअर/ noun, c. = a land-owner in England (in former times) ज़मींदार (प्राचीन समय में इंग्लैंड में)

squirm /skwɜːm/ /स्क्वऽम्/ verb, i. **1** *The thought of speaking to such a large audience made him squirm with nervousness.* = to move from side to side in an awkward way because of discomfort, shame, nervousness etc. घबराहट के कारण तिलमिलाना **2** *I squirm to think that I will have to apologise in front of the whole class.* = to feel discomfort about doing something unpleasant

squir•rel /ˈskwɪrəl/ /ˈस्क्विरल्/ noun = a small animal with a long tail that climbs trees गिलहरी

squirt[1] /skwɜːt/ /स्क्वऽट्/ verb, t. *I squeezed the tube and the gel squirted out.* = to force out some liquid through a narrow opening or a container which can be squeezed पिचकारी की तरह धार छोड़ना

squirt[2] noun, c. *a squirt of oil* = a stream of liquid that is forced out through a narrow opening पिचकारी से निकली धार

squish /skwɪʃ/ /स्क्विश्/ noun, u. *We heard the squish of feet moving across the wet sand.* = the sound of feet moving over soft, wet ground (also **squelch**) 'फचफच' की आवाज़ (देखें **squelch**)

Sr. = abbr. of 'Senior' (American) (used after the name of a person to show that we are referring to the father and not to a son who has the same name 'Senior' का संक्षिप्त रूप American English में (पिता के नाम के बाद प्रयुक्त जबकि उसका नाम पुत्र के नाम से मिलता हो) e.g. George W. Bush, Sr.)

ss = abbr. of 'steam ship' (used before the name of a ship, e.g. *ss Titanic*) 'Steam ship' का संक्षिप्त रूप, किसी समुद्री जहाज़ के नाम के पूर्व प्रयुक्त (जैसे ss Titanic)

Ssh /ʃ/ /श्/ interjec. = a command ordering silence or less noise 'श्' चुप होने का संकेत

St. **1** = abbr. of 'Saint' (used before the name of someone who is recognised as a holy person by the Roman Catholic Church e.g. *St. Francis Xavier*) 'Saint' का संक्षिप्त रूप (रोमन कैथोलिक चर्च के किसी धार्मिक पुरुष के नाम के पूर्व प्रयुक्त) सेंट **2** = abbr. of 'Street' (e.g. *Oxford St.*) 'Street' का संक्षिप्त रूप सड़क

stab[1] /stæb/ /स्टैब्/ verb, t. (**stabbed**) *The robber stabbed me with a knife.* = to injure someone with a sharp, pointed weapon e.g. the point of a knife छुरा मारना, नुकीले पदार्थ से घायल करना

stab[2] noun, c. **1** = an injury caused by a pointed weapon नुकीले हथियार से किया गया घाव **2** *He felt a stab of pain in the chest.* = a sudden, sharp pain हूक, टीस

to stab someone in the back = to harm someone who trusts you or depends on you 'पीठ में छुरा भोंकना' (मुहावरा)

sta•ble[1] /ˈsteɪbəl/ /ˈस्टेइबल्/ adj. **1** *a stable business* = (something that is) not easily moved, upset or changed; strongly in position स्थायी, स्थिर **2** *The patient's condition was causing some worry but now it is stable.* = not changing for the worse स्थिर

stable[2] noun, c. = a building in which horses are kept अस्तबल

stable[3] verb, t. *The horse has been stabled.* = to put a horse in a stable अस्तबल में रखना

sta•bil•i•ty /stəˈbɪlɪti/ /स्टˈबिलिटि/ noun, u. = the quality of being stable (steady and strong) स्थिरता **stabilize (stabilise)** /ˈsteɪbɪlaɪz/ /ˈस्टेइबिलाइज़्/ verb, t. or i. *The price of petroleum has stabilized.* = to become stable (steady and not changing frequently) स्थिर होना **stabilizer (stabiliser)** noun, c. **1** = a machine that helps to control the flow of electricity and keeps it at a steady level 'स्टेबिलाइज़र', विद्युत् प्रवाह को नियंत्रित करने का उपकरण **2** = a device fitted to a ship which enables it to remain steady even when it is hit by large waves 'स्टेबिलाइज़र', जलयान में प्रयुक्त उपकरण

stac•ca•to /stəˈkɑːtəʊ/ /स्टˈकाऽटउ/ adj. *We heard the staccato sounds of motorcycle engines running at high speed.* = sounds which are sharp and heard at short intervals रुक-रुक कर सुनाई देनेवाली तेज़ आवाज़

stack[1] /stæk/ /स्टैक्/ noun, c. **1** *There was a stack of papers on my desk.* = an orderly pile of things, kept one above another अंबार, ढेर **2** *Users of the library are not allowed into the stacks.* = the place where books are stored in a library [TECHNICAL] स्टोर, पुस्तकालय में पुस्तकें सुरक्षित रखने का स्थान [तकनीकी]

stack[2] verb, t. *Ask them to stack the chairs in a corner of the room.* = to arrange in a neat pile, one on top of the other एक के ऊपर एक रखना **stackable chairs** noun = light chairs made of plastic or metal which can be arranged in stacks (piles), on top of each other, so that they do not take up much space when not being used हल्की, एक के ऊपर एक रखी जाने वाली कुर्सियाँ

sta•di•um /'steɪdɪəm/ /'स्टेइडिअम्/ noun, c. (**stadia** or **stadiums**) = a sports ground with seating arrangements for spectators (people who are watching but not taking part) 'स्टेडियम', खेल का मैदान जहाँ दर्शकों के बैठने की उचित व्यवस्था है

staff[1] /stɑːf/ /स्टाऽफ़/ noun, u. or c. (**staff/staffs**) **1** *This school has a staff of 40 teachers.*(only singular, used with plural or singular verbs) = the group of people working for an organisation (केवल एकवचन रूप में दोनों वचनों की क्रियाओं के साथ प्रयुक्त) कर्मचारी, स्टाफ़ **2** *The farmer carried a thick staff.*(c.) = a long, thick stick लाठी, लट्ठ

staff[2] verb, t. *The new school has not been staffed yet.* = to provide or find people to work in an organization कर्मचारी नियुक्त करना

stag /stæg/ /स्टैग्/ noun, c. = a fully grown male deer हिरण **stag party** noun = a party to which only men are invited (slang) केवल पुरुषों की दावत (अपभाषा)

stage[1] /steɪdʒ/ /स्टेइज/ noun, c. or u. **1** *We are setting up a stage for the new play.*(c.)= an area, generally a raised platform, on which dramas are performed मंच **2** *Nasiruddin Shah made his name on the stage before he came to cinema.*(u.) = the profession of acting in plays रंगमंच-अभिनय **3** *Children should be educated through the mother-tongue at the primary stage of education.*(c.) = a particular point or period of time in a series of events अवस्था, स्तर **4** *We will travel to Kolkata for the first stage of our journey.* = a part of a journey चरण, भाग

stage[2] verb, t. **1** *We are staging a new play.* = to present a play to an audience अभिनय करना, मंच पर प्रदर्शित करना **2** *The members who disagreed staged a walk-out in Parliament.* = to cause something to happen, mainly for some dramatic effect नाटकीय प्रभाव वाला कार्य करना **stage direction** noun, c. = a written description of something that an actor is required to do when acting in a play on the stage मंच-निर्देशन **stage fright** noun, u. = the feeling of nervousness which some people have when appearing before an audience मंचभीति **stage-manage** verb, t. *Everyone thought the crowd was supporting the leader, but in fact the meeting had been stage-managed by his supporters.* = to control or manage an event in such a way that a certain effect is produced (derogatory) दिखावा करना (अनादरपूर्ण)

stag•ger[1] /'stægə^r/ /'स्टैगर/ verb, i. *He managed to stagger to his car after he was wounded and drove himself to the hospital.* =to walk with great difficulty लड़खड़ाते हुए कठिनाई से चलना

stagger[2] noun, u. = unsteady movement when one is tired, ill or drunk लड़खड़ाना **staggering** adj. *The batsman scored a staggering 435 runs!* = very surprising and difficult to believe चौंका देनेवाला

stag•nant /'stægnənt/ /'स्टैग्नन्ट्/ adj. **1** *The river has got choked up with sand and is completely stagnant.* = not moving or flowing (referring to a body of water) प्रवाह का रुके होना **2** *Our economy has been stagnant this year.* = not growing or developing रुका हुआ **stagnate** /stæg'nəɪt/ /स्टैग्'नेइट्/ verb, i. *I've been doing the same work for 30 years. Do you think I am stagnating?* = to become stagnant (to stop growing or developing) विकास का रुक जाना **stagnation** noun. *There has been a stagnation in building construction this year.* = a state of not growing or developing रुके होना, विकास न होना

staid /steɪd/ /स्टेइड्/ adj. *He works as a clerk in a bank and leads a staid life.* = somewhat dull and boring; not very exciting or interesting (formal) स्थिर, उबाऊ (औपचारिक)

stain[1] /steɪn/ /स्टेइन्/ verb, t. **1** *My teeth are stained black because of my habit of chewing tobacco.* = to leave a mark on something which is difficult to remove धब्बा पड़ना **2** *The weavers stain the thread in different colours before they start weaving a sari.* = to use a dye (colour) to colour something रंग लगाना, रँगना

stain[2] noun, c. or u. *The tea left a stain on the white table-cloth.* =,a mark which is difficult to remove धब्बा **stained glass** noun = glas of different colours used for making patterns in windows, often found in churches रंगीन काँच जो प्राय: गिरजाघरों की खिड़कियों में लगी होती है **Stainless** adj 1 *stainless steel* = something that cannot easily rust बेदाग, ज़ंग न लगने वाला 2 *a stainless reputation* = not spoilt by behaviour which is morally wrong (literary) निष्कलंक (साहित्यिक)

stair 9^r/ /स्टेइ^र/ noun, c. **1** (plural) *You will have to go up these stairs to reach the Principal's office, which is on the floor above.* = a set of steps which lead from one part of a building to another, up or down सीढ़ी **2** *He slipped on the stair but managed to keep his balance.* = a step in a staircase सीढ़ी **staircase** noun, c. = a set of stairs or steps ज़ीना (सीढ़ी)

stake[1] /steɪk/ /स्टेइक्/ noun, c. or u. **1** *The cow was tied to a stake.*(c.) = a piece of wood or metal driven into the ground, to which something can be tied or which forms part of a fence खूँटा **2** *We all have a stake* *in the welfare of this company.*(c.) = a share in something, specially a business company, which causes someone to take special interest in it साझेदारी, हिस्सा **3** *He has put a stake on the result of this match.*(c.) = an amount of money which one bets on the result of some event बाज़ी लगाना **4** *If I lose this match, everyone will be disappointed. My reputation is at stake.* = a situation which carries a certain risk दाँव पर **5** = a post to which, in the old days, a person who had committed a crime was tied to पुराने ज़माने में अपराधियों को बाँधने के लिए प्रयुक्त खंभा

stake² verb, t. *He has staked a claim to the ancestral property.* = to claim ownership दावा करना **stakeholder** noun, c. = a person who has a share or a great interest in something हिस्सेदार, साझेदार

high stakes = One plays a game for high stakes when one puts a lot of one's money into winning it. भारी दाँव लगाना **to stake out a claim** *They have staked out a claim on the house after her death.* = to say openly that one has a right to something दावा करना

stal•ac•tite /'stæləktaɪt/ /'स्टैलक्टाइट्/ noun = a kind of rock formed inside a cave by the slow deposit of minerals present in water leaking through the roof, which grows downwards like a pillar from the roof [GEOGRAPHY] किसी गुफा की छत से लटका चट्टान का लंबा पतला टुकड़ा, हिमलुंबी [भूगोल]

stal•ag•mite /'stæləgmaɪt/ /'स्टैलग्माइट्/ noun, c. = a rock-formation similar to a stalactite, but growing upwards गुफा में ज़मीन से ऊपर की ओर उठा हुआ चट्टान का पतला टुकड़ा

stale¹ /steɪl/ /स्टेइल्/ adj. **1** *The chicken curry is stale. It was cooked two days ago.* = not fresh and therefore not good to eat (referring to food) बासी (भोजन से संबंधित) **2** *stale news* = no longer new or interesting (figurative) पुराना, बासी, घिसा-पिटा (लाक्षणिक)

stale² verb, i. *News stales quickly.* = to become stale बासी या पुराना हो जाना

stale•mate /'steɪlmeɪt/ /'स्टेइल्मेइट्/ noun, c. or u. *India and South Africa have reached a stalemate in this match. Neither side is likely to win.* = a situation in a fight or competition in which neither side can win खेल अथवा प्रतियोगिता में बराबरी

stalk¹ /stɔːk/ /स्टॉक्/ noun, c. *the stalk of a rice plant* = the stem of a plant (the long narrow part from which leaves and flowers grow) डंठल

stalk² verb, t. *The tiger stalked its prey.* = to follow someone or something quietly while remaining hidden, in order to hunt (kill) (शिकार के लिए) लुकछिप कर पीछा करना **stalker** noun, c. = a person, usually of an abnormal condition of mind, who follows a person (usually a woman) everywhere and is likely to harm the person छिपकर पीछा करने वाला **stalk out** *At the end of the argument she stalked out of the room in anger.* = walk in anger with long steps (informal) गुस्से में लंबे-लंबे कदमों से चल देना (अनौपचारिक)

stall¹ /stɔːl/ /स्टॉल्/ noun, c. **1** *He runs a bookstall on the railway platform.* = a small, open shop छोटी दुकान, स्टॉल **2** *The cows are kept in stalls.* = a small enclosed place in which an animal is kept थान, गोशाला **3** (plural) = the seats in the main part of a cinema, a theatre etc. 'स्टॉल' सिनेमाघर या रंगशाला में सबसे आगे की सीटें

stall² verb, i. or t. **1** *The car stalled as we were going up the hill.*(i.) = to stop running (referring to a vehicle or the engine of a vehicle) (गाड़ी का) बंद हो जाना **2** *I have been asking him for a long time to fix a date for our meeting but he keeps stalling.*(i.) // *The committee member is trying to stall the election as he thinks he may lose.*(t.) = to put off or delay something टालते जाना

stal•li•on /'stælɪən/ /'स्टैलिअन्/ noun, c. = a male horse kept for breeding (producing young ones) वयस्क घोड़ा (विशेषकर प्रजनन क्रिया के लिए सुरक्षित)

stal•wart¹ /'stɔːlwət/ /'स्टॉऽल्वट्/ adj. *a stalwart supporter of the rights of women* = loyal; strong and determined निर्भीक, दिलेर, दृढ़

stalwart² noun, c. *He is a stalwart of the Congress Party who can always be depended on.* = a strong and loyal supporter of (usually) a political cause पक्का कट्टर समर्थक

sta•men /'steɪmən/ /'स्टेइमन्/ noun, c. = a long, hair-like part of a flower that produces pollen (the male cells which combine with the female cells to produce a new plant) (see pic under **flower**) [BIOLOGY] पुंकेसर, पुष्प में पराग उत्पन्न करने वाला भाग (**flower** के अंतर्गत चित्र देखें)

stam•i•na /'stæmɪnə/ /'स्टैमिन/ noun, u. *He has a lot of stamina. He can work all day without getting tired.* = strength and energy ऊर्जा, दम, शक्ति

stam•mer¹ /'stæməʳ/ /'स्टैमʳ/ verb, i. *He stammers while speaking.* = to suffer from some defect which causes one to pause (stop for a short time) between words while speaking or to have difficulty in producing certain sounds हकलाना

stammer² noun, u. *He has a painful stammer.* = a speech defect which makes one unclear while speaking हकलापन, हकलाहट

stamp¹ /stæmp/ /स्टैम्प्/ noun, c. **1** *a postage stamp* = a small piece of printed paper, usually with a picture on it, to be bought at a post office and fixed to letters etc. before they can be sent through the post डाक टिकट **2** *a rubber-stamp* = a small tool used to print something, usually the name or rank of a person who is signing a document, to show that it is genuine (real) रबर की मुहर **3** *The manager put his stamp on the letter.* = the mark made on paper by a stamp (meaning) **2** रबर की मुहर

stamp² verb, t. **1** *He stamped his foot on the ground.* = to bring the foot down on the ground with force पाँव पटकना **2** *Have you stamped the letter?* = to fix a postage stamp on a letter before posting it टिकट लगाना **3** *I stamped the letter after I had signed it.* = to put an official stamp (meaning **3**) on a document मुहर लगाना

stam•pede[1] /stæm'pi:d/ /स्टैम्'पीड्/ noun, c. *There was a stampede in the football stadium after two groups of spectators started fighting.* = a sudden rush or violent movement by a crowd of people or animals भगदड़

stampede[2] verb, i. or t. *The cattle stampeded when someone exploded a fire-cracker.* = to rush suddenly out of fear भगदड़ मचना

stance /stɑ:ns/ /स्टान्स्/ noun, u. **1** *The government has adopted a firm stance on tax-evaders.* = a way of thinking about or dealing with something that is happening रुख **2** *Rahul Dravid was advised to change his batting stance.* = the way of standing while waiting to hit the ball, in the game of cricket [TECHNICAL] अवस्थिति, बल्ला पकड़कर खड़ा होने की बल्लेबाज़ की मुद्रा (क्रिकेट के खेल में) [तकनीकी]

stand[1] /stænd/ /स्टैन्ड्/ verb, i. or t. (**stood**) **1** *I'd like to stand for a while.*(i.) // *The boys stood up when their teacher entered the classroom.*(i.) = to be in or to come to an upright (straight) position, with the legs straight and the weight of the body supported by the feet खड़े होना **2** *He stood the book on the shelf.*(t.) = to make something rest in an upright position खड़े रखना **3** *Our house stands on top of a hill.*(i.) = to be in a particular position or place स्थित होना **4** *Our collection now stands at Rs 5,000.*(i.) = to be at or to show a particular level तक हो जाना **5** *He stood first in the test.*(i.) = to have a certain rank or position स्थान प्राप्त करना **6** *He is going to stand for election.*(i.) = to compete for an official position में खड़े होना **7** *I can't stand the smell of tobacco.*(t.) = to tolerate or accept (generally used in negative sentences) सहन करना (प्रायः नकारात्मक वाक्यों में प्रयुक्त) **8** *The letters 'HRD' stand for 'Human Resource Development.'* = to represent प्रतिनिधित्व करना

stand[2] noun, c. or u. **1** *What is your stand on the question of reservation of seats for women?* = an opinion that someone has विचार **2** *Some teachers are making a stand against the government's decision to close down the school.* = an act of opposition विरोध करना **3** *All buses stop at the bus stand.* = a place where buses or taxis stop to allow people to get on or off अड्डा/स्टैंड **4** *Sachin Tendulkar hit the ball over the stands.* = rows of seats at a sports stadium स्टैंड, स्टेडियम में दर्शकों के बैठने का स्थान **5** *He has a newspaper stand at the railway station.* = a small shop (also **stall**) छोटी दुकान (देखें **stall**) **stand-by** noun, c. (**stand-bys**) *We have some candles as a stand-by in case there is no electricity.* = someone or something that can be used in case of need आवश्यकता पड़ने पर प्रयोग हेतु बचा कर रखी हुई चीज़ **stand-in** noun, c. *Rehana is a stand-in for Neha in the play.* = a person who can take the place of someone else when required to do so दूसरे के बदले **stand-offish** adj. *His behaviour was rather stand-offish when I met him after ten years.* = not friendly रूखा, शुष्क **standpoint** noun, c. *You have to look at the Palestinian problem from a historical standpoint.* = a point of view दृष्टिकोण **standstill** noun *Work in the factory has come to a standstill as the workers are ill.* = a total stop; a condition when there is no activity गतिरोध, ठहराव

to stand to attention *You have to stand to attention when you salute your national flag.* = to stand straight without any movement, as a mark of respect सावधान की मुद्रा में खड़े होना **to stand firm** *We must learn to stand firm even in the face of temptation.* = to stick to the same opinion and not waver दृढ़ रहना **to (not) stand a chance** *We do stand a chance of winning the World Cup this time.* = have a possibility संभावना (नहीं) होना **to stand on one's own two feet** *Living in a hostel for many years has taught her to stand on her own two feet.* = to not depend on others for help (approving) आत्म-निर्भर होना, अपने पैरों पर खड़े होना (स्वीकृत) **as things stand** *As things stand, you can expect the strike to end tomorrow.* = judging from the present situation वस्तुस्थिति **to stand aside** *He stood aside while the fight was on.* = to take no part in something निष्क्रिय रहना, भाग न लेना **to stand by** **1** *No parent will stand by and watch his child suffer.* = to observe without doing anything चुपचाप देखते रहना **2** *The chief guest is coming. Please stand by.* = to move to one side for someone important एक ओर खड़े होना **3** *I have a baby-sitter coming but please stand by in case she doesn't arrive.* = to wait to help in case help is needed रुके रहना ताकि आवश्यकता पड़ जाए तो काम आए **to stand down** *The actor should stand down and give others a chance.* = to withdraw from an activity in order to help someone else दूसरे को अवसर देने के लिए हट जाना **to stand in** *The reserve player had to stand in for the injured fielder.* = to take the place of someone else दूसरे के बदले में (तैयार) रहना **stand out** *Our national flag stood out because of its simplicity in design.* = be noticeable प्रमुख दीखना **to stand up for** *She has always stood up for the rights of animals.* = to support a cause or defend somebody in a quarrel समर्थन में खड़े होना

stan•dard[1] /'stændəd/ /'स्टैन्डड्/ noun, c. **1** *This is one of our best schools. The teaching here is of a very high standard.* = level or quality स्तर **2** *The government has fixed a standard for the purity of gold.* = something that is used to measure or to compare other things with गुणवत्ता का स्तर **3** *My child is in the Third Standard.* = a class or level in a school दर्जा, कक्षा **4** *The President's standard is flown over Rashtrapati Bhavan.* = a ceremonial flag ध्वज

standard[2] adj. **1** *You will have to take the TOEFL test if you want to study in the U.S.A. This is standard procedure for all foreign students.* = usual सामान्य **2** *Books produced by the government are generally*

S

regarded as standard textbooks for schools. = of an acceptable quality which others are required to follow मानक, आदर्श **standardize (standardise)** verb, t. *We have standardized the quality of Basmati rice being exported to the USA.* = to fix a standard or an acceptable level of quality for something मानकीकृत करना **standard of living** noun, c. (**standards of living**) = a measure which allows us to judge how comfortably people are living जीवन-स्तर

stan•ding[1] /ˈstændɪŋ/ /ˈस्टैन्डिङ्/ noun, u. *She has a high standing as a writer.* = position or reputation प्रतिष्ठा, स्तर

standing[2] adj. *I have left standing instructions that I should be informed whenever there is some trouble here.* = permanent or fixed until changed स्थायी, सतत

stan•za /ˈstænzə/ /ˈस्टैन्ज़/ noun, c. = a group of lines forming a division in a poem पद (कविता के संदर्भ में)

staph•y•lo•coc•cus /stæfɪləʊˈkɒkəs/ /स्टैफ़िलउ'कॉकस/ noun = a kind of bacterium (tiny living creature) that causes infection [MEDICINE] संक्रामक रोग फैलाने वाला कीटाणु [चिकित्सा]

sta•ple[1] /ˈsteɪpəl/ /ˈस्टेइप्ल्/ adj. *Rice is the staple food of the people of this state.* = forming the main part प्रमुख अंग

staple[2] noun, c. **1** = something (specially food) that is absolutely necessary सबसे ज़रूरी (भोजन) **2** = a thin metal wire that is used to join pieces of paper together 'स्टेपल', कागज़ के पन्नों को नत्थी करने वाला तार

staple[3] verb = to join pieces of paper together with staples 'स्टेपल' करना **stapler** noun, c. = a small tool used for driving staples (pieces of metal) into paper 'स्टेपलर'

star[1] /stɑːʳ/ /स्टाऽʳ/ noun, c. **1** = a heavenly body that is made up of burning gas and is seen as a point of light in the sky तारा **2** = a geometrical figure with five points, having the shape * (see pic under **shapes**) तारक (**shapes** के अंतर्गत चित्र देखें) **3** *a film star* = a famous person who has been very successful in some profession नायक, किसी क्षेत्र में प्रसिद्धि-प्राप्त व्यक्ति **4** *the star of the match* = the person who plays the most important part नायक, हीरो **5** *His star sign is Aquarius. What is yours?* = the positions of the planets which are believed to decide the fate of a person [TECHNICAL] जन्मराशि [तकनीकी]

star[2] verb, i. or t. (**starred**) *The new film stars Farida Jalal.*(t.) = to have as the main performer (referring to a film) प्रमुख भूमिका (फ़िल्म के संदर्भ में) **starboard** noun = the right side of a ship or aircraft (when one stands facing its front part) जहाज़ का दायाँ भाग **starry** adj. *It is a clear starry night, excellent for star-gazing.* = full of stars तारों-भरा, चमकीला **star-crossed** adj. *'Laila Majnu', like 'Romeo and Juliet' is the story of two star-crossed lovers.* = unlucky अभागा, भाग्यहीन **star-fish** noun, c. = a sea-animal with five arms that looks like a star तारा-मछली **star-gaze** verb, i. *She spends all her time star-gazing.* = to be imagining things in an impractical way (disapproving) कल्पना लोक में खोए रहना (अस्वीकृत) **starlet** noun, c. = a young actress who hopes to become a star (a famous actress) G प्रसिद्ध अभिनेत्री बनने की क्षमतावाली लिंग **starry-eyed** adj. *a starry-eyed teenager* = full of hopes for the future भविष्य के लिए आशाओं से भरा **Stars and Stripes** noun = the flag of the USA संयुक्त राज्य अमेरिका का ध्वज **star-studded** adj. *a star-studded film* = having a large number of stars (famous performers) सितारों से भरा (अनेक प्रसिद्ध अभिनेता-अभिनेत्रियों वाली फ़िल्म)

starch[1] /stɑːtʃ/ /ˈस्टाऽच्/ noun, u. **1** *Rice contains a lot of starch.* = a chemical substance, also known as carbo-hydrate, present in certain kinds of food e.g. rice, potatoes etc. माँड़, स्टार्च **2** *Put some starch in these clothes when you wash them.* = a product made from rice etc. which is used to make clothes stiff कलफ़ लगाने के लिए एक घोल

starch[2] verb, t. *You should starch this sari.* = to use starch to make clothes stiff कलफ़ लगाना

stare /steəʳ/ /स्टेअʳ/ verb, i. or t. *When I went out wearing a mask, everyone stared at me.* = to look at someone or something for a long time with eyes wide open, usually in surprise or admiration घूरना, आश्चर्य अथवा प्रशंसा से देखते रह जाना

to stare someone in the face *We were trying hard to find an answer to the question, while it was staring us in the face all the time.* = to be easily seen or difficult to miss सीधा सामना करना

stark[1] /stɑːk/ /स्टाऽक्/ adj. *stark poverty* = bare; without any decoration or addition नितांत, निरा, नंगा

stark[2] adv. *stark naked* = completely नितांत, पूरी तरह

star•ling /ˈstɑːlɪŋ/ /ˈस्टाऽलिङ्/ noun, c. = a kind of small bird, very common in Europe तेलियर पक्षी

start[1] /stɑːt/ /स्टाऽट्/ verb, i. or t. **1** *The test-match starts on Wednesday and ends on Sunday.*(i.) = to begin आरंभ होना **2** *He started the car.*(t.) = to cause something to begin moving or working चलाना आरंभ करना **3** *He is starting for Kolkata in an hour.* = to begin a journey यात्रा पर निकलना **4** *He started the book last year.* = to begin doing a piece of work (कार्य) आरंभ करना

start[2] noun, c. or u. **1** *The runners got off to a good start.*(c.) = the beginning of an activity or a race आरंभ **2** *They have a 25-minute start, but we should be able to catch up with them soon.*(c.) = the amount by which one person is ahead of another person in a race or a chase दूरी **3** *He gave a start when I told him* *someone was looking for him.*(c.) = a sudden movement of the body, usually caused by surprise चौंकना **starter** noun, c. **1** *the starter in a race* = a person who gives the signal for some activity (e.g. a race) to begin प्रतियोगिता आरंभ करने का संकेत देने वाला **2** *a self-starter* = a small machine which is used to start an engine (e.g. the engine of a car) 'स्टार्टर', कार के इंजन को आरंभ करने वाला यंत्र **3** = food which is served at the beginning of a meal मुख्य भोजन से पूर्व का पेय **starting block** noun, c. = pieces of wood fixed to the ground at the point where a race begins, which support the feet of runners and help to give them a good start दौड़ आरंभ करने का स्थान

start•le /'stɑ:tl/ /'स्टाऽट्ल्/ verb, t. *He startled me by walking up quietly behind my chair and suddenly shouting into my ear.* = to surprise or shock someone by doing something sudden and unexpected चौंका देना **startling** adj. *a startling piece of news* = something that startles सनसनीखेज़, चौंकाने वाला

starve /stɑ:v/ /'स्टाऽव्/ verb, i. or t. **1** (i.) = to suffer from great hunger because of not getting food भूखों मरना **2** *He is starving his guests.*(t.) = to cause someone to suffer great hunger भूखों मारना, भूखे बैठाए रखना **3** *The children in these schools are starved of books.*(i.) = to suffer from the lack of something, usually something one considers good तरसना

starv•a•tion /stɑ:'veɪʃən/ /स्टाऽ'वेइशन्/ noun, u. *Fifteen people have died of starvation in this state.* = suffering or death caused by lack of food भुखमरी

stash /stæʃ/ /स्टैश्/ verb, t. *He has stashed away a lot of money in a secret place inside his house.* = to store or hide something secretly (informal) छिपा कर रखना (अनौपचारिक)

state¹ /steɪt/ /स्टेइट्/ noun, c. or u. **1** *The man was lying in an unconscious state.* = the condition in which someone or something is at a particular time स्थिति **2** *The state must protect its citizens.* = the government of a country सरकार **3** *the state of Jharkhand* = one of the areas into which a country is divided राज्य

state² adj. *a state funeral* = something done or managed by the government राजकीय, सरकारी

state³ verb, t. *The magistrate ordered me to state my name, age and profession.* = to say or express clearly (formal) बतलाना (औपचारिक) **statehood** noun, u. *Bangladesh acquired statehood in 1971.* = the condition of being an independent country स्वतंत्र देश का दर्ज़ा **stateless** adj. *a stateless person* = not belonging to any country नागरिकताहीन **stately** adj. *a stately home* = large and grand in appearance बहुत बड़ा, शानदार, भव्य **statement** noun, c. *He made a statement before the police, admitting his crime.* = something that is expressed in speech or writing बयान, वक्तव्य, कथन **state-of-the-art** adj. *They are constructing a state-of-the-art Communication Centre in New Delhi.* = using the latest technology आधुनिकतम तकनीक से बना **statesman** noun, c. (**statesmen**) = a political leader who is respected for his/her qualities (also **statesperson**) सम्मानित राजनेता (देखें **statesperson**)

stat•ic¹ /'stætɪk/ /'स्टैटिक्/ adj. **1** *The price of gold will never be static.* = stay the same (used of money or value) स्थिर (पैसे या कीमत के संदर्भ में) **2** *The organization we started was making great progress but is now static.* = stay the same without making progress (derogatory) एक स्तर पर स्थिर, विकासावरोध का एक वैज्ञानिक अध्ययन

static² noun, u. *We could not hear your talk over the radio because of the static.* = noise caused by some disturbance in the air that spoils radio or television broadcasts [TECHNICAL] रेडियो या दूरदर्शन के प्रसारण में गड़बड़ी पैदा करने वाला शोर [तकनीकी]

stat•ics noun = the branch of physics that deals with objects which are not moving, because of different forces acting upon them [PHYSICS] भौतिक विज्ञान की एक शाखा जिसमें विभिन्न बलों के प्रभाव से स्थिर हुई वस्तु का अध्ययन होता है (अनादरपूर्ण)

sta•tion¹ /'steɪʃən/ /'स्टेइशन्/ noun, c. or u. **1** *the railway station* = the buildings and surrounding areas where trains or buses stop for people to get on or off स्टेशन **2** *a police station* = a building where a special kind of activity is carried on थाना **3** *They thought I had married beneath my station.* = position in society (old-fashioned) सामाजिक स्तर (पुराने प्रचलन का)

station² verb, t. *Several guards have been stationed in front of the building.* = to put someone at a place for some duty (formal) ड्यूटी पर नियुक्त करना (औपचारिक) **stationmaster** noun = a person who is in charge of a railway station 'स्टेशन मास्टर' **station wagon** noun = a large car in which several passengers and a lot of luggage can be carried 'स्टेशन वैगन'

sta•tion•a•ry /'steɪʃənəri/ /'स्टेइशन्री/ adj. *a stationary pump* = not moving from its place अचल, स्थिर

sta•tion•er•y /'steɪʃənəri/ /'स्टेइशन्री/ noun, u. = paper, pens and other materials used in writing or doing office work लेखन-सामग्री

sta•tis•tic /stə'tɪstɪk/ /स्ट'टिस्टिक्/ noun, c. (generally in plural form **statistics**) *The government is collecting statistics in order to prepare a new voters' list.* = numbers which reveal (show) the facts in a certain situation (सामान्यत: बहुवचन रूप statistics में प्रयुक्त) आँकड़े **statistics** noun = the branch of mathematics which deals with numbers सांख्यिकी **statistician** /stætɪ'stɪʃən/ /स्टैटि'स्टिशन्/ noun, c. = a person who is an expert in statistics (the subject) or is required to collect and deal with statistics (facts) सांख्यिकीविद्

stat•ue /ˈstætʃuː/ /ˈस्टैचू/ noun, c. = the figure of a human being/animal, made out of stone or metal [TECHNICAL] मूर्त्ति, बुत [तकनीकी]

stat•u•esque /stætʃʊˈesk/ /स्टैचुˈएस्क्/ adj. *a statuesque dancer* = tall and graceful, like a statue (literary) मूर्त्तिवत्, सर्वांगसुंदर (साहित्यिक)

stat•ure /ˈstætʃəʳ/ /ˈस्टैचर्/ noun, u. **1** *He is 190 centimetres in stature.* = the height of a person कद, लंबाई **2** *Jayasuriya is a cricketer of world stature.* = the level to which a person is respected and admired स्तर

stat•us /ˈsteɪtəs/ /ˈस्टेइटस्/ noun, u. **1** *marital status* = legal position स्थिति **2** *What is the present status of the World Cup matches?* = a state or situation at a particular time स्थिति **3** *He thinks a small house is not in keeping with his status.* = the position or rank that a person has in society or at work पदवी, प्रतिष्ठा, सामाजिक स्तर

sta•tus quo /steɪtəs ˈkwəʊ/ /स्टेइटसˈक्वउ/ noun (Latin) *The Supreme Court has directed the government not to disturb the status quo.* = the existing state of affairs (the state of things as they are) (लैटिन भाषा की अभिव्यक्ति) यथापूर्व स्थिति

stat•ute /ˈstætʃuːt/ /ˈस्टैचूट्/ noun, c. = a law that is in force अध्यादेश **statutory** adj. *The girl has not reached the statutory age of marriage.* = controlled by law [LAW] वैधानिक, कानूनी [कानून]

staunch[1] /stɔːntʃ/ /स्टॉऽन्च्/ adj. *Britain is a staunch ally of the USA.* = loyal and dependable विश्वसनीय

staunch[2] verb, t. = to stop the flow of blood from a wound घाव से रक्तस्राव को रोकना

stave /steɪv/ /स्टेइव्/ noun, c. = a thin piece of wood पटरा, तख़्ता

to stave off *The travellers were lost in the jungle and managed to stave off their hunger by eating the fruit and berries they found.* = to hold back for a while (somewhat literary) निवारण करना, दबाना, रोकना (थोड़ा साहित्यिक)

stay[1] /steɪ/ /स्टेइ/ verb, i. or t. **1** *I usually stay at Hotel Janpath when I am in New Delhi.*(i.) = to live for a short time in a place as a visitor or guest ठहरना **2** *I am sorry I can't stay. I must leave now.*(i.) = to stop or remain in a place रुकना **3** *He stayed alive for many years, although he was unable to speak or move.*(i.) = to remain in a certain condition or position स्थिति में रहना **4** *The government had ordered his dismissal, but the High Court has stayed the matter.*(t.) = to delay something (referring to the decision of a court) [LAW] (कोर्ट द्वारा) रोक लगाना [कानून]

stay[2] noun, c. or u. **1** *We had a short stay in New York.*(u.) = a limited time during which one stops in a place छोटा प्रवास **2** *The High Court has ordered a stay in this case.*(u.) = an order by a court delaying something स्थगन, रोक **3** *The new bridge is supported by stays.*(c.) = a strong rope or wire which supports something तान-रस्सी **stay after school** *Sheila was afraid that she might be asked to stay after school if she didn't finish her work.* = stay back at school (often as a form of punishment) after classes are over स्कूल बंद होने के बाद भी (दंडस्वरूप) रुकना

stay away *Stay away from damp places. They are not good for you.* = keep oneself far from दूर रहना **stay behind** *Would you mind staying behind? I have something important to discuss with you.* = stay after others have left औरों के जाने के बाद रुकना **to stay calm** *You must learn to stay calm during your exams.* = not get excited शांत रहना **stay out of** *Stay out of my affairs if you know what's good for you!* = to not get involved in something दूर रहना, **stay put** *She decided to stay put while her husband went abroad on a short assignment.* = to remain in the same place वहीं बने रहना **stay up** *I'll have to stay up late in order to finish my homework.* = not go to bed जागते रहना

std. abbr. of **'standard'** (e.g. Std III) = a class of students in a school स्तर, कक्षा

STD abbr. of **1 Subscriber Trunk Dialling** = a telephone system which allows telephone users to make a long-distance call directly, without having to take the help of a telephone operator 'एस.टी.डी.' टेलीफ़ोन सुविधा **2 Sexually Transmitted Diseases** = diseases such as syphilis, which are passed on from one person to another through sexual activity यौन रोग

stead /sted/ /स्टेड/ noun, u. **1** *I cannot attend the meeting. Anita Batliwala will go in my stead.* = in place of someone (formal) दूसरे के स्थान पर, एवज़ में (औपचारिक) **2** *The money you sent stood me in good stead. I could pay off my hospital bills.* = to be handy and useful at the right time (old-fashioned) काम आना, उपयोगी होना (पुराने प्रचलन का)

stead•fast /ˈstedfɑːst/ /ˈस्टेड्फ़ाऽस्ट्/ adj. *All his friends left him when he was in trouble; only his brother remained steadfast.* = faithful or loyal (literary, old-fashioned) दृढ़, साथ न छोड़ने वाला (साहित्यिक, पुराने प्रचलन का)

stead•y[1] /ˈstedi/ /ˈस्टेडी/ adj. **1** *Your hand should be steady when you are drawing a line.* = not shaking संतुलित, सुस्थिर **2** *He drove the car at a steady speed of 50 kms an hour.* = not changing एक गति से **3** *She has a steady job in a bank.* = not likely to come to an end suddenly नियमित, लंबे समय तक चलने वाला **4** *a steady girlfriend/boyfriend* = a person with whom one has a strong romantic relationship, often leading to marriage गंभीर, स्थिर **5** *I trust his judgement because he is always steady.* = possessing good sense and remaining calm even in the face of difficulties संतुलित, स्थितप्रज्ञ

steady[2] verb, t. (**steadied**) **1** *He steadied the camera with one hand before he took the picture.* = to keep something firmly in place स्थिर रखना 2 *He steadied himself or he would have fallen off the horse.* = to be able to keep the balance of one's own body संतुलन रखना

steady[3] interjec. *Steady now! I am going to take your picture.* = a warning to someone to be careful or not to move स्थिर रहने का संकेत

steak /steɪk/ /स्टेइक्/ noun, u. or c. = a flat piece of meat of good quality, cut from an animal or fish 'टिक्का', मांसाहारी भोजन

steal[1] /sti:l/ /स्टील्/ verb, t. or i. (**stole, stolen**) 1 *Someone stole some money from my room last night while I was sleeping.*(t.) // *He has promised never to steal again.*(i.) = to take without permission something (e.g. money) that belongs to another person, and which she/he does not want you to have चुराना, चोरी करना 2 *She stole out of the meeting quietly.* = to move quietly or secretly चुपके से आना या जाना

steal[2] noun, c. *I paid only Rs 100 for this sari. At that price, it was a steal!* = something that one gets at a very cheap price (informal) एक तरह से फोकट में (अनौपचारिक) **stealth** noun, u. *He removed the watch from the table by stealth.* = the action of doing something so quietly and secretly that no one is able to know about it (formal) चुपके से (औपचारिक) **stealth bomber** = a military aircraft which cannot be traced by radar गुप्त बमवर्षक वायुयान

to steal the show *They are sure to steal the show with their choral singing.* = to receive the greatest praise from the public शाबाशी लूटना, सबसे अधिक प्रशंसा पाना **to steal someone's thunder** *We were thinking of organizing a blood-donation camp next month, but the people in the neighbouring village have stolen our thunder. They are organizing a camp this week.* = to do something good before someone else is able to do it, thereby getting all the credit दूसरों के काम करने से पहले काम करके श्रेय ले लेना **to steal a march on someone** = to do something which someone else was about to do, in a quiet way so as to get an advantage over him/her जो काम कोई दूसरा करने वाला हो उसे चुपके से कर देना और उससे आगे निकल जाना

steam[1] /sti:m/ /स्टीम्/ noun, u. 1 = the gas that is formed when water boils भाप 2 *This engine is driven by steam.* = the power produced by steam under pressure, used to make a machine work वाष्प शक्ति, भाप

steam[2] adj. *a steam engine* = driven by the power of steam भाप से चलने वाला, वाष्पचालित

steam[3] verb, i. 1 *The ship steamed up the river.* = to use the power of steam to move भाप से चलना 2 *You should steam these vegetables.* = to cook by using steam भाप में पकाना **steamer** noun, c. 1 = a ship or boat that is driven by the power of steam वाष्प पोत या नौका 2 = a vessel in which meat or vegetables can be cooked by steam भोजन को भाप से पकाने वाला बर्तन **steaming** adv. *a cup of steaming hot coffee* = very hot with steam coming out of it भाप देती, बहुत गर्म **steamy** adj. 1 *I can't see what's happening as my glasses have become steamy.* = covered with moisture (tiny drops of water) as a result of condensation (see **condensation**) भाप के कारण धुँधला (देखें **condensation**) 2 *a steamy novel* = containing descriptions or scenes of sexual activity उत्तेजक **steam roller** noun, c. or verb, t. 1 (noun, c.) = a vehicle with large and heavy wheels used to level roads, driven by steam 'स्टीम रॉलर' 2 *Our committee was steam rollered into taking action.*(verb, t.) = to use one's power to make someone do something they may not otherwise have done ज़बरदस्ती काम कराना

to let off steam = to express a strong feeling (usually of anger) which one was forced to hold back earlier गुस्सा निकालना, गुबार निकालना **to run out of steam** = to lose the energy or the will to do something that one had earlier कुछ करने की शक्ति या इच्छा समाप्त हो जाना **to be/get steamed up** *I don't know why she got so steamed-up about the quality of our work. It was not bad.* = to become angry, excited or worried (informal) उत्तेजित हो जाना, क्रोध से भर जाना (अनौपचारिक)

steed /sti:d/ /स्टीड्/ noun, c. = a horse (literary) जंगी घोड़ा (साहित्यिक)

steel[1] /sti:l/ /स्टील्/ noun, u. 1 = a hard metal produced by mixing iron with carbon and other metals इस्पात 2 *She looks gentle, but she is all steel.* = having a strong mind, with great courage and determination (figurative) फ़ौलाद का (लाक्षणिक)

steel[2] verb, t. *You must be brave when you are fighting a war. You will have to steel yourself.* = to make oneself hard in body and mind कठोर बनाना **steely** adj. *He spoke in a steely voice.* = hard and cold (without much emotion) (referring to a person's voice, expression etc.) भावशून्य (आवाज़ या अभिव्यक्ति)

steep[1] /sti:p/ /स्टीप्/ adj. *You have to climb a steep hill to reach the temple.* = rising at a sharp angle खड़ी (चढ़ाई)

steep[2] verb, t. *You have to steep the vegetables in vinegar for three or four days in order to make pickles.* = to keep something fully covered by a liquid भिगोकर रखना

to be steeped in something *These ancient temples are steeped in history.* = to have so much of some quality that one seems to be filled with it ओत-प्रोत, भरा हुआ

stee•ple /'sti:pəl/ /'स्टीपल्/ noun, c. = a tall church tower rising to a point चर्च-मीनार, लाट

stee•ple•chase /'sti:pəltʃeɪs/ /'स्टीपल्चेइस्/ noun = a race in which a horse or a human runner has to jump over various obstacles रुकावट-दौड़, बाधा-दौड़

steer[1] /'stɪəʳ/ /'स्टिअर्/ verb, t. or i. *He steered the*

S

car carefully through the heavy traffic.(t.) = to control the direction in which a ship or motor vehicle is moving वाहन की दिशा नियंत्रित करना

steer[2] noun, c. = a young ox or bullock (male animal which has had its sex organs removed) बछड़ा **steering committee** noun = a small group of people who control or guide some activity, usually of a political nature संचालन समिति **steering wheel** noun = a wheel in a car or on a ship which one uses to control the direction in which it is moving चालन-चक्का, 'स्टीयरिंग व्हील'

to steer clear (of) *He is so ill-tempered that I always steer clear of him.* = to avoid something unpleasant or someone who is nasty or difficult व्यक्ति अथवा अप्रिय स्थिति से बचकर रहना

stel•lar /'steləʳ/ /'स्टेलर्/ adj. **1** *stellar orbit* = having to do with a star [TECHNICAL] तारा-संबंधी [तकनीकी] **2** *The actor has a stellar role in this film.* = very prominent (as might be expected of a star actor etc.) महत्त्वपूर्ण

stem[1] /stem/ /स्टेम्/ noun, c. **1** *the stem of a plant* = the part of a plant to which leaves and flowers are joined तना **2** *a wine glass with a narrow stem* = a narrow, straight part of something that supports some other part नली, डंडी **3** *a word stem* = the part of a word from which other words can be made by adding different endings to it [TECHNICAL] शब्द-मूल, धातु [तकनीकी]

stem[2] verb, t. or i. (**stemmed**) **1** *The doctors tried to stem the bleeding from the man's wound.*(t.)= to stop the flow of blood प्रवाह रोकना **2** *Most of our social problems stem from the lack of education.*(i.) = to happen as the result of से उत्पन्न होना

to stem the tide/flow *Most parents are sending their children to private schools. The government will have to improve its own schools if it wants to stem the tide.* = to prevent something negative from spreading रोक लगाना

stench /stentʃ/ /स्टेन्च्/ noun, u. or c. = a very strong and bad smell दुर्गंध, सड़ाँध

sten•cil[1] /'stensəl/ /'स्टेन्सल्/ noun, c. *We used a stencil to print these slogans on the wall.* = a piece of metal or plastic in which patterns or letters have been cut out, which can be used to paint or print the pattern or letters on some surface 'स्टेंसिल'

stencil[2] verb, t. = to paint or print something on a surface by using a stencil 'स्टेंसिल' करना

sten gun /'sten gʌn/ /'स्टेन् गॅन्/ noun = a light automatic gun which fires bullets continuously when the trigger is pressed 'स्टेनगन'

ste•nog•ra•pher /stə'nɒgrəfəʳ/ /स्ट'नॉग्रफ़र्/ noun, c. = a person who takes dictation in shorthand while someone is speaking and later types out what is dictated आशुलिपिक

sten•to•ri•an /sten'tɔːriən/ /स्टेन्'टॉरिअन्/ adj. *The sergeant shouted at the soldiers in a stentorian voice.* = loud and powerful (referring to a person's voice) (literary) बुलंद (आवाज़) (साहित्यिक)

step[1] /step/ /स्टेप्/ noun, c. **1** *She walked with small, quick steps.* = the action of raising a foot and bringing it down again in a different place, so as to cause the body to move कदम **2** *The garage was only a few steps away from the house.* = the distance covered in a single step कुछ ही दूर, कदम **3** *If you climb these steps you will reach the bed-room.* = a flat, narrow surface, forming one part of a series of such surfaces, leading to a higher or lower level सीढ़ी **4** *If you want to make chapatis, the first step is to mix the flour with a little water.* = the first action in a series of actions which one has to go through in order to produce a certain result काम

step[2] verb, i. (**stepped**) **1** *The boy stepped forward to receive the prize from the president.* = to move the body by raising a foot and putting it down again somewhere else कदम रखना, आना **2** *She stepped across the road to a neighbour's house.* = to walk a short distance (informal) चलना, पैदल जाना (अनौपचारिक) **stepping stone** noun, c. **1** = a row of stones placed at a little distance away from each other, which one can walk on while crossing a stream पानी भरा रास्ता पार करने के लिए रखे गए पत्थर **2** *He joined as a cashier in the bank, but this was only a stepping stone to a successful career. He retired as the managing director.* = something that leads to success or improvement (figurative) आगे बढ़ने का साधन (लाक्षणिक)

stepping stone

to step down = to give up a job or position छोड़ना **to step up something** = to increase the size or speed of some activity बढ़ाना **to retrace one's steps** *We had to retrace our steps when we could not find the house.* = go back the same way by which one came उलटे पाँव लौटना **a step forward** *Educating the public about the seriousness of AIDS is a step forward in controlling the disease.* = an improvement सुधार, एक कदम आगे **a step in the right direction** *Sohail's refusal to watch television because of the approaching examinations is a step in the right direction.* = a positive action which is likely to yield the expected results उचित दिशा में कदम **step by step** *You cannot expect to learn a language overnight. You have to go step by step.* = slowly and in an orderly manner from one level to another धीरे-धीरे, क्रमशः

steppes /steps/ /स्टेप्स्/ noun *the Siberian Steppes* = a large area of land without trees, specially in Russia or Central Asia घास का मैदान (खासकर रूस या मध्य एशिया का)

ster•e•o /'steriəʊ/ /'स्टेरिअउ/ adj. *a stereo music system* = a tape recorder or other electronic instrument which produces sounds that seem to be coming from different places in the room (abbr. of 'stereophonic') 'स्टीरियो'

ster•e•o•scop•ic /steriə'skɒpɪk/ /स्टेरीअ'स्कॉपिक्/ adj. *a stereoscopic picture* = a picture which seems to have depth, instead of being flat त्रिविम

ster•e•o•type /'sterɪətaɪp/ /'स्टेरिअटाइप्/ noun, c. *In Hindi films businessmen are always shown as dishonest people who make money by smuggling. But this is only a stereotype.* = a fixed set of ideas, generally believed to be true but often false, which people commonly have about something or someone, specially about the members of a group रूढ़िबद्ध, घिसा-पिटा, एक ही विचार पर आधृत

ster•ile /'steraɪl/ /'स्टेराइल्/ adj. **1** = (of humans) unable to produce children बंध्या, बाँझ **2** *sterile land* = unable to produce crops बंजर **3** *a sterile operating theatre in a hospital* = free from harmful bacteria जीवाणुहीन, रोगाणुहीन **sterilize (sterlise)** verb, t. **1** *The instruments must be sterilized before the surgeon begins the operation.* = to make something free from germs जीवाणुहीन बनाना **2** *These dogs have been sterilized.* = to make a person or an animal sterile (unable to produce young ones) वन्ध्यीकृत

ster•ling¹ /'stɜːlɪŋ/ /'स्टऽलिङ्/ noun *This aircraft costs 50 million pounds sterling.* = the system of money used in Britain 'पाउंड', ब्रिटेन की मुद्रा

sterling² adj. *He has sterling qualities as a leader and is therefore much respected.* = having very high value or quality उत्कृष्ट

stern¹ /stɜːn/ /स्टऽन्/ adj. **1** *The teacher gave her students a stern look when she found them shouting in class.* = showing slight anger or displeasure कठोर **2** *a stern manager* = strict कठोर, कड़ा

stern² noun = the back part of a ship दुम्वाल, पिच्छल, जलयान का पिछला भाग

ster•num /'stɜːnəm/ /'स्टऽनम्/ noun = the long, thick bone running down the middle of the chest, to which the ribs are attached (also **breast-bone**) [MEDICINE] 'उरोस्थि', छाती की लंबी हड्डी (देखें **breast-bone**) [चिकित्सा]

ste•roid /'stɪərɔɪd/ /'स्टिअरॉइड्/ noun *The doctor is using steroids to treat my disease.* = a powerful chemical substance that is often used to treat certain diseases but can have a harmful effect on the body if taken in large quantities or for a long time [MEDICINE] 'स्टीरॉयड', एक तेज़ दवा जिसका शरीर पर कुप्रभाव भी पड़ सकता है [चिकित्सा]

stet /stet/ /स्टेट्/ verb = a sign used by a proof-reader (someone who is going through a book before it is printed in its final form) to say that something which was wrongly deleted or changed should be restored प्रूफ़-शोधन में प्रयुक्त 'पूर्ववत्' का अर्थ देने वाला चिह्न

steth•o•scope /'steθəskəʊp/ /'स्टेथस्कउप्/ noun = an instrument used by a doctor to listen to the sound of a person's heart-beat 'स्टेथोस्कॉप', एक उपकरण जिससे डॉक्टर दिल की धड़कन सुनते हैं

ste•ve•dore /'stiːvədɔːʳ/ /'स्टीवडॉऽʳ/ noun, c. = a person whose job is to load or unload ships जहाज़ी कुली

stew¹ /stjuː/ /स्ट्यू/ noun, c. = a light dish made by cooking meat and vegetables together in a liquid, without using a lot of spices गोश्त और सब्ज़ियाँ मिलाकर बनाया जाने वाला एक भोज्य पदार्थ

stew² verb, t. = to cook into a stew सिझाना, भोजन पकाने की एक विधि

to be in a stew *The girls were in a stew because they had gone out without informing the hostel authorities.* = in a difficult situation (informal) मुसीबत में, परेशानी में (अनौपचारिक) **to stew in one's own juice** *I advised her to stop brooding over her misfortunes but she won't listen. She is determined to stew in her own juice.* = to keep on brooding over one's misfortunes or the mistakes one has made (informal, disapproving) अपनी गलतियों या दुर्भाग्य पर रोते रहना (अनौपचारिक, अस्वीकृत)

stew•ard /'stjuːəd/ /'स्यूअड्/ noun, c. = a person who looks after the comfort of passengers on an aircraft or a ship or of guests in a hotel or restaurant परिचारक, परिचारिका

stick¹ /stɪk/ /स्टिक्/ noun, c. **1** = a long, thin piece of wood छड़ी **2** *a stick of chalk* = a long, thin piece of any material बत्ती, डंडी

stick² verb, t. or i. (**stuck**) **1** *Use glue to stick these pieces of paper together.*(t.) = to join things together using glue or some other substance चिपकाना, जोड़ना **2** *Don't stick your hand out of the bus window.*(t.) = to push a long object through an opening बाहर निकालना **3** *I can't open this door. It has got stuck.*(i.) = to become fixed in position (informal) अटक जाना (अनौपचारिक) **4** *As a child we called my sister Ria 'Princess' and the name stuck.*(i.) = to stay or remain रह जाना, बने रहना **sticker** noun, c. *The windscreen of his car is covered with stickers.* = a piece of paper or other material, on which a message or picture is printed, which can be stuck (fixed) to some surface 'स्टिकर' **sticking plaster** noun, u. = a kind of bandage, made of cloth or other material, which sticks to a person's body and can be used to cover a wound घाव को ढकते हुए चिपकने वाली प्लास्तर-पट्टी **sticky** adj. **1** *The child's fingers are sticky with chocolate.* = covered with some thick liquid which sticks to a person's body चिपचिपा **2** *The police is looking for you, but I will help you to get*

S

out of this sticky situation. = difficult and dangerous कठिन, खतरनाक **3** *When the rains come, Chennai becomes very sticky.* = humid (having a lot of moisture in the air) चिपचिपा **4** *He was in a sticky situation when he missed the last train. He had to spend the night on the platform.* = unpleasant (informal) कठिनाई, मुश्किल (अनौपचारिक)

to stick to something **1** *Let's stick to the plan we made and not change it.* = to not change a plan etc. अडिग रहना, पक्के रहना **2** *In class we'll stick to English but outside the classroom, the children can stick to the use of Tamil.* = to keep doing something which has been decided on without changing it निर्णय या निश्चय पर टिके रहना **to stick by someone** *She'll stick by her husband all her life.* = to be loyal to someone or something and not leave them जुड़े रहना, वफ़ादार रहना **to stick at nothing** *They will stick at nothing to get the property.* = to not allow anything, even if it is not legal, to prevent one from doing something (informal, disapproving) कुछ नहीं रख-छोड़ना, कोई रुकावट या बाधा न आने देना (अनौपचारिक, अस्वीकृत) **to stick it out** *She felt miserable working in a dusty office but she stuck it out for ten years.* = to face an unpleasant situation with courage and patience धैर्यपूर्वक सामना करना **to stick one's neck out** *No one liked the manager's plan, but they didn't have the courage to say so. Finally, I had to stick my neck out.* = to take a risk by saying or doing something, when others are afraid to do so 'बिल्ली के गले में घंटी बाँधना' (मुहावरा), खतरा मोल लेने की हिमाकत करना **to stick to one's story** *We didn't believe his version of the incident, but he stuck to his story.* = to keep saying that something one said earlier is true, even if others doubt it (informal) अपनी बात पर अड़े रहना (अनौपचारिक) **to stick up for someone** = to speak in support of someone (informal) किसी के समर्थन में बोलना (अनौपचारिक) **to be stuck with something/someone** **1** *Everyone else is going on the picnic, but I can't go. I am stuck with this homework.* = to be unable to give up something difficult or unpleasant that one has to do बँधे होना, मजबूर होना **2** *Rama is visiting us for the day. She is a terrible bore but I can't get rid of her. I am stuck with her.* = to be unable to get rid of a person whose company one doesn't enjoy पिंड न छूट पाना **to get the wrong end of the stick** *This test is for adults, not children. You've got the wrong end of the stick!* = to understand something wrongly or differently (informal) गलत समझना (अनौपचारिक) **to stick in one's mind** *I have forgotten my school days, but the wonderful classrooms have stuck in my mind.* = to be remembered for a long time अधिक समय तक याद का बने रहना **stick it** *I cannot stick it any longer! How can she be so rude?* = to tolerate, bear सहन करना **to stick fast to a belief** *In the old days people stuck fast to the belief that the sun went round the earth.* = to continue to hold on to a belief or an idea अंधविश्वास करना **to stick around** *Why don't you stick around? We are expecting Fred soon.* = to wait a little longer in the same place (informal, not respectful) एक ही स्थान पर देर तक इंतज़ार करते रहना (अनौपचारिक, आदरपूर्ण नहीं) **stick by (each other)** *They are childhood friends and will certainly stick by each other.* = to continue to support a friend, specially one who is in trouble मुसीबत में एक दूसरे की सहायता करना

stick•ler /'stɪklər/ /'स्टिक्लर/ noun, c. *Our new teacher is a stickler for discipline.* = a person who wants everyone to behave in a certain way or follow certain rules (informal) अनुशासनप्रिय, नियमों के पालन में सख्त (अनौपचारिक)

stiff /stɪf/ /स्टिफ़/ adj. **1** *The box is made of stiff cardboard. You can use it to carry your books. // My fingers have become stiff because of the cold.* = not easily bent सख्त, कड़ा **2** *Our new neighbour is very stiff. He never smiles and doesn't like to mix with people.* = not friendly शुष्क, रूखा (स्वभाव) **3** *I will try to win the prize but the competition is going to be stiff.* = strong; difficult to deal with कठिन **4** *You will be forced to pay a stiff fine if you break the rule.* = more than one expects बेहद, अत्यधिक **stiffen** verb, t. *The tailor has put a lining inside the collar of the shirt to stiffen it.* = to make something stiff (hard), so that it will not bend or lose its shape easily सख़्त बनाना **stiff-necked** adj. *a stiff-necked person* = stubborn and not willing to change one's mind हठी, जिद्दी **stiff upper lip** noun *He tries to keep a stiff upper lip though he has many problems.* = the ability to remain calm and not reveal one's feelings inspite of trouble or bad luck मुसीबत में भी शांत रहना, अपने दुर्भाग्य या मुसीबत के बारे में न बोलना

sti•fle /'staɪfəl/ /'स्टाइफ़ल/ verb, t. **1** *Someone dropped a burning cigarette on the carpet and started a fire but we were able to stifle it quickly.* = to prevent something from happening or growing रोक लेना, दबा लेना **2** *It was so hot in the room that we felt stifled.* = to be unable to breathe properly because of the lack of fresh air दम घुटना

to stifle a yawn *The lecture was so boring that she was forced to stifle a yawn.* = to stop a yawn (so as not to let others know that one is feeling bored) दबाना

stig•ma /'stɪgmə/ /'स्टिग्मा/ noun, u. **1** *Not long ago there was a stigma attached to dancing as a profession. But now many girls are becoming dancers.* = a feeling of shame बुरा समझा जाना **2** = the central female part of a flower in which the seeds grow [BIOLOGY] (see pic under **flower**) पुष्प का केंद्रीय भाग [जीव विज्ञान] (**flower** के अंतर्गत चित्र देखें)

stile /staɪl/ /स्टाइल/ noun, c. = steps which one has to climb in order to cross a fence or wall दीवार या बाड़ को पार करने के लिए बना पायदान या सीढ़ी

sti•let•to /stɪ'letəʊ/ /स्टि'लेटउ/ noun, c. (**stilettos**) = a long, narrow dagger used as a weapon कटारी

stiletto heels noun, c. = a woman's shoes with very high and thin, pointed heels महिलाओं के ऊँची एड़ी के जूते

still[1] /stɪl/ /स्टिल्/ adj. **1** *The child is so restless that it cannot sit still even for a minute.* = without movement निश्चल, स्थिर, बिना हिले **2** *It was a hot, still day.* = without wind उमस भरा **3** *It was perfectly still inside the forest.* = quiet सन्नाटा

still[2] verb, t. **1** *The mother rocked the baby in her arms to still its cries.* = to make quiet शांत कराना **2** *He tried to still the girl's fears by telling her some funny stories.* = to make someone calm शांत कराना

still[3] noun, c. = a photograph of a scene from a film अचल चित्र

still[4] adv. **1** *It is 10 o'clock now and he is still sleeping.* = up to now अबतक **2** *I went to meet him at 10 a.m. and found him still sleeping.* = up to that time उस समय तक **3** *I know he is busy; still, I must see him.* = even so तथापि, फिर भी **4** *Gold is costly now but will be still more costly next month.* = even और अधिक **5** *I have still another joke to tell you.* = yet अभी **still-born** adj. *a still-born child* = born dead मृतजात, मरा हुआ पैदा होना **still life** noun, u. or c. = a painting of flowers, fruits or other lifeless objects जड़ पदार्थों का चित्रण

stilt /stɪlt/ /स्टिल्ट्/ noun, c. (usually plural) **1** *people walking on stilts* = one of a pair of long poles, with supports for the feet, which allow a person to stand and walk high above the ground (प्राय: बहुवचन में प्रयुक्त) पैर बाँसा **2** *a house built on stilts* = a set of poles supporting a house which is built above the ground or water पानी या ज़मीन से ऊपर घर को टिकाए रखने वाले खंभे

stilt•ed /'stɪltɪd/ /'स्टिल्टिड्/ adj. *He writes in a stilted style.* = a formal and unnatural style of speaking or writing (derogatory) अस्वाभाविक, बनावटी (अनादरपूर्ण)

stim•u•late /'stɪmjʊleɪt/ /'स्टिम्युलेइट्/ verb, t. or i. **1** *The government is trying to stimulate trade by reducing taxes.*(t.) = to help or encourage something to grow or develop प्रोत्साहन देना **2** *This book is sure to stimulate you.*(t.) = to make the mind more active and full of ideas उत्तेजित करना, प्रेरित करना **stimulating** adj. *a stimulating film* = helping to make the mind more active उत्तेजनापूर्ण **stimulant** noun, c. *Coffee is a stimulant.* = a substance that makes the mind or body more active उत्तेजक पदार्थ **stimulus** noun, c. (**stimuli**) **1** *The excellent monsoon should provide a stimulus to the economy.* = something that helps growth or activity वृद्धि या विकास में सहायक **2** *All plants grow in the direction from which they receive light. Light acts as a stimulus for them.* = something that causes activity in a living thing [TECHNICAL] उद्दीपक, क्रियाशील करने वाला [तकनीकी]

sting[1] /stɪŋ/ /स्टिङ/ verb, t. or i. (**stung**) **1** *A bee stung him in the arm.* = to cause a painful injury by making a small hole in the skin with a sharp, pointed part, through which some poisonous substance is pushed in (referring to an injury caused by certain insects, animals and plants) डंक मारना **2** *When I clean this wound with spirit, it will sting.* = to produce a sharp burning feeling जलन होना **3** *He was stung by her words.* = to feel upset and angry by what is said (figurative) का बुरा मानना, से दुखी होना (लाक्षणिक)

sting[2] noun, c. *The scorpion carries a sting in its tail.* = a pointed part of an insect, animal or plant which is used to make a small hole in the skin of some human being or animal डंक **sting ray** noun = a large, flat sea-fish with a long tail which carries a number of sharp, needle-like points or stings एक समुद्री मछली

stin•gy /'stɪndʒi/ /'स्टिन्जी/ adj. *Why are they so stingy? They have a lot of money.* = unwilling to spend money (derogatory) मक्खीचूस (अनादरपूर्ण)

stink[1] /stɪŋk/ /स्टिङ्क्/ verb, i. (**stank, stunk**) *The drain stinks as it is never cleaned.* = to have or to give out a strong, bad smell (informal) बदबू (अनौपचारिक)

stink[2] noun, u. *You can catch the stink of rotten fish from the fish market.* = a strong, bad smell तेज़ बदबू **stinking** adj. *stinking rich* = extremely (rich) (strongly disapproving) बहुत ज़्यादा (अस्वीकृत)

stint[1] /stɪnt/ /स्टिन्ट्/ noun, c. *He has just completed a 5-year stint in the army.* = a limited period of time spent in doing a particular job निर्धारित अवधि

stint[2] verb, t. or i. *He didn't stint on money to celebrate his brother's wedding.* = to provide or use a very small amount of something, which is not enough (generally used in negative sentences) थोड़ा-थोड़ा देना (नकारात्मक वाक्यों में प्रयुक्त शब्द)

sti•pend /'staɪpend/ /'स्टाइपेन्ड्/ noun, c. *The students receive stipends from the government.* = money paid as a kind of scholarship regularly to someone वज़ीफ़ा, वृत्ति

stip•u•late /'stɪpjʊleɪt/ /'स्टिप्युलेइट्/ verb, t. *The customer ordered a new car, but stipulated that it had to be delivered within a week.* = to lay down a condition which must be fulfilled (formal) शर्त रखना (औपचारिक) **stipulation** /stɪpjʊ'leɪʃən/ /स्टिप्युलेइशन्/ noun, u. or c. *The government is recruiting soldiers for the army, but the stipulation is that they must be at least 185 centimetres in height.* = a condition that must be fulfilled (formal) शर्त (औपचारिक)

stir[1] /stɜːʳ/ /स्टऽʳ/ verb, t. or i. (**stirred**) **1** *He put some sugar in his tea and stirred it with a spoon.*(t.)= to mix up a solid substance with a liquid by moving it around the liquid with a spoon or some other object चलाना (ठोस पदार्थ को तरल पदार्थ में घोलने के लिए चलाना) **2** *The child stirred in her sleep.*(i.) = to move or to

S

cause something to move slightly सुगबुगाना, हिलना-डुलना **3** *The leader's speech stirred the crowd to anger.* = to produce strong feelings उकसाना **4** *He is trying to stir up trouble in the office.* = to cause trouble भड़काना

stir² noun, c. **1** *Give the curry a stir.* = the act of moving liquid round (with a spoon etc.) चम्मच आदि से मिलाने की क्रिया **2** *My resignation caused a stir in the office.* = excitement उत्तेजना **3** (American) *He landed in stir after he was caught stealing.* = jail (slang) जेल (अपभाषा, अमेरिकी अंग्रेज़ी में प्रयुक्त) **stir-fry** verb, t. = to cook something by frying it in a little oil and on high heat, by moving it around in the frying-pan कम तेल और तेज़ आँच में हिला-हिलाकर भूनना **stirring** adj. *a stirring speech* = causing admiration or strong feeling प्रभावशाली

stir•rup /'stɪrəp/ /'स्टिरप्/ noun, c. = a small D-shaped piece of metal on either side of a horse's saddle on which the rider of a horse can rest his/her feet रकाब

stitch¹ /stɪtʃ/ /स्टिच्/ verb, t. **1** *The tailor is stitching the collar of the shirt.* = to sew (to join pieces of cloth together with the help of a needle and thread or a sewing machine in order to make a garment) सीना, सिलाई करना **2** *The doctor had to stitch the wound with cat-gut.* = to join the edges of a wound together with a special kind of thread टाँके लगाना

stitch² noun, c. (**stitches**) **1** *The stitches in this dress have been made by a machine.* = a movement of a needle and thread through a piece of cloth, resulting in a piece of thread being fixed in place over the cloth सिलाई **2** *She dropped a stitch while she was knitting a pull-over for me.* = a turn of wool made around a knitting-needle घर या फंदा **3** *The doctor had to put in six stitches to close the wound in his forehead.* = a piece of surgical thread used to close a wound टाँका **4** *He felt a stitch in his side.* = a sharp pain in the side of the body, often caused by running (informal) दौड़ने से होने वाला तीखा शारीरिक दर्द (अनौपचारिक) **5** *without a stitch on* = not wearing any clothes (used in negative sentences) (informal) नंग-धडंग (नकारात्मक वाक्यों में प्रयुक्त) अनौपचारिक

to have someone in stitches *Her funny jokes had all of us in stitches.* = to make someone laugh uncontrollably (by saying or doing something funny) बेतहाशा हँसाना **a stitch in time saves nine** *If you have problems with your homework, ask your teacher to help. Don't keep putting it off. Remember, a stitch in time saves nine.* = 'Deal with problems early before they get worse.' समस्या को टालते न रहें बल्कि जल्दी हल कर लें' (अंग्रेज़ी कहावत)

stock¹ /stɒk/ /स्टॉक्/ noun, c. or u. **1** *We have just received a new stock of tea. We can sell you as much tea as you want.*(c.) = an amount or number of things kept for sale or use भंडार, माल **2** *He has invested his money in company stocks.* = shares in a company, which one buys as an investment शेयर **3** *You should use chicken stock to make soup.*(u.) = a thick liquid made by boiling bones, vegetables etc. which can be used in cooking खाना बनाने में प्रयुक्त होनेवाला शोरबा **4** = popularity लोकप्रियता **5** *She comes of good farmer stock. You can depend on her.* = the family from which a person comes (old-fashioned) कुल, परिवार (पुराने प्रचलन का)

stock² verb, t. *This shop stocks paper.* = to keep a supply of something for sale or use माल रखना, भंडार का संग्रह करना

stock³ adj. *a stock expression* = used very commonly सामान्य, प्रचलित **stock-broker** noun, c. = a person who sells or buys shares in companies शेयर दलाल **stock-exchange** noun, c. = a place where shares in companies are bought and sold (also **stock-market**) 'स्टॉक एक्सचेंज', शेयर बाज़ार (देखें **stock-market**) **stockist** noun, c. = a shopkeeper who keeps a supply of things that people buy थोक व्यापारी **stockpile** noun, c. *a stockpile of nuclear weapons* = a large store of things, specially weapons, kept for possible future use बड़ा भंडार, ज़खीरा (विशेषकर हथियारों का) **stock-still** adv. *He stood stock-still, trying to listen to the conversation inside the room.* = not moving at all मूर्तिवत्, निश्चल, स्थिर **stock-taking** noun *The library is closed for stock-taking.* = a check or examination of the things that are supposed to be available in a place (e.g. the books in a library), to make sure if they are actually there माल या स्टॉक की जाँच **stocky** adj. *a person with a stocky build* = short, thick and strong नाटा और गठीला

to build up a stock *The Food Corporation helps India build up a stock of foodgrains just in case the monsoon fails.* = to have a supply of something ready आपात स्थिति के लिए संग्रह करके रखना **to be the laughing stock** *He acted so foolishly that he has become the laughing stock of the entire office.* = a person who behaves in a foolish manner and is laughed at by everyone जिसके व्यवहार या तौर-तरीके का सब मज़ाक उड़ाते हैं

stock•ing /'stɒkɪŋ/ /'स्टॉकिङ्/ noun, c. = a tight-fitting covering for a woman's leg, usually made of thin nylon or silk महिलाओं के लंबे मोज़े

stodg•y /'stɒdʒi/ /'स्टॉजी/ adj. *He is such a stodgy person that no one wants to talk to him.* = dull and uninteresting; lacking imagination (derogatory) बोदा, नीरस (अनादरपूर्ण)

sto•ic¹ /'stəʊɪk/ /'स्टउइक्/ noun, c. = a person who never shows any emotion and does not complain when he/she has to suffer संयमी, मनोभावों को व्यक्त न करने वाला

stoic² adj. *a stoic attitude* = not complaining or showing any emotion (also **stoical**) भावशून्य (देखें **stoical**)

stoicism noun = the belief that a person must not show any emotion or complain when suffering मनोभावों अथवा कष्ट को व्यक्त न करने की धारणा

stoke /stəʊk/ /स्टउक्/ verb, t. *You will have to stoke the fire to keep it burning.* = to add coal or some other fuel to a fire so as to keep it burning अग्नि को प्रज्वलित रखने के लिए उसमें ईंधन या तेल डालना **stoker** noun, c. = a person whose job it is to keep the fire in the boiler of a steam engine burning वाष्प इंजन में भट्टी झोंकनेवाला

to stoke up *She always reminds her brother of the unfair treatment he received as a child, just to stoke up his anger.* = to cause a feeling of anger etc. to grow in some/other person भड़काना, भड़काते रहना

STOL /stɒl/ /स्टॉल्/ abbr. of **Short Take-Off and Landing** -an aircraft which needs little space for its take-off and landing [TECHNICAL] Short take-off and landing शब्द का संक्षिप्त रूप, ऐसा हवाई जहाज़ जिसे उड़ान भरने और उतरने में कम स्थान की आवश्यकता होती है [तकनीकी]

stole[1] /stəʊl/ /स्टउल्/ noun, c. = a kind of shawl which is wrapped around the shoulders of a woman दुपट्टा

stole[2] verb, t. or i. = past tense of **steal.** Steal (= चुराना) क्रिया का भूतकालिक रूप

stol•id /'stɒlɪd/ /'स्टॉलिड्/ adj. *We thought he would smile when he received his award, but the stolid expression on his face never changed.* = showing little emotion or interest (slightly derogatory) भावशून्य (कुछ अनादरपूर्ण)

stom•ach[1] /'stʌmək/ /'स्टॅमक्/ noun **1** = the bag-like organ (working part) inside the body in which food is digested after it is eaten आमाशय **2** = the abdomen (the front part of the body below the chest) पेट **3** *He does not have the stomach for flying planes.* = the courage and determination needed to do something साहस व दृढ़ता

stomach[2] verb, t. *I cannot stomach the kind of noisy programme that is being staged these days.* = to put up with, tolerate (often used with a negative meaning) बरदाश्त करना (सामान्यत: नकारात्मक अर्थ में प्रयुक्त) **stomach ache** noun = a pain in the stomach पेट दर्द

stone[1] /stəʊn/ /स्टउन्/ noun, u. or c. **1** *The wall is made of stone.*(u.)= the hard material of which rocks are made पत्थर **2** *He threw a stone at the dog to drive it away.*(c.) = a small piece of rock पत्थर **3** *He has stones in his kidney.* = a tiny piece of hard material which forms inside the body पथरी

stone[2] verb, t. *The angry crowd stoned the police jeep.* = to throw stones at something, usually in anger पत्थर फेंकना, पथराव करना **Stone Age** noun = the early period, many thousands of years ago, when human beings had not learnt the use of metals and made all their tools and weapons out of stone प्रस्तर-युग, पाषाण-युग **stone-cold** adj. *stone-cold food* = very, very cold एकदम ठंडा **stoned** adj. *The man was completely stoned when he came out of the bar.* = very drunk (informal) नशे में धुत (अनौपचारिक) **stone dead** adj. = completely dead (informal) एकदम मुर्दा (अनौपचारिक) **stone's throw** noun, u. *The house is only a stone's throw away from the station.* = a very short distance बहुत निकट **stonewall** verb, i. *The director stonewalled when he was questioned about the progress made by his department.* = to block discussion by talking for a long time and refusing to answer questions चर्चा में रुकावट डालना और पूछे गए प्रश्न का उत्तर न देना **stoneware** noun, u. = pots, cups, plates etc. made out of a special kind of hard clay पत्थर के बर्तन **stony** adj. **1** *stony ground* = full of stones पथरीला **2** *He maintained a stony silence.* = showing unfriendliness and displeasure भावशून्य, नाखुश

stooge /stu:dʒ/ /स्टूज्/ noun, c. = a person who follows some leader and obeys the leader's orders unquestioningly (informal, derogatory) हाथ की कठपुतली होना, ताबेदार (अनौपचारिक, अनादरपूर्ण)

stool /stu:l/ /स्टूल्/ noun, c. or u. **1** = a kind of low chair which has no back or arms (see pic under **chair**) स्टूल, चौकी (**chair** के अंतर्गत चित्र देखें) **2** = (often plural, **stools**) solid waste matter passed out of the body [MEDICINE] (प्राय: बहुवचन रूप **stools** में प्रयुक्त) मल [चिकित्सा]

stoop[1] /stu:p/ /स्टूप्/ verb, i. **1** *The door is so low that one has to stoop to pass through it.* = to bend the upper part of the body झुकना या झुकाना **2** *I never expected you to steal money from the students' fund. How could you stoop so low?* = to do something immoral or improper नीचता करना, (अनैतिक कार्य करने के संदर्भ में 'नीचा गिरना')

stoop[2] noun, u. *He walks with a slight stoop.* = a position of the body in which the shoulders and back are always bent झुकाव, झुककर

stop[1] /stɒp/ /स्टॉप्/ verb, i. or t. (**stopped**) **1** *The train stopped at the station.* रुकना (i.) // *Please stop writing.*(t.) = to be no longer moving or doing something बंद करना, रोकना **2** *We were able to stop those boys from leaving.*(t.) = to prevent रोकना **3** *The rain has stopped.*(i.) = to come to an end रुकना **4** *We stopped at Kolkata for an hour on the way to Delhi.*(i.) = to pause or halt at a place रुकना, ठहरना

stop[2] noun, c. **1** *We worked for five hours without a stop.* = an act of stopping (not working) बिना रुके **2** *We waited for the bus at the bus stop.* = a place where a vehicle stops to allow passengers to get on or get off अड्डा, स्टॉप, स्टैंड **stopcock** noun, c. = a valve which stops or allows the flow of liquid through a pipe रोधनी **stopgap** noun *The Assistant Manager will look*

S

after the office as a stopgap until a new Manager is appointed. = something that meets a need for a limited period of time कामचलाऊ, अस्थायी व्यवस्था **stopover** noun, c. *We had a stopover at London on our way to New York.* = a short halt at a place, while travelling to some other place अल्पकालीन ठहराव **stop press** noun = the last piece of news to be included in a newspaper, just as it is about to be printed 'छपते-छपते' आने वाला समाचार **stop- watch** noun, c. = a watch which can be stopped and started again by pressing a button, and can be used to measure very short periods of time 'स्टॉप वॉच', विराम घड़ी

store[1] /stɔːʳ/ /स्टॉ/ verb, t. **1** *We have stored some rice and ghee for the wedding feast next month.* = to keep a supply of something for future use संग्रह करके रखना **2** *When winter is over, we will store our woollen clothes in a cupboard.* = to keep something in a special place when not in use सँभाल कर रख देना

store[2] noun, c. or u. **1** *There is a store of vegetables in the fridge.* = a supply of something for future use भंडार, आवश्यकता के समय उपयोग हेतु संग्रह **2** *We are going to a shoe store to buy shoes.* = a large shop बड़ी दुकान **storekeeper** noun, c. = a shopkeeper दुकानदार **storeroom** noun, c. = a place where things are stored for future use भंडार घर, गोदाम

stores /stɔːz/ /स्टॉऽज़्/ noun (always plural) = a supply of things for future use needed for a large group of people बड़ी संख्या में लोगों के उपयोग हेतु किया गया संग्रह

sto•rey /ˈstɔːri/ /ˈस्टॉरी/ noun, c. (**storeys**) *the second storey of the building* = a level or floor in a building मंज़िल

stork /stɔːk/ /स्टॉऽक्/ noun = a large white bird with long legs and a long neck and beak लक़लक़ पक्षी, सारस

storm[1] /stɔːm/ /स्टॉऽम्/ noun, c. **1** *The roofs of many houses were blown away by the storm.* = bad weather bringing strong winds and rain झंझावात, तूफ़ान **2** *There was a storm of protest when the Director announced that the meeting had been cancelled.* = a show of strong feeling हंगामा, हो-हल्ला

storm[2] verb, t. *The police stormed the hotel in which the smugglers were hiding.* = to attack with force धावा बोलना **stormy** adj. **1** *stormy seas* = having storms (strong winds) तूफ़ानी **2** *a stormy meeting* = full of expressions of anger and dissatisfaction क्रोध व असंतोष भरा, उत्तेजनापूर्ण

a storm in a tea-cup = a lot of worry over something that is not important नाहक का हो-हल्ला, तिल का ताड़

sto•ry /ˈstɔːri/ /ˈस्टॉऽरी/ noun, c. (**stories**) **1** *I told my grandchild a story about a wicked giant.* = an account of events, often imaginary कहानी **2** *The reporter sent in a story for publication in the newspaper.* = an article or report written for a newspaper वृत्तांत, किस्सा

stout[1] /staʊt/ /स्टाउट/ adj. **1** *a stout person* = fat and heavy हृष्ट-पुष्ट, मोटा **2** *a stout stick* = thick and strong मोटा और मज़बूत **3** *Our soldiers offered stout resistance to the enemy.* = brave and determined साहस व दृढ़तापूर्ण

stout[2] noun = a kind of strong beer (alcoholic drink) तेज़ बीयर (पेय) **stout-hearted** adj. *stout-hearted soldiers* = brave निर्भीक, साहसी

stove /stəʊv/ /स्टउव/ noun, c. = a simple device which uses electricity, gas or kerosene to produce heat, generally for cooking 'स्टोव', बिजली, गैस अथवा मिट्टी के तेल (किरासन) से जलने वाल चूल्हा

stow /stəʊ/ /स्टउ/ verb, t. *We stowed our clothes in suit-cases.* = to put or pack away neatly ठीक से सहेज कर रखना **stowaway** noun, c. = a person who hides on a ship or aircraft in order to get a free journey छिपकर यात्रा करने वाला बेटिकट यात्री

strad•dle /ˈstrædl/ /ˈस्ट्रैड्ल्/ verb, t. *straddle the horse* = to have a leg on either side of something एक टाँग एक ओर, दूसरी टाँग दूसरी ओर करके बैठना (जैसे घोड़े पर)

strafe /strɑːf/ /स्ट्राऽफ़्/ verb, t. *Our aircraft strafed the enemy camp.* = to attack with heavy gun-fire from an aircraft [TECHNICAL] विमान द्वारा भारी गोलाबारी करना [तकनीकी]

strag•gle /ˈstræɡəl/ /ˈस्ट्रैगल्/ verb, i. **1** *His thick beard straggled all the way down to his chest.* = to grow or spread in an untidy way जैसे-तैसे फैल जाना **2** *The elderly refugees straggled across the border with their belongings.* = to move slowly in small groups, away from the main group मुख्य समूह अथवा धारा से अलग हो जाना **straggler** noun, c. *Most of the birds had settled on the branches of trees, but a few stragglers were still flying.* = someone or something that remains behind the others in a group समूह से पिछड़ने वाला

straight[1] /streɪt/ /स्ट्रेइट्/ adj. **1** *Join the points A and B with a straight line.* = not curved or bent; continuing in the same direction सीधा **2** *Make sure that the pictures hanging on the wall are straight.* = level; not sloping to either side सीधा **3** *His business deals are always straight.* = honest ईमानदारी का, साफ़-सुथरा **4** *I must put everything in the house straight before everyone returns.* = tidy सुव्यवस्थित, करीने से **5** = not a homosexual (opposite **gay**) समलैंगिक नहीं (विलोम शब्द **gay**)

straight[2] adv. **1** *You will reach the station if you drive straight along this road.* = in a straight line, without turning anywhere सीधे **2** *I want you to go straight to bed.* = at once तुरंत, सीधे **3** *He was so drunk that he couldn't see straight.* = clearly स्पष्ट, साफ़ **straighten** verb, t. *The picture is hanging crooked on the wall. Let me straighten it.* = to make something straight or to become straight सीधा या ठीक करना **straightaway**

adv. *You have been asked to meet him straightaway.* = at once (also straightway) तुरंत, सीधे

straight•for•ward /streɪt'fɔːwəd/ /स्ट्रेइट'फ़ॉऽवड्/ adj. 1 *He has told you to sweep the floor. That is a straightforward task.* = easy to do आसान, सीधा-सा 2 *I like his straightforward way of doing business.* = direct and honest ईमानदारी का, सीधा-साफ़ (बिना छल-कपट का)

to put the record straight *Mary thought I was angry with her but I was not, so I decided to put the record straight.* = to correct a wrong idea that someone has गलतफ़हमी दूर करना **to keep a straight face** *I don't know how she can keep a straight face and also tell us some of the funniest stories!* = to have a serious expression गंभीर मुद्रा या भाव बनाए रखना **to get something straight** *I am not going to help you, and that's final. You had better get this straight.* = to understand something clearly स्पष्ट रूप से समझ लेना **to go straight** *He was once a criminal, but he has decided to go straight.* = to become honest after being a criminal सीधा रास्ता अपनाना

strain[1] /streɪn/ /स्ट्रेइन/ verb, t. or i. 1 *He strained his back while trying to lift a heavy box.*(t.) = to hurt some part of one's body through too much effort अंग-विशेष पर अधिक भार डालना 2 *She strained her ears to hear what the old man was trying to say.* = to make a great effort to do something पूरी शक्ति लगाना 3 *I am straining my resources by building this house.* = to stretch something beyond its limits सीमा या सामर्थ्य से अधिक लगाना 4 *He strained the liquid by pouring it out through a piece of thin cloth.* = to separate a liquid from any solid substance that may be in it by making it pass through tiny holes छानना

strain[2] noun, u. or c. 1 *The office staff are under a lot of strain because of the conference next month.* = pressure or tension तनाव, दबाव 2 *He has a strain in his back.* = damage to a part of the body caused by too much effort अधिक ज़ोर डालने के कारण शरीर के किसी अंग का दुखना 3 *There is a strain in my relations with my neighbour after my dog bit him.* = a state of not being friendly तनाव, अनबन **strained** adj. 1 *Relations between the two countries are somewhat strained.* = not friendly तनाव, मनमुटाव, संबंध अच्छे न होना 2 *He looks strained after the rough time he has been through.* = showing the effects of working too hard or putting up with too many problems अत्यधिक कार्य भार अथवा समस्याओं के कारण थका-हारा **strainer** noun, c. *a tea-strainer* = a tool used to separate a liquid from solids which may be present in it, having some net-like material fixed to its bottom छलनी **strenuous** /'strenjuəs/ /'स्ट्रेन्युअस्/ adj. 1 *The doctor has advised me to avoid strenuous exercise.* = requiring a lot of strain (effort) कठिन, कठोर, परिश्रमपूर्ण 2 *The principal made strenuous efforts to improve the quality of teaching in the school.* = active कठोर, परिश्रमपूर्ण

strait /streɪt/ /स्ट्रेइट्/ noun, c. (usually in plural form **straits**) 1 *the Straits of Gibraltar* = a narrow stretch of water which connects two seas or oceans (प्रायः अपने बहुवचन रूप straits में ही प्रयुक्त) जल संयोजी/डमरू-मध्य 2 *He is in difficult straits after he lost his job.* = a very difficult situation बेहद कठिन स्थिति, तंगी **straitjacket** noun, c. (**straightjacket**) 1 = a kind of coat that persons suffering from mental illness were made to wear in former times, which tied their arms down and prevented them from making violent movements पुराने ज़माने में मनोरोगियों के पहनने के लिए बना जैकेट जिसकी बँधी (जकड़ी) हुई बाँहें उनको काबू में रखती थीं 2 *Our economy will not grow unless the straitjacket of government controls is removed.* = something that prevents freedom or growth स्वतंत्रता या विकास खत्म करने वाला **strait-laced** adj. *They are very straitlaced and do not allow their children to read film magazines.* = very strict about morals अतिनैतिक

straits see **strait** देखें **strait**

strand /strænd/ /स्ट्रैन्ड/ noun, c. 1 *a strand of hair* = a single thin thread or hair लड़, लट 2 *Let us walk along the strand.* = beach or shore (literary) तट, समुद्र तट (साहित्यिक) **stranded** adj. *We were stranded in the middle of nowhere when our vehicle broke down.* = unable to get away from a difficult or unpleasant situation because of some inconvenience, such as lack of money or transport असहाय फँसे होना

strange /streɪndʒ/ /स्ट्रेइन्ज्/ adj. 1 *I lost my way when I was travelling to Bikaner and had to spend the night in a strange place.* = unknown or unfamiliar अनजान, अपरिचित 2 *The man and the horse ate together in the stable. It was a strange sight.* = unusual and surprising अनोखा, अनूठा, अजीब **stranger** noun, c. 1 *The dog barks at strangers but not at persons he knows.* = a person who is unfamiliar or unknown अजनबी, अपरिचित (व्यक्ति) 2 *I don't know the customs of these people as I am a stranger here.* = a person who is new to a place अपरिचित, नया

stran•gle /'stræŋgəl/ /'स्ट्रैङ्ग्ल्/ verb, t. = to kill by pressing on the throat so as to prevent breathing गला घोंटना **stranglehold** /'stræŋgəlhəʊld/ /'स्ट्रैङ्ग्ल्हउल्ड्/ noun, c. 1 = a strong hold around the neck which stops a person from breathing गलाघोंटू पकड़ 2 *A few oil-producing countries have a stranglehold on the world's supply of petroleum.* = almost total control over something, which gives one a great advantage (figurative) पूर्ण नियंत्रण (लाक्षणिक)

stran•gu•late /'stræŋgjʊleɪt/ /'स्ट्रैङ्ग्युलेइट्/ verb, t. or i. = to press some part of the body so tightly that the flow of blood or air is stopped दबाना, रक्त, श्वास-प्रवाह अवरुद्ध करना **strangulation**

S

/stræŋgjʊ'leɪʃən/ /स्ट्रैङ्ग्यु'लेइश्न्/ noun, u. *death by strangulation* = the act of killing someone by pressing the throat so tightly that the flow of air is stopped गला घोंट

strap[1] /stræp/ /'स्ट्रैप्/ noun, c. *He had to travel standing in the crowded bus, holding on to the strap.* = a long, narrow piece of leather, cloth etc. which is used to tie up or support something पट्टा

strap[2] verb, t. (**strapped**) **1** *He strapped the bag after he had packed it.* = to close or tie up something (e.g. a bag) with a strap बाँधना **2** *The doctor strapped up his leg.* = to tie a bandage around some part of the body पट्टी बाँधना **strapless** adj. *a strapless dress* = having no straps to support it (referring usually to a woman's dress) बिना फीतों का (प्राय: औरतों के पहनावे के संदर्भ में) **strapped** adj. *The government had to close many schools as it is strapped for money.* = having little money तंगी में होना, अभावग्रस्त **strapping** adj. *a strapping young man* = tall and strong लंबा-तगड़ा

stra•ta /'strɑːtə/ /'स्ट्राऽट/ noun = plural of **stratum** (see below) stratum (= स्तर) का बहुवचन रूप

stra•te•gy /'strætɪdʒi/ /'स्ट्रैटिजी/ noun, c. (**strategies**) or u. **1** *The company has developed a new strategy to get customers.*(c.) = a plan for gaining success in some activity योजना **2** *You can't win the war by just attacking the enemy. You have to use strategy.*(u.) = the art of planning in advance and doing different things to gain victory योजनाबद्ध तरीका, चतुराई की चाल **strategic** /strə'tiːdʒɪk/ /स्ट्र'टीजिक्/ adj. *The chess player made a strategic move to win the match.* = done as part of a strategy (plan), specially in a war युद्ध नीति के अनुसार विशेष महत्त्व का **strategist** /'strætɪdʒɪst/ /'स्ट्रैटिजिस्ट्/ noun, c. = a person who is very skilled in planning a strategy युद्ध नीतिज्ञ, युद्ध-योजना बनाने में कुशल

strat•os•phere /'strætəsfɪəʳ/ /'स्ट्रैटसफ़िअ/ noun = the upper part of the atmosphere (the air that surrounds the earth) [GEOGRAPHY] समताप मंडल, पृथ्वी को घेरने वाला वायुमंडल [भूगोल]

stra•tum /'strɑːtəm/ /'स्ट्राऽटम्/ noun, c. (**strata**) **1** = a layer (level) of earth or rock of a certain kind, above or below which there may be layers of a different kind पर्त **2** *a social stratum* = a class or group of people having a certain level of income, education etc. स्तर, वर्ग **stratify** verb, t. = to divide or arrange something in different strata (layers or levels) स्तरण करना **stratification** /strætɪfɪ'keɪʃən/ /स्ट्रैटिफ़ि'केइश्न्/ noun, u. *the stratification of society* = the division or arrangement of something in different strata (layers) स्तरण, स्तर-विन्यास

straw /strɔː/ /स्ट्रॉऽ/ noun, u. **1** = the dried stems of plants of rice or other food grains, used to feed cattle or to cover the roofs of houses पुआल **2** = a small, thin tube made of paper or plastic, used for sucking up some liquid नली, स्ट्रॉ (पेय पदार्थ पीने के लिए प्रयुक्त)

the last straw (the straw that breaks the camel's back) *First, Ravi's pet dog died and then his mother fell ill. But when he lost his job, that was the last straw!* = the last of the problems in a series which makes one give up and lose hope अंतिम प्रहार

straw•ber•ry /'strɔːbəri/ /स्ट्रॉब्री/ noun = a kind of red, juicy fruit स्ट्राबेरी, एक लाल, रसदार फल

stray[1] /streɪ/ /स्ट्रेइ/ verb, i. *The child strayed while he was going to school and got lost.* = to wander away from the right path (often figurative) भटकना (प्राय: लाक्षणिक)

stray[2] noun, c. *This special hospital for animals has been set up to care for strays.* = an animal or child that has no home लावारिस (पशु अथवा मनुष्य)

stray[3] adj. **1** *a stray dog* = homeless बेघर, लावारिस **2** *He shared a few stray thoughts with us.* = random; not connected to other things of the same kind इधर-उधर की

streak[1] /striːk/ /स्ट्रीक्/ noun, c. **1** *She has a prominent grey streak in her black hair.* = a line or band which is different in colour from the surrounding areas धारी **2** *He has a mean streak in his character.* = a particular quality (usually unpleasant) in a person which is different from the other qualities प्रवृत्ति **3** *Our cricket team is going through a losing streak, but I am sure it will start winning again.* = a limited period during which something happens repeatedly दौर

streak[2] verb, i. *The boy streaked across so fast that we couldn't catch him.* = to move very fast बड़ी तेज़ी से भागना **streaker** noun = a person who appears without clothes at some public place (e.g. a sports stadium) in order to attract attention ध्यान आकर्षित करने के लिए निर्वस्त्र हुआ व्यक्ति **a streak of lightning** *Did you see a streak of lightning across the sky just now? I am sure it is going to rain.* = a sudden burst of lightning कौंध

stream[1] /striːm/ /स्ट्रीम्/ noun, c. **1** = a small, narrow river नदी **2** *a stream of visitors* = something flowing or moving continuously प्रवाह, ताँता **3** *I would like to choose the fine arts stream after my schooling.* = a group of subjects that one has to study धारा, वर्ग

stream[2] verb, i. **1** *The clouds streamed across the sky.* = to move fast in a continuous mass तेज़ी से एक क्रम में आना-जाना **2** *Blood streamed from the deep wound.* = to flow out with force तेज़ी से बहना **streamer** noun, c. = a long, narrow piece of coloured paper used as a decoration पताका, फरहरा, झंडी

stream•line /'striːmlaɪn/ /'स्ट्रीम्लाइन्/ verb, t. = to design a shape for something (e.g. a car or an aircraft) that allows it to move smoothly through air or water with very little disturbance or resistance कार, जहाज़

आदि की रूपरेखा, आकार-प्रकार तैयार करना ताकि हवा या पानी में चलते समय इसके कारण बहुत कम रुकावट या व्यवधान हो **streamlined** adj. *a streamlined organization* = something which is designed to work smoothly सुविधापूर्वक कार्य चलाने योग्य, सुव्यवस्थित

street /striːt/ /स्ट्रीट्/ noun, c. = a wide road inside a city or town, with shops and houses on both sides सड़क **street-car** = a tram (a vehicle running on tracks, like a train, along a street) ट्राम **street-smart** adj. *a street-smart child* = clever and able to take care of oneself in all kinds of situations (generally approving) चतुर और समर्थ (स्वीकृत)

the man in the street (the person in the street) *The man in the street expects the government of the day to improve the quality of life.* = the average person आम आदमी **streets ahead** *The computers they have in their office are streets ahead of ours.* = far better (informal) बहुत अच्छे या उम्दा (अनौपचारिक)

strength /streŋθ/ /स्ट्रेंङ्थ्/ noun, u. = the quality of being strong (see **strong**) शक्ति, बल (देखें **strong**) **strengthen** = to make something strong or stronger (see **strong**) शक्ति बढ़ाना, मज़बूत करना (देखें **strong**)

strenuous see under **strain** (above) सख्त, कड़ा

stress[1] /stres/ /स्ट्रेस्/ noun, u. or c. **1** *Our cricket team was under great stress as many people expected them to win the championship.*(u.) = pressure on the mind as well as body causing serious discomfort दबाव मन तथा शरीर, दोनों पर **2** *An aircraft flying at a speed greater than that of sound has to overcome heavy stresses.*(c.) = the forces acting on an object which put pressure on it भार-दाब **3** *In his Independence Day speech, the President laid stress on self-reliance.* = the special importance or emphasis given to something बल, ज़ोर **4** *You should put the stress on the second syllable of the word 'begin'.* = the force that one puts on a part of a word [TECHNICAL] बलाघात, स्वराघात [तकनीकी]

stress[2] verb, t. **1** *The teacher stressed the importance of regular study.* = to give special importance to something ज़ोर देना **2** *You should stress the first syllable in the word 'cataract'.* = to use greater force when speaking a part of a word पर बल देना **stressed** adj. *He feels stressed because of the nature of his work.* = under stress तनाव में **stressful** adj. *The test which I had to go through was very stressful.* = causing stress (pressure on the body and mind) तनावपूर्ण

stretch[1] /stretʃ/ /स्ट्रेच्/ verb, t. or i. **1** *The shoes feel tight now but they will stretch and become loose after you have worn them a few times.*(i.) = to become longer or wider or to cause something to become longer or wider फैल जाना **2** *This room has such a low ceiling that you can touch it easily if you stretch your arms.*(t.) = to extend something (to cause it to reach its full length or width) फैलाना **3** *The Sunderban forest is so big that it stretches for hundreds of kilometres.* = to spread out फैला हुआ

stretch[2] noun, c. or u. **1** *Give yourself a good stretch when you get out of bed every morning.* = an act of stretching the body (trying to make it reach its full length) अंगड़ाई **2** *This stretch of the road passes through a thick forest.* = an area or section of land or water टुकड़ा, भाग **3** *He lived in the USA for a stretch of ten years.* = a continuous period of time अवधि **stretcher** noun, c. = a small, light bed made of canvas (thick cloth), with handles, in which a sick or injured person who is unable to walk can be carried 'स्ट्रेचर', डोली

at a stretch *We worked for 12 hours at a stretch.* = continuously लगातार **by no stretch of imagination** *By no stretch of imagination can you call them poor.* = by no means किसी प्रकार नहीं **to stretch one's legs** = to walk around after sitting for some time (informal) टहल लेना, घूमना, टाँग सीधी करना (अनौपचारिक)

strew /struː/ /स्ट्रू/ verb, t. (**strewed, strewn**) *The guests at the wedding strewed rice and flower petals on the bride and bridegroom.* = to scatter or throw something in an irregular manner (literary) छिड़कना, बिखेरना (साहित्यिक)

stri•at•ed /straɪˈeɪtɪd/ /स्ट्राइ'एइटिड्/ adj. *a striated snake* = having narrow bands of different colours [TECHNICAL] धारीदार [तकनीकी]

strick•en /ˈstrɪkən/ /'स्ट्रिकन्/ adj. *He was stricken with malaria last year.* = suffering from some illness, worry etc. (formal) ग्रस्त, पीड़ित (औपचारिक)

strict /strɪkt/ /स्ट्रिक्ट्/ adj. **1** *The teacher is very strict with her students and expects them to be attentive in class.* = demanding obedience and not allowing people in one's control much freedom सख्त **2** *The judge is very strict in his interpretation of the law.* = exact नियमनिष्ठ **3** *She is a strict vegetarian.* = complete or total पक्का **strictest** adj. **1** = the most strict (person) अति कठोर **2** *It wasn't a story in the strictest sense of the word; it was a description.* = the most exact (meaning) सही मायने में **strictly** adv. **1** *She spoke to them strictly.* = in a strict way कठोरतापूर्वक **2** *Strictly speaking, you shouldn't be allowed to attend this meeting as you are not a member.* = going by the rules सही अर्थ में, वास्तव में

stric•ture /ˈstrɪktʃəʳ/ /'स्ट्रिक्चर्/ noun, c. *The High Court passed a stricture on the police for arresting an innocent person.* = the act of finding fault with someone for doing something wrong and criticizing the person strongly [TECHNICAL/LAW] लांछन [तकनीकी/कानून]

stride[1] /straɪd/ /स्ट्राइड्/ verb, i. (**strode, stridden**)

S

The general strode across the parade ground, followed by two junior officers. = to walk with long steps लंबे डग भरना

stride² noun, c. **1** *He crossed the hall with a few strides.* = a long step लंबे कदम **2** *Sri Lanka has made great strides in Information Technology.* = advance or rapid progress (figurative) प्रगति (लाक्षणिक)

to take something in one's stride *He has come across many hurdles in his life but he has always taken everything in his stride.* = to face problems calmly सहज रूप में समस्या का सामना करना

stri•dent /ˈstraɪdənt/ /स्ट्राइडन्ट्/ adj. *The strident shouts of the people marching in procession drowned the sound of the music.* = loud and harsh (unpleasant to hear) कर्णभेदी, कर्कश

strife /straɪf/ /स्ट्राइफ़्/ noun, u. *Although the city looks peaceful now, there is strife among the people over political matters.* = trouble or violence (formal, literary) अनबन, तनाव (औपचारिक, साहित्यिक)

strike¹ /straɪk/ /स्ट्राइक्/ verb, t. or i. (**struck**) **1** (t.) = to hit hard in order to hurt प्रहार करना **2** *The American aircraft struck the caves in which the terrorists were hiding.*(t.) = to attack आक्रमण करना **3** *The workers are planning to strike for higher wages.*(i.) = to stop working हड़ताल करना **4** *He struck me as being very intelligent.*(t.) = to have an effect on someone प्रभाव डालना **5** *The clock struck twelve.*(t.) = to show the time by ringing or chiming (घड़ी) समय की सूचना देना **6** *Your name has been struck off the list.*(t.) = to remove something that has been written or printed कट जाना, काट देना **7** *I struck a match to find my way in the dark.*(t.) = to produce a flame (माचिस) जलाना **8** *The solution to this problem struck me all of a sudden.*(t.) = to come to mind suddenly अचानक दिमाग में आना **9** *We had not dug very deep before we struck oil.* = to come suddenly in contact with अचानक मिल जाना **10** *I just hope we have some time before dengue fever strikes again.* = to happen (referring to a disease or something unpleasant) होना, आना (बीमारी अथवा अन्य अप्रिय स्थिति के संदर्भ में)

strike² noun, c. or u. **1** *The workers are on strike.*(u.)= the act of stopping work or a period when work is stopped because of some disagreement हड़ताल **2** *Our aircraft carried out a strike on the enemy position.*(c.) = attack आक्रमण **striker 1** = a person who takes part in a strike हड़ताली **2** = one of the important players in football whose responsibility it is to score goals (compare **stopper**) फुटबॉल के खेल में आक्रमण पंक्ति का खिलाड़ी [देखें **stopper**]

to strike out *In her speech she struck out against smokers.* = to speak very strongly against something के विरुद्ध बोलना **to strike up (a conversation, a friendship)** = to start something interesting प्रारंभ करना, छेड़ना **to strike a balance** *You shouldn't sacrifice your home life for the sake of your work. You must learn to strike a balance.* = to be able to balance the different demands made on you संतुलन रखना **to strike at the roots of** *If we want to control the spread of AIDS, we must strike at the roots of the problem.* = go to the origin of a problem and remove it मूल पर ही आघात करना, जड़ से उखाड़ना **to strike back** *If he attacks you, it doesn't mean that you have to strike back.* = to return an attack मारने का जवाब मारने से देना **to strike out on one's own** *When his partner left him, Mukesh decided to strike out on his own.* = to try to do something independently आत्मनिर्भर होने का प्रयास करना **to strike a pose** *I wish the photographer would take the picture naturally instead of asking us to strike a pose.* = to stand, sit etc. in a particular way for the camera कैमरे के सामने मुद्रा बनाना **to strike gold 1** = to find gold (inside the earth) सोने का पता लगना **2** = to have an idea which results in one's making a lot of money अधिक धन कमाने का उपाय सूझना **to strike while the iron is hot** = to take action early, when the chances of success are high, rather than later when they are not likely to be good मौका देखकर वार करना (मुहावरा)

strik•ing /ˈstraɪkiŋ/ /स्ट्राइकिङ्/ **1** *a striking picture // striking features* = specially interesting or attractive असाधारण, आकर्षक **2** *a striking person* = someone who is on strike हड़ताली

to be within striking distance *We were within striking distance of the city when our car had a flat tyre.* = to be very near a place बहुत नज़दीक

string¹ /strɪŋ/ /स्ट्रिङ्/ noun, c. or u. **1** *The parcel had been tied with string.*(u.) = a number of threads twisted together and used to tie up something सुतली, रस्सी **2** *The strings of the sitar have to be tuned.*(c.) = a thin piece of wire used to produce sounds from a musical instrument तंत्री, तार **3** *The strings of the tennis racquet are loose.*(c.) = a length of nylon thread tied across the opening in the face of a tennis or badminton racquet तार **4** *She was wearing a string of pearls.*(c.) = a number of things joined together by a thread माला, लड़ी **5** *Our cricket team had a string of defeats in New Zealand.*(c.) = a number of similar events happening one after the other क्रम से, एक के बाद एक

string² verb, t. (**strung**) **1** *The beads of the necklace have to be strung.* = to join together with a string पिरोना, डोरी में डालना **2** *The tennis racquet will have to be strung.* = to replace the strings on a tennis racquet तार से बुनना **stringed instrument** noun = a musical instrument such as a sitar or guitar, which uses strings to produce sounds तंत्री वाद्य (जैसे सितार, गिटार)

no strings attached *This scholarship is being awarded to you with no strings attached.* = without any conditions/restrictions बिना शर्त **to have someone on a string** = to be in a position of control where one can make a person do whatever one wants किसी को काबू में रखने की स्थिति में होना

strin•gent /'strɪndʒənt/ /'स्ट्रिन्जन्ट्/ adj. *The government has introduced stringent laws to check smuggling.* = strict सख्त, कठोर

strip[1] /strɪp/ /स्ट्रिप्/ noun, c. *He bandaged the wound with a strip of clean cloth.* = a narrow piece पट्टी

strip[2] verb, t. or i. **1** *The electrician stripped the ends of the two pieces of wire and joined them together.*(t.) = to remove or take off the covering of something (e.g. the cotton or rubber covering of an electric wire) छीलना **2** *He stripped and got under the shower.*(i.) = to take off one's clothes (informal) कपड़े उतारना (अनौपचारिक) **3** *The mechanic stripped the engine of the car.* = to open up an engine into its separate parts पुर्जे खोलना **stripper 1** = a chemical in liquid form which is used to remove old paint from walls etc. पुराने रोगन को उतारने वाला तरल रसायन **2** = a person who takes off her or his clothes in a way which is sexually exciting, in order to entertain an audience (informal) दर्शकों के मनोरंजन के लिए उत्तेजक तरीके से कपड़े उतारना (अनौपचारिक) **striptease** = a show in which a stripper (see above), generally a woman, takes part एक कार्यक्रम जिसमें स्ट्रीपर (ऊपर देखें) सामान्यत: एक स्त्री होती है **cartoon strip** (also **comic strip**) = a row of cartoons (funny pictures) which tell a story 'कार्टून स्ट्रिप', कार्टून (व्यंग्य-चित्रों) का एक सिलसिला जो एक कहानी कहता हो

to strip someone of something *The officer was stripped of his rank as he was found to be incompetent.* = to take away a position given to someone, as a punishment वंचित करना

stripe /straɪp/ /स्ट्राइप्/ noun, c. *The tiger has black stripes on its yellow skin.* = a narrow band of colour on a background of different colour धारी **striped** adj. *a striped shirt* = having stripes धारीदार

strip•ling /'strɪplɪŋ/ /'स्ट्रिप्लिङ्/ noun, c. = a young man नौजवान

strive /straɪv/ /स्ट्राइव्/ verb, i. (**strove, striven**) *You should strive to perfect your singing.* = to try very hard (literary) प्रयास करना, मेहनत करना [साहित्यिक]

stroke[1] /strəʊk/ /स्ट्रउक्/ verb, t. *The woman stroked her cat lovingly.* = to pass the hand gently over something, usually to show affection सहलाना

stroke[2] noun, c. **1** *The woman gave her cat a loving stroke.* = the act of stroking (touching gently) सहलाना **2** *The judge ordered 15 strokes with a whip as a punishment for the thief.* = a hit or blow to the body कोड़े की चोट **3** *Tendulkar played a graceful stroke to square leg.* = an act of hitting the ball with a bat or racquet, in a game such as cricket or tennis खेल में गेंद मारना **4** *She swam across the lake with powerful strokes.* = a movement of the arms in swimming तैराकी में हाथों की गति **5** *He scribbled a note on the sheet of paper with a few strokes of his pen.* = a movement of a pen in writing घसीट **6** *suffer a stroke* = injury caused to a blood vessel in the brain because of high blood pressure उच्च रक्त चाप के कारण मस्तिष्क की नस का फटना **7** *The number of the house he lives in is 17 stroke 2 (17/2)* = a slanting line used in writing to show a division or separation बटा

a stroke of luck = a piece of good luck भाग्य से कुछ अच्छा मिलना **at one stroke** *The new law cancelled, at one stroke, the concessions that the farmers had been enjoying.* = in one single action तुरंत, एक ही बार में **never/ not do a stroke of work** *I can't ask him to help. He never does a stroke of work!* = do no work at all बिलकुल काम न करना **on the stroke of** *Cinderella had to rush back home on the stroke of twelve.* = punctually (at a stated time) निश्चित समय पर

stroll[1] /strəʊl/ /स्ट्रउल्/ verb, i. *The old man strolled across the road to his neighbour's house.* = to walk slowly, without a particular purpose टहलना, सैर करना

stroll[2] noun, c. *Let us take a little stroll.* = a slow walk चहलकदमी **stroller** noun, c. = a light, folding carriage in which a baby can be pushed along बच्चा-गाड़ी

strong /strɒŋ/ /स्ट्रॉङ्/ adj. **1** *He is so strong that he can pull a loaded truck with his teeth.* = powerful in body शक्तिशाली **2** *This old house, built of solid stone, is very strong.* = not easily damaged or broken मज़बूत, पक्का, टिकाऊ **3** *a strong drink* = having a powerful effect तेज़ शराब **strongly** adv. **1** *We support the plan strongly.* = in a strong way ज़ोरदार ढंग से, पूरी शक्ति से **2** *I strongly believe that we should not let children watch too much television.* = used to stress something that is considered important दृढ़ता से, किसी बात को ज़ोर देकर कहना **strong box** = a closed container in which valuable things are kept for safety तिजोरी **strong-minded** adj. = having great determination दृढ़ निश्चय **stronghold** noun, c. *Varanasi is a stronghold of Sanskrit studies.* = a place where a particular activity is common किला, गढ़, दुर्ग **strong point** *He may not have brilliant ideas but his ability to work hard is his strong point.* = the best quality in a person विशिष्टता, विशेष योग्यता **strong language** *I liked the book but it does have a lot of strong language!* = something spoken or written which contains a lot of swear-words and language which is not considered polite कटुभाषा, अपशब्द **a strong accent** *You can easily tell that he is a foreigner. He speaks Tamil with a strong accent.* = a way of speaking (in any language) which shows the influence of some other language (which is generally the speaker's mother-tongue) भिन्न अनुतान या बलाघात (के साथ बोलना)

S

to have a strong stomach for something *They have a strong stomach for horror films.* = to be able to look at something which has violence etc without feeling upset हिंसा आदि को देखने का साहस होना **to be still going strong** *My friend is 96 and still going strong.* = to be in good health and leading an active life though old वृद्धावस्था में भी स्वस्थ तथा सक्रिय होना

stron•ti•um /'strɒntiəm/ /'स्ट्रॉन्टिअम्/ noun = a kind of metal used to make fire crackers etc. [CHEMISTRY] आतिशबाज़ी, पटाखे आदि बनाने में प्रयुक्त पट्टा, धातु [रसायन शास्त्र]

strop[1] /strɒp/ /स्ट्रॉप्/ noun, c. = a narrow piece of leather on which a razor or knife is rubbed to give it a sharp edge चमोटा

strop[2] verb, t. = to rub the edge of a razor or knife on a strop so as to make it more sharp उस्तरे या छुरी को तेज़ करना

stroppy /strɒpi/ /स्ट्रॉपी/ adj. *I wish you'd stop being stroppy and make this a pleasant occasion!* = behaving in an irritable and unpleasant manner (informal) खिझाने वाला अप्रिय व्यवहार करना (अनौपचारिक)

struc•ture[1] /'strʌktʃəʳ/ /'स्ट्रक्चर्/ noun, c. or u. **1** *The new hotel will be a steel and glass structure.*(c.) = a building or other object made up of many parts संरचना, ढाँचा **2** *We are studying the structure of the human brain.*(u.) = the arrangement of parts which make up some object बनावट, संरचना

structure[2] verb, t. *You have not been able to structure your essay logically. The different parts of the essay are not connected to each other.* = to arrange or connect things together so that they form a whole व्यवस्थित ढंग से मिलाना या जोड़ना **structural** adj. *The building suffered serious structural damage because of the earthquake.* = relating to the structure of something (the joining together of its parts) संरचनागत, बनावट-संबंधी

strug•gle[1] /'strʌgəl/ /'स्ट्रग्ल्/ verb, i. **1** *He has been struggling against poverty.* = to fight against someone or something संघर्ष करना **2** *He struggled against his attacker and was able to throw him off.* = to try one's best to get out of another's hold हाथ-पैर मारना, संघर्ष करना **3** *He has been struggling to understand this book.* = to make great efforts to do something बहुत कोशिश करना

struggle[2] noun, c. *The police officer managed to overpower the thief after a hard struggle.* = a hard fight or a great effort संघर्ष

strum /strʌm/ /'स्ट्रम्/ verb, t. or i. (**strummed**) *He strummed a tune on his guitar.* = to play a tune on a musical instrument with strings धुन बजाना

strut[1] /strʌt/ /स्ट्रट्/ verb, i. (**strutted**) *He strutted about proudly after his victory in the match.* = to walk proudly in a way which annoys the person watching (disapproving) अकड़कर या ऐंठकर चलना (अस्वीकृत)

strut[2] noun, c. **1** *The roof of the bus is supported by struts.* = a long,thin rod, made of metal or wood, which supports something सहारा देने वाला खंभा **2** *His proud strut to the stage was in bad taste.* = a proud way of walking ऐंठ कर चलना, अकड़

strychnine /'strikni:n/ /'स्ट्रिक्नीन/ = a poisonous chemical substance, used in medical drugs in very small quantities अत्यल्प मात्रा में दवाइयों में प्रयुक्त होने वाला एक विषैला रसायन

stub[1] /stʌb/ /स्टब्/ noun, c. *a cigarette stub // a ticket stub* = the short end of something which remains after it has been used or the main part torn out टोंटा, टुकड़ा

stub[2] verb, t. (**stubbed**) *He stubbed his toe on a rock.* = to hurt one's toe by hitting it against a hard object ठोकर खाना, ठोकर लगना

stub•ble /'stʌbəl/ /'स्टब्ल्/ noun, u. **1** *The fields are covered with stubble after the rice plants have been harvested.* = the short remains of plants above the ground after they have been cut ठूँठ **2** = the short, stiff hairs growing on a man's unshaven face खूँटी

stub•born /'stʌbən/ /'स्टबन्/ adj. **1** *The child is so stubborn that he will not listen to anyone. He will do exactly what he wants to do.* = unwilling to change one's mind and generally unreasonable (derogatory) हठीला, ज़िद्दी (अनादरपूर्ण) **2** *Our soldiers offered stubborn resistance to the enemy.* = determined and brave (not derogatory) साहस व दृढ़तापूर्ण (अनादरपूर्ण नहीं)

stub•by /'stʌbɪ/ /'स्टबि/ adj. *stubby legs* = short and thick (derogatory) छोटा और मोटा (अनादरपूर्ण)

stuck /stʌk/ /स्टक्/ verb, t. (see **stick**) **stuck-up** adj. *She is so stuck-up that she doesn't talk to her neighbours.* = proud (informal, derogatory) दंभी (अनौपचारिक, अनादरपूर्ण)

stud[1] /stʌd/ /स्टड्/ noun, c. **1** *The thick wooden door of the old fort had large iron studs fixed to it.* = a thick iron nail with a large head दुहरा बटन, गुलमेख **2** *The girl wore a diamond stud in her nose.* = a short piece of gold, usually holding one or more precious stones, worn through a hole in the nose or ear as a piece of jewellery नाक की लौंग (आभूषण) **3** *The soles of his boots were covered with large studs.* = a piece of metal or hard rubber fixed to the sole (bottom) of a boot or shoe जूते के पंजे में लगाया जानेवाला सख्त रबड़ या धातु **4** = a man who is very active sexually (slang) G कामुक व्यक्ति (अपभाषा) लिंग

stud[2] adj. *a stud horse* = a male animal, specially a horse, that is used for breeding (producing young ones) घोड़ा, साँढ़/ साँड

stud[3] verb, t. or i. (**studded**) *The sky was studded with stars.* = to cover with भरा हुआ, जड़ा हुआ, जड़ित

stu•dent /'stju:dənt/ /'स्ट्यूडन्ट्/ noun *He is a student of Delhi University.* = a person who is studying at an educational institution e.g. a school, a college छात्र, विद्यार्थी

stu•di•o /'stju:diəʊ/ /'स्ट्यूडिअउ/ noun, c. (**studios**) **1** *a film studio* = a place where cinema films are made, photographs taken by a professional photographer, video-or audio recordings made etc. with professional equipment (फोटो या फिल्म) स्टूडियो **2** *an artist's studio* = a place where a painter works शिल्पशाला, स्टूडियो

stud•y[1] /'stʌdi/ /'स्टॅडी/ verb, t. or i. **1** *He is studying law at the university.*(t.) = to spend time in learning a subject पढ़ना, अध्ययन करना **2** *I can't play with you now as I am studying.* = busy in reading or doing other work related to school or college पढ़ाई करना **3** *I will have to study the report before I can comment on it.*(t.) = to read and examine carefully ध्यान से पढ़ना **4** *Saras is in South America, studying the animals of the rain forest.* = to observe in order to understand something for research etc. शोध हेतु अध्ययन करना

study[2] noun, u. or c. (**studies**) **1** *He has taken up the study of law.*(u.) = the act of studying (learning about) some subject अध्ययन, पढ़ाई **2** *He has published a number of studies on the Santhali language.*(c.) = a piece of research (something written on a topic or subject after a lot of study) शोधात्मक आलेख आदि **3** *The professor is in his study.*(c.) = a room in a house where one likes to read अध्ययन-कक्ष **studied** adj. *He gave a studied answer to the question.* = carefully thought out (formal) सोच-समझकर (औपचारिक) **studious** adj. *a studious child* = fond of study or always studying (पढ़ाई में) मेहनती, पढ़ाकू

stuff[1] /stʌf/ /स्टॅफ़्/ noun, u. **1** *This shirt is made of good stuff.* = material (informal) चीज़, सामग्री (अनौपचारिक) **2** *Carry all your stuff to the room upstairs.* = things in general (of different kinds) (informal) तरह-तरह की चीज़ें (अनौपचारिक) **3** *trekking stuff* = the equipment one needs for some activity (informal) उपादान, सामग्री (अनौपचारिक) **4** *Don't tell me you watch all that stuff on television!* = a way of referring to things of which one has a poor opinion (informal, disapproving) घटिया चीज़ें, रद्दी (अनौपचारिक, अस्वीकृत) **5** *'What did you do in the holiday?' 'Stuff.'* = information you either don't want to give or are too lazy to give (very informal) अनाप-शनाप (अति अनौपचारिक)

stuff[2] verb, t. **1** *We will stuff this pillow with some cotton.* = to fill up with some material भरना **2** *The child stuffed himself with sweets.* = to eat as much as possible (disapproving) ठूँस कर भरना, ठूँसना (अस्वीकृत) **stuffed** adj. **1** *stuffed potatoes* = having some kind of substance filled into it भरवाँ **2** *a stuffed bird* = an animal or bird which, after it is dead, is filled with materials and chemicals to preserve it भरा हुआ **3** *The cupboard was stuffed with all kinds of clothes.* = completely full ठसाठस, भरा हुआ **stuffing** noun, u. *There is cotton stuffing inside the pillow.* = a material used to fill up something भराव, भरी हुई सामग्री **stuffy** adj. **1** *The room has become stuffy. Please open the windows.* = having air which is not fresh घुटन भरा **2** *His ideas on love are rather stuffy.* = old-fashioned पुराना, दकियानूसी **stuffed shirt** noun, c. = a person who pretends to be very important (disapproving) महत्त्वपूर्ण होने का दिखावा करने वाला (अस्वीकृत)

to be stuffed *'Will you have some rice?' 'No thanks I'm stuffed.'* = to be very full (very informal) (पेट) भरा होना (अति अनौपचारिक) **Get stuffed!** *'You never seem to learn from your mistakes. How stupid can you be?' 'Get stuffed!'* = a rude expression used to say that you do not like what the other person has just said, and want him to shut up (slang) USE बकवास बंद करो (अपभाषा) निषिद्ध

stum•ble[1] /'stʌmbəl/ /'स्टॅम्ब्ल्/ verb, i. **1** *He stumbled as he was coming down the stairs and almost fell.* = to lose one's balance because of a step badly taken while walking or running and almost fall ठोकर खाना, लड़खड़ा जाना **2** *He stumbled several times while reading out his speech.* = to stop or make a mistake while reading out something aloud हकलाना

stumble[2] noun, u. or c. *He was able to regain his balance after his stumble.* = the act of stumbling ठोकर, लड़खड़ाहट **stumbling block** noun, c. *The Principal is trying hard to improve the school but the lack of funds is a stumbling block.* = something that prevents progress or action रुकावट, बाधा

stump[1] /stʌmp/ /स्टॅम्प्/ noun, c. **1** *The trees have been cut down but their stumps remain.* = the bottom part of a tree which remains in the ground after the tree has been cut down ठूँठ **2** *He lost both his legs in an accident but he can walk on the stumps.* = the remaining part of a limb which has been cut off ठूँठ **3** *The ball hit the middle stump.* = one of the three pieces of wood fixed to the ground, at which the ball is bowled in the game of cricket स्टंप (क्रिकेट के खेल के संदर्भ में तीन डंडे जिन्हें विकेट कहते हैं)

stump[2] verb, t. **1** *His question was so unexpected that it stumped me.* = to leave one unable to reply उत्तर न दे पाना **2** *Ganguly stepped out of the crease to hit the ball, missed and was stumped.* = to be given out (in cricket) when the wicket-keeper knocks down the stumps while the batsman is outside the crease (batting area) after trying to hit the ball क्रिकेट के संदर्भ में एक प्रकार से 'आउट' होना

stun /stʌn/ /स्टॅन्/ verb, t. (**stunned**) **1** *The rider fell from the horse and was stunned.* = to become unconscious after being hit on the head or receiving a shock अचेत होना **2** *He was stunned when he heard that our team had lost.* = to be shocked or greatly surprised by something हक्का-बक्का रह जाना **stunning** adj. *stunning looks* = causing great wonder and admiration (informal) आश्चर्य तथा सराहना प्रेरित करने वाला, विलक्षण (अनौपचारिक)

S

stunt[1] /stʌnt/ /स्टॅन्ट्/ verb, t. *The lack of water has stunted the growth of these plants.* = to prevent the growth of something विकास या वृद्धि को रोकना

stunt[2] noun, c. **1** *In this film you will see a number of exciting stunts, such as a man fighting a tiger with his bare hands.* = a dangerous act requiring great skill and courage खतरे से भरा करतब **2** *In your speech, you made some grand promises but was that only a stunt?* = something said to attract attention but not meant sincerely (derogatory) झूठ बोलकर दूसरों को प्रभावित करना (अनादरपूर्ण) **stuntman (stunt-person)** noun, c. = a person who is paid to perform stunts (dangerous actions) in films, in place of the actors खतरे से भरा करतब दिखलाने वाला

stu•pe•fy /'stju:pɪfaɪ/ /'स्ट्यूपिफ़ाइ/ verb, t. (**stupefied**) **1** *The beauty of the Taj Mahal stupefied me when I saw it for the first time.* = to make someone speechless with surprise or admiration (formal) आश्चर्य से अवाक, विस्मित करना (औपचारिक) **2** *The patient was in a stupefied state because the surgeon had given him some anesthetic to make him unconscious.* = to be unable to feel anything संवेदनाशून्य

stu•pen•dous /stju:'pendəs/ /स्ट्यू'पेन्डस्/ adj. *The dance competition attracted huge crowds and was a stupendous success.* = very great आश्चर्यजनक, बहुत बड़ा

stu•pid /'stju:pɪd/ /'स्ट्यूपिड्/ adj. **1** = foolish; having a dull mind बेवकूफ़, बुद्धू **2** *My car has a puncture again. It has those stupid radial tyres!* = an expression used to show annoyance or irritation (informal) खिन्नता की अभिव्यक्ति (अनौपचारिक) **stupidity** /stju:'pɪdɪti/ /स्ट्यू'पिडिटी/ noun, u. = the quality of being stupid बेवकूफ़ी

stu•por /'stju:pəʳ/ /'स्ट्यूपर्/ noun, u. *a drunken stupor* = the state of being unconscious, usually because of taking too much of some alcoholic drink संज्ञाशून्यता, मदहोशी

stur•dy /'stɜ:di/ /'स्टऽडी/ adj. *You need sturdy shoes for climbing rocks.* = strong मज़बूत

stut•ter[1] /'stʌtəʳ/ /'स्टॅटर्/ verb, i. or t. *It is difficult to understand what he says as he stutters.*(i.) = to have difficulty in producing certain sounds while speaking (also **stammer**) हकलाना (देखें **stammer**)

stutter[2] noun, u. *a bad stutter* = difficulty in producing certain sounds while speaking हकलाहट

sty /staɪ/ /स्टाइ/ noun, c. (**sties**) **1** *a pig sty* = a small, low hut in which animals are kept बाड़ा **2** = an infection around the eyes that causes a small swelling to appear एक नेत्र रोग

style[1] /staɪl/ /स्टाइल्/ noun, c. or u. **1** *The Ashoka Hotel has been built in the Mughal style.*(c.) = the manner of doing something which is common at a particular time शैली **2** *He spoke in a formal style.*(c.) = a particular manner of speaking or writing, depending mainly on the choice of words शैली **3** *They live in great style.*(u) = spending a lot of money on expensive things in a manner that attracts attention or admiration रंग-ढंग, तरीका **4** *Tight trousers are no longer in style.* = fashion (in clothes) फ़ैशन, चलन (कपड़ों का)

style[2] verb, t. **1** *His clothes are styled by a famous designer.* = to give a certain appearance or shape to something विशिष्ट प्रकार से बनाना **2** *He styles himself the 'Management Guru.'* = to give a title to oneself or to someone else (not respectful, often humorous) पदवी देना, नाम रखना (आदरपूर्ण नहीं, प्राय: हास्यपरक) **stylish** adj. *a stylish batsman* = doing things in an attractive manner आकर्षक **stylist** noun, c. **1** *a hair stylist* = a person who styles things (gives them a certain shape or appearance) आकर्षक ढंग से बनानेवाला विशेषज्ञ **2** = a person who writes in an attractive style आकर्षक, विशिष्ट शैली वाला **stylize (stylise)** verb, t. *The gestures and expressions in Bharatnatyam dance are stylized.* = to represent (show) things not as they really are but in a symbolic and simplified manner प्रतीकात्मक प्रस्तुति करना

no longer in style *Brocade saris are no longer in style.* = out of fashion अप्रचलित, चलन या फ़ैशन में न होना **not my style** *The colours are so flashy; this is just not my style.* = not according to one's liking (used of clothes or of one's way of approaching a problem) पसंद का न होना (कपड़ों के संदर्भ में अथवा किसी समस्या से निबटने के संदर्भ में)

sty•lus /'staɪləs/ /'स्टाइलस्/ noun, c. (**styluses**) **1** = a kind of large metal needle used, in former times, for writing on palm leaves or metal plates शलाका, लिखने की सलाई **2** = a small, thin needle used for playing records on a record-player (now rarely used) सुई (रिकार्ड-प्लेअर की)

sty•mie /'staɪmi/ /'स्टाइमी/ verb, t. *My illness stymied my attempts to arrange a good dinner for my colleagues.* = to prevent (informal) रुकावट डालना, कोशिश बेकार कर देना (अनौपचारिक)

sty•ro•foam /'staɪərəfəʊm/ /'स्टाइअरफ़उम्/ noun = a soft plastic material used as an insulator (to keep heat out) or as packing material पैकिंग में प्रयुक्त वस्तु

suave /swɑ:v/ /स्वाऽव्/ adj. *Don't be taken in by his suave manners. He is not to be trusted.* = seeming to be very polite and polished in behaviour but not very sincere or honest दिखावटी विनम्रता

sub- /sʌb/ /सॅब्/ prefix meaning **1** under e.g. 'उप-' के अर्थ में प्रयुक्त उपसर्ग **sub•ed•i•tor** /sʌb'edɪtəʳ/ /सॅब'एडिटऽर्/ noun, c. = a person who works under the editor of a newspaper उप-संपादक **2** below e.g. निम्न, कम **sub-zero** /sʌb'zɪərəʊ/ /सॅब'ज़िअरउ/ adj. *sub-zero temperatures* = below 0 degrees 0 डिग्री से कम **3** a part of e.g. **sub•cul•ture** /sʌb'kʌltʃəʳ/ /सॅब'कॅल्चर्/ noun, c. = the behaviour, customs etc. of a small group of people who form part of a larger group उपवर्ग-संबंधी

sub•al•tern[1] /'sʌbəltən/ /'सॅब्ल्टन्/ noun = a very junior officer in the army सेना का एक कनिष्ठ अधिकारी
subaltern[2] adj. *a subaltern culture* = under the control or influence of someone or something that is more powerful प्रभावित, नियंत्रित
sub•a•tom•ic /sʌbə'tɒmɪk/ /सॅबअ'टॉमिक्/ adj. *a sub-atomic particle* = smaller than an atom and forming a part of an atom अणु के एक छोटे अंश-सा
sub•com•mit•tee /'sʌbkə'mɪti/ /'सॅबक'मिटी/ noun, c. = a small group of persons that deals with a particular matter and forms part of a larger group (a committee) उप-समिति
sub•con•scious /'sʌb'kɒnʃəs/ /'सॅब्'कॉन्शस्/ noun = the part of the human mind that is not used deliberately to know or understand something अवचेतन
sub•con•ti•nent /'sʌb'kɒntɪnənt/ /'सॅब'कॉन्टिनन्ट्/ noun, c. *the Indian subcontinent.* = a large mass of land that forms part of a continent उप-महाद्वीप
sub•con•tract /'sʌbkən'trækt/ /'सॅब्कन्'ट्रैक्ट्/ verb, t. = to hire someone to do a part of some work which one has agreed to do उपठेका देना या लेना
sub•divide /'sʌbdɪvaɪd/ /'सॅब्डिवाइड्/ verb, t. = to divide something that has already been divided प्रविभाजित करना, वर्ग को उपवर्गों में बाँटना
sub•due /səb'dju:/ /सॅब्'ड्यू/ verb, t. **1** *The Mughal rulers tried hard to subdue the Rajput kings but did not succeed. Most of them remained free.* = to conquer or defeat in order to control अधीन करना, दमन करना **2** *She had to subdue her tears.* = to keep under check वश में रखना **3** *After his defeat, he is somewhat subdued in his behaviour.* = less confident than before आत्मविश्वास में कमी हो जाना **4** *subdued lighting/music* = not too bright or loud धीमा, मंद
sub-human /sʌb'hju:mən/ /सॅब्'ह्यूमन्/ adj. *The workers are living in sub-human conditions.* = less than human (very bad or poor) मानवेतर
sub•ject[1] /'sʌbdʒɪkt/ /'सॅब्जिक्ट्/ noun, u. **1** *Geography was my favourite subject at school.* = something that one studies as a branch of knowledge or a part of education विषय **2** *The subject of his talk is 'Corruption in the army.'* = the topic विषय-वस्तु **3** *In the sentence 'Prema likes sweets', the subject is 'Prema'.* = the noun or pronoun in a sentence that comes before the main verb and often refers to the 'doer' of some action [GRAMMAR] कर्त्ता [व्याकरण] **4** *a loyal subject of the king* = a person who has to obey the ruler of the country, specially a ruling king or queen प्रजा **5** *For my research I selected 50 subjects, who were school-children between the ages of 12 and 15.* = a person who is chosen for study in an experiment परीक्षण के लिए चुना गया व्यक्ति
subject[2] adj. **1** *The programme that has been announced is subject to change.* = can be changed if necessary जो आवश्यकता होने पर बदला जा सके **2** *The laws passed by the Parliament are subject to the President's approval.* = depending on पर निर्भर होना **3** *a subject race* = ruled by someone else; not free अधीन, गुलाम
sub•ject[3] /sʌb'dʒekt/ /सॅब्'जेक्ट्/ verb, t. or i. *Nowadays all passengers travelling by air are subjected to security checks.*(i.) = made to go through, often in a way that is not convenient or comfortable (formal) आवश्यक रूप से किसी प्रक्रिया से गुज़रना (औपचारिक) **subjection** noun, u. *They lived in subjection to their rulers.* = a state of being ruled by someone else पराधीनता **subjective** adj. *The decision of the judges who select the winner in a dance competition is generally subjective.* = influenced by personal feelings and therefore not likely to be very reliable (opposite **objective**) वैयक्तिक (विलोम शब्द **objective**)
sub•ju•gate /'sʌbdʒʊgeɪt/ /'सॅब्जुगेइट्/ verb, t. = to conquer and bring under one's control (used of rulers) (formal) [HISTORY] अधीन करना (औपचारिक) [इतिहास]
sub•junc•tive /səb'dʒʌŋktɪv/ /सॅब्'जंक्टिव्/ adj. *In the sentence 'If he were to come here tomorrow, he would not find me', the verb 'were' is subjunctive.* = the form of a verb which shows that it is being used to express a possibility, a wish or hope and not a reality [GRAMMAR] वृत्तिवाची, विध्यर्थक [व्याकरण]
sub•let /sʌb'let/ /सॅब्'लेट्/ verb, t. *As tenants we are not allowed to sublet a house which we have taken on rent.* = to rent a property or a part of it, which one has taken on rent, to someone else किराए पर ली गई वस्तु को आगे किसी अन्य को किराए पर दे देना
sub•li•mate /'sʌblɪmeɪt/ /'सब्लिमेइट्/ verb, t. **1** *In this poem, the poet tries to sublimate his love for a woman into a form of divine love.* = to change a natural feeling, such as love, into what is thought to be a higher or more refined kind of feeling or activity भाव को उदात्त रूप देना **2** = to change a solid substance into a gas by heating it and then changing it back into a solid, in order to make it more pure [CHEMISTRY] ऊर्ध्वपात करना [रसायनशास्त्र] **sublimation** noun उदात्तीकरण, परिष्कार
sub•lime /sə'blaɪm/ /स'ब्लाइम्/ adj. *sublime music* = very beautiful उत्कृष्ट, बहुत सुंदर
sub•ma•rine /'sʌbməri:n/ /'सॅब्मरीन्/ noun = a kind of ship that can travel under the surface of the water पनडुब्बी
sub•merge /səb'mɜ:dʒ/ /सब्'मऱ्ज्/ verb, t. *When a dam is built across this river, these villages will be submerged.* = to go under the surface of the water जलमग्न हो जाना, डूब जाना
sub•mit /səb'mɪt/ /सब'मिट/ verb, i. or t. (**sub-mitted**) **1** *The wrestler threw his opponent on his back and the referee asked him to submit.*(i.) = to admit or

S

accept defeat हार मानना **2** *You have to submit your application before the end of the month.*(t.) = to send in; to offer something for a decision to be made by others (formal) प्रस्तुत करना (औपचारिक) **submission** noun, u. or c. **1** *an act of submission*(u.) = the act or state of accepting defeat अधीनता की स्वीकृति **2** *The last date for submission of applications is 13 December.*(u.) = the act of offering something which will be analysed or judged and a decision taken जमा करना, दाखिला **3** *The lawyer made a submission to the judge.*(c.) = a request or suggestion [LAW] विनती, अनुरोध [कानून] **submissive** adj. *I expected them to put up a fight, but they were submissive.* = willing to accept defeat and to obey (sometimes disapproving) दब्बू (प्राय: अस्वीकृत)

sub•or•di•nate[1] /sə'bɔːdɪnət/ /स'बॉऽडिनट्/ adj. *The High Court is subordinate to the Supreme Court.* = having a lower position than; bound to obey someone in a higher position अधीनस्थ

subordinate[2] noun, c. = a person who works with someone but in a lower position than them मातहत या अधीनस्थ कर्मचारी

subordinate[3] verb, t. *The interests of individuals must be subordinated to the interests of the whole nation.* = to give less importance to something than to something else (formal) तुलनात्मक रूप से गौण समझना (औपचारिक)

> **Usage** Other expressions are now preferred in place of **subordinate**. Some of these are 'my colleague (Nima)' // '(Nima) who works with me' // '(Nima), who assists me in my work'. आजकल subordinate की जगह 'my colleague (Nima)//'(Nima) who works with me'// '(Nima), who assists me in my work' के प्रयोग को प्राथमिकता दी जा रही है।

sub•poe•na /sə'piːnə/ /स'पीन/ noun, c. = an order given to someone to attend a court of law [LAW] सम्मन [कानून]

sub•scribe /səb'skraɪb/ /सब्'स्क्राइब/ verb, i. or t. **1** *I subscribe to three newspapers.*(i.) = to pay money regularly in order to receive a magazine, newspaper etc. नियमित ग्राहक बनना **2** *Each of us subscribed Rs 100 to buy a present for a colleague in the office.*(t.)= to give or pay money into a common fund (formal) अंशदान करना (औपचारिक) **3** *My brother has changed his job three times this year. He does not subscribe to the belief that a rolling stone gathers no moss.* = to agree with or to support an idea (formal) सहमत होना, अनुमोदन करना (औपचारिक) **subscription** /səb'skrɪpʃən/ /सब्'क्रिप्शन्/ noun, u. *Have you paid your subscription for the club this month?* = money paid regularly for some product or service शुल्क

sub•se•quent /'sʌbsɪkwənt/ /'सॅब्सिक्वन्ट्/ adj. *In 1999 I was living in Mumbai, but in the subsequent year I moved to Delhi.* = following or coming after something else (formal) अगला, बाद में (औपचारिक) **subsequently** adv. *This used to be a school but was subsequently turned into a hospital.* = later; after some time (formal) कुछ समय बाद, बाद में (औपचारिक)

sub•ser•vi•ent /səb'sɜːvɪənt/ /सब्'सऽविअन्ट्/ adj. *Why must you be so subservient?* = always willing to obey and not having enough self-respect (derogatory) ताबेदार, आज्ञाकारी, स्वाभिमान न रखकर आज्ञा मानने वाला, जी-हुज़ूरी करनेवाला (अनादरपूर्ण)

sub•side /səb'saɪd/ /सब्'साइड्/ verb, i. **1** *I had a swelling in the leg, but it has subsided now.* कम होना // *Has the violence subsided?* = to become less (referring to something unpleasant) कम होना **2** *We are afraid these old buildings may collapse as the soil has subsided after the rains.* = to sink to a lower level (formal) धँसना (औपचारिक)

sub•sid•i•a•ry[1] /səb'sɪdiəri/ /सब्'सिडिअरी/ adj. *In our factory project, the main objective is to create employment and the subsidary one is to make clothing from natural fibres.* = something that is less important than something else to which it is connected सहायक, गौण

subsidiary[2] noun, c. (**subsidiaries**) = a company which is owned and controlled by a larger company अन्य कार्यालय अथवा कंपनी द्वारा नियंत्रित

sub•si•dize (subsidise) /'sʌbsɪdaɪz/ /'सॅब्सिडाइज़्/ verb, t. *The supply of rice in many states is subsidized by the government. Each kilogram of rice costs the government Rs 5 but the buyer pays only Rs 2. The difference is made up by the government.* = to pay part of the cost of something that is sold to someone else, in order to keep its cost (to the buyer) less आर्थिक भार वहन करना **subsidy** noun, c. (**subsidies**) or u. *The government provides a subsidy of Rs 100 on each bag of fertilizer, to make it cheaper for farmers.* = money paid, usually by the government, in order to make a product cheaper to buy किसी वस्तु की कीमत कम रखने के उद्देश्य से सरकार द्वारा दी गई आर्थिक सहायता

sub•sist /səb'sɪst/ /सब्'सिस्ट/ verb, i. *When we were lost in the jungle we had to subsist on wild fruits for a week.* = to manage to live on a small amount of food or money (formal) निर्वाह करना, जीवित रहना (औपचारिक) **subsistence** noun, u. *money for subsistence* = staying alive with the least amount of food or money (formal) [TECHNICAL] जीवन-निर्वाह हेतु न्यूनतम राशि (औपचारिक) [तकनीकी]

sub•soil /'sʌbsɔɪl/ /'सॅब्सॉइल्/ noun, u. = the layer of earth below the surface अवमृदा, पृथ्वी के नीचे की सतह

sub•son•ic /sʌb'sɒnɪk/ /सब्'सानिक्/ adj. *subsonic speed* = below the speed of sound (opposite **supersonic**)अवध्वनिक, ध्वनि की गति से कम (विलोम शब्द **supersonic**)

sub•stance /'sʌbstəns/ /'सॅब्स्टन्स्/ noun, c. or u. 1 *Vinegar is a sour substance prepared from sugarcane*(c.) = material पदार्थ, द्रव्य 2 *There is no substance in the report that they were caught stealing.*(u.) = truth वास्तविकता, सच्चाई 3 *I want only the substance of the chairperson's speech for my report.* = the main points, without any details सारांश 4 *She is a person of substance.* = wealth (literary) धन (साहित्यिक)

sub•stan•dard /'sʌbstændəd/ /'सॅब्स्टैन्डड्/ adj. *It is quite clear that this house has been built with substandard materials.* = below average, not of an acceptable standard अव-मानक, निकृष्ट, घटिया

sub•stan•tial /səb'stænʃəl/ /सब्'स्टैन्शल्/ adj. 1 *a substantial salary* = quite large काफ़ी ज़्यादा 2 *Ever since the road was widened there has been a substantial increase in the flow of traffic.* = large enough to make a difference पर्याप्त, ज़्यादा

sub•stan•ti•ate /səb'stænʃieɪt/ /सब्'स्टैन्शिएइट्/ verb, t. *You will have to substantiate the charges you have made against the man before the police can arrest him.* = to prove; to support a statement with facts (formal) प्रमाण देना, सिद्ध करना (औपचारिक)

sub•sta•tion /'sʌbsteɪʃən/ /'सॅब्स्टेइशन्/ noun, c. *an electrical sub-station* = a place where electricity is converted from a higher voltage to a lower voltage before it can be used in homes etc. उप-केंद्र, 'सब-स्टेशन'

sub•sti•tute[1] /'sʌbstɪtju:t/ /'सॅब्स्टिचूट्/ noun, c. *The doctor has told me to avoid sugar. I am using saccharine as a substitute.* = something that can be used in place of something else or someone who takes the place of another person स्थानापन्न, एवज़ी, बदले में

substitute[2] verb, t. *You can substitute 2 for x and solve the problem.* = to use one thing in place of another एक के स्थान पर दूसरे का प्रयोग करना

sub•tend /səb'tend/ /सब्'टेन्ड्/ verb, t. *In triangle ABC, side AB subtends an angle of 30 degrees.* = to have an angle opposite to it (referring to a side of a triangle) [TECHNICAL] अंतरित करना (गणित के संदर्भ में प्रयुक्त) [तकनीकी]

sub•ter•fuge /'sʌbtəfju:dʒ/ /'सॅब्टफ़्यूज़्/ noun, u. or c. *I told my friend that there was a phone call for him. It was a lie but I had to use this subterfuge to pull him out of bed.* = a slightly dishonest trick used to get something that is considered necessary done (formal) बहाना, चाल (औपचारिक)

sub•ter•ra•ne•an /sʌbtə'reɪniən/ /सॅब्ट'रेइनिअन्/ adj. *a sub-terranean river* = underground; existing below the surface of the earth [GEOGRAPHY] भूमिगत [भूगोल]

sub•ti•tle /'sʌbtaɪtl/ /'सॅब्टाइट्ल्/ noun, c. *The film was in Chinese but had English subtitles.* = words appearing on a cinema television screen to explain the meaning of something that is said in a different language उपशीर्षक (सिनेमा के संदर्भ में) अन्य भाषा पर्याय

sub•tle /'sʌtl/ /'सॅट्ल्/ adj. 1 *The meaning of the poem is so subtle that it cannot be explained.* = delicate; not easy to understand or explain अव्याख्येय, जिसकी व्याख्या न की जा सके 2 *There is a subtle difference between the words 'huge' and 'enormous'.* = small but important सूक्ष्म 3 *a subtle mind* = clever and noting fine things चालाक, धूर्त **subtlety** noun, u. or c. 1 *There is great subtlety in his ideas.*(u.)= the quality of being clever or difficult to understand चतुराई, दुरूहता 2 *I can't understand the subtleties of English grammar.*(c.) = the small details which are difficult to understand (somewhat literary) सूक्ष्मताएँ, बारीकियाँ (कुछ-कुछ साहित्यिक)

sub•to•tal /'sʌbtəʊtl/ /'सॅब्टउट्ल्/ noun, c. = the number obtained by adding up a set of figures, which has to be added to some other number कुल मिलाकर, योग

sub•tract /səb'trækt/ /सब्'ट्रैक्ट्/ verb, t. *If you subtract 3 from 7, the remainder is 4.* = to take away from a larger number घटाना **subtraction** noun = the act of subtracting [MATHEMATICS] घटाने की क्रिया [गणित]

sub-trop•i•cal /sʌb'trɒpɪkəl/ /सॅब्'ट्रॉपिकल्/ adj. *Pune has a sub-tropical climate.* = almost like that of the tropics (places which are near the equator and therefore have a hot climate) [GEOGRAPHY] उष्णकटिबंधीय जैसा, उपोष्णीय [भूगोल]

sub•urb /'sʌbɜ:b/ /'सॅबऽब्/ noun, c. *Matunga is a suburb of Mumbai.* = an outer part of a city which is far away from the centre उपनगर **suburban** /sə'bɜ:bən/ /स'बऽबन्/ adj. *a suburban house* = belonging to a suburb उपनगरीय

sub•vert /səb'vɜ:t/ /सब'वऽट्/ verb, t. *The Naxalites are trying to subvert the government by arming the peasants and telling them to attack police stations.* = to work against a government or an established system शासन या व्यवस्था के विरुद्ध कार्य करना

sub•ver•sive /səb'vɜ:sɪv/ /सब्'वऽसिव्/ adj. *subversive activities* = done with the intention of destroying or harming the government, a religion or an established system विद्रोहपूर्ण, किसी व्यवस्था या शासन को हानि पहुँचाने वाला

sub•way /'sʌbweɪ/ /'सॅब्वेइ/ noun, c. 1 = an underground railway system भूमिगत 2 = a path that passes under a road and allows pedestrians to cross the road safely पैदल यात्रियों की सुविधा के लिए बना सुरंग-पथ

suc•ceed /sək'si:d/ /सक्'सीड्/ verb, i. or t. 1 *He succeeded in growing the plants.* = to be able to do something that one planned or tried to do कामयाब होना, सफल होना 2 *I expect her to succeed in life.* = to do well सफलता प्राप्त करना 3 *Jehangir succeeded his*

S

father Akbar to the throne. = to follow; to be the next to take up a position उत्तराधिकारी होना **succeeding** adj. *Every succeeding generation thinks the previous generation was too old-fashioned.* = coming after another उत्तरवर्ती, बाद में आने वाला

suc•cess /sək'ses/ /सक्'सेस्/ noun, u. **1** *I am delighted to hear of your success in the examination.* = the fact of being able to do what one had planned or tried to do सफलता **2** *He was a great success as a lawyer.* = a person who does well in life or in some profession सफल व्यक्ति **successful** adj. *a successful lawyer* = able to do well or to do what one had planned or tried to do सफल, कामयाब

nothing succeeds like success *If your first film proves to be a hit, people will love all your other films. Nothing succeeds like success!.* = 'A success often leads to even greater success.' 'एक सफलता दूसरी बड़ी सफलता दिलाती है' **a success story** *The White Revolution, which made India the world's largest producer of milk, is a great success story.* = something which proves to be a great success सफलता या कामयाबी की कहानी

suc•ces•sion /sək'seʃən/ /सक्'सेशन्/ noun, u. **1** *First Robin left the job, then Valsa, then four others in quick succession.* = the act of following something एक के बाद एक-कई **2** *Salim changed his name to Jehangir after his succession to the throne.* = the act of following someone into a position उत्तराधिकार-प्राप्ति **successive** adj. *I made cakes on two successive days, Thursday and Friday.* = coming one after the other लगातार **successor** noun, c. *The director will retire next week and hand over charge to his successor.* = the person who comes next into a certain position or office उत्तराधिकारी

suc•cint /sək'sɪŋkt/ /सक्'सिङ्क्ट्/ adj. = expressed clearly and in a few words (approving) सारगर्भित (स्वीकृत)

suc•cour (succor) /'sʌkər/ /'सॅकर्/ noun, u. *I had no money for my business but my sister came to my succour by lending me some money.* = help given to someone who is in difficulty (formal, literary) मुसीबत के समय सहायक (औपचारिक, साहित्यिक)

suc•cu•lent /'sʌkjʊlənt/ /'सॅक्युलण्ट्/ adj. *succulent fruits* = sweet and full of juice रसीला, गूदेदार और मीठा

suc•cumb /sə'kʌm/ /स'कॅम/ verb, i. **1** *He had a serious accident last week and succumbed to his injuries.* = to die as a result of something मर जाना **2** *At first I was quite determined not to eat the rich food in the restaurant, but it tasted very good and I finally succumbed to the temptation.* = to stop fighting against or resisting something हार मान लेना, संघर्ष छोड़ देना

such /sʌtʃ/ /सॅच/ det. **1** *She is always on time. I admire such people.* = of this kind ऐसा, इस प्रकार का **2** *He had cooked a number of dishes for us such as tandoori chicken and biryani.* = for example जैसे, उदाहरण के लिए **3** *They are such fans of Hindi music that they spend days listening to it.* = having some quality to an unusual degree ऐसे… कि… **as such** noun *I don't have a job as such, but I work when I feel like it.* = in the exact sense (meaning) सही मायने में **such-and-such** det. *If he tells you he will pay back the money by such-and-such a day, you must believe him.* = a certain time, date etc. which is not named exactly अमुक **such-like** det. or pron. *This restaurant serves tandoori chicken, biryani and such-like.* = things of that kind (informal) वगैरह-वगैरह (अनौपचारिक)

suck /sʌk/ /सॅक्/ verb, t. or i. **1** *The child sucked the juice through a straw.*(t.) = to draw or pull in some liquid into the mouth चूसना **2** *You should suck these cough lozenges slowly, not chew them.* = to keep something solid in the mouth and make it dissolve (melt away) slowly by moving it around with the tongue मुँह में घुलाना **3** *Waking up early in the morning sucks!*(i.) = is not pleasant (slang) अच्छा न लगना

sucker noun, c. **1** *a blood sucker* = an animal that sucks something चूसने वाला **2** *the sucker of a banana plant* = a young plant that grows out of the root or lower stem of an older plant [BIOLOGY] एक पौधे की जड़ अथवा तने से निकलने वाला दूसरा पौधा [जीव विज्ञान] **3** *They are looking for suckers whom they can cheat.* = a person who is easily cheated (American, slang) बुद्धू (अमेरिकी, अपभाषा)

suck•le /'sʌkəl/ /'सॅकल्/ verb, t. or i. **1** (t.)= to feed a baby or young one with milk from the mother's body (स्तन से) दूध पिलाना **2** *The lion cubs were suckling.*(i.) = to suck milk from the mother's body स्तनपान करना **suckling** noun, c. = a very small human or animal baby which sucks milk from its mother (old-fashioned) दुधमुँहा बच्चा (पुराने प्रचलन का)

su•crose /'su:krəʊz/ /'सूक्रउज़्/ noun = the common form of sugar इक्षु-शक्कर, गन्ने या चुकंदर से बनने वाली चीनी

suc•tion /'sʌkʃən/ /'सॅक्शन्/ noun, u. *A vacuum cleaner uses suction to suck up dust from the floor.* = the process of sucking or pulling up something by removing the air above it चूषण, (चूसकर) खींच लेने की प्रक्रिया

sud•den /'sʌdn/ /'सॅड्न्/ adj. *We were not prepared for the sudden downpour.* = happening unexpectedly and quickly, without any warning or information अकस्मात, आकस्मिक, अचानक

all of a sudden *All of a sudden, they decided to move to Munger.* = happening all at once without any warning अचानक, अकस्मात ही

suds /sʌdz/ /'सॅड्ज़्/ noun (plural only) *soap suds* = small bubbles forming on the surface of water in which soap has been mixed (केवल बहुवचन में प्रयुक्त) झाग, फ़ेन

sue /sjuː/ /स्यू/ verb, t. or i. *We will sue the company for selling us a defective machine.*(t.) = to take someone to court for some loss or damage that he/ she has caused मुकदमा दायर करना

suede /sweɪd/ /स्वेइड्/ noun or adj. (*suede leather* = soft leather which is slightly rough to the touch and does not have a shine (बछड़े का) सिझाया हुआ चमड़ा, 'स्वेड'

suf•fer /'sʌfəʳ/ /'सॅफ़र्/ verb, i. or t. **1** *He suffered great pain when he was injured.*(t.) // *I am sorry to hear that you have been suffering.*(i.) // *They suffered a heavy loss in their business.*(t.) = to feel or experience pain, unhappiness, misfortune, loss etc. कष्ट पाना, भुगतना, भोगना **2** *Are you suffering from typhoid?* = to have some illness or physical problem बीमारी होना **suffering** noun, u. *It was a time of suffering, and I want to forget it.* = the experience of pain, unhappiness etc. कष्ट, दुख, परेशानी

suf•fice /sə'faɪs/ /स'फ़ाइस्/ verb, i. *If you want to buy only fruit, the Rs 30 you have will suffice.* = to be enough for some purpose (formal) काफ़ी होना, पर्याप्त होना (औपचारिक) **sufficient** adj. *Rs 12 will be sufficient for a kilo of potatoes.* = enough (formal) पर्याप्त (औपचारिक)

suf•fix /'sʌfɪks/ /'सॅफ़िक्स्/ noun, c. *The word 'botheration' is formed from the word 'bother', by adding the suffix '-tion'.* = a letter or group of letters that is added to the end of a word to form a new word [GRAMMAR] प्रत्यय [व्याकरण]

suf•fo•cate /'sʌfəkeɪt/ /'सॅफ़केइट्/ verb, i. or t. *You will suffocate if you keep a fire burning inside this room, with all the doors and windows closed.* = to die or suffer because of lack of air दम घुटना, साँस रुकना **suffocating** verb *It's suffocating to be sitting in this crowded room where there is no ventilation. I would rather be outside.* = to feel uneasy because of lack of air दमघोंटू

suf•frage /'sʌfrɪdʒ/ /'सॅफ़्रिज्/ noun, u. = the right to vote in an election मताधिकार

suf•fuse /sə'fjuːz/ /स'फ़्यूज़्/ verb, t. *The clouds were suffused with the colours of the setting sun.* = to spread through something (literary) फैल जाना, व्याप्त होना (साहित्यिक)

sug•ar[1] /'ʃʊgəʳ/ /'शुगर्/ noun, u. = the sweet white or brown substance obtained from the juice of plants such as sugarcane, beet etc. चीनी

sugar[2] verb, t. *Have you sugared the pudding?* = to add sugar चीनी मिलाना **sugarcane** noun = a tall plant from the juice of which sugar is made गन्ना

sug•gest /sə'dʒest/ /स'जेस्ट्/ verb, t. or i. **1** *They were thinking of a place to hold the next meeting and I suggested the Park Hotel.* = to mention something for other people to consider (think about) सुझाव देना **2** *The redness in your eyes suggests that you may have fever.* = to show indirectly लक्षण होना, संकेत देना **3** *The sight of a rabbit running through a meadow suggested an idea for a well-known children's book.* = to put an idea into a person's mind विचार उत्पन्न करना **suggestion** noun, c. or u. **1** *We will accept your suggestion and hold the next meeting at the Park Hotel.* = something that is suggested सुझाव, प्रस्ताव **2** *We have agreed to have a friendly match with the opponent at your suggestion.* = the act of suggesting something सलाह, राय **suggestible** adj. *a very suggestible person* = easily influenced by what others suggest दूसरों के सुझावों से तुरंत प्रभावित हो जाने वाला **suggestive** adj. **1** *This classical raga is suggestive of the coming of the rains.* = bringing a particular idea or feeling to the mind कल्पना जगाने वाला **2** *a suggestive dance* = bringing thoughts of sex to the mind कामुक, विचारोत्तेजक

su•i•cide /'suːɪsaɪd/ /'सूइसाइड्/ noun = the act of killing oneself आत्महत्या, खुदकुशी **suicidal** /suɪ'saɪdəl/ /सूइ'साइडल्/ adj. **1** *a suicidal tendency* = having the desire to commit suicide आत्मघाती **2** *a suicidal policy* = unwise and likely to cause harm to one or to an organization (figurative) जानलेवा, आत्मघाती (लाक्षणिक)

suit[1] /suːt/ /सूट्/ noun, c. **1** = a set of clothes, usually consisting of a jacket (coat) and trousers (or a skirt, if it is meant for a woman), often made out of the same cloth सूट **2** = a full set of playing cards ताश के बावन पत्ते **3** *He has filed a suit in court.* = a law case मुकदमा

suit[2] verb, t. **1** *The time of the meeting does not suit me as I will be busy at that time.* = to be convenient or acceptable अनुकूल या सुविधाजनक होना **2** *This pink sari does not suit you.* = to look good on someone अच्छा दीखना, जँचना

sui•ta•ble /'suːtəbəl/ /'सूटबल्/ adj. *We have found a suitable person to work with us as a computer operator.* = of the right kind; having the right qualities or skills उपयुक्त, अनुकूल

suit•case /'suːtkeɪs/ /'सूट्केइस्/ noun, c. a large container, usually made of leather or plastic material, in which clothes and others things can be carried during a journey (see pic under **luggage**) सूटकेस (**luggage** के अंतर्गत चित्र देखें)

suite /swiːt/ /स्वीट्/ noun, c. **1** *a hotel suite* = a set of rooms in a hotel होटल में कमरों का सेट **2** = a set of different pieces of furniture or fittings for a room कमरे के फ़र्नीचर का सेट **3** *a suite of dances* = a number of dances etc. which are usually performed during every programme प्रायः हर कार्यक्रम में प्रस्तुत किए जानेवाले नृत्य

sui•tor /'suːtəʳ/ /'सूटर्/ noun, c. = a man who wishes to marry a certain woman (old-fashioned) किसी

S

स्त्री-विशेष से विवाह की इच्छा रखने वाला (पुराने प्रचलन का)

sulk[1] /sʌlk/ /सॅल्क्/ verb, i. *He can't always have what he wants. Let him sulk.* = to be in a bad mood and refuse to smile or talk in order to let someone know that you are unhappy about something (derogatory) रूठना (अनादरपूर्ण)

sulk[2] noun, c. *He went into a sulk.* = the state of sulking (showing unhappiness by refusing to talk etc.) मुँह फुलाने की मुद्रा

sul•len /'sʌlən/ /'सॅलन्/ adj. **1** *The little boy was sullen and angry with his mother.* = bad-tempered and refusing to smile or speak रूठा, नाराज़ **2** *The sky looks sullen. There may be a storm coming.* = dark and unpleasant अंधकारमय और भयावह

sul•ly /'sʌli/ /'सॅली/ verb, t. (**sullied**) *The river has been sullied by the discharge from the drains.* = to make something dirty or impure (formal, literary) मैला, गंदा करना (औपचारिक, साहित्यिक)

sul•phate /'sʌlfeɪt/ /सॅल्फ़ेइट्/ noun *copper sulphate* = a salt (chemical) produced when some chemical reacts with sulphuric acid [CHEMISTRY] सल्फ़ेट, एक प्रकार का रसायन [रसायनशास्त्र]

sul•phur /'sʌlfəʳ/ /'सॅल्फ़र्/ noun = a chemical that is yellow in colour and has a strong smell गंधक **sulphuric acid** /sʌl'fjʊərɪk 'æsɪd/ /सॅल्'फ़्युअरिक् 'ऐसिड्/ noun = a powerful acid (a liquid chemical that can damage the things on which it falls) containing sulphur एक तेज़ हानिकारक अम्ल 'सल्फ़्युअरिक एसिड' **sulphurous** /'sʌlfərəs/ /'सॅल्फ़रस्/ adj. *sulphurous gases rising from a volcano* = containing or smelling of sulphur [CHEMISTRY] गंधकी, सल्फ़्यूरस [रसायनशास्त्र]

sul•ta•na /sʊl'tɑːnə/ /सुल्'ताऽन/ noun = a seedless light brown variety of dried grape, used in sweets and cakes 'सुलताना', हल्की भूरी किशमिश

sul•try /'sʌltri/ /'सॅल्ट्री/ adj. *sultry weather* = hot and humid (with a lot of wetness in the air) उमस भरा

sum[1] /sʌm/ /सॅम्/ noun, c. **1** *I had to spend a large sum of money on my medical treatment.* = an amount of money रकम, राशि **2** *Can you do this sum which our maths teacher gave us for homework?* = a simple mathematical problem गणित का प्रश्न **3** *The sum of 5 and 7 is 12.* = total जोड़, योग, जमाफल

sum[2] verb, t. (**summed**) *The teacher summed up the Principal's speech.* = to state the main points of a speech or piece of writing सारांश या सार प्रस्तुत करना

sum•ma•ry[1] /'sʌməri/ /'सम्री/ noun, c. *The teacher gave us a summary of the poem.* = a statement of the main points of a speech or piece of writing सारांश

summary[2] adj. *The judge carried out a summary trial.* = done suddenly, without delay and without going into details (referring to the way in which justice may be done in a court of law) अचानक, बिना विस्तार में गए (अदालत में न्याय, फ़ैसला देने के संदर्भ में) **summ-arize (summarise)** verb, t. *Can you summarize the report?* = to make a summary of a speech or piece of writing संक्षिप्त करना, सार प्रस्तुत करना

sum•mer /'sʌməʳ/ /'सॅमर्/ noun = the hottest season of the year ग्रीष्म ऋतु, गरमी (गर्मी) **summery** adj. *Although it is not summer yet, the weather is getting summery.* = like summer (informal) गरमी के जैसा (मौसम) (अनौपचारिक)

sum•mit /'sʌmɪt/ /'सॅमिट्/ noun, c. **1** *We reached the summit of the mountain after a difficult climb.* = the top of a mountain चोटी, शिखर **2** *This book was the summit of her achievement as a writer.* = the highest point चरम बिंदु **3** *a meeting of the summit* = the top political leaders of a country शीर्ष (सम्मेलन)

sum•mon /'sʌmən/ /'सॅमन्/ verb, t. **1** *The judge summoned the accused persons to the court.* = to order someone officially to come (specially to a court of law) [LAW] तलब करना, सम्मन जारी करना [कानून] **2** *A meeting has been summoned.* = to call or request people to come for a meeting etc. बुलाना **summons** noun (always plural) *I have received a summons from the court.* = an official order to appear in a court of law [LAW] (केवल बहुवचन में प्रयुक्त) सम्मन, अदालत में उपस्थित होने का आदेश [कानून]

sump /sʌmp/ /सॅम्प्/ noun, c. **1** = an underground tank in which water is stored हौदी **2** = the bottom part of an engine which holds a supply of oil, to make the engine run more smoothly निगर्त, हौदी

sump•tu•ous /'sʌmptʃʊəs/ /सॅम्प्च्युअस्/ adj. *a sumptuous dinner* = very grand and expensive शानदार, भव्य

sun[1] /sʌn/ /सॅन्/ noun = the star which gives light and heat during the day and around which the earth moves सूर्य, सूरज

sun[2] verb, t. (**sunned**) *Let's sun ourselves on the beach.* = to sit or lie in the sunlight, so as to receive the sun's heat धूप सेकना **sun-baked** adj. **1** *sun-baked bricks* = hardened by the heat of the sun सूर्य की गर्मी में पका हुआ **2** *the sun-baked plains of India* = receiving a lot of heat from the sun सूर्य से बहुत गर्मी पाने वाला **sun-bathe** verb, i. = to lie or sit in the sunlight, so as to receive the sun's heat धूप स्नान **sunbeam** noun = a narrow band of light from the sun सूर्य किरणों की धार **sunburn** noun, u. = damage to the skin caused by sitting or lying too long in strong sunlight धूप से त्वचा का प्रभावित होना **sundial** noun = an instrument used in former times to tell the time of the day from the moving shadow of a pointer धूप-घड़ी **sun-flower** noun = a large yellow flower from which oil is produced सूरजमुखी (फूल) **sun-glasses** noun (always plural, used with 'a pair of') = dark glasses used to protect the eyes from strong sunlight (a pair of के साथ केवल बहुवचन में प्रयुक्त) धूप का चश्मा **sun god** noun = the god represented by the sun (in the religions of ancient Greece and Rome as well as India, Egypt and some other countries) सूर्यदेव **sunrise** noun = the time early in the morning when the sun is first seen in the sky सूर्योदय **sunrise industry** noun, c. = a new industry which is growing and becoming more important than the older industries तीव्रता से आगे बढ़ता हुआ उद्योग **sunset** noun = the time when the sun begins to disappear from the sky, bringing night सूर्यास्त **sunspot** noun, c. = a small, dark area on the surface of the sun which can be seen through a telescope दूरबीन से देखने पर सूर्य की सतह पर कभी कभी दिखाई देने वाला धब्बा, सूर्य कलंक **sunstroke** noun = fever caused by too much heat from the sun धूप आघात, लू लगना **suntan** noun = the turning of the skin (in a white man or woman) into a brown or dark colour, which is considered healthy, as a result of lying or sitting in strong sunlight तेज धूप में बैठने से त्वचा का बदला (तांबई) रंग **sunny** adj. **1** *a sunny verandah* = receiving a lot of sunlight धूपवाला, जहाँ धूप आती हो **2** *a sunny temperament* = cheerful प्रसन्नचित्त, खुशमिज़ाज **sunnyside up** adj. = (an egg) fried in such a way that the yolk (yellow liquid inside the egg) remains liquid, forming a kind of bag on top of the egg

under the sun *Nowhere under the sun would you find such delicious mangoes.* = anywhere in the world, wherever one may go (used in negative sentences only) कहीं भी, किसी भी स्थान पर (केवल नकारात्मक वाक्यों में प्रयुक्त)

sun•dae /'sʌndeɪ/ /'सॅन्डे़/ noun, c. = a sweet dish made by adding chocolate, fruits, nuts etc. to icecream एक प्रकार का 'आइसक्रीम' जिसमें चॉकलेट, फल, बादाम आदि मिलाए गए हों

Sun•day /'sʌndi/ /'सॅन्डी/ noun = the day of the week which comes between Saturday and Monday and is usually a day of rest रविवार, इतवार

sun•dry /'sʌndri/ /'सॅन्ड्री/ adj. *Keep some money for sundry expenses.* = miscellaneous (of several different kinds) विविध

sunk•en /'sʌŋkən/ /'सॅन्कन्/ adj. *sunken cheeks* = at a lower level than the surrounding parts or areas धँसा हुआ

su•per /'su:pər/ /'सूपर/ adj. *That's a super idea!* = very good,(informal) बहुत अच्छा (अनौपचारिक)

super- /'su:pə:/ /'सूपऽ/ prefix meaning **1** above e.g. एक उपसर्ग **su•per•im•pose** /su:pərɪm'pəʊz/ /सूपरइम्'पउज़्/ verb, t. *If we superimpose a map of India over that of Russia, you can see how big Russia is.* = to put something, specially a picture, over or on top of something else, so that both can be seen अध्यारोपित करना, एक के ऊपर दूसरा रखना **2** greater than e.g. **superhuman** /su:pə'hju:mən/ /सूप'ह्यूमन्/ adj. *He was able to reach the top of Mt Everest by a superhuman effort.* = much greater than is possible for an ordinary human being अतिमानवीय

su•per•an•nu•ate /su:pər'ænjʊeɪt/ /सूपर'ऐन्युएइट्/ verb, i. = to retire or stop working after reaching a certain age सेवानिवृत्त होना

su•perb /su:'pɜ:b/ /सु'पऽब्/ adj. *a superb piece of writing* = of the highest quality शानदार, बहुत बढ़िया

su•per•charg•er /'su:pətʃɑ:dʒər/ /'सूपचाऽजर/ noun = a part fitted to the engine of a car, truck or aircraft which increases the power of the engine अतिभरक (इंजन में लगने वाला एक पुर्ज़ा)

su•per•cil•i•ous /su:pə'sɪliəs/ /सूप'सिलिअस/ adj. *a supercilious manner* = thinking oneself to be better than others दंभी, स्वयं को अन्य से श्रेष्ठ समझने वाला

su•per-con•duc•tor /su:pəkən'dʌktər/ /सूपकन्'डॅक्टर/ noun = a substance (usually a metal or a mixture of different metals) which allows electricity to pass through it with no resistance (does not check the flow of electricity at all), specially at a very low temperature एक पदार्थ (प्रायः धातु या कोई मिश्रित धातु) जो बिना प्रतिरोध के अपने भीतर से विद्युत् प्रवाहित होने देता है (विशेषकर अत्यल्प तापमान पर)

su•per•du•per /su:pə'du:pər/ /सूप'डूपर/ adj. *a super-duper musical hit* = very good or very successful (informal) बहुत ही अच्छा, सफल (अनौपचारिक)

su•per•ego /su:pər'i:gəʊ/ /सूप'रीगउ/ noun = one of the three parts into which the mind is thought to be divided, which tells us whether an action is right or wrong [TECHNICAL] पराहम् [तकनीकी]

su•per•fi•cial /su:pə'fɪʃəl/ /सूपफ़िश्ल्/ adj. **1** *He has only a superficial knowledge of computers. He hardly knows anything about them.* = not deep; only on the surface (disapproving) सतही, ऊपरी (अस्वीकृत) **2** *Don't worry. It's only a superficial injury.* = affecting only the top layers of the skin; not deep, therefore not serious ऊपरी

su•per•flu•ous /su:'pɜ:flʊəs/ /सूपऽफ़्लुअस्/ adj. *Good athletes should have no superfluous fat on their bodies.* = extra or unnecessary फालतू, अतिरिक्त

su•per•in•tend•ent /su:pərɪn'tendənt/ /सूपरिन्'टेन्डन्ट्/ noun, c. *the superintendent of the hostel* = the person in charge of something अधीक्षक

su•pe•ri•or[1] /su:'piəriər/ /सूपीअरीअर/ adj. **1** *This car is superior to the other one. It has a more powerful engine but uses less fuel.* = better than श्रेष्ठ, बेहतर **2** *a superior person* = of a higher rank or position वरिष्ठ

superior[2] noun, c. *He respects his superiors.* = a person having a higher rank than someone else वरिष्ठ, उच्च, बड़ा **superiority** /su:pɪərɪ'ɒrɪti/ /सूपिअरि'ऑरिटी/ noun, u. = the quality of being better than someone or something उच्चता, श्रेष्ठता, वरिष्ठता, वरीयता **superiority complex** noun = the belief, for which

S

there is usually no reason, that one is better than others श्रेष्ठता मनोग्रंथि, अपने को दूसरों से श्रेष्ठ मानने का अभिमान

su•per•la•tive /su'pɜːlətɪv/ /सू'पऽलेटिव्/ adj. **1** *'Best' is the superlative form of 'good'.* = the form of an adjective which refers to the highest degree of comparison [GRAMMAR] विशेषण का तुलनात्मक रूप, उत्तमतासूचक [व्याकरण] **2** *Kajol gives a superlative performance in this film.* = of the highest quality श्रेष्ठकोटिक

su•per•man (-woman) /'suːpəmæn/ /'सूपमैन्/ noun, c. (**supermen**) (also a trademark) = a person who has much greater powers of the body and mind than an ordinary human being अतिमानव, सुपरमैन (एक ट्रेडमार्क भी)

su•per•mar•ket /'suːpəmaːkɪt/ /'सूममाऽकिट्/ noun, c. = a very large shop in which many kinds of things are sold and where the customers have to serve themselves; a self-service market 'सुपर बाज़ार'

su•per•nat•u•ral[1] /suːpə'næt∫ərəl/ /सूप'नैच्रल्/ adj. *In very ancient times, people believed that a solar eclipse was a supernatural event.* = something which is above the laws of nature and is believed to be caused by gods, spirits etc. अलौकिक

supernatural[2] noun *He is a strong believer in the supernatural.* = the existence of gods, spirits, fairies etc. दैविक

su•per•no•va /suːpə'nəʊvə/ /सूप'नउव/ noun = a very large and bright star [PHYSICS] एक बहुत बड़ा और चमकीला तारा [भौतिकी]

su•per•nu•me•ra•ry /suːpə'njuːmərəri/ /सूप'न्यूम्ररी/ noun, c. or adj. = a person with no fixed duties, who is working in addition to the usual or required number (formal) केवल अतिरिक्त कार्य करने वाला, अतिरिक्त कर्मचारी (औपचारिक)

su•per•pow•er /'suːpəpaʊə^r/ /'सूपपाउअ^र/ noun, c. = a country with very great political, economic and military power सबसे बड़ी सैन्य शक्ति, महाशक्ति

su•per•sede /suːpə'siːd/ /सूप'सीड्/ verb, t. *This new rule for admission to the club supersedes the earlier rule.* = to replace something (formal) [LAW] दूसरे का स्थान लेना (औपचारिक) [कानून]

su•per•son•ic /suːpə'sɒnɪk/ /सूप'सॉनिक्/ adj. *supersonic aircraft // supersonic speed* = travelling at a speed greater than that of sound पराध्वनिक

su•per•sti•tion /suːpə'stɪ∫ən/ /सूप'स्टिशन्/ noun, u. or c. *Many people have the supersition that if a cat crosses your path, you will have bad luck.* = a belief that is not based on scientific thinking or reason and is generally connected with luck, magic, spirits etc. अंधविश्वास **superstitious** /suːpə'stɪ∫əs/ /सूप'स्टिशस्/ adj. *a superstitious person* = a believer in superstitions अंधविश्वासी

su•per•struc•ture /'suːpəstrʌkt∫ə^r/ /'सूपस्ट्रॅक्च^र/ noun, u. *The new building has a very impressive superstructure.* = the upper parts of a building, ship etc. which rise above the base (the lower parts) अधिसंरचना, किसी संरचना का ऊपरी भाग

su•per•tank•er /'suːpətæŋkə^r/ /'सूपटैंक^र/ noun, c. = a very large tanker (ship) that can carry oil or some other liquid or gas बहुत बड़ा टैंकर (जहाज) जो तेल या कोई अन्य द्रव/गैस ला/ले जा सकता है

su•per•vise /'suːpəvaɪz/ /'सूपवाइज़्/ verb, t. or i. *He has been asked to supervise the arrangements for the meeting.* = to look after or be in charge of some activity पर्यवेक्षण करना **supervision** noun, u. *The meeting has been arranged under his supervision.* = the act of supervising (looking after) something/ someone पर्यवेक्षण, निरीक्षण, देख-रेख

su•pine[1] /'suːpaɪn/ /'सूपाइन्/ adv. *He lay supine on the ground.* = in a flat position, on one's back (literary) चित्त, पीठ के बल सीधे (साहित्यिक)

supine[2] adj. **1** *The beach is crowded with supine bodies.* = lying flat on the ground ज़मीन पर सपाट पड़ा **2** *He attacked the committee for its supine acceptance of the new proposal.* = weak; not showing enough firmness कमज़ोर, पर्याप्त दृढ़ता न दिखाना

sup•per /'sʌpə^r/ /'सॅप^र/ noun = the last meal of the day, usually taken in the evening रात्रि-भोज, रात का खाना

sup•plant /sə'plɑːnt/ /स'प्लान्ट्/ verb, t. *Typewriters have been supplanted by computers in this office.* = to take the place of (disapproving) का स्थान लेना, स्थानापत्ति करना (अस्वीकृत)

sup•ple /'sʌpəl/ /'सॅप्ल्/ adj. *Yoga keeps our bodies supple.* = able to bend or move easily लचीला

sup•ple•ment[1] /'sʌplɪment/ /'सॅप्लिमेन्ट्/ verb, t. *I get a small pension after retirement and supplement it by working part-time in a school.* = to add to something, in order to increase it or make it more complete पूरक, अतिरिक्त

supplement[2] noun, c. **1** *You should take some vitamin supplements as you are not getting enough vitamins in your food.* = something that adds to or completes something else पूरक **2** *a newspaper supplement* = extra pages given out with a newspaper, magazine, book etc. अतिरिक्त पृष्ठ **supplementary** /sʌplɪ'mentəri/ /सॅप्लि'मेन्ट्री/ adj. **1** *a supplementary examination* = additional (in addition to the main thing) पूरक **2** *a supplementary angle* = an angle which, when taken together with another angle, makes up a total of 180 degrees [GEOMETRY] संपूरक [ज्यामिती]

sup•pli•cant /'sʌplɪkənt/ /'सॅप्लिकन्ट्/ noun, c. *The emperor gave alms to supplicants each morning.* = a person who begs or asks for something, especially from God (formal, old-fashioned) याचक (औपचारिक, पुराने प्रचलन का)

sup•ply[1] /sə'plaɪ/ /स'प्लाइ/ verb, t. *This river supplies water to the whole city.* = to provide (give or bring) something that is needed आवश्यकता पूर्ति करना, देना

supply[2] noun, u. or c. **1** *When we went to Ladakh, we carried a large supply of medicines.*(c.) = a stock (amount) of something that is needed भंडार, आपूर्ति **2** *The government has stopped the supply of medicines to this hospital.*(u.) = the action or the system that provides something which is needed आपूर्ति **supplier** noun, c. = a person or a company that sells something संभरक, दायक **supplies** noun (always plural) *Our supplies have been cut off because of the floods.* = the things that one needs and uses (केवल बहुवचन में प्रयुक्त) रसद

to be in short supply *The relief workers have complained that although the government has given flood victims a lot of help, medicines are in short supply.* = not easily available अनुपलब्ध, अभाव की स्थिति में **to cut off a supply** *With all the feeder lakes almost running dry this season, the corporation has cut off the water supply to the city on alternate days.* = to stop the supply of something आपूर्ति बंद करना

sup•port[1] /sə'pɔ:t/ /स'पॉट/ verb, t. **1** *These concrete pillars support the roof of the building.* = to bear (carry) the weight of something, to prevent it from falling सँभालना, भार वहन करना **2** *I have to support a large family on my income.* = to look after all the needs of someone पालन करना, भरण-पोषण करना **3** *I support the demand of everyone in this office for better working conditions.* = to encourage or help समर्थन करना, प्रोत्साहित करना

support[2] noun, u. or c. **1** *The roof of this building is very heavy. It needs more support.*(u.) सहारा // *We are putting up some additional supports for the roof.*(c.) = something that carries the weight of something else and prevents it from falling सहारा, आधार **2** *We have decided to withdraw our support to this club.* = encouragement and help समर्थन एवं सहयोग **supporter** noun, c. = a person who encourages or helps a political party etc. समर्थक **supportive** adj. *The school is very supportive of my efforts to improve the library.* = providing encouragement and help प्रोत्साहन एवं सहायता देनेवाला

sup•pose /sə'pəʊz/ /स'पउज़्/ verb, t. **1** *She is late for our meeting. I suppose she has been held up by the heavy traffic.* = to consider or imagine, sometimes in a displeased way, that something is likely अनुमान करना, समझना **2** *Isn't he supposed to speak at this meeting?* = to remind someone that something had been planned or arranged, and should be done as expected निर्धारित, निश्चित किया गया **supposedly** adv. *He is supposedly the leader of the group.* = as believed by most people, but not necessarily true (disapproving) समझा जानेवाला (अस्वीकृत) **supposition** /sʌpəʊ'zɪʃən/ /सॅपउ'ज़िशन्/ *Your supposition that he was sincere in the speech he made may not be correct.* = something that one supposes (thinks to be likely) (formal) कल्पना, अनुमान (औपचारिक)

sup•press /sə'pres/ /स'प्रेस्/ verb, t. *We suppressed the news by refusing to meet the press.* = to stop something from being known दबाना

sup•pu•rate /'sʌpjʊreɪt/ /'सॅप्यूरेइट्/ verb, i. *The wound in my leg got infected and began to suppurate.* = to form pus (thick white or yellowish liquid that forms inside a wound) (referring to a wound) (formal) मवाद पड़ना (घाव से संबंधित) (औपचारिक)

su•pra /'su:prə/ /'सूप्र/ adv. *Refer to paragraph 2 (supra)* = above (describing the position, in a book or piece of writing, of something that is being referred to) (formal) ऊपर उक्त, उपर्युक्त (औपचारिक)

supra- prefix meaning 'above' or 'beyond' e.g. 'ऊपर', 'परे' का अर्थ देने वाला उपसर्ग **supranational** = going beyond the boundaries of a country अधिराष्ट्र

su•preme /su:'pri:m/ /सू'प्रीम्/ adj. **1** *When a soldier dies in battle, his family makes the supreme sacrifice.* = the highest or greatest in importance सर्वोच्च **2** *Music gives me supreme pleasure.* = of the highest or best kind (informal) परम (अनौपचारिक) **the Supreme (Being)** noun = God ईश्वर **supremacy** noun, u. *She was the best tennis player in the world, but now her supremacy is being challenged by younger players.* = the state of being supreme (the greatest) सर्वश्रेष्ठता, सर्वोच्चता **Supreme Court** noun = the highest court in the country सर्वोच्च न्यायालय **supremo** noun = a ruler who has unlimited power अधिनायक, असीमित अधिकारों वाला शासक

sur•charge /'sɜ:tʃɑ:dʒ/ /'सऽचाऽज्/ noun, c. *We have to pay a surcharge of one rupee, in addition to the usual charge of Rs 2.50, on every unit of electricity that we use.* = money that has to be paid for something (usually to the government) in addition to the usual charge or payment अधिभार, अधिशुल्क

surd /sɜ:d/ /'सऽड्/ noun, c. *The square-root of 5 is a surd.* = a mathematical quantity that cannot be expressed as a whole number [MATHEMATICS] करणी [गणित]

sure[1] /ʃʊə^r/ /'शुअ^र/ adj. **1** *I am sure that he is honest because I have proof of his honesty.* = certain; having no doubt about the truth of something आश्वस्त, पूरा भरोसा होना **2** *He is sure to win the election.* = bound to happen निश्चित रूप से होना

sure[2] adv. *'Will you sing for us?' 'Sure, I will.'* = certainly ज़रूर **sure-fire** adj. *a sure-fire winner* = certain to happen अवश्यंभावी **sure-footed** adj. *a sure-footed mule* = able to walk in difficult places without slipping or falling कठिन रास्तों पर भी दृढ़तापूर्वक चलने वाला **surely** adv. *It will surely rain this afternoon.* = without

S

doubt निःसंदेह, बिना शक **sure thing** interjec. *'Will you come with me?' 'Sure thing!'* = of course (an expression of willingness to do something) (informal) ज़रूर (अनौपचारिक) **surety** noun, c. (**sureties**) or u. **1** *I need a loan from the bank. Will you stand surety for me?* = a person who agrees to take the responsibility for the good behaviour of another person, her/his returning a loan etc. ज़मानती, ज़ामिन, प्रतिभूति **2** *He was asked to deposit a surety of Rs 20,000.* = bail; money given to make sure that a person will appear in court ज़मानत

surf[1] /sɜːf/ /सऽफ़्/ noun, u. **1** *The children were paddling about happily in the surf.* = the foam (air bubbles) formed when sea-waves strike against the shore समुद्री फ़ेन

surf[2] verb, i. **1** *Let us go surfing.* = to ride over the waves coming towards the shore, using a surf-board (see **surfboard**) लहरों पर 'सर्फ़-बोर्ड' की सहायता से घूमना (देखें **surfboard**) **2** *to surf the Net* = to go from one web-site to another while using the Internet, without spending too much time at one web-site (see **Internet** and **web-site**) इंटरनेट और वेब-साइट के संदर्भ में (देखें **Internet** और **web-site**) **surf-board** noun, c. = a long, narrow piece of wood or plastic on which one stands while riding across the tops of waves as they move towards the shore लहरों पर घूमने का आनंद लेने के लिए प्रयुक्त लकड़ी या प्लास्टिक का बोर्ड

sur•face[1] /'sɜːfɪs/ /'सऽफ़िस्/ noun, c. **1** *The surface of the earth is hard and rocky.* = the topmost or outermost part or layer of an object ऊपरी सतह **2** *There were dead leaves floating on the surface of the water.* = the top of a body of water सतह **3** *There isn't enough surface here for us to work on.* = the surface or available area for one to use while working e.g. in a kitchen जगह, स्थान

surface[2] verb, i. **1** *The diver surfaced after a few minutes.* = to come to the surface of a body of water पानी की सतह पर आना, उतराना **2** *The road is being surfaced.* = to cover the surface of something with some material, so as to create a new surface सड़क या रास्ते पर किसी वस्तु की परत चढ़ाना/बिछाना **3** *Everyone thought he was honest, but many unpleasant facts have surfaced after the police investigation.* = to become known (referring to something unpleasant or negative that was not known earlier) सामने आना, ज्ञात होना **4** *It's so cold, I don't feel like surfacing in the morning!* = to come out of bed (humorous) बिस्तर से निकलना (हास्यपरक) **surface mail** = post that is carried over land or sea, not by air जलमार्ग अथवा थल मार्ग से जाने वाली डाक **surface tension** = the natural forces in the molecules of a liquid that hold them together at the surface [PHYSICS] पृष्ठ-तनाव [भौतिकी]

on the surface *On the surface he seems to be a nice person, but once you get to know him well, you will find he has many faults.* = judging from the things one can observe (see) easily, which do not give a complete picture ऊपर से, जैसा दीख पड़ता है **to rise to the surface** = see **surface[2]**, meaning **3**

sur•feit /'sɜːfɪt/ /'सऽफ़िट्/ noun, u. *I am tired of watching cricket on television. We are getting a surfeit of cricket.* = too much of something (formal) आधिक्य, अति (औपचारिक)

sur•ge[1] /sɜːdʒ/ /सऽज्/ verb, i. *The crowd surged forward to catch a glimpse of the great leader.* = to move or rush forward with force उमड़ना

surge[2] noun, u. **1** *There has been a surge in the sale of motor cars.* = a sudden and great increase अचानक बढ़ोतरी **2** *He felt a surge of anger.* = a sudden rise of some feeling उफान **3** *A surge in the voltage burnt out all the electric gadgets.* = a sudden increase in the flow of something (e.g. an electric current, or some liquid) (विद्युत) प्रवाह में अचानक वृद्धि

sur•geon /'sɜːdʒən/ /'सऽजन्/ noun, c. = a person who treats disease by operating on the body (cutting open the body to remove a diseased part or repair, replace a defective one) शल्य-चिकित्सक **surgery** noun **1** = the branch of medicine which deals with the treatment of disease through operations शल्य-चिकित्सा **2** *You will need surgery as you are suffering from appendicitis.* = an operation performed by a surgeon शल्य-क्रिया **3** *a doctor's surgery* = a room where a doctor sees patients चिकित्सक का जाँच-कक्ष **surgical** adj. *a surgical knife* = connected with surgery (शल्य संबंधी सामान) शल्यक

sur•ly /'sɜːli/ /'सऽली/ adj. *He was in a surly mood and refused to talk or smile.* = bad-tempered and showing bad manners (disapproving) रूखा, नाराज़, बदमिज़ाज

sur•mise[1] /sə'maɪz/ /स'माइज़/ verb, t. *I surmise that you are new to this country.* = to guess (formal) अनुमान करना, समझना (औपचारिक)

surmise[2] noun, c. or u. *Your surmise is quite correct.* = guess अनुमान

sur•mount /sə'maʊnt/ /स'माउन्ट्/ verb, t. *I had to face many difficulties when I started my business, but I was able to surmount them.* = to overcome (get over) a difficult situation (formal) (कठिनाइयों पर) विजय पाना (औपचारिक)

sur•name /'sɜːnəɪm/ /'सऽनेइम्/ noun, c. = the family name (the last part of a person's name, which one shares with other members of the family) (also **last name**) कुल नाम, उपनाम (देखें **last name**)

sur•pass /sə'pɑːs/ /स'पाऽस्/ verb, t. *Gangubai was a great singer, but many believe her daughter Kesarbai surpassed her.* = to be better or to do better than someone else से बढ़कर, श्रेष्ठ होना **surpassing** adj. *Noor Jehan was a woman of surpassing beauty.* = very great (literary) अद्वितीय (साहित्यिक)

sur•plus[1] /'sɜ:pləs/ /'सऽप्लस्/ adj. *This house has ten rooms but we need only two. We should rent out the surplus rooms.* = extra; more than what is needed अतिरिक्त, फालतू, प्रयोग में न आने वाला

surplus[2] noun, u. **1** *The harvest was so good that we had a large surplus after meeting all our needs.* = something that is left over after use बेशी, आधिक्य **2** = profit after tax [BUSINESS] शुद्ध लाभ [व्यापार]

sur•prise[1] /sə'praɪz/ /स'प्राइज़्/ verb, t. **1** *When we returned from Danapur, my neighbour surprised me by cooking us a hot meal.* = to cause a feeling of wonder by doing something unexpected हैरान कर देना **2** *The police surprised the gang of robbers as they were about to rob a bank.* = to catch or attack someone when he/she is not prepared आकस्मिक आक्रमण करना, चौंका देना

surprise[2] noun, u. or c. **1** *Imagine my surprise when I heard you had applied for admission to a medical college. I thought you wanted to be a teacher.*(u.) = the feeling of wonder caused by some unexpected event (सूचना जनित) आश्चर्य **2** *This morning I met an old friend whom I had not seen for 20 years. It was a real surprise.*(c.) = an unexpected event, usually pleasant अचंभा (सामान्यत: सुखद)

surprise[3] adj. *We are planning a surprise welcome for them.* = something done without the other person's knowledge अप्रत्याशित

sur•real•ism /sə'rɪəlɪzəm/ /स'रिअलिज़्म्/ noun = the twentieth century practice of using art (specially painting) or literature to represent things in an unnatural or unreal way, as they might appear in a dream अति-यथार्थवाद **surrealist** noun = a painter or writer who makes use of surrealism अति-यथार्थवादी **surrealistic** /sərɪə'lɪstɪk/ /सरिअ'लिस्टिक्/ adj. *a surrealistic painting* = influenced by surrealism [TECHNICAL] अति-यथार्थवादिता से प्रभावित [तकनीकी]

sur•ren•der /sə'rendəʳ/ /स'रेन्डʳ/ verb, i. or t. **1** *When the enemy soldiers found they were sure to be killed, they surrendered.*(i.) = to accept defeat and stop fighting समर्पण करना, हार मान लेना **2** *The king was defeated and surrendered his throne to the enemy.* = to give up control or possession of something समर्पण करना, अधिकार छोड़ देना

sur•rep•ti•tious /sʌrəp'tɪʃəs/ /सॅरप'टिशस्/ adj. *a surreptitious meeting* = done secretly and stealthily for a dishonest purpose (formal) गुप्त रूप से छिपकर (औपचारिक)

sur•ro•gate /'sʌrəgeɪt/ /'सॅरऽगेइट्/ adj. *I lost both my parents when I was a baby and was brought up by surrogate parents.* = substitute (someone or something that takes the place of another) (formal) दूसरे का स्थान लेने वाला (औपचारिक)

sur•round /sə'raʊnd/ /स'राउन्ड्/ verb, t. **1** *You can't enter the building as a high wall surrounds it.* = to be all around (on all sides of) something घिरा हुआ **2** *The police surrounded the house in which the thieves were hiding.* = to take up positions all around someone so that he/she cannot escape घेरा डालना **surrounding** adj. *a surrounding wall* = found around (on all sides of) something के चारों ओर **surroundings** noun (always plural) *He lives in pleasant surroundings.* = everything that is found near or around a place (केवल बहुवचन में प्रयुक्त) पास-पड़ोस, वातावरण

sur•veil•lance /sɜ:'veɪləns/ /सऽ'व़ेइलन्स्/ noun, u. *They have been under police surveillance because of their suspicious activities.* = close watch kept on someone who may be a criminal निगरानी, जाँच

sur•vey[1] /sə'veɪ/ /स'वेइ/ verb, t. **1** *We surveyed the countryside and finally decided to camp on the bank of a river nearby.* = to examine something as a whole, without going into details निरीक्षण करना **2** *The government is surveying all the schools in the state to find out how many trained teachers there are.* = to carry out an examination or study of something for a particular purpose सर्वेक्षण करना

survey[2] /'sɜ:veɪ/ /'सऽवेइ/ noun, c. *The government is doing a survey of the schools in the state.* = an official examination or study, carried out for some purpose सर्वे **land survey** noun = a measurement of the land, in order to prepare maps and government records भू-मापन, भू-सर्वेक्षण

sur•vive /sə'vaɪv/ /स'वाइव़्/ verb, i. or t. **1** *She was badly injured in the accident, but the doctors think she will survive.*(i.) = to not die after going through an experience which threatens a person's life (e.g. an accident, disease etc.) (formal) जीवित बचना (औपचारिक) **2** *This building survived the earthquake.* (t.) = to not be destroyed (in a fire, earthquake etc.) टिका रहना, बच जाना **survival** noun, u. *We had given up hopes of his survival.* = the fact of surviving बचे होना **survivor** noun, c. **1** = a person who goes on living after coming close to death जीवित बचा **2** *I am quite sure Ali will manage beautifully on his own. After all, he is a survivor.* = a person who can take care of himself or herself in difficult or dangerous situations, sometimes by using means which are not admired (sometimes derogatory) अपने आप को बचा सकने वाला (कभी-कभी अनादरपूर्ण) **to survive on** *With the cost of living going up by the month, I don't know how much longer we can survive on a fixed monthly income.* = to continue to live and be able to satisfy one's needs in spite of financial problems जीवित रह पाना, गुज़ारा कर पाना

sus•cep•ti•ble /sə'septɪbəl/ /स'सेप्टिबल्/ adj. **1** *She is highly susceptible to colds.* = likely to suffer from (formal) प्रभावित होने वाला (औपचारिक) **2** *He is*

S

susceptible to pressure. = easily influenced by (formal) अति संवेदनशील, जल्दी प्रभावित होने वाला (औपचारिक)

su•shi /'su:ʃi/ /'सूशी/ noun = a Japanese dish prepared from raw fish and rice एक जापानी भोजन

sus•pect[1] /sə'spekt/ /स'स्पेक्ट्/ verb, t. **1** *Someone has stolen my ring. I am not sure whom to suspect.* = to have the feeling, without being sure or having enough proof, that someone is guilty (has done something wrong) शक करना **2** *According to the report, 200 new homes were built in this village after the earthquake. I suspect that this is not quite true.* = to doubt something that you are told संदेह करना, शक होना **3** *She seems to be putting in a lot of hard work, but I suspect her motives.* = not to trust someone or something संदेह होना

sus•pect[2] /'sʌspekt/ /'सॅस्पेक्ट्/ noun, c. *A bank was robbed last night. The police have arrested two suspects.* = a person who is thought to be guilty of some crime संदिग्ध व्यक्ति **suspicion** /sə'spɪʃən/ /स'स्पिशन्/ noun, u. or c. **1** *I am not sure who stole our plans but our suspicion is that it may have been one of our rivals.*(u.) = the feeling that someone may be guilty (may have done something wrong) शक, संदेह **2** *His strange behaviour aroused my suspicions.*(c.) = the fact of not trusting someone संदेह, शक **suspicious** adj. **1** *Her behaviour looked suspicious.* = causing doubt or lack of trust संदेहजनक, संदिग्ध **2** *I am suspicious of his behaviour.* = not trusting someone संदेह से भरा

to suspect someone of doing something *They are suspected of passing on some secret documents to a neighbouring country.* = to think that someone has done something that he or she should not have, though there is no proof किसी पर शक करना कि उसने (कोई) करतूत की है

sus•pend /sə'spend/ /स'स्पेन्ड्/ verb, t. **1** *This bridge is suspended from the two towers which you see on each side of the river.* = to make something hang from a support किसी सहारे से लटकाना **2** *We have decided to suspend you as you have been found to be dishonest.* = to take away someone's job or to prevent someone from taking part in some activity for a time, because of something wrong that he or she has done (दंड के रूप में) निलंबित करना **3** *The law requiring all drivers of two-wheelers to wear helmets has been suspended, but it may be re-introduced next year.* = to make something ineffective for a time (formal) स्थगित करना (औपचारिक) **suspenders** noun (only plural) = a pair of narrow bands of elastic material which pass over one's shoulders and hold up the trousers (also **braces**) (केवल बहुवचन में प्रयुक्त) गेलिस (देखें **braces**)

sus•pense /sə'spens/ /सस्पेन्स/ noun, u. *There was suspense in the room as the Chairperson got up to announce the name of the winner.* = the feeling of excitement or anxiety that one has when waiting for something to happen, not knowing what it will be उत्सुकता **suspension** noun, u. **1** = the act of taking away someone's job for a time निलंबन **2** *The suspension of talks between the two leaders has created a fear that there may be trouble.* = the act of stopping something for a time (formal) स्थगन (औपचारिक) **3** *the suspension of a car* = the parts that connect the wheels of a car to the body and reduce the discomfort caused by travelling over rough roads 'सस्पेंशन' (कार का एक भाग) **4** = a liquid mixture consisting of very small pieces of solid that are mixed in the liquid but have not combined with it [CHEMISTRY] सस्पेंशन, एक तरल मिश्रण जिसमें छोटे-छोटे कण तैरते रहते हैं [रसायन शास्त्र] **suspension bridge** noun = a bridge that is not supported by pillars in the middle but is hung from steel cables (thick wires) fixed to towers at each end दोनों सिरों पर मीनारनुमा ढांचों में जड़ी इस्पात की मोटी तारों से लटकने वाला, झूला पुल

to keep someone in suspense *A nurse came out to announce that a baby had been born, but did not tell us if it was a girl or a boy. She wanted to keep us in suspense!* = to keep someone in a state of excitement or anxiety by not giving out some information असमंजस में रखना **The suspense is killing me.** *I wish they would tell us soon whether Shama had a baby boy or girl! The suspense is killing me!* = a way of saying that one is anxious because of not knowing what will happen or has happened (informal) अत्यधिक उत्सुकता में बेचैन होना (अनौपचारिक)

sus•tain /sə'steɪn/ /स'स्टेइन्/ verb, t. **1** *You should drink some milk every day. The food you are getting is not enough to sustain you.* = to nourish (make someone healthy and strong) (formal) पोषण करना (औपचारिक) **2** *The first half of the film was interesting, but the director was unable to sustain the interest till the end.* = to keep up something बनाए रखना, कायम रखना **3** *He sustained a serious injury in the accident.* = to suffer harm or loss (formal) (चोट, नुकसान) भुगतना (औपचारिक) **4** *Objection sustained!* = used by a judge to say that someone was right to object to the opponent's statement or argument [LAW] अदालत में प्रयुक्त अभिव्यक्ति 'आपत्ति को सही ठहराना' [कानून] **sustenance** /'sʌstənəns/ /'सॅस्टनन्स्/ noun, u. **1** *Milk will give you sustenance.* = the ability to remain strong and healthy (formal) पोषण, जीवन-निर्वाह के लिए धन देना (औपचारिक) **2** *The judge ordered the man to pay his old mother Rs 500 every month for her sustenance.* = money provided to keep a person alive भरण-पोषण के लिए देय राशि

su•ture[1] /'su:tʃər/ /'सूचर्/ noun, c. = a stitch made by a surgeon to join together the edges of a wound [MEDICINE] टाँका [चिकित्सा विज्ञान]

suture[2] verb, t. = to join together or stitch up the edges of a wound टाँका लगाना

swab[1] /swɒb/ /स्वॉब्/ noun, c. = a small piece of cotton used to clean a wound or to take a small amount of some substance from the body for testing [MEDICINE] चिकित्सा में घाव को साफ़ करने के लिए या घाव में से किसी पदार्थ की (चिकित्सीय) जाँच के लिए प्रयुक्त होने वाला फ़ाहा [चिकित्सा]

swab[2] verb, t. (**swabbed**) = to clean with a swab फाहे से साफ़ करना **swab down** = clean, especially the floors of a ship साफ़ करना, पोंछा लगाना

swad•dle /'swɒdl/ /'स्वॉड्ल्/ verb, t. *He swaddled the baby in a warm shawl.* = to wrap a baby in a piece of cloth (old-fashioned) लपेटना (पुराने प्रचलन का)

swag•ger[1] /'swægəʳ/ /'स्वैगर्/ verb, i. *The young soldier swaggered across the parade ground.* = to walk proudly with a swinging movement, in order to show off one's importance (disapproving) अकड़ कर चलना, इतराना, इठलाना (अस्वीकृत)

swagger[2] noun, u. *He walked with a swagger.* = a proud, swinging movement, indicating over-confidence अकड़ की चाल

swal•low[1] /'swɒləʊ/ /'स्वॉलउ/ verb, t. **1** *The doctor told the girl to swallow the tablets he had given her, and not to chew them.* = to cause some liquid or solid substance to move down the throat towards the stomach by using the muscles of the throat निगलना **2** *I am not going to swallow this insult.* = to accept something unpleasant or painful patiently हज़म करना, बरदाश्त करना **3** *She swallowed her anger and kept calm.* = to hold back one's negative feelings पी जाना (क्रोध, आदि भावना)

swallow[2] noun, c. **1** *He took a swallow of the strong drink.* = a small amount of some liquid that is swallowed घूँट **2** = a kind of small bird एक पक्षी 'अबाबील'

hard to swallow *I find his story a little hard to swallow.* = difficult to believe (informal) विश्वास करना मुश्किल होना (अनौपचारिक) **to swallow one's pride** *We knew how fiercely independent he was, but he had to swallow his pride and ask some of his relatives to help him pay the hospital bill.* = to be forced to do something that one would not normally do as it would hurt one's self-respect आत्मसम्मान का शमन करना

swamp[1] /swɒmp/ /स्वॉम्प्/ noun, c. = a piece of land that is always covered with water दलदल

swamp[2] verb, t. **1** *The village was completely swamped when the flood came.* = to be covered with a large amount of water; to be flooded सब ओर पानी ही पानी भर जाना **2** *The actor was swamped with telephone calls from her fans after her new film was released.* = to receive such a large quantity of something that one is unable to deal with the situation; to be flooded with something (किसी चीज़ की) इतनी अधिक भरमार कर देना कि सँभालना कठिन हो **swampy** adj. *swampy ground* = like a swamp दलदल

swan /swɒn/ /स्वॉन्/ noun = a large white bird with a long neck which lives near the water राजहंस, हंस

swan-song noun, c. *This film proved to be Lalita Pawar's swan-song. She died a month after it was released.* = the last performance given or the last piece of work produced by an artist अंतिम कृति

swank[1] /swæŋk/ /स्वॉङ्क्/ verb, i. *They love to swank by showing off their expensive cars to visitors whenever they get the chance.* = to behave or speak in a manner intended to show one's importance and attract other people's attention; to show off (informal, disapproving) शेखी बघारना (अनौपचारिक, अस्वीकृत)

swank[2] noun, u. *When he talks to you about his wonderful adventures, it is nothing but swank.* = proud talk or behaviour that is intended to attract the attention of other people शेखी **swanky** adj. *He has a swanky office.* = fashionable and luxurious (informal) आडंबरपूर्ण, शानदार (अनौपचारिक)

swap[1] /swɒp/ /स्वॉप्/ verb, t. *My friend and I have decided to swap motorcycles. She likes my bike, and I am very fond of hers.* = to exchange (informal) अदला-बदली करना (अनौपचारिक)

swap[2] noun, c. *You can have my car and I will take yours. That's a fair swap.* = an exchange अदला-बदली

swarm[1] /swɔːm/ /स्वॉऽम/ noun, c. **1** *a swarm of bees* = a large group of insects moving (usually through the air) together झुंड, दल **2** *a swarm of tourists* = a large group of people (informal) भीड़ (अनौपचारिक)

swarm[2] verb, i. *When Sachin Tendulkar arrived, hundreds of his admirers swarmed around him.* = to move together in a crowd उमड़ना

to be swarming with *The zoo was swarming with holiday makers.* = to be very crowded (with people or animals) भीड़ से भरा होना

swar•thy /'swɔːði/ /'स्वॉऽदी/ adj. *a swarthy complexion* = dark in colour (somewhat derogatory) साँवला (कुछ-कुछ अनादरपूर्ण)

swas•ti•ka /'swɒstɪkə/ /'स्वॉस्टिक्/ noun = a religious symbol, in the form of a cross with each of its arms bent at 90 degrees, which is used by Hindus and was also used by Hitler in Germany for his Nazi party 'स्वास्तिक' चिह्न

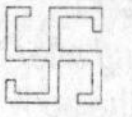

swastika

swat /swɒt/ /स्वॉट्/ verb, t. (**swatted**) *He swatted a fly with a newspaper rolled up to form a stick.* = to hit an insect with a flat object in order to kill it (informal) मारना जैसे मक्खी को मारना (अनौपचारिक)

swatch /swɒtʃ/ /स्वॉच/ noun, c. (**swatches**) = a small piece of cloth cut out of a larger piece and used as a sample (example) of something that one needs कतरन (नमूने के लिए)

swath /swɒθ/ /स्वॉथ्/ noun, c. *The mower cut a swath across the lawn.* = a line or area that has been cut

S

(usually across a patch of grass) by a machine घास काटने की मशीन द्वारा की गई कटाई की पाँत

swathe /sweɪð/ /स्वेइद्/ verb, t. *His head was swathed in bandages.* = to cover or wrap with cloth लपेटना

sway[1] /sweɪ/ /स्वेइ/ verb, i. or t. **1** *The branches of the trees swayed in the wind.* = to swing from side to side झूलना **2** *Your tears cannot sway me. I have made up my mind to go.* = to influence; to cause someone to change his or her mind प्रभावित करना, झुकाना

sway[2] noun, u. *Queen Elizabeth held sway in England at the time when Akbar was the emperor of India.* = political power or control (formal, literary) शासन, हुकूमत (औपचारिक, साहित्यिक)

swear /sweəʳ/ /स्वेअ/ verb, t. or i. (**swore, sworn**) **1** *As a soldier, I have sworn to protect the freedom of my country.* = to make a promise to do something शपथ लेना, कसम खाना, सौगंध लेना **2** *The witness swore that he would tell the truth and nothing but the truth.* = to make a formal declaration in a court of law in support of a statement कसम खाना **3** *The driver of the car in front swore at me angrily when I sounded the horn.* = to use language that is not used in polite conversation अपशब्द बोलना **swear words** noun = abusive or obscene words that are avoided in ordinary conversation (shown in this dictionary by the symbol USE गाली, अपशब्द निषिद्ध

to swear by *Most students swear by Dr Rao's coaching classes. They believe that with his training they are sure to find a place on a professional course.* = to have great confidence that something will work (informal) अत्यधिक भरोसा करना (अनौपचारिक) **to swear (someone) in** *The newly appointed governor was sworn in yesterday.* = to make someone who has been appointed to an important position make a promise in front of a gathering to say he/she will be loyal to the country शपथ ग्रहण करना

sweat[1] /swet/ /स्वेट्/ noun, u. *Have you been running? Your body is covered with sweat.* = liquid which comes out of the body through tiny openings in the skin, after some exercise (informal) (also **perspiration**) पसीना (अनौपचारिक) (देखें **perspiration**)

sweat[2] verb, i. **1** *He was sweating after the game of football.* = to give out sweat from the body पसीना आना **2** *The walls are sweating.* = to show liquid on the surface नमी होना, सीलन आना **sweaty** adj. *sweaty clothes* = covered with sweat पसीने से भीगा **sweat-band** noun = a narrow elastic band worn around the forehead by tennis players etc. to prevent sweat from running into the eyes 'स्वेट बैंड' **sweat pants** = loose trousers made of soft (not stiff) cloth, generally cotton, for sports activities (also **sweats**) खेल के लिए हल्के सूती कपड़े की पैंट (देखें **sweats**) **sweater** noun, c. = a knitted woollen garment worn around the upper part of the body स्वेटर **sweat gland** noun = an organ (working part) in the body, lying under the skin, which produces sweat स्वेद-ग्रंथि **sweat-shop** = a factory in which people are expected to work long hours in unpleasant conditions, for a very low salary कम पारिश्रमिक पर अधिक काम कराने वाला कार्य-स्थान

to sweat it out **1** *I know you are not happy with your job, but just sweat it out until you find something better.* = to carry on doing something in spite of its being unpleasant बरदाश्त करना, झेल लेना **2** *They are sweating it out in the field, practising for the sports day.* = to do hard physical exercise or work श्रमसाध्य कार्य करना **no sweat** *'I'm so sorry, but could you bring all the books to my house tonight?' 'Sure, no sweat.'* = used to mean that something is no trouble and that you are willing to do it (informal) कुछ मुश्किल नहीं (अनौपचारिक) **to break out into a sweat** = to get very frightened or nervous suddenly (informal) डर जाना, (घबराहट से) पसीने आना (अनौपचारिक) **to be (**or **get into) a sweat about something** = to worry about something (informal) चिंता करना, परेशान होना (अनौपचारिक)

sweep[1] /swi:p/ /स्वीप्/ verb, t. or i. (**swept**) **1** *The floor is dirty. Let's sweep it clean.*(t.)= to clean a surface by removing dust or other things lying on it, using a broom or brush झाड़ू से साफ़ करना **2** *The flood water swept away many of the houses on the banks of the river.* = to carry away with force बहा ले जाना **3** *He never walks into a room, he sweeps in!*(i.) = to move quickly and with energy and confidence उत्साह और आत्मविश्वास के साथ अंदर घुस आना

sweep[2] noun **1** *She gave the floor a sweep.* = an act of sweeping सफ़ाई **2** *In the film we saw last night the hero pushed away the men who were blocking his path with just a sweep of his arm!* = a powerful movement of the arm घुमाने की क्रिया, झटका **3** *The police are carrying out a sweep of the area in an attempt to find the burglar.* = a search carried out over a large area इलाका छान मारना **sweeper** noun, c. **1** = a person who is paid to keep a place clean by sweeping it regularly ('Cleaner' is the preferred term now.) सफ़ाई कर्मचारी (**sweeper** के बदले **cleaner** शब्द का प्रयोग करें) **2** = a player, in the game of football or hockey, who is expected to be very active in the forward line as well as in defence [SPORTS] फुटबाल, हॉकी में आक्रमण पंक्ति का एक विशेष खिलाड़ी जो ज़रूरत पड़ने पर सुरक्षा पंक्ति में भी खेलने लगता है **sweeping** adj. **1** *The government will introduce sweeping changes in the system of education.* = relating to many different things and having a powerful effect बड़े पैमाने पर प्रभावशाली परिवर्तन **2** *You should not make such sweeping remarks unless you are sure of your facts.* = too general and made carelessly, without being sure of the facts (disapproving) लापरवाही से, बिना सच्चाई जाने (अस्वीकृत) **sweepstake** noun =

a form of gambling in which the winner gets all the money that has been collected from bets जुए का खेल

to sweep somebody off their feet = to make a person feel attracted to one strongly in a romantic way मोह लेना **to sweep something under the carpet** *Our company is facing many problems but the report does not mention them. Everything has been swept under the carpet.* = to hide unpleasant facts अप्रिय तथ्यों को छिपाना

sweet[1] /swi:t/ /स्वीट्/ adj. **1** *Honey tastes sweet.* = having a taste like sugar मीठा **2** *sweet music // a sweet smell* = pleasing to the senses (the sense of hearing,smell, taste etc.) मधुर, सुरीला, मीठा **3** *a sweet child* = lovable प्यारा

sweet[2] noun, c. = food which has a sweet taste and is usually eaten at the end of a meal भोजन में प्रायः अंत में खाया जाने वाला मीठा पदार्थ **sweeten** verb, t. = to make something sweet by adding sugar to it मीठा बनाना, चीनी मिलाना **sweetener** noun, u. or c. = a substance such as sugar which is added to something to make it sweet मीठा करने का पदार्थ–चीनी अथवा उसका विकल्प **sweetheart** noun, c. = a word used to address someone whom one loves (e.g. one's child, one's boyfriend) प्रेमी, प्रेमिका के लिए प्रयुक्त संबोधन शब्द **sweetmeat** noun, c. = a food used as a sweet (old-fashioned) मिठाई (पुराने प्रचलन का) **sweet potato** noun = a kind of vegetable that is the fleshy root of a plant and has a sweet taste शकरकंदी **sweet tooth** noun = a great fondness for sweets मिठाई–पसंद

sweet talk *Don't give me this sweet talk. I don't believe you!* = flattery; insincere talk intended to please someone (informal) मीठी–मीठी बातें (अनौपचारिक) **to sweet-talk someone into doing something** *He sweet-talked me into doing some work for him.* = to persuade someone to do something through flattery or pleasing words चापलूसी भरी बातें करना, खुशामद करना

swell[1] /swel/ /स्वेल्/ verb, i. or t. (**swelled, swollen**) **1** *When the doctor saw him, the injured leg had swelled and was painful.*(i.) = to become larger and more round than before सूज जाना **2** *The excellent sale of cars has swelled the company's profits.*(t.) = to cause an increase in quantity or number बढ़ाना, वृद्धि करना

swell[2] noun, u. *We can't go for a swim in the sea today because there is a heavy swell.* = the presence of large waves in the sea समुद्र में लहरों का उफान **swelling** noun, u. or c. *There's a swelling in my foot because of an infection.*(c.) = a part of the body which has become swollen सूजन **swollen** adj. *He has a swollen neck.* = increased to a size greater than usual सूजा हुआ **to get a swollen head** noun *That is one of the best essays I have read, but don't get a swollen head!* = to have a great sense of one's own importance, intelligence etc. घमंड या अभिमान होना

to swell with pride *Our hearts swelled with pride when we sang the college anthem.* = to feel very proud गर्व अनुभव करना, गर्व से फूलना

swel•ter /'sweltə[r]/ /'स्वेल्ट[र]/ verb, i. *There were no fans in the classroom and the boys had to swelter in the heat.* = to suffer because of heat (usually damp heat which caused sweating) पसीने से तर-बतर होना **sweltering** adj. *We can't play football on such a sweltering day.* = having unpleasantly hot and humid weather which makes one sweat उमस और पसीने वाला

swerve[1] /swɜ:v/ /स्वऽव्/ verb, i. *The car swerved to avoid hitting a child who suddenly ran into the middle of the road.* = to turn suddenly to one side or change direction while moving अचानक घूम जाना

swerve[2] noun, c. *The car made a swerve to the right.* = a sudden movement or change of direction to one side अचानक घुमाव

to swerve from *Once you have taken a decision about your future course of action, I do not expect you to swerve from your chosen path.* = to change one's course of action (formal) निर्णय से हट जाना, बदल जाना, इरादा बदलना (औपचारिक)

swift[1] /swɪft/ /स्विफ़्ट्/ adj. **1** *a swift horse* = able to run fast (literary) फुर्तीला, तेज़ दौड़ने वाला (साहित्यिक) **2** *a swift reply* = given without delay शीघ्र, तत्काल

swift[2] noun = a kind of small bird that flies very fast 'बतासी' (एक पक्षी)

swig[1] /swɪg/ /स्विग्/ verb, t. (**swigged**) = to drink a large quantity of some alcoholic liquid (informal) गटागट पी जाना (शराब के संदर्भ में) (अनौपचारिक)

swig[2] noun, c. *a swig of whisky* = a large mouthful of (usually) an alcoholic drink (informal) (शराब का) बड़ा घूँट (अनौपचारिक)

swill /swɪl/ /स्विल्/ verb, t. **1** *He was swilling beer all night.* = to drink a large quantity of some alcoholic liquid (informal) खूब पीना (अनौपचारिक) **2** *I had to swill out the verandah after we finished eating.* = to clean a place by pouring a large amount of water over it धुलाई करना

swim[1] /swɪm/ /स्विम्/ verb, i. or t. (**swam, swum**) **1** *The river is deep. Can you swim?*(i.) = to move oneself through the water by using the arms and legs तैरना **2** *He swam the Palk Straits when he was a young man.*(t.) = to cross a body of water by swimming तैरकर पार करना **3** *Her head swam and she thought she was going to fall.* = to feel dizzy (as if about to fall) माथा घूमना, चक्कर खाना (मानों अब गिरने ही वाला हो)

swim[2] noun, c. (always singular) *We are going for a swim in the lake.* = the act of swimming for exercise or pleasure (केवल एकवचन में प्रयुक्त) (मौज-मस्ती के लिए) तैरना **swimming** noun = the sport of swimming in the water तैराकी **swimming costume** noun = a short, light dress for a woman or girl which is worn while swimming तैरने की पोशाक (महिलाओं के लिए) **swimming**

S

pool noun, c. = a large tank (container) made by digging into the ground and filling up the sides and bottom with concrete, which is filled with water and in which people can swim for exercise or pleasure तरण-ताल **swimming trunks** noun (always plural) = a short dress for a man or boy, covering the body from the waist to the top part of the thighs, worn while swimming (केवल बहुवचन में प्रयुक्त) तैराकी की पोशाक (पुरुषों के लिए)

to swim with/against the tide = to do or not do what everyone else is doing because it seems wise to do so के अनुसार या के विरुद्ध काम करना **to be swimming in (something)** 1 *His business is so successful that he is swimming in wealth.* = to have a lot of money (usually expressing jealousy on the part of the speaker) बहुत अधिक होना (जिससे ईर्ष्या उत्पन्न हो 2 *I am sorry, but I have no time for you now. I am swimming in work.* = to be extremely busy in doing something (में) डूबे होना, व्यस्त होना

swin•dle[1] /'swɪndl/ /स्विन्ड्ल्/ verb, t. *They swindled my parents out of a lot of money.* = to cheat someone by taking money dishonestly (strongly disapproving) धोखे से पैसा लूटना (सख्त अस्वीकृत)

swindle[2] noun, c. *I have become the victim of a swindle.* = an act of swindling (cheating) ठगी, धोखाधड़ी **swindler** noun, c. = a person who swindles ठग, धोखेबाज़

swine /swaɪn/ /स्वाइन्/ noun (**swine**) 1 = a pig (old-fashioned use) सूअर, शूकर (पुराने प्रचलन का) 2 = a word used in anger to address or describe an unpleasant person (USE) 'सूअर' (गाली के रूप में) निषिद्ध

swing[1] /swɪŋ/ /स्विङ्/ verb, i. or t. (**swung**) 1 *The monkey swung from the branch of a tree.*(i.) // *The cadets swung their arms during the parade.*(t.) = to move or to cause something to move forwards and backwards from a fixed point above झूलना, लटकना 2 *Ganguly swung his bat but missed the ball.* = to move something in a curve घुमाना 3 *He swung around and faced his enemy.* = to turn around quickly अचानक घूमना 4 *They want us to swing this deal for them.* = to arrange for something to happen, using dishonest means if necessary (informal) किसी भी तरह राज़ी करना (आवश्यकता पड़े तो गलत तरीके से भी) (अनौपचारिक)

swing[2] noun, c. 1 *We are putting up a swing for the children.* = a seat which hangs by ropes or metal chains from the branch of a tree or some other high, fixed point, in which someone (usually a child) can sit and move backwards and forwards for pleasure झूला 2 *He took a swing at the ball but missed.* = a swinging movement घुमाव 3 *a swing in public opinion* = a change in the way people think or feel परिवर्तन **mood swings** = (usually plural) a situation in which, one experiences changes in emotions e.g. from sad to happy, especially when one is physically or mentally unwell 'मूड' में बार-बार परिवर्तन **swinger** noun, c. 1 = a person who lives an active social life (goes frequently to parties, clubs etc.) (informal) सामाजिक समारोहों में भाग लेने में सक्रिय (अनौपचारिक) 2 = a ball bowled in the game of cricket which moves quickly to one side after hitting the ground (**in-swinger** or **out-swinger**) (क्रिकेट) गेंदबाज़ी में गेंद का घूम जाना (**in-swinger** या **out-swinger**)

to swing by *Please swing by on your way home from work.* = to call on someone on one's way somewhere else (informal) होते हुए जाना (अनौपचारिक) **to take a swing at someone** = to make a swinging movement with one's hand in order to hit someone (informal) किसी को मारने के लिए हाथ घुमाना **to be in full swing** *School was closed for the holidays but classes are in full swing now.* = to happen in the busiest possible way (informal) पूरे जोश में, पूरी तरह व्यस्त (अनौपचारिक) **to get into the swing of things** = to start to do something with the expected speed and skill (e.g. in a job) after not being able to do this at first आरंभ में गति न पकड़ पाना किंतु कुछ समय बाद गति पकड़ लेना **What one loses on the swings, one gains on the roundabouts** = used to say that there are always things gained and things lost and these gains and losses balance out equally in the end लाभ-हानि बराबर हो जाना

swipe[1] /swaɪp/ /स्वाइप्/ noun, c. 1 *The batsman took a swipe at the ball but missed.* = a forceful, sweeping blow ज़ोरदार प्रहार 2 *The article takes a swipe at people who visit shopping malls.* = an attack in words, criticizing someone for something (informal) की खबर लेना (अनौपचारिक)

swipe[2] verb, i. or t. 1 *The batsman swiped at the ball but missed.*(i.)= to hit or try to hit hard ज़ोर से मारना 2 *Someone has swiped my watch.*(t.) = to steal (informal) 'मार लेना' (= चुराना) (अनौपचारिक) 3 *The cashier swiped the credit card through the scanner.* = to pull a credit card through a **scanner** so that a computer can tell whether the card can be accepted 'स्कैनर' मशीन में से गुज़ारना

swirl[1] /swɜːl/ /स्वऽल्/ verb, t. *The children swirled across the stage, presenting an energetic folk dance.* = to move quickly with a circular movement गोल-गोल घूमना

swirl[2] noun, c. *The truck raised a swirl of dust as it rushed along the village roads.* = a mass of dust, leaves, etc. carried along by the wind or water with a fast, turning movement भँवर, अंबार, गुब्बार **swirling** adj. *the swirling waters of the flooded river* = moving forward very fast, with a turning movement घूमते हुए तेज़ी से बढ़ने वाला

swish /swɪʃ/ /स्विश्/ verb, i. or t. 1 *The cows swished their tails to drive the flies away.*(t.) = to move or to cause something to move fast through the air, making a whistling sound सरसराना, हवा में घुमाना 2 *Her silk*

sari swished as she made a quick exit through the door.(i.) = to make a sound while moving fast सरसराना
Swiss /swɪs/ /स्विस्/ adj. = from or belonging to Switzerland स्विट्ज़रलैंड की बनी हुई, 'स्विस'
switch¹ /swɪtʃ/ /स्विच्/ noun, c. 1 *an electrical switch* = a device (simple machine) which is used to stop the flow of electricity or turn it on again स्विच, बटन 2 *There is a switch in our plans. We will start tomorrow and not today.* = a complete change (informal) बड़ा परिवर्तन (अनौपचारिक) 3 = a thin stick used to drive an animal (make it move) छड़ी
switch² verb, t. 1 *We have switched our plans.* = to change बदलना 2 *Let us switch coats. You can put on my coat and I will wear yours.* = to exchange अदला-बदली करना
to switch (something) off/on 1 = to stop electricity from flowing or to make it flow again by using a switch स्विच बंद करना या खोलना 2 *I switch off whenever she starts talking about her illness!* = to stop listening because of boredom or lack of interest (informal) बोरियत या अरुचि के कारण सुनना बंद करना (अनौपचारिक) **to switch over** *He started his speech in Hindi but soon switched over to English.* = to change from one thing to another एक से दूसरे रूप अथवा वस्तु में बदलना **to make a switch** *Art critics are certain that this is not the original painting by Van Gogh. They wonder who made the switch!* = the removal of one object and the putting of a similar looking one in its place (informal) असली को उसके नकली रूप से बदल देना (अनौपचारिक)
swiv•el /'swɪvəl/ /स्विवल्/ verb, i. *He was working on his computer, facing the wall, but when I entered he swivelled around to face me.* = to turn around quickly तेज़ी से घूम जाना **swivel-chair** noun, c. = a chair with a seat which is fixed on a central screw and can be turned in a circle (see pic under **chair**) घूमने वाली कुर्सी (**chair** के अंतर्गत चित्र देखें)
swollen see **swell** देखें **swell**
swoon /swu:n/ /'स्वून्/ verb, i. = to faint; to become unconscious because of a powerful shock बेहोश हो जाना
swoop¹ /swu:p/ /स्वूप्/ verb, i. *Gabbar Singh and his gang of dacoits swooped on the village, creating terror.* = to attack suddenly अचानक हमला करना, झपटना
swoop² noun, c. *Five terrorists were arrested by the police in a pre-dawn swoop.* = a sudden attack अचानक हमला
sword /sɔ:d/ /सॉऽड्/ noun, c. = a long knife with a sharp point and either one or two sharp edges, used as a weapon in fighting तलवार **swordfish** noun = a large fish with a long, pointed upper jaw that looks like a sword तेगा मछली **sword of Damocles** noun *The danger of a nuclear attack hangs over us like the sword of Damocles.* = something bad that may happen at any time सिर पर लटकती तलवार
to put to the sword = to kill (formal) हत्या करना, कत्ल करना (औपचारिक) **to cross swords (with someone)** *Ratin and I crossed swords at the meeting.* = to get into a serious disagreement or argument बहस करना, विवाद करना
swot /swɒt/ /स्वॉट्/ verb, i. (**swotted**) *The students are swotting for their exams which begin next week.* = to study hard for an examination (informal) परीक्षा के लिए कठिन परिश्रम करना (अनौपचारिक)
sy•ca•more /'sɪkəmɔ:'/ /'सिकमॉ'/ noun = a kind of large tree found in Europe and America (belonging to the maple family) गूलर वृक्ष
syc•o•phant /'sɪkəfənt/ /'सिकफ़न्ट्/ noun, c. = a flatterer; a person who says pleasant things to make one feel happy, but is always looking for some benefit for himself or herself चापलूस **sycophancy** noun चापलूसी **sycophantic** adj. खुशामदी
syl•la•ble /'sɪləbəl/ /'सिलब्ल्/ noun, c. *The word 'nation' has two syllables.* = a part of a word which contains a vowel and one or more consonants अक्षर
syl•la•bus /'sɪləbəs/ /सिलबस्/ noun, c. (**syllabuses** or **syllabi**) = a course of studies; the different subjects, books and topics which have to be studied in order to pass an examination पाठ्यक्रम
syl•lo•gis•m /'sɪlədʒɪzəm/ /'सिलजिज़्म्/ noun, c. = a set of two arguments or reasons which lead to a certain conclusion, in the study of logic [TECHNICAL] निगमनिक तर्क [तकनीकी]
syl•van /'sɪlvən/ /'सिल्वन्/ adj. *The new hotel has been built in sylvan surroundings,in the middle of a small pine forest.* = having natural beauty because of the presence of many trees (literary) वन संकुल, वन्य (साहित्यिक)
sym•bi•o•sis /sɪmbi'əʊsɪs/ /सिम्बी'अउसिस्/ noun *Bees pollinate flowers and flowers produce nectar, from which bees make honey. This illustrates the symbiosis between bees and flowers.* = a natural condition or arrangement in which animals or plants live together, helping and depending on each other [BIOLOGY] सहजीवन **symbiotic** adj. *a symbiotic relationship* = a relationship of symbiosis सहजीवन का संबंध
sym•bol /'sɪmbəl/ /'सिम्बल्/ noun, c. *A dove is a symbol of peace.* = something that represents (stands for) something else प्रतीक, चिह्न **symbolic** /sɪm'bɒlɪk/ /सिम्बॉलिक्/ adj. *a symbolic gesture in a dance* = used as or making use of symbols प्रतीकात्मक **symbolize (symbolise)** /'sɪmbəlaɪz/ /'सिम्बलाइज़्/ verb, t. *The rising sun in the Japanese flag symbolizes the hopes of the nation.* = to be a symbol of something का प्रतीक होना
sym•met•ri•cal /sɪ'metrɪkəl/ /सि'मेट्रिकल्/ adj. *The Taj Mahal is a perfectly symmetrical building.* = having sides which are exactly similar (alike) (opposite **asymmetrical**) (आकार आदि की दृष्टि से) जिसके दो अर्धांश पूर्णतया एक जैसे हों या मेल खाएँ, सममित, प्रतिसम, सुडौल (विलोम शब्द

S

asymmetrical) **symmetry** /'sɪmətri/ /'सिमट्री/ noun, u. *The Taj Mahal has perfect symmetry.* = the quality of being symmetrical (where the two halves look exactly alike) सुडौलपन, प्रतिसाम्य, सममिति

sym•pa•thy /'sɪmpəθi/ /'सिम्पथी/ noun, u. **1** *Many people came to express their sympathy when our father died.* = the kindness and understanding shown to someone who is suffering, in an attempt to share his or her suffering सहानुभूति **2** *I am in sympathy with your views but I cannot support you publicly.* = to share or to be in agreement with the ideas or feelings of someone हमदर्दी, सहानुभूति **sympathetic** /sɪmpə'θetɪk/ /सिम्प'थेटिक्/ adj. *She spoke with great feeling to a sympathetic audience.* = sharing the feelings and ideas of someone else and therefore willing to listen सहृदय, समभावना वाले **sympathize (sympathise)** /'sɪmpəθaɪz/ /'सिम्पथाइज़्/ verb, i. *I sympathize with you in your great loss.* = to feel or show sympathy सहानुभूति रखना

sym•pho•ny /'sɪmfəni/ /'सिम्फ़नी/ noun, c. (**symphonies**) = a long piece of music created for a large orchestra (a number of musicians playing together on different musical instruments) usually in three or four parts [TECHNICAL] एक लंबी संगीत-रचना, किसी बड़े ऑरकेस्ट्रा के लिए विभिन्न संगीत वाद्यों की मदद से तैयार वृहत संगीत रचना, 'सिम्फ़नी' [तकनीकी]

sym•po•si•um /sɪm'pəʊziəm/ /सिम्'पउज़िअम्/ noun, c. (**symposiums** or **symposia**) = a meeting of scholars at which some serious subject or topic is discussed संगोष्ठी

symp•tom /'sɪmptəm/ /'सिम्प्टम्/ noun, c. *Do you see those red marks on the child's face? That's a symptom of measles.* = an outward sign (which can be easily seen) of some disease that a person may be suffering from रोग के लक्षण **symptomatic** /sɪmptə'mætɪk/ /सिम्प्ट'मैटिक्/ adj. *Loss of appetite is often symptomatic of jaundice.* = being a symptom (sign) of something undesirable, such as a disease रोगसूचक लक्षण

syn•a•gogue /'sɪnəgɒg/ /'सिनगॉग्/ noun, c. = a place of worship for Jewish people यहूदी प्रार्थना-भवन

sync /sɪŋk/ /सिङ्क्/ noun abbr. of **synchrony** (see below) *The views of those in the Sales Department are not in sync with those of who are manufacturing the goods.* = a state of harmony (good understanding of each other) (informal) 'synchrony' का संक्षिप्त रूप, ताल-मेल होना (अनौपचारिक)

syn•chro•nize (synchronise) /'sɪŋkrənaɪz/ /'सिङ्क्रनाइज़्/ verb, t. or i. **1** *The two umpires synchronized their watches before the start of the match.* = to adjust a watch or clock so that it shows exactly the same time as another watch or clock मिला लेना, एक समान करना **2** *We synchronized our travel plans so that we could reach Delhi at the same time.* = to make two things happen at the same time व्यवस्थित **synchrony** = the state of being in perfect harmony or agreement with someone (see **sync**) ताल-मेल (देखें **sync**)

syn•di•cate¹ /'sɪndɪkət/ /'सिन्डिकट्/ noun, c. = a group of people or companies that join together for a common purpose 'सिंडीकेट', अभिषद, संघ, व्यवसाय-संघ, एक साथ काम करने वाले व्यक्तियों या कंपनियों का समूह

syndicate² /'sɪndɪkeɪt/ /'सिन्डिकेइट्/ verb, t. *Khushwant Singh writes a weekly column called 'With Malice Towards All' which is syndicated to many newspapers.* = to arrange for the same article to be published in a number of newspapers [TECHNICAL] संघ द्वारा प्रकाशित कराना [तकनीकी]

syn•drome /'sɪndrəʊm/ /'सिन्ड्रउम्/ noun, c. **1** *The child is suffering from Down's Syndrome.* = a combination of medical problems or symptoms (see **symptom** above) which shows some physical or mental disorder [MEDICINE] किसी रोग के विशिष्ट लक्षणों का समुच्चय [चिकित्सा विज्ञान] (ऊपर **symptom** देखें) **2** *Unemployment and high prices are part of an economic syndrome.* = a set of events or conditions which are found together with or as parts of a particular problem संलक्षण

syn•er•gy /'sɪnədzɪ/ /'सिनऽजि/ noun, u. *We hope to create synergy between the government and private organizations.* = the combined power of different groups of people working together, which is greater than the power of the same groups working separately [TECHNICAL] सहक्रिया [तकनीकी]

syn•o•nym /'sɪnənɪm/ /'सिननिम्/ noun, c. *'Die' and 'expire' are synonyms.* = a word having the same meaning as another word पर्याय, **synonymous** /sɪ'nɒnɪməs/ /सि'नॉनिमस्/ adj. *The IIT's are synonymous with world-class technical education.* = closely connected with something; having almost the same meaning समानार्थक, पर्यायवाची

sy•nop•sis /sɪ'nɒpsɪs/ /सि'नॉप्सिस्/ noun, c. (**synopses**) *I have prepared a synopsis of the President's speech in 150 words.* = a summary; the main points without the details संक्षेपण, सार

syn•tax /'sɪntæks/ /'सिन्टैक्स्/ noun **1** = the rules of grammar which decide how words combine together to form sentences [GRAMMAR] वाक्य-विन्यास [व्याकरण] **2** = the rules used in computer languages [TECHNICAL] कंप्यूटर प्रयोग में प्रयुक्त नियम [तकनीकी] **syntactic** /sɪn'tæktɪk/ /सिन्'टैक्टिक्/ adj. *There is a syntactic error in the sentence 'The child icecream likes'.* = having to do with syntax (the rules for forming sentences from words) वाक्य-रचना-संबंधी

syn•the•sis /'sɪnθɪsɪs/ /'सिन्थिसिस्/ noun, u. or c. **1** *The Constitution of India is a synthesis of the British, American and French constitutions.* = something created by joining or combining different things to form a whole संश्लेषण **synthesize (synthesise)** verb, t. *We wish to create a new kind of Asian culture by* *synthesizing several different cultures.* = to join or combine different things together to form a whole विभिन्न वस्तुओं को समन्वित करने का कार्य, संयोजन, संश्लेषण करना **2** = the act of combining things together into a whole संश्लेषित करना **synthesizer (synthesiser)** /sɪnθɪ'saɪzə'/ /सिन्थि'साइज़र्/ noun, c. = an electronic machine which can produce the sounds of many different musical instruments संगीत के भिन्न-भिन्न स्वर निकालने वाला यंत्र **synthetic** /sɪn'θetɪk/ /सिन्'थेटिक्/ adj. *This is not natural orange juice. It tastes synthetic.* कृत्रिम // *synthetic rubber* = artificial; made by combining several different chemicals or substances so that it has the qualities of a natural product कृत्रिम

syph•i•lis /'sɪfəlɪs/ /'सिफ़लिस्/ noun = a disease which affects the sex organs and is passed on from one person to another through sexual contact यौन अंगों द्वारा जनित रोग, 'सिफ़लिस' **syphilitic** /sɪfə'lɪtɪk/ /सिफ़'लिटिक्/ **1** *a syphilitic infection*(adj.) = having to do with syphilis सिफ़लिस संबंधी **2** (noun, c.) = a person suffering from syphilis सिफ़लिस का रोगी

syphon see **siphon** साइफन, नाल, नली

sy•ringe[1] /sɪ'rɪndʒ/ /सि'रिन्ज्/ noun, c. *The doctor used a syringe to remove some blood so that it could be tested.* = a glass or metal tube to which a needle is attached, which can be used to push or take out some liquid into the body (see pic under **laboratory equipment, needles**) टीका लगाने की पिचकारी, सीरिंज (**laboratory equipment, needles** के अंतर्गत चित्र देखें)

syringe[2] verb, t. = to clean with some liquid, through a syringe सीरिंज (पिचकारी) द्वारा साफ़ करना

syr•up /sɪrəp/ /'सिरप्/ noun, u. or c. = a very sweet, thick liquid (see pic under **medicine**) मीठा तरल पदार्थ (**medicine** के अंतर्गत चित्र देखें) **syrupy** adj. *syrupy words* = too sweet or pleasant and therefore likely to be insincere (informal, derogatory) अत्यधिक मीठा (अनौपचारिक, अनादरपूर्ण)

sys•tem /'sɪstəm/ /'सिस्टम्/ noun, c. or u. **1** *the digestive system* = something (often a machine) that is made up of a number of connected parts which work together तंत्र **2** *The British brought their system of justice to India.*(c.) = a set of related ideas or methods for doing something (एक लक्ष्य के लिए संबंधित विचार और रीतियों वाली) व्यवस्था **3** *There seems to be no system in your work.*(u.) = proper methods of working व्यवस्था, योजना, पद्धति **systematic** /sɪstɪ'mætɪk/ /सिस्टि'मैटिक्/ adj. *We carried out a systematic search of all the files in the program.* = doing things in an organised manner सुव्यवस्थित, योजनाबद्ध **systematize (systematise)** /'sɪstɪmətaɪz/ /'सिस्टिमटाइज़्/ verb, t. *We will have to systematize your methods of keeping accounts.* = to arrange things in an orderly manner, so as to form a system व्यवस्थित करना **systemic** /sɪs'temɪk/ सिस्'टेमिक्/ adj. *The swelling in your stomach seems to be systemic.* = relating to a whole system and not just a part of it [TECHNICAL] पूरे तंत्र से संबंधित, सर्वांगी [तकनीकी]

systems analyst noun = a person who makes a study of the different systems (methods of working) in a company and then uses computers to plan improved systems कंप्यूटर-विश्लेषक

S

tT

t,T /ti:/ /टी/ the twentieth letter of the English alphabet अंग्रेज़ी वर्णमाला का 20वाँ अक्षर

T- = a prefix to indicate that something is in the shape of the letter 'T' उपसर्ग के रूप में 'T' चिह्न के लिए प्रयुक्त **T- junction** /'ti:dʒʌŋkʃən/ /'टी जंङ्क्शन्/ noun, c. = a place where one road meets another road without crossing it, forming the shape of the letter T तिराहा **T-shirt** /'ti:ʃɜ:t/ /'टीशऽट्/ noun, c. = a shirt without a collar, generally used for informal wear (not on serious or important occasions) (also tee-shirt) 'टी शर्ट' (देखें **tee-shirt**) **T-square** /'ti:skweəʳ/ /'टी स्क्वेअʳ/ noun, c. = an instrument consisting of two flat pieces of wood joined together in the shape of the letter T, used for drawing parallel lines on paper 'समानांतर' रेखाएँ खींचने के लिए प्रयुक्त उपकरण

to a T *The dress suits her to a T.* = perfectly पूर्णरूपेण, पूरी तरह

't /t/ abbr. of **'it'** (e.g. *think on't*) (literary) **it** का संक्षिप्त रूप (साहित्यिक)

ta /tɑ:/ /टा/ interjec. (British) = thank you (informal) धन्यवाद (अनौपचारिक)

TA noun, abbr. of **Travelling Allowance** = money paid to a person to meet the cost of travelling '**Travelling Allowance** का' संक्षिप्त रूप, यात्रा भत्ता

tab /tæb/ /टैब्/ noun, c. = a small strip of paper or metal fixed to something to help in handling or finding it पर्ची

to keep a tab on someone = to watch someone (specially a wrongdoer) closely किसी पर नज़र रखना (खासकर गलत करने वाले पर) **to pick up the tab** = to pay the bill (the money that has to be paid for something) भुगतान करना

ta•bas•co /tə'bæskəʊ/ /ट'बैस्कउ/ noun = a kind of hot sauce made from red chillies, used to add taste to food लाल मिर्च की 'सॉस', (चटनी)

tab•by /'tæbi/ /'टैबी/ noun, c. = a female cat with dark stripes धारीदार बिल्ली

ta•ble¹ /'teɪbəl/ /'टेइबल्/ noun, c. **1** *a dining table* = a piece of furniture with legs and a flat top, used for placing things or writing etc. मेज़ **2** *a table in a book* = a set of facts or numbers printed or written in rows or blocks तालिका

table² verb, t. *The new Income Tax Act was tabled last week.* = to present a report or a new law etc. for discussion, especially in the parliament (संसद में) प्रस्तुत करना **tablecloth** noun, c. = a piece of cloth, plastic etc. used to cover the top of a table, specially during a meal मेज़पोश **table-knife** noun, c. (**-knives**) = a knife used for cutting up food into small pieces while eating खाने के टेबल पर इस्तेमाल की छुरी **table manners** noun (always plural) = the kind of behaviour that a person is expected to show during a meal (केवल बहुवचन में प्रयुक्त) खाना खाने का शिष्टाचार **tablemat** noun, c. = a small piece of cloth, plastic etc. which is placed under a plate containing hot food, so that the heat does not spoil the surface of the table मेज़पोश **tablespoon** noun, c. **1** = a large spoon used to move food from a plate to the mouth खाना खाने का बड़ा चम्मच **2** = the amount of food held in this (see also **teaspoon**) चम्मच भर (देखें **teaspoon**) **tableware** /'teɪbəlweəʳ/ /'टेइब्ल्वेअʳ/ noun,u. = all the things (plates, knives, spoons etc.) used during a meal served on a table मेज़ पर खाना खाने के विविध उपकरण जैसे छुरी-काँटा आदि

table-land noun, c. = a large area of high land which is flat at the top (also **plateau** or **table-mountain**) [GEOGRAPHY] पठार (देखें **plateau** या **table mountain**)) [भूगोल]

table tennis noun, u. = an indoor game played on a table with small bats and a ball, by two or four players 'टेबल-टेनिस' का खेल

tab•u•late /'tæbjʊleɪt/ /'टैब्युलेइट्/ verb, t. *We have tabulated the results of the Pollution Board's report on water quality.* = to arrange in the form of a table (**table¹** meaning **2**) सारणीबद्ध करना, तालिका बनाना **tabular** /'tæbjʊləʳ/ /'टैब्युलʳ/ adj. *The growth of population during the last five years is shown here in tabular form.* = having the form (shape) of a table (see **table¹** meaning **2**) तालिकाबद्ध

tab•leau /'tæbləʊ/ /'टैब्लउ/ noun, c. (**tableaux** or **tableaus**) = a scene presented by a group of people on a stage, in which the people do not move or speak झाँकी

tab•let /'tæblɪt/ /'टैब्लिट्/ noun, c. = a small, hard piece of some medicine which is usually swallowed (also **pill**) (see pic under **medicine**) टिकिया, दवा की गोली (देखें **pill**) (**medicine** के अंतर्गत चित्र देखें)

tab•loid /'tæblɔɪd/ /'टैब्लॉइड्/ noun or adj. = a newspaper printed on pages of small size, containing many pictures and short, simple reports, which is popular with people who do not have the time to read full-length newspapers (noun) छोटे आकार का अखबार जिसमें अनेक चित्र और छोटी एवं सरल रिपोर्ट छपी हों और जिसे कम समय में पढ़ लिया जा सके

ta•boo¹ /tə'bu:/ /ट'बू/ adj. *Certain kinds of food are taboo for some groups of people.* = prohibited or forbidden (not allowed) by religious or social custom वर्जित, निषिद्ध (धार्मिक या सामाजिक रिवाज)

taboo² noun, c. *There is a taboo in some religions on the eating of pork.* = a religious or social custom forbidding something निषेध, मनाही

taboo[3] verb, t. *The film censors have tabooed the use of vulgar words in films.* = to forbid strongly वर्जित करना

ta•chom•e•ter /tæ'kɒmɪtəʳ/ /टै'कॉमिटʳ/ noun, c. = an instrument fitted to the engine of a car which measures the speed at which the engine is turning, in revolutions per minute (rpm) [TECHNICAL] कार इंजन में लगा वेगमापी यंत्र [तकनीकी]

ta•cit /'tæsɪt/ /टैसिट्/ adj. *There is a tacit understanding between the teachers in our school that they will hold the tests at the same time.* = (an agreement that is) understood or accepted without being clearly written down परस्पर एकमत

tack[1] /tæk/ /टैक्/ noun, c. or u. **1** (c.) = a small nail with a flat head कील **2** *The tailor attached the collar to the shirt with a few tacks.*(c.) = a long, loose stitch which holds two pieces of cloth together before they are stitched (joined) properly टाँका **3** *The ship followed a southern tack.*(u.) = the direction in which a boat or ship is sailing, driven by the wind दिशा **4** *The speaker started on a new tack in the middle of his talk.*(c.) = a line of thinking or action कार्य अथवा विचार की दिशा

tack[2] verb, t. **1** *He tacked the picture to the wall.* = to fasten with a tack (see pic under **pin**) कील से लगाना [**pin** के अंतर्गत चित्र देखें) **2** *She tacked on an additional piece of cloth to the skirt to make it longer.* = to join two pieces of cloth with long stitches जोड़ना

to tack on something *This last paragraph was tacked on to the report.* = to add or join something which was not there earlier अलग से जोड़ना

tack•le[1] /'tækəl/ /'टैक्ल्/ verb, t. **1** *The shortage of water is creating a problem. We must tackle it in such a way that there is enough water for all.* = to deal with a problem by taking some action हल करना **2** *Our defenders tackled the forwards of the opposing team.* = to try to take the ball away from an opposing player (in the game of football, hockey or rugby) फुटबॉल, हॉकी या रग्बी के खेल में मुकाबला करना

tackle[2] noun, c. or u. **1** *The defender made a determined tackle.*(c.) = the act of trying to take the ball away from an opposing player, in football, hockey or rugby फुटबॉल, हॉकी, आदि खेलों मे गेंद छीनना **2** *We need some fishing tackle.*(u.) = equipment (things needed for a particular job) औज़ार

tack•y /'tæki/ /'टैकी/ adj. *tacky clothes* = of poor quality or carelessly made (of clothes, ornaments etc.) फूहड़, लापरवाही से बनाया गया

ta•co /'tɑːkəʊ/ /'टाकउ/ noun, c. (**tacos**) = a kind of Mexican bread made from flour and filled with meat, vegetables etc. एक मेक्सिकन ब्रेड जिसमें मांस और सब्ज़ी भरी हो

tact /tækt/ /टैक्ट्/ noun, u. *You should use tact to inform your friend that she has been dropped from the team.* = the ability to say or do the right thing without making someone angry or unhappy; skill in dealing with people व्यवहार-कौशल, चाल **tactful** adj. *a tactful speech* = showing tact (opposite **tactless**) व्यावहारिक, व्यवहारशील, व्यवहार-कुशल (विलोम शब्द **tactless**)

tac•tics /'tæktɪk/ /'टैक्टिक/ noun, c. (usually plural) *military tactics* = plans drawn up to win a battle or a war रणनीति, रण-कौशल **tactical** adj. *Sri Lanka decided to field after winning the toss. This turned out to be a clever tactical move.* = done as part of a tactic, in order to get a desired result युक्ति युक्त **tactician** /tæk'tɪʃən/ /टैक्'टिश्न्/ noun, c. = a person who is skilled at tactics रणनीतिज्ञ, कार्यकुशल

tac•tile /'tæktaɪl/ /'टैक्टाइल्/ adj. *Snakes have a highly developed tactile sense. They can pick up faint vibrations from the ground.* = related to the sense of touch [BIOLOGY] स्पर्शग्राह्य, स्पर्श-संबंधी [जीव विज्ञान]

tad /tæd/ /टैड्/ noun, u. *The food was good but a tad too spicy.* = slightly; a little (informal) तनिक, थोड़ा (अनौपचारिक)

tad•pole /'tædpəʊl/ /'टैड्पउल्/ noun, c. = a very young frog, which lives in the water and looks like a small fish with a round head and long tail छोटा मेंढ़क

tag[1] /tæg/ /टैग्/ noun, c. **1** *The price of the shirt is printed on the price tag.* = a small piece of paper, cloth or metal which is attached to some object and on which there is some information about the object (e.g. its price) पट्टी, पर्ची **2** *In the sentence, 'It's warm, isn't it?', the expression 'isn't it' is a tag.* = a group of words added to a sentence to ask a question, ask for agreement etc. (also question-tag) [GRAMMAR] प्रश्न करने, सहमति माँगने आदि के उद्देश्य से वाक्य के अंत में जुड़े शब्द-समूह **3** *The children are playing a game of tag.* = a children's game in which one player has to chase and touch the other players पकड़नपकड़ाई का खेल

tag[2] verb, t. (**tagged**) **1** *The turtles which come to this beach to lay eggs have been tagged.* = to attach a tag to something so that it may be easily studied over a period of time चिह्न लगाना **2** *This actor has been tagged as greedy because she asked for more money to act in the TV serial.* = to describe or think of someone in a particular way, usually in a negative way 'लेबल' या कलंक लगाना

to tag along *When the scientist left for a lecture, his secretary tagged along.* = to go together with someone especially when you are not wanted (informal) के साथ चल देना, के पीछे चलना (अनौपचारिक) **to tag on** *You can tag on this quotation to your speech.* = to add or join to something (informal) जोड़ना, बाँधना (अनौपचारिक)

taichi /'taɪtʃiː/ /'टाइची/ noun, u. = a system of exercise which uses slow body movements and was first practised in China व्यायाम की एक चीनी प्रथा

tail[1] /teɪl/ /टेइल्/ noun, c. **1** *Monkeys have tails.* = the movable part of an animal's body which is joined to it

T

पूँछ **2** *The CBI has put a tail on the man, who is suspected of being a smuggler.* = a person who is employed to follow someone closely and keep a watch on his/her movements (informal) पीछे लगा रहने वाला (अनौपचारिक) **3** = the raised outer part at the end of the aircraft वायुयान का उठा हुआ पिछला भाग **4** *My seat is at the tail of the aircraft.* = the back part of something अंत में **5** *shirt tails* = the lower part of the shirt which is tucked inside the trousers (कमीज़ का) निचला भाग

tail[2] verb, t. *The police have been tailing the criminal for a long time.* = to follow closely in order to keep a watch on someone पीछा करना **tailbone** noun = the last piece of bone in the backbone (also **coccyx**) रीढ़ की हड्डी का आखिरी भाग (देखें **coccyx**) **tail-end** noun, c. *We reached the cinema so late that we could see only the tail-end of the film.* = the very last part अंतिम भाग **tail-gate** noun, c. or verb t. **1** = a door at the back of a vehicle (car or truck) which can be raised or lowered to allow things to be loaded or unloaded (noun) वाहन का पिछला दरवाज़ा जो उठाया-गिराया जा सके तथा जिससे होकर सामान लादा-उतारा जा सके **2** *It is dangerous to tail-gate a vehicle. You should always keep a safe distance between it and yourself.* = to drive too close to a vehicle which is ahead of you (verb) अगली गाड़ी के अत्यंत निकट अपनी गाड़ी चलाना **tail-light** noun, c. = the red lights at the back of a vehicle (गाड़ी की) पिछली लाल बत्ती **tail-piece** noun, c. *the tail-piece to a story* = something added on at the end अंत में जोड़ा गया अंश **tailspin** noun, c. = an uncontrolled fall by an aircraft, in which the tail spins (goes round and round at speed) वायुयान के पिछले भाग का चक्कर **tailwind** noun, c. = a wind which blows from behind and pushes a flying aircraft forward हवाई जहाज़ को पीछे से आगे की ओर धकेलने वाली अनुकूल हवा

to turn tail = to run away from an unpleasant situation अप्रिय स्थिति से भागना **to tail off** **1** *The music tailed off.* = to become quieter, weaker क्षीणतर होते जाना **2** *My visits to the gym have tailed off.* = to gradually become less frequent क्रमशः कम होते जाना **with one's tail between one's legs** = to lose one's courage or high spirits and feel defeated साहस व उत्साह समाप्त हो जाना, हार मान लेना

tails /teɪlz/ /टेइल्ज़्/ noun (always plural) = the side of a coin which is opposite the head (see also **heads**) (केवल बहुवचन में प्रयुक्त) सिक्के का एक पहलू, 'पट' (देखें **heads**)

tai•lor[1] /ˈteɪləʳ/ /ˈटेइलर/ noun, c. = a person who stitches (makes) clothes दर्ज़ी

tailor[2] verb, t. **1** *Can you tailor these clothes for me?* = to stitch clothes for someone (formal) सिलना, सीना (औपचारिक) **2** *We can tailor a computer programme for your bank.* = to make or prepare something specially for someone, to suit his/her needs आवश्यकता के अनुकूल बनाना **tailor-made** adj. *a tailor-made work schedule* = specially prepared for someone किसी के लिए विशेष रूप से बनाया गया

taint[1] /teɪnt/ /टेइन्ट्/ verb, t. *His reputation has been tainted by his refusal to pay tax.* = to spoil; to make something unclean or impure (formal) बिगड़ना, खराब हो जाना (औपचारिक)

taint[2] noun, u. *taint of greed* = the mark left behind by something bad or immoral किसी बुराई की निशानी

take[1] /teɪk/ /टेइक्/ verb, t. (**took, taken**) **1** *Take this child to the hospital.* = to move something or someone from one place to another ले जाना **2** *I am taking the night train to Kolkata.* = to use some means to travel from one place to another (गाड़ी) पकड़ना **3** *If you take (away) 5 from 7, the remainder is 2.* = to remove घटाना **4** *Who took my pen (away)?* = to remove without permission ले जाना **5** *The doctor has asked me to take this medicine.* = to introduce (put) into the body by eating or drinking खाना, पीना **6** *He took a pen and scribbled his name across the sheet of paper.* = to hold something in the hand हाथ में लेना **7** *The flight to Kolkata will take 45 minutes.* = to require or need समय लगना **8** *The professor is taking a class.* = to perform an action (which is mentioned) कक्षा लेना **9** *He took pity on the dog.* = to show or experience some feeling भावना होना **10** *She took some excellent photographs of the Puja festival.* = to use a camera to produce a photograph फ़ोटो खींचना **11** *to take one's blood pressure* = to measure नापना **12** *The British took Bengal in 1757.* = to gain possession of अधिग्रहण करना **13** *He took my criticism well.* = to receive लेना **14** *'Do you take this woman as your wife?' the priest asked.* = to accept (formal) स्वीकार करना (औपचारिक)

take[2] noun, c. *The director filmed the dance sequence with a single take.* = the action of filming (photographing) a scene for a film आदान, एक बार में **take-away** adj. *a take-away dinner* = a meal ordered from a restaurant, which is not eaten inside the restaurant but somewhere else भोजनालय आदि से मंगाया हुआ भोजन **take-home pay** noun = the amount that remains out of one's salary after all taxes etc. have been paid वेतन की (टैक्स आदि कटकटाकर) हाथ में आने वाली राशि **take-off** noun, c. **1** *The passengers on an aircraft must remain seated during a take-off.* = the action of rising from the ground at the beginning of a flight in an aircraft उड़ान **2** *The well-known television programme 'Yes, Minister' is a take-off on the way in which a government works.* = a funny copy (or parody) of the way in which someone usually behaves (informal) हास्यपरक नकल (अनौपचारिक) **take-over** noun, c. *Some workers lost their jobs after the take-over of the company by the government.* = the act of taking control of a company by a new owner अधिग्रहण **taker** noun, c. *I want to sell my farm but there are no takers.* = someone who is willing to buy something (informal) खरीददार (अनौपचारिक) **takings** noun (always plural) *The takings from the new play have been good during the first week.* = money received from the sale of something, specially tickets (केवल बहुवचन में प्रयुक्त) आमदनी, आय

to take something apart *While repairing the clock, do you really need to take it apart?* = to separate into pieces पुर्ज़े खोलना, अलग-अलग करना **to take down** = to write down something that is being spoken उतारना, लिख लेना **to take it out on someone** = to express anger at someone who may not have done anything wrong बेवजह गुस्सा उतारना **to take someone up on something** *I took Salim up on his invitation to visit him in Nainital.* = to accept an offer made by someone प्रस्ताव या आमंत्रण स्वीकार करना **to be taken with someone/something** = to like someone or something very much बहुत पसंद आना **to take a lot out of someone** = to feel very tired after going through some experience थककर चूर होना **to take a lot of doing (to take some doing)** *Making arrangements for all the tourists took a lot of doing.* = to require a lot of effort बहुत प्रयासों की आवश्यकता **to be taken in by someone/something** *I trusted them. I was taken in by their friendly talk.* = to be deceived by someone on something बहकावे में या बातों में आ जाना **take after** = to look or act like an older member of your family परिवार के किसी बड़े सदस्य जैसा होना या लगना **take it from me** = believe me विश्वास करो

talcum powder /'tælkəmpaʊdə^r/ /'टैल्कम् पाउड^र/ noun, u. = a sweet-smelling powder made from talc (a kind of mineral which is dug out of the earth and feels like soap) which is put on the body to dry it, after a bath or when one has been sweating 'टैलकम पाउडर'

tale /teɪl/ /टेइल्/ noun, c. **1** *a fairy tale* = a story about imaginary people and events कहानी, किस्सा **2** *When I asked him why he was late he told us a tale about having to visit someone in the hospital.* = a false report or description (disapproving) झूठा किस्सा (अस्वीकृत)

to carry tales = to say false things about someone in order to get them into trouble दूसरों की झूठी निंदा करना **a tall tale** = something that is difficult to believe अविश्वसनीय बात

tal•ent /'tælənt/ /'टैलन्ट्/ noun, u. or c. **1** *His talent will make him a great singer.*(u.) = an ability to do something well that one is usually born with योग्यता, प्रतिभा **2** *The swimming coach is looking for new talent.*(u.) = persons who have talent प्रतिभाशाली व्यक्ति **talent scout** noun, c. = a person whose job it is to look for talented actors, singers, musicians etc. प्रतिभा-खोजी **talented** adj. *a talented singer* = having talent प्रतिभाशाली, प्रतिभावान

ta•lis•man /'tælɪzmən/ /'टैलिज़्मन्/ noun, c.= an object which is supposed to have magical or spiritual powers to protect someone from harm ताबीज़, 'जंतर'

talk[1] /tɔ:k/ /टॉक्/ verb, i. or t. **1** *The baby can talk now.*(i.) = to communicate through words बोलना **2** *She is talking to her friend on the phone.*(t.) = to speak to someone, usually in a friendly way, in order to express one's ideas and feelings; to carry on a conversation बात-चीत करना, बातें करना **3** *People will talk if you are seen with that person very often.*(i.) = to gossip; to speak in an unpleasant manner about someone's private actions चर्चा करना **4** *I forced my friend to talk because she was looking unhappy.*(i.) = to give out information unwillingly अनिच्छा से बतलाना **5** *The parrot talks.*(i.) = to imitate or copy human speech बोली की नकल करना **6** *You and I need to talk.*(i.) = to discuss a problem in a serious way चर्चा करना, बात करना **7** *Mr. Guhan will talk on science and religion.*(t.) = to give a lecture on a subject व्याख्यान देना

talk[2] noun, u. or c. **1** *I had a long talk with an old friend.*(u.) = a conversation (the act of speaking to as well as listening to someone) वार्त्तालाप **2** *He gave us a talk on western music.*(c.) = a lecture given to an audience वार्ता, व्याख्यान **3** *His rude behaviour caused a lot of talk.*(u.) = discussion resulting from surprise or shock आश्चर्यजनित या भयमिश्रित चर्चा **4** *Don't be frightened by his threat. It is just talk!*(u.) = empty or meaningless speech 'गीदड़ भभकी' **5** *There was a lot of talk when he decided to leave his well-paid job to take care of homeless children.*(u.) = gossip चर्चा **talkative** /'tɔ:kətɪv/ /'टॉकटिव्/ adj. *a talkative child* = fond of talking बातूनी **talkie** /'tɔ:ki/ /'टॉकी/ noun, c. = a film in which the characters speak (old-fashioned) फ़िल्म (पुराने प्रचलन का) **talking point** noun, c. = a subject which is being discussed by a group चर्चा का विषय

to talk back = to answer someone, especially someone who should be respected, in a rude way ढिठाई से जवाब देना **to talk down to somebody** = to speak to somebody as if they were inferior to you किसी को अपने से छोटा या नीचा समझकर बोलना **to talk someone around/into doing something** *She talked me around into driving her to the station.* = to get someone to agree to do something they are not willing to do समझाकर राज़ी कर लेना **to talk something out/through** = to discuss a problem fully अच्छी तरह बातचीत द्वारा स्पष्ट करना **to talk somebody out of doing something** = to persuade someone not to do something they were planning to do समझाकर रोकना **to talk things over** = to discuss a problem समस्या पर विचार-विमर्श करना **to be all talk** *He said he would give us all the help we needed, but we found he was all talk.* = to not really do something that one promises to do 'कोरी गप्प', केवल कहने भर के लिए **the talk of the town** = something or someone that attracts a lot of attention and

T

causes people to talk चर्चा का विषय **to talk shop** = to talk about one's work or business in a way that others do not like (informal, disapproving) अपनी नौकरी, व्यवसाय आदि के ही बारे में बात करना (अनौपचारिक, अस्वीकृत) **to talk through one's hat** = to say something without knowing enough about what one is saying बिना जाने-समझे कहना **talking-to** noun *The Principal gave the students a good talking-to.* = a scolding (an angry talk in order to criticize or point out some mistake) डाँट-फटकार **to talk nineteen to the dozen** = to talk continuously and very fast लगातार और जल्दी-जल्दी बोलना **Now you're talking!** = an expression used to show that something you consider acceptable has been said after a lot of discussion (informal) लंबे समय के विचार-विमर्श के बाद सही कहना 'अब अक्ल आई है!' 'अब रास्ते पर आए हो' (अनौपचारिक) **Look who's talking!** *'It's good to be up bright and early every morning.' 'Look who's talking!'* = used to express a lack of belief in what someone says because of your knowledge of the speaker's character, habits etc. (informal, humorous) व्यंग्यात्मक कथन, जैसे-'यह तुम कह रहे हो?' 'तुम' पर ज़ोर देते हुए (अनौपचारिक, हास्यपरक)

tall /tɔ:l/ /टॉल्/ adj. **1** *He is 185 centimetres tall.* = having a certain height लंबा, ऊँचा **2** *a tall building* = having a greater height than the average (of people, trees, buildings etc.) ऊँचा

to walk tall = to behave with pride and confidence because one knows one has done nothing wrong 'सिर उठा कर चलना' **a tall order** *You are asking me to write a book in just one week. That's a tall order!* = a request or order to do something very difficult (informal) अनुचित माँग (अनौपचारिक) **a tall story** *He says his father takes his advice on all important matters. That's a tall story!* = something that is difficult to believe (informal) अविश्वसनीय बात (अनौपचारिक)

tally[1] /'tæli/ /'टैली/ verb, i. or t. **1** *The reports on the accident which the two of you have sent me don't tally.*(i.) = to match or to agree with each other एक-दूसरे से मेल खाना **2** *Can you tally (up) the boy's marks in the different subjects?* (t.) = to add up or to calculate मिलान करना

tally[2] noun, c. (**tallies**) *We asked her to keep the tally while we were playing a game of cards.* = a record of the points scored in a game etc. किसी खेल में प्राप्त अंकों का हिसाब

tal•on /'tælən/ /'टैलन्/ noun, c. (usually plural) *The hawk picked up the mouse in its talons.* = the long, sharp, curved claws or nails on the feet of hunting birds (केवल बहुवचन में प्रयुक्त) पंजा (शिकारी पक्षी का)

talons

tam•a•rind /'tæmərɪnd/ /'टैमरिन्ड्/ noun = a kind of fruit which has a sour taste and is often used in cooking इमली

tame[1] /teɪm/ /टेइम्/ adj. **1** *a tame tiger in a circus* = not wild or fierce and used to living with human beings (referring to an animal) पालतू (जानवर) **2** *The film had a tame ending.* = not exciting; dull (informal) नीरस (अनौपचारिक)

tame[2] verb, t. *The horse was difficult to control at first, but the rider has tamed it.* = to bring under control वश में करना

tam•per /'tæmpə^r/ /'टैम्प^र/ verb, i. *The computer was working perfectly this morning but it is not working now. Someone must have tampered with it.* = to touch or change something (e.g. a machine) without permission, so as to cause damage to it छेड़छाड़ करना **tamper-proof** adj. *a bottle of milk with a tamper-proof cap.* = made in such a way that it cannot be tampered with जिसमें हेरा-फेरी, छेड़-छाड़ न की जा सके

tam•pon /'tæmpɒn/ /'टैम्पॉन्/ noun, c. = a piece of soft material which can absorb (draw in) liquids and is worn inside the vagina by women who are having their period (see **menses**) फ़ाहा, 'टैम्पन' (देखें **menses**)

tan[1] /tæn/ /टैन्/ verb, t. (**tanned**) **1** = to change animal skin into leather by treating it with certain chemicals सिझाना **2** *The sun has tanned him.* = to make the colour of a person's skin brown, through the action of the sun's rays सूर्य की गरमी से त्वचा का रंग भूरा होना, झँवाना

tan[2] adj. *tan trousers* = brown भूरा

tan[3] noun, u. **1** *He has developed a tan as he is out in the sun often.* = the brown colour that a person's skin gets because of the action of sunlight धूप में रहने से त्वचा का झँवाना **2** *tan 45* = abbr. of **tangent** (the ratio between the length of the side that is opposite an angle of less than 90 degrees, in a right-angled triangle, and the length of the side next to it) [MATHEMATICS] (compare **cosine** and **sine**) tangent का संक्षिप्त रूप समकोणीय त्रिकोण संबंधी एक अनुपात [गणित] (देखें **cosine** और **sine**)

tan•dem /'tændəm/ /'टैन्डम्/ noun, u. **1** *a tandem bicycle* = a bicycle which two riders can sit on, one behind the other, and pedal together आगे-पीछे दो सवारों वाली साइकिल जिसमें दोनों सवार पैडल चलाते हैं **2** *The two scriptwriters are working in tandem.* = partnership (an arrangement which allows two people to work together closely) साझेदारी

tang /tæŋ/ /टैङ्/ noun, u. *The lemon juice will add tang to the salad.* = a taste or smell which is sharp and strong but pleasant खट्टापन (स्वाद या खुशबू)

tan•gent /'tændʒənt/ /'टैन्जन्ट्/ noun, c. **1** = a straight line that touches the curve of a circle but does not cut it [GEOMETRY] वृत्त की परिधि को छूती (काटती नहीं) सरल रेखा [ज्यामिति] **2** = a ratio in trigonometry (see **tan**[3], meaning **2**) [MATHEMATICS] त्रिकोणमिति का एक अनुपात (देखें **tan**[3], meaning 2) [गणित]

to go off at a tangent *The speaker was talking about the fim 'Lagaan' when he suddenly went off at a tangent and started talking about football.* = to move suddenly from a subject to some unconnected subject अचानक विषय बदल देना

tan•ge•rine /tændʒə'ri:n/ /टैन्ज'रीन्/ noun, c. = a fruit belonging to the orange family, having a thin skin संतरे के प्रकार का पतले छिलकेवाला फल

tan•gi•ble /'tændʒɪbəl/ /'टैन्जिबल्/ adj. *He has been trying hard to clean up the city, but there seems to be no tangible result.* = something that can be clearly seen or felt स्थूल

tan•gle[1] /'tæŋgəl/ /'टैङ्गल्/ verb, i. **1** *My mother was knitting a pullover, but the wool has got all tangled (up).* = to form an untidy, confused mass of twisted threads or thread-like substances (opposite **un-tangle**) उलझना (विलोम शब्द **un-tangle**) **2** *The end of her sari got tangled among the bushes.* = to get caught in something फँसना **3** *Don't tangle with that man. He is dangerous.* = to get into a fight or quarrel with someone उलझना (झगड़ना)

tangle[2] noun, c. **1** *It is difficult to walk through this tangle of bushes.* = an untidy mass of things झुंड, गुच्छा, गुत्थी **2** *This cupboard is in a tangle. I can't find any of the important papers.* = a confused state अस्त-व्यस्त होने की स्थिति

tan•go /'tæŋgəʊ/ /'टैङ्गउ/ noun = a kind of South American dance in which men and women dance in pairs एक प्रकार का दक्षिण अमेरिकी नृत्य जिसमें औरत-मर्द जोड़े में नाचते हैं

tan•in /'tænɪn/ /'टैनिन्/ noun, u. = a chemical produced from the bark of certain trees, used in tanning (the process of making leather out of animal skins) वृक्षों की छाल से निकलने वाला एक प्रकार का रसायन जिसका चमड़ा बनाने की प्रक्रिया में इस्तेमाल होता है

tank /tæŋk/ /टैंक्/ noun, c. **1** *a water tank* = a large container in which water or some other liquid or gas can be stored हौज, टंकी **2** *the fuel tank of a car* = a container fitted to a vehicle (car, motorcycle etc.) in which the petrol, diesel, or gas which is burnt in the engine can be stored पेट्रोल टैंक, टंकी **3** *There is a large tank outside the village in which people bathe.* = a pond or artificial lake in which water is stored तालाब **4** *a fish tank* = a box, usually made of glass and filled with water, in which fish are kept टैंक, मछलीघर **5** *a battle tank* = a military vehicle used to attack enemy positions in a battle, protected by thick steel plates and running on metal tracks (chains) instead of wheels सैन्य टैंक **tanker** noun, c. = a vehicle (truck or railway carriage), ship or aircraft which is fitted with large metal tanks in which some liquid or gas can be stored and carried from one place to another टैंकर **tanked** adj. *The man was so heavily tanked that he couldn't walk.* = drunk (on alcohol) (slang) पीके धुत्त (अपभाषा)

tan•ne•ry /'tænəri/ /'टैनरी/ noun, c. (**tanneries**) = a factory in which leather is made out of animal skins चर्मशोधन शाला

tan•trum /'tæntrəm/ /'टैन्ट्रम्/ noun, c. *The little girl threw a tantrum when her parents refused to let her go on the school picnic.* = a sudden attack of uncontrolled and unreasonable anger बदमिज़ाजी, झल्लाहट, क्रोध में चिल्लाहट

tap[1] /tæp/ /टैप्/ verb, t. (**tapped**) **1** *There is a lot of oil lying under the Arabian Sea, which has not been tapped.* = to obtain (take) something from a source in order to make use of it काम में लाने के लिए प्राप्त करना **2** *People tap rubber trees to make rubber.* = to take out juice from a tree by making a cut in its trunk पेड़ों से रस निकालना **3** *My telephone is being tapped.* = to listen secretly to messages which are sent over a telephone line टेलिफ़ोन लाइन से जोड़ लगा कर गुप्त रूप से सुनना **4** *I tapped him on the shoulder to catch his attention.* = to hit lightly थपथपाना

tap[2] noun, c. **1** *a water tap* = a device (simple machine) used to control the flow of liquid or gas through a pipe नल **2** *The police suspect him of being a spy. They are carrying out a telephone tap.* = the action of tapping a telephone (listening secretly to messages) फ़ोन टैप करना **3** *a tap on the hand* = a light blow हल्का थप्पड़

tap-dance noun, c. = a kind of dance in which the dancer produces sounds by striking the floor lightly with his/her shoes while dancing एक प्रकार का नृत्य जिसमें नर्तक या नर्तकी जूतों के तल्ले से जमीन थपथपाने की आवाज़ निकालते हैं

to be on tap *I'm thirsty. I wish we had some coffee on tap.* = to be available whenever needed (of information, water, drinks etc.) आवश्यकता के समय उपलब्ध होना

tape[1] /teɪp/ /टेइप्/ noun, u. or c. **1** *The papers were tied together with tape.*(u.) = a piece of thin, narrow material (usually cloth, plastic or metal) used for different purposes फीता **2** *a measuring tape*(c.) = a long, narrow flexible piece of cloth, metal or plastic, marked in centimetres and metres or inches and feet, used to measure the length of something फीता, 'इंचटेप' **3** *audio-/video-tape*(c.) = a thin, narrow piece of plastic coated (covered) with special material, on which sounds or pictures, or both, can be recorded टेप (ऑडियो, वीडियो) **4** *sticky tape* (u.) = a thin piece of plastic ribbon which is sticky on one side and is used for joining things together चिपकाने वाला टेप

tape[2] verb, t. **1** *We will tape the song and play it back later.* = to record sounds or pictures on tape टेप में

रिकॉर्ड करना 2 *Please tape this packet of books.* = to hold together with tape फीते से बाँधना **tape deck** noun, c. = a machine which records and plays back sounds and forms part of a **music system** (also **tape recorder**) टेप डेक (देखें **tape recorder**) **tape measure** noun, c. = a length of tape used to measure the length of something नापने की टेप **tapeworm** /ˈteɪpwɜːm/ /ˈटेइपवऽम्/ noun, c. = a kind of flat worm that is sometimes found inside the intestines of human beings and animals as a parasite (see also **parasite**) जीवों के पेट में होने वाला एक प्रकार का कीड़ा (देखें **parasite**), फीताकृमि

ta•per /ˈteɪpəʳ/ /ˈटेइपʳ/ verb, i. or t. 1 *Crocodiles have long tails which are thick at the base and gradually taper to a point.*(i.) = to gradually become narrower क्रमशः पतला होते जाना 2 *The doctor asked me to take six tablets of this medicine every day for a week, then four tablets for the next two weeks, and gradually taper off the dose to just one tablet a day.*(t.) = to gradually reduce a certain quantity क्रमशः कम करते जाना

tap•es•try /ˈtæpɪstri/ /ˈटैपिस्ट्री/ noun, u. or c. (**tapestries**) = thick cloth with colourful designs woven into it, which is used to make curtains, covers for sofas etc. or hung up on walls for decoration 'टेपेस्ट्री', पर्दे, सोफ़े आदि के लिए प्रयुक्त कपड़ा

tap•i•o•ca /tæpiˈəʊkə/ /टैपिˈअउक/ noun, u. = the dried roots of the cassava plant used in different forms as food 'टैपियोका', कस्सावा पौधे की सूखी जड़ जो खाने के काम आती है

ta•pir /ˈteɪpəʳ/ /ˈटेइपʳ/ noun, c. = an animal found in parts of Southeast Asia and South America, which looks like a pig but has a long snout (nose) दक्षिण-पूर्वी एशिया एवं दक्षिण अमेरिका में पाया जाने वाला सूअर जैसा एक पशु

tap•pet /ˈtæpɪt/ /ˈटैपिट्/ noun, c. = a part of a machine (e.g. the engine of a car) which causes some other part to move by striking against it [TECHNICAL] किसी मशीन या इंजन को चलाने में सहायक एक पुर्ज़ा [तकनीकी]

tap-root /ˈtæpruːt/ /ˈटैप्रूट्/ noun, c. = the main root of a plant, from which other side-roots grow [BIOLOGY] मूल, जड़ [जीव विज्ञान]

tar[1] /tɑːʳ/ /टाऽʳ/ noun, u. *The workers are spreading tar on the new road.* = a thick and sticky black liquid, produced from coal, which is used to prepare the surface of roads डामर, तारकोल

tar[2] verb, t. (**tarred**) *Drive carefully on that road. It has just been tarred.* = to cover with tar तारकोल लगाना

ta•ran•tu•la /təˈræntjʊlə/ /टरैन्चुल/ noun = a kind of large, hairy spider found in South America, the bite of which is poisonous दक्षिण अमेरिका में पाई जाने वाली एक प्रकार की ज़हरीली मकड़ी

tar•dy /ˈtɑːdi/ /ˈटाऽडी/ adj. *She is tardy in replying to letters. I got her reply after six months.* = slow or late in doing something आलसी, देर से काम करने वाला

tar•get[1] /ˈtɑːgɪt/ /ˈटाऽगिट्/ noun, c. 1 *His arrow hit the target in the centre.* = a circular piece of wood on which circles are drawn in different colours, at which people aim and shoot in order to practise and improve their skill in using a gun or a bow and arrows चाँद (तीरंदाज़ी अथवा बंदूक चलाने के अभ्यास हेतु प्रयुक्त चिह्न) 2 *The government has set a target of building 20,000 houses this month.* = a quantity or level that one tries to reach while carrying out some task लक्ष्य

target[2] verb, t. *The company has started a new campaign to sell television sets, which is targeted at people living in villages.* = to try to reach a certain group of people सीमित या विशिष्ट क्षेत्र को लक्ष्य बनाना

tar•iff /ˈtærɪf/ /ˈटैरिफ़्/ noun, c. = a tax collected by the government on goods entering a country (also **duty** or **customs duty**) सीमा-शुल्क (देखें **duty** या **customs duty**)

tar•mac /ˈtɑːmæk/ /ˈटाऽमैक्/ noun, u. *The plane could not take off because of fog and had to wait for half an hour on the tarmac.* = the hard surface, covered with tar, which aircraft can land on or use for take-offs हवाई जहाज के लिए बनी उड़न पट्टी जिसकी ऊपरी कड़ी परत तारकोल की बनी होती है

tar•nish /ˈtɑːnɪʃ/ /ˈटाऽनिश्/ verb, t. 1 *The brass statues have to be polished as they have tarnished.* = to become dull (to lose brightness) बदरंग होना, चमक खो देना 2 *His reputation was tarnished after he was arrested.* = to spoil a person's reputation धब्बा लग जाना, बदनाम हो जाना

ta•rot /ˈtærəʊ/ /ˈटैरउ/ noun, u. *tarot cards* = a set of 22 cards with different pictures on them, used to tell someone's fortune (luck) भविष्य बताने वाले कार्ड, 'टैरट'

tar•pau•lin /tɑːˈpɔːlɪn/ /टाऽˈपॉलिन्/ noun, c. = a piece of thick water-proof canvas (thick cloth) used to protect things from rain तिरपाल

tar•sus /ˈtɑːsəs/ /ˈटाऽसस्/ noun, u. = the set of 7 small bones in the ankle [MEDICINE] टखने की हड्डियाँ [चिकित्सा]

tart[1] /tɑːt/ /टाऽट्/noun, c. 1 = a small cake filled with something sweet एक प्रकार का केक 2 = a derogatory way of referring to a woman who is, or seems to be, a sex worker (slang) USE G यौनकर्मी महिला के लिए प्रयुक्त अनादरसूचक शब्द (अपभाषा) निषिद्ध लिंग

tart[2] adj. 1 *Use some lemon juice to give the curry a tart taste.* = slighly sour हल्का खट्टा 2 *She gave me a tart reply when I asked her for some help.* = sharp and unpleasant (in behaviour) (व्यवहार में) तीखा, अप्रिय

tart[3] verb, t. *They have tarted up the old cinema hall by painting it purple on the outside.* = to try to make something look attractive, but in a cheap way (informal, derogatory) घटिया तरीके से सजाना (अनौपचारिक, अनादरपूर्ण)

tar•tan /'tɑ:tn/ /'टाऽट्न्/ noun, u. = a printed or woven design of coloured checks (straight lines crossing each other), originally used by people in Scotland चारखाना डिजाइन जो मूलत: स्कॉटलैंडवासियों द्वारा इस्तेमाल किया जाता था

tar•tar /'tɑ:təʳ/ /'टाऽटर्/ noun, u. *The dentist removed the tartar from his teeth.* = a hard substance that forms on the surface of teeth दाँत पर की कड़ी परत

tar•ta•ric a•cid /tɑ:tærɪk 'æsɪd/ /टाऽटैरिक् 'ऐसिड्/ noun = a kind of chemical substance with a sour taste, found in tomatoes and some other fruit [CHEMISTRY] टमाटर तथा कुछ अन्य फलों में पाया जानेवाला एक खट्टा रसायन, टाटरी [रसायनशास्त्र]

tar•tar sauce noun = a kind of white sauce (thick liquid that adds taste to food) usually eaten with fish एक प्रकार की 'सॉस' (चटनी)

task[1] /tɑ:sk/ /टाऽस्क्/ noun, c. *I must go to the market and buy some vegetables. That is my first task this morning.* = a duty; a piece of work that must be done नियत कार्य

task[2] verb, t. *The government has tasked us with the responsibility of checking the fire escapes in all the buildings in this area.* = to give someone a task (duty) (formal) (काम या ज़िम्मेदारी) सौंपना (औपचारिक) **task force** noun, c. = a group of people (usually soldiers) who are ordered to carry out a particular task किसी विशेष कार्य के लिए नियत लोगों का समूह **taskmaster** noun, c. *Our new coach is a hard taskmaster.* = a person who makes people work very hard (generally approving) (कठोर) अधिकारी, काम कराने वाला (प्राय: स्वीकृत)

to take someone to task = to speak angrily to someone for doing something wrong गलती का मज़ा चखाना, डाँटना-फटकारना

tas•sel /'tæsəl/ /'टैसल्/ noun, c. 1 = a bunch of threads tied together, forming a hanging decoration फुँदना 2 = a bunch of threads woven together to look like the plaits in a woman's hair, used to make the plaits look longer or thicker than they really are (see also **plait**) चुटीला (देखें **plait**)

taste[1] /teɪst/ /टेइस्ट्/ noun, u. 1 *Honey has a sweet taste.* = flavour; the sensation (feeling) or effect produced inside the mouth, specially around the tongue, by a particular kind of food or drink ज़ायका, स्वाद 2 *She has lost her sense of taste after her long illness.* = the ability to feel the effect that a particular food or drink has स्वाद 3 *I want you to have a taste of this curry.* = a small quantity of food or drink, taken in order to find out if it has the right taste or flavour स्वाद (चखना) 4 *Some people think he has excellent taste.* = the ability to judge correctly whether something has beauty, value etc., especially in matters relating to art, literature, music etc. सुरुचि, ऊँची पसंद (विशेषत: कला, साहित्य, संगीत आदि के संदर्भ में) 5 *I have bought some religious books for you as I know your taste.* = a personal liking for something रुचि, पसंद

taste[2] verb, t. 1 *I want you to taste this pudding and tell me if it is sweet enough.* = to take a small quantity of food or drink in the mouth in order to judge its taste चखना 2 *This cake tastes a little too sweet. You must have put a lot of sugar in it.* = to have a particular taste (referring to food or drink) स्वाद होना (भोज्य अथवा पेय पदार्थ में) **taste bud** noun, c. = a group of special cells in the tongue which have the ability to feel the taste of something स्वाद कलिका **tasteful** adj. *The choice of curtains for the room is tasteful.* = showing good taste (see **taste**[1] meaning **4**) सुरुचि-संपन्न, अच्छी पसंद वाला **tasteless** adj. 1 *The curry is tasteless. You should add some spices to it.* = having no taste (see **taste**[1] meaning **1**) स्वादहीन, बेस्वाद 2 *The remarks he made at the meeting were tasteless.* = showing poor taste (see **taste**[1] meaning **4**) घटिया **taster** noun, c. *a tea-taster* = a person whose job it is to taste (see **taste**[2], meaning **1**) food or drink, to test if the taste is good स्वादक **tasty** adj. *a tasty curry* = having good taste स्वादिष्ट, ज़ायकेदार (see **taste**[1] meaning **1**)

to leave a bad taste in someone's mouth = to have an unpleasant feeling that remains for a long time मुँह का स्वाद खराब होना, कटु अनुभव

tat /tæt/ /टैट्/ noun see **tit for tat** (below) (नीचे tit for tat देखें)

ta-ta /tæ'tɑ:/ /टै'टा/ interjec. *Say ta-ta to your friend* = good-bye (an expression mostly used by children when saying good-bye to someone) (informal) 'टाटा', अलविदा (सामान्यत: बच्चों द्वारा प्रयुक्त शब्द) (अनौपचारिक)

tat•ters /'tætəz/ /'टैटज़्/ noun (always plural) *She refused to give up her old shirt although it was in tatters.* = torn or worn-out old clothing फटा-पुराना **tattered** adj. *He wore tattered clothes.* = old and torn (referring to clothes) फटा-पुराना (कपड़ों के संदर्भ में)

tat•too[1] /tə'tu:/ /टə'टू/ noun, c. *The gypsy woman had tattoos all over her arms and hands.* = a pattern or design made on the skin of the body गोदना

tattoo

tattoo[2] verb, t. = to make a design on the skin by using a needle गोदना बनाना, गोदना गोदना **tattooist** noun, c. = a person whose job is to tattoo others गोदने वाला

T

tat•ty /'tæti/ /'टैटी/ adj. *The furniture in the room was tatty.* = in poor condition (informal) पुराना, खस्ता-हाल (अनौपचारिक)

taught /tɔ:t/ /टॉट्/ verb, t. past tense of **teach** 'teach' (= शिक्षा देना, सिखाना) क्रिया का भूतकालिक रूप

taunt[1] /tɔ:nt/ /'टॉन्ट्/ verb, t. *The crowd taunted the members of the team after they lost the match.* = to make fun of someone or to say unkind things about someone, with the intention of making him/her angry ताना मारना, उपहास करना

taunt[2] noun, c. *The taunt made the player so angry that he attacked a spectator.* = an unkind remark made to hurt someone's feelings उपहास, ताना

Tau•rus /'tɔ:rəs/ /'टॉऽरस्/ noun, u. = a sign of the zodiac, in the form of a bull (see pic under **zodiac**) वृषभ राशि (**Zodiac** के अंतर्गत चित्र देखें)

taut /tɔ:t/ /टॉऽट/ adj. **1** *The strings of the sitar are loose. They should be taut.* = tight (fully stretched out) कसा हुआ **2** *She had a taut expression on her face.* = showing worry or anxiety तना हुआ (उत्तेजना अथवा चिंता दर्शाने वाला) **tauten** verb, t. *You should tauten the strings of your sitar.* = to make something taut (tight) कसना

tau•tol•o•gy /tɔ:'tɒlədʒi/ /टॉऽ'टॉलजी/ noun, u. or c. (**tautologies**) *To say 'He lives alone, all by himself' is to use a tautology.*(c.) = an unnecessary use of a word, repeating an idea that has already been expressed through some other word विचार को भिन्न शब्दों में दुहराने का शैलीगत दोष

tav•ern /'tævən/ /'टैवन्/ noun, c. = a place where alcoholic drinks are served (old-fashioned, literary) (also **pub**) मधुशाला, शराबखाना (पुराने प्रचलन का, साहित्यिक) (देखें **pub**)

taw•ny /'tɔ:ni/ /'टॉऽनी/ adj. *the lion's tawny fur* = having a brownish-yellow colour पिंगल, भूरापन लिए पीला

tax[1] /tæks/ /टैक्स्/ noun, c. or u. = money which is paid to the government, usually as a percentage of one's income or of the price of something that one buys कर, टैक्स

tax[2] verb, t. **1** *The government taxes people who own houses or cars.* = to charge a tax or to make someone pay a tax कर लगाना **2** *to tax someone's patience* = to make greater demands than usual on some quality that a person has भारस्वरूप होना, (धैर्य आदि की) परीक्षा लेना **taxing** adj. *a taxing journey* = something that is difficult to go through थकानेवाली, कठिन **taxation** noun, u. *the government's policy on taxation* = the act of making someone pay tax कराधान, करारोपण **tax-free** adj. *a tax-free salary* = on which no tax needs to be paid कर-मुक्त **tax haven** noun, c. = a country which attracts rich businessmen by charging very low taxes ऐसा देश जो कम टैक्स द्वारा धनी व्यापारियों को आकर्षित करे **tax holiday** noun, c. = a period during which a new business company is not required to pay tax to the government, so that it can grow नई व्यापार संस्था के लिए बढ़ोतरी का ऐसा समय जब उसे सरकार को कर न देना पड़े **tax-payer** noun, c. = a person who pays tax to the government कर-दाता

tax•i[1] /'tæksi/ /'टैक्सी/ noun, c. = a car which can be hired for a journey (also **cab**) टैक्सी (देखें **cab**)

taxi[2] verb, i. (**taxiing, taxied**) *The aircraft taxied to a stop.* = to move slowly on the ground ज़मीन पर धीरे-धीरे चलना

tax•i•der•my /'tæksɪdɜ:mi/ /'टैक्सिडऽमी/ noun, u. = the art of cleaning and preparing the skins of wild animals and filling them up with special materials so that they look as if they are alive मृत पशुओं की खाल में भराव सामग्री भरकर उन्हें जीवित-सा दिखाने की कला **taxidermist** noun, c. = a person who practises the art of taxidermy मृत पशुओं की खाल में भराव भरने वाला

tax•on•o•my /tæk'sɒnəmi/ /टैक'सॉनमी/ noun, c. (**taxonomies**) or u. = a system used for naming and organizing things (e.g. plants and animals) into groups or classes, for the purpose of studying them [SCIENCE] अध्ययन हेतु वर्गीकरण व्यवस्था [विज्ञान]

TB abbr. used for **tuberculosis** noun, u. = a disease caused by a type of bacillus which usually attacks the lungs 'टी.बी.' तपेदिक रोग

tea /ti:/ /टी/ noun, u. **1** = a kind of drink prepared from the dried leaves of the tea-plant चाय **2** = a meal, usually light, usually taken in the afternoon or early evening चाय **tea-bag** noun, c. = a small paper bag filled with tea leaves, which is dipped in hot water to prepare a cup of tea चाय की छोटी थैली, 'टी बैग' **tea break** noun,c. = a period of rest during which people stop work to drink tea विश्राम का समय **tea-cosy** noun, c. (**cosies**) = a cover made of thick cloth which is put over a teapot to keep the tea inside it warm चायदानी का आवरण **tea cup** noun, c. = a cup in which one drinks tea, coffee, milk and other hot beverages चाय का प्याला **tea garden** noun, c. = land on which tea is farmed (also **tea plantation**) चाय बागान (देखें **tea plantation**) **tea leaves** noun = the leaves of the tea plant used to make tea चाय की पत्ती **tea-house** noun, c. = a restaurant where tea is served (in China or Japan) चाय की दुकान **tea-party** noun, c. = a social gathering at which tea is served, usually in the afternoon चाय की दावत **teapot** noun, c. = a container from which tea can be poured out and served to people चायदानी **tea-trolley** noun, c. = a small table fitted with wheels, used to carry food and drinks to people चाय ले जाने वाली 'ट्रॉली'

teach /ti:tʃ/ /टीच्/ verb, t. (**taught**) **1** *She teaches English to little children.* = to help someone to learn something पढ़ाना **2** *Buddhism teaches people to be* *kind to animals.* = to make something known and accepted शिक्षा देना **teacher** noun, c. = a person whose job is to teach, especially children in a school अध्यापक, शिक्षक **teaching** noun, u. or c. **1** *She loves teaching.*(u.) = the work or profession of a teacher शिक्षण, अध्यापन **2** *We should follow the teachings of Mahatma Gandhi.*(c.) = the ideas or principles taught by someone शिक्षा, सीख

to teach someone a lesson = to make someone understand through a punishment that something should not be done किसी को मज़ा चखाना **to teach an old dog new tricks** = teach a person who is used to something, a different way of doing things एक प्रकार से कार्य करने के अभ्यस्त को नई पद्धति सिखाना

tea cup (see **tea**) प्याला (देखें **tea**)

teak /ti:k/ /टीक्/ noun, u. = a hard and expensive kind of wood, used for making furniture, which is obtained from the teak tree सागौन, 'टीक' लकड़ी

teal /ti:l/ /टील्/ noun, c. = a kind of bird that looks like a duck and is found near lakes etc. 'चैती', एक पक्षी

team¹ /ti:m/ /टीम्/ noun, c. (used with either a singular or plural form of a verb) *a cricket team* = a group of people who work or play together, helping and supporting each other in a competition or in doing something (एकवचन या बहुवचन क्रिया के साथ प्रयुक्त) दल, टोली, 'टीम'

team² verb, t. *The two sisters teamed up for the doubles match.* = to work or play together or to make people work or play together as a team मिल कर काम करना, 'टीम' बनाना **team-mate** noun, c. = a person who is in the same team as someone else साथी, जोड़ी **team spirit** noun = the attitude of wanting to work together as a team सम्मिलित रूप से काम करने की रुचि **team-work** noun, u. *There is excellent team-work among the Bangladeshi players.* = the ability to work or play together as a team, helping and supporting each other सामूहिक कार्य या 'टीम' के रूप में मिलकर काम करने की योग्यता

tear¹ /teəʳ/ /टेअʳ/ verb, t. or i. (**tore, torn**) **1** *The girl tore a page out of her notebook and wrote her name and address on it.*(t.) = to separate or divide something by pulling it apart फाड़ना **2** *This paper is so thin that it tears easily. Write on it carefully.*(i.) = to become damaged by use फटना **3** *He was torn between his desire to see the film and to go for the lecture.* = to feel the effect of opposite forces उलझन में होना **4** *He tore along at great speed.* = to move very fast or in a hurry बड़ी तेज़ी से चलना, जल्दी में

to tear at something = to pull something strongly ज़ोर से खींचना **tear off/away/out** *He tore off/out/away a page from the notebook.* = to separate something by pulling it away from something else गिरा देना, ढा देना **tear open** = to open a cover made of paper or cloth by pullling it with force आवरण उतारना **to tear down** = to bring a building down ढहा देना **to tear someone or something into shreds/pieces** = to criticise severely कड़ी आलोचना करना **a tearing hurry** = a great hurry (informal) उतावलापन, हड़बड़ी, जल्दबाज़ी (अनौपचारिक)

a tearaway bowler = a very fast bowler (in the game of cricket) तेज़ गेंदबाज़ (क्रिकेट के खेल में)

tear² noun, c. *There is a tear in my shirt. Can you mend it?* = a torn place in a piece of cloth or paper छेद, फटा होना

tear³ /tɪəʳ/ /टिअʳ/ noun, c. *He wiped the tears from his eyes.* = a drop of the liquid that flows out of the eyes when one is unhappy or in pain आँसू **tear-drop** **1** = a single tear आँसू की एक बूँद **2** *a tear-drop shape* = having the shape of a tear drop बूँद, कतरा (आँसू का) **tearful** *a tearful scene from a film* = full of sad feelings रोने-धोने वाला, रुला देने वाला **tear-gas** = a kind of gas which causes tears to flow from the eyes and is often used by the police to control crowds अश्रुगैस **tear-jerker** *The new film is a tear-jerker.* = a very sad film that makes people cry (often derogatory) रुला देने वाला (फ़िल्म, आदि) (प्राय: अनादरपूर्ण)

to burst into tears = to start crying suddenly फफक पड़ना **to be close to tears** = almost crying लगभग रो पड़ना **to fight back tears** = to try hard not to cry रुलाई रोकने की कोशिश करना **tears of joy/laughter** = a certain kind of strong emotion खुशी के आँसू

tease¹ /ti:z/ /टीज़्/ verb, t. **1** *The girls tease Shobha because she usually goes to sleep in class.* = to make fun of someone or to do something to hurt or annoy someone चिढ़ाना, छेड़ना **2** *Don't tease the animals in the zoo.* = to be cruel to animals by throwing stones at them etc. परेशान करना, छेड़ना

tease² noun, c. (usually singular) **1** *The other children are afraid of him as he is a terrible tease.*= someone who likes to tease others (सामान्यत: एकवचन) चिढ़ाने वाला **2** *The woman is a tease.* = someone who likes to excite others sexually (slang, approving) **G** कामुक भावना भड़काने वाला (अपभाषा, अस्वीकृत) **लिंग** **teaser** noun, c. *The question you asked me was a real teaser. I couldn't think of an answer.* = a difficult question that forces one to think कठिन प्रश्न जो सोचने पर मज़बूर करे

to tease out = to find meaning, information etc. that is difficult to get कठिनाई से मिलने वाला अर्थ, सूचना आदि ढूँढना

tea spoon (see **tea**) चाय का चम्मच (देखें **tea**)

teat /ti:t/ /टीट्/ noun, c. **1** = a piece of rubber fitted to the end of a bottle, through which a baby can suck milk चूसक, निप्ल् **2** = one of several raised parts along the chest of a female animal through which its young ones can suck milk (also **nipple**) थन, स्तनाग्र (देखें **nipple**)

T

tech•ni•cal /ˈteknɪkəl/ /ˈटेक्निकल्/ adj. **1** *Computer science is a highly technical subject.* = requiring special knowledge or skill प्राविधिक, तकनीकी **2** *The word 'program' has a technical meaning when we use it to talk about computers.* = belonging to or related to a technical subject पारिभाषिक, किसी विषय-विशेष से संबंधित **3** *Jayasuriya's batting has technical brilliance.* = showing special skill or technique (see also **technique**) विशिष्ट कौशल्युक्त (देखें **technique**) **technicality** /teknɪˈkælɪti/ /टेक्नि'कैलिटी/ noun, u. or c. (**technicalities**) *Despite her excellent record, she was not awarded the prize because of a technicality—she was six months older than her classmates.* = a small detail which may seem unimportant प्राविधिकता **technician** /tekˈnɪʃən/ /टेक्'निशन्/ noun, c. *a laboratory technician* = a worker who has special skills, developed through special training तकनीशियन, मिस्त्री

tech•nique /tekˈniːk/ /टेक्'नीक्/ noun, u. or c. **1** *This surgeon has excellent technique.*(u.) = special skill which has been developed carefully and can be, seen in the way one does something निपुणता **2** *We have developed a new technique for recycling old plastic bags.* = a method used to perform a certain task, based on special knowledge (see also **technology**) शिल्प विधि, तकनीक, पद्धति (देखें **technology**)

tech•no•crat /ˈteknəkræt/ /ˈटेक्नक्रैट्/ noun, c. = a person with special knowledge who is put in charge of an organization and has administrative powers तकनीकी विशेषज्ञ, तकनीकी अधिकारी

tech•nol•o•gy /tekˈnɒlədʒi/ /टेक्'नॉलजी/ noun, u. or c. (**technologies**) **1** *software technology*(u.) = special knowledge relating to the practical application (use) of science in industry शिल्प-विज्ञान, प्रौद्योगिकी **2** *Our scientists use the latest technologies to develop our telecommunication systems.*(c.) = an application (use) of scientific knowledge, for a particular purpose प्रौद्योगिकी **technological** /teknəˈlɒdʒɪkəl/ /टेक्न'लॉजिकल्/ adj. *technological development* = relating to technology शिल्प-वैज्ञानिक, प्रौद्योगिक

ted•dy-bear /ˈtedi-beəʳ/ /ˈटेडी-बेअʳ/ noun, c. = a child's toy which looks like a small bear 'टैडी बीयर', खिलौने का भालू

te•di•ous /ˈtiːdiəs/ /ˈटीडिअस्/ adj. *The lecture was so tedious that many people walked away while it was going on.* = long and boring उबाऊ, नीरस **tedium** /ˈtiːdiəm/ /ˈटीडिअम्/ noun, u. *Many people read books while waiting for trains at a railway station, to reduce the tedium.* = boredom (the effect of something that is tedious) नीरसता, उबाऊपन

tee¹ /tiː/ /टी/ noun, c. = a small cup-like instrument, used in the game of golf, in which the ball is placed before it is hit with the golf club (stick) 'टी', गोल्फ़ के खेल में प्रयुक्त प्याले जैसा उपकरण

tee² verb, i. *The oldest player taking part in the golf tournament was the first to tee off.* = to start a game of golf by hitting the ball (गोल्फ़ का खेल) शुरू करना

teem (with) /tiːm/ /टीम्/ verb, i. *These rivers teem with fish.* = to be full (of living creatures) (जीव-जंतुओं से) भरा होना **teeming** adj. *food for our teeming millions* = overcrowded; filling up a lot of space भीड़ भरा, बड़ी संख्यावाला

teens /tiːnz/ /टीन्ज़्/ noun (always plural) *boys and girls in their teens* = the period in one's life between the ages of 13 and 19 (informal) (केवल बहुवचन में प्रयुक्त) 13 से 19 के बीच की आयु, किशोरावस्था (अनौपचारिक) **teenage** adj. *teenage fashion* = relating to people who are in their teens किशोर या किशोरियों का **teenager** /ˈtiːneɪdʒəʳ/ /ˈटीनेइजʳ/ noun, c. = a person who is in his/her teens किशोर, किशोरी

tee•ny-wee•ny /tiːni-ˈwiːni/ /टीनी-ˈवीनी/ adj. *a teeny-weeny dress* = very small (informal) बहुत छोटा (अनौपचारिक)

tee-shirt see **T-shirt** 'टी-शर्ट', देखें **T-shirt**

tee•ter /ˈtiːtəʳ/ /ˈटीटʳ/ verb, i. *The Indian team had scored 297 runs for 9 wickets, in reply to Australia's total of 300. They teetered on the brink of defeat, but managed to draw the match.* = to be balanced unsteadily; to be about to fall or suffer a defeat, loss etc. लड़खड़ाना

teeth /tiːθ/ /टीथ्/ noun **1** = plural of tooth दाँत **2** *The new law has given the government the teeth it needed to deal with crimes against women.* = power शक्ति, ताकत

teethe /tiːð/ /टीद्/ verb, i. *The baby is teething.* = to grow teeth दाँत निकालना **teething troubles** noun *The school faced teething troubles during the first two years, but is doing well now.* = the problems faced in the early period of doing something new प्रारंभिक कठिनाइयाँ

tee•to•tal•ler /tiːˈtəʊtələʳ/ /टीˈटउटलʳ/ noun, c. = a person who does not take alcoholic drinks मद्यपान न करने वाला

tef•lon /ˈteflɒn/ /ˈटेफ़्लॉन्/ noun (trademark)= a plastic material to which things do not stick, used in making cooking pots which allow one to cook without using much oil बर्तन बनाने की धातु का 'ट्रेड मार्क'

tele- /telə/ /टेल/ prefix meaning **'far'** e.g. telephone 'दूर' का अर्थ देनेवाला उपसर्ग, जैसे-दूरभाष

tel•e•cast¹ /ˈtelikɑːst/ /ˈटेलीकास्ट्/ noun, c. = a programme shown on television (दूरदर्शन) प्रसारण

telecast² verb, t. *The cricket match is being telecast.* = to show something on television दूरदर्शन पर प्रसारित करना

tel•e•com•mu•ni•ca•tions /telikəmjuːnɪˈkeɪʃənz/ /टेलीकम्यूनिˈकेइशन्ज़्/ noun (always plural) = the processes or systems that allow people to send and receive messages by telephone, telegraph, radio etc. (केवन बहुवचन में प्रयुक्त) दूर-संचार

te•le•con•fer•ence noun, c. = a meeting among people in different places, using telephones and television cameras (also **video conferencing**) दूरस्थ बैठक (भिन्न-भिन्न स्थानों पर उपस्थित लोगों की बैठक जिसमें टेलिफ़ोन, वीडियो, टेलिविज़न आदि का उपयोग किया जाता है) (देखें **video conferencing**)

tel•e•gram /'telɪɡræm/ /'टेलिग्रैम्/ noun, c.= a written message sent by telegraph तार, टेलीग्राम **telegraph** /'telɪɡrɑːf/ /'टेलिग्राफ़्/ noun, u. = a system of sending written messages by using electrical signals along a wire, which print out sets of dots and dashes that are later converted into words तार-प्रेषण, टेलीग्राफ़

te•lep•a•thy /tɪ'lepəθi/ /टि'लेपथी/ noun, u. = the ability to know the thoughts of another person and to communicate (exchange ideas) without speaking or using language often from a distance दूर-संवेदन

tel•e•phone[1] /'telɪfəʊn/ /'टेलिफ़उन्/ noun, c. or u. **1** (u.) = a system by which people can speak to each other from a distance, using electrical signals sent along a wire or through space दूरभाष, टेलिफ़ोन **2** (c.) = an instrument used for speaking to another person from a distance दूरभाष, टेलिफ़ोन/फ़ोन

telephone[2] verb, t. *You can telephone me at this number.* = to speak to someone over the telephone . फ़ोन करना **telephone booth** noun, c. = a small, closed room containing a telephone which can be used by someone on payment of money टेलिफ़ोन बूथ **telephone directory** noun, c. = a printed book containing the names and telephone numbers of people living in a certain area दूरभाष निर्देशिका **telephone exchange** noun, c. = a central place where connections can be made between people wishing to speak to each other by telephone दूरभाष मिलान-केंद्र, टेलिफ़ोन एक्सचेंज

tel•e•prompt•er /'telɪprɒmptə^r/ /'टेलिप्रॉम्प्टर्/ noun, c. = a machine used by newsreaders on television, which allows the printed words on a sheet of paper to appear on a large screen facing the newsreader, so that he or she seems to be speaking directly to the audience and not reading from a sheet of paper टेलिविज़न पर समाचार प्रस्तुत करने वालों के लिए उपयोगी एक यंत्र

tel•e•scope[1] /'telɪskəʊp/ /'टेलिस्कउप्/ दूरबीन noun, c. = an instrument which allows one to see clearly objects which are far away, consisting of metal tubes which can slide inside each other, making the instrument shorter or longer दूरबीन

telescope[2] verb, i. **1** *Three carriages in the middle part of the train telescoped in the accident because of the pressure from the carriages which were behind them.* = to become shorter in length; to run into each other एक दूसरे में समा जाना **2** *The film telescopes a long story into fifteen minutes.* = to make short छोटा करना

tel•e•vi•sion /'telvɪʒən/ /'टेल्विज़्न्/ noun, u. or c. **1** (u.) = a system by which pictures and sounds can be sent and received between places which are far apart and not connected to each other by wires दूरदर्शन **2** = an instrument which allows one to see pictures and hear sounds being sent by television टी.वी. सेट **televize** /'telɪvaɪz/ /'टेलिवाइज़्/ verb, t. *The cricket match will be televized.* = to show over television (also **telecast**) प्रसारित करना (देखें **telecast**)

tell /tel/ /टेल्/ verb, t. or i. (**told**) **1** *Tell me your name.* = to make something known to someone by speaking बतलाना **2** *The teacher told the child to stand up.* = to order or command आदेश देना **3** *These words in the poem tell you that the poet was very unhappy.* = to suggest (to allow a certain meaning to be understood) बतलाना **4** *There were so many people in the room that I couldn't tell who was shouting.* = to recognize or to know for certain पहचानना, निश्चित रूप से जानना **5** *I told you it would rain.* = to warn चेतावनी देना **teller** noun, c. = a person who works in a bank and receives or pays out money गणक, बैंक का पद **telling** adj. *Pillai's excellent running was the most telling factor in India's victory.* = having a strong effect अत्यंत प्रभावशाली **telltale** adj. *There were some telltale bloodstains on the murderer's clothes.* = something that allows a secret to become known स्वयंमुखर, संकेतक, सूचक

to tell off = to speak angrily to someone for doing something wrong फटकारना **to tell on** *Staying up late is telling on me.* = to have a harmful effect on someone हानि पहुँचाना **to tell on someone** = to carry stories/information about someone to another person (see also **to tell tales**) चुगली करना (देखें **to tell tales**) **to tell against someone** *His poor health will tell against him.* = to make it difficult for someone to succeed सफलता प्राप्ति में रुकावट डालना **to tell apart (to tell the difference)** *The puppies looked so similar, we could not tell them apart.* = to be able to recognize the difference between two people, animals or things which are similiar अंतर पहचानना **to tell tales** (always plural) = to carry information which is not favourable about a person, to another person (informal, disapproving) (केवल बहुवचन में प्रयुक्त) चुगली खाना (अनौपचारिक, अस्वीकृत) **all told** *I will pay you Rs 500 a month all told.* = everything included सब मिलाकर **I'll tell you what** *I'll tell you what. Let's stay at home and watch television.* = words which are followed by a suggestion 'मैं बताता हूँ' **Tell me another!** *'I scored nine goals in a match today.' 'Tell me another!'* = used when one does not believe something that is being said (informal) कही गई बात पर विश्वास न होने की स्थिति में प्रयुक्त अभिव्यक्ति, रहने भी दो! चलो-चलो! (अनौपचारिक) **to tell somebody where**

T

to get off *When his friend tried to tell Arjun what to do with his new exercise cycle, he told him where he got off.* = to tell someone rudely that you are not interested in what they are saying (not respectful) दूसरे की सलाह को तिरस्कृत रूप से टाल देना (आदरपूर्ण नहीं) **You're telling me!** *'She loves to argue.' 'You're telling me!'* = used to express agreement (informal) सहमति व्यक्त करने की अभिव्यक्ति 'हाँ भई!' (अनौपचारिक)

te•me•ri•ty /te'meriti/ /टे'मेरिटी/ noun, u. *You have the temerity to argue with me when you have made such a stupid mistake?* = excessive courage, especially in an inappropriate situation (disapproving) दु:साहस, हिमाकत (अस्वीकृत)

tem•per[1] /'tempəʳ/ /'टेम्पर/ noun, u. **1** *Be careful when you speak to the coach. He has a bad temper.* = the quality of a person's mind which causes him/her to become angry easily मिज़ाज, जल्दी उत्तेजित अथवा क्रुद्ध हो जाने का स्वभाव **2** *Let's not try to meet her now. She is in a temper.* = a temporary condition of being angry चिड़चिड़ापन, नाराज़गी **3** *This steel spring has lost its temper.* = the ability of a piece of metal to stand up to rough treatment without breaking [TECHNICAL] कठिनाई सहने की शक्ति [तकनीकी]

temper[2] verb, t. **1** *Atul was disappointed when he lost the match. However, his disappointment was tempered by the realization that he had lost to a better player.* = to reduce (make less) the effect of something प्रभाव कम करना **2** *These steel swords are tempered by making them red-hot and then dipping them in ice-cold water.* = to heat and then cool a piece of metal in order to make it hard and strong [TECHNICAL] धातु को मज़बूत बनाने के लिए पानी चढ़ाना [तकनीकी]

tem•pe•ra•ment /'tempərəmənt/ /'टेम्प्रमन्ट्/ noun, u. *The manager of a large company should have a calm temperament.* = nature or character, which controls one's behaviour स्वभाव, प्रकृति **temperamental** /tempərə'məntəl/ /टेम्पर'मन्टल्/ adj. *a temperamental actor* = moody (having frequent changes of mood or temper and easily made angry) लचीला स्वभाव, जल्दी क्रुद्ध हो जानेवाला

tem•pe•rance /'tempərəns/ /'टेम्प्रन्स्/ noun, u. **1** *Although he was being abused, he remained calm. His temperance surprised everyone.* = self-control, specially in eating or drinking संयम, आत्मनियंत्रण **2** *a temperance society* = being opposed to the use of alcohol मद्यपान-विरोधी

tem•pe•rate /'tempərɪt/ /'टेम्प्रिट्/ adj. **1** *temperate climate* = neither too hot nor too cold शीतोष्ण **2** *The Prime Minister is known to be temperate in her speech and never uses harsh language.* = calm and controlled शांत व संतुलित

tem•pe•ra•ture /'tempərətʃəʳ/ /'टेम्प्रचर/ noun, u. or c. **1** *The temperature in Delhi today was 32 degrees Celsius.* = the degree of heat in a place or an object तापमान **2** *The child has a temperature.* = fever बुखार

tem•pest /'tempɪst/ /'टेम्पिस्ट्/ noun, c. = a violent storm तूफ़ान **tem•pes•tu•ous** /tem'pestʃuəs/ /टेम'पेस्चुअस्/ adj. *There were tempestuous scenes at the meeting.* = charged with emotion (usually anger) प्रचंड, क्रोधपूर्ण

tem•plate /'templeɪt/ /'टेम्प्लेइट्/ noun, c. = a thin piece of metal, plastic etc., which has been cut into a certain shape or pattern and is used to make copies of some object साँचा

tem•ple /'tempəl/ /'टेम्पल्/ noun, c. **1** = a place of worship, specially for Hindus, Sikhs or Buddhists मंदिर **2** = the flat area on each side of the forehead कनपटी

tem•po /'tempəʊ/ /'टेम्पउ/ noun, c. (**tempos** or **tempi**) **1** *The music is played at a fast tempo.* = speed (of music) (संगीत की) ताल, गति **2** *The tempo of life in the city has become hectic.* = the speed at which things happen गति

tem•po•ral /'tempərəl/ /'टेम्प्रल्/ adj. *People are more interested in temporal advancement than in spiritual progress.* = belonging to the world of material objects सांसारिक, भौतिक

tem•po•ra•ry /'tempərəri/ /'टेम्प्ररी/ adj. *a temporary arrangement* = lasting only for a short time अस्थायी

tem•po•rize /'tempəraɪz/ /'टेम्पराइज़्/ verb, i. *The government seems to be temporizing in deciding whether or not a new dam should be built.* = to delay in taking a decision, in order to gain time (disapproving) टालमटोल करना, निर्णय को लटकाना (अस्वीकृत)

tempt /tempt/ /'टेम्प्ट्/ verb, t. **1** *When I saw my uncle's motorcycle, I was tempted to drive it without telling him.* = to feel the desire to do something which one knows to be wrong ललचाना **2** *We want him as our new manager. Maybe we could tempt him with an attractive salary.* = to offer something to someone in order to persuade him/her to do something आकर्षित करना **temptation** /temp'teɪʃən/ /टेम्प्'टेइशन्/ noun, c. or u. **1** *Chicken curry is a great temptation for me, although the doctor has advised me to avoid meat.* = something that tempts (attracts one into doing something unwise) प्रलोभन, आकर्षण **2** *I felt a strong temptation when I found all that money lying on the street.* = a desire to do something which one knows to be wrong लालच, प्रलोभन

ten /ten/ /'टेन्/ noun, c. = the number represented by the figure 10 दस **ten-pin** noun, c. = one of the wooden pins that one tries to knock down in the game of bowling बॉलिंग के खेल में लकड़ी की गिट्टियाँ

ten•a•ble /'tenəbəl/ /'टेनबल्/ adj. *You want Sanskrit to be our national language, but the arguments you have offered in support of Sanskrit are not tenable.* =

(arguments or opinions) which can be supported or defended तर्कसंगत

te•na•cious /tɪˈneɪʃəs/ /टि'नेइशस्/ adj. *He wants to take the test again, though he has failed it three times. He is really tenacious!* = not ready to give up trying कोशिश करते रहने वाला, हिम्मत न हारने वाला

ten•ant /ˈtenənt/ /'टेनन्ट्/ noun, c. = a person who pays rent to someone for the use of a building or a piece of land किरायेदार **tenancy** noun, u. = the period of time during which one has a right to use a building etc., as a tenant किरायेदारी **tenant-farmer** noun, c. = a person who cultivates land owned by someone else काश्तकार

tend /tend/ /टेन्ड्/ verb, i. **1** *She tends to speak very fast when she is excited.* = to be likely to behave in a certain way स्वभाव होना **2** *My brother tends his rose plants with great affection.* = to take care of something or someone (old-fashioned) देखभाल करना (पुराने प्रचलन का) **tendency** /ˈtendənsi/ /'टेन्डन्सी/ noun, u. or c. (tendencies) **1** *He has a tendency to get involved in arguments unnecessarily.*(c.) = a natural quality which makes a person likely to behave in a certain way प्रवृत्ति, स्वभाव, आदत **2** *There is a tendency for prices to come down when there is a good monsoon.*(c.) = a likelihood that something will happen संभावना

ten•der[1] /ˈtendəʳ/ /'टेन्डर/ adj. **1** *a baby's tender skin* = soft कोमल, मुलायम **2** *The wound in my leg has healed, but the skin is still tender.* = sensitive; causing one to feel pain when touched नाज़ुक, नर्म **3** *tender meat* = easy to cut, bite or chew (referring to meat or vegetables) नर्म **4** *tender feelings* = loving and kind स्नेहशील **5** *a tender age* = very young अल्पवयस्क, छोटी उम्र

tender[2] noun, c. **1** *I have submitted my tender for a government contract.* = a formal written offer to supply goods or services for a certain price निविदा **2** *the tender of a steam locomotive* = a small carriage attached to the locomotive (engine) of a train, which carries extra coal or water ईंधनगाड़ी अथवा रेलगाड़ी का ईंधन-डिब्बा

tender[3] verb, i. or t. **1** *Five companies have tendered for the contract to build a new hospital.*(i.) = to make a formal offer to do something or sell something for a certain price निविदा देना **2** *I would like to tender my apologies for not coming to the meeting yesterday.*(t.) = to offer प्रस्तुत करना **tender-foot** noun, c. (**tender-foots**) = a young person without any experience of doing something (informal) नौसिखुआ (अनौपचारिक) **tender-hearted** adj. *a tender-hearted person* = kind कोमल-हृदय, स्नेही, दयालु **tenderize** /ˈtendəraɪz/ /'टेन्डराइज़्/ verb, t. *You can use the juice of a papaya to tenderize meat.* = to make something (specially meat) soft नर्म बनाना, गलाना

ten•don /ˈtendən/ /'टेण्डन्/ noun, c. = the thick, strong cord-like parts of the body which connect a large muscle to a bone [BIOLOGY] पेशीबंधनी [जीव विज्ञान]

ten•dril /ˈtendrɪl/ /'टेन्ड्रिल्/ noun, c. *The rose creeper attached itself to the wall by means of its many tendrils.* = a thin stem-like part of a climbing plant which grows on to walls etc. for support [BIOLOGY] प्रतान [जीव विज्ञान]

ten•e•ment /ˈtenɪmənt/ /'टेनिमन्ट्/ noun, c. = a large building divided into flats, usually built for people who are not very rich 'चाल', एक बड़ी इमारत जिसमें अनेक परिवारों के रहने के लिए कोठरियाँ बनी होती हैं

ten•et /ˈtenɪt/ /'टेनिट्/ noun, c. *He follows the tenets of his religion faithfully.* = a teaching or principle on which a religion or philosophy is based सिद्धांत, मत

ten•ner /ˈtenəʳ/ /'टेनर/ noun, c. *Take this 50-rupee note and give me five tenners.* = a ten-rupee note (slang) दस-टकिया (अपभाषा)

ten•nis /ˈtenɪs/ /'टेनिस्/ noun, u. = a game played between two or four players, who use racquets to hit a ball over a net stretched across the middle of a court टेनिस खेल **tennis-elbow** noun, c. = a painful swelling near the elbow, caused by frequent twisting of the hand and arm बाजू को बार-बार घुमाने से कुहनी के पास होने वाली दर्द भरी सूजन

ten•or /ˈtenəʳ/ /टेनर/ noun, c. or u. **1** (c.) = a male singer with a high pitched voice ऊँची आवाज़ में गाने वाला गायक **2** *I could follow the general tenor of his speech but not all his ideas.*(u.) = the general meaning अभिप्राय, मुख्य बातें **3** *The earthquake has disturbed the tenor of our lives.*(c.) = the character or pattern जीवन-प्रवाह, जीवन-शैली

tense[1] /tens/ /टेन्स्/ adj. **1** *The girl was very tense before the interview, so the chairperson of the selection committee asked her to relax.* = nervous and anxious and unable to relax घबराया हुआ, तनावग्रस्त **2** *The situation in the college became tense when a student was arrested by the police.* = causing anxiety तनावग्रस्त **3** *The muscles of your arm are tense. Can you loosen them?* = stretched tight and stiff (hard) सख्त, तना हुआ

tense[2] verb, t. *She tensed the muscles of her arm.* = to stretch out and make something stiff and hard कसकर सख्त कर लेना

tense[3] noun, c. *'Eat' is in the present tense whereas 'ate' is in the past tense.* = the form of a verb which shows the period of time (past or present) during which an action is supposed to have taken place [GRAMMAR] काल [व्याकरण]

ten•sile /ˈtensaɪl/ /'टेन्साइल्/ adj. *Steel is tensile but wood is not.* = the ability of a material to be stretched beyond its normal length [TECHNICAL] खींचा जा सकने वाला [तकनीकी]

ten•sion /ˈtenʃən/ /'टेन्शन्/ noun, u. **1** *Ejaz has to deal with so many problems at work that he is always*

T

suffering from tension. = a state of anxiety and pressure on the mind तनाव **2** *There is tension in the city after the police firing.* = a dangerous condition which may lead to violence उत्तेजना, तनाव **3** *You should reduce the tension in the strings of the sitar.* = the degree of tightness of a wire or rope (see also **taut**) तनाव, खिचाव (देखें **taut**)

tent /tent/ /टेन्ट्/ noun, c. = a movable shelter made of canvas (strong, thick cloth) or nylon, which is supported by poles and held in position by ropes तंबू, खेमा

ten•ta•cle /ˈtentɪkəl/ /ˈटेन्टिक्ल्/ noun, c. *the tentacles of an octopus* = the long, snake-like arms of certain sea-creatures, used for holding prey कुछ जल जीवों की साँप की जैसी लंबी भुजाएँ

ten•ta•tive /ˈtentətɪv/ /ˈटेन्टटिव्/ adj. **1** *The date for my marriage has not been fixed, but the tentative date is the 4 March.* = not fully certain अनुमानित, पूरी तरह से निश्चित नहीं **2** *He gave a tentative reply to my question, which showed that he was not sure of the facts.* = done or said without confidence विश्वासपूर्वक न कह पाना या कर पाना

ten•ter-hooks /ˈtentəhʊks/ /ˈटेन्टहुक्स्/ noun ;(always plural) *The girl was on tenter-hooks before her exam.* = a nervous state of mind (केवल बहुवचन में प्रयुक्त) घबराहट, बेचैनी

tenth /tenθ/ /ˈटेन्थ्/ det. *the tenth day of the month* = coming after nine objects or people; the ordinal form of ten दसवाँ, दशम

ten•ure /ˈtenjəʳ/ /ˈटेन्यर/ noun, u. **1** *During his tenure as Vice Chancellor of the university, he brought about many changes.* = the period of time during which one holds a job or occupies a piece of land etc. कार्यावधि **2** *The professor holds a tenure in the English Department.* = a permanent position स्थायी पद

te•pid /ˈtepɪd/ /ˈटेपिड्/ adj. **1** *tepid water* = used to describe a liquid which is slightly warm but not hot गुनगुना, हल्का गर्म **2** *The new film got a tepid reception from critics.* = not very enthusiastic (not showing much liking for something) शिथिल, निरुत्साह

term¹ /tɜːm/ /टɜम्/ verb, t. *The head of this village is termed the 'sarpanch'.* = to name or describe someone by a particular word कहलाना (नाम)

term² noun, c. **1** *The consultant was appointed for a three-year term.* = a fixed or limited period of time for which something lasts समयावधि **2** *The professor taught poetry during the last term.* = a period of time (usually about 4 months) into which a year is divided for the purposes of teaching at a university सत्र **3** *'Subjunctive' is a grammatical term.* = a word or expression having a particular meaning in relation to a particular subject पारिभाषिक शब्द **4** *'Rascal' is a term of abuse as well as endearment.* = a word used to express a certain feeling शब्द **terms** noun (always plural) **1** *Under the terms of the new agreement, Pakistani traders will move about freely in India.* = the conditions of an agreement or contract (केवल बहुवचन में प्रयुक्त शर्तें) **2** *Binaifer and Naina have always been on good terms.* = the relationship between two persons, countries etc. संबंध **3** *Switzerland is an important country, though it is not a big country in terms of size.* = some quality that is used to judge or decide something के लिहाज़ से

to come to terms with *I wasn't happy with my new job at first, but I have come to terms with it.* = to accept something or someone that one did not like at first समझौता करना **to be on equal terms** = to be someone's equal in something (e.g. money) बराबरी पर होना **in the long/short term** *This new law may help us in the short term, but not in the long term.* = the length or period of time for which something has an effect अल्प या दीर्घकालीन

ter•mi•nal¹ /ˈtɜːmɪnəl/ /ˈटɜमिन्ल्/ adj. **1** *a terminal examination* = coming at the end of a term (a period of teaching) त्रैमासिक **2** *terminal cancer* = (an illness) which leads to death अंतिम अवस्था (बीमारी के संदर्भ में)

terminal² noun, c. *an airport terminal* = a large building (at an airport, railway station etc.) for the use of passengers 'टर्मिनल', हवाई अड्डे, रेलवे स्टेशन आदि पर यात्रियों के लिए बना विशाल भवन

ter•mi•nate /ˈtɜːmɪneɪt/ /ˈटɜमिनेइट्/ verb, t. *Your services will be terminated next month.* = to come to or bring to an end (formal) समाप्त करना (औपचारिक) **termination** /tɜːmɪˈneɪʃən/ /टɜमिˈनेइशन्/ noun, u. *He returned to his village after the termination of his services.* = the act of coming to an end समापन, समाप्ति

ter•mi•nol•o•gy /tɜːmɪˈnɒlədʒi/ /टɜमिˈनॉलजी/ noun, u. or c. (**terminologies**) *medical terminology*(u.) = the system of terms (words with special meanings) used for talking or writing about a particular subject पारिभाषिक शब्दावली

ter•mi•nus /ˈtɜːmɪnəs/ /ˈटɜमिनस्/ noun, c. (**terminuses** or **termini**) *a train terminus* = a station or stop at the end of a railway or bus line अंतिम स्टेशन

ter•mite /ˈtɜːmaɪt/ /ˈटɜमाइट्/ noun, c. = an ant-like insect that builds and lives in large mounds of hard earth (called ant-hills) and eats and destroys wood दीमक

terms = see **term** शर्तें (देखें **term**)

tern /tɜːn/ /ˈटɜन्/ noun, c. = a sea-bird with black and white wings एक जल-पक्षी जिसके डैने काले और सफ़ेद होते हैं

ter•race /ˈterɪs/ /ˈटेरिस्/ noun, c. **1** *He likes to sleep on the terrace at night.* = the flat area on the top of a house खुली छत **2** *The hill-side has been cut into* *terraces for cultivation.* = a flat, level area cut from the side of a hill, in order to grow crops सीढ़ीनुमा खेती **terraced house** noun, c. = a row of houses joined to each other घरों की शृंखला, एक-दूसरे से जुड़े मकानों की पंक्ति

ter•ra-cot ta /terə'kɒtə/ /टेर'कॉट/ noun, u. *a terra-cotta statue* = a kind of hard, red material, produced by baking clay (mud) पक्की मिट्टी

ter•ra fir•ma /terə 'fɜːmə/ /टेर'फ़ऽम/ noun, u. (Latin) *It was good to be back on terra-firma after our long journey in a boat.* = dry land (literary or humorous) (लैटिन) ठोस ज़मीन, सूखी धरती (साहित्यिक अथवा हास्यपरक)

ter•rain /te'reɪn/ /टेरेइन्/ noun, u. or c. *Our army does not use tanks to fight on the mountains. Tanks are not useful in this kind of terrain.*(u.) = an area of land which has a particular natural quality (sandy, hilly, rocky etc.) [TECHNICAL] भू-भाग, क्षेत्र [तकनीकी]

ter•ra•pin /'terəpɪn/ /'टेरपिन्/ noun, c. = a kind of turtle that lives in fresh water रामानंदी कछुआ

ter•res•tri•al /tɪ'restriəl/ /टि'रेस्ट्रिअल्/ noun, c. *Some scientists believe that whales, which now live in the sea, were once terrestrial creatures.* = belonging to the land (and not the sea) थल-संबंधी (जल के विपरीत)

ter•ri•ble /'terɪbəl/ /'टेरिब्ल्/ adj. **1** *terrible earthquake* = causing much destruction and suffering भयंकर **2** *These forests are full of terrible snakes.* = causing fear भयानक **3** *I made a terrible mistake when introducing the musician.* = very bad भीषण, बड़ी (गलती)

ter•rier /'teriəʳ/ /'टेरिअʳ/ noun, c. = a kind of dog used (in earlier times) in hunting शिकारी कुत्ता

ter•rif•fic /tə'rɪfɪk/ /ट'रिफ़िक्/ adj. **1** *The new book has been a terrific success. We sold 1,000 copies on the first day.* = very great (in a good sense) आश्चर्यजनक, बहुत बड़ा, शानदार **2** *He drove off at a terrific speed.* = great (not necessarily in a good sense) अत्यधिक तीव्र (अच्छे अर्थ में संभवतः नहीं)

ter•ri•fy /'terɪfaɪ/ /'टेरिफ़ाइ/ verb, t. *A gang of robbers terrified the city for years.* = to keep someone in a state of fear आतंकित करना **terrified** adj. *He is terrified of reptiles.* = very frightened डरना

ter•ri•to•ry /'terɪtəri/ /'टेरिट्री/ noun, u. or c. (**territories**) **1** *Some enemy soldiers were captured when they crossed over into Indian territory.*(c.) = an area of land which belongs to or is controlled by a particular country क्षेत्र जो किसी देश का या उसके अधीन हो **2** *The tiger marked off its territory by spraying the bushes with its urine.*(u.) = an area which an animal considers as belonging to it alone, and is prepared to defend against others क्षेत्र जिसे कोई जानवर अपना समझता है और जिसकी दूसरों से रक्षा करता है **3** *He is managing the northern territory.*(c.) = an area which is looked after by a particular branch of a company क्षेत्र जो किसी कंपनी की विशेष शाखा द्वारा नियंत्रित हो **territorial** /terɪ'tɔːriəl/ /'टेरि'टॉरिअल्/ adj. **1** *We hope India and China will soon settle their territorial disputes.* = relating to territory (the ownership of an area of land) क्षेत्रीय **2** *a territorial tiger* = (an animal which is) guarding its own territory वैसा जानवर जो खुद के क्षेत्र की देखभाल करता है **territorial waters** noun (always plural) = the part of the sea which lies along the coastline of a country, over which that country has a legal right (केवल बहुवचन में प्रयुक्त) सीमांतर्गत जलक्षेत्र

ter•ror /'terəʳ/ /'टेरʳ/ noun, u. or c. **1** *The people of the Sunderban forests live in terror of man-eating tigers.*(u.) = extreme fear आतंक **2** *Her strictness makes her a terror in the office.*(c.) = someone who causes great fear (not formal) हौवा (औपचारिक नहीं) **terrorism** noun, u. = the use of violence, particularly against innocent people, to obtain political demands आतंकवाद **terrorist** noun, c. = one who takes part in terrorism आतंकवादी **terrorize** verb, t. = to create terror (great fear) in the minds of people आतंकित करना

ter•ry-cloth /'terikləθ/ /'टेरी क्लॉथ्/ noun, u. = thick cotton cloth with threads hanging from the surface, used for making towels तौलिया बनाने का रोएँदार कपड़ा

terse /tɜːs/ /'टऽस्/ adj. *his terse reply* = using as few words as possible, brief, in a way that seems rude or unfriendly कम से कम शब्दों में, दो टूक (रूखा-सा जवाब)

ter•tia•ry /'tɜːʃəri/ /'टऽशरी/ adj. *a tertiary branch of a tree* = belonging to the third level or stage (formal) तीसरे स्तर का (औपचारिक) **tertiary education** noun, u. = education given at the college level, after the primary and secondary (school) levels महाविद्यालय स्तर का शिक्षण

TESOL /'tesɒl/ /'टेसॉल्/ abbr. of **Teaching English to Speakers of Other Languages** noun **1** = an American organization which is interested in problems related to the teaching of English to people for whom it is not the mother-tongue or first language द्वितीय अथवा अन्य भाषा के रूप में अंग्रेज़ी शिक्षण-संबंधी एक अमेरिकी संस्था **2** = the study of the principles used in teaching English to such people द्वितीय भाषा के रूप में अंग्रेज़ी के शिक्षण के सिद्धांतों का अध्ययन

test[1] /test/ /'टेस्ट/ noun, c. **1** *a language test* = a set of questions or practical activities used to find out whether someone has the knowledge or skill required for some purpose परीक्षा **2** *a blood test* = a medical examination of some part of the body to find out if one is suffering from some disease जाँच **3** *The car was put through a road test.* = the act of using something (e.g. a machine) to see if it works properly परीक्षण, जाँच

T

test[2] verb, t. **1** *The teachers will test all students applying for admission to the school.* = to ask someone to answer questions etc. as part of a test परीक्षा लेना **2** *This new wicket will test the skill of the batsmen.* = to challenge; to put someone in a situation which will prove if he/she has the required skill आज़माना **testing** adj. *We are going through testing times. We must be very patient.* = difficult to deal with मुश्किल, कठिन **test ban** noun = an agreement between countries to stop the testing of nuclear weapons परमाणु शस्त्रों के परीक्षण पर रोक के लिए समझौता **test match** noun, c. (**matches**) = a cricket match usually played over five days between the national teams of two countries 'टेस्ट मैच' **test pilot** noun, c. = a person whose job is to test new aircraft by flying them, to make sure that they fly properly परीक्षण पायलट **test-tube** noun, c. = a thin tube made of glass, closed at one end, which is used for scientific tests परखनली **test-tube baby** noun, c. = a baby which is developed outside the mother's body from an egg and sperms taken from the parents, and then placed inside the mother's body where it grows into a fully-formed baby परखनली शिशु

tes•ta•ment /'testəmənt/ /'टेस्टमन्ट्/ noun, c. **1** *a person's last will and testament* = a legal document signed by a person before his/her death, which tells how that person's property is to be divided वसीयत **2** *This beautiful painting is a testament to your artistic talent.* = a proof of something प्रमाण **testate** adj. *He died testate.* = having made a will or testament, deciding how one's property will be divided (opposite **intestate**) [LAW] वसीयत करके (विलोम शब्द **intestate**) [कानून]

tes•ti•cle /'testɪkəl/ /'टेस्टिकल्/ noun, c. = one of the two round organs in a male animal or human being which produce **sperms** and lie inside a loose bag of skin, called the scrotum, behind and below the **penis** [BIOLOGY] अंड-ग्रंथि [जीव विज्ञान]

tes•ti•fy /'testɪfaɪ/ /'टेस्टिफ़ाइ/ verb, t. **1** *The witness testified that he had seen the accused entering the room in which a man had been murdered.* = to provide evidence (a statement of what one knows or has seen and believes to be true) in court [LAW] गवाही देना [कानून] **2** *The clothes lying all over the floor testified to the fact that the man had left in a hurry.* = to prove; to show clearly प्रमाणित करना, दर्शाना

tes•ti•mo•ni•al /testɪ'məʊniəl/ /टेस्टि'मउनिअल्/ noun, c. **1** *The candidates who had been called for the interview were asked to produce testimonials from people who knew them personally.* = a statement about the character or qualities of someone who is being considered for a job etc. प्रमाणपत्र **2** *a testimonial match* = something done to show honour to someone (e.g. a well-known player who is no longer playing) सम्मान में

tes•ti•mo•ny /'testɪməni/ /'टेस्टिमनी/ noun, u. *The testimony given by this witness proves that the accused is innocent.* = evidence given by a witness in court (see also **testify**) [LAW] साक्ष्य, गवाही (देखें **testify**) [कानून]

testing = see **test** देखें **test**

tes•tis /'testɪs/ /'टेस्टिस्/ noun, c. (**testes**) = see testicle [BIOLOGY] (देखें **testicle**) [जीव विज्ञान]

tes•tos•ter•one /tes'tɒstərəʊn/ /टेस्'टॉस्टरउन्/ noun, u. = the male hormone (chemical substance produced inside the body) that gives a person the qualities of a male नर हारमोन

tes•ty /'testi/ /'टेस्टी/ adj. *a testy gatekeeper* = bad-tempered चिड़चिड़ा, गुस्सेवर

tet•a•nus /'tetənəs/ /'टेट्नस्/ noun, u. = a serious disease, caused by bacteria which enter the blood through a wound, that leads to paralysis of the muscles, specially around the mouth and death (also **lock-jaw**) [MEDICINE] एक रोग, टेटनस (देखें **lock-jaw**) [चिकित्सा]

tete-a-tete /teɪt ɑː 'teɪt/ /टेइट आ'टेइट्/ noun (French) *The leaders of the two countries had a tete-a-tete.* = a private conversation (फ्रेंच) एकांतिक भेंट

teth•er[1] /'teðəʳ/ /'टेदʳ/ noun, c. *The horse was tied with a tether.* = a rope or chain used to tie an animal to a post ज़ंजीर या रस्सी (पशु को खूँटे से बाँधने के लिए)

tether[2] verb, t. *The horse was tethered to a tree.* = to tie with a tether खूँटे पर बाँधना

to be at (to come to) the end of one's tether = to reach the end of one's patience, or one's ability to deal with a difficult situation सहनशक्ति या कठिन परिस्थिति का सामना करने की शक्ति समाप्त होना

text /tekst/ /टेक्स्ट्/ noun, c. **1** = a piece of language, spoken or written, which is made up of a number of connected sentences and has a definite meaning मूल पाठ **2** *This book contains 150 pages of text.* = written or printed material लिखित या मुद्रित पाठ **3** *We will print the full text of the President's speech.* = the exact words used by someone मूल पाठ **4** *We have discovered a number of ancient history texts.* = a book which has high literary or religious value साहित्यिक अथवा धार्मिक महत्त्व का मूल ग्रंथ **5** *The text for this year's examination was Tagore's 'Geetanjali.'* = a book which has to be studied for an examination (see also **textbook**) परीक्षोपयोगी पाठ, पाठ्य सामग्री (देखें **textbook**) **textbook** noun, c. or adj. **1** *We have to study two history textbooks.*(noun, c.) = a book used to study a subject पाठ्य पुस्तक **2** *a textbook example* (adj.) = ideal or perfect; good enough to be used as an example in a text-book on the subject पाठ्य पुस्तक के लिए उपयुक्त **textual** /'tekstʃuəl/ /'टेक्सचुअल/ ad *the textual study of a play* = having to do with a text (usually in its printed form) मूलपाठ-विषयक

tex•tile /'tekstaɪl/ /टेक्स्टाइल्/ noun, c. (usually plural **textiles**) *cotton textiles* = a material produced by weaving कपड़ा, वस्त्र

tex•ture /'tekstʃəʳ/ /'टेक्स्चर्/ noun, u. or c. *This silk sari has a smooth texture.*(u.) = the quality of being rough, smooth etc., that can be felt by touching something बुनावट

than¹ /ðən/ or /ðæn/ /दन्/ अथवा /दैन्/ prep. **1** *He is taller than his father.* = when compared to की अपेक्षा, की तुलना में **2** *He has more than twenty books of stamps.* = a number or amount compared to another number or amount से ज़्यादा या कम

than² conj. *There are more TV watchers now than there were before.* = joining the two parts of a comparison की अपेक्षा, तुलना में

thank /θæŋk/ /थैङ्क्/ verb, t. **1** *I must thank you for helping me.* = to let someone know that you feel grateful for and have appreciated something that the person did for you धन्यवाद देना **2** *We have our neighbours to thank for the mess in this corridor.* = to blame someone (hold someone responsible for something bad) दोषी या ज़िम्मेदार ठहराना

thanks¹ /θæŋks/ /थैङ्क्स्/ noun (always plural) *We would like to express our thanks for this help.* = the feeling of being grateful to someone for something that he/she has done for you (केवल बहुवचन में प्रयुक्त) कृतज्ञता, आभार

thanks² interjec. *That was a lovely meal. Thanks!* = an informal expression meaning 'thank you!' धन्यवाद **thankful** adj. *We are thankful to our teacher for arranging this picnic.* = grateful; appreciating something that someone has done to help आभारी, कृतज्ञ **thankless** adj. *Writing addresses on invitation cards is a thankless job.* = not likely to be appreciated बेगार, जिसके लिए सराहना अथवा कृतज्ञता की अपेक्षा न की जाए **thanksgiving** noun, u. = the formal act of thanking someone, especially God धन्यवाद ज्ञापन **Thanksgiving Day** noun = a North American festival celebrated on the fourth Thursday in November each year, to thank God for providing a good harvest ईश्वर को अच्छी फ़सल के लिए धन्यवाद ज्ञापन दिवस (उत्तरी अमेरिका में प्रचलित एक त्योहार जो हर वर्ष नवंबर माह के चौथे बृहस्पतिवार को मनाया जाता है)

that¹ /ðət/ /दट्/ det. (plural **those**) **1** *This book is for you, but that book over there is for your brother.* = referring to something or someone that is at some distance from the speaker वह **2** *Have you ever played badminton? That is my favourite game!* = referring to something that has just been mentioned वह

that² pron. **1** *This book is mine, but that is yours.* = referring to something that is at some distance वह **2** *'I believe Tagore is the greatest of all Indian writers.' 'I will accept that.'* = referring to something that has just been mentioned or is understood वह, यह

that³ conj. **1** *He says that he cannot come now.* = introducing, in reported (indirect) speech, what a speaker says कि **2** *She knows that you are here.* = introducing a noun clause which is the object of the verb coming before 'that' कि **3** *This is the book that he wrote last year. // He is the man that I spoke to you about.* = which or who (introducing a relative clause) जो **4** *I am happy that you could come.* = because इसलिए कि **5** *That she is going to win is certain.* = introducing a noun clause which is the subject of a sentence यह कि

that⁴ adv. *She runs fast, but not that fast.* = so much (to such a degree) उतना

that is to say *I love cricket. That is to say, I love watching cricket on television.* = an expression used to explain or correct a statement that one has just made अर्थात्, यानी **and all that** *I need to buy soap, toothpaste and all that.* = things of the same kind सब चीज़ें, आदि **That's that!** *I've told you I am not coming to your party, and that's that!* = what I have said is final अंतिम निर्णय की अभिव्यक्ति

thatch¹ /θætʃ/ /थैच्/ noun, c. *The rain dripped through the thatch.* = the straw covering over the roof of a house छप्पर

thatch² verb, t. *The roof will be thatched this year.* = to cover the roof of a house with straw छप्पर डालना

thaw¹ /θɔː/ /'थॉऽ/ verb, i. or t. **1** *The ice on the mountains thaws (out) when summer comes.*(i.) // *You will have to remove the meat from the freezer and thaw it out before you can cook it.*(t.) = to change from a frozen, solid state (e.g. ice) to a liquid state (e.g. water) or a less hard state because of an increase in temperature पिघलना, नर्म या ढीला होना या करना **2** *He was quite unfriendly at first and refused to talk to us, but after some time he thawed.*(i.) = to become more friendly and relaxed (figurative) ढीला पड़ना (लाक्षणिक)

thaw² noun, u. **1** *It is June now, and the thaw has set in.* = the period of warm weather when snow begins to melt बर्फ़ के पिघलने का मौसम **2** *Rose and Meena were not on friendly terms, but now there is a thaw in their relationship.* = an improvement in relationships after a period of unfriendliness नाराज़गी दूर होना, दोस्ती होना

the¹ /ðə/ or /ði/ /द/ या /दी/ det. (definite article) **1** *One of your students wants to meet you. The boy is waiting outside.* = referring to a particular person or thing which has just been mentioned वह **2** *The sun has risen, but you can't see it because there are clouds in the sky.* = referring to something which is the only one in existence निश्चिततासूचक **3** *The man whom you met last night is my brother.* = referring to someone in

T

particular about whom more is going to be said वह **4** *He was hurt on the arm.* = one's अपना **5** *The city person is used to public transport.* = referring to a whole class of people, animals or things वर्ग-विशेष का बोध **6** *The old and the sick will be looked after.* = used to change an adjective into a noun विशेषण को संज्ञा में बदलने के लिए प्रयुक्त **7** *Pop music started in the seventies.* = a particular period of time दशक-विशेष

the² adv. *The sooner he comes, the better it will be for him.* = used with comparative forms of adverbs and adjectives जितना-उतना

thea•tre /'θɪətəʳ/ /'थिअटॅ/ noun, c. or u. **1** *Kolkata has a number of theatres where plays are performed every evening.*(c.)= a special building in which plays (dramas) are performed or films shown रंगशाला, नाट्य-गृह **2** *a lecture theatre*(c.) = a large room meant for some special purpose व्याख्यान-कक्ष **3** *He writes for the theatre.*(u.) = the profession of producing or acting in plays (dramas) नाटक **theatrical** /θɪ'ætrɪkəl/ /थि'ऐट्रिक्ल्/ adj. **1** *a theatrical performance* = connected with the theatre नाट्य-संबंधी **2** *a theatrical speech* = done in an unnatural manner to attract attention (derogatory) कृत्रिम, नाटकीय (अनादरपूर्ण) **theatre-goer** noun, c. = a person who regularly watches plays in a theatre नाटक देखने का शौकीन

thee /ðiː/ /दी/ pron. = old form of 'you' (used as the object of a verb or preposition) 'तुम' का एक पुराना रूप

theft /θeft/ /थेफ़्ट्/ noun, u. or c. *He was arrested while trying to steal money and will be tried for theft.*(u.) = the act of stealing चोरी

their /ðəʳ/ /दॅ/ det. (possessive form of 'they') **1** *They have sold their house.* = belonging to them अपना **2** *Everyone must remember to bring their textbook to class.* = used to avoid saying 'his' or 'her' एक विशिष्ट प्रयोग जो his अथवा her के बदले में होता है **theirs** /ðeəz/ /'देअज़्/ pron. (possessive form of 'they') *This house was mine but now it is theirs.* = belonging to them उनका, इनका

the•is•m /'θiːɪzəm/ /'थ़ीइज़्म्/ noun, u. = belief in God (opposite **atheism**) ईश्वरवाद, आस्तिकवाद (विलोम शब्द **atheism**)

them /ðəm/ /दम्/ pron. **1** *'Have you invited Mr and Mrs Verma to your party?' 'No, I don't know them.'* = object form of 'they' उन्हें **2** *If anyone wants to see me, tell them I am not at home.* = used to avoid saying 'him' or 'her' उन्हें (him अथवा her के बदले प्रयुक्त)

theme /θiːm/ /थ़ीम्/ noun, c. *She has written a novel on the theme of war.* = the main subject of a talk, piece of writing, film etc. भावसूत्र (भाषण, लेख, फ़िल्म आदि का) **theme song** noun, c. = a song which is repeated several times in a film एक फ़िल्म में बार-बार गाया जाने वाला गीत

them•selves /ðəm'selvz/ /दम्'सेल्व्ज़्/ pron. **1** *They hid themselves in a cave.* = reflexive form of 'they' अपने-आप को **2** *They built this house themselves.* = by their own efforts without anyone's help (used for emphasis) अपने-आप

all by themselves *They like to wander through the forest all by themselves.* = alone अकेले

then¹ /ðen/ /देन्/ adv. **1** *My father started his medical practice in Bhubaneswar in 1945. There were very few doctors in the city then.* = at that time उस समय **2** *He had his dinner and then he went to bed.* = afterwards उसके बाद **3** *If you can't come today, then you may come tomorrow.* = in that case तब, तो **4** *You should ring the bell twice, then somebody will open the door.* = as a result तब

then² adj. *My grandfather received the title of 'Rai Bahadur' in 1925, from the then Governor of Bengal.* = at that time तत्कालीन

then and there *When the police tell you to pay a fine, it must be paid then and there.* = at once तुरंत, वहीं

thence /ðens/ /देन्स्/ adv. *We travelled first to Kolkata and thence to Dhaka.* = from that place (old-fashioned) वहाँ से (पुराने प्रचलन का) **thenceforth** adv. *The Queen died in 1880, and thenceforth the country was ruled by a line of kings.* = after that time (old-fashioned) तब से, उस समय से, तत्पश्चात् (पुराने प्रचलन का)

theo- /θɪɔ/ /थिऑ/ prefix meaning 'having to do with God' 'ईश्वर-संबंधी' का अर्थ देने वाला उपसर्ग **the•ol•o•gy** /θɪ'ɒlədʒi/ /थि'ऑलजी/ noun = the study of religion, in particular beliefs about the relationships between God and man ब्रह्म-विज्ञान, धर्म-विज्ञान **theo•lo•gian** /θɪə'ləʊdʒən/ /थिअ'लउज्न्/ noun, c. = a person who has studied or taught theology धर्म-विज्ञानी

the•o•cra•cy /θɪ'ɒkrəsi/ /थि'ऑक्रसी/ noun = a political system or government which is based on a particular religion धर्मतंत्र **theocratic** /θɪə'krætɪk/ /थिअ'क्रैटिक्/ adj. *a theocratic state* = following theocratic principles धर्मतांत्रिक, मज़हबी

the•od•o•lite /θi'ɒdəlaɪt/ /थि'ऑडलाइट्/ noun, c. = an instrument used for surveying (measuring) land भूमिमापन का एक उपकरण

theo•rem /'θɪərəm/ /'थिअरम्/ noun, c. *One of the theorems I learnt in geometry was 'The sum of the angles of a triangle is equal to two right angles.'* = a statement (specially in mathematics) that can be proved to be true through logical reasoning [MATHEMATICS] प्रमेय (गणित-संबंधी सिद्धांत)

theo•ry /'θɪəri/ /'थिअरी/ noun, u. or c. (**theories**) **1** *Einstein's Theory of Relativity says that matter can be converted into energy and energy into matter.*(u.) = a formal statement of some rule or principle which helps to explain something and has been proved to be true [SCIENCE] सिद्धांत [विज्ञान] **2** *The theory of the police is that the woman was killed by someone who was known to her, as she offered no resistance.*(c.) = a possible explanation for a fact or event, which has not been proved मत, विचार **in theory** *In theory, men are stronger than women, but in practice you will find that men are weaker.* = what is commonly believed to be true but is not necessarily true सिद्धांततः **theoretical** /θɪə'retɪkəl/ /थिअ'रेटिकल्/ adj. **1** *theoretical physics* = concerned with the study of theories (see **theory** meaning **1**) सैद्धांतिक **2** *There is a theoretical possibility that India's economy could grow by 6 per cent this year, if conditions are right.* = something which could happen but is not very likely to happen सैद्धांतिक **3** *His ideas are all theoretical, but they won't work in practice.*= something that cannot be used for a practical purpose (slightly derogatory) सैद्धांतिक (थोड़ा अनादरपूर्ण) **theorist** /'θɪərɪst/ /'थिअरिस्ट/ noun, c. = a person who contributes a new theory to the study of some subject सिद्धांत देने वाला **theorize (theorise)** /θɪə'raɪz/ /थिअ'राइज़्/ verb, i. = *Some people are trying to theorize why cricket has suddenly become the most popular game.* = to try to find a possible explanation for a fact स्पष्टीकरण अथवा कारण खोजना

ther•a•py /'θerəpi/ /'थेरपी/ noun, u. or c. (**therapies**) = a process or a method used to treat illness चिकित्सा-प्रक्रिया **therapist** noun, c. = a person who offers therapy (treatment to cure illness) चिकित्सक **therapeutic** /θerə'pju:tɪk/ /थेर'प्यूटिक्/ adj. *This plant possesses therapeutic qualities.* = relating to therapy (the treatment of illness) चिकित्सीय

there[1] /ðeə/ /देअ/ adv. **1** *I went to Mumbai last week and met Shankar Mahadevan there.* = in that place वहाँ **2** *You say he is honest but there I must disagree with you.* = at that point उस बिंदु पर, उस पर **3** *There she goes!* = used to draw attention to someone or something ध्यानाकर्षण हेतु प्रयुक्त अभिव्यक्ति

there[2] pron. *There is a man waiting to see you.* = a word used at the beginning of a sentence, often followed by verbs such as 'is', 'are' etc., to introduce a topic (idea) that is going to be mentioned वाक्य के आरंभ में प्रयुक्त होने वाला जो बाद में is, are जैसी क्रियाएँ लेकर किसी आगे आने वाले विषय का संकेत करता है

there[3] interjec. *There! My task is done!* = an expression of satisfaction, sympathy etc. संतोष अथवा सहानुभूति की अभिव्यक्ति **thereabouts** adv. **1** *You can find me in the library or thereabouts.* = near that place उसके आस-पास **2** *I'll reach your house at 7.00 or thereabouts.* = near that time उस समय के आस-पास **thereafter** adv. *He moved to Kolkata five years ago and we have had no contact thereafter.* = after that time उसके बाद **thereby** adv. *He resigned after working for only two years, thereby giving up his claim to a pension.* = by doing or saying that परिणामस्वरूप **therefore** adv. *You invited me to come and therefore I am here.* = so; for that reason (formal) इसलिए (औपचारिक) **therein** adv. *He wrote a letter to the Director, stating therein that he had decided to resign.* = in that place or in that piece of writing (formal, old-fashioned) इसमें, उसमें (औपचारिक, पुराने प्रचलन का) **thereupon** adv. *Everyone agreed that he should be asked to preside, and thereupon he took the chair.* = just after that उस पर, तत्पश्चात

to be there for someone *Whenever you need help, I'll be there for you.* = to be ready to help सहायता के लिए प्रस्तुत **There you are!** *You asked for a cup of tea, didn't you? There you are!* = a polite way of saying 'Take it (what you asked for)' (माँगी गई चीज़ को) लेने के लिए नम्रता से कहना

therm- /θɜ:m/ /'थऽम्/ prefix meaning **'heat'** 'गरम' का अर्थ देने वाला उपसर्ग

ther•mal[1] /'θɜ:məl/ /'थऽमल्/ adj. *a thermal spring* = producing heat or caused by heat गरम, ऊष्म

thermal[2] noun, c. = a rising current of warm air which can cause a flying aircraft to rise up वायुयान को ऊँचाई पर ले जाने में सहायक ऊष्ण वायु **thermodynamics** /θɜ:məʊdaɪ'næmɪks/ /थ़ऽमउडाइ'नैमिक्स/ noun = the branch of physics that deals with the connection between heat energy and its use in different kinds of machines [PHYSICS] भौतिक विज्ञान की एक शाखा **thermometer** /θə'mɒmɪtə/ /थ़'मॉमिट/ noun, c. = an instrument that can measure temperature (the degree of heat) तापमापी, 'थर्मामीटर' **thermonuclear** /θɜ:məʊ'nju:kliə/ /थ़ऽमउ'न्युक्लिअ/ adj. *a thermo-nuclear bomb* = having to do with some nuclear process (the splitting up or joining together of atoms, see also **nuclear**) which produces a great deal of heat एक नाभिकीय प्रक्रिया **thermos (flask)** /'θɜ:məs/ /'थ़ऽमस्/ noun (trademark) = a kind of container which keeps the contents (the things kept inside it) at either a higher or lower temperature than the temperature outside थर्मस (ट्रेडमार्क)

ther•mo•stat /'θɜ:məstæt/ /'थ़ऽमस्टैट्/ noun, c. = a device (instrument) fitted to an electrical machine used for heating or cooling something, which switches off the supply of electricity when the temperature rises above or falls below a certain temperature तापस्थायी उपकरण

the•sau•rus /θɪ'sɔ:rəs/ /थ़ि'सॉऽरस्/ noun, c. (**thesauruses**) = a book in which words are arranged in groups based on their meanings and which lists together words having similar or opposite meanings समांतर कोश

T

these /ðiːz/ / द़ीज़्/ det. *Can you put these books back on the shelf?* = plural of '**this**' ये (**this** का बहुवचन रूप)

the•sis /'θiːsɪs/ /'थ़ीसिस्/ noun, c. (**theses**) **1** *The main thesis in his book is that India's problems are not because of over-population.* = the main idea or opinion expressed in a talk or a piece of writing, which is supported by arguments, examples etc. प्रमुख धारणा, जिसे व्याख्यान अथवा लेख में तर्क आदि से प्रमाणित किया जाता है **2** *Your doctoral thesis has been accepted by the examiners.* = a long piece of writing which puts forward a new idea and for which a university awards a higher degree शोध-प्रबंध

thes•pi•an /'θespiən/ /'थ़ेस्पिअन्/ noun, c. = an actor, specially one who acts in plays (dramas) (formal) नाट्य-अभिनेता (औपचारिक)

they /ðeɪ/ /द़ेइ/ pron. (plural of 'he' or 'she') **1** *I have invited Akhil and Shamshad to my party. They are my best friends.* = the persons or things mentioned earlier (he या she का बहुवचन रूप) वे **2** *They say Beckham is the best striker in the world.* = people in general लोग **they'd** *The people were starving. They'd eaten nothing for a week.* = abbr. of 'they had' or 'they would' 'they had' या 'they would' का संक्षिप्त रूप **they'll** = abbr. of 'they will' '**they will**' का संक्षिप्त रूप

thick[1] /θɪk/ /थ़िक्/ adj. **1** *He has written a thick book of about 900 pages.* = having a large distance between opposite surfaces (opposite **thin**) मोटा (विलोम शब्द **thin**) **2** *a thick wire* = having a large diameter (referring to a round object) मोटा (गोल वस्तु के संदर्भ में) **3** *Add corn flour to the gravy to make it thick.* = not watery; not flowing very easily (referring to a liquid) गाढ़ा (तरल पदार्थ) **4** *thick jungle* = closely packed; having a large number of things or persons within a space गहन, सघन, घना **5** *thick smoke* = difficult to see through घना **6** *He is so thick that he won't understand your joke.* = stupid (informal, derogatory) मंदबुद्धि (अनौपचारिक, अनादरपूर्ण) **7** *He and the minister's secretary are very thick.* = friendly (informal) घनिष्ठ (अनौपचारिक)

thick[2] adv. *The bushes grow thick in the jungle.* = very close together घना

thick[3] noun, u. *You will always find the general in the thick of the battle.* = the most busy or active part of something व्यस्तता **thicken** verb, t. *You can thicken the gravy by adding some flour.* = to make something more thick (less watery) गाढ़ा बनाना **thickener** noun, c. *Flour is used as a thickener for soups.* = something that thickens a liquid गाढ़ा बनाने के लिए प्रयुक्त पदार्थ **thick-set** adj. *a thick-set person* = having a broad and strong body हट्टा-कट्टा **thick-headed** adj. = stupid (not very intelligent) मंदबुद्धि **thick-skinned** adj. *a thick-skinned person* = not sensitive; unable to understand an insult (derogatory) 'मोटी चमड़ी वाला', भावशून्य, जिसपर कही गई बात का प्रभाव न पड़े (अनादरपूर्ण)

to have a thick skin *Everyone criticised but he didn't seem to mind. He really has a thick skin.* = not worried if people criticize you 'मोटी खाल या चमड़ी वाला' **to be thick with someone** = to have a friendly relationship with someone घनिष्ठता होना **through thick and thin** *He has been my friend for thirty years and has stayed close to me through thick and thin.* = through difficult times सुख-दुख में **as thick as thieves** = to be very friendly घनिष्ठ, गहरा

thick•et /'θɪkɪt/ /'थ़िकिट्/ noun, c. = a place where bushes or trees grow very close together झुरमुट

thief /θiːf/ /थ़ीफ़्/ noun, c. (**thieves**) = a person who steals (takes away the belongings of other people without letting them know) चोर **thieve** /θiːv/ /थ़ीव्/ verb, i. = to steal चोरी करना **thieving** noun, u. *a life of thieving* = stealing चोरी

thigh /θaɪ/ /थ़ाइ/ noun, c. = the part of a person's leg above the knee जाँघ, जंघा

thim•ble /'θɪmbəl/ /'थ़िम्बल्/ noun, c. = a small cap (cover) worn over the finger to protect it while using a needle to stitch clothes अंगुश्ताना **thimbleful** noun, c.= a very small amount of some liquid बालिश्तभर

thin[1] /θɪn/ /थ़िन्/ adj. **1** *a thin book of only 15 pages* = having a small distance between opposite surfaces (opposite **thick**) पतला (विलोम शब्द **thick**) **2** *a thin and sickly child* = having very little fat on the body दुबला **3** *thin soup* = watery पतला **4** *thin hair* = having a few objects widely separated छितराया हुआ, कम संख्या में दूर-दूर विद्यमान **5** *a thin voice* = high-pitched महीन **6** *a thin speech* = (of ideas), not satisfactory; not having enough substance (derogatory) साररहित (अनादरपूर्ण)

thin[2] verb, i. or t. (**thinned**) **1** *The crowd thinned after the main speakers left the meeting.*(i.) = to become thin (less closely packed) कम हो जाना, छितर जाना **2** *You can thin this paint by adding some turpentine.*(t.)= to make a liquid more watery पतला करना **thinner** noun, c. *Turpentine is used as a thinner for paint.* = something that makes a liquid more watery विरलक, तरल पदार्थ को पतला करने के लिए प्रयुक्त पदार्थ **thin-skinned** adj. *a thin-skinned person* = sensitive; easily hurt or offended कोमल हृदय, जल्दी बुरा मान जानेवाला

to vanish into thin air = to disappear completely पूर्णतया ओझल हो जाना **thin on the ground** *Good computer operators are rather thin on the ground.* = not easily available अभाव होना, कम मिलना

thine /ðaɪn/ /द़ाइन्/ pron. *This house is thine. Thou art its master.* = belonging to you (old-fashioned) आपका (पुराने प्रचलन का)

thing /θɪŋ/ /थ़िङ्/ noun, c. **1** *All the things in this room belong to my brother.* = an object that cannot be named or does not have to be named exactly वस्तु, चीज़ **2** *The next thing I want to discuss is your wife's health.* = idea, subject, event etc. बात, विषय **3** *I don't have a thing to wear!* = anything (used for emphasis) कुछ भी **4** *The whole thing is that he is too old to run.* = a word used to introduce a topic किसी विषय का परिचय शुरू करने वाला शब्द **5** *She couldn't reply because she was unprepared, poor thing!* = used to refer affectionately or sympathetically to a person or an animal व्यक्ति अथवा अन्य जीवों के लिए स्नेह अथवा सहानुभूति में, प्रयुक्त, बेचारा

thing-a-ma-jig noun, c. *'What's that thingamajig you use to open a program on the computer?' 'Oh, you mean 'mouse'!'* = a word used to refer to something whose name one has forgotten (informal) वह जो ·· (जब वस्तु का नाम याद न आए) (अनौपचारिक)

things /ðɪŋz/ /थिङ्ज़्/ noun (always plural) **1** *Put your things in the back of the car.* = belongings (केवल बहुवचन में प्रयुक्त) सामान, चीज़ें **2** *Things in this company are better now than they were last year.* = the situation or state of affairs at a particular time स्थिति

to do one's own thing *You don't have to wear a tie if you don't want to. You should do your own thing.* = to do what one likes to do, instead of copying others (informal) अपनी पसंद का करना, किसी की नकल न करना (अनौपचारिक) **to have a thing about someone or something** *He's got a thing about Hindi film songs. He can't stand anyone talking ill of them.* = to have a very strong liking or dislike for something (informal) का दीवाना होना (अनौपचारिक) **to be all things to all people** *When they are in the city, they wear western clothes. But when they go to the village, they put on traditional clothes. They believe in being all things to all people.* = to try to keep everyone pleased (often derogatory) जैसा देस वैसा भेस, सबको प्रसन्न करने का प्रयास (प्रायः अनादरपूर्ण) **the done thing** *You must invite all your friends to dinner when you get married. That's the done thing.* = what one is supposed or expected to do (informal) निश्चित रूप से अपेक्षित (अनौपचारिक) **the shape of things to come** = an indication of how things will be in the future भविष्य की संभावनाएँ **all things considered** *All things considered, the meeting didn't go off too badly.* = taking all the facts into account कुल मिलाकर, सारे पहलुओं को देखते हुए **of all things** *He invited everybody for dinner and then gave us just a cup of tea, of all things!* = an expression of surprise and shock आश्चर्य तथा दुख मिश्रित अभिव्यक्ति

think[1] /θɪŋk/ /थिङ्क्/ verb, t. or i. (**thought**) **1** *As a human being you should be able to think when you are faced with a problem.*(i.) = to use the mind to form an idea, reach a solution, make a decision etc. सोचना, चिंतन करना **2** *He thinks that Mrs Singh can be our next Prime Minister.*(t.) = to have an opinion; to believe समझना, सोचना **3** *I can't think why she married that horrible man.*(t.) = to understand or imagine समझ पाना **4** *I want you to think. Where did you meet him last?*(i.) = to try to remember याद करने की कोशिश करना **5** *I think I'll have a cup of tea.*(t.) = to have as a plan, but not very strongly हल्की-सी इच्छा होना, लगना

think[2] noun, u. *I can't decide who I should vote for. Let me have a think.* = an act of thinking, in order to decide something तजवीज़ **thinking**[1] noun, u. *What's the minister's thinking on this subject?* = opinion सोच, विचार, मत **thinking**[2] adj. *He is a thinking person.* = describing a person who is in the habit of using his/her mind to think about problems etc.; intelligent विचारशील, बुद्धिमान **think-tank** noun, u. *the government's think-tank* = a group of experts who advise the government etc. (सरकार के) विशेषज्ञ सलाहकार

to think back = to remember or think about the past अतीत की सोचना अथवा याद करना **to think out (think through)** = to think very carefully and in great detail about something ध्यानपूर्वक मनन करना **to think up** = to get a new idea or plan in one's mind सूझना **to think the better of something** *I was planning to challenge him to a game of tennis, but when I heard he had been a champion, I thought the better of it.* = to not do or say something you had planned, because you realize it would be a mistake विचार छोड़ देना, मन बदलना **to think twice before doing something** *You should think twice before you go on such a long strenuous journey.* = to think carefully before doing something risky कुछ करने से पहले अच्छी तरह सोचना **to think the world of someone** = to have a very good opinion of someone (informal) किसी के बारे में अच्छे विचार रखना (अनौपचारिक) **to think on one's feet** = to be able to think of something quickly, without much preparation जल्दी से सोच लेना **That's what you think!** *'You won't agree with us because you want to have your own way.' 'That's what you think.'* = a way of telling someone, in an unfriendly or humorous way, that what they think about you is wrong उपहास हँसी में उड़ा देना

thinner see **thin** देखें **thin**

third[1] /θɜːd/ /थऽड्/ det. *a seat in the third row* = coming after the first two (objects or people) तीसरा, तृतीय

third[2] noun, u. or c. **1** *I'll give each of you a third of my property.*(u.) = one part out of three equal parts एक तिहाई, तीसरा भाग **2** *I got a third in the examination.*(u.) = a third class degree from a university तृतीय श्रेणी **third degree**[1] noun, u. = rough or cruel treatment; torture जेल में निर्दय व्यवहार, उत्पीड़न **third-degree**[2] adj. *She has suffered third-degree burns and is in a critical condition.* = very serious (referring to burn injuries) चिंताजनक, गंभीर (त्वचा के जल जाने के संदर्भ में) **third party (insurance)** noun, u. = a person who is not named but who is protected by an insurance policy in case of an accident (बीमा-योजना के अंतर्गत प्रयुक्त शब्द)

T

दुर्घटना से प्रभावित होने वाला **third person** noun *The pronoun 'he' is third person, singular number, masculine gender.* = the pronoun that refers to a person other than the speaker or the person being spoken to (the listener) [GRAMMAR] अन्य पुरुष [व्याकरण] **third-rate** adj. *He gave a third-rate performance in this film.* = of poor quality घटिया **Third World** noun or adj. *a Third World Country* = a country which is not very developed economically or industrially (usually referring to the poorer countries in Asia, Africa and South America) (The preferred term now is countries of the South.) विकासशील देश

thirst[1] /θɜːst/ /थऽस्ट्/ noun, u. or c. 1 *My thirst was so great that I drank six glasses of water.*(u.) = a great need or desire to drink some liquid (usually water) प्यास 2 *The poor bird died of thirst.*(u.) = lack of water प्यास 3 *Their thirst for adventure took them to many strange places.*(u.) = great desire पिपासा, तीव्र इच्छा

thirst[2] (**for**) verb, t. *She thirsts for fame.* = to have a very strong desire for something (formal, literary) लालसा होना, पिपासु होना (औपचारिक, साहित्यिक)

thir•teen /θɜːˈtiːn/ /थऽ'टीन्/ noun = the number after 12, represented by 13 (10+3) तेरह

thir•ty /ˈθɜːti/ /'थ्ऽटी/ noun = the number represented by 30 (10x3) तीस **thirtieth** det. *the thirtieth day* = related to the number 30 तीसवाँ

this[1] /ðɪs/ /दिस्/ det. (plural **these**) 1 *I like this painting, but not the other one.* = the object or person that one is referring to, talking about or pointing at, at the time of speaking यह 2 *I am going home this week.* = a time that is most near इस (सप्ताह)

this[2] pron. 1 *Do you want this?* = some object that one has been talking about or is pointing at यह 2 *This is my colleague, Roshan.* = used to introduce a person to someone else यह 3 *This is Mohan speaking.* = used to refer to oneself when speaking on the telephone (टेलिफोन पर) अपना परिचय देते समय प्रयुक्त

this[3] adv. *She was only this high when I saw her last.* = as much as shown (by using a gesture etc.) इतनी

this and that (this, that and the other) *We have been talking of this and that.* = various subjects (informal) इधर-उधर की (अनौपचारिक)

this•tle /ˈθɪsəl/ /'थिसल्/ noun = a wild plant with pointed leaves, which is the national symbol of Scotland एक प्रकार का पौधा जो स्कॉटलैंड का राष्ट्रीय चिह्न है

thith•er /ˈðɪðəʳ/ /'दिदर/ adv. *Ram went to the forest and Sita followed him thither.* = to that place (old-fashioned) उधर, वहाँ (पुराने प्रचलन का)

thong /θɒŋ/ /'थॉङ/ noun, c. *The dog was tied up with a leather thong.* = a narrow piece of leather used to tie up something पट्टा

tho•rax /ˈθɔːræks/ /'थॉऽरैक्स्/ noun, u. = the upper front part of the body (the chest) [BIOLOGY] वक्ष [जीव विज्ञान]

thorn /θɔːn/ /थॉऽन्/ noun, c. *Rose plants have thorns.* = a sharp, pointed growth on the stem of a plant काँटा **thorny** adj. 1 *a throrny bush* = having many thorns कँटीला 2 *a thorny problem* = difficult to deal with पेचीदा

thor•ough /ˈθʌrə/ /'थॅर/ adj. 1 *He made a thorough study of the Santhali language, which took about 20 years of hard work.*= detailed and carefully done संपूर्ण, विस्तृत 2 *The meeting was a thorough waste of time. Nothing useful was done.* = complete एकदम **thoroughbred** noun, c. or adj. *a thoroughbred horse* = pure-bred; an animal, specially a horse, born of parents of the same breed, having the best qualities नस्लदार **thoroughfare** noun, c. = a busy public road आम रास्ता **thorough-going** adj. *The police made a thorough-going search of the house.* = done very carefully अच्छी तरह

those /ðəʊz/ /दउज़्/ det. (plural **that**) *Ask those boys to come here.* = referring to persons or objects at a distance from the speaker वे

thou /ðaʊ/ /दाउ/ pron. *Wilt thou marry me?* = you (used as the subject of a verb) (old-fashioned) तुम या आप (पुराने प्रचलन का)

though[1] /ðəʊ/ /दउ/ conj. *You will like the old city, though it is rather dirty and overcrowded.* = in spite of the fact that यद्यपि, हालाँकि

though[2] adv. *The old city is dirty and over-crowded. You will like it though.* = however; in spite of what has been said earlier फिर भी

thought[1] /θɔːt/ /थॉऽट्/ verb, t. = past tense of **think** 'think' (= सोचना) का भूतकालिक रूप

thought[2] noun, c. 1 *want to share my thoughts on poetry with you.* = an idea or opinion that one forms by thinking विचार 2 *We want you to contest this election. Please give it some thought.* = consideration; the action of thinking about something विचार 3 *He was lost in thought.* = the act of thinking ख्याल, विचार **thoughtful** adj. 1 *You look thoughtful. Is something wrong?* = thinking deeply सोच में डूबा हुआ 2 *a thoughtful person* = one who is careful to respect the wishes or feelings of others दूसरों की इच्छा, भावना का आदर करने वाला **thoughtless** adj. *Why didn't you offer him a seat? That was thoughtless of you.* = showing not enough respect for the feelings of others दूसरों की भावना का आदर न करने वाला, दूसरों का ख्याल न करने वाला

to be deep in thought (to be lost in thought) = to be so busy thinking that one doesn't notice what is happening around one ध्यानमग्न, विचारों में खोया हुआ **on second thoughts** *I think I'll go to Ranchi. On second thoughts, I don't think I will.* = saying that one is changing one's mind about something पुनर्विचार करने पर, दुबारा सोचने पर **Don't give it another thought!** *'I'm sorry, I was so rude.' 'Don't give it another thought!'* = to forget something that one has done or said and not feel unhappy about it भुला देना, बुरा न मानना **That's a thought!** = that's a very good idea or suggestion अच्छा सुझाव

thou•sand /'θaʊzənd/ /'थाउज़न्ड्/ noun, c. = the number represented by 1000 (100x10) हज़ार **thousands (of)** noun = a very large number हज़ारों

thrash /θræʃ/ /थ्रेश्/ verb, t. **1** = to beat or hit, usually as a punishment खूब पीटना **2** *Australia thrashed India in this match.* = to defeat badly in a game or competition पराजित करना **3** *He couldn't get any sleep and thrashed about in his bed all night.* = to move restlessly or violently करवटें बदलते रहना, छटपटाना

to thrash out verb *We should discuss the matter in detail and thrash out our differences.* = to discuss a matter in detail in order to find a solution विचार-विमर्श द्वारा सुलझाना

thread[1] /θred/ /'थ्रेड्/ noun, u. or c. **1** (u.) = a length of thin material made by spinning some fibre such as cotton, silk, nylon etc., from which cloth can be woven धागा **2** *the thread of a screw*(c.) = a raised line that runs around the outside of a screw (पेंच की) चूड़ी **3** *I have lost the thread of your argument.*(u.) = the line of reasoning that holds together the parts of an argument or story कड़ी, क्रम

thread[2] verb, t. *Can you thread this needle for me?* = to put something thin (e.g. a thread) through a hole or narrow opening धागा डालना **threadbare** adj. *He has been wearing the same clothes for so many years that they have become threadbare.* = worn out through use फटा-पुराना, जीर्ण-शीर्ण

to thread one's way *The driver threaded his way through the crowded street.* = to move carefully through a crowded place, avoiding people etc. who may be in your way भीड़ में अत्यंत सावधानी से चलाना **to hang by a thread** *My father had cerebral malaria and his life hung by a thread.* = to be in great danger बड़ी मुसीबत में होना, खतरे में होना

threat /θret/ /थ्रेट्/ noun, c. **1** *The people said they would take the woodcutters to court . This threat kept the neighbourbood trees safe!* = an expression of an intention to harm or punish someone or something if a certain condition is fulfilled or a certain action is not carried out धमकी **2** *Wild elephants pose a threat to the safety of these villagers.* = a source of danger खतरे की आशंका **threaten** verb, t. **1** *The gatekeeper threatened to lock the gates if the students came late.* = to make a threat (to say that one will harm someone if something is not done) धमकी देना **2** *The dark clouds in the sky threaten rain.* = to give warning of something bad चेतावनी देना, आशंका दर्शाना

three /θri:/ /'थ्री/ det. or noun, c. = the number represented by 3 (2+1) तीन **three-cornered** adj. *The tournament is a three-cornered contest between Australia, New Zealand and Sri Lanka* = having three competitors त्रिकोणीय (प्रतियोगिता) **three-dimensional** adj. *a three-dimensional picture* = appearing to have depth as well as length and breadth; looking very life-like (real) त्रिविम **three-legged race** noun, c. = a race in which which pairs of runners take part, with one leg of each runner tied together लँगड़ी टाँग दौड़ **three-piece (suit)** noun, u. = a set of clothes, usually for a man, made up of a pair of trousers, a jacket (coat) and a waistcoat तीन भागों वाला (सूट) **three-quarters** noun, u. *The children have eaten three-quarters of the cake.* = three parts out of four equal parts into which something is divided पौने, तीन चौथाई **three R's** noun *The children are learning the three R's in school.* = reading, writing and (a)rithmetic (considered the three most important parts of a child's education) 'R' उच्चारण से आरंभ होने वाले तीन विषय **three-wheeler** = a vehicle with three wheels तिपहिया

thresh /θreʃ/ /थ्रेश्/ verb, t. = to separate grain (rice, wheat etc.) from the plant after it has been harvested गाहना, दाँवना

thresh•old /'θreʃhəʊld/ /'थ्रेश्हउल्ड्/ noun, c. **1** = a piece of wood or stone fixed to the ground or floor at the entrance to a door दहलीज़ **2** *With the arrival of independence. India entered the threshold of a new age.* = the start of something new प्रारंभ **3** *The threshold for admission to this course is a B.A. degree.* = the lowest level which can be accepted, or at which something begins न्यूनतम अपेक्षित योग्यता

to have a high pain threshold = to be able to bear a lot of pain दर्द सहने की शक्ति **to be on the threshold of** = to be about to begin something new and important किसी नई और महत्त्वपूर्ण चीज को आरंभ करना

thrice /θraɪs/ /थ्राइस्/ adv. *He came to see me thrice, but he has not been back after the third visit.* = three times (old-fashioned) तीन बार (पुराने प्रचलन का)

thrift /θrɪft/ /थ्रिफ्ट्/ noun, u. *He manages to save at least Rs 1,000 out of his salary each month. I am impressed by his thrift.* = careful use of money, without wasting it or spending too much (old-fashioned) किफायत, मितव्ययिता (पुराने प्रचलन का) **thrifty** adj. *a thrifty person* = one who does not overspend मितव्ययी

thrill[1] /θrɪl/ /थ्रिल्/ noun, u. or c. *My first elephant ride was quite a thrill.* = an event that produces a feeling of excitement mixed with pleasure रोमांच

thrill[2] verb, t. **1** *Yuvraj Singh thrilled the crowd by hitting three sixers in one over.* = to cause a thrill (a feeling of excitement and pleasure) रोमांचित करना **2** *We thrilled to the sound of the drums.* = to feel excited by something पुलकित होना **thriller** noun, c. = a novel or film which contains a lot of exciting action रोमांचक, उत्तेजक, सनसनीखेज

thrive /θraɪv/ /थ्राइव़्/ verb, i. (**thrived** or **throve**) *These plants were weak and sickly at first but now*

T

they are healthy. They seem to be thriving. = to become healthy and strong and grow well; to be successful (formal) फलना-फूलना (औपचारिक)

throat /θrəʊt/ /थ्रउट्/ noun, c. **1** = the front part of the neck गला **2** *A fish bone has got stuck in his throat.* = the passage inside the neck through which food and air pass भोजन नली **throaty** adj. *a throaty voice* = a low, rough voice फटा ('आवाज़' के संदर्भ में)

to be at each other's throats = to be fighting or arguing with great excitement बहस में उत्तेजित होना **to bring a lump to someone's throat** *The story he told us of his childhood brought a lump to my throat.* = to make one feel emotional and want to cry भावुक कर देना **to force something down one's throat** = to force someone to listen to and accept your ideas किसी के गले बाँधना, मढ़ना, ज़बरदस्ती अपनी बात सुनाना और मनवाना

throb¹ /θrɒb/ /थ्रॉब्/ verb, i. (**throbbed**) **1** *His heart throbbed wildly as he neared the finish of the 10,000 metres race.* = to beat fast धड़कना **2** *The drums throbbed.* = to produce a regular, fast sound (referring to the sound of a drum) बजना (ढोल की थाप) **3** *My shoulder throbbed with pain.* = to feel a sharp, continuous pain अत्यधिक पीड़ा होना

throb² noun, u. *the steady throb of the car's engine* = the regular sound produced by a machine etc. इंजन आदि के कंपन की ध्वनि

throes /θrəʊz/ /थ्रउज़्/ noun (always plural) **1** *The woman was passing through the throes of childbirth.* = sudden and violent pain अचानक तथा तीव्र पीड़ा **2** *The country is going through the throes of unemployment.* = a difficult or painful experience or situation वेदना की स्थिति

throm•bo•sis (thromboses) /θrɒm'bəʊsɪs/ /थ्रॉम'बउसिस्/ noun, c. *coronary thrombosis* = a blockage in a blood vessel, preventing the flow of blood, caused by a blood clot (a half-solid lump of blood) [MEDICINE] खून का थक्का बन जाने से प्रवाह में रुकावट होना [चिकित्सा]

throne /θrəʊn/ /थ्रउन्/ noun, c. **1** = the ceremonial chair on which a king or queen sits राजसिंहासन **2** *Akbar came to the throne after Babar's death.* = the position of a king or queen तख्त, गद्दी, सिंहासन

throng¹ /θrɒŋ/ /थ्रॉङ्/ noun, c. *There were at least 5000 people in the stadium and I could not find my friend in the throng.* = a large crowd (literary) भीड़, बड़ा जन-समुदाय (साहित्यिक)

throng² verb, t. *Thousands of cricket fans thronged the airport when the Sri Lankan team arrived.* = to fill up or crowd a place उमड़ पड़ना, भीड़ लगाना

throt•tle¹ /'θrɒtl/ /'थ्रॉट्ल्/ verb, t. **1** *The robber caught hold of me by the throat and tried to throttle me.* = to kill someone by pressing on his/her throat and stopping the supply of air गला घोंटना **2** *The new tax laws are throttling trade.* = to check and stop something from growing (figurative) ठप्प कर देना (लाक्षणिक)

throttle² noun, c. = a valve which allows or prevents the flow of fuel to an engine इंजन में ईंधन के प्रवाह को रोकने या चलाने के लिए प्रयुक्त 'वॉल्व'

through¹ /θru:/ /थ्रू/ prep. **1** *He walked through the corridor and entered the room.* = from one side of something to the other एक छोर से दूसरे छोर तक, के रास्ते होते हुए **2** *We drove to Mumbai through Pune.* = by way of **3** *He won the prize through hard work.* = as a result of परिणामस्वरूप, द्वारा **4** *I have read through your essay.* = from the beginning to the end आद्योपांत, पूरा **5** *He is going through a difficult time.* = from the beginning to the end of a period of time or a process or event आरंभ से अंत तक **6** *He got through the test.* = having completed something successfully सफलता प्राप्त करना, 'पास' होना

through² adv. **1** *When I showed my pass to the guards at the gate, they let me through.* = from one side to the other पार करना **2** *I have read the essay through.* = from the beginning to the end आद्योपांत **3** *The results of the examination are out. I got through!* = to be successful (in an examination) सफल होना

through³ adj. **1** *We took the through train to Kolkata.* = going directly to some place सीधा जानेवाला **2** *I am almost through the book.* = completing something पूरा करना **3** *I don't want to work for you any longer. We are through!* = at the end of a relationship संबंध खत्म करना

throughout adv. **1** *He slept throughout the lecture.* = during the whole period of time पूरा समय **2** *People are starving throughout the state.* = in every part of संपूर्ण, पूरे **through-put** noun = the amount of work done in a given period of time [TECHNICAL] निश्चित समय में किए गए कार्य का परिमाण [तकनीकी]

to come through (get through) *He is very worried about his exams but I am sure he will come (get) through easily.* = to be successful in dealing with a difficult situation सफल होना **to pull through** = to be successful in dealing with a different situation, but only with great effort कठिन प्रयास द्वारा सफलता पाना **(to be something) through and through** *He is an artist through and through.* = completely पूर्णतया **Monday through Friday** (American English) *You will have your exams Monday through Friday.* = starting on a certain day and ending on another (अमेरिकी अंग्रेज़ी) से··· तक

throw¹ /θrəʊ/ /थ्रउ/ verb, t. (**threw, thrown**) **1** *The fielder threw the ball to the wicket-keeper.* = to cause something to move quickly through the air or along the ground by a sudden movement of the arm फेंकना **2** *She threw the bag on the table.* = to handle something carelessly पटकना, लापरवाही से फेंकना **3** *He threw the door open.* = to move or act quickly जल्दी से कर डालना **4** *Can you throw some light on this matter?* = to give or send out डालना **5** *The wrestler threw his opponent.* = to cause to fall to the ground गिराना, पछाड़ना **6** *He plans to throw a party next week.* = to arrange (a party) (informal) (दावत) देना (अनौपचारिक) **7** *He was thrown out of his job.* = to take away someone's job suddenly निकाल देना **8** *He was the thrown into jail.* = to be sent to jail (informal) (जेल में) डाल देना (अनौपचारिक) **9** *He threw up his hands.* = to move quickly (informal) तेज़ी से (हाथ) उठाना (अनौपचारिक)

throw² noun, c. *The fielder's throw reached the wicket-keeper.* = an act of throwing फेंकने की क्रिया

throw-away adj. *a throw-away paper plate* = something that is meant to be thrown away after a single use (also **disposable**) केवल एक बार प्रयोग कर फेंक दिया जाने वाला (देखें **disposable**)

throw away *He threw his old clothes away.* = to get rid of something that is not needed फेंक देना **throw in** *If you buy a computer, the dealer will throw in a printer along with the computer.* = to add to something that is being sold, without increasing the price (informal) किसी वस्तु की खरीद पर अन्य कोई वस्तु मुफ़्त देना, जोड़ देना (अनौपचारिक) **to throw off** *He has been able to throw off his fever.* = to get rid of something unpleasant or something that has been troubling you (informal) पीछा छुड़ाना (अनौपचारिक) **to throw on (a shirt)** = to put on some clothes (informal) पहनना, डाल लेना (अनौपचारिक) **to throw up** (**threw up**) *The food was so bad that I threw up at once.* = to vomit उलटी करना **to throw good money after bad** *You shouldn't have bought that old car and you shouldn't waste money in trying to repair it. You are throwing good money after bad.* = to waste money over some useless thing व्यर्थ चीज़ों पर पैसा बर्बाद करना **to throw light on something** = to explain something clearly किसी तथ्य को स्पष्ट करना **to throw one's weight around** = to use one's power or authority in a way that other people do not like (informal) अपने पद या अधिकार का दुरुपयोग करना (अनौपचारिक) **to throw the book at somebody** = to punish someone by using the rules in a very strict manner नियमों का सख़्ती से पालन करते हुए दंड देना **to throw out the baby with the bath-water** = to lose something useful or valuable in trying to get rid of something that you do not want छुटकारा पाने के प्रयत्न में कीमती चीज़ को खो देना

thru /θruː/ /थ्रू/ prep. *He works Monday thru Friday.* = from one day or time to the other (American English) (informal) (अमेरिकी अंगेजी)से··· तक (अनौपचारिक)

thrush /θrʌʃ/ /थ्रॅश्/ noun, c. **1** = a kind of singing bird एक प्रकार की गानेवाली चिड़िया **2** = an infectious disease that causes white sores in the mouth, specially of young children मुँह में छाले होने का एक संक्रामक रोग

thrust¹ /θrʌst/ /थ्रॅस्ट्/ verb, t. (**thrust**) *He thrust the letter into my hand and ordered me to read it.* = to push something suddenly and with force ज़बरदस्ती देना

thrust² noun, u. or c. **1** *He made a sudden thrust at me with his knife.*(u.) = a sudden forward movement प्रहार **2** *I have not been able to understand the thrust of your argument.*(c.) = the central point that one is trying to put across केंद्र बिंदु **3** *The engines of this jet aircraft develop 100,000 pounds of thrust.*(u.) = the force produced by the engine of an aircraft which pushes it forward [TECHNICAL] प्रतिबल, वायुयान के इंजन द्वारा उत्पन्न बल [तकनीकी]

thud¹ /θʌd/ /थॅड्/ noun, c. *The book fell to the floor with a thud.* = the dull sound caused by a heavy object hitting a hard surface धमाका, 'धम्म से'

thud² verb, i. (**thudded**) *The cricket ball thudded into his head.*= to hit a hard surface, producing a dull sound धम्म से गिरना

thug /θʌɪ/ /थॅग/ noun, c. = a person who commits violent crimes (informal) हिंसात्मक अपराध करने वाला ठग (अनौपचारिक)

thumb¹ /θʌm/ /थॅम्/ noun, c. = the thickest finger on the hand of a human being, which is set apart from the other fingers अँगूठा

thumb² verb, t. *The student who was going home on vacation thumbed a ride in a truck.* = to ask the driver of a passing vehicle for a free ride by holding out one's hand, with the thumb pointing in the direction in which one wants to travel (informal) अँगूठे से इशारा करना (अनौपचारिक) **thumb index** noun, u. = a series of cuts in the pages of a book which help you to find a page you want quickly पुस्तक के पृष्ठों के किनारे के कटे अंश जिससे खास पृष्ठ को खोजना आसान है

thumb-nail **1** (noun, c.) = the nail on the end of the thumb अँगूठे का नाखून **2** *a thumb-nail biography* (adj.) = a very short piece of writing संक्षिप्त, लघु लेख

thumb-screw noun, c. = an instrument used in former times to torture a person by putting great pressure on the thumb अँगूठे का शिकंजा

to thumb through something = to go quickly through a book or magazine जल्दी से देखना (पुस्तक अथवा पत्रिका) **to be under someone's thumb** = to be completely under someone's control मुट्ठी में या नियंत्रण में होना **to be all thumbs** = to be clumsy in doing something फूहड़, अनाड़ी **to thumb your nose at someone** = to show lack of respect अनादर दर्शाना

thump¹ /θʌmp/ /थॅम्प्/ verb, t. *The teacher thumped the boy on his back.*= to hit someone or something once or repeatedly, producing a loud sound थपथपाना

thump² noun, c. **1** *If you don't do as I say, I'll give you a thump.* = a blow घूँसा **2** *We heard a loud thump.* = the sound of a blow मारने की ध्वनि **thumping** adj. *Our party won the election by a thumping majority.* = very great अच्छा-खासा, बहुत बड़ा

thun•der¹ /ˈθʌndəʳ/ /ˈथॅन्डʳ/ noun, u. = the loud noise, often accompanied by lightning, produced due to electrical disturbance in the sky, before or during a storm गड़गड़ाहट

T

thunder[2] verb, i. *The guns thundered all night.* = to produce a sound like that of thunder गरजना **thunderbolt** noun, c. **1** = a flash of lightning accompanied by thunder बिजली की कड़क **2** *The news of her defeat came to us like a thunderbolt.* = a piece of news that shocks one वज्रपात **thunderclap** noun, c. = the loud sound of thunder बिजली की कड़क, गरज **thunderous** /'θʌndərəs/ /'थॅन्ड्रस्/ adj. *The Prime Minister received a thunderous ovation when he finished his speech.* = very loud ज़ोरदार गर्जना **thunderstorm** noun, c. = a storm during which there is a lot of thunder गरजवाला तूफ़ान **thunderstruck** adj. *I was thunderstruck by the news of our defeat.* = shocked; greatly surprised गहरा धक्का लगना, बिजली गिरने जैसा

Thurs•day /'θɜːzdi/ /थऽज़्डी/ noun, c. = the day of the week that comes between Wednesday and Friday बृहस्पतिवार, गुरुवार

thus /ðʌs/ /दॅस्/ adv. **1** *You should hold the pen thus, between your thumb and the first two fingers.* = in this manner (as shown) इस प्रकार **2** *We have appointed two new teachers, thus bringing the total staff strength to six.* = by this means; by so doing इस प्रकार

thwart /θwɔːt/ /थ्वॉऽट्/ verb, t. *The bus strike thwarted my plans to visit my village.* = to stop something from happening; to prevent (old-fashioned) बाधा डालना, होने से रोक देना (पुराने प्रचलन का)

thy /ðaɪ/ / दाइ/ pron. (possessive form of **thou**) *How many crimes are committed in thy name!* = your (old-fashioned) तेरा, तुम्हारा (पुराने प्रचलन का)

thyme /taɪm/ /टाइम/ noun, u. = a kind of plant, the leaves of which are used to give taste to food एक प्रकार का पौधा जिसके पत्ते खाने को ज़ायकेदार बनाते हैं

thy•roid (gland) /'θaɪrɔɪd/ /'थाइरॉइड्/ noun, c. = a gland (an organ) inside the neck which produces a chemical that has a powerful effect on the working of the body [MEDICINE] गले की एक ग्रंथि जिससे स्रावित रसायन शारीरिक क्रियाओं पर गहरा प्रभाव डालता है [चिकित्सा]

thyself /ðaɪ'self/ / दाइ'सेल्फ़/ pron. *Physician, heal thyself!* = yourself (old-fashioned) अपने को (पुराने प्रचलन का)

ti•a•ra /ti'ɑːrə/ /टी'आऽर/ noun, c. = a piece of jewellery worn by women, that looks like a small crown स्त्रियों द्वारा मुकुट की तरह पहना जाने वाला एक आभूषण

tib•i•a /'tɪbiə/ /'टिबिअ/ noun, c. = the thicker of the two bones inside the leg, in the front part of the leg, below the knee [MEDICINE] घुटने से नीचे की टाँग की एक हड्डी [चिकित्सा विज्ञान]

tic /tɪk/ /टिक्/ noun, c. *a nervous tic* = a small, uncontrolled movement of the muscles in the face, caused by a nervous illness फड़कना (किसी मांसपेशी या नस का फड़कना)

tick[1] /tɪk/ /टिक्/ noun, c. **1** *the tick of the clock* = the low, regular sound produced by a clock or watch (घड़ी की) 'टिकटिक' **2** *Put a tick against his name.* = a mark that looks like (✓), put against an answer to show that it is correct, or against a name on a list, to show that the person is present सही या उपस्थित का चिह्न **3** = a small insect that lives on the skin of animals (such as dogs and cows) and sucks their blood चिचड़ा, एक प्रकार का कीटाणु

tick[2] verb, i. **1** *The clock ticked away steadily.* = to make the sound produced by a watch or clock टिकटिक करना **2** *Have you ticked my name?* = to put a tick mark against something सही चिह्नित करना

to tick somebody off = to speak angrily to someone, expressing displeasure डाँटना, नाराज़गी व्यक्त करना

tick•et /'tɪkɪt/ /'टिकिट्/ noun, c. *a bus ticket* = a printed piece of paper or card given to a person to show that he/she has paid for something (e.g. to travel in a bus or to watch a film show in a cinema) टिकट

tick•ing /'tɪkɪŋ/ /'टिकिङ्/ noun, u. = thick cotton cloth used for making mattresses or pillows तकिये या गद्दे का खोल बनाने का सूती कपड़ा

tick•le /'tɪkəl/ /'टिक्ल्/ verb, t. or i. **1** *We tickled him under the arm-pit to make him laugh.*(t.) = to touch someone lightly in a sensitive part of the body, causing him/her to laugh गुदगुदाना **2** *I was tickled to receive the invitation to his party.* = to be pleased प्रसन्न होना, गुदगुदी होना **ticklish** adj. **1** *You can't make him laugh by tickling him. He is not ticklish.* = sensitive to being tickled गुदगुदाने से प्रभावित होने वाला **2** *These people are angry because the match was cancelled. You should be careful in dealing with them, as it is a ticklish matter.* = sensitive; needing special care (referring to a difficult situation or problem) नाज़ुक (स्थिति अथवा समस्या के संदर्भ में)

tick-tack-toe noun = the game of noughts-and-crosses (American English) (अमेरिकी अंग्रेज़ी में प्रयुक्त शब्द) एक खेल का नाम

tide[1] /taɪd/ /टाइड्/ noun, c. **1** *The tide is rising.* = the regular rise and fall in the level of the water in the sea because of the moon's gravitational attraction (see also **gravity**) ज्वार-भाटा (देखें **gravity**) **2** *tide of public opinion* = a strong feeling that can easily change लहर

tide[2] **(over)** verb, t. *The money which you lent me tided me over (through) a difficult time.* = to help someone during a period of difficulty मुश्किल समय में काम आना, कठिनाई से उबारना **tidal** /'taɪdl/ /'टाइड्ल्/ adj. *a tidal current* = caused by a tide ज्वारीय **tidal wave** noun, c. = a large and dangerous wave in the sea caused by a movement of the earth under the water ज्वारीय तरंग

to swim with the tide = to follow the opinion that most people have समाज के अनुकूल चलना **to stem the tide** = to check something (prevent it from happening) होने से रोकना

tid-bit /ˈtɪdbɪt/ /'टिड्बिट्/ noun, c. see **tit-bit** देखें **tit-bit**

tid•ings /ˈtaɪdɪŋz/ /'टाइडिङ्ज़्/ noun (always plural) *I have received tidings of your victory in the election.* = news (old-fashioned) संवाद (पुराने प्रचलन का)

ti•dy[1] /ˈtaɪdi/ /'टाइडी/ adj. *She keeps her desk tidy. You won't find a speck of dust on it.* = clean and neat (having everything in order) सुव्यवस्थित, साफ़-सुथरा

tidy[2] verb, t. (**tidied**) *She tidied (up) the house when she heard that guests were expected.* = to make something tidy (clean and neat) ठीक-ठाक करना, साफ़ करना

tie[1] /taɪ/ /'टाइ/ verb, t. (**tied**) **1** *She tied up the parcel of books with a piece of string.* = to fasten (bind) something or someone using a rope or string बाँधना **2** *His coming to the movie is tied to his finding someone to take care of his baby.* = to connect to something बँधा हुआ, निर्भर **3** *These two boys tied for second place in the contest.* = to get the same number of points as someone else in a competition, or to finish a race at the same time as someone else (प्रतियोगिता में) बराबर रहना

tie[2] noun, c. **1** *He wore a shirt without a tie.* = a long, thin piece of material worn round the neck, usually by men, under the collar of a shirt and tied into a knot in front (also neck-tie) 'टाई' **2** *Use this tie to close the bag.* = a piece of string or rope used to tie (fasten) something रस्सी **3** *I return to my village every summer because I have strong ties with my family.* = something that unites people and keeps them together संबंध-सूत्र, लोगों को जोड़े रखने वाला **4** *There is a tie for second place between these two boys.* = an equal result in a competition, race etc. as someone else बराबरी **tie-breaker** noun, c. = something done to speed up a game (in tennis, hockey or football) when no one is winning, so as to get a quick result (टेनिस, हॉकी या फुटबॉल के खेल में) अनिर्णय की स्थिति में मैच का विजेता तय करने के लिए अपनाई गई एक युक्ति **tie-and-dye** noun *a tie-and-dye design for a sari* = a method used to create coloured designs in a piece of cloth by tying up some parts with thread before dipping it in dye (colour) बाँधनी की रँगाई (कपड़े की छपाई की विधि) **tie-up** noun, c. *Our company has a tie-up with a Japanese company to produce motorcycles.* = an agreement or partnership between two companies समझौता, साझेदारी

to be tied up *I can't come this evening. I'm very tied up.* = to be very busy with something (informal) अतिव्यस्त (अनौपचारिक) **to have one's hands tied** *I wanted to speak at the meeting and save you but my hands were tied.* = to not be free to do what one wants 'हाथ बँधे होना', कुछ करने को स्वतंत्र न होना **to tie the knot** = to get married (informal, humorous) गँठजोड़ होना (अनौपचारिक, हास्यपरक) **to tie oneself up in knots** = to become confused and not be able to speak clearly भ्रमित होना, स्पष्ट रूप से कुछ कह न पाना

tier /tɪəʳ/ /टिअरʳ/ noun, c. *I have a middle berth in a three-tier coach on the train.* = one out of a number of rows or levels, one above the other रेलगाड़ी में बर्थ के संदर्भ में 'टिअर'

tiff[1] /tɪf/ /टिफ़्/ noun, c. *My wife and I had a tiff this evening. She wanted to go to the cinema but I wanted to watch television at home.* = a slight quarrel (informal) झगड़ा, नाराज़गी (अनौपचारिक)

tiff[2] verb, i. (**tiffed**) *My brother and I tiffed regularly when we were young.* = to have a slight quarrel झगड़ा करना

tif•fin /ˈtɪfɪn/ /'टिफ़िन्/ noun, u. = a light snack or meal eaten late in the morning (old-fashioned) नाश्ता, जलपान (पुराने प्रचलन का)

ti•ger /ˈtaɪgəʳ/ /'टाइगरʳ/ noun, c. = a large and fierce animal belonging to the cat family, which has a yellow skin with black stripes on it बाघ **tigress** noun, c. = a female tiger बाघिन

tight[1] /taɪt/ /टाइट्/ adj. **1** *These shoes are too tight for you. You need shoes of a larger size.* = fitting some part of the body very closely तंग **2** *He held her hand in such a tight grip that she was unable to pull it away.* = held or kept together firmly (strongly) मज़बूत **3** *Security at the air-port is tight.* = firmly controlled सख्त, कड़ी सुरक्षा **4** *The minister cannot see you today as he has a tight schedule.* = having no free time व्यस्त **5** *There are very few seats available for this course so competition is tight.* = close कड़ा (मुकाबला)

tight[2] adv. *The mother held her baby tight.* = closely and firmly कसकर **tighten** verb, t. *These trousers are too loose for you. Ask the tailor to tighten them a bit at the waist.* = to make something more tight चुस्त बनाना **tight-fisted** adj. *a tight-fisted person* = one who does not like to spend money; miserly (disapproving) कंजूस (अस्वीकृत) **tight-lipped** adj. *The reporters asked the girl many questions, but she remained tight-lipped.* = unwilling to talk चुप्पा, न बोलने वाला **tight-rope** noun, u. = a length of rope or wire stretched tightly high above the ground, on which an acrobat (someone who performs difficult actions requiring a lot of skill, usually in a circus) has to walk तनी हुई रस्सी जिस पर सर्कस के कलाबाज़ करतब दिखलाते हैं **tights** noun (always plural) = a close-fitting garment or under-garment, usually worn by girls and women, covering the legs and hips (केवल बहुवचन में प्रयुक्त) (महिलाओं के) चुस्त कपड़े पैर और कमर ढँकने के लिए

T

to walk a tightrope = to face a difficult situation in which one has to make decisions between two opposite plans of action दो विपरीत तरीकों में से एक को चुनने की कठिन स्थिति में होना **to keep a tight rein on someone** = to keep someone under one's control नियंत्रण में रखना **to run a tight ship** = to be very strict in maintaining discipline and seeing that money is spent very carefully अनुशासन बनाए रखने में सख्त होना और धन का अपव्यय न होने देना **to tighten one's belt** = to prepare to face a difficult time by cutting down on expenses बचत द्वारा मुसीबत के समय का सामना करने को तैयार होना

tile[1] /taɪl/ /टाइल्/ noun, c. = a small, flat piece of some material, used for covering the floor or roof of a building खप्पर, 'टाइल'

tile[2] verb, t. *The floor has been tiled.* = to cover with tiles टाइल लगाना

till[1] /tɪl/ /टिल्/ prep. or conj. **1** *The examination will start on Monday and continue till Friday.*(prep.) = until (upto a certain time) उस समय तक **2** *He will look after the office till a new Manager is appointed.*(conj.) = upto the time when something happens or is done जब तक

> **Usage** Note that the clause following 'till' is not negative. It is a common mistake to say 'He will look after the office till a new manager is not appointed'. ध्यान दें, till के पश्चात् आने वाला clause (= उपवाक्य) नकारात्मक नहीं होता। 'He will look after the office till a new manager is not appointed' अशुद्ध प्रयोग है।

till[2] noun, c. = a locked drawer in a desk, in which money is kept दराज़, गल्ला, तिजोरी

till[3] verb, t. = to cultivate land (old-fashioned) खेत जोतना (पुराने प्रचलन का) **tiller** noun, c. **1** *a tiller of the soil* = a farmer किसान **2** *a power-tiller* = a small machine used to plough the land, which is controlled by someone who walks behind it हल की जैसी मशीन **3** *the tiller of a boat* = a long handle tied to the rudder of boat (the piece of wood which is turned to control the direction in which the boat is moving) पतवार

tilt[1] /tɪlt/ /टिल्ट्/ verb, t. or i. **1** *He tilted the glass and poured out some of the water.*(t.)= to cause something to move into a sloping position (not upright or straight, but leaning to one side) झुकाना, टेढ़ा करना **2** *The wall is tilting to one side.*(i.) = to lean to one side instead of being straight झुकना **3** *Opinion has tilted in favour of Rekha's winning the race.*(i.) = to turn in someone's favour के पक्ष में होना

tilt[2] noun, u. **1** *There is a slight tilt in the wall.* = a slope to one side झुकाव **2** *a tilt in the public opinion* = a turn or change which favours someone किसी के पक्ष में विचार को बदलना **at full tilt** = at full speed पूरी गति से

tim•ber[1] /ˈtɪmbəʳ/ /ˈटिम्बर्/ noun, u. = wood used for making furniture, building houses etc. इमारती लकड़ी

timber[2] adj. *He has planted timber trees on the land.* = trees which can be cut down and used for timber इमारती लकड़ी का

tim•bre /ˈtæmbəʳ/ /ˈटैम्बर्/ noun, u. (French) *The sound produced by a sarod has a special timbre.* = the special quality that a musical sound has [MUSIC] (फ्रेंच) संगीतमय ध्वनि की विशेषता [संगीत]

time[1] /taɪm/ /टाइम्/ noun, u. **1** *Time is measured in years, months and days as well as hours, minutes and seconds.* = the entire period that makes up the past, present and future समय, काल **2** *He was once strong, but time has made him weak.* = the passing of time समय **3** *I will need time to complete this job.* = a period (of time) in the future, the length of which is not specified (mentioned) समय **4** *The time taken to complete this job was exactly 200 days.* = a period of time measured in days, hours etc. समय **5** *It's 9.30 now—time for you to go to school.* = a particular point of time खास समय **6** *I will speak next time, but not now.* = an occasion अवसर (पर) **7** *My great grand-father lived in Kolkata in the time(s) of Queen Victoria.* = a period of time associated with a particular person or event काल, अवधि

time[2] verb, t. **1** *I have timed my visit to Pune to coincide with the marriage of your daughter.* = to choose or arrange the time for something समय निश्चित करना **2** *Rahul can hit the ball hard without using much force as he times his shots beautifully.* = to hit the ball (in a game such as cricket or tennis) at just the right moment ठीक वक्त पर **3** *He ran the 100-metre race in 10.85 seconds. I timed him.*= to measure the time taken to do something समय का हिसाब रखना **time-bomb** noun, c. **1** = a bomb that is fitted with a timer (see also **timer**) and can be set to explode (burst) at a particular time मियादी बम, 'टाइम बम' (देखें **timer**) **2** *The bridge across this river is half-broken and has not been repaired. It is a time-bomb waiting to explode.* = something that can create danger in the future भविष्य में खतरनाक होने की संभावना **time capsule** noun, c. = a container in which objects representing a particular period of time are stored and buried in the ground, so that they can be dug up and examined in the future, to let people know about the past काल-पात्र **time-consuming** adj. *a time-consuming process* = something that takes up a lot of time अधिक समय लगाने वाला **time exposure** noun, c. = a photograph taken in poor light, in which the lens of the camera is kept open for several seconds कम रोशनी में खींचा गया फोटो **time-honoured** adj. *Dancing to celebrate a wedding is a time-honoured custom.* = done by everyone over a long period of time लंबे समय से चला आ रहा **time immemorial** noun *The oldest teacher in our school speaks on opening day. This has been the custom in the school since time immemorial.* = a very, very long period in the past अति प्राचीन काल **time-keeper** noun, c. =

a person who keeps record of time (e.g. in a sports competition or a factory where people are working)(खेल प्रतियोगिता या फ़ैक्टरी में) समय देखने-बतलाने वाला व्यक्ति **time lag** noun, u. *There is a time lag of at least three months between the end of the examination and the declaration of results.* = the period of time that separates two connected events अंतराल **timeless** adj. *the timeless beauty of the Taj Mahal* = not affected by the passage of time कालातीत **time-limit** noun, u. *The time-limit for answering this question is 5 seconds.* = the period of time within which something must be done समय-सीमा **timely** adj. *Your timely help enabled me to write my essay.* = done at just the right time समयोचित **timepiece** noun, c. = a clock or watch (old-fashioned) घड़ी (पुराने प्रचलन का) **timer** noun, c. *The oven has a timer which switches it off after 30 seconds.* = a machine that can measure time (like a watch) and be set to perform a certain operation at a selected time (see also **time-bomb**) कालमापी उपकरण (देखें **time-bomb**) **time-server** /'taɪmsɜːvəʳ/ /'टाइम्सऽव़र्/ noun, c. = someone who changes his or her opinions and behaviour in order to please those who are in power अवसरवादी **time-sharing** noun, u. = a system by which people can share the ownership of a building so that they can live in it at different times in the year किसी भवन की अलग-अलग साझीदारी, जिसमें साझीदार अलग-अलग समय में रहते हों **time-table** noun, c. *a railway time-table* = a list of the times at which trains, buses etc. arrive at a place or leave it समय-सारिणी **time-worn** adj. *time-worn customs* = no longer interesting or useful because of having been in use for too long a period पुराना **time zone** noun, c. *When it is 7.30 a.m. in New York, it is only 6.30 a.m. in Chicago. These cities fall in different time zones.* = an area over all parts of which the time is the same समय-क्षेत्र **timing** noun, u. *You should not have asked the boss to raise your salary just when he had broken his leg in an accident. Your timing was bad.* = the choice of a suitable time to do something उपयुक्त समय का चुनाव **time-out** 1 *The players asked for a time-out.* = a short break requested in a game [TECHNICAL] खेल में अल्पकालीन विश्राम [तकनीकी] 2 *She took some time-out from her busy schedule.* = a short break to do something that one wants to do किसी काम के लिए निकाला गया कुछ समय **time up** = an expression to indicate that the alloted time is over दिया गया समय समाप्त होने का संकेत **to pass the time of day** = to greet someone and have a friendly chat किसी का अभिवादन करना और दोस्ताना बातचीत करना **about time** *'The train that has arrived at last.' 'It's about time!'* = an expression used to show displeasure about something that has not happened at the expected time or to show the importance of doing something at the correct time (informal) किसी काम के सही समय पर न होने पर ठीक समय पर करने का महत्त्व दर्शाने में प्रयुक्त अभिव्यक्ति (अनौपचारिक) **all the time** *The telephone is ringing all the time.* = very often हमेशा **at times** *We need a break from work at times.* = not very often कभी-कभी **at one time** *It was a beautiful city at one time.* = in the past but not now एक समय, अतीत में किसी समय **for a time** *We worked together for a time.* = for a short period of time in the past कुछ समय के लिए **for the time being** *You can use the room for the time being but you must move out tomorrow morning.* = for a short period of time following the present time कुछ समय के लिए **in time** *You must come in time for the start of the match.* = early enough to be able to do something समय से **on time** *The train is supposed to arrive at 10.15, but it is seldom on time.* = happening at the correct or expected time ऐन मौके पर **in the nick of time** *The burglars were about to drive off with all the money they had looted from the bank, but the police arrived in the nick of time.* = just in time to prevent something bad from happening ऐन मौके पर **to have the time of one's life** *She was not keen on going on a holiday but she had the time of her life.* = to spend time in a very enjoyable manner (informal) प्रफुल्लता से समय बिताना (अनौपचारिक)

times[1] /taɪmz/ /टाइम्ज़्/ prep. (always plural) *Three times seven is twentyone.* (3x7= 21)= multiplied by (केवल बहुवचन में प्रयुक्त) गुणा, बार

times[2] noun (always plural) 1 *He is poor now, but he has seen better times.* = a period in one's life (केवल बहुवचन में प्रयुक्त) समय 2 *He earns three times as much money as I do.* = multiplied by a certain number गुना

tim•id /'tɪmɪd/ /'टिमिड्/ adj. *The children are so timid that they ran away as soon as they saw the visitors.* = shy and nervous; having no courage संकोची, डरपोक, घबराया हुआ

tin /tɪn/ /टिन्/ noun, u. or c. 1 *Tin can be mixed with other metals.*(u.) = a soft, silver-coloured metal टीन 2 *a tin of pickled mangoes* (c.) = a container made of tin or some other metal (also **can**) डिब्बा (देखें **can**) **tin god** noun *He is only the class monitor, but he behaves as if he was the headboy. What a tin god he is!* = someone who gives himself/herself more importance than he/she deserves (derogatory) खोखला, दंभी, खाली ढोल (अनादरपूर्ण) **tinned** adj. *tinned fruit* = (food) that has been packed in a tin (also canned) डिब्बा बंद **tinny** adj. 1 *The body of the car looks tinny.* = as if made of tin (or some cheap and light metal) टीन की बनी (घटिया धातु की) (अनादरपूर्ण) 2 *This sitar produces a tinny sound.* = having a thin metallic sound (both meanings are derogatory) टिन-जैसी ध्वनि (अनादरपूर्ण) **tin opener** noun, c. = a tool used for opening tins टिन खोलने का उपकरण (see **tin** meaning 2) (also **can opener**) डिब्बा खोलने का उपकरण (देखें **can opener**)

T

tinc•ture /ˈtɪŋktʃəʳ/ /'टिङ्क्चर्/ noun, u. *tincture of iodine* = a liquid prepared by mixing some medicinal substance with alcohol [TECHNICAL] 'टिंक्चर' [तकनीकी]

tin•der /ˈtɪndəʳ/ /'टिण्डर्/ noun, u. *You can use some of the dry leaves as tinder to light the fire.* = a substance that burns easily and can be used to start a fire आग जलाने के लिए प्रयुक्त जल्दी आग पकड़ने वाली वस्तु

tinge¹ /tɪndʒ/ /टिन्ज्/ noun, u. *At sunset the sky looks red, with a tinge of orange. // There was a tinge of sadness in her voice as she sang.* = a very slight (small) amount of colour or feeling आभा, झलक

tinge² verb, t. *The sky looks grey in your painting. Can you tinge it with a little red?* = to give a slight colour to something हल्का-सा रंग देना, रंग का पुट देना

tin•gle¹ /ˈtɪŋgəl/ /'टिङ्ग्ल्/ verb, i. *His whole body tingled after he had a bath in the ice-cold water.* = to have a light stinging feeling (as if many needles were being gently pressed into your skin) झुनझुनाना, सुई की चुभन के जैसा अनुभव करना

tingle² noun, u. *He felt a tingle all over his body.* = a light, stinging feeling झुनझुनी

tin•ker¹ /ˈtɪŋkəʳ/ /'टिङ्कर्/ noun, c. = a person who repairs pots and pans ठठेरा

tinker² verb, i. *There is something wrong with the computer but I don't want you to tinker with it. Send it to the dealer for servicing.* = to try to make some change or improvement that is not effective e.g. when repairing a machine मरम्मत करना

tin•kle¹ /ˈtɪŋkəl/ /'टिङ्क्ल्/ verb, i. *The little bells on the dancer's feet tinkled.* = to make a light metallic sound, like that of a small bell घुँघरू या छोटी घंटियों की आवाज़ से बजना

tinkle² noun, u. *the tinkle of little bells* = the sound made by a small bell छोटी घंटी या घुँघरू की ध्वनि

to give someone a tinkle = to call up someone on the telephone फ़ोन करना

tin•sel /ˈtɪnsəl/ /'टिन्स्ल्/ noun, u. **1** *The room where the wedding was performed was decorated with tinsel.* = shiny material which is cut into small pieces or strips and hung up as decoration, on some special occasion चमकीली कतरनें या पट्टियाँ **2** *the tinsel world of Bollywood films* = something cheap that looks attractive but has no value (derogatory) चमकीला, भड़कीला किंतु सस्ता (अनादरपूर्ण)

tint¹ /tɪnt/ /टिन्ट्/ noun, u. or c. *The glass fitted in the window has a light blue tint.*(u.) = a light shade of some colour आभा, रंगत

tint² verb, t. *She got her hair tinted orange in a beauty parlour.* = to give a slight colour to something हल्का-सा रँगना

ti•ny /ˈtaɪni/ /'टाइनी/ adj. *The bed is so tiny that only a baby could sleep in it.* = very small नन्हा, छोटा

tip¹ /tɪp/ /टिप्/ noun, c. **1** *Kanyakumari forms the southern tip of India. // the tip of the tongue* = the pointed end of something नोक, अनुभाग **2** *I gave the waiter Rs 50 as a tip.* = an additional amount of money given to someone as a reward for doing something बख़्शिश **3** *Let me give you a tip. You should never phone him in the morning.* = a piece of useful advice or information उपयोगी परामर्श **4** *a garbage tip* = a place where waste material is thrown (also **dump**) घूरा (देखें **dump**)

tip² verb, t. (**tipped**) **1** *The wooden arrow was tipped with steel.* = to cover the tip (end) of something नोक या सिरा लगाना **2** *He tipped some of the water in the glass to the floor.* = to pour something out of a container by making it tilt (see **tilt**) उँडेलना (देखें **tilt**) **3** *He tipped the table over.* = to knock something over गिरा देना, उलट देना **4** *Have you tipped the waiter?* = to give a tip (reward) to someone for doing something (see **tip¹** meaning **2**) बख़्शिश देना **5** *He is tipped to be our next coach.* = to consider something as being likely to happen विचाराधीन होना **tip-off** noun, u. *The smuggler received a tip-off from someone in the police force and escaped.* = a warning or piece of secret information संकेत, गुप्त सूचना **tip-toe¹** noun, u. *The child stood on tip-toe and tried to peep out through the window.* = the ends or tips of the toes पंजों के बल

tip-toe² verb, i. *He tip-toed out of the room, taking care not to make any sound.* = to walk on the tips of the toes only, to avoid making a sound while walking पंजों के बल चलना

to tip someone off *The thief escaped just as the police arrived. Someone must have tipped him off.* = to give someone some secret information गुप्त सूचना देना **to be on the tip of one's tongue** *I can't remember his name now but it is on the tip of my tongue.* = a word or name that you know but cannot remember ज़बान पर होना पर याद न आना **the tip of the iceberg** *The manager was shocked to find an expensive watch missing from the shop. But this was only the tip of the iceberg.* = a small part of a much larger problem बड़ी समस्या का छोटा हिस्सा **to tip-toe around (a subject)** = to avoid dealing directly with something (figurative) सीधे सामना करने से बचना (लाक्षणिक)

tip•ple /ˈtɪpəl/ /'टिप्ल्/ verb, i. *His favourite tipple is brandy.* = an alcoholic drink that someone takes regularly (informal) शराब (अनौपचारिक) **tippler** noun, c. = someone who loves to take alcoholic drinks (informal) शराबी (अनौपचारिक)

tip•sy /ˈtɪpsi/ /'टिप्सी/ adj. *He became tipsy after drinking a bottle of beer.* = slightly drunk (informal) हल्के नशे में (अनौपचारिक)

tip-top /tɪp tɔːp/ /'टिप् टॉप्/ adj. *His house was repaired and painted only last week and it is in tip-top condition now.* = excellent (informal) बहुत बढ़िया, सजा-धजा (अनौपचारिक)

ti•rade /taɪ'reɪd/ /टाइ 'रेइड्/ noun, c. = a long and angry speech (formal) उत्तेजनापूर्ण भाषण (औपचारिक)

tired /taɪəd/ /टाइअड्/ adj. 1 *He feels tired after taking part in the 10,000 metres race.* = having little energy or strength to do anything, as a result of taking part in some activity थका हुआ 2 *I have been sitting here for the last six hours, and I am tired of waiting.* = having lost patience or interest ऊबा हुआ, थका हुआ

tire[1] /taɪəʳ/ /टाइअʳ/ verb, t. *The game of tennis I played this evening has tired me.* = to make someone tired or to become tired (formal) थका देना (औपचारिक)

tire[2] (American English) see **tyre** (अमेरिकी अंग्रेज़ी) देखें **tyre**

tireless /'taɪəles/ /'टाइअलेस्/ adj. *He is a tireless walker.* = one who never gets tired न थकने वाला **tiresome** adj. *I find your stupid jokes rather tiresome.* = boring or annoying; causing one to lose patience (derogatory) उबाऊ, नीरस (अनादरपूर्ण)

tis•sue /'tɪʃuː/ /'टिशू/ noun, u. or c. 1 *bone tissue*(u.) = a group of connected cells of the same kind, forming one part of a plant or animal ऊत्तक 2 *tissue paper*(c.) = light, thin paper, used for wrapping things or for cleaning the nose etc. टिशू पेपर, रुमाल की तरह प्रयोग किया जाने वाला महीन कागज़ 3 *a Banarasi tissue sari*(u.) = expensive cloth woven from silk, gold thread etc. सिल्क, सोने के धागों से बुना हुआ बेशकीमती कपड़ा

tit /tɪt/ /टिट्/ noun, c. 1 = a kind of small bird एक छोटा पक्षी 2 = a woman's breast (slang) USE स्तन टीट, (अपभाषा) निषिद्ध

ti•tan /'taɪtn/ /'टाइट्न्/ noun, c. *Prof Amartya Sen, who won the Nobel prize a few years ago, is an intellectual titan.* = a person of very great strength or importance or a person having some outstanding quality असाधारण गुणों से संपन्न व्यक्ति **titanic** /taɪ'tænɪk/ /टाइ'टैनिक्/ adj. = very large, powerful or important भीमकाय, दैत्याकार, शक्तिशाली

ti•ta•ni•um /taɪ'teɪniəm/ /टाइ'टेइनिअम्/ noun, u. = a very light but strong metal that is used for making parts for aircraft 'टाइटेनियम' (एक धातु)

tit-bit /'tɪtbɪt/ /'टिट्बिट्/ noun, c. 1 *He offered his guests sweets and other tit-bits after the meal.* = a small bit of food with a pleasant taste छोटी-छोटी खाने की मज़ेदार चीज़ें 2 *I collected some interesting tit-bits of information from him.* = an interesting item of information (also **tidbit**) मज़ेदार सूचना (देखें **tidbit**)

tit for tat noun *My neighbour stole my dog last week so I am going to steal his cat. I believe in tit for tat.* = something unpleasant done as a punishment for something unpleasant that was done to you (informal) जैसे को तैसा (अनौपचारिक)

tit•il•late /'tɪtɪleɪt/ /'टिटिलेइट्/ verb, t. = to excite someone pleasantly, specially with thoughts of sex उत्तेजित करना

ti•tle /'taɪtl/ /'टाइट्ल्/ noun, c. 1 *The title of Tagore's novel is 'Gora'.* = the name given to a book, film etc. शीर्षक 2 *Pandit Jasraj was given the title of 'Padma Vibhushan' by the government.* = an honour which can be used as a part of one's name उपाधि 3 *Sampras won the tennis singles title at Wimbledon.* = the honour of being the winner in a sports competition खेल प्रतियोगिता में विजयी होने का गौरव, खिताब 4 *The court has given me the title to this property.* = a legal right to possess something [LAW] स्वामित्व का अधिकार [कानून] **title-deed** noun, c. = a legal document showing that a person owns a piece of property [LAW] अधिकार-पत्र [कानून] **title-holder** noun, c. 1 = a person who has won a sports competition खेल प्रतियोगिता में विजयी 2 = a person who has a legal right to own a piece of property उपाधिकारी **title-page** noun, c. = the page at the front of a book on which the name of the book and the author are printed मुख पृष्ठ **title-role** noun, c. = the main role (part) in a film or play, of the person whose name also becomes the title of the film or play मुख्य भूमिका **titular** /'tɪtʃʊləʳ/ /'टिचुलʳ/ adj. *The President is the titular head of the government , but the real power is in the hands of the Prime Minister.* = holding a title or position only in name, without having much power नाम के लिए, पद अथवा उपाधि प्राप्त किंतु अधिकार-विहीन

tit•ter /'tɪtəʳ/ /'टिटʳ/ verb, i. *When the police officer asked the girl why she ran across the road dodging traffic, she could only titter.* = to laugh in a nervous way when one does not know what to say हीं-हीं करना, खिसियानी हँसी हँसना

tittle-tattle /'tɪtl tætl/ /'टिट्ल टैट्ल/ noun, u. *When neighbours meet, they often indulge in a little tittle-tattle.* = gossip; idle talk about other people (informal) गपशप, एक-दूसरे से बातें (अनौपचारिक)

titular see **title** देखें **title**

tiz•zy /'tɪzi/ /'टिज़ी/ noun, u. *Don't get into such a tizzy; everything will be all right.* = a state of nervous excitement (informal) घबराहट (informal)

T-junction see under **T** (**T** के अंतर्गत देखें)

TNT noun = abbr. of tri-nitro toluene, (a powerful explosive used to blow up rocks etc., चट्टानें उड़ाने वाला विस्फोटक

to[1] /tə/ or /tuː/ /टə/ या /टू/ prep. 1 *I am going to the market.* = with the intention of reaching a certain place की ओर 2 *He was taken to hospital.* = so as to be in a certain place को 3 *He pointed to a house in the distance.* = in the direction of की ओर 4 *The water came to her waist.* = as far as तक 5 *The child went to sleep.* = so as to be in a certain state के लिए 6 *He pinned the notice to the wall.* = against में, पर 7 *The time is 5 minutes to 8.* = short of (less than) में·· (कम) 8 *He works from Monday to Friday.* = until तक

T

9 *I will give this money to my wife.* = for the possession of को **10** *He is the personal secretary to the minister.* = of का **11** *To my surprise, she accepted the invitation.* = causing के लिए **12** *There are 100 paise to a rupee.* = for each में **13** *There were three to four hundred people in the crowd.* = between से, के बीच

to[2] infinitive (used before a verb in its root form e.g. to eat) **1** *He plans to go now.* = the object of a verb को (क्रिया के कर्म के रूप में प्रयुक्त) **2** *To hear him sing is an unforgettable experience.* = the subject of a verb (क्रिया के कर्ता के रूप में प्रयुक्त) **3** *He has come here to study.* = for the purpose of को, के लिए **4** *He has asked me to work for him, but I don't want to.* = used to avoid repetition of a phrase पदबंध के दुहराव से बचने के लिए प्रयुक्त

to[3] adv. *He was unconscious for some time, but now he has come to.* = return to a conscious state पहली स्थिति में वापस आना

toad /təʊd/ /टउड्/ noun, c. = an animal that looks like a frog but has a rough skin मेंढ़क जैसा जीव

toad-stool /'təʊdstu:l/ /'टउड् स्टूल/ noun, c. = a kind of poisonous fungus (mushroom) कुकुरमुत्ता

toa•dy[1] /'təʊdi/ /'टउडी/ noun, c. (**toadies**) *Film stars are followed everywhere by their toadies.* = a person who flatters someone in power to gain a personal advantage (derogatory) चापलूस, खुशामदी (अनादरपूर्ण)

toady[2] verb, i. *He is in the habit of toadying to his boss.* = to flatter someone in power to gain a personal advantage चापलूसी करना

to-and-fro adj. *The pendulum of a clock makes a steady to-and-fro movement.* = from one side to the other and back एक ओर से दूसरी ओर जाना और पुनः वापस आना

toast[1] /təʊst/ /टउस्ट्/ noun, u. or c. **1** (u.) = bread which has been lightly burnt so that it becomes brown and crisp टोस्ट **2** *We drank a toast to the bride and the bridegroom.*(c.) = an expression of good wishes or respect for someone, shown by drinking some liquid (usually containing alcohol) out of a glass, after a short speech 'सलामती का जाम', शुभकामनाएँ व आदर अभिव्यक्त करने की एक प्रथा

toast[2] verb, t. **1** *I will toast some bread for your breakfast.* = to prepare toast by burning bread lightly 'ब्रेड' सेंकना **2** *Let us toast the young couple.* = to drink a toast to express good wishes to someone (see **toast**[1], meaning 2) **toaster** noun, c. = a machine which makes toast by heating bread 'टोस्टर', 'ब्रेड' सेंकने की मशीन

to•bac•co /tə'bækəʊ/ /ट'बैकउ/ noun, u. = the dried leaves of the tobacco plant, smoked in the form of cigarettes etc. or chewed तंबाकू **tobacconist** noun, c. = a person who sells cigarettes etc. बीड़ी-सिगरेट आदि बेचने वाला

to•bog•gan /tə'bɒgən/ /ट'बॉगन्/ noun, c. = a light cart which has no wheels but is fitted with metal blades, on which a person can sit or lie down and slide down an ice-covered slope, as a form of sport एक प्रकार की बर्फ़-गाड़ी

to•day[1] /tə'deɪ/ /ट'डेइ/ noun, u. **1** *Today is Sunday, 17 February.* = this day (on which I am speaking or writing) आज **2** *The students of today are more intelligent than the students of our time.* = the present time or age वर्तमान, आज का

today[2] adv. **1** *He is coming here today and will leave tomorrow.* = on this day आज **2** *Schools are much better today than they were in our time.* = at the present time वर्तमान समय में, आजकल

tod•dle /'tɒdl/ /'टॉड्ल्/ verb, i. **1** *The baby can't walk yet but is just beginning to toddle.* = to walk with short, unsteady steps, trying to balance the body (referring to the movements of a baby) शिशु का ठुमकना **2** *My friend and I toddled over to the book-shop next door.* = to walk in a relaxed way (informal) चहलकदमी करना (अनौपचारिक) **toddler** noun, c. = a little baby who is beginning to toddle बच्चा

tod•dy /'tɒdi/ /'टॉडी/ noun, u. or c. (**toddies**) **1** (u.) = an alcoholic drink produced from the juice of a kind of palm tree ताड़ी **2** (c.) = a mixture of whisky and warm water गर्म पानी और व्हिस्की का मिश्रण

to-do /tə'du:/ /ट'डू/ noun, u. *There was quite a to-do when it was time for the minister to leave but his car and driver were missing.* = a state of unnecessary confusion अनावश्यक हड़बड़ी

toe[1] /təʊ/ /टउ/ noun, c. **1** = the finger-like parts at the end of each foot (see pic under **foot**) पाँव की उँगलियाँ (**foot** के अंतर्गत चित्र देखें) **2** *the toe of a shoe* = the front part of a shoe, which covers the toes जूते की नोक

toe[2] verb, t. *You are expected to toe the line and do whatever the boss says.* = to obey orders or rules (informal) नियमों का पालन करना (अनौपचारिक) **toe-hold** noun, c. **1** = a small place on a rock etc. which provides a climber with just enough space on which to put the toe (front part of the foot), so as to climb higher किसी चट्टान आदि पर चढ़ने के लिए पैर रखने की थोड़ी-सी जगह **2** *Chinese computer manufacturers are trying to gain a toe-hold in the Indian market.* = a position from which one can make a further advance 'पैर रखने की जगह' **toe-nail** noun, c. = the nail covering the end of a toe (see pic under **foot**) पैर की उँगली का नाखून (**foot** के अंतर्गत चित्र देखें)

tof•fee /'tɒfi/ /'टॉफ़ी/ noun, u. or c. = a kind of hard and sticky sweet made by boiling sugar and butter with water टॉफ़ी

to•fu /'təʊfu:/ /'टउफ़ू/ noun, u. = a kind of solid food made from soya beans, popular in Chinese cooking (also **bean curd**) 'टोफ़ू', एक चीनी भोज्य पदार्थ (देखें **bean curd**)

to•ga /'təʊgə/ /'टउगा/ noun, c. = a piece of cloth hanging loosely from the shoulders, worn by men in ancient Rome चोगा जो प्राचीन रोम में लोग पहनते थे

to•geth•er /tə'geðə^r/ /ट'गेद़^र/ adv. **1** *My wife and I went to the cinema together.* = with each other एक साथ **2** *The boys shouted 'We want a holiday!' together.* = at the same time एक समय **3** *The electrician joined the two pieces of wire together.* = so as to form a single object or group एक साथ **4** *The old boys of the school come together in December each year.* = in the same place एक ही जगह **5** *You must repay the loan together with the interest.* = and also साथ ही

tog•gle /'tɒgəl/ /'टॉग्ल्/ noun, c. = a button or key on a computer which is used as a switch, to turn something on or off [COMPUTERS] कंप्यूटर को चालू या बंद करने का बटन

togs /tɒgʒ/ /टॉग्ज़्/ noun, c. (always plural) *Put on your togs. We are going to a party.* = clothes (informal) (केवल बहुवचन में प्रयुक्त) कपड़े (अनौपचारिक)

toil[1] /tɔɪl/ /टॉइल्/ verb, i. **1** *My father toiled hard to build this house.* = to work hard for a long time (literary) कठिन परिश्रम करना (साहित्यिक) **2** *The pilgrims going to Amarnath toiled up the mountain slowly.* = to move slowly, with great effort धीरे-धीरे आगे बढ़ना

toil[2] noun, u. *We managed to lift the cement slab after a great deal of toil.* = hard work (literary) कठिन परिश्रम (साहित्यिक)

toi•let /'tɔɪlɪt/ /'टॉइलिट्/ noun, c. or u. **1** *We have to fit a new toilet in the bathroom.*(c.) = a kind of seat having the shape of a bowl, fitted to a pipe, on which one can sit while getting rid of waste matter from the body (also **commode**) 'कमोड' (मल-मूत्र त्याग के लिए) शौचालय में लगा पात्र **2** *This house has three toilets.*(c.) = a room which contains a toilet (see meaning **1**) (also **lavatory** or **bath-room**) शौचालय, प्रसाधन-कक्ष (देखें **lavatory** या **bath-room**) **3** *The lady has not completed her toilet yet.*(u.) = the act of washing up and dressing (old-fashioned) प्रसाधन (पुराने प्रचलन का) **toilet-paper** noun, u. = thin and soft paper which is used to clean oneself after passing out waste matter from the body (also **toilet tissue**) शौच का कागज़ (देखें **toilet tissue**) **toilet-trained** adj. *The child has not been toilet-trained. He still uses the floor to pass urine.* = a child who has not learnt when and how to use a toilet (see meaning **1**) शौच जाने का प्रशिक्षण (छोटे बच्चों के संदर्भ में)

toi•let•ries /'tɔɪlɪtriz/ /'टॉइलिट्रीज़्/ noun, u.(always plural) = things that are used to clean and dress oneself e.g. soap, tooth-paste, hair-oil etc. (केवल बहुवचन में प्रयुक्त) प्रसाधन सामग्री

to•ken[1] /'təʊkən/ /'टउकन्/ noun, u. or c. **1** *When there is a death in the family, people wear white clothes as a token of their grief.*(u.) = an action or an object which represents (shows) a certain feeling प्रतीक **2** *a bank token*(c.) = a small piece of metal given to a person who wants to take some money out of his/her account in a bank, which is later exchanged for money (बैंक) 'टोकन'

token[2] adj. *The workers went on a token strike for one day.* = having little practical effect, but done to express a certain feeling सांकेतिक

told /təʊld/ /टउल्ड्/ verb, t. = past tense of **tell** 'tell' (कहना बतलाना) क्रिया का भूतकालिक रूप

tol•e•rance /'tɒlərəns/ /'टॉलरन्स्/ noun, u. **1** *In a democracy, people are free to express their opinions. There is a lot of tolerance on the part of the government.* = willingness to accept beliefs or behaviour that one does not like or does not agree with (also **toleration**) उदारता, सहनशीलता, सहिष्णुता (देखें **toleration**) **2** *When I went to Darjeeling last month I caught cold and fell ill. I have very little tolerance to cold.* = the ability to bear pain or discomfort without being harmed असुविधा या पीड़ा की सहनशीलता **3** *The parts used in the engine of a jet plane are made to a tolerance of 0.001 mm.* = the amount by which the measurement of an object is allowed to be more or less than the correct measurement [TECHNICAL] सही माप से कम या ज़्यादा की स्वीकृति [तकनीकी] **tolerate** /'tɒləreɪt/ /'टॉलरेइट्/ verb, t. **1** *The manager of the office hates the smell of tobacco, but he tolerates our smoking in the office.* = to allow someone to have beliefs that one does not agree with or to behave in a way that one does not like बरदाश्त करना, सहन करना **2** *The woman was in pain, but she still looked cheerful. She can tolerate a lot of pain.* = to suffer pain or discomfort without complaining झेल सकना **tolerable** adj. *The quality of the food in this restaurant is only tolerable, not very good.* = acceptable, though not very good ठीक-ठाक (बहुत अच्छा नहीं) **toleration** /tɒlə'reɪʃən/ /टॉलरेइशन्/noun, u. (see **tolerance** meaning **1**) बरदाश्त करने की शक्ति, उदारता

toll[1] /təʊl/ /टउल्/ verb, t. or i. *The church bells are tolling in honour of those who died in the war.*(i.) = to ring a bell slowly and repeatedly (formal, literary) धीरे-धीरे घंटा बजना या बजाना (औपचारिक, साहित्यिक)

toll[2] noun, u. or c. **1** *The drivers of cars using these highways have to pay toll.*(c.) = a tax paid for using a road, bridge etc. मार्ग शुल्क, कर **2** *The death toll in this railway accident is more than 100.*(u.) = the suffering, loss or damage caused by an accident, disease etc. परिमाण **toll-booth** /'təʊlbu:θ/ /'टउलबूथ़/ noun, c. = a place by the side of a road where toll (tax) is collected from the people using a road महसूल-घर, चुंगी-घर **toll-free** adj. *You can make a toll-free call*

T

to this number. = a telephone call for which money is not charged शुल्क-मुक्त **toll-gate** noun, c. = a gate, built across a road, at which people have to stop to pay toll चुंगी फाटक

tom•a•hawk /'tɒməhɔːk/ /'टॉमहॉऽक्/ noun, c. = a light axe used as a weapon, in former times, by people belonging to the Red Indian tribes in North America (see **Red-Indians**) कुल्हाड़ी के जैसा हथियार जिसका पुराने ज़माने में उत्तरी अमेरिका के रेड इंडियन कबीलों के लोग इस्तेमाल करते थे

to•ma•to /tə'mɑːtəʊ/ or /to'meɪtoʊ/ /ट'माऽउ/ या /टो'मेइटउ/ noun = a soft fleshy fruit, red when ripe, and generally eaten as a vegetable टमाटर

tomb /tuːm/ /टूम्/ noun, c. *The Taj Mahal is a tomb built by the emperor Shah Jehan for his wife, Mumtaz Mahal.* = a large, decorative building built over the place where a dead body is buried मकबरा

tom•bo•la /tɒm'bəʊlə/ /टॉम्'बउल/ noun, c. = a game in which numbered tickets are bought and small prizes may be won if numbers on the tickets are the same as the ones called out 'तम्बोला' खेल जिसमें नंबर वाले टिकट खरीदे जाते हैं और छोटे-छोटे इनाम जीते जाते हैं

tom-boy /'tɒmbɔɪ/ /'टॉम्बॉइ/ noun, c. = a girl who acts and dresses like a boy (often derogatory) लड़कों जैसे हाव-भाव और वेशभूषा वाली लड़की (प्रायः अनादरपूर्ण) **tom cat** noun, c. = a male cat बिल्ला, बिलाव **tomfoolery** /tɒm'fuːləri/ /टॉम्'फ़ूलरी/ noun, u. *The teacher told the boys to stop their tomfoolery and return to their studies.* = playful and often foolish behaviour मनोरंजन हेतु मूर्खतापूर्ण आचरण **tom-tom** noun, c. = a long, narrow drum लंबा पतला ढोल

tommy gun /'tɒmi gʌn/ /'टॉमीगॅन्/ noun, c. = a kind of light machine-gun 'टॉमीगन', एक हल्की मशीनगन

to•mor•row[1] /tə'mɒrəʊ/ /ट'मॉरउ/ noun, u. *Today is the 17 February. Tomorrow is the 18.* = the day which follows today (आनेवाला) कल

tomorrow[2] adv. *He is coming here tomorrow.* = on the day following today कल (अगला दिन)

ton /tʌn/ /टॅन्/ noun, c. **1** = a unit of weight, equal to 2800 pounds, or 0.9 tonnes (see also **tonne**) टन (तोल की इकाई) **2** *Jayasuriya scored a ton in this match.* = 100 (informal) सौ रन, शतक (अनौपचारिक) **tonnage** noun, u. *Indian shipping companies are growing in size, and India's tonnage is rapidly increasing.* = the total number of ships belonging to a country [TECHNICAL] किसी देश के समुद्री जहाज़ों की संख्या [तकनीकी]

tone /təʊn/ /टउन्/ noun, u. or c. **1** *The tone of his voice showed that his feelings had been hurt.*(u.) = a quality in the voice which expresses the speaker's feelings or a particular meaning लहज़ा, स्वर **2** *The sarod is a musical instrument with a rich tone.*(u.) = the quality of a musical sound संगीत स्वर-शैली **3** *Even though she was smiling, the tone of her actions suggested that she was angry.*(u.). = the general mood or feeling भाव **4** *She loves light colours. Most of her saris are in different tones of pink.*(c.) = a variety of a particular colour रंगत, 'शेड' **5** *The muscles of your body have lost their tone. You need more exercise.*(u.) = firmness (of muscles) कसाव, मज़बूती (मांसपेशियों की) **tonal** adj. *Her voice has a rich tonal quality.* = having to do with tone (the musical quality of a sound) स्वर-संबंधी **tone-deaf** adj. *a tone-deaf person* = one who is unable to tell the difference between different musical sounds स्वरों की पहचान न पानेवाला, तान बधिर **tone language** noun, c. = a language in which a word can have different meanings when spoken with a different tone (that is, with a rise or fall in the level of the voice) e.g. Chinese तान-प्रधान भाषा

to tone down (something) *This letter to your father is very disrespectful. You must tone it down so that he does not feel hurt.* = to reduce the forcefulness of something भाव हल्का करना, मंद करना **to tone up** (something) *Exercise will tone up your body.* = to make something healthier or stronger स्वस्थ और मज़बूत बनाना

tongs /tɒŋz/ /टॉङ्ज़्/ noun, c. (always plural, often used with 'a pair of') = a tool used to hold or lift something, consisting of a pair of movable arms joined together (see pic under **laboratory equipment**) चिमटा, सँड़सा (**laboratory equipment** के अंतर्गत चित्र देखें)

tongue /tʌŋ/ /टॅङ्/ noun, c. or u. **1** *The doctor asked me to put out my tongue so that he could examine it.*(c.) = the movable, fleshy part inside the mouth, which plays an important part in tasting food as well as in speaking जीभ **2** *Sanskrit is a classical tongue, not spoken by many people now.*(u.) = language (formal, literary) भाषा (औपचारिक, साहित्यिक) **3** *He has a sharp tongue.*(u.) = style of speaking बोलने की शैली **4** *the tongue of a shoe*(c.) = a piece of leather, in the shape of the tongue, that lies under the lace in a shoe जूते के भीतर जीभ के आकार का चमड़े का टुकड़ा **tongue-tied** adj. *We became tongue-tied when we saw our teacher on the train.* = unable to speak freely अवाक, चुप, मौन **tongue-twister** noun, c. *The sentence 'She sells sea-shells by the seashore' is a tongue twister.* = a word or sentence that is difficult to pronounce, specially when spoken quickly, which someone may be asked to say as a game बोलने में कठिन शब्द-क्रम अथवा वाक्य समूह जिसे जल्दी-जल्दी बोलने पर ध्वनियाँ उलट-पलट जाती हैं

to speak tongue in cheek = to say something without meaning it seriously व्यंग्य से, मज़ाक में कहना **to speak with a forked tongue** = to tell lies or to say two clearly opposite things at the same time in order to trick or deceive झूठ बोलना, दो विपरीत बातें कहना **silver tongue** = the ability to use a language beautifully भाषा का सुंदर प्रयोग

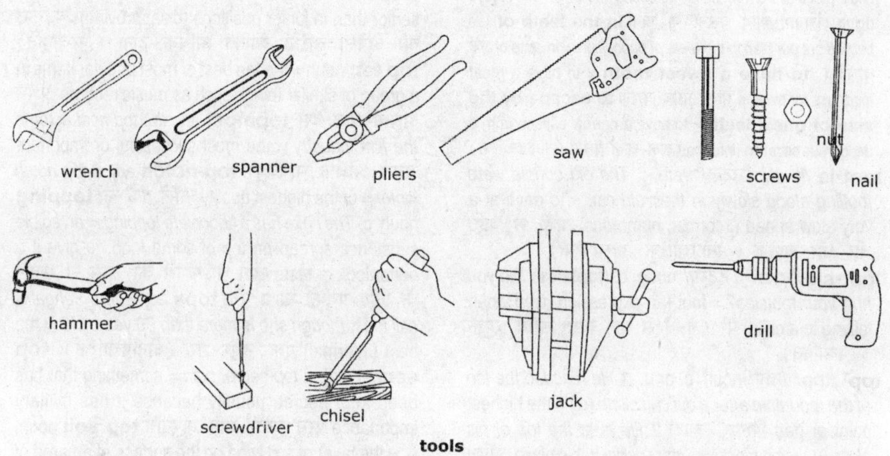

tools

करने का कौशल **a slip of the tongue** = an unintended mistake made while speaking लापरवाही से हुई बोलने की गलती

ton•ic /'tɒnɪk/ /'टॉनिक/ noun, c. *The doctor has asked me to take some tonic containing Vitamin B.* = something that is taken to improve one's health शक्तिवर्धक

to•night /tə'naɪt/ /ट'नाइट/ adv. *We are expecting a guest tonight.* = this night आज रात

tonn•age see **ton** देखें **ton**

tonne /tʌn/ /टॅन/ noun = a unit of weight equal to 1000 kilograms (see also **ton**) टन (तोल की इकाई)

ton•sil /'tɒnsəl/ /'टॉन्स्ल्/ noun, c. (usually plural form **tonsils**) *The doctor is going to remove my tonsils.* = the two small, soft pieces of flesh at the back of the mouth 'टॉन्सिल', गलतुंडिका **tonsilitis** /tɒnsɪ'laɪtɪs/ /टॉन्सि'लाइटिस/ noun, u. = infection of the tonsils causing pain and swelling [MEDICINE] तुंडिका-शोथ [चिकित्सा] **tonsillectomy** noun, u. = an operation done to remove the tonsils टॉन्सिल का आपरेशन

ton•sure /'tɒnʃəʳ/ /'टॉन्शर/ noun, u. = a religious ceremony during which all the hair on the head is removed मुंडन प्रथा

too /tu:/ /टू/ adv. **1** *I am going to Delhi and Avinash is going too.* = also भी **2** *The food is too hot. I can't eat it.* = more than is necessary or good बहुत ज़्यादा **3** *You are really too kind.* = very बहुत

took /tʊk/ /टुक/ verb, t. = past tense of **take** 'take' (= लेना) क्रिया का भूतकालिक रूप

tool¹ /tu:l/ /टूल/ noun, c. **1** *The mechanic uses a screw-driver, spanner and other tools to repair cars.* = an instrument that is held in the hand and used for doing special jobs, such as repairing a machine उपकरण, औज़ार **2** *She became a tool for their dishonest plans.* = someone who is used by someone else for his/her own advantage (derogatory) मुहरा (अनादरपूर्ण)

tool² verb, t. **1** *These shoes are tooled by hand.* = to make something by hand, using tools हाथ से बनाना **2** *We were tooling along at 80 kilometres an hour in our car.* = to drive (informal) गाड़ी से चलना, हाँकना (अनौपचारिक)

toot¹ /tu:t/ /टूट्/ verb, t. *The driver of the car tooted his horn to warn people to move out of the way.* = to make a warning sound on a horn (informal) भोंपू बजाना (अनौपचारिक)

toot² noun, c. *He sounded a toot on the car's horn.* = the sound made by a horn भोंपू की आवाज़

tooth /tu:θ/ /टूथ्/ noun, c. (**teeth**) **1** *A baby gets its first tooth at about the age of six months.* = one of the hard, white objects in the mouth that grows from the upper and lower jaws, and is used for biting or chewing food दाँत, दंत **2** *The teeth of a comb* = one of the narrow, pointed parts that stands out from a comb दाँता **toothache** noun, u. or c.= pain in a tooth दाँत का दर्द **toothpick** noun, c. = a short, thin piece of wood or plastic used for removing pieces of food from between the teeth, specially after a meal (दाँत) कुरेदनी **toothpowder** noun, u. = a powder used for cleaning the teeth दंत-मंजन **toothsome** adj. *a toothsome chicken curry* = having a good taste स्वादिष्ट, ज़ायकेदार **toothy** adj. *a toothy smile* = showing a lot of teeth (when smiling) दाँत दिखाना (हँसते हुए)

to fight tooth and nail = to try to do something with great determination (informal) जी-जान लगा देना (अनौपचारिक) **to be long in the tooth** = to become old (informal, not respectful) पुराना पड़ना (अनौपचारिक, आदरपूर्ण

नहीं) **to get (sink) one's teeth into something** = to find a piece of work which is interesting and which one enjoys doing रुचिकर कार्य करना या पाना **in the teeth of** *We carried out our plan in the teeth of opposition.* = in spite of के बावजूद **to have a sweet tooth** = to have a great fondness for sweets मीठा पसंद करना **to escape by the skin of one's teeth** = to have a narrow escape from a dangerous situation (informal) बाल-बाल बचना (अनौपचारिक)

toot•le /ˈtuːtl/ /ˈटूट्ल्/ verb, i. *The old couple were tootling along slowly in their old car.* = to drive at a very slow speed (informal, humorous) गाड़ी में बहुत धीरे-धीरे चलना (अनौपचारिक, हास्यपरक)

toot•sie /ˈtʊtsi/ /ˈटुट्सी/ noun, c. (**tootsies**) *Did you hurt your tootsies?* = foot (an expression used when talking to a child) पैर (बच्चे से बात करते समय प्रयुक्त अभिव्यक्ति)

top¹ /tɒp/ /टॉप्/ noun, c. or u. **1** *He reached the top of the mountain after a difficult climb.*(c.) = the highest point or part शिखर, चोटी **2** *He is at the top of his class.*(u.) = the most important or desirable place वांछित स्थान, सबसे ऊपर **3** *The bottle has a screw top.*(c.) = a lid or cover for a container ढक्कन **4** *She wore a blue skirt and a pink top.*(c.) = a garment worn on the upper part of the body, specially by a girl or woman ऊपरी वस्त्र **5** *The child was playing with a large wooden top.*(c.) = a child's toy which can be made to spin (turn round and round) very fast लट्टू

top² adj. **1** *He lives on the top floor.* = the highest ऊपरी, सबसे ऊपर का **2** *She is the top student in the class.* = the best सर्वश्रेष्ठ

top³ verb, t. (**topped**) **1** *She has topped the list of successful candidates.* = to be the best or most successful सर्वप्रथम आना **2** *My uncle promised me an ice cream if I finished my homework by 6 p.m. My father topped the offer and promised to buy me a book and a cricket bat.* = to do better than someone else से बढ़कर करना **3** *The ice-cream was topped with a red cherry.* = to form the top part of something ऊपर लगाना **top brass** noun, u. *You will find the top brass of the Indian army watching the Republic Day parade.* = the people in the highest positions, specially in the army सर्वोच्च पद के अधिकारी **top coat** noun, c. = an overcoat (warm coat worn over other clothes) सब कपड़ों के ऊपर पहना जाने वाला कोट या ओवरकोट **top dog** noun *He is top dog in the company.* = the person in the most important position (informal) सबसे अधिक महत्त्वपूर्ण पद का व्यक्ति (अनौपचारिक) **top flight** adj. *a top-flight public school* = of the highest quality सर्वोत्तम, उच्च कोटि का **top heavy** adj. **1** *The bus toppled over because there is too much luggage piled on top. It is top heavy.* = not properly balanced because of too much weight at the top ऊपर अत्यधिक भार के कारण असंतुलित **2** *There are 5 senior professors in the English Department but no junior lecturers. The department is top heavy.* = having more people in senior than in junior positions (disapproving) कनिष्ठ की अपेक्षा वरिष्ठ व्यक्ति अधिक होना (अस्वीकृत) **top ten** noun = the ten best or most popular items in a group of similar things such as music records प्रथम अथवा श्रेष्ठ दस **topmost** adj. *the topmost actor in the film industry* = the most successful or important सबसे अधिक महत्त्वपूर्ण **top-notch** adj. *a top-notch writer* = of the highest quality पहले दर्जे का **topping** noun, c. *The cake has a chocolate topping.* = an edible substance spread on top of some food, to give it a better look or taste खाने के पदार्थ को ऊपर से सजाने के लिए प्रयुक्त खाद्य परत **tops** adj. *Zohra Sehgal is still tops, though she is more than 90 years old.* = the best (informal) एक नंबर पर (अनौपचारिक) **top secret** adj. *a top-secret plan* = something that has been kept secret, usually because it has military importance परम गुप्त, अति गोपनीय **top soil** noun, u. = the layer of soil lying on the surface of an area of land, in which small plants have their roots ऊपरी मिट्टी **top spin** noun, u. **1** = a shot hit (in the game of tennis or table-tennis) with the racket or bat held at an angle, so that the ball is made to spin forward in the air (टेनिस/टेबल टेनिस के खेल में) ऐसा 'शॉट' जिससे गेंद हवा में स्पिन करे **2** = a ball bowled (in cricket) in such a way that it spins forward through the air हवा में स्पिन करती गेंद

top off *We topped off a wonderful evening at the cinema with a meal in a good restaurant.* = to bring something to a successful end (informal) सफलतापूर्वक पूरा करना (अनौपचारिक) **top up** *Let us fill 10 litres of petrol in the car's tank and top it up.* = to make a partly empty container (of some liquid) full तरल पदार्थ

topaz /ˈtəʊpæz/ /ˈटउपैज़्/ noun = a semi-precious stone having a yellow colour पुखराज रत्न

to•pi•a•ry /ˈtəʊpjri/ /ˈटउप्यरी/ noun, u. = the art of cutting bushes into the shape of animals etc. [TECHNICAL] झाड़ियों को भिन्न-भिन्न आकारों में काटने की कला [तकनीकी]

top•ic /ˈtɒpɪk/ /ˈटॉपिक्/ noun, c. *He is going to speak on the topic of political equality for women.* = a subject for a talk or a piece of writing विषय **topical** adj. *A book on wild life is of great topical interest now.* = being of interest at the present time प्रासंगिक

to•pog•ra•phy /təˈpɒgrəfi/ /टˈपॉग्रफ़ी/ noun, u. *The government is surveying the topography of the coastal areas in order to prepare a new map.* = the shape of the surface (hills, valleys, plains etc.) of an area of land स्थलाकृति विज्ञान

top•ple /ˈtɒpəl/ /ˈटॉप्ल्/ verb, i. **1** *It is dangerous for a bus to have too many people in it as it might topple over.* = to roll over or fall because of being unsteady

पड़ना, लुढ़क जाना, पलट जाना **2** *This government is likely to topple soon.* = to fall or be defeated (referring to a government in power) गिरना (सरकार के संदर्भ में)

top•sy-tur•vy /tɒpsi-'tɜːvi/ /टॉप्सी-'टऽवी/ adj. = in a state of confusion or disorder अस्त-व्यस्त, तितर-बितर

torch[1] /tɔːtʃ/ /टॉऽच्/ noun, c. **1** *an electric torch* = a simple machine that gives out light (see pic under **lights**) टार्च (**lights** के अंतर्गत चित्र देखें) **2** *the Olympic torch* = a mass of burning material tied to a stick and carried in the hand to give light ओलंपिक मशाल

torch[2] verb, t *The robbers torched the huts in the village after they had robbed the villagers.* = to set fire to something आग लगा देना

to•re•a•dor /'tɒriədɔː'/ /'टॉरिअडॉऽ'/ noun, c. = a man who fights against bulls, in the sport of **bull-fighting** साँड़ से लड़ने वाला

tor•ment[1] /tɔː'ment/ /टाऽ'मेन्ट्/ verb, t. *tormented by hunger* = to cause great suffering of the body or mind (formal)यातना देना, परेशान करना (औपचारिक)

torment[2] noun, u. *We are in great torment because of the floods.* = suffering यातना, यंत्रणा

torn /tɔːn/ /टॉऽन्/ adj. (past participle of **tear**) *Your shirt is torn. Did it get caught on a nail?* = damaged or cut फटा या कटा हुआ ('**tear**' क्रिया का भूतकालिक कृदंत रूप)

tor•na•do /tɔː'neɪdəʊ/ /टॉऽ'नेइडउ/ noun, c. = a very powerful wind that turns round and round at high speed, causing great damage बवंडर, झंझावात

tor•pe•do /tɔː'piːdəʊ/ /टाऽ'पीडउ/ noun, c. = an explosive weapon fired from a submarine (a fighting ship that can travel under the surface of water), which can strike and blow up an enemy ship 'टॉरपीडो', पनडुब्बी से चलाया जाने वाला विस्फोटक शस्त्र

tor•que /tɔːk/ /टॉऽक्/ noun, u. *The jeep got stuck in the mud, but it was able to come out easily as it has a high-torque engine.* = the force produced by an engine which causes a turning or twisting movement, causing the wheels of a vehicle to rotate [TECHNICAL] वाहन के इंजन की वह शक्ति जिससे पहिये घूमते हैं [तकनीकी]

tor•rent /'tɒrənt/ /'टॉरन्ट्/ noun, c. *When the Ganga flows through the mountains above Hardwar, it is a rushing torrent.* = a powerful and fast-flowing stream of water (literary) प्रचंड धारा, वेगधारा (साहित्यिक)

torrential /tə'renʃəl/ /टॉ'रेन्शल्/ adj. *torrential rain* = like a torrent वेगवान, वेगवती

tor•rid /'tɒrɪd/ /'टॉरिड्/ adj. *In June, the temperature here rises to 42 degrees Celsius. The weather is torrid.* = very hot बहुत गरम

tor•sion /'tɔːʃən/ /'टॉऽशन्/ noun, u. *He twisted his knee while playing football and damaged the knee-joint. It could not take so much torsion.* = the action of twisting something (see also **twist**) मरोड़, ऐंठन (देखें **twist**)

tor•so /'tɔːsəʊ/ /'टॉऽसउ/ noun, u. = the human body, without the head, arms and legs [TECHNICAL] धड़ [तकनीकी]

tort /tɔːt/ /टॉऽट्/ noun, c. = a wrong act which cannot be considered a crime [LAW] अन्याय [कानून]

tor•til•la /tɔː'tiːjə/ /टॉऽ'टीय/ noun, c. = a kind of flat bread which is eaten in Mexico मेक्सिको में खाई जाने वाली एक प्रकार की 'ब्रेड'

tor•toise /'tɔːtəs/ /'टॉऽटस्/ noun, c. = a slow-moving animal that lives on land and has a hard, round shell covering its body (see also **turtle**) कछुआ (देखें **turtle**)

tor•tu•ous /'tɔːtʃuəs/ /'टॉऽचुअस्/ adj. *The car climbed slowly along the tortuous mountain road.* = turning and twisting frequently; full of bends (formal, literary) टेढ़ा-मेढ़ा, चक्करदार (औपचारिक, साहित्यिक)

tor•ture[1] /'tɔːtʃə'/ /'टॉऽचऽ'/ verb, t. *The prisoner told the judge that the police had tortured him by giving him electric shocks.* = to cause great pain or suffering to someone, as a punishment or to force someone to give information यातना देना

torture[2] noun, u. **1** *The police is not allowed to use torture to get information from prisoners.* = the act of torturing someone (causing pain and suffering to get information etc.) (कुछ जानने के लिए दी जानेवाली) यंत्रणा, यातना **2** *It was sheer torture to hear him speak.* = something that causes suffering (humorous) यातना (हास्यपरक)

To•ry /'tɔːri/ /'टॉऽरी/ noun, c. (**Tories**) = a member of the Conservative Party (the political party that favours private industries etc.) in Britain 'टोरी', ब्रिटेन में निजी उद्योगों का पक्षधर राजनीतिक दल (कन्जरवेटिव पार्टी) का सदस्य

toss[1] /tɒs/ /टॉस्/ verb, t. or i. **1** *The children tossed their school-bags away as soon as they reached home after school, and dashed off to play.*(t.)= to throw something carelessly उछालकर फेंकना **2** *I was unable to sleep and tossed about in my bed all night.*(i.) = to move about continuously in a violent manner करवटें बदलना, बेचैन होना **3** *The two captains tossed, and the Indian team was asked to bat first.*(i.) = to decide something by tossing (throwing) a coin up in the air and correctly naming, in advance, the side of the coin which will be on top when it lands सिक्का उछाल कर निर्णय करना

toss[2] noun, c. **1** *The Indian captain won the toss.* = an act of tossing a coin 'टॉस' **2** *He was unable to control the horse and took a toss.* = a fall (घोड़े से) गिर जाना

toss-up noun *Who is going to win the election? Both parties are equally strong, and it will be a toss-up between them.* = an equal contest, the result of which is uncertain काँटे की टक्कर

tot[1] /tɒt/ /टॉट्/ noun, c. **1** *a tiny tot* = child (informal) नन्हा बच्चा (अनौपचारिक) **2** *Give him a tot of rum.* = a

T

small amount of some alcoholic drink शराब की घूँट, थोड़ी-सी (शराब)

tot² verb, t. (**totted**) *We have to tot up the number of votes you got in the election.* = to add up (informal) जोड़, योग करना (अनौपचारिक)

to•tal¹ /ˈtəʊtl/ /ˈटउट्ल्/ noun, c. *The Indian team scored a total of 365 runs.* = a number obtained by adding together a number of separate numbers जोड़, कुल

total² adj. *There was total silence in the room when the Prime Minister got up to speak.* = complete पूर्ण

total³ verb, t. (**totalled**) **1** *Mohini scored 95 in Mathematics, 82 in English and 78 in History. Can you total up her marks?* = to add up different numbers कुल जोड़ **2** *Mohini's marks in Mathematics, English and History totalled 255.* = to reach a number when added up together कुल मिलाकर हो जाना **totality** noun, u. *We have to look at the economy of the country in its totality.* = the whole of something समग्रता, संपूर्णता

to•tal•i•tar•i•an•is•m /təʊtælɪˈteərɪənɪzəm/ /टउटैलिˈटेअरीअनिज़्म्/ noun = a political system in which the state (government) has total power and control over the people सर्वसत्तावाद, सर्वाधिकारवाद **totalitarian** adj. *a totalitarian government* = based on a system of totalitarianism एकदलीय, सर्वाधिकार पर आधारित

to•tem /ˈtəʊtəm/ /ˈटउटम्/ noun, c. = an object (often an animal) which is respected by the members of a tribe or group as a religious symbol or sign [TECHNICAL] धार्मिक प्रतीक के रूप में आदृत चिह्न [तकनीकी]

tot•ter /ˈtɒtəʳ/ /ˈटॉटर/ verb, i. **1** *The man was so drunk that he tottered as he tried to cross the road.* = to walk unsteadily लड़खड़ाना **2** *The government is tottering and will not last very long.* = to become weak and helpless कमज़ोर और असहाय होना

tou•can /ˈtuːkən/ /ˈटूकन्/ noun, c. = a kind of bird, found in America, which has a large beak and brightly-coloured feathers अमेरिका में पाया जाने वाला एक पक्षी जिसकी चोंच लंबी होती है और पंख रंग-बिरंगे होते हैं

touch¹ /tʌtʃ/ /ˈटॅच्/ verb, t or i. **1** *You may look at these paintings from a distance, but you are not allowed to touch them.*(t.)= to bring the fingers in contact with something छूना **2** *They were sitting so close to each other on the train that their knees almost touched.*(i.) = to be in contact with something सटे होना **3** *Thank you for the flowers you sent me. I am so touched.*(i.) = to have a feeling of happiness when one is remembered, or when something is done that shows one is loved or cared for हृदय छू लेना, भावुक हो जाना **4** *He told the story of the wounded tiger with great feeling. No one could fail to be touched.*(i.) = to cause a feeling of pity दया का प्रभाव डालना **5** *Who says I drink? I never touch alcohol!* = to take some drink or food (used in negative sentences only) कभी न लेना या छूना **6** *She sings well, but she can't touch Gangubai Hangal!* = to be equal to someone in some quality (used in negative sentences only) बराबरी करना (केवल नकारार्थक वाक्यों में प्रयुक्त)

touch² noun, u. **1** *Blind people are able to read books by touch.* = the ability to feel, specially with the finger-tips स्पर्श **2** *I felt the touch of a hand on my shoulder.* = an act of touching स्पर्श **3** *He is a good player, but he hasn't won many tournaments this season. He seems to be out of touch.* = a condition in which one can perform well अभ्यास में न होना **4** *His speech was good, but too serious. He should have added a touch of humour.* = a small amount (informal) पुट (अनौपचारिक) **5** *He had a touch of influenza, but he is better now.* = a slight attack of some illness (informal) हल्की-सी बीमारी होना (अनौपचारिक) **touch-and-go** *He had such a severe attack of typhoid that the doctors had given up hope. For a while it was touch-and-go, but then he improved.* = a dangerous or risky situation in which one can die, lose an important opportunity etc. अब-तब की हालत **touch-down** noun = the landing of a flying aircraft on the ground वायुयान का उतरना **touching** adj. *a touching story of human suffering* = causing a feeling of pity मर्मस्पर्शी **touch screen** noun = the screen of a computer monitor which can be operated by touching it [COMPUTERS] स्क्रीन पर स्पर्श द्वारा चलाया जाने वाला कंप्यूटर **touchstone** noun **1** = a kind of stone which was used, in former times, to test the purity of gold, by rubbing a piece of gold against it and examining the colour of the mark left by the gold on the stone कसौटी, सोने की शुद्धता जाँचने का पत्थर **2** *The touchstone of your ability as a writer is the number of readers that your books attract.* = the test or standard by which something can be judged (figurative) कसौटी (लाक्षणिक) **touch-type** verb. = the ability to type, using a type-writer or computer keyboard, without looking at the keyboard बिना की-बोर्ड देखे कंप्यूटर या टाइपराइटर पर टाइप करने की क्षमता **touchy** adj. *He is very touchy if you remind him what a cry-baby he was as a child.* = sensitive; easily upset by something भावुक

to touch on (upon) *He touched on the subject of film music while talking about popular culture.* = to mention something in a talk or a piece of writing without going deeply into it उल्लेख करना, चर्चा करना **to touch off** *A simple argument between friends touched off a deep misunderstanding between the families.* = to cause some unpleasant events पैदा कर देना **to touch up** *I have sent my book to a well-known writer, who has promised to touch it up.* = to improve something by making small changes सुधार करना **to be (get) in touch** = to write to someone or speak to someone often संपर्क में आना **to be in touch with something or someone** = to have the latest information or some subject अद्यतन जानकारी रखना **to lose one's touch** 1 *Wasim scored less than ten runs in his last three matches. He seems to be losing his touch.* = to lose a skill or ability that one had योग्यता कम होना, अभ्यास न रहना 2 *Have you met Rehana recntly? 'No, actually we've lost touch.'* = to be in the position of not having met or communicated with someone for a long time संपर्क में न होना **to not touch something with a barge-pole** *I don't think you should take up that job. I wouldn't touch it with a barge-pole.* = to have such a poor opinion of something that you do not wish to have anything to do with it खराब समझने के कारण दूर रहने का विचार

tou•che /'tu:ʃeɪ/ /'टूशेई/ interjec. (French) *'You claim to be a good writer but no one seems to be buying your books.' 'Touche!'* = an expression used to admit the correctness of something that has just been said (humorous) (फ्रेंच) कही गई बात से सहमति प्रकट करने की अभिव्यक्ति (हास्यपरक)

tough[1] /tʌf/ /टॅफ़्/ adj. 1 *Many farmers are so tough that they can work for 20 hours a day without getting tired.* = strong; able to bear hardship हट्टे-कट्टे ताकतवर 2 *People are of disposing of their garbag way that suits them. Unless we take a tough stand on this things will go out of control.* = determined and bold and unpleasant if necessary कड़ा, सख्त 3 *The bread was so tough that I couldn't chew it.* = hard; difficult to cut or eat सख्त 4 *Unemployment is a tough problem for the government.* = difficult to deal with कठिन 5 *He has had tough luck and has lost a lot of money.* = bad luck (भाग्य) खराब

tough[2] noun, c. *The toughs who live in this neighbourhood keep the people terrorized.* = a criminal or violent person (informal) गुंडा (अनौपचारिक) **toughen** verb, t. *You should allow your son to join the army. Army life will toughen him.* = to make someone tough (strong) सख्त (मज़बूत) बनाना

tou•pee /'tu:peɪ/ /'टूपेइ/ noun, c. = a wig (artificial hair which can be fitted on the head) कृत्रिम बाल, 'विग'

tour[1] /tʊə^r/ /टुअ^र/ noun, c. 1 *The doctor made a tour of the three districts where people are reported to be suffering from malaria.* = a journey made in connection with one's work, during which one usually visits a number of places दौरा 2 *We are planning a holiday tour.* = a journey to several places, for pleasure परिभ्रमण 3 *We were taken on a tour of the museum.* = a short trip around a place of interest सैर

tour[2] verb, t. *The teachers will be touring the western part of the state to see the way schools are run there.* = to go on a tour परिभ्रमण करना, दौरा करना **tourist** noun, c. = a person who visits a place for pleasure or for a holiday पर्यटक **tourism** noun, u. *Singapore earns billions of dollars each year through tourism.* = the business of bringing tourists to a place पर्यटन **tourist class** noun = the cheapest class in which one can travel on an aircraft or ship, usually during the holiday season पर्यटक श्रेणी **touristy** adj. *Rajasthan has many beautiful places, but unfortunately some of them have become rather touristy.* = designed to earn money by attracting tourists (derogatory) पर्यटकों को आकर्षित करके पैसा कमाने वाला (अनादरपूर्ण)

tour-de-force /tʊədə'fɔ:s/ /टुअड'फ़ॉऽस्/ noun, c. (French) *The villain's speech at the climax of the play was a tour-de-force. Everyone in the audience was impressed.* = a performance requiring or made with great skill (फ्रेंच) अत्यंत कुशल प्रदर्शन

tour•na•ment /'tʊənəmənt/ /'टुअनमन्ट्/ noun, c. *the tennis tournament at Wimbledon* = a competition, usually in sports, in which a number of matches are played, and the player or team that wins a match goes on to play the next match खेल प्रतियोगिता **tourney** /'tʊəni/ /'टुअनी/ noun, c. = tournament (old-fashioned) खेल प्रतियोगिता (पुराने प्रचलन का)

tour•ni•quet /'tʊənɪkeɪ/ /'टुअनिकेइ/ noun, c. = a tight bandage put on some part of the body to stop bleeding [TECHNICAL] कसकर बँधी पट्टी, रक्त बंध [तकनीकी]

tou•sled /'taʊzəld/ /'टाउज़ल्ड्/ adj. *a school-boy with tousled hair* = untidy looking अस्त-व्यस्त, बेतरतीब, बिखरे हुए

tout[1] /taʊt/ /टाउट्/ noun, c. *If you visit the market you will run into touts who will try to make you buy things from a particular shop.* = a person who tries to persuade someone, often by using dishonest means, to buy something being sold or offered by someone else (derogatory) दलाल (अनादरपूर्ण)

tout[2] verb, t. *The company uses television to tout its products.* = to advertise in a dishonest manner प्रचारित करना

tow[1] /təʊ/ /'टउ/ verb, t. *When our car broke down on the road it had to be towed by a truck.* = to pull (usually a vehicle, boat or ship) along, using a rope or chain रस्सी या ज़ंजीर बाँधकर खींचना (प्रायः वाहन के संदर्भ में)

tow[2] noun (only singular) *Our car has broken down. Can you give us a tow?* = an act of towing (pulling) (केवल एकवचन में प्रयुक्त) खिंचाई

to•wards /tə'wɔ:dz/ /ट'वॉऽड्ज़्/ prep. 1 *He was going towards the market.* = in the direction of की ओर 2 *He sat with his back towards the speaker.* = facing की ओर 3 *You seem to have changed your attitude towards English.* = in relation to प्रति 4 *I am sending you Rs 500 towards the examination fee.* = for the purpose of meeting a certain expenditure (formal) के लिए (औपचारिक)

T

tow•el /'taʊəl/ /'टाउअल्/ noun, c. = a piece of cloth or paper used to dry something which is wet तौलिया, गमछा **towelling** noun, u. = special cloth used to make towels तौलिया बनाने का कपड़ा

tow•er¹ /'taʊəʳ/ /'टाउअʳ/ noun, c. *the Qutub Minar near Delhi is a tower built hundreds of years ago.* = a very tall and narrow building मीनार

tower² verb, i. **1** *He is so tall that he towers over all the other boys in the class.* = to be much taller or higher than someone or something else दूसरों से बहुत ऊँचा **2** *Rabindranath Tagore towers over other writers of the time.* = to be much better than others (figurative) (दूसरों से) बढ़कर होना (लाक्षणिक) **tower block** noun, c. = a tall building containing a number of flats or apartments अनेक 'फ़्लैटों' वाला भवन **towering** adj. *a towering personality* = very great महान, बहुत ऊँचा

tower of strength = someone or something that one can always depend on for protection, help etc. ज़बरदस्त सहारा, विश्वस्त सहायक

town /taʊn/ /'टाउन्/ noun, c. **1** = an area containing many houses, shops, offices etc. which is smaller than a **city** but larger than a **village** शहर, नगर **2** *I am leaving town for a week.* = the place where one lives or works शहर **3** *I am going to town to do some shopping.* = the main business area in a city नगर-क्षेत्र **town planning** noun = the art and science of planning a new town or city in such a way that people can live and work in it comfortably नगर-योजना **township** noun, c. = an area, usually part of a city, where people live नगर-क्षेत्र

to go to town on something *She felt she had to welcome her old friends, whom she was meeting after years and she really went to town on that.* = to do something with great eagerness, often spending a lot of money (informal) अति उत्साह से कुछ काम करना **to paint the town red** *We have won the World Cup and tonight we plan to paint the town red.* = to celebrate something and enjoy oneself by feasting, dancing etc. समारोह मनाना

tox•in /'tɒksɪn/ /'टॉक्सिन्/ noun, c. *It is dangerous to eat meat which is not fresh as it sometimes contains toxins.* = a poisonous substance formed by bacteria, which may produce disease विषैला पदार्थ **toxic** adj. *The chemical factory should be closed down as it produces toxic wastes.* = poisonous or harmful विषैला, ज़हरीला **toxaemia** /tɒk'si:miə/ /टॉक्'सीमिअ/ noun *If the wound is not treated at once, you may get toxaemia.* = a medical condition in which the blood gets poisoned [MEDICINE] रक्त की विषाक्तता, विषैलापन [चिकित्सा]

tox•i•col•o•gy /'tɒksɪ'kɒlədʒi/ /'टॉक्सि'कॉलजी/ noun = the scientific study of poisons, their effects on the body and their treatment [TECHNICAL] विष-विज्ञान [तकनीकी]

toy¹ /tɔɪ/ /टॉइ/ noun, c. or adj. **1** *a toy bus for a child*(adj.) = an object that a child can play with खिलौना **2** *This new music system is his latest toy.*(noun.) = something that an adult uses to amuse himself/herself खिलौना, मनोरंजन का साधन

toy² verb, t. **1** *I am toying with the idea of starting a bookshop.* = to think about something in not a serious way ऊपरी तौर से दिलचस्पी लेना **2** *If you are serious about marrying her, you should tell her. Don't toy with her emotions.* = to play with someone or something without being serious; to handle someone or something in a careless manner (disapproving) खिलवाड़ करना (अस्वीकृत)

trace¹ /treɪs/ /ट्रेइस्/ verb, t. **1** *The police detectives are trying to trace the criminals who robbed the bank last night.* = to find someone or something by following and examining marks or other evidence पता लगाना, खोज निकालना **2** *He says he can trace his family back to the last Moghul emperor.* = to find the origin of something (the point from which something began) through evidence सबूत की मदद से मूल का पता लगाना **3** *This book traces the development of English education in India.* = to follow the history of something इतिहास वर्णित करना **4** *The girl is tracing the picture of a flower from a book.* = to copy a picture etc. by drawing its outline on **tracing paper** अनुरेखित करना, 'ट्रेस' करना

trace² noun, c. **1** *Historians have found traces of an ancient city which existed here 5000 years ago.* = marks or signs showing the presence of something उपस्थिति का संकेत, चिह्न **2** *There is just a trace of sugar in your urine.* = a very small amount of something अल्प मात्रा **tracing paper** noun, u. = strong transparent paper through which one can see pictures etc. from a book, in order to trace (copy) them अनुरेखण का कागज़ **trace chemical** noun = a chemical which is injected into the arteries of a person so that doctors can follow the path of the blood through the body by watching a picture on a screen [TECHNICAL] चिकित्सा क्षेत्र में प्रयुक्त एक रसायन जो मनुष्य की धमनियों में सुई द्वारा डाला जाता है ताकि चिकित्सक शरीर के भीतर रक्त-प्रवाह का स्क्रीन पर अनुसरण कर सकें [तकनीकी]

tra•che•a /trə'ki:ə/ /ट्र'कीअ/ noun = the wind-pipe (the pipe-like part of the body inside the throat through which air is carried to the lungs) [BIOLOGY] श्वास-नली [जीव विज्ञान]

tra•cho•ma /trə'kəʊmə/ /ट्र'कउम/ noun, u. = a painful disease of the eyes [MEDICINE] एक नेत्र-रोग [चिकित्सा]

track¹ /træk/ /ट्रैक/ noun, c. **1** *a mountain track* = a narrow path or road संकरा रास्ता **2** *The hunters followed the tracks of the wounded leopard through the jungle.*

= the marks left by a moving person, animal or vehicle चिह्न, पदचिह्न **3** *a railway track* = a set of steel rails on which trains run (see also **rail**) रेल-पथ, पटरी (देखें **rail**) **4** *a race track // running track* = an area, usually circular or oval in shape, which is specially prepared for races in which human beings or animals (e.g. horses, dogs) take part दौड़ का स्थान **5** *This audio cassette has five tracks.* = a piece of recorded music on a tape श्रव्य टेप की चक्रपट्टी, 'ट्रैक'

track[2] verb, t. *The hunters tracked the wounded leopard.* = to follow the tracks (marks) left by a moving person, animal etc. चिह्नों पर चलना **track event** noun, c. = an event in a sports competition that is performed on a running track e.g. the 100-metre race दौड़ **trackless** adj. *a trackless desert* = having no roads or paths पथविहीन **track-suit** noun, c. = a set of loose-fitting and warm clothes worn by persons while practising for a sports competition खेल के समय पहना जाने वाला परिधान, ट्रैक-सूट

to be on track *We've solved the problems we had using the computer program and are now on track.* = going ahead in the right direction सही दिशा में चलना **to have a one-track mind** = to follow a single idea or plan and not allow oneself to move away from it एक ही लीक पर चलना **off the beaten track** *No one ever comes to this village as it is off the beaten track.* = far away from the places that people usually visit आम रास्ते से दूर, अलग-थलग

tract /trækt/ /ट्रैक्ट्/ noun, c. **1** *a religious tract* = a short piece of writing, specially on a religious subject पुस्तिका **2** *a barren tract* = a large area of land भूभाग, प्रदेश, इलाका

trac•tion /'trækʃən/ /'ट्रैक्शन्/ noun, u. **1** *Trains were pulled by steam locomotives earlier but now they are pulled by electric locomotives.The railways changed over to electric traction last year.* = the power used to pull a heavy load along a surface कर्षण, संकर्षण शक्ति **2** *Our car got stuck in the sand and was unable to move. The wheels lost traction.* = the force which allows the wheels of a vehicle to grip (hold) the road and pull the vehicle forward [TECHNICAL] संकर्षण-बल जिससे किसी वाहन के चक्के सड़क को पकड़ में लेते हुए आगे बढ़ते हैं [तकनीकी] *The doctor has prescribed traction for her as she has a pain in the back.* = medical treatment requiring the pulling or stretching of the backbone by the use of weights [MEDICINE] संकर्षण, 'ट्रैक्शन' [चिकित्सा]

trac•tor /'træktə^r/ /'ट्रैक्टर्/ noun, c. = a powerful vehicle with large wheels, used to plough the land or to pull heavy loads ट्रैक्टर

trade[1] /treɪd/ /ट्रेड्/ noun, u. or c. **1** *India sells foodgrains to Nepal and buys timber from Nepal. There is a lot of trade between the two countries.*(u.) = the buying and selling or exchanging of goods व्यापार **2** *Thousands of people in Surat work in the diamond-cutting trade.*(c.) = a particular business or industry शिल्प, दस्तकारी, पेशा

trade[2] verb, i. or t. **1** *His family trades in silk saris.*(i.) = to be engaged in some business; to buy and sell something व्यापार करना **2** *I traded my old car for a new one.*(t.) = to exchange (give something away and get something in return) बदलना, एक बेचकर दूसरा खरीदना **trade-in** noun, c. *When I bought a new television set, I gave the dealer my old set as a trade-in.* = something that one gives away in exchange while buying something new, as part of the price that is paid खरीद के बदले में देना **trademark** noun, c. *The trademark of the His Master's Voice company was a dog sitting near an old-fashioned gramophone.* = a particular sign or name which a company uses to sell its products (also **logo**) 'ट्रेड मार्क', मार्का (देखें **logo**) **trade-off** noun, c. *If you leave Nepal and settle in Japan you may earn more money but you will have to give up all your friends. There has to be trade-off.* = a loss of some kind that one must suffer in order to gain something (informal) किसी लाभ के लिए कुछ हानि सहन करना (अनौपचारिक) **trade-price** noun, c. = a lower price charged to someone who buys goods wholesale (in large quantities) थोक-भाव **trader** noun, c. *a trader in children's clothes* = one who buys and sells things व्यापारी **trade route** noun, c. *Vasco da Gama discovered a new trade route between Europe and India.* = a route (path) that is used for purposes of trade व्यापार का रास्ता **tradesman** noun, c. = a person who travels from place to place, selling and buying things (old-fashioned) व्यापारी, दुकानदार (पुराने प्रचलन का) **trade union** noun, c. = a group of people who protect the interests of the workers (e.g. make sure that they are paid the wages due to them etc.) संघ, श्रमिक संघ **trade wind** noun, c. = a strong wind blowing in a particular direction across the sea which drove sailing ships to the countries which they wanted to visit for trade (in former times, when ships were driven by wind) लक्ष्य की ओर धकेलने वाली हवा (समुद्री जहाज़ के संदर्भ में), व्यापारिक पवन

tra•di•tion /trə'dɪʃən/ /ट्र'डिशन्/ noun, u. or c. *For hundreds of years, most of the young men of this village have been serving in the army. The village has a long military tradition.*(u.) = a belief, or a way of thinking or behaving which the people in a particular society or group have been following for a long time परंपरा **traditional** /trə'dɪʃənəl/ /ट्र'डिश्नल्/ adj. *Kathakali is the traditional dance of Kerala.* = (something) which has been commonly practised (done) for a long time पारंपरिक

traf•fic /'træfɪk/ /'ट्रैफ़िक्/ noun, u. **1** *Thousands of cars use this road everyday, but the traffic is specially*

T

heavy in the mornings. = the movement of people, vehicles, etc. along roads यातायात **2** *There is heavy traffic in drugs across the Afghan border.* = illegal trade अवैध व्यापार **traffic jam** noun, c. = a halt in the traffic (movement of vehicles along a road) caused by over-crowding यातायात अवरोध, 'ट्रैफ़िक जाम' **traffic lights** noun (always plural) = a set of red, yellow and green lights used to control the movement of traffic (see pic under **lights**) 'ट्रैफ़िक लाइट', यातायात नियंत्रण की बत्तियाँ (**lights** के अंतर्गत चित्र देखें)

traf•fick•ing /'træfɪkɪŋ/ /'ट्रैफ़िकिङ्/ noun, u. *The police have been ordered to check trafficking in opium.* = illegal trade (buying and selling) अवैध व्यापार (see **traffic** meaning) **2 trafficker** noun, c. = a person who buys and sells things in an illegal way (disapproving) अवैध व्यापार करने वाला (अस्वीकृत)

tra•ge•dy /'trædʒɪdi/ /'ट्रैजिडी/ noun, u. or c. (**tragedies**) **1** *'Romeo and Juliet' is a tragedy.*(c.) = a play (drama) or film that has a sad ending, usually in the death of the main characters त्रासदी **2** *The death of so many people in a bus accident is a great tragedy.* = a very sad or unfortunate event दु:खद घटना, दुर्भाग्यपूर्ण घटना **tragedian** noun, c. *Dilip Kumar became famous as a tragedian.* = an actor who acts in tragedies त्रासद भूमिकाएँ निभानेवाला अभिनेता **tragic** /'trædʒɪk/ /'ट्रैजिक्/ adj. **1** *a tragic accident* = very sad or unfortunate दुखद **2** *tragic circumstances* = connected with death or something very sad कारुणिक, दुखद **tragi-comedy** noun, c. = a drama or film that is very sad in parts but has a happy ending त्रासिक-कामदी, ऐसा नाटक या फ़िल्म जो अंशों में दुखांतक हो पर जिसका अंत सुखदायी हो

trail[1] /treɪl/ /ट्रेइल/ verb, t. or i. **1** *As the woman walked across the room, the end of her sari trailed along the floor.*(i.)= to follow or come after someone or something slowly लुढ़कते या घसीटते पीछे आना **2** *The police trailed the criminals to their hiding place.*(t.) = to follow a person or animal, often in order to capture (catch) or kill, with the help of tracks (marks that can be seen or found) (see **track**[2]) पीछा करना **3** *Holland scored 9 goals, and now Pakistan have scored 7 goals. They are trailing Holland by 2 goals.*(t.) = to be behind someone in a competition प्रतियोगिता में पीछे रहना, पिछड़ना

trail[2] noun, c. **1** *The wounded tiger left a trail of blood across the jungle.*= the marks left behind by a person or animal which can be used to follow it (see also **track**[1] meaning 2) चिह्न **2** *The people walking across the field everyday have created a trail.* = a path created on the ground by the passing of people or animals पगडंडी **3** *The car raced along the village road, leaving a trail of dust.* = a stream of dust or smoke that follows a train, car etc. moving at speed धूल का गुबार **trailer** noun, c. **1** = a vehicle that is pulled by some other vehicle ट्रेलर गाड़ी **2** = a short part of a film shown to attract the audience फ़िल्म की झलकियाँ

train[1] /treɪn/ /ट्रेइन्/ noun, c. **1** *a railway train* = a line of carriages attached to each other रेलगाड़ी **2** *The painter arrived with a train of followers.* = a large number (of people who follow an important person) कारवाँ **3** *You have interrupted the train of my thoughts by singing loudly.* = a chain of related events, thoughts etc. सिलसिला, क्रम

train[2] /treɪn/ /ट्रेइन्/ verb, t. or i. **1** *The Police Academy at Hyderabad trains policeofficers.*(t.) प्रशिक्षण देना **2** *He is training to become a teacher.*(i.) = to prepare someone or oneself for a job or profession by giving or receiving special knowledge or skills प्रशिक्षण लेना या देना **3** *He is training for the Olympics.*(i.) = to strengthen the body through exercise व्यायाम आदि द्वारा स्वयं को मज़बूत बनाना **4** *The policeman trained his gun at the thief.*(t.) = to aim a gun at someone (formal) निशाना लगाना (औपचारिक) **trainee** /treɪ'ni:/ /ट्रेइ'नी/ noun, c. *a trainee police officer* = a person who is being trained प्रशिक्षार्थी **trainer** noun, c. = a person who gives training to others प्रशिक्षक **training college** noun, c. = a college where teachers are trained प्रशिक्षण महाविद्यालय

trait /treɪt/ /ट्रेइट्/ noun, c. *He becomes talkative when he is nervous. This is his worst trait.* = a quality in one's character विशेषता, खूबी

trai•tor /'treɪtə^r/ /'ट्रेइटर्/ noun, c. *These traitors have been giving secret military information to the enemy.* = a person who does something to harm his/her own country or a cause (political belief etc.) देशद्रोही, गद्दार

tra•jec•to•ry /trə'dʒektəri/ /ट्र'जेक्ट्री/ noun, c. (**trajectories**) = the curved path that an object follows when it is flying through the air [TECHNICAL] उड़ान का घुमावदार रास्ता [तकनीकी]

tram /træm/ /ट्रैम्/ noun, c. = a carriage that runs on steel tracks or rails (like a railway train) along the streets of a city ट्राम-गाड़ी **tram-lines** noun (always plural) = the tracks or rails on which a tram runs (केवल बहुवचन में प्रयुक्त) ट्राम-पथ

tramp[1] /træmp/ /ट्रैम्प्/ verb, i. *He was unable to sleep and tramped up and down the corridor all night.* = to walk with heavy steps इधर-उधर चक्कर काटना

tramp[2] noun, c. = a person without a home or job who wanders from place to place (disapproving) मारा-मारा फिरना (अस्वीकृत)

tram•ple /'træmpəl/ /'ट्रैम्पल्/ verb, t. or i. *The herd of wild elephants trampled the rice plants growing in the fields.* (t.)= to step heavily on someone or something, causing damage or injury रौंदना, कुचलना

tram•po•line /'træmpəli:n/ /'ट्रैम्पलीन्/ noun, c. = a sheet of thick canvas stretched tightly across a metal frame, on which a person can jump up and down, as a form of exercise or sport व्यायाम अथवा खेल के लिए कूदने की तिरपाल

trance /trɑːns/ /ट्रान्स्/ noun (only singular) *It is said that the woman goes into a trance every evening and communicates with the spirits of the dead.* = a temporary mental condition in which one is not aware of what is happening or not in control of his/her actions तंद्रा, एक प्रकार की मानसिक स्थिति

tran•quil /'træŋkwɪl/ /'ट्रैंक्विल्/ adj. *The city is crowded and noisy, but life in my village is tranquil.* = quiet and peaceful (literary) शांतिपूर्ण (साहित्यिक) **tranquilize (tranquilise)** /'træŋkwɪlaɪz/ /'ट्रैंक्विलाइज़्/ verb, t. *The tiger in the zoo was ill and had to be treated, but first it had to be tranquilized.* = to make someone (specially a fierce animal) calm by using a drug [TECHNICAL] दवा द्वारा शांत करना [तकनीकी] **tranquilizer (tranquiliser)** noun, c. = a drug or medicine that is used to make a person calm प्रशांतक, शांत करने की दवा

trans- /træns/ /ट्रैन्स्/ prefix meaning 'across' (e.g. a trans-Atlantic flight) 'के पार' का अर्थ देने वाला उपसर्ग **trans-atlantic** /trænzət'læntɪk/ /ट्रैन्ज़ट'लैन्टिक्/ adj. = from one side of the Atlantic Ocean to the other अटलांटिक-पार **trans•con•ti•nen•tal** /trænzkɒntɪ'nentl/ /ट्रैन्ज़कॉन्टि'नेन्ट्ल्/ adj. *We flew to America on a transcontinental flight.* = from one continent to another महाद्वीप-पार

trans•act /træn'zækt/ /ट्रैन्'ज़ैक्ट्/ verb, t. *I am going to Japan as I have some important business to transact.* = to carry out a piece of business (formal) व्यवसाय के संदर्भ में कार्य करना (औपचारिक) **transaction** /træn'zækʃən/ /ट्रैन'ज़ैक्शन्/ noun, c. *a business transaction* = a piece of business in which more than one person takes part व्यापार-संबंधी कार्य संपादन, सौदा, लेन-देन

tran•scend /træn'send/ /ट्रैन्'सेन्ड्/ verb, t. *You should love all human beings, not just those who belong to your family. Your love should transcend all barriers.* = to rise above or to go beyond the limits of something (formal, literary) सीमाओं के पार जाना (औपचारिक, साहित्यिक) **transcendent** /træn'sendənt/ /ट्रैन्'सेन्डन्ट्/ adj. *the transcendent power of music* = rising above or going beyond ordinary limits (literary) सीमाओं से ऊपर उठनेवाला (साहित्यिक) **transcendental** /trænsen'dentl/ /ट्रैन्सेन'डेन्ट्ल्/ adj. *The truths which are revealed through religion are transcendental.* = going beyond human reasoning बुद्धि से परे, तर्क से परे

trans•cribe /træn'skraɪb/ /ट्रैन्'स्क्राइब्/ verb, t. *Kathy will transcribe all that is said at this meeting.* = to copy in writing or to put into written form लिखित रूप में प्रस्तुत करना **transcript** noun, c. *The newspaper published a transcript of the Prime Minister's speech.* = a written or printed copy of a speech प्रतिलिपि **transcription** /træn'skrɪpʃən/ /ट्रैन्'स्क्रिप्शन्/noun, u. or c. **1** (u.) = the act of transcribing (putting something in written form) **2** (c.) = a written form of something that is spoken प्रतिलेखन, प्रतिलिपि

trans•fer[1] /træns'fɜːʳ/ /ट्रैन्स्'फ़ऽʳ/ verb, t. (**transferred**) *The government has transferred several officials from Nagpur to other districts.* = to move from one place or position to another स्थानांतरित करना

transfer[2] noun, u. or c. *I am being sent to Kolkata on transfer.* (u.) = the act of being transferred (sent from one place or position to another) स्थानांतरण, तबादला

trans•fig•ure /træns'fɪgəʳ/ /ट्रैन्स्'फ़िगʳ/ verb, t. *He is a very ordinary person, but when he dances on the stage he is completely transfigured.* = to become completely changed in appearance and look more beautiful (literary) पूरी तरह परिवर्तित रूप (साहित्यिक)

trans•fix /træns'fɪks/ /ट्रैन्स्'फ़िक्स्/ verb, t. *When the powerful headlights of the car fell on the deer, it stood transfixed.* = to become unable to move भौंचक्का खड़े रह जाना

trans•form /træns'fɔːm/ /ट्रैन्स्'फ़ॉऽम्/ verb, t. *In a nuclear reactor, the energy obtained by splitting atoms is transformed into electrical energy.* = to change something from one form into another परिवर्तित कर देना **transformer** noun, c. = a device or machine that changes an electric current from a higher to a lower, or a lower to a higher voltage [TECHNICAL] परिवर्तक, 'ट्रान्स्फ़ॉर्मर' [तकनीकी]

trans•fu•sion /træns'fjuːʒən/ /ट्रैन्स्'फ़्यूज़न्/ noun, c. or u. *a blood transfusion* = the act of putting blood from one person into the body of another person [MEDICINE] एक व्यक्ति का रक्त दूसरे व्यक्ति को चढ़ाया जाना, रक्ताधान

trans•gress /trænz'gres/ /ट्रैन्ज़्'ग्रेस्/ verb, t. *You have transgressed the law by making a false declaration and you will be punished.* = to break a law or rule (formal) कानून अथवा नियम का अतिक्रमण करना, उल्लंघन करना (औपचारिक)

tran•si•ent /'trænziənt/ /'ट्रैन्ज़िअन्ट्/ adj. **1** *transient peace* = lasting for only a short time क्षणिक **2** *Mumbai has a large transient population. Thousands of people come here everday from nearby places and return home after work.* = staying in a place for only a short time (also **transitory**) किसी जगह पर अल्पकाल के लिए ही रहना (देखें **transitory**)

tran•sis•tor /træn'zɪstəʳ/ /'ट्रैन्'ज़िस्टʳ/ noun, c. = a small electrionic device, used in radios, television sets etc. that controls the flow of an electric current [TECHNICAL] 'ट्रांज़िस्टर' [तकनीकी]

tran•sit[1] /'trænsɪt/ /'ट्रैन्सिट्/ noun, u. *I sent my furniture from Ranchi to Kolkata by truck, but a number of things were damaged in transit.* = the process of moving people or goods from one place to another सामान एक से दूसरे स्थान पर ले जाने की प्रक्रिया

T

transit² verb, i. *I am not going to stay long in Bangalore; I am only transiting on my way to Mumbai.* = to pass through a place without staying or stopping there for a long time रास्ते में थोड़ी देर के लिए किसी स्थान पर रुकना **transition** /træn'zɪʃən/ /ट्रैन्'ज़िशन्/ noun, u. *Nepal is passing through a transition. Many of our old customs are changing.* = a period of change परिवर्तन की अवधि

tran•si•tive /'trænsɪtɪv/ /'ट्रैन्सिटिव्/ adj. *In the sentence 'He is reading a novel', the verb 'read' is transitive.* = a verb which is followed by an object [GRAMMAR] सकर्मक [व्याकरण]

tran•si•to•ry /'trænzɪtəri/ /'ट्रैन्ज़िट्री/ adj. = something that will not last long (see **transient**) अस्थायी, अल्पकालिक, गुज़रता हुआ (देखें **transient**)

trans•late /træns'leɪt/ /ट्रैन्स'लेइट्/ verb, t. *Arnold translated 'The Odyssey' from Greek to English.* = to change something, spoken or written, from one language into another अनुवाद करना **translation** noun, u. or c. **1** *I have read 'War and Peace' only in translation.*(u.) = a translated form (in a language different from that of the original) अनुवाद **2** *This is a new translation of the novel 'Devadas'.*(c.) = something that has been translated from one language to another अनुवाद **translator** noun, c. = a person who translates a book from one language into another अनुवादक

trans•lit•e•rate /trænz'lɪtəreɪt/ /ट्रैन्ज़'लिटरेइट्/ verb, t. *The signboards on all the shops were in English but now the government has ordered people to transliterate them into Tamil.* = to change from one script (system of writing) to another (formal) लिप्यंतरण करना (औपचारिक)

trans•lu•cent /trænz'lu:sənt/ /ट्रैन्ज़'लूसन्ट्/ adj. *The glass fitted in the bathroom window is translucent. You can't peep through it.* = something that one cannot see through, although it allows light to pass through it (compare **transparent**) पारभासी, जिसके आर-पार दिखाई न दे (देखें **transparent**)

trans•mi•gra•tion /trænzmaɪ'greɪʃən/ /ट्रैन्ज़माइ'ग्रेइशन्/ noun, u. *transmigration of the soul* = the passing of the soul from one body into another after death (formal) पुनर्जन्म, देहांतरण (औपचारिक)

trans•mit /trænz'mɪt/ /ट्रैन्ज़'मिट्/ verb, t. **1** *The sun transmits light and heat to the earth.* = to give out or send out भेजना, प्रेषित करना **2** *Doordarshan transmits news in all the regional languages.* = to broadcast (send out over radio or television) प्रसारित करना **3** *Mosquitoes transmit malaria.* = to carry (a disease) from one person to another प्रसारित करना **trans-mission** /træz'mɪʃən/ /ट्रैन्ज़'मिशन्/ noun, u. or c. **1** *the transmission of heat* (u.) = the act of transmitting संचारण **2** *a news transmission*(c.) = something that is broadcast प्रसारण **3** *the transmission of a car.* = the parts of a car that carry power from the engine to the wheels [TECHNICAL] वाहन में इंजन से पहियों तक ऊर्जा ले जाने वाले उपकरण [तकनीकी]

trans•mute /trænz'mju:t/ /ट्रैन्ज़'म्यूट्/ verb, t. = to transform (change completely) पूर्णतः परिवर्तित करना

trans•par•ent /træn'spærənt/ /ट्रैन्'स्पैरन्ट्/ adj. *transparent glass* = which one can see through पारदर्शी (compare **translucent**) (देखें **translucent**)

tran•spi•ra•tion /trænspɪ'reɪʃən/ /ट्रैन्स्पि'रेइशन्/ noun, u. = the process by which plants give up excess water through their leaves [BIOLOGY] प्रस्वेदन, पारश्वसन, वनस्पति द्वारा अतिरिक्त जल का निष्कासन [जीव विज्ञान]

trans•pire /træn'spaɪə^r/ /ट्रैन्'स्पाइअ^र/ verb, i. **1** *The prime ministers of the two countries are meeting. Let us see what transpires at this meeting.* = to happen (with some worry about the outcome) (formal) प्रकट होना, घटित होना (औपचारिक) **2** *The doctor said he had examined the patient and found nothing wrong. It later transpired that he had not seen the patient at all.* = to become known (formal) मालूम हो जाना (औपचारिक) **3** = to give up excess water (see **transpiration**) पसीना निकलना (देखें **transpiration**)

trans•plant¹ /træns'plɑ:nt/ /ट्रैन्स्'प्लान्ट्/ verb, t. **1** *The seedlings of rice are transplanted when they are about six weeks old.* = to take a young plant out of the soil and plant it in another place प्रतिरोपित करना, पौधे को एक स्थान से निकालकर दूसरे स्थान पर लगाना **2** *His heart has been transplanted.* = to take an organ (body part) from one person's body and put it in place in the body of another person प्रत्यारोपित करना

transplant² noun, c. **1** *He has undergone a kidney transplant.* = the surgical operation by which an organ is transplanted प्रत्यारोपण **2** *His body has rejected the transplant.* = an organ that has been transplanted प्रत्यारोपित अंग

trans•pond•er /træn'spɒndə^r/ /ट्रैन्'स्पॉन्ड^र/ noun, c. = an electronic device that gives out a radio signal on receiving another signal [TECHNICAL] एक इलेक्ट्रॉनिक उपकरण जो रेडियो-संकेत प्राप्त करता और भेजता है [तकनीकी]

trans•port¹ /'trænspɔ:t/ /'ट्रैन्स्पॉःट्/ verb, t. *Railway wagons transport iron ore from mines to the steel plant in Jamshedpur.* = to carry or move goods or people from one place to another लाना-ले जाना, वहन करना, ढोना

transport² noun, u. **1** *The transport of goods has been stopped as the roads are in poor condition.* = the act of transporting (carrying goods and people) परिवहन **2** *Boats provide the only transport for people living on this island.* = a means by which people or goods can be moved or carried from one place to another (also **transportation**) वाहन (देखें **transportation**)

trans•pose /træn'spəʊz/ /ट्रैन्'स्पउज़्/ verb, t. *When I am typing, the word 'and' often gets transposed to* '*nad*'. = to exchange the positions of two things (putting something in place of another) स्थान बदलना, एक-दूसरे के स्थान पर रखना

trans•verse /trænz'vɜːs/ /ट्रैन्ज़'व़ऽस्/ adj. *Most motor cars now have transverse engines.* = in a position which is at 90 degrees to something else [TECHNICAL] आड़ा, 90° के कोण पर [तकनीकी]

trans•ves•tite /trænz'vestaɪt/ /ट्रैन्ज़'व़ेस्टाइट्/ noun, c. = a man who wears the clothes of a woman and behaves like a woman [TECHNICAL] हिंजड़ा [तकनीकी]

trap[1] /træp/ /ट्रैप्/ noun, c. **1** *a mouse trap* = a device used for capturing (catching) an animal पशुओं को पकड़ने का उपकरण जैसे चूहेदानी **2** *I want to give up this job, but I can't because I need the money. I am trapped.* = a dangerous, difficult or unpleasant situation that one cannot get out of easily फँसे होना

trap[2] verb, t. (**trapped**) **1** *The mouse has been trapped.* = to catch an animal in a trap फँस जाना **2** *It was terrible to be trapped inside the burning building.* = to be caught in a dangerous situation, with no means of escape फँस जाना **3** *The clever lawyer trapped the prisoner into confessing his guilt.* = to trick or deceive someone चालाकी या धोखे से फँसना **trap-door** noun, c. = a small door covering an opening in a roof or floor फ़र्श अथवा छत पर बने खुले स्थान का आवरण **trapper** noun, c. = a person who catches wild animals in traps, usually for their fur शिकारी (पशुओं को पकड़ने वाला)

tra•peze /trə'piːz/ /ट्र'पीज़्/ noun, c. = a piece of equipment used by **acrobats** in a circus, consisting of a short bar hanging from ropes high above the ground, on which a person can swing backwards and forwards कलाबाजी का झूला

tra•pe•zi•um /trə'piːziəm/ /ट्र'पीज़िअम्/ noun, c. = a four-sided geometrical figure in which two of the sides are parallel [GEOMETRY] 'समलंब' [ज्यामिति]

trap•pings /'træpɪŋz/ /'ट्रैपिङ्ज़्/ noun (always plural) *The new minister has acquired all the trappings of power, including a bullet-proof car and a security guard with a machine-gun.* = the things that are a part of a particular job or position and become its outward signs (केवल बहुवचन में प्रयुक्त) किसी पद से जुड़े साज़-सामान जो उसकी पहचान बन गए हैं

trap-shooting noun, u. = a sport in which a person shoots (with a gun) at clay plates thrown up into the air फेंकी गई वस्तु पर बंदूक से हवा में निशाना लगाने का खेल

trash[1] /træʃ/ /ट्रैश्/ noun, u. **1** *The trash from the kitchen should be deposited in the trash-can.* = waste matter (also **garbage**) कचरा, कूड़ा-करकट (देखें **garbage**) **2** *The new film is pure trash. No one wants to see it.* = something of very poor quality रद्दी, घटिया

trash[2] verb, t. *My neighbour drove his new car into a tree and trashed it.* = to damage or destroy something तोड़ देना, नष्ट कर देना **trash-can** noun, c. = a large container into which trash (waste matter) is thrown कूड़ादान **trashy** adj. *He has produced a trashy film-the worst I have ever seen.* = of very poor quality (informal) रद्दी, बेकार (अनौपचारिक)

trau•ma /'trɔːmə/ /'ट्रॉऽम/ noun, u. *She was unable to bear the trauma of her child's accidental death.* = mental shock and pain (formal) [MEDICINE] मानसिक आघात (औपचारिक) [चिकित्सा] **traumatic** /trɔː'mætɪk/ /'ट्रॉऽ'मैटिक्/ adj. *a traumatic experience* = causing trauma (shock) सदमा पहुँचाने वाला **traumatize** /'trɔːmətaɪz/ /'ट्रॉमटाइज़्/ verb, t. *She was traumatized by the death of her son.* = to cause trauma (shock) सदमा पहुँचना

trav•ail /'træveɪl/ /'ट्रैव़ेइल्/ noun, u. (usually plural **travails**) *The teachers have not been paid for a year and their travails have attracted the sympathy of the government.* = the difficulties experienced by someone (literary) परेशानी, पीड़ा (साहित्यिक)

tra•vel[1] /'trævəl/ /'ट्रैव्ल्/ verb, i. (**travelled**) **1** *He is travelling to Kolkata by bus.*(u.) = to make a journey; to go from one place to another, usually at some distance यात्रा करना **2** *The train is travelling at 100 kilometres an hour.* = to move at a certain speed किसी रफ़्तार से दौड़ना या चलना

travel[2] noun, u. or c. **1** *I hate travel.*(u.) = the act of travelling (going from one place to another) यात्रा, सफ़र **2** *Has he told you about his travels in the Himalayas?* = journeys (usually plural) यात्राएँ (आमतौर पर बहुवचन में प्रयुक्त) **travel-agent** noun, c. = a person who makes arrangements for people to travel (by buying tickets for them etc.) यात्रा अभिकर्ता **traveller** noun, c. = a person who goes on a journey or travels to some place यात्री, मुसाफ़िर **traveller's cheque** noun, c. = a cheque (piece of printed paper) that a person can buy from a bank and exchange for money while travelling, so that there is no need to carry a lot of cash (money) 'ट्रैव़लर चेक' **travelogue** /'trævəlɒg/ /'ट्रैवलॉग्/ noun, c. = a book describing a person's travels यात्रा-विवरण, यात्रा-वृत्तांत संग्रह **travel-sickness** noun, u.= the feeling of being unwell (usually wanting to vomit) that some people have when travelling in a vehicle or aircraft किसी वाहन पर सवारी करते समय तबियत खराब होना (मिचली आना)

tra•ver•se /'trævɜːs/ /'ट्रैवऽस्/ verb, t. *He has traversed the entire Himalayan region on foot.* = to move or travel across a large area (formal) भ्रमण करना (औपचारिक)

tra•ves•ty /'trævɪsti/ /'ट्रैविस्टी/ noun, c. (**travesties**) *It would be a travesty of the truth to call him a musician. The sounds he produces when singing are not musical at all.* = something that does not represent or show things as they really are (a misrepresentation); (formal,

T

often humorous) विडंबना, सच्चाई की अवहेलना (औपचारिक, प्राय: हास्यपरक)

trawl /trɔ:l/ /ट्रॉऽल्/ verb, i. *The fishermen are trawling the river.* = to try to catch fish by dragging a net across the bottom of a sea or river [TECHNICAL] जाल फैलाकर मछली पकड़ना [तकनीकी] **trawler** noun, c. = a small ship or boat used by fishermen to catch fish मछली पकड़ने की नौका, 'ट्रॉलर'

tray /treɪ/ /ट्रे/ noun, c. *a tea tray* = a flat piece of metal, plastic or wood, held in the hands and used for carrying small objects such as cups and plates on which food is served 'ट्रे'

treach•er•ous /'tretʃərəs/ /'ट्रेचरस्/ adj. **1** *They are so treacherous that they are sure to deceive you if you trust them.* = unfaithful; not to be trusted धोखेबाज़, विश्वास के योग्य नहीं **2** *treacherous climb* = difficult; dangerous जोखिम भरा, खतरनाक

treachery /'tretʃəri/ /'ट्रेचरी/ noun, u. = the quality of being treacherous (unfaithful) बेईमानी, धोखेबाज़ी

trea•cle /'tri:kəl/ /'ट्रीकल्/ noun, u. = a thick, sticky liquid made from sugar चाशनी, शीरा

tread¹ /tred/ /'ट्रेड्/ verb, i. (**trod, trodden**) *Don't tread on the grass.* = to step on something heavily while walking पैर रखना, कुचलना

tread² noun, c. **1** *We heard the policeman's heavy tread on the verandah.* = the sound of the feet on the ground while walking पदचाप **2** *the treads of a car's tyres* = the pattern of raised lines on the part of a tyre that meets the surface of the road टायर की रेखाएँ, चिह्न **3** = the flat part of a step on which the foot is placed तल **treadmill** noun, c. = an exercise machine which has a moving rubber belt on which one can walk without moving forward व्यायाम करने की एक मशीन जिसमें गतिशील रबर-पट्टी पर चला जाता है **treadmill test** noun, c. = a medical test, using a treadmill, to test the condition of a person's heart हृदय जाँच हेतु किया जाने वाला एक परीक्षण

treadle /'tredl/ /'ट्रेड्ल्/ noun, c. *the treadle of a sewing machine* = a part of a machine that is pressed down with the feet to make the machine work 'ट्रेडिल', पैरों से चलाई जाने वाली सिलाई की मशीन में पैरों से दबाया जाने वाला भाग

trea•son /'tri:zən/ /'ट्रीज़न्/ noun, u. *This man, who has been giving away secret military information to the enemy, will be tried to treason.* = the crime of working against and harming one's own country (see also **traitor**) देशद्रोह, राजद्रोह, गद्दारी (देखें **traitor**) **treasonable** adj. *a treasonable offence* = which can be considered to be treason देशद्रोहात्मक

trea•sure¹ /'treʒəʳ/ /'ट्रेज़र/ noun, u. **1** *The farmer found a pot full of gold coins while he was digging up his fields. No one knows where the treasure came from.* = wealth in the form of gold etc. (सोने का) खज़ाना **2** *The Taj Mahal is considered to be a national treasure.* = something or someone that has of very great value निधि

treasure² verb, t. *I shall always treasure this pen which I received from my father.* = to consider or treat something as precious (valuable) बहुमूल्य समझना **treasurer** = a person who has charge of the money belonging to an organization कोषाध्यक्ष, खजानची **treasure trove** noun, c.= treasure (gold etc.) found hidden somewhere, usually inside the earth, the owner of which is not known गुप्त खजाना **treasury** noun = the place where the money of the government is kept कोषागार

treat¹ /tri:t/ /ट्रीट्/ verb, t. **1** *I treat him with respect because of his age and wisdom.* = to behave towards someone in a certain way, showing a certain kind of feeling व्यवहार करना **2** *You should treat my letter as a warning.* = to consider in a certain way समझना **3** *The doctors are treating my brother for typhoid.* = to try to cure an illness चिकित्सा या इलाज करना **4** *This piece of steel has been chemically treated so that it will not rust.*= to put something through a chemical process संसाधित करना **5** *I treated my friend to a meal at a five-star restaurant.* = to give someone a special present or favour दावत देना

treat² noun, c. **1** *She sings so beautifully that it is a treat to hear her.* = something that gives pleasure आनंददायी **2** *This meal in a restaurant is a birthday treat from me.* = something that someone pays for, as a present for someone else दावत **treatment** noun, u. **1** *I shall never forget the kind treatment I received from you.* = the manner in which someone behaves towards you व्यवहार **2** *The doctor's treatment has cured me of filaria.* = the medical care or help that one receives from a doctor उपचार, चिकित्सा

trea•tise /'tri:tɪs/ /'ट्रीटिस्/ noun, c. *He has written a treatise on the temple architecture of Tamil Nadu.* = a learned book or article written on some subject (formal) शोध-प्रबंध (औपचारिक)

treat•y /'tri:ti/ /'ट्रीटी/ noun, c. (**treaties**) *India and Pakistan signed a treaty at Shimla, under which India returned 90,000 prisoners-of-war to Pakistan.* = an agreement between two countries संधि, संधिपत्र

treb•le¹ /'trebəl/ /'ट्रेबल्/ adj. *I bought this motorcycle for only 5,000 rupees but sold it for 15,000-- treble the amount.* = multiplied by 3; three times as great (old-fashioned) तिगुना (पुराने प्रचलन का)

treble² verb, t. *He offered me 1 lakh for the house but I wanted him to treble the offer to 3 lakhs.* = to make something three times as big तिगुना करना

treble³ noun, c. or u. **1** (c.) = a boy who sings the higher notes in a group of singers उच्च स्वर से गाने वाला **2** (u.) = the higher notes in music (compare **bass**) संगीत में उच्च स्वर (देखें **bass**)

tree /tri:/ /ट्री/ noun, c. **1** = a tall, thick plant that has reached a certain age पेड़, वृक्ष **2** *a tree diagram* = a drawing in which branching lines show how things are related to each other वृक्ष-तालिका **tree-line** noun = the height (on a mountain) beyond which trees will not grow पहाड़ की ऊँचाई की वह सीमा जिसके परे वृक्ष नहीं उगते

seasons ऋतु

summer	autumn	winter	spring
गर्मी, ग्रीष्म	शरत	सर्दी, शिशिर	वसंत

trek[1] /trek/ /ट्रेक्/ noun, c. *We are going on a trek through the Sahyadris.* = a long and difficult journey on foot लंबी एवं दुर्गम यात्रा

trek[2] verb, i. (**trekked**) *We plan to trek through the Sahyadris.* = to go on a trek पहाड़ की लंबी यात्रा करना

trel•lis /'trelɪs/ /'ट्रेलिस्/ noun, c. = a wooden frame used to support a climbing plant ज़ाफरी लताओं को सहारा देकर उठानेवाला लकड़ी का ढाँचा

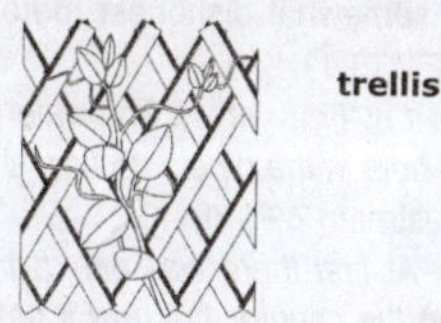

trellis

trem•ble[1] /'trembəl/ /'ट्रेम्बल्/ verb, i. **1** *His hand trembled so much that he was unable to hold a pen.* = to shake in an uncontrollable manner काँपना **2** *The fear of being attacked by robbers makes us tremble.* = to feel great fear or excitement अत्यधिक भय या उत्तेजना होना

tremble[2] noun, c. *We felt a tremble in the earth, beneath our feet.* = an act of trembling (shaking) कंपन

tre•men•dous /trɪ'mendəs/ /ट्रि'मेन्डस्/ adj. *He has tremendous strength in his arms. He can easily lift a 250 kilogram weight.* = very great बहुत अधिक, ज़बरदस्त

trem•o•lo /'tremələʊ/ /'ट्रेमलउ/ noun, u. = a pleasant shaking effect produced by the voice of a singer or the sound of a musical instrument [TECHNICAL] स्वरकंप (संगीत, गायन-संबंधी) [तकनीकी]

trem•or /'tremə^r/ /'ट्रेम^र/ noun, c. **1** *We felt a tremor in the earth and knew that an earthquake was coming.* = a shaking movement of the earth (पृथ्वी का) कंपन **2** *The tremor in his limbs is caused by a nervous disease.* = a shaking movement of the body कंपन **tremulous** /'tremjʊləs/ /'ट्रेम्युलस्/ adj. *'Please don't hurt me!' the child said in a tremulous voice to the robber.* = shaking because of fear or unhappiness (literary) काँपता हुआ, कम्पायमान (साहित्यिक)

trench /trentʃ/ /'ट्रेन्च/ noun, c. (**trenches**) = a long, narrow hole dug into the ground खाई, खंदक **trench-coat** noun, c. = a loose coat made of waterproof material बरसाती

tren•chant /'trenʃənt/ /'ट्रेन्शन्ट्/ adj. *The new film is so bad that it has received trenchant criticism from all reviewers.* = forceful and direct in expressing one's views or opinions कटु, तीक्ष्ण, ज़बरदस्त, ज़ोरदार

trend /trend/ /'ट्रेन्ड्/ noun, u. or c. *These days many women are joining the army or police. This is a new trend.*(c.) = a development or change in a situation or in the way in which people are behaving प्रवृत्ति, चलन **trend-setter** noun, c. *Rabindranath Tagore was a trend-setter in Bangla literature.* = one who begins a new trend (a new development) प्रवर्तक, नई प्रवृत्ति चलाने वाला **trendy** adj. *He always wears trendy clothes.* = in the latest fashion (informal) अत्याधुनिक फ़ैशन का (अनौपचारिक)

trep•i•da•tion /trepɪ'deɪʃən/ /ट्रेपि'डेइशन्/ noun, u. *Usually, I am not nervous before an interview, but this time I faced the interview with great trepidation.* = a state of anxiety, mixed with fear (formal) भयमिश्रित उद्वेग, घबराहट (औपचारिक)

tres•pass[1] /'trespəs/ /'ट्रेस्पस्/ noun, u. *If you enter my property without my permission, I will take you to the court for trespass.* = the act of entering private property without permission [LAW] अतिक्रमण, अनधिकार प्रवेश [कानून]

trespass[2] verb, i. *You have trespassed into my property.* = to commit trespass अतिक्रमण करना, अनाधिकार प्रवेश करना

tress•es /'tresɪz/ /'ट्रेसिज़्/ noun (always plural) *Everyone admired Draupadi's dark tresses.* = a woman's long hair (literary) बाल, केश (साहित्यिक)

tres•tle /'tresəl/ /'ट्रेसल्/ noun, c. = a supporting structure for a wooden table or a bridge पुल या लकड़ी की मेज़ को सहारा देने वाला ढाँचा

tri- /traɪ/ /ट्राइ/ prefix meaning 'three' (e.g. 'tri-cycle') 'तीन' का अर्थ देने वाला उपसर्ग

triad /'traɪæd/ /'ट्राइऐड्/ noun, c. = a group made up of three people त्रिक, त्रयी, त्रय

tri•al /'traɪəl/ /'ट्राइअल्/ noun, u. or c. **1** *The suspected murderer has been put on trial.*(u.) = the judging of a person in a law court मुकदमा **2** *The trial of the new rocket system has ended.*(c.) = a test of a new product, to make sure of its quality परीक्षण **trial-run** noun, c. = an act of testing a new product before it is put to use व्यवहार में लाने से पूर्व नये उत्पाद का परीक्षण

tri•an•gle /'traɪæŋgəl/ /'ट्राइऐङ्ग्ल्/ noun, c. = a geometrical figure with three sides and three angles त्रिकोण **triangular** /traɪ'æŋgjʊlə^r/ /ट्राइ'ऐङ्ग्युल^र/ adj. **1** *a triangular park.* = having the shape of a triangle तिकोना, त्रिकोणीय **2** *a triangular tournament* = in which

T

three people or three teams take part तिकोना, त्रिपक्षीय

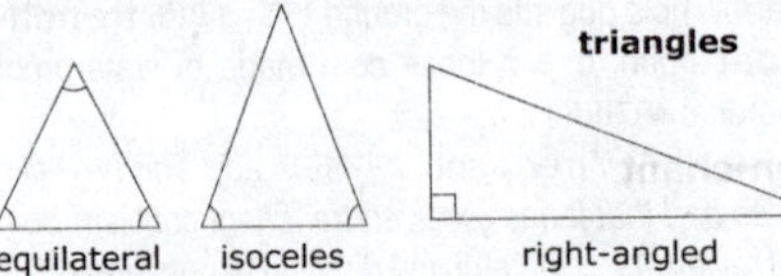

tribe /traɪb/ /ट्राइब्/ noun, c. *a member of the Santhal tribe* = a group of people having common customs and beliefs and a common language, often led by a chief जनजाति **tribal**[1] adj. *tribal customs* = belonging to a tribe जनजातीय **tribal**[2] noun, c. *He is a tribal.* = a member of a tribe (also **tribesman**) जनजाति का सदस्य (देखें **tribesman**) **tribesman** noun, c. = a member of a tribe आदिवासी

trib•u•la•tion /trɪbjʊ'leɪʃən/ /ट्रिब्यु'लेइशन्/ noun, c. or u. *The book describes the trials and tribulations of the first settlers who went to Australia.*(u.) = troubles and suffering (literary) दुःख-तकलीफ़, मुसीबत (साहित्यिक)

tri•bu•nal /traɪ'bju:nəl/ /ट्राइ'ब्यूनल्/ noun, c. *The complaint made by the workers will be examined by the industrial tribunal.* = a court set up by the government to deal with special matters [LAW] न्यायाधिकरण [कानून]

trib•ute /'trɪbju:t/ /'ट्रिब्यूट्/ noun, u. or c. **1** *Several important people paid tribute to Mahatma Gandhi on the occasion of his birth anniversary.*(u.) = something said in praise of someone श्रद्धांजलि **2** *Most of the kings of ancient India paid tribute to Emperor Chandragupta.*(u.) = money paid regularly by the ruler of a kingdom to the ruler of a more powerful kingdom, in former times, as a sign of his/her authority कर, शुल्क, नज़राना **3** *All the children love her even though she scolds them when they misbehave. This is a tribute to her good intentions.*(c.) = a sign of some good quality उत्कृष्टता का प्रमाण

trib•u•ta•ry /'trɪbjʊtəri/ /'ट्रिब्युट्री/ noun, c. (**tributaries**) **1** *The river Gandak is a tributary of the Ganga.* = a river or stream that flows into a larger river सहायक नदी, उपनदी **2** *a tributary state* = a state or country that pays tribute to a more powerful state (see **tribute**, meaning **2**) मांडलिक राज्य, करद राज्य

trice /traɪs/ /ट्राइस्/ noun, u. *Please wait for me. I will be back in a trice.* = a very short time (old-fashioned) तुरंत, झटपट, चुटकी में (पुराने प्रचलन का)

tri•ceps /'traɪseps/ /'ट्राइसेप्स्/ noun (always plural) = the large muscle that runs along the back of the upper arm (compare **biceps**) [BIOLOGY] 'त्रिशिरस्क', ऊपरी भुजा की बड़ी मांसपेशी (देखें **biceps**) [जीव विज्ञान]

trick[1] /trɪk/ /ट्रिक्/ noun, c. **1** *Let me show you a trick. I will make your pen disappear without touching it.* = a set of clever actions, leading to a surprising result, done to entertain people करतब, 'हाथ की सफ़ाई', जादू **2** *He cheated me of a lot of money by playing a trick on me.* = a dishonest plan or action meant to cheat someone (derogatory) चालाकी (अनादरपूर्ण) **3** *People like to play tricks on their friends on April Fool's Day.* = a playful act which may be slightly unpleasant शरारत में तंग करना

trick[2] verb, t. (**tricked**) *He tricked me into giving him a thousand rupees.* = to deceive or cheat someone धोखा देना **trickery** noun, u. *He got a thousand rupees from me by trickery.* = actions which are meant to deceive or cheat (derogatory) धोखा (अनादरपूर्ण) **trick or treat** noun = a kind of game played by children in America, who visit the homes of people during the Halloween festival and ask them for treats (presents), under the threat of playing a trick on them अमेरिकी बच्चों द्वारा खेला जानेवाला एक खेल जिसमें बच्चे लोगों के घर जाकर उपहार माँगते और नहीं देने पर शरारत करने की धमकी देते हैं **tricky** adj. **1** *a tricky problem* = difficult to deal with जटिल, पेचीदा **2** *a tricky person* = very clever and somewhat dishonest (derogatory) चालाक, धूर्त (अनादरपूर्ण)

trick•le[1] /'trɪkəl/ /'ट्रिक्ल्/ verb, i. *The water trickled slowly through a hole in the pipe.* = to flow slowly, in drops or in a thin stream टपकना

trickle[2] noun, c. *At first there was only a trickle of refugees entering the country, but now it has grown into a flood.* = small and slow flow or movement (of a liquid, or people or things) क्षीण धारा, अल्पमात्रा में गति

tri-colour /'trɪkələʳ/ /'ट्रिकलर्/ noun **1** = a flag having three colours तिरंगा **2** *the national tri-colour* = India's national flag तिरंगा, राष्ट्रीय ध्वज

tri•cy•cle /'traɪsɪkəl/ /'ट्राइसिक्ल्/ noun, c. = a carriage with three wheels (usually meant for a child) बच्चों की तीन पहियों की साइकिल

tri•dent /'traɪdənt/ /'ट्राइड्न्ट्/ noun, c. = a weapon consisting of a stick having a metal head with three sharp points त्रिशूल

tried /traɪd/ /ट्राइड्/ verb, i. or t. past tense of **try** 'try' (= कोशिश करना) का भूतकालिक रूप

tri•en•ni•al /traɪ'eniəl/ /ट्राइ'एनिअल्/ adj. *a triennial conference* = happening once in three years त्रैवार्षिक

trier see **try** (देखें **try**)

tri•fle[1] /'traɪfəl/ /'ट्राइफ़ल्/ noun, c. or u. *Does it matter which kind of ice-cream you serve your guests? Don't waste your time over such trifles.*(c.) = something which has no importance or value (literary) छोटी-सी बात (साहित्यिक)

trifle[2] verb, i. *You should never trifle with a king cobra. You will be sorry if you do!* = to treat someone or something without proper seriousness or respect गंभीरतापूर्वक न लेना

trifle[3] adv. *He came to the meeting a trifle late.* = a little थोड़ा **trifling** adj. *You need not return the two rupees which you borrowed from me last night. This is only a trifling amount.* = very small and unimportant हल्का, बहुत छोटा, नगण्य

trig•ger[1] /'trɪgəʳ/ /'ट्रिगर/ noun, c. = a small piece of metal fitted to the lower side of a gun which is pressed to fire the gun बंदूक चलाने का 'घोड़ा'

trigger[2] verb, t. *He spoke angrily to the child who broke his window, and that triggered off a quarrel among the neighbours.* = to start a series of events, usually unpleasant 'चिनगारी बनना', कई अप्रिय घटनाओं, झगड़ा आदि को जन्म देना **trigger-happy** adj. *a trigger-happy police-officer* = too ready or quick to shoot or to react to a situation सहज ही गोली चलाने वाला, स्थिति पर तुरंत कार्रवाई करने वाला

trig•o•nom•e•try /trɪgə'nɒmɪtri/ /ट्रिग'नॉमिट्री/ noun = the branch of mathematics that deals with the relationships between the sides and the angles of triangles गणित की एक शाखा, त्रिकोणमिति

trilin•gu•al /traɪ'lɪŋgwəl/ /ट्राइ'लिङ्ग्वल्/ adj. **1** *a trilingual publication* = in three languages त्रिभाषी **2** *a trilingual person* = knowing three languages तीन भाषाएँ जानने वाला

trill /trɪl/ /ट्रिल्/ noun, c. *the trill of a nightingale* = a musical sound which is repeated a number of times very quickly बार-बार सुनाई पड़नेवाली सुरीली ध्वनि

tril•lion /'trɪljən/ /'ट्रिलियन्/ noun = one million millions; the number 1,000,000,000,000 or 10^{12} दस खरब, एक लाख करोड़

tril•o•gy /'trɪlədʒi/ /'ट्रिलजी/ noun, c. (**trilogies**) = a group of three related books, plays or films नाटकत्रय, ग्रंथत्रय, त्रयी

trim[1] /trɪm/ /ट्रिम्/ verb, t. (**trimmed**) **1** *Your hair is too long. Ask the barber to trim it.* = to make something look more neat by making it shorter or removing the unwanted parts छाँटना, 'ट्रिम' करना **2** *Her dress was trimmed with lace.* = to decorate सजाना

trim[2] noun, u. **1** *Your hair needs a trim.* = the act of trimming (cutting) हल्की कटाई या छँटाई **2** *Our team should win the match. It is in good trim.* = a condition of being fit and ready to do something ठीक-ठाक हालत में होना

trim[3] adj. *He has a trim figure.* = neat in appearance ठीक-ठाक

tri•mes•ter /trɪ'mestəʳ/ /ट्रि'मेस्टर/ noun, c. = one of the three equal parts (of about 3 months) into which a year is divided for purposes of teaching at a school or university त्रैमासिक, तिमाही सत्र

trin•i•ty /'trɪnɪti/ /'ट्रिनिटी/ noun, c. (**trinities**) = a group of three persons त्रिक, त्रयी **Trinity** noun = the three different aspects or qualities of God, in the Hindu religion (Brahma, the Creator; Vishnu, the Preserver and Shiva, the Destroyer) or in Christianity (the Father, the Son and the Holy Ghost) ईश्वर के तीन रूप (हिंदू धर्म में ब्रह्मा, विष्णु, शिव; ईसाई धर्म में 'पिता, पुत्र और पवित्र आत्मा')

trin•ket /'trɪŋkɪt/ /'ट्रिङ्कट्/ noun, c. = a piece of cheap jewellery कोई साधारण-सा, सस्ता गहना

tri•o /'triːəʊ/ /'ट्रीअउ/ noun, c. *trio of fast bowlers* = a group of three people or things त्रिक, त्रयी

trip[1] /trɪp/ /ट्रिप्/ noun, c. **1** *I am going on a trip to Chennai.* = a journey, specially a short one, for pleasure or some special purpose भ्रमण **2** *He is on a trip.* = a dream-like state produced by a drug such as heroin (slang) नशीली दवा के प्रभाव से उत्पन्न स्वप्निल स्थिति (अपभाषा) **3** *a trip of the tongue* = a mistake गलती, चूक

trip[2] verb, i. or t. (**tripped**) **1** *He tripped on the door-mat and almost fell.*(i.) = to catch one's foot on something and lose one's balance ठोकर खाना, लड़खड़ाना **2** *The people who interviewed me tried to trip me up, but I was able to answer all their questions.*(t.) = to try to confuse someone and get him/her to make a mistake फँसाना, भ्रमित करना **3** *The little girl tripped down the stairs.*(i.) = to move quickly, with light steps फुदकना **4** *The electric lights have gone out. The main switch must have tripped.*(i.) = to shut off the flow of electricity by causing a switch to operate (work) 'ट्रिप' होना जिससे विद्युत् प्रवाह रुक जाए **trip-wire** noun, c. = a piece of wire stretched out along the ground, which causes a bomb to explode when someone trips on it (catches his/her foot on it) 'ट्रिप' तार, स्पर्श द्वारा विस्फ़ोट कर देनेवाला तार

tri•par•tite /traɪ'pɑːtaɪt/ /ट्राइ'पाटाइट्/ adj. *a tripartite agreement* = in which three countries, groups or people are taking part त्रिपक्षीय, त्रिदलीय

tripe /traɪp/ /ट्राइप्/ noun, u. **1** *I found him reading 'The Adventures of a Pickpocket.' He shouldn't be reading such tripe.* = writing or talk of extremely poor quality घटिया, रद्दी चीज़ **2** = a meat dish, made by cooking the stomach of a cow or sheep एक मांसाहारी व्यंजन

trip•le[1] /'trɪpəl/ /'ट्रिपल्/ verb, t. *My boss was paying me only Rs 200 a month but now he will pay me Rs 600 a month. He has tripled my salary.* = to make something or to become three times the previous size or quantity तिगुना कर देना

triple[2] adj. *A triple murder has been committed.* = involving (having to do with) three people or things तिहरा **triple jump** noun,c. = a sports event, also known as 'hop, step and jump', in which a competitor has to jump three times तिहरी कूद **triplet** noun, c. = one child out of three children born to a mother at almost the same time तीन जुड़वाँ बच्चों में से एक

trip•li•cate /'trɪplɪkɪt/ /'ट्रिप्लिकिट्/ noun or adj. *You will have to send in your application in triplicate.*(noun) = requiring three copies of the same thing तीन प्रतियों में

T

tri•pod /'traɪpɒd/ /'ट्राइपॉड्/ noun, c. *the tripod of a camera* = a frame with three legs which supports a camera or a gun (see pic under **laboratory equipment**) तिपाई, तीन पैरों वाला 'स्टैंड' (**laboratory equipment** के अंतर्गत चित्र देखें)

tri•pos /'traɪpɒs/ /'ट्राइपॉस्/ noun, u. = the course for the B.A. degree given by Cambridge University in England, for which one has to study three different subjects केंब्रिज यूनिवर्सिटी की बी.ए. डिग्री के लिए तीन विषयों का पाठ्यक्रम

tri•sect /traɪ'sekt/ /ट्राइ'सेक्ट्/ verb, t. = to divide something into three equal parts तीन समान भागों में विभाजित करना

trite /traɪt/ /ट्राइट्/ adj. *The film is about two friends who fall in love with the same girl. It is such a trite theme that everyone found it boring.* = repeated so many times that it is no longer interesting or meaningful (derogatory) घिसा-पिटा (अनादरपूर्ण)

tri•umph[1] /'traɪəmf/ /'ट्राइअम्फ़्/ verb, i. *India triumphed over Australia by defeating them by an innings and 150 runs.* = to gain victory over someone जीतना, विजय प्राप्त करना

triumph[2] noun, u. or c. **1** *The victory of the English team will be remembered as a triumph for Beckham, who scored 3 goals in the match.*(u.) = a great success or victory विजय, बड़ी जीत **2** *The Indian team returned home in triumph after defeating Kenya in all three test matches.*(u.) = the joy or satisfaction caused by winning विजयोल्लास **triumphant** adj. *the triumphant Australian team* = victorious or successful विजयी

tri•um•vir•ate /traɪ'ʌmvɪrɪt/ /ट्राइ'अॅम्व्रिरिट्/ noun, c. = a group of three, specially a group of three powerful people who rule a country त्रिशासन, त्रिशासकत्व, त्रितंत्र (तीन शक्तिशाली व्यक्तियों द्वारा शासित राज्य)

triv•i•a /'trɪviə/ /'ट्रिवीअ/ noun, u. (always plural) *The two leaders sat together discussing the weather and other such trivia.*= unimportant matters or details (formal) (केवल बहुवचन में प्रयुकत) महत्त्वहीन, छोटी-मोटी बातें (औपचारिक)

tri•vi•al /'trɪviəl/ /'ट्रिविअल्/ adj. *Why are you so worried about the colour of the cover for your new book? It's quite a trivial matter.* = unimportant तुच्छ, मामूली, छोटा

trod /trɒd/ /ट्रॉड्/ verb, i. past tense of **tread** 'tread' (= पैर रखना) क्रिया का भूतकालिक रूप

trog•lo•dyte /'trɒglədaɪt/ /'ट्रॉग्लडाइट्/ noun, c. = a cave-dweller (a person who lived in a cave, in very ancient times) कंदरावासी, एकांतवासी

troi•ka /'trɔɪkə/ /'ट्रॉइक/ noun, c. (Russian) **1** = a carriage drawn by three horses तीन घोड़ों की (रूसी) गाड़ी **2** = a group of three powerful people leading a government सरकार चलाने वाले तीन शक्तिशाली व्यक्तियों का समूह

trol•ley /'trɒli/ /'ट्रॉली/ noun, c. *a tea-trolley* = a small cart with two or four wheels ट्रॉली, ठेला **trolley-bus** noun, c. = a bus that is driven by electricity and draws power from an electric wire running above it ट्रॉली बस, विद्युत यान

trom•bone /trɒm'bəʊn/ /ट्रॉम्'बउन्/ noun, c. = a large musical instrument made of brass which is played by blowing air through it (see also **trumpet**) तुरही, भोंपू (देखें **trumpet**)

troop[1] /tru:p/ /ट्रूप्/ noun, c. **1** *a troop of monkeys* = a large group of wild animals or people दल, टोली, फ़ौज **2** *a troop of soldiers* = a group of soldiers, specially those riding on horses or in motor vehicles सैन्य दल, फ़ौजी दस्ता, सैन्य टुकड़ी

troop[2] verb, i. *Several people trooped into the hall when the famous scholar got up to speak.* = to move together in a group दल बाँधकर चलना **troops** noun (always plural) *troops of the country* = soldiers (केवल बहुवचन में प्रयुक्त) सेना **troop-carrier** noun, c. = a ship or large aircraft in which soldiers are sent out to fight सैनिकों को ले जाने वाली गाड़ी अथवा यान (जलयान, वायुयान)

trope /trəʊp/ /ट्रउप्/ noun, c. *When the poet says 'The moon was a ghostly ship, sailing across cloudy seas', he is using a trope.* = a figure of speech (a special use of language in poetry, to create a striking effect) [LITERATURE] एक प्रकार का अलंकार [साहित्य]

tro•phy /'trəʊfi/ /'ट्रउफ़ी/ noun, c. (**trophies**) *The Australian team won the World Cup and brought the silver trophy home.* = a prize given to the winner of a competition विजय-चिह्न, विजयोपहार, 'ट्रॉफ़ी'

tro•pic /'trɒpɪk/ /'ट्रॉपिक्/ noun, c. *the tropic of Cancer* = one of the two imaginary lines drawn around the earth, north and south of the equator, and at equal distances from it [GEOGRAPHY] (see pic under **earth**) कर्क रेखा [भूगोल] (**earth** के अंतर्गत चित्र देखें) **tropical** adj. *a tropical climate* = found in the tropics (the areas or countries that lie not too far fom the equator) उष्णकटिबंधीय **tropics** noun (always plural) *Mango trees are found only in the tropics.* = the warm countries on both sides of the equator, between the two tropics (केवल बहुवचन में प्रयुकत) उष्णकटिबंधीय देश

trot[1] /trɒt/ /ट्रॉट्/ verb, i. or t. (**trotted**) **1** *The horse trotted along the road.*(i.)= to move at a speed which is not too fast and not too slow, between a walk and a run (referring to the movement of a horse) (घोड़े का) दुलकी चाल चलना **2** *He is trotting the horse.*(t.) = to cause a horse to trot दुलकी चलाना **3** *I should be trotting along now. It's getting late.*(i.) = to walk at a fast speed (referring to the movement of a human being) (humorous) जल्दी चलना (मनुष्य के संदर्भ में) (हास्यपरक)

trot[2] noun, u. *The riders set off at a trot.* = a somewhat fast, but not very fast, movement दुलकी **trotter** noun,

c. *pig's trotters* = the foot of an animal, cooked and used as food (informal) खरोड़े (अनौपचारिक)

to trot out something = to repeat an idea or a statement that has been used many times before (not respectful) पहले कही गई बात को फिर से दुहराना (आदरपूर्ण नहीं)

trou•ba•dor /'tru:bədɔ:ʳ/ /'ट्रूबडॉऽʳ/ noun, c.= a poet and singer who travelled around the royal courts of Europe, in the 12th and 13th centuries चारण-भाट जो बारहवीं-तेरहवीं शताब्दी के यूरोपीय राजदरबारों का चक्कर लगाया करते थे

trouble[1] /'trʌbəl/ /'ट्रॅब्ल्/ noun, u. or c. **1** *My friend is in trouble. His wife is seriously ill and he has no money to pay the hospital bills.*(u.) = a difficult or dangerous situation which causes worry, suffering etc. मुसीबत **2** *I am sorry to give you this trouble.*(u.) = inconvenience असुविधा **3** *You should have taken the trouble to write to me regularly.*(u.) = effort तकल्लुफ़ **4** *We are expecting some trouble in the city.*(u.) = disorder अव्यवस्था, अशांति **5** *There is some trouble with the engine of my car.*(c.) = defect खराबी, गड़बड़ी

trouble[2] verb, t. **1** *He has been troubled by stomach ailments.* = to cause pain or suffering परेशान **2** *The thought of defeat troubled him.* = to cause worry घबरा देना, चिंतित करना **3** *I am sorry to trouble you, but could you tell me how to get to the station?* = to cause inconvenience to someone (used when making a request) असुविधा देना, कष्ट देना (अनुरोध करने की विनम्र अभिव्यक्ति) **trouble-maker** noun, c.= a person who causes trouble उपद्रवी, अशांति फैलाने वाला **trouble-shooter** noun, c. = a person whose job is to solve problems (informal) समस्या का समाधान या दोष का निवारण करने वाला (अनौपचारिक) **troublesome** adj. *a troublesome person* = causing trouble कष्टप्रद, परेशान करने वाला, दुःखदायी **trouble-spot** noun, c. = a place where there is likely to be trouble (disorder) अशांति-संभावित क्षेत्र

trough /trɒf/ /ट्रॉफ़/ noun, c. **1** *The horses drink water out of this trough.* = a long, narrow container from which animals can drink water द्रोणिका **2** = a hollow area between the high waves on the sea समुद्र की लहरों के बीच का खाली स्थान

trounce /traʊns/ /ट्रॉउन्स/ verb, t. *The Indian hockey team trounced the American team by 6 goals to 1.* = to defeat badly बुरी तरह हरा देना

troupe /tru:p/ /ट्रूप/ noun, c. *a dance troupe* = a group of singers, actors or dancers मंडली, दल

trou•sers /'traʊzəz/ /'ट्रउसज़/ noun, u. (always plural, often used with 'a pair of') = a garment covering the body from the waist to the ankles, with a separate part for each leg पतलून, पाजामा, पैंट

trous•seau /'tru:səʊ/ /'ट्रूसउ/ noun, c. (**trousseaux** or **trousseaus**) (French) *a bride's trousseau* = the collection of clothes and other personal belongings that a woman takes with her to her new home after she gets married (फ्रेंच शब्द) दुल्हन का साज़-सामान

trout /traʊt/ /ट्राउट्/ noun = a kind of fish, found in rivers where the water is cold ठंडे पानी वाली नदियों में पाई जाने वाली मछली

trow•el /'traʊəl/ /'ट्राउअल्/ noun, c. = a tool with a flat blade, used for spreading mortar (a mixture of sand and cement) खुरपा

tru•ant /'tru:ənt/ /'ट्रूअन्ट्/ adj. or noun. **1** *a truant school-boy* (adj.) = one who deliberately stays away from school or work कामचोर, स्कूल से नागा करने वाला **2** *a habitual truant* (noun) पलायनवादी

to play truant = to stay away from school स्कूल से भागे रहना

truce /tru:s/ /ट्रूस/ noun, u. = an agreement to stop fighting during a war, usually for a short time युद्धविराम

truck[1] /trʌk/ /ट्रॅक्/ noun, c. or u. = a large motor vehicle used to carry goods (also **lorry**) ट्रक (देखें **lorry**)

truck[2] verb, t. *We will truck these vegetables to Kolkata.* = to transport (send) goods by truck ट्रक द्वारा भेजना **trucker** noun, c. **1** = a person who owns trucks and hires them out ट्रक का मालिक **2** = a truck-driver ट्रक ड्राइवर **trucking** noun, u. = the business of transporting goods by truck ट्रकों द्वारा सामान लाने-ले जाने का व्यापार

to have no truck with someone = to have nothing to do with someone (किसी से) कोई संबंध न रखना

truc•u•lent /'trʌkjʊlənt/ /'ट्रॅक्युलन्ट्/ adj. *He is a very truculent person. He loves to argue and quarrel with people.* = fond of arguing or quarrelling (formal, literary) बहस करने और लड़ने का शौकीन (औपचारिक, साहित्यिक)

trudge[1] /trʌdʒ/ /ट्रॅज्/ verb, i. *The workers are trudging back home after the day's work.* = to walk slowly, in a tired manner थके हुए व्यक्ति का ढीले-ढाले चलना

trudge[2] noun, u. *It's a long trudge from the rice-fields to our home.* = a tiring walk over a long distance लंबी दूरी तक थकाने वाली पैदल यात्रा

true /tru:/ /ट्रू/ adj. **1** *Is it true that you went to the beach today?* = a fact; correct सच, सही **2** *There is true love between parents and their children.* = genuine; real सच्चा, असली, विशुद्ध **3** *You should be true to your beliefs.* = faithful or loyal निष्ठावान, ईमानदार **4** *A whale is a true mammal, though it lives in water.* = having all the necessary qualities of something पूरा, सभी विशेषताओं से युक्त **5** *He missed the target because his aim was not true.* = accurate सही, ठीक **true-blue** *adj. He is a true-blue environmentalist.* = loyal to the principles of a party or group पक्का, सच्चा, कट्टर **true-life** adj. *a true-life adventure* = based on fact तथ्यों पर आधृत **truism** noun, c. *To say that life in the cities is full of tension is*

T

a truism. = a statement which is clearly true सत्य कथन **truly** adv. **1** *She is a truly generous woman.* = really, (used for emphasis in both positive and negative sentences) सच में, वास्तव में (सकारात्मक और नकारात्मक, दोनों प्रकार के वाक्यों में बल देने के लिए प्रयुक्त) **2** *I am truly sorry for what I have done.* = sincerely सचमुच **3** *Yours truly* = salutation used at the end of a formal letter औपचारिक पत्र के अंत में लिखी जानेवाली अभिव्यक्ति

truf•fle /'trʌfəl/ /'ट्रफ़ल्/ noun, c. = a kind of edible fungus (flowerless plant) that grows under the ground and is very expensive because it is not commonly found 'कवक'-एक प्रकार की सब्ज़ी

trump¹ /trʌmp/ /'ट्रम्प्/ noun, c. *The trump is diamonds.* = any card in a game of cards, out of a set of 13 cards having the same sign (clubs, diamonds, hearts or spades), which is chosen to have a higher value than cards having some other sign in a particular game [TECHNICAL] तुरुप (ताश के खेल में) [तकनीकी]

trump² verb, t. *He played the ace of clubs, but I trumped his ace by playing a spade, which was the trump.* = to win a trick (one round in a game of cards) by playing a trump तुरुप चलना **trump card** noun, c. *When the Sri Lankan team needed some quick wickets, the captain asked Muralitharan to bowl. He was their trump card.* = something that makes victory certain (figurative) तुरुप का पत्ता, सर्वोत्तम साधन (लाक्षणिक)

trum•pet¹ /'trʌmpɪt/ /'ट्रम्पिट्/ noun, c. **1** = a musical instrument made of brass, played by blowing air through it तुरही, भोंपू **2** *The wounded elephant gave out a trumpet to call the other elephants in the herd for help.* = the loud cry of an elephant चिंघाड़

trumpet² verb, t. **1** *He loves to trumpet his own achievements.* = to announce or state something proudly to a lot of people (disapproving) ढिंढोरा पीटना (अस्वीकृत) **2** *The elephants were trumpeting in the distance.* = to make a loud cry चिंघाड़ना

trun•cate /trʌŋ'keɪt/ /ट्रङ्'केइट्/ verb, t. *The book was 600 pages in length, but it has now been truncated by removing the last 150 pages.* = to make something shorter by cutting out the last part (formal) अंतिम भाग काट कर छोटा कर देना (औपचारिक)

trun•cheon /'trʌnʃən/ /'ट्रन्श्न्/ noun, c. *a policeman's truncheon* = a short stick carried by the police as a weapon लाठी, डंडा

trun•dle /'trʌndl/ /'ट्रन्ड्ल्/ verb, i. *The heavy trucks loaded with coal trundled slowly up the hill.* = to move slowly and unevenly on wheels लुढ़कते हुए धीरे-धीरे चलना

trunk /trʌŋk/ /ट्रङ्क्/ noun, c. **1** *the trunk of a tree* = the thick main part of a tree which grows out of the earth and supports the branches तना **2** *the trunk of a person* = the body, without the head, arms and legs धड़ **3** *a steel trunk* = a large box in which things are stored संदूक **4** *the trunk of an elephant* = the long, tube-like nose of an elephant सूँड़ **trunk-call** noun, c. = a long-distance telephone call 'ट्रंक कॉल', दूसरे शहर में टेलिफ़ोन से संपर्क **trunk road** noun, c.= a main road, usually connecting cities मुख्य मार्ग **trunk route** noun, c. = a main railway or air route, connecting cities मुख्य मार्ग

trunks /trʌŋks/ /ट्रङ्क्स्/ noun, u. (always plural) *swimming trunks* = short, tight pants worn while swimming (केवल बहुवचन में प्रयुक्त) तैराकी की पोशाक, जाँघिया

truss¹ /trʌs/ /ट्रस्/ verb, t. *The robbers trussed up the man with ropes after they had robbed him.* = to tie up strongly with ropes रस्सी से कसकर बाँधना

truss² noun, c. (**trusses**) **1** = a metal frame which supports a roof or building छत अथवा भवन को सहारा देने वाला (धातु का) ढाँचा **2** = a special belt worn by someone who is suffering from **hernia** हर्निया के रोगी के लिए कमर में बाँधने की एक विशेष पेटी

trust¹ /trʌst/ /ट्रस्ट्/ verb, t. **1** *I trust him when he says he locked the gates before he left.* = to believe someone (to accept something that he/she says as the truth) विश्वास करना **2** *The manager is completely honest. The company trusts him.*= to be sure of the honesty, ability etc. of someone ईमानदारी पर विश्वास करना **3** *You can't trust these trains to run on time.* = to depend on or be sure about निर्भर होना, विश्वस्त होना **4** *I trust you had a good holiday in Goa.* = to hope आशा करना

trust² noun, u. or c. **1** *He abused my trust by joining the company with whom we were competing.*(u.) = confidence or faith (in the honesty of someone) ईमानदारी पर भरोसा, विश्वास **2** *After my death, the lawyer will hold my property in trust until my children have reached the age of 21.*(u.) = an arrangement for holding and protecting money, property etc. for the benefit of someone else न्यास **3** *We are setting up a trust to manage this school.*(c.) = a group of people who control and manage an organization न्यास **trustee** /trʌs'ti:/ /ट्रस्'टी/ noun, c. **1** = a person who looks after someone else's money or property दूसरे की संपत्ति की देखभाल करने वाला **2** = a person who helps to control and manage an organization न्यासी **trust fund** noun, u. = money which belongs to someone else but is being looked after by another person अमानत, न्यास का धन **trustworthy** adj. *a trustworthy person* = whom you can trust (believe or depend on) विश्वसनीय, विश्वास योग्य **trusty** adj. *I will use my trusty motor-cycle to go to your village.* = which can be depended on (old-fashioned, humorous) भरोसेमंद, विश्वसनीय (पुराने प्रचलन का, हास्यपरक)

truth /tru:θ/ /'ट्रूथ्/ noun, u. or c. **1** *The boy says he did not steal the money but found it lying by the road-side. I feel he is telling us the truth.*(u.) = that which is a fact सच **2** *The witness says he was not in the city when the murder took place. The police will examine the truth of his statement.* = the quality of being true (correct) असलियत, सच्चाई **3** *Buddha meditated on the truths of human existence.*(c.) = the principles on which something is based आधारभूत सिद्धांत **truthful** adj. **1** *a truthful person* = one who always speaks the truth सत्यवादी **2** *a truthful account of all that happened* = correct or accurate सच्चा, सही

the gospel truth = something which is completely true पूर्णतः सत्य **to tell you the truth** *To tell you the truth, I think we are sure to lose.* = an expression used while giving one's opinion अपने असली विचार बतलाने में प्रयोग की जाने वाली अभिव्यक्ति

try[1] /traɪ/ /ट्राइ/ verb, i. or t. **1** *I don't think I can jump over this wall, but I will try.*(i.) = to make an attempt or effort to do something कोशिश करना **2** *If you can't get him on e-mail, try calling him up on the phone.*(t.) = to attempt to get a result by using a different means दूसरे साधन से पुनः कोशिश करना **3** *My wife has cooked some chicken curry. Will you try it?*(t.) चखना // *She has bought a new shirt for you. I want you to try it on.*(t.) = to test something by tasting or using it in order to make sure of its quality, correct size etc. पहन कर देखना **4** *The magistrate will try your case.*(t.) = to examine and judge in a court of law न्यायिक जाँच करना **5** *I have answered all your questions. Please go now and don't try my patience.*(t.) = to annoy someone 'धैर्य का इम्तहान लेना', परेशान करना

try[2] noun, c. (**tries**) *He was not able to jump over the fence, but he made a good try.* = attempt प्रयास **trier** noun, c. *He has not been doing too well in studies, but he works hard. He is a trier.* = one who always tries to do well कोशिश करते रहने वाला **trying** adj. *He has lost all his property and is going through trying times.* = difficult or worrying कठिन, चिंताग्रस्त **try-out** noun, c. *The new textbook will be adopted by the school only after a try-out.* = a trial or test to see if some new thing can be used परीक्षण, आज़मा कर देखना

to try for something *She is trying for a job at the U.N.* = to make efforts to get something कोशिश करना **to try on something** *Will you try this shirt on?* = to test whether a piece of clothing etc. fits you पहन कर देखना **to try out** *I want you to try out the new computer.* = to test whether a machine works जाँच करना, मशीन आदि को चला कर देखना **to try one's hand at something** *I want to try my hand at pottery.* = to try to do something for the first time, in order to test how well one can do it (कोई नया काम) करके देखना **to try one's luck** *It is difficult to find your friend in this crowd, but you can try your luck.* = to make an effort to achieve something भाग्य आज़माना

tryst /trɪst/ /ट्रिस्ट्/ noun, c. **1** = an arrangement between lovers to meet at a secret place परस्पर निश्चित किया गया **2** = a place where lovers meet मिलन-स्थल

tsar /zɑ:ʳ/ /ज़ाऽʳ/ noun, c. = the title given to the king of Russia, before the country became a republic in 1917 (also **czar** or tzar) ज़ार (रूस में 1917 से पूर्व राजाओं को दिया जाने वाला खिताब) **tsarina** /zɑ:'ri:nə/ /ज़ाऽ'रीन/ noun, c. = the title given to the queen of Russia before 1917 रूस की महारानी

tse•tse-fly /'tetsi flaɪ/ /'टेट्सी फ़्लाई/ noun, c. = a kind of large African insect which sucks blood and causes sleeping-sickness खून चूसने वाला एक अफ़्रीकी कीड़ा

tub /tʌb/ /टॅब/ noun, c. **1** *a tub of water* = a large, open container in which water is kept for washing etc. टब, नाँद **2** *a bath tub* = a large container in which one can sit down or lie down while having a bath नहाने का टब **3** *a tub of butter* = a small container in which food can be stored खाद्य पदार्थ रखने का एक छोटा बर्तन **tubby** /'tʌbi/ /'टॅबी/ adj. *a tubby person* = short and fat (informal, not respectful) गोल-मटोल, छोटा और मोटा (अनौपचारिक, आदरपूर्ण नहीं)

tube /tju:b/ /ट्यूब/ noun, c. **1** *Water is flowing along the tube.* = a hollow, round pipe, usually not very wide, made of metal, plastic or glass, through which a liquid or gas can pass (see pic under **shapes**) नली, नलिका, ट्यूब (**shapes** के अंतर्गत चित्र देखें) **2** *a pneumatic tube for a car's tyre* = a circular (round) and hollow container made of rubber, which fits inside the tyre of a car and into which air is pumped ट्यूब (कार के टायर की) **3** *a tube of toothpaste* = a soft, hollow container, made of metal or plastic, closed at one end and having a cap (cover) at the other end, in which some liquid or soft solid substance is kept ट्यूब **4** *the London tube* = underground railway running below the streets of a city सुरंग रेल **tubeless** adj. *a tubeless tyre* = a tyre (for a motor car) for which a tube is not needed, as it can hold air directly बिना ट्यूब का (टायर) **tubular** adj. *tubular furniture* = having the shape of a tube or made out of metal tubes धातु की नलिकाओं से बना अथवा नलिका के आकार का

tu•ber /'tju:bəʳ/ /'ट्यूबʳ/ noun, c. = the fleshy, underground stem of a plant, such as the potato plant पौधे का एक भाग

tu•ber•cu•lo•sis /tju:bɜ:kjʊ'ləʊsɪs/ /ट्यूबऽक्यु'लउसिस्/ noun = a serious disease of the lungs caused by a kind of bacteria (also **TB**) [MEDICINE] क्षयरोग, यक्ष्मा, तपेदिक (देखें **TB**) [चिकित्सा विज्ञान]

tuck[1] /tʌk/ /टॅक्/ verb, t. **1** *Your shirt is hanging out. You should tuck it into your trousers.* = to push the edge or end of a garment or piece of material into a

T

particular position, so as to make it look tidy खोंसना **2** *He tucked the book under his arm.* = to put something in a safe or convenient position समेटना

tuck² noun, c. or u. **1** *The shirt was too loose for me, so I asked the tailor to to put a tuck in the waist.*(c.)= a narow fold sewn into a garment for decoration or to change its shape or size चुन्नट **2** *School boys are fond of tuck.*(u.) = food (cakes, sweets etc.) eaten by school-children (informal) स्कूली बच्चों की पसंद के भोज्य पदार्थ (अनौपचारिक)

to tuck into 1 *He tucked into a big meal.*(i.) = to eat eagerly (informal) ठूँसना, भकोसना (अनौपचारिक) **2** *It's time for the child to go to bed. I'll tuck her in.*(t.) = to make a child comfortable in bed by covering it with sheets etc. लपेटना, उढ़ाना

Tues•day /'tju:zdi/ /'ट्यूज़डी/ noun = the day of the week which comes between Monday and Wednesday मंगलवार

tuft /tʌft/ /टॅफ़्ट्/ noun, c. *a tuft of hair* = a bunch of hair, feathers, grass etc. growing closely together गुच्छा

tug¹ /tʌg/ /टग्/ verb, t. or i. (**tugged**) *The little girl tugged at the end her mother's sari to attract her attention.*(t.) = to pull with gentle force खींचना

tug² noun, c. **1** *The child gave her mother's sari a tug.* = a gentle pull हल्का झटका **2** *The ship was towed into the harbour by a tug.* = a small but powerful ship which is used to tow (pull) large ships into a harbour दूसरे जहाज़ को खींचने वाला छोटा शक्तिशाली जहाज

tug-of-war noun, u. = a sport in which the members of two teams test their strength by holding a rope near its two ends, facing each other, and trying to pull each other across a line रस्साकशी का खेल

tu•i•tion /tju:'ɪʃən/ /ट्यू'इशन्/ noun, u. **1** *He earns some money by giving tuition to students.* = the act of teaching students in small groups 'ट्यूशन', बच्चों को अकेले या छोटे वर्ग में पढ़ाना **2** *He paid the year's tuition in advance.* = the fee for a course of study शिक्षण-शुल्क

tu•lip /'tju:lɪp/ /'ट्यूलिप्/ noun = a kind of cup-shaped flower, for which Holland is famous हॉलैंड देश का मशहूर फूल

tum•ble¹ /'tʌmbəl/ /'टॅम्बल्/ verb, i. **1** *The stream tumbles from the top of the high rock into the valley below.* = to fall with force ज़ोर से गिरना **2** *The children tumbled out of the bus.* = to move quickly, in an uncontrolled way, as if about to fall हड़बड़ा कर निकलना **3** *The prices of shares tumbled in the stock market.* = to fall in value दाम का गिरना

tumble² noun, c. *He lost his balance as he was walking up the hill and took a nasty tumble.* = a fall from a height लुढ़काव **tumble-down** adj. *a tumble-down hut* = in very poor condition (about to fall to pieces) गिरा-पड़ा, टूटा-फूटा **tumble-dryer** noun, c. = a machine which dries clothes after washing by making them spin round and round in a metal drum कपड़े सुखाने की मशीन **tumbler** noun, c. = a drinking glass with a flat bottom गिलास

tu•mes•cent /tju:'mesənt/ /ट्यू'मेसन्ट्/ adj. swollen up because of the flow of blood (referring to some part of the body) [BIOLOGY] सूजा हुआ [जीव विज्ञान]

tum•my /'tʌmi/ /'टॅमी/ noun, c. (**tummies**) = the stomach, or the lower front part of the body (in baby-talk, the kind of language in which people speak to very young children) पेट (बच्चों से बोलने की भाषा-शैली में)

tu•mour /'tju:məʳ/ /'ट्यूमर/ noun, c. *He has a tumour inside his stomach.* = a mass of diseased cells in the body which form a kind of swelling or lump [MEDICINE] रसौली, गाँठ [चिकित्सा]

tu•mult /'tju:mʌlt/ /'ट्यूमॅल्ट्/ noun, u. *When he got up to speak, everyone in the audience started clapping and shouting and his voice was drowned in the tumult.* = the loud noise produced by a large and excited crowd (formal, literary) शोरगुल, हंगामा (औपचारिक, साहित्यिक) **tumultuous** adj. *He received a tumultuous welcome from the large crowd.* = very noisy धमाकेदार, शोरगुल भरा

tu•na /'tju:nə/ /'ट्यूना/ noun = a kind of large fish found in the sea एक समुद्री मछली

tun•dra /'tʌndrə/ /'टुण्ड्रा/ noun, u. or c. = a large area of land, in Northern Asia, Europe or America, where trees do not grow because of the cold वह प्रदेश जहाँ ज़्यादा सर्दी के कारण वृक्ष नहीं उगते, टुण्ड्रा

tune¹ /tju:n/ /ट्यून्/ noun, c. **1** *The song has an attractive tune.* = a pattern of musical sounds धुन **2** *The sitar is out of tune.* = the correct pitch (level of sound) which a musical instrument or singer's voice is expected to produce सुर **3** *Your ideas are not in tune with those of other economists.* = agreement तालमेल **4** *The engine of the car is out of tune.* = proper working condition सही हालत (में नहीं)

tune² verb, t. **1** *You will have to tune the sitar.* = to adjust a musical instrument so that it gives out the correct pitch (level of sound) सुर मिलाना **2** *The mechanic will tune the engine of your car.* = to put an engine in proper working order कार्य करने की स्थिति में लाना **3** *Can you tune to my favourite channel?* = to adjust a television or radio set so that it receives a particular programme ठीक करना, सेट करना **tuneful** adj. *a tuneful song* = pleasing to listen to सुरीला **tuneless** adj. = not pleasant to hear बेसुरा **tuner** noun, c. = the part of a radio or television set that receives signals and changes them into sounds or pictures सम-स्वरक, ट्यूनर **tuning-fork** noun, c. = an instrument which is used to produce a pure musical sound having a certain pitch (level), consisting of a handle to which a

U-shaped fork is attached ध्वनि तरंग उत्पन्न करने का एक उपकरण

tung•sten /'tʌŋstən/ /'टॅङ्स्टन/ noun = a kind of hard metal एक प्रकार की कठोर धातु

tu•nic /'tju:nɪk/ /'ट्यूनिक्/ noun, c. = a kind of loose-fitting dress without sleeves, reaching to the knees बिना बाँहों के कुरते जैसा वस्त्र

tun•nel[1] /'tʌnəl/ /'टॅनल्/ noun, c. *The trains run through a tunnel which cuts through the mountain.* = a long underground passage, cut into or through the earth or a mountain सुरंग

tunnel[2] verb, i. (**tunnelled**) *The railway engineers tunnelled through the mountain.* = to cut or dig a tunnel सुरंग बनाना **tunnel vision** noun, u. **1** = a defect in the eyes which allows one to see only straight ahead, without seeing anything on either side of the eyes एक नेत्र-रोग जिसमें आँखों के इर्द-गिर्द देखने की क्षमता नष्ट हो गई हो और रोगी को केवल सीधा दीख पड़े **2** *He thinks only of the money that will have to be spent on his child's education, not of the benefits it will bring. He seems to suffer from tunnel vision.* = the habit of considering only one part of a question or problem, and not others एक ही बिंदु पर सोचना, उससे संबंधित सभी बातों पर नहीं

tur•ban /'tɜ:bən/ /'टऽबन्/ noun, c. = a long piece of cloth wound around the head to form a covering पगड़ी

tur•bid /'tɜ:bɪd/ /'टऽबिड्/ adj. *The water of the lake has become so turbid that you can't see anything below the surface.* = not allowing one to see through it (referring to a liquid) [TECHNICAL] गँदला [तकनीकी]

tur•bine /'tɜ:baɪn/ /'टऽबाइन्/ noun, c. = an engine in which the pressure of a liquid or gas drives a wheel fitted with blades 'टरबाइन'

tur•bo-char•ger /tɜ:bəʊʃa:dʒəʳ/ /'टऽबउशाजʳ/ noun, c. = a turbine (wheel) fitted to the engine of a car which is driven by the waste gases from the engine and increases the power of the engine कार के इंजन की शक्ति बढ़ाने का एक यंत्र **turbo-jet** noun, c. = an aircraft engine fitted with a turbine (wheel) which drives the aircraft forward by forcing out a powerful jet (stream) of hot air and gases वायुयान के इंजन का एक विशिष्ट प्रकार **turbo-prop** noun, c.= an aircraft engine which uses a turbine to drive a propeller एक विशिष्ट प्रकार का वायुयान इंजन

tur•bu•lence /'tɜ:bjʊləns/ /'टऽब्युलन्स्/ noun, u. *Our aircraft is rocking/shaking because of the turbulence in the air.* = violent movement of the air (formal) वायु की तीव्रता (औपचारिक) **turbulent** adj. *It looks like we will have turbulent weather. Let's not go out.* = violent; not peaceful तूफ़ानी

turd /tɜ:d/ /टऽड्/ noun, c. = a piece of solid waste matter passed out of the body (informal) मल (शरीर से निकलने वाली ठोस गंदगी) (अनौपचारिक)

turf[1] /tɜ:f/ /टऽफ़्/ noun, u. **1** *the turf on a cricket pitch* = the top surface of the earth, on which grass is growing धरती की घासवाली परत **2** *No politician wants a rival to visit his city. Each one wants to defend his own turf.* = the territory (area) which one considers as belonging to him or her and does not like to share with others (informal) अपना क्षेत्र (अनौपचारिक)

turf[2] verb, t. *The football ground has been newly turfed.* = to cover a piece of land with turf (grass) घास बिछाना

tur•gid /'tɜ:dʒɪd/ /'टऽजिड्/ adj. **1** *The book is written in such a turgid style that I find it unreadable.* = too serious and therefore boring (referring to a piece of writing or speech) अत्यंत गंभीर, भारी-भरकम शब्दावली में **2** = swollen (referring to some part of the body) सूजा हुआ (अंग)

tur•key /'tɜ:ki/ /'टऽकी/ noun = a large bird, with a lot of flesh, which is eaten specially at Christmas time 'पीरू', एक पक्षी

Turkish bath noun = a way of cleaning the body by using steam हम्माम (वाष्प-स्नान)

tur•me•ric /'tɜ:mərɪk/ /'टऽमरिक्/ noun = a yellow spice made from the roots of a plant हल्दी

tur•moil /'tɜ:mɔɪl/ /'टऽमॉइल्/ noun, u. *The city was in turmoil after the recent violence.* = a state of excitement and confusion खलबली, हलचल

turn[1] /tɜ:n/ /टऽन्/ verb, t. **1** *The wheels of the car are turning, but the car is not moving.* = to move round or in a circle, around a central point घूमना **2** *He turned the page of the book.* = to move something so that a different side faces upwards पलटना **3** *Turn right when you reach the cross-roads.* = to change direction घूमना, मुड़ना **4** *The weather has turned cold.* = to change so as to become बदलना **5** *Water turns into steam at 100 degrees Celsius.* = to change into a different form बदलना, परिवर्तित होना **6** *The legs of this chair have been turned on a lathe.* = to shape wood or metal on a **lathe** (machine) खराद द्वारा आकार देना **7** *Can you turn on the light ?* = to switch on बिजली की बत्ती जलाना

turn[2] noun, c. **1** *He gave the screw a couple of turns with the screw-driver.* = a circular movement घुमाव, चक्कर **2** *We made a left turn on reaching the main road.* = a change of direction मोड़ **3** *It is my turn to bat now.* = an opportunity to do something at a certain time or in a certain order बारी **4** *She was improving in health, but she has taken a turn for the worse.* = a change from an existing situation बिगड़ना **turnaround** noun *The company was losing money, but it has had a turnaround.* = a change in a situation, usually an improvement सुधार **turn-coat** noun, c. = a person who changes his or her political beliefs and joins a different party (derogatory) अवसरवादी, दल-बदलू (अनादरपूर्ण) **turning** noun, c. = a place where a

T

road branches out from another road मोड़ **turning-circle** noun, c. *The car has a very small turning-circle.* = the space that a vehicle occupies when it is turning घूमने के लिए आवश्यक स्थान **turning-point** noun, c. *She lost the third game 0-40 and that was the turning point in the match.* = a point when an important change takes place मोड़ **turnkey** adj. *A Japanese company has been given a turn-key project to build a new steel plant.* = completed and handed over ready to work (referring to a new factory etc.) पूरे का पूरा तैयार करने का **turnout** noun *There was good turnout at the Prime Minister's election meeting.* = the number of people attending a meeting etc. उपस्थिति, जमावड़ा **turnover** noun, u. *The shop has a good turnover every month.* = the amount of business done in a certain period of time किसी अवधि में किए गए व्यापार का विवरण **turnpike** noun, c. = a highway which one can use on payment of money शुल्क-फाटक **turnstile** noun, c. = a gate with which four arms spinning around on a central post, allows only one person to pass चक्रद्वार **turntable** noun, c. = a flat surface on which a gramophone record is placed, so that it can be played घूम-चक्कर **turn-up** noun, c. = a narrow fold of cloth at the bottom of each leg of a pair of trousers पैंट की मोहरी की ऊपर मुड़ी हुई तह

turn against *Public opinion has turned against our players.* = to stop supporting or helping someone के विरुद्ध हो जाना, समर्थन बंद करना **turn away** = to refuse to give help to someone सहायता देना अस्वीकार करना **turn down** = to refuse an offer or invitation (informal) प्रस्ताव या निमंत्रण ठुकराना (अनौपचारिक) **turn in** *It's late, let's turn in.* = to go to bed सोने जाना **to be turned off** *The smell of the food in the restaurant was good, but the dirty floor turned me off.* = to lose the desire to do something इच्छा समाप्त कर देना **turn off** = to stop the flow or supply of water etc. प्रवाह बंद करना, रोकना **to turn the corner** = to go through a bad situation successfully खराब स्थिति से सफलतापूर्वक निकलना **to turn the other cheek** = to not try to stop someone who is harming you नुकसान पहुँचाने वाले को रोकने की कोशिश न करना, 'दूसरा गाल आगे कर देना' **to turn someone's head** *All the good things we said about him have turned his head.* = to spoil someone through too much praise or affection प्रशंसा करके बिगाड़ देना, दिमाग चढ़ा देना **to turn (a business etc.)** = to make a business etc. that was losing money and doing badly, start doing well स्थिति बदल देना या जाना

tur•nip /ˈtɜːnɪp/ /ˈटɜनिप्/ noun = a kind of vegetable which is the fleshy root of a plant शलगम

tur•pen•tine /ˈtɜːpəntaɪn/ /ˈटɜपन्टाइन्/ noun = a kind of oil made from the wood of a tree, which is mixed with paint as a thinner (see **thinner**) तारपीन (तेल) (देखें **thinner**)

tur•pi•tude /ˈtɜːpɪtjuːd/ /ˈटɜपिट्यूड्/ noun, u. *He made a false declaration of his income and will be charged with moral turpitude.* = improper behaviour, which is not morally or socially acceptable (formal, old-fashioned) भ्रष्टाचार (औपचारिक, पुराने प्रचलन का)

tur•quoise[1] /ˈtɜːkwɔːz/ /ˈटɜक्वॉज़्/ noun = a precious stone which has a bluish-green colour फ़ीरोजा रत्न

turquoise[2] adj. *a turquoise sari* = having the colour of turquoise फ़ीरोज़ी रंग

tur•ret /ˈtʌrɪt/ /ˈटॅरिट्/ noun, c. **1** = a small tower which is part of a building कँगूरा, बुर्ज **2** *a gun turret* = a part of a tank (military vehicle) which contains a large gun, and which can be turned around to aim the gun in a particular direction टैंक पर तोप लगाने का भाग

tur•tle /ˈtɜːtl/ /ˈटɜट्ल्/ noun = an animal that lives in the water and has a hard, bony covering or shell over its body कछुआ **to turn turtle** *The bus turned turtle when it was going up the hill.* = to turn upside down उलट जाना **turtle dove** noun = a small bird which makes a very pleasant sound फ़ाख़्ता, पक्षी **turtleneck** noun or adj. *a turtleneck sweater* = having a round neck which can be folded over (referring to a garment for the upper part of the body) गोल ऊँचा गला (पोशाक के संदर्भ में)

tusk /tʌsk/ /टॅस्क्/ noun, c. = one of the two long, pointed teeth which stick out of the mouths of elephants and some other animals हाथी दाँत **tusker** noun, c. = a male elephant with large tusks हाथी (बड़े-बड़े दाँतों वाला)

tus•sle[1] /ˈtʌsəl/ /ˈटॅस्ल्/ noun, u. *The policeman caught hold of the robber and managed to pin him to the ground after a long tussle.* = fight हाथा-पाई, लड़ाई

tussle[2] verb, i. *The policeman tussled with the robber.* = to fight लड़ाई करना

tut tut /tʌt ˈtʌt/ /टॅट्ˈटॅट्/ interjec. *Tut, tut! How could you forget to bring a pen when you are writing an examination?* = an expression expressing disapproval (slight unhappiness over something) नापसंदगी की अभिव्यक्ति

tu•te•lage /ˈtjuːtɪlɪdʒ/ /ˈट्यूटिलिज्/ noun, u. *My son's education is being supervised by a professor of mathematics; the boy is making excellent progress under his tutelage.* = the teaching and care given by a teacher to a pupil संरक्षण

tu•tor[1] /ˈtjuːtəʳ/ /ˈट्यूटʳ/ noun, c. = a teacher who teaches a single student or a small group of students शिक्षक

tutor[2] verb, t. *I am tutoring Ali's son.* = to act as a tutor शिक्षा देना, पढ़ाना **tutorial** noun, c. *a tutorial class* = a class taken by a tutor, meeting a small group of students छात्रों के छोटे वर्ग की विशेष कक्षा

tutti fruti /tuːti ˈfruːti/ /टूटी ˈफ़्रूटी/ noun, u. = ice-cream containing different kinds of fruits and nuts फल आदि मिश्रित आइसक्रीम

tux•e•do /tʌk'si:dəʊ/ /टॅक'सीडउ/ noun, c. = dinner-jacket (a black or white jacket worn by a man on a formal occasion) डिनर जैकेट (औपचारिक भोज के समय)

TV /ti:'vi:/ /टी'वी/ noun = abbr. of **television** दूरदर्शन, टी.वी. (**television** का संक्षिप्त रूप)

twad•dle /'twɒdl/ /'ट्वॉड्ल्/ noun, c. *You should keep quiet if you can't talk sense. I am tired of twaddle.* = foolish talk (slang, not respectful) बकवास (अपभाषा, आदरपूर्ण नहीं)

twain /tweɪn/ /ट्वेइन्/ noun *East is East and West is West, and the twain shall never meet.* = two; a pair (old-fashioned, poetic) दो, युग्म, जोड़ा (पुराने प्रचलन का, पद्यात्मक)

twang[1] /twæŋ/ /ट्वैङ्/ noun, u. **1** *the twang of a bow-string* = the sharp, nasal sound (as if coming from a person's nose) made by pulling a string which has been tightly stretched टंकार **2** *He spoke with a nasal twang.* = a particular quality of the human voice, which is the result of air passing through the nose as one speaks नकियाता स्वर

twang[2] verb, t. *The singer twanged his guitar as he sang.* = to make the sound of a twang टंकारना

'twas /twɒz/ /ट्वॉज़्/ = short form of 'it was' (literary) 'it was' का संक्षिप्त रूप [साहित्यिक]

tweak /twi:k/ /ट्वीक्/ verb, t. **1** *The teacher tweaked Paro's ear beacause she didn't bring her notebook.* = to pull lightly with a twisting (turning) movement (कान) उमेठना, मरोड़ना **2** = to make a small change to the engine of a car or a computer programme, so as to make it work better (informal) [TECHNICAL] कार इंजन अथवा कंप्यूटर में हल्के-से परिवर्तन द्वारा सुधार करना (अनौपचारिक) [तकनीकी]

tweed /twi:d/ /ट्वीड्/ noun = rough woollen cloth woven from threads of different colour मोटा, रंगीन, ऊनी कपड़ा

tweet[1] /twi:t/ /ट्वीट्/ noun, u. *the tweet of a bird* = the soft sound made by a young bird चीं-चीं (चिड़िया की आवाज़)

tweet[2] verb, i. *The birds tweeted in the branches of trees.* = to make the sound of a tweet चीं-चीं करना **tweeter** noun, c. = a loud-speaker that gives out high sounds 'लाउडस्पीकर'

twee•zers /'twi:zəz/ /'ट्वीज़ऽज़्/ noun (only plural, often used with 'a pair of') = a small metal instrument with two long arms, used to pull out unwanted hair from the face or body or to pick up small objects रोएँ या बाल उखाड़ने की चिमटी

twelve /twelv/ /ट्वेल्व्/ noun = the number represented by 12 (10+2) बारह **twelfth** /twelfθ/ /ट्वेल्फ़्थ्/ det. *the twelfth house in the row* = coming after 11 objects or people बारहवाँ

twen•ty /'twenti/ /'ट्वेण्टी/ noun = the number represented by 20 (10x2) बीस **twenty-twenty vision** noun *A pilot must have twenty-twenty vision.* = perfect eye-sight पूर्ण सही नेत्रशक्ति

twerp /twɜ:p/ /ट्वऽप/ noun, c. = a foolish person (slang, disrespectful) बेवकूफ़ (अपभाषा, अनादरपूर्ण)

twice /twaɪs/ /ट्वाइस/ adv. *I have been to his house only twice so far.* = two times दो बार **twice-told** adj. *a twice-told tale* = well-known जाना-पहचाना

twid•dle /'twɪdl/ /'ट्विड्ल/ verb, t. *She sat twiddling the pencil between her fingers, thinking of something.* = to move something repeatedly between the fingers, as a kind of play (informal) उँगलियों के बीच फिराना (अनौपचारिक)

to twiddle one's thumbs = to waste time without doing anything useful समय गँवाना, मक्खी मारना

twig /twɪg/ /ट्विग/ noun, c. *Sparrows build their nests with twigs.* = a very small piece of wood from the branch of a tree सींक

twi•light /'twaɪlaɪt/ /'ट्वाइलाइट/ noun = the period just before night, when the light of the sun is about to disappear गोधूलि

twin[1] /twɪn/ /'ट्विन/ noun, c. or adj. **1** = one of two children born to a mother at almost the same time जुड़वाँ **2** *Hyderabad and Secunderabad are twin cities.*(adj.) = two things or people that are closely related or connected पास-पास स्थित

twin[2] verb, t. (**twinned**) *Delhi University is being twinned with London University.* = to join or connect two organizations together through an agreement जोड़ना, मिलाना **twin bed** noun, c. = one of two beds in a room, in each of which only one person can sleep जुड़वाँ बिस्तर

twine /twaɪn/ /'ट्वाइन/ noun, u. *The parcel was tied up with twine.* = strong, thick thread or string सुतली

twinge /twɪndʒ/ /ट्विन्ज/ noun (no plural) *She felt a twinge of pain in her back.* = a sudden, sharp pain टीस, हूक

twin•kle[1] /'twɪŋkəl/ /'ट्विङ्कल/ verb, i. *Twinkle, twinkle little star.* = to shine with a soft light that seems to go out and then come back repeatedly टिमटिमाना

twinkle[2] noun, c. *I see a twinkle in your eyes. Are you planning some mischief?* = a brightness in the eyes, showing pleasure etc. चमक

twink•ling noun *I will be back in a twinkling.* = a very short period of time (informal) पलक झपकते ही (अनौपचारिक)

twirl[1] /twɜ:l/ /ट्वऽल/ verb, t. *He sat admiring himself in the mirror, twirling the ends of his moustaches with his fingers.* = to cause something to turn or spin round and round घुमाना

twirl[2] noun, c. *He gave his moustaches a twirl.* = a quick circular movement चक्कर, ऐंठ (मूँछ के लिए)

twist[1] /twɪst/ /ट्विस्ट/ verb, t. **1** *He twisted the metal rod into a U-shape.* = to change the shape of

T

something by bending or turning it मरोड़ना **2** *The narrow road twisted and turned as it went up the mountain.* = to move in a winding way, from one side to another घुमावदार मुड़ना **3** *I have twisted my ankle.It may be broken.* = to hurt a limb (part of the body) by causing it to turn sharply मोच आना

twist² noun, c. **1** *He gave the cap of the bottle a twist.* = a turning movement ऐंठ, मरोड़ **2** *There was a twist to the story. The woman's husband, whom everyone believed to be dead, suddenly returned.* = an unexpected change or development मोड़ **twisted** adj. *a twisted mind* = wicked in an unnatural way शैतानी दिमाग

twit¹ /twɪt/ /ट्विट्/ noun, c. *Don't take him seriously. He's a twit!* = a foolish person (informal, derogatory) बेवकूफ, भकोल (अनौपचारिक, अनादरपूर्ण)

twit² verb, t. (**twitted**) *Her friends twitted her about her habit of forgetting things.* = to make fun of someone in a gentle way (informal) चिढ़ाना, मज़ाक उड़ाना

twitch¹ /twɪtʃ/ /ट्विच्/ verb, i. *I feel my right eye twitching. I am going to have some good luck.* = to make a sudden but not conscious movement फड़कना (आँख का)

twitch² noun, c. *I felt a twitch in the muscles of my shoulders.* = a sudden, brief movement झटका, फड़कन

twit•ter¹ /'twɪtəʳ/ /'ट्विटʳ/ verb, i. **1** *The birds are twittering.* = to make short sounds repeatedly (referring to the sound made by birds) चहचहाना **2** *The girls kept on twittering about the picnic they were planning.* = to talk quickly in an excited way उत्तेजित होकर बात करना

twitter² noun, u. **1** *the twitter of birds* = short sounds made by birds चहचहाहट **2** *The children are in a twitter about their picnic.* = a state of excitement which makes someone talk quickly उत्तेजना में जल्दी-जल्दी बोलना

twixt /twɪkst/ /ट्विक्स्ट्/ prep. *twixt land and water* = between (old-fashioned) के बीच में (पुराने प्रचलन का)

two¹ /tu:/ /टू/ noun = the number represented by 2 दो

two² det. *The man has two wives.* दो **two-bit** adj. *I don't want to be insulted by a two-bit writer.* = having no importance or respect टुटपुँजिया, समाज में सम्मानित नहीं **two-handed** adj. *He played a two-handed backhand shot.* = using both hands दोनों हाथों से **two-piece** adj. *a two-piece suit* = a suit of clothes consisting of a pair of trousers and a jacket, without a waistcoat जोड़ा **twosome** noun, c. *He and I made a twosome for a game of cards.* = a team or group of two people दो खिलाड़ियों की टीम **two-star** adj. *a two-star hotel* = of medium quality दो-सितारा (होटल) **two-time** verb, t. *They were planning to get married but she two-timed him and married a millionaire.* = to be unfaithful (in love) to someone (disapproving, informal) धोखा देना, बेवफ़ा हो जाना (प्यार में) (अस्वीकृत, अनौपचारिक) **two-tone** adj. *a two-tone car* = painted in two different colours दुरंगा पुता हुआ **two-way** adj. *a two-way street* = allowing movement in both directions दोनों दिशाओं में जाने-आने का रास्ता

ty•coon /taɪ'ku:n/ /टाइ'कून्/ noun, c. *a shipping tycoon* = a rich and powerful businessman (informal) धन्नासेठ, शक्तिशाली उद्योगपति (अनौपचारिक)

tym•pa•num /'tɪmpənəm/ /'टिम्पनम्/ noun = the eardrums; thin pieces of skin inside the ears which help people to hear sounds [BIOLOGY] कान का पर्दा [जीव विज्ञान]

type¹ /taɪp/ /टाइप्/ noun, c. **1** *A 'naan' is a type of bread.* = a particular kind of thing (belonging to a class of similar things) प्रकार **2** *The invitation card was printed in Gothic type.* = printed letters प्रकार, किस्म (फोंट)

type² verb, t. or i. *Please type this letter for me.*(t.) // *Do you know how to type?* = to use a typewriter or word-processor (computer) to produce a piece of writing टंकण करना, टाइप करना **type-cast** verb, t. *He is an excellent actor, but unfortunately he has been type-cast as a villain.* = to give an actor the same kind of role always एक ही जैसी भूमिका में अभिनय करने वाला **type-face** noun = the size and shape of the letters used in printing प्रकाशन में अक्षरों का आकार आदि **typescript** noun, c. *a typescript of a novel* = a piece of writing produced on a type-writer, but not printed टंकित प्रति **typesetter** noun, c. = a person who arranges the letters from which a book is printed टाइपसेटर **typewriter** noun, c. = a machine that is used to print out pieces of writing टाइपराइटर, टंकण यंत्र **typewritten** adj. *a type-written letter* = done on a type-writer टाइप किया हुआ, टंकित

ty•phoid /'taɪfɔɪd/ /'टाइफ़ॉइड्/ noun, u. = a serious disease caused by bacteria that attacks the bowels (intestines) [MEDICINE] आन्त्रज्वर, टायफ़ायड [चिकित्सा]

ty•phoon /taɪ'fu:n/ /टाइ'फ़ून्/ noun, c. = a very violent storm प्रचण्ड तूफ़ान, भयंकर तूफ़ान

ty•phus /'taɪfəs/ /'टाइफ़स्/ noun, u. = an infectious disease caused by fleas (small insects) तंद्रिक ज्वर-एक संक्रामक रोग

typ•i•cal /'tɪpɪkəl/ /'टिपिक्‌ल्/ adj. **1** *The pointed ears and thick, bushy tail of this dog are typical of Alsatians.* = showing the signs or qualities of an entire class of animals or things विशिष्टता **2** *Did he repeat 'Know what I mean?' after every sentence? That's typical of him.* = showing the usual behaviour or manner of a person चारित्रिक विशिष्टता या शैली **typify** /'tɪpɪfaɪ/ /'टिपिफ़ाइ/ verb, t. *Hard work and the ambition to become rich typify all Chinese businessmen.* = to be a typical sign of something विशिष्ट बनाने वाला गुण

ty•pist /'taɪpɪst/ /'टाइपिस्ट्/ noun, c. = a person whose job is to type letters etc. on a typewriter टंकक, टाइपिस्ट **typing-pool** noun, c. = a group of typists in a large office who share the work of typing मिलकर कार्य (टाइप) करने वालों का समूह

ty•pog•ra•phy/taɪ'pɒgrəfi/ /टाइ'पॉग्रफ़ी/ noun = the arrangement of the type (letters) used for printing books etc. मुद्रण-कला, मुद्रण

ty•rant /'taɪərənt/ /'टाइअरन्ट्/ noun, c. *It is said the emperor Aurangzeb was a tyrant.* = a powerful ruler who is very cruel तानाशाह, क्रूर शक्तिशाली शासक

tyranny /'tɪrəni/ /'टिरनी/ noun, u. *The Marathas revolted against the tyranny of Aurangzeb's rule.* = the cruel use of power by a ruler तानाशाही **tyrannical** /tɪ'rænɪkəl/ /टि'रैनिक्ल्/ adj. *Stalin's tyrannical rule* = cruel निरंकुश व क्रूर **tyrannize (tyrannise)** /'tɪrənaɪz/ /'टिरनाइज़्/ verb, t. *Mussolini tyrannized his subjects.* = to keep someone in fear through the use of power निरंकुश शासन द्वारा प्रजा को भयभीत रखना

ty•ran•no•sau•rus/tɪrænə'sɔːrəs/ /टिरैन'सॉरस्/ noun = a very large, flesh-eating dinosaur (a large animal belonging to the same family as lizards, which lived millions of years ago and is not found now) डायनासोर की जाति का पशु

tyre /taɪə^r/ /टाइअ^र/ noun, c. *a motor car tyre* = a thick band of rubber, either solid or filled with air, which is fitted to the edge of the wheel of a vehicle (also **tire**, in American English) टायर (वाहन के पहिये में प्रयुक्त) (अमेरिकी अंग्रेज़ी में **tire**)

ty•ro /'taɪərəʊ/ /'टाइअरउ/ noun, s. = a person with no experience (informal) नौसिखुआ, कच्चा, अनुभवहीन (अनौपचारिक)

T

uU

u, U /juː/ /यू/ = the twenty-first letter of the English alphabet अंग्रेज़ी वर्णमाला का 21वाँ वर्ण

u *How r u?* = sometimes used in place of 'you', specially in e-mail messages (informal) 'you' का संक्षिप्त रूप (विशेषकर इ-मेल संदेशों में प्रयुक्त), तुम, आप (अनौपचारिक)

u•biq•ui•tous /juːˈbɪkwɪtəs/ /यूˈबिक्विटस्/ adj. *Ten years ago, there were hardly any computers in this country, but now they seem to be ubiquitous.* = found everywhere (formal) व्यापक रूप से उपलब्ध, सर्वत्र प्राप्त (औपचारिक)

U-boat /ˈjuːbəʊt/ /ˈयूबउट्/ noun = a kind of submarine (a ship that can travel under the surface of the water) used by the German navy during World War II (1939-1945) एक प्रकार की जर्मन पनडुब्बी जिसका द्वितीय विश्वयुद्ध में जर्मन नौसेना ने इस्तेमाल किया

ud•der /ˈʌdər/ /ˈअँडर/ noun, c. = the bag of skin found between the hind (back) legs of a cow or goat, in which milk is stored थन

UFO abbr. of **Unidentified Flying Object** = a mysterious flying object which some people claim to have seen in the sky, believed to be flown by creatures from some other planet रहस्यमयी उड़न तश्तरी

ug•ly /ˈʌgli/ /ˈअँग्ली/ adj. **1** *an ugly building* = not good to look at; unattractive अनाकर्षक, कुरूप, बदसूरत **2** *an ugly scene // an ugly temper* = very unpleasant or violent अप्रिय, वीभत्स **ugliness** noun कुरूपता **ugly duckling** noun, c. = a person who is quite ordinary as a child but grows up to be beautiful, skilled, popular etc. जो बचपन में अत्यंत साधारण-सा दीखने वाला हो, किंतु बड़ा होकर सुंदर, कुशल व लोकप्रिय हो जाए

UHF abbr. of **Ultra High Frequency** = radio or television signals sent out at very high speed (between 300 and 3000 megahertz), which allow excellent sound quality 300 से 3000 मेगाहर्ट्ज़ की तीव्रता वाली रेडियो/टी. वी. सिग्नल जिससे उच्च कोटि की स्पष्ट आवाज़ आती हो

UK abbr. of **United Kingdom** = England, Scotland and Wales इंग्लैंड, स्कॉटलैंड और वेल्स का संयुक्त राज्य

ul•cer /ˈʌlsər/ /ˈअँल्सर/ noun, c. = a sore (break in the skin) on the body or in some organ inside the body (e.g. the stomach or intestines) through which bleeding may take place त्वचा या अंदरूनी अंगों में होने वाला फोड़ा/अल्सर **ulcerate** verb, i. = to develop into an ulcer फोड़ा या अल्सर बन जाना

ul•na /ˈʌlnə/ /ˈअँल्न/ noun = the thinner of the two bones inside the lower arm [BIOLOGY] कुहनी से नीचे की पतली हड्डी [जीव विज्ञान]

ul•te•ri•or /ʌlˈtɪərɪər/ /अँलˈटिअरिअर/ adj. *Why were they suddenly so kind to us? I am sure they had some ulterior motive.* = secret and kept hidden (derogatory) अप्रत्यक्ष, गूढ़, गुप्त (अनादरपूर्ण)

ul•ti•mate[1] /ˈʌltɪmɪt/ /ˈअँल्टिमिट्/ adj. *He hopes to do well in the geography quiz, but his ultimate aim is to win the national geography talent prize.* = final; happening at the end of a process or series of actions अंतिम, आखिरी

ultimate[2] noun *This new car provides the ultimate in luxury.* = the highest point उच्चतम स्तर, पराकाष्ठा

ul•ti•ma•tum /ʌltɪˈmeɪtəm/ /अँल्टिˈमेइटम्/ noun, c. *The tenants were given an ultimatum. They would either pay the rent or vacate the house.* = a threat to do something unpleasant if a certain condition is not fulfilled अप्रिय परिणाम की चेतावनी

ul•tra- /ˈʌltrə/ /ˈअँल् ट्र/ prefix meaning 'above' or 'beyond' e.g. 'अति' अथवा 'परा' के अर्थ में प्रयुक्त उपसर्ग **ul•tra•son•ic** /ʌltrəˈsɒnɪk/ /अँलट्रˈसॉनिक्/ adj. *an ultrasonic scan* = (sound waves) which have such a high frequency (speed) that they cannot be heard by human ears (are beyond our ability to hear) पराध्वनिक

ultra high frequency see **UHF** (देखें **UHF**)

ul•tra•ma•rine[1] /ʌltrəməˈriːn/ /अँल्ट्रमˈरीन्/ noun = a bright blue colour चमकीला नीला रंग

ultramarine[2] adj. = of an ultramarine colour चमकीले नीले रंग का

ul•tra•sound /ˈʌltrəsaʊnd/ /ˈअँल्ट्रसाउन्ड्/ noun = sound which is beyond the hearing of human ears पराध्वनिक, जो मानव श्रवण-शक्ति द्वारा सुना न जा सके

ul•tra•vi•o•let /ʌltrəˈvaɪəlɪt/ /अँल्ट्रˈवाइअलिट्/ adj. *Sunglasses will protect your eyes against ultraviolet rays from the sun.* = waves of light which have a very high wavelength and therefore cannot be seen by human eyes, but can harm them पराबैंगनी

um•ber[1] /ˈʌmbər/ /ˈअँम्बर/ noun = a dark brown colour (the colour of the earth) गहरा भूरा (मटियाला)

umber[2] adj. = having an umber colour गहरे भूरे रंग का

um•bil•i•cus /ʌmˈbɪlɪkəs/ /अँम्ˈबिलिकस्/ noun = the tube of flesh which connects the embryo (the baby before it is born) to the mother (also **umbilical cord** or **placenta**) [BIOLOGY] गर्भनाल (देखें **umbilical cord** या **placenta**) [जीव विज्ञान]

um•brel•la /अँम्ˈब्रेल/ noun, c. **1** = a device that protects a person from rain or the sun, consisting of a stick to which a folding metal frame, covered with some waterproof material, is attached छाता, छतरी **2** *These NGOs work under the umbrella of the government.* = protection or support छत्रछाया, संरक्षण **nuclear umbrella**= an agreement between countries by which a powerful country which possesses nuclear weapons promises to protect another country which does not have nuclear weapons (see **nuclear**) परमाणु शस्त्र प्रयोग के संबंध में विभिन्न देशों के बीच एक समझौता (देखें **nuclear**) **umbrella**

organization = a large organization that includes many smaller groups ऐसा बड़ा संगठन जिसमें अनेक छोटे समूह सम्मिलित हों

um•laut /ˈʊmlaʊt/ /ˈउम्लाउट्/ noun, c. = a mark, in the form of two dots placed over the vowel in some word, (e.g. Göthe) which shows how the word is to be pronounced (in languages such as German) कुछ भाषाओं (जैसे जर्मन) में स्वर वर्ण के ऊपर प्रयुक्त द्वि-बिंदु चिह्न का नाम

um•pire[1] /ˈʌmpaɪəʳ/ /ˈअॅम्पाइअर्/ noun, c. *a cricket umpire* = a person who is responsible for making sure that the rules are followed in a game निर्णायक, मध्यस्थ, अम्पायर

umpire[2] verb, t. *I have been asked to umpire this match.* = to act as an umpire मध्यस्थता करना, अम्पायर होना

ump•teen /ʌmpˈtiːn/ /अॅम्पˈटीन्/ det. *I have seen umpteen Hindi films but I can't remember their names now.* = a large number, which is not mentioned exactly (informal) बहुत-से (अनौपचारिक)

UN abbr. of **United Nations** noun = an organization of nearly all the countries in the world, working together to bring peace to the world (**United Nations** का संक्षिप्त रूप) संयुक्त राष्ट्रसंघ

un- /ʌn/ /अॅन्/ prefix meaning **1** not e.g. निषेधात्मक अर्थ के लिए प्रयुक्त उपसर्ग **unabashed** /ʌnəˈbæʃt/ /अॅन अˈबैश्ट्/ adj. *He is unabashed, even after he was caught stealing.* = not ashamed; feeling no shame निर्लज्ज **2** the opposite of का विलोम e.g. **unabated** /ʌnəˈbeɪtɪd/ /अॅनअˈबेइटिड्/ adj. *The storm continued unabated for two days.* = without going down in force or strength बिना हल्का/धीमा पड़े

un•a•ble /ʌnˈeɪbəl/ /अॅनˈएइब्ल्/ adj. *I will be unable to go to the meeting as I have fever.* = not able to do something असमर्थ, अयोग्य

un•a•bridged /ʌnəˈbrɪdʒd/ /अॅनअˈब्रिज्ड्/ adj. *an unabridged novel* = not abridged (made shorter in length) पूरा, संपूर्ण

un•ac•cep•ta•ble /ʌnəkˈseptəbəl/ अॅनअˈक्सेप्टब्ल्/ adj. *The essay you have written is unacceptable. It has too many spelling mistakes.* = not good enough to be accepted अस्वीकार्य, स्वीकृति योग्य नहीं

un•ac•coun•ta•ble /ʌnəˈkaʊntəbəl/ /अॅनअˈकाउन्टब्ल्/ adj. *The Indian team's defeat in this match was unaccountable. Everyone expected them to win.* = very surprising and difficult to explain आश्चर्यपूर्ण, अप्रत्याशित, जिसका कारण बताना संभव नहीं

un•a•dul•te•rat•ed /ʌnəˈdʌltəreɪtɪd/ /अॅनअˈडॅल्टरेइटिड्/ adj. **1** *We must make sure that the milk given to these babies is unadulterated.* = pure; not mixed with any other substance असली, शुद्ध, बिना मिलावट के **2** *He writes unadulterated nonsense.* = complete पूर्णतया

un•af•fect•ed /ʌnəˈfektɪd/ /अॅनअˈफ़ेक्टिड्/ adj. **1** *The people in this village were unaffected by the earthquake.* = not influenced or made to suffer by something अप्रभावित, अछूता **2** *The child behaved in a very unaffected manner when she received the prize.* = natural; without any false show of feeling (approving) स्वाभाविक, अकृत्रिम (स्वीकृत)

un•am•big•u•ous /ʌnəmˈbɪgjʊəs/ अॅनअम्ˈबिग्युअस्/ adj. *I would like an unambiguous reply to my question. Please say 'yes' or 'no'.* = having a clear meaning which cannot be missed by anyone (referring to a statement) सुस्पष्ट, अभ्रामक (कथन के संदर्भ में)

u•nan•i•mous /juːˈnænɪməs/ /यूˈनैनिमस्/ adj. *Everyone wants him as our leader. The choice is unanimous.* = without any differences of opinion एकमत, सर्वसम्मति से **unanimity** /juːnəˈnɪmɪti/ /यूनˈनिमिटी/ noun, u. = the fact of being unanimous सर्वसम्मति

un•an•nounced /ʌnəˈnaʊnst/ /अॅनअˈनाउन्स्ट्/ adj. or adv. *The famous actor came to our film club meeting unannounced.* = unexpectedly; without any information or warning being given earlier बिना पूर्व सूचना के, अप्रत्याशित

un•ap•proa•cha•ble /ʌnəˈprəʊtʃəbəl/ /अॅनअˈप्रउचब्ल्/ adj. **1** *I am sorry, but I cannot request the Managing Director to help you in this matter. He is unapproachable.* = not willing to listen to anyone, especially someone who wants a favour (generally referring to a person in power) (generally disapproving) किसी की सुनने को या किसी से मिलने को तैयार नहीं (प्रायः अस्वीकृत) **2** *Shimla is unapproachable in winter, because of the heavy snow.* = difficult to reach अगम्य

un•armed /ʌnˈɑːmd/ /अॅनˈआऽम्ड्/ adj. **1** *unarmed policemen* = not carrying weapons निहत्था **2** *unarmed combat* = without the use of weapons निरायुध, निःशस्त्र

un•as•sum•ing /ʌnəˈsjuːmɪŋ/ /अॅनअˈस्यूमिङ्/ adj. *She is so unassuming that you would never know from her behaviour that she was a famous writer.* = modest; not wishing to attract attention विनीत, आडंबररहित

un•at•tached /ʌnəˈtætʃt/ /अॅनअˈटैच्ट्/ adj. **1** *He is 35 and unattached.* = not married अविवाहित **2** *Send us your photograph along with the letter, but leave it unattached.* = not joined to something असंलग्न, बिना जोड़े हुए

un•at•tend•ed /ʌnəˈtendɪd/ /अॅनअˈटेन्डिड्/ adj. *Don't leave the baby unattended.* = with no one to look after something or someone अकेला, उपेक्षित

un•av•oid•a•ble /ʌnəˈvɔɪdəbəl/ /अॅनअˈवॉइडब्ल्/ adj. *We were forced to cancel the meeting for unavoidable reasons.* = (something) that one cannot avoid (escape or get away from) अपरिहार्य

U

un•a•ware /ʌnə'weəʳ/ /ॲनअ'वेअʳ/ adj. *I was unaware of the change in the programme. No one informed me.* = not having knowledge of something बेख़बर, अनजान, अभिज्ञ **unawares** adv. (always plural) *Your question took me unawares. I need some time to think of an answer.* = unprepared; without warning (केवल बहुवचन में प्रयुक्त) असावधान, बिना तैयारी के

un•bal•anced /ʌn'bælənst/ /ॲन'बैलन्स्ट्/ adj. *She has become unbalanced after the loss of her parents.* = not fully in control of one's mind असंतुलित

un•bear•a•ble /ʌn'beərəbəl/ /ॲन्'बेअ्रबल्/ adj. *The heat is unbearable today.* = too unpleasant to be tolerated असहनीय, असह्य

un•be•lie•va•ble /ʌnbɪ'li:vəbəl/ /ॲन्बि'लीवबल्/ adj. *Your story is unbelievable. It can't be true.* = which cannot be believed अविश्वसनीय

un•blem•ished /ʌn'blemɪʃt/ /ॲन्'ब्लेमिश्ट्/ adj. *She has an unblemished record of honesty.* = not spoilt by any fault or wrong action (formal) बेदाग, निष्कलंक (औपचारिक)

un•born /ʌn'bɔ:n/ /ॲन्'बॉऽन्/ adj. *the unborn child* = not yet born अजन्मा, जिसका अभी जन्म नहीं हुआ

un•bound•ed /ʌn'baʊndɪd/ /ॲन्'बाउन्डिड्/ adj. *Her ambition is unbounded.* = having no limits असीम, अपार, अपरिबद्ध

un•called for /ʌn'kɔ:ld fɔ:ʳ/ /ॲन्'कॉल्डफ़ॉऽʳ/ adj. *Your remarks at the meeting were uncalled for. You should have been more polite.* = not proper or justified (not supported by any good reason) अनावश्यक, अनुपयुक्त

un•can•ny /ʌn'kæni/ /ॲन्'कैनी/ adj. *She has an uncanny understanding of animals.* = mysterious; not natural or usual (approving) अद्भुत (स्वीकृत)

un•ce•re•mo•ni•ous /ʌnserɪ'məʊnɪəs/ /ॲन्सेरि'मउनिअस्/ adj. *The captain's exit from the team was unceremonious.* = happening suddenly and in an unpleasant manner (derogatory) अचानक, बिना किसी समारोह आदि की औपचारिकता के (अनादरपूर्ण)

un•cer•tain /ʌn'sɜ:tn/ /ॲन्'सऽट्न्/ adj. *The result of this match is uncertain.* = (something) that one cannot be sure of अनिश्चित

un•cha•ri•ta•ble /ʌn'tʃærɪtəbəl/ /ॲन्'चैरिटबल्/ adj. *I am hurt by your uncharitable remarks about my book.* = not kind निर्दय, कठोर

un•chart•ed /ʌn'tʃɑ:tɪd/ /ॲन्'चाऽटिड्/ adj. *He plans to travel to the uncharted areas of Tibet.* = not known to anyone (referring to a place or a situation) अज्ञात, अनन्वेषित (स्थान अथवा स्थिति)

un•checked /ʌn'tʃekt/ /ॲन्'चेक्ट्/ adj. *Hundreds of people have died of cholera. Many more will die if the disease remains unchecked.* = not stopped or prevented from growing (referring to something unpleasant) अनियंत्रित, बेरोक

un•cle /'ʌŋkəl/ /'ॲङ्कल्/ noun = the brother of one's father or mother चाचा, मामा, ताऊ, फूफा, मौसा आदि

unclean /ʌn'kli:n/ /ॲन्'क्लीन्/ **1** adj. *This case is unclean. You cannot store your contact lenses in it.* = not clean मैला, गंदा **2** = not in a proper state to take part in some religious ceremony अपवित्र, दूषित

Un•cle Sam /ʌŋkəl 'sæm/ /ॲङ्कल'सैम्/ noun = a name sometimes used for the American nation or government (informal) 'अंकल सैम' अमेरिकी सरकार के लिए प्रयुक्त नाम (अनौपचारिक)

un•com•for•ta•ble /ʌn'kʌmftəbəl/ /ॲन्'कम्फ़्टबल्/ adj. **1** *This is a very uncomfortable chair.* = not providing comfort असुविधाजनक **2** *I felt uncomfortable when my friend's uncle shouted at him in my presence.* = uneasy; not finding a situation to one's liking असुविधाजनक, कष्टकर

un•com•mon /ʌn'kɒmən/ /ॲन्'कॉमन्/ adj. *It is uncommon for a young person of 15 to become a famous writer.* = not happening or seen often असामान्य, असाधारण

un•con•cerned /ʌnkən'sɜ:nd/ /ॲन्कन्'सऽन्ड्/ adj. *The doctors have warned him that he may have a heart attack if he doesn't give up smoking but he remains unconcerned.* = not worried about something that one should be worried about उदासीन, बेपरवाह

un•con•di•tion•al /ʌnkən'dɪʃənəl/ /ॲन्कन्'डिश्नल्/ adj. *an unconditional promise* = complete; not limited by any conditions बिना शर्त, अप्रतिबंधित

un•con•scious[1] /ʌn'kɒnʃəs/ /ॲन्'कॉन्शस्/ adj. **1** *He was unconscious for a while after he was hit on the head.* = not having consciousness (not able to know or feel anything) बेहोश, अचेत **2** *It was an unconscious remark. I didn't mean to hurt you.* = not done knowingly अनजाने में, अनभिप्रेत

unconscious[2] noun *These ancient traditions are rooted in our unconscious.* = the part of the human mind which controls actions that one does not perform knowingly [TECHNICAL] अचेतन (मन) [तकनीकी]

un•con•sti•tu•tional /ʌnkɒnstɪ'tjʊʃənəl/ /ॲन्कॉन्स्टि'चुश्नल्/ adj. *an unconstitutional act* = against the constitution (the laws of the country) असंवैधानिक

un•con•ven•tion•al /ʌnkən'venʃənəl/ /ॲन्कन्'वेन्श्नल्/ adj. *He has unconventional habits. He sleeps all day and works all night.* = different from what is usual (often approving) अस्वाभाविक (प्राय: स्वीकृत)

un•con•vin•cing /ʌnkən'vɪnsɪŋ/ /ॲन्कन्'व़िन्सिङ्/ adj. *I asked him why he was late, but his answer was unconvincing.* = not easily believed सहमति योग्य नहीं, युक्तियुक्त नहीं, अविश्वसनीय

un•co•op•e•ra•tive /ʌnkəʊ'ɒpərətɪv/ /ॲन्कउ'ऑपरटिव़्/ adj. *I asked him to help me in* *preparing the report but he was uncooperative.* = not willing to help सहायता करने को तैयार नहीं

un•count•a•ble /ʌn'kaʊntəbəl/ /अँन्'काउन्ट्बल्/ adj. *'Information' is an uncountable noun.* = a noun which cannot have a plural form as it refers to something that cannot be counted [GRAMMAR] अगणनीय [व्याकरण]

un•couth /ʌn'ku:θ/ /अँन'कूथ्/ adj. *Don't sit in the library with your legs on the table. We don't like such uncouth behaviour.* = crude; not polite गँवार, असभ्य

un•cov•er /ʌn'kʌvər/ /अँन्'कवर/ verb, t. **1** *He removed the bedsheet and uncovered the bed.* = to remove the cover from something उघाड़ना **2** *The investigation by the CBI has uncovered a lot of corruption in the organization.* = to make things which were hidden or secret known to people रहस्य खोलना, पर्दाफ़ाश करना

un•crit•i•cal /ʌn'krɪtɪkəl/ /अँन्'क्रिटिकल्/ adj. *I find that you always support your friend, even when he does something wrong. You should not be so uncritical.* = not using one's judgement properly to decide whether something is good or bad अविवेकी, अच्छे-बुरे का विचार न करना

un•crowned (king/queen) /ʌn'kraʊnd/ /अँन्'क्राउन्ड्/ noun *He is the uncrowned king of Asian tennis.* = a person who is supposed to be the best in some field of activity, though he/she may have no official position अनभिषिक्त, औपचारिक पद पर न होते हुए भी सर्वश्रेष्ठ

un•de•cid•ed /ʌndɪ'saɪdɪd/ /अँन्डि'साइडिड्/ adj. **1** *The case has been in court for five years, but it is still undecided.* = without a result अनिर्णीत **2** *Should I or should I not call the doctor? I am undecided.* = not able to decide अनिश्चित, निश्चय न कर पाना

ındemocratic /ʌndemə'krætɪk/ /अँन्डेम'क्रैटिक्/ adj. = acting against the system of equal rights for all people अलोकतंत्रीय, समानाधिकार के सिद्धांत के विरुद्ध

ın•de•ni•a•ble /ʌndɪ'naɪəbəl/ /अँन्डि'नाइअबल्/ adj. *His ability as a teacher is undeniable. I have not seen a better teacher.* = (something) that cannot be doubted असंदिग्ध, जिसे नकारा न जा सके

ın•der[1] /'ʌndər/ /'अँन्डर/ prep. **1** *The box is under the bed.* = below; in a lower place than नीचे **2** *Children under five are not allowed to come.* = less than से कम **3** *She works under the Director.* = controlled by (slightly old-fashioned) के अधीन (कुछ पुराने प्रचलन का) **4** *You will find his name under 'D' in the telephone directory.* = in the class of की श्रेणी में **5** *Under the rules, you cannot be selected for the post.* = according to के अंतर्गत **6** *I cannot be made to sign this paper under pressure.* = feeling the effects of something दबाव में

ınder[2] adv. **1** *He was unable to swim in the stormy sea and went under for a while.* = below the surface of the water (के) नीचे **2** *This book is meant for children of the age of seven and under.* = less than से कम

under- prefix meaning **1** 'below' e.g. 'नीचे' का अर्थ देने वाला उपसर्ग **underclothes** /'ʌndəkləʊðz/ /'अँन्डक्लउद्ज़्/ noun, u. = clothes worn below a dress (also **undergarment** or **underwear**) अंदर के कपड़े (देखें **undergarment** या **underwear**) **2** 'too little' बहुत कम e.g. **underdeveloped** /ʌndədɪ'veləpt/ /अँन्डडि'वेलप्ट्/ adj. **1** *an underdeveloped country* = having little economic or industrial growth (see note below) अविकसित (देश) (नीचे नोट पढ़ें) **2** *an underdeveloped child* = not properly or fully developed physically according to the standard अल्प-विकसित, सामान्य से कम विकसित

> **Usage** The term 'underdeveloped' is no longer acceptable to countries which are described thus. A more acceptable term is 'developing'. 'underdeveloped' के स्थान पर 'developing' देश कहना अधिक प्रचलन में है।

un•der•a•chiev•er /ʌndərə'tʃi:vər/ /अँन्डरअ'चीवर/ noun, c. = a person who does less well, specially at studies, than he or she is expected to do अपेक्षा से कम अच्छा काम करने वाला (विशेष रूप से अध्ययन के संदर्भ में)

un•der•act /ʌndər'ækt/ /अँन्डर'ऐक्ट्/ verb, i. *Aamir Khan under-acts in this film.* = to put less feeling into acting (in a film or play) than may be expected, often resulting in acting which is appreciated (also **underplay**) संयत अभिनय करना, न्यूनाभिनय करना (देखें **underplay**)

un•der•age /ʌndər'eɪdʒ/ /अँन्डर'एइज्/ adj. *You can't join the army as you are underage.* = below the age required for some purpose किसी कार्य के लिए आवश्यक न्यूनतम आयु से कम आयु

un•der•arm[1] /'ʌndərɑ:m/ /'अँन्डर आऽम्/ adj. *underarm hair* = growing in the arm-pit (the hollow area below the shoulder) काँख, बगल

underarm[2] adv. (or adj.) *He bowled underarm as he had a sprained shoulder.* = with the arm not rising above the shoulder (in a game such as tennis or cricket) बाँह ऊँची उठाए बिना

un•der•brush /'ʌndəbrʌʃ/ /'अँन्डब्रश/ noun, u. = the plants growing to a low height under the tall trees in a forest (also **undergrowth**) झाड़ी (ऊँचे पेड़ों के नीचे उगने वाले छोटे पौधे) (देखें **undergrowth**)

un•der•car•riage /'ʌndəkærɪdʒ/ /'अँन्डकैरिज्/ noun, c. = the framework that supports the wheels of an aircraft or a railway carriage वायुयान के पहियों अथवा रेल के डिब्बों को सहारा देने वाला ढाँचा

un•der•charge /ʌndə'tʃɑ:dʒ/ /अँन्ड'चाऽज्/ verb, i. or t. = to ask a person to pay less than the correct amount that should be paid कम दाम लेना

un•der•coat /'ʌndəkəʊt/ /'अँन्डकउट्/ noun = the layer of paint put directly on a surface, over which another layer of paint is put पेंट की निचली तह

U

un•der•cov•er /ʌndəˈkʌvəʳ/ /अँन्ड'कव्र्/ adj. *an undercover agent* = working in a secret manner (usually as a spy) गुप्त (आमतौर पर जासूस के रूप में)

un•der•cur•rent /ˈʌndəkʌrənt/ /'अँन्डकरॅन्ट्/ noun, c. **1** *It is dangerous to swim in the sea at Chennai as there is a strong undercurrent.* = a hidden current of water below the surface (also **undertow**) अंतर्धारा (देखें **undertow**) **2** *He congratulated me, but there was an undercurrent of unhappiness in his voice.* = a feeling or opinion that is not openly expressed प्रत्यक्ष कथन के नीचे दबी हुई भावना

un•der•cut /ʌndəˈkʌt/ /अँन्ड'कॅट्/ verb, t. *I was hoping to sell 5,000 tonnes of rice to the government but another trader undercut me.* = to quote (ask for) a lower price for something than someone else, often using dishonest means कम दाम लगाना, प्राय: बेईमानी से

un•der•dog /ˈʌndədɒg/ /'अँन्डडॉग्/ noun, c. *Kenya was the underdog in the match against Australia.* = a person or group that is considered weaker than another person or group in a competition or fight and is expected to lose, often getting sympathy because of being weaker कमज़ोर समझा जाने वाला प्रतियोगी

un•der•done /ʌndəˈdʌn/ /अँन्ड'डॅन्/ adj. *The fish is under-done.* = not cooked enough (slightly raw) अधपका, पूरी तरह पका हुआ नहीं (हल्का कच्चा)

un•der•es•ti•mate /ʌndərˈestɪmɪt/ /अँन्डर'एस्टिमिट्/ verb, t. **1** *I took only Rs 150 with me, but the taxi cost me Rs 200. I had underestimated the expense.* = to calculate too low an amount बहुत कम राशि का अनुमान करना **2** *Don't underestimate the Bangladesh team. They have some very good players.* = to have a lower opinion of someone or something than one should have (also **underrate**) कम आँकना, कम समझना (देखें **underrate**)

un•der•foot /ʌndəˈfʊt/ /अँन्ड'फुट्/ adv. **1** *Walk carefully. The road is very slippery underfoot.* = to walk on पैरों तले **2** *We trampled the poppy plants underfoot.* = with the feet पैरों के नीचे

undergarment see **underclothes** (देखें **underclothes**)

un•der•go /ʌndəˈgəʊ/ /अँन्ड'गउ/ verb, t. (**underwent, undergone**) *He underwent surgery last year.* = to experience (go through) something difficult or unpleasant (formal) सहना, भुगतना, कष्ट से गुज़रना (औपचारिक)

un•der•grad•u•ate[1] /ʌndəˈgrædʒʊɪt/ /अँन्ड'ग्रैजुइट्/ noun = a person (usually a student) who has not passed the first degree examination (B.A., B.Sc., B.Com. etc.) स्नातक-पूर्व, स्नातक उपाधि-प्राप्त नहीं

undergraduate[2] adj. *an undergraduate course* = leading to a first degree (B.A. etc.) स्नातक-पूर्व

un•der•ground[1] /ʌndəˈgraʊnd/ /अँन्ड'ग्राउन्ड्/ adj. *an underground room* = below the surface of the ground भूमिगत, भूमि की सतह से नीचे

underground[2] adv. *He has gone underground as the police are looking for him.* = into a hidden or secret place भूमिगत, छिपा हुआ

undergrowth see **underbrush** देखें **underbrush**

un•der•hand /ʌndəˈhænd/ /अँन्ड'हैन्ड्/ adj. *an underhand deal* = dishonest and secret गुप्त और बेईमान

un•der•lie /ʌndəˈlaɪ/ /अँन्ड'लाइ/ verb, t. (**underlay, underlain**) *Love for nature underlies all her writings.* = to be a hidden cause or meaning for something अंतर्निहित **underlying** adj. *The underlying theme in this novel is the need for peace.* = present but not immediately seen or understood अंतर्निहित, मूल में स्थित

un•der•line /ʌndəˈlaɪn/ /अँन्ड'लाइन्/ verb, t. **1** *The most important word in this sentence has been underlined.* = to draw a line below a word to draw attention to it (also **underscore**) रेखांकित करना (देखें **underscore**) **2** *The speaker underlined the importance of agricultural reform.* = to draw special attention to something; ध्यानाकर्षित करना, बल देना

un•der•ling /ˈʌndəlɪŋ/ /'अँन्डलिङ्/ noun, c. = a person of low rank who works under someone's orders मातहत, अधीनस्थ कर्मचारी

un•der•man /ʌndəˈmæn/ /अँन्ड'मैन्/ verb, t. *We need at least 20 teachers for this school but we have only five. We are badly undermanned.* = to not have enough people required for some purpose कर्मचारियों की कमी होना

> **Usage** It is preferable to use the gender-free term **understaffed**. ध्यान दें, 'undermanned' के बदले लिंग-निष्पक्ष पद 'understaffed' का प्रयोग ही बेहतर प्रयोग है।

un•der•mine /ʌndəˈmaɪn/ /अँन्ड'माइन्/ verb, t. *Our attempts to discourage the use of plastic bags were undermined by the manufacturers of the bags.* = to make something weaker or less effective कमज़ोर बनाना, प्रभावहीन बनाना

un•der•neath[1] /ʌndəˈniːθ/ /अँन्ड'नीथ्/ prep. *The floor underneath the carpet is covered with dust.* = below के तले, नीचे

underneath[2] adv. *He looks rough on the surface but he has a heart of gold underneath.* = inside (in the part that is hidden) अंदर से, भीतर से

un•der•nour•ished /ʌndəˈnʌrɪʃt/ /अँन्ड'नॅरिश्ट्/ adj. *an under-nourished child* = not healthy because of lack of healthy food अल्पपोषित, कुपोषित

un•der•pass /ˈʌndəpɑːs/ /'अँन्डपाऽस्/ = a road built below another road or a railway track, for people to cross in safety भूमिगत मार्ग

under•pay /ʌndəˈpeɪ/ /अँन्ड'पेइ/ verb, t. (**underpaid**) = to pay a person less money than he/she should be paid कम वेतन देना

un•der•play /ʌndəˈpleɪ/ /अँन्ड'प्लेइ/ verb, t. *Do not underplay the importance of exercise in physic* *fitness.* = to make something seem less important than it really is कम महत्त्व का दिखाना

un•der•priv•i•leged /ʌndə'prɪvɪlɪdʒd/ /अॅन्ड'प्रिव़िलिज्ड्/ adj. *underprivileged children* = lacking the things that more fortunate people have (e.g. money, food, housing etc.) शोषित, दलित, कमज़ोर वर्ग (समाज का)

un•der•rate see **underestimate** (meaning **2**) (also **undervalue**) देखें **underestimate** (meaning **2**) (देखें **undervalue**)

underscore see **underline** (देखें **underline**)

un•der•sell /ʌndə'sel/ /अॅन्ड'सेल्/ verb, t. = to sell something at a lower price than someone else (see also **undercut**) कम दाम पर बेचना (देखें **undercut**)

un•der•side /'ʌndəsaɪd/ /'अॅन्डसाइड्/ noun *The underside of the car has to be painted.* = the lower side or surface of something निचला भाग/तल

un•der•signed /'ʌndəsaɪnd/ /'अॅन्डसाइन्ड्/ noun *We, the undersigned, earnestly request you to look into this matter.* = the person or persons whose signature appears below this writing (formal) अधोहस्ताक्षरी (औपचारिक)

un•der•sized /ʌndə'saɪzd/ /अॅन्ड'साइज़्ड्/ adj. *an undersized apple* = smaller in size than the average (derogatory when referring to a person) (सामान्य से) छोटे आकार का, ठिंगना (व्यक्ति के संदर्भ में अनादरपूर्ण)

un•der•stand /ʌndə'stænd/ /अॅन्ड'स्टैन्ड्/ verb, t. or i. **1** *I can't understand this poem. The meaning is not clear.*(t.) = to not be able to know the meaning of something अर्थ समझना **2** *I am afraid I can't come to your party as the doctor has ordered me to stay in bed. I hope you will understand.*(i.) = to be able to judge a situation correctly and not feel hurt, offended etc. समझना **3** *I understand you are moving to Nagpur.*(t.) = to hear about something किसी के बारे में जानना **understandable** adj. *Your unwillingness to go on this long journey is understandable.* = which can be understood as there are clear reasons for it समझ सकते हैं **understanding** noun, u. **1** *This book is too difficult. It is beyond my understanding.* = the ability to understand something समझ **2** *He has no understanding of modern literature.* = knowledge जानकारी, समझ **3** *Three of us who share a flat have reached an understanding. No loud music will be played.* = an agreement between people to do or not do something समझौता

to make oneself understood *I can't speak Tamil very well but I can make myself understood.* = to be able to express oneself, although not very well or clearly अपनी बात समझा पाना **Do you understand?** **1** = an expression used to check that the other person understands one's orders or instructions 'समझ गए?' **2** *I don't want anyone phoning me tonight. Do you understand?* = an expression used to check that someone has understood something as well as to warn them चेतावनी देना

un•der•state /ʌndə'steɪt/ /अॅन्ड'स्टेइट्/ verb, t. *The water problem is getting worse but your report understates the seriousness of the situation.* = to make something look less serious or important than it really is महत्त्व कम दिखाना **understated** adj. *The writers' description of the woman's sorrow is understated.* = to deliberately put less feeling into something (e.g. a piece of writing) than may be expected, so as to produce an artistic effect जानबूझकर महत्त्व कम करना **understatement** noun, u. or c. *He said the building needed a little repair, but that was an understatement. It was in a very bad state.*(c.) = a statement which does not bring out the full facts or the importance of something न्यूनोक्ति, बहुत को थोड़ा बताना

un•der•stud•y[1] /'ʌndəstʌdi/ /'अॅन्डस्टॅडी/ noun, c. (**understudies**) = an actor who can replace another actor in a play (drama) if required to do so; anyone who may be asked to replace another person स्थानापन्न व्यक्ति या अभिनेता या अभिनेत्री

understudy[2] verb, t. = to replace an actor in a play दूसरे अभिनेता का स्थान लेना

un•der•take /ʌndə'teɪk/ /अॅन्ड'टेइक्/ verb, t. (**undertook**, **undertaken**) **1** *The parents have undertaken the responsibility of improving the library.* = to accept a certain duty or responsibility दायित्व लेना **2** *I undertake to repay this loan by the end of the month.* = to promise to do something प्रतिज्ञा करना, वायदा करना **undertaking** noun, c. **1** *The Indian Oil Company is a government undertaking.* = a piece of work or a business which someone is doing (सरकार का) उपक्रम **2** *He has given us an undertaking to complete this building in a month.* = a promise वायदा, प्रतिज्ञा

undertaker /'ʌndəteɪkə^r/ /'अॅन्डटेइक^र/ noun = a person whose job it is to make arrangements for the funeral of dead people [TECHNICAL] अंत्येष्टि-प्रबधक [तकनीकी]

under-the-counter adj. *He expects you to make an under-the-counter payment for helping you to get the contract.* = done secretly and in an illegal manner (disapproving) अनुचित/गैरकानूनी तरीके से (अस्वीकृत)

un•der•tone /'ʌndətəʊn/ /'अॅन्डटउन्/ noun, c. **1** *He spoke in an undertone because he did not want the others to hear.* = a quiet, low voice मंद स्वर **2** *There are undertones of sadness in this song.* = a quality which is present but not openly or clearly प्रच्छन्न भाव, निहित विशेषता या भाव

un•der•val•ue /ʌndə'vælju:/ /अॅन्ड'वैल्यू/ verb, t. = to put too low a value or price on something (see **under-rate**) दाम कम आँकना, कम महत्त्व देना (देखें **under-rate**)

U

un•der•wa•ter /ʌndəˈwɔːtəʳ/ /अँन्ड'वॉऽटʳ/ adj. *underwater photography* = done below the surface of the water अंतर्जलीय, पानी की सतह के नीचे

underwear see **underclothes** (also **undergarments**) देखें **underclothes** (और **undergarments**)

un•der•weight /ʌndəˈweɪt/ /अँन्ड'वेइट्/ adj. *The man was not selected for the army as he was underweight. He is only 48 kilos.* = below the weight required for some purpose सामान्य से कम वज़न का

underwent verb, t. = past tense of **undergo** (see **undergo**): undergo (= प्रक्रिया से गुज़रना) क्रिया का भूतकालिक रूप (देखें **undergo**)

un•der•world /ˈʌndəwɜːld/ /'अँन्डवऽल्ड्/ noun **1** *a member of the underworld* = gangs of criminals who work very secretly अपराधी वर्ग **2** = the place where the spirits of the dead are taken (specially in stories from ancient Greece) अधोलोक (प्राचीन ग्रीक कहानियों में वर्णित)

un•der•write /ʌndəˈraɪt/ /अँन्ड'राइट्/ verb, t. **1** *The government will underwrite this new company.* = to support with money and to take responsibility for the failure of a business आर्थिक सहायता देना तथा असफल होने पर ज़िम्मेवारी लेना **2** *The insurance company has underwritten this ship.* = to insure (to promise to pay money in case of an accident etc.) [TECHNICAL] समुद्री बीमा करना [तकनीकी]

un•de•si•ra•ble /ʌndɪˈzaɪərəbəl/ अँन्डि'ज़ाइअरबल्/ adj. *an undesirable person* = not wanted or liked अवांछनीय

un•de•vel•oped /ʌndɪˈveləpt/ /अँन्डि'वेलप्ट्/ adj. *Many areas of this region are still undeveloped.* = not having any buildings, industry, farming activity etc.; not fully or properly grown when referring to an unborn child or animal (foetus) अविकसित

un•dies /ˈʌndiːz/ /'अँन्डीज़/ noun = women's underwear (slang) महिला के अधोवस्त्र (अपभाषा)

un•di•vid•ed /ʌndɪˈvaɪdɪd/ /अँन्डि'वाइडिड्/ adj. *an undivided country* = not broken up into parts; complete अविभाजित, अखंड

un•do /ʌnˈduː/ /अँन्'डू/ verb, t. (**undid, undone**) **1** *The chemical factories have caused a lot of damage to the environment but we must try to undo some of it.* = to remove the effects of something की गई क्षति की पूर्ति करना, प्रभाव मिटाना **2** *He undid the buttons of his coat.* = to unfasten (to cause something that is tied to open up or become loose) खोलना **undoing** noun, u. *My refusal to work hard was my undoing.* = the cause of someone's downfall or failure विनाश या तबाही का कारण

un•doubt•ed /ʌnˈdaʊtɪd/ /अँन्'डाउटिड्/ adj. *a person who has undoubted talent* = of which one can be certain (also **unquestioned**, **unquestionable**) असंदिग्ध, निःसंदेह, निश्चित रूप से (देखें **unquestioned**, **unquestionable**)

un•dreamed-of /ʌnˈdriːmd əv/ /अँन्'ड्रीम्डअव़/ adj. *undreamed-of wealth* = more than one can imagine अकल्पित, कल्पनातीत

un•dress /ʌnˈdres/ /अँन्'ड्रेस्/ verb, i. or t. *He undressed and went to bed.*(i.) // *The mother undressed her baby and put her to sleep.*(t.) = to remove (take off) one's own clothes or the clothes that someone else is wearing कपड़े उतारना, नंगा करना **a state of undress** noun = having no clothes on वस्त्रहीन, निर्वस्त्र, नंगा

un•due /ʌnˈdjuː/ /अँन्'ड्यू/ adj. **1** *You are giving him undue importance.* = more than one deserves अनुचित, अनधिकार **2** *You are asking for an undue favour.* = (something) which one does not deserve अनुचित **unduly** adv. *He is not unduly worried about the result of the examination as he knows he will pass.* = too much बहुत अधिक

un•dy•ing /ʌnˈdaɪ-ɪŋ/ /अँन्'डाइ-इङ्/ adj. *You have earned our undying gratitude by building this hospital.* = which will never end अनंत, अमिट

un•earth /ʌnˈɜːθ/ /अँन्'अऽथ्/ verb, t. **1** *He unearthed a pot full of old coins while digging up his garden.* = to dig up something that was buried inside the earth खोदकर निकालना **2** *He has unearthed a lot of musical talent among these children.* = to discover something by making a lot of effort पता लगाना, खोज निकालना

un•earth•ly /ʌnˈɜːθli/ /अँन्'अऽथ्ली/ adj. **1** *He heard an unearthly scream of terror.* = unnatural; ghostly रहस्यमय, भयानक **2** *She dropped in to see us at an unearthly hour.* = very inconvenient (see also **ungodly**) असमय (देखें **ungodly**)

un•eas•y /ʌnˈiːzi/ /अँन्'ईज़ी/ adj. **1** *The patient is feeling uneasy.* = not comfortable or well बेचैन **2** *There is an uneasy calm in the city.* = likely to change तूफ़ान से पहले की शांति

un•e•co•nom•ic /ʌniːkəˈnɒmɪk/ /अँनीक्'नॉमिक्/ adj. *It will be uneconomic to set up a factory here, as there are no transport facilities.* = not providing any profit or likely to lead to a loss (also **uneconomical**) खर्चीला, महँगा, घाटे का (देखें **uneconomical**)

un•ed•u•cat•ed /ʌnˈedjʊkeɪtɪd/ /अँन्'एजुकेइटिड्/ adj. = having little or no education अशिक्षित, अनपढ़

un•em•ployed /ʌnɪmˈplɔɪd/ /अँनिम्'प्लॉइड्/ aj. having no job बेरोज़गार **unemployment** /ʌnɪmˈplɔɪmənt/ /अँनिम्'प्लॉइमन्ट्/ noun, u. = the state of not having a job बेरोज़गारी, बेकारी

un•end•ing /ʌnˈendɪŋ/ /अँन्'एन्डिङ्/ adj. *an unending speech* = going on for too long a time (referring to something unpleasant) अनंत, समाप्त न होने वाला लंबे समय तक चलने वाला

un•e•qual /ʌnˈiːkwəl/ /अँन्'ईक्वल्/ adj. **1** *an unequal contest* = not fair; between people or groups that are not equal in strength or size असमान **2** *He was unequ* *to the task.* = not having enough strength or ability to do something (के) अयोग्य **unequalled** adj. *The beauty of the Taj Mahal is unequalled.* = having no equal; better than anything else बेजोड़

UNESCO /jʊ'neskəʊ/ /यु'नेस्कउ/ abbr. of **United Nations Educational, Scientific and Cultural Organization** = a part of the United Nations Organization that looks after educational and cultural activities 'यूनेस्को'–संयुक्त राष्ट्र संघ का एक भाग

un•eth•i•cal /ʌneθɪkəl/ /अॅन्'एथिक्ल्/ adj. *It is unethical to offer bribes.* = not morally good or right अनैतिक

un•e•ven /ʌn'i:vən/ /अन्'ईवन्/ adj. **1** *The road has an uneven surface.* = not smooth or level ऊबड़-खाबड़ **2** *His breathing is uneven.* = not regular अनियमित **3** *Her performance has been uneven this year.* = varying (changing) in quality परिवर्तनीय, बदलता हुआ **4** *The match between South Africa and India proved to be an uneven contest.* = not equal in talent, ability etc. प्रतिभा, क्षमता आदि में समानता का नहीं

un•e•vent•ful /ʌnɪ'ventfəl/ /अॅनइ'वेन्ट्फ़ल्/ adj. *We were expecting some excitement at the meeting but it was quite uneventful.* = without any exciting events बिना किसी रोचक अथवा उत्तेजक घटना के

un•fail•ing /ʌn'feɪlɪŋ/ /अॅन्'फ़ेइलिङ्/ adj. *He is popular because of his unfailing sense of humour.* = always present (referring to something good) कभी असफल न होने वाला, हमेशा बना रहने वाला (गुण)

un•fair /ʌn'feə^r/ /अॅन्'फ़ेअ^र/ adj. *It was unfair of you to blame only him when so many of us made the same mistake.* = not just or right अनुचित, ग़लत

un•faith•ful /ʌn'feɪθfəl/ /अॅन्'फ़ेइथ़फ़ल्/ adj. **1** *an unfaithful husband* = having sexual relations with someone to whom one is not married विश्वासघाती, धोखा देने वाला **2** *an unfaihful friend* = not loyal or supporting one in the way expected विश्वासघाती, बेईमान, आवश्यकता पड़ने पर काम न आने वाला

un•fal•ter•ing /ʌn'fɔ:ltərɪŋ/ /अॅन्'फ़ॉऽल्ट्रिङ्/ adj. *His loyalty to his leader is unfaltering.* = steady; not losing strength स्थिर, हमेशा बना रहने वाला

un•fath•o•ma•ble /ʌn'fæðəməbəl/ /अॅन्'. फ़ैद्‌मबल्/ adj. *For some unfathomable reason he thinks of his own brother as his worst enemy.* = difficult to understand गूढ़, गहरा, समझ में न आने वाला

un•fa•vou•ra•ble /ʌn'feɪvərəbəl/ /अॅन्'फ़ेइव्रबल्/ adj. *You should not think of starting a new business now, as conditions are unfavourable.* = not helpful प्रतिकूल, नकारात्मक, सहायक नहीं

un•fazed /ʌnfeɪzd/ /अॅन्फ़ेइज़्ड्/ adj. *There have been many insulting reports about him in the newspapers, but he remains unfazed.* = not worried by problems or difficulties (approving) समस्याओं से अविचलित (स्वीकृत)

un•feel•ing /ʌn'fi:lɪŋ/ /अॅन्'फ़ीलिङ्/ adj. *When I was lying in hospital with a broken leg, my friends did not visit me even once. I never thought they would be so unfeeling.* = not feeling any sympathy for others निष्ठुर, संगदिल, बेरहम, सहानुभूतिशून्य

un•fi•nished /'ʌnfiniʃt/ /अॅन्'फ़िनिश्ट्/ adj. *an unfinished novel* = not completed अपूर्ण, अधूरा

un•fit /ʌn'fɪt/ /अॅन्'फ़िट्/ adj. **1** *If you can't control your temper, you are unfit to be a teacher.* = not having the right qualities needed for something अनुपयुक्त **2** *Wasim is not playing in this match as he is unfit.* = not in good health or good physical condition अस्वस्थ, शारीरिक रूप से असमर्थ

un•flap•pa•ble /ʌn'flæpəbəl/ /अॅन्'फ्लैपबल्/ adj. *She remains unflappable even when there are problems.* = never losing one's calm शांतचित्त

un•fold /ʌn'fəʊld/ /अॅन्'फ़उल्ड्/ verb, t. or i. **1** *He took the letter out of the envelope, unfolded it and read it out to his wife.*(t.) = to open or spread out something खोलना **2** *As the story of the film unfolds, you realize how true to life it is.*(i.) = to develop and become more clear आगे बढ़ना, और स्पष्ट होना

un•fore•seen /ʌnfɔ:'si:n/ /अॅन्फ़ॉऽ'सीन्/ adj. *If no unforeseen problems arise, we should be able to complete this task in a week.* = not expected अप्रत्याशित, अनपेक्षित

un•for•get•ta•ble /ʌnfə'getəbəl/ /अॅन्फ़'गेटबल्/ adj. *My meeting with her grandmother will always remain unforgettable for me.* = (something) that one cannot forget because of the strong effect it has अविस्मरणीय

un•for•tu•nate /ʌn'fɔ:tənɪt/ /अॅन्'फ़ॉऽट्निट्/ adj. **1** *These unfortunate people lost their homes in the earthquake.* = having bad luck भाग्यहीन, अभागा **2** *It is unfortunate that you did not follow my instructions.* = something that one should feel sorry about (disapproving) अफ़सोस की बात, दुर्भाग्यपूर्ण (अस्वीकृत)

un•found•ed /ʌn'faʊndɪd/ /अॅन्'फ़ाउन्डिड्/ adj. *The rumour that the company will shut down is unfounded. It is doing well.* = not supported by facts निराधार, निर्मूल, बेबुनियाद

un•furl /ʌn'fɜ:l/ /अॅन्'फ़ऽल्/ verb, t. *The President will unfurl the national flag on Republic Day.* = to open up a flag from a rolled-up position (झंडा) फहराना

un•gain•ly /ʌn'geɪnli/ /अॅन्'गेइन्ली/ adj. *Even though he has an ungainly body, he is very graceful when he dances.* = clumsy भद्दा

un•god•ly /ʌn'gɒdli/ /अॅन्'गॉड्ली/ adj. *I had to go to the airport at the ungodly hour of 4.00 a.m. to receive my friend.* = very inconvenient (see also **unearthly**, meaning **2**) असुविधाजनक, कुसमय (देखें **unearthly**, meaning **2**)

U

un•gram•ma•ti•cal /ʌngrəˈmætɪkl/ /अॅन्ग्रˈमैटिक्ल्/ adj. *an ungrammatical sentence* = not in keeping with the rules of grammar अव्याकरणिक

un•grate•ful /ʌnˈgreɪtfəl/ /अॅन्ˈग्रेइट्फ़्ल्/ adj. *Have you forgotten that I helped you when you were in trouble? How can you be so ungrateful?* = not thankful (not showing appreciation of help received from someone) अकृतज्ञ, अहसान फरामोश, कृतघ्न

un•guard•ed /ʌnˈgɑːdɪd/ /अॅन्ˈगाऽडिड्/ adj. **1** *If the house is left unguarded, thieves are sure to break in.* = not protected by guards अरक्षित **2** *In an unguarded moment he told me that he had never been to college.* = careless असावधान, बेख़बर

un•hap•pi•ly /ʌnˈhæpɪli/ /अॅन्ˈहैपिली/ adv. **1** *Unhappily, she fell ill on the day of the examination.* = unfortunately दुर्भाग्यवश **2** *He walked to the examination hall unhappily.* = in an unhappy mood दुखी मन से

un•health•y /ʌnˈhelθi/ /अॅन्ˈहेल्थी/ adj. **1** *The children look unhealthy.* = not in good health अस्वस्थ, कमज़ोर **2** *He lives in unhealthy surroundings.* = likely to cause disease or health problems हानिकर, दूषित, अस्वास्थ्यकर **3** *He takes an unhealthy interest in the activities of smugglers.* = not proper अनुचित

un•heard /ʌnˈhɜːd/ /अॅन्ˈहऽड्/ adj. *My prayer remained unheard.* = not listened to अनसुना, जो सुना न गया हो **unheard of** /ʌnˈhɜːd/ /अॅन्ˈहऽड्/ adj. *For anyone to become a professor at the age of 18 is unheard of.* = (something) that has never happened before अपूर्व, अभूतपूर्व, पहले कभी सुना तक नहीं गया

un•hinge /ʌnˈhɪndʒ/ /अॅन्ˈहिन्ज्/ verb, t. *The death of his wife in an accident has unhinged him.* = to cause someone to lose control of the mind दिमागी संतुलन खो देना, पागल बना देना

u•ni- /ˈjuːnɪ/ /ˈयूनि/ prefix meaning one or single e.g. 'एक, इक' के अर्थ में प्रयुक्त उपसर्ग **uni-cellular** = having only one cell एककोशीय

UNICEF abbr. of **United Nations International Children's Fund** = an organization which is a part of the United Nations and helps suffering children 'यूनीसेफ़', संयुक्त राष्ट्र संघ का एक भाग

u•ni•corn /ˈjuːnɪkɔːn/ /ˈयूनिकॉऽन्/ noun = an imaginary animal that looks like a white horse but has a single horn growing from its forehead एकशृंगी (एक काल्पनिक पशु जो सफ़ेद घोड़े जैसा दीखता है और जिसके मस्तक पर एक सींग उगा होता है)

un•i•den•ti•fied /ʌnaɪˈdentɪfaɪd/ /अॅनाइˈडेन्टिफ़ाइड्/ adj. *Some unidentified people have given the police a clue about where to find the criminal.* = (someone) whose name etc. is not known अनजान, जिसे पहचाना नहीं गया

u•ni•form[1] /ˈjuːnɪfɔːm/ /ˈयूनिफ़ॉऽम्/ noun, u. or c. *a police officer in uniform* = a type of clothing worn by all the members of a group or profession, specially the army or police वरदी (वर्दी), यूनिफ़ार्म

uniform[2] adj. *The temperature here remains at a uniform 32 degrees Celsius throughout the year.* = always the same; not changing or different एक समान, सदा एक-सा रहने वाला

u•ni•fy /ˈjuːnɪfaɪ/ /ˈयूनिफ़ाइ/ verb, t. or i. *Some people would like to unify the countries in Europe into a single large state.* = to join separate things together to form a whole मिलाकर एक कर देना **unification** /juːnɪfɪˈkeɪʃən/ /यूनि.फिˈकेइशन्/ noun, u. *The unification of East Germany and West Germany into a single state took place not many years ago.* = the act of joining separate things together into a whole एकीकरण

u•ni•lat•e•ral /juːnɪˈlætərəl/ /यूनिˈलैट्रल्/ adj. *India has made a unilateral declaration that it will not be the first to use nuclear weapons in the case of a war.* = done by or having an effect on only one group or country [TECHNICAL] एकतरफ़ा, एकपक्षीय [तकनीकी]

un•in•hab•i•ta•ble /ʌnɪnˈhæbɪtəbəl/ /अॅनइन्ˈहैबिटब्ल्/ adj. *Some of the islands in the Indian Ocean are uninhabitable as they have no fresh water.* = on which no one can live न रहने योग्य, बसने योग्य नहीं

un•in•hib•it•ed /ʌnɪnˈhɪbɪtɪd/ /अॅनइन्ˈहिबिटिड्/ adj. *These days young people talk freely about love and sex when taking part in discussions. They are quite uninhibited.* = free and natural in behaviour and not worried about what other people may think मुक्त और स्वाभाविक

un•in•spired /ʌnɪnˈspaɪəd/ /अॅनइन्ˈस्पाइअड्/ adj. *Shah Rukh Khan, who usually acts well, gives an uninspired performance in this film.* = dull; done without imagination निरुत्साह, रोचक नहीं **uninspiring** adj. *an uninspiring speech* = not able to inspire (to create special interest in something) अरुचिकर, प्रेरित करने वाला नहीं

un•in•te•rest•ed /ʌnˈɪntrɪstɪd/ /अॅन्ˈइन्ट्रिस्टिड्/ adj. *I tried to sell him my car, but he was uninterested.* = not showing interest उदासीन, रुचि न लेने वाला

un•in•ter•rupt•ed /ʌnɪntəˈrʌptɪd/ /अॅन्ˈइन्टरॅप्टिड्/ adj. *We have had an uninterrupted week of rain. It has not stopped raining at all during this period.* = continuous; without a halt निरंतर, निर्बाध, बिना रुके

u•ni•on /ˈjuːnɪən/ /ˈयूनिअन्/ noun, c. or u. **1** *I am a member of the teacher's union.*(c.)= a group of people, generally belonging to the same profession, that looks after the rights and interests of its members संघ **2** *We are happy at the union of these two families.* = the act of being joined together (formal) मेल (औपचारिक) **3** *Their union has been blessed at last, after ten long years.* = marriage (old-fashioned) विवाह (पुराने प्रचलन का) **unionize (unionise)** /ˈjuːnjənaɪz/ /ˈयून्यनाइज़्/ verb, t. *The workers employed in this factory have been unionized.* = to form a union of workers [TECHNICAL] (कर्मचारियों का) संघ बनाना [तकनीकी]

Union Jack noun = the national flag of Great Britain (formed by the union of England, Scotland and Wales) ग्रेट ब्रिटेन का राष्ट्रीय ध्वज

u•nique /ju:'ni:k/ /यू'नीक्/ adj. *She has a unique style of singing. No one can copy her style.* = the only one of its kind; unusual अनूठा, लाजवाब, बेजोड़

u•ni•sex /'ju:nɪseks/ /'यूनिसेक्स्/ adj. *unisex clothes* = for both men and women महिला और पुरुष, दोनों के लिए समान (वस्त्रादि)

u•ni•son /'ju:nɪsən/ /'यूनिसन्/ noun, u. *'We want a holiday!' the school-boys shouted in unison.* = the act of doing something together, at the same time एक स्वर में, एक साथ

u•nit /'ju:nɪt/ /'यूनिट्/ noun, c. **1** *The most widely used unit of weight is the kilogramme.* = an amount or quantity used in measuring something इकाई **2** *He is an officer in a naval unit.* = a group of people living or working together for a special purpose दस्ता, इकाई **3** *This chapter is divided into six units.* = a division in a book खंड **unit trust** noun, c. *the Unit Trust of India* = a business company which collects money from the public and uses it to buy shares in different kinds of business [TECHNICAL] 'यूनिट ट्रस्ट', एक व्यापारिक कंपनी जो लोगों से पैसे लेकर कंपनियों के शेयर खरीदती है [तकनीकी]

u•nite /ju:'naɪt/ /यू'नाइट्/ verb, t. or i. **1** *The government plans to unite these two departments into a single department.*(t.)= to join together to form a whole मिलाकर एक करना, जोड़ना **2** *The teachers united to demand higher pay.*(i.) = to come together for some purpose एक हो जाना

United Nations see **UN** देखें **UN**

unit trust see **unit** देखें **unit**

u•ni•ty /'ju:nɪti/ /'यूनिटी/ noun, u. *There is perfect unity among the workers.* = the state of being united and working together in agreement एकता

u•ni•ver•sal /ju:nɪ'vɜ:səl/ /यूनि'वɜसल्/ adj. *Peace is the universal wish of all nations.* = common to everyone; found everywhere सार्वभौमिक, सर्वत्र प्राप्त **universal joint** noun = a joint in a machine which connects two parts and allows movement in all directions [TECHNICAL] मशीन में दो भागों को जोड़ने वाला [तकनीकी]

u•ni•verse /'ju:nɪvɜ:s/ /'यूनिवɜस्/ noun, c. = everything that exists, including the stars, planets etc. विश्व, ब्रह्मांड

u•ni•ver•si•ty /ju:nɪ'vɜ:sɪti/ /यूनि'वɜसिटी/ noun = a place where higher education (after the school level) is given विश्वविद्यालय

un•just /ʌn'dʒʌst/ /अॅन्'जॅस्ट्/ adj. *The prize was not given to the best student because she was below the minimum age. This was unjust.* = not right or fair अन्यायपूर्ण; न्यायोचित नहीं

un•kempt /ʌn'kempt/ /अॅन्'केम्प्ट्/ adj. *You should not come to class looking so unkempt.* = untidy (old-fashioned) अस्त-व्यस्त, खराब स्थिति में (पुराने प्रचलन का)

un•kind /ʌn'kaɪnd/ /अॅन्'काइन्ड्/ adj. *How can you be so unkind to those animals?* = cruel निर्दय, कठोर

un•know•ing /ʌn'nəʊɪŋ/ /अॅन'नउइङ/ adj. *I didn't know she was ill when I asked her to come with me. It was an unknowing thing I did.* = not aware of a particular situation or problem अभिज्ञ, अनजान **unknowingly** adv. *He was unknowingly spreading infection by travelling in a crowded bus.* = without knowing that one is doing something अनजाने में

un•known /ʌn'nəʊn/ /अॅन्'नउन्/ adj. *a book by an unknown author* = whose name, etc. no one knows अज्ञात, अपरिचित

un•law•ful /ʌn'lɔ:fəl/ /अॅन्'लॉɔफ़ल्/ adj. *The government has declared this meeting unlawful.* = against the law अवैध, गैरकानूनी

un•learn /ʌn'lɜ:n/ /अॅन्'लɜन्/ verb, t. *I have to unlearn the grammar I was taught in school and start all over again.* = to forget or give up deliberately something that one has already learnt सीखा हुआ भुला देना

un•leash /ʌn'li:ʃ/ /अॅन्'लीश्/ verb, t. *The enemy unleashed a violent attack on our soldiers.* = to release (set free) some strong force or feeling suddenly छोड़ना

un•leav•ened /ʌn'levənd/ /अॅन्'लेवन्ड्/ adj. *unleavened bread* = flat bread made without yeast (a substance that makes bread soft) बिना ख़मीर का

un•less /ʌn'les/ /अॅन्'लेस्/ conj. *You can't leave the class unless your teacher allows you to go.* = except on the condition that जब तक (नकार)

un•like[1] /ʌn'laɪk/ /अॅन्'लाइक्/ prep. **1** *He is quite unlike his brother. His brother is tall and fat whereas he is short and thin.* = different from से भिन्न **2** *It is unlike her to be late. There must be a good reason.* = not what one expects from someone किसी से अनपेक्षित, किसी की प्रकृति के विरुद्ध स्वाभाविक नहीं

unlike[2] adj. *His brother and he are quite unlike.* = different from each other एक-दूसरे से भिन्न **unlikely** adv. *It is unlikely that you will win this election. Not many people have heard of you.* = not expected संभावित नहीं

un•list•ed /ʌn'lɪstɪd/ /अॅन्'लिस्टिड्/ adj. *an unlisted telephone number* = not included in an official list and therefore not known to many people औपचारिक सूची में न होना

un•load /ʌn'ləʊd/ /अॅन्'लउड्/ verb, t. **1** *Please unload the machines from the trucks.* = to remove a load, usually something heavy, from something सामान उतारना **2** *unload the camera* = to remove the bullets from a gun or a film from a camera खाली करना (बंदूक अथवा कैमरा) **3** *The shopkeeper managed to unload a consignment of rotten apples on us.* = to get rid of

U

something that is not wanted (using dishonest means) (derogatory) पिंड छुड़ाना (बेईमानी से) (अनादरपूर्ण)

un•lock /ʌn'lɒk/ /अँन्'लॉक्/ verb, t. *Unlock the door.* = to remove the lock from something (ताला) खोलना

un•luck•y /ʌn'lʌki/ /अँन्'लॅकी/ adj. *The batsman was unlucky to be run out when his score was 99.* = having or bringing bad luck बदक़िस्मत, अभागा

un•manned /ʌn'mænd/ /अँन्'मैन्ड्/ adj. *an unmanned aircraft* = not having or not requiring someone to look after it or to control it (referring to a machine e.g. an aircraft) कर्मीदल रहित (स्वचालित मशीन अथवा वायुयान)

un•man•age•able /ʌn'mænɪdʒəbəl/ अँन्'मैनिजबल्/ adj. *unmanageable crowds // an unmanageable task* = something which is difficult to control or complete बेकाबू, जिसका नियंत्रण करना कठिन या असंभव

un•mar•ried /ʌn'mærid/ /अँन्'मैरिड्/ adj. = not married अविवाहित

un•mask /ʌn'mɑ:sk/ /अँन्'माऽस्क्/ verb, t. *Everyone thought he was an honest man, but your report proves that he is dishonest. I am glad you have unmasked him.* = to expose someone (to let people know the unpleasant truth about someone, which had been kept hidden) नकाब उतारना (किसी की असलियत सबके सामने लाना)

un•matched /ʌn'mætʃt/ /अँन्'मैच्ट्/ adj. *Her greatness as a leader is unmatched.* = having no equal (also **unparalleled**) अद्वितीय (देखें **unparalleled**)

un•men•tio•na•ble /ʌn'menʃənəbəl/ /अँन्'मेन्शनबल्/ adj. *unmentionable facts* = too shocking or unpleasant to be spoken about कहने योग्य नहीं

un•mind•ful /ʌn'maɪndfəl/ /अँन्'माइन्ड्फ़ल/ adj. *Please don't be unmindful when crossing the street or a car will hit you.* = careless; not paying attention to something लापरवाह, गाफ़िल, खोया हुआ-सा

un•mis•ta•ka•ble /ʌnmɪ'steɪkəbəl/ अँन्'मिस्टेइकबल्/ adj. *This letter has certainly been written by him. The handwriting is unmistakable.* = clearly recognizable आसानी से पहचाना जाने वाला, जिसे पहचानने में भूल की संभावना नहीं

un•moved /ʌn'mu:vd/ /अँन'मूव्ड/ adj. *The man begged the policeman to let him go but the policeman remained unmoved.* = showing no pity अप्रभावित, भावशून्य

un•nat•u•ral /ʌn'nætʃərəl/ /अँन'नैच्रल/ adj. *It seems unnatural for him to hate his parents.* = not natural or usual अस्वाभाविक, असामान्य

un•ne•ces•sa•ry /ʌn'nesəsəri/ /अँन्'नेसस्री/ adj. **1** *It is unnecessary to bring paper with you when you come for the examination. Paper will be provided.* = not required or wanted अनावश्यक **2** *Your cruel remarks were quite unnecessary.* = not welcome, not right अनावश्यक, अनुपयुक्त

un•nerve /ʌn'nɜ:v/ /अँन्'नऽव्/ verb, t. *She felt so unnerved when she was at the interview that she could not answer a single question.* = to lose courage or confidence or to cause someone to lose courage हतोत्साह होना या करना

un•ob•tru•sive /ʌnəb'tru:sɪv/ /अँन्अब'ट्रूसिव्/ adj. *I want my entry at the meeting to be unobtrusive. I don't want anyone to see me coming in.* = not easily noticed (seen) बिना ध्यान आकर्षित किए, चुपके से

un•of•fi•cial /ʌnə'fɪʃəl/ /अँन्अ'फ़िश्ल्/ adj. **1** *India is playing an unofficial test match against the Australian team.* = not official अनौपचारिक **2** = not known to people in a formal way औपचारिक रूप से सूचित या ज्ञात नहीं

un•or•tho•dox /ʌn'ɔ:θədɒks/ /अँन्'आऽथडॉक्स्/ adj. *He has an unorthodox style of singing. He mixes western tunes with Indian ragas.* = different from what is usual or expected अपरंपरागत, सामान्य प्रचलन से भिन्न

un•pack /ʌn'pæk/ /अँन्'पैक/ verb, t. *You can unpack your suitcase and hang your clothes in the wardrobe.* = to remove things from a container बंद अथवा बँधे सामान को खोलना

un•pal•at•a•ble /ʌn'pælətəbəl/ /अँन्'पैलटबल्/ adj. *What I have to say may be unpalatable to you, but I must point out the weaknesses in your writing.* = unpleasant and difficult to accept (referring to a fact etc.) अप्रिय (किसी तथ्य के संदर्भ में)

un•par•al•leled /ʌn'pærəleld/ /अँन्'पैरलेल्ड्/ adj. *Shakespeare's plays are unparalleled.* = having no equal (also **unmatched**) अद्वितीय (देखें **unmatched**)

un•par•lia•men•ta•ry /ʌnpɑ:lə'mentəri/ /अँन्पाऽल'मेन्ट्री/ adj. *unparliamentary language* = not in keeping with the rules or traditions of the parliament; not acceptable असंसदीय (अभद्र)

un•play•a•ble /ʌn'pleɪəbəl/ /अँन्'प्लेइअबल्/ adj. *Tendulkar was out to an unplayable ball from Wasim Akram.* = too difficult to hit (in the game of tennis, cricket etc.) अत्यंत उच्च कोटि का, न खेल पाने योग्य (टेनिस, क्रिकेट आदि के संदर्भ में)

un•pleas•ant /ʌn'plezənt/ /अँन्'प्लेज़न्ट्/ adj. *There was an unpleasant incident in the office today. Two people quarreled.* = which causes some bad or unhappy feelings अरुचिकर, अप्रिय, खराब, बुरा

un•pre•ce•dent•ed /ʌn'presɪdentɪd/ /अँन्'प्रेसिडेन्टिड्/ adj. *When Amitabh Bachchan arrived, there were unprecedented crowds waiting to greet him at the airport.* = which has never happened or been seen before अभूतपूर्व, अपूर्व

un•pre•dict•a•ble /ʌnprɪ'dɪktəbəl/ अँन्प्रि'डिक्टबल्/ adj. *The weather in Shillong is unpredicatable. You may suddenly get rain when it is not expected.* = which one cannot know about in advance or cannot be sure of

अननुमेय, जिसका पहले से अनुमान न किया जा सके, जिसके बारे में निश्चित रूप से न कहा जा सके

un•pro•fes•sion•al /ʌnprə'feʃənəl/ /अॅनप्र'फ़्रेशनल/ adj. *unprofessional behaviour* = not in keeping with the rules or traditions followed in a particular profession अव्यावसायिक, वर्ग विशेष से अपेक्षित (व्यवहार) के विरुद्ध

un•pro•voked /ʌnprə'vəʊkt/ /अॅनप्र'वउक्ट्/ adj. *an unprovoked attack* = done without any provocation (something that might make a person angry and cause him or her to behave in a certain way) अकारण

un•pun•ished /ʌn'pʌnɪʃt/ /अॅन्'पॅनिश्ट्/ adj. *The rule has been broken, and we cannot allow them to go unpunished.* = without getting punishment अदंडित, दंड के बिना

un•qual•i•fied /ʌn'kwɒlɪfaɪd/ /अॅन्'क्वॉलिफ़ाइड्/ adj. 1 *As he does not have a medical degree he is unqualified to treat patients.* = not having the knowledge or ability required to do something योग्यता-प्राप्त नहीं 2 *The programme was an unqualified success.* = complete (approving) पूर्णतः (स्वीकृत)

un•ques•tio•na•ble /ʌn'kwestʃənəbəl/ /अॅन्'क्वेश्च्नबल्/ adj. *His honesty is unquestionable.* = which cannot be doubted निःसंदेह, असंदिग्ध **unquestioning** adj. *You must give the Prime Minister your unquestioning support.* = without expressing any doubts संदेहरहित, बिना शंका के

un•qui•et /ʌn'kwaɪət/ /अॅन्'क्वाइअट्/ adj. *The situation in the city is unquiet. We are expecting some trouble.* = not calm or peaceful अशांत, अशांतिपूर्ण

un•quote /ʌn'kwəʊt/ /अॅन्'क्वउट्/ adv. *They said they were quote busy unquote so I could not meet them.* = a word used while speaking to show that one has come to the end of a quotation (a statement made by someone else which one is repeating) (The words quote–unquote, except when used in formal speeches, are often used to create a special effect e.g. sarcasm, lack of belief.) उद्धरण समाप्त (प्रत्यक्ष कथन के संदर्भ में)

un•rav•el /ʌn'rævəl/ /अॅन्'रैवल्/ verb, t. *No one knows how she happened to be at the scene of the crime but we expect the police to unravel this mystery.* = to solve or make clear a mystery सुलझाना

un•real /ʌn'rɪəl/ /अॅन्'रिअल्/ adj. *Everyone in the audience started weeping loudly when the film star announced he was going to give up acting. The whole situation was so unreal!* = strange and difficult to believe (somewhat derogatory) वास्तविक, विचित्र तथा विश्वासयोग्य नहीं (कुछ अनादरपूर्ण)

un•rea•so•na•ble /ʌn'ri:zənəbəl/ /अॅन्री'ज़नबल्/ adj. *How can I sell you my car for a thousand rupees? Don't be unreasonable!* = not fair or not showing reason विवेकपूर्ण न होना

un•re•served /ʌnrɪ'zɜ:vd/ /अॅन्रि'ज़ऽव्ड्/ adj. 1 *He has promised me his unreserved support.* = without limits or conditions बिना शर्त, सीमारहित 2 *He travelled in an unreserved compartment.* = without a reservation (a seat or berth on a train which no one else is allowed to use) अनारक्षित

un•rest /ʌn'rest/ /अॅन्'रेस्ट्/ noun, u. *We had a period of unrest, but now the city is peaceful.* = a state of trouble (when there is no peace) उपद्रव, असंतोष

un•ri•valled /ʌn'raɪvəld/ /अॅन्'राइवल्ड्/ adj. *Many think that the beauty of the Taj Mahal is unrivalled.* = not having anything to equal it (also **unequalled**, **unmatched**, **unparalleled**) बेजोड़, अनुपम (देखें **unequalled**, **unmatched**, **unparalleled**)

un•roll /ʌn'rəʊl/ /अॅन्'रउल्/ verb, t. *He unrolled the carpet so that I could see the design.* = to open from a rolled-up position खोलना या फैला देना (लपेटी हुई वस्तु)

un•ru•ly /ʌn'ru:li/ /अॅन्'रूली/ adj. *an unruly mob* = difficult to control उपद्रवी, अनियंत्रित, बेकाबू

un•said /ʌn'sed/ /अॅन्'सेड्/ adj. *You have helped me so much that I don't know how to thank you. I will leave my thanks unsaid.* = not expressed अनकहा, अकथित, बिना कहे

un•sa•vour•y /ʌn'seɪvəri/ /अॅन्'सेइव्री/ adj. *an unsavoury reputation* = bad or unpleasant खराब, बुरा

un•scathed /ʌn'skeɪðd/ /अॅन्'स्केद्ड्/ adj. *Many people in the crowd were injured, but he came out unscathed.* = not harmed निरापद, सही-सलामत

un•scram•ble /ʌn'skræmbəl/ /अॅन्'स्क्रैम्बल्/ verb, t. *We have received a message from the commander but it is in code. We will have to unscamble it.* = to put back a message which is in code (secret language which cannot be understood) into ordinary language, so that it can be understood [TECHNICAL] विकोडीकरण करना, गुप्त कोड को समझने योग्य बनाना [तकनीकी]

un•screw /ʌn'skru:/ /अॅन्'स्क्रू/ verb, t. *Can you unscrew the cap of this bottle of medicine?* = to take the lid (cover) off something by twisting it around पेंच खोलना, चूड़ीदार ढक्कन को खोलना

un•scru•pu•lous /ʌn'skru:pjʊləs/ /अॅन्'स्क्रूप्युलस्/ adj. *They are so unscrupulous that they will do anything to win.* = completely without moral principles and willing to do anything in order to get what one wants जो अनैतिक, इच्छित वस्तु पाने के लिए नैतिक, अनैतिक कुछ भी कर सकता है

un•seat /ʌn'si:t/ /अॅन्'सीट्/ verb, t. *unseat a person* = to cause someone to lose a position of power अधिकार से वंचित कर देना, पद से हटा देना

un•seed•ed /ʌn'si:dɪd/ /अॅन्'सीडिड्/ adj. *an unseeded player* = a player who has not been seeded (given a special position because he/she is likely to win) in a tournament (खेल-प्रतियोगिता में) विशेष स्थान प्राप्त नहीं

U

un•seem•ly /ʌn'si:mli/ /ऑन्'सीम्ली/ adj. *Your conduct at the meeting was unseemly. Why did you shout so much?* = not proper अनुचित

un•seen /ʌn'si:n/ /ऑन्'सीन्/ adj. **1** *There is an unseen hand guiding me.* = which cannot be seen अदृश्य **2** *The examination will include an unseen passage for comprehension.* = which has not been studied before अनदेखा, अपठित

un•set•tle /ʌn'setl/ /ऑन्'सेट्ल्/ verb, t. *Your question was so unexpected that it unsettled me.* = to upset someone (to make someone less calm) घबरा देना

unsettled /ʌn'setld/ /ऑन्'सेट्ल्ड्/ adj. **1** *The dispute between the two sides is still unsettled.* = which has not reached a settlement (a peaceful or acceptable end or solution) अनिर्णीत, जिसका अभी फ़ैसला या समझौता नहीं हुआ, जिसमें अनिश्चित परिवर्तन की संभावना हो **2** *unsettled weather* = likely to change परिवर्तनशील

un•shav•en /ʌn'ʃeɪvən/ /ऑन्'शेइव्न्/ adj. = not having shaved (removed the hairs growing on the face) दढ़ियल, बिना हजामत बनाए

un•sight•ly /ʌn'saɪtli/ /ऑन्'साइट्ली/ adj. *The room has not been cleaned. There are unsightly stains on the floor.* = not pleasant to look at भद्दा, गंदा, देखने योग्य नहीं

un•skilled /ʌn'skɪld/ /ऑन्'स्किल्ड्/ adj. **1** *unskilled labour* = without the special training required to do something अप्रशिक्षित **2** *an unskilled job* = not requiring any special skill or training (ऐसा कार्य) जिसके लिए किसी कौशल अथवा प्रशिक्षण की आवश्यकता न हो

un•so•cia•ble /ʌn'səʊʃəbəl/ /ऑन्'सउशबल्/ adj. *an unsociable person* = one who does not enjoy the company of others and prefers to be alone गैर-मिलनसार, एकाकी रहने वाला

un•sound /ʌn'saʊnd/ /ऑन्'साउन्ड्/ adj. **1** *His ideas on economics are unsound.* = not based on correct or good reasoning तर्कहीन, निराधार **2** *His health is unsound.* = not good ठीक नहीं **3** *a person of unsound mind* = mentally unwell विक्षिप्त, जिसकी मानसिक स्थिति ठीक नहीं

un•spa•ring /ʌn'speərɪŋ/ /ऑन्'स्पेअरिङ्/ adj. **1** *He was unsparing in his criticism of our mistakes.* = holding nothing back; hiding nothing कठोर, माफ़ न करने वाला, आलोचना में कोई कसर न छोड़ने वाला **2** *We would like to thank the people who have been so unsparing with their help.* = generous with money, help etc. (also **unstinting**) मुक्तहस्त, उदार (देखें **unstinting**)

un•spea•ka•ble /ʌn'spi:kəbəl/ /ऑन्'स्पीकबल्/ adj. *unspeakable crimes* = too bad or unpleasant to be described (इतना बुरा कि) अकथनीय, कहने योग्य नहीं

un•sta•ble /ʌn'steɪbəl/ /ऑन्'स्टेइबल्/ adj. **1** *an unstable government* = not firmly in position and in danger of falling (losing power) अस्थिर **2** *an unstable person* = mentally unwell असंतुलित

un•stuck /ʌn'stʌk/ /ऑन्'स्टॅक्/ adj. **1** *The labels on the parcel have become unstuck.* = not sticking to something ढीला, जो चिपका नहीं है **2** *All my plans are unstuck.* = becoming unsuccessful निष्फल

un•sung /ʌn'sʌŋ/ /ऑन्'सॅङ्/ adj. *Let us honour the unsung heroes of the army.* = not praised, although deserving praise प्रशंसनीय कार्य करने पर भी समाज द्वारा प्रशंसा अथवा सम्मान-प्राप्त नहीं

un•tan•gle /ʌn'tæŋgəl/ /ऑन्'टैंग्ल्/ verb, t. **1** *He untangled the threads.* = to remove the knots from an untidy mass of string etc. सुलझाना **2** *Everything here is in a confused state. Can you untangle this situation?* = to put something in order उलझन सुलझाना

un•tapped /ʌn'tæpt/ /ऑन्'टैप्ट्/ adj. *These children can become excellent musicians. They have a lot of untapped talent.* = which has not been discovered and put to use अप्रयुक्त

un•thin•ka•ble /ʌn'θɪŋkəbəl/ /ऑन्'थिंकबल्/ adj. *It is unthinkable that I should settle in America. I love my country too much.* = which cannot be imagined or thought of सोचना भी मुमकिन नहीं अकल्पनीय (जिसका उत्तर निश्चित रूप से नकारात्मक हो)

un•tie /ʌn'taɪ/ /ऑन्'टाइ/ verb, t. *Untie the dog. He needs some exercise.* = to open a knot in a rope or piece of string or to set free something that has been tied with a rope (बँधे हुए को) खोलना

un•til /ʌn'tɪl/ /ऑन्'टिल्/ prep. or conj. *I waited on the platform until the departure of the train.*(prep.) // *I waited until the train had left.*(conj.) = up to the time that (also **till**) तक, जब तक·· नहीं·· तब तक·· (देखें **till**)

> **Usage** 'Until' is often used incorrectly, as in the following sentence: *You should keep on trying until you don't succeed.* The sentence should be: *You should keep on trying until you succeed. You should keep on trying until you don't succeed.* इस वाक्य में *until* का प्रयोग अशुद्ध है। होना चाहिए: *You should keep on trying until you succeed.* अर्थ में *until* नकारात्मक है। *until* का अर्थ *not till* है।

un•time•ly /ʌn'taɪmli/ /ऑन'टाइम्ली/ adj. **1** *We were shocked by his untimely death. He was only 27.* = happening too early; premature असामयिक, अकाल, असमय **2** *Your remarks are untimely.* = done or made at a time which is not suitable बेमौके, अनुपयुक्त समय पर

un•to /'ʌntu:/ /ऑन'टू/ prep. *Do unto others as you would want them to do unto you.* = to ⌊old-fashioned use⌋ को (पुराने प्रचलन का)

un•told /ʌn'təʊld/ /ऑन'टउल्ड्/ adj. **1** *an untold story of heroism* = which has never been told अकथित

2 *He had to face untold dangers.* = too great or too many to be described असीम, असंख्य

un•touch•ed /ʌn'tʌtʃt/ /अँन्'टॅच्ट्/ adj. 1 *These biscuits are packed by machines. They are untouched by hands.* = not touched अनछुआ 2 *The glass of milk lay untouched.* = not eaten or drunk (referring to food or drink) अछूता (खाद्य अथवा पेय पदार्थ के संबंध में 'जूठा नहीं')

un•to•ward /ʌntə'wɔ:d/ /अँन्ट'वॉऽड्/ adj. *The meeting went off without any untoward incident.* = undesirable (formal) अप्रिय, अशोभन (औपचारिक)

un•true /ʌn'tru:/ /अँन्'ट्रू/ adj. *The reports of increasing crime are untrue.* = false झूठा, असत्य, सत्य नहीं

un•used /ʌn'ju:zd/ /अँन्'यूज़्ड्/ adj. 1 *I bought this shirt a month ago but it is still unused.* = not used प्रयोग में न लाया गया 2 *I am unused to such spicy food.* = having no experience of something की आदत नहीं

un•u•su•al /ʌn'ju:ʒuəl/ /अँन्'यूजुअल्/ adj. *It is unusual to have rain in January in Bhubaneswar.* = not common; rare असामान्य, बहुत कम संभावित

un•veil /ʌn'veɪl/ /अँन्'वेइल्/ verb, t. 1 *unveil a statue* = to remove the covering from something at a formal ceremony अनावरण करना 2 *The latest model of the car will be unveiled at the exhibition.* = to show something for the first time पहली बार प्रदर्शित करना

un•war•rant•ed /ʌn'wɒrəntɪd/ /अँन्'वॉरन्टिड्/ adj. *The leader said that the criticism of her work was unwarranted.* = not justified; done without good reason अनुचित, अकारण

un•well /ʌn'wel/ /अँन्'वेल्/ adj. *He cannot come for the meeting as he is unwell.* = not in good health अस्वस्थ

un•weil•dy /ʌn'wi:ldi/ /अँन्'वील्डी/ adj. *The system of justice in this country is extremely unweildy.* = too big, heavy or complicated to be used effectively पेचीदा, जटिल

un•will•ing /ʌn'wɪlɪŋ/ /अँन्'विलिङ्/ adj. 1 *He is unwilling to contest the election as he thinks he is sure to lose.* = not wishing to do something अनिच्छुक (करने की) इच्छा नहीं 2 *She gave her unwilling consent to the marriage.* = doing something under pressure without wanting to do it अनिच्छित

un•wind /ʌn'waɪnd/ /अँन्'वाइन्ड्/ verb, t. or i. (unwound) 1 *The nurse unwound the bandage which was tied around the soldier's leg.*(t.) = to undo (take off) something that has been wound (wrapped around) some object (लपेटा हुआ) खोलना 2 *He has come to the seaside to unwind.*(i.) = to relax and take one's mind away from work etc. आराम करना, तनावमुक्त होना

un•wit•ting /ʌn'wɪtɪŋ/ /अँन्'विटिङ्/ adj. *These children have been made the unwitting victims of drug abuse.* = not having knowledge of what is going on (formal) अभिज्ञ, अनजान (औपचारिक)

un•zip /ʌn'zɪp/ /अँन्'ज़िप्/ verb, t. (**unzipped**) *He unzipped the bag.* = to open something by using a zip ज़िप खोलना

up[1] /ʌp/ /अँप्/ prep. 1 *They walked up the hill.* = to a higher place के ऊपर, (ऊँचाई) पर 2 *Her house is up the road.* = further along (at a greater distance than something else) फलाने स्थान से और आगे 3 *We sailed up the river.* = against the direction of the current (in a river or stream) धारा के विपरीत

up[2] adv. 1 *He stood up.* = to an upright position 2 *The glacier is 1,000 feet up.* = at a higher position or place ऊँचाई पर 3 *Prices are going up.* = to a higher level बढ़ना 4 *She has just got up.* = out of bed उठना, जागना

up[3] adj. 1 *He caught the up train to Delhi.* = going towards a certain destination (away from the place where one started) जाने वाली 2 *The prices of most things are up.* = rising higher बढ़ता हुआ 3 *Your time is up.* = finished खत्म होना 4 *This road is up.* = being repaired and therefore not in use मरम्मत के लिए बंद होना 5 *I've hurt my foot and can't go out, but the upside is that I can rest, read and watch television!* = the good part of something अच्छा पक्ष, फ़ायदा

up[4] verb, t. or i. (upped) 1 *My senior has upped my salary by Rs 100.*(t.)= to increase or raise to a higher level (informal) बढ़ा देना (अनौपचारिक) 2 *He was so angry that he just upped and left.*(i.) = to do something suddenly, in an unexpected way अचानक, अप्रत्याशित रूप से कुछ करना

to be up *Call me at seven. I'll be up by then.* = to be awake जागना **to be up and about** = to be active (usually after a period of not being active कार्य करने को तैयार **to be up against something** = to face a difficult situation मुसीबत का सामना करना **to be up to something** *You are creeping around the house. What are you up to?* = to be planning something mischievous or secret (informal) गुप्त योजना बनाना (अनौपचारिक) **to be up to one's ears/ neck in something** *I am up to my ears in work.* = to be in a situation which is full of something डूबा हुआ **It's up to you.** 1 *I've done everything I can. It's up to you now.* = an expression meaning, 'You must continue now. We are all depending on you.' निर्भर होना, की इच्छा पर होना 2 *'Shall we eat now?' 'It's up to you.'* = an expression meaning, 'You decide.' 'जैसी तुम्हारी इच्छा' **to be well up on something** *'What's the capital of Fiji?' 'Ask Amit. He's well up on geography.'* = to have good knowledge about something अच्छी जानकार होना **up yours** = a very offensive and disrespectful way of replying to someone to show you don't care or are angry USE अनादर या नाराज़गी दिखाने की अभिव्यक्ति निषिद्ध **ups and downs** *We have gone through many ups and downs.* = good as well as bad periods in one's life (जीवन की) ऊँच-नीच, अच्छा-बुरा समय

U

up- prefix meaning 'higher' or 'improved' (e.g. *up-market* = things of higher value, meant to be sold at a high price) 'उच्च' अथवा 'संशोधित' का अर्थ देने वाला उपसर्ग **up-and-coming** adj. *an up-and-coming pop singer* = becoming famous उभरता हुआ **up•beat** /'ʌpbi:t/ /'अॅप्बीट्/ adj. *The atmosphere in this office is very upbeat.* = cheerful and full of hope (informal) खुशनुमा (अनौपचारिक)

up•bring•ing /'ʌpbrɪŋɪŋ/ /अॅप्ब्रिङ्इङ्/ noun *I am very careful with my money because of my upbringing. I grew up in a family where money was always scarce.* = the training that one receives from one's parents while growing up पालन-पोषण

up•com•ing /'ʌpkʌmɪŋ/ /अॅपकॅमिङ्/ adj. *He plans to contest the up-coming election.* = about to happen soon आने वाला, होने वाला

up•coun•try /ʌp'kʌntri/ /अॅप्'कॅन्ट्री/ adj. *up-country manners* = belonging to a part of a country which is far away from the coast or from any important city, and therefore less advanced (sometimes derogatory) देहाती (कभी-कभी अनादरपूर्ण)

up•date /ʌp'deɪt/ /अॅप्'डेइट्/ verb **1** *Let me update you on some recent events.* = to supply with the latest information अद्यतन जानकारी देना **2** *This textbook needs to be updated.* = to make something more modern आधुनिक बनाना

up•front /ʌp'frʌnt/ /अॅप्'फ्रॅन्ट्/ adj. *He was upfront about his reasons for wanting a job in Delhi.* = speaking or behaving in a direct and open manner, hiding nothing (informal) साफ़-साफ़ या स्पष्ट बता देना (अनौपचारिक)

up•grade /ʌpgreɪd/ /अॅप्ग्रेइड्/ verb, t. **1** *The company has decided to upgrade you.* = to give someone a better position, more money etc. पदोन्नति करना **2** *I want my computer upgraded.* = to get an improved, more recent version of a machine, with more features etc. आधुनिक बनाने की दिशा में सुधार करना

up•heav•al /ʌp'hi:vəl/ /अॅप्'हीव्ल्/ noun, c. or u. *When war broke out, there was an upheaval in the whole country.* = a great change, usually leading to confusion and violence उथल-पुथल जिससे अव्यवस्था और हिंसा भड़के

up•hill[1] /ʌp'hɪl/ /अॅप्'हिल्/ adv. *We are going uphill.* = towards the top of a hill पहाड़ी पर, ऊपर की ओर

uphill[2] adj. *Teaching these boys English is an uphill task.* = very difficult श्रमसाध्य, कठिन

up•hold /ʌp'həʊld/ /अॅप्'हउल्ड्/ verb, t. (**upheld**) **1** *The President of India has to swear to uphold the Indian Constitution.* = to defend and protect something (specially a principle or law) सुरक्षित रखना (विशेष रूप से कोई सिद्धांत या कानून) **2** *The Supreme Court has upheld the decision of the High Court.* = to confirm; to declare that a judgement is correct [LAW] समर्थन करना [कानून]

up•hol•ster•y /ʌp'həʊlstəri/ /अॅप्'हउल्स्ट्री/ noun, u. *This sofa needs new upholstery.* = the material used to cover a seat (e.g. a sofa) as well as to fill it so as to make it more comfortable to sit on गद्दी (सोफ़ा, कुर्सी आदि का) नई बनाना **upholster** verb, t. *The sofa has been upholstered.* = to cover and fill a seat with some material गद्दी भरना

up•keep /'ʌpki:p/ /'अॅप्कीप्/ noun, u. *He spends a thousand rupees a month on the upkeep of the house.* = the cost or the act of keeping a house or a machine in good condition मरम्मत आदि

up•land /'ʌplənd/ /'अॅप् लन्ड्/ noun, c. = an area or part of a country which is at a height ऊँचाई पर स्थित प्रदेश

up•lift[1] /ʌp'lɪft/ /अॅप्'लिफ़्ट्/ verb, t. **1** *Your encouraging words have helped to uplift our spirits.* = to bring hope to ढाँढस बँधाना, उत्साह बढ़ाना **2** *The earthquake has uplifted this area, which used to be quite low.* = to raise to a higher position ऊँचा कर देना

uplift[2] noun, u. *These people are working for the uplift of the village.* = improvement उन्नति, सुधार

up•mar•ket /ʌp'mɑ:kət/ /अॅप्'माऽकट्/ adj. *He designs upmarket furniture.* = costly and meant for people with a lot of money to spend धनी लोगों के लिए महँगी चीज़ें

up•on /ə'pɒn/ /अ'पॉन्/ prep. *The little girl sat down upon the sofa.* = on (formal) के ऊपर (औपचारिक)

up•per /'ʌpə'/ /'अॅप'/ adj. *His room is on the upper floor.* = in a higher position than something else ऊपरी भाग **upper case** noun = capital letters (e.g. A, B, C and not a, b, c) बड़े अक्षर (रोमन लिपि के)

upper class[1] noun, c. **1** = the highest social class, having money and social importance उच्च वर्ग (समाज का) **2** = the higher classes in a school or college उच्च कक्षा (शैक्षिक संस्था में)

upper class[2] adj. *an upper class school* = meant for rich people in high social positions अभिजात वर्ग **upper crust** noun, c. = the upper class उच्चवर्गीय **upper-cut** noun, c. *He knocked out his opponent with an upper-cut.* = a blow (in the sport of boxing) which moves upwards to the head मुक्केबाज़ी के खेल में ऊपर, सिर की ओर किया जाने वाला प्रहार **Upper House** noun = one of the two divisions in a parliament, the members of which are generally not elected directly by the people and therefore have less political power than the members of the Lower House (In India, the Rajya Sabha is the Upper House.) उच्च सदन (संसद का) भारतीय संसद में 'राज्य सभा' को उच्च सदन कहा जाता है **uppermost** adv. or adj. *The thought of your happiness is uppermost in my mind.* = most important; in the highest position उच्चतम, सर्वोच्च, सर्वाधिक महत्त्वपूर्ण

to have (keep) a stiff upper lip = to show no emotion or weakness when you are in trouble कष्ट अथवा परेशानी

को प्रदर्शित न करना **to have the upper hand** = to have an advantage over someone प्रमुख होना

up•pi•ty /'ʌpɪti/ /'ऑपिटी/ adj. *He has been behaving in an uppity manner.* = thinking oneself to be better than others (informal, disapproving) अपने को दूसरों से श्रेष्ठ समझते हुए (अनौपचारिक, अस्वीकृत)

up•right[1] /'ʌp-raɪt/ /'ऑप्-राइट्/ adj. **1** *He was sitting in an upright position.* = with the back straight, not bent एकदम सीधा (खड़े या बैठे हुए की स्थिति) **2** *an upright person* = honest ईमानदार

upright[2] adv. *You should sit upright.* = in a straight position, not bent बिना झुके, एकदम सीधे

upright[3] noun, c. *The roof is supported by uprights.* = a supporting post or pillar which is vertical (straight) खंभा

up•ris•ing /'ʌpraɪzɪŋ/ /'ऑप्राइज़िङ्/ noun, c. *an armed uprising* = a revolt; violent opposition against those who are in power विद्रोह, बगावत

up•roar /'ʌprɔː'/ /'ऑप्रॉऽ'/ noun, u. *When the crowd heard that the transport strike would continue, there was an uproar.* = a state of confusion, with people shouting angrily हंगामा, हो-हल्ला **uproarious** /ʌp'rɔːriəs/ /ऑप्'रॉऽरीअस्/ adj. **1** *uproarious scenes in the crowded compartment of the train* = full of shouting and confusion कोलाहलपूर्ण **2** *an uproarious comedy* = very humorous and causing a lot of laughter अत्यधिक हास्यप्रद

up•root /ʌp'ruːt/ /ऑप्'रूट्/ verb, t. **1** *The elephants have uprooted many of the young trees in the forest.* = to pull up a plant so that its roots come out of the ground उखाड़ना **2** *The family was uprooted after the war.* = to remove someone from his/her home or usual surroundings उजड़ना, विस्थापित होना

up•set[1] /ʌp'set/ /ऑप्'सेट्/ verb, t. (**upset**) **1** *He upset the table while trying to clean it and all the papers were scattered on the floor.* = to cause something to fall or turn over on its side by accident अस्त-व्यस्त करना, उलट देना **2** *The rain has upset all our plans for a picnic.* = to cause some confusion बिगाड़ देना **3** *The news of his child's illness has upset him.* = to cause unhappiness, worry or anxiety परेशान कर देना, घबराहट या अशांति उत्पन्न करना

upset[2] noun, c. or u. **1** *The defeat of the Australian team was a major upset in the tournament.* = a surprising or unexpected event अप्रत्याशित नकारात्मक परिणाम से होने वाला आश्चर्य **2** *He has a stomach upset.* = slight illness स्वास्थ्य के संदर्भ में खराब (जैसे पेट खराब होना)

to upset the apple cart = to spoil someone's plans कार्यक्रम अथवा योजना को खराब कर देना, बिगाड़ देना

up•shot /'ʌpʃɒt/ /'ऑप्शॉट्/ noun, u. *The upshot of the discussion is that we will work longer hours.* = the immediate result of something प्रमुख निष्कर्ष, त्वरित परिणाम

up•side /'ʌpsaɪd/ /'ऑप्साइड्/ noun, u. **upside down** adv. or adj. **1** *You are holding the book upside down.*(adv.) = having the top part where the bottom part should be उलटा (ऊपरी हिस्सा नीचे रखते हुए) **2** *Everything in the office is upside down at the moment.*(adj.) = in a state of disorder or confusion इधर-उधर, अस्त-व्यस्त, उलट-पलट

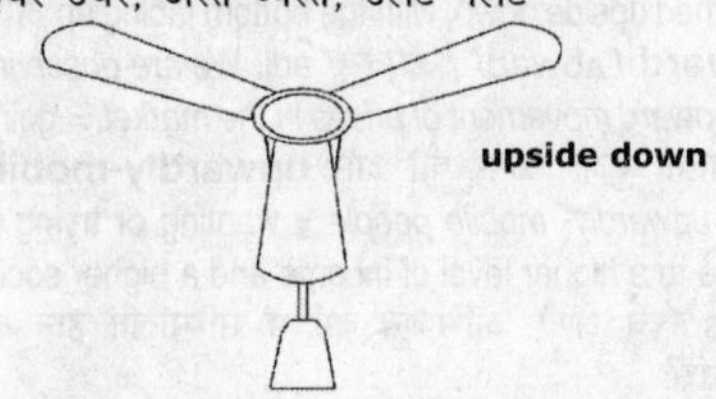

upside down

up•stage[1] /ʌp'steɪdʒ/ /ऑप्'स्टेइज्/ adv. *The actor moved upstage.* = towards the back of the stage on which a drama is being performed नेपथ्य की ओर, मंच पर पीछे की ओर

upstage[2] verb, t. *They are always trying to upstage us by wearing more fashionable clothes.* = to take attention away from someone else to oneself (informal, often disapproving) दूसरे से अपनी ओर ध्यान आकर्षित करना (अनौपचारिक, प्राय: अस्वीकृत)

up•stairs /ʌp'steəz/ /ऑप्'स्टेअज़्/ adv. *He has gone upstairs.* = to the upper floor of a building, usually reached by climbing a set of stairs ऊपरी मंज़िल पर (सीढ़ियों से ऊपर)

up•start /'ʌpstɑːt/ /'ऑप्स्टाऽट्/ noun, c. *Your new leader is an upstart with very little education or ability.* = a person who suddenly rises to an important position and takes advantage of it (derogatory) कम योग्यता वाला, कल का नवाब (अनादरपूर्ण)

up•stream /ʌp'striːm/ /ऑप्'स्ट्रीम्/ adv. *We have to row the boat upstream.* = against the flow of the current धारा के प्रतिकूल, ऊपर की ओर

up•surge /'ʌpsɜːdʒ/ /'ऑप्सऽज्/ noun, u. *There has been an upsurge in the number of students joining computer courses.* = a sudden and large increase अचानक वृद्धि

up•take /'ʌpteɪk/ /'अप्टेइक्/ noun, u. **1** *I tried to tell him how to make money quickly, but he was slow on the uptake.* = ability to understand something समझ, बुद्धि **2** *The uptake of oxygen by young plants increases during the daytime.* = the rate at which something is taken in or used उपयोग करने या लेने की दर

up•tight /'ʌptaɪt/ /'ऑप्टाइट्/ adj. *Don't be so uptight about the surprise test. We'll all pass.* = reacting with anger because one is nervous or worried about something घबराहट के कारण नाराज़

up-to-date /ʌptə'deɪt//ऑप्ट'डेइट्/ adj. *We use the most up-to-date methods of training.* = modern; using the latest ideas etc. अद्यतन, आधुनिकतम

U

to bring someone up-to-date = to give the latest information to someone अद्यतन सूचना देना **to bring something up-to-date** = to change something in order to make it modern आधुनिक अथवा अद्यतन बनाना

up•turned /ʌp'tɜ:nd/ /अॅप्'टऽन्ड्/ adj. *He sat down on the beach to rest, leaning against an upturned boat.* = turned upside down, with the bottom facing up औंधा

up•ward /'ʌpwəd/ /'अॅप्वड्/ adj. *We are observing an upward movement of prices in the market.* = going up बढ़ता हुआ, ऊपर की ओर **upwardly-mobile** adj. *upwardly- mobile people* = wanting or trying to move to a higher level of income and a higher social class उच्च श्रेणी, अभिजात वर्ग में सम्मिलित होने का आकांक्षी

up•wards /'ʌpwədz/ /'अॅप्वड्ज़्/ adv. *Prices are moving upwards.* = towards a higher level ऊपर की ओर, वृद्धि की ओर

up•wind /ʌp'wɪnd/ /अॅप्'विन्ड्/ adv. *The deer caught the scent of the tiger, which was lying upwind.* = in the direction from which the wind is blowing हवा बहने की उलटी दिशा में

u•ra•ni•um /jʊ'reɪniəm/ /यु'रेइनीअम्/ noun = a kind of metal which is radio-active (able to give out energy through the breaking-up of its atoms) and used to produce nuclear weapons or nuclear power यूरेनियम, आणविक शस्त्रादि बनाने में प्रयुक्त एक प्रकार की धातु

U•ra•nus /'jʊərənəs/ /'युअरनस्/ noun = one of the planets in the solar system यूरेनस ग्रह

ur•ban /'ɜ:bən/ /'अऽबन्/ adj. *The urban population in most parts of the country is growing rapidly.* = belonging to a town or city (opposite **rural**) नगरीय, नागर, शहरी (विलोम शब्द **rural**)

ur•bane /ɜ:beɪn/ /अऽबेइन्/ adj. *He makes friends easily because of his urbane manners.* = polite and confident in dealing with others सौम्य, भद्र, शिष्ट

ur•chin /'ɜ:tʃɪn/ /'अऽचिन्/ noun, c. *a street urchin* = a young child who is poor and homeless and usually dirty गरीब, बेसहारा बालक

ur•e•thra /jʊər'i:θrə/ /युअरी'थ्र/ noun = the narrow tube inside the body which carries urine out of the body [BIOLOGY] मूत्रनली, मूत्रमार्ग [जीव विज्ञान]

urge[1] /ɜ:dʒ/ /अऽज्/ verb, t. *I urge you to vote for her, she's really capable.* = to ask someone strongly to do something अनुनय करना

urge[2] noun, u. or c. *I felt the urge to slap him on the face when he insulted my brother.* = a strong wish or need to do something इच्छा, आवश्यकता, लालसा

ur•gent /'ɜ:dʒənt/ /'अऽजन्ट्/ adj. *I received an urgent phone call from my boss asking me to come at once.* = very important and requiring immediate attention or action अत्यावश्यक **urgency** noun = the state of being urgent अत्यावश्यकता, तुरंत आवश्यकता

u•rine /'jʊərɪn/ /'युअरिन्/ noun = waste liquid passed out of the body मूत्र, पेशाब **urinate** verb, i. = to pass urine पेशाब करना, मूत्र-विसर्जन करना **urinal** noun, c. **1** = a kind of pot, fitted to a wall, into which men can urinate लघुशंका करना **2** = a building containing a number of urinals मूत्रालय **urinary** adj. *the urinary bladder* = having to do with urine or the parts of the body connected with the production and passing of urine मूत्रीय, मूत्र-संबंधी (अवयव आदि)

urn /ɜ:n/ /अऽन्/ noun, c. = a large container used to collect the ashes from the body of a dead person who has been cremated (burnt) कलश, घट

Ur•sa Ma•jor /ɜ:sə 'meɪdʒə^r/ /अऽस'मेइजर/ noun = a constellation (group) of seven bright stars seen in the northern part of the sky at night सप्तर्षि मंडल (सात तारों का एक समूह)

us /əs/ /अस्/ pron. *He called out to us as we were getting out of the bus.* = the object form of the pronoun 'we' हम (+को रूप)

US (USA) abbr. of **United States (of America)** United States (of America) का संक्षिप्त रूप

usable, usage see **use** देखें **use**

use[1] /ju:z/ /यूज़्/ verb, t. **1** *I use this car to go to the office every morning.* = to put into action or service for some purpose प्रयोग करना **2** *All the bread has been used.* = to finish; to consume (reduce the amount of something) खत्म होना **3** *He is trying to use you.* = to take unfair advantage of someone (disapproving) किसी का लाभ उठाना, अपने हित के लिए दूसरे का प्रयोग करना (अस्वीकृत)

use[2] noun, u. or c. **1** *The use of private cars has decreased with the rise in the price of petrol.*(u.) = the act of using something प्रयोग, व्यवहार **2** *Many uses can be found for old newspapers.*(c.) = a way of using something उपयोग **3** *He has lost the use of one arm.* = the ability to use something क्षमता, काम करने की शक्ति **4** *This old pump is of no use now.* = a purpose for which something can be used बेकार

to use up *He has used up all the water. There is nothing left.* = to use all of something खर्च कर डालना, खत्म कर देना **to be of use** *This pen may be of use to you.* = useful उपयोगी, काम आना **to have no use for someone or something** = to have no respect or liking for someone, or use for something किसी काम का न होना **What's the use?** = an expression meaning 'Let us not waste our time in talking about or doing something.' क्या फ़ायदा?

u•sa•ble /'ju:zɪbəl/ /'यूज़िबल्/ adj. *The car is very old, but still usable.* = fit to be used प्रयोज्य, व्यवहार्य, काम में आने योग्य

us•age /'ju:zɪdʒ/ /'यूज़िज्/ noun, u. **1** *'You must be knowing him' is common in Indian English usage, but it is not acceptable in standard English.* = the manner in which a language, or a particular word in the language, is commonly used प्रयोग, व्यवहार **2** *This car can stand rough usage.* = the way of using something इस्तेमाल, प्रयोग

used /ju:zd//यूज़्ड्/ adj. *a used car* = something which was owned and used by someone else earlier (also **second-hand**) प्रयोग किया गया, पुराना (देखें **second-hand**)

used to[1] aux. verb *I used to smoke 20 cigarettes a day when I was a student, but I have given up smoking now.* = referring to some habitual activity in the past (something that happened regularly) which has stopped or been discontinued अतीत में प्राय: या निरंतर होने वाली किसी बात के लिए प्रयुक्त वृत्तिवाचक क्रिया

used to[2] adj. *I am quite used to life in a big city.* = accustomed to (having a lot of experience of something) आदी होना

use•ful /'ju:sfəl/ /यूस्फ़ल्/ adj. *People want to learn English because they find it useful.* = able to help or to bring some advantage उपयोगी, लाभदायक, काम का **useless** adj. *This old car has become useless as spare parts are not available.* = not fit for use व्यर्थ, बेकार, किसी काम का नहीं

us•er /'ju:zəʳ/ /'यूज़र्/ noun, c. *We want to serve all computer users.* = one who uses something उपयोग करने वाला, प्रयोक्ता **user-friendly** adj. *a user-friendly machine* = easy to use प्रयोग करने में आसान

ush•er[1] /'ʌʃəʳ/ /'अॅशर्/ verb, t. **1** *We have a visitor. Will you please usher him in?* = to bring someone to a place by showing him/her the way (आदरपूर्वक) अंदर ले जाना **2** *These winds from the south will usher in the monsoon.* = to call in; to bring लाना

usher[2] noun, c. *an usher in a cinema* = a person who works in a cinema, whose job it is to lead people to their seats प्रवेशक, सिनेमा हॉल में लोगों को जगह पर पहुँचाने वाला

USSR abbr. of **Union of Soviet Socialist Republics** = a political union (which no longer exists) of Russia and some neighbouring countries, which were all communist states **Union of Soviet Socialist Republics** का संक्षिप्त रूप

u•su•al /'ju:ʒuəl/ /'यूज़ुअल्/ adj. *The office will start work at the usual time, which is 10.00 a.m.* = happening or done always or very often सामान्य **usually** adv. *The train usually comes on time but is late today.* = in most cases or on most days आमतौर पर, अक्सर

u•su•ry /'ju:ʒəri/ /'यूज़री/ noun = the practice of lending money at very high rates of interest [LAW] सूदखोरी, महाजनी [कानून]

u•surp /ju:'zɜ:p/ /यू'ज़ɔप्/ verb, t. *The state government has accused the central government of usurping some of its powers.* = to take away in an illegal manner the power or position that belongs to someone else दूसरे के अधिकार अथवा पद को छीन लेना

u•ten•sil /ju:'tensəl/ /यू'टेन्सल्/ noun, c. *cooking utensils* = a tool or a container (pot etc.) which has some practical use बरतन (बर्तन)

u•te•rus /'ju:tərəs/ /'यूटरस्/ noun = the womb (the organ in the body of a female animal or human being in which the baby grows before it is born) [MEDICINE] गर्भाशय [चिकित्सा विज्ञान] **uterine** /'ju:təraɪn/ /'यूट्राइन्/ *uterine cancer* = of the uterus गर्भाशय-संबंधी

u•til•i•ty /ju:'tɪlɪti/ /यू'टिलिटी/ noun, u. or c.(**utilities**) **1** *This land has no utility for us. We should sell it.*(u.) = the quality of being useful उपयोगिता **2** *The government manages most utilities, such as the supply of water and electricity.*(c.) = a useful service offered to the public जन-सुविधा **utilitarian** /ju:tɪlɪ'teəriən/ /यूटिलि'टेअरीअन्/ adj. *This factory building is strictly utilitarian.* = useful but lacking beauty (often derogatory) उपयोग की दृष्टि से लाभकारी किंतु सुंदर नहीं (प्राय: अनादरपूर्ण) **utilitarianism** noun = a philosophy (system of belief) which states that the value of something should be judged by its utility (usefulness) उपयोगितावाद

u•til•ize (utilise) /'ju:tɪlaɪz/ /'यूटिलाइज़्/ verb, t. *We will utilize these holidays to complete our work.* = to make good use of something (formal) सदुपयोग करना (औपचारिक)

ut•most[1] /'ʌtməʊst/ /'अॅट्मउस्ट्/ adj. *She performed her task with the utmost efficiency.* = greatest; to the highest degree परम, चरम, पूर्ण

utmost[2] noun, u. *I will try my utmost to complete this report today.* = the most that can be done उच्चतम, पूर्ण

u•to•pi•a /ju:'təʊpiə/ /यू'टउपीअ/ noun = a perfect or ideal society (which does not exist) आदर्श राज्य, 'राम-राज्य' **utopian** adj. *utopian plans* = ideal but not practical आदर्श किंतु अव्यावहारिक

ut•ter[1] /'ʌtəʳ/ /'अॅटर्/ verb, t. *He did not utter a word when he was asked why he was late.* = to speak मुँह से निकलना (बोलना)

utter[2] adj. *You are an utter fool!* = complete (referring to something bad) निरा (खराब के संदर्भ में) **utterly** adv. पूर्ण रूप से

ut•ter•ance /'ʌtərəns/ /'अॅट्रन्स्/ noun, c. or u. **1** *Every utterance of the great historian was written down by his eager students.*(c.) = something that is spoken अभिव्यक्ति, कथन **2** *The utterance of this mantra will create a magical spell.*(u.) = the act of saying something उच्चारण, प्रस्तुति

u-turn /'ju: tɜ:n/ /'यूटɔन्/ noun, c. **1** *The car made a*

U

u-turn. = a complete turn which takes a vehicle back in the direction from which it had come जिस दिशा से आना उसी दिशा वाला वापसी मोड़ **2** *My friend always thought of sports as a waste of time, but now he is actively participating in them. He seems to have made a u-turn!* = a complete change in opinion or behaviour, leading to the very opposite of what had been said or done before विचार अथवा व्यवहार में (अकस्मात्) पूर्णतया परिवर्तन

u•vu•la /'ju:vjʊlə/ /'यूव्युल/ noun = the small, soft piece of flesh hanging from the top of the mouth, at the back [BIOLOGY] अलिजिह्वा, काकल [जीव विज्ञान] **uvular** adj. *a uvular consonant* = a sound produced with the back part of the tongue nearly touching the uvula [TECHNICAL] अलिजिह्वीय, काकल [तकनीकी]

vV

v, V /viː/ /व़ी/ the twentysecond letter of the English alphabet अँग्रेज़ी का 22वाँ वर्ण

v. abbr. of **versus** (see **versus**) **versus** का संक्षिप्त रूप (देखें **versus**)

va•can•cy /'veɪkənsi/ /'वेइकन्सी/ noun, c. (**vacancies**) *We have a vacancy in the company as one of our managers has retired.* = a position (job) that needs to be filled खाली या रिक्त पद, रिक्त स्थान **vacant** adj. **1** *One of the rooms in the hotel is vacant.* = empty; not being used खाली **2** *The Manager's post is vacant.* = not filled or taken up खाली **3** *a vacant expression* = blank (used to describe a face which shows no reaction, intelligence or emotion) भावशून्य

to fall vacant *A job has fallen vacant in our company.* = to become available because the person who had it earlier has left (referring to a job, house etc.) (formal) खाली होना (औपचारिक)

va•ca•te /və'keɪt/ /व़'केइट्/ verb, t. *You will have to vacate this room as we are expecting an important guest tomorrow.* = to give up or stop using a house, room etc. खाली करना **vacation** noun, u. or c. **1** *The school has its summer vacation in June and July.* = the period when a school or college is not working दीर्घ अवकाश **2** *We are going to Kerala for a vacation.*(c.) = holiday छुट्टी **3** = the act of vacating (leaving or giving up) something (e.g. a job, a room etc.) (formal) खाली करना (औपचारिक)

vac•cine /'væksiːn/ /'वैक्सीन्/ noun, u. or c. *The doctor uses small-pox vaccine to protect children from small-pox.*(u.) = a kind of medicine prepared from the bacteria or virus (tiny living creatures that cause disease) of some disease and given, in a weaker form, to a person so that he/she can be protected from that disease [MEDICINE] (रोग प्रतिकारक) टीका [चिकित्सा] **vaccinate** verb, t. *The doctor vaccinated the children against small-pox.* = to protect someone against a disease by putting vaccine into his/her body टीका लगाना **vaccination** /væksɪn'eɪʃən/ /वैक्सि'नेइशन्/noun, u. = the act of giving someone a vaccine टीकाकरण

vac•il•late /'væsɪleɪt/ /'वैसिलेइट्/ verb, i. *You didn't want to buy the house, but now you do. Why are you vacillating?* = to change one's views or opinions frequently (derogatory) 'कभी हाँ, कभी ना' करना, बार-बार विचार बदलना (अनादरपूर्ण)

vac•u•um[1] /'vækjuəm/ /'वैक्युअम्/ noun, u. **1** = a space which is completely empty and from which all the air has been taken out [TECHNICAL] शून्य, निर्वात [तकनीकी] **2** *His wife's death created a vacuum in his life.* = a feeling of emptiness खालीपन

vacuum[2] verb, t. *This carpet is very dirty. You should vacuum it.* = to clean something with the help of a vacuum cleaner (informal) (वैक्यूम क्लीनर से) साफ़ करना (अनौपचारिक) **vacuum cleaner** noun, c. = a machine which sucks up dirt from floors, carpets etc. सफ़ाई करने की मशीन **vacuum flask** noun, c. = a glass container with a double wall which can keep things hot or cold for a long time as there is no air between the two walls for the heat to escape or get in (also **thermos flask**, trademark) 'फ़्लास्क, थर्मस' (एक प्रकार का ट्रेडमार्क भी)

vag•a•bond /'vægəbɒnd/ /'वैगबॉण्ड्/ noun, c. = a person who is always wandering from one place to another or one job to another (derogatory) आवारा, घुमक्कड़ (अनादरपूर्ण)

va•gi•na /və'dʒaɪnə/ /व'जाइन/ noun = the passage leading from the outer sex organ of a woman or female animal to the uterus or womb [MEDICINE] योनि (नारी या मादा शरीर का अवयव) [चिकित्सा]

va•grant /'veɪgrənt/ /'वेइग्रन्ट्/ noun or adj. = a person who does not have a steady home or job (see **vagabond**) जिसका कोई पक्का ठिकाना न हो (देखें **vagabond**)

vague /veɪg/ /वेइग्/ adj. **1** *There was a thick mist and we could not see the trees or houses clearly. Everything looked vague.* = not clear in shape अस्पष्ट **2** *I want to go on a holiday but I have not decided where I will go. My plans are still vague.* = not clearly known अनिश्चित

vain[1] /veɪn/ /वेइन्/ adj. **1** *He is a vain person and always wants people to praise him.* = proud; thinking very highly of oneself (derogatory) दंभी (अनादरपूर्ण) **2** *He made a vain attempt to catch the thief, who was able to get away.* = unsuccessful निष्फल

(in) vain[2] noun, u. *I tried to persuade him to come to class but it was in vain.* = without a successful result व्यर्थ, बेकार

vale /veɪl/ /वेइल्/ noun, c. = valley (literary) घाटी (साहित्यिक)

val•e•dic•tion /vælɪ'dɪkʃən/ /वैलि'डिक्शन्/ noun, c. *We have arranged a valediction for our accountant, who is retiring tomorrow.* = the act of saying farewell to someone on a formal occasion विदाई-समारोह **valedictory** adj. *a valedictory speech* = used as a valediction, to say farewell to someone (formal) विदाई का भाषण (औपचारिक)

va•len•cy /'veɪlənsɪ/ /'वेइलन्सी/ noun *Hydrogen has a valency of 2.* = a measure of the power of the atoms of different substances to combine with each other to form compounds [CHEMISTRY] संयोजकता, कर्षण शक्ति [रसायनशास्त्र]

V

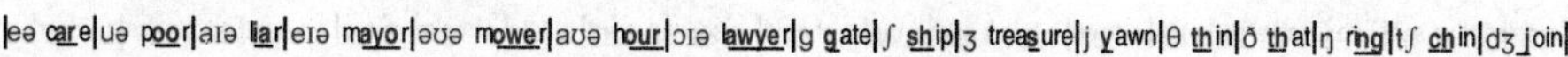

va•len•tine /'væləntain/ /'वैलन्टाइन्/ noun = a person to whom one sends a greeting card on St.Valentine's Day (February 14) to show one's love or to show that one is attracted to that person वैलनटाइन दिवस (14 फरवरी) को अपने प्रेमी/प्रमिका को प्यार दर्शाने वाला कार्ड भेजने वाला व्यक्ति

val•et /'vælɪt/ or /væleɪ/ /'वैलिट्/ या /वैलेइ/ noun, c. = a person who serves another by taking care of their things खिदमतगार, सामान की देखभाल करनेवाला

val•i•ant /'vælɪənt/ /'वैलीअण्ट/ adj. *a valiant soldier* = brave in war शूरवीर, पराक्रमी (युद्ध के संदर्भ में)

val•id /'vælɪd/ /'वैलिड्/ adj. **1** *A cheque is valid for only six months.* = effective (can be used or accepted legally) वैध, मान्य (कानूनी तौर पर) **2** *Do you have a valid excuse for coming late to this important meeting?* = reasonable; something that can be accepted तर्कसंगत, मानने योग्य **validate** verb, t. *This cheque will have to be validated after six months.* = to make something valid (legally acceptable) मान्य करना, अभिपुष्ट करना (कानूनन मान्य)

val•ley /'væli/ /'वैली/ noun, c. = an area lying between hills or mountains, at a lower height [GEOGRAPHY] घाटी [भूगोल]

valour /vælə^r/ /वैलर्/ noun, u. = (generally describing a man) courage or bravery, usually in war; the quality of being valiant (पुरुष का) पराक्रम, बहादुरी (युद्ध में)

value[1] /'vælju:/ /'वैल्यू/ noun, u. **1** *The value of this piece of land is Rs 5 lakh.* = the worth of something in money (the price that it should fetch if it is sold) मूल्य, कीमत **2** *His experience as a manager is of great value to the company.* = usefulness or importance महत्त्व

value[2] verb, t. **1** *I have asked the manager of the bank to value this property before I sell it.* = to calculate the correct price of something मूल्यांकन करना **2** *The company values your services greatly.* = to consider very important or useful महत्त्व देना **values** noun (always plural) *You should respect the values of this society.* = the ideas and qualities considered important by a group of people मान्यताएँ **valuable** adj. *a valuable piece of property* = having great value कीमती, बहुमूल्य

valve /vælv/ /वैल्व/ noun, c. *Water is not flowing into the tank as the valve is closed.* = a device which can be opened or closed so as to allow or prevent the flow of some liquid or gas through a pipe or tube 'वॉल्व', कपाट जिसे खोलकर या बंद करके किसी नली से द्रव/गैस को प्रवाहित किया या उसे रोका जाता है

va•moose /væ'mu:s/ /वै'मूस्/ verb, i. (American) *You should vamoose before the police finds you here.* = to disappear or go away quickly (informal, often humorous) (अमेरिकी अंग्रेजी का शब्द) नौ दो ग्यारह होना, गायब हो जाना (अनौपचारिक, प्राय: हास्यपरक)

vamp /væmp/ /वैम्प्/ noun, c. = a woman who uses her charm to make a man do something morally wrong or bad; an evil woman character in a film or play खलनायिका

vam•pire /'væmpaɪə^r/ /'वैम्पाइअ^र/ noun, c. = an evil spirit which lives in a dead body and sucks the blood of human beings (found in horror stories which people sometimes read for entertainment) नरपिशाच, खून चूसने वाली प्रेतात्मा (भूत-प्रेत की कहानियों में वर्णित काल्पनिक पात्र) **vampire bat** noun = a kind of large bat (flying mammal) found in South America which sucks the blood of other animals दक्षिण अमेरिका में पाया जाने वाला एक प्रकार का चमगादड़ जो अन्य जानवरों का खून चूसता है

van /væn/ /वैन्/ noun,c. = a small truck with a closed body, used for carrying goods as well as passengers 'बंद गाड़ी', वैन

va•na•di•um /və'neɪdɪəm/ /व'नेइडिअम्/ noun = a metal used for making special kinds of steel [CHEMISTRY] 'वैनेडियम'-एक प्रकार की धातु [रसायनशास्त्र]

van•dal /'vændl/ /'वैन्ड्ल्/ noun, c. *The cushions of the seats on the train have been damaged by vandals.* = a person who intentionally damages public property or things belonging to others (derogatory) दूसरों की अथवा सार्वजनिक वस्तुओं को नष्ट करने वाला (अनादरपूर्ण) **vandalism** noun, u. = the destruction caused by a vandal सार्वजनिक संपत्ति की हानि **vandalize (vandalise)** verb, t. *These buses have been vandalized.* = to damage or destroy public property intentionally सार्वजनिक संपत्ति को जान-बूझकर नष्ट करना

van•guard /'vængɑ:d/ /'वैनगाऽड्/ noun, u. **1** *The Jat Regiment will form the vanguard of the army, with the other regiments coming behind them.* = the leading position at the front of an army सेनामुख, सेना का अग्रणी स्थान **2** *America has been in the vanguard to promote free trade among nations.* = in a leading position अग्रणी

van•il•la /və'nɪlə/ /व'निल/ noun = a sweet-smelling substance obtained from the seeds of a plant, used to improve the taste of food, specially sweets and ice-cream 'वैनीला'-एक प्रकार के पौधे के बीजों से प्राप्त खुशबूदार तत्त्व

va•nish /'vænɪʃ/ /'वैनिश्/ verb, i. *The beautiful fairy vanished after singing a song to the prince.* = to disappear (to be no longer seen) quickly, as if by magic अदृश्य हो जाना

va•ni•ty /'vænɪti/ /'वैनिटी/ noun, u. = the quality of being vain (proud) दंभ, घमंड **vanity bag** noun = a small bag used by a woman to carry things needed for her make-up (also **vanity case**) महिलाओं की प्रसाधन सामग्री रखने का बैग (देखें **vanity case**)

van•quish /'væŋkwɪʃ/ /'वैङ्क्विश्/ verb, t. *Our army is certain to vanquish the enemy.* = to defeat completely, specially in a war (formal/literary) (युद्ध में) पराजित करना (औपचारिक/साहित्यिक)

vantage (point) /'vɑ:ntɪdʒ/ /'वाऽन्टिज्/ noun, c. = a high point from which one can have a clear view of things (formal) स्पष्ट देखने के लिए उच्च स्थान (औपचारिक)

vap•id /'væpɪd/ /'वैपिड्/ adj. *I find this book boring because of the author's vapid style of writing.* = dull and uninteresting नीरस

va•pour /'veɪpəʳ/ /'वेइपʳ/ noun, u. *Clouds are made up of water vapour.* = gas or very tiny drops into which a liquid, such as water, can change because of the action of heat वाष्प, भाप **vaporize (vaporise)** verb, t. or i. *All the water in the pot has vaporized.* = to turn into vapour (also **evaporate**) वाष्प बनना, वाष्प में बदल देना (देखें **evaporate**)

var•i•a•ble¹ /'veərɪəbəl/ /'वेअरिअबल्/ adj. *The weather in the hills is variable.* = changing frequently परिवर्तनशील, जल्दी-जल्दी बदलने वाला

variable² noun, c. *When the government calculates the economic growth expected during a year, one of the variables is the monsoon.* = something which can change and have an important effect on a situation परिवर्तनीय **variant** noun, c. *Haryanvi, the language spoken in Haryana, is a variant of Hindi.* = a form of something which is a little different from other forms परिवर्त, रूपभेद **variation** /veərɪ'eɪʃən/ /वेअरि'एइशन्/ noun, u. *There is great variation between the temperature in the day and at night.* = change अंतर

var•i•cose veins /værɪkəʊs 'veɪnz/ /वैरिकउस् 'वेइन्ज़्/ noun = a medical condition in which the veins (blood vessels or tubes carrying blood) in the legs become swollen [MEDICINE] टाँगों की नसों की सूजन (रोग) [चिकित्सा]

variety /və'raɪəti/ /व'राइअटी/ noun, u. or c. (**varieties**) **1** *We eat rice and dal everyday. There is no variety in the food.*(u.)= a change or difference from time to time that makes things interesting विविधता **2** *This is a new variety of rice from Taiwan.*(c.) = a type or kind of something, which is different from other kinds प्रकार, किस्म **variety entertainment** noun = a programme of entertainment, shown to an audience which contains a number of different items (songs, dances etc.) विविध मनोरंजन (कार्यक्रम) **variety store** = a shop which sells many different things दुकान जहाँ भांति-भांति की चीज़ें मिलती हैं **various** /'veərɪəs/ /'वेअरिअस्/ adj. *Various languages are spoken in this part of India.* = of different kinds भिन्न-भिन्न प्रकार (के/की)

var•nish¹ /'vɑːnɪʃ/ /'वाऽनिश्/ noun, u. *This old table needs a coat of varnish.* = a kind of colourless liquid paint which gives a bright surface to wood or metal रोगन, 'वार्निश'

varnish² verb, t. *You will have to varnish the table.* = to cover with varnish रोगन करना, वार्निश करना

var•si•ty /'vɑːsɪti/ /'वाऽसिटी/ noun = university (old-fashioned, informal) विश्वविद्यालय (पुराने प्रचलन का, अनौपचारिक)

vary /'veəri/ /'वेअरी/ verb, i. or t. (**varied**) **1** *The weather varies almost every day. On some days it is hot and on other days it is cold.*(i.) = to change बदलना **2** *He thinks cricket should be banned but I think it should be encouraged. Our opinions on this subject vary.*(i.) = to be different from each other भिन्न होना **3** *A good bowler should be able to vary the speed at which he is bowling.*(t.) = to change and make things different from each other भिन्न-भिन्न प्रकार से बदलना

vas•cu•lar /'væskjʊləʳ/ /'वैस्क्युलʳ/ adj. = having to do with the blood vessels or other kinds of tubes through which liquids flow inside the body of an animal or a plant [BIOLOGY] संवहनी, शरीर में रक्त संचार से संबंधित नलिकाएँ [जीव विज्ञान]

vase /vɑːz/ /वाज़्/ noun, c. *a flower vase* = a decorative container or pot in which flowers are kept फूलदान

vas /vɑːs/ /वाऽस्/ noun = a thin tube which carries sperm (male seed) from the testes to the penis (the male sex organ) [MEDICINE] वीर्य-वाहिनी, वीर्य-नलिका [चिकित्सा विज्ञान] **vasectomy** /və'sektəmi/ /व'सेक्टमी/ noun = a surgical operation by which the vas is cut off, so that a man cannot produce any more children [MEDICINE] (पुरुष) नसबंदी [चिकित्सा]

vas•e•line /'væsɪliːn/ /'वैसिलीन्/ noun, u. = a soft yellowish substance produced from petroleum (oil taken out of the earth) which is used for medicinal and other purposes (trademark) वैसिलीन (ट्रेडमार्क)

vast /vɑːst/ /वास्ट्/ adj. *She owns a vast estate (piece of land) in Uttaranchal.* = very large विशाल, विस्तृत

vat /væt/ /वैट/ noun, c. = a large tub (container in which water or some other liquid is kept) कुंड, टंकी

VAT /vieɪ'ti/ /वी एइ'टी/ noun abbr. of **Value Added Tax** = a tax added to the price of an article and paid by the buyer to the seller ऐसा कर (टैक्स) जो मूल्य में सम्मिलित कर दिया जाता है, वैट, मूल्यवर्द्धित कर

vault¹ /vɔːlt/ /वॉल्ट्/ noun, c. *a bank vault* **1**= a strong room (a room in a bank, with thick, strong walls and heavy steel doors, where money, gold etc. can be kept, protected from robbery) तहख़ाना, बैंक का 'लॉकर' **2** = an underground room in a church where the bodies of dead persons are kept भूमिगत शव-कक्ष (गिरजाघर में)

vault² verb, i. *He vaulted over the wall and ran across the road.* = to jump over a high wall etc. लाँघना, फाँदना **pole vault** noun = a sport in which persons are required to vault (jump) over a high bar, using a pole [SPORTS] 'पोल वॉल्ट' (खेल)

VC abbr. of **Vice Chancellor** (see below) **Vice Chancellor** का संक्षिप्त रूप (नीचे देखें)

VCD abbr. of **Video Compact Disc** = a small, circular piece of metal coated with plastic, on which pictures as well as sounds have been recorded and can be played back through a machine called a VCD player

'वीडियो कॉम्पेक्ट डिस्क', प्लास्टिक-चढ़ा छोटा गोलाकार धातु का टुकड़ा जिसपर ध्वनि और चित्र रिकॉर्डेड हैं और जिसे वी.सी.डी. प्लेयर पर चलाया जाता है

VCR abbr. of **Video Cassette Recorder** noun = a machine which records pictures as well as sounds on plastic tape, which can be played back 'वी.सी.आर.'

vd abbr. of **venereal diseases** (see **venereal** below) **venereal diseases** का संक्षिप्त रूप (नीचे **venereal** देखें)

veal /viːl/ /वील्/ noun, u. = the meat from a calf (the young of a cow) बछड़े का मांस

vec•tor /'vektəʳ/ /'वेक्टर/ noun, c. **1** = a quantity which has direction as well as size [MATHEMATICS] 'वेक्टर', सदिश [गणित] **2** = an insect which can carry a disease e.g. a mosquito [MEDICINE] रोगवाहक कीटाणु [चिकित्सा]

veer /vɪəʳ/ /विअर/ verb, i. *The bus veered from one side of the road to the other, as the driver tried to avoid a scooter.* = to change direction suddenly अचानक दिशा बदलना

vegan /viːgən/ /वीगन्/ noun, c. = a person who does not eat any kind of food that comes from an animal (e.g. meat, eggs, milk, cheese) (compare **vegetarian**) शाकाहारी (दूध भी पशु से प्राप्त होने के कारण उसके आहार में सम्मिलित नहीं) (देखें **vegetarian**)

vege•ta•ble[1] /'vedʒtəbəl/ /'वेज्टब्ल्/ noun, u. or c. **1** = some part of a plant (the fruit, root, leaf etc.) that is eaten as food वनस्पति, सब्ज़ी **2** = a descriptive word for a person who, because of damage to the brain, limbs etc. cannot move and needs looking after for everything (informal) ऐसा व्यक्ति जो दिमाग अथवा अंगों के क्षतिग्रस्त हो जाने के कारण निष्क्रिय हो गया हो (अनौपचारिक)

vegetable[2] adj. *vegetable oil* = made from a plant वनस्पति (तेल) **vegetarian** /vedʒɪ'teəriən/ /वेजि'टेअरिअन्/ noun, c. = a person who does not eat meat or fish शाकाहारी **vegetate** /'vedʒɪteɪt/ /'वेजिटेइट्/ verb, i. *He used to be very active but now he is just vegetating at home.* = to lead a dull and useless life, without any activity (like a vegetable) निष्क्रिय जीवन बिताना **vegetation** /vedʒɪ'teɪʃən/ /वेजि'टेइशन्/ noun *There is very little vegetation in a desert.* = plants in general पेड़-पौधे, वनस्पति **veggie** /vedʒɪ/ /वेजि/ vegetable (informal) सब्ज़ी (अनौपचारिक)

vehe•ment /'vɪəmənt/ /'विअमन्ट्/ adj. *The Leader of the Opposition made a vehement attack on the government's policies.* = showing strong feelings, specially of anger (formal) ज़ोरदार, क्रोधपूर्ण (औपचारिक)

ve•hi•cle /'viːɪkəl/ /'वीइक्ल्/ noun, c. **1** = any kind of carriage that runs on wheels and can carry people or goods e.g. a bicycle, scooter or car गाड़ी, वाहन **2** *Television is an excellent vehicle for educating people on the dangers of smoking.* = something that can be used to spread a message (figurative) माध्यम (लाक्षणिक) **vehicular** /viː'hɪkjʊləʳ/ /वी'हिक्युलर/ adj. *vehicular traffic* = having to do with vehicles वाहन-संबंधी

veil /veɪl/ /वेइल्/ noun, c. = a covering of thin material used by a woman to hide her face पर्दा, घूंघट (महिलाओं के मुख पर)

veiled adj. **1** *veiled criticism* = expressed indirectly, so as not to offend someone अप्रत्यक्ष **2** *a veiled threat* = hidden or covered गुप्त

a veil of secrecy/mystery *This story is shrouded in a veil of secrecy.* = something that does not allow the truth to be known fully रहस्य का पर्दा

vein /veɪn/ /'वेइन्/ noun, c. **1** = a blood vessel (tube through which blood flows inside the body) which carries blood from the heart to some part of the body (compare **artery**) रग, नस, नाड़ी (देखें **artery**) **2** *A vein of gold runs through these rocks.* = a crack or line running through a rock, which contains a valuable metal such as gold धारी, दरार **3** *The marble has greenish veins running through it.* = an irregular line of a different colour which runs through a rock धारी **4** *All his books are written in a serious vein.* = mood or style प्रवृत्ति, शैली

vel•cro /'velkrəʊ/ /'वेल्क्रउ/ noun = a kind of material, made from thin nylon threads which can stick to each other, used for fastening things (holding them together) (trademark) बारीक नायलॉन धागों से बनी आपस में चिपकने वाली वस्तु (ट्रेडमार्क)

veldt /velt//वेल्ट्/ noun, u. = a flat piece of land in South Africa covered with grass but without any trees दक्षिण अफ्रीका में घास से ढँकी हुई किंतु वृक्षरहित भूमि

ve•loc•i•ty /vɪ'lɒsɪti/ /वि'लॉसिटी/ *The car was moving at a high velocity.* = speed [PHYSICS] वेग [भौतिकी]

vel•vet /'velvɪt/ /'वेल्विट्/ noun, u. = soft cotton or silk material with very short hair-like threads on the surface मखमल

vend /vend/ /'वेन्ड्/ verb, t. *He made a lot of money by vending sweets.* = to sell (formal) बेचना (औपचारिक) **vendor** noun, c. = a person who sells something फेरीवाला, बेचने वाला **vending machine** noun, c. = a machine from which one can get hot or cold drinks etc. by dropping a coin into the machine चाय-कॉफ़ी आदि पेय की मशीन

ven•det•ta /ven'detə/ /वे-'डेट/ noun, u. = a situation in which someone deliberately tries to harm another person or to take revenge for some harm that was done earlier पूर्व के बैर का बदला लेने की भावना से किसी को हानि पहुँचाना या चोट करना

ve•neer[1] /vɪ'nɪəʳ/ /वि'निअर/ noun, u. **1** *There is a veneer of teak wood over the surface of the table.* = a thin covering of wood or plastic on top of a wooden surface परत, पृष्ठावरण **2** *He has a cunning mind behind that veneer of politeness.* = an outer appearance which covers an unpleasant reality

(figurative, derogatory) मुलम्मा, आवरण (लाक्षणिक, अनादरपूर्ण)
veneer[2] verb, t. *The door has been veneered with plastic.* = to cover with a veneer परत या मुलम्मा चढ़ाना
ve•ne•re•al /vɪ'nɪəriəl/ /वि'निअरीअल्/ adj. *venereal disease* = diseases such as syphilis that are passed on from one person to another through sexual activity रतिज (रोग) जैसे सिफ़िलस
ve•ne•tian (blind) /vəni:ʃən/ /वनीश्न्/ noun = a blind (covering for a window) made of thin, flat pieces of wood or plastic fixed to strings which can be raised or lowered so as to allow light to enter झिलमिली (खिड़कियों पर पर्दे के स्थान पर प्रयुक्त)
ven•geance /'vendʒəns/ /'वेन्जन्स्/ noun, u. **1** = the act of punishing someone in return for some harm that he/she had done to you earlier (formal) (see **revenge**) प्रतिरोधक (औपचारिक) (देखें **revenge**) **2** *We had no rain for the last six weeks and today it rained with a vengeance.* = with greater force than usual सामान्य से अत्यधिक (मानो बदले की भावना से) **vengeful** adj. *She seems to be in a vengeful mood today.* = showing a desire for vengeance प्रतिशोध की भावना लिए

to do something with a vengence = with greater force or energy than usual सामान्य से अधिक ज़ोर लगाकर कोई काम करना

ven•om /'venəm/ /'वेनम्/ noun, u. **1** = the poison from a snake, scorpion etc. साँप, बिच्छू आदि का विष, ज़हर **2** *There is a lot of venom in the articles he writes.* = feelings of anger or hatred (figurative) विद्वेष, ज़हर (लाक्षणिक) **venomous** adj. **1** *a venomous snake* = containing or able to produce poison [TECHNICAL] विषैला [तकनीकी] **2** *a venomous article* = expressing anger or hatred द्वेषपूर्ण

to draw somebody's venom = to make someone unable to harm you हानि पहुँचाने का किसी का साधन नष्ट कर देना

venous /'vi:nəs/ /'वीनस्/ adj. *venous blood* = having to do with the veins in the body [BIOLOGY] शिरा, शिरीय [जीव विज्ञान]
vent[1] /vent/ /'वेन्ट्/ verb, t. *The manager shouted at Anil in the office, and Anil vented his anger by shouting at his friend when he went home.* = to give expression to a strong feeling of anger etc. मन की भड़ास निकालना
vent[2] noun, c. *an air vent* = a small opening through which air or smoke can pass निर्गम, सुराख, धुआँ अथवा हवा निकलने का मार्ग

to give vent to something = to express a feeling strongly or openly मन की भावना खुलकर अभिव्यक्त करना

ven•ti•late /'ventɪleɪt/ /'वे़ण्टिलेइट/ verb, t. *There are no windows in this room. We will have to construct at least one window in order to ventilate the room properly.* = to allow fresh air to come in हवा आने देने के लिए **ventilation** /ventɪ'leɪʃən/ /वेन्टि'लेइश्न्/ noun, u. *The ventilation in this room is excellent because there are many doors and windows.* = the flow of fresh air into a room वायु संचार **ventilator** noun, c. = an opening in a wall etc. that allows or helps ventilation वातायनी, रोशनदान
ven•tri•cle /'ventrɪkəl/ /'वेन्ट्रिक्ल्/ noun, c. = a chamber (hollow space) in the heart into which blood flows from different parts of the body through the arteries [BIOLOGY] 'निलय', हृदय में रक्त का स्थान [जीव विज्ञान]
ven•tril•o•qui•sm /ven'trɪləkwɪzəm/ वेन्ट्रि'लक्विज़्म्/ noun, u. = the art of speaking without moving one's lips, so that the sounds seem to come from somewhere else बिना होंठ हिलाए बोलना **ventriloquist** noun, c. = a person who entertains people through tricks of ventriloquism बिना होंठ हिलाए बोलने वाला
ven•ture[1] /'ventʃəʳ/ /'वेन्चʳ/ verb, t. *He did not venture to speak during the serious discussion.* = to have the courage to do or say something साहस करना
venture[2] noun, c. *These two companies have started a joint venture to produce computer software.* = a course of action, especially in business, in which there is some risk (specially of losing money) साहसिक कार्य (विशेष रूप से जहाँ घाटे का खतरा हो) **venture capital** noun = money which one borrows (usually from a bank) to start a business व्यापार आरंभ करने के लिए बैंक आदि से लिया गया ऋण

to venture an opinion = to express an opinion with some hesitation संकोचपूर्वक कोई विचार अभिव्यक्त करना

venue /venju:/ /'वेन्यू/ noun, c. *the venue for the meeting* = a place where some event is organized (formal) स्थान, स्थल (किसी कार्यक्रम के लिए निश्चित किया गया) (औपचारिक)
Ve•nus /'vi:nəs/ /'वीनस्/ noun **1** = the Roman goddess of love and beauty सौंदर्य तथा प्रेम की रोमन देवी **2** = the planet nearest to the earth शुक्र ग्रह **venus fly-trap** noun = a kind of plant that traps and eats insects कीड़ों को खाने वाला एक प्रकार का पौधा
ve•rac•i•ty /və'ræsɪti/ /व'रैसिटी/ noun, u. *The witness said that he had seen two people entering the house just before the murder. The police are now examining the veracity of this statement.* = truthfulness; the extent to which one can be believed (formal) [LAW] सत्यवादिता, विश्वसनीयता (औपचारिक) [कानून]
verb /v3:b/ /वɜब्/ noun *In the sentence 'The boys have been playing cricket', the verb is 'have been playing'.* = a word or group of words used to refer to an action or state (condition) [GRAMMAR] क्रिया [व्याकरण]
verb•al /'v3:bəl/ /'वɜब्ल्/ adj. **1** *He has excellent verbal skills.* = having to do with the use of language भाषिक **2** *I have given you a verbal report now. Later, I*

will write it out. = in spoken (not written) form ज़बानी, मौखिक **3** *a verbal noun* = having to do with a verb [GRAMMAR] क्रियार्थक संज्ञा [व्याकरण] **verbalize (verbalise)** verb, t. *He was not able to verbalize his feelings.* = to express oneself through words शब्दों में व्यक्त करना

ver•ba•tim /vɜːˈbeɪtɪm/ /वऽˈबेइटिम्/ adj. *What did the man say about me? Can you give me a verbatim report?* = repeating the actual words used by someone शब्दश:

ver•bi•age /ˈvɜːbɪədʒ/ /ˈवऽबिअज्/ noun, u. *There is too much verbiage in this book. You will have to cut out most of it.* = the use of unnecessary words (derogatory) शब्दाडंबर, अनावश्यक शब्द (अनादरपूर्ण)

ver•bose /vɜːˈbəʊz/ /वऽˈबउज्/ adj. *a verbose speech* = containing too many words शब्दाडंबरपूर्ण

ver•dict /ˈvɜːdɪkt/ /ˈवऽडिक्ट्/ noun, c. **1** *The verdict given by the judge was that the accused is not guilty.* = the decision or judgement given by a judge at the end of a trial [LAW] निर्णय (अदालत का) [कानून] **2** *Well, you have seen the film. What is your verdict?* = opinion विचार, फ़ैसला

verge[1] /vɜːdʒ/ /वऽज्/ noun, u. *He was on the verge of tears after he lost his favourite cap.* = edge; a point or condition that is very near to something किनारा, सीमा (रोने-रोने को होना)

verge[2] verb, i. *He used strong language verging on abuse.* = being or coming very close to something की सीमा या हद तक पहुँचना

ver•i•fy /ˈverɪfaɪ/ /ˈवेरिफ़ाइ/ verb, t. *She says she has a First class M.A. degree. We will have to verify this statement from her certificates.* = to confirm (to make certain whether something is correct or true) सत्यापित करना **verification** /verɪfɪˈkeɪʃən/ /वेरिफ़िˈकेइशन्/ noun, u. = the act of verifying something सत्यापन

ver•i•ta•ble /ˈverɪtəbəl/ /ˈवेरिटब्ल्/ adj. *He owns a huge house. It is so grand that it is a veritable palace.* = may be described as (used to add force to an expression) (formal) से तुलना योग्य, के समान (औपचारिक)

ver•mi•cel•li /vɜːmɪˈseli/ /वऽमिˈसेली/ noun = food made from wheat flour, in the shape of very thin threads, eaten in India as a kind of sweet but also popular in Italy सेंवइयाँ

ver•mil•ion[1] /vəˈmɪljən/ /वˈमिल्यन्/ noun, u. = a kind of powder of reddish-orange colour, used by as a sign of marriage by many Hindu women सिंदूर

vermilion[2] adj. *a vermilion sari* = having a reddish-brown colour (the colour of vermillion) सिंदूरी (रंग का)

ver•min /ˈvɜːmɪn/ /ˈवऽमिन्/ noun, u. (no plural form, but used with plural verbs) *The dog's fur is full of vermin.* = small insects that often suck the blood of animals and can cause disease कीटाणु

ver•nac•u•lar /vəˈnækjʊləʳ/ /वˈनैक्युलʳ/ noun, u. or c. *Let's speak in the vernacular and not in English.*(u.) = the language spoken by the common people living in a region देशी भाषा, स्थानीय भाषा, बोलचाल की प्रचलित भाषा

ver•sa•tile /ˈvɜːsətaɪl/ /ˈवऽसटाइल्/ adj. **1** *He is a versatile person. He can cook; he can play the sitar and he is also an excellent painter.* = having many different skills (referring to a person) बहुमुखी प्रतिभा-संपन्न (व्यक्ति) **2** *Nylon is a versatile material. It can be used to make clothing as well as small parts for motor cars.* = having many different uses (referring to a material) बहु-उपयोगी (पदार्थ के संदर्भ में)

verse /vɜːs/ /वऽस्/ noun, u. or c. **1** *Shakespeare's plays are written in verse.*(u.) = poetry (language written or printed in the form of poetry and having the musical quality that one expects in poetry) पद्य **2** *Can you read out the last verse of this poem?*(c.) = a part of a poem, usually consisting of two or four lines पद्यांश **versification** /vɜːsɪfɪˈkeɪʃən/ /वऽसिफ़िˈकेइशन्/ noun, u. **1** = the arrangement of lines in a poem पद्य- रचना **2** = the art of writing poetry छंद कौशल

to quote chapter and verse = to know all the details of some rule or law किसी नियम की पूर्ण जानकारी होना

versed /vɜːst/ /ˈवऽस्ट्/ adj. *A professor is expected to be well versed in her subject.* = having deep knowledge of something किसी विषय का गहरा ज्ञान होना

ver•sion /ˈvɜːʃən/ /ˈवऽशन्/ noun, c. **1** *I've read 'David Copperfield' but not seen the film version.* = a form or copy of a book which is generally a little different from the original work रूपांतर **2** *Anil tells me that you shouted at him for no reason at all. Now I want to hear your version of what happened.* = one person's account of an event, as compared to another person's account of the same event एक पक्ष अथवा एक दृष्टिकोण से किया गया वर्णन

ver•sus /ˈvɜːsəs/ /ˈवऽसस्/prep. *The India versus West Indies match will be played tomorrow in Chennai.* = against (abbr. as **vs.** or **v.**) बनाम, प्रति, विरुद्ध (प्रतियोगिता अथवा तुलना के संदर्भ में) (संक्षिप्त रूप **vs** या **v** के रूप में भी व्यक्त)

ver•te•bra /ˈvɜːtɪbrə/ /ˈवऽटिब्र/ noun, c. (**vertebrae**) = one of the bones forming the backbone or spine (the long chain of bones which runs down the middle of the back) रीढ़ की हड्डी की 'कशेरुका' **vertebrate** noun, c. *A bird is a vertebrate, but an insect is not.* = an animal which possesses a backbone (opposite **invertebrate**) [BIOLOGY] मेरुदंडी जीव (विलोम शब्द **invertebrate**) [जीव विज्ञान]

ver•tex /ˈvɜːteks/ /ˈवऽटेक्स्/ noun, c. (**vertices**) *the vertex of a triangle* = the angle lying opposite to the base of a triangle or pyramid [GEOMETRY] शीर्ष, शिरोबिंदु [ज्यामिति]

ver•ti•cal /'vɜːtɪkəl/ /'वɜटिक्ल्/ adj. *The flag-post should be perfectly vertical.* = making an angle of 90 degrees with the ground [GEOMETRY] खड़ा, सीधा [ज्यामिति]

ver•ti•go /'vɜːtɪgəʊ/ /'वɜटिगउ/ noun = a medical condition which causes a feeling of unsteadiness and loss of balance especially when one looks down from a height [MEDICINE] घुमड़ी, चक्कर (ऊँचाई से नीचे देखने पर आने वाला चक्कर [चिकित्सा]

verve /vɜːv/ /वɜव्/ noun, u. *He sings beautifully, with a lot of verve in his singing.*= the expression of energy and enjoyment in doing something उत्साह, उमंग, जोश

ve•ry[1] /'veri/ /'वेरी/ adv. *He is a very honest person.* = to a great degree (used to add force to an expression) बहुत (अभिव्यक्ति को प्रभावपूर्ण बनाने के लिए प्रयुक्त)

very[2] adj. *This is the very tree under which the Buddha meditated, 5,000 years ago.* = exact (used to add force to an expression) वही (अभिव्यक्ति को प्रभावपूर्ण बनाने के लिए प्रयुक्त)

the very thing *This report is the very thing I need to prove my case.* = the right thing needed for some purpose सही चीज़, आवश्यक वस्तु **The very idea!** *How could you imagine that I would harm you? The very idea!* = an expression suggesting shock at something 'आपने ऐसा सोचा भी कैसे!'

ves•sel /'vesəl/ /'वेसल्/ noun, c. **1** = ship समुद्री जहाज़ **2** = a pot used to hold some liquid कुछ तरल पदार्थ रखने का बर्तन **3** *a blood vessel* = a tube through which blood or some other liquid flows (रक्त) नलिका

vest[1] /vest/ /वेस्ट्/ noun, c. **1** = an undergarment, worn under a shirt बनियान **2** = a waistcoat (short coat without sleeves, worn under a jacket) 'वास्कट'

vest[2] verb, t. *The people have vested parliament with the power to make new laws.* = to give some right or power to someone [LAW] अधिकार या पात्रता प्रदान करना [कानून] **vested interest** noun *She has a vested interest in not allowing her children to watch television, because then they will develop a love for reading.* = a personal reason for doing or not doing something because of the benefit one hopes to get निहित स्वार्थ

ves•ti•bule /'vestɪbjuːl/ /'वेस्टिब्यूल्/ noun, c. *The coaches on this train are connected by vestibules.*= a corridor or passage through which one can walk from one part of a building or train to another part भवन के एक भाग से दूसरे अथवा रेलगाडी के एक डिब्बे से दूसरे में जाने का रास्ता

ves•tige /'vestɪdʒ/ /'वेस्टिज्/ noun, c. *A powerful king once ruled over this part of India. But today you do not find even a vestige of his kingdom.* = sign or trace; a small part which remains behind when something is gone अवशेष, चिह्न, नामोनिशान

vet[1] /vet/ /वेट्/ noun, c. = short form of **veterinarian** (a doctor who treats the diseases of animals) (informal) पशु-चिकित्सक (**veterinarian** का संक्षिप्त रूप) (अनौपचारिक)

vet[2] verb, t. (**vetted**) *We will have to vet these reports carefully before we can send them on to the Director.* = to examine carefully or to correct and improve something (informal) त्रुटि-संशोधन हेतु जाँच करना (अनौपचारिक)

vet•e•ran[1] /'vetərən/ /'वेट्रन्/ noun,c. *He is a veteran of the war of 1962.* = an old person with a lot of past experience, specially of fighting in the army दीर्घ अनुभव प्राप्त,(वृद्ध व्यक्ति) सेवा-निवृत्त युद्ध-अनुभव-प्राप्त सैनिक

veteran[2] adj. *She is a veteran writer. She has written more than 50 books.* = having a great deal of experience अनुभवी, पुराना

vet•e•ri•na•ry /'vetərɪnəri/ /'वेट्रिन्री/ adj. *a veterinary hospital* = having to do with the care and treatment of animals **veterinarian** /vetərɪ'neəriən/ /वेट्रिं'नेअरीअन/ noun, c. = a doctor who treats animals (see **vet**[1]) पशु चिकित्सक (देखें **vet**[1])

ve•to[1] /'viːtəʊ/ /'वीटउ/ verb, t. (**vetoed**) *In 1956, England and France wanted to attack Egypt but America vetoed this proposal.* = to prevent some action by refusing permission निषेधाधिकार द्वारा रोक देना

veto[2] noun, u. or c. *the power of veto // exercise one's veto* = the power given to someone to refuse permission for some action or to turn down a proposal made by someone निषेधाधिकार

vex /veks/ /वेक्स्/ verb, t. *Don't vex the customer by constantly asking if she would like to buy something.* = to annoy (displease) or trouble someone (old-fashioned) परेशान करना (पुराने प्रचलन का) **vexation** noun = परेशानी

VHF abbr. of **Very High Frequency** = a measure of the frequency (speed) at which radio waves travel through the air रेडियो तरंगों की गति मापने की इकाई

vi•a /'vaɪə/ /'वाइअ/ prep. (Latin) *We will go to New York via London.* = through; by way of 'वाया', के रास्ते से होकर

vi•a•ble /'vaɪəbəl/ /'वाइअब्ल्/ adj. *An engineer has sent us a plan for cleaning up the river, but we do not think it is a viable plan.* = possible; something that can be carried out successfully व्यवहार्य

vi•a•duct /'vaɪədʌkt/ /'वाइअडॅक्ट्/ noun, c. = a long, high bridge built to carry a road or railway across a valley सेतु, पुल (घाटी के आर-पार लंबा, ऊँचा पुल)

vi•al /'vaɪəl/ /'वाइअल्/ noun, c. = a small bottle used as a container for medicine शीशी

vibes see under **vibrate** (below) (नीचे **vibrate** के अंतर्गत देखें)

vi•brate /vaɪ'breɪt/ /वाइ'ब्रेइट्/ verb, i. or t. *The loud sound of the drums made the glass window vibrate.*(i.)

= to cause something to shake continuously, producing a sound कंपायमान होना, कंपित करना **vibration** noun, u. or c. *Can you feel the vibration in the glass windows?* = the action or effect of vibrating कंपन **vibes** noun, u. (always plural) *There are excellent vibes between the manager and myself.* = a feeling of friendship or a good relationship between two or more people that is often not expressed in words (informal; short form of **vibrations**) (केवल बहुवचन में प्रयुक्त) अनुकूल प्रकृति (अनौपचारिक; **vibrations** का संक्षिप्त रूप) **vibrant** adj. *Malaysia has a vibrant economy, which is growing at 10 per cent every year.* = active and full of life जीवंत, क्रियाशील, विकासमान

vic•ar /'vɪkəʳ/ /'विकर्/ noun, c.= a Christian priest who is in charge of an area ईसाई पादरी

vi•car•i•ous /vɪ'keəriəs/ /वि'केअरीअस्/ adj. *He is too old to dance, but he gets vicarious pleasure by watching other people dance.* = indirect; something that one experiences or feels through others प्रकारांतर, दूसरों के माध्यम से अनुभव करने योग्य

vice /vaɪs/ /वाइस्/ noun, c. **1** *the vice of smoking* = a fault in one's character or a bad habit that one has दोष, बुरी आदत **2** = a tool with metal jaws that can be tightened, used to hold something firmly in place शिकंजा

vice- prefix meaning 'in place of' e.g. उपसर्ग-'के बदले' अर्थ में **vice-captain** noun, c. = a senior member of a team who takes the place of the captain when the captain is not playing उप-कप्तान

vice-chancellor noun, c. = the person in charge of a university, who is supposed to be acting in place of the Chancellor (usually the Governor of the state, in India) उप-कुलपति **vice-president** noun, c. = a person who is next in importance or position to the president उप-राष्ट्रपति **viceroy** noun, c. *the Viceroy of India* = a person who rules a country in place of the king or queen 'वाइसराय'

vice versa /vaɪs 'vɜːsə/ /वाइस'वऽस्/ adv. (Latin) *Remember the saying 'God is Truth, and vice versa.'* = the opposite is also true (i.e. 'Truth is God'.) (लैटिन) (और) इसका विपरीत, (पूर्वकथित पदबंध के पदों का विपरीत क्रम)

vi•cin•i•ty /vɪ'sɪnɪti/ /वि'सिनिटी/ noun, u. *I can't get any books here as there are no bookshops in the vicinity.* = neighbourhood (the area surrounding a place) (formal) निकट, आस-पास (औपचारिक)

vi•cious /'vɪʃəs/ /'विशस्/ adj. *He is a vicious criminal who has committed many murders.* = dangerous and violent खतरनाक **vicious circle** noun *When people do not have education, they cannot find jobs; and when they do not have jobs, they cannot send their children to school. In this way, a vicious circle is formed.* = a chain of undesirable events, in which one event leads to another, which leads back to the first, and the whole process is repeated परस्पर प्रभावित करने वाली, अवांछित घटनाओं की शृंखला

vi•cis•si•tudes /vɪ'sɪsɪtjuːdz/ /वि'सिसिचूड्ज़्/ noun, c. (plural form only) *Our state has gone through a number of vicissitudes recently; first, the cyclone and now the floods.* = events that cause suffering; misfortunes (formal, literary) (केवल बहुवचन रूप में प्रयुक्त) दुर्भाग्यपूर्ण घटनाएँ (औपचारिक, साहित्यिक)

vic•tim /'vɪktɪm/ /'विक्टिम्/ noun, c. *Many innocent people were killed in the bomb attack. Some of the victims have not been identified.* = a person who suffers harm or damage as a result of some action done by someone or some natural event शिकार, पीड़ित **victimize (victimise)** verb, t. *She says she is being victimized because she is not afraid to express her opinions freely.* = to cause someone to suffer unfairly शिकार बनाना, उत्पीड़ित करना

vic•to•ry /'vɪktəri/ /'विक्ट्री/ noun, u. or c. (**victories**) *India defeated the New Zealand team by 250 runs. We did not expect this victory.* = the act of winning in a war or competition जीत, विजय **victor** noun, c. = a person who has won in a war or competition विजेता **victorious** /vɪk'tɔːrɪəs/ /विक्'टॉरिअस्/ adj. *the victorious Australian team* = which has won a victory विजयी

Vic•to•ri•an /vɪk'tɔːriən/ /विक्'टॉरीअन्/ adj. *a Victorian poet* = belonging to the time when Queen Victoria reigned in England (1837-1901) महारानी विक्टोरिया के काल का

vid•e•o /'vɪdiəʊ/ /'विडीअउ/ noun, c. or adj. **1** = moving pictures with sound which have been recorded on videotape (noun) 'वीडियो' **2** *video recording*(adj.) = having both pictures and sound दृश्य-श्रव्य (वीडियो) रिकॉर्डिंग **video disc** noun = a round piece of metal covered with plastic, on which pictures and sounds have been recorded and can be played back (see **VCD**) वीडियो डिस्क (देखें **VCD**) **video tape** noun = a narrow, flat piece of plastic on which video recording has been done वीडियो टेप

vie /vaɪ/ /वाइ/ verb, i. (**vied, vying**) *Pakistan and Australia are vying for the championship in the World Cup.* = to compete (formal) होड़ लगाना, प्रतिस्पर्धा करना (औपचारिक)

view[1] /vjuː/ /व्यू/ noun, u. or c. **1** *The car was moving so fast that it disappeared from view in a few seconds.*(u.) = sight (the ability to be seen) दर्शन, दृश्य **2** *You can get an excellent view of the Taj Mahal from this room.*(c.) = something seen from a particular place स्थान-विशेष से दर्शनीय दृश्य **3** *In my view, this plan will not work. // Your views on religion are different from mine.*(c.) = opinion or belief विचार, मत

view[2] verb, t. **1** *You can view the Taj Mahal from this room.* = to look at देखना **2** *The Chairperson views your* *remarks as being offensive.* = to think of something in a particular way (formal) अवलोकन करना (औपचारिक) **point of view** = how one thinks about something; opinion दृष्टिकोण, अभिप्राय **view-finder** noun = a small window in a camera through which one can get a picture of the person or object whose photograph is being taken कैमरे की छोटी खिड़की **viewpoint** *We should try to look at this textbook from the student's viewpoint.* = the way in which a particular person thinks about a matter दृष्टिकोण

to take a dim view of something = to have a poor opinion of something किसी वस्तु के बारे में अच्छा मत न होना **in full view of** *They took out their gold jewellery in full view of all the people present.* = being watched or seen clearly by everyone (used of something that is not normally done in public) सबकी नज़रों के सामने **on view** *Anjolie Ela Menon's recent paintings are on view at the Taj Gallery.* = displayed, arranged (used in the context of an exhibition) प्रदर्शित **in view of** *In view of your long years of service, we wish to give you this award.* = because of or recognising something (formal) को देखते हुए, के परिदृश्य में (औपचारिक) **with something in view** *I designed this door with safety in view.* = as the main aim (formal) किसी उद्देश्य से (औपचारिक)

vig•il /ˈvɪdʒɪl/ /ˈविजिल/ noun, u. or c. *My mother was very ill last week, so I kept a vigil by her bedside all night.* = an act of staying awake and keeping watch over someone or something (literary) (रात में) जागते रहकर निगरानी करना (साहित्यिक) **vigilance** noun, u. **1** *No thieves can enter this building, thanks to the vigilance of the guards.*= the quality of being careful in keeping watch over or guarding someone or something (formal) निगरानी, चौकसी (औपचारिक) **2** = the department of the government which keeps watch over the actions of government officials and tries to check corruption [TECHNICAL] सतर्कता (विभाग) [तकनीकी] **vigilant** adj. *The guards have been told to remain vigilant as theft is very common in this area.* = always watchful or prepared for danger सावधान, चौकन्ना

vi•gnette /vɪˈnjet/ /विˈन्येट्/ noun, c = a short, well-written description of a person or scene (literary) शब्द-चित्र (साहित्यिक)

vi•gour /ˈvɪgəʳ/ /ˈविगʳ/ noun, u. *Although he is old, he still has a lot of vigour.* = energy or strength ऊर्जा, शक्ति **vigorous** adj. *vigorous exercise* = showing or requiring a lot of vigour (energy and strength) श्रमसाध्य, जिसके लिए अधिक शक्ति की आवश्यकता हो

Vi•king /ˈvaɪkɪŋ/ /ˈवाइकिङ्/ noun = a person belonging to one of the tribes living in Scandinavia (Denmark, Sweden and Norway) about 1,200 years ago, who sailed across the seas in wooden ships and often attacked and plundered other people स्कैण्डीनेवियाई देशों की एक विशेष जाति (जिसके सदस्य 1200 वर्ष पूर्व जलदस्यु थे) का सदस्य

vile /vaɪl/ /वाइल्/ adj. **1** *Why do you want to harm them by spreading vile rumours about them?* = evil and unpleasant बुरा, गंदा **2** *She has a vile temper.* = very bad बेहद गंदा, बेहद बुरा

vil•i•fy /ˈvɪlɪfaɪ/ /ˈविलिफ़ाइ/ *The newspapers have vilified him, although he is an honest person.* = to give someone a bad name बदनाम करना

vil•la /ˈvɪlə/ /ˈविल/ noun, c. **1** = a large house in a place which one goes to for a holiday पर्यटकों के निवास के लिए भवन **2** = a large old-style house with a garden बँगला

vil•lage /ˈvɪlɪdʒ/ /ˈविलिज/ noun, c. **1** = a group of houses in a place away from a city or town ग्राम, गाँव **2** *The entire village celebrated the festival.* = the people of a village (meaning **1**) ग्रामवासी

vil•lain /ˈvɪlən/ /ˈविलन्/ noun, c. = an evil person or a bad character in a film or drama खलनायक

vim /vɪm/ /विम्/ noun, u. *She acted in her last film with a lot of vim and vigour.* = energy उत्साह, जोश

vin•di•cate /ˈvɪndɪkeɪt/ /ˈविन्डिकेइट्/ verb, t. *I always believed that Yuvraj Singh would become a great player and now he has scored a century. My faith in him has been vindicated.*= to prove that something is true or correct प्रमाणित, सिद्ध करना या होना

vin•dic•tive /vɪnˈdɪktɪv/ /ˈविन्डिक्टिव्/ adj. *a vindictive nature* = unwilling to forgive someone for some harm that may have been done in the past (derogatory) प्रतिशोधात्मक, दूसरे के अपराध को न भूलने वाला, क्षमा न करने वाला (अनादरपूर्ण)

vine /vaɪn/ /ˈवाइन्/ noun,c. = a climbing plant, specially one that produces grapes अंगूर की बेल **vineyard** /ˈvɪnjəd/ /ˈविन्यड्/ noun, c. = a garden or farm in which grapes are grown to produce wine अंगूर का बाग

vin•e•gar /ˈvɪnɪgəʳ/ /ˈविनिगʳ/ noun, u. = a liquid with a sour taste, often made from wine, used to add taste to food सिरका

vin•tage /ˈvɪntɪdʒ/ /ˈविन्टिज्/ adj. *This is a vintage Satyajit Ray film.* = of the highest quality, which is usually found in the work of the person named श्रेष्ठ **a vintage car** noun = an old car having a famous name, which is treated with a lot of respect by car lovers प्राचीन नमूने की कार

vi•nyl /ˈvaɪnɪl/ /ˈवाइनिल्/ noun, u. = a kind of plastic material used for making floors etc. [CHEMISTRY] प्लास्टिक का एक प्रकार [रसायनशास्त्र]

vi•o•late /ˈvaɪəleɪt/ /ˈवाइअलेइट्/ verb, t. *The police will arrest you if you violate the laws of the country. // He had agreed to pay me half the amount last month but he violated the agreement.* = to break (go against) a law or an agreement किसी कानून या करारनामे का उल्लंघन करना

V

vi•o•lence /'vaɪələns/ /'वाइअलन्स्/ noun, u. *When the crowd started burning buses, the police had to open fire in order to control the violence.* = the use of physical force leading to damage, injury etc. हिंसा **violent** adj. *The violent crowd burnt a number of cars.* = acting with great physical force leading to damage etc. हिंसक

vi•o•let[1] /'vaɪəlɪt/ /'वाइअलिट्/ noun = a kind of small flower having a dark purple colour 'नीलपुष्प', गहरे बैंगनी रंग का एक छोटा पुष्प

violet[2] adj. *a violet dress* = having a dark purple colour बैंगनी

vi•o•lin /vaɪə'lɪn/ /वाइअ'लिन्/ noun = a musical instrument with a number of strings, played by drawing a bow across the strings 'वायलिन' (वाद्ययंत्र)

VIP abbr. of **Very Important Person** (a person in a high position who has to be given special treatment) **Very Important Person** का संक्षिप्त रूप अति विशिष्ट व्यक्ति

vi•per /'vaɪpə'/ /'वाइपर्/ noun, c. = a kind of poisonous snake with a broad v-shaped head एक प्रकार का ज़हरीला साँप

vi•ra•go /vɪ'rɑːgəʊ/ /वि'रागउ/ noun, c. = an insulting word for a woman with a very bad temper who is feared or disliked by everyone (derogatory) (originally a word for a woman who is wise and brave) G चंडी, कर्कशा स्त्री के लिए प्रयुक्त अपमानजनक शब्द (अनादरपूर्ण) (मूलत: बुद्धिमती तथा साहसी स्त्री के लिए प्रयुक्त) लिंग

vi•ral /'vaɪərəl/ /'वाइअरल्/ adj. see **virus** (देखें **virus**)

vir•gin[1] /'vɜːdʒɪn/ /'वऽजिन्/ noun, c. = a person who has never had sex कुँवारी, कुँवारा

virgin[2] adj. 1 *virgin land/forest* = something that has not been used or spoilt by human beings and has remained in a natural condition अपने प्राकृतिक रूप में स्थित 2 *With this new way of printing books cheaply, we are on virgin territory.* = (of an idea, plan etc.) not tried out or known before नवीन, पहले ज्ञात अथवा प्रयुक्त नहीं

Vir•go /'vɜːgəʊ/ /'वऽगउ/ noun = one of the signs of the zodiac, represented by a virgin (see pic under **zodiac**) 'कन्या' राशि (**zodiac** के अंतर्गत चित्र देखें)

vi•rile /'vɪraɪl/ /'वराइल्/ adj. = strong and active, specially in matters of sex (referring to a man) मर्दाना, पुंस (शक्ति) **virility** /vɪ'rɪlɪti/ /विरिलिटी/ noun, u. = the quality of being strong and active, specially in sex मर्दानगी, पुंसत्व

vir•tu•al /'vɜːtʃuəl/ /'वऽचुअल्/ adj. 1 *The company is in a state of virtual closure.* = in effect, though not officially or legally लगभग, वस्तुत: 2 *a virtual image seen in a mirror* = something that is not real [PHYSICS] आभासी, प्रतीयमान [भौतिकी] **virtual reality** noun = pictures created by computers that seem completely real कंप्यूटर-निर्मित वास्तविक-सा चित्र **virtually** adv. *He is virtually the owner of this building, although it belongs to his sister.* = for all practical purposes, though not legally or officially असल में, वस्तुत:

vir•tue /'vɜːtʃuː/ /'वऽचू/ noun, c. 1 *Honesty is his greatest virtue.* = a good quality in a person's character सद्गुण 2 *His plan has the virtue of being simple.* = something that offers an advantage लाभ **virtuous** adj. *a virtuous person* = having many virtues (good qualities) सदाचारी, सच्चरित्र

to make a virtue of something *He is poor, but he makes a virtue of poverty.* = to turn something which should be a disadvantage into an advantage हानि को लाभ में अथवा दुर्गुण को सद्गुण में बदल लेना

vir•tu•o•so[1] /vɜːtʃu'əʊsəʊ/ /वऽचु'अउसउ/ noun, c. *Pandit Ravi Shankar is a famous sitar virtuoso.* = a person with very great skill in some form of art, specially music कला-प्रवीण, कला-मर्मज्ञ

virtuoso[2] adj. *He gave a virtuoso performance.* = showing very great skill अत्यंत कुशल **virtuosity** noun, u. = the skill or ability that a virtuoso has प्रवीणता, कला-मर्मज्ञता

vir•u•lent /'vɪrʊlənt/ /'विरुलन्ट्/ adj. 1 *Cholera is a virulent disease.* = dangerous or harmful हानिकर, भयानक 2 *She wrote a virulent article attacking the organization.* = full of anger or hatred कटुतापूर्ण, घृणापूर्ण **virulence** adj. = the quality of being virulent कटुता, घृणा

vi•rus /'vaɪərəs/ /'वाइअरस्/ noun, c. 1 *AIDS is caused by a virus.* = a very tiny living substance that can cause diseases [BIOLOGY] रोग फैलाने वाला कीटाणु [जीव विज्ञान] 2 *My computer has picked up a virus.* = a set of instructions for a computer, which someone has created mischievously, which can prevent it from working [COMPUTERS] 'वाइरस' संक्रमण (कंप्यूटर के संदर्भ में) **viral** adj. *viral fever* = caused by a virus कीटाणुजन्य

vi•sa /'viːzə/ /'वीज़ा/ noun, c. *You will need a visa to go to Japan.* = permission to enter a foreign country, which is shown on a person's passport 'विज़ा/वीज़ा', प्रवेश-पत्र

vis-à-vis /viːzɑː'viː/ /वीज़ा'वी/ prep. (Latin) *I want to know what you have decided, vis-à-vis the discussion we had last week.* = with reference to; in connection with (formal) के संदर्भ/संबंध में (औपचारिक)

vis•ce•ra /'vɪsərə/ /'विसर/ noun, u. = the main organs (inner parts of the body) such as the heart, lungs, stomach, intestines etc. [MEDICINE/LAW] शरीर के भीतरी अवयव [चिकित्सा/कानून]

vis•count /'vaɪkaʊnt/ /'वाइकाउन्ट्/ noun = a title sometimes given to a British nobleman (a person belonging to a rich or important family) ब्रिटेन में भद्रलोक को दी जाने वाली एक उपाधि

vis•cous /'vɪskəs/ /'विस्कस्/ adj. *When the flood was over, the banks of the river were covered with*

viscous mud. = thick and sticky (referring usually to a thick liquid) [TECHNICAL] गाढ़ा, चिपचिपा [तकनीकी]
visible /'vɪzibəl/ /'विज़ीब्ल्/ adj. *The moon is sometimes visible during the day.* = can be seen दृश्य, दीखता **visibility** /vɪzɪ'bɪlɪti/ /विज़ि'बिलिटी/ noun, u. = the quality of being visible दृश्यता
vi•sion /'vɪʒən/ /'विज़्न्/ noun, u. **1** *You need excellent vision to become a pilot.* = the ability to see दृष्टि, देखने की क्षमता **2** *Jawaharlal Nehru was a leader with vision.* = the ability to look ahead and plan for the future (see **visionary**) दूर-दृष्टि (देखें **visionary**) **3** *Nehru had a vision of a great and prosperous India.* = an idea or a picture in the mind विचार अथवा मानसिक चित्र **4** *God appeared to him in a vision.* = a dream or a religious experience अलौकिक अनुभव अथवा स्वप्न **20-20 vision** = perfect eyesight [TECHNICAL] पक्की दृष्टि [तकनीकी] **visionary** /'vɪʒənərɪ/ /'विज़्नरि/ noun, c. **1** = a person who can think or plan ahead and has a clear idea of what the future will be like दूरदर्शी, भविष्य के संबंध में स्पष्ट विचार वाला **2** = a person who has ideas but is not practical सपने देखने वाला अव्यावहारिक व्यक्ति
vis•it[1] /'vɪzɪt/ /'विज़िट्/ verb, t. *I visit my brother's house once a week.* = to go to a place to spend some time or to meet someone मिलने जाना
visit[2] noun, c. *I have come here on a visit.* = the act of visiting a place, usually for a short time दर्शन, सैर **visiting card** noun,c. = a small card with one's name, address etc. printed on it, which one gives to people one meets (also **business card**) मुलाकाती पहचान-पत्र, 'विज़िटिंग कार्ड' (देखें **business card**) **visiting hours** noun = the time during which one is allowed to go to a hosital in order to see a person who is there for medical reasons मिलने का समय **visitor** noun, c. = a person who is visiting a place आगंतुक **visitor's book** noun, c. = a book in which important visitors (people visiting a place) are asked to write their opinions on the place they are visiting आगंतुक पुस्तिका

to pay someone a visit = to go somewhere in order to meet someone (formal) मिलने जाना (औपचारिक) **a flying visit** = a very short visit (informal) अत्यंत अल्प समय के लिए किसी से मिलने जाना (अनौपचारिक)

vi•sor /'vaɪzə[r]/ /'वाइज़[र]/ noun, c. = a part of a helmet which can be lowered or raised to protect the face 'हेल्मेट' का पारदर्शी अग्रभाग

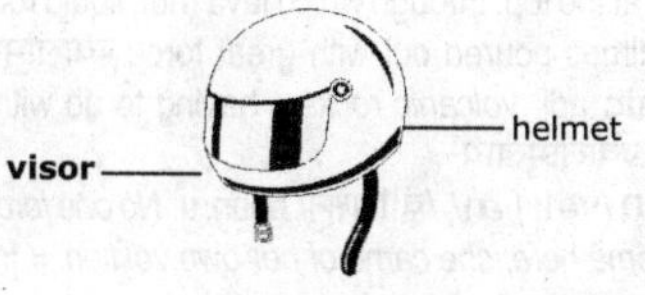

vis•ta /'vɪstə/ /'विस्टा/ noun, c. *As you drive up to this building, you can see a wonderful vista of tall trees.* = an attractive view of something seen from a distance, usually through a line of trees on each side दूर से दीखने वाला आकर्षक दृश्य, प्रायः वृक्षों की कतारों के बीच
vi•su•al /'vɪʒuəl/ /'विज़ुअल्/ adj. *This lovely rose garden is a visual delight.* = something that is meant to be seen दृश्य **visual aid** noun = something (e.g. a picture, map, photograph etc.) that can be shown to a person to help him/her learn something दृश्य उपकरण **visual arts** noun = painting, sculpture etc. through which one can create objects that can be seen दृश्य-कला **visualize (visualise)** verb, t. *I cannot visualize from this drawing what the new building will look like when it is complete.* = to imagine or form a picture of something in the mind कल्पना करना, अनुमान करना **visually impaired** adj. = someone who is unable to see (an expression that is often used in place of 'blind') जो देख न सके (आजकल 'blind' के स्थान पर प्रयुक्त अभिव्यक्ति)
vi•tal /'vaɪtl/ /'वाइट्ल्/ adj. *Your support is vital for my victory in the election.* = very necessary or important महत्त्वपूर्ण, अनिवार्य **vitality** /vaɪ'tælɪti/ /वाइ'टैलिटी/ noun, c. *He is old, but he still has a lot of vitality.* = energy or spirit ऊर्जा, शक्ति **vital statistics** noun = the measurements of the body of a woman around her chest, waist and hips (often used to draw attention to a woman's physical beauty) (generally humourous) स्त्रियों के शरीर (छाती, कमर और नितंब घेर) का नाप (प्रायः हास्यपरक)
vi•ta•min /'vɪtəmɪn/ /'विटमिन्/ noun, c. or u. *Milk contains many important vitamins.* = a chemical substance which is very important for health and is present in small quantities in different foods विटामिन
vi•va•cious /vɪ'veɪʃəs/ /वि'वेइशस्/ adj. *She has such a vivacious nature that anyone who meets her is charmed.* = full of life and high spirits जीवंत, ज़िंदादिल
viv•a voc•e /vaɪvə 'vəʊsi/ /वाइव'वउसी/ noun, u. or adj. *a viva-voce test* = an oral (spoken) examination or test (sometimes abbreviated to **viva**) मौखिक परीक्षा (संक्षिप्त रूप में **viva**)
viv•id /'vɪvɪd/ /विविड्/ adj. *The book presents such a vivid picture of life in a small American town that you can imagine you are actually living there.* = very clear; leaving a strong impression (effect) on the mind प्रभावपूर्ण, स्पष्ट
viz. abbr. of **videlicet** *The entire town depends on only one profession, viz., carpet weaving.* = namely (that is to say) (also **i.e.**) यथा (संदर्भित वस्तु को नामित करने के लिए प्रयुक्त) (समानार्थक संक्षिप्त रूप **i.e.**)
vo•cab•u•la•ry /və'kæbjʊləri/ /व'कैब्युलरी/ noun, u. *A high-school student is expected to have a*

vocabulary of at least 4,000 words of English.(u.) = the stock of words (in a language) which a person knows and can use [TECHNICAL] शब्दावली, शब्द-संग्रह [तकनीकी]

vo•cal /'vəʊkəl/ /'वउक्ल्/ adj. **1** *vocal organs* = connected with the voice or with speech वाक् (बोलने से संबंधित) **2** *Students are very vocal in today's world. They are not afraid to speak out.* = willing or able to express oneself freely, specially in speech मुखर **vocal cords** noun, c. = thin pieces of muscle inside the throat, with the help of which we are able to produce the sounds we use while speaking स्वरतंत्री **vocalist** noun, c. = a musician who sings, often as part of a band (together with musical instruments) गायक (वाद्ययंत्र बजाते हुए गानेवाला) **vocal music** noun = music produced by the human voice (and not instruments) कंठ-संगीत

vo•ca•tion /vəʊ'keɪʃən/ /वउ'केइशन्/ noun, c. **1** *He is being trained for a vocation.*(c.) = a job for which one requires some special skill व्यवसाय **2** *She will make a good teacher because she has a vocation for teaching.* = a particular ability that one has for a certain kind of work विशिष्ट योग्यता या, क्षमता **vocational** adj. *vocational education* = having to do with some job व्यावसायिक **vocational training** noun = training which prepares someone for a particular job व्यावसायिक प्रशिक्षण

vo•cif•er•ous /və'sɪfərəs/ /व'सिफ़रस्/ adj. *a vociferous crowd* = noisy (making a lot of noise) शोर मचाने वाला

vod•ka /'vɒdkə/ /'वॉद्क/ noun = a strong, colourless alcoholic drink, made originally in Russia 'वोदका'-एक रूसी शराब

vogue /vəʊg/ /वउग्/ noun, u. *The latest vogue in western countries is transcendental meditation.* = a fashion which lasts for a short time प्रचलन, 'फ़ैशन'

to be in vogue = to be popular or in fashion प्रचलन में होना

voice¹ /vɔɪs/ /वॉइस्/ noun, c. **1** *This singer has a sweet voice.* = the sounds that one makes in speaking or singing वाणी, आवाज़ **2** *He does not have much of a voice in the running of this school.* = the ability to express an opinion or influence other people कुछ कह पाने का अधिकार, प्रभावित करने की क्षमता **3** *'The policeman arrested the thief' is in the active voice while 'The thief was arrested' is in the passive voice.* = the form of the verb (in a sentence) which tells us whether the subject of the sentence is the doer of an action (active voice) or the person or thing on which some action is done (passive voice) [GRAMMAR] वाच्य [व्याकरण]

voice² verb, t. *He has voiced the feelings of all of us about this school.* = to express in words व्यक्त करना

voice box noun, c. = the larynx (hollow box inside the throat which contains the vocal cords) स्वर-यंत्र (जिसके भीतर स्वर-तंत्रियाँ होती हैं) **voice mail** noun = a system used to record spoken messages when someone is not there to answer the telephone ध्वनिक संदेश **voiceless** adj. *'p', 't' and 'k' are voiceless consonants.* = a speech sound produced without any vibration (movement) of the vocal cords [TECHNICAL] अघोष [तकनीकी] **voiceover** noun = the voice of an unseen person in a film or television programme, who describes what is happening, speaking directly to the audience [TECHNICAL] सूत्रधार [तकनीकी] **voice print** noun = a recording of a person's voice which can be used to recognize who that person is व्यक्ति की पहचान हेतु रिकॉर्ड की गई आवाज़

to have a voice = to have the power or right to express one's opinion बोलने का अधिकार होना **to give voice to something (to voice something)** = to express an opinion or feeling openly व्यक्त करना **to speak in one voice** = to express an opinion which everyone shares एक स्वर में बोलना (एकमत होना) **a dissenting voice** = a person whose opinion is different from that of others भिन्न विचार, असहमति

void¹ /vɔɪd/ /वॉइड्/ adj. **1** *The new book he has written is void of interest.* = empty; lacking in some quality (formal) रिक्त, शून्य [औपचारिक] **2** *The agreement that we had signed is now void.* = without any legal force [LAW] अमान्य, मान्य नहीं [कानून]

void² noun, u. **1** *The death of the Prime Minister has created a void.* = a feeling of emptiness शून्य, रिक्तता **2** *The sun's rays travel through a void before reaching the earth.* = empty space शून्य

void³ verb, t. *The patient is unable to void his bladder.* = to make something empty by getting rid of something that is not wanted [TECHNICAL] खाली करना, उत्सर्जित करना [तकनीकी]

voile /vɔɪl/ /वॉइल्/ noun, u. = very thin material for a dress, made out of cotton or silk 'वॉयल', एक महीन कपड़ा

vol•a•tile /'vɒlətaɪl/ /'वॉलटाइल्/ adj. **1** *Alcohol is a volatile liquid.* = a liquid that easily changes into a gas वाष्पशील **2** *He has a volatile temper.* = quick to turn into anger शीघ्र क्रोधित हो जाने वाला

vol•ca•no /vɒl'keɪnəʊ/ /वॉल'केइनउ/ noun, c. (**volcanoes** or **volcanos**) = a mountain that has an opening at the top, through which lava (hot, liquid rock) is sometimes poured out with great force ज्वालामुखी **volcanic** adj. *volcanic rocks* = having to do with a volcano ज्वालामुखीय

vo•li•tion /və'lɪʃən/ /व'लिशन्/ noun, u. *No one forced her to come here; she came of her own volition.* = free will (the right or power that one has to decide on some course of action) (formal) इच्छा, मर्ज़ी (औपचारिक)

vol•ley[1] /'vɒli/ /'वॉली/ noun,c. **1** *The soldiers fired a volley into the air as a mark of respect to the officer who had died.* = a number of shots fired at the same time (बंदूक की) गोलियों की बौछार **2** *The tennis player hit a powerful volley into the opponent's court.*= the act of hitting or kicking a ball before it has touched the ground, in the game of tennis or football टेनिस या फुटबॉल के खेल में गेंद को बिना टप्पा खिलाए विरोधी पक्ष की ओर फेंक देना

volley[2] verb, i. **1** *The guns volleyed out together.* = (of firearms) to fire at the same time गोलियों की बौछार होना या करना **2** *The centre-forward volleyed the ball into the net.* = to hit or kick a ball before it has touched the ground (in tennis or football) (देखें **volley**) **volley ball** noun = a game in which two teams of players have to hit a ball with their hands across a net without allowing it to touch the ground 'वॉलीबॉल' खेल

volt /vəʊlt/ /'वउल्ट्/ noun = a unit used to measure the strength of an electrical current 'वोल्ट'-विद्युत् प्रवाह को मापने की इकाई **voltage** noun, u. = the strength of an electrical current measured in volts 'वोल्टेज'

volte face /vɒlt 'fæs/ /वॉल्ट'फ़ैस्/ noun *My brother told everyone he was going to take music lessons. Then he suddenly did a volte face and declared that music was a waste of time.* = to do something completely opposite to what one had said or done before (see also **U-turn**) पलटा (अचानक अपनी बात से पलट जाना) (देखें **U-turn**)

vol•u•ble /'vɒljʊbəl/ /'वॉल्युबल्/ adj. *He is a voluble person. Once he starts talking, it is difficult to make him shut up.* = very fond of talking at length (formal) (disapproving) बातूनी, वाचाल (औपचारिक) (अस्वीकृत)

vol•ume /'vɒlju:m/ /'वॉल्यूम्/ noun, u. or c. **1** *The volume of a box 3 metres long, 2 metres wide and 2 metres deep is 12 cubic metres.*(u.) = the amount of space that a solid object occupies, calculated by multiplying its length by its width and then by its height or depth आयतन **2** *Can you please turn down the volume of the sound from the radio? It is too loud.*(u.) = the degree of loudness of a sound प्रबलता, 'वॉल्यूम' (रेडियो, टी.वी., 'लाउड स्पीकर' आदि उपकरणों के संदर्भ में) **3** (c.) = a large book, or one out of a set of books ग्रंथ या अनेक भागों में प्रकाशित ग्रंथ का भाग **voluminous** /vəlju:mɪnəs/ /'व़ल्यूमिनस्/ adj. *a voluminous trunk* = having a lot of space inside जिसके अंदर बहुत स्थान हो (बड़ा संदूक)

vol•un•ta•ry /'vɒləntəri/ /'वॉलन्ट्री/ adj. *An army officer usually retires at the age of 50, but he is taking voluntary retirement at 45.* = done out of one's own choice and not because of some rule or pressure स्वैच्छिक

vol•un•teer[1] /vɒlən'tɪə^r/ /वॉलन्'टिअर्/ noun, c. *Milk is being distributed to sick children by volunteers.* = a person who chooses or offers to do something without expecting any payment स्वयंसेवक, स्वैच्छिक कार्यकर्त्ता

volunteer[2] verb, t. *He volunteered to help in the setting up of the school library.* = to offer to do something without payment योगदान हेतु आगे आना, अपनी सेवा अर्पित करना

vo•lup•tu•ous /və'lʌptʃuəs/ /व'लॅप्चुअस्/ adj. *a voluptuous figure* = attractive in a sexual manner कामुक, आकर्षक

vom•it[1] /'vɒmɪt/ /'वॉमिट्/ verb, i. = to throw up, through the mouth, food that one has eaten वमन करना

vomit[2] noun, u. *His clothes were covered with vomit.*= food that has been vomitted (thrown up) वमन, उल्टी

vo•ra•cious /və'reɪʃəs/ /व'रेइशस्/ adj. **1** *a voracious eater* = having a large appetite for food अधिक खाने वाला, पेटू **2** *a voracious reader* = very keen or eager उत्सुक, पिपासु, शौकीन

vor•tex /'vɔ:teks/ /'वॉटेक्स्/ noun, c. (**vortexes** or **vertices**) = the centre of a whirlwind or whirlpool (a column of air or water, moving round and round at great speed), where there is usually little movement भँवर-मध्य

vo•ta•ry /'vəʊtəri/ /'व़उटरी/ noun, c. (**votaries**) **1** *He is a votary of the Buddha.* = a person who regularly worships a god or goddess नियमित उपासक **2** *a votary of music* = a person who is very fond of some form of art (literature, music etc.) शौकीन (कला, साहित्य, संगीत आदि) का

vote[1] /vəʊt/ /वउट्/ verb, i. or t. *I make it a point to vote in the election.* = to show one's choice or preference for someone or something through some action such as raising one's hand or marking a piece of paper मत देना, वोट देना

vote[2] noun, u. or c. **1** *How many of us think we should go to Mahabalipuram for our picnic? Let us take a vote.*= the act of choosing or showing one's preference मत-प्रदर्शन, समर्थन **2** *I have cast my vote in favour of the candidate from Bidar.* = the choice or preference shown by a particular person समर्थन में दिया गया वोट **3** *Many votes were cancelled because the voters did not put any marks on the ballot papers.* = the piece of paper on which a choice is expressed मत, वोट **voter** noun, c. = a person who takes part in voting or has the right to vote मतदाता

to cast one's vote = a vote given by a person in charge of a meeting, which is used to reach a decision when the number of votes on each side is equal अध्यक्षीय मत का प्रयोग करना **vote of no-confidence** = a vote taken (in a parliament etc.) to show that most people do not support the party or person in power (opposite **vote of confidence**) अविश्वास प्रस्ताव (विलोम **vote of confidence**) **vote of thanks** = a short formal speech made at the end

V

of a meeting to thank various people for their help etc. धन्यवाद ज्ञापन **voting booth** = a closed space where one can vote in secrecy (so that no one can see who you have voted for) मतदान केंद्र **voting machine** = an electronic machine which can count up the number of votes which each person has received मतदान मशीन

vouch /vaʊtʃ/ /वाउच्/ verb, i. *He is an honest worker. I can vouch for his honesty.* = to guarantee something (to declare that one is certain of something) आश्वासन देना **voucher** noun, c. = a receipt given to prove that money has been paid for something रसीद, भुगतान का प्रमाण

vow[1] /vaʊ/ /वाउ/ verb, t. *I have vowed to serve my country faithfully.* = to make a serious promise प्रतिज्ञा करना, शपथ लेना, कसम खाना

vow[2] noun, c. *He had made a vow that he would not visit the football field for a month if he lost this match.* = the act of making a promise, especially to God प्रतिज्ञा, कसम

to keep (fulfill) a vow = to do something that one has vowed (promised) to do (opposite **to break a vow**) प्रतिज्ञा या वायदा पूरा करना (विलोमार्थक मुहावरा **to break a vow**)

vo•wel /'vaʊəl/ /'वाउअल्/ noun, c. *The vowel in the word 'can' is different from the vowel in the word 'jaw', although it is represented by the same letter, 'a'.* = a sound used in human speech which is produced without blocking the flow of air through the mouth or throat स्वर

voy•age[1] /'vɔɪ-ɪdʒ/ /'वॉइ-इज्/ noun, c. *I am going on a voyage to the North Pole.* = a long journey made by boat or ship समुद्री यात्रा

voyage[2] verb, i. *Some European sailors had voyaged to America long before Columbus went there.* = to go on a voyage (formal) समुद्री यात्रा करना (औपचारिक)

vul•can•ize (vulcanise)/'vʌlkənaɪz/ /'वॅल्कनाइज्/ verb, t. *The tube inside the front tyre of my car has a big puncture. I will have to vulcanize it.* = to seal up (close) a hole in a piece of rubber by using some chemicals and heating it छेद को बंद करना, पंक्चर लगाना

vul•gar /'vʌlgəʳ/ /'वॅल्गर/ adj. **1** *Don't use vulgar language.* = rude or offensive (derogatory) अशिष्ट, अनादरपूर्ण **2** *The bright colours he has used to paint his house look rather vulgar.* = not in good taste गँवार, सुरुचिपूर्ण नहीं **vulgar fraction** noun, c. *7/8 is a vulgar fraction.* = a number smaller than 1, in which the denominator (the number below the line) is greater than the numerator (number above the line) साधारण भिन्न **vulgarize (vulgarise)** verb,t. *This film is based on a story by Premchand, but the story has been vulgarized in the film.* = to spoil the quality of something भद्दा कर देना

vul•ne•ra•ble /'vʌlnərəbəl/ /'वॅल्नरबल्/ adj. *The captain of the team is in a vulnerable position. Anyone can criticize him.* = weak; open to attack असुरक्षित, नाजुक

vul•ture /'vʌltʃəʳ/ /'वॅल्चर/ noun, c. = a large, heavy bird which feeds on dead animals or human beings (see pic under **bird**) गिद्ध (**bird** के अंतर्गत चित्र देखें)

vul•va /'vʌlvə/ /'वॅल्व/ noun = the opening of the female sex organ [MEDICINE] योनिछिद्र, योनिमुख (स्त्री अंग) [चिकित्सा विज्ञान]

wW

w, W /ˈdʌbəljuː/ /ˈडॅबल्यू/ the twenty-third letter of the English alphabet; अँग्रेज़ी वर्णमाला का 23वाँ वर्ण abbr. of **watt**, a unit that measures electrical energy **watt** का संक्षिप्त रूप W (विद्युत् ऊर्जा मापने की इकाई)

wack•y /ˈwæki/ /ˈवैकी/ adj. *He's such a wacky person that one never knows what he will do next.* = slightly mad (informal, American English) पगला (अनौपचारिक) (अमेरिकी अंग्रेज़ी का शब्द)

wad /wɒd/ /वॉड/ noun, c. **1** *wad of 100-rupee notes* = a thick bundle of paper etc. tied together गड्डी **2** *He stuffed a wad of cotton into his ears.* = a mass of some soft material such as cotton फाहा

wad•dle /ˈwɒdl/ /ˈवॉड्ल्/ verb, i. *The ducks waddled across the field on their way to the pond.* = to walk in an awkward manner, with slow, short steps अजीब तरह से छोटे-छोटे कदमों से चलना

wade /weɪd/ /वेइड्/ verb, i. *As the water in the stream was only about three feet deep, we were able to wade across.* = to walk through water which is not very deep जलधारा पैदल पार करना

wa•fer /ˈweɪfəʳ/ /ˈवेइफ़र्/ noun, c. = a very thin biscuit or a thin slice of fried potato 'वेफ़र', तले हुए आलू की एक फाँक

waf•fle[1] /ˈwɒfəl/ /ˈवॉफ़्ल्/ noun, c. = a kind of sweet pancake एक प्रकार का मीठा पकवान

waffle[2] verb, i. *Say what you have to say in a few words, don't waffle.* = to talk or write at great length without much meaning (informal, disapproving) लंबी बात करना (अनौपचारिक, अस्वीकृत)

waft /wɑːft/ /वाऽफ़्ट्/ verb, t. *The wind wafted the sheet of paper across the room.* = to carry something light across an open space (referring to something that can be carried by the wind) (हवा द्वारा) उड़ा ले जाना

wag[1] /wæg/ /वैग्/ verb, t. (**wagged**) *The dog wagged its tail when it saw the children.* = to shake or move quickly from side to side, often to show friendliness हिलाना

wag[2] noun, c. **1** *The dog gave its tail a wag.* = the act of shaking or moving from side to side हिलने की क्रिया **2** *He is quite a wag and can keep people amused.* = a person who makes clever and humorous remarks (informal) मसखरा (अनौपचारिक)

to wag one's finger at someone = to shake one's finger at someone as a sign of warning चेतावनी देने के उद्देश्य से किसी की ओर उँगली हिलाना

wage[1] /weɪdʒ/ /वेइज्/ noun, c. (usually plural **wages**) = payment made for work calculated on the number of days, hours etc. that one works (सामान्यत: बहुवचन रूप wages में प्रयुक्त) वेतन, मज़दूरी

wage[2] verb, t. *Napoleon waged war against Russia.* = to start and fight a war युद्ध करना, युद्ध छेड़ना

wa•ger[1] /ˈweɪdʒəʳ/ /ˈवेइजर्/ verb, t. *I wager a hundred rupees that our train will be late!* = to make a bet शर्त लगाना

wager[2] noun, c. *He has made a wager.* = the act of making a bet शर्त

wa•gon /ˈwægən/ /ˈवैगन्/ noun, c. **1** *a railway wagon* = a railway carriage used to carry goods माल डिब्बा, वैगन **2** = a large covered cart, drawn by horses or bullocks (in former times) बंद घोड़ागाड़ी या बैलगाड़ी (प्राचीन समय में प्रचलित)

waif /weɪf/ /वेइफ़्/ noun, c. *She found the little kitten crying by the roadside and brought it home. The poor waif had lost its mother.* = a word used to expresss pity for a homeless child or animal (informal) बेचारा लावारिस (अनौपचारिक)

wail[1] /weɪl/ /वेइल्/ verb, i. = to cry out or weep loudly बिलखना, विलाप करना

wail[2] noun, c. = the sound of loud weeping विलाप

waist /weɪst/ /वेइस्ट्/ noun, c. **1** = the part of the body just below the chest and above the hips कमर **2** *These trousers are very loose at the waist.* = the part of a garment (dress) that goes round the waist कमर पर पहने जाने वाला परिधान **waistcoat** /ˈweɪskəʊt/ /ˈवेइस्कउट्/ noun, c. = a short coat without arms, worn under a man's jacket (coat) 'वास्कट' **waistline** noun *You should watch your waistline. It's not healthy to put on so much weight.* = the measurement of the body around the waist which shows whether a person is overweight कमर का घेरा

wait /weɪt /वेइट्/ verb, i. *The doctor will see you after ten minutes. Please wait.* = to stay in a place, doing nothing, until something happens इंतज़ार करना **waiter** noun, c. = a person who serves food to customers at a restaurant 'बैरा' (रेस्तरां में) **waiting list** noun,c. *You cannot get a reserved berth on this train as there is a long waiting list.* = a list of people who want or have asked for something but cannot get it at once प्रतीक्षा-सूची **waiting room** noun, c. **1** = a room at a railway station in which people can wait for a train to arrive प्रतीक्षालय **2** = a room in which people can wait for their turn to see a doctor प्रतीक्षा-कक्ष

to wait up *I'll be very late getting back tonight. Don't wait up for me.* = to stay awake at night waiting for someone to

W

return etc. इंतज़ार में जागते रहना **to wait on someone** *You are old enough to cook and clean and not have someone wait on you.* = to serve someone and look after their needs सेवा-टहल में तत्पर रहना **wait and watch** *We won't do anything now. We'll just wait and watch.* = to observe without doing anything केवल प्रतीक्षा करना **to lie in wait for someone** *The lion lay in wait behind the bush and pounced on the deer when it went past.* = to hide in a place with the purpose of harming or killing a person or an animal शिकार के इंतज़ार में छिपे रहना **to wait one's turn** = to not push ahead of others in a queue, crowd etc. and to wait patiently until one's turn comes अपनी बारी का इंतज़ार करना **What are you waiting for?** *They've invited you to Ranikhet and even offered to take you round. What are you waiting for?* = a way of telling someone to act soon and not miss an opportunity (अवसर का लाभ उठाने का सुझाव देने के लिए प्रयुक्त अभिव्यक्ति) ['इंतज़ार किस बात का?']

waive /weɪv/ /वेइव्/ verb, t. **1** *Usually, this college does not admit students below the age of 18 but we will waive that rule in your case.* = to allow a rule not to be used नियम में छूट देना **2** *He should have been made the next Principal as he was the seniormost teacher, but he has waived his claim to the Principal's post.* = to give up a right or a claim अधिकार त्याग देना **waiver** noun, u. = the act of waiving (giving up) a right or claim अधित्याग

wake[1] /weɪk/ /वेइक्/ verb, t. **(woke, woken)** *He has been sleeping since 8.00 this morning. Please wake him up.* = to make someone stop sleeping जगाना

wake[2] noun, c. **1** *The ship moved quickly through the water, leaving a long wake.* = the track left by a moving ship in the water अनुजल, जल में जहाज़ के चलने का चिह्न **2** *The storm continued for two whole days, leaving a great deal of destruction in its wake.* = the result or effect of some event परिणामस्वरूप, प्रभाव रूप **waken** verb, t. = to cause someone to wake up (formal) जगाना (औपचारिक) **wakeful** adj. **1** = lying in a state in which one is unable to sleep जागते हुए लेटे रहना **2** *Be wakeful. Anything can happen.* = alert and prepared to act fast चौकस, जागरूक

walk[1] /wɔːk/ /वॉऽक्/ verb, i. or t. **1** *He usually walks to his office instead of taking a bus.*(i.) = to travel to a place on foot, moving at a natural speed पैदल चलना **2** *He walked the streets all night.*(t.) = to move along a street etc. on foot चहलकदमी करना, पैदल घूमना **3** *I want you to walk the dogs.*(t.) = to take a horse or a dog out for exercise (घोड़े या कुत्ते को) घुमाने ले जाना

walk[2] noun, c. or u. **1** *Let us go for a walk.*(c.) = a short journey on foot, taken for pleasure or exercise सैर, हवाखोरी **2** *a graceful walk*(u.) = the movement of the body while walking चाल **3** *The college is only a short walk from my house.*(u.) = a distance to be walked पैदल का रास्ता **4** *There are some lovely walks around this park.*(c.) = a place where one can walk घूमने की जगह **walk-in** adj. = *a walk-in interview* = an event that one can take part in without advance notice or permission भाग लेने के लिए पूर्व सूचना अथवा अनुमति की आवश्यकता नहीं **walk-out** noun *Some of the members of the opposition staged a walk-out.* = the action of leaving a meeting as a form of protest (to show that one does not agree with what is happening) विरोध में सभागार से बाहर जाना, 'वाक-आउट' **walk-over** noun, c. **1** *Our team won by an innings and 200 runs. The match was a walkover for us.* = a very easy victory, especially in a sporting contest आसान जीत **2** *The Mohun Bagan team was given a walkover as their opponents, East Bengal, did not turn up for the match.* = a victory given to a player or a team when the opponent is unable or unwilling to play विरोधी टीम की अनुपस्थिति या न खेलने पर बिना खेले विजयी घोषित किया जाना

to walk away *You have to help me clear up. You can't just walk away!* = leave someone to do something on their own अपना कार्य अथवा मदद बिना किए छोड़ जाना **to walk away with** *She walked away with all the prizes.* = to achieve something easily, in one's opinion (informal) आसानी से जीत ले जाना (अनौपचारिक) **to walk (right) into it** *She didn't know about their quarrel and walked right into it.* = to get into trouble because of carelessness or not knowing about something (informal) वास्तविकता न जानने के कारण परेशानी में पड़ जाना, (अनौपचारिक) **to walk off with** *Somebody walked off with my books.* = to take without permission (informal, not respectful) लेकर चंपत हो जाना (अनौपचारिक, आदरपूर्ण नहीं) **to walk on air** = to be very happy बल्लियों उछलना **to walk out on someone** **1** = leave one's wife or husband without warning बिना चेतावनी के पति या पत्नी को छोड़ देना **2** *The main actor in the play walked out on us two days before we were due to perform.* = to let someone down by going away suddenly अचानक निकल जाने से नीचा दिखाना **Take a walk!** *You expect me to do your homework for you? Take a walk!* = a way of telling someone that you are not going to do what they expect you to do (informal, humorous or not respectful) 'दूसरे की इच्छानुसार (काम) नहीं करेंगे' ऐसे विचार की अभिव्यक्ति में चलो, चलो! (अनौपचारिक, हास्यपरक अथवा आदरपूर्ण नहीं)

walk•ie-talk•ie /wɔːkɪˈtɔːkɪ/ /वॉऽकि'टॉऽकि/ noun, c. = a kind of telephone which uses radio waves and allows one to talk to someone from a distance 'वाकी-टॉकी'-वायरलेस

walk•man /wɔːkmən/ /वाऽकमन्/ noun, c. = (trademark) a small tape-recorder which can be carried in the pocket and on which one can listen to music while walking चलते-फिरते सुने जा सकने वाला टेप-रिकॉर्डर

wall[1] /wɔːl/ /वॉऽल/ noun, c. **1** = a line of bricks or stone built around a house or an open area to protect it दीवार **2** *The walls of her bedroom have been painted pink.*= one side of a building or room दीवार

wall² verb, t. *The owner of the house has walled up the entrance.*= to put up a wall in order to cover or close something दीवार खड़ी करना **wallpaper** noun, c. = thick paper used to cover (to decorate) the walls of a room दीवार को खूबसूरती से ढँकने वाला मोटा कागज़ **wall-to-wall** *wall-to-wall carpeting* = stretching from one end of a room to the other दीवार से दीवार तक (पूरे कमरे में)

to have one's back to the wall = to be forced to fight and defend oneself as there is no means of avoiding a situation विकट स्थिति में होना, आत्मरक्षा में लड़ने को मजबूर होना **to be driven up the wall** *This music is driving me up the wall.* = to be made very angry or upset by something (informal) परेशान या नाराज़ करना (अनौपचारिक)

wal•la•by /ˈwɒləbi/ /ˈवॉलबी/ noun, c. (**wallabies**) = an animal found in Australia, which is like a kangaroo but smaller कंगारू जैसा एक छोटा पशु

wallet /ˈwɒlɪt/ /ˈवॉलिट्/ noun, c. = a small foldable case in which money, cards etc. may be carried बटुआ

wal•lop /ˈwɒləp/ /ˈवॉलप्/ verb, t. **1** = to hit hard प्रहार करना **2** *The Australian team walloped the Indian side.* = to defeat badly (informal) बुरी तरह हराना (अनौपचारिक)

wal•low /ˈwɒləʊ/ /ˈवॉलउ/ verb, i. **1** *Buffaloes like to wallow in mud.* = to roll or lie happily मज़ा लेते हुए लोटना **2** *He loves to wallow in self-pity.* = to find pleasure in some emotion (derogatory) अपने प्रति दया या ऐसी किसी भावना में आनंद प्राप्त करना (अनादरपूर्ण)

wal•nut /ˈwɔːlnʌt/ /ˈवॉऽल्नॅट्/ noun = a kind of nut (fruit covered by a hard shell) which is commonly grown in Kashmir अखरोट

wal•rus /ˈwɔːlrəs/ /ˈवॉऽल्रस/ noun, c. = a large animal that lives in the sea and has two long pointed tusks (teeth) 'वालरस', एक जल-जीव

waltz¹ /wɔːls/ /ˈवॉऽल्स्/ noun = a kind of dance popular in western countries, in which a man and a woman dance slowly together to the sound of a special kind of music पाश्चात्य देशों में प्रचलित एक प्रकार का नृत्य

waltz² verb, t. or i. = to take part in a waltz वॉल्ज़ नृत्य में भाग लेना

wand /wɒnd/ /वॉन्ड्/ noun, c. *a magician's wand* = a thin stick carried by a magician (a person who performs magic tricks), which is supposed to have magical powers जादूगर की छड़ी

wan•der /ˈwɒndəʳ/ /ˈवॉन्डʳ/ verb, i. **1** *He lost his way and wandered through the forest for many days before he reached a town.* = to walk aimlessly भटकना **2** *He was supposed to speak on football, but he wandered away from the topic and spoke about films.* = to move away from a topic or subject विषयांतर करना **wanderlust** /ˈwɒndəlʌst/ /ˈवॉन्डलॅस्ट्/ noun, u. (German) *His wanderlust has taken him to many distant lands.* = love of travelling (literary) (जर्मन भाषा का शब्द) भ्रमण-लालसा (साहित्यिक)

wane /weɪns/ /वेइन्/ verb, i. *He was famous as a poet 50 years ago, but his reputation is waning.* = to become less कम होना, घटना

wan•gle /ˈwæŋgəl/ /ˈवैङ्गल्/ verb, t. *I wanted to meet the famous sportsman who was coming to the party, so I managed to wangle an invitation.* = to get something that one wants through cleverness or through a trick (informal) चतुराई से प्राप्त कर लेना (अनौपचारिक)

want¹ /wɒnt/ /वॉन्ट्/ verb, t. **1** *I am thirsty and I want a glass of water.* = to have a need or strong desire for something ज़रूरत होना **2** *The Principal wants you.* = to express a desire to meet someone who is usually junior मिलने के लिए बुलाना **3** *He is wanted by the police.* = to have one's name on a list of criminals whom the police is trying to arrest तलाश (अपराधी की) **4** *The people of this village are wanting in the spirit of adventure.* = to lack something अभावग्रस्त होना

want² noun, u. or c. **1** *I have to take care of my family"s wants.*(c.) = the things that one needs or wishes to have आवश्यकताएँ, ज़रूरतें **2** *He lives in great want.*(u.) = lack of the things that one needs; poverty अभाव, दरिद्रता **wanted** adj. **1** *The criminal was on the police 'wanted' list.* = a person who is being searched for by the police तलाश **2** *I found my assistant through the 'wanted' advertisment placed in the newspaper.* = the title of an advertisment in a newspaper or magazine placed by a person who is looking for or wants something 'ज़रूरत है', 'आवश्यकता है' (विज्ञापन)

to be (found) wanting *As a nurse we found her wanting in patience.* = to not fulfil expectations कसौटी पर खरे न होना **for want of anything better (to do)** *For want of anything better to do, we watched television.* = because one has nothing else to do अन्य विकल्प न होने की स्थिति में

wan•ton /ˈwɒntən/ /ˈवॉन्टन्/ adj. **1** *wanton cruelty* = unjustified (done without any good reason) and unnecessary अकारण, अनावश्यक **2** *There are very few tigers left in the country, because of wanton killing.* = uncontrolled and done without pity अनियंत्रित, बेलगाम, निर्दयतापूर्ण

war /wɔ /वॉऽʳ/ noun, u. or c. **1** = an armed fight between countries युद्ध, जंग **2** *The government has started a war against malaria.* = an attempt to oppose and check something evil or unpleasant युद्ध स्तर पर प्रयास **war crime** = a crime committed during a war which breaks the international rules of war युद्ध-अपराध **warfare** noun, u. *We cannot use warfare to solve our political problems.* = the act of fighting a war युद्ध, संग्राम **warhead** noun, c. = the front part of a bomb

W

or rocket which can cause damage by exploding (bursting) बम का सामने का भाग, जिसके फटने से हानि हो सकती है, स्फोटकशीर्ष **warhorse** noun, c. = a person who has a lot of experience of politics or some other profession and is still active (often humorous) (राजनीति का) अनुभवी व क्रियाशील व्यक्ति (प्रायः हास्यपरक) **warlike** adj. **1** *a warlike nation* = brave and skilled in war (literary) युद्धहस्त (साहित्यिक) **2** = always ready to go to war (derogatory) युद्धप्रिय, लड़ाई में जाने को हमेशा तैयार (अनादरपूर्ण) **warship** = an armed ship used during war जंगी जहाज़

to be on the warpath = to be ready to start a fight because one is very angry (informal, humorous) क्रोध के कारण लड़ने के लिए तत्पर रहना (अनौपचारिक, हास्यपरक)

war•rior /ˈwɒriəʳ/ /ˈवारिअ़ʳ/ noun, c. = a soldier or famous fighter (in former times) योद्धा (प्राचीन समय में)

war•ble /ˈwɔːbəl/ /ˈवॉऽबल्/ verb, i. or t. *Can you hear the birds warbling in the trees?*(i.) = to sing (referring usually to the song of birds) चहचहाना

ward[1] /wɔːd/ /वॉऽड्/ noun, c. **1** *a hospital ward* = a large room in a hospital where usually people suffering from the same kind of disease are kept अस्पताल का रोगी कक्ष **2** *a prison ward* = a part of a prison (jail) in which several prisoners are kept कैदी वार्ड **3** *a municipal ward* = a division or part of a city शहर का भाग, हलका वार्ड **4** *This orphan is now my brother's ward.* = a person placed under somebody's legal care आश्रित (कानूनी तौर पर)

ward[2] verb, t. *You should use a mosquito net to ward off the danger of malaria.* = to prevent or keep away something unpleasant बचाव करना

-ward /wəd/ /वड्/ suffix meaning **1** towards a place e.g. **homeward** /ˈhəʊmwəd/ /ˈहउम्वड्/ adv. = towards home ('की ओर' के अर्थ में प्रयुक्त प्रत्यय) घर की ओर **2** moving towards e.g. **downward** /ˈdaʊnwəd/ /ˈडाउन्वड्/ *a downward spiral* = moving down or decreasing नीचे की ओर **3** towards a certain direction e.g. **northward** /ˈnɑθwəd/ /ˈनॉथ्वड्/ = towards the north उत्तर की ओर

war•den /ˈwɔːdn/ /ˈवॉऽड्न्/ noun, c. *the warden of a hostel* = a person who looks after a place and the people living in it 'वार्डन', संरक्षक

war•der /ˈwɔːdəʳ/ /ˈवॉऽडʳ/ noun, c. *a jail warder* = a person who guards a prison (**ward**[1] meaning **2**) 'वार्डर', जेलर

ward•robe /ˈwɔːdrəʊb/ /ˈवाऽडरउब्/ noun, u. or c. **1** (c.) = a cupboard (almirah) in which one hangs or keeps one's clothes कपड़े टाँगने की अलमारी **2** *He has a large wardrobe.*(u.) = a collection of clothes कपड़ों का संग्रह

ware•house /ˈweəhaʊs/ /ˈवेअहाउस/ noun, c. = a large building in which things are stored before they are sold, used etc. गोदाम, मालगोदाम

wares /weəz/ /वेअज़्/ noun, u. (always plural) *household wares* = small things which are kept for sale फुटकर बिकाऊ वस्तुएँ

warm[1] /wɔːm/ /वाऽम्/ adj. **1** *The doctor has asked me to wash my face with warm, not hot, water.* = having heat but not too much (just enough to feel comfortable) (also **tepid**) गुनगुना, हल्का गर्म (देखें **tepid**) **2** *It is rather cold today. You should put on some warm clothes.* = able to keep out the cold गर्म (कपड़े) **3** *I received a warm welcome from the teachers when I visited the college.* = friendly हार्दिक, ज़ोरदार

warm[2] verb, t. *Please warm some milk for the baby.* = to make something warm (to heat it to a comfortable temperature) हल्का गरम करना **warmth** noun, u. *I was touched by the warmth of his feelings when we met last night after many years.* = the quality of being friendly भावनाओं की गरमाहट **warm-blooded** adj. *Birds are warm-blooded animals but fish are cold-blooded.* = having a body temperature that remains warm even when the outside temperature is low [BIOLOGY] नियततापी [जीव विज्ञान] **warm-hearted** adj. *a warm-hearted person* = kind and friendly संवेदनशील, सुहृदय **house warming** noun = celebration of one's moving into a new house गृह-प्रवेश **global warming** = the rise in the temperature experienced round the world as a result of pollution, careless treatment of plant and animal life etc. पृथ्वी के वातावरण का बढ़ता हुआ तापमान **warm-up** noun = a series of exercises done before one prepares to play, run, dance, do more energetic exercises etc. शरीर को गरम करना, चुस्त करना

warn /wɔːn/ /वॉऽन्/ verb, t. *I warn you: don't drive so fast or you'll be fined for speeding.* = to tell someone of something bad that might happen if something is done or not done सचेत करना **warning** noun, u. or c. **1** *The teacher gave the student a warning that if he missed any more classes, he would not be allowed to take the exam.*(c.) = the act of telling someone that something bad might happen चेतावनी **2** *The chair on the merry-go-round tilted violently, without warning.*(u.) = a sign indicating in advance that something is going to happen पूर्व सूचना देना

warp[1] /wɔːp/ /वाऽप्/ verb, i. *The doors have warped because the wood from which they were made was not properly seasoned.* = to become twisted out of shape (referring usually to things made of wood) लकड़ी की वस्तु का आकार विकृत होना, संवलित हो जाना

warp[2] noun, u. = the threads used to weave a piece of cloth which run along its length (see also **weft**) ताना (कपड़े की बुनाई में लंबाई की ओर का धागा) (देखें **weft**)

war•rant[1] /ˈwɒrənt/ /ˈवॉरन्ट्/ noun, c. *Before searching the house, the police got a search warrant from the magistrate.* = a written order signed by a

W

magistrate, allowing the police to take a certain action वारंट आज्ञापत्र, अधिपत्र

warrant[2] verb, t. **1** *I warrant that this motorcycle has no defects.* = to guarantee something (to promise that it is free from defect etc.) आश्वासन देना **2** *This building is in very poor condition and warrants the spending of at least Rs 50,000 on repairs.* = to justify something (to provide a good reason for doing something) (formal) औचित्य, कारण या आधार प्रस्तुत करना (औपचारिक) **warranty** noun, u. *This refrigerator is sold under a 12-month warranty and will be repaired free of charge during this period.* = a written guarantee (see **warrant**[2] meaning **1**) लिखित आश्वासन, वारंटी

war•ren /ˈwɒrən/ /ˈवॉरन्/ noun, c. **1** = a hole in the ground in which a rabbit lives खरगोश का बिल **2** = a small and crowded building (derogatory) छोटी, भीड़ भरी इमारत (अनादरपूर्ण)

wart /wɔːt/ /वॉऽट्/ noun, c. = a small, hard lump of flesh on the face of a person मस्सा **wart-hog** noun, c. = a kind of wild pig found in Africa which seems to have warts all over its head एक प्रकार का अफ़्रीकी जंगली सूअर जिसके सिर पर मस्से-ही-मस्से होते हैं

wa•ry /ˈweəri/ /ˈवेअरी/ adj. *The health centre promised that I would lose weight in five days, but as I was wary I did not join their fitness programme.* = careful and not easily tricked चौकन्ना, सतर्क **warily** adv. *You should walk warily through these fields as there may be some snakes in the grass.* = carefully (literary) चौकन्ना होकर, सावधानीपूर्वक (साहित्यिक)

was /wəz/ /ˈवज़/ verb, i. = past tense of '**is**' 'is' का भूतकालिक रूप

wash[1] /wɒʃ/ /वॉश्/ verb, t. or i. **1** *You should wash your shirt. There is some mud on it.*(t.) = to clean with water धोना **2** *This shirt washes quite easily.*(i.) = to be easy to clean with water आसानी से धुलने वाला **3** *Many large trees were washed away during the flood.*(i.) = to be carried away by flowing water बह जाना **4** *I am afraid the story which you have told the police will not wash.*(i.) = to be something that can be believed (generally used in negative sentences) (informal) विश्वास योग्य होना (सामान्यत: निषेधात्मक वाक्यों में प्रयुक्त (अनौपचारिक)

wash[2] noun, c. *Give the shirt a good wash.* = the act of washing with water धुलाई **washable** adj. *a washable silk sari* = something that can be cleaned with water धुलाई के लायक **face wash** = a lotion or liquid used to clean the face मुँह धोने के लिए प्रयुक्त पदार्थ **washing** noun, u. **1** *I have a lot of washing to do.* = the task of washing clothes धुलाई **2** *He hung out the washing to dry.* = clothes that have been washed धुले कपड़े **wash-basin** noun, c. = a container fitted with a tap, in which one can wash one's face or hands 'वाश-बेसिन' **washing machine** noun, c. = a machine which operates on electricity and washes clothes 'वाशिंग मशीन', कपड़े धोने की मशीन **wash-room** noun, c. = a bath-room or toilet in a public building सार्वजनिक स्नानागार

wash off **1** *Wash off the dirt on your trousers.* = to get rid of mud etc. by washing the garment, object etc धोकर साफ़ करना **2** *Will the ink stain on this shirt wash off?* = go away as a result of washing धोने से ख़त्म होना **wash up** *There are lots of plates and glasses, Can you help me wash up?* = to clean used plates etc. usually in a sink बर्तन आदि साफ़ करना **to wash one's hands of something** = to decide to stop being responsible for the success, progress etc of something ज़िम्मेदारी लेने से पीछे हटना **to wash (one's) dirty linen in public** = to talk about something unpleasant happening in one's family to others दूसरों के सामने घर का रोना रोना, घर के कलह-क्लेश का बखान करना **to feel washed out** *I feel completely washed out after the hard work I have done today.* = to feel very tired (informal) थककर चूर (अनौपचारिक) **to be a wash-out** *The film show proved to be a wash-out as none of the invited guests came.* = a total failure (informal) टाँय-टाँय फिस (अनौपचारिक)

> **Usage** The expressions 'Would you like to wash?' or 'Would you like to have a quick wash?' are polite ways of asking someone if they would like to use the bathroom. We don't say 'Would you like a wash?' Someone or something needs a wash when it is dirty and you think it is time to clean them/it with water. 'Would you like to wash?' या 'Would you like to have a quick wash? ये प्रश्न किसी से यह पूछने के विनम्र तरीके हैं कि क्या वह बाथरूम का इस्तेमाल करना चाहेंगे। हम नहीं कहते। 'Would you like a wash?' किसी को या किसी चीज़ को तब साफ़ करने की ज़रूरत होती है जब वह गंदी होती है और आपको लगता है इसे पानी से साफ़ करने की ज़रूरत है।

washer /ˈwɒʃəʳ/ /ˈवॉशरʳ/ **1** = a flat disc, made of rubber, metal etc. with a hole in the middle, fitted over a bolt to make it tight and secure 'वाशर' **2** = a washing machine (informal) कपड़े धोने की मशीन (अनौपचारिक)

wasp /wɒsp/ /वॉस्प्/ noun, c. = a flying insect, usually yellow or red in colour, that can give people a painful sting ततैया

wastage = see **waste** (देखें **waste**)

waste[1] /weɪst/ /वेइस्ट्/ verb, t. or i. **1** *They wasted all their money on gambling. Now they have no money left.*(t.) = to use wrongly or to use too much of something उड़ाना, व्यर्थ गँवाना **2** *The muscles of his body are wasting away because of some unknown disease.*(i.) = to lose flesh or muscle from the body slowly दुर्बल या क्षीण होते जाना

waste[2] noun, u. or c. **1** *I tried to repair the electric iron, but it was a waste of time since I didn't have the proper tools.* = a wrong or unsuccessful use of

W

something बरबादी **2** *The factories near the city release a lot of poisonous waste into the river.* = unwanted matter अवांछनीय तत्त्व, अपशेष, अपशिष्ट **wastage** noun, u. *There is a huge wastage of electricity as many people forget to switch off the fans and lights.* = loss caused by wrong or bad use of something लापरवाही या गलत प्रयोग के कारण होने वाली हानि **wasteland** noun, u. or c. = land which cannot be used बंजरभूमि **waste-paper** noun, u. = paper which has already been used or cannot be used and must be thrown away रद्दी **waste product** noun, c. *Urine is a waste product from the body.* = some material that is produced as a result of some activity but cannot be used and needs to be thrown away or got rid of अपशिष्ट उत्पाद

to go waste *Please let's finish this rice. Otherwise it'll go waste.* = (of food) be left over and wasted; (of effort) to become purposeless बेकार होना, व्यर्थ होना **wasted on someone** *The poem you read out was wasted on us. We don't enjoy poetry.* = to not have an effect or serve a purpose प्रभावशून्य रह जाना, बेकार जाना **to not waste one's breath** *Don't waste your breath. They won't follow your advice.* = to not offer advice to someone who will not take it व्यर्थ सलाह देना

watch[1] /wɒtʃ/ /वॉच्/ noun, c. **1** *His watch keeps perfect time.* = a machine, usually worn on the wrist, that shows the time घड़ी **2** *The police are keeping a close watch on his movements.* = the act of observing someone निगरानी

watch[2] verb, t. **1** *I like to watch cricket matches.* = to look at something that is happening with interest, usually for entertainment देखना **2** *The mother watched her baby crawling across the room.* = to observe (look at someone or something carefully) ध्यान से देखना **3** *You need to watch what you are saying.* = be careful about ध्यान देना **4** *Could you watch my children for an hour while I get their lunch ready?* = to look after and keep someone or something safe from harm देखना (देखभाल करना) **5** *I don't feel comfortable while writing the exam. I feel I'm being watched.* = to observe with the intention of finding fault with or punishing someone नज़र जाना, निगरानी होना **watch-dog** noun, c. = a dog that guards a house रखवाली करने वाला कुत्ता **watchful** adj. *The police have become very watchful after the theft last night.* = careful and paying close attention to things चौकन्ना, चौकस, सावधान, सतर्क **watch-maker** noun, c. = a person who repairs watches घड़ीसाज़ **watchword** noun, c. *Let your watchword in business be 'Honesty'.* = a word or phrase that guides a person's actions आदर्श वाक्य

to watch one's step *You can speak frankly at the meeting but watch your step!* = a way of warning someone not to say or do something which could cause trouble 'ध्यान रखना', चेताने की अभिव्यक्ति **to watch the clock** = to keep looking at the time in order to leave or stop what one is doing and therefore not doing one's work properly (informal, derogatory) (छुट्टी की प्रतीक्षा में) घड़ी देखते रहना (अनौपचारिक, अनादरपूर्ण) **to watch the time** *You'd better watch the time. We are so busy enjoying ourselves that we may miss the last bus home.* = to take care to see that one is not late for something; to take care to see that one finishes something in time समय का ध्यान रखना **to watch it 1** *Watch it! You're going to fall into that ditch.* = used to alert someone to danger (informal) 'देखना', चेतावनी देने के लिए प्रयुक्त अभिव्यक्ति (अनौपचारिक) **2** *You'd better watch it. You're making us very angry.* = a way of warning someone that one may cause them harm if they are not careful 'देखना', चेतावनी की अभिव्यक्ति

wa•ter[1] /ˈwɔːtəʳ/ /ˈवॉऽटर्/ noun, u. **1** = the colourless liquid which living beings (animals or plants) need in order to live पानी **2** *The water of this river has become poisonous.* = the liquid that is found in seas, rivers, lakes etc पानी, जल **3** *The water was too shallow for us to swim in.* = a quantity of water such as one would find in a river, swimming pool, pond etc. पानी **4** (always plural) *the waters of the Bay of Bengal* = the entire volume of water in an ocean, river or sea (केवल बहुवचन में प्रयुक्त) जल राशि

water[2] verb, t. **1** *He is watering the plants.* = to pour water over a piece of land or to supply water to a plant or animal (पौधों को) पानी देना **2** *The smell of food makes my mouth water.* = to cause water to form and flow out of the mouth or eyes in the form of saliva or tears मुँह में पानी आना **watery** /ˈwɔːtərɪ/ /ˈवॉऽटरी/ adj. *The chicken curry was watery and tasteless.* = containing too much water (भोज्य पदार्थ में) ज़्यादा पानी होना, पनीला होना **water-bird** noun, c. = any kind of bird that lives in or near water जल-पक्षी **water-borne** adj. *Cholera is a water-borne disease* = carried by water पानी से फैलने वाला (रोग) **water-closet** noun, c. = a toilet or lavatory that is flushed (cleaned out) by using water (also **WC**) शौचघर (देखें **WC**) **water colour** = a kind of paint used on paper that dissolves in water पानी में घुलनशील रंग **watering hole** noun, c. **1** = a small pool or lake in a forest where wild animals come to drink water जलगर्त, जंगल में पशुओं के पानी पीने का स्थान **2** = a place where alcoholic drinks are available and which is very popular (informal) शराब मिलने का स्थान (अनौपचारिक) **water-logged** adj. *The roads are water-logged after the heavy rain and it is not possible to travel over them.* = full of water and therefore not usable पानी से भरा (रास्ता, मार्ग) **water-soluble** adj. = something (e.g. a pill, powder) which dissolves when water is added to it पानी में घुलनशील **water works** noun (always plural) = the systems of pumps, pipes etc. which supplies water to a city (केवल बहुवचन में प्रयुक्त) शहर में पानी की आपूर्ति व्यवस्था

to water something down = to make something (e.g.

a report) less strong by removing something that may not be liked (disapproving) (रिपोर्ट आदि) हल्का कर देना (अस्वीकृत) **to keep one's head above water** = to keep out of difficulties, especially those which are connected with money (आर्थिक स्थिति के संदर्भ में) स्वयं को परेशानी से बचाए रखना **to be in (or get into) hot water** *They are always getting into hot water.* = to be in trouble (informal) मुसीबत में होना (अनौपचारिक) **to pour cold water over something** *I suggested many exciting ideas to my parents but they poured cold water over them.* = to say something discouraging about one's ideas when one is expecting praise, enthusiasm etc. दूसरे के उत्साह को ठंडा कर देना **to test the waters** *Let's not move to Birganj permanently. Let's test the waters first.* = to test or try out an idea before taking a decision निर्णय लेने से पूर्व परीक्षण करना **to feel like a fish out of water** *At the party, I was the only one who didn't know anyone. I felt like a fish out of water.* = to feel uncomfortable and out of place because one is different in some way from others असुविधा अनुभव करना (अनुपयुक्त वातावरण में) **like water off a duck's back** *I kept offering him advice, but he paid no attention. It was like water off a duck's back.* = having no effect on someone कोई असर न होना

waterfall /'wɔːtəfɔːl/ /'वॉःटफ़ॉःल्/ noun, c. = a place where a river or stream falls from a height over the side of a mountain or hill प्रपात, झरना

watermark /'wɔːtəmɑːk/ /'वॉःट माःक्/ noun, u. **1** = a mark made on paper (especially bank notes) which is visible only when it is held up against light कागज़ पर ऐसा चिह्न जो केवल प्रकाश के सम्मुख देखा जा सके, जैसे रुपयों के नोट पर **2** = the markings showing the level of water in a river etc. पानी का स्तर दर्शाने वाला चिह्न

water-melon /'wɔːtəmelən/ /'वॉःट मेलन्/ noun, c. = a large green fruit with juicy pink and white flesh inside and many seeds तरबूज़

waterproof /'wɔːtəpruːf/ /'वॉःट प्रूफ़्/ adj. *a waterproof watch* = something that does not allow water to enter 'जल सह', पानी से प्रभावित न होने वाला

watershed /'wɔːtəʃed/ /'वॉःटशेड्/ noun, c. **1** = a line of mountains which separates an area through which rivers flow from another such area जल-विभाजक (पर्वतश्रेणी) **2** *The arrival of the East India Company proved to be a watershed in India's history.* = an event that marks an important change (figurative) महत्त्वपूर्ण परिवर्तन लाने वाली घटना (लाक्षणिक)

watt /wɒt/ /'वॉट्/ noun = a unit for measuring the amount of electrical power used 'वाट', विद्युत् इकाई **wattage** noun, u. *a high-wattage electric heater* = electrical power measured in watts विद्युत् शक्ति

wave¹ /weɪv/ /वेइव्/ noun, c. **1** *There are huge waves in the sea today.* = a mass (quantity) of water, on the surface of a sea, which is raised up in the form of a small hill and moves across the water, followed by other waves लहर **2** *Light travels in the form of waves.* = the path along which forms of energy such as light, heat, sound etc. travel through space or through the air, which cannot be seen by the eyes but is said to act like waves in the sea तरंग **3** *The film star greeted the crowd with a wave.* = a movement of the hand to greet or call someone हाथ हिलाना **4** *He lost the last election but hopes to win this time as the new wave is in his favour.* = a sudden feeling or pattern of behaviour that is shared by many people लहर

wave² verb, i. or t. **1** *The traffic policeman waved his hand, signalling to the drivers of the vehicles to drive on.*(t.) // *The film star waved to the crowd.*(i.) = to move one's hand quickly from side to side, as a sign of greeting or to express some other meaning हाथ हिलाकर संकेत देना **2** *wave a flag* = to move something that one is holding from one side to the other to draw attention, ask for help etc. हाथ में पकड़ी वस्तु को (ध्यानाकर्षण हेतु) एक ओर से दूसरी ओर हिलाना **wavy** adj. *a wavy line* = in the form of a wave लहरदार **wavelength** noun, u. or c. **1** = the distance between waves of sound or light [PHYSICS] तरंगों के बीच की दूरी, तरंगदैर्घ्य [भौतिकी] **2** *He and I seem to be on the same wavelength. We agree on most things.* = the ability among two or more people to understand each other's minds (figurative) एक ही प्रकार की सोच (लाक्षणिक)

wa•ver /'weɪvə'/ /'वेइव़/ verb, i. *If you once make up your mind to do something, you should not waver.* = to be changing one's mind frequently; to hesitate हिचकना, लड़खड़ाना, बदलते रहना

wax¹ /wæks/ /वैक्स/ noun, u. *Candles are made of wax.* = a solid material, usually made from petroleum (oil taken out of the earth) which becomes soft and turns into a liquid when heated and can be used to make candles etc. मोम

wax² verb, t. or i. **1** *I want you to wax the car.*(t.) = to rub wax or a polish containing wax on some surface, so as to make it shine पॉलिश करना **2** *The moon waxes and wanes every month.*(i.) = to become larger (referring to the regular changes in the moon's size and appearance) (चाँद का) बढ़ना **waxy** adj. = made of wax or feeling like wax मोमी, मोम जैसा

to wax eloquent *He waxed eloquent when asked to describe his trip to Kerala.* = to speak at great length, usually in praise of someone (किसी की प्रशंसा में) बढ़-चढ़ कर बोलना

way¹ /weɪ/ /वेइ/ noun, c. **1** *Is this the way to the station?* = the path or road which leads to some place मार्ग, रास्ता **2** *Come this way, please.* = in a certain direction ओर **3** *We have a long way to go before we reach Kolkata.* = the distance one must travel दूरी **4** *I will show you the way to make dosas.*= a method of doing something उपाय, तरीका **5** *They have a nice way of welcoming their guests.* = habit or manner आदत, तरीका

W

way² adv. *The new fridge was way more expensive than I thought.* काफ़ी, बहुत // *I can't walk with you to the shops. It's way too far.* = much more than expected (informal) अपेक्षा से अधिक (अनौपचारिक)

to be (get) in the way 1 *Can you move a little to your left please? I can't see the speaker because you are in the way.* = to be in such a position that one prevents someone from seeing something बीच में आना **2** *I would like to buy a television set, but he is in the way.* = to prevent someone from doing or becoming something which he/she wants रोड़ा अटकाना, रुकावट बनना, रास्ते में आना **to have a way with someone or something** *Sarah has a way with young children. They love to play with her.* = to be good at managing someone or something (e.g. an animal, a machine) व्यवहार करने में अच्छे होना **the other way round** *I didn't beg him to marry me. It was the other way round!* = in exactly the opposite manner विपरीत दिशा में, उलटे **to give way** *Our father was unwilling at first to let us watch television, but he gave way in the end when he saw how keen we were.* = to allow someone to do something after not allowing them at first विरोध के पश्चात अनुमति दे देना **to mend one's ways** = to correct those parts of one's behaviour which others do not like or support आदत सुधारना **by the way** *I really like Sam. By the way, have you seen him today?* = an expression used when one moves away from the main thing one is talking about (informal) अरे हाँ! (अनौपचारिक) **to rub someone up the wrong way** = to annoy someone who is important (informal) महत्त्वपूर्ण व्यक्ति को नाराज़ कर देना (अनौपचारिक) **to work one's way through something** *She didn't have the money to continue her studies, so she worked her way through college.* = to work in order to earn the money to fulfil a goal उद्देश्य पूरा करने के लिए पैसा कमाना **No way!** *'Can I borrow your bike?' 'No way!'* = a way of strongly refusing to do what someone wants you to do (informal, not respectful) 'बिल्कुल नहीं', पक्का इनकार (अनौपचारिक, आदरपूर्ण नहीं) **way out** *Your answer was way out and we couldn't give you any marks. // Her clothes were way out.* = completely wrong; different in way that causes either disapproval or admiration (slang) पूरी तरह गलत (अपभाषा) **to have it both ways** = to want all the benefits of a situation and none of the risks/disadvantages लाभ सभी उठाना किंतु खतरा या हानि कोई न लेना **to have one's way** *None of us wanted to see a film that evening, but my sister had her way and we went to the cinema.* = to get what one intends/plans अपनी ज़िद पूरी करना, अपनी बात मनवा लेना **to go all the way** *We only expected them to meet us at the station but they went all the way and took us home, cooked for us and took us round the city.* = to do much more than one is expected to do अपेक्षा से बहुत अधिक करना **to make way** *When people in cars hear the siren of an ambulance, they make way for it.* = to yield to somebody रास्ता बनाना **ways and means** (always plural) *The police have ways and means of collecting information.* = methods of doing or getting something which may not always be legal (केवल बहुवचन में प्रयुक्त) अपने तरीके (उचित, अनुचित)

way•lay /weɪˈleɪ/ /वेइ'लेइ/ verb, t. = to rob someone while he/she is travelling यात्रा में लूट लेना

way•side /weɪˈsaɪd/ /वेइ'साइड्/ adj. *We stopped at a wayside shop to buy some bread.* = by the side of a road सड़क के किनारे

way•ward /ˈweɪwəd/ /'वेइवड्/ adj. *He has been spoilt by having too much money, and has become completely wayward.* = not willing to listen to or be guided by anyone ज़िद्दी, अपनी मनमानी करने वाला

WC (**water**) see **water-closet** (देखें **water-closet**)

we /wi/ /वी/ pron. **1** *We are learning English.* = the plural form of 'I' हम **2** *We will now discuss the causes of the French Revolution.* = used by a writer or speaker to include the audience हम, लेखक वक्ता द्वारा प्रयुक्त जिसमें श्रोतावर्ग को भी शामिल रखा जाता है **3** *We will make you the Prince of York.* = used by a king or queen to refer to himself/herself हम (राजा/रानी द्वारा प्रयुक्त)

weak /wiːk /वीक्/ adj. **1** *He has become so weak after his illness that he cannot walk. // a weak leader* = not strong in body or mind कमज़ोर, दुर्बल **2** *He is weak in mathematics.* = not able to do well in something कमज़ोर **3** *The tea has no taste. It is weak.* = containing too much water ज़्यादा पानी वाला, हल्का, पतला **4** *The past tense of the verb 'ask' is 'asked', which is a weak form.* = the past tense form of a verb which is produced by adding '-ed' to the present tense form [GRAMMAR] अंग्रेजी में क्रिया का भूतकालिक रूप बनाने वाला प्रत्यय [व्याकरण] **Weaken** verb, t. *My mother was quite strong, but the fever has weakened her.* = to become weak or to make someone or something weak कमज़ोर कर देना **weakness** noun, u. or c. **1** *I am drinking plenty of milk to help me get over my weakness.*(u.) = the condition of being weak in body or mind कमज़ोरी (शारीरिक/मानसिक) **2** *Drinking is his greatest weakness.*(c.) = a fault in one's character or a bad habit that one is unable to check (चारित्रिक) कमज़ोरी **the weaker sex** noun = used to refer to women in general (considered offensive, but sometimes used humorously) (derogatory, not respectful) G अबला (अनादरपूर्ण, आदरसूचक नहीं) लिंग **weakling** noun, c. = a person who is weak in body or mind (derogatory, not respectful) कमज़ोर-सा, दुःखी व्यक्ति (अनादरपूर्ण, आदरसूचक नहीं) **weakly** adv. **1** *She was ill and held out her hand weakly when I went to see her.* = in a way which shows one does not have strength (as a result of illness etc.) कमज़ोरी दर्शाता हुआ (बीमारी आदि के कारण) **2** *When I asked him if he liked his new school, he smiled weakly.* = not wishing to say that something is bad हल्के-से, खराब न कहने की इच्छासूचक अभिव्यक्ति

weak point *He has no understanding of music, but he gets upset when people make fun of him. That is his weak* *point.* = a part of one's personality or behaviour which others can find fault with or make fun of कमज़ोरी **a weak moment** *In a weak moment, I let twenty of them stay with me, but it was a mistake.* = a time when, instead of being wise or careful, one feels pity or is tempted to do something out of kindness दया की भावना प्रबल होने पर विवेकपूर्ण निर्णय न ले पाने की स्थिति **to be weak in the head** *You're planning to go for a walk at this late hour? You must be weak in the head!* = mad or foolish (informal, not respectful) बुद्धू, बेवकूफ़ (अनौपचारिक, आदरसूचक नहीं)

weal /wi:l/ /वील्/ noun, c. = a raised mark on the skin caused by a hard blow (see also **welt**) ज़ोरदार प्रहार के कारण त्वचा पर होने वाला उभार (देखें **welt**)

wealth /welθ/ /वेल्थ्/ noun, u. *The people of a country are its greatest wealth.* = money or other things of value that one has धन संपत्ति **wealthy** adj. = rich धनी, अमीर

wean /wi:n/ /वीन्/ verb, t. **1** = to make a baby form the habit of giving up its mother's milk and start taking other kinds of food (माँ का) दूध छुड़ाना **2** *This boy had started smoking but his teacher has been able to wean him away from the habit.* = to persuade a person to give up a bad habit आदत छुड़ाना

weap'on /'wepən/ /'वेपन्/ noun, c. *We were not allowed to carry any weapons.* = an instrument or tool, such as a sword, that is used in fighting शस्त्र (जैसे तलवार) **weaponry** noun, u. *The army is trying to get modern weaponry from other countries.* = weapons in general हथियार

wear[1] /weəʳ/ /वेअʳ/ verb, t. (**wore, worn**) **1** *He wears only white clothes.* = to put on clothes पहनना **2** *He wore an angry look on his face.* = to have a certain expression on one's face चेहरे पर भाव दर्शाना **3** *If you use these shoes to walk through the fields you will wear them out quickly.* = to make something weaker through use or to become weaker through use छीजना, घिस देना या घिस जाना **4** *She wears her hair loose.* = to have a certain style for one's hair रखना (बालों का बनाव)

wear[2] noun, u. **1** *These shoes are showing signs of wear. They will not last very long.* = damage or weakness caused by use छीज, जीर्णता **2** *This shop sells men's wear.* = clothes कपड़े **wear and tear** noun, u. *His car is ten years old and it is showing a lot of wear and tear.* = damage or weakness caused by long use टूट-फूट

to wear one's heart on one's sleeve = to show one's feelings openly, making no attempt to hide them अपनी भावना को स्पष्ट दर्शाना, छिपाने की चेष्टा न करना **to wear away/off** *The stone steps under the water have worn away because the water is constantly flowing over them.* = to show damage because of long use घिस जाना **to wear (oneself) out** *We wore ourselves out working all night.* = to be very tired after something and unable to to do any more or anything else शक्ति समाप्त हो जाना, पूरी तरह थक जाना

wear•y[1] /'wɪəri/ /'विअरी/ adj. *I have been working for six hours and I am weary.* = tired (literary) थका-माँदा, थका हुआ (साहित्यिक)

weary[2] verb, t. *This book is written in an old-fashioned style. It will soon weary you.* = to make one feel tired or bored (old-fashioned) उबाना, थकाना (पुराने प्रचलन का)

wea•sel /'wi:zəl/ /'वीज़्ल्/ noun, c. = a small animal, like a fox, that hunts other small animals लोमड़ी के जैसा एक छोटा पशु

wea•ther[1] /'weðəʳ/ /'वेदʳ/ noun, u. *It has been raining every day for the last three months. I wonder when the weather will change.* = the condition produced by wind, rain, sunshine etc. over a period of time मौसम

weather[2] verb, t. *Everyone criticized him when he gave up his job and went into business, but he weathered the criticism and proved to be a success.* = to come out of a difficult situation without suffering much harm or damage बचकर निकलना **weather-beaten** adj. *The old farmer had a weather-beaten face* = showing the effects of a hard life जीवन की कठिनाइयों का प्रभाव दर्शाने वाला **weather forecast** noun, c. *'What's the weather forecast for today?' 'Heavy rain.'* = a description of the weather that may be expected, usually published in a newspaper or broadcast over the radio or television मौसम पूर्वानुमान

weave[1] /wi:v/ /वीव्/ verb, t. (**wove, woven**) = to produce cloth by using threads, passing one set of threads over or under another set, using a simple machine called a loom (कपड़ा) बुनना

weave[2] noun, u. *This sari has an attractive weave.* = the patterns produced in a piece of cloth by weaving बुनावट **weaver** noun, c. = a person who weaves cloth जुलाहा, बुनकर

web /web/ /वेब्/ noun, c. **1** *a spider's web* = a net made by spiders out of thin threads, to catch insects जाला **2** (always capital) *the World-Wide Web* = the various **websites** which can be accessed (reached) through the Internet [COMPUTERS] 'वेब साइट' [कंप्यूटर] **3** = the thin skin between the toes on the feet of some animals (e.g. ducks) झिल्ली **webbed** adj. *webbed feet* = having webs झिल्लीदार **website** noun, c. = a page or place on the Internet which belongs to a particular individual or company and can be visited by typing in the name [COMPUTERS] 'वेब साइट' इंटरनेट पर किसी व्यक्ति या कंपनी की विशिष्ट स्थिति (स्थान) जहाँ उनका नाम टाइप कर पहुँचा जा सकता है। [कंप्यूटर]

wed /wed/ /वेड्/ verb, t. (**wedded**) *Shaheen Wansi will wed her childhood friend next month.* = to marry (formal) शादी करना (औपचारिक) **wedding** noun, c. = a marriage ceremony शादी, विवाह

wedge[1] /wedʒ/ /वेज्/ noun, c. = a solid piece of wood or other material in the shape of a triangle, one end of

W

which is wider than the other फान, पच्चर (त्रिकोणाकार ठोस पदार्थ जिसका एक किनारा दूसरे से ज़्यादा चौड़ा होता है)

wedge² verb, t. *The door has been wedged open.* = to fix a wedge in a narrow space, usually to prevent something from moving or closing पच्चर लगाना

the thin edge of the wedge *Our new neighbour asked me to water his plants while he is away. This may be the thin edge of the wedge. We can expect many other requests.* = the beginning of an unpleasant situation अप्रिय स्थितियों की शुरूआत, और अधिक के आने की आशंका

weed¹ /wi:d/ /वीड्/ noun, c. *The garden is full of weeds.*= wild plants which are not wanted and which prevent crops from growing properly खर-पतवार

weed² verb, t. *We will have to weed the garden.* = to pull out and remove the weeds growing in a garden or field खर-पतवार निकालना

week /wi:k/ /वीक्/ noun, c. = a period of seven days, starting on Monday and ending on Sunday सप्ताह **weekday** noun, c. = any day of the week other than Saturday or Sunday कार्य-दिवस (छुट्टी के दिन को छोड़कर सप्ताह का अन्य कोई दिन) **weekend** noun, c. = the last two days of a week (Saturday and Sunday) which are usually holidays सप्ताहांत (सप्ताह के अंत में शनिवार, रविवार को मिलने वाली छुट्टी) **long weekend** either Friday or Monday being a holiday, in additon to Saturday and Sunday, thus making it three consecutive holidays सप्ताह के अंत में दो दिन से अधिक छुट्टी **weekly** adj. or noun, c. (**weeklies**) **1** *a weekly meeting*(adj.) = happening once a week साप्ताहिक **2** (noun) = a magazine that appears once a week साप्ताहिक (पत्रिका)

weep /wi:p/ /वीप्/ verb, i. (**wept**) *The sight of his first grandchild made him weep happy tears.* = to express sorrow or happiness by producing tears आँसू बहाना (दुख अथवा खुशी में) **weepy** noun, c. = a film or television programme that makes people weep (informal, usually disapproving) रुलाने वाला (अनौपचारिक, प्राय: अस्वीकृत) **weeping willow** noun, c. = a tree with thin leaves that hang downwards झुकी हुई पत्तियों वाला एक विशेष वृक्ष

wee•vil /ˈwi:vəl/ /ˈवीव़ल्/ noun, c. = a kind of insect that gets into and spoils rice and other kinds of grain घुन

wee-wee /ˈwi:wi:/ /ˈवीवी/ verb, i. = to urinate (used by small children or by parents while talking to their children) (slang) लघुशंका के लिए बच्चों द्वारा प्रयुक्त शब्द (अपभाषा)

weft /weft/ /वेफ़्ट्/ noun, u. = the shorter threads used in weaving a piece of cloth, which run across the **warp** (the long threads) (also **woof**) बाना (कपड़े की बुनाई में चौड़ाई की ओर का धागा) (देखें **woof**)

weigh /weɪ/ /वेइ/ verb, i. or t. **1** *He weighs 75 kilograms.*(i.)= to have a certain weight वज़न का होना **2** *We will have to weigh this rice before we can sell it.*(t.) = to measure the weight of something तोलना **weighbridge** noun, c. = a machine used to measure the weight of large vehicles such as trucks तोलसेतु (बड़े वाहनों को तोलने का यंत्र)

to be weighed down by *He is weighed down by the responsibility of looking after the school.* = to have to carry a heavy responsibility ज़िम्मेदारी के भार से ग्रस्त होना **to weigh on one's mind** *The little child's unhappiness weighed on our minds and we could not sleep.* = to be troubled by an idea etc. परेशान होना, दिमाग पर हावी होना **to weigh one's words carefully** = to be very careful in selecting the words that one uses शब्द-चयन में सावधानी बरतना

weight¹ /weɪt/ /वेइट्/ noun, u. or c. **1** *His weight is 75 kilograms.* = the measurement of how heavy a person or thing is वज़न, भार **2** *Put a 500-gramme weight on one pan of the scale.* = a piece of metal whose weight is known and which is used to measure the weight of something बाट **3** *Her words carry a lot of weight with the senior manager.* = importance or value प्रभाव या महत्त्व होना, वज़न रखना **4** *After the surgery on my arm, I am not allowed to lift heavy weights.*(c.) = things that are heavy वज़न उठाना **5** *weights* = (always plural) pieces of metal used for exercise or sport खेल अथवा व्यायाम में प्रयुक्त वज़न

weight² verb, t. *The basket will have to be weighted with stones.* = to make something heavier by adding weights to it भार बढ़ाना **weighty** adj. *a weighty argument* = having importance भारी, वज़नी, महत्त्वपूर्ण **weight-lifting** noun, u. = a sport in which people compete by lifting weights 'भारोत्तोलन' (वज़न उठाने की प्रतियोगिता या खेल)

to pull one's weight *If everyone pulls their weight, we can finish this job soon.* = to share properly in doing a piece of work अपने हिस्से का काम करना **to throw one's weight around** *Stop throwing your weight around.* = to offend people by behaving in a superior way, giving them orders etc. (informal, derogatory) रोब दिखाना, धौंस जमाना

weir /wɪəʳ/ /विअर्/ noun, c. = a dam (a wall built across a stream to control the flow of water) बाँध (जल-प्रवाह को रोकने के लिए निर्मित)

weird /wɪəd/ /विअड्/ adj. *Some people keep snakes as pets. They seem weird to some of us.* = very strange or unusual (disapproving) अजीब (अस्वीकृत) **weirdo** noun = a person who is thought to be weird (informal, not respectful) अनोखा व भयानक व्यक्ति (अनौपचारिक, आदरसूचक नहीं)

wel•come¹ /ˈwelkəm/ /ˈवेल्कम्/ verb, t. **1** *When my sister returned from her trip to Iceland, we went to welcome her at the airport.* = to meet a guest or visitor (someone who comes to a place) happily and in a spirit of friendliness स्वागत करना **2** *We welcome new ideas.* = to receive or accept something (e.g. a new idea) happily स्वागत करना

welcome² noun, c. *I received a warm welcome when I visited Pakistan.* = the act of welcoming a guest स्वागत, आदर-सत्कार

welcome³ adj. *We had some rain last night after two months of dry weather. It was a welcome change!* = something that one accepts with pleasure सुखद

welcome⁴ interjec. *'Welcome!' said the little girl, as she presented the visitor with a garland of flowers.* = an expression of happiness on meeting a guest or visitor स्वागत!

to be welcome to do something *We have a small house, but you're welcome to stay with us.* = a way of offering someone something 'आपका स्वागत है' **to overstay one's welcome** *I think we overstayed our welcome in their house. They never invited us again!* = to stay somewhere so long that one's hosts find it unpleasant or difficult अतिथि के रूप में इतने अधिक समय रुकना कि मेज़बान को भारी पड़ने लगे

weld¹ /weld/ /वेल्ड्/ verb, t. *This door is made of steel plates which have been welded together.* = to join two pieces of metal together after heating them to a high temperature, causing them to melt at the edges धातु को जोड़ने की प्रकिया, झलाई, 'वेल्डिंग'

weld² noun, c. *The weld on this metal plate is rather weak.*= the place where two pieces of metal are welded (joined) together धातु का जोड़, झलाई **welder** noun, c. = a person whose profession is to weld metal झलाईगर

wel•fare /'welfeəʳ/ /'वेल्फ़ेअर्/ noun, u. **1** *You must look after the welfare of your children.* = health and happiness हित, भलाई **2** *Our hospitals provide free medical treatment to the poor, under the government's welfare programme.* = help given to poor people or to people with special needs or problems कल्याण **welfare state** noun, c. = a country which has a government that provides special help to people in need of help कल्याणकारी राज्य

well¹ /wel/ /वेल्/ adv. **1** *He writes well, but he is not a good speaker.* = in a good manner भलीभाँति, अच्छा **2** *Shake the bottle well before you drink the medicine.* = thoroughly अच्छी तरह **3** *The project was completed well within the time limit of one year.* = much सीमा के भीतर ही **4** *She was well aware that we were arriving today, but didn't come to receive us.* = certainly, completely (used to stress something) भलीभाँति, अच्छी तरह

well² adj. **1** *She had fever last week, but she is quite well now.* = in good health स्वस्थ, ठीक **2** *Don't worry, all is well here.* = in a satisfactory state ठीक, ठीक-ठाक

well³ noun, c. = a deep hole dug in the ground, from which water can be taken out कुआँ

well⁴ interjec. **1** *Well, well! I didn't expect to see you here.* = an expression of surprise अच्छा! अरे! ओह! (आश्चर्यबोधक) **2** *I've lost the book you lent me.' 'Well!'* = an expression of annoyance ओह! (खीझ होने पर व्यक्त) **3** *'I went to the office late today and ...' 'Well?'* = a way of asking someone to continue to speak. (Sometimes a nervous tone is used to show that one is worried about what is to follow.) अच्छा! (किसी को अपनी बात जारी रखने के लिए कहा गया) (कभी-कभी किसी आशंका के संदर्भ में प्रयुक्त **4** *'How did you do in the test?' 'Well...'* = a way of showing that one is not happy to give someone the information they want, usually because it is unpleasant सूचना देने में अनिच्छासूचक विस्मयादिबोधक अव्यय

well⁵ verb, i. *Tears welled up in the child's eyes when she was scolded.* = to flow (referring to some liquid) बह निकलना **well-adjusted** adj. *a well-adjusted person* = feeling comfortable with the surroundings रमा हुआ **well-advised** adj. *You would be well-advised to consult your doctor regularly.* = doing the proper or correct thing 'आपके लिए अच्छा होगा कि...' **well-appointed** adj. *a well-appointed library* = having everything necessary सभी आवश्यक उपकरणों से पूर्ण **wellbeing** noun, u. = the state of being healthy or comfortable कुशल-क्षेम **well-balanced** adj. *a well-balanced person* = sensible and not controlled too much by feelings संतुलित **well-bred** adj. = thought of as belonging to a good family अच्छे परिवार का, कुलीन **well-connected** adj. = known to many important people महत्त्वपूर्ण व्यक्तियों के संपर्क में **well-earned** adj. *well-earned praise* = deserved अर्जित, योग्य **well-heeled** adj. = rich (informal) पैसे वाला (अनौपचारिक) **well-informed** *Let's ask him what kind of food the local restaurants serve. He is quite well-informed.* = to have a wide knowledge of things विस्तृत जानकारी-प्राप्त, बहुश्रुत **well-off** adj. = rich धनी **well-preserved** adj. = looking young, though not very young (humorous or not respectful) जवान दीखने वाला (हास्यपरक, आदरसूचक नहीं) **well-rounded** adj. *a well-rounded personality* = combining many good qualities बहुआयामी **well-read** adj. = having read many books and being aware of many things बहुत पुस्तकें पढ़कर विस्तृत ज्ञान-प्राप्त **well-thought-of** adj. *a well-thought-of person* = respected by everyone सर्वत्र आदरणीय **well-to-do** adj. = rich (informal) अमीर, खाता-पीता (अनौपचारिक) **well-wisher** noun, c. = a person who has good wishes or feelings towards another शुभचिंतक **well-worn** adj. *a well-worn pair of shoes* = used for a long time and not in very good condition फटा-पुराना, घिसा हुआ

to know something full well *Why did you ask him to come to work? You knew full well that he was ill.* = to do something that one should not have done, in spite of knowing that it should not have been done (an expression of annoyance) जानते हुए भी अनजान बनकर कुछ कर देना

W

(नाराज़गी व्यक्त करने की अभिव्यक्ति) **to be well out of something** *Thank goodness I'm well out of that project.* = to feel relieved because one no longer has to do something that one did not like doing (informal) राहत ('पिंड छूटा') महसूस करना (अनौपचारिक) **to be well up on something** *She's really well up on the geography of Russia.* = to have good knowledge of a subject (informal) अच्छा ज्ञान होना (अनौपचारिक) **It's just as well...** *It's just as well that we didn't go to the station. The train was cancelled.* = a way of saying 'It is a good thing that ..' 'अच्छा हुआ...' **All's well that ends well** = a saying which means that if something ends happily (even if it did not begin or go on happily), that is a good thing 'अंत भला तो सब भला' **Oh well** *'I haven't brought the book you wanted.' 'Oh well, we'll manage without it.'* = a way of responding to something that has not happened as expected, and expressing willingness to find a way out 'कोई बात नहीं' **Ah well** *The village is not as lovely as it used to be. Ah well.* = a way of accepting calmly that something is different, or worse than one expected it to be खैर (स्थिति को शांत भाव से स्वीकार कर लेने की अभिव्यक्ति)

Welsh[1] /welʃ/ /वेल्श्/ adj. = belonging to the country known as Wales वेल्स देश का

Welsh[2] noun, u. = the language or the people of Wales 'वेल्श' भाषा

welt /welt/ /वेल्ट्/ noun, c. **1** = a piece of leather used to join the upper and lower parts of a shoe जूते के ऊपरी व निचले भाग को मिलाने वाला जोड़ **2** = a raised mark on the skin caused by a hard blow (see also **weal**) कड़े प्रहार से शरीर पर उभरी रेखाएँ (देखें **weal**)

wend /wend/ /वेन्ड्/ verb, t. (**wended**) *He wended his way slowly through the countryside.* = to move or travel slowly (literary) धीरे-धीरे आगे बढ़ना (साहित्यिक)

were•wolf /ˈweəwʊlf/ /ˈवेअवुल्फ़्/ noun, c. (**werewolves**) = a person (in fairy stories) who is believed to have the power to turn into a wolf 'भेड़िया-मानव' (परी कथाओं में एक काल्पनिक पात्र)

west[1] /west/ /ˈवेस्ट्/ noun *The sun sets in the west.* = the direction in which the sun sets पश्चिम

west[2] adv. *We are now travelling west.* = towards the west पश्चिम की ओर

west[3] adj. *The west wind is blowing.* = from the west पछवाँ **West** noun = the western part of the world, especially Europe and North America पश्चिम **westbound** adj. *a west-bound train* = travelling towards the west पश्चिम की ओर जाने वाला **West End** noun = the western part of the centre of London, which is famous as a centre of fashion लंदन के केंद्र का वह पश्चिमी भाग जो फ़ैशन केंद्र के रूप में प्रसिद्ध है **westerly** adj. *travelling in a westerly direction* = towards the west पश्चिमोन्मुखी **westerlies** noun (always plural) = the winds that blow from the west towards the east (केवल बहुवचन में प्रयुक्त) पछवाँ **western** adj. *the western part of the city* = belonging to the west पश्चिमी **westernize (westernise)** verb, t. *westernize the system of education* = to introduce new ideas, habits etc. taken from the West (Europe or America) पाश्चात्य देशों से नए विचारों, आदतों आदि को अपनाना **West Indies** noun (always plural) = a group of islands lying between Europe and America 'वेस्टइंडीज़' - यूरोप और अमरीका के बीच स्थित द्वीप-समूह

wet[1] /wet/ /वेट/ adj. **1** *My clothes have become wet in the rain.* = covered with water or some other liquid (opposite **dry**) (विलोम शब्द **dry**) गीला **2** *We are expecting wet weather today.* = rainy बरसाती, बारिश का **3** *Careful! There's wet paint on the chair.* = not dry गीला **4** *You don't want to come with us? What a wet person you are!* = cowardly and generally unwilling to do what others are interested in doing (informal) डरपोक, भोंदू (अनौपचारिक)

wet[2] verb, t. (**wet** or **wetted**) *wet one's bed* = to make wet, specially by passing urine गीला करना

a wet blanket *If the children want to go on a picnic, you should let them go. Don't be such a wet blanket!* = a person who does not want others to have fun or to enjoy themselves मज़ा किरकिरा करने वाला, रंग में भंग करने वाला **to be wet behind the ears** = to be young and without much experience कम आयु का, अनुभवहीन

whack[1] /wæk/ /वैक्/ verb, t. *The batsman whacked the ball over the boundary.* = to hit hard (informal) ज़ोर से मारना (अनौपचारिक)

whack[2] noun, c. *The boy's mother gave him a whack for telling a lie.* = a hard blow ज़ोर से प्रहार **whacking** noun, c. = a beating पिटाई **whacking** adj. *He has a whacking big house.* = very big (informal, slang) बहुत बड़ा (अनौपचारिक, अपभाषा)

whale /weɪl/ /वेइल्/ noun, c. = a very large mammal (animal that feeds its young ones with milk) which lives in the sea and is hunted for its fat, from which a kind of oil is produced ह्वेल मछली **whaler** noun, c. = a kind of ship that is used for hunting whales at sea ह्वेल का शिकार करने के लिए प्रयुक्त जहाज़ **whaling** noun, u. = the industry or business of hunting whales के शिकार से संबंधित व्यवसाय

wharf /wɔːf/ /वॉफ़्/ noun, c. (**wharves**) = a kind of platform that projects (sticks out) into a sea or river, to which ships can be tied in order to unload goods जहाज़-घाट, जेट्टी

a whale of a time = a very enjoyable time (informal) मौज़-मस्ती, आनंद का समय (अनौपचारिक)

what[1] /wɒt/ /वॉट्/ det. *What is your name?* = used to ask a question about something to which the answer is not known क्या

what[2] pron. *I will do what you ask me to do.* = the

thing that जो (कुछ) **whatever** det. or pron. **1** *I did whatever I could do to help him.* = everything possible जो भी, जो कुछ **2** *Whatever happens, I will stay here.* = it is not important what कुछ भी **3** *Whatever took you so long?* = an expression used instead of 'what', to express surprise प्रश्न में आश्चर्य की अभिव्यक्ति सहित

wheat /wi:t/ /वीट/ noun, u. = a kind of foodgrain from which bread etc. is made गेहूँ

whee•dle /'wi:dl/ /'वीड्ल्/ verb, t. or i. *Ali wheedled his brother into giving him the new toy.* = to get what one wants from someone by using flattery (false praise) or a trick (derogatory) चापलूसी करके अपनी इच्छित वस्तु प्राप्त करना, फुसलाना (अनादरपूर्ण)

wheel[1] /wi:l/ /वील्/ noun, c. *A bicycle has two wheels.* = a circular (round) object on which a vehicle (e.g. a bicycle) moves पहिया

wheel[2] verb, t. **1** *He wheeled the motor-cycle along the road.* = to move a vehicle with wheels by pushing it पहियेदार गाड़ी को आगे धकेलना **2** *The driver of the motor-cycle wheeled sharply left.* = to turn or change direction मोड़ना, दिशा बदलना **wheeler** suffix *a three-wheeler* = a vehicle having a specific number of wheels 'पहिया' प्रत्यय, जैसे-दुपहिया, तिपहिया **wheel-barrow** noun, c. = a small cart with two wheels, which is pushed by hand and used to carry small loads ठेला **wheel-base** noun *The car has a wheel-base of 1.5 metres.* = the distance between the front wheels and the rear (back) wheels of a vehicle आगे पीछे के पहियों में दूरी **wheel-chair** noun = a chair with wheels which is used by people who are unable to walk and which can often be moved by the user's hands (see pic under **chair**) पहियेदार कुर्सी

wheeze[1] /wi:z/ /वीज़्/ verb, i. = to make a whistling sound because of difficulty in breathing घरघर करते हुए साँस लेना

wheeze[2] noun, c. *His wheezes are painful to hear.* = the act or sound of wheezing घरघराहट

when /wen/ /वेन्/ adv. **1** *When will the meeting begin?* = at what time (used in questions) कब **2** *I was sleeping when the fire broke out.* = at the time that जिस समय, जब **3** *Why do you want to resign when you have such a good job?* = considering that जबकि **whenever** adv. *I can come to meet you whenever you ask me to come.* = at any time जब भी

whence /wens/ /वेन्स्/ adv. *I often return to the village whence my family came.* = from where (old-fashioned, literary) जहाँ से (पुराने प्रचलन का, साहित्यिक)

where /weəʳ/ /वेअ़र/ adv. **1** *Where are you going?* = to which place (used in questions) कहाँ **2** *I like to visit the town where I was born.* = at which place जहाँ **3** *Where possible, you should use the local language to speak to these people.* = whenever जहाँ तक

whereabouts noun, u. (plural form only) *The police are looking for the man, but his whereabouts are not known.* = the place where a thing or person can be found पता-ठिकाना **whereas** conj. *They were looking for the child outside the house, whereas he was inside the house, in his grandmother's bed.* = but; on the other hand लेकिन, जबकि **whereupon** conj. *The player argued with the referee, whereupon the referee ordered him to leave the field.* = following which (because of which) जिसपर

whet /wet/ /वेट्/ verb, t. (**whetted**) **1** *This knife is not very sharp. We will have to whet it.* = to make a knife or sword sharp by rubbing it against a stone तेज़ करना **2** *What you have told me about the new film has whetted my desire to see it.* = to increase one's desire to do something उत्तेजित करना, इच्छा को प्रबल करना **whetstone** noun, c. = a stone used for sharpening knives, scissors etc. सान, सिल्ली

wheth•er /'weðəʳ/ /'वेद़र/ conj. **1** *Ask him whether he would like to meet us now.* = if यदि, अगर **2** *I will go to the meeting anyhow, whether you come with me or not.* = not depending on something चाहे

whew /hju:/ /ह्यू/ interjec. *Whew! It's really hot today!* = an expression of tiredness or relief (also **phew**) (informal) अरे! ओह! (थकान/राहत की अभिव्यक्ति) (अनौपचारिक) (देखें **phew**)

whey /weɪ/ /वेइ/ noun, u. = the watery part of milk from which the solid part has been taken out in the form of curds (yogurt) छाछ

> **Usage** **who** is used to refer to human beings (e.g. *the boy who won*). **who** का प्रयोग व्यक्ति के लिए होता है, जैसे *the boy who won.*
>
> **which** refers to non-living things or non-human creatures (e.g. *the house which you built or the horse which you ride*). **which** का प्रयोग निर्जीव वस्तु या मनुष्येतर जीवों के संदर्भ में होता है, जैसे *the house which you built* या *the horse which you ride.*
>
> **that** refers to non-living things as well as human and non-human creatures (e.g. *the car that broke down; the bird that flew away; the child that goes to school*). **that** का प्रयोग इन सबके संदर्भ में होता है, जैसे *the car that broke down; the bird that flew away; the child that goes to school.*

which[1] /wɪtʃ/ /विच्/ det. *Which shirt are you going to wear?* = expressing the possibility of choosing one out of several things or people (used in questions) कौन-सा

which[2] pron. **1** *Show me the pen which you bought yesterday.* = referring to the particular thing which is being talked about जो **2** *He asked me to come back next year, which I had expected him to do.* = adding more information to something that has been said earlier जो **whichever** det. **1** *Take whichever book you like.* = any one of several things जो कोई, चाहे जो

2 *This is a very bad situation, whichever way you look at it.* = no matter which किसी (तरह से, तरफ़ से)
whiff /wɪf/ /विफ़्/ noun, u. or c. *She is cooking chicken curry. I caught just a whiff of it as I was coming in.*(u.) = a smell of something good, lasting for a short time only खुशबू, गमक, गंध (जो ठहरे नहीं, गायब हो जाए)
while[1] /waɪl/ /वाइल्/ conj. **1** *You can read a book while I am writing this letter.* = during the time that जिस समय, जब तक **2** *Anu likes apples, while I like guavas.* = but; on the other hand लेकिन, जबकि **3** *While I like your plan I don't think it will work.* = although यद्यपि
while[2] noun, u. *I haven't seen you for a while.* = a period of time कुछ समय
while[3] verb, t. *He paints pictures to while away the time.* = to pass time in a pleasant and interesting manner समय बिताना

to while away (time) = to spend time (usually in a way that is not useful) व्यर्थ समय बिताना **worth the while (worthwhile)** *I had to work very hard for a whole year. But it was worth the while and I learnt a lot.* = something that gives satisfactory results for the time/effort spent लाभदायक, सार्थक
whim /wɪm/ /विम्/ noun, c. *We changed our plans on a sudden whim and went to the cinema instead of the chess competition.* = a sudden wish or desire, which is usually not sensible झक, सनक, बिना विचारे अचानक निर्णय लेना **whimsical** adj. *a whimsical person* = having strange ideas or behaving in a strange way झक्की, सनकी
whim•per[1] /ˈwɪmpəʳ/ /ˈविम्पऱ्/ verb, i. *The baby whimpered with fright when someone shouted at it.* = to make low sounds of fear or pain पिनपिनाना, ठिनकना
whimper[2] noun, c. *The boy never made a whimper when he was hurt.* = a cry of pain पिनपिनाहट
whine[1] /waɪn/ /वाइन्/ verb, i. *The dog had been chained all day and it whined when it saw its master, begging to be set free.* = to make a long high sound (referring commonly to the sound made by a dog) रिरियाना, लंबी आवाज़ (कुत्ते की)
whine[2] noun, c. *We heard the whine of the engines of the plane which was about to take off.* = a high sound produced by an animal or a machine मशीन अथवा पशु की चीख
whin•ny /ˈwɪni/ /ˈविनी/ verb,i. *The horse whinnied.* = to make the gentle sound that a horse makes when it is feeling comfortable हिनहिनाना
whip[1] /wɪp/ /विप्/ noun, c. = a long piece of rope or leather tied to a handle, used to drive an animal or to punish someone चाबुक
whip[2] verb, t. (**whipped**) **1** = to strike with a whip चाबुक मारना **2** *The Australian team whipped the Indian team by an innings and 200 runs.* = to defeat badly परास्त करना, मात देना **3** *You should whip the white of the egg with a fork until it is full of air bubbles.* = to beat cream or the white of an egg so as to make it rise due to the presence of air bubbles फेंटना **whipping boy** noun, c. = someone who gets the blame for other people's mistakes (generally used to express sympathy) 'बलि का बकरा'

to whip up (anger) = to raise the level of someone's emotions strongly (disapproving) किसी की भावना (जैसे क्रोध) को प्रबल करना (अस्वीकृत)
whirl[1] /wɜːl/ /वऽल्/ verb, i. or t. *All the fans in the room were whirling at top speed.*(i.) = to turn round and round very fast तेज़ी से घूमना
whirl[2] noun, u. *My head was in a whirl and I felt I was about to fall.* = the sensation (feeling) of turning round and round or of feeling confused चक्कर **whirlpool** noun, c. = a place in a river or sea where the water goes round and round and sucks objects down भँवर **whirlwind** noun, c. = a pillar of air that turns round and round and moves at great speed बवंडर, चक्रवात
whirr /wɜːʳ/ /वऽऱ्/ noun, u. *the whirr of an electric fan* = the sound made by a machine (e.g. the blades of a fan) turning round and round at speed and causing the air to move fast हरहराहट, पंखा चलने की आवाज़
whisk[1] /wɪsk/ /विस्क्/ verb, t. *The cow whisked the flies away with its tail.* = to remove or drive away with a quick sideways movement उड़ा देना
whisk[2] noun, u. **1** *The cow drove the flies away with a whisk of its tail.* = a quick sideways movement झटका **2** *a fly whisk* = a small brush with a long handle, used for driving away flies etc.

to whisk away *I was planning to stay at home but my friends whisked me away to the cinema.* = to take away with speed and without allowing one to think (informal, humorous) ज़बरदस्ती ले जाना (अनौपचारिक, हास्यपरक)
whis•ker /ˈwɪskəʳ/ /ˈविस्कऱ्/ noun, c. *a cat's whiskers* = one of the long hairs growing on either side of the mouth of a cat, tiger etc. मूँछ **whiskers** noun (always plural) = hair growing on a man's face मूँछ

to be the cat's whiskers = to be greatly admired by others (informal) दूसरों द्वारा प्रशंसित होना (अनौपचारिक)
whis•ky /ˈwɪski/ /ˈविस्की/ noun = a strong alcoholic drink made from barley व्हिस्की
whis•per[1] /ˈwɪspəʳ/ /ˈविस्पऱ्/ verb, t. *The little girl whispered something into her mother's ear.* = to say something in a very low voice, so that only the person to whom it is said can hear it फुसफुसाना, कानाफूसी करना
whisper[2] noun, c. *They were speaking in whispers.* = the low sound produced when someone whispers फुसफुसाहट
whis•tle[1] /ˈwɪsəl/ /ˈविसल्/ noun, c. **1** *The referee blew his whistle to signal the end of the match.* = an instrument which produces a high, loud sound when air is blown through it सीटी **2** *The train gave a whistle*

and started. = the high sound produced when air is blown through a whistle सीटी

whistle² verb, i. or t. **1** *The boy whistled to attract the attention of his friend.*(i.) = to make a high sound by forcing air through a narrow hole formed between the lips, sometimes by putting two fingers into the mouth सीटी बजाना **2** *The man whistled a tune as he walked along.*(t.) = to produce a musical sound by blowing out air through rounded lips लय में सीटी बजाना **3** *The train whistled.*(i.) = to make a high sound by forcing air or steam through a whistle सीटी देना

a whistle-stop tour = a quick journey round several places जल्दी-जल्दी अनेक स्थलों की यात्रा **to blow the whistle on someone** *The robber's family blew the whistle on him and he was caught.* = to reveal a secret so that someone is punished for it किसी का भेद खोलकर उसे पकड़वा देना **to whistle in the dark** = to do something to keep one's courage high when one is actually feeling afraid डर के समय साहस बनाए रखना

white¹ /waɪt/ /वाइट्/ adj. **1** *a white shirt* = having the colour of milk सफ़ेद **2** *Her face turned white with nervousness* = pale (not having much blood) पीला, ज़र्द **3** *a white person* = belonging to the pale-skinned Caucasian race, to which most Europeans and Americans belong गोरा **4** *white coffee* = coffee with milk in it दूधवाली (चाय, कॉफ़ी)

white² noun, c. **1** = a member of the white (Caucasian) race गोरा **2** *the white of an egg* = the colourless part of the egg सफ़ेदी (अंडे की) **3** = the part of the eye which surrounds the pupil आँख का सफ़ेद भाग **4** *Let's separate the whites from the other clothes.* = (always plural) white clothes, linen etc. (केवल बहुवचन में प्रयुक्त) सफ़ेद कपड़े **whiten** verb, t. = to make something white सफ़ेद करना **white ant** noun, c. = an insect that looks like an ant and eats and destroys wood (also **termite**) दीमक (देखें **termite**) **white blood cell** noun, c. = a type of cell present in the blood which fights against germs that cause disease श्वेत कण (रक्त में) **white-board** = a board used by a teacher etc. to write on शिक्षण में प्रयुक्त 'बोर्ड' **white collar worker** = a person who works in an office, not in a factory सफ़ेदपोश कर्मचारी **white elephant** noun = something that costs a lot of money but is not very useful गले का ढोल **white flag** noun, c. = a sign that one has surrendered (accepted defeat) सफ़ेद झंडा, आत्मसमर्पण-संकेत **White House** noun = the official home of the President of America 'ह्वाइट हाउस' अमरीका के राष्ट्रपति का निवास **white goods** noun (always plural) = large machines which are used in the home, specially in the kitchen (e.g. refrigerators, washing machines) घरेलू विद्युत् उपकरण, जैसे-फ्रिज **white meat** noun, c. = the flesh of a chicken or fish, which is considered to be more healthy than 'red meat' (flesh from a large animal such as a sheep, pig or cow) मुर्गे या मछली का मांस **white paper** noun, c. = an official report put out by the government about something that the government plans to do श्वेतपत्र **whitewash¹** noun, c. = a mixture of lime (calcium carbonate) and water, used to paint the walls of houses पुताई **whitewash²** verb, t. **1** *The house will be whitewashed next month.* = to paint a house with whitewash पुताई करना **2** *The report tries to whitewash the mistakes that were made by the government.* = to try to cover up or hide something bad लीपा-पोती करना, गलतियों को छिपाना **white water** = water flowing swiftly down a river among rocks, causing foam to form नदी के तेज़ बहाव में फेनिल पानी

white lie = a harmless lie सफ़ेद झूठ **to show the white flag** = to give up and accept that one has lost a war etc. (figurative) आत्मसमर्पण करना (लाक्षणिक)

whith•er /ˈwɪðəʳ/ /ˈविद़र्/ adv. *Whither did the man disappear?* = where; to which place (old-fashioned, literary) कहाँ, किधर (पुराने प्रचलन का, साहित्यिक)

whittle /ˈwɪtl/ /ˈविट्ल्/ verb, t. or i. *He was whittling away at a piece of wood, trying to shape it into a boat.*(i.) = to cut away pieces of wood in order to make something (लकड़ी) छीलना, काटना

whiz (whizz) /wɪz/ /विज़्/ verb, i. (**whizzed**) *His car whizzed past us on the road.* = to move at great speed, making a rushing sound सनसनाते हुए निकल जाना **whiz kid** noun, c. = a person who shows great intelligence or skill at a very early age (informal, approving) कम उम्र में अधिक कुशलता अथवा बुद्धिमत्ता वाला (अनौपचारिक, स्वीकृत)

> **Usage** **whom** is the object form of **who**, used in sentences such as *He is the man whom you met yesterday* or in questions such as *Whom do you want?* In modern usage **whom** is often replaced by **who**, *specially when speaking* (*the person who you met or Who do you want?*)
> लिखने में **who** के objective form **whom** का प्रयोग होता है, जैसे *He is the man whom you met yesterday* या प्रश्नवाचक वाक्यों में, जैसे- *whom do you want?* परंतु आजकल अंग्रेज़ी में **whom** की जगह **who** का ही, खासकर संवादों में प्रयोग हो रहा है।

who /huː/ /हू/ pron. **1** *Who is that man?* = which person (used in questions) कौन **2** *I know the man who came to see you.* = referring to the particular person being talked about जो **3** *I sent the new book to my son, who had not heard of it.* = adding more information on the person being talked about **whodunit** /huːˈdʌnɪt/ /हूˈडॅनिट्/ noun, c. = a novel or film about a murder or other serious crime, which leaves everyone wondering till the end who has committed the crime (informal) रहस्यपूर्ण जासूसी उपन्यास अथवा फ़िल्म (अनौपचारिक) **whoever** pron. *Whoever wants*

W

to go to the station can get into the bus. = anyone who जो कोई, जो भी

WHO abbr. of **World Health Organization** = a branch of the United Nations Organization (UNO) which fights disease in different parts of the world विश्व स्वास्थ्य संगठन

whole[1] /həul/ /हउल्/ adj. **1** *He ate the whole chicken.*= entire (all of something) पूरा **2** *Tell me the whole story.* = complete पूरा, पूर्ण **3** *The whole point of my coming here was to be with you.* = main, important मुख्य, महत्त्वपूर्ण

whole[2] noun, u. or c. **1** *The whole of the class was able to fit into one bus.*(u.) = the entire or complete amount पूरा, सारा **2** *Do these two parts of a cake make a whole?* = a complete unit of something एक इकाई **whole-hearted** adj. *whole-hearted support* = total (complete) and sincere एकनिष्ठ, हार्दिक, सच्चा **wholemeal** noun, u. *wholemeal bread* = rough flour made from grains of wheat from which the outer covering has not been removed गेहूँ का चोकर युक्त आटा **whole number** noun, c. = a number which has not been divided by another number (e.g. 3½ is a fraction but 3 is a whole number) पूर्णांक **wholesale** adj. or adv. **1** *I bought these notebooks from a wholesale shop.*(adj.) = selling things in large quantities and at a cheaper price (opposite **retail**) थोक (विलोम शब्द **retail**) **2** *I bought these notebooks wholesale.*(adv.) = in large quantities बड़े पैमाने पर, थोक भाव से **wholesome** adj. *You can get wholesome food at this restaurant.* = healthy (good for the body or mind) पुष्टिकर, पौष्टिक **wholeness** noun संपूर्णता, अखंडता

on the whole *We had a few unpleasant experiences on the way, but on the whole it was a good trip.* = largely or generally कुल मिलाकर **to go the whole hog** *For the school play, the teachers went the whole hog and hired costumes and lights.* = to try and make a success of something by doing everything possible and not letting anything stop one (informal) प्रयास में कोई कसर न छोड़ना (अनौपचारिक)

whom /hu:m/ /हूम्/ pron. **1** *Whom do you want?* = which person (used in questions) (often replaced by 'who', specially in speech) किससे, किसे, किसको **2** *I gave the money to the man whom you wanted to help.* = the particular person being referred to (talked about) जिसे, जिसको

whoop /wu:p/ /वूप्/ noun, c. *He gave a whoop when he was told that he had won.* = a loud shout expressing joy प्रसन्नता की अभिव्यक्ति में ज़ोरदार हुँकार **whoopee** interjec. *'Whoopee!' he shouted. 'We have won!'* = a shout of joy (informal) अहा! प्रसन्नतासूचक अभिव्यक्ति (अनौपचारिक)

whooping cough /'hu:pɪŋ kɒf/ /'हूपिङ्कॉफ़्/ noun = a disease that children sometimes suffer from, causing painful attacks of coughing कुकुरखाँसी (बच्चों को होने वाला रोग)

whoosh[1] /wʊʃ/ /वुश्/ verb, i. *The train whooshed past us.* = to move very fast, producing a rushing sound (informal) फ़र्राटे से निकल जाना (अनौपचारिक)

whoosh[2] noun, u. *The air escaped from the balloon with a whoosh.* = the soft sound produced by air moving very fast गुब्बारे से निकलती हवा की आवाज़, फुस्स

whop•per /'wɒpəʳ/ /'वॉपरʳ/ noun, c. *He caught a whopper of a fish, weighing about 20 kilograms.* = something unusually big in size (informal, American English) असामान्य रूप से बड़ा (अनौपचारिक, अमेरिकी अंग्रेज़ी का शब्द) **whopping** adj. *He caught a whopping fish.* = very big (informal) बहुत बड़ा (अनौपचारिक)

whore /hɔ:ʳ/ /हॉऽʳ/ noun, c. = a term of contempt for a sex-worker USE G रंडी, वेश्या निषिद्ध लिंग

whorl /wɜ:l/ /वऽल्/ noun, c. = a circle made by the leaves of a plant or the petals of a flower चक्कर

whose[1] /hu:z/ /हूज़्/ det. *Whose house is that?* = belonging to which person (used in questions) किसका (प्रश्नवाचक)

whose[2] pron. *She's the person whose sister is an actor.* = a word showing that someone is connected to someone else or that something belongs to someone जिसकी/का

why[1] /waɪ/ /वाइ/ adv. or conj. *Why did you run away when I called you?*(adv.) // *I want to know why you did it.*(conj.) = for what reason (used in questions or indirect questions) क्यों, किस कारण से

why[2] noun, c. (**whys**) *He is always interested in the why of things.* = the reasons or causes that make things happen (informal) कारण, वजह (अनौपचारिक)

why[3] interject. *Why! You have actually come to visit me!* = an expression of surprise आश्चर्यसूचक अभिव्यक्ति

Why on earth... *Why on earth must I wear formal clothes?* = a way of expressing surprise and asking for an explanation (informal, not respectful) आश्चर्य की अभिव्यक्ति के साथ समुचित स्पष्टीकरण माँगना, आखिर क्यों (अनौपचारिक, आदरपूर्ण नहीं) **Why me ...** **1** = a way of asking with annoyance why one has been asked to do something 'मुझे ही क्यों?, मैं ही क्यों?'-नाराज़गी की अभिव्यक्ति **2** = a way of asking why something unlucky or unfortunate should happen to one मुझे ही क्यों? (दुर्भाग्यपूर्ण स्थिति के लिए)

wick /wɪk/ /विक्/ noun, c. *the wick of a candle* = the piece of thread inside a candle which burns to give out light (see pic under **candle**) बत्ती (**candle** का चित्र देखें)

wick•ed /'wɪkɪd/ /'विकिड्/ adj. **1** *a wicked person* = bad or evil दुश्चरित्र **2** *What a wicked idea!* = very good (slang) क्या खूब! (अपभाषा)

wicker /'wɪkəʳ/ /'विकरʳ/ adj. *a wicker chair* = made by weaving cane or thin, long pieces of bamboo बाँस की बुनाई से बना

wicket /'wɪkɪt/ /'विकिट्/ noun, c. **1** *leg before wicket* = the set of three sticks (stumps) at each end of a cricket pitch (the area within which the ball is supposed to be bowled) 'विकेट' (लकड़ी का डंडा, तीन-तीन के दो सेटों में से कोई एक) (क्रिकेट के खेल में प्रयुक्त) **2** *India has lost three wickets in ten minutes.* = (in cricket) the turn of a player to bat [SPORTS] विकेट (क्रिकेट के खेल में बल्लेबाज़ी की बारी) **wicket gate** noun, c. = a small gate or door which forms part of a larger gate or door छोटा दरवाज़ा (बड़े दरवाज़े के अंदर) **wicket-keeper** noun, c. = the player who stands behind the wicket and stops the ball (in cricket) [SPORTS] विकेट कीपर (क्रिकेट में) [खेल-कूद]

wide[1] /waɪd/ /वाइड्/ adj. **1** *a wide river* = having a large distance between one side and the other चौड़ा **2** *He is a person with wide experience.* = covering a large range of things विस्तृत **3** *The guards were asked to remain wide awake.* = alert (watching carefully) चौकन्ना, पूरी तरह सतर्क

wide[2] adv. *The two houses are wide apart.* = a great distance away from each other दूर-दूर, एक-दूसरे से काफ़ी दूर

wide[3] noun, c.= a ball that is bowled so far away from the wicket that the batsman cannot reach it (in cricket) [SPORTS] ऐसी गेंदबाजी जिसमें गेंद तक बल्लेबाज पहुँच नहीं पाता (क्रिकेट) **widen** verb, t. *The engineers are widening the road* = to make wider चौड़ा करना **width** /wɪdθ/ /विड्थ्/ noun, u. *The river is two kilometres in width.* = the measurement of how wide a thing is from one side to another (see pic under **dimension**) चौड़ाई (**dimension** के अंतर्गत चित्र देखें) **wide-angle lens** noun, u. = a lens for a camera that can give a wider view than is usual कैमरे का बड़ा लेंस **wide-eyed** adj. *The child stared wide-eyed at the beautiful palace.* = with eyes fully open because of wonder or surprise विस्फारित, आँखें फाड़ कर, आश्चर्य से **widespread** adj. *Malaria is widespread in this part of the country.* = common; found in many places आम, व्याप्त, बहुत फैला हुआ (रोग)

wid•ow /'wɪdəʊ/ /विडउ/ noun, c. = a woman whose husband is dead विधवा **widower** noun, c. = a man whose wife is dead विधुर

wield /wi:ld/ /वील्ड्/ verb, t. **1** *The bat is so heavy that the batsman cannot wield it easily.* = to cause some object e.g. a weapon, to move fast by a movement of the hands holding it ज़ोर से घुमाना **2** *The Prime Minister weilded great power during the reign of Queen Victoria.* = to have and use power, influence etc. अधिकार एवं प्रभाव का उपयोग करना

wife /waɪf/ /वाइफ़्/ noun, c. (**wives**) = the woman to whom a man is married पत्नी

wig /wɪg/ /विग्/ noun, c. = a covering of artificial (false) hair worn on the head, usually by a person who has lost his/her natural hair 'विग'-बालों की टोपी

wig•gle /'wɪgəl/ /'विग्ल्/ verb, t. *Can you wiggle your toes?* = to cause some part of the body to move or shake slightly हिलाना-डुलाना

wild /waɪld/ /वाइल्ड्/ adj. **1** *a wild animal* = living in natural conditions and not controlled by man जंगली **2** *wild with anger* = showing very strong feelings 'आग बबूला होना' **3** *My children are wild about your books.* = extremely fond of something (informal) का दीवाना होना (अनौपचारिक) **4** *I didn't know the answer. It was just a wild guess.* = without thinking carefully about something अटकल, अँधेरे में तीर **wildly** adv. बेतहाशा **wildboar** noun, c. = a kind of large pig, living in the forest, that was often hunted जंगली सूअर **wildcat strike** noun = a sudden stopping of work by the workers in a factory or office अचानक हड़ताल कर देना **wildlife** noun, u. *The Corbett National Park is full of all kinds of wildlife.* = animals and plants found in natural conditions वन्य जीव

to go wild over something = to be filled with strong feelings of joy, anger, excitement etc. (informal) किसी संदर्भ में तीव्र भावाभिव्यक्ति (अनौपचारिक) **to run wild** = to behave in an uncontrolled manner निरंकुश व्यवहार करना **to spread like wildfire** *The news of his victory spread like wildfire.* = very fast जंगल में आग की तरह, बहुत तेज़ी से **a wild-goose chase** *The search for the Yeti or the Abominable Snowman proved to be a wild-goose chase. No such creature exists.* = a useless search for something that does not exist निरर्थक परिश्रम, जो है ही नहीं, उसकी खोज में परिश्रम करना **wild oats** (**to sow wild oats**) *He sowed his wild oats in his youth, but now he has settled down to a steady life.* = to lead a wild and exciting life during one's youth मनमाना व्यवहार, मौज-मस्ती

wil•der•ness /'wɪldənɪs/ /'विल्डनिस्/ noun, u. **1** *The Gobi Desert in Central Asia is a wilderness.* = a place where no human beings live or can live ऐसा स्थान जहाँ मनुष्य का रहना संभव नहीं, उजाड़ **2** *Mr Patnaik lost the election in 1970 and spent the next ten years in the political wilderness.* = the state of being away from power or public attention निर्वासित-सा, गुमनामी

wil•de•beest /'wɪldəbi:st/ /'विल्डबीस्ट्/ noun, c. = a kind of large deer found in Africa (also **gnu**) अफ़्रीकी हिरण (देखें **gnu**)

wiles /waɪlz/ /वाइल्ज़्/ noun (always plural) *That man is known to be very cunning. Beware of his wiles.* = clever tricks (literary) (केवल बहुवचन में प्रयुक्त) छल-कपट, चालें (साहित्यिक)

wil•y /'wɪli/ /'विली/ adj. *He is wily and cannot be trusted.* = cunning (clever and not to be trusted) (disapproving) चालाक, धूर्त (अस्वीकृत)

wil•ful /'wɪlfəl/ /'विल्फ़ल्/ adj. **1** *a wilful child* = doing whatever one wants ज़िद्दी, मनमानी करने वाला **2** *He was arrested on a charge of wilful murder* = (of a bad

W

deed) done deliberately (knowingly) जानबूझकर किया गया (बुरा काम)

will[1] /wɪl/ /विल्/ aux. (modal) verb **1** *I will meet you next week.* = referring to an action in the future भविष्यकालिक सहायक क्रिया रूप **2** *He will generally do what he is ordered to do.* = to be willing or ready to do something कुछ करने को तैयार होना अथवा इच्छा रखना **3** *Will you answer the phone, please? I am busy.* = used to make a command or request in the form of a question आग्रह करना **4** *A piece of metal will expand when it is heated.* = expressing a universal truth (something that always happens) निश्चय ही **5** *Will the glass hold all the tea in the pan?* = used to show that something is possible संभावनासूचक सहायक क्रिया **6** *Will you be staying with us on your next visit?* = are you likely to संभावनासूचक सहायक क्रिया

will[2] noun, c. **1** *He made a will, leaving all his property to their daughter.* = a legal document signed by a person, stating how his/her property and other belongings are to be shared after his/her death वसीयत **2** *He has such a strong will that he will always succeed in doing something that he wants to do.* = determination (the ability to make decisions and act according to them) (also **will power**) इच्छा-शक्ति, निश्चय (देखें **will power**) **3** *The will of the people is expressed through the vote in an election.* = desire or wish इच्छा

will[3] verb, t. **1** *He has willed his property to his daughter and son.* = to give one's property to someone through a will वसीयत करना **2** *The people have willed that you should be their leader.* = to express a desire इच्छा ज़ाहिर करना **3** *I willed myself not to burst into tears.* = to force oneself into doing something दृढ़ निश्चय करना

will o' the wisp noun = a kind of bluish flame seen in marshes (wet lands) where methane gas, formed by the rotting of dead plants, sometimes catches fire छलावा, दलदल में चमकने वाली नीली लौ

at will *In the film, the alien could disappear at will.* = whenever he/she/it wants or chooses इच्छानुसार **Where there's a will there's a way** = If you are determined enough about something, you will succeed. जहाँ चाह वहाँ राह

against one's will *I'm sorry I went against your will and built a high wall round the house.* = doing something against one's own or someone's wishes इच्छा के विरुद्ध

wil•low /'wɪləʊ/ /'विलउ/ noun, u. = a kind of tree with tall, thin branches that grows near water and has soft wood, from which cricket bats are made ऐसा वृक्ष जिसकी लकड़ी से क्रिकेट का बल्ला बनाया जाता है **willowy** adj. *a willowy dancer* = tall, thin and graceful, like a willow tree (referring to a woman) छरहरा (महिला के संदर्भ में)

wil•ly-nil•ly /wɪli'nɪli/ /विली'निली/ adv. *There are no buses running today so you will have to walk to school, willy-nilly.* = whether you like it or not (informal) मज़बूरन, मज़बूरी में (अनौपचारिक)

wilt[1] /wɪlt/ /विल्ट/ verb, i. *The plants are wilting because they did not get enough water.* = to dry up and begin to die (referring to plants) मुरझाना (पौधों के संदर्भ में)

wilt[2] aux. verb *Thou wilt do as I command.* = (you) will (old-fashioned) भविष्यकाल सूचक will का प्राचीन रूप

wimp /wɪmp/ /विम्प्/ noun, c. *They were afraid to speak the truth. What wimps they are!* = a weak person or someone who is afraid to do something (informal, derogatory) कायर (अनौपचारिक, अनादरपूर्ण)

win[1] /wɪn/ /विन्/ verb, t. or i. (**won**) **1** *Australia has won the match against Holland.*(t.) = to defeat an opponent in a competition or fight (किसी को हराकर) जीतना **2** *Who has won the first prize?*(t.)= to gain something in a competition (पुरस्कार) जीतना **3** *She won everyone's respect through her gentle behaviour.*(t.) = to gain something through one's efforts or good qualities etc. (दिल) जीतना

win[2] noun, c. *Our school is celebrating its win in the quiz competition.* = victory or success विजय **winner** noun, c. = a person or team that has won something (a prize or a competition etc.) विजेता, विजयी (पुरस्कार, प्रतियोगिता आदि के संदर्भ में)

to win over = to bring somebody around to one's way of thinking, through one's good deeds, behaviour etc. कायल करना, (दिल) जीत लेना **You can't win with him/her** = you can never satisfy that person, whatever you do (informal) संतुष्ट न कर पाना (अनौपचारिक)

wince /wɪns/ /विन्स्/ verb, i. *He winced when he thought of the unfair treatment he had received from his employer.* = to suffer pain in the mind which is shown in the expression on the face दुखी होना, चेहरे पर दुख झलकना

winch[1] /wɪntʃ/ /विन्च्/ noun, c. = a machine that is used to lift or pull up heavy objects by means of a rope or chain that is wound around a turning part, called the drum 'विंच', भारी वस्तुओं को ऊपर खींचने की मशीन

winch[2] verb, t. *The bus which fell into the river has been winched out.* = to lift with the help of a winch विंच की मदद से ऊपर खींचना

wind[1] /wɪnd/ /विन्ड्/ noun, c. or u. **1** *The wind is blowing from the east.*(c.) = air which is moving हवा **2** *The baby is crying because it has wind.*(u.) = gas in the stomach वायु, गैस (पेट में) **3** *The speech contained nothing but wind.*(u.) = words which sound good but mean little हवाबाज़ी, सुनने में अच्छा किंतु सारहीन **4** *He ran out of breath and we thought he would not be able to complete the race, but he was able to recover his wind.*(u.) = breath साँस **windy** adj. **1** *a windy place* = open to the wind (see **wind-swept**) हवादार (देखें **wind-swept**) **2** *a windy speech* = very long and containing too many words (derogatory) अनावश्यक रूप से लंबा, शब्दजालमात्र (अनादरपूर्ण) **wind-bag** noun, c. = a person who talks too much (derogatory) बातूनी (अनादरपूर्ण) **wind-break** noun, c. = a line of trees planted (usually near the sea-shore) to check the force of the wind घेरा, बाड़ा, समुद्र-तट पर वायु-प्रवाह के वेग को रोकने के लिए लगाए गए वृक्षों की कतार **wind-cheater** noun, c. = a short coat, usually made of nylon, which keeps out the wind and keeps the body warm शरीर को तेज़ और ठंडी हवा से बचाने के लिए प्रयुक्त नायलॉन की जैकेट **windfall** noun, c. = money which one gets from an unexpected source (e.g. a lottery) अप्रत्याशित लाभ (लाटरी) **wind instrument** noun, c. = a musical instrument which produces sounds when air is blown through it (e.g. a flute) श्वास-प्रवाह से बजने वाले वाद्य-यंत्र (जैसे बाँसुरी) **windmill** noun, c. = a machine with large metal arms, like the blades of a fan, which are made to turn by the wind and which can be used to do different kinds of work, such as pumping water or producing electricity पवन-चक्की **wind-pipe** noun = the tube inside the throat through which air passes as we breathe in or out श्वासनली **windscreen** noun, c. = a piece of glass or plastic fixed in front of a car, bus etc. to keep out the wind कार, बस आदि के अग्रभाग में लगा हवा-रोक शीशा **windscreen wiper** noun, c. = pieces of metal with rubber blades that are attached to the windscreen of a car, bus etc. to wipe away the water when it rains, so that the road ahead is clearly visible हवा-रोक शीशा साफ़ करने वाला 'वाइपर' **wind surf** verb, i. *We went wind-surfing on the beach yesterday.* = to ride the waves on a flat wooden or plastic board जल तरंगों पर घूमने की क्रिया व खेल **wind-swept** adj. *a wind-swept meadow* = open to the wind जहाँ खुली हवा आती हो **wind-tunnel** noun, c. = an artificial tunnel in which scientific tests are carried out to study the effect of the wind on the movement of aircraft, motor cars etc. वाहनों पर वायु के प्रभाव के अध्ययन हेतु बनाई गई कृत्रिम सुरंग **windward** adv. or adj. = in the direction from which the wind is blowing हवा का रुख

to get wind of something = to find out something that was meant to be a secret गुप्त वस्तु की जानकारी प्राप्त करना, भनक होना **to take the wind out of someone's sails** = to take away someone's confidence or determination by saying or doing something unexpected किसी का विश्वास अथवा निश्चय डिगा देना

wind² /wɪnd/ /विन्ड्/ verb, t. *The man received a blow in the stomach which winded him.* = to lose one's breath or have difficulty in breathing साँस फूलना, साँस लेने में कठिनाई होना

wind³ /waɪnd/ /वाइन्ड्/ verb, t. or i. (**wound**) **1** *The clock has stopped. You will have to wind it up.*(t.) = to make the spring inside a clock, watch or toy tight by turning a handle round and round चाबी भरना **2** *The narrow road wound up the hill.*(i.)= to follow a twisting (not straight) course, with many turns or changes in direction टेढ़े-मेढ़े चलना, घुमावदार रास्ते से चलना

wind (something) up **1** = to pull a curtain or blind down or up लपेटना (पर्दा आदि) **2** *We are putting up some one-act plays for the school programme, but we will wind up with a group song.* = to end समाप्त/सम्पन्न करना **3** *I'm tired now. Let's wind up and go home.* = stop doing whatever one is doing (informal) समाप्त करना, समेटना (अनौपचारिक) **4** *We wound up the business as we were losing money.* = to close a business enterprise खत्म करना, बंद करना **wind (something) down** **1** *Since the exams are near, I think you should wind down your sports activities.* = to cut down or reduce an activity कम करना **2** *We are winding down the project which started three years ago.* = to start the process of bringing some activity to a stop किसी काम को बंद करने की शुरुआत करना **to wind someone up** = to annoy someone, often in order to get pleasure from doing so (informal) शरारत में किसी को चिढ़ाना (अनौपचारिक)

win•dow /'wɪndəʊ/ /'विन्डउ/ noun, c. **1** = an opening in the wall of a building or the side of a vehicle, intended to allow light and air to enter, which can be closed when required खिड़की **2** *You can open a new window if you want to view this file.* = an area on a computer screen where one can look at a part of a program that one is working on [COMPUTERS] कंप्यूटर की विंडो (कंप्यूटर) **window-dressing** noun, u. **1** = the act of decorating the front (visible) part of a shop प्रदर्शन कला, दुकान के अग्रभाग की सजावट **2** *He seems to be a successful lawyer, but don't be taken in by the glittering office. This is all window dressing.* = something done to give people a good impression or opinion, often hiding the reality (disapproving) ऊपरी दिखावा (अस्वीकृत) **window pane** noun, c. = a piece of glass fixed to a window (which can be opened or closed) (see pic under **glass**) (खिड़की में लगा) काँच (**glass** के अंतर्गत चित्र देखें) **window shop** verb, i. (**window shopped**) *We went to the market but bought nothing. We just window shopped.* = to look at the goods inside a shop without buying anything दुकान में प्रदर्शित वस्तुओं को केवल देखना, कुछ खरीदना नहीं **window sill** noun, c. = a shelf or space in the wall near the lower edge of a window खिड़की पर वस्तु रखने योग्य स्थान

go out of the window 1 *I was on a diet but when I saw all the good food on the table, my diet went out of the window!* = to suddenly give up something that one has been doing (informal, humorous) छोड़ देना (अनौपचारिक, हास्यपरक) 2 *Shikha's plan was accepted and ours went out of the window.* = to be rejected (informal) अस्वीकृत होना (अनौपचारिक)

wine /waɪn/ /वाइन्/ noun, u. or c. = an alcoholic drink made from grapes or other kinds of fruit शराब

wing[1] /wɪŋ/ /विङ्/ noun, c. 1 *a bird with large wings* = the front limbs of a bird which can move up and down and are used to fly पंख 2 *the wings of an aircraft* = the long, flat pieces of metal sticking out from the sides of an aircraft, like the wings of a bird, which support the aircraft while it is flying through the air डैने, पंखे 3 *This is the new wing of the college, where we have our library.* = a part of a building which stands out from the central part भवन का बाहर को निकाला गया प्रकोष्ठ 4 *These politicians belong to the left wing parties.* = a group within a political party or some other organization वर्ग, दल

wing[2] verb, t. 1 *The eagle winged down from the mountain top.* = to fly (literary) उड़ना (साहित्यिक) 2 *We tried to shoot the bird down but succeeded only in winging it.* = to wound a bird in its wing पंखों में घायल करना **winger** noun, c. = a player, in the game of football or hockey, who plays in the forward line, in the extreme left or right position फुटबॉल/हॉकी के खेल का एक खिलाड़ी **wing span** noun, u. *The Boeing 747 aircraft has a wing span of 65 metres.* = the distance from the tip (end) of one wing of an aircraft to the tip of the other wing पंख का विस्तार

to take someone under one's wing = to protect or support someone and guide them शरण में लेना, रक्षा करना

wink[1] /wɪŋk/ /विङ्क्/ verb, i. *'You are late again!' my employer shouted at me. I thought he was angry, but when he winked I knew he was only joking.* = to close and open one eye quickly, as a signal of some kind, usually meant to be humorous आँख मारना

wink[2] noun, c. = the act of winking (closing and opening one eye quickly) (आँखें) झपकना

to not get a wink of sleep = to not be able to sleep at all आँखें न झपकना **forty winks** = a very short nap (period of sleep), usually in the afternoon झपकी **to wink at something** *Our teacher was not happy that we were singing loudly when she entered the class, but she winked at it.* = to allow something to happen which should not be allowed ...की ओर से आँख बंद कर लेना, नज़रअंदाज़ करना

win•now /'wɪnəʊ/ /'विनउ/ verb, t. *Farmers use a large basket as a fan, to winnow the grain after the harvest.* = to separate the husk (outer covering) from the grain by blowing it away फटकना

win•ter[1] /'wɪntə^r/ /'विन्टʳ/ noun, c. = the cold part of the year, which usually lasts from November to January in countries that are north of the equator सरदी (सर्दी)

winter[2] verb, i. *These birds from Siberia winter in the warm waters of the Chilika Lake.* = to spend the winter in some place कहीं जाड़ा बिताना **winter sports** noun (always plural) = sports such as skiing (moving across the snow on skis) which take place on snow during winter (केवल बहुवचन में प्रयुक्त) सरदी के खेल **wintry** adj. 1 *wintry winds* = cold ठंडा, शीत 2 *a wintry welcome* = unfriendly and cold (also **frosty**) (शुष्क, रूखा व्यवहार) (देखें **frosty**)

wipe[1] /waɪp/ /वाइप्/ verb, t. *There are some ink stains on the table. Can you wipe them away with this piece of cloth?* = to rub a surface with a piece of cloth or against another surface in order to remove dirt, mud or marks etc. from it पोंछ देना

wipe[2] noun, u. *Give the table a good wipe.*= the act of wiping (rubbing) something to clean it पोंछने की क्रिया

to wipe off *When I restarted my computer I found that all my important files had been wiped off.* = to lose information etc. [COMPUTERS] (कंप्यूटर में संगृहीत सामग्री) नष्ट हो जाना **to wipe out** 1 *wipe out the enemy* = to destroy completely सफ़ाया कर देना 2 *The disease has now been wiped out in the region.* = to end or destroy something so that it will not occur again मिटा देना **to wipe the slate clean** = to make a new beginning by forgetting the past अतीत को भुलाकर नए सिरे से आरंभ करना **to wipe the floor with someone** *The other team wiped the floor with us in the debate.* = to defeat badly (informal) बुरी तरह हराना (अनौपचारिक) **to feel wiped out** = to feel very tired (informal) बहुत थका हुआ अनुभव करना, लस्त महसूस करना (अनौपचारिक)

wire[1] /waɪə^r/ /वाइअʳ/ noun, c. or u. 1 *We need some barbed wire for this fence.* = a piece of metal in the shape of a long thread, often used to carry electrical currents तार 2 *I have received a wire from my friend in Delhi.* = a telegram (message sent by telegraph) टेलिग्राम

wire[2] verb, t. 1 *This house has just been wired.* = to fix or set up a system of wires, specially to carry electricity बिजली के तार लगाना 2 *My friend has wired to say he is arriving next week.* = to send a telegram तार भेजना **wireless** noun or adj. *a wireless message* = sent by radio, without the use of wires बेतार **wire-tapping** noun = the act of listening secretly to telephone conversations between other people (also **phone tapping**) टेलिफ़ोन तार में जोड़ लगाकर सुनना (देखें **phone tapping**) **wiring** noun, u. *The wiring in this house is old and needs to be changed.* = the system of wires in a building by which electricity is carried to its different parts बिजली के तारों की व्यवस्था **wiry** adj. *a person with a wiry body* = thin but strong (like a wire) पतला लेकिन मज़बूत (तार की तरह)

wis•dom /'wɪzdəm/ /'विज़्डम्/ noun, u. *He is a man of great wisdom. You should follow his advice.* = knowledge gained through experience or learning, which gives a person the ability to understand a situation correctly and to decide on the right course of action अध्ययन व अनुभव से प्राप्त समझदारी, विवेक **wisdom tooth** noun, c. (**wisdom teeth**) = the four large teeth at the corners of the upper and lower jaws, which appear later than the other teeth अक्ल दाढ़

wise /waɪz/ /वाइज़्/ adj. **1** *a wise lady* = having wisdom बुद्धिमान, समझदार 2 *Earlier, he was able to fool me, but now I am wise to his tricks.* = able to understand and deal with the cleverness of someone समझदार होशियार **wisecrack** noun, c. *As the speaker was about to begin his talk, someone in the audience made a wisecrack. 'Be quiet, everyone!' he said, 'or you will miss these pearls of wisdom'.* = a humorous or clever remark that is not always liked (often disapproving) मज़ाकिया टिप्पणी (प्राय: अस्वीकृत)

-wise suffix meaning **1** showing that a thing is placed in a certain way प्रत्यय (यह बतानेवाला कि कोई चीज़ किसके अनुसार रखी हुई है)e.g. **lengthwise** adv. *Let's lay the tablecloth lengthwise.* = in a particular way or direction लंबाई के अनुसार **2** with reference to something के संदर्भ में, के अनुसार e.g. **agewise** adv. *Agewise, we have no problem with you.* = with reference to your age (informal) उम्र के अनुसार (अनौपचारिक)

wish[1] /wɪʃ/ /विश्/ verb, t. **1** *I wish to buy a sari for my wife.* = to want (formal) चाहना (औपचारिक) **2** *'I wish we could fly off to the moon!' he said.* = to want or ask for something which one cannot have or do अभिलाषा, इच्छा करना **3** *I wish you a long and prosperous life.* = to express a hope for someone else, as a kind of greeting शुभकामना करना

wish[2] noun, c. *'I will grant your wish!' the kind fairy told the poor woman.* = something that one wants, but is difficult to get अभिलाषा **wishbone** noun, c. = the V-shaped bone in the breast of a chicken मुर्गे की छाती की V आकार की हड्डी (फरकुल) **wishful thinking** noun *He believes that his son has become a fine cricketer and will soon be playing for the country, but this is only wishful thinking on his part.* = the false belief that something that one wishes for is really going to happen इच्छा पूर्ण होने का झूठा विश्वास

wish•y-wash•y /'wɪʃiwɒʃi/ /'विशी वॉशी/ adj. *All his ideas on making society better are wishy-washy.* = confused and unclear (derogatory) भ्रमपूर्ण और अस्पष्ट (अनादरपूर्ण)

wisp /wɪsp/ /विस्प्/ noun, c. *He saw a wisp of cloud in the sky.* = a small, thin piece of something किसी वस्तु का छोटा-सा टुकड़ा

wist•ful /'wɪstfəl/ /'विस्ट्फ़्ल्/ adj. *The little child stood outside the toy shop, gazing at the toys with a wistful look on her face.* = looking sad because one cannot get something that one wants उदास, इच्छा पूरी न कर पाने की मजबूरी

wit /wɪt/ /विट्/ noun, u. or c. **1** *She is popular as a speaker because of her ready wit.*(u.) = the ability to say things which are clever as well as humorous हाज़िरजवाबी **2** *He is a famous wit.*(c.) = a person who possesses wit हाज़िरजवाब **3** (always plural) *He lives by his wits alone.* = cleverness (केवल बहुवचन में प्रयुक्त) बुद्धिमानी, चालाकी

witch /wɪtʃ/ /विच्/ noun, c. (**witches**) = a woman who is believed to have evil or magical powers (masculine **wizard**) डाइन, जादूगरनी (पुंलिंग शब्द **wizard**) **witchcraft** noun,u. = the use of magical powers by witches जादू-टोना **witch-doctor** noun, c. = a person (usually a man belonging to a tribe that lives in a forest) who is believed to have magical powers and can cure diseases ओझा **witch-hunt** noun, c. = action taken by someone in power to harm those who are thought to be enemies अपने शत्रुओं को हानि पहुँचाने के लिए शक्ति का प्रयोग करना

with /wɪð/ /विद्/ prep. **1** *Anne came to my house with her uncle.* = in the company of के साथ **2** *I peel oranges with my fingers.* = by means of से (साधन) **3** *The house with green doors is Vijay's.* = having का, वाला **4** *India's trade with its neighbours should grow further.* = in relation to के साथ **5** *The pavement was littered with peanut shells.* = showing (छिलकों से) भरा होना **6** *I can't study with all that noise around me.* = caused by के कारण **7** *We have to compete with our friends in the quiz.* = against विरुद्ध **8** *With all the support from her parents, she still failed to learn swimming.* = in spite of के बावजूद **9** *Pran has replaced his old bedsheets with new ones.* = used to compare two things से

with•draw /wɪð'drɔː/ /विद्ड्रॉऽ/ verb, t. or i. (**withdrew, withdrawn**) **1** *The government has withdrawn the laws that were passed last year against trade with China.* (t.)= to take back वापस ले लेना **2** *I want to withdraw Rs 1,000 out of my account in this bank.*(t.) = to take money out of a bank account (बैंक से) निकाल लेना **3** *The protesters withdrew when they saw the police jeep and went back to their homes.*(i.) = to go back पीछे हटना **4** *I had agreed to contest the election but now I have decided to withdraw.*(i.) = not to take part in some activity अपना नाम वापस लेना **withdrawal** noun, u. **1** = the act of withdrawing निकासी **2** = the amount of money that one takes out of a bank account (see **withdraw** meaning **2**) बैंक के खाते से निकाली गई राशि **withdrawn** adj. *He used to be very friendly and sociable but now he has become withdrawn.* = quiet and unwilling to communicate (talk) चुप और बातचीत की इच्छा न रखने वाला, एकांत-प्रेमी

with•er /'wɪðəʳ/ /'विद़्र/ verb, i. or t. *The plants withered because they were not looked after properly.*(i.) = to become weak (referring commonly to plants) मुरझाना (पौधों के संदर्भ में) **withering** adj.

W

He gave me such a withering look that I did not have the courage to speak to him. = something that takes away one's courage and makes one feel small हिम्मत पस्त कर देनेवाला

with•hold /wɪð'həʊld/ /वि'द्हउल्ड्/ verb, t. (**withheld**) *She had promised to help me during the election but she withheld her support.* = not to give something that one has the power to give रोक लेना, देने से इनकार करना

with•in /wɪð'ɪn/ /विद्'इन्/ prep. **1** *It was hot outside but cool within the room.* = inside अंदर, भीतर **2** *We have ordered some food from a restaurant. It should arrive within 15 minutes.* = in not more than के अंदर

with•out /wɪð'aʊt/ /विद्'आउट्/ prep. or adv. **1** *You should not leave the classroom without the teacher's permission.* (prep.) = not having के बिना **2** *His books are selling very well, both within the country and without.*(adv.) = outside (old-fashioned) देश के बाहर (पुराने प्रचलन का)

with•stand /wɪð'stænd/ /विद्'स्टैन्ड्/ verb, t. (**withstood**) *The storm was so severe that it blew down most of the trees. But this old peepul tree was able to withstand the storm.* = to oppose (fight against) something successfully and remain unharmed सामना करना, सहन करना

wit•ness[1] /'wɪtnɪs/ /'विट्निस्/ verb, t. **1** *Did you witness the Republic Day parade this year?* = to be present at some event and to see what happens (formal) उपस्थित होकर देखना (औपचारिक) **2** *I want you to witness this document by signing it.* = to sign a document as proof that it is genuine (real) [LAW] हस्ताक्षर करके दस्तावेज़ को प्रमाणित करना [कानून]

witness[2] noun, c. (**witnesses**) **1** *Call the next witness.* = a person who is asked to state in court what he/she knows about a case that is being tried साक्षी, गवाह **2** *He was a witness to the rude behaviour of the salesperson.* = a person who is present when something happens and sees it happening प्रत्यक्षदर्शी **witness box** = an enclosed area in a court room in which the witness stands/sits कठघरा

wiz•ard /'wɪzəd/ /'विज़ड्/ noun, c. = a man who has magical powers (see **witch**) ओझा, तांत्रिक (देखें **witch**)

wiz•ened /'wɪzənd/ /'विज़न्ड्/ adj. *an old man with a wizened face* = dried up and looking old मुरझाया हुआ, बूढ़ा दीखने वाला

wob•ble /'wɒbəl/ /'वॉबल्/ verb, i. **1** *The old man is so weak that he wobbles when he walks.* = to move unsteadily (as if about to fall) लड़खड़ाना, डगमगाना **2** *The organization is wobbling.* = to be unable to stay in control or power डाँवाडोल होना **wobbly** adj. *The baby tried to walk on its wobbly legs.* = shaking and unable to remain steady डगमगाते हुए

woe /wəʊ/ /वउ/ noun, u. or c. **1** *His financial woes are increasing.*(c.) = problems or difficulties मुसीबत, समस्या **2** *His heart was full of woe when his wife died.*(u.) = sorrow (old-fashioned, literary) दुख (साहित्यिक, पुराने प्रचलन का) **woeful** adj. **1** *a woeful story* = very sad दयनीय, करुण **2** *The house was in a state of woeful neglect.* = very bad; something that one should feel unhappy about (literary) शोचनीय (साहित्यिक)

wok /wɒk/ /वॉक्/ noun, c. = a metal pot with a round bottom, used specially in Chinese cooking चीन में खाना बनाने का एक बर्तन

wolf[1] /wʊlf/ /वुल्फ़्/ noun, c. (**wolves**) = a wild animal that looks like a large dog and lives and hunts with other wolves in a pack (group) भेड़िया

wolf[2] verb, t. *They were so hungry that they wolfed down the food I placed before them.* = to eat very quickly and hungrily (informal) जल्दी-जल्दी खाना भकोसना (अनौपचारिक)

to keep the wolf from the door *The money she earns is not enough for them but it keeps the wolf from the door.* = to have just enough money for basic needs so that one is able to manage किसी तरह निर्वाह करने योग्य पैसा होना **to cry wolf** = to pretend to be in danger when there is no danger, thereby losing the sympathy of people झूठमूठ भय से चिल्लाना **a wolf in sheep's clothing** = referring to a person who pretends to be good but has evil intentions पाखंडी, बगुला भगत

wom•an /'wʊmən/ /'वुमन्/ noun, c. (**women** /'wɪmɪn / विमिन्) or u. **1** (c.)= a fully grown female human being महिला, स्त्री **2** *In several aboriginal tribes the woman builds the houses.* = women in general महिलाएँ **3** *I need a woman to help us with the cooking.* = a helper who is a woman सहायिका **womanhood** noun, u. *The girl will reach womanhood in a few years.* = the state of being a woman (old-fashioned) नारीत्व (पुराने प्रचलन का) **womanish** adj. *a womanish voice* = like that of a woman (referring to a quality that should not be found in a man) (derogatory) Ⓖ ज़नाना (जो गुण पुरुष में नहीं होना चाहिए) (अनादरपूर्ण) लिंग (compare with **womanly**) (देखें **womanly**) **womanize (womanise)** verb, i. *He has a reputation for womanizing.* = to become sexually involved with many women (disapproving) व्यभिचार करना, पर-स्त्रीगामी होना (अस्वीकृत) **womanly** adj. *womanly qualities* = qualities that people expect to find in a woman Ⓖ (compare with **manly**) नारी-सुलभ, स्त्रियोचित लिंग (देखें **manly**) **women's studies** noun = the study of history or literature with the aim of studying issues connected with women (also **feminist studies**) स्त्री-समाज संबंधी अध्ययन का विषय (देखें **feminist studies**)

Usage Modern usage recognizes the need to refer to women without reference to social position, or women as distinct from men. आधुनिक प्रयोगों में औरत को उसकी सामाजिक

पद-स्थिति या पुरुष से अलग और भिन्न मानकर देखा जा रहा है।

- *woman/women* can be used instead of *lady/ladies*. *lady/ladies* के बदले *woman/women* का प्रयोग मान्य हो रहा है। जैसे-*Could all the women put their hands up, please?*
- Use *a woman teacher, a woman driver* instead of *a lady teacher* etc. but only if there is a need to show that it is a woman and not a man. Lady teacher जैसे प्रयोगों के बदले *woman teacher, woman driver* का प्रयोग करने को सही माना जा रहा हैं लेकिन ऐसे प्रयोग उसी संदर्भ में करने हैं जहाँ 'औरत' का प्रयोग पुरुष से उसकी भिन्नता रेखांकित करने के लिए आवश्यक हो।

womb /wu:m/ /वूम्/ noun, c. = the part of a woman's body in which a baby grows before it is born (also **uterus**) गर्भाशय, गर्भ, कोख (देखें **uterus**)

wom•bat /'wɒmbæt/ /'वॉम्बैट्/ noun = a small animal that looks like a bear, found in Australia ऑस्ट्रेलिया में पाया जाने वाला छोटा भालू जैसा पशु

won•der[1] /'wʌndə^r/ /'वॅन्ड^र/ verb, i. or t. **1** *I wonder how you can write so well.* = to express admiration or surprise at something प्रशंसा या आश्चर्य व्यक्त करना **2** *I wonder what the two managers are discussing at their meeting.* = to feel curious about something (to want to know) जानने को उत्सुक होना **3** *I wonder if she understood what I was trying to say.* = to doubt something संदेह होना **4** *I wonder if you could tell me how I could get to the station.* = used to make a polite request जानना चाहना (विनम्र अनुरोध की अभिव्यक्ति)

wonder[2] noun, u. or c. **1** *The beauty of the Taj Mahal fills us with wonder.*(u.) = the feeling of surprise, mixed with admiration, that is caused by something unusually beautiful प्रशंसापूर्ण कौतूहल **2** *The Taj Mahal is one of the seven wonders of the world.*(c.) = something that causes a feeling of wonder (surprise and admiration) आश्चर्य

wonder[3] adj. *a wonder drug* = something that is unusually good or effective आश्चर्यजनक रूप से प्रभावशाली

wont[1] /wəʊnt/ /वउन्ट्/ noun, u. *He ate too much at the feast, as is his wont, and fell ill.* = habit (formal and old-fashioned) आदत (औपचारिक व पुराने प्रचलन का)

wont[2] adj. *She is wont to fall asleep while studying at night.* = in the habit of doing something (old-fashioned) आदत होना, अभ्यस्त (पुराने प्रचलन का)

won't /wəʊnt/ /वउन्ट्/ aux. verb *I won't be able to come.* = shortened form of 'will not', will not का संक्षिप्त रूप

woo /wu:/ /वू/ verb, t. **1** *He wooed the girl for years and finally married her.* = to try to win the love of a woman or man in order to marry him or her दूसरे का दिल जीतने का प्रयास करना **2** *The banks are trying hard to woo customers with new schemes.* = to try to win someone over or to gain the support of प्रभावित करना

wood /wʊd/ /वुड्/ noun, u. or c. **1** *The chair is made of teak wood.*(u.) = the hard substance of which trees are made and from which furniture etc. can be made लकड़ी **2** (c.) = a place where many trees grow (usually plural **woods**) जंगल (इस अर्थ में बहुवचन रूप **woods** में प्रयुक्त) **wooden** adj. **1** *a wooden bench* = made of wood लकड़ी का बना **2** *a wooden expression* = dull भावशून्य, सपाट **wooded** adj. = having woods (many trees) जहाँ पेड़-ही-पेड़ हों **woodland** = an area that has woods वनस्थली, जंगल **woodpecker** noun, c. = a kind of small bird with a long beak that can make holes in trees to pull out insects कठफोड़वा **woodwork** noun, u. = the parts of a house that are made of wood (e.g. doors etc.) मकान में लकड़ी का काम (दरवाज़े आदि) **wood worm** noun, c. = a kind of worm that lives in and eats wood घुन, दीमक

woof /wʊf/ /वुफ़्/ noun **1** = the shorter threads used in weaving cloth which run across the long threads (also **weft**) बाना (कपड़ों की बुनाई में) (देखें **weft**) **2** = the low, soft sound sometimes produced by a dog while barking कुत्ते की धीमी आवाज़ **woofer** noun, c. = a loud-speaker that gives out deep sounds (opposite **tweeter**) ऊँची आवाज़ वाला लाउडस्पीकर (विलोम शब्द **tweeter**)

wool /wʊl/ /वुल्/ noun, u. **1** = the thick hair produced by sheep ऊन **2** = the threads and the cloth made from the hair of sheep ऊन **wool-gathering** noun *You should pay attention to the teacher when she is talking. Stop wool-gathering!* = thinking of other things instead of paying attention to what is being said or done अन्यमनस्कता, दूसरी ओर ध्यान बँटा होना, कपास ओटना **woollen** adj. *a woollen shirt* = made of wool ऊनी **woollens** noun, u. (always plural) *You should put on some woollens. It is rather cold today.* = warm clothes made of wool, usually knitted from threads (e.g. a sweater) (केवल बहुवचन में प्रयुक्त) ऊनी कपड़े **woolly** adj. *His ideas are somewhat woolly.* = confused (not very clear) (referring to the way in which a person thinks) (derogatory) अस्पष्ट, उलझा हुआ (सोच) (अनादरपूर्ण)

to pull the wool over someone's eyes = to deceive (fool) someone by telling them things which are not true धोखा देना, आँखों में धूल झोंकना

woozy /'wʊ:zɪ/ /'वूज़ि/ adj. = feeling weak and unsteady on one's feet (informal) इतना कमज़ोर होना कि ठीक से खड़ा होना भी संभव न हो (अनौपचारिक)

word[1] /wɜ:d/ /वɜड्/ noun, c. **1** *The word 'chef' means 'a cook'.* = a group of sounds, that can be written as a group of letters of the alphabet, which carries a certain meaning शब्द **2** *I would like to have a word with you.* = a short conversation (talk) बातचीत **3** *There has been*

W

no word from my daughter in Nagpur for more than a month. = message समाचार, सूचना **4** *He has given me his word and I am sure he will keep it.* = promise वचन, वादा (वायदा), ज़बान
word² verb, t. *How should I word this letter?* = to express through words शब्दों में व्यक्त करना **word-blindness** noun, u. = the inability to recognize the difference between certain letters e.g. 'b', 'd', 'p' etc. which causes difficulty in reading (also **dyslexia**) वर्ण भेद पहचानने में असमर्थता (देखें **dyslexia**) **wordless** adj. *Her expression conveyed wordless thanks.* = expressed without the use of words or language निःशब्द, बिना बोले **word-play** noun, u. *You can find a lot of word-play in the plays of Shakespeare, for example in the line 'Not upon my soul but upon my sole'.* = playing with the sounds and meanings of words to create humour (also **pun**) श्लेष, यमक- आलंकारिक प्रयोग (देखें **pun**) **wordy** adj. *a wordy speech* = using too many words (slightly derogatory) शब्दाडंबरपूर्ण (कुछ अनादरपूर्ण)

in other words *He said your idea was good, but people were not ready for it. In other words, he thought the idea would not work.* = saying the same thing using different words दूसरे शब्दों में **in your own words** *Tell me in your own words what the actor said.* = expressing /describing something using one's own terms/words अपने शब्दों में **to give/keep your word** *I hope you'll keep your word and not spend so much time on the telephone.* = to make/keep a promise (वायदा) वादा पूरा करना **word-for-word** *The reports in the two newspapers were the same, word-for-word. They must have been written by the same person.* = identical in every respect पूर्णतः समान, अक्षरशः **word by word** *This is a word by word translation of the book from English into Tamil. I just wanted a general translation.* = exact, based on each word (often derogatory when referring to a translation) शब्दशः **Take my word for it** = an expression meaning 'You don't have to ask others to check if it is true. Believe me.' मेरा विश्वास करो **to have a word with someone** *We need to take a decision about the school holidays. I'll have a word with the Principal and let you know.* = to discuss a matter with someone दूसरे से सलाह करना **to take someone at their word** *I wasn't sure Amit would do what he had promised but I took him at his word.* = to trust that someone will do something that has been promised किसी के कहे पर विश्वास करना **to send word** *We have sent word to him to come as soon as possible.* = to send someone a message, usually asking them to do something कहला भेजना **to put in a good word for someone** *She doesn't have a very high opinion of me. Please put in a good word for me.* = to say something favourable about a person to another person किसी के बारे में अच्छा विचार दूसरे से व्यक्त करना **by word of mouth** *Publicity for the new restaurant by word of mouth is better than an advertisment in the newspaper.* = an opinion about someone or something which spreads when people talk to each other मौखिक रूप से, सुनते-सुनाते प्रचारित होना **to (not) get a word in edgeways** *Whenever we meet, she speaks such a lot that I am not able to get a word in edgeways.* = to not be able to express your opinion because the other person does not give you a chance to speak अधिक बोलने के कारण दूसरों को बोलने का मौका न देना **to be the last word in comfort etc.** = to have very high standards for which something is admired (informal) श्रेष्ठ, सर्वोत्तम (अनौपचारिक) **from the word go** *Our journey was bad from the word go.* = from the beginning (said about events, relationships etc.) (informal) आरंभ से ही (अनौपचारिक)
word-processor /wɜːd'prəʊsesəʳ/ /वऽड्'प्रउसेसरॅ/ noun, c. = a computer used for typing letters, documents etc. 'वर्डप्रोसेसर' (कंप्यूटर की शब्दावली)
work¹ /wɜːk/ /वऽक्/ verb, i. or t. **1** *Don't disturb me now. I am working.*(i.) = to do something which is part of one's job काम करना **2** *We worked hard on the essay we had to write.*(t.) = to put a lot of effort into something मेहनत करना **3** *This pump does not work.*(i.) = to be in a proper condition, so that it can be used for the purpose for which it was intended (referring to a machine etc.) (मशीन के संदर्भ में) काम करना **4** *Show me how to work this machine.*(t.) = to make something work (operate) चलाना **5** *Today we tried out a new method of saving water, and it worked!*(i.) = to be successful सफल होना
work² noun, u. or c. **1** *I have to do a lot of work in the office.*(u.) = activity which is done as part of one's job कार्य, काम **2** *I hope this essay is your own work and not copied from the book?*(u.) = something that one has produced through one's own efforts मौलिक कार्य **3** *I can't leave work until nine tonight.*(u.) = the office or place where one works कार्यालय, कार्यस्थल **4** *All the artist's works were displayed at the exhibition.*(c.) = things that one has produced रचना, कलाकृति **5** *We don't know much about her writing. Let's ask her to read us some examples of her work.*(u.) = writing, music etc. that one produces as a part of one's work रचनाएँ, कृतियाँ **workable** adj. *She has given us a workable plan.* = something which can be put into practice व्यावहारिक, व्यवहार्य **workaday** adj. *He has a wonderful imagination but he is not suited to the workaday world.* = ordinary आम, रोज़ाना **workaholic** noun, c. *He works 15 hours a day. He is a workaholic.* = a person who loves hard work and feels unhappy when he/she is not working (usually disapproving) काम का धुनी **workbook** noun, c. = a book with exercises or questions to which the answers have to be written in the book अभ्यास-पुस्तिका **worker** noun, c. **1** = a person who works in a business house or factory etc. and is generally not asked to make important decisions मज़दूर, कार्यकर्त्ता **2** = a female bee that collects food for the other bees living in the hive मादा मधुमक्खी

workforce noun, u. = the group of people working for a factory फ़ैक्ट्री में मज़दूरों की संख्या **work-horse** noun, c. **1** = a person who is often made to do most of the work in an office etc. कार्यालय में जिसपर सबसे अधिक कार्य लादा जाए **2** *The Ambassador car remains an excellent work-horse even after 50 years of production.* = a vehicle or machine that is very useful उपयोगी वाहन या मशीन **working class** noun, u. (often plural **working classes**) = the class (group) of people who are required to work with their hands, specially in factories (The term **factory workers** is now preferred.) श्रमिक वर्ग (आजकल इसके बदले **factory workers** ही प्रयुक्त होता है) **work-load** noun, c. = the amount of work that one is required to do in a given period of time कार्यभार **workman** noun, c. (**workmen**) = a person who does skilled work with his/her hands (e.g. a carpenter) कारीगर **workmanship** noun, u. *The workmanship on this furniture is really excellent.* = the skill used in producing something with one's hands कारीगरी **workout** noun, u. or c. *He has gone to the gymnasium (gym) for a workout.* = exercise done to keep oneself healthy व्यायाम **workplace** noun, u.= the factory or place where one works कार्य-स्थान **works** noun (always plural) *The government has taken up a new programme of works.* = the construction of roads, buildings, bridges etc. usually paid for by the government (also **public works**) (केवल बहुवचन में प्रयुक्त) सरकार द्वारा ठेके पर कराया गया कार्य (देखें **public works**) **workshop** noun, c. **1** *a motor workshop* = a place where machines are used to produce something or to carry out repairs कारखाना **2** *a workshop for teachers* = a meeting of people working in the same profession where ideas for practical use are discussed or developed कार्यशाला **workstation** noun, c. = a computer that is connected to a more powerful computer, used for additional work [COMPUTERS] अधिक काम के लिए अपने से शक्तिशाली कंप्यूटर से जुड़ा कंप्यूटर

at work *I called her at ten in the night and she was still at work.* = busy in the office or workplace कार्यालय के कार्य में व्यस्त **to work out (something)** **1** *Before we go on the journey, we have to work out the details.* = to calculate or get a clear picture of something विस्तृत योजना बनाना **2** *I know it's a difficult time for you. Don't worry, things will work out.* = (of a difficult situation) to move gradually towards a solution which is acceptable, peaceful etc. ठीक हो जाना (खराब परिस्थिति के संदर्भ में) **3** *I have put on a lot of weight. I must start working out.* = to do exercises in order to keep fit व्यायाम करना **to work out to something** *Our expenses work out to roughly Rs 500.* = the result when calculated कुल मिलाकर होना **to be worked up** *Our teacher was really worked up about our poor performance in the exam.* = to be upset/angry about something (informal) नाराज़ होना (अनौपचारिक) **to work something out for oneself** = to find an answer or solution on one's own अपने-आप समाधान निकालना **to have one's work cut out** = to have a specific task that is waiting to be done लंबित या बचे हुए कार्य को करने की ज़िम्मेदारी होना **to work well** *I try to sleep in the mornings and work at night. It works well for me.* = to be suitable/effective; to yield results अनुकूल होना **to work wonders** *The new school worked wonders for my child's happiness.* = to be very successful in achieving something उद्देश्य को प्राप्त करने में सफल होना **out of work** = to be without employment बेरोज़गार **'people at work'** = a sign put up to show that repair/maintenance work is taking place 'आदमी काम पर हैं' **working knowledge** noun, u. *He has only a working knowledge of Chinese.* = just enough knowledge of something to be able to manage कामचलाऊ ज्ञान **the works** *'Did you enjoy the party?' 'Oh yes. We had music and dancing and food—the works!'* = everything (informal) सब कुछ (अनौपचारिक)

world /wɜːld/ /वऽल्ड्/ noun, u. or c. **1** *the seven wonders of the world* = the Earth (the planet on which we live) पृथ्वी, दुनिया **2** *the countries of the Third World* = a part or area of the world that has some special quality संसार का विशिष्ट भाग **3** *The animal world and the plant world are closely linked.* = a group of living things जीव वर्ग, जगत (वनस्पति जगत, जीव-जगत) **4** *the world of sports* = a particular area or branch of human activity खेल-जगत **5** *Buddha renounced the world at a very early age.* = things that are connected with everyday life सांसारिक जीवन **world-class** adj. *We have several world-class players.*= of the highest international class अंतर्राष्ट्रीय स्तर का **wordly** adj. *I am able to meet all my worldly needs.* = connected with the material world (see meaning सांसारिक **5** for **world**) **wordly-wise** adj. = clever in dealing with people and everyday situations दुनियादारी जानने वाला **world-power** noun, c. = a country which has a powerful influence on the rest of the world शक्तिशाली देश, महाशक्ति **world-wide** adj. or adv. *Indian textiles are famous world-wide.* = all over the world विश्वव्यापी, विश्व भर में **World Cup** = an international competition in football/cricket which takes place once in four years 'विश्व कप' (प्रतियोगिता) **World War** (I or II) = fought during 1914-18 (World War I) and 1939-45 (World War II), in which many of the countries of the world took part विश्व-युद्ध

to have the best of both worlds *She's getting paid for the work she is doing, but she can work from home. She is having the best of both worlds.* = to enjoy a double advantage (often disapproving) दोहरा लाभ लेना (प्राय: अस्वीकृत) **out of this world** *The music was out of this world.* = so good that it cannot be described (informal) दूसरे किसी लोक का, लोकोत्तर, अद्‌भुत (अनौपचारिक) **to**

W

be on top of the world = to be or feel very happy (informal)अत्यधिक प्रसन्न होना (अनौपचारिक) **to do someone a world of good** *He was very tired and the rest did him a world of good.* = something which helps someone a lot (informal) अत्यधिक सहायक या लाभदायक होना [अनौपचारिक]

worm[1] /wɜːm/ /वɜम्/ noun, c. **1** *an earthworm* = a kind of insect (an animal without bones) with a long, thin body कीड़ा, कृमि **2** = a weak person who gets no respect पिद्दी **3** = the thread or curving line on the outside of a screw [TECHNICAL] चूड़ी (पेंच की) [तकनीकी] **4** = a kind of computer-related virus which creates problems by making copies of itself, causing the computer to shut down etc. [COMPUTERS] कीड़ा (कंप्यूटर वायरस)

worm[2] verb, i. *They managed to worm their way into our confidence.* = to get into a favourable position after making a lot of effort, often using dishonest means (derogatory) घुसना, स्थान बना लेना (अनादरपूर्ण) **worm-eaten** adj. *worm-eaten books* = old and in poor condition घुन लगा हुआ, पुराना और बुरी स्थिति में

to worm out = to extract information from somebody (derogatory) किसी से सूचनाएँ निकलवाना (अनादरपूर्ण)

worn /wɔːn/ /वॉɔन्/ verb, t. (past tense of **wear**) *Are saris worn only in India?* = used as part of one's dress 'wear' wear (= पहनना, धारण करना) का भूतकालिक रूप

worn out **1** *These shirts are worn out. You should give them away.* = in poor condition as a result of long use (referring to clothes, shoes etc.) फटा-पुराना **2** *I feel completely worn out after the match.* = tired लस्त पस्त

wor•ry[1] /'wʌri/ /'वॅरी/ verb, i. or t. **1** *You should not worry so much about your health. There is nothing wrong with you.*(i.) = to feel anxious or uneasy in the mind over something, or to fear that something bad will happen, over a long period चिंता, फ़िक्र **2** *He wants me to help him find a job and he has been worrying me with his requests.*(t.) = to trouble someone or to make someone feel uneasy or anxious परेशान करना

worry[2] noun, u. or c. (**worries**) **1** *Worry will cause your blood pressure to go up.*(u.) = anxiety (uneasy feelings in the mind) उत्सुकता, चिंता **2** *They have many financial worries.*(c.) = something that causes worry (anxiety) चिंता का विषय

worse[1] /wɜːs/ /वɜस्/ adj. (comparative degree of **bad**) *They told me your health was better, but I find it worse. You have become very weak.* = more bad than before बदतर, अधिक खराब

worse[2] adv. *He played badly in the last game but he played even worse this time.* = more badly अधिक खराब

worse[3] noun, u. *The day was the hottest day of the season but worse was to follow. There was no electricity all night.* = something that is more bad than something else उससे भी अधिक बुरा

to take a turn for the worse = when one is ill, to become more ill अधिक बिगड़ जाना **to make matters worse** *I returned late from work last night. To make matters worse, I missed the last bus.* = used when describing two bad situations which happen one after the other, the second of which is worse than the first एक बुरी घटना के पश्चात उससे अधिक बुरा होना, और तो और

wor•ship[1] /'wɜːʃɪp/ /'वɜशिप्/ verb, t. (**worshipped**) **1** *The people of this tribe worship the spirits that live in the forest.* = to pray to a supernatural power or being as part of one's religion पूजा करना **2** *He worships the ground that she walks on.* = to have very great love or affection for someone (figurative) पूज्य मानना, श्रद्धा रखना (लाक्षणिक)

worship[2] noun, u. *The church is open for worship all day.* = the act of showing respect to God or to a god as part of one's religion पूजा

worst[1] /wɜːst/ /'वɜस्ट्/ adj. (superlative form of **bad**) *This is one of the worst films I have seen.* = most bad सबसे बुरा/खराब

worst[2] adv. *Of all the players in the team, he played the worst.* = most badly सबसे बुरी तरह से

worst[3] noun, u. *I have had some illnesses, but this is the worst.*= the most bad thing or person सबसे बुरी बात

at (the) worst *Don't worry. At worst you will lose some marks if you miss these tests.* = the most bad outcome or result बहुत से बहुत **to fear the worst** = to have the fear that someone may have died, met with an accident etc. बुरी से बुरी घटना की आशंका होना

wor•sted /'wʊstɪd/ /'वुस्टिड्/ noun, u. = a kind of heavy woollen cloth एक प्रकार का भारी ऊनी कपड़ा

worth[1] /wɜːθ/ /वɜथ्/ prep. **1** *This ring is worth Rs 5,000.* = having the value or price that is stated (mentioned) योग्य, मूल्य का **2** *He looks simple but is worth a lot of money.* = to possess (have) money, property etc. of the value stated मालिक होना

worth[2] noun, u. *The present worth of the Kohinoor diamond is difficult to calculate.*= value मूल्य, कीमत **worthless** adj. *No one wants to buy that house. It is in such poor condition that it is worthless.* = having no value बेकार, मूल्यहीन **worthwhile** adj. *We had to miss our dinner to listen to the concert, but it was worthwhile. She sang beautifully.* = providing good value (worth the money or time spent) समय अथवा धन खर्च करने योग्य **worthy** *Queen Elizabeth I proved to be a worthy queen.* = deserving respect आदर योग्य

would /wʊd/ /वुड्/ aux. (modal) verb **1** *He said he would come here on Friday.* = used as the past tense form of 'will' in reported speech (a sentence which reports what someone else said, without using the speaker's actual words. The actual words, in this case, were 'I will go there on Friday.') 'will' का भूतकालिक

रूप **2** *I thought you would bring us some food.* = used to refer to some future action or event which is probable (likely to happen) but not certain आशा या संभावना सूचक **3** *My grandmother would tell me stories every night.* = referring to habitual action in the past (something that happened regularly, over a long period of time) नियमितता सूचक **4** *I would rather stay at home than go to the market.* = expressing a preference or choice पसंद अथवा प्राथमिकता सूचक **would-be** adj. *a would-be teacher* = something that one is preparing to become but has not yet become भविष्य में बनने वाला, होने वाला

wound[1] /wu:nd/ /वुन्ड्/ verb, t. *He was wounded in the leg during the battle.* = to cause damage to someone's body by using a weapon such as a gun or a knife ज़ख्मी होना, घाव लगना

wound[2] noun, c. *He received a wound in the leg.* = a place where the body has been damaged as the result of some accident, injury etc. घाव, ज़ख्म

wow[1] /waʊ/ /वाउ/ interjec. *Wow! What a beautiful shirt you are wearing!* = an expression of admiration or surprise (informal) 'अरे वाह!' आश्चर्य की अभिव्यक्ति (अनौपचारिक)

wow[2] verb, t. (**wowed**) *This shirt is sure to wow your friends.*= to cause admiration in someone (informal) प्रशंसा प्राप्त करना (अनौपचारिक)

wraith /reɪθ/ /रेइथ्/ noun, c. = a ghost or spirit (literary) प्रेतात्मा (साहित्यिक)

wran•gle[1] /'ræŋgəl/ /'रैङ्ग्ल्/ verb, i. *Prem said the capital of Holland was Amsterdam while Aziz said it was The Hague. They wrangled for a long time before Aziz admitted he was wrong.*= to argue noisily for a long time बहस करना, विवाद करना

wrangle[2] noun, c. = a noisy argument बहस, वाद-विवाद

wran•gler /'ræŋgləʳ/ /'रैङ्ग्लर/ noun, c. = a cowboy (a person whose job it is to take care of cattle on an American ranch or farm) अमेरिका में फ़ार्म पर पशुओं की देखभाल करने वाला

wrap[1] /ræp/ /रैप्/ verb, t. (**wrapped**) *He wrapped the book in an old newspaper so that the cover would not become dirty.* = to fold some soft material such as paper around an object, so as to cover it up लपेटना, ढँकना

wrap[2] noun, c. *It is rather cold today. You should get a wrap.* = a garment that one can wrap (fold) around one's body e.g. a shawl शॉल, वस्त्र **wrapper** noun, c. = a loose cover for a book or some other object आवरण, वस्तु के ऊपर लपेटा गया कागज़ **wrap-around** adj. *a wrap-around skirt* = a garment, usually a skirt or a sarong, which is passed round the waist and tied with an overlapping fold कमर के चारों ओर लपेट कर पहनी जाने वाली पोशाक **wrapping (paper)** = something that is used to cover a gift etc. to make it look attractive लपेटने की वस्तु

to wrap up (something) 1 *We had better wrap up. It's cold outside.* = to wear suitably warm clothing to protect oneself against cold weather ठंड से बचाव के लिए गर्म कपड़ों से शरीर को ढँकना **2** *It's almost nine o' clock. Let's wrap up the meeting.* = to bring some activity to a close (informal) खत्म करना (अनौपचारिक) **to be wrapped up in something** = to be so completely involved in an activity, a hobby, one's work etc. that one cannot think of anything else (informal, mildly disapproving) किसी काम में संलग्न होना, तन्मयता से लगे होना (अनौपचारिक, कुछ-कुछ अस्वीकृत) **to keep something under wraps** *Let's keep the matter under wraps for the moment.* = to keep something secret (informal) गुप्त रखना, छिपाना (अनौपचारिक)

wrath /rɒθ/ /रॉथ्/ noun, u. = great anger (formal and old-fashioned) रोष, क्रोध (औपचारिक, पुराने प्रचलन का)

wreak /ri:k/ /रीक्/ verb, t. *The storm wreaked great damage in most parts of the state.* = to cause destruction or damage (literary) नाश करना, हानि पहुँचाना (साहित्यिक)

wreath[1] /ri:θ/ /रीथ्/ noun, c. = a circle made of flowers and leaves, often used to show respect to a dead person 'रीथ', प्राय: मृतकों पर चढ़ाया जानेवाला फूलों का चक्र

wreath[2] verb, t. **1** *We could not see the top of the mountain because it was wreathed in clouds.* = to cover something up by forming a circle around it घिरा हुआ, ढँका हुआ **2** *Her face was wreathed in smiles.* = to cover up almost completely ढँका हुआ, भरा हुआ

wreck[1] /rek/ /रेक्/ verb, t. **1** *The ship was wrecked when it hit an iceberg floating in the sea.* = to cause a ship to be destroyed क्षतिग्रस्त करना या होना (जलयान के संदर्भ में) **2** *We had hoped to win this match but the rain wrecked our hopes of victory.* = to destroy completely पूरी तरह नष्ट कर देना

wreck[2] noun, c. **1** *The wreck of the 'Titanic' sank slowly to the bottom of the ocean.* = a ship that has been badly damaged in a storm etc. and is unable to sail क्षतिग्रस्त जलयान **2** *He has become a wreck after he lost his wife.* = a person whose health or mind has been badly damaged (figurative) शारीरिक व मानसिक रूप से क्षतिग्रस्त (लाक्षणिक)

wren /ren/ /रेन्/ noun, c. = a kind of small bird फुदकी (एक छोटी चिड़िया)

wrench[1] /rentʃ/ /रेन्च्/ verb, t. **1** *The man was about to strike the dog but I wrenched the stick out of his hand.* = to pull something out by using a twisting or turning motion छीन लेना **2** *She wrenched her knee while playing volleyball.* = to twist and damage a limb or a part of a limb किसी अंग में मोच आना

wrench[2] noun, c. **1** *The dentist gave my rotten tooth a wrench and pulled it out.* = the act of pulling out

W

something by using a twisting motion मरोड़ कर निकालने की क्रिया **2** *You will have to use a wrench to loosen this nut.* = a tool used to hold and tighten or loosen (make tight or loose) a nut (see pic under **tools**) 'रिन्च'-एक औज़ार (**tools** के अंतर्गत चित्र देखें) **3** *It was such a wrench to see the children being separated from their parents.* = causing great sadness and pain दर्दभरा, दयनीय

wrest /rest/ /रेस्ट्/ verb, t. **1** *I wouldn't give her the book, so she had to wrest it from my hand.* = to pull (formal) छीन लेना (औपचारिक) **2** *It is difficult to make money through farming, but we manage to wrest a living out of the soil.* = to get something after a hard struggle (old-fashioned) संघर्ष के बाद प्राप्त करना (पुराने प्रचलन का)

wres•tle /'resəl/ /'रेसल्/ verb, i. or t. **1** = to take part in the sport of wrestling कुश्ती लड़ना **2** *He has to wrestle with a lot of problems.*(i.) = to struggle or fight against भिड़ना **wrestling** noun, u. = a sport in which two opponents try to throw each other to the ground कुश्ती

wretch /retʃ/ /रेच्/ noun, c. (**wretches**) **1** *poor wretch* = an unfortunate person for whom one feels pity अभागा, बेचारा **2** *What a wretch!* = someone who makes you angry by doing something bad, dishonest etc. (informal) नीच, कमीना आदमी (अनौपचारिक) **wretched** adj. **1** *The Indian players are feeling wretched after losing the match.* = very unhappy दुखी **2** *It was a wretched film, without a story or any interesting scenes.* = very bad घटिया, रद्दी, बेकार

wrig•gle /'rɪgəl/ /'रिग्ल्/ verb, i. **1** *We saw a worm wriggling along the ground.* = to make short, quick movements from side to side while moving forward slowly रेंगना **2** *Now the hero of this film has been surrounded by ten armed robbers. Let's see how he wriggles out of this situation.* = to escape a difficult situation by using some clever trick (informal) चालाकी से बच निकलना (अनौपचारिक)

wring /rɪŋ/ /रिङ्/ verb, t. (**wrung**) **1** *Tigers kill their prey by wringing the animal's neck.* = to twist मरोड़ना **2** *The towel is wet. Can you wring it dry?* = to squeeze or press water out of a piece of cloth by twisting it between the hands निचोड़ना **3** *When he found that the money in the cupboard had gone, he wrung his hands and wept.* = to move one's hands loosely up and down in a way that shows one is shocked or sad or helpless (हाथ) मलना (दुखी व असहाय होने पर)

wrin•kle[1] /'rɪŋkəl/ /'रिङ्कल्/ noun, c. = a line or fold on the skin, caused by age, worry, tiredness etc; an uneven line or fold on paper etc. झुर्री **wrinkled** adj. झुर्रीदार

wrinkle[2] verb, t. *Age has wrinkled his face.* = to cause lines or folds to appear on the skin झुर्रियाँ पड़ना

wrist /rɪst/ /रिस्ट्/ noun, c. = the place where the hand joins the lower arm कलाई **wristwatch** noun, c. = a watch that is worn on the wrist by means of a band or strap कलाई-घड़ी **wristy** adj. *The batsman scored a boundary with a wristy cover-drive.* = done with a movement of the wrist (referring to a stroke or hit in tennis or cricket) कलाई के ज़ोर से (टेनिस व क्रिकेट के खेल में)

writ[1] /rɪt/ /रिट्/ noun, c. *The High Court issued a writ, ordering the college to admit the student who had been refused admission.*= an order issued by a court [LAW] न्यायालय द्वारा जारी वैधानिक आदेश [कानून]

writ[2] adj. *Disappointment was writ large on his face.* = clearly visible (old-fashioned) प्रत्यक्ष दीखने वाला (पुराने प्रचलन का)

write /raɪt/ /राइट्/ verb, i. or t. (**wrote, written**) **1** *The children are learning to write.*(i.)= to make marks that represent letters or words on paper, using a pencil or pen लिखना **2** *Shakespeare has written a large number of plays.*(t.) = to create (produce) a book or something else that is read by people नाटक/किताबें लिखना **3** *My son writes to me every week.*(i.) = to produce and send a letter पत्र लिखना **4** *Does this pen write?*(i.) = to make marks on paper etc. (used of a writing instrument such as a pen) लिखना **write-up** noun, c. *The new play has received very good write-ups in the newspapers.* = a written report that expresses an opinion about something e.g. a new film समीक्षात्मक रिपोर्ट **writings** noun (always plural) = a collection of things written by a person (केवल बहुवचन में प्रयुक्त) रचनाएँ

to write back *Did you write back to thank them for the card?* = to reply to someone's letters उत्तर देना (पत्र का) **to write down** *Please write down my message, otherwise you'll forget the details.* = to note something by writing it on paper लिख लेना **to write (something) off** **1** *The new car is so badly damaged in the accident that it will have to be written off.* = to treat something as having no value काम के योग्य न रहने पर किसी वस्तु को खाते से निकाल देना **2** *Since they can't pay the loan, let's write it off.* = to agree or accept that someone who owes one money does not have to pay it कुल हानि स्वीकार कर लेना **to be nothing to write home about** *The play was good, but nothing to write home about.* = (about an event) to not deserve great praise or attention (informal) विशेष प्रशंसा योग्य न होना (अनौपचारिक)

writhe /raɪð/ /राइद्/ verb, i. *He writhed in pain after he was hit in the stomach.* = to make twisting movements of the body because of great pain तड़पना, छटपटाना

wrong[1] /rɒŋ/ /रॉङ्/ adj. **1** *You said the capital of Madhya Pradesh is Nagpur. That statement is wrong.* = not correct or true गलत **2** *It is wrong to steal.* = evil; against the rules of morality अनैतिक, बुरा **3** *There is something wrong with this machine.* = some defect कोई दोष **4** *He is the wrong person for this job.* = not suitable अनुपयुक्त

wrong[2] adv. **1** *Don't get me wrong. I support your proposal.* = in a wrong manner or with a wrong meaning गलत ढंग से **2** *The leader went wrong in his calculations.* = to make a mistake गलती करना

wrong[3] noun, u. **1** *I hope you can understand the difference between right and wrong.* = behaviour that is not morally right गलत **2** *He has done me no wrong.* = harm हानि

wrong[4] verb, t. *You wrong me when you say that I am responsible for the defeat of the team.* = to be unjust or unfair to someone (formal) अन्याय करना (औपचारिक) **wrong-doing** noun, c. *We find he is not guilty of any wrong-doing.* = bad or illegal behaviour दुराचार, गलत काम **wrongful** adj. *wrongful action* = unjust अन्यायपूर्ण

to get on the wrong side of someone = to do something which turns a person against one किसी को अपने विरुद्ध कर देना, नाराज़ करना **to get out of the wrong side of one's bed** = to be in a bad mood (informal, often humorous) मूड खराब होना (अनौपचारिक, प्राय: हास्यपरक) **to get off on the wrong foot** *It's a good film he's acting in. It's a pity he annoyed the director and got off on the wrong foot.* = to spoil a new relationship by doing something foolish or careless लापरवाही के कारण संबंध खराब कर लेना **to be on the wrong side of sixty etc.** *She should slow down because she's on the wrong side of sixty.* = to be in the late part of the stated age (and therefore unable to do something) (informal) (आयु के संदर्भ में) घोषित संख्या के अनुसार विलंबित (और इस कारण कुछ करने के लायक नहीं) (अनौपचारिक) **You can't go wrong** *If you do exactly what she says, you can't go wrong.* = nothing will go wrong कुछ गलत या बुरा नहीं हो सकता **to have something all wrong** *You've got the instructions all wrong.* = to make a mistake because one hasn't understood something properly ठीक न समझने पर गलती करना **(Please) don't get me wrong** = '(Please) don't misunderstand me.' (informal) गलत न समझना (अनौपचारिक) **Correct me if I'm wrong** *Correct me if I'm wrong, but isn't this the house you lived in first?* = a way of saying one hopes one is correct (informal) अपना विचार सही होने की आशा से प्रयुक्त अभिव्यक्ति (अनौपचारिक)

wrought/'rɔ:t/ /'रॉऽट्/ adj. *These beautiful chairs are wrought by hand.* = made (old-fashioned, literary) बनाया हुआ (पुराने प्रचलन का, साहित्यिक) **wrought-iron** noun, u. or adj. *wrought-iron furniture* = things made from pieces of iron which are shaped by hand पिटवाँ लोहा, लोहे से निर्मित

wry /raɪ/ /राइ/ adj. *The man gave me a wry smile when I told him he was likely to get the job.* = showing that one is amused, displeased, and not ready to believe what is said व्यंग्यपूर्ण, अप्रसन्न

WWF abbr. of **Worldwide Fund for Nature** Worldwide Fund for Nature का संक्षिप्त रूप

www abbr. of **World Wide Web** World Wide Web का संक्षिप्त रूप

WYSIWYG abbr. of **What You See Is What You Get** = to say that something will look exactly the same when printed as when it is seen on the computer screen [COMPUTERS] प्रिंट करने पर ठीक वैसा ही दिखेगा जैसा कंप्यूटर स्क्रीन पर दिखता है

x, X /eks/ /ऐक्स्/ the twentyfourth letter of the English alphabet अंग्रेज़ी वर्णमाला का 24वाँ वर्ण

x noun *3x–2 = 7.* = the sign that stands for some unknown quantity [MATHEMATICS] गणितीय चिह्न

X- prefix meaning 'extra' especially when referring to size (specially of clothes) e.g. XL, XS सिले हुए कपड़ों के माप का 'अतिरिक्त' अर्थसूचक चिह्न

x-chro•mo•some noun, c. = see **chromosome** (देखें **chromosome**)

x-rated /eks-'reɪtid/ /ऐक्स्-'रेइटिड्/ *an x-rated film* = A film with an X certificate is one which persons under the age of 18 are not allowed to see, because it has scenes of sex and violence. केवल बालिगों के लिए निर्मित फ़िल्म का चिह्न

xenon /'zenɒn/ /'ज़ेनॉन/ noun, u. = a kind of gas which has no colour or smell and is sometimes used in light bulbs ज़ीनॉन गैस जो गंधहीन व रंगहीन होती है तथा कभी-कभी प्रकाश बल्ब में प्रयुक्त होती है

xen•o•pho•bi•a /zenə'fəʊbiə/ /ज़ेन'फ़उबीअ/ noun, u. *He doesn't want any foreigners in this country. He seems to suffer from xenophobia.* = unnatural fear of foreign people, their customs etc. 'विदेशी-द्वेष', विदेशी लोगों व उनकी संस्कृति से अस्वाभाविक भय

xe•rox /'zɪərɒks/ /'ज़िअरॉक्स्/ noun, c. = (trademark) a photographic copy of a printed document, produced by a special copying machine (also **photocopy**) (ट्रेडमार्क) छाया प्रति, फोटो प्रति (देखें **photocopy**)

X•mas /'krɪsməs/ /'क्रिस्मस्/ noun, c. = Christmas क्रिस्मस

x-ray[1] /'eks reɪ/ /'ऐक्स्रेइ/ noun, c. = a kind of invisible light that can pass through many solid sustances and is often used to photograph the inside of the body, for treating certain diseases [SCIENCE] एक्स-रे, एक्स-किरण, एक्स-किरण-फोटो [विज्ञान]

x-ray[2] verb, t. *The doctor x-rayed my hand to check if there was a fracture.* = to x-ray something एक्स-रे लेना, एक्स-किरण फ़ोटो लेना

xy•lo•phone /'zaɪləfəʊn/ /'ज़ाइलफ़उन्/ noun, c. = a kind of musical instrument consisting of a number of flat wooden or metal bars of different length which produce musical sounds when they are hit with a pair of wooden sticks 'काष्ठतरंग'-एक वाद्य यंत्र

yY

y, Y /waɪ/ /वाइ/ the twentyfifth letter of the English alphabet अंग्रेज़ी वर्णमाला का 25वाँ वर्ण

Y abbr. for 'Yes' in forms etc. फार्म भरने में Yes के लिए प्रयुक्त संक्षिप्त रूप

yacht /jɒt/ /यॉट्/ noun, c. = a kind of sail-boat used for racing or a large private ship used for leisure travel यॉट, मनोरंजन हेतु प्रयुक्त नौका अथवा जलयान

yak /jæk/ /यैक्/ noun, c. **1** = an animal that looks like a cow but has long hair, found in Central Asia (Tibet and neighbouring areas) मध्य एशिया में पाया जाने वाला लंबे बालों का गाय के जैसा एक पशु-याक **2** *We often meet for a yak about the old days.* = an informal conversation (slang) गप-शप (अपभाषा)

yam /jæm/ /यैम्/ noun = the root of a kind of plant used as food घुइयाँ, रतालू, 'यैम'

yang /jæŋ/ /यैङ्/ noun = the male force or power which combines with yin, the female force, to form the entire universe, according to Chinese philosophy (see also **yin**) 'यैङ'–चीनी सिद्धांत में सृष्टि को निर्मित करने वाली पुरुष-शक्ति (देखें **yin**)

yank[1] /jæŋk/ /यैङ्क्/ verb, t. *He yanked the alarm cord on the train, making the train come to a halt.* = to pull suddenly with force झटके से खींचना

yank[2] noun, c. **1** *He gave the rope a yank.* = a sudden and strong pull (informal) झटका (अनौपचारिक) **2** = a term sometimes used to describe an American humorously कभी-कभी अमेरिकी व्यक्ति के लिए प्रयुक्त हास्यपरक शब्द

yap /jæp/ /यैप्/ verb, i. **(yapped)** **1** *The little dog yapped angrily at the stranger.* = to bark in a thin, sharp voice (referring to the sound produced by a dog of small size) (छोटे पिल्ले का) भूँकना **2** *The girls yapped away all night.* = to talk in an excited manner about unimportant things (humourous) इधर-उधर की बातें (चटर-पटर) करना (हास्यपरक)

yard /jɑːd/ /याऽड्/ noun, c. **1** = a unit for the measurement of length, equal to three feet (a little less than one metre) लंबाई नापने का इकाई-गज़ (एक मीटर से कुछ कम) **2** *backyard* = an enclosed area next to a building पिछवाड़ा अहाता (मकान के पीछे का खुला भाग) **yardstick** noun, c. *He can be considered a great writer by any yardstick.* = a standard by which a quality or ability might be judged or compared मापदंड

yarn /jɑːn/ /याऽन्/ noun, u. or c. **1** *We buy silk yarn from China to make these saris.*(u.) = thread used to make cloth सूत, धागा (कपड़ा बनाने का) **2** *He told us a yarn about meeting a ghost.*(c.) = a story about an adventure etc. which is not entirely true किस्सा, काल्पनिक घटना **to spin a yarn** = to make up a false story झूठी कहानी गढ़ना

yaw /jɔː/ /यॉऽ/ verb, i. *The aircraft yawed suddenly to the left, driven by the wind.* = to move suddenly to one side, out of control (referring to the movement of an aircraft or ship) [TECHNICAL] (वायुयान अथवा जलयान के संदर्भ में) नियंत्रण के बाहर होकर अचानक एक ओर मुड़ जाना [तकनीकी]

yawn[1] /jɔːn/ /यॉऽन्/ verb, i. *The child is yawning. He must be sleepy.* = to breathe in or out deeply with the mouth wide open, as a result of feeling of tired, sleepy or bored जँभाई लेना

yawn[2] noun, c. **1** *The child suppressed a yawn.*= the action of yawning जँभाई **2** *The film was a yawn. I couldn't sit through it.* = very boring (informal) अत्यंत उबाऊ (अनौपचारिक)

yaws /jɔːz/ /यॉऽज़्/ noun (always plural) = a kind of skin disease [MEDICINE] त्वचा की एक प्रकार की बीमारी [चिकित्सा विज्ञान]

Y-chromosome noun, c. = see **chromosome** (देखें **chromosome**)

yea /jeɪ/ /येइ/ adv. = yes (expressing consent or agreement) (old-fashioned) हाँ (पुराने प्रचलन का)

yeah /jeə/ /येअ/ adv. *'Will you come to my party?' 'Yeah, sure!'* = yes (informal) हाँ (अनौपचारिक)

year /jɪəʳ/ /इअʳ/ noun, c. **1** = a period of 365 (sometimes 366) days or 12 months वर्ष, साल **2** *She is in the second year of college.* = a particular part of a school or college course that a person is studying वर्ष **yearly** adj. *a yearly meeting* = happening once a year (also **annual**) वार्षिक, सालाना (देखें **annual**) **calendar year** noun = the period starting in January and ending in December 1 जनवरी से 31 दिसंबर तक की अवधि **leap year** noun = (see **leap**) अधिवर्ष (देखें **leap**) **light year** noun = the distance covered by light in 365 days प्रकाश वर्ष **year book** noun = a book published by an organization, school etc. presenting facts and events relating to the past year अब्दकोश, वार्षिकी, बीते हुए वर्ष की महत्त्वपूर्ण घटनाओं और तथ्यों को सूचीबद्ध करने वाला कोश

yearn /jɜːn/ /यऽन्/ verb, i. *I often yearn to go back to the village where I was born.* = to wish very strongly to have or do something (often something that one cannot have or do) (literary) जो न मिल/हो सके उसके लिए तीव्र इच्छा होना, ललकना (साहित्यिक) **yearning** noun, c. or u. *Although he has given up smoking, he often has a yearning for cigarettes.*(c.) = a strong desire for something लालसा, ललक, तीव्र इच्छा

yeast /jiːst/ /यीस्ट्/ noun, u. = a type of **fungus** (tiny plant) which is used to produce alcohol and also to make bread soft खमीर

yell[1] /jel// येल् / verb, i. *The captain yelled at one of the players when he missed an easy catch.* = to shout at someone loudly and angrily क्रोध में चिल्लाना

yell[2] noun, c. *Anita let out an angry yell when a man stepped on her guitar.* = a loud and angry shout चीख

yel•low[1] /ˈjeləʊ/ /येलउ/ noun = a colour which is like that of a lemon पीला

yellow[2] adj. **1** *a yellow dress* = having a yellow colour पीत, पीला **2** *Are you afraid to ask for permission to join the protest march? I didn't know you were so yellow!* = cowardly (afraid to do something) (slang, derogatory) कायर, डरपोक, दब्बू (अपभाषा, अनादरपूर्ण)

yellow[3] verb, i. (**yellowed**) *The pages of the old book have yellowed with age.* = to become yellow पीला पड़ना **Yellow Pages** noun, u. (always plural) = the pages in a telephone directory (a book containing names and telephone numbers) which have a list of business companies and the kinds of business they do (केवल बहुवचन में प्रयुक्त) विभिन्न कार्यों से संबंधित व्यावसायिक संस्थाओं की निर्देशिका (टेलिफोन निर्देशिका के अंतर्गत) **yellow fever** noun = a dangerous tropical disease that makes the body turn yellow पीत ज्वर, पीलिया रोग

yelp /jelp/ /येॅल्प्/ verb, i. *A man on a bicycle ran over a dog accidentally, making it yelp.* = to make a sharp cry expressing pain or excitement (see also **yowl**) चीखना (देखें **yowl**)

yen /jen/ /येन्/ noun **1** = the unit of money used in Japan 'येन', जापान की मुद्रा **2** (only singular) *He has a yen for studying foreign languages.* = a strong desire or talent (केवल एकवचन में प्रयुक्त) तीव्र इच्छा अथवा अभिरुचि

yeo•man /ˈjəʊmən/ /ˈयउमन्/ noun, c. (**yeomen**) = a farmer in Britain (in former times) भूमिधर, छोटा जमींदार (पुराने समय में ब्रिटेन में) **yeoman service** noun *The community is honouring the old teacher for having done yeoman service.* = valuable and loyal service given over a long period (old-fashioned) दीर्घकालीन व मूल्यवान सेवा (पुराने प्रचलन का)

yes /jes/ /येस्/ adv. **1** *'Can you see the ship?' 'Yes.'* = an expression of agreement or acceptance in answer to something that has been said हाँ **2** *'Can you hear me?' 'Yes, I can.'* = used to show that one has heard what someone is saying हाँ **3** *'Could I borrow your coat?' 'Yes, certainly.'* = used to allow someone to do something हाँ **yes-man** noun, c. *a loyal yes-man* = someone who always agrees with his/her leader (derogatory) हाँ में हाँ मिलाने वाला व्यक्ति (अनादरपूर्ण)

yet[1] /jet/ /येट्/ adv. **1** *He was supposed to come at nine o'clock. It is 9.25 now, but he hasn't come yet.* = so far; until this time अब तक **2** *The song is sad yet appealing.* = but (in spite of) फिर भी, उसके बावजूद

yet[2] conj. *He is careless and lazy, yet he has earned a name as a writer.* = but even so तो भी

ye•ti /ˈjeti/ /येटी/ noun = a mysterious animal that looks like a hairy human being and is believed to live in the Himalayas (also **abominable snowman**) 'हिम मानव' (देखें **abominable snowman**)

yew /juː/ /यू/ noun = a kind of tree that grows in high altitudes ऊँचाई पर उगने वाला एक प्रकार का वृक्ष

Yid•dish /ˈjɪdɪʃ/ /ˈयिडिश्/ noun, u. = a language somewhat like German which is spoken by Jewish people in some countries of eastern Europe पूर्वी यूरोप के देशों में बोली जाने वाली यहूदियों की एक भाषा जो कुछ-कुछ जर्मन भाषा जैसी है

yield[1] /jiːld/ /यील्ड्/ verb, t. or i. **1** *These mango trees yielded a lot of fruit this year.*(t.) = to produce पैदा करना, पैदावार होना **2** *He was not happy to do what we wanted, but finally yielded to our request.*(t.) = to give way and agree to do something after expressing strong unwillingness to do it झुक जाना, विरोध के बाद मान जाना **3** *The soldier was surrounded and had to yield to the enemy.*(i.) = to surrender (to accept defeat) आत्मसमर्पण करना (हार स्वीकार करना)

yield[2] noun, u. or c. *The yield from the farm has been very good this year.*(u.) = something that is produced उपज, पैदावार **yielding** adj. **1** *A good leader should be strong, not yielding.* = ready to give way and agree with others, flexible (often disapproving) झुक जाने वाला, (प्राय: अनादरपूर्ण) **2** *a yielding platform* = a surface which becomes lower in height when pressure is put on it दबाव से नीचे धँसने वाली सतह

yin /jɪn/ /यिन्/ noun, c. = the female force that combines with yang, the male force, to produce the universe, according to Chinese philosophy (see also **yang**) 'यिन'-चीनी दर्शनशास्त्र में सृष्टि को निर्मित करने वाली स्त्री शक्ति (देखें **yang**)

yip•pee /jɪˈpiː/ /यिपी/ interjec. *The results are out, and I have passed. Yippee!* = a cry expressing great happiness (informal) 'यप्पी!' खुशी के मारे चिल्लाना (अनौपचारिक)

yo•del /ˈjəʊdl/ /ˈयउड्ल्/ verb, i. (**yodelled**) *Kishore Kumar, the famous singer, could yodel beautifully.* = to sing in a way that requires fast changes between one's normal voice and a very high voice (commonly used by folksingers in Switzerland) (स्विट्ज़रलैंड में प्राय: लोकगायकों द्वारा) गाए गाने में स्वर का तेज़ी से उतार-चढ़ाव होना

yo•ga /ˈjəʊgə/ /ˈयउग/ noun, u. **1** = an aspect of Hindu philosophy that aims to bring about union between human beings and God through control of the mind and body 'योग'-हिंदू दर्शन में प्रयुक्त शब्द **2** = a set of physical exercises which form part of yoga यौगिक व्यायाम **yogi** noun, c. = a person who practises yoga योगी

yog•urt (yoghurt) /'jɒgət/ /'यॉगट्/ noun, u. = a product of milk which is thick, smooth and a little sour (also **curds**) दही (देखें **curds**)

yoke[1] /jəʊk/ /यउक्/ noun, c. **1** = a wooden pole or bar used to join a pair of animals, usually bullocks or horses, to a plough or a vehicle which the animals pull बैलगाड़ी, घोड़ागाड़ी आदि में पशु को गाड़ी के साथ जोड़ने में प्रयुक्त लकड़ी का 'जुआ' **2** *Large parts of Asia were once under foreign yoke.* = control or power which is not liked नियंत्रण **3** = the front part of a dress just above the pleats पोशाक का ऊपरी, अग्रभाग

yoke[2] verb, t. *The cart-driver yoked his bullocks to the cart.* = to join a pair of animals (usually bullocks) to a vehicle or plough by using a yoke जोतना

yo•kel /'jəʊkəl/ /'यउक्ल्/ noun, c. = a simple and somewhat foolish person from a village (derogatory, not respectful) देहाती, गँवार (अनादरपूर्ण, आदरसूचक नहीं)

yolk /jəʊk/ /'यउक्/ noun, c. or u. = the yellow part of an egg (compare the **white** of an egg) अंडे का पीला भाग, ज़र्दी

yon•der[1] /'jɒndə'/ /'यॉन्डॅ'/ adj. *Let us sit under yonder tree and enjoy Nature's beauty.* = that (old-fashioned, literary) वह (उस) (पुराने प्रचलन का, साहित्यिक)

yonder[2] adv. *There's a house yonder where we can find shelter.* = over there; nearby (old-fashioned, literary) उधर, पास में (साहित्यिक, पुराने प्रचलन का)

you /ju:/ or /jə/ /यू/ अथवा /य/ pron. **1** *You and I will join together to start a business.* = the person to whom one is speaking आप, तुम, तू **2** *You have to know the right people if you want to be successful in business.* = anyone (any person) कोई भी (अनिश्चयवाचक) **3** *This shirt is not you.* = a way of saying that something (e.g. a dress, music) is not suitable because it is not something the person normally wears, hears, does etc. उपयुक्त या मेल का

young[1] /jʌŋ/ /यॅङ्/ adj. **1** *a young child // a young nation* = in an early stage of life or growth अल्पवयस्क, छोटी उम्र का **2** *You are too young to watch this film.* = not old or mature enough उपयुक्त आयु का **3** *This colour is too young for me.* = not suitable because one feels it is better for younger people (किसी की) आयु से छोटे व्यक्तियों के लिए उपयुक्त

young[2] noun, u. *The lioness takes good care of her young.* = offspring (child or baby produced by a parent) बच्चा

yours /jɔ:z/ /यॉऽज़्/ poss. pron. *This house is yours.* = belonging to you (the person spoken to) 'आपका' (द्वितीय मध्यम पुरुष का) **Yours faithfully** = an expression used to end a formal or business letter औपचारिक पत्र के अंत में प्रयुक्त अभिव्यक्ति, जैसे-भवदीय **Yours sincerely** = an expression used to end a less formal letter कम औपचारिक पत्र के अंत में प्रयुक्त अभिव्यक्ति, जैसे-'आपका/आपकी'

your•self /jə'səlf/ /य'सल्फ़/ reflexive pron. **1** *Be careful! You may hurt yourself.* = you (showing that an action performed by someone has an effect on the same person) स्वयं को (निजवाचक सर्वनाम) **2** *You will have to do this yourself. No one is going to help you.* = showing that an action must be performed by someone without help from any other person अपने आप **3** *You want us to wear ties, but you haven't worn one yourself.* = used to make the word 'you' stronger स्वयं, खुद

all by oneself **1** *The baby can now drink from the bottle all by herself.* = on one's own and without help अपने आप, बिना किसी की सहायता के **2** *Did you make the journey all by yourself?* = alone अकेले **to keep something to oneself** *I'm going to tell you a secret. Please keep it to yourself.* = 'Do not tell anyone.' अपने तक रखना, किसी अन्य पर प्रकट न करने के अनुरोध की अभिव्यक्ति

youth /ju:θ/ /यूथ्/ noun, u. or c. **1** *I was a good cricket player in my youth.*(u.) = younger days (the period of life when one is young) किशोरावस्था, जवानी **2** (u.) = young people नवयुवक **3** *an ambitious youth*(c.) = young man जवान, नौजवान **youthful** adj. तरुण, युवा

yowl /jaʊl/ /याउल्/ verb, i. *The cat yowled angrily.* = to cry out loudly in anger or pain (referring to the sound made by a cat or dog) (see also **yelp**) क्रोध से चीखना (कुत्ते या बिल्ली के संदर्भ में) (देखें **yelp**)

yo-yo /'jəʊ jəʊ/ /'यउयउ/ noun, c. = a toy, consisting of a circular piece of wood or plastic, attached to a string, which can be made to run up and down the string एक प्रकार का खिलौना

yuck•y /'jʌki/ /'यॅकी/ adj. *The ice-cream is absolutely yucky. You won't be able to eat it.* = very bad or unpleasant (used mostly by children) (slang/derogatory) बेस्वाद (प्राय: बच्चों द्वारा प्रयुक्त शब्द) (अपभाषा, अनादरपूर्ण)

yule•tide /'ju:ltaɪd/ /'यूल्टाइड्/ noun = Christmas (formal) क्रिसमस (औपचारिक)

yummy /'jʌmi/ /'यॅमी/ adj. *The spiced rice is yummy.* = very tasty (slang) स्वादिष्ट (अपभाषा)

yup /'jʌp/ /'यॅप्/ interjec. = yes (very informal) हाँ (पूर्णत: औपचारिक)

yup•pie /'jʌpi/ /'यॅपी/ noun = an expression used as an abbreviation for 'young upwardly mobile professional' (a young person in a professional job who is seen as making and spending a lot of money) ऐसे अनुभवहीन, तरुण व्यवसायी के लिए प्रयुक्त शब्द, जो बहुत पैसा बनाने और खर्च करने में जुटा हो

zZ

z, Z /zed/ /zi:/ /ज़ेड्, ज़ी/ the twentysixth and last letter of the English alphabet अंग्रेज़ी वर्णमाला का 26वाँ वर्ण

za•ny /ˈzeɪni/ /ˈज़ेइनी/ adj. *Everyone made fun of his zany ideas.* = strange in an amusing kind of way विचित्र, सनकी

zap /zæp/ /ज़ैप्/ verb, t. **1** *The soldiers zapped the enemy.* = to destroy by force (informal) शक्ति द्वारा नष्ट करना (अनौपचारिक) **2** *I have only 10 minutes. Let us zap through these files.* = to do something at a fast pace (informal) जल्दी-जल्दी करना (अनौपचारिक) **3** *She zapped the television while we were watching something.* = to switch off a television, a radio etc. बंद करना **4** *Let me zap these documents for you.* = to make a photocopy (informal) फ़ोटो प्रति, छायाप्रति बनाना (अनौपचारिक)

zeal /zi:l/ /ज़ील्/ noun, u. *She has been helping the people of this village for the last 10 years. I admire the zeal with which she works.* = the quality of showing great interest in doing something उत्साह, जोश **zealous** adj. = full of zeal उत्साही **zealously** adv. उत्साहपूर्वक **zealousness** noun उत्साहपूर्वकता

zealot /ˈzelət/ /ˈज़ेलट्/ noun, u. *A few zealots want to ban television as they think it can harm children.* = a person with very strong beliefs which he/she tries to force on others (derogatory, old-fashioned) कट्टरपंथी (अनादरपूर्ण, पुराने प्रचलन का)

ze•bra /ˈzi:brə/ /ˈज़ीब्रा/ noun = an animal found in Africa that looks like a horse and has black and white stripes (lines) all over its body ज़ेबरा (पशु) **zebra crossing** noun, c. = a broad band of black and white (or yellow) lines painted across a busy street, showing that pedestrians may cross the street at this point पैदल पार-पथ, सफ़ेद पट्टियों द्वारा चिह्नित पैदल सड़क पार करने के लिए निर्धारित स्थल

zeit•geist /ˈzaɪtgaɪst/ /ˈज़ाइगाइस्ट्/ noun, u. (German) = the spirit of the age (the ideas, emotions etc. that most people in a society share during a particular time) (जर्मन भाषा का शब्द) युग चेतना

Zen /zen/ /ज़ेन्/ noun = a form of Buddhism that is very popular in Japan, which gives great importance to meditation जापान में प्रचलित बौद्ध धर्म का स्वरूप

zen•ith /ˈzenɪθ/ /ˈज़ेनिथ्/ noun, u. **1** *The sun was at the zenith.* = the highest point in the sky reached by the sun शिरोबिंदु, खमध्य, आकाश का उच्चतम बिंदु **2** *The athlete was at her zenith that season. She won four gold medals.* = the highest point of achievement, power, influence etc. (उपलब्धि, शक्ति, प्रभाव आदि का) चरम बिंदु

zeph•yr /ˈzefəʳ/ /ˈज़ेफ़ʳ/ noun, c. = a soft and gentle wind (literary) समीर, हल्की पछवाँ (साहित्यिक)

zep•pe•lin /ˈzepəlɪn/ /ˈज़ेप्लिन्/ noun, c. = a kind of flying machine, used by the German army during World War I (1914–1918), that had no wings and was filled with hydrogen gas 'ज़ेपेलिन'-एक प्रकार की उड़न मशीन द्वितीय विश्वयुद्ध में जिसका जर्मन सेना ने इस्तेमाल किया और जिसमें डैने नहीं होते थे तथा जो हाइड्रोजन गैस से भरा होता था

ze•ro[1] /ˈzɪərəʊ/ /ˈज़िअरउ/ noun, c. (**zeros** or **zeroes**) **1** = the number represented by the sign 0; nothing (having no quantity or value), also referred to as **nil**, **nought** or **O** ('Oh') शून्य, **0**, (ज़ीरो) **2** = the temperature (in celsius) at which water freezes जल के जमने का तापमान **3** *Our hopes dipped to zero.* = a way of saying 'very low' to describe one's feelings (informal) निम्नतम स्तर, शून्य (अनौपचारिक)

zero[2] verb, i. (**zeroed**) *The plumber zeroed in on the problem that was causing the water to overflow.* = to focus or fix one's attention on a particular person or thing (informal) ध्यान केंद्रित करना (अनौपचारिक) **zero hour** noun, u. *The presentation was to be at two o'clock in the afternoon. The men looked nervous as zero hour approached.* = the time fixed for some action, specially by the military निर्धारित समय

zero[3] adj. *I did zero work during the holidays.* = no or not any (informal) बिल्कुल नहीं (अनौपचारिक)

zest /zest/ /ज़ेस्ट्/ noun, u. *These actors have been presenting the same play for two years. There is no zest in their acting now.* = enthusiasm or eagerness; the pleasure that one gets from doing something (formal) उत्साह, उमंग, मज़ा (औपचारिक)

zig-zag[1] /ˈzɪgzæg/ /ˈज़िग् ज़ैग्/ noun, c. (**zig-zags**) *We planted the flowers in a zig-zag.* = a line that moves like the letter 'z'; from left to right and not in a straight line टेढ़ा-मेढ़ा, z आकार में

zig-zag[2] verb, i. *The tiger was chasing the deer but was unable to catch it as the deer kept zig-zagging all the time.* = to run in a zig-zag (from side to side) instead of running in a straight line सीधे न चलकर टेढ़ा-मेढ़ा चलना

zinc /zɪŋk/ /ˈज़िङ्क्/ noun = a kind of metal that is often mixed with other metals to make special kinds of steel जस्ता, ज़िंक धातु

Zi•on•ism /ˈzaɪənɪzəm/ /ˈज़ाइअनिज़्म/ noun = the political movement that led to the formation of Israel as a homeland for the Jewish people सियोनवाद (राजनीतिक आंदोलन जिसके द्वारा इस्राइल को यहूदी लोगों का देश बनाया गया)

zip[1] /zɪp/ /ज़िप्/ noun, c. **1** = a fastener with two sets of metal or plastic teeth which are brought together by pulling a small sliding piece over them, used for closing openings in a dress, bag etc. (also **zipper** or **zip fastener**) 'ज़िप', कपड़े या थैले के दो हिस्सों को चिपकाने या पास लाकर जोड़ने वाली चेन (देखें **zipper** और **zip fastener**) **2** *Can you put a little zip into your movements? You are very slow!* = energy or speed (informal) जोश, गति (अनौपचारिक)

zodiac signs राशि चिह्न

zip[2] verb, t. or i. **1** *Please zip up the bag.*(t.) = to close something with a zip ज़िप लगाना **2** *He zipped through the town on his motor-cycle.*(i.) = to move at speed or to do something with speed (informal) तीव्र गति से घूमना (अनौपचारिक) **3** *Zip up your mouth.*(t.) = to keep silent (slang, not polite) बंद करना (अपभाषा, विनम्र नहीं) **zippy** adj. *a zippy centre-forward* (in a game of football) = fast and lively (full of energy) (informal) चुस्त, फ़ुर्तीला (अनौपचारिक) **zip code** noun, c. = a number at the end of an address which indicates the area that the letter has to be delivered to (also **pincode**) पते के अंत में दिया नंबर जो पते वाले इलाके के बारे में बताता है (देखें **pincode**)

zith•er /ˈzɪðəʳ/ /ˈज़िद्र/ noun, c. = a musical instrument with strings सितार

zo•di•ac /ˈzəʊdiæk/ /ˈज़उडिऐक्/ noun, u. = *the 12 signs of the zodiac* = the area of the sky through which the sun, moon and different planets are believed to move (in astrology), which is divided into 12 equal parts, each of which is given a sign, named after a constellation (group of stars) राशिचक्र

zom•bie /ˈzɒmbi/ /ˈज़ॉम्बी/ noun, c. *He sits like a zombie in front of the television.* = a person who has no energy or who is not thinking (informal, derogatory) ढीला-ढाला बेवक़ूफ़-सा (अनौपचारिक, अनादरपूर्ण)

zone /zəʊn/ /ज़उन्/ noun, c. **1** *This city lies in an earthquake zone.* = an area which is different from other areas because of some special quality that it has or because it is used for a special purpose क्षेत्र **2** *India lies in the torrid zone.* = one of the five divisions into which the surface of the earth has been divided, according to climate [GEOGRAPHY] कटिबंध [भूगोल] **zonal** adj. *We are playing a zonal match.* = having to do with a particular zone or area क्षेत्रीय **zoning** noun. = dividing an area into zones मंडलन, क्षेत्रों में विभाजन

zoo /zuː/ /ज़ू/ noun, c. = a kind of park in which animals of different kinds, including wild animals, are kept so that people can learn about them चिड़ियाघर

zo•ol•o•gy /zuːˈɒlədʒi/ /ज़ूˈऑलजी/ noun = the scientific study of different kinds of animals, their characteristics, habitat, behaviour etc. जीव विज्ञान **zoologist** /zuːˈɒlədʒəst/ /ज़ूˈऑलजस्ट्/ noun, c. = a person who studies animals जीव विज्ञानी

zoom[1] /zuːm/ /ज़ूम्/ verb, i. (**zoomed**) *Anil zoomed past us on his new bicycle.* = to move quickly and with a loud noise (informal) तेज़ी से और ज़ोरदार आवाज़ के साथ गुज़रना (अनौपचारिक)

zoom[2] noun, u. *He rushed past us with a zoom.* = a loud noise, caused by fast movement तीव्र गति के कारण उत्पन्न तेज़ ध्वनि **zoom lens** noun = a special kind of lens for a camera which can move quickly from a distant view of a person or object to a close-up (very near) view 'ज़ूम लेंस' (कैमरा संबंधी लेंस)

zuc•chi•ni /zʊˈkiːni/ /ज़ूˈकीनी/ noun = a vegetable of the cucumber family खीरा, ककड़ी जाति की सब्ज़ी

zzz = often used in cartoons (humorous drawings) to show a person enjoying a sleep कार्टून में प्रयुक्त, निद्रा का संकेत देनेवाला चिह्न

Z

PAST AND PARTICIPLE FORMS OF IRREGULAR VERBS

verb	past tense	participle
arise	arose	arisen
awake	awoke / awakened	awoken
bear	bore	borne
beat	beat	beaten
become	became	become
begin	began	begun
bend	bent	bent
bet	bet / betted	bet /betted
bid	bade / bid	bid /bidden
bind	bound	bound
bite	bit	bitten
bleed	bled	bled
blow	blew	blown
break	broke	broken
breed	bred	bred
bring	brought	brought
broadcast	broadcast	broadcast
build	built	built
burn	burned / burnt	burned /burnt
burst	burst	burst
buy	bought	bought
cast	cast	cast
catch	caught	caught
choose	chose	chosen
cling	clung	clung
come	came	come
cost	cost	cost
creep	crept	crept
cut	cut	cut
deal	dealt / delt	dealt
dig	dug	dug
dive	dived / (AmE dove)	dived
do	did	done
draw	drew	drawn
dream	dreamed / dreamt	dreamed /dreamt
drink	drank	drunk
drive	drove	driven
eat	ate	eaten
fall	fell	fallen
feed	fed	fed
feel	felt	felt
fight	fought	fought
find	found	found
fling	flung	flung
fly	flew	flown
forbid	forbade / forbad	forbidden
forget	forgot	forgotten
forgive	forgave	forgiven

verb	past tense	participle
freeze	froze	frozen
get	got	got / (AmE gotten)
give	gave	given
go	went	gone
grind	ground	ground
grow	grew	grown
hang	hung / hanged	hung / hanged
have	had	had
hear	heard	heard
hide	hid	hidden / hid
hit	hit	hit
hold	held	held
hurt	hurt	hurt
keep	kept	kept
kneel	knelt / kneeled (esp. AmE kneeled)	knelt / kneeled (esp. AmE kneeled)
knit	knitted / knit	knitted / knit
know	knew	known
lay	laid	laid
lead	led	led
lean	leaned / leant (esp. BrE leant)	leaned / leant (esp. BrE leant)
leap	leapt / leaped (esp. AmE leaped)	leapt / leaped (esp. AmE leaped)
learn	learned / learnt	learned / learnt
leave	left	left
lend	lent	lent
let	let	let
lie	lay	lain
light	lit / lighted	lit / lighted
lose	lost	lost
make	made	made
mean	meant	meant
meet	met	met
mistake	mistook	mistaken
mow	mowed	mowed / mown
pay	paid	paid
put	put	put
read /ri:d/	read /red/	read /red/
ride	rode	ridden
ring	rang	rung
rise	rose	risen
run	ran	run
saw	sawed	sawn / sawed
say	said	said
see	saw	seen
sell	sold	sold
send	sent	sent
set	set	set
sew	sewed	sewn / sewed
shake	shook	shaken
shave	shaved	shaved

verb	past tense	participle
shine	shone / shined	shone / shined
shoot	shot	shot
show	showed	shown / showed
shrink	shrank / shrunk	shrunk
shut	shut	shut
sing	sang	sung
sink	sank / sunk	sunk
sit	sat	sat
sleep	slept	slept
smell	smelt / smelled (esp. AmE smelled)	smelt / smelled (esp. AmE smelled)
speak	spoke	spoken
spell	spelt	spelled
spend	spent	spent
spin	spun / span	spun
spit	spat / (AmE spit)	spat / (AmE spit)
spoil	spoilt	spoiled
spread	spread	spread
spring	sprang / (AmE sprung)	sprung
stand	stood	stood
steal	stole	stolen
stick	stuck	stuck
sting	stung	stung
stink	stank / stunk	stunk
strike	struck	struck
swear	swore	sworn
sweep	swept	swept
swell	swelled	swollen / swelled
swim	swam	swum
swing	swung	swung
take	took	taken
teach	taught	taught
tear	tore	torn
tell	told	told
think	thought	thought
throw	threw	thrown
upset	upset	upset
wake	woke / waked	waked / woken
wear	wore	worn
weave	wove	woven
wed	wedded / wed	wedded / wed
weep	wept	wept
wet	wetted	wetted, wet
win	won	won
wind /waind/	wound	wound
wring	wrung	wrung
write	wrote	written

SOME COMMON WORDS AND THEIR DERIVATIVES

Note: The plus sign (+) shows that the verb can be made passive. The minus sign (–) shows that it cannot be made passive.

Noun	Verb	Passive	Adjective	Adverb
A				
ability	–	–	able	ably
absence	absent	+ (self)	absent	–
abuse	abuse	+	abusive	abusively
acceptance	accept	+	accepting	–
achievement	achieve	+	–	–
action	act	+	active	actively
addition	add	+	additional	additionally
admission	admit	+	admissible	admittedly
advice	advise	+	advisory	–
age	age	+	ageing / aged	–
agreement	agree	+	agreeable	agreeably
anger	anger	+	angry	angrily
appearance	appear	–	apparent	apparently
arrangement	arrange	+	arranged	–
attention	attend	+	attentive	attentively
attraction	attract	+	attractive	attractively
B				
bag	bag	+	baggy	–
base	base	+	based / basic	basically
bath	bath, bathe	+	bathed	–
beating	beat	+	beaten	–
beauty	beautify	+	beautiful	beautifully
beginning	begin	+	–	–
belief	believe	+	believable	–
bend	bend	+	bent	–
better	better	+	better	better
bite	bite	+	bitten	–
blood	bleed	–	bleeding / bloody	–
blessing	bless	+	blessed	–
block	block	+	blocked	–
–	blind	+	blind / blinding	–
–	boil	+	boiled / boiling	–
bottle	bottle	+	bottled	–
breadth	broaden	+	broad	broadly
break	break	+	brokenly / breakable	–
breath	breathe	–	breathy / breathlessly	–
brush	brush	+	brushed	–
building	build	+	built	–
burial	bury	+	buried	–
buy	buy	–	bought	–
C				
calculation	calculate	+	calculated	–

Noun	Verb	Passive	Adjective	Adverb
call	call	+	–	–
calm	calm	+	calm	calmly
care	care	–	caring / careful	carefully
catch	catch	+	catchy	–
centre	centre	+	central	centrally
chain	chain	+	chained	–
change	change	+	changed / changing	–
charm	charm	+	charmed / charming	charmingly
chase	chase	+	–	–
–	cheapen	+	cheap	cheaply
cheat	cheat	+	cheating	–
cheer	cheer	+	cheerful	cheerfully
child	–	–	childish	childishly
choice	choose	+	choice / choosy	choosily
circle	circle	+	circular	–
class	classify	+	classy	–
climb	climb	+	–	–
–	close	+	close	closely
clothes	clothe	+	clothed	–
coat	coat	+	coated	–
collection	collect	+	collective	collectively
colour	colour	+	coloured / colourful	colourfully
combination	combine	+	combined	–
comfort	comfort	+	comfortable	comfortably
command	command	+	commanding	commandingly
comparison	compare	+	comparative	comparatively
competition	compete	–	competitive	competitively
complaint	complain	+	complaining	complainingly
computer	compute	+	–	–
concern	concern	+	concerned	–
confidence	confide	+	confident	confidently
confusion	confuse	+	confusing	confusingly
connection	connect	+	connecting / connective	–
consideration	consider	+	considerate / considerable	considerably
content	contain	+	containing	–
control	control	+	controlled	–
cook	cook	+	cooked	–
copy	copy	+	copied	–
corner	corner	+	corner	–
correction	correct	+	correct	correctly
cost	cost	+	costly	–
count	count	+	counted	–
cover	cover	+	covered	–
crack	crack	+	cracked	–
crash	crash	–	crashing	–
cross	cross	+	cross / crossed	crossly
crowd	crowd	+	crowded	–
cruelty	–	–	cruel	cruelly
crush	crush	+	crushed / crushing	crushingly
cry	cry	–	crying	–

Noun	Verb	Passive	Adjective	Adverb
cure	cure	+	curative	–
curl	curl	+	curly	–
curse	curse	+	cursed	–
cut	cut	+	cut / cutting	–
D				
damage	damage	+	damaged	–
danger	–	–	dangerous	dangerously
daring	dare	+	daring	daringly
dark	darken	+	dark	darkly
date	date	+	dated	–
dead	deaden	+	dead / deadly	–
decay	decay	–	decaying / decadent	–
decision	decide	+	decisive	decisively
declaration	declare	+	declarative	–
decrease	decrease	+	decreasing	–
defeat	defeat	+	defeated	–
defence	defend	+	defensive	defensively
delay	delay	+	delayed	–
delight	delight	+	delightful	delightfully
demand	demand	+	demanding	demandingly
description	describe	+	descriptive	descriptively
desire	desire	+	desirable	desirably
destruction	destroy	+	destructive	destructively
difference	differentiate	+	different	differently
direction	direct	+	direct	directly
disappointment	disappoint	+	disappointing	disappointingly
discovery	discover	+	–	–
dismissal	dismiss	+	–	–
distance	distance	+ (self)	distant	distantly
division	divide	+	divided / divisible	–
doing	do	+	done	–
dot	dot	+	dotted	–
double	double	+	doubled	–
doubt	doubt	+	doubtful / doubting	doubtfully
drag	drag	+	dragging	–
draw	draw	+	drawn	–
dream	dream	+	dreamy	dreamily
dress	dress	+	dressy	–
drink	drink	+	drunk / drunken	drunkenly
drive	drive	+	driven	–
drop	drop	+	dropped	–
drug	drug	+	drugged	–
drum	drum	+	drummed	–
–	dry	+	dry	drily
–	dull	+	dull	dully
E				
earning	earn	+	earned	–
east	–	–	eastern	–

Noun	Verb	Passive	Adjective	Adverb
ease	ease	+	easy	easily
education	educate	+	educated	–
effect	effect	+	effective	effectively
election	elect	+	elective	–
employment	employ	+	employed	–
enclosure	enclose	+	enclosed	–
end	end	+	ended	–
enjoyment	enjoy	+	enjoyable	–
entertainment	entertain	+	entertaining	–
equal	equal	+	equal	equally
examination	examine	+	–	–
excellence	excel	+	excellent	excellently
excitement	excite	+	exciting	excitingly
exercise	exercise	+	–	–
existence	exist	–	existing	–
experience	experience	+	experienced	–
explanation	explain	+	explanatory	–
explosion	explode	+	explosive	explosively
expression	express	+	expressive	expressively
F				
face	face	+	facial	–
failure	fail	+	failing	–
faith	–	–	faithful	faithfully
fall	fall	–	falling	–
falsehood	falsify	+	false	falsely
–	fancy	+	fancy / fanciful	fancifully
farm	farm	+	farm	–
fashion	fashion	+	fashionable	fashionably
father	father	+	fatherly	–
fault	fault	+	faulty	–
favour	favour	+	favourable / favourite	favourably
fear	fear	+	fearsome, fearful	fearfully
feeling	feel	+	feeling	feelingly
fence	fence	+	fenced	–
field	field	+	–	–
fight	fight	+	fighting	–
figure	figure	–	–	–
fill	fill	+	filled	–
find	find	+	–	–
finish	finish	+	finished	–
fire	fire	+	fiery	–
fish	fish	+	fishy	–
fit	fit	+	fit	–
fixture	fix	+	fixed	–
flame	flame	–	flaming	–
flash	flash	+	flashy	flashily
flat	flatten	+	flat	flatly
flesh	flesh out	+	fleshy	–
flight	fly	+	flying	–

Noun	Verb	Passive	Adjective	Adverb
–	float	+	floating	–
flood	flood	+	flooded	–
flow	flow	–	flowing	–
flower	flower	–	flowery	–
fold	fold	+	folded	–
fool	fool	+	foolish	foolishly
–	forbid	+	forbidding	–
force	force	+	forceful	forcefully
forgetfulness	forget	+	forgotten	–
forgiveness	forgive	+	forgiving	–
form	form	+	formal	formally
fox	fox	+	foxy	–
freedom	free	+	free	freely
freeze	freeze	+	frozen / freezing	–
frequency	frequent	+	frequent	frequently
fright	frighten	+	frightening	frighteningly
fulfillment	fulfil	+	fulfilling	–
furnishing	furnish	+	furnished	–
G				
gain	gain	+	gainful	gainfully
garden	garden	–	–	–
gas	gas	+	–	–
gathering	gather	+	gathered	–
generosity	generous	generously	–	–
gift	gift	+	gifted	–
–	gladden	+	glad	gladly
glue	glue	+	gluey / glued	–
government	govern	+	–	–
grace	grace	+	graceful / gracious	gracefully / graciously
gratitude	–	–	grateful	gratefully
greenery	green	+	green	–
greeting	greet	+	–	–
grief	grieve	–	grieving	–
–	grind	+	ground	–
group	group	+	grouped	–
growth	grow	+	growing	–
guard	guard	+	guarded	–
guess	guess	+	–	–
H				
habit	habituate	–	habitual	habitually
hammer	hammer	+	hammered	–
handle	handle	+	handled	–
hanging	hang	+	hanged / hung	–
–	harden	+	hard	–
harm	harm	+	harmful	harmfully
haste	hasten	+	hasty	hastily
hatred	hate	+	hated / hateful	hatefully

Noun	Verb	Passive	Adjective	Adverb
head	head	+	head	–
heat	heat	+	hot	hotly
help	help	+	helpful	helpfully
hide	hide	+	hidden	–
height	heighten	+	high	high
hire	hire	+	hired	–
hit	hit	+	hit	–
hold	hold	+	held	–
hollow	hollow	+	hollow	–
home	home	–	homely	–
honour	honour	+	honourable	honourably
hope	hope	+	hopeful	hopefully
host	host	+	–	–
house	house	+	–	–
humour	humour	+	humorous	humorously
hunger	hunger	–	hungry	hungrily
hunt	hunt	+	hunted	–
hurry	hurry	+	hurried	hurriedly
hurt	hurt	+	hurtful	hurtingly
I				
ice	ice	+	iced / icy	icily
imagination	imagine	+	imaginary	–
improvement	improve	+	improved	–
inclusion	include	+	inclusive	–
increase	increase	+	increasing	increasingly
infection	infect	+	infectious	–
influence	influence	+	influential	–
information	inform	+	–	–
ink	ink	+	inky	–
inquiry	inquire	+	–	–
instruction	instruct	+	instructive	–
intention	intend	+	intended / intentional	intentionally
interest	interest	+	interesting	interestingly
interruption	interrupt	+	interrupted	–
introduction	introduce	+	introductory	–
invention	invent	+	inventive	–
invitation	invite	+	invite	–
J				
join	join	+	joined / jointed	–
joke	joke	–	jocular	jocularly
joy	–	–	joyful / joyous	joyfully
judgement	judge	+	judgemental	judgementally
jump	jump	+	jumping	–
K				
key	key	+	keyed	–
kick	kick	+	kicked	–
kill	kill	+	killing	–

Noun	Verb	Passive	Adjective	Adverb
kiss	kiss	+	kissed	–
knife	knife	+	knifed	–
knock	knock	+	knocked	–
knowledge	know	+	knowledgeable	knowledgeably
L				
labour	labour	+	laboured / laborious	laboriously
lack	lack	+	–	–
land	land	+	landed	–
–	last	–	lasting	–
laughter	laugh	–	laughable	laughably
–	laze	–	lazy	lazily
lead	lead	+	led / leading	–
learning	learn	+	learned	–
–	leave	+	left	–
–	lend	+	lent	–
length	lengthen	+	length / long	–
less	lessen	+	less	less
level	level	+	level	level
lie	lie	–	–	–
life	live	–	lifeless / lively	lifelessly
lift	lift	+	–	–
light	light	+	lit	–
–	lighten	+	light	–
liking	like	+	liked	–
limit	limit	+	limited	–
line	line	+	lined	–
liquid	liquidize	+	liquid	–
list	list	+	listed	–
load	load	+	loaded	–
lock	lock	+	locked	–
look	look	–	–	–
–	loosen	+	loose	loosely
loss	lose	+	lost	–
love	love	+	loving / loved / beloved	lovingly
–	lower	+	low	–
M				
machine	machine	+	machined	–
–	madden	+	mad	madly
mail	mail	+	mailed	–
make	make	+	made	–
man	man	+	manned / manly	manfully
management	manage	+	managerial	–
map	map	+	mapped	–
mark	mark	–	marked	markedly
marriage	marry	+	married	–
master	master	+	mastered	–
match	match	+	matching / marched	–
material	materialize	–	material	materially

Noun	Verb	Passive	Adjective	Adverb
meaning	mean	+	meaningful	meaningfully
measure	measure	+	measured	–
medicine	medicate	+	medical / medicinal	medically
meeting	meet	–	–	–
–	melting	+	melting / molten	–
memory	memorize	+	memorized	–
–	mend	+	mended	–
mention	mention	+	mentionable	–
method	–	–	methodical	methodically
microscope	–	–	microscopic	microscopically
middle	middle	+	middle / middling	–
milk	milk	+	milked	–
mind	mind	+	minded	–
mirror	mirror	+	mirrored	–
miss	miss	+	missed / missing	–
mistake	mistake	+	mistaken	–
mixture	mix	+	mixed	–
model	model	+	model	–
mother	mother	+	mothered / motherly	–
motor	motor	+	motorable	–
mouth	mouth	+	–	–
movement	move	+	moving / movable	–
multiplication	multiply	+	multiplying	–
murder	murder	+	murdered	–
mystery	mystify	+	mysterious	mysteriously
N				
nail	nail	+	nailed	–
name	name	+	named	–
near	near	+	near	nearly
necessity	–	–	necessary	necessarily
need	need	+	needed	–
nerve	nerve	+	nervous	nervously
notice	notice	+	noticeable	noticeably
O				
obedience	obey	+	obedient	obediently
objection	object	–	objectionable	–
–	obtain	+	obtainable	–
occasion	–	–	occasional	occasionally
offence	offend	+	offensive	offensively
office	–	–	official	officially
opening	open	+	open	openly
operation	operate	+	operative / operational	–
opponent / opposition	oppose	+	opposite	–
order	order	+	ordered	orderly
organization	organize	+	organized	–
origin	originate	+	original	originally
ownership	own	+	own	–

Noun	Verb	Passive	Adjective	Adverb
P				
pack	pack	+	packed	–
pain	pain	+	painful	painfully
painting	paint	+	painted	–
–	pale	–	pale	–
paper	paper	+	papered	–
park	park	+	parked	–
part	part	–	parted	–
partner	partner	+	partnered	–
passage	pass	+	passing	–
payment	pay	+	paid	–
performance	perform	+	–	–
permission	permit	+	permitted / permissible	–
persuasion	persuade	+	persuasive	persuasively
photograph	photograph	+	photographic	photographically
picture	picture	+	pictorial	pictorially
pile	pile	+	piled	–
pilot	pilot	+	piloted	–
pin	pin	+	pinned	–
plan	plan	+	planned	–
play	play	+	playful	playfully
pleasure	please	+	pleasant	pleasantly
plural	pluralize	+	plural	–
point	point	+	pointed	pointedly
poison	poison	+	poisonous	–
polish	polish	+	polished	–
possession	possess	+	possessed	–
possibility	–	–	possible	possibly
powder	powder	+	powdery	–
practice	practise	+	practical	practically
prepartion	prepare	+	prepared	–
presence	present	+	present	presently
print	print	+	printed	–
prize	prize	+	prized	–
process	process	+	processed	–
production	produce	+	produced	–
pronunciation	pronounce	+	pronounced	–
protection	protect	+	protective	protectively
proof	prove	+	proved	–
punishment	punish	+	punished	–
push	push	+	pushed	–
Q				
quarrel	quarrel	–	quarrelsome	–
question	question	+	questioning	questioningly
quiet	quieten	+	quiet	quietly
R				
race	race	+	racing	–

Noun	Verb	Passive	Adjective	Adverb
rain	rain	+	rainy	–
raise	raise	+	raised	–
rank	rank	+	ranking	–
rate	rate	+	rated	–
reach	reach	+	reachable	–
reading	read	+	readable	–
–	ready	+	ready	readily
reason	reason	+	reasonable	reasonably
recognition	recognize	+	recognized / recognizable	recognizably
record	record	+	recorded	–
reduction	reduce	+	reduced	–
refusal	refuse	+	–	–
relation	relate	+	related, relative	relatively
religion	–	–	religious	religiously
remainder	remain	–	remaining	–
remark	remark	+	remarkable	remarkably
remembrance	remember	+	remembered	–
removal	remove	+	removable	–
rent	rent	+	rented	–
repair	repair	+	repaired	–
repetition	repeat	+	repetitive	repetitively
reply	reply	+	–	–
report	report	+	reported	reportedly
representation	represent	+	representative	–
request	request	+	requested	–
respect	respect	+	respectful	respectfully
rest	rest	+	restful	restfully
result	result	+	resulting / resultant	–
return	return	+	returning	–
reward	reward	+	rewarding	rewardingly
rise	rise	+	rising	–
risk	risk	+	risky	riskily
robbery	rob	+	–	–
ruin	ruin	+	ruinous	ruinously
ruler	rule	+	–	–
S				
sadness	sadden	+	sad	sadly
sail	sail	–	sailing	–
sale	sell	+	sold	–
salt	salt	+	salted	–
satisfaction	satisfy	+	satisfactory	satisfactorily
saying	say	+	said	–
scene	–	–	scenic	–
screw	screw	+	screwed	–
search	search	+	searched	searchingly
seat	seat	+	seated	–
secrecy	–	–	secret	secretly
sentence	sentence	+	sentenced	–
separation	separate	+	separate	separately

Noun	Verb	Passive	Adjective	Adverb
service	serve	+	serving / serviceable	–
settlement	settle	+	settled	–
sewing	sew	+	sewn	–
sex	–	–	sexual	sexually
shade	shade	+	shady	–
shadow	shadow	+	shadowy	–
shake	shake	+	shaky	shakily
shame	shame	+	shameful	shamefully
shape	shape	+	shapely	–
share	share	+	shared	–
sharp	sharpen	+	sharp	sharply
shell	shell	+	shelled	–
shelter	shelter	+	sheltered	–
shine	shine	+	shiny	–
ship	ship	+	shipped	–
shock	shock	+	shocked	shockingly
shooting	shoot	+	shot	–
shoulder	shoulder	+	shouldered	–
show	show	+	showy	–
sickness	sicken	+	sick / sickly	–
signal	signal	+	signalled	–
silence	silence	+	silent	silently
simplicity	simplify	+	simple	simply
song	sing	+	sung	–
sinking	sink	+	sunk	–
skin	skin	+	skinned	–
sleep	sleep	–	sleepy	sleepily
slip	slip	–	slippery	–
smell	smell	+	smelly	–
smile	smile	-	smiling	smilingly
soil	soil	+	soiled	–
sound	sound	+	sounded	–
space	space	+	spacious	spaciously
speech	speak	+	spoken	–
speed	speed	+	speedy	speedily
spelling	spell	+	spelt	–
split	split	+	split	–
spread	spread	+	spreading	–
stamp	stamp	+	stamp	–
standard	standardize	+	standard	–
start	start	+	starting	–
statement	state	+	stated	–
stealth	steal	+	stolen / stealthy	stealthily
steam	steam	+	steamed	–
stick	stick	+	sticky	stickily
sting	sting	+	stinging	–
strength	strengthen	+	strong	strongly
study	study	+	studied	–
style	style	+	stylish	stylishly
subtraction	subtract	+	subtracted	–

Noun	Verb	Passive	Adjective	Adverb
success	succeed	–	successful	successfully
suggestion	suggest	+	suggestive	suggestively
–	suit	+	suitable	suitably
support	support	+	supportive	supportively
surprise	surprise	+	surprising	surprisingly
–	sweep	+	swept / sweeping	–
sweet	sweeten	+	sweet	sweetly
sympathy	sympathize	–	sympathetic	sympathetically
T				
table	table	+	tabular	–
taking	take	+	taken	–
talk	talk	–	talkative	talkatively
taste	taste	+	tasty	tastefully
tax	tax	+	taxed	–
teaching	teach	+	taught	–
tear	tear	+	torn	–
tendency	tend	+	tending	–
terror	terrorize	+	terrorized	–
thought	think	+	thoughtful	thoughtfully
thirst	thirst	+	thirsty	thirstily
threat	threaten	+	threatening	threateningly
thunder	thunder	+	thundering / thunderous	thunderously
touch	touch	+	touchy	–
tower	tower	–	towering	–
travel	travel	+	travelled	–
treatment	treat	+	treated	–
trick	trick	+	tricked / tricky	trickily
trouble	trouble	+	troubled / troublesome	–
trust	trust	+	trusted / trusty	–
trial	try	+	tried	–
U				
understanding	understand	+	understood	–
undoing	undo	+	undone	–
union	unite	+	united / unified	unitedly
upset	upset	+	upset / upsetting	–
V				
value	value	+	valuable	–
variation	vary	+	variable	variably
view	view	+	–	–
violence	–	–	violent	violently
visit	visit	+	–	–
voice	voice	+	voiced	–
vote	vote	+	–	–
W				
wait	wait	–	waiting	–
walk	walk	–	–	–

Noun	Verb	Passive	Adjective	Adverb
want	want	+	wanted	–
warmth	warm	+	warm	warmly
warning	warn	+	warning	–
wash	wash	+	washed	–
waste	waste	+	wasted	–
water	water	+	watered	–
wear	wear	+	worn	–
weave	weave	+	woven	–
wedding	wed	+	wedded	–
weight	weigh	+	weighed	–
whip	whip	+	whipped	–
width	widen	+	wide	widely
win	win	+	winning	winningly
Y				
yellow	yellow	+	yellow	–

SOME PROBLEM AREAS FOR SOUTH ASIAN LEARNERS OF ENGLISH

1. The 'double possessive'

In English, possession is commonly shown by the use of the **apostrophe s ('s).** e.g. (1) *Roy is Vimal's son.* However, the apostrophe **s** is not used when the 'possessor' is a lifeless object. It is incorrect to say (2) * *Raghu is painting the house's door.* Here, we use the preposition **of** to show posession. So Sentence 2 becomes (3) *Raghu is painting the door of the house.*

However, the use of the **double possessive** (using both **s** and **of**) is common. e.g. (4) *Roy is a son of Vimal' s.* The double possessive is used to highlight the 'possessor' (Vimal) and not the 'possessed' (Roy). Sentence 4 has the meaning 'Vimal has several sons and Roy is one of them'.

2. Using the possessive form before a gerund (verb used as a noun)

Look at these two sentences. (1a) *Ravi goes to the cinema every day.* (1b) *I don' t like it* (the fact that he goes to the cinema every day). If we combine these two sentences, we get (2) *I don' t like Ravi' s going to the cinema every day.* The verb 'goes' changes into 'going', which is a **gerund** (a verb used as a noun). Just before 'going' we have the word 'Ravi's', which is in the **possessive** form.

Some grammar books tell you that the possessive (Ravi's) must be used here and not 'Ravi' (which is the 'object form'). But in modern English, specially in spoken English, you are allowed to use the object form and say, *I don' t like Ravi going to the cinema every day* or *I don' t like him going to the cinema every day.*

3. The 'double future'

In many Indian languages, it is possible to say something like (1) * *When I shall go to Kolkata, I shall meet my niece.* The use of 'shall' shows that we are talking about an action in the future. But notice that 'shall' has been used twice. This is called the '**double future**', and English does not allow it. So Sentence 1 must be changed to (2) *When I go to Kolkata, I shall meet my niece.*

4. The double future with 'if'

The '**double future**' is frequently (and incorrectly) used in '**conditional sentences**' containing 'if'. e.g. (1) * *If you will look after me, I will work for you.* This sentence has to be changed to (2) *If you look after me, I will work for you.* (avoiding the double future)

5. Verbs which do not take the progressive (-ing) form

Look at the following sentence. (1) *The child is crying for its mother.* The verb 'cry' is in the **progressive (be + -ing)** form, showing '**action in progress' at the present time.** However, many English verbs cannot normally be used in the progressive form. For example, we cannot say (2) * *My friend is knowing your sister.* The verb 'know' is a '**mental verb**'.

Other verbs which cannot be used in the progressive form (except in special cases) include (a) **verbs of sensation:** *see, touch, smell, hear, feel* (b) **mental verbs:** *understand, know, believe, imagine* (c) **stative verbs:** *like, love, contain, have, own, possess, prefer.*

Note: Incorrect sentences are marked by an asterisk (*) placed at the beginning of the sentence.

6. Nouns which do not take plural forms (by adding –s)

accommodation, advice, ammunition, baggage, blame, chalk, equipment, furniture, information, intelligence, jewellery, luggage, machinery, mail, poetry, scenery, slang, staff, stationery
[Common error: * *I have got all the equipments for my laboratory.*]

7. Nouns ending in –s which do not have singular forms

forceps, news, pants, pliers, pyjamas, series, species, spectacles (glasses), trousers, whereabouts
[Common error: * *I have sent my trouser to the laundry.*]

8. Nouns which are plural in meaning but take the indefinite article 'a'

a dozen, a hundred, a thousand, a million
[Common error: * *There are hundred students in this class.*]

9. Nouns which are uncountable but take the indefinite article 'a'

a headache, a stomachache, a pain, a fever, a noise **[Common errors: * *He has headache.* * *Don't make noise.*]**

10. Words which are commonly misused

1. He has found a room in the *boarding.* (hostel)
2. There is no *place* in this bus. (room)
3. I have done the exercise in my *copy.* (exercise book)
4. I saw the *joker* at the circus. (clown)
5. He is acting in a *drama.* (play)
6. Meet my *cousin sister.* (cousin)

11. Verbs which are commonly followed by reflexive pronouns

enjoy (enjoy oneself) avail (avail oneself of something)
hurt (hurt oneself)
[Common errors: * *When you visit Goa, you should enjoy.* * *I am availing a concession.*]

12. Unnecessary use of the pronoun after a relative clause

Incorrect	*Correct*
The boy whom you met yesterday he is my brother.	The boy (whom) you met yesterday is my brother.

13. Starting a sentence with a relative clause

Incorrect	*Correct*
That pen you bought yesterday is broken.	The pen (that) you bought yesterday is broken.

14 . Incorrect use of the reflexive pronoun (with –self)

Incorrect	*Correct*
'Who brought these flowers?' 'Myself.'	'Who brought these flowers?' 'I.'

Reflexive pronouns are used only to indicate (a) **emphasis**: *I did this myself.* (= I alone, with no help from anyone); (b) **the effect of an action on the doer:** *I cut myself with the knife.*

15. Wrong use of a noun as a determiner (before another noun)

Incorrect	*Correct*
I need a matchbox to light the stove.	a box of matches ('matchbox' means just the box, without the matches)
I have bought an ink bottle.	a bottle of ink
My family members enjoyed the picnic.	the members of my family

16. Some common verbs and adjectives and the prepositions they are used with

accuse **of**	accustomed **to**	afraid **of**	aim **at**	angry **with**
arrive **at**	ashamed **of**	believe **in**	benefit **by**	boast **of**
careful **of**	complain **of**	conform **to**	consist **of**	cure **of**
depend **on**	deprive **of**	different **from**	doubtful **of**	fail **in**
full **of**	good **at**	guard **against from**	guilty **of**	independent **of**
indifferent **to**	insist **on**	interested **in**	jealous **of**	look **at**
married **to**	pleased **with**	prefer **to**	proud **of**	related **to**
satisfied **with**	succeed **in**	superior **to**	sure **of**	surprised **at**
suspect **of**	tired **of**	translate **into**	warn **of**	

17. Some common errors with determiners (words which are used before nouns in noun phrases)

Incorrect	*Correct*
I have lost my both parents.	both my parents
I washed my some clothes.	some of my clothes
These all books belong to the library.	all these books
I met him after long five years.	five long years
Give me his these books.	these books of his
I have bought a round big table.	big round table

WEIGHT

	Imperial	Metric
	1 ounce (oz)	= 28.35 grams (g)
16 ounces	= 1 pound (lb)	= 0.454 kilograms (kg)
14 pounds	= 1 stone (st)	= 6.356 kilograms
112 pounds	= 1 hundredweight (cwt)	= 50.8 kilograms
20 hundredweight	= 1 ton (t)	= 1.016 tonnes

Note: In the United States, 1 hundredweight is equal to 100 pounds and 1 ton is 2000 lb or 0.907 tonne. Americans do not use stones, so they talk about their weight in pounds.

LENGTH

	Imperial	Metric
	1 inch (in)	= 25.4 millimetres (mm)
12 inches	= 1 foot (ft)	= 30.48 centimetres (cm)
3 feet	= 1 yard (yd)	= 0.914 metre (m)
1760 yards	= 1 mile	= 1.609 kilometres (km)

AREA

	Imperial	Metric
	1 square inch (sq in)	= 6.452 square centimetres (sq cm)
144 square inches	= 1 square foot (sq ft)	= 929.03 square centimetres
9 square feet	= 1 square yard (sq yd)	= 0.836 square metre (sq m)
4840 square yards	= 1 acre	= 0.405 hectare (ha)
640 acres	= 1 square mile	= 2.59 square kilometres (sq km) or 259 hectares

CUBIC MEASURE

	Imperial	Metric
	1 cubic inch (cu in)	= 16.39 cubic centimetres (cc)
1727 cubic inches	= 1 cubic foot (cu ft)	= 0.028 cubic metre (cu m)
27 cubic feet	= 1 cubic yard	= 0.765 cubic metre

CAPACITY

	UK	US	Metric
20 fluid ounces (fl oz)	= 1 pint (pt)	= 1.201 pints	= 0.568 litre (l)
2 pints	= 1 quart (qt)	= 1.201 quarts	= 1.136 litres
4 quarts	= 1 gallon (gal)	= 1.201 gallons	= 4.546 litres

Note: Quart is not often used in British English.

Units

	physical quantity	name	symbol
Base units	length	metre	m
	mass	kilogram	kg
	time	second	s
	electric current	ampere	A
	temperature	Celsius	C
	thermodynamic temperature	kelvin	K
	luminous intensity	candela	cd
	amount of substance	mole	mol
Supplementary units	plane angle	radian	rad
	solid angle	steradian	sr

Affixes

Multiple	Affix	Symbol	Multiple	Affix	Symbol
10	deca-	da	10^{-1}	deci-	d
10^{2}	hecto-	h	10^{-2}	centi-	c
10^{3}	kilo-	k	10^{-3}	milli-	m
10^{6}	mega-	M	10^{-6}	micro-	m
10^{9}	giga-	G	10^{-9}	nano-	n
10^{12}	tera-	T	10^{-12}	pico-	p
10^{15}	peta-	P	10^{-15}	femto-	f
10^{18}	exa-	E	10^{-18}	atto-	a

COUNTRIES AND NATIONALITIES

Country	Nationality (Adjective form)
Afghanistan ऐफ़'गैनिस्तान	Afghan 'ऐफ़गैन
Albania ऐल'बेइनिअ	Albanian ऐल'बेइनिअन
Algeria ऐल'जिअरिअ	Algerian ऐल'जिअरिअन
Andorra ऐन'डौ र	Andorran ऐन'डौरन
Angola ऐङ'गउल	Angolan ऐङ'गउलन
Argentina 'आजन'टी न	Argentine or Argentinian 'आजन'टाइन या 'आजन'टिनिअन
Armenia आ'मीनिअ	Armenian आ'मीनिअन
Australia ऑ'स्ट्रेइलिअ	Australian ऑ'स्ट्रेइलिअन
Austria 'ऑस्ट्रि अ	Austrian 'ऑस्ट्रिअन
Azerbaijan 'ऐ ज़बाइ'जान	Azerbaijani 'ऐ ज़बाइ'जानी
Bahamas ब'हामज़	Bahamian ब'हेइमिअन
Bahrain बा'रेइन	Bahraini बा'रेइनी
Bangladesh बैङ्ग्ल'देश	Bangladeshi ˌबैङ्ग्ल'देशी
Barbados बा'बेइडॉस	Barbadian बा'बेइडिअन
Belarus बि'एल'रूस	Belorussian or Byelorussian बि'ए ल'रश्न
Belgium 'बॆल जम	Belgian 'बॆल जन
Belize ब'लीज़	Belizian ब'लिज़िअन
Benin बॆं'नीन	Beninese 'बॆनि'निज़
Bhutan बू'टान	Bhutanese बू'टानी
Bolivia ब'लि विअ	Bolivian ब'लिविअन
Bosnia Herzegovina ˌबॉज़्निअ ˌहत्सग'वी न	Bosnian 'बॉज़्निअन
Botswana बॉट'स्वान	Botswanan बॉट'स्वानन
Brazil ब्र'ज़िल	Brazilian ब्र'ज़िलिअन
Brunei ब्रूनाइ	Bruneian ब्रू'नाइअन
Bulgaria बल'गेअरिअ	Bulgarian बल'गेअरिअन
Burkina Faso बऽ'की न फ़ैसो	Burkinese 'बकि'नीज़
Burundi बु'रुण्डी	Burundian बु'रुण्डिअन
Cambodia कैम'बउडिअ	Cambodian 'कैम'बउडिअन
Cameroon ˌकै म'रून	Cameroonian ˌकै म'रूनिअन
Canada 'कै नडा	Canadian क'नेइडिअन
Cape Verde ˌकेइप 'वऽड	Cape Verdean ˌकेइप 'वऽडिअन
Chad चैड	Chadian 'चैडिअन
Chile 'चिली	Chilean 'चिलिअन
China 'चाइ न	Chinese चाइ'नीज़
Colombia क'लम्बि अ	Colombian क'लम्बिअन
Congo 'कॉङगउ	Congolese 'कॉङ'लीज़
Costa Rica 'कॉसट 'री क	Costa Rican ˌकॉस ट 'रीकन
Croatia क्रउ'एइ श	Croat or Croatian क्रउट या क्रउ'एइश्न

Country	Nationality (Adjective form)
Cuba 'क्यू ब	Cuban 'क्यूबन
Cyprus 'साइप्रस	Cypriot 'सिप्रिअट
Czech Republic 'चेंक रि'पब्लिक	Czech चेंक
Democratic Republic of Congo 'कॉङगउ	Congolese 'कॉङग'लीज़
Denmark 'डॅन माऽक	Danish 'डेनिश
Djibouti जि'बूटी	Djiboutian जि'बूटिअन
Dominican Republic ड'मिनिकन	Dominican ड'मिनिकन
Ecuador 'एक्वडॉऽ[र]	Ecuadorean 'एक्व'डॉरिअन
Egypt 'ईजिप्ट	Egyptian इ'जिपश्न
El Salvador 'एल 'सैल्वडॉऽ[र]	Salvadorean 'सैल्व'डॉरिअन
Eritrea 'एरि'ट्रेइअ	Eritrean 'एरि'ट्रेइअन
Estonia 'ए'स्टउनिअ	Estonian ए'स्टउनिअन
Ethiopia 'ई थ़ि'अउपि अ	Ethiopian 'ईथ़ि'अउपिअन
Fiji 'फ़ीजी	Fijian 'फ़ी'जिअन
Finland 'फ़िनलैण्ड	Finnish or Finn 'फ़िनिश या फ़िन
France फ्रांस	French फ्रेंच
Gabon गै'बॉन	Gabonese 'गै ब'नीज़
Gambia 'गैम्बिअ	Gambian 'गैम्बिअन
Georgia 'जॉ ज	Georgian 'जॉजन
Germany 'जऽमनि	German 'जऽमन
Ghana 'गा न	Ghanaian 'गा'नेइअन
Greece ग्रीस	Greek ग्रीक
Greenland ग्रीन लैण्ड	Greenlander ग्रीन लैण्ड[र]
Grenada ग्र'नेइ द	Grenadian ग्र'नेइदिअन
Guatemala 'ग्वाट'माल	Guatemalan 'ग्वाट'मालन
Guinea 'गिनि	Guinean 'गिनिअन
Guyana गाइ'ऐ न	Guyanese 'गाइअ'नीज़
Haiti 'हेइति	Haitian 'हेइश्न
Honduras हॉन'जुअरस	Honduran हॉन'जुअरन
Hungary 'हंगरी	Hungarian हंगेरिअन
Iceland 'आइसलैण्ड	Icelander or Icelandic आइस'लैण्डिक
India 'इंडि अ	Indian 'इंडिअन
Indonesia 'इंड'नीश़	Indonesian 'इंड'नीश्न
Iran इ'रान	Iranian इ'रेनिअन
Iraq इ'राक	Iraqi इ'राकि
Ireland 'आइअ लण्ड	Irish 'आइअरिश
Israel 'इज़रेइल	Israeli इज़्'रेइलि
Italy 'इ टलि	Italian 'इटैलिअन
Jamaica ज'मेइ क	Jamaican ज'मेइकन
Japan ज'पैन	Japanese 'जैप'नीज़

Country	Nationality (Adjective form)
Jordan 'जॉड्न	Jordanian जॉ'डेनिअन
Kazakhstan ,कैज़ैक'स्तान	Kazakh कज़ैक
Kenya 'केन्य, 'कीन्य	Kenyan 'केन्यन, 'कीन्यन
Kuwait कु'वेइत	Kuwaiti कु'वेइति
Laos लउस	Laotian 'लउश्न
Latvia 'लैत्वि अ	Latvian 'लैत्विअन
Lebanon 'ले बनन	Lebanese 'लेब'नीज़
Liberia लाइ'बिअरिअ	Liberian लाइ'बिअरिअन
Libya 'लिबिअ	Libyan 'लिबिअन
Liechtenstein 'लिक्तन स्टाइन	Liechtensteiner 'लिक्तन स्टाइनर
Lithuania 'लिथ्यु'एइनिअ	Lithuanian 'लिथ्यु'एइनिअन
Luxembourg 'लक्समबऽग	Luxembourger 'लक्समबऽगर
Macao मकाओ	Macaoan मकाओ अन
Macedonia मसेदोनिअ	Macedonian मसेदोनिअन
Madagascar ,मै द'गैस्कर	Madagascan 'मै द'गैस्कन
Malawi म'लावि	Malawian म'लाविअन
Malaysia म'लेइश	Malaysian म'लेइश्न
Maldives 'मॉल्दीव़्ज़	Maldivian मॉल'दिव़िअन
Mali 'मालि	Malian 'मॉलिअन
Malta 'मॉल ट	Maltese 'मॉल'तीज़
Mauritania ,मोरि'टेइनिअ	Mauritanian 'मारि'तेइनिअन
Mauritius म'रिशस	Mauritian म'रिश्न
Mexico 'मेक्सिकउ	Mexican 'मेक्सिकन
Moldova 'मोल'दउ व	Moldovan माल'दउवन
Monaco 'मोनकउ	Monégasque or Monacan 'मोनिगैस्क, 'मो नकन
Mongolia 'मोङ'गउलिअ	Mongolian मोङ'गउलिअन
Morocco म'रोकउ	Moroccan म'रोकन
Mozambique ,मउज़ैम'बीक	Mozambican 'मउज़ैम'बीकन
Myanmar मी,ऐन'मार	Myanmarese मी ऐन मारीज़
Namibia न'मिबिअ	Namibian न'मिबिअन
Nepal न'पॉल	Nepalese 'नेप'लीज़
Netherlands (Holland) 'ने द़ लण्ड्ज़	Dutch डच
New Zealand ,न्यू'ज़ीलण्ड	New Zealander or Kiwi 'न्यूज़ीलण्डर, कीवी
Nicaragua ,नि क 'रैग्युअ	Nicaraguan 'निक'रैग्युअन
Niger 'नाइजर	Nigerien नाइ'जिअरिअन
Nigeria नाइ'जअरिअ	Nigerian नाइ'जिअरिअन
North Korea ,नॉथ़ क'रिअ	North Korean ,नॉथ क'रिअन
Norway 'नॉवेइ	Norwegian 'नॉवीजन
Oman अउ'मान	Omani अउ'मानि
Pakistan ,पाकि'स्तान	Pakistani ,पाकि'स्तानि

Country	**Nationality (Adjective form)**
Panama ˌपै नमा	Panamanian ˌपै न'मेनिअन
Papua New Guinea ˌपैपुअ न्यू'गिनी	Papua New Guinean ˌपैपुअ न्यू गिनेअन or Guinean
Paraguay 'पैरग्वै	Paraguayan ˌपैर'ग्वैअन
Peru प'रू	Peruvian प'रूविअन
Philippines 'फ़िलिपीन्ज़	Philippine or Filipino 'फ़िलिपीन या फ़िलिपिनो
Poland 'पउलण्ड	Polish or Pole 'पउलिश या पोउल
Portugal 'पॉचुगल	Portugese 'पॉचु'गीज़
Qatar 'कता'	Qatari क'तारि
Romania रु'मेनिअ	Romanian रु'मेनिअन
Russia 'रश	Russian 'रश्न
Rwanda रु'ऐण्ड	Rwandan रु'ऐण्डन
Samoa स'मउअ	Samoan स'मउअन
Saudi Arabia ˌसउदि अ'रेबिअ	Saudi Arabian or Saudi ˌसउदि अ'रेबिअन
Scotland स्काटलण्ड	Scottish स्काटिश
Senegal ˌसेनि'गॉल	Senegalese ˌसेनि ग'लीज़
Serbia सबिअ	Serbian or Serb सबिअन या सऽब
Seychelles से'शेल्ज़	Seychellois 'सेशेल'व
Sierra Leone सिˌएर लि'अउन	Sierra Leonian सिˌएर लि'अउनिअन
Singapore 'सिङ'पॉर	Singaporean सिङ'पॉरिअन
Slovakia स्लउ'वैकिअ	Slovak 'स्लउवैक
Slovenia स्लउ'वीनिअ	Slovene or Slovenian 'स्लउवीन या स्लउ'वीनिअन
Somalia स'मालिअ	Somali स'मालि
South Africa ˌसउथ़ 'ऐफ़्रि क	South African ˌसउथ़ 'ऐफ़्रिकन
South Korea ˌसउथ़ क'रिअ	South Korean ˌसउथ़ क'रिअन
Spain स्पेन	Spanish or Spaniard स्पेनिश या स्पेनिअऽड
Sri Lanka ˌस्रि'लैङ क	Sri Lankan or Sinhalese 'स्रि'लैङ्कन
Sudan सु'डान	Sudanese ˌसुड'नीज़
Suriname ˌसुअरि'नाम	Surinamese ˌसुअरिनै'मीज़
Swaziland 'स्वाज़िलैंड	Swazi 'स्वाज़ि
Sweden 'स्वीडन	Swedish or Swede 'स्वीडिश या स्वीड
Switzerland 'स्विट् सलण्ड	Swiss स्विस
Syria 'सिरिअ	Syrian 'सिरिअन
Taiwan तइ'वान	Taiwanese ˌतइव'नीज़
Tajikistan तैˌजीकि'स्तान	Tajik or Tadjik तै'जीक
Tanzania ˌटैन ज़'नीअ	Tanzanian ˌटैनज़'नीअन
Thailand 'ताइलैण्ड	Thai ताइ
Tibet टिबेट	Tibetan टिबेटन
Togo 'टउगउ	Togolese ˌटउग'लीज़
Trinidad and Tobago ˌट्रिनिडैड अन ट'बेगउ	Trinidadian and Tobagan ˌट्रिनि'डैडिअन अन ट'बेगन

Country	Nationality (Adjective form)
Tunisia ट्यु'निज़िअ	Tunisian टयु'निज़िअन
Turkey 'टऽकि	Turkish or Turk 'टऽकिश या टऽक
Turkmenistan टऽक,मेनि'स्तान	Turkmen or Turkoman 'टऽकमेन
Tuvalu टु'व़ालू	Tuvaluan ,टूव़ा'लूअन
Uganda यू'गैं ड	Ugandan यू'गैंडन
Ukraine 'यू'क्रेन	Ukrainian यू'क्रेनिअन
United Kingdom 'यु,नइटिड 'किङ डम	British or Briton ब्रिटिश या ब्रिट्न
United States of America 'यु,नइटिड स्टेट्स अव़ अ'मेरिका	American अ'मेरिकन
Uruguay 'युअ र ग्वइ	Uruguayan ,युअर'ग्वइअन
Uzbekistan उज़,बेकि'स्तान	Uzbek 'उज़बेक
Venezuela ,वे न'ज़्वे ल	Venezuelan ,वे न'ज़्वेलन
Vietnam ,विएट'नैम	Vietnamese वि,एट न'मीज़
West Indies वॅस्ट इंडीज़	West Indian वॅस्ट इंडिअन
Yemen ,येमन	Yemeni 'येमनि
Yugoslavia ,यूगउ'स्लाविअ	Yugoslav ,यूगउ'स्लाविअन
Zambia 'ज़ैम्बिअ	Zambian 'ज़ैम्बिअन
Zimbabwe ज़िम'बाब्वि	Zimbabwean ज़िम'बाब्विअन